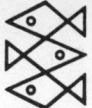

Renate Götz
Lehrerin
Nelkenweg 4
8620 Lichtenfels
Telefon 0 95 71 / 21 13

Über dieses Buch

Der FISCHER WELTALMANACH berichtet in der Länderchronik über wichtige politische Ereignisse in einzelnen Staaten und liefert jährlich neue Angaben zur Landesstruktur, zum politischen System, zur Wirtschaftslage und zur Presse aller souveränen Staaten. Die deutschsprachigen Länder werden besonders ausführlich behandelt. Biographien ausländischer Politikerinnen und Politiker geben Auskunft über ihren Werdegang.
Internationale Organisationen werden in Zusammensetzung und Zielen vorgestellt. Der Schwerpunkt liegt in dieser Ausgabe bei den Umwelt- und Naturschutzorganisationen. Der Wirtschaftsteil präsentiert umfassende Informationen über Industrie, Landwirtschaft, Bergbau und Energiewirtschaft sowie über die weltweite Entwicklung des Handels und des Verkehrs.
Kulturpreise und ihre Preisträger, historische Gedenktage 1993, verstorbene Persönlichkeiten 1991/92, die Weltbevölkerungsentwicklung, Religionen und Sprachen sowie Umrechnungen von Maßen und Gewichten sind weitere Themen dieses Buches. Zahlreiche graphische Darstellungen, schwarzweiße und farbige Karten und Tabellen ergänzen die Texte.
Durch Sachlichkeit, Themenvielfalt und Aktualität ist dieses Jahrbuch nicht nur als Ergänzung zu jedem Lexikon, sondern auch als eigenständiges Nachschlagewerk unentbehrlich.

Die Autorinnen und Autoren

Baratta, Dr. *Mario von,* geb. 1936; Studium der Zeitungswissenschaften in Wien. 1964–82 stellvertretender bzw. Chefredakteur des »Archiv der Gegenwart«, 1983–90 freier Journalist und Publizist, seit 1991 Verlagsleiter in Rheinbach/Bonn.

Baumann, *Eleonore,* geb. 1950; Studium der Rechtswissenschaften, Rechtsanwältin. 1990–91 Geschäftsführerin, seit 1991 Vorstandsmitglied des Verbands der weiblichen Arbeitnehmer e.V./ VWA in Bonn. Verantwortlich für die europäischen Staaten (außer Deutschland, Türkei und das ehemalige Jugoslawien) im Kapitel »Länderchronik«.

Baumann, Dr. *Wolf-Rüdiger,* geb. 1948; Studium der Wirtschaftswissenschaften (Diplom-Ökonom). Seit 1983 wissenschaftlicher Referent. Verschiedene Veröffentlichungen zur Wirtschaftsgeschichte sowie zur Außen- und Deutschlandpolitik. Verantwortlich für das Kapitel »Kurzbiographien«.

Böhm, *Adolf,* geb. 1919; Studium an der Hochschule für Bildende Künste in München. Freischaffender Graphiker und Kartograph. Verantwortlich für die kartolithographische Ausführung aller Karten und Figuren.

Brander, *Sibylle,* geb. 1955; Studium der Volkswirtschaftslehre. Wissenschaftliche Mitarbeiterin an der Universität-Gesamthochschule Wuppertal und freie Journalistin in München. Verantwortlich für die Länder Asiens und der ehemaligen Sowjetunion sowie für Australien und Ozeanien.

Clauss, Dr. *Jan Ulrich,* geb. 1950; Studium der Staatswissenschaften. 1985–88 Pressereferent der Alexander von Humboldt-Stiftung, seit 1988 Referatsleiter Europa bei der Hochschulrektorenkonferenz in Bonn. Seit 1978 verantwortlich für die Kapitel »Internationale Organisationen«, »Weltbevölkerung – Religionen – Sprachen« und »Jahrestage«.

Gutberlet, *Caroline,* geb. 1963; Studium am Fachbereich Angewandte Sprachwissenschaften, Germersheim (Dipl.-Übersetzerin). Seit 1989 freie Literatur-Übersetzerin und Mitarbeiterin verschiedener Verlage, insbesondere im Bereich Lektorat und Werbung. Verantwortlich für das Kapitel »Staaten, Länder und Gebiete«.

Lederbogen, *Utz,* geb. 1956; Studium der Politikwissenschaft, Journalistik, Landespflege und Biologie. Freier Journalist und Publizist; Gastdozent an der Tanzania School of Journalism. Verantwortlich für die amerikanischen und afrikanischen Staaten im Kapitel »Länderchronik«.

Paesler, Dr. *Reinhard,* geb. 1942; Studium der Geographie, Geschichte, Anglistik und Amerikanistik. Akademischer Oberrat am Institut für Wirtschaftsgeographie der Univ. München. Veröffentlichungen zur Wirtschafts- und Sozialgeographie, Raumplanung und Landeskunde Süddeutschlands, Ost- und Südosteuropas; Redaktionsmitglied des »Staatslexikons« der Görres-Gesellschaft. Seit 1978 verantwortlich für die Kapitel »Wirtschaft« und »Verkehr«.

Zick, *Susanne,* geb. 1941; Redakteurin an Tageszeitungen in Heidelberg und Stuttgart. Mitarbeiterin bei den Stuttgarter Buchwochen; Autorin von »Bild der Wissenschaft« mit medizinischen und sozialwissenschaftlichen Beiträgen. Verantwortlich für die Kapitel »Kultur-, Friedens- und Nobelpreise« und »Verstorbene Persönlichkeiten«.

DER
FISCHER WELTALMANACH
1993

Begründet von Prof. Dr. Gustav Fochler-Hauke

Herausgegeben von Dr. Mario von Baratta

Autoren:
Eleonore Baumann
Dr. Wolf-Rüdiger Baumann
Sibylle Brander
Dr. Jan Ulrich Clauss
Caroline Gutberlet
Utz Lederbogen
Dr. Reinhard Paesler
Susanne Zick

Kartographie: Adolf Böhm

Redaktionsschluß: 1. 9. 1992

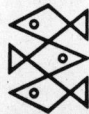

FISCHER TASCHENBUCH VERLAG

Redaktion: Heide Kobert und Anke Rasch

Originalausgabe
des Fischer Taschenbuch Verlags
November 1992
Umschlagentwurf: Rambow, Lienemeyer, van de Sand
© Fischer Taschenbuch Verlag GmbH, Frankfurt am Main 1992
Herstellung: Jutta Hecker
Satz: Fotosatz Otto Gutfreund GmbH, Darmstadt
Druck und Bindung: Clausen & Bosse, Leck
Printed in Germany
ISBN-3-596-19093-2
ISSN 0430-5973

Vorbemerkung

Mit dem Zerfall der UdSSR haben die 15 bisherigen Teilrepubliken ihre nationale Unabhängigkeit erlangt und sich – Georgien und die drei baltischen Republiken ausgenommen – zu einer »Gemeinschaft Unabhängiger Staaten/GUS« zusammengeschlossen (→ Sp. *59 ff.*). Das neu erwachte Selbstbewußtsein der Völker hat aber zugleich die alten Spannungen und Konflikte unter den Völkern und Nationen – so etwa im Kaukasus – verstärkt. Auch der jugoslawische Bundesstaat ist auseinandergebrochen; er lebt zwar nach dem Willen der Belgrader Führung in der nur noch aus Serbien und Montenegro bestehenden »Föderativen Bundesrepublik Jugoslawien« fort, wird jedoch international nicht als Rechtsnachfolger des ehemaligen jugoslawischen Bundes (SFRJ) anerkannt. Slowenien und Kroatien mußten sich die Unabhängigkeit gegen den Widerstand der serbisch dominierten »Bundesarmee« erkämpfen; Makedonien wartet auf die internationale Anerkennung, und um Bosnien-Herzegowina führen die Volksgruppen der muslimischen Bosniaken, der Serben und Kroaten einen unerbittlichen Krieg (→ »Der Bürgerkrieg im zerfallenden Jugoslawien«, *Sp. 87 ff.*).

▶ Die LÄNDERCHRONIK berichtet ausführlich über die Entwicklung in diesen »neuen« Staaten; aber auch über wichtige Ereignisse in anderen Teilen der Welt – so z. B. das Ende der Apartheid in Südafrika (→ *Sp. 149 f.*) und den Beginn der Friedensgespräche zwischen den am Nahost-Konflikt beteiligten Staaten (→*Sp. 77 f.*).
▶ Das gründlich überarbeitete und im Umfang erweiterte Kapitel STAATEN, LÄNDER UND GEBIETE informiert über die Grunddaten zu Bevölkerung, Staat, Wirtschaft und Presse aller Länder der Welt. Die hier nur knappen wirtschaftlichen Eckdaten werden im Kapitel WIRTSCHAFT (→ *Sp. 837 ff.*) durch Details zu Landwirtschaft, Bergbau, Industrie und Welthandel vertieft und durch das Kapitel VERKEHR (→*Sp. 983 ff.*) ergänzt. Für die neuen Staaten liegen zuverlässige, international vergleichbare Wirtschaftsdaten noch nicht vor; die Angaben sind daher lückenhaft.
▶ In das Kapitel KURZBIOGRAPHIEN wurden die wichtigsten Persönlichkeiten der neuen Staaten aufgenommen; lange eingeführte Biographien wurden entsprechend gekürzt.
▶ Das Kapitel INTERNATIONALE ORGANISATIONEN wurde zweigeteilt: Die supranationale »Europäische Gemeinschaft/EG« wurde wegen ihrer Bedeutung als eigener Abschnitt an den Anfang gestellt und durch einen Beitrag über die wirtschaftliche und politische Zukunft Westeuropas (Vertragswerk von Maastricht, Europäischer Wirtschaftsraum, Schengener Abkommen) erweitert. Den zweiten Teil bildet eine Auswahl internationaler Organisationen und Konferenzen mit dem diesjährigen Schwerpunkt Umwelt- und Naturschutz, nicht zuletzt wegen der weltweiten Bewußtseinsveränderung, die in der Rio-Konferenz über Umwelt und Entwicklung/UNCED ihren Ausdruck fand (→*Sp. 715 ff.*).
▶ Das Kapitel WELTBEVÖLKERUNG – RELIGIONEN – SPRACHEN enthält diesmal einen Beitrag über das Schicksal der Armenier sowie eine komplette Auflistung der Sprachen Afrikas.
▶ Die KULTURSTATISTIK umfaßt neben einer Auswahl bedeutender Kulturpreise die Nobelpreisträger 1991 sowie eine Aufstellung der bisherigen Nobelpreise für Medizin und Physiologie.

Auch in diesem Jahr gaben uns zahlreiche Leser wertvolle Hinweise und Anregungen. Besonderer Dank gebührt *Heinz Hartmann, Werner Hieronimus, Karl Jaeschke, Kurt Leuthold, Dr. Gerd Lübbe, Erwin Penkert, Dr. Ernst Piehl, Joachim L. Puzik, Gerd Rose, K. Schröder-Bergen, Harry D. Schurdel, Dr. Hanns Steiner, Ralf Stelter* und *Reinhold E. Thiel*. Eine große Hilfe waren wiederum die Auskünfte zahlreicher in- und ausländischer Behörden, Organisationen, Botschaften und Institute; hier sei das Bundesinstitut für ostwissenschaftliche und internationale Studien in Köln hervorgehoben.

Bonn, im September 1992   Mario von Baratta

Philips, gegründet 1891.

Ein Jahrhundert Technik für die Menschen. Philips.

Was mit der Glühlampe einst begann, hört mit dem induktiven QL-Licht längst nicht auf. Die Beiträge von Philips zur modernen Technik sind vielseitig und erfinderisch. Um nur ein paar Beispiele zu geben: Röntgentechnik und Kernspin-Tomographie wurden entscheidend durch Ideen von Philips vorangebracht. Mit HDTV-Fernsehgeräten trägt Philips zur Kommunikation von morgen bei. Ob bei der Erweiterung des Telefonnetzes durch Glasfasertechnik und ISDN oder bei digitalen Mobilfunk-Technologien – Innovationen von Philips sind bahnbrechend. Neueste, spektakuläre Erfindung von Philips ist die DCC, eine MusiCassette im herkömmlichen Format, aber mit digitaler Klangqualität.

All diese Entwicklungen gestalten das Leben angenehmer und sind ökologisch durchdacht. Womit wir wieder beim Licht sind, dem Thema, mit dem sich Philips vor 100 Jahren profilierte. Die heutigen Energiesparlampen von Philips verbrauchen 80 Prozent weniger Strom und leben achtmal länger als herkömmliche Glühlampen – ein Ergebnis aus 100 Jahren Forschung, aber nur ein Baustein für das nächste Jahrhundert.

Philips und der Fortschritt – ein Jahrhundertthema.

PHILIPS

Inhaltsverzeichnis

Vorbemerkung ... 9

Schulferientermine 1993 ... 15

Abkürzungen der Staaten, Länder und Gebiete ... 19

Länderchronik 1991/1992 ... 23

Staaten, Länder und Gebiete in alphabetischer Reihenfolge ... 171
LANDESSTRUKTUR: Fläche, Einwohnerzahlen, Bevölkerungszusammensetzung, Lebenserwartung, Säuglingssterblichkeit, Analphabetenrate, Bevölkerungswachstum, Sprachen, Religion, städtische Bevölkerung und größere Städte
STAAT: Verfassung, Verwaltungsgliederung, Staatsoberhaupt, Regierungschef, Außenminister, Parteien und Wahlergebnisse
WIRTSCHAFT: Bruttosozialprodukt/BSP pro Kopf, Bruttoinlandsprodukt/BIP, Anteil der Landwirtschaft und der Industrie am BIP, Erwerbspersonen, Energieverbrauch, Währung, Auslandsverschuldung, Inflation, Außenhandel, wichtige Ein- und Ausfuhrgüter sowie Handelspartner
PRESSE

Kurzbiographien ausländischer politischer Persönlichkeiten ... 631

Internationale Organisationen ... 715
in alphabetischer Reihenfolge der Abkürzungen
I. Europäische Gemeinschaften/EG 715
II. Internationale Organisationen mit Schwerpunkt Umwelt und Naturschutz 735

Weltbevölkerung – Religionen – Sprachen ... 819

Wirtschaft ... 837
Entwicklung der Weltwirtschaft 1991/92 837 – Ernährung, Land- und Forstwirtschaft, Fischerei 857 – Bergbau, Rohstoffgewinnung und -versorgung 901 – Industrie 929 – Welthandel 965

Verkehr ... 983
Kraftfahrzeugbestand und -produktion, Straßenverkehr und Straßenbau 983 – Eisenbahnverkehr 991 – Schiffahrt, Schiffbau 993 – Luftverkehr 1001 – Post- und Fernmeldewesen 1005 – Fremdenverkehr 1007

Kultur-, Friedens- und Nobelpreise sowie weitere Auszeichnungen (in Auswahl) ... 1011
Architektur, Denkmalpflege, Design 1011 – Fernsehen, Hörfunk, Presse 1013 – Film und Fotografie 1021 – Kunst 1031 – Literatur 1033 – Musik 1047 – Tanz/Theater 1051 – Preise für Frieden und Verständigung, gesamtschöpferische Leistungen, Natur- und Umweltschutz 1055 – Nobelpreise 1991 1067

Nobelpreise für Medizin 1901–1991 ... 1069

Jahrestage 1993 ... 1083
Gedenktage und Jubiläen der Welt-, Kultur- und Zeitgeschichte

Verstorbene Persönlichkeiten ... 1099

Maße und Gewichte ... 1115

Register ... 1119

SCHULFERIENTERMINE 1993
Angegeben sind jeweils der erste und letzte Ferientag – Alle Angaben ohne Gewähr

1. Deutschland
Angaben der Pressestelle der Kultusministerkonferenz (KMK), Nassestraße 8, 5300 Bonn 1

Bundesland	Weihnachten 1992/1993	Winter/ Fastnacht	Ostern/ Frühjahr	Himmelfahrt/ Pfingsten	Sommer	Herbst
Baden-Württem. (3)	23.12.–9.1.	–	5.–17.4.	1.–4.6.	1.7.–14.8.	2.–5.11.
Bayern	23.12.–9.1.	–	5.–17.4.	1.–12.6.	22.7.–6.9.	nur 2.11.
Berlin	23.12.–6.1.	30.1.–13.2.	3.–17.4.	–	24.6.–4.8.	2.–9.10.
Brandenburg	23.12.–6.1.	11.–24.2.	9.–17.4.	29.5.–1.6.	24.6.–7.8.	2.–9.10.
Bremen (1)	23.12.–6.1.	–	29.3.–17.4.	–	18.6.–31.7.	23.9.–2.10.
Hamburg	21.12.–2.1.	–	8.–20.3.*	17.–22.5.	5.7.–14.8.	11.–23.10.
Hessen (2)	23.12.–8.1.	–	5.–23.4.	–	26.7.–3.9.	25.–29.10.
Mecklenbg.-Vorp. (3)	23.12.–2.1.	15.–27.2.	7.–14.4.	28.5.–1.6.	1.7.–14.8.	4.–9.10.
Niedersachsen	23.12.–6.1.	–	27.3.–17.4.	29.5.–1.6.	18.6.–31.7.	24.9.–2.10.
Nordrhein-Westf. (3)	23.12.–6.1.	–	29.3.–17.4.	nur 1.6.	8.7.–21.8.	24.9.–2.10.
Rheinland-Pfalz (4)	23.12.–9.1.	–	29.3.–16.4.	nur 1.6.	15.7.–24.8.	18.–23.10.
Saarland	21.12.–6.1.	22.–23.2.	1.–19.4.	–	15.7.–28.8.	25.–30.10.
Sachsen (2)	23.12.–6.1.	15.–23.2.	8.–17.4.	28.5.–1.6.	15.7.–25.8.	18.–26.10.
Sachsen-Anhalt	22.12.–5.1.	15.–23.2.	6.–20.4.	26.5.–1.6.	15.7.–25.8.	18.–22.10.
Schleswig-Hlst. (2)	23.12.–7.1.	–	5.–17.4.	–	2.7.–14.8.	11.–23.10.
Thüringen	23.12.–2.1.	8.–13.2.	5.–17.4.	28.5.–1.6.	29.7.–11.9.	25.–30.10.

Die Zahlen in Klammern hinter den Bundesländern geben bewegliche Ferientage an, die besondere örtliche Verhältnisse berücksichtigen oder mit denen Ferienabschnitte verlängert werden können. * auch 13.4.

2. Österreich
Ferienfestlegung nach dem Schulzeit-Bundesgesetz vom 16.7.1964 (zuletzt geändert BGBl. 369/1982)

	Weihnachtsferien	Semesterferien	Osterferien	Sommerferien
Ostteil des Landes: Wien, Niederösterreich, Burgenland	landeseinheitlich 24.12.92–6.1.93	1.–6.2.	landeseinheitlich	3.7.– 4.9.
Westteil des Landes: Kärnten, Oberösterreich, Salzburg, Steiermark, Tirol, Vorarlberg	(fakultativ 23.12.92–7.1.93)	8.–13.2.	3.–13.4.	10.7.–11.9.

Die Pfingstferien sind regional einheitlich von Samstag vor Pfingsten bis Pfingstdienstag.

3. Schweiz
Angaben der Schweizerischen Dokumentationsstelle für Schul- und Bildungsfragen (CESDOC), Genf
Auswahl wichtiger bzw. angrenzender Kantone und Städte, sofern einheitliche Ferientermine vorgesehen sind

	Winterferien 1992/1993	Sportwoche	Frühlingsferien	Sommerferien	Herbstferien
Basel-Stadt	24.12.–2.1.	27.2.– 6.3.	3. –17.4.	26.6.– 7.8.	25. 9.– 9.10.
Basel-Landschaft	25.12.–2.1.	20.2.– 6.3.	8. –17.4.	26.6.– 7.8.	25. 9.– 9.10.
Bern (Stadt)	19.12.–2.1.	6. –13.2.	3. –24.4.	3.7.–14.8.	25. 9.–16.10.
Genf (Kanton)	24.12.–9.1.	13. –20.2.	8. –17.4.	5.7.–28.8.	23. –30.10.
St. Gallen (Kanton)	21.12.–2.1.	– –	3. –17.4.	10.7.–14.8.	25. 9.–16.10.
Schaffhausen (Kanton)	– –	30.1.–13.2.	17.4.– 1.5.	10.7.–14.8.	2. –23.10.
Thurgau (Kantonsschulen)	24.12.–2.1.	30.1.– 7.2.	9. –48.4.	10.7.–15.8.	– –
Tessin (Kanton)	23.12.–6.1.	20. –28.2.	26.4.– 8.5.	19.6.– —	– –
Zürich (Kantonsschulen)	24.12.–2.1.	15. –27.2.		19.7.–21.8.	9.–23.10.

– – Daten lagen am 15.8.1992 noch nicht vor.
Die 26 Kantone haben teils sehr unterschiedliche **kantonsinterne Regelungen** (insgesamt über 300 verschiedene Ferientermine!)

ANZEIGE

günstige Flugtarife zu den wichtigsten Flughäfen der Welt

EUROPA
Alicante 429
Amsterdam..................299
Antalya 450
Athen 564
Brüssel 289
Budapest.....................333
Bukarest......................577
Dalaman......................569
Dublin 566
Faro 429
Funchal 519
Glasgow 566
Helsinki 622
Heraklion 569
Istanbul 485
Izmir 579
Kiew 829
Kopenhagen 351
Kos 549
Las Palmas 489
Larnaca.......................769
London 351
Lissabon 439
Madrid 606
Malaga 459
Malta 606
Manchester 484
Minsk 788
Moskau 815
Oslo 558
Palma 359
Paris 325
Prag 333
Rhodos 569
Rom 488
Stockholm 709
Sofia 485
Tallin 558
Teneriffa 479
Vilnus 830

NORDAMERIKA
Anchorage 1739
Chicago 988
Los Angeles 959
Miami 739
Montreal 999
New York 833
San Francisco.............959
Toronto 999
Vancouver.................1289

**KARIBIK /
MITTELAMERIKA**
Acapulco 1345
Barbados 1395
Belize 1615
Bonair 1445
Cancun 1345
Curaçao 1295
Grenada 1395
Guatemala 1495

Havana 1415
Kingston 1395
Managua 1605
Mexico......................1345
Panama 1205
Port au Prince 1795
Point á Pitre 1475
San Jose 1495
San Juan 1160
Santo Domingo 1295
Tegucigalpa 1605

SÜDAMERIKA
Asuncion 1815
Bogota 1495
Buenos Aires 1695
Caracas 1290
Cayen 1795
Lima 1365
Montevideo 1755
Quito 1555
Recife 1595
Rio de Janeiro..........1565
Santiago de Chile 1815
Sao Paulo 1565

AFRIKA
Abidjan 1545
Accra 1445
Addis Abeba 1445
Agadir 509
Algier 815
Antanarivio 1845
Bamako 1295
Banjul 1560
Brazavile 1545
Bujumbura 1645
Cairo 669
Casablanca................767
Conakry 1765
Cotounou 1565
Dakar 1099
Dar es Salam 1495
Djibuti 1495
Djerba 531
Douala 1345
Freetown 1345
Harare 1595
Johannesburg 1665
Khartuom 1315
Kigali 1885
Kinshasa 2370
Libreville 1865
Lilongwe 1630
Luanda 1445
Lusaka 1730
Luxor 669
Marrakesch 449
Mauritius 1745
Monastir 464
Nairobi......................1265
Niamey 1840
Quagadogou 1345

Sal 1465
Tripolis 922
Tunis 649

NAHOST
Abu Dhabi 1125
Aden 1795
Amman 999
Ankara 499
Bagdad 1195
Beyrouth 839
Damaskus..................779
Dharan 1465
Doha 1465
Jeddah 1315
Kuweit 1175
Muscat 1355
Ryad 1315
Sanaa 1415
Tel Aviv 765

ASIEN
Bangkok 1290
Bombay 1290
Calkutta 1325
Colombo 1315
Dacca 1395
Dehli 1395
Denpasar 1805
Hongkong 1515
Islamabad 1645
Jakarta 1635
Kathmandu 1285
Karachi 1315
Kuala Lumpur 1515
Male 1315
Manila 1645
Osaka 1865
Peking 1465
Rangoon 1445
Singapore 1545
Seoul 1895
Taipeh 1655
Tokio 1835

**AUSTRALIEN /
NEUSEELAND**
Adelaide 2215
Auckland 2195
Brisbane 2215
Cairns 2215
Christchurch.............2265
Darwin 2055
Melbourne 1995
Perth 2195
Port Moresby............2565

SÜDSEE
Honululu 1499
Papeete 2495
Nadi 2495
Raratonga 2495
Tonga 2495

Reisebüro
Terminal 1

Landsberger Straße 16
4048 Grevenbroich 5 (Neukirchen)
Tel. (02182) 60016, Fax (02182) 9050

Stand Sept. 92

ABKÜRZUNGEN DER STAATEN, LÄNDER UND GEBIETE

Für zahlreiche neue Staaten, insbesondere der ehemaligen UdSSR und Jugoslawiens, liegen keine amtlichen Länderkennzeichen vor. Die Redaktion mußte deshalb auf Abkürzungen zurückgreifen, von denen anzunehmen ist, daß sie künftig offiziellen Charakter bekommen werden (= fett gedruckt).

A	**Österreich** (engl. usw.: Austria)	ETH	**Äthiopien** (engl. usw.: Ethiopia)
AFG	**Afghanistan**	EW	**Estland** (früher zu SU)
AG	**Antigua und Barbuda**	F	**Frankreich**
AL	**Albanien**	FJI	**Fidschi** (engl.: Fiji)
AND	**Andorra**	FL	Fürstentum **Liechtenstein**
ARM	**Armenien** (früher zu SU)	FR	Färöer-Inseln (dänisch)
ASE	Aserbaidschan (früher zu SU)	FSM	Föderierte Staaten von **Mikronesien**
AUS	**Australien**	**G**	**Gabun**
B	**Belgien**	GB	**Großbritannien und Nordirland** (s. auch **UK**)
B.A.T.	Britische Antarktis-Territorien	GBA	Alderney (Kronlehnsgut) — nicht Teile des UK
BD	**Bangladesch**	GBG	Guernsey (Kronlehnsgut)
BDS	**Barbados**	GBJ	Jersey (Kronlehnsgut)
BEL	**Belarus** (Weißrußland; früher zu SU)	GBM	Isle of Man (Kronlehnsgut)
BF	**Burkina Faso;** früher Obervolta	GBZ	Gibraltar (Kolonie)
BG	**Bulgarien**		
BHT	**Bhutan**	GCA	Guatemala (engl.: G. Central America)
BIS	Bosnien-Herzegowina (früher zu YU)	GH	**Ghana;** früher Goldküste
B.I.O.T.	Brit. Territorium im Indischen Ozean	GR	**Griechenland**
BOL	**Bolivien**	**GRØ**	Grönland (dänisch)
BR	**Brasilien**	**GUS**	Gemeinschaft Unabhängiger Staaten (Zusammenschluß 11 früh. Sowjetrepubliken)
BRN	**Bahrain**		
BRU	**Brunei**	GUY	**Guyana**
BS	**Bahamas**	H	**Ungarn** (engl./frz.: Hungary/Hongrie)
BUR	**Myanmar;** früher Birma (Burma)	HCA	**Honduras**
BZ	**Belize;** früher Britisch-Honduras	HK	Hongkong (britisch)
C	**Kuba** (spanisch: Cuba)	HV	**Kroatien** (Hrvatska, früher zu YU)
CAM	**Kamerun** (Cameroun)	I	**Italien**
CDN	**Kanada** (Canadian Dominion)	IL	**Israel**
CH	**Schweiz** (Confœderatio Helvetica)	IND	**Indien**
CI	**Côte d'Ivoire;** früher Elfenbeinküste	IR	**Iran**
CL	**Sri Lanka;** früher Ceylon	IRL	**Irland** (Éire)
CO	**Kolumbien** (Colombia)	IRQ	**Irak** (Iraquia)
CR	**Costa Rica**	IS	**Island**
ČSFR	**Tschechoslowakei** (Tschechische und Slowakische Föderative Republik; † 9/1992)	J	**Japan**
		JA	**Jamaika**
CV	**Kapverden** (portugies.: Cabo Verde)	JOR	**Jordanien**
CY	Republik **Zypern** (engl.: Cyprus)	K	**Kambodscha**
D	**Deutschland**	**KAS**	Kasachstan (früher zu SU)
DARS	Sahara (Demokr. Arab. Republik Sahara)	**KIS**	Kirgistan (früher zu SU)
DK	**Dänemark**	KWT	**Kuwait**
DOM	**Dominikanische Republik**	L	**Luxemburg**
D.O.M.	Französische Überseedépartements	LAO	**Laos**
DZ	**Algerien** (ehem. frz. Transkription: Djazaïria)	LB	**Liberia**
E	**Spanien** (España)	LR	**Lettland** (Latvijas Republika; früher zu SU)
EAK	**Kenia** (East Africa: Kenya)	LS	**Lesotho;** früher Basutoland
EAT	**Tansania** (East Africa: Tanzania)	LT	**Litauen** (früher zu SU)
EAU	**Uganda** (East Africa: Uganda)	M	**Malta**
EC	**Ecuador**	MA	**Marokko**
ES	**El Salvador**	**MAK**	Makedonien/Mazedonien (früher zu YU)
ET	**Ägypten** (engl.: Egypt)	MAL	**Malaysia**

Abkürzungen der Staaten

MC	**Monaco**	SD	**Swasiland** (Ngwane)
MEX	**Mexiko**	SF	**Finnland** (Suomi/Finland)
MOC	**Mosambik** (portugies.: Moçambique)	SGP	**Singapur**
MOL	**Moldau** (Moldova; früher zu SU)	SLO	**Slowenien** (früher zu YU)
MS	**Mauritius**	SME	**Suriname**
MW	**Malawi;** früher Nyassaland	SN	**Senegal**
N	**Norwegen**	SO	**Somalia**
NA	**Niederländische Antillen** (zu NL)	STL	**Saint Lucia**
NAU	**Nauru**	**STP**	**São Tomé & Príncipe**
NEP	**Nepal**	SU	**Sowjetunion** (auslaufend; → GUS)
NIC	**Nicaragua**	**SUD**	**Sudan**
NL	**Niederlande**	SY	**Seschellen** (Seychellen)
NZ	**Neuseeland** (New Zealand)	SYR	**Syrien**
OM	Sultanat **Oman;** früher Maskat & Oman	T	**Thailand**
P	**Portugal**	**T.A.A.F.**	Französ. australische & antarktische Gebiete
PA	**Panama**	**TAD**	**Tadschikistan** (früher zu SU)
PE	**Peru**	TCH	**Tschad**
PK	**Pakistan**	TG	**Togo**
PL	**Polen**	TN	**Tunesien**
PNG	**Papua-Neuguinea**	**T.O.M.**	Französische Überseegebiete
PY	**Paraguay**	TR	**Türkei**
Q	**Katar** (Qatar)	**TRNC**	Türkische Republik Nordzypern
R	**Rußland** (Russische Föderation)	TT	**Trinidad und Tobago**
RA	Republik **Argentinien**	TUR	**Turkmenistan** (früher zu SU)
RB	Republik **Botswana;** fr. Betschuanaland	UAE	**Vereinigte Arabische Emirate** (engl. Abk.)
RCA	**Zentralafrikanische Republik** (frz. Abk.)	**UK**	**Vereinigtes Königreich von Großbritannien und Nordirland** (engl.: United Kingdom)
RCH	Republik **Chile**		
RG	Republik **Guinea** (Conakry)	UKR	**Ukraine** (früher zu SU)
RH	Republik **Haiti**	USA	**Vereinigte Staaten von Amerika**
RI	Republik **Indonesien**	**USB**	**Usbekistan** (früher zu SU)
RIM	Islamische Republik **Mauretanien** (frz. Abk.)	V	**Vatikanstadt**
RL	Republik **Libanon**	**V.I.**	Britische **Jungferninseln** (Virgin Islands)
RM	Republik **Madagaskar**	VN	**Vietnam**
RMM	Muslimische Republik **Mali** (frz. Abk.)	**VRC**	Volksrepublik **China**
RN	Republik **Niger**	WAG	**Gambia** (Westafrika)
RO	**Rumänien**	WAL	**Sierra Leone** (Westafrika)
ROC	Republik **China** (Taiwan, Formosa)	WAN	**Nigeria** (Westafrika)
ROK	Republik **Korea** (Südkorea)	WD	**Dominica** (Westindien)
ROU	**Uruguay** (span.: República Oriental del U.)	WG	**Grenada** (Westindien)
RP	Republik **Philippinen**	WS	**Samoa** (West-Samoa)
RPC	Volksrep. **Kongo;** fr. Congo-Brazzaville	WV	**St. Vincent u. d. Grenadinen** (Westind.)
RSA	Republik **Südafrika** (→ ZA)	**Y**	**Jemen** (engl. Abk.)
RSM	Republik **San Marino**	YU	**Jugoslawien** (engl.: Yugoslavia; nur noch für Serbien und Montenegro verwendet)
RU	**Burundi** (Rep. y'Uburundi)		
RWA	**Ruanda** (Rwanda)	YV	**Venezuela** (Abk. aus dem Luftverkehr)
S	**Schweden**	Z	**Sambia** (Zambia); früher Nord-Rhodesien
SA	**Saudi-Arabien**	ZA	**Republik Südafrika** (→ RSA)
SAK	Georgien (Sakhartvelos Respublika; früher zu SU)	ZRE	**Zaire;** früher Belgisch-Kongo
		ZW	**Simbabwe** (engl.: Zimbabwe); früher: Süd-Rhodesien
SCN	**Saint Kitts und Nevis** (früher Saint Christopher und Nevis)		

Länderchronik

Chronik der souveränen Staaten (Afghanistan–Zaire). Besonders ausführlich dargestellt ist dieses Mal der Bürgerkrieg im auseinanderfallenden Jugoslawien (insbesondere Bosnien-Herzegowina), die Gemeinschaft der unabhängigen Staaten, hervorgegangen aus der Sowjetunion, und die Entwicklung in einzelnen Staaten (insbesondere Aserbaidschan, Armenien und Georgien), Israel und die Nahostkonferenz sowie die innenpolitischen Veränderungen in der Republik Südafrika. Staaten, in denen die Regierung gewechselt hat und/oder Parlamentswahlen stattgefunden haben und über die hier nicht berichtet wird, → Kapitel »Staaten, Länder und Gebiete«, Sp. 171 ff.

AFGHANISTAN Bei Gesprächen einer Delegation gemäßigter Mujahedin-Gruppen unter Führung von *Burhanuddin Rabbani*, dem politischen Führer der »Jamiat-i-Islami«, mit der sowjetischen Regierung vom 10.–16. 11. **1991** in Moskau plädieren beide Seiten für die Übergabe der Macht in A. an eine islamische Übergangsregierung aus, die am 1. 1. 1992 unter Aufsicht der UN gebildet werden soll. – Am 1. 1.**1992** stellen vereinbarungsgemäß die USA und Rußland ihre Waffenlieferungen an die Bürgerkriegsparteien ein. – Nach Sondierungsgesprächen des UN-Sonderbotschafters *Benon Sevan* mit der Regierung und den Mujahedin-Gruppen sowie den Anrainerstaaten Iran und Pakistan gibt UN-Generalsekretär *Butros Butros-Ghali* am 10. 4 in Genf die ausgehandelten Bedingungen für eine Befriedung A. s bekannt, die mit Ausnahme der radikalen Mujahedin-Gruppierungen von allen akzeptiert werden. Vorgesehen ist die Ablösung der Regierung von Präsident *Mohammed Najibullah* am 28. 4. durch einen neutralen Interimsrat, dessen Aufgabe die Vorbereitung einer Friedenskonferenz unter UN-Schirmherrschaft sein soll. – Mit dem nun absehbaren Ende des Bürgerkriegs brechen verstärkt Stammesgegensätze auf, die sich gegen die traditionelle Vorherrschaft der Paschtunen richten. – **Präsident** *Najibullah*, der seine Demission für Ende April 1992 ankündigt, wird am 16. 4. **gestürzt; Generäle der Regierungsarmee übernehmen die Macht**. Dem »Provisorischen Rat« gehören 4 stellv. Regierungschefs, die Vorsitzenden der beiden Kammern des Parlaments, der Vorsitzende des Obersten Gerichtshofs und der Generalstaatsanwalt an. Zum **neuen Staatspräsidenten** wird am 18. 4. der parteilose Vizepräsident *Abdul Rahim Hatif* gewählt, der sich am 21. 4. **zur Machtübergabe an die Mujahedin bereit erklärt**. Die Städte Herat und Kandahar sind zu diesem Zeitpunkt bereits in Händen schiitischer Rebellen (Herat) bzw. abgefallener Regierungstruppen. Die Truppen des Paschtunen *Gulbuddin Hekmatyar*, des Führers der »Hezb-i-Islami«, stehen im Süden und im Osten von Kabul, die des Tadschiken *Massud* im Norden. Am 24. 4. einigen sich die im pakistanischen Exil lebenden Mujahedin-Führer, ohne Beteiligung von *Hekmatyar* und *Massud*, auf die Bildung eines 51köpfigen Rats, der A. für eine Übergangszeit regieren und dessen Präsident der gemäßigte Rebellenführer *Sibghatullah Mujaddidi* (Führer der »Afghanischen Nationalen Befreiungsfront«/»Jabha Najat-e Melli«) werden soll. Am 25. 4. ziehen die Anhänger verschiedener Mujahedin-Gruppen in Kabul ein; nach heftigen Kämpfen zwischen den Truppen von *Ahmed Shah Massud* und denen von *Gulbuddin Hekmatyar* wird am 27. 4. ein Waffenstillstand geschlossen, der aber nicht lange vorhält. – *Sibghatullah Mujaddidi*, der **Präsident des neugebildeten Mujahedin-Rates**, übernimmt am 28. 4. **in Kabul die Macht**; Außenminister wird *Sayed Solaiman Gailani* und *Ahmed Shah Massud* Verteidigungsminister. Die »**Islamische Republik Afghanistan**« wird **ausgerufen**. – Am 12. 5. wird die früher regierende Watan-Partei (ehemalige KP) verboten. – Nach dem Rücktritt von *Sibghatullah Mujaddidi* am 28. 6. übernimmt der 10köpfige Höchste Rat, dem die Vorsitzenden der wichtigsten Rebellengruppen angehören, die Macht und bestimmt *Burhanuddin Rabbani* zum **neuen Übergangspräsidenten**. Ministerpräsident *wird Ustad Abdel Sabur Farid*, der Stellvertreter *Hekmatyars* bei der »Hezb-i-Islami«. – Seit dem 4. 8. werden aus Kabul neue Kämpfe zwischen verfeindeten Mujahedin-Gruppen, Usbekenmilizen und Regierungstruppen gemeldet; auch die Anhänger *Hekmatyars* sind an den Auseinandersetzungen beteiligt. Wegen der seit 10. 8. anhaltenden Angriffe der Truppen *Hekmatyars* auf Kabul entläßt Präsident *Rabbani* am 16. 8. Ministerpräsident *Ustad Abdel Sabur Farid* und schließt weitere Vertreter der »Hezb-i-Islami« aus der Übergangsregierung aus. In 3wöchigen schweren Kämpfen um Kabul werden mindestens 1800 Menschen getötet und weite Teile von Kabul zerstört; rund 1/3 der 1,5 Mio. Einwohner sind aus der Stadt geflüchtet. Seit dem 29. 8. herrscht eine zwischen Regierung und *Hekmatyar* vereinbarte Waffenruhe.

ÄGYPTEN Die **Bemühungen um ein Zustandekommen der Nahost-Friedenskonferenz** stehen im Herbst **1991** im Vordergrund der ägyptischen Diplomatie. (→ *Sp. 77/78*). – Am 3. 12. wählt die UN-Vollversammlung den stellvertretenden ägyptischen Ministerpräsidenten *Butros Butros-Ghali* zum UN-Generalsekretär. – Der Vorwurf der ägyptischen Gesellschaft zur Verteidigung der **Menschenrechte**, die Regierung toleriere das Foltern politischer Häftlinge, wird zurückgewiesen. Am 15. 2.**1992** trifft eine Delegation der Middle East Watch zu Gesprächen über die Lage der Menschenrechte in Kairo ein, nach deren Abreise Innenminister *Mussa* erklärt, es habe keine Beschwerden über Folterungen gegeben. – Am 19. 3. teilt die Polizei mit, sie habe eine **Verschwörung zum Sturz der Regierung** aufgedeckt und drei Mitglieder der Moslembruderschaft festgenommen. – Die Beziehungen zum Nachbarland Sudan verschlechtern sich durch einen **Grenzstreit** um das Dreieck von Hala'ib, nördlich der Grenzlinie auf dem 22. Breitengrad entlang der Küste des Roten Meeres gelegen. Nach Auffassung der ägyptischen Regierung sei die Überlassung des Landdreiecks an den Sudan 1902 keine Übertragung von Souveränitätsrechten gewesen. Der Streit spitzt sich zu, als die Regierung in Khartum eine Konzession zur Erdölsuche vergibt. – Angesichts wachsender Gewalt von Fundamentalisten – vor allem gegen koptische Christen – billigt das Parlament am 17. 7. eine Reihe von **Anti-Terrorgesetzen**, die die Befugnisse der Sicherheitskräfte ausweiten. – Bei einer Großfahndung nimmt die Polizei Ende Juli mehr als 300 islamische Fundamentalisten in Oberägypten und Alexandria fest. – Anfang August verschärfen sich die **Spannungen zwischen Ä. und dem Sudan**, dem. Ä. vorwirft, in Lagern nahe der Grenze Extremisten für Terrorangriffe auszubilden.

ALBANIEN Zehntausende **Demonstranten fordern** am 7. 8. und 14. 9. **1991** in Tirana das **Ende der kommunistischen Herrschaft** und den Rücktritt von Staatspräsident *Ramiz Alia*. – Die Regierung ordnet am 9. 9. die Überführung des KP-Vermögens in Staatseigentum an. – Die Forderung der Demokratischen Partei Albaniens/DP vom 27. 11. nach Neuwahlen und der Entfernung altkommunistischer Funktionäre aus Machtpositionen leitet eine **Regierungskrise** ein: Als Ministerpräsident *Yilli Bufi* die Forderungen am 28. 11. ablehnt, verlassen die Republikanische Partei/RP und die DP am 1. bzw. 4. 12. die Koalitionsregierung mit der Sozialistischen Partei Albaniens/PSH. *Bufi* bietet am 5. 12. seinen Rücktritt an und erklärt zugleich, die Lebensmittelvorräte des Landes reichten nur noch für 6 Tage. Daraufhin kommt es ab 8. 12. in mehreren Landesteilen zu **Unruhen und Plünderungen** (2 Tote). Der von der PPSH vorgeschlagene parteilose frühere Ernährungsminister *Vilson Ahmeti* bildet am 15. 12. eine aus Fachleuten bestehende **Übergangsregierung**. – Vom 26. 2. bis 5. 3. **1992** kommt es in mehreren Städten zu Hungerrevolten und Plünderungen. – Die **vorgezogenen Parlamentswahlen** am 22. und 29. 3. (Wahlbeteiligung: 90,35%) **gewinnt die oppositionelle DP** mit 66% der Stimmen; die aus der KP hervorgegangene PPSH erreicht nur 26%. **Staatspräsident Alia tritt** am 3. 4. **zurück**, um seiner drohenden Abwahl zuvorzukommen. Am 9. 4. wird der DP-Vorsitzende **Salih Berisha** vom Parlament mit 96 gegen 34 Stimmen **zum neuen Staatspräsidenten gewählt**. Der bisherige Vizepräsident des Parlaments, **Alexander Meksi**/DP, wird **zum neuen Ministerpräsidenten ernannt**. *Meksi* kündigt am 20. 4. drastische **marktwirtschaftliche Reformen** (teilweise Freigabe der Preise, Privatisierung von Fabriken, Wohnungen und Ackerland) an, um der katastrophalen Wirtschaftslage Herr zu werden. Im März 1992 lag die Produktion bei Nahrungsmitteln um 40–50% und bei Industrieerzeugnissen um 80% unter Vorjahresniveau; die Arbeitslosigkeit stieg auf ca. 70%. – Der **Besuch des griechischen Ministerpräsidenten** *Konstantin Mitsotakis* am 3. 5. dient einer Normalisierung der bilateralen Beziehungen. Die Minderheitenprobleme der Nordepiroten und der Tschamurioten in A. sowie der in Griechenland lebenden Südtosken werden zwar angesprochen, aber nicht gelöst. – Beim **Besuch des türkischen Ministerpräsidenten** *Süleyman Demirel* wird am 2. 6. ein Abkommen über die wirtschaftliche und sicherheitspolitische Zusammenarbeit unterzeichnet; neben einer Wirtschaftshilfe von 50 Mio. $ sagt *Demirel* Hilfe für den Fall kriegerischer Auseinandersetzungen im jugoslawischen Kosovo zu.

ALGERIEN Am 29. 9.**1991** verkündet Präsident *Chadli Ben Jedid* per Dekret die **Aufhebung des Ausnahmezustandes**, der im Juni verhängt worden war. Nach offiziellen Angaben gab es während dieser Zeit 55 Tote, 326 Verletzte und 2976 Verhaftungen. 1100 Personen seien noch in Haft, 809 von ihnen – darunter auch die Führer der »Islamischen Heilsfront«/FIS, *Abassi Madani* und *Ali Belhadj* – müßten sich vor Gericht verantworten. – Zur Eindämmung der Inflation wird der algerische Dinar erstmals mit Wirkung vom 30. 9. um 22% abgewertet. – Am 13. 10. verabschiedet das Parlament mehrere **Änderungen des Wahlgesetzes**. Die Wahlkreise werden neu eingeteilt und die Zahl der Parlamentssitze auf 430 festgelegt. Das im Artikel 54 niedergeschriebene Traditionswahlrecht, wonach der Ehemann für andere Familienmitglieder die Stimme abgeben kann, wird am 28. 10. vom Verfassungsrat für ungültig erklärt. – Am 26. 12. finden die **ersten freien Wahlen zur Nationalversammlung** seit der Unabhängigkeit statt. Mit 47,54% der Stimmen gewinnt die FIS auf Anhieb 188 der 231 im ersten Wahlgang zu vergebenden Sitze, die »Front der sozialistischen Kräfte«/FFS erhält 25, die bisherige Regierungspartei, die »Nationale Befreiungsfront«/FLN von Präsident *Chadli*, nur 15 Sitze. Nach Bekanntwerden des Wahlergebnisses kommt es zu verstärkten **Spannungen im Lande**. Ministerpräsident *Sid Achmed Ghozali* gesteht Unregelmäßigkeiten beim Urnengang ein und kündigt den Rücktritt seiner Regierung nach dem zweiten Wahlgang an. – Am 11. 1. **1992** teilt *Chadli* überraschend seinen Rücktritt vom Amt des Staatspräsidenten mit. Die Führung der Streitkräfte gibt am gleichen Tag die Bildung eines sechsköpfigen Hohen Sicherheitsrates bekannt, der am 12. 1. die **Ergebnisse der Parlamentswahl annulliert** und den zweiten Wahlgang absagt. – Am 14. 1. übernimmt ein **fünfköpfiges Hohes Staatskomitee** (HCE) die bisher von Staatspräsident *Chadli* ausgeübten Funktionen. Als Präsidenten beruft das Komitee den bislang im marokkanischen Exil lebenden früheren Freiheitskämpfer *Mohammed Boudiaf*, der am 16. 1. faktisch **als Staatsoberhaupt vereidigt** wird. – Nach der Verhaftung des amtierenden Führers der FIS, *Abdelkader Hachani*, und Demonstrationen nach dem Freitagsgebet, bei denen mindestens 40 Personen getötet werden, gibt die Regierung am 9. 2. die **Verhängung des Ausnahmezustands** bekannt. Kommunalparlamente, in denen die FIS zumeist die Mehrheit hat, können von der Armee aufgelöst werden. Dies bedeutet faktisch ein Verbot der Islamischen Heilsfront. – Ministerpräsident *Ghozali* kündigt am 20. 2. **Neuwahlen innerhalb von zwei Jahren** an, um den unterbrochenen Demokratisierungsprozeß fortzuführen. – HCE-Präsident *Boudiaf* bestätigt die **Verhaftung von 6000 FIS-Aktivisten** sowie die Existenz von Internierungslagern. – *Ghozali* nimmt am 22. 2. eine **Regierungsumbildung** vor und beruft mit *Said Guechi*, ehemals FIS-Mitglied, sowie *Hachemi Nait-Djoudi*, ehemaliger FFS-Generalsekretär, zwei Politiker, die der Opposition nahestehen. – Einen Tag vor Beginn des Fastenmonats Ramadan verfügt das Verwaltungsgericht in Algier am 4. 3. das **Verbot und die Auflösung der Islamischen Heilsfront**, das am 29. 4. vom Obersten Gerichtshof bestätigt wird. – Am 29. 3. ordnet die Regierung die **Auflösung von 397 Gemeinde- und Provinzräten** an, die von der FIS dominiert werden. – Am gleichen Tag werden erstmals 550 von ca. 7000 Internierten aus den Sicherheitslagern in der Sahara freigelassen; Anfang Juni folgen weitere 2000 Freilassungen. – *Mohammed Said*, einer der Führer der FIS, wird am 15. 4. zu einer zehnjährigen Haftstrafe verurteilt. – Am 22. 4. wird ein 60köpfiger »**Nationaler Kosultativrat«/CCN berufen**, dem neben ehemaligen Ministern aus der Regierung *Boumedienne* die Frauenrechtlerin *Khalida Messaoudi* sowie Journalisten, Gewerkschafter und Geistliche angehören. – Am 29. 6. wird **Präsident** *Boudiaf* bei einem Attentat in der Provinzstadt Annaba **erschossen**. Nach Angaben der staatlichen Nachrichtenagentur APS habe ein der FIS nahestehender Geheimdienstoffizier den Mord begangen; die FIS lehnt jedoch jede Verantwortung ab. Zum **neuen Vorsitzenden des Hohen Staatskomitees** und damit zum **Staatschef wird** am 2. 7. der Exdiplomat **Ali Kafi** berufen. – Am 8. 7. tritt Ministerpräsident *Ghozali* zurück, da seine Liberalisierungsbemühungen auf Widerstand der FLN gestoßen sind. Präsident *Kafi* beauftragt *Belaïd Abdessalam*, zeitweise Energie- und Industrieminister, mit der **Bildung einer neuen Regierung**. – Unter scharfen Sicherheitsvorkehrungen wird am 12. 7. das **Hochsicherheitsverfahren gegen die FIS-Führungsspitze wieder aufgenommen**, das am 27. 6. vertagt wurde. **FIS-Führer** *Madani* und sein Stellvertreter *Belhadj*, denen »bewaffnete Verschwörung gegen die Staatssicherheit« vorgeworfen wird, werden am 15. 7. **zu je 12 Jahren Haft verurteilt**. In den folgenden Tagen kommt es in Algier zu **Schießereien und Ausschreitungen**. – Am 19. 7. stellt Ministerpräsident *Abdessalam* seine **neue Regierung** vor; Innenminister wird ein Zivilist, der bisherige Regierungssprecher *Mohammed Hardi*. – Der Staatsrat beschließt am 9. 8., die **Internierungslager in der Sahara schrittweise zu schließen**. – Wegen des Vorwurfs der falschen und tendenziösen Berichterstattung untersagt die Regierung das Erscheinen von vier Zeitungen und droht eine weitere **Einschränkung der Pressefreiheit** an.

ARMENIEN Die KP Armeniens beschließt am 7. 9.**1991** ihre Selbstauflösung. – Der Oberste Sowjet der Republik verabschiedet am 23. 9. die Erklärung zur **Unabhängigkeit** Armeniens, nachdem sich am Vortag 94,4% der wahlberechtigten Bürger in einem Referendum für ein unabhängiges und demokratisches Armenien »außerhalb der UdSSR« ausgesprochen hatten. Regierungschef *Wasgen Manukian* tritt am 25. 9. zurück. Bei der **ersten Direktwahl eines Präsidenten** setzt sich am 16. 10. der bisherige Vorsitzende des armenischen obersten Sowjets *Lewon Ter-Petrosjan* mit rund 83% der Stimmen durch. – Am 4. 1.**1992** werden die **ersten Preise freigegeben**; zugleich werden der Mindestlohn und die Löhne im öffentlichen Sektor verdoppelt. – Aufgrund der Blockade durch Aserbaidschan sieht sich die armenische Regierung gezwungen, am 19. 3. den **Wirtschaftsnotstand** auszurufen. – Am 31. 5. beginnt der Abzug der 7. Armee Rußlands vom Territorium Armeniens. – Anfang Juli sind über 75% des landwirtschaftlich genutzten Bodens privatisiert; die Nahrungsmittelproduktion ist erheblich gestiegen, die Importabhängigkeit hat abgenommen. Von

Nagornij Karabach Bei Gefechten zwischen Armeniern und Aserbaidschanern um die in Aserbaidschan gelegene, vorwiegend von Armeniern bewohnte Region **Nagornij Karabach** sind in den vergangenen 3 Jahren mehrere tausend Personen ums Leben gekommen. – Die Exekutivräte von Nagornij Karabach und dem im Norden benachbarten aserbaidschanischen Bezirk Schaumian rufen am 3. 9. **1991** eine unabhängige »Armenische Republik Nagornij Karabach« aus. – In der vom sowjetischen Staatsrat am 27. 11. verabschiedeten Resolution, die sowohl der armenische als auch der aserbaidschanische Präsident, *Lewon Ter-Petrosjan* und *Ajas Mutalibow*, unterzeichnen, wird Nagornij Karabach weiterhin der Autonomiestatus zugebilligt. – Ein von Gewaltakten begleitetes Referendum am 10. 12., bei dem sich 99,9 % der Wähler für die Unabhängigkeit der Region aussprechen, wird von der aserbaidschanischen Führung für ungültig erklärt. – Der aserbaidschanische **Präsident** *Mutalibow* **unterstellt** am 2. 1. **1992** den größten Teil der **Region Nagornij Karabach der Direktverwaltung seiner Regierung.** – Nach anhaltenden Kämpfen zwischen aserbaidschanischen und armenischen Einheiten ordnet Marschall *Jewgenij Schaposchnikow*, Oberbefehlshaber der vereinigten Streitkräfte der GUS, am 28. 2. den Abzug der GUS-Einheiten aus Nagornij Karabach an. – Der Vorsitzende des Obersten Sowjets in Nagornij Karabach, *Artur Mktrchjan*, kommt am 14. 4. unter ungeklärten Umständen ums Leben; seine Nachfolge tritt *Georgi Petrossjan* an. – Angesichts der katastrophalen Versorgungslage nach mehrmonatiger Blockade durch Aserbaidschan bittet das Parlament am 2. 5. um internationale humanitäre Hilfe. – Trotz internationaler Vermittlungsbemühungen und Waffenstillstandsabkommen gehen die Kämpfe unvermindert heftig weiter. Armenische Einheiten nehmen am 9. 5. die Stadt Schuscha ein, am 18. 5. die auf aserbaidschanischem Territorium gelegene Stadt Latschin und errichten damit einen **Korridor zwischen Nagornij Karabach und dem Territorium Armeniens**; im Juni eskaliert der Konflikt erneut, nachdem die Aserbaidschaner eine Gegenoffensive gestartet haben. – Der armenische Präsident *Ter-Petrosjan* erklärt am 6. 7., er werde sich wegen der jüngsten aserbaidschanischen Offensive in Nagornij Karabach nicht mehr an der KSZE-Friedenskonferenz beteiligen. – Das armenische Parlament beschließt am 8. 7., Nagornij Karabach nicht mehr als Teil Aserbaidschans zu betrachten. – Auch die 4. Runde der Gespräche über Nagornij Karabach unter der Schirmherrschaft der KSZE in Rom vom 1.–5. 8. endet ohne Fortschritte. – Die armenische Regierung bittet am 10. 8. die GUS-Länder unter Berufung auf das Abkommen über kollektive Sicherheit um politische und militärische Unterstützung im Konflikt mit Aserbaidschan um Nagornij Karabach; Rußland reagiert auf diesen Appell zurückhaltend. – Das **Parlament von Nagornij Karabach verhängt** am 13. 8. für 6 Monate das **Kriegsrecht** und verfügt eine Generalmobilmachung. Nach dem **Rücktritt der Gebietsregierung** unter Ministerpräsident *Oleg Jesajan* übernimmt ein vom Parlament am 15. 8. berufener Verteidigungsrat unter Führung von *Robert Kotscharjan* die Regierungsbefugnisse. – Der am 27. 8. 1991 unter Vermittlung Kasachstans vereinbarte 60tägige Waffenstillstand ab 1. 9. wird bereits kurz nach Inkrafttreten gebrochen.

den nicht-landwirtschaftlichen Betrieben wurden erst wenige Betriebe privatisiert. Ende Juli wird *Chosrow Arutunjan* von Präsident *Ter-Petrosjan* zum **neuen Regierungschef** ernannt. – Nach den militärischen Erfolgen der Aserbaidschaner im Kampf um Nagornij Karabach (→ *oben*) fordern 10000–20000 Demonstranten vom 14.–17. 8. in Eriwan den Rücktritt von Präsident *Lewon Ter-Petrosjan*.

ASERBAIDSCHAN Bei den **ersten direkten Präsidentschaftswahlen** am 8. 9.**1991** wird der bisherige Vorsitzende des aserbaidschanischen Obersten Sowjets, *Ajas Mutalibow*, ohne Gegenkandidaten mit fast 98 % der Stimmen gewählt; die oppositionelle Volksfront, die zum Boykott aufgerufen hatte, spricht von Wahlbetrug. – Die KP Aserbaidschans beschließt am 14. 9. ihre Selbstauflösung. – Der Oberste Sowjet in Baku setzt am 18. 10. die am 30. 8. 1991 verkündete **Unabhängigkeit** der Republik formell in Kraft; Präsident *Mutabilow* verkündet am 19. 10. die Auflösung aller sowjetischen Exekutivorgane und unterstellt am 17. 12. alle auf aserbaidschanischem Territorium stationierten Streitkräfte, mit Ausnahme der strategischen Einheiten, seinem Oberbefehl. – Am 6. 1.**1992** werden in A. die ersten **Preise freigegeben**. – Unter dem Druck der Opposition tritt Präsident *Mutabilow* am 6. 3. zurück; **Interimspräsident** wird *Jagub Mamedow*, der am 24. 3. vom Parlament Sondervollmachten zur Schaffung einer aserbaidschanischen Armee von 20000 Mann fordert. Am 9. 4. entläßt *Mamedow* Ministerpräsident

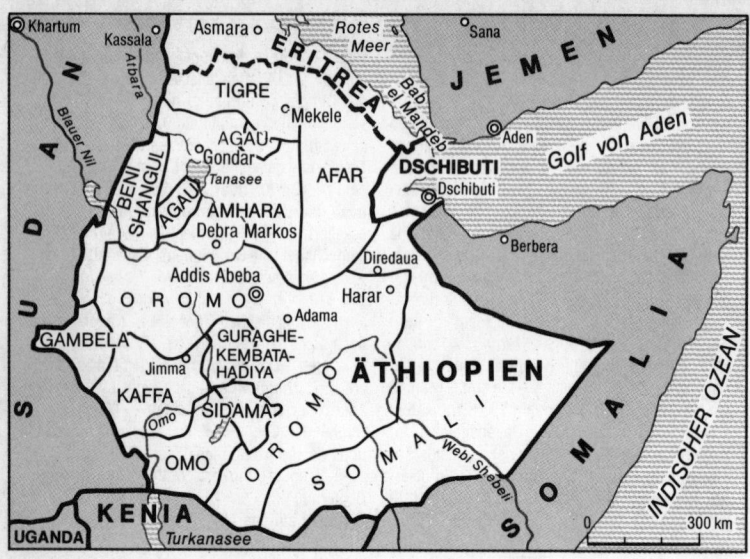

Äthiopien – Regionen seit November 1991

Hassan Gassanow; **neuer Regierungschef** wird *Feirus Mustafajew*. – **Zwei Monate nach seinem Rücktritt** wird *Ajas Mutalibow* **erneut** vom Parlament in Baku am 14. 5. mit großer Mehrheit **zum Präsidenten gewählt**. Am selben Tag verhängt *Mutalibow* für die Dauer von 2 Monaten den Ausnahmezustand über Baku; er entläßt Innenminister *Alijew*, einen Vertreter der Opposition, und löst den nach seinem Rücktritt geschaffenen Nationalrat, in dem Vertreter der Regierung und Angehörige der Volksfront paritätisch vertreten sind, wieder auf. Nach bewaffneten Auseinandersetzungen zwischen Regierungstreuen und Oppositionellen wird der Nationalrat wieder aktiviert, der am 16. 5. die Absetzung *Jagub Mamedows* widerruft, die Wiederwahl *Ajas Mutalibows* und die Verhängung des Ausnahmezustands annulliert. Es wird die Bildung einer Koalitionsregierung vereinbart, in der der Volksfront u. a. die Posten des Ministers für Nationale Sicherheit und des Außenministers zugestanden werden. – Mitte Mai kommen bei Gefechten an der Grenze zwischen Armenien und der aserbaidschanischen Exklave Nachitschewan 17 Menschen ums Leben; nach Angaben des Internationalen Komitees vom Roten Kreuz/IKRK sind rd. 10% der Bevölkerung Nachitschewans auf der Flucht. – Unter dem Druck neuer Massendemonstrationen wählt das Parlament in Baku am 18. 5. den **dritten Präsidenten innerhalb von 5 Tagen**; neuer Interimspräsident wird *Issa Gambarow*, Mitbegründer der Volksfront. – Die **Präsidentschaftswahlen** am 7. 6. gewinnt mit 59% der Stimmen der Vorsitzende der Volksfront, *Abulfas Eltschibei*. Nach seiner Wahl bekräftigt *Eltschibei* seine Ankündigung, daß die Volksfront den Austritt Aserbaidschans aus der GUS anstrebe.

ÄTHIOPIEN Der Versuch von Staatspräsident *Meles Zenawi*, ein demokratisches System im äthiopischen Vielvölkerstaat einzuführen, ist durch ethnische Konflikte bedroht. – Die provisorische Regierung von **Eritrea verschiebt**, wie am 16. 10.**1991** bekanntgegeben wird, das vorgesehene **Referendum über die Unabhängigkeit** oder den Verbleib innerhalb des Staates Ä. um zwei Jahre. – Ende November verabschiedet die Übergangsregierung ein Gesetz über **neue regionale Grenzen**; die Regierungen der 14 (bisher 29) Regionen erhalten umfangreiche Gesetzgebungskompetenzen, Verteidigung, Außenpolitik und wichtige wirtschaftliche Fragen verbleiben bei der Zentralregierung. – Ä. und der Sudan schließen am 23. 12. ein Abkommen über die **Rückführung von 250 000 äthiopischen Flüchtlingen**. – Nach **zahlreichen Gefechten** im Süden und

Südosten des Landes vereinbaren die »Revolutionäre Demokratische Front des äthiopischen Volkes«/EPRDF und die »Oromo Befreiungsfront«/OLF am 15. 4. **1992** unter Vermittlung der USA und der provisorischen Regierung Eritreas erneut eine **Waffenruhe**. – Am 21. 6. können rund 30 Mio. Bürger bei **Wahlen** in 11 von 14 Regionen erstmals ihre Stimme abgeben. **OLF und vier weiteren Parteien boykottieren** die Wahl; die EPRDF habe ihre Kandidaten behindert und die Registrierung ihrer Anhänger hintertrieben. UN-Wahlbeobachter bestätigen die Vorwürfe. Das Votum endet mit einem **Sieg der EPRDF**. Zwei Tage später treten die Minister der OLF zurück; die **Koalition zerbricht**, es kommt zu Gefechten zwischen Kämpfern der beiden Befreiungsorganisationen. Die Botschafter der USA, Großbritanniens, Kanadas und Schwedens bilden eine »**Friedenskommission**«, die den Ausbruch eines neuen Bürgerkrieges verhindern soll.

BELGIEN Am 29. 9. **1991** verläßt die flämische Volksunie/VU die im März 1988 gebildete Fünfparteien-Regierungskoalition und beraubt diese damit der für die geplante Verfassungsreform notwendigen ⅔-Mehrheit im Parlament. Anlaß ist ein seit Frühjahr schwelender Streit um die Verlängerung von Exportlizenzen für Waffenlieferungen wallonischer Fabriken im Wert von 10 Mrd. bfrs nach Saudi-Arabien. König *Baudouin* lehnt ein Rücktrittsangebot des Ministerpräsidenten *Wilfried Martens* vom 4. 10. ab und löst am 17. 10. das Parlament auf. Bei den vorgezogenen **Parlamentswahlen** am 24. 11. behalten die bisherigen Regierungsparteien – Christliche Volkspartei/CVP (16,7%), Christlich-Soziale/PSC (7,8%), Partie Socialiste/PS (13,6%), Socialistische Partij/SP (12%) und Volksunie/VU (5,9%) – zwar die Mehrheit, müssen aber erhebliche Stimmenverluste hinnehmen. Die flämischen Liberalen/PVV erhalten 11,9% und die wallonischen Liberalen/PRL 8,2%. Starke Stimmengewinne erzielen die rechtsradikale Vlaamse Block (6,6%), die wallonische Umweltpartei Ecolo (5,1%) und die flämische Umweltpartei Agalev (4,9%). Am 7. 3. **1992** wird eine **neue Regierung** unter dem flämischen Christdemokraten *Jean-Luc Dehaene* vereidigt, der flämische und wallonische Christdemokraten (CVP und PSC) sowie die sozialistischen Parteien SP und PS angehören. – Ein von der Regierung am 5. 4. beschlossenes Maßnahmenpaket zur Verringerung des Haushaltsdefizits 1992 umfaßt **drastische Ausgabenkürzungen** und neue Steuern im Umfang von 75 Mrd. bfrs. Die Regierung beschließt am 3. 7. ferner die **Abschaffung der** seit dem Ersten Weltkrieg bestehenden **Wehrpflicht** zum 1. 1. 1994. – Das **Parlament billigt** am 16. 7. mit 212 gegen 146 Stimmen bei 3 Enthaltungen das **Vertragswerk von Maastricht** über die Europäische Union.

BOLIVIEN Am 6. 11. **1991** beschließt die Konsultativgruppe für B., der 10 internationale Organisationen und 13 Staaten angehören, B. 1992 Kredite in Höhe von 800 Mio. $ zu gewähren, die für die Verbesserung der Infrastruktur und des Sozialwesens bestimmt sind. – Am 24. 1. **1992** findet ein Treffen des Präsidenten *Jaime Paz Zamora* und seines peruanischen Amtskollegen *Alberto Fujimori* statt, bei dem ein Vertrag unterzeichnet wird, durch den B. für 50 Jahre eine **Freihandelszone** bei Ilo und damit erstmals seit 1879 wieder einen **Zugang zum Pazifik** erhält. Peru darf im Gegenzug den Hafen Puerto Suarez am Paraguay-Fluß benutzen. Zwischen Ilo und dem 1400 km entfernten Puerto Suarez wird ein Transitkorridor geschaffen, innerhalb dessen ein ungehinderter Waren- und Personenverkehr möglich ist. – Am 17. 3. wird der frühere Bürgermeister von La Paz, *Ronald MacLean*, zum neuen Außenminister ernannt. – Nach **heftigen Debatten im Parlament über die US-Präsenz** im Lande teilt das Außenministerium am 4. 8. mit, der Regierung lehne eine Stationierung weiterer US-Truppen ab. Außerdem kündigt Präsident *Zamora* an, den Agenten der amerikanischen »Drug Enforcement Administration«/DEA nicht länger diplomatischen Status zu gewähren.

BOSNIEN-HERZEGOWINA *(Kriegsgeschehen → Sp. 87 ff.)* Am 15. 10. **1991** erklärt das Republikparlament in Sarajevo die **Souveränität von Bosnien-Herzegowina** (B.-H.) innerhalb des bisherigen jugoslawischen Staatsverbundes. Die 60 Abgeordneten der Serbischen Demokratischen Partei (SDS) verließen zuvor unter Protest die Sitzung, da sie befürchten, in einem unabhängigen B.-H. in eine benachteiligte Minderheitenposition zu gelangen. Am 25. 1. **1992** beschließt das Parlament mit seiner muslimischen und kroatischen Mehrheit eine Volksabstimmung über die Unabhängigkeit. Der SDS-Vorsitzende *Radovan Karadžić* bezeichnet diesen Beschluß als Kriegserklärung an die Serben in der Republik. In der **Volksabstimmung** am 29. 2./1. 3. stimmen bei einer Beteiligung von 63% der stimmberechtigten Bevölkerung **99,43% für die Unabhängigkeit der Republik**. – Unmittelbar danach beginnen blutige Auseinandersetzungen unter den Volksgruppen. – Die Führer der drei Gemeinschaften – Präsident *Alija Izetbegović* für die Muslime, *Radovan Karadžić* für die Serben und *Mate Boban* für die Kroaten – einigen sich am 18. 3. unter EG-Vermittlung grundsätzlich auf eine **Dreiteilung der Republik** in gleichberechtigte, verfassungsgebende nationale Einheiten bei unveränderten Außengrenzen. Bei einer Konferenz in Brüssel am 30./31. 3. zeigen sich jedoch tiefe Meinungsverschiedenheiten zwischen den Führern der Volksgruppen: Die Muslime widersetzten sich einer Aufteilung; sie befürchten die Einvernahme durch Serben und Kroaten, da sie weniger in geographisch lozierbaren Gebieten als in den Städten der Republik siedeln. – Am 1. 4. zieht die serbische Seite ihre Mitarbeiter aus dem Innenministerium in Sarajevo zurück und teilt die Aufstellung einer eigenen Polizei mit. Bereits zuvor waren in mehrheitlich von Serben bewohnten Regionen die bosnischen Gesetze für unwirksam erklärt worden. **Seit Anfang April wird praktisch in allen Landesteilen gekämpft.** – Nach dem Rücktritt sämtlicher serbischer Regierungsmitglieder am 7. 4. besteht die Regierung nur noch aus Muslimen und zwei Kroaten. – Die serbische Volksgruppe, die Anspruch auf 65% des Territoriums von B.-H. erhebt, obwohl sie nur 32% der Gesamtbevölkerung stellt, proklamiert am 7. 4. die »**Serbischen Republik Bosnien-Herzegowina**« (SRBH) mit Hauptstadt Banja Luka. Ziel: Anschluß an Serbien bzw. Rest-Jugoslawien. Die Serben hatten bereits Mitte September 1991 erste autonome Gebiete in B.-H. errichtet, am 24. 10. in Banja Luka ein eigenes »Parlament« gebildet und sich am 27. 3. 1992 eine eigene Verfassung gegeben, die die SRBH als integralen Bestandteil Jugoslawiens definiert. (In einer Volksabstimmung am 10. 11. 1991 hatten ca. 90% der rd. 1 Mio. Serben für den Anschluß an Serbien gestimmt.) Am 12. 5. beschließt das Parlament der SRBH die Einsetzung eines Staatspräsidiums (Präsident: *Radovan Karadžić*/SDS) und einer Regierung sowie die Schaffung eigener Streitkräfte unter General *Ratko Mladić*. Nach dem Eroberungen im Bürgerkrieg legt das Parlament der SRBH am 26. 7. ihre Grenzen fest: Das Territorium umfaßt mehr als ⅔ der Republik B.-H. und reicht im W an den Una-Fluß, im N an den Sava-Fluß, im O bis an die Staatsgrenze mit Rest-Jugoslawien. Die Südgrenze ist wegen kroatischer Ansprüche in der Herzegowina noch ungeklärt; das Parlament fordert aber den »historischen Zugang zum Meer«, d. h. zur Adriastadt Neum, die jedoch zu 87% von Kroaten bewohnt ist. Die Grenzziehung geht zu Lasten der Bosniaken (Muslime), für die kaum Territorium übrigbleibt. – Ungeachtet des sich verstärkenden Bürgerkriegs erkennt die EG mit Wirkung vom 7. 4. die **Unabhängigkeit Bosnien-Herzegowinas** in seinen bisherigen Republikgrenzen an. Die USA schließen sich dem Schritt der EG an. Am 1. 5. wird B.-H. in die KSZE, am 22. 5. in die UNO aufgenommen. – Zugleich mit der Ausrufung des Ausnahmezustands am 8. 4. werden die **Vollmachten des Staatspräsidiums** von B.-H. **erweitert:** Ihm obliegt die Führung der Regierung, des Parlaments und der Streitkräfte; serbische Vertreter sind nicht beteiligt. Das Parlament ist de facto beschlußunfähig. – Die kroatische Bevölkerungsgruppe in B.-H. ruft am 3. 7. im Südwesten der Republik einen »**Kroatischen Staat Herceg-Bosna**« (Führer: *Mate Boban*, Vorsitzender der Kroatischen Demokrati-schen Gemeinschaft in Bosnien/HDZ) mit einer provisorischen Exekutive in der kurz zuvor eingenommenen Stadt Mostar aus. – Serbenführer *Karadžić* droht am 31. 7. der muslimischen Volksgruppe mit einer Aufteilung B.-H. s zwischen Serben und Kroaten, falls sie nicht über eine Aufteilung der Republik in Kantone verhandeln wolle. – Bis Ende August bringen die Serben aufgrund ihrer militärischen Überlegenheit rd. 70% des Republikterritoriums unter ihre Kontrolle. Von den 4,3 Mio. Bewohnern B.-H. s sind 1,7 Mio. aus ihren Wohngebieten vertrieben, befinden sich jedoch z. T. noch an der Republik. Die wirtschaftlichen Aktivitäten kommen fast gänzlich zum Erliegen, in den Kriegszonen, v. a. in den Städten (u. a. Sarajevo, Goražde) herrscht teilweise Hungersnot.

BRASILIEN Am 5. 10.**1991** erklärt Präsident *Fernando Collor de Mello*, der Staat sei **praktisch zahlungsunfähig** und nicht in der Lage, die brennendsten sozialen Probleme des Landes zu lösen. – Am 17. 1.**1992** wird der Minister für Arbeit und Soziales, *Antonio Rogerio Magri*, abgelöst, da es ihm nicht gelungen war, den Mißbrauch von Geldern des Nationalen Instituts für Soziale Versicherung (INSS) zu stoppen. – Am 29. 1. billigt der IMF einen Beistandskredit über 2,1 Mrd. $. In einer Absichtserklärung verspricht die Regierung, die derzeitige Inflationsrate von 25% im Monat bis Ende 1992 auf 2% zu senken. Am 27. 2. einigt sich die Regierung mit dem Pariser Klub über die Umschuldung staatlicher Verbindlichkeiten in Höhe von 24 Mrd. $. – Am 21. 3. entläßt *Collor de Mello* den Staatssekretär für Umwelt, *José Lutzenberger*, der das brasilianische Umweltschutzamt IBAMA wiederholt der Korruption bezichtigt hatte. Nach dem Rücktritt des gesamten, durch zahlreiche Affären belasteten Kabinetts (30. 3.) beteiligt *Collor de Mello* neben der PFL drei weitere Parteien der rechten Mitte an der Regierung und kann künftig mit der Unterstützung von 249 der insgesamt 584 Parlamentarier rechnen. Neun Regierungsmitglieder werden in ihren Ämtern bestätigt, neuer Ressortchef für Äußeres wird der unabhängige Völkerrechtler *Celso Lafer*. – Auf Druck des Militärs beschließt die Regierung für die rund 700000 Angehörigen der Streitkräfte und der Bundesverwaltung eine **Gehaltserhöhung um 80%**. Der Mindestlohn wird von 96000 auf 230000 Cruzeiros (rund 180 DM) heraufgesetzt. – Vom 25.–30. 4. beraten 350 Vertreter der brasilianischen Ureinwohner, die insgesamt 240000 Menschen zählen, über ihre Minderheitenrechte und die Abgrenzung ihrer Gebiete, die ihnen am 15. 11. bzw. 24. 12. 1991 per Regierungsdekret zugesprochen worden waren. – Mit der eindringlichen Mahnung, die Erde für künftige Generationen zu bewahren, wird am 3. 6. durch UN-Generalsekretär *Butros Butros-Ghali* die »**Konfe-**

renz der Vereinten Nationen über Umwelt und Entwicklung«/UNCED in Rio de Janeiro eröffnet. – Präsident *Collor de Mello* rückt im Juni ins Zentrum von **Korruptionsvorwürfen**. Er steht im Verdacht, eigenes Geld beiseite geschafft zu haben, bevor er im März 1990 den größten Teil der Bankguthaben brasilianischer Bürger und Firmen zwecks Inflationsbekämpfung überraschend beschlagnahmen ließ. Am 16. 8. fordern 300 000 Demonstranten in der Hauptstadt Brasilia den Rücktritt des Präsidenten. Die Opposition einigt sich darauf, ein Amtsenthebungsverfahren gegen *Collor de Mello* einzuleiten.

BULGARIEN Aus den zweiten, von Beobachtern des Europarats als »frei und fair« bezeichneten **Parlamentswahlen** am 13. 10. **1991** geht die von *Philip Dimitrow* geführte **oppositionelle Union Demokratischer Kräfte/UDK als stärkste Kraft** hervor. Sie löst mit einem Stimmenanteil von 34,4 % die aus der ehemaligen Kommunistischen Partei (BKP) hervorgegangene Bulgarische Sozialistische Partei/BSP (33,1 %) als stärkste Fraktion in dem von 400 auf 240 Sitze verkleinerten Parlament (Sobranje) ab; auf die Partei der türkischen Minderheit, die Bewegung für Rechte und Freiheiten/DPS, entfallen 7,6 %. Am 14. 10. feiern Tausende von UDK-Anhängern das endgültige **Ende der kommunistisch-sozialistischen Herrschaft**. Am 8. 11. wird *Dimitrow* mit 131 gegen 94 Stimmen **zum neuen Ministerpräsidenten gewählt**. – Das Parlament verabschiedet am 13. 12. ein Gesetz, wonach sämtliches der BSP unrechtmäßig zugeflossene Eigentum dem Staat zufällt. – Ein am 20. 12. in Sofia unterzeichnetes **Abkommen mit der Türkei über Vertrauensbildung**, Sicherheit und militärische Kontakte sieht u. a. die Schaffung einer 60 km breiten »Zone des gegenseitigen Vertrauens und Sicherheit« entlang der gemeinsamen Grenze vor. – Bei den **Präsidentschaftswahlen** am 12. 1. **1992** mit Stichwahl am 19. 1. wird der 1990 noch von der Nationalversammlung in das höchste Staatsamt gewählte **Shelju Shelew** im 2. Durchgang mit 52,85 % der Stimmen gegen den von der BSP unterstützten »unabhängigen« *Welko Walkanow* (47,15 %) **im Amt bestätigt**. – Im April verabschiedet die Sobranje ein **Gesetz zur Privatisierung der Staatsunternehmen** (95 % aller Betriebe); Arbeiter privatisierter Unternehmen können künftig 20 % der Aktien zum halben Marktpreis erwerben. Bereits im März wurde ein Gesetz **zur Auflösung der landwirtschaftlichen Kooperativen** beschlossen; die Agrarflächen sollen an ihre früheren Besitzer zurückgegeben werden.

BURKINA FASO Bei den **Wahlen** am 1. 12.**1991** wird *Blaise Compaoré* als **Präsident im Amt** bestätigt. Er erhält als einziger Kandidat 86,4 % der Stimmen. Die Wahlbeteiligung liegt jedoch nur bei 27,3 %, da 20 Oppositionsparteien, zusammengeschlossen in der Dachorganisation »Koordinierung der demokratischen Kräfte«, zum Boykott aufgerufen hatten. – Bei den **ersten freien Parlamentswahlen** am 24. 5. **1992**, bei der von 62 registrierten Parteien nur 27 zur Wahl zugelassen werden, erringt die Partei von Regierungschef *Compaoré*, die »Organisation für Volksdemokratie/Arbeiterbewegung«/ODP-MT, 78 der 107 zu vergebenden Mandate. Fünf kleinere Parteien, die den Präsidenten unterstützen, erhalten je einen Sitz, die Oppositionsparteien 23 Sitze. Die Wahlbeteiligung liegt lediglich bei 33,8 %. – Zum **neuen Ministerpräsidenten** beruft *Compaoré* am 16. 6. den Wirtschaftswissenschaftler und früheren Minister *Youssouf Ouedraogo* (ODP-MT), der in sein 29köpfiges Kabinett fünf Oppositionsvertreter aufnimmt.

BURUNDI In der Hauptstadt Bujumbura und in den Nordprovinzen Kayanza, Bubanza und Cibitoke kommt es ab 23. 11.**1991** zu **Zusammenstößen zwischen Rebellen** des bewaffneten Zweiges der Bewegung »Palipe-Hutu« **und den Sicherheitskräften**. Staatspräsident Major *Pierre Buyoya* betont, es handle sich nicht um einen Stammeskonflikt; vielmehr seien bewaffnete Invasoren nach B. eingedrungen. Vertreter europäischer Menschenrechtsorganisationen berichten von mindestens 3000 Toten, 50 000 Menschen seien nach Ruanda und Zaire geflohen. – Am 4. 3. **1992** wird ein **Putschversuch** meuternder Militäreinheiten von der Regierung niedergeschlagen. – Am 9. 3. ist die Bevölkerung aufgerufen, per **Referendum über eine neue Verfassung** zu entscheiden, die den Weg zum Mehrparteiensystem öffnet, aber Parteien, welche sich auf ethnische, religiöse oder regionale Wurzeln berufen, nicht zuläßt. Bei einer Wahlbeteiligung von 97 % wird die von *Buyoya* und seiner Einheitspartei »Union pour le Progrès National«/UPRONA ausgearbeitete Verfassung mit 90 % der Stimmen angenommen. – Bei einer **Regierungsumbildung** am 4. 4. erhöht *Buyoya* entsprechend der Bevölkerungsmehrheit auch den Anteil der Hutu in seinem Kabinett, *die* nun 14 der 24 Minister stellen. Außenminister *Cyprien Mbonimpa* wird entlassen und am 9. 4. verhaftet. Ihm wird vorgeworfen, bei der Korporalsrevolte Anfang März als neuer Staatspräsident vorgesehen gewesen zu sein. Neuer Außenminister wird *Libére Bararunyerets*e.

CHINA, Republik (Taiwan)
Bei Demonstrationen von rund 15 000 Menschen am 8. und 9. 9.**1991** für die Unabhängigkeit Taiwans kommt es zu Zusammenstößen mit der Polizei. *Chen Wan-Chen*, die Führerin der verbotenen Organisation« zum »Aufbau einer taiwanesischen Nation«, die für die Aufgabe des offiziell immer noch

gültigen Staatsziels der Wiedervereinigung mit China eintritt, wird Anfang Februar 1992 verhaftet. – 469 Mitglieder der Nationalversammlung, 81 Mitglieder des Gesetzgebenden Yuan und 15 Mitglieder des Kontrollierenden Yuan legen ihre Mandate, die sie meist schon seit 1947 innehatten, am 16. 12. nieder. Bei den **ersten direkten und freien Wahlen zur Nationalversammlung** seit 1947 am 21. 12. sind 325 der 405 Sitze zu vergeben, davon 225 direkt und 100 nach dem Stimmenanteil der Parteien; 80 Mandate wurden 1986 bestimmt. Die regierende Kuomintang/KMT erringt mit 71 % der Stimmen 254 Mandate und verfügt damit über 318 der 405 Sitze. Auf die Demokratisch-Progressive Partei/DPP entfallen 24 % der Stimmen und damit 75 Sitze. Die restlichen 5 Sitze erhalten die Allianz Unabhängiger Demokraten und die Sozialdemokratische Partei Chinas. – Am 28. 2. **1992**, wenige Tage vor dem 45. Jahrestag eines Massakers, bei dem die Armee mehrere Tausend Menschen nach einem Aufstand gegen Repression und Korruption getötet hat, übernimmt das Regime auf Taiwan erstmals die Verantwortung für das Geschehen; in einem offiziellen Bericht wird von bis zu 28 000 Opfern gesprochen. – Nach einer Reihe von Kundgebungen, bei denen die DPP die Aufhebung des Gesetzes gegen politische Aufwiegelung fordert und die Einführung der Direktwahl des Präsidenten fordert, teilt Vizeministerpräsident *Shih Chi Yang* am 1. 3. mit, daß dieses Gesetz gelockert werden soll. – Das Parlament verabschiedet am 16. 7. ein Gesetz, das die Regierung ermächtigt, die seit Jahrzehnten bestehenden Kontaktverbote zur VR China aufzuheben. – Aus Protest gegen die Aufnahme diplomatischer Beziehungen zwischen Südkorea und der VR China am 24. 8 verfügt die Regierung den sofortigen Abbruch der Beziehungen zu Südkorea.

CHINA, Volksrepublik

Im Mittelpunkt des Plenums des ZK der KP vom 23.–27. 9. **1991** in Peking steht der Ausbau der rund 10 000 großen und mittelgroßen Staatsbetriebe; vorgesehen sind u. a. höhere Investitionen, schrittweise Reduzierung staatlicher Planvorgaben und mehr Eigenverantwortlichkeit im Management. – Während des Aufenthalts des laotischen Ministerpräsidenten *Khamtay Siphandone* vom 22.–25. 10.**1992** in der VR China wird von ihm und seinem chinesischen Amtskollegen *Li Peng* am 24. 10. ein laotisch-chinesisches Grenzabkommen unterzeichnet. – Die Regierung veröffentlicht am 2. 11. erstmals ein **Weißbuch »Menschenrechte in China«**; als wichtigste Menschenrechte werden das Recht auf Leben, auf Nahrung und auf Unterkunft genannt. Ferner besäßen die Chinesen Religionsfreiheit, die Rechte der Frauen seien gewährleistet, und politische Freiheiten seien durch die in China geltende »sozialistische Basisdemokratie« gesichert. – Im November kommt es zu einer formellen **Normalisierung der chinesisch-vietnamesischen Beziehungen**. Mehrere bilaterale Handelsabkommen und eine vorläufige Vereinbarung über den Grenzverlauf werden unterzeichnet; im Streit um die Spratly-Inseln zeigt sich China inzwischen kompromißbereiter. – US-Außenminister *James Baker* trifft am 15. 11. zu einem 2tägigen Besuch in Peking ein, um mit der chinesischen Führung über die Verletzung der Menschenrechte, Handelsprobleme sowie chinesische Rüstungs- und Waffenexporte zu sprechen. Als »eindeutigen Fortschritt« zählt *Baker* v. a. die von der VR China eingegangene Verpflichtung zur Einhaltung der im Kontrollregime für Trägersysteme (MTCR) enthaltenen Bestimmungen gegen die Weiterverbreitung von Raketentechnologien. Im Gegenzug erwartet China die Aufhebung US-amerikanischer Exportbeschränkungen. – Vom 25.–29. 11. findet in Peking die 8. Plenartagung des XIII. ZK der KP China statt. Im Zentrum der Beratungen steht die Stärkung der Landwirtschaft und die Arbeit der Partei in den ländlichen Regionen. – Der ständige Ausschuß des Nationalen Volkskongresses billigt am 29. 12. einen Gesetzesentwurf, der die Gleichberechtigung von Mann und Frau in Politik, Kultur, Erziehung und Berufsausbildung vorsieht. – Bei seinem ersten öffentlichen Auftreten seit fast einem Jahr spricht sich *Deng Xiaoping* am 18./19. 1.**1992** für mutigere und offenere Reformen aus. – Israels Außenminister *David Levy* stattet der VR China vom 22.–26. 1. den ersten offiziellen Besuch eines israelischen Regierungsmitglieds ab, bei dem die sofortige Aufnahme voller diplomatischer Beziehungen vereinbart wird. – An der Börse von Shanghai wird am 21. 2. die erste Aktie eines chinesischen Unternehmens ausschließlich für ausländische Investoren auf den Markt gebracht. – Die VR China **tritt** am 9. 3. formell **dem Atomwaffensperrvertrag bei**. – Der russische Außenminister *Andrei Kosyrew* tauscht anläßlich eines ersten Besuchs in Peking vom 16.–17. 3. mit seinem chinesischen Amtskollegen *Qian Qichen* die Ratifizierungsurkunden zum bilateralen Grenzabkommen aus. – Vom 20. 3.–3. 4. findet in Peking die **5. Tagung des VII. Nationalen Volkskongresses/NVK** statt. Der Tätigkeitsbericht der Regierung wird u. a. dahingehend geändert, daß die Beschleunigung der Reformen und des wirtschaftlichen Wachstums sowie die Öffnung zum Ausland notwendig seien und marktwirtschaftliche Methoden auch im Sozialismus Anwendung finden könnten, womit sich die Anhänger *Deng Xiaopings* durchsetzen. Das wegen seiner ökologischen Auswirkungen umstrittene Drei-Schluchten-Staudammprojekt wird mit 1767 Stimmen gebilligt; 25 Abgeordnete boykottieren die Abstimmung. – Die chinesische Führung ernennt Ende März 44 Bürger Hongkongs zu

»Beratern« Pekings. Aus diesem Kreis, der ständig erweitert werden soll, werden sich nach 1997 die Mitglieder des sog. Preparatory Committee rekrutieren, das die erste nachkoloniale Regierung Hongkongs bilden soll. – Zum 1. 4. werden die Preise für die Grundnahrungsmittel Reis und Mehl in den staatlichen Läden um rd. 40% erhöht, die Preiserhöhungen werden durch Anhebung der Löhne ausgeglichen. – Nach einem Bericht von amnesty international vom 20. 5. wurden in Tibet seit 1987 mindestens 200 Menschen von Armee oder Polizei getötet; mehrere Tausend Personen seien inhaftiert worden. Bereits am 9. 3. hatte ai mitgeteilt, daß die Zahl der öffentlich bekanntgewordenen Hinrichtungen in der VR China mit 1051 Personen den höchsten Stand seit 1983 erreicht habe und weiterhin Menschen, die vom Recht der Meinungs- und der Versammlungsfreiheit Gebrauch machten, zu langjährigen Haftstrafen verurteilt würden. – Am 24. 8. unterzeichnen Außenminister *Quian Quichen* und sein südkoreanischer Amtskollege *Lee Sang Ock* ein Abkommen über die sofortigen Aufnahme diplomatischer Beziehungen.

CÔTE D'IVOIRE Präsident *Félix Houphouët-Boigny* lehnt am 29. 1.**1992** Konsequenzen für Armeechef General *Robert Guei* ab, dem eine Untersuchungskommission Verfehlungen beim Vorgehen der Sicherheitskräfte gegen demonstrierende Studenten im Mai 1991 vorgeworfen hatte. Bei einer daraufhin von der Oppositionspartei »Ivorische Volksfront«/FPI am 18. 2. veranstalteten **Protestkundgebung gegen die Regierung** kommt es zu **gewalttätigen Zwischenfällen** und Plünderungen; der FPI-Vorsitzende und Präsidentschaftskandidat von 1990, *Laurent Gbagbo*, und Hunderte von Kundgebungsteilnehmern werden verhaftet. *Gbagbo* und der ebenfalls inhaftierte Präsident der ivorischen Menschenrechtsliga, *René Degny-Segui*, werden vor Gericht gestellt und am 6. 3. zu zwei Jahren Haft sowie einer Geldstrafe verurteilt. – Am 24. 7. kündigt *Houphouët-Boigny* eine **Amnestie für 75 Oppositionelle** an, die bei den Unruhen im Februar inhaftiert worden waren.

DEUTSCHLAND
Außen- und Sicherheitspolitik: Bundeskanzler *Helmut Kohl* und der französische Staatspräsident *François Mitterrand* veröffentlichen am 16. 10. **1991** Vorschläge zur Schaffung einer europäischen Sicherheits- und Verteidigungspolitik. In erster Schritt soll die Bildung eines 50000 Mann starken deutsch-französischen Armeekorps sein (als Kern für ein »**Eurokorps**«). – Die Bundesregierung stimmt am 16. 10. einer »Stiftung deutsch-polnische Aussöhnung« mit 500 Mio. DM zu, die Geschädigten aus der Nazi-Verfolgung in Polen zugute kommen sollen. – Am 17. 10. ratifiziert der Bundestag mit großer Mehrheit die **Verträge mit Polen** (1.) über gute Nachbarschaft und freundschaftliche Zusammenarbeit vom 17. 6. 1991 sowie (2.) über die Bestätigung der deutsch-polnischen Grenze vom 14. 11. 1990. Der Bundesrat stimmt am 8. 11. den Verträgen zu, die am 16. 1. 1992 in Kraft treten. – Am 7. 11. verabschiedet der Bundestag (am 29. 11. der Bundesrat) einstimmig den im November 1990 durch die 22 Staaten von NATO und Warschauer Pakt in Paris unterzeichneten Vertrag über die **Verringerung der konventionellen Streitkräfte** in Europa *(→ WA'92, Sp. 763f.).* – Der russische Präsidentens **Boris Jelzin** weilt vom 21. bis 23. 11. erstmals offiziell **in Bonn**. In einer gemeinsamen Erklärung verpflichtet sich Rußland, an der Rückzahlung der sowjetischen Auslandsschulden mitzuwirken. Eine völkerrechtliche Vereinbarung über die Wiedererrichtung der ehemaligen **Wolgarepublik der Rußlanddeutschen** wird am 10. 7. **1992** in Moskau unterzeichnet *(→ Rußland).* – Die Bundesregierung stellt am 26. 3. aus **Protest gegen Angriffe der türkischen Streitkräfte gegen Kurden** in Ost- und Südost-Anatolien *(→ Türkei)* und die **vertragswidrige Verwendung deutscher Rüstungsgüter** die Waffenlieferungen an den NATO-Partner ein *(vgl. → Innenpolitik).* – Der Bundestag billigt am 20. 5. den »**Vertrag** über freundschaftliche Zusammenarbeit und Partnerschaft in Europa« **mit Ungarn** sowie den »Vertrag über gute Nachbarschaft und freundschaftliche Zusammenarbeit **mit der CSFR**. Der Bundesrat verabschiedet am 26. 6. beide Verträge, die damit in Kraft treten können. – Die Innenminister von Bund und Ländern beschließen am 22. 5. **Erleichterungen für Flüchtlinge aus den** vom Bürgerkrieg betroffenen **Staaten des früheren Jugoslawien**: Verwundete und Kranke, deren medizinische Versorgung nicht mehr gewährleistet ist, sollen in Deutschland aufgenommen werden. Erleichterungen werden auch jenen Flüchtlingen eingeräumt, deren Betreuung in der Bundesrepublik von Verwandten etc. übernommen wird. Keine Einigung finden die Minister bezüglich einer Aufhebung der bestehenden **Visumpflicht für Bürger von Bosnien-Herzegowina**. – Das größte Rüstungsvorhaben der Bundeswehr, die Entwicklung des Jagdflugzeugs »**Jäger 90**«, **wird** am 30. 6. **gestoppt** (Stückpreis 133,9 Mio. DM). Statt dessen soll ein leichterer und billigerer »Eurojäger 2000« mit den bisherigen Partnern Großbritannien, Italien und Spanien gebaut werden. – Die **Außen- und Verteidigungsminister der WEU beschließen** am 20. 6., daß Truppen aus den WEU-MSt. unter gewissen Voraussetzungen künftig für »**Blauhelm«- und Kampfeinsätze** zur Verfügung stehen *(→ WEU im Kapitel »Internationale Organisationen«).* – Auf dem **Weltwirtschaftsgipfel** in München (6.–8. 7.) sagen die Staats- und Regierungschefs der 7 führenden Industriestaaten (G-7) den Staaten des ehemaligen

Ostblocks Hilfe beim Aufbau zu und beschließen ein Programm zur Sicherung der veralteten Atomkraftwerke sowjetischen Typs. – Bundesregierung und Bundestag beschließen am 16. bzw. 22. 7. die **Beteiligung von Einheiten der Bundesmarine an der Überwachung der UNO-Sanktionen gegen Rest-Jugoslawien** im Auftrag von NATO und WEU (*→ Innenpolitik*).

Innenpolitik: Seit Anfang September **1991** häufen sich **Überfälle Rechtsradikaler auf Ausländer- und Asylbewerberwohnheime:** Sie eskalieren im sächsischen **Hoyerswerda**, wo es vom 17. bis 22. 9. zu schweren Ausschreitungen Jugendlicher gegen Ausländerwohnheime kommt – oft unter Beifall der Bevölkerung. In **Saarlouis** zünden unbekannte Täter am 19. 9. ein Asylbewerberwohnheim an; dabei werden 1 Ghanaer getötet, 2 Nigerianer verletzt. In **Hünxe** (Nordrhein-Westfalen) verüben 3 »Skinheads« am 3. 10. einen Brandanschlag auf eine Asylbewerberunterkunft, bei dem 2 libanesische Kinder lebensgefährliche Brandverletzungen erleiden. In den folgenden Wochen überfallen Rechtsradikale in der gesamten Bundesrepublik – vorwiegend in Westdeutschland – fast täglich Wohnheime von Asylbewerbern, mißhandeln Flüchtlinge und Gastarbeiter auf der Straße. Gleichzeitig demonstrieren jedoch in mehreren Städten Tausende gegen Fremdenhaß. Der (am 13. 8. 1992 vorgelegte) Verfassungsschutzbericht 1991 verzeichnet einen – durch die **kontroverse Asyldebatte** angeheizten – sprunghaften Anstieg der Gewalttaten Rechtsextremer – von 302 im ersten auf 1181 im 2. Halbjahr; drei Ausländer starben bei Überfällen, 700 wurden z. T. schwer verletzt. Insgesamt wurden **2598 fremdenfeindliche Straftaten Rechtsextremer** registriert. Im 1. Halbjahr 1992, in dem sich die Asyldebatte beruhigte, ging die Zahl rechtsextremer Gewalttaten auf 507 zurück. – Bundeskanzler *Kohl* und Spitzenpolitiker von CDU, CSU, FDP und SPD einigen sich am 10. 10. 1991 auf asylpolitische »Zielvorstellungen« ohne eine Grundgesetzänderung. Dementsprechend beschließt der Bundestag am 5. 6. 1992 mit großer Mehrheit eine **Beschleunigung des Asylverfahrens**; der Bundesrat stimmt am 26. 6. zu. Die Gesetzesnovelle, die am 1. 7. in Kraft tritt, sieht die Verkürzung der Verfahren in Fällen offensichtlich unbegründeter Asylanträge auf 6 Wochen vor; abgelehnte Asylbewerber können wesentlich schneller abgeschoben werden. Trotz der Einigung beharren CDU und CSU auf einer Änderung des Paragraphen 16 im Grundgesetz (»Politisch Verfolgte genießen Asylrecht«). – Die Gewerkschaft ÖTV und die Arbeitgeber von Bund, Ländern und Gemeinden einigen sich am 25. 9. darauf, die in der ehemaligen DDR geleisteten Dienstzeiten für etwa 1,4 Mio. Beschäftigten im öffentlichen Dienst voll anzuerkennen. – Bei der **Bürgerschaftswahl in Bremen** am 29. 9. (Wahlbeteiligung: 72,2%) verliert die seit 1971 alleinregierende SPD ihre absolute Mehrheit. Ihr Stimmenanteil sinkt von 50,5% (1987) auf 38,8%. Wahlgewinner sind die CDU mit 30,7% (+7,3 gegenüber 1987) und die rechtsextreme Deutsche Volksunion/DVU mit 6,2% (+2,8). Die Grünen erhalten 11,4% (+1,2), die FDP 9,5% (−0,5). Nach Einigung auf eine »**Ampelkoalition**« aus SPD, FDP und Grünen (11. 12.) wählt das Bremer Landesparlament am 11. 12. einen neuen Senat. Bürgermeister bleibt *Klaus Wedemeier*/SPD. – Am 1. 10. tritt ein Gesetz über **Mieterhöhungen in den neuen Bundesländern** in Kraft: Vermieter können Grundmieten auf 2 DM/m² verdoppeln und Betriebskosten bis zu 3 DM/m² von den Mietern verlangen. Am 27. 6. 1992 verständigen sich Bundesbauministerin *Irmgard Schwaetzer*/FDP und die Wohnungsbauminister der 5 neuen Bundesländer auf eine etappenweise Erhöhung der Wohnungsmieten in den neuen Ländern zum 1. 1. 1993 um bis zu 2,10 DM/m² und ein Jahr später nochmals um bis zu 60 Pfennig/m². – Im Hamburger Freihafen wird am 28. 10. **Militärgerät** aus Beständen der früheren Nationalen Volksarmee der DDR (NVA) sichergestellt, das der Bundesnachrichtendienst (BND) als »landwirtschaftliches Gerät« deklariert **illegal nach Israel** transportieren lassen wollte. Wie später bekannt wird, organisierte der BND seit Oktober 1990 14 Lieferungen mit NVA-Wehrtechnik an den israelischen Geheimdienst Mossad. – Das Bundeskabinett bestimmt am 14. 11. die ehemalige FDP-Generalsekretärin *Cornelia Schmalz-Jacobsen* zur Ausländerbeauftragten der Bundesregierung mit erweiterten Kompetenzen. – Der Bundestag verabschiedet am 14. 11. gegen die Stimmen von Bündnis 90/GRÜNE und PDS/Linke Liste das **Stasi-Unterlagengesetz**. Der Bundesrat stimmt der Vorlage am 19. 12. zu. Damit wird der Zugang zu und der Umgang mit den Geheimakten des früheren DDR-Staatssicherheitsdienstes (»Stasi«) geregelt. Das Gesetz sieht u. a. ein Einsichtsrecht für Stasi-Opfer vor; die unbefugte Veröffentlichung von Opferakten sowie das Zitieren aus Originaldokumenten ist strafbar; die Geheimdienste bekommen keinen Zugang zu Opferakten, aber Einblick in Unterlagen über Spionage und Terrorismus. Für die unter Leitung des Rostocker Pfarrers *Joachim Gauck* stehende Behörde zur Verwaltung der Akten der rd. 6 Mio. Personen werden 2500 zusätzliche Planstellen mit Personalkosten von jährlich 59 Mio. DM eingerichtet. – Bundeskanzler *Kohl* beruft am 26. 11. *Rudolf Seiters*/CDU zum Innenminister, *Friedrich Bohl*/CDU zum Kanzleramtsminister. – Der Staatsminister im Bundeskanzleramt, *Lutz Stavenhagen*/CDU, tritt am 3. 12. zurück. Er wurde kritisiert, weder im Fall *Schalck-Golodkowski* (Beschaffung falscher Reisepässe durch den BND) noch über die Waffenlie-

ferungen des BND nach Israel ausreichend informiert gewesen zu sein. Nachfolger wird am 16. 12. der Parlamentarische Staatssekretär im Bundesumweltministerium, *Bernd Schmidbauer*/CDU. – Nach massiver öffentlicher Kritk erhebt der **Hamburger** Senat am 11. 12. gegen ein von den Fraktionen der SPD und CDU in der Bürgerschaft am 29. 11. verabschiedetes Diätengesetz Einspruch und verhindert damit dessen Inkrafttreten. – Nach 14monatiger Amtszeit tritt der Ministerpräsident von **Thüringen**, *Josef Duchac*/CDU, am 23. 1. **1992** zurück, ihm war die Vergangenheit in der ehemaligen CDU-Blockpartei und damit eine Verstrickung in das DDR-System vorgeworfen worden. Zum **neuen Ministerpräsidenten** wählt der Erfurter Landtag am 5. 2. mit 50 von 85 abgegebenen Stimmen bei 8 Enthaltungen den früheren Ministerpräsidenten von Rheinland Pfalz, *Bernhard Vogel*/CDU; seine CDU/FDP-Koalitionsregierung wird am 11. 2. vereidigt. – Der Bundesrat beschließt am 14. 2. mit den Stimmen der CDU/CSU-geführten Länder sowie der beiden SPD-mitregierten Länder Berlin und Brandenburg das im Vermittlungsverfahren modifizierte **Steueränderungsgesetz 1992**. Das Votum der Länderkammer wurde möglich, nachdem Bundesfinanzminister *Theodor Waigel*/CSU dem brandenburgischen Ministerpräsidenten *Manfred Stolpe*/SPD ergänzende Zusagen für eine Aufstockung der Strukturhilfen, weitere Verbesserungen des Familienlastenausgleichs sowie die Neuregelung des Finanzausgleichs nach 1994 gemacht hatte. Damit ist ein monatelanger Streit zwischen Regierung und SPD über die Erhöhung der Mehrwertsteuer von 14 auf 15 % ab 1993, die Verbesserung des Familienlastenausgleichs, den Einstieg in die Unternehmenssteuerreform durch Steuerentlastungen ab 1. 1. 1993 sowie die Finanzausstattung der neuen Bundesländer beendet. – Der Ministerpräsident von **Mecklenburg-Vorpommern**, *Alfred Gomolka*/CDU, dem von der eigenen Fraktion Führungsschwäche vorgeworfen wurde, tritt am 16. 3. zurück. **Neuer Ministerpräsident** wird am 19. 3. der Generalsekretär der Landes-CDU *Berndt Seite*. – Ein Regierungssprecher bestätigt am 27. 3. in Bonn die **Lieferung von 15 »Leopard«-Panzern an die Türkei**: Dies sei durch ein »Versäumnis im Beamtenapparat« des Bundesverteidigungsministeriums und gegen den ausdrücklichen Willen des Bundestages geschehen. Am 31. 3. tritt *Bundesverteidigungsminister Gerhard Stoltenberg* »auf eigenen Wunsch« zurück, Nachfolger wird am 2. 4. der bisherige CDU-Generalsekretär *Volker Rühe*. – Bei den **Landtagswahlen in Baden-Württemberg und Schleswig-Holstein** am 5. 4. werden bei schweren Niederlagen der Regierungsparteien die Republikaner und die Deutsche Volksunion/DVU jeweils drittstärkste Kraft.
Ergebnisse Baden-Württemberg (Wahlbeteiligung 70,2 %): CDU 39,6 % (–9,4 % gegenüber 1988), SPD 29,4 % (–2,6), Republikaner 10,9 (+9,9), Grüne 9,5 (+1,6), FDP/DVP 5,9 (±0);
Ergebnisse Schleswig-Holstein (Wahlbeteiligung: 71,8 %): SPD 46,2 % (–8,6 % gegenüber 1988), CDU 33,8 (+0,5), DVU 6,3 (+5,7), FDP 5,6 (+1,2), SSW 1,9 (+0,2), Grüne 4,97 (+2,1; kommen nicht in den Landtag). Der neue Kieler Landtag bestätigt am 5. 5. *Björn Engholm*/SPD als Ministerpräsidenten. Der Stuttgarter Landtag billigt am 11. 6. eine Große Koalition unter Ministerpräsident *Erwin Teufel*/CDU; sie erhält nur die Stimmen von 96 der 145 Abgeordneten, obwohl CDU und SPD 109 Abgeordnete stellen. – Die Rote Armee Fraktion/**RAF kündigt** in einem am 13. 4. der Nachrichtenagentur AFP in Bonn zugesandten Schreiben den vorläufigen **Verzicht auf weitere Anschläge** auf Politiker und Manager **an**, wenn als Gegenleistung die haftunfähigen und am längsten inhaftierten RAF-Mitglieder freigelassen und die übrigen Gefangenen zusammengelegt werden. – **Bundesaußenminister Hans-Dietrich Genscher/FDP erklärt** am 27. 4. **seinen Rücktritt** zum 17. 5., dem 18. Jahrestag seiner Ernennung zum Bundesaußenminister. Der FDP-Vorsitzende *Otto Graf Lambsdorff* gibt noch am Abend des 27. 4. bekannt, daß der Parteivorstand Bundesbauministerin *Irmgard Schwaetzer* als neue Außenministerin designiert habe. Auf einer gemeinsamen Sitzung von FDP-Bundesvorstand und Fraktion am 28. 4. setzt sich jedoch Bundesjustizminister *Klaus Kinkel*/FDP durch, der am 18. 5. **zum neuen Außenminister ernannt** wird. Nachfolgerin Kinkels im Justizressort wird die bislang weitgehend unbekannte FDP-Bundestagsabgeordnete *Sabine Leutheusser-Schnarrenberger*, die am 20. 5. vereidigt wird. Nach dem Rücktritt von Bundesgesundheitsministerin *Gerda Hasselfeldt*/CSU am 27. 4. wird am 6. 5. der bisherige Parlamentarische Staatssekretär im Bundesministerium für Arbeit und Sozialordnung, *Horst Seehofer*/CSU, als Nachfolger bestimmt. – Am am 24. 4. begonnenen **ersten Streik im Öffentlichen Dienst seit 18 Jahren** beteiligen sich am 29. 4. rund 215000 Beschäftigte; es ist der umfangreichste Arbeitskampf in Deutschland seit 37 Jahren. Nach 11tägigem Arbeitskampf einigen sich die Tarifparteien am 7. 5.: Die 2,3 Mio. Arbeiter und Angestellten im Staatsdienst Westdeutschlands erhalten rückwirkend zum 1. 5. 5,4 % mehr Lohn und Gehalt. Die Beschäftigten des höheren Dienstes erhalten die Erhöhung am 1. 6. an. Obwohl sich die Gewerkschaftsbasis in einer Urabstimmung vom 11. bis 13. 5. mit 55,9 % der Stimmen gegen den Tarifabschluß ausspricht, nimmt der geschäftsführende ÖTV-Hauptvorstand am 25. 5. den Tarifabschluß an und erklärt den zunächst nur ausgesetzten Arbeitskampf für beendet. – Die Löhne und Gehälter der rd. 1,4 Mio.

Beschäftigten des öffentlichen Dienstes der neuen Bundesländer werden gemäß einem am 16. 6. vereinbarten Tarifabschluß stufenweise angehoben: Sie steigen rückwirkend vom 1. 5. an von 60 auf 70 % des westlichen Tarifniveaus; ab 1. 12. sollen sie 74 %, vom 1. 7. 1993 an 80 % der West-Einkommen betragen. – Bei den ersten **Gesamtberliner Kommunalwahlen** seit 1946 fallen am 24. 5. CDU und SPD zusammen unter die 60 %-Marke – bei Stimmengewinnen für die radikalen Parteien PDS und Republikaner *(→ Sp. 267 f.).* – Am 26. 5. verabschiedet der Landtag **Sachsens** mit 132 gegen 15 Stimmen bei 4 Enthaltungen eine neue **Verfassung des Freistaats** (am 27. 5. in Kraft). Sie läßt Volksbegehren und Volksentscheid zu, garantiert jedem Bürger den Schutz personenbezogener Daten und nimmt als Staatsziel den Umweltschutz auf. – Eine **neue brandenburgische Verfassung**, die als Staatsziele u. a. das Recht auf Arbeit, Bildung und Wohnung enthält und Volksbegehren und Volksentscheide festschreibt, wird am 14. 6. in einem Volksentscheid mit 94 % der Stimmen angenommen; nur 48 % der Stimmberechtigten nehmen teil. – Im **saarländischen** Landtag scheitert am 11. 6. mit 29 gegen 21 Stimmen ein **Mißtrauensantrag gegen Ministerpräsident Oskar Lafontaine**/SPD, der wegen Annahme von Ausgleichszahlungen zusätzlich zu seinem Gehalt als Regierungschef und seinen Abgeordnetendiäten kritisiert worden war. – **Bundespräsident** *Richard von Weizsäcker* **kritisiert** in einem Interview (»Die Zeit« vom 18. 6.) **Versäumnisse der politischen Führung** bei der Vereinigungspolitik, da sie die Bevölkerung nicht frühzeitig genug auf die für den Aufbau in den neuen Bundesländern erforderlichen materiellen Opfer vorbereitet habe; er vermißt »konzeptionelle Führung« und sieht ein »geistig-politisches Machtvakuum«. Den politischen Parteien wirft er »Machtversessenheit in bezug auf Wahlkampferfolge« und einen verfassungsrechtlich bedenklichen Einfluß vor. – Nach jahrelangen Auseinandersetzungen quer durch alle Parteien beschließt der Bundestag am 26. 6. mit den Stimmen von SPD, FDP und Teilen der CDU eine Reform des Paragraphen 218 und damit ein **einheitliches Abtreibungsrecht** für ganz Deutschland: 357 Abgeordnete entscheiden sich für, 284 gegen einen von SPD und FDP initiierten »Gruppenantrag«, der einen Schwangerschaftsabbruch innerhalb von 12 Wochen nach ärztlicher Beratung zuläßt. Der Bundesrat stimmt der Vorlage am 10. 7. bei Stimmenthaltung von Mecklenburg-Vorpommern, Thüringen und Baden-Württemberg zu. Nach Anrufung von 247 Abgeordneten der CDU/CSU sowie des Freistaats Bayern **stoppt** das **Bundesverfassungsgericht** am 4. 8. in einer einstweiligen Anordnung **vorläufig den neuen Abtreibungsparagraphen 218**. Bis zur endgültigen Entscheidung des Gerichts Ende November bleibt das alte Gesetz bestehen. – Nach Sachsen und Brandenburg gibt sich am 15. 7. auch **Sachsen-Anhalt** eine **neue Verfassung**, die u. a. die Schaffung von Arbeit und Wohnraum als Staatsziel verankert und Volksbegehren zuläßt. – Die Bundesregierung beschließt am 17. 7. die **Beteiligung der Bundesmarine an der Überwachung der UNO-Sanktionen gegen Rest-Jugoslawien** und entsendet den Zerstörer »Bayern« sowie 3 Seeaufklärungsflugzeuge vom Typ »Bréguet-Atlantic« in die Adria. Der **Bundestag billigt** die Maßnahme am 22. 7. mit der Koalitionsmehrheit. Der Vorsitzende der SPD-Bundestagsfraktion, *Hans-Ulrich Klose*, wirft in der von seiner Partei beantragten Bundestagssondersitzung der Bundesregierung vor, am Parlament vorbei eine »scheibchenweise« Veränderung deutscher Außen- und Sicherheitspolitik zu betreiben. – Das Bundeskabinett billigt am 12. 8. die Gesetzesvorlage für eine **Kostendämpfung im Gesundheitswesen** mit einem Sparziel von jährlich 11,4 Mrd. DM; die Lasten der Gesundheitsreform sollen auf die Leistungsbringer (Ärzte, Apotheker, Pharmaindustrie, Krankenhäuser) mit 8,2 Mrd. DM und auf die Versicherten mit 3,2 Mrd. DM verteilt werden. – Die SPD-Führung signalisiert am 22. 8. Bereitschaft zu Kompromissen beim Asylrecht und bei UNO-Einsätzen der Bundeswehr *(→ unten: Parteien).* – Eine **neue Welle von Gewalt gegen Ausländer, Aussiedler und Asylbewerber** beginnt am 23. 8. vor der zentralen Aufnahmestelle für Mecklenburg-Vorpommern in **Rostock-Lichtenhagen**: Rechtsradikale Jugendliche bewerfen Ausländerunterkünfte mit Pflastersteinen und Brandbomben, liefern sich Straßenschlachten mit den Polizeikräften und finden anfangs Zustimmung bei Teilen der Bevölkerung. Am 25. 8. werden das Asylbewerberheim und ein benachbartes Quartier vietnamesischer Gastarbeiter in Brand gesetzt; die Insassen geraten in Lebensgefahr. Der Polizeichef von Rostock wird daraufhin von seinem Kommando entbunden. Bis 28. 8. erwirkt die Rostocker Staatsanwaltschaft 32 Haftbefehle gegen Gewalttäter; den meisten wird schwerer Landfriedensbruch, 2 Personen versuchter Mord vorgeworfen. Die ausländerfeindlichen Ausschreitungen breiten sich in der Folge auf zahlreiche Städte in Ost- und Westdeutschland aus. – Die **Zahl der neu registrierten Asylsuchenden** geht im August bundesweit auf 40 071 nach 46 496 im Juli zurück. Insgesamt beantragten in den ersten 8 Monaten des Jahres 1992 273 942 Ausländer Asyl, nach 141 081 im gleichen Vorjahreszeitraum. Unter dem Eindruck der neuerlichen Ausschreitungen und der Zahl von rd. 360 000 unbearbeiteten Asylanträgen verschärft sich der innenpolitische Streit um die Asylpolitik.

Finanzen/Währung: Der Bundestag verabschiedet am 29. 11. **1991** mit 335 gegen 207 Stimmen den

Bundeshaushalt 1992 mit einem Ausgabenvolumen von 422,1 Mrd. DM (+2,9% gegenüber 1991) und einer Neuverschuldung von 45,3 Mrd. DM*(→ Sp. 315f.).* Der Bundesrat läßt den Haushalt am 19. 12. trotz massiver Bedenken der SPD-geführten Länder passieren. – Der Bundestag verabschiedet am 26. 6. (der Bundesrat am 10. 7.) den **Nachtragshaushalt für 1992** mit zusätzlichen Ausgaben von rd. 3 Mrd. DM, womit sich die Gesamtausgaben des Bundes 1992 auf 425,1 Mrd. DM erhöhen. Der von Bundesfinanzminister *Waigel*/CSU am 26. 6. vorgelegte **Etatentwurf 1993** sieht Ausgaben von 436 Mrd. DM (+2,5%) vor. Die neuen Länder erhalten 91,9 Mrd. DM (+7%). – Der Vermittlungsausschuß von Bundesrat und Bundestag einigt sich am 7. 7. auf eine **Neuregelung der Zinsbesteuerung**: Vom 1. 1. 1993 an soll ein Zinssatz von 30% gelten; die nicht zu versteuernden Freibeträge werden allerdings erheblich erhöht. – Der Zentralbankrat der **Bundesbank verschärft** am 16. 7. seinen **geldpolitischen Bremskurs**: Der Diskontsatz wird auf 8,75% erhöht. Der Lombardsatz bleibt auf dem Ende 1991 festgelegten Stand von 9,75%. Damit steigen die **Leitzinsen auf den höchsten Stand** seit Bestehen der Bundesrepublik.

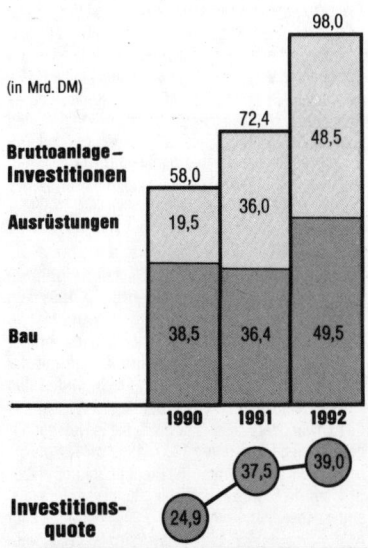

Investitionen in Ostdeutschland
Quelle: Handelsblatt, Institut der deutschen Wirtschaft

Wirtschaft *(Einzelheiten → Sp. 305f.):* Der Bundeswirtschaftsminister einigt sich am 11. 11. **1991** mit den Wirtschaftsministern der Kohleländer Nordrhein-Westfalen und Saarland sowie Spitzenvertretern der Bergbauunternehmen, der Stromwirtschaft und der Gewerkschaft Bergbau und Energie (IGBE) auf eine **Verringerung der jährlichen Steinkohlenförderung** von derzeit rd. 70 Mio. t auf 50 Mio. t bis zum Jahr 2000. 30 000 der derzeit 125 000 Bergleute dürften damit bis Ende 1999 ihren Arbeitsplatz verlieren. – Der Bundestag verabschiedet am 23. 1. **1992** die **Verschärfung der Exportkontrollen**: Das Zollkriminalinstitut (ZKI) in Köln darf künftig zur Verhütung von Straftaten nach dem Außenwirtschaftsgesetz und dem Kriegswaffenkontrollgesetz Telefone abhören und Briefe öffnen. Illegale Exporte können künftig mit Gefängnisstrafen bis zu 5 Jahren und der Abschöpfung der Bruttoerlöse geahndet werden. – Dem Vorschlag des Treuhandvorstandes, die **ostdeutschen Werften** getrennt an die Bremer Vulkan Schiffbau AG und den norwegischen Kvaerner-Konzern zu **verkaufen**, stimmt der Treuhand-Verwaltungsrat am 17. 3. zu. Die Vulkan AG erhält die Meeres-Technik-Werft Wismar (MTW; 2800 Beschäftigte) und das Dieselmotorenwerk Rostock (DMR; 1100 Beschäftigte); Kvaerner soll zunächst nur die Warnow-Werft in Warnemünde bekommen.

Parteien: *Lothar de Maizière*, 1990 letzter DDR-Ministerpräsident, legt am 6. 9. **1991** seine Ämter als stellv. **CDU**-Bundesvorsitzender und brandenburgischer Landesvorsitzender nieder, am 11. 9. auch sein Bundestagsmandat. Anlaß sind u. a. Verdächtigungen der »Stasi«-Zusammenarbeit und ein Streit mit der CDU-Parteiführung über die Behandlung der Landesverbände der Ost-CDU. – Die **Bürgerrechtsgruppen** der ehemaligen DDR, Demokratie Jetzt, Initiative Frieden und Menschenrechte sowie Teile des Neuen Forums, **konstituieren sich** am 21. 9. in Potsdam unter dem Namen **Bündnis 90** (Bü 90) als bundesweite Partei. Am 2. 5. beschließt das Bündnis 90 auf seiner Bundesdelegiertenkonferenz in Berlin den **Zusammenschluß mit den GRÜNEN**. – Auf dem **FDP**-Bundesparteitag in Suhl/Thüringen (1.–3. 11.) wird *Otto Graf Lambsdorff* von 433 der 646 Delegierten als Parteivorsitzender bestätigt; neuer Generalsekretär: *Uwe-Bernd Lühr.* – Die **SPD**-Bundestagsfraktion wählt am 12. 11. Schatzmeister *Hans-Ulrich Klose* mit 125 von 235 abgegebenen Stimmen im 2. Wahlgang als Nachfolger von *Hans-Jochen Vogel* zu ihrem neuen Vorsitzenden. – Auf dem **CSU**-Parteitag in München (22.–23. 11.) wird *Theodor Waigel* mit 916 Stimmen (= 92,2%) als Vorsitzender bestätigt. – Die **CDU/CSU**-Bundestagsfraktion wählt am 25. 11. mit 261 von 278 Stimmen Innenminister *Schäuble* als Nachfolger von *Alfred Dregger*/CDU zum neuen Fraktionsvorsitzenden. – Das Bundesverfassungsgericht erklärt am 9. 4. **1992** Teile der **Parteienfinanzierung** für **verfassungswid**-

rig und verlangt vom Bundestag eine Neuregelung bis Ende 1993. Das Gericht gibt damit einer Klage der GRÜNEN gegen das seit 1989 geltende Änderungsgesetz in allen Punkten recht. Verfassungswidrig sind demnach die steuerliche Abzugsfähigkeit von Firmenspenden, die Regelungen des sogenannten Sockelbetrags und des »Chancenausgleichs« sowie die Publizitätsgrenze für Spenden von 40 000 DM. – Aus Unmut über mangelnde Berücksichtigung ihrer Anliegen bilden die 63 **ostdeutschen Bundestagsabgeordneten in der Unionsfraktion** am 3. 6. eine **eigene Gruppe**. Zu ihrem Sprecher bestimmen sie Bundesverkehrsminister *Günther Krause*/CDU. – Die **Republikaner** bestätigen am 13. 6. auf einer Delegiertenversammlung in Deggendorf *Franz Schönhuber* mit 445 von 498 Stimmen als Parteichef. – Ein Kleiner Parteitag der **CDU** wählt am 15. 6. mit 113 gegen 14 Stimmen den bisherigen Parlamentarischen Staatssekretär im Bundesfrauenministerium *Peter Hintze* – als Nachfolger von *Rühe* – ins Amt des CDU-Generalsekretärs. – *Gregor Gysi*/PDS, *Peter-Michael Diestel*/CDU sowie zahlreiche weitere Prominente aus der »Vorwendezeit« stellen am 11. 7. in Berlin eine **Bürgerbewegung für Ostdeutschland** vor: »Komitees für Gerechtigkeit« sollen verhindern, daß die Ostdeutschen als »Menschen zweiter Klasse« ausgegrenzt werden. – Der Berliner SPD-Vorsitzende *Walter Momper* tritt am 17. 8. zurück; der frühere Regierende Bürgermeister (1989/90) zieht damit die Konsequenz aus der Kritik aus der SPD an seinem Eintritt in eine Immobilienfirma. – Der SPD-Vorsitzende *Engholm* äußert nach einer Klausurtagung der SPD-Führung am 21./22. 8., die **SPD werde sich einer Ergänzung des Asylartikels 16 nicht mehr grundsätzlich verschließen** und sei unter der Bedingung einer einschneidenden Reform der UNO auch bereit, die Weltorganisation Bundeswehr-Soldaten für Militäreinsätze »unter UNO-Kommando« zur Verfügung zu stellen.

Justiz: Der ehemalige DDR-Spionagechef *Markus Wolf* stellt sich am 24. 9. **1991** den deutschen Behörden und wird in Untersuchungshaft genommen. Der Bundesgerichtshof setzt *Wolf* am 4. 10. jedoch gegen eine Kaution von 250 000 DM auf freien Fuß. – Im ersten von mehreren sog. **Mauerschützenprozessen** gegen frühere DDR-Grenzsoldaten, die auf Flüchtlinge Todesschüsse abgegeben hatten, verurteilt die 23. Strafkammer des Landgerichts Berlin am 20. 1. **1992** den ehemaligen DDR-Grenzsoldaten *Ingo Heinrich* zu dreieinhalb Jahren Haft. Er hatte nach Ansicht des Gerichts in der Nacht zum 6. 2. 1989 den 20jährigen *Chris Gueffroy* beim Fluchtversuch – es war der letzte von rd. 200 – erschossen. – *Wolfgang Berghofer*/CDU, ehemaliger Oberbürgermeister von Dresden, und der frühere SED-Stadtchef *Werner Moke*, werden am 7. 2. 1992 vom 3. Strafsenat des Dresdner Bezirksgerichts wegen »Wahlfälschung und Anstiftung zur Wahlfälschung« zu Freiheitsstrafen von einem Jahr, ausgesetzt zur Bewährung, und zu Geldbußen verurteilt. – Nach Aufhebung der Abgeordneten-Immunität (am 19. 3.) wird dem PDS-Ehrenvorsitzenden *Hans Modrow*, letzter DDR-Ministerpräsident vor den ersten freien Wahlen zur Volkskammer im März 1990, Ende April von der Staatsanwaltschaft Dresden die Anklage wegen Anstiftung zur Wahlfälschung bei den DDR-Kommunalwahlen vom 7. 5. 1989 zugestellt. – Der ehemalige SS-Oberscharführer *Josef Schwammberger* wird am 18. 5. von einem Schwurgericht des Landgerichts Stuttgart wegen Mordes in 7 Fällen und wegen Beihilfe zum Mord in 32 Fällen im Zwangsarbeitslager Rozwadow und im Arbeitsghetto Przemysl zu lebenslanger Haft verurteilt. – Der Bundesrat blockiert am 10. 7. einen vom Bundestag am 17. 6. verabschiedeten Gesetzentwurf über Entschädigungszahlungen an ehemalige politische Häftlinge der DDR von mindestens 300 DM je Haftmonat, die er eine Beteiligung der Länder an den Kosten vorsieht. – Die Berliner Staatsanwaltschaft erhebt am 15. 5. **Anklage gegen** den im März 1991 in die UdSSR geflohenen ehemaligen DDR-Staats- und Parteichef **Erich Honecker** (→ *WA' 92, Sp. 50*) wegen gemeinschaftlichen Totschlags in 49 und versuchten Totschlags in 25 Fällen (Todesschüsse an der Mauer). Die Anklage wird später auf Untreue und Vertrauensmißbrauch ausgedehnt. **Honecker** verläßt am 29. 7. auf Druck → Chiles und → Rußlands die chilenische Botschaft in Moskau und **kehrt nach Berlin zurück**. Er wird nach seiner Ankunft auf dem Flughafen Tegel verhaftet und in die Untersuchungshaftanstalt Moabit eingeliefert. *Honeckers* Ehefrau *Margot* fliegt am 30. 7. zu ihrer Tochter nach Chile.

Kirche: Der Paderborner Erzbischof *Johannes Joachim Degenhardt* entzieht am 8. 10. **1991** dem Priester und Hochschullehrer *Eugen Drewermann* die kirchliche Lehrbefugnis, nachdem dieser bestimmte Positionen, die nicht im Einklang mit der katholischen Amtskirche stehen, nicht widerrufen hatte. Außerdem hatte er von der Kirche Verständnis für schwangere Frauen gefordert, die in Notsituationen abtreiben lassen. Am 13. 1. **1992** wird *Drewermann* »bis auf weiteres« die Predigtbefugnis entzogen, am 26. 3. wird er schließlich auch vom Priesteramt suspendiert. – Am 6. 11. 1991 wird Bischof *Klaus Engelhardt* zum Ratsvorsitzenden der wiedervereinigten Evangelischen Kirche Deutschlands (EKD) gewählt. Der Landesbischof der Evangelischen Kirche in Baden löst den Berliner Bischof *Martin Kruse* ab. – Die 47jährige Pröpstin der ev.-luth. Kirche, *Maria Jepsen*, wird am 4. 4. **1992** von der Nordelbischen Landessynode mit 78 von 137

Stimmen zur Bischöfin der Nordelbischen Kirche und damit zur ersten Bischöfin in der lutherischen Kirche überhaupt gewählt; sie folgt auf Bischof *Peter Krusche*, der am 31. 7. in den Ruhestand tritt.

Umweltschutz: Bundesumweltminister *Klaus Töpfer*/CDU ordnet am 10. 9. **1991** den Abriß aller Reaktorblöcke des ostdeutschen Kernkraftwerks Greifswald an. – Der Bundestag verabschiedet am 30. 10. das Ratifizierungsgesetz zur Verschärfung des Montrealer Abkommens über den **Verzicht auf den ozonschädigenden Fluorchlorkohlenwasserstoff** (FCKW). Deutschland will bis 1995 aus der FCKW-Herstellung aussteigen, die übrigen EG-Staaten bis 1997. – Nach dem am 14. 11. vorgelegten **Waldzustandsbericht 1991** sind mehr als 60 % der Bäume in Deutschland krank; Hauptursache: Luftverschmutzung. – Am 1. 4. **1992** wird die **2. Stufe der Verpackungsverordnung** wirksam, die zwischen Transport-, Verkaufs- und Umverpackung unterscheidet: Konsumenten dürfen in den Geschäften »Umverpackungen« zurücklassen, die dann als Gewerbemüll entsorgt werden. Vom 1. 1. 1993 an sieht die Verordnung eine Rücknahmepflicht des Handels für Verkaufsverpackungen (Becher, Dosen, Flaschen) vor.

DSCHIBUTI Am 13. 11.**1991** beschließt die Regierung die **Generalmobilmachung**. Anlaß sei eine Offensive von Söldern der ethnischen Gruppe Afar, die sich in der »Front für Wiedereinrichtung der Einheit und Demokratie«/FRUD zusammengeschlossen und mehrere Stützpunkte der Regierungstruppen eingenommen haben. Außenminister *Moumin Bahdon Farah* wirft den Afar vor, in Eritrea, Teilen Äthiopiens und D. einen gemeinsamen Staat der Afar schaffen zu wollen. – Frankreich entsendet auf Wunsch des Präsidenten *Hassan Gouled Aptidon* und gemäß einem Verteidigungsabkommen von 1977 Truppen nach D., die entlang der Grenze zu Äthiopien stationiert werden sollen. Am 25. 11. wird ein **Waffenstillstand** vereinbart. – Vor dem Hintergrund anhaltender Spannungen – die Rebellen der FRUD kontrollieren inzwischen den größten Teil des nördlichen Staatsgebietes – setzt Staatspräsident *Aptidon* am 21. 1.**1992** per Dekret eine **Verfassungskommission** ein. Am 4. 4. wird ein **Verfassungsentwurf** vorgestellt, der maximal vier Parteien vorsieht, aber weiterhin an einer starken Stellung des Präsidenten festhält. Wie Präsident *Aptidon* am 27. 6. aus Anlaß des 15. Unabhängigkeitstages bekanntgibt, soll das Referendum über die neue Verfassung am 4. 9. stattfinden; Wahlen sind für den 20. 11. vorgesehen.

ECUADOR In Verhandlungen mit dem Pariser Klub erreicht E. am 21. 1.**1992** einen 15jährigen **Zahlungsaufschub** (incl. acht Freijahren) für Schulden in Höhe von 10 Mrd. $. – Am 23. 4. treffen rund 4000 Angehörige der vier Indianerstämme der Ketschua, Shiwiar, Ashuar und Zaparo nach einem 12tägigen Fußmarsch in Quito ein, wo ihre Vertreter von Präsident *Rodrigo Borja Cevallos* empfangen werden. Sie verlangen für die 20000 Indios der Amazonasregion die Abtretung von 2 Mio. ha. Urwald, dazu eine Verfassungsänderung, die E., dessen Ureinwohner (Indigenas) knapp die Hälfte der Bevölkerung bilden, als multikulturellen und multinationalen Staat definiert. Die Regierung beschließt am 6. 5., den **Indios das Besitzrecht an Ländereien von 1,1 Mill. ha** zu **gewähren**; nicht einbezogen sind die Bodenschätze. – Am 17. 5. finden Parlaments-, Präsidentschafts- und Kommunalwahlen statt. Bei den **Parlamentswahlen** erhält die Partido Social Cristiano/PSC 21 (3/18) der 77 (12 Direktmandate/65 nach dem Stimmenanteil der Parteien in den Provinzen) Mandate, Partido Roldosista Ecuatoriano/PRE 13 (2/11), Partido Unidad Republicano/PUR 12 (2/10), Izquierda Democrática 7 (1/6), Partido Conservador E./PCE 6 (1/5), Democracia Popular/DP 5 (1/4), Moviemento Popular Democrático/MPD 4 (1/3), Partido Socialista E./PSE 3 (1/2), Sonstige 7 Sitze.
Präsidentschaftswahlen: *Sixto Durán Ballén*, Exbürgermeister von Quito und Kandidat der UR erhält 27 % der Stimmen, der ehemalige Gouverneur *Jaime Nebot Saadi* und Kandidat der PSC 21 %, gefolgt von *Abdalá Bucaram Ortiz* von der PRE mit ca. 20 %; auf *Raúl Baca Carbo*, Kandidat der ID des scheidenden Präsidenten *Borja*, entfallen nur 7 % der Stimmen. Bei der **Stichwahl** am 5. 7. setzt sich *Durán* mit 57 % der abgegebenen Stimmen gegen *Nebot* durch. Präsident *Durán*, dessen 4jährige Amtszeit am 10. 8. beginnt, will im Zuge einer Wirtschaftsreform zahlreiche Unternehmen privatisieren, die derzeitige Inflationsrate von 50 % senken und die Auslandschulden begrenzen. **Außenminister** wird *Diego Paredes*.

EL SALVADOR Am 11. 9.**1991** billigen die 84 Abgeordneten der Nationalversammlung einstimmig die mit der Guerilla ausgehandelte **Verfassungsreform** (→ *WA '92 Sp. 58*). – Nach Gesprächen mit UN-Generalsekretär *Javier Pérez de Cuéllar* am 16. 9. einigen sich die Konfliktparteien des fast zwölf Jahre andauernden Bürgerkrieges am 25. 9. in New York auf die **Unterzeichnung eines Friedensabkommens**, nachdem Präsident *Alfredo Cristiani* den Vorschlag der linksgerichteten Guerilla-Organisation »Frente Farabundo Martí de Liberacion Nacional«/FMLN, einen einjährigen Waffenstillstand zu vereinbaren, zunächst abgelehnt hatte. – Am 14. 11. gibt die FMLN-Guerilla bekannt, daß sie ihre Operationen bedingungslos einstellt. Eine Woche später verkündet auch die Regierung gegen den Willen des Militärs die Einstellung der Luft- und Artillerieangriffe auf FMLN-Stellungen. – Über 50 000 Menschen demonstrieren am 14. 12. in San Salvador für eine Beendigung des Bürgerkrieges. Am 31. 12., dem letzten Tag der Amtszeit des UN-Generalsekretärs *Javier Pérez de Cuéllar*, kommt es zum Abschluß eines **Waffenstillstandsabkommens**, das einen Monat später in Kraft treten soll. – Am 14. 1.**1992** verabschiedet der UN-Sicherheitsrat einstimmig die Resolution 729, mit der das Mandat der Beobachterkommission ONUSAL verlängert und auf die Überwachung des Waffenstillstandsabkommens ausgedehnt wird. – Der endgültige **Friedensvertrag** wird am 16. 1. in Mexiko-Stadt von Präsident *Cristiani* und den Chefs der fünf Guerillagruppen der FMLN unterzeichnet. Kernpunkt ist die Bildung einer nationalen Kommission für die Festigung des Friedens (COPAZ), der Vertreter der Regierung, der Streitkräfte und des FMLN sowie ein Sprecher jeder im Parlament vertretenen Partei angehören sollen. Vereinbart wird weiterhin, die FMLN-Rebellen in eine neugeordnete Polizei, die nicht mehr dem Verteidigungsminister unterstehen soll, einzugliedern und Armeeangehörige, die Menschenrechtsverletzungen begangen haben, aus den Streitkräften zu entlassen. Weiterhin sieht der Friedensvertrag vor, die Streitkräfte innerhalb von 24 Monaten – beginnend am 1. 8. – von derzeit 63175 auf 31 000 Mann zu reduzieren. Zudem soll die FMLN als politische Partei legalisiert, eine Justiz- und Wahlreform durchgeführt sowie die Umverteilung des landwirtschaftlichen Besitzes in Angriff genommen werden. Präsident *Cristiani* erklärt, der Bürgerkrieg habe Kriegsschäden in Höhe von 1,4 Mrd. $ verursacht; seine Regierung benötige rund 2 Mrd. $, um die Infrastruktur des Landes wiederherzustellen und für die ehemaligen Kämpfer und Flüchtlinge Arbeitsplätze zu schaffen. – Das Parlament verabschiedet am 23. 1. einstimmig das Gesetz zur nationalen Versöhnung, das eine **Amnestie** für alle Personen vorsieht, die von 1980 bis Ende 1991 an politischen oder gesellschaftlichen Vergehen beteiligt waren. – In der Nacht zum 1. 2. feiern Zehntausende von Menschen in San Salvador das Inkrafttreten des Waffenstillstands und das **formelle Ende des Bürgerkriegs**, der etwa 75 000 Menschen das Leben kostete. – Am 12. 5. unterzeichnen die Präsidenten von El Salvador, Guatemala und Honduras in Ocetepeque ein Abkommen über die **Schaffung einer Freihandelszone** zwischen ihren Ländern (→*Sp 68 f., Guatemala*). – Der Zeitplan für die **Demobilisierung wird mehrmals verschoben**, da die FMLN die versprochenen politischen Reformen einfordert. Am 21. 8. verständigen sich die Regierung und die FMLN darauf, die Entwaffnung der FMLN für einen Monat auszusetzen, damit die Regierung ihre Verpflichtungen aus dem Friedensabkommen einlösen kann.

Estland

ESTLAND Am 6. 9.**1991** erkennt der Staatsrat der UdSSR die Unabhängigkeit Estlands an; am 9. 10. werden diplomatische Beziehungen zur UdSSR aufgenommen. Am selben Tag unterzeichnet der Vorsitzende des sowjetischen KGB, *Wadim Bakatin*, ein Protokoll über die Auflösung der Organe der Staatssicherheit der UdSSR auf estnischem Territorium. – Das Parlament verabschiedet am 7. 11. das **Gesetz über die estnische Staatsbürgerschaft**. Alle Einwohner, die bereits 1940 Bürger der Estnischen Republik waren, sowie deren Nachkommen erhalten die estnische Staatsbürgerschaft automatisch. Russen und Angehörige anderer Nationalitäten, die nach der sowjetischen Annexion 1940 nach Estland gekommen sind, können die Staatsbürgerschaft beantragen, wenn sie seit zwei Jahren in Estland wohnen, vorausgesetzt, sie beherrschen Estnisch und gehörten nicht der sowjetischen Armee oder Polizei an; der Anteil der russisch-sprachigen Bevölkerung in Estland beträgt 38,5 %. – Am 2. 1.**1992** werden die **Preise für Lebensmittel und Konsumgüter freigegeben**. Am 16. 1. wird vom Parlament der **Wirtschaftsnotstand** für mindestens 3 Monate **ausgerufen**. **Ministerpräsident** *Edgar Savisaar* **tritt** am 23. 1. **zurück**, nachdem er für seine Wirtschaftspolitik im Parlament keine Mehrheit gefunden hatte. Am 27. 1. wird der bisherige Verkehrsminister *Tiit Vähi* zum **neuen Ministerpräsidenten** ernannt. Für sein Kabinett stimmen 52 Abgeordnete, 24 enthalten sich der Stimme; Außenminister *Lennart Meri* bleibt im Amt. – Am 23. 3. tritt Außenminister *Lennart Meri* zurück; Nachfolger wird *Jaan Manitski*. – Großbritannien und Estland einigen sich am 26. 3. auf die Rückgabe von Gold im Wert von über 50 Mill. US-$, das seit 1940 bei der Bank of England liegt. Insgesamt lagern seit 1940 in Großbritannien, Frankreich, Schweden und den USA rd. 8 t estnisches Gold. – Am 4. 6. bricht die estnische Delegation die Gespräche mit Rußland über den Abzug der russischen Truppen ab; die Esten fordern den sofortigen Abzug, Rußland will mit dem Truppenabzug erst 1994 beginnen. – Mitte Juni beträgt die Inflationsrate 1000 %. Am 20. 6. führt Estland als erste der ehemaligen Sowjetrepubliken eine **eigene Währung**, die Krone (Kroon), ein, die den Rubel als gesetzliches Zahlungsmittel ablöst, frei konvertierbar ist und durch einen Stabilisierungsfonds mit Einlagen in US-$ gestützt wird; Leitwährung ist die DM. – Am 28. 6. findet ein 2teiliges Referendum statt (Wahlbeteiligung: 66,6 %). 91,1 % der Teilnehmer sprechen sich für den Verfassungsentwurf aus, der ein parlamentarisches System mit einem Präsidenten der weitreichende Befugnisse hat, vorsieht; das Wahlrecht bei Präsidentschafts- und Parlamentswahlen für die Einwohner, die vor dem 5. 6. 1992 die estnische Staatsbürgerschaft beantragt haben, befürworten nur 39 % der Wähler. – Vorgezogene Parlamentsneuwahlen sind für den 20. 9. geplant; das neue Parlament wird 101 Abgeordnete haben und soll Estnische Staatsversammlung heißen.

FINNLAND Mit Rußland werden am 20. 1. **1992** ein **neuer Nachbarschaftsvertrag** sowie Abkommen über regionale Zusammenarbeit und Handel unterzeichnet. Ferner wird die **Auflösung des Beistandspakts von 1948 formell bekräftigt**, in dessen Präambel der Wunsch Finnlands verankert war, außerhalb der Interessengegensätze der Großmächte zu bleiben und der einen Konsultationsparagraphen enthielt, der sowjetischen Beistand im Fall einer Aggression Deutschlands oder einer mit ihm verbundenen Macht vorsah (sog. »Finnlandisierung«). Mit dem Austausch der Ratifizierungsurkunden anläßlich des Besuchs des russischen Präsidenten *Boris Jelzin* in Helsinki am 11. 7. wird der Nachbarschaftsvertrag formell in Kraft gesetzt. – **Der Reichstag stimmt** am 18. 3. **dem Regierungsvorschlag zu, einen EG-Aufnahmeantrag zu stellen**; ein entsprechendes Gesuch wird am selben Tag in Brüssel überreicht. – Am 5. 4. beschließt die Regierung ein **drastisches Sparprogramm** gegen die immer akuter werdende Wirtschaftskrise. Die Maßnahmen sehen Einsparungen von 10 Mrd. Fmk in den nächsten 3 Jahren vor und betreffen alle Budgetposten, v. a. das Sozialwesen (Kürzung von Kinderbeihilfen, Arbeitslosengeldern und Pensionen) und das Gesundheitswesen. Mit **Streiks und Demonstrationen** protestieren am 22. 4. in Mittelfinnland und in Helsinki etwa 200 000 Beschäftigte gegen diese Maßnahmen. – Die Regierung beschließt am 6. 5. die Anschaffung von 64 US-Jagdflugzeugen des Typs F/A-18. – Die **Reichsbank gibt** am 8. 9. die im Juni 1991 einseitig erfolgte **Bindung der Finnmark an das Europäische Währungssystem/EWS auf** und läßt die Währung vorerst frei floaten. In der schwersten Wirtschaftskrise seit dem II. Weltkrieg, die in einem um 6% gefallenen BSP und einer Arbeitslosenrate von 15% ihren Ausdruck findet, hatte die Fmk zuletzt ständig unter Abwertungsdruck gestanden; auch eine Abwertung um 12,3% sowie Stützungsmaßnahmen europäischer Zentralbanken konnten den Währungskurs nicht stabilisieren.

FRANKREICH Die Nationalversammlung beschließt am 3. 10. **1991 die Verkürzung des Wehrdienstes von 12 auf 10 Monate**. – Am 28. 11. erfolgt die **Rückgabe der** vor der Annexion durch die UdSSR in F. deponierten **Goldreserven an Litauen und Lettland**. – *Pierre Mauroy* tritt am 7. 1. **1992** als Vorsitzender der Partie Socialiste/PS zurück; Nachfolger wird am 9. 1. *Laurent Fabius*. – Die Aufnahme des Führers der Palästinenser-Organisation PFLP, *Georges Habbash*, in ein Pariser Krankenhaus (29. 1.) führt zu einer **Regierungskrise**. Hohe Regierungsbeamte werden entlassen; ein Mißtrauensvotum der bürgerlichen Opposition scheitert jedoch am Boykott der PCF. – Beim **Besuch des russischen Präsidenten** *Boris Jelzin* in Paris (5.–7. 2.) wird ein Kooperationsvertrag abgeschlossen; außerdem gewährt F. Rußland Kredite in Höhe von 3,5 Mrd. FF. – Im savoyischen Albertville finden vom 8.–23. 2. die XVI. Olympischen Winterspiele statt, an denen 2300 Sportler aus 64 Ländern teilnehmen. – Am 18. 2. schließen der **bulgarische** Präsident *Schelju Schelew* und Staatspräsident *François Mitterrand* in Paris einen **Freundschaftsvertrag**; als Bereiche verstärkter Kooperation werden die Wirtschaft, Kultur und Wissenschaft/Technik sowie der militärische Sektor genannt. – Bei den **Regionalwahlen** in den 26 Regionen (davon 4 in Übersee) am 22. 3. verlieren die Sozialisten/PS 11,6% der Stimmen gegenüber 1986 und verzeichnen mit durchschnittlich 18,3% das schlechteste Ergebnis seit 20 Jahren. Die bürgerlichen Parteien RPR und UDF müssen Einbußen von 8% hinnehmen, bleiben jedoch mit einem Stimmenanteil von 33% stärkste Kraft. Die Kommunisten/PC verschlechtern sich um 2,3% auf 8%. Wahlgewinner sind die rechtsextreme Nationale Front/NF unter *Jean-Marie Le Pen* mit 13,9% (+4,2%) und die beiden Umweltschutzparteien Les Verts und Génération Écologie, die 6,8 bzw. 7,1% der Stimmen erhalten. – **Als Reaktion auf die Wahlniederlage tritt** Ministerpräsidentin *Edith Cresson*/PS am 2. 4. **zurück**. Der bisherige Wirtschafts- und Finanzminister **Pierre Bérégovoy/PS wird** noch am gleichen Tag **neuer Ministerpräsident**. *Bérégovoy* nennt in seiner Regierungserklärung am 8. 4. die Bekämpfung von Inflation, Arbeitslosigkeit, Kriminalität und Korruption als Hauptziele seiner Politik. – Ein Mißtrauensantrag gegen die Regierung *Bérégovoy* aus Protest gegen die in Brüssel beschlossene EG-Agrarreform scheitert am 2. 6. knapp mit 286 zu 289 Stimmen. – Am 12. 6. wird der endgültige **Verzicht auf die atomare Kurzstreckenrakete »Hades«** (Reichweite: bis 480 km) bekanntgegeben. – Nachdem bereits Ende September 1991 etwa 200 000 Bauern in Paris gegen Einfuhren aus Osteuropa und gegen den Abbau von Subventionen demonstrierten, sperren Landwirte am 15. 6. aus **Protest gegen die EG-Agrarpolitik** Straßen im Süden des Landes und blockieren teilweise den Eisenbahnverkehr. – Die Nationalversammlung ratifiziert am 19. 6. einstimmig den **Beitritt zum Atomwaffensperrvertrag**. – Nach der **Annahme einer Verfassungsänderung für die Ratifizierung der Maastricht-Verträge** durch den Senat am 17. 6. (192 : 117 Stimmen) stimmt die Nationalversammlung am 19. 6. mit 388 gegen 43 Stimmen zu. Mit dem Votum des Kongresses am 23. 6. (592 : 73 Stimmen; die notwendige ⅗-Mehrheit wurde mit 201 Stimmen übertroffen) ist der

Weg frei für eine Volksabstimmung über die Ratifizierung am 20. 9. – Die Regierung teilt am 9. 7. die **Entsendung von Kampfhubschraubern und** weiteren 700 **Soldaten in die bosnische Hauptstadt Sarajevo** mit. – Umweltminister *Ségolène Royal* kündigt Mitte August die Schließung von 6700 Müllhalden bis zum Jahr 2000 an. Die Entscheidung ist die Folge eines zuvor aufgedeckten Skandals um die illegale Einfuhr und Ablagerung von Krankenhausabfällen aus Deutschland.

GAMBIA Am 31. 3.**1992** wird eine **Verschwörung zum Sturz der Regierung** aufgedeckt. Der Anführer *Kukli Samba Sanyang*, der bereits 1981 einen Putschversuch gegen die Regierung von Präsident *Sir Dawda Kairaba Jawara* unternommen habe, sei von Libyen unterstützt worden. – Am 29. 4. finden **Präsidentschaftswahlen** statt, aus denen *Jawara* mit 58,4% der Stimmen nach 27 Amtsjahren erneut als Sieger hervorgeht. Die Wahlbeteiligung liegt bei 55,8%. Gleichzeitig werden die 36 Abgeordneten des Parlaments neu bestimmt, wobei 129 Kandidaten zur Wahl stehen. Hier muß die regierende »Peoples Progressive Party«/PPP einen deutlichen Verlust hinnehmen; künftig stellt sie nur noch 25 Abgeordnete (bisher 31).

GEMEINSCHAFT UNABHÄNGIGER STAATEN – GUS Der **Kongreß der Volksdeputierten besiegelt** am 5. 9.**1991** das **Ende der bisherigen UdSSR** und beschließt ein Gesetz über die Umwandlung der UdSSR in einen **Bund unabhängiger Republiken mit neuen Staatsorganen** (→ *WA'92, Sp.151f*). Zugleich wird eine **Deklaration der Rechte und Freiheiten des Menschen** verabschiedet. Der erste Beschluß des neuen Staatsrats ist am 6. 9. die Anerkennung der Unabhängigkeit Estlands, Lettlands und Litauens. Am 18. 9. beschließt der Staatsrat, *Iwan Silajew* zum Vorsitzenden des Interrepublikanischen Wirtschaftskomitees zu ernennen. – Nach langen Verhandlungen unterzeichnen Präsident *Michail Gorbatschow* und die Präsidenten der Republiken Armenien, Weißrußland, Kasachstan, Kirgistan, Rußland, Tadschikistan, Turkmenistan und Usbekistan am 18. 10. in Moskau den **Vertrag über wirtschaftliche Zusammenarbeit**; die Ukraine und Moldau treten dieser Wirtschaftsgemeinschaft erst am 6. 11. bei. – Am 23. 10. demonstrieren in Moskau rd. 50000 Menschen gegen die sich ständig verschlechternde Versorgungslage. – Präsident *Gorbatschow* ernennt am 6. 11. die Vorsitzenden der 3 Nachfolgeorganisationen des Sicherheitsdienstes KGB. – Der Staatsrat beschließt am 14. 11., die **sowjetische Verfassung außer Kraft** zu setzen; die Menschenrechtsdeklaration, die Verfassungen der Republiken und der künftige Unionsvertrag seien ausreichend Ersatz. – Am 15. 11. einigen sich die Präsidenten von 7 Republiken (Aserbaidschan, Weißrußland, Kasachstan, Kirgistan, Rußland, Tadschikistan und Turkmenistan) mit Präsident *Michail Gorbatschow* auf die **Grundzüge eines neuen Unionsvertrags**. Da die vorgesehene Paraphierung des Entwurfs am 25. 11. nicht zustande kommt, wird er zu weiteren Beratungen an den Obersten Sowjet der Übergangszeit und an die Parlamente der souveränen Staaten verwiesen. – Die Regierungschefs von 7 souveränen Unionsrepubliken unterzeichnen am 4. 12. einen Vertrag über die Rechtsnachfolge der UdSSR in bezug auf Auslandsschulden und Aktiva der UdSSR; danach entfallen von den auf 60–81 Mrd. US-$ geschätzten sowjetischen Auslandsschulden auf Rußland 61,34%, auf die Ukraine 16,37% und auf Weißrußland 4,13%. – Nach dem Referendum für die Unabhängigkeit und nach seiner Bestätigung im Amt bekräftigt der ukrainische Präsident *Leonid Krawtschuk* erneut, die Ukraine werde den neuen Unionsvertrag nicht unterzeichnen. Am 8. 12. erklären der russische Präsident *Boris Jelzin*, der ukrainische Präsident *Leonid Krawtschuk* und der weißrussische Parlamentspräsident *Stanislaw Schuschkewitsch* auf einem Treffen bei Brest die Verhandlungen über einen neuen Unionsvertrag für gescheitert. Mit der Unterzeichnung der Erklärung von Minsk durch die führenden Repräsentanten der 3 slawischen Republiken Weißrußland, Russische Föderation und Ukraine wird am 8. 12. die **Gemeinschaft Unabhängiger Staaten/GUS** gegründet *(Einzelheiten → unten)*. Am 10. 12. ratifizieren der Oberste Sowjet der Ukraine mit 288 gegen 145 Stimmen und der Oberste Sowjet von Weißrußland mit 263 gegen 1 Stimme das Minsker Abkommen; der Oberste Sowjet der RSFSR ratifiziert das Abkommen am 12. 12. mit 188 gegen 6 Stimmen bei 2 Enthaltungen. Zugleich werden die Unionsverträge von 1922 gekündigt. Das Interrepublikanische Wirtschaftskomitee stellt seine Tätigkeit am 10. 12. ein. – Präsident *Michail Gorbatschow* hält die Vorgehensweise der 3 Republiken für nicht verfassungskonform; nur der Kongreß der Volksdeputierten könne die UdSSR auflösen. – Nach 2tägigen Beratungen in der turkmenischen Hauptstadt Aschchabad erklären die führenden Vertreter der 5 mittelasiatischen ehemaligen Sowjetrepubliken Kasachstan, Kirgistan, Tadschikistan, Turkmenistan und Usbekistan am 13. 12., daß sie der GUS als gleichberechtigte Gründungsmitglieder beitreten wollen. Auch Armenien und Aserbaidschan sprechen sich für den Beitritt zur GUS aus. – Am 17. 12. verständigen sich der sowjetische Präsident *Michail Gorbatschow* und sein russischer Amtskollege *Boris Jelzin* auf die Auflösung der UdSSR. *Jelzin* verfügt am 19. 12. per Erlaß die Auflösung des Außenministeriums der UdSSR; dessen Botschaften, Grundbesitz und Finanzmittel sind dem russischen Außenministerium zu übertragen. Zugleich unterstellt er alle bisher dem sowjetischen Präsidenten und dem Interrepublikanischen Wirtschaftskomitee gehörenden Gebäude, einschl. Kreml, sowie deren gesamtes Eigentum und Anlagen der russischen Verwaltung. Gleichzeitig verfügt *Jelzin* die Auflösung des Innenministeriums der UdSSR und des Zwischenrepublikanischen Sicherheitsdienstes und vereinigt sie mit dem russischen Innenministerium und dem Sicherheitsdienst zum Ministerium »Sicherheit und Inneres der Russischen Föderation«. Nach einem Beschluß der Regierungschefs von 8 ehemaligen Sowjetrepubliken hatten rd. 80 Ministerien der UdSSR bereits bis zum 15. 11. ihre Tätigkeit einzustellen; damit verbleiben der sowjetischen Zentralgewalt nur noch das Verteidigungsministerium und das Ministerium für Atomenergie und Industrie. – **Mit der Gründung der Gemeinschaft Unabhängiger Staaten/GUS durch die 11 ehemaligen Sowjetrepubliken Armenien, Aserbaidschan, Kasachstan, Kirgistan, Moldau, Rußland, Tadschikistan, Turkmenistan, Ukraine, Usbekistan und Weißrußland** wird in der kasachischen Hauptstadt Alma-Ata **am 21. 12. endgültig das Ende der UdSSR besiegelt.** Bei dem Treffen der führenden Repräsentanten dieser 11 Republiken, zu dem Georgien nur Beobachter entsendet und an dem die 3 baltischen Republiken nicht teilnehmen, wird die Erklärung von Alma-Ata unterzeichnet, die das Minsker Abkommen vom 8. 12. erweitert. Danach ist die **GUS weder ein Staat noch ein überstaatliches Gebilde.** Die 11 unabhängigen Republiken verpflichten sich auf die Anerkennung demokratischer Rechtsstaatlichkeit; ihre Beziehungen untereinander basieren u. a. auf der gegenseitigen Anerkennung und Achtung der staatlichen Souveränität, den Prinzipien der Gleichheit und Nichteinmischung in die inneren Angelegenheiten, der Achtung der Menschenrechte und der Achtung der gegenseitigen Unverletzlichkeit bestehender Grenzen. Die **Zusammenarbeit zwischen den Mitgliedstaaten der GUS** erfolgt nach dem Grundsatz der Gleichberechtigung **durch koordinierende Institutionen**; diese werden auf paritätischer Grundlage gebildet und gemäß den von der Gemeinschaft vereinbarten Regeln tätig. Die höchsten koordinierenden Organe der GUS sind der **Rat der Staatschefs** und der **Rat der Regierungschefs** der Republiken. Das gemeinsame Kommando über die militär-strategischen Streitkräfte und eine einheitliche Kontrolle über die Atomwaffen bleiben erhalten. Die GUS ist bei Zustimmung aller Mitgliedsländer offen für alle Staaten, ehemalige Sowjetrepubliken und andere Staaten, die Ziele und Prinzipien der Gemeinschaft teilen. Die Mitgliedsländer garantieren die Erfüllung der internationalen Verpflichtungen aus den Verträgen und Abkommen der früheren UdSSR.

In weiteren Dokumenten wird u. a. festgelegt, daß Rußland das Recht erhält, den Sitz der UdSSR im UN-Sicherheitsrat und in allen anderen internationalen Organisationen zu übernehmen. In einem Sonderabkommen bekräftigen die 4 Republiken mit Atomwaffen (Weißrußland, Kasachstan, Rußland und Ukraine), die von der ehemaligen UdSSR abgeschlossenen Verträge zur nuklearen Abrüstung einzuhalten und ihren Parlamenten den START-Vertrag zur Ratifizierung vorzulegen. Weißrußland, Kasachstan und die Ukraine werden bis zum 1. 7. 1992 ihre taktischen Atomwaffen zur Vernichtung unter gemeinsamer Kontrolle nach Rußland bringen. **Georgien**, das zu dem Treffen in Alma-Ata am 21. 12. nur Beobachter entsandt hatte, **ist kein Mitglied der GUS**.– *Michail Gorbatschow*, der bis zuletzt an der Erneuerung der politischen Union festhalt, **tritt am 25. 12. als Präsident der UdSSR zurück**. Anschließend übergibt er, der Erklärung von Alma-Ata entsprechend, die Kontrolle über die sowjetischen Atomwaffen an den russischen Präsidenten *Boris Jelzin* und das Oberkommando über die Streitkräfte kommissarisch an den bisherigen sowjetischen Verteidigungsminister *Jewgenij Schaposchnikow*. Der sowjetische Oberste Sowjet bestätigt am 26. 12. das Ende der UdSSR und löst sich selbst auf. – Die Parlamente der Republiken Weißrußland, Kasachstan, Rußland, Ukraine, Tadschikistan und Turkmenistan ratifizieren das Abkommen von Alma-Ata bis zum 26. 12. Bis Mitte Januar 1992 werden alle 11 Mitgliedsstaaten der GUS von den wichtigsten Ländern, darunter die EG-Länder, USA, Kanada, Japan und die VR China, anerkannt.

Am 1. Gipfeltreffen der Staatschefs der 11 GUS-Länder am 30. 12.**1991** in der weißrussischen Hauptstadt Minsk nehmen die Präsidenten bzw. Parlamentspräsidenten *Lewon Ter-Petrosjan* (Armenien), *Ajas Mutalibow* (Aserbaidschan), *Stanislaw Schuschkewitsch* (Weißrußland), *Mircea Snegur* (Moldau), *Nursultan Nasarbajew* (Kasachstan), *Askar Akajew* (Kirgistan), *Boris Jelzin* (Rußland), *Rachman Nabijew* (Tadschikistan), *Saparmurad Najasow* (Turkmenistan), *Leonid Krawtschuk* (Ukraine) und *Islam Karimow* (Usbekistan) teil. Es wird ein Abkommen unterzeichnet, in dem die Notwendigkeit eines Vereinigten Kommandos der strategischen Streitkräfte und einer einheitlichen Kontrolle der Atomwaffen und anderer Massenvernichtungswaffen der ehemaligen UdSSR anerkannt wird. Im Bereich der konventionellen Truppen ist jeder Republik die Bildung einer eigenen Armee oder die Unterstellung unter ein gemeinsames Oberkommando der GUS freigestellt, das zunächst für 2 Monate Marschall *Jewgenij Schaposchnikow* übertragen wird. Auch beim 2. Gipfeltreffen der

Staatschefs der GUS-Länder am 16. 1. **1992** in Moskau geht es v. a. um den künftigen Status der GUS-Streitkräfte. – Am 30. 1. werden 10 Mitgliedsstaaten der GUS in Prag in die KSZE aufgenommen; Rußland wird als Rechtsnachfolger der UdSSR bestätigt. – Die Luftbrücke »Projekt Hoffnung« wird am 10. 2. in Frankfurt am Main eröffnet; in den nächsten 2 Wochen werden fast 18 000 t Nahrungsmittel und medizinische Hilfsgüter nach Rußland und in die zentralasiatischen GUS-Länder gebracht. Die Aktion wurde auf einer Konferenz westlicher Staaten zur Koordination humanitären Hilfsmaßnahmen für die Nachfolgestaaten der UdSSR vom 22.–23. 1. in Washington beschlossen. – Beim 3. Gipfeltreffen am 14. 2. in Minsk verständigen sich die Staatschefs von 8 Republiken für eine Übergangszeit von 2 Jahren auf ein einheitliches Kommando für die GUS-Streitkräfte; das Abkommen wird jedoch nicht von allen Teilnehmern unterzeichnet, da außer über das Kommando der strategischen Streitkräfte nach wie vor unterschiedliche Auffassungen bestehen. – Am 2. 3. werden auch die Republiken Armenien, Aserbaidschan, Kasachstan, Kirgistan, Moldau, Turkmenistan, Tadschikistan und Usbekistan in die UN, am 10. 3. werden die 11 Republiken der GUS in den Nordatlantischen Kooperationsrat aufgenommen. – Wichtigstes Ergebnis des 4. Gipfeltreffens der Staatschefs der GUS-Länder am 20. 3. in Kiew ist das Abkommen zur Bildung eigener Friedenstruppen nach dem Vorbild der »UN-Blauhelme«. – Die Parlamentspräsidenten der GUS-Staaten beschließen am 27. 3. in Alma-Ata die Einrichtung einer parlamentarischen Versammlung, deren Aufgabe Beratung und Koordination der Gesetzgebung bei republikübergreifenden Themen ist; die Vertreter Aserbaidschans, Moldaus, der Ukraine und Turkmenistans unterzeichnen die Gründungsurkunde nicht. – Auf dem 5. Gipfeltreffen der Staatschefs der GUS-Länder am 15. 5. in der usbekischen Hauptstadt Taschkent unterzeichnen die Präsidenten der 6 Republiken **Armenien, Kasachstan, Rußland, Tadschikistan, Turkmenistan und Usbekistan** einen **militärischen Beistandspakt**. Prinzipielle Einigung wird über den von der UdSSR unterzeichneten Vertrag zur Reduzierung der konventionellen Waffen erzielt. Unterzeichnet werden u. a. auch Dokumente über die Vernichtung chemischer Waffen und die Errichtung gemeinsamer Grenztruppen. – US-Außenminister *James Baker* und die Außenminister der 4 Atommächte der GUS, Weißrußland, Kasachstan, Rußland und Ukraine, unterzeichnen am 23. 5. in Lissabon eine Übereinkunft zur Umsetzung des von den USA und der UdSSR 1991 geschlossenen START-Vertrags. Weißrußland, Kasachstan und Ukraine werden zudem dem Atomwaffensperrvertrag beitreten und die im START-Vertrag aufgeführten Atomraketen auf ihrem Gebiet binnen 7 Jahren vernichten oder abtransportieren. – Nach monatelangen Auseinandersetzungen unterzeichnen der russische und der ukrainische Präsident, *Boris Jelzin* und *Leonid Krawtschuk*, am 23. 6. ein Abkommen, das u. a. die Teilung der Schwarzmeerflotte und die Unterstellung der strategischen Waffen unter ein gemeinsames Kommando vorsieht. – Die **Entsendung von »GUS-Blauhelmen« in die Konfliktgebiete der früheren UdSSR** wird auf dem 6. Gipfeltreffen der GUS-Staatschefs der GUS-Länder am 6. 7. in Moskau **beschlossen**. Weitere in Moskau unterzeichnete Abkommen betreffen u. a. den Aufbau eines Wirtschaftsgerichtshofs und einer gemeinsamen Raketenverteidigung, die vom ukrainischen Präsidenten *Leonid Krawtschuk* beide nicht unterzeichnet werden. Einigung wird über ein Abkommen über den Ausstieg aus der Rubelzone erzielt; die Staaten, die am Rubel festhalten wollen, einigen sich auf die Ausgestaltung der gemeinsamen Geldpolitik unter Leitung der russischen Zentralbank. Außerdem einigen sich die Staatschefs darauf, das Auslandsvermögen der früheren UdSSR nach demselben Schlüssel aufzuteilen wie deren Auslandsschulden. – Auf dem Weltwirtschaftsgipfel vom 6.–8. 7. in München sagen die Staats- und Regierungschefs der sieben wichtigsten Industrieländer (G-7) dem russischen Präsidenten *Boris Jelzin* die bereits Anfang April angekündigte Finanzhilfe von 24 Mrd. US-$ für die Länder der ehemaligen UdSSR zu.

Zur Entwicklung in den Republiken → **Armenien, Aserbaidschan, Georgien, Kirgistan, Moldau, Rußland, Tadschikistan, Turkmenistan, Ukraine, Usbekistan, Weißrußland**

GEORGIEN Am 6. 9. **1991** bricht Georgien die offiziellen Beziehungen zur UdSSR ab. Nachdem Präsident *Swiad Gamsachurdia* das Innen-, Außen, Justiz- und Verteidigungsministerium seiner direkten Kontrolle unterstellt hat, kommt es zu Demonstrationen in Tiflis, bei denen sein Rücktritt gefordert wird. Die zur Opposition übergelaufenen Teile der georgischen Nationalgarde unter Führung ihres vom Präsidenten abgesetzten Chefs *Tengis Kitowani* und dem ebenfalls abgesetzten Ministerpräsidenten *Tengis Sigua* besetzen das Fernsehzentrum in Tiflis. Am 25. 9. verhängt Präsident *Gamsachurdia* über die Hauptstadt den Ausnahmezustand. Am 6. 11. wird die Tätigkeit aller politischen Parteien verboten. – Am 25. 11. hebt der georgische Oberste Sowjet den im Dezember 1990 verhängten Ausnahmezustand über das zu Georgien gehörende Autonome Gebiet **Südossetien** auf. Drei Tage später erklärt sich Südossetien einseitig als von Georgien **unabhängig**; *Snaur Gassijew* wird vom südossetischen Obersten Sowjet zum Parlaments- und Ministerpräsidenten gewählt. – Nach wochenlangen Unruhen in Tiflis kommt es am 22. 12. 1991 erneut zu bewaffneten Auseinandersetzungen zwischen Anhängern und Gegnern Präsident *Gamsachurdias*, bei denen bis Anfang Januar 1992 über 300 Menschen ums Leben kommen. – Der von verschiedenen Oppositionsparteien ernannte **Militärrat** unter Führung von *Dschaba Ioseliani*, *Tengis Kitowani* und *Tengis Sigua* **übernimmt** am 2. 1. **1992 die Macht** in Georgien; **Präsident** *Gamsachurdia*, der sich seit dem 22. 12. 1991 zusammen mit rd. 1000 Anhängern im von der Opposition belagerten Regierungsgebäude verschanzt hält, **und dessen Regierungschef** *Guguschwili* **werden für abgesetzt erklärt**. Über Tiflis wird ein nächtliches Ausgehverbot verhängt. Am 3. 1. ernennt der Militärrat den früheren Ministerpräsidenten *Tengis Sigua* zum **neuen Regierungschef. Am 6. 1. flieht** Präsident *Swiad Gamsachurdia* in Begleitung seiner Anhänger **aus Georgien.** Trotz Verbots des regierenden Militärrats kommt es in Tiflis in den folgenden Tagen zu Demonstrationen von Anhängern des gestürzten Präsidenten *Gamsachurdia*, der am 16. 1. in seine westgeorgische Heimatstadt Sugdidi zurückkehrt. V. a. in Westgeorgien kommt es in den nächsten Monaten zu blutigen Auseinandersetzungen zwischen bewaffneten Anhängern *Gamsachurdias* und Einheiten des Militärrats. Auch in Tiflis bleibt die Lage gespannt. – Bei dem Referendum in dem zu Georgien gehörenden Autonomen Gebiet **Südossetien** am 19. 1. sprechen sich über 90% der Teilnehmer für die Unabhängigkeit von Georgien und den Anschluß an das zur Russischen Föderation gehörende Nordossetien aus; die georgische Bevölkerung in Südossetien boykottiert die Volksabstimmung. – Vier Tage nach dem Eintreffen in seiner Heimat Georgien wird der frühere sowjetische Außenminister **Eduard Schewardnadse** vom Militärrat am 10. 3. **zum Vorsitzenden des neu geschaffenen Staatsrats ernannt**, dem außerdem die 3 führenden Mitglieder des aufgelösten Militärrats, *Dschaba Ioseliani*, *Tengis Kitowani* und *Tengis Sigua*, angehören. – Als letzter Nachfolgestaat der früheren UdSSR wird Georgien von den EG-Ländern am 23. 3. anerkannt. Am 24. 3. wird Georgien in die KSZE aufgenommen. – Am 25. 4. ziehen die ehemaligen Sondertruppen des sowjetischen Innenministeriums aus Südossetien ab. Mitte Mai nehmen in **Südossetien** die Kämpfe georgischer gegen südossetische Einheiten an Heftigkeit zu; vereinbarte Waffenruhen werden nicht eingehalten. Der Vorsitzende des Staatsrats, *Eduard Schewardnadse*, und der russische Präsident *Boris Jelzin* vereinbaren am 24. 6. die Aufstellung einer Friedenstruppe. Daraufhin einigen sich Vertreter Rußlands, Georgiens, Nord- und Südossetiens am 4. 7., eine aus Russen, Georgiern, Nord- und Südosseten gebildete **Friedenstruppe** in das umkämpfte Gebiet zu entsenden, die am 14. 7. in der Nähe der südossetischen Hauptstadt Zchinwali Stellung bezieht; Georgien zieht daraufhin seine Streitkräfte aus Südossetien ab. – Der Staatsrat beschließt am 4. 8. die Aufhebung des 2. 1. verhängten Ausnahmezustands; zugleich verkündet er eine Amnestie für politische Häftlinge, darunter auch für die Anhänger des gestürzten Präsidenten *Gamsachurdia*, deren Putschversuch am 24. 6. scheiterte. – Am 11. 8. entführen Anhänger von *Gamsachurdia* 11 Regierungsvertreter, darunter Innenminister *Roman Gwenzadse*. Nach Ablauf des Ultimatums beziehen am 13. 8. 3000 Nationalgardisten vor Sugdidi Stellung. Als die Einheiten bei der Suche nach den entführten Politikern die abchasische Grenze überschreiten, brechen am 14. 8. **in** der in Westgeorgien gelegenen Autonomen Republik **Abchasien Kämpfe zwischen georgischen und abchasischen Einheiten** aus. – Abchasiens Parlament hatte am 21. 7. die Republik als von Georgien unabhängig erklärt. Der georgische Staatsrat fordert am 17. 8. ultimativ den sofortigen Rücktritt des abchasischen Parlamentspräsidenten *Wladimir Ardsinba*; dieser lehnt ab. Am folgenden Tag marschieren georgische Nationalgardisten mit Panzern in die abchasische Hauptstadt Suchumi ein und übernehmen die Macht. Sie setzen einen 9köpfigen »Provisorischen Militärrat« ein; das Parlament in Suchumi wird aufgelöst und eine nächtliche Ausgangssperre verhängt. Auch nach der Freilassung der letzten Geiseln am 20. 8. halten die Kämpfe in Abchasien an. – Die Konföderation Kaukasischer Bergvölker, im November 1991 auf Initiative des Präsidenten der zu Rußland gehörenden Tschetschenischen Republik, *Dschochar Dudajew*, gegründet, der mehrere, überwiegend in Rußland beheimatete Volksgruppen angehören, beschließt am 22. 8., mit Freiwilligen auf seiten der Abchasen zu kämpfen. – Nachdem ein unter Vermittlung von Rußland vereinbarter Waffenstillstand nicht eingehalten wird, wird nach Gesprächen des russischen Präsidenten *Jelzin* mit *Schewardnadse* und dem Abchasen *Wladislaw Ardsinba* am 2. 9. eine Dreierkommission gebildet, die für die Einhaltung der Waffenruhe sorgen soll. – Für den 11. 10. sind Parlamentswahlen und Präsidentschaftswahlen geplant.

GRIECHENLAND Am 20. 1. **1992** gibt die Regierung **Maßnahmen zur Sanierung der Wirtschaft** bekannt, die das Land bis Ende 1993 in das Europäische Währungssystem (EWS) führen sollen. Kernpunkte: Steuersenkungen (für Einkommen auf 30%, für Unternehmen auf 35%) bei gleichzeitiger Verschärfung der Strafen für Steuerhinterziehung; keine Lohnerhöhungen für die 170 000 Staatsangestellten 1992. – Ex-Ministerpräsident *Andreas Papandreou* wird am 16. 1. vom obersten Gerichtshof in einem mit 7 zu 6 Stimmen gefällten Urteil vom

Vorwurf freigesprochen, von dem Bankier *Giorgos Koskotas* Bestechungsgelder angenommen zu haben; zwei ehemalige Kabinettsmitglieder *Papandreous*, *Dimitris Tsovalas* (Finanzen) und *Giorgos Petsos* (öffentliche Arbeiten), werden jedoch zu Haftstrafen mit Bewährung verurteilt. – Anfang 1992 finden zwischen Athen und Skopje **Verhandlungen über eine Anerkennung der jugoslawischen Teilrepublik Makedonien** statt. Die griechische Seite verlangt, daß die von ihr so genannte »Republik von Skopje« den seit 1944 verwendeten Namen Makedonien aufgebe; diese Bezeichnung impliziere territoriale Ansprüche gegenüber Griechenland, da Makedonien ein geographischer Begriff sei, der auch ein hellenisches Territorium umfasse. Am 14. 2. protestieren Hunderttausende in Thessaloniki gegen den Anspruch der »Republik von Skopje« auf den Staatsnamen Makedonien. Am 13. 4. wird **Außenminister Antonis Samaras** von Ministerpräsident *Konstantin Mitsotakis* wegen Differenzen über die Anerkennung Makedoniens **entlassen**; *Mitsotakis* übernimmt das Ressort selbst. *Samaras* wird dem Ministerpräsidenten zu große Kompromißbereitschaft vorgeworfen. – Das **Parlament billigt** am 1. 8. mit 286 von 300 Abgeordnetenstimmen **das Vertragswerk von Maastricht** über die Europäische Union. – Die Regierung setzt am 21. 8. die Ausfuhren von Erdölprodukten über seine Nordgrenze nach Kroatien, Bosnien-Herzegowina und Makedonien aus, um der Kritik über angebliche Verletzungen des UNO-Embargos gegen Serbien und Montenegro durch »Umleitungen« entgegenzuwirken *(→ Sp. 96)*.

GROSSBRITANNIEN Zwischen dem 31. 8. und dem 12. 9.**1991** kommt es in Oxford, Birmingham u. a. Städten zu **Plünderungen und Brandstiftungen** von Jugendlichen; den Vorwurf, die Unruhen hätten soziale Ursachen, weist die Regierung zurück. – Das Unterhaus billigt am 16. 10. mit 324 gegen 66 Stimmen den Plan, die **Armee** bis Mitte der 90er Jahre von derzeit 160000 auf 116600 Mann zu **reduzieren**. Am 13. 11. verabschiedet das Unterhaus gegen die Stimmen der Labour Party ein **verschärftes Asylgesetz**, das Maßnahmen zur Bekämpfung des Asylmißbrauchs und eine Beschleunigung der Verfahren vorsieht. – Die **Terrorwelle der IRA in Nordirland** (1991 fielen rd. 100 Menschen Anschlägen zum Opfer) eskaliert im Herbst. Ab Mitte Dezember werden auch mehrere Londoner Bahnhöfe Ziel von IRA-Bombenanschlägen. Die britischen Truppen in Nordirland werden bis 10. 2. **1992** auf 18500 Mann verstärkt. – Der **russische Präsident** *Boris Jelzin* und Premierminister *John Major* vereinbaren am 30. 1. in London eine **Kooperation bei der nuklearen Abrüstung**; außerdem sagt der Premier Rußland und anderen GUS-Staaten die Erhöhung der Wirtschaftshilfe zu. – Am 4. 2. besucht die irische Präsidentin *Mary Robinson* erstmals Nordirland und trifft dort auch mit Nordirlandminister *Peter Brooke* zusammen. – **Bei den Unterhauswahlen** am 9. 4. **erzielen die Konservativen zum vierten Mal in Folge die absolute Mehrheit**: Auf die Conservative Party entfallen 42,3% der Stimmen (±0% gegenüber 1987), auf die Labour Party 34,7% (+3,9%) und auf die Liberal Democrats 18,1% (−4,5%); die Partei der IRA, Sinn Fein, verliert ihr einziges Mandat. – Am 11. 4. stellt *Major* sein **neues Kabinett** vor; *Michael Heseltine* wird Wirtschafts-, *Kenneth Clarke* Innen-, *Malcolm Rifkind* Verteidigungs- und der ehemalige Generalstaatsanwalt *Patrick Mayhew* Nordirlandminister. – **Das Unterhaus stimmt** am 22. 5. mit 336 zu 92 Stimmen **für die Ratifizierung des Vertragswerkes von Maastricht** über die Europäische Union. – Im Rahmen der am 9. 3. wiederaufgenommenen **Nordirland-Gespräche** treffen am 20. 6. in London – erstmals seit 20 Jahren – Vertreter der nordirischen Parteien mit Abgeordneten der Republik Irland zusammen. Am 1. 7. kündigen die Vorsitzenden der 4 wichtigsten politischen Parteien Nordirlands ihre Bereitschaft zu Gesprächen mit der irischen Regierung über die Zukunft Nordirlands an. – Die Regierung verbietet am 10. 8. die paramilitärische protestantische »Ulster Defence Association/UDA«, der eine Serie von Terrorakten zugeschrieben wird. Am 18. 8. wird in Belfast der Führer der nationalistischen »Irischen Volksbefreiungsorganisation/IPLO«, *Jimmy Brown*, erschossen.

GUATEMALA Die Regierung unter Präsident *Jorge Serrano Elías* erkennt am 14. 8. **1991** das **Recht des Nachbarstaates Belize auf Selbstbestimmung** an; G. halte jedoch seine territorialen Ansprüche auf das 1981 unabhängig gewordene Belize aufrecht. Am 11. 9. nehmen G. und Belize volle diplomatische Beziehungen auf. – Am 27. 11. teilt das Erzbistum mit, daß seit Jahresbeginn über 1000 schwere **Menschenrechtsverletzungen** vorgekommen seien; 550 Personen – kirchliche Mitarbeiter, Gewerkschafter, Mitglieder von Parteien sowie Soldaten und Polizisten – seien aus politischen Gründen getötet worden, die meisten vermutlich von rechtsradikalen Todesschwadronen. Die Dunkelziffer liege noch höher, weil die meisten Menschenrechtsverletzungen aus Furcht nicht gemeldet würden und die Regierung nichts unternehme, die Täter zur Rechenschaft zu ziehen. – Die am 19. 2.**1992** in Mexiko-Stadt zwischen der Regierung und den Rebellen der »Nationalrevolutionären Guatemaltekischen Einheit«/URNG wieder aufgenommenen **Gespräche über die Beendigung des Bürgerkrieges** werden am 23. 2. ergebnislos abgebrochen. – Am 12. 5. unterzeichnen die Präsidenten von G., El Salvador und

Honduras in Ocetepeque ein Abkommen über die **Schaffung einer Freihandelszone**, das am 1. 1. 1993 in Kraft treten soll. – Am 1. 7. erklärt sich Präsident *Serrano* bereit, die ins Stocken geratenen **Friedensverhandlungen** mit den URNG-Rebellen **unter UN-Aufsicht** fortzusetzen. Bei den am 4. 8. durch Vermittlung des Erzbischofs von G. City, *Rodolfo Quezada*, wieder aufgenommenen Gesprächen wird eine Teilvereinbarung über Menschenrechtsfragen, betreffend die Zwangsrekrutierung, erzielt.

HAITI Durch einen **Militärputsch** wird der erste demokratisch gewählte Präsident, *Jean-Bertrand Aristide*, am 30. 9.**1991** nach knapp 8monatiger Amtszeit gestürzt. Etwa 200 Menschen kommen bei dem Staatsstreich ums Leben. Eine Junta unter Führung von Armeechef General *Raoul Cédras* übernimmt die Macht. *Aristide* wird gefangengenommen, kann aber aufgrund der Intervention westlicher Staaten das Land verlassen. – Unter dem massiven Druck der Armee wählt das Parlament am 7. 10. *Joseph Nérette*, Richter am Obersten Gericht, zum **neuen Staatspräsidenten**; Aristide-Gegner *Jean-Jacques Honorat* wird Ministerpräsident. – Vom 22. bis 24. 11. kommt es nach Vermittlung der Organisation Amerikanischer Staaten (OAS) im kolumbischen Cartagena zu Gesprächen zwischen *Aristide* und haitianischen Parlamentariern. Der Ex-Präsident erklärt sich bereit, nach Rückkehr in sein Amt einen neuen Premier zu ernennen und die Opposition an der Regierung zu beteiligen. Bei einem Folgetreffen am 6. und 7. 1. **1992** einigen sich aus auf KP-Chef *René Theodore* als neuen Ministerpräsidenten, eine Lösung, die vom haitianischen Parlament abgelehnt und von Übergangspräsident *Nérette* als nicht verfassungskonform bezeichnet wird. – Am 30. 1. teilt das amerikanische State Department mit, seit dem Putsch habe die US-Küstenwache 14 276 haitianische Flüchtlinge aufgegriffen. Am 31. 1. entscheidet der Oberste Gerichtshof der USA, daß Haitianer, die keinen Anspruch auf Asyl haben, in ihre Heimat zrückgebracht werden. Die UN-Hochkommissarin für Flüchtlinge, *Sadako Ogata*, kritisiert dieses Vorgehen und verlangt von Washington Garantien, daß die Haitianer nicht zur Rückkehr gezwungen würden, bevor sich die Lage dort verbessert habe. – Am 23. 2. unterzeichnen *Aristide* und die Vorsitzenden des haitianischen Parlaments *Dejean Belizaire* (Senat) und *Alexandre Medard* (Abgeordnetenkammer) in Washington unter Vermittlung der OAS erneut eine **11-Punkte-Vereinbarung zur Lösung der Krise**, wonach KP-Chef *Theodore* als Chef einer »Regierung der nationalen Einheit« eingesetzt werden und die OAS bei der Reform der Streitkräfte, der Stärkung der demokratischen Institutionen und der Einhaltung der Menschenrechte helfen soll. Die Ratifikation des Abkommens scheitert am 18. 3. erneut vor dem Parlament; der Oberste Gerichtshof stellt zudem die Verfassungswidrigkeit dieser Vereinbarung fest. – Am 15. 4. werden bei einer **Kabinettsumbildung** sieben neue Minister vereidigt; am 8. 5. einigen sich Vertreter der Regierung, des Parlaments und der Streitkräfte auf die **Bildung einer Regierung der nationalen Übereinstimmung**. Ende Mai wird der langjährige Mitarbeiter der Weltbank *Marc Bazin* als **neuer Ministerpräsident** vorgeschlagen und am 19. 6. von Präsident *Nérette* vereidigt. Dem neuen Kabinett gehören zwölf Minister aus verschiedenen Parteien an; Außenminister wird *François Benoit* von der »Bewegung zur Errichtung der Demokratie in Haiti«/MIDH. – US-Präsident *Bush* weist unterdessen die Küstenwache an, Flüchtlingsboote aus H. auf See abzufangen und zur Rückkehr zu zwingen. – Die OAS versucht im Juli und August weiterhin, den Dialog zwischen den Anhängern des gestürzten Präsidenten *Aristide* und der vom Militär kontrollierten neuen Regierung zu fördern. Die OAS betrachtet *Aristide* nach wie vor als legitimen Präsidenten und behält das nach dem Militärputsch verhängte **Wirtschaftsembargo** bei. *Bazins* Angebot direkter Verhandlungen lehnt der in der Dominikanischen Republik im Exil lebende *Aristide* ab.

INDIEN Das Unterhaus verabschiedet am 10. 9.**1991** ein **Gesetz zum Schutz der Tempel aller Religionen**. Damit sollen künftig Streitigkeiten über Tempelstandorte vermieden werden. **Ausgenommen von dem Gesetz ist** nur **die Moschee in Ayodhiya** (Uttar Pradesh), die im vergangenen Jahr Schauplatz blutiger Auseinandersetzungen zwischen den Religionen war *(→WA'92, Sp.66)* und über die ein Gericht entscheiden soll. – Bei **Nachwahlen** zum **Unterhaus** am 16. 11. gewinnt die regierende Kongreßpartei 8 Mandate; eines Ministerpräsident *Narasimha Rao*, der damit die Verfassungsklausel erfüllt, daß der Ministerpräsident innerhalb von 6 Monaten nach seinem Amtsantritt Abgeordneter des Unterhauses sein muß. – Nach monatelangen Unruhen im Unionsstaat Assam verkünden die Rebellen der United Liberation Force of Assam/ULFA am 17. 12. einen einseitigen Waffenstillstand. – Im gesamten Berichtszeitraum 1991/92 sind v. a. im Unionsstaat Punjab, dem Mittelpunkt der Gemeinschaft der Sikhs, aber auch in den Nachbarstaaten Uttar Pradesh und Haryana zahlreiche blutige Terroranschläge radikaler Sikhs zu verzeichnen. Die sezessionistische Bewegung der Sikhs hat zu bürgerkriegsähnlichen Zuständen geführt, die 1991 allein im Punjab über 5000 Menschenleben gefordert haben. Nach zwei erfolglosen Anläufen finden **im Punjab**, der seit 1987 der Zentralregierung unterstellt ist, am 19. 2.**1992** die **Wahlen zum Landespar-**

lament und der 13 Abgeordnete für das Unterhaus in Neu-Delhi unter strengsten Sicherheitsvorkehrungen statt. Die Wahlbeteiligung liegt bei nur 28 %. Die wichtigsten Sikh-Parteien hatten zum Boykott aufgerufen und der separatistische Untergrund mit der Ermordung von Wählern gedroht. Die Kongreßpartei erringt 87 der 117 Sitze des Landesparlaments und 12 der 13 Unterhausmandate. Am 25. 2. wird *Beant Singh* neuer Ministerpräsident des Punjab. Am 18. 3. geben die 6 radikalen Fraktionen der Akali-Dal-Partei (Sikh-Gemeinschaft) bekannt, von nun an für einen souveränen Sikh-Staat (»Khalistan«) zu kämpfen. – Am 29. 2. legt Finanzminister *Manmohan Singh* den Budgetentwurf 1992/93 vor, dessen Defizit 5 % des BIP beträgt und damit der Vorgabe des IWF entspricht. *Singh* kündigt u. a. weitere Privatisierungen von Staatsunternehmen, Steuersenkungen und größere finanzielle Autonomie für die Unionsstaaten an. Am 9. 3. 1992 billigt das Unterhaus das wirtschaftliche Reformprogramm der von Ministerpräsident *Narasimha Rao* geführten Minderheitsregierung mit 262 gegen 210 Stimmen. – Außenminister *Madhavsinh Solanki* tritt am 31. 3. zurück, da ihm vorgeworfen wird, in einen Bestechungsskandal verwickelt gewesen zu sein. Sein Amt wird vorübergehend von Ministerpräsident *Rao* übernommen; neuer Außenminister wird am 2. 7. *Raghunandan Lal Bhatia*. – Die Regierung verbietet am 14. 5. die Liberation Tiger of Tamil Eelam/LTTE (→ *Sri Lanka)*, die in Südindien mehrere Stützpunkte unterhält. Am 20. 5. werden 41 LTTE-Rebellen, darunter der Führer der LTTE, *Velupillai Prabhakaran*, von einem Sondergericht offiziell des Mordes an dem früheren Premierminister *Rajiv Gandhi* angeklagt. Nach Gewerkschaftsangaben streiken am 16. 6. über 12 Mio. Inder aus Protest gegen die Wirtschaftspolitik. – Das internationale Indien-Konsortium sagt am 26. 6. Indien Kredite in Höhe von 7,2 Mrd. US-$ für das Fiskaljahr 1992/93 zu; das seit 1987 im Bau befindliche indische Staudammprojekt Sardar Sarovar für 3 Mrd. US-$ wird kritisiert. – Am 13. 7. wählen 4748 wahlberechtigte Abgeordnete des Parlaments und 25 Bundesparlamente den bisherigen Vizepräsidenten *Shankar Dayal Sharma*, Kandidat der Kongreßpartei, zum **neuen Staatspräsidenten**; er löst am 25. 7. den bisherigen Staatspräsidenten *Ramaswamy Venkataraman* ab. – Mitte Juli kommt es erneut wegen des Streits um den Tempelbau in Ayodhya zu blutigen Auseinandersetzungen zwischen Hindus und Moslems; trotz des vom Obersten Gerichtshof verfügten Baustopps unterbrechen die Anhänger der Vishwa Hindu Parishad ihre Aushubarbeiten erst, als Ministerpräsident *Rao* am 23. 7. zusagt, binnen 3 Monaten eine dauerhafte Lösung im Tempel-Streit zu finden.

INDONESIEN   Indonesische Soldaten verüben am 12. 11.**1991** auf einem Friedhof in Dili (Ost-Timor) ein **Massaker**; sie schießen auf 2000 Jugendliche, die friedlich für die Unabhängigkeit von Ost-Timor demonstrieren. Die auf internationalen Druck von Präsident *Suharto* am 19. 11. eingesetzte Untersuchungskommission erklärt in ihrem Bericht, daß das Militär unangemessen hart vorgegangen sei. Am 28. 12. setzt Präsident *Suharto* die beiden für Ost-Timor zuständigen Armeekommandanten ab; mehrere Angehörige der Streitkräfte werden wegen ihrer Beteiligung an dem Massaker zu Gefängnisstrafen verurteilt. – Beim Besuch des australischen Premierministers *Paul Keating* vom 21.–24. 4. **1992** wird eine Intensivierung der bilateralen Wirtschaftsbeziehungen und Zusammenarbeit im militärischen Bereich vereinbart. Zur Finanzierung von Projekten in Ost-Timor bietet *Keating* Indonesien Wirtschaftshilfe in Höhe von 30 Mill. austr. $ an. – Die **Parlamentswahlen** am 9. 6., bei der sich Kandidaten aus 3 Parteien um 400 der 500 Sitze bewerben, gewinnt erneut die regierende Golkar mit 68 % der Stimmen (282 Sitze); die Partai Persatuan Pembangunan/PPP erzielt 17 % (62 Sitze) und die Partai Demokrasi Indonesia/PDI 15 % (56 Sitze); die Wahlbeteiligung beträgt rd. 90 %. Alle 3 Parteien unterstützen Präsident *Suharto* als Kandidaten für die Präsidentschaftswahl im März 1993.

IRAK   Mit einem am 2. 9.**1991** verabschiedeten Gesetz wird die Bildung neuer Parteien neben der regierenden Baath-Partei erlaubt, denen aber untersagt ist, sich in den Streitkräften, der Polizei und der Geheimpolizei zu betätigen. Das Gesetz stößt auf Widerspruch der Kurden, da Parteien auf konfessioneller oder regionaler Grundlage verboten bleiben. – *Saadoun Hammadi* wird am 13. 9. als Ministerpräsident abgelöst und aus dem RKR ausgeschlossen; **neuer Ministerpräsident** wird *Mohammed Hamsah as-Subeidi*, bisher stellv. Regierungschef, der auch in die Führung der Baath-Partei und in den Revolutionären Kommandorat aufgenommen wird. – Der UN-Sicherheitsrat bestätigt am 19. 9. die dem Irak erteilte, auf 6 Monate beschränkte Erlaubnis, Erdöl im Wert von 1,6 Mrd. US-$ zu exportieren, die auf ein Sperrkonto eingezahlt werden und zu zwei Dritteln für den Kauf von Nahrungsmitteln und Medikamenten zu verwenden sind, der Rest für Reparationen. – Am 7. 10. wird das Mandat der am 9. 4. 1991 eingesetzten UN-Friedenstruppe im irakisch-kuwaitischen Grenzgebiet um 6 Monate verlängert. – Die Internationale Atomenergieorganisation/IAEO gibt am 8. 10. bekannt, daß der Irak auch an der Entwicklung einer Wasserstoffbombe gearbeitet hat. – Am 11. 10. werden zwei UN-Resolutionen verabschiedet, die das irakische Rüstungswesen auf unbestimmte Zeit einer strengen Kontrolle unterstellen. – Nach einem Bericht der UN-Menschenrechtskommission vom November 1991 haben sich die irakischen Truppen während der Besetzung Kuwaits schwerster Menschenrechtsverletzungen schuldig gemacht. – Am 12. 12. berichten Oppositionelle der Gruppe »Oberste Versammlung der Islamischen Revolution im Irak/SAIRI« über Hinrichtungen hoher Militärs, die einen Staatsstreich vorbereitet hätten; syrische Quellen bestätigen die Meldung. – Vom 25.–26. 11. finden in Bagdad Demonstrationen für die Aufhebung des seit 15 Monaten geltenden internationalen Wirtschaftsembargos statt; am 12. 3. 1992 beziffert der stellv. Ministerpräsident *Tarek Aziz* die Zahl der bisher infolge der UN-Sanktionen gestorbenen irakischen Bürger mit 120000. – Zum 1. Jahrestag des Beginns der »Mutter aller Schlachten« werden am 17. 1.**1992** im ganzen Land Huldigungskundgebungen für Präsident *Saddam Hussein* organisiert. Nach offiziellen Angaben verläuft der Wiederaufbau erfolgreich; die Stromversorgung sei zu 75%, die Erdölversorgungs- und die Militäranlagen seien zu 85% wiederhergestellt. – Am 20. 1. beantragt die Regierung bei der UN einen 5jährigen Aufschub der im Waffenstillstandsvertrag vereinbarten Wiedergutmachungszahlungen; am 5. 3. wird der Irak in einer Resolution der UN-Menschenrechtskommission scharf verurteilt; der Regierung werden Folterungen, Entführungen und Geiselnahmen sowie systematische Verfolgung der Kurden im Nordirak und der Schiiten im Südirak vorgeworfen. – Am 27. 5. spricht sich der UN-Sicherheitsrat erneut gegen eine Lockerung des gegen den Irak verhängten Wirtschaftsembargos aus. Im Waffenstillstandsabkommen hatte sich der Irak u. a. zur Bestandserfassung und Vernichtung seiner Massenvernichtungswaffen bereit erklärt. Die von UN-Inspektoren ausfindig gemachten Rüstungsanlagen und Bestände an Massenvernichtungswaffen seien zwar unter internationaler Aufsicht zerstört worden, aber es bestehen Zweifel an der Vollständigkeit der vom Irak gemachten Angaben; eine vollständige und dauerhafte Rüstungskontrolle wird vom Irak weiterhin abgelehnt. – In Wien findet vom 16.–19. 6. 1992 ein als »Irakischer Nationalkongreß« bezeichnetes Treffen von rd. 160 Vertretern irakischer Oppositionsgruppen statt; mangels Konsens bleibt das Treffen ebenso wie zwei weitere im Dezember 1991 bzw. im Februar 1992 ohne Wirkung. – Bei der Regierungsumbildung durch Präsident *Saddam Hussein* am 30. 7. wird Außenminister *Achmed Hussein* von *Mohammed Said al-Sahhaf* abgelöst. – Ende Juli beschuldigt die UN-Menschenrechtskommission die irakische Armee, gegen die schiitische Zivilbevölkerung im Südirak militärisch vorzugehen, die seit dem gescheiterten Volksaufstand im Frühjahr 1991 in den Sumpfgebieten des Schatt-el-Arab Zuflucht gefunden hat. – Auf Initiative der USA, Großbritanniens und Frankreichs, die sich auf eine UN-Resolution betreffend die Unterdrückung von Minderheiten berufen, ist zum Schutz der Schiiten der Luftraum südlich des 32. Breitengrades für irakische Flugzeuge seit 27. 8. **gesperrt.**

Kurden: Zwischen September 1991 und März 1992 kommt es im Nordirak zu wiederholten blutigen Auseinandersetzungen zwischen irakischen Regierungstruppen und kurdischen Peshmergas. Im Oktober 1991 sowie im März, Mai und Juli 1992 führen außerdem türkische Einheiten mehrfach grenzüberschreitende Land- und Luftangriffe auf Stellungen der Arbeiterpartei Kurdistans/PKK im Nordirak durch; die PKK gehört nicht der Kurdistan-Front an. – Am 15. 9.**1991** trifft Kurdenführer *Massoud Barzani* von der Demokratischen Partei Kurdistans/DPK mit dem irakischen Verteidigungsminister *Hussein Kamel Hassan* und dem stellv. Vorsitzenden des RKR *Izzat Ibrahim* zusammen, um trotz wiederholter militärischer Zusammenstöße zwischen irakischen Truppen und kurdischen Peshmergas ein Autonomieabkommen zu erreichen. Nach dem Ausbruch neuer Kämpfe am 5. 10. erklärt *Barzanis* Mitstreiter und Rivale *Jalal Talabani* von der Patriotischen Union Kurdistans/PUK die Verhandlungen für gescheitert. Nach vorübergehender Besserung der wirtschaftlichen Lage beginnt im Oktober ein Nahrungsmittel-, Brennstoff- und Treibstoffboykott der kurdischen besiedelten Gebiete durch die irakischen Behörden Wirkungen zu zeigen. Kurz vor Wintereinbruch setzt eine neue Fluchtbewegung der Kurden aus den Dörfern in die Berge ein. Am 29. 11. führt *Massoud Barzani* in Bagdad neue Autonomiegespräche; nach Angaben internationaler Hilfsorganisationen vom 21. 12. wird die Blockade gelockert. Am 25. 12. wird eine neue Delegation der Kurdistan-Front nach Bagdad entsandt; 4 Tage vorher hatte die irakische Führung 2300 politische Häftlinge, darunter 400 Kurden, freigelassen. Am 3. 1.**1992** beginnen die USA, von der Türkei aus, Lebensmittel in den Nordirak zu fliegen. – Mitte Januar ruft die Kurdistan-Front zu Wahlen auf, um den seit einem Jahr bestehenden Status quo, d. h. faktische Autonomie ohne Vertrag mit dem Irak, zu festigen. Wahlgebiet sind die vor einem Jahr von den Alliierten für die kurdischen Flüchtlinge erklärte Sicherheitszone und das kurdisch besiedelte Grenzgebiet zum Iran (rd. 3 Mill. Kurden). Die **Präsidentschafts- und Parlamentswahlen** am 19. 5. können in rd. 75% des Siedlungsgebiets der Kurden durchgeführt werden und stehen unter internationaler Beobachtung. Von den 115 Parlamentssitzen, von denen 100 für Kurden, 5 für christliche Assyrer und 10 für Turkmenen reserviert sind, gewinnen je 50 die DPK und die PUK, die anderen kurdischen Parteien scheitern an der 7%-Klausel; die 10 Sitze für die Turkmenen bleiben unbesetzt; sie boykottieren die Wahlen, weil sie die kurdischen Unabhängigkeitsbestrebungen ablehnen. Bei der Präsidentschaftswahl kann sich *Massoud Barzani* (DPK) knapp gegen *Jalal Talabani* (PUK) durchsetzen; die endgültige Entscheidung bedarf einer Stichwahl. Die Regierung in Bagdad erklärt unter Berufung auf das Autonomiegesetz von 1974 die Wahlen für illegal. Auf der konstituierenden Sitzung am 4. 6. in Erbil im Nordirak wird der Wirtschaftswissenschaftler *Dshever Namik Salin* (DPK) zum kurdischen Parlamentspräsidenten gewählt; am 4. 7. wird *Fuad Maassum* zum Ministerpräsidenten ernannt. – Ende Juni wird die Schutzgarantie der Alliierten vom Mai 1991 bis zum 31. 12. 1992 verlängert; die Schutzzone umfaßt jetzt die Gebiete nördlich des 36. Breitengrads.

IRAN Beim Besuch des pakistanischen Staatspräsidenten *Ghulam Ishaq Khan* vom 12.–15. 9. **1991** unterzeichnen er und Präsident *Rafsanjani* u. a. Abkommen zur Verbesserung der Verkehrsverbindungen und über die gemeinsame Erschließung von Erdöl- und Erdgasvorkommen. – Eine Delegation der Internationalen Atomenergieorganisation/IAEO findet bei der Inspektion von 6 iranischen Nuklearanlagen vom 7.–12. 2. **1992** keinen Hinweis darauf, daß der Iran Kernwaffen entwickelt oder herstellt. – Nach dem Bericht der UN-Menschenrechtskommission vom 18. 2. werden im Iran religiöse Minderheiten, insb. die Baha'i, verfolgt; 1991 seien 884 Personen zum Tode verurteilt worden und meist öffentlich hingerichtet worden. – Am 26. 3. wird die Delegation des Internationalen Komitees vom Roten Kreuz/IKRK in Teheran geschlossen, nachdem die Delegierten des IKRK von der iranischen Regierung wegen Mandatsüberschreitung ausgewiesen werden. – Anläßlich des 13. Jahrestages der islamischen Revolution werden im April bei einer Amnestie über 500 Gefangene begnadigt, darunter der frühere Innenminister *Hashem Sabaghian*, der ehemalige Bürgermeister von Teheran *Mehdi Tawasoli* und *Abdolali Bazargan*, der Sohn des ersten Ministerpräsidenten der Islamischen Republik. – Bei den ersten **Parlamentswahlen** seit dem Tod von Revolutionsführer *Ayatollah Khomeini* am 10. 4. und der Stichwahl am 8. 5. erringen die Anhänger von Präsident *Rafsanjani* mehr als 200 der 270 Parlamentssitze, die Radikalen nur 15. *Hadi Khamenei*, der Bruder des geistlichen Führers des Iran, und 3 Führer der Radikalen verlieren ihre Parlamentssitze. Der islamische Wächterrat schloß vor der Wahl 1100 der 3150 Bewerber um einen Parlamentssitz, darunter 40 derzeitige Parlamentarier, von der Kandidatur aus. Die Wahlbeteiligung am 10. 4. beträgt 65 % bzw. nach Angaben der Volksmujahedin 15 %. In zwei Wahlkreisen wird die Wahl wegen Unregelmäßigkeiten annulliert. Auf seiner konstituierenden Sitzung am 28. 5. wählt das neue Parlament den früheren Innenminister *Hojatoleslam Ali Akbar Natek-Nuri* mit 203 gegen 67 Stimmen zu seinem Präsidenten; er tritt die Nachfolge von *Mehdi Karrubi* an. – Zwischen Mitte April und Ende Mai kommt es in mehreren Städten, darunter Mesched und Schiras, zu schweren Unruhen. Gegen die Beteiligten wird mit drakonischen Strafen, einschl. der Todesstrafe, vorgegangen. Am 9. 6. geben die Pasdaran (Revolutionswächter) die Bildung besonderer Repressionsbrigaden, die bei Unruhen zum Einsatz kommen sollen, bekannt.

ISRAEL Ein Militärgericht in Gaza verurteilt am 16. 10. **1991** den Führer der islamisch-fundamentalistischen Hamas-Bewegung, Scheich *Ahmed Yassin*, zu lebenslanger Haft; nach der Urteilsverkündung ruft die Hamas-Bewegung zu einem Generalstreik im Gazastreifen auf. – Am 18. 10. werden die 1967 abgebrochenen **diplomatischen Beziehungen zur UdSSR wieder aufgenommen**. – Das Kabinett stimmt am 20. 10. der Teilnahme an der Nahost-Friedenskonferenz in Madrid zu, deren Delegation Ministerpräsident *Yitzhak Shamir* selbst anführt. – Der Streit zwischen den palästinensischen Fraktionen über die Teilnahme an der Nahost-Konferenz führt am 30. 10. in den besetzten Gebieten zu blutigen Auseinandersetzungen zwischen Befürwortern und Gegnern der Friedensgespräche. – **Noch während** der bilateralen Gespräche im Rahmen **der Nahost-Friedenskonferenz in Madrid wird** am 4. 11. **auf den Golan-Höhen eine neue israelische Siedlung gegründet**. – Auf dem Parteitag der Arbeitspartei vom 19.–21. 11. in Jerusalem sprechen sich die rd. 3000 Delegierten für territoriale Kompromisse als Lösung des Nahostkonflikts aus; sie fordern einen 1jährigen Stopp von Siedlungsneugründungen in den besetzten Gebieten und anerkennen die nationalen Rechte der Palästinenser; ein unabhängiger palästinensischer Staat wird abgelehnt. – Der 4. Jahrestag des Beginns der Intifada, die bisher rd. 1200 Menschenleben gefordert hat, wird am 9. 12. in den besetzten Gebieten mit einem Generalstreik begangen. – Die **UN-Vollversammlung widerruft** am 16. 12. **die Resolution** vom 11. 11. 1975, **die Zionismus als eine Form der Rassendiskriminierung verurteilt**. – Am 2. 1. **1992** wird das Staatsbudget 1992 in Höhe von 101 Mrd. NIS verabschiedet. Im Budgetentwurf war vorgesehen, mit Ausnahme des Verteidigungsetats, der um 500 Mio. NIS erhöht werden sollte, die Etats aller anderen Ministerien um 3 % zu kürzen. – Nachdem die Parteien Techya und Moledet, die gegen die Teilnahme an der Nahost-Friedenskonferenz sind, die Koalition verlassen, hat Ministerpräsident *Shamir* nur noch die Unterstützung von 59 der 120 Knesset-Abgeordneten. – Ein Militärsprecher teilt am 21. 1. mit, daß die Truppen im Westjordanland auf

Beginn der Nahost-Friedensgespräche

Die Außenminister der USA und der UdSSR, *James Baker* und *Boris Pankin*, geben am 18.10. in Jerusalem gemeinsam die Einberufung der Nahost-Friedenskonferenz bekannt. Grundlage für alle bilateralen Verhandlungen sollen die UN-Resolutionen 242 vom 22.11.1967 und 338 vom 22.10.1973 sein.

Plenarsitzung: An der Plenarsitzung vom 30.10.–1.11.**1991** in Madrid nehmen neben den beiden Schirmherren der Konferenz Vertreter Ägyptens, Israels, Jordaniens, Libanons, Syriens und der Palästinenser teil; als Beobachter sind die EG, die Maghreb-Staaten, der Golfkooperationsrat und die UN vertreten. – Nach den Eröffnungsreden der Präsidenten *Bush* und *Gorbatschow* legen die Vertreter der Teilnehmerstaaten ihre grundsätzlichen Standpunkte dar. Ägypten, Jordanien, der Libanon, Syrien und fordern erneut die Erfüllung der UN-Resolutionen 242 und 338, d. h. vollständigen Rückzug Israels aus den 1967 besetzten Gebieten Westjordanland, Gaza und Golan-Höhen, gemäß UN-Resolution 425 vom 6.6.1982 den Rückzug Israels aus dem 1982 besetzten Südlibanon; Ägypten und Syrien treten darüber hinaus für die staatsrechtliche Anerkennung bzw. das Selbstbestimmungsrecht der Palästinenser ein; der Libanon sucht v. a. eine Lösung für die 400000 palästinensischen Flüchtlinge. – Der Leiter der palästinensischen Verhandlungsdelegation, *Haider Abdel Shafi*, nennt als wichtigsten Punkt den sofortigen Siedlungsstopp in den besetzten Gebieten. In bezug auf die staatliche Entwicklung sind die Palästinenser bereit, die im Rahmen der Konferenz zur Diskussion gestellte Übergangsregelung zu akzeptieren, solange diese nicht zu einer endgültigen Lösung erklärt werde. Gefordert wird auch internationaler Schutz für die Bevölkerung des Westjordanlands und des Gazastreifens. Alle arabischen Vertreter bieten Israel bei Erfüllung ihrer Forderungen einen dauerhaften und umfassenden Frieden nach der Formel »Land gegen Frieden« an. Der israelische Ministerpräsident *Yitzhak Shamir* ist unnachgiebig; der Forderung nach Rückgabe besetzter Gebiete weicht er aus. Die Araber müßten ihren Jihad (Heiligen Krieg) gegen Israel aufgeben und die Palästinenser die Intifada beenden.

Bilaterale Gespräche zwischen Israel und den arabischen Nachbarstaaten Jordanien, Libanon und Syrien sowie zwischen Israel und den Palästinensern: Bei der 1. und 2. Runde werden v. a. Verfahrensfragen diskutiert, ehe in der 3. und 4. Runde israelische und palästinensische Vertreter ihre noch weit auseinander liegenden Vorstellungen über die palästinensische Selbstverwaltung in den besetzten Gebieten diskutieren: Die Palästinenser fordern ein palästinensisches Parlament und Zuständigkeit in allen Bereichen mit Ausnahme der Außen- und Sicherheitspolitik; die Israelis bieten den Palästinensern die Übertragung von Kompetenzen im kommunalen Bereich und Kommunalwahlen an. Eine weitere Runde der bilateralen Gespräche findet vom 27.–30. 4. **1992** in Washington statt. Trotz atmosphärischer Verbesserung ist auch in den bilateralen Verhandlungen von Israel mit Jordanien, Libanon und Syrien noch keine Annäherung der Standpunkte festzustellen. – Am 7. 6. einigen sich die Außenminister Jordaniens, Libanons und Syriens und der PLO-Vertreter in der jordanischen Hauptstadt Amman darauf, die bilateralen Friedensverhandlungen mit Israel erst nach den israelischen Parlamentswahlen fortzusetzen. – Die palästinensischen Delegierten treffen sich am 18. 6. erstmals in aller Öffentlichkeit mit dem PLO-Vorsitzenden *Yassir Arafat* in Amman; damit setzen sie sich über das israelische Gesetz hinweg, das jeden PLO-Kontakt mit Strafe bedroht. – Die 6. Runde der bilateralen israelisch-arabischen Gespräche beginnt am 24. 8. in Washington. Die neue israelische Regierung ist bereit, eine umfassende Regelung nach dem Grundsatz »Land gegen Frieden« anzustreben, schließt aber eine Rückgabe aller besetzten Gebiete aus. Bei den israelisch-syrischen Gesprächen werden erste Fortschritte erzielt. Israels Delegationsleiter *Itamar Rabinowitsch* erklärt, daß UN-Resolution 242 prinzipiell auch auf die Golan-Höhen anzuwenden sei und Israel zu Verhandlungen über eine Teilrückgabe der Golan-Höhen bereit sei, wenn auch über die anderen Bestimmungen der Resolution verhandelt werde; ein völliger Rückzug wird ausgeschlossen. Die syrische Delegation stellt Israel erstmals bei völligem Rückzug von den Golan-Höhen ein Sicherheitsarrangement in Aussicht. Israel bietet den Palästinensern allgemeine Wahlen einer Übergangsverwaltung im Westjordanland und im Gazastreifen an, der über den kommunalen Bereich hinausgehende, nicht aber gesetzgeberische Kompetenzen übertragen werden. Die Forderung der Palästinenser nach einem eigenen Parlament in den besetzten Gebieten lehnen die Israelis ebenso ab wie die Palästinenser die israelischen Vorschläge zur palästinensischen Selbstverwaltung in den besetzten Gebieten.

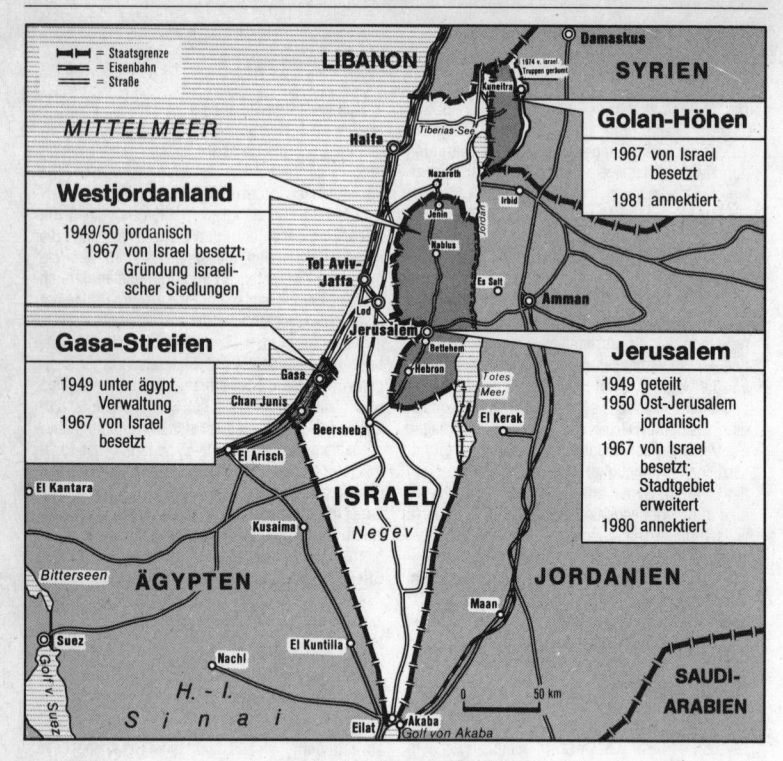

Israel und die besetzten Gebiete

Karte mit Legende:
- Staatsgrenze
- Eisenbahn
- Straße

Westjordanland
1949/50 jordanisch
1967 von Israel besetzt;
Gründung israelischer Siedlungen

Gasa-Streifen
1949 unter ägypt. Verwaltung
1967 von Israel besetzt

Golan-Höhen
1967 von Israel besetzt
1981 annektiert

Jerusalem
1949 geteilt
1950 Ost-Jerusalem jordanisch
1967 von Israel besetzt; Stadtgebiet erweitert
1980 annektiert

Bitten jüdischer Siedler um 20 % verstärkt werden. – Laut Wohnungsbauminister *Sharon* sind in den besetzten Gebieten und in Ost-Jerusalem 1990 knapp 10 000 und 1991 13 500 Wohnungen errichtet worden. – Der **Likud-Block und die Arbeitspartei einigen sich** am 29. 1. **auf vorgezogene Knesset-Neuwahlen**. – In mehreren Resolutionen wird Israel am 14. 2. durch die UN-Menschenrechtskommission scharf verurteilt. Israel wird zum Rückzug aus den besetzten Gebieten und aus Ost-Jerusalem aufgefordert; den Palästinensern wird das Recht bestätigt, den Besatzungskräften Widerstand zu leisten. – Am 18. 3. verabschiedet die Knesset mit 55 gegen 32 Stimmen das **Gesetz über die Wahlrechtsreform**; danach wird der Ministerpräsident künftig direkt gewählt und die Zahl der Minister auf 18 begrenzt. Das Gesetz soll die Regierungsbildung vereinfachen und den Einfluß der Splitterparteien auf die Politik vermindern. – Der UN-Sicherheitsrat verurteilt einstimmig am 4. 4. 1992 den blutigen Zwischenfall im Gazastreifen, bei dem israelische Sicherheitskräfte am 1. 4. in einem Flüchtlingslager 4 Palästinenser getötet und über 50 verwundet hatten, nachdem sie zuvor mit Molotowcocktails beworfen worden waren. – Am 20. 4. gibt die israelische Armee bekannt, daß die Bir-Zeit-Universität in den besetzten Gebieten, die 1988 kurz nach Beginn der Intifada geschlossen worden war, schrittweise wieder geöffnet wird. – Das Internationale Komitee vom Roten Kreuz kritisiert in einem am 21. 5. veröffentlichen Kommuniqué in ungewohnt scharfer Form die Haftbedingungen für palästinensische Untersuchungsgefangene. – Nach der Ermordung eines israelischen Mädchens durch einen Palästinenser aus Gaza und der Tötung eines Rabbiners ordnet Verteidigungsminister *Moshe Arens* Ende Juni eine unbefristete Ausreisesperre für Palästinenser aus dem Gazastreifen an, wodurch 40 000 von ihren Arbeitsplätzen in Israel ausgesperrt werden. Vertreter des UN-Hilfswerks UNRWA beginnen am 3. 6. mit der Verteilung von Lebensmitteln an Palästinenser im Gazastreifen. Vom 8. 6. an wird die

Einreisesperre schrittweise gelockert. – Ein am 3. 6. veröffentlichter Bericht der israelischen Menschenrechtsorganisation Betselem beschuldigt die Armee, Sondereinheiten zu unterhalten, deren Mitglieder als Araber getarnt nach gesuchten Palästinensern fahnden und diese liquidieren. – Die PLO verbreitet am 17. 6. in den besetzten Gebieten einen von PLO-Chef *Yassir Arafat* unterzeichneten Aufruf, der ein Ende der palästinensischen Lynchjustiz an mutmaßlichen Kollaborateuren fordert. Nach Angaben des israelischen Militärs wurden 1991 186 und in den ersten vier Monaten 1992 92 Palästinenser wegen angeblicher Zusammenarbeit mit den Besatzungsbehörden ermordet. – Erstmals seit Beginn der Intifada nehmen israelische Behörden am 18. 6. Beschlüsse für eine unbefristete Deportation von Palästinensern zurück. – Bei den **Knessetwahlen** am 23. 6., die noch nach dem alten Wahlrecht stattfinden, siegt die Arbeitspartei von *Yitzhak Rabin* mit 44 Sitzen (1988: 39); der Likud-Block von Ministerpräsident *Yitzhak Shamir* kommt nur noch auf 32 Mandate (1988: 40). Mit 12 Sitzen wird der linke Meretz-Block drittstärkste Fraktion; die linkssozialistische Mapam-Partei (1988: 3), die sozialliberale Bürgerrechtsbewegung Ratz (1988: 5) und die liberale Shinui (1988: 2) hatten sich am 3. 2. auf die Bildung einer Einheitsliste geeinigt. Die religiösen Parteien erhalten zusammen 16 Sitze, darunter 6 die Schas. 15 der 25 Parteien scheitern an der 1,5 %-Klausel; die antiarabische Kach-Bewegung war von den Parlamentswahlen ausgeschlossen. *Rabin* bildet am 2. 7. eine **Koalitionsregierung aus Arbeitspartei, Meretz-Block und Schas**, die über 62 der 120 Knesset-Sitze verfügt. Die Regierung wird zusätzlich von 5 arabischen Abgeordneten unterstützt. Das mit der Meretz unterzeichnete Koalitionsabkommen sieht u. a. vor: Änderung des Gesetzes, das Treffen mit PLO-Vertretern unter Strafe stellt, Stimmenfreigabe bei dauerhafter Lösung des arabisch-israelischen Konflikts; außerdem kann Meretz offen für die Gründung eines palästinensischen Staates eintreten. Am 13. 7. bestätigt die Knesset die neue Regierung mit Ministerpräsident *Rabin*. *Rabin* übernimmt zusätzlich das Verteidigungsressort, *Shimon Peres* wird Außenminister. Bei seinem Amtsantritt erklärt *Rabin* Verhandlungen mit den arabischen Nachbarn und Verbesserungen der Beziehungen zu den USA zu vorrangigen Zielen seiner Politik. – Am 15. 7. beschließt die Regierung eine vollständige Überprüfung des Wohnungsbauprogramms in Israel und in den besetzten Gebieten. Am 23. 7. wird die **Streichung von 6681 staatlich finanzierten Bauvorhaben** und die Einstellung neuer Industrieprojekte **im Westjordanland und im Gazastreifen** bekanntgegeben; die 10 467 im Bau befindlichen Häuser werden fertiggestellt. Die Regierung ordnet auch die Einstellung neuer Industrieprojekte im Westjordanland und im Gazastreifen an. **Vom Siedlungsstopp ausgenommen sind** strategisch wichtige Gebiete, d. h. **die Region um Jerusalem, das Jordantal und die Golan-Höhen**. – Am 5. 8. ordnet das Militär im **Westjordanland** einen **Baustopp auch für privat finanzierte Neubauten** an. – Am 9. 8. kündigt die Regierung an, daß die Kontakte zur PLO legalisiert werden sollen. – **US-Präsident** *George Bush* **sagt** nach Gesprächen mit Ministerpräsident *Yitzhak Rabin* vom 10.–11. 8. Israel **Kreditgarantien von 10 Mrd. US-$** zur Eingliederung jüdischer Einwanderer aus der ehem. UdSSR **zu**, die bisher wegen der israelischen Siedlungspolitik in den besetzten Gebieten verweigert wurden. – Am 23. 8. kündigt Ministerpräsident *Rabin* die Freilassung von 800 palästinensischen Häftlingen und eine Lockerung der Besatzungspolitik an. – Nach Angaben der Jewish Agency sind im 1. Halbjahr 1992 30 000 Juden aus den GUS-Staaten nach Israel eingewandert.

ITALIEN Geplante drastische Steuererhöhungen führen am 22. 10. **1991** zu einem von den drei großen Gewerkschaften ausgerufenen vierstündigen **Generalstreik**; eine zweite Streikwelle breitet sich vom 22. bis 25. 11. aus. – Am 20. 11. verabschiedet das Abgeordnetenhaus gegen die Stimmen der Neofaschisten/MSI und Republikaner/PRI ein Gesetz zum **Schutz der Muttersprache und der Minderheitensprachen**. Es sieht die Gleichstellung aller Minderheitensprachen in öffentlichen Ämtern und Schulen vor, sofern diese von jeweils 15 % der Einwohner gesprochen werden. Diese Bestimmungen, die bisher nur in Südtirol und im Aostatal Anwendung fanden, gelten ab sofort auch für 1,5 Mio. Bewohner Sardiniens und die rd. 100 000 Slowenen in Friaul. – Staatspräsident *Francesco* **Cossiga erstattet** am 26. 11. **gegen sich selbst Anzeige** wegen seiner Beteiligung am Aufbau der Geheimorganisation »Gladio«: Er wolle die Verantwortung für die Verteidigungspolitik der letzten 40 Jahre übernehmen, die l. die territoriale Integrität, die Unabhängigkeit und Freiheit gesichert habe (*Cossiga* arbeitete in den 50er Jahren als Staatssekretär im Verteidigungsministerium am Aufbau der erst vor einem Jahr aufgelösten Geheimorganisation mit). Zur gleichen Zeit werfen 51 Verfassungsrechtler *Cossiga* vor, seine Rechte mehrfach überschritten zu haben: Er habe Politiker und Bürger öffentlich beleidigt, Rundfunk und Fernsehen zu einseitigen politischen Stellungnahmen benutzt sowie den Obersten Justizrat (CSM; gewählte Vertretung der Richter) herabgewürdigt. – Die traditionalistischen Mitglieder der ehemaligen KP Italiens/PCI gründen am 16. 12. eine von der Nachfolgepartei PDS (Partei der Demokratischen Linken) abgespaltene eigene Partei: Partito di Rifondazione Comunista/PRC (Partei der Kommunistischen Neugründung). – Bei seinem Staatsbesuch in Rom erhält der russische Präsident *Boris Jelzin* am 20. 12. eine Kredit-Zusage in Höhe von umgerechnet rund 1,5 Mrd. DM für Nahrungsmittelkäufe in Italien. – Nach der Abgeordnetenkammer verabschiedet am 28. 12. der Senat den **Haushalt 1992** mit einer Neuverschuldung von 128 Bill. Lit. **Einsparungen** sollen u. a. durch Privatisierung von Staatsbesitz, Steueraufschläge, höhere Beteiligung der Versicherten an den Kosten im Gesundheitswesen sowie durch begrenzte Lohnerhöhungen 1992 im öffentlichen Dienst von 4,5% (= Inflationsrate) erbracht werden. – Nach erneuten Auseinandersetzungen mit der Democracia Cristiana/DC kündigt *Cossiga* am 24. 1.**1992** in einem offenen Brief seinen Bruch mit der DC an, der er Reformunfähigkeit vorwirft. – Der jahrzehntelange **Streit um die Autonomie Südtirols ist beigelegt**: Ministerpräsident *Giulio Andreotti* erklärt am 30. 1. vor dem Parlament, die nach 20jährigen Verhandlungen mit Österreich über die im »Südtirol-Paket« von 1969 (in Kraft: 1972) festgeschriebenen 137 Durchführungsbestimmungen als Voraussetzung für die Autonomie der Südtiroler Bevölkerung seien nunmehr erfüllt. Die Landesversammlung der Südtiroler Volkspartei/SVP stimmt am 30. 5. in Meran mit 83% der Stimmen dem Abschluß der Verhandlungen zu, die u. a. die Sprach- und Kulturautonomie für die deutsch- und ladinischsprachige Bevölkerung regelten. Am 6. 6. stimmt auch der österreichische Nationalrat der formellen Beilegung des Südtirol-Konflikts zu *(→ Österreich)*. – Am 2. 2. löst Staatspräsident *Cossiga* das Parlament vorzeitig auf. Bei den **Neuwahlen** zum **Parlament** (Abgeordnetenkammer und Senat) am 5./6. 4. **erleidet die DC Stimmeneinbußen**: Sie erhält in der Abgeordnetenkammer 29,7% (−4,6 gegenüber 1987) und im Senat 27,3% der Stimmen (−6,3); auf die PDS entfallen 16,1% (−10,5) bzw. 17,0% (11,3), die Sozialistische Partei/PSI 13,6% (−0,5) bzw. 13,6% (−11,3). Das Regierungsbündnis aus DC, Sozialisten/PSI, Liberalen/PLI und Sozialdemokraten/PSDI kommt in der Kammer zusammen auf 48,3%, im Senat auf 46,3%. Wahlgewinner sind kleinere Gruppierungen wie die rechtsgerichtete lombardische Lega Nord mit 8,7% (+8,2) in der Kammer und 8,2% (+7,8) im Senat. Die neugegründete kommunistische PRC kommt auf 5,6% bzw. 6,5%. – **Ministerpräsident Andreotti erklärt** am 24. 4. wegen des Mißerfolgs der DC bei den Parlamentswahlen **seinen Rücktritt**. Der seit geraumer Zeit mit der innenpolitischen Entwicklung unzufriedene **Staatspräsident Cossiga gibt** am 25. 4. **die vorzeitige Beendigung seiner Amtszeit bekannt** (die bis zum 2. 7. dauert). In einer Rede an die Nation beklagt er die herrschende, »wenn auch demokratisch gewählte Oligarchie« und erklärt, mit seinem Rücktritt wolle er die Parteien zwingen, sich ihrer Verantwortung zu stellen und eine starke, effiziente und glaubwürdige Regierung zu bilden. Am 13. 5. beginnt die Wahl des Präsidenten durch den 1014köpfigen Wahlausschuß, dem die 630 Mitglieder der Abgeordnetenkammer, 315 gewählte Senatoren, 11 Senatoren auf Lebenszeit und 58 Vertreter der Regionen – je 3 pro Region und einer aus dem Aosta-Tal – angehören. Erst im 16. Wahlgang am 25. 5. wird der Christdemokrat *Oscar Luigi* **Scalfaro zum neuen Staatspräsidenten gewählt**; keiner der anderen Kandidaten – darunter Senatspräsident *Giovanni Spadolini*, Ministerpräsident *Andreotti* und DC-Chef *Arnaldo Forlani* – hatten die notwendige absolute Mehrheit erreicht. Am 28. 5. wird *Scalfaro* für eine 7jährige Amtszeit vereidigt. – Der vom Staatspräsidenten am 18. 6. mit der Regierungsbildung beauftragte stellvertretende PSI-Generalsekretär **Giuliano Amato stellt** am 28. 6. **die 51. Nachkriegsregierung vor**, die 24 (bisher 31) Minister zählt; nur 8 Minister der letzten Regierung werden übernommen. Die neuerliche Koalition aus DC, PSI, PSDI und PLI verfügt in der Abgeordnetenkammer über eine Mehrheit von 16, im Senat von 5 Sitzen. – Die **Mafia mordet weiter**: Bei Sprengstoffanschlägen in Palermo werden am 23. 5. die Symbolfigur im Kampf gegen die Mafia, der Richter *Giovanni Falcone*, zusammen mit seiner Frau und 3 Leibwächtern, am 19. 7. der Staatsanwalt *Paolo Borsellino* zusammen mit 5 Polizisten getötet. 1991 stiegen die Verbrechen mafioser Vereinigungen erheblich: 718 Morde und 822 Entführungen gehen nach offiziellen Angaben auf ihr Konto. Am 9. 6. stellt die Regierung ein Maßnahmenpaket vor, das die Gesetze zum Kampf gegen das organisierte Verbrechen verschärft. Gleichzeitig nimmt die Polizei bei **Razzien im ganzen Land** über 700 Personen fest. Am 27. 6. nehmen über 100000 Menschen aus allen Teilen Italiens in Palermo an einer von den Gewerkschaften organisierten Kundgebung gegen die Mafia teil. Bis zum 8. 8. werden 4 Heeres-Brigaden (rd. 7000 Soldaten) zur Bewachung zentraler Einrichtungen nach Sizilien verlegt.

JAPAN Finanzminister *Ryutaro Hashimoto* tritt am 16. 10.**1991** zurück; er zieht damit die Konsequenz aus den Skandalen im Bankenbereich und bei den Wertpapierhäusern. – Beim ersten offiziellen Besuch eines japanischen Staatsoberhauptes seit Kriegsende in Thailand, Malaysia und Indonesien vom 26. 9.–6. 10. äußert Kaiser *Akihito* Bedauern über die japanische Politik im Zweiten Weltkrieg, eine Entschuldigung für japanischen Verbrechen erfolgt jedoch nicht. – Die Regierung gibt am 8. 10. bekannt, sie werde der UdSSR einen Kredit von bis zu 2,5 Mrd. US-$ zur Verfügung stellen, davon 1,8 Mrd. US-$ für staatliche Exportversicherungen im Handel mit der UdSSR. – Am 22. 10. werden fast alle gegen Südafrika verhängten Wirtschaftssanktionen aufgehoben. Das Verbot, die südafrikanischen Sicherheitskräfte zu beliefern, bleibt in Kraft. – Die regierende Liberal-Demokratische Partei/LDP und die Oppositionsparteien beschließen am 30. 9., die Vorlagen von Ministerpräsident *Toshiki Kaifu* für politische Reformen nicht weiter zu beraten. Kaifu verzichtet am 4. 10. auf eine erneute Kandidatur für den Parteivorsitz und damit auf sein Amt als Ministerpräsident. Am 27. 10. wird *Kiichi Miyazawa*, der früher in einen Finanzskandal verwickelt war, zum neuen Parteivorsitzenden und am 5. 11. **zum Ministerpräsidenten gewählt**; neuer Außenminister wird *Michio Watanabe*. – Im Mittelpunkt der Gespräche beim Besuch von US-Präsident *George Bush* am 7.–10. 1.**1992** stehen wirtschaftspolitische Themen, insb. Maßnahmen zum Abbau des japanischen Handelsbilanzüberschusses. – In seiner Regierungserklärung am 24. 1. bedauert Ministerpräsident *Kiichi Miyazawa* die Kriegsverbrechen. Er fordert Rußland zur Rückgabe der Kurilen-Inseln auf und verspricht dafür weitreichende japanische Wirtschaftshilfe. – Das **Oberhaus billigt** am 9. 6. nach 4tägigem Sitzungsmarathon mit 137 zu 102 Stimmen die seit Herbst 1990 umstrittene Gesetzesvorlage über die **Beteiligung japanischer Selbstverteidigungseinheiten an UNO-Friedenseinsätzen**. Nach dem Gesetz dürfen künftig bis zu 2000 japanische Soldaten an nichtmilitärischen, logistischen Aktivitäten der UN teilnehmen.

JUGOSLAWIEN (*Kriegsgeschehen* → *Sp. 87ff.*)
Die ehemalige »Sozialistische Föderative Republik Jugoslawien/SFRJ« bricht 1991/92 auseinander: Die Teilrepubliken → **Slowenien** und → **Kroatien** erklären am 8. 9. **1991** ihre Unabhängigkeit, → **Bosnien-Herzegowina** folgt am 7. 4. 1992; sie werden jedoch Opfer der großserbischen Kriegspolitik (→ *Sp. 92ff.*). → **Makedonien** erklärt am 19. 11. 1991 seine Unabhängigkeit, die aber wegen des Einspruchs Griechenlands international noch nicht anerkannt wurde. Am 27. 4. 1992 schließen sich **Serbien** und **Montenegro** zur »Föderativen Republik Jugoslawien« (FRJ) zusammen, deren Anerkennung wegen der anhaltenden Kriegspolitik des serbischen Präsidenten *Slobodan Milošević* durch UNO und EG blockiert wird.
Die Chronik: In der serbischen **Provinz Kosovo**, deren Autonomiestatus vom serbischen Republikparlament im Juli 1990 aufgehoben wurde, sprechen sich Ende September **1991** in einem geheimen Referendum über 90 % der Teilnehmenden für die Souveränität aus. Am 21. 10. werden eine eigene Regierung und ein eigenes Parlament zunächst aus den Abgeordneten des Landesparlaments, seit 24. 5. 1992 aus 130 in verbotener Wahl bestimmten Abgeordneten, gebildet. Die Partei der **Albaner**, der Demokratische Bund Kosovos/UDK, hält 78 der 130 Sitze. Zum Präsidenten wird in verbotener Wahl *Ibrahim Rugova*/UDK, zum Regierungschef *Bujar Bukoshi*/UDK gewählt. Serbische Polizisten verhindern am 23. 6. 1992 die konstituierende Sitzung des Parlaments in Priština. – Am 3. 10. 1991 verkündet das nur noch mit 4 Vertretern – aus (Kern-)Serbien, der Vojvodina, dem Kosovo und der mit Serbien eng verbundenen bisherigen jugoslawischen Teilrepublik Montenegro – besetzte jugoslawische **Rumpf-Staatspräsidium**, es arbeite ab sofort unter »Kriegsbedingungen« und übernehme alle verfassungsmäßigen und legislativen Funktionen von Parlament und Regierung. Der neue Präsidiumsvorsitzende *Branko Kostić* rechtfertigt diesen Schritt als Notstandsverordnung. Die nicht anwesenden Vertreter der übrigen 4 Republiken verurteilen den »Staatsstreich« als verfassungswidrigen Akt, der im Einklang mit der serbisch dominierten Bundesarmee (JVA) erfolgt sei. – **Slowenien und Kroatien setzen** nach Ablauf eines dreimonatigen Moratoriums der EG am 8. 10. ihre **Unabhängigkeitserklärungen wieder in Kraft** (→ *Slowenien* bzw. → *Kroatien*).
– Am 15. 11. entzieht die Republiken-Kammer des Bundesparlaments, die nur noch aus Abgeordneten des serbischen Blocks besteht, dem jugoslawischen Ministerpräsidenten *Ante Marković* und Außenminister *Budimir Loncar* (beides Kroaten) das Vertrauen. Nach dem Zusammenbruch der (gesamt-)jugoslawischen Bundesverfassung legt der Vorsitzende des Staatspräsidiums, *Stjepan Mesić* (Kroatien), sein Amt auch formal nieder und verkündet am 5. 12. seinen Rücktritt. Am 20. 12. tritt auch der formal letzte (gesamt-)jugoslawische Ministerpräsident *Marković* zurück: Er könne den Haushaltsentwurf für 1992 nicht akzeptieren, der auf die Fortsetzung des Kampfes gegen Kroatien abziele, da 81 % der Mittel für die von Serben beherrschte Bundesarmee (JVA) vorgesehen seien. – Am 29. 2. **1992** werden in Serbien 30 Generäle der JVA in den Ruhestand versetzt, am 8. 5. werden weitere 40 **Generäle und Admiräle pensioniert**, darunter der bisherige Verteidigungsminister General *Blagoje Adzić*. Sein Nachfolger wird der bisherige Stabschef Generaloberst *Zivote Panić*. Laut Presseberichten hat Präsident *Milošević* mit der Generalität seine letzten gefährlichen innenpolitischen Gegner ausgeschaltet.
– In **Montenegro** stimmen am 1. 3. bei einer Beteiligung von nur 66 % der wahlberechtigten Bevölkerung (Boykott der Opposition; Ablehnung der Wahl durch Albaner und Muslime) 95,9 % **für den Verbleib** der Republik **in einem gemeinsamen jugoslawischen Staat.** – Am 27. 4. verkündet das jugoslawische Rumpfparlament die **neue Verfassung der** »**Föderativen Republik Jugoslawien**« (FRJ), die den neuen Staat als parlamentarische Demokratie auf Grundlage der Marktwirtschaft definiert, den beiden Republiken Serbien und Montenegro aber auch die

Eröffnung eigener Vertretungen im Ausland zugesteht; außerdem enthält die Verfassung einen Passus, der den Beitritt anderer interessierter Republiken ermöglicht. Von den 73 serbischen und montenegrinischen Abgeordneten sprechen sich 69 für die **Gründung des »dritten Jugoslawien«** – nach dem Königreich der Serben, Kroaten und Slowenen 1919 sowie SFRJ 1945 – aus. Implizit wird mit der Bildung der FRJ die Unabhängigkeit der 4 übrigen ehem. Teilrepubliken des ehemaligen Jugoslawien anerkannt. In einer gleichzeitig verabschiedeten Erklärung heißt es, daß die FRJ staatlich, völkerrechtlich und politisch die SFRJ fortsetze, sich also als unmittelbare Rechtsnachfolgerin des alten Gesamtjugoslawiens betrachte, was von EG-Seite bestritten wird. – Der **Albanerführer** *Ibrahim Rugova* erklärt am 1. 5., seine Volksgruppe werde auf ihrer **Forderung nach Gründung einer Republik Kosovo, deren Loslösung von Serbien** und deren Anschluß an Albanien bestehen. – Die wichtigsten **Oppositionsparteien** und einflußreiche Intellektuelle **gründen** am 24. 5. die **Demokratische Bewegung Serbiens**/Depos, die für demokratische Verfassung, das Verbot der bewaffneten Parteimilizen, die Begnadigung der Kriegsdienstverweigerer und die Verschiebung der bevorstehenden Wahlen eintritt. Am 28. 5. verlangt die Bischofskonferenz der serbisch-orthodoxen Kirche den Rücktritt der serbischen Führung, weil diese nicht zu einer nationalen Versöhnung bereit sei. – Der **UN-Sicherheitsrat verhängt am 30. 5. Sanktionen gegen Serbien und Montenegro**: Handels- und Ölembargo, Unterbindung des gesamten Flugverkehrs mit Belgrad sowie Einfrierung aller Auslandsguthaben. – In der neuen FRJ, d. h. in Serbien und Montenegro, finden am 31. 5. **Wahlen** zum 138 Sitze umfassenden »Rat der Bürger« (1. Kammer des Parlaments) statt, die von der Opposition boykottiert werden (Wahlbeteiligung: 56 %). Die 40 Mitglieder des »Rats der Republiken« – je 20 Vertreter der Parlamente Serbiens und Montenegros – waren zuvor bestimmt worden. **In Serbien** errringt die regierende Sozialistische Partei/SPS (ehem. Bund der Kommunisten) mit 70,6 % der Stimmen 73 der 108 Sitze, die Radikale Partei/SRS des Nationalisten *Vojislav Seselj* erhält mit 24,2 % der Stimmen 30 Sitze, der Demokratische Bund der Ungarn der Vojvodina 4 Sitze und ein Unabhängiger 1 Sitz; **in Montenegro** kommen die regierende Demokratische Partei der Sozialisten auf 23 der 30 Sitze (76,6 %), die Radikalen auf 3 und der Bund der Kommunisten/Bewegung für Jugoslawien auf 2 Sitze. Die übrigen Parteien, die Albaner Kosovos und die Muslime des Sandschak boykottierten die Wahlen. Das neugewählte **Parlament konstituiert** sich am 11. 6. und wählt den serbischen Politiker aus der Vojvodina, *Jugoslav Kostić*/SPS, zum Vorsitzenden der Kammer der Bürger und damit zum Parlamentspräsidenten. Am 15. 6. wird der parteilose serbische Schriftsteller **Dobriča Cosić zum ersten Präsidenten der FRJ gewählt**. – Die **Wirtschaftslage in Serbien verschlechtert sich** im Mai 1992 drastisch: Die Verbraucherpreise steigen um 80 % (= +1915 % gegenüber Mai 1991); die Fluggesellschaft JAT entließ nach dem UN-Embargo ihr gesamtes Personal, in der verarbeitenden Industrie werden Zehntausende arbeitslos. – Rd. 10 000 Menschen nehmen am 14. 6. in Belgrad an einer von der serbisch-orthodoxen Kirche organisierten Friedensprozession teil; am 28. 6. fordern in Belgrad etwa 100 000 Demonstranten den Rücktritt von *Milošević*. – Am 14. 7. wird der aus Belgrad stammende US-amerikanische Geschäftsmann **Milan Panić** von beiden Kammern des Parlaments der FRJ **zum neuen Ministerpräsidenten gewählt**. *Panić* zeigt sich zwar kompromißbereit im Hinblick auf alle internationalen (UNO, EG, NATO, WEU, KSZE) Vereinbarungen und Forderungen, dürfte aber nur ein »Friedensetikett« des nach wie vor großserbisch orientierten neuen »Jugoslawiens« sein, dessen wirkliche Entscheidungen unvermindert von der Gruppe um *Milošević* getroffen werden.

Der Bürgerkrieg im zerfallenden Jugoslawien

1. Slowenien: Am 27. 6. 1991, zwei Tage nach den Unabhängigkeitserklärungen der Teilrepubliken Slowenien und Kroatien, marschiert die serbisch dominierte Bundesarmee in Slowenien ein. Das am 8. 7. 1991 in Kraft getretene »Abkommen von Brioni« führt zum Ende der Kampfhandlungen: Das jugoslawische Staatspräsidium beschließt am 18. 7. 1991 den Abzug der JVA aus Slowenien innerhalb von drei Monaten. Die Slowenen hatten die besten Ausgangsbedingungen für die Verwirklichung der staatlichen Unabhängigkeit; ihre Republik ist ethnisch geschlossen: 91 % der Bevölkerung sind Slowenen, nur 2,2 % sind Serben.

2. Kroatien: Obwohl sich die jugoslawischen Konfliktparteien auf der EG-Friedenskonferenz in Den Haag am 8. 9. 1991 zu einer friedlichen Lösung verpflichtet haben, weiten sich die Kämpfe zwischen Kroaten und Serben zum Bürgerkrieg aus. Dabei schlug sich die JVA auf die Seite der serbischen Freischärler (»Tschetniks«), die schließlich ein Drittel Kroatiens besetzten. In West- und Ostslawonien und in der Krajina proklamierte die serbische Minderheit Ende 1991 ihre »Republik Serbische Krajina«. Bis Jahresende konnte der Bürgerkrieg in Kroatien beendet werden.

3. Bosnien-Herzegowina: Die Kampfhandlungen

verlagerten sich in der dritten Phase auf die bisherige jugoslawische Teilrepublik Bosnien-Herzegowina. Es ist – nach den Interventionen in Slowenien und Kroatien – der dritte Krieg Serbiens für eine großserbische Staatsbildung aufgrund von Eroberung und »ethnischer Säuberung« sowie zugleich der Überlebenskampf einer nach wie vor im Kern stalinistisch-nationalistischen Diktatur unter seinem Präsidenten *Slobodan Milošević*. Politische Lösungsversuche der EG, darunter der einer Aufteilung der Republik in drei Kantone für Moslems, Serben und Kroaten nach Schweizer Vorbild, blieben ohne Erfolg, da die Siedlungsgebiete der ethnischen Gruppen zu verwoben sind, um eine Grenzziehung zu ermöglichen (→ *Farbkarte*):
Die **Bosniaken** – so die Eigenbezeichnung der *Muslime in Bosnien und der Herzegowina* –, die dort vor Kriegsausbruch mit rund 44 % die stärkste Bevölkerungsgruppe stellten, fürchten um ihre Eigenständigkeit und wollen eine Aufteilung der Republik nicht zulassen: Unter *Josip Broz Tito* wurde ihre Religionsgemeinschaft gemäß Bundesverfassung zu einer Nation in Jugoslawien erklärt, um eine Einvernahme durch Serben oder Kroaten zu verhindern. Genau dies befürchten die Bosniaken jetzt, denn sie siedeln weniger in geographisch lozierbaren Gebieten als in den Städten der Republik. Mitte 1992 können sie nur noch im Nordwesten um Bihac und in der Hauptstadt Sarajevo ihre Positionen halten.
Die **Serben** erheben Anspruch auf 65 % des Territoriums, obwohl sie nur knapp 32 % der Bevölkerung in B.-H. stellen. Bis Ende August 1992 brachten die Serben rund 70 % der Republik unter ihre Kontrolle; alle Nicht-Serben wurden aus den eroberten Gebieten vertrieben, gefangengenommen oder getötet. Die »jugoslawische« Rumpfregierung gibt vor, mit dem Krieg nichts mehr zu tun zu haben, nachdem ein Teil der JVA den Serben in Bosnien überlassen wurde.
Die **Kroaten** sind mit 17,3 % die drittgrößte Bevölkerungsgruppe in B.-H., die meisten der von ihnen mehrheitlich bewohnten Städte und Dörfer liegen nahe der Grenze zu Kroatien. Sie hielten jedoch Ende August 1992 lediglich das Gebiet rund um Mostar, das auch Hauptstadt der von ihnen ausgerufenen »Republik Herceg-Bosna« ist. Hier kämpfen Kroaten aus Bosnien mit Unterstützung aus der kroatischen Hauptstadt Zagreb: Der rechtsextreme *Dobroslav Paraga*, der für ein bis an den Fluß Drina reichendes Großkroatien eintritt, hat die Kämpfer seiner »Partei des Rechts« (HOS) dorthin entsandt. Ähnlich wie der Serben und Muslime in ihren Gebieten halten die Kroaten hier Gefangene in Lagern.

Kroatien

17. 9. 1991 In Den Haag beginnt die von der EG einberufene Friedenskonferenz für Jugoslawien (→ *WA'92/Sp. 104 f.*). – Dessenungeachtet wird in Kroatien weitergekämpft.
17. 9. EG-Unterhändler Lord *Peter Carrington* vermittelt einen **Waffenstillstand**, der von den Präsidenten Serbiens und Kroatiens, *Slobodan Milošević* und *Franjo Tudjman*, und vom jugoslawischen Verteidigungsminister *Veljko Kardijević* unterzeichnet wird. Er sollte am 18. 9. in Kraft treten, **wird aber nicht eingehalten**. Bis November 1991 werden 14 weitere erfolglose Waffenstillstandsvereinbarungen ausgehandelt.
26. 9. Der **UN-Sicherheitsrat beschließt ein Waffenembargo gegen Jugoslawien** (Res. 713).
30. 9. Beginn einer **großangelegten Offensive** der **JVA**.
2. 10. Die Adriastadt **Dubrovnik wird** von JVA-Einheiten und serbischen »Tschetniks« **eingeschlossen**, der Hafen von der Bundesmarine blockiert. Die Wasser- und Energieversorgung der

Gebietsforderungen der drei Bevölkerungsgruppen in Bosnien-Herzegowina

Stadt bricht zusammen. Über 10000 Menschen sind bereits geflohen. Am 24.10. wird Dubrovnik mit Granaten und Raketen beschossen; Baudenkmäler im historischen Stadtkern werden schwer beschädigt. Am 31.10. erreicht ein kroatischer Schiffskonvoi mit Lebensmitteln und Medikamenten die Stadt, die weiterhin unter Beschuß bleibt.

7.10. Die jugoslawische Luftwaffe bombardiert Ziele in der kroatischen Hauptstadt Zagreb.

12.10. Der UN-Sonderbeauftragte für Jugoslawien, *Cyrus Vance*, führt erste Gespräche mit jugoslawischen Regierungsvertretern.

8.11. Die **EG-Außenminister beschließen Sanktionen gegen Jugoslawien**: Sie kündigen das Handels- und Kooperationsabkommen und frieren eine zugesagte 200-Mio.-DM-Finanzhilfe ein.

15.11. Die JVA beschießt den Adriahafen Split und beschädigt den historischen Stadtkern.

18.11. Die bereits zu 90% zerstörte ostslawonische Stadt **Vukovar** (Kroatien), in der zu Friedenszeiten 45000 Menschen, darunter 37% Serben, lebten, wird nach fast dreimonatiger Belagerung **durch serbische »Tschetniks« und JVA-Truppen eingenommen**.

22.11. Die JVA will gemäß einem auf internationalen Druck unterzeichneten Abkommen innerhalb von 15 Tagen Kroatien verlassen.

27.11. Der **UN-Sicherheitsrat** verlangt die Einhaltung eines am 23.11. ausgehandelten 14. Waffenstillstands. Er sieht die Aufhebung der Blockade von Kasernen der JVA durch die kroatische Territorialverteidigung und den Abzug des Armeepersonals samt Ausrüstung aus Kroatien vor.

15.12. Der **UN-Sicherheitsrat** beschließt die Entsendung von UNO-Vertretern, darunter auch Militärpersonal, zur Vorbereitung einer möglichen Entsendung von UNO-Friedenstruppen.

17.12. Die **EG beschließt die Anerkennung Sloweniens und Kroatiens** zum 15.1.1992.

30.12. Die JVA greift nach kroatischen Angaben mit Kampfflugzeugen und Artillerie an nahezu allen Frontabschnitten in Kroatien an. – Rund 550000 Menschen befinden sich bereits auf der Flucht, etwa 300000 Vertriebene stammen aus den von Serben besetzten Gebieten Kroatiens.

31.12. Das jugoslawische Rumpf-Staatspräsidium stimmt ebenso wie der serbische Präsident *Milošević*, der jugoslawische Verteidigungsminister *Kardijević* und der kroatische Präsident *Tudjman* dem **UNO-Plan zur Beendigung des Bürgerkrieges** zu. – Ende 1991 sind **alle JVA-Kasernen in Kroatien geräumt**.

1992

1.1. Der UNO-Sonderbeauftragte *Vance* bestätigt, daß sowohl Belgrad als auch Zagreb den **UNO-Plan insgesamt angenommen** hätten.

2.1. Unter Vermittlung von *Vance* unterzeichnen die Bürgerkriegsparteien in Sarajevo die **15. Waffenstillstandsvereinbarung**.

7.1. Fünf EG-Beobachter werden während der vereinbarten Waffenruhe in Kroatien beim Abschuß ihres Hubschraubers **getötet**. Am 8.1. tritt Verteidigungsminister *Kardijević* zurück; Nachfolger wird *Blagoje Adžić*, der als Verfechter einer harten Politik gegenüber Kroatien gilt.

8.1. Der **UN-Sicherheitsrat beschließt** die **Entsendung von 50 Militärbeobachtern** nach Kroatien.

9.1. Serbiens Präsident *Milošević* erklärt den **Bürgerkrieg für beendet**: Mit der Stationierung von UNO-Friedenstruppen sei die serbische Minderheit in Kroatien vor kroatischen Angriffen geschützt.

Ende Januar: Seit Beginn der Kämpfe wurden nach Angaben des kroatischen Sanitätsstabs 3104 Kroaten getötet, darunter 1434 Zivilisten.

8.3. Der UNPROFOR-Oberkommandierende, der indische General *Satish Nambiar*, trifft in Belgrad ein. Ebenso der Chef der zivilen Mission, der Ire *Cedric Thornberry*; ihm untersteht die für die UNO-Schutzzonen vorgesehene Civilian Police Force/UNCIVPOL. UNPROFOR-Hauptquartier ist Sarajevo, ab April Belgrad, ab August Zagreb.

10.4. Die JVA greift mit Artillerie u.a. die Städte Osijek, Vinkovci, Sisak, Zadar und Karlovać an.

24.6. Eine **Offensive der kroatischen Territorialstreitkräfte** verzögert den Beginn der UNO-Aufsicht über die Serbengebiete Kroatiens.

30.6. Der **UN-Sicherheitsrat** beschließt, die UNPROFOR um bis zu 60 Militärbeobachter und 120 Polizisten zu erweitern. – Den »Blauhelmen« gelingt es jedoch bis Ende August nicht, die paramilitärischen Verbände in den Schutzzonen zu entwaffnen. Selbsternannte serbische Verwaltungsorgane können ihre Macht festigen.

7.8. Die Ministerpräsidenten Rest-Jugoslawiens und Kroatiens, *Milan Panić* und *Franjo Gregorić*, verständigen sich unter Schirmherrschaft des Internationalen Komitees vom Roten Kreuz (IKRK) auf einen **Austausch der Kriegsgefangenen**.

Bosnien-Herzegowina

29.2./1.3.1992: Bei einem von der serbischen Bevölkerungsgruppe boykottierten **Referendum** sprechen sich 99,43 % **für die »Unteilbarkeit und Souveränität«** Bosnien-Herzegowinas aus.

7.4. Die Unabhängigkeit B.-H.s wird von den EG-Staaten anerkannt.

8.4. Einen Tag nach der internationalen Anerkennung B.-H.s **eskaliert der Bürgerkrieg**.

12.4. Die Führer der drei Gemeinschaften – Staatspräsident *Alija Izetbegović* von den Muslimen, *Miljenko Brkić* von den Kroaten und *Radovan Karadžić* von den Serben – einigen

sich unter Vermittlung des EG-Unterhändlers *José Cutilheiro* auf einen **Waffenstillstand**, der jedoch – wie die folgenden Vereinbarungen – **nicht eingehalten** wird.
20. 4. Die **EG beschließt Aussetzung ihrer Friedensmission.**
24. 4. Der UN-Sicherheitsrat fordert die Parteien zur Einhaltung der vereinbarten Waffenruhe auf. Eine Entsendung von Friedenstruppen nach B.-H. sei wegen der dortigen Kämpfe und der beschränkten Finanzmittel der UNO nicht möglich.
2. 5. Der **bosnische Präsident** *Izetbegović* wird von JVA-Einheiten 24 Stunden **als Geisel festgehalten**, um die Freilassung eingeschlossener Truppenteile zu erpressen.
5. 5. Die bosnische Territorialverteidigung fordert den Rückzug der JVA und beschuldigt die Truppe der »gnadenlosen Bombardierung« Sarajevos. – Das jugoslawische Staatspräsidium legt den Oberbefehl über die JVA in B.-H. auf internationalen Druck nieder und fordert die aus der FRJ stammenden Soldaten, auf die Republik bis zum 18. 5. zu verlassen. Die verbleibenden Truppenteile werden in »**Serbische Armee der Republik B.-H.**« umbenannt.
10. 5. Präsident *Izetbegović* ersucht den UN-Generalsekretär um militärische Unterstützung gegen die serbische Aggression. – In Sarajevo wird mitgeteilt, im Bürgerkrieg in B.-H. seien **bisher 1300 Zivilisten getötet und** 6700 verletzt worden; rd. 670000 Personen befänden sich auf der Flucht.
11. 5. Die **EG-Staaten rufen ihre Botschafter aus Belgrad zurück.**
15. 5. Der **UN-Sicherheitsrat** fordert erneut die Einhaltung eines Waffenstillstands sowie den Rückzug der Einheiten der JVA und der kroatischen Nationalgarde.
20. 5. Tanjug meldet, der Rückzug der 14 000 JVA-Soldaten, die nicht aus B.-H. stammten, sei planmäßig abgeschlossen. Tatsächlich scheiterte dies zunächst daran, daß die JVA die von bosnischer Seite verlangte Abgabe aller schweren Waffen verweigert. – Die bosnische Seite gibt die bisherigen Opfer des Bürgerkrieges mit 5190 Toten an.
28. 5. Die **EG-Staaten beschließen ein Handelsembargo gegen Rest-Jugoslawien.** In der Folge mehren sich Berichte, daß z. B. für Bosnien bestimmte Waren auf dem Transit durch Serbien und Montenegro »umgelenkt« werden und bei Empfängern in Serbien und Montenegro landen.
29. 5. Bisher heftigster **Artilleriebeschuß serbischer Truppen auf Sarajevo:** Mit schwerer Feldartillerie und Mörsern werden zahlreiche Gebäude in Brand geschossen. Zuvor hatten bosnische Milizen eine aus Sarajevo abziehende JVA-Kolonne überfallen.

30. 5. Der **UN-Sicherheitsrat beschließt Sanktionen gegen Serbien und Montenegro:** u. a. Handels- und Ölembargo, Unterbindung des Flugverkehrs mit Belgrad, Einfrierung aller Auslandsguthaben. – In einem Bericht des UN-Generalsekretärs heißt es, daß die **Serbenmilizen in Bosnien unabhängig von Belgrad operieren** und Anweisungen der serbischen Führung zuwiderhandeln; **kroatisches Militär sei massiv an den Kämpfen beteiligt.**
5. 6. Nach langwierigen Verhandlungen räumen die letzten 800 JVA-Soldaten die Marschall-Tito-Kaserne in Sarajevo. Zugleich vereinbaren die kriegführenden Parteien die Öffnung des Flughafens von Sarajevo für humanitäre Hilfsflüge.
7.–8. 6. Ungeachtet dessen finden **in Sarajevo die schwersten Kämpfe seit Ausbruch des Bürgerkriegs** statt. Die bosnische Territorialverteidigung beginnt mit schweren Waffen eine Offensive gegen serbische Stellungen. Die Lage der rund 300000 Einwohner Sarajevos ist katastrophal.
8. 6. Der **UN-Sicherheitsrat beschließt**, das Einsatzgebiet der UNPROFOR zu erweitern, und billigt die **Entsendung von rd. 1100 Blauhelmen nach Sarajevo,** wo sie den Flughafen kontrollieren und die Verteilung der Hilfsgüter gewährleisten sollen.
19. 6. Die Außenminister der 47 Mitgliedsstaaten der **Organisation der Islamischen Konferenz** (OIC) sprechen sich **für ein militärisches Vorgehen gegen Serbien** aus, falls andere Maßnahmen zur Beendigung des Krieges versagten.
24. 6. Nach 30stündiger Fahrt trifft ein UNO-Konvoi mit Hilfsgütern im umkämpften Sarajevo ein. – Das IKRK nimmt seine Arbeit wieder auf.
27. 6. Die **EG droht Serbien** mit militärischem Einsatz, um Hilfsgüter einfliegen zu können.
28. 6. Der französische Staatspräsident *François Mitterrand* fliegt überraschend **nach Sarajevo,** um die Öffnung des Flughafens für Hilfslieferungen zu erreichen. Bald danach landen die ersten Maschinen der französischen Luftwaffe mit Medikamenten und Nahrungsmitteln in Sarajevo.
29. 6. Der UN-Sicherheitsrat billigt einstimmig die Stationierung zusätzlicher Teile der UNPROFOR am Flughafen von Sarajevo. – Am 2. 7. treffen rd. 1100 kanadische UNO-Soldaten in Sarajevo ein, die zusammen mit 120 französischen Marineinfanteristen den Flughafen vor Angriffen sichern sollen. – US-Kriegsschiffe mit 2200 Marineinfanteristen an Bord kreuzen ab 30. 6. vor der Adriaküste.
2. 7. UNO-Truppen öffnen den Flughafen von Sarajevo für eine Luftbrücke zur Versorgung der Bevölkerung. Nach politischem Druck der EG und der USA hatten serbische Milizen den Flughafen am 29. 6. übergeben. – US-amerikanische, britische, französische und deutsche Flugzeuge beginnen mit dem Transport von Hilfsgütern.
3. 7. Die Kroaten in B.-H. proklamieren einen

eigenen »Kroatischen Staat von Herceg-Bosna« im Südwesten der Republik.

10. 7. Der **KSZE-Gipfel in Helsinki** verurteilt die Belgrader Behörden als Haupt-, aber nicht Alleinschuldige des Krieges.

12. 7. UNO-Fahrzeuge bringen während einer Feuerpause in Sarajevo erstmals 120 t Hilfsgüter in den heftig umkämpften Stadtteil Dobrinja.

13. 7. Der **UN-Sicherheitsrat beschließt** die Entsendung weiterer **500 UNO-Soldaten nach Sarajevo**; sie sollen die derzeit 1100 UNPROFOR-Soldaten am Flughafen verstärken. – Unterdessen starten die Serben eine neue Offensive in Ostbosnien. In der seit 21. 3. eingeschlossenen muslimischen Stadt Goražde sind rd. 80 000 Menschen, darunter 40 000 Flüchtlinge, serbischer Artillerie ausgeliefert; die Zahl der seit Belagerungsbeginn Getöteten wird auf 2000 geschätzt.

16. 7. NATO-Kriegsschiffe und -Flugzeuge beginnen ihre Patrouillen vor der Küste Montenegros.

17. 7. Trotz eines mit Wirkung vom 19. 7. vereinbarten Waffenstillstands gehen die Kämpfe unvermindert weiter. Serbische Einheiten versuchen, den Korridor zu verbreitern, der Serbien mit der von Serben bewohnten Krajina verbindet.

20./21. 7. Wegen heftiger Kämpfe in der Nähe des Flughafens von Sarajevo wird die **Luftbrücke wiederholt unterbrochen.**

21. 7. Die **Präsidenten Kroatiens und Bosnien-Herzegowinas**, *Tudjman* und *Izetbegović*, unterzeichnen in Zagreb eine **Vereinbarung über das gemeinsame militärische Vorgehen gegen die Serben** für den Fall, daß die internationalen Bemühungen den Bürgerkrieg nicht beenden.

29. 7. Bei Gesprächen unter Leitung des EG-Vermittlers *José Cutilheiro* einigen sich die bosnischen Konfliktparteien auf einen Ausschuß, der u. a. einen **Kriegsgefangenenaustausch** und humanitäre Hilfe organisieren soll.

6.–8. 8. Nach einem Fernsehbericht akzeptiert der bosnische Serbenführer *Karadžić*, daß das Rote Kreuz die **Internierungslager** inspiziert, in denen nach serbischen Angaben 8000 Muslime und Kroaten gefangengehalten werden; die moslemische Seite spricht von 95 000 Internierten.

12. 8. Ein Sprecher des **IKRK bestätigt** in Genf, das Rote Kreuz habe bislang 3 von Serben, 2 von Muslimen und 6 von Kroaten geführte **Gefangenenlager in B.-H.** besuchen können; die Internierung der Gefangenen sei die Folge »massiver Vertreibung«.

13. 8. Der **UN-Sicherheitsrat verabschiedet 2 Resolutionen: Res. 770** ruft alle Staaten auf, » . . . **alle erforderlichen Maßnahmen zu ergreifen, um** in Zusammenarbeit mit dem UN **die Lieferungen humanitärer Hilfe zu erleichtern** . . . «. **Res. 771** äußert Besorgnis über die **Verletzung der internationalen Menschenrechte** (Massenvertreibungen, Inhaftierung und Mißhandlung von Zivilpersonen, vorsätzliche Angriffe auf nicht kämpfende Personen, Krankenhäuser und Krankentransporte, Behinderung der Lieferungen von Nahrungsmitteln und medizinischen Gütern an die Zivilbevölkerung).

14. 8. Mehrere **internationale Gremien (NATO, WEU, KSZE) beraten** über Zeitpunkt und Umfang eines möglichen Militäreinsatzes in B.-H. ohne Einigung über konkrete Schritte. – Die **13. EG-Jugoslawienkonferenz scheitert**, da die Präsidenten Serbiens und Montenegros den Ministerpräsidenten der von ihnen geprägten »Föderativen Republik Jugoslawien«, *Milan Panić*, als ihren Vertreter geschickt hatten, der aber von den anderen vier Teilrepubliken als Gesprächspartner abgelehnt wird.

15. 8. Ein aus Sarajevo kommender UNHCR-Hilfskonvoi mit 46 t Hilfsgütern erreicht zwar Goražde; beim Beschuß durch serbische Belagerer werden anschließend 2 Menschen getötet, ein Teil der Güter wird vernichtet.

18. 8. Unter dem Schutz von UNO-Truppen werden etwa 1000 überwiegend serbische Kinder, Frauen und alte Menschen mit Bussen und Pkws aus Sarajevo evakuiert. – Über die internationale Luftbrücke sind inzwischen 10 000 t Hilfsgüter nach Sarajevo gebracht worden.

21. 8. Sarajevo erlebt den schwersten Dauerbeschuß seit einem Monat. – Die griechische Regierung setzt die Ausfuhren von Erdölprodukten über seine Nordgrenze aus, um der Kritik über angebliche Verletzungen des UNO-Embargos entgegenzuwirken.

25. 8. Lord *Carrington* tritt als EG-Unterhändler zurück; Nachfolger wird der ehemalige britische Außenminister Lord *Owen*.

26.–28. 8. Eine **Jugoslawien-Konferenz in London** unter gemeinsamem Vorsitz von UNO und EG einigt sich auf 13 Grundsätze zur Konfliktlösung, darunter die sofortige Einstellung der Kampfhandlungen in B.-H., die bedingungslose Beachtung der Menschenrechte, die Unterstellung der schweren Waffen unter UNO-Aufsicht sowie eine Verpflichtung, Grenzen nicht gewaltsam zu verändern; Einzelheiten sollen auf einer a 3. 9. in Genf beginnenden Konferenz ausgehandelt werden.

30. 8. Serbenführer *Karadžić* gibt die **Beendigung der Blockade von Goražde** bekannt.

31. 8. Der UNHCR-Sonderbeauftragte *Tadeusz Mazowiecki* stellt in einem ersten Bericht massive, von allen Kriegsparteien begangene Menschenrechtsverletzungen fest.

3. 9. Ein **italienisches Transportflugzeug** stürzt beim Anflug auf Sarajevo, vermutlich nach einem Raketenbeschuß, **ab**. Die UNO-Luftbrücke wird daraufhin unterbrochen.

KAMBODSCHA Der UN-Sicherheitsrat beschließt am 16. 10.**1991** einstimmig die **Entsendung einer Friedenstruppe nach Kambodscha**, die v. a. den Waffenstillstand überwachen soll. – Auf dem Kongreß der Revolutionären Volkspartei Kampucheas/RVPK vom 17.–18. 10. in Phnom Penh wendet sich die Partei vom Marxismus-Lenismus ab, ändert ihren Namen in Kambodschanische Volkspartei, bekennt sich zum Pluralismus und garantiert freie Religionsausübung. – Am 23. 10. wird in Paris von den 4 Bürgerkriegsparteien das **Friedensabkommen für Kambodscha unterzeichnet**. Danach übernimmt die **United Nations Transitional Authority in Cambodia/UNTAC** in enger Zusammenarbeit mit dem Obersten Nationalrat/ONR, in dem die Regierung von Ministerpräsident *Hun Sen* mit 6 und die 3 anderen Konfliktparteien mit je 2 Mitgliedern vertreten sind, für 18 Monate die Verwaltung des Landes. Zu den Aufgaben der UNTAC zählen u. a. Überwachung des Waffenstillstands, Entwaffnung und Demobilisierung der kambodschanischen Kampftruppen um 70 %, Räumung der Minenfelder, Repatriierung der in thailändischen Lagern lebenden kambodschanischen Flüchtlinge sowie Vorbereitung und Durchführung der für Mai 1993 geplanten freien Wahlen. In einem Zusatzabkommen der Unterzeichnerstaaten werden territoriale Integrität und Neutralität Kambodschas garantiert. Der UN-Sicherheitsrat beschließt am 28. 2. 1992 die Einrichtung der UNTAC, die sich aus 15 900 Blauhelmen und 6000 Zivilisten zusammensetzt. Die Kosten werden auf 2 Mrd. US-$ geschätzt. Am 15. 3. trifft der Leiter der UNTAC, der Japaner *Yasushi Akashi*, in Phnom Penh ein. – Prinz *Sihanouk* kehrt am 14. 11. 1991 nach Phnom Penh zurück, um den Vorsitz des ONR zu übernehmen. Am 20. 11. wird er von der Regierung offiziell **als Staatsoberhaupt anerkannt**. – Die Nationalversammlung beschließt am 27. 12. eine Verfassungsänderung, mit der das Mehrparteiensystem eingeführt wird und die Rechte der Legislative erweitert werden. – US-Präsident *George Bush* gibt am 4. 1.**1992** die Aufhebung des seit April 1975 geltenden US-Handelsembargos gegen Kambodscha bekannt. – Am 15. 1. entläßt die Regierung 110 politische und 180 Kriegsgefangene; bereits im Herbst 1991 waren über 500 politische Gefangene entlassen worden. – Unter der Schirmherrschaft des UN-Flüchtlingshochkommissariats beginnt am 30. 3. die freiwillige Rückführung der rd. 370 000 kambodschanischen Flüchtlinge aus Thailand; bis Ende August sind 100 000 repatriiert. – Anfang Mai kommt es in Zentralkambodscha zu den schwersten Kämpfen zwischen Einheiten der Roten Khmer und Regierungstruppen seit Unterzeichnung des Friedensabkommens. – Am 13. 6. beginnt unter der Kontrolle der UNTAC die Entwaffnung und Demobilisierung der Einheiten der früheren 4 Bürgerkriegsparteien (rd. 450 000 Mann). – Eine Konferenz am 22. 6. in Tokio, an der 33 Länder und 13 internationale Organisationen teilnehmen, endet mit der Zusage, Kambodscha für den Wiederaufbau des Landes 880 Mio. US-$ bereitzustellen. – Der UN-Sicherheitsrat beschließt am 21. 7. einstimmig, die Roten Khmer so lange von international er Hilfe auszuschließen, als sie gegen das Friedensabkommen für Kambodscha verstoßen; bisher verweigern die Roten Khmer ihre Demobilisierung.

KAMERUN Staatspräsident *Paul Biya* hebt am 5. 12.**1991** nach langem Zögern das Machtmonopol seiner regierenden »Demokratischen Sammelbewegung des kamerunischen Volkes«/RDPC auf und erlaubt die Bildung von Oppositionsparteien. – Am 1. 3.**1992** ist erstmals seit 1964 die Bevölkerung aufgerufen, im Rahmen eines Mehrparteiensystems ein neues Parlament zu wählen. Die Wahlen werden von mehreren Oppositionsparteien boykottiert, da sich Staatspräsident *Biya* ihrer Forderung nach Einberufung einer Nationalkonferenz widersetzt, die unter Einbeziehung aller gesellschaftlichen und politischen Gruppen über den weiteren Weg des Landes beraten soll. Bei den **Parlamentswahlen** stellen sich schließlich 32 der 48 registrierten Parteien mit mehr als 750 Kandidaten zur Wahl. Die Regierungspartei RDPC erringt 88 der 180 insgesamt zu vergebenden Mandate, die »Nationale Union für Demokratie und Fortschritt«/UNDP 68, die »Union der Volksgruppen Kameruns«/UPC 18 und die »Bewegung für die Verteidigung der Republik«/MDR 6 Mandate. Die Wahlbeteiligung wird von der Regierung mit 58 % angegeben. – Präsident *Biya* ernennt am 9. 4. *Simon Achidi Achu* und damit einen Vertreter des anglophonen Bevölkerungsteils zum **neuen Premierminister**; als Parlamentspräsident muß ein Vertreter des frankophonen Landesteils berufen werden. Die Regierung von *Achidi Achu* bleibt von der RDPC dominiert; keine der beiden im Parlament vertretenen Oppositionsparteien (UNDP und UPC) erhält ein Ressort. – Staatschef *Biya* kündigt am 26. 8. **vorgezogene Präsidentschaftswahlen** für den 11. 10. an. Politische Beobachter werten die Vorverlegung als Versuch des Präsidenten, sich der Opposition gegenüber bessere Ausgangsbedingungen für seine eigene Kandidatur zu verschaffen.

KANADA Am 24. 9.**1991** unterbreitet Premierminister *Martin Brian Mulroney* dem Parlament einen **weiteren Vorschlag für eine Verfassungsreform**, die den 6 Mio. Franko-Kanadiern ihre Sonderstellung garantiert. – Am 25. 2.**1992** stellt Finanzminister *Mazankowski* den Budgetentwurf für das Fiskaljahr 1992/93 vor, der Kürzungen im Verteidigungsetat vorsieht. – Am 1. 3. legt eine vom Bundesparlament beauftragte **Verfassungskommission** ihre Reformvorschläge vor, nach denen die meisten Vorrechte, die Quebec im Meech-Lake-Abkommen eingeräumt bekommen hat (→ *WA'91, Sp. 373*), auch den übrigen Provinzen zugestanden werden sollen. – Nach mehrjährigen Verhandlungen einigt sich die Regierung mit den Vertretern der **Inuit** (Eskimos), ihnen **in den Northwest Territories ein eigenes Areal** zu übertragen. Das Gebiet »Nunavut« (Unser Land), in dem derzeit 17 500 Eskimos leben und das 2,2 Mio. km² umfaßt, erhält aber keinen Autonomiestatus; im Final Land Claims Agreement sollen ihnen 350 000 km² als Eigentum übertragen und 580 Mio. $ als Entschädigung für den Verzicht auf weitere Landforderungen gewährt werden, außerdem sollen sie an der Ausbeute der Bodenschätze beteiligt werden. Am 4. 5. sprechen sich bei einer **Volksabstimmung**, zu der Inuit, Indianer und andere Ureinwohner der Northwest Territories zugelassen sind, 8334 für und 7020 gegen ein **eigenes Inuit-Gebiet** aus. – Die Bundesregierung und die Ministerpräsidenten der 9 englischsprachigen Provinzen einigen sich am 8. 7., dem französischsprachigen **Quebec einen Sonderstatus** zu **gewähren**. – Nach 14monatigen Verhandlungen einigen sich die Handelsminister der Vereinigten Staaten von Amerika, Mexikos und K. am 12. 8. in Washington, eine **gemeinsame Freihandelszone** einzurichten (→ *Vereinigte Staaten von Amerika*). – Am 23. 8. kommt es zwischen der Bundesregierung und allen zehn Provinzen zu einer **Einigung über die neue Verfassung**. Der in zähen Verhandlungen erzielte Kompromiß sieht nicht nur die von Quebec geforderte Anerkennung der Provinz als »eigenständige Gesellschaft« vor, sondern auch das Recht der Ureinwohner auf Autonomie (self government) und die von einigen der kleineren Provinzen verlangte Umwandlung des Oberhauses (Senat) in eine gleichmäßig beschickte Länderkammer. Der bereits vom Meech-Lake-Abkommen vorgezeichnete »dezentralisierende Trend« äußert sich in der Abtretung wichtiger Bundeskompetenzen (vornehmlich auf den Gebieten der Kultur, der Einwanderung, der Telekommunikation) an die Provinzen. Das neue Abkommen muß von den Legislativen des Bundes und der Provinzen ratifiziert werden. In Quebec, British Columbia und Alberta findet außerdem eine Volksabstimmung über die neue Verfassung statt.

KENIA Präsident *Daniel arap Moi* spricht sich am 10. 10. **1991** bei einer Großkundgebung in Nairobi entschieden gegen die Einführung eines pluralistischen Systems aus. Die Existenz mehrerer Parteien werde die Bevölkerung entlang der Stammeslinien trennen, zu Tribalismus führen und im Land Chaos anrichten. – Am 16. 11. gehen Sicherheitskräfte gegen die Teilnehmer einer Veranstaltung des oppositionellen »Forums zur Wiederherstellung der Demokratie«/FORD vor. – Der Pariser Klub macht am 26. 11. weitere Hilfe von der Bekämpfung der Korruption, Achtung der Menschenrechte und von demokratischen Reformen abhängig. – Überraschend empfiehlt am 3. 12. die Nationalversammlung der »Kenianisch Afrikanischen Nationalunion«/ KANU, die Verfassungsänderung von 1982 rückgängig zu machen, mit der K. zum Einparteienstaat erklärt wurde. Am 10. 12. beschließt das Parlament einstimmig die **Einführung des Mehrparteiensystems**. Als erste Oppositionspartei wird am 31. 12. das FORD offiziell anerkannt. – Seit März **1992 kommt es** vor allem im Westen K. immer wieder **zu blutigen Konflikten** zwischen Angehörigen der Kalenjin, die etwa 10% der Bevölkerung stellen und denen auch Staatspräsident *Moi* angehört, und Vertretern der großen Bevölkerungsgruppen Luo und Kikuyu. Letztere sind in den vergangenen Jahren zu Hunderttausenden aus ihren angestammten Gebieten am Victoria-See in dünn besiedelte Gebiete im Westen K. zugewandert, wodurch sich zahlenmäßig kleinere Ethnien wie die Kalenjins, aber auch Massai, Pokot und Samburu in ihrem angestammten Lebensraum bedroht fühlen. *Mois* Regierung verstand sich zwar als Anwalt der kleinen Volksgruppen, betrieb damit aber auch geschickte Machtpolitik. Kikuyus und Luos wurden zwar nur selten verfolgt, fühlen sich aber zurückgesetzt. Die meisten sympathisieren mit den Oppositionsparteien. Dem Präsidenten ergebene Lokalpolitiker im Westen K. haben Ende März damit begonnen, Oppositionsgruppen aus ihren Gebieten zu »verbannen«. Das gesamte Rift Valley wurde zur »FORD-freien Zone« erklärt. – Anfang Mai weiten sich die blutigen Stammesfehden bis in die Umgebung der Hauptstadt Nairobi aus. Innerhalb der Oppositionsbewegung FORD kommt es zu Rivalitäten zwischen Luo (FORD-Gründer *Oginga Odinga*) sowie dem am 2. 5. aus dem britischen Exil zurückgekehrten Kikuyu-Politiker *Kenneth Matiba*. Beide kündigen ihre Kandidatur für die bis März 1993 vorgesehenen Präsidentschaftswahlen an. – Am 6. 8. billigt das Parlament eine **Reform des Wahlrechts**. Ein Verfassungszusatz sieht vor, daß ein Kandidat nicht nur die absolute Mehrheit, sondern auch in mindestens 5 von 8 Provinzen 25% der Stimmen erreichen muß. Damit soll verhindert werden, daß ein Bewerber nur auf der Basis eines einzigen Volksstammes gewinnt. Die Amtszeit des Präsidenten wird auf zweimal fünf Jahre festgelegt.

KIRGISTAN Bei den **ersten direkten Präsidentschaftswahlen** am 12. 10. **1991** wird der bisherige Vorsitzende des Obersten Sowjets Kirgisiens, *Askar Akajew*, ohne Gegenkandidaten mit 95% der Stimmen gewählt (Wahlbeteiligung: 90%). – Am

5. 2.**1992** erklärt sich Präsident Akajew bereit, das Gebiet des Tschuja-Tals für die Errichtung eines deutschen autonomen Gebiets zur Verfügung zu stellen. – Beim Gipfeltreffen der Präsidenten aus den 4 mittelasiatischen GUS-Republiken Kirgistan, Tadschikistan, Turkmenistan und Usbekistan sowie aus Kasachstan vom 22.–23. 4. in der kirgisischen Hauptstadt Bischkek unterzeichnen diese Abkommen über eine engere wirtschaftliche Zusammenarbeit und vereinbaren eine Abstimmung der Sicherheitspolitik ihrer Republiken. – Anfang Juli beschließt das Parlament radikale Wirtschaftsreformen; vorgesehen sind v. a. eine strenge Kontrolle der Staatsausgaben und des Bankensystems.

KOLUMBIEN Am 4. 9.**1991** nehmen Regierung und die Guerilla-Bewegung CGSB in Caracas die zweite Runde der **Friedensverhandlungen** auf; nachdem über die geplanten »Friedenszonen« für die Rebellen, aus denen sich das Militär zurückziehen soll, keine Einigung erzielt wird, werden die Gespräche ergebnislos abgebrochen. – Am 27. 10. finden bei einer Wahlbeteiligung von nur 35 % **Parlaments- und Gouverneurswahlen** statt, aus denen die »Liberale Partei«/PL als Sieger hervorgeht. Sie behält im Senat die absolute Mehrheit (56 von 102 Sitzen) und erringt in der Abgeordnetenkammer 86 von 161 Mandaten. Die »Sozial-Konservative Partei«/PSC muß mit nur 10 Sitzen im Senat und 14 Sitzen in der Kammer eine empfindliche Niederlage einstecken. Die »Neue Demokratische Kraft«/NFD kommt auf 9 bzw. 17 Sitze, die »Bewegung zur Nationalen Rettung«/MSN, eine Abspaltung der Konservativen, auf 5 bzw. 13 Sitze, die »Demokratische Allianz« der ehemaligen Guerillabewegung M-19 auf 9 bzw. 18 Sitze. In 15 der 27 Departements stellen die Liberalen die Gouverneure, die erstmals direkt gewählt werden. – Bei einer **Kabinettsumbildung** am 9. 11. wird die Hälfte der 14 Minister neu ernannt, darunter als Außenministerin die Konservative *Noemi Sanin de Rubio (Posada)*. – Am 24. 2.**1992** ruft die Regierung den **sozialen Notstand** aus, was dem Präsidenten das Recht gibt, Dekrete zur sozialen Besserstellung der Bevölkerung zu erlassen. Am gleichen Tag verfügt er eine Anhebung der Löhne und Gehälter für den öffentlichen Dienst und die Streitkräfte um 26,8 %, was der Inflationsrate des Jahres 1991 entspricht. – Am 10. 3. beginnt im mexikanischen Tlaxacala eine neue **Verhandlungsrunde mit der Guerilla**, die nach acht Tagen unterbrochen wird, nachdem ein von den Aufständischen entführter ehemaliger Minister ermordet aufgefunden wird. Am 4. 5. scheitert ein weiterer Versuch, die Friedensverhandlungen fortzusetzen. – Am 23. 5. flammen die schweren Kämpfe zwischen den Regierungstruppen, den Kolumbianischen Revolutionären Streitkräften (FARC) und der Rebellenorganisation Nationale Befreiungsarmee nordwestlich der Hauptstadt Bogotá wieder auf; mindestens 60 Menschen kommen ums Leben. – Präsident *Gaviría* beruft am 4. 7. eine **neue Regierung**, der in der 10 der 14 Kabinettsmitglieder der Liberalen Partei des Präsidenten angehören, die konservative Partei stellt drei, die ehemalige Guerillabewegung M-19 einen Minister. – Der kolumbianische **Drogenboß Pablo Escobar entkommt aus dem** eigens für ihn gebauten **Hochsicherheitstrakt von Envigado**, bevor Sondereinheiten der Armee das Gefängnis stürmen.

KONGO Der Oberste Rat der Republik nimmt im Dezember **1991** den Gesetzentwurf für eine **neue demokratische Verfassung** an, über die in einem Referendum entschieden werden soll. Außerdem verabschiedet der Oberste Rat – das höchste gesetzgebende Organ während der Übergangszeit – ein **Wahlgesetz**. – Mitte Januar **1992** verstärken sich die Spannungen zwischen dem Übergangspräsidenten *André Milongo* und der Armeeführung. Am 20. 1. kommt es zum **Staatsstreich**. Das Oberkommando der Streitkräfte gibt die Absetzung des Kabinetts bekannt; Soldaten besetzen die zentralen Punkte der Hauptstadt, die Armee verfügt eine Ausgangssperre. *Milongo* kommt schließlich den Forderungen der Streitkräfte entgegen, indem er am 22. 1. eine **Kabinettsumbildung** vornimmt. Das bislang von ihm mitverwaltete Amt des Verteidigungsministers gibt er ab, behält jedoch den Oberbefehl über die Streitkräfte. – Am 23. 1. verschiebt der Oberste Rat der Republik erneut den Zeitplan für die freien Wahlen. – In einer **Volksabstimmung billigt** die Bevölkerung am 15. 3. **die neue Verfassung** des Landes. Nach Mitteilung des Innenministers in Brazzaville sprachen sich 96 % der Teilnehmer für die neue Verfassung aus, die ein Präsidialsystem mit einem Zweikammerparlament vorsieht. Der Präsident, der den Premierminister ernennt, ist Oberbefehlshaber der Armee und Vorsitzender des Ministerrats. Die Abgeordneten der Nationalversammlung werden vom Volk direkt für eine 5jährige Amtszeit gewählt, während die Senatoren 6 Jahre amtieren. – Bei den **Parlamentswahlen** gewinnt nach zwei Wahlgängen (24. 6 und 19. 7.) die »Panafrikanische Union für eine soziale Demokratie«/UNPADES 39 der 125 Sitze in der künftigen Nationalversammlung. »Bewegung für Demokratie und vollständige Entwicklung«/MCDDI erhält 29, die ehemalige Einheitspartei Parti Congolais du Travail/PCT 19 Sitze. – Sitzverteilung im **Senat**: 23 der 60 Sitze gehen an die UNPADES, 14 an die MCDDI, 8 an die »Sammlung für Demokratie und Entwicklung«/RDD) und nur 2 Sitze an die PCT. – Mit 61,3 % der Stimmen wird der frühere Premierminister und Chef der UNPADES, *Pascal Lissouba*, am 16. 8. zum **Staatsoberhaupt gewählt**. Auf den Gegenkandidaten, *Bernard Kolelas*, entfallen 38,7 %

der Stimmen. Der amtierende Präsident *Denis Sassou-Nguesso* war bereits im ersten Wahlgang (2. 8.) gescheitert. – Am 1. 9. wird *Stéphane Maurice Bongho-Nouarra* zum Premierminister ernannt.

KOREA – Innerkoreanische Beziehungen

Am 1. 10.**1991** ziehen sich die US-Truppen fast vollständig von der Demarkationslinie, die seit 1953 Nord- und Südkorea trennt, zurück. – Der nord- und der südkoreanische Ministerpräsident, *Yong Hyong Muk* und *Chung Won Shik*, einigen sich am 23. 10. darauf, ein umfassendes Abkommen für die Aussöhnung zwischen den beiden Staaten auszuarbeiten. Zu Beginn der 5. Runde der Gespräche vom 11.–13. 12. in Seoul unterzeichnen die beiden Ministerpräsidenten nach Zustimmung des nord- bzw. des südkoreanischen Präsidenten, *Kim Il Sung* und *Roh Tae Woo*, am 13. 12. ein **Abkommen über Aussöhnung, Nichtangriff und Zusammenarbeit zwischen dem Norden und dem Süden**. – Am 31. 12. einigen sich Delegierte aus Nord- und Südkorea in Panmunjom auf eine **Erklärung über die Schaffung einer nuklearwaffenfreien koreanischen Halbinsel**. Herstellung, Besitz, Erwerb, Test, Stationierung und Einsatz von Atomwaffen werden untersagt; Nuklearenergie soll nur für friedliche Zwecke genutzt werden. Am 19. 2.**1992** treten mit dem **Austausch der Ratifizierungsurkunden** durch die Regierungschefs *Chung Won Shik* und *Yon Hyong Muk* in Pjöngjang der Aussöhnungsvertrag und die gemeinsame Erklärung zur Schaffung eines atomwaffenfreien Korea in Kraft.

DEMOKRATISCHE VOLKSREPUBLIK KOREA *Kim Jong Il*, der Sohn von Staats- und Parteichef *Kim Il Sung*, wird am 24. 12.**1991** vom Zentralkomitee der Partei der Arbeit Koreas zum Oberbefehlshaber der Armee gewählt; er tritt die Nachfolge seines Vaters an. – Das **Parlament ratifiziert** am 9. 4. **1992** das mit der Internationalen Atomenergieorganisation/IAEO am 30. 1. nach langem Zögern abgeschlossene **Abkommen zur Inspektion nordkoreanischer Atomanlagen** unter dem Vorbehalt, daß kein Land, das dem Abkommen über die Nichtverbreitung von Atomwaffen beigetreten ist, auf der koreanischen Halbinsel Atomwaffen stationieren oder Nordkorea mit solchen Waffen bedrohen dürfe. – Das offizielle Nordkorea begeht am 15. 4. mit pompösen Feiern den 80. Geburtstag von *Kim Il Sung*. Prominentester ausländischer Gast ist der Staatspräsident der VR China, *Yang Shangkun*. – Mit einer am 4. 5. der IAEO übergebenen Liste über nordkoreanische Atomanlagen gibt Nordkorea Existenz oder Planung von 13 Nukleareinrichtungen zu, die bisher geheimgehalten wurden.

REPUBLIK KOREA Die beiden größten Oppositionsparteien, die Neue Demokratische Partei/NDP unter *Kim Dae Jung* und die Demokratische Partei/DP unter *Lee Ki Taek*, schließen sich am 10. 9.**1991** als Demokratische Partei zusammen, die von *Kim Dae Jung* und *Lee Ki Taek* gemeinsam geführt wird. – Nach einem Bericht der nationalen Anwaltsorganisation von Anfang November haben die Menschenrechtsverletzungen seit dem Amtsantritt von Präsident *Roh Tae Woo* im Dezember 1987 deutlich zugenommen. – In Seoul fordern am 10. 11. auf einer von der Gewerkschaft Chonnohyup organisierten Kundgebung 20 000 Studenten und Arbeiter den Rücktritt der Regierung; die Arbeiter fordern bessere Arbeitsbedingungen. – Am 18. 12. erklärt Präsident *Roh*, Südkorea sei atomwaffenfrei. Die amerikanischen Nuklearwaffen seien abgezogen, die US-Stützpunkte für internationale Inspektionen frei. Am 21. 11. hatte US-Verteidigungsminister *Richard Cheney* in Seoul bekanntgegeben, daß die Pläne für einen weiteren Abzug der US-Truppen wegen des nordkoreanischen Atomprogramms zurückgestellt worden seien. – Ein Führer des südkorean. Studentenverbandes Chundaehyop, *Kim Chong Shik*,

Das geteilte Korea

wird am 7. 1.**1992** wegen Kontakten zu Nordkorea zu 6 Jahren Gefängnis verurteilt. – Bei den **Parlamentswahlen** am 24. 3., an denen sich 67,1 % der Wahlberechtigten beteiligen, verfehlt die regierende Demokratisch-Liberale Partei/DLP mit 149 von 299 Mandaten knapp die absolute Mehrheit; sie erhält 39 % der Stimmen. Die Demokratische Partei/DP von *Kim Dae Jung* und *Lee Ki Taek* erhält 97 Mandate (29%), die im Februar 1992 vom Gründer des Hyundai-Konzerns, *Chung Ju Yung*, gegründete Nationale Vereinigungspartei/UNP 31 Mandate (17,4%), 1 Sitz geht an die Neue Politische Reformpartei und 21 Sitze an Unabhängige. Durch den Übertritt des unabhängigen Kandidaten *Lee Seung Moo* am 26. 3. gewinnt die regierende DLP die absolute Mehrheit zurück. – *Chung Ju Yung* (UNP) meldet am 15. 5. seine Kandidatur für die im Dezember 1992 geplante Präsidentschaftswahl an. Präsidentschaftskandidat der DLP ist *Kim Young Sam*, gegen dessen Aufstellung am 19. 5. im ganzen Land Zehntausende demonstrieren.

KROATIEN (*Kriegsgeschehen* → *Sp. 90ff.*) Das Parlament setzt nach Ablauf des dreimonatigen Moratoriums am 8. 10. **1991** seine **Unabhängigkeitserklärung** vom 25. 6. **in Kraft**. Am 25. 12. wird eine Übergangswährung, der kroatische Dinar, eingeführt; sie soll später durch die kroatische Krone ersetzt werden. – Unterstützt durch serbische Freischärler (»Tschetniks«) erobert die serbisch dominierte jugoslawische Bundesarmee (JVA) bis zu einem von der UNO für den 3. 1. 1992 vermittelten 15. Waffenstillstand rd. ⅓ des kroatischen Territoriums und zwingt rd. 550 000 Menschen zur Flucht; die Zahl der Todesopfer wird auf 10 000 geschätzt. – Am 15. 1. **1992** wird die Unabhängigkeit Kroatiens von allen 12 EG-Staaten anerkannt; Österreich, die Schweiz, Schweden, Finnland, Norwegen, Polen, Ungarn und Bulgarien schließen sich unmittelbar an (die USA folgen am 7. 4.). Am 6. 2. nimmt Kroatien diplomatische Beziehungen mit Slowenien auf. – Nachdem die **serbische Bevölkerungsgruppe** in Kroatien bereits im Oktober 1990 in der mehrheitlich von Serben bewohnten Krajina ein »Serbisches Autonomes Gebiet Krajina« mit der Hauptstadt Knin ausgerufen hatte (→ *WA'92, Sp. 91*), **proklamiert** sie am 19. 12. 1991 ihre Unabhängigkeit als »**Republik Serbische Krajina**«. Der bisherige »Regierungschef« *Milan Babić* wird zum »Präsidenten« ernannt. Am 16. 2. beschließt das in Glina tagende Parlament der Krajina die Amtsenthebung von *Babić*, der sich der Stationierung von UNO-Truppen widersetzt hatte. 236 Vertreter der serbischen Minderheit aus den drei serbischen »Autonomen Regionen« Krajina, West- und Ostslawonien sprechen sich am 26. 2. 1992 für den **Zusammenschluß in einer »Republik Serbische Krajina«** aus und wählen den aus Slawonien stammenden *Goran Hadžić* als Nachfolger von *Babić* zum Präsidenten; neuer Regierungschef wird *Zdravko Zežević*. Das Staatsgebilde wird nicht einmal von der Republik Serbien anerkannt. – Am 8. 5. beschließt das kroatische Parlament eine **Verfassungsänderung** zur Stärkung der Rechte der ethnischen Minderheiten; sie sieht den **Autonomiestatus für zwei Gebiete mit überwiegend serbischer Bevölkerung** vor. – Präsident *Franjo Tudjman* geht aus den **Präsidentschafts- und Parlamentswahlen** am 2. 8. gestärkt hervor: Als Kandidat der Kroatischen Demokratischen Gemeinschaft (HDZ) wird er mit 56,73% der Stimmen im Präsidentenamt bestätigt; auf den aussichtsreichsten der 7 Gegenkandidaten, *Dražan Budiša* von der Kroatischen Sozialliberalen Partei (HSLS), entfallen 21,87%. Im Parlament bleibt die HDZ trotz Stimmeneinbußen stärkste Partei vor der HSLS und der extrem nationalistischen Partei des Rechts (HSP) von *Dobroslav Paraga*, der für die Wiederherstellung Kroatiens »in den historischen Grenzen« eintritt. Am 12. 8. wird der bisherige Leiter der Präsidialkanzlei und enge Vertraute *Tudjmans*, *Hrvoje Sarinić*, zum **neuen Ministerpräsidenten** ernannt. Außenminister bleibt *Gojko Susak*, Verteidigungsminister *Zdenko Skrabalo*. – 1991 verzeichnete Kroatien durch kriegsbedingte Schäden einen Produktionsrückgang um rd. 40%; die Tourismuseinnahmen (1990: 2,2 Mrd. US-$) entfielen fast vollständig.

KUBA Auf dem IV. Parteitag der »Kommunistischen Partei Kubas«/PCC vom 10. bis 14. 10.**1991** in Santiago de Cuba legt Staats- und Parteichef *Dr. Fidel Castro Ruz* ein **Bekenntnis zur Verteidigung des Sozialismus** ab. In begrenztem Maße sollen Privatinitiativen zugelassen und ausländische Investoren ins Land geholt werden. Die Partei öffnet sich gegenüber Christen, die jetzt der PCC beitreten können. Das Parteisekretariat wird aufgelöst und das neue 225köpfige Zentralkomitee/ZK mit »außerordentlichen Vollmachten« ausgestattet. Das vom ZK gewählte Politbüro besteht aus 25 Mitgliedern, davon 14 Kandidaten mit einem Durchschnittsalter unter 50 Jahren. *Fidel* sowie *Raul Castro* werden am 14. 10. in ihren Führungspositionen bestätigt, an die dritte Stelle rückt der bisher für ideologische Fragen zuständige ZK-Sekretär *Carlos Aldana Escalante*. – Am 26. und 27. 12. hält das Parlament – offiziell »Nationalversammlung der Volksmacht«/ANPP genannt – seine jährliche Sitzung ab und billigt den Vorschlag der PCC, die 499 Abgeordneten künftig direkt vom Volk wählen zu lassen. Diese wählen ihrerseits den 31köpfigen Staatsrat und bestimmen gemeinsam mit dessen Vorsitzenden den Ministerrat. – Am 20. 6. **1992** wird der seit 15 Jahren amtierende Außenminister *Isidoro Malmierca*

Peoli von seinem Amt entbunden und der bisherige Botschafter bei den Vereinten Nationen, *Ricardo Alarcón de Quesada*, vom Staatsrat zu seinem Nachfolger ernannt. – Der Volkskongreß stimmt nach dreitägiger Debatte am 12. 7. umfangreichen Verfassungsreformen zu. Die **neue Verfassung** schreibt direkte Wahlen zum Kongreß vor und garantiert erstmals seit der Revolution von 1959 die Religionsfreiheit. Die PCC definiert sich nicht mehr an erster Stelle als marxistisch-leninistisch, sondern in der Tradition des kubanischen Freiheitshelden *José Marti*. Dennoch bleibt sie auch weiterhin die einzige zugelassene Partei des Landes. Staats- und Parteichef *Castro* läßt bei den Beratungen des Volkskongresses keinen Zweifel daran, daß K. weiter dem Sozialismus verschworen bleibt und die Reformen nicht den Weg zu einer kapitalistischen Gesellschaft öffnen. *Castros* Machtfülle wird weiter gestärkt mit einem Artikel, der ihn in seiner Eigenschaft als Regierungschef autorisiert, im Fall äußerer Unruhen den Notstand zu verhängen.

LETTLAND Am 6. 9.**1991** anerkennt der Staatsrat der UdSSR die Unabhängigkeit Lettlands; am 15. 10. werden diplomatische Beziehungen zur UdSSR aufgenommen. Das Parlament verbietet am 10. 9. die KP und die mit ihr verbundenen Organisationen (u. a. Komsomol); ihr Vermögen wird eingezogen. – Am 15. 10. tritt ein Parlamentsbeschluß über die Bedingungen zum Erwerb der **lettischen Staatsbürgerschaft** in Kraft. Alle Personen, die am 17. 6. 1940 die lettische Staatsbürgerschaft besessen haben, sowie deren Nachkommen erhalten die lettische Staatsangehörigkeit. Das Bürgerrecht erwerben können u. a. Personen anderer Staaten, die am 17. 6. 1940 ihren ständigen Wohnsitz in Lettland hatten, sowie deren Nachkommen und Personen, die ihren ständigen Wohnsitz in Lettland haben, wenn sie über ausreichende lettische Sprachkenntnisse verfügen und mindestens 16 Jahre in Lettland gelebt haben. Eine doppelte Staatsbürgerschaft wird explizit ausgeschlossen. Von der Einbürgerung ausgeschlossen sind insb. Angehörige der Sowjetarmee. – Beim 4. Kongreß der Volksfront Lettlands vom 14.–17. 11. wird der Vorsitzende der Volksfront, *Romualds Razuks*, mit 337 Stimmen wiedergewählt. – Nach der Kabinettsumbildung Ende November gehören der Regierung nur noch Letten an. *Janis Jurkans* bleibt Außenminister. – Am 10. 12. werden die **Preise für Nahrungsmittel freigegeben**; der Lohnstopp wird abgeschafft. – Die Regierung verbietet ein für den 14. 1.**1992** geplantes Manöver der früheren Sowjetarmee in Lettland. Nach einem Dekret vom 13. 1. ist die Präsenz von Truppen der ehemaligen Sowjetarmee illegal. Am 2. 1. einigen sich Staatsminister *Janis Dinewitsch* und der stellv. russische Ministerpräsident *Sergej Schachraj* auf den umgehenden Beginn des Abzugs der ehemaligen Sowjettruppen aus Lettland. – Das Parlament schließt Anfang Juli 15 Abgeordnete, darunter den früheren KP-Chef *Alfred Rubiks*, aus, denen vorgeworfen wird, gegen die Unabhängigkeit Lettlands gearbeitet zu haben. – Am 20. 7. führt L. eine **eigene Währung**, den lettischen Rubel, ein.

LIBANON Die Verteidigungs- und die Innenminister Syriens und des Libanons unterzeichnen am 1. 9.**1991** in Shtaurah ein bilaterales Sicherheitsabkommen. – Die frühere Christenmiliz Forces Libanaises/FL unter der Führung von *Samir Geagea* läßt sich Ende September als »Partei der libanesischen Streitkräfte« registrieren. – Von September bis Dezember 1991 werden die meisten im Libanon festgehaltenen westlichen Geiseln freigelassen, was auf die Bemühungen von UN-Generalsekretär *Pérez de Cuéllar* zurückgeht, das Geiselproblem im Libanon durch einen umfassenden Austausch westlicher Geiseln gegen arabische Häftlinge zu beenden. Im Gegenzug hatten Israel wie auch die mit Israel verbündete Südlibanesische Armee/SLA mehrere Gefangene freigelassen. – Am 13. 1.**1992** wird der Leiter des früheren PLO-Büros in Beirut, *Shafik al-Hut*, von Präsident *Elias Hrawi* empfangen; damit nehmen Libanon und die PLO erstmals seit 1982 wieder offiziell Kontakt auf. – **Bei einem Angriff israelischer Kampfhubschrauber** südöstlich von Tyrus werden am 16. 2. der **Hisbolla-Führer** Scheich *Abbas Mussawi*, seine Frau, sein Sohn und 4 Leibwächter **getötet**. Bei der Trauerfeier in Beirut am 17. 2., an der 50 000 Anhänger der Hisbollah teilnehmen, werden Rufe nach Vergeltung und Heiligem Krieg laut. Neuer Generalsekretär der Hisbollah wird am 18. 2. Scheich *Hassan Nasrallah*. – Nach Beratungen mit Präsident *Elias Hrawi*, Ministerpräsident *Omar Karamé* und Parlamentspräsident *Husseini* vom 21.–25. 3. in Damaskus mit dem syrischen Präsidenten *Hafez al-Assad* kündigt Regierungschef *Karamé* für diesen Sommer Parlamentsneuwahlen an. – **Am** 6. 5., dem **ersten Tag eines 4tägigen Generalstreiks**, zu dem der Gewerkschaftsdachverband nach mehreren wilden Streiks und dem Ausbruch von Unruhen aufgerufen hatte, kommt es zu schweren Auseinandersetzungen zwischen Sicherheitskräften und Demonstranten, die gegen die andauernde Wirtschaftskrise protestieren. Nachdem **die Regierung** unter Ministerpräsident *Omar Karamé* **zurückgetreten** ist, beendet die Gewerkschaft den Generalstreik. Am 13. 5. ernennt Präsident *Elias Hrawi* den Anwalt *Rashid Solh* zum **neuen Ministerpräsidenten**. *Solh*, ein sunnitischer Muslim, der bereits 1974/75 Regierungschef war, stellt am 16. 5. sein Kabinett vor, in dem je 12 Christen und Muslime vertreten sind, darunter der Schiit *Nabih Berri* (Amalführer),

Walid Joumblatt (Drusenführer), *Elie Hobeika* (prosyrischer Maronit) und *George Saadé* (Führer der Kateb-Milizen); Außenminister *Faris Boueiz* und Verteidigungsminister *Michael Murr* bleiben im Amt. Der Kommandant der teilweise entwaffneten ehemaligen Christenmiliz FL, *Samir Geagea*, lehnt erneut wegen des zu starken syrischen Einflusses im Kabinett einen Ministerposten ab. – Durch einen Angriff eines Hisbollah-Kommandos auf einen gemeinsamen Posten der Israelis und der SLA wird am 19. 5. eine neue Welle von Gewalt im Südlibanon ausgelöst; Bodenkämpfe und israelische Luftangriffe auf Stellungen der Hisbollah- und Amal-Milizen fordern bis zur Mitte des Jahres nach libanesischen Angaben 37 Menschenleben. – Am 8. 6. wird in Ostbeirut der bisherige Präsident der Phalange-Partei, *Georges Saadé*, vom internen Wahlkomitee in seinem Amt bestätigt; der Führer der ehem. FL, *Samir Geagea*, unterliegt mit 53 gegen 60 Stimmen. – **Als letzte der westlichen Geiseln werden** am 17. 6. **die Bundesdeutschen** *Heinrich Strübig* und *Thomas Kemptner* **freigelassen.** – Am 30. 6. wird *Anwar Madi*, der Milizchef der palästinensischen Fatah-Fraktion *Yassir Arafats*, in Sidon erschossen. – Die Arabische Liga appelliert am 5. 7. an den UN-Sicherheitsrat, den militärischen Operationen Israels im Südlibanon ein Ende zu setzen und die Umsetzung der Resolution 425 voranzutreiben. – Ein erneuter **Generalstreik**, der sich gegen die Wirtschaftspolitik der Regierung richtet, legt am 29. 7. das öffentliche Leben lahm. – Die **ersten Parlamentswahlen seit 1972** finden in den verschiedenen Landesteilen zeitlich versetzt am 23. 8., 30. 8. und 6. 9. statt. Von den 128 zu vergebenden Parlamentssitzen sind je 54 mit Christen und mit Muslimen zu besetzen. Nachdem sich am 14. 8. auch die Phalange-Partei gegen die Teilnahme an den Wahlen ausspricht, rufen die maronitischen Christen geschlossen zum Boykott auf. Die Maroniten kritisieren, daß die Wahlen noch vor dem im Abkommen von Taif vom Oktober 1989 vorgesehenen Abzug der syrischen Streitkräfte aus Beirut und Umgebung stattfinden. Am 26. 8. lehnt die Regierung eine Unterbrechung der Wahl ab; daraufhin treten 2 christliche Minister, Außenminister *Faris Boueiz* und Postminister *Georges Saadé*, zurück. Die Wahl ist sehr umstritten, teilweise wird auch von Wahlbetrug gesprochen. Die Wahlbeteiligung beträgt in von Christen bewohnten Gebieten z. T. nur 2 %, bei den Muslimen bis zu 75 %. Nach dem letzten Wahlgang stehen die beiden Schiitenparteien, die radikale Hisbollah und die weltliche Amal, als Sieger fest.

LIBERIA Nachdem sich die rivalisierenden Gruppierungen des Landes und die Staatschefs mehrerer westafrikanischer Staaten auf einen **Friedensplan** geeinigt haben, verständigen sie sich am 31. 10. **1991** darauf, daß die Eingreiftruppe ECOMOG der Westafrikanischen Wirtschaftsgemeinschaft, die bisher nur in der Hauptstadt Monrovia stationiert ist, die Kontrolle über das gesamte Territorium ausüben soll. – Rebellenführer *Charles Taylor*, der mit seiner »Nationalpatriotischen Front Liberias«/NPLF das übrige Land unter Kontrolle hält, stimmt dem Plan zu. – Anfang März **1992** werden **erneut Kämpfe** zwischen der NPLF und der »Einheitsbewegung der Befreiung für die Demokratie in Liberia«/ULIMO an der Grenze zu Sierra Leone gemeldet. – Unter der Vermittlung mehrerer Staaten einigen sich die Bürgerkriegsparteien am 6. 4. in Genf auf einen **weiteren Friedensplan**. Vereinbart werden die weitgehende Entwaffnung der Bürgerkriegsarmeen und die Einrichtung einer Pufferzone zwischen L. und Sierra Leone. Die Soldaten der Eingreiftruppe ECOMOG, die die Einhaltung des Friedensplans überwachen und alle Konfliktparteien entwaffnen sollen, werden ab 30. 4. im Lande stationiert. – Am 21. 7. kommt es erneut zu schweren Kämpfen, die mehrere hundert Tote fordern. – Die Präsidentschafts- und Parlamentswahlen werden von August auf November verschoben.

LIBYEN Am 14. 11. **1991** teilt der amtierende US-Generalstaatsanwalt mit, daß die amerikanische und schottische Justiz **im Zusammenhang mit dem Flugzeugabsturz von Lockerbie 1988 Haftbefehl gegen zwei Libyer erlassen** habe und von L. die Auslieferung verlange. Am 4. 12. wird mitgeteilt, die beiden Beschuldigten seien verhaftet worden; am 18. 2. **1992** werden sie in den Räumen des Obersten Gerichts in Tripolis der internationalen Presse vorgeführt, wobei sie ihre Unschuld beteuern. – Am 31. 3. droht der UN-Sicherheitsrat L. Sanktionen (u. a. Luftverkehrs- und Waffenembargo) an, falls Tripolis nicht 6 Staatsbürger ausliefere, die verdächtigt werden, an den Sprengstoffanschlägen auf Verkehrsflugzeuge beteiligt gewesen zu sein. Weiterhin soll sich L. verpflichten, »alle Formen von terroristischen Handlungen und jedwede Unterstützung von Terror-Gruppen endgültig einzustellen«. **Am 15. 4. treten die UN-Sanktionen gegen L. in Kraft**, die am 13. 8. erneut bestätigt werden. L. reagiert mit der Ausweisung von Diplomaten. – Der Allgemeine Volkskongreß verabschiedet am 23. 6. eine Resolution, wonach die beiden als Attentäter im Fall Lockerbie verdächtigten ehemaligen Geheimdienstagenten vor ein »gerechtes und faires Gericht« unter Aufsicht der Vereinten Nationen oder der Arabischen Liga gestellt werden können.

LITAUEN Am 6. 9. **1991** anerkennt der Staatsrat der UdSSR die Souveränität Litauens; am 9. 10. werden diplomatische Beziehungen zur UdSSR aufgenommen. – Am 8. 1. **1992** werden die **Preise für Lebensmittel und Konsumgüter freigegeben**; einige Grundnahrungsmittel wie Butter und Mehl sind rationiert. – Der Konflikt **mit Polen** wegen der in Litauen ansässigen polnischen Minderheit (rd. 10% der Bevölkerung) wird am 13. 1. mit der mehrfach verschobenen **Unterzeichnung eines Vertrages über freundschaftliche Beziehungen und gutnachbarliche Zusammenarbeit** vorerst beigelegt. In dem vom polnischen Außenminister *Krzysztof Skubiszewski* und seinem litauischen Amtskollegen *Algirdas Saudargas* unterzeichneten Abkommen verpflichten sich beide Länder, den Schutz der Minderheiten zu garantieren; der heutige Grenzverlauf wird anerkannt. – Nach einem am 10. 4. in Vilnius veröffentlichten Bericht des parlamentarischen Untersuchungsausschusses zur Aufklärung der KGB-Tätigkeit in Litauen hat die ehemalige Ministerpräsidentin *Kazimiera Prunskiene* für den früheren sowjetischen Geheimdienst KGB gearbeitet. – Bei einem Referendum am 23. 5. über die Einführung des Präsidialsystems sprechen sich zwar 69% der Teilnehmer dafür aus; da die Stimmbeteiligung aber nur bei 58% liegt – das entspricht 40% Wahlberechtigten –, ist es abgelehnt. – Am 14. 7. wird die **Regierung** von Ministerpräsident *Gediminas Vagnorius* **durch** einen **Mißtrauensantrag gestürzt**; Hauptgrund sind unterschiedliche Auffassungen über die geplanten Wirtschaftsreformen. – Am 21. 7. wählt das Parlament den Physiker *Alexandras Abisala* zum **neuen Ministerpräsidenten**.

MADAGASKAR Nach einem sich über Monate hinziehenden Machtkampf zwischen Regierung und Opposition (→ *WA'92, Sp. 119*) kommt es am 31. 10. **1991** zu einer Einigung: Regierung, das »Komitee der lebenden Kräfte«/CFV, Streitkräfte und Kirche stimmen für eine **Übergangsregierung**, die eine Verfassungs- und Wahlreform ausarbeiten soll. *Albert Zafy*, der Ministerpräsident der Gegenregierung, wird am 23. 11. für die Übergangsperiode zum Präsidenten der »Hohen Behörde« ernannt. Am 19. 12. stellt er sein **neues Kabinett** vor, an dem erstmals das CFV-Oppositionsbündnis beteiligt ist. Bis zu freien Präsidentschafts- und Parlamentswahlen bleibt Staatschef *Didier Ratsiraka*, dessen Machtbefugnisse eingeschränkt werden, im Amt. – Das »Nationale Forum«, welches die künftige Verfassung der 3. Madagassischen Republik erarbeiten soll, nimmt am 22. 3. **1992** seine Beratungen auf. Die Gespräche werden von schweren Zwischenfällen begleitet. *Zafy* überlebt nur knapp einen Bombenanschlag. – Am 19. 8. findet eine **Volksabstimmung über die neue Verfassung** statt, die mehrheitlich angenommen wird. Im Vorfeld hatte das Referendum zu Spannungen geführt, da die neue Verfassung die Befugnisse des Staatspräsidenten stark einschränkt.

MAKEDONIEN Am 8. 9. **1991** sprechen sich 74% der 1,5 Mio. Wahlberechtigten der jugoslawischen Teilrepublik Makedonien in einem **Referendum für die Unabhängigkeit von Jugoslawien** aus. Die albanische Minderheit, die rd. 25% der Bevölkerung ausmacht, sowie die rd. 50 000 Serben, boykottieren die Abstimmung. Präsident *Kiro Gligorov* spricht sich für einen Bund souveräner Staaten mit den übrigen Teilrepubliken aus. Am 16. 10. beschließt das makedonische Parlament, sämtliche Entscheidungen des von Serbien kontrollierten Rumpfpräsidiums in Belgrad nicht mehr anzuerkennen, da es illegal die Führungsgewalt an sich gerissen habe (→ *Jugoslawien*). Am 19. 11. konstituiert sich **Makedonien als selbständiger Staat**. – Im Gegenzug führt die **albanische Minderheit** am 10./11. 1. **1992** ein Referendum über die »politische und territoriale Autonomie« der alban. Siedlungsgebiete Makedoniens durch, die mit 99% d. Stimmen bestätigt wird. **Die Albaner proklamieren am 5. 4. die »Albanische Autonome Republik Illyria«.** – Am 2. 5. erklären die EG-Außenminister ihre Bereitschaft, Makedonien in den bestehenden Grenzen als souveränen Staat anzuerkennen, »und zwar unter einem Namen, der von allen betroffenen Parteien akzeptiert werden kann«. Aus einer »Republik Makedonien«, die an die griechische Nordprovinz gleichen Namens angrenzt, befürchtete das EG-Mitglied Griechenland ethnischnationalistische Ansprüche (→ *Griechenland*). – Das Parlament beschließt am 8. 7. die Absetzung des Ministerpräsidenten *Nikola Kljusev* wegen »Unfähigkeit und mangelnder Entschlußfreudigkeit«; Nachfolger wird am 4. 9. *Branko Crvenkovski*.

MALAWI Staatspräsident *Dr. Hastings Kamuzu Banda* gibt am 7. 1. **1992** die **Bildung einer neuen Regierung** bekannt. Er beruft den früheren Zentralbankpräsidenten *John Tembo* in die einflußreiche Position des Staatsministers im Präsidialamt. – Am 17. 1. spricht sich *Banda* für die **Fortführung der Einparteiendemokratie** aus. – In einem am 8. 3 verteilten Hirtenbrief üben die katholischen Bischöfe des Landes massive Kritik an der Regierung und fordern grundlegende politische Reformen. – Die größte Oppositionsgruppe des Landes, die aus dem sambischen Exil agierende »Vereinigte Front für eine Mehrparteiendemokratie«/UFMD, ruft die Malawier am 12. 3. zu friedlichen Demonstrationen gegen das Banda-Regime auf. Die **Verhaftung des Gewerkschaftsführers** *Chakufwa Chihana* am 6. 4. bei seiner Rückkehr aus dem Exil führt zu weiteren Spannungen. – *Banda* **löst** am 16. 4. **das Parlament auf** und teilt mit, Neuwahlen seien für Mai oder Juni vorgesehen. – Vom 6.–8. 5. kommt es zu **schweren Unruhen** in Lilongwe, Blantyre und Limbe, bei denen nach offiziellen Angaben 37 Menschen starben. *Banda* fordert am 8. 5. zur Ruhe auf und verspricht, die Forderungen der Streikenden zu prüfen. – Auf die innenpolitischen Spannungen sowie die Berichte über gravierende Menschenrechtsverletzungen reagieren **alle westlichen Geldgeber** am 14. 5. **mit einem Stopp ihrer nichthumanitären Finanzhilfe** (74 Mio. $). Die finanzielle Hilfe zur Linderung der Dürreschäden wird (um 100 Mio. $) auf 170 Mio. $ gekürzt. – Bei den **Parlamentswahlen** am 26. und 27. 6. können sich die Wähler ausschließlich für Kandidaten der einzig zugelassenen »Malawi Congress Party«/MCP entscheiden.

MALI Die Wähler **stimmen am 12. 1. 1992 in einem Referendum dem Entwurf einer neuen Verfassung zu.** Der Anteil der Ja-Stimmen liegt bei 98,4%, die Wahlbeteiligung beträgt nur 43,5%. Die Verfassung garantiert die Gleichheit der Bürger ohne Rücksicht auf Rasse oder Religion, die Rede- und Meinungsfreiheit sowie das Recht auf Bildung politischer Parteien und freier Gewerkschaften. – Am 23. 2. und 8. 3. finden die **Wahlen** der 129 Abgeordneten des **Parlaments** erstmals im Rahmen des Mehrparteiensystems statt. Aufgrund der geringen Wahlbeteiligung von nur 22,4% werden beim ersten Durchgang nur elf Abgeordnete gewählt; beim zweiten Wahlgang gewinnt die Allianz für die Demokratie in Mali-Afrikanische Partei für Solidarität und Gerechtigkeit/ADEMA-PASJ 76 der 129 Sitze. – Die **Regierung und Vertreter** der 4 Rebellenbewegungen **der Tuareg unterzeichnen** am 11. 4. in Bamako **einen Nationalpakt**, um die inzwischen 2 Jahre andauernden bürgerkriegsähnlichen Auseinandersetzungen im Norden des Landes zu beenden, der aber von der Volksbefreiungsfront Azawad/FPLA nicht eingehalten wird. – Die **Präsidentschaftswahlen** am 12. und 26. 4. enden mit einem deutlichen Sieg für den Generalsekretär der ADEMA-PASJ, *Alpha Oumar Konare*, der 69% der Stimmen erhält. **Der erste demokratisch gewählte Präsident der Republik** M. spricht sich am 29. 4. für eine Beteiligung weiterer Parteien an seiner Regierung aus.

MAROKKO König *Hassan II*. gibt am 5. 2. **1992** bekannt, es werde im Herbst in ganz M. – einschließlich der Westsahara – Parlamentswahlen geben. Außerdem kündigt er eine Revision der Verfassung an. – In den ersten Monaten des Jahres kommt es zu einer Reihe von Gerichtsverfahren gegen führende Gewerkschaftsaktivisten. Nach **Streiks** und Studentendemonstrationen werden in Fès am 28. 4. 31 Studenten zu mehrmonatigen Haftstrafen verurteilt. – Am 17. 5. wird die **Gründung des Oppositionsbündnisses** »**Demokratischer Block**« bekanntgegeben, dem 5 linksgerichtete Parteien angehören: die »Istiqlal«, die SUPL, die »Nationale Union der Volkskräfte«/UNFP, die »Organisation der demokratischen Volksaktion«/OADP sowie die »Partei für Fortschritt und Sozialismus«/PPS. In einer am 26. 5. verabschiedeten **Nationalcharta** des Demokratischen Blocks wird eine »tiefgreifende konstitutionelle Reform« verlangt. In einem Gespräch mit den Führern der 5 Oppositionsparteien lehnt König *Hassan II*. es ab, seine Macht abzugeben. – Ein **neues Wahlgesetz** wird vom Parlament am 4. 6. **verabschiedet**. Das Wahlalter wird von bisher 21 auf 20 gesenkt, eine Revision der Wahllisten und der Wahlorganisation werden gebilligt. – Am 11. 8. bildet König *Hassan II*. eine neue **Regierung** und ernennt *Mohammed Karim Lamrani* zum Ministerpräsidenten; Außenminister bleibt *Abdellatif Filali*. – Nachdem in einem **Referendum** am 4. 9. mit über 90% der Stimmen **die neue Verfassung** angenommen wurde, sollen Kommunal- und Parlamentswahlen folgen.

MEXIKO Am 22. 9.**1991** unterzeichnen die Präsidenten M. und Chiles, *Carlos Salinas de Gortari* und *Patricio Aylwin*, in Santiago de Chile ein Abkommen über den völligen **Abbau der Zollschranken** innerhalb von vier Jahren (→ *Chile*). – Rund 20 000 Anhänger der linksgerichteten »Partei der Demokratischen Revolution«/PRD demonstrieren am 11. 1.**1992** in Mexiko-Stadt gegen den **Wahlbetrug** der regierenden »Partei der Institutionalisierten Revolution«/PRI bei den Kommunalwahlen in Tabasco und Veracruz. – Am 15. 2. gibt Präsident *Gortari* die Bildung eines Fonds von über 10 Mio. $ zum Schutz der Vielfalt von Fauna und Flora bekannt. Experten befürchten, daß rund 70% des mexikanischen Lacandona-Regenwaldes bereits vernichtet worden sind. – Ab 20. 2. erlaubt M., das im Ausland mit 100 Mrd. $ (= 30% BIP) verschuldet ist, ausländischen Investoren, Aktien von mexikanischen Banken, Finanzierungsgesellschaften und börsennotierten Unternehmen zu erwerben. – Im zweiten Halbjahr sind in 11 der insgesamt 31 Bundesstaaten **Gouverneurs- und Parlamentswahlen** vorgesehen. Während die »Partei der Institutionalisierten Revolution«/PRI im Staat Michoacán – der Hochburg der linksgerichteten PRD – mit einem Stimmenanteil von 59,1% überraschend die Gouverneurswahl für sich entscheidet, gewinnt in Chihuahua die konservative »Partei der Nationalen Aktion«/PAN. Bei den Gouverneurswahlen am 2. 8. erklärt die PRI sich zur Siegerin in den Bundesstaaten Veracruz, Oaxaca, Zacatecas und Aguascalientes. In Durango können dagegen die in einer Koalition zusammengeschlossenen Oppositionsparteien PRD und PAN die meisten Stimmen für sich verbuchen. Die Opposition wirft der Regierung Wahlbetrug vor. – Nach 14monatigen Verhandlungen einigen sich die Handelsminister der USA, Kanadas und M. am 12. 8., **eine gemeinsame Freihandelszone** einzurichten.

MOLDAU Das mehrheitlich von Russen bewohnte Dnjestr-Gebiet (Transnistrien) erklärt am 3. 9.**1991** seine Unabhängigkeit; am 1. 12. stimmen 98% der Wähler der Dnjestr-Region für eine Abtrennung von Moldau; mit 65,4% der Stimmen wird *Igor Smirnow* zum Präsidenten gewählt. – Am selben Tag sprechen sich die Gagausen, die am 19. 8. 1990 eine eigenständige Republik ausgerufen hatten, für eine Loslösung von Moldau und für die Bildung einer unabhängigen Republik innerhalb des sowjetischen Staatsverbands aus und wählen *Stepan Topal* zum gagausischen Präsidenten. Die moldauische Regierung erkennt die Unabhängigkeitserklärungen nicht an. – Bei der **ersten Direktwahl** wird am 8. 12. der bisherige Vorsitzende des moldawischen Obersten Sowjets, *Mircea Snegur*, ohne Gegenkandidaten mit 98,2% der Stimmen zum **Präsidenten** Moldaus gewählt. – Am 25. 1. **1992** vereinbaren die Präsidenten von Rumänien und Moldau, *Ion Iliescu* und *Mircea Snegur*, ein umfangreiches Rahmenabkommen zur Intensivierung der Zusammenarbeit zwischen beiden Staaten. – Auf dem Kongreß der Volksfront, die sich in »Christliche V.« umbenennt, vom 15.–17. 2. in Chisinau wird die Vereinigung Moldaus mit Rumänien befürwortet; zum neuen Vorsitzenden wird der frühere Ministerpräsident *Mircea Druk* gewählt. – Am 25. 2. verfügt Präsident *Mircea Snegur* per Dekret eine eigene moldawische Staatsbürgerschaft. – In der mehrheitlich von Russen und Ukrainern bewohnten **Dnjestr-Region**, in der es bereits,im Herbst 1991 zu blutigen Auseinandersetzungen zwischen moldawischen Regierungstruppen und bewaffneten Freiwilligen der slawischen Bevölkerung kam, brechen am 1. 3. 1992 erneut heftige Kämpfe aus. Am 16. 3. verhängt der Präsident der einseitig ausgerufenen Dnjestr-Republik, *Igor Smirnow*, den Ausnahmezustand über die Region. – Präsident *Mircea Snegur* unterstellt am 20. 3. per Dekret einen Teil der auf dem Gebiet der Republik Moldau stationierten Einheiten der ehem. Sowjetarmee moldawischer Rechtshoheit. Der Rest der Truppen ist auf Anordnung von Präsident *Boris Jelzin* russischer Rechtshoheit und dem Oberkommando der GUS-Streitkräfte unterstellt. Nach dem erneuten Aufflammen der Kämpfe verhängt Präsident *Snegur* am 28. 3. über die ganze Republik den **Ausnahmezustand**. Streik- und Versammlungsrecht werden aufgehoben; oberstes Staatsorgan während des Ausnahmezustandes ist ein Sicherheitsrat unter *Snegurs* Führung. *Snegur*, der die 14. Armee der aktiven Unterstützung der slawischen Bevölkerung in der Dnjestr-Region bezichtigt, bittet am 31. 3. den Oberbefehlshaber der GUS-Truppen, General *Jewgenij Schaposchnikow*, sicherzustellen, daß sich die GUS-Soldaten nicht in die inneren Angelegenheiten der Republik einmischen. – Am 6. 4. werden diplomatische Beziehungen zu Rußland aufgenommen. – Am 5. 5. beginnt die Einberufung zur nationalen Armee Moldaus. – Während des Besuchs des rumänischen Staatspräsidenten *Ion Iliescu* in Chisinau werden am 18. 5. Abkommen über wirtschaftliche und kulturelle Zusammenarbeit unterzeichnet. – Präsident *Snegur* stellt am 24. 5. erstmals öffentlich die Mitgliedschaft Moldaus in der GUS in Frage; v. a. Rußland unterstütze offen die slawische Bevölkerung in Transnistrien. – Das Parlament verabschiedet am 11. 6. eine Autonomieregelung für die Bewohner der Dnjestr-Region. Danach soll östlich des Dnjestr Russisch offizielle Amtssprache bleiben; Ribnitsa und Tiraspol wird der Status selbstverwalteter Städte zuerkannt; die Gemeinderäte sollen sich entsprechend dem Anteil der einzelnen Nationalitäten an der Bevölkerung zusammensetzen. Die transnistrische Führung lehnt diesen Vorschlag am 17. 6. als unzureichend ab. – Am Rande der Konferenz der Schwarzmeer-Anrainer in Istanbul beraten am 26. 6. die Präsidenten Rußlands, der Ukraine, Moldaus und Rumäniens, *Boris Jelzin, Leonid Krawtschuk, Mircea Snegur* und *Ion Iliescu*, über den Konflikt in der Dnjestr-Region. – Am 1. 7. wählt das Parlament den bisherigen Landwirtschaftsminister *Andrej Sangheli* zum **neuen Ministerpräsidenten**; die Regierung unter *Valeriu Muravski* war zurückgetreten, da ihre Wirtschaftspolitik keine Unterstützung fand. – Nach wochenlangen Vorbereitungen unterzeichnen am 21. 7. in Moskau der russische und der moldawische Präsident, *Jelzin* und *Snegur*, in Anwesenheit des Präsidenten der Dnjestr-Region, *Smirnow*, ein Abkommen zur Beilegung des Konflikts. Danach kann die Bevölkerung östlich des Dnjestr im Falle einer Änderung des rechtlichen Status von Moldau selbst über ihre Zukunft entscheiden; vorgesehen ist die Stationierung einer **gemeinsamen Friedenstruppe** bestehend **aus Einheiten Rußlands, Moldaus und der Dnjestr-Region** in dem umkämpften Gebiet, in dem Waffenstillstandsvereinbarungen immer nur wenige Tage eingehalten wurden. Am 29. 7. rücken die ersten Friedenstruppen in die Dnjestr-Region ein und beginnen mit der Einrichtung eines entmilitarisierten Korridors. Am 3. 8. beginnt der Rückzug aller kämpfenden Einheiten; die Auseinandersetzungen forderten 1992 mehrere Hundert Menschenleben. – Am 19. 8 wird der Ausnahmezustand aufgehoben und der Sicherheitsrat aufgelöst. – Bei einem Besuch von Regierungschef *Sangheli* in Rumänien am 18./19. 8. wird das Thema Vereinigung nicht angesprochen.

MONGOLEI Der Kleine Volkshural verabschiedet am 3. 9. **1991** ein Gesetz, das Ausübung eines Regierungsamtes und Mitgliedschaft in einer politischen Partei für unvereinbar erklärt. Präsident *Punsalmaagiyn Otschirbat* sowie einige Minister treten daraufhin am 10. 9. aus der Mongolischen

Revolutionären Volkspartei/MRVP aus. – Die führende Reformgruppe innerhalb der MRVP teilt am 2. 12. ihren Austritt und die Gründung einer eigenen Organisation, der Partei für nationale Erneuerung, mit. – Der Große Volkshural verabschiedet am 13. 1.**1992** eine **neue** demokratische **Verfassung** (in Kraft 12. 2.), worin die Mongolei zu einem demokratischen Rechtsstaat mit marktwirtschaftlichem System erklärt wird. Der Staatsname Mongolische Volksrepublik wird in Mongolei geändert. Die neue Verfassung sieht die Direktwahl des Präsidenten vor, der den Regierungschef ernennt und gegenüber den Beschlüssen der Legislative ein Vetorecht hat (kann mit ⅔-Mehrheit aufgehoben werden); ein Einkammerparlament mit 76 Abgeordneten, die für 4 Jahre gewählt werden, löst das bisherige Zweikammersystem ab; Rede- und Glaubensfreiheit sowie weitere Menschenrechte werden garantiert; privater Landbesitz wird zugelassen; eine unabhängige Rechtsprechung wird eingeführt. Staatsflagge und Staatswappen werden geändert. – Wegen der schweren Wirtschaftskrise reicht Ministerpräsident *Dash Byambasuren* am 18. 1.**1992** seinen Rücktritt ein; das Parlament lehnt am 22. 1. die Demission ab. – Die vorgesehene Privatisierung der rd. 8000 Staatsbetriebe mittels Aktien-Gutscheinen geht nur schleppend voran. – Bei den **Parlamentswahlen** am 28. 6. bewerben sich 13 Parteien. Bei einer Wahlbeteiligung von 93 % erringt die MRVP 70 der 76 Sitze im Großen Staatshural; das Wahlbündnis aus Nationaler Fortschrittspartei, Demokratischer Partei und Partei der Vereinigung erhält 4 Mandate; 1 Sitz geht an die Sozialdemokratische Partei, 1 an einen unabhängigen Kandidaten. – Am 21. 7. wird der ehemalige Chef der Staatsplanungsbehörde, *Puntsagiin Jasray*, als **neuer Ministerpräsident** bestätigt.

MOSAMBIK Die Bürgerkriegsparteien, die ihre **Friedensverhandlungen** in Rom fortsetzen, unterzeichnen am 18. 10.**1991** eine gemeinsame Absichtserklärung. Demnach will die Rebellenorganisation RENAMO ihre Guerillaaktivitäten beenden und als politische Gruppierung agieren. – Nach zähen Verhandlungen kommen beide Seiten Mitte März **1992** in Rom überein, freie Wahlen ein Jahr nach dem Waffenstillstand durchzuführen; Präsident und Parlament sollen gleichzeitig gewählt werden. – Unterdessen leidet die Bevölkerung weiterhin unter dem seit 16 Jahren dauernden Bürgerkrieg, bei dem schätzungsweise 1 Mio. Menschen ums Leben kamen; 1,5 Mio. leben im Exil. Die anhaltende Dürre hat darüber hinaus in dem potentiell reichen Agrarland zu **schweren Versorgungskrisen** geführt, so daß M. auf Hilfslieferungen aus dem Ausland angewiesen ist. – Am 4. 7. erklärt sich die RENAMO zu einem sofortigen Waffenstillstand bereit. Erstmals treffen am 4. 8. Präsident Generalmajor *Joaquim Alberto Chissano* und RENAMO-Führer *Alfonso Dhlakama* zu Friedensgesprächen in Rom zusammen. Beide Seiten einigen sich, zum 1. 10. ein Waffenstillstandsabkommen zu unterzeichnen.

MYANMAR Staatschef General *Saw Maung* ernennt am 18. 9.**1991** *U Ohn Gyaw* zum neuen Außenminister; bisher hatte er dieses Amt selbst ausgeübt. – Die seit Juli 1989 unter Hausarrest stehende Oppositionspolitikerin *Aung San Suu Kyi* erhält am 14. 10. den Friedensnobelpreis 1991 zugesprochen. – Nach friedlichen Demonstrationen an der Universität in Rangun vom 10.–11. 12. für die Rückkehr zur Demokratie und für die Freilassung *Suu Kyis* schließt die Militärregierung am 12. 12. erneut alle Hochschulen des Landes; Diplomaten berichten von Massenverhaftungen unter Studenten. – Am 11. 12. beschließt die Nationale Liga für Demokratie/NLD, *Suu Kyi* wegen ihrer Verbindungen zu »aufrührerischen Gruppen und Ausländern« auszuschließen. – Die UN-Menschenrechtskommission verurteilt M. am 3. 3.**1992** wegen anhaltender Menschenrechtsverletzungen. Die Regierung in Rangun wird aufgefordert, das im Mai 1990 gewählte Parlament einzusetzen, den Hausarrest von *Suu Kyi* aufzuheben, den Bürgern die elementarsten Rechte zu gewähren und die Universitäten wieder zu öffnen. – Bis März 1992 verbietet die Regierung 6 weitere Parteien; damit sind 59 der 93 Parteien, die an den Parlamentswahlen 1990 teilnahmen, verboten. – Im Januar 1992 haben Regierungstruppen eine Offensive gegen die Karen-Rebellen begonnen mit dem Ziel, deren Hauptquartier Manerplaw einzunehmen, das seit über einem Jahr Sitz der myanmarischen Gegenregierung ist. Rund 70 000 Myanmaren sind nach Thailand geflohen. – General *Saw Maung* legt am 20. 3. alle Ämter nieder; **Nachfolger als Staats- und Regierungschef sowie Verteidigungsminister** wird General *Than Shwe*, der auch den Vorsitz im State Law and Order Restoration Council/SLORC übernimmt. Am 25. 4. wird der Hausarrest für *Aung San Suu Kyi* geringfügig entschärft; ein Ausreiseangebot für den Fall ihres Rückzugs aus der Politik lehnt *Suu Kyi* ab. – Den aufständischen Karen bietet die Regierung einen Waffenstillstand an. Am 28. 5. gibt die Militärregierung die Bildung eines Komitees bekannt, das die Einberufung einer verfassungsgebenden Versammlung organisieren soll. Bis Ende Juni werden über 200 politische Gefangene freigelassen, darunter der frühere Ministerpräsident *U Nu* sowie Mitglieder der NLD. – Am 28. 4. unterzeichnen Bangladeschs Außenminister *Mustafizur Rahman* und sein myanmarischer Amtskollege *U Ohn Gyaw* ein Abkommen, das die Rückführung aller myanmarischen Flüchtlinge innerhalb von 6 Monaten vorsieht; Bangladesch besteht auf freiwilliger und sicherer Rückkehr unter Aufsicht der UN, was von M.

abgelehnt wird. Im November 1991 hatte die Regierung in Rangun mit der gezielten Verfolgung von Angehörigen der muslimischen Volksgruppe der Rohingya im Bundesstaat Arakan begonnen, die von brutalen Ausschreitungen, Festnahmen, Folter, Mord und Deportationen in Arbeitslager durch Regierungssoldaten berichten. Vielen Flüchtlingen wurde die Staatsangehörigkeit aberkannt. Trotz des Repatriierungsabkommen vom 28. 4. steigt die Zahl der Flüchtlinge aus dem myanmarischen Arakan nach Bangladesch weiter. Bis Mitte Juni haben 270 000 Myanmaren in Bangladesch Zuflucht gesucht.

NICARAGUA Am 6. 10. **1991** geben die Re-Contras die Gründung der »Partei des nicaraguanischen Widerstands«/PRN bekannt. – Am 17. 10. kommt es zwischen Innenminister *Carlos Hurtado* und den Anführern der Re-Contras zu einer ersten Einigung. Demnach werden die Aufständischen an einem **Entwaffnungsprogramm** teilnehmen, während die Regierung eine Reihe von Militärstützpunkten im Nordosten des Landes schließt. – Dem Kabinett gelingt es am 14. 12. nicht, das Veto der Präsidentin *Violeta Barrios de Chamorro* gegen ein Gesetz zu überstimmen, mit dem die Rückgabe der von den Sandinisten verteilten Latifundien an die Großgrundbesitzer erzwungen werden soll. – N. und Benin sind die beiden ersten Entwicklungsländer, denen die im Pariser Club zusammengeschlossenen Gläubigerstaaten die Hälfte der Forderungen aus früheren Entwicklungshilfekrediten und staatlich garantierten Exportkrediten streichen. Damit werden praktisch die gesamten Verpflichtungen N. gegenüber ausländischen Staaten, insgesamt rund 650 Mio. $, umgeschuldet. – Am 6. 1. **1992** unterzeichnen Außenminister *Enrique Dreyfus Morales* und US-Botschafter *Harry Shlaudemann* ein **Freundschafts- und Kooperationsabkommen**, das die Aufhebung von Exportbeschränkungen in die USA vorsieht. – Bei einer **Kabinettsumbildung** am 9. 1. wird Außenminister *Dreyfus* von seinem bisherigen Stellvertreter *Ernesto Leal* abgelöst. Am 31. 3. tritt Innenminister *Hurtado* von seinem Amt zurück. – Die US-Regierung setzt am 4. 6. ihre Hilfe (jährlich 150 Mio. $) für N. aus, da der Einfluß der Sandinisten in Armee und Verwaltung immer noch anhalte und eine durchgreifende Privatisierung verhindere. – Rund 30 000 Anhänger der Sandinistischen Befreiungsfront versammeln sich am 19. 7. in Managua, um den 13. Jahrestag der sandinistischen Revolution zu begehen. Parteichef *Daniel Ortega* fordert sie auf, wieder zu den Waffen zu greifen, um die Errungenschaften der Revolution zu verteidigen. – Am 20. 7. wird ein **Untersuchungsbericht über Korruption in der Regierung** vorgelegt, in dem der Präsidialminister *Antonio Lacayo*, Schwiegersohn von Präsidentin *Chamorro*, beschuldigt wird, zusammen mit seinem früheren Stellvertreter, *Antonio Ibarra*, Staatsgelder in Höhe von 1 Mio. $ aus dem Fonds für sozial Schwache veruntreut zu haben. Mit dem Geld seien 5 Abgeordnete des bei den Wahlen im Februar 1990 siegreichen Oppositionsbündnisses bestochen worden.

NIEDERLANDE In Den Haag demonstrieren am 6. 10. **1991** rd. 250 000 Menschen auf einer von den Gewerkschaften organisierten **Kundgebung gegen** einen im August von der aus Christdemokraten/CDA und Sozialdemokraten/PvdA bestehenden Koalitionsregierung *Ruud Lubbers*/CDA beschlossenen **Abbau von Sozialleistungen** (u. a. Verminderung der Zahlungen bei Arbeitsunfähigkeit und Kürzung des Krankengeldes). – Die Regierung beschließt am 8. 11. eine gesetzliche Verankerung der **aktiven Sterbehilfe** (Euthanasie) im Gesetz über das Bestattungswesen, ohne den Strafrechtsparagraphen zu ändern, der sie mit Haft bis zu 12 Jahren bedroht. Danach soll ein Arzt Euthanasie auf ausdrücklichen Wunsch des Patienten, bei Patienten im Koma oder bei Neugeborenen mit schweren Geburtsfehlern nach Konsultierung eines 2. Arztes ausüben können. – Am 1. 1. **1992** tritt eine allgemeine **Krankenversicherungspflicht** in Kraft, die aber vorerst nur für Medikamente, Hörhilfen und die Rehabilitation gilt. Bisher galt die Versicherungspflicht nur bis zu einem Jahreseinkommen von 54 400 hfl. – Auf einem **Sonderkongreß der PvdA** am 14./15. 3. in Nijmegen wird der frühere Vorsitzende der Jungsozialisten, *Felix Rottenberg*, als Nachfolger von *Marjanne Sint* zum neuen Vorsitzenden gewählt. Der Parteitag lehnt die Begrenzung des Sozialstaats durch ein »Mini-System«, d. h. Einführung einer staatlichen Basissozialversicherung, die durch individuelle oder gruppenspezifische Zusatzversicherungen ergänzt werden sollte, ab. Am 27. 4. bereinigen Ministerpräsident *Lubbers* und sein Stellvertreter *Wim Kok*/PvdA einen **Koalitionsstreit** um den Plan der CDA, die Arbeitslosengelder und die Sozialhilfe nicht mehr automatisch an die Lohnerhöhungen zu koppeln. Den Beziehern dieser staatlichen Hilfen sollte ein Kaufkraftverlust von 1 % zugemutet, den übrigen Arbeitnehmern eine Kaufkrafterhöhung um 1,5 % zugestanden werden. Der nunmehr erzielte Kompromiß sieht vor, daß die Regierung »ihr Äußerstes« tun wird, um den Kaufkraftverlust der Bezieher staatlicher Sozialhilfe »in Grenzen zu halten«. – Am 22. 3. demonstrieren in Amsterdam Zehntausende **gegen Rassismus und Ausländerfeindlichkeit**; Anlaß sind mehrere seit Jahresbeginn verübte Anschläge auf ausländische Einrichtungen sowie tätliche Angriffe auf Ausländer. – Am 26. 5. beschließt das Parlament ein Gesetz zur **Legalisierung der Prostitution** ab 1993. Es sieht die Registrierung der rd. 30 000 Prostituierten vor, die Steuern und Sozialabgaben zahlen sollen, so daß sie Anspruch auf Krankengeld und Rente haben.

NIGER Die Nationalkonferenz, die den weiteren politischen Weg des Landes festlegen soll, tagt vom 29. 7. bis 3. 11.**1991** in Niamey. Am 9. 8. beschließen die Delegierten die **Suspendierung der Verfassung**. Staatspräsident General *Ali Saibou* wird bis zu den Neuwahlen in seinem Amt bestätigt, jedoch – wie die Regierung – der Kontrolle der Nationalkonferenz unterstellt. Ein »Hoher Rat der Republik« wird für eine 15monatige Übergangsperiode als provisorische Legislative eingesetzt. – Am 7. 11. stellt der neu gewählte Ministerpräsident *Amadou Cheffou* seine **Übergangsregierung** vor, die den Demokratisierungsprozeß fortführen und freie Wahlen vorbereiten soll. – Um den **Konflikt mit den Tuareg** im Norden des Landes zu beenden – die Tuareg fordern den Rückzug der Armee, Bürgerrechte und die Selbstverwaltung ihres Gebietes –, erklärt sich die Regierung am 7. 1.**1992** erstmalig zu Verhandlungen bereit. Dennoch kommt es weiterhin zu blutigen Auseinandersetzungen. – Mehrmals besetzen **meuternde Soldaten** zwischen dem 28. 2. und 1. 3 den staatlichen Rundfunksender und fordern die Entlassung des stellvertretenden Generalstabschefs sowie die sofortige Auszahlung ihres überfälligen Soldes. Die Opposition reagiert darauf mit der Ausrufung des Generalstreiks, der in weiten Teilen des Landes befolgt wird. – Cheffou bildet am 27. 3. ein **neues Kabinett**, nachdem er die bisherigen Regierungsmitglieder wegen Inkompetenz entlassen hatte. – Am 12. 5. beschließen die Regierung und die Tuareg-Rebellen, die sich in der Befreiungsfront Air und Azawak/FLAA zusammengeschlossen haben, einen 14tägigen **Waffenstillstand**; nach weiteren Auseinandersetzungen wird der Norden des Landes, das Hauptoperationsgebiet der Tuareg, de facto unter Kriegsrecht gestellt; unter den verhafteten Tuareg befinden sich auch zwei Mitglieder des Hohen Rats. – Am 13. 8. kündigt die Regierung ein **Referendum über die neue Verfassung am 4. Oktober** an.

NIGERIA Präsident General *Ibrahim Babangida* teilt am 27. 8.**1991** die **Gründung neun weiterer Bundesstaaten** mit, wodurch sich deren Zahl – mit Wirkung zum 4. 10. – auf 30 erhöht. – Am 12. 12. wird **Abuja** offiziell zur nigerianischen **Bundeshauptstadt** proklamiert. – Begleitet von einem Großaufgebot von 150 000 Sicherheitskräften finden am 14. 12. **Gouverneurs- und Parlamentswahlen** in den Bundesstaaten statt. Zugelassen sind nur zwei von Präsident *Babangida* gegründete Parteien, die »National-Republikanische Konvention«/NRC und die »Sozialdemokratische Partei«/PSD. Die NRC stellt künftig in der Mehrzahl der Bundesstaaten den Gouverneur. – Im mehrheitlich von Muslimen bewohnten Norden kommt es zwischen dem 17. und 18. 5. **1992** zu schweren Unruhen infolge **ethnischer und religiöser Konflikte** zwischen christlichen Katafs und muslimischen Haoussa-Fulana. Aus Unzufriedenheit über die soziale Lage kommt es auch in Lagos zu Unruhen. Am 19. 5. untersagt die Regierung Versammlungen religiösen sowie ethnischen Charakters und erklärt am 22. 5. »allen Kräften der Instabilität« den Krieg. – Bei den ersten **Parlamentswahlen** auf Bundesebene am 4. 7. erringt die PSD in beiden Kammern der Nationalversammlung die Mehrheit. Im Senat verfügt sie über 52 der 91 Sitze, im Repräsentantenhaus über 314 der 593 Sitze. Die NRC erhält 37 Sitze im Senat und 275 Sitze im Repräsentantenhaus. Zwei Senatssitze und vier Sitze im Repräsentantenhaus werden bei Nachwahlen besetzt. Die Ergebnisse der am 1. 8. stattgefundenen Vorwahlen für das Amt des Präsidenten, der am 5. 12. gewählt werden soll, sind von der PSD wegen Unregelmäßigkeiten annulliert worden.

ÖSTERREICH Bei **Landtagswahlen in der Steiermark** am 22. 9. **1991** verliert die ÖVP mit 44,2% der Stimmen (1986: 51,7%) die absolute Mehrheit, die SPÖ kommt auf 35% (37,6%) und die FPÖ auf 15,4% (4,6%). Bei den Landtagswahlen **in Oberösterreich** am 6. 10. verliert die ÖVP ebenfalls die absolute Mehrheit, bleibt jedoch mit 45,2% der abgegebenen Stimmen (1985: 52,12%), stärkste Partei; die SPÖ kommt auf 31,41% (37,96%) und die FPÖ auf 17,27% (5%). Bei den **Landtags- und Gemeinderatswahlen in Wien** am 10. 11. verliert die SPÖ mit 47,7% (1987: 54,9%) zwar die absolute Mehrheit der Stimmen, behält aber im Parlament die absolute Mehrheit; die ÖVP erhält nur 18,1% (28,4%), die FPÖ kann ihren Stimmenanteil mit 22,6% (9,7%) mehr als verdoppeln; die Grün-Alternativen erhalten 9,1% und sind damit erstmals im Landtag vertreten. – Der frühere Vizekanzler und Finanzminister **Hannes Androsch** wird am 8. 10. von einem Wiener Gericht **wegen Steuerhinterziehung** zur Zahlung von 1,8 Mio. S oder zum Antritt einer dreimonatigen Haftstrafe **verurteilt**. – *Josef Taus*, einer der führenden Industriellen des Landes und 1975 bis 1979 Bundesparteiobmann der ÖVP, legt am 30. 11. sein Abgeordnetenmandat im Nationalrat (Bundesparlament) nieder und begründet diesen Schritt mit einer Vertrauenskrise in der ÖVP. – Das Parlament verabschiedet am 4. 12. ein **neues Asylgesetz**, mit dem das Asylverfahren verkürzt und eine strenge Trennung von Flüchtlingen im Sinn der Genfer Konvention und anderen Ausländern vorgenommen wird. – In der »**Lucona-Affäre**« erhöht das Oberlandesgericht Wien im Berufungsverfahren am 28. 1. **1992** die Strafe für den am 11. 3. 1991 zu 20 Jahren Haft verurteilten Hauptangeklagten, *Udo Proksch (→ WA '92, Sp. 126)*, auf lebenslange

Haft. – Mit einem einstimmig angenommenen **Gesetz** verschärft das Parlament am 27. 2. die gesetzlichen Vorschriften **gegen Aktivitäten von Neonazis**; das Strafmaß reicht in besonderen Fällen bis zu 20 Jahren Haft. – Auf einem Parteigipfel des FPÖ-Bundesvorstandes am 4. 3. in Neuhofen/Inn wird der Vorsitzende **Jörg Haider einstimmig in seiner Führungsposition bestätigt**, nachdem dieser nach innerparteilicher Kritik mit Rücktritt gedroht und die Vertrauensfrage gestellt hatte. Nach dem Vertrauensbeweis verlassen liberale Kräfte die Partei; am 5. 3. kündigt FPÖ-Fraktionschef *Norbert Gugerbauer* seinen Rücktritt an. Am 10. 3. wird *Haider* auch zum neuen Fraktionschef gewählt. Auf dem 21. FPÖ-Parteitag am 16. 5. in Badgastein wird *Haider* schließlich mit 95,8% der Delegiertenstimmen im Amt bestätigt. – Bei den **Kommunalwahlen in Tirol** am 15. 3., an denen mehr als 94% der rd. 350000 Wahlberechtigten teilnehmen, um erstmals die Bürgermeister der 278 Gemeinden in direkter Wahl zu bestimmen, **kann die ÖVP die meisten Bürgermeistersitze behaupten**. – Bei der **Bundespräsidentenwahl am 26. 4.** erringt der Kandidat der SPÖ, *Rudolf Streicher*, 40,68% der abgegebenen Stimmen; der Kandidat der ÖVP, *Thomas Klestil*, erzielt 37,19%, auf die Kandidatin der FPÖ, *Heide Schmidt*, entfallen 16,41% und auf den parteilosen Kandidaten der Grünen, *Robert Jungk*, 5,72%. Da keiner der Kandidaten die absolute Mehrheit erreicht, findet am 24. 5. eine Stichwahl statt, aus der *Klestil* mit 56,85% der Stimmen als Sieger hervorgeht; *Streicher* erhält 43,15%. Am 8. 7. wird Klestil in der Bundesversammlung als **neuer Bundespräsident** vereidigt. – Der Nationalrat stimmt am 6. 6. gegen die Stimmen der FPÖ der formellen **Beilegung des Streits um die Autonomie Südtirols** zu (→ *Italien*). – Am 17. 6. gründen ehemalige FPÖ-Mitglieder in Wien eine **Freie Demokratische Partei/FDP**. Ihr Sprecher *Mario Ferrari-Brunnenfeld* begründet dies damit, daß die FPÖ von *Jörg Haider* nach dem Führerprinzip geleitet werde und keine liberale Partei mehr sei; Vorbild der FDP sei die deutsche Partei gleichen Namens. – Der Nationalrat verabschiedet am 26. 6. ein **Aufenthaltsgesetz**, das ab 1993 den Zuzug von Ausländern regelt. Kernpunkte: Festlegung von Altersgrenzen für Einwanderer, jährliche Einwanderungsquoten, befristete Niederlassungsbewilligungen, Familiennachzug erst nach 2 Jahren. – Auf Grund der eingeführten **Visumpflicht für Staatsbürger des ehemaligen Jugoslawien** und für Paßinhaber aus Serbien und Montenegro werden am 2. 7. Hunderte von Flüchtlingen an der Grenze abgewiesen; die Regierung verweist auf die Aufnahme von bereits mehr als 40000 Flüchtlingen aus dem ehemaligen Jugoslawien.

PAKISTAN *Yang Shangkun*, Präsident der VR China, unterzeichnet während seines Besuchs vom 26.–29. 10. **1991** zusammen mit Präsident *Ghulam Ishaq Khan* ein Abkommen über wirtschaftlich-technische Zusammenarbeit; China gewährt P. ein zinsloses Darlehen über 5 Jahre in Höhe von 10 Mio. US-$ und wird mit der Lieferung von Hilfsgütern im Wert von 0,6 Mio. US-$ die über 3 Mio. afghanischen Flüchtlinge unterstützen. – Am 27. 11. werden über 600 Mitglieder der oppositionellen Pakistan People's Party/PPP festgenommen. – Die von blutigen Zusammenstößen überschatteten Regionalwahlen in der Provinz Punjab am 28. 12. gewinnt die Islamische Demokratische Allianz/IDA von Premierminister *Nawaz Sharif*. – Ein 1tägiger **Generalstreik**, zu dem die Regierung zur Unterstützung des Unabhängigkeitskampfes im indischen Teil Kaschmirs aufgerufen hatte, legt am 5. 2. **1992** das gesamte Wirtschaftsleben lahm. Kurz darauf verbietet die Regierung den für den 11. 2. von der Jammu and Kashmir Liberation Front/JKLF geplanten Protestmarsch über die Waffenstillstandslinie in den indischen Teil Kaschmirs. Als am 8. 2. dennoch über 15000 Anhänger des JKLF in Richtung Grenze aufbrechen, werden die Demonstranten von der Polizei aufgehalten. Nachdem am 12. 2. mehrere Teilnehmer von pakistanischen Sicherheitskräften an der Demarkationslinie erschossen werden, erklärt *Amanullah Khan*, der Anführer des JKLF, am 13. 2. den Protestmarsch für beendet. – Westliche Geberländer sagen Pakistan Ende April Hilfe in Höhe von 2,3 Mrd. US-$ zu; zugleich wird die Regierung zur Senkung der Militärausgaben aufgefordert. – Kämpfe rivalisierender Gruppen der in der Provinz Sindh herrschenden Partei Mohajir Qami Movement fordern am 19. 6. in Karachi mind. 8 Menschenleben.

PARAGUAY Am 1. 12.**1991** finden **Wahlen** für die 198 Sitze **der verfassungsgebenden Nationalversammlung** statt. Bei einer Wahlbeteiligung von 56% erringt die »National-Republikanische Vereinigung«/ANR (Partido Colorado) von Staatspräsident General *Andrés Rodríguez* 57% der Stimmen und 125 Sitze im Parlament. Die »Authentische Liberal-Radikale Partei«/PLRA (Blancos), die größte Oppositionspartei des Landes, kommt auf 28% der Stimmen und 57 Sitze, die Mitte-Links-Bewegung »Verfassung für Alle«/CPT auf 9% und 15 Sitze. – Am 30. 12. eröffnet Präsident *Rodríguez* die neugewählte Nationalversammlung, die eine neue Verfassung ausarbeiten und die für 1993 geplanten Parlaments- und Präsidentschaftswahlen vorbereiten soll. – Am 24. 5.**1992** stehen **Mitglieder der ehemaligen Geheimpolizei vor Gericht**, das es als erwiesen ansieht, daß Ex-Polizeidirektor *Pastor Coronel* sowie 3 weitere Polizisten einen Oppositionellen gefoltert und anschließend ermordet haben. Wegen

Komplizenschaft wird der ehemalige Polizeichef, Divisionsgeneral *Alcibiades Britez*, zu 5 Jahren Haft verurteilt. Nach Angaben von Menschenrechtsorganisationen sind während der Diktatur *Stroessners* mindestens 1000 Menschen verschwunden. – Am 18. 6. billigt die Nationalversammlung die **neue Verfassung**, die die Wiederwahl des Präsidenten nicht mehr vorsieht und bei Staatspräsident *Rodriguez* zunächst auf Ablehnung gestoßen war.

PERU Ministerpräsident *Carlos Torres y Torres Lara* gibt am 29. 10.**1991** seinen Rücktritt bekannt, da seine Haltung im Grenzkonflikt mit Ecuador im Kongreß umstritten ist. Am 6. 11. ernennt Präsident *Alberto Fujimori* Arbeitsminister *Alfonso de los Heros Perez-Alvela* zum **neuen Ministerpräsidenten**. Neuer Außenminister wird *Augusto Blakker Miller*. – Am 28. 12. teilt das Oberste Gericht mit, daß die Ermittlungen gegen Ex-Präsident *Alan García* wegen unrechtmäßiger Bereicherung eingestellt würden, da keine ausreichenden Beweise gegen ihn vorlägen. – Vom 9.–11. 1.**1992** besucht *Fujimori* als erstes Staatsoberhaupt seines Landes Ecuador, um den **Territorialstreit** mit Regierungschef *Rodrigo Borja Cevallos* beizulegen. – Mitte Januar legt Senator *Enrique Bernales*, der Vorsitzende der UN-Kommission für Menschenrechte, eine Studie vor, nach der in den ersten 18 Monaten seit dem Amtsantritt *Fujimoris* **4680 Menschen aus politischen Gründen ermordet** wurden. – Am 13. und 14. 2. töten Angehörige des »Leuchtenden Pfades« (Sendero Luminoso) während eines bewaffneten Streiks 19 Menschen. – Am 5. 4. löst Präsident *Fujimori* das von der Opposition beherrschte Parlament auf und setzt die **Verfassung außer Kraft**. Führende Oppositionspolitiker werden unter Hausarrest gestellt, andere zusammen mit Gewerkschaftern festgenommen. Soldaten sperren das Zentrum von Lima ab, an strategisch wichtigen Punkten fahren Panzer auf. In einer Rundfunkansprache begründet *Fujimori* seinen Schritt mit der Absicht, gegen Chaos und Korruption im Lande vorzugehen. Am 6. 4. ernennt Präsident *Fujimori Oscar de la Puente Reygada* als Nachfolger des zurückgetretenen Premiers *Alfonso de los Heros* zum Chef einer **Notstandsregierung für den nationalen Wiederaufbau**. – Am 9. 4. entläßt *Fujimori* die meisten Richter des Obersten Gerichts und des Verfassungsgerichts, den nationalen Justizrat und die Chefin der Regierungskontrollbehörde, die mehrheitlich der früheren Regierungspartei APRA angehören. – Am 10. 4. flieht der zweite Vizepräsident, der protestantische Pfarrer *Carlos Gracía Gracía*, in die argentinische Botschaft in Lima und bittet um politisches Asyl. Die Mehrheit der 240 Kongreßmitglieder spricht sich am 13. 5. für *Gracía* als amtierenden Staatschef aus. Der erste Vizepräsident *Maximo San Roman* wird zum Sondergesandten der Organisation Amerikanischer Staaten (OAS) erklärt und soll nach der Rückkehr in die Heimat die Rolle des verfassungsmäßigen Präsidenten übernehmen. Die Regierungspartei Cambio 90 schließt *San Roman*, der sich für Sanktionen gegen P. ausgesprochen hatte, aus der Partei aus. – *Fujimori* ruft am 16. 4. alle politischen Parteien, Verbände und Gemeinden zum **nationalen Dialog** über die weitere Entwicklung des Landes auf. – Am 21. 4. läßt sich *San Roman* von den Mitgliedern des aufgelösten Parlaments – 44 von 61 Senatoren und 149 von 180 Abgeordneten – zum **verfassungsmäßigen Staatschef** wählen. – *Fujimori* überträgt am 24. 4. das Außenressort an Ministerpräsident *Oscar de la Puente* und entläßt am gleichen Tag 134 Richter in Lima und Callao. – Am 2. 5. kommt es zur Bildung einer Kommission, die den »nationalen Dialog für Frieden und Entwicklung« mit allen Schichten der Gesellschaft führen soll; den Vorsitz übernimmt Ministerpräsident *de la Puente*. – Am 25. 6. eröffnet die Regierung den sogenannten »**Nationalen Dialog« über Verfassungsreformen**, an dem sich die Oppositionsparteien allerdings nicht beteiligen. – **Gespräche der Regierung und Opposition über die Rückkehr zu demokratischen Verhältnissen** werden nach nur dreiwöchiger Dauer am 19. 8. **abgebrochen**. Hauptgrund für das Scheitern ist die Weigerung der Regierung, den Termin der Kommunalwahlen auf dieses Jahr vorzuverlegen. – Am 23. 8. gibt die Notstandsregierung ein **neues Wahlrecht** bekannt, das von der Mehrheit der politischen Parteien als antidemokratisch abgelehnt wird. Per Dekret setzt Präsident *Fujimori* die allgemeinen Wahlen für einen »Demokratischen Verfassungsgebenden Kongreß« mit 80 Mitgliedern auf den 22. 11. fest. Die Opposition befürchtet, daß diese maßgeschneiderte Versammlung der »Rechtfertigung der Diktatur« dienen werde und daß *Fujimori* mit ihrer Einberufung lediglich der Forderung der Organisation Amerikanischer Staaten nach Wiederherstellung der Verfassungsmäßigkeit in P. habe nachkommen wollen.

PHILIPPINEN Am 3. 9.**1991** werden 29 von 40 Offizieren, die wegen Teilnahme an Putschversuchen verurteilt worden waren, begnadigt. – Die **Ratifizierung des** am 27. 8. 1991 unterzeichneten **Stützpunktabkommens mit den USA** wird am 16. 9. vom Senat **abgelehnt**. Nachdem rund 100 000 Menschen für den Verbleib der US-Marine auf dem Flottenstützpunkt Subic Bay demonstrieren, kündigt die Regierung aus der Stützpunktabkommen im gegenseitigen Einvernehmen zum 31. 12. 1992. – Präsidentin *Corazon Aquino* erlaubt am 9. 10. 1991, den Leichnam des 1989 auf Hawaii gestorbenen ehem. Staatspräsidenten *Ferdinand Marcos* in seiner Heimatstadt Laoag zu bestatten. – Die USA räumen am 26. 11. vereinbarungsgemäß die (beim Ausbruch des Vulkans Pinatubo schwer beschädigte) Luftwaffenbasis Clark. – Am 9. 12. wird in Manila der erste Prozeß gegen *Imelda Marcos* eröffnet; die Anklage lautet auf Steuerhinterziehung. Am 30. 12. wird *Imelda Marcos* auf einem Sonderparteitag der »Bewegung für eine neue Gesellschaft«/KBL in Manila einstimmig zur neuen Parteivorsitzenden gewählt und als Kandidatin für die kommenden Präsidentschaftswahlen nominiert. – Als Parlamentspräsident *Ramon Mitra* zum Kandidaten der Regierungspartei bei den kommenden Präsidentschaftswahlen gewählt wird, tritt der frühere Verteidigungsminister *Fidel Ramos* am 9. 12. aus der Partei aus und gründet am 2. 1.**1992** die Partei »Volksmacht«, die ihn bei den kommenden Präsidentschaftswahlen unterstützt. – Einen Tag, nachdem Präsidentin *Aquino* am 14. 2. den Sieg der Regierungstruppen über alle im Land tätigen Rebellengruppen verkündet hat, verübt die marxistisch orientierte Neue Volksarmee/NPA einen Anschlag, bei dem nach Angaben des Militärs auf der Insel Mindanao 41 Soldaten und 10 Rebellen getötet werden. – Am 11. 5. findet die **Wahl des Präsidenten** und **des Vizepräsidenten** sowie **der 200 Abgeordneten, der 24 Senatoren, der 73 Provinzgouverneure, der Bürgermeister** und **der Gemeinde- und Stadträte** statt. Um die Präsidentschaft bewerben sich: der von *Corazon Aquino* unterstützte ehemalige Verteidigungsminister *Fidel Ramos*, Parlamentspräsident *Ramon Mitra*, *Miriam Defensor Santiago*, *Imelda Marcos*, Vizepräsident *Salvador Laurel*, der frühere Senatspräsident *Jovito Salonga* und der Milliardär *Eduardo Cojuangco*; *Corazon Aquino* lehnte eine erneute Kandidatur ab. Die Präsidentschaftswahl gewinnt mit 23,6% der Stimmen *Fidel Ramos*, gefolgt von *Miriam Defensor Santiago* (19,7%). Präsidentin *Corazon Aquino* legt ihr Amt am 30. 6. nieder; am selben Tag wird **Fidel Ramos als Präsident vereidigt**; Außenminister wird *Roberto Romulo*. – Ende Juli beschließt das Parlament auf Antrag von Präsident *Ramos* eine Amnestie für rd. 4500 frühere kommunistische Guerillakämpfer und muslimische Separatisten. Zugleich billigt das Abgeordnetenhaus die vom Präsidenten geforderte Legalisierung der seit 35 Jahren verbotenen Kommunistischen Partei.

POLEN Der Sejm billigt am 18. 10. **1991** die **Verträge mit Deutschland** (1.) über gute Nachbarschaft und freundschaftliche Zusammenarbeit (bei 26 Gegenstimmen) und (2.) über die Bestätigung der deutsch-polnischen Grenze (bei nur einer Gegenstimme), die am 16. 1. 1992 in Kraft treten (→ *Deutschland*). – Am 26. 10. wird mit der UdSSR **Einigung über den Abzug der sowjetischen Kampftruppen** bis zum 15. 11. 1992 und der übrigen Truppen bis Ende 1993 erzielt. – Die **ersten freien Parlamentswahlen der Nachkriegsgeschichte** am 27. 10. – es bewerben sich 65 Parteien und über 7000 Kandidaten für die 460 Sitze im Sejm – erbringen **keine klaren Mehrheitsverhältnisse**: 29 Parteien ziehen ins Parlament ein, 11 davon mit nur einem Abgeordneten. Stärkste Parteien werden die Demokratische Union/UE des Ex-Ministerpräsidenten *Tadeusz Mazowiecki* (12,31%), das Bündnis der Demokratischen Linken/SLD (11,98%), die Katholische Wahlaktion/WAK (8,73%), der Polnische Bauernverband/PSL (8,67%), die Konförderation Unabhängiges Polen/KPN (7,50%), die Zentrumsallianz/PC (8,71%) und der Liberal-Demokratische Kongress/KLD von *Bielecki* (7,46%). Im Senat wird die UD mit 21 der 100 Mandate stärkste Partei. Die Deutsche Minderheit kommt auf 1,17% der Stimmen und stellt 7 Abgeordnete im Sejm und 1 Abgeordneten im Senat. – Die Regierung *Krzysztof Bielecki* tritt am 5. 12. zurück. **Das Parlament** wählt am 6. 12. mit 250 gegen 47 Stimmen bei 107 Enthaltungen **Jan Olszewski/POC zum Ministerpräsidenten** einer Fünf-Parteien-Koalition; bereits am 12. 12. verläßt die KLD wegen des geplanten Wirtschaftskurses (u. a. höhere Staatsverschuldung, Geldmengenvergrößerung und Investitionen für die Umstrukturierung der Staatsbetriebe) die Regierungskoalition, kurz darauf steigt auch die KPN aus. Am 17. 12. gibt *Olszewski* auf, das Parlament lehnt jedoch seinen Rücktritt mit klarer Mehrheit ab. *Olszewski* stellt am 12. 12. dem Sejm daraufhin eine als »überparteilich« bezeichnete Regierung vor, an der KLD und UD nicht mehr beteiligt sind. Mit 235 zu 60 Stimmen (139 Enthaltungen) stimmt der Sejm am 23. 12. für die neue Regierung. – Am 1. 1.**1992** treten **Preiserhöhungen** zwischen 20% und 100% für Strom, Gas und Wasser in Kraft. – Am 23. 3. wird der **Haushaltsentwurf 1992**, der zur Konsolidierung der Staatsfinanzen drastische Kürzungen bei den Sozialausgaben enthält, im Sejm eingebracht: Er hat bei Ausgaben von 403,6 und Einnahmen von 338,1 Bio. Zloty ein Defizit von 65,6 Bio. Zloty, das dem mit dem IWF vereinbarten Umfang von 5% des BSP entspricht. – Deutschland erläßt am 25. 3. P. die Hälfte der insgesamt 9,1 Mrd. DM Schulden. – Der Sejm stimmt am 29. 5. in klarer Mehrheit für die Veröffentlichung der äußerst umstrittenen, vom Innenministerium anhand der Akten des berüchtigten Sicherheitsdienstes UB angefertigten Liste aller UB-Agenten, die heute wichtige Positionen in Staat oder Justiz bekleiden. – UD, KLD und die Partei der Privatunternehmer/PPG stellen am 29. 5. einen **Mißtrauensantrag gegen die Regierung Olszewski**, den der Sejm am 4. 6. annimmt. Am 5. 6. wird der Vorsitzende des Bauernverbandes/PSL *Waldemar Pawlak* zum neuen Ministerpräsidenten gewählt. Der Sejm entläßt ihn jedoch am 10. 7. wieder, nachdem es ihm nicht gelungen war, eine mehrheitsfähige Regierung zu bilden. Am 11. 7. bestätigt der Sejm mit 226 gegen 124 Stimmen bei 38 Enthaltungen eine **Koalitionsregierung** von 7 aus der Gewerkschaft »Solidarnosc« hervorgegangenen Parteien **unter Ministerpräsidentin Hanna Suchocka**/UD. – Seit Mitte Juli kommt es landesweit zu Streikaktionen (u. a. der Bergarbeiter in Kattowitz, der Arbeiter des Kupferkombinats KGHM in Lubin) für mehr Lohn und eine Verbesserung der Arbeitsbedingungen. – Beim **Besuch des deutschen Außenministers** *Klaus Kinkel* werden am 29. 7. in Warschau mehrere **Abkommen zur Verbesserung der Situation an der deutsch-polnischen Grenze** geschlossen: Verträge zur Erleichterung der Grenzabfertigung und zur Zusammenarbeit der Zollverwaltungen sowie ein Regierungsabkommen über den Bau einer Autobahn von Bautzen über Görlitz nach Liegnitz (Legnica) und Breslau (Wroclaw). – Am gleichen Tag billigt der Senat einen Gesetzentwurf, mit dem ehemals kommunistischen Funktionären der Zugang zu wichtigen öffentlichen Ämtern versperrt werden soll.

RUANDA Die frühere Einheitspartei, die »Nationale Revolutionsbewegung für die Entwicklung«/MRND, gibt am 5. 9.**1991** ihr Eigentum an den Staat zurück. Das Guthaben wird auf rund 1,5 Mrd. ruandische Francs, die Kredite auf rund 440 Mio. ruandische Francs geschätzt. – Am 12. 10. ernennt Staatspräsident Generalmajor *Juvénal Habyarimana* den bisherigen Justizminister *Sylvestre Nsanzimana* zum **neuen Premierminister**. Die Opposition kritisiert, daß der Regierungschef nicht aus ihren Reihen komme und die MRND überdies die Einberufung einer Nationalkonferenz ablehne. – Am 13. 3.**1992** unterzeichnen die Regierungspartei MRND sowie die wichtigsten Oppositionsparteien ein **Protokoll**, in dem sie sich – **angesichts fortgesetzter Kampfhandlungen** zwischen Regierungstruppen und versprengten Einheiten regierungsfeindlicher Rebellen – über eine Zusammenarbeit verständigen. Das Abkommen führt erst mit Verzögerung zur **Bildung einer Regierung der Nationalen Einheit**, da Staatspräsident *Habyarimana* zunächst die Ratifizierung verweigert. Am 16. 4. wird die neue Regierung vereidigt, die unter Leitung des (am 3. 4. nominierten) Regierungschefs *Dismas Nsengiy Aremye* von der Oppositionspartei »Demokratische Republikanische Bewegung«/MDR steht. Die MRND übernimmt 9 Ressorts; die vier wichtigsten Oppositionsparteien bekleiden zehn Ministerposten. Das Außenressort leitet *Boniface Ngulinzira* (MDR). Präsident *Habyarimana* gibt am 22. 4. sein Ausscheiden aus den Streitkräften bekannt, um damit den gesetzlichen Vorschriften zu entsprechen, die Militärangehörigen die Ausübung eines politischen Mandats untersagen, behält aber den Oberbefehl über die Streitkräfte. – Während sich Regierungstruppen und Rebellen der »Patriotischen Front Ruandas«/FPR heftige Gefechte – vor allem im Grenzgebiet zu Uganda – liefern, treffen sich in Paris am 8. 6. Vertreter der Konfliktparteien zu ersten Friedensgesprächen. Am 12. 7. einigen sie sich in Arusha (Tansania) auf einen **Waffenstillstand**, der am 31. 7. in Kraft tritt. In den Kampfgebieten sollen 50 militärische Beobachter aus Nigeria, Senegal und Simbabwe stationiert werden. Nach weiteren Verhandlungen wird am 18. 8. in Arusha ein **Friedensabkommen** unterzeichnet, das die Bildung einer Übergangsregierung aller Parteien, die Neuordnung der Verwaltung, der Gesetzgebung und der Justiz sowie ein Gremium vorsieht, welches die Einhaltung der Menschenrechte überwachen soll.

RUMÄNIEN Etwa 10 000 **Bergarbeiter** aus dem Kohlerevier im Schiltal **erzwingen mit Demonstrationen** in Bukarest am 26. 9. **1991 den Rücktritt von Ministerpräsident Petre Roman**, den sie für die Teuerung im Lande verantwortlich machen; bei Straßenschlachten werden mindestens 5 Menschen getötet und über 400 verletzt. – Am 1. 10. ernennt Präsident *Ion Iliescu* den parteilosen Ex-Finanzminister **Theodor Stolojan zum neuen Ministerpräsidenten**. In dessen am 16. 10. vorgestellten Kabinett sind mehrheitlich Minister aus den Reihen der bisher allein regierenden Front zur Nationalen Rettung/FNR, erstmals aber auch Mitglieder der bis dahin oppositionellen Nationalliberalen Partei vertreten. – Das Parlament verabschiedet am 21. 11. gegen die meisten Stimmen der Opposition eine **neue demokratische Verfassung**, die ein Präsidialsystem mit politischem Pluralismus und die Marktwirtschaft festschreibt. Die Verfassung wird am 8. 12. durch eine Volksabstimmung mit 77,3% gegen 20,4% der Stimmen angenommen. – Aus den **ersten freien Kommunalwahlen** seit 1944 am 9. und 23. 2. **1992** gehen die in der Demokratischen Konvention/DK zusammengeschlossenen 14 Oppositionsparteien in Bukarest und weiteren Großstädten als Sieger hervor; in den ländlichen Gemeinden liegt die FNR weiterhin vorn. – Auf den 2. **Parteitag der FNR** in Bukarest (27.–29. 3.), der von Auseinandersetzungen zwischen Anhängern *Romans* und *Iliescus* geprägt ist, wird der als Ministerpräsident gescheiterte **Roman** mit deutlicher Mehrheit **als Parteichef bestätigt**.

RUSSLAND Nach seiner Ernennung zum Vorsitzenden des Interrepublikanischen Wirtschaftskomitees durch den sowjetischen Staatsrat **tritt Iwan Silajew** am 27. 9. **1991 als russischer Ministerpräsident zurück**. – Am 28. 10. verkündet Präsident *Boris Jelzin* ein einjähriges Moratorium für Atomwaffentests auf dem Territorium Rußlands. – Zu Beginn des Kongresses der Volksdeputierten der RSFSR in Moskau am 28. 10. stellt Präsident *Jelzin*

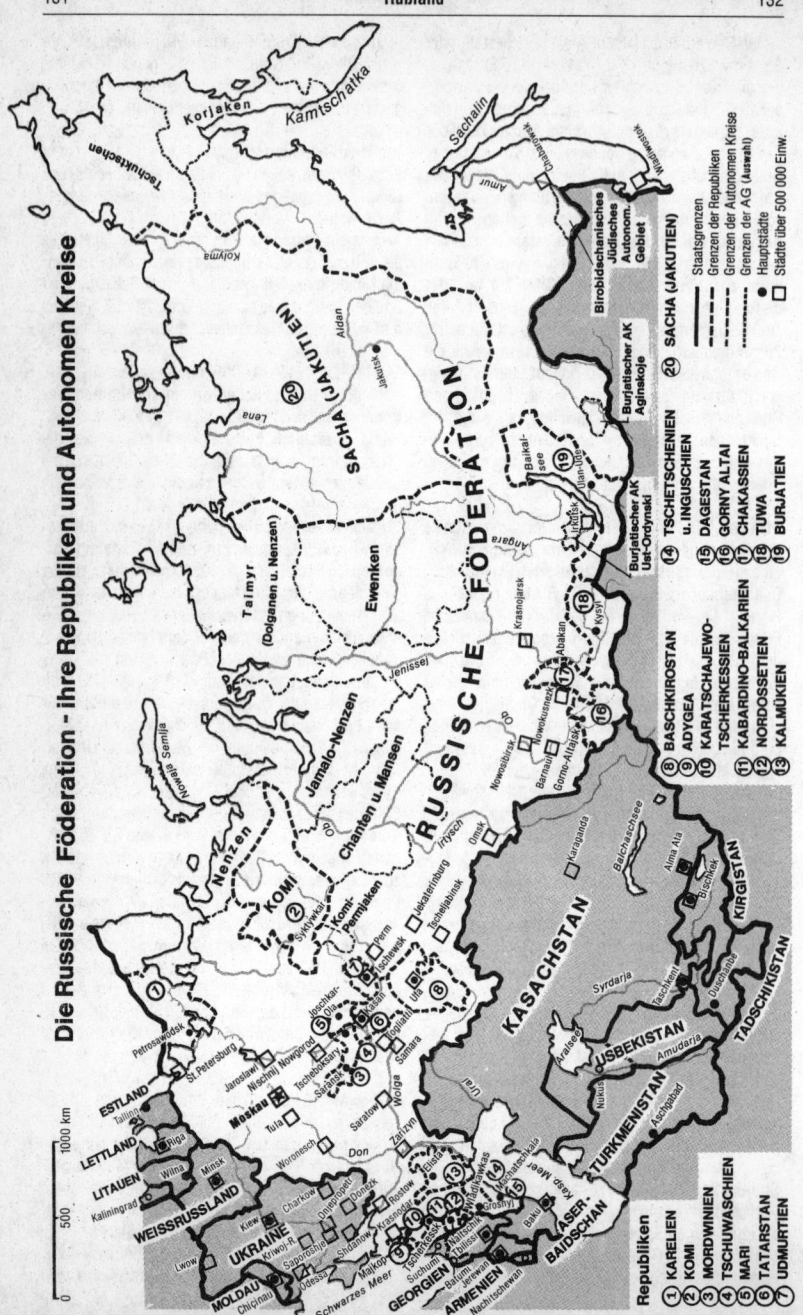

Die Russische Föderation – ihre Republiken und Autonomen Kreise

Republiken
① KARELIEN
② KOMI
③ MORDWINIEN
④ TSCHUWASCHIEN
⑤ MARI
⑥ TATARSTAN
⑦ UDMURTIEN
⑧ BASCHKIROSTAN
⑨ ADYGEA
⑩ KARATSCHAJEWO-TSCHERKESSIEN
⑪ KABARDINO-BALKARIEN
⑫ NORDOSSETIEN
⑬ KALMÜKIEN
⑭ TSCHETSCHENIEN u. INGUSCHIEN
⑮ DAGESTAN
⑯ GORNY ALTAI
⑰ CHAKASSIEN
⑱ TUWA
⑲ BURJATIEN
⑳ SACHA (JAKUTIEN)

Staatsgrenzen
Grenzen der Republiken
Grenzen der Autonomen Kreise
Grenzen der AG (Auswahl)
● Hauptstädte
□ Städte über 500 000 Einw.

ein radikales **Reformprogramm für den Übergang zur Marktwirtschaft** vor; er spricht sich u. a. für Freigabe der staatlich kontrollierten Preise noch in diesem Jahr, Senkung der Staatsausgaben, Landreform, Privatisierung von Staatsbetrieben und sofortige Einstellung von Zahlungen an die Zentralverwaltung aus. Nach heftigen Diskussionen stimmen die Deputierten am 1. 11. für das Reformprogramm und für die von *Jelzin* zur Durchsetzung der Wirtschaftsreformen geforderte Ausweitung seiner Machtbefugnisse. Mit diesen **Sondervollmachten** ausgestattet kann *Jelzin* u. a. auch Erlasse verfügen, die Gesetzen der Union und Rußlands widersprechen, und die Exekutivorgane aller Ebenen selbst ernennen. Dem Obersten Sowjet der RSFSR wird das Recht eingeräumt, die Erlasse des Präsidenten binnen 7 Tagen auszusetzen. Am 29. 10. wird der Tschetschene *Ruslan Chasbulatow* vom Kongreß zum Vorsitzenden des Obersten Sowjets Rußlands gewählt. – Präsident *Jelzin* verbietet am 6. 11. per Dekret die KPdSU und KP der RSFSR auf dem Territorium RSFSR; deren Vermögen sind dem Staat zu übergeben. Auf Antrag kommunistischer Abgeordneter wird die Verfassungsmäßigkeit dieses Verbots überprüft.
– **Präsident** *Boris Jelzin* **übernimmt** am 6. 11. 1991 per Dekret das **Amt des russischen Regierungschefs**. In seinem am 15. 11. vorgestellten, von 46 auf 23 Mitglieder reduzierten Kabinett sind *Jegor Gaidar* Wirtschafts- und Finanzminister, *Andrej Kosyrew* Außenminister und *Pawel Gorjatchow* Vorsitzender des Komitees für Verteidigung. Den Staatsrat der RSFSR löst *Jelzin* mit Wirkung vom 15. 11. auf.
– Auf dem 2. Kongreß der Bewegung Demokratisches Rußland, die *Jelzin* unterstützt, spalten sich am 10. 11. die Demokratische Partei Rußlands, die Volks-Freiheitspartei und die Christlich-Demokratische Bewegung ab. – Ein am 28. 11. vom Obersten Sowjet der RSFSR verabschiedetes Gesetz gewährt auch den in anderen Unionsrepubliken lebenden Russen die russische Staatsbürgerschaft. – Rußland tritt am 26. 12. 1991 in der UNO und in anderen internationalen Organisationen die Rechtsnachfolge der UdSSR an. – Infolge der **Freigabe der Verbraucherpreise** für rd. 88% der Güter am 2. 1.**1992** steigen die Preise um das 6–10fache; die Preise für Grundnahrungsmittel, Babynahrung und Medikamente, die zunächst weiter der zentralen Preiskontrolle unterliegen, werden um das 3–5fache erhöht. Löhne und Renten werden verdoppelt. – Das Oberste Verfassungsgericht Rußlands entscheidet am 14. 1., die von Präsident *Boris Jelzin* am 19. 12. 1991 verfügte Zusammenlegung des Innenministeriums und des russischen KGB zu einem Ministerium für Sicherheit und Innere Angelegenheiten sei nicht verfassungskonform. – Trotz heftiger Kritik verabschiedet das Parlament am 24. 1. den Haushaltsetat für das 1. Quartal 1992 in Höhe von 420,5 Mrd. Rubel; Schwerpunkt des Sparprogramms ist die Bekämpfung der hohen Inflationsrate; der Verteidigungsetat wird mit 50 Mrd. Rubel auf 4,5% des BSP begrenzt. Den für 1992 zu erwartenden Rückgang des BSP gibt Vizeministerpräsident *Jegor Gaidar* mit −19% (1991: −11%) an. Ende 1991 sind erst 0,2% der 140 Mio. ha landwirtschaftlicher Nutzfläche privatisiert; es gibt rd. 60000 private landwirtschaftliche Betriebe. – Seit Anfang Januar kommt es in verschiedenen Gegenden Rußlands zu Protesten gegen Jelzin und die durch seine Wirtschaftsreformen ausgelösten Preiserhöhungen. Zur Milderung der sozialen Auswirkungen der Preiserhöhungen beschließt die Regierung am 5. 2. Steuersenkungen, Renten- und Lohnerhöhungen. – Die letzten, meist wegen Hochverrats inhaftierten, politischen Gefangenen werden am 7. 2. auf Anordnung von Präsident *Jelzin* entlassen. – Am 9. 2. finden in Moskau 2 getrennte Kundgebungen mit insgesamt rd. 100000 Teilnehmern statt, bei denen für und gegen *Jelzins* Reformpolitik demonstriert wird. – Am 21. 2. verfügt *Jelzin*, daß das Erscheinen von Presseerzeugnissen trotz hoher Papierpreise durch Subventionen sicherzustellen ist. – Am 27. 2. beschließt die Regierung ein von Finanzminister *Jegor Gaidar* und Zentralbankpräsident *Gregori Matjuchin* vorgelegtes **wirtschaftspolitisches Reformprogramm**. Zu den wichtigsten Maßnahmen zählen strikte Haushaltspolitik, schrittweise Freigabe der Preise, v. a. der Energiepreise, Schaffung eines funktionstüchtigen Devisenmarkts, Privatisierung der Staatsbetriebe und Landreform. – Präsident *Boris Jelzin* unterzeichnet am 2. 3. einen Erlaß über Sofortmaßnahmen zur Rehabilitierung der Rußlanddeutschen. – Am 7. 3. ermächtigt Präsident *Jelzin* die örtlichen Behörden, die Preisobergrenzen für verschiedene Grundnahrungsmittel aufzuheben; dies führt zu weiteren Preiserhöhungen bis zu 400%; Medikamente, Babynahrung und Mieten unterliegen weiterhin der staatlichen Preiskontrolle. – Vertreter von 18 auf dem Gebiet der Russischen Föderation liegenden Republiken und Präsident *Boris Jelzin* unterzeichen am 31. 3. in Moskau den **Föderationsvertrag**, der die Kompetenzverteilung zwischen den föderalen Organen regelt. Tatarstan und die Republik der Tschetschenen und Inguschen unterzeichnen nicht; Baschkortostan (früher: Baschkirien) unterzeichnet den Vertrag erst nach Einräumung von Sonderrechten in bezug auf die Eigentumsrechte an Bodenschätzen. Der Kongreß der Volksdeputierten Rußlands stimmt dem Föderationsvertrag am 10. 4. mit großer Mehrheit zu *(→ Karte)*.

Autonome Republik der Tschetschenen und Inguschen: Nach tagelangen Demonstrationen für den Rücktritt der Legislative vor dem Parlamentsgebäude in Grosny, der Hauptstadt der zur Russischen Föderation gehörenden Autonomen Republik der Tschetschenen und Inguschen, tritt der Vorsitzende des Obersten Sowjets der Kaukasusrepublik, *Doku Sawgajew*, am 8. 9. 1991 zurück, der Oberste Sowjet wird aufgelöst. Ein Exekutivkomitee des Gesamtnationalen Kongresses des Tschetschenischen Volkes unter Führung des früheren Generals *Dschochar Dudajew* übernimmt die Macht. Aus den von der russischen Regierung für illegal erklärten Präsidentschafts- und Parlamentswahlen am 27. 10. geht *Dschochar Dudajew* als Sieger hervor, der die Generalmobilmachung anordnet und am 8. 11. einseitig die Unabhängigkeit der Republik verkündet. Der vom russischen Präsidenten *Boris Jelzin* mit Wirkung ab 9. 11. über die Autonome Republik der Tschetschenen und Inguschen für die Dauer von einem Monat verhängte Ausnahmezustand löst in Grosny Massendemonstrationen aus; der Oberste Sowjet der RSFSR hebt den von *Jelzin* verfügten Ausnahmezustand am 11. 11. wieder auf und fordert eine politische Lösung des Konflikts. – Die Kaukasusrepublik proklamiert am 12. 3. ihre Unabhängigkeit. Wegen schwerer Unruhen verhängt Präsident *Dschochar Dudajew*, der nach blutigen Überfällen am 8. 2. auf die Garnison in der Hauptstadt Grosy vom tschetscheno-inguschischen Parlament Sondervollmachten erhalten hatte, am 31. 3. den Ausnahmezustand.

Tatarische Autonome Republik: Bei einem Referendum am 21. 3. stimmten 61,4% der Teilnehmer für die Souveränität Tatarstans und 37,2% dagegen (Stimmbeteiligung: 81,6%). Der tatarische Präsident *Mintimer Schaimijew* versichert, ein Austritt aus der Russischen Föderation sei nicht beabsichtigt, eine enge Verbindung mit Rußland wird befürwortet; Tatarstan verfügt über Erdölvorkommen. Das russische Verfassungsgericht hatte die Volksabstimmung eine Woche vorher für verfassungswidrig erklärt. Das Parlament von Tatarstan hatte bereits am 30. 8. 1990 die Souveränität erklärt.

Die Präsidenten Rußlands und der ČSFR, *Boris Jelzin* und *Václav Havel*, unterzeichnen in Moskau am 1. 4. den **russisch-tschechoslowakischen Vertrag über freundschaftliche Beziehungen und Zusammenarbeit** (→ Tschechoslowakei). – Bei einer Kabinettsumbildung entläßt *Jelzin* am 2. 4. Finanzminister *Jegor Gaidar*; *Gaidar* bleibt aber stellv. Regierungschef. – Die Zeitung »Prawda« erscheint am 7. 4. nach 3wöchiger Unterbrechung wieder, jedoch nur noch 3mal die Woche. – Der **6. Kongreß der Volksdeputierten** findet vom 6.–21. 4. in Moskau statt. Zu Beginn entgeht Präsident *Boris Jelzin* knapp einem Mißtrauensantrag. Nach tagelangen Debatten gelingt es *Jelzin*, seine Kritiker durch das Angebot zu beschwichtigen, innerhalb von 3 Monaten als Regierungschef zurückzutreten. Das Recht des Präsidenten, bis zum 1. 12. seine Minister ohne Zustimmung des Parlaments zu ernennen und Wirtschaftsreformen per Erlaß zu verfügen, bleibt erhalten. Am 15. 4. wird die Unterstützung des Reformkurses bestätigt. Am 17. 4. beschließt der Kongreß der Volksdeputierten als neuen Staatsnamen für die ehemalige Sowjetrepublik »**Russische Föderation – Rußland**«. Die Diskussion über eine neue Verfassung wird am 18. 4. vertagt. – Mitte April beschließt das Parlament eine Amnestie für 20 000 Häftlinge, darunter alle inhaftierten Frauen; 40 000 weitere Häftlinge können mit der Reduzierung ihrer Haftstrafen rechnen. – Präsident *Jelzin* ernennt am 18. 5. General *Pawel Gratschow* zum Verteidigungsminister; bis dahin hatte *Jelzin* diesen Posten selbst inne. – Der polnische und der russische Präsident, *Lech Walesa* und *Boris Jelzin*, unterzeichnen am 22. 5. in Moskau den **russisch-polnischen Vertrag über gute Nachbarschaft und freundschaftliche Zusammenarbeit** (→ Polen). – Nach Angaben des stellv. Regierungschefs *Jegor Gaidar* beträgt die Inflationsrate in den ersten 4 Monaten dieses Jahres 740%; der am 24. 1. verabschiedete Haushalt für das 1. Quartal 1992 war von einer Inflationsrate von 400% ausgegangen. Am 1. 6. wird Rußland in den IWF und am 16. 6. in die Weltbank aufgenommen. – Am 15. 6. ernennt Präsident *Boris Jelzin* Vizeministerpräsident *Jegor Gaidar*, einen der führenden Reformpolitiker in seinem Kabinett, zum **neuen Regierungschef** und kommt damit dem Beschluß des Kongresses der Volksdeputierten vom April nach. – *Jelzin* erklärt Mitte Juni die inguschische Republik per Dekret zum Bestandteil der Russischen Föderation; die neue Republik ersetze teilweise die bisherige Autonome Republik der Tschetschenen und Inguschen. – Das Parlament verabschiedet Mitte Juni ein Privatisierungsgesetz; danach sind u. a. Gewässer, Wälder, bestimmte Bodenschätze und Rundfunkanstalten von der Privatisierung ausgeschlossen. – Auf Anordnung der russischen Zentralbank ist der Rubel ab dem 1. 7. beschränkt konvertibel; der Eröffnungskurs wird auf 125,26 Rubel je US-$ festgesetzt. – Das Parlament ratifiziert am 8. 7. als erste der ehemaligen Sowjetrepubliken den Vertrag über konventionelle Abrüstung in Europa/KSE. – Durch eine vom Parlament Mitte Juli verabschiedete Änderung des Währungsgesetzes wird die weitverbreitete Praxis, Arbeitnehmer wegen des schnellen Wertverlusts des Rubels in Fremdwährungen zu entlohnen, legalisiert. – Am 29. 7. verläßt der ehemalige Staats- und Parteichef *Erich Honekker* die chilenische Botschaft in Moskau *(→ Deutschland)*. – Das Treffen von Außenminister *Andrej Kosyrew* mit seinen Amtskollegen aus Estland, Lettland und Litauen am 6. 8. in Moskau endet ohne Zeitplan für den Abzug der russischen Truppen aus den baltischen Staaten; Ende August signalisiert *Jelzin* seine Bereitschaft, die Truppen 1993 komplett abzuziehen. – Nachdem sich die Wirtschaftslage im ersten Halbjahr 1992 rapide verschlechtert hat, gewährt der IWF Rußland einen Kredit über 1 Mrd. $, die erste Teilzahlung eines im Frühjahr in Höhe von 4,15 Mrd. zugesicherten Beistandskredits.

SAHARA Ein von den Vereinten Nationen initiierter **Waffenstillstand** zwischen der marokkanischen Armee und der Saharauís-Befreiungsfront Polisario tritt am 6. 9.**1991** in Kraft, um die Voraussetzungen für den Rückzug der Armee und das geplante Referendum zur politischen Selbstbestimmung der Saharauís zu schaffen. – Die für Ende Januar **1992** vorgesehene **Volksabstimmung wird verschoben**, da es über die Wählerliste keine Einigung gibt. Bei der Ausarbeitung des Friedensplans war vereinbart worden, die letzte amtliche Volkszählung der Spanier aus dem Jahre 1974 zugrunde zu legen, bei der 73 200 Personen registriert wurden. Die Vereinbarung schloß jedoch Nachmeldungen nicht aus. Als König *Hassan II.* den UN mitteilt, 170 000 bislang nicht erfaßte Personen auf eigene Kosten in die Westsahara zu transportieren, damit sie für einen Anschluß an Marokko stimmen, kommt es zum offenen Disput mit der Weltorganisation. – UN-Generalsekretär *Butros Butros-Ghali* setzt Ende Februar in einem **Bericht an den Sicherheitsrat** zur Lösung der Probleme eine Frist von drei Monaten, anderenfalls müsse der Friedensplan neu überdacht werden. *Ghali* wirft der marokkanischen Regierung vor, die Bewegungsfreiheit der UN-Vertreter erheblich einzuschränken. – Falls der UN-Friedensplan keine Fortschritte macht, will die Polisario-Front die internationale Gemeinschaft auffordern, die Westsahara als unabhängigen Staat anzuerkennen. König *Hassan II.* plant, im Herbst in Marokko und in der Westsahara Parlamentswahlen durchzuführen, auch wenn das Referendum bis dahin nicht stattgefunden hat.

SAMBIA Am 4. 9.**1991** löst Staatschef *Dr. Kenneth David Kaunda* das Parlament auf und schreibt Neuwahlen aus. – Im Wahlkampf ist die desolate Wirtschaftslage das Hauptthema. Der Verfall der Weltmarktpreise für Kupfer, das 90% des sambischen Exports ausmacht, hat zu einem empfindlichen Rückgang der Deviseneinnahmen und zur Gesamtverschuldung von über 7 Mrd. US-$ geführt. Die Weltbank friert aufgrund mangelnder Zahlungsmoral der bisherigen Regierung ihre Finanzhilfe am 11. 9. ein. – Bei den **Präsidentschaftswahlen** am 31. 10. erteilt die Bevölkerung ihrem seit 1964 herrschenden Staatsgründer *Kaunda* eine klare Absage. Sein Herausforderer, Gewerkschaftsführer *Frederick Chiluba*, erhält mit 850 587 Stimmen fast doppelt so viel wie der bisherige Amtsinhaber *Kaunda* (470 767 Stimmen). Auch im Parlament erhält *Chilubas* »Bewegung für Mehrparteiendemokratie«/MMD mit 116 der 150 zu vergebenden Mandate die absolute Mehrheit. Nur knapp 40% der 2,9 Mio. Wahlberechtigten beteiligen sich an der Wahl. – Nach seiner Vereidigung am 2. 11. kündigt *Chiluba* die Privatisierung von Staatsbetrieben und die Reorganisation der Kupferindustrie an. Der Verwaltungsapparat des Staates soll von 70 000 auf 40 000 Beamte reduziert werden. – Am 7. 11. stellt der neue Präsident sein 38 Mitglieder umfassendes Kabinett vor; Außenminister wird *Vernon Mwaanga*. – Am 8. 11. tritt eine **neue Verfassung** in Kraft. Damit **endet der Ausnahmezustand**, den die britische Kolonialmacht noch vor der Unabhängigkeit ausgerufen hatte. – Die **Landeswährung** Kwacha wird am 31. 1.**1992** um mehr als 30% **abgewertet**. – Am 17. 2. legt die Regierung ein wirtschafts- und finanzpolitisches Rahmenprogramm vor, das mit dem IWF und der Weltbank abgesprochen ist. Noch 1992 soll ein BSP-Wachstum von 2% erreicht und innerhalb der nächsten 3 Jahre die Inflationsrate von 118% (1990) auf 5% reduziert werden.

SCHWEDEN Bei den **Reichstagswahlen** am 15. 9.**1991** erleiden die Sozialdemokraten/S unter Ministerpräsident *Ingvar Carlsson* mit dem Verlust von 6,9% gegenüber 1988 eine schwere Niederlage: Sie erhalten nur 37,6% der abgegebenen Stimmen; auf die Konservativen/M entfallen 21,9%, die Liberalen/FP 9,2, das Zentrum/C 8,4, die Christdemokraten 7,0, die Neue Demokratie 6,7 und die Linkspartei/V 4,5; die Grünen gehen leer aus. **Ministerpräsident Ingvar Carlsson tritt** am 16. 9. **zurück**. Der **Reichstag wählt** am 3. 10. den Parteivorsitzenden der Konservativen *Carl Bildt* mit 163 gegen 147 Stimmen bei 23 Enthaltungen **zum Ministerpräsidenten** einer aus 4 Parteien (Konservative, Christdemokraten, Liberale und Zentrum) bestehenden Koalitionsregierung; die 4 Parteien verfügen zusammen über 171 der 349 Sitze. Als wichtigstes Ziel nennt *Bildt* in seiner

Regierungserklärung den schnellstmöglichen Beitritt Schwedens zur EG. – Der Reichstag wählt am 30. 9. mit der konservativen Politikerin *Ingegerd Troedsson* erstmals eine Parlamentspräsidentin (184 gegen 150 Stimmen). – Am 19. 10. beschließt der Reichstag mit 176 gegen 137 Stimmen die **Abschaffung der** 1983 eingeführten **Arbeitnehmerfonds**, die durch Gewinnabschöpfungen der Unternehmen gebildet worden waren, mehrheitlich durch die Gewerkschaften kontrolliert wurden und zur Demokratisierung der Wirtschaft hätten führen sollen. – Am 19. 12. verabschiedet das Parlament eine **Steuerreform**: Zum 1. 1. 1992 werden u. a. die Steuern auf Unternehmenskapital und auf Gewinne aus Aktiengeschäften abgeschafft; der Spitzensatz der Einkommens- und Kapitalertragssteuer wird von 75 auf 55% gesenkt. – **Die Regierung und alle 349 Abgeordneten** der 7 Reichstagsfraktionen **demonstrieren** am 12. 2. **1992** in Stockholm **gegen Ausländerhaß und zunehmende Gewaltanschläge gegen Ausländer**. – Der Parteivorstand der Sozialdemokraten wählt am 13. 2. die frühere Arbeitsministerin *Mona Sahlin* und damit erstmals eine Frau als Vorsitzende in dieses Amt. – Der Reichstag beschließt am 26. 5. eine **Abkehr von der traditionellen Neutralitätspolitik**: Alle Fraktionen mit Ausnahme der Linkspartei stimmen einer Grundsatzerklärung zu, nach der Schweden seine seit dem II. Weltkrieg betriebene Neutralitätspolitik und das dazugehörende Prinzip der Bündnisfreiheit aufgibt. S. hatte sein EG-Beitrittsgesuch im Juni 1991 bereits ohne Neutralitätsvorbehalt abgegeben.

SCHWEIZ Bei den **Parlamentswahlen** am 20. 10. **1991**, bei denen erstmals auch Bürger im Alter von 18 und 19 Jahren teilnehmen können, muß die seit 1959 regierende Vier-Parteien-Koalition aus Freisinnig-Demokratischer Partei/FDP, Christlich-Demokratischer Volkspartei/CVP, Sozialdemokratischer Partei/SPS und Schweizerischer Volkspartei/SVP Verluste hinnehmen, behält aber ihre absolute Mehrheit; rechtskonservative Splitterparteien und Grüne sind die Gewinner *(Einzelheiten → Sp. 541)*. – Am 4. 12. bestätigt die Bundesversammlung die 7 Mitglieder des Bundesrates für weitere 4 Jahre in ihrem Amt (*Otto Stich* 145 Stimmen, *Jean-Pascal Belamuraz* 172, *Arnold Koller* 132, *Flavio Cotti* 135, *René Felber* 144, *Adolf Ogi* 151, *Kaspar Villiger* 127). **Außenminister Felber wird für 1 Jahr turnusgemäß zum neuen Bundespräsidenten gewählt** (158 Stimmen); sein Stellvertreter wird *Ogi* (163 Stimmen). – Nach einer Regierungsvorlage vom 18. 12. soll die Armee im Zuge der geplanten **Modernisierung der Luftwaffe** 34 neue US-Kampfflugzeuge vom Typ »FA-18« erhalten, die 130 »Hunter«-Flugzeuge ersetzen; die Kosten werden mit rund 3,5 Mrd. sfr beziffert. Der Ständerat billigt die

Vorlage am 19. 3. **1992**. – Nach einem am 23. 3. veröffentlichten Bericht der Bundesregierung hat sich die Zahl der **Anschläge rechtsextremer Gruppen gegen Asylbewerber-Unterkünfte** deutlich erhöht: 1991 38, 1960 6 Anschläge. – Bei einer **Volksabstimmung** am 17. 5. sprechen sich 55,8% der Stimmberechtigten **für** einen **Beitritt zum** Internationalen Währungsfonds/**IWF und in die Weltbank** aus; dagegen stimmen 44,2% (Wahlbeteiligung: 38,5%). – Am 26. 5. wird in Brüssel offiziell das **EG-Beitrittsgesuch übergeben**, nachdem der Bundesrat am 18. 5. einen entsprechenden Beschluß gefaßt hat. Gleichzeitig wird die Bereitschaft bekundet, erstmals Teile der Souveränität an eine supranationale Staatenorganisation abzutreten.

SIERRA LEONE Die in einem **Referendum** (23.–30. 8.**1991**) gebilligte **neue Verfassung**, die ein Mehrparteiensystem garantiert, tritt am 1. 10. in Kraft. – Im Verlauf von Protesten unzufriedener Armeeangehöriger, die von Präsident Generalmajor *Joseph Saidu Momoh* eine Solderhöhung und bessere Ausrüstung verlangen, **ergreifen die Streitkräfte am 29. 4. 1992 die Macht**. *Momoh* flieht mit seiner Familie ins Nachbarland Guinea. – Die neuen Machthaber verfügen die **Suspendierung der Verfassung** und verhängen den **Ausnahmezustand**. Die Offiziere geben die **Bildung eines** »Provisorischen **Nationalen Verwaltungsrats**«/NPRC bekannt, der 20 Mitglieder umfaßt und zunächst als oberstes Exekutivorgan des Landes fungiert. An die Spitze des Gremiums wird der 27jährige Hauptmann *Valentine Strasser* berufen, der als Hauptziele die Zurückdrängung der aus Liberia eingefallenen Rebellen und die Einführung einer wirklichen Mehrparteiendemokratie nennt. Innerhalb der Führung des neuen Regimes zeigen sich bald Unstimmigkeiten, die insbesondere in der Verhaftung einer Reihe hoher Militärs ihren Ausdruck finden. Am 6. 5. wird **Strasser** als **neuer Staatspräsident vereidigt**. Dem neuen Kabinett gehören 19 Minister an, darunter sechs Zivilisten. Aus dem vorigen Kabinett werden Außenminister *Ahmed Ramadan Dumbuya* und Finanzminister *Jim Funa* übernommen.

SLOWENIEN Die am 25. 6. **1991** verkündete **Unabhängigkeitserklärung** der jugoslawischen Teilrepublik **tritt am 8. 10. in Kraft**. Slowenien übernimmt die Kontrolle über sein Territorium; eine neue Landeswährung, der »Tolar« (Taler), ersetzt den jugoslaw. Dinar. – Am 26. 10. ziehen die letzten Truppen der jugoslawischen Bundesarmee (JVA) ab. – Das Parlament nimmt am 23.12. mit 179 von 240 Stimmen eine 174 Artikel umfassende **neue Verfassung** an, die sich an westeuropäischen Demokratien orientiert; Slowenien wird als parlamentarische Republik definiert, die Menschen- und Minderheitenrechte garantiert. – Am 15. 1. **1992** wird S. von allen 12 EG-Staaten anerkannt; am 22. 5. in die UNO aufgenommen. – **Ministerpräsident** *Lojze Peterle*, seit Mai 1990 im Amt, wird am 22. 4. durch ein konstruktives Mißtrauensvotum des Parlaments **gestürzt**. Ihm wird Inkonsequenz bei der Verwirklichung der politischen und wirtschaftlichen Reformen vorgeworfen. Zum **neuen Ministerpräsidenten** wird am 22. 4. der LDS-Vorsitzende und frühere jugoslawische Staatspräsident, *Janez Drnovsek*, bestimmt. Das Parlament bestätigt am 14. 5. die **neue Koalitionsregierung** aus Vertretern der LDS, SDS, SSS, DS, SDP, SOS und Unabhängigen; Außenminister bleibt *Dimitrij Rupel*/DS. – Die slowenische Wirtschaft konnte bisher keine neuen Märkte als Ersatz für den Ausfall der ehem. jugoslawischen Nachbarrepubliken erschließen. 1991 lag der Produktionsrückgang bei rd. 11%, die Inflationsrate betrug 110%.

SOMALIA Die Entwicklung S. ist auch nach dem Sturz von Präsident *Mohamed Siad Barre* sowie der Sezession von Somaliland durch Gewalttätigkeiten geprägt. Am 3. 10.**1991** wird eine **neue Regierung** unter Premierminister *Omar Arteh Ghalib* **vereidigt**. – Am 17. 12. rufen OAU-Generalsekretär *Salim Ahmed Salim* und am 23. 1.**1992** der UN-Sicherheitsrat in einer Resolution alle am Bürgerkrieg beteiligten Parteien zu einem Waffenstillstand auf. – Einer persönlichen Einladung von UN-Generalsekretär *Butros Butros-Ghali* folgend, treffen die verfeindeten Clans Anfang Februar zu **Friedensverhandlungen** in New York zusammen. – Ungeachtet eines **Waffenstillstandsabkommens**, das von Interimspräsident *Mahdi Mohamed* und USC-Parteichef General *Mohammed Aidid* – beide erheben Anspruch auf die politische Führung des Landes – am 3. 3. in Mogadischu unterzeichnet wird, gehen die Kämpfe nach kurzer Unterbrechung weiter. – Etwa 100000 Menschen, fast ausschließlich Frauen und Kinder, beteiligen sich am 9. 3. an einem **Friedensmarsch** durch die Hauptstadt. Die Menschenrechtsorganisation Africa Watch und Physicians for Human Rights sprechen in einem am 26. 3. veröffentlichten Bericht von 14000 Todesopfern und 27000 Verwundeten, die die fortgesetzten Kämpfe zwischen den Familienclans in den vergangenen vier Monaten gefordert hätten. – Der **UN-Sicherheitsrat beschließt** am 24. 4. (Resolution 751), **50 unbewaffnete UN-Beobachter** zur Einhaltung des Waffenstillstands nach S. **zu entsenden**. - Ex-Diktator *Barre* flüchtet am 28. 4. außer Landes. – Rund 3000 Menschen bringen am 5. 6. im Hafen von Mogadischu das Schiff »Gob Wein« in ihre Gewalt. Nach tagelangem Warten und dem Tod von über hundert Menschen werden die überlebenden Flüchtlinge von den jemenitischen Behörden in einem provisorischen Lager untergebracht. – Laut Angaben des UN-Flüchtlingshochkommissariats haben über 1 Mio. Somalier das Land verlassen; 500000 leben in Lagern in Äthiopien, 300000 in Kenia. – Der Weltsicherheitsrat billigt am 27. 7. den Vorschlag von UN-Generalsekretär *Butros-Ghali*, die hungernde **Bevölkerung S. über eine Luftbrücke mit Lebensmitteln** zu **versorgen**. Die UN spricht von 1,5 Mio. vom Hungertod Bedrohten; 50000 Menschen sollen im Gefolge von Dürre und Bürgerkrieg bereits ums Leben gekommen sein. Über die UN-Luftbrücke werden am 16. 8. die ersten 35 Tonnen Lebensmittel in die vom Bürgerkrieg besonders schwer betroffene südsomalische Stadt Baidoa geflogen. Darüber hinaus laufen **weltweit Hilfsaktionen** für die notleidende Bevölkerung S.s und Nordkenias an. – Nach Plünderungen und über 30 Toten bei der Hilfsgüterverteilung plädiert UN-Generalsekretär *Ghali* am 26. 8. in einem Bericht an den UN-Sicherheitsrat für die Entsendung weiterer 3500 UN-Soldaten. Zivilisten sollten darüber hinaus beim Wiederaufbau der Infrastruktur helfen. Der Stationierung von 500 pakistanischen Soldaten zur Sicherung des Hafens und Flughafens sowie der Lebensmittelkonvois in Mogadischu hatten der Sicherheitsrat sowie der somalische Übergangspräsident *Mohamed* und sein Widersacher General *Aidid* bereits zugestimmt.

SPANIEN Wegen Unstimmigkeiten über die Unabhängigkeit des **Baskenlandes** scheitert am 16. 9. **1991** die erst im September 1991 gebildete Koalitionsregierung aus Baskisch-Nationalistischer Partei/PNV, der nationalistischen Eusko Alkartasuna/EA und der Euskadiko Eskerra/EE; am 27. 9. wird eine **neue baskische Regierung** aus PNV, EE und den baskischen Sozialisten/PSE-PSOE unter dem bisherigen Ministerpräsidenten *José Antonio Ardanza* gebildet. Das Parlament verabschiedet am 14. 11. mit 187 gegen 107 Stimmen ein **neues Sicherheitsgesetz**, das der Polizei erlaubt, künftig auch bei der Verfolgung von schweren Rauschgiftdelikten, ähnlich wie bereits bei Terrorismusverdacht, ohne richterliche Genehmigung in die Wohnungen von Verdächtigen einzudringen und Personen, die sich nicht ausweisen können, festzunehmen. – Der Senat beschließt am 18. 12. im Rahmen einer Änderung des Haushaltsgesetzes für 1992 die **Senkung der Luxussteuer von 33 auf 28%**. – Am 1. 1. **1992** tritt ein Gesetz zur **Verkürzung des Wehrdienstes** von 12 auf 9 Monate in Kraft. – Seit Jahresbeginn verübt die ETA **Bombenanschläge** in Barcelona; ihr Ziel ist die Verbreitung von Unsicherheit angesichts der bevorstehenden Olympischen Sommerspiele in der katalanischen Hauptstadt. – Ministerpräsident *Felipe González* unterzeichnet am 3. 3. einen **Autonomie-Pakt**, der 17 autonomen Regionen mehr Kompetenzen zuspricht; vor allem das Erziehungswesen soll regional geleitet werden. – Bei den **Parlamentswahlen in Katalonien** am 15. 3. behauptet die liberale Convergencia i Unió/CiU mit Regierungschef *Jordi Pujol* zum 3. Mal in Folge die absolute Mehrheit: Sie erzielt 46,2% der Stimmen vor den Sozialisten/PSC (27,4%) und der für die Unabhängigkeit Kataloniens eintretenden Republikanischen Linken/ERC (8%). – König *Juan Carlos* und der israelische Staatspräsident *Chaim Herzog* gedenken am 31. 3. in einer Madrider Synagoge der Judenvertreibung in Spanien (Edikt vom 31. 3. 1492). – König *Juan Carlos* eröffnet am 20. 4. die **Weltausstellung Expo '92 in Sevilla**, an der sich unter dem Motto »Das Zeitalter der Entdeckungen« 110 Länder und 23 internationale Organisationen beteiligen. Am 25. 7. eröffnet der König die **XXV. Olympischen Sommerspiele in Barcelona**. An den bis 9. 8 dauernden Spielen nehmen 9309 Athletinnen und Athleten aus 172 Staaten teil, darunter 488 aus Deutschland. – Nach dem Abgeordnetenhaus (22. 7.) stimmt am 30. 7. der Senat fast einstimmig Verfassungsänderungen zu, die die **Voraussetzung für die Ratifizierung des Vertragswerks von Maastricht** bilden. – Am 27. 8. unterzeichnet der König einen Verfassungszusatz, der Bürgern aus anderen EG-Ländern künftig erlaubt, sich um ein öffentliches Amt in spanischen Gemeinden zu bewerben.

SRI LANKA ai beschuldigt am 11. 9.**1991** sowohl die Sicherheitskräfte als auch die Liberation Tiger of Tamil Eelam/LTTE, die für einen von Sri Lanka unabhängigen Staat der tamilischen Volksgruppe kämpft, in den letzten Monaten Hunderte von Menschen umgebracht zu haben. – Am 7. 10. lehnt der Parlamentspräsident den Antrag auf ein **Verfahren zur Amtsenthebung von Präsident** *Ranasinghe Premadasa* ab, der von 120 der 225 Parlamentsmitglieder, darunter 40 Abgeordnete der regierenden United Nationalist Party/UNP, am 28. 8. gestellt wurde; sie werfen *Premadasa* u. a. Korruption, Verstöße gegen die Verfassung, Waffenlieferungen an die LTTE, als diese gegen Indien kämpfte, Verhinderung von Untersuchungen über das Verschwinden von Oppositionellen und die Schaffung einer Parallelpolizei vor. *Premadasa* weist die Vorwürfe zurück und suspendiert das Parlament am 30. 8. für die Dauer von einem Monat; eine Kooperation mit der LTTE gibt er aber zu. – Am Rande des Gipfeltreffens der SAARC-Mitgliedsstaaten am 21. 12. in Colombo einigen sich Präsident *Ranasinghe Premadasa* und der indische Ministerpräsident *Narasimha Rao* auf die freiwillige Repatriierung tamilischer Flüchtlinge aus Südindien nach Sri Lanka. Einzelheiten werden vom 6.–7. 1.**1992** von einer indisch-srilankischen Kommission geregelt. Die Rückführung der rd. 200 000 Flüchtlinge beginnt Ende Januar und wird durch materielle Zusagen der srilankischen Regierung erleichtert. – *Velupillai Prabhakaran*, der Führer der LTTE, spricht sich am 23. 2. für eine politische Lösung des Konflikts mit der Regierung unter der

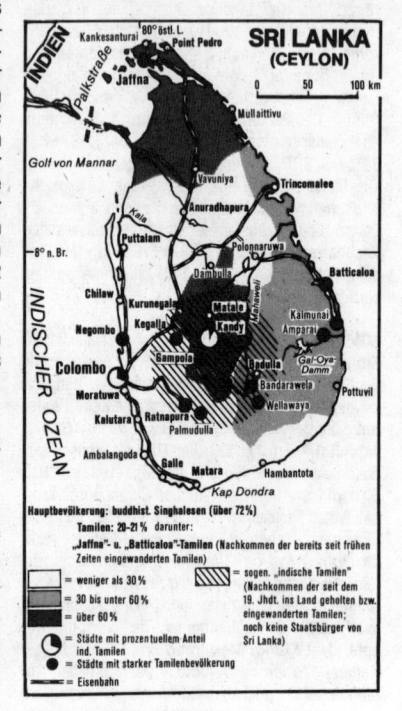

Tamilenkonflikt in Sri Lanka

Schirmherrschaft der UN aus. Er verlangt nicht mehr die volle Unabhängigkeit der vorwiegend von Tamilen bewohnten Gebiete im Norden und Osten Sri Lankas, sondern nur noch weitreichende Autonomie. – Nach dem Ende der Regenzeit hatte am 2. 9. 1991 eine Großoffensive der Armee gegen die LTTE im Norden der Insel begonnen. Die Kämpfe dauern mit wechselnder Intensität bis Ende Oktober, flauen dann ab und leben im Januar, v. a. aber ab Februar erneut auf. Nach Angaben des Militärs vom 14. 5. hat der Bürgerkrieg seit Jahresbeginn 1105 Menschenleben gefordert; im Mai und Juni werden erneut rd. 700 Tote gemeldet. Das den Rebellen der LTTE von der Regierung gestellte Ultimatum, sich bis zum 15. 7. in Militärlagern zu stellen und ihre Waffen zu übergeben, verstreicht unbeantwortet.

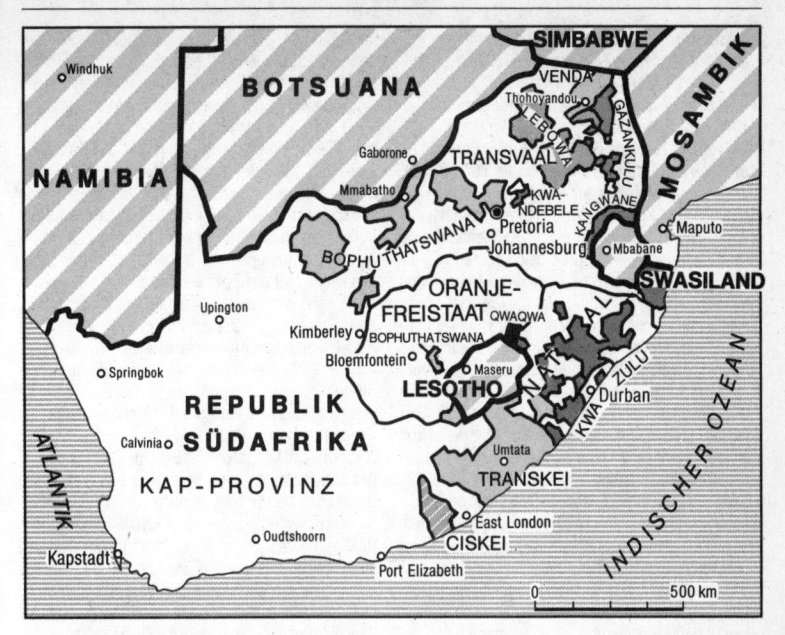

SÜDAFRIKA Der Sonderparteitag der regierenden »Nationalpartei«/NP in Bloemfontein billigt am 4. 9.**1991** einen **Verfassungsentwurf**, der erstmals das allgemeine Wahlrecht – ungeachtet der ethnischen Zugehörigkeit – sowie die Gewaltenteilung vorsieht. – Am 14. 9. wird in Johannesburg nach mehrmonatigen Verhandlungen das »**Friedensabkommen für Südafrika**« geschlossen (→ *Kasten*). Der Vertragsunterzeichnung war eine Woche blutiger Gewalttätigkeiten zwischen Zulus und Xhosa vorausgegangen, die allein in diesem Zeitraum rund 130 Tote und eine große Zahl von Verletzten forderten. – S. und Namibia einigen sich am 20. 9. über eine **gemeinsame Verwaltung der Walfischbucht**, bis eine endgültige Lösung über die Zukunft des Territoriums gefunden wird. – Die außenpolitischen Aktivitäten führen zu einem **Abbau der internationalen Isolierung**: Indien, das 1948 als erstes Land Sanktionen gegen S. verhängte, hebt am 30. 9. die Visabeschränkungen, das Verbot direkter Flugverbindungen sowie den Kultur- und Wissenschaftsboykott auf. In Moskau unterzeichnet Außenminister *Roelof Botha* mit seinem sowjetischen Amtskollegen *Boris Pankin* am 9. 11. ein Abkommen über die Wiederaufnahme konsularischer Beziehungen. – Im Welthandelszentrum von Kempton Park bei Johannesburg tagt zum erstenmal am 20. und 21. 12. der »Konvent für ein demokratisches Südafrika«/CO-DESA. In seiner Eröffnungsansprache lädt *de Klerk* die **schwarze Bevölkerung** des Landes zu einer **Regierungsbeteiligung** ein. Das Kabinett soll künftig alle Bevölkerungsgruppen des Landes repräsentieren. Nach einer Volksabstimmung sei auch die Änderung der Verfassung möglich. In einer Abschlußerklärung verpflichten sich die rund 200 Delegierten, die die Regierung sowie 18 weitere Gruppen (Parteien und Homelands) repräsentieren, ein demokratisches Südafrika ohne Apartheid und Diskriminierung zu schaffen. Keine Einigung gibt es über die Form der Übergangsregierung. Die Regierung erklärt sich bereit, die Beschlüsse des CODESA der Legislative zur Verabschiedung vorzulegen, lehnt aber die Suspendierung der derzeitigen Verfassung ab. – Am 30. 1. **1992** wird mit Angola ein Abkommen über die Normalisierung der seit 1975 gespannten Beziehungen und den Austausch von Botschaftern unterzeichnet. – Das Parlament in Kapstadt wählt am 23. 1. *Eli Louw* zu seinem neuen Präsidenten; am 24. 1. eröffnet Regierungschef *de Klerk* die neue Sitzungsperiode. Seine mit Spannung erwartete Rede bleibt hinter den Forderungen der schwarzen Bevölkerung zurück, die eine verbindliche Zusage zur Wahl einer ethnisch gemischten, verfassungsgebenden Versammlung noch 1992 verlangen. – Mit 56,1 % der Stimmen gewinnt die konservative CP am 19. 2. eine **Nachwahl in der Universitätsstadt Pot-**

chefstroom (Transvaal). Die NP-Regierungspartei, die den Wahlkreis seit Jahrzehnten gehalten hatte, muß sich mit 43,8% der Stimmen zufriedengeben. *De Klerk* kündigt nach dieser Niederlage für den 17.3. ein **Referendum** an, mit dem die weiße Bevölkerung **über die Fortführung oder Einstellung der Reformpolitik** entscheiden solle. Für den Fall, daß er keine Mehrheit für seinen politischen Kurs erhalte, so *de Klerk* am 20. 2. im Parlament, lege er die Präsidentschaft nieder. Dem Referendum wird große historische Bedeutung beigemessen, da die Weißen auf diesem Wege über die Beschneidung ihrer privilegierten Stellung und die Preisgabe ihrer jahrzehntelang gehaltenen Machtposition abzustimmen haben. Während der Vorbereitungen kommt es in den schwarzen Townships zu einer Welle neuer Gewalttaten. Kurz vor dem Referendum schließen sich 32 Gruppen weißer Reformgegner zur »Front der Weißen Nation« zusammen. *De Klerk* **erhält** schließlich **mit 68,7% die Zustimmung** von überraschend vielen Weißen **für seine Reformpolitik**. Selbst in den Hochburgen der CP – wie in Kroonstad – stimmt die Mehrheit der Wähler mit »Ja«; lediglich in Pietersburg votiert die Mehrheit gegen die Reformen.
– Die Regierung legt dem Verfassungskonvent CODESA am 23. 3. ihren **Entwurf einer Übergangsregelung für S.** vor, der die Wahl eines Zweikammersystems, die Ausarbeitung einer Grundrechtscharta sowie die Ernennung eines Kabinetts durch den Präsidentschaftsrat vorsieht. Die Präsidentschaft soll von den Führern der 3 bis 5 stärksten politischen Parteien in der Legislative gemeinsam übernommen werden. Ein weiterer Vorschlag der Regierung zielt dahin, daß das zu wählende Zweikammerparlament zugleich als verfassungsgebende Versammlung wirken und ein neues Grundgesetz ausarbeiten soll. Der »Afrikanische Nationalkongreß«/ANC fordert hingegen die Wahl eines Einkammerparlaments. – ANC-Präsident *Nelson Rolihlahla Mandela* verlangt am 3. 4. die **Entsendung einer internationalen Friedenstruppe** nach S., um die fortdauernden Gewalttaten in den schwarzen Townships zu beenden. In einem **gemeinsamen Friedensappell** fordern am 19. 4. Präsident *de Klerk*, ANC-Präsident *Mandela* und Inkatha-Führer *Mangosuthu Buthelezi* alle Bürger des Landes zur Einstellung der Gewalt auf. – Am 9. 4. trifft *de Klerk* zu einem als Durchbruch betrachteten Besuch in Nigeria ein, dessen Präsident *Ibrahim Babangida* derzeit den Vorsitz in der Organisation für Afrikanische Einheit (OAU) innehat; S. bemüht sich um die Aufnahme in die OAU noch vor Ende des Jahres 1992. – Fünf **weiße Abgeordnete** der »Demokratischen Partei«/DP geben am 21. 4. ihren **Übertritt zum ANC** bekannt, lehnen es jedoch ab, ihr Mandat niederzulegen. Künftig wollen sie der Kammer als fraktionslose Mitglieder angehören, wodurch der ANC erstmals inoffiziell im Parlament der Weißen vertreten ist. – Im Rahmen einer **Regierungsumbildung** überträgt *de Klerk* am 4. 5. dem erst im Januar ernannten Handels- und Industrieminister *Derek Keys* zusätzlich das Finanzressort; ihm obliegt somit künftig die gesamte Koordinierung der Wirtschaftspolitik. – Der **Verfassungskonvent** (CODESA) **einigt sich** darauf, **die vier** nominell unabhängigen **Homelands** Transkei, Bophuthatswana, Venda und Ciskei **wieder in den südafrikanischen Staatenverband aufzunehmen**; die Bürger sollen an den Wahlen für die Übergangsregierung teilnehmen. Nur Bophuthatswana hält den Fortbestand seiner international nicht anerkannten »Unabhängigkeit« für eine bessere Alternative. – Zur Eröffnung einer viertägigen ANC-Programmkonferenz fordert der ANC die Regierung am 28. 5. ultimativ auf, vor Ende Juni eine Übergangsregierung und eine verfassungsgebende Versammlung zu installieren. Mit **Streiks** und über 70 **Kundgebungen** verleihen sie ab dem 16. 6. ihren Forderungen Nachdruck. – Bei einem **Massaker in der Schwarzensiedlung Boipatong** kommen in der Nacht vom 17. zum 18. 6. nach offiziellen Angaben 43 Menschen ums Leben. Der **ANC** wirft der Polizei Untätigkeit und insgeheime Unterstützung vor und **suspendiert** aus Protest am 21. 6. **die weitere Teilnahme am Verfassungskonvent**, bis die Regierung *De Klerk* Maßnahmen zur Bekämpfung der Gewalt treffe. – Auf Ersuchen der OAU befaßt sich der **Sicherheitsrat der Vereinten Nationen** am 15. 7. auf einer **Sondersitzung** mit der Krise in S. und beschließt, den früheren amerikanischen Außenminister *Cyrus Vance* als **UN-Sonderbeauftragten zu Sondierungen** nach S. zu entsenden. Staatspräsident *de Klerk* löst wenige Stunden vor dem Beginn der UN-Sondersitzung drei Sondereinheiten der Polizei und Armee auf, denen seit Jahren Übergriffe vorgeworfen werden. – **Millionen schwarzer Arbeiter folgen** am 3. und 4. 8. **dem Aufruf zum Generalstreik** des größten Gewerkschaftsdachverbandes, dem mit dem ANC und der Kommunistischen Partei verbündeten »Congress of South African Trade Unions«/COSATU. Neben der Forderung nach der Wahl einer verfassungsgebenden Versammlung will die Dreierallianz die Regierung zwingen, Maßnahmen zur Eindämmung der Gewalt zu ergreifen. Während des Generalstreiks und anschließender Massenproteste kommen mehr als 40 Menschen ums Leben. – Außenminister *Botha* erklärt am 13. 8., die Regierung akzeptiere den **Einsatz von UN-Beobachtern zur Beendigung der Gewalt**. – Nach massiven Vorwürfen verabschiedet die Regierung am 27. 8. eine **tiefgreifende Reform** in der Organisationsstruktur **der Polizei**. Künftig wird es eine spezielle Einheit zur Untersuchung krimineller Handlungen von Polizisten geben. Die Maßnahmen gelten als Teil der Bemühungen seitens der Regierung, den ANC an den Verhandlungstisch zurückzubringen.

Südafrika: Der Weg aus der Apartheid

14. 9. 1989: Der NP-Vorsitzende **Frederik Willem de Klerk** wird **zum neuen Präsidenten gewählt**. Er unterstreicht, daß direkte Verhandlungen mit dem »Afrikanischen Nationalkongreß«/ANC und anderen Organisationen durchaus denkbar seien, wenn diese sich entschließen sollten, auf friedlichem Wege für Veränderungen in S. zu agieren.

15. 10.: Nach 26 Jahren Haft wird der **Ex-Generalsekretär des ANC, Walter Sisulu, freigelassen**.

29. 10.: Ca. 50 000 Menschen nehmen an der ersten Kundgebung des seit 1960 verbotenen ANC teil.

13. 12.: De Klerk trifft den noch inhaftierten **Nelson Mandela** in der Kapstadter Residenz zu einem Gespräch über die Zukunft des Landes.

2. 2. 1990: In seiner ersten **Regierungserklärung** kündigt de Klerk **weitreichende Reformen an**, die den Weg zu Verhandlungen der schwarzen Bevölkerungsmehrheit ebnen sollen. Dazu gehören die Aufhebung des 1960 ausgesprochenen Verbots des ANC und des »Panafrikanischen Kongresses«/PAC sowie die Wiederzulassung der »Kommunistischen Partei Südafrikas«/SACP. Weiterhin verspricht er die Freilassung politischer Gefangener und die teilweise Aufhebung des 1986 verhängten Ausnahmerechts.

11. 2.: Mandela wird nach fast 28 Jahren **aus lebenslanger Haft entlassen**. Er tritt in einer ersten öffentlichen Rede sowohl für eine friedliche Lösung als auch für die Fortsetzung des bewaffneten Kampfes ein. Am 2. 3. wird *Mandela* in Lusaka **zum ANC-Vizepräsidenten gewählt**.

2.–4. 5.: In Kapstadt kommt es zu **ersten Verhandlungen zwischen der Regierung und dem ANC**. Im Groote-Schuur-Abkommen einigen sich die Gesprächspartner unter Leitung von *de Klerk* und *Mandela*, das »bestehende Klima der Gewalt und Einschüchterung« zu beseitigen«.

26. 5.: Rund **50 000 Anhänger der »Konservativen Partei«/CP demonstrieren** in Pretoria **gegen die eingeleitete Reformpolitik** der Regierung.

8. 6.: Der seit vier Jahren herrschende **Ausnahmezustand wird aufgehoben**, ausgenommen in der Provinz Natal und im Homeland KwaZulu.

15. 7.: Auf ihrem Jahreskongreß in Ulundi beschließt die **Inkatha-Bewegung**, sich als **Partei**, »Inkatha-Freiheitspartei«/IFP, zu konstituieren, die künftig allen Südafrikanern offensteht.

6. 8.: Staatspräsident *de Klerk* und ANC-Vizepräsident *Mandela* kommen zu einem zweiten Gespräch in Pretoria zusammen. Die Regierung verspricht eine **Freilassung aller politischen Gefangenen** und eine **Amnestie für Exil-Aktivisten**. Der **ANC setzt den Guerilla-Kampf aus**.

17. 8.: Wegen zunehmender Rivalitäten zwischen den ethnischen Gruppen der Zulu und der Xhosa vereinbaren *de Klerk* und *Mandela* in einem Gespräch die **Gründung von Friedenskomitees**, in denen Polizei, ANC und Inkatha zusammenarbeiten sollen.

28. 8.: Als erste Großstadt beschließt Johannesburg, für alle Ethnien offen zu sein.

15. 10.: Der **Separate Amenities Act** aus dem Jahr 1953, das Schwarzen den Zugang zu öffentlichen Einrichtungen wie Parks und Schwimmbädern verwehrt, wird **landesweit aufgehoben**.

29. 1. 1991: Erstmals seit über 30 Jahren kommen Inkatha-Präsident *Buthelezi* und *Mandela* zusammen, um über die Beilegung der blutigen Auseinandersetzungen zu beraten.

1. 2.: Präsident de Klerk kündigt die Aufhebung der wichtigsten Apartheidsgesetze und das Ende der Rassentrennungspolitik an. Mit dem ANC und anderen Oppositionsgruppen soll eine neue Verfassung ausgearbeitet werden.

5. 6.: Das Parlament stimmt mit großer Mehrheit der Abschaffung des bisher geltenden **Verbots von Landeigentum für Schwarze** (Land Act) **sowie der Trennung der Wohngebiete nach Hautfarbe** (Group Areas Act) nach mehr als 40 Jahren zu.

17. 6.: Der letzte Eckpfeiler der Apartheid, das **Gesetz über die Registrierung der Bevölkerung** (Population Registration Act), **wird aufgehoben**.

5. 7.: Mandela wird in Durban **zum ANC-Präsidenten gewählt**. Er setzt sich für die Beibehaltung der Sanktionen ein; ferner bekräftigt er die Forderung nach einer **Übergangsregierung**.

14. 9.: In Johannesburg wird das **»Friedensabkommen für Südafrika« unterzeichnet**, in dem sich *de Klerk* für die Regierung, *Mandela* für den ANC, *Buthelezi* für die Inkatha-Freiheitspartei sowie 20 weitere Organisationen verpflichten, die demokratischen Grundwerte zu respektieren und die Gewalt im Lande zu bekämpfen.

20. 12.: Im Welthandelszentrum von Kempton Park bei Johannesburg **tagt erstmals der »Konvent für ein demokratisches Südafrika«/CODESA**, der die Richtlinien zum Übergang zur Demokratie ausarbeiten soll.

19. 2. 1992: Präsident de Klerk kündigt ein Referendum an, mit dem die Bevölkerung über die Fortführung seiner Politik entscheiden soll.

17. 3.: Die Frage des **Referendums**: »Unterstützen Sie die Fortsetzung des Reformprozesses, den der Staatspräsident am 2. Februar 1990 begonnen hat und der als Ergebnis von Verhandlungen eine neue Verfassung zum Ziel hat?« bejahen überraschend 68,7 % der weißen Wähler.

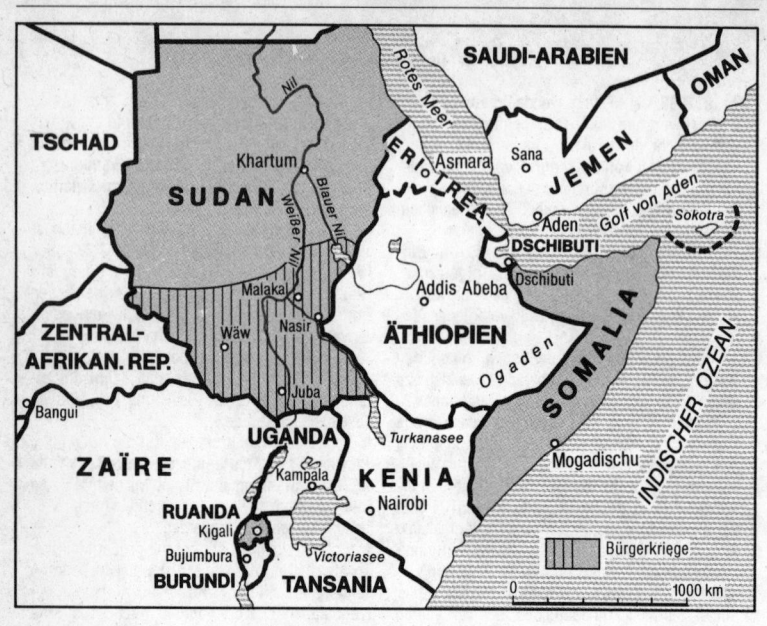

Bürgerkrieg im Sudan und Somalia

SUDAN Zur Verbesserung der gespannten Beziehungen **unterzeichnet die sudanesische Regierung mit dem Nachbarland Äthiopien zwölf bilaterale Abkommen.** Beide Seiten einigen sich auch über die Rückführung der 250 000 im Süden des S. lebenden äthiopischen Flüchtlinge. – Staatschef *Omar Hassan Ahmad El Beshir* ordnet am 14. 2. **1992 die Bildung einer Nationalen Übergangsversammlung** an, die als Interimsparlament und als Legislativorgan des regierenden »Revolutionären Kommandorats«/ RCC fungieren soll. Sie löst zugleich das Parlament ab, das seit dem Sturz der Zivilregierung im Juni 1989 für aufgelöst erklärt wurde. *Beshir* ernennt alle 300 Mitglieder des Gremiums selbst; an seine Spitze beruft er *Mohammed Al-Amin Khalifa*. Per Dekret werden alle Mitglieder des RCC automatisch auch Mitglieder der Übergangsversammlung; daneben gehören ihr Bundesminister, Gouverneure und Beamte der Bundesstaaten sowie Angehörige der Streitkräfte und der Polizei an. – Ebenfalls im Februar gibt die Regierung ein **neues Wirtschaftsprogramm** bekannt. Wesentlicher Punkt ist die Freigabe der Devisenkurse, worauf der Kurs des amerikanischen Dollar gegenüber dem sudanesischen Pfund um mehr als 500% steigt. Daneben wird die Importlizenzpflicht für die meisten Waren aufgehoben und die Privatisierung von rund 2 Dutzend Staatsbetrieben angekündigt. – Im März beginnen die Regierungstruppen mit der bislang umfassendsten **militärischen Offensive gegen die sezessionistischen Rebellen** in dem seit 1983 andauernden Bürgerkrieg. Mitarbeiter der UN sowie westlicher Hilfsorganisationen werden nach Kenia evakuiert. Alle humanitären Hilfsflüge werden für mehrere Wochen unterbrochen. – Den Regierungstruppen gelingt am 10. 3. die Einnahme der Stadt Pochala, die seit 1985 von der Sudanesischen Volksbefreiungsfront/SPLA kontrolliert wurde. Nach Angaben der SPLA sind mehr als 18 000 iranische Soldaten sowie Einheiten der libyschen Luftwaffe auf seiten der Regierungstruppen an den Kämpfen beteiligt, was die Regierung in Khartoum dementiert. – Die SPLA selbst ist nach Angaben von Beobachtern durch die innere Spaltung (August 1991) geschwächt. Während *John Garang* weiterhin an einer staatlichen Einheit interessiert ist, fordern andere Fraktionen die Sezession der Südprovinzen. Zudem hat die SPLA durch den Sturz des äthiopischen Präsidenten *Mengistu Haile Mariam* einen wichtigen Verbündeten verloren. – Nach Angaben der Regierung wird am 15. 4. ein **Umsturzversuch vereitelt.** – Ende Mai **verhandeln die sudanesische Regierung und Vertreter der** beiden miteinander rivalisierenden **SPLA-Gruppierungen** in der nigerianischen Hauptstadt Abuja **über das Ende des**

Bürgerkrieges. In einem am 4. 6. unterzeichneten Dokument gesteht die Regierung der Bevölkerung im Süden zu, ein Unabhängigkeitsreferendum abzuhalten. – Unterdessen gehen die Kämpfe weiter. Am 13. 7. meldet die Militärregierung die Einnahme der Ortschaft Torit mit dem Hauptquartier der SPLA. Tausende von Menschen fliehen ins benachbarte Kenia. – Nachdem Regierungstruppen die Stadt Juba im Südsudan eingenommen haben, droht den 300 000 in dieser Region lebenden Menschen der Tod durch Hunger und Terror, heißt es in einem Bericht der katholischen Bischöfe im Sudan.

SYRIEN Das Parlament bestimmt am 17. 11.**1991** einstimmig Präsident *Hafez al-Assad* zum Kandidaten für die **Präsidentschaftswahlen.** Am 2. 12. wird *Assad* ohne Gegenkandidaten mit 99,98 % der Stimmen wiedergewählt. Assads vierte 7jährige Amtsperiode beginnt am 13. 3.**1992.** – Am 15. 4. gibt die türkische Regierung bekannt, in Syrien seien zahlreiche Aktivisten der Arbeiterpartei Kurdistans/ PKK festgenommen worden. – Ende April hebt die Regierung die Reisebeschränkungen für jüdische Bürger Syriens auf; bis Ende Juli verlassen rund 700 der auf 4000–5000 geschätzten syrischen Juden das Land. – Nach Angaben des von der Ölindustrie herausgegebenen Informationsblatts »Middle East Economic Survey« vom 15. 6. kürzt Syrien in seinem Haushalt 1992 die Rüstungsausgaben; dennoch bleibt der Verteidigungsetat mit 29 % des Gesamthaushalts der größte Ausgabenposten. – Nach dem Rücktritt seines Kabinetts wird Ministerpräsident *Mahmud al-Zo'obi* am 24. 6. von Präsident *Assad* mit der **Bildung einer neuen Regierung** beauftragt. Das am 29. 6. vorgestellte Kabinett umfaßt 37 Minister, davon 15 der alten Regierung; Außenminister *Faruk al-Shara'a* und Verteidigungsminister General *Mustafa Tlass* bleiben im Amt. – Nach einem Bericht von ai vom 21. 7. gibt es in Syrien mehrere Tausend politische Gefangene. Seit der Freilassung von über 3000 politischen Gefangenen im Dezember 1991 und im März 1992 habe es neue Massenverhaftungen und Inhaftierungen von Tausenden von Regimekritikern gegeben.

TADSCHIKISTAN Präsident *Kadreddin Aslonow* verbietet am 22. 9.**1991** die am Vortag in Sozialistische Partei umbenannte KP Tadschikistans und tritt selbst aus. Unter dem Druck der mehrheitlich kommunistischen Deputierten des Obersten Sowjets tritt *Aslonow* am 23. 9. zurück; *Rachman Nabijew* übernimmt sein Amt. Zugleich hebt der Oberste Sowjet das Verbot der Sozialistischen Partei auf und verhängt den Ausnahmezustand. Nach mehrtägigen Demonstrationen in der Hauptstadt Duschanbe gegen die Absetzung von *Aslonow* und die Aufhebung des Verbots der früheren KP verbietet der Oberste Sowjet am 2. 10. erneut die Sozialistische Partei. Präsident *Rachman Nabijew* tritt am 6. 10. zurück. Am 8. 10. wird der Ausnahmezustand aufgehoben. – Nach der Aufhebung der beiden Gesetze, die Parteien mit religiösen Zielsetzungen und Geistliche als Abgeordnete verbieten, wird am 25. 10. die Islamische Partei Wiedergeburt gegründet. Bei der **ersten Direktwahl eines Präsidenten** am 24. 11. setzt sich *Rachman Nabijew* mit rd. 57 % der Stimmen durch; *Dawlat Chudonasarow* (Demokratische Partei), der knapp 37 % erhält, spricht von Wahlbetrug (Wahlbeteiligung: 84,6 %). – Nach der erneuten Aufhebung des Verbots der Sozialistischen Partei ändert diese am 20. 1.**1992** ihren Namen wieder in KP Tadschikistans. – Anfang April beginnen wieder Dauerdemonstrationen vor dem Präsidentenpalast in der Hauptstadt Duschanbe; einige Tausend Anhänger der Opposition fordern insb. die Verabschiedung einer neuen Verfassung, Parlamentsneuwahlen und den Rücktritt von Präsident *Rachman Nabijew*, dem sie ein autoritäres Regime vorwerfen. Wegen anhaltender Proteste gegen die Regierung stimmt das Parlament am 30. 4. der **Einführung der direkten Präsidialverwaltung für 6 Monate** zu. – Präsident *Rachman Nabijew* ordnet am 2. 5. zur Beruhigung der Bevölkerung u. a. Steuersenkungen und Erhöhung der Mindestlöhne an. Den erst am 21. 4. unter dem anhaltenden öffentlichen Druck zurückgetretenen Parlamentspräsidenten *Safarali Kendjajew* setzt er am 3. 5. wieder in sein Amt ein. Am selben Tag lehnt die Opposition die Beteiligung an einem von Präsident *Nabijew* geschaffenen Präsidialrat ab. *Nabijew* verhängt am 5. 5. über die ganze Republik den **Ausnahmezustand**, über Duschanbe zusätzlich ein nächtliches Ausgehverbot. Oppositionelle Kräfte besetzen das Fernsehzentrum. Es kommt zu blutigen Zusammenstößen zwischen Nationalgarde und bewaffneten Einheiten der Opposition. – In langen Verhandlungen gibt Präsident *Nabijew* am 7. 5. einigen Forderungen der Opposition nach: Ausnahmezustand und Ausgangssperre werden aufgehoben, Entwaffnung und Auflösung der Präsidentengarde, Geheimdienst und Verteidigungskomitee sollen der Kontrolle der Regierung unterstellt werden. Am 11. 5. einigen sich Präsident *Nabijew* und die in sich gespaltene demokratische, nationalistische und religiöse Opposition endgültig auf die **Bildung einer Koalitionsregierung und eines Übergangsparlaments**: 8 der 24 Ministerposten, darunter der Verteidigungsminister, erhält die Opposition; der Medschlis, das Parlament, soll paritätisch aus Vertretern der Opposition und bisherigen Parlamentsmitgliedern besetzt werden. Bis Mitte Mai fordern die Unruhen in Duschanbe über 100 Menschenleben. – Am 10. 8. setzt das Parlament mit 131 gegen 30 Stimmen seinen Präsidenten *Safarali Kendjajew* ab und wählt am 11. 8. einstimmig *Akbarscho Iksandrow* zum Nachfolger. Das **Parlament widerruft** am selben Tag **die dem Präsidenten** *Nabijew* am 30. 4. **zugestandenen Sondervollmachten** mit der Begründung, die Präsidialregierung sei nicht effektiv. – Präsident *Rachman Nabijew* und der Oberbefehlshaber der GUS-Truppen, *Jewgenij Schaposchnikow*, unterzeichnen am 28. 8. ein Abkommen zur Stationierung einer GUS-Friedenstruppe in Tadschikistan; in 2 Regionen im Süden des Landes kommt es seit Juni wiederholt zu blutigen Auseinandersetzungen zwischen kommunistischen und muslimischen Kämpfern. – Mehrere Hundert Oppositionelle, v. a. Jugendliche und Flüchtlinge aus dem Süden des Landes, umstellen am 31. 8. den Präsidentenpalast in Duschanbe und nehmen 33 Minister sowie Regierungsvertreter als Geiseln, um den Rücktritt von Präsident *Rachman Nabijew* zu erzwingen; die Opposition fordert mehr politische und religiöse Freiheiten und wirft *Nabijew* u. a. Untätigkeit bei der Beendigung der Kämpfe im Süden des Landes vor. Am 2. 9. werden die Geiseln wieder freigelassen. Regierung und Parlamentspräsidium sprechen am 3. 9. dem Präsidenten das Mißtrauen aus. Wegen Beschlußunfähigkeit gelingt es in 3 Parlamentssitzungen vom 4.–7. 9. nicht, die Amtsenthebung des Präsidenten von einer ⅔-Mehrheit der Abgeordneten bestätigen zu lassen. Nach seinem gescheiterten Fluchtversuch wird **Präsident** *Nabijew* am 7. 9. **zum Rücktritt gezwungen**. Interimspräsident bis zu den für 13. 12. geplanten Präsidentschaftswahlen wird Parlamentspräsident *Akbarscho Iksandrow*.

THAILAND Am 7. 12. **1991** verabschiedet die gesetzgebende Versammlung, deren Mitglieder von der Militärjunta ernannt wurden, die **neue Verfassung**. Danach ernennt die Armee alle 270 Mitglieder des Senats für eine 4jährige Amtszeit; der Senat besitzt gegenüber der Abgeordnetenkammer Vetorecht und kann Mißtrauensanträge gegen die Regierung einbringen. Verfassungsänderungen erfordern die Zustimmung von 90% der Mitglieder beider Häuser. König *Bhumibol* setzt die neue Verfassung am 9. 12. in Kraft. – Bei den **Parlamentswahlen** am 22. 3. **1992** bewerben sich 15 Parteien (Wahlbeteiligung: 59,2%). Die 5 der regierenden Militärjunta nahestehenden Parteien gewinnen 195 der 360 Sitze: Samakkhi Tham 79 Mandate (21,9%), Chart Thai 74 (20,6%), Social Action Party 31 (8,6%), Prachakorn Thai 7 (1,9%) und Ratsadon 4 (1,1%). Die New Aspiration Party von *Chaovalit Yongchaiyudh* erringt 72 Sitze (20%), die Democrat Party 44 (12,2%), die Palang Dharma unter Führung des Bürgermeisters von Bangkok, *Chamlong Srimuang*, 41, darunter 32 der 35 Sitze in Bangkok (11,4%), Solidarity Party 6 (1,7%), Muanchon und Puangchon Chaothai je 1 Sitz. Am selben Tag ernennt Juntachef General *Sunthorn Kongsompong* die 270 Senatsmitglieder. Nachdem General *Suchinda Kraprayoon* die Übernahme des Amts des Ministerpräsidenten an Bedingungen knüpfte, denen die Koalitionspolitiker nicht nachgeben wollen, einigen sich die 5 Regierungsparteien am 23. 3. auf *Narong Wongwan*, den Führer der Samakkhi Tham, der seine Kandidatur am 5. 4. zurückzieht, da er den Verdacht auf Drogenhandel nicht entkräften kann. Am 7. 4. wird General *Suchinda Kraprayoon* von der 5-Parteien-Koalition nominiert und von König *Bhumibol* zum **neuen Ministerpräsidenten** ernannt. Im neuen Kabinett, das am 21. 4. vereidigt wird, gehörten 16 Mitglieder bereits der Regierung unter Ministerpräsident *Chatichai Choonhavan* an, die im Februar 1991 gestürzt worden war. *Narong Wongwan* wird stellv. Ministerpräsident und *Pongpol Adireksarn* Außenminister; das Amt des Verteidigungsministers übernimmt Regierungschef *Suchinda Kraprayoon* selbst. Die Ernennung von General *Suchinda* zum Ministerpräsidenten führt zu Massendemonstrationen in Bangkok und anderen Städten mit bis zu 200 000 Teilnehmern, die den Rücktritt *Suchindas* fordern. Die wochenlangen **Proteste von** weitgehend friedlichen, unbewaffneten **Demonstranten**, die vom 17.–20. 5. ihren Höhepunkt erreichen, werden **in Bangkok von schwerbewaffneten Sicherheitskräften brutal niedergeschlagen**; nach amtlichen Angaben werden 48 Menschen getötet, und 570 Personen gelten als vermißt. Nach den blutigen Ereignissen erklärt sich die Regierungskoalition zur Unterstützung einer Verfassungsänderung bereit, nach der der Ministerpräsident Abgeordneter sein muß. **Ministerpräsident** *Suchinda Kraprayoon* **tritt** daraufhin **am 24. 5. zurück**. Interims-Regierungschef wird *Meechai Ruchupan*. Die Regierungsparteien stimmen der Auflösung ihrer Koalition zu. König *Bhumibol* ernennt *Chaovalit Yongchaiyudh* zum Oppositionsführer im Parlament. Am 10. 6. stimmt das Parlament der **Verfassungsänderung** zu; danach muß der Ministerpräsident künftig Parlamentsabgeordneter sein, der Vorsitzende des Abgeordnetenhauses wird Parlamentspräsident (bisher: Vorsitzender des Senats, dessen Mitglieder von der Militärjunta ernannt werden), und die Befugnisse des Senats werden eingeschränkt. Am selben Tag wird der frühere Übergangspräsident *Anand Panyarachun* mit der **Regierungsbildung beauftragt**; dieser war bereits von März 1991 bis zum Amtsantritt von General *Suchinda Kraprayoon* Ministerpräsident. Der neue Regierungschef stellt am 14. 6. sein Kabinett vor; Außenminister wird der Diplomat *Arsa Sarasin*. Seine Hauptaufgabe sieht *Anand Panyarachun* in der Vorbereitung freier und fairer Wahlen (→ Sp. 581).

TOGO Nach der Militärherrschaft erleidet der Demokratisierungsprozeß in der westafrikanischen Republik immer wieder Rückschläge. Dreimal versucht die Armee zwischen Oktober und Dezember **1991**, Übergangspremierminister *Joseph Kokou Koffigoh* abzusetzen. Unklar bleibt die Rolle von Präsident General *Gnassingbé Eyadéma* bei den Aktionen. Der General ruft zwar immer wieder die meuternden Truppenteile zur Aufgabe auf, wird jedoch von der Opposition beschuldigt, hinter den Umsturzversuchen zu stehen. Der massivste Versuch, den Wandel zu demokratischen Verhältnissen zu unterbrechen, beginnt kurz nachdem das Übergangsparlament am 26. 11. die Auflösung der 1969 von *Eyadéma* geschaffenen Staatspartei »Sammlungsbewegung des Togoischen Volkes«/RPT beschließt. Am 1. 12. besetzen Soldaten alle strategischen Punkte in Lomé und fordern Präsident *Eyadéma* auf, die Regierung zu entlassen und den Hohen Rat der Republik aufzulösen. *Koffigoh* wird von der Armee gefangengenommen. Die Grenzen bleiben geschlossen; über das Land wird eine Ausgangssperre verhängt. – *Eyadéma* wendet sich am 3. 12. in einer Ansprache an die Bevölkerung und teilt mit, *Koffigoh* habe sich mit der Bildung einer »Übergangsregierung der nationalen Einheit« einverstanden erklärt. Die Militärs ziehen sich am 4. 12. in ihre Kasernen zurück. – Am 30. 12. gibt *Koffigoh* die 23 Mitglieder der neuen Übergangsregierung bekannt. Er selbst übernimmt das Verteidigungsressort. Das Ressort Territorialverwaltung und Sicherheit geht an einen Vertreter der inzwischen wieder legalisierten Einheitspartei RPT. – **Das** für den 31. 5. **1992 vorgesehene Referendum über die neue Verfassung und die** für den 30. 6. angesetzten **Parlamentswahlen werden** wegen blutiger Unruhen **verschoben**. Nach Gesprächen mit einer paritätischen Kommission, der Vertreter des Präsidenten und der wichtigsten 8 Parteien angehören, löst Premierminister Koffigoh die Übergangsregierung auf, deren Mitglieder aber die Amtsgeschäfte bis zur Einsetzung einer neuen Regierung weiterführen sollen. – Am 27. 8. gesteht der Hohe Rat dem Präsidenten *Eyadéma* wieder alle früheren Machtbefugnisse zu und kündigt die Verlängerung der Übergangszeit bis zur Einführung demokratischer Strukturen an.

TSCHAD Die Regierung beschließt am 1. 10. **1991** eine **Charta der politischen Parteien** als einen weiteren Schritt im Demokratisierungsprozeß. Parteien und politische Organisationen auf religiöser Basis wie solche, die über bewaffnete Verbände verfügen, sind nicht zugelassen. – Die Opposition kritisiert sowohl die ihrer Meinung nach bevorzugte Stellung der Regierungspartei MPS, die von der Verpflichtung entbunden ist, einen Zulassungsantrag zu stellen, als auch die allgemein zu streng formulierten Bedingungen für die Bildung neuer Parteien. – Am 14. 10. wird Innenminister *Maldoum Bada Abbas*, der bisher auch als stellvertretender Vorsitzender der MPS amtierte, wegen eines **Putschversuchs** gegen Präsident *Idriss Déby* seines Amtes enthoben und verhaftet. Am Vortag hatten Truppeneinheiten ein Waffendepot am Flughafen der Hauptstadt angegriffen. Die Regierung, die von 40 Toten spricht, verhängt eine nächtliche Ausgangssperre. Die französische Regierung entsendet 300 Fallschirmjäger. – Im Rahmen einer **Regierungsumbildung** beruft Präsident *Déby* am 12. 12. *Ahmad Hassaballah Soubiane* zum neuen Innen- und Sicherheitsminister sowie *Nadjita Beassoumal* zum Verteidigungsminister. – Am 24. 12. kommt es zu einem **Aufstand** gegen die Regierung von Staatschef *Déby*. Den rund 3000 Rebellen, hinter denen offensichtlich der 1990 von *Déby* gestürzte Staatschef *Al Hadj Hissène Habré* steht, gelingt es zeitweise, ein Gebiet nördlich der Hauptstadt N'Djaména unter Kontrolle zu bringen, ehe sie von Einheiten der Streitkräfte zurückgeschlagen werden. Zur Unterstützung *Débys* entsendet die französische Regierung vorübergehend eine 450 Soldaten zählende militärische Sondereinheit in den Tschad. Am 3. 1. **1992** meldet die Regierung, sie habe die Lage in den umkämpften Landesteilen wieder unter Kontrolle. – In einem ersten Schritt zur Demokratisierung billigt das Innenministerium Anfang März die Gründung von zwei Oppositionsparteien, die »Allianz für Demokratie und Fortschritt« des Bürgermeisters von N'Djaména, *Lol Mahamat Schua*, und die »Union für Demokratie und Fortschritt« mit dem Vorsitzenden *Elie Romba*. – Staatspräsident *Déby* beruft am 20. 5. eine »Regierung des Konsenses« und ernennt *Joseph Yodoymane* zum **neuen Ministerpräsidenten**. Am Tag zuvor war durch eine Änderung der Nationalcharta, der provisorischen Verfassung, die Stellung des Premierministers deutlich gestärkt worden; er ist nunmehr formell Chef der Regierung, eine Funktion, die bisher beim Präsidenten lag. – Ebenfalls am 20. 5. übergibt eine **Untersuchungskommission** des Justizministeriums dem Staatschef einen **Bericht**, in dem von schätzungsweise 40 000 Personen berichtet wird, die während der Herrschaft von *Débys* Vorgänger *Habré* exekutiert oder während der Haft ums Leben gekommen sind. – Der **neuen Regierung**, die *Yodoymane* am 22. 5. als »Kabinett der Öffnung« vorstellt, gehören fünf Vertreter von Oppositionsparteien an. – Am 24. 6. unterzeichnen die Regierung und die Rebellen der »Bewegung für Demokratie und Entwicklung«/ MDD unter Vermittlung Gabuns ein **Friedensabkommen** in Libreville. Die Guerilla-Gruppen sollen in die offiziellen Streitkräfte eingegliedert, MDD-Führer an der Verwaltung beteiligt werden. – Am 12. 8. kommt es zu einer erneuten **Kabinettsumbildung**; einige

Minister waren wegen der rigiden Sparpolitik der Regierung zurückgetreten.

TSCHECHOSLOWAKEI Präsident *Vaclav Havel* unterzeichnet am 18. 10. **1991** das umstrittene **Berufsverbotsgesetz**, das unter anderem den Ausschluß ehemaliger hoher KPC- und Geheimdienstfunktionäre aus dem öffentlichen Dienst vorsieht. – Nach teilweise heftigen Debatten in beiden Ländern unterzeichnen Präsident *Havel* und Bundeskanzler *Helmut Kohl* am 27. 2. **1992** in Prag den **deutsch-tschechoslowakischen Nachbarschaftsvertrag**, der im April von der Nationalversammlung und im Mai vom Deutschen Bundestag ratifiziert wird (→ *Deutschland*) und am 14. 9. in Kraft tritt. – Beim **Gipfeltreffen der Visegrader Troika** (Polen, Ungarn, ČFR) in Prag einigen sich die Staats- bzw. Regierungschefs *Lech Walesa*, *Jozsef Antall* und *Havel* am 7. 5., ihre Anträge auf EG-Vollmitgliedschaft zeitlich koordiniert abzugeben. – Aus den **Wahlen zum Bundesparlament und den Länderparlamenten** am 5. und 6. 6. gehen die konservative tschechische Demokratische Bürgerpartei/ODS unter *Václav Klaus* und die in der Slowakei dominierende Bewegung für eine Demokratische Slowakei/HZDS unter *Vladimir Meciar* als Sieger hervor (→ *Sp. 589*). Am 17. 6. einigen sich *Klaus* und *Meciar* auf die Einsetzung einer Übergangs-Koalitionsregierung; bis zum 30. 9. soll in den beiden Landesparlamenten ferner über die künftige Staatsform – ob Föderation (von der ODS befürwortet), Konföderation (von der HZDS befürwortet) oder völlige Trennung – entschieden werden. Als **Ministerpräsident der** von 12 auf 5 Ressorts (Auswärtiges, Verteidigung, Inneres, Finanzen und Wirtschaft) **verkleinerten Bundesregierung wird** am 2. 7. *Jan Strasky*/ODS vereidigt. – Ministerpräsident der Slowakei wird am 24. 6. *Meciar*, der Tschechei am 2. 7. *Klaus*. – Bei der am 3. 7. beginnenden Neuwahl des Staatspräsidenten in der Bundesversammlung scheitert Amtsinhaber *Havel* am Widerstand der slowakischen Abgeordneten. Als in den folgenden Wahlgängen am 16. und 30. 7. keiner der Kandidaten die erforderliche Mehrheit erreicht, wird die Wahl auf den 24. 9. vertagt. – **Das slowakische Parlament verabschiedet** am 17. 7. eine **Souveränitätserklärung** und vollzieht damit den ersten Schritt zur Schaffung einer unabhängigen Slowakei. **Präsident Havel gibt** unmittelbar danach **seinen Rücktritt zum 20. 7. bekannt**. – Am 27. 8. vereinbaren *Klaus* und *Meciar* in Brünn die **Auflösung des Bundesstaates ČSFR zum 1. 1. 1993**. Das Bundesparlament muß dem noch zustimmen.

TÜRKEI Die **Konfrontation zwischen der Armee und kurdischen Nationalisten** in Südostanatolien eskaliert zum Bürgerkrieg. Seit 1984 versuchen Guerilleros der separatistischen Arbeiterpartei Kurdistans (Partiya Karkeren Kurdistan/PKK), ihre Forderungen nach einem unabhängigen sozialistischen Staat Kurdistan im Länderdreieck Türkei, Irak und Iran (→ *Skizze Sp. 393f.*) mit Gewalt durchzusetzen. Mehr als 4500 Menschen fanden seither den Tod. Nach Überfällen kurdischer Guerilleros gegen türkische Garnisonen (u. a. in der Provinz Hakkari) setzt die Armee die Anfang August **1991** begonnenen grenzüberschreitenden Operationen gegen PKK-Lager auf irakischem Territorium (→ *WA'92, Sp. 182*) seit 11. 10. fort. Im Frühjahr und im August 1992 greift die Luftwaffe verstärkt Kurdendörfer in den Bergen des Grenzgebietes mit Irak, für die seit 1987 der Ausnahmezustand gilt, an; die PKK ihrerseits überfällt fast täglich Polizeistationen und Armeeposten. – Bei **Parlamentswahlen** am 20. 10. (Wahlbeteiligung: 83,9%) wird die konservative Partei des Rechten Weges/DYP des früheren Ministerpräsidenten *Süleyman Demirel* mit 27,0% der Stimmen stärkste Partei. Die seit 8 Jahren regierende Mutterlandspartei/ANAP des Staatspräsidenten *Turgut Özal* kommt nur auf 24,0%. Auf die Sozialdemokratische Volkspartei/SHP von *Erdal Inönü* entfallen – zusammen mit der Arbeiterpartei des Volkes/HEP – 20,7%; der islamisch-fundamentalistisch orientierten Wohlfahrtspartei/RP unter *Necmettin Erbakan* gelingt mit 16,9% der rd. 30 Mio. Stimmen der Einzug ins Parlament, ebenso der Demokratischen Linkspartei/DSP von Ex-Premier *Bülent Ecevit* mit 10,8% (Sperrklausel: 10%). – Ministerpräsident *Mesut Yilmez*, Vorsitzender der ANAP, reicht am 21. 10. seinen Rücktritt ein; *Demirel* wird mit der Regierungsbildung beauftragt. Am 19. 11. einigen sich die DYP und die SHP auf eine **Koalitionsregierung unter Süleyman Demirel**/DYP, die über 266 der 450 Sitze in der Großen Nationalversammlung verfügt. Dem neuen Kabinett gehören 20 Minister der DYP und 12 der SHP an. Außenminister ist *Hikmet Cetin*/SHP. Das **Regierungsprogramm** sieht u. a. vor: Ausarbeitung einer neuen Verfassung, die das Land in einen modernen pluralistischen Rechtsstaat verwandelt, Annullierung der vom Parlament bestätigten Dekrete der Militärdiktatur, Aufhebung der seit 10 Jahren geltenden Einschränkungen der Pressefreiheit, tiefgreifende Reform des Justizwesens, Sanierung der Wirtschaft. Am 30. 11. spricht die Große Nationalversammlung der neuen Regierung mit 280 gegen 164 Stimmen das Vertrauen aus. – Am 1. 11. verkündet ein Militärgericht in Istanbul die Urteile im **Prozeß gegen** 1243 mutmaßliche **Mitglieder der Organisation Dev Sol** (= »Revolutionäre Linke«): Ein Angeklagter wird zum Tode, 41 weitere werden zu lebenslanger Haft verurteilt; 553 Personen erhalten Haftstrafen von 33 Monaten bis 20 Jahren, 582 werden freigesprochen. – In Istanbul wird am 2. 2. **1992** auf Initiative von Staatspräsident *Özal* ein Abkommen zur wirtschaftlichen **Zusam-**

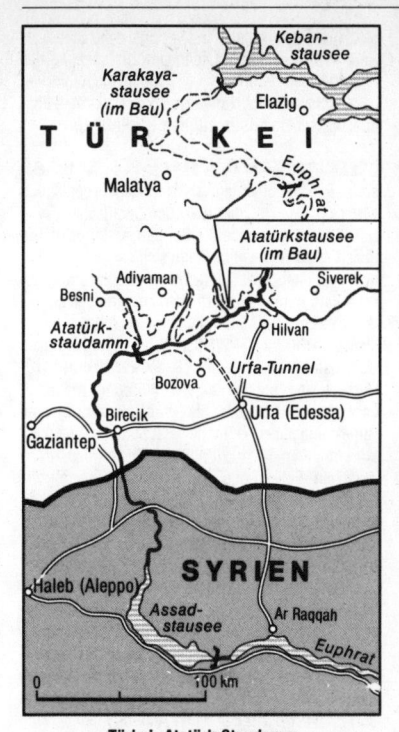

Türkei: Atatürk-Staudamm

menarbeit der Anliegerstaaten des Schwarzen Meeres paraphiert, am 25. 6. auf einer Gipfelkonferenz der 11 Anrainer- bzw. Nachbarstaaten unterzeichnet (→ *Schwarzmeer-Anrainer im Kap. »Internat. Organisationen«*). – Die Bundesrepublik Deutschland stellt am 26. 3. aus **Protest gegen** Angriffe der türkischen Streitkräfte und die **vertragswidrige Verwendung deutscher Rüstungsgüter gegen Kurden** in Ost- und Südost-Anatolien die Auslieferung weiterer deutscher Rüstungsgüter an die Türkei ein (→ *Deutschland*). – Nach dem Zusammenbruch der Sowjetunion konkurriert die Türkei mit dem Iran um die Führungsrolle für die islamischen Turkvölker: Ministerpräsident *Demirel* stattet vom 27. 4. bis 3. 5. den **zentralasiatischen Republiken der GUS** (ausgenommen Tadschikistan) und Aserbaidschan offizielle Besuche ab. Bei seinem Abflug erklärt er in Ankara, daß er Menschen zusammenführen wolle, die dieselbe Kultur und denselben Glauben hätten (vgl. Skizze → Sp. 593f.). Nach der Einweihung des Atatürk-Staudamms (→ *Karte*) am 24. 7. durch Ministerpräsident *Demirel* verlangt Syrien einen Vertrag über die Nutzung des Euphratwassers, da Syrien ein Drittel seines Trinkwasserbedarfs dadurch abdecke. Die Streitigkeiten werden Anfang August beigelegt.

TURKMENISTAN Am 26. 10.**1991** sprechen sich bei einem Referendum 94 % der Teilnehmer für die Unabhängigkeit Turkmenistans aus; am folgenden Tag verabschiedet der turkmenische Oberste Sowjet das Gesetz über die **Unabhängigkeit** der Republik. Am 16. 12. meldet Tass die Auflösung der KP Turkmenistans; Nachfolgepartei ist die Demokratische Partei Turkmenistans. – Am 10. 1.**1992** werden die **Preise** für die meisten Güter und Dienstleistungen **freigegeben**. Am 1. 3.**1992** stellt Turkmenistan die Erdgaslieferungen an die Ukraine ein und fordert um das 50fache höhere Preise; die ukrainische Regierung unterbindet daraufhin die turkmenischen Gasexporte via Pipeline durch die Ukraine. – Die Präsidenten von Kasachstan, Kirgistan, Turkmenistan, Usbekistan und Iran sowie die Ministerpräsidenten Pakistans und der Türkei sprechen sich bei ihrem Treffen vom 9.–10. 5. in der turkmenischen Hauptstadt Aschchabad für eine stärkere wirtschaftliche und politische Zusammenarbeit ihrer Staaten aus. – Die am 18. 5. angenommene **Verfassung** sieht ein Präsidialsystem vor; der Staatspräsident erhält weitreichende Befugnisse und ist zugleich Regierungschef. Am 21. 6. wird der Amtsinhaber *Saparmurad Najasow* ohne Gegenkandidaten mit 99,5 % der Stimmen **zum Präsidenten gewählt** (Wahlbeteiligung: 99,8 %).

UKRAINE Der ukrainische Oberste Sowjet verabschiedet am 22. 10.**1991** Gesetze zur Bildung einer ukrainischen Armee, Luftwaffe und Marine mit einer Stärke von 420 000 Mann sowie einer Nationalgarde von 30 000 Mann. – Am 25. 10. billigt der ukrainische Oberste Sowjet Wirtschaftsreformen der Regierung, die die Privatisierung von Grundeigentum, Preisfreigabe, Land- und Finanzreform vorsehen. – Am 1. 12. findet ein Referendum statt, bei dem sich die Ukrainer mit 90,3 % der Stimmen für die **Unabhängigkeit** entscheiden; auch von den Bewohnern der Krim stimmen über die Hälfte für die Unabhängigkeit. Bei der **ersten Direktwahl eines Präsidenten** setzt sich *Leonid Krawtschuk* mit 61,6 % der Stimmen durch; *Wjatscheslaw Tschornowil* von der Bewegung Ruch erhält 23,2 % (Wahlbeteiligung: 84 %). Am 2. 12. anerkennt Rußland die Ukraine. – Präsident *Leonid Krawtschuk* verfügt am 2. 1.**1992** die Unterstellung aller auf dem Territorium der Ukraine stationierten Truppen einschl. der Schwarzmeerflotte, aber ohne die strategischen Einheiten, unter ukrainischen Oberbefehl (→ *Gemeinschaft unabhängiger Staaten*). – Präsident *Leonid Krawtschuk*, der den Zeitpunkt der Preisfreigabe für zu früh hält, muß dem Vorgehen Rußlands folgen und die Preise **für die meisten Güter freigeben**. Zugleich werden die Löhne verdoppelt. – Zum Schutz vor Hamsterkäufen der Bevölkerung Rußlands, zur Vorbereitung auf die Ausgabe einer eigenen nationalen Währung, der Griwna, aber auch aus akutem Mangel an Rubelnoten, die nur die russische Zentralbank ausgeben darf, werden am 10. 1. mehrfach verwendbare Coupons als **Parallelwährung** zum Rubel eingeführt. – Das Parlament verabschiedet am 25. 3. einen Wirtschaftsplan, der u. a. die Einführung einer eigenen Währung, eine Mehrwertsteuer bei Exporten in Staaten der Rubelzone und Eigentumsrechte für ausländische Investoren vorsieht. – Am 26. 3. verfügt Präsident *Leonid Krawtschuk* per Dekret die Rückkehr aller ukrainischen Wehrpflichtigen aus Armenien, Aserbaidschan und Moldau bis zum 20. 5. – Anfang Mai ist der Abtransport aller bisher in der Ukraine stationierten taktischen Atomwaffen nach Rußland zur dortigen Zerstörung abgeschlossen. – Der Heilige Synod, das höchste kirchliche Entscheidungsgremium der russisch-orthodoxen Kirche, setzt am 12. 6. den Metropoliten von Kiew, *Filaret*, ab; ihm werden Verstöße gegen das Kirchenrecht und Bestrebungen zur Schaffung einer von Moskau unabhängigen ukrainischen Kirche vorgeworfen. – Nach mehrmonatigen Beratungen verabschiedet das ukrainische Parlament am 22. 4. mit großer Mehrheit ein Gesetz, das der **Krim** Autonomierechte einräumt. Das Parlament der Krim beschließt am 5. 5. die Unabhängigkeit der Halbinsel, die unter dem Druck Kiews am 21. 5. wieder zurückgenommen wird. Am 1. 6. verständigen sich die Parlamentspräsidenten der Krim und der Ukraine auf einen Kompromiß; danach bleibt die Halbinsel Teil der Ukraine, erhält aber einen wirtschaftlichen Sonderstatus. – Das russische Parlament erklärt am 21. 5. die Abtretung der Halbinsel Krim im Jahr 1954 an die Ukraine für nicht rechtmäßig. Dadurch erhält das bereits gespannte russisch-ukrainische Verhältnis einen weiteren potentiellen Konfliktstoff. – Mit Wirkung vom 18. 6. werden die Nahrungsmittelsubventionen reduziert und auch die Preise für Milch, Butter und andere Produkte freigegeben; nur für wenige Preise gibt es weiterhin eine Obergrenze. Zum Ausgleich für den Wegfall der Preisbindungen sollen 30% der 52 Mio. Ukrainer, Rentner und einkommensschwache Familien, Einkommenszulagen erhalten. – Das ukrainische Parlament billigt am 30. 6. mit 246 gegen 4 Stimmen ein **Gesetz, das der Krim weitgehende Autonomie einräumt**. Danach ist die Krim ein autonomer Bestandteil der Ukraine; der Anschluß der Krim an ein anderes Land bedarf der Zustimmung der Parlamente der Krim und der Ukraine; zuständig für Verteidigungs-, Außen- und Währungspolitik bleibt die Ukraine; die Krim erhält das Recht, Außenwirtschaftsbeziehungen, Sozial- und Kulturpolitik eigenständig zu gestalten, und kann über ihre Bodenschätze frei verfügen; die Stationierung von Streitkräften bedarf der Zustimmung des Parlaments der Krim. – Am 3. 7. reicht die Regierung nach Auseinandersetzungen mit dem Parlament über ihre Wirtschaftsreformen ihren Rücktritt ein.

USBEKISTAN Am 14. 9.**1991** stellt die KP Usbekistans ihre Tätigkeit ein; als Nachfolgeorganisation wird am 31. 10. die Volksdemokratische Partei Usbekistans gegründet. – Bei den **ersten direkten Präsidentschaftswahlen** kann sich am 29. 12. 1991 der Amtsinhaber *Islam Karimow* (Volksdemokratische Partei) mit 86 % der Stimmen durchsetzen; bei dem gleichzeitig stattfindenden Referendum sprechen sich 98,2 % der Wähler für die Unabhängigkeit Usbekistans aus. – Am 10. 1.**1992** werden zur Vorbereitung auf die eigene Währung mehrfach verwendbare Coupons als **Parallelwährung** zum Rubel eingeführt. – In der Hauptstadt Taschkent kommt es am 16. 1. zu blutigen Zusammenstößen zwischen Polizei und Studenten, die gegen die drastischen Preiserhöhungen infolge der **Preisfreigabe** Anfang Januar protestieren. – Seit dem 20. 1. dürfen sich politische Parteien und Bewegungen registrieren lassen.

VANUATU Ministerpräsident *Walter Lini* scheitert am 6. 9.**1991** im Parlament an einem Mißtrauensvotum wegen Amtsüberschreitung und Pflichtverletzung. *Donald Kalpokas*, der Chef der regierenden Vanuaatu Partei/VAP, wird **neuer Ministerpräsident** und *Edward Natapei* neuer Außenminister. Nach dem Sturz von *Walter Lini* spaltet sich die seit der Unabhängigkeit 1980 regierende VAP, *Lini* gründet die National United Party/NUP. – Bei den **Parlamentswahlen** am 2. 12. erhält die bisherige Oppositionspartei Union of Moderate Parties/UMP 19 der 46 Mandate. Die VAP unter der Führung von *Kalpokas* und die NUP unter der Führung von *Lini* erhalten jeweils 10 Sitze, die Melanesische Fortschrittspartei/MPP 4 Mandate und die Tan Union 1 Sitz. UMP und NUP einigen sich am 16. 12. auf die Bildung einer Koalitionsregierung; 6 Ressorts gehen an die UMP, 4 an die NUP. *Maxime Carlot Korman* (UMP) wird **neuer Ministerpräsident**, *Serge Vohor* neuer Außenminister. *Linis* Schwester *Hilda Lini* ist die erste Frau in einer Regierung in Port Vila; sie wird Gesundheitsministerin. – Am 31. 12. hebt die Regierung das seit 1980 geltende Rückkehrverbot für rd. 3000 Personen auf, das 1980 nach der gescheiterten Sezession der Insel Espiritu Santo erlassen worden war.

VATIKAN Vom 12.–21. 10. **1991** unternimmt Papst *Johannes Paul II.* seine 2. Pastoralreise nach Brasilien, die ihn durch die 10 wichtigsten Städte des Landes führt. – Der Papst spricht am 17. 11. im

Petersdom den polnischen Karmeliterpater *Rafael Kolinowski* (1835–1907) heilig. – Zum Abschluß der im Vatikan tagenden »Sonderversammlung für Europa« der katholischen Bischofssynode (28. 11.–14. 12.) rufen die katholischen Bischöfe zu einer neuen Evangelisierung des Kontinents im Geist des Dialogs mit den anderen christlichen Konfessionen auf. – Der Kölner Weihbischof *Hubert Luthe* wird am 18. 12. vom Papst zum neuen Bischof des Ruhrbistums Essen ernannt. – Am 13. 1.**1992** erfolgt die offizielle Anerkennung der Unabhängigkeit Kroatiens und Sloweniens. – Der Papst besucht vom 19.–26. 2. während seiner 8. Afrika-Reise die Länder Senegal, Gambia und Guinea; auf seiner 9. Afrika-Reise, die zugleich seine 55. Auslandsreise ist, vom 4.–10. 6. Angola und Sao Tomé/Principe. – Am 7. 4. bekräftigt der Papst in einem apostolischen Schreiben das Gebot der Ehelosigkeit der katholischen Priester. – Vor etwa 200 000 Gläubigen aus mehr als 60 Ländern werden vom Papst am 17. 5. die sudanesische Ordensschwester *Giuseppina Bakhita* (1869–1947) und der spanische Priester und Gründer des »Opus Dei«, *Josemaría Escrivá de Balaguer* (1902–1975), selig gesprochen; die Ehrung für *Escrivá* ist innerhalb und außerhalb der Kirche umstritten.

VENEZUELA Die von Präsident *Carlos Andrés Pérez* eingeleitete radikale Wende in der Wirtschaftspolitik verbunden mit dem Abbau von Subventionen führt zu innenpolitischen Spannungen. Am 20. 11.**1991** werden in Caracas nach einer Protestkundgebung von 5000 Studenten drei Menschen von den Sicherheitskräften erschossen. Auch nach einer **Regierungsumbildung** am 12. 1.**1992** lehnt Präsident *Pérez* jede Änderung seiner Politik ab. – Die **Militärrebellion** am 4. 2. wird von regierungstreuen Sicherheitskräften niedergeschlagen. Die Regierung setzt die verfassungsmäßigen **Rechte der Bürger** vorübergehend **außer Kraft**. 133 Offiziere und 956 Soldaten werden im Zusammenhang mit dem Putschversuch festgenommen. Gegen 24 Offiziere erhebt ein Militärgericht Anklage. – Am 10. 2. wird die **Pressezensur wieder aufgehoben**. Die Regierung will den Mindestlohn (auf umgerechnet 150 $) anheben und einen Ausgleich für die gestiegenen Verkehrstarife zahlen; auch die Gehälter der mittleren Offiziersränge würden erhöht. – Die oppositionelle »Christlich-soziale Partei«/COPEI legt Mitte Februar ein eigenes Programm zur Reform der Wirtschaftspolitik, Bekämpfung der Korruption und einen außenpolitischen Kurswechsel vor. Präsident *Pérez* lädt die Vertreter der wichtigsten politischen Gruppierungen des Landes zur Mitarbeit ein und kündigt tiefgreifende politische Reformen an. Zugleich stellt er am 26. 2. einen aus acht Politikern, Intellektuellen und Wirtschaftsexperten gebildeten **Konsultativrat** vor, der über den Stand der Reformen berichten soll. Bereits in einem ersten Maßnahmenkatalog fordert der Rat eine stärkere Effizienz der Legislative, ein demokratischeres Parteiengesetz, das Amt eines Ministerpräsidenten, eine unabhängige Justiz sowie eine Reform des Polizei- und Strafsystems. – Am 10. 3. ernennt *Pérez* **sieben neue Minister**, zwei gehören der oppositionellen COPEI an, darunter *Humberto Calderon Berti* als neuer Außenminister. Neuer Innenminister wird *Luis Pinerua Ordaz* von der regierenden »Acción Democrática«/AD, der die Bildung einer Kommission zur Bekämpfung der Korruption ankündigt. – Am 2. 4. kommt es zu den **schwersten Ausschreitungen** seit dem gescheiterten Putsch. Die Polizei geht mit Tränengas und Wasserwerfern gegen Tausende von Demonstranten vor, die die Wiederherstellung verfassungsmäßiger Rechte und die Freilassung der inhaftierten Putschisten fordern. Zwei Tage später werden 42 inhaftierte Offiziere freigelassen und 47 noch in Haft befindliche Putschisten in ein Zivilgefängnis außerhalb von Caracas überführt. – Am 9. 4. setzt Staatspräsident *Pérez* die eingeschränkten **verfassungsmäßigen Rechte wieder in Kraft**. – Der legendäre ehemalige Guerillaführer *Douglas Bravo* wird am 30. 5. festgenommen. Die Behörden beschuldigen ihn, auch die Rebellion am 4. 2. unterstützt zu haben. – Die Regierung gerät erneut in eine Krise, als am 10. 6. die **Christdemokraten** (COPEI) aus Protest gegen die »Untätigkeit der Regierung« **die Koalition aufkündigen**. Pérez ernennt am 12. 6. Verteidigungsminister General *Fernando Ochoa Antich* zum neuen Außenminister. Nach Informationen der Zeitung El Mundo soll am 7. 8. **erneut ein Putschversuch** von Militärs gegen Präsident *Pérez* vereitelt worden sein.

VEREINIGTE STAATEN VON AMERIKA Präsident *George Bush* kündigt am 27. 9. **1991** eine **Verringerung der Nuklearrüstung** seines Landes an, darunter die Zerstörung der landgestützten Kurzstreckensysteme. Den Sowjets schlägt er die Beseitigung aller ballistischen Interkontinentalraketen (ICBM) vor. – Am 16. 11. findet die **Neuwahl des Gouverneurs im Bundesstaat Louisiana** statt. Für die Republikanische Partei kandidieren Ex-Gouverneur *Edwin W. Edwards* sowie *David Duke*; die Demokraten stellen keinen Kandidaten auf. An der Person des 41jährigen *Duke* entzündet sich eine heftige Kontroverse, bedingt durch seine rechtsextreme Vergangenheit als ehemaliger Führer des Ku-Klux-Klan. Bei den Wahlen erringt schließlich *Edwards* mit 61 % der abgegebenen Stimmen einen deutlichen Sieg. – *Bush* ernennt am 5. 12. den bisherigen Verkehrsminister *Samuel K. Skinner* zum **neuen Stabschef des Weißen Hauses**; er löst *John H. Sununu* ab. – Die Bevölkerung der mit den

USA assoziierten Insel **Puerto Rico** spricht sich am 8. 12. in einer **Volksabstimmung** gegen die Eigenständigkeit aus. Rund 55 % der Wähler befürworten den bisher gültigen Status der 2,7 Mio. Puertoricaner, die einen US-amerikanischen Paß besitzen, jedoch nicht an den Präsidentschaftswahlen teilnehmen dürfen und im Kongreß in Washington nur mit einem nicht stimmberechtigten Abgeordneten vertreten sind. – Im Rahmen seines **Berichts zur Lage der Nation** kündigt *Bush* am 28. 1. 1992 vor beiden Häusern des Kongresses eine umfangreiche **Reduzierung des amerikanischen Waffenpotentials** an. Angesichts des beginnenden Wahlkampfes und in Anbetracht der tiefen konjunkturellen Krise in den USA schlägt er zudem eine Reihe **Steuererleichterungen** zur Belebung der Wirtschaft vor und kündigt den **Ausbau des sozialen Netzes** an. – In **Los Angeles und einer Reihe weiterer amerikanischer Städte kommt es** zwischen dem 29. 4. und dem 2. 5. **zu schweren Rassenunruhen**. Unmittelbarer Anlaß ist das Urteil eines Geschworenengerichts in Simi Valley, rund 60 Kilometer von Los Angeles entfernt, durch das am 29. 4. 4 angeklagte Polizeioffiziere vor Vorwurf der Körperverletzung freigesprochen werden, denen die Mißhandlung des schwarzen Autofahrers *Rodney G. King* zur Last gelegt wurde. Der Bürgermeister von Los Angeles, *Tom Bradley*, verhängt angesichts der schweren Krawalle am 1. 5. den **Ausnahmezustand**. Ein massiver Aufmarsch von Armee, Polizei und Nationalgarde führt am 2. 5. zu einer Beruhigung der Lage. Bilanz der Unruhen: 58 Tote und 2300 Verletzte sowie Sachschäden von ca. 1 Mrd. $. – Beide Häuser des Kongresses verabschieden am 22. 5. den **Staatshaushalt 1992/93** mit einem Volumen von 1,5 Bill. US-$ bei einem Defizit von 326,6 Mrd. – Am 24. 5. unterzeichnen die Außenminister der USA und der 4 Nuklearmächte der GUS in Lissabon eine **Übereinkunft zur Verwirklichung des START-Vertrags**. Demnach müssen Rußland, die Ukraine, Kasachstan und Weißrußland in den kommenden 7 Jahren ihr Potential an Langstreckenwaffen um insgesamt 38 % verringern; die den USA auferlegte Reduktion beträgt 30 %. – Der **russische Präsident** *Boris Jelzin* kommt vom 16. bis 18. 6. zu einem ersten **Staatsbesuch** in die USA. *Bush* und *Jelzin* einigen sich auf einen **nuklearen Abrüstungsvertrag**, der die Reduzierung der Zahl der Atomsprengköpfe auf jeweils 3000 bis 3500 binnen 10 Jahren vorsieht. Die gesamte Klasse der landgestützten Interkontinentalraketen mit mehreren Sprengköpfen soll vernichtet werden. Bei den seegestützten Interkontinentalgeschossen (SLBM) ist künftig eine Begrenzung auf 1700 bis 1750 Nuklearsprengköpfe vorgesehen. Damit gehen diese Abrüstungsgespräche noch über den am 31. 7. 1991 unterzeichneten – jedoch noch nicht ratifizierten – START-Vertrag (→ WA'92, Sp. 149) hinaus. Das Abkommen wird von beiden Präsidenten am 18. 6. unterzeichnet. Bei seinem ersten Auftritt vor beiden Häusern des US-Kongresses versucht *Jelzin*, die Abgeordneten von der **Dringlichkeit der amerikanischen Finanzhilfe für Rußland** zu überzeugen. *Bush* appelliert an den US-Kongreß, das amerikanische Hilfspaket im Umfang von etwa 4,5 Mrd. $ umgehend zu bewilligen. – Der **Parteikonvent der Demokratischen Partei nominiert** am 16. 7. in New York den Gouverneur von Arkansas, **Bill Clinton, zum Kandidaten für die Präsidentschaftswahl**. – Der **Senat** spricht sich am 3. 8. mit 68 gegen 26 Stimmen für einen **Verzicht auf amerikanische Kernwaffenversuche** aus. Der Antrag sieht vor, vom 1. 10. an ein 9monatiges Atomtest-Moratorium zu verfügen und danach für 3 Jahre nur noch begrenzte Sicherheitstests durchzuführen. 1996 sollen dann sämtliche Kernwaffenversuche eingestellt werden. Das Repräsentantenhaus hatte einem Verzicht auf Kernwaffenversuche bereits Anfang Juni zugestimmt. – Am 12. 8. gibt *Bush* den Abschluß des **Freihandelsabkommens zwischen den USA, Mexiko und Kanada** bekannt. Durch das »North American Free Trade Agreement«/NAFTA soll ein Markt mit 360 Mio. Konsumenten geschaffen werden. – Die **Delegierten des republikanischen Wahlparteitags** in Houston (Texas) **nominieren Bush** und seinen Stellvertreter **Dan Quayle** am 20. 8. zu ihren Kandidaten **für die Präsidentschaftswahl** (3. 11.). In einer kämpferischen Rede kündigt *Bush* Steuersenkungen und das Einfrieren der Staatsausgaben an. – Außenminister *James Baker* wechselt am 23. 8. als neuer Stabschef und Leiter des Wahlkampfs von Präsident *Bush* vom State Department ins Weiße Haus. Nachfolger wird der bisherige stellvertretende Außenminister *Lawrence Eagleburger*. – Gegen den Widerstand einiger arabischer Staaten ordnet Präsident *Bush* im Einvernehmen mit Großbritannien und Frankreich am 26. 8. die **Einrichtung einer »Flugverbotszone« im Süden des Iraks** zum Schutz der verfolgten Schiiten vor irakischen Luftangriffen an. Irakische Kampfflugzeuge, die den 32. Breitengrad in Richtung Süden überqueren, müssen damit rechnen, ohne Vorwarnung von westlichen Streitkräften abgeschossen zu werden (→ *Irak*).

VIETNAM Großbritannien und Vietnam einigen sich am 29. 10. **1991** auf die Rückführung aller nach Hongkong geflüchteten Vietnamesen, soweit diese nicht als echte Flüchtlinge anerkannt sind; es handelt sich um über 50 000 Wirtschaftsflüchtlinge bzw. illegale Einwanderer. – Am 29. 11. vereinbaren Vietnam und die Philippinen in Manila die Rückführung von rund 6000 vietnamesischen Flüchtlingen in ihr Heimatland. – Im Mittelpunkt der Gespräche von Ministerpräsident *Vo Van Kiet* mit seinem thailändischen Amtskollegen *Anand Panyarchun*, der vom

15.–17. 1. **1992** Hanoi besucht, steht die wirtschaftliche Zusammenarbeit; u. a. wird ein bilaterales Abkommen über die Kooperation in den Bereichen Handel, Wirtschaft und Technologie unterzeichnet. – Als erster Außenminister der VR China seit den 70er Jahren besucht *Qian Qichen* vom 12.–16. 2. offiziell Vietnam. Die Normalisierung der vietnamesisch-chinesischen Beziehungen wurde im November 1991 formell in Peking vollzogen. – Nach 2tägigen Gesprächen in Hanoi kündigt der für Ostasien zuständige Abteilungsleiter im amerikanischen Außenministerium, *Richard Solomon*, am 5. 3. an, daß die USA künftig Vietnam eine Hilfe von jährlich 3 Mio. US-$ für humanitäre Zwecke zahlen wollen. Als Gegenleistung sagt die vietnamesische Regierung zu, die USA bei der Suche nach den 1655 während des Vietnamkrieges verschollenen Soldaten zu unterstützen. – Anfang Juni gibt die Regierung die Freilassung aller Mitglieder, Beamter und Anhänger der früheren nichtkommunistischen Regierung in Saigon bekannt, die in Umerziehungslagern festgehalten wurden. Die Freilassung ist eine von den USA gestellte Bedingung für die Aufhebung des 1964 gegen Vietnam verhängten Handelsembargos und für die Normalisierung der Beziehungen zu Hanoi. – Die Nationalversammlung verabschiedet am 15. 4. die **neue Verfassung**, in der die Monopolstellung der Kommunistischen Partei/KPV bestätigt wird. Danach werden keine weiteren politischen Parteien zugelassen; der Staatsrat wird durch einen Staatspräsidenten ersetzt; die Machtbefugnisse des Regierungschefs werden erweitert; die Einführung eines marktwirtschaftlichen Systems sowie Vergabe von Grund und Boden an Gruppen und Einzelpersonen ist vorgesehen. – Bei den **Wahlen zur Nationalversammlung** am 19. 7. bewerben sich erstmals mehr Kandidaten, als Mandate zu vergeben sind, und 2 unabhängige Kandidaten. Alle 395 Sitze gehen an die von der KPV aufgestellten Kandidaten.

WEISSRUSSLAND Der Oberste Sowjet Weißrußlands beschließt am 20. 9.**1991** als neuen Staatsnamen »Republik Weißrußland«. Zugleich wird *Stanislaw Schuschkewitsch* mit 214 von 312 Stimmen zum Vorsitzenden des Obersten Sowjets gewählt. – Am 3. 1.**1992** werden die **Preise für Grundnahrungsmittel** um das 3–5fache **heraufgesetzt**; die Löhne werden verdoppelt. – Nach einem Parlamentsbeschluß vom 11. 1. werden alle auf dem Territorium von Weißrußland stationierten Einheiten der ehemaligen sowjetischen Armee mit Ausnahme der strategischen Truppen dem belorussischen Oberbefehl unterstellt und die Bildung eines Verteidigungsministeriums verfügt. Am 26. 1. beginnt der Abzug der taktischen Atomwaffen nach Rußland zur dortigen Zerstörung und am 20. 3. die Aufstellung eigener Streitkräfte. – Anfang April unterzeichnet Weißrußland als erster der Nachfolgestaaten der UdSSR die Pariser Charta der KSZE. – Die Zentralbank setzt am 25. 5. **Ersatzgeld parallel zum Rubel** in Umlauf.

ZAIRE Die nach mehreren Verzögerungen von Präsident *Mobutu Sésé-Séko* einberufene **Nationalkonferenz über demokratische Reformen** wird am 20. 9. **1991** vertagt. Es kommt zu schweren **Unruhen**, die am 23. 9. im Zentrum der Hauptstadt Kinshasa ihren Höhepunkt finden. Soldaten, seit Monaten ohne Sold, plündern Geschäfte; den Militärangehörigen schließen sich unzufriedene Bürger an. Die Zusammenstöße erfordern nach offiziellen Angaben 117 Todesopfer. Die Regierungen Frankreichs und Belgiens entschließen sich zu einer militärischen Intervention, um ihre Staatsangehörigen und Ausländer anderer Nationalität zu evakuieren. – Die Regierung beschließt am 25. 9. einen **Notplan zur Verbesserung der sozialen Lage** der Soldaten sowie der Versorgung der Bevölkerung mit Grundnahrungsmitteln. Infolge des internationalen Drucks kommt Präsident *Mobutu* den Forderungen der in der »Heiligen Union« vereinigten Opposition entgegen und ernennt am 29. 9. *Etienne Tshisekedi wa Mulumba* zum Ministerpräsidenten. Das **erste von der Opposition geführte Kabinett**, das am 16. 10. vereidigt wird, wird bereits am 21. 10. per Präsidialdekret entlassen. *Mobutu* wirft *Tshisekedi* vor, illegal zu regieren, da er sich geweigert habe, seinen Amtseid auf die Verfassung zu leisten, in der die uneingeschränkten Vollmachten des Präsidenten verankert sind. Es kommt zu neuen **Unruhen, Gewalttätigkeiten und Plünderungen**. *Mobutu* ernennt am 23. 10. *Bernardin Mungul Diaka* zum neuen Regierungschef, revidiert aber aufgrund heftiger Proteste der Opposition seine Entscheidung und überträgt am 25. 11. *Jean Ngouza Karl-I-Bond* von der Oppositionspartei »Union des fédéralistes et des républicains indépandants«/UFERI die Amtsgeschäfte des Ministerpräsidenten. – Am 4. 12. **endet die** verfassungsmäßige **Amtszeit Mobutus**, der in einer Ansprache erklärt, im Interesse des Staates und gemäß der Verfassung **sein Amt interimistisch weiterzuführen**, bis die Nachfolge geregelt sei. – Am 19. 1.**1992** suspendiert *Karl-I-Bond* die Arbeit der Nationalkonferenz. Nach Demonstrationen, bei denen es zu schweren Zusammenstößen mit der Polizei kommt, setzen die 1689 Delegierten am 6. 4. ihre Arbeit fort. Am 15. 4. **erklärt sich die Nationalkonferenz für souverän** und damit von der Exekutive unabhängig. – Am 16. 8. **wählt die Nationalkonferenz** mit 71 % der Stimmen den schärfsten politischen Gegner *Mobutus*, den Kandidaten der Oppositionsallianz »Heilige Union«, *Tshisekedi*, **erneut zum Ministerpräsidenten**; Außenminister wird *Pascal Lumbi*.

Staaten, Länder und Gebiete

ERLÄUTERUNGEN

1. Allgemeine Probleme bei der Erstellung und Beurteilung statistischen Datenmaterials
Leserbriefe weisen manchmal auf vermeintliche Unstimmigkeiten im Datenmaterial des WELTALMANACHs hin). Daher soll im folgenden versucht werden, einige Probleme beim Umgang mit statistischem Datenmaterial darzustellen und zugleich deutlich zu machen, wie diese Daten im WELTALMANACH zu lesen sind.
Auf nationaler wie internationaler Ebene bestehen zahlreiche Institutionen, die statistische Daten ermitteln. In der **Bundesrepublik** ist die Organisation der statistischen Arbeit dem **Statistischen Bundesamt**, den **Statistischen Landesämtern** und nachgeordneten Stellen übertragen. In fast allen Staaten bestehen ähnliche Institutionen, ergänzt durch **internationale statistische Ämter** (z. B. von EG, OECD, Weltbank, UNO).
Um möglichst zuverlässige Daten über Staaten, Wirtschaft und Kultur zu erhalten, ziehen die Autoren des WELTALMANACHs vorrangig **amtliche Statistiken** heran, weshalb die jeweiligen Bezugsjahre unterschiedlich lang zurückliegen können. Da in vielen Staaten (auch mit hohem statistischem Erfassungs- und Bearbeitungsstand) bzw. internationalen Organisationen unterschiedliche statistische Konzepte zugrunde liegen, ist das Datenmaterial zumeist nicht ohne weiteres vergleichbar. Im einzelnen ist folgendes zu beachten:

▷ **Fläche:** Daten können erheblich schwanken; mögliche Ursachen: unterschiedliche Quellen (Weltbank, UNO, nationale statistische Jahrbücher), die Zuordnung politisch umstrittener Gebiete, unterschiedliche Abgrenzung von Binnengewässern, Rundungsfehler (insbesondere bei der Umrechnung von Quadratmeilen in km^2, gerundete Teilflächen addieren sich nicht zur genauer berechneten Gesamtfläche usw.); in Auflistungen der administrativen Einheiten fehlen manchmal geringbesiedelte »Territorien« usw.

▷ **Einwohner** (wichtigste Quellen: Weltbankbericht, Europa World Year Book, Länderberichte des Statistischen Bundesamtes): die Probleme sind denen bei Flächenangaben ähnlich; wichtigste Ursachen: unterschiedliche Definition der Wohnbevölkerung (z. B. einschließlich oder ausschließlich Nomaden, Arbeitsmigranten, »Illegale« Auslandsbürger); verschiedene Fortschreibungskoeffizienten (UNO, Weltbank, national); Problematik der »Flüchtlingsgruppen«; wenn nicht anders angegeben, beziehen sich die Angaben auf die Jahresmitte; bei Angaben zur städtischen Bevölkerung weltweit große Unterschiede bei der Abgrenzung von Stadt und Land, der Definition von Agglomeration, der administrativen Einheit »Stadt« usw.

▷ **Analphabetenrate:** verstecktes Analphabetentum (auch in Industrieländern) erlaubt zumeist nur Schätzungen. Alle Angaben gehen auf Erhebungen der UNESCO zurück, wenn nicht anders angegeben Fortschreibungszahlen 1990.

▷ **Bruttosozialprodukt (BSP)/Bruttoinlandsprodukt (BIP)** (wichtigste Quelle: Weltentwicklungsbericht der Weltbank, Weltbankatlas): die Vergleichbarkeit ist bei verschiedenen Wirtschaftssystemen (Marktwirtschaft, Staatswirtschaft, Selbstversorgungs[Subsistenz]wirtschaft) besonders schwierig; ein weiteres Problem ist die Umrechnung in US-$ (z. B. Wechselkursschwankungen, Kaufkraftunterschiede, binnenländisches und außenwirtschaftliches Preisniveau); ein anderes das »Schattenwirtschaft«. Die starken Wechselkursänderungen des Dollar können dazu führen, daß die Absolutzahlen des BSP/BIP in $ abnehmen (bei Kursanstieg des $) und dennoch eine reale Zuwachsrate in % ausgewiesen wird; neuere Zahlen sind nationalen Statistiken bzw. internationalen Berichten (vornehmlich OECD-Raum) entnommen.

▷ **Bergbauproduktion:** hier spielen die unterschiedlichen Metallgehalte der Erze eine Rolle: daher voneinander abweichende Angaben entweder in Erz- bzw. Verhüttungsgewicht oder in Metallgewicht.

▷ **Agrarproduktion:** hier entstehen Aussageunterschiede u. a. durch Angaben ausschließlich zur Marktproduktion oder unter Einschluß des Eigenverbrauchs (viele Entwicklungsländer produzieren kaum für den Markt, sondern sind vorwiegend auf Selbstversorgung ausgerichtet [Subsistenzwirtschaft]); außerdem unterschiedliche Gewichtsangaben je nach Bearbeitungszustand, z. B. Reis (geschält), Wolle (entfettet), Baumwolle (entkernt), Fleisch (Schlacht- oder Verkaufsgewicht) usw.

▷ **Industrieproduktion:** große Probleme durch traditionell unterschiedliche Zählweisen z. B. bei Textilien (in laufenden m, m^2, Gewicht), Maschinen und Geräten (Stückzahl, Wert, Gewicht), Kraftfahrzeugen (nur Eigenproduktion oder auch Montage importierter Teile), besonders schwierig im Energiebereich: eingesetzte Primärenergie oder nur nutzbare Energie, Umrechnungsverluste je nach Angabe in Steinkohle-/SKE oder (Erd)Öleinheiten/ÖE oder TJ (= Tera Joule) mit nicht immer einheitlichen Umrechnungsfaktoren, unterschiedliche Berücksichtigung der industriellen Eigenerzeugung und nichtkommerzieller Energieträger wie Holz, getrockneter Dung, Biogas, Solarenergie in Eigennutzung usw.

▷ **Inflationsrate:** unterschiedliche »Warenkörbe« als Berechnungsgrundlage, unterschiedliche Behandlung staatlicher Einflußnahmen wie z. B. Steueränderungen, Saisonbereinigungen usw.

▷ **Terms of Trade:** das Verhältnis der gewogenen Preisindizes von Aus- und Einfuhrgütern eines Landes; steigen z. B. die Ausfuhr- stärker als die Einfuhrpreise, so verbessern sich die T.o.T., da aus den Erlösen der gleichen Ausfuhr größere Einfuhren bezahlt werden können. Da weltweit meistens in US-$ verrechnet (fakturiert) wird, weisen je nach $-Kurs die T.o.T. in den letzten Jahren starke Schwankungen auf.

▷ **Währung:** notiert ist der Kurs für den *Ankauf* der jeweiligen Währung. Die *Mittelkurse* bzw. die z. T. errechneten *Vergleichskurse* basieren ausschließlich auf Angaben der Deutschen Bundesbank, Stand Ende Juni 1992, offizieller Kurs (ohne Gewähr), wenn nichts anderes vermerkt ist.

▷ **1 SZR-Einheit** (= Sonderziehungsrecht beim Weltwährungsfonds/IMF) = 2,07484 DM; **1 ECU** (= Europäische Währungseinheit/European Currency Unit) = 2,02635 (1. 9. 1992).

2. Spezielle Hinweise zu diesem Kapitel

▷ In einer **synoptischen Tabelle** werden zunächst Strukturdaten von Staaten mit mehr als 1 Mio. Einwohner **vergleichbar** präsentiert. Die Daten stammen alle aus den **aktuellsten Weltbankstatistiken.** – Bei den einzelnen Staaten, Ländern und Gebieten sind die Angaben folgendermaßen strukturiert:

NAME DES STAATES bzw. **LANDES** etc. *(geographische Lage)* – offiz. deutsche Bezeichnung (nach Ang. d. Auswärtigen Amtes) offiz. Bezeichnung in d. Landessprache(n); Internat. Kfz.-Kennzeichen, auch im Postverkehr gültig, oder sonst. gebräuchliche Abkürzung.

▷ Wichtige politische Entwicklungen werden im Abschnitt **CHRONIK** referiert.

▷ Es folgen die Angaben zur **LANDESSTRUKTUR**, u. a.:

Fläche ( ): in Klammern die Rangstelle innerhalb der bis 1. 9. 1992 unabhängigen 191 Staaten
Einwohner ( ): in Klammern ebenfalls die Rangstelle; F = Fortschreibung, S = Schätzung, Z = Zählung; bei Städten: m. V. = mit Vororten, A = Agglomeration

▷ sodann zu **STAAT**, u. a.

▷ Angaben zu Staatsform, Verfassung, Regierung, Wahlergebnisse (Informationen laut Mitteilungen der deutschen u. internat. Presse sowie Botschaften der Staaten).

Unabh.: erster Tag d. Unabhängigkeit.

▷ und zu **WIRTSCHAFT**, u. a.

BSP: Bruttosozialprodukt insgesamt und pro Ew., in Klammern folgt die Rangstelle für 181 Staaten innerhalb der bis 1. 9. 1992 unabhängigen 191 Staaten; **BIP:** Bruttoinlandsprodukt; realer Zuwachs (∅) bezieht sich immer auf die zuletzt genannten Angaben; die Zuordnung der Anteile nach Sektoren ist unterschiedlich.
Erwerbstät.: die Statistiken zur Erwerbstätigkeit unterscheiden nicht immer klar zwischen Erwerbstätigen, Erwerbspersonen und Beschäftigten. Die Zuordnung zu den einzelnen Sektoren findet ähnlich wie beim BIP nicht einheitlich statt bzw. ist nur sehr schwer möglich (»informeller Erwerbssektor«). Auch lassen sich verschiedene Erhebungszeitpunkte oft nicht vermeiden.
1 kg ÖE = 1 kg Öleinheit (auch Rohöleinheit/RÖE) = 42000 kJ (Kilojoule) = 10000 kcal (Kilokalorien) = 1,4 SKE (Steinkohleneinheiten); Angaben der Weltbank.
Ausl.-Verschuld.: ausstehende und ausgezahlte langfristige Auslandsverschuldung, soweit nicht anders vermerkt.
Außenhandel: die meisten Angaben stammen von der Bundesstelle für Außenhandelsinformation in Köln. Eine Trennung nach Gütern u. Gütergruppen, Ländern (mit BRD sind nur die alten Bundesländer gemeint) u. Ländergruppen ist nicht in jedem Fall möglich; u. U. wird auch nur der Handel mit OECD-Ländern erfaßt oder den verschiedenen Angaben, etwa zu einzelnen Gütern bzw. Ländern und zum Import/Export insgesamt, liegen unterschiedliche Erhebungszeitpunkte zugrunde.
Daten zur Wirtschaft der unabhängigen Staaten der ehem. Sowjetunion orientieren sich nur teilweise am vorgegebenen Schema; die Angaben basieren vornehmlich auf Veröffentlichungen des Bundesinstituts für ostwiss. und internat. Studien, Köln 1992.

▷ Den Abschluß bildet der Abschnitt **PRESSE** (wichtigste Quelle: Europa World Yearbook 1991), wobei es sich um eine Auswahl handelt (Auflage in Tsd.).

Im Sept. 1992 gibt es – bei getrennter Zählung der politisch geteilten Länder China u. Korea – insgesamt **191 Staaten,** davon 179 UN-Mitglieder, ohne das völkerrechtlich allgemein nicht anerkannte Land *Nordzypern* u. *mit* den international bislang nicht bzw. nur teilweise anerkannten Staaten Jugoslawien (Serbien u. Montenegro) u. Makedonien. Diese Gesamtzahl von 191 Staaten ist maßgebend für die **Rangstellen** bei Fläche u. Bevölkerung; bei den Rangstellen des BSP/je Ew. sind zusätzlich 4 kleine Staaten nicht berücksichtigt: *Liechtenstein, Monaco, San Marino u. Vatikanstadt* (offene Wirtschaftsgrenzen zu Schweiz/Frankreich/Italien) sowie Nördliche Marianen u. Dem. Arab. Rep. Sahara. Alle fünf Republiken d. ehem. Gesamtjugoslawiens haben aufgrund der Daten von 1990 eine gemeinsame Rangstelle, gekennzeichnet mit a.

Strukturdaten von Staaten mit mehr als 1 Mio. Einwohnern

	Fläche in 1000 km²	Bevölk. in Mio. (Stand Mitte 1990)	BSP pro Kopf 1990 in US-$² (nach Weltbank)	Jährl. Bevölk.-Wachstum (⌀ 1980-90)	BSP pro Kopf-Zuwachs in %, ⌀ aus 1965-90	⌀-Index Nahrungsmittelproduktion (1979-81 = 100) 1988-90	Düngemittel (in 100 g Pflanzennährstoffe) je ha 1989/90	Rohstoffanteil in % des Exports 1990	Tägl. Kalorienangebot pro Kopf 1989
Afghanistan	652	15,8	155[1]	..	..	85	69	..	..
Ägypten	1001	52,1	600	2,4	4,1	118	4043	61	3336
Albanien	29	3,3	710[6]	2,0	..	92	1506	..	2761
Algerien	2382	25,1	2060	3,0	2,1	96	283	96	2866
Angola	1247	10,0	620[8]	2,6	..	81	74	87	1807
Argentinien	2767	32,3	2370	1,3	−0,3	93	46	65	3113
Äthiopien	1222	51,2	120	3,1	−0,2	84	70	97	1667
Australien	7687	17,1	17000	1,5	1,9	95	226	63	3216
Bangladesch	144	106,7	210	2,3	0,7	96	993	26	2021
Belgien	31	10,0	15540	0,1	2,6	108	5018[4]	19[4]	3942
Benin	113	4,7	360	3,2	−0,1	112	18	52	2305
Bhutan	47	1,4	190	2,1	..	93	,8	..	..
Bolivien	1099	7,2	630	2,5	−0,7	109	23	96	1916
Botsuana	582	1,3	2040	3,3	8,4	75	7	..[b]	2375
Brasilien	8512	150,4	2680	2,2	3,3	115	430	47	2751
Bulgarien	111	8,8	2250	0,0	..	96	1946	..	3707
Burkina Faso	274	9,0	330	2,6	1,3	114	58	89	2288
Burundi	28	5,4	210	2,8	3,4	92	35	98	1932
Chile	757	13,2	1940	1,7	0,4	113	800	90	2581
China, Rep.	36	20,2	7500	..	..	..	..	43	..
China; VR	9561	1113,7	370	1,4	5,8	133	2619	26	2639
Costa Rica	51	2,8	1900	2,4	1,4	91	2027	74	2808
Côte d'Ivoire	322	11,9	750	3,8	0,5	101	113	90	2577
Dänemark	43	5,1	22080	0,0	2,1	126	2503	36	3628
Dtschld. a) BRD	357	79,5	22320	0,1	2,4	112	3705	10	3443
b) DDR			11118[6]		..	105*	2901[1]	..	3890
Dominik. Rep.	49	7,1	830	2,2	2,3	90	504	76	2359
Ecuador	284	10,3	980	2,4	2,8	100	338	97	2531
El Salvador	21	5,2	1110	1,4	−0,4	97	1064	78	2317
Finnland	338	5,0	26040	0,4	3,2	105	2102	17	3253
Frankreich	552	56,4	19490	0,5	2,4	103	3192	23	3465
Gabun	268	1,1	3330	3,6	0,9	84	27	94	2383
Ghana	239	14,9	390	3,4	−1,4	97	31	99	2248
Griechenland	132	10,1	5990	0,4	2,8	103	1752	46	3825
Großbritannien[5]	245	57,4	16100	0,2	2,0	105	3502	19	3149
Guatemala	109	9,2	900	2,9	0,7	91	728	76	2235
Guinea	246	5,7	440	2,5	..	87	11	..	2132
Haiti	28	6,5	370	1,9	0,2	94	41	39	2013
Honduras	112	5,1	590	3,4	0,5	83	185	93	2247
Indien	3288	849,5	350	2,1	1,9	118	687	27	2229
Indonesien	1905	178,2	570	1,8	4,5	123	1166	64	2750
Irak	438	18,9	1800[1]	3,6	..	92	395	76	2887
Iran	1648	55,8	2490	3,6	0,1	104	797	99	3181

Daten (inkl. Einw.) stammen fast alle aus dem aktuellen Weltentwicklungsbericht der Weltbank; ° die ehemaligen Staatsgebiet Jugoslawien und Sowjetunion werden mangels aktueller Daten zu den neuen Einzelstaaten weiterhin unter ihrem alten Namen aufgeführt .. keine Daten greifbar oder Daten unveröffentlicht oder zu komplex (westl. Industriestaaten); * Daten erheblich älter bzw. kein Jahresangabe möglich; † nur Daten für das ehemalige Gesamtjugoslawien verfügbar; § Daten für die 15 Einzelstaaten der ehemalige Sowjetunion nicht verfügbar, für gesamte ehem. UdSSR nur bedingt; [a] Angaben nur für Festland von Tansania; [b] die Angaben beziehen sich

Afghanistan – Iran

Nahrungsmittel in % des Imports 1990	Leistungsbilanzsaldo in Mio. US-$ 1990	Bruttowährungs-reserven in Mio. US-$ 1990	Schuldendienst in % d. Exports v. Waren u. Dienstleistg. 1990	Säuglingssterblichkeit (0–1 Jahr) 1990 in ‰	Zahl d. Grund-schüler in %[3] der Altersgruppe 1989	Terms of Trade (1987 = 100) 1990	Energieproduktion (jährl. Wachstumsrate in %) 1980–90	Energieverbrauch (jährl. Wachstumsrate in %) 1980–90	
..	–142*	638	..	..	24	..	2,4	8,3	Afghanistan
31	–1425[c]	3620	25,7	66	97	76	4,8	5,0	Ägypten
..	–154	..	..	28	99	..	1,7	3,1	Albanien
27	1420	2703	59,4	67	94	99	5,9	17,8	Algerien
14	..	..	..	130	94	..	12,5	2,5	Angola
4	1789	6222	34,1	29	111*	112	3,3	3,5	Argentinien
17	–146[c]	55	33,0	132	38*	84	5,5	3,5	Äthiopien
5	–14823	19319	..	8	106	115	6,0	2,2	Australien
30	–775[c]	660	25,4	105	70	95	12,1	7,9	Bangladesch
10[4]	4548[4]	23059*[4]	..	8	101*	96[4]	..	..	Belgien
16	–94[c]	69	3,4	113	65*	..	8,1	3,8	Benin
..	–19	86	6,8	122	26*	..	..	..	Bhutan
11	–194	511	39,8	92	81	97	0,5	–0,4	Bolivien
..[b]	137	3385	4,4	38	111	..[b]	2,6	3,1	Botsuana
9	–2983	9200	20,8	57	105	123	7,9	4,9	Brasilien
..	–1710	..	16,7	14	97	..	3,1	1,7	Bulgarien
23	–111	305	6,4	134	35	100	..	1,1	Burkina Faso
18	–56[c]	112	43,6	107	71*	70	7,2	7,3	Burundi
4	–790	6784	25,9	17	100	131	3,1	2,9	Chile
6	10769	77653	..	11*	..	109	..	..	China, Rep.
8	12000[c]	34476	10,3	29	135	111	5,5	5,6	China, VR
8	–514	525	24,5	16	100	114	6,6	3,8	Costa Rica
16	–1104	21	38,6	95	..	80	–0,1	2,7	Côte d'Ivoire
12	1541	11226	..	8	98	104	38,2	–0,1	Dänemark
10	46800	104547	..	7	103*	97	0,0	0,3	a) BRD Dtschld.
..	..	..	..	..	..	..	..	..	b) DDR
12	–59	69	10,3	56	95*	98	4,4	2,4	Dominik. Rep.
9	–136	1009	33,2	55	118	109	2,7	4,4	Ecuador
14	–135	595	17,1	53	78	114*	3,8	2,3	El Salvador
5	–6682	10415	..	6	99	98	4,8	3,0	Finnland
9	–9875	68291	..	7	113	102	6,9	1,1	Frankreich
17	224	40*	7,6	97	..	96*	3,6	2,5	Gabun
11	–229	309	34,9	85	75	75	–5,1	–4,1	Ghana
15	–3537	4721	..	11	102*	105	6,4	2,7	Griechenland
10	–24596	43145	..	8	107*	105	0,7	0,8	Großbritannien[5]
11	–279	362	13,3	62	79*	102	4,9	0,6	Guatemala
..	–182	..	8,3	138	34	..	4,0	1,5	Guinea
23	–55	10	9,5	95	84*	97*	5,9	2,0	Haiti
13	–190	47	40,0	64	108*	104	4,7	2,1	Honduras
8	–9304[c]	5637	28,8	92	98	96	7,0	5,9	Indien
5	–2369	8657	30,9	61	118*	111	1,0	4,1	Indonesien
15	..	..	..	65	96*	..	7,5	5,3	Irak
12	–385	..	3,5	88	109	72	5,8	4,5	Iran

f die Südafrikanische Zollunion, der Südafrika, Botsuana, Lesotho, Namibia und Swasiland angehören; [c] Schätzung der Weltbank; 1981–1986; [2] kann von dem bei den Einzelstaaten angegebenen Wert abweichen, da dort Quotient aus BSP (Weltbank) u. Bevölkerung äufig nach UNO); [3] der Anteil kann 100 % überschreiten, da es Grundschüler über u. unter der willkürlich festgelegten Altersgrenze gibt; mit Luxemburg; [5] und Nordirland; [6] nur 1987; [7] 1988; [8] 1989.

Strukturdaten von Staaten mit mehr als 1 Mio. Einwohnern

	Fläche in 1000km²	Bevölk. in Mio. (Stand Mitte 1990)	BSP pro Kopf 1990 in US-$² (nach Weltbank)	Jährl. Bevölk.-Wachstum (Ø 1980–90)	BSP pro Kopf-Zuwachs in %, Ø aus 1965–90	Ø-Index Nahrungsmittelproduktion (1979–81 = 100) 1988–90	Düngemittel (in 100g Pflanzennährstoffe) je ha 1989/90	Rohstoffanteil in % des Exports 1990	Tägl. Kalorienangebot pro Kopf 1989
Irland	70	3,5	9550	0,2	3,0	109	7225	26	3777
Israel	21	4,7	10920	1,8	2,6	95	2425	13	3177
Italien	301	57,7	16830	0,2	3,0	94	1507	10	3500
Jamaika	11	2,4	1500	1,3	−1,3	95	1156	42	2600
Japan	378	123,5	25430	0,6	4,1	101	4179	2	2950
Jemen	528	11,3	640[8]	3,1	..	..	11	..	2322
Jordanien	89	3,2	1240	3,7	..	100	771	55	2634
Jugoslawien †	256	25,6	3060	0,7	2,9	95	1155	21	3634
Kambodscha	181	8,5	155[1]	2,6	..	165	..	..	2166
Kamerun	475	11,7	960	3,0	3,0	89	41	84	2217
Kanada	9976	26,5	20470	1,0	2,7	108	472	37	3488
Kenia	580	24,2	370	3,8	1,9	106	481	89	2166
Kolumbien	1139	32,3	1260	2,0	2,3	104	902	74	2599
Kongo	342	2,3	1010	3,4	3,1	94	32	97	2599
Korea, Dem. VR	121	21,6	987[8]	1,7	..	110	..	..	2822
Korea, Rep.	99	42,8	5400	1,1	7,1	106	4250	7	2855
Kuba	111	10,6	918[1]	0,9	..	99	..	96*	3144
Kuwait	18	2,1	16150[8]	4,4	−4,0	..	2000	12	3199
Laos	237	4,1	200	2,7	..	114	3	..	2633
Lesotho	30	1,8	530	2,7	4,9	86	144	..[b]	2299
Libanon	10	2,9[8]	2450[1]	..	..	135	917	..	..
Liberia	111	2,6	450[6]	3,1	..	84	107	99	2387
Libyen	1760	4,5	5310[8]	4,1	−3,0[8]	78	367	100	3328
Madagaskar	587	11,7	230	3,0	−1,9	88	36	93	2158
Malawi	118	8,5	200	3,4	0,9	83	227	95	2139
Malaysia	330	17,9	2320	2,6	4,0	147	1572	56	2774
Mali	1240	8,5	270	2,5	1,7	97	54	98	2314
Marokko	447	25,1	950	2,6	2,3	128	344	53	3024
Mauretanien	1026	2,0	500	2,4	−0,6	85	116	94	2685
Mauritius	2	1,1	2250	1,0	3,2	100	3302	70	2887
Mexiko	1958	86,2	2490	2,0	2,8	102	728	56	3052
Mongolei	1565	2,1	660[7]	2,8	..	86	124	..	2479
Mosambik	802	15,7	80	2,6	..	81	8	..	1680
Myanmar	677	41,6	200[1]	2,1	..	93	86	97	2440
Namibia	824	1,8	1060[6]	3,2	..	93	..	..[b]	1946
Nepal	141	18,9	170	2,6	0,5	115	256	25*	2077
Neuseeland	269	3,4	12680	0,9	1,1	102	6558	75	3362
Nicaragua	130	3,9	830[6]	3,4	−3,3	58	648	94	2265
Niederlande	37	14,9	17320	0,5	1,8	111	6424	36	3151
Niger	1267	7,7	310	3,3	−2,4	71	8	98	2308
Nigeria	924	115,5	290	3,2	0,1	106	121	99	2312
Norwegen	324	4,2	23120	0,4	3,4	100	2420	67	3326
Oman	212	1,6	5220[8]	4,7	6,4	..	1108	32	..

Daten (inkl. Einw.) stammen fast alle aus dem aktuellen Weltentwicklungsbericht der Weltbank; ° die ehemaligen Staatsgebie Jugoslawien und Sowjetunion werden mangels aktueller Daten zu den neuen Einzelstaaten weiterhin unter ihrem alten Namen aufgeführ. .. keine Daten greifbar oder Daten unveröffentlicht oder zu komplex (westl. Industriestaaten); * Daten erheblich älter bzw. kei Jahresangabe möglich; † nur Daten für das ehemalige Gesamtjugoslawien verfügbar; § Daten für die 15 Einzelstaaten der ehemalige Sowjetunion nicht verfügbar, für gesamte ehem. UdSSR nur bedingt; [a] Angaben nur für Festland von Tansania; [b] die Angaben beziehen si

Irland – Oman

Nahrungsmittel in % des Imports 1990	Leistungsbilanzsaldo in Mio. US-$ 1990	Bruttowährungs- reserven in Mio. US-$ 1990	Schuldendienst in % d. Exports v. Waren u. Dienstleistg. 1990	Säuglingssterblichkeit (0–1 Jahr) 1990 in ‰	Zahl d. Grund- schüler in %[3] der Altersgruppe 1989	Terms of Trade (1987 = 100) 1990	Energieproduktion (jährl. Wachstumsrate in %) 1980–90	Energieverbrauch (jährl. Wachstumsrate in %) 1980–90	
10	1433	5362	..	7	101*	95	2,7	0,5	Irland
7	702	6598	..	10	93	103	–8,9	2,3	Israel
12	–12733	88595	..	9	96	97	0,8	0,9	Italien
19	–271	168	31,0	16	105	88	4,4	–1,5	Jamaika
14	35870	87828	..	5	102	91	4,2	2,1	Japan
..	620[c]	280*	5,4	124	..	..	..	23,8	Jemen
19	–754[c]	1139	23,0	51	..	112	..	5,8	Jordanien
12	–2364	6208	13,7	20	95	121	3,5	3,8	Jugoslawien †
..	..	..	..	117	..	..	4,9	2,5	Kambodscha
15	–278[c]	92*	21,5	88	101	91	11,9	4,5	Kamerun
6	–18815	23530	..	7	105	109	3,5	2,1	Kanada
10	–477	236	33,8	67	94*	103	6,8	1,1	Kenia
7	391	4453	38,9	37	107	92	11,2	3,3	Kolumbien
18	–123	21*	20,7	116	..	99	7,5	3,4	Kongo
..	..	..	..	26	103*	..	..	..	Korea, Dem. VR
5	–2172	14916	10,7	17	108	108	10,4	8,1	Korea, Rep.
..	..	..	..	12	103*	..	..	..	Kuba
18	8445*	4120*	..	14	100*	77*	1,6	5,0	Kuwait
..	–106	61	12,1	103	111*	..	0,5	1,8	Laos
..[b]	97	72	2,4	93	110	..[b]	..	..	Lesotho
..	..	4210	..	..	..	..	–1,5	4,1	Libanon
24	..	8*	..	136	..	111	1,8	–4,1	Liberia
16	2203	7225	..	74	..	97	–1,7	7,1	Libyen
15	–153	245*	47,2	116	92	102	7,4	1,8	Madagaskar
7	–80	142	22,5	149	67*	93	4,4	1,0	Malawi
11	–1672	10659	11,7	16	96	94	14,4	7,8	Malaysia
20	–94	198	11,5	166	23	97	6,6	2,1	Mali
12	–200	2338	23,4	67	68	86	1,1	2,9	Marokko
22	–199	59	13,9	121	51*	107	..	0,2	Mauretanien
25	–119	761	8,7	20	103	114	8,5	3,5	Mauritius
16	–5255	10217	27,8	39	114	110	1,3	1,2	Mexiko
..	–640	..	..	62	98	..	3,0	3,1	Mongolei
..	–335[c]	..	14,4	137	68*	..	–43,2	2,4	Mosambik
9	–163[c]	410	..	64	103*	127	4,4	4,8	Myanmar
..[b]	..	..	..	100	..	..[b]	..	..	Namibia
9*	–264[c]	354	18,2	121	86*	..	10,7	9,2	Nepal
7	–1594	4129	..	10	106	99	6,4	5,4	Neuseeland
12	–369	..	4,1	55	99*	110*	2,6	2,9	Nicaragua
12	10393	34401	..	7	116*	102	–3,5	1,3	Niederlande
21	–65	226	24,1	128	28	77	11,3	2,3	Niger
16	5126	4129	20,3	98	70	100	0,2	4,8	Nigeria
6	3783	15788	..	8	98	91	7,6	1,9	Norwegen
18	1095	1784	13,0	33	102	..	8,9	10,7	Oman

[1] die Südafrikanische Zollunion, der Südafrika, Botsuana, Lesotho, Namibia und Swasiland angehören; [c] Schätzung der Weltbank; [2] 1981–1986; [2] kann von dem bei den Einzelstaaten angegebenen Wert abweichen, da dort Quotient aus BSP (Weltbank) u. Bevölkerung (häufig nach UNO); [3] der Anteil kann 100 % überschreiten, da es Grundschüler über u. unter der willkürlich festgelegten Altersgrenze gibt; [4] mit Luxemburg; [5] und Nordirland; [6] nur 1987; [7] 1988; [8] 1989.

Strukturdaten von Staaten mit mehr als 1 Mio. Einwohnern

	Fläche in 1000 km²	Bevölk. in Mio. (Stand Mitte 1990)	BSP pro Kopf 1990 in US-$² (nach Weltbank)	Jährl. Bevölk.-Wachstum (Ø 1980–90)	BSP pro Kopf-Zuwachs in %, Ø aus 1965–90	Ø-Index Nahrungsmittelproduktion (1979–81 = 100) 1988–90	Düngemittel (in 100 g Pflanzennährstoffe) je ha 1989/90	Rohstoffanteil in % des Exports 1990	Tägl. Kalorienangebot pro Kopf 1989
Österreich	84	7,7	19060	0,2	2,9	106	2008	12	3495
Pakistan	796	112,4	380	3,1	2,5	101	890	30	2215
Panama	77	2,4	1830	2,1	1,4	90	541	80	2539
Pagua-Neuguinea	463	3,9	860	2,5	0,1	103	399	95	2403
Paraguay	407	4,3	1110	3,2	4,6	116	89	90	2759
Peru	1285	21,7	1160	2,3	–0,2	100	411	84	2186
Philippinen	300	61,5	730	2,4	1,3	84	674	38	2375
Polen	313	38,2	1690	0,7	. .	109	2052	33	3505
Portugal	92	10,4	4900	0,6	3,0	106	727	19	3495
Ruanda	26	7,1	310	3,3	1,0	77	14	99	1971
Rumänien	238	23,2	1640	0,4	. .	92	1332	. .	3155
Sambia	753	8,1	420	3,7	–1,9	103	166	. .	2077
Saudi-Arabien	2150	14,9	7050	4,7	2,6	189	4008	89	2874
Schweden	450	8,6	23660	0,3	1,9	99	1271	15	2960
Schweiz	41	6,7	32680	0,6	1,4	101	4262	7	3568
Senegal	197	7,4	710	2,9	–0,6	102	55	78	2366
Sierra Leone	72	4,1	240	2,4	0,0	89	3	70	1799
Simbabwe	391	9,8	640	3,4	0,7	94	604	. .	2295
Singapur	1	3,0	11160	2,2	6,5	69	5600	27	3198
Somalia	638	7,7	120	3,1	–0,1	94	26	95	1906
Sowjetunion§	22402	289,0	5020⁸	0,9	. .	112	. .	. .	3386
Spanien	505	39,0	11020	0,4	2,4	112	1009	24	3572
Sri Lanka	66	17,0	470	1,4	2,9	87	1015	53	2277
Südafrika	1221	35,9	2530	2,4	1,3	87	575	26ᵇ	3122
Sudan	2506	25,1	420⁷	2,7	. .	71	39	99	1974
Syrien	185	12,4	1000	3,6	2,9	80	454	62	3003
Tansania	945	24,5	110ᵃ	3,1	–0,2ᵃ	88	93	89	2206
Thailand	513	55,8	1420	1,8	4,4	106	365	36	2316
Togo	57	3,6	410	3,5	–0,1	88	83	91	2214
Trinidad u. Tob.	5	1,2	3610	1,3	0,0	87	275	74	2853
Tschad	1284	5,7	190	2,4	–1,1	85	15	92	1743
Tschechosl.	128	15,7	3140	0,3	. .	119	3213	10	3632
Tunesien	164	8,1	1440	2,3	3,2	87	232	31	3122
Türkei	779	56,1	1630	2,4	2,6	97	645	34	3236
Uganda	236	16,3	220	2,5	–2,4	95	1	100	2153
Ungarn	93	10,6	2780	–0,2	. .	113	2463	35	3644
Uruguay	177	3,1	2560	0,6	0,8	109	454	60	2653
USA	9373	250,5	21790	0,9	1,7	92	985	24	3671
Venezuela	912	19,7	2560	2,7	–1,0	96	1507	89	2582
Ver. Arab. Em.	84	1,6	19860	4,3	. .	. .	1615	. .	3309
Vietnam	330	66,3	180¹	2,1	. .	127	841	. .	2233
Zaire	2345	37,5	220	3,2	–2,2	97ᵃ	10ᵃ	93	1991
Zentralafr. Rep.	623	3,0	390	2,4	–0,5	94	4	74	2036

Daten (inkl. Einw.) stammen fast alle aus dem aktuellen Weltentwicklungsbericht der Weltbank; ° die ehemaligen Staatsgebi Jugoslawien und Sowjetunion werden mangels aktueller Daten zu den neuen Einzelstaaten weiterhin unter ihrem alten Namen aufgefüh . . keine Daten greifbar oder Daten unveröffentlicht oder zu komplex (westl. Industriestaaten); * Daten erheblich älter bzw. ke Jahresangabe möglich; † nur Daten für das ehemalige Gesamtjugoslawien verfügbar; § Daten für die 15 Einzelstaaten der ehemalig Sowjetunion nicht verfügbar, für gesamte ehem. UdSSR nur bedingt; ᵃ Angaben nur für Festland von Tansania; ᵇ die Angaben beziehen s

Österreich – Zentralafrikanische Republik

Nahrungsmittel in % des Imports 1990	Leistungsbilanzsaldo in Mio. US-$ 1990	Bruttowährungsreserven in Mio. US-$ 1990	Schuldendienst in % d. Exports v. Waren u. Dienstleistg. 1990	Säuglingssterblichkeit (0-1 Jahr) 1990 in ‰	Zahl d. Grundschüler in %³ der Altersgruppe 1989	Terms of Trade (1987 = 100) 1990	Energieproduktion (jährl. Wachstumsrate in %) 1980-90	Energieverbrauch (jährl. Wachstumsrate in %) 1980-90	
5	958	17228	..	8	104	92	−0,2	1,5	Österreich
19	−1362	1046	22,8	103	38	95	6,5	6,5	Pakistan
15	91	406	4,3	21	107	138	10,3	0,0	Panama
17	−352	427	36,0	57	73	75	5,9	2,4	Papua-Neuguinea
9	102ᶜ	700	11,0	32	106	110	13,5	5,1	Paraguay
38	−674	1891	11,0	69	123	78	−1,5	1,5	Peru
10	−2695	2036	21,2	41	111	93	7,5	2,3	Philippinen
12	3067	4674	4,9	16	99	103	1,1	1,2	Polen
11	−139	20579	17,8	12	111	105*	3,1	2,8	Portugal
9	−85	44	14,5	120	69	98	4,4	3,1	Ruanda
..	−3254	1374	0,4	27	95	..	0,5	1,3	Rumänien
..	−343	201	12,3	82	95*	..	1,7	1,1	Sambia
15	−4107	13437	..	65	76*	95	−4,2	9,3	Saudi-Arabien
6	−5833	20324	..	6	104	101	4,5	1,7	Schweden
6	6941	61281	..	7	..	100	1,1	1,5	Schweiz
27	−125	22	20,4	81	58	106	..	−0,5	Senegal
20	−95	5	15,9	147	53*	80	..	−0,1	Sierra Leone
3	−158	295	22,6	49	125	..	3,8	1,2	Simbabwe
5	2350	27748	..	7	110	100	..	5,8	Singapur
19	−81	23*	11,7	126	..	111*	..	2,0	Somalia
..	..	..	..	24	105*	..	..	..	Sowjetunion §
10	−16819	57238	..	8	111*	106	2,8	1,5	Spanien
16	−296	447	13,8	19	107	90	8,7	5,1	Sri Lanka
6ᵇ	2253	2583	..	66	..	93ᵇ	4,3	3,1	Südafrika
18	−876ᶜ	11	5,8	102	..	100	2,1	0,7	Sudan
17	1827	..	26,9	43	108	87	6,8	4,0	Syrien
7	−426	193	25,8	115	63	108*	3,2	2,0	Tansania
5	−7053	14258	17,2	27	86	99	26,2	7,2	Thailand
22	−100	358	14,1	88	103*	114	..	0,7	Togo
19	430	513	14,5	25	97	110	−3,3	1,4	Trinidad u. Tob.
14	−79	133*	5,1	125	57	..	..	0,3	Tschad
6	−1227	2059	10,4	12	92	..	0,5	0,8	Tschechosl.
10	−500	867	25,8	44	115	99	0,1	4,6	Tunesien
7	−2616	7626	28,2	60	112	98	8,5	6,9	Türkei
8	−255ᶜ	44	54,5	117	77*	88*	3,3	4,7	Uganda
7	230ᶜ	1186	37,9	15	94	87	1,1	1,4	Ungarn
7	224	1466	41,0	21	106*	104	7,9	0,5	Uruguay
6	−92160	173094	..	9	..	100	0,8	1,5	USA
12	8198	12733	20,7	34	105*	164	0,2	2,1	Venezuela
..	..	4891	..	23	111	..	4,0	13,9	Ver. Arab. Em.
..	−213	..	..	42	..	..	2,5	2,6	Vietnam
20	−643	261	15,4	94	78*	163	3,1	1,7	Zaire
20	−97	118*	11,9	101	64*	109	2,6	3,5	Zentralafr. Rep.

f die Südafrikanische Zollunion, der Südafrika, Botswana, Lesotho, Namibia und Swasiland angehören; ᶜ Schätzung der Weltbank; ᵇ 1981–1986; ² kann von dem bei den Einzelstaaten angegebenen Wert abweichen, da dort Quotient aus BSP (Weltbank) u. Bevölkerung äufig nach UNO); ³ der Anteil kann 100 % überschreiten, da es Grundschüler über u. unter der willkürlich festgelegten Altersgrenze gibt; mit Luxemburg; ⁵ und Nordirland; ⁶ nur 1987; ⁷ 1988; ⁸ 1989.

AFGHANISTAN *West-Asien*
Republik Afghanistan; De Afghánistán Djamhuriare (Paschtu) bzw. Djamhurie-e Afghánistán (Dari) – AFG

LANDESSTRUKTUR Fläche (40): 652 090 km^2 – **Einwohner** (51): (S 1990) 16 121 000 = 25 je km^2; (Z 1979) 13 051 358 – rd. 43% Paschtu sprech. Afghanen (Paschtunen, das eigentl. Staatsvolk: bes. Gilsai u. Durrani), 28% Tadschiken, 9% Usbeken, 8% mongolstämm. Hesoren [Hazaren]; Nuristani (»Kafire«), Balutschen, Turkmenen, Aimak, Kirgisen, Kasachen; Perser i. e. S. – 8–12% Afghanen sind Nomaden (»Koochis«) od. Halbnomaden; insg. rd. 32 ethnische Gruppen – ca. 3,2 Mio. Flüchtl. in Pakistan, 2,8 Mio. in Iran u. 0,1 Mio. in Indien, rd. 2,5 Mio. innerhalb d. Landes; Rückführung d. Flüchtlinge seit Anf. 1992 (bis Juli 1992: rd. 1 Mio. Rückkehrer v. a. aus Pakistan) – **Leb.-Erwart.:** 42 J. – **Säugl.-Sterbl.:** 21% – **Analph.:** 71% – Jährl. **Bev.-Wachstum** (∅ 1985–89): 2,2% (Geb.- u. Sterbeziffer 1985: 4,9%/2,7%) – **Sprachen:** Paschtu [Pushtu] u. Dari (= Farsi bzw. Persisch) als Amtsspr. – **Religion** (1989): Vorrechte d. Islam d. sunnit. Hanafi-Lehre; 70% Sunniten, 14% Schiiten (u. a. Hesoren); ferner Ismaeliten – **Städt. Bev.:** 18% – **Städte** (S 1984): Kabul (Hptst.; A) 1 179 000 Ew.; Kandahár [Qandahár] 203 000, Herát 160 000, Mazár-i-Sharif 118 000; (S 1982): Jalálábád 58 000, Kunduz 57 000, Baghlan 41 000, Maimana 40 000

STAAT Islamische Republik – Verfassung vom 30. 11. 1987, Änderung im Mai 1990 – Neue Verfassung angekündigt – Einführung der Scharia (islam. Recht) im Mai 1992 – »Leitender Rat des islamischen Staates Afghanistan« (Interimsrat) aus 7 Mudschaheddin-Gruppen u. a. Vertretern aus d. Norden (64 Mitgl.) seit 16. 4. 1992 als Konsultativorgan – Seit 24. 4. 1992 10köpfiger »Höchster Führungsrat« aus Vors. der wichtigsten Rebellengruppen als höchstes Exekutivorgan; Ausschluß der Hezb-e Islami von Gulbuddin Hekmatyar am 16. 8. 1992 – Nationalversammlung (Meli Schura) aus 2 Kammern: Senat (Sena) mit 192 u. Repräsentantenhaus (Wolasi Jirgah) mit 234 Mitgl. seit Juni 1992

Ethnische Gliederung
- Paschtunen (ca 43%)
- Tadschiken (ca 28%)
- Usbeken (ca 9%)
- Hazaren (ca 8%)
- Turkmenen (ca 3%)
- Balutschen
- Kirgisen

aufgelöst – 31 Provinzen (»Welayat«) – **Staatsoberhaupt:** Burhanuddin Rabbani, Vors. d. Dschamiat-i-Islami-ye Afgh., seit 28. 6. 1992 durch d. »Höchsten Führungsrat« eingesetzt, Übergangspräs. für ca. 4 Monate – **Regierungschef:** Ustad Abdel Sabur Farid, am 16. 8. 1992 abgesetzt – **Äußeres:** Sayed Solaiman Gailani – **Parteien:** Verbot der kommunist. Watan-Partei (Heimat-P.) am 12. 5. 1992 – Im wesentlichen 7 große polit. Gruppierungen (Fundamentalisten, Gemäßigte u. Traditionalisten) – **Unabh.:** Wiederherstell. d. Zentralgewalt unter Abdur Rahman Khan (1881–1901); nach d. völl. Unabh.-Erkl. v. 13. 4. 1919 durch Amanullah v. Großbrit. im Vertrag v. Rawalpindi (8. 8. 1919) anerkannt – **Nationalfeiertag:** 15. 2. (Tag des Abzugs der sowjet. Truppen 1989)

WIRTSCHAFT (keine neueren Angaben verfügbar) **BSP** 1986 (S): 3156 Mio. $ = 155 $ je Ew. (155); realer Zuwachs $\emptyset$ 1980–86: 2,0%; **BIP** 1988 (S): 2800 Mio. $; realer Zuwachs $\emptyset$ 1980–88: 2,9%; Anteil 1986: **Landwirtsch.** 64,5%, **Industrie** 21,1% – **Erwerbstät.** 1988: Landw. 56%, Ind. ca. 10% – **Energieverbrauch** 1990: 90 kg ÖE/Ew. – **Währung:** 1 Afghani (Af) = 100 Puls (Pl); 1 US-$ = 50,00 Afs; 100 Afs = 4,55 DM – **Ausl.-Verschuld.** 1987: 1501 Mio. $ – **Inflation** $\emptyset$ 1983–88: 26,5% – **Außenhandel** 1989: **Import:** 822 Mio. $; Güter: 40% Maschinen u. Anlagen, 7% mineral. Brennstoffe u. Erzeugn.; Länder: 55% UdSSR, 9% Japan; **Export:** 236 Mio. $; Güter: 52% Erdgas, 8% Nahrungsm. u. Früchte; Länder: 63% UdSSR, 12% EG-Länder (dar. 6% BRD)

PRESSE (Aufl. i. Tsd.) *Tageszeitungen:* Kabul: Anis (25) – Haqiqat-e Enqelab Saur (60) – Hewad (12) – Kabul New Times (5)/Engl. – *Nachrichtenagentur:* BNA (Bakhtar News Agency)

ÄGYPTEN *Nordost-Afrika*
Arabische Republik Ägypten; Dschumhûrîja Misr El Arabija bzw. Jumhûrîjyt Misr Al-'Arabîya, Egypt – ET

LANDESSTRUKTUR Fläche (29): 1 001 449 km² (n. eig. Ang. 997 738 km²) – **Einwohner** (21): (F 1990) 52 061 000 = 53 je km²; (Z 1986) 48 205 238 (auf den 35 189 km² Kulturland über 1400 je km²) – Ägypter; 50 000 – 80 000 arab. Beduinen; im S Nubier; kleine Minderheiten von Berbern u. Sudanern, Griechen u. Italienern – **Leb.-Erwart.:** 60 J. – **Säugl.-Sterbl.:** 6,6% – **Analph.:** 52% – Jährl. **Bev.-Wachstum** ($\emptyset$ 1980–90): 2,4% (Geb.- u. Sterbeziffer 1990: 3,1%/1,0%) – **Sprachen:** Arabisch als Amtsspr.; Nubisch u. Oromo als Umgangsspr. sowie Französ. u. Engl. als Handelsspr. – **Religion** (1989): 91,8% Muslime (fast nur Sunniten), Islam ist Staatsreligion; 5,7% Christen, darunter rd. 3 Mio. koptische Christen, griech.-orthodoxe u. kathol. (rund 50 000) sowie protestant. (etwa 15 000) Minderh. – **Städt. Bev.:** 47% – **Städte** (Z 1986): El-Qahira [Kairo] (Hptst.) 6 052 836 Ew. (m. V. 13,2 Mio.), El-Giza [Gise] 1 857 508, Shubra el-Khaima 710 794; (S 1986) El Iskandariya [Alexandria] 2 893 000, El-Mahalla el-Kubrâ 385 000, Port Said 382 000, Tanta 374 000, El-Mansûra 358 000, Assiut 291 000, Suez 265 000, Assuan 196 000

GASA (Gaza): Fläche 378 km² – Ew. rd. 489 000 (S 1988), größtenteils Palästinenserflüchtlinge – Seit 1967 v. Israel besetzt

STAAT Präsidialrepublik – Verfassung von 1970, Änderungen 1981 – Nationalversammlung (Rat d. Volkes) mit 454 Mitgl., davon 444 für 5 J. gewählt u. 10 vom Präs. ernannt – Schura-Rat als 2. Kammer (berat. Organ, 210 Mitgl., davon ⅓ v. Präs. ernannt) – Direkte Wahl d. Präs. für 6 J. – Allg. Wahlrecht – 26 Provinzen, 8 Wirtschaftsregionen – **Staatsoberhaupt:** Präs. Mohamed Hosni Mubarak, seit 1981, Wiederwahl am 5. 10. 1987 – **Regierungschef:** Atef Mohamed Naguib Sidki, seit 12. 11. 1986 (erneut seit Jan. 1991) – **Äußeres:** Amre Mussa, seit Mai 1991 – **Parteien:** Wahlen zur Nationalversammlung 1990: Nationaldemokrat. Partei/NDP v. Präs. Mubarak 348 der 444 Sitze, linksorientierte Fortschrittl. Nationale Unionspartei 6, Unabh. 83; Wahlen zum Schura-Rat 1989: NDP 143 der 155 Sitze – **Unabh.:** 28. 2. 1922 - **Nationalfeiertage:** 23. 7. u. 6. 10. (Tag d. Streitkräfte)

WIRTSCHAFT **BSP** 1990: 31 381 Mio. $ = 600 $ je Ew. (130); realer Zuwachs $\emptyset$ 1980–90: 4,7% *(Anteil Entwicklungshilfe u. Ausl.-Schulden → Tab. Sp. 471 f.);* **BIP** 1990: 33 210 Mio. $; realer Zuwachs $\emptyset$ 1980–90: 5,0%; Anteil 1990 **Landwirtsch.** 17%, **Industrie** 29% – **Erwerbstät.:** Landw. 41% (1989), Ind. 20% (1984); **Arbeitslosigkeit** 1989: 25% – **Energieverbrauch** 1990: 598 kg ÖE/Ew. – **Währung:** 1 Ägypt. Pfund (ägypt£) = 100 Piasters (PT); Freimarktkurs: 1 US-$ = 3,32 ägypt£; 100 ägypt£ = 46,07 DM – **Ausl.-Verschuld.** 1990: 39 885 Mio. $ = 126,5% d. BSP – **Inflation** $\emptyset$ 1980–90: 11,8% – **Außenhandel** 1990: **Import:** 9798 Mio. $; Güter: 22% Maschinen, 19% Nahrungsmittel u. Getränke, 11% Holz, Papier u. Textilien, 10% chem. Erzeugn.; Länder: 16% USA, 10% BRD, 9% Frankr., 8% Italien, 5% Japan, 5% Rumänien; **Export:** 3263 Mio. $; Güter: 40% Erdöl u. Erdölprodukte, 13% Baumwolle u. -garne, 8% Metalle, 7% Chemikalien; Länder: 23% Italien, 10% Rumänien, 6% Frankr., 5% Israel, 5% UdSSR, 4% BRD

PRESSE (Aufl. i. Tsd.) *Tageszeitungen:* Kairo: Al-Ahram (800, fr. 980)/offiziös – Al-Akhbar (833) – The Egyptian Gazette (15)/Engl. – Al-Gomhouriya (400, do. 500) – Le Journal d'Egypte (72)/Frz. – Al-Misaa (75) – Le Progrès Egyptien (5)/Frz. – Al-Wafd (300) – *Wochenzeitungen:* Al-Alahi (200) – Akhbar al-Yaum (1158) – Al-Lewa Al-Islami (150) – Mayo (150) – The Middle East Observer (30)/Engl. – Al-Musawar (130) – Al-Nour (150) – Al-Shaab (200) – Watani (150) – *Nachrichtenagentur:* MENA (Middle East News Agency)

ALBANIEN *Südost-Europa*
Republik Albanien; Shqiperia (gegisch bzw. nordalb.), Shqipnija (toskisch bzw. südalb.); Republika Shqipërisë – AL

LANDESSTRUKTUR Fläche (139): 28748 km^2 – **Einwohner** (120): (F 1990) 3 255 000 = 113 je km^2; (Z 1989) 3182417 – 97% Albaner (Tosken im S u. Gegen im N); (Z 1989) 58758 Griechen, and. Minderh. 5957; über ⅓ d. alb. Volkes im Ausl. (450000 in westl. Staaten), 1753600 im ehem. Jugoslawien, davon 1,5 Mio. in Kosovo u. Makedonien, rd. 50 000 in Montenegro, rd. 60000–200000 in N-Griechenland – **Leb.-Erwart.:** 72 J. – **Säugl.-Sterbl.:** 2,8% – **Analph.:** unter 5% – Jährl. **Bev.-Wachstum** (∅1980–90): 2,0% (Geb.- u. Sterbeziffer 1990: 2,5%/0,6%) – **Sprache:** Albanisch (Grundlage toskischer Dialekt) – **Religion** 985000 Muslime (fast nur Sunniten; dazu Bektaschiiten); Christen (160000 Orthodoxe, 124000 Katholiken) – **Städt. Bev.:** 35% – **Städte** (S 1988): Tiranë [Tirana] (Hptst.) 226000 Ew.; (S 1987): Durrës-Enver Hoxha (Durazzo) 78700, Elbasan 78300, Shkodër (Scutari) 76300, Vlorë (Vlonë, Alona) 67700, Korçë (Koritsa) 61500, Berat 40500, Fier 40300

STAAT Republik – Neue Verfassung vom April 1991 – Parlament (Volksversammlung) mit 140 Mitgl. (bis 1991: 250); Wahl alle 4 J. – Allg. Wahlpflicht ab 18 J. – 26 Bezirke (rrethët) jeweils mit Volksrat, Wahl alle 3 J. – **Staatsoberhaupt:** Vors. d. Präsidiums d. Volksversammlung Sali Berisha, seit 9. 4. 1992; vom Parl. gewählt – **Regierungschef:** Vors. d. Min.-Rates Aleksander Meksi (PDA), seit 11. 4. 1992 – **Äußeres:** Alfred Sarreqi (PDA) – **Parteien:** Vorgezogene Parlamentswahlen vom 22. 3. 1992 u. Stichwahl am 29. 3. 1992 in 11 Wahlkreisen: Demokrat. Partei Albaniens/PDA 92 der 140 Sitze, Sozialist. Partei A./PPSH (Nachfolgepartei der Kommunist. Partei der Arbeit) 38, Sozialdemokrat. P. 7, Partei der Menschenrechte (griech. Minderheit) 2, Republikaner 1 – **Unabh.:** 28. 11. 1912 – **Nationalfeiertag:** 29. 11. (Verkündung d. Befreiung Albaniens 1944)

WIRTSCHAFT (keine neueren Angaben verfügbar) **BSP** 1987: 1930 Mio. $ = 710 $ je Ew. (124); **BIP** 1983: realer Zuwachs 5,8%; Anteil 1985 **Landwirtsch.** 35%, **Industrie** 20% (n. and. Ang. 55%) – **Erwerbstät.** 1985: Landw. 60%, Ind. 10%; **Arbeitslosigkeit** 1992: rd. 70% – **Energieverbrauch** 1990: 1152 kg ÖE/Ew. – **Währung:** 1 Lek = 100 Qindarka; 1 US-$ = 50,00 Lek; 100 Lek = 3,27 DM – **Außenhandel** 1988: **Import:** 3218 Mio. Lek; **Export:** 2709 Mio. Lek; Güter: Bergbauprod. (über 50%; 20% d. BSP, v. a. Chromerz u. Erdöl), Tabak, Felle, Wolle, Früchte (Oliven, Apfelsinen, Trauben); Länder: 10% ČSFR, 9,7% Rumänien, 9,4% Bulgarien, 8,2% DDR, 7,5% Polen, 7,1% Jugoslawien, 6,3% Italien, 4,2% BRD – 1991 starker Produktionsrückgang: lt. Reg.-Bericht Rückgang d. Industrieprod. um 60%; Erdölförderung 79% d. Vorjahresniveaus, Kohleabbau 52%, Kupfergewinnung 42%, Chromförderung 56%

PRESSE (Aufl. i. Tsd.) *Tageszeitungen:* Tirana: Bashkimi (30)/Organ der Demokrat. Front – Puna (2x wö.) – Rilinda Demokratija (100)/Demokr. Partei – Zëri i Popullit (120) – Zëri i Rinisë (2x wö.) - *Nachrichtenagentur:* ATA (Albanian Telegraphic Agency)

ALGERIEN *Nord-Afrika*
Demokratische Volksrepublik Algerien; République Algérienne Démocratique et Populaire; El Dschamhurija el Dschasarija el demokratija escha'abija bzw. Al-Jumhûrîya al-Jazā'irîya ad-dîmûqrātîya ash-sha'bîya – DZ

LANDESSTRUKTUR Fläche (11): 2 381 741 km^2 – **Einwohner** (35): (F 1990) 25056000 = 11 je km^2; (Süd-A. weniger als 1 je km^2); (Z 1987) 22971558 – Algerier; arabisch sprech. Mischbevölkerung sowie Berber, ca. 19% als Araber einzustufen; im S schwarzafrikan. Einflüsse; über 60000 Europäer (davon 50000 Franzosen u. 5000 ehem. franz. Siedler); über 2,3 Mio. als Gastarbeiter im Ausl. – **Leb.-Erwart.:** 65 J. – **Säugl.-Sterbl.:** 6,7% – **Analph.:** 43% – Jährl. **Bev.-Wachstum** (∅1980–90): 3,0% (Geb.- u. Sterbeziffer 1990: 3,6%/0,8%) – **Sprachen:** Arabisch (83,5%) als Amtssprache; Französ. als Handels- u. Bildungsspr.; Berberdialekte (18–25%) – **Religion** (1989): 99% Muslime (Sunniten), Islam ist Staatsreligion; etwa 0,8% Katholiken u. einige Protestanten, etwa 1000 Juden, außerd. Marabutismus d. Berber – **Städt. Bev.:** 52% – **Städte**

(Z 1987): El Djaza'ir [Algier bzw. Alger] (Hptst.) 1483000 Ew. (m. V. 3000000); Ouahrân [Wahran, Oran] 590000, Ksontina [Qussantîna, Constantine] 438000; (S 1983) Annaba 348000, El-Boulaïda [Blida] 191000, Sétif 187000, Sidi-Bel-Abbès 147000, Tlemcen 146000, Skikda 141000, Béjaia 124000, Batna 123000, El-Asnam 119000, Tizi-Ouzou 101000

STAAT Republik – Verfassung von 1989 – Wahl von Präs. u. Nationalversammlung (430 Mitgl.) alle 5 J. – Seit Jan. 1992 5köpfiger Oberster Staatsrat (Haut Conseil d'Etat/HCE) aus 3 Militärs u. 2 Zivilisten als Exekutivorgan – Nationaler Konsultativrat (Conseil Consultatif National) aus 60 Mitgl. seit 22. 4. 1992 als Ersatz für die am 4. 1. 1992 aufgelöste Nationalvers. – Allg. Wahlrecht – Ausnahmezustand am 9. 2. 1992 für 1 Jahr verhängt – 48 Bezirke (Wilayat) – **Staatsoberhaupt:** Vors. d. Obersten Staatsrates Ali Kafi, seit 2. 7. 1992 – **Regierungschef:** Belaid Abdessalam, seit 8. 7. 1992 – **Äußeres:** Lakhdar Brahimi – **Parteien:** Erste freie Wahlen vom 26. 12. 1991 (1. Wahlgang, Kandidatur von 49 Parteien): Islamische Heilsfront (Front Islamique du Salut/FIS) 47,5% d. Stimmen u. rd. 44% d. zu vergebenden Mandate (188 von 231), Nationale Befreiungsfront (Front de Libération Nationale/FLN, ehem. Einheitspartei 1962–1989) 4% d. Sitze (15 von 231); Front der Sozialist. Kräfte (Front des Forces Socialistes/FFS) 25, Unabh. 3; ausstehende Stichwahl durch Obersten Staatsrat annulliert – Verbot der FIS am 4. 3. 1992 – **Unabh.:** 3. 7. 1962 – **Nationalfeiertage:** 5. 7. (Tag d. Unabh. u. d. FLN) u. 1. 11. (Tag d. Revolution)

WIRTSCHAFT BSP1990:51585Mio. $=2060$ je Ew. (80); realer Zuwachs $\varnothing$ 1980–90: 2,7%; **BIP** 1990: 42150 Mio. $; realer Zuwachs $\varnothing$ 1980–90: 3,1%; Anteil 1990 **Landwirtsch.** 13%, **Industrie** 47% – **Erwerbstät.** 1988: Landw. 25%, Ind. 27%; **Arbeitslosigkeit** 1991: rd. 20% – **Energieverbrauch** 1990: 1956 kg ÖE/Ew. – **Währung:** 1 Alger. Dinar (DA) = 100 Centimes (CT); 1 US-$ = 21,32 DA; 100 DA = 7,15 DM – **Ausl.-Verschuld.** 1990: 26806 Mio. $=53,1%d.BSP–**Inflation**$\varnothing$1980–90:6,6%– **Außenhandel** 1990: **Import:** 10396 Mio. $; Güter: 39% Investitionsgüter, 22% Agrargüter, 19% Halbwaren, 12% Konsumgüter; Länder: 29% Frankr., 12% Italien, 10% BRD, 8% USA, 5% Spanien, 4% Japan; **Export:** 11768 Mio. $; Güter: 96% Kohlenwasserstoffe, 0,6% Metalle u. -erzeugnisse, 0,3% Phosphate, 0,2% Wein; Länder: 20% Italien, 20% USA, 14% Frankr., 8% Niederl., 8% BRD, 6% Spanien, 4% Großbrit.

PRESSE (Aufl. i. Tsd.) *Tageszeitungen:* Algier: Ach-Cha'ab (150) – El-Massa (150) – El-Moudjahid (250)/FLN-Organ, Arab. u. Frz. – Horizons (250)/Abendz., Frz. – Watan (150)/Franz. – Constantine: An-Nasr (340) – Oran: En-Nasr (100) – *Nachrichtenagentur:* APS (Algérie Presse Service)

ANDORRA *Südwest-Europa*

Fürstentum Andorra, Principat d'A. (katalan.), Principauté d'Andorre, Principado de A. (span.); Valls D'A, Les Vallées d'Andorre (franz.), Talschaft Andorra – AND

LANDESSTRUKTUR Fläche(176):453km^2(n. eig. Ang. 467 km^2) – **Einwohner** (182): (F 1990) 51000 = 108 je km^2; (Z 1975) 26558 – (F 1989) 14936 Andorraner (ethn. Katalanen; wahlberechtigt); 25925 Spanier, 3990 Franzosen u. 6036 and. – **Säugl.-Sterbl.:** 3% – Jährl. **Bev.-Wachstum** ($\varnothing$ 1980–86): 4,7% (v. a. durch Zuzug) – **Sprachen:** Spanisch (58%), Katalanisch (35%) u. Französ. (7%) als Amtsspr. – **Religion:** 99,1% Katholiken – **Städt. Bev.:** k. Ang. – **Städte** (S 1989): Andorra la Vella (Hptst.) 19566 Ew.; (Z 1984) Les Escaldes 10758, St. Juliá de Lorio 4647, Encamp 4558, La Massana 2705

STAAT De jure mittelalterl. Lehensstaat unter der Hoheit des Bischofs v. Seo de Urgel (Spanien) als Vertreter des Papstes u. des französ. Staatspräs. als Rechtsnachfolger des Grafen von Foix, de facto souverän – Verfassung (anstelle d. althergebrachten Gewohnheitsrechts) seit 1992 in Ausarbeitung – Parlament (Consell General [katalan.] bzw. Conseil Général [französ.] bzw. Consejo General [span.] »Generalrat«) mit 28 »Conseillers«, je 4 pro »Tal«, für 4 J. gewählt u. alle 2 J. zur Hälfte erneuert – Allg. Wahlrecht – 7 »Täler« als Gemeindebezirke (Paroisse, Kirchspiel) – **Staatsoberhaupt:** 2 »Co-Fürsten« (Co-Princeps [katalan.]): der Präs. d. Französ. Rep. u. der (span.) Bischof v. Seo de Urgel (z. Zt. Juan M. Alanis), vertr. durch ständ. Delegierte: den Präfekten des Dép. Pyrénées Orientales u. den Generalvikar v. Seo de Urgel – Örtl. Vertr. durch je 1 »Veguer« [katalan. = Vikar, Landvogt] – **Regierungschef:** gemäß Verfass. u. Verwalt.-Reform v. 1981 Präsident d. Exekutivrates (»Cap de Govern«): Oscar Ribas Reig, seit Jan. 1990, erneut am 4. 5. 1992 im Amt bestätigt – **Parteien:** Wahlen vom 5. 4. u. 12. 4. 1992 (1989) zum Generalrat; 8593 Wahlberechtigte: Partit demòcrata Andorrà/PDA-Erneuerungsblock 17 der 28 Mandate (22), konservative Opposition 6 – **Unabh.:** 8. 9. 1278 (Paréage-Vertrag, v. Papst bestätigt) – **Nationalfeiertag:** 8. 9.

WIRTSCHAFT (keine neueren Angaben verfügbar) **BSP** 1987: 9834 $ je Ew. (28); Fremdenverkehr 1984: 13 Mio. Touristen – **Währung:** Franz. Franc und span. Peseta – **Außenhandel** 1987: **Import:** 86490 Mio. Pesetas; Länder: 42,2% Frankreich; 27% Spanien; **Export:** 2325 Mio. Pesetas; Länder: 54,3% Frankreich, 32,8% Spanien

PRESSE (Aufl. i. Tsd.) *Wochenzeitung:* Andorra la Vella: Poble Andorra (3)

ANGOLA *Südwest-Afrika*
Volksrepublik Angola; República Popular de Angola

LANDESSTRUKTUR Fläche (22): 1246700 km² (n. UNO-Ang.; mit d. Exklave Cabinda: 7270 km² u. 80857 Ew., Z 1970) - **Einwohner** (69): (F 1990) 10011000 = 8 je km²; (Z 1970) 5646166 – Angolaner; haupts. Bantu (rd. 120 Gruppen), u. a. 40% Mbundu (Ubundu, Ovibundu) u. bis 25% Kimbundu, außerd. Muschikongo im N, Imbangala im O, Ambo, Njanjeka im S u. SW, Watwa (keine Bantu) im SW u. Khoisaniden (Buschmanngruppen) im S; 1980 ca. 40000 meist portugies. Weiße; rd. 150000 Mischlinge – **Leb.-Erwart.:** 46 J. – **Säugl.-Sterbl.:** 13,0% – **Analph.:** 58% – Jährl. **Bev.-Wachstum** (∅ 1980–90): 2,6% (Geb.- u. Sterbeziffer 1990: 4,7%/1,9%) - **Sprachen:** Portugiesisch als Amtsspr., z. T. auch als Umgangsspr.; im übr. Bantu-Sprachen (38% Umbundu, 27% Kimbundu, 13% Lwena, 11% Kikongo) – **Religion** (1989): rd. 90% Christen, mehrheitl. Katholiken, protestant. Minderheit; ferner Anh. v. Naturrel. – **Städt. Bev.:** 28% – **Städte** (S 1983): Luanda (Hptst.; A; S 1986) 1300000 Ew., Huambo 203000, Benguela 155000, Lobito 150000

STAAT Sozialistische Volksrepublik – Gemeinsame Politisch-Militärische Kommission/CCPM aus Vertretern von MPLA u. UNITA seit Unterzeichnung d. Friedensabkommens am 1. 6. 1991 als Exekutivorgan – Allg. Wahlrecht – 18 Províncias u. 161 Municípios – **Staatsoberhaupt:** José Eduardo dos Santos, seit Sept. 1979, erneut seit Dez. 1985; Präs. d. MPLA-PdT – **Regierungschef:** Fernando José de Franca Dias van Dunem, seit 20. 7. 1991 – **Äußeres:** Pedro de Castro van Dunem – **Parteien:** Aufhebung des Verbots von FNLA u. UNITA; MPLA-PdT (Movimento Popular de Libertaçao de Angola u. Partido de Trabalho, früher sozialistisch, jetzt sozialdemokratisch) stellt bis zu den Wahlen (vorgesehen für Sept. 1992, unter UN-Aufsicht) die Regierung als geschäftsführende Exekutive – Seit 1991 Bildung von über 60 polit. Gruppierungen – **Unabh.:** 11. 11. 1975 – **Nationalfeiertag:** 11. 11.

WIRTSCHAFT BSP 1989: 5996 Mio. $ = 620 $ je Ew. (129); realer Zuwachs ∅ 1980–89: 8,8%; **BIP** (S) 1988: 7700 Mio. $; realer Zuwachs ∅ 1980–88: 2,9%; Anteil 1990 **Landwirtsch.** 13%, **Industrie** 44% - **Erwerbstät.** 1988: Landw. 71%, Ind. 9,5% - **Energieverbrauch** 1990: 203 kg ÖE/Ew. - **Währung:** 1 Neuer Kwanza (NKz) = 100 Lwei (Lw); 1 US-$ = 544,50 NKz; 100 NKz = 0,29 DM - **Ausl.-Verschuld.** 1990: 7710 Mio. $ – **Außenhandel** 1990: **Import:** 1200 Mio. $; Güter (1988): 28% Maschinen, elektrotechn. Erzeugn. u. Fahrz., 11% Nahrungsm. u. leb. Tiere; Länder (1988): 56% EG-Länder (dar. 25% Frankreich), 12% Brasilien; **Export:** 3000 Mio. $; Güter (1988): 71% (1991: ca. 90%) Erdöl u. -erzeugnisse (aus d. Exklave Cabinda), ferner Diamanten u. Kaffee; Länder (1988): 37% USA, 31% EG-Länder (dar. 12% Spanien), 16% Bahamas

PRESSE (Aufl. i. Tsd.) *Tageszeitungen:* Luanda: Diário da República/Reg.-Organ – O Jornal de Angola (41)/Port. - *Nachrichtenagentur:* ANGOP

ANTIGUA UND BARBUDA *Karibik*
Antigua and Barbuda; früher zur brit. Kolonie Leewards Islands gehörend – AG

LANDESSTRUKTUR Fläche (177): 440 km² (davon Barbuda 161 km² u. Redonda 1 km²) – **Einwohner** (179): (F 1990) 79000 = 178 je km²; (Z 1970) 65525 (davon 1500 auf Barbuda) – Antiguaner; 92% Schwarze, 3,5% Mulatten, ca. 3,5% Weiße – **Leb.-Erwart.:** 74 J. – **Säugl.-Sterbl.:** 0,8% – **Analph.:** 10% – Jährl. **Bev.-Wachstum** (∅ 1980–90): 0,5% (Geburtenziffer 1990: 1,9%) – **Sprachen:** Englisch als Amtssprache; Kreolisch – **Religion:** Anglikaner, 12% Katholiken – **Städt. Bev.:** k. Ang. – **Städte** (S 1986): Saint John's (Hptst., auf Antigua) 36000 Ew., Codrington (auf Barbuda)

STAAT Konstitutionelle Monarchie im Commonwealth – Verfassung von 1981 – »Antigua Parliament« aus Senat (17 ernannte Mitgl.) u. Repräsentantenhaus (17 für 5 J. gewählte Mitgl.) – Teilautonomie für Barbuda; eig. Inselparlament (»Barbuda Council«) – **Staatsoberhaupt:** Königin Elizabeth II., vertr. durch den einheim. Gouverneur Sir Wilfred Ebenezer Jacobs, seit 1981 – **Regierungschef:** Vere Cornwall Bird sen. – **Äußeres:** Lester Bryant Bird – **Parteien:** Wahlen von 1989: Antigua Labour Party/ALP 15 d. 17 Sitze, United National Democratic Party/UNDP 1, Unabh. Vertreter von Barbuda 1 Sitz – **Unabh.:** 1. 11. 1981 – **Nationalfeiertag:** 1. 11.

WIRTSCHAFT BSP 1990: 363 Mio. $ = 4600 $ je

Ew. (51); realer Zuwachs ⌀ 1980–90: 5,2%; **BIP** 1988: 740,6 Mio. EC$; realer Zuwachs ⌀ 1983–88: 7,5%, Anteil 1987 **Landwirtsch.** 4,7%, **Ind.** 3,7% – **Energieverbrauch** 1984: 595 kg ÖE/Ew. – **Währung:** 1 Ostkarib. Dollar (EC$) = 100 Cents; 1 US-$ = 2,69 EC$; 100 EC$ = 56,80 DM – **Inflation** ⌀ 1980–90: 7,8% – **Außenhandel** 1988: **Import:** 608,8 Mio. EC$; Länder (1987): 32% USA, Großbritannien, Kanada, Caricom-Länder; **Export:** 60,0 Mio. EC$; Güter: Textilien, Elektronik; Länder: CARICOM-Staaten, Kanada, USA, Großbrit.; Tourismus 50% d. BSP

PRESSE (Aufl. i. Tsd.) *Wochenzeitungen:* Saint John's: The Herald (3) – The Nation's Voice (2) – The Outlet (6)/ACLM-Org. – The Worker's Voice (2)/ALP-Org.

ÄQUATORIALGUINEA *Zentral-Afrika*
Republik Äquatorialguinea; República de Guinea Ecuatorial, in Bubi »E-Chê e República rê Guinea Ecuatorial«

LANDESSTRUKTUR Fläche (140): 28 051 km², davon Bioko (fr. Fernando Póo) 2017 km², Pagalu (Annobón) 17 km², Festlandgebiet Mbini (Río Muni), mit Elobey-Inseln 26 017 km² – **Einwohner** (158): (S 1990) 417 000 = 15 je km²; (Z 1983) 300 000 auf dem Festland; (außerd. rd. 100 000 im Exil) – Äquatorialguineer (span. »ecuato guineanos«); 80% Bantu (u. a. Fang od. Pamúes, Benga), auf Bioko ca. 45 000 Bubi u. 3000 »Fernandinos« (Mischlinge), rd. 4000 Weiße (vorw. Spanier) – **Leb.-Erwart.:** 47 J. – **Analph.** (1985): 63% – Jährl. **Bev.-Wachstum** (⌀ 1980–90): 2,0% (Geburtenziffer 1990: 5,5%) – **Sprachen:** Spanisch als Amtsspr.; Bubi, Fang, kreol. Portugies., auf Pagalu Pidgin-Englisch – **Religion:** rd. 94% Katholiken, protest. Minderheit; Anhänger v. Naturreligionen – **Städt. Bev.:** rd. 60% – **Städte** (S 1986): Malabo (fr. Santa Isabel) (Hptst.) 33 000 Ew.; Bata auf Mbini 40 000, Luba 15 000, Ebebiyin 5000

STAAT Präsidialrepublik – Neue Verfassung vom 4. 12. 1991: Einführung d. Mehrparteiensystems – Staatsrat mit 11 Mitgl. u. Nationalversammlung mit 41 Mitgl. (Wahl alle 5 J.) – 7 Provinzen – **Staats- u. Regierungschef:** Oberst Teodoro Obiang Nguema Mbasogo, seit Staatsstreich 1979, 1989 durch Wahlen im Amt bestätigt, Übergangsreg. seit Anfang 1992 – **Äußeres:** Santiago Eneme Ovono – **Parteien:** Partido Democrático de Guinea Ecuatorial/PDGE (ehem. Einheitspartei); alle Kandidaten bisher durch Präs. ernannt – Freie Wahlen in Aussicht gestellt – **Unabh.:** 12. 10. 1988 – **Nationalfeiertag:** 9. 10.

WIRTSCHAFT BSP 1990: 136 Mio. $ = 330 $ je Ew. (153); realer Zuwachs ⌀ 1980–89: 1,9%; **BIP** realer Zuwachs ⌀ 1980–86: 2,5%; Anteil 1988 **Landwirtsch.** 58%, **Industrie** 11% – **Erwerbstät.** 1989: Landw. 58%, Ind. 11% – **Währung:** 1 CFA-Franc = 100 Centimes (c); 1 FF = 50 CFA-Francs (Wertverh. zum FF); 100 CFA-Francs = 0,59 DM – **Öff. Ausl.-Verschuld.** 1987: 175 Mio. $ – **Inflation** ⌀ 1989: 5,9% – **Außenhandel** 1986: **Import:** 21 075 Mio. CFA-Francs; **Export:** 11 298 Mio. CFA-Francs; Güter: 70% Kakao, Kaffee, 25% Holz; Länder: bis 50% (stark zurückgehend) Spanien, weitere EG-Länder (zunehmend Frankreich), VR China

PRESSE (Aufl. i. Tsd.) *Zeitungen:* Malabo: Ebano (1)/Span. – Hoja Parroquial – Bata: Potopoto/Fang, Span.

ARGENTINIEN *Süd-Amerika*
Argentinische Republik; República Argentina – RA

LANDESSTRUKTUR Fläche (8): 2 780 092 km²; A. beansprucht d. Malwinen (Falkland-I.), die Süd-Antillen u. einen Antarktissektor mit insges. rd. 1 232 100 km² u. 3300 Ew. – **Einwohner** (31): (F 1990) 32 321 000 = 12 je km²; (Z 1980) 27 947 098 – Argentinier; über 90% Weiße vorw. span. u. ital. Abstammung, 1,9 Mio. Mestizen, ca. 35 000 Indianer; fast 10% Ausl. (haupts. Italiener u. Spanier); ca. 55 000 Deutsche u. über 200 000 (einschl. der 3. Generation ca. 1 Mio.) Deutschstämmige – **Leb.-Erwart.:** 71 J. – **Säugl.-Sterbl.:** 2,9% – **Analph.:** 5% – Jährl. **Bev.-Wachstum** (⌀ 1980–1990): 1,3% (Geb.- u. Sterbeziffer 1990: 2,0%/0,9%) – **Sprache:** Spanisch (»Castellano«) – **Religion:** 94,4% Katholiken; protestant. (350 000), jüdische (500 000) u. islam. Minderheiten – **Städt. Bev.:** 86% – **Städte** (F 1990): Buenos Aires (Hptst., C. F.) 2 922 800 Ew., als Groß-Buenos Aires 11 382 000), Córdoba 1 167 000, Rosario 1 096 300, Mendoza 729 000, La Plata 644 200, San Miguel de Tucumán 626 200, Mar del Plata 523 200, San Juan 358 400, Santa Fé 338 000, Resistencia 294 700, Bahía Blanca 264 000, Corrientes 222 800, Paraná 194 500, Ushuaia 70 000 (Hptst. auf Feuerland)

STAAT Republik – Verfassung von 1853 – Direktwahl eines Wahlmännerkollegiums (600 Stimmen), wählt den Staatspräs. u. den Vizepräs. für 6 Jahre – Präs. muß Argentinier u. Katholik sein, er ist Chef der Exekutive u. Oberbefehlshaber – Parlament (Congreso de la Nación) aus 2 Kammern: Senat (46 [je 2 pro Provinz +1 Bundesdistrikt] Mitgl. für 9 J. ernannt, alle 3 J. Wechsel entspr. Provinzwahlen) u.

Abgeordnetenhaus (254 Mitgl. für 4 J. gewählt; Teilwahlen alle 2 J. für die Hälfte d. Mitgl.) – 5 Regionen mit 22 Provinzen, Bundesdistrikt Buenos Aires u. Nationalterritorium Tierra del Fuego (Feuerland) – **Staats- u. Regierungschef:** Carlos Menem/ PJ, seit 8. 7. 1989 – **Äußeres:** Guido di Tella – **Parteien:** Sitzverteilung im Abgeordnetenhaus nach den letzten Teilwahlen vom 2. 12. 1991: Partido Justicialista/PJ (Peronisten) 117, Unión Cívica Radical/UCR (Radikale Bürgerunion) 84, Unión Centro Democrático 10, Movimiento Peronista 5, Fuerza Republicana 4, Afirmación Peronista 3, Partido Demcócrata Progresista 3, Modin 3, Partido Renovador de Salta 3, Unidad Socialista, Honestidad Trabajo y Eficiencia 3, Alianza Cruzada Renovadora 2, Partido Intransigente 2, Movimiento de Integración y Desarrollo 2, Liberal de Corrientes 2, Movimiento Popular Fueguino 2, Mov. Pop. Neuquino 2, Mov. Pop. Jujeno 2 sowie 7 Parteien mit je 1 Sitz – **Unabh.:** 9. 7. 1816 – **Nationalfeiertage:** 25. 5. u. 9. 7.

WIRTSCHAFT BSP1990: 76491 Mio. $ = 2370 $ je Ew. (73); realer Zuwachs ⌀ 1980–90: –0,5%; **BIP** 1990: 93260 Mio. $ (S 1991: 153000 Mio. $); realer Zuwachs ⌀ 1980–90: –0,4% (1991: +5%); Anteil 1990 **Landwirtsch.** 13%, **Industrie** 41% – **Erwerbstät.** 1987: Landw. 11%, Ind. 34%; **Arbeitslosigkeit** 1991: 6,0% – **Energieverbrauch** 1990: 1801 kg ÖE/Ew. – **Währung:** 1 Argentinischer Peso (arg$) = 100 Centavos; Freimarktkurs: 1 US-$ = 0,99 arg$; 100 arg$ = 153,93 DM – **Ausl.-Verschuld.** 1990: 61144 Mio. $ = 61,7% d. BSP (*Einzelheiten* → *Tab. Sp. 221 f.*) – **Inflation** ⌀ 1980–90: 395,2% (1991: 83,9%) – **Außenhandel** 1991: **Import:** 7360 Mio. $; Güter: 26% chem. Erzeugn., 23% Maschinen, 7% Metalle u. Metallerzeugn., 8% mineral. Öle u. Treibstoffe; Länder: 20% USA, 14% Brasilien, 14% BRD, 6% Italien, 5% Bolivien; **Export:** 11700 Mio. $; Güter: 11% Getreide, 10% Futtermittel, 10% Fette u. Öle, 8% mineral. Brennstoffe u.ä., 7% Metalle u. Metallerzeugn.; Länder: 12% Brasilien, 12% USA, 9% Niederl., 7% BRD, 7% UdSSR

PRESSE (Aufl. i. Tsd.) *Tageszeitungen:* Buenos Aires: Clarín (500, so. 694) – Crónica (437) – Diario Popular (85) – La Nación (346) – La Prensa (65) – Córdoba: La Voz del Interior (80, so. 93) – La Plata: El Día (54) – Mar del Plata: La Capital (25, so. 28) – Mendoza: Los Andes (45, so. 101) – Rosario: La Capital (53, so. 75) – Tucumán: La Gaceta (65, so. 80) – *Nachrichtenagenturen:* TELAM, DYN (Diarios y Noticias), NA (Noticias Argentinas SA)

ARMENIEN *Transkaukasus*
Republik Armenien; armenisch: Hajkh; Name seit 23. 8. 1991

LANDESSTRUKTUR (*GUS-Übersichtstabelle* → *Sp. 523 f.*) **Fläche** (137): 29800 km^2 – **Einwohner** (117): (F 1990) 3580000 = 111 je km^2; (Z 1989) 3283000 – (Z 1989) 93,3% Armenier [Eigenbezeichnung: Hajk], 3% Aseri (Aserbaidschaner; Anteil durch Vertreibung verringert), 1,7% Kurden, 1,5% Russen, Georgier u. a. – rd. 1,5 Mio. Armenier leben auf dem Gebiet d. ehem. UdSSR, 650000 im Nahen Osten, 600000 in den USA, 400000 in Frankreich, 70000 in der Türkei (→ *Sp. 592*) – **Leb.-Erwart.:** 72 J. – **Säugl.-Sterbl.** (1989): 2,0% – **Bev.-Wachstum** (1979–89): + 8,8% (Geb.- u. Sterbeziffer 1990: 2,4%/0,7%) – **Sprachen:** Armenisch seit 1990 Amtssprache; Russisch als Verkehrsspr., Kurdisch – **Religion:** mehrheitl. armenische Christen – **Städt. Bev.:** 68% – **Städte** (F 1991): Jerewan [Erewan] (Hptst.) 1300000 Ew.; Kumajri (ehem. Leninakan) 120000

STAAT (→ *Chronik WA '92 u. Sp. 28 ff.*) Republik – Verfassung d. Armen. SSR noch in Kraft u. Staatsorgane weitgehend erhalten – Parlament (Oberster Sowjet) aus 1 Kammer als höchstes Legislativorgan – Präsidium ernennt d. Ministerrat – Allg. Wahlrecht ab 18 J. – 57 Bezirke (Rajon) u. bezirksfreie Städte – **Staatsoberhaupt:** Lewon Ter-Petrosjan, seit 4. 8. 1990 (am 16. 10. 1991 durch erste freie Wahlen mit 83% d. Stimmen im Amt bestätigt) – **Regierungschef:** Chosrow Arutunjan, seit 30. 7. 1992 – **Äußeres:** Raffi Ovannisjan, seit 23. 10. 1991 – **Parteien:** Nach d. Wahlen von 1990 nichtkommunist. Mehrheit in Parl. u. Reg. – Selbstauflösungsbeschluß d. KP am 7. 9. 1991; Parteien: Demokratische Partei (von ehem. Mitgl. d. KP gegr.), Armenische Nationalbewegung, Jugendliga Armeniens – **Unabh.:** Souveränitätserkl. am 23. 4. 1990 – Unabh.-Erkl. am 23. 8. 1990, formelle Inkraftsetzung am 20. 10. 1991 – **Nationalfeiertag:** 23. 8. (Unabhängigkeit)

WIRTSCHAFT (*GUS-Wirtschaftsindikatoren 1991* → *Tab. Sp. 523 f.*) **BSP** 1989: 15500 Mio. $ = 4710 $ je Ew. (48); Anteil am BSP d. UdSSR: 1,1% – **Erwerbstätige** 1991: 1,5 Mio.; davon in staatl. Untern. u. Organisationen 77,1%, Kolchosen u. neue Genossenschaften 9,9%, Privatuntern., Bauernwirtschaften 9,9% (Mitte 1992: über 75% d. landwirtschaftl. genutzten Bodens privatisiert); Anteil 1987: **Forst- u. Landwirtsch.** 19%, **Industrie u. Bau** 39%, **Handel u. Verkehr** 19%, **Dienstleistungen** 23% – **Währung:** Rubel (→ *Rußland*); Einführung einer eigenen Währung (»Dram«) für Ende 1992 angekündigt – **Bergbau u. Rohstoffgewinnung:** Kupfer, Zink, Bauxit, Molybdän, Gold (Förderung: 1,5 t/Jahr), Marmor, Bimsstein *(Produktion von Energiegütern 1991 → Tab. Sp. 525f.);* **Industrie:** Maschinenbau, chem Ind., Nahrungsmittelverarb., Textilien; **Landwirtschaft:** Getreide, Kartoffeln, Zukkerrüben; Anbau von Wein, Obst (Südfrüchte), Gemüse, Tabak, Parfüm-Vorprod. – **Außenhandel Saldo** 1988: −1,4 Mrd. Valutarubel; **Import** (1989): 4900 Mio. Rbl, davon 78% aus d. übrigen UdSSR u. 22% aus d. Ausland; Güter: Erdöl, Erdgas, Prod. d. Schwarzmetallurgie, Vorprod. d. Landwirtschaft, Getreide; **Export** (1989): 3690 Mio. Rbl, davon 97,6% in d. übrige UdSSR u. 2,4% ins Ausland; Güter: elektrotechn. Anlagen, Prod. d. Leichtind., Werkzeugmasch., Präzisionsgeräte

PRESSE 1990: 93 Tageszeitungen, davon 88 in Armen., 96 Zeitungen u. Zeitschriften, davon 60 in Armen. – *Nachrichtenagenturen:* Armenpress (Armenian Press Agency) – Pro-Armenia

ASERBAIDSCHAN *Transkaukasus*
Aserbaidschanische Republik; aseri: Azärbajçan; Name seit 5. 2. 1991

LANDESSTRUKTUR *(GUS-Übersichtstabelle → Sp. 523f.)* **Fläche** (112): 86600 km² – **Einwohner** (86): (F 1990) 7145600 = 82 je km²; (Z 1989) 7029000 – (F 1990) 83% Aserbaidschaner (Aseri), 6% Armenier (Anteil durch Vertreibung verringert), 6% Russen, Tataren, Lesgier, Ukrainer, Juden u. a. – (S 1989): 5 Mio. Aserbaidschaner leben in Iran, 2 Mio. auf dem Gebiet der ehem. UdSSR, 0,5 Mio in der Türkei – **Leb.-Erwart.:** 71 J. – **Säugl.-Sterbl.** (1989): 2,6% – **Bev.-Wachstum** (1979–89): +16,5% (Geb.- u. Sterbeziffer 1990: 2,6%/0,6%) – **Sprachen:** Aseri als Amtssprache; Armenisch, Russisch – **Religion:** Islam (75% Schiiten, rd. 25% Sunniten) – **Städt. Bev.:** 54% – **Städte** (Z 1989): Baku [Baky] (Hptst.) 1150000 Ew. (A: 1757000; davon 300000 Russen u. 180000 Armenier); Gjandzá (ehem. Kirovabad) 300000, Sumgait 230000

STAAT *(→ Chronik WA '92 u. Sp. 29f.)* Republik – Seit 6. 3. 1992 Übernahme d. Exekutivmacht durch den Nationalrat der Volksvertretung (50 Mitgl.) – Parlament (Oberster Sowjet) mit 360 Mitgl. – Allg. Wahlrecht ab 18 J. – 74 Bezirke (Rajon) u. bezirksfreie Städte – Zum Territorium gehört d. Autonome Rep. Nachitschewan u. das Autonome Gebiet Nagornyj Karabach – **Staatsoberhaupt:** Abulfaz Eltschibej [Ebulfez Elçibey], seit 7. 6. 1992 (Vors. d. Nationalen Volksfront) – **Regierungschef:** Feirus Mustafajew,

seit 4. 4. 1992 – **Äußeres:** Tofik Gasimow – **Parteien:** Nach d. Wahlen 1990 konservative kommunist. Mehrheit im Parl.; Nationale Volksfront (Zusammenschluß von 12 Oppos.-Gruppierungen) 31 d. 360 Mandate – Selbstauflösung d. KP im Aug. 1991; weitere Parteien: Unabhängigkeitspartei (Istklal), Bund Demokrat. Kräfte – **Unabh.:** Souveränitätserkl. am 23. 9. 1990, Unabh.-Erkl. am 30. 8. 1991, formelle Unabh. seit 18. 10. 1991 – **Nationalfeiertag:** 30. 8. (Unabhängigkeit)

WIRTSCHAFT *(GUS-Wirtschaftsindikatoren 1991 → Tab. Sp. 523f.)* **BSP** 1989: 26300 Mio. $ = 3750 $ je Ew. (54); Anteil am BSP d. UdSSR: 1,8% – **Erwerbstätige** 1991: 2,8 Mio.; davon in staatl. Untern. u. Organisationen 67,6%, Kolchosen u. neue Genossenschaften 16,4%, Privatuntern., Bauernwirtschaften 9,7%; Anteil 1987: **Forst-** u. **Landwirtsch.** 34%, **Industrie u. Bau** 26%, **Handel u. Verkehr** 20%, **Dienstleistungen** 20% – **Währung:** Rubel *(→ Rußland)*; Parallelwährung seit 16. 8. 1992 (»Manat«; 10 Rbl = 1 Manat) – **Bergbau u. Rohstoffgewinnung:** Erdöl (1991: 11,7 Mio. t; 1990/91: −6%), Erdgas (1991: 8,6 Mrd. m³; 1990/91: −13%); Eisenerz, Alunit, Schwefelkies, Baryt, Kobalt, Marmor, Molybdän *(Produktion von Energiegütern 1991 → Tab. Sp. 525f.);* **Industrie:** erdölverarb. u. chem. Ind., Eisen- u. Stahlerzeugung, Petrochemie, Maschinenbau (Erdölausrüst.), Radio- u. Fernmeldetechnik, Gerätebau, Textilind., Nahrungsmittelind.; **Landwirtschaft:** Weintrauben (1989: 1024400 t = 25% d. Gesamtprod. d. UdSSR) u. Obst; Baumwolle, Getreide, Tee; Schafhaltung, Zucht von Pferden u. Kamelen, Fischfang im Kasp. Meer (Stör) – **Außenhandel Saldo** 1988: −0,5 Mrd. Valutarubel; **Import** (1989): 5190 Mio. Rbl, davon 73% aus d. übrigen UdSSR u. 27% aus d. Ausland; Güter: metallurg. Prod. u. Maschinenbauerzeugn., Getreide; **Export** (1989): 7120 Mio. Rbl, davon 94% in d. übrige UdSSR. 6% ins Ausland; Güter: Erdöl u. Erdgas sowie Erzeugn. d. Leicht- u. Nahrungsmittelind.

PRESSE 1990: 151 Zeitungen, davon 141 in Aseri u. 64 Zeitschriften, davon 55 in Aseri – *Nachrichtenagenturen:* Azerinform (Azerbaidzhan Information Agency) – TURAN – Baku-Turan

Autonomes Gebiet Nagornyj (Berg-) Karabach
Fläche 4400 km² – *Einwohner* (Z 1989): 188000 Ew., davon rd. 145000 Armenier u. 40000 Aseri – *Hauptstadt* (Z 1976): Stepanakert [Chankendi] 35000 Ew. – Eigene Verfassung, Gesetzgebung u. Parlament *(→ Chronik, Sp. 29f.)*

Autonome Republik Nachitschewan (Enklave in Armenien) *Fläche* 5500 km² – *Einwohner* (F 1990): 300 000 Ew. = 55 Ew. je km²; (Z 1989) 295 000 – 280 000 Aseri u. 1% Armenier – *Hauptstadt* (Z 1976): Nachitschewan 37 000 Ew. – Eigene Verfassung, Gesetzgebung, Parlament u. Regierung – Präs.: Geidar Alijew

ÄTHIOPIEN *Nordost-Afrika*
Demokratische Volksrepublik Äthiopien; seit 1987: Ye Ethiopia Hizebawi Democraciyawi Republic – ETH

LANDESSTRUKTUR Fläche (24): 1 221 900 km² (n. eig. Ang. 1 251 282 km²) – **Einwohner** (23): (F 1990) 51 183 000 = 40 je km²; (Z 1984) 42 184 952 – Äthiopier; rd. ⅓ Amharen u. Tigre, über ⅔ Oromo, außerd. Danakil, Somali, Niloten; knapp 10 000 Italiener; 1984 bis 1992 Übersiedlung aller 45 000 äthiop. Juden nach Israel – **Leb.-Erwart.:** 48 J. – **Säugl.-Sterbl.:** 13,2% – **Analph.** (1985): 38% – Jährl. **Bev.-Wachstum** (⌀ 1980–90): 3,1% (Geb.- u. Sterbeziffer 1990: 5,1%/1,8%) – **Sprachen:** Amharisch als Amtssprache; Engl., Italien., Französ. u. Arab. als Bildungs- u. Handelssprachen; insg. 50% semit. (in Eritrea v. a. Tingrinya, Gurage) u. 45% kuschit. Sprachen – **Religion** (1989): 52% äthiop.-Christen (Koptische Kirche, bes. Amharen u. Tigre), 31% sunnit. Muslime (v. a. Somali, Danakil, Teile d. Oromo) u. 10% Anhänger von Naturreligionen (im SW); etwa 600 000 Protestanten, rd. 200 000 Katholiken; Minderh. von Hindu, Sikh u. Falasch-Maura – **Städt. Bev.:** 13% – **Städte** (Z 1984): Addis Abeba (Hptst.) 1 412 577 Ew., Asmara [Asmera] (Reg.-Sitz von Eritrea) 275 385, Diredaua 98 104, Nazret 76 284, Gondar 68 958, Dessie 68 848, Harar 62 160, Mekele 61 583, Jimma 60 992, Bahir Dar 54 800

STAAT Verfassung von 1987 außer Kraft; neue Verfass. in Vorbereitung – Übergangsparlament – 14 Regionen, davon 2 Stadtregionen (Harar u. Addis Abeba) mit eig. Reg. u. Parl. – **Eritrea** als selbstverwaltetes, de facto souveränes Gebiet mit eigener provisor. Reg. seit Juni 1991 (Reg.-Chef: Issayas Afewerki, Eritreische Volksbefreiungsfront/EPLF, Reg.-Sitz in Asmara); über d. künftigen Status soll ein Referendum entscheiden (bis Juni 1993) – **Staatsoberhaupt:** Provisor. Präs. Meles Zenawi – **Regierungschef:** Tamirat Layne, seit Ende Mai 1991 Chef einer Übergangsreg. aus Mitgl. von Revolut. Demokrat. Front d. äthiop. Volkes/EPRDF u. OROMO, People's Lib. Front/OLF, am 30. 7. 1991 bestätigt; OLF verläßt am 23. 6. 1992 d. Reg. – **Äußeres:** Seyum Mesfin – **Parteien:** Demokrat. Wahlen für Ende 1993 vorgesehen – Erste freie Regionalwahlen am 21. 6. 1992. Wahl von fast allen 14 Regionalparl., außer in Eritrea; Boykott seitens d. OLF) – **Unabh.:** Völlige Unabh. durch Friedensabkommen v. Addis Abeba 1896 – **Nationalfeiertag:** 12. 9. (Julian. Kalender gültig)

WIRTSCHAFT BSP 1990: 6041 Mio. $ = 120 $ je Ew. (179); realer Zuwachs ⌀ 1980–90: 1,9% *(Anteil Entwicklungshilfe u. Ausl.-Schulden → Tab. Sp. 4711.f.);* **BIP** 1990: 5490 Mio. $; realer Zuwachs ⌀ 1980–90: 1,8%; Anteil 1990 **Landwirtsch.** 41%, **Industrie** 17% – **Erwerbstät.** 1989: Landw. 75%, Ind. 8% – **Energieverbrauch** 1990: 20 kg ÖE/Ew. – **Währung:** 1 Birr (Br) = 100 Cents (ct.); 1 US-$ = 2,07 Br; 100 Br = 73,64 DM – **Ausl.-Verschuld.** 1990: 3250 Mio. $ = 54,2% d. BSP – **Inflation** ⌀ 1980–90: 2,1% – **Außenhandel** 1990: **Import:** 1081 Mio. $; Güter (1989): 44% Maschinen u. Transportausrüst., 17% Nahrungsmittel, 10% Brennstoffe; **Export:** 297 Mio. $; Güter (1989): 58% Kaffee, 8% Viehzuchtprod., Ölsaaten, Erdölprod.; Länder (1989): 20% USA, 7% Japan, Italien, BRD u. a. EG-Länder, Saudi-Arabien, UdSSR (Imp. 20%), Dschibuti

PRESSE (Aufl. i. Tsd.) *Tageszeitungen:* Addis Abeba: Addis Zemen (37)/Amhar. – Ethiopian Herald (6)/Engl. – Asmara: Hibret (4)/Tigrinja – *Nachrichtenagentur:* ENA (Ethiopia News Agency)

AUSTRALIEN *Ozeanien*
Australia; früher: Commonwealth of Australia – AUS

LANDESSTRUKTUR Fläche (6): 7 686 848 km² (mit Tasmanien u. vorgelagerten Inseln) – **Einwohner** (48): (F 1990) 17 005 000 = 2 je km²; (Z 1986) 16 018 350 – Rd. 90% brit./irischer Abstammung, 500 000 Italo-Australier, Austr. griech. Abst., Deutsch-Austr., Chinesen, Vietnamesen; 1986: 228 000 Autochthone (Aborigines); ⅕ der Bev. Australiens in Übersee geboren; Einwanderer aus über 120 Ländern – **Leb.-Erwart.:** 77 J. – **Säugl.-Sterbl.:** 0,8% – **Analph.:** unter 5% – Jährl. **Bev.-Wachstum** (⌀ 1980–90): 1,5% (Geb.- u. Sterbeziffer 1990: 1,5%/0,7%) – **Sprachen:** Englisch als Amtssprache; insg. werden in A. über 200 versch. Sprachen gesprochen – **Religion** (1989): 74% Christen, davon 26% Anglikaner, 26% Katholiken, 19% versch. protestant. Kirchen (Unitarier, Presbyterianer, Lutheraner, Baptisten); 3% Orthodoxe; 76 000 Muslime, 62 000 Juden, rd. 35 000 Buddhisten, Anh. v. Naturreligionen – **Städt. Bev.:** 86% – **Städte** (F 1989): Canberra (Hptst.) 302 500 Ew.; Sydney

Australien

Fläche und Bevölkerung der Bundesstaaten und Territorien

Bundesstaat/Haupstadt	Fläche km² in 1000	Einwohner in 1000 Z 1981	F 1991[1]	Einw. d. Hauptstädte in 1000 F 1990[2]
New South Wales/Sydney	801,6	5234,9	5901,1	3656,5
Victoria/Melbourne	227,6	3946,9	4427,4	3080,9
Queensland/Brisbane	1727,2	2345,2	2972,0	1301,7
South Australia/Adelaide	984,0	1318,8	1456,7	1049,9
Western Australia/Perth	2525,5	1300,1	1665,9	1193,1
Tasmania/Hobart	67,8	427,2	460,5	183,5
Northern Territory/Darwin	1346,2	122,6	158,8	73,3
Australian Capital Territory/Canberra	2,4	227,6	293,5	310,1[3]
Australien/Canberra	7682,3	14923,3	17335,9	

Quelle: Year Book Australia 1992
[1] Stand: Juni 1991; [2] Stand: Juni 1990; [3] inkl. Queanbeyan (in New South Wales)

3623600, Melbourne 3039100, Brisbane 1272400, Perth 1158400, Adelaide 1036700, Hobart 181200; (F 1987) Newcastle 429300, Wollongong 237600, Gold Coast 219300, Geelong 145900, Townsville 103700

STAAT Konstitutionelle Monarchie im Commonwealth (verfassungsmäßige Bindung an Großbritannien seit 1986 praktisch aufgehoben, Ausrufung d. Republik für 26. 1. 2001 vorgesehen) – Parlament aus 2 Kammern: Repräsentantenhaus mit 148 auf 3 J. gewählten Mitgl. u. Senat mit 76 Mitgl., je 12 pro Bundesstaat u. 2 je Territorium (Ernennung alle Jahre bzw. Hälfte d. Sitze alle 3 J. erneuerbar) – Allg. Wahlpflicht – 6 Bundesstaaten mit Parlament, Exekutivrat u. Gouverneur u. 2 Territorien (→ Tabelle) – **Staatsoberhaupt:** Königin Elizabeth II., seit 1952; vertreten durch einheim. Generalgouverneur William George »Bill« Hayden, seit 16. 2. 1989 – **Regierungschef:** Paul Keating (Vors. d. ALP), seit 19. 12. 1991 – **Äußeres:** Gareth Evans – **Parteien:** Wahlen zum Repräs.-Haus vom 24. 3. 1990: Australian Labor Party/ALP 78 (1987: 85) Sitze, Liberal Party (konservat.) 55 (45), National P. 14 (18), Unabh. 1; Senat: Sitzverteilung nach d. Teilwahlen am 24. 3. 1990: ALP 32 d. 76 Sitze (1987: 32), Liberal P. 29 (27), National P. 4 (6), Austral. Democrates 8 (7), Unabhängige 2 (2), Country Liberal P. 1 (1) – **Unabh.:** 1. 1. 1901 de facto, 11. 12. 1931 nominell (Westminster Statut) – **Nationalfeiertag:** 26. 1.

WIRTSCHAFT BSP 1990: 290522 Mio. $ = 17000 $ je Ew. (16); realer Zuwachs ⌀ 1980–90: 3,2%; **BIP** 1991: 295500 Mio. $; realer Zuwachs ⌀ 1980–90: 3,2% (1991: –1,2%); Anteil 1989 **Landwirtsch.** 4,1%, **Industrie** 31% – **Erwerbstät.** 1990: Landw. 5,6%, Ind. 25,4%; **Arbeitslosigkeit** 7/1992: 11,0% – **Energieverbrauch** 1990: 5041 kg ÖE/Ew. – **Währung:** 1 Austral. Dollar ($A) = 100 Cents (c); 1 $A = 0,75 US-$; 100 $A = 114,15 DM – **Inflation** ⌀ 1980–90: 7,4% – **Außenhandel** 1991: **Import:** 48900 Mrd. $A; Güter: 27% Kapitalgüter (o. Transport), 27% Industriebedarf, 18% Transportausrüst., 16% Konsumgüter, 6% Brenn- u. Schmierstoffe; Länder: 23% USA, 18% Japan, 7% Großbrit., 6% BRD, 5% Neuseeland, 4% Rep. China; **Export:** 52500 Mrd. $A; Güter: 12% Kohle, 7% Gold, 6% Erdöl u. -produkte, 5% Wolle, 5% Aluminiumoxid (Tonerde), 5% Eisenerz; Länder: 28% Japan, 11% USA, 6% Rep. Korea, 5% Neuseeland, 5% Singapur, 2% BRD (Zur Wirtschaftslage 1991 → Sp. 856 ff.)

PRESSE (Aufl. i. Tsd.) *Tageszeitungen:* Canberra: The Canberra Times (45) – Adelaide: The Advertiser (211) – The News (158) – Brisbane: The Courier-Mail (258) – The Sun (126) – Melbourne: The Age (247) – The Herald-Sun (240) – Sun News-Pictorial (570) – Perth: The West Australian (239) – Sydney: The Australian (125) – Australian Financial Review (66) – Daily Mirror (296) – Daily Telegraph (265) – The Sydney Morning Herald (265) – *Wochen- und Sonntagszeitungen:* Adelaide: Sunday Mail (280) – Brisbane: The Sunday Mail (365) – Sunday Sun (377) – Melbourne: Sunday Press (165) – Truth (230) – Perth: Sunday Times (311) – Sydney: Sun-Herald (565) – The Sunday Telegraph (570) – *Nachrichtenagentur:* AAP (Australian Associated Press)

AUSSENBESITZUNGEN:
1. *Christmas Island* (Weihnachtsinsel) im Indischen Ozean, 135 km² u. (F 1989) 1230 Ew. (Z 1981:

2871) = 15 je km²; Austr. Terr. seit. 1. 10. 1958; Admin.: A. D. Taylor; Hauptort: Flying Fish Cove; Phosphatexport
2. Kokos-Inseln bzw. *Keeling-Inseln* (Terr. of Cocos-Islands), 14,2 km² u. (F 1988) 665 Ew. (Z 1981: 555) = 71 je km², vorw. Cocos Malays; Admin.: A. D. Lawrie; Hauptort: Bantam; Kopraexport, Kokosnüsse
3. Norfolk-Inseln (seit 1983 »Territory of Norfolk Island«), 34,6 km² u. (F 1986) 2367 Ew. (Z 1981: 2175) = 57 je km²; Admin.: H. B. MacDonald, seit 1989; Hauptort: Kingston; Bounty-Meuterer-Nachkommen (Islanders) u. Zugewanderte (Mainlanders); Außenhandel 1988: Import: 23,1 Mio. $A; Export: 2,8 Mio. $A; Norfolk Island Council: Tourismus (1989: 28890 Besucher), Einnahmen aus Zollfreiheit, Briefmarken; Nat.-Feiertag: 8. 6. (»Bounty Day«); Flagge: grün-weiß (mit Fichte) -grün (senkr.)
4. Coral Sea Islands Territory (v. Norfolk aus verwaltet); Meteor. Station auf Willis Island
5. Verschiedene austr. Inseln: *Ashmore-I.* (1,89 km²) u. *Cartier-I.* in der Timor-See (zum North. Terr. gehörend) – *Heard-I.* und *McDonald-I.* in der Antarktis, ca. 370 km², unbewohnt – *Macquari-I.*, Dependence von Tasmanien, 176 km², nur Wetterstation – *Lord Howe Island* u. *Ball's Pyramid*, 13 km²

BAHAMAS Mittel-Amerika; Karibik
Bund der Bahamas; The Commonwealth of the Bahamas – BS

LANDESSTRUKTUR Fläche (153): 13878 km² (n. eig. Ang. 13939 km²); ca. 700 Inseln u. 2000 Riffe – **Einwohner** (166): (Z 1990) 254685 (vorl. Ergeb.); 29 Inseln sind bewohnt, Providence Island (Z 1980) 136000, Grand Bahama 33500 = 18 je km² – Bahamaer; 87% Schwarze u. Mulatten; 12% Weiße (v. a. brit. Abst.) – **Leb.-Erwart.:** 69 J. – **Säugl.-Sterbl.:** 2,6% – **Analph.:** 5% – **Jährl. Bev.-Wachstum** ($\emptyset$ 1980–90): 1,9% (Geburtenziffer 1990: 2,2%) – **Sprache:** Englisch – **Religion:** 29% Baptisten, 21% Anglikaner (Staatskirche), 26% Katholiken, 7% Methodisten; jüd. Minderheit; Reste afrikan. Naturreligionen – **Städt. Bev.:** rd. 60% – **Städte** (Z 1990): Nassau (Hptst.) 191542 Ew.; (S 1985) Freeport 25000

STAAT Konstitutionelle Monarchie im Commonwealth – Verfassung von 1973 – Parlament aus 2 Kammern: Senat (Senate) mit 16 ernannten u. Abgeordnetenhaus (House of Assembly) mit 49 für 4 J. gewählten Mitgl. – Allg. Wahlrecht – 18 Distrikte – **Staatsoberhaupt:** Königin Elizabeth II., vertreten durch einheim. Generalgouverneur Sir Henry Milton Taylor, seit 1988 – **Regierungschef:** Hubert Ingraham (FNM), seit August 1992 – **Äußeres:** N.N. – **Parteien:** Wahlen vom 19. 8. 1992 (1987): Progressive Liberal Party/PLP 16 (31) Sitze, Free Nat. Movement/FNM 31 (16), Unabh. 2 (2) – **Dipl. Bez.:** BRD (Botsch. in Kingston [Jamaika] gleichz. in Nassau akkred.) – **Unabh.:** 10. 7. 1973 – **Nationalfeiertag:** 10. 7.

WIRTSCHAFT BSP 1990: 2913 Mio. $ = 11420 $ je Ew. (24); realer Zuwachs $\emptyset$ 1980–90: 3,6%; **BIP** 1987: 2116 Mio. B$; realer Zuwachs $\emptyset$ 1965–88: 1,0%; Anteil 1988 **Landwirtsch.** 5%, **Industrie** 11% – **Erwerbstät.** 1988: Landw. 7%, Ind. 10% – **Energieverbrauch** 1986: 1675 kg ÖE/Ew. – **Währung:** 1 Bahama-Dollar (B$) = 100 Cents (c); 1 US-$ = 0,99 B$; 100 B$ = 155,09 DM – **Inflation** $\emptyset$ 1980–90: 6,0% – **Außenhandel** 1987: **Import:** 3233 Mio. B$; **Export:** 2545 Mio. B$; Güter: Krustentiere, Fische, Gemüse, Holz, Zement, Rum, Salz, Mineralölprodukte; Offshore-Banking; Fremdenverkehr: 70–80% d. BIP *(Auslandsgäste → WA '92, Sp. 227)*; Länder: über 60% USA, EG, Brasilien, Kanada

PRESSE (Aufl. i. Tsd.) *Tageszeitungen:* Nassau: The Nassau Guardian (15) – The Tribune (12) – Freeport: The Freeport News (4)

BAHRAIN Vorder-Asien
Staat Bahrain; Dawlat al-Bahrein, Mashhyaka al-Bahrain – BRN

LANDESSTRUKTUR Fläche (172): 678 km² (n. eig. Ang. 691 km²); 3 größere u. 30 kleinere Inseln – **Einwohner** (153): (F 1990) 504000 = 726 je km²; (Z 1981) 350798 – 336000 Bahrainer u. 167000 Ausländer; davon rd. 75% Araber, 15,9% Inder, 5% Pakistaner, 9% Perser, rd. 2% Europ., bes. Briten – **Leb.-Erwart.:** 69 J. – **Säugl.-Sterbl.:** 3,2% – **Analph.:** 23% – Jährl. **Bev.-Wachstum** ($\emptyset$ 1981–90): 4,1% (Geburtenziffer 1990: 4,7%) – **Sprachen:** Arabisch als Amtssprache; Handelsspr. Englisch – **Religion:** 85% Muslime, davon 60% Schiiten, 40% Sunniten; 7% Christen, ca. 5% Hindus – **Städt. Bev.:** rd. 81% – **Städte** (F 1990): Manama (Hptst.) 138800 Ew., Al Muharraq 75900; (F 1986) Lidhafs 50000, Rifa'a 25000, Isa Town 21300

STAAT Emirat – Absolute Monarchie – Verfassung von 1973 außer Kraft – Parlament seit 1975 aufgelöst – 11 Regionen – **Staatsoberhaupt u. Regierungschef:** Scheich Isa Bin Salman Al-Khalifa [Chalifa], seit 2. 11. 1961 – **Äußeres:** Scheich Mohammed Bin Mubarak Bin Hamad Al-Khalifa [Chalifa] – **Parteien:** keine Parteien zugelassen – **Unabh.:** 14. 8. 1971 (Proklamation) – **Nationalfeiertag:** 16. 12.

WIRTSCHAFT BSP 1989: 3120 Mio. $ = 6380 $ je Ew. (37); realer Zuwachs $\varnothing$ 1980–89: – 0,1 %; **BIP:** realer Zuwachs $\varnothing$ 1980–86: 2,5 %; Anteil 1986 **Landwirtsch.** 1,5 %, **Industrie** 39,7 % – **Erwerbstät.** 1981: Landw. 2,7 %, Ind. 34,9 % – **Energieverbrauch** 1984: 9106 kg ÖE/Ew. – **Währung:** 1 Bahrain-Dinar (BD) = 1000 Fils; 1 US-$ = 0,37 BD; 100 BD = 411,37 DM – **Inflation** $\varnothing$ 1980–90: – 1,5 % – **Außenhandel** 1986: **Import:** 2427 Mio. $; **Export:** 2344 Mio. $; Güter: 88 % Erdöl- u. Erdölprodukte, 5 % Aluminiumprod.; Länder: 27 % Saudi-Arabien, 19 % EG (davon v. a. Großbrit.), 7 % Japan, Verein. Arab. Emirate, Indien, USA

PRESSE (Aufl. i. Tsd.) *Tageszeitungen:* Manama: Akhbar Al Khalij (18)/Arab. – Al-Aiyam (18)/Arab. – Gulf Daily News (10)/Engl. – *Wochenzeitungen:* Al-Adhwa (17)/Arab. – Al-Mawaqef (8)/Arab. – *Nachrichtenagentur:* GNA (Gulf News Agency)

BANGLADESCH *Süd-Asien*
Volksrepublik Bangladesch; Ghana-Praja Tantri Bangladesh; People's Republic of Bangladesh – BD

LANDESSTRUKTUR Fläche (92): 143 998 km^2 – **Einwohner** (9): (Z 1991) 107 992 140 = 750 je km^2 – Bangladescher; davon 0,25 Mio. Bihari, 0,5 Mio. v. Stämmen mit tibetobirman. Sprachen – **Leb.-Erwart.:** 52 J. – **Säugl.-Sterbl.:** 10,5 % – **Analph.:** 65 % – Jährl. Bev.-Wachstum ($\varnothing$ 1980–90): 2,3 % (Geb.- u. Sterbeziffer 1990: 3,5 %/1,4 %) – **Sprachen:** Bengali bzw. Bangla als Amtssprache (95 %); außerd. Urdu, indoarische u. tibetobirman. Sprachen – **Religion:** 86,7 % Muslime (meist Sunniten); Islam seit 1988 Staatsreligion; 12,1 % Hindus; buddhist. u. christl. Minderh. (ca. 164 000 röm. Katholiken) – **Städt. Bev.:** 16 % – **Städte** (Z 1981): Dhaka [fr. Dacca] (Hptst.) rd. 3 430 312 Ew., Chittagong [Tschittagong] 1 391 877, Khulna 646 359, Radschschahi 253 740, Komilla 184 132, Barisal 172 905, Sylhet 167 371, Rangpur 153 174, Dschessur 148 927, Saidpur 126 608

STAAT Volksrepublik – Verfassung von 1972, Änderung 1991: Stärkung des Parlaments, das Präs. wählt – Parlament mit 330 Abg., davon 30 Sitze für Frauen reserviert – 4 Regionen (Chittagong, Dhaka, Khulna, Radschschahi) mit 21 Distrikten – **Staatsoberhaupt:** Abdur Rahman Biswas (BNP), seit 8. 10. 1991 – **Regierungschefin:** Begum Khaleda Zia (BNP), seit 19. 3. 1991 – **Äußeres:** A. S. M. Mustafi- zur Rahman – **Parteien:** Wahlen vom 27. 2. 1991 u. 12. 9. 1991: Nationalpartei (Bangladesh National Party/BNP) 170 Sitze (davon 28 Frauen), Awami-Liga 84, Jatiya-Partei/JP (von Ex-Präs. Ershad) 39, Jammaati-Islam 20 (davon 2 Frauen) – **Unabh.:** 17. 12. 1971 (nach d. Proklamation vom 26. 3. 1971) – **Nationalfeiertage:** 26. 3. Tag d. Unabh., 16. 12. Tag d. Sieges, 21. 2. Tag d. Märtyrer

WIRTSCHAFT BSP 1990: 22 579 Mio. $ = 210 $ je Ew. (167); realer Zuwachs $\varnothing$ 1980–90: 3,7 %; **BIP** 1990: 22 880 Mio. $; realer Zuwachs $\varnothing$ 1980–90: 4,3 %; Anteil 1990 **Landwirtsch.** 38 %, **Industrie** 15 % – **Erwerbstät.** 1989: Landw. 60 %, Ind. 12 % – **Energieverbrauch** 1990: 57 kg ÖE/Ew. – **Währung:** 1 Taka (Tk.) = 100 Poisha (ps.); 1 US-$ = 38,95 Tk.; 100 Tk. = 3,94 DM – **Ausl.-Verschuld.** 1990: 12 245 Mio. $ = 85,6 % d. BSP – **Inflation** $\varnothing$ 1980–90: 9,6 % – **Außenhandel** 1990: **Import:** 3646 Mio. $; Güter (1989): 30 % Nahrungsm., 17 % Maschinen u. Transportausrüstg.; Länder (1989): 11 % Japan; **Export:** 1674 Mio. $; Güter (1989): Jute u. -produkte (über 60 %), 10 % Häute u. Felle, 9 % Fische, Krebse u. Weichtiere, 8 % Tee; Länder (1989): EG-Länder (v. a. Großbrit., BRD, Italien), 26 % USA, Japan, Singapur, Iran

PRESSE (Aufl. i. Tsd.) *Tageszeitungen:* Dhaka: The Bangladesh Observer (43)/Engl. – The Bangladesh Times (27)/Engl. – Daily Janata (75) – Dainik Bangla (52) – Dainik Inquilab (170) – Dainik Khabar (41) – Ittefaq (200) – Morning Post (20)/Engl. – Sangbad (73) – *Nachrichtenagenturen:* BSS (Bangladesh Sangbad Sangstha) – ENA (Eastern News Agency)

BARBADOS *Mittel-Amerika; Karibik*
von »Ficus barbata« = Feigenbaum – BDS

LANDESSTRUKTUR Fläche (178): 430 km^2 – **Einwohner** (165): (Z 1990) 257 082 = 598 je km^2 (vorl. Ergeb.) – Barbadier; 92 % Schwarze, 3 % Mulatten 3 % Weiße – **Leb.-Erwart.:** 75 J. – **Säugl.-Sterbl.:** 1,3 % – **Analph.:** k. Ang. – Jährl. **Bev.-Wachstum** ($\varnothing$ 1980–90): 0,3 % (Geburtenziffer 1990: 1,8 %) – **Sprachen:** Englisch als Amtssprache; »Bajan« als Umgangssprache – **Religion:** rd. 40 % Anglikaner, 8 % Anh. d. Pfingstbewegung, 7 % Methodisten, 6 % Katholiken; insg. über 90 Kirchen u. Sekten; kleine jüdische, islam. u. hinduist. Minderh. – **Städt. Bev.:** rd. 42 % – **Städte** (Z 1980):

Bridgetown (Hptst.) 7466 Ew., m. Umgebung (St. Michael) 102000; 40% d. Bevölk. leben im Großraum Bridgetown

STAAT Konstitutionelle Monarchie im Commonwealth – Verfassung von 1966 – Parlament aus 2 Kammern: Senat (Senate) mit 21 ernannten u. Repräsentantenhaus (House of Assembly) mit 27 gewählten Mitgl. – 11 Bezirke – **Staatsoberhaupt:** Königin Elizabeth II., vertr. durch einheim. Generalgouverneurin Dame Nita Barrow, seit 6. 6. 1990 – **Regierungschef:** Lloyd Erskine Sandiford, seit 2. 6. 1987 – **Äußeres:** R. Maurice A. King – **Parteien:** Wahlen vom 22. 1. 1991 (1986): Democratic Labour Party/DLP 18 (24) Sitze, Barbados Labour Party/BLP 9 (3) – **Dipl. Bez.:** BRD, zuständ. Vertretung in Port of Spain (Trinidad u. T.) – **Unabh.:** 30. 11. 1966 – **Nationalfeiertag:** 30. 11.

WIRTSCHAFT BSP 1990: 1680 Mio. $ = 6540 $ je Ew. (36); realer Zuwachs $\varnothing$ 1980–90: 1,7%; **BIP** realer Zuwachs $\varnothing$ 1980–87:0,8%; 1989:3,7%; Anteil 1988: **Landwirtsch.** 4%, **Industrie** 19% – **Erwerbstät.** 1988: Landw. 8%, Ind. 25% – **Energieverbrauch** 1986: 984 kg ÖE/Ew. – **Währung:** 1 Barbados-Dollar (BDS$) = 100 Cents; 1 US-$ = 1,99 BDS$; 100 BDS$ = 76,27 DM – **Inflation** $\varnothing$ 1980–90: 5,4% – **Außenhandel** 1986: **Import:** 587 Mio. $; Länder: USA, Großbrit., Japan, Trinidad u. Tob., Caricom-Länder, Kanada; **Export:** 275 Mio. $; Güter: 17% Elektronik-Bauteile u. elektr. Geräte, 13% Erdöl, 10% Zucker u. Melasse, 10% Bekleidung, Krustentiere, Rum; Tourismus 25% d. BSP; Länder: 45% USA, EG (v. a. Großbrit.), Kanada, karibisches Gebiet (v. a. Trinidad u. Tob.)

PRESSE (Aufl. i. Tsd.) *Tageszeitungen:* Bridgetown: Barbados Advocate News (25) – Daily Nation (22) – *Sonntagszeitungen:* The Sunday Advocate News (36) – The Sunday Nation (33) – *Nachrichtenagentur:* CANA (Caribbean News Agency)

BELGIEN *West-Europa*
Königreich Belgien; franz.: Royaume de Belgique, niederl.: Koninkrijk België – B

LANDESSTRUKTUR Fläche (135): 30 519 km^2 – **Einwohner** (70): (Z 1991) 9 978 681 = 327 je km^2 – Belgier; (F 1986): 57,6% niederländischsprech. Flamen, 32,5% französischsprech. Wallonen, rd. 1 Mio. fläm.- u. französischsprech. Bew. Brüssels u. 66 445 deutschsprechende; 868 757 Ausländer, davon ⅗ aus d. EG – **Leb.-Erwart.:** 76 J. – **Säugl.- Sterbl.:** 0,8% – **Analph.:** unter 5% – **Jährl. Bev.-** **Wachstum** ($\varnothing$ 1980–1990): 0,1% (Geb.- u. Sterbeziff. 1990: 1,3%/1,1%) - **Sprachen:** Französ., Niederländisch u. regional Deutsch als Amtsspr. – **Religion:** 89,5% Katholiken, rd. 250000 Muslime, 50 000 Protestanten u. 35 000 Juden – **Städt. Bev.:** 97% – **Städte** (Z 1991): Brussel/Bruxelles [Brüssel] (Hptst.) 960 324 Ew. (mit Schaerbeele, Anderlecht u. a. Vororten), Antwerpen 467 875 (mit Deurne u. a. Vororten), Gent 230 446, Charleroi 206 928, Liège [Lüttich] 185 201, Brugge [Brügge] 117 100, Namur 103935, Bergen [Mons] 92158, Leuven [Löwen] 85028, Alost/Aalst 77 293, Kortrijk 76 121, Mechelen 75 352, Oostende 68 534, Tournai 66 971, Hasselt 66 559, St. Niklaas/St. Nicolas 68 234

STAAT Parlamentarische Monarchie – Umwandlung in Bundesstaat lt. Verfassungsreform von 1990 vorgesehen – Parlament aus 2 Kammern: Senat (Sénat bzw. Senaat) mit 182 Mitgl., davon 106 direkt gewählt, u. Abg.-Haus (Chambre des Représentants bzw. Kamer van Volksvertegenwoordigers) mit 212 Mitgl.; Senatoren und Abg. für 4 J. gewählt – Allg. Wahlpflicht – Gliederung in 3 Regionen bzw. Gemeinschaften mit Rat und Exekutive: Flämische (13511 km^2, umfaßt niederl. Sprachregion u. 1986 5 676 194 Ew.), die wallonische (16848 km^2, umfaßt die französ. Sprachregion u. 3206165 Ew.), die deutschspr. Region (854 km^2 u. 66 445 Ew.) und die zweispr. Brüsseler Region (162 km^2 u. 976 536 Ew.) – 9 Provinzen – **Staatsoberhaupt:** König Baudouin [Boudewijn] seit 1951; Thronfolger: Prinz Albert (Bruder des Königs) – **Regierungschef:** Jean-Luc Dahaene (CVP), seit 7. 3. 1992; Koal. aus Christdemokraten u. Sozialisten – **Äußeres:** Willy Claes – **Parteien:** Wahlen vom 24. 11. 1991 (1987): Abg.- Haus: Christlijke Volkspartij/CVP (flämisch) 39 d. 212 Sitze (43); Parti Socialiste/PS 35 (40); Socialistische Partij/SP 28 (32); Partij voor Vrijheid en Vooruitgang/ PVV 26 (25); Parti Réformateur Libéral/PRL 20 (23); Volksunie/VU 10 (16); Parti Social Chrétien/PSC (»Christl. P.«, frankophon) 18 (19); Vlaams Blok/VB 12 (2); Ecolo (frankophone Grüne) 10 (3); Agalev (fläm. Grüne) 7 (6); Front Démocratique des Francophones/Rassemblement Wallon/FDF 3 (3); Liste von van Rossem (Anarchisten) 3 (–); Front National (Wallon. Rechtsextremisten) 1 (–); Senat: CVP 20 Sitze (22); PS 18 (20); SP 14 (17); PVV 13 (11); PRL 9 (12); VU 5 (8); PSC 9 (9); Ecolo 6 (2); Agalev 5 (3); FDF 1 (1) – **Unabh.:** 4. 10. 1830 - **Nationalfeiertag:** 21. 7.

WIRTSCHAFT BSP 1990: 154688 Mio. $ = 15540 je Ew. (21); realer Zuwachs 1980–90: 1,4%; **BIP** 1991: 196 500 Mio. $; realer Zuwachs $\varnothing$ 1980–90: 2,0% (1991: +1,4%); Anteil 1990 **Landwirtsch.** 2%, **Industrie** 31% – **Erwerbstät.** 1990: Landw. 2,7%, Ind. 28,3%; **Arbeitslosigkeit** 1991: 9,4% –

Energieverbrauch 1990: 2807 kg ÖE/Ew. - **Währung:** 1 Belg. Franc (bfr) = 100 Centimes (c); 1 US-$ = 31,42 bfrs; 100 bfrs = 4,86 DM – **Inflation** ∅ 1980–90: 4,4% (1991: 3,2%) – **Außenhandel** 1990: **Import:** 119725 Mio. $; Güter: 17% Maschinen, Apparate u. elektr. Geräte, 13% Transportmittel, 10% mineral. Prod., 9% chem. Erzeugn., 9% Metalle u. -erzeugnisse; Länder: 24% BRD, 18% Niederl., 16% Frankr., 8% Großbrit., 5% USA, 5% Italien; **Export:** 118002 Mio. $; Güter: 16% Transportmittel, 14% Metalle u. -prod., 11% Maschinen, Apparate u. elektr. Geräte, 10% chem. Erzeugn., 7% Kunststoff, Gummi; Länder: 21% BRD, 20% Frankr., 14% Niederl., 9% Großbrit., 7% Italien, 4% USA

PRESSE (Aufl. i. Tsd.) *Tageszeitungen:* Brüssel: La Dernière Heure (205) – L'Echo de la Bourse (25) – Het Laatste Nieuws/De Nieuwe Gazet (296)/fläm. – La Lanterne (130) – La Libre Belgique (86)/kath. – De Morgen (47) – De Nieuwe Gids/Het Volk (190) – Le Soir (202) – De Standaard/Het Nieuwsblad/De Gentenaar (382)/fläm. – Antwerpen: Gazet van Antwerpen (191)/christdem. – De Nieuwe Gazet (296) – Charleroi: La Nouvelle Gazette/Le Journal et Indépendance/Le Peuple/Mons, La Province (111) – Eupen: Grenz-Echo (25)/dt.-sprachig – Gent: Het Volk/De Nieuwe Gids (178)/kath. – Lüttich: La Meuse/La Lanterne (135) – La Wallonie (48) – *Nachrichtenagenturen:* BELGA, Agence Europe (EG)

BELIZE *Mittel-Amerika*
Bis 1973 Britisch-Honduras – BZ

LANDESSTRUKTUR Fläche (146): 22965 km^2, davon 820 km^2 kl. Inseln (Cays) – **Einwohner** (168): (F 1991) 191800 = 8 je km^2; (Z 1980) 144857 – Belizer – **Leb.-Erwart.:** 68 J. – **Säugl.-Sterbl.:** 2,2% – **Analph.:** 8% – Jährl. **Bev.-Wachstum** (1980–90): 2,8% (Geburtenziffer 1990: 4,7%) – **Sprachen:** Englisch als Amtssprache, zunehmend Spanisch (31%); daneben Creole, Carib u. Maya – **Religion** (Z 1980): 62% Katholiken, 30% Protestanten (12% Anglikaner, 6% Methodisten, 4% Mennoniten u. a.); außerd. Juden, Buddhisten, Baha'i, Muslime u. Hindu – **Städt. Bev.:** 50% – **Städte** (F 1989): Belmopan (Hptst.) 4000 Ew.; (F 1988) Belize City 50000, Orange Walk 10500, Corozal 8500, Dangriga 8100

STAAT Konstitutionelle Monarchie im Commonwealth – Verfassung von 1981 – Parlament aus 2 Kammern: Senat mit 9 durch d. Gen.-Gouv. ernannten u. Repräsentantenhaus mit 28 für 5 J. gewählten Mitgl. – Allg. Wahlrecht – 6 Distrikte – **Staatsoberhaupt:** Königin Elizabeth II., vertr. durch einheim. Generalgouverneurin Frau Elmira Minita Gordon, seit 1981 – **Regierungschef:** George Price (PUP), seit 1989 – **Äußeres:** Said Musa – **Parteien:** Wahlen vom 4. 9. 1989: People's United Party/PUP 15 Sitze, United Democratic Party/UDP 13 – **Unabh.:** 21. 9. 1981 – **Nationalfeiertage:** 21. 9. u. 10. 9. (Schlacht v. St. George)

WIRTSCHAFT BSP 1990: 373 Mio. $ = 1990 $ je Ew. (82); realer Zuwachs ∅ 1980–90: 5,3%; **BIP** realer Zuwachs ∅ 1965–88: 2,4%; Anteil 1987 **Landwirtsch.** 18%, **Industrie** 21% – **Erwerbstät.** 1985: Landw. 50%, Ind. 15% – **Energieverbrauch** 1986: 383 kg ÖE/Ew. – **Währung:** 1 Belize-Dollar (Bz$) = 100 Cents (c); 1 US-$ = 1,98 Bz$; 100 Bz$ = 77,02 DM – **Ausl.-Verschuld.** 1986: 87,9 Mio. $ – **Inflation** ∅ 1980–90: 2,3% – **Außenhandel** 1982: **Import:** 263 Mio. Bz$; **Export:** 120 Mio. Bz$; Güter: bis 40% Zucker, Zitrusfrüchte, Bananen, Rindfleisch, Holz, Fische u. Krebse, Bekleidung; Länder: USA, Mexiko, Jamaika

PRESSE (Aufl. i. Tsd.) *Tageszeitung:* The Belize Times (6, so. 3)/Engl. u. Span. – *Wochenzeitungen:* The Beacon (4) – The Reporter (6)

BENIN *West-Afrika*
Republik Benin, République du Bénin; bis 1975 Dahomey

LANDESSTRUKTUR Fläche (100): 112622 km^2 (n. eig. Ang. 113048 km^2) - **Einwohner** (101): (F 1990) 4741000 = 42 je km^2; (Z 1979) 3331210 – Beniner; insg. 60 Stämme, meist Kwa-Gruppen (über 50%), u. a. (S 1982) 938000 Fon, 507000 Yoruba, 445000 Gun, 445000 Bariba, 402000 Adja, 264000 Somba; außerd. Fulbe, Haussa; 3000 Europäer, meist Franzosen - **Leb.-Erwart.:** 50 J. - **Säugl.-Sterbl.:** 11,3% – **Analph.:** 77% – Jährl. **Bev.-Wachstum** (∅ 1980–90): 3,2% (Geb.-u. Sterbeziffer 1990: 4,6%/1,5%) *(Altersaufbau d. Bevölkerung → WA '92, Sp. 234)* – **Sprachen:** Französisch als Amtsspr., z. T. Umgangsspr. d. gebild. Schicht; 60 afrikan. Sprachen, u. a. Ewe, Fon, Gun, Yoruba, Dendi; im Norden Haussa, Bariba u. Fulani als Handelsspr. wichtig – **Religion:** 70% Anh. v. Naturrel., 18,5% Katholiken, 15,3% Muslime; methodist. Minderh. – **Städt. Bev.:** 38% - **Städte** (S 1984): Porto-Novo (Hptst.) 164000 Ew., Cotonou (Reg.-Sitz) 478000, Parakou 92000, Abomey 53000, Ouidah 40000, Natitingou 15000

STAAT Präsidialrepublik – Neue Verfassung von 1990 – Parlament mit 64 Abg. – Allg. Wahlrecht – 6 Provinzen u. 78 Distrikte – **Staats- u. Regierungschef:** Nicéphore Soglo, seit 4. 4. 1991 – **Äußeres:** Théodore Helo – **Parteien:** Erste freie und demokrat. Wahlen am 17. 2. 1991: Union Démocratique des Forces du Progrès/UDFP u. Mouvement pour la Démocratie et le Progrès Social/MDPS u. Union pour la Liberté et le Développement/ULD zus. 12 d. 64 Sitze; Parti National pour la Démocratie et le Développement/PNDD u. Parti du Renouveau Démocratique/PRD 9 Sitze; Parti Social Démocrate/PSD u. Union Nationale pour la Solidarité et le Progrès/UNSP 8 Sitze; weitere 8 Listenverbindungen aus insg. 8 Parteien 35 Sitze – **Unabh.:** 1. 8. 1960 – **Nationalfeiertag:** 1. 8.

WIRTSCHAFT BSP 1990: 1716 Mio. $ = 360 $ je Ew. (152); realer Zuwachs ⌀ 1980–90: 2,2%; **BIP** 1990: 1810 Mio. $; realer Zuwachs ⌀ 1980–90: 2,8%; Anteil 1990 **Landwirtsch.** 37%, **Industrie** 15% – **Erwerbstät.** 1989: Landw. 62%, Ind. ca. 7% – **Energieverbrauch** 1990: 46 kg ÖE/Ew. – **Währung:** 1 CFA-Franc = 100 Centimes (c); 1 FF = 50 CFA-Francs (Wertverh. zum FF); 100 CFA-Francs = 0,59 DM – **Ausl.-Verschuld.** 1990: 1427 Mio. $ – **Inflation** ⌀ 1980–90: 1,9% – **Außenhandel** 1990: **Import:** 483 Mio $; Güter (1989): 22% Fertigwaren (bes. Textilien, Eisen- u. Stahlerzeugn.), 22% Maschinen, elektrotechn. Erzeugn. u. Fahrz., 16% Nahrungsm.; Länder (1989): 40% EG-Länder (v. a. Frankr.), 15% USA; **Export:** 93 Mio. $; Güter (1989): 43% Nahrungsm. (bes. Kaffee, Kakao, pflanzl. Öle), 27% Rohstoffe (Baumwolle), 27% Erdöl u. -erzeugnisse; Länder (1989): 93% EG-Länder (dar. 29% Spanien, 23% BRD)

PRESSE (Aufl. i. Tsd.) *Tageszeitungen:* Cotonou: L'Aube Nouvelle – La Gazette du Golfe (18) – La Nation (ehem. Ehuzu)/Reg.-Organ – *Nachrichtenagentur:* ABP (Agence Bénin-Presse)

BHUTAN *Süd-Asien*
Königreich Bhutan; Dsongha: Druk Gaykhab – BHT

LANDESSTRUKTUR Fläche (127): 46500 km² – **Einwohner** (142): (F 1990) 1433000 = 31 je km²; (Z 1980) 1165000 – Bhutaner; rd. 60% Bhotia [Bhutija] u. tibet. Lhopa, 25% nepales. Leptscha (Rong); Inder – **Leb.-Erwart.:** 49 J. – **Säugl.-Sterbl.:** 12,2% – **Analph.:** 62% – Jährl. **Bev.-Wachstum** (⌀ 1980–90): 2,1% (Geb.- u. Sterbeziffer 1990: 3,9%/1,7%) – **Sprachen:** Dsongha [Dzongkha] als Amtssprache; Bumthangkha, Sarchopkha u. a. Sprachen d. Minderh.; Nepali seit 1989 verboten – **Religion:** 75% Buddhisten (lamaistischer Buddh. d. alten Rotmützen-Observanz d. Pantschen Lama) ist Staatsreligion; etwa 25% Hindus – **Städt. Bev.:** 5% – **Städte** (S 1987): Thimbu [Thimphu] (Hptst. u. Residenz) 15000 Ew., Phuntsholing (Grenzstadt) 20000

STAAT Konstitutionelle Erbmonarchie ohne geschriebene Verfassung – Souveräner Staat, der lt. Vertrag v. 1949 von Indien außenpolit. beraten u. in den Bereichen Verteidigung u. wirtschaftl. Entwickl. unterstützt wird – Nationalversammlung (Tsogdu) mit 151 Mitgl. als Ständeparlament, davon 105 Dorfnotabeln, 40 Reg.-Beamte, z. T. v. König ernannt, 10 Vertr. buddhist. Klöster – Königl. Rat aus 9 Mitgl. – 18 Distrikte mit je 1 vom König ernannten Gouverneur – **Staatsoberhaupt u. Regierungschef:** König (»Druk-Gyalpo« = Drachenkönig) Jigme Singye Wangchuk [Wangtschuk], seit 1972 – **Äußeres:** Dawa Tsering – **Parteien:** keine eigentl. Parteien; Oppos.-Gruppen verboten (Partei der nepales. Minderheit, 1990 gegr. Bhutan People's Party/BPP u. a.) – **Unabh.:** Altes Fürstentum; indische Schutzherrschaft; völlige Unabh. durch Aufnahme in die UNO am 12. 2. 1971 – **Nationalfeiertag:** 17. 12.

WIRTSCHAFT BSP 1990: 273 Mio. $ = 190 $ je Ew. (172); realer Zuwachs ⌀ 1980–90: 9,7% *(Anteil Entwicklungshilfe u. Ausl.-Schulden → Tab. Sp. 471 f.);* **BIP** 1990: 280 Mio. $; realer Zuwachs ⌀ 1980–90: 7,5%; Anteil 1990 **Landwirtsch.** 43%, **Industrie** 27% – **Erwerbstät.** 1989: Landw. 91%, Ind. 5% – **Energieverbrauch** 1990: 13 kg ÖE/Ew. – **Währung:** 1 Ngultrum (NU) = 100 Chetrum (CH); 100 NU = 3,88 US-$ = 6,03 DM; 1 NU = 1 ind. Rupie, ebenf. gesetzl. Zahlungsmittel – **Ausl.-Verschuld.** 1990: 83 Mio. $ = 32,3% d. BSP – **Inflation** ⌀ 1980–90: 8,4% – **Außenhandel** 1987: **Import:** 88 Mio. $; **Export:** 25 Mio. $; Güter: Reis, Mais, Gerste, Hölzer, medizin. Kräuter, Woll- u. Baumwollartikel; Länder: hauptsächl. Indien

PRESSE (Aufl. i. Tsd.) *Wochenzeitungen:* Thimphu: Kuensel (6)/Engl., (1,5)/Dzongkha (0,3)/ Nepali

BIRMA → MYANMAR

BOLIVIEN *Süd-Amerika*
Republik Bolivien; Republica de Bolivia; Staatsname nach Simón Bolívar – BOL

LANDESSTRUKTUR Fläche (27): 1098581 km² – **Einwohner** (85): (F 1990) 7314000, davon 60% auf dem Altiplano = 7 je km²; (Z 1976) 4613486 – Bolivianer; 42% Indianer, 31% Mestizen, etwa 15% Weiße – **Leb.-Erwart.:** 60 J. – **Säugl.-Sterbl.:** 9,2% – **Analph.:** 23% – Jährl. **Bev.-Wachstum** (∅ 1980–90): 2,5% (Geb.- u. Sterbeziffer 1990: 3,6‰/2,1‰) – **Sprachen:** Spanisch u. die Indianersprachen Ketschua (etwa 40%) u. Aimará (über 30%) als Amtssprachen; im Tiefland Guaraní – **Religion:** 92,5% Katholiken (Staatsreligion); rd. 45000 Protest. (darunter ca. 12000 Mennoniten) u. 2000 Juden – **Städt. Bev.:** 51% – **Städte** (F 1989): Sucre (verfassungsmäß. Hptst.) 95700, La Paz (fakt. Hptst.) 1050000 Ew. (m. V. 2,1 Mio.); (F 1990) Santa Cruz de la Sierra 669000, Cochabamba 413000, Oruro 208000, Potosí 120000

STAAT Präsidialrepublik – Verfassung von 1967 – Parlament aus 2 Kammern: Deputiertenkammer (Cámara de Deputados) mit 130 u. Senat (Senado) mit 27 Mitgl., für 4 J. gewählt – Nationales Beratungs- u. Gesetzgebungskomitee seit 1980 – Allg. Wahlrecht – 9 Departamentos mit 102 Provinzen – **Staats- u. Regierungschef:** Präs. Jaime Paz Zamora/MIR, seit 6. 8. 1989 – **Äußeres:** Ronald MacLean/ADN, seit 17. 3. 1992 – **Parteien:** Wahlen von 1989: Movimiento Nacionalista Revolucionario/MNR 40 Abg. in der Deputiertenkammer (Senat: 9), Acción Democrática Nacionalista/ADN 38 (6), Movimiento de la Izquierda Revolucionario Zamora/MIR 33 (8), Conciencia de Patria/Condepa 9 (2), Izquierda Unida/IU 10 (–) – **Unabh.:** 6. 8. 1825 – **Nationalfeiertag:** 6. 8.

WIRTSCHAFT BSP 1990: 4526 Mio. $ = 630 $ je Ew. (128); realer Zuwachs ∅ 1980–90: 0,0% *(Anteil Entwicklungshilfe u. Ausl.-Schulden → Tab. Sp. 471f.);* **BIP** 1991: 4700 Mio. $; realer Zuwachs ∅ 1980–90: –0,1%; Anteil 1991 **Landwirtsch.** 21%, **Industrie** 35% – **Erwerbstät.** 1987: Landw. 47%, Ind. 13%; **Arbeitslosigkeit** 1990: 19,9% – **Energieverbrauch** 1990: 257 kg ÖE/Ew. – **Währung:** 1 Boliviano (Bs) = 100 Centavos (c.); 1 US-$ = 3,87 Bs; 100 Bs = 39,24 DM – **Ausl.-Verschuld.** 1990: 4276 Mio. $ = 100,9% d. BSP *(Einzelheiten → Tab. Sp. 221f.)* – **Inflation** (∅ 1980–90: 317,9% (1991: 16%) – **Außenhandel** 1991: **Import:** 790 Mio. $; Güter: 43% Kapitalgüter, 38% Zwischenprod., 18% Konsumgüter; Länder: 24% Brasilien, 23% USA, 13% Argentinien, 7% Japan, 6% BRD, 6% Chile, 6% Peru; **Export:** 760 Mio. $; Güter: 40% Erze (dar. Zink, Zinn, Gold, Silber), 29% nichttraditionelle Exporte, 26% Erdöl u. Erdgas; Kokain (illegal) bis 600 Mio. $ *(Heroin- u. Kokainströme → WA '92, Karte Sp. 237f.),* Länder: 26% Argentinien, 16% USA, 12% Großbrit., 8% Belgien u. Niederl., 8% Brasilien, 7% Chile

PRESSE (Aufl. i. Tsd.) *Tageszeitungen:* La Paz: El Diario (45) – Hoy (45) – Presencia (90)/kath. – Ultima Hora (35) – Santa Cruz: El Deber (11) – El Mundo (12) – *Nachrichtenagentur:* ANF (Agencia de Noticias Fides)

BOSNIEN-HERZEGOWINA
Südost-Europa
Republik Bosnien-Herzegowina; Republika Bosna i Hercegovina – BOS

LANDESSTRUKTUR *(Übersichtstabelle → Sp. 411f.)* **Fläche** (124): 51129 km² (Bosnien 42010 km², Herzegowina 9119 km²) – **Einwohner** (105): (F 1989) 4479000 = 86 je km²; (Z 1981) 412456 – (F 1991): 43,7% Bosniaken (Muslime), 31,3% Serben, 17,3% Kroaten, 7,6% Jugoslawen [Eigenbezeichnung] u. a. – Jährl. **Bev.-Wachstum** (∅ 1980–90): 0,9% – **Sprache:** Serbokroatisch – **Religion:** 39,5% Muslime, 33% Serb.-Orthodoxe, 19% Katholiken – **Städte** (Z 1981): Sarajevo (Hptst.) 448519 Ew., Banja Luka 183618

STAAT *(→ Chronik u. Sp. 32ff. u. 87ff. sowie Karte, Sp. 89)* Republik – Proklamierung am 9. 1. 1992 (per Referendum am 29. 2./1. 3. 1992 bestätigt) – Präsidialgremium aus 6 allg. gewählten stellvertr. Präs. – Parlament aus 2 Kammern: Sozio-Ökonom. Kammer mit 130 u. Kommunalkammer mit 110 gewählten Mitgl. – **Staatsoberhaupt:** Präs. Alija Izetbegović (Muslim), SDA, seit 28. 11. 1990 (am 20. 12. 1991 durch Parl. bestätigt) – **Regierungschef:** Jure Pelivan, seit 28. 11. 1990, Rücktritt am 6. 4. 1992 (Reg. aus Muslimen u. Kroaten) – **Äußeres:** Haris Silajdžić – **Parteien:** Wahlen vom 18. 11. u. 2. 12. 1990 (Kandidatur von 38 Parteien u. polit. Gruppierungen): Demokrat. Aktionspartei/SDA (Muslime) 86 d. 240 Sitze, Serbische Dem. Partei/SDS 70, Kroat. Dem. Gemeinschaft/HDZ 45, Kommunisten 19, Bund der Reformkräfte 12 Sitze – **Unabh.:** Souveränitätserkl. am 15. 10. 1991 – **Nationalfeiertag:** unbekannt

WIRTSCHAFT *(Konjunkturdaten 1989 bis 1991 → Tab. Sp. 411)* **BSP** 1990 (Alt-Jugoslawien): 3060 $ je Ew. (61a); **BIP** je Ew. (S 1990): 1600 $ – **Währung:** teils jugoslaw. Dinar *(→ Jugoslawien),*

Kroat. Dinar *(→ Kroatien)*, Serbischer Dinar (Einführung am 5. 7. 1992 durch d. Serben); bosn.-herzeg. Dinar (seit 17. 8. 1992); 350 Dinare = 1 DM (Bindung an DM) – **Brutto-Verschuld.** Sept. 1990: 1677 Mio. $ – **Außenhandel** (1989: 12,2% d. Gesamt-Jugosl. Volkseinkommens): **Import:** k. Ang.; **Export** (1991): 2187 Mio. $; Güter: Eisenerze, Holzkohle, Steinsalz, Blei, Zink, Mangan, Bauxit, Baryt – 1990/91: Rückgang d. Industrieproduktion um 24%

PRESSE (Aufl. i. Tsd.) *Tageszeitungen:* Sarajevo: Oslobodjenje (79) – Sarajevske Novine (16) – Večernje Novine (89) – Večernje Novosti (20) – *Wochenzeitungen:* Svijet (115) – Zadrugar (34)/ Landwirte – *Nachrichtenagenturen:* BH (Offizielles Organ d. Muslime) – SRNA (im April 1992 von Serben gegr.)

Von den ethnischen Minderheiten einseitig proklamierte Gebiete (→ Chronik, Sp. 32 ff.)

»Serbische Republik Bosnien-Herzegowina«: durch Serben am 7. 4. 1992 – Ziel: Anschluß an die Serbengebiete in Kroatien – Eigenes Parl. u. »Staatsführung« mit Sitz in Banja Luka seit 24. 10. 1991; Präs.: Radovan Karadžić, Vors. d. Serbischen Demokrat. Partei/SDS – 27. 3. 1992 förmliche Inkraftsetzung einer eig. Verfassung – Wahlen für Kriegsende angekündigt

»Kroatischer Staat Herceg-Bosna«: durch Kroaten am 3. 7. 1992 im Südwesten von B.-H. – Ziel: Anschluß an Kroatien – Eigene »Staatsführung« mit provisorischer Exekutive mit Sitz in Mostar; Präs.: Mate Boban, Vors. d. Kroatischen Demokrat. Gemeinschaft in Bosnien/HDZ

BOTSUANA Süd-Afrika
Republik Botsuana [Botswana]; Republic of Botswana; fr. Betschuanaland – RB

LANDESSTRUKTUR Fläche (46): 581 730 km² – **Einwohner** (144): (F 1990) 1 254 000 = 2 je km²; (Z 1981) 941 027 – Botsuaner; 95% Bantu, bes. Sotho-Tswana (u. a. Bamangwato, Bakwena); 2,4% Sar (= 30 000 Buschmänner), 1,3% Sonstige (= 16 500 Weiße, Inder u. Coloureds) – **Leb.-Erwart.:** 67 J. - **Säugl.-Sterbl.:** 3,8% - **Analph.:** 26% – Jährl. **Bev.-Wachstum** (∅ 1980–90): 3,3% (Geb.- u. Sterbeziffer 1990: 3,5%/0,6%) - **Sprachen:** SeTswana u. a. Bantu-Spr. als Amtsspr.; Englisch z. T. als Amts-, Bildungs- u. Handelsspr. – **Religion:** 49% Anh. v. Naturrel.; Christen verschied. Konfess., v. a. Protestanten (ca. 30%), Muslime, Hindus – **Städt. Bev.:** 25% – **Städte** (S 1991): Gaborone (Hptst.) 138 500 Ew., Francistown 59 100, Selebi-Phikwe 55 400, Serowe 46 600, Mahalapye 40 700, Kanye 35 200, Molepolole 33 500, Mochudi 30 000, Lobatse 28 900

STAAT Präsidialrepublik im Commonwealth – Verfassung von 1965 – Nationalversammlung mit 34 auf 5 J. gewählten u. 4 kooptierten Mitgl.; beratendes »House of Chiefs« (15 Mitgl., davon Häuptl. d. 8 großen Stämme ständig vertr.) – Allg. Wahlrecht – 11 Distrikte – **Staatsoberhaupt u. Regierungschef:** Dr. Quett Ketumile Joni Masire, BDP, seit 1980, 1984 u. 1989 bestätigt – **Äußeres:** Frau Dr. Gaositwe K. T. Chiepe – **Parteien:** Wahlen von 1989 (1984): Botswana Democratic Party/BDP 27 + 4 v. Präs. ernannt (28) d. 34 Sitze; B. National Front/BNF 3 (5) – **Unabh.:** 30. 9. 1966 – **Nationalfeiertag:** 30. 9.

Botsuana: Botsuanische Beschäftigte in der Republik Südafrika

Gegenstand der Nachweisung	1985	1989	1990[1]
Beschäftigte in südafrikanischen Minen[2]	20 128	17 874	17 166
Anwerbung von Arbeitern:			
Süd-Region[3]	14 884	13 093	9450
Zentral-Region[4]	3531	3355	2225
Nord-Region[5]	1233	16	4
Insgesamt:	19 648	16 464	11 679[6]
Überweisungen (Mio. Rand) von botsuanischen Minenarbeitern	6,5	3,0	1,3

Quelle: Statistisches Bundesamt, 1992

[1] Zahlen Januar bis September; [2] Durchschnitt der Quartalsendezahlen; [3] Gaborone, Lobatse, Kgalagadi, South-East, Southern (Ngwaketse, Barolong) und Kweneng; [4] Central; [5] Francistown, North-East und North-West (Ngamiland, Chobe); [6] 1990 insgesamt: 17 500 Personen

Auslandsschulden der mittel- und südamerikanischen Staaten 1990
(ohne Staaten der Karibik)

	in Mio. $	Gesamte Auslandsschulden 1990 in % des BSP	in % des Waren- u. Dienstleistungsexports
Brasilien	116 173	25,1	326,8
Mexiko	96 810	42,1	222,0
Argentinien	61 144	61,7	405,6
Venezuela	33 305	71,0	158,7
Peru	21 105	58,7	488,3
Chile	19 114	73,5	181,3
Kolumbien	17 241	44,5	183,4
Ecuador	12 105	120,6	371,8
Nicaragua	10 497	112,1[1]	2728,6
Panama	6676	154,7	126,5
Bolivien	4276	100,9	428,7
Costa Rica	3772	69,9	184,2
Uruguay	3707	46,9	155,9
Honduras	3480	140,9	322,2
Guatemala	2777	37,5	175,2
El Salvador	2133	40,4	170,8
Paraguay	2131	40,5	112,3
Belize, Guyana, Suriname[2]			

Quelle: Weltbankbericht 1992
[1] 1980, keine neueren Angaben; [2] keine Angaben vorhanden

WIRTSCHAFT BSP 1990: 2561 Mio. $ = 2040 $ je Ew. (81); realer Zuwachs Ø 1980–90: 9,9%; **BIP** 1990: 2700 Mio. $; realer Zuwachs Ø 1980–90: 11,3%; Anteil 1990 **Landwirtsch.** 3%, **Industrie** 57% – **Erwerbstät.** 1988: Landw. 65%, Ind. ca. 11%; **Arbeitslosigkeit** 1986: 19,2% – **Energieverbrauch** 1990: 425 kg ÖE/Ew. – **Währung:** 1 Pula (P) = 100 Thebe (t); 1 P = 0,48 US-$; 100 P = 73,37 DM – **Ausl.-Verschuld.** 1990: 516 Mio. $ = 20,6% d. BSP – **Inflation** Ø 1980–90: 12,0% – **Außenhandel** 1989: **Import:** 1385 Mio. $; Güter (S 1990): 20% Maschinen u. elektrotechn. Ausrüst., 20% Beförderungsmittel, 16% Treibstoffe, 15% Nahrungsm., Getränke u. Tabak; Länder: 78% Rep. Südafrika (79% Südafrikan. Zollunion), 8,5% EG-Länder, 2% USA; **Export:** 1884 Mio. $; Güter: 80% Diamanten, 9% Kupfer-Nickel-Konzentrate, 3% Fleisch u. -produkte; Länder: 91% europ. Länder (dar. 8% EG-Länder u. v. a. Schweiz), 3% Rep. Südafrika (4,5% Südafrikan. Zollunion)

PRESSE (Aufl. i. Tsd.) *Zeitungen:* Gaborone: Dikgang Tsa Gompieno (50)/offiz., SeTswana u. Engl. – Botswana Guardian (16)/Engl. – The Gazette (15)/Engl. – The Reporter (15)/Engl. u. SeTswana – *Nachrichtenagentur:* BOPA (Botswana Press Agency)

BRASILIEN Süd-Amerika
Föderative Republik Brasilien; República Federativa do Brasil – BR

LANDESSTRUKTUR Fläche (5): 8 511 999 km² – **Einwohner** (5): (F 1991) 153 322 000 = 18 je km²; (Z 1980) 119 002 706 – Brasilianer; (Z 1980) 54,8% Weiße meist. portugies., italien. oder span. Abst., rd. 2 Mio. Deutschstämmige; 38,4% Mulatten, Caboclos (aus Verbind. zw. Weißen u. Indianern), 5,8% Schwarze u. Cafuzos (aus Verbind. zw. Indianern u. Schwarzen), 0,89% Asiaten (Japaner über 1 Mio.), 349 300 Indianer (= 0,18%); die I. leben in 467 I.-Gebieten (625 000 km²) – **Leb.-Erwart.:** 66 J. – **Säugl.-Sterbl.:** 5,7% – **Analph.:** 19% – Jährl. **Bev.-Wachstum** (Ø 1980–90): 2,2% (Geb.- u. Sterbeziffer 1990: 2,7%/0,7%) – **Sprache:** Portugiesisch mit brasil. Eigenarten – **Religion:** 87,8% Katholiken; 6,1% Protestanten, Orthodoxe, Buddhisten u. 160 000 Juden; Naturrelig. d. Indianer; afrobrasilian. Kulte (»Umbanda« usw.) – **Städt. Bev.:** 75% – **Städte** (S 1991; A = S 1985): Brasilia (Hptst.) 1 841 000 Ew.; São Paulo 9 700 100 (A 15 221 000), Rio de Janeiro 5 487 400 (A 10 190 000), Belo Horizonte 2 103 400 (A 3 056 000), Salvador (fr. Bahia) 2 075 400, Fortaleza 1 708 700 (A 1 935 000), Recife 1 335 700 (A 2 495 000), Porto Alegre 1 254 600 (A 2 596 000), Curitiba 1 248 400 (A 1 768 000), Nova Iguaçu 1 246 800, Belém 1 235 600 (A 1 207 000), Goiânia 998 500, Manaus 996 716,

Campinas 835100, São Luis 781400, São Gonçalo 720700, Maceió 699800, Guarulhos 679400, Santo André 610400, Natal 606300, Duque de Caxias 594400, Teresina 591200, Osasco 573300, Santos 546600, São Bernardo do Campo 545300

STAAT Föderative Republik – Verfassung von 1988 – Parlament (Congresso Nacional) aus 2 Kammern: Abgeordnetenkammer (Câmara dos Deputados) mit 503 nach Proporzwahl für 4 J. gewählten u. Senat (Senado Federal) mit 81 Mitgl. (nach Mehrheitswahl mit Rotationsprinzip für 8 J. gewählt) – Allg. Wahlrecht ab 16 J. – 26 Bundesstaaten, jew. mit eig. Parl. u. direkt gewähltem Gouverneur, 1 Bundesdistrikt (Brasília) *(Einzelheiten → WA '92, Sp. 242)* – **Staatsoberhaupt u. Regierungschef:** Fernando Collor de Mello (PRN), seit 15. 3. 1990 – **Äußeres:** Celso Lafer, seit 9. 4. 1992 – **Parteien:** Wahlen vom 3. 10. 1990: Teilwahlen des Senats (31 Mitgl., endgültige Sitzverteilung): Partido do Movimento Democrático Brasileiro/PMDB 9 (1986: 25), P. da Frente Liberal/PFL 8 (16), P. Democrático Social/PDS 2 (2), P. Democrático Trabalhista/PDT 1 (5), P. Trabalhista Brasileiro/PTB 4 (9), Partido de Reconstrução Nacional/PRN 2 (4), P. Socialista Democrático Brasileiro/PSDB – (10), Sonst. 5 (9); Abg.-Kammer: PMDB 108, PFL 82, PDT 47, PDS 43, PRN 40, PTB 38, PSDB 37, PTZ 35, PDC 22, Partido Liberal/PL 16, PSB 11, Sonst. 24 – **Unabh.:** 7. 9. 1822 – **Nationalfeiertag:** 7. 9.

WIRTSCHAFT **BSP** 1990: 402788 Mio. $ = 2680 $ je Ew. (66); realer Zuwachs $\emptyset$ 1980–90: 2,7%; **BIP** 1990: 414060 Mio. $ (S 1991: 293000 Mio. $); realer Zuwachs $\emptyset$ 1980–90: 2,7%; Anteil 1990 **Landwirtsch.** 10%, **Industrie** 39% – **Erwerbstät.** 1987: Landw. 25%, Ind. 24%; **Arbeitslosigkeit** 1991: 5,0% – **Energieverbrauch** 1990: 915 kg ÖE/Ew. – **Währung:** 1 Cruzeiro (Cr$) = 100 Centavos; Freimarktkurs: 1 US-$ = 3545,00 Cr$; 100 Cr$ = 0,043 DM – **Ausl.-Verschuld.** 1990: 116173 Mio. $ = 25,1% d. BSP (1991: 122200 Mio. $) – **Inflation** $\emptyset$ 1980–90: 284,3% (1991: 458,6%) – **Außenhandel** 1991: **Import:** 21000 Mio. $; Güter: 29% Kapitalgüter, 23% Rohöl u. -derivate, 14% Konsumgüter, 13% chem. Erzeugn.; Länder: 22% USA, 9% BRD, 7% Argentinien, 7% Japan, 5% Irak, 5% Saudi-Arabien; **Export:** 32000 Mio. $; Güter: 11% Zucker, 8% Maschinen u. Apparate, 8% metall. Erze, 7% Transportmittel, 5% Eisen- u. Stahlerzeugn.; Länder: 27% USA, 14% Japan, 9% BRD, 3% Argentinien, 3% Chile

PRESSE (Aufl. i. Tsd.) *Tageszeitungen:* Brasilia: Correio Braziliense (60) – Belo Horizonte: Diário de Minas (50) – Estado de Minas (85, so. 210) – Rio de Janeiro: O Dia (207, so. 400) – O Globo (320, so. 520) – Jornal do Brasil (200, so. 325)/kath. – São Paulo: O Estade de São Paulo (230, so. 460)/kons. – Fôlha de São Paulo (212, so. 315) – Jornal da Tarde (120, mo. 180) – Notícias Populares (150) – Deutsche Zeitung: Brasil Post (12, wö.) – *Nachrichtenagentur:* EBN (Empresa Brasileira de Notícias)

BRUNEI DARUSSALAM *Südost-Asien*
Malaiisch: Negara Brunei Darussalam – BRU

LANDESSTRUKTUR **Fläche** (160): 5765 km^2 – **Einwohner** (163): (F 1990) 259000 = 45 je km^2; (Z 1981) 192832 – Bruneier; (F 1991) 185200 Malaien, 45000 Chinesen, 7900 and. Einheimische (Protomalaien wie Iban, Dusun u. Murut), 26500 Sonstige (Europäer, Indonesier, Thailänder, Inder) – **Leb.-Erwart.:** 76 J. – **Säugl.-Sterbl.:** 0,9% – **Analph.:** 10% – Jährl. **Bev.-Wachstum** ($\emptyset$ 1980–90): 3,3% (Geb.- u. Sterbeziffer 1989: 2,8%/3,3%) – **Sprachen:** Malaiisch als Amtssprache; Englisch u. Chinesisch als Handelsspr., Iban – **Religion:** 63% Muslime (meist Malaien), 14% Buddhisten, Konfuzianer (meist Chinesen), 10% Christen – **Städt. Bev.:** 59% – **Städte** (S 1986): Bandar Seri Begawan (Hptst.; »Stadt des Glorreichen im Ruhestand«) 50500 Ew.; (S 1985) Tutong 43000, Seria 23500, Kuala Belait 20000

STAAT Sultanat – Verfassung von 1959, seit 1962 teilweise außer Kraft – Gesetzgebender Rat mit beratender Funktion (20 vom Sultan ernannte Mitgl.) – Ministerrat unter Vors. d. Sultans, der prakt. absolut regiert – 4 Distrikte (Brunei/Muara, Belait, Tutong, Temburong) – **Staatsoberhaupt u. Regierungschef:** Sultan Haji Hassan al-Bolkiah Mu'izzaddin Waddaulah [Sultan Muda Hassan al Bolkiah], seit 1967 – **Äußeres:** Prinz Haji Muda Mohamed Bolkiah – **Partei:** Partei Perpaduan Kebangsaan/PPKB (Brunei National Unity Party) u. Partei Nasional Demokratik Brunei (Brunei Nat. Democratic P.) – **Unabh.:** 1. 1. 1984 – **Nationalfeiertage:** 15. 7. (Geb. d. Sultans) u. 23. 2.

WIRTSCHAFT (keine neueren Angaben verfügbar) **BSP** 1987: 3317 Mio. $ = 14120 $ je Ew. (22); realer Zuwachs $\emptyset$ 1980–87: –0,7% (S 1990: +4,5%); **BIP** 1988: 6035 Mio. BR$; realer Zuwachs $\emptyset$ 1980–87: –4,0%; Anteil 1990 (S) **Landwirtsch.** 1%, **Industrie** 70% – **Erwerbstät.** 1986: Landw. 3%, Ind. 23%; **Arbeitslosigkeit** 1986 (S): 6,1% – **Energieverbrauch** 1984: 7669 kg ÖE/Ew. – **Währung:** 1 Brunei-Dollar (BR$) = 100 Cents (¢); 1 US-$ = 1,61 BR$; 100 BR$ = 95,95 DM; 1 BR$ = 1 Singapur-$

(als zusätzl. Zahlungsmittel gebräuchl.) – **Inflation** ∅ 1980–90: −6,9% – **Außenhandel** 1990: **Import:** 1722 Mio. $; Güter: 38% Maschinen u. Transportausrüst., 31% Fertigwaren, 20% Nahrungsmittel; Länder: 35% Singapur, 31% EG-Länder (dar. 26% Großbrit., 1,5% BRD), 9% Schweiz, 9% USA, 6% Japan, 4% Malaysia, 2% Thailand; **Export:** 2206 Mio. $; Güter: 98% Mineralöl u. -erzeugnisse, Erdgas; Länder: 53% Japan, 12% Großbrit., 9% Rep. Korea, 7% Thailand, 5% Singapur, 4% USA

PRESSE (Aufl. i. Tsd.) *Wochenzeitungen:* Bandar Seri Begawan: Pelita Brunei (45)/Reg.-Org., Malaiisch – Kuala Belait: The Borneo Bulletin (30)

BULGARIEN *Südost-Europa*
Republik Bulgarien; Republika Balgarija (bis 16.11.1990 »Volksrepublik«) – BG

LANDESSTRUKTUR Fläche (103): 110993 km² – **Einwohner** (75): (F 1990) 8991000 = 81 je km²; (Z 1985) 8948649 – 92% Bulgaren; 900000 Türken, 2,5% Sinti u. Roma; Rückgang d. Bev. auf 8,6 Mio. (April 1992) aufgrund von Emigration, Kindersterbl. u. sinkender Geburtenrate; Auswanderung von 35000–50000 Bulgaren türk. Herkunft in d. Türkei im 1. Hj. 1992 – **Leb.-Erwart.:** 73 J. - **Säugl.- Sterbl.:** 1,4% – **Analph.:** unter 5% – Jährl. **Bev.- Wachstum** (∅ 1980–90): 0,0% (Geb.- u. Sterbeziff. 1990: 1,3%/1,2%) – **Sprachen:** Bulgarisch als Amtsspr.; Umgangsspr. d. Minderheiten, u. a. Türkisch, Makedonisch – **Religion:** 2,4 Mio. orthodoxe Christen, 0,8 Mio. Muslime (sunnit.), 0,05 Mio. Katholiken, 0,05 Mio. and. christl. Bekenntn. – **Städt. Bev.:** 68% – **Städte** (F 1990): Sofia (Hptst.) 1141140 Ew., Plovdiv [Plowdiw] 379100, Varna [Warna] 314900, Burgas 205000, Ruse 192400, Stara Zagora [Sagora] 164500, Pleven 138300, Dobrich [ehem. Tolbuchin] 115800, Sliven 112200, Sumen 110750

STAAT Republik – Neue Verfassung vom 12.7.1991 – Parlament (Sobranje) mit 240 Mitgl. – Wahl d. Präs. für 5 J. – Allg. Wahlpflicht ab 18 J. – Gesetz über d. Überführung d. Eigentums d. ehem. KP in Staatseig. am 15.12.1991 u. Gesetz über d. Privatisierung des zu 95% in Staatshand befindlichen Besitzes am 24.4.1992 – 9 Regionen (Oblasti) – **Staatsoberhaupt:** Präs. Dr. Schelju Schelew, seit 1.8.1990 (Direktwahl am 12.1.1992 in Stichwahl mit 52,9% im Amt bestätigt) – **Regierungschef:** Filip Dimitrow (SDS), seit 8.11.1991, Koal. aus 16 Parteien – **Äußeres:** Stojan Ganew – **Parteien:** Parl.- Wahlen nach neuem Wahlrecht: Union Demokrat. Kräfte/SDS 110 d. 240 Abg. (34,4%, 1990: 35,6%), Bulgarische Sozialist. Partei/BSP (ehem. KP) 106 (33,2/47,9%), Bewegung für Rechte und Freiheiten/DPS (muslimisch) 24 (7,6/5,9%) – **Unabh.:** endgültig 5.10.1908 – **Nationalfeiertage:** 9.9. und 3.3.

WIRTSCHAFT *(Konjunkturdaten 1991 für Osteuropa → Tab. Sp. 227f.)* **BSP** 1990: 19875 Mio. $ = 2250 $jeEw. (77); realer Zuwachs ∅ 1980–90: 2,5%; **BIP** 1991: 115000 Mio. LW; realer Zuwachs ∅ 1980–90: 2,6% (1991: −22,9%); Anteil 1990 **Landwirtsch.** 18%, **Industrie** 52% – **Erwerbstät.** 1988: Landw. 19%, Ind. 36%; **Arbeitslosigkeit** 3/1992 (S): über 13% – **Energieverbrauch** 1990: 4945 kg ÖE/Ew. – **Währung:** 1 Lew (Lw) = 100 Stótinki (St); 1 US-$ = 23,02 Lw; 100 Lw = 6,60 DM – **Ausl.- Verschuld.** 1990: 10927 Mio. $ = 56,9% d. BSP (Brutto-Verschuld. 1991:11600 Mio. $) – **Inflation** ∅ 1980–90: 2,2% (1991: 479,8%) – **Außenhandel** 1990: **Import:** 10433 Mio. $ (S 1991: 2120 Mio. $); Güter (1989): 49% Maschinen u. Ausrüst., 28% Brennstoffe, Mineralien u. Metalle, 5% chem. Erzeugn., Düngemittel u. Kautschuk; Länder: 57% UdSSR, 7% DDR, 5% ČSFR, 5% BRD, 5% Polen, 2% Großbrit.; **Export:** 15241 Mio. $ (S 1991: −54%); Güter (1989): 58% Maschinen u. Ausrüst., 12% Nahrungsm., 11% industrielle Konsumgüter, 8% Brennstoffe, Mineralien u. Metalle, 6% chem. Erzeugn., Düngemittel; Länder: 64% UdSSR, 5% ČSFR, 4% Rumänien, 4% Libyen, 3% DDR, 3% Polen, 2% USA, 1% BRD – 1991: Rückgang d. Industrieprod. um 22% (gegenüber 1990)

PRESSE (Aufl. i. Tsd.) *Tageszeitungen:* Sofia: Democrazia (197) – Duma (720) – Narodna Mladesch (240) – Podkrepa – Rabodnitschesko Delo (800) – Reporter 7 – Trud (240) – 168 Tschassa – 24 Tschassa – VEK 21 – Vetscherni Novini (130) – *Nachrichtenagentur:* BTA (Bulgarska Telegrafna Agentsia)

BURKINA FASO *West-Afrika*
République Démocratique de Burkina Faso; fr.: Republik Obervolta, frz. Haute-Volta – BF

LANDESSTRUKTUR Fläche (72): 274200 km² – **Einwohner** (74): (F 1990) 9016000 = 33 je km²; (Z 1985) 7964705 – Burkiner: Volta-Völker (u. a. 48% Mossi), Mande-Gruppen (17% Bobo u. Verwandte, Sanike, Diula), außerd. 10% Fulbe [Fulani], 7% Dagara u. Lobi, 5% Gourmantché (Gur); rd. 4000 Europ., meist Franzosen; 1 bis 2 Mio. Burkiner leben im Ausl. (bes. Côte d'Ivoire); – **Leb.-Erwart.:** 48 J. – **Säugl.-Sterbl.:** 13,4% – **Analph.:** 82% – Jährl.

Kennzahlen der Landwirtschaft in Ost- und Mitteleuropa

	Ackerland in 1000 ha (1989)	Brutto-Agrarproduktion[1]			Getreideproduktion[2] (in Mio. t)				
		1981–85[3]	1986–90[3]	1990	1991	1981–85[3]	1986–90[3]	1990	1991[4]	1991/90 in %
Bulgarien	3848	–0,6	–0,5	–8,7	–5,0	8,3	8,4	8,0	8,8	10,0
Tschechoslowakei	4741	1,8	0,5	–3,5	–8,8	11,1	11,9	12,6	11,9	–5,6
Polen	14334	2,1	0,6	–2,2	–2,0	22,5	26,6	28,0	27,8	–0,7
Rumänien	9458	3,5	–3,4	–2,9	0,5	21,9	19,7	17,2	19,3	12,4
Ungarn	5052	0,7	–0,1	–3,8	–3,0	14,6	14,3	12,2	15,4	26,0
Ost- u. Mitteleuropa	37433	1,9	–0,5	–3,3	–2,8	78,4	80,9	78,0	83,2	6,7

Quellen: Nationale Statistiken, Presseberichte, WIIW-Schätzung
[1] Durchschnittliche Veränderung in %; [2] einschließlich Hülsenfrüchten; [3] Jahresdurchschnitt; [4] vorläufige Zahlen

Bev.-Wachstum (∅ 1980–90): 2,6% (Geb.- u. Sterbeziffer 1990: 4,7%/1,8%) – **Sprachen:** Französ. als Amtsspr.; More (Gur-Sprache d. Mossi), Mande-Sprachen (Manding, Soninke u. a.) u. Ful als Umgangsspr. – **Religion:** 42,8% Muslime, 12,1% Christen (meist Katholiken); rd. 50% Anh. v. Naturrel. – **Städt. Bev.:** 9% – **Städte** (Z 1985): Ouagadougou [Wagadugu] (Hptst.) 441 514 Ew.; Bobo-Dioulasso [Bobo-Diulasso] 228 668, Koudougou [Kudugu] 51 926, Ouahigouya 38 902, Banfora 35 319

STAAT Präsidialrepublik – Neue Verfassung vom Juni 1991 – Parlament (Assemblée des Députés populaires) mit 107 Mitgl. – 250 Départements, Distrikte u. Dörfer – **Staatsoberhaupt:** Hauptmann Blaise Compaoré (ODP-MT), nach d. Putsch vom Okt. 1987 (am 1. 12. 1991 durch Wahlen im Amt bestätigt) – **Regierungschef:** Youssouf Ouédraogo (ODP-MT), seit 16. 6. 1992 (Übergangsreg. mit 5 Vertretern d. Oppos.) – **Äußeres:** Prosper Vokouma, seit Sept. 1989 – **Parteien:** Erste freie Parl.-Wahlen am 24. 5. 1992: Organisation pour la démocratie populaire-Mouvement du travail/ODP-MT 78 d. 107 Sitze; 5 mit d. Präs. sympathisierende Parteien mit je 1 Sitz; Oppos. insg. 23 Sitze (u. a. Convention nationale des patriotes progressistes/Parti socialdémocrate/CNPP-PSD 12, Rassemblement démocratique africain/RDA 4, Alliance pour la démocratie et la fédération/ADF 3) – **Unabh.:** 5. 8. 1960 – **Nationalfeiertag:** 4. 8.

WIRTSCHAFT BSP 1990: 2955 Mio. $ = 330 $ je Ew. (154); realer Zuwachs ∅ 1980–90: 4,1%; **BIP** 1990: 3060 Mio. $; realer Zuwachs ∅ 1980–90: 4,3%; Anteil 1990 **Landwirtsch.** 32%, **Industrie** 24% – **Erwerbstät.** 1989: Landw. 85%, Ind. 12% – **Energieverbrauch** 1990: 17 kg ÖE/Ew. – **Währung:** 1 CFA-Franc = 100 Centimes (c); 1 FF = 50 CFA-Francs (Wertverh. zum FF); 100 CFA-Francs = 0,595 DM – **Ausl.-Verschuld.** 1990: 834 Mio. $ = 26,4% d. BSP – **Inflation** ∅ 1980–90: 4,5% – **Außenhandel** 1990:

Import: 480 Mio. $; Güter (1989): 24% Fertigwaren, 24% Maschinen u. Fahrzeugausrüst., 23% Nahrungsm.; Länder (1989): 29% Frankreich, 22% Côte d'Ivoire, 9% USA; **Export:** 160 Mio. $; Güter (1989): 39% Gold, 37% Baumwolle; Länder (1989): 26% Frankreich, 25% Rep. China, 15% Côte d'Ivoire

PRESSE (Aufl. i. Tsd.) *Tageszeitungen:* Ouagadougou: Sidwaya (7) – Bulletin Quotidien d'Information (1,5) – *Nachrichtenagentur:* ABP (Agence Burkinabè de Presse)

BURMA → MYANMAR

BURUNDI *Ost-Afrika*
Republik Burundi; Republika y'Uburundi, République du Burundi – RU

LANDESSTRUKTUR Fläche (141): 27 834 km² (einschl. Tanganyika-See 1885 km²) – **Einwohner** (94): (F 1990) 5 470 000 = 196 je km², (Z 1979) 4 028 420 – Burundier (Barundi; Einzahl »Murundi«); über 80% Bantu (bes. Hutu), 14% hamitische Watussi [Tutsi], 1% Twa; über 3000 Europ., meist Belgier, etwa 1500 Asiaten (überw. Inder) – **Leb.-Erwart.:** 47 J. – **Säugl.-Sterbl.:** 10,7% – **Analph.:** 50% – Jährl. **Bev.-Wachstum** (∅ 1980–90): 2,8% (Geb.- u. Sterbeziff. 1990: 4,9%/1,8%) – **Sprachen:** Kirundi (Bantu-Spr.) u. Französ. als Amtsspr.; sonst einheim. Sprachen, z. T. KiSuaheli – **Religion:** 78,1% Christen, davon 90% Katholiken; 40% Anhänger von Naturreligionen; protest. u. muslim. Minderh., auch Bahá'í – **Städt. Bev.:** 6% – **Städte** (S 1987): Bujumbura [Usumbura] (Hptst.) 215 300 Ew.; Gitega [Kitega] 95 300 (ehem. Residenz)

STAAT Präsidialrepublik – Verfassung von 1981 – Neue Verfassung per Referendum am 9. 3. 1992 angenommen: Mehrparteiensystem (ethn. bestimmte Parteien verboten); noch nicht in Kraft – Parlament seit 1987 aufgelöst – Nationaler Sicherheitsrat mit 5 Hutu u. 6 Tutsi-Mitgl. als Exekutivorgan seit 1990 – 15 Provinzen – **Staatsoberhaupt:** Major Pierre Buyoya, seit Staatsstreich v. Sept. 1987 – **Regierungschef:** Adrien Sibomana, seit 4. 4. 1992; Reg. erstmals mehrheitl. aus Hutu (14) u. Tutsi (10) – **Äußeres:** Libéré Bararunyeretse, seit 9. 4. 1992 – **Parteien:** Union pour le Progrès National/UPRONA (ehem Einheitspartei) – Parl.- u. Präs.-Wahlen für Mitte 1993 vorgesehen – **Unabh.:** 1. 7. 1962 – **Nationalfeiertag:** 1. 7.

WIRTSCHAFT BSP 1990: 1151 Mio. $ = 210 $ je Ew. (166); realer Zuwachs ∅ 1980–90: 4,2% *(Anteil Entwicklungshilfe u. Ausl.-Schulden → Tab. Sp. 471f.);* **BIP** 1990: 1000 Mio. $; realer Zuwachs ∅ 1980–90: 3,9%; Anteil 1990 **Landwirtsch.** 56%, **Industrie** 15% – **Erwerbstät.** 1988: Landw. 92%, Ind. 15% – **Energieverbrauch** 1990: 21 kg ÖE/Ew. – **Währung:** 1 Burundi-Franc (F. Bu.) = 100 Centimes; 1 US-$ = 207,95 F. Bu.; 100 F. Bu. = 0,87 DM – **Ausl.-Verschuld.** 1990: 906 Mio. $ = 83,2% d. BSP – **Inflation** ∅ 1980–90: 4,2% – **Außenhandel** 1990: **Import:** 235 Mio. $; Güter (1989): 29% Maschinen u. Transportausrüst., 18% Nahrungsm.; Länder: Benelux, BRD, Frankr., Japan; **Export:** 75 Mio. $; Güter (1989): v. a. Kaffee (bis 90%), Tee, Baumwolle, Ölfrüchte, Häute, Mineralien; Länder: 20% Benelux, rd. 15% BRD, USA, Frankr., Großbrit.

PRESSE (Aufl. i. Tsd.) *Tageszeitung:* Bujumbura: Le Renouveau du Burundi (20)/UPRONA-Org., Frz. – *Wochenzeitung:* L'Ubumwe (20)/KiRundi – *Nachrichtenagentur:* ABP (Agence Burundaise de Presse)

CEYLON → SRI LANKA

CHILE *Süd-Amerika*
Republik Chile; República de Chile – RCH

LANDESSTRUKTUR Fläche (37): 756 945 km^2 (n. eig. Ang. 756 626 km^2); Chile beanspr. den zwischen 53° u. 90° w. L. geleg. Antarktis-Sektor (1 250 000 km^2, Stützp. mit rd. 200 Mann) als Hoheitsgebiet – **Einwohner** (57): (F 1991) 13 386 000 = 18 je km^2; (Z 1982) 11 329 736 – Chilenen; 50% Mestizen, 50% Weiße (großteils altspan. Abst., ca. 300 000 Deutschstämmige); 1,5% Araukaner-Indianer, 0,3% and. Indianer (Ketschua, Aimara, Chonos, Alacalufes, Feuerländer) – **Leb.-Erwart.:** 72 J. – **Säugl.-Sterbl.:** 1,7% – **Analph.:** 7% – **Jährl. Bev.-Wachstum** (∅ 1980–90): 1,7% (Geb. - u. Sterbeziffer 1990: 2,2%/0,6%) – **Sprache:** Spanisch – **Religion:** 80,7% Katholiken; 6% Protestanten u. 25 000 Juden – **Städt. Bev.:** 86% – **Städte** (F 1990): Santiago de Chile (Hptst.) 4 385 480 Ew. (F 1988: A 5 134 000); Concepción 306 460, Viña del Mar 281 100, Valparaíso 276 800, Talcahuano 246 850, Antofagasta 218 750, Temuco 211 700, Rancagua 190 380, San Bernardo 188 160, Puente Alto 187 370, Arica 177 330, Talca 164 500, Iquique 148 510, Chillán 145 970, Punta Arenas 120 030

STAAT Republik – Verfassung von 1981, Reformen u. a. zum Wahlrecht vorgesehen – Parlament aus 2 Kammern: Abgeordnetenkammer mit 120 u. Senat mit 38 gewählten u. 9 von d. Reg. ernannten Mitgl. – Allg. Wahlpflicht – Gliederung in 13 Regionen, davon 1 Hauptstadtregion, 50 Provinzen u. 334 Gemeinden (Comunas) – **Staatsoberhaupt u. Regierungschef:** Präs. Patricio Aylwin Azócar, seit März 1990 (Koalition aus 17 Parteien, u. a. Christdem., Sozialisten, Sozialdem.) – **Äußeres:** Enrique Silva Cimma – **Parteien:** Parl.-Wahlen vom 14. 12. 1989: Concertación Democrática insg. 72 Sitze in d. Abg.-Kammer u. 22 im Senat (Oppos.-Bündnis aus Partido Demócrata Cristiano/PDC 38 u. 13, P. por la Democracia/PPD 17 u. 4, P. Socialista de Chile Almeida/PS-A 6 u. 1, P. Radical/PR 5 u. 2, Sonst. 6 u. 2); das Rechtsbündnis Democracia y Progreso insg. 48 u. 16 Sitze (Renovación Nacional/RN 29 u. 11, Unión Demócrata Independiente/UDI 11 u. 2, Unabh. 8 u. 3) – **Unabh.:** 12. 2. 1818 (formelle Proklamation) – **Nationalfeiertag:** 18. 9.

WIRTSCHAFT BSP 1990: 25 504 Mio. $ = 1900 $ je Ew. (85); realer Zuwachs ∅ 1980–90: 2,8%; **BIP** 1990: 27 790 Mio. $; realer Zuwachs ∅ 1980–90: 3,2% (1991: +5,1%); Anteil 1990 **Landwirtsch.** 8%, **Industrie** 34% – **Erwerbstät.** 1988: Landw. 20%, Ind. 25%; **Arbeitslosigkeit** 1991: 6,3% – **Energieverbrauch** 1990: 887 kg ÖE/Ew. – **Währung:** 1 Chilen. Peso (chil$) = 100 Centavos; Freimarktkurs: 1 US-$ = 351,66 chil$; 100 chil$ = 0,44 DM – **Ausl.-Verschuld.** 1990: 19 114 Mio. $ = 73,5% d. BSP *(Einzelheiten → Tab. Sp. 221f.)* – **Inflation** ∅ 1980–90: 20,5% (1991: 18,7%) – **Außenhandel** 1991: **Import:** 7453 Mio. $; Güter: 56% Rohstoffe u. Zwischengüter, 29% Kapitalgüter, 11% Konsumgüter; Länder: 19% USA, 8% Brasilien, 8% Japan, 7% BRD, 7% Argentinien; **Export:** 9048 Mio. $; Güter: 46% Kupfer, 15% Nahrungsmittel, 10% landwirtschaftl. Prod., 5% Papier- u. Zelluloseprod.; Länder: 17% USA, 16% Japan, 11% BRD, 7% Großbrit., 7% Brasilien

PRESSE (Aufl. i. Tsd.) *Tageszeitungen:* Santiago: La Época (50) – El Mercurio (120, so. 250) – La Segunda (40) – La Tercera de la Hora (170) – Las Ultimas Noticias (150) – *Nachrichtenagentur:* Orbe Servicios Informativos

Zu Chile gehören folg. pazif. Inseln:
Osterinsel (Isla de Pascua, Rapanui), 162,5 km² u. 1800 Ew. – *Juan-Fernández-Inseln* (Robinsón Crusoe/Más a Tierra, A. Selkirk/Más Afuera, Santa Clara), 185 km² u. ca. 1000 Ew. – *Islas Desaventuradas* (San Félix, San Ambrosio, Gonzales), 3,32 km² – *Sala y Gómez*, 0,12 km², unbewohnt

CHINA, Republik Ost-Asien
Taiwan; früher: Formosa, Nationalchina bzw. Ta Chung-Hwa Min-Kuo – ROC

LANDESSTRUKTUR Fläche (132): 36 179 km² (einschl. d. unten genannten Inseln) - **Einwohner** (42): (F 1991) 20 454 500 = 567 je km²; (Z 1980) 17 968 797 – Chinesen, u. a. etwa 20 % Flüchtl. v. Festland; außerd. rd. 200 000 malaio-polynesische Gaoschan – **Leb.-Erwart.:** 73 J. – **Säugl.-Sterbl.:** 1,1 % – **Analph.:** 8 % – Jährl. **Bev.-Wachstum** (∅ 1985–90): 1,1 % (Geb.- u. Sterbeziffer 1987: 1,8 %/0,5 %) – **Sprachen:** Chinesisch als Amtsspr., z. T. Fukien-(Amoy-)Dialekte (»Min-nan-hua«) – **Religion:** Konfuzian. Lehre, ca. 4,8 Mio. (Mahajana-)Buddhisten, 2,7 Mio. Taoisten, 295 000 röm. Katholiken, 59 000 Muslime – **Städt. Bev.:** 51 % – **Städte** (F 1990): Taipeh [Taibei], als prov. Hptst. v. China betrachtet, seit 1967 »Stadtstaat«, 2 719 700 (A: 4,2 Mio.) Ew.; Kaohsiung 1 393 200, Taichung [Taitschung] 761 800, Tainan 683 300, Panchiao 539 000, Shanchung [Schantschung] 376 000, Chungho 374 400, Keelung [Kilung] 353 000, Hsinchu [Hsintschu] 324 400, Fengshan 299 200, Chungli 269 800, Chiayi [Tschiaji] 257 600

STAAT Republik – Verfassung von 1947; Reform sieht Einschränkung d. Machtbefugnisse d. Staatsoberh., Herabsetzung d. Legislaturperiode von 6 auf 4 J., Stärkung d. Nationalvers. vor – Nationalversammlung (Kuo-Min Ta-Hui) mit 325 Mitgl. (1991 Aufhebung der lebenslangen Mandate); Gesetzgebender Yuan [Li-Fay Juan] mit ursprüngl. 773 Mitgl. (1989: 292, 1991: 161) sowie Staatsprüfungs-Yuan, Aufsichts-Yuan, Justiz-Yuan u. Vollzugs-Yuan (in Übereinst. mit d. »Drei-Gewalten-Lehre« d. Dr. Sun Yat-sen) – Außerd. Parlamente für d. Provinz Taiwan u. den Stadtstaat Taipeh – Allg. Wahlrecht – 5 Stadtkreise u. 16 Landkreise »Hsien« sowie 2 Sonderstadtkreise (»special municipality«): Taipeh u. Khaosiung – **Staatsoberhaupt:** Präs. Lee Teng-hui [Li Denghui], einheim. Taiwanese, Vors. d. KMT, seit 1988, wiedergewählt im März 1990 – **Regierungschef** bzw. Präs. d. Vollzugs-Yuan: General Hau Pei-tsun, seit Mai 1990 – **Äußeres:** Frederick F. Chien – **Parteien:** Erste direkte u. freie Neuwahlen zur Nationalvers. seit 44 J. am 21. 12. 1991 (Wahlbeteiligung 68 %; Kandidatur von 17 Parteien): Kuomintang/KMT (volle Bez.: Chung-kuo kuo-min-tang = nationale »Chines. Volkspartei«, bisher entscheidend) 71 % u. 254 der 325 Sitze, Democratic Progressive Party/DPP 23 % u. 66, Allianz unabh. Demokraten (Chinese Social Democratic Party u. a. Splittergruppen u. Unabh.) rd. 4 % u. 5; Ergänzungswahlen zum Gesetzgebenden Yuan im Dez. 1989: KMT 72 d. 101 Wahlmandate (1986: 59 von 72), DPP 21 (12), Unabh. 8 (1) – **Dipl. Bez.:** nicht zur BRD, dipl. Bez. zu 22 Staaten – **Unabh.:** Fortführung d. Tradition der am 1. 1. 1912 in Peking nach d. Sturz d. Mandschu-Herrschaft proklam. Republik; als souveräner Staat durch UNO, BRD u. a. nicht anerkannt – **Nationalfeiertag:** 10. 10. (Tag d. Aufstands v. Wutschang 1911)

WIRTSCHAFT BSP 1989: 150 300 Mio. $ = 7512 $ je Ew. (33); (S 1991: 4266 Mrd. NT$ = 8813 $ je Ew.); realer Zuwachs ∅ 1990: 5,2 %; **BIP** realer Zuwachs ∅ 1982–88: 9,2 % (1989: +7,6 %); Anteil 1989 **Landwirtsch.** 5 %, **Industrie** 42 % – **Erwerbstät.** 1989: Landw. 13 %, Ind. 42 %; **Arbeitslosigkeit** 10/1991: 1,6 % – **Energieverbrauch** 1989: 2347 kg ÖE/Ew. – **Währung:** 1 Neuer Taiwan-Dollar (NT$) = 100 Cents (¢); 1 US-$ = 24,60 NT$; 100 NT$ = 6,20 DM; Währung d. VR China Renminbi ¥uan als zusätzl. gesetzl. Zahlungsmittel seit 1992 – **Ausl.-Verschuld.** 1989: 1150 Mio. $ – **Inflation** ∅ 1980–87: 3,0 % (1991: 3,5 %) – **Außenhandel** 1991 *(Einzelheiten 1991 → Sp. 982):* **Import:** 62 900 Mio. $; Güter: 13 % Metalle u. -waren, 12 % Chemikalien, 11 % Elektronik, 10 % Maschinen (o. elektron M.), 7 % Transportmaterial, 5 % Rohöl; Länder: 30 % Japan, 23 % USA, 13 % EG-Länder (dar. 5 % BRD), 3 % Australien; **Export:** 76 200 Mio. $; Güter: 11 % Elektronik, 9 % Maschinen, 9 % Fasern, Garne u. Gewebe, 8 % Metalle u. -waren, 7 % Informationstechnik, 7 % Kunststoffe u. -waren; Länder: 29 % USA, 17 % EG-Länder (dar. 5 % BRD, 3 % Niederl.), 16 % Hongkong, 12 % Japan, 3 % Singapur *(Zur Wirtschaftslage 1991 → Sp. 855)*

PRESSE (Aufl. i. Tsd.) *Tageszeitungen:* Taipeh: Central Daily News (600)/Kuomintang – China Post (150)/Engl. – China Times (1200) – Hsin Sheng Pao (460) – United Daily News (1350)/Engl. – Khaosiung: Min Chung Daily News (148) – Taiwan Times (300) – Taichung: Taiwan Daily News (250) – Tainan: China Daily News (600) – *Nachrichtenagentur:* CNA (Central News Agency)

Zu Taiwan gehören die *Pescadores-Inseln* (chin.: Penghu Lieh Tao) aus 64 Inseln in d. Formosa-Straße 127 km^2, 112 672 Ew. (1979) – Besetzt sind eine der *Spratly (Nanscha)-Inseln* (0,7 km^2) u. die *Pratas (Tungscha)-Inseln* (1,5 km^2) – Außerd. mehrere Inselgruppen vor d. Festland d. VR China, darunter die zur Provinz Fukien zählenden Landkreise (»hsien«) *Jinmen- (Kinmen-, Quemoy-)* (12 Inseln, 175,4 km^2 u. 53 900 Ew. 1979) u. *Matsu-Inseln* (Lienkiang, 28,8 km^2 u. 10 980 Ew. 1979) mit eigenem Gouverneur – *Tung-Yin-Insel* (2,6 km^2 u. 800 Ew.) (→ *auch China, Volksrepublik*)

CHINA, Volksrepublik *Ost-Asien*
Volksrepublik China; Zhonghua Renmin Gongheguo bzw. Tschung-Hua Jen-Min Kung-Ho Huo – VRC

LANDESSTRUKTUR Fläche (3): 9 560 980 km^2 (n. UN-Ang. 9 596 961 km^2, mit Taiwan, das von der VR als integraler Teil angesehen wird) – **Einwohner** (1): (F Ende 1991) 1 158 200 000 = 120 je km^2; (Z 1990) 1 133 682 501 (ohne Taiwan, Hongkong und Macao) – 92 % Chinesen (»Han-Nationalität«), außerd. Turkvölker, Thai-Gruppen, Mongolen, Tibeter, Mandschu; insg. 55 nationale Minderheiten (»Nationalitäten«) mit großen Unterschieden in den Bevölkerungsanteilen – *(Ergebnisse d. Z 1990 im einzelnen → WA '92, Sp. 253 f.)* – **Leb.-Erwart.:** 70 J. – **Säugl.-Sterbl.** 2,9 % – **Analph.:** 27 % – Jährl. **Bev.-Wachstum** ($\varnothing$ 1980–90): 1,5 %; 1990/91: 1,3 % (Geb.- u. Sterbeziffer 1990: 2,2 %/0,7 %) – **Sprachen:** Chinesisch (Standard-hochchinesisch – Putonghua bzw. Guoyo) als Amtsspr.; in d. autonomen Gebieten auch Sprachen d. and. Gruppen als Amtssprache zugelassen, chines. Dialekte, Englisch wichtig als internat. Handelsspr. – **Religion:** Konfuzian. Lehre; (S) 63 Mio. (Mahajana-)Buddhisten, Taoisten, 26 Mio. sunnitische Muslime, 3 Mio. Katholiken (davon 20 000 in Peking), 3 Mio. Protestanten – **Städt. Bev.:** 56 % – **Städte** (F 1989): Beijing [Peking] (Hptst.) 6,9 Mio. Ew., Shanghai [Schanghai] 7,8 (A: 12,6), Tianjin [Tientsin] 5,7; Shenyang [Schenjang, früh. Mukden] 4,5, Wuhan 3,7, Guangzhou [Kanton] 3,5, Chongqing [Chungking bzw. Tschungking] 2,9, Harbin 2,8, Chengdu [Tscheng-tu] 2,8, Xi'an [Sian] 2,7, Nanjing [Nanking] 2,5, Zibo [Tzepo] 2,4, Dalian [Dairen] 2,4, Jinan [Tsinan] 2,3, Chang-chun [Tschang-tschun] 2,1, Qingdao [Tschingtau] 2,0, Taiyuan [Taijuan] 1,9, Zhengzhou [Tschengtschou] 1,7, Kunming 1,5, Guiyang [Kweiyang] 1,5, Tangshan 1,5, Lanzhou [Lantschou] 1,5, Anshan 1,4, Qiqihar [Tsitsihar] 1,4, Fushun [Fuschun] 1,3, Hangchou 1,3, Nanchang 1,3, Changsha 1,3, Shijiazhuang [Shihkiachwang] 1,3 u. a.; (S 1988) Lhasa 0,1 Mio. (davon 0,06 Mio. Tibeter)

STAAT Volksrepublik – Verfassung von 1982 – Parlament (Nationaler Volkskongreß/NVK) mit 2977 von den Provinzparl. gewählten Mitgl.; ständiges Organ ist d. Ständige Ausschuß d. NVK mit 154 Mitgl. (135 Abg. u. 19 Vizepräs.) *(zum Staatsaufbau → unten)* – Wahl d. Abgeordneten auf 5 J. – Zentrale Beraterkommission (172 Mitgl.) – Allg. Wahlrecht – **Nationalitätenstaat:** 147 territ. Einheiten mit regionaler Autonomie (5 auton. Gebiete, 31 aut. Bezirke [»Chou«] u. 111 aut. Kreise oder Banner [»Hsien«]) mit insg. 6,1 Mio. km^2 (über 60 % d. Fläche Ch.) u. 120 Mio. Einw. (davon über 70 Mio. nation. Minderh.) – 22 (m. Taiwan 23) Provinzen (Ch'ü), 3 unmittelb. Städte, 5 auton. Gebiete (→ *Tabelle)*; mit eingerechnet: Provinz Taiwan, Xianggang (Hongkong) u. Aomen (Macao) – **Staatsoberhaupt:** Präs. Yang Shangkun, am 8. 4. 1988 durch VII. NVK gewählt; Stellvertr. Wang Zhen – Vors. d. Ständigen Ausschusses d. VII. NVK Wan Li, seit April 1988

Oberste Führung (Angaben der Botschaft der VR China)
a) das höchste Machtorgan der Volksrepublik China ist der **Nationale Volkskongreß** der Volksrepublik China, der alle 5 J. gewählt wird. Jährlich tritt der Nationale Volkskongreß einmal zu seiner Jahrestagung zusammen. Während der Tagungspause führt sein **Ständiger Ausschuß** die verschiedenen Ausschüsse. Die Regierung der VR China ist dem Nationalen Volkskongreß rechenschaftspflichtig.
b) Das höchste Entscheidungsgremium der KPCh (über 50 Mio. Mitgl.) ist der **Ständige Ausschuß des Politbüros**, an dessen Spitze der **Generalsekretär** der Partei (seit Juni 1989 Jiang Zemin) steht. Mitglieder des Ständigen Ausschusses des Politbüros des 175köpfigen **Zentralkomitees** sind: Jiang Zemin, Li Peng, Qiao Shi, Yao Yilin, Song Ping, Li Ruihuan; weitere Mitglieder des Politbüros: Yang Shangkun, Wu Xueqian, Li Tieying, Qin Jiwei, Yang Rudai, Tian Jiyun und Li Ximin.
c) Das 16köpfige **Politbüro** (Ständiger Ausschuß + 10 Mitglieder), das 175köpfige **ZK**, die **Militärkommission** (deren Vors. seit Nov. 1989 Jiang Zemin ist).
d) Die staatlichen Organe sind: der Staatsrat (die Regierung), mit **Ministerpräsident** Li Peng; das Oberste Volksgericht und die Oberste Volksstaatsanwaltschaft – **Äußeres:** Qian Qichen – **Unabh.:** fast 4000 Jahre staatl. Überlieferung. Gründung der Volksrep. durch Mao Tsetung am 1. 10. 1949 - **Nationalfeiertag:** 1. 10.

WIRTSCHAFT BSP 1990: 415 884 Mio. $ = 370 $ je Ew. (148); realer Zuwachs $\varnothing$ 1980–90: 9,5 %; **BIP**

China – Provinzen, regierungsunmittelbare Städte sowie autonome Gebiete: Fläche und Bevölkerung

Verwaltungseinheit/ Hauptort	Fläche in 1000 km²	Einw. in 1000 Z 1990[1]	Einw. je km²	Einw. d. Hauptorte in 1000[2]
Provinzen (Ch'ü)[3]				
Anhui/Hefei	139	56181	404	980
Fujian/Fuzhou[4]	121	30040	248	1270
Gansu/Lanzhou	454	22371	49	1480
Guangdong (Kanton)/Guangzhou	178	62829	353	3540
Guizhou/Guiyang	176	32392	184	1490
Hainan (Insel)/Haikou[5]	34	6557	193	–
Hebei/Shijiazhuang	188	61082	325	1300
Heilongjiang/Harbin	469	35215	75	2800
Henan/Zhengzhou	167	85510	512	1660
Hubei/Wuhan	186	53969	290	3710
Hunan/Changsha	210	60660	289	1300
Jiangsu/Nanjing	103	67057	651	2470
Jiangxi/Nanchang	169	37710	223	1330
Jilin/Changchun	187	24659	132	2070
Lianoning/Shenyang	146	39460	270	4500
Qinghai/Xining	721	4457	6	640
Shaanxi/Xian	206	32882	160	2710
Shandong/Jinan	153	84393	552	2290
Shanxi/Taiyuan	156	28759	184	1900
Sichuan/Chengdu	567	107218	189	2780
Yunnan/Kunming	394	36973	94	1500
Zhejiang/Hangzhou	102	41446	406	1330
Reg.-unmittelbare Städte				
Beijing (Peking)/Beijing	17	10819	636	6920
Shanghai (Schanghai)/Shanghai	6	13342	2224	7780
Tianjin (Tientsin)/Tianjin	11	8785	799	5700
Autonome Gebiete[6]				
Guangxi Zhuang/Nanning	236	42246	179	1050
Nei Monggol (Innere Mongolei)/Hohhot	1183	21457	18	870
Ningxia Hui/Yinchuan	66	4655	71	576[7]
Xinjiang Uygur/Urumqi	1600	15156	9	1110
üoXizang (Tibet)/Lhasa	1228	2196	2	105[7]
Volksrepublik China	9571	1133682	118	

[1] 4. Volkszählung vom 1. 7. 1990 (Endergebnis ohne Armeeangehörige, insg. 3199100); [2] Fortschreibungszahlen vom 31. 12. 1989; [3] Das hier nicht aufgeführte Taiwan (Republik China) wird von VR China als 23. Provinz behandelt; [4] Ohne die von Taiwan verwalteten Inseln Jinmen (Quemoy) u. Mazu (Matsu) mit insg. 49050 Einw. (F 1990); [5] Bis 1988 Teil der Provinz Guangdong, seitdem eigene Provinz; [6] Gebiete mit teilweise hohem Anteil an nichtchinesischer Nationalität: Tibet 96,9% tibetische Nationalität; Xinjiang 62,3% uigurische Nat.; Guangxi 38,9% Nat. der Zhuang; Ningxia 33,5% Nat. der Hui; Innere Mongolei 18,6% mongolische Nat.; [7] Fortschreibungszahlen 1982

1990: 364900 Mio. $; realer Zuwachs ⌀ 1980–90: 9,5%; Anteil 1990 **Landwirtsch.** 27%, **Industrie** 42% *(Zur Lage der Industrie 1991 → Sp. 933)* – **Erwerbstät.** 1988: Landw. 60%, Ind. 22% – **Energieverbrauch** 1990: 598 kg ÖE/Ew. – **Währung:** 1 Renminbi ¥uan (RMB.¥) = 10 Jiao = 100 Fen; 100 US-$ = 544,84 RMB.¥; 100 RMB.¥ = 27,92 DM – **Ausl.-Verschuld.** 1991: 65000 Mio. $ – **Inflation** ⌀ 1980–90: 5,8% - **Außenhandel** 1991 *(Einzelheiten 1991 → Sp. 982)*: **Import:** 63791 Mio. $; Güter: 31% Maschinen, Anlagen u. Ausrüst., Geräte u. Transportmittel, 15% chem. Prod., 6% Textilien u. Garne; Länder: 27% Hongkong, 16% Japan, 13% EG-Länder (dar. 5% BRD), 13% USA, 6% Rep. China; **Export:** 71910 Mio. $; Güter: 23% Fertigerzeugn. (dar. 13% Textilien u. Bekleidung), 20% Halbwaren u. Prod. d. Leichtind. (dar. 11% Garne u. Gewebe), 10% Nahrungsmittel u. leb. Tiere, 10% Maschinen u. Transportmittel, 7% mineral. Brennstoffe u. Schmieröle, 5% chem. Prod., 5% Indu-

stoffe; Länder: 45% Hongkong, 14% Japan, 9% EG-Länder (dar. 3% BRD), 9% USA *(Zur Wirtschaftslage 1991 → Sp. 855)*

PRESSE (Aufl. i. Tsd.) *Tageszeitungen:* Beijing: Beijing Ribao (1000) – Beijing Wanbao (1200)/ Abendz. – Can Kao Xiao Xi (3600)/Inf. d. Nachrichtenagentur Xinhua – China Daily (160)/Engl. – Gongren Ribao (2500) – Guangming Ribao (1500) – Jiefangjun Bao (800)/Org. d. Befreiungsarmee – Jingji Ribao (1590) – Renmin Ribao (5000, mit Ortsausgaben)/Org. d. KPCh – Zhongguo Qingnian Bao (3000; 4x wö.)/Jugendz. – Shanghai: Jiefang Ribao (1000) – Wenhui Bao (1700) – Tianjin: Tianjin Ribao (600) – *Nachrichtenagentur:* Xinhua/NCNA (New China News Agency)

Die nordöstl. v. Taiwan geleg. *Tiaoyütai-Inseln* (jap. Sengaku, 6,3 km²) werden v. Peking u. Taiwan als chines. angesehen, jedoch v. Japan faktisch kontrolliert. Die *Paracel-Inseln* (chines. Xisha [Hsi-cha], 5,9 km²) sind von d. VR China besetzt, desgl. zeitw. einige d. in erdölhöffigem Gebiet gelegenen *Spratly-Inseln* (chines. Nansha [Nanscha], 0,7 km²; philippin. Kalagan), v. denen aber Itu-Abu von Taiwan, Rurok, Binago und Pugad von Vietnam u. Panata (u. a.) von d. Philippinen okkupiert sind *(→ auch China, Republik)*

COSTA RICA *Mittel-Amerika*
Republik Costa Rica; República de Costa Rica – CR

LANDESSTRUKTUR Fläche (125): 51100 km² – Einwohner (125): (F 1990) 2994000 = 59 je km²; (Z 1984) 2416809 – Costaricaner (span. »costarricenses« oder »costarriqueños«); Weiße überw. altspan. Abstammung (über 75%); außerd. 15% Mestizen, 2% Schwarze u. Mulatten, 0,2% Indianer; rd. 250000 Ausländer (vorwieg. Flüchtl.) – Leb.-Erwart.: 75 J. – Säugl.-Sterbl.: 1,6% – Analph.: 7% – Jährl. Bev.-Wachstum (∅ 1980–90): 2,4% (Geb.- u. Sterbeziffer 1990: 2,6%/0,4%) – Sprache: Spanisch – Religion: 89,4% Katholiken (Staatskirche); 40000 Protest. u. 2500 Juden als Minderheiten – Städt. Bev.: 47% – Städte (F 1991): San José (Hptst.) 296630 Ew.; Provinzhauptstädte mit A: Alajuela 158300, Cartago 109000, Puntarenas 92400, Limón 67800, Heredia 67400, Liberia 36400

STAAT Präsidialrepublik – Verfassung von 1949 – Gesetzgebende Versamml. (Congreso Constitucional) mit 57 Mitgl., für 4 J. gewählt – Allg. Wahlpflicht ab 18 J. – 7 Provinzen – Staatsoberhaupt u. Regierungschef: Rafael Angel Calderón Fournier (PUSC), seit 8. 5. 1990 – Äußeres: Bernd Niehaus Quesada – Parteien: Wahlen vom 4. 2. 1990: Partido Unidad Socialcristiana/PUSC 29 (1986: 26), Partido de Liberación Nacional/PLN 25 (29), Unabh. 3 – Unabh.: 15. 9. 1821 (Proklamation), endgültig 14. 11. 1838 (Austritt aus der Zentralamerik. Konföderation) – Nationalfeiertag: 15. 9.

WIRTSCHAFT BSP 1990: 5342 Mio. $ = 1900 $ je Ew. (84); realer Zuwachs ∅ 1980–90: 3,0%; BIP 1990: 5700 Mio. $; realer Zuwachs ∅ 1980–90: 3,0% (1991: +3,5%); Anteil 1990 Landwirtsch. 16%, Industrie 26% – Erwerbstät. 1989: Landw. 26%, Ind. 26% – Energieverbrauch 1990: 622 kg ÖE/Ew. – Währung: 1 Costa-Rica-Colón (¢) = 100 Céntimos (¢); Freimarktkurs: 1 US-$ = 133,65 ¢; 100 ¢ = 1,16 DM – Ausl.-Verschuld. 1990: 3772 Mio. $ = 69,9% d. BSP *(Einzelheiten → Tab. Sp. 221 f.)* – Inflation ∅ 1980–90: 23,5% (1991: 25,3%) – Außenhandel 1990: Import: 2026 Mio. $; Güter (1989): 28% Maschinen u. Transportausrüst., 10% Brennstoffe; Länder (1989): 40% USA, 8% Venezuela, 8% zentralamerikan. Länder; Export: 1457 Mio. $; Güter (1989): 65% Agrarprod.: Kaffee (ca. 30%), Bananen (20%), verarb. Nahrungsmittel wie Fleisch (10%); chem. Erzeugn., Maschinen, Textilien, Leder; Länder (1989): 38% USA, 13% BRD, 10% zentralamerikan. Länder (Guatemala, El Salvador) – Tourismus 1991 als zweitwichtigste Devisenquelle (Einnahmen von 336 Mio. $ = 16% aller Einnahmen)

PRESSE (Aufl. i. Tsd.) *Tageszeitungen:* San José: Diario Extra (100) – La Nación (90) – La Prensa Libre (50) – La República (65) – *Wochenzeitungen:* Rumbo (15) – Tico Times (12)/Engl.

CÔTE D'IVOIRE *West-Afrika*
Republik Côte d'Ivoire; République de la Côte d'Ivoire (darf lt. Dekret vom 1. 1. 1986 nicht Elfenbeinküste genannt werden) – CI

LANDESSTRUKTUR Fläche (67): 322463 km² – Einwohner (59): (F 1990) 12233000 = 39 je km²; (Z 1975) 6709600 – Ivorer; vornehml. Gur- u. Mande-Gruppen (insg. 60 Ethnien); 23% Baule, 18% Bete, 15% Senufo, 11% Malinke, ca. 14% Agni-Aschanti u. ca. 10% Kru, Mande, Dan Gouro, Koua, Fulbe; bis 30% d. Bev. kommen aus Mali, Burkina Faso u. a.; 60000 Europäer, davon 50000 Franzosen; rd. 100000 Libanesen u. Syrer – Leb.-Erwart.: 55 J. – Säugl.-Sterbl.: 9,5% – Analph.: 46% – Jährl. Bev.-Wachstum (∅ 1980–90): 3,8%

(Geb.- u. Sterbeziffer 1990: 4,5%/1,2%) – **Sprachen:** Französ. als Amtsspr.; einheim. Verkehrsspr. Diula, Gur- u. Mande-Sprachen (More, Manding; an der Küste: Kwa) – **Religion:** 65% Anh. v. Naturrel., 19,8% Muslime, 19,8% Christen (davon mehrheitl. Katholiken) – **Städt. Bev.:** 40% – **Städte** (S 1990): Yamoussoukro (Hptst. seit 1984; Geburtsort d. Präs.) 130000 Ew.; (S 1986) Abidjan [Abidschan] 1900000 (A: 2534000), Bouaké 333000, Daloa 102000, Korhogo 88000, Man 59000, Grand Bassam 32000

STAAT Präsidialrepublik – Verfassung von 1960, letzte Änderung 1990 – Parlament (Nationalversammlung) mit 175 Mitgl., für 5 J. gewählt – Allg. Wahlrecht – 49 Départements – **Staatsoberhaupt:** Félix Houphouët-Boigny (PDCI), seit 1960, 7. Wiederwahl am 28. 10. 1990 – **Regierungschef:** Alassane Dramane Ouattara, seit 7. 11. 1990 – **Äußeres:** Amara Essy – **Parteien:** Erste freie Wahlen vom 25. 11. 1990: Parti Démocratique de la Côte d'Ivoire/ PDCI (ehem. Einheitspartei) 163 d. 175 Sitze; Front Populaire Ivoirien/FPI 9; Parti Ivoirien des Travailleurs/PIT 1; Unabh. 2 – **Unabh.:** 7. 8. 1960 - **Nationalfeiertag:** 7. 12.

WIRTSCHAFT BSP 1990: 8920 Mio. $ = 750 $ je Ew. (119); realer Zuwachs $\emptyset$ 1980–90: 0,2%; **BIP** 1990: 7610 Mio. $; realer Zuwachs $\emptyset$ 1980–90: 0,5%; Anteil 1990 **Landwirtsch.** 47%, **Industrie** 27% – **Erwerbstät.** 1989: Landw. 57%, Ind. ca. 8% – **Energieverbrauch** 1990: 173 kg ÖE/Ew. – **Währung:** 1 CFA-Franc = 100 Centimes (c); 1 FF = 50 CFA-Francs (Wertverh. zum FF); 100 CFA-Francs = 0,595 DM – **Ausl.-Verschuld.** 1990: 17956 Mio. $ = 204,8% d. BSP – **Inflation** $\emptyset$ 1980–90: 2,3% – **Außenhandel** 1990: **Import:** 2214 Mio. $; Güter: 19% Brenn- u. Schmierstoffe (dar. 16% Rohöl), 12% Motoren, Apparate u. Maschinen, 10% chem. u. pharmazeut. Prod., 7% Fisch; Länder: 30% Frankreich, 14% Nigeria, 4% Niederl., 4% BRD, 4% Italien, 4% Spanien, 4% USA; **Export:** 2164 Mio. $; Güter: 30% Kakao u. -produkte (1990: ca. 580000 t), 13% Holz, 11% Erdöl, 9% Baumwolle, 5% Kaffee; Länder: 15% Frankr., 9% Italien, 8% BRD, 8% USA, 7% Niederl., 5% Belgien-Luxemb., 5% UdSSR, 5% Spanien

PRESSE (Aufl. i. Tsd.) *Tageszeitungen:* Abidjan: Fraternité-Matin (80) – Ivoir'-Soir (50) – *Sonntagszeitung:* Ivoire Dimanche (75) – *Wochenzeitung:* Le Nouvel Horizon (15)/FPI-Org. – *Nachrichtenagentur:* AIP (Agence Ivoirienne de Presse)

DÄNEMARK Nord-Europa
Königreich Dänemark; Kongeriget Danmark – DK

LANDESSTRUKTUR Fläche (129): 43092 km^2 – **Einwohner** (97): (F 1991) 5147000 = 119 je km^2; (Z 1981) 5123989 – 96,5% Dänen; etwa 1,7% Deutsche (= ca. 20000 in N-Schleswig; n. and. Ang. bis 60000), 0,4% Schweden – **Leb.-Erwart.:** 75 J. – **Säugl.-Sterbl.:** 0,8% – **Analph.:** unter 5% – **Bev.-Wachstum** ($\emptyset$ 1980–90): 0,0% (Geb.- u. Sterbeziffer 1990: 1,1%/1,2%) – **Sprachen:** Dänisch als Amtsspr.; Deutsch teilw. Schulsprache in N-Schleswig – **Religion:** 90,7% Anh. d. Ev.-Luth. Kirche u. a. Protestanten, 28400 Katholiken, 8000 Juden – **Städt. Bev.:** 87% – **Städte** (F 1991): København [Kopenhagen] (Hptst.) 464700 Ew., Huvudstadsområdet [als Metropolitan Area] 1336860, Århus 264140, Odense 177640, Ålborg 155670, Esbjerg 81620, Randers 60970, Kolding 57590, Helsingør 56630, Horsens 55090, Vejle 51500, Roskilde 49590, Naestved 45180

STAAT Konstitutionelle Monarchie auf parlamentarisch-demokratischer Grundlage – Verfassung von 1953 – Parlament (Folketing) mit 179 Mitgl. (davon je 2 Vertr. v. Grönland u. d. Färöer-Inseln), Wahl alle 4 J. – Allg. Wahlrecht ab 18 J. – 14 Verwaltungseinheiten (Amtskommuner), Frederiksberg u. Kopenhagen – **Staatsoberhaupt:** Margrethe II., Königin seit 1972, bei Sitzungen Vors. d. Staatsrats (»Statsrådet«); Thronfolger: Prinz Frederik – **Regierungschef:** Poul Schlüter (Kons.), seit 1982, seit Dez. 1990 Chef einer Minderheitsreg. aus Kons. und Lib. – **Äußeres:** Uffe Ellemann-Jensen – **Parteien:** Wahlen vom 12. 12. 1990: Det socialdemokratiske parti (Sozialdemokrat. Partei) 69 d. 179 Sitze (1988: 55), Det konservative Folkeparti (Konserv. Volkspartei) 30 (35), Sozialist. Volkspartei 15 (24), Liberale Venstre (Liberale Partei) 29 (22), Fortschrittspartei 12 (16), Zentrumsdemokraten 9 (9), Radikale Venstre (Sozialliberale) 7 (10), Christl. Volkspartei 4 (4) – **Unabh.:** rund 1200jährige staatliche Tradition – **Nationalfeiertage:** 16. 4. u. 5. 6.

WIRTSCHAFT BSP 1990: 113515 Mio. $ = 22080 $ je Ew. (8); realer Zuwachs $\emptyset$ 1980–90: 2,1%; **BIP** 1991: 131900 Mio $; realer Zuwachs $\emptyset$ 1980–90: 2,1% (1991: +1,8%); Anteil 1990 **Landwirtsch.** 3,9%, **Industrie** 24,4% – **Erwerbstät.** 1990: Landw. 5,6%, Ind. 27,5%; **Arbeitslosigkeit** 1. Hj. 1992: 9% – **Energieverbrauch** 1990: 3618 kg ÖE/Ew. – **Währung:** 1 Dänische Krone (dkr) = 100 Ore; 1 US-$ = 5,86 dkr; 100 dkr = 26,05 DM – **Inflation** $\emptyset$ 1980–90: 5,6% (1991: 2,7%) – **Außenhandel** 1991: **Import:** 206000 Mio. dkr; Güter: 31% Maschinen u. Transportm., 19% bearb. Waren, 13% Fertigerzeugn.,

12% Nahrungsm. u. leb. Tiere, 7% mineral. Brennstoffe, 4% Rohstoffe, 2% sonst. Waren; Länder: 22% BRD, 11% Schweden, 8% Großbrit., 6% USA, 6% Frankr., 6% Niederl., 6% Norwegen, 4% Italien, 4% Japan; **Export:** 228 500 Mio. dkr; Güter: 26% Maschinen u. Transportm., 25% Nahrungsm. u. leb. Tiere, 17% Fertigerzeugn., 11% bearb. Waren, 9% chem. Erzeugn., 5% Rohstoffe, 4% mineral. Brennstoffe, 1% sonst. Waren; Länder: 22% BRD, 11% Schweden, 10% Großbrit., 6% Frankr., 6% Norwegen, 5% USA, 5% Italien, 5% Niederl., 4% Japan

PRESSE (Aufl. i. Tsd.) *Tageszeitungen:* Kopenhagen: Berlingske Tidende (130, so. 175)/kons. – B. T. (212, so. 221) – Det Fri Aktuelt (60) – Ekstra Bladet (212, so. 232)/lib. – Information (26) – Politiken (151, so. 200)/lib. – Åbenrå: Jydske Vestkysten (75, so. 98) – Ålborg: Ålborg Stiftstidende (75, so. 97)/lib. – Århus: Århuus Stiftstidende (70, so. 89)/lib. – Hjørring: Vendyssel Tidende (26, so. 78)/lib. – Odense: Fyens Stiftstidende (70, so. 105) – Viby: Jyllands-Posten (130, so. 230) – *Nachrichtenagentur:* Ritzaus Bureau I/S

AUSSENBESITZUNGEN
MIT SELBSTVERWALTUNG:

FÄRÖER, dän.: Færøerne, färöisch: Føroyar (Schafs-Inseln), autonomes Land (18 Inseln) unter der dänischen Krone (Autonomie seit 1.4.1948) – FR

LANDESSTRUKTUR Fläche: 1398,9 km^2 – Einwohner: (Z 1989) 47 840 = 34 je km^2 – Leb.-Erwart. (S): 76 J. – Jährl. Bev.-Wachstum ($\varnothing$ 1980–90): 1,0% – Sprachen: Färöisch, Dänisch (Schulpflichtspr.) – Religion: 98% Protestanten (Ev.-Lutheraner) – Städt. Bev.: rd. 32% – Städte (Z 1989): Thórshavn (Hptst.) 16256 Ew.; (F 1988) Klaksvik 4979, Runavik 2443, Tvoroyri 2131

STAAT Parlament (Løgting) mit 32 Mitgl., Wahl alle 4 J. – Allg. Wahlrecht ab 18 J. – 7 Kreise (Syslur) – Regierungschef: Atli P. Dam (Sozialdemokr. P.), Koalition aus Sozialdem. u. Volkspartei – Parteien: Wahlen vom 17. 11. 1990 (1984): Sozialdemokrat. Partei 10 (7), Volkspartei 7 Sitze (8), Zugehörigkeitspartei 6 (7), Republikanische P. 4 (6), Selbstverwaltungs-P. 3 (2), Christl. Volksp. 2 (2), Fortschritts-P. 0 (1) – Nationalfeiertag: 29. 6.

WIRTSCHAFT BSP 1988: 840 Mio. $ = 17 650 $ je Ew.; realer Zuwachs $\varnothing$ 1973–86: 4,3%; BIP realer Zuwachs $\varnothing$ 1980–89:1,1%; Anteil 1988 Landwirtsch.

17%, Industrie 33% – Währung: 1 Färöische Krona = 100 oyru = 1 Dänische Krone (Dänische u. färöische Währung im Umlauf) – Öff. Ausl.-Verschuld. 1988: 125 Mio. $ – Inflation 1988: 3,6% – Außenhandel 1989: Import: 2514 Mio. dkr; Länder: 44% Dänemark – Export: 2505 Mio. dkr; Güter: 85% Fische u. Fischprodukte, 11% Schiffe; Länder: 75% EG, davon 16% Dänemark, 14% Großbrit., 13% BRD, 10% USA – 14250 Personenwagen auf den Inseln

PRESSE (Aufl. i. Tsd.) Thorshavn: Dagbladid (5; 3x wö.) – Dimmalætting (13; 3x wö.) – Oyggjatídindi (5; 2x wö.) – Tidindabladid Sosialurin (6; 3x wö.)

GRÖNLAND Grønland, Kalatdlit Nunât (Land der Menschen, Grønlændernesland) – GRØ

LANDESSTRUKTUR Fläche: 2175600 km^2 (mit Inlandeisfläche), nur rd. 341700 km^2 (= 15,8%) eisfrei – Einwohner (Z 1990): 55558 Grönländer u. Eskimos, über 8000 Europäer – Jährl. Bev.-Wachstum ($\varnothing$ 1980–90): 1,1% – Sprachen: Dänisch und Eskimoisch – Religion: überw. Anh. d. Ev.-Luth. Kirche, kl. kathol. Minderh. – Städte (Z 1990): Nuuk (dän.: Godthåb; Hptst.) 12217 Ew.; (S 1986) Holsteinborg 4500, Jakobshavn (eskimoisch: Ilulissat) 4280

STAAT G. war seit 1963 gleichberechtigter Teil Dänemarks; wie die Färöer mit 2 Vertr. im dän. Parlament; ab 1985 »autonome Region«, nur Außen- u. Verteidigungspol. bei Dänemark – Seit 1. 5. 1979 innere Autonomie (»Hjemmestyre«) mit Parl. (Landsting) aus 27 Abg. – Wahlrecht ab 18 J. – Regierungschef: Lars Emil Johansen, Vors. der sozialdemokrat. »Siumut«-Partei – Parteien: Wahlen vom 5. 3. 1991 (1987): Siumut 11 Sitze (11), Atassut (»Bindeglied«)-Partei, konserv. 8 (11), Inuit Ataqatigiit (Eskimoföderation) 5 (4), Sonstige 3 (1) – Nationalfeiertag: 21. 6.

WIRTSCHAFT BSP 1986: 465 Mio. $ = 8780 $ je Ew.; realer Zuwachs $\varnothing$ 1973–86: 0,5% – Währung: Dänische Krone – Inflation 1989: 5,8% – Jährl. Finanzhilfe: Dänemark 1989: 2878 Mio. dkr; EG: 26,5 Mio. Ecu – Außenhandel 1989: Import: 3048 Mio. dkr; Länder: 69% Dänemark; Export: 2078 Mio. dkr; Güter: u. a. Fischereiprod., Fisch, Kryolith, Graphit, Blei u. Zink; Länder: zu 90% in die EG, Dänemark 26%

PRESSE (Aufl. i. Tsd.) Wochenzeitungen: Nuuk: Atuagagdliutit/Grønlandsposten (3x wö.) – Sermitsiaq

DEUTSCHLAND, BUNDESREPUBLIK Mittel-Europa
»deutsch« von althochdeutsch »diutisc«. Adjektiv zu »diot(a)« = Volk; »Deutsche« also etwa »Die unseres Volkes sind«, Deutschland = Land unseres Volkes

LANDESSTRUKTUR Fläche (61): 356945 km^2 – Nord-Süd-Ausdehnung 876 km – **Einwohner** (12): (Stand 30. 6. 1991) 79951008 (alte Bundesländer [aBl] 64035856, neue B. [nBl] 15915152) = 224 Ew. je km^2, (Z 1987 aBl: 61077000) – Deutsche; Minderheiten mit einigen Sonderrechten: Sorben [Wenden] (S 60000), Dänen in Schleswig (S 30000), Sinti und Roma (S 30000) – **Leb.-Erwart.**: 76 J. – **Säugl.-Sterbl.**: 0,7% – **Analph.**: unter 1% – **Bev.-Wachstum** (⌀ 1980–89): 0,1% (Geb.- u. Sterbeziffer 1990: 1,1%/1,1%) – **Sprache**: Deutsch; in Schleswig teilw. Dänisch Schulsprache – **Religion**: (aBl 1989) 40,1% Protestanten, 42,7% Katholiken, ca. 3% Muslime; BRD insg. (Ang. in Tsd.) 1991: Evang. Kirche 29050 – Röm.-Kathol. Kirche 28200 – Islam. Bewegung 1740 – Neuapost. Kirche 430 – Griech. Orthod. 350 – Zeugen Jehovas 151 – Serb. Orthod. 150 – **Städt. Bev.**: 84% – **Städte** (mit mehr als 100000 Ew.): → Tab. Sp. 257 ff.

STAAT Demokrat.-parlament. Bundesstaat – Parlament (»Bundestag«), außerdem »Bundesrat« als Ländervertretung (Zustimmung für bestimmte Gesetze erforderlich) – Wahlberechtigt Bürger über 18 J. – 16 Bundesländer – **Staatsoberhaupt**: Bundespräsident Dr. Richard von Weizsäcker, seit 1. 7. 1984, Wiederwahl am 23. 5. 1989 – **Regierungschef**: Bundeskanzler Dr. Helmut Kohl – **Äußeres**: Klaus Kinkel – **Unabh.**: Beginn der Staatsgeschichte unter Karl d. Gr. bzw. 843 mit Vertrag v. Verdun; Gründung d. Dt. Reiches 18. 1. 1871, der Bundesrepublik Deutschland am 24. 5. 1949 (Grundgesetz-Verkündung am 23. 5. 1949, Wiedervereinigung am 3. 10. 1990).

WIRTSCHAFT BSP (aBl) 1990: 2425,5 Mrd. DM (1411346 Mio. $) = 38160 DM (22320 $) je Ew. (6); realer Zuwachs 1990 (Basis 1985): 4,5%; **BIP** 1990: 2422,8 Mrd. DM (1488210 Mio. $); realer Zuwachs ⌀ 1980–90: 2,2% (aBl); Anteil **Landwirtsch.** 1,6%, **Industrie** 39,4% – **Erwerbstät.** 1989: Landw. 3,8%, Ind. 37,1% – **Energieverbrauch** 1990: 3491 kg ÖE/Ew. – **Währung** (1. 9. 1992): 1 Deutsche Mark (DM) = 100 Pfennig (Pf); 1 $ = 1,3977 DM; 1 Sonderziehungsrecht (SZR) (DM-Anteil 19%) = 2,07484 DM, 1 ECU = 2,02635 DM – **Inflation** ⌀ 1980–90 (aBl): 2,7%; 1990: 2,7% – **Außenhandel** 1990: **Import**: 557 Mrd. DM (341248 Mio. $); Güter (→ Kapitel Wirtschaft, Sp. 837 ff.): 10% elektrotechn. Erzeugn., 10% chem. Erzeugn., 9% Straßenfahrzeuge, 9% Textilien u. Bekleidung, 7% Maschinenbauerzeugn., 6% Ernährungsgewerbe, 6% bergbaul. Erzeugn., 5% Landw., Forstw. u. Fischerei; Länder: 12% Frankreich, 10% Niederlande, 9% Italien, 7% Belgien-Luxemb., 7% Großbrit., 6% USA, 6% Japan, 4% Österreich, 4% Schweiz (→ Spalte 540); **Export**: 662 Mrd. DM (397912 Mio. $); Güter (→ Kapitel Wirtschaft, Sp. 837 ff.): 18% Straßenfahrz., 16% Maschinenbauerzeugn., 13% chem. Erzeugn., 11% elektrotechn. Erzeugn., 5% Textilien u. Bekleid.; Länder: 13% Frankreich, 9% Italien, 8% Großbrit., 8% Niederlande, 7% Belgien-Luxemb., 7% USA, 6% Schweiz, 6% Österreich, 3% Japan.

DER BUNDESPRÄSIDENT

Dr. Richard von Weizsäcker (Amtsantritt 1. 7. 1984, Wiederwahl am 23. 5. 1989)
Adenauerallee 135 – Villa Hammerschmidt – 5300 Bonn 1 – T 0228/20 00 – FS 886 393 – Tfax 200–20 0 u. 200–30 0

Bundespräsidialamt: Kaiser-Friedrich-Str. 16–18, 5300 Bonn 1, F/FS/Tfax s. oben
Chef des Bundespräsidialamtes: Staatssekretär Dr. Andreas Meyer-Landrut

Gemäß Art. 54 GG wurde von Weizsäcker am 23. 5. 1989 von der Bundesversammlung erneut zum Präsidenten d. Bundesrepublik Deutschland gewählt. 86,2% (1984: 84,8%) der 1022 anwesenden Delegierten stimmten dafür – Amtsdauer 5 Jahre – Wiederwahl nach Art 54 Abs. 2 GG einmal zulässig – Die Bundesversammlung besteht aus den Mitgl. des Bundestages u. einer gleichen Zahl v. Vertretern, die von den Länderparlamenten nach Verhältniswahl gewählt werden (insg. 1312 Mitgl.) und deren Zahl sich nach der jeweiligen Bevölkerungsstärke richtet. Sie wird vom Präsidenten des Bundestages einberufen.

DER DEUTSCHE BUNDESTAG

Görresstr. 15 – Bundeshaus – 5300 Bonn 1 – T 0228/16–1 – FS 886 808 – Tfax 16–78 78

Der Deutsche Bundestag ist die Volksvertretung der Bundesrepublik Deutschland. Mitgliederzahl 656, darunter 144 aus den neuen Bundesländern (nach der Bundestagswahl vom 2. 12. 1990 wegen 6 Überhangmandaten 662 Sitze). Die Abgeordneten werden auf Grund allgemeiner, unmittelbarer, freier, gleicher und geheimer Wahl für die Dauer einer Wahlperiode (4 Jahre) gewählt.

12. Wahlperiode, vorgezogene Bundestagswahl vom 2. 12. 1990 (zuletzt 1987). 40 Parteien und eine Listenvereinigung zur Wahl zugelassen, davon sind 23 Parteien und das Bündnis 90/Grüne mit Landeslisten vertreten, 30 Anträge auf Wahlzulassung wurden abgelehnt. 3696 Kandidaten, darunter 894 Frauen. 60,4 Mio. Wahlberechtigte, darunter 12 Mio. aus den neuen Bundesländern. 328 Abgeordnete wurden direkt gewählt, darunter 72 aus den neuen Bundesländern. Wahlkreisgröße durchschnittlich 225000 Einwohner. 5%-Sperrklausel, getrennt für alte und neue Bundesländer. Bis zur Wiedervereinigung: Gesamtberliner Abgeordnetenhaus: 2,5 Mio wahlberechtigt, 9 Parteien und eine Liste, 200 Abgeordnete, 5%-Sperrklausel, getrennt für West- und Ostteil der Stadt (getrennte Auszählungen). Seit Jan. 1987 Wahlrecht auch für ca. 550000 Deutsche mit Wohnsitz im Ausland.
(Zu den Wahlen 1987 u. 1983 → WA '92, Sp. 265f.)

a) **Wahlergebnisse und Sitzverteilung** 12. Wahlperiode (Wahl v. 2. 12. 1990)[1]

Partei	Deutschland gesamt in %	12. Deutscher Bundestag[2] Sitze	Wahlgebiet West m. Berlin-W. in %	Wahlgebiet Ost m. Berlin-Ost in %
CDU/CSU	43,8	319[3]	44,3	41,8
SPD	33,5	239	35,7	24,3
FDP	11,0	79	10,6	12,9
GRÜNE	3,9	–	4,8	.
B'90/GRÜNE	1,2	8	–	6,0
PDS	2,4	17[4]	0,3	11,1

[1] Wahlbeteiligung: 77,8% im gesamten Bundesgebiet, 78,4% im früheren Bundesgebiet (ohne Berlin-West), 74,5% in den neuen Bundesländern – [2] Mit 6 Überhangmandaten für die CDU – [3] davon 1 Parteiloser – [4] davon 2 Parteilose seit 19. 12. 1991

b) Das **Präsidium des Deutschen Bundestages** in der 12. Wahlperiode: Präsidentin: Prof. Dr. Rita Süssmuth (CDU/CSU)
Vizepräs.: Helmuth Becker (SPD), Hans Klein (CDU/CSU), Renate Schmidt (SPD), Dieter-Julius Cronenberg (FDP)

c) **Alterspräsident** des 12. Deutschen Bundestages: Willy Brandt (SPD)

d) Der **Ältestenrat** des Deutschen Bundestages in der 12. Wahlperiode:
Präsident, seine Stellvertreter und 23 weitere von den Fraktionen benannte Abgeordnete (insgesamt 30 Mitglieder).

e) Die **Fraktionsvorsitzenden** des Deutschen Bundestages in der 12. Wahlperiode (Stand 22. 6. 1992) CDU/CSU: Dr. Wolfgang Schäuble – Landesgruppe CSU: Dr. Wolfgang Bötsch – SPD: Hans-Ulrich Klose – FDP: Dr. Hermann Otto Solms – Gruppenvorstand (keine Fraktion): PDS: Dr. Gregor Gysi – BÜNDNIS 90/DIE GRÜNEN: Werner Schulz

f) **Ständige Ausschüsse** (24) des Deutschen Bundestages in der 12. Wahlperiode (Mitgliederzahl): Ausschuß für Wahlprüfung, Immunität u. Geschäftsordnung (19) – Petitionsausschuß (33) – Auswärtiger Ausschuß (41) – Innen- (41) – Sport- (19) – Rechts- (29) – Finanz- (41) – Haushaltsausschuß (39) – Ausschuß f. Wirtschaft (41) – Ernährung, Landwirtschaft u. Forsten (35) – Arbeit u. Sozialordnung (37) – Verteidigungsausschuß (37) – Ausschuß f. Familie u. Senioren (29) – Frauen u. Jugend (29) – Gesundheit (29) – Verkehr

(41) – Umwelt, Naturschutz und Reaktorsicherheit (41) – Post- u. Telekommunikation (19) – Raumordnung, Bauwesen u. Städtebau (31) – Forschung, Technologie u. Technikfolgenabschätzung (35) – Bildung u. Wissenschaft (31) – Wirtschaftliche Zusammenarbeit (35) – Fremdenverkehr und Tourismus (19) – Ausschuß für Fragen der Europäischen Gemeinschaft (33)

g) Gemeinsame Ausschüsse von Bundestag und Bundesrat

Gemeinsamer Ausschuß gemäß Artikel 53a GG (Notparlament) 16 Mitglieder des Bundesrates und 32 Mitglieder des Bundestages (16 CDU/CSU, 12 SPD, 4 FDP) – **Vermittlungsausschuß** gemäß Artikel 77 GG – ein vom Bundestag und Bundesrat gebildeter Ausschuß folgender Mitglieder: Bundesrat 16 und Bundestag 16 (CDU/CSU 8, SPD 6, FDP 2). Von den 16 Mitgliedern des Bundesrates stellt jede Landesregierung 1 Mitglied. Vorsitzende: im vierteljährlichen Wechsel je ein Mitglied des Bundestages und des Bundesrates – **Gemeinsame Verfassungskommission**, eine vom Bundestag und Bundesrat jeweils mit 32 Mitgliedern besetzte Kommission (insgesamt 64 Mitglieder; Bundestag: CDU/CSU 15, SPD 11, FDP 4, PDS 1, Bündnis 90/Grüne 1); Vorsitzende: Dr. Rupert Scholz, MdB u. Dr. Henning Voscherau, Erster Bürgermeister

h) Der **Wehrbeauftragte** des Deutschen Bundestages: Alfred Biehle, Basteistr. 70, 5300 Bonn 2, T 0228/824–1, FS 885 613, Tfax 824–28 3

i) Der **Direktor** beim Deutschen Bundestag: Dr. Rudolf Kabel

DER BUNDESRAT
Bundeshaus – Görresstr. 15 – 5300 Bonn 1 – T 0228/16–1 – FS 886 841 – Ttex 22 83 57 – Tfax 16–77 75

Durch den Bundesrat wirken die Länder bei der Gesetzgebung und Verwaltung des Bundes mit. Der Bundesrat besteht aus Mitgliedern der Regierungen der Länder, die sie bestellen und abberufen.

Jedes Land hat mindestens 3 Stimmen, Länder mit mehr als 2 Mio. Einwohnern haben 4, Länder mit mehr als 6 Mio. Ew. 5, mit mehr als 7 Mio. Ew. 6 Stimmen. Gesamtzahl der Mitglieder des Bundesrates z. Z. 68:

Baden-Württemberg	6	Niedersachsen	6
Bayern	6	Nordrhein-Westfalen	6
Berlin	4	Rheinland-Pfalz	4
Brandenburg	4	Saarland	3
Bremen	3	Sachsen	4
Hamburg	3	Sachsen-Anhalt	4
Hessen	4	Schleswig-Holstein	4
Mecklenburg-Vorpommern	3	Thüringen	4

Ausschüsse – Die dem Bundesrat zugehenden Vorlagen werden durch den Präsidenten oder in dessen Auftrag durch den Direktor des Bundesrates unmittelbar an die zuständigen Ausschüsse überwiesen.

Agrarausschuß – Ausschuß für Arbeit und Sozialpolitik – Ausschuß für Auswärtige Angelegenheiten – Ausschuß Deutsche Einheit – Ausschuß für Fragen der Europäischen Gemeinschaften – Ausschuß für Familie und Senioren – Finanzausschuß – Ausschuß für Frauen und Jugend – Gesundheitsausschuß – Ausschuß für Innere Angelegenheiten – Ausschuß für Kulturfragen – Rechtsausschuß – Ausschuß für Städtebau, Wohnungswesen und Raumordnung – Ausschuß für Umwelt, Naturschutz und Reaktorsicherheit – Ausschuß für Verkehr und Post – Ausschuß für Verteidigung – Wirtschaftsausschuß

Präsidium des Bundesrates: Präsident: bis 31. 10. 1992 Dr. Berndt Seite (Mecklenburg-Vorpommern), ab 1. 11. 1992 bis 31. 10. 1993: Min.-Präs. des Saarlandes (3 Vizepräsidenten) – Direktor des Bundesrates: Georg-Berndt Oschatz – Der Bundesrat wählt seinen Präsidenten jeweils auf 1 Jahr. Lt. Vereinbarung der Regierungschefs der Länder wechselt das Amt unter ihnen in der Reihenfolge der Einwohnerzahl der Länder.

BUNDESREGIERUNG

Adenauerallee 139–141 – 5300 Bonn 1 – T 0228/56–0

Die Bundesregierung besteht aus Bundeskanzler und Bundesministern. Der Bundeskanzler bestimmt nach Art. 65 GG die Richtlinien der Politik und trägt dafür die Verantwortung. Innerhalb dieser Richtlinien leitet jeder Bundesminister seinen Geschäftsbereich selbständig in eigener Verantwortung.

DIE OBERSTEN BUNDESBEHÖRDEN (Stand 1. 9. 1992)

Bundeskanzler

Dr. Helmut Kohl (CDU), seit 1. 10. 1982, zuletzt wiedergewählt am 17. 1. 1991 mit 378 von 644 Stimmen

Stellvertreter des Bundeskanzlers:

Bundesminister für Wirtschaft Jürgen W. Möllemann

Kabinettsausschüsse der Bundesregierung

Adenauerallee 139–141, 5300 Bonn 1
T 0228/56–0, FS 886 750
Rechtsgrundlage sind die Beschlüsse der Bundesregierung vom 26. 3. 1985 und 16. 7. 1986. Vorsitzender der Kabinettsausschüsse ist der Bundeskanzler. Ständige Mitglieder eines Kabinettsausschusses sind jene Bundesminister, deren Geschäftsbereiche regelmäßig und nicht unwesentlich betroffen sind. Folgende 7 Ausschüsse bestanden im September 1992: Bundessicherheitsrat – Kabinettsausschuß für Europapolitik – K. f. Raumfahrt – K. f. Wirtschaft – K. f. Zukunftstechnologien – K. f. Umwelt und Gesundheit – K. Neue Bundesländer

Bundeskanzleramt

Adenauerallee 139–141, 5300 Bonn 1
T 0228/56–0, FS 886 750, Tfax 56–23 57
Chef des Bundeskanzleramtes und Bundesminister für besondere Aufgaben: Bundesminister Friedrich Bohl
Staatsminister beim Bundeskanzler: Bernd Schmidbauer (CDU); Anton Pfeifer (CDU)
Parl. Staatssekretär beim Bundeskanzler: Günter Strabmeir, zugleich Bevollmächtigter der Bundesregierung in Berlin (CDU)
Beauftragte der Bundesregierung für die Belange der Ausländer: Cornelia Schmalz-Jacobsen (FDP)

Presse- und Informationsamt der Bundesregierung

Welckerstr. 11, 5300 Bonn 1
T 0228/208–0, FS 886 741/43, Tfax 208–25 55
Chef des Presse- u. Informationsamtes:
Staatssekretär Dieter Vogel (Sprecher der Bundesregierung)
Stellv. u. Amtschef: Wolfgang G. Gibowski

Bundesministerium des Auswärtigen

Adenauerallee 99–103, Postfach 11 48, 5300 Bonn 1
T 0228/17–0, FS 886 591, Tfax 17–34 02

Der Bundesminister des Auswärtigen: Dr. Klaus Kinkel (FDP)
Staatsminister: Helmut Schäfer (FDP)
Ursula Seiler-Albring (FDP)
Staatssekr.: Dr. Hans Werner Lautenschlager, Dr. Dieter Kastrup

Bundesministerium des Innern

Graurheindorfer Str. 198, Postfach 17 02 90,
5300 Bonn 1
T 0228/681–1, FS 886 896, Ttex 228 341,
Tfax 681–46 65
Der Bundesminister: Rudolf Seiters (CDU)
Parl. Staatssekr.: Dr. Horst Waffenschmidt (CDU), Eduard Lintner (CSU)
Staatssekr.: Franz Kroppenstedt, Hans Neusel, Dr. Walter Priesnitz

Bundesministerium der Justiz

Heinemannstr. 6, Postfach 20 03 65, 5300 Bonn 2
T 0228/58–0, FS 8 869 679, Ttex 2 283 759,
Tfax 58–45 25
Die Bundesministerin: Sabine Leutheuser-Schnarrenberger (FDP)
Parl. Staatssekr.: Dr. Reinhard Göhner (CDU), Rainer Funke (FDP), Staatssekr.: Ingo Kober

Bundesministerium der Finanzen

Graurheindorfer Str. 108, Postfach 1308,
5300 Bonn 1
T 0228/682–0, FS 886 645, Ttex 2 283 735,
Tfax 682–44 20
Der Bundesminister: Dr. Theodor Waigel (CSU)
Parl. Staatssekr.: Manfred Carstens (CDU), Dr. Joachim Grünewald (CDU)
Staatssekr.: Dr. Peter Klemm, Dr. Horst Köhler, Dr. Franz-Christoph Zeitler

Bundesministerium für Wirtschaft

Villemombler Str. 76, Postfach 14 02 60,
5300 Bonn 1
T 0228/615–1, FS 886 747, Ttex 228 340,
Tfax 615–44 36
Der Bundesminister: Jürgen W. Möllemann (FDP)
Parl. Staatssekr.: Klaus Beckmann (FDP), Dr. Erich Riedl (CSU), Staatssekr.: Dr. Johann Eekhoff, Dr. Dieter von Würzen

Deutschland (Regierung)

Bundesministerium für Ernährung, Landwirtschaft und Forsten
Rochusstr. 1, Postfach 140270, 5300 Bonn 1
T 0228/529–1, FS 886844, Ttex 2283655,
Tfax 529–4262
Der Bundesminister: Ignaz Kiechle (CSU)
Parl. Staatssekr.: Gottfried Haschke (CDU),
Georg Gallus (FDP)
Staatssekr.: Walter Kittel, Dr. Helmut Scholz

Bundesministerium für Arbeit und Sozialordnung
Rochusstr. 1, Postfach 140280, 5300 Bonn 1
T 0228/527–1, FS 886641, Ttex 2283650,
Tfax 527–2965
Der Bundesminister: Dr. Norbert Blüm (CDU)
Parl. Staatssekr.: Horst Günther (CDU), Rudolf Kraus (CSU)
Staatssekr.: Dr. Werner Tegtmeier, Bernhard Worms

Bundesministerium der Verteidigung
Hardthöhe, Postfach 1328, 5300 Bonn 1
T 0228/12–1, FS 886575, Tfax 12–5357
Der Bundesminister: Volker Rühe (CDU)
Parl. Staatssekr.: Ingrid Roitzsch (CDU), Bernd Wilz (CDU)
Staatssekr.: Generalleutnant Jörg Schönbohm, Dr. Peter Wiechert
Generalinspektor der Bundeswehr: Generalleutnant Klaus Naumann

Bundesministerium für Familie und Senioren
Godesberger Allee 140, Postfach 120250,
5300 Bonn 2
T 0228/306–0, FS 885673, Tfax 306–2259
Die Bundesministerin: Hannelore Rönsch (CDU)
Parl. Staatssekr.: Roswitha Verhülsdonk (CDU)
Staatssekr.: Albrecht Hasinger

Bundesministerium für Frauen und Jugend
Kennedyalle 105–107, Postfach 200220,
5300 Bonn 2
T 0228/930–0, FS 888517 u. 885437,
Tfax 930–2221
Die Bundesministerin: Dr. Angela Merkel (CDU)
Parl. Staatssekr.: Cornelia Yzer (CDU)
Staatssekr.: Dr. Willy Hausmann
Bundesbeauftragter für Zivildienst: Dieter Hackler

Bundesministerium für Gesundheit
Deutschherrenstr. 87, Postfach 200129,
5300 Bonn 2
T 0228/941–0, FS 8869355, Tfax 941–3880
Der Bundesminister: Horst Seehofer (CSU)
Parl. Staatssekr.: Dr. Sabine Bergmann-Pohl (CDU)
Staatssekr.: Baldur Wagner

Bundesministerium für Verkehr
Robert-Schuman-Platz 1, Postfach 200100,
5300 Bonn 1
T 0228/300–0, FS 885700, Tfax 300–3428
Der Bundesminister: Prof. Dr. Günther Krause (CDU)
Parl. Staatssekr.: Dr. Dieter Schulte (CDU), Wolfgang Gröbl (CSU)
Staatssekr.: Dr. Wilhelm Knittel

Bundesministerium für Umwelt, Naturschutz und Reaktorsicherheit
Kennedyallee 5, Postfach 120629, 5300 Bonn 2
T 0228/305–0, FS 885790, Ttex 2283854,
Tfax 305–3225
Der Bundesminister: Prof. Dr. Klaus Töpfer (CDU)
Parl. Staatssekr.: Dr. Paul Laufs (CDU), Dr. Bertram Wieczorek (CDU)
Staatssekr.: Clemens Stroetmann

Bundesministerium für Post und Telekommunikation
Heinrich-v.-Stephan-Str. 1, 5300 Bonn 2
T 0228/14–0, FS 8861101, Ttex 22859,
Tfax 14–8872
Der Bundesminister: Dr. Christian Schwarz-Schilling (CDU)
Parl. Staatssekr.: Wilhelm Rawe (CDU)
Staatssekr.: Friedrich Görts

Bundesministerium für Raumordnung, Bauwesen und Städtebau
Deichmanns Aue, 5300 Bonn 2
T 0228/337–0, FS 885462, Tfax 337–3060
Die Bundesministerin: Dr. Irmgard Schwaetzer (FDP)
Parl. Staatssekr.: Jürgen Echternach (CDU), Joachim Günther (FDP)
Staatssekr.: Gerhard von Loewenich, Herbert Schmülling

Bundesministerium für Forschung u. Technologie
Heinemannstr. 2, Postfach 200240, 5300 Bonn 2
T 0228/59–1, FS 885674, Ttex 2283628,
Tfax 59–3105
Der Bundesminister: Dr. Heinz Riesenhuber (CDU)
Parl. Staatssekr.: Bernd Neumann (CDU)
Staatssekr.: Dr. Gebhard Ziller

Bundesministerium für Bildung und Wissenschaft
Heinemannstr. 2, Postfach 200108, 5300 Bonn 2
T 0228/57–0, Ttex 2283832, Tfax 57–2096
Der Bundesminister: Prof. Dr. Rainer Ortleb (FDP)
Parl. Staatssekr.: Dr. Norbert Lammert (CDU), Torsten Wolfgramm (FDP)
Staatssekr.: Dr. Fritz Schaumann

Bundesministerium für wirtschaftliche Zusammenarbeit
Karl-Marx-Str. 4–6, Postfach 12 03 22, 5300 Bonn 1
T 0228/535–0, FS 8 869 452, Ttex 228 328,
Tfax 535–2 02
Der Bundesminister: Carl-Dieter Spranger (CSU)
Parl. Staatssekr.: Hans-Peter Repnik (CDU),
Michaela Geiger (CSU)
Staatssekr.: Wighard Härdtl

Bundesminister für besondere Aufgaben
→Bundeskanzleramt, Sp. 249
→Presse- und Informationsamt, Sp. 249

OBERSTE ORGANE DER RECHTSPRECHUNG

Bundesverfassungsgericht
Schloßbezirk 3, Postfach 1771, 7500 Karlsruhe 1
T 0721/9101–0, FS 7 826 749, Ttex 721 369,
Tfax 9101–382
Das Bundesverfassungsgericht ist ein allen übrigen Verfassungsorganen gegenüber selbständiger und unabhängiger Gerichtshof des Bundes
Präsident: Prof. Dr. Roman Herzog
Vizepräsident: Dr. Ernst Gottfried Mahrenholz
Direktor beim BVerfG: Dr. Karl-Georg Zierlein

Bundesgerichtshof
Herrenstr. 45a, 7500 Karlsruhe 1
T 0721/159–0, FS 7 825 828, Tfax 159–830
Präsident: Prof. Dr. Walter Odersky
Vizepräsident: Hanskarl Salger
Sitz des 5. Strafsenats:
Witzlebenstr. 4–5, W-1000 Berlin 19
T 030/32 09 21, Tfax 030/322 81 64

Bundesanwaltschaft beim Bundesgerichtshof
Herrenstr. 45a, Postfach 27 20, 7500 Karlsruhe 1
T 0721/159–0, FS 7 826 826, Tfax 159–606
Generalbundesanwalt: Alexander von Stahl

Dienststelle Berlin:
Witzlebenstr. 4–5, W-1000 Berlin 19
T 030/32 09 21, Tfax 030/322 81 64
Leiter: Bundesanwalt Rolf Heldenberg

Bundesverwaltungsgericht
Hardenbergstr. 31, Postfach 12 60 60,
W-1000 Berlin 12
T 030/31 97–1, Tfax 312 30 21
Präsident: Dr. Everhardt Franßen
Vizepräsident: Prof. Dr. Otto Schlichter
Oberbundesanwalt: Dr. Franz Rudolf Schaefer

Wehrdienstsenate des Bundesverwaltungsgerichts
Schwere-Reiter-Str. 37, 8000 München 40
T 089/30 10 81

Bundesfinanzhof
Ismaninger Str. 109, Postfach 86 02 40,
8000 München 80
T 089/92 31–0, Tfax 92 31–201
Präsident: Prof. Dr. Franz Klein
Vizepräsident: Dr. Klaus Offerhaus

Bundesarbeitsgericht
Graf-Bernadotte-Platz 5, Postfach 41 02 80,
3500 Kassel 1
T 0561/31 06–1, Tfax 31 06–325
Präsident: Prof. Dr. Otto Rudolf Kissel
Vizepräsidentin: Gisela Michels-Holl

Bundessozialgericht
Graf-Bernadotte-Platz 5, Postfach 41 02 20,
3500 Kassel 1
T 0561/31 07–1, Tfax 31 07–475
Präsident: Prof. Dr. Heinrich Reiter
Vizepräsident: Prof. Dr. Otto Ernst Krasney

Bundespatentgericht
(unt. Instanz, oberste I. Bundesgerichtshof)
Balanstr. 59, 8000 München 90
T 089/417 67–0, Tfax 417 67–299
Präsidentin: Antje Sedemund-Treiber
Vizepräsident: Dipl.-Ing. Hans Engelhardt

SONSTIGE BUNDESBEHÖRDEN (Auswahl)

Bundesamt für Post und Telekommunikation
Templerstr. 2–4, 6500 Mainz 1
T 06131/18–0, FS 4 187 319, Tfax 18–56 00
Präsident: Dipl.-Ing. Joseph Eisenried

Bundesamt für Verfassungsschutz
Merianstr. 100, Postfach 10 20 50, 5000 Köln 1
T 0221/792–0, FS 8 882 211, Tfax 79 83 65
Präsident: Dr. Eckart Werthebach

Bundesanstalt für Arbeit
Regensburger Str. 104, 8500 Nürnberg 30
T 0911/179–0, FS 622 348, Tfax 179–21 23,
Ttex 9 118 197
Präsident: Heinrich Franke
Vizepräsident: Dr. Klaus Leven

Bundesarchiv
Potsdamer Str. 1, Postfach 320, 5400 Koblenz
T 0261/505–0, Tfax 505–226, Ttex 261 852
Präsident: Prof. Dr. Friedrich P. Kahlenberg

Bundeskartellamt
Mehringdamm 129, W-1000 Berlin 61
T 030/69 01–1, FS 184 321, Tfax 69 01–400
Präsident: Dieter Wolf
Vizepräsident: Stefan Held

Deutschland (bundesbehörden, Arbeitgeber-, Arbeitnehmerverbände)

Bundeskriminalamt
Thaerstr. 11, Postfach 1820, 6200 Wiesbaden
T 0611/55–1, FS 4186867, Tfax 55–2141
Präsident: Hans-Ludwig Zachert
Vizepräsident: Gerhard Köhler

Bundesnachrichtendienst
Heilmannstr. 30, 8023 Pullach
T 089/7931567
Präsident: Konrad Porzner

Bundesrechnungshof
Berliner Str. 51, Postfach 100433,
6000 Frankfurt a. M. 1
T 069/2176–0, FS 412981, Tfax 2176–2468
Präsident: Dr. Heinz Günter Zavelberg
Vizepräsident: Ernst Heuer

Deutsche Bundesbahn
Zentrale Hauptverwaltung, Friedrich-Ebert-Anlage 43–45, Postfach 110423, 6000 Frankfurt a. M. 1
T 069/265–1, FS 414087, Tfax 265–6480
Vors. d. Vorstandes: Heinz Dürr, seit Sept. 1991 auch Leitung der Deutschen Reichsbahn

Deutsche Bundesbank
Postfach 100602, 6000 Frankfurt a. M. 1
T 069/158–1, FS 41227 (Inland), 414431 (Ausland),
TA Notenbank Ffm.
Präsident: Prof. Dr. Helmut Schlesinger
Vizepräsident: Dr. Hans Tietmeyer

Deutsches Patentamt
Zweibrückenstr. 12, 8000 München 2
T 089/2195–0, FS 523534, Tfax 2195–2221
Präsident: Prof. Dr. Erich Häußer

Statistisches Bundesamt
G.-Stresemann-Ring 11, Postfach 5528,
6200 Wiesbaden 1
T 0611/75–1, FS 4186511, Ttex 611186,
Tfax 75–3425
Präsident: Günther Merk

Treuhandanstalt
Detlev-Rohwedder-Haus, Leipziger Str. 5–7,
O-1080 Berlin
T 030/3154–01 u. 2323–01(0),
Tfax 030/3154–2922 u. 2323–2922(0)
Präsidentin: Birgit Breuel

Umweltbundesamt
Bismarckplatz 1, W-1000 Berlin 33
T 030/8903–0, FS 183756, Tfax 8903–2285
Präsident: Dr. Heinrich Freiherr von Lersner
Vizepräsident: Dr. Andreas Troge

WICHTIGE VERBÄNDE DER ARBEITGEBER

Bundesvereinigung der Deutschen Arbeitgeberverbände
Gustav-Heinemann-Ufer 72, Postfach 510508,
5000 Köln 51
T 0221/3795–0, FS 8881466, Tfax 3795–235
Präsident: Dr. Klaus Murmann
Hauptgeschäftsführer: Dr. Fritz-Heinz Himmelreich

Bundesverband der Deutschen Industrie e. V./BDI
Gustav-Heinemann-Ufer 84–88, 5000 Köln 51
T 0221/3708–00, FS 8882601, Ttex 2214058,
Tfax 3708–730
Präsident: Tyll Necker (seit 31. 8. 1992 nach Rücktritt von Heinrich Weiss)
Hauptgeschäftsführer: Dr. Ludolf-Georg von Wartenberg

Deutscher Industrie- und Handelstag/DIHT
Adenauerallee 148, Postfach 1446, 5300 Bonn 1
T 0228/104–0, FS 886805, Ttex 228301,
Tfax 104–158
Präsident: Dipl.-Ing. Hans Peter Stihl
Hauptgeschäftsführer: Dr. Franz Schoser

WICHTIGE VERBÄNDE DER ARBEITNEHMER

Deutscher Gewerkschaftsbund/DGB
Hans-Böckler-Str. 39, 4000 Düsseldorf 30
T 0211/430–10, FS 8584822, Ttex 2114379,
Tfax 430–1324 u. 430–1471
Vorsitzender: Heinz-Werner Meyer
Stellv.: Dr. Ursula Engelen-Kefer, Ulf Fink

Deutsche Angestellten- Gewerkschaft/DAG
Karl-Muck-Platz 1, 2000 Hamburg 36
T 040/34915–1, FS 211642, Tfax 34915–400
Vorsitzender: Roland Issen

Deutscher Beamtenbund/DBB
Dreizehnmorgenweg 36, Postfach 205005,
5300 Bonn 2
T 0228/811–0, Ttex 172283701, Tfax 811–171
Vorsitzender: Werner Hagedorn

DIE GROSSSTÄDTE UND IHRE OBERBÜRGERMEISTER

»Großstädte« sind nach d. Begriffsbestimmung d. Internat. Statistikerkonferenz 1987 alle Städte mit mind. 100 000 Ew. – Angaben: Bevölkerung (Z 25. 5. 1987) Ergebnisse der Volkszählung in den alten Bundesländern (keine Angaben für die neuen Bundesländer), F = Fortschreibung, Stand 1. 1. 1991 – Bm = Bürgermeister, OBm = Oberbürgermeister, Präs. d. StV = Präsident der Stadtverordneten, OStd = Oberstadtdirektor, Std = Stadtdirektor, StV = Stadtverordnetenvorsteher, ptl = parteilos. Die Auflistung d. Städte erfolgt nach der Einwohnerzahl in abnehmender Reihenfolge.

STADT	Einwohner Z '87 / F '91	Oberbürgermeister
Städte über 1 Mio. Ew.		
Berlin (W)	2 012 709	Reg. Bm Eberhard Diepgen, CDU
(O)	1 270 000 (S)	Präs. d. Abgeordnetenhauses:
(Gesamt)	3 433 695	Dr. Hanna-Renate Laurien, CDU
Hamburg	1 592 770 / 1 652 363	Erster Bm Dr. Henning Voscherau, SPD
		Präs. d. Hamb. Bürgerschaft:
		Elisabeth Kiausch, SPD
München	1 185 421 / 1 229 026	Georg Kronawitter, SPD
Städte über 500 000 Ew.		
Köln	928 309 / 953 551	Norbert Burger MdL, SPD
		OStd: Lothar Ruschmeier
Frankfurt/M.	618 266 / 644 865	Andreas von Schoeler, SPD
		StV: Hans Busch, SPD
Essen	623 427 / 626 973	Annette Jäger, SPD
		OStd: Kurt Busch
Dortmund	584 089 / 599 055	Günter Samtlebe, SPD
		OStd: Dr. Hans-Gerhard Koch
Stuttgart	551 904 / 579 988	Manfred Rommel, CDU
Düsseldorf	563 531 / 575 794	Klaus Bungert, SPD
		OStd: Karl Ranz
Bremen	533 455 / 551 219	Präs. d. Brem. Bürgerschaft:
		Dr. Dieter Klink, SPD
		Präs. d. Senats: Bm Klaus Wedemeier, SPD
Duisburg	525 378 / 535 447	Josef Krings, SPD
		OStd: Dr. Richard Klein
Hannover	494 864 / 513 010	Herbert Schmalstieg MdL, SPD
		OStd: Jobst Fiedler
Leipzig	511 079	Dr. Hinrich Lehmann-Grube, SPD
		Präs. d. StV: Friedrich Magirius, ptl
Städte über 250 000 Ew.		
Nürnberg	470 943 / 493 692	Dr. Peter Schönlein, SPD
Dresden	490 571	Dr. Herbert Wagner, CDU
		StV: Evelyn Müller, CDU
Bochum	386 271 / 396 486	Heinz Eikelbeck, SPD
		OStd: Dieter Bongert
Wuppertal	365 662 / 383 660	Ursula Kraus, SPD
		OStd: Dr. Joachim Cornelius
Bielefeld	305 566 / 319 037	Eberhard David, SPD
		OStd: Dr. Volker Hausmann
Mannheim	295 191 / 310 411	Gerhard Widder, SPD
Halle/Saale	310 234	Dr. Klaus Peter Rauen, CDU
		Präs. d. StV: Heidemarie Eckert, BFD
Chemnitz	294 244	Dr. Joachim Pilz, CDU
		Präs. d. Stadtparl.: Reinhold Breede, CDU

Deutschland (Großstädte)

STADT	Einwohner Z '87 / F '91	Oberbürgermeister
Gelsenkirchen	287 508 / 293 714	Kurt Bartlewski, SPD
		OStd: Dr. Klaus Bussfeld
Bonn	276 653 / 292 234	Dr. Hans Daniels, CDU
		OStd: Dieter Diekmann
Magdeburg	278 807	Dr. Wilhelm Polte, SPD
		Präs. d. Stadtparl.: Konrad Mieth, SPD
Karlsruhe	260 591 / 275 061	Prof. Dr. Gerhard Seiler, CDU
Wiesbaden	251 871 / 260 301	Joachim Exner, SPD
		StV: Günter Retzlaff, SPD
Münster	246 186 / 259 438	Dr. Jörg Twenhöven MdL, CDU
		OStd: Dr. Tilman Pünder
Mönchengladbach	249 587 / 259 436	Heinz Feldhege, CDU
		OStd: Helmut Freuen
Braunschweig	252 351 / 258 833	Werner Steffens, SPD
		OStd: Dr. Jürgen Bräcklein
Augsburg	242 819 / 256 877	Dr. Peter Menacher, CSU

Städte über 100 000 Ew.

Rostock	248 088	Dr. Manfred-Klaus Kilimann, SPD
		Präs. d. Bürgersch.: Christoph Kleemann, Künd. 90
Kiel	237 767 / 245 567	Karl Heinz Luckhardt, SPD
		Stadtpräs.: Silke Reyer, SPD
Krefeld	232 261 / 244 020	Willi Wahl, SPD
		OStd: Heinz-Josef Vogt
Aachen	229 740 / 241 861	Dr. Jürgen Linden, SPD
		OStd: Dr. Heiner Berger
Oberhausen	220 286 / 223 840	Friedhelm van den Mond, SPD
		OStd: Burkhard Drescher
Lübeck	210 497 / 214 758	Bm Michael Bouteiller, SPD
		Stadtpräs.: Peter Oertling, SPD
Hagen	209 363 / 214 449	Dietmar Thieser, SPD
		OStd: Dietrich Freudenberger
Erfurt	208 989	Manfred Ruge, CDU
		StV: Karl-Heinz Kindervater, CDU
Kassel	187 288 / 194 268	Wolfram Bremeier, SPD
		StV: Günter Kestner, SPD
Saarbrücken	188 702 / 191 694	Hans-Joachim Hoffmann, SPD
Freiburg i. Br.	178 672 / 191 029	Dr. Rolf Böhme, SPD
Hamm	171 170 / 179 639	Prof. Sabine Zech, SPD
		OStd: Dr. Dieter Kraemer
Mainz	172 524 / 179 486	Herman-Hartmut Weyel, SPD
Herne	174 238 / 178 132	Willi Pohlmann, SPD
		OStd: Dr. Roland Kirchhof
Mülheim an der Ruhr	176 423 / 177 681	Eleonore Güllenstern, SPD
		OStd: Ernst Gerlach
Solingen	159 103 / 165 401	Gerd Kaimer, SPD
		OStd: Dr. Ingolf Deubel
Osnabrück	150 807 / 163 168	Hans-Jürgen Fip, SPD
		OStd: Dierk Meyer-Pries
Ludwigshafen	156 601 / 162 173	Werner Ludwig, SPD
Leverkusen	154 692 / 160 919	Horst Henning MdL, SPD
		OStd: Dr. Walter Mende
Neuss	142 178 / 147 019	Bm Dr. Berthold Reinartz MbB, CDU
		Std: Hans-Heinrich Grosse-Brockhoff

Deutschland (Großstädte)

STADT	Einwohner Z '87 / F '91	Oberbürgermeister
Oldenburg	140 149 / 143 131	Dieter Holzapfel, SPD
		OStd: Heiko Wandscher
Potsdam	139 794	Dr. Horst Gramlich, SPD
		StV: Dr. Helmut Przybilski, SPD
Darmstadt	134 272 / 138 920	Günther Metzger, SPD
		StV: Eike Ebert, SPD
Heidelberg	127 768 / 136 796	Beate Weber, SPD
Bremerhaven	126 629 / 130 446	Karl Wilms, SPD
Gera	129 037	Michael Galley, CDU
		Präs. d. StV: Dr. Bernhard Gantenbein, NF
Wolfsburg	124 896 / 128 510	Werner Schlimme, CDU
		OStd: Prof. Dr. Peter Lamberg
Würzburg	123 378 / 127 777	Jürgen Weber, ptl
Schwerin	127 447	Johannes Kwaschik, SPD
		Präs. d. StV: Dr. Wulf Lammert, SPD
Cottbus	125 891	Waldemar Kleinschmidt, SPD
		StV: Klaus-Bernhard Friedrich, CDU
Recklinghausen	119 991 / 125 060	Bm Jochen Welt MdB, SPD
		Std: Peter Borggraefe
Remscheid	120 132 / 123 155	Reinhard Ulbrich, SPD
		OStd: Wilhelm Ellerbrake
Göttingen	114 698 / 121 831	Dr. Rainer Kallmann, SPD
		OStd: Hermann Schierwater
Regensburg	118 639 / 121 691	Christa Meier, SPD
Paderborn	110 715 / 120 680	Bm Hermann Schwiete, CDU
		Std: Wilhelm Ferlings
Bottrop	114 640 / 118 936	Kurt Schmitz, SPD
		OStd: Ernst Löchelt
Heilbronn a. N.	110 970 / 115 843	Dr. Manfred Weinmann, CDU
Offenbach a. M.	111 386 / 114 992	Wolfgang Reuter, SPD
Zwickau	114 636	Rainer Eichhorn, CDU
		StV: Dr. Claus-Steffen Reitzenstein, CDU
Salzgitter	111 069 / 114 355	Hermann Struck, SPD
		OStd: Detlef Engster
Pforzheim	106 530 / 112 944	Dr. Joachim Becker, SPD
Ulm	103 494 / 110 529	Ivo Gönner, SPD
Siegen	106 384 / 109 174	Bm Hilde Fiedler, SPD
		Std: Dr. Otto-Werner Rappold
Koblenz	108 246 / 108 733	Willi Hörter, CDU
Jena	105 518	Dr. Peter Röhlinger, BFD
		StV: Dr. Rainer Oloff, DA
Ingolstadt	105 489	Peter Schnell, CSU
Witten	102 902 / 105 403	Bm Klaus Lohmann MdB, SPD
		Std: Reinhard Wiederhold
Hildesheim	103 449 / 105 291	Kurt Machens, CDU
		Std: Dr. Wilhelm Buerstedde
Moers	100 872 / 104 595	Bm Wilhelm Brunswick, SPD
		Std: Karl-Friedrich Wittrock
Bergisch Gladbach	100 589 / 104 037	Bm Dipl. Ing. Holger Pfleger, SPD
		Std: Otto Fell
Reutlingen	103 687	Dr. Manfred Oechsle, CDU
Fürth	103 362	Uwe Lichtenberg, SPD
Erlangen	102 440	Dr. Dietmar Hahlweg, SPD

Schuldenlast ausgewählter Großstädte und Gemeinden: pro Einwohner in DM (31. 12. 1990, nach Statist. Jahrbuch Deutscher Gemeinden 1991): a) Städte **über 500 000 Ew.:** Frankfurt a. M. 7272, Düsseldorf 5120, Hannover 4408, Köln 4358, Duisburg 3193, Stuttgart 2726, Essen 2643, München 2192, Dortmund 2099; b) Städte **200 000 bis 500 000 Ew.:** Mannheim 3653, Bonn 3603, Aachen 3391, Mönchengladbach 3341, Bielefeld 3097, Wiesbaden 3054, Bochum 2941, Krefeld 2941, Lübeck 2883, Braunschweig 2503, Augsburg 2422, Kiel 2365, Nürnberg 2283, Hagen 2155, Oberhausen 2092, Gelsenkirchen 1943, Wuppertal 1888, Karlsruhe 1781, Münster 1358;

DIE BUNDESLÄNDER MIT IHREN PARLAMENTEN UND REGIERUNGEN (Stand: 1. 9. 1992)

Landeshauptstädte sind die angegebenen Regierungssitze. Die Länderparlamente werden alle 4 (in Berlin, im Saarland u. in Nordrhein-Westf. alle 5) Jahre neu gewählt, die Wahljahre differieren in den Bundesländern (Stand: die letzte Landtagswahl). Fläche der neuen Bundesländer gem. dem Ländereinführungsgesetz v. 22. 7. 1990 – Einw.-Zahl Stand 30. 6. 1991 (wenn nicht anders angegeben) (davon m = männl./w = weibl.)

BADEN-WÜRTTEMBERG

Fläche: 35 751,39 km^2, Einw.: 9 887 877
(4 822 599m/5 065 278w) = 276,6 je km^2

1. Der Landtag von Baden-Württemberg
Präsident: Dr. Fritz Hopmeier, CDU
Haus des Landtags, Konrad-Adenauer-Str. 3,
W-7000 Stuttgart 1
T 0711/2063–0, FS 722 341, Ttex 7 111 329,
Tfax 2063–299
Mitglieder: 146
Verteilung d. Sitze: CDU 64 (39,6% d. Stimmen) –
SPD 46 (29,4%) – Die Republikaner/REP 15
(10,9%) – Die Grünen 13 (9,5%) – FDP/DVP 8
(5,9%)

Letzte Landtagswahl: 5. 4. 1992
nächste Wahl: Frühjahr 1996

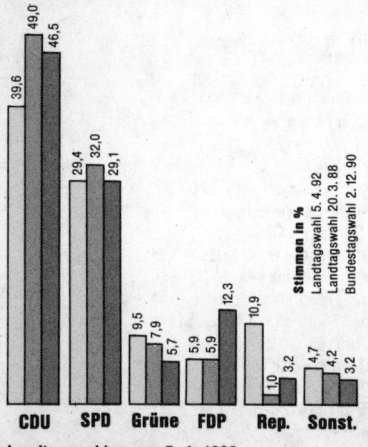

Landtagswahlen vom 5. 4. 1992

2. Die Regierung des Landes Baden-Württemberg
Ministerpräsident Erwin Teufel, CDU
Richard-Wagner-Str. 15, W-7000 Stuttgart 1
T 0711/2153–0, FS 723 711, Tfax 2153–340
Minister im Staatsministerium: Dr. Erwin Vetter, CDU
Adresse u. T: s. oben

Wirtschaftsminister u. Stellvertreter d. Min.-Präs.
Dr. Dieter Spöri, SPD
Theodor-Heuss-Str. 4, W-7000 Stuttgart 1
T 0711/123–0, FS 723 931, Ttex 7 111 545,
Tfax 123–2460

Innenminister
Frieder Birzele, SPD
Dorotheenstr. 6, W-7000 Stuttgart 1
T 0711/2072–1, FS 722 305, Tfax 2072–3679

Ministerin für Kultus und Sport
Dr. Marianne Schultz-Hector, CDU
Schloßplatz 4 (Neues Schloß), W-7000 Stuttgart 1
T 0711/279–0, Ttex 7 111 375, Tfax 279–25 50

Minister für Wissenschaft und Forschung
Klaus von Trotha, CDU
Königstr. 46 (Mittnachtbau), W-7000 Stuttgart 1
T 0711/279–0, FS 721 585, Ttex 7 111 398,
Tfax 279–3081

Justizminister
Dr. Thomas Schäuble, CDU
Schillerplatz 4, W-7000 Stuttgart 1
T 0711/279–0, Ttex 7 111 379, Tfax 2 26 15 60

Finanzminister
Gerhard Mayer-Vorfelder, CDU
Schloßplatz 4 (Neues Schloß), W-7000 Stuttgart 1
T 0711/279–0, Ttex 7 111 390, Tfax 279–3893

Minister für Ländlichen Raum, Ernährung, Landwirtschaft und Forsten
Dr. h. c. Gerhard Weiser, CDU
Kernerplatz 10, W-7000 Stuttgart 1
T 0711/126–0, FS 721 608, Ttex 7 111 383,
Tfax 126–23 79

Ministerin für Arbeit, Gesundheit u. Sozialordnung
Helga Solinger, SPD
Rotebühlplatz 30, W-7000 Stuttgart 1
T 0711/6673–0, Ttex 7 111 033, Tfax 66 73–70 06

Umweltminister Harald B. Schäfer, SPD
Kernerplatz 9, W-7000 Stuttgart 1
T 0711/126–0, FS 723 162, Ttex 7 111 643,
Tfax 126–28 80

Verkehrsminister
Hermann Schaufler, CDU
Hauptstätterstr. 67, W-7000 Stuttgart 1
T 0711/647–1, FS 722 305, Ttex 7 111 278

Ministerin für Familie, Frauen, Weiterbildung und Kunst Brigitte Unger-Soyka, SPD
Hauptstätterstr. 67, W-7000 Stuttgart 1
T 0711/647–1

Staatssekretär in der Vertretung des Landes Baden-Württemberg beim Bund
Gustav Wabro, CDU
Hauptstätterstr. 67, W-7000 Stuttgart 1
T 0711/647–1
u. Schlegelstr. 2, W-5300 Bonn 1
T 0228/503–0, Ttex 228 501, Tfax 503–227

BAYERN

Fläche: 70 554,06 km^2, Einw.: 11 575 769
(5 632 186m/5 943 583w) = 164,0 je km^2

1. Bayerischer Landtag
Präsident: Dr. Wilhelm Vorndran, CSU
Maximilianeum, W-8000 München 85
T 089/41 26–0, FS 529 015, Tfax 41 26–392
Mitglieder: 204
Verteilung der Sitze: CSU 127 (54,9% d. Stimmen) – SPD 58 (26,0%) – GRÜNE 12 (6,4%) – FDP 7 (5,2%)

Letzte Landtagswahl: 14. 10. 1990
nächste Wahl: Herbst 1994

2. Der Bayerische Senat
Präsident: Dr. Hans Weiß
Maximilianeum, W-8000 München 85
T 089/41 26–0
Mitglieder: 60

3. Die Bayerische Staatsregierung
Ministerpräsident Dr. h. c. Max Streibl, CSU
Prinzregentenstr. 7, W-8000 München 22
T 089/21 65–0, FS 523 809, 524 345, Tfax 21 65–459
(Mitgl. der Regierung sind auch die Staatssekretäre)

Staatsminister des Innern
Dr. Edmund Stoiber, CSU
Odeonsplatz 3, W-8000 München 22
T 089/21 92–1, Ttex 898 342, Tfax 21 92–12721

Staatsministerin der Justiz u. Stellv. d. Min.-Präsidenten
Dr. Mathilde Berghofer-Weichner, CSU
Justizpalast, W-8000 München 35
T 089/55 97–1, Ttex 896 091, Tfax 55 97–23 22

Staatsminister für Unterricht, Kultus, Wissenschaft und Kunst
Hans Zehetmair, CSU
Salvatorplatz 2, W-8000 München 2
T 089/21 86–01, Ttex 8 983 002, Tfax 21 86–28 00

Staatsminister der Finanzen
Dr. Georg Freiherr von Waldenfels, CSU
Odeonsplatz 4, W-8000 München 22
T 089/23 06–0, Ttex 897 141-0, Tfax 280 93 27

Staatsminister für Wirtschaft und Verkehr
Dr. h. c. August R. Lang, CSU
Prinzregentenstr. 28, W-8000 München 22
T 089/21 62–01, Ttex 897 188, Tfax 21 62–26 14

Staatsminister für Ernährung, Landwirtschaft und Forsten Hans Maurer, CSU
Ludwigstr. 2, W-8000 München 22
T 089/21 82–0, Ttex 898 413, Tfax 21 82–677

Staatsminister für Arbeit, Familie und Sozialordnung
Dr. Gebhard Glück, CSU
Winzererstr. 9, W-8000 München 40
T 089/12 61–01, Ttex 896 045, Tfax 12 61–20 78

Staatsminister für Landesentwicklung und Umweltfragen
Dr. Peter Gauweiler, CSU
Rosenkavalierplatz 2, W-8000 München 81
T 089/92 14–1, Ttex 898 551, Tfax 92 14–22 66

Staatsminister für Bundes- und Europaangelegenheiten
Dr. Thomas Goppel, CSU
Schlegelstr. 1, W-5300 Bonn 1
T 0228/202–0, FS 886 771, Tfax 0228/22 98 00
u. Kardinal-Döpfner-Str. 4, W-8000 München 2
T 089/28 85–0, Tfax 28 48 71

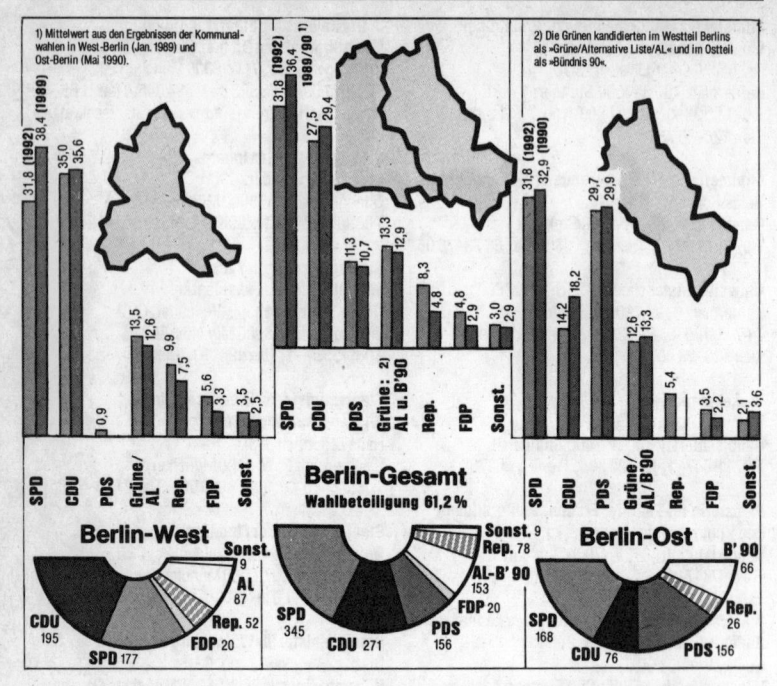

1) Mittelwert aus den Ergebnissen der Kommunalwahlen in West-Berlin (Jan. 1989) und Ost-Berlin (Mai 1990).

2) Die Grünen kandidierten im Westteil Berlins als »Grüne/Alternative Liste/AL« und im Ostteil als »Bündnis 90«.

Berlin-West

- CDU 195
- SPD 177
- AL 87
- Rep. 52
- FDP 20
- Sonst. 9

Berlin-Gesamt
Wahlbeteiligung 61,2 %

- SPD 345
- CDU 271
- PDS 156
- AL-B'90 153
- Rep. 78
- FDP 20
- Sonst. 9

Berlin-Ost

- SPD 168
- PDS 156
- CDU 76
- B'90 66
- Rep. 26

Ergebnisse der ersten Gesamtberliner Kommunalwahlen seit 1949 am 24. 5. 1992

BERLIN

Fläche: 889,1 km^2, Einw.: 3 437 920
(1 634 201m/1 803 719w) = 3891,6 je km^2

1. Abgeordnetenhaus von Berlin

Präsidentin: Dr. Hanna-Renate Laurien, CDU
Rathaus Schöneberg, W-1000 Berlin 62
T 030/783-1, FS 183 798, Tfax 783-80 88
Mitglieder: 241
Verteilung der Sitze: CDU 101 (40,4 % d. Stimmen) – SPD 76 (30,4 %) – PDS 22 (9,2 %) – FDP 18 (7,1 %) – Bündnis 90/Grüne (AL)/UFV 19 (9,4 %) – Parlamentar. Gruppe Neues Forum 3, fraktionslos 2

Letzte Wahl z. Abgeordnetenhaus: 2. 12. 1990
nächste Wahl: Herbst 1995

2. Senat von Berlin

Regierender Bürgermeister Eberhard Diepgen, CDU
Berliner Rathaus, Jüdenstr., O-1020 Berlin-Mitte
T 030/26 95-0 (W) u. 24 01-0 (O), FS 183 798,
Tfax 26 95-24 18/22 (W) u. 24 01-24 18/22 (O)

Bürgermeisterin und Senatorin für Arbeit und Frauen

Dr. Christine Bergmann, SPD
Storkower Str. 134, O-1055 Berlin
T 030/21 74-30 10 (W) u. 424-29 81 (O), FS 183 798,
Tfax 21 74-26 17 (W) u. 24 32-26 17 (O)

Senatorin für Justiz

Prof. Dr. Jutta Limbach, SPD
Salzburger Str. 21-25, W-1000 Berlin 62
T 030/783-1, FS 183 798, Tfax 783-39 36

Senator für Inneres

Prof. Dr. Dieter Heckelmann, parteilos
Fehrbelliner Pl. 2, W-1000 Berlin 31
T 030/867-1, FS 183 798, Tfax 867-31 05

Senator für Kulturelle Angelegenheiten

Ulrich Roloff-Momin, parteilos
Europa-Center, W-1000 Berlin 30
T 030/21 23-1, FS 183 798, Tfax 21 23-32 88

Senator für Jugend und Familie
Thomas Krüger, SPD
Am Karlsbad 8–10, W-1000 Berlin 30
T 030/2 60 41, FS 183 798, Tfax 21 22–23 23

Senator für Verkehr und Betriebe
Prof. Dr. Herwig Haase, CDU
An der Urania 4/10, W-1000 Berlin 30
T 030/2 12 21, FS 183 798, Tfax 21 22–33 20

Senator für Bau- und Wohnungswesen
Wolfgang Nagel, SPD
Württembergische Str. 6, W-1000 Berlin 31
T 030/867–1, FS 183 798, Tfax 867–73 31

Senatorin für Soziales
Ingrid Stahmer, SPD
An der Urania 12–14, W-1000 Berlin 30
T 030–212-21, FS 183 798, Tfax 21 22–33 53

Senator für Wirtschaft und Technologie
Dr. Norbert Meisner, SPD
Martin-Luther-Str. 105, W-1000 Berlin 62
T 030/783–1, FS 183 798, Tfax 783–455

Senator für Finanzen
Elmar Pieroth, CDU
Nürnberger Str. 53–55, W-1000 Berlin 30
T 030/21 23–1, FS 183 798, Tfax 21 23–21 06

Senator für Gesundheit
Dr. Peter Luther, CDU
Rauchstr. 17–18, W-1000 Berlin 30
T 030/21 22–30 18, FS 183 798, Tfax 21 22–33 00

Senator für Schule, Berufsbildung und Sport
Jürgen Klemann, CDU
Bredtschneiderstr. 5, W-1000 Berlin 19
T 030/30 32–1, FS 183 798, Tfax 30 32–898

Senator für Stadtentwicklung und Umweltschutz
Dr. Volker Hassemer, CDU
Lindenstr. 20–25, W-1000-Berlin 61
T 030/25 86–0, FS 183 798, Tfax 25 86–22 11

Senator für Wissenschaft und Forschung
Prof. Dr. Manfred Erhardt, CDU
Bredtschneiderstr. 5, W-1000 Berlin 19
T 030/30 32–1, FS 183 798, Tfax 30 32–433

Senator für Bundes- u. Europaangelegenheiten
Peter Radunski, CDU
Joachimstr. 7, W-5300 Bonn 1
T 0228/22 82–0, FS 886 895, Tfax 22 82–100

BRANDENBURG

Fläche: 29 107,01 km^2, Einw.: 2 574 931
(1 239 943m/1 323 282w) = 88,2 je km^2

1. Der Landtag von Brandenburg
Präsident: Dr. Herbert Knoblich, SPD
Am Havelblick 8, O-1560 Potsdam
T 0331/966–0, FS 15 461, Tfax 966–12 86
Mitglieder: 88
Verteilung der Sitze: SPD 36 (38,2 % d. Stimmen) –
CDU 27 (29,4 %) – PDS 13 (13,4 %) – FDP 6 (6,6 %) –
Bündnis 90 6 (6,4 %)

Letzte Landtagswahl: 14. 10. 1990
nächste Wahl: Herbst 1994

2. Die Regierung des Landes Brandenburg
Ministerpräsident Dr. Manfred Stolpe, SPD
Heinrich-Mann-Allee 107, O-1560 Potsdam
T 0331/339–0 od. 030/816 94–0, FS 15 461,
Tfax 0331/3 63 33 od. 030/802–21 86
Chef der Staatskanzlei: Dr. Jürgen Linde

Minister d. Innern u. Stellv. d. Min.-Präs.
Alwin Ziel, SPD
Henning-von-Treskow-Str. 9–13, O-1560 Potsdam
T 0331/40–0 od. 030/802–20 07, Tfax 0331/2 36 77 u.
2 37 88

**Minister d. Justiz u. Bevollmächtigter d. Landes
Brandenburg für Bundesangelegenheiten u.
Europa**
Dr. Hans Otto Bräutigam, parteilos
Heinrich-Mann-Allee 107, O-1561 Potsdam
T 0331/36–0 od. 030/802–20 89, Tfax 0331/3 66 97
od. 030/802–21 86
u. Schedestr. 1–3, W-5300 Bonn 1
T 0228/915 00–0, Tfax 915 00–35/36

Minister der Finanzen
Klaus-Dieter Kühbacher, SPD
Steinstr. 104–106, O-1597 Potsdam
T 0331/62 30 91 od. 030/802–30 70/77,
Tfax 0331/62 41 86 od. 030/801–30 59

**Minister für Wirtschaft, Mittelstand
und Technologie**
Walter Hirche, FDP
Heinrich-Mann-Allee 107, O-1561 Potsdam
T 0331/36–0, Tfax 0331/36–516

**Ministerin für Arbeit, Soziales, Gesundheit
und Frauen**
Dr. Regine Hildebrandt, SPD
Heinrich-Mann-Allee 103, O-1561 Potsdam
T 0331/86 91–0, Tfax 0331/86 14 21

Minister für Ernährung, Landwirtschaft und Forsten
Edwin Zimmermann, SPD
Heinrich-Mann-Allee 107, O-1561 Potsdam
T 0331/36–0, Tfax 0331/3 66 34 od. 030/801–30 60

Ministerin für Bildung, Jugend und Sport
Marianne Birthler, Bündnis 90
Heinrich-Mann-Allee 107, O-1561 Potsdam
T 0331/36–0 od. 36–263, Tfax 0331/3 69 76 od.
030/801–70 14

Minister für Wissenschaft, Forschung und Kultur
Hinrich Enderlein, FDP
Friedrich-Ebert-Str. 4–7, O-1561 Potsdam
T 0331/329–0 od. 030/801–10 09 od. 802–40 03,
Tfax 0331/2 76 34

Minister für Umwelt, Naturschutz und Raumordnung
Matthias Platzeck, Bündnis 90
Albert-Einstein-Str. 42–46, O-1561 Potsdam
T 0331/315–0, Tfax 0331/443–584 od.
030/801–40 91

Minister für Stadtentwicklung, Wohnen und Verkehr
Jochen Wolf, SPD
Dortusstr. 30–33, O-1560 Potsdam
T 0331/372–0, FS 156 195, Tfax 0331/2 41 81 od.
030/802–20 54

FREIE HANSESTADT BREMEN

Fläche: 404,23 km^2, Einw.: 683 077
(327 516m/355 561w) = 1689,8 je km^2

1. Bremische Bürgerschaft (Landtag)
Präsident: Dr. Dieter Klink, SPD
Haus der Bürgerschaft, Postfach 10 69 09,
W-2800 Bremen 1
T 0421/36 07–150, FS 244 804, Tfax 36 07–133 u.
36 07–233 (Presse)
Mitglieder: 100
Verteilung d. Sitze: SPD 41 (38,8 % d. Stimmen) –
CDU 32 (30,7 %) – Grüne 11 (11,4 %) – FDP 10
(9,5 %) – DVU 6 (6,2 %)

Letzte Bürgerschaftswahl: 29. 9. 1991
nächste Wahl: Herbst 1995

2. Senat der Freien Hansestadt Bremen
Präsident des Senats und Senator für kirchliche Angelegenheiten
Bürgermeister Klaus Wedemeier, SPD

Stellvertreter: Bürgermeister Claus Jäger, FDP
Rathaus, W-2800 Bremen 1
T 0421/361–22 04, FS 244 804, Tfax 361–63 63 u.
361–20 72

Senator für Wirtschaft, Mittelstand und Technologie
Bürgermeister Claus Jäger, FDP
Zweite Schlachtpforte 3, W-2800 Bremen 1
T 0421/397–84 00, FS 244 804, Tfax 397–85 86

Senator für Inneres und Sport
Friedrich van Nispen, FDP
Contrescarpe 22–24, W-2800 Bremen 1
T 0421/362–20 00, FS 244 804, Tfax 362–32 13

Senator für Justiz und Verfassung
Dr. Henning Scherf, SPD
Richtweg 16/22, W-2800 Bremen 1
T 0421/361–24 84, FS 244 804, Tfax 361–25 84

Senator für Bildung und Wissenschaft
Dr. Henning Scherf, SPD
Rembertiring 8/12, W-2800 Bremen 1
T 0421/361–47 77, FS 244 804, Tfax 361–41 76

Senatorin für Arbeit und Frauen
Sabine Uhl, SPD
Contrescarpe 73, W-2800 Bremen 1
T 0421/361–47 20, FS 244 804, Tfax 361–20 72

Senator für Gesundheit, Jugend und Soziales
Irmgard Gaertner, SPD
Birkenstr. 34, W-2800 Bremen 1
T 0421/397–92 67, FS 244 804, Tfax 397–93 21

Senator für Kultur und Ausländerintegration
Dr. Helga Trüpel, Grüne
Herdentorsteinweg 7, W-2800 Bremen 1
T 0421/361–40 78, FS 244 804, Tfax 361–40 91

Senator für Umweltschutz und Stadtentwicklung
Ralf Fücks, Grüne
Ansgaritorstr. 2, W-2800 Bremen 1
T 0421/361–60 04, FS 244 804, Tfax 361–61 71 u.
361–80 32

Senator für das Bauwesen
Eva-Maria Lemke-Schulte, SPD
Ansgaritorstr. 2, W-2800 Bremen 1
T 0421/361–22 27, FS 244 804, Tfax 361–45 65

Senator für Finanzen
Volker Kröning, SPD
Rudolf-Hilferding-Pl. 1 (Haus des Reichs),
W-2800 Bremen 1
T 0421/361–23 98, FS 244 804, Tfax 361–29 65

Vorsitzender der Senatskommission für das Personalwesen
Volker Kröning, SPD
Auf der Brake 1, W-2800 Bremen 1
T 0421/361–2398, FS 244 804, Tfax 361–6766

Senator für Häfen, Schiffahrt und Außenhandel
Uwe Beckmeyer, SPD
Kirchenstr. 4/5a, W-2800 Bremen 1
T 0421/361–2202, FS 244 804, Tfax 361–6602

Senator für Bundesangelegenheiten der Freien Hansestadt Bremen
Uwe Beckmeyer, SPD
Schaumburg-Lippe-Str. 7–9, W-5300 Bonn 1
T 0228/2605–115, FS 886 883, Tfax 2605–100

FREIE UND HANSESTADT HAMBURG

Fläche: 755,30 km^2, Einw.: 1 668 757
(795 130 m/873 627 w) = je 2209,4 je km^2
(Stand: 31. 12. 91)

1. Bürgerschaft der Freien und Hansestadt Hamburg – Präsidentin: Elisabeth Kiausch, SPD
Rathaus, Postfach 10 09 02, W-2000 Hamburg 1
T 040/3681–0, FS 212 121, Tfax 368–2467
Mitglieder: 121
Verteilung d. Sitze: SPD 61 (48,0 % d. Stimmen) – CDU 44 (35,1 %) – Grüne/GAL 9 (7,2 %) – FDP 7 (5,4 %)

Letzte Bürgerschaftswahl: 2. 6. 1991
nächste Wahl: Sommer 1995

2. Der Senat der Freien und Hansestadt Hamburg
Präsident des Senats und Erster Bürgermeister
Dr. Henning Voscherau, SPD
Chef der Senatskanzlei u. des Staatsarchivs:
Senator Dr. Thomas Mirow, SPD
Senatsamt für den Verwaltungsdienst u. Senatsamt für Bezirksangelegenheiten,
Europa-Beauftragter des Senats:
Senator Peter Zumkley, SPD
Rathaus, W-2000 Hamburg 1
T 040/3681–0, FS 212 121, Tfax 3681–2180

Senatsamt für den Verwaltungsdienst
Senatsamt für Bezirksangelegenheiten
Steckelhörn 12, W-2000 Hamburg 11
T 040/3681–0, Tfax 3681–2460

Staatsarchiv
ABC-Straße 19a, W-2000 Hamburg 36
T 040/3681–1862, Tfax 3681–2514

Senatsamt für die Gleichstellung
Senatorin Traute Müller, SPD
Alter Steinweg 4, W-2000 Hamburg 11
T 040/3504–3006, Tfax 3504–3010

Zweiter Bürgermeister
Prof. Dr. Hans-Jürgen Krupp, SPD
Rathaus, W-2000 Hamburg 1
T 040/3681–0, FS 212 121

Behörde für Wirtschaft
Prof. Dr. Hans-Jürgen Krupp, SPD
Alter Steinweg 4, W-2000 Hamburg 11
T 040/3504–0, FS 211 100, Tfax 3504–1717

Behörde für Arbeit, Gesundheit u. Soziales
Senator Ortwin Runde, SPD
Hamburger Str. 47, W-2000 Hamburg 76
T 040/29188–3001/2, FS 212 121,
Tfax 29188–3215

Baubehörde Senator Eugen Wagner, SPD
Stadthausbrücke 8, W-2000 Hamburg 36
T 040/34913–1, Tfax 34913–3196

Finanzbehörde
Senator Wolfgang Curilla, SPD
Gänsemarkt 36, W-2000 Hamburg 36
T 040/3598–0, FS 212 121, Tfax 3598–402

Stadtentwicklungsbehörde
Senatorin Traute Müller, SPD
Alter Steinweg 4, W-2000 Hamburg 11
T 040/3504–3004, Tfax 3504–3010

Behörde für Inneres
Senator Werner Hackmann, SPD
Johanniswall 4, W-2000 Hamburg 1
T 040/2486–48 00/45 00, FS 214 578,
Tfax 2486–3735

Justizbehörde
Senatorin Dr. Lore Maria Peschel-Gutzeit, SPD
Drehbahn 36, W-2000 Hamburg 36
T 040/3497–600/1, FS 212 121, Tfax 3497–3572

Kulturbehörde
Senatorin Dr. Christina Weiss, parteilos
Hamburger Str. 45, W-2000 Hamburg 76
T 040/29188–1, Tfax 299–6560

Behörde f. Schule, Jugend u. Berufsbildung
Senatorin Rosemarie Raab, SPD
Hamburger Str. 31, W-2000 Hamburg 76
T 040/29188–2003, FS 212 121,
Tfax 29188–4132

Umweltbehörde
Senator Dr. Fritz Vahrenholt, SPD
Steindamm 22, W-2000 Hamburg 1
T 040/24 86-0, FS 2 164 742, Tfax 24 86-32 84

Behörde für Wissenschaft und Forschung
Senator Prof. Dr. Leonhard Hajen, SPD
Hamburger Str. 37, W-2000 Hamburg 76
T 040/291 88-37 22

Der Bevollmächtigte der Freien und Hansestadt Hamburg beim Bund
Senator Peter Zumkley, SPD
Rathaus, W-2000 Hamburg 1
T 040/36 81-0, FS 212 121, Tfax 22 87-128
u. Kurt-Schumacher-Str. 12, W-5300 Bonn 1
T 0228/22 87-0, FS 886 809, Tfax 22 87-128

HESSEN

Fläche: 21 114,16 km^2, Einw.: 5 791 287
(2 820 994m/2 970 293w) = 274,3 je km^2

1. Hessischer Landtag
Präsident: Karl Starzacher, SPD
Schloßplatz 1-3, Postfach 3240,
W-6200 Wiesbaden 1
T 0611/350-0, FS 4 186 222, Tfax 350-434
Mitglieder: 110
Verteilung der Sitze: SPD 46 (40,8 % d. Stimmen) – CDU 46 (40,2 %) – GRÜNE 10 (8,8 %) – FDP 8 (7,4 %)

Letzte Landtagswahl: 20. 1. 1991
nächste Wahl: Frühjahr 1995

2. Die Hessische Landesregierung
Der Hessische Ministerpräsident
Hans Eichel, SPD
Bierstadter Str. 2, W-6200 Wiesbaden
T 0611/32-0, FS 4 186 693, Tfax 32-28 00/01

Der Hessische Minister des Innern
Dr. Herbert Günther, SPD
Friedrich-Ebert-Allee 12, W-6200 Wiesbaden
T 0611/353-0, FS 4 186 814, Tfax 353-608

Die Hessische Ministerin der Finanzen
Dr. Annette Fugmann-Heesing, SPD
Friedrich-Ebert-Allee 8, W-6200 Wiesbaden
T 0611/32-0, FS 4 186 814, Tfax 32-24 33

Die Hessische Ministerin der Justiz
Dr. Christine Hohmann-Dennhardt, SPD
Luisenstr. 13, W-6200 Wiesbaden
T 0611/32-0, Ttex 26 276 121/253, Tfax 32-27 63

Der Hessische Kultusminister
Hartmut Holzapfel, SPD
Luisenplatz 10, W-6200 Wiesbaden
T 0611/368-0, Ttex 6 121 803, Tfax 368-20 99

Der Hessische Minister für Wirtschaft, Verkehr und Technologie
Ernst Welteke, SPD
Kaiser-Friedrich-Ring 75, W-6200 Wiesbaden
T 0611/815-0, Ttex 6 121 922/846, Tfax 815-22 27

Die Hessische Ministerin für Wissenschaft und Kunst
Prof. Dr. Evelies Mayer, SPD
Rheinstr. 23-25, W-6200 Wiesbaden
T 0611/165-0, FS 4 186 814, Tfax 165-766

Der Hessische Minister für Umwelt, Energie u. Bundesangelegenheiten u. Stellvertreter d. Min.-Präsidenten
Joseph (Joschka) Fischer, Grüne
Mainzer Str. 80, W-6200 Wiesbaden 1
T 0611/815-0, Tfax 815-19 40
u. Kurt-Schumacher-Str. 2-4, W-5300 Bonn 1
T 0228/2 60 06-0, FS 228 334, Tfax 2 60 06-69

Die Hessische Ministerin für Jugend, Familie und Gesundheit
Iris Blaul, Grüne
Dostojewskistr. 4, W-6200 Wiesbaden
T 0611/817-0, Ttex 6 121 998, Tfax 80 91 48

Die Hessische Ministerin für Frauen, Arbeit u. Sozialordnung
Prof. Dr. Heide Pfarr, SPD
Gustav-Freytag-Str. 1, W-6200 Wiesbaden
T 0611/32-0, Tfax 3 90 75

Der Hessische Minister für Landesentwicklung, Wohnen, Landwirtschaft, Forsten u. Naturschutz
Jörg Jordan, SPD
Hölderlinstr. 1-3, W-6200 Wiesbaden
T 0611/817-0, Ttex 6 121 988, Tfax 817-28 00

MECKLENBURG-VORPOMMERN

Fläche: 23 369 km^2, Einw.: 1 912 253
(927 725m/980 855w) = 80,1 je km^2

1. Der Landtag von Mecklenburg-Vorpommern
Präsident: Rainer Prachtl, CDU
Lennéstr. 1, O-2750 Schwerin
T 0385/88 81 00, Tfax 81 23 94 u. 88 81 21
Mitglieder: 66
Verteilung der Sitze: CDU 30 (38,3 % d. Stimmen) – SPD 20 (27,0 %) – PDS 12 (15,7 %) – FDP 4 (5,5 %)

Letzte Landtagswahl: 14.10.1990
nächste Wahl: Herbst 1994

2. Die Landesregierung von Mecklenburg-Vorpommern

Ministerpräsident Dr. Berndt Seite, CDU
Schloßstr. 2–4, O-2750 Schwerin
T 0385/57 19–0, Tfax 581 32 86
Chefin der Staatskanzlei: Staatssekretärin
Dr. Gabriele Wurzel
Adresse u. Ts. oben, Tfax 0385/581 32 29

Innenminister
Lothar Kupfer, CDU
Karl-Marx-Str. 1, O-2751 Schwerin
T 0385/574–0, Tfax 574 24–43

Minister für Justiz, Bundes- und Europaangelegenheiten
Herbert Helmrich, CDU
Demmlerplatz 1–2, O-2754 Schwerin
T 0385/88 91 10/20, Tfax 71 11 22
u. Godesberger Allee 18, W-5300 Bonn 2
T 0228/95 85 92, Tfax 9 58 52 02

Sozialminister u. Stellv. d. Min.-Präsidenten
Dr. Klaus Gollert, FDP
Werderstr. 124, O-2750 Schwerin
T 0385/57 72 01/03, Tfax 581 32 22

Finanzministerin
Bärbel Kleedehn, CDU
Schloßstr. 9–11, O-2750 Schwerin
T 0385/578–300/698, FS 32 301, Tfax 8 32 94

Wirtschaftsminister
Conrad-Michael Lehment, FDP
Johann-Stelling-Str. 14, O-2755 Schwerin
T 0385/5 72 41 01/02, Tfax 5 81 27 13

Landwirtschaftsminister
Martin Brick, CDU
Paulshöher Weg 1, O-2786 Schwerin
T 0385/88 6–0, Tfax 88 62 22

Kultusministerin
Steffie Schnoor, CDU
Werderstr. 124, O-2750 Schwerin
T 0385/578–202/360, Tfax 578–673

Umweltministerin
Dr. Petra Uhlmann, CDU
Schloßstr. 6–8, O-2750 Schwerin
T 0385/57 82 97/69, Tfax 86 17 46

NIEDERSACHSEN

Fläche: 47 348,71 km^2, Einw.: 7 423 713
(3 608 887m/3 814 826w) = 156,8 je km^2

1. Der Niedersächsische Landtag

Präsident: Horst Milde, SPD
Hinrich-Wilhelm-Kopf-Platz 1, Postfach 4407,
W-3000 Hannover 1, T 0511/30 30–1,
Ttex 5 118 302, Tfax 30 30–380
Mitglieder: 155
Verteilung der Sitze: SPD 71 (44,2% d. Stimmen) – CDU 67 (42,0%) – FDP 9 (6,0%) – GRÜNE 8 (5,5%)

Letzte Landtagswahl: 13. 5. 1990
nächste Wahl: Sommer 1994

2. Die Niedersächsische Landesregierung

Der Niedersächsische Ministerpräsident
Gerhard Schröder, SPD
Staatskanzlei, Planckstr. 2, W-3000 Hannover 1
T 0511/120–1, FS 923 414 60, Ttex 511 899 62,
Tfax 120–21 96

Der Niedersächsische Minister des Innern u. Stellv. d. Min.-Präsidenten
Gerhard Glogowski, SPD
Lavesallee 6, W-3000 Hannover 1
T 0511/120–61 00, FS 923 414 75, Ttex 511 899 75,
Tfax 120–62 54

Der Niedersächsische Minister der Finanzen
Hinrich Swieter, SPD
Schiffgraben 10, W-3000 Hannover 1
T 0511/120–81 01, FS 923 414 70, Ttex 5 118 570,
Tfax 120–82 36

Der Niedersächsische Sozialminister
Walter Hiller, SPD
Hinrich-Wilhelm-Kopf-Pl. 2, W-3000 Hannover 1
T 0511/120–401, FS 923 414 45, Tfax 120–443

Der Niedersächsische Kultusminister
Prof. Rolf Wernstedt, SPD
Schiffgraben 12, W-3000 Hannover 1
T 0511/120–84 01, FS 923 414 65, Ttex 51 189 965,
Tfax 120–84 36

Die Niedersächsische Ministerin für Wissenschaft und Kunst
Helga Schuchardt, parteilos
Leibnizufer 9, W-3000 Hannover 1
T 0511/120–24 01, FS 923 414 55, Ttex 51 189 956,
Tfax 120–23 93

Der Niedersächsische Minister für Wirtschaft, Technologie und Verkehr
Dr. Peter Fischer, SPD
Friedrichswall 1, W-3000 Hannover 1
T 0511/120–64 01, FS 923 414 35, Tfax 120–64 27

Der Niedersächsische Minister für Ernährung, Landwirtschaft und Forsten
Karl-Heinz Funke, SPD
Calenberger Str. 2, W-3000 Hannover 1
T 0511/120–22 01, FS 923 414 10, Ttex 51 189 913,
Tfax 120–20 60/62

Die Niedersächsische Ministerin für Justiz
Heidi Alm-Merk, SPD
Am Waterlooplatz 1, W-3000 Hannover 1
T 0511/120–67 01, FS 923 414 30, Tfax 120–68 11

Der Niedersächsische Minister für Bundes- u. Europaangelegenheiten
Jürgen Trittin, Grüne
Clemensstr. 17, W-3000 Hannover 1
T 0511/120–27 01, FS 923 414 40, Ttex 511 899 40,
Tfax 120–28 07
u. Kurt-Schumacher-Str. 19, W-5300 Bonn 1
T 0228/22 83–0, Ttex 2 283 855, Tfax 22 83–237

Die Niedersächsische Umweltministerin
Monika Griefahn, parteilos
Archivstr. 2, W-3000 Hannover 1
T 0511/104–33 01, Ttex 5 118 380, Tfax 104–33 99

Die Niedersächsische Ministerin für Frauen
Waltraud Schoppe, Grüne
Schiffgraben 44, W-3000 Hannover 1
T 0511/120–88 02, Tfax 120–88 47

NORDRHEIN-WESTFALEN

Fläche: 34 068,31 km^2, Einw.: 17 414 889
(8 407 470m/9 007 419w) = 511,2 je km^2

1. Der Landtag von Nordrhein-Westfalen
Präsidentin: Ingeborg Friebe, SPD
Platz des Landtags, W-4000 Düsseldorf 1
T 0211/884–1, FS 8 586 498, Ttex 2 114 112,
Tfax 884–22 58
Mitglieder: 237
Verteilung der Sitze: SPD 122 (50,0 % d. Stimmen) –
CDU 89 (36,7 %) – FDP 14 (5,8 %) – GRÜNE 12
(5,0 %)

Letzte Landtagswahl: 13. 5. 1990
nächste Wahl: Sommer 1995

2. Die Landesregierung Nordrhein-Westfalen
Ministerpräsident u.
Minister für Bundesangelegenheiten
Dr. h. c. Johannes Rau, SPD
Minister für besondere Aufgaben u. Chef der Staatskanzlei Wolfgang Clement, SPD
Mannesmann-Ufer 1a, W-4000 Düsseldorf 1
T 0211/837–01, FS 8 581 894, Tfax 837–12 36

Innenminister u. Stellv. d. Min.-Präsidenten
Dr. Herbert Schnoor, SPD
Haroldstr. 5, W-4000 Düsseldorf 1
T 0211/871–1, FS 8 582 749, Tfax 871–33 55

Finanzminister
Heinz Schleußer, SPD
Jägerhofstr. 6, W-4000 Düsseldorf 30
T 0211/49 72–0, Ttex 2 114 101, Tfax 49 72–750

Justizminister
Dr. Rolf Krumsiek, SPD
Martin-Luther-Platz 40, W-4000 Düsseldorf 1
T 0211/87 92–1, Ttex 2 114 184, Tfax 87 92–456

Kultusminister
Hans Schwier, SPD
Völklinger Str. 49, W-4000 Düsseldorf 1
T 0211/896–03, FS 8 582 967, Tfax 896–32 20

Ministerin für Wissenschaft und Forschung
Anke Brunn, SPD
Völklinger Str. 49, W-4000 Düsseldorf 1
T 0211/896–04, Ttex 2 114 688, Tfax 896–45 55

Minister für Wirtschaft, Mittelstand und Technologie
Günther Einert, SPD
Haroldstr. 4, W-4000 Düsseldorf 1
T 0211/837–02, FS 8 582 728, Tfax 837–22 00

Minister für Arbeit, Gesundheit und Soziales
Hermann Heinemann, SPD
Horionplatz 1, W-4000 Düsseldorf 1
T 0211/837–03, FS 8 582 192, Tfax 837–36 83

Minister für Umwelt, Raumordnung und Landwirtschaft
Klaus Matthiesen, SPD
Schwannstr. 3, W-4000 Düsseldorf 1
T 0211/45 66–0, FS 8 584 965, Tfax 45 66–388

Minister für Stadtentwicklung und Verkehr
Franz-Josef Kniola, SPD
Breite Str. 31, W-4000 Düsseldorf 1
T 0211/837–04, FS 8 584 410, Tfax 837–44 44

Ministerin für Bauen und Wohnen
Ilse Brusis, SPD
Nördlicher Zubringer 5, W-4000 Düsseldorf 30
T 0211/90 88–0, Tfax 90 88–601/602

Ministerin für die Gleichstellung von Mann und Frau
Ilse Ridder-Melchers, SPD
Breite Str. 27, W-4000 Düsseldorf 1
T 0211/837–05, Tfax 837–47 08/16

Minister für Bundesangelegenheiten
Min.-Präs. Dr. h. c. Johannes Rau, SPD
Dahlmannstr. 2, Postfach 12 03 40, W-5300 Bonn 1
T 0228/26 99–0, FS 886 850, Tfax 26 99–221

RHEINLAND-PFALZ

Fläche: 19 848,80 km^2, Einw.: 3 785 062
(1 837 954m/1 947 108w) = 190,7 je km^2

1. Der Landtag von Rheinland-Pfalz
Präsident: Christoph Grimm, SPD
Deutschhausplatz 12, Postfach 3040,
W-6500 Mainz 1
T 06131/208–0, FS 4 187 852, Ttex 6 131 962,
Tfax 208–447
Mitglieder: 101
Verteilung d. Sitze: SPD 47 (44,8 %) – CDU 40
(38,7 %) – FDP 7 (6,9 %) – GRÜNE 7 (6,4 %)

Letzte Landtagswahl: 21. 4. 1991
nächste Wahl: Frühjahr 1995

2. Die Landesregierung Rheinland-Pfalz
Ministerpräsident Rudolf Scharping, SPD
Staatskanzlei, Peter-Altmeier-Allee 1,
W-6500 Mainz
T 06131/16–1, FS 4 187 852, Tfax 16–46 66

Minister des Innern und für Sport
Walter Zuber, SPD
Schillerplatz 3/5, W-6500 Mainz
T 06131/16–1, FS 4 187 852, Tfax 16–37 20

Minister für Justiz
Peter Caesar, FDP
Ernst-Ludwig-Str. 3, W-6500 Mainz
T 06131/16–1, FS 4 187 852, Tfax 16–48 87

Minister der Finanzen
Edgar Meister, SPD
Kaiser-Friedrich-Str. 1, W-6500 Mainz
T 06131/16–1, FS 4 187 852, Tfax 16–43 31

Ministerin für Bildung und Kultur
Dr. Rose Götte, SPD
Mittlere Bleiche 61, W-6500 Mainz
T 06131/16–1, FS 4 187 656, Tfax 16–28 78

Minister für Wirtschaft u. Verkehr
u. Stellvertreter d. Min.-Präsidenten
Rainer Brüderle, FDP
Bauhofstr. 4, W-6500 Mainz
T 06131/16–1, FS 4 187 852, Tfax 16–21 00

Minister für Landwirtschaft, Weinbau u. Forsten
Karl Schneider, SPD
Große Bleiche 55, W-6500 Mainz
T 06131/16–1, FS 4 187 852, Tfax 16–26 44

Ministerin für Umwelt
Klaudia Martini, SPD
Kaiser-Friedrich-Str. 7, W-6500 Mainz
T 06131/16–1, FS 4 187 852, Tfax 16–46 49

Minister für Arbeit, Soziales, Familie und Gesundheit
Ulrich Galle, SPD
Bauhofstr. 9, W-6500 Mainz
T 06131/16–1, FS 4 187 852, Tfax 16–23 73

Ministerin für die Gleichstellung von Frau und Mann
Jeanette Rott, SPD
Bauhofstr. 4, W-6500 Mainz
T 06131/16–1, FS 4 187 656

Minister für Wissenschaft und Weiterbildung
Jürgen Zöllner, SPD
Mittlere Bleiche 61, W-6500 Mainz
T 06131/16–1, FS 4 187 656

Minister für Bundesangelegenheiten und Europa
Florian Gerster, SPD
Heussallee 18–24, W-5300 Bonn 1
T 0228/91 20–0 23/4, FS 886 801, Tfax 91 20–222

SAARLAND

Fläche: 2570,17 km^2, Einw.: 1 074 557
(519 127m/555 430w) = 418,1 je km^2

1. Der Landtag des Saarlandes
Präsident: Albrecht Herold, SPD
Franz-Josef-Röder-Str. 7, Postfach 1188,
W-6600 Saarbrücken 1
T 0681/50 02–1, Ttex 681 704, Tfax 50 02–392
Mitglieder: 51
Verteilung der Sitze: SPD 30 (54,4 % d. Stimmen) –
CDU 18 (33,4 %) – FDP 3 (5,6 %)

Letzte Landtagswahl: 28. 1. 1990
nächste Wahl: Frühjahr 1995

2. Die Regierung des Saarlandes
Ministerpräsident Oskar Lafontaine, SPD
Am Ludwigsplatz 14, Postfach 10 10
W-6600 Saarbrücken 1
T 0681/50 06–01, FS 4 421 371, Tfax 50 06–159 u.
50 06–222 (Presse)

Minister des Innern
Friedel Läpple, SPD
Franz-Josef-Röder-Str. 21, W-6600 Saarbrücken 1
T 0681/501–1, FS (17) 681 724, Tfax 501–22 22

Minister der Finanzen
u. Stellv. d. Min.-Präsidenten
Hans Kasper, SPD
Am Stadtgraben 6/8, W-6600 Saarbrücken 3
T 0681/30 00–1, FS 4 428 687, Tfax 30 00–379

Minister der Justiz
Dr. Arno Walter, SPD
Zähringer Str. 12, W-6600 Saarbrücken 1
T 0681/505–1, FS 4 428 648, Tfax 505–855

Ministerin für Bildung und Sport
Marianne Granz, SPD
Hohenzollernstr. 60, W-6600 Saarbrücken 1
T 0681/503–1, Tfax 503–227

Minister für Wissenschaft u. Kultur
Prof. Dr. Diether Breitenbach, SPD
Hohenzollernstr. 60, W-6600 Saarbrücken 1
T 0681/503–1, Tfax 503–291

Ministerin für Frauen, Arbeit, Gesundheit
u. Soziales
Christiane Krajewski, SPD
Talstr. 43/51, W-6600 Saarbrücken 1
T 0681/501–1, FS (17) 681 937, Tfax 501–33 35

Minister für Wirtschaft
Reinhold Kopp, SPD
Hardenbergstr. 8, W-6600 Saarbrücken 1
T 0681/501–1, FS (17)681 966, Tfax 501–42 87

Minister für Umwelt
Jo(sef) Leinen, SPD
Hardenbergstr. 8, W-6600 Saarbrücken 1
T 0681/501–1, FS (17) 6 817 506, Tfax 501–45 22

Der Bevollmächtigte des Saarlandes beim Bund
Staatssekretär Hanspeter Weber, SPD
Kurt-Schumacher-Str. 9, W-5300 Bonn 1
T 0228/2 67 93–0, FS 886 553, Tfax 22 13 55

SACHSEN

Fläche: 18 337,69 km^2, Einw. 4 723 365
(2 227 041m/2 496 324w) = 257,6 je km^2

1. Sächsischer Landtag
Präsident: Erich Iltgen, CDU
Holländische Str. 2, O-8010 Dresden
T 0351/48 55–108, FS 23 25, Tfax 48 55–803
Mitglieder: 160
Verteilung der Sitze: CDU 92 (53,8 % d. Stimmen) –
SPD 32 (19,1 %) – PDS 17 (10,2 %) – Bündnis 90/
Grüne 10 (5,6 %) – FDP 9 (5,3 %)

Letzte Landtagswahl: 14. 10. 1990
nächste Wahl: Herbst 1994

2. Die Landesregierung Sachsen
Ministerpräsident Prof. Dr. Kurt Biedenkopf, CDU
Archivstr. 1, O-8060 Dresden
T 0351/59 82–215/321, Tfax 5 17 32
Chef der Staatskanzlei:
Staatssekretär Günter Meyer, CDU
Adresse s. o. u. T 0351/59 82–222

Staatsminister des Innern
u. Stellvertreter d. Min.-Präsidenten
Heinz Eggert, CDU
Archivstr. 1, O-8060 Dresden
T 0351/59 82–312/420, Tfax 5 17 32 u. 59 82–215

Staatsminister der Finanzen
Prof. Dr. Georg Milbradt, CDU
Carolaplatz 1, O-8060 Dresden
T 0351/5 64 40 00/13, Tfax 5 64 40 09/19 u. 5 64 41 09

Staatsministerin für Kultus
Stefanie Rehm, CDU
Archivstr. 1, O-8060 Dresden
T 0351/59 82–220/920, Tfax 5 02 24 71

Staatsminister für Wissenschaft und Kunst
Prof. Dr. Hans-Joachim Meyer
Archivstr. 1, O-8060 Dresden
T 0351/59 82–560/697, Tfax 5 37 35 u. 5 17 32

Staatsminister der Justiz
Steffen Heitmann, CDU
Archivstr. 1, O-8060 Dresden
T 0351/59 82–369 u. 5 02 24 67, Tfax 5 17 32 u.
59 82–215

Staatsminister für Wirtschaft und Arbeit
Dr. Kajo Schommer, CDU
Budapester Str. 5, O-8010 Dresden
T 0351/48 52–550/290, Tfax 4 95 61 09 u. 4 95 41 31

Staatsminister für Landwirtschaft, Ernährung und Forsten
Dr. Rolf Jähnichen, CDU
Albertstr. 10, O-8060 Dresden
T 0351/5 99 08 02/19, Tfax 5 99 01 98

Staatsminister für Soziales, Gesundheit und Familie
Dr. Hans Geisler, CDU
Albertstr. 10, O-8060 Dresden
T 0351/5 99 06–15/16, Tfax 5 99 06–14

Staatsminister für Umwelt und Landesentwicklung
Arnold Vaatz, CDU
Ostra-Allee 23, O-8010 Dresden
T 0351/4 86 22–34/08 od. 089/50 69 77,
Tfax 0351/4 86 22–09 od. 089/50 69 59

Der Bevollmächtigte des Freistaates Sachsen beim Bund
Staatssekretär Dr. Günter Ermisch
Godesberger Allee 18, W-5300 Bonn 2
T 0228/95 85 01, Tfax 95 85–145/165

SACHSEN-ANHALT

Fläche: 20 443,97 km^2, Einw.: 2 849 946
(1 359 691m/1 490 255w) = 139,4 je km^2

1. Der Landtag von Sachsen-Anhalt
Präsident: Dr. Klaus Keitel, CDU
Am Domplatz 6–7, Postfach 1969,
O-3010 Magdeburg
T 0391/3 38 95, Tfax 3 18 97
Mitglieder: 106 (inkl. 8 Überhangmandate)
Verteilung der Sitze: CDU 48 (39,0% d. Stimmen) –
SPD 27 (26,0%) – FDP 14 (13,5%) – PDS 12
(12,0%) – Grüne/Neues Forum 5 (5,3%)

Letzte Landtagswahl: 14. 10. 1990
nächste Wahl: Herbst 1995

2. Die Regierung von Sachsen-Anhalt
Ministerpräsident Prof. Dr. Werner Münch, CDU
Palais am Fürstenwall, Hegelstr. 42,
O-3010 Magdeburg
T 0391/567–65 00/01, Tfax 567–65 06
Chef der Staatskanzlei: Staatssekretär Walter Link
Adresse s. o. u. T 0391/567–65 25

Minister für Umwelt und Naturschutz u. Stellvertreter d. Min.-Präsidenten
Wolfgang Rauls, FDP
Pfälzer Platz 1, O-3024 Magdeburg
T 0391/567–32 00, Tfax 5 84 17

Minister des Innern
Hartmut Perschau, CDU
Halberstädter Str. 2, O-3014 Magdeburg
T 0391/567–55 01

Minister der Justiz
Walter Remmers, CDU
Wilhelm-Höpfner-Ring 4, O-3037 Magdeburg
T 0391/567–41 38, Tfax 61 30 12

Minister der Finanzen
Dr. Wolfgang Böhmer, CDU
Olvenstedter Str. 1–2, O-3010 Magdeburg
T 0391/567–11 00/01, Tfax 567–11 06

Minister für Arbeit und Soziales
Werner Schreiber, CDU
Wilhelm-Höpfner-Ring 4, O-3037 Magdeburg
T 0391/567–46 10, Tfax 567–46 20

Minister für Wirtschaft, Technologie und Verkehr
Dr. Horst Rehberger, FDP
Wilhelm-Höpfner-Ring 4, O-3037 Magdeburg
T 0391/567–42 90, Tfax 61 50 72

Ministerin für Ernährung, Landwirtschaft u. Forsten
Petra Wernicke, CDU
Olvenstedter Str. 4, O-3010 Magdeburg
T 0391/567–19 15, Tfax 34 46 16

Kultusminister
Dr. Werner Sobetzko, CDU
Breiter Weg 31, O-3040 Magdeburg
T 0391/567–37 14, Tfax 5 34 01

Minister für Wissenschaft und Forschung
Prof. Dr. Rolf Frick, FDP
Breiter Weg 31, O-3040 Magdeburg
T 0391/567–36 55, Tfax 567–36 96

Minister für Raumordnung, Städtebau und Wohnungswesen
Dr. Karl-Heinz Daehre, CDU
Herrenkrugstr. 66, O-3092 Magdeburg
T 0391/567–75 00

Minister für Bundes- u. Europaangelegenheiten
Hans-Jürgen Kaesler, FDP
Domplatz 2–3, O-3010 Magdeburg
T 0391/567–61 00, Tfax 34 43 21
u. Dahlmannstr. 18, W-5300 Bonn 1
T 0228/26 08–0, Tfax 26 08–237

SCHLESWIG-HOLSTEIN

Fläche: 15 730,46 km^2, Einw.: 2 634 082
(1 279 581m/1 354 501w) = 167,5 je km^2

1. Schleswig-Holsteinischer Landtag
Präsidentin: Ute Erdsiek-Rave, SPD
Landeshaus, Düsternbrooker Weg 70, W-2300 Kiel 1
T 0431/596–1, FS 292 633, Tfax 596–22 37
Mitglieder: 89
Verteilung der Sitze: SPD 45 (46,2% d. Stimmen) – CDU 32 (33,8%) – DVU 6 (6,3%) – FDP 5 (5,6%) – SSW 1 (1,9%)

Letzte Landtagswahl: 5. 4. 1992
nächste Wahl: Frühjahr 1996

2. Die Landesregierung Schleswig-Holstein
Ministerpräsident Björn Engholm, SPD
Landeshaus, Düsternbrooker Weg 70, W-2300 Kiel
T 0431/596–1, FS 299 871, Ttex 431 543,
Tfax 596–25 51
Chef der Staatskanzlei: Staatssekretär Dr. Stefan Pelny, T 0431/596–1, Tfax 596–24 23

Minister für Bundes- u. Europaangelegenheiten
Gerd Walter, SPD
Landeshaus, W-2300 Kiel 1, T 0431/59 61
u. Kurt-Schumacher-Str. 17–18, W-5300 Bonn 1
T 0228/915 18–0, FS 8 869 382, Ttex 2 283 692,
Tfax 915 18–124/126

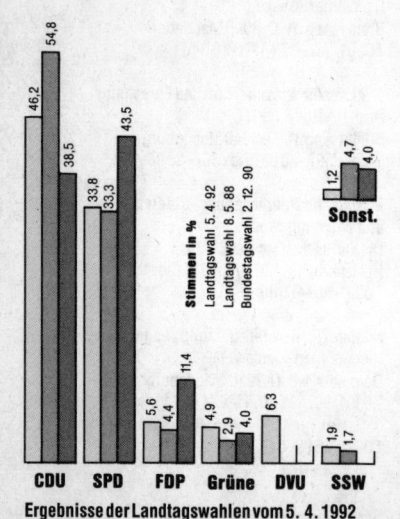

Ergebnisse der Landtagswahlen vom 5. 4. 1992

	CDU	SPD	FDP	Grüne	DVU	SSW
Landtagswahl 5. 4. 92	33,8	46,2	5,6	4,9	–	1,9
Landtagswahl 8. 5. 88	33,3	54,8	4,4	2,9	–	1,7
Bundestagswahl 2. 12. 90	43,5	38,5	11,4	4,0	1,2	–
Sonst.					4,7 / 4,0	

Frauenministerin
Gisela Böhrk, SPD
Beselerallee 41, W-2300 Kiel
T 0431/596–1, Tfax 596–25 05

Innenminister
Prof. Dr. Hans Peter Bull, SPD
Düsternbrooker Weg 92, W-2300 Kiel
T 0431/596–1, FS 299 871, Ttex 431 521,
Tfax 596–33 02

Justizminister
Dr. Klaus Klingner, SPD
Lorentzendamm 35, W-2300 Kiel
T 0431/599–1, FS 299 871, Ttex 431 553,
Tfax 599–28 14

Finanzministerin
Heide Simonis, SPD
Düsternbrooker Weg 64, W-2300 Kiel
T 0431/596–1, FS 299 871, Ttex 431 574,
Tfax 596–35 19

Minister für Wirtschaft, Technik und Verkehr
Uwe Thomas, SPD
Düsternbrooker Weg 94, W-2300 Kiel 1
T 0431/596–1, FS 299 871, Ttex 431 551,
Tfax 596–38 25

Minister für Ernährung, Landwirtschaft, Forsten und Fischerei Hans Wiesen, SPD
Düsternbrooker Weg 104, W-2300 Kiel
T 0431/596–1, FS 299 871, Ttex 431 536, Tfax 596–44 84

Minister für Arbeit, Soziales, Jugend, Gesundheit u. Energie u. Stellv. d. Min.-Präsidenten
Günther Jansen, SPD
Brunswiker Str. 16–22, W-2300 Kiel
T 0431/596–1, FS 299 871, Ttex 431 557,
Tfax 596–51 16

Ministerin für Bildung, Wissenschaft, Kultur u. Sport Marianne Tidick, SPD
Düsternbrooker Weg 64, W-2300 Kiel
T 0431/596–1, FS 299 871, Tfax 596–48 35

Minister für Natur, Umwelt u. Landesentwicklung
Prof. Dr. Berndt Heydemann, parteilos
Grenzstr. 1–5, W-2300 Kiel 14
T 0431/219–0, Tfax 219–239

Der Bürgerbeauftragte für soziale Angelegenheiten
Eugen Glombig
Adolfstr. 48, W-2300 Kiel
T 0431/596–1, Tfax 596–24 79

THÜRINGEN

Fläche: 16 251,40 km^2, Einw.: 2 591 673
(1 238 255m/1 353 418w) = 159,5 je km^2

1. Thüringer Landtag
Präsident: Dr. Gottfried Müller, CDU
Arnstädter Str. 51, Postfach 941, O-5082 Erfurt
T 0361/37 20 00, Tfax 3 10 01
Mitglieder: 89 (inkl. 1 Überhangmandat)
Verteilung der Sitze: CDU 44 (45,4 % d. Stimmen) – SPD 21 (22,8 %) – Linke Liste/PDS 9 (9,7 %) – FDP 9 (9,3 %) – Bündnis 90/Grüne (Neues Forum/Die Grünen/Demokratie Jetzt) 6 (6,5 %) – unabh. Abg. 1

Letzte Landtagswahl: 14. 10. 1990
nächste Wahl: voraussichtl. Herbst 1994

2. Die Landesregierung Thüringen
Ministerpräsident Dr. Bernhard Vogel, CDU
Joh.-Sebastian-Bach-Str. 1, O-5085 Erfurt
T 0361/37–30 01, Tfax 37–30 19
Minister in der Staatskanzlei: Franz Schuster, CDU; Chef der Staatskanzlei:
Staatssekretär Dr. Michael Krapp
Adresse s. o. u. T 0361/37–30 06, Tfax 37–30 19

**Minister für Wissenschaft und Kunst
u. Stellvertreter d. Min.-Präsidenten**
Dr. Ulrich Fickel, FDP
Schützenplatz 1, O-5071 Erfurt
T 0361/386–31 61, Tfax 386–31 54

Innenminister
Franz Schuster, CDU
Schillerstr. 27, O-5082 Erfurt
T 0361/398–23 35, Tfax 398–22 19

Finanzminister
Dr. Klaus Zeh, CDU
Wilhelm-Wolff-Str. 9, O-5087 Erfurt
T 0361/41 51 12 od. 41 62 12, Tfax 41 11 78

Justizminister
Dr. Hans-Joachim Jentsch, CDU
Alfred-Hess-Str. 8, O-5082 Erfurt
T 0361/666–20, Tfax 666–21 55

Kultusminister Dieter Althaus, CDU
Schützenplatz 1, O-5071 Erfurt
T 0361/386–0, Tfax 386–31 79

Minister für Wirtschaft und Verkehr
Dr. Jürgen Bohn, FDP
Joh.-Sebastian-Bach-Str. 1, O-5085 Erfurt
T 0361/663–32 01, Tfax 3 16 15

Minister für Landwirtschaft und Forsten
Dr. Volker Sklenar, CDU
Hallesche Str. 16, O-5024 Erfurt
T 0361/529–0, Tfax 64 21–657

Minister für Soziales und Gesundheit
Dr. Frank-Michael Pietzsch, CDU
Werner-Seelenbinder-Str. 14, O-5010 Erfurt
T 0361/389–336, Tfax 66 90 05

Minister für Umwelt und Landesplanung
Hartmut Sieckmann, FDP
Richard-Breslau-Str. 11a, O-5082 Erfurt
T 0361/65 75–0, Tfax 65 75–219

**Ministerin für Bundes-
und Europaangelegenheiten**
Christine Lieberknecht, CDU
Melchendorfer Str. 7, O-5083 Erfurt
T 0361/39 43–27, Tfax 39 43–02
u. Simrockstr. 13, W-5300 Bonn 1
T 0228/91 50 60, Tfax 26 32 45

**Ständige Konferenz der Kultusminister der Länder
in der Bundesrepublik Deutschland**
Präsident (jährl. wechselnd ein/e Kultus- bzw. Wissenschaftsminister/in/- senator/in aus einem Land):
bis 31. 12. 1992: Prof. Dr. Diether Breitenbach (Saarland); ab 1. 1. 1993: Steffie Schnoor (Mecklenburg-Vorpommern); Generalsekretär: Ministerialdirektor Dr. Schulz- Hardt
Nassestr. 8, Postfach 22 40, W-5300 Bonn 1
T 0228/501–0, FS 886 587, Tfax 50 13 01

Der **Finanzausgleich** (vorläufige Angaben des Bundesfinanzministeriums für 1991) **unter den alten Bundesländern.** Zahlungspflichtige Länder (in Mio. DM): Baden-Württemberg 2450, Hessen 1250, Hamburg 258, Nordrhein-Westfalen 0, Bayern 0; empfangsberechtigte Länder: Niedersachsen 1740, Schleswig-Holstein 626, Bremen 604, Rheinland-Pfalz 590, Saarland 383.
Die Ergänzungszuweisungen des Bundes an finanzschwache Länder betrugen 1990 2998 Mio. DM. Bis zu einem gemeinsamen Finanzausgleich zwischen alten und neuen Bundesländern 1995 erfolgt eine Länderfinanzierung der neuen Bundesländer hauptsächlich aus dem Fonds »Deutsche Einheit« (→ Sp. 317f.).

Fläche, Bevölkerung und Arbeitslosenquoten in den Bundesländern

Land	Fläche in km²	Einwohner pro km²	Einwohner in Mio.[1]	Arbeitslosigkeit in % Juni '92	('91)
Schleswig-Holstein	15730,46	168	2634	6,9	6,8
Hamburg	755,30	2209	1,669	7,9	8,5
Niedersachsen	47348,71	157	7,424	7,8	7,6
Bremen	404,23	1690	0,683	10,7	10,4
Nordrhein-Westfalen	34068,31	511	17,415	7,7	7,6
Hessen	21114,16	274	5,791	5,4	4,9
Rheinland-Pfalz	19848,80	191	3,785	5,2	5,2
Baden-Württemberg	35751,39	277	9,888	4,1	3,4
Bayern	70554,06	164	11,576	4,2	3,7
Saarland	2570,17	418	1,075	8,7	8,7
Berlin[2]	889,10	3867	3,438	11,1	9,2 (B-West)
Brandenburg[2]	29107,01	89	2,575	14,2	10,2 (+B-Ost)
Mecklenburg-Vorpommern[2]	23369,00	82	1,912	16,2	11,9
Sachsen[3]	18337,69	258	4,723	12,9	8,1
Sachsen-Anhalt[4]	20443,97	139	2,850	14,7	9,5
Thüringen[4]	16251,40	160	2,592	14,7	9,5
Insgesamt	356957,44	224	79,951		

Quelle: Statistisches Bundesamt, Bundesanstalt für Arbeit
[1] Stand: 30. 6. 1991; Hamburg 31. 12. 1991, Brandenburg u. Mecklenburg-Vorpommern 1. 8. 1992; [2] Angaben zur Fläche nach dem Stand vom 1. 8. 1992; [3] Gebietsveränderung noch nicht berücksichtigt; [4] Angaben zur Arbeitslosigkeit jeweils Sachsen-Anhalt u. Thüringen zusammen

Vergleich der Bundesländer nach ihrer Wirtschaftskraft[1]

Bundesland	Einwohner in %	BIP 1991 in Mrd. DM²	Anteil am Bundes-BIP 1991 in %	Bundesanteil in % Land- u. Forstwirtschaft, Fischerei[3]	Bundesanteil in % Produzierendes Gewerbe[3]	Bundesanteil in % Handel u. Verkehr[3]	Bundesanteil in % Dienstleistungsunternehmen[3]	Bundesanteil in % Staat, priv. Haushalte u. priv. Org. ohne Erwerbszweck[3]	Bundesanteil in % Bruttowertschöpfung (unbereinigt)
Baden-Württemberg	12,3	427,8	15,4	13,8	18,3	12,4	14,2	12,4	15,3
Bayern	14,4	479,0	17,2	20,7	17,5	15,2	18,7	15,0	17,2
Berlin[4]	4,3	119,9	4,3	0,7	4,2	4,2	3,9	5,9	4,3
Brandenburg	3,2	30,7	1,1	2,1	1,3	1,4	0,8	1,9	1,2
Bremen	0,9	34,6	1,2	0,3	1,1	2,2	1,0	1,2	1,2
Hamburg	2,1	111,5	4,0	0,7	2,5	6,3	5,2	2,9	3,9
Hessen	7,2	269,1	9,7	5,0	8,0	10,8	12,7	7,6	9,7
Mecklenburg-Vorpommern	2,4	20,6	0,7	2,1	0,5	1,2	0,6	1,6	0,8
Niedersachsen	9,3	252,8	9,1	22,2	8,8	8,4	8,4	10,9	9,1
Nordrhein-Westfalen	21,8	663,5	23,8	14,2	24,6	23,7	22,5	22,7	23,4
Rheinland-Pfalz	4,7	132,0	4,7	6,1	5,1	4,4	4,1	5,0	4,7
Saarland	1,3	37,6	1,4	0,3	1,4	1,4	1,3	1,4	1,3
Sachsen	5,9	52,4	1,9	1,8	1,9	2,3	1,7	3,4	2,1
Sachsen-Anhalt	3,6	33,0	1,2	1,9	1,3	1,4	0,9	2,1	1,3
Schleswig-Holstein	3,3	91,4	3,3	6,6	2,9	3,5	3,1	4,3	3,3
Thüringen	3,3	26,3	0,9	1,5	0,9	1,1	0,9	1,9	1,1
Bundesgebiet[5]	100,0	2782,4	100,0	100,0	100,0	100,0	100,0	100,0	100,0

Quelle: Bayer. Landesamt für Statistik u. Datenverarbeitung
[1] vorläufige Berechnungsergebnisse vom Juli 1992; [2] Abweichungen in den Summen durch Rundung der Zahlen; [3] Anteil je Wirtschaftsbereich an der unbereinigten Bruttowertschöpfung in %; [4] Berlin-West u. Berlin-Ost zusammengefaßt; [5] Berechnungsstand Statistisches Bundesamt: Frühjahr 1992

Einnahmen- und Ausgabenstruktur der Bundestagsparteien 1990 (in Mio. DM)

Einnahmen	SPD	CDU	CSU	FPD	PDS[1]	Die GRÜNEN	Sonstige[2]
Beiträge	129,05	86,77	15,93	11,27	7,97	10,38	5,14
Einnahmen aus Vermögen	6,88	4,67	1,29	1,35	17,61	2,12	0,61
Einnahmen aus Veranstaltungen, Vertrieb von Druckschriften, Veröffentlichungen u. a.	3,81	2,97	0,96	0,29	1,46	0,13	0,24
Spenden	36,53	72,42	35,74	23,04	0,37	10,47	7,16
Chancenausgleichszahlungen	9,12	8,10	2,36	1,40	11,42	–	0,08
Wahlkampfkostenerstattung	128,01	141,94	32,85	44,59	16,35	19,86	10,57
Zuschüsse von Gliederungen	25,68	9,21	1,38	4,80	95,91	15,65	4,81
Sonstige Einnahmen	4,58	13,55	0,65	1,79	17,70	1,06	1,24
Gesamteinnahmen	343,70	339,66	91,21	88,56	168,84	59,69	29,89[3]

Ausgaben	SPD	CDU	CSU	FPD	PDS[1]	Die GRÜNEN	Sonstige[2]
Personal	74,60	63,61	13,20	13,34	62,91	9,33	2,49
Geschäftsbetrieb	42,99	45,03	10,17	14,86	57,35	7,33	6,87
Innerparteiliche Gremienarbeit und Information	15,98	19,81	1,67	4,71	3,97	6,52	1,07
Öffentlichkeitsarbeit u. Wahlen	176,56	134,92	74,61	38,34	32,79	20,75	17,05
Zuschüsse an Gliederungen	26,36	7,82	1,38	4,80	95,67	15,65	4,76
Zinsen	2,63	7,82	0,69	0,14	–	0,12	0,71
Sonstige Ausgaben	15,24	12,49	3,21	7,02	–	2,59	0,20
Gesamtausgaben	354,40	291,53	104,96	83,24	252,71	62,32	33,18[3]

[1] Angaben für den Zeitraum vom 1. 7.–31. 12. 1990
[2] Bund Sozialistischer Arbeiter/BSA, Deutsche Kommunistische Partei/DKP, Deutsche Volksunion/DVU, DIE GRAUEN, Die Republikaner/REP, Nationaldemokratische Partei Deutschlands/NDP, Ökologisch-Demokratische Partei/ÖDP
[3] Davon Gesamteinnahmen/-ausgaben der REP: 17,55 Mio. DM

Quelle: Rechenschaftsberichte der Parteien (Bundesdrucksache 12/2165)

POLITISCHE PARTEIEN

(Nicht im Bundestag vertretene Parteien erreichten weder 3 Direktmandate noch 5% der Zweitstimmen – Sonderregelung für die neuen Bundesländer zur Bundestagswahl am 2. 12. 1990)

I. Im Bundestag der 12. Wahlperiode vertretene Parteien:
Personen, T, FS Ttex u. Tfax, Stand 1. 9. 1992

Christlich Demokratische Union Deutschlands/CDU
Konrad-Adenauer-Haus,
Friedrich-Ebert-Allee 73–75,
W-5300 Bonn 1
T 0228/544–1, FS 886 804, Ttex 2 283 641,
Tfax 544–216
Vors.: Dr. Helmut Kohl, MdB, Bundeskanzler
Stellv. Vors.: Dr. Angela Merkel, MdB
Generalsekretär: Peter Hintze, MdB
Bundesschatzmeister: Walther Leisler Kiep
Bundesgeschäftsführer: Wilhelm Staudacher

Mitgliederzahl, Stand 31. 12. 1991: 751 163 (incl. neue Bundesländer), davon am 31. 10. 1991 25,6% Frauen; Beschäftigungsstruktur: 28,9% Angestellte, 20,6% Selbständige, 11,2% Beamte, 10,2% Hausfrauen, 12,7% Arbeiter, 3,3% in Ausbildung Stehende, 6,7% Rentner; (1989) 58,8% sind Katholiken und 34,2% Protestanten.

Sozialdemokratische Partei Deutschlands/SPD
Erich-Ollenhauer-Haus, Ollenhauerstr. 1
Postfach 22 80, W-5300 Bonn 1
T 0228/532–1, FS (17) 2 283 620, Ttex 2 283 620/ SOPADE, Tfax 532–410
Ehrenvors.: Willy Brandt, MdB
Vors.: Björn Engholm, MdL, Min.-Präs. v. Schleswig-Holstein
Stellv. Vors.: Johannes Rau, MdL, Min.-Präs. v. Nordrhein-Westfalen – Oskar Lafontaine, MdL, Min.-Präs. v. Saarland – Herta Däubler-Gmelin, MdB – Wolfgang Thierse, MdB
Schatzmeisterin: Inge Wettig-Danielmeier, MdB
Bundesgeschäftsführer: Karlheinz Blessing

Mitgliederzahl, Stand 31. 12. 1991: 919 871 (davon in den neuen Bundesländern: 27 214), davon 27,35 % Frauen (nBl: 21,6 %); Beschäftigungsstruktur (insg.): 26,9 % Angestellte, 25,4 % Arbeiter/Facharbeiter, 10,6 % Beamte, 0,6 % Soldaten, 11,8 % Hausfrauen, 9,1 % Rentner/Pensionäre, 6,6 % Schüler/Studenten, 4,1 % Selbständige, 1,8 % Auszubildende, 1,5 % Arbeitslose, 0,2 % Landwirte, 1,5 % unbek.

Christlich-Soziale Union in Bayern/CSU

Nymphenburger Str. 64, W-8000 München 2
T 089/1243-0, FS 898 193, Ttex 898 193,
Tfax 1243-274
Vors.: Dr. Theo Waigel, MdB
Stellv. Vors.: Dr. Jürgen Warnke, MdB - Dr. Mathilde Berghofer-Weichner, MdL - Gerold Tandler - Dr. Edmund Stoiber, MdL
Generalsekretär: Erwin Huber, MdL
Mitgliederzahl, Stand 31. 12. 1991: 184 513, davon 15,4 % Frauen; Beschäftigungsstruktur: 30,4 % Angestellte, 19,2 % Selbständige, 18,3 % Arbeiter, 15,9 % Beamte, 12,7 % Landwirte; 80,4 % sind Katholiken; 3,3 % Rentner

Freie Demokratische Partei/F. D. P.

Thomas-Dehler-Haus, Baunscheidtstr. 15,
W-5300 Bonn 1
T 0228/547-0, FS 886 580, Tfax 547-298
Ehrenvors.: Walter Scheel, Bundespräs. a. D., Dr. h. c. Hans-Dietrich Genscher, Außenminister a. D.
Vors.: Dr. Otto Graf Lambsdorff, MdB
Stellv. Vors.: Dr. Irmgard Schwaetzer, MdB - Prof. Dr. Rainer Ortleb, MdB - Dr. Wolfgang Gerhardt, MdL
Schatzmeister: Dr. Hermann Otto Solms, MdB
Generalsekretär: Uwe Lühr, MdB
Bundesgeschäftsführer: Rolf Berndt
Mitgliederzahl, Stand 31. 12. 1991: insg. 137 853 (davon in d. neuen Bundesländern, außer Berlin: 68 916); 30,6 % Frauen

Partei des Demokratischen Sozialismus/PDS

Kleine Alexanderstr. 28, O-1020 Berlin
T 030/28 40 90, Tfax 25 19 363
Ehrenvors.: Dr. Hans Modrow, MdB
Vors.: Dr. Gregor Gysi, MdB
Stellv. Vors.: Dr. André Brie - Kerstin Kaiser - Inge Stolten
Bundesgeschäftsführer: Wolfgang Gehrke
Pressesprecher: Roman Hanno Harnisch
Mitgliederzahl, Stand Mai 1992: 184 000 (davon rd. 1000 in den alten Bundesländern); jeweils ca. 50 % Frauen, Rentner, Arbeitslose

Bündnis 90/Die Grünen (Wahlbündnis zur Bundestagswahl von Bürgergruppen der ehemaligen DDR)

– Bündnis 90

Bundesgeschäftsstelle, Haus der Demokratie, Friedrichstr. 165, O-1080 Berlin, T 030/2291396,
Tfax 2071612
Bundesgeschäftsführer: Thomas Luck
Sprecherinnen u. Sprecher (Mitgl. d. Geschäftsführenden Ausschusses): Marianne Birthler - Dr. Wolfgang Ullmann - Gerd Poppe - Werner Schulz - Katrin Göring-Eckardt - Christiane Ziller - Petra Morawe - Burghardt Brinksmeier - Uwe Lehmann
Schatzmeister: Andreas Balden
Mitgliederzahl, Stand 1. 5. 1992: 3000

– Neues Forum/NF

Der Großteil d. Mitglieder der Bürgerbewegung jetzt bei Bündnis 90

Demokratie Jetzt/DJ sowie Initiative Frieden und Menschenrechte/IFM

Beide Bürgerbewegungen im Sept. 1991 aufgelöst u. mit Bündnis 90 fusioniert

– Die Grünen (Ost)

Nach Beitritt d. Landesverbände Ostberlin, Thüringen, Mecklenburg-Vorpommern, Sachsen-Anhalt u. Brandenburg zur Partei DIE GRÜNEN Auflösung am 3. 12. 1990

– Unabhängiger Frauenverband/UFV

Umwandlung in eingetragenen Verein

– Aktionsbündnis Vereinigte Linke/AVL (aus 2 kleinen Gruppen gebildet)

DIE GRÜNEN/GRÜNE

(im Bundestag vertreten durch 2 Abgeordnete bei Bündnis 90/DIE GRÜNEN)
Ehrental 2-4, Postfach 1227, W-5303 Bornheim-Roisdorf
T 02222/7008-0, FS 886 330, Tfax 7008-99
2 gleichberechtigte Sprecher/Innen: Dr. Christine Weiske - Ludger Volmer
Politische Geschäftsführerin: Heide Rühle
Schatzmeister: Henry Selzer
(diese 4 Personen bilden den geschäftsführenden Bundesvorstand)
Organisatorische Geschäftsführerin: Dr. Dorothea Staiger
Mitgliederzahl: 31. 12. 1991: 38 624 (davon 1374 in den neuen Bundesländern, außer Berlin)

II. Politische Jugendgruppen der im Bundestag der 12. Wahlperiode vertretenen Parteien

Arbeitsgemeinschaft der Jungsozialistinnen und Jungsozialisten in der SPD
Ollenhauerstr. 1, W-5300 Bonn 1
T 0228/532–365/366, Ttex 2 283 667, Tfax 532–410
Vors.: Ralf Ludwig
Bundessekretärin: Annette Katterbach
Mitgliederzahl, Stand Ende 1990: ca. 172 000

Junge Union Deutschlands
Annaberger Str. 283, W-5300 Bonn 2
T 0228/31 00 11, Tfax 38 45 20
BVors.: Hermann Gröhe
Bundesgeschäftsführer: Axel Wallrabenstein
Pressesprecher: Holger Doetsch
Mitgliederzahl, Stand 1. 6. 1992: 195 000 (incl. neue Bundesländer)

Junge Union Bayern
Nymphenburger Str. 64–66, W-8000 München 2
T 089/1243–242/244, Tfax 12 98–531
Landesvors.: Markus Sackmann
od. Dr. Gerd Müller
Geschäftsführer: Michael Kugelmann
Mitgliederzahl, Stand 31. 12. 1991: 44 253

Junge Liberale (offiz. Jugendverband der FDP)
Lennéstr. 30, W-5300 Bonn 1
T 0228/21 50–22/23, Tfax 26 13 26
BVors.: Birgit C. Homburger, MdB
Bundesgeschäftsführer: Christian Müller
Mitgliederzahl, Stand Anfang 1992: ca. 9500

III. Sonstige Parteien und politische Vereinigungen, die beim Bundeswahlleiter Parteiunterlagen hinterlegt haben (→ WA '92, Sp. 313ff.)

WEITERE DATEN ZUR BEVÖLKERUNGS-, WIRTSCHAFTS- UND SOZIALSTRUKTUR DER BUNDESREPUBLIK DEUTSCHLAND

Die Wiedervereinigung beider deutscher Staaten hat für die statistische Berichterstattung erhebliche Probleme der Umstellung auf eine gemeinsame Erhebungsmethodik gebracht, da Unterschiede der politischen Zielstellung, der Wirtschaftsverfassung und der sozialstatistischen Definitionen keine kurzfristige Zusammenführung der regelmäßig monatlich oder jährlich erhobenen Daten erlauben. So wurden auch für das Jahr 1991 teilweise getrennte Statistiken geführt, auf die bei den folgenden Angaben jeweils hingewiesen wird. Ein Vergleich mit dem Vorjahr ist daher manchmal nicht möglich; andererseits erlaubt die getrennte Erhebung, die unterschiedliche Entwicklung in den alten und neuen Bundesländern deutlich zu machen.

Landwirtschaft, Bergbau, Industrie, Außenhandel, Verkehr → die entsprechenden Sachkapitel ab Sp. 837ff.

Die **Bevölkerungszahl der BR Deutschland** betrug am 30. 6. 1991 nach den Angaben des Statistischen Bundesamtes 79,951 Mio., davon lebten in den alten Bundesländern 64,036 Mio. und in den neuen Bundesländern 15,915 Mio. Personen. 1990 (1989) lebten in den alten Bundesländern 63,25 (62,06) Mio., davon waren 32,67 (32,17) Mio. Frauen und 30,58 (29,89) Mio. Männer; in den neuen Bundesländern lebten 1990 (1989) 16,11 (16,43), davon Frauen 8,42 (8,56) Mio., Männer 7,69 (7,87) Mio.

Die Bevölkerungszunahme in den alten Bundesländern war überwiegend durch einen positiven Wanderungssaldo verursacht (1990 +1029235/1989 +977 223), dārunter 1990 377 868 Ausländer. Eine ähnliche Entwicklung zeichnet sich nach Angaben des Bundesinnenministeriums für 1991 ab; bis zum 30. 9. 1991 betrug der Wanderungssaldo +745098 (darunter Ausländer und Staatenlose +285 290). Die Zahl der eingetroffenen Aussiedler stieg 1990 noch leicht an, ist aber 1991 stark zurückgegangen. Der Zuzug von Personen aus den neuen Bundesländern hielt dagegen unvermindert an; bis 30. 9. 1991 sind 186 705 Personen in die alten Bundesländer zugezogen.

Der Einfluß der **natürlichen Bevölkerungsveränderung** war auf die Bevölkerungszahl bei der deutschen Bevölkerung negativ, bei der ausländischen Bevölkerung positiv, dessen Ursache nicht nur in der höheren Geburtenquote, sondern auch in der Altersstruktur der ausländischen Bevölkerung zu sehen ist. Die Zahl der *Lebendgeborenen* betrug 1990 insgesamt 905 675; in den *alten Bundesländern* 1990 (1989) 727 199 (681 537), die der Totgeborenen 2490 (2368). Die darin enthaltene Zahl der Geburten von Ausländern betrug 86 320 (79868), d. h. 11,87 (11,7) %, darunter hatten die Eltern folgende Staatsangehörigkeit: Türkei 43 921 (40 903), Italien 6096 (6220), Jugoslawien 4870 (4628), Griechenland 3124 (2709), Polen 2271 (2009). Die Zahl der *nichtehelich Lebendgeborenen* erhöhte sich auf

138 755/aBl 76 300 (69 668), d. h. 15,3/aBl 10,5 (10,1) % aller Geburten. – Die Zahl der *Gestorbenen* stieg 1990 (1989) auf 921 445/aBl 713 335 (697 730), davon Ausländer 9482 (8695). Damit ergab sich 1990 erstmals wieder ein leichter Geburtenüberschuß (13 864), der auf die ausländische Wohnbevölkerung zurückzuführen ist. Für die Deutschen allein ergab sich ein Sterbeüberschuß von 1990 (1989) 62 974 (87 366). In der BR Deutschland hatte es zuletzt 1971 einen Geburtenüberschuß gegeben; seitdem weist die Bevölkerungsstatistik jährlich einen *Sterbeüberschuß* auf, am höchsten 1975 mit 148 748. Die Erhöhung der Geburtenzahlen seit Mitte der 80er Jahre (1985: 9,6 – 1986: 10,3 – 1987: 10,5 – 1988: 11,0 – 1989: 10,9 – 1990: 11,5 Geburten pro 1000 Ew.) bedeutet keine Trendwende, sondern ist die Folge der veränderten Altersstruktur (starke Jahrgänge der 50er und 60er Jahre im Heiratsalter). – Die durchschnittliche *Lebenserwartung* eines in der BR Deutschland geborenen Säuglings beträgt nach Berechnungen des Statistischen Bundesamts z. Z. rd. 72,2 (männlich) bzw. 78,7 Jahre (weiblich) (Stand April 1991), im Durchschnitt 5 Jahre mehr als Anfang der achtziger Jahre, vor allem ein Effekt gesunkener Säuglingssterblichkeit.

Die Zahl der **Eheschließungen** betrug nach vorläufigen Berechnungen für Gesamtdeutschland 1991 453 253 (aBL 402 570/nBl 50 683). Die Zahl der *Ehescheidungen* betrug 1990 (aBL) 122 869 (1989: 126 628/nBl 50 063).

Die häufigsten **Todesursachen** waren 1990 (nur aBl) in etwas mehr als der Hälfte der Sterbefälle Krankheiten des Herzens und des Kreislaufsystems, während Krebserkrankungen in einem Viertel der Fälle den Tod zur Folge hatten. 1990 (1989) starben an Aids 1301 (946) Personen. Verkehrsunfälle waren für 7906 (7995) Menschen die Todesursache (incl. neue Bundesländer 11 046; 1991: insges. 11 248, 7515 aBl, 3733 nBl). Opfer von Gewaltverbrechen 1990 (1989) 1972 (1847), 1991 (aBl + Gesamt-Berlin) 910 Personen. Durch Selbstmord schieden 1990 (1989) 9995 (10 252) Personen (1970: 13 046) aus dem Leben, darunter 6853 (7037) Männer und 3142 (3215) Frauen. Die Selbstmordquote weist seit 1985 eine abnehmende Tendenz auf. Der Tod von Rauschgiftsüchtigen erreichte 1991 (1990) mit 2125 (1491) einen neuen Höchststand.

Das **Wanderungsvolumen** betrug 1990 (1989) 6,104 (4,950) Mio. Personen, das zum erheblichen Teil auf Außenwanderungen (Ausland + neue Bundesländer) 1990: 3,975 (Zuzüge 2,502, Fortzüge 1,473) Mio.) zurückzuführen ist. Im Binnenbereich (innerhalb der alten Bundesländer) wanderten 2,129 (2,883) Mio. Die Bevölkerung nahm 1990 (1989) durch Wanderungen um 1 029 291 (977 200) Personen zu.

Die Zahl der **Zuwanderer aus den neuen Bundesländern** betrug 343 854 (1989) und 238 384 (1990). Vom 1. 1.–30. 9. 1991 kamen insgesamt 186 705 Personen (davon 182 462 Deutsche); Anteil nach Bundesländern: Berlin (Ost) 10 903, Brandenburg 28 591, Mecklenburg-Vorpommern 24 394, Sachsen 55 115, Sachsen-Anhalt 36 082, Thüringen 31 620; Zuzüge in die neuen Bundesländer: Bayern 39 708, Baden-Württemberg 33 200, Nordrhein-Westfalen 32 659, Niedersachsen 30 744, Hessen 16 759, Schleswig-Holstein 9663, Rheinland-Pfalz 9328, Berlin(West) 7220, Hamburg 4405, Bremen 1972, Saarland 1047.

Die Zahl der **Aussiedler** stieg von 377 055 (1989) auf 397 000 (1990) und ging 1991 auf insgesamt 221 995 Aussiedler stark zurück. Zwischen Januar und Ende April 1992 betrug die Zahl der Aussiedler 61 395 (Vergleichszeitraum 1991: 73 265 u. 1990: 141 334), davon waren 49 316 Personen aus der GUS, 7159 aus Polen und 4367 aus Rumänien. Die Herkunftsländer der Aussiedler waren 1991 (1990) nach Angaben des Bundesausgleichsamtes: ehem. UdSSR 147 320 (1990: 147 950), Polen 40 129 (133 872), Rumänien 32 178 (111 150), CSFR k. Ang. (1708), Ungarn k. Ang. (1336), sonstige Länder 2368 (1951). Seit 1950 wurden mehr als 2,6 Mio. Aussiedler in der Bundesrepublik (alte Bundesländer) aufgenommen. – Durch *Einbürgerung* bekamen 1990 (1989) 101 377 (68 526) Personen die deutsche Staatsangehörigkeit, davon 81 140 (50 784) »Anspruchseinbürgerungen« (meist deutschstämmige Aussiedler aus Osteuropa) und 20 237 (17 742) »Ermessenseinbürgerungen« (davon u. a. 1990: Polen 2171, Tschechen 2035, Jugoslawen 1646, Ungarn 632. Die Zahl der Einbürgerungen im Zeitraum 1977–1990 betrug insgesamt 615 041, davon Anspruchseinbürgerungen 404 747, Ermessenseinbürgerungen 210 294. Die *frühere Staatsangehörigkeit* der eingebürgerten Personen war 1989 am häufigsten polnisch (13 956), rumänisch (10 881), sowjetisch (4810) und jugoslawisch (2119).

Die Zahl der **Ausländer** im Bundesgebiet nahm auch 1991 – wie schon in den Vorjahren – weiter zu, und zwar sowohl aufgrund eines hohen Geburtenüberschusses der hier wohnhaften Ausländer als auch eines starken Überwiegens der Zu- über die Abwanderung. Die Zahl der *Fortzüge* von Ausländern über die Grenzen des Bundesgebietes war auch 1990 (1989) mit 467 731 (438 000) geringer als die der *Zuzüge* mit 845 605 (771 000), so daß sich wiederum ein *Wanderungsgewinn* von 377 874

Aussiedler in der BR Deutschland
Stand 31.12.1991

1991 insgesamt 221.995

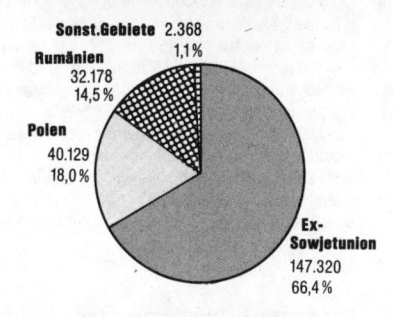

- Sonst. Gebiete 2.368 — 1,1 %
- Rumänien 32.178 — 14,5 %
- Polen 40.129 — 18,0 %
- Ex-Sowjetunion 147.320 — 66,4 %

Aussiedler in der BR Deutschland
1950 – 1990

insgesamt 2.396.764

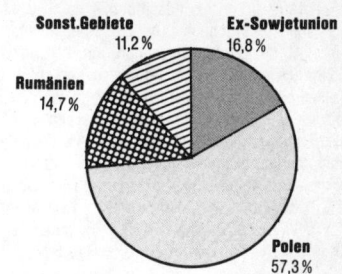

- Sonst. Gebiete 11,2 %
- Ex-Sowjetunion 16,8 %
- Rumänien 14,7 %
- Polen 57,3 %

(333 000) ergab. Am 31.12.1991 (1990) waren 5 882 267 (5 342 532) Ausländer als wohnhaft gemeldet.

Verteilung der Ausländer auf die Bundesländer nach Angaben des Bundesministeriums des Innern am 31.12.1990 (1989) in Tsd.: *alte Bundesländer:* Nordrhein-Westfalen 1590,1 = 9,2 % (1989: 1358,7) – Baden-Württemberg 1011,2 = 10,3 % (912,1) – Bayern 842,6 = 7,4 % (679,2) – Hessen 615,5 = 10,7 % (509,2) – Niedersachsen 333,3 = 4,5 % (283,8) – Berlin (West) 317,6 = 14,7 % (246,5) – Rheinland-Pfalz 205,5 = 5,5 % (166,2) – Hamburg 198,6 = 12,0 % (154,7) – Schleswig-Holstein 101,9 = 3,9 % (81,7) – Bremen 63,9 = 9,4 % (50,2) – Saarland 57,6 = 5,4 % (46,7); *neue Bundesländer:* Sachsen 67,7 = 1,4 % –

Ausländer in der BR Deutschland
Stand 31.12.1991

insgesamt 5.882.267

- Afrikaner, Amerikaner, Asiaten 1.073.537 — 18,25 %
- Italiener 560.090 — 9,52 %
- Griechen 336.893 — 5,73 %
- Spanier 135.234 — 2,30 %
- EG 1.483.766 — 25,22 %
- Sonstige 7,67 %
- Sonstige 8,50 %
- Polen 271.198 — 4,60 %
- Übrige Europäer 3.324.964 — 56,53 %
- Jugoslawen 775.082 — 13,18 %
- Türken 1.779.586 — 30,25 %

Brandenburg 28,5 = 1,1 % – Sachsen-Anhalt 24,6 = 0,9 % – Berlin (Ost) 21,8 = 1,7 % – Thüringen 20,8 = 0,8 % – Mecklenburg-Vorpommern 12,3 = 0,6 %. – Der *Anteil der Ausländer an der Gesamtbevölkerung* der BR Deutschland belief sich 1991 auf 7,3 % (1990: 6,7 %); zum Vergleich 1991: Großbritannien (1990) 4,5 % – Frankreich (1990) 6,3 % – Schweiz 17,1 %.

Ausländer (über 50 000) **nach der Staatsangehörigkeit** Ende 1991 (1990): Türkei 1 779 586 (1 694 649) – Jugoslawien 775 082 (662 691) – Italien 560 090 (552 440) – Griechenland 336 893 (320 181) – Polen 271 198 (242 013) – Österreich 186 885 (183 161) – Spanien 135 234 (135 498) – Niederlande 113 332 (111 678) – USA 99 712 (92 672) – Großbritannien 99 680 (93 214) – Iran 97 294 (92 168) – Portugal 92 991 (85 511) – Rumänien 92 135 (60 293) – Frankreich 88 880 (85 135) – Vietnam 78 139 (45 779) – Marokko 75 145 (69 595) – Ungarn 56 401 (36 733) – Rußland 51 378 (?) – Libanon 50 935. (47 123). Als Volksgruppe (von der Bundesrepublik nicht offiziell anerkannt) sollen 400 000 Kurden Anfang 1991 in der Bundesrepublik Deutschland leben, davon gelten 90 % als türkische Staatsangehörige.

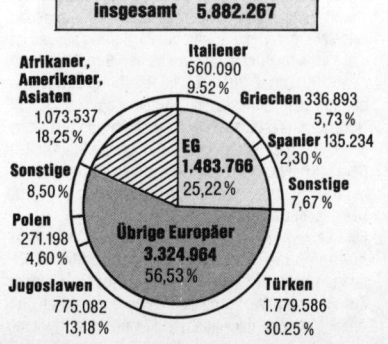

Die Zahl der **Asylbewerber** erhöhte sich wie schon in den Vorjahren, von denen 1991 (1990) jedoch nur 6,9 (4,4) % als Asylberechtigte anerkannt wurden. Insgesamt reisten 1991 256 112 Asylbewerber ein, 33 % mehr als im Vorjahr (193 063), davon 65,1 % aus ost- und südosteuropäischen Staaten (1990: 52,6 %) und 19,8 % aus Asien (31,5 %). Die Asylbewerber kamen 1991 (1990) aus folgenden Herkunftsländern: Jugoslawien 74 854 (22 114), Rumänien 40 504 (35 345), Türkei 23 877 (22 082), Bulgarien

12 056 (8341), Iran 8643 (7271), Nigeria 8358 (5399), Vietnam 8133 (9428), Afghanistan 7337 (7348), GUS 5690 (2337), Sri Lanka 5623 (4361) sowie Ghana, Polen, Äthiopien, Liberia, Zaire, Marokko und Angola.

Nach Angaben des Bundesinnenministeriums hielten sich 1991 in der Bundesrepublik ca. 1,2 Mio. Ausländer als Flüchtlinge (mit oder ohne Rechtsstatus nach der Genfer Konvention) auf, darunter ca. 520 000 De-Facto-Flüchtlinge, also Personen, die keinen oder deren Asylantrag abgelehnt worden ist, die aber aus humanitären oder politischen Gründen nicht abgeschoben werden. Anteil in Tsd. nach Hauptherkunftsländern: Polen 198 – Iran 38,4 – GUS 36,2 – Rumänien – 34,9 – Ungarn 33,5 – Libanon 31,7 – Sri Lanka – 24 – Vietnam 22 – Palästinenser 20,5 – VR China 20 – Thailand 15,6 – Bulgarien 12,8 – Indien 11,7 – Pakistan 11,5 – Ghana 10,5.

Die Zahl der **Wohnungen** im Bundesgebiet betrug am 31. 12. 1990 insgesamt 33 856 222, davon in den alten Bundesländern 26 839 245 (zum Vergleich Wohnungszählung von 1987: 26 276 100), in den neuen Bundesländern 7 016 977. Die Zahl der Wohnungen pro 1000 Einwohner betrug 1990 425, davon aBl 422 mit einer Wohnfläche von 86,5 m² je Wohnung (36,5 m² je Einw.), nBl 436 mit einer Wohnfläche von 64,4 m² je Wohnung (28,1 m² je Einw.). 1991 (1990) wurden in den *alten Bundesländern* 314 544 (256 488) Wohnungen fertiggestellt, darunter Wohnungen in neuerrichteten Wohngebäuden 268 965 (224 080), in Einfamilienhäusern 94 162 (93 685), in Zweifamilienhäusern 39 652 (33 644), in Mehrfamilienhäusern 135 151 (96 731). Hinzu kamen 1991 noch ca. 46 000 Wohnungen in bestehenden Gebäuden bzw. in Nichtwohngebäuden (z. B. Fabrik- oder Bürogebäude), eine Zunahme um 40 % gegenüber dem Vorjahr. Die ehemals gemeinnützigen Wohnungsbauunternehmen verzeichneten mit ca. 34 000 fertiggestellten Wohnungen eine Zunahme von 45 %. – Für den *Wohnungsbau* in den *neuen Bundesländern* gibt es für 1991 noch keine genauen Angaben; fertiggestellt wurden knapp 50 000 Wohnungen, die zu einem nicht unerheblichen Teil bereits vor dem 3. 10. 1990 begonnen wurden. Für den Aus- und Umbau vorhandener Gebäude wurden in ca. 15 000 Fällen Förderbescheide im Rahmen des Programms der Kreditanstalt für Wiederaufbau und des Gemeinschaftswerks »Aufschwung Ost« erteilt. Die Modernisierung und Instandsetzung wird insgesamt aber durch z. T. unklare Eigentumsverhältnisse beeinträchtigt. – Da sich in den letzten Jahren in vielen Teilen des Bundesgebietes, vor allem in den Ballungsräumen, ein zunehmender Mangel an Mietwohnungen bemerkbar machte, wurden 1990 verstärkt staatliche und kommunale Anstrengungen unternommen, um den Wohnungsbau wieder anzukurbeln. Dementsprechend stieg die Zahl der *Baugenehmigungen* 1991 gegenüber 1990 weiterhin an, aber längst nicht mehr so stark wie von 1989 auf 1990. Genehmigungen im Wohn- und Nichtwohnbau 1991 (1990/1989): Wohnungen insgesamt 400 618 (391 430/276 042) – Wohnungen in neuerrichteten Wohngebäuden 340 660 (331 653/245 642) – Einfamilienhäuser 96 167 (107 458/105 014) – in Zweifamilienhäusern 44 662 (46 934/36 042) – in Mehrfamilienhäusern 199 831 (177 260/104 586) – darunter Eigentumswohnungen 96 824 (81 670/52 589).

Für 1992 ist eine Gesamtförderung des sozialen Wohnungsbaus durch die Bundesregierung in den alten Bundesländern mit 2,7 Mrd. DM und in den neuen Bundesländern mit rd. 1 Mrd. DM veranschlagt (1988 waren es für die alten Bundesländer noch knapp 450 Mio. DM gewesen).

Förderung des sozialen Wohnungsbaus
(nach Bundesministerium für Raumordnung, Bauwesen und Städtebau – Angaben in Mio. DM)

Jahr	Bundesmittel	Mittel der Länder
1980	1815,0	5019,0
1981	1539,0	6410,9
1982	1470,0	6723,3
1983	2290,0	6597,7
1984	2090,0	5288,0
1985	1070,0	5068,9
1986	946,5	3948,0
1987	700,0	3187,8
1988	450,0	3266,1
1989	1050,0	4923,6
1990	2000,0	6273,3
1991	1760,0	9971,9[1]
1992	2700,0	...[2]

[1] inkl. Berlin-Ost, [2] noch nicht verfügbar

Die Länder setzen – wie der Tabelle zu entnehmen ist – weit mehr Mittel für den sozialen Wohnungsbau ein. Geht man vom Barwert der Förderung aus, so ist das Verhältnis der Anteile zwischen Bund und Ländern 1991 etwa 30 : 70, in Hamburg und Berlin beträgt der landeseigene Anteil sogar 90 %, in Nordrhein-Westfalen, Niedersachsen und Hessen 80 %. Darüber hinaus müssen noch die finanziellen Beiträge der Kommunen zum sozialen Wohnungsbau berücksichtigt werden, die für 1991 auf ca. 1–2 Mrd. DM geschätzt werden.

Für die gesamte BR Deutschland wird der *Wohnungsfehlbestand* für 1992 auf rd. 2 Mio. Wohnungen geschätzt, hervorgerufen durch die starke Zuwanderung (Aus- und Übersiedler) und durch den Anstieg der Zahl der Haushalte (Trend zum Einpersonenhaushalt, Auszug Jugendlicher aus der elterlichen Wohnung), aber auch durch die abnehmende Bereitschaft von Haus- und Wohnungseigentümern, Einliegerwohnungen und Untermietzimmer zu vermieten.

Die **Wirtschaftsentwicklung** in der BR Deutschland stand 1991 nach Angaben der Deutschen Bundesbank unter dem Einfluß des Einigungsprozesses. Bedingt durch das starke Wachstum der westdeutschen Wirtschaft konnten die hohen öffentlichen Transfers nach Ostdeutschland unterstützt werden. Umgekehrt trug die hohe Nachfrage aus Ostdeutschland zum Wachstum der westdeutschen Wirtschaft in nicht unerheblichem Maße bei, so daß die nachlassende Auslandsnachfrage in der ersten Jahreshälfte kompensiert werden konnte. Die Konjunkturschwäche in den wichtigsten Partnerländern, die sich in einer rückläufigen Investitionstätigkeit bemerkbar machte, bedeutete für die westdeutsche Exportwirtschaft große Nachfrageeinbußen. In der Verarbeitenden Industrie wurde z. B. der Wert der Exportorders gegenüber dem Vorjahresstand um 5%, dem Volumen nach um 6% unterschritten. Andererseits bewirkte der Nachfragebedarf der ostdeutschen Bevölkerung eine drastische Zunahme der Importe (dem Wert nach um 12% gegenüber 1990), die maßgeblich zum Abbau des gesamten deutschen Leistungsbilanzüberschusses beitrug und zu einem Defizit von 33 Mrd. DM (1990: Überschuß von 76 Mrd. DM) führte. – Im folgenden wird die Wirtschaftsentwicklung getrennt nach West und Ost dargestellt.

Die **Wirtschaftsentwicklung in Westdeutschland** verlief 1991 etwas weniger günstig als 1990; das erwirtschaftete Bruttosozialprodukt (BSP) wuchs nach Angaben der Deutschen Bundesbank (Stand Juli 1992) real (zu Preisen von 1985) 1991 um 3,1% (1990: +4,5%) auf 2209,8 (2138,7) Mrd. DM. Nominal (zu jeweiligen Preisen) betrug das Wirtschaftswachstum 1991 (1990) 7,85 (8,0) %, was einem Wert von 2620,0 (2429,2) Mrd. DM entspricht. Nominal erfolgte der größte Zuwachs mit 11,1 (9,6) % im Bereich Dienstleistungen (Kreditinstitute, Versicherungsunternehmen, Wohnungsvermietungen u. Sonst.), gefolgt vom Handel und Verkehr mit 7,8 (7,1) %, während sich in der Land- und Forstwirtschaft eine Abnahme von 16,1 (1990 +1,0; 1989 +12,6) % ergab. Im Vergleich zu den Industrieländern entwickelte sich die Wirtschaft, gemessen an der Zunahme des realen Sozialprodukts (+3,0%; Industrieländer insg. +0,6%), noch positiv (zum Vergleich: Frankreich +1,2%, Großbritannien +0,0%, Italien +2,0, USA –1,3, Japan +5,4%). Die *gesamtwirtschaftliche Situation* war auch 1991 durch Arbeitsmarktprobleme beeinträchtigt; die Arbeitslosigkeit nahm aber mit 5,7%

(bezogen auf alle Erwerbspersonen) gegenüber 1990 (6,4%) leicht ab. Wie die Deutsche Bundesbank in ihrem Jahresbericht analysierte, »beruhte das kräftige Wachstum der westdeutschen Wirtschaft im gesamten Jahr 1991 auch auf inneren Antriebskräften. Dazu zählte der private Verbrauch, der von der Einkommens- und Beschäftigungsentwicklung stimuliert wurde.« Dieser nahm jedoch 1991 mit real +2,5 (1990: +4,7%) weniger zu, da der Preisanstieg (Anhebung indirekter Steuern und Gebühren) und die Erhebung des Solidaritätszuschlags das tatsächlich verfügbare Einkommen minderten. Bei der Ausfuhr war zwar auch 1991 ein Zuwachs zu verzeichnen; der Wert der Ausfuhren (fob) betrug 1991 665,8 Mrd. DM (1990, ab Juli 1990 einschließlich der Transaktionen der ehemaligen DDR, 662,0 Mrd. DM), die der Einfuhren 627,3 (1990: 543,6) Mrd. DM, was eine Verringerung des Exportüberschusses auf 38,5 (1990 noch 118,4) Mrd. DM. zur Folge hatte. Der Saldo der Leistungsbilanz, der 1990 noch einen Überschuß von 76,1 Mrd. DM aufgewiesen hatte, wies 1991 erstmals wieder ein Defizit von 32,9 Mrd. DM auf.

Zur **Entstehung des Sozialprodukts** 1991 (in jeweiligen Preisen, Angaben in Mrd. DM): Unternehmen insgesamt 2162,6 (1990: 2007,3) – Staat 271,2 (252,8) – Private Haushalte (inkl. privater Org. ohne Erwerbszweck) 64,3 (58,4). – **Verteilung des Sozialprodukts** 1991 (1990): Einkommen aus unselbständiger Arbeit 1417,4 (1313,9) Mrd. DM = 71,0 (70,2) % des Volkseinkommens; Einkommen aus Unternehmertätigkeit und Vermögen 578,9 (557,7) Mrd. DM; nachrichtlich: Bruttoeinkommen der Produktionsunternehmen 407,7 (414,3) Mrd. DM = 20,5 (22,1) % des Volkseinkommens.

Zur **Verwendung des Sozialprodukts** 1991 (1990) macht das Statistische Bundesamt folgende Angaben: Der *private Verbrauch* stieg gegenüber dem Vorjahr nominal um 6,1% (1990: +7,4%) und betrug 1379,1 (1299,2) Mrd. DM. Der *Staatsverbrauch* wuchs fast ebenso stark, nämlich nominal um 5,9% (1990: +5,8%) mit 469,4 (443,1) Mrd. DM; real stieg er lediglich um 0,8%, während er 1990 um 2,1% anstieg. – Die *Ausrüstungen* stiegen 1991 nominal um 12,5 (+14,5) % auf 263,8 (234,5) bzw. real um 9,4 (+12,9) % auf 241,7 (220,9), die Bauinvestitionen nahmen nominal um 11,3 (11,5) auf 306,0 (275,0) bzw. real um 4,1 (5,3)% auf 247,4 (237,7) zu. Der *Außenbeitrag* (Aus- und Einfuhr von Waren und Dienstleistungen, inkl. neue Bundesländer) stieg 1991 nominal auf 187,9 (1990: 165,6) Mrd. DM (1990) bzw. real auf 71,1 (66,7). Die Einfuhren in die alten Bundesländer nahmen 1991 (1990) um 15,2 (8,7) % auf 633,1 (550,6) Mrd. DM zu, die Ausfuhren stiegen lediglich um 0,8 (0,3) %

auf 648,2 (642,7) Mrd. DM. In den neuen Bundesländern nahmen die Einfuhren 1991 (1990) um 50,7 (45) % auf 11,3 (22,9) Mrd. ab, die Ausfuhr sogar noch geringfügig mehr, nämlich um 52,8 (7,4) % auf 18,0 (38,1) Mrd. Für Gesamtdeutschland ergibt sich für 1991 (1990) ein Handelsbilanzüberschuß von 21,9 (105,4) Mrd. DM. Die alten Bundesländer trugen mit 15,3 (92,2) und die neuen Bundesländer mit 6,6 (13,2) Mrd. DM dazu bei. Gegenüber den EG-Ländern verringerte sich der Handelsbilanzüberschuß von 64,2 Mrd. DM (1990) auf 24,8 Mrd. DM (1991). Der traditionelle Handelsüberschuß im Verkehr mit den USA (1990: 9,9 Mrd. DM) wandelte sich 1991 erstmals in ein Defizit von 1,3 Mrd. DM.

Die **wirtschaftliche Entwicklung in Ostdeutschland** war nach Angaben der Deutschen Bundesbank 1991 durch einen drastischen Rückgang der Industrieproduktion gekennzeichnet, verursacht durch den Zusammenbruch des Transferrubel-Systems zur Jahreswende 1990/91 und dem damit verbundenen Nachfrageausfall der traditionellen Partner in den ehemaligen RGW-Staaten. In Teilen des privaten Dienstleistungssektors und insbesondere des Handwerks zeichnet sich inzwischen eine positive Entwicklung ab, die Produktionsleistung war aber insgesamt gesehen rückläufig. Das galt vor allem für das Verarbeitende Gewerbe, das am stärksten von Umstrukturierungsmaßnahmen betroffen war, wie für die Bauwirtschaft, bei der sich jedoch im Lauf des Jahres durch eine sprunghafte Zunahme der Aufträge eine Erholung abzeichnete. Die gesamte ostdeutsche Produktion und damit das reale Bruttosozialprodukt schätzt die Bundesbank für die zweite Jahreshälfte höher ein. Nach Angaben des Statistischen Bundesamts machte das ostdeutsche nominale Bruttosozialprodukt mit 193 Mrd. DM knapp 7,5 % des westdeutschen und knapp 7 % des gesamtdeutschen Sozialprodukts aus, je Einwohner gerechnet erreichte es ca. 35 % des gesamtdeutschen Vergleichsniveaus. Die Deutsche Bundesbank weist jedoch darauf hin, daß dies »ein höchst unzutreffendes Bild der Einkommens- und Wohlstandsunterschiede« [vermittle]. Denn – den Ergebnissen der Volkswirtschaftlichen Gesamtrechnungen zufolge – waren Einkommen und Nachfrage in Ostdeutschland fast doppelt so hoch wie das erwirtschaftete Sozialprodukt. Der Rückgang in der Industrieproduktion führte auch zu einem erheblichen Rückgang der Beschäftigtenzahl um 2,75 Mio. von 1989 bis Ende 1991, darin sind auch ca. 0,5 Mio. Erwerbstätige enthalten, die inzwischen nach Westdeutschland abgewandert sind (→ *auch unten*).

In gewisser Weise spiegeln sich diese Probleme in den Bemühungen der **Treuhandanstalt** (Berlin) wider. Bis zum 31. 1. 1992 hat die Treuhandanstalt 5584 Unternehmen neuen Eigentümern zugeführt, wobei die Verkaufserlöse 23,6 Mrd. betrugen, 117 Mrd. Investitionszusagen (davon Anteil ausländischer Investitionen = 10 %) gegeben wurden und die Sicherung von 967 000 Arbeitsplätzen möglich war. Zu diesem Zeitpunkt befanden sich noch 5843 Unternehmen im Besitz der Treuhandanstalt. Die umfangreichste Investitionstätigkeit ist in Sachsen festzustellen, wo durch 1566 Privatisierungen 267 041 Arbeitsplätze gesichert und Investitionen von rd. 27 Mrd. DM zum 31. 1. 1992 ausgelöst wurden. Ungeklärte Grundeigentumsrechte, mögliche Altlasten, fehlende Flächennutzungspläne und Fachplanungen, fehlender Verwaltungsunterbau, Infrastrukturmängel, Arbeitsmarkt- und Rationalisierungsprobleme sind nur einige der hemmenden Faktoren für ein 1991 noch nicht ausreichend positives Investitionsklima in den neuen Bundesländern, das den Anpassungsprozeß der Wirtschaft an weltmarktbezogene Wettbewerbsverhältnisse verzögert.

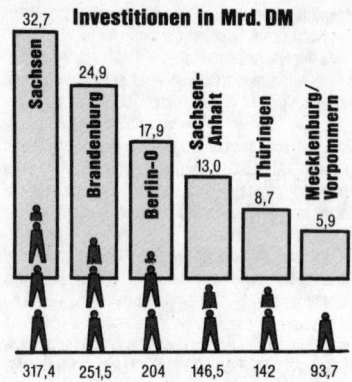

Investitionen in Mrd. DM

Sachsen	Brandenburg	Berlin-O	Sachsen-Anhalt	Thüringen	Mecklenburg/Vorpommern
32,7	24,9	17,9	13,0	8,7	5,9
317,4	251,5	204	146,5	142	93,7

Zugesagte Arbeitsplätze (in Tausend)

Die Zahl der **Erwerbspersonen** im Jahresdurchschnitt 1991 betrug 40,088 (West: 30,862) Mio., davon waren 23,125 Mio. Männer und 16,962 Mio. Frauen. Erwerbslos waren insgesamt 2,642 Mio. Personen, davon 1,251 Million und 1,392 Frauen. Die Zahl der **Erwerbstätigen** belief sich 1991 auf 37,445 (West: 29,173, 1990: 28,433) Mio. Hiervon waren 28,886 (West: 23,173) Mio. Angestellte, Arbeiter, Auszubildende, Beamte (einschl. Soldaten), Selbständige und mithelfende Familienangehörige 8,559 Mio. Von den gesamten Erwerbstätigen waren 1991 21,875 männlich und 15,570 weiblich. Die Zahl der ausländischen Erwerbstätigen (West) belief sich 1991 auf 1 775 000 (1989: 1 678 000), davon 570 700 (527 500) Frauen.

Deutschland (Erwerbstätigkeit, Arbeitslosigkeit)

Erwerbstätige nach Wirtschaftsbereichen
im Jahresdurchschnitt in Mio.:

	1991	(1990)
(West/Ost,S)		
Land- u. Forstwirtschaft, Fischerei	0,93	(0,96/0,73)
Energie, Wasserversorgung, Bergbau	0,46	(0,47/0,37)
Verarbeitendes Gewerbe	9,10	(8,94/2,94)
Baugewerbe	1,97	(1,91/0,67)
Handel und Verkehr	5,54	(5,31/1,45)
Kreditinstitute, Versicherungen	0,91	(0,89/0,08)
Dienstleistungen von Unternehmen und freien Berufen	4,64	(4,38/0,61)
Staat	4,30	(4,30/1,94)
private Haushalte u. Organisationen ohne Erwerbscharakter	1,32	(1,26/0,07)

Stellung im Beruf (in Mio.)

	1991 Ost/West	(1990)
Arbeiter (inkl. Auszubildende)	3,980/10,975	(10,682)
Angestellte (inkl. Auszubildende)	3,387/12,716	(11,612)
Beamte	2,485	(2,424)
Selbständige	0,193/2,580	(2,463)
mithelfende Familienangehörige	0,053/0,578	(0,561)
Teilzeitbeschäftigte	0,740/4,871	(4,009)

Der **Personalstand im öffentlichen Dienst** in den **alten Bundesländern** betrug am 30. 6. 1990 (1989) 4 676 400 (4 617 300), davon 3 803 800 (3 774 200) voll- und 872 600 (843 100) teilzeitbeschäftigt. Bezogen auf die Anzahl aller abhängig Beschäftigten waren 1990 (1989) 18,4 (18,6) % im öffentlichen Dienst beschäftigt. Von der Gesamtzahl entfielen 1990 (1989) (in Tsd. vollzeitbeschäftigt) auf den Bund 310,1 (310,8) (ohne Soldaten) – die Länder 1539,9 (1520,5) – die Gemeinden und Gemeindeverbände (inkl. kommunale Zweckverbände) 1042,0 (1025,3) – die Bundespost 439,2 (436,8) – der Bundesbahn 246,6 (254,7). – Nach dem *Dienstverhältnis* entfielen (1990 in Tsd. vollbeschäftigt) auf Beamte und Richter 1631,8 – Angestellte 1174,9 – Arbeiter 767,1.

Die Lage auf den **Arbeitsmärkten** im Westen und im Osten der Bundesrepublik Deutschland (→ *Abbildung rechts*) entwickelte sich auch 1991 gegenläufig.

– Die Produktionssteigerung in den **alten Bundesländern**, die vor allem auf einen spürbaren Anstieg der Inlandsnachfrage zurückzuführen war, baute die Beschäftigung weiterhin aus und Arbeitslosigkeit ab. Der allgemeine Rückgang der Auslandsnachfrage

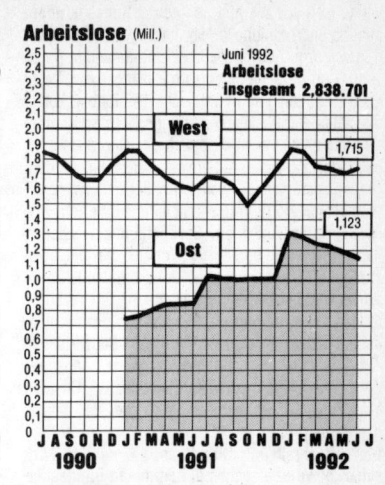

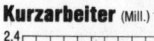

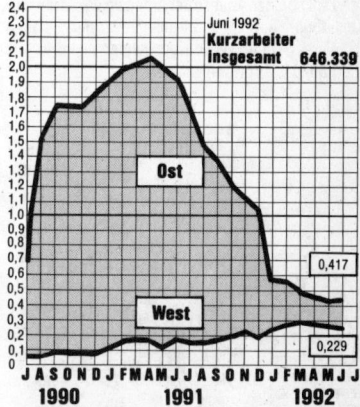

Arbeitslose (Mill.)

Juni 1992
Arbeitslose insgesamt 2.838.701

West 1,715
Ost 1,123

Kurzarbeiter (Mill.)

Juni 1992
Kurzarbeiter insgesamt 646.339

Ost 0,417
West 0,229

offene Stellen (Mill.)

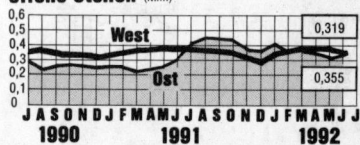

West 0,319
Ost 0,355

Arbeitslose, Kurzarbeiter und offene Stellen
(Angaben in Mio.)
Quelle: Bundesanstalt für Arbeit

wirkte sich vor allem in den **neuen Bundesländern** aus, da die traditionelle Ausrichtung auf den Handel mit Osteuropa durch die dort stattfindenden politischen und wirtschaftlichen Umwälzungen zu erheblichen Einbußen geführt hat. – Die **Arbeitslosigkeit** in den alten Bundesländern konnte 1991 im Jahresdurchschnitt sowohl bezüglich der Quote als auch nach der Zahl der Arbeitslosen gesenkt werden. Ursache dafür war der weitere Anstieg der Erwerbstätigen, der allerdings nur bis zur Jahresmitte anhielt. – Den größten Anteil am Beschäftigungswachstum hatte 1991 wie bereits im Vorjahr der Dienstleistungssektor zu verzeichnen, vor allem Handel sowie Verkehr und Nachrichtenübermittlung. Im Verarbeitenden Gewerbe war die Entwicklung unterschiedlich: Während hier insbesondere in der Bauwirtschaft die Zahl der Beschäftigten zunahm, sank die Erwerbstätigkeit in den Kernbereichen – Chemie, Maschinenbau, Elektrotechnik – unter das Niveau des Vorjahres.

Die fortschreitende Strukturanpassung der Wirtschaft bewirkte dagegen in den **neuen Bundesländern** auch 1991 einen großen Beschäftigungsrückgang sowie einen Anstieg der Arbeitslosigkeit und der Kurzarbeit. Als Folge dieser Entwicklung haben Pendlerbewegungen und Abwanderungen in die alten Bundesländer angehalten.

Regionale Unterschiede bei der Arbeitslosigkeit
(Stand: 30. 6. 1992)
Quelle: Bundesanstalt für Arbeit

SCHLESWIG-HOLSTEIN 16,2
HAMBURG 6,9
MECKLENBURG-VORPOMMERN 7,9
BREMEN 10,7
BERLIN-O 14,0 14,4
BERLIN-W 11,1
NIEDERSACHSEN 7,8
SACHSEN-ANHALT 14,9
BRANDENBURG
NORDRHEIN-WESTFALEN 7,7
SACHSEN
RHEINLAND-PFALZ 5,4
HESSEN 5,2
THÜRINGEN 14,4 12,9
SAARLAND 8,7
BADEN-WÜRTTEMBERG 4,1
BAYERN 4,2

Die **regionale Verteilung** der Arbeitslosigkeit nach Arbeitsamtsbezirken ließ 1991/92 deutliche Schwerpunkte sowie ein gewisses Ost-West- und Nord-Süd-Gefälle innerhalb des Bundesgebiets erkennen (→ Abbildung).

Nach Angaben der Bundesanstalt für Arbeit in Nürnberg verminderte sich die durchschnittliche **Arbeitslosenzahl** in den **alten Bundesländern** 1991 (1990) auf 1,689 (1,883) Mio., davon 0,897 (0,967) Mio. Männer und 0,791 (0,915) Mio. Frauen bzw. 0,607 Mio. Angestellte und 1,082 Arbeiter. Von den Arbeitslosen waren 245 (272) Tsd. Jugendliche unter 25 Jahren; 504 (516) Tsd. Personen im Alter von 50–65 Jahren; 208 (203) Tsd. waren Ausländer; 454 (513) Tsd. Langzeitarbeitslose (1 Jahr oder länger).
Die *Arbeitslosenquote* (Arbeitslose in % der abhängigen zivilen Erwerbspersonen) sank (vor allem wegen der erhöhten Zahl der Beschäftigten) im Jahresdurchschnitt 1991 auf 6,3% (1990: 7,2%); im Juni 1992 lag sie bei 5,6%, stieg aber im Juli wieder auf 6,0%. Gemessen an allen Erwerbspersonen betrug die Arbeitslosenquote 1991 (1990) 5,7 (6,4) %. Die Arbeitslosenzahlen zeigten 1991/1992 – außer den üblichen saisonalen Schwankungen (witterungsbedingte Erhöhung im Winter) – eine leichte Abwärtsbewegung bis zur Jahresmitte (Januar 1,874 – Juni 1,593 Mio.), erreichten aber im Januar 1992 bereits den Vorjahreswert und zeigten bis Mitte 1992 nicht mehr den gleichen Abwärtstrend wie 1991. Die Zahl der *Kurzarbeiter* erhöhte sich im Jahresdurchschnitt 1991 (1990) auf 145 (56) Tsd.; die Zahl der gemeldeten *offenen Stellen* betrug 1991 (1990) 331 (314) Tsd. Insgesamt sank 1991 (1990) die Zahl der Arbeitsuchenden auf 2,340 (2,482) Mio.; gleichzeitig stieg die Zahl der Arbeitsvermittlungen auf 2,400 (2,367) Mio. – In *Arbeitsbeschaffungsmaßnahmen* waren 1991 (1990) 83 (83,4) Tsd. Personen tätig; an Maßnahmen zur beruflichen Weiterbildung, die vom Arbeitsamt bezahlt wurden, nahmen 1991 386 Tsd. (1990: 363 Tsd.) Personen teil.

Die durchschnittliche **Arbeitslosenzahl** in den **neuen Bundesländern** betrug 1991 912838, davon 382877 Männer und 529961 Frauen. Von den Arbeitslosen waren 155190 Jugendliche unter 25 Jahren; 23850 Personen im Alter von 55–65 Jahren; 13790 waren Ausländer. Die *Arbeitslosenquote* im Jahresdurchschnitt 1991 betrug 10,3%; im Januar 1991 lag sie noch bei 8,6%, erreichte ihren Höhepunkt in den Monaten Juli/August mit 12,1% und fiel in den folgenden Monaten nur leicht unter die 12-%-Marke; im Juli 1992 lag sie bei 14,6%. Die Arbeitslosenzahlen, die von der Bundesanstalt für Arbeit monatlich ermittelt werden, lassen die Entwicklung deutlicher erkennen (in Tsd.): 1990 Juni 142, Dezember 642 – 1991 Juni 843, Juli 1067, Dezember 1034 – 1992 Januar 1343, Juni 1123.

Außerdem muß hier laut Bundesanstalt für Arbeit ein »hohes Maß an verdeckter Arbeitslosigkeit« mit einkalkuliert werden: »gezielte politische Maßnahmen, wie Vorruhestandsregelungen und Maßnahmen beruflicher Fortbildung und Umschulung haben... die Arbeitslosigkeit enorm entlastet«. Auch die Sonderregelungen bei der Gewährung von Kurzarbeitergeld sind hier zu berücksichtigen. So betrug die Zahl der *Kurzarbeiter* im Jahresdurchschnitt 1991 1,616 Mio.; der Höchststand wurde im Mai mit 2,019 Mio. erreicht und verringerte sich bis Dezember auf 1,034 Mio. Der weitere Rückgang im ersten Halbjahr 1992 (Juni 0,417 Mio.) basiert auf dem Auslaufen der Sonderregelungen. Die Zahl der gemeldeten *offenen Stellen* betrug 1991 im Jahresdurchschnitt 31 Tsd.; im Dezember waren es 35 Tsd., während im gleichen Monat 251 Tsd. Arbeitsuchende bei den Arbeitsämtern gemeldet waren. Die Zahl der Arbeitsuchenden lag 1991 insgesamt bei 2,542, die Zahl der Arbeitsvermittlungen bei 1,616 Mio.- In *Arbeitsbeschaffungsmaßnahmen* waren im Januar 1991 34 Tsd., im Dezember 1991 390 Tsd. (Jahresdurchschnitt 183 Tsd.) Personen tätig; an Maßnahmen zur beruflichen Weiterbildung, die vom Arbeitsamt bezahlt wurden, nahmen im Januar 1991 113 Tsd., im Dezember 1991 435 Tsd. (Jahresduchschnitt 1991: 280 Tsd.) Personen teil.

Der Haushalt der **Bundesanstalt für Arbeit** ergab für 1991 (1990) Einnahmen von 70,190 (43,854) Mrd. DM, davon Beiträge 67,074 Mrd. DM. Die Ausgaben beliefen sich auf 71,293 (44,577) Mrd. DM, davon entfielen 1991 u. a. auf Leistungen bei Arbeitslosigkeit u. bei Zahlungsunfähigkeit des Arbeitgebers 24,145 Mrd. DM – für Maßnahmen u. a. zur beruflichen Förderung und Rehabilitation 20,171 Mrd. DM – Kurzarbeitergeld, Maßnahmen zur Arbeitsbeschaffung, Leistungen nach dem Vorruhestandsgesetz 19,579 Mrd. DM. Das Haushaltsvermögen der Anstalt erhöhte sich 1991 (1990) auf 2,855 (2,555) Mrd. DM, das Rücklagevermögen auf 4,973 (0,786) Mrd. DM.

Gewerkschaftsmitglieder: Die Zahl der Beschäftigten, die in den Mitgliedsgewerkschaften des Deutschen Gewerkschaftsbundes organisiert sind, ist nach der Vereinigung bis Ende 1991 auf 11,8 Mio. gestiegen, davon in den neuen Bundesländern 4,2 Mio. Ende 1990 zählte der DGB 7,937 Mio. Mitgl. in den alten Bundesländern. – Für die Bundesrepublik insgesamt stieg der Anteil der Frauen von 23,9 % im Jahr 1990 in den alten Bundesländern auf 33 % (3,9 Mio.) Ende 1991. Insgesamt waren von den 11,8 Mio. Mitgliedern 7,005 Mio. Arbeiter, 2,790 Mio. Angestellte u. 0,809 Beamte (jeweils einschl. Rentner).

Nach wie vor stehen die IG Metall mit 3,624 Mio. Mitgliedern (vor der Wiedervereinigung 2,726 Mio.), die Gewerkschaft Öffentliche Dienste, Transport u. Verkehr (ÖTV) mit 2,138 Mio. (1,252 Mio.) sowie die IG Chemie-Papier-Keramik mit 0,876 Mio. (0,676 Mio.) Mitgliedern an der Spitze der DGB-Gewerkschaften. – Die größten Mitgliederzuwächse konnten nach der Vereinigung aber kleinere Gewerkschaften verzeichnen: Die Gewerkschaft Gartenbau, Landwirtschaft und Forsten (GGLF) steigerte ihre Mitgliederzahl von 44000 auf fast 135000, die Gewerkschaft Erziehung und Wissenschaft (GEW) von 189000 auf knapp 360000.

Weitere Gewerkschaften u. a. (Mitgl. in 1000) 1991 für die gesamte Bundesrepublik: **Deutscher Beamtenbund/DBB** 1053,0 (30. 9. 1991, Anfang 1990 in den alten Bundesländern: 793,6) – **Deutsche Angestellten-Gewerkschaft/DAG** 584775 (31. 12. 1991, 1990 503,5) – **Christlicher Gewerkschaftsbund Dtlds./CGB** 310,8 (31. 12. 1991, 1990 304,7)

Die **Entwicklung des Bundeshaushalts** ist seit Mitte der 70er Jahre durch hohe Fehlbeträge und dadurch notwendige Kreditaufnahmen geprägt. Wegen der hohen und laufend zunehmenden Zins- und Tilgungsleistungen des Bundes ist daher der frei verfügbare Ausgabenrahmen seit Ende der 70er Jahre stark eingeschränkt. Der Haushaltsentwurf sieht für 1993 (1992) insgesamt 435,6 (422,1) Mrd. DM vor, was gemessen am Soll inkl. Nachtragshaushalt 1992 (1991) einer Steigerung von 2,5 (2,9) % entspricht (*Einzelheiten → Tabelle Sp. 315f.*). Die Investitionsausgaben werden 1991 rund 65 Mrd. DM betragen. Im Rahmen des Programms »Aufschwung Ost« sind 5 Mrd. DM als Investitionspauschale für Kommunen, 2,5 Mrd. für Arbeitsbeschaffungs- und Weiterbildungsmaßnahmen, 1,4 Mrd. DM für Verkehrsinfrastrukturen und 1,1 Mrd. DM für die Verbesserung der Wohnungsstrukturen bereitgestellt worden.

Die **Einnahmen/Ausgaben des Bundes** entwickelten sich folgendermaßen (in Mrd. DM):

1970:	88,6/ 87,6
1975:	125,0/160,0
1980:	189,9/217,6
1985:	236,7/259,4
1986:	240,6/263,9
1987:	243,6/271,5
1988:	242,2/278,2
1989:	277,9/292,9
1990:	290,5/311,5 (teilw. geschätzt)
1991:	353,5/405,5 (teilw. geschätzt)

(zu den Ausgaben im einzelnen → Tab. Sp. 315f.)

Der Bundeshaushalt 1991 (Soll), 1992 und 1993 (Entwurf)

Einzelplan	Ausgaben Soll 1991 Mio. DM	Ausgaben Entwurf 1992 Mio. DM	Ausgaben Soll 1992 Mio. DM	Entwurf 1993	Veränderung[1] 1991/92 in %	1992/93
01 Bundespräsidialamt	29,9	29,5	29,5	29,6	− 1,3	+ 0,1
02 Bundestag	903,6	931,4	931,5	906,3	+ 3,1	− 2,7
03 Bundesrat	26,6	28,7	28,7	30,3	+12,1	+ 5,7
04 Bundeskanzleramt	633,0	599,8	612,8	625,1	− 5,2	+ 2,0
05 Auswärtiges Amt	3377,8	3424,0	3445,5	3651,7	+ 1,4	+ 6,0
06 Inneres	8458,4	8568,8	8562,9	8560,6	+ 1,3	± 0,0
07 Justiz	692,6	713,0	713,0	740,1	+ 2,9	+ 3,8
08 Finanzen	5532,3	5784,0	5784,0	5954,7	+ 4,5	+ 2,9
09 Wirtschaft	14559,4	14436,5	15681,0	14924,9	+ 6,0	− 4,8
10 Ernährung, Landwirtschaft u. Forsten	13869,5	13939,2	13950,7	14377,8	+ 0,5	+ 3,1
11 Arbeit und Sozialordnung	93018,1	91344,8	90766,8	98775,6	− 1,8	+ 8,8
12 Verkehr	35459,1	39974,0	39975,9	44254,8	+12,7	+10,7
13 Post- und Telekommunikation	521,9	540,8	540,8	553,2	+ 3,6	+ 2,3
14 Verteidigung	52534,7	52123,8	52106,8	50800,0	− 0,8	− 2,5
15 Gesundheit	1156,6	1050,3	1051,3	1071,4	− 9,2	− 1,9
16 Umwelt, Naturschutz und Reaktorsicherheit	1279,1	1422,0	1339,3	1291,9	+11,2	− 3,5
17 Frauen und Jugend	3779,4	2596,2	2767,1	2825,4	−31,3	+ 2,1
18 Familie und Senioren	28283,5	31940,0	31815,6	31666,7	+12,9	− 0,5
19 Bundesverfassungsgericht	22,4	23,2	23,2	22,7	− 3,6	− 1,9
20 Bundesrechnungshof	64,3	63,7	63,7	68,9	− 1,1	+ 8,3
23 Wirtschaftliche Zusammenarbeit	8110,0	8272,6	8317,2	8520,0	+ 2,0	+ 3,0[3]
25 Raumordnung, Bauwesen und Städtebau	8091,2	8185,6	8190,6	8162,7	+ 1,2	− 0,3
30 Forschung und Technologie	8432,8	9254,0	9344,0	9602,7	+ 9,7	+ 3,8[3]
31 Bildung und Wissenschaft	6174,3	6451,0	6420,1	6533,3	+ 4,5	+ 1,8
32 Bundesschuld	50823,9	55099,7	57696,1	58881,0	+ 8,4	+ 2,1
33 Versorgung	10790,7	12039,1	12039,1	13731,2	+11,6	+14,1
35 Verteidigungslasten	1638,7	1430,9	1430,9	1284,9	−12,7	−10,2
36 Zivile Verteidigung	925,0	937,4	937,4	850,0	+ 1,3	− 9,3
60 Allgemeine Finanzverwaltung	51144,3	49895,7	50534,6	46952,4	− 2,4	− 7,1
Bundeshaushalt insgesamt	*410332,0*	*422100,0*	*425100,0[2]*	*435650,0*	*+ 2,9*	*+ 2,5*

[1] Veränderung 1991/92 bezieht sich auf den Soll-Haushalt 1991 und den Entwurf für 1992; 1992/93 auf Soll 1992 und Entwurf 1993 – [2] einschließlich Nachtragshaushalt – [3] Steigerungsrate ohne Nachtragshaushalt
Quelle: Das Parlament, Süddeutsche Zeitung, FAZ

Die **Netto-Neuverschuldung** des Bundes zum Ausgleich der Haushaltsfehlbeträge betrug 1970 erst 2,3 Mrd. DM, 1975 bereits 36,2 Mrd. DM. 1980 war mit 26,8, 1985 mit 25,1 Mrd. DM ein Rückgang der Netto-Neuverschuldung zu verzeichnen, 1988/89 war der Stand von 1975 fast wieder erreicht. 1991 (1990) war sie durch den Finanzbedarf der Wiedervereinigung bzw. der Stützungsmaßnahmen für die neuen Bundesländer auf 52,0 (51,7) Mrd. DM (ohne Fonds Deutsche Einheit) angewachsen, soll aber bereits 1992 auf 45,3 Mrd. DM reduziert werden. Die **Verschuldung der Treuhandanstalt** stieg nach eigenen Angaben von 14,1 Mrd. DM (Dez. 1990) auf 39,4 Mrd. DM (Dez. 1991), davon Kreditmarktverschuldung 27,1, Übernahme von Altkrediten 15,2, Verbindlichkeiten aus Ausgleichsforderungen der Unternehmen 2,0 Mrd. DM. Im März 1992 waren die Schulden bereits auf 49,4 Mrd. DM angestiegen.

– Die Verschuldung der **Bundesbahn**, die von 47,1 Mrd. DM im Dezember 1990 auf 38,0 (1991, vorläufig) Mrd. DM zurückgegangen war, erreichte im Juni (März) 1992 bereits wieder 44,6 (39,6) Mrd. DM. – Die Verschuldung der **Bundespost** stieg von 71,0 Mrd. DM im Dezember 1990 auf 81,5 Mrd. DM im Dezember 1991 und betrug im März 1992 86,9 Mrd. DM.

Der **Staatshaushalt** wies nach Angaben der Deutschen Bundesbank 1991 (1990) ein Finanzierungssaldo von −109,5 Mrd. DM (1990: −30,5 Mrd. DM) auf. Die Einnahmen umfaßten 1991 (1990) 1324,0 Mrd. DM (1091,0), davon: Steuern 662,0 (549,5) Mrd. DM, Sozialversicherungen 557,0 (441,0). Die Staatsausgaben beliefen sich 1991 (1990) auf 1433,5 Mrd. DM (1121,5) und umfaßten u. a. folgende Teilbereiche (in Mrd. DM): Sozialversicherungen

Fonds »Deutsche Einheit« in Mrd. DM

Position	1990	1991	1992	1993	1994	1990–1994
Ausgaben für Hilfen an die DDR	22	35	33,9	31,5	23,9	146,3
finanziert durch:						
Kreditaufnahme des Fonds	20	31	24	15	5	95
Zuweisungen des Bundes	2	4	9,9	6	6	27,9
Volle Verwendung der Mehrerträge aus der Umsatzsteuererhöhung für den Fonds	–	–	–	10,5	12,9	23,4
Leistungen zur Abdeckung der Schuldendienstverpflichtungen	–	2,0	5,1	7,5	9,0	23,6[1]
davon zu tragen:						
vom Bund	–	1,0	2,6	3,8	4,5	11,8
von den Ländern	–	0,6	1,5	2,3	2,7	7,1
von den Gemeinden	–	0,4	1,0	1,5	1,8	4,7

[1] Schuldendienstleistungen werden für weitere 15 bis 25 Jahre – abhängig von der Zinsentwicklung – zu erbringen sein.
Quelle: Deutsche Bundesbank

544,0 (425,0), Personalausgaben 287,0 (235,0), lauf. Sachaufwand 142,5 (119,5), lauf. Zuschüsse 293,5 (214,5), Zinsausgaben 77,0 (65,0).

Nach Angaben der Deutschen Bundesbank stiegen die **Schulden der öffentlichen Haushalte** (ohne Verschuldung der Haushalte untereinander, Stand jeweils Jahresende, 1991 vorläufig) 1991 (1990) um 117,74 (26,26) Mrd. DM auf insgesamt 1171,23 (1053,49) Mrd. DM; hiervon entfielen (in Mrd. DM) auf den Bund 586,49 (darin enthalten Anleihen der Deutschen Bundesbahn in Höhe von 11,72 Mrd. DM; 1990 542,19) – die Länder (West) 348,38 (328,79) – die Länder (Ost) 3,6 (Sept. 1991 0,18) – die Gemeinden und Gemeindeverbände (West, mit Zweckverbänden) 131,80 (125,60) – die Gemeinden (Ost) 6,154 (März 1991 0,904) – Fonds »Deutsche Einheit« 50,482 (19,793) – Kreditabwicklungsfonds 27,472 (27,634) – ERP-Sondervermögen 16,368 (9,485). Nicht enthalten sind hierin die Schulden von Bundesunternehmen (z. B. Deutsche Bundesbahn, der Unternehmen der ehemaligen Deutschen Bundespost und bundeseigene Industrieunternehmen). – Gläubiger der öffentlichen Haushalte waren Ende 1991 (1990) u. a. (in Mrd. DM): inländische Kreditinstitute 614,100 (582,700) – ausländische Gläubiger 271,500 (220,600) – Bundesbank 13,005 (12,726) – Sozialversicherungen 6,400 (6,400) – Die Kreditaufnahme erfolgte u. a. durch [Stand Ende 1991 (1990) in Mrd. DM]: Direktausleihungen der Kreditinstitute (inkl. der bei ausländ. Stellen aufgenommenen Darlehen) 527,945 (494,059) – Anleihen 333,233 (276,251) – Bundesobligationen 133,663 (123,014) – Kassenobligationen/Schatzanweisungen 66,259 (50,080) – Sonstige Darlehen 18,793 (20,180) – Ausgleichsforderungen 13,109 (13,512). Schuldbuchforderungen u. Schatzbriefe 24,87 (25,95). (→ Abbildung, Sp. 319)

Die Statistik der **Steuereinnahmen** ergab für 1991 (vorläufig, inkl. Einnahmen in den neuen Bundesländern; 1990: ohne Steueraufkommen nur alte Bundesländer) in Mrd. DM nach Angaben der Deutschen Bundesbank: Einnahmen des Bundes 261,832 (249,787) – der Länder insges. 224,322 (191,266), davon neue Bundesländer 19,138 – der EG (Anteile an Zöllen und Mehrwertsteuer) 31,494 (21,384) – der Gemeinden 84,633 (74,447), darunter in neuen Bundesländern 2,540. – Die gesamten Steuereinnahmen betrugen 1970 154,245 Mrd. 364,991 Mrd.DM, 1985 437,201 Mrd. DM, 1989 535,526 Mrd. DM, 1990 549,667 Mrd. DM und 1991 661,920 Mrd. DM. Von Januar bis Juni 1992 ergeben sich für Bund, Länder und EG Steuereinnahmen von 304,735 (vorläufig) Mrd. DM, die Gesamteinahmen für 1991–92 werden auf 728,5 Mrd. DM geschätzt.

Die **Leistungsbilanz** der BR Deutschland im Verhältnis zum Ausland entwickelte sich – nach Angaben der Deutschen Bundesbank – 1991 erstmals negativ. Nach den Überschüssen der Jahre 1982–89, die ihren Höchststand im Jahr 1989 mit 107 963 Mrd. DM erreicht hatten, ging dieser Wert 1990 auf +76,079 Mrd. DM zurück, während für 1991 be-

Schuldenstand in Mrd. DM

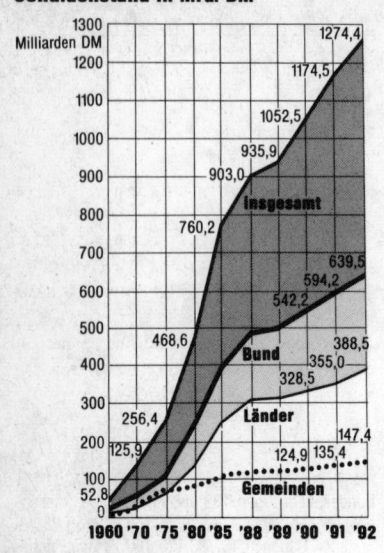

Jahr	insgesamt	Bund	Länder	Gemeinden
1960	52,8			
'70	125,9			
'75	256,4			
'80	468,6			
'85	760,2			
'88	903,0			
'89	935,9	542,2	328,5	
'90	1052,5	594,2	355,0	124,9
'91	1174,5	639,6	388,5	135,4
'92	1274,4			147,4

Gesamtverschuldung in % des Bruttosozialprodukts

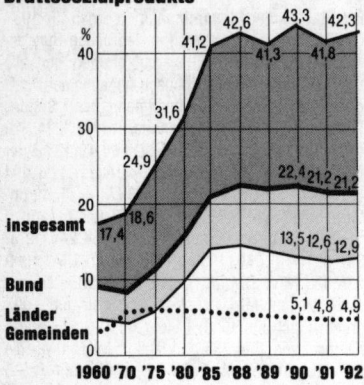

Jahr	insgesamt	Bund	Länder/Gemeinden
1960	17,4		
'70	18,6		
'75	24,9		
'80	31,6		
'85	41,2	22,4	
'88	42,6	21,2	13,5
'89	41,3	21,2	12,6
'90	43,3		
'91	41,8		5,1 4,8
'92	42,3		4,9

reits ein Defizit von 32,888 Mrd. DM zu verzeichnen war. Auch in den Monaten Januar bis April 1992 wies die Leistungsbilanz ein Defizit auf, wobei inzwischen eine abnehmnde Tendenz (Januar: −6,586, April −1,924 Mrd. DM) erkennbar ist. − Ausschlaggebend für das Defizit der Leistungsbilanz war der starke **Rückgang des Außenhandelsüberschusses**, der 1991 lediglich +21,899 Mrd. DM betrug (1990: +105,382, 1989: +134,695 Mrd. DM). *(→Kap. Welthandel, Sp. 968ff.).* Die **Übertragungsbilanz** wies 1991 ein außergewöhnlich hohes negatives Ergebnis von 59,2 (1990: −36,7) Mrd. DM aus, zurückzuführen auf die Kostenbeteiligung am Golfkrieg mit ca. 12 Mrd. DM, Erhöhung der Netto-Beiträge an den EG-Haushalt auf 19,1 Mrd. DM (+7,5 Mrd. DM gegenüber 1990), Leistungen aufgrund des Überleitungsvertrags im Zusammenhang mit dem Abzug sowjetischer Truppen aus Ostdeutschland in Höhe von 2,5 Mrd. DM. Auch die traditionellen Defizite im **Dienstleistungsverkehr**, verursacht durch einen Saldo beim Reiseverkehr von −33,4 Mrd. DM, sind 1991 um 8,7 auf 14 Mrd. DM gestiegen.

Die **Währungsreserven** der Deutschen Bundesbank nahmen gegenüber dem Vorjahr ab; sie betrugen zum Jahresende 1991 (1990) 94,754 (104,023) Mrd. DM, darunter Gold unverändert 13,688 Mrd. DM, Devisen und Sorten 55,424 (64,517) Mrd. DM, Reservepositionen im Internationalen Währungsfonds und Sonderziehungsrechte 8,313 (7,373) Mrd. DM, Forderungen an den Europäischen Fonds für währungspolitische Zusammenarbeit im Rahmen des Europäischen Währungssystems 17,329 (18,445) Mrd. DM. Die *Netto-Auslandsposition* der Bundesbank wurde Ende 1991 (1990) mit 55,010 (54,188) Mrd. DM angegeben. Der **Außenwert der DM** gegenüber den Währungen der wichtigsten 18 Industrieländer, der von 1989 auf 1990 stärker angestiegen war, ging 1991 leicht zurück; das gilt auch für den realen Außenwert der DM (gemessen an den Verbraucherpreisen) mit einem Jahresdurchschnitt von 89,6 1991 (1990: 91,8). Im Verhältnis zu den EG-Ländern zeigte sich nur eine geringfügige Erhöhung. Gemessen am Wert 1972 = 100 betrug der Außenwert der DM (jeweils im Jahresdurchschnitt) gegenüber den am Europäischen Währungssystem (EWS) beteiligten Ländern 1991 (1990) 230,9 (230,9), gegenüber den 18 wichtigsten westlichen Industrieländern 183,1 (185,5). Gegenüber dem US-$ ging der Wert der DM 1991 auf 194,9 (1990: 199,9) zurück, zeigt aber im ersten Halbjahr 1992 wieder eine Aufwärtstendenz (Juli 1992: 216,1). Leichte Wertsteigerungen der DM ergaben sich u. a. 1991 (1990) gegenüber dem französ. Franc mit 214,2 (212,3), der ital. Lira 414,3 (411,0) sowie dem Schweizer Franken 72,5

Steuereinnahmen von Bund, Ländern und Gemeinden
(nach Angaben der Deutschen Bundesbank)

Steuerart	Einnahmen in Mio. DM				
	1970	1980	1989	1990	1991[1]
Gemeinschaftliche Steuern von Bund, Ländern und/oder Gemeinden					
Lohnsteuer	35086	111559	181833	177590	214175
Veranlagte Einkommensteuer	16001	36796	37799	36519	41533
Kapitalertragsteuer	2021	4175	12648	10832	11381
Körperschaftsteuer	8717	21322	34181	30090	31716
Umsatzsteuer (Mehrwertsteuer)	26791	52850	67996	78012	98798
Einfuhrumsatzsteuer	11334	40597	63484	69573	80875
Reine Bundessteuern					
Ergänzungsabgabe	949	39	–	–	10488[2]
Mineralölsteuer	11512	21351	32965	34621	47266
Tabaksteuer	6536	11288	15509	17402	19591
Branntweinabgaben	2228	3885	3920	4229	5648
Verkehrsteuern (Börsenumsatz-, Gesellschaft-, Versicherung-, Wechselsteuer)[3]	1224	2490	5887	6302	6903
Sonst. Bundessteuern (v. a. übrige Verbrauchsteuern, wie z. B. Kaffee- u. Zuckersteuer)	4947	2477	3058	3324	3727
Zölle (EG-Anteil)[4]	–	4524	6792	7163	8307
Reine Ländersteuern					
Vermögensteuer	2877	4664	5775	6333	6729
Kraftfahrzeugsteuer	3830	6585	9167	8313	11011
Biersteuer	1175	1262	1260	1355	1647
Erbschaftsteuer	523	1017	2083	3022	2636
Sonstige Ländersteuern	1127	2543	5925	6345	7090
Gemeindesteuern					
Gewerbesteuer (Ertrag/Kapital)	10728	27090	36706	38796	41296
Lohnsummensteuer	1389	870	–	–	–
Grundsteuern (A und B)	2683	5804	8490	8724	9905
Sonstige Gemeindesteuern u. steuerähnliche Einnahmen	879	1727	1050	1121	1180
Steuereinnahmen insgesamt	154245	364991	535526	549667	661902

[1] Ab 1991 gesamtdeutsche Angaben; [2] Einschl. Solidaritätszuschlag; [3] Die Börsenumsatzstruktur ist Anfang 1991 abgeschafft worden, und die Gesellschaft- sowie die Wechselsteuer sind zum Jahresbeginn 1992 entfallen; [4] Die Zölle fließen seit 1988 voll der EG zu

(72,1), während der DM-Wert gegenüber dem brit. £ mit (258,5) 263,1 und gegenüber dem japan. Yen mit (85,0) 93,7 stärker abnahm. – Das **Geldvolumen** (Geldmenge M3) in der BR Deutschland stieg von 1502,984 Mrd. DM (1990) auf 1597,623 Mrd. DM (1991); davon entfielen 1991 (1990) in Mrd. DM auf Spareinlagen mit gesetzl. Kündigungsfrist 513,192 (515,365) – Termingelder 480,409 (403,281) – Sichteinlagen 432,248 (425,771) – Bargeldumlauf (ohne Kassenbestände der Kreditinstitute) 171,774 (158,567).

Das in der BR Deutschland vorhandene **Geld- und Sachvermögen** läßt sich nur schwer berechnen; das gilt insbesondere für das Sachvermögen. Nach Schätzungen der Deutschen Bundesbank erreichte das *Geldvermögen der westdeutschen Produktionsunternehmen* im Jahresmittel 1991 eine Größenordnung von 1670 Mrd. DM.

Das **Bruttoeinkommen der privaten Haushalte** (West) betrug nach Angaben des Statistischen Bundesamts 1991 (1990) aus unselbständiger Tätigkeit 1417,4 (1313,9) Mrd. DM, aus Unternehmertätigkeit und Vermögen 492,8 (478,5). Das insgesamt

Deutschland (Einkommen, Sozialleistungen)

verfügbare Einkommen belief sich auf 1575,7 (1509,8) Mrd. DM, der private Verbrauch 1379,1 (1299,2) Mrd. DM. Die Ersparnis stieg um 4,3% (1989/90: 20,9%) auf 218,6 (209,6) Mrd. DM, die Sparquote betrug 13,7 (13,9) %. Das gesamte **Geldvermögen der privaten Haushalte** betrug nach Angaben der Deutschen Bundesbank 1991 im Jahresdurchschnitt schätzungsweise 3098 Mrd. DM. Die *Geldvermögensbildung* belief sich 1991 (1990) nach vorläufigen Angaben auf 219,4 (202,6) Mrd. DM, davon (in Mrd. DM): u. a. Geldanlage bei Banken 4,4 (21,9) – Geldanlage bei Bausparkassen 3,6 (4,2) – Geldanlage bei Versicherungen 46,5 (41,8) – Erwerb festverzinslicher Wertpapiere 81,7 (75,6) – Ansprüche aus betrieblichen Pensionszusagen 11,8 (11,8).

Das **Einkommen** (West) aus beruflicher Tätigkeit (nichtselbständige Arbeit) eines 4-Personen-Arbeitnehmerhaushalts mit mittlerem Einkommen stieg nach Angaben des Statistischen Bundesamts 1991 (1990) um 7,5 (5,4) % auf brutto 4869 (4528) DM pro Monat im Durchschnitt. Nach Zurechnung sonstiger Einkünfte (z. B. Sparzinsen, Vermietung) ergab sich ein durchschnittliches *Haushaltsbruttoeinkommen* von 5962 (5534) DM/Monat. Nach Abzug von Steuern und Sozialversicherungsbeiträgen blieben als *Haushaltsnettoeinkommen* 4581 (4321) DM, das entspricht einer Zunahme von 6,0 (7,6) %. Für den privaten Verbrauch wurden davon 3773 (3452) DM ausgegeben, davon u. a. für Wohnungsmiete und Energie 994 (927) – Nahrungs- und Genußmittel 881 (831) – Verkehr und Nachrichtenübermittlung (z. B. PKW, Telefon) 653 (550) – Bildung und Unterhaltung, Freizeit 388 (366) – Bekleidung und Schuhe 302 (281) – Möbel und Haushaltsgeräte u.ä. 285 (248) – Gesundheits- und Körperpflege 142 (127).

Die **Lebenshaltungskosten** für Privathaushalte zeigten nach Angaben der Deutschen Bundesbank 1991 eine weniger günstige Entwicklung als in den Vorjahren. Während die Preise 1990 um 2,7% angestiegen waren, erhöhten sie sich 1991 im Jahresdurchschnitt um weitere 3,5% (zum Vergleich: EG insgesamt +5,1). Zwischen Juni 1991 und 1992 stiegen die Preise in den alten Bundesländern um 4,3% (in derselben Vorjahresspanne: +3,5%). Ein gemeinsamer Preisindex für die Lebenshaltungskosten ist auch 1991 noch nicht möglich, da in den neuen Bundesländern andere Faktoren berücksichtigt werden mußten. So hat die Anhebung der ostdeutschen Bruttolöhne und -gehälter auf rund 46%, der Effektivverdienste auf etwa 60% des Westniveaus zu einem erheblichen Anstieg der Verbraucherpreise, insbesondere der Dienstleistungen, beigetragen. Bis zur Jahresmitte 1991 war ein Anstieg der Lebenshaltungskosten um knapp 14% zu verzeichnen, zum Jahresende eine Zunahme um 21,5%, die vor allem auf die Anhebung der Mieten zum 1. 10. 1991 zurückzuführen ist. Auch im Juni 1992 nahmen die Verbraucherpreise mit 14,1% wesentlich mehr zu als im alten Bundesgebiet mit nur 3,3%.

Die **Sozialleistungen** erreichten nach Angaben des Statistischen Bundesamts 1991 (1990) die Gesamthöhe von 764,868 (714,834) Mrd. DM, d. h. rd. 11944 (11301) DM pro Einwohner. Die Sozialleistungsquote, d. h. der Anteil aller Sozialleistungen am Bruttosozialprodukt, betrug rd. 29 (29) %. Finanziert wurden die Sozialleistungen 1991 u. a. (in Mrd. DM) aus Beiträgen der Arbeitgeber 307,648 (1989: 281,437) – öffentlichen Mitteln 241,667 (226,225) – Beiträgen der Versicherten 229,064 (209,816). – Von den gesamten *Sozialleistungen* entfielen 1991 u. a. auf (in Mrd. DM): Gesetzliche Krankenversicherung 159,885 – Rentenversicherung der Arbeiter 121,997 – Rentenversicherung der Angestellten 99,672 – Steuerermäßigungen 52,045 – Arbeitsförderung (Leistungen der Bundesanstalt für Arbeit) 49,033 – Beamtenpensionen 45,967 – Arbeitgeber-Lohnfortzahlung 41,070 – Sozialhilfe 37,311 – knappschaftliche Rentenversicherung 17,970 – betriebliche Altersversorgung 17,750 – Kindergeld 14,778 – Kriegsopferversorgung (1990) 10,977 – gesetzliche Unfallversicherung 14,293 – Vermögensbildung 10,870 – Jugendhilfe 14,757 – Zusatzversorgung im öffentl. Dienst 11,660 – Familienzuschläge für Beamte 10,308 – Beihilfen nach dem Beamtenrecht 10,897 – Vergünstigungen im Wohnungswesen 6,160 – Altershilfe für Landwirte 4,850 – Wohngeld 3,904 – Erziehungsgeld 5,595 – öffentlicher Gesundheitsdienst 2,380 – Wiedergutmachung 1,715 – Lastenausgleich 1,1041 – Ausbildungsförderung 1,884.

Die **gesetzliche Rentenversicherung** (Mikrozensus) umfaßte 1990 (1989) 33,614 (32,793) Mio. Versicherte, davon 17,382 (17,006) Mio. männlich und 16,232 (15,788) Mio. weiblich. Es entfielen auf die Rentenversicherung der Arbeiter 16,540 (16,978), der Angestellten 16,788 (15,493) Mio.; Knappschaft mit 0,286 (0,321) Mio. Versicherten. Der Bestand an laufenden **Renten** betrug Anfang 1991: Arbeiter 9,283 – Angestellte 5,343 – Knappschaft 0,711 Mio.

Die Zahl der **Sozialhilfeempfänger** stieg 1989–90 um 3,5% von 3,626 auf 3,754 (1988–89: 8,3%, 3,349 Mio.). Rund 78,3% der Sozialhilfeempfänger waren 1990 Deutsche, 21,7% Ausländer. – Die *Ausgaben für Sozialhilfe* in den alten Bundesländern betrugen 1991 [vorläufig] (1990) 34,034 (31,782) Mrd. DM, d. h. rd. 531 (502) DM pro Einwohner. Von den Hilfeleistungen entfielen 13,8

(13,0) Mrd. DM auf »Laufende Hilfe zum Lebensunterhalt« und 20,7 (18,8) Mrd. DM auf »Hilfe in besonderen Lebenslagen«. Häufigste Ursache für den Bezug von Sozialhilfe war auch 1990/91 Arbeitslosigkeit (rd. 32% aller Fälle).

Die **gesetzliche Krankenversicherung** (West) hatte 1991 38,706 Mio. Mitglieder, davon (in Mio.) Pflichtmitglieder 22,967 – Rentner 11,123 – freiwillig Versicherte 4,615. – 1991 bestanden 1138 Kassen, davon u. a. 689 Betriebskrankenkassen, 262 Ortskrankenkassen, 151 Innungskrankenkassen und 15 Ersatzkassen. – Die *Ausgaben der gesetzlichen Krankenversicherung* betrugen 1990 141,654 Mrd. DM, davon (in Mrd. DM) für Krankenhauspflege 44,595 – Arzneien 35,334 – Behandlung durch Ärzte, Zahnärzte usw. 32,543 – Krankengeld 9,755 – Verwaltungskosten 7,276.

Die öffentlichen Ausgaben für **Bildung** betrugen 1991 (1990) 111,103 (102,795) Mrd. DM, davon Bund 8,868, Länder 81,602, Gemeinden und Zweckverbände 17,633. Im einzelnen (in Mrd. DM): Elementarbereich und außerschulische Jugendbildung 7,893 – Schulen 55,797 – Hochschulen 30,723 – Weiterbildung 3,759 – Förderungsmaßnahmen 7,107 – gemeinsame Forschungsförderung 5,824. – Die Ausgaben für **Forschung und Entwicklung** (öffentl. und privat) betrugen 1990 nach Angaben des Bundesministeriums für Forschung und Technologie insgesamt 70,455 Mrd. DM; davon entfielen auf die Wirtschaft 44,930 – Bund 14,750 – Länder und Gemeinden 9,335 – private Institutionen ohne Erwerbszweck 0,430 – Ausland (inkl. internat. Organisationen) 1,010 Mrd. DM.

In den Bundesländern (West) besuchten 1991 9,127 (1990: 9,044) Mio. Schüler Allgemeinbildende sowie Berufliche Schulen und 1,647 (1,585) Studenten Hochschulen. Die Zahl der **Schüler** an **Allgemeinbildenden Schulen** (West) betrug 1991 6,988 (1990: 6,882) Mio.; hiervon entfielen (in Tsd.) auf den Vorschulbereich (Schulkindergärten/ Vorklassen) 73 (70) – Primarbereich: Grundschulen 2562 (2535), Integrierte Gesamtschulen/Freie Waldorfschulen 27,4 (26,7) – Sekundarbereich I: Schulartunabhängige Orientierungsstufe 226,8 (218,3), Hauptschulen 1055 (1054), Realschulen 877,0 (864,6), Integrierte Gesamtschule/Freie Waldorfschulen 263,7 (241,1), Abendhauptschulen 0,8 (0,8), Abendrealschulen 14,8 (10,8), Gymnasien 1086,0 (1053,0) – Sekundarbereich II: Gymnasien 482,1 (496,7), Integrierte Gesamtschulen/Freie Waldorfschulen 29,7 (28,6), Abendgymnasien/Kollegs 32,0 (30,2) – Sonderschulen: Klassen für Lernbehinderte 136,0 (132,7), für sonstige Behinderte 122,0 (119,2).

Schüler an Allgemeinbildenden Schulen (Ost) 1991 (1990), Angaben in Tsd.: Vorschulbereich 4,2 (–) – Primarbereich 847,7 (870,1) – Sekundarbereich I 1137,4 (1101,3) – Sekundarbereich II 67,9 (44,4) – Sonderschulen 85,4 (65,5).

Berufliche Schulen (West) wurden 1991 (1990) von 2133,8 (2190,5) Tsd. Schülern besucht; hiervon entfielen auf Berufsschulen 1434,7 (1488,4) – Berufsvorbereitungsjahr 26,6 (25,7) – Berufsgrundbildungsjahr 82,1 (83,7) – Berufsaufbauschulen 7,8 (7,8) – Berufsfachschulen 241,8 (245,6) – Berufs-/ Technische Oberschulen 5,5 (5,7) – Fachoberschulen 75,4 (74,5) – Fachgymnasien 63,1 (62,6) – Fachschulen 120,7 (124,5) – Fach/Berufsakademien 8,7 (8,5) – Kollegschule NRW 67,4 (63,4); außerdem Schulen des Gesundheitswesens 101,0 (107,5). – In den Bundesländern (Ost) besuchten 1991 (1990) 338,6 (367,3) Tsd. Schüler Berufliche Schulen.

Die Zahl der **Studenten** (West) stieg im Wintersemester 1991/92 auf 1647 Mio., davon 38,7% Frauen und 6% Ausländer. 1970 betrug die Zahl erst 0,510 Mio., 1980 waren es 1,044 Mio. Studenten. In den Bundesländern (Ost) gab es zum gleichen Zeitpunkt 0,136 Mio. Studenten, darunter 44,3% Frauen und 3,6% Ausländer. Von der Gesamtzahl entfielen im Wintersemester 1991/92 (in Tsd.) auf Universitäten 1355,8 – Allgemeine Fachhochschulen 353,2 – Verwaltungsfachhochschulen 44,5 – Kunsthochschulen 29,3. – Die größten **Fächergruppen** waren 1991/92 (Studenten in Tsd.): Rechts-, Wirtschafts- und Sozialwissenschaften 518,6 – Ingenieurwissenschaften 394,3 – Sprach- und Kulturwissenschaften, Sport 375,7 – Mathematik und Naturwissenschaften 287,8 – Human- u. Zahnmedizin 111,5 – Kunst und Kunstwissenschaft 75,2 – Agrar-, Forst- und Ernährungswissenschaften 40,7 – Veterinärmedizin 7,0 – Die Zahl der **Studienanfänger** nahm im Studienjahr 1991 erstmals ab und betrug 307900; darunter befanden sich 41,1% Frauen und 8,8% Ausländer. – Die größte Hochschule war im Wintersemester 1991/92 die Ludwig-Maximilians-Universität München mit rd. 63000 Studenten, gefolgt von der Freien Universität Berlin mit über 61000 Studenten.

In der gesamten Bundesrepublik gab es somit an Allgemeinbildenden Schulen 1991 (1990) 9,133 (8,962) Mio. und an Beruflichen Schulen 2,472 (2,558) Mio. Schüler sowie an Hochschulen 1,783 (1,717) Mio. Studenten. Insgesamt befanden sich damit 13,388 Mio. Personen in einer Schul- oder Hochschulausbildung; dies sind ca. 70% der Bevölkerung im Alter von 6 bis unter 26 Jahren.

Die Zahl der **Auszubildenden** (West) betrug Ende 1991 (1990) 1,442 (1,477) Mio., davon in Industrie und Handel (einschl. Banken, Versicherungen, Gast- u. Verkehrsgewerbe) 743100 (756400) – Handwerk 463500 (486900) – freien Berufen 137400 (130300) – im öffentlichen Dienst 61900

Deutschland (Ausbildung, Kriminalität)

Kriminalitätsverteilung nach Bundesländern[1]

Bundesland	Einwohner (1. 1. 1991)	Erfaßte Fälle 1990	Erfaßte Fälle 1991	Steigerung 1990/91 in %	Straftaten- anteil 1991 in %	Bevölkerungs- anteil in %
Baden-Württemberg	9 822 027	503 997	523 496	3,9	9,9	12,3
Bayern	11 448 823	551 288	567 842	3,0	10,7	14,4
Bremen[2]	681 665	94 130	118 427	25,8	2,2	0,9
Hamburg	1 652 363	276 413	275 027	-0,5	5,2	2,1
Hessen[3]	5 763 310	425 059	435 894	2,5	8,2	7,2
Niedersachsen	7 387 245	531 774	559 902	5,3	10,6	9,3
Nordrhein-Westfalen	17 349 651	1 212 108	1 242 859	2,5	23,4	21,8
Rheinland-Pfalz	3 763 510	202 766	212 383	4,7	4,0	4,7
Saarland	1 072 963	62 839	60 719	-3,4	1,1	1,3
Schleswig-Holstein	2 626 127	243 423	253 737	4,2	4,8	3,3
vergleichbare 10 Bundesländer	61 567 684	4 103 797	4 250 286	3,6	80,2	77,2
Berlin[4]	3 433 695	–	501 889		9,5	4,3

[1] Für die neuen Bundesländer liegen für 1990/1991 keine vergleichbaren Werte vor.
[2] Die starke Zunahme ist auf erfassungsbedingte zeitliche Verschiebungen zurückzuführen.
[3] Zum Jahresende 1991 bestand ein gegenüber dem Vorjahr um 2767 Fälle höherer Erfassungsrückstand, der alle Deliktsbereiche betraf. Wären diese Fälle zeitgerecht erfaßt worden, hätte sich die Zunahme der erfaßten Fälle um weitere 0,7 % auf insgesamt 3,2 % (13 604 Fälle) erhöht.
[4] Wegen Änderung des statistischen Bereiches (erstmals Gesamt-Berlin) mit zurückliegenden Jahren nicht vergleichbar. Wegen der erheblich veränderten politischen und (grenz-)geographischen Bedingungen wird auf eine Gegenüberstellung mit Werten für 1990 verzichtet.
Quelle: Bundeskriminalamt

(63 400) – in der Landwirtschaft 27 400 (29 700) – Hauswirtschaft (im städtischen Bereich) 8300 (9700) – Seeschiffahrt 500 (400). Die Gesamtzahl der Auszubildenden (Ost) belief sich 1991 auf 223 500. – Gegenüber einem zeitweiligen Lehrstellenmangel zu Beginn der 80er Jahre verstärkte sich im Berufsberatungsjahr 1. 10. 1990/30. 9. 1991 das *Überangebot an* **Ausbildungsplätzen** (West) durch weiteren Rückgang der Nachfrage. Der erneute Bewerberrückgang ist nach Angaben der Bundesanstalt für Arbeit zum einen demographisch bedingt; zum anderen lassen längere Schulbesuchszeiten mit höheren Bildungsabschlüssen, breit gefächerte Berufsausbildungsangebote sowie die seit einigen Jahren wieder zunehmende Neigung zum Studieren (1985 bzw. 1991: 59 % bzw. 69 % der Abiturienten) ebenfalls die Nachfrage nach betrieblichen Ausbildungsstellen sinken. – Einem Angebot von 711 416 (9 %) gemeldeten Stellen stand eine Gesamtnachfrage von 551 457 gegenüber. Neu abgeschlossen wurden insgesamt 540 252 Ausbildungsverträge; Ende September 1991 waren noch 128 534 Ausbildungsplätze unbesetzt und 11 205 Bewerber ohne Ausbildungsverhältnis. – Die Situation auf dem *Ausbildungsstellenmarkt* (Ost) Ende September 1991 war insgesamt ausgeglichen; für 1992 sind aber zusätzliche betriebliche Ausbildungsplätze erforderlich. Im Zeitraum 1. 10. 1990 – 30. 9. 1991 wurden 122 300 Berufsausbildungsstellen gemeldet, darunter 37 027 in überbetrieblichen Einrichtungen sowie 32 027 Ausbildungsplätze, die aus wirtschaftlichen Gründen zurückgezogen wurden. Die Zahl der gemeldeten Bewerber betrug 145 690, darunter 73 900 Mädchen (51 %) und 28 900 (20 %) Jugendliche, deren Vertrag aus wirtschaftlichen Gründen gelöst wurde (sog. »Konkurslehrlinge«). Bis Ende September 1991 begannen 38 000 Bewerber eine Ausbildung in einer überbetrieblichen Einrichtung, 72 600 nahmen eine betriebliche Ausbildung auf, 14 500 entschieden sich für einen weiteren Schulbesuch. Auch die 28 900 sog. »Konkurslehrlinge« konnten weitgehend in überbetrieblichen Einrichtungen untergebracht werden.

Die **Kriminalität** stieg 1991 erneut an. Nach der »polizeilichen Kriminalstatistik« der Innenminister des Bundes und der Länder wurden insgesamt 5 301 386 Straftaten erfaßt. Die Zahl der erfaßten **Straftaten** erhöhte sich im alten Bundesgebiet (ohne Westberlin) 1990–91 um 3,6 % auf 4 250 286 Fälle. Die Zahl der **Straftaten pro 100 000 Einwohner** (Kriminalitätshäufigkeit) betrug im Bundesgebiet (West ohne Westberlin/West mit Berlin 6903/7311 Fälle, in der Bundesrepublik insgesamt 6674. Nach der Statistik ergaben sich 1991 überdurchschnittliche Zunahmen insbesondere bei Taschendiebstahl (erfaßte Fälle insg. 46 078, +30,4 %), Straßenraubdelikten (Fälle insg. 14 109, +30,4 %). Bei den erfaßten Fällen war 1991 Ladendiebstahl mit 416 157 das am häufigsten begangene Delikt, gefolgt von Sachbeschädigung mit 385 009 und Diebstahl von Fahrrädern. – Zurückgegangen ist vor allem die Zahl der Straftaten im Zusammenhang mit Urheberrechtsbestimmungen (–39,7%) und Wirtschaftskriminalität (–27,7%). Im Bereich Gewaltkriminalität wurden 1991 9,9% mehr Delikte (Fälle insg. 107 239 [aBl ohne West-Berlin], 126 245 [aBl mit Gesamt-Berlin]) registriert, bei den Tötungsdelikten gab es eine Zunahme um 3,4% (Fälle insg. 2353/2555). – Aufgeklärt wurden 1991 in der Bundesrepublik insgesamt 2 337 847 Fälle; das entsprach einer **Aufklärungsquote** von 44,1%. In den vergleichbaren alten 10 Bundesländern lag die Aufklärungsquote 1991 bei 46,2%; dies entspricht einem Rückgang gegenüber dem Vorjahr um 0,7%, der vor allem auf den höheren Anteil schwer aufklärbarer Straftaten (z. B. Diebstahl unter erschwerenden Umständen) zurückzuführen ist. Die Aufklärungsquote bei den verschiedenen Straftaten (Angaben für die alten Bundesländer inkl. Gesamt-Berlin) war wiederum sehr unterschiedlich, so z. B. bei Urkundenfälschung 94,2% – Mord und Totschlag 92,6% – Betrug 87,6% – gefährlicher und schwerer Körperverletzung 80,6% – Vergewaltigung 68,9% – einfachem Diebstahl 50,0% – Raub 41,4% – vorsätzlicher Brandstiftung 34,0% – Sachbeschädigung 22,6% – schwerem Diebstahl insg. 13,5% (darunter Diebstahl von Kfz 28,0 – Wohnungseinbruch 15,9%).

Über die **Kriminalität** in den neuen Bundesländern liegen bisher nur wenige Daten vor. Die Erfassung erfolgt inzwischen nach einheitlichen Richtlinien, aber die mit der Umstellung verbundenen Anlaufschwierigkeiten erlauben keine genaue Beurteilung. In der Polizeilichen Kriminalitätsstatistik 1991 heißt es dazu: »Bei einer vorsichtigen Bewertung der vorliegenden Daten ist anzunehmen, daß die Kriminalität in den neuen Bundesländern 1991 zwar gestiegen ist, jedoch nicht den Stand der alten Bundesländer erreicht hat.«

PRESSE, HÖRFUNK, FERNSEHEN

I. PRESSE

Auswahl wichtiger Tages- und Wochenzeitungen sowie Zeitschriften (Erscheinungsort, Titel, Druckauflage in 1000 Expl. – Daten nach Auflagenliste 1/92 der »Informationsgemeinschaft zur Feststellung der Verbreitung von Werbeträgern e. V./IVW«, Bonn; mo. = montags, sa. = samstags, so. = sonntags).

Tageszeitungen: Aachen: Aachener Volkszeitung/Aachener Nachrichten (182,2) – Ansbach: Fränkische Landeszeitung (54,4) – Aschaffenburg: Main-Echo (95,1) – Augsburg: Augsburger Allgemeine/Allgäuer Zeitung (378,5) – Baden-Baden: Badisches Tagblatt (44,1) – Bamberg: Fränkischer Tag/Volksblatt (83,1) – Oberfrankenpresse (236,8) – Bayreuth: Nordbayerischer Kurier (46,0) – Berlin: Berliner Kurier (ab. 161,6; morg. 149,4; so. 192,8) – Berliner Morgenpost (257,3; so. 376,7) – Berliner Zeitung (302,9) – B. Z. (399,2; mo. 423,5) – Junge Welt (87,1) – Neues Deutschland (102,4) – Der Tagesspiegel (154,5; so. 162,8) – die tageszeitung TAZ (80,9) – Bielefeld: Neue Westfälische (254,1) – Westfalen-Blatt (158,1) – Bonn: Bonner Rundschau (25,3) – General-Anzeiger (96,1) – Braunschweig: Braunschweiger Zeitung (258,6; sa. 279,8) – Bremen: Bremer Nachrichten/Weser Kurier (224,7) – Die Norddeutsche (35,4) – Bremerhaven: Nordsee-Zeitung (82,4) – Celle: Cellesche Zeitung (35,0) – Chemnitz: Chemnitzer Morgenpost (53,0; so. 114,7) – Coburg: Neue Presse (37,9) – Cottbus: Lausitzer Rundschau (240,0) – Darmstadt: Darmstädter Echo (124,5) – Detmold: Lippische Landeszeitung (49,3) – Dortmund: Ruhr-Nachrichten (259,4) – Dresden: Dresdner Morgenpost (122,8; so. 181,7) – Sächsische Zeitung (501,9) – Düsseldorf: Handelsblatt (151,7) – Rheinische Post (436,3) – Westdeutsche Zeitung WZ (275,9) – Eisenach: Mitteldeutsche Allgemeine (260,6) – Essen: Westdeutsche Allgemeine Zeitung WAZ/Neue Ruhr-Zeitung/Neue Rhein-Zeitung NRZ/Westfälische Rundschau/Westfalenpost/Iserlohner Kreisanzeiger und Zeitung (1359,0) – Eßlingen: Eßlinger Zeitung (52,5) – Flensburg: Flensburger Tageblatt (106,7) – Frankfurt/M.: Frankfurter Allgemeine (486,6; sa. 590,1; so. 104,9) – Frankfurter Neue Presse (126,9) – Frankfurter Rundschau (230,5; sa. 305,4) – Hürriyet (türk., k. Ang.: rd. 133,0) – Freiburg: Badische Zeitung (210,5) – Fulda: Fuldaer Zeitung (38,9) – Gießen: Gießener Allgemeine (68,7) – Göppingen: Neue Württembergische Zeitung (62,3) – Göttingen: Göttinger Tageblatt (63,8) – Goslar: Goslarsche Zeitung/Wernigeröder Zeitung (45,5) – Gummersbach: Oberbergische Volks-Zeitung (31,5) – Halle/Saale: Mitteldeutsche Zeitung/Mitteldeutscher Express (575,2) – Halle/Westf.: Haller Kreisblatt (14,0) – Hamburg: Bild-Zeitung (ges. 5321,0; sa. 4775,2) – Hamburger Abendblatt (344,6; sa. 436,1) – Hamburger Morgenpost (249,4) – Harburger Anzeigen und Nachrichten (32,1; sa. 37,5) – Die Welt (291,4; sa. 318,0) – Hameln: Deister- und Weserzeitung (76,8) – Hamm:

Westfälischer Anzeiger/Mittelwestfälische Zeitung (124,5) – Hanau: Hanauer Anzeiger (25,0) – Hannover: Hannoversche Allgemeine Zeitung (566,1; sa. 617,5) – Heidelberg: Rhein-Neckar-Zeitung (116,6) – Heilbronn: Heilbronner Stimme (108,0) – Hildesheim: Hildesheimer Allgemeine Zeitung (51,1) – Hof: Frankenpost (115,7) – Ingolstadt: Donau-Kurier (87,5) – Karlsruhe: Badische Neueste Nachrichten (181,7) – Kassel: Hessische/Niedersächsische Allgemeine (343,9) – Kempten: Allgäuer Zeitung (120,3) – Kiel: Kieler Nachrichten (180,2) – Koblenz: Rhein-Zeitung (261,4) – Köln: Express (ges. 531,9) – Kölner Stadtanzeiger (311,6; sa. 351,3) – Kölnische Rundschau (176,6) – Konstanz: Südkurier (151,5) – Landshut: Landshuter Zeitung (58,9) – Leer: Ostfriesen-Zeitung (45,8) – Leipzig: Leipziger Volkszeitung (190) – Leutkirch: Schwäbische Zeitung (208,1) – Lörrach: Oberbadisches Volksblatt (23,0) – Ludwigsburg: Ludwigsburger Kreiszeitung (51,0) – Ludwigshafen: Die Rheinpfalz (259,7) – Lübeck: Lübekker Nachrichten (132,2) – Lüdenscheid: Lüdenscheider Nachrichten/Südwestfälische Zeitung (57,0) – Lüneburg: Niedersächsisches Tageblatt (157,3; sa. 161,0) – Landeszeitung für die Lüneburger Heide (38,0; sa. 41,7) – Magdeburg: Volksstimme (367,3) – Mainz: Rhein-Main-Presse (260,7) – Mannheim: Mannheimer Morgen (171,5; sa. 183,2) – Marburg: Oberhessische Presse (34,1) – Minden: Mindener Tageblatt (40,4) – München: Abendzeitung (292,7; sa. 341,9) – Münchner Merkur (209,6; sa. 235,1) – Süddeutsche Zeitung (465,1; sa. 609,9) – tz (218,4; sa. 265,8) – Münster: Münstersche Zeitung (74,2) – Westfälische Nachrichten/Zeno-Zeitungen (237,3) – Neubrandenburg: Nordkurier (ges. 165,0) – Nürnberg: Abendzeitung-8-Uhr-Blatt (46,7) – Nürnberger Nachrichten (368,9; sa. 405,9) – Oberndorf: Schwarzwälder Bote (151,8) – Oelde: Die Glocke (69,2) – Offenbach: Offenbach-Post (60,8) – Offenburg: Offenburger Tageblatt (77,7) – Oldenburg: Nordwest-Zeitung (343,9) – Ostfriesen-Zeitung (45,8) – Osnabrück: Neue Osnabrücker Zeitung (326,0) – Passau: Passauer Neue Presse (170,2) – Pforzheim: Pforzheimer Zeitung (46,7) – Pinneberg: Holsteiner Nachrichten (32,6) – Plauen: Vogtland-Anzeiger (18,8) – Potsdam: Märkische Allgemeine (254,9) – Potsdamer Kurier (52,5) – Recklinghausen: Recklinghäuser Zeitung/Buersche Zeitung (101,3) – Regensburg: Mittelbayerische Zeitung (135,6) – Rendsburg: Schleswig-Holsteinische Landeszeitung (29,8) – Reutlingen: Reutlinger General-Anzeiger (49,8) – Rosenheim: Oberbayerisches Volksblatt (81,8; sa. 90,2) – Rostock: Ostsee-Zeitung (237,5) – Saarbrücken: Saarbrücker Zeitung/Pfälzischer Merkur (208,8) – Salzwedel: Altmark Zeitung/Stendaler Nachrichten (47,9) – Schwerin: Schweriner Volkszeitung (177,5) – Siegen: Siegener Zeitung (66,5) – Stade: Stader Tageblatt (28,2) – Straubing: Straubinger Tagblatt (80,5) – Stuttgart: Stuttgarter Zeitung/Stuttgarter Nachrichten (243,2) – Suhl: Freies Wort (130,6) – Syke: Kreiszeitung (86,4) – Trier: Trierischer Volksfreund (103,2) – Ulm: Südwest-Presse (391,8) – Waiblingen: Waiblinger Kreiszeitung (51,8) – Weiden: Der Neue Tag (91,9) – Wetzlar: Mittelhessenpresse (366,8) – Wilhelmshaven: Wilhelmshavener Zeitung (32,4) – Würzburg: Main-Post (168,8) – Im 1. Quartal 1992 verkaufte Auflage der Tageszeitungen: 29,34 Mio. Expl. pro Tag (1/91: 27,44 Mio.)

Wochen- und Sonntagszeitungen: Berlin: Freitag (33,2) – Wochenpost (200,6) – Bonn: Rheinischer Merkur/Christ und Welt (127,1) – Hamburg: Bild am Sonntag (ges. 3078,0) – Deutsches Allgemeines Sonntagsblatt (96,2) – Das Ostpreussenblatt (41,6) – Hamburger Rundschau (14,7) – Welt am Sonntag (ges. 547,8) – Die Zeit (589,3) – Hannover: Nordwestdeutsches Handwerk (77,9) – Kassel: HNA Sonntagszeit (243,6) – München: Bayerische Staatszeitung/Bayerischer Staatsanzeiger (19,9) – Bayernkurier (167,7) – Regensburg: Die Woche (35,3) – Stuttgart: Sonntag aktuell (935,3) – Trier: Das Parlament (122,3) – Im 1. Quartal 1992 verkaufte Auflage der Wochenzeitungen: 2,00 Mio. Expl. (1/91: 1,88 Mio.)

Zeitschriften, Illustrierte, Magazine: ADAC-Motorwelt (10 863,3) – die aktuelle (991,6) – Anna (366,6) – auf einen Blick (3911,7) – Auto-Bild (1340,0) – auto motor und sport (679,3) – baumagazin (680,0) – bella (866,5) – Das Beste aus Reader's Digest (2095,3) – Bild + Funk (1130,3) – Bild der Frau (2767,3) – bild der wissenschaft (146,7) – Bildwoche (1276,5) – Bravo (1803,7) – Bravo-Girl (1065,8) – Brigitte (1385,6) – Bunte (1262,6) – burda international (158,9) – burda moden (724,6) – Capital (341,7) – Carina (459,4) – Chip (262,1) – Concert (284,8) – Cosmopolitan (605,8) – Coupé (996,8) – Deutscher Alpenverein (381,0) – Deutscher Video Ring (472,8) – DM (378,3) – Domus-Magazin (1514,1) – Echo der Frau (749,7) – Ein Herz für Tiere (407,3) – Elle (317,2) – Eltern (919,9) – emma (52,2) – essen & trinken (312,3) – Expression (663,0) – Fernsehwoche (2955,8) – Flora (304,6) – Forbes (205,9) – frau aktuell (680,4) – Frau im Leben (288,7) – Frau im Spiegel (985,9) – Frau mit Herz (461,9) – Frau und Mutter (765,0) – Freizeit Revue (1740,9) – freundin (966,4) – Für Sie (1021,9) – Funk Uhr (2729,0) – GEO (622,8) – Glücks-Revue (812,0) – Das Goldene Blatt (786,1) – Gong (1237,3) – Die Gute Tat (1353,2) – Das Haus (2454,5) – Heim und Welt (254,6) – HÖRZU (3760,0) – Journal für die Frau (754,8) – Kicker/Sport-Magazin (mo. 448,9; do. 382,2) – Kirche und Leben (195,7) – Konkret (52,1) – Leben und Erziehen (88,5) – Madame (141,6) –

Manager Magazin (144,4) – Marie Claire (219,3) – Maxi (673,5) – Mein Eigentum (2510,6) – meine Familie & ich (866,1) – Merian (217,2) – Micky Maus (1134,0) – Mini (1017,8) – Mosaik (3510,0) – Musik Express/Sounds (243,3) – Natur (240,1) – das neue (852,2) – Das Neue Blatt (1585,6) – Neue Mode (494,2) – Neue Post (2184,2) – Neue Revue (1060,5) – Neue Welt (789,6) – PC-Professionell (231,4) – P. M. (585,0) – Penthouse (378,6) – Petra (599,8) – Playboy (362,5) – Pop/Rocky (255,2) – Popcorn (498,7) – Praline (1014,8) – Prima (748,7) – Prinz (338,2) – Ratgeber Frau und Familie (455,4) – scala (386,5) – Schöner Wohnen (475,7) – Sieben Tage (437,8) – Spektrum der Wissenschaft (154,0) – Der Spiegel (1345,1) – Sport-Bild (1039,7) – stern (1564,4) – Super Illu (1142,5) – Super TV (843,7) – Tempo (223,8) – tina (2133,1) – TV Hören + Sehen (3012,6) – TV-Movie (1687,0) – TV-Spielfilm (1711,0) – Verena (506,6) – Video-Tip (278,6) – vital (558,6) – Vogue (178,8) – Vorwärts Sozialdemokratisches Magazin (837,8) – Weltbild (297,1) – Wirtschaftswoche (210,5) – Wochenend (833,2) – Wohnen im eigenen Heim (2168,3) – Wohnidee (415,3) – Zuhause Wohnen (409,4) – die zwei (1158,8) – Im 1. Quartal 1992 verkaufte Auflage der Publikumszeitschriften: 122,2 Mio. Expl. je Erscheinungsdatum (1/91: 118,6 Mio.)

Nachrichtenagenturen, Pressedienste *(Auswahl):*
Allgemeiner Deutscher Nachrichtendienst (ADN), Berlin – Deutsche Presse-Agentur (dpa), Hamburg – Deutscher Depeschen-Dienst (ddp), Bonn – Deutschland-Union-Dienst (DUD), Bonn – Dienst mittlerer Tageszeitungen (DIMITAG/dmt), Bonn – Evangelischer Pressedienst (epd), Frankfurt/M. – Freie Demokratische Korrespondenz (FDK), Bonn – Katholische Nachrichtenagentur (KNA), Bonn – Parlamentarisch-Politischer Pressedienst (PPP), Bonn – SPD-Pressedienst, Bonn – Sport-Informationsdienst (sid), Neuss – Vereinigte Wirtschaftsdienste (VWD), Eschborn – Deutscher Dienst von Agence France-Presse (AFP), Bonn – Associated Press (AP), Frankfurt/M. – TASS, Bonn – Reuter, Bonn – EFE, Bonn – United Press International (UPI), Bonn

II. HÖRFUNK UND FERNSEHEN

Arbeitsgemeinschaft der öffentlich-rechtlichen Rundfunkanstalten der Bundesrepublik Deutschland (ARD)

Geschäftsführende Anstalt 1991/92: Westdeutscher Rundfunk (WDR), Köln; Vorsitzender der ARD 1991/92: Friedrich Nowottny

Ständiges ARD-Büro, Bertramstraße 8, Postfach 101001, 6000 Frankfurt/M. 1, T 069/590607, FS 17/699 0784; Leitung: Christoph Strupp

ARD-Gemeinschaftsprogramm Deutsches Fernsehen – Programmdirektion Deutsches Fernsehen (DFS), Postfach 200622, Arnulfstraße 42, 8000 München 2, T 089/590001, FS 5–22480; Programmdirektor: Dr. Günther Struwe

Der ARD gehören an:

Landesrundfunkanstalten:

Bayerischer Rundfunk (BR), Rundfunkplatz 1, Postfach 200508, 8000 München 2, T 089/590001, FS 5–21070 brm d, Tfax 5900–2375

Hessischer Rundfunk (HR), Bertramstraße 8, Postfach 101001, 6000 Frankfurt/M. 10, T 069/1551, FS 4–11127 / 583, Tfax 155–2900

Mitteldeutscher Rundfunk (MDR), Springerstraße 22–24, O-7022 Leipzig

Norddeutscher Rundfunk (NDR), Rothenbaumchaussee 132–134, 2000 Hamburg 13, T 040/4156–0, FS 2–19891–0, Tfax 447602, Ttex 403754

Ostdeutscher Rundfunk Brandenburg (ORB), August-Bebel-Straße 26–53, Postfach 11, O-1591 Potsdam

Radio Bremen (RB), Bürgermeister-Spitta-Allee 45, Postfach 330320, 2800 Bremen 33, T 0421/246–0, FS 2–45181 (Hörfunk), FS 2–46131 (Fernsehen), Tfax 246–1010 (Hörfunk), 246–2020 (Fernsehen)

Saarländischer Rundfunk (SR), Funkhaus Halberg, Postfach 1050, 6600 Saarbrücken, T 0681/6020, FS 4–428977, Tfax 623874

Sender Freies Berlin (SFB), Masurenallee 8–14, 1000 Berlin 19, T 030/3031–0, FS 1–82813, Tfax 3015062

Süddeutscher Rundfunk (SDR), Neckarstraße 230, Postfach 106040, 7000 Stuttgart 10, T 0711/2881, FS 7–23456 sdr s, Tfax 2882600

Südwestfunk (SWF), Hans-Bredow-Straße, Postfach 820, 7570 Baden-Baden, T 07221/92–0, FS 78781–0, Tfax 92–2010

Deutschland (Hörfunk, Fernsehen)

Westdeutscher Rundfunk (WDR), Appellhofplatz 1, Postfach 101950, 5000 Köln 1, T 0221/2201, FS 8882575, Tfax 220–4800, Btx 22000

Bundesrundfunkanstalten:

Deutsche Welle (DW), Rundfunksendungen für das Ausland über Kurzwelle, Raderberggürtel 50, Postfach 100444, 5000 Köln 1, T 0221/3890, FS 888485, Tfax 389–3000, Ttex 221386 DWK

Deutschlandfunk (DLF), Rundfunksendungen für Deutschland und das europäische Ausland, Raderberggürtel 40, Postfach 510640, 5000 Köln 1, T 0221/345–1, FS 8–84920, Tfax 380766, Btx 48010

Mit beratender Stimme:

RIAS Berlin, Kufsteiner Straße 69, 1000 Berlin 62, T RIAS-TV, Voltastraße 5, 1000 Berlin 65, T 030/4699–0, FS 186601 riatv d, Tfax 4631998

Zweites Deutsches Fernsehen (ZDF), Essenheimer Landstraße, Postfach 4040, 6500 Mainz 1, T 06131/701, FS 4–187930, Tfax 70–2157, Btx 63600

Funkhaus Berlin, Nalepastraße 10–50, O-1160 Berlin, T 00373/636–0, FS 112276; Radio aktuell – DS-Kultur – Berliner Rundfunk – Jugendradio DT 64

Landessender:

Antenne Brandenburg, Puschkinallee 4, O-1500 Potsdam, T 0037/23/320230, FS 15553 fkhpdm, Tfax 21314

Radio Mecklenburg-Vorpommern, Richard-Wagner-Straße 7, O-2500 Rostock, T 0037/81/3980, FS 31102 rfros dd, Tfax 22355

Sachsenradio, Springerstraße 11–24, O-7022 Leipzig, T 0037/941/51151, FS 512203 rfkl dd, Tfax 592493

Radio Sachsen-Anhalt, Waisenhausring 9, O-4020 Halle, T 0037/46/28267, FS 4587 rfsha dd

Thüringer Rundfunk, Humboldtstraße 36a, O-5300 Weimar, T 0037/621/2451, FS 618921 rfkw dd, Tfax 4365

Weitere Sender u. a.:

American Forces Network (AFN), Bertramstraße 6, 6000 Frankfurt/M. 1

British Forces Broadcasting Service (BFBS), Parkstr. 61, 5000 Köln 51

»Europa Nr. 1«, Europäische Rundfunk & Fernseh AG, Telesaar, Richard-Wagner-Str. 58–60, Postfach 111, 6600 Saarbrücken, T 0681/30781

Voice of America, Ludwigstr. 2, 8000 München 22, T 089/286021, FS 523737, Tfax 2809210

Private Anbieter national u. a.:

MTV Europe (London), Büro Deutschland, Widenmayerstraße 18, 8000 München 22, T 089/298866

Premiere Medien GmbH & Co. KG, Am Stadtrand 52, 2000 Hamburg 70, T 040/69445–0, Tfax 69445–199

PRO 7 GmbH, Bahnhofstraße 27a, 8043 Unterföhring, T 089/95001–0, FS 5216461, Tfax 95001–230

RTL plus Deutschland Fernsehen GmbH & Co., Aachener Str. 1036, 5000 Köln 40, T 0221/4895–0, FS 8886328, Tfax 4895–690, Ttex 2214366

SAT 1, Satelliten-Fernsehen GmbH, Hegelstraße 61, 6500 Mainz 1, T 06131/380–0, Tfax 380–100, Ttex 6131959

Sportkanal GmbH, Joseph-Dollinger-Bogen 30, 8000 München 40, T 089/3233072–76, Tfax 3234700

Tele 5, KMP – Kabel Media Programm GmbH, Schellingstraße 44, 8000 München 40, T 089/272770, FS 17–898988 kmp d, Tfax 2724970, Ttex 898988 kmp

Ferner zahleiche private Anbieter von Hörfunk und Fernsehen in den einzelnen Bundesländern gemäß dem jeweiligen Landesrundfunkgesetz.

DOMINICA Mittel-Amerika; Karibik
Dominicanischer Bund; Commonwealth
Dominica; Dominique – WD

LANDESSTRUKTUR Fläche (168): 751 km² - **Einwohner** (178): (F 1990) 82000 = 109 je km²; (Z 1981) 74625 – Dominicaner; über ⅔ Schwarze, im übr. Mulatten u. Kreolen; etwa 500 Kariben in Reservat; kl. weiße Minderh. – **Leb.-Erwart.:** 75 J. – **Säugl.-Sterbl.:** 2,0% – **Analph.:** k. Ang. – Jährl. **Bev.-Wachstum** (∅ 1980–90): 1,2% (Geburtenziffer 1990: 2,8%) – **Sprachen:** Englisch als Amtssprache; Umgangsspr. sind ein kreolisches Französ. (Patois) u. im NO ein engl. Dialekt (Cocoy) – **Religion:** rd. 80% Katholiken, Methodisten u. Anglikaner; Minderh. von Muslimen, Hindus, Juden u. Bahá'ís – **Städt. Bev.:** rd. 25% – **Städte** (S 1987): Roseau (Hptst.) 11000 Ew., Portsmouth (Z 1981) 2200

STAAT Republik – Verfassung von 1978 – Parlament mit 30 Mitgl. (21 gewählte Abg. u. 9 wahlweise durch d. Prem.-Min. bzw. Oppos.-Führer ernannte Senatoren) – Allg. Wahlrecht – 10 Verwaltungsbezirke (»Parishes«) – **Staatsoberhaupt:** Sir Clarence Augustus Seignoret, seit 1985 – **Regierungschef:** Mary Eugenia Charles (DFP), Wiederwahl im Mai 1990 – **Äußeres:** Brian G. K. Alleyne – **Parteien:** Wahlen vom 28. 5. 1990 (1985): Dominica Freedom Party/DFP 11 (15), Labour Party of Dominica/LPD 4 (5), Dominica United Worker's P./UWP 6 (1) d. 21 gewählten Mitgl. – **Dipl. Bez.:** BRD, Botschaft in Port-of-Spain (Trinidad u. Tobago) zuständig – **Unabh.:** 3. 11. 1978 – **Nationalfeiertag:** 3. 11.

WIRTSCHAFT BSP 1990: 160 Mio. $ = 2210 $ je Ew. (78); realer Zuwachs ∅ 1980–90: 4,3%; **BIP** realer Zuwachs ∅ 1989: –1,6%; Anteil 1988 **Landwirtsch.** 31%, **Industrie** 15% – **Erwerbstät.** (Z 1981) Landw. 31%, Ind. 19% – **Energieverbrauch** 1984: 182 kg ÖE/Ew. – **Währung:** 1 Ostkarib. Dollar (EC$) = 100 Cents; 1 US-$ = 2,69 EC$; 100 EC$ = 56,80 DM – **Inflation** ∅ 1980–90: 6,1% – **Ausl.-Verschuld.** 1988: 18,1 Mio. EC$ – **Außenhandel** 1988: **Import:** 236 Mio. EC$; Güter: Nahrungsmittel u. Tiere, Papier, Maschinen, Transportausrüst.; Länder: 22% USA, 26% CARICOM-Länder (dar. 8% St. Lucia, 8% Trinidad u. Tob.), 28% EG-Länder (dar. 18% Großbrit.); **Export:** 67 Mio. EC$; Güter: Bananen, Kakao, Kopra, Kokosnüsse, Fruchtsäfte, Gemüse; Länder: 61% Großbrit., 11% and. EG-Länder, 21% karib. Nachbarn/CARICOM (dar. 10% Jamaika), USA

PRESSE (Aufl. i. Tsd.) *Wochenzeitungen:* Roseau: The New Chronicle (4) – Dominican Official Gazette (1)/Reg.-Org.

DOMINIKANISCHE REPUBLIK
Mittel-Amerika; Karibik
República Dominicana – DOM

LANDESSTRUKTUR Fläche (126): 48734 km² (n. eig. Ang. 48422 km²) – **Einwohner** (87): (F 1990) 7170000 = 148 je km²; (Z 1981) 5647977 – Dominikaner; 73% Mulatten, 16% Weiße, 11% Schwarze – **Leb.-Erwart.:** 67 J. - **Säugl.-Sterbl.:** 5,6% – **Analph.:** 17% – Jährl. **Bev.-Wachstum** (∅ 1980–90): 2,2% (Geb.- u. Sterbeziffer 1990: 2,7%/ 0,6%) – **Sprache:** Spanisch – **Religion:** 91,9% Katholiken; Protestanten u. Juden (je rd. 2500) – **Städt. Bev.:** 60% – **Städte** (F 1983): Santo Domingo (de Guzmán) (Hptst.) 1410000 Ew., Santiago de Los Caballeros 285000, La Romana 101000, San Pedro de Macorís 81000, (Z 1981): San Francisco de Macorís 64906, Concepción de la Vega 52432, San Juan 49764, Barahona 49334, San Felipe de Puerto Plata 45348

STAAT Präsidialrepublik – Verfassung von 1966 – Parlament (Congreso Nacional) aus 2 Kammern: Abgeordnetenkammer (Cámara de Diputados) mit 120 u. Senat (Senado) mit 30 Mitgl., für 4 J. gewählt – Allg. Wahlpflicht ab 18 J.- 26 Provinzen u. Hptst.-Distrikt (Distrito Nacional) Santo Domingo – **Staats- u. Regierungschef:** Dr. Joaquín Balaguer Ricardo (PRSC), seit 1986, Wiederwahl am 16. 5. 1990 – **Äußeres:** Joaquín Ricardo García – **Parteien:** Wahlen vom 16. 5. 1990 (Sitzverteilung im Senat/ Abg.-Haus): Partido Reformista Social Cristiano/PRSC 16 (1986: 21)/42 (1986: 56), P. Revolucionario Dominicano/PRD 2 (7)/32 (48), P. de la Liberación Dominicana/PLD 12 (2)/44 (16), Partido Revolucionario Independiente/PRI 0 (–)/2 (–) – **Unabh.:** erstmals unabh. am 27. 2. 1844 (Loslösung v. Haiti), am 18. 3. 1861 wieder spanisch auf eig. Wunsch, endgültig (de facto) 14. 9. 1863 – **Nationalfeiertag:** 27. 2.

WIRTSCHAFT BSP 1990: 5847 Mio. $ = 830 $ je Ew. (116); realer Zuwachs ∅ 1980–90: 1,9%; **BIP** 1990: 7310 Mio. $; realer Zuwachs ∅ 1980–90: 2,1%; Anteil 1990 **Landwirtsch.** 17%, **Industrie** 27% – **Erwerbstät.** 1989: Landw. 37%, Ind. 18% – **Energieverbrauch** 1990: 336 kg ÖE/Ew. – **Währung:** 1 Dominikan. Peso (dom$) = 100 Centavos (cts); 1 US-$ = 12,50 dom$; 100 dom$ = 12,22 DM – **Ausl.-Verschuld.** 1991: 4433 Mio. $ – **Inflation** ∅ 1980–90: 21,8% (1991: 53,9%) – **Außenhandel** 1991: **Import:** 1713 Mio. $; Güter: 25% Rohöl- u. Erdölprod. u. (1989) 23% Maschinen u. Transportausrüst. sowie 12% Nahrungsm.; **Export:** 651 Mio. $; Güter: 40% Mineralien (Roheisen- u. Ferronickel u. a.), 25% Zucker, Kaffee u. Kakao, Tabak; (1989) landwirtsch. Prod. insg. 70%; zunehmend auch Leichtind.-Prod. aus neugeschaff. Industrie in Zonas Francas (= steuerbegünstigte Frei-Zonen für Exportproduktionen); Länder (1989): 50% USA, Venezuela, Mexiko, EG (v. a. BRD), Japan – Tourismus bedeutend (1991: Einnahmen 877 Mio. $)

PRESSE (Aufl. i. Tsd.) *Tageszeitungen:* Santo Domingo: El Caribe (20) – Hoy (20) – Listín Diario (70) – El Nacional de Ahora (35) – El Siglo (45) – El Sol (18)

DSCHIBUTI *Nordost-Afrika*
Republik Dschibuti (Djibouti); République de Djibouti; Dschumhuriyadi D. (Somali), Gabuutí Doolat (Afar), Al-Jumhûrîya al-Jîbûtîya (Arab.)

LANDESSTRUKTUR Fläche (145): 23200 km² – **Einwohner** (157): (S 1990) 427 000 = 17 je km²; (Z 1960/61) 81 000 (davon 30% Nomaden) – Dschibutier; (S 1984): 47% Issa (Nord-Somali), 37% Afar, 8% Europäer (davon 12000 Franz.), 6% Araber – ca. 14 000 äthiop. u. somal. Flüchtl. – **Leb.-Erwart.:** 48 J. – **Analph.** (1978): 91% – Jährl. **Bev.-Wachstum** (∅ 1980–90): 3,4% (Geburtenziffer 1990: 6,6%) – **Sprachen:** Französisch u. Arabisch als Amtssprachen; kuschitische Sprachen d. Afar (Danakil) u. Issa – **Religion:** 94% sunnit. Muslime; ca. 24 000 Christen (davon 8500 kath.) – **Städt. Bev.:** rd. 78% – **Städte** (S 1984): Dschibuti [Djibouti] (Hptst.) 65000, m. V. rd. 220000 Ew.; Dikhil 30000, Tadschura [Tadjoura], Ali-Sabieh, Obock

STAAT Präsidialrepublik – Erste Verfassungsgesetze 1981 – Einsetzung einer Verfass.-Kommission am 21.1.1992; Referendum über neue Verfass. (Einführung d. Mehrparteiensystems) am 4. 9. 1992 – Nationalversammlung mit 65 Abg. (davon 33 Issa, 32 Afar), für 5 J. gewählt – Wahl d. Präs. alle 6 J. – Allg. Wahlrecht – 4 Distrikte (»cercles«) – **Staatsoberhaupt:** Hassan Gouled Aptidon (Issa), seit 1977, wiedergew. 1981 u. 1987 – **Regierungschef:** Barkad Gourad Hamadou, seit 1978 (Koal. aus je 6 Afar u. Issa, 1 Araber u. 1 Somali) – **Äußeres:** Moumin Bahdon Farah – **Parteien:** Rassemblement Populaire pour le Progrès/RPP seit 1981 Einheitspartei – Parl.-Wahlen für 20. 11. 1992 angekündigt – **Unabh.:** 27. 6. 1977 – **Nationalfeiertag:** 27. 6.

WIRTSCHAFT (keine neueren Angaben verfügbar) **BSP** 1986 (S): 341 Mio. $ = 748 $ je Ew. (120); **BIP** realer Zuwachs ∅ 1980–85: 2,2%; Anteil 1983 **Landwirtsch.** 5%, **Industrie** 21% – **Erwerbstät.** 1985: Landw. 25%, Ind. 15% – **Energieverbrauch** 1984: 181 kg ÖE/Ew. – **Währung:** 1 Dschibuti-Franc (FD) = 100 Centimes (c); 1 US-$ 176,84 FD; 100 FD = 0,87 DM – **Ausl.-Verschuld.** 1988: 300 Mio. $ = 73% d. BSP – **Inflation** ∅ 1980–90: k. Ang. – **Außenhandel** 1987: **Import:** 36133 Mio. FD; Güter: v. a. Konsumgüter; Länder: Frankr., Monaco, Äthiopien, Italien; **Export:** 1193 Mio. FD; Güter: Häute, Felle u. a. Viehzuchtprod., Kaffee; Länder: Frankr. u. Monaco, Somalia, Italien, Großbrit.; wichtiger Transithafen für äthiop. Ausfuhrgüter

PRESSE (Aufl. i. Tsd.) *Wochenzeitung:* Dschibuti: La Nation de Djibouti (4) – *Nachrichtenagentur:* ADP (Agence Djiboutienne de Presse)

ECUADOR *Süd-Amerika*
Republik Ecuador; República del Ecuador – EC

LANDESSTRUKTUR Fläche (71): 283561 km² (n. eig. Ang. 270696 km²) mit Galápagos-I. = Archipiélago Colón; 7844 km² mit 6201 Ew. [1982]; – **Einwohner** (72): (Z 1990) 9622608 = 36 je km² – Ecuadorianer (span. »ecuatorianos«); ca. 35% Mestizen, 25% Weiße, 20% Indianer (fast ¼ Ketschua-Sprechende), 15% Mulatten u. 5% Schwarze – **Leb.-Erwart.:** 66 J. – **Säugl.-Sterbl.:** 5,5% – **Analph.:** 14% – Jährl. **Bev.-Wachstum** (∅ 1980–90): 2,4% (Geb.- u. Sterbeziffer 1990: 3,0%/0,7%) – **Sprachen:** Spanisch als Amtssprache; als Umgangsspr. u. a. Ketschua – **Religion:** 93,5% Katholiken; 50000 Protestanten u. 1000 Juden; Naturrelig. d. östl. Tieflandindianer – **Städt. Bev.:** 56% – **Städte** (Z 1990): Quito (Hptst.) 1100847 Ew.; Guayaquil 1508444, Cuenca 194981, Machala 144197, Portoviejo 132937, Manta 125505, Ambato 124166, Esmeraldas 94305

STAAT Präsidialrepublik – Verfassung von 1979 – Parlament (Cámara de Representants) mit 77 Mitgl. (65 Abg. auf Provinzebene für 2 J. ohne Erneuerung d. Mandats u. 12 Abg. für 4 J. auf nationaler Ebene gewählt) – Allg. Wahlrecht ab 18 J. – 20 Provinzen einschl. Galápagos-Inseln (v. Verteid.-Min. verwaltet) u. »Zonas no delimitades« – **Staats- u. Regierungschef:** Sixto Durán Ballén (PUR-PCE), seit 10. 8. 1992 – **Äußeres:** Diego Paredes – **Parteien:** Wahlen vom 17. 5. 1992: Partido Social Cristiano/PSC 21 d. 77 Sitze (letzte Teilwahlen vom 17. 6. 1990, endgültige Sitzverteilung: 16 Sitze); Partido Roldosista Ecuatoriano/PRE (kons.-lib.) 13 (13), Partido Unidad Republicana zus. mit Partido Conservador Ecuatoriano/PUR-PCE 12 u. 6 (0), Izquierda

Democrática/ID (Demokrat. Linke) 7 (14), Democracia Popular/DP 5 (7), Movimiento Popular Democrático/MPD 4 (0), Partido Socialista Ecuatoriano/PSE (Sozialist. P.) 3 (8), Sonstige 6 (14) Sitze – **Unabh.:** 10. 8. 1809 (Proklamation), endgültig 13. 5. 1830 (Loslösung v. Großkolumbien) – **Nationalfeiertag:** 10. 8.

WIRTSCHAFT BSP 1990: 10112 Mio. $ = 980 $ je Ew. (108); realer Zuwachs $\emptyset$ 1980–90: 1,9%; **BIP** 1990: 10880 Mio. $; realer Zuwachs $\emptyset$ 1980–90: 2,0%; Anteil 1990 **Landwirtsch.** 13%, **Industrie** 42% – **Erwerbstät.:** Landw. 31% (1989), Ind. 20% (1982); **Arbeitslosigkeit** 1991: 14,8% – **Energieverbrauch** 1990: 678 kg ÖE/Ew. – **Währung:** 1 Sucre (S/.) = 100 Centavos (Ctvs); Freimarktkurs: 1 US-$ = 1480,00 S/.; 100 S/. = 0,10 DM – **Ausl.-Verschuld.** 1990: 12105 Mio. $ = 120,6% d. BSP (Einzelheiten $\rightarrow$ Tab. Sp. 221f.) – **Inflation** $\emptyset$ 1980–90: 36,6% (1991: 51,0%) – **Außenhandel** 1991: **Import:** 2055 Mio. $; Güter (1990): 53% Rohstoffe, 33% Kapitalgüter, 10% Konsumgüter, 5% Brenn- u. Schmierstoffe; Länder (1990): 33% USA, 12% Japan, 7% BRD, 6% Brasilien, 4% Italien, 4% Spanien; **Export:** 2810 Mio. $; Güter (1990): 47% Rohöl, 17% Bananen, 13% Garnelen, 6% Erdölderivate, 5% Kaffee u. -produkte; Länder: 44% USA, 6% Peru, 4% BRD, 3% Japan, 3% Panama (Heroin- u. Kokainströme $\rightarrow$ WA '92, Karte Sp. 237f.)

PRESSE (Aufl. i. Tsd.) Tageszeitungen: Quito: El Comercio (130) – El Tiempo (35) – Hoy (65) – Ultimas Noticias (90) – Guayaquil: El Telégrafo (65) – El Universo (174, so. 255)

ELFENBEINKÜSTE → CÔTE D'IVOIRE

EL SALVADOR Mittel-Amerika
Republik El Salvador; República de El Salvador – ES

LANDESSTRUKTUR Fläche (147): 21041 km^2 (n. eig. Ang. 21393 km^2) – **Einwohner** (96): (F 1990) 5258000 = 246 je km^2; (Z 1971) 3554648 – Salvadorianer (span. »salvadoreños«); etwa 70% Mestizen (Ladinos), 10–15% Indianer, 10% Weiße meist altspan. Abst. – **Leb.-Erwart.:** 64 J. – **Säugl.-Sterbl.:** 5,3% – **Analph.:** 27% – Jährl. **Bev.-Wachstum** ($\emptyset$ 1980–90): 1,4% (Geb.- u. Sterbeziffer 1990: 3,3%/0,8%) – **Sprachen:** Spanisch als Amtsspr.; örtl. indian. Mundarten (Nahua, Maya) – **Religion:** 91,4% Katholiken, protest. Minderh. –

Städt. Bev.: 44% – **Städte** (F 1986): San Salvador (Hptst.) 471500 Ew., Santa Ana 228500, San Miguel 179200, Mejicanos 110000; (F 1985) Nueva San Salvador 55000, Sensuntepeque 51000, Sonsonate 48000, Usulután 31000, Cojutepeque 31000

STAAT Präsidialrepublik – Verfassung von 1983, Änderung 1991 – Parlament mit 84 Mitgl., Wahl alle 3 J. – Nach Unterzeichnung eines Friedensvertrags am 16. 1. 1992 Bildung einer »Nationalen Friedenskommission« aus Vertretern von Reg., Armee, FMLN-Guerilla u. allen Parl.-Fraktionen zur Gewährleistung d. Friedensplans – Allg. Wahlpflicht ab 18 J. – 14 Departamentos – **Staats- u. Regierungschef:** Präs. Alfredo Félix Cristiani Burkard (ARENA), seit 1. 6. 1989 – **Äußeres:** Dr. José Manuel Pacas Castro – **Parteien:** Wahlen vom 10. 3. 1991: rechtsextreme Alianza Republicana Nacionalista/ARENA 39 der 84 Sitze (1988: 31 von 60), Partido Demócrata Cristiano/PDC 26 (23), Partido de Conciliación Nacional/PCN (Nat. Versöhnungspartei) 9 (6), Convergencia Democrática/CD (Demokrat. Konvergenz, linksorient.) 8 (–), Movimiento Auténtico Cristiano/MAC 1 (–), Unión Democrática Nacionalista/UDN 1 (–) – **Unabh.:** 15. 9. 1821 (Proklamation); endgültig 13. 4. 1839 bzw. 30. 1. 1841 (nominell) – **Nationalfeiertag:** 15. 9.

WIRTSCHAFT BSP 1990: 5767 Mio. $ = 1110 $ je Ew. (100); realer Zuwachs $\emptyset$ 1980–90: 0,8%; **BIP** 1990: 5400 Mio. $; realer Zuwachs $\emptyset$ 1980–90: 0,9% (1991: +3,5%); Anteil 1990 **Landwirtsch.** 11%, **Industrie** 21% – **Erwerbstät.** 1988: Landw. 38%, Ind. 18% – **Energieverbrauch** 1990: 233 kg ÖE/Ew. – **Währung:** 1 El-Salvador-Colón (¢) = 100 Centavos; Freimarktkurs: 1 US-$ = 8,26 ¢; 100 ¢ = 18,70 DM – **Ausl.-Verschuld.** 1990: 2133 Mio. $ = 40,4% d. BSP (Einzelheiten → Tab. Sp. 221f.) – **Inflation** $\emptyset$ 1980–90: 17,2% (1991: 14,5%) – **Außenhandel** 1990: **Import:** 1200 Mio. $; Güter (1989): 26% Maschinen u. Transportausrüst., 14% Nahrungsm. (Weizen u. a.), 11% Rohöl u. a. Rohstoffe; chem. Erzeugn., Eisen u. Stahl; Länder (1989): 39% USA; **Export:** 550 Mio. $; Güter (1989): Kaffee (bis 59%), Baumwolle, Gold, Zucker, chem. Erzeugn.; Länder (1989): 40% USA, 15% Guatemala, 13% BRD, 7% Venezuela, 5% Costa Rica

PRESSE (Aufl. i. Tsd.) Tageszeitungen: San Salvador: El Diario de Hoy (87, so. 82) – El Diario Latino (20) – El Mundo (58, so. 62) – La Noticia (25) – La Prensa Gráfica (97, so. 116)

ESTLAND Zentral-Europa
Republik Estland; estnisch: Eesti Vabariik – EW

LANDESSTRUKTUR Fläche (128): 45100 km², 1520 Inseln (4133 km² = 10% d. Territoriums), darunter Saaremaa [Ösel] 2673 km², Hiiumaa [Dagö] 989 km², Muhu [Moon] 200 km², Vormsi [Worms] 92,9 km² – **Einwohner** (139): (F 1991) 1583000 = 35 je km²; (Z 1989) 1565662 – (Z 1989) 61,5% Esten [Eestlased] (1945: 94%), 30,3% Russen, 3,1% Ukrainer, 1,8% Weißrussen, 1,1% Finnen; Tataren, Deutsche, Letten u. a. Minderh.; rd. 30000 Esten leben in d. ehem. UdSSR – **Leb.-Erwart.:** 70 J. – **Säugl.-Sterbl.** (1989): 1,5% – **Bev.-Wachstum** (1979–89): + 6,9% (Geb.- u. Sterbeziffer 1990: 1,4%/1,2%) – **Sprachen:** Estnisch seit 1989 Amtssprache; Russisch – **Religion:** überw. Evang.-Luther. Kirche (1940: 75%); Russ.-Orthodoxe, Baptisten; Religionsfreiheit 1990 wieder eingeführt – **Städt. Bev.:** 72% – **Städte** (F 1990): Tallinn [Reval] (Hptst.) 484400 Ew. (davon 230000 Esten, 200000 Russen, 23000 Ukrainer); Tartu [Dorpat] 115400, Narva [Narwa] 82300, Kohtla-Järve 76800, Pärnu [Pernau] 54200, Sillamäe 20700, Rakvere [Wesenburg] 20100

STAAT (→ *Chronik WA '92 u. Sp. 55f.*) Republik – Wiederherstellung der Souveränität am 30. 3. 1990 – Verfassungsentwurf vom 28. 6. 1992 mit weitreichenden Befugnissen d. Präs. (Annahme per Referendum mit 91,1% d. abgegeb. Stimmen) – Parlament (Estnische Staatsversammlung) mit 101 Mitgl. – 5köpfiges Präsidium – Wahlrecht für alle Personen u. deren Nachfahren, die vor d. Annexion 1940 estnische Staatsbürger waren, u. für Bürger russischer Abstammung, die bis zum 5. 6. 1992 die estn. Staatsbürgerschaft beantragt haben – 15 Regionen [maakond] u. 6 Stadtbezirke – **Staatsoberhaupt:** Arnold F. Rüütel, Vors. d. Präsidiums – **Regierungschef:** Tiit Vähi, seit 30. 1. 1992 (durch d. Parl. ernannt) – **Äußeres:** Jaan Manitski, seit 24. 3. 1992 – **Parteien:** Volksfront (Nationalisten) mit Mehrheit im Parl.; viele Parteineugründungen, u. a.: Christdem. Partei, Christdem. Union, Bewegung der Grünen, Estn. Erbengesellschaft, Nationale Unabhängigkeitsp., Sozialdem. P. – Neuwahlen (gemäß d. neuen Verfass.) von Parl. u. Präs. am 20. 9. 1992 – **Unabh.:** 1918–1940, erneute Ausrufung d. Unabh. am 30. 3. 1990, seit 21. 8. 1991 in Kraft – **Nationalfeiertage:** 24. 2. (Gründung d. Rep. Estland 1918), 16. 11. (Deklaration d. Souveränität 1988)

WIRTSCHAFT BSP 1989: 10000 Mio. $ = 6240 $ je Ew. (38); Anteil am BSP d. UdSSR: 0,7%; **BIP** 1989: 6360 Mio. Rbl = 4017 Rbl je Ew. – **Erwerbstät.** 1987: Forst- u. Landwirtsch. 13%, Industrie u. Bau 42%, Handel u. Verkehr 24%, Dienstleistungen 21% – **Währung:** 1 Estn. Krone (ekr) = 100 Senti; 1 US-$ = 12,15 ekr; 1 DM = 8,00 ekr (allein. gesetzl. Zahlungsmittel seit 20. 6. 1992; Umstellung 10 Rbl = 1 ekr) – **Bergbau u. Rohstoffgewinnung:** Ölschiefer, Phosphorit, Torf; **Industrie:** Elektro- u. Elektronikind., Holz u. Papier, Düngemittel; **Landwirtschaft:** Getreide, Kartoffeln; Rinder u. Schweine – **Außenhandelssaldo** 1988: –1,3 Mrd. Valutarubel; **Import** (1989): 3820 Mio. Rbl, davon 84,6% aus d. übrigen UdSSR u. 15,4% aus d. Ausland; **Güter:** Erdöl u. Erdgas, Erzeugn. d. Metallurgie u. d. Maschinenbaus sowie landwirtschaftl. Vorprodukte; **Export** (1989): 3120 Mio. Rbl, davon 92,9% in d. übrige UdSSR u. 7,1% ins Ausland; Güter: Prod. d. Leicht- u. Nahrungsmittelind.; Stromexport nach Lettland u. Rußland

PRESSE (Aufl. i. Tsd.; Stand 1990): *Tageszeitungen:* Tallinn: Molodezh Estonii (75)/Russ. – Päevaleht (100) – Rahva Hääl (175) – Ohtuleht (76, Estn.; 42, Russ.) – Vaba-Maa (20)/Org. d. Volksfront – Tartu: Postimees (120) – *Wochenzeitungen:* Äripäev (25)/Wirtsch. – Eesti Ekspress (60) – The Estonian Independant (8)/Engl. – Maaleht (180) – Sirp (30) – *Nachrichtenagenturen:* ETA (Estonian Telegraph Agency) – BALTFAX

FIDSCHI Ozeanien
Republik Fidschi; Fiji, Matanitu Ko Viti – FJI

LANDESSTRUKTUR Fläche (150): 18274 km² (n. eig. Ang. 18373 km²) inkl. Rotuma-Inselgruppe; 332 Inseln, davon ca. 100 bewohnt. Größte Insel Viti Levu 10429 km² (mit rd. 70% d. Bev.), zweitgrößte Vanua Levu mit 5556 km² – **Einwohner** (151): (F 1990) 736000 = 40 je km²; (Z 1986) 715375 – Fidschianer; 48,6% Inder, 46,2% Fidschi (Altfidschianer, zu d. Melanesiern zählend), 11486 mit Europ. Vermischte, 3181 Europäer, 8411 Rotumanier (Rotumas) 4672 Chinesen – **Leb.-Erwart.:** 65 J. – **Analph.:** 15% – Jährl. **Bev.-Wachstum** (∅ 1980–90): 1,7% (Geburtenziffer 1990: 3,0%) – **Sprachen:** Englisch u. Fidschianisch (melanes. Sprache), Hindi – **Religion:** 53% Christen (Method. u. a. Protestanten, ca. 59000 Katholiken), 38% Hindu, 8% Muslime – **Städt. Bev.:** rd. 37% – **Städte** (Z 1986): Suva (Hptst., auf Viti Levu) 69665 Ew. (A 120000), Lautoka City 27728, Nadi 6938

STAAT Republik – Neue Verfassung von 1990 – Parlament aus 2 Kammern: Repräsentantenhaus mit 70 Mitgl. (davon: Fidschianer 37, fidschian. Inder 27, Rotumanier 1 u. andere Wähler [Europäer, Chinesen usw.] 5) u. Senat mit 34 Mitgl. (24 vom

Großen Rat d. Stammeshäuptl., 9 vom Präs. u. 1 vom Rotuma-Inselrat ernannt); Wahl alle 5 J. – Großer Rat der Stammeshäuptlinge ernennt Präs. – Präs. u. Min.-Präs. müssen Fidschianer sein – Allg. Wahlrecht ab 21 J. – 4 Verwaltungsbezirke mit insg. 14 Provinzen – **Staatsoberhaupt:** Ratu Sir Penaia Ganilau, seit 6. 12. 1987 – **Regierungschef u. Äußeres:** Brig.-Gen. Sitivena Rabuka (Vors. d. FPP-SVT), seit 2. 6. 1992; Koal. aus FPP-SVT u. FLP – **Parteien:** Wahlen vom 23./30. 5. 1992: Fidschianer: Politische Partei von Fidschi/FPP-SVT (Soqosoqo ni Vakavulewa ni Taukei) 30 d. 70 Sitze, Nationale Fidschian. Front/FNUF 5 (35 d. 37 Sitze, 2 Unabh.); Inder (insg. 27 Sitze): Nationale Föderationspartei/NFP 14, Fidji Labour Party/FLP 13; 1 Rotumanier (STV-Sympathisant); General Votes Party/GVP 5 (Sitze d. ethn. Minderh.) – **Unabh.:** 10. 10. 1970 – **Nationalfeiertag:** 10. 10.

WIRTSCHAFT BSP 1990: 1326 Mio. $ = 1780 $ je Ew. (88); realer Zuwachs $\varnothing$ 1980–90: 1,3%; **BIP** realer Zuwachs $\varnothing$ 1980–89: 2,0 %; Anteil 1988 **Landwirtsch.** 21 %, **Industrie** 19 % – **Erwerbstät.** 1986: Landw. 44 %, Ind. 14 % – **Währung:** 1 Fidschi-Dollar ($F) = 100 Cents (c); 1 $F = 0,69 US-$; 100 $F = 104,98 DM – **Inflation** $\varnothing$ 1980–90: 5,4 % – **Ausl.-Verschuld.** 1989: 470,7 Mio. $F – **Außenhandel** 1989: **Import:** 961,8 Mio. $F; Güter: Maschinen u. Transportausrüst., Erdölprod., bearb. Waren; Länder: 31 % Australien, 17 % Neuseeland, 14 % Japan; **Export:** 589,2 Mio. $F; Güter: über 60 % Zucker, Kokosöl, Kopra, Gold, Ingwer, Bananen, Manganerz, Fischkonserven; Länder: 25 % Großbrit., 20 % Australien, 12 % Neuseeland, Japan – Tourismus 1990: Deviseneinnahmen 310 Mio. $F

PRESSE (Aufl. i. Tsd.) *Tageszeitungen:* Suva: Fiji Post (27) – Fiji Times (33) – *Wochenzeitungen:* Nai Lalakai/Fidsch. (18) – Sartaj (15)/Hindi – Shanti Dut (3 x wö., 8)/Hindi – Siga Rarama (10)/Fidsch.

FINNLAND *Nord-Europa*
Republik Finnland; finn.: Suomen Tasavalta, schwed.: Republiken Finland – SF

LANDESSTRUKTUR Fläche (63): 338 145 km^2 (einschl. 33 522 km^2 Wasserfläche) – **Einwohner** (100): (Z 1990) 4 998 478 = 15 je km^2 – (F 1989): 93,6 % Finnen; 6,0 % Finnland-Schweden, 1730 Saamen (eig. Name »Sameh«, Lappen) – **Leb.-Erwart.:** 76 J. – **Säugl.-Sterbl.:** 0,6 % – **Analph.:** unter 5 % – Jährl. **Bev.-Wachstum** ($\varnothing$ 1980–90): 0,4 % (Geb.- u. Sterbeziffer 1990: 1,3 %/1,0 %) – **Sprachen:** Finnisch (1989: v. 4 656 325 gespr.) u. Schwedisch (298 400) als Amtsspr., Lappisch (1730) – **Religion:** 4,62 Mio. Protestanten (Lutheraner; Staatskirche); 57 000 Finn.-Orthodoxe (2. Staatskirche), 4800 Katholiken, 930 Muslime, 900 Juden – **Städt. Bev.:** 60 % – **Städte** (F 1990): Helsinki [schwed. Helsingfors] (Hptst.) 492 400 Ew.; Espoo [Esbo] 172 600, Tampere [Tammerfors] 172 560, Turku [Åbo] 159 180, Vantaa [Vanda] 154 930, Oulu [Uleåborg] 101 380, Lahti 93 150, Kuopio 80 600, Pori [Björneborg] 76 360, Jväskylä 66 530, Kotka 56 630, Lappeenranta [Villmanstrand] 54 940, Vaasa [Vasa] 53 430

STAAT Republik – Verfassung von 1988 – Parlament (Eduskunta, Riksdag) mit 200 Mitgl., Wahl alle 4 J. – Allg. Wahlrecht – 12 Provinzen (darunter Åland [Finnisch: Ahvenanmaa] als autonomes Gebiet: rd. 6500 Inseln, davon 80 bewohnt, insg. 1552 km^2 u. 24 607 Einw. [1991], 96 % d. Bev. sind schwedischsprachig [Amtsspr.]; eig. Landtag) – **Staatsoberhaupt:** Präs. Mauno Koivisto (SDP), seit 1982, 1988 im Amt bestätigt – **Regierungschef:** Esko Aho (KEPU), seit 26. 4. 1991; Koal. aus KEPU/LIP, KOK, SFP u. SKL – **Äußeres:** Paavo Väyrynen – **Parteien:** Wahlen vom 17. 3. 1991: Keskustapuolue/KEPU/LIP (Zentrums-P., Zentrum u. Lib.) 55 Sitze (1987: 40), Suomen Sosialidemokraattinen Puolue/SDP 48 (56), Kansallinen Kokoomus/KOK (Nationale Sammlungs-P.) 40 (53), Vasemmistoliitto/Vas (Linksverband) 19 (20), Vihreä (Grüne) 10 (4), Svenska Folkpartiet/SFP (Schwed. Volkspartei) 12 (13), Suomen Maaseudun Puolue/SMP (Landvolk-P.) 7 (9), Suomen Kristillinen Liitto/SKL (Christl. Union) 8 (5), Liberaalinen Kansanpuole/LKP (Liberale Volks-P.) 1 (0) – **Unabh.:** 6. 12. 1917 (Proklamation) – **Nationalfeiertag:** 6. 12.

WIRTSCHAFT BSP 1990: 129 823 Mio. $ = 26 040 $ je Ew. (3); realer Zuwachs $\varnothing$ 1980–90: 3,6 %; **BIP** 1991: 127 100 Mio. $; realer Zuwachs $\varnothing$ 1980–90: 3,2 % (1991: −6,3 %); Anteil 1990 **Landwirtsch.** 5,4 %, **Industrie** 29,9 % – **Erwerbstät.** 1990: Landw. 8,4 %, Ind. 31 %; **Arbeitslosigkeit** 1991: 7,7 % – **Energieverbrauch** 1990: 5650 kg ÖE/Ew. - **Währung:** 1 Finnmark (Fmk) = 100 Penniä (p); 1 US-$ = 4,15 Fmk; 100 Fmk = 36,75 DM – **Ausl.-Verschuld.** 1991: 179 000 Mio. Fmk = 35 % d. BIP – **Inflation** $\varnothing$ 1980–90: 6,8 % (1991: 3,8 %) – **Außenhandel** 1991: **Import:** 87 720 Mio. Fmk; Güter: 35 % Maschinen u. Transportm., 15 % bearb. Waren, 14 % sonst. verarb. Waren, 13 % Brennstoffe, 12 % chem. Erzeugn., 6 % Rohstoffe (ohne Brennstoffe); Länder: 17 % BRD, 12 % Schweden, 9 % UdSSR, 8 % Großbrit. 7 % USA, 6 % Japan, 4 % Italien; **Export:** 92 872 Mio. Fmk; Güter: 44 % bearb. Waren, 27 % Maschinen u. Transportm., 9 % Rohstoffe (ohne Brennstoffe), 7 % sonst. verarb. Waren, 7 % chem. Erzeugn., 2% Nahrungsm. u. leb. Tiere; Länder: 14% Schweden, 15% BRD, 10% Großbrit., 6% Frankreich, 6% USA, 5% UdSSR, 5% Niederl., 4% Dänemark

PRESSE (Aufl. i. Tsd.) *Tageszeitungen:* Helsinki: Helsingin Sanomat (479, so. 567) – Hufvudstadsbladet (67, so. 70)/Schwed. – Iltalehti (104, sa. 151) – Ilta-Sanomat (217, so. 243) – Kansan Uutiset (46, so. 43)/Vas-Org. – Kauppalehti (82) – Uusi Suomi (84, so. 88) – Kuopio: Savon Sanomat (83)/KEPU-Org. – Oulu: Kaleva (100) – Tampere: Aamulehti (145, so. 152)/KOK-Org. – Turku: Turun Sanomat (137, so. 146) – *Zeitschriften:* Helsinki: Anna (163)/Frauenzeitschr. – Apu (279)/Familienjournal – Suomen Kuvalehti (108)/Illustr. – *Nachrichtenagentur:* STT-FNB (Oy Suomen Tietotoimisto– Finska Notisbyrån Ab)

FRANKREICH West-Europa
Französische Republik; République Française – F

LANDESSTRUKTUR **Fläche** (47): 551 700 km^2 (n. eig. Ang. 543 965 km^2) mit Korsika 8680 km^2 u. 247 300 Ew. [F 1988]; aber ohne Übersee-Départements – **Einwohner** (16): (F 1. 1. 1992) 57 206 000 = 104 je km^2 (ohne Übersee-Dép. = 1,46 Mio. Ew.); (Z 1990) 56 651 955 – Franzosen; u. a. 0,9 Mio. mit bretonischer Sprache (Keltisch), 1,2 Mio. deutschspr. Elsässer u. Lothringer mit alemann. bzw. moselfränk. Dialekt, 0,2 Mio. italienischspr. (einschl. Korsisch), 0,3 Mio. Katalanen, 0,2 Mio. Flamen, 0,1–0,2 Mio. Basken – (Z 1990) 3607590 Ausländer (= 6,3% d. Gesamtbev.; davon 1,309 Mio. aus EG-Ländern u. 2,299 Mio. aus Nicht-EG-Ländern; rd. 170000 Flüchtlinge): Portugiesen 22%, Algerier 20%, Spanier 14,5%, Italiener 13,4%, Marokkaner 7,6%, Tunesier, Jugoslawen, Türken, Senegalesen, Malier u. a.; zus. 60% Europäer, 35% Afrikaner u. 3,5% Asiaten; 40,4% d. Ausl. sind Beschäftigte; höchste Ausl.-Anteile in Großstädten: Paris 13,7%, Mulhouse 12,7%, Strasbourg 11,6%, Lyon 10,7%, Saint-Étienne 10%, Grasse-Cannes-Antibes 9,9%, Grenoble 9,9%, Nice 8,7%, Lille 7,4%, Marseille 6,5% – (Z 1990) 4,13 Mio. Immigrés (Einwanderer), davon 1,3 Mio. mit französ. Staatsangehörigkeit; 1991: 46 784 Asylanträge, Anerkennungsquote: 19,7% – **Leb.-Erwart.:** 77 J. – **Säugl.-Sterbl.:** 0,7% – **Analph.:** unter 5% – Jährl. **Bev.-Wachstum** ($\emptyset$ 1980–90): 0,5% (Geb.-u. Sterbeziffer 1990: 1,3%/1,0%) – **Sprachen:** Französisch; als Wahlfächer in Schulen Baskisch, Bretonisch, Elsässisch, Katalanisch, Korsisch, Okzitanisch, Deutsch usw.; im Amtsgebrauch nicht zugelassen – **Religion:** 76,3% Katholiken, 4,5% sunnit. Muslime, 1,4% Protestanten (v. a. Calvinisten); seit Zuzug aus Nordafrika über 0,7 Mio. Juden, 0,18 Mio. Angehörige d. Armenischen Kirche – **Städt. Bev.:** 74% – **Städte** (Z 1990): a) Kommunen: Paris 2 175 000, Marseille 808 000, Lyon 422 000, Toulouse 366 000, Nizza (Nice) 346 000, Straßburg (Strasbourg) 256 000, Nantes 251 000, Bordeaux 213 000, Montpellier 211 000, Rennes 204 000, Saint-Étienne 202 000, Lille 178 000, Toulon 170 000, Rouen 105 000, weitere 64 Städte (Kommunen) mit 100 000 bis 200 000 Ew.; b) Urbane Gebietseinheiten (villes et agglomérations urbaines): Paris 9 063 000 (eingeschl. Kommunen 365), Lyon 1 262 000 (84), Marseille 1 087 000 (28), Lille 950 000 (55), Bordeaux 685 000 (40), Toulouse 608 000, Nantes 491 000 (19), Nice 475 000 (17), Toulon 438 000, Grenoble 400 000 (32), Strasbourg 388 000, Rouen 380 000 (29), Valenciennes 336 000, Grasse-Cannes-Antibes 336 000 (23), Lens 323 000 (36), Saint-Étienne 313 000 (15), Nancy 311 000, Tours 272 000, Bethune 260 000 (60), Clermont-Ferrand 254 000 (17), Le Havre 253 000 (13), Dijon 226 000 (12), Angers 206 000 (10), Brest 201 000 (7), ferner 35 weitere Urb. Geb.-Einh. mit 100 000 – 200 000 Ew.

STAAT Republik – Verfassung der V. Rep. von 1958 (mit starker Stellung d. Präs., der für 7 J. direkt gewählt wird u. d. Reg.-Chef ernennt); Änderungen 1962 u. Juni 1992 – Parlament aus 2 Kammern: Senat mit 321 Mitgl. (davon 13 aus d. Übersee-Dép. u. 12 von d. Auslandsfranzosen gestellt) u. Nationalversammlung (Assemblée Nationale) mit 577 Mitgl. (davon 22 aus Übersee-Dép.) für 9 (durch Wahlkollegium, ⅓ d. Sitze alle 3 J. erneuert) bzw. 5 J. (Mehrheitswahlrecht) gewählt – Direktwahl d. Regionalräte alle 6 J. – Mehrheitswahl d. Conseils Généraux (Parl. d. Départements) alle 7 J. – Verfassungsrat – 96 Départements innerhalb v. 22 Regionen u. 5 Übersee-Dép. (DOM), 322 Arrondissements u. 3208 Kantone; Sonderstatus für d. Region Korsika (Bezeichnung »korsisches Volk« im Mai 1991 vom Verfassungsrat verworfen) mit 61 köpf. Regionalversamml. (Wahlen → Parteien), Korsika soll 1992 »collectivité territoriale« werden – **Staatsoberhaupt:** Präs. François Mitterrand, seit 1981, wiedergewählt 1988 – **Regierungschef:** Pierre Bérégovoy (PS), seit 2. 4. 1992 – **Äußeres:** Roland Dumas – **Parteien:** Wahlen zur Assemblée Nationale vom 12. 6. 1988: Parti Socialiste/PS 260 der 577 Sitze (1984: 206), Rassemblement pour la République/RPR (Gaullisten) 127 (138), Union pour la Démocratie Française/UDF (Liberale Giscardisten) 129 (132), Parti Communiste Français/PCF 27 (35), Mouvement pour le Rassemblement de la Gauche/MRG (Linksliberale) 9 (5); von der PS unterst. Kand. 7; versch. Rechte 16

(14); Front National/FN (Rechtsextreme) 1 (32); Senatswahlen vom 24. 9. 1989: RPR 91, Union Centriste des Démocrates de Progrès 68, PS 66, Union des Républicains et des indépendants 52, Gauche démocratique 23, Groupe communiste 16, Unabh. 5 – Regionalwahlen vom 22. 3. 1992 (Wahlbeteiligung 68,7%): RPR u. UDF 33% (−7% im Vgl. zu 1986), Sozialisten 18,3% (−11%), Front National/FN 13,9% (+4%), Kommunisten 8% (−2%), Grüne insg. (Verts, Génération Ecologie) 13,9%; Korsika: RPR u. a. Rechte 16 d. 61 Sitze, Nationalisten 9, UDF 8, Mouvement des Radicaux de Gauche/MRG 5, PC 4, Mouvement pour l'autodétermination/MPA 4, versch. Rechte 5 – **Unabh.:** Wurzel d. eigentl. Staatsgeschichte ist der Vertr. v. Verdun (843 n. Chr.) – **Nationalfeiertag:** 14. 7.

WIRTSCHAFT BSP 1990:1 099 750 Mio. $ = 19 490 $ je Ew. (13); realer Zuwachs ⌀ 1980–90: 2,2%; **BIP** 1991: 1 191 400 Mio. $; realer Zuwachs ⌀ 1980–90: 2,2% (1991: +1,3%); Anteil 1990 **Landwirtsch.** 3,4%, **Industrie** 28,6% – **Erwerbstät.** 1990: Landw. 6,1%, Ind. 29,9%; **Arbeitslosigkeit** 7/1992: 10,3% – **Energieverbrauch** 1990: 3845 kg ÖE/Ew. – **Währung:** 1 Franz. Franc (FF) = 100 Centimes (c); 1 US-$ = 5,13 FF; 100 FF = 29,75 DM – **Öff. Verschuldung** 1990: 1782,4 Mrd. FF – **Inflation** ⌀ 1980–90: 6,1% (1991: 3,0%) – **Außenhandel** 1991: **Import:** 1297 Mrd. FF; Güter (1990): 24% gewerbl. Investitionsgüter, 16% Verbrauchsgüter, 15% chem. Erzeugn. u. Halbfabrikate, 10% Metalle u. -erzeugnisse, 10% Kfz u. Landfahrzeuge, 9% Energieträger; Länder (1990): 20% BRD, 12% Italien, 9% Belgien u. Luxemb., 8% USA, 8% Großbrit., 5% Niederl.; **Export:** 1201 Mrd. FF; Güter (1990): 26% gewerbl. Investitionsgüter, 15% chem. Erzeugn. u. Halbfabrikate, 15% Verbrauchsgüter, 15% Kfz u. Landfahrzeuge, 13% Metalle u. -erzeugnisse, 8% Nahrungsm.; Länder (1990): 17% BRD, 11% Italien, 9% Großbrit., 9% Belgien u. Luxemb., 6% USA, 5% Niederl. – Tourismus (1991: 52 Mio. Besucher, 1990: 50 Mio.) erstmals als wichtige Devisenquelle (*Zur Wirtschaftslage 1991* → *Sp. 849f.*)

PRESSE (Aufl. i. Tsd.) *Tageszeitungen:* Paris: L'Aurore (220) – La Croix (113)/kath. – Les Echos (73)/Wirtsch. u. Finanz. – L'Equipe (268)/Sport – Le Figaro (429)/kons. – France-Soir (320) – L'Humanité (85)/KP – International Herald Tribune (183)/Engl. – Libération (165) – Le Monde (384) – Le Parisien (402) – Le Quotidien de Paris (75) – Bordeaux: Sud-Ouest (376) – Brest: Le Télégramme (184) – Clermont-Ferrand: Journal du Centre (343) – Grenoble: Le Dauphiné Libéré (294) – Lille: La Voix du Nord (381) – Lyon: Le Progrès (411, so. 540) – Marseille: La Marseillaise (148)/komm. – Le Provençal (159) – Metz: Le Républicain Lorrain (220) – Montpellier: Midi-Libre (184) – Mulhouse: L'Alsace (126)/Frz., Dt. – Nancy: L'Est Républicain (372) – Nice: Nice-Matin (258) – Rennes: Ouest-France (739) – Strasbourg: Dernières Nouvelles d'Alsace (250)/Frz., Dt. – Toulouse: La Dépêche du Midi (284) – Tours: La Nouvelle République du Centre-Ouest (271) – Ici-Paris (530) – *Sonntagszeitungen:* France-Dimanche (706) – L'Humanité-Dimanche (360)/KP – *Wochenzeitungen u. Zeitschriften:* Paris: Le Canard Enchaîné (450)/polit. satir. – Elle (395) – L'Expansion (201)/Wirtsch. – L'Express (670) – Femme d'aujourd'hui (850) – Le Figaro Littéraire (100) – Ici Paris (372) – Jours de France (673) – Liber (1000, europäische Kulturzeitschrift in 5 Ländern) – Marie-Claire (599, mtl.) – Marie-France (315, mtl.) – Le Nouvel Economiste (117)/Wirtsch. – Le Nouvel Observateur (324) – Paris-Match (690) – Le Point (330) – Télé-Poche (1800) – Télérama (526) – Télé 7 Jours (3335) – *Nachrichtenagentur:* AFP (Agence France-Presse)

ÜBERSEEGEBIETE (Überblick):

1. Départements d'Outre-Mer/D. O. M. (Gebiete, die als Teile des Mutterlandes gelten): Französisch-Guayana, Guadeloupe, Martinique, Réunion
2. Collectivités territoriales (Gebietskörperschaften): Saint-Pierre-et-Miquelon, Mayotte
3. Territoires d'Outre-Mer/T. O. M. (Überseeterritorien mit beschränkter Selbstverwaltung): Französisch-Polynesien, Neukaledonien
4. Les Terres Australes et Antarctiques Françaises/T. A. A. F. (Französische Süd- und Antarktisgebiete)

1. Départements d'Outre-Mer/D. O. M.

FRANZÖSISCH-GUAYANA *Süd-Amerika*
Guyane Française

LANDESSTRUKTUR Fläche: 91 000 km^2 – Einwohner: (Z 1990) 114 678 = 1,3 je km^2 – überwiegend Kreolen, ferner Asiaten, Buschneger, Indianer; rd. 30 000 Ausl. – Leb.-Erwart. (S): 73 J. – Analph.: rd. 17% – Bev.-Wachstum (⌀ 1982–90): 2,0% – Sprachen: Franz. als Amtsspr.; Créole – Religion: haupts. Katholiken – Städte (Z 1990): Cayenne (Hptst.) 38 135 Ew. (unité urb.: 53 000); Kourou 11 208 – Raketenstartplatz d. CSG; Saint-Laurent-du-Maroni 6984

REGIERUNGSFORM 2 Abg. i. d. Nationalvers., 2 Senatoren – Regionalparlament (Conseil général mit 19, Conseil régional mit 31 Mitgl., Wahl alle 6 J.) – Allg. Wahlrecht – Vertretung Frankreichs durch Präfekten: Jean-François Di Chiara – 2 Arrondissements – Parteien: Wahlen vom 22. 3. 1992 zum Conseil général (1986): Parti Socialiste Guyanais/PSG 10 (10), Union pour la Démocratie Française/UDF 1 (1), Rassemblement pour la République/RPR 1 (2), Linke 4 (4), PS 1 (0), Rechte 2 (2); Wahl vom 22. 3. 1992 zum Conseil régional: PSG 16 Sitze (1986: 15), Unabh. Linke 10 (–), Parti Démocratique 3 (–), RPR 2 (9), Action Démocratique Guyanaise/ADG 0 (4), UDF 0 (3)

WIRTSCHAFT BSP (S) 1986: 350 Mio. $ (davon 70% als Reg.-Hilfe) = 4160 $ je Ew.; BIP 1986: 231 Mio. $; realer Zuwachs $\emptyset$ 1980–86: –0,6% – Währung: Franz. Franc – Ausl.-Verschuld. 1988: 1200 Mio. $ – Inflation $\emptyset$ 1980–88: 8,0% (1989: 4,0%) – Außenhandel 1989: Import: 3,1 Mrd. FF; Länder: 70% Frankreich, 8% Trinidad u. Tob.; Export: 0,3 Mrd. FF; Güter: 60% Krabben u. a. Meeresprod., ferner Holz, Rum, Essenzen, Kaffee, Gold; Länder: 40% Frankreich, 18% USA, 7% Japan, 5% Martinique

PRESSE (Aufl. i. Tsd.) Tageszeitungen: Cayenne: France-Guyane (6; 2x wö.) – La Presse de Guyane (1)

GUADELOUPE *Karibik*
(mit Dependenzen)

LANDESSTRUKTUR Fläche: 1780 km^2 (Basse Terre 848 km^2, Grande Terre 590 km^2 u. Archipel aus 7 Inseln) – zu G. gehört ein Teil d. Insel St.-Martin mit 54 km^2 u. 8000 Ew. – Einwohner (Z 1990): 386 988 = 217 je km^2 – 77% Mulatten, 10% Schwarze, 25 000 Inder – Leb.-Erwart.: 74 J. – Analph.: rd. 10% – Jährl. Bev.-Wachstum ($\emptyset$ 1980–90): 0,5% (Geburtenrate 1988: 2,2%) – Sprachen: Franz. als Amtsspr.; Créole – Religion: 95% Katholiken – Städte (Z 1990): Basse-Terre (Hptst.) 13 796 (unité urb.: 37 000); Les Abymes 56 237, Pointe-à-Pitre (auf Grande-Terre) 25 312, Capesterre (S 1989) 26 500, Saint-Martin (Z 1990) 15 910, Le Gosier 15 386

REGIERUNGSFORM 4 Abg. i. d. Nationalvers., 2 Senatoren – Regionalparlament (Conseil général mit 42 u. Conseil régional mit 41 Mitgl.; Wahl alle 6 J.) – Vertretung Frankreichs durch Präfekten: Jean-Paul Proust – 3 Arrondissements, 36 Kantone u. 5 Dependenzen: Saint-Barthélemy, Saint-Martin, Désirade, Marie-Galante u. Iles des Saintes – Parteien: Wahlen zum Conseil général vom 22. 3. 1992 (1986): Parti Socialiste/PS 10 (12), Parti Progressiste Démocratique Guadeloupéen/PPDG 8 (8), Rassemblement pour la République/RPR 6 (5), Div. Rechte 5 (6), Unabh. d. PS 4 (2), Parti Communiste Guad./PCG 3 (3), Div. Linke 3 (3), Union pour la Démocratie Française/UD 2 (2), Union pour la Libération de la Guadeloupe/UPLG 1 (–), Unabh. d. RPR 1 (1) – Wahlen zum Conseil régional vom 22. 3. 1992 (1986): RPR 15 (15 Sitze), PS (9, zus. mit 7 unabh. Kandidaten) 16 (12), PCG 3 (10), ehem. PCG-Mitgl. 5 (–), UPLG 2 (–), UDF 0 (4)

WIRTSCHAFT BSP 1986: 10 569 Mio. FF = rd. 6340 $ je Ew.; realer Zuwachs $\emptyset$ 1980–88: 1,3%; BIP Anteil 1986 Landwirtsch. 11%, Industrie 16% – Erwerbstät. 1982: Landw. 14%, Ind. 16% – Währung: Franz. Franc – Inflation $\emptyset$ 1980–88: 7,1% (1989: 2,4%) – Außenhandel 1988: Import: 7,2 Mrd. FF; Länder: 65% Frankreich, 4% Italien, 4% BRD, 3% USA, 2% Japan; Export: 0,9 Mrd. FF; Güter: 35% Bananen, ferner Zucker, Rum; Länder: 68% Frankreich, 15% Martinique, 2% Guyana

PRESSE (Aufl. i. Tsd.) Tageszeitung: Pointe-à-Pitre: France-Antilles (25)

MARTINIQUE *Karibik*

LANDESSTRUKTUR Fläche: 1102 km^2 – Einwohner (Z 1990): 359 572 = 327 je km^2 – 87% Schwarze, Inder – Leb.-Erwart.: 76 J. – Analph.: rd. 7% – Jährl. Bev.-Wachstum ($\emptyset$ 1980–90): 0,5% (Geburtenziffer 1990: 2,1%) – Sprachen: Franz. als Amtsspr.; Créole – Religion: haupts. Katholiken – Städte (Z 1990): Fort-de-France (Hptst.) 100 663 (unité urb.: 120 000), Le Lamentin 30 586, Schoelcher 19 874, Sainte-Marie 19 760

REGIERUNGSFORM 4 Abg. i. d. Nationalvers., 2 Senatoren – Regionalparlament (Conseil général mit 45 u. Conseil régional mit 41 Mitgl.; Wahl alle 6 J.) – Vertretung Frankreichs durch d. Präfekten: Jean-Claude Roure – Parteien: Wahlen zum Conseil général vom 22. 3. 1992 (1986): Parti Progressiste Martiniquais/PPM 13 (13), Rassemblement pour la République/RPR 7 (9), div. Rechte 7 (8), Union pour la Démocratie Française/UDF 5 (5), div. Linke 5 (3), Parti Communiste M./PCM 2 (2), Parti Socialiste/PS 2 (2), ehem. PS-Mitgl. 2 (1), Unabh. 2 (2) – Wahlen zum Conseil régional vom 22. 3. 1992 (1986): Union de gauche (Fédération Socialiste de la Martinique/FSM 3 [–], PPM 9 [6], PCM 4 [2]) insg. 16 (21), Union pour la France/RPR-UDP 16 (20), Mouvement pour l'indépendance de la Martinique/MIM 9 (–) – Seit 1635 zu Frankr. gehörig

WIRTSCHAFT BSP (S) 1986: 2200 Mio. $ = 7050 $ je Ew.; BIP 1986: 13 846 Mio. FF; realer Zuwachs $\emptyset$ 1980–86: 4,3%; Anteil 1986 Landwirtsch. 12%, Industrie 17% – Erwerbstät. 1989: Landw. 8%, Ind. 15% – Währung: Franz. Franc – Inflation $\emptyset$ 1980–88: 7,9% (1989: 2,9%) – Außenhandel 1988: Import: 7,7 Mrd. FF; Länder: 64% Frankreich, 5% BRD, 4%

Italien, 3% Japan, 2% USA; Export: 1,2 Mrd. FF; Güter: 50% Bananen, 20% Erdölprod., 10% Zucker, Rum; Länder: 64% Frankreich, 18% Guadeloupe, 3% Guyana, 2% BRD – Tourismus wichtig

PRESSE (Aufl. i. Tsd.) Tageszeitung: Fort-de-France: France-Antilles (32)

RÉUNION *Südost-Afrika*
[La Réunion]

LANDESSTRUKTUR Fläche: 2512 km² – Einwohner (Z 1990): 597823 = 238 je km²; ca. 40% Mulatten, Schwarze und Madegassen, 25% Weiße (ehem. franz. Siedler), ferner Inder, Chinesen – Leb.-Erwart.: 72 J. – Analph.: rd. 21% – Jährl. Bev.-Wachstum (∅ 1980–90): 1,6% (Geburtenziffer 1990: 2,3%) – Sprachen: Franz. als Amtsspr.; Créole, Gujurati – Religion: haupts. Katholiken – Städte (Z 1990): Saint-Denis (Hptst.) 122000 Ew. (unités urbaines), Saint-Paul 72000, Saint-Pierre 59000, Le Tampon 47600

REGIERUNGSFORM 5 Abg. i. d Nationalvers., 3 Senatoren – Regionalparlament (Conseil général mit 44, Conseil régional mit 45 Mitgl.; Wahl alle 6 J.) – Vertretung Frankreichs durch d. Präfekten: Daniel Constantin – 5 Arrondissements, 36 Kantone – Parteien: Wahlen zum Conseil général vom 22. 3. 1992 (1986): gesammelte Rechte 20 (20), Parti Communiste Réunionnais/PCR 12 (9), Parti Socialiste/PS 6 (6), Rassemblement pour la République/RPR 6 (4), Union pour la Démocratie Française/UDF (je 1 Abg. in Koalition mit Centre des Démocrates Sociaux/CDS, Parti Républicain/PR u. Unabh.) 3 (4), Linke 0 (1) – Wahlen zum Conseil régional vom 22. 3. 1992 (1986): Free-DOM 17 (–), gesammelte Rechte (u. a. RPR/UDF) 14 (18), PCR 9 (13), PS 5 (6), France-Réunion-Avenir/FRA 0 (8)

WIRTSCHAFT BSP (S) 1988: 5300 $ je Ew.; BIP realer Zuwachs ∅ 1973–86: 1,0%; Anteil 1985 Landwirtsch. 9%, Industrie 23% – Erwerbstät. 1987: Landw. 9%, Ind. 23% – Währung: Franz. Franc – Inflation ∅ 1980–88: 6,8% (1989: 3,9%) – Außenhandel 1988: Import: 10 Mrd. FF; Länder: 67% Frankreich, 4% Italien, 3% BRD, je 2,5% Bahrain, Japan u. Südafrika; Export: 1 Mrd. FF; Güter: 80% Zucker, 3% Rum, Essenzen, Vanille; Länder: 70% Frankreich, 8% Portugal, 4% Mayotte, 3% Madagaskar

PRESSE (Aufl. i. Tsd.) Tageszeitungen: St.-Denis: Le Journal de l'Ile de la Réunion (28) – Le Quotidien de la Réunion (28) – Témoignages (6)/PCR-Org.

2. Collectivités territoriales

MAYOTTE *Südost-Afrika*
(Mahoré)

LANDESSTRUKTUR Fläche: 375 km², 1 Hauptinsel (Mayotte) u. 18 Eilande – Einwohner (F 1990): 73900 (davon 54300 Mahorais) = 197 je km² – Jährl. Bev.-Wachstum (∅ 1980–90): 3,6% – Sprachen: Franz. als Amtsspr.; Komorisch (KiSuaheli-Dialekt) – Religion: zu 98% Muslime, christl. Minderheit – Städte (Z 1985): Dzaoudzi (Hptst., auf Pamanzi) 5865 Ew.; Mamoudzou 12026, Pamauzi-Labattoir 4106

REGIERUNGSFORM Präfekt als Stellv. d. franz. Reg.: Daniel Limodin – Conseil général mit 17 Mitgl. – Je 1 Abg. in d. Nationalvers. u. im Senat – Parteien (Wahlen Okt. 1988): Mouvement Populaire Mahorais/MPM (für Frankr.) 9 Sitze, Parti pour le Rassemblement Démocratique des Mahorais (für Anschl. an d. Islam. Rep. Komoren), Union pour la Démocratie Française – Seit 1841 unter franz. Hoheit, Collectivité territoriale seit 14. 12. 1976

WIRTSCHAFT BSP 1984: 472 $ je Ew. – Währung: Franz. Franc – Außenhandel 1989: Import: 338,1 Mio. FF; Güter: Nahrungsmittel, Maschinen, Transportausrüst., Metalle; Länder: 66% Frankr.; Export: 35,5 Mio. FF; Güter: Vanille, Ylang-Ylang, Kaffee

PRESSE (Aufl. i. Tsd.) Wochenzeitung: Mamoudzou: Le Journal de Mayotte (15)

SAINT-PIERRE und MIQUELON *Nord-Amerika*

LANDESSTRUKTUR Fläche: 242 km² (mit den Inseln Saint-Pierre, Miquelon u. Landlade, Marin) – Einwohner (Z 1990): 6392 Ew. – Sprache: Französisch – Religion: überw. Katholiken – Städte (Z 1990): Saint-Pierre (Hptst.) 5683 Ew., Miquelon-Langlade 709

REGIERUNGSFORM Präfekt: Jean-Pierre Marquié – Conseil général mit 19 Mitgl. – Je 1 Mitgl. in. d. Nationalvers. u. im Senat – Wahlen alle 6 J. – Parteien (Wahlen Okt. 1988): Parti Socialiste/PS 13 Sitze, Union pour la Démocratie Française/UDF 6 – Seit Juni 1985 »collectivité territoriale«

WIRTSCHAFT BSP 1984: 21800 FF je Ew. – Außenhandel 1989: Import: 533 Mio. FF; Export: 200 Mio. FF; Güter: Fischprod., insb. Kabeljau; Länder: Frankreich, Kanada, USA, Spanien

PRESSE (Aufl. i. Tsd.) Zeitung: Saint-Pierre: L'Echo des Caps (2)

3. Territoires d'Outre-Mer/T. O. M.
Sie haben eine lokale Exekutive [»conseil de gouvernement«] und eine beratende Territorialkammer. Im franz. Mutterland verabschiedete Gesetze finden nur Anwendung, wenn dies ausdrücklich vorgesehen ist.

FRANZÖSISCH-POLYNESIEN Ozeanien
(Polynésie Française)

LANDESSTRUKTUR Fläche: 3521 km^2 (n. and. Ang. 3660 bzw. 4182 u. 4000 km^2) sowie 4,5 Mio. km^2 Meeresfläche, bestehend aus 5 Archipelen, 120 Inseln – Einwohner (F 1990): 197 000 = 49 je km^2; (Z 1983) 166 753 – 65 % Polynesier, 30 % Europäer u. Europolynesier, 5 % Chinesen u. a. – Leb.-Erwart.: 73 J. – Jährl. Bev.-Wachstum ($\emptyset$ 1980–90): 2,3 % (Geburtenziffer 1990: 3,3 %) – Sprachen: Franz. Tahitisch als Amtsspr.; polynes. Sprachen – Religion: 55 % Protestanten, 24 % Katholiken, 5 % Mormonen – Städt. Bev.: rd. 39 % – Städte (Z 1983): Papeete (Hptst., auf Tahiti) 23 496 Ew.; Faa 21 927, Pirae 12 023, Uturoa (Raiata) 2733

REGIERUNGSFORM Hoher Kommissar in Vertretung von Frankr.: Michel Jau – 2 Vertr. in d. Franz. Nationalversamml. u. 1 im Senat – Assemblée territoriale (44 Sitze; Wahl alle 5 J.) – Präs. d. Ministerrats (Reg.-chef): Gaston Flosse, RPR – Parteien (Wahlen vom 17. 3. 1991): Rassemblement pour le Peuple/RPR 18 Sitze (1986: 10), Union Polynésienne 14 (23), Patrie Nouvelle 5 (1), Front Indépendantiste de la Libération de la Polynésie/FLP 4 (2), Sonstige 3 (–)

WIRTSCHAFT BSP (S) 1985: 1370 Mio. $ = 7840 $ je Ew.; Tourismus 6 % d. BSP – Erwerbstät. 1988: Landw. 12 %, Ind. 18 % – Währung: 1 CFP-Franc = 100 Centimes (c); 1 FF = 18,18 CFP-Francs (Wertverh. zum FF) – Inflation $\emptyset$ 1990: 0,0 % – Außenhandel 1989: Import: 88,75 Mrd. CFP-Fr.; Güter: Erdölprod., Zement, Reis; Länder: 54 % Frankr., 13 % USA, 4 % Australien, 4 % Neuseeland; Export: 9,09 Mrd. CFP-Fr.; Güter: 35 % Zuchtperlen, 3 % Kopra, Vanille, Phosphate; Länder: 35 % Frankr., 14 % USA, 13 % Italien

PRESSE (Aufl. i. Tsd.) Tageszeitungen: Papeete: La Dépêche de Tahiti (16) – Les Nouvelles de Tahiti (6) – Tahiti Sun Press (4, wö.)/Engl.

Windward Islands (Iles du Vent)
(Z 1983) 123 069 Ew. – Tahiti 1042 km^2, 115 820 Ew.; Moorea 132 km^2, 7000 Ew.; Maio (Tubuai Manu) 9 km^2, 200 Ew.; Mehetia u. Tetiaoro

Leeward Islands (Iles sous le Vent)
Vulkaninseln Raiatea, Tahaa, Huahine, Bora-Bora u. Maupiti u. 4 kl. Atolle zus. 404 km^2 u. 19 060 Ew. (Z 1983) – Windward- u. Leeward-Inseln werden auch Gesellschaftsinseln (Archipel de la Société) genannt (Tahitisch als Lingua franca)

Tuamotu Archipel
78 Atolle, darunter Rangiroa, Hao, Tureia, Mururoa u. Fangataufa (Atombombentestgebiet) zus. 690 km^2 u. 11 793 Ew. (mit Gambier Islands [36 km^2 u. 556 Ew.])

Austral (Tubuai) Islands
1300 km lange Kette von Vulkaninseln u. Riffen, u. a. Rimatara, Rurutu, Tubuai, Raivaevae u. Rapalti, zus. 148 km^2 u. 6282 Ew.

Marquesas Islands
1049 km^2 u. 6548 Ew., u. a. Nuku-Hiva, Ua Pu, Ua Huka, Hiva-Oa, Tahuata, Fatu-Hiva

NEUKALEDONIEN Melanesien
(Nouvelle-Calédonie mit Dependenzen)

LANDESSTRUKTUR Fläche: 19 058 km^2 (n. eig. Ang. 19 103 km^2): Nouvelle Calédonie (Grande-Terre) 16 750 km^2; Iles Bélep 70 km^2; Ile des Pins 153 km^2; Iles Loyautés 2072 km^2, ferner einige unbew. Inseln – Einwohner (Z 1989): 164 173 = 9 je km^2 – 73 600 Melanesier (»Kanaken«), 55 100 meist franz. Europäer (»Caldoches«), 14 200 Wallisiens u. 4800 Tahiter (= Polynesier), 5200 Indonesier u. 11 400 andere – Leb.-Erwart.: 69 J. – Analph.: rd. 9 % – Jährl. Bev.-Wachstum ($\emptyset$ 1980–90): 1,8 % (Geburtenziffer 1990: 2,8 %) – Sprachen: Franz. als Amtsspr.; melanes. u. polynes. Sprachen – Religion: 59 % Katholiken, 16 % Protestanten, 3 % Muslime – Städte (F 1989): Nouméa (Hptst.) 65 110 Ew., Mont Dore 16 370, Dumbéa 10 000, Lifon 8700, Païta 6000

REGIERUNGSFORM Verwaltung durch Hochkommissar u. beratendes Komitee der Präfekten d. 3 Regionen sowie d. Vors. d. Kongresses (Congrès territorial, 54 Mitgl., Wahl alle 6 J.) – 2 Vertr. in d. Nationalvers. u. 1 Abg. im Senat – Nach Unruhen 1984 am 1. 12. 1984 v. Vertretern d. Kanaken eigenmächtige Unabh. erklärt (»Republik Kanaky«), v. Frankr. nicht anerkannt – Im Aug. 1988 Einigung auf ein Referendum über Unabhängigkeit für 1998 – Hochkommissar: Alain Christnacht – Parteien: Kongreßwahlen v. 11. 6. 1989: Rassemblement pour la Calédonie dans la Rep./RPCR 27 Sitze, Front de Libération Nat. Kanake et Socialiste/FLNKS 19, Libération Kanake Socialiste/LKS, Front National/FN 3, Calédonien Demain 3, Union Océanienne 2, Sonstige 1 – Seit 1853 unter franz. Hoheit

WIRTSCHAFT BSP (S) 1985: 860 Mio. $ = 5760 $ je Ew.; BIP realer Zuwachs $\emptyset$ 1980–86: –1,2 %; Anteil 1988 Landwirtsch. 1,8 %, Industrie 26 % – Erwerbstät. 1989: Landw. 14 %, Ind. 19 % – Währung: 1 CFP-Franc = 100 Centimes (c); 1 FF = 18,18 CFP-Francs

(Wertverh. zum FF) – Inflation ∅ 1980–88: 7,4% Außenhandel 1989: Import: 88,6 Mrd. CFP-Fr.; Güter: Erdölprod., Baustoffe, Wein; Länder: 44% Frankr., 12% USA, 10% Australien, 8% BRD; Export: 77,9 Mrd. CFP-Fr.; Güter: 91% Nickel, Kaffee, Kopra; Länder: 36% Frankr., 30% Japan, 9% BRD – Tourismus wichtig

PRESSE (Aufl. i. Tsd.) Tageszeitungen: Nouméa: Les Nouvelles Calédoniennes (18) – La France Australe (9) – La Presse Calédonienne (17)

WALLIS und FUTUNA *Ozeanien*

LANDESSTRUKTUR Fläche: 274 km^2 – Einwohner (S 1987): 15 600 Ew. = 57 je km^2, davon 9500 auf Wallis u. 6100 auf Futuna; überw. Tahiter, 170 Europäer – Jährl. Bev.-Wachstum (∅ 1980–86): 1,8% – Sprachen: Französisch; polynes. Dialekte – Religion: 100% Katholiken – Städte (S 1983): Mata Utu (Hauptort auf Uvéa in der Wallisgruppe) 815 Ew. (11 000 Wallisianer u. Futunianer leben v. a. in Neukaled. u. Vanuatu)

REGIERUNGSFORM Verwaltung durch Hohen Verwaltungsbeamten (Administrateur Supérieur): Robert Pommies, seit Sept. 1990 – Je 1 Vertr. in d. Nationalvers. u. im Senat – Conseil territorial mit 6 Mitgl., davon 3 Stammesoberhäupter (Könige von Wallis, Sigave u. Alo) u. Assemblée territoriale mit 20 Mitgl.; Wahl alle 5 J. – Parteien: Wahlen vom 22. 3. 1992 (1987): Versch. lokale Interessengruppen 10 (–), Rassemblement pour la République/RPR 7 (7), Liste der »Präsidialmehrheit« 3 (–), Union Populaire Locale/UPL 0 (6), Union pour la Dém. Française/UDF-Lua kae tahi u. a. 0 (7) Sitze

WIRTSCHAFT BSP (S) 1987: 1500 $ je Ew. – Währung: 1 CFP-Franc = 100 Centimes (c); 1 FF = 18,18 CFP-Francs (Wertverh. zum FF) – Außenhandel 1985: Import: 1350 Mio. CFP-Fr.; Export: 0,21 Mio. CFP-Fr.

4. Les Terres Australes et Antarctiques Françaises/ T. A. A. F.

(Franz. Süd- und Antarktisgebiete)

Insgesamt 439 603 km^2 u. 210 Ew. (1985); sie umfassen die **Crozet-Inseln** (327 km^2, Dauersiedlung Alfred-Faure), die **Kerguelen** (7215 km^2, wiss. Station in Port-aux-Français), **Saint-Paul** (7 km^2) und **Amsterdam** (107 km^2, Dauersiedl. Martin-de-Viviés) sowie **Terres Adélie** (Adélieland), das von Frankr. beanspruchte Hoheitsgebiet in der Antarktis (432 000 km^2, Dauersiedlung Dumont-d'Urville) – Außerdem: **Clipperton** (Isle de la Passion) 1,6 km^2 (unbew., v. Gouvern. v. Franz.-Polynesien verwaltet) sowie die »**Iles Australes**« (Bassas da India, Europe, Iles Glorieux, Juan de Nova u. Tromelin) mit knapp 160 km^2, größtenteils unbewohnt, v. Réunion verwaltet und v. Madagaskar beansprucht

GABUN *Zentral-Afrika*
Gabunische Republik; République Gabonaise – G

LANDESSTRUKTUR Fläche (74): 267 667 km^2 –**Einwohner**(145): (F 1990) 1 135 000 = 4 je km^2; (Z 1981) 1 232 000 (inkl. 122 000 im Ausland lebende Gabuner; per Dekret festgelegt) – Gabuner; Bantu-Gruppen (Fang 25%, Eshira 25%, Adouma 17%, Batéké, Omyene u. a.), Pygmäen 1%; 120 000 Ausl., davon 17 000 Franzosen – **Leb.-Erwart.:** 53 J. – **Säugl.-Sterbl.:** 9,7% – **Analph.:** 39% – **Bev.-Wachstum** (∅ 1980–90): 3,6% (Geb.- u. Sterbeziffer 1990: 4,2%/1,5%) – **Sprachen:** Französisch als Amtsspr., Fang (im N) u. Bantu-Sprachen (bes. Batéké im S) – **Religion:** 71,7% Katholiken, rd. 8% Protest., 1% Muslime; rd. 40% Anh. von Naturreligionen – **Städt. Bev.:** 46% – **Städte** (S 1988): Libreville (Hptst.) 352 000 Ew.; Port-Gentil 164 000, Franceville 75 000; (S 1983) Lambaréné 24 000, Moanda-Mounana 23 000, N'Djolé 8000

STAAT Präsidialrepublik – Verfassung von 1961, Änderung 1990: Einführung d. Mehrparteiensystems – Nationalversammlung mit 120 Mitgl., Wahl alle 5 J. – Allg. Wahlrecht – 9 Provinzen u. 37 Präfekturen – **Staatsoberhaupt:** El Hadj Omar Albert-Bernard Bongo, seit 1967, zum 3. Mal wiedergewählt im Nov. 1986 – **Regierungschef:** Casimir Oye Mba, seit 1990 – **Äußeres:** Pascaline Bongo – **Parteien:** Wahlen vom 30. 10. 1990: Parti Démocratique Gabonais/PDG 64 Sitze (davon 61 PDG, 3 Unabh.), Mouvement du Renouveau National/MORENA-Bücherons 19, Parti Gabonais du Progrès/PGP 18, Mouvement du Renouveau National/MORENA-Original 7, Association pour le Socialisme au Gabon/APSG 6, Union Socialiste Gabonaise/USG 4, Cercle pour le Renouveau et le Progrès/CRP 1, 1 Sitz vakant – **Unabh.:** 17. 8. 1960 – **Nationalfeiertag:** 12. 3.

WIRTSCHAFT BSP 1990: 3654 Mio. $ = 3330 $ je Ew. (59); realer Zuwachs ∅ 1980–90: 0,8%; **BIP** 1990: 4720 Mio. $; realer Zuwachs ∅ 1980–90: 2,3%; Anteil 1990 **Landwirtsch.** 9%, **Industrie** 49% – **Erwerbstät.** 1989: Landw. 69%, Ind. 14%; **Arbeitslosigkeit** 1991 (S): 13% – **Energieverbrauch** 1990: 1158 kg ÖE/Ew. – **Währung:** 1 CFA-Franc = 100 Centimes (c); 1 FF = 50 CFA-Francs (Wertverh. zum FF); 100 CFA-Francs = 0,595 DM – **Ausl.-Verschuld.** 1990: 3647 Mio. $ = 86,2% d. BSP – **Inflation** ∅

1980–90: –1,7% – **Außenhandel** 1990: **Import:** 882 Mio. $; Güter: 45% Investitionsgüter (dar. 44% Maschinen), 28% Fertigprod. (dar. 15% Nahrungsm.), 27% Rohmaterialien u. Zwischenprod.; Länder: 45% Frankr., 7% Kamerun, 6% Niederl., 5% USA, 5% Italien, 5% Japan, 4% Großbrit., 3% BRD; **Export:** 2320 Mio. $; Güter: 80% Rohöl, 8% Holz, 8% Mangan, 2% Uran; Länder: 36% Frankr., 31% USA, 6% Niederl., 4% Japan, 2% BRD, 2% Italien – Tourismus: 10% d. BSP

PRESSE (Aufl. i. Tsd.) *Tageszeitungen:* Libreville: Gabon-Matin (18) – L'Union (15)/Reg.-Org. – *Nachrichtenagentur:* AGP (Agence Gabonaise de Presse)

GAMBIA *West-Afrika*
Republik Gambia; Republic of the Gambia – WAG

LANDESSTRUKTUR Fläche (155): 11 295 km^2 (einschl. 948 km^2 Binnengewässer) – **Einwohner** (148): (F 1990) 875 000 = 72 je km^2; (Z 1983) 698 817 – Gambier; 43% Manding, 18% Fulbe, 13% Wolof, je 7% Djola u. Sarakole, 22 000 Senegalesen u. ca. 600 Europäer – **Leb.-Erwart.:** 44 J. – **Säugl.-Sterbl.:** 17,4% - **Analph.:** 73% – Jährl. **Bev.-Wachstum** ($\emptyset$ 1980–90): 3,0% (Geburtenziffer 1990: 6,5%) - **Sprachen:** ca. 50% Englisch, 40% Manding, je 12–15% Wolof u. Ful als Amtsspr.; Arabisch im Bildungsbereich – **Religion:** rd. 85% Muslime, 35 000 Protestanten, 14 000 Katholiken; ferner Anh. v. Naturrel. – **Städt. Bev.:** 21% – **Städte** (Z 1983): Banjul (Hptst.) 44 188 Ew. (A: Combo St. Mary 101 500), Serrekunda 68 433, Brikama 19 584, Bakau 19 309, Farafenni 10 168

STAAT Präsidialrepublik – Verfassung von 1970 – Parlament mit 50 Mitgl. (davon 36 alle 5 J. gewählt, 5 Stammeshäuptlinge, 9 ernannte Mitgl.) – Allg. Wahlrecht ab 21 J. – Gliederung in Hptst. u. 6 Divisionen – **Staats- u. Regierungschef:** Sir Dawda Kairaba Jawara (PPP), seit 1970, zuletzt wiedergewählt am 29. 4. 1992 – **Äußeres:** Alhaji Omar Sey – **Parteien:** Wahlen vom 29. 4. 1992 (1987): People's Progressive Party/PPP 25 (31) der 36 Sitze (+4 Häuptlinge); National Convention Party/NCP 6 (5); Gambian People's Party/PPG 1 (–) – **Unabh.:** 18. 2. 1965 – **Nationalfeiertag:** 18. 2.

WIRTSCHAFT BSP 1990: 229 Mio. $ = 260 $ je Ew. (161); realer Zuwachs $\emptyset$ 1980–90: 3,0%; **BIP** realer Zuwachs $\emptyset$ 1980–87: 5,0%; Anteil 1987 **Landwirtsch.** 34%, **Industrie** 11% – **Erwerbstät.** 1989: Landw. 81%, Ind. 4% – **Energieverbrauch** 1984: 89 kg ÖE/Ew. – **Währung:** 1 Dalasi (D) = 100 Bututs (b);

1 US-$ = 8,25 D; 100 D = 18,51 DM – **Inflation** $\emptyset$ 1980–90: 13,8% – **Öff. Ausl.-Verschuld.** 1987: 273 Mio. $ – **Außenhandel** 1986: **Import:** 100 Mio. $; Güter: 37% Nahrungsm. u. leb. Tiere, 17% Maschinen u. Fahrzeuge; Länder: 48% EG-Länder (dar. 28% Großbrit.), 10% USA, 9% VR China; **Export:** 35 Mio. $; Güter: 43% Erdnüsse, Erdnußerzeugn. (n. eig. Angaben 80%); Länder: 32% Ghana, 31% EG-Länder, 18% Schweiz – Tourismus (1990): rd. 10% d. BIP

PRESSE (Aufl. i. Tsd.) *Zeitungen:* Banjul: The Gambia Weekly (2,5; wö.)/Reg.-Org. – The Gambian Times (14täg.)/PPP-Org. – *Nachrichtenagentur:* GAMNA (Gambia News Agency)

GEMEINSCHAFT UNABHÄNGIGER STAATEN – GUS

Ehemaliges Gebiet der Sowjetunion (UdSSR), ohne → *Georgien* und die Baltischen Staaten → *Estland*, → *Lettland*, → *Litauen* (Einzelheiten → *Chronik, Sp. 59 ff.* u. die Einzelstaaten.
→ **ARMENIEN, ASERBAIDSCHAN, KASACHSTAN, KIRGISTAN, MOLDAU, RUSSLAND, TADSCHIKISTAN, TURKMENISTAN, UKRAINE, USBEKISTAN, WEISSRUSSLAND**

GEORGIEN *Kaukasus*
Republik Georgien; georgisch: Sakharthwelos Respublikas; Name seit 14. 11. 1990

LANDESSTRUKTUR *(GUS-Übersichtstabelle → Sp. 523 f.)* **Fläche** (118): 69 700 km^2 – **Einwohner** (95): (F 1990) 5 456 000 = 78 je km^2; (Z 1989) 5 449 000 – (Z 1989) 68,8% Georgier [Eigenbezeichnung: Kartveli], 9% Armenier, 7,4% Russen, 5,1% Aseris, 3,2% Osseten, 1,7% Abchasen, Griechen, Ukrainer, Juden (1969: ca. 55 000; rd. ⅔ nach Israel ausgewandert), Kurden u. a. Minderh. – **Leb.-Erwart.:** 73 J. – **Säugl.-Sterbl.** (1989): 2,0% – **Bev.-Wachstum** (1979–89): +8,2% (Geb.- u. Sterbeziffer 1990: 1,7%/0,8%) – **Sprachen:** Georgisch als Amtssprache; Armenisch, Russisch – **Religion:** mehrheitl. Georgisch-Orthodox, sunnit. Muslime – **Städt. Bev.:** 56% – **Städte** (Z 1989): [Tiflis] Tbilissi 1 264 000 Ew. (820 000 Georgier, 150 000 Armenier, 125 000 Russen); Kutaisi 235 000, Rustavi 160 000, Batumi (Hptst. v. Adsharien) 136 000, Suchumi (Hptst. v. Abchasien) 121 000

STAAT *(→ Chronik WA '92 u. Sp. 64 f.)* Präsidialrepublik – Änderung der sowjet. Verfassung am 14. 4. 1991 – z. Z. 4köpfiger Staatsrat als höchstes

Georgien, Armenien, Aserbaidschan und Rußland mit autonomen Republiken

Staatsorgan – Bildung eines Präsidiums mit Exekutiv- u. Legislativbefugnissen aus Mitgl. d. ehem. Konsultativrates sowie Vertretern d. nationalen Minderheiten u. d. 3 autonomen Gebiete – Parlament (Oberster Sowjet) derzeit de facto ohne Relevanz – Allg. Wahlrecht ab 18 J. – 79 Bezirke (Rajon) u. bezirksfreie Städte – Zum Territorium gehören: Abchasische Autonome Republik, Adsharische Aut. Rep. u. Südossetisches Aut. Gebiet (→ unten) – **Staatsoberhaupt:** Eduard Schewardnadse, Vors. d. Staatsrats, seit 10. 3. 1992 – **Regierungschef** einer provisor. Reg.: Tengis Sigua, seit 2. 1. 1992 – **Äußeres:** Alexander Tschikwaidse – **Parteien:** Nach d. Verbot d. KP im Aug. 1991 Ausschluß d. Mehrheit der kommunist. Abg. aus d. Parl.; Parteien: Sozialdemokrat. Partei (seit 1990) sowie rd. 140 polit. Parteien u. Gruppierungen – Präs.- u. Parl.-Wahlen für 11. 10. 1992 vorgesehen – **Unabh.:** Souveränitätserkl. am 9. 3. 1990; Erklärung d. Unabh. am 20. 11. 1990 (best. durch Referendum am 31. 3. 1991), formell seit 9. 4. 1991 – Bislang kein Beitritt zur GUS – **Nationalfeiertag:** 20. 11. (Unabhängigkeit)

WIRTSCHAFT *(GUS-Wirtschaftsindikatoren 1991 → Tab. Sp. 523f.)* **BSP** 1989: 23800 Mio. $ = 4410 $ je Ew. (52); Anteil am BSP d. UdSSR: 1,6% – **Erwerbstätige** 1987: 2,5 Mio.; Anteil **Forst- u. Landwirtsch.** 27%, **Industrie u. Bau** 29%, **Handel u. Verkehr** 22%, **Dienstleistungen** 22% – **Währung:** Rubel *(→ Rußland)* – **Bergbau u. Rohstoffgewinnung:** Kohleförderung (1987: 1,5 Mio. t), Erdöl (0,2 Mio. t), Erdgas (50 Mio. m^3), Eisenerzförderung (0,7 Mio. t); Manganerz, Baryt, Zink in erhebl. Umfang, Gold in geringen Mengen; **Industrie:** Metallurgie, Maschinen- u. Fahrzeug-, Schiff- u. Flugzeugbau, Nahrungsmittelverarb., Textilien; **Dienstleistungen:** Tourismus, Kur- u. Wintersportbetrieb; **Landwirtschaft:** bedeutende Anteile (1987/88) an d. Gesamtprod. d. UdSSR bei Tee (90%), Zitrusfrüchten (95%); subtrop. Obstarten, Wein – **Außenhandel Saldo** 1988: –1,9 Mrd. Valutarubel; **Import** (1989): 6470 Mio. Rbl, davon 75,6% aus d. übrigen UdSSR u. 24,4% aus d. Ausland; Güter: Erdöl u. Erdgas, Holz u. Papier sowie Vorprod. des Maschinenbaus; Getreide; **Export** (1989): 6090 Mio. Rbl, davon 94% in d. übrige UdSSR u. 6% ins Ausland; Güter: Nahrungsmittel

PRESSE 1990: 149 Zeitungen, davon 128 in Georg. u. 77 Zeitschriften, davon 58 in Georg. – *Nachrichtenagentur:* Sakartvelo (Georgian Telegraph Agency)

Abchasische Autonome Republik
Fläche 8600 km^2 – *Einwohner* (F 1990): 538000 = 63 je km^2; (Z 1989) 537000 – 44% Georgier, 17% Abchasen, 16% Russen, 15% Armenier – *Hauptstadt* (Z 1989): Suchumi 121000 Ew. – Eigene Gesetzgebung, Verfassung u. Parlament – Lt. Parl.-Beschluß vom 21. 7. 1992 Verfass. v. 1925 wieder in Kraft gesetzt, die d. Autonomie d. Republik vorsieht (vom georg. Staatsrat für illegal erklärt); Vors. d. Parl.: Wladislaw Ardsinba

Adsharische Autonome Republik
Fläche 3000 km^2 – *Einwohner* (Z 1989): 393000 = 127 Ew. je km^2 – rd. 324000 Georgier; Adsharen (= muslimische Georgier), schätzungsweise 54% d. Bev. – *Hauptstadt* (Z 1989): Batumi 136000 Ew. – Eigene Verfass., Gesetzgebung u. Parlament

Südossetisches Autonomes Gebiet
Fläche 3900 km^2 – *Einwohner* (F 1991): 125000; (Z 1989) 99000 – (Z 1989) 66% Osseten, 29% Georgier – *Hauptstadt* (Z 1976): Zcinwali 34000 Ew. – Administrative Autonomie durch d. Verfassung garantiert, Ende 1990 durch georg. Parl. aufgehoben (→ *Chronik)*; Bildung einer Reg. am 28. 11. 1991: Reg.-Chef: Oleg Tesejew; Außenmin.: Urismag Dschiojew

GHANA *West-Afrika*
Republik Ghana; Republic of Ghana – GH

LANDESSTRUKTUR Fläche (78): 238537 km^2 – **Einwohner** (56): (F 1990) 14870000 = 63 je km^2; (Z 1984) 12296081 – Ghanaer; fast ausschl. Kwa-Gruppen: 52% Aschanti u. Fanti der Akan-Gruppe (Süd-Gh.) sowie Ga u. Ga-Adangbe, Ewe (im SO), Gonia (Mittel-Gh.), Dagomba u. Mamprusi der Volta-Familie (N-Gh.); außerd. u. a. Fulbe u. Haussa sowie 6000 Europäer – **Leb.-Erwart.:** 55 J. – **Säugl.-Sterbl.:** 8,5% – **Analph.:** 40% – Jährl. **Bev.-Wachstum** (∅1980–90): 3,4% (Geb.- u. Sterbeziffer 1990: 4,4%/1,3%) – **Sprachen:** Englisch als Amtsspr.; Twi, Fanti, Ga, Ewe (Kwa-Sprachen) u. Dagbani (Gur-Spr.) sowie Ful, Nzima u. a. westafr. Sprachen – **Religion:** 62,9% Christen, davon rd. ⅔ Protestanten u. ⅓ Katholiken, 15,7% Muslime (im N); 35% Anh. v. Naturrel. – **Städt. Bev.:** 33% – **Städte** (Z 1984): Accra (Hptst.; A 1144000) 867459 Ew., Kumasi 376249, Tamale 135972, Tema 131528, Sekondi-Takoradi 93400, Cape Coast 57224

STAAT Republik – Neue Verfassung am 28. 4. 1992 per Referendum angenommen, tritt voraussichtl. im Jan. 1993 in Kraft, Mehrparteiensystem vorgesehen – Seit Militärputsch von 1981 Reg.-Gewalt beim Provisorischen Nationalen Verteidigungsrat/PNDC (9 Mitgl.) – Parlament aufgelöst – 10 Regionen mit 110 Verwaltungsbezirken - **Staatsoberhaupt u. Regierungschef:** Hauptmann Jerry John Rawlings (Vors. d. PNDC), seit 1981 – **Äußeres:** Dr. Obed Asamoah – **Parteien:** Verbot d. Parteien (von 1981) am 18. 5. 1992 aufgehoben – Präs.- u. Parl.-Wahlen für 3. 11. bzw. 8. 12. 1992 vorgesehen **Unabh.:** 6. 3. 1957 – **Nationalfeiertag:** 6. 3.

WIRTSCHAFT BSP 1990: 5824 Mio. $ = 390 je Ew. (146); realer Zuwachs ∅ 1980–90: 2,8%; **BIP** 1990: 6270 Mio. $; realer Zuwachs ∅ 1980–90: 3,0%; Anteil 1990 **Landwirtsch.** 48%, **Industrie** 16% – **Erwerbstät.** 1987: Landw. 51%, Ind. 13% – **Energieverbrauch** 1990: 68 kg ÖE/Ew. – **Währung:** 1 Cedi (¢) = 100 Pesewas (p); 1 US-$ = 425,00 ¢; 100 ¢ = 0,39 DM – **Ausl.-Verschuld.** 1990: 3498 Mio. $ = 56,8% d. BSP – **Inflation** ∅ 1980–90: 42,5% (1991: 18%) – **Außenhandel** 1990: **Import:** 1509 Mio. $; Güter: 43% Investitionsgüter, 28% Halbwaren, 17% Energiewirtschaft, 10% Konsumgüter; Länder: 21% Großbrit., 20% Nigeria, 10% USA, 9% BRD, 5% Japan, 4% Niederl., 4% Frankr.; **Export:** 1311 Mio. $; Güter: 41% Kakao, 23% Metalle u. Metallwaren, 14% Holz; Länder: 29% BRD, 13% Großbrit., 9% UdSSR, 5% Japan, 6% Togo

PRESSE (Aufl. i. Tsd.) *Tageszeitungen:* Accra: People's Daily Graphic (40)/reg.-eigen – The Ghanaian Times (40)/reg.-eigen – Kumasi: The Pioneer (100) – *Wochenzeitungen:* Accra: The Mirror (60)/reg.-eigen – New Nation (300) – *Nachrichtenagentur:* GNA (Ghana News Agency)

GRENADA *Mittel-Amerika; Karibik*
State of Grenada – WG

LANDESSTRUKTUR Fläche (180): 344 km^2 - **Einwohner** (177): (F 1990) 94000 = 291 je km^2; (Z 1981) 89088 – Grenader; 84% Afroamerikaner (Schwarze), 11% Mulatten, 5% indischer Abstammung, weniger als 1% Weiße – **Leb.-Erwart.:** 70 J. – **Säugl.-Sterbl.:** 1,5% – **Analph.:** 5% – Jährl. **Bev.-Wachstum** (∅1980–90): 0,7% (Geburtenziffer 1990: 3,0%) – **Sprachen:** Englisch als Amtssprache; auch kreol. Englisch u. kreol. Französ. – **Religion:** 64% Katholiken, 21% Anglikaner, 13% Protestanten – **Städt. Bev.:** rd. 65% – **Städte** (S 1987) Saint George's (Hptst.) 10000 Ew., m. V. 30000

STAAT Konstitutionelle Monarchie im Commonwealth – Verfassung von 1974 – Parlament aus 2 Kammern: Repräsentantenhaus mit 15 gewählten u. Senat mit 13 ernannten Mitgl.; Wahl alle 5 J. – Allg. Wahlrecht – **Staatsoberhaupt:** Königin Elizabeth II., vertr. durch den einheim. Generalgouverneur Sir Paul Scoon, seit 1978 – **Regierungschef u. Äußeres:** Nicholas A. Braithwaite – **Parteien:** Wahlen von 1990: National Democratic Congress/NDC 8 Sitze, Grenada United Labour Party/GULP 3, New National Party/NNP 2, The National Party/TNP 2 – **Unabh.:** 7. 2. 1974 – **Nationalfeiertag:** 7. 2.

WIRTSCHAFT BSP 1990: 199 Mio. $ = 2190 $ je Ew. (79); realer Zuwachs ⌀ 1980–90: 5,8 %; **BIP** realer Zuwachs ⌀ 1985–89: 5,5 %; Anteil 1989 **Landwirtsch.** 21 %, **Industrie** 16 % – **Erwerbstät.** 1985: Landw. 30 %, Ind. 15 % – **Energieverbrauch** 1986: 186 kg ÖE/Ew. – **Währung:** 1 Ostkarib. Dollar (EC$) = 100 Cents; 1 US-$ = 2,69 EC$; 100 EC$ = 56,80 DM – **Ausl.-Verschuld.** 1990: 152,5 Mio. EC$ – **Inflation** ⌀ 1980–88: 7,4 % (1989: 3,7 %) – **Außenhandel** 1987: **Import:** 239,4 Mio. EC$; Güter: 24 % Nahrungsmittel; Länder: 26 % USA, 25 % EG-Länder, 20 % Trinidad u. Tobago; **Export:** 85,2 Mio. EC$; Güter: 30 % Kakao, 20 % Bananen, Muskatnüsse (ca. 30 % d. Weltprod.), Fische, Rum, Zucker; Tourismus 25 % d. BSP (1987); Länder: 68 % EG-Länder (dar. 30 % Großbrit., BRD), 14 % Trinidad u. Tob., USA

PRESSE (Aufl. i. Tsd.) *Wochenzeitungen:* St. George's: Government Gazette (5) – Grenada Guardian/GULP-Org. – Grenadian Voice (4) – The Informer (1)

GRIECHENLAND *Südost-Europa*
Griechische Republik (Hellenische Rep.); Ellenikí Dimokratía; »Ellás« (Hellas) Eigenname – GR

LANDESSTRUKTUR Fläche (95): 131 957 km^2, (über 2000 Inseln, davon 150 bewohnt) – **Einwohner** (68): (Z 1991) 10 269 074 = 78 je km^2 (vorl. Ergeb.) – 98,5 % Griechen; ferner makedon., türk., alban., aromun. u. bulgar. Minderheiten; 3 Mio. Griechen im Ausland – **Leb.-Erwart.:** 77 J. – **Säugl.-Sterbl.:** 1,1 % – **Analph.:** 7 % – Jährl. **Bev.-Wachstum** (⌀ 1980–90): 0,4 % (Geb.- u. Sterbeziffer 1990: 1,1 %/0,9 %) - **Sprache:** Griechisch (Neugriechisch), seit 1976 in Unterricht u. Verwaltung nicht mehr die künstl. Hochsprache »Katharevousa«, sondern die Umgangssprache »Dimotiki« – **Religion:** 98,2 % Angehörige der griech.-orthodoxen Kirche; muslimische, protestant. u. kathol. Minderheiten – **Städt. Bev.:** 63 % – **Städte** (Z 1981): Athenai [Athen] (Hptst.) 885 737 Ew. (A: 3 027 000); (S 1982): als Groß-Athen mit Piräus 3 337 000; Thessaloniki [Saloniki] 406 413 (A: 706 000), Patras 142 163 (A: 155 000), Larissa 102 426, Iraklion 102 398 (A: 111 000), Volos 71 378 (A: 107 000), Kavala 56 705

STAAT Republik – Verfassung von 1975 (mit Änderungen 1985 u. 1986) – Parlament mit 300 Mitgl., Wahl alle 4 J. – Allg. Wahlrecht ab 18 J. – 10 Regionen, unterteilt in 53 Verw.-Bezirke (Nomói) – **Staatsoberhaupt:** Konstantinos Karamanlis, seit Mai 1990 – **Regierungschef:** Konstantinos Mitsotakis (ND), seit 1990 – **Äußeres:** Michalis Papakonstantinou, seit 1990 – **Parteien:** Wahlen vom 8. 4. 1990: Mandate nach Wahlergebnis/nach Obergerichtsbeschluß vom 14. 11. 1990 (1989): Nea Demokratia/ND 150/152 Sitze (111); PASOK (Panhellenische Sozialist. Partei) 123/124 (154); Synaspismos (Linkskoalition) 19/21; Ökologische Alternativen 1/1 (–); DE. ANA. (Demokrat. Erneuerung) 1/0 (8); »Unabhängige« 4/0 (–); »Unabh. Moslem. Liste Vertrauen« 1/1 (–); »Unabh. Moslem. Wählerliste« 1/1 (–) – **Unabh.:** 13. 1. 1822 (Proklamation), nominell 3. 2. 1830 (Londoner Protokoll) – **Nationalfeiertag:** 25. 3.

WIRTSCHAFT BSP 1990: 60 245 Mio. $ = 5990 $ je Ew. (40); realer Zuwachs ⌀ 1980–90: 1,2 %; **BIP** 1991: 68 600 Mio. $; realer Zuwachs ⌀ 1980–90: 1,5 % (1991: +1,8 %); Anteil 1991 **Landwirtsch.** 13 %, **Industrie** 29 % – **Erwerbstät.** 1990: Landw. 24,5 %, Ind. 27,4 %; **Arbeitslosigkeit** 1991: 8,1 % – **Energieverbrauch** 1990: 2092 kg ÖE/Ew. – **Währung:** 1 Drachme (Dr.) = 100 Lepta; 1 US-$ = 185,06 Dr.; 100 Dr. = 0,82 DM – **Öff. Ausl.-Verschuld.** 1988: 17 482 Mio. $ = 35,9 % d. BSP (1991: 14,5 % d. BSP) – **Inflation** ⌀ 1980–90: 18,0 % (1991: 19,5 %) – **Außenhandel** 1990: **Import:** 19 793 Mio. $; Güter: 5 % Pkw, 5 % Erdöl, 2 % Erdölprod., 2 % Lkw, 2 % Papier u. Pappe; Länder: 20 % BRD, 14 % Italien, 9 % USA, 8 % Frankr., 6 % Niederl., 5 % Großbrit., 5 % Iran, 4 % Belgien-Luxemb.; **Export:** 7996 Mio. $; Güter: 21 % Bekleidung, 6 % Erdölprod., 4 % Tabak (unverarb.), 4 % Olivenöl, 4 % Textilgarne, 3 % Obst (verarb.); Länder: 26 % BRD, 16 % Italien, 13 % USA, 8 % Frankr., 8 % Großbrit., 3 % Niederl., 2 % Schweden – Tourismus (1990): 2570 Mio. $ Einnahmen

PRESSE (Aufl. i. Tsd.) *Tageszeitungen:* Athen: Acropolis (51)/kons. – Apogevmatini (130) – Athens News (10)/Engl. – Avghi (55) – Avriani (115) – Eleftherotypia (126) – Ethnos (150) – Express (22)/Wirtsch. – Kathmerini (90)/kons. – Rizospastis (52)/komm. – Ta Nea (155)/lib. – Vradini (72)/rechts – Thessaloniki: Makedonia (70) – Thessaloniki (36) – *Nachrichtenagentur:* ANA (Athenagence)

MÖNCHSREPUBLIK ATHOS (Aghion Oros)

LANDESSTRUKTUR Fläche: 336 km² – Einwohner: (Z 1981) 1471 männl. Einwohner in 20 Klöstern – Hauptort: Kariaí (235 Ew.)

STAAT Lt. griech. Verfassung ist d. Halbinsel Athos ein sich selbst verwaltender Teil d. griech. Staates, dessen Souveränität über d. Hl. Berg unberührt bleibt. – Jeder neue Mönch erwirbt automat. die griech. Staatsangehörigkeit – Verwaltung durch Vertr. d. Hl. Klöster, die die Hl. Gemeinschaft bilden – Änderung des Verwaltungssystems oder d. Zahl d. Klöster nicht erlaubt – Niederlassung von Andersgläubigen oder Schismatikern verboten – Ausf. Regelung der Ordnung d. Hl. Berges durch konstituierende Charta d. Hl. Berges, welche unter Mitwirkung des Vertreters d. Staates v. d. 20 Klöstern verfaßt und beschlossen wird u. durch d. Ökumen. Patriarchat u. d. griech. Parlament bestätigt wird – In geistl. Hinsicht Aufsicht durch Ökumen. Patriarchat, hinsichtlich d. Verwaltung u. Wahrung d. öffentl. Sicherheit unter Aufsicht des Staates (Gouverneur) – Frauen ist der Zutritt zur Mönchsrepublik strengstens verboten.

GROSSBRITANNIEN und NORDIRLAND
West-Europa
Vereinigtes Königreich Großbritannien u. Nordirland; Kurzform: Vereinigtes Königreich; United Kingdom of Great Britain and Northern Ireland – GB bzw. UK

LANDESSTRUKTUR Fläche (77): 242 432 km² (mit 3218 km² Binnengewässern) – **Einwohner** (15): (F 1990) 57 483 000 = 235 je km²; (Z 1981) 55 773 499 – **England:** 130 439 km² u. 47 689 400 (F 1989) Ew. = 366 je km² – **Wales:** 20 766 km² u. 2 873 100 Ew. = 138 je km² – **Schottland**² (Scotland): 77 167 km² u. 5 090 700 Ew. = 66 je km² – **Nordirland** (Ulster): 14 147 km² u. 1 589 400 (F 1990) Ew. = 112 je km² (seit 1972 Direktverwaltung durch brit. Reg.) – Briten (Engländer, Schotten, Waliser), Iren in Nordirland; (S) 2,6 Mio. Ausländer, darunter (nur England) 1,8–2,0 Mio. farbige Einwand. aus dem Commonwealth (davon ⅓ in London), n. and. Ang. 3,9 Mio. Farbige in Großbritannien – **Leb.-Erwart.:** 76 J. – **Säugl.-Sterbl.:** 0,8 % – **Analph.:** unter 5 % – **Jährl. Bev.-Wachstum** (Ø 1980–90): 0,2 % (Geb.- u. Sterbeziffer 1990: 1,3 %/1,1 %) – **Sprachen:** Englisch; Reste keltischer Sprachen (Schottland, Wales, Man »Manx«, Cornwall »Kornisch«); es sprachen z. B. 1981 in Wales 21 283 nur Walisisch (»Kymbrisch«), 482 276 Welsh u. Englisch, in Schottland 79 307 Gälisch und Englisch – **Religion:** vorwieg. Protestanten: 56,8 % anglikan. Staatskirche in England, presbyterian. Staatskirche in Schottland, Freikirchen; in England und Wales 4,2 Mio., in Schottland 0,8 Mio., in Nordirland 0,4 Mio. (über 25 %) Katholiken; außerdem in Nordirland 340 000 Presbyterianer, 290 000 Angeh. d. »Church of Ireland«, 58 800 Methodisten; rd. 800 000 Muslime, 460 000 Juden, 23 000 Buddhisten – **Städt. Bev.:** 89 % – **Städte** (F 1989): Als **Metropolitan Counties:** London (Hptst.) als Greater London 6 756 400 Ew. (Wohnbev. d. City of London 2,6 km²: ca. 5000); West Midlands 2 615 400, Greater Manchester 2 582 400 [(F 1988) Stadt: 446 000], West Yorkshire 2 066 600, Merseyside 1 448 000, South Yorkshire 1 295 200, Tyne and Wear 1 128 100; als **Districts** (F 1988): Birmingham 992 500 (A: 2 617 000], Glasgow 733 784, Leeds 710 500 (A: 2 057 000), Sheffield 538 700 (A: 1 293 000), Liverpool 491 500 (A: 1 448 000), Bradford 463 500, Manchester 451 100, Edinburgh 439 672, Bristol 393 800, Coventry 312 200, Wakefield 310 200, Wigan 306 700, Sandwell 303 300, Belfast 301 600 (A: 550 000), Dudley 300 800, Sunderland 298 800, Sefton 298 400, Stockport 291 200, Doncaster 288 500, Leicester 282 900, Newcastle upon Tyne 282 200 (A: 1 131 000), Nottingham 279 400, Cardiff 278 900, Walsall 262 900, Kingston upon Hull 262 000, Bolton 261 200, Plymouth 253 400, Wolverhampton 253 200, Rotherham 252 700, Stoke on Trent 248 700, Salford 240 000, Barnsley 223 300, Oldham 219 700, Trafford 217 800, Tameside 215 500, Derby 215 300, Aberdeen 215 246, Gateshead 208 100, Rochdale 206 100, Southampton 202 300, North Tyneside 193 200, Calderdale 191 700, Portsmouth 187 900, Swansea 187 400 – 1986: Stadtverwalt. d. Metropolitan Counties in Einzelbehörden d. Stadtbezirke aufgelöst – In England u. Wales lebten 198 176,9 %, in Schottland 70,0 % u. in Nordirland 55,3 % d. Bev. in städt. Siedlungen

STAAT Konstitutionelle Monarchie im Commonwealth – Keine formelle (geschriebene) Verfassung, aber Gesetze mit Verfass.-Charakter – Parlament aus 2 Kammern: Unterhaus (House of Commons) mit 650 Mitgl. (davon 17 aus Nordirl.), auf höchstens 5 J. gewählt u. Oberhaus (House of Lords) mit 1177 Mitgl. (davon 803 Erblords, 348 ernannte Lords, 2 Erzbischöfe u. 24 Bischöfe d. anglik. Kirche); außerd. Geheimer Staatsrat (Privy Council) ohne verfassungsrechtl. Entscheidungsgewalt – Allg. Wahlrecht ab 18 J. mit Ausnahme der Peers – 39 Grafschaften (Counties) u. 7 Metropolitan Counties (Ballungsräume) in England, 8 Grafschaften in Wales, 26 Distrikte in Nordirland, 12 Regionen in

Schottland – **Staatsoberhaupt:** Königin Elizabeth II., seit 1952, gekrönt 1953 – **Regierungschef:** Premierminister John Major, seit 28. 11. 1990 (Konserv. Partei) – **Äußeres:** Douglas Hurd – **Parteien:** Unterhaus-Wahlen vom 10. 4. 1992 (1987 inkl. Nachwahlen von 1990 bzw. 1991): Conservative Party 336 der 650 Sitze (369); Labour Party (Vors.: John Smith) 271 (229); Liberal Party zus. mit. d. Social and Democratic Party/SDP 20 (22); Sonstige (u. a. regionale u. nationalist. Parteien) insg. 23 (24): Schottische Nationalisten/SNP 3 (5), Plaid Cymru (Walis. Nationalisten) 4 (3), Ulster Unionist Party (Nordirl.) 9 (9), Democratic Unionist Party/DUP 3 (3), Ulster Popular Unionists 1 (1), SDLP 4 (3), Sinn Fein 0 (1), Labour Independent 0 (1) – Kommunalwahlen in Nordirland 1985: Von 556 Mandaten gewannen Official Unionist Party/OUP (Protestantenpartei) 189, DUP 141, SDLP 100, Sinn Fein u. Gerry Adams 58, Allianz 33 – **Unabh.:** Beginn der engeren Staatsgeschichte im 8. Jahrh. – **Nationalfeiertag:** im Juni, Tag jährl. wechselnd

WIRTSCHAFT BSP 1990: 923 959 Mio. $ = 16 100 $ je Ew. (19); realer Zuwachs $\varnothing$ 1980–90: 2,7 %; **BIP** 1991: 1 008 800 Mio. $; realer Zuwachs $\varnothing$ 1980–90: 2,6 % (1991: –1,9 %); Anteil 1990 **Landwirtsch.** 2 %, **Industrie** 30 % – **Erwerbstät.** 1990: Landw. 2,1 %, Ind. 29 %; **Arbeitslosigkeit** 7/1992: 9,7 % *(Einkommen/Woche 1991 → WA '92, Tab. Sp. 388)* – **Energieverbrauch** 1990: 3646 kg ÖE/Ew. - **Währung:** 1 Pfund Sterling (£) = 100 New Pence (p); 1 £ = 1,90 US-$; 100 DM = 290,81 DM – **Inflation** $\varnothing$ 1980–90: 5,8 % (1991: 6,2 %) – **Außenhandel** 1991: **Import:** 118 900 Mio. £; Güter (1990): 37 % Maschinenbauerzeugn., elektrotechn. Erzeugn. u. Fahrzeuge, 32 % bearb. Waren, 9 % Nahrungsm. u. leb. Tiere, 9 % chem. Prod., 6 % mineral. Brennstoffe, Schmiermittel u. verwandte Prod.; Länder (1990): 17 % BRD, 11 % USA, 9 % Frankr., 8 % Niederl., 6 % Japan, 6 % Italien; **Export:** 104 800 Mio. £; Güter (1990): 41 % Maschinenbauerzeugn., elektrotechn. Erzeugn. u. Fahrz., 28 % bearb. Waren, 13 % chem. Prod., 8 % mineral. Brennstoffe u. Schmiermittel, 4 % Nahrungsm. u. leb. Tiere; Länder (1990): 13 % USA, 12 % BRD, 10 % Frankr., 7 % Niederl., 5 % Belgien-Luxemb., 5 % Irland *(Zur Wirtschaftslage 1991 → Sp. 850 f.)*

PRESSE (Aufl. i. Tsd.) *Tageszeitungen:* London: Daily Express (1591) – Daily Mail (1739) – Daily Mirror (3171) – Daily Star (929) – The Daily Telegraph (1075) – Evening Standard (461) – The Financial Times (288) – The Guardian (431) – The Independent (410) – Morning Star (29)/komm. – Sun (3906) – Times (425) – Today (567) – Belfast: Belfast Telegraph (141) – Birmingham: Birmingham Daily News (276) – Birmingham Express & Star (343) – Birmingham Post & Evening Mail (253) – Bristol: Evening Post (104) – Cardiff: South Wales Echo (87) – Edinburgh: Evening News (106) – The Scotsman (87) – Glasgow: Daily Record (780) – Evening Times (172) – The Glasgow Herald (124) – Leeds: Yorkshire Evening Post (139) – Leicester: Leicester Mercury (141) – Liverpool: Liverpool Echo (177) – Manchester: Manchester Evening News (267) – Nottingham: Evening Post (130) – Sheffield: The Star (134) – Wolverhampton: West Midlands Express and Star (341) – *Wochen- und Sonntagszeitungen:* London: The European (300) – The Independent on Sunday (454) – The Mail on Sunday (1901) – News of the World (5049) – The Observer (545) – Sunday Express (1702) – Sunday Mirror (2950) – Sunday People (2556) – The Sunday Telegraph (588) – The Sunday Times (1150) – Birmingham: Sunday Mercury (152) – Glasgow: Sunday Mail (881) – Sunday Post (1249) – *Zeitschriften:* London: The Economist (472) – New Statesman and Society (40) – Radio Times (2961) – The Spectator (36) – TV Times (2827) – Woman (986) – Woman's Own (939) – Woman's Weekly (1059) – *Nachrichtenagenturen:* AP/UK (Associated Press) – EXTEL (Exchange Telegraph) – Reuters – UPI/UK (United Press International)

1. UNMITTELBAR MIT DER KRONE VERBUNDENE GEBIETE (»Dependent Territories«)

Die Kanal-Inseln und die Insel Man sind nicht Teile des Vereinigten Königreichs und nicht EG-Mitglieder, sondern (außer Man) als Überreste des ehemaligen normannischen Herzogtums unmittelbar der Krone verbunden; eigene Parlamente, Exekutiven, Flaggen

KANAL-INSELN
Channel Islands; Normannische Inseln

LANDESSTRUKTUR Fläche: 195 km² – Einwohner: (F 1990) 144 000 = 703 je km² – 2 Bailiwicks (Amtsbezirke): Guernsey (GBG) 55 482 Ew. (F 1986) mit Alderney (GBA) 2086 u. den Sark-Inseln sowie Jersey (GBJ) 82 809 (F 1989) – Leb.-Erwart.: 77 J. – Jährl. Bev.-Wachstum ($\varnothing$ 1980–90): 1,1 % (Geb.-Ziffer 1990: 1,6 %) – Sprachen: Französisch auf Jersey u. Englisch (als Umgangsspr.) auf Guernsey; in ländl. Gebieten z. T. ein normannischer Dialekt – Städte: St. Helier (Jersey) 28 135 Ew., St. Peter Port (Guernsey) 16 303

STAAT Staatsgewalt bei den Ständeparlamenten (States) – Sitz eines »Lieutenant-Governor« in St. Helier auf Jersey (Sir John Sutton) u. St. Peter Port auf Guernsey (Sir Michael Wilkins)

WIRTSCHAFT BSP 1985: 1350 Mio. $ = 10 390 $ je Ew. – Währung: Pfund Sterling – Ausfuhrgüter: Gemüse, Obst, Blumen

PRESSE (Aufl. i. Tsd.) Tageszeitungen: Guernsey: Guernsey Evening Press and Star (17) – Jersey: Jersey Evening Post (25)

MAN *Irische See*
Isle of Man; Ellan Vannin – GBM

LANDESSTRUKTUR Fläche: 588/572 km^2 – Einwohner: (F 1990) 67 000 = 112 je km^2; (Z 1986) 64 282 – Leb.-Erwart.: 69 J. – Jährl. Bev.-Wachstum (∅ 1980–90): 0,0% (Geb.-Ziffer 1988: 2,6%) – Sprachen: Englisch; kleine, auch »Manx« sprechende Gruppe – Städte (F 1986): Douglas (Hptst.) 20 368 Ew.; Ouchan 7608, Ramsey 4778

STAAT Gesetzgebender Rat, Versammlung (House of Keys) mit 24 Mitgl., Wahl alle 5 J. – Lieut.-Governor: Maj.-Gen. Sir Laurence Jones

WIRTSCHAFT BSP (S) 1985: 380 Mio. $ = 5910 $ je Ew. – Währung: Pfund Sterling – Ausfuhrgüter: Viehzucht- u. Fischprodukte, Blei- u. Eisenerz

PRESSE (Aufl. i. Tsd.) Zeitungen: Douglas: Isle of Man Courier (28, wö.) – Isle of Man Examiner (10, wö.) – The Manx Independent (25, 3x wö.)

2. **ABHÄNGIGE GEBIETE** mit verschiedenem Grad von Selbstverwaltung. Die auton. u. assoz. Staaten haben innere Selbstverwaltung; London ist für Verteidigung u. Außenpoltik, z. T. auch für Verfassungsfragen zuständig

GIBRALTAR *Süd-Europa*
GBZ

LANDESSTRUKTUR Fläche: 6,5 km^2 – Einwohner: (F 1990) 31 000 (ohne Militär) = 4615 je km^2 – darunter ⅔ Einheimische, meist span., maltes. od. portugies. Herkunft (»Gibraltareños«), 4500 Nichtbriten, überw. Marokkaner – Jährl. Bev.-Wachstum (∅ 1980–90): 0,0% – Sprachen: Englisch u. Spanisch – Religion (1981): 74,5% Katholiken, 8% Anglikaner, 8,5% Muslime, 2,5% Juden

REGIERUNSGFORM Britische Kolonie – Verfassung von 1969 – Exekutiv- u. Legislativrat (15 Mitgl. für 4 J. gewählt u. 2 ex-officio-Mitgl.) – Gouverneur: Sir Derik Reffell – Regierungschef: Joe Bossano, seit 1988, am 16. 1. 1992 im Amt bestätigt – Parteien: Wahlen vom 16. 1. 1992 (1985): Gib. Socialist Labour Party/GSLP (antispan., von Joe Bossano) 8 (8) Sitze, Gib. Social Democrats/GSD 7 (–), Association for the Advancement of Civil Rights/AACR 0 (7) – Unabh.: Spanien erhebt Anspruch auf die brit. Besitzung, die nach ihrer neuen Verfass. brit. »Dominion« ist. Seit 1985 Grenzen zu Spanien wieder offen

WIRTSCHAFT BSP 1987: 121,3 Mio. Gib£ = 4481 Gib£ je Ew. – Erwerbstät. 1988: Industrie 37% – Währung: 1 Gibraltar-Pfund (Gib£) = 100 New Pence (p); 1 Gib£ = 1 £ (Wertverh. zum Pfund Sterling) – Außenhandel 1988: Import: 145 Mio. Gib£; Güter: 16% Nahrungsmittel; Export: 46 Mio. Gib£; Reparatur-Docks, Fremdenverkehr (1989: 3,8 Mio. Gäste), Transithandel, Bunkerstation

PRESSE (Aufl. i. Tsd.) Tageszeitung: Gibraltar Chronicle (3)/Engl. – Wochenzeitungen: The Democrat (1) – Panorama (2,5) – The People (2) – Vox (1,5)

BERMUDA-INSELN *Nord-Atlantik*
(Bermudas)

LANDESSTRUKTUR Fläche: 53,5 km^2 (rd. 360 Inseln u. Eilande, über 20 bewohnt) – Einwohner: (F 1990) 58 000 (ohne Militär) = 1095 Ew. je km^2 – 37% Weiße, sonst Farbige – Analph.: rd. 2% – Jährl. Bev.-Wachstum (∅ 1980–90): 0,7% – Sprache: Englisch – Religion: Protestanten, 8800 Katholiken – Städte (S 1988): Hamilton (Hptst.) 6000 Ew.; St. George's 3000

REGIERUNGSFORM Kronkolonie mit innerer Autonomie nach d. Verfassung von 1968 (self governing dependency) – Parlament aus 2 Kammern: Senat (Legislative Council) mit 11 u. Repräs.-Haus (House of Assembly) mit 40 Mitgl., Wahl alle 5 J. – Gouverneur: Sir Desmond Langley, seit 1988 – Delegierter Außenmin.: Sir John H. Sharpe – Premier einer gemischtrassigen Regierung: John W. Swan (UBP) – Parteien: Wahlen vom 9. 2. 1989: United Bermuda Party/UBP (haupts. von Weißen getragen) 23 Sitze, Progressive Labour Party 15, Nat.-Liberale P. 1, Unabh. 1

WIRTSCHAFT BSP 1989: 1389 Mio. $ = 24 370 $ je Ew.; realer Zuwachs ∅ 1980–88: 0,6%; BIP Anteil 1989 Landwirtsch. 1,2%, Industrie 10% – Inflation ∅ 1980–90: 9,1% – Währung: 1 Bermuda-Dollar (BD$) = 100 Cents; 1 US-$ = 0,996 BD$; 100 BD$ = 153,31 DM – Außenhandel 1985: Import: 402 Mio. $; Export: 23 Mio. $; Güter: chem. Erzeugn., Essenzen, Blumen, Früchte, Gemüse; Länder: 23% USA – Touris-

Großbritannien (abhängige Gebiete)

mus (1990): 40% d. BSP, 547318 Gästeankünfte – Steuerparadies: 1986 waren 6349 internationale Versicherungen und Investmentfirmen registriert

PRESSE (Aufl. i. Tsd.) Tageszeitung: Hamilton: The Royal Gazette (18) – Wochenzeitungen: The Bermuda Sun (12) – The Mid-Ocean News (13)

FALKLAND-INSELN *Süd-Atlantik*
Malwinen; Islas Malvinas; Falkland Islands

LANDESSTRUKTUR Fläche: 12173 km^2 – Einwohner: (F 1989) 1915; außerd. brit. Truppenkontingent – Bev.-Wachstum ($\varnothing$ 1980–86): 1,3% – Sprache: Englisch – Städte (F 1989): Port Stanley (Hptst.) 1329 Ew., Goose Green 100

REGIERUNGSFORM Britische Kronkolonie – Exekutiv- u. Legislativrat mit 6 bzw. 10 Mitgl. – Allg. Wahlrecht ab 18 J. – Gouverneur: W. H. Fullerton – Seit 1833 engl., von Argentinien beansprucht

WIRTSCHAFT BSP 1985: 7800 £ je Ew. – Währung: 1 Falkland-Pfund (Fl£) = 100 New Pence (p); 1 Fl£ = 1 £ (Wertverh. zum Pfund Sterling) – Außenhandel 1985: Import: 3,67 Mio. £; Export: 3,2 Mio. £; Güter: Fischprodukte (geschützte Fangzone), Wolle; Länder: bes. Großbrit.

PRESSE Port Stanley: Penguin News (14täg.)

SÜDGEORGIEN u. SÜDL. SANDWICH-INSELN
Süd-Atlantik
Falkland Island Dependencies

South Georgia, 3753/3592 km^2, bis 1982 von 22 Forschern (British Arctic Survey Team) bewohnt, 1989 noch 4 Biologen – South Sandwich Islands 337 km^2; seit 3. 10. 1985 eigener Status – Commisioner (d. Falkland-Inseln, ex-officio): W. H. Fullerton – Von Argentinien beansprucht

ST. HELENA *Süd-Atlantik*

LANDESSTRUKTUR Fläche: 121,7 km^2 – Einwohner (Z 1987): 5644 = 46 je km^2 – Analph.: 3% – Jährl. Bev.-Wachstum ($\varnothing$ 1980–86): 2,5%, 1988: 0,3% (Geb.-Ziffer 1988: 1,5%) – Sprache: Englisch – Religion: haupts. Protestanten – Städte (Z 1987): Jamestown (Hptst.) 1413 Ew.; Mitverwaltet werden: Ascension (88 km^2; 1990: 1012 Ew., davon 704 St. Helenians, 207 Briten, 88 US-Bürger u. 13 and., Hauptort Georgetown); *Tristan da Cunha* (104 km^2; 1990: 300 Ew.)

REGIERUNGSFORM Verfassung von 1967 – Gesetzgeb. Rat (12 gewählte u. 2 ex-officio-Mitgl.) u. Vollzugsrat – Gouverneur: Alan Hoole – Parteien: (letzte Wahlen 1984) St. Helena Progressive Party 11 d. 12 Sitze – Verwalter Ascension: Brian N. Connelly – Island Council Tristan da Cunha 1988 gewählt, 12 Personen u. Verwalter: Bernard E. Pauncefort

WIRTSCHAFT Finanzhilfe von GB (1987/88): 10,9 Mio. £ – Währung: 1 St. Helena-Pfund (SH£) = 100 Pence(p); 1 SH£ = 1 £ (Wertverh. zum Pfund Sterling) – Außenhandel 1987/88: Import: 5,56 Mio. £; Güter: 16% Fahrzeuge, 10% Nahrungsgüter; Länder: 68% Großbrit., 32% Südafrika; Export: 0,03 Mio. £; Güter: Fischerzeugnisse

PRESSE (Aufl. i. Tsd.) Wochenzeitung: Jamestown: St. Helena News (1,5)

ANGUILLA *Karibik*

LANDESSTRUKTUR Fläche 96 km^2 – Einwohner: 7000 (1988); Sombrero Island (5 km^2) ist unbew. = 77 je km^2 – Anguiller; bes. Schwarze, Mulatten u. Europäer (meist irischer Abst.); (S 1988) rd. 4000 Anguiller leben auf d. Jungfernsinseln u. 10000 in Großbrit. – Sprache: Englisch – Religion: Anglikaner, Methodisten, Katholiken, Adventisten, Baptisten – Städte: The Valley (Reg.-Sitz) ca. 2000 Ew.

REGIERUNGSFORM »British Dependency« mit Verfassung von 1982 – Parlament (House of Assembly) mit 11 Mitgl.: 7 für 5 J. gewählt, 2 ernannt, 2 ex-officio, als Legislative – »Executive Council« u. Gouverneur als Regierung – Allg. Wahlrecht ab 18 J. – Staatsoberhaupt: Königin Elizabeth II., vertr. durch Gouverneur Brian Canty, seit Nov. 1989 – Regierungschef: Chief Min. Emile R. Gumbs, seit 1984 – Parteien: Wahlen vom 27. 2. 1989: Anguilla National Alliance 3 Sitze, A. United Party 2, A. Democratic Party 1, Unabh. 1 – Unabh.: 30. 5. 1967 einseit. Austritt aus der Assoziation mit St. Christopher-Nevis, 9. 1. 1969 einseit. Erklärung d. Unabh. v. Großbrit. durch R. Webster, daraufhin v. brit. Truppen besetzt; 19. 12. 1980 (»A. Act«) nominelle Loslösung v. St. Christopher-Nevis als eigenständige brit. Kolonie, gegenw. keine Unabh.-Bestrebungen

WIRTSCHAFT BSP 1980: 10 Mio. $ = 1539 $ je Ew. – Währung: 1 Ostkarib. Dollar (EC$) = 100 Cents; 1 US-$ = 2,69 EC$; 100 EC$ = 56,80 DM – Außenhandel 1987: Ausf. (nach GB) 188000 £; Einf. (aus GB) 1328000 £ – Ausfuhrgüter: Phosphate, Vieh, Fische

– Handelspartner: Großbrit., CARICOM-Staaten – Tourismus (1989): 84 Mio. EC$ (+2,7% im Vgl. zu 1988)

PRESSE The Valley: Government Information Service Bulletin (mtl.) – Official Gazette (mtl.)

MONTSERRAT *Karibik*

LANDESSTRUKTUR Fläche: 102 km² – Einwohner: (F 1987) 11900 Ew. = 117 je km²; (Z 1980) 11606 – Analph.: 4% – Jährl. Bev.-Wachstum (∅ 1980–86): 0,6% (1988: 0,5%) – Sprache: Englisch – Stadt (Z 1980): Plymouth 1478 Ew.

REGIERUNGSFORM Kronkolonie (British Caribbean Dependency) – Verfassung von 1989 – Legislativrat mit 12 Mitgl., davon 7 gewählt u. Exekutivrat mit 7 Mitgl. – Gouverneur: David J. P. Taylor, seit Mai 1990 – Parteien: Wahlen von 1987: People's Liberation Movement/PLM 4 Sitze, National Development Party/NDP 2, Progressive Democratic Party/PDP 1

WIRTSCHAFT BSP 1984: 30 Mio. $ = 2500 $ je Ew.; BIP 1988: 146,3 Mio. EC$; Anteil 1987 Landwirtsch. 4%, Industrie 6% – Erwerbstät. 1987: Landw. 10%, Ind. 31% – Währung: 1 Ostkarib. Dollar (EC$) = 100 Cents; 1 US-$ = 2,69 EC$; 100 EC$ = 56,80 DM – Ausl.-Verschuld. 1987: 205 Mio. $ – Inflation ∅ 1989: 1,8% – Außenhandel 1989: Import: 83,6 Mio. EC$; Länder: 31% USA; Export: 4,2 Mio. EC$; Güter: Baumwollprod.; Länder: 90% USA – Tourismus 1988: 30000 Gäste – Starke Verwüstungen von Hotel- u. Produktionsanlagen durch d. Hurrikan Hugo 1989

PRESSE (Aufl. i. Tsd.) Wochenzeitungen: Plymouth: The Montserrat Mirror (2) – The Montserrat Times (5)

CAYMAN-INSELN *Karibik*

LANDESSTRUKTUR Fläche: 259 km² – Einwohner: (S 1990) 27000 = 98 je km²; (Z 1989) 25355 – meist Mulatten u. Schwarze, etwa 1600 Weiße – Analph.: 3% – Jährl. Bev.-Wachstum (∅ 1980–86): 4,3% – Sprache: Englisch – Religion: haupts. Protestanten – Städte: George Town (Hptst.) 8900 Ew. (auf Gr. Cayman); ferner »Main Areas« (Z 1979): West Bay 3950, Bodden Town 1600, East End 1100, North Side 800, Little Cayman 70

REGIERUNGSFORM Kronkolonie – Verfassung von 1972 – Exekutivrat aus 9 Mitgl., davon 4 gewählt; letzte Wahl 1988 – Gesetzgeb. Versammlung mit 16 Mitgl., davon 12 gewählt – Gouverneur: Alan Scott, seit 1987

WIRTSCHAFT BIP 1987: 329 Mio. CI$ = 14500 CI$ je Ew.; BIP 1987: 390 Mio. $ – Währung: 1 Kaiman-Dollar (CI$) = 100 Cents; 1 US-$ = 0,82 CI$; 100 CI$ = 186,21 DM – Außenhandel 1987: Import: 162,6 Mio. CI$; Güter: v. a. Nahrungsmittel; Länder: 80% USA; Export: 1,8 Mio. CI$ – Steueroase: 428 Banken u. 377 Versicherungsgesellschaften registriert, 17000 Briefkastenfirmen; durch sie werden 30% d. BIP erwirtschaftet – Tourismus 1988: 534000 Gäste, davon 315000 Kreuzschiffahrt-Passagiere

PRESSE (Aufl. i. Tsd.) Tageszeitung: Gd. Cayman: The Daily Caymanian Compass (5)

TURKS- UND CAICOS-INSELN *Karibik*

LANDESSTRUKTUR Fläche: 430 km² – Einwohner: (S 1989) 13000 = 30 je km²; (Z 1980) 7435 – ⅔ Schwarze, ⅓ Mulatten – Analph.: 2% – Jährl. Bev.-Wachstum (∅ 1980–86): 1,3% – Sprache: Englisch – Religion: Protestanten – Städte (S 1987) Cockburn Town (auf Grand Turk-I., Verwaltungssitz) 2500 Ew., Cockburn Harbour (South Caicos) 1000

REGIERUNGSFORM Verfassung von 1976 – Exekutivrat (2 Mitgl.) u. Legislativrat (20 Mitgl., davon 13 gewählt) – Gouverneur: Michael J. Bradley, seit 1987 – Regierungschef: Washington Misick, seit April 1991 – Parteien: Wahlen vom 3. 4. 1991: Progressive Nat. Party 8 d. 13 Sitze, People's Democratic Movement 5

WIRTSCHAFT BIP 1988: 621 Mio. $; realer Zuwachs ∅ 1980–86: 1,7% – Währung: US-$ – Außenhandel 1987/88: Export: 3,7 Mio. $; Güter: Langusten, Muscheln – 5000 Briefkastenfirmen – Tourismus 1989: 43438 Gäste

PRESSE Wochenzeitungen: Grand Turk: Couch News – Turks and Caicos News

JUNGFERNINSELN *Karibik*
The British Virgin Islands – V. I.

LANDESSTRUKTUR Fläche: 153 km² auf 40 Inseln (u. a. Anegada, Jost van Dyke, Tortola, Virgin Gorda) – Einwohner: (S 1989) 13000 = 85 je km²; meist Schwarze und Mulatten – Analph.: 2% – Jährl. Bev.-Wachstum (∅ 1980–86): 2,8% – Sprache: Englisch – Religion: Anglikaner, Methodisten, Adventisten – Städte/Inseln: Road Town (Hptst.) auf

Tortola 2500 Ew. (Insel 9200), Virgin Gorda 1500, Anegada 170

REGIERUNGSFORM Verfassung von 1977 – Exekutivrat (6 Mitgl.) u. Legislativrat (11 Mitgl., davon 9 gewählt) – Gouverneur: J. Mark A. Herdman, seit 1986 – Regierungschef: H. Lavity Stoutt, seit Okt. 1986 – Parteien: Wahlen von 1990: Virgin Islands Party 6 Sitze, Independent People's Movement 1, Unabh. 2

WIRTSCHAFT BIP 1988: 113,7 Mio. $ – Erwerbstät. 1988: ca. 70% im Tourismus – Währung: US-$ – Außenhandel 1988: Import: 11,5 Mio. $; Güter: Nahrungsmittel, Fahrzeuge; Export: 2,7 Mio. $; Güter: Fische, Früchte, Gemüse, Rum – Tourismus 1988: 176 000 Gäste

PRESSE (Aufl. i. Tsd.) Wochenzeitungen: Tortola: The Beacon (2) – The Island Sun (2)

HONGKONG *Ost-Asien*
Hong Kong – HK

LANDESSTRUKTUR Fläche: 1071 km^2 (über 230 Inseln, mit Wasserflächen 2911 km^2, New Territories 977,12 km^2) – Einwohner: (Z 1991; vorläuf. Ergeb.) 5 700 000 = 5322 je km^2; (Z 1986) 5 395 997 – rd. 98% Chinesen, etwa 162 000 Ausländer (v. a. Filipinos, Inder, US-Amerikaner, Briten, Malaysier, ferner Australier, Portugiesen, Japaner, Kanadier, Deutsche, insg. ca. 55 400 Weiße), 59% in H. geboren – Leb.-Erwart.: 78 J.- Säugl.-Sterbl.: 0,7% – Analph. (1985): 12% – Jährl. Bev.-Wachstum (⌀ 1980–1990): 1,4% (Geb.- u. Sterbeziffer 1990: 1,3%/0,6%) – Sprachen: Englisch, Chinesisch – Religion: Buddhisten, Konfuzianer, 500 000 Christen (u. a. 270 000 Katholiken), rd. 50 000 Muslime, 10 000 Hindus, 3000 Sikhs – Städt. Bev.: 94% – Städte: Victoria (Hptst.) 1,1 Mio. Ew.; Kowloon [Kaulun] 1,5 Mio. (mit 200 000 Ew./km^2 größte Bev.-Dichte der Welt); New Kaulun 0,7 Mio. Ew.

REGIERUNGSFORM Brit.-chines. Vertrag regelt Zukunft Hongkongs, das 1997 an China zurückgegeben wird, behält aber als »besondere Verwaltungsregion Hongkong« 50 Jahre lang das bisherige Wirtschafts-, Gesellschafts- u. Rechtssystem sowie innere Autonomie – Gesetzgebender Rat mit 60 Mitgl. u. Gouverneur (21 v. Gouv. ernannte, 21 von Wirtschafts- u. Interessenverbänden gewählte u. 18 direkt gewählte Mitgl.) sowie Exekutivrat (10 ernannte, 4 ex-officio-Mitgl.) – Gouverneur: Christopher Francis Patten, seit 9. 7. 1992; ernennt Executive Council (Kabinett) – Chief Secretary: Sir David Ford – Parteien: Wahl von 18 Mitgl d. Gesetzgeb.

Rates am 16. 9. 1991: United Democrats of Hongkong/UDHK 12 Sitze, Liberale 4, Konserv. 2

WIRTSCHAFT BSP 1990: 66 666 Mio. $ = 11 490 $ je Ew.; realer Zuwachs ⌀ 1980–90: 7,0%; BIP 1990: 59 670 Mio. $; realer Zuwachs 1980–90: 7,1%; Anteil 1990 Landwirtsch. 2%, Industrie 26% – Erwerbstät. 1989: Landw. 1,1%, Ind. 38,8% (Arbeitslosigkeit 11/1991: 1,9%) – Energieverbrauch 1990: 1717 kg ÖE/Ew. – Währung: 1 Hongkong-Dollar (HK$) = 100 Cents (c); 1 US-$ = 7,72 HK$; 100 HK$ = 19,77 DM – Inflation ⌀ 1980–1990: 7,2% – Außenhandel 1991: Import: 779 000 Mio. HK$; Güter: 30% Maschinen u. Fahrzeuge, 26% industrielle Fertigwaren, 24% Vor- u. Zwischenprod., 7% chem. Erzeugn., 5% Nahrungsm.; Länder: 37% VR China, 16% Japan, 10% Rep. China, 9% EG-Länder (dar. 2% BRD, 2% Großbrit.), 8% USA, 5% Rep. Korea, 4% Singapur; Export: 765 900 Mio. HK$; Güter: 32% Bekleidung, 8% sonst. Textilerzeugn., 7% Uhren, 5% Computerteile u. -zubehör, 5% Telekommunikationsausrüst.; Länder: 27% VR China, 22% USA, 18% EG-Länder (dar. 7% BRD, 4% Großbrit.), 5% Japan, 5% Rep. China – Tourismus 1990: 6 Mio. Ankünfte, davon 1,3 Mio. aus Japan, 1,3 aus Rep. China, 0,6 Mio. aus USA

PRESSE (Aufl. i. Tsd.) Tageszeitungen, Engl.: Hong Kong Standard (45) – South China Morning Post (105, so. 84) – Chin.: Ching Pao (120) – Hong Kong Daily (110) – Hong Kong Sheung Po (110) – Ming Pao (150) – Sing Pao Daily News (252) – Sing Tao Wan Pao (122) – Tin Tin Yat Pao (232) – Wah Kiu Yat Po (80) – Wen Wei Po (115)

BRITISCHES TERRITORIUM IM INDISCHEN OZEAN

(British Indian Ocean Territory/B. I. O. T.) 1965 geschaffen; nach Angliederung (1976) einiger Inseln an die → *Seschellen* nur noch aus dem **Tschagos- (Chagos) Archipel** bestehend

LANDESSTRUKTUR Fläche: 60 km^2 (Archipel 54 400 km^2) – Einwohner: (F 1991) 1200 – Wichtigste Insel: Diego Garcia (44 km^2, 1990: 1200 Militärangeh. d. USA u. Großbrit. sowie 1700 Zivilangestellte); v. Mauritius beansprucht, mit Stützpunkt d. USA – Commissioner: Richard J. S. Edis

PITCAIRN *Ozeanien*
Erstmals 1790 v. d. Meuterern der Bounty besiedelt

LANDESSTRUKTUR Fläche: 4,35 km^2 einschl. d. unbewohnten Dependenzen Ducie, Henderson u.

Oeno 35,5 km² – Einwohner: (Z 1990) 49 – Religion: Adventisten – Sprache: Pitcairn-Englisch – Hauptort: Adamstown

REGIERUNGSFORM Gouverneur: David A. Moss, seit 1990 (in Wellington) als Vertr. d. Königin – Inselmagistrat: Brian Young

WIRTSCHAFT Währung: Brit. £, NZ$, Austr. $, Can$ u. US-$ – Ausfuhrgüter: Briefmarken, Handarbeiten aus Holz

GUATEMALA Mittel-Amerika
Republik Guatemala; República de Guatemala – GCA

LANDESSTRUKTUR Fläche (105): 108889 km² – **Einwohner** (73): (F 1991) 9 454 000 = 87 je km²; (Z 1981) 6 054 227 – Guatemalteken (Guatemaler, span. »guatemaltecos«); rd. 65% Indianer (Indígenas, u. a. Maya-Quiché, Mames, Cakchiqueles, Kekchi), rd. 30% Mestizen (Ladinos); außerd. Schwarze, Mulatten, Zambos (indian.-schwarze Mischl.) u. rd. 5% Weiße (bes. in den Städten) – **Leb.-Erwart.:** 63 J. – **Säugl.-Sterbl.:** 6,2% – **Analph.:** 45% – jährl. **Bev.-Wachstum** (∅ 1980–90): 2,9% (Geb.- u. Sterbeziffer 1990: 3,9%/0,8%) – **Sprachen:** Spanisch als Amtssprache; 22 Maya-Quiché-Sprachen – **Religion:** rd. 75% Katholiken, 25% Protestanten, davon überw. Anh. fundamentalist. Sekten – **Städt. Bev.:** 39% – **Städte** (F 1991): Ciudad de Guatemala (Guatemala-Stadt, Hptst.) 1 095 700 Ew., Quezaltenango 93 500, Escuintla 63 500, Mazatenango 39 500, Puerto Barrios 38 600, Retalhuleu 35 300, Chiquimula 29 500

STAAT Präsidialrepublik – Verfassung von 1986 – Parlament (Kongreß) mit 100 Mitgl., Wahl alle 5 J. – Nationale Versöhnungskommission (Vors. Erzbischof Rodolfo Quezada) als Vermittlungsorgan zw. d. Bürgerkriegsparteien (Reg., Streitkräfte u. Guerillaorganis., insb. Nationalrevol. Einheit Guatemalas/URNG) – Allg. Wahlrecht – 22 Departamentos – **Staats- u. Regierungschef:** Präs. Jorge Serrano Elías, seit 14. 1. 1991 – **Äußeres:** Gonzalo Menéndes Park – **Parteien:** Wahlen vom 11. 11. 1990: Nationale Zentrumsunion/UCN 41, Christdemokraten/PDCG 28, Bewegung d. solidarischen Aktion/MAS 18, PAN 12, A-90 11, Nationale Befreiungsbewegung MLN/FAN 4, Revolutionspartei PR 1, Volksallianz/Demokrat. Sozialist. P. AP 5/PSD 1 – **Unabh.:** 15. 9. 1821 (Proklamation), endgültig 13. 4. 1839 (Austritt aus d. Zentralamerikan. Konföderation) – **Nationalfeiertag:** 15. 9.

WIRTSCHAFT BSP 1990: 8309 Mio. $ = 900 $ je Ew. (112); realer Zuwachs ∅ 1980–90: 0,7%; **BIP** 1990: 7630 Mio. $; realer Zuwachs ∅ 1980–90: 0,8% (1991: +3,2%); Anteil 1990 **Landwirtsch.** 26%, **Industrie** 17% – **Erwerbstät.** 1989: Landw. 58%, Ind. 18%; **Arbeitslosigkeit** 1990: 14% (u. 31,7% Unterbeschäftigung) – **Energieverbrauch** 1990: 171 kg ÖE/Ew. – **Währung:** 1 Quetzal (Q) = 100 Centavos (c); Bankenkurs: 1 US-$ = 5,09 Q; 100 Q = 30,33 DM – **Ausl.-Verschuld.** 1990: 2777 Mio. $ = 37,5% d. BSP *(Einzelheiten→Tab. Sp. 221 f.)* – **Inflation** ∅ 1980–90: 14,6% (1991: 10,3%) – **Außenhandel** 1990: **Import:** 1626 Mio. $; Güter: 17% mineral. Prod., 16% chem. Erzeugn., 16% Maschinen u. Ausrüst., 9% Stahl- u. Metallprod.; Länder: 39% USA, 7% Venezuela, 7% Mexiko, 6% BRD; **Export:** 1211 Mio. $; Güter: 28% Kaffee, 11% Zucker, 8% Bananen, 3% Kardamom, 3% Baumwolle, 2% Bekleidung; Länder: 36% USA, 12% El Salvador, 6% Costa Rica, 4% BRD, 3% Honduras

PRESSE (Aufl. i. Tsd.) *Tageszeitungen:* C. de Guatemala: Diario de Centroamérica (15)/offiz. – El Gráfico (60) – Imparcial (25) – La Hora (18) – Prensa Libre (70) – Siglo Veintiuno (23) – *Nachrichtenagentur:* Inforpress Centroaméricana

GUINEA West-Afrika
Republik Guinea; République de Guinée – RG

LANDESSTRUKTUR Fläche (76): 245 857 km² – **Einwohner** (92): (F 1990) 5 718 000 = 28 je km²; (Z 1983) 4 533 240 – Guineer; vorwieg. Manding (25% Malinke, 11% Sussu, 8% Kissi), 40% Fulbe; je etwa 3000 Franz. u. Libanesen – **Leb.-Erwart.:** 43 J. – **Säugl.-Sterbl.:** 13,8% – **Analph.:** 76% – Jährl. **Bev.-Wachstum** (∅ 1980–90): 2,5% (Geb.- u. Sterbeziffer 1990: 4,8%/2,1%) – **Sprachen:** Französisch als Amtsspr.; außerd. Manding-Sprachen (Malinke), Ful u. a. – **Religion:** 85% Muslime, 1% christl. Minderh.; 30% Anh. v. Naturrel. – **Städt. Bev.:** 26% – **Städte** (S 1986): Conakry (Hptst.) 800 000 Ew., Labé 110 000, Kankan 100 000, Kindia 80 000

STAAT Präsidialrepublik – Verfassung von 1990 – Provisorischer Rat für den nationalen Wiederaufbau/CTRN (37 Mitgl.) seit Jan. 1991 als Exekutivorgan – 8 Supra-Regionen, 33 Regionen – **Staatsoberhaupt u. Regierungschef:** Brigadegeneral Lansana Conté, seit 1984 – **Äußeres:** Major Jean Traoré – **Parteien:** seit 1984 verboten – Mehrparteiensystem angekündigt – Parl.-Wahlen bis

Ende 1992 vorgesehen – **Unabh.:** 2. 10. 1958 - **Nationalfeiertag:** 2. 10.

WIRTSCHAFT BSP1990:2756Mio.$ = 440 $je Ew. (140); realer Zuwachs ⌀ 1980–87: −0,1%; *(Anteil Entwicklungshilfe u. Ausl.-Schulden → Tab. Sp. 471f.);* **BIP** 1990: 2820 Mio. $; realer Zuwachs ⌀ 1980–88: 2,1%; Anteil 1990 **Landwirtsch.** 28%, **Industrie** 33% – **Erwerbstät.** 1989: Landw. 75%, Ind. ca. 10% – **Energieverbrauch** 1990: 73 kg ÖE/Ew. – **Währung:** 1 Guinea-Franc (F. G.);1US-$ = 918,07F. G.;100F. G. = 0,17DM– **Ausl.-Verschuld.** 1990: 2497 Mio. $ = 97,6% d. BSP – **Inflation** ⌀ 1980–87: 55,1% (1990: 26%) – **Außenhandel** 1990: **Import:** 488 Mio. $; Güter: 44% Halbwaren, 17% Konsumgüter, 16% Investitionsgüter, 10% Erdölprod., 4% Nahrungsm.; Länder: 37% Frankr., 9% Belgien-Luxemb., 5% Italien, 5% Niederl., 5% Großbrit., 4% Japan; **Export:** 521 Mio. $; Güter: 47% Bauxit, 14% Gold, 14% Aluminium, 11% Diamanten, 3% Kaffee; Länder: 13% Irland, 13% USA, 12% Frankr., 11% Belgien-Luxemb., 8% BRD

PRESSE *Wochenzeitungen:* Conakry: Horoya – Journal Officiel de Guinée (2x wö., reg.-eigen) – *Nachrichtenagentur:* AGP (Agence Guinéenne de Presse)

GUINEA-BISSAU *West-Afrika*
Republik Guinea-Bissau; República da Guiné-Bissau; Guiné Bissau

LANDESSTRUKTUR Fläche (133): 36125 km² – **Einwohner** (147): (S 1990) 981 000 = 27 je km²; (Z 1979) 753313 – Guineer; Schwarze u. Mulatten; rd. 30% Balanta, außerd. 12% Mandingo, 11% Manyako, 10% Papéis; ferner 23% Fulbe, weiße Minderh. – **Leb.-Erwart.:** 39 J. – **Säugl.-Sterbl.:** 14,3% – **Analph.:** 64% – Jährl. **Bev.-Wachstum** (⌀ 1980–90): 1,9% (Geburtenziffer 1990: 6,0%) – **Sprachen:** Portugies. als Amtsspr.; sudanes. Umgangsspr., Fulani u. ein kreol. Portugies. (Crioulo) – **Religion:** 65% Anh. v. Naturrel., ca. 30% Muslime, 5% Christen (vorw. Katholiken) – **Städt. Bev.:** rd. 27% – **Städte** (S 1988): Bissau (Hptst.) 125 000 Ew.; (Z 1979) Bafatá 13 429, Gabú 7803

STAAT Präsidialrepublik – Verfassung von 1984, Änderung Mai 1991: Einführung d. Mehrparteiensystems – Nationalversammlung mit 150 Mitgl. – 15köpfiger Staatsrat – 3 Provinzen mit 8 Regionen sowie der autonome Stadtsektor Bissau – **Staatsoberhaupt:** General João Bernardo (»Nino«) Vieira, seit Nov. 1980, Vors. d. Staatsrates – **Regierungschef:** Carlos Correira, seit 27. 11. 1991, durch Reg.-Umbildung wurde dieses Amt (1984 abgeschafft) wieder eingerichtet – **Äußeres:** Júlio Semedo – **Parteien:** Wahlen 1989: Partido Africano da Independência da Guiné e Cabo-Verde/PAIGC alle 150 Sitze – Erste freie Präs.- u. Parl.-Wahlen für 15. 11. bzw. 13. 12. 1992 vorgesehen – **Unabh.:** 24. 9. 1973 (Proklamation), endgültig 10. 9. 1974 – **Nationalfeiertag:** 24. 9.

WIRTSCHAFT BSP 1990: 176 Mio. $ = 180 $ je Ew. (174); realer Zuwachs ⌀ 1980–90: 3,7%; **BIP** realer Zuwachs ⌀ 1988: 6,9%; Anteil 1987 **Landwirtsch.** 47%, **Industrie** 13% – **Erwerbstät.** 1988: Landw. 80%, Ind. 4% – **Energieverbrauch** 1984: 29 kg ÖE/Ew. – **Währung:** 1 Guinea-Peso (PG) = 100 Centavos (CTS); 1 US-$ = 6371,41 PG; 100 PG = 0,02 DM – **Ausl.-Verschuld.** 1989: 406 Mio. $ – **Inflation** ⌀ 1980–90: 54,4% – **Außenhandel** 1986: **Import:** 63 Mio. $; Güter: 42% Maschinenbau-, elektrotechn. Erzeugn. u. Fahrzg., 17% Nahrungsm. u. leb. Tiere; Länder: 54% EG-Länder (dar. 15% Portugal); **Export:** 6 Mio. $; Güter: 48% Rohstoffe (bes. Ölsaaten u. Spinnstoffe), 40% Fische u. Krustentiere u. a. Nahrungsm. (bes. Erd- u. Koskosnüsse); Länder: 78% EG-Länder (dar. 24% Frankr., 23% Portugal)

PRESSE (Aufl. i. Tsd.) *Tageszeitungen:* Bissau: Nô Pintcha (3x wö., 6) – Voz da Guiné (6) – *Nachrichtenagentur:* ANG (Agência Noticiosa da Guinea)

GUS → **ARMENIEN, ASERBAIDSCHAN, KASACHSTAN, KIRGISTAN, MOLDAU, RUSSLAND, TADSCHIKISTAN, TURKMENISTAN, UKRAINE, USBEKISTAN, WEISSRUSSLAND**

GUYANA *Süd-Amerika*
Kooperative Republik Guyana; auch Guayana; Cooperative Republic of Guyana – GUY

LANDESSTRUKTUR Fläche (82): 215083 km² – **Einwohner** (149): (F 1990) 798000 = 5 je km²; (Z 1980) 758619 – Guyaner; 51% Inder, 32% Schwarze, 5% Indianer, 2% Weiße, 0,7% Chinesen, im übr. Mischl. – **Leb.-Erwart.:** 64 J. – **Säugl.-Sterbl.:** 3,6% – **Analph.:** 4% – Jährl. **Bev.-Wachstum** (⌀1980–90): 0,5% (Geburtenziffer1990:2,8%) – **Sprachen:** Englisch als Amtsspr.; 9 indian. Sprachen, Portugiesisch, Hindi – **Religion:** 33% Hindus, 18% Protestanten, 18% Katholiken, 16% Anglikaner, rd. 10% Muslime – **Städt. Bev.:** 35% – **Städte** (S 1986): Georgetown (Hptst.) 170 000 Ew.; (F 1980) Linden 35 000, New Amsterdam 25 000, Corriverton 14 000

STAAT Präsidialrepublik – Verfassung von 1980 – Parlament mit 65 Mitgl., davon 12 Vertreter d. Regionen (per Dekret seit 28. 9. 1991 durch d. Präs. aufgelöst) – Verhängung d. Ausnahmezustands am 29. 11. 1991 – 10 Regionen – **Staatsoberhaupt u. Regierungschef u. Äußeres:** Präs. Hugh Desmond Hoyte, seit Aug. 1985 – **Parteien:** Wahlen von 1985: People's National Congress/PNC 42 der 65 Sitze, People's Progressive Party/PPP (vorwieg. Inder) 8, United Force 2, Working People's Alliance 1 Sitz – Freie Wahlen angekündigt – **Unabh.:** 26. 5. 1966 – **Nationalfeiertag:** 23. 2.

WIRTSCHAFT BSP 1990: 293 Mio. $ = 330 $ je Ew. (155); realer Zuwachs $\emptyset$ 1980–90: −2,7%; **BIP** 1989:405,7Mio. $;realerZuwachs$\emptyset$1980–89:-23%; Anteil 1989 **Landwirtsch.** 25%, **Industrie** 11% – **Erwerbstät.** 1988: Landw. 23%, Ind. 26% – **Energieverbrauch** 1984: 427 kg ÖE/Ew. – **Währung:** 1 Guyana-Dollar (G$) = 100 Cents (¢); 1 US-$ = 126,17 G$; 100 G$ = 1,21 DM – **Ausl.-Verschuld.** 1988: 1800 Mio. $ = 725% d. BSP – **Inflation** $\emptyset$ 1980–90: 25,5% – **Außenhandel: Import** 1985: 248 Mio. $; **Export** 1989: 227 Mio. $; Güter (1985): 35% Zucker, Reis, Rum, 30% Bauxit u. Aluminiumoxid, Diamanten; Länder (1985): 30% Großbrit., 26% USA, Trinidad u. Tob., Kanada, Jamaika, Niederl., BRD, UdSSR

PRESSE (Aufl. i. Tsd.) *Tageszeitung:* Georgetown: Guyana Chronicle (60, so. 100)/reg.-eigen – *Wochenzeitungen:* Mirror (160)/PPP-Org. – New Nation (29)/PNC-Org. – Stabroeck News (17, so. 22; 3x wö.) – *Nachrichtenagentur:* GNA (Guyana News Agency)

HAITI *Mittel-Amerika; Karibik*
Republik Haiti; République d'Haïti – RH

LANDESSTRUKTUR Fläche (142): 27 750 km² – **Einwohner** (90): (F 1990) 6 488 000 = 234 je km²; (Z 1982) 5 053 792 – Haitianer; 60% Schwarze, 35% Mulatten, Weiße; ca. 600 000 in USA, 350 000 in Dominik. Rep. – **Leb.-Erwart.:** 54 J. – **Säugl.-Sterbl.:** 9,5% – **Analph.:** 47% – Jährl. **Bev.-Wachstum** ($\emptyset$ 1980–90): 1,9% (Geb.- u. Sterbeziffer 1990: 3,6‰/1,3‰) – **Sprachen:** Französisch u. kreolisches Französisch als Amtssprachen – **Religion:** 79% Katholiken, 19% Protestanten; gleichzeitig traditionelle, aus Afrika überlief. Voodoo [Vudu]-Kulte bei ca. 70% d. Bev. verbreitet – **Städt. Bev.:** 28% – **Städte** (F 1986): Port-au-Prince (Hptst.; A.) 800 000 Ew., Cap-Haïtien (bzw. »Le Cap«) 70 500, Gonaïves 36 500, Les Cayes 36 500

STAAT Präsidialrepublik – Verfassung von 1987 – Parlament aus 2 Kammern: Kongreß mit 83, Senat mit 27 Mitgl. – Allparteienkonferenz (Nationale Konferenz) seit 8. 4. 1992 – Allg. Wahlrecht ab 18 J. – 9 Départements – **Staatsoberhaupt:** Präs. Jean-Bertrand Aristide (gewählt am 16. 12. 1990) seit d. Militärputsch vom 29. 9. 1991 im Exil; vom Putschistenführer Gen. Raoul Cédras eingesetzter Präs. Joseph Nérette am 19. 6. 1992 zurückgetreten – **Regierungschef:** Marc Bazin, seit 19. 6. 1992; »Reg. d. Nat. Einheit« (12 Min. u. 13 Staatssekr.) aus Vertr. von 5 Parteien sowie Parteilosen *(→ Chronik)* – **Äußeres:** François Benoit – **Parteien:** Wahlen vom 16. 12. 1990, 1. Wahlgang: Verteilung im Kongreß bzw. im Senat: Front National pour le Changement et la Démocratie/FNCD 18 d. 83 u. 5 d. 27 Sitze, Alliance Nationale pour la Démocratie et le Progrès/ANDP 16 d. 83, Sonstige 7; 2. Wahlgang am 21. 1. 91: FNCD 12, ANDP 8, Sonst. 2 – **Unabh.:** 1. Unabh.-Proklamation am 29. 11. 1803, feierlich wiederholt am 1. 1. 1804 (2. unabh. Staat d. amerikan. Doppelkontinents nach d. USA) – **Nationalfeiertag:** 1. 1.

WIRTSCHAFT BSP1990:2400Mio. $ = 370 $je Ew. (149); realer Zuwachs $\emptyset$ 1980–90: −0,4%; **BIP** 1990: 2760 Mio. $; realer Zuwachs $\emptyset$ 1980–90: −0,6%; Anteil 1988 **Landwirtsch.** 31%, **Industrie** 24% – **Erwerbstät.** 1988: Landw. 66%, Ind. 9% – **Energieverbrauch** 1990: 53 kg ÖE/Ew. – **Währung:** 1 Gourde (Gde.) = 100 Centimes (cts.); Freimarktkurs: 1 US-$ = 9,78 Gde.; 100 Gde. = 15,58 DM; US-$ ebenf. gesetzl. Zahlungsmittel – **Ausl.-Verschuld.** 1990: 874 Mio. $ = 36,1% d. BSP – **Inflation** $\emptyset$ 1980–90: 7,2% – **Außenhandel** 1990: **Import:** 272 Mio. $; Güter (1989): 20% Maschinen u. Transportausrüst., 23% Nahrungsm.; Länder (1989): 47% USA; **Export:** 138 Mio. $; Güter (1989): 60% Prod. d. Leichtind. (Textilien, Elektroteile, Spielwaren, Sportartikel), Kaffee, Kakao, Sojakuchen, äther. Öle, Zucker u. Sisal nur noch in geringen Mengen (Rohstoffe zus. 40%); Länder (1989): 56% USA, 10% EG-Länder, Kanada, Dominik. Rep., Japan

PRESSE (Aufl. i. Tsd.) *Tageszeitungen:* Port-au-Prince: Le Matin (5) – Le Nouvelliste (6) – L'Union (3)

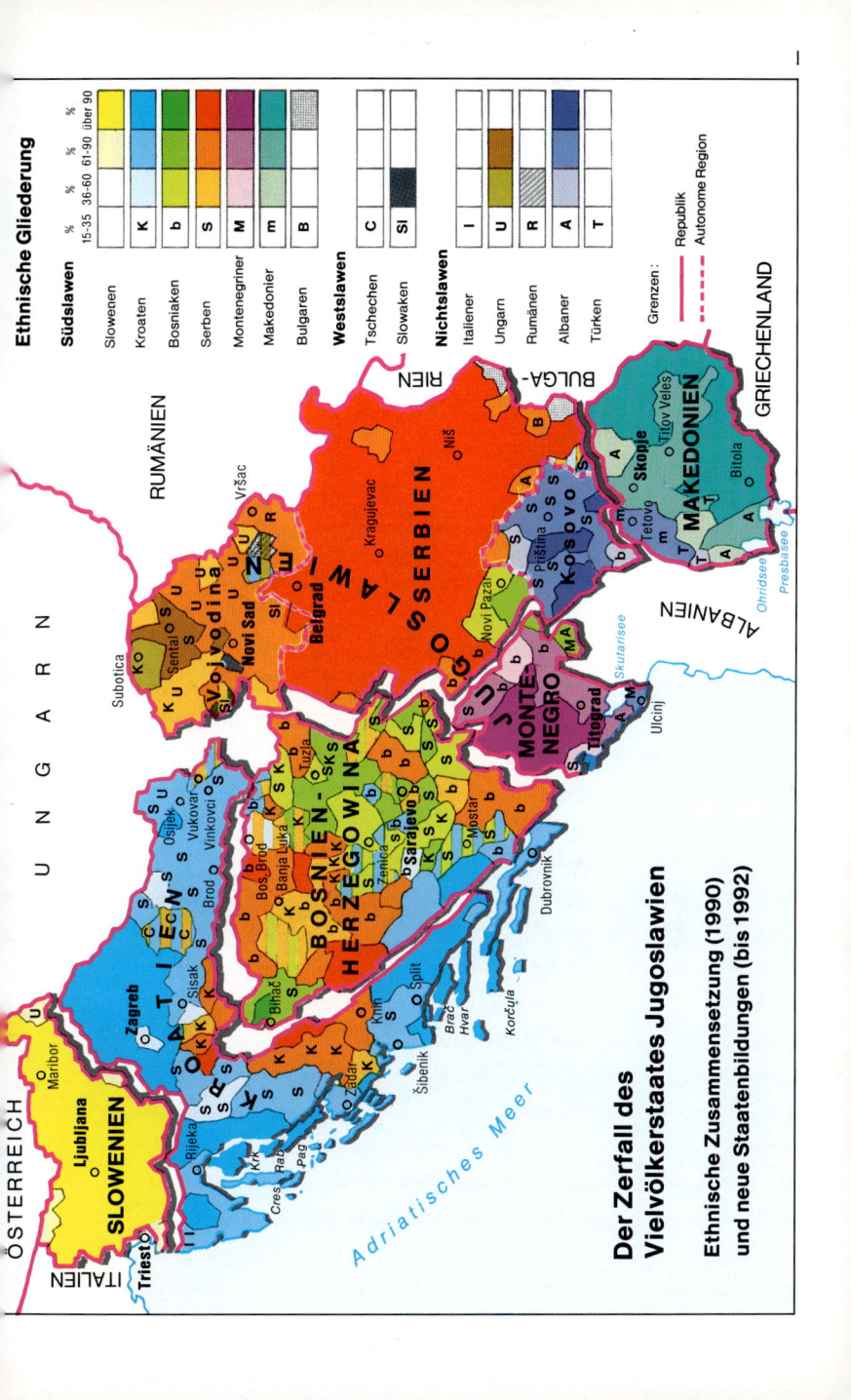

Der Zerfall des Vielvölkerstaates Jugoslawien

Ethnische Zusammensetzung (1990) und neue Staatenbildungen (bis 1992)

Ethnische Gliederung

	15-35 %	36-60 %	61-90 %	über 90 %

Südslawen
- K Slowenen
- K Kroaten
- b Bosniaken
- S Serben
- M Montenegriner
- m Makedonier
- B Bulgaren

Westslawen
- C Tschechen
- Sl Slowaken

Nichtslawen
- I Italiener
- U Ungarn
- R Rumänen
- A Albaner
- T Türken

Grenzen:
— Republik
--- Autonome Region

Europa:

Staaten

Der Erdmantel:

Plattentektonik und Erdbebenzonen

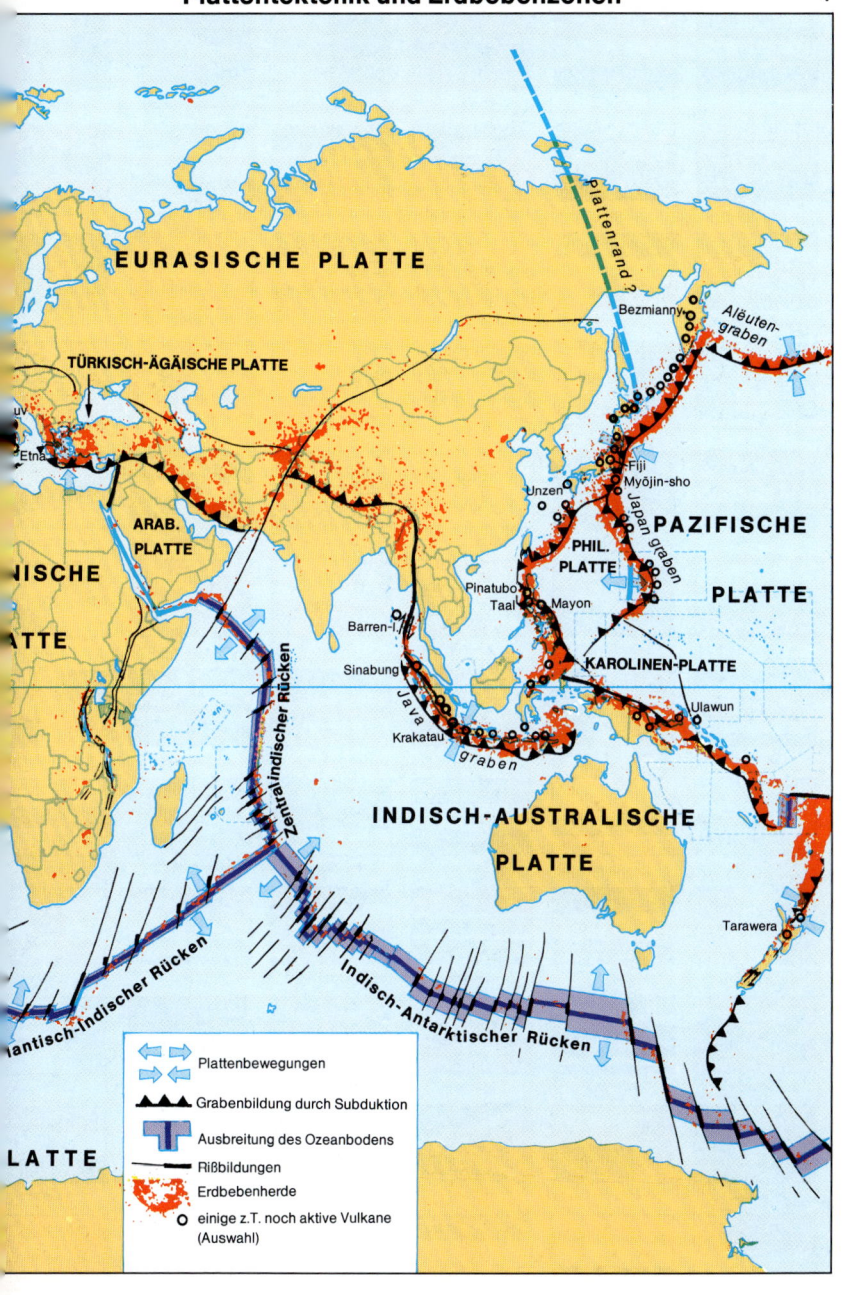

Flaggen aller Staaten

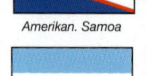

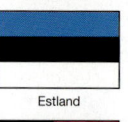

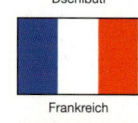

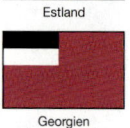

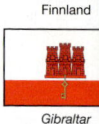

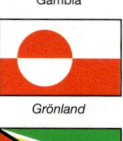

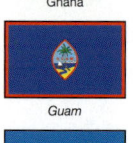

Afghanistan *	Ägypten	Albanien
Algerien	*Amerikan. Samoa*	Andorra
Angola	*Anguilla*	Antigua u. Barbuda
Äquatorialguinea	Argentinien	Armenien
Aserbaidschan	Äthiopien	Australien
Bahamas	Bahrain	Bangladesch
Barbados	Belgien	Belize
Benin	*Bermuda*	Bhutan
Bolivien	*Bophutatswana*	Bosnien-Herzegowina
Botsuana	Brasilien	Brunei Darussa
Bulgarien	Burkina Faso	Burundi
Chile	China (Volksrep.)	*Ciskei*
Costa Rica	Côte d'Ivoire	Dänemark
Deutschland	Dominica	Dominikan. Re
Dschibuti	Ecuador	El Salvador
Estland	Fidschi	Finnland
Frankreich	Gabun	Gambia
Georgien	Ghana	*Gibraltar*
Grenada	Griechenland	*Grönland*
Großbritannien	*Guam*	Guatemala
Guinea	Guinea-Bissau	Guyana
Haïti	Honduras	Indien
Indonesien	Irak	Iran
Irland	Island	*Isle of Man*

Flaggen aller Staaten

VII

Israel	Italien	Jamaica	Japan	Jemen	*Jersey*
Jordanien	Jugoslawien	Kambodscha	Kamerun	Kanada	Kap Verde
Kasachstan	Katar	Kenia	Kirgistan	Kiribati	Kolumbien
Komoren	Kongo	Korea, DVR	Korea, Rep.	Kroatien	Kuba
Kuwait	Laos	Lesotho	Lettland	Libanon	Liberia
Libyen	Liechtenstein	Litauen	Luxemburg	Madagaskar	Makedonien *
Malawi	Malaysia	Malediven	Mali	Malta	Marokko
Marshallinseln	Mauretanien	Mauritius	Mexiko	Mikronesien	Moldau
Monaco	Mongolei	Mosambik	Myanmar	Namibia	Nauru
Nepal	*Neu-Kaledonien*	Neuseeland	Nicaragua	Niederlande	Niger
Nigeria	*Nördliche Marianen*	Norwegen	Oman	Österreich	Pakistan
Palästina	*Palau*	Panama	Papua-Neuguinea	Paraguay	Peru

Flaggen aller Staaten

Philippinen	Polen	Portugal	*Puerto Rico*	Ruanda	Rumänien
Rußland	Salomonen	Sambia	Samoa	San Marino	São Tomé u. Prin
Saudi-Arabien	Schweden	Schweiz	Senegal	Seschellen	Sierra Leone
Simbabwe	Singapur	Slowakei *	Slowenien	Somalia	Spanien
Sri Lanka	St. Kitts-Nevis	St. Lucia	St. Vincent u.d. Grenadinen	Südafrika	Sudan
Suriname	Swasiland	Syrien	Tadschikistan	Taiwan	Tansania
Thailand	Togo	Tonga	*Transkei*	Trinidad u. Tobago	Tschad
Tschechei *	Tschechoslowakei	Tunesien	Türkei	Turkmenistan	Tuvalu
Uganda	Ukraine	Ungarn	Uruguay	Usbekistan	Vanuatu
Vatikan	*Venda*	Venezuela	Ver. Arab. Emirate	Ver. St. v. Amerika	Vietnam
Weißrußland	Westsahara	Zaïre	Zentralafr. Rep.	Zypern	
Arabische Liga	Commonwealth of Nations	Europa	NATO	Vereinte Nationen	

Nicht unabhängig
Staaten in kursive
Schrift.
* = Flaggen noch
nicht offiziell best

Zusammengestell
vom Archiv
für Flaggenkunde
Ralf Stelter, Hattir

Stand 15.09.1992

HONDURAS Mittel-Amerika
Republik Honduras; República de Honduras – HCA

LANDESSTRUKTUR Fläche (101): 112 088 km^2 – **Einwohner** (98): (F 1990) 5 119 000 = 46 je km^2; (Z 1988) 4 248 561 – Honduraner (span. »hondureños«); ca. 80% Mestizen, rd. 10% Indianer (v. a. Maya), außerd. Schwarze, Mulatten, Zambos, 5% Weiße meist. altspan. Abst. – **Leb.-Erwart.:** 65 J. – **Säugl.-Sterbl.:** 6,4% – **Analph.:** 27% – Jährl. **Bev.-Wachstum** (∅ 1980–90): 3,4% (Geb.- u. Sterbeziffer 1990: 3,8%/0,7%) – **Sprachen:** Spanisch als Amtssprache; an d. Küste Englisch als Verkehrssprache; indian. Sprachen – **Religion:** 86% Katholiken, rd. 3% Protestanten – **Städt. Bev.:** 44% – **Städte** (F 1989): Tegucigalpa (Hptst.) 608 000 Ew.; San Pedro Sula 300 900, La Ceiba 71 660, El Progreso 63 400, Choluteca 57 400, Comayagua 39 600

STAAT Präsidialrepublik – Verfassung von 1981 – Parlament (Congreso Nacional) mit 128 Mitgl., Wahl alle 4 J. – Allg. Wahlrecht ab 18 J. – 18 Departamentos u. 1 Distrito Federal (Bundesdistrikt) – **Staatsoberhaupt u. Regierungschef:** Präs. Rafael Leonardo Callejas-Romero (PN), seit 27. 1. 1990 – **Äußeres:** Mario Carías-Zapata – **Parteien:** Wahlen von 1989: Partido Nacional/PN 71 Sitze, P. Liberal/PL 55, P. de Innovación y Unidad/PINU 2 – **Unabh.:** 15. 9. 1821 (Proklamation), endgültig 26. 10. 1838 (Austritt aus d. Zentralamerikan. Konföderation) – **Nationalfeiertag:** 15. 9.

WIRTSCHAFT BSP 1990: 3023 Mio. $ = 590 $ je Ew. (132); realer Zuwachs ∅ 1980–90: 2,2%; **BIP** 1990: 2360 Mio. $; realer Zuwachs ∅ 1980–90: 2,3% (1991: +1,0%); Anteil 1990 **Landwirtsch.** 23%, **Industrie** 24% – **Erwerbstät.** 1989: Landw. 43%, Ind. 18% – **Energieverbrauch** 1990: 198 kg ÖE/Ew. – **Währung:** 1 Lempira (L) = 100 Centavos (cts.); Bankenkurs: 1 US-$ = 5,40 L; 100 L = 29,16 DM – **Ausl.-Verschuld.** 1990: 3480 Mio. $ = 140,9% d. BSP *(Einzelheiten→Tab. Sp. 221 f.)* – **Inflation** ∅ 1980–90: 5,4% (1991: 33,5%) – **Außenhandel** 1990: **Import:** 1028 Mio. $; Güter (1989): 25% Maschinen u. Transportausrüst., 16% Brennstoffe, 13% Nahrungsm.; Länder (1989): 39% USA; **Export:** 916 Mio. $; Güter (1989): 37% Kaffee, 30% Bananen, Krebs- u. Weichtiere, Holz, Zucker, Baumwolle, Bergbauprod. (Zink, Silber, Platinerze); Länder (1989): 65% USA, 18% EG-Länder, Guatemala, Venezuela, Mexiko, Japan

PRESSE (Aufl. i. Tsd.) *Tageszeitungen:* Tegucigalpa: La Gaceta (3)/Reg.-Org. – El Heraldo (45) – El Tiempo (42)/lib. – La Tribuna (60) – San Pedro Sula: La Prensa (50) – El Tiempo/lib. (70)

INDIEN Süd-Asien
Republik Indien; Bharat Ka Ganatantra, Bharat Juktarashtra; Indian Union – IND

LANDESSTRUKTUR Fläche (7): 3 287 263 km^2 (3 148 595 km^2 ohne die v. Indien besetzten Teile v. Kaschmir; Jammu u. Kaschmir 138 935 km^2, aber einschl. des v. China okkupierten Teiles v. Ladakh mit etwa 40 000 km^2 u. 4 981 000 Ew., Z 1981) – Ca. 60 000 km^2 an d. NW- u. NO-Grenze sind mit der VR China umstritten – **Einwohner** (2): (Z 1991) 843 930 861 (mit Anteil an Jammu u. Kaschmir) = 257 je km^2 – Inder; überwieg. mit indoarischen, daneben mit Drawida-Sprachen; 3% mongol. Herkunft (z. B. 775 000 Nagas), als Ausländer rd. 60 000 Tibeter, über 10 000 Chinesen, sowie europ. u. sonst. Gruppen – **Leb.-Erwart.:** 59 J. – **Säugl.-Sterbl.:** 9,2% – **Analph.:** 52% – Jährl. **Bev.-Wachstum** (∅ 1980–90): 2,1% (Geb.- u. Sterbeziffer 1990: 3,0%/1,1%) – **Sprachen:** Hindi, in Devanagari-Schrift, aber mit sog. arab. Zahlenzeichen als Amtssprache; Englisch seit 1965 »assoziierte« Sprache; in d. Bundesstaaten gleichberechtigt d. Regionalsprachen: 29,7% Hindi, 8,2% Bengali, 7,7% Marathi, 5,2% Urdu, 4,7% Gudscharati, 3,8% Bihari, 3,6% Orija, 3,5% Telugu, 3,2% Tamilisch, 3,0% Pandschabi, 1,6% Assamesisch, 1,5% Kannada, 1,3% Radschastani, 0,4% Kaschmiri; insg. 15 Haupt- u. Regionalspr. zugelassen, daneben 24 selbständ. Sprachen, über 720 Dialekte u. 23 Stammessprachen – **Religion** (Z 1991): 80,3% Hindus, 11,0% Muslime (zu ¾ Sunniten, ¼ Schiiten); außerd. Christen (2,4%, davon über 60% Katholiken); Sikh (1,1%) u. Dschainas (0,5%), Buddhisten (0,7%), 120 000 Parsen – **Städt. Bev.:** 27% – **Städte** (Z 1991): New Delhi [Neu-Delhi] (Hptst.) 294 194 Ew.; Bombay (seit 1988 offiz. Mumbai) 9 909 547 (A: 12 571 672), Delhi 7 174 755 (A: 8 375 272), Calcutta 4 388 262 (A: 10 916 272), Madras 3 795 208 (A: 5 361 468), Hyderabad [Haiderabad] 3 005 496 (A: 4 280 261), Ahmedabad 2 872 865 (A: 3 297 655), Bangalore 2 650 659 (A: 4 086 548), Kanpur 1 958 282 (A: 2 111 284), Nagpur 1 622 225 (A: 1 661 409), Lucknow [Lakhnau] 1 592 010 (A: 1 642 134), Poona [Pune] 1 559 558 (A: 2 485 014), Surat 1 496 943 (A: 1 517 076), Jaipur 1 454 678 (A: 1 514 425), Indore 1 086 673, Bhopal 1 063 662, Vadodara [Baroda] 1 021 084, Kalyan 1 014 062, Ludhiana 1 012 062, Madurai 951 969, Haora [Howrah] 946 732, Varanasi [Banaras] 925 962, Patna 916 980, Agra 899 195, Coimbatore 853 402, Allahabad 806 447, Thane [Thana] 796 620, Meerut 752 078, Visakhapatnam 750 024, Jabalpur [Jubbulpore] 739 961, Amritsar 709 456, Vijayawada 701 351, Gwalior 692 982, Jodhpur 648 621, Hubli-Dharwar 647 640, Nashik 646 896, Faridabad Complex 613 828

Indien – Fläche und Bevölkerung der Bundesstaaten

Verwaltungseinheit/Hauptstadt	Fläche km²	Einw. Z 1991[1]	Anteil in % an der Gesamtbev.	Einw. je km²
Bundesstaaten (States)				
Andhra Pradesh/Hyderabad	275 068	66 304 854	7,86	241
Arunachal Pradesh/Itanagar	83 743	858 392	0,10	10
Assam/Dispur	78 523	22 294 562	2,64	284
Bihar/Patna	173 877	86 338 853	10,23	497
Goa/Panaji	3702	1 168 622	0,14	316
Gujarat/Gandhinagar	196 024	41 174 060	4,88	210
Haryana/Chandigarh	44 212	16 317 715	1,93	369
Himachal Pradesh/Simla	55 673	5 111 079	0,61	92
Jammu & Kashmir/Srinagar[2]	222 236	7 718 700	0,91	76
Karnataka/Bangalore	191 791	44 817 398	5,31	234
Kerala/Trivandrum	38 863	29 011 237	3,44	747
Madhya Pradesh/Bhopal	443 446	66 135 862	7,84	149
Maharashtra/Bombay	307 690	78 706 719	9,33	256
Manipur/Imphal	22 326	1 826 714	0,22	82
Meghalaya/Shillong	22 429	1 760 626	0,21	78
Mizoram/Aizawl	21 081	686 217	0,08	33
Nagaland/Kohima	16 579	1 215 573	0,14	73
Orissa/Bhubaneswar	155 707	31 512 070	3,73	202
Punjab/Chandigarh[3]	50 362	20 190 795	2,39	401
Rajasthan/Jaipur	342 239	43 880 640	5,20	128
Sikkim/Gangtok	7096	403 612	0,05	57
Tamil Nadu/Madras	130 058	55 638 318	6,59	428
Tripura/Agarthala	10 486	2 744 827	0,32	262
Uttar Pradesh/Lucknow	294 411	138 760 417	16,44	471
West Bengal/Calcutta	88 752	67 982 732	8,06	766
Bundesterritorien (Territories)				
Andamanen & Nikobaren/Port Blair	8249	277 989	0,03	34
Chandigarh/Chandigarh	114	640 725	0,08	5620
Dadra & Nagar Haveli/Silvassa	491	138 542	0,01	282
Daman & Diu/Daman	112	101 439	0,01	906
Delhi/Neu-Delhi	1483	9 370 475	1,11	6319
Lakshadweep/Kavaratti	32	51 681	0,01	1615
Pondicherry/Pondicherry	492	789 416	0,09	1605

[1] Vorläufige Endergebnisse; [2] Fläche einschl. des von Pakistan kontrollierten Gebietes von Azad Kashmir (78 114 km²); die Daten zur Bevölkerung sind Fortschreibungszahlen, da in diesem Bundesstaat keine Zählung vorgenommen wurde; [3] Chandigarh bildet ein eigenes Bundesterritorium

STAAT Demokratisch-parlamentarische Republik mit bundesstaatl. Gliederung – Verfassung von 1950 – Bundesparlament aus 2 Kammern: Unterhaus (Lok Sabha bzw. Haus des Volkes) mit 542 Mitgl., davon ca. 70 für »scheduled castes« u. 30 für »scheduled tribes« bestimmt, außerd. 2 v. Staatspräs. nominierte Abg. der anglo-indischen Gemeinschaft (Direktwahl alle 5 J.) sowie Oberhaus (Rajya Sabha bzw. Haus der Staaten) mit 245 Mitgl., davon 12 vom Staatspräs. ernannt, Wahl alle 6 J. – Allg. Wahlrecht ab 21 J. – 25 »States« (Bundesstaaten) u. 7 »Union territories« (→ Tabelle) – Punjab seit 21. 1. 1992 Bundesstaat – **Staatsoberhaupt:** Präs. Shankar Dayal Sharma, Kongreßpartei, vereidigt am 25. 7. 1992 (am 13. 7. 1992 durch Bundesparl. u. 25 Parl. d. Bundesstaaten gewählt) – **Regierungschef:** Narasimha Rao (Kongreßpartei), seit 21. 6. 1991 – **Äußeres:** Raghunandan Lal Bhatia, seit 2. 7. 1992 (einziger Vertr. d. Punjab im 62köpfigen Kabinett) – **Parteien:** Parl.-Wahlen vom 20. 5.–12. 6. 1991 (1989): Unterhaus: »Kongreßpartei (I)« 233 (195) Sitze; Bharatiya Janata Party/BJP (radikal-nationalist. Hindu-Partei) 111 (88); Nationale Front (mit Janata-Dal-Partei) 61 (144), Communist Party of India/CPI 35 (43), weitere 24 Mandate bisher nicht vergeben (Assam, Jammu u. Kaschmir); Oberhaus: »Kongreßpartei (I)« 158 d. 244 Senatoren – Wahlen im Bundesstaat Punjab vom 21. 2. 1992 (13 Mandate im Unterhaus sowie Regionalparl.; erste Wahlen seit 1985; Wahlbeteil. rd. 28%, Boykott d. Parteien d. Sihk): Kongreßpartei 12 d. 13 Sitze u. 87 d. 117 Sitze im Reg.-Parl., im übrigen Bahujan-Samaj Party, genaue Sitzverteilung sonst unbekannt – **Unabh.:** 15. 8. 1947 – **Nationalfeiertage:** 26. 1. u. 15. 8.

WIRTSCHAFT BSP1990:294816Mio. $=350$ je Ew. (151); realer Zuwachs ⌀ 1980–90: 5,4%; **BIP** 1990: 254540 Mio. $; realer Zuwachs ⌀ 1980–90: 5,3%; Anteil 1990 **Landwirtsch.** 31%, **Industrie** 29% *(Zur Lage der Landwirtsch. 1991 → Sp. 857f.)* – **Erwerbstät.** 1988: Landw. 65%, Ind. 11% – **Energieverbrauch** 1990: 231 kg ÖE/Ew. – **Währung:** 1 Indische Rupie (iR) = 100 Paise (P.); 100 iR = 3,87 US-$; 100 iR = 5,89 DM – **Ausl.-Verschuld.** 1990: 70155 Mio. $ = 25,0% d. BSP – **Inflation** ⌀ 1980–90: 7,9% (2/1992: 11,8%) – **Außenhandel** 1990: **Import:** 23692 Mio. $; Güter: 25% Erdöl u. -derivate, 23% Maschinen u. Transportausrüst., 9% Perlen u. Edelsteine, 6% Chemikalien, 5% Eisen u. Stahl, 3% Düngemittel; Länder: 29,5% EG-Länder (dar. 8% BRD, 7% Großbrit., 6% Belgien), 12% USA, 8% Japan, 7% Saudi-Arabien; **Export:** 17967 Mio. $; Güter: 20% Textilien u. Bekleidung, 16% Perlen, Edelsteine u. Schmuck, 12% Maschinen u. Transportausrüst., 8% Leder u. -produkte, 3% Tee, 3% Eisenerz; Länder: 27,5% EG-Länder (dar. 8% BRD, 7% Großbrit., 7% Belgien), 16% UdSSR, 15% USA, 9% Japan *(Zur Wirtschaftslage 1991 → Sp. 855f.)*

PRESSE (Aufl. i. Tsd.) *Tageszeitungen:* Delhi (mit Neu-Delhi): Hindustan (140)/Hindi – Hindustan Times (323)/Engl. – Indian Express (ges. 576)/Engl. – Navbharat Times (478)/Hindi – Times of India (165)/Engl. – Bombay: Bombay Samachar (129)/Gudscharati – Indian Express (139)/Engl. – Lokasatta (259)/Marathi – Maharashtra Times (158)/Marathi – The Times of India (307)/Engl. – Calcutta: Amrita Bazar Patrika (142)/Engl. – Anandabazar Patrika (401)/ Bengali – Jugantar (203)/ Bengali – The Statesman (156)/Engl. – Madras: Daily Thanthi (301)/Tamil – Dinakaran (201)/Tamil – The Hind (424)/Engl. – Indian Express (285)/Engl. – *Wochenzeitungen:* Delhi: Employment News (405)/Hindi, Urdu, Engl. – India Today (369, Engl.; 323, Hindi) – Mayapuri (151)/Hindi – New Age (215)/KP, Engl. – Sarita (243)/Hindi – Sunday Mail (155)/Hindi – Bombay: Blitz News Magazine (419)/ Engl., Hindi, Urdu – Chitralekha (325)/Gudscharati – Dharmayug (71)/Hindi – Illustrated Weekly of India (82)/Engl. – Madras: Ananda Vikatan (218)/ Tamil – Kalkandu (170)/Tamil – Kumudam (485)/ Tamil – Calcutta: All India Appointment Gazette (170)/Engl. – Sunday (126)/Engl. – *Nachrichtenagenturen:* PTI (Press Trust of India Ltd) – UNI (United News of India)

INDONESIEN *Südost-Asien*
Republik Indonesien; Republik Indonesia – RI

LANDESSTRUKTUR Fläche (15): 1904569 km² (einschl. Ost-Timor mit 14864 km²); 13600 Inseln, davon 6000 bewohnt; Gesamtfläche einschl. Territorialgewässer 5191603 km² – **Einwohner** (4): (Z 1990) 178573891 = 94 je km² (mit Irian Jaya [1,55 Mio. Ew.], ohne Ost-Timor [747750 Ew.], dessen Annexion [1976] internat. formell nicht anerkannt wird); 107,5 Mio. Ew. leben auf Java (= 6,89% d. Fläche); Bev.-Dichte (Ew. je km² F 1989): landesweit 93, Java 813, Nusatenggara 98 (darunter Bali 500), Sumatra 78, Sulawesi 66, Maluku 24, Kalimantan 16, Irian Jaya 4 – Überw. malaiische Indonesier; stärkste Gruppe die Javaner mit 80–90 Mio., gefolgt v. d. Sundanesen; außerd. Maduresen (Madura, O-Java), Batak (N-Sumatra), Minangkabau (M-Sumatra), Balinesen (Bali), Menadonesen (N-Sulawesi [Celebes]), Dajak (Kalimantan [Borneo]), Ambonesen (Molukken); größte Fremdgruppe: Chinesen (1980) mit 4 Mio. (davon 1,6 Mio. indon. u. 1,5 Mio. chines. Staatsbürgerschaft, Rest staatenlos) – **Leb.-Erwart.:** 62 J. – **Säugl.-Sterbl.:** 6,1% – **Analph.:** 23% – Jährl. **Bev.-Wachstum** (⌀ 1980–90): 1,8% (Geb.- u. Sterbeziffer 1990: 2,6%/0,9%) – **Sprachen:** Bahasa Indonesia als Amtssprache; rd. 60 Mio. Javanisch u. 18 Mio. Indonesisch als Erstspr., 72 Mio. Indones. als Zweitspr.; außerdem 250 indones. Regionalspr.; Handelsspr. Englisch – **Religion:** 85,9% Muslime; 1,9% Hindus (= 3,5 Mio., davon 2,5 Mio. auf Bali), 1% Buddhisten u. Konfuz. (meist. Chinesen), 6,4% Protestanten u. Angeh. pfingstlicher Kirchen, 3,1% Katholiken, rd. 1% Anh. v. Naturreligionen – **Städt. Bev.:** 31% – **Städte** (F 1985): Jakarta (Hptst.) 7829000 Ew.; (F 1983): Surabaya 2223600, Bandung 1556700, Medan 1805500, Semarang 1205800, Palembang 873900, Ujung Padang 840500, Padang 656800, Malang 547100, Surakarta 490900, Banjarmasin 423600, Yogyakarta 420700, Pontianak 342700; (Z 1980) Kupang 403000, Palu 299000, Tanjungkarang 285000, Samarinda 265000, Denpasar 261000, Telanaipura 230000, Menando 217000, Amboina 209000, Pakanbaru 186000, Jayapura 150000

STAAT Zentralistische Republik – Verfassung von 1945, ergänzt 1969 – Parlament: Abgeordnetenhaus (Dewan Perwakilan Rakyat/DPR) aus 400 für 5 J. gewählten u. 100 v. Präs. ernannten Mitgl., Angeh. d. Streitkräfte – Beratender Volkskongreß (Majelis Permusyawaratan Rakyat/MPR) mit 1000 Mitgl. (zur Hälfte aus Mitgl. d. DPR, 147 Vertr. von d. Provinzen entsandt, 253 von »funktionalen Gruppen« [polit. Organis., Streitkräfte] u. a. 100 Mitgl.); wählt den Präsidenten – 27 Provinzen einschl. Ost-Timor u. Hptst. *(Einzelheiten → WA '91, Sp. 329f.)* – **Staatsoberhaupt u. Regierungschef:** Präs. Suharto (General a. D.), seit 1968, erneut seit März 1988 (5. Amtsperiode) – **Äußeres:** Ali Alatas – **Parteien:** Wahlen zum Abg.-Haus vom 9. 6. 1992: regierungsnahe GOLKAR (»funktionale Gruppen«, Sekber Golongan Karya) 282 d. 400 Sitze (1987: 299) Sitze; muslim. »Vereinigte Entwicklungspartei« (Partai Persatuan Pembangunan/PPP) 62 (61); nationalist.-christl. »Demokrat. Partei« (Partai Demokrasi Indonesia/PDI) 56 (40) Sitze; nur die 3 genannten P. sind zugelassen – Präsidentschaftswahlen für März 1993 angekündigt – **Unabh.:** 17. 8. 1945 einseitige Unabh.-Erklärung, 27. 12. 1949 endgültig – **Nationalfeiertag:** 17. 8.

WIRTSCHAFT BSP 1990: 101151 Mio $ = 570 $ je Ew. (133); realer Zuwachs $\emptyset$ 1980–90: 6,3%; **BIP** 1990: 107290 Mio. $; realer Zuwachs 1980–90: 5,5%; Anteil 1990 **Landwirtsch.** 22%, **Industrie** 40% – **Erwerbstät.** 1988: Landw. 56%, Ind. 13%; **Arbeitslosigkeit** 1990 (S): 12% – **Energieverbrauch** 1990: 272 kg ÖE/Ew. – **Währung:** 1 Rupiah (Rp.) = 100 Sen (S); 1 US-$ = 2030,00 Rp.; 100 Rp. = 0,075 DM – **Ausl.-Verschuld.** 1990: 67908 Mio. $ = 66,4% d. BSP – **Inflation** $\emptyset$ 1980–88: 8,5% (1990: 10,0%) – **Außenhandel** 1990: **Import:** 21837 Mio. $; Güter: 64% Rohstoffe, Vorerzeugn. u. mineral. Brennstoffe, 28% Investitionsgüter u. Kfz; Länder: 24% Japan, 12% USA, 7% BRD, 6% Singapur; **Export:** 25553 Mio. $; Güter: 44% mineral. Brennstoffe, 24% verarb. Erzeugn., 9% Agrarerzeugn., v. a. Kautschuk, Kaffee, Palmöl, Tabak, Tee, Kopra, Gewürze; Länder: 43% Japan, 13% USA, 7% Singapur, 3% BRD

PRESSE (Aufl. i. Tsd.) *Tageszeitungen:* Jakarta: Berita Buana (124) – The Indonesia Times (43)/Engl. – Indonesian Observer (20)/Engl. – Kompas (514) – Merdeka (130) – Pos Kota (546) – Suara Karya (150) – Suara Pembaruan (219) – Bandung: Pikiran Rakyat (125) – Surabaya: Jawa Post (160) – Surabaya Post (80) – *Nachrichtenagenturen:* ANTARA (Indonesian National News Agency) – KNI (Kantorberita Nasional Indonesia)

IRAK *Vorder-Asien*
Republik Irak; Al Dschumhurija bzw. Al-Jûmhurîya al-'Irâqîya – IRQ

LANDESSTRUKTUR Fläche (57): 438317 km^2 (438446 km^2 einschl. neutr. Zone mit Saudi-Arabien) – **Einwohner** (45): (F 1990) 18914000 = 42 je km^2; (Z 1987) 16335119 – Etwa 77% arabischsprachige Iraker, 19% Kurden *(Skizze der kurd. Siedlungsgebiete → Sp. 393f.)*; fast 2% Türken, außerd. Perser u. a. ethnische Minderheiten – **Leb.-Erwart.:** 63 J. – **Säugl.-Sterbl.:** 6,5% – **Analph.:** 40% – Jährl. **Bev.-Wachstum** ($\emptyset$ 1980–90): 3,6% (Geb.- u. Sterbeziffer 1990: 4,2%/0,8%) – **Sprachen:** 80% Arabisch als Amtssprache; Umgangsspr. d. and. Volksgruppen, v. a. Kurdisch (15%), Türkisch u. Aramäisch – **Religion:** sunnitische (58,9%; v. a. im N) u. schiitische Muslime (im S; insg. 92%); Islam ist Staatsreligion; ca. 1 Mio. Christen verschied. Konfessionen (über 200000 Katholiken), 55900 Jesiden, etwa 12000 Mandäer (Sabians) u. 2500 Juden – **Städt. Bev.:** 71% – **Städte** (Z 1987): Bagdad (Hptst.) 3844608 Ew.; (S 1985) Basra [Bassora] 617000, Mossul 571000, Kirkuk 535000; (1977) Najaf [Nedschef] 190000, al-Hiliah 140000, Kerbela 110000, Arbil [Erbil] (Sitz d. auton. Region Kurdistan) 110000

STAAT Präsidialrepublik – Verfassung von 1980 – Neue Verfass. für 1992 in Aussicht gestellt, mit der d. Mehrparteiensystem eingeführt werden soll – Parlament (Nationalrat) mit 250 Mitgl., Wahl alle 4 J. – 8köpfiger »Revolutionärer Führungsrat«/ C. C. R. als oberstes Exekutivorgan – 15 Provinzen (Muhafadha) u. 1 autonome Region (Kurdistan) aus 3 Provinzen (Erbil, Dohuk u. Sulaimaniya) – **Staatsoberhaupt:** Präs. u. Vors. d. C. C. R. u. d. Baath-Partei Saddam Hussein el-Takriti, seit 1979 – **Regierungschef:** Muhammad Hamza az-Zubaidi, seit 16. 9. 1991, per Dekret durch Präs. eingesetzt – **Äußeres:** Mohammad Said el-Sahaf, seit 30. 7. 1992 – **Parteien:** Wahlen von 1984: Arabisch-Sozialist. Baath-Partei (Wiedergeburts- od. auch Sendungspartei/ASBP, seit 1968 an d. Regierung) 183 d. 250 Sitze – Nach neuem Parteiengesetz werden ab 1991 erstmals Oppos.-Parteien mit Einschränkungen zugelassen – **Unabh.:** 3. 10. 1932 (Aufhebung des Völkerbundmandats) – **Nationalfeiertag:** 14. 7. (Republ.-Tag) u. 17. 7. (Revolut.-Tag d. ASBP)

Autonome Region Kurdistan: Erste freie Wahlen zur gesetzgeb. Versamml. (115 Abg. vorgesehen, davon 100 Sitze für d. Kurden, 5 für christl. Assyrer u. 10 für Turkomanen [haben an d. Wahl nicht

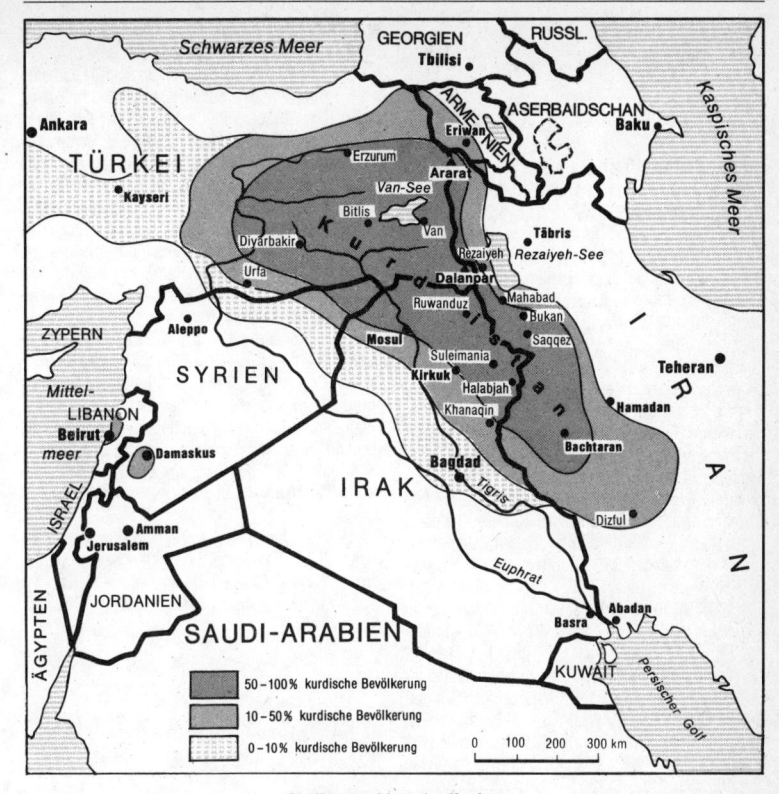

Siedlungsgebiete der Kurden

teilgenommen]) vom 19. 5. 1992: Demokrat. Partei Kurdistans/DPK 50 Sitze, Patriotische Union Kurdistans/PUK 50; Assyrer: Demókrat. Bewegung 4, Christl. Einheit 1 Sitz; Präsidentschaftswahlen: Massud Barzani (Vors. d. DPK) 47,5%, Dschalal Tabani (Vors. d. PUK) 44,8%; Stichwahl vorgesehen; Reg.-Bildung am 4. 7. 1992 unter Min.-Präs. Fuad Maassum (PUK) aus 15 Mitgl., von irak. Führung 1992 für illegal erklärt

WIRTSCHAFT (keine neueren Angaben verfügbar) **BSP** 1984 (S): 29730 Mio. $ = 1808 $ je Ew. (87); **BIP** 1990 (S): 63693 Mio. $; realer Zuwachs ⌀ 1980–88: −1,5%; Anteil (S) 1988 **Landwirtsch.** 5%, **Industrie** 7%, **Ölsektor** 48% − **Erwerbstät.** 1989: Landw. 21%, Ind. 22% − **Energieverbrauch** 1990: 774 kg ÖE/Ew. − **Währung:** 1 Irak-Dinar (ID) = 1000 Fils; 1 US-$ = 3,23 ID; 100 ID = 492,45 DM − **Öff. Ausl.-Verschuld.** (S) 1990: 200000 Mio. $ (inkl. Kriegsreparationen usw.) − **Inflation** ⌀ 1988 (S): 41,0% − **Außenhandel** 1990: **Import:** 4314 Mio. $; Güter (1989): 25% Lebensmittel, 12% Investitionsgüter; Länder: 42% EG-Länder (dar. 13% BRD, 8% Großbrit., 9% Frankr.), 11% USA, 10% Türkei, 5% Japan; **Export:** 16809 Mio. $; Güter (S 1989): über 95% Erdöl; Datteln, Baumwolle u. Viehzuchtprod., Zement; Länder: 28% USA, 24% EG-Länder (dar. 7% Niederl., 6% Frankr.), 10% Brasilien, 10% Türkei, 8% Japan

PRESSE (Aufl. i. Tsd.) *Tageszeitungen:* Bagdad: The Baghdad Observer (10)/Engl. − Al-Iraq (25)/Kurd. − Al-Jumhuriya (200) − Ath-Thawra (300)/Baath-Org. − *Nachrichtenagentur:* INA (Iraqi News Agency)

IRAN, Islamische Republik
Vorder-Asien

Islamische Republik Iran; Dschumhuri-i-Islami-i Irân; Persien – IR

LANDESSTRUKTUR Fläche (17): 1648000 km² – **Einwohner** (17): (F 1990) 56925000 = 36 je km²; (Z 1986) 49445010 – Iraner; 65% iranische Perser, etwa 20% turktatar. Aserbaidschaner (Aseri); 8% Kurden; 2% Araber, Armenier usw.; 3–4% mit nomadischen Lebensformen – **Leb.-Erwart.:** 63 J. – **Säugl.-Sterbl.:** 8,8% – **Analph.:** 37% – Jährl. **Bev.-Wachstum** (∅ 1980–90): 3,6% (Geb.- u. Sterbeziffer 1990: 4,5%/0,9%) – **Sprachen:** Zu 45% Persisch bzw. Farsi als Amtssprache u. zu 25% verwandte Dialekte; außerdem versch. iran. Umgangsspr., bes. der Kurden, ferner der Bachtiaren, Luren, Balutschen usw. sowie d. nichtiran. Völker, u. a. Aseri, Arabisch – **Religion:** 99% Muslime (91,2% Schiiten; Schia bzw. Ithna-Ashariyya als Staatsreligion; 7,8% Sunniten), 250000 Christen (Ang. d. Armenischen Kirche, Chaldäer, Katholiken), etwa 30000 Anh. d. alten Zarathustra-Religion (Ghabrs), 30000 Juden, 25000 Parsen, Anh. d. verbot. Bahá'í-Religionsgemeinschaft (rd. 300000), 10000 Sobbis (Sabians oder Mandäer) in Khozistan [Chusistan] – **Städt. Bev.:** 57% – **Städte** (Z 1986) Teheran [Therán] (Hptst.) 6042584, Mashhad [Mesched] 1463508, Isfahan [Esfahán] 988753, Tabriz [Täbris] 971482, Shiráz [Schiras] 848289, Ahváz [Ahwas] 579826, Bakhtárán 560514, Qom [Ghom, Kum] 543139, Urumije [Resaije] 300746, Rasht [Rescht] 290897, Hamadán 273499, Yazd [Jesd] 230483, Ardebil 181973

STAAT Islamische Republik – Verfassung von 1979, Ergänzungen 1989 – Parlament (Madschlis bzw. Versamml. des Islamischen Rates) mit 270 Mitgl., Wahl alle 4 J. – 12köpfiger Verfassungsrat (»Wächterrat«) seit 1989 als Gremium für d. Prüfung d. Konformität von erlassenen Gesetzen mit dem in d. Verfass. verankerten islam. Recht zuständig – Allg. Wahlrecht ab 16 J. – 24 Provinzen (»Ostan«), 172 Gouvernements (»Shajestan«), 499 Distrikte (»Bakhsh«) – **Staatsoberhaupt u. Regierungschef:** Präs. Hodjatolislam Ali Akbar Haschemi Rafsandschani, seit 28. 8. 1989 – **Äußeres:** Dr. Ali Akbar Velayati – **Parteien:** Wahlen vom 10. 4. u. 8. 5. 1992: gemäßigte »Vereinigung der religiösen Kämpfer« von Präs. Rafsandschani über 200 d. 270 Mandate, radikale »Vereinigung des kämpfenden Klerus« 15 – **Unabh.:** über 2000 J. alte Staatsgeschichte – **Nationalfeiertage:** 11. 2. (Revolution 1979) u. 1. 4. (Gründung d. Islam. Rep. Iran)

WIRTSCHAFT BSP 1990: 139120 Mio. $ = 2490 $ je Ew. (71); realer Zuwachs ∅ 1980–90: 2,7%; **BIP** 1990: 116040 Mio. $; realer Zuwachs ∅ 1980–90: 2,5%; Anteil 1990 **Landwirtsch.** 21%, **Industrie** 21% – **Erwerbstät.** 1989: Landw. 28%, Ind. 28%; **Arbeitslosigkeit** 1990: über 50% (inkl. verdeckter A. u. Unterbeschäftigung) – **Energieverbrauch** 1990: 1026 kg ÖE/Ew. – **Währung:** 1 Rial (Rl.) = 100 Dinars (D.); 10 Rials = 1 »Toman« (= alte pers. Währungseinh.); 1 US-$ = 63,81 Rls.; 100 Rls. = 2,39 DM – **Ausl.-Verschuld.** 1990: 9021 Mio. $ = 7,6% d. BSP – **Inflation** ∅ 1980–90: 13,5% – **Außenhandel** 1991: Import: 21900 Mio. $; Güter: 60% Rohmaterialien u. Halbwaren, 20% Kapitalgüter, 20% Konsumgüter; Länder: 20% BRD, 12% Japan, 9% Italien, 5% Großbrit., 5% Frankr., 4% Türkei; **Export:** 17800 Mio. $; Güter: 93% Erdöl u. -produkte, 7% nicht Erdölbereich, v. a. Agrarerzeugn., u. a. Pistazien, Frischobst, Trockenfrüchte (Datteln, Rosinen), Teppiche; Länder: 21% Japan, 10% Italien, 8% Frankr., 6% Brasilien, 6% Niederl., 5% BRD

PRESSE (Aufl. i. Tsd.) *Tageszeitungen:* Teheran: Abrar (25) – Ettela'at (500) – Kayhan (250)/Farsi – Resalat (50) – Teheran Times (15)/Engl. – *Nachrichtenagentur:* IRNA (Islamic Republic News Agency)

IRLAND *West-Europa*
Éire, Ireland – IRL

LANDESSTRUKTUR Fläche (117): 70284 km² (mit 1392 km² Binnengewässern) – **Einwohner** (118): (Z 1990) 3523401 = 50 je km² – Fast ausschl. Iren – **Leb.-Erwart.:** 74 J. – **Säugl.-Sterbl.:** 0,7% – **Analph.:** unter 5% – Jährl. **Bev.-Wachstum** (∅ 1980–90): 0,2% (Geb. -u. Sterbeziffer 1990: 1,6%/0,9%) – **Sprachen:** Irisch u. Englisch als Amtssprachen (2% d. Bevölkerung geben Irisch als Muttersprache an, 29% gelten als Irisch sprechend) – **Religion:** 93,2% Katholiken, 3,2% Anglikaner (Church of Ireland), 0,8% Juden, 0,5% Presbyterianer – **Städt. Bev.:** 57% – **Städte** (Z 1986): Baile Atha Cliath [Dublin] (Hptst.) 502337 Ew. (als County u. County Borough, C. B. 1020796); Corcaigh [Cork] 173694 (279427), Luimneach [Limerick] 76551 (107963), An Ghaillimh [Galway] 47104 (131173), Dun Laoghaire [Kingstown] als C. B. 54490, Port Láirge (Waterford) 41054 (51582)

STAAT Parlamentarisch-demokratische Republik – Verfassung von 1937 – Parlament (Oireachtas) aus 2 Kammern: Repräsentantenhaus (Dáil Éireann) mit 166 u. Senat (Seanad Éireann) mit 60 Mitgl., davon 11 vom Min.-Präs. ernannt u. 49 indirekt gewählt); Wahl alle 5 Jahre – 4 Provinzen (Z 1986): Leinster 1852577 Ew., Munster 1020577, Connacht 431409, Ulster 236008; 26 »Counties« und 4 »City-Boroughs« – **Staatsoberhaupt** (Uachtraran na h'Éireann): Präsidentin Mary Robinson, seit Dez. 1990 – **Regierungschef** (Taoiseach): Albert Reynolds, Vors. d. Fianna Fáil, seit 11.2. 1992 – **Äußeres:** David Andrews – **Parteien:** Wahlen zum Repräs.-Haus vom 15.6. 1989: Fianna Fáil/FF (»Soldaten des Schicksals«) 77 Sitze (1987: 81 Sitze); Fine Gail/FG (»Familie d. Iren«) 55 (51); Labour P./Lab 15 (12); Worker's P./WP (ehem. Sinn-Fein) 7 (4); Progressive Democrats/PD (»Fortschrittl. Demokraten«) 6 (14); Sonst. 6 (4) – Senats-Neuwahlen vom Aug. 1991: FF 32 der 60 Sitze, FG 15, Lab 4, PD 3, Sonstige 6 – **Unabh.:** 1919 de facto (Unabh.-Erkl. d. »Dáil Éireann«), 1921 nominell als selbst. Dominion im brit. Commonwealth unter Abtrennung der 6 vorwieg. protest. nördl. Grafschaften Ulsters als »Northern Ireland«, 1937 Entstehung des unabhängigen Staates Éire im brit. Commonwealth, 1948 Austritt aus dem Commonwealth, 1949 Proklamierung der »Irischen Republik« (Poblacht Na h'Éireann), heutige Staatsbezeichnung »Irland« – **Nationalfeiertag:** 17.3.

WIRTSCHAFT BSP 1990: 33467 Mio. $ = 9550 $ je Ew. (29); realer Zuwachs $\emptyset$ 1980–90: 1,4%; **BIP** 1991: 43000 Mio. $; realer Zuwachs $\emptyset$ 1980–90: 3,5% (1991: +1,5%); Anteil 1989 **Landwirtsch.** 9,6%, **Industrie** 32,6% – **Erwerbstät.** 1991: Landw. 14%, Ind. 29%; **Arbeitslosigkeit** 1991: 15,8% – **Energieverbrauch** 1990: 2653 kg OE/Ew. – **Währung:** 1 Irisches Pfund (Ir£) = 100 New Pence (p); 1 Ir£ = 1,75 US-$ = 2,67 DM – **Inflation** $\emptyset$ 1980–90: 6,5% (1991: 3,2%) – **Außenhandel** 1991: **Import:** 14600 Mio. Ir£; Güter (1990): 36% Maschinen u. Transportausrüst., 15% Prod. d. verarb. Industrie, 14% sonst. Fertigwaren, 12% chem. Erzeugn., 9% Nahrungsm. u. leb. Tiere, 6% mineral. Brennstoffe u. Schmiermittel; Länder (1989): 41% Großbrit., 16% USA, 9% BRD, 6% Japan, 4% Frankr., 4% Niederl.; **Export:** 16300 Mio. Ir£; Güter (1990): 31% Maschinen u. Transportausrüst., 20% Nahrungsm. u. leb. Tiere, 16% chem. Erzeugn., 14% sonst. Fertigwaren, 8% Prod. d. verarb. Ind., 4% Rohstoffe; Länder (1989): 34% Großbrit., 11% BRD, 10% Frankr., 8% USA, 7% Niederl., 5% Belgien-Luxemb.

PRESSE (Aufl. i. Tsd.) *Tageszeitungen:* Dublin: Evening Herald (100)/nat. – Evening Press (99) – Irish Independent (155) – The Irish Press (87) – The Irish Times (93)/nat. – The Star (78) – Cork: Cork Evening Echo (31) – The Cork Examiner (56)/nat. – *Sonntagszeitungen:* Dublin: Sunday Independent (225) – The Sunday Press (208) – Sunday Tribune (102) – Sunday World (327)

ISLAND *Nord-Europa*
Republik Island; Lýdveldid Island; (Eisland) – IS

LANDESSTRUKTUR Fläche (106): 103000 km² (mit 14500 km² Binnengewässern; unter Einschluß der 200-sm-Zone: 758000 km²; kultivierte Fläche bzw. Weideland: 23000 km²) – **Einwohner** (164): (F 1990) 256000 = 2,5 je km²; (Z 1970) 204578 – fast ausschl. Isländer – **Leb.-Erwart.:** 78 J. – **Analph.:** unter 5% – Jährl. **Bev.-Wachstum** ($\emptyset$ 1980–90): 1,2% (Geb.- u. Sterbeziffer 1990: 1,7%/0,7%) – **Sprache:** Isländisch – **Religion:** 93% Protestanten, 0,9% Katholiken – **Städt. Bev.:** rd. 90% – **Städte** (F 1990): Reykjavik (Hptst.) 97570 Ew. (Region: 142000); Kópavogur 16190, Hafnarfjördur 15150, Akureyri 14200

STAAT Parlamentarisch-demokratische Republik – Verfassung von 1944 – Parlament (Althing) seit 30.5. 1991 nur noch aus 1 Kammer mit 63 Abg., Wahl alle 4 J. – Allg. Wahlrecht ab 18 J. – 8 Regionen mit 27 »Syslur« (etwa Landkreise); seit 1992 keine kreisfreien Städte mehr – **Staatsoberhaupt:** Präsidentin Vigdís Finnbogadóttir, seit 1980, am 27. 6. 1992 zum 4. Mal im Amt bestätigt – **Regierungschef:** Davíd Oddsson (Unabh.-Partei), seit 29. 4. 1991 – **Äußeres:** Jón Baldvin Hannibalsson – **Parteien:** Wahlen v. 20. 4. 1991: Sjálfstædisflokkurinn (Unabhängigkeitspartei) 26 der 63 Sitze (1987: 18); Framsóknarflokkurinn (Fortschrittspartei) 13 (13); Althyduflokkur (Sozialdemokraten) 10 (10); Althydubandalagid (Volksallianz, Sozialisten) 9 (8); Sozialdemokrat. Frauenpartei 5 (6); Bürgerpartei 0 (1) u. Gleichheitsliste 0 (1) – **Unabh.:** 1918 unabh. Königreich in Personalunion mit Dänemark, 1944 Aufkündigung d. Union u. Ausrufung d. Republik – **Nationalfeiertag:** 17.6.

WIRTSCHAFT BSP 1990: 5456 Mio. $ = 21400 $ je Ew. (10); realer Zuwachs $\emptyset$ 1980–90: 2,4%; **BIP** 1991: 6300 Mio. $; realer Zuwachs $\emptyset$ 1980–90: 2,3% (1991: +0,3%); Anteil 1989 **Landwirtsch.** 9,7%, **Industrie** 24,7% – **Erwerbstät.** 1990: Landw. 10,3%, Ind. 29,8%; **Arbeitslo-**

Sitzverteilung 1992 / 1988

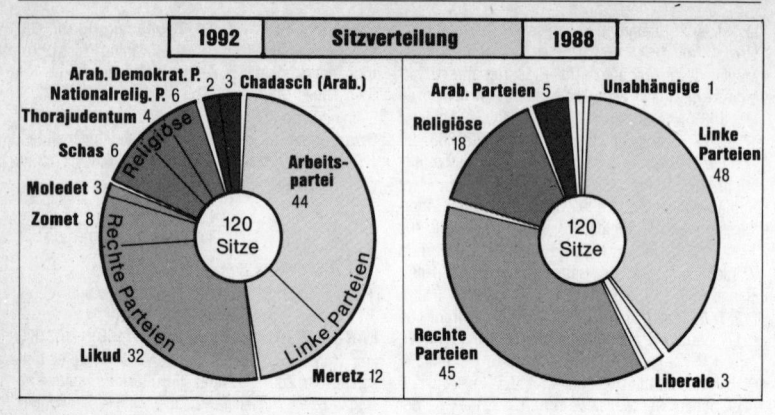

1992 (120 Sitze):
- Arab. Demokrat. P. 2
- Chadasch (Arab.) 3
- Nationalrelig. P. 6
- Thorajudentum 4
- Schas 6
- Moledet 3
- Zomet 8
- Likud 32
- Meretz 12
- Arbeitspartei 44

1988 (120 Sitze):
- Arab. Parteien 5
- Unabhängige 1
- Religiöse 18
- Linke Parteien 48
- Rechte Parteien 45
- Liberale 3

Israel: Wahlen zur Knesset 1988 und 1992

sigkeit 1991: 1,5% – **Währung:** 1 Isländ. Krone (ikr) = 100 Aurar; 1 US-$ = 55,45 ikr; 100 ikr = 2,75 DM – **Inflation** ∅ 1980–90: 32,8% (1991: 6,8%) – **Außenhandel** 1989: **Import:** 1396 Mio. $; Güter: 32% Maschinenbauerzeugn., 17% Fertigwaren; Länder: 51% EG-Länder (dar. 13% BRD, 10% Niederl., 9% Dänemark, 8% Großbrit.), 11% USA, 8% Schweden; **Export:** 1408 Mio. $; Güter: 67% Fische u. Fischereierzeugn., 13% Aluminium; Länder: 56% EG-Länder (dar. 21% Großbrit., 12% BRD), 14% USA, 7% Japan, 6% Schweiz

PRESSE (Aufl. i. Tsd.) *Tageszeitungen:* Reykjavík: Dagbladid-Vísir (40) – Morgunbladid (51) – Thjódviljinn (15) – Timinn (15)/Org. d. Fortschrittspartei

---

ISRAEL *Vorder-Asien*
Staat Israel; Medinat Yisraęl; State of Israel – IL

LANDESSTRUKTUR Fläche (148): 20770 km² (n. eig. Ang. 21501 km²); mit 445 km² Binnengewässern – **Einwohner** (103): (F 1990) 4821000 = 220 je km²; (Z 1983) 4037620 – Israeli; ca. 800000 Palästinenser im besetzten Westjordanland; seit 1989 Einwanderung von rd. 420000 Juden aus d. ehem. UdSSR – **Leb.-Erwart.:** 76 J. – **Säugl.-Sterbl.:** 1,0% – **Analph.:** unter 5% – **Jährl. Bev.-Wachstum** (∅ 1980–90): 1,8% (Geb.- u. Sterbeziffer 1990: 2,2%/0,6%) – **Sprachen:** Neu-Hebräisch (Iwrith, Ivrith) u. Arabisch als Amtssprachen – **Religion** (1988): 81,7% Juden, 14,2% Muslime, 2,3% Christen;

1,7% Drusen u. a. – **Städt. Bev.:** 92% – **Städte** (F 1990): Jerusalem (de facto Hptst. mit Ost-Jerusalem) 542500, Tel-Aviv/Yafo [Jaffa] 339400, Haifa 245900, Holon 156700, Petach-Tikwa 144000, Bat Yam 141300, Rishon LeZiyyon 139500, Netanya 132200, Beersheba 122000, Ramat Gan 119500, Bene Beraq 116700; (F 1986) Ashdod 71000, Rehovot 71000, Herzliya 68200, Ashkelon 54000, Nazareth 44800

STAAT Parlamentarische Republik – Bislang keine schriftl. Verfass., doch für Teilbereiche einzelne Gesetze – Parlament (Knesset) mit 120 Mitgl., Wahl alle 4 J. – Allg. Wahlrecht ab 18 J. – 6 Distrikte (Mechosot) – **Staatsoberhaupt:** Präs. Chaim Herzog (Arbeitspartei), seit 1983, erneut seit Febr. 1988 – **Regierungschef:** Jitzhak Rabin (Arbeitspartei), seit 14. 7. 1992; Koal. aus Arbeitspartei, Meretz-Block u. ultraorthod. Schas – **Äußeres:** Shimon Peres – **Parteien:** Vorgezogene Neuwahlen vom 23. 6. 1992 (1988) zur 13. Knesset: Linksgerichtete Parteien (insg. 56; 1988: 49 Sitze): Arbeitspartei 44 (1988: 39) d. 120 Sitze, Meretz-Block (Einheitsliste aus Mapam, Bürgerrechtsbewegung Ratz u. Schinui-Zentrumsbewegung) 12 (10); Arabische Parteien: Chadasch (Demokrat. Front für Frieden u. Gleichheit, Kommunisten) 3 (4), Arabische Demokr. Partei 2 (1), Fortschrittl. Liste für Frieden 0 (1); Neue Liberale Partei 0 (3); Rechtsgerichtete Parteien (insg. 43; 1988: 47): Likud 32 (40), Zomet 8 (2), Moledet 3 (2), Tchija 0 (3); Religiöse Parteien (insg. 16; 1988: 17): Schas 6 (5), Nationalreligiöse Partei 6 (5), Liste Thora-Judentum 4 (2), Agudat Israel 0 (5); Unabh. 0 (1) – **Unabh.:** 14. 5. 1948 (Proklamation) – **National-**

feiertag: jährlich wechselnd, 1993: 26. 4; 1994: 14. 4.

Nahostkonferenz →Sp. 80ff.

WIRTSCHAFT BSP 1990: 50866 Mio. $ = 10920 $ je Ew. (27); realer Zuwachs $\emptyset$ 1980–90: 3,2%; **BIP** 1990: 53200 Mio. $; realer Zuwachs $\emptyset$ 1980–90: 3,2% (1991: +5,1%); Anteil 1989 **Landwirtsch.** 8%, **Industrie** 39% – **Erwerbstät.** 1989: Landw. 5%, Ind. 27%; **Arbeitslosigkeit** 4/ 1991: 10% – **Energieverbrauch** 1990: 2050 kg ÖE/ Ew. – **Währung:** 1 Neuer Schekel (NIS) = 100 Agorot; 1 US-$ = 2,43 NIS; 100 NIS = 62,72 DM – **Ausl.-Verschuld.** 1991 (netto) 15310 Mio. $ – **Inflation** $\emptyset$ 1980–90: 101,4% (1991: 18,5%) – **Außenhandel** 1991: **Import:** 16906 Mio. $; Güter: 47% Produktionsgüter, 18% Investitionsgüter, 16% Rohdiamanten, 11% Konsumgüter, 9% mineral. Brennstoffe; Länder: 48% EG-Länder (dar. 12% BRD, 11% Belgien, 8% Großbrit., 7% Italien, 4% Frankr.), 19% USA, 9% Schweiz; **Export:** 11893 Mio. $; Güter: 29% Metallerzeugn. u. Elektronik, 28% geschliffene Diamanten, 13% Chemikalien, 7% Textilien, 7% Agrarerzeugn.; Länder: 36% EG-Länder (dar. 7% BRD, 7% Großbrit., 6% Belgien, 5% Frankr.), 30% USA, 6% Japan – Tourismus (1989): 1,4 Mio. Gäste (Einnahmen: 1800 Mio. $)

PRESSE (Aufl. i. Tsd.) *Tageszeitungen:* Tel Aviv: Al Hamishmar (20)/Org. d. Mapam – Davar (39)/Gewerksch.-Org. – Ha'aretz (55, fr. 75)/lib. – Hatzofeh (16)/nat.-relig. – Israel Nachrichten (20)/ Dt. – Ma'ariv (130, fr. 240) – Yedioth Aharonoth (300, fr. 600) – Jerusalem: Al-Quds (40)/Arab. – The Jerusalem Post (30, fr. 50; internat. Ausg., wö. 60)/Engl. – *Nachrichtenagenturen:* JTA (Jewish Telegraphic Agency) – ITIM (News Agency of the Associated Israel Press)

ITALIEN Süd-Europa
Italienische Republik; Repubblica Italiana – I

LANDESSTRUKTUR Fläche (69): 301268 km^2 (n. eig. Angaben 301277 km^2) – **Einwohner** (18): (Z 1991) 56400000 = 192 je km^2 (vorl. Ergeb.) – Italiener; rd. 5% Angeh. v. Minderheitensprachen: rd. 1,5 Mio. Sarden (davon 12000 Katalanen), 550000 Rätoromanen (Friauler u. 30000 Ladiner), 300000 Deutschsprachige (v. a. in Südtirol), etwa 200000 Franco-Provenzalen (Aostatal u. Piemont), 90000 Albaner (bes. Kalabrien), 53000 Slowenen (bes. Triest), 15000 Griechen (bes. Apulien) – rd. 30 Mio. Auslandsitaliener in Europa u. Übersee – **Leb.-Erwart.:** 77 J. – **Säugl.-Sterbl.:** 0,9% – **Analph.:** 3% – Jährl. **Bev.-Wachstum** ($\emptyset$ 1980–90): 0,2% (Geb.- u. Sterbeziffer 1990: 1,0%/0,9%) – **Sprachen:** Italienisch, daneben regionale Amtssprachen Sardisch, Deutsch (Südtirol), Französ. (Aostatal), Ladinisch teilw. Schulspr. in Südtirol, Slowenisch in Triest u. Gorizia [Görz]; außerdem Albanisch, Griechisch u. Katalanisch – **Religion:** 83% Katholiken; rd. 500000 Protest. u. orthodoxe Minderheiten, 35000 Juden – **Städt. Bev.:** 69% – **Städte** (F 1990): Roma [Rom] (Hptst.) 2791400 Ew. (m. V. 3767000); Milano [Mailand] 1432200, Napoli [Neapel] 1206000, Torino [Turin] 991900, Palermo 734300, Genova [Genua] 701000, Bologna 411800, Firenze [Florenz] 408400, Catania 364200, Bari 353000, Venezia [Venedig] 317800, Messina 274800, Verona 258900, Taranto [Tarent] 244000, Trieste [Triest] 231000, Padova [Padua] 218200, Cagliari 211700, Brescia 196800, Reggio di Calabria 178500, Modena 177500, Parma 174000, Livorno 171300, Prato 166700, Foggia 159600, Salerno 151400, Perugia 150600, Ferrara 140600, Ravenna 136700

STAAT Parlamentarisch-demokratische Republik – Verfassung von 1948; Reformen vorgesehen – Parlament aus 2 Kammern: Abgeordnetenkammer (Camera dei Deputati) mit 630 u. Senat (Senato della Repubblica) mit 315 Mitgl.; Wahl alle 5 J. – 20 Regionen (mit 94 Provinzen u. 8099 Gemeinden), »Statuto Speciale« für Sardinien, Sizilien, Aostatal u. Friaul-Julisch Venetien; Südtirol: Autonomie-Statut mit Zusicherung d. Gesetzgebungshoheit u. Regelung d. Finanz-, Sprach- u. Kulturautonomie d. Deutschen u. Ladiner – **Staatsoberhaupt:** Oscar Luigi Scalfaro (DC), am 28. 5. 1992 als 9. Nachkriegspräs. vereidigt – **Regierungschef:** Giuliano Amato (PSI), seit 28. 6. 1992 (51. Nachkriegskabinett aus 24 statt 31 Min.); Koal.-Reg. aus 11 DC, 6 PSI, 2 PLI, 2 PSDI u. 2 Unabh. Min. – **Äußeres:** Emilio Colombo (DC), seit 2. 8. 1992 – **Parteien:** Vorgezogene Neuwahlen vom 5. 4. 1992 (1987) zur Abg.-Kammer bzw. zum Senat: Christdemokraten (Democrazia Cristiana/DC) 206 (1987: 234) d. 630 Sitze in d. Abg.-Kammer u. 107 (125) d. 315 Sitze im Senat; Partei d. Demokrat. Linken (Partito Democratico della Sinistra/PDS) 107 (177) u. 64 (101); Sozialisten (Partito Socialista Ital./PSI) 92 (94) u. 49 (36); Kommunist. P. (Rifondazione Cummunista/RC) 35 (als Partido Comunista Ital./PCI: 177) u. 20 (PCI: 101); Lega Nord 55 (1) u. 25 (1) u. a. Ligen 1 (–) u. 2 (–); Neofaschist. Sozialbewegung/MSI-DN 34 (35) u. 16 (16); Republikan. Partei/PRI 27 (21) u. 10 (8); Liberale Partei/PLI 17 (11) u. 4 (3); Verdi (Grüne) 16 (13) u. 4 (1); Sozialdemokraten/PSDI

16 (17) u. 3 (5); La Rete (Bürgerbewegung in Sizilien) 12 (–) u. 3 (–); Sonstige 13 (27) u. 10 (19) Sitze (darunter Südtiroler Volksp./SVP 3 (3) u. 3 (2); »Lista Pannella« mit 7, Demoproletarier/DP) – Wahlen zum **Südtiroler Landtag** vom Nov. 1988: SVP 60,4% d. St. u. 22 Sitze; MSI 10,3%, DC 9,1%, Grüne 6,7%, PSI 4,0%, KP/PCI 3,0%, Sonst. 6,5% – Landeshauptmann: Luis Durnwalder – **Sardinien:** »Sardische Aktionspartei« (für mehr Unabh. v. Italien) in Koalition mit PDS – Provinz- u. Kommunalwahlen vom 7./8. 6. 1992: DC 31,2% u. PSI 17,8% – **Unabh.:** alte staatliche Geschichte; nationale Einheit in neuerer Zeit seit 1861, Republik seit 1946 – **Nationalfeiertag:** 1. Sonntag im Juni

WIRTSCHAFT BSP 1990: 970619 Mio. $ = 16830 $ je Ew. (17); realer Zuwachs ⌀ 1980–90: 2,4%; **BIP** 1991: 1133400 Mio. $; realer Zuwachs ⌀ 1980–90: 2,2% (1991: +1,1%); Anteil 1990 **Landwirtsch.** 3,1%, **Industrie** 33% – **Erwerbstät.** 1990: Landw. 9%, Ind. 32,4%; **Arbeitslosigkeit** 1991: 10,9% – **Energieverbrauch** 1990: 2754 kg ÖE/Ew. – **Währung:** 1 Italienische Lira (Lit) = 100 Centesimi (Cent.); 1 US-$ = 1154,92 Lit; 100 Lit = 0,13 DM – **Inflation** ⌀ 1980–90: 9,9% (1991: 6,4%) – **Außenhandel** 1990: **Import:** 176153 Mio. $; Güter: 32% Maschinen u. Kfz, 15% chem. Erzeugn., 11% Bergbauprod. u. Rohstoffe, 9% Metallerzeugn., 8% Nahrungs- u. Genußmittel, 7% land-, forst- u. fischwirtschaftl. Prod., 6% Textilien u. Bekleidung; sehr hoher Aktivsaldo im Tourismus (1990: 175 Mio. Übern.); Länder: 18% BRD, 12% Frankr., 5% Niederl., 4% Großbrit., 4% USA, 4% Belgien-Luxemb., 4% Schweiz, 3% Spanien; **Export:** 168523 Mio. $; Güter: 42% Maschinen u. Kfz, 17% Textilien u. Bekleidung, 11% Holz, Kork u. Papier, 10% chem. Erzeugn., 7% Metallerzeugn., 5% Nahrungs- u. Genußmittel; Länder: 15% BRD, 13% Frankr., 6% USA, 6% Großbrit., 4% Spanien, 4% Schweiz, 3% Belgien-Luxemb., 3% Niederl. *(Zur Wirtschaftslage 1991 → Sp. 851)*

PRESSE (Aufl. i. Tsd.) *Tageszeitungen:* Rom: Avanti (88)/PSI-Org. – Italia Oggi (150) – Il Messaggero (335) – Il Popolo (81)/DC – La Repubblica (750)/links-lib. – Il Tempo (197)/rechts – L'Umanità (32)/PSDI – Bologna: Il Resto del Carlino (319) – Bozen: Dolomiten (45)/Dt. – Florenz: La Nazione (266) – Genua: Il Lavoro (31)/soz. – Il Secolo XIX (158) – Mailand: Avvenire (126) – Corriere della Sera (649) – La Gazzetta dello Sport (830) – Il Giornale (160) – Il Giorno (287) – L'Indipendente (80) – La Notte (98) – Il Sole/24 Ore (253)/Wirtsch., Finanzen – L'Unitá (244) – Neapel: Il Mattino (227) – Turin: La Stampa/La Stampa Sera (576) – Venedig: Il Gazzettino (140) – *Wochenzeitungen:* Rom: L'Espresso (350)/links – Mailand: Epoca (192) – L'Europeo (114)/lib. – Famiglia Cristiana (1205)/kath. – Gente (755) – Il Mondo (83)/Wirtsch., Finanzen – Oggi (591) – Panorama (504) – Tempo (230) – Bozen: Volksbote (11)/Org. d. Südtiroler Volkspartei – *Nachrichtenagentur:* ANSA (Agenzia Nazionale Stampa Associata)

JAMAIKA Mittel-Amerika; Karibik
Jamaika; Jamaica: von Arawakisch »Xaymaca« – JA

LANDESSTRUKTUR Fläche (157): 10990 km² – **Einwohner** (130): (F 1990) 2415000 = 220 je km²; (Z 1982) 2205507 – Jamaikaner; 88% Schwarze u. Mulatten, 1,3% Inder, 0,2% Weiße, 0,2% Chinesen – **Leb.-Erwart.:** 73 J. – **Säugl.-Sterbl.:** 1,6% – **Analph.:** unter 5% – Jährl. **Bev.-Wachstum** (⌀ 1980–90): 1,3% (Geb.- u. Sterbeziffer 1990: 2,4%/0,6%) – **Sprache:** Englisch – **Religion:** 48,5% Protestanten (v. a. Anglikaner u. Baptisten), 5,1% Katholiken, insg. rd. 100 versch. christl. Gruppierungen; Juden, Hindu- u. Muslimgruppen; Rastafari – **Städt. Bev.:** 52% – **Städte** (F 1989): Kingston (Hptst.) als einer d. 14 Bezirke zus. mit St. Andrew 641500 Ew.; (Z 1982) Spanish Town 89100, Montego Bay 70300, May Pen 41000, Mandeville 34500, Savanna-la-Mar 14900, Port Antonio 12300

STAAT Konstitutionelle Monarchie im Commonwealth – Verfassung von 1962 – Parlament aus 2 Kammern: Repräsentantenhaus mit 60 gewählten u. Senat mit 21 ernannten Mitgl.; Wahl alle 5 J. – Allg. Wahlrecht – 14 Bezirke (Parishes) – **Staatsoberhaupt:** Königin Elizabeth II., vertreten durch den Generalgouverneur Sir Florizel Augustus Glasspole – **Regierungschef:** James Percival Patterson (Vors. d. PNP), seit 1. 4. 1992 – **Äußeres:** David H. Coore – **Parteien:** Wahlen vom 9. 2. 1989: People's National Party/PNP 45 der 60 Sitze im Repräs.-Haus; Jamaica Labour Party/JLP 15 – **Unabh.:** 6. 8. 1962 – **Nationalfeiertag:** 1. Montag im Aug.

WIRTSCHAFT BSP 1990: 3606 Mio. $ = 1500 $ je Ew. (93); realer Zuwachs ⌀ 1980–90: 0,7%; **BIP** 1990: 3970 Mio. $; realer Zuwachs ⌀ 1980–90: 1,6%; Anteil 1990 **Landwirtsch.** 5%, **Industrie** 46% – **Erwerbstät.** 1989: Landw. 27,4%, Ind. 16,2% – **Energieverbrauch** 1990: 931 kg ÖE/Ew. – **Währung:** 1 Jamaika-Dollar (J$) = 100 Cents (c); 1 US-$ = 22,27 J$; 100 J$ = 6,87 DM – **Ausl.-Verschuld.** 1990: 4598 Mio. $ = 132,0% d. BSP –

Inflation ⌀ 1980–90: 18,3% – **Außenhandel** 1990: **Import:** 1685 Mio. $; Güter (1989): 21% Maschinen u. Transportausrüst., 19% Nahrungsm., 14% Brennstoffe; Länder (1989): 52% USA, 7% Kanada, 6% Großbrit.; **Export:** 1347 Mio. $; Güter (1989): 60% Aluminiumoxyd u. Bauxit; Zucker, Tabak, Bananen, Rum, Früchte, Gewürze, Leichtindustriegüter; Länder (1989): 45% USA, EG-Länder (v. a. Großbrit. mit 15%), Venezuela, Mexiko, 12% Kanada, CARICOM-Staaten – Tourismus (1989): 1,16 Mio. Gäste = rd. ⅔ d. gesamten Exporteinnahmen

PRESSE (Aufl. i. Tsd.) *Tageszeitungen:* Kingston: The Daily Gleaner (50, so. 97) – The Star (49) – The Jamaica Record (30) – *Nachrichtenagentur:* JAMPRESS

JAPAN *Ost-Asien*
Nippon Teikoku; Nippon; »Land d. aufgehenden Sonne« – J

LANDESSTRUKTUR Fläche (60): 377815 km^2 (4 Haupt- u. 3900 kleinere Inseln; Anspruch auf 4 nordpazif. Kurileninseln, seit II. Weltkrieg von Rußland besetzt) – **Einwohner** (7): (F März 1991 vorläufig) 123150000 = 328 je km^2; (Z 1.10.1990) 123611541; zum Vgl. 1950: 84,1 Mio. – Über 99% Japaner, ca. 15000 Ainu; F Ende 1988: 941000 Ausländer, davon 677000 Koreaner, 129300 Chinesen (ohne Taiwan), 32800 Amerikaner, 32200 Philippiner, außerd. and. südostasiat. Gruppen u. Europäer – **Leb.-Erwart.:** 79 J. – **Säugl.-Sterbl.:** 0,5% – **Analph.:** unter 5% – Jährl. **Bev.-Wachstum** (⌀ 1980–90): 0,6% (1991: 0,34%); (Geb.- u. Sterbeziffer 1990: 1,1%/0,7%) – **Sprachen:** Japanisch als Amtssprache; Englisch als Verkehrs- u. Bildungsspr. – **Religion:** Buddhisten (darunter die »Soka Gakkai«) u. Schintoisten, bis 80% beiden Religionen zugehörend (1989: 114,7 Mio. Schintoisten, 91 Mio. Buddhisten, 11,4 Mio. Mischreligionen); 1,7 Mio. Christen (davon ca. 1 Mio. Protestanten, 0,4 Mio. Katholiken; Japaner gehören meist mehreren Rel.-Gemeinschaften an – **Städt. Bev.:** 77% – **Städte** (F Okt. 1989): Tokyo [Tokio] (Hptst.; 1988: m. V. bzw. als Präfektur 11890000, als Conurb. (Kei-hin) Tokyo-Yokohama usw. 17–27 Mio.) 8284000 Ew.; Yokohama [Jokohama] 3189000, Osaka 2636000 (1988: Präfektur 8751000), Nagoya [Nagoja] 2149000, Sapporo 1647000, Kyoto [Kioto] 1471000, Kobe 1461000, Fukuoka 1217000, Kawasaki 1157000, Hiroshima [Hiroschima] 1079000, Kitakiushu [Kitakjuschu] (Con. v. Yawata, Kokura, Moji, Tobata, Wakamatsu) 1034000, Sendai 910000

STAAT Parlamentarisch-demokratische Monarchie – Verfassung von 1947 – Parlament (Kokkai) aus 2 Kammern: Oberhaus (Sangi-in) mit 252 u. Unterhaus (Shugi-in) mit 512 Mitgl.; Wahl d. Oberhaus-Abg. für 6 J. (zur Hälfte alle 3 J. neu gewählt), Unterhaus alle 4 J. – Allg. Wahlrecht ab 20 J. – 43 Präfekturen (»ken«; auf Honshu 31, Kyushu 7, Shikoku 4, Okinawa 1), 2 Stadtpräfekturen (»fu«: Osaka und Kioto), die Hauptstadt »to«: Tokio (alle 3 auf Honshu) u. Provinz Hokkaido – Traditionsgemäß (nicht admin.) 8 Regionen (»chiho«): Hokkaido, Tohoku, Kanto, Chubu, Kinki, Chugoku, Shikoku, Kyushu – **Staatsoberhaupt:** Kaiser Akihito, seit Jan. 1989, »Symbol d. Einheit d. Staates u. d. Einheit d. Volkes«, kein Staatsoberhaupt i. e. S. – **Regierungschef:** Kiichi Miyazawa, LDP-Vors., seit 6.11.1991; Koal. aus LDP in Fraktionsgemeinsch. mit NLC u. Unabh. – **Äußeres:** Michio Watanabe – **Parteien:** Wahlen zum Unterhaus vom 18.2.1990 (1986): Liberal-Demokrat. Partei/LDP 275 (300) d. 512 Sitze; Sozial-Demokrat. Partei/SPDJ 136 (85), Komeito-Partei (buddhist.) 45 (56), Kommunisten/KPJ 16 (26); Demokrat. Sozialisten/DSP 14 (26); Neuliberaler Club/NLC 4 (10); Progressive Partei 1 (–); Unabh. 22 (9) – Oberhaus-Teilwahlen vom 26.7.1992, derzeit. Sitzverteilung: LDP 108 d. 252 Sitze; SPDJ 71, Komeito 24, KPJ 11, Rengo 12, DSP 7, Neue Japan-Partei/NJP 4, Sonstige 15 – **Unabh.:** seit 660 v. Chr. – **Nationalfeiertage:** 29.4. u. 23.12.

WIRTSCHAFT BSP 1990: 3140948 Mio. $ = 25430$ je Ew. (4); realer Zuwachs ⌀ 1980–90: 4,1% (1991: +4,5%); **BIP** 1991: 3338800 Mio. $; realer Zuwachs ⌀ 1980–90: +4,2% (1991: 4,2%); Anteil 1990 **Landwirtsch.** 7,2%, **Industrie** 34,1% – **Erwerbstät.** 1989: Landw. 8,2%, Ind. 33,9%; **Arbeitslosigkeit** 5/1992: 2,1% – **Energieverbrauch** 1990: 3563 kg ÖE/Ew. – **Währung:** 1 Yen (¥) = 100 Sen; 1 US-$ = 124,45¥; 100¥ = 1,22 DM – **Inflation** (⌀ 1980–90: 1,5% (S 1991: 3,1%) – **Außenhandel** 1991 (*Einzelheiten 1991* → *Sp. 980*): **Import:** 236400 Mio. $; Güter: 25% mineral. Brennstoffe (dar. 13% Rohöl), 15% Maschinen u. Transportausrüst. (dar. 5% Elektro, 2% Kfz), 7% chem. Vorerzeugn., 7% Rohstoffe; Länder: 22% USA, 5% Indonesien, 5% Australien, 5% VR China, 5% Rep. Korea, 5% BRD, 4% Saudi-Arabien (EG-Länder insg. 15%); **Export:** 314600 Mio. $; Güter: 78% Maschinen u. Transportausrüst. (dar. 20% Kfz, 4% Computer), 5% chem. Vorerzeugn., 4% Roheisen, 3% Halbleiter; Länder: 32% USA, 6% BRD, 6% Rep. Korea, 5% Rep. China, 5% Hongkong, 4% Großbrit. (EG-Länder insg. 19%) (*Zur Wirtschaftslage 1991* → *Sp. 856*)

PRESSE (Aufl. i. Tsd.) *Tageszeitungen:* Tokio: Asahi Shimbun (morg. 8198, ab. 4741) – Hochi Shimbun (654) – The Japan Times (72)/Engl. – Komei Shimbun (800, so. 1400) – Mainichi Shimbun (morg. 4170, ab. 2143) – Nihon Keizai Shimbun (morg. 2915, ab. 1792)/Wirtsch. u. Finanz – Sankei Shimbun (morg. 2105, ab. 1125) – Seikyo Shimbun (5500) – Yomiuri Shimbun (morg. 9722, ab. 4706) – Osaka: Asahi Shimbun (morg. 2305, ab. 1426) – Sankei Shimbun (morg. 1231, ab. 745) – Yomiuri Shimbun (morg. 2372, ab. 1438) – *Nachrichtenagenturen:* JIJI (Jiji Tsushin Sha) – KYODO (Kyodo Tsushin)

JEMEN *Vorder-Asien*
Republik Jemen; Al Dschumhurija al Jamanija bzw. Al-Jumhûrîya al-Yamanîya – Y

LANDESSTRUKTUR Fläche (48): 527968 km^2 (n. eig. Ang. 536869 km^2) *(→ Karte, WA '91, Sp. 357f.)* – **Einwohner** (62): (S 1990) 11612000 = 21 je km^2 – Jemeniten; haupts. Südaraber, z. T. mit negroidem Einschlag, 3% Inder, 1% Somali – 50000 Flüchtlinge aus Somalia (Stand Juni 1992) – **Leb.-Erwart.:** 48 J. – **Säugl.-Sterbl.:** 12,4% – **Analph.:** 62% – Jährl. **Bev.-Wachstum** (∅ 1980–90): 3,1% (Geb.- u. Sterbeziffer 1987: 5,3%/1,8%) – **Sprache:** Arabisch – **Religion:** rd. 90% Muslime (etwa zur Hälfte jeweils Sunniten u. Schiiten); kleine hinduist. u. christl. Minderheiten; Islam ist Staatsreligion – **Städt. Bev.:** 29% – **Städte** (1986): Sanaa [San'a] (Hptst.) 427000 Ew., Aden ca. 250000 (A 427000), Tais [Ta'izz] 220000, Hodeida 140000, El-Mukalla 150000, Shaikh 'Uthmân 50000, El Hawra 15000, El-Shaab (Al Scha'ab) (zeitw. fr. südjem. Hptst.) 10000

STAAT Islamische Republik – Neue Verfassung seit 16. 5. 1991 in Kraft nach der Vereinigung der Arabischen Republik Jemen (Nord-J.) u. der Demokratischen Volksrepublik Jemen (Süd-J.) – 5köpfiger Präsidiumsrat (3 Mitgl. aus d. ehem. Nord-J. u. 2 aus d. ehem. Süd-J.) – Provisorisches Parlament mit 301 Mitgl. (159 Abg. d. Nord-J., 111 d. Süd-J., 31 unabh. polit. Persönl.); – **Staatsoberhaupt:** Ali Abdallah Saleh (ehem. Nord-J.), seit Mai 1990 – **Regierungschef:** Haidar Abu Bakr al-Attas (ehem. Süd-J.), seit Mai 1990 – **Äußeres:** Dr. Abdel-Karim Al-Iryani (ehem. Nord-J.) – **Parteien:** Jemenitische Sozialist. Partei; nach Einführung d. Mehrparteiensystems Ende 1989 Gründung von rd. 30 neuen Parteien – Wahlen im November 1992 geplant – **Unabh.:** lang zurückreichende staatl. Geschichte; 30. 10. 1918 Unabh. des Nord-J. v. Osmanischen Reich; 30. 11. 1967 Unabh. des Süd-J. v. d. britischen Kolonialmacht: 22. 5. 1990: Vereinigung d. Jemenit. Arab. Rep. u. d. Demokrat. Volksrep. Jemen zur »Republik Jemen« – **Nationalfeiertag:** 14. 10.

WIRTSCHAFT BSP 1989: 7203 Mio. $ = 640 $ je Ew. (127); **BIP** 1990: 6690 Mio. $; Anteil 1990 **Landwirtsch.** 20%, **Industrie** 28% – **Energieverbrauch** 1990: 234 kg ÖE/Ew. – **Ausl.-Verschuld.** 1990: 6236 Mio. $ = 97,1% d. BSP –
ehem. **Arab. Rep. Jemen: Erwerbstät.** 1989: Landw. 63%, Ind. 12% – **Währung:** 1 Jemen-Rial (Y. Rl) = 100 Fils; 26 Y. Rls = 1 YDinar; 1 US-$ = 12,00 Y. Rls; 100 Y. Rls = 12,62 DM – **Inflation** ∅ 1980–88: 11,6% – **Außenhandel** 1988: **Import:** 1310 Mio. $; Güter: Nahrungsm. u. leb. Tiere, Maschinen u. Ausrüst.; Länder: USA, Japan, Saudi-Arabien, Großbrit.; **Export:** 853 Mio. $; Fremdarbeiterüberw. 600 Mio. $; Güter: nur geringe Ausf., bes. Baumwolle (80%), Kaffee (13%); Häute, Felle, Vieh, Produkte aus Weichkautschuk; Länder: 36% EG-Länder, Japan, DVR Jemen, Saudi-Arabien, Singapur, Kuwait, VR China, Korea –
ehem. **Dem. Volksrep. Jemen: Erwerbstät.** 1989: Landw. 33%, Ind. 21% (1986: 12%) – **Währung:** 1 Jemen-Dinar (YD) = 26 Y. Rls – **Inflation** ∅ 1980–88: 4,5% – **Außenhandel** 1988: **Import:** 598 Mio. $; Länder (1986): 18% UdSSR, Großbrit., Japan, VR China, Dänemark; **Export:** 80 Mio. $; 1985: 435 Mio. $ Gastarbeiterüberw.; Güter: Erdölderivate, in geringerem Umfang Fischereiprod., Baumwolle, Häute u. Felle, Industrieprod. (6%); Länder: EG (insb. Großbrit. u. Italien, UdSSR, Japan, AR Jemen, VAE, Frankr., Saudi-Arabien

PRESSE (Aufl. i. Tsd.) *Tageszeitungen:* Sanaa: Al-Thawri – Aden: Ar-Rabi Ashar Min Uktubar (20) – Ash-Sharara (6) – Tais: Al-Gumhuryyah (2) – *Nachrichtenagenturen:* ANA (Aden News Agency) – Saba News Agency

JORDANIEN *Vorder-Asien*
Haschemitisches Königreich Jordanien; Al-Mamlaka Al-Urdunnîya Al-Hâshimîya – JOR

LANDESSTRUKTUR Fläche (109): 97740 km^2 (mit 918 km^2 Binnengewässern u. West-J.), davon ca. 8500 km^2 (West-Bank) von Israel seit 1967 besetzt; formeller Verzicht durch König Hussein im Juli 1988 zugunsten eines Palästinenser-Staates – **Einwohner** (121): (F 1990) 3154000 = 41 je km^2; (Z 1979) 2133000, ohne West-J. – Jordanier; 99% Araber, davon mind. 40% Palästinenser;

Minderheiten von Tscherkessen, Armeniern u. Kurden – **Leb.-Erwart.:** 67 J. – **Säugl.-Sterbl.:** 5,1% – **Analph.:** 20% – Jährl. **Bev.-Wachstum** (∅ 1980–90): 3,7% (Geb.- u. Sterbeziffer 1990: 4,3%/0,6%) – **Sprachen:** Arabisch als Amtssprache; Englisch als Bildungssprache – **Religion:** 69,3% Muslime, überw. Sunniten; 186000 Christen versch. Bekenntnisse (70000 griech.-orth., 3900 armenisch, Melkiten) – **Städt. Bev.:** 61% – **Städte** (S 1986): Amman (Hptst.) 972000 Ew.; As-Sarka [Zarqa] 392220, Irbid 271000, Salt 134100, Ar-Rusaifa 65600, Akaba 37400; Westjordanland (von Israel seit 1967 besetzt): Hebron 100000, Jerusalem (Altstadt) 90000, Nablus 64000, Bethlehem 25000 (→ *Karte »Israel und die besetzten Gebiete«, Sp. 77f.*)

STAAT Konstitutionelle Monarchie – Parlament aus 2 Kammern: Haus der Notabeln mit 30 vom König für 8 J. ernannten (zur Hälfte alle 4 J. ausgewechselt) u. Abgeordnetenhaus mit 60 Mitgl.; Wahl alle 4 J. – Billigung eines Gesetzes durch Parl. am 21. 8. 1992, mit dem polit. Parteien wieder zugelassen werden, noch nicht in Kraft – 8 Distrikte (Monafathah) mit Gouverneur (Mutassarif) u. 1 Wüstenterritorium – **Staatsoberhaupt:** König Hussein Ibn Talal, seit 1952, Krönung am 2. 5. 1953 – Kronprinz: Prinz Hassan – **Regierungschef:** Marschall Sharif Said Ibn Shaker, seit 21. 11. 1991; Kabinett aus 28 Ministern, davon 3 Palästinenser – **Äußeres:** Kamel Abu Dschaber – **Parteien:** Parl.-Wahlen am 8. 11. 1989, bei denen d. Kandidaten in Listenverbindungen (muslim. Gruppierungen) aufgestellt wurden – Neuwahlen Ende 1992 vorgesehen – **Unabh.:** 22. 3. 1946 – **Nationalfeiertag:** 25. 5.

WIRTSCHAFT BSP 1990: 3924 Mio. $ = 1240 $ je Ew. (97); realer Zuwachs ∅ 1980–90: −0,4%; *(Anteil Entwicklungshilfe u. Ausl.-Schulden → Tab. Sp. 471f.);* **BIP** 1990: 3330 Mio. $; realer Zuwachs ∅ 1980–89: 4,2%; Anteil 1990 **Landwirtsch.** 8%, **Industrie** 26% – **Erwerbstät.** 1989: Landw. 6%, Prod. Gewerbe 23% – **Energieverbrauch** 1990: 994 kg ÖE/Ew. – **Währung:** 1 Jordan-Dinar (JD.) = 1000 Fils (FLS); 1 US-$ = 0,67 JD.; 100 JD. = 227,53 DM - **Ausl.-Verschuld.** 1990: 7678 Mio. $ = 221,1% d. BSP – **Inflation** ∅ 1980–88: 4,1% (1989: 25,7%) – **Außenhandel** 1990: **Import:** 2663 Mio. $; Güter (1989): 23% Maschinen u. techn. Ausrüst., 19% Nahrungsm., Halbfertigwaren; Länder (1989): Irak; **Export:** 1146 Mio. $; Güter (1989): 29% Phosphatprod., 14% Obst u. Gemüse, 9% Pottasche; Länder (1989): 29% EG-Länder, Irak, Saudi-Arabien, USA, Japan, Syrien

PRESSE (Aufl. i. Tsd.) *Tageszeitungen:* Amman: Ad-Dustour (90) – Al-Akhbar (15) – Ar-Rai (80) – The Jordan Times (15)/Engl. – *Nachrichtenagentur:* PETRA (Jordan News Agency)

JUGOSLAWIEN *Südost-Europa*
Föderative Republik Jugoslawien; seit 29. 4. 1992 nur noch aus Serbien (Srbija) u. Montenegro (Crna Gora) bestehend – FRJ

LANDESSTRUKTUR Fläche (107): 102173 km² (davon *Serbien* 88361 km² einschl. Kosovo 10887 km² u. Wojwodina 21506 km² sowie *Montenegro* 13812 km²) – **Einwohner** (64): (F 1988) 10411000 Ew., davon *Serbien* 9778000 u. *Montenegro* 633000; (Z 1981) 9897987 – (Z 1981) 62,7% Serben, 17% Albaner, 5,5% Montenegriner, 4,7% Jugoslawen [Eigenbezeichnung], 4% Ungarn, 1,6% Kroaten, 1% Muslime – **Sprachen:** Serbisch als Amtsspr. (kyrill. Schrift); Albanisch, Montenegrinisch, Magyarisch (Ungarisch) – **Städte** (Z 1981): Beograd [Belgrad] (Hptst.) 1470073 Ew.; Novi Sad [Neusatz] (Hptst. d. Wojwodina) 257685, Niš 230711, Priština (Hptst. d. Kosovo) 210040, Subotica 154611, Podgorica.[ehem. Titograd] (Hptst. von Montenegro) 132290 Ew., Kragujevaz 87000

STAAT (→ *Chronik WA '92 u. Sp. 87ff.*) Bundesrepublik nach einem am 12. 2. 1992 durch Serbien u. Montenegro unterzeichneten u. am 22. 2. 1992 durch d. Parlamente gebilligten Abkommen – Neue Verfassung seit 27. 4. 1992 in Kraft – Bundesparlament aus 2 Kammern: Rat der Bürger (1. Kammer) mit 138 direkt gewählten Abg. (Serbien 108, Montenegro 30) u. Rat der Republiken (2. Kammer) aus 40 Mitgl. (je zur Hälfte von d. Parl. Serbiens u. Montenegros ernannt) – *Serbien:* Parlament mit 250 Abg.; Präs.: Slobodan Milosević, Vors. der SPS, wiedergew. am 9. 12. 1990; Reg.-Chef: Radoman Bozović, seit 17. 12. 1991; *Montenegro*: Parlament mit 125 Abg.; Präs.: Momir Bulatović, Kommunist. Liga, seit 9. 12. 1990; Reg.-Chef: Milo Djukanović – **Staatsoberhaupt:** Dobrica Cosić (parteilos), seit 15. 6. 1992, vom Bundesparl. ernannt – **Regierungschef:** Milan Panić (parteilos), seit 14. 7. 1992, vom Bundesparl. ernannt – **Äußeres:** Vladislav Jovanović, seit 16. 7. 1992 – **Parteien:** Wahlen zum Rat der Bürger vom 31. 5. 1992 (Wahl international nicht anerkannt): *Serbien* (108 Abg.): Demokrat. Partei d. Sozialisten/SPS (ehem. Bund d. Kommunisten) 73 Sitze, Radikale Partei 30, Dem. Bund d. Ungarn in Wojwodina 4, Unabh. 1 Sitz; *Montenegro* (30 Abg.): Sozialist. Partei 23 Sitze, Serbische Radikale

Ehemaliges Gesamt-Jugoslawien – Eine Übersicht

Republik	Fläche in km²	Einw. in Mio. (S 1990)[1]	BIP je Einw. in $ (S 1990)	Industrieprod. 1991 (in %)[2]	Bruttoverschuldung (in Mio. $)[3]
Bosnien-Herzegowina	51 129	4,52	1600	–24,0	1677
Kroatien	56 538	4,69	3400	–28,5	2994
Makedonien	25 713	2,13	1400	–17,0	761
Slowenien	20 251	1,95	5500	–12,4	1788
Jugoslawien – SRJ					
Serbien[4]	88 361	9,88	2200	–18,0	4869
– Kosovo	10 887	1,98	730	–20,0	726
– Wojwodina	21 506	2,05	3250	–14,0	841
Montenegro	13 812	0,64	1700	–13,0	597
Alt-Jugoslawien	255 804	23,81	2600	–20,0	16 295[5]

Quelle: Jugoslawisches Bundesamt für Statistik, WIIW, GZ-Länderanalyse

[1] Anf. August 1992: rd. 0,5 Mio. Flüchtlinge im Ausland u. rd. 2,2 Mio. Flüchtlinge innerhalb d. Gebietes d. ehem. Jugoslawien, davon in: Bosnien-Herzegowina: 1,3 Mio. u. rd. 93 000 aus Kroatien; Kroatien: 367 000 aus B.-H. u. 265 000 Vertriebene aus kroat. Kampfgebieten; Makedonien: 31 000 aus d. übrigen ehem. Jugosl.; Slowenien: 70 000 aus d. übrigen ehem. Jugosl., davon rd. 45 000 aus B.-H.; Bundesrep. Jugoslawien: 382 000 in Serbien u. 49 000 in Montenegro, v. a. aus B.-H.; [2] Veränderung gegenüber d. Vorjahr; [3] Stand Sept. 1990, ohne Aufteilung der nicht direkt zuzuordnenden Schulden auf Bundesebene (3600 Mio. $); [3] inkl. Kosovo u. Wojwodina; [5] Bruttoverschuldung (lang- u. mittelfristig) Stand Ende Dez. 1991: 15 630 Mio. $, davon rd. 3000 Mio. $ auf ehem. Bundesebene; gesamte Auslandsverschuldung 1990: 20 690 Mio. $

Partei 3, neuformierte dogmat. Kommunisten 3; Neuwahlen bis Ende 1992 vorgesehen – *Serbien*: Wahlen vom 9. 12. 1990: SPS 83 d. 125 Sitze, Allianz Reformistischer Kräfte/SPO 17, Dem. Koalition 13, Nationale Partei 12; *Montenegro*: Wahlen vom 9./23. 12. 1990: SPS 194 d. 250 Sitze; Oppos.-Parteien insg. 56 Sitze (darunter Serb. Erneuerungsbewegung/SNO 19 u. Dem. Partei/SDP

Konjunkturdaten zum ehemaligen Gesamt-Jugoslawien[1]

	1989	1990	1991[2]
BIP	+ 0,6	– 8,5	–20,0
Industrieproduktion . .	+ 0,9	–10,8	–20,0
Agrarproduktion . .	+ 5,2	– 4,9	+ 8,0
Realeinkommen	+26,6	–22,0	–15,6
Export[3]	+ 5,6	+ 7,1	–13,7
Import[3]	+11,9	+26,2	–18,2
Inflationsrate[4]	1255,7	587,6	118,1[5]
Arbeitslosenquote . . .	–[6]	–[6]	20,5[7]

Quelle: Jugoslawisches Bundesamt für Statistik, Wiener Institut für Internationale Wirtschaftsvergleiche (WIIW)

[1] reale Veränderungen in % gegenüber dem jeweiligen Vorjahr; [2] Vorläufige Schätzungen d. Statistikamtes (für das gesamte ehem. Staatsgebiet Jugoslawiens; [3] Veränderungen beziehen sich auf die Angaben in $; [4] Jahresdurchschnitt der Detailhandelspreise; [5] Jan. 1992: 26,1%; Feb. 1992: 42,5% (ohne Slowenien); [6] keine Angaben verfügbar; [7] registrierte Arbeitslose per Ende Dez. 1991

7) – **Unabh.**: Beide Teilrepubliken Jugoslawiens, Serbien u. Montenegro, treten am 29. 4. 1992 d. Rechtsnachfolge der »Sozialist. Föderativen Rep. J.« unter d. Namen »Bundesstaat Jugoslawien« an (international nicht anerkannt) – **Nationalfeiertag**: unbekannt

WIRTSCHAFT BSP 1990 (Alt-Jugoslawien): 3060 $ je Ew. (61a); 1991 (S): 1300 $ je Ew. (1992: Rückgang um 40% prognostiziert; Rückgang der Industrieproduktion um 36%); **BIP** je Ew. (S 1990): Serbien 2200 $, Montenegro 1700 $ – **Arbeitslosenquote** 4/1992: über 22% (Serbien) u. rd. 25% in Montenegro – **Währung**: 1 Jugoslaw. Dinar (Din) = 100 Para (p); 1 US-$ = 304,78 Din; 100 DM = 19 940,00 Din (Offiz. Kurs vom 14. 4. 1992) – **Brutto-Verschuld.** 1991: 5360 Mio. $ (ohne Gesamt-Jugosl. Schulden) – **Inflation** Aug. 1991/92: 7600% – **Außenhandel** 1991: **Import** (Serbien): 4503,5 Mio. $; Güter: k. Ang.; Länder (Serbien): EG 49% (dar. BRD 25%, Italien 13%), EFTA 6% (dar. Schweiz 2%), ehem. UdSSR 18%, USA 5%, Rumänien 4%; **Export** (Serbien): 5010,2 Mio. $; Montenegro: 518 Mio. $; Güter (Serbien): Zuckerrüben, Mais, Weizen; Magnesit, Kohle, Blei, Zink, Antimon, Naturgas, Kupfer; (Montenegro): landwirtschaftl. Prod., Bauxit, Blei, Zink, Kohle, Holz; Länder (Serbien): EG 43% (dar. BRD 21%, Italien 11%), EFTA 7% (dar. Schweiz 2%), ehem. UdSSR 13%, USA 4%, Rumänien 2% – 1990/91 (Serbien): Rückgang d. Industrieproduktion um 17,6%

Kambodscha

PRESSE (Aufl. i. Tsd.): *Tageszeitungen:* Belgrad: Novosti 8 (177) – Politika (236) – Politika Ekspres (211) – Privredni Pregled (15)/Wirtsch. – Većernje Novosti (253) – Novi Sad: Dnevnik (35) – Magyar Szó (25)/Ungar. – Priština: Rilindja (41)/ Alban., 1990 durch serb. Reg. verboten – Titograd: Pobjeda (19) – *Wochenzeitungen:* Belgrad: Ekonomska Politika (11) – Ilustrovana Politika (263) – Jež (11)/Satir. – Politikin Zabavnik (110) – Tempo (107) – *Nachrichtenagentur:* TANJUG

KOSOVO

LANDESSTRUKTUR Fläche 10887 km^2 – Einwohner (F 1988): 1894000 = 174 je km^2; (Z 1981) 1584441 – 77,4% Albaner, 13,2% Serben, 3,7% Muslime, 1,7% Montenegriner, 0,8% Roma u. Türken – Sprachen: Albanisch u. Serbo-Kroatisch

REGIERUNGSFORM Bildung einer souveränen u. unabh. »Republik Kosovo« angestrebt – Parl. seit Juli 1990 verboten, Aufhebung d. Autonomie-Status – Illegale Regierung seit 21.10.1991, Parlament (130 Abg.) seit 24.5.1992 – Regierung: Präs. Ibrahim Rugova (Vors. d. UDK), seit 24.5.1992; Reg.-chef: Dr. Bujar Bukoshi (UDK), seit 21.10.1991 – Parteien: Von Serbien für illegal erklärte Parl.-Wahlen am 24.5.1992: Dem. Bund Kosovos/UDK (Partei d. Albaner) rd. 78 d. 130 Sitze (→ *Chronik »Jugoslawien«*)

WIRTSCHAFT BIP (S) 1990: 730$ je Ew. – Ärmste Gegend Jugoslawiens, rd. 50% Arbeitslosigkeit; Güter: landwirtschaftl. Prod., Fleischprod., Nickel, Zink, Blei, Kadmium, Bauxit, Chrom, Mangan

VOJVODINA

LANDESSTRUKTUR Fläche 21506 km^2 – Einwohner (F 1988) 2052000 = 95 je km^2; (Z 1981) 2034772 – 54,4% Serben, 18,9% Ungarn, 8,2% Jugoslawen [Eigenbezeichnung], 5,4% Kroaten, 3,4% Slowenen, 2,3% Rumänen, 2,1% Montenegriner, 0,9% Ruthenen, 4,4% and. Minderh.; insg. 24 Nationalitäten – Sprachen: Serbo-Kroatisch, Ungarisch (seit 1989 verboten), Slowakisch, Rumänisch, Ruthenisch

REGIERUNGSFORM Parlament 1989 aufgelöst; Autonomie-Status aufgehoben – Regierung: Präs. Jugoslav Kostić u. Reg.-chef: Dr. Radoman Bozović

WIRTSCHAFT BIP (S) 1990: 3250$ je Ew. – Erwerbstät.: rd. 50% Landw. – Güter: landwirtschaftl. Prod., Fleischprod.

Ehemalige Teilrepubliken Alt-Jugoslawiens
→ **BOSNIEN-HERZEGOWINA** → **KROATIEN** →
MAKEDONIEN → **SLOWENIEN**

KAMBODSCHA *Südost-Asien*
Bis 1990 Demokratisches Kampuchea – K

LANDESSTRUKTUR Fläche (88): 181035 km^2 (mit 3000 km^2 Binnengewässern) – **Einwohner** (78): (S 1990) 8500000 = 46 je km^2; (Z 1981) 6682000 – Kambodschaner; ca. 85–93% Khmer, vietnames. (4%) u. chines. (3%) Minderh.; Gruppen malaiischer Herkunft, z. B. Cham, Bergstämme, z. B. Moi (»Khmer-Loeu«) sowie Lao; ca. 200000 angesied. Vietnamesen – Rückführung der rd. 370000 Flüchtl. aus Thailand (bis Aug. 1992: ca. 100000); rd. 100000 Flüchtl. im westl. Ausl. – **Leb.-Erwart.:** 50 J. – **Säugl.-Sterbl.:** 11,7% – **Analph.:** 65% – Jährl. **Bev.-Wachstum** (∅ 1980–90): 2,6% (Geb.- u. Sterbeziffer 1980–90: 3,8%/1,5%) – **Sprachen:** Khmer als Amtssprache; Französ. als Bildungs- u. Handelsspr.; Chinesisch u. Vietnamesisch – **Religion:** 89% Buddhisten; schafiitische Sunniten (rd. 200000) als islam. Minderh. (Cham, Malaien); christl. Restgruppen; – **Städt. Bev.:** 12% – **Städte** (S 1991): Phnom Penh (Hptst.) 900000 Ew.; (S 1981) Kompong Som 53000, Kompong Chhnang u. Kompong Cham

STAAT Verfassung von 1981, revidiert 1989 u. am 27.12.1991 (Einführung d. Mehrparteiensystems) – Parlament mit 120 Mitgl. vorgesehen, Wahl alle 5 J. – Derzeit Nationalversammlung mit gesetzgeb. Funktion – Seit Nov. 1991 »Oberster Nationalrat«/SNC aus 12 Vertr. aller 4 Konfliktparteien unter Vorsitz von Norodom Sihanouk als Übergangsreg., mit d. Auftrag, zusammen mit der UN d. Demobilisierung d. versch. Bürgerkriegsarmeen vorzunehmen u. d. Demokratisierung voranzutreiben; die UNTAC (United Nations Authority in Cambodia) kontrolliert die 5 Schlüsselministerien (Äußeres, Finanzen, Verteidigung, Öffentl. Sicherheit u. Information) – 18 Provinzen (»Khet«) – **Staatsoberhaupt:** Chea Sim, seit 6.4.1992 – **Regierungschef:** Hun Sen, seit 1985 – **Äußeres:** Hor Nam Hong – **Parteien:** Wahlen zur Nationalvers. 1981: Kambodschanische Volkspartei (ehem. Revolutionäre Volkspartei Kampucheas/RVPK) alle 117 Mandate; Parl.- u. Präs.-Wahlen für Mai 1993 geplant – **Unabh.:** alte staatl. Tradition; Wiedererlang. d. Unabh. am 9.11.1953, endgültig bestätigt durch die Indochina-Konferenz 1955 – **Nationalfeiertag:** 7.1. (Eroberung Phnom Penhs 1979)

WIRTSCHAFT (keine neueren Angaben verfügbar) **BSP** 1984 (S): 1130 Mio. $ = 155 $ je Ew. (176); **BIP** 1986 (S): 585 Mio. $; realer Zuwachs ⌀ 1980–86: –3,2%; Anteil 1986 **Landwirtsch.** 60%, **Industrie** 5% – **Erwerbstät.** 1989: Landw. 70%, Ind. 3% – **Energieverbrauch** 1990: 59 kg ÖE/Ew. – **Währung:** 1 Riel = 10 Kak = 100 Sen; 1 US-$ = 1000,00 Riel; 100 Riel = 0,15 DM – **Ausl.-Verschuld.** 1985: 520 Mio. $ – **Außenhandel** 1985: **Import:** 117669 $; **Export:** 12514 $; Güter: bearbeit. Waren (z. T. Reexporte), v. a. Eisen u. Stahl, tierische u. pflanzl. Produkte; Länder: UdSSR (87%), Türkei, Japan, USA

PRESSE (Aufl. i. Tsd.) *Wochenzeitungen:* Kampuchea (55) – Pracheachon (50, 2x wö.) – *Nachrichtenagentur:* SPK (Saporamean Kampuchea)

KAMERUN *Zentral-Afrika*
Republik Kamerun; République du Cameroun; Republic of Cameroon – CAM

LANDESSTRUKTUR Fläche (52): 475442 km^2 (davon 5242 km^2 Binnengewässer) – **Einwohner** (60): (F 1990) 11941000 = 25 je km^2; (Z 1976) 7663246 – Kameruner; Bantu- (40%), Semibantu u. Adamawa (20%); Pygmäen im S, Fulbe, Haussa; etwa 20000 Europ., meist Franzosen – **Leb.-Erwart.:** 57 J. – **Säugl.-Sterbl.:** 8,8% – **Analph.:** 46% – Jährl. **Bev.-Wachstum** (⌀ 1980–90): 3,0% (Geb.- u. Sterbeziffer 1990: 4,1%/1,2%) – **Sprachen:** Französisch (80%) u. Englisch (20%) als Amtsspr.; Bantu, Semibantu u. Ful z. T. als Verkehrssprachen; Gbaya (Adamawa-Usangi-Spr.), Weskos (kreol. Spr.) u. a. – **Religion:** 35% Katholiken, 17% Protestanten, 22% Muslime; rd. 39% Anh. v. Naturreligionen u. Sekten (v. a. im N) – **Städt. Bev.:** 41% – **Städte** (S 1986): Yaoundé [Jaunde] (Hptst.) 653700 Ew.; Douala [Duala] (S 1987) 1117000, Garoua 95000, Nkongsamba 93000, Bafoussam 75000, Maroua 70000, Bamenda 60000

STAAT Präsidialrepublik – Verfassung von 1972 – Mehrparteiensystem seit 1992 – Parlament mit 180 Mitgl., Wahl alle 5 J. – 10 Provinzen – **Staatsoberhaupt:** Präs. Paul Biya, seit Nov. 1982, 1984 u. 1988 erneut wiedergewählt; Neuwahlen für 11. 10. 1992 angekündigt – **Regierungschef:** Simon Achidi Achu (RDPC), seit 9. 4. 1992 – **Äußeres:** Jacques-Roger Booh-Booh – **Parteien:** Erste freie Parl.-Wahlen am 1. 3. 1992: Rassemblement démocratique du peuple camerounais/RDPC (ehem. Einheitspartei) 88 der 180 Sitze, Union nationale pour la démocratie et le progrès/UNDP 68, Union des populations du Cameroun/UPC 18, Mouvement pour la défense de la république/MDR 6; Boykott seitens Sozialdemokrat. Front/SDF, Demokrat. Union/UDC, Union demokrat. Kräfte/UFDC – **Unabh.:** 1. 1. 1960 Ost-Kamerun, 1. 10. 1961 West-Kamerun (Wiedervereinigung) – **Nationalfeiertag:** 20. 5.

WIRTSCHAFT BSP 1990: 11233 Mio. $ = 960 $ je Ew. (109); realer Zuwachs ⌀ 1980–90: 2,9%; **BIP** 1990: 11130 Mio. $; realer Zuwachs ⌀ 1980–90: 2,3%; Anteil 1990 **Landwirtsch.** 27%, **Industrie** 28% – **Erwerbstät.** 1989: Landw. 62%, Ind. 7% – **Energieverbrauch** 1990: 147 kg ÖE/Ew. – **Währung:** 1 CFA-Franc = 100 Centimes (c); 1 FF = 50 CFA-Francs (Wertverh. zum FF); 100 CFA-Francs = 0,595 DM – **Ausl.-Verschuld.** 1990: 6023 Mio. $ = 56,8% d. BSP – **Inflation** ⌀ 1980–90: 5,6% – **Außenhandel** 1990: **Import:** 1582 Mio. $; Güter: 47% Halbfertigwaren, 26% Kapitalgüter, 16% Verbrauchsgüter, 11% Nahrungsm.; Länder: 37% Frankr., 8% Belgien-Luxemb., 7% BRD, 5% Italien, 3% Niederl.; **Export:** 2318 Mio. $; Güter: 43% Erdöl, 11% Industriegüter, 9% Kaffee, 9% Kakao, 6% Holz; Länder: 30% Frankr., 15% USA, 8% Italien, 7% Spanien, 6% Niederl., 6% BRD

PRESSE (Aufl. i. Tsd.) *Tageszeitung:* Yaoundé: Cameroon Tribune (66)/Frz. – *Wochenzeitungen:* Yaoundé: Cameroon Tribune (16)/Engl. – Le Combattant (40) – Douala: La Gazette (35)/Frz. – Limbe: Cameroon Outlook (20, 3x wö.) – Cameroon Times (12)/Engl. – The Gazette (70)/Engl. – *Nachrichtenagentur:* CAMNEWS

KANADA *Nord-Amerika*
Canada; Canadian Dominion – CDN

LANDESSTRUKTUR Fläche (2): 9976139 km^2 (nach eig. Ang. 9221016 km^2 Landfläche; mit 755180 km^2 Binnengewässern) – **Einwohner** (32): (F 1991) 26992000 = 3 je km^2; (Z 1986) 25309330 – (Z 1981): 44,6% Kanadier britischer, 28,7% französ. u. 23% and. europ. Abst.; 367810 Indianer u. 25390 Eskimos (Inuits) – **Leb.-Erwart.:** 77 J. – **Säugl.-Sterbl.:** 0,7% – **Analph.:** unter 5% – Jährl. **Bev.-Wachstum** (⌀ 1980–90): 1,0% (Geb.- u. Sterbeziffer 1990: 1,4%/0,7%) – **Sprachen:** Englisch u. Franz. als Amtsspr.; Muttterspr. (Z 1986 in %): 62,7 Englisch, 25,4 Französ., 11,9 Sonst. – **Religion:** 47% Katholiken, 16% »United Church«, 10% Anglikaner, 3% Presbyterianer, 3% Lutheraner, 3% Baptisten u. 17% and. – **Städt. Bev.:** 77% – **Städte** (Z 1986): Ottawa (Hptst.) 300763 Ew. (als »Census

Metropolitan Area« 819263); Toronto 612289 (3427168), Montreal 1015420 (2921357), Vancouver 431147 (1380729), Edmonton 573982 (785465), Calgary 636104 (671326), Winnipeg 594551 (625304), Québec 164580 (603267), Hamilton 306728 (577029)

STAAT Konstitutionelle Monarchie im Commonwealth – Verfassung von 1982, Änderungen 1992: Stärkung der bundesstaatl. Strukturen und des Senats; Sonderstatus für Québec (»eigenständige Gesellschaft«); Autonomierechte für die Indianer und Eskimos (→ *Chronik, Sp. 98f.*) – Parlament aus 2 Kammern: Unterhaus (House of Commons) mit 295 (künftig 337, davon ein Viertel für Quebec) alle 5 J. gewählten u. Senat (Senate) mit maximal 112 Mitgl. – Allg. Wahlrecht – 10 Provinzen mit eig. Legislative u. Exekutive, 2 Territorien unter Bundesverwaltung; Schaffung eines selbstverwalteten Territoriums der Inuit (Eskimos) u. Indianer (Nunavut) im NO der Nordwestterritorien (NWT) – **Staatsoberhaupt:** Königin Elizabeth II., seit 1952; vertreten durch einheim. Generalgouverneur Ramon John Hnatyshyn, seit 29. 1. 1990 – **Regierungschef:** Martin Brian Mulroney (P. C.), seit Sept. 1984, erneut seit Nov. 1988 – **Äußeres:** Barbara McDougall – **Parteien:** Wahlen vom 21. 11. 1988, incl. Nachwahlen vom März 1989 (Unterhaus): Progressive Conservative Party/P. C. 159 (1984: 211) der 295 (282) Sitze; Liberal Party/Lib. 80 (40); New Democratic Party/ N. D. P. 44 (30); Reform Party 1 (–); Unabh. 11 (1) – Sitzverteilung im Senat (Stand Dez. 1990): P. C. 54, Lib. 52, Unabh. Lib. 1, Reform Party 1, Unabh. 4 – **Unabh.:** 1. 7. 1867 de facto, 11. 12. 1931 nominell (Westminster-Statut) – **Nationalfeiertag:** 1. 7.

WIRTSCHAFT BSP 1990: 542774 Mio. $ = 20470 $ je Ew. (11); realer Zuwachs $\emptyset$ 1980–90: 3,3%; **BIP** 1991: 595900 Mio. $; realer Zuwachs $\emptyset$ 1980–90: 2,9% (1991: –0,9%); Anteil 1989 **Landwirtsch.** 4%, **Industrie** 40% – **Erwerbstät.** 1990: Landw. 4,2%, Ind. 24,6%; **Arbeitslosigkeit** 6/1992: 11,6% – **Energieverbrauch** 1990: 10009 kg ÖE/Ew. – **Währung:** 1 Kanadischer Dollar (kan$) = 100 Cents (c); Freimarktkurs: 1 US-$ = 1,20 kan$; 100 kan$ = 127,26 DM – **Inflation** $\emptyset$ 1980–90: 4,4% (1991: 5,1%) – **Außenhandel** 1991: **Import:** 134000 Mio. kan$; Güter: 32% Maschinen u. Ausrüst., 23% Kfz, 18% Industriegüter, 12% Konsumgüter, 9% land- u. fischwirtschaftl. Prod., 5% Energie; Länder: 69% USA, 7% Japan, 3% Großbrit., 2% BRD; **Export:** 142000 Mio. kan$; Güter: 23% Kfz, 20% Industriegüter, 20% Maschinen u. Ausrüst., 14% Forsterzeugn., 10% Energie; Länder: 76% USA, 5% Japan, 2% Großbrit., 2% BRD (*Zur Wirtschaftslage 1991 → Sp. 853f.*)

PRESSE (Aufl. i. Tsd.) *Tageszeitungen:* Ottawa: Citizen (192, so. 167) – Calgary: Calgary Herald (135, so. 123) – Edmonton: Edmonton Journal (159, so. 1496) – Edmonton Sun (97, so. 132) – Hamilton: Spectator (142) – London: London Free Press (126) – Montréal: The Gazette (179, so. 160) – Le Journal de Montréal (324, so. 339) – La Presse (207, so. 195) – Québec: Le Soleil (115, so. 94) – Toronto: The Globe and Mail (320) – Toronto Star (508, so. 533) – Toronto Sun (296, so. 465) – Vancouver: The Province (184, so. 224) – The Vancouver Sun (222) – Winnipeg: Winnipeg Free Press (169, sa. 231) – *Nachrichtenagentur:* CP (The Canadian Press)

KAP VERDE *West-Afrika*
Republik Kap Verde [Kapverden]; República de Cabo Verde – CV

LANDESSTRUKTUR Fläche (162): 4033 km^2 (10 größere Inseln, davon 9 bewohnt sowie 5 kleinere unbewohnte Inseln) – **Einwohner** (160): (F 1990) 371000 = 91 je km^2; (Z 1980) 295703 – Kapverdier (portug.: cabo-verdianos); rd. 71% Mestiços (Mulatten), 28% Schwarze, 1% Weiße; ca. 700000 leben u. arbeiten im Ausland, davon rd. 200000 in den USA – **Leb.-Erwart.:** 66 J. – **Säugl.-Sterbl.:** 6,3% – **Analph.** (1985): 53% – Jährl. **Bev.-Wachstum** ($\emptyset$ 1980–90): 2,6% (Geburtenziffer 1990: 5,4%) – **Sprachen:** Portugiesisch als Amtsspr.; Crioulo (auf Portugies. basiertes Kreol) als Umgangsspr. – **Religion:** 99% Katholiken; kl. protestant. Minderh., Anh. v. Naturrel. – **Städt. Bev.:** rd. 32% – **Städte** (F 1988): Praia (Hptst., auf São Tiago) 60484 Ew.; (Z 1980) Mindelo (Wirtschaftszentrum, auf São Vicente) 41800, São Filipe (auf Fogo) 11000

STAAT Republik – Verfassung von 1980, Änderungen 1990 – Nationalversammlung mit 79 Mitgl., Wahl alle 5 J. – 7 Inseln (ohne d. unbewohnten) als je 1 Bezirk u. 2 Inseln mit 4 bzw. 3 Bezirken, insg. 15 Bezirke (Concelhos) *(Einzelheiten → WA '92, Sp. 429f.)* – **Staatsoberhaupt:** Präs. António Mascarenhas Monteiro, seit 17. 2. 1991 – **Regierungschef:** Carlos Alberto Wahnon Carvalho Veiga (MpD), seit 4. 4. 1991 – **Äußeres:** Jorge Carlos Almeida Fonseca – **Parteien:** Erste freie Wahlen vom 14. 1. 1991: Movimento parce Democracia/MPD 56 der 79 Sitze; Partido Africano da Independência de Cabo Verde/ PAICV (ehem. Einheitspartei) 23 – **Unabh.:** 5. 7. 1975 – **Nationalfeiertag:** 5. 7.

WIRTSCHAFT BSP 1990: 331 Mio. $ = 890 $ je Ew. (113); realer Zuwachs $\emptyset$ 1980–90: 5,7%; **BIP** Anteil 1988 **Landwirtsch.** 15%, **Industrie** 28% – **Erwerbstät.** 1988: Landw. 45%, Ind. 23% – **Ener-**

gieverbrauch 1984: 117 kg ÖE/Ew. – **Währung:** 1 Kap-Verde-Escudo (KEsc) = 100 Centavos (CTs); 1 US-$ = 64,53 KEsc; 100 KEsc = 2,37 DM – **Ausl.-Verschuld.** 1988: 133 Mio. $ – **Inflation** ⌀ 1980–90: 9,8% – **Außenhandel** 1987: **Import:** 100 Mio. $; Güter: 53% Halbfertigprod., Maschinenbau-, elektrotechn. Erzeugn. u. Fahrz., 32% Nahrungsm. u. leb. Tiere, 14% Erdöl; Länder (1986): 75% EG-Länder (dar. 38% Portugal, 23% Niederl.); **Export:** 8 Mio. $; Güter: 39% Fischprod. (Thunfisch in Dosen), 18% Bananen; Länder (1986): 68% EG-Länder (dar. 48% Portugal, 19% Italien, 11% Frankr.), 10% Algerien

PRESSE (Aufl. i. Tsd.) *Wochenzeitungen:* Praia: Boletim Informativo (1,5)/offiz. – Boletim Oficial da República de Cabo Verde/offiz. – Unidade e Luta/PAICV-Org. – Voz do Povo (5, 3x wö.)

KASACHSTAN *Zentralasien*
Republik Kasachstan; kasachisch: Kazakstan; Name seit 10. 12. 1991

LANDESSTRUKTUR *(GUS-Übersichtstabelle → Sp. 523f.)* **Fläche** (9): 2717300 km² – **Einwohner** (50): (F 1990) 16690300 = 6 je km²; (Z 1989) 16538000 – (Z 1989) 42% Kasachen [Kasak], 38% Russen, 5,4% Ukrainer, 5% Deutsche, 2% Usbeken, 2% Tataren, Weißrussen, Uiguren, Koreaner u. a. – **Leb.-Erwart.:** 69 J. – **Säugl.-Sterbl.** (1989): 2,6% – **Bev.-Wachstum** (1979–89): +12,1% (Geb.- u. Sterbeziffer 1990: 2,2%/0,8%) – **Sprachen:** Kasachisch (Turksprache) seit 1989 Amtssprache, Russisch Verkehrsspr. – **Religion:** Muslimische Mehrheit (Sunniten); Russ.-Orth. – **Städt. Bev.:** 57% – **Städte** (F 1990): Alma-Ata [Almaty] (Hptst.) 1151300 Ew. (davon 660000 Russen, 250000 Kasachen, 45000 Ukrainer, 20000 Deutsche); Karaganda 615000, Tschimkent 400000, Semipalatinsk 335000, Pawlodar 330000, Ust-Kamenogorsk 325000, Dschambul 310000, Zelinograd 280000, Aktjubinsk 250000, Petropawlowsk 240000, Kustanaj 225000

STAAT *(→ Chronik WA '92 u. Sp. 56f.)* Präsidialrepublik seit 24. 4. 1990 – Verfassung d. kasachischen SSR noch gültig – Parlament (Oberster Sowjet) aus 1 Kammer, ernennt Präsidium u. Ministerrat – Allg. Wahlrecht ab 18 J. – 19 Gebiete (Oblast) sowie 271 Bezirke (Rajon) u. bezirksfreie Städte – **Staatsoberhaupt:** Nursultan Nasarbajew, am 1. 12. 1991 mit 98,8% d. Stimmen im Amt bestätigt – **Regierungschef:** Boris Tereschtschenko – **Äußeres:** Tulentai Sulejmenow – **Parteien:** Nach Parl.-Wahlen von 1990 reformkommunist. Mehrheit in Parl. u. Reg.; Parteien: Sozialistische Partei (ehem. KP), versch. nationale u. ökologische informelle Gruppen – **Unabh.:** Souveränitätserkl. am 25. 10. 1990, Unabh.-Erkl. am 16. 12. 1991 – **Nationalfeiertag:** 16. 12. (Unabhängigkeit)

WIRTSCHAFT *(GUS-Wirtschaftsindikatoren 1991 → Tab. Sp. 523f.)* **BSP** 1989: 61400 Mio. $ = 3720 $ je Ew. (55); Anteil am BSP d. UdSSR: 4,2% – **Erwerbstätige** 1991: 7,5 Mio.; davon in staatl. Untern. u. Organisationen 75,5%, Pachtunternehmen 9,0%, Kolchosen u. neue Genossenschaften 8,8%; Anteil 1987: **Forst- u. Landwirtsch.** 23%, **Industrie u. Bau** 31%, **Handel u. Verkehr** 23%, **Dienstleistungen** 22% – **Währung:** Rubel *(→ Rußland)*; eigene Parallelwährung »Tanga« am 9. 8. 1992 eingeführt – **Bergbau u. Rohstoffgewinnung:** Erdöl (1989: 4% d. Gesamtförderung d. UdSSR; 1991: 26,6 Mio. t; 1990/91: 3%); Erdgas (1%; 1991: 7,9 Mrd. m³; 1990/91: 11%); Kohle (19% = 138 Mio. t); Eisenerz (5%); Nickel, Chrom, Titan, Wismut, Blei, Kupfer (30% d. Gesamtprod.), Wolfram, Zink, Uran, Gold (rd. 15 t/Jahr = 5% d. UdSSR-Förderung); Silber (70%); kl. Mengen Vanadium, Molybdän, Thallium, Mangan, Bauxite u. Phosphorite *(Produktion von Energiegütern 1991 → Tab. Sp. 525f.);* **Industrie:** Grundstoffind. (Eisen u. Stahl, Petrochemie), Schwermaschinenbau, Rüstungsgüter, Landmaschinen, Nahrungsmittelverarb.; **Landwirtschaft:** Getreide (13% d. Gesamtprod. d. UdSSR), Fleisch (7%), Wolle (23%); Zuckerrüben, Tabak, Obst, Baumwolle, Naturgummi; Fischzucht – **Außenhandel Saldo** 1988: –6,6 Mrd. Valutarubel; **Import** (1989): 17570 Mio. Rbl, davon 83% aus d. übrigen UdSSR u. 17% aus d. Ausland; Güter: Maschinenbauerzeugn., Erzeugn. d. Leicht- u. Nahrungsmittelind., Holz u. Papier; **Export** (1989): 9090 Mio. Rbl, davon 90% in d. übrige UdSSR u. 10% ins Ausland; Güter: landwirtschaftl. Erzeugn. (Getreide), Buntmetalle, Kohle

PRESSE 1990: 453 Zeitungen in Kasach., Russ., Uigur., Dt. u. Korean. sowie 94 Zeitschriften, davon 31 in Kasach. – *Nachrichtenagenturen:* Kaztag (Kazakh Telegraph Agency), Kastag-TASS, KAS-REVUE

KATAR *Vorder-Asien*
Staat Katar; Dáwlat Qátar – Q

LANDESSTRUKTUR **Fläche** (156): 11000 km² (n. eig. Ang. 11437 km²) – **Einwohner** (156): (F 1990) 439000 = 37 je km²; (Z 1986) 369079 – Katarer; 45% Araber; 34% Südasiaten; 16% persische u. 7% pakistan. Gruppen, etwa 10000

Schwarze; ca. 70–75% d. Bev. sind Ausländer – **Leb.-Erwart.:** 70 J. – **Säugl.-Sterbl.:** 3,8% – **Analph.:** k. Ang. –Jährl. **Bev.-Wachstum** (∅ 1980–90): 4,8% (Geburtenziffer 1990: 5,7%) – **Sprachen:** Arabisch als Amtssprache; außerdem u. a. Persisch; Englisch als Handels- u. Verkehrsspr. – **Religion:** 92% sunnitische Muslime, überw. wahabit. Richtung, 6% Christen, 1% Hindus – **Städt. Bev.:** rd. 90% – **Städte** (Z 1986): Doha (Hptst.) 217294 Ew., Rayyan 91996, Wakrah [Waqra] 23682, Umm Salal 11161

STAAT Absolutistische Monarchie (Emirat) – Provisor. Verfassung von 1970 – Beratende Versammlung mit 30 ernannten Mitgl. (kein Frauenwahlrecht) – Keine Legislative – **Staatsoberhaupt u. Regierungschef:** Emir Scheich Khalifa [Chalifa] bin Hamad Al-Thani; Kronprinz Scheich Hamad bin Khalifa [Chalifa] Al-Thani – **Äußeres:** Ali Mubarak Ali Al-Khatir – **Parteien:** keine – **Unabh.:** 1. 9. 1971 – **Nationalfeiertag:** 3. 9.

WIRTSCHAFT BSP1990:6962Mio. $=15860$ je Ew. (20); realer Zuwachs ∅ 1980–90: – 6,6%; **BIP** realer Zuwachs ∅ 1980–87: – 3,2% (1988: +1,5%); Anteil 1987 **Landwirtsch.** 1,3%, **Industrie** 48% – **Erwerbstät.** 1986: Landw. 3,1%, Ind. 15% – **Energieverbrauch** 1984: 120 kg ÖE/Ew. – **Währung:** 1 Katar-Riyal (QR) = 100 Dirhams; 1 US-$ = 3,63 QR; 100 QR = 42,19 DM – **Ausl.-Verschuld.** 1987: 619 Mio. $ – **Inflation** ∅ 1981–87: 2,8% – **Außenhandel: Import** 1987: 4613 Mio. QR; Güter: elektrotechn. Geräte u. Maschinen, Nahrungsm. u. leb. Tiere, Textilien, chem. Prod.; Länder: 13% Japan; **Export** 1985: 3541 Mio. $; Güter: über 75% Erdöl, Flüssiggas, Handelsdünger, petrochem. Prod., Stahl; Länder: 39% Japan, EG-Länder, USA, Singapur, Thailand, Rep. Korea

PRESSE (Aufl. i. Tsd.) *Tageszeitungen:* Doha: Al-Arab (15) – Ar-Rayah (100) – As-Sharq (15) – Gulf Times (50)/Engl. – *Nachrichtenagentur:* QNA (Qatar News Agency)

KENIA *Ost-Afrika*
Republik Kenia; Dschamhuri ja Kenia bzw. Jamhuri ya Kenya; Republic of Kenya – EAK

LANDESSTRUKTUR Fläche (45): 582646 km² (mit 13396 km² Binnengewässern) **Einwohner** (37): (F 1990) 24368000 = 42 je km²; (Z 1979) 15327061 – Kenianer; über 60% Bantu (u. a. 20% Kikuyu, 13% Luhya, 11% Kamba) ferner 14% West-Niloten (u. a. 13% Luo) u. ost-nilotische Gruppen (darunter 1,5%

Massai); 80000 Inder, rd. 27000 Araber u. 25000 Europäer – **Leb.-Erwart.:** 59 J. – **Säugl.-Sterbl.:** 6,7% – **Analph.:** 31% – Jährl. **Bev.-Wachstum** (∅ 1980–90): 3,8% (Geb.- u. Sterbeziffer 1990: 4,5%/1,0%) – **Sprachen:** KiSuaheli als Amtsspr.; Umgangssprache d. Bantu (Kikuyu), Inder, Niloten (Luo u. Massai); Englisch als Verkehrs- u. Bildungssprache – **Religion:** 25% Katholiken, 7% Anglikaner, 6% Muslime, Minderh. v. Hindus, Juden; mehrheitl. Anh. v. Naturreligionen – **Städt. Bev.:** 24% – **Städte** (S 1985): Nairobi (Hptst.) 827800 Ew., mit Vororten 1,5 Mio.; Mombasa-Kilindi 341000, Kisumu 152600, Nakuru 92900, Machakos 84000, Meru 75000, Eldoret 51000, Thika 41000

STAAT Präsidialrepublik – Verfassung von 1982, nach Änderung vom 10. 12. 1991 Wiedereinführung d. Mehrparteiensystems – Lt. neuem Wahlgesetz vom Aug. 1992 Begrenzung d. Amtszeit d. Präs. auf 2x 5 J., der in 5 von 8 Provinzen mit mind. 25% d. Stimmen gewählt werden muß – Parlament mit 202 Mitgl. (davon 188 gewählt, 12 ernannt, 2 ex-officio), Wahl alle 5 J. – 7 Provinzen u. Extra Provincial District Nairobi – **Staats- u. Regierungschef** sowie Verteidigungsminister: Daniel arap Moi, seit 1978, 1988 für 3. Amtszeit bestätigt – **Äußeres:** Wilson Ndolo Ayaho – **Parteien:** Wahlen von 1988: Kenya African National Union/KANU (ehem. Einheitspartei) alle 188 Sitze; seit 1991 Gründung zahlr. Parteien – Erste freie Parl.- Wahlen bis Ende 1992 vorgesehen u. Präs.-Wahlen Anf. 1993 – **Unabh.:** 12. 12. 1963 – **Nationalfeiertage:** 12. 12. (Unabh.), 1. 6. u. 20. 10. (Kenyatta-Day)

WIRTSCHAFT BSP1990:8958Mio. $ = 370 $ je Ew. (150); realer Zuwachs ∅ 1980–90: 4,2%; *(Anteil Entwicklungshilfe u. Ausl.-Schulden → Tab. Sp. 471 f.);* **BIP** 1990: 7540 Mio. $; realer Zuwachs ∅ 1980–90: 4,2%; Anteil 1990 **Landwirtsch.** 28%, **Industrie** 21% – **Erwerbstät.** 1989: Landw. 77%, Ind. 20%; **Arbeitslosigkeit** 1989: 35–40% – **Energieverbrauch** 1990: 100 kg ÖE/Ew. – **Währung:** 1 Kenia-Schilling (K. Sh.) = 100 Cents (c); 20 K. Sh. = 1 Kenia-Pound; 1 US-$ = 32,26 K. Sh.; 100 K. Sh. = 4,71 DM – **Ausl.-Verschuld.** 1990: 6840 Mio. $ = 81,2% d. BSP – **Inflation** ∅ 1980–90: 9,2% – **Außenhandel** 1990: **Import:** 2368 Mio. $; Güter: 32% Industriebedarf, 25% Maschinen u. a. Kapitalgüter, 19% Brenn- u. Schmierstoffe, 17% Nahrungsm. u. Getränke, 12% Transportgerüst.; Länder: 15% Großbrit., 12% Ver. Arab. Emirate, 9% Japan, 8% BRD, 7% Saudi-Arabien, 6% Iran; **Export:** 1096 Mio. $; Güter: 60% Nahrungsm. u. Getränke, 20% Industriebedarf, 12% Brenn- u. Schmierstoffe, 7% Konsumgüter; Länder: 18% Großbrit., 12% BRD, 8% Uganda, 6% Pakistan, 6% Niederl., 5% USA

PRESSE (Aufl. i. Tsd.) *Tageszeitungen:* Nairobi: Daily Nation (165)/Engl. – Kenya Gazette – Kenya Leo/KANU, Suaheli – Kenya Times (36)/KANU, Engl. – The Standard (67)/Engl. – Taifa Leo (57)/Suaheli – *Nachrichtenagentur:* KNA (Kenya News Agency)

KIRGISTAN *Zentralasien*
Republik Kirgistan; kirgisisch: Kyrgyzstan; Name seit 12. 12. 1990 –

LANDESSTRUKTUR *(GUS-Übersichtstabelle → Sp. 523f.)* **Fläche** (85): 198500 km² – **Einwohner** (106): (F 1990) 4372000 = 22 je km²; (Z 1989) 4291000 – (Z 1989) 52,4% Kirgisen [Kirgis], 21,5% Russen, 12,9% Usbeken, 2,5% Ukrainer, 1,6% Tataren, Deutsche, Uiguren, Kasachen, Tadschiken – **Leb.-Erwart.:** 69 J. – **Säugl.-Sterbl.** (1989): 3,2% – **Bev.-Wachstum** (1979–89): + 20,9% (Geb.- u. Sterbeziffer 1990: 2,9%/0,7%) – **Sprachen:** Kirgisisch u. Russisch als Amtssprachen; Usbekisch – **Religion:** Muslimische Mehrheit (Sunniten); Christen, Bhuddhisten – **Städt. Bev.:** 38% – **Städte** (F 1990): Bišchkek [Biskek; ehem. Frunse] (Hptst.) 626900 Ew. (davon 340000 Russen, 140000 Kirgisen, 34000 Ukrainer, 13000 Deutsche); Osch 215000, Preschewalsk, Tokmak, Kysyl-Kija

STAAT *(→ Chronik WA '92 u. Sp. 100f.)* Republik – Verfassung d. kirgischen SSR in Kraft, neue Verfassung in Vorbereitung – Parlament (Oberster Sowjet) mit 250 Mitgl. als höchstes Legislativorgan, ernennt Präsidium u. Ministerrat – Allg. Wahlrecht ab 18 J. – 3 Gebiete (Oblast) sowie 56 Bezirke (Rajon) u. bezirksfreie Städte – **Staatsoberhaupt:** Askar Akajew, am 12. 10. 1991 mit rd. 95% d. Stimmen im Amt bestätigt – **Regierungschef:** Tursunbek Tschyngyschew – **Äußeres:** z. Z. vakant – **Parteien:** Nach d. Wahlen im Feb. 1990 kommunist. Mehrheit im Parl. (Präs. Akajew vertritt nichtkommunist., liberalen Kurs); KP am 1. 9. 1991 aufgelöst (lt. Parlamentsbeschluß); Oppositionsbündnis aus ca. 40 Gruppierungen – **Unabh.:** Souveränitätserkl. am 15. 12. 1990, Unabh.-Erkl. am 31. 8. 1991 – **Nationalfeiertag:** 31. 8. (Unabhängigkeit)

WIRTSCHAFT *(GUS-Wirtschaftsindikatoren 1991 → Tab. Sp. 523f.)* **BSP** 1989: 13000 Mio. $ = 3030 $ je Ew. (63); Anteil am BSP d. UdSSR: 0,9% – **Erwerbstätige** 1991: 2,8 Mio.; davon in staatl. Untern. u. Organisationen 66%, Kolchosen u. neue Genossenschaften 15,1%, Privatuntern., Bauernwirtschaften 14,5%; Anteil 1987: **Forst- u. Landwirtsch.** 34%, **Industrie u. Bau** 27%, **Handel u. Verkehr** 18%, **Dienstleistungen** 21% – **Währung:** Rubel *(→ Rußland)* – **Bergbau u. Rohstoffgewinnung:** Erdöl (1991: 0,1 Mrd. t; 1990/91: −8%), Erdgas (1991: 0,1 Mrd. m³; 1990/91: −13%), Kohle (1989: 4 Mio. t); Antimon u. Quecksilber, Gold, Marmor, Uran *(Produktion von Energiegütern 1991 → Tab. Sp. 523f.);* **Industrie:** Metallurgie, Maschinenbau, Textil- u. Nahrungsmittelind.; **Landwirtschaft:** Kartoffeln, Gemüse, Baumwolle, Medizinalpflanzen u. Futterpflanzen; Viehhaltung: Schafe u. Ziegen; Imkerei; Kurbetrieb, Tourismus – **Außenhandel Saldo** 1988: −1,1 Mrd. Valutarubel; **Import** (1989): 4290 Mio. Rbl, davon 78% aus d. übrigen UdSSR u. 22% aus d. Ausland; Güter: Erdöl u. Erdgas, chem. Prod. u. Erzeugn. d. Schwarzmetallurgie; Getreide; **Export** (1989): 2600 Mio. Rbl, davon 98% in d. übrige UdSSR u. 2% ins Ausland; Güter: Elektroenergie (Wasserkraft) u. Buntmetalle

PRESSE 1990: 114 Zeitungen, davon 42 in Kirgis. mit Gesamtaufl. 1,5 Mio. sowie 42 Zeitschriften, davon 16 in Kirgis. u. Gesamtaufl. 35,4 Mio. – *Nachrichtenagentur:* KirTAG (Kirghiz Telegraph Agency)

KIRIBATI *Ozeanien*
Ribaberikin Kiribati; Republic of Kiribati

LANDESSTRUKTUR **Fläche** (170): 728 km² (n. eig. Ang. 861 km²); Hauptinselgruppen: Tarawa-Atoll (31 km²), Gilbert-Inseln (286 km²), Phönix-I. (mit Canton 9 km²), Line-I. mit Christmas-I. (Kiribati) (388 km²), Wasserfläche 5,2 Mio. km² – **Einwohner** (180): (F 1990) 70000 = 79 je km²; (Z 1985) 63883 (90% auf den Gilbert-Inseln) – Kiribatier; 80% Mikronesier; Polynesier, Chinesen u. Europäer – **Leb.-Erwart.:** 55 J. – **Analph.:** 10% – Jährl. **Bev.-Wachstum** (∅ 1980–90): 1,9% (Geburtenziffer 1990: 4,2%) – **Sprachen:** Gilbertesisch (I-Kiribati, austrones. Sprache) u. Englisch als Amtsspr. – **Religion:** 52% Katholiken, 41% Protestanten, 5% Bahai – **Städt. Bev.:** rd. 30% – **Städte** (S 1983): Bairiki 2100 Ew. (Hptst. auf d. Hauptinsel Tarawa mit 22148 Ew.)

STAAT Präsidialrepublik – Parlament (Maneaba ni Maungatabu) mit 39 Mitgl., Wahl alle 4 J. sowie 1 nomin. Abg. von d. Insel Banaba (Ocean-I.); Inselparlamente – **Staatsoberhaupt u. Regierungschef** sowie **Äußeres:** Präs. Ieremia T. Tabai, seit Juli 1979 – **Parteien:** Sippenverbände; seit 1985 Christian Democratic Party als Opposition; letzte Wahlen im Mai 1991 – **Unabh.:** 12. 7. 1979 – **Nationalfeiertag:** 12. 7.

WIRTSCHAFT BSP 1990: 54 Mio. $ = 760 $ je Ew. (118); realer Zuwachs ⌀ 1980–90: 3,6%; **BIP** Anteil 1988 **Landwirtsch.** 31%, **Industrie** 9% – **Energieverbrauch** 1988: 92 kg ÖE/Ew. – **Währung:** 1 Austral.Dollar/Kiribati($A/K)=100Cents;1 $A=1 $A/K;1 $A/K=0,75US-$;100 $A/K=113,15DM–**Ausl.-Verschuld.**1987:3,6Mio. $A–**Inflation**⌀1980–90: 5,5% – **Außenhandel** 1986: **Import:** 19 Mio. $; Güter: Reis, Weizen, Fleisch; **Export:** 2,2 Mio. $; Güter: 90% Kopra, Fischereiprod. (früher 90% Phosphat, seit 1979 erschöpft); Länder: Australien, USA, Japan

PRESSE (Aufl. i. Tsd.) *Zeitungen:* Bairiki: Te Itoi ni Kiribati (2)/kath., mtl. – Te Kaotan te Ota (2)/prot. viertelj. – Te Uekera (2)/Engl. u. Kiribati, wö.

KOLUMBIEN *Süd-Amerika*
Republik Kolumbien; República de Colombia – CO

LANDESSTRUKTUR Fläche (26): 1138914 km^2 (n. eig. Ang. 1141748 km^2) – **Einwohner** (30): (F 1990) 32843000 = 29 je km^2; (Z 1985) 27875676 – Kolumbianer (Colombianos); 48% Mestizen; 20% Weiße, meist altspan. Herkunft, teilw. als Oberschicht; (Z 1977) 62% Indianer, 23% Mulatten, 6% Schwarze – **Leb.-Erwart.:** 69 J. – **Säugl.-Sterbl.:** 3,7% – **Analph.:** 13% – Jährl. **Bev.-Wachstum** (⌀ 1980–90): 2,0% (Geb.- u. Sterbeziffer 1990: 2,4%/0,6%) – **Sprachen:** Spanisch als Amtssprache; etwa 400000 sprechen indian. Idiome (u. a. Chibcha u. Quechua) – **Religion:** 98% Katholiken (Staatskirche); 100000 Protestanten, 12000 Juden – **Städt. Bev.:** 70% – **Städte** (F 1990): Bogotá 4820000 Ew.; Medellín 1639000, Cali 1637000, Barranquilla 1029000, Cartagena 504000; (Z 1985) Cúcuta 388397, Bucaramanga 357585, Manizales 308784, Ibagué 314954, Pereira 300224; (S 1985) Pasto 197000, Armenia 180000, Neiva 178100, Santa Marta 178000, Palmira 175000, Villavicencio 173900, Montería 157000, Popayán 156500, Valledupar 143000, Sincelejo 133900

STAAT Präsidialrepublik – Neue Verfassung seit 5. 7. 1991 in Kraft – Parlament aus 2 Kammern: Repräsentantenhaus (Cámara de Representantes) mit 161 u. Senat (Senado) mit 102 Mitgl.; 2 Senatssitze für Minderh. d. Indios garantiert – Allg. Wahlrecht ab 18 J. – 23 weitg. auton. Departamentos sowie 4 Intendencias (wenig besied.), 5 Comisarías u. 1 Sonderdistrikt (Hauptstadt Bogotá) – **Staats- u. Regierungschef:** Präs. Dr. César Gaviria (PL), seit 7. 8. 1990; Reg.-Umbildung 8. 11. 1991: Koal. aus 9 Lib., 4 Kons. u. 1 M-19 – **Äußeres:** Noemi Sanin de Rubio, seit 8. 11. 1991 – **Parteien:** Parl.-Wahlen vom 27. 10. 1991: Partido Liberal/PL 78 der 161 Sitze im Repräs.-Haus u. 56 d. 102 im Senat; Konservative Partei 14 u. 16; Neue Demokrat. Kraft 17 u. 10; Nationale Rettungsbewegung/MSN 13 u. 5; Demokratische Allianz/M-19 18 u. 9; Patriot. Union 3 u. 1; Sonstige 18 u. 5 – Erste Direktwahl der 27 Gouverneure: PL 15, Konservative P. 4, versch. Listenverbindungen 8 – **Unabh.:** 20. 7. 1810 (Proklamation), 7. 8. 1819 endgültig – **Nationalfeiertag:** 20. 7.

WIRTSCHAFT BSP 1990:40805Mio. $=1260 $ je Ew. (96); realer Zuwachs ⌀ 1980–90: 3,1%; **BIP** 1990:41120Mio. $;realerZuwachs⌀1980–90:3,7% (1991: +2,2%); Anteil 1990 **Landwirtsch.** 17%, **Industrie** 32% – **Erwerbstät.** 1988: Landw. 29%, Ind. 14%; **Arbeitslosigkeit** 1991: 9,6% – **Energieverbrauch** 1990: 811 kg ÖE/Ew. – **Währung:** 1 Kolumbian. Peso (kol$) = 100 Centavos (c, cvs); Kurs d. Geschäftsbanken: 1 US-$ = 672,85 kol$; 100 kol$ = 0,23 DM – **Ausl.-Verschuld.** 1990: 17241 Mio. $ = 44,5% d. BSP *(Einzelheiten → Tab. Sp. 221f.)* – **Inflation**⌀1980–90:24,8% (1991:27,0%) – **Außenhandel** 1991: **Import:** 4855 Mio. $; Güter (1990): 54% Rohstoffe u. Zwischenprod., 38% Kapitalgüter, 10% Konsumgüter; Länder (1990): 36% USA, 10% Japan, 7% BRD, 5% Brasilien, 4% Mexiko; **Export:** 7540 Mio. $; Güter (1990): 27% Erdöl u. -produkte, 21% Kaffee, 8% Kohle, 5% Gold, 5% Kleidung, 4% Bananen; Länder (1990): 40% USA, 11% BRD, 5% Niederl., 5% Japan, 5% Venezuela *(Heroin- u. Kokainströme → WA '92, Sp. 237f.)*

PRESSE (Aufl. i. Tsd.) *Tageszeitungen:* Bogotá: El Espacio (92) – El Espectador (190, so. 250) – La República (60)/Wirtsch. – El Síglo (40)/kons. – El Tiempo (200, so. 420)/lib. – Cali: El País (60) – Medellín: El Colombiano (80, so. 420)/kons. – *Nachrichtenagenturen:* Colprensa – Ciep-El País

KOMOREN *Ost-Afrika*
Islamische Bundesrepublik (der) Komoren; République fédérale et islamique des Comores; Jamhouri fédéral ya kislam ya Comores; Jumhûriyat Al-Qámar Al-Ittihâdîya Al-Islâmîya (arab.); auf Madegassisch: Repoblika Islamika Federalin'ny Komoro

LANDESSTRUKTUR Fläche (166): 1862 km^2 (Njazidja, franz. Grande Comore, 1146 km^2; Mwali, fr. Mohélie, 290 km^2; Nzwani, fr. Anjouan, 424 km^2, u. viele kleine Inseln; ohne Mayotte [374 km^2 → Frankreich]) – **Einwohner** (154): (S 1990) 475000 = 198 je km^2; (Z 1980) 335150 – Komorer; sehr gemischt, bes. Araber, Madagassen, Bantu (Makua), indische u. pers. Minderheiten: einige hundert Europäer, meist Franzosen – **Leb.-Erwart.:** 55 J. – **Analph.:** k. Ang. – **Jährl. Bev.-Wachstum** (Ø 1980–90): 3,7% (Geburtenziffer 1988: 6,8%) – **Sprachen:** Französisch, Komorisch (mit KiSuaheli verwandt) als Amtsspr.; Arabisch als Kulturspr. – **Religion:** 95% Muslime (Islam ist Staatsreligion); kath. u. protest. Minderheiten – **Städt. Bev.:** 23% – **Städte** (Z 1980): Moroni (Hptst., auf Njazidja) 17 267 Ew.; Mutsamudu (auf Nzwami) 13 000, Fomboni (auf Mwali) 5400

STAAT Islamische Bundesrepublik – Verfassung von 1978 – Verfass.-Entwurf vom 7. 6. 1992 per Referendum angenommen: u. a. Direktwahl d. Staatsoberhauptes (alle 5 J.), Wahl d. gesetzgeb. Versamml. in 2 Wahlgängen (alle 4 J.) u. d. Ernennung eines Senats aus 15 Mitgl. (5 je Insel) durch ein Wahlkollegium (alle 6 J.) – Bundesversammlung (Assemblée Fédérale) derzeit aus 42 Mitgl., Wahl alle 5 J. – **Staatsoberhaupt:** Said Mohamed Dschohar – **Regierungschef:** N.N.; Mohammed Taki Abdulkarim, seit 7. 1.–15 7. 1992 (Oppos.-Führer; Reg. der »Nationalen Versöhnung« aus Vertretern aller polit. Kräfte) – **Äußeres:** Said Hassam Said Hachim – **Parteien:** Wahlen vom März 1987 (erstmals Zulassung von Oppos.-Parteien): Union Comorienne pour le Progrès/Udzima (ehem. Einheitsp.): absolute Mehrheit – Parl.-Neuwahlen in Aussicht gestellt – **Unabh.:** 6. 7. 1975 (Proklamation) – **Nationalfeiertag:** 12. 11.

WIRTSCHAFT BSP 1990: 227 Mio. $ = 480 $ je Ew. (136); realer Zuwachs Ø 1980–90: 2,8% (Hilfe Frankreichs rd. 30% d. BSP); **BIP** realer Zuwachs Ø 1980–85: 4,2% u. 1985–88: 1,8%; Anteil 1989 **Landwirtsch.** 34%, **Industrie** 25% – **Erwerbstät.** 1989: Landw. 80%, Ind. 6% – **Währung:** 1 Komoren-Franc (FC); 1 FF = 50 FC (Wertverh. zum FF); 100 FC = 0,595 DM – **Ausl.-Verschuld.** 1987: 118 Mio. $ – **Inflation** Ø 1980–88: 5,8% – **Außenhandel** 1988: **Import:** 43,0 Mio. $; Güter: 20% Reis, 6% Erdölprod., 6% Transportausrüst.; **Export:** 21,0 Mio. $; Güter: 63% Naturvanille, 22% Ylang-Ylang u. a. Essenzen, 11% Gewürznelken; Länder: 50% Frankr. u. a. EG-Länder, USA, ostafrik. Länder u. 10% Madagaskar

PRESSE (Aufl. i. Tsd.) *Wochenzeitungen:* Moroni: Al Watwany (20)/reg.-eigen – L'Archipel – *Nachrichtenagentur:* ACP (Agence Comores Presse)

KONGO Zentral-Afrika
Republik Kongo; République du Congo; fr. Congo-Brazzaville – RPC

LANDESSTRUKTUR Fläche (62): 342 000 km^2 – **Einwohner** (131): (F 1990) 2 277 000 = 7 je km^2; (Z 1984) 1 843 421 – Kongolesen; Bantu-Gruppen (u. a. Vili-Kongo, Ba-Kongo 52%, Bavili, Bateke 24%, M'Boshi 4%), 12 000 Pygmäen, im N auch Ubangi-Gruppen; 12 000 meist franz. Europäer – **Leb.-Erwart.:** 53 J. – **Säugl.-Sterbl.:** 11,6% – **Analph.:** 43% – Jährl. **Bev.-Wachstum** (Ø 1980–90): 3,4% (Geb.- u. Sterbeziffer 1990: 4,8%/1,5%) – **Sprachen:** Französisch als Amtsspr.; Lingala (ca. 50%), Kikongo, Teke, Sanga, Ubangi-Sprachen u. a. – **Religion:** 62% Katholiken, protestant. u. muslim. Minderh.; rd. 50% Anhänger von Naturreligionen – **Städt. Bev.:** 41% – **Städte** (S 1986): Brazzaville (Hptst.) 800 000 Ew.; Pointe-Noire 380 000, Loubomo 60 000, Nkayi 40 000

STAAT Republik – Neue Verfassung am 15. 3. 1992 per Referendum angenommen: Einführung d. Mehrparteiensystems u. Unabh. d. Justiz verankert – Parlament aus 2 Kammern: Volksversammlung mit 125 u. Senat mit 60 Mitgl. – Hauptstadt u. 9 Regionen mit insg. 46 Distrikten – **Staatsoberhaupt:** Präs. Pascal Lissouba (UPADS), seit 16. 8. 1992 (im 2. Wahlgang mit 61,32% d. Stimmen gewählt) – **Regierungschef** einer Übergangsreg.: André Milongo, seit 21. 5. 1992 – **Äußeres:** Dieudonné Ganga; seit 26. 1. 1992 – **Parteien:** Erste freie Wahlen seit 1984 am 24. 6. u. 19. 7. 1992: L'Union panafricaine pour la démocratie sociale/UPADS 39 der 125 Sitze, Mouvement congolais pour la démocratie et le développement intégral/MCDDI 29, Parti congolais du travail/PCT (ehem. Einheitspartei) 19, Rassemblement dém. pour le progrès social/RDPS 9, Rass. pour la dém. et le developpement/RDD 5, Sonstige 24; Senatswahlen vom 26. 7. 1992: UPADS 23 der 60 Sitze, MCDDI 14, RDD 8, PCT 2; Sonstige 13 – **Unabh.:** 15. 8. 1960 – **Nationalfeiertag:** 15. 8.

WIRTSCHAFT BSP 1990: 2296 Mio. $ = 1010 $ je Ew. (104); realer Zuwachs Ø 1980–90: 3,2%; **BIP** 1990: 2870 Mio. $; realer Zuwachs Ø 1980–90: 3,6%; Anteil 1990 **Landwirtsch.** 13%, **Industrie** 39% – **Erwerbstät.** 1989: Landw. 60%, Ind. 20% – **Energieverbrauch** 1990: 213 kg ÖE/Ew. – **Währung:** 1 CFA-Franc = 100 Centimes (c); 1 FF = 50 CFA-Francs (Wertverh. zum FF); 100 CFA-Francs = 0,595 DM – **Ausl.-Verschuld.** 1990: 5118 Mio. $ = 203,6% d. BSP- **Inflation** Ø 1980–90: 0,5% – **Außenhandel** 1990: **Import:** 704,4 Mio. $; Güter: 36% Investitionsgüter, 30% Halbwaren, 4% Nahrungsm.; Länder: 39% Frankr., 12% USA, 8% Kamerun, 8% Italien, 4% Hongkong, 4% BRD; **Export:** 1085,5 Mio. $;

Güter: 80% Rohöl (1991: rd. 90%); Länder: 43% USA, 21% Italien, 12% Frankr., 9% Belgien-Luxemb., 3% Portugal, 2% Spanien, 2% BRD, 2% Angola

PRESSE (Aufl. i. Tsd.) *Zeitungen:* Brazzaville: ACI (3) – Etumba (4) – Mweti (15) – Semaine Africaine (10) – *Nachrichtenagentur:* ACI (Agence Congolaise d'Information)

KOREA Demokratische Volksrepublik
Ost-Asien
DVR Korea; Chosonn Minjujui Inmin; Choson; Nord-Korea

LANDESSTRUKTUR Fläche (98): 120538 km^2 (ohne entmilitar. Zone von 1262 km^2) – **Einwohner** (40): (S 1990) 21576000 = 186 je km^2; (Z 1963) 11568000 – 99% Koreaner – **Leb.-Erwart.:** 71 J. – **Säugl.-Sterbl.:** 2,6% – **Analph.:** rd. 5% – Jährl. **Bev.-Wachstum** (Ø 1980–90): 1,7% (Geb.- u. Sterbeziffer 1990: 2,2%/0,5%) – **Sprachen:** Koreanisch als Amtsspr.; Russisch u. Chinesisch z.T. als Handelsspr. – **Religion:** Buddhismus, Konfuzianismus (Verhaltenskodex, keine Religion); Schamanismus, Christentum u. Chondogyo; alle heute ohne größere Bedeutung – **Städt. Bev.:** 60% – **Städte** (S 1986): P'yongyang [Pjöngjang] (Hptst.; A 2000000) 1300000 Ew.; Hamhung 670000, Ch'ongjin [Tschöngdschin] 530000, Sinuiju [Sinuidschu] 330000, Kaesong [Käsong] 310000, Anju [Andschu] 205000

STAAT Volksrepublik – Verfassung von 1972 – Oberste Volksversammlung (1990: 687 Abg.), Wahl alle 4 J. – Allg. Wahlrecht ab 17 J. – 9 Provinzen (Do) u. 4 unmittelbare Städte (Si), d. h. P'yongyang u. Kaesong, Ch'ongjin, Hamhung – **Staatsoberhaupt:** Präs., Generalissimus, Marschall, Oberbefehlshaber u. Generalsekr. d. PdAK Kim Ir Sen [Kim Il Sung], seit 1972, erneut seit Mai 1990 (5. Amtsperiode); als offizieller Nachf. vorgesehen sein Sohn Kim Jon [Yong] II, der am 20. 4. 1992 zum Marschall d. Streitkräfte ernannt wurde u. de facto d. polit. Alltagsgeschäfte wahrnimmt – **Regierungschef:** Yon Hyong Muk, seit Dez. 1988, Vors. des »Administrativen Rates« (= Kabinett) – **Äußeres:** Kim Yon Nam – **Parteien:** Entscheidend ist d. kommunist. »Partei d. Arbeit Koreas«/PdAK; Wahlen 1990: 100% für d. von der PdAK beherrschte Liste d. »Nationalen Blocks« – Präs.-Wahlen für Ende 1992 geplant – **Unabh.:** alte staatl. Tradition; 9. 9. 1948 Ausrufung d. unabh. Volksrep. – **Nationalfeiertag:** 9. 9.

WIRTSCHAFT BSP 1989: 21100 Mio. $ = 987 $ je Ew. (106); realer Zuwachs Ø 1989: 2,4%; Anteil 1985 **Landwirtsch.** 20%, **Industrie** 30%; **BIP** 1988 (S): 18800 Mio. $; realer Zuwachs Ø 1980–88: 3,6% (nur Landw.) – **Erwerbstät.** 1989: Landw. 34%, Ind. ca. 30% – **Energieverbrauch** 1986: 2174 kg ÖE/Ew. – **Währung:** 1 Won = 100 Chon; 1 US-$ = 0,95 Won; 100 Won = 161,29 DM – **Ausl.-Verschuld.** 1989: 6780 Mio. $ – **Außenhandel** 1985: **Import:** 1700 Mio. $ (S 1989: 2520 Mio. $); Güter (nur UdSSR): 37% Maschinen, Ausrüst. u. Fahrz., 30% Erdöl u. -erzeugn.; Länder: 29% UdSSR, 16% Japan, 16% VR China; **Export:** 1200 Mio. $ (S 1989: 1560 Mio. $); Güter (nur UdSSR): 13% Magnesiumpulver, 13% Walzerzeugn.; Länder: 66% UdSSR, 19% VR China, 13% Japan

PRESSE (Aufl. i. Tsd.) *Tageszeitungen:* Pjöngjang: Joson Immingun/Armee – Minju Choson (200)/Reg.-Org. – Rodong Sinmun (1500)/Org. d. ZK d. PdAK – *Wochenzeitung:* Sonyou Sinmun (120, 2x wö.) – Tongil Sinbo (300) – *Nachrichtenagentur:* KCNA (Korean Central News Agency)

KOREA, Republik Ost-Asien
Republik Korea; Taehanmin'guk; Han'guk; Süd-Korea – ROK

LANDESSTRUKTUR Fläche (108): 99263 km^2 – **Einwohner** (24): (F 1991) 43207000 = 435 je km^2; (Z 1985) 40448486 – Fast ausschließl. Koreaner (davon im Ausland ca. 1,2 Mio. [Japan 0,68 Mio.]); 39500 US-Soldaten – **Leb.-Erwart.:** 70 J. – **Säugl.-Sterbl.:** 2,3% – **Analph.:** 3% – Jährl. **Bev.-Wachstum** (Ø 1980–90): 1,1% (Geb.- u. Sterbeziffer 1991: 1,6%/0,6%) – **Sprachen:** Koreanisch als Amtsspr.; Englisch u. Japanisch als Handelsspr. wichtig – **Religion** (Z 1985): 8059000 bekennende Buddhisten, 5483000 Konfuzianer (Verhaltenskodex, keine Religion), Schamanismus, 1270000 Chondogyo (Tonhak), 982000 Wonbuddhisten, 311000 Taejonggyo; (1989) 23,3% Protestanten, 5,2% Katholiken, Muslime u. a. – **Städt. Bev.:** 72% – **Städte** (F 1991): Seoul [Soul] (Hptst.) 10915000 Ew.; Pusan [Busan] 3861000, Taegu [Dägu] 2286000, Inch'ŏn [Intschön] 1705000, Kwangju [Gwangschu] 1231000; (F 1990) Taejŏn [Tädschön] 1064000, Ulsan 648000, Masan 506000; (F 1989) Puch'ŏn 643000, Söngnam [Söngnam] 531000, Suwŏn [Puwan] 505000, Chŏnju [Tschöntschu] 453000

STAAT Republik auf parlamentarischer Grundlage – Verfassung von 1988 – Direktwahl d. Präs. alle 5 J. – Nationalversammlung mit 299 Mitgl. (237 in

Direktwahl alle 4 J. bestimmt u. 62 nach Proporzsystem) – 13 Provinzen, davon 4 Stadtgebiete (Seoul, Pusan, Taegu, Inch'ŏn); Landkreise (Gun) u. kreisfreie Städte (Si) – **Staatsoberhaupt:** Präs. Ex-General Roh Tae Woo, seit 1988 – **Regierungschef:** Chung Won Shik (DLP), seit 24. 5. 1991 – **Äußeres:** Lee Sang Ock – **Parteien:** Wahlen vom 24. 3. 1992: Demokrat.-Liberale Partei/DLP (von Staatschef Roh Tae Woo, seit 1988 Allianz mit Partei für Wiedervereinigung u. Demokratie/RDP u. Neue Demokrat.-Republikan. Partei/NDRP) 149 der 299 Sitze (1988: 215); Demokratische Partei/DP (Zusammenschluß mit Neue Dem. Unionsp./NDP im Sept. 1991) 97 (75); Nationale Einheitspartei 31 (–); Neue Politische Reformpartei 1 (–); Unabh. 21 (9) – Präs.-Wahlen für Dez. 1992 vorgesehen – **Unabh.:** alte staatl. Trad.; 15. 8. 1948 Ausrufung d. Rep. – **Nationalfeiertag:** 15. 8.

WIRTSCHAFT (→ WA '92, Tab. Sp. 440) BSP 1990: 231 132 Mio. $ = 5400 $ je Ew. (44); 1991 (S): 280 800 Mio. $; realer Zuwachs ⌀ 1980–90: 10,1 % (1991: +8,4 %); **BIP** 1990: 236 400 Mio. $ (S 1991: 270 500 Mio. $); realer Zuwachs ⌀ 1980–90: 9,7 %; Anteil 1990 **Landwirtsch.** 8 %, **Industrie** 47 % – **Erwerbstät.** 1990: Landw. 18,3 %, Ind. 35,1 %; **Arbeitslosigkeit** 1991: 2,3 % – **Energieverbrauch** 1990: 1898 kg ÖE/Ew. – **Währung:** 1 Won (₩) = 100 Chon; 1 US-$ = 785,50 ₩; 100 ₩ = 0,19 DM – **Ausl.-Verschuld.** 1990: 34 014 Mio. $ = 14,4 % d. BSP – **Inflation** ⌀ 1980–90: 5,1 % (1991: 9,7 %) – **Außenhandel** 1991: **Import:** 81 560 Mio. $; Güter (1990): 33 % Maschinen u. Transportausrüst., 16 % mineral. Brennstoffe, 15 % Fertigwaren, 12 % Rohstoffe; Länder (1990): 29 % Japan, 24 % USA, 4 % BRD, 4 % Australien, 3 % Saudi-Arabien, 2 % Indonesien (EG-Länder insg. 11 %); **Export:** 71 900 Mio. $; Güter (1990): 46 % Fertigwaren, 37 % Maschinen u. Transportausrüst., 4 % Chemikalien; Länder (1990): 30 % USA, 19 % Japan, 5 % Hongkong, 4 % BRD, 3 % Singapur, 3 % Großbrit. (EG-Länder insg. 12 %)

PRESSE (Aufl. i. Tsd.) Tageszeitungen: Seoul: Chosun Ilbo (1150) – Dong-A Ilbo (1400) – Hankook Ilbo (900) – Joong-ang Ilbo (1000) – The Korea Herald (150)/Engl. – The Korea Times (140)/Engl. – Kyung-hyang Shinmun (550) – Maeil Kyungje Shinmun (250)/Wirtsch. – Seoul Shinmun (640) – Nachrichtenagenturen: Naewoe Press – Yonhap (United) News Agency

KROATIEN Südost-Europa
Republik Kroatien; Republika Hrvatska – HV

LANDESSTRUKTUR (Übersichtstabelle → Sp. 411f.) **Fläche** (123): 56 538 km² – **Einwohner** (102): (F 1989) 4 683 000 = 83 je km²; (Z 1981) 4 601 469 – (Z 1991, vorl. Ergeb.) 77,9 % Kroaten, 12,2 % Serben (= 580 000, davon 165 000 in der Krajina u. Banija), 2,2 % Jugoslawen [Eigenbezeichnung]; – 8/92 ca. 630 000 Flüchtlinge aus and. Teilen d. ehem. Jugosl. – **Sprachen:** Kroatisch (latein. Schrift) als Amtssprache; Sprachen der Minderheiten – **Religion** (Z 1991): 76,5 % Katholiken, 11 % Orthodoxe, 1,2 % Muslime – **Städte** (S 1989): Zagreb [Agram] (Hptst.) 1 172 000 Ew.; (S 1991) Split 207 000, Rijeka [Fiume] 206 000, Osijek 165 000, Zadar 135 000, Karlovać 81 000

STAAT (→ Chronik WA '92 u. Sp. 105) Republik – Verfassung vom 21. 12. 1990; Änderung am 8. 5. 1992 (Stärkung d. Rechte d. Minderheiten u. ethnischen Gemeinschaften, Schaffung von zwei autonomen Gebieten mit überwiegend serbischer Bevölkerung vorgesehen) – Direktwahl d. Präs. – Oberster Staatsrat als Exekutive – Parlament (Sabor) aus 3 Kammern mit 356 Mitgl.: 1. Kammer mit 138 Mitgl. (60 in Direktwahl, 60 nach Proporzwahl bestimmt sowie 18 Abg. d. ethn. Minderh.), 2. Kammer mit Vertretern d. Bezirke u. Regionen – Verwaltungsgliederung in Ausarbeitung – **Staatsoberhaupt:** Präs. Franjo Tudjman (HDZ), seit 30. 5. 1990, am 2. 8. 1992 mit 56,73 % d. Stimmen im Amt bestätigt – **Regierungschef:** Hrvoje Sarinić (HDZ), seit 12. 8. 1991 – **Äußeres:** Zdenko Skrabalo – **Parteien:** Parl.-Wahlen (1. Kammer) vom 2. 8. 1992: Kroatische Demokrat. Gemeinschaft/HDZ 85 d. 138 Sitze (Wahlen vom April/Mai 1990: 205 d. 356 Sitze), Sozialliberale Partei 13, Istrische Partei 6, Kroat. Partei des Rechts 5, Nationale Partei 4, Sozialdemokrat. Partei (ehem. Bund d. Kommunisten) 3, Bauernpartei 3; 17 Sitze unbekannt – **Unabh.:** Unabh.-Erkl. am 25. 6. 1991 – Formelle endgültige Unabh. seit 8. 10. 1991 in Kraft – **Nationalfeiertag:** unbekannt

WIRTSCHAFT (Konjunkturdaten 1989–1991 → Tab. Sp. 411f.) **BSP** 1990 (Alt-Jugoslawien): 3060 $ je Ew. (61a) = 25,1 % d. Gesamt-Jugoslaw. BSP; **BIP** je Ew. (S 1990): 3400 $ – **Arbeitslosenquote** (4/1992): 17,6 % – **Währung:** Kroatischer Dinar (CRD); 1 US-$ = 220,40 CRD; 100 CRD = 0,69 DM (Offiz. Kurs vom 18. 4. 1992) – **Brutto-Verschuld.** Sept. 1990: 2994 Mio. $ (3900 Mio. $ unter Hinzurechnung d. Schulden Gesamt-Jugoslaw.) – **Inflation** ⌀ 1991: 122,6 % – **Außenhandel** 1990 (= 20,4 % von Gesamt-J.): **Import:** 2670 Mio. $ (1990/91: −5,8 %); **Export:** 1790 Mio. $ (1990/91: −5,2 %); Güter: Wein, Olivenöl, Petro-

Kuba: Fläche, Bevölkerung und Bevölkerungsdichte der Provinzen und ihre Hauptorte

Provinz/Hauptort	Fläche[1] in km²	Einwohner in 1000 (Z 1981)	(F 1988)[2]	Einw. je km² (F1988)	Einw. d. Hauptortes in 1000 (F 1988)[2]
Pinar del Río/Pinar del Río	10861	640	685	63,1	116,5
La Habana/Havanna	5691	586	637	111,9	s. unten
Ciudad de la Habana/Havanna	727	1929	2078	2858,3	s. unten
Matanzas/Matanzas	11739	559	603	51,4	112,1
Villa Clara/Santa Clara	7944	766	801	100,8	190,7
Cienfuegos/Cienfuegos	4177	326	359	85,9	119,3
Sancti Spíritus/Sancti Spíritus	6732	400	424	63,0	83,8
Ciego de Avila/Ciego de Avila	6321	321	258	56,6	86,1
Camagüey/Camagüey	14158	668	732	51,7	279,0
Las Tunas/Victoria de las Tunas	6584	437	485	73,7	115,2
Holguín/Holguín	9295	913	983	105,8	222,8
Gramma/Bayamo	8362	739	781	93,4	121,9
Santiago de Cuba/Santiago de Cuba	6170	914	980	158,8	397,0
Guantánamo/Guantánamo	6184	466	491	79,4	197,9
Isla de la Juventud/Nueva Gerona	2200	58	71	32,3	39,5
Kuba/Havanna (La Habana)	110860	9724	10324[3]	93,9[4]	2077,9

Quelle: Statistisches Bundesamt, 1992

[1] ohne die vorgelagerten Felseninseln (3715 km²); [2] Stand: Jahresende; [3] Stand: Mitte 1990; [4] Stand: Mitte 1991

leum; Prod. d. chem. u. pharmazeut. Ind., Plastikerzeugn., Färbemittel; bedeutende Schiffswerften – 1990/91: Rückgang d. Industrieproduktion um 28,5%

PRESSE (Aufl. i. Tsd.): *Tageszeitungen:* Zagreb: Vecernji List (243) – Vjesnik (150) – Osijek: Glas Slavonije (14) – Rijeka: Novi List (56) – La Voce del Popolo (4)/Italien. – Split: Slobodna Dalmacija (103) – *Wochenzeitungen:* Zagreb: Arena (224) – Danas – Informator (2x wö.)/Wirtsch. u. Recht – Split: Nedjeljna Dalmacija (55) – *Nachrichtenagentur:* HINA

Von der ethnischen Minderheit der Serben einseitig proklamiertes Gebiet:

»Republik Serbische Krajina« am 19.12.1991 (durch d. Abgeordneten aus den drei bisherigen autonomen Regionen Krajina, West- u. Ostslawonien) – Eigene Verfassung u. »Staatsführung«; Präs.: Goran Hadzić; Reg.-Chef: Zdravko Zezević

KUBA *Mittel-Amerika; Karibik*
Republik Kuba; Cuba; República de Cuba – C

LANDESSTRUKTUR Fläche (104): 110860 km² – **Einwohner** (63): (F 1990) 10626000 = 96 je km²; (Z 1981) 9723605 – Kubaner; rd. 70% Weiße, meist altspan. Abstammung, 17% Mestizen u. Mulatten, 12% Schwarze, 0,5% Chinesen; zahlreiche Exil-Kubaner leben in den USA, v. a. in Florida (1990 in Miami: 700000) – **Leb.-Erwart.:** 74 J. – **Säugl.-Sterbl.:** 1,2% – **Analph.:** 6% – Jährl. **Bev.-Wachstum** (∅ 1980–90): 0,9% (Geb.- u. Sterbeziffer 1990: 1,7%/0,6%) – **Sprache:** Spanisch – **Religion:** 40% Katholiken, 3,3% Protestanten, 10000 Juden; 48,7% ohne Religionszugehörigkeit, 6,4% Atheisten (1992 Garantie d. Religionsfreiheit durch d. Verfass.) – **Städt. Bev.:** 75% – **Städte** (F 1989): Havanna [La Habana] (Hptst.) 2096100 Ew., Santiago de Cuba 405400, Camagüey 283800, Holguín 228000, Guantánamo 200400, Santa Clara 194400, Bayamo 125300, Cienfuegos 123600, Pinar del Río 121700, Las Tunas 119400, Matanzas 113800

Auf Kuba befindet sich als Pachtgebiet der **US-Marinestützpunkt Guantánamo**, 111,9 km²; von Kuba seit langem zurückgefordert

STAAT Sozialistische Republik – Verfassung v. 1976 auf d. Grundlage d. Marxismus-Leninismus, Änderungen vom 12.7.1992 (Erweiterung d. Machtbefugnisse d. Staats- u. Parteichefs, Religionsfreiheit) – Volkskammer (Asamblea del poder popolar) mit 499 Mitgl., bisher alle 5 J. durch Regionalvers. gewählt, künftig Direktwahl – Staatsrat (Consejo de Estado) aus 18 Mitgl. – Politbüro aus 14 Mitgl. – Ministerrat (Consejo de Ministros) – 14 Provinzen mit 168 Stadtgebieten (Municipios) u. Sonderverw.-Geb. Isla de la Juventud – **Staatsoberhaupt u. Regierungschef:** Präs. d. Staatsrates u. d.

Ministerrates Dr. Fidel Castro Ruz, seit 1976 bzw. 1959 – **Äußeres:** Ricardo Alarcón de Quesada, seit 20. 6. 1992 – **Parteien:** Partido Comunista de Cuba/ PCC, deren Führungsrolle in der Verfass. verankert ist; Generalsekr. des ZK (225 Mitgl.) d. PCC: Fidel Castro; letzte Wahlen 1981: alle Sitze für d. PCC – Sept. 1991: Bildung des oppositionellen (illegalen) »Demokratischen Bündnisses« – Volkskammer-Wahlen für 1993 angekündigt – **Unabh.:** Beginn d. Unabh.-Kampfes geg. Spanien mit d. »Freiheitsruf« v. Baire/Santiago v. 24. 2. 1895; nach Intervention durch USA am 20. 5. 1902 Konstituierung d. unabh. Staates – **Nationalfeiertage:** 1. 1., 26. 7. u. 10. 10.

WIRTSCHAFT (keine neueren Angaben verfügbar) **BSP** 1984 (S): 9450 Mio. $ = 918 $ je Ew. (111); realer Zuwachs ⌀ 1983:5,2%; **BIP** 1988 (produziertes Nationaleink.) 12748 Mio. kub$; Anteil 1989 **Landwirtsch.** 46%, **Industrie** 12% – **Erwerbstät.** 1989: Landw. 22%, Ind. rd. 25% – **Energieverbrauch** 1986: 997 kg ÖE/Ew. – **Währung:** 1 Kuban. Peso (kub$) = 100 Centavos (¢); 1 kub$ = 1,35 US-$; 100 kub$ = 207,45 DM – **Ausl.-Verschuld.** 1988: 21000 Mio. $; n. and. Quellen 1990 allein 25 000 Mio. $ gegenüber d. UdSSR – **Inflation** ⌀ 1982: 15% – **Außenhandel** 1989: **Import:** 8124 Mio. Kub$; Güter (1987): v. a. mineral. Brennstoffe, Maschinen u. Fahrzeuge, bearb. Waren, leb. Tiere u. Nahrungsm. (v. a. Getreide); Länder: 68% UdSSR sowie DDR, ČSFR, Bulgarien, Rumänien, VR China , Spanien u. Argentinien; **Export:** 5392 Mio. Kub$; Güter (1988): Zucker (ca. 80%), Nickelerze u. -konzentrate, Erdöldestillationserzeugn., Frischfisch, Tabak u. Tabakwaren, Zitrusfrüchte (v. a. Apfelsinen u. Clementinen); Länder: 60% UdSSR u. a. ehem. RGW-Länder, EG-Länder (insb. Spanien u. BRD), VR China , Japan

PRESSE (Aufl. i. Tsd.) *Tageszeitung:* Havanna: Granma (600)/PCC – *Wochenzeitungen:* Juventud Rebelde (250)/Org. d. Union d. Komm. Jugend – Trabajadores (200)/Org. d. Arbeiterbewegung – *Nachrichtenagenturen:* AIN (Agencia de Información Nacional) – Prensa Latina (Agencia Informativa Latinoamericana)

KUWAIT *Vorder-Asien*
Staat Kuwait (Kuweit, Koweit); Dawlat al-Kuwạ'it – KWT

LANDESSTRUKTUR Fläche (151): 17 818 km² – **Einwohner** (132): (F 1990) 2 141 000 = 115 je km²; (Z 1985) 1 697 301 – (F 1989) rd. 40% Kuwaiti, 38% andere Araber, 21% Asiaten, Iraner, Inder, Pakistani; von den 400 000 Palästinensern haben 230 000 Kuwait 1991 verlassen – **Leb.-Erwart.:** 74 J. – **Säugl.-Sterbl.:** 1,4% – **Analph.:** 27% – Jährl. **Bev.-Wachstum** (⌀ 1980–90): 4,4% (Geb.- u. Sterbeziffer 1990: 2,5%/0,3%) – **Sprachen:** Arabisch als Amtssprache; Englisch als Handelsspr. – **Religion:** Staatsreligion sunnitischer u. schiitischer Islam (70:30 [n. and. Ang. 78:14], insg. 85%); 87 000 Christen – **Städt. Bev.:** 96% – **Städte** (Z 1985): Kuwait City (Hptst.) 44 335 Ew. (A: 167 768); Salmiya 153 369, Hawalli 145 126, Faranawiya 68 701, Abrak Kheetan 45 120

STAAT Emirat – Verfassung von 1962 – Parlament 1986 aufgelöst – Seit 1990 Übergangsparlament (Nationalrat) mit 75 Mitgl. (15 gewählt, 35 von d. Reg. u. 25 vom Emir ernannt), Wahl alle 4 J. – Der Emir ernennt Min.-Präs. u. d. Minister – Wahlrecht für männliche Kuwaiti ab 21 J. (ausgenommen öffentl. Bedienstete u. Angeh. d. Polizei) – 4 Gouvernemente – **Staatsoberhaupt:** Emir Scheich Jaber al-Ahmad al-Jaber as-Sabah [Dschabar ul Dschabar as Sabah], der 13. Emir v. Kuwait, seit 31. 12. 1977 – **Regierungschef:** Kronprinz Scheich Sa'ad al-Abdullah as-Salim as-Sabah, seit 1978, bestätigt im März 1981 – **Äußeres:** Scheich Salem as-Salim as-Sabah – **Parteien:** Wahlen zum Übergangsparl. vom 10. 6. 1990 (insg. 15 Mitgl.): 9 Sitze für d. Opposition u. 6 Vertreter d. schiit. Minderheit – Parteien nicht zugelassen, aber 7 polit. Gruppierungen aktiv – Parl.-Wahlen für 5. 10. 1992 vorgesehen – **Unabh.:** 19. 6. 1961 – **Nationalfeiertag:** 25. 2.

WIRTSCHAFT BSP 1989: 33 089 Mio. $ = 16 380 $ je Ew. (18); realer Zuwachs ⌀ 1980–89: 2,2%; **BIP** 1990: 23 540 Mio. $; realer Zuwachs ⌀ 1980–90: 0,7%; Anteil 1990 **Landwirtsch.** 1%, **Industrie** 56% – **Erwerbstät.** 1988: Landw. 1,3%, Ind. 25% – **Energieverbrauch** 1990: 6414 kg ÖE/Ew. – **Währung:** 1 Kuwait-Dinar (KD.) = 1000 Fils; 1 US-$ = 0,29 KD.; 100 KD. = 530,84 DM – **Inflation** ⌀ 1980–90: −2,7% – **Außenhandel** 1990: **Import:** 4800 Mio. $; Güter (1989): 29% Maschinen u. Transportausrüst., 18% Nahrungsm.; **Export:** 8300 Mio. $; Güter (1989): ca. 87% Erdöl u. -prod. wie Kraft- u. Schmierstoffe, Chemikalien; Länder (1989): ca. 25% Japan, Großbrit., ca. 10% BRD u. a. EG-Länder, 13% USA sowie Nahoststaaten, Taiwan, Rep. Korea

PRESSE (Aufl. i. Tsd.) *Tageszeitungen:* Kuwait: Al-Anbaa (80) – Al-Qabas (119) – Ar-Rai al-'Aam (81) – Al-Watan (57) – Arab Times (45)/Engl. – Kuwait Times (30)/Engl. – *Wochenzeitungen:* Al-Hadaf (53) – An-Nahdha (149) – Al-Yaqza (91) – *Monatsschrift:* Al-'Arabi (350) – *Nachrichtenagentur:* KUNA (Kuwait News Agency)

LAOTISCHE DEMOKRATISCHE VOLKSREPUBLIK Südost-Asien
République démocratique populaire de Lao; Sathalamalid Pasathu'paait Pasasim Lao – LAO

LANDESSTRUKTUR Fläche (80): 236800 km^2 – **Einwohner** (110): (F 1990) 4186000 = 17 je km^2; (Z 1985) 3584803 – Laoten; 67,1% Lao-Lum (Tal-Lao) u. Lao-Theung (Berg-Lao); 11,9% Palaung-Wa, 7,9% Thai, 5,2% Miao u. Man, 4,6% Mon-Khmer, 3,3% Andere – **Leb.-Erwart.:** 49 J. – **Säugl.-Sterbl.:** 10,3% – **Analph.** (1985): 56% – Jährl. **Bev.-Wachstum** ($\emptyset$ 1980–90): 2,7% (Geb.- u. Sterbeziffer 1990: 4,7%/1,6%) – **Sprachen:** Lao als Amtssprache; Umgangsspr. d. verschied. ethn. Gruppen; Französisch – **Religion:** (Ausübung erschwert) rd. 57% Buddhismus; christl. Minderh. (rd. 46000 Protest., 35000 Kathol.); Konfuzianismus, Taoismus; Stammesrelig. – **Städt. Bev.:** 19% – **Städte** (S 1985): Vientiane [Viangchan] (Hptst.) 377500 Ew.; Savannakhet 53000, Pakse 47000, ehem. Residenz Luang Prabang [Louangphrabang] 46000

STAAT Volksdemokratie nach Verfassung vom 14. 8. 1991, bestätigt Führungsrolle der Laotischen Revolutionären Volkspartei u. erweitert d. Befugnisse d. Staatsoberh. – Volksversammlung mit 264 Mitgl. bestimmt d. Zusammensetzung d. Obersten Volksrates (79 Mitgl.) – Allg. Wahlrecht – 16 Provinzen (»Khoueng«) u. die Präfektur Vientiane – **Staatsoberhaupt:** Präs., Vors. d. Obersten Volksrates u. Generalsekr. d. LPRP, Kaysone Phomvihane, seit 15. 8. 1991 – **Regierungschef:** General Khamtay Siphandone, seit 15. 8. 1991 – **Äußeres:** Phoune Sipaseuth – **Parteien:** Laotische Revolutionäre Volkspartei/LPRP; ZK: 55 Mitgl., Politbüro: 11 Mitgl. – **Unabh.:** Formelle Unabh. am 22. 10. 1953, bestätigt durch d. Indochina-Konferenz v. 21. 7. 1954 – **Nationalfeiertag:** 2. 12. (Ausrufung d. VR 1975)

WIRTSCHAFT BSP 1990: 848 Mio. $ = 200 $ je Ew. (170); realer Zuwachs $\emptyset$ 1980–90: 3,7%; *(Anteil Entwicklungshilfe u. Ausl.-Schulden $\to$ Tab. Sp. 471f.);* **BIP** 1990: 870 Mio. $; realer Zuwachs $\emptyset$ 1980–88: 5,3%; Anteil 1988 **Landwirtsch.** 59%, **Industrie** 20% – **Erwerbstät.** 1989: Landw. 72%, Ind. ca. 6% – **Energieverbrauch** 1990: 39 kg ÖE/Ew. – **Währung:** Kip; 1 US-$ = 715 Kip; 100 Kip = 0,21 DM – **Ausl.-Verschuld.** 1990: 1063 Mio. $ = 123,3% d. BSP – **Inflation** $\emptyset$ 1980–87: 46,5% (1989: 60%) – **Außenhandel** 1989: **Import:** 230 Mio. $; Güter: v. a. Nahrungsm., Erdölprod., Maschinen u. Transportausrüst.; Länder: 42% UdSSR; **Export:** 97 Mio. $; Güter: v. a. Kaffee, Teakholz, elektr. Energie, Zinn, Reis, Baumwolle, Tee, Gewürze; Opium, Gold u. Edelsteine (illegal); Länder: UdSSR, Thailand, Japan, EG-Länder (insbes. BRD), USA, Indonesien

PRESSE (Aufl. i. Tsd.) *Tageszeitungen:* Vientiane: Pasason (28)/LPRP-Org. – Vientiane May (5)/LPRP-ZK-Org. – *Nachrichtenagentur:* KPL (Khao San Pathet Lao)

LESOTHO Süd-Afrika
Königreich Lesotho; Kingdom of Lesotho; Sotho: Muso oa Lesotho – LS

LANDESSTRUKTUR Fläche (136): 30355 km^2 – **Einwohner** (137): (F 1990) 1771000 = 55 je km^2; (Z 1976) 1216815 – Lesother; 99,7% Sotho d. Südbantu-Gruppe; etwa 2000 Weiße u. Inder – **Leb.-Erwart.:** 56 J. – **Säugl.-Sterbl.:** 9,3% – **Analph.** (1985): 26% – Jährl. **Bev.-Wachstum** ($\emptyset$ 1980–90): 2,7% (Geb.- u. Sterbeziffer 1990: 4,0%/1,2%) – **Sprachen:** Sotho (Bantuspr.) u. Englisch als Amtsspr. – **Religion:** rd. 90% Christen (davon 44% Katholiken, 30% evang. Protestanten, 12% Anglikaner), muslim. Minderh. u. Anh. v. Naturrel. – **Städt. Bev.:** 20% – **Stadt** (S 1986): Maseru (Hptst.) 109000 Ew.

STAAT Monarchie – Seit Militärputsch 1986 zunächst Übertragung aller exekutiven u. legislativen Rechte an d. Staatsoberhaupt, 1990 Übernahme durch Militärrat (6 Offiziere) – Juni 1990 Einrichtung einer Verfassungsgeb. Versammlung mit 109 Mitgl. – 10 Distrikte – **Staatsoberhaupt:** König Letsie III., seit 12. 11. 1990 (Sohn d. eigentl. Throninhabers König Moshoeshoe II., von Putschisten Ramaema eingesetzt) – **Regierungschef:** Oberst Elias Phitsoane Ramaema, Vors. d. Militärrats, vereidigt 1. 5. 1991 – **Äußeres:** Leutnant Pius Molapo – **Parteien:** Bisher ohne große Bedeutung – Erste freie Wahlen seit 1970 für Nov. 1992 angekündigt (Registrierung von 16 Parteien) – **Unabh.:** 4. 10. 1966 – **Nationalfeiertag:** 4. 10.

WIRTSCHAFT BSP 1990: 832 Mio. $ = 530 $ je Ew. (134) [rd. 160000 Wanderarbeiter in d. Goldminen d. Rep. Südafrika = rd. 50% d. BSP]; realer Zuwachs $\emptyset$ 1980–90: 1,8%; *(Anteil Entwicklungshilfe u. Ausl.-Schulden $\to$ Tab. Sp. 471f.);* **BIP** 1990: 340 Mio. $; realer Zuwachs $\emptyset$ 1980–90: 3,1%; Anteil 1990 **Landwirtsch.** 24%, **Industrie** 30% – **Erwerbstät.** 1989: Landw. 80%, Ind. ca. 7% – **Energieverbrauch** 1988: 10 kg ÖE/Ew. – **Währung:** 1 Loti (M; Plural: Maloti) = 100 Lisente (s); 1 Rand (R) = 1 M (Wertverh. zum Rand); 100 M = 55,02 DM (südafrik. Rand ebenf. gesetzl. Zahlungsmittel) – **Ausl.-Verschuld.** 1990: 390 Mio. $ = 39,6% d. BSP

– **Inflation** ∅ 1980–90: 12,7% – **Außenhandel** 1988: **Import:** 534 Mio. $; Güter: ca. 58% Verbrauchsgüter (bes. Nahrungsm.), 26% Halbfertig- u. Maschinenbauerzeugn.; Länder: ca. 90% SACU (Südafrik. Zollunion); **Export:** 55 Mio. $; Güter: ca. 40% Wolle u. Mohair, 36% Fertigwaren (Textilien, Schuhe); Länder: ca. 90% SACU

PRESSE (Aufl. i. Tsd.) *Tageszeitung:* The Mirror (4) – *Wochenzeitungen:* Maseru: Moeletsi oa Basotho (12)/kath. – Leselinyana la Lesotho (20, 2x wö.)/prot. – *Nachrichtenagentur:* LENA (Lesotho News Agency)

LETTLAND *Nordost-Europa*
Republik Lettland; lettisch: Latvijas, von »Salja Seme« = Grüne Erde – LR

LANDESSTRUKTUR Fläche (121): 64 600 km^2 – **Einwohner** (127): (F 1990) 2 687 000 = 42 je km^2; (Z 1989) 2 667 000 – (Z 1989) 52% Letten [Latresi], 34% Russen, 4,5% Weißrussen, 3,5% Ukrainer, 2,3% Polen, 1,3% Litauer; rd. 20 000 Letten leben auf dem Gebiet d. ehem. UdSSR u. weitere 95 000 im Ausland – **Leb.-Erwart.:** 69 J. – **Säugl.-Sterbl.** (1989): 1,1% – **Bev.-Wachstum** (1979–89): + 6,7% (Geb.- u. Sterbeziffer 1990: 1,4%/1,3%) – **Sprachen:** Lettisch seit 1989 Amtssprache (rd. 1,69 Mio. sprechen Lettisch als Erstspr., rd. 260 000 als Zweitspr., insg. ca. 50% d. Bev.); Russisch – **Religion:** rd. 65% Protestanten, Russ.-Orthodoxe, Katholiken – **Städt. Bev.:** 71% – **Städte** (F 1990): Riga (Hptst.) 916 500 Ew. (430 000 Russen, 330 000 Letten, je 43 000 Ukrainer u. Weißrussen); Daugavpils [Dünaburg] 128 200, Liepaja [Libau] 114 900, Jelgava 75 100, Jurmala 66 400, Ventspils 50 400, Rezekne 42 900

STAAT (→ *Chronik WA '92 u. Sp. 107)* Republik – Wiederherstellung der Souveränität am 4. 5. 1990 – Neue Verfassung in Ausarbeitung; für die Übergangszeit gelten die Artikel 1, 2, 3, 6 d. Verfass. von 1922 sowie Teile d. ehem. Sowjetverfass., sofern sie diesen Art. nicht widersprechen – Parlament (Oberster Rat) mit 201 Mitgl. – Allg. freie Wahlen d. neuen Parl. (Saeima) auf Proporzbasis vorgesehen – 33 Bezirke (inkl. Stadtbezirke) sowie Gemeinden – **Staatsoberhaupt:** Anatoli Gorbunows, Präs. d. Obersten Rates – **Regierungschef:** Ivars Godmanis, Vors. d. Ministerrats (Reg. seit Nov. 1991 ausschl. aus Letten) – **Äußeres:** Janis Jurkans – **Parteien:** Parl.-Wahlen vom 18. 3. 1990: Lettische Volksfront/LTF (Latvijas Tautas Fronte) 138 d. 201 Sitze; KP seit 10. 9. 1991 verboten; zahlr. Parteieugründungen, u. a. Demokrat. Arbeiterpartei, Lett. Nat. Unabhängigkeitsbewegung, Sozialdem. P., Sozialdem. Arbeiterp., Lett. Partei der Grünen – **Unabh.:** 1918/20–1940; Souveränitätserkl. am 28. 7. 1989; Ausrufung d. Unabh. am 4. 5. 1990; seit 21. 8. 1991 in Kraft – **Nationalfeiertag:** 18. 11. (Ausrufung d. Rep. 1918)

WIRTSCHAFT BSP 1989: 18 200 Mio. $ = 6740 $ je Ew. (34); Anteil am BSP d. UdSSR: 1,3% – **Erwerbstät.** 1989: Landw. 8%, Ind. 28% – **Währung:** Lettischer Rubel seit 20. 7. 1992 (Wertgleichheit zum russ. Rubel → *Rußland);* Einführung einer eigenen Währung (»Lat«) geplant – **Inflation** ∅ 1986–89: 18% – **Bergbau u. Rohstoffgewinnung:** Torf, Bernstein, Wasserkraft; **Industrie:** Elektroind., Elektronik, chem. Ind., Fahrzeugbau, Nahrungsmittelverarb., Textilien; **Landwirtschaft:** zu 70% Viehwirtschaft – **Außenhandel Saldo** 1988: −1,3 Mrd. Valutarubel; **Import** (1989): 6030 Mio. Rbl, davon 75% aus d. übrigen UdSSR u. 25% aus d. Ausland; Güter: Erdöl u. Erdgas, Prod. d. Metallurgie u. d. Maschinenbaus sowie Vorprod. d. Landwirtschaft, Getreide; **Export** (1989): 5410 Mio. Rbl, davon 93,2% in d. übrige UdSSR u. 6,8% ins Ausland (1988: rd. 35% d. Gesamt-Deviseneinnahmen d. UdSSR); Güter: Personentransportm. (1989: 31% d. Gesamtprod. d. UdSSR), Telefonanlagen (22%) u. Telefone (58%), Melk- (43%) u. Kühlanlagen (29%), Radioempfänger (17%), Dieselmaschinen u. -generatoren (16%); Nahrungsm.; russ. Ölausfuhr über Ventspils (Kapazität: 24 Mio. t/Jahr) verspricht zukünftige Gebühreneinnahmen von rd. 100 Mio. $ im Jahr

PRESSE (Aufl. i. Tsd.; Stand 1990): *Tageszeitungen:* Riga: Diena (100)/Lett. u. Russ. – Latvijas Jaunatne (133) – Lietuvas Rytas – Neatkariga Cina (50) – Postimees – Respublica – Tiesa – Vakarines Naujienos – Valstiecu Laikrastis – Veseliba – *Wochenzeitungen:* Riga: Atmoda (100)/LTF-Org. in Lett., Russ, Engl. – Lauku Avize (236)/Landwirtsch. – *Nachrichtenagenturen:* LETA (Latvian Telegraphic Agency) – Baltic News Service

LIBANON *Vorder-Asien*
Libanesische Republik; El Dschumhurija el Lubnanija bzw. Al-Jumhûrîya Al-Lubnânîya – RL

LANDESSTRUKTUR Fläche (158): 10 400 km^2 (n. eig. Ang. 10 452 km^2) – **Einwohner** (124): (S 1989) 2 897 000 = 277 je km^2; (Z 1970) 2 126 325 – Arabischstämmige Libanesen; arabisch-palästin. Flüchtl. (30. 6. 1990: 302 049 registriert), tscherkessische u. armenische Minderh. – **Leb.-Erwart.:** 65 J. – **Säugl.-Sterbl.:** k. Ang. – **Analph.:** 20% –

Jährl. **Bev.-Wachstum** (∅ 1980–86): 0,2 % (Geb.- u. Sterbeziffer ∅ 1980–85: 2,9 %/0,9 %) – **Sprachen:** Arabisch als Amtssprache; 4,5 % Armenisch, 2,4 % Kurdisch; Französ. u. Englisch als Handels- u. Bildungsspr. (Franz. auch als Mischspr. »Franbanais« mit Arab.) – **Religion:** 40 % Christen (Maroniten 25 %, Griech.-Orth. 7 %, Griech.-Kath. 5 %, Armenier u. a. 4 %), 60 % Muslime u. Drusen (Schiiten 32 %, Sunniten 21 %, Drusen 7 %) – **Städt. Bev.:** k. Ang. – **Städte** (S 1980): Beirut [Beyrout] (Hptst.) 702 000 Ew. (S 1985: 1–1,5 Mio.); Tripoli [Tarabulus esh Sham] 175 000; 1970: Zahlé 46 800, Saida 24 740, Ba'albek 18 000, Es Sur [Tyrus] 14 000 (durch d. Bürgerkrieg starke Veränderungen)

STAAT Republik – Verfassung von 1926, letzte Änderung 1990 – Parlament mit 128 Mitgl., Wahl alle 4 J.; Aufteilung: 54 Muslime (u. a. 22 Sunniten, 21 Schiiten, 8 Drusen, 3 Alouiten), 54 Christen (u. a. 11 Griechisch-Orth., 6 Griechisch-Kath., 4 Armenisch-Orth.) – Präs. muß maronitischer Christ, Reg.-Chef sunnitischer, Parl.-Präs. schiitischer Muslim sein (proporzgerechte Verteilung d. Ämter entspr. d. »Nationalpakt« v. 1943; im Friedensabkommen von Taif 1990 bestätigt, in dem auch die gleiche Anzahl von christl. u. muslim. Parlamentsabg. beschlossen wurde (→ vgl. Chronik Libanon, WA '92) – Allg. Wahlrecht – 5 Provinzen (Mohafazats) – **Staatsoberhaupt:** Präs. Elias Hrawi, seit 24. 11. 1989 – **Regierungschef:** Raschid Solh, seit 13. 5. 1992; Reg. aus insg. 20 Min.: 11 Muslime u. 9 Christen – **Äußeres:** Nasri Maalouf – **Parteien:** Letzte Wahlen v. 1972 – Parlamentswahlen vom 23. 8./6. 9. 1992 (Boykott seitens der Christen u. Drusen): Wahlbündnis. Hisbollah, Amal, Baath-Partei 22, Liste d. nationalen Paktes (regierungsnah) 7; amtl. Endergeb. liegen noch nicht vor – **Unabh.:** 26. 11. 1941 formelle Unabh.-Erkl. durch General Catroux (»Freies Frankr.«), 22. 11. 1943 Wiedereinsetzung liban. Amtsträger durch d. Franzosen unter Druck d. Bevölkerung (als Beginn d. tatsächl. Unabh. bezeichnet) – **Nationalfeiertag:** 22. 11.

WIRTSCHAFT (keine neueren Angaben verfügbar) **BSP** 1986 (S): 6949 Mio. $ = 2450 $ je Ew. (72); realer Zuwachs ∅ 1980–86: 14,4 %; **BIP** 1987: 3296 Mio. $; realer Zuwachs ∅ 1982–87: 22,7 %; Anteil 1987 **Landwirtsch.** 9 %, **Industrie** 20 % – **Erwerbstät.** 1989: Landw. 9 %, Ind. 20 % – **Energieverbrauch** 1990: 968 kg ÖE/Ew. – **Währung:** 1 Libanes. Pfund (L£) = 100 Piastres (P. L.); 1 US-$ = 1700,00 L£; 100 L£ = 0,09 DM – **Ausl.-Verschuld.** 1990: 1932 Mio. $ – **Inflation** ∅ 1965–80: 9,3 % (S 1987: 200 %) – **Außenhandel** 1987: **Import:** 1880 Mio. $; **Export:** 591 Mio. $; Güter: 25 % bearb. Edelmetalle u. Juwelen, Textilien, Obst, Wolle, Gemüse, Gerste, Baumwolle, Olivenöl (illegal: Opium u. Haschisch, 1986: 1,18 Mrd. DM); Länder: Großbrit., USA, Italien, Frankr., BRD, 25 % Saudi-Arabien, Syrien, Jordanien, Kuwait

PRESSE (Aufl. i. Tsd.) *Tageszeitungen:* Beirut: Al-Amal (35)/Falangisten – Al-Anwar (75) – Ad-Dunya (25) – Al-Dustur (53) – Al-Hayat (31) – Al-Jarida (23) – Lisan ul-Hal (33) – Al-Liwa' (79) – An-Nahar (85) – L'Orient-Le Jour (22)/Frz. – Sada Lubnan (25)/panarab. – *Wochenzeitungen:* Achabaka (127) – Assayad (95) – La Revue du Liban (12)/Wirtsch., Frz. – Al-Dyar (46) – Al-Hadaf (40)/ PFLP-Org. – Al-Hawadess (85) – Al-Moharrir (87) – Al-Ousbou' al-Arabi (88) – At-Tayyar (75)/unabh.

LIBERIA West-Afrika
Republik Liberia; Republic of Liberia – LB

LANDESSTRUKTUR Fläche (102): 111 369 km^2; davon Landfl. 99 068 km^2 (n. eig. Ang. 97 754 km^2) (→ *Karte, WA '91, Sp. 402*) – **Einwohner** (128): (F 1990) 2 560 000 = 26 je km^2; (Z 1984) 2 101 628 – Liberianer; 16 Hauptstämme wie Kpelle u. Bassa (zus. rd. 30 %), Kru, Manding usw.; seit Ausbruch d. Bürgerkriegs 1989 über 1 Mio. Liberianer v. Flucht u. Vertreibung betroffen; ca. 0,5 Mio. u. fast alle Ausländer haben das Land 1990 verlassen – **Leb.-Erwart.:** 54 J. – **Säugl.-Sterbl.:** 13,6 % – **Analph.:** 61 % – Jährl. **Bev.-Wachstum** (∅ 1980–90): 3,1 % (Geb.- u. Sterbeziffer 1990: 4,4 %/1,4 %) – **Sprachen:** Englisch als Amtsspr.; Golla, Kpelle, Mande, Kru u. a. ethnische Spr. – **Religion:** bis 70 % Anh. v. Naturrel.; 68 % Christen, rd. 670 000 Muslime (bes. Mandingo) – **Städt. Bev.:** 46 % – **Städte** (S 1986): Monrovia (Hptst.) 465 000 Ew. (S Ende 1990: 350 000); Gbarnga 30 000, Tchien 15 000

STAAT Präsidialrepublik – Verfassung von 1986 z. Z. außer Kraft – Parlament aus 2 Kammern: Repräsentantenhaus (House of Representatives) mit 64 u. Senat (Senate) mit 26 Mitgl. – 28köpfige Interimsversammlung aus Vertretern d. wichtigsten polit. Parteien u. d. Bezirke – Allg. Wahlrecht ab 19 J. – Regionales Friedensabk. am 31. 10. 1991 zur Beilegung d. Konfliktes u. Entwaffnung d. Truppen d. National Patriotic Front of Liberia/NPLF unter Führung von Charles Taylor weitgehend nicht eingehalten – 11 Bezirke (Counties) u. 4 Territorien – **Staats- u. Regierungschef:** Dr. Amos Sawyer (Präs. einer Übergangsreg.), am 19. 4. 1991 von Nationalkonferenz bestätigt, von d. westafrikan. Friedenstruppe ECOWAS unterstützt) → *(Chronik)* – **Äußeres:** Gabriel Baccus Matthews – **Parteien:** Wahlen 1985: Repräs.-Haus: Nationaldemokrat. Partei/NDPL 51 Sitze; Lib. Action P./LAP 8; Lib. Unification P./LUP 3;

United P./UP 2 – **Unabh.:** 26. 7. 1847 – **Nationalfeiertag:** 26. 7.

WIRTSCHAFT (keine neueren Angaben verfügbar) **BSP** 1987: 1051 Mio. $ = 450 $ je Ew. (139); realer Zuwachs ⌀ 1980–87: –2,1 %; **BIP** 1988: 1070 Mio. $; realer Zuwachs ⌀ 1980–88: –1,9 %; Anteil 1988 **Landwirtsch.** 37 %, **Industrie** 25 % – **Erwerbstät.** 1989: Landw. 70 %, Ind. ca. 9 % – **Energieverbrauch** 1990: 169 kg ÖE/Ew. – **Währung:** 1 Liberian. Dollar (Lib$) = 100 Cents (c); 1 US-$ = 1 Lib$ (Wertverh. zum US-$); 100 Lib$ = 152,70 DM (US-$ ebenf. gesetzl. Zahlungsmittel) – **Ausl.-Verschuld.** 1990: 1870 Mio. $ – **Inflation** ⌀ 1980–87: 1,5 % (1988: 9,6 %) – **Außenhandel** 1990: **Import:** 450 Mio. $; Güter (1989): 27 % Maschinenbau, elektrotechn. Erzeugn. u. Fahrzg., 24 % Nahrungsm.; Länder (1989): 40 % EG-Länder (dar. 28 % BRD), 22 % USA; **Export:** 500 Mio. $; Güter (1989): 80 % Eisenerz u. Naturkautschuk; Länder (1989): 70 % EG-Länder (dar. 43 % BRD), 20 % USA

PRESSE (Aufl. i. Tsd.) *Tageszeitungen:* Monrovia: Daily Observer (30) – The New Liberian (15)/reg.-eigen – *Wochenzeitung:* The Herald (5) – *Nachrichtenagentur:* LINA (Liberian News Agency)

LIBYSCH-ARABISCHE DSCHAMAHIRIJA *Nord-Afrika*
Sozialistische Libysch-Arabische Volks-Dschamahirija (»Volksöffentlichkeit«); Al-Jamâhîrîya Al-'Arabîya Al-Lîbîya Ash-Sha'bîya Al-Ishtirâkîya

LANDESSTRUKTUR Fläche (16): 1759540 km^2 (n. eig. Ang. 1775500 km^2) – **Einwohner** (104): (F 1990) 4546000 = 3 je km^2; (Z 1984) 3637488 – Arabischsprech. Libyer; z. T. mit Berbern vermischt; Tuareg u. a. Berber; im S auch Schwarze; bis 500000 ägypt. Gastarbeiter – **Leb.-Erwart.:** 62 J. – **Säugl.-Sterbl.:** 7,4 % – **Analph.:** 36 % – Jährl. **Bev.-Wachstum** (⌀ 1980–90): 4,1 % (Geb.- u. Sterbeziffer 1990: 4,3 %/0,8 %) – **Sprachen:** Arabisch als Amtssprache; Berberdialekte häufig als Umgangsspr.; Handelsspr. z. T. Engl. u. Italien. – **Religion:** 89 % Muslime (u. a. Reformorden d. sunnit. Senussi; Ibaditen); Islam ist Staatsreligion; christl. Minderh. – **Städt. Bev.:** 71 % – **Städte** (S 1982): Tripolis [Tarabulus] (Hptst.) 989000 Ew., Bengasi [Benghazi] 650000, Misratah [Misurata] 285000, Zawiyah 248000, Al-Khums 180000

STAAT Republik (Volks-Dschamahirija, auf der Grundlage des Koran), Prinzip d. »direkten Volksherrschaft« – Verfassung von 1977 – General-Volkskongreß mit ca. 2700 Delegierten als gesetzgeb. u. exekutive Gewalt; als oberstes Organ dessen Generalsekretariat (mit 22 Gen.-Sekr.) – 24 Verwaltungsbezirke (Baladiya), 10 Governorate u. 3 Provinzen – **Staatsoberhaupt:** Sekretär d. General-Volkskongresses Abd Ar-Razia Sawsa, seit 1990; »Bruder« Oberst Muammar Al-Gaddafi »Führer d. Großen Revolution vom 1. Sept.« de facto Staatsoberhaupt – **Regierungschef:** Vors. d. General-Volkskomitees (Kabinett) Abu Zid Omar Dourda [Abu Said Umar Durdah]; dem Volkskomitee steht ein Generalsekretariat aus 5 Offizieren vor – **Äußeres** (Volkskommissar für Außenverbindungen): Ibrahim Muhammed Al-Bishari – **Parteien:** Seit 1977 lokale u. regionale Volkskomitees – **Unabh.:** 24. 12. 1951 – **Nationalfeiertag:** 1. 9. (Tag d. Revolution v. 1969)

WIRTSCHAFT BSP 1989: 23333 Mio. $ = 5310 $ je Ew. (45); realer Zuwachs ⌀ 1980–88: –6,0 %; **BIP** 1990: 7800 Mio. DL; realer Zuwachs ⌀ 1980–85: –3,6 %; Anteil 1990 **Landwirtsch.** 5 %, **Industrie** 53 % – **Erwerbstät.** 1989: Landw. 14 %, Ind. ca. 16 % – **Energieverbrauch** 1990: 3399 kg ÖE/Ew. – **Währung:** 1 Libyscher Dinar (LD.) = 1000 Dirhams; 1 US-$ = 0,28 LD.; 100 LD. = 551,93 DM – **Ausl.-Verschuld.** 1988: 2100 Mio. $ – **Inflation** ⌀ 1980–90: 0,2 % – **Außenhandel** 1990: **Import:** 5991 Mio. $; Güter (1989): 39 % Maschinen u. Transportausrüst., 28 % and. Güter d. verarb. Industrie, 9 % chem. Prod., 9 % Nahrungs- u. Genußmittel sowie Tiere; Länder: 20 % Italien, 14 % BRD, 8 % Großbrit., 7 % Frankr.; **Export:** 10320 Mio. $; Güter (1986): 99,9 % Erdöl u. Erdgas; Länder: 40 % Italien, 20 % BRD, 9 % Spanien, 7 % Frankr., 3 % Rumänien

PRESSE (Aufl. i. Tsd.) *Tageszeitung:* Tripolis: Al-Fajr al-Jadid (40) – *Nachrichtenagentur:* JANA (Jamahiriya News Agency)

LIECHTENSTEIN *Mittel-Europa*
Fürstentum Liechtenstein – FL

LANDESSTRUKTUR Fläche (186): 160 km^2 – **Einwohner** (186): (F Anf. 1992) 29386 = 178 je km^2; (Z 1980) 25215 – Liechtensteiner (alemannischer Abst.); Ausländer (Anf. 1992) insg. 10592 (= 36 % d. Gesamtbev.), davon 4517 Schweizer, 2163 Österreicher, 1063 Deutsche, 2849 and. (u. a. Italiener,

Türken, Jugoslawen, Spanier, Griechen) – **Analph.:** 0,3% – Jährl. **Bev.-Wachstum** (∅ 1977–87): 1,2% (1989: 1,0%); (Geb.- u. Sterbeziffer 1989: 1,3%/ 0,6%) – **Sprachen:** Deutsch als Amtsspr.; ein alemann. Dialekt als Umgangsspr. – **Religion** (1990): 24756 Katholiken, 2256 Protestanten, 469 and. u. 971 o. Ang. – **Städte** (F 1990): Vaduz (Hauptort) 4874 Ew., Schaan 4930, Balzers 3668, Triesen 3377, Eschen 2964, Mauren 2798, Triesenburg 2379, Ruggel 1454

STAAT Konstitutionelle Erbmonarchie auf parlamentarisch-demokratischer Grundlage – Post-, Zoll-, Währungs- u. Patentschutzvertrag mit d. Schweiz (seit 1991 selbst. Vertragsstaat); seit 1919 diplomat. Vertr. durch d. Schweiz – Parlament (Landtag) mit 25 Mitgl., Wahl alle 4 J. – Allg. Wahlpflicht ab 20 J. (Herabsetzung d. Wahlalters auf 18 J. per Referendum vom 28. 6. 1992 abgelehnt) – Die Reg. wird vom Fürsten auf Vorschlag d. Landtags eingesetzt – **Staatsoberhaupt:** Fürst Hans Adam II., seit Nov. 1989 – **Regierungschef** (u. Wahrnehmung der eigentl. Außenbez.): Hans Brunhart (VU), seit Juni 1989; Stellv. Dr. Herbert Wille (FBP); Koal.-Reg. zw. VU u. FBP – **Parteien:** Wahlen 1989: Vaterländ. Union/VU 13 der 25 Sitze; Fortschrittliche Bürgerpartei/FBP 12; Freie Liste u. Überparteiliche Liste Liechtenst./ÜLL ohne Mandat – **Unabh.:** 12. 7. 1806 (Proklamation), nominell 6. 8. 1806 (Auflösung d. Dt. Reichs) – **Nationalfeiertag:** 15. 8.

WIRTSCHAFT BSP 1989: 30270 $ je Ew.; **BIP** 1989: 876 Mio. sfr = 35587 $ je Besch. – **Erwerbstät.** 1989 (von 19300 Beschäftigten sind 6500 Grenzgänger aus der Schweiz u. Österreich u. 5000 ausländ. Arbeitnehmer): Landw. 2%, Ind. 52% – **Energieverbrauch** 1989: 3048 kg ÖE/Ew. – **Währung:** 1 Schweizer Franken (sfr) = 100 Rappen (→ *Schweiz*) – **Inflation** ∅ 1988: 1,9% – **Außenhandel** (o. Schweiz) 1989: **Import:** 875,8 Mio. sfr; Güter: 31% Maschinen u. Transportm.; Sitz v. 40–100 Tsd. Firmen; Länder: bes. Schweiz; **Export:** 1618,6 (mit Schweiz: 2146,9) Mio. sfr; Güter: 45% Maschinen u. Transportm.; Länder (mit Schweiz): 45% EG-Länder, 34% außereurop. Länder, 15% Schweiz, 5% and. EFTA-Länder

PRESSE (Aufl. i. Tsd.) *Tageszeitungen:* Vaduz: Liechtensteiner Vaterland (8, Großaufl. di. 13)/ VU-Org. – Schaan: Liechtensteiner Volksblatt (9, Großaufl. do. 14)/FBP-Org.

LITAUEN *Nordost-Europa*
Republik Litauen; litauisch: Lietuva

LANDESSTRUKTUR Fläche (120): 65200 km^2 – **Einwohner** (114): (F 1990) 3723000 = 57 je km^2; (Z 1989) 3690000 – (Z 1989) 79,6% Litauer [Lietuviai], 9,4% Russen, 7% Polen, 1,7% Weißrussen, 1,2% Ukrainer, Juden, Tataren, Letten, Deutsche, 0,6% Sonstige; 6,8 Mio. Litauer leben in den USA – **Leb.-Erwart.:** 71 J. – **Säugl.-Sterbl.** (1989): 1,1% – **Bev.-Wachstum** (1979–89): + 8,4% (Geb.- u. Sterbeziffer 1990: 1,5%/1,1%) – **Sprachen:** Litauisch als Amtssprache; Russisch, Polnisch, Weißrussisch – **Religion** (1990): mehrheitlich röm. Katholiken; Evang.-Lutheraner u. Reformisten, Russ.-Orthodoxe – **Städt. Bev.:** 69% – **Städte** (F 1990): Vilnius [Wilna] (Hptst.) 592500 Ew. (davon 290000 Litauer, 116000 Russen, 108000 Polen); Kaunas 430000, Klaipeda [Memel] 206000, Siauliai [Schaulen] 148000, Panevežys 129000

STAAT (→ *Chronik WA '92 u. Sp. 110f.*) Republik – Wiederherstellung der Souveränität am 11. 3. 1990 – Verfassung (vorläufiges Grundgesetz) vom 11. 3. 1990; neue Verfass. in Ausarbeitung – Parlament (Sejm) mit 141 Mitgl. – 44 Bezirke u. 11 Stadtbezirke sowie Gemeinden – **Staatsoberhaupt:** Vytautas Z. Landsbergis – **Regierungschef:** Alexandras Abisala (Sajudis), seit 23. 7. 1992 – **Äußeres:** Algirdas Saudargas – **Parteien:** Nach Parl.-Wahlen vom 11. 2. 1990 nichtkommunist. Mehrheit: Sajudis 90 d. 141 Sitze, Sozialdemokrat. Partei 9, KP 7, Ökologen u. Christdem. 2; KP seit 22. 8. 1991 verboten; zahlreiche Neu- od. Wiedergründungen von Parteien – Parl.-Neuwahlen für 25. 10. 1992 vorgesehen – **Unabh.:** 1918–1940 – Souveränitätserklärung am 18. 5. 1989 u. Wiederherstellung der Rep. Litauen am 11. 3. 1990, seit 29. 7. 1991 in Kraft – **Nationalfeiertag:** 16. 2. (Wiederherstellung d. Litauischen Staates 1918)

WIRTSCHAFT BSP 1989: 21800 Mio. $=5880 $ je Ew. (42); Anteil am BSP d. UdSSR: 1,5%; Anteil BSP 1989: **Landwirtsch.** 23%, **Industrie** 56% – **Erwerbstät.** 1989: Landw. 30%, Ind. 33% – **Währung:** Rubel (→ *Rußland*); Einführung einer eigenen Währung (»Litas«) bis Okt. 1992 geplant – **Bergbau u. Rohstoffgewinnung:** Torf, Bernstein; **Industrie:** Gerätebau, Nahrungsmittelverarb., Leinenstoffe; **Landwirtschaft:** Viehwirtschaft u. Getreide – **Außenhandel Saldo** 1988: –3,7 Mrd. Valutarubel; **Import** (1989): 7350 Mio. Rbl, davon 78,8% aus d. übrigen UdSSR u. 21,2% aus d. Ausland; Güter: Erdöl, Erdgas u. Kohle, metallurg. u. chem. Vorprod., Maschinenbauerzeugn. sowie Vorprod. d. Landwirtschaft; **Export** (1989): 6330 Mio. Rbl, davon 92,4%

in d. übrige UdSSR u. 7,6% ins Ausland; Güter: Erzeugn. d. Leichtind. (Stromzähler u. Kompressoren, Leichtstrommotoren, Radio- u. Fernsehgeräte), Nahrungsmittel; Stromexport

PRESSE (Aufl. i. Tsd.; Stand 1990): *Tageszeitungen:* Vilnius: Ekho Litvy (55)/Russ. – Kurier Wilenski (31)/Poln. – Lietuvos aidas (110)/Lett. – Lietuvos Rytas (240)/Lett. (wö. in Russ.) – Respublika (230) – Tiesa (101) – *Wochenzeitungen:* Vilnius: Aitvaras (205; 2x wö.) – Gimtasis kraštas (102) – Kalba Vilnius (106)/Radio- u. TV-Progr. – Zalioji Lietuva (10)/Partei d. Grünen – *Nachrichtenagentur:* ELTA (Lithuanian Telegraph Agency)

LUXEMBURG West-Europa
Großherzogtum Luxemburg; Grand-Duché de Luxembourg; Grousherzogdem Lëtzebuerg – L

LANDESSTRUKTUR Fläche (164): 2586 km² – **Einwohner** (159): (F 1991) 384 000 = 148 je km²; (Z 1981) 364602 – Luxemburger; (1988) 99400 Ausländer (= 27% d. Bev.), davon ca. 29000 Portugiesen, 20700 Italiener, 12600 Franzosen, 8900 Deutsche, 8500 Belgier, 3000 Niederländer, 2200 Spanier, 1500 Jugoslawen, 700 US-Amerikaner *(Grenzgänger → WA '92, Sp. 452)* – **Leb.-Erwart.:** 75 J. – **Analph.:** unter 5% – Jährl. **Bev.-Wachstum** ($\varnothing$ 1980–90): 0,4% (Geb.- u. Sterbeziffer 1989: 1,2%/1,1%) – **Sprachen:** seit 1984 Französisch, Deutsch u. Lëtzebuergisch (moselfränk. Dialekt) als 3 »amtl.« Arbeitssprachen; Gesetzessprache weiterhin Franz.; Nationalspr. Lëtzebuergisch – **Religion:** 95% Katholiken, 3900 Protestanten, rd. 700 Juden – **Städt. Bev.:** rd. 67% – **Städte** (F 1989): Luxembourg [Luxemburg] (Hptst.) 74400 Ew.; Esch-sur-Alzette 23890, Differdange [Differdingen] 16050, Dudelange [Düdelingen] 14230, Pétange [Petingen] 11900, Sanem 11300; (1988) Hesperange 9310, Bettemburg 7600, Ettelbrück 6600, Schifflingen 6400

STAAT Konstitutionelle Erbmonarchie auf parlamentarisch-demokratischer Grundlage – Verfassung von 1868, letzte Änderungen 1919 – Parlament (Chambre des Députés) mit 60 Mitgl., Wahl alle 5 J. – Staatsrat mit 21 Mitgl., teils vom Großherzog ernannt, teils vom Parlament, teils v. Staatsrat selbst nominiert – Allg. Wahlpflicht ab 18 J. – 3 Distrikte, 12 Kantone – **Staatsoberhaupt:** Großherzog Jean, seit 1964 – **Regierungschef:** Jacques Santer (CSV), seit 1984; Koalitionsreg. aus CSV u. LSAP – **Äußeres:** Jacques Poos (LSAP) – **Parteien:** Wahlen 1989: Chrëstlich-Sozial Vollekspartei/CSV 22 Sitze; Lëtzebuergesch Sozialistesch Arbechterpartei/LSAP 18; Demokratesch Partei/DP (»Liberale«) 11; Aktiounskomite »5/6 Pensioun fir jiddfereen« 4; Déi Gréng Alternativ Partei/GAP 2; Gréng Lëscht Ekologesch Initiativ/GLEI 2; Kommunitesch Partei Lëtzebuerg/KPL 1 – **Unabh.:** Durch die Wiener Kongreßakte v. 9. 6. 1815 völkerrechtl. Gründung d. souveränen modernen Staates L., im Londoner Vertrag v. 11. 5. 1867 bestätigt; Ende der Personalunion mit d. niederländischen Königshaus am 13. 11. 1890 – **Nationalfeiertag:** 23. 6.

WIRTSCHAFT BSP 1990: 10875 Mio. $ = 28730 $jeEw.(2); realer Zuwachs $\varnothing$ 1980–90: 4,3% – **BIP** 1991: 8900 Mio. $; realer Zuwachs $\varnothing$ 1980–90: 3,4% (1991: +2,0%); Anteil 1990 **Landwirtsch.** 1,9%, **Industrie** 33,3% – **Erwerbstät.** 1990: Landw. 3,3%, Ind. 30,5%; **Arbeitslosigkeit** 1991: 1,4% – **Energieverbrauch** 1988: 8448 kg ÖE/Ew. – **Währung:** 1 Luxemb. Franc (lfr) = 100 Centimes (c); 1 bfr = 1 lfr; 1 US-$ = 31,42 lfr; 100 lfr = 4,86 DM (belg. Geldzeichen ebenf. gesetzl. Zahlungsmittel) – **Öff. Ausl.-Verschuld.** 1987: 483 Mio. $ – **Inflation** $\varnothing$ 1980–90: 4,2% (1991: 2,6%) – **Außenhandel** 1990: **Import:** 252,2 Mrd. lfrs; Güter: 18% Maschinen u. Apparate, 15% Metalle u. Metallerzeugn., 13% Mineralstoffe, 12% Transportm., 8% chem. Erzeugn.; 6% Kunststoff- u. Gummierzeugn., 5% Nahrungs- u. Genußmittel; Länder: 38% Belgien, 31% BRD, 12% Frankr., 5% Niederl., 2% Großbrit.; **Export:** 211,1 Mrd. lfrs; Güter: 38% Metalle u. Metallerzeugn., 13% Kunststoff- u. Gummierzeugn., 12% Maschinen u. Apparate, 6% Erzeugn. aus Glas, Stein u. Keramik, 6% Textilien, 6% Transportm.; Länder: 28% BRD, 17% Frankr., 16% Belgien, 6% Niederl., 6% Großbrit., 4% USA

PRESSE (Aufl. i. Tsd.) *Tageszeitungen:* Luxemburg: Lëtzebuerger Journal (12)/lib.; Dt. – Luxemburger Wort (86)/kath. christdem.; v. a. Dt., Frz. – Le Républicain Lorrain (23)/Frz. – Zeitung vum Lëtzebuerger Vollek (8)/KP-Org.; Dt. – Esch-sur-Alzette: Tageblatt (28)/sozialdem.; v. a. Dt., Frz. – *Wochenzeitungen und Zeitschriften:* Auto-revue (18; monatl.)/Dt. – D'Lëtzebuerger Land (7)/unabh.; Dt. – Lëtzebuerger Sonndesblat (9)/kath. christdem.; Dt. – Luxembourg News Digest (4)/Engl. – D'revue (26)/Dt. – Télécran (35) (37)/kath. christdem.; Dt.

HÖRFUNK/FERNSEHEN RTL Radio (Programme in luxemb., dt. u. engl. Sprache), Bd. Pierre Frieden 45, 2850 Luxembourg – RTL Télévision (Programme in frz., luxemb. u. dt. Sprache), Villa Louvigny, 2850 Luxembourg

MADAGASKAR Südost-Afrika
Demokratische Republik Madagaskar; Repoblika Demokratika Malagasy (n'i Madagascar); République Dém. de Madagascar; Madagasikara – RM

LANDESSTRUKTUR Fläche (44): 587041 km^2 (mit d. Nebeninseln Nosy-Be 293 km^2 u. St. Marie du Madagascar 165 km^2; – **Einwohner** (61): (F 1990) 11620000 = 20 je km^2; (Z 1975) 7604300 – Madagassen (Malagasy); 99% negritische (u. a. Sakalaven, Betsimisaraka), v. a. aber malaiische (Merina, Betsileo) Gruppen; Inder, Franzosen, Komorer, Chinesen u. a. – **Leb.-Erwart.:** 51 J. – **Säugl.-Sterbl.:** 11,6% – **Analph.:** 20% – Jährl. **Bev.-Wachstum** ($\varnothing$ 1980–90): 3,0% (Geb.- u. Sterbeziffer 1990: 4,5%/1,5%) – **Sprachen:** Französ. u. Malagasy als Amtsspr.; Umgangsspr. einheim. Idiome, bes. das auch als Bildungsspr. wichtige Howa – **Religion:** über 50% Anh. v. Naturreligionen; 45% Christen, davon 25% Katholiken u. 20% Protestanten; 5% Muslime – **Städt. Bev.:** 25% – **Städte** (S 1985): Antananarivo [frz. Tananarive] (Hptst.) 1050000 Ew.; Toamasina [Tamatave] 83000, Flanar 73000, Majunga 71000, Toliara [Tuléar] 49000, Antsiranana 43000

STAAT Republik – Neue Verfassung per Referendum am 19. 8. 1992 mit ca. 70% der Stimmen angenommen, noch nicht in Kraft, schränkt d. Befugnisse d. Präs. ein – Parlament (Assemblée Nationale Populaire) derzeit mit 137 Mitgl., Wahl alle 5 J. – Bildung einer Hohen Staatsbehörde mit 31 Mitgl. am 31. 10. 1991, die bis zu Neuwahlen Funktionen d. Parl. übernimmt – Allg. Wahlrecht – 6 Provinzen (Faritany), die größere Autonomie anstreben – **Staatsoberhaupt:** Adm. Didier Ratsiraka, seit 1975, erneut seit 1989 – **Regierungschef:** Guy Willy Razanamasy (seit Dez. 1991, bis zu Neuwahlen im Amt geduldet); daneben »Kabinett d. Nationalen Einheit« unter Albert Zafy (Vors. d. Hohen Staatsbehörde, zur Hälfte aus Vertr. des Oppos.-Bündnisses »Forces Vives«) – **Äußeres:** Césaire Rabenoro, seit 17. 12. 1991 – **Parteien:** Wahlen von 1989 (1983): Avantgarde de la Révolution Malgache/AREMA 120 Sitze (1983: 117); Mouvement Prolétarien/MFM/MFT 7 (3); VITM (Sozialdemokraten) 4 (6); Parti du Congrès pour l'Indépendance de Madagascar/AKFM/KDRSM 2 (9); Monima Kamiviombio 1 (2) – Präsidentschafts- u. Parl.-wahlen bis Ende 1992 vorgesehen – **Unabh.:** 26. 6. 1960 – **Nationalfeiertag:** 26. 6.

WIRTSCHAFT BSP 1990: 2710 Mio. $ = 230 $ je Ew. (163); realer Zuwachs $\varnothing$ 1980–90: 0,5%; *(Anteil Entwicklungshilfe u. Ausl.-Schulden → Tab. Sp. 471f.)*; **BIP** 1990: 2750 Mio. $; realer Zuwachs $\varnothing$ 1980–90: 1,1%; Anteil 1990 **Landwirtsch.** 29%, Industrie 12% – **Erwerbstät.** 1989: Landw. 77%, Ind. 6%; **Arbeitslosigkeit** 1990 (S): 10–15% – **Energieverbrauch** 1990: 40 kg ÖE/Ew. – **Währung:** 1 Madagaskar-Franc (FMG) = 100 Centimes (c); 1 US-$ = 1819,69 FMG; 100 FMG = 0,08 DM – **Ausl.-Verschuld.** 1990: 3938 Mio. $ = 134,1% d. BSP – **Inflation** $\varnothing$ 1980–90: 17,1% – **Außenhandel** 1990: **Import:** 671 Mio. $; Güter: 35% Investitionsgüter, 24% Halbwaren, 16% Energie u. Brennstoffe; Länder: 34% Frankr., 10% UdSSR, 6% Japan, 5% BRD, 4% Italien, 3% Iran, 3% Bahrain, 3% Hongkong; **Export:** 405 Mio. $; Güter: 19% Vanille, 14% Kaffee, 7% Nelken; Länder: 27% Frankr., 27% USA, 11% Belgien-Luxemb., 6% BRD, 5% Japan, 4% Singapur, 4% Réunion – Freihandelszonen in Atananarivo und Toamasima; Tourismus: 50000 Gäste (1990)

PRESSE (Aufl. i. Tsd.) *Tageszeitungen:* Antananarivo: Imongo Vaovao (10)/Oppos. – Madagascar Tribune (12)/unabh., Frz. u. Malagasy – Midi-Madagasikara (26)/Frz. – *Wochenzeitungen:* Lakroan'i Madagasikora (20)/Kath., Frz. u. Malagasy – Sahy (10)/Malagasy – *Nachrichtenagentur:* ANTA (Agence Nationale d'Information »Taratra«)

MAKEDONIEN Südost-Europa
Republik Makedonien; Republika Makedonija – MAK

LANDESSTRUKTUR *(Übersichtstabelle → Sp. 411f.)* **Fläche** (144): 25713 km^2 – **Einwohner** (134): (F 1989) 2111000 = 82 je km^2; (Z 1981) 1909136 – (Z 1981) 67,2% Makedonier, 19,8% Albaner (n. alban. Ang. 35%), 4,5% Türken, 2,3% Serben, 2,3% Roma u. a. Minderh. (Wlachen bzw. Aromunen) – Jährl. **Bev.-Wachstum** ($\varnothing$ 1980–90): 1,2% – **Sprachen:** Makedonisch u. Serbokroatisch als Amtssprachen; Albanisch, Türkisch – **Städte** (Z 1981): Skopje [Skoplje] (Hptst.) 506547 Ew.; Bitola 80100, Prilep 63600, Kumanovo 63200

STAAT *(→ Chronik WA '92 u. Sp. 112)* Republik – Proklamierung d. Republik Makedonien am 15. 9. 1991 (Referendum über d. Unabh. am 8. 9. 1991) – Neue Verfassung vom 20. 11. 1991 – Präs. wird vom Parl. ernannt – Parl. aus 1 Kammer mit 120 Mitgl. – **Staatsoberhaupt:** Präs. Kiro Gligorow (LCM-PTD), seit 9. 12. 1990 – **Regierungschef:** Branko Crvenkovski, seit 4. 9. 1992 – **Äußeres:** N. N. – **Parteien:** Wahlen vom 11. 11./25. 11. und 9. 12. 1990 (Kandidatur von 16 Parteien): Innere Makedonische Revolutionäre Organisation u. Demokrat. Partei der makedon. nationalen Einheit/VMRO-DPNME 38 d. 120 Sitze, Sozialdem. Allianz/SDSM u.

Partei der Demokrat. Erneuerung (ehem. Bund d. Kommunisten)/LCM-PTD 31, Partei d. Demokrat. Prosperität (Albaner) 17, Reformisten 11 Sitze – **Unabh.:** Unabh.-Erkl. am 15. 9. 1991 (nur teilw. anerkannt, u. a. von Bulgarien, Türkei u. Rußland (→ *Chronik*) – **Nationalfeiertag:** unbekannt

WIRTSCHAFT *(Konjunkturdaten 1989–1991 → Tab. Sp. 411)* **BSP** 1990 (Alt-Jugoslawien): 3060 $ je Ew. (61a); **BIP** je Ew. (S 1990) 1400 $ – **Währung:** Makedonischer Denar (seit 27. 4. 1992); 260 Denaren = 1,00 DM – **Brutto-Verschuld.** Sept. 1990: 761 Mio. $ – **Außenhandel** (1989: 5,7% d. Gesamt-Jugoslaw. Volkseinkommens): **Import:** k. Ang.; **Export** (1991): 1095 Mio. $; Güter: Früchte, Tabak, Baumwolle u. a. landwirtschaftl. Prod., Fleischprod.; Eisen, Blei, Zink, Nickel, Gold u. a.; Industrie: Stahlind. in Skopje, chem. Ind. – 1990/91: Rückgang d. Industrieproduktion um 17%

PRESSE (Aufl. i. Tsd.) *Tageszeitungen:* Skopje: Nova Makedonija (27)/Makedon. – Večer (30)/Makedon. – *Nachrichtenagentur:* MIA (Makedonische Informationsagentur)

»Albanische Autonome Republik Illyria« Proklamation durch die Albaner am 5. 4. 1992 (nach d. Referendum vom 10./11. 1. 1992 über d. »politische u. territoriale Autonomie« d. alban. Siedlungsgebiete Makedoniens, mit 99% d. Stimmen bestätigt)

MALAWI *Südost-Afrika*
Republik Malawi; Republic of Malawi; ChiChewa: Mfuko La Malawi – MW

LANDESSTRUKTUR Fläche (99): 118 484 km^2 (mit 24 208 km^2 Binnengewässern) – **Einwohner** (77): (F 1990) 8 504 000 = 68 je km^2; (Z 1987) 7 982 607 – Malawier; Bantu (Chewa, Sena u. a.); 10 000 Asiaten u. Mischlinge, etwa 7000 meist brit. Europäer; ca. 992 000 Flüchtlinge aus Mosambik (Juli 1992) – **Leb.-Erwart.:** 46 J. – **Säugl.-Sterbl.:** 14,9% – **Analph.** (1985): 59% – Jährl. **Bev.-Wachstum** (∅ 1980–90): 3,4% (Geb.- u. Sterbeziffer 1990: 5,4%/2,0%) – **Sprachen:** Englisch u. ChicChewa als Amtsspr.; Chitumbuka, Lomwe, Yao, Sena – **Religion:** 42% Christen, 15% Muslime, 43% Anh. von Naturreligionen – **Städt. Bev.:** 12% – **Städte** (Z 1987): Lilongwe (Hptst.) 233 973 Ew.; Blantyre-Limbe 331 588; (S 1985) Zomba 25 000, Mzuzu 20 000

STAAT Präsidialrepublik – Verfassung von 1966 – Präs. auf 5 J. gewählt – Parlament mit 141 Mitgl., davon 5 vom Präs. ernannt; Wahl alle 5 J. – Einparteiensystem – Allg. Wahlrecht – 3 Regionen bzw. 24 Distrikte – **Staats- u. Regierungschef** sowie **Äußeres:** Dr. Hastings Kamuzu Banda, seit 1966; Staatsmin.: John Tembo – **Parteien:** Wahlen vom 26./27. 6. 1992 (1987): alle 141 (112) Sitze an die Einheitspartei Malawi Congress Party/MCP (Boykott von weiten Teilen d. Bevölkerung) – **Unabh.:** 6. 7. 1964 – **Nationalfeiertag:** 6. 7.

WIRTSCHAFT BSP 1990: 1662 Mio. $ = 200 $ je Ew. (169); realer Zuwachs ∅ 1980–90: 3,3%; *(Anteil Entwicklungshilfe u. Ausl.-Schulden → Tab. Sp. 471f.);* **BIP** 1990: 1660 Mio. $; realer Zuwachs 1980–90: 2,9%; Anteil 1990 **Landwirtsch.** 33%, **Industrie** 20% – **Erwerbstät.** 1987: Landw. 86%, Ind. 5% – **Energieverbrauch** 1990: 41 kg ÖE/Ew. – **Währung:** 1 Malawi-Kwacha (MK) = 100 Tambala (t); 1 MK = 0,25 US-$; 100 MK = 38,39 DM – **Ausl.-Verschuld.** 1990: 1544 Mio. $ = 85,6% d. BSP – **Inflation** ∅ 1980–90: 14,7% – **Außenhandel** 1990: **Import:** 576 Mio. $; Güter (1989): 29% Maschinen u. Transportausrüst., chem. Prod., Halbwaren, Erdölprod.; Länder (1989): 35% Rep. Südafrika; **Export:** 412 Mio. $; Güter (1989): 52% Tabak, 15% Tee, 9% Zucker, 5% Kaffee; Länder (1989): 30% Großbrit., 23% Rep. Südafrika, 8% USA, BRD u. übrige EG-Länder, Japan, Simbabwe, Sambia, Mosambik, Rep. China, Hongkong

PRESSE (Aufl. i. Tsd.) *Tageszeitung:* Blantyre: Daily Times (21) – *Wochenzeitung:* Malawi News (36)/Engl. u. Chichewa – *Monatszeitungen:* Boma Lathu (80)/Chichewa – Moni (30)/Engl., Chichewa – *Nachrichtenagentur:* MANA (Malawi News Agency)

MALAYSIA *Südost-Asien*
Persekutan Tanah Malaysia = »Staatenbund Malaysia«, von Malaya + Singapur – Chinesisch: ma lai xi ya – MAL

LANDESSTRUKTUR Fläche (65): 329 758 km^2; davon West-Malaysia 131 598 km^2 u. (Z 1980) 11 426 613 Ew. sowie Ost-Malaysia [Nordborneo] mit Bundesstaaten Saráwak 124 449 km^2 u. Sabah 73 711 km^2 u. insg. 2 318 628 Ew.) – **Einwohner** (46): (F 1990) 17 752 000 = 53 je km^2; (Z 1980) 13 745 241 – 61% Malaysier; 31% Chinesen, 8% Inder u. Pakistaner – **Leb.-Erwart.:** 70 J. – **Säugl.-Sterbl.:** 1,6% – **Analph.:** 22% – Jährl. **Bev.-Wachstum** (∅ 1980–90): 2,6% (Geb.- u. Sterbeziffer 1990: 3,0%/0,5%) – **Sprachen:** 58% Malaiisch (Bahasa Malaysia) als Amtssprache; Landessprachen: 9% Chinesisch, 4% Tamil, 3% Iban; Englisch wichtige Verkehrs- u. Bildungsspr. – **Religion:** Islam ist Staatsreligion, aber für alle Religionen freie Kultausübung garantiert; 54,4% sunnit. Muslime (Malaysier u. a.), 7,2% Hindus (Inder), 17,8% Buddhisten, 12% Anhänger d. chines. Universismus incl. Konfuzianismus u. Daoismus, 7% Christen, Anh. v. Naturreligionen (bes. in Ost-M.) – **Städt. Bev.:** 43% – **Städte** (Z 1980): Kuala Lumpur (Hptst.) 937 875 Ew., Ipoh 300 727, Pinang (Georgetown) 250 578, Johore Bharu 249 880, Petaling Jaya 207 805, Kelang 192 080, Kuala Terengganu 186 608, Kota Baharu 170 559, Taiping 146 002, Kuantan 136 625, Seremban 136 252, Malacca 88 073, Sibu 85 231, Kuching 74 229, Alor Star 71 682, Sandakan 70 420, Kota Kinabalu 55 997, Miri 52 125, Shah Alam 24 138, Kangar 12 956

STAAT Wahlmonarchie auf parlamentarisch-demokratischer Grundlage – Bundesstaat – Verfassung von 1957 – Parlament aus 2 Kammern: Länderversammlung (Senat bzw. Dewan Negara) mit 70 Mitgl. (davon 40 ernannt) u. Volksversammlung (Repräsentantenhaus bzw. Dewan Rakyat) mit 180 für 5 J. gewählten Mitgl., davon: Staaten der Halbinsel (Negeri Tanah Melayu) 132, Saráwak 27, Sabah 20 u. Labuan 1 Abg. – Allg. Wahlrecht – 9 Fürstentümer – 13 Bundesstaaten sowie 2 Bundesterritorien (Kuala Lumpur u. Labuan) u. 130 Verwaltungsdistrikte – – **Staatsoberhaupt:** Paduka Seri Sultan Azlan Muhibbuddin Shah Ibni Almarhum Sultan Yussuf Izzuddin Ghafarullahu-Lahu Shah, Yang di-Pertuan Agong (= König), seit 26. 4. 1989 (alle 5 Jahre v. den 9 Sultanen d. Halbinsel Malaysia gewählt) – **Regierungschef:** Dato' Seri Dr. Mahathir bin Mohamad (UMNO), seit 1981 – **Äußeres:** Abdullah Ahmad Badawi – **Parteien:** Wahlen vom Okt. 1991: »Nationale Front« (Barisan Nasional; u. a. United Malay's Nat. Organisation/UMNO; Malaysian Chinese Association/MCA, Malaysian Indian Congress/MIC u. a.) 127 (1986: 133) d. 180 (177) Sitze; Allianz der Opposition (Democratic Action Party/DAP, Pan Malayan Islamic Party/PMIP, Saráwak People's Organisation/SAPO) 49 (35); Unabhängige 4 (4) – **Unabh.:** 31. 8. 1957 (Malaya) – **Nationalfeiertag:** 31. 8.

WIRTSCHAFT BSP 1990:41 524 Mio. $ = 2320 $ je Ew. (75); realer Zuwachs $\varnothing$ 1980–90: 5,1%; **BIP** 1990: 42 400 Mio. $; realer Zuwachs $\varnothing$ 1980–90: 5,2%; Anteil 1991 **Landwirtsch.** 17%, **Industrie** 42% – **Erwerbstät.** 1988: Landw. 31%, Ind. 24%; **Arbeitslosigkeit** 1990: 6,3% – **Energieverbrauch** 1990: 974 kg ÖE/Ew. – **Währung:** 1 Malaysischer Ringgit(M$) = 100 Sen (c); 1 US-$ = 2,50 M$;100 M$ = 61,19 DM – **Ausl.-Verschuld.** 1990: 19 502 Mio. $ = 48,0% d. BSP – **Inflation** $\varnothing$ 1980–90: 1,6% (S 1991: 5,0%) – **Außenhandel** (einschl. Handel zwischen Ost- u. West-M.) 1990: **Import:** 29 251 Mio. $;

Güter (1991): 53% Investitionsgüter, 21% Erzeugn. d. verarb. Industrie, 8% Chemikalien, 5% Nahrungsm., 4% Mineralölerzeugn.; Länder (1991): 25% Japan, 16% Singapur, 16% USA, 5% Großbrit., 4% BRD; **Export:** 29 409 Mio. $; Güter (1991): 40% Investitionsgüter, 19% Erzeugn. d. verarb. Ind., 16% Mineralöl, 11% Rohstoffe, 7% pflanzl. Öle; Länder (1991): 21% Singapur, 15% Japan, 15% USA, 4% Großbrit., 3% BRD

PRESSE (Aufl. i. Tsd.) *Tageszeitungen:* Kuala Lumpur: Berita Harian (270)/Malaiisch – Malay Mail (60)/Engl. – Nanyang Siang Pau (145, so. 165)/Chin. – New Straits Times (175)/Engl. – Tamil Nesan (30, so. 60)/Tamil – Utusan Malaysia (250)/Malaiisch – Selangor: The Star (146)/Engl. – *Sonntagszeitungen:* Kuala Lumpur: Berita Minggu (380)/Malaiisch – Mingguan Malaysia (403)/Malaiisch – New Sunday Times (225)/Engl. – Sunday Mail (95)/Engl. – Selangor: Sunday Star (182)/Engl. – *Nachrichtenagentur:* BERNAMA

MALEDIVEN *Süd-Asien*
Republik (der) Malediven; Republic of Maldives; Divehi raajje; Divehi Jumhuriya

LANDESSTRUKTUR Fläche (182): 298 km² (n. eig. Ang. 302 km²) – 12 Atolle mit 1200 Inseln, davon 200 bewohnt) – **Einwohner** (167): (Z 1990) 214 139 = 710 je km² – Malediver, arab.-malaiisch singhales. Abstammung – **Leb.-Erwart.:** 61 J. – **Säugl.-Sterbl.:** 5,8% – **Analph.:** k. Ang. – Jährl. **Bev.-Wachstum** ($\varnothing$ 1980–90): 3,5% (Geburtenziffer 1990: 6,2%) – **Sprachen:** »Maldivisch« (Divehi; Sonderform d. Singhalesischen) bzw. Elu u. Englisch als Amtssprachen – **Religion:** sunnit. Muslime (Islam ist Staatsreligion) – **Städt. Bev.:** 20% – **Städte** (Z 1990) Male (Hptst.) 56 060 Ew.

STAAT Präsidialrepublik – Verfassung von 1968 – Parlament (Madschlis) mit 48 (davon 2 aus der Hptst. u. je 2 von den einzelnen Atollen) für 5 J. gewählten u. 8 v. Präs. ernannten Mitgl. – 19 Bezirke u. Hauptstadt – **Staats- u. Regierungschef:** Maumoon Abdul Gayoom, seit 1978, 3. Amtsperiode seit 1988 – **Äußeres:** Fathulla Jameel – **Parteien:** keine organis. polit. Parteien – **Unabh.:** 26. 7. 1965 – **Nationalfeiertag:** 27. 7.

WIRTSCHAFT BSP 1990: 96 Mio. $ = 450 $ je Ew. (138); realer Zuwachs $\varnothing$ 1980–90: 10,0%; **BIP** realer Zuwachs $\varnothing$ 1988: 8,7%; Anteil 1989 **Landwirtsch.** 25%, **Industrie** 15% – **Erwerbstät.** 1985: Landw. 40%, Ind. 15% – **Energieverbrauch** 1984:

46 kg ÖE/Ew. – **Währung:** 1 Rufiyaa (Rf) = 100 Laari (L); 1 US-$ = 10,49 Rf; 100 Rf = 15,31 DM – **Ausl.-Verschuld.** 1989: 47,2 Mio. Rf – **Inflation** ∅ 1980–88: 7,1% – **Außenhandel: Import** 1988: 105,7 Mio. $; Güter: Halbfertigwaren, Erdölprod., Nahrungsm.; **Export** 1989: 44,7 Mio. $; Güter: Fische u. Fischprod., Kopra u. Kokosfasern; Länder: 30% Japan, 15% Sri Lanka, Indien, Rep. Korea – Tourismus = 35% d. BSP (1989: 158500 Gäste)

PRESSE (Aufl. i. Tsd.) *Tageszeitungen:* Malé: Aafathis/Engl. u. Maldiv. – Haveeru (2,3)/Engl. u. Maldiv. – *Nachrichtenagentur:* HNS (Haveeru News Service)

MALI *West-Afrika*
Republik Mali; République du Mali – RMM

LANDESSTRUKTUR Fläche (23): 1240192 km² – **Einwohner** (79): (F 1990) 8461000 = 6 je km²; (Z 1987) 7620225 – Malier; (S 1983) über 2,4 Mio. Bambara, 1076000 Fulbe (Peul), 929000 Senouffo, 681000 Soninké, 565000 Tuareg, 557000 Songhai, 511000 Malinké u.a.; ca. 70000 im Ausland – **Leb.-Erwart.:** 48 J. – **Säugl.-Sterbl.:** 16,6% – **Analph.:** 68% – Jährl. **Bev.-Wachstum** (∅ 1980–90): 2,5% (Geb.- u. Sterbeziffer 1990: 5,0%/1,9%) – **Sprachen:** Französ. als Amtsspr. (rd. 10%); rd. 40% Bambara, Songhai-Jerma, Manding, Soninke, Arabisch u. Ful als Umgangsspr. – **Religion:** 90% Muslime, ca. 1% Christen (46000 Kath. u. 20000 Prot.); rd. 18% Anh. v. Naturrel. – **Städt. Bev.:** 19% – **Städte** (S 1984): Bamako (Hptst.) 740000 Ew., Ségou [Segu] 99000, Mopti 78000, Sikasso 70000, Kayes 67000, Gao 43000

STAAT Republik – Neue Verfassung am 11. 1. 1992 per Referendum angenommen: Einführung d. Mehrparteiensystems – »Übergangskomitee für die Rettung des Volkes« (10 Offiziere u. 15 Zivilisten) als derzeit bestimmendes Organ – Nationalversammlung mit 129 Mitgl., davon 13 für Malier im Ausland reserviert – Allg. Wahlrecht – 8 Regionen u. Hptst.-Distrikt *(Einzelheiten → WA '90, Sp. 366)*; Dezentralisierung d. Gebiete im N geplant – **Staatsoberhaupt:** Alpha Oumar Konaré (ADEMA), seit 26. 4. 1992 (bei ersten freien Wahlen im 2. Wahlgang mit 69,6% d. Stimmen, bei einer Wahlbeteiligung von 20,9% gewählt) – **Regierungschef** einer Übergangsreg.: Younoussi Touré, seit 8. 6. 1992 – **Äußeres:** Souleymane Sidibé – **Parteien:** Erste freie Wahlen zur Nationalvers. vom 23. 2. u. 8. 3. 1992 (Wahlbeteiligung 21,1%, Kandidatur von 22 Parteien): Alliance pour la Démocratie au Mali/ADEMA u. Parti Africain pour la Solidarité et la Justice/PAS zus. 76 der 129 Sitze, Comité National d'Initiative Démocratique/CNID 9, Union Sudanaise-Rassemblement Dém. Africain/US-RDA 8, Sonstige 10 Sitze; 13 Sitze für Malier im Ausland vakant – **Unabh.:** 20. 6. 1960 (Mali-Föderation) – **Nationalfeiertag:** 22. 9.

WIRTSCHAFT BSP 1990: 2292 Mio. $ = 270 $ je Ew. (160); realer Zuwachs ∅ 1980–90: 3,8%; **BIP** 1990: 2450 Mio. $; realer Zuwachs ∅ 1980–90: 4,0%; Anteil 1990 **Landwirtsch.** 46%, **Industrie** 13% – **Erwerbstät.** 1989: Landw. 81%, Ind. ca. 6% – **Energieverbrauch** 1990: 24 kg ÖE/Ew. - **Währung:** 1 CFA-Franc = 100 Centimes (c); 1 FF = 50 CFA-Francs (Wertverh. zum FF); 100 CFA-Francs = 0,595 DM – **Ausl.-Verschuld.** 1990: 2433 Mio. $ = 100,7% d. BSP – **Inflation** ∅ 1980–90: 3,0% – **Außenhandel** 1990: **Import:** 640 Mio. $; Güter (1989): 21% Maschinenbau-, elektrotechn. Erzeugn. u. Fahrz., 20% Nahrungsm. (dar. 62% Getreide); Länder (1989): 54% EG-Länder (dar. 56% Frankr.), 17% Côte d'Ivoire; **Export:** 347 Mio. $; Güter (1989): 33% Rohstoffe (dar. 87% Baumwolle), leb. Vieh, Häute u. Felle, Fische, in jüngster Zeit auch Gold; Länder (1989): 35% EG-Länder (dar. 25% Frankr.), USA, Côte d'Ivoire

PRESSE (Aufl. i. Tsd.) *Tageszeitungen:* Bamako: L'Essor-La Voix du Peuple (3)/reg.-eigen – Kibaru – *Wochenzeitung:* Les Echos (25, 2x wö.) – Podium (3) – *Zeitschriften:* Kabaaru (5)/Fulbe - Sunjata (5) – *Nachrichtenagentur:* AMAP (Agence Malienne de Presse)

MALTA *Süd-Europa*
Republik Malta; Repubblika ta'Malta; Republic of Malta – M

LANDESSTRUKTUR Fläche (181): 315,6 km² (mit Comino [Kimmuna] 2,8 km² u. Gozo [Ghawdex] 67,1 km²) – **Einwohner** (161): (F 1991) 358000 = 1134 je km²; (Z 1985) 345418, davon Malta 319736, Gozo u. Comino 25682 – 96% Malteser; brit. Minderh. – **Leb.-Erwart.:** 73 J. – **Säugl.-Sterbl.:** 0,7% – **Analph.** (1985): 16% – Jährl. **Bev.-Wachstum** (∅ 1980–90): -0,5% (Geb.- u. Sterbeziffer 1990: 1,5%/1,0%) – **Sprachen:** Maltesisch (arabisches Kreol, stark mit italo-sizilian. Vokabular durchsetzt) u. Englisch als Amtssprachen; Ital. als Umgangsspr. – **Religion:** 97% Katholiken; kleine protest. Minderh. – **Städt. Bev.:** über 94% – **Städte** (F 1989): Valletta [Il-Belt] (Hptst.) 9196 Ew. (ohne Ausländer), Birkirkara 20963, Qormi 19092, il-Hamrun 13677

STAAT Republik – Verfassung von 1974 – Parlament mit 69 Mitgl. (65 nach Verhältniswahlrecht gewählt, 4 Bonus-Sitze für die stärkste Partei); Wahl alle 5 J. – Allg. Wahlrecht – 6 Bezirke u. 60 Gemeinden – **Staatsoberhaupt:** Dr. Vincent Tabone, seit April 1989 – **Regierungschef:** Dr. Edward (»Eddie«) Fenech Adami (NP), seit Mai 1987, erneut seit Feb. 1992 – **Äußeres:** Dr. Guido de Marco – **Parteien:** Wahlen vom 22. 2. 1992 (1987): Nationalist Party/NP 34 (31) Mandate + 4 Bonus-Mandate; Labour Party/LP 31 (34); Demokrat. Alternative 1,7% kein Sitz – **Unabh.:** 21. 9. 1964 – **Nationalfeiertag:** 21. 9.

WIRTSCHAFT BSP 1990: 2342 Mio. $ = 6610 $ je Ew. (35); realer Zuwachs ⌀ 1980–90: 3,1%; **BIP** 1989: 670,1 Mio. Lm; realer Zuwachs ⌀ 1980–88: 2,6%; Anteil 1989 **Landwirtsch.** 3,8%, **Industrie** 40,2% – **Erwerbstät.** 1989: Landw. 2,4%, Ind. 26,7% – **Energieverbrauch** 1984: 1047 kg ÖE/Ew. – **Währung:** 1 Maltes. Lira (Lm) = 100 Cents (c) = 1000 Mils (m); 1 Lm = 3,29 US-$; 100 Lm = 502,02 DM – **Inflation** ⌀ 1980–90: 2,0% – **Außenhandel** 1989: **Import:** 1505 Mio. $; Güter: 40% Maschinen u. Fahrzg., 22% bearb. Waren, 10% Nahrungsm.; Länder: 73% EG-Länder (dar. 41% Italien u. v. a. Großbrit. u. BRD), 5% USA; **Export:** 858 Mio. $; Güter: 44% Maschinen u. Fahrz., 32% bearb. Waren (v. a. Bekleidung); Länder: 73% EG-Länder (dar. 41% Italien, 24% BRD), 8% USA, 7% Libyen – Tourismus 1989: 382 Mio. $ Deviseneinnahmen (828300 Gäste)

PRESSE (Aufl. i. Tsd.) *Tageszeitungen:* Valletta: In-Nazzjon Taghna (20) – L'Orizzont (25) – The Times (18)/Engl. – *Wochenzeitungen:* The Democrat (10)/Engl. – Il-Gens (13) – Il-Mument (22) – It-Tórca (16) – Lehen is-Sewwa (10) – The Sunday Times (19)/Engl.

MARIANEN → NÖRDLICHE MARIANEN

MAROKKO *Nordwest-Afrika*
Königreich Marokko; Al-Mamlaka Al-Maghribîya – MA

LANDESSTRUKTUR Fläche (56): 446550 km^2 (einschl. der teilw. besetzten Westsahara 710850 km^2 → *Sahara*) – **Einwohner** (34): (F 1990) 25091000 = 54 je km^2; (Z 1982) 20224349 (ohne Westsahara) – Marokkaner (rd. 40% Berber, arabisierte Berber, 20% Araber), im Süden auch Mischbevölk., über 100000 Ausländer – **Leb.-Erwart.:** 62 J. – **Säugl.-Sterbl.:** 6,7% – **Analph.:** 51% – Jährl. **Bev.-Wachstum** (⌀ 1980–90): 2,6% (Geb.- u. Sterbeziffer 1990: 3,5%/0,9%) – **Sprachen:** etwa 75% Arabisch als Amtssprache; über 20% Berberdialekte; Franzős., z. T. auch Spanisch, als amtl. Hilfsspr. u. Handels- u. Bildungssprachen wichtig – **Religion:** 98,7% sunnitische Muslime malakit. Richtung (Islam ist Staatsreligion); etwa 70000 Christen, meist Katholiken; rd. 30000 Juden – **Städt. Bev.:** 48% – **Städte** (S 1987): Rabat [arab. Er-Ribât] (Hptst.) 1287000 Ew.; Casablanca [Al-Dâr al-Beidhâ] 2904000, Marrakesch [Marakusch] 1425000, Fès [Fäs] 933000, Oujda [Wuschda] 895000, Kénitra [Knitra] 833000, Tétouan [Titwän] 800000, Asfi [Safi] 793000, Meknès [Miknäs] 704000, Agadir 700000, Tanger [Tandscha] 509000 – (Ceuta u. Melilla sind als »Presidios« span. Besitz, v. Marokko beansprucht)

STAAT Konstitutionelle Monarchie – Verfassung von 1977, Änderung 1980; Referendum über neue Verfassung am 4. 9. 1992: Einsetzung eines Verfassungsrates – Parlament mit 306 Abg. (206 direkt, die übr. 100 durch Wahlgremien aus Kommunalparlamentariern, Arbeitnehmer- u. Arbeitgebervertretern gewählt) – König ernennt u. entläßt Reg.-Chef u. Regentschaftsrat – Allg. Wahlrecht ab 20 J. – 37 Provinzen (einschl. Westsahara) u. 8 Stadtpräfekturen – **Staatsoberhaupt:** Hassan II., König seit 1961; Thronfolger: Kronprinz Sidi Mohammed – **Regierungschef**: Mohammed Karim Lamrani, seit 11. 8. 1992 (bis zu Neuwahlen d. Parl.) – **Äußeres:** Abdellatif Filali – **Parteien:** Wahlen von 1984: Mitte-Rechts-Parteien zus. 110 d. 206 direkt gewählten Sitze u. 58 d. 100 indirekt gewählten Abg. (insg. 168), Verfassungsunion/UC 56 u. 27 (83), Nationale Versammlung d. Unabhängigen/RNI 39 u. 22 (61), National-Demokrat. Partei/PND 15 u. 9 (24); ferner: Volksbewegung MP 34 u. 16 (47); Sozialist. Union d. Volkskräfte/USFP 35 u. 1 (36); Istiqlal-Partei 24 u. 17 (41); Partei d. Fortschritts u. Sozialismus/PPS 2 u. 0 (2); Sonstige 4 u. 8 (12) – Kommunal- u. Parl.-Wahlen angekündigt (bis Ende 1992; auch in d. besetzten Westsahara) – **Unabh.:** 2. 3. 1956 (frz. Protektorat), 7. 4. 1956 (Übergabe d. span. Protektorates an Marokko) – **Nationalfeiertage:** 3. 3. (Thronbesteigung Kg. Hassans 1961) u. 14. 8. (Prokl. des Königreichs 1957)

WIRTSCHAFT BSP 1990: 23788 Mio. $ = 950 $ je Ew. (110); realer Zuwachs ⌀ 1980–90: 4,3%; **BIP** 1990: 25220 Mio. $; realer Zuwachs ⌀ 1980–90: 4,0%; Anteil 1990 **Landwirtsch.** 16%, **Industrie** 33% – **Erwerbstät.** 1989: Landw. 38%, Ind. ca.

24%; **Arbeitslosigkeit** 1990: 15,8% – **Energieverbrauch** 1990: 247 kg ÖE/Ew. – **Währung:** 1 Dirham (DH) = 100 Centimes (C); 1 US-$ = 8,26 DH; 100 DH = 18,48 DM – **Ausl.-Verschuld.** 1990: 23 524 Mio. $ = 97,1% d. BSP – **Inflation** $\emptyset$ 1980–90: 7,2% (1991: 8,2%) – **Außenhandel** 1990: **Import:** 6918 Mio. $; Güter: 27% Investitionsgüter, 24% Halbwaren, 17% Energie, 12% Rohmaterial, 8% Nahrungsm.; Länder: 27% Frankr., 8% Spanien, 8% USA, 8% BRD, 7% Italien, 4% Irak; **Export:** 4263 Mio. $; Güter: 25% Halbwaren, 25% Nahrungsm., 25% Konsumgüter, 4% Investitionsgüter, 4% Energie; Länder: 32% Frankr., 8% Spanien, 7% BRD, 7% Italien, 5% Belgien-Luxemb. – Tourismus 1990: 2,5 Mio. Gäste (1989: 1,9 Mio.)

PRESSE (Aufl. i. Tsd.) *Tageszeitungen:* Rabat: Al-Alam (100)/Istiqlal – Al Anba'a (15) – Al-Maghrib (15)/RNI, Frz. – Maroc Soir (50)/Frz. – Al-Mithaq al-Watani (15)/RNI – L'Opinion (60)/Istiqlal, Frz. – Casablanca: Le Matin du Sahara (100)/Frz., Arab. – *Nachrichtenagenturen:* WMA (Wikalat al-Maghreb al Arabi) – MAP (Maghreb Arabe Presse)

MARSHALLINSELN
Ozeanien; Pazifische Inselwelt
Republik [der] Marshallinseln; Republic of the Marshall Islands

LANDESSTRUKTUR Fläche (185): 181 km² (20 Korallenatolle einschl. Bikini und Eniwetok [fr. US-Atomwaffenversuche]) – **Einwohner** (183): (F 1990) 43400 = 240 je km² – größtes Atoll Majuro 13000 Ew. (1986) – Marshaller; Mikronesier, US-Amerikaner – Jährl. **Bev.-Wachstum** ($\emptyset$ 1982): 3,5% – **Sprachen:** Englisch als Amtsspr.; mikronesische Dialekte – **Religion:** meist Katholiken, protestant. Minderh. – **Städte:** Uliga (Hptst.; auf Majuro) 7600 Ew.; Ebeye, Jaluit

STAAT Republik – Am 28. 12. 1990 hebt die UNO die Treuhandschaft der USA auf, die Marshall-Inseln werden selbständig – Verfassung von 1979 – Parlament (Nitijela) mit 33 Mitgl.; beratendes »Council of Iroij« (Stammesführer) aus 12 Mitgl. – Von der »Nitijela« gewählter Präsident – 24 Gemeindebezirke – **Staats- u. Regierungschef:** Präs. Amata Kabua, seit 1986 – **Äußeres:** Charles Dominick – **Unabh.:** 28. 12. 1990 – **Nationalfeiertag:** noch nicht bekannt

WIRTSCHAFT (keine neueren Angaben verfügbar) **BSP** 1980: 219 Mio. $ = 7560 $ je Ew. (32) –

Währung: US-$ – **Außenhandel:** Güter: Fische, Kopra; Länder: USA, Japan, Puerto Rico, Marianen

PRESSE (Aufl. i. Tsd.) *Wochenzeitungen:* Uliga: Marshall Islands Gazette – Marshall Islands Journal (3)

MAURETANIEN *Nordwest-Afrika*
Islamische Republik Mauretanien; République Islamique de Mauritanie; El Dschumhurija el Muslimija el Mauritanija bzw. Al-Jumhûrîya Al-Islâmiya Al-Mûrîtânîya – RIM

LANDESSTRUKTUR Fläche (28): 1025520 km² (n. eig. Ang. 1030700 km²) – **Einwohner** (136): (F 1990) 1969000 = 2 je km²; (Z 1977) 1338830 (einschl. rd. 444000 Nomaden) – Mauretanier; etwa 80% Mauren (arab.-berberische Mischbev., davon rd. 25% mit negroidem Einschlag u. 30% Nomaden), im übr. Schwarze (Fulbe mit Untergruppe Toucoulör, Bambara, Sarakalles, Soninke u. Wolof); ca. 5000 Europ. (Franzosen) – **Leb.-Erwart.:** 47 J. – **Säugl.-Sterbl.:** 12,1% – **Analph.:** 66% – Jährl. **Bev.-Wachstum** ($\emptyset$ 1980–90): 2,4% (Geb.- u. Sterbeziffer 1990: 4,8%/1,9%) – **Sprachen:** Arabisch u. Französisch als Amtsspr.; außerdem Hassanije (arab. Dialekt), Ful (5%), berber. u. Mande-Sprachen (Sarakole u. Wolof) – **Religion:** 98% Muslime malakitischer Richtung; kleine christl. Minderh. (meist Ausländer, insg. 4000 Pers.); Islam ist Staatsreligion – **Städt. Bev.:** 47% – **Städte** (S 1986): Nouakchott [Nuakschott] (Hptst.) bis 450000 Ew., Nouâdhibou (Port Étienne) 24400, Zouérate 22000, Kaédi 20000, Atar 19000, Rosso 18500

STAAT Präsidialrepublik – Neue Verfassung vom 12. 7. 1991 – Parlament mit 79 Abg. – Präs. für 6 J. gewählt – Comité Militaire du Salut National/CMSN mit insg. 24 Mitgl. (15 Offiziere) als Exekutivorgan – Allg. Wahlrecht seit 1991 – 12 Regionen u. Hauptstadtdistrikt – **Staatsoberhaupt:** Oberst Maaouiya Ould Sid'Ahmed Taya, Vors. d. CMSN, seit 1984, durch Direktwahl am 24. 1. 1992 im Amt bestätigt – **Regierungschef:** Sidi Mohamed Ould Boubakar, (PRDS), seit 18. 4. 1992 – **Äußeres:** Mohamed Abderahmane Ould Meine – **Parteien:** Erste freie Parl.-Wahlen vom 6./13. 3. 1992: Parti républicain démocrate et social/PRDS 67 der 79 Sitze, Mouvement des démocrates indépendants 10, Parti mauritanien du renouveau/PMR 1, Rassemblement pour la démocratie et l'unité/RDU 1 Sitz – **Unabh.:** 28. 11. 1960 – **Nationalfeiertag:** 28. 11.

WIRTSCHAFT BSP 1990: 987 Mio. $ = 500 $ je Ew. (135); realer Zuwachs ∅ 1980–90: 0,6%; *(Anteil Entwicklungshilfe u. Ausl.-Schulden → Tab. Sp. 471f)*; **BIP** 1990: 950 Mio. $; realer Zuwachs ∅ 1980–90: 1,4%; Anteil 1990 **Landwirtsch.** 26%, **Industrie** 29% – **Erwerbstät.** 1989: Landw. 65%, Ind. 9% – **Energieverbrauch** 1990: 114 kg ÖE/Ew. – **Währung:** 1 Ouguiya (UM) = 5 Khoums (KH); 1 US-$ = 76,99 UM; 100 UM = 1,98 DM – **Ausl.-Verschuld.** 1990: 2227 Mio. $ = 226,6% d. BSP – **Inflation** ∅ 1980–90: 9,2% – **Außenhandel** 1990: **Import:** 248 Mio. $; Güter (1989): 42% Maschinen u. Transportausrüst., 22% Nahrungsm., Baumaterial; **Export:** 468 Mio. $; Güter (1989): bis 50% Eisenerz, Fischprod., Vieh u. Viehzuchtprod., Gummiarabikum, Salz; Länder (1989): 45% EG-Länder, insbes. Frankr. u. Italien; Japan, USA, Senegal, Algerien

PRESSE (Aufl. i. Tsd.) *Tageszeitung:* Nouakchott: Ach-Chaab (5)/Frz. u. Arab. – *Nachrichtenagentur:* AMI (Agence Mauritanienne de l'Information)

MAURITIUS *Südost-Afrika*
Name nach dem ehem. niederländ. Statthalter Maurits = Moritz v. Nassau – MS

LANDESSTRUKTUR Fläche (165): 2040 km² (mit Rodriguez 104 km² u. 33082 Ew. [Z 1983], Agalega, St. Brandon usw.) – **Einwohner** (146): (F 1990) 1074000 = 524 je km²; (Z 1983) 1002178 – Mauritier; Inder (66% überw. Nachkommen der im 19. Jh. aus Vorderindien eingewand. Pflanzungsarbeiter), 29% Kreolen, ca. 3% Chinesen u. 14000 Weiße – **Leb.-Erwart.:** 70 J. – **Säugl.-Sterbl.:** 2,0% – **Analph.** (1985): 17% – Jährl. **Bev.-Wachstum** (∅ 1980–90): 1,0% (Geb.- u. Sterbeziffer 1990: 1,7%/0,6%) – **Sprachen:** Englisch als Amtsspr.; Mauritianisch (französ. Kreol) u. indische Sprachen – **Religion:** ca. 52% Hindu, ca. 26% Katholiken, 20% Muslime (meist aus d. heut. Pakistan), Protestanten, Buddhisten – **Städt. Bev.:** 41% – **Städte** (F 1985): Port Louis (Hptst.) 138272 Ew.; Beau Bassin-Rose Hill 93059, Quatre Bornes 65405, Curepipe 64072, Vascoas-Phoenix 55330

STAAT Präsidialrepublik im Commonwealth seit 12. 3. 1992 – Parlament mit 71 Abg. (62 für 5 J. gewählt, die übr. 9 entspr. d. Wahlergebn. unter Berücksichtig ethnischer Gleichgewichts) – Allg. Wahlrecht – 9 Distrikte – **Staatsoberhaupt:** Cassam Uteem (MMM), am 30. 6. 1992 durch Parl. ernannt – **Regierungschef:** Sir Anerood Jugnauth (MSM), seit 1982, erneut seit Aug. 1987 – **Äußeres:** Jean-Claude Gervais Raoul de l'Estrac – **Parteien:** Wahlen vom 15. 9. 1991 (1987): Mouvement Socialiste Mauritien/MSM 57 (46) der 62 Sitze; Mouvement Militant Mauricien/MMM u. a. Oppos.-Gruppen (u. a. Parti Maur. Social-Démocrate/PMSD, Parti Travailliste) 3 (14); Organisation Populaire Rodriguez/OPR 2 (2) – **Unabh.:** 12. 3. 1968 – **Nationalfeiertag:** unbekannt

WIRTSCHAFT BSP 1990: 2422 Mio. $ = 2250 $ je Ew. (76); realer Zuwachs ∅ 1980–90: 6,4%; **BIP** 1990: 2090 Mio. $; realer Zuwachs ∅ 1980–90: 6,0%; Anteil 1990 **Landwirtsch.** 12%, **Industrie** 33% – **Erwerbstät.** 1989: Landw. 19%, Ind. 37% – **Energieverbrauch** 1990: 394 kg ÖE/Ew. – **Währung:** 1 Mauritius-Rupie (MR) = 100 Cents (c); 1 US-$ = 15,06 MR; 100 MR = 10,19 DM – **Ausl.-Verschuld.** 1990: 939 Mio. $ = 37,9% d. BSP – **Inflation** ∅ 1980–90: 8,8% – **Außenhandel** 1990: **Import:** 1616 Mio. $; Güter (1989): 25% Nahrungsm., 19% Brennstoffe, 12% Maschinen u. Transportausrüst.; Länder (1989): 12% Frankr., 12% USA; **Export:** 1182 Mio. $; Güter (1989): Textilien, Zucker (bedeckt 70% der landw. Nutzfläche), 10% Tee, Melasse; Länder (1989): 36% Großbrit., 23% Frankr., 10% Rep. Südafrika, USA, Japan, Rep. China – Wachsende Bedeutung d. Tourismus (1989: 262790 Gäste = 9% gegenüber d. Vorjahr)

PRESSE (Aufl. i. Tsd.) *Tageszeitungen:* Port Louis: L'Express (20)/Engl. u. Frz. – Le Mauricien (22)/Engl. u. Frz. – The Sun (22)/Engl. u. Frz. – *Wochenzeitung:* Le Dimanche (20)/Engl. u. Frz.

MAZEDONIEN → MAKEDONIEN

MEXIKO *Mittel-Amerika*
Vereinigte Mexikanische Staaten; Estados Unidos Mexicanos; nach aztek. »Mexitli« – MEX

LANDESSTRUKTUR Fläche (14): 1958201 km² (incl. 5363 km² Inseln) – **Einwohner** (11): (F 1990) 86161000 = 43 je km²; (Z 1980) 66846833 – Mexikaner; etwa 75% Mestizen, 9% Indianer, 10–15% Weiße, meist altspan. Abst. (n. and. Ang. 29% Indianer, 55% Mestizen); über 150000 Ausländer; rd. 60000 Deutschstämmige – **Leb.-Erwart.:** 70 J. – **Säugl.-Sterbl.:** 3,9% – **Analph.:** 13% – Jährl. **Bev.-Wachstum** (∅ 1980–90): 2,0% (Geb.- u. Sterbeziffer 1990: 2,7%/0,5%) – **Sprachen:** Spanisch als Amtssprache, als Umgangsspr. von aztekischen Lehnwörtern durchsetzt; etwa 3,5% sprechen nur indianische Sprachen (u. a. Náhuatl [Aztekisch] u.

ca. 25 Maya-Sprachen), rd. 8% sind zweisprachig – **Religion:** 92,6% Katholiken.; daneben protestant. Minderh. (rd. 3,3%) u. 37500 Juden – **Städt. Bev.:** 73% – **Städte** (Z 1990): Ciudad de México [Mexiko-Stadt] (Hptst., Distrito Federal) 8236960 Ew. (F 1986: A 19400000); Guadalajara 1628617 (F 1984: A 3256000), Monterrey 1064197 (F 1984: A 2568000), Puebla de Zaragoza 1054921, León de los Aldamas 872453, Ciudad Juárez 797679, Tijuana 742686, Aguascalientes 719650, Mexicali 602390, Culiacán 602114, Acapulco de Juárez 592187, Mérida 557340, Chihuahua 530487, San Luis Potosí 525819, Morelia 489756, Toluca 487630, Torreón 459809, Querétaro 454049, Hermosillo 449472, Saltillo 440845, Durango 414015, Villahermosa 390161, Irapuato 362471, Veracruz 327522

STAAT Präsidialrepublik auf bundesstaatlicher Grundlage – Verfassung von 1917 – Parlament (Congreso de la Unión) aus 2 Kammern: Senat (Cámara de Senadores) mit 64 u. Abgeordnetenkammer (Cámara de Diputados) mit 500 Mitgl. (300 nach Mehrheitswahlrecht u. 200 nach Proporzwahlr. bestimmt); Wahl alle 3 J. – Allg. Wahlrecht ab 18 J., Verheiratete ab 16 J. – 31 Staaten (mit Parl. u. Gouverneur), 1 Bundesdistrikt (Hptst.) – **Staats- u. Regierungschef:** Präs. Carlos Salinas de Gortari (PRI), seit 1. 12. 1988 – **Äußeres:** Fernando Solana Morales – **Parteien:** Parl.-Wahlen vom 18. 8. 1991 (1988): Verteilung der 300 Wahlkreise: Partido Revolucionario Institucional/PRI 290 (233) Sitze, Partido Acción Nacional/PAN 10 (38), Partido de la Revolución Democrática/PRD 0 (–), Frente Nacional Democrático/FND 0 (29); 200 Abg. nach Proporzwahl: PAN 79, PRD 41, PRI 30, Partido del Frente Cardenista de Reconstrucción Nacional/PFCRN 23, Partido Auténtico de la Revolución Mexicana/PARM 15, Partido Popular Socialista/PPS 12; Gesamtverteilung: PRI 320, PAN 89, PRD 41, PFCRN 23, PARM 15, PPS 12 – Verteilung d. Sitze im Senat (am 18. 8. 1991 wurde d. Hälfte d. Senatoren neu bestimmt): PRI 61, FND 2, PAN 1 – **Unabh.:** Einleitung d. Unabh.-Krieges durch d. »Freiheitsruf« Hidalgos v. 16. 9. 1810; Anerk. d. Unabh. durch Spanien am 24. 8. 1821 auf d. Basis des »Plans v. Iguala« v. 24. 2. 1821, feierl. Unabh.-Ausrufung am 28. 9. 1821 – **Nationalfeiertag:** 16. 9.

WIRTSCHAFT BSP 1990: 214500 Mio. $ = 2490 $ je Ew. (70); realer Zuwachs $\varnothing$ 1980–90: 1,1%; **BIP** 1991: 197500 Mio. $; realer Zuwachs $\varnothing$ 1980–90: 1,0% (1991: +4,8%); Anteil 1990 **Landwirtsch.** 8%, **Industrie** 33% – **Erwerbstät.** 1988: Landw. 31%, Ind. 18%; **Arbeitslosigkeit** 1991: 2,6% (rd. 30% Unterbeschäftigte) – **Energieverbrauch** 1990: 1300 kg ÖE/Ew. – **Währung:** 1 Mexikan. Peso (mex$) = 100 Centavos (C, cts); Freimarktkurs: 1 US-$ = 3056,20 mex$; 100 mex$ = 0,05 DM – **Ausl.-Verschuld.** 1990: 96810 Mio. $ = 42,1% d. BSP (Öff. A.-V. 5/1991: 73600 Mio. $) *(Einzelheiten → Tab. Sp. 221 f.)* – **Inflation** $\varnothing$ 1980–90: 70,3% (1991: 18,5%; 1. Hj. 1992: 6,4%) – **Außenhandel** 1990: **Import:** 28063 Mio. $; Güter (1991): 92% Prod. d. verarb. Industrie (dar. 18% Kfz u. Kfz-Teile, 10% elektron. Erzeugn., 9,5% chem. Prod.), 5% Prod. d. Land- u. Forstwirtschaft; Länder (1991): 65% USA, 7% BRD, 7% Japan, 2% Frankr., 2% Brasilien, 2% Italien; **Export:** 26714 Mio. $; Güter (1991): 61% Prod. d. verarb. Ind. (dar. 20% Kfz u. -teile, 7% chem. Prod.), 27% Erdöl (Prod.: 2,68 Mio. Faß/Tag; Export: 1,37 Mio. Faß/Tag), 8% Prod. d. Land- u. Forstwirtschaft; Länder (1991): 69% USA, 4% Japan, 4% Spanien, 3% BRD, 2% Frankr. – Tourismus als wichtige Einnahmequelle (1989: 3,17 Mio. $; 6,35 Mio. Gäste)

PRESSE (Aufl. i. Tsd.) *Tageszeitungen:* C. de México: Esto (450) – Excélsior (200) – El Heraldo de México (210) – Novedades (210, so. 220, mo. 240) – Ovaciones (205, Abendausg. 220) – La Prensa (300) – El Sol de México (90) – El Universal (181, so. 198) – *Nachrichtenagentur:* NOTIMEX

MIKRONESIEN *Pazifische Inselwelt*
Föderierte Staaten von Ozeanien
Föderierte Staaten v. M.; The Federated States of Micronesia – FSM

LANDESSTRUKTUR Fläche (171): 720,6 km^2, u. a. Pohnpei (163 Inseln) 344 km^2 u. 31000 Ew., Chuuk (294 I.) 127 km^2 u. 52000, Yap (145 I.) 119 km^2 u. 12000, Kusaie (5 I.) 110 km^2 u. 6500 – **Einwohner** (175): (F 1990) 103000 = 143 je km^2 – Vorwiegend Mikronesier; Weiße – **Analph.:** k. Ang. – Jährl. **Bev.-Wachstum** ($\varnothing$ 1981): 3,5% – **Sprachen:** Englisch als Amtsspr.; 8 mikrones. Dialekte – **Religion:** überw. Christen, v. a. Katholiken, protestant. Minderh. – **Städte/Inseln** (Z 1980): Pohnpei (Hptst. auf Ponape Island, fr. Kolonia) 5550 Ew.; Moen 10374, Yap 8172, Kusaie (fr. Kosrae) 5522

STAAT Bundesrepublik – Verfassung von 1979 – Parlament (Congress) mit 14 Mitgl., Wahl alle 4 J. – Direktwahl d. Staatsoberh. – 4 Teilstaaten (Chuuk, Kusaie, Pohnpei, Yap) mit direkt gewähltem Gouverneur – **Staatsoberhaupt u. Regierungschef:** Präs. Bailey Olter, seit 21. 5. 1991 – **Äußeres:** Andon L. Amaraich – **Parteien:** Letzte Wahlen im März 1991 – **Unabh.:** 12. 12. 1990: Aufhebung der Treuhandschaft der USA durch die UNO – **Nationalfeiertag:** unbekannt

WIRTSCHAFT BSP 1989: 99 Mio. $ = 980 $ je Ew. (107) – **Währung:** US-$ – **Außenhandel** 1988: **Import:** 67,7 Mio. $; **Export:** 13,2 Mio. $; Güter: 40% Fischerzeugn. u. Nahrungsmittel, Kopra, Süßkartoffeln, Kokosöl, Pfeffer, kunsthandw. Erzeugn.; Länder: USA (Guam, Hawaii, Marianen), Japan, Rep. China – Tourismus als wichtige Einnahmequelle (1989: 45000 Gäste)

PRESSE (Aufl. i. Tsd.) *Zeitungen:* Chuuk: Chuuk News Chronicle (wö.) – The National Union (5, 2x monatl.)

MOLDAU *Südost-Europa*
Republik Moldau; moldauisch: Moldova; Name seit 23. 5. 1991

LANDESSTRUKTUR *(GUS-Übersichtstabelle → Sp. 523f.)* **Fläche** (134): 33700 km^2 – **Einwohner** (107): (F 1990) 4362000 = 129 je km^2; (Z 1989) 4341000 – (Z 1979) 64,5% Moldauer [Moldawier, Eigenbezeichnung: Moldovean, ethnische Rumänen], 14,2% Ukrainer, 12,8% Russen (vorwiegend im Raum um Tiraspol angesiedelt), 3,5% Gagausen (christl.-orthod. Turkvolk, v. a. um Komrat angesiedelt), 2% Bulgaren, 2% Juden – **Leb.-Erwart.:** 69 J. – **Säugl.-Sterbl.** (1989): 2,0% – **Bev.-Wachstum** (1979–89): + 9,8% (Geb.- u. Sterbeziffer 1990: 1,8%/1,0%) – **Sprachen:** Rumänisch als Amtssprache; Russisch als Verkehrsspr., Sprachen d. Minderh. – **Religion:** überw. Rumän.-Orthod., Russisch-Orthod. – **Städt. Bev.:** 47% – **Städte** (Z 1989): Chișinau [Kischinau; russ. Kischinjow] (Hptst.) 720000 Ew. (davon 325000 Moldauer, 175000 Russen, 95000 Ukrainer); Tiraspol 180000, Balzy 160000, Bender [Bendery] 130000

STAAT *(→ Chronik WA '92 u. Sp. 114ff.)* Republik – Verfassung d. Moldauischen SSR in Kraft – Parlament (Oberster Sowjet) aus 1 Kammer als höchstes Legislativorgan, ernennt Präsidium u. Ministerrat – Allg. Wahlrecht ab 18 J. – 48 Bezirke (Rajon) u. bezirksfreie Städte – 2 Bezirke mit Autonomiebestrebungen: Gagausien u. Transnistrien (Dnjestr-Republik) – **Staatsoberhaupt:** Mircea Snegur, am 8. 12. 1991 in ersten freien Präsidentschaftswahlen mit 98,2% d. Stimmen im Amt bestätigt – **Regierungschef:** Andrei Sangheli, seit 1. 7. 1992 – **Äußeres:** Nicolae Tsiu – **Parteien:** Seit den Parlamentswahlen 1990 nichtkommunist. Mehrheit in Parl. u. Reg.: Moldauische Volksfront 40% (für d. Vereinigung mit Rumänien; Vors.: früherer Min.-Präs. Mircea Druk) u. nahestehende Gruppen 30%; KP seit 19. 8. 1991 verboten – **Unabh.:** Souveränitätserklärung am 23. 6. 1990, Unabhängigkeitserkl. am 27. 8. 1991 (durch Referendum vom 8. 12. 1991 bestätigt) – **Nationalfeiertag:** 27. 8. (Unabhängigkeit)

WIRTSCHAFT *(GUS-Wirtschaftsindikatoren 1991 → Tab. Sp. 523f.)* **BSP** 1989: 16500 Mio. $ = 3830 $ je Ew. (53); Anteil am BSP d. UdSSR: 1,1% – **Erwerbstätige** 1991: 2,0 Mio.; davon in staatl. Untern. u. Organisationen 54,2%, Kolchosen u. neue Genossenschaften 25,9%, Privatuntern., Bauernwirtschaften 9,9%, Pachtunternehmen 7,0%; Anteil 1987: **Forst- u. Landwirtsch.** 35%, **Industrie u. Bau** 28%, **Handel u. Verkehr** 18%, **Dienstleistungen** 19% – **Währung:** Rubel *(→ Rußland)*; Einführung einer eigenen Währung (»Leu«, Pl. »Lei«) für Ende 1992 angekündigt – **Bergbau u. Rohstoffgewinnung:** Erdgas u. Erdöl in geringen Mengen; Kalkstein, Gips, Glassand, Kies *(Produktion von Energiegütern 1991 → Tab. Sp. 525f.);* **Industrie:** Nahrungsmittelverarb., Landmaschinenbau; Elektrotechnik, Metallbe- u. -verarbeitung, Baustoffe, Holzverarbeitung, Zellulose u. Papier; **Landwirtschaft:** Weintrauben, Obst, Körnermais, Gemüse; Ölpflanzen u. Tabak; Rinder- u. Schweinezucht – **Außenhandel Saldo** 1988: –2,6 Mrd. Valutarubel; **Import** (1989): 6610 Mio. Rbl, davon 78,5% aus d. übrigen UdSSR u. 21,5% aus d. Ausland; Güter: Erdöl, Erdgas, Kohle; Maschinenbauerzeugn., metallurg. u. chem. Prod., Holz u. Papier; **Export** (1989): 5460 Mio. Rbl, davon 95% in d. übrige UdSSR u. 5% ins Ausland; Güter: Nahrungsmittel u. Agrarprod.

PRESSE 1990: 191 Zeitungen, davon 80 in Rumänisch sowie 53 Zeitschriften, davon 17 in Rumän. – *Nachrichtenagentur:* ATEM (Moldovan Information Agency)

Gebiete mit Autonomiebestrebungen

Gagausien
Fläche 1800 km^2 – *Einwohner* (Z 1989): 200000 – *Sprache:* Türkisch – *Hauptort* (Z 1989): Komrat 27500 Ew. – Unabhängigkeitserklärung am 19. 8. 1990 (per Referendum am 1. 12. 1991 bestätigt), von Moldau nicht anerkannt – Parl. u. Reg. (Präs.: Stepan Topal) seit 26. 10. 1990

Transnistrien (Dnjestr-Republik)
Zum größten Teil östlich des Flusses Dnjestr gelegenes Gebiet mit mehrheitlich russischer u. ukrainischer Bevölkerung – *Hauptort:* Dubessar [Dubos-

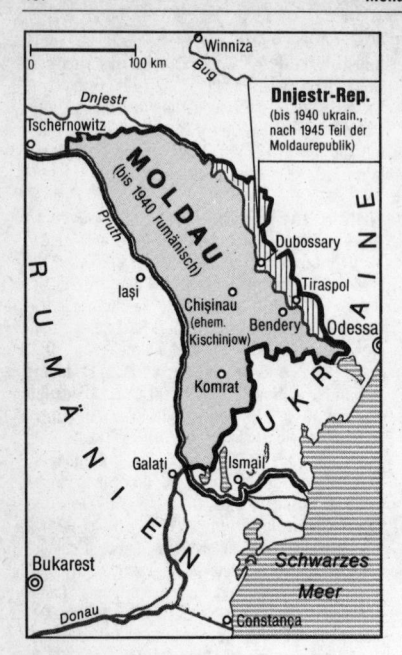

Moldau: »Dnjestr-Republik«

sary] – Gründung d. »Dnjestr-Republik« am 3. 9. 1990 durch die russischsprachige Bev. (Bestätigung durch Referendum vom 1. 12. 1991); von d. Moldau nicht anerkannt; eig. Parlament u. »Staatsführung« seit 1. 12. 1992 (Wahl d. Präs.: Igor Smirnow)

MONACO *West-Europa*
Fürstentum Monaco; Principauté de Monaco; Principato di Monaco – MC

LANDESSTRUKTUR **Fläche** (190): 1,95 km² – **Einwohner** (185): (Z 1990) 29 876 = 15 321 je km² – Monegassen (monégasques), nur 4481; u. a. 47% Franzosen, 17% Italiener – **Analph.:** unter 5% – Jährl. **Bev.-Wachstum** (∅ 1980–86): 0,6% (Geb.- u. Sterbeziffer 1983: 2,0%/1,7%) – **Sprachen:** Französisch als Amtsspr.; »Monegasco« (v. Ligurischen u. Provenzalischen abstammend), z. T. Italienisch u. Englisch als Umgangsspr. – **Religion:** über 90% Katholiken (Staatskirche, aber Relig.-Freiheit); ferner Anglikaner, Juden, Reformierte – **Stadtbezirke** (Munizipien, F 1987): Monaco (Hptst.) 1234 Ew., La Condamine (Hafen) 12 675, Monte Carlo 13 154

STAAT Konstitutionelles erbliches Fürstentum im Zollverband mit Frankreich – Verfassung von 1962 – Parlament: Nationalrat (Conseil National) mit 18 Mitgl., für 5 J. gewählt u. Gemeinderat (Conseil Communal) mit 15 Mitgl. – Die Reg.-Gewalt liegt unter d. Autorität des Fürsten bei einem auf Vorschlag Frankreichs vom Fürsten ernannten Staatsminister, dem Kabinettsschef sowie 3 Regierungsräten; aufgrund d. Schutzvertrags mit Frankreich v. 1861 schlägt dieses d. Staatsminister vor – Allg. Wahlrecht ab 21 J. – **Staatsoberhaupt:** Fürst Rainier III., seit 1949 – **Staatsminister:** Jacques Dupont – **Kabinettschef:** Charles Ballerio, seit April 1991 – **Parteien:** Wahlen zum Nationalrat 1988: Nationale u. Demokrat. Union/UND alle 18 Sitze; Kommunisten u. Unabh. – **Unabh.:** Formell anerkannt durch Patentbriefe d. französ. Königs v. 25. 2. 1489 (erneut v. 20. 2. 1512) u. d. Herzogs v. Savoyen v. 20. 3. 1489 (vom 13. 2. 1793 bis 30. 5. 1814 v. Frankr. annektiert); fällt bei Erlöschen der Dynastie Grimaldi an Frankreich – **Nationalfeiertag:** 19. 11.

WIRTSCHAFT (keine neueren Angaben verfügbar) **BSP** 1983: 13 217 Mio. FF = ca. 51 000 US-$ je Ew. (n. eig. Ang.); lt. »Atlaseco« nur 86 500 FF (Differenz vermutl. durch reiche »Steuerbürger«); 27% d. Staatseinnahmen aus d. **Ind.** (1990), 71,5% aus d. **Dienstl.** – **Währung:** 1 Franz. Franc (FF) = 100 Centimes *(→ Frankr.)*; eig. Münzrecht – **Erwerbstät.** 1986: Ind. 25%, Dienstl. 81% – **Außenhandel:** Handelsbilanz 1983: mit Frankr. 3377 Mio. FF; übrige Staaten 1844 Mio. FF; Güter: Kosmetik, Pharmaka, Elektronik, Kunststoff, Konserven (Anchovis), Tourismus (Spielbank) wichtiger Wirtsch.-Faktor (1989: 245 146 Gäste) – **Handelspartner:** ca. 70% EG-Länder

PRESSE (Aufl. i. Tsd.) *Monatszeitungen:* Gazette Monaco-Côte d'Azur (10) – Monte-Carlo Côte d'Azur – *Nachrichtenagentur:* AFP (Agence France Presse)

MONGOLEI Zentral-Asien
Staat der Mongolei; bis 12. 2. 1992 »Mongolische Volksrepublik« (Bügd Nairamdach Mongol Ard Uls)

LANDESSTRUKTUR Fläche (18): 1 566 500 km² (→ *Karte, WA '91, Sp. 429f.*) – **Einwohner** (133): (F 1990) 2 124 000 = 1 je km²; (Z 1989) 2 043 400 – 87 % Mongolen, davon 75 % Ostmong. (Chalcha), fast 5 % Westmong.; burjatische u. chines. Minderheiten; insg. 10 hauptethnische Gruppen – **Leb.-Erwart.:** 63 J. – **Säugl.-Sterbl.:** 6,2 % – **Analph.:** k. Ang. – Jährl. **Bev.-Wachstum** (∅ 1980–90): 2,8 % (Geb.- u. Sterbeziffer 1990: 3,5 %/ 0,8 %) – **Sprachen:** Khalkha-[Chalcha] Mongol. als Amtssprache – **Religion:** Lamaistischer Buddhismus – **Städt. Bev.:** 52 % – **Städte** (Z 1989): Ulan-Bator [Ulaan-Baatar] (Hptst.) 548 400 Ew.; Darchan 85 800, Eerdenet 56 100; (S 1984) Baganuur 25 000, Choybalsan [Tschojbalsan] 23 000, Suche-Bator 17 000

STAAT Republik – Neue Verfassung seit 12. 2. 1992 in Kraft – Parlament (Volkshural) seit 1992 mit 76 Mitgl., Wahl alle 4 J. – Allg. Wahlpflicht ab 18 J. – 18 Provinzen (Aimak) u. 3 Stadtgebiete – **Staatsoberhaupt:** Punsalmaagiin Otschirbat, seit März 1990, bestätigt am 3. 9. 1990, Austritt aus d. KP am 10. 9. 1991 – **Regierungschef:** Puntsagiin Jasray (MRVP), seit 16. 7. 1992 – **Äußeres:** Zerenpiliyin Gombosüren – **Parteien:** Wahlen des neuen 1-Kammer-Parl. vom 28. 6. 1992: Mongol. Revolutionäre Volkspartei/MRVP 70 d. 76 Sitze; die Opposition erhält insg. 5 Sitze (Mongolian Democratic Coalition 4, Mong. Social Dem. P. 1); Unabh. 1 – **Unabh.:** Am 11. 7. 1921 de facto v. China unabh. (Proklamation d. kommunist.-nationalist. Machtergreifung), am 26. 11. 1924 formelle Umwandl. in Volksrepublik u. Erneuerung d. Souv.-Anspruches, am 5. 1. 1946 nach Plebiszit Unabh. durch China völkerrechtl. anerkannt – **Nationalfeiertag:** 11. 7.

WIRTSCHAFT (keine neueren Angaben verfügbar) **BSP** 1988 (S) = 660 $ je Ew. (125); realer Zuwachs 1984: 9,5 %; 1991 Einstellung d. Hilfeleistungen d. ehem. UdSSR; **BIP** 1988 (S): 2200 Mio. $; realer Zuwachs ∅ 1980–90: 5,6 %; Anteil 1990 **Landwirtsch.** 17 %, **Industrie** 34 % – **Erwerbstät.** 1988: Landw. 31 %, Ind. ca. 25 % – **Energieverbrauch** 1990: 1277 kg ÖE/Ew. – **Währung:** 1 Tugrik (Tug.) = 100 Mongo; 1 US-$ = 40,00 Tug.; 100 Tug. = 4,02 DM – **Ausl.-Verschuld.** 1990: 9700 Mio. Rubel gg. ehem. UdSSR – **Inflation** ∅ 1980–90: –1,3 % – **Außenhandel** 1989: **Import:** 654,4 Mio. Rubel (S 1990: 619,0 Mio. Rubel); Länder (1985): ca. 98 % UdSSR u. RGW, 2 % kapitalist. Länder; **Export:** 483,4 Mio. Rubel (S 1990: 442,7 Mio. Rubel); Güter (nur UdSSR, 1987): 35 % Kupfer-, Molybdänerze, 17 % viehwirtsch. Erzeugn. (Fleisch, Wolle, Häute, Felle); Länder (1988): 84 % UdSSR, 6 % ČSFR, 5 % nicht-sozialist. Länder, u. a. Japan, Schweiz, BRD, Großbrit. – (1. Hj. 1991: Rückgang d. Außenhandels um rd. 50 % durch d. Einstellung d. Handels mit d. ehem. UdSSR u. d. Auflösung d. RGW)

PRESSE (Aufl. i. Tsd.; zahlr. Neugründungen seit 1990) *Tageszeitungen:* Ulan-Bator: Ardyn Erh (80) – Ünen (30)/MRVP-Org. – *Wochenzeitungen:* Ardtchilal (70)/Dem. Partei – Hödömör (65, 3x wö.) – Il Touchoo (50)/Wirtsch. – *Nachrichtenagentur:* MONTSAME (Mongol Tsahilgaan Medeeniy Agentlag)

MOSAMBIK Südost-Afrika
Republik Mosambik; República de Moçambique – MOC

LANDESSTRUKTUR Fläche (34): 801 590 km² (n. eig. Ang. 799 380 km²; mit 21 371 km² Binnengewässern, einschl. Anteil am Njassa-See) – **Einwohner** (52): (F 1990) 15 784 000 = 19 je km²; (Z 1980) 11 673 725 (Bevölkerungsverlust 1990 durch Bürgerkrieg auf 900 000 Personen geschätzt) – Mosambikaner (port. moçambicanos): ca. 98 % Bantu, bes. Makua (im Norden 40 %), Tsonga (1,5 Mio.) u. Schona (10 % in Zentralmos.); ca. 1–1,5 Mio. Flüchtlinge in Anrainerstaaten (bes. Malawi), 3,5–4 Mio. Binnenflüchtlinge – **Leb.-Erwart.:** 47 J. – **Säugl.-Sterbl.:** 13,7 % – **Analph.:** 67 % – Jährl. **Bev.-Wachstum** (∅ 1980–90): 2,6 % (Geb.- u. Sterbeziffer 1990: 4,6 %/1,8 %) – **Sprachen:** Portugiesisch als Amtsspr.; KiSuaheli, Makua, Nyanja u. a. Bantu-Sprachen – **Religion:** 48 % Anh. v. Naturreligionen; rd. 31 % Christen (mehrheitl. Katholiken, Protestanten), 13 % Muslime; kleine hinduist. Minderh. – **Städt. Bev.:** 27 % – **Städte** (S 1987): Maputo (fr. Lourenço Marques) (Hptst.) 1 006 800 Ew. (Provinz weitere 544 700); (S 1980): Beira 350 000, Quelimane 184 000, (1970): Xai-Xai (João Belo) 64 000, Tete 53 200, Inhambane 26 000

STAAT Republik – Neue Verfassung vom 30. 11. 1990: Einführung d. Mehrparteiensystems; Parlament (Assembleia da República) mit 250 Mitgl. vorgesehen (Wahl alle 5 J.) – Volksversammlung mit 250 Mitgl. – Seit Anf. 1991 eingeleitete Friedensverhandl. zw. Regierung u. RENAMO: erstes Abkommen am 7. 8. 1992 unterzeichnet, Friedens-

Einnahmen afrikanischer und anderer Staaten* aus öffentlicher Entwicklungshilfe 1990 (bis zu 10% des BSP) und gesamte Auslandsschulden 1990

Staat	Entwicklunghilfe			Gesamte Auslandsschulden		
	in % des BSP	Gesamtsumme in Mio. $	Pro Kopf in $	in % des BSP	in Mio. $	in % d. Waren- u. Dienstleistungsexports
Mosambik	65,7	946	60,2	384,5	4718	1573,3
Tansania	48,2	1155	47,1	282,0	5866	1070,7
Somalia	45,9	428	54,8	276,9	2350	2576,2
Tschad	28,6	315	55,5	44,8	492	207,1
Malawi	25,7	479	56,3	85,6	1544	328,5
Lesotho	24,5	138	78,0	39,6	390	41,2
Burundi	24,0	265	48,8	83,2	906	930,1
Jordanien	22,8	891	282,5	221,1	7678	249,2
Mauretanien	20,0	211	107,0	226,6	2227	449,8
Uganda	18,4	557	34,1	92,1	2726	1175,2
Zentralafr. Rep.	17,8	232	76,3	70,6	901	400,7
Laos	17,5	152	36,6	123,3	1063	1113,5
Bhutan	16,5	47	32,7	32,3	83	81,9
Honduras	16,4	448	87,8	140,9	3480	322,2
Ägypten	15,9	5604	107,6	126,5	39885	300,8
Äthiopien	14,6	888	17,4	54,2	3250	480,3
Niger	14,2	358	46,7	73,6	1829	464,2
Sambia	14,0	438	54,0	261,3	7223	500,8
Nepal	13,8	429	22,7	53,0	1621	402,6
Ruanda	13,4	287	40,3	35,0	741	494,1
Togo	13,0	210	57,8	81,8	1296	212,2
Senegal	12,7	739	99,8	66,5	3745	236,8
Madagaskar	12,3	382	32,8	134,1	3938	805,5
Kenia	11,4	1000	41,4	81,2	6840	306,3
Papua-Neuguinea	11,4	376	96,1	83,9	2606	168,6
Bolivien	10,9	491	68,4	100,9	4276	428,7
Zaire	10,9	823	22,0	141,0	10115	438,0
Guinea	10,4	292	51,0	97,6	2497	287,1

Quelle: Weltbankbericht 1992

* gekennzeichnet durch die Einrückung

abk. bis 1. 10. 1992 vorgesehen – Allg. Wahlrecht – 10 Provinzen u. Hptst. Mazur – **Staatsoberhaupt** u. Hauptbefehlshaber d. Streitkräfte: Gen.-Major Joaquim Alberto Chissano (FRELIMO), seit 1986 – **Regierungschef:** Mário Fernandes da Graça Machungo, seit 1986 – **Äußeres:** Pascoal Manuel Mocumbi – **Parteien:** Wahlen 1986: Frente de Libertação de Moçambique/FRELIMO (ehem. Einheitspartei) alle 250 Sitze d. Volksversamml.; Nationalunion/UNAMO als Oppos.-Partei seit 23. 3. 1992 zugelassen – Resistência Nacional Moçambicana/ RENAMO unter Führung von Alfonso Dhlakama will sich als Oppos.-Partei formieren – Erste freie Wahlen bis Ende 1992 vorgesehen – **Unabh.:** 25. 6. 1975 – **Nationalfeiertag:** 25. 6.

WIRTSCHAFT BSP 1990: 1208 Mio. $ = 80 $ je Ew. (181); realer Zuwachs $\varnothing$ 1980–90: –1,5%; **BIP** 1990: 1320 Mio. $; realer Zuwachs $\varnothing$ 1980–90: –0,7%; Anteil 1990 **Landwirtsch.** 65%, **Industrie** 15% – **Erwerbstät.** 1989: Landw. 82%, Ind. ca. 13% – **Energieverbrauch** 1990: 85 kg ÖE/Ew. – **Währung:** 1 Metical (MT) = 100 Centavos (CT); 1 US-$ = 2492,06 MT; 100 MT = 0,06 DM – **Ausl.-Verschuld.** 1990: 4718 Mio. $ = 384,5% d. BSP (→ Tab. oben) – **Inflation** $\varnothing$ 1980–90: 36,6% – **Außenhandel** 1988: **Import:** 706 Mio. $; **Export:** 104 Mio. $; Güter: 30% Krustentiere, Rohbaumwolle, Textilien, 10% Cashew(acajou)-Nüsse; Tee, Kopal, Holz, Sisal, Zucker, Erze; Länder: 15% Rep. Südafrika, 14% USA, ca. 10% Portugal, BRD

PRESSE (Aufl. i. Tsd.) *Tageszeitungen:* Maputo: Notícias (40) – Beira: Diário de Moçambique (16) – *Sonntagszeitung:* Domingo (40) – *Zeitschrift:* Tempo (25) – *Nachrichtenagentur:* AIM (Agência de Informação de Moçambique)

MYANMAR Südost-Asien
Union (von) Myanmar; Pyi-Daung-Su Socialist Thammada Myanmar Naingng-an-Daw; bis 18. 6. 1989 Birma bzw. Burma – BUR

LANDESSTRUKTUR Fläche (39): 676552 km^2 – **Einwohner** (25): (F 1990) 41609000 = 59 je km^2; (Z 1983) 35306189 – Myanmaren; fast 75% Birmanen; 9% Schan, ca. 7% Karen, 2% Tschin, 2% Mon, 1% Katschin u. a. ethnische Minderheiten (insg. 20–30%); 1% Inder (bes. in Rangun) u. 1–2% Chinesen (bes. im NO); (Einzelheiten → Karte WA '91, Sp. 433) – **Leb.-Erwart.:** 61 J. – **Säugl.-Sterbl.:** 6,4% – **Analph.:** 19% – Jährl. **Bev.-Wachstum** (∅ 1980–90): 2,1% (Geb.- u. Sterbeziffer 1990: 3,1%/0,9%) – **Sprachen:** Birmanisch als Amtssprache; Sprachen d. and. Gruppen; Englisch wichtige Handelsspr. – **Religion:** 89% südl. (Theravada-)Buddhisten, 3,8% Muslime (Rohingyas), 4,9% Christen, 1,5% Hindus – **Städt. Bev.:** 25% – **Städte** (Z 1983): Yangon (fr. Rangoon, Rangun) (Hptst.) 2513023 Ew. (S 1984 als A: 3,9 Mio.); Mandalay 532949 (2. Hptst.), Moulmein 219961, Bassein 144096, Pegu 150528, Taunggyi 108231, Sittwe 107621, Manywa 106843

STAAT Republik mit staatssozialistischer Tendenz – Verfassung von 1974 – Parlament (Volksversammlung bzw. Pyithu Hluttaw) mit 485 Mitgl., ernennt Staatsrat aus 29 Mitgl. – Nach d. Militärputsch im Sept. 1988 Auflösung aller Staatsorgane (Volksvers., Staatsrat, Min.-Rat) durch den »State Law and Order Restoration Council«/SLORC – 7 States, 7 Divisions – **Staatsoberhaupt u. Regierungschef:** General Than Shwe, seit 23. 4. 1992 (durch ehem. Putschisten u. Präs. Gen. Saw Maung eingesetzt); Vors. d. SLORC; Reg. aus 14 Generälen – **Äußeres:** Ohn Guaw, seit 29. 1. 1992 – **Parteien:** Erste freie Wahlen seit 30 Jahren am 27. 5. 1990: Nationale Liga für Demokratie/NLD 392 d. 485 Mandate, Shan Nationalities League for Democracy 23, Rakhine Dem. League 11, National Unity Party/NUP (ehem. Einheitspartei) 10; 6 weitere P. 3–5 Sitze mit insg. 21, Sonstige 19, 9 Sitze nicht vergeben; noch kein Termin für die Machtübergabe vereinbart – **Unabh.:** 4. 1. 1948 – **Nationalfeiertag:** 4. 1.

WIRTSCHAFT (keine neueren Angaben verfügbar) **BSP** 1986 (S): 7450 Mio. $ = 200 $ je Ew. (168); realer Zuwachs ∅ 1973–86: 5,7%; **BIP** realer Zuwachs ∅ 1980–86: 4,9%; Anteil 1987/88 **Landwirtsch.** 51%, **Industrie** 12% – **Erwerbstät.** 1989: Landw. 65%, Ind. 11% – **Energieverbrauch** 1990: 82 kg ÖE/Ew. – **Währung:** 1 Kyat (K) = 100 Pyas (P); 1 US-$ = 5,92 K; 100 K = 25,65 DM – **Ausl.-Verschuld.** 1990: 4675 Mio. $ – **Inflation** ∅ 1980–86: 5,1% (1988: 19,2%) – **Außenhandel** 1990: **Import:** 270 Mio. $; Güter (S 1989): 40% Maschinen u. Ausrüst., chem. Prod., Konsumgüter; Länder: 40% Japan; **Export:** 322 Mio. $; Güter (S 1989): bis 80% landwirtsch. Prod., u. a. 49% Reis, 20% Holz, bes. Teak, Ölsaaten, Rohkautschuk, Baumwolle, Erdöl, 14% Bergbauprod., Opium (illegal); Länder: 30% Japan, EG-Länder (insb. BRD), 17% Indien (1988), ca. 12–15% Singapur, VR China, Indonesien, Malaysia, Rep. Korea

PRESSE (Aufl. i. Tsd.) Tageszeitungen: Rangun: Loktha Phyithu Nezin (150)/SLORC-Org., Birm. – Working People's Daily (45)/SLORC-Org., Engl. – Monatszeitungen: Moethaukpan (27)/Reg.-Org., Birm., Engl. – Shetho (36)/Birm., Engl. – Nachrichtenagentur: MNA (Myanmar News Agency)

NAMIBIA Südwest-Afrika
Republik Namibia; Republic of Namibia; bis 1968 Südwestafrika

LANDESSTRUKTUR Fläche (33): 823144 km^2 (ohne »Walfischbucht« mit 1124 km^2, seit August 1992 unter gemeinsamer Verwaltung mit → Südafrika) – **Einwohner** (141): (S 1991) 1549000 = 2 je km^2; (Z 1981) 1033196 – Namibier; vorwiegend Bantu-Völker, u. a. (S 1989) 641000 Ovambo (= 50%), 120000 Kavango (9%), 97000 Herero (7,5%), 8000 Tswana; nicht zu den Bantu gehören 97000 hottentottischsprach. Damara (7,5%), 62000 zu den Hottentotten zählende Nama (4,8%), 48000 Caprivianer (3,7%), 32000 »Rehoboth Basters« (Nachkommen v. Buren mit Hottentottenfrauen = 2,5%); außerd. 37000 Buschmänner (2,9%), 52000 Coloureds (»Kleurlinge«, Mischbev. aus Europ., Bantu, Malaien u. z. T. Hottentotten = 4%) u. 12000 and. Gruppen; von den 82000 Weißen (6,4%) sind etwa 25000 deutschstämmig, darunter etwa 15000 deutsche Bürger (Einzelheiten → WA '90, Sp. 383f. u. WA '91, Sp. 435f.) – **Leb.-Erwart.:** 58 J. – **Säugl.-Sterbl.:** 10,0% – **Analph.:** 27% – Jährl. **Bev.-Wachstum** (∅ 1980–90): 3,2% (Geb.- u. Sterbeziffer 1990: 4,2%/1,1%) – **Sprachen:** Englisch als Amtsspr.; Afrikaans als dominierende Umgangsspr., Deutsch verbreitet; weitere Umgangssprachen der Bantu u. a. Gruppen (u. a. Khoekhoe der Buschmänner); 60% d. Weißen sprechen Afrikaans, 25% Deutsch u. 15% Englisch; Coloureds u. »Rehoboth Basters« meist Afrikaans – **Religion:** 90% Christen (davon ca. 80% Protestanten: Lutheraner, Reformierte,

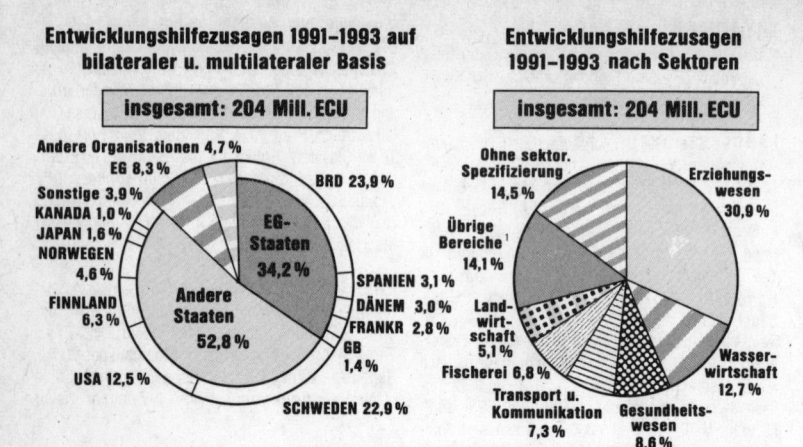

Entwicklungshilfezusagen 1991–1993 auf bilateraler u. multilateraler Basis

insgesamt: 204 Mill. ECU

Andere Organisationen 4,7%
EG 8,3%
Sonstige 3,9%
KANADA 1,0%
JAPAN 1,6%
NORWEGEN 4,6%
FINNLAND 6,3%
USA 12,5%
BRD 23,9%
EG-Staaten 34,2%
Andere Staaten 52,8%
SPANIEN 3,1%
DÄNEM. 3,0%
FRANKR 2,8%
GB 1,4%
SCHWEDEN 22,9%

Quelle: Statist. Bundesamt, 1992

Entwicklungshilfezusagen 1991–1993 nach Sektoren

insgesamt: 204 Mill. ECU

Ohne sektor. Spezifizierung 14,5%
Übrige Bereiche[1] 14,1%
Landwirtschaft 5,1%
Fischerei 6,8%
Transport u. Kommunikation 7,3%
Gesundheitswesen 8,6%
Wasserwirtschaft 12,7%
Erziehungswesen 30,9%

[1] Bergbau, Berufsausbildung, Wohnungsbau / Siedlungsprogramme, Finanzwesen, Justiz

Namibia: Entwicklungshilfezusagen

Anglikaner, Methodisten); ferner Anh. v. Naturrel. – **Städt. Bev.:** 23% – **Städte** (S 1988): Windhuk [Windhoek] (Hptst.) 114500 Ew. einschl. Vorort Katutura (im Zentrum 90%, insg. 30% Weiße), Swakopmund 15500, Rehoboth 15000, Rundu 15000, Keetmanshoop 14000, Tsumeb 13500, Otjiwarongo 11000

STAAT Parlamentarisch-demokratische Republik – Neue Verfassung seit März 1990 in Kraft – Nationalversammlung mit 72 für 5 J. gewählten u. 6 vom Präs. ernannten Mitgl. – Allg. Wahlrecht – 21 Distrikte u. 1 Volksgruppenverwaltung – **Staatsoberhaupt:** Samuel (Sam) Daniel Nujoma, seit 21. 3. 1990 – **Regierungschef:** Hage Gottfried Geingob, seit März 1990 – **Äußeres:** Theo-Ben Gurirab – **Parteien:** Wahlen zur Nationalversammlung vom Nov. 1989: South West African People's Organization of Namibia/SWAPO 41 der 72 Sitze; Democratic Turnhalle Alliance/DTA 21; United Democratic Front/UDF 4; Action Christian National/ACN 3; National Patriotic Front of Namibia/NPF 1, Federal Convention of Namibia/FCN u. Namibia National Front/NNF je 1 – **Unabh.:** 21. 3. 1990 als letzte Kolonie Afrikas *(zur Entwicklung der Unabhängigkeit → WA '91, Sp. 435f.)* – **Nationalfeiertag:** 21. 3.

WIRTSCHAFT (keine neueren Angaben verfügbar) **BSP** 1987: 1420 Mio. $ = 1060 $ je Ew. (102); **BIP** 1989: 1492 Mio. R; realer Zuwachs ⌀ 1980–88: 1,1% (1989: +0,2%); Anteil 1989 **Landwirtsch.** 15%, **Industrie** 38% – **Erwerbstät.** 1989: Landw. 36%, Ind. ca. 15%; **Arbeitslosigkeit** 1990: rd. 40% *(Erwerbstätige nach Wirtschaftsbereichen → WA '92, Sp. 497)* – **Währung:** 1 Südafrikan. Rand (R) = 100 Cents (c); 1 US-$ = 2,76 R; 100 R = 55,40 DM – **Ausl.-Verschuld.** 1989: 718 Mio. R – **Inflation** ⌀ 1980–90: 13,4% – **Außenhandel** 1989: **Import:** 2340 Mio. R; Güter (1988): 22% chem. Prod., Erdöl, Kohle, Gummiwaren; 13% Textilien, Bekleidung, Lederwaren, 13% Nahrungsm., Getränke u. Tabak; Länder: rd. 75% Rep. Südafrika, außerd. Großbrit. u. BRD; **Export:** 2627 Mio. R; Güter (1990): 65% Mineralien (dar. 27% Diamanten, Uran, Kupfer) *(Karte →WA '90, Sp. 383f.)*; 13% Fisch (unverarb.), 10% Agrarprod. (u. a. Rinder u. Kleinvieh), 5% Industrieerzeugn.; Länder: überw. Großbrit., Rep. Südafrika, Japan, BRD, Frankr., USA, Belgien, Italien

PRESSE (Aufl. i. Tsd.) *Tageszeitungen:* Windhuk: Allgemeine Zeitung (5)/Dt. – The Namibian (10)/Engl. – Die Republikein (11)/DTA, Afrikaans, Engl., Dt. – Windhoek Advertiser (3)/Engl. – *Wochenzeitungen:* Namibia Nachrichten (5)/Dt. – Die Suidwester (5)/Afrikaans – Times of Namibia (5)/Afrikaans, Engl., Ovambo – Windhoek Observer (8)/Engl.

NAURU *Ozeanien*
Republik Nauru; Naoero, Republic of Nauru – NAU

LANDESSTRUKTUR Fläche (189): 21,3 km² – **Einwohner** (189): (F 1989) 9350 = 439 je km²; (Z 1983) 8042 – knapp 57% Nauruer (polynes.-mikrones.-melanes. Mischrasse), im übr. Gastarbeiter (u. a. von Kiribati, Tuvalu, 26%, Chinesen/Vietnamesen 9%, Europ. 8%, Neuseeländer u. a.) – **Jährl. Bev.-Wachstum** (∅ 1977–83): 1,6% – **Sprachen:** Englisch u. Nauruisch als Amtsspr. – **Religion:** meist Protestanten, 30% Katholiken – **Stadt:** Yaren (fr. Makwa, Verwaltungszentrum)

STAAT Parlamentarische Republik – Verfassung von 1968 – Parlament mit 18 Mitgl., Wahl alle 3 J.; ernennt Staatsoberh. – Allg. Wahlpflicht ab 20 J. – 14 Gemeindebezirke – **Staats- u. Regierungschef sowie Äußeres:** Bernard Dowiyogo, seit 12. 12. 1989 – **Parteien:** Democratic Party of Nauru/DPN, Sippenverbände; Wahlen vom 9. 12. 1989: alle 18 Mitgl. unabh. – **Unabh.:** 31. 1. 1968 – **Nationalfeiertag:** 31. 1.

WIRTSCHAFT (keine neueren Angaben verfügbar) **BSP** 1985 (S): 807 Mio. $ = 8070 $ je Ew. (30); realer Zuwachs ∅ 1975–85: 6,4% – **Währung:** 1 Austral. Dollar ($A) = 100 Cents (c); 1 $A = 0,75 US-$; 100 $A = 114,15 DM – **Außenhandel** 1979: **Import:** 11 Mio. $; **Export:** 75 Mio. $; Güter: zu 100% Phosphate (75% d. BSP), in geringen Mengen Kokosprodukte u. Bananen; Länder: 50% Australien, bis 35% Neuseeland, 10% Niederl., Japan

PRESSE *Wochenzeitung:* Bulletin (750 Ex.)/Nauruisch u. Engl.

NEPAL *Süd-Asien*
Königreich Nepal (Nepál); Nepal Adhirajya – NEP

LANDESSTRUKTUR Fläche (94): 140797 km² (n. eig. Ang. 147181 km²) – **Einwohner** (44): (F 1990) 19096000 = 125 je km²; (Z 1981) 15022839 – Nepalesen; mehrheitlich indo-nepales. Gruppen: Brahmanen, Kshatriya (Thakuri, Chetri u. a.) sowie tibeto-nepales. Gruppen: Tharu, Tamang, Limbu, Newar, Magar, Gurung, Sunwar, Thakali, Rai u. tibet. Gruppen: Sherpa, tibet. Flüchtl. – **Leb.-Erwart.:** 52 J. – **Säugl.-Sterbl.:** 12,1% – **Analph.:** 74% – Jährl. **Bev.-Wachstum** (∅ 1980–90): 2,6% (Geb.- u. Sterbeziffer 1990: 4,0%/1,4%) – **Sprachen:** Nepáli (aus d. Sanskrit) als Amtssprache u. Lingua franca (ca. 52%); Bihari (18%), Newari, Maithili, tibetische Dialekte – **Religion:** Hinduismus (»Sanátan« bzw. »Pauranic«, hauptsächlich Schiwakult) ist Staatsreligion (89,5%); seit 1990 lt. Verfass. Garantie d. Religionsfreiheit für andere Glaubensrichtungen; 5,3% Mahayana-Buddhismus, 2,7% Muslime; rd. 50000 Christen (S 1990) – **Städt. Bev.:** 10% – **Städte** (Z 1981): Kathmandu (Hptst.) 235160, A mit Patan u. Bhátgáon (S 1982) über 800000; (S 1977): Biratnagar über 322000, Nepalganj 31000, Birganj 15000

STAAT Konstitutionelle demokratische Hindu-Monarchie lt. Verfassung vom 9. 11. 1990: Einschränkung d. königl. Machtbefugnisse, Garantie d. Grundrechte, Einführung d. Mehrparteiensystems – Parlament aus 2 Kammern: Repräsentantenhaus mit 205 für 5 J. u. Nationalrat mit 60 für 6 J. gewählten Mitgl. – 14 Zonen (Regionen) – **Staatsoberhaupt:** Maharajadhiraja Birendra Bir Bikram Sháh Dev, seit 1972, gekrönt 1975 – **Regierungschef u. Äußeres:** Girija Prasad Koirala (NPC), seit 29. 5. 1991 – **Parteien:** Erste freie Wahlen seit 32 J. am 12. 5. 1991 (Repräs.-Haus): Kongreßpartei/NCP 110 der 205 Sitze; Vereinigte Marxistische Linke/UNCP 69; andere linksger. Parteien insg. 13 (United People's Front 9, Nepal Worker's and Peasants' Party 2, Communist Party of N./CPN 2); monarchist. Parteien (Nationaldemokraten: NDP-Thapa u. NDP-Chand) 4; Nepali Sadbhavana P. (Rechtspartei) 6; Unabh. 3 Sitze – **Unabh.:** alte staatl. Tradition; Gründung des Königreiches 1768 – **Nationalfeiertag:** 28. 12.

WIRTSCHAFT BSP 1990: 3289 Mio. $ = 170 $ je Ew. (175); realer Zuwachs ∅ 1980–90: 4,5%; *(Anteil Entwicklungshilfe u. Ausl.-Schulden* → *Tab. Sp. 471 f.);* **BIP** 1990: 2890 Mio. $; realer Zuwachs ∅ 1980–90: 4,6%; Anteil 1990 **Landwirtsch.** 60%, **Industrie** 14% – **Erwerbstät.** 1988: Landw. 92%, Ind. 3% – **Energieverbrauch** 1990: 25 kg ÖE/Ew. – **Währung:** 1 Nepales. Rupie (NR) = 100 Paisa (P.); 50 Paisa = 1 Mohur; 1 US-$ = 42,60 NR; 100 NR = 3,62 DM – **Ausl.-Verschuld.** 1990: 1621 Mio. $ = 53,0% d. BSP – **Inflation** ∅ 1980–90: 9,1% – **Außenhandel** 1990: **Import:** 543 Mio. $; Güter (1989): Halbfertigwaren, 26% Maschinen u. Transportausrüst., 9% Nahrungsm.; Länder (1989): 34% Indien; **Export:** 162 Mio. $; Güter (1989): Vieh, Reis, Jute, Ziegenfelle, Wollteppiche, Edelhölzer, Arzneipflanzen; über 25% d. Exporterlöse von Gütern u. Dienstleistungen entfallen auf d. Tourismus (1989: 239945 Gäste); Länder (1989): rd. 36% Indien, Japan, EG-Länder, VR China, USA

PRESSE (Aufl. i. Tsd.) *Tageszeitungen:* Kathmandu: Gorkhapatra (45)/Nepali – Nepali (22)/Hindi – The Rising Nepal (10)/Engl. – Samaya (18)/Nepali – *Nachrichtenagentur:* RSS (Rastriya Samachar Samiti)

NEUSEELAND Ozeanien
New Zealand – NZ

LANDESSTRUKTUR **Fläche** (73): 270 986 km² (n. eig. Ang. 267 844 km²) Landfläche; Gesamtfläche einschl. Inselgebieten u. Ross Dependency 683 568 km²; Hauptinseln: North Island 114 597 km² u. (Z 1991) 2 549 707 Ew., South Island 151 757 km² u. 877 235 Ew.; Inselgeb.: Stewart-I. (1746 km²), Chatham-Inseln (963 km²) u. Kermadec-I. (33,5 km², Roul-I. mit Met. Stat.) insg. 854 Ew.; Campbell-I., Three Kings-, Solander-, Bounty-, Snares-, Antipoden- u. Auckland-Inseln (zus. 839 km², meist unbewohnt) – **Einwohner** (119): (Z 1991) 3 427 796 = 13 je km² – Neuseeländer; 87% in Neuseel. geboren, fast ausschl. engl. u. schott. sowie irisch. Herkunft; 8,9% Maori, 4,1% aus and. Ländern, u. a. 3% Polynesier, 0,6% Chinesen u. 0,4% Inder – **Leb.-Erwart.**: 75 J. – **Säugl.-Sterbl.**: 1,0% – **Analph.**: unter 5% – Jährl. **Bev.-Wachstum** (∅ 1980–90): 0,9% (Geb.- u. Sterbeziffer 1990: 1,6%/0,8%) – **Sprachen**: Englisch als Amtssprache; Umgangsspr. der Maori – **Religion** (Z 1986): über 50% Protestanten (24% Anglikaner, 18% Presbyterianer, 5% Methodisten, 2% Baptisten), 15% Katholiken, Sonstige 10%, ohne Religionszugehörigkeit 18%, o. Angabe 8%; Maori-Religionen (Ratna, Ringatu) – **Städt. Bev.**: 84% – **Städte** (Z 1986): Wellington (Hptst.) 137 496 (F 1990, A: 325 700); (F 1990): Auckland 864 700, Christchurch 303 400, Napier-Hastings 108 100, Dunedin 106 400, Hamilton 105 000, Palmerston North 69 300; (Z 1986) Manukau 177 249, Waitemata 101 000, Lower Hutt 94 878, Tauranga 61 800, Rotorua 53 000, Invercargill 52 200, New Plymouth 47 800, Nelson 45 200, Whangarei 43 800, Wanganui 41 000

STAAT Konstitutionelle Monarchie im Commonwealth (parlamentarische Demokratie) – Keine formelle geschriebene Verfassung – Parlament (General Assembly) aus 1 Kammer (House of Representatives) mit 97 Mitgl., davon 4 für Maori reserviert; Wahl alle 3 J. – Allg. Wahlrecht ab 18 J. – 90 »Counties«, 128 »Boroughs« sowie 3 »Town Districts« u. 3 »District Councils« – **Staatsoberhaupt**: Königin Elizabeth II., vertr. durch die einheim. Generalgouverneurin Catherine Tizard, seit 20. 11. 1990 – **Regierungschef**: James Brendan (»Jim«) Bolger (NP), seit 28. 10. 1990 – **Außenmin.**: Don McKinnon – **Parteien**: Wahlen vom 27. 10. 1990 (1987): National Party 67 d. 97 Sitze (40), Labour Party 29 (56), New Labour Party 1 – **Unabh.**: 26. 9. 1907 de facto, 11. 12. 1931 nominell (Westminster-Statut) – **Nationalfeiertag**: 6. 2.

Neuseeland: Erwerbstätige nach Wirtschaftsbereichen*

Wirtschaftsbereich	1986	1990
Land- u. Forstwirtschaft, Fischerei	167,8	159,3
Produzierendes Gewerbe	454,0	366,1
Energie- u. Wasserwirtschaft	16,1	12,8
Bergbau, Gewinnung von Steinen u. Erden	6,9	6,4
Verarbeitendes Gewerbe	327,8	253,9
Baugewerbe	103,2	93,0
Handel u. Gastgewerbe	296,4	307,2
Banken, Versicherungen u. Immobilien	131,9	139,5
Verkehr u. Nachrichtenwesen	105,4	91,5
Kommunale, soziale u. private Dienstleistungen	382,1	403,9
Nicht näher bezeichnete Bereiche	7,4	3,8
Insgesamt	1545,0	1471,3

Quelle: Statistisches Bundesamt, 1992

* Stichprobenerhebungen; 1. Vierteljahr Durchschnitt; Angaben in Tsd.

WIRTSCHAFT **BSP** 1990: 43 185 Mio. $ = 12 680 $ je Ew. (23); realer Zuwachs ∅ 1980–90: 1,4%; **BIP** 1991: 41 500 Mio. $; realer Zuwachs ∅ 1980–90: 1,9% (1991: −1,5%); Anteil 1990 **Landwirtsch.** 9%, **Industrie** 27% – **Erwerbstät.** 1990: Landw. 10,6%, Ind. 24,6%; **Arbeitslosigkeit** 1991: 10,4% – **Energieverbrauch** 1990: 4971 kg ÖE/Ew. – **Währung**: 1 Neuseeland-Dollar (NZ$) = 100 Cents (c); 1 NZ$ = 0,55 US-$; 100 NZ$ = 84,06 DM – **Ausl.-Verschuld.** (Brutto) 1991: 62 000 Mio. $ – **Inflation** ∅ 1980–90: 10,5% – **Außenhandel** 1990: **Import**: 9466 Mio. $; Güter: 27% Maschinen, 9% Kfz, 8% Erdöl u. -derivate, 5% Luftfahrz., 4% Kunststoffe, 3% elektrotechn. Erzeugn.; Länder: 21% Australien, 19% EG-Länder (dar. 7% Großbrit., 5% BRD, 4% Schweden), 17% USA, 15% Japan, 3% Saudi-Arabien; **Export**: 9045 Mio. $; Güter: 16% Fleisch, 13% Molkereiprod., 10% forstwirtsch. Produkte, 7% Obst u. Gemüse, 6% Wolle, 5% Aluminium u. -legierungen; Länder: 19% Australien, 16% Japan, 18% EG-Länder (dar. 7% Großbrit., 2% BRD), 13% USA, 5% Rep. Korea, 3% Malaysia

PRESSE (Aufl. i. Tsd.) *Tageszeitungen:* Wellington: The Dominion (75) – Evening Post (80) – Auckland: Auckland Star (86) – The New Zealand Herald (252) – Christchurch: The Press (93) – The Star (54) – Dunedin: Otago Daily Times (53) – Hamilton: Waikato Times (40) – *Wochen- und Sonntagszeitungen:* Wellington: The Dominion

Sunday Times (96) – Auckland: New Zealand Truth (114) – Sunday News (217) – Sunday Star (126) – *Nachrichtenagenturen:* New Zealand Press Association – SOPACNEWS (South Pacific News Service)

AUSSENGEBIETE MIT INNERER AUTONOMIE

COOK-INSELN (Cook Islands)

LANDESSTRUKTUR Fläche 240,6 km^2 (n. eig. Ang. 237 km^2) ̄ Einwohner: (F 1990) 19000 Ew. = 80 je km^2; (Z 1981) 17610 – Überw. Polynesier, 31092 Cooker in Neuseeland (1986) – Sprachen: Englisch u. Maori – Religion: 70% Protestanten, rd. 10% Katholiken – Hauptort: Avarua auf Rarotonga

REGIERUNGSFORM Freie Assoziierung mit Neuseeland – Parlament (House of Ariki) mit 24 Mitgl., davon 15 Häuptlinge mit beratender Funktion; Wahl alle 5 J. – Zollunion mit Neuseel., das auch Verteid. u. Außenpolitik wahrnimmt – Erklärung d. vollen Unabhängigkeit nach Volksabstimmung grundsätzl. mögl. – Premierminister: Geoffrey A. Henry, seit Jan. 1989 – Wahlen von 1989 (1984): Cook Islands Party/CIP 13 (11), Dem. Party/DP 9 (13), Dem. Tumu Party 2 (–) Sitze – Flagge: blau, im Obereck »Union Jack«, daneben 15 kreisf. angeordnete weiße Sterne

WIRTSCHAFT BSP 1989 (S): 20 Mio. $ = 1360 $ je Ew.; BIP 1989: 85 Mio. NZ$; Anteil 1987 Landwirtsch. 11%, Industrie 11% – Erwerbstät. 1989: Landw. 5%, Ind. 21% – Währung: 1 Cookinseln-Dollar (Ci$) = 100 Cents (¢); Wertverhältnis zum Neuseeland-Dollar (NZ$): 1Ci$ = 1 NZ$ – Außenhandel (1984): Import: 30 Mio. $; Länder: 80% Neuseel.; Export: 6,5 Mio. $; Güter: 37% Zitrussaft, 22% Textilien; Obstkonserven, Kopra; Länder: 75% Neuseel. – Tourismus wichtig (1989: 32907 Gäste u. Einnahmen von 29 Mio. NZ$)

PRESSE Zeitungen: Avarua: Cook Islands News (Aufl. 1300; tägl.)/Engl. – Kia Orana (wö.)/Maori, Engl.

NIUE (Savage Island)

LANDESSTRUKTUR Fläche 259,1 km^2 (n. eig. Ang. 262,65 km^2) – Einwohner: (Z 1989) 2267; 12000 Niuaner leben in Neuseel. (S 1989) – Sprachen: Englisch, Niueanisch – Religion: fast ausschließl. Christen, davon 75% Protestanten – Hauptort: Alofi, ca. 3000 Ew.

REGIERUNGSFORM Freie Assoziierung mit Neuseeland seit 1974 – Versammlung mit 20 Mitgl., 6 davon gewählt, 14 Dorfrepräsentanten – Neuseel. für Auswärt. u. Verteid. zuständig – Premierminister: Sir Robert Rex – Wahlen vom 8. 4. 1990: 12 d. 20 Mitgl. Anhänger od. Sympathisanten d. Nine People's Action Party (Gegner d. Prem.-Min.) – Flagge: gelb, im Obereck »Union Jack«, belegt mit 5 Sternen (»Kreuz d. Südens«)

WIRTSCHAFT BSP 1980 (S): 3 Mio $ = 1080 $ je Ew. – Währung: Neuseeland-Dollar (NZ$) – Außenhandel (1985): Import: 3158778 $; rd. 60% aus Neuseel.; Export: 175924 $; wichtigster Ausf.-Art.: Kokoscreme-Konserven, Früchte; rd. 88% nach Neuseel.

PRESSE Wochenzeitung: Alofi: Tohi Tala Niue (500 Ex.)/Engl. u. Niueanisch

Weiteres Außengebiet: Tokelau-Inseln (Tokelau Islands, Union-I.), Fläche 10,12 km^2 – 1690 Ew. (Z 1986); 2316 Tokelaner in Neuseel. – Sprachen: Tokelanisch (polynes. Spr.) u. Englisch – Religion: 67% Protest., 30% Kath. – Hauptort: Fakaofo; Hptst. de facto Apia auf West-Samoa – Administrator: N. D. Walter, seit 1988 – Islands Council aus 3 unabh. Atoll-Gemeinschaften: Magistrat (Faipule), Wahl alle 3 J., für Bez. zum Admin. zuständig; Ältestenrat (Taipulega); Pulenuku (für Bez. zw. d. Dorfgem. zuständig) – BSP 1978 (S): 1 Mio. $ = 560 $ je Ew. – Währung: Neuseeland-Dollar (NZ$) – Importe: Nahrungsmittel, Baumaterial, Benzin; Export: Kopra, kunsthandwerkl. Erzeugn.

NICARAGUA *Mittel-Amerika*
Republik Nicaragua; República de Nicaragua; Nikaragua – NIC

LANDESSTRUKTUR **Fläche** (96): 130682 km^2 (einschl. 11250 km^2 Binnengewässer; n. eig. Ang. insg. 120254 km^2) – **Einwohner** (113): (S 1990) 3853000 = 31 je km^2; (Z 1971) 1877952 – Nicaraguaner (span. nicaragüenses); rd. 60–70% Mestizen, 10–15% Schwarze, Mulatten, Zambos; rd. 14% Weiße u. 4–6% Indianer – **Leb.-Erwart.:** 65 J. – **Säugl.-Sterbl.:** 5,5% – **Analph.** (1985): 13% – Jährl. **Bev.-Wachstum** (⌀ 1980–90): 3,4% (Geb.- u. Sterbeziffer 1990: 4,0%/0,7%) – **Sprachen**: Spanisch als Amtssprache; als Verkehrsspr. auch Englisch wichtig; Chibcha d. Indianer – **Religion**: 88,5% Katholiken; etwa 3% Protestanten – **Städt. Bev.:** 60% – **Städte** (S 1985): Managua

(Hptst.) 682111 Ew., León 100982, Granada 88636, Masaya 74946, Chinandega 67792, Matagalpa 36983, Estelí 30635, Tipitapa 30078, Chichigalpa 28889, Juigalpa 25625, Corinto 24250, Jinotepe 23538

STAAT Präsidialrepublik – Verfassung von 1987 – Nationalversammlung (Asamblea Nacional) mit 92 Mitgl. – Direktwahl d. Präs. für 6 J. – 16 Departamentos – **Staatsoberhaupt u. Regierungschefin:** Präs. Violeta Barrios de Chamorro (UNO), seit 25. 4. 1990; Reg.-Koalition aus Oppos.-Bündnis UNO – **Äußeres:** Ernesto Leal, seit 9. 1. 1992 – **Parteien:** Wahlen vom 25. 2. 1990 (1984): Unión Nacional Opositora/UNO (bürgerliches Oppos.-Bündnis aus 14 Parteien) 51 (–) d. 92 Sitze, Frente Sandinista de Liberación Nacional/FSLN 39 (61), Partido Social Cristiano/PSC 1 (5), Movimiento de Unidad Revolucionaria/MUR (linksger.) 1 (–) – **Unabh.:** 15. 9. 1821 (Proklamation), endgültig 30. 4. 1838 (Austritt aus d. Zentralamerikan. Konföderation) – **Nationalfeiertage:** 15. 9. u. 19. 7. (»Sieg der sandinist. Volksrevolution« 1979)

WIRTSCHAFT (keine neueren Angaben verfügbar) **BSP** 1987: 2911 Mio. $ = 830 $ je Ew. (115); realer Zuwachs $\emptyset$ 1980–89: –1,4%; **BIP** 1988: 3200 Mio. $; realer Zuwachs $\emptyset$ 1980–88: –0,3% (1990: –5,7%); Anteil 1988 **Landwirtsch.** 28%, **Industrie** 20% – **Erwerbstät.** 1989: Landw. 39%, Ind. 20%; **Arbeitslosigkeit** 1990: rd. 40% – **Energieverbrauch** 1990: 261 kg ÖE/Ew. – **Währung:** 1 Gold-Córdoba (C$) = 100 Centavos (c, cts); 1 US-$ = 5,00 C$; 100 C$ = 30,54 DM – **Ausl.-Verschuld.** 1990: 10497 Mio. $ *(Einzelheiten → Tab. Sp. 221 f.)* – **Inflation** $\emptyset$ 1980–90: 432,3% (1990: 13490%; 1991: 1180%) – **Außenhandel** 1990: Import: 750 Mio. $; Güter (1989): 27% Maschinen u. Transportausrüst., 18% Erdöl u. a. Rohstoffe, 12% Nahrungsm.; Export: 379 Mio. $; Güter (1989): 10% Kaffee, 10% Baumwolle, 8% Fleisch, 8% Zucker; Bananen, Fisch-Prod., Holz, Edelmetalle, chem. Erzeugn., Textilien, Lederwaren; Länder (1989): bis 20% USA, EG-Länder (insbes. Frankr.), 19% ehem. RGW-Länder, Mexiko, Japan, MCCA-Partner

PRESSE (Aufl. i. Tsd.) *Tageszeitungen:* Managua: Barricada (95)/FSLN – Nuevo Diario (45)/prosandin. – La Prensa (75) – *Nachrichtenagentur:* ANN (Agencia Nicaragüense de Noticias)

NIEDERLANDE *West-Europa*
Königreich der Niederlande; Koninkrijk der Nederlanden – NL

LANDESSTRUKTUR Fläche (130): 41473 km^2 (mit Binnengewässern, ohne diese: 33943 km^2; n. eig. Ang.: 33938 km^2) – **Einwohner** (54): (F 1990) 14931000 = 361 je km^2 (Bevölkerungsdichte d. Landfläche ohne Binnengewässer: 440 Ew. je km^2); (Z 1971) 13060115 – Niederländer; 500000 Friesen; Farbige aus den ehem. Überseegebieten, u. a. 145000 aus Suriname u. Niederländ. Antillen u. 8680 Indonesier; 1988: 591800 Ausländer, darunter 167300 Türken, 130100 Marokkaner, 40200 Briten, 39400 Deutsche, 22900 Belgier, 17600 Spanier, 15900 Italiener – **Leb.-Erwart.:** 77 J. – **Säugl.-Sterbl.:** 0,7% – **Analph.:** unter 5% – Jährl. **Bev.-Wachstum** ($\emptyset$ 1980–90): 0,5% (Geb.- u. Sterbeziffer 1990: 1,2%/0,9%) – **Sprachen:** Niederländisch u. Friesisch (in der Prov. Friesland) als Amtsspr. – **Religion** (1989): 36% Katholiken, rd. 30% Protestanten, versch. Kirchen (bes. Niederl. Reform. Kirche), 30000 Juden, 2,2% Muslime, 34,7% ohne Konfess. – **Städt. Bev.:** 89% – **Städte** (F 1990): Amsterdam (Hptst.) 695162 Ew. (F 1989; A: 1038000); Regierungssitz u. Residenz Den Haag ('s-Gravenhage) 441556, Rotterdam 579179 (A 1040000), Utrecht 230358 (A 526000), Eindhoven 191467 (A 382000), Groningen 167872 (A 206000), Tilburg 156421 (A 227000), Haarlem 149269 (A 214000), Apeldoorn 147586, Nijmegen 146010 (A 242000), Enschede 144748 (A E.-Hengelo 250000), Zaanstad 130220 (A 142000), Arnheim 130007 (A 299000), Breda 123025 (A 157000), Maastricht 117008 (A 161000), Leiden 110423 (A 185000), Dordrecht 109285 (A D.-Zwijndrecht 204000)

STAAT Konstitutionelle Erbmonarchie mit parlamentarischer Verfassung von 1983 – Parlament (Staten-Generaal) aus 2 Kammern: Erste Kammer mit 75 Mitgl. (Wahl alle 4 J. durch Mitgl. d. Provinzialparl.) u. Zweite Kammer mit 150 Mitgl. (Wahl alle 4 J.), hat das Recht, Gesetzentwürfe zu ändern – Allg. Wahlrecht ab 18 J. – 12 Provinzen je mit Parl. u. Königl. Kommissar als Vertr. d. Innenministers – **Staatsoberhaupt:** Königin Beatrix Wilhelmina Armgard, seit 1980; Thronfolger Willem-Alexander, Prinz v. Oranien d. Niederlande u. v. Oranien-Nassau – **Regierungschef:** Rudolphuus (Ruud) Lubbers (CDA), seit 1982 – **Äußeres:** Hans van den Broek (CDA) – **Parteien:** Wahlen der Zweiten Kammer von 1989: Christl.-Demokrat. Union (Appell)/CDA 54 Sitze (1985: 54 Sitze); Partei der Arbeit/PvdA (Sozialisten) 49 (52); Volkspartei für Freiheit u. Demokratie/VVD (Liberale) 22 (27); Demokraten '66/D'66 (linkslib.) 12 (9); Grüne Linke/ Groen Links 6 (3); Reformierte Partei/SGP 3 (3); Reformiert-Politischer Bund/GPV 2 (1); Reformatorisch-Politische Föderation/RPF 1 (1); Zentrum-Demokraten/CD (Janmaat) 1 (0) – Wahlen der Ersten Kammer von 1987 (inkl. Teilwahlen von 1990): CDA 27 der 75 Sitze, PvDA 16, VVD 12, D'66 12, Groen Links 4, SGP 2, RPF 1, GPV 1 – **Unabh.:** 2. 7. 1581 (Proklamation) 24. 10. 1648 anerkannt (Westfälischer Friede) – **Nationalfeiertag:** 30. 4.

WIRTSCHAFT BSP 1990: 258804 Mio. $ = 17320 $ je Ew. (15); realer Zuwachs ⌀ 1980–90: 1,9%; **BIP** 1991: 285400 Mio. $; realer Zuwachs ⌀ 1980–90: 1,8% (1991: +2,2%); Anteil 1990 **Landwirtsch.** 4,2%, **Industrie** 31,5% – **Erwerbstät.** 1990: Landw. 4,6%, Ind. 26,3%; **Arbeitslosigkeit** 1991: 6,1% – **Energieverbrauch** 1990: 5123 kg ÖE/Ew. – **Währung:** 1 Holländ. Gulden (hfl) = 100 Cent (c, ct); 1 US-$ = 1,72 hfl; 100 hfl = 88,75 DM – **Inflation** ⌀ 1980–90: 1,9% (1991: 3,4%) – **Außenhandel** 1990: **Import:** 125909 Mio. $; Güter: 22% Maschinen, 11% Nahrungsm., Getränke u. Tabak, 11% chem. Erzeugn.,11% mineral. Brennstoffe, 9% Transportmittel; Länder: 26% BRD, 14% Belgien-Luxemb., 8% Großbrit., 8% USA, 8% Frankr.; **Export:** 131479 Mio. $; Güter: 19% Nahrungsm., Getränke u. Tabak, 18% Maschinen, 17% chem. Erzeugn., 10% mineral. Brennstoffe, 6% Transportm.; Länder: 28% BRD, 15% Belgien-Luxemb., 11% Frankr., 10% Großbrit., 7% Italien *(Zur Wirtschaftslage 1991 → Sp. 851f.)*

PRESSE (Aufl. i. Tsd.) *Tageszeitungen:* Amsterdam: Het Parool (101) – De Telegraaf (753) – Trouw (120) – De Volkskrant (335) – Den Haag: Haagsche Courant/Daagblad Het Binnenhof (173) – s'-Hertogenbosch: Brabants Dagblad/Eindhovens Dagblad/Het Nieuwsblad (292) – Groningen: Nieuwsblad van het Noorden (139) – Leeuwarden: Leeuwarder Courant (111) – Maastricht: De Limburger (140)/kath. – Nijmegen: De Gelderlander (170)/kath. – Rotterdam: Algemeen Dagblad (418) – NRC Handelsblad (192) – Rotterdams Nieuwsblad/Het Vrije Volk (116) – Utrecht: Utrechts Nieuwsblad (104) – *Nachrichtenagentur:* ANP (Algemeen Nederlands Persbureau)

ÜBERSEEGEBIETE

UNION DER NIEDERLÄNDISCHEN ANTILLEN UND ARUBA *Karibik*

1. NIEDERLÄNDISCHE ANTILLEN
De Nederlandse Antillen – NA

LANDESSTRUKTUR Fläche: 800 km² (Sint Maarten [nur S-Teil, gehört als St. Martin zu franz. Guadeloupe] 34 km²; Sint Eustatius 21 km², Saba 13 km², Curaçao [Papiamento »Kòrsou«] 444 km² u. Bonaire 288 km²) – Einwohner: (F 1990) 191000 = 235 je km² – 90% Schwarze u. Mulatten; Arawak-Indianer, Inder u. weißes Verw.-Personal – Leb.-Erwart.: 67 J. – Analph.: k. Ang. – Jährl. Bev.-Wachstum (⌀1980–90):0,9%(Geburtenziffer1990: 2,1%) – Sprachen: Niederländisch als Amtsspr.; Papiamento (Mischsprache aus Spanisch, Niederländisch u. a.), Englisch, Spanisch – Religion: 85% Katholiken, rd. 5% Protestanten, Muslime, Hindu, in Curaçao älteste Jüd. Gemeinde d. westl. Hemisphäre seit d. 17. Jh. – Städte (S 1984): Willemstad (auf Curaçao, Hptst.) 70000 Ew.(A ca.150000)

REGIERUNGSFORM Konstitutionelle parlamentar.-demokrat. Monarchie – Parlament mit 22 Mitgl., Wahl alle 4 J. – Die niederl. Regierung sichert Curaçao seit 1991 relative Unabhängigkeit zu – Staatsoberhaupt: Königin Beatrix, vertreten durch von ihr ernannten Gouverneur (Jaime M. Saleh) – Regierungschef: Maria Ph. Liberia-Peters – Parteien: Wahlen 1990: Nationalpartei 7 Sitze; Arbeiterbefreiungsfront 3; Patriot. Union von Bonaire 3; Bewegung Neue Antillen 2; Dem. Partei St. Maarten 2; 5 and. Parteien jew. 1 Sitz – Flagge: weiß, mit senkr. rotem Streifen, darübergelegt waagr. blauer Streifen mit 5 weißen Sternen

WIRTSCHAFT BSP 1985: 1610 Mio. $ = 6110 $ je Ew.; realer Zuwachs ⌀ 1973–85: 6,2%; BIP 1986: 541 Mio. $ – Währung: 1 Niederl.-Antillen-Gulden (NAf) = 100 Cent (c, ct); 1 US-$ = 1,78 NAf; 100 NAf = 85,59 DM – Staatsschuld der Antillen 1991: 30 Mio US-$ – Außenhandel 1987: Import: 2703 Mio. NAf; Export: 2354 Mio. NAf; Güter: Raffinerieprod.; Tourismus 25% d. BSP (auf St. Maarten 80%)

PRESSE (Aufl. i. Tsd.) Tageszeitungen: Curaçao: Amigoe (9)/Ndl. – Beursen Nieuwsberichten (10)/Ndl. – Nobo (15)/Papiamento – La Prensa (13)/Papiamento – Ultimo Noticia (15)

2. ARUBA

LANDESSTRUKTUR Fläche: 193 km² – Einwohner: (F 1990) 61000 = 323 je km² – Sprachen: Niederländ., Spanisch, Papiamento, Englisch – Religion: über 80% Katholiken, rd. 6500 Protestanten – Städte: Oranjestad (Hptst.) 17000 Ew.

REGIERUNGSFORM Seit 1. 1. 1986 Sonderstatus (Status aparte) – Parlament mit 21 Mitgl.; Wahl alle 4 J. – Gouverneur: Felipe Tromp – Regierungschef: Nelson O. Oduber, seit 7. 2. 1989 – Wahlen

1989: Movimento electoral di Pueblo/MEP 10 Sitze, Arubaanse Volkspartij/AVP 8 u. 3 Parteien mit je 1 Sitz – Flagge: Blau mit 2 waagr. schmalen gelben Streifen unten, im Obereck weißgeränd. vierzackiger roter Stern

WIRTSCHAFT BSP (S) 1989 = rd. 6000 $ je Ew.; BIP 1989: 1168 Mio. Aruba-Florin – Währung: 1 Aruba-Florin (Afl.) = 100 Cent (c, ct); 1 US-$ = 1,78 Afl.; 100 Afl. = 85,79 DM – Öff. Ausl.-Verschuld. 1987: 81 Mio. $ – Außenhandel 1988: Import: 602,1 Mio. Aruba-Florin; Export: 54,6 Mio. Aruba-Florin – Haupteinnahmequelle: Tourismus (1989: 414646 Gäste)

PRESSE (Aufl. i. Tsd.) Tageszeitungen: Amigoe di Aruba (11)/Ndl. – The News (5)/Engl.

NIGER West-Afrika
Republik Niger; République du Niger – RN

LANDESSTRUKTUR Fläche (21): 1267000 km^2 – **Einwohner** (83): (F1990) 7666000 = 6 je km^2; (Z 1988) 7249596 – Nigrer; 53% Haussa, ca. 10% Fulbe, ca. 3% Tuareg, nilo-saharanische Gruppen (Dscherma u. Songhai zus. 26%), ca. 6000 Europäer, meist Franzosen; ca. 1 Mio. Nigrer leben im benachb. Ausl. – **Leb.-Erwart.:** 45 J. – **Säugl.-Sterbl.:** 12,8% – **Analph.:** 72% – Jährl. **Bev.-Wachstum** (∅ 1980–90): 3,3% (Geb.- u. Sterbeziffer 1990: 5,1%/2,0%) – **Sprachen:** Französ. als Amtsspr.; 70% Haussa u. Tamaschagh (Tuareg), Songhai-Dscherma, Kanuri, arab. Mundarten, Ful, als Umgangsspr. – **Religion:** 83% Muslime (u. a. Quadriya-, Senussi- u. Tidjaniya-Sekten; Sunniten), 5–10% Anh. v. Naturrel., christl. Minderh. – **Städt. Bev.:** 20% – **Städte** (S 1983): Niamey (Hptst.) 399000 Ew. (1985: ca. 600000); Zinder 83000, Maradi 65000, Tahoua 42000, Agadèz 31000

STAAT Präsidialrepublik – Verfassung von 1989 suspendiert – Haut Conseil de la République du Niger/HCR (Nationalkonferenz mit 1204 Vertretern von Parteien, Gewerkschaften, öffentl. Vereinigungen, Militärreg. u. a.) seit 29. 7. 1991 provisor. Legislativorgan (Vors. André Salifou) – Mehrparteiensystem in Vorbereitung – 7 Départements – **Staatsoberhaupt:** General Ali Saibou, seit 1987 (der Nationalkonferenz zur Rechenschaft verpflichtet, von ihr am 11. 11. 1991 bis zu Neuwahlen im Amt bestätigt) – **Regierungschef:** Amadou Cheffou, seit 26. 10. 1991; Chef einer Übergangsreg. – **Äußeres:** Hassane Hamidoum seit 7. 11. 1991 – **Parteien:** Mouvement nationale pour la société de développement/MNSD (ehem. Einheitspartei); Zusammenschluß von 12 Parteien zu einem »Koordinationskomitee für den demokrat. Kampf«/CCLD – Erste freie Parl.- u. Präsidentschaftswahlen für 31. 1. 1993 vorgesehen – **Unabh.:** 3. 8. 1960 – **Nationalfeiertag:** 18. 12. (Autonomie 1958)

WIRTSCHAFT BSP 1990: 2365 Mio. $ = 310 $ je Ew. (157); realer Zuwachs ∅ 1980–90: –1,3%; (Anteil Entwicklungshilfe u. Ausl.-Schulden → Tab. Sp. 471 f.); **BIP** 1990: 2520 Mio. $; realer Zuwachs ∅ 1980–90: –1,3%; Anteil 1990 **Landwirtsch.** 36%, **Industrie** 13% – **Erwerbstät.** 1989: Landw. 88%, Ind. ca. 5% – **Energieverbrauch** 1990: 40 kg ÖE/Ew. – **Währung:** 1 CFA-Franc = 100 Centimes (c); 1 FF = 50 CFA-Francs (Wertverh. zum FF); 100 CFA-Francs = 0,595 DM – **Ausl.-Verschuld.** 1990: 1829 Mio. $ = 73,6% d. BSP – **Inflation** ∅ 1980–90: 2,9% – **Außenhandel** 1990: **Import:** 230 Mio. $; Güter (1989): 26% Maschinenbau-, elektrotechn. Erzeugn. u. Fahrz., 21% Nahrungsm.; Länder (1989): 54% EG-Länder (dar. 56% Frankr.), 28% Nigeria; **Export** 1990: 435 Mio. $; Güter (1989): 90% Bergbauprod. (bes. Uran [1989: 2960 t] u. Thorium); Länder (1989): 78% EG-Länder (dar. 97% Frankr.), 11% Nigeria

PRESSE (Aufl. i. Tsd.) Tageszeitung: Niamey: Le Sahel (3) – Wochenzeitung: Sahel Dimanche (4) – Haske (10)/unabh. – Nachrichtenagentur: ANP (Agence Nigérienne de Presse)

NIGERIA West-Afrika
Bundesrepublik Nigeria; Federal Republic of Nigeria – WAN

LANDESSTRUKTUR Fläche (31): 923768 km^2 – **Einwohner** (10): (Z 1991) 88500000 = 96 je km^2 (vorl. Ergebn.) – Nigerianer; 18% Ibo, 21% Joruba [Yoruba], Ibibio, Tiv, Jukun usw. im Süden, hamitische u. tschadohamit. Ethnien (22% Haussa/Fulbe, Kanuri, Tuareg) im Norden; nach neuen Angaben 434 registr. Völkergruppen; rd. 16000 Europäer, meist Briten – **Leb.-Erwart.:** 52 J. – **Säugl.-Sterbl.:** 9,8% – **Analph.:** 49% – Jährl. **Bev.-Wachstum** (∅ 1980–90): 3,2% (Geb.- u. Sterbeziffer 1990: 4,3%/1,4%) – **Sprachen:** Englisch als Amtsspr.; Kwa-Sprachen (u. a. Yoruba, Ybo, Ewe), Ful, Haussa als Umgangsspr.; außerd. Bini, Edo, Ibibio, Kanuri, Efik, Ijaw, Nupe, Tiv, Urhobo – **Religion:** 48% Muslime, 28% Protestanten, 13% Katholiken, 11% afrikan. Christen; ca. 18% Anh. v. Naturrel. – **Städt. Bev.:** 35% – **Städte** (S 1986): Abuja (Hptst., seit 1991) 254000 Ew.; Lagos 1739000 Ew. (m. V. Z

1991: 5,7 Mio.), Ibadan 1 117 000, Kano 553 000, Ilorin 390 000, Abeokuta 350 000, Port Harcourt 336 000, Kaduna 280 000, Maiduguri 262 000, Enugu 259 000, Jos 169 000, Sokoto 168 000, Akure 133 000, Minna 112 000

STAAT Bundesrepublik – Verfassung vom Mai 1989 noch nicht in Kraft – Seit Staatsstreich v. 27. 8. 1985 »Armed Forces Ruling Council«/AFRC aus 28 Mitgl. als oberstes Exekutivorgan, kontrolliert d. Min.-Rat; Machtübergabe an Zivilreg. bis Anf. 1993 vorgesehen – Parlament aus 2 Kammern: Repräsentantenhaus mit 593 u. Senat mit 91 Mitgl.; Vollmachten d. Parl. noch nicht festgelegt – 30 Bundesstaaten mit eig. Parlament u. das Territorium d. Bundeshauptstadt Abuja (seit 12. 12. 1991) sowie insg. 500 Regionalreg. – **Staatsoberhaupt u. Regierungschef:** General Ibrahim Babangida, Präs. d. AFRC, seit 1985 – **Äußeres:** Gen.-Major Ike Omar Nwachukwu – **Parteien:** Wahlen vom 4. 7. 1992; zugelassen nur die beiden von Präs. Babangida gegr. Parteien: »linkszentrische« Social Democratic Party/SDP 314 d. 593 Sitze im Repräs.-Haus u. 52 d. 91 Sitze im Senat, »rechtszentrische« National Republican Convention/NRC 275 u.37; 4 bzw. 2 Sitze noch vakant – Verbot aller relig. oder ethn. bestimmten polit. Vereinigungen im Mai 1992 – Präsidentschaftswahlen für 5. 12. 1992 angekündigt – **Unabh.:** 1. 10. 1960 – **Nationalfeiertag:** 1. 10.

WIRTSCHAFT BSP 1990: 31 285 Mio. $ = 290 $ je Ew. (159); realer Zuwachs $\emptyset$ 1980–90: 0,2%; **BIP** 1990: 34 760 Mio. $; realer Zuwachs $\emptyset$ 1980–90: 1,4%; Anteil 1990 **Landwirtsch.** 36%, **Industrie** 38% – **Erwerbstät.** 1989: Landw. 65%, Ind. ca. 7% – **Energieverbrauch** 1990: 138 kg ÖE/Ew. - **Währung:** 1 Naira (N) = 100 Kobo (k); 1 US-$ = 18,34 N; 100 N = 8,31 DM – **Ausl.-Verschuld.** 1990: 36 068 Mio. $ = 110,9% d. BSP – **Inflation** $\emptyset$ 1980–90: 17,7% – **Außenhandel** 1990: **Import:** 5688 Mio. $; Güter: 41% Maschinen u. Fahrz., 22% Enderzeugn., 20% Chemikalien, 8% Nahrungsm. u. leb. Tiere; Länder: 16% Großbrit., 14% BRD, 10% Frankr., 9% USA, 5% Japan, 5% Niederl., 5% Italien; **Export:** 13671 Mio. $; Güter: 97% Erdöl; Länder: 45% USA, 10% Spanien, 9% BRD, 5% Frankr., 4% Kanada, 4% Niederl.

PRESSE (Aufl. i. Tsd.) *Tageszeitungen:* Lagos: Daily Champion (100) – Daily Times (300)/reg.-eigen – The Guardian (200) – National Concord (200) – Benin City: Nigerian Observer (100) – Ibadan: Daily Sketch (100)/reg.-eigen – Nigerian Tribune (140) – Ilorin: The Herald (85) – Kaduna: New Nigerian (130) – *Sonntagszeitungen:* Ibadan: Sunday Concord (200) – Sunday Guardian (250) – Sunday New Nigerian (150) – Sunday Times (350) – *Nachrichtenagentur:* NAN (News Agency of Nigeria)

NÖRDLICHE MARIANEN
Ozeanien; Pazifische Inselwelt
Commonwealth of the Northern Mariana Islands; Islas Marianas

LANDESSTRUKTUR **Fläche** (175): 475 km² (n. eig. Ang. 457 km²): 16 Inseln, davon 6 bewohnt – **Einwohner** (188): (S 1990) 21 800 = 46 je km² – überwieg. Polynesier – **Sprachen:** Englisch als Amtsspr.; polynes. Dialekte als Umgangsspr. – **Religion:** überwiegend Christen, meist Katholiken – **Städte/Inseln** (S 1990): Susupe (Hptst. auf Saipan) 19 200 Ew.

STAAT Volle Souveränität durch Aufhebung der Treuhandschaft der USA durch die UN im Nov. 1990 – Verfassung von 1978 – Parlament aus 2 Kammern: Senat mit 9 u. Repräsentantenhaus mit 14 Mitgl., Wahl alle 2 J., Direktwahl d. Gouverneurs – **Staatsoberhaupt u. Regierungschef:** Lorenzo I. de Leon Guerrero, seit 9. 1. 1990 – **Parteien:** Wahlen 1989: Republican Party/RP 6 u. Democratic Party/DP 3 Sitze im Senat; DP 10 u. RP 5 Sitze im Repräs.-Haus – **Unabh.:** Unabh.-Erklärung 1986; Nov. 1990: Aufhebung der Treuhandschaft der USA durch die UNO – **Nationalfeiertag:** unbekannt

WIRTSCHAFT BSP 1989: 512 Mio. $ – **Währung:** US-$ – **Außenhandel: Import** (1987): 149,3 Mio. $; **Export:** k. Ang. – 1989 besuchten rd. 330 000 Touristen die Inseln

PRESSE (Aufl. i. Tsd.) *Wochenzeitungen:* Saipan: Marianas Review (2)/Engl., Chamorro – Marianas Variety News and Views (3; 2x wö.)/Engl., Chamorro

NORWEGEN *Nord-Europa*
Königreich Norwegen; Kongeriket Norge – N

LANDESSTRUKTUR **Fläche** (66): 323 878 km² (mit 15 963 km² Binnengewässern; ohne Svalbard u. Jan Mayen) – **Einwohner** (109): (F 1990) 4 242 000 = 13 je km²; (Z 1980) 4 091 132 – Norweger; außerd. 40 000 Lappen, (Rentierzüchter) u. 12 000 Finnen (Kvener, dt. Kwänen); 82 000 Ausländer – **Leb.-Erwart.:** 77 J. – **Säugl.-Sterbl.:** 0,8% – **Analph.:** unter 5% – Jährl. **Bev.-Wachstum** ($\emptyset$ 1980–90): 0,4% (Geb.- u. Sterbeziffer 1990: 1,3%/1,0%) – **Sprachen:** Norwegisch mit den zwei einander sehr ähnlichen offiz. Schriftsprachen Bokmål sowie Nynorsk; Lappisch des Sami-Volkes im N – **Religion** (1989): 87,9% Evang.-Luth. Staatskirche, andere protest. Kirchen (u. a. Ev.-Luth. Freikirche 20 000,

Pfingstbewegung 44 000), 32 500 Katholiken – **Städt. Bev.:** 75% – **Städte** (F 1990): Oslo (Hptst.) 458 780 Ew.; Bergen 211 800, Trondheim 137 400, Stavanger 97 700, Kristiansand 64 900, Drammen 51 900, Tromsø 50 500, Skien 47 700

STAAT Konstitutionelle Monarchie auf parlamentarisch-demokratischer Grundlage – Verfassung von 1814 – Parlament (Storting) mit 165 Mitgl. (für legislative Aufgaben teilt sich d. Parl. in 2 Kammern: Lagting u. Odelsting); Wahl alle 4 J. – Allg. Wahlrecht ab 18 J. – 19 Provinzen (Fylker) je mit Parlament (Fylkesting) u. von d. Reg. ernanntem Regierungspräsidenten (Fylkesmann) *(Einzelheiten → WA '90, Sp. 401)* – **Staatsoberhaupt:** König Harald V., seit 17. 1. 1991 – **Regierungschefin:** Gro Harlem Brundtland (DNA), seit 2. 11. 1990 – **Äußeres:** Thorvald Stoltenberg – **Parteien:** Wahlen v. 11. 9. 1989 (1985): Arbeiderparti/A 63 Sitze (71); Høyre/H, (konserv.) 37 (50); Fremskrittpartiet/FP (Fortschrittspartei) 22 (2); Sosialistik Venstreparti/ SVP (Sozialist. Linke) 17 (–); Kristelig Volkep./ KFP (Christl. Volksp.) 14 (16); Senterp./SP (Zentrum) 11 (12); Regionaliste Finnmark 1 (–) – Bei d. Regional- u. Lokalwahlen vom 9. 9. 1991 ergab sich folgende Verteilung d. Stimmen auf d. Parteien: A 30,5%, H 21,8%, SVP 12,1%, SP 12,1%, FP 7% – **Unabh.:** alte staatliche Tradition, 27. 10. 1905 endgültig unabhängig (formeller Austritt aus der Union mit Schweden) – **Nationalfeiertag:** 17. 5.

WIRTSCHAFT BSP 1990: 98 079 Mio. $ = 23 120 $ je Ew. (7); realer Zuwachs $\varnothing$ 1980–90: 3,1%; **BIP** 1991: 107 500 Mio. $; realer Zuwachs $\varnothing$ 1980–90: 2,4% (1991: +4,1%); Anteil 1990 **Landwirtsch.** 2,9%, **Industrie** 36,7% – **Erwerbstät.** 1990: Landw. 6,5%, Ind. 24,8%; **Arbeitslosigkeit** 7/1992: 7,2% – **Energieverbrauch** 1990: 9083 kg ÖE/Ew. – **Währung:** 1 Norwegische Krone (nkr) = 100 *Ore*; 1 US-$ = 5,96 nkr; 100 nkr = 25,58 DM – **Inflation** $\varnothing$ 1980–90: 5,5% (1991: 3,4%) – **Außenhandel** 1991: **Import:** 163 000 Mio. nkr; Güter: 38% Maschinen, elektrotechn. Erzeugn. u. Fahrzg. , 18% bearb. Waren, 9% chem. Erzeugn., 6% Nahrungsm., leb. Tiere, Getränke u. Tabak, 4% mineral. Brennstoffe u.ä.; Länder: 16% Schweden, 14% BRD, 9% Großbrit., 8% USA, 7% Dänemark, 5% Japan, 5% Niederl., 4% Frankr.; **Export:** 220 000 Mio. nkr; Güter: 49% mineral. Brennstoffe u.ä., 17% bearb. Waren, 15% Maschinen, elektrotechn. Erzeugn. u. Kfz, 7% Nahrungsm., leb. Tiere, Getränke u. Tabak, 6% chem. Erzeugn.; Länder: 26% Großbrit., 11% BRD, 10% Schweden, 8% Frankr., 8% Niederl., 6% Dänemark, 5% USA, 3% Finnland – Bau neuer Erdgasleitungen 1993 nach Belgien, 1995 in die BRD

PRESSE (Aufl. i. Tsd.) *Tageszeitungen:* Oslo: Aftenposten (271) – Arbeiderbladet (57) – Dagbladet (215, sa. 317) – Verdens Gang/VG (360) – Bergen: Bergens Tidende (100) – Stavanger: Stavanger Aftenblad (67) – Trondheim: Adresseavisen (89) – *Wochenzeitungen:* Oslo: Allers (161) – Hjemmet (307) – Norsk Ukeblad (270) – *Nachrichtenagenturen:* NTB (Norsk Telegrambyrå) – Bulls Pressetjeneste A/S

AUSSENBESITZUNGEN

Svalbard (Spitzbergen) u. Bären-Insel (Bouvetoy); rechtl. Teil d. Königreiches; Fläche: 62 700 km^2 (n. eig. Ang. 62 924 km^2), davon 179 (176) km^2 Bären-Insel – Einwohner 1989: insg. 3500, davon 1000 Norweger, 2500 Sowjetbürger (in d. Kohlengruben beschäft.) u. 10 in d. poln. Forschungsstation; Hauptsiedlung: Longyearbyen etwa 1000 Ew.; 1989: Kohleexport aus 2 norw. Gruben 326 000 t, aus 3 sowjet. 486 000 t

Jan Mayen: Fläche: 380 km^2; Angestellte der Wetter- u. Funkstation

Antarktis und Subantarktis: Bouvet-Insel – Fläche: 58,5 km^2 (unbewohnt) – Peter I.-Insel 249,2 km^2 (unbewohnt) – Anspruch auf den Atlanten- oder Bouvet-Sektor, (»Dronning [= Königin] Queen Maud Land«)

OMAN *Vorder-Asien*
Sultanat Oman; Saltanat 'Oman; Sultaneh Uman; bis 1970 »Maskat und Oman« – OM

LANDESSTRUKTUR Fläche (83): 212 457 km^2 (n. eig. Ang. 300 000 km^2) – **Einwohner** (140): (F 1990) 1 554 000 = 7 je km^2 – Omaner; 88% Araber versch. Herkunft; in den Städten Inder, Pakistaner (zus. 2–3%), 3% Perser, 4% Balutschen, 2% Schwarze; 1986 insg. 303 000 Ausländer – **Leb.-Erwart.:** 66 J. – **Säugl.-Sterbl.:** 3,3% – **Analph.:** k. Ang. – Jährl. **Bev.-Wachstum** ($\varnothing$ 1980–90): 4,7% (Geb.- u. Sterbeziffer 1990: 4,4%/0,6%) – **Sprachen**: Arabisch als Amtssprache; Persisch u. Urdu als Umgangsspr.; Englisch teilw. Handelsspr. – **Religion**: 85,9% Muslime (Sunniten 25%, Ibaditen 75%, Schiiten); Islam ist Staatsreligion – **Städt. Bev.:** 11% – **Städte** (S 1983): Maskat [Muskat, Masqat] (Hptst.) 30 000 Ew., mit Matrah, Ruwi, Medinat el Qabus, Sib usw. etwa 100 000 Ew., Sur 30 000, Nizwa 25 000, Sohar 20 000 – Sommerresidenz des Sultans: Salalah (in Dhofar) 7000

STAAT Sultanat – Keine Verfassung – Nationaler Konsultativrat mit 55 für 2 J. ernannten Mitgl., davon 19 Reg.-Mitgl. – 41 Provinzen (Wilayat) – **Staatsoberhaupt, Regierungschef u. Außenminister:** Sultan Qâbûs [Kabus] Bin Said (Titel: Jalâlat as-Sultân), seit 1970 – **Parteien:** keine – **Unabh.:** Alte staatl. Tradition, nominell nie abhängig – **Nationalfeiertag:** 18. 11.

WIRTSCHAFT BSP 1989: 7756 Mio. $ = 5220 $ je Ew. (46); realer Zuwachs ∅ 1980–89: 10,3 %; **BIP** 1990: 7700 Mio. $; realer Zuwachs ∅ 1980–90: 12,8 %; Anteil 1990 **Landwirtsch.** 3 %, **Industrie** 80 % – **Erwerbstät.** 1989: Landw. 41 %, Ind. ca. 7 % – **Energieverbrauch** 1990: 2648 kg ÖE/Ew. – **Währung:** 1 Rial Omani (R. O.) = 1000 Baizas (Bz.); 1 US-$ = 0,38 R. O.; 100 R. O. = 396,35 DM – **Ausl.-Verschuld.** 1990: 2484 Mio. $ – **Inflation** ∅ 1980–88: −6,5 % – **Außenhandel** 1990: **Import:** 2608 Mio. $; Güter (1989): 37 % Maschinen u. Transportausrüst., 18 % Nahrungsm.; Länder (1989): 24 % Ver. Arab. Emirate, 16 % Japan, 12 % Großbrit.; **Export:** 458 Mio. $; Güter (1989): 95 % Erdöl; Fische, Kupfer, Datteln, Limonen, Perlen, Re-Export von PKWs; Länder (1989): über 40 % Japan, EG-Länder (insbes. Großbrit. u. Frankr.), Rep. Korea, Singapur, USA, Golfstaaten

PRESSE (Aufl. i. Tsd.) *Tageszeitungen:* Al-Watan (24) – Oman Daily Newspaper (20)/Engl. – Oman Daily Observer (18)/Engl. – *Wochenzeitung:* Times of Oman (15)/Engl. – *Nachrichtenagentur:* ONA (Oman News Agency)

ÖSTERREICH *Mittel-Europa*
Republik Österreich – A

LANDESSTRUKTUR Fläche (113): 83 856 km² – **Einwohner** (82): (F 1992) 7 860 800 = 94 je km²; (Z 15. 5. 1991) 7 812 100 (vorl. Ergeb.) – Zu 98 % deutschspr. Österreicher; (Z 1981): 22 000 Kroaten, 16 000 Slowenen, 12 000 Madjaren; (1. 1. 1992) 542 300 Ausländer – **Leb.-Erwart.:** 76 J. – **Säugl.-Sterbl.:** 0,8 % – **Analph.:** unter 5 % – Jährl. **Bev.-Wachstum** (∅ 1980–90): 0,2 % (Geb.- u. Sterbeziffer 1990: 1,2 %/1,1 %) – **Sprachen:** Deutsch als Amtsspr.; in Kärnten, im Burgenland und in der Steiermark zusätzl. Slowenisch u. Kroatisch – **Religion:** 80,6 % Katholiken, 4,9 % Protestanten, 120 000 Muslime (bes. Sunniten) – **Städt. Bev.:** 58 % – **Städte** (Z 1991): Wien (Hptst.) 1 533 176 Ew. *(Landeshauptstädte →Tabelle, Sp. 495f.);* Villach 55 165, Wels 53 042, Dornbirn 40 881, Steyr 39 542, Wiener Neustadt 35 268, Leoben 28 504, Wolfsberg 28 015, Feldkirch 26 743, Klosterneuburg 24 591, Baden 23 998, Kapfenberg 23 486, Krems a. d. D. 22 829, Traun 21 268, Amstetten 22 109, Leonding 21 355, Mödling 20 607, Lustenau 18 579, Hallein 17 338, Braunau a. I. 16 457, Ternitz 15 526, Spittal a. d. Drau 15 517

STAAT Parlamentarisch-demokratische Bundesrepublik – Verfassung vom 1. 10. 1920, in der Fassung von 1929, durch Unabhängigkeitserklärung vom 27. 4. 1945 u. durch Verfsssungs-Überleitungsgesetz vom 1. 5. 1945 wieder in Kraft gesetzt – Parlament aus 2 Kammern: Nationalrat mit 183 Mitgl. (nach d. Verhältniswahlrecht direkt v. den Bürgern ab 19 J. für 4 J. gewählt) u. Bundesrat mit 63 Vertretern aus d. Landtagen (Änderungen daher nach jeder Landtagswahl mögl.); Präs. d. Nationalrates: Dr. Heinz Fischer (SPÖ), 2. bzw. 3. Präsident Dr. Robert Lichal (ÖVP) u. Dr. Heide Schmidt (FPÖ) – Nationalrat u. Bundesrat bilden als Gesamtorgane die Bundesversammlung – Wahl des Bundespräsidenten für 6 J. (Wahlpflicht) – 9 Bundesländer *(→ Tabelle)*

Staatsoberhaupt: Bundespräsident Dr. Thomas Klestil (ÖVP), am 8. 7. 1992 vereidigt (in einer Stichwahl am 24. 5. 1992 mit 56,85 % d. Stimmen gegen Rudolf Sticher, SPÖ, 43,15 %, gewählt)

Regierungschef: Dr. Franz Vranitzky (SPÖ), Bundeskanzler einer SPÖ-ÖVP-Koalitionsregierung; wiedergewählt am 17. 12. 1990 – **Vizekanzler:** Dr. Erhard Busek (ÖVP), seit 2. 7. 1991
Bundeskanzleramt: Ballhausplatz 2, 1014 Wien 1

Bundesminister/in
Auswärtiges: Dr. Alois Mock (ÖVP)
Inneres: Dr. Franz Löschnak (SPÖ)
Finanzen: Ferdinand Lacina (SPÖ)
Justiz: Dr. Nikolaus Michalek (parteiunabh.)
Unterricht, Kunst: Dr. Rudolf Scholten (SPÖ)
Wissenschaft, Forschung: Dr. Erhard Busek (ÖVP)
Arbeit u. Soziales: Josef Hesoun (SPÖ)
Land- u. Forstwirtschaft: Franz Fischler (ÖVP)
Wirtschaftliche Angelegenheiten:
Dr. Wolfgang Schüssel (ÖVP)
Öffentliche Wirtschaft u. Verkehr:
Viktor Klima (SPÖ)
Landesverteidigung: Dr. Werner Fasslabend (ÖVP)
Umwelt, Jugend u. Familie:
Ruth Feldgrill-Zankel (ÖVP)
Gesundheit, Sport u. Konsumentenschutz:
Michael Ausserwinkler (SPÖ)
Frauenangelegenheiten: Johanna Dohnal (SPÖ)
Föderalismus und Verwaltungsreform:
Jürgen Weiss (parteilos)

Staatssekretäre im Bundeskanzleramt
Staatssekretär für Europafragen, Integration u. Entwicklungszusammenarbeit:
Mag. Brigitte Ederer (SPÖ)
Staatssekretär für den Öffentlichen Dienst:
Dr. Peter Kostelka (SPÖ)
Staatsekretär im BM für Finanzen:
Dr. Johannes Ditz (ÖVP)
Staatssekretär im BM für wirtschaftl. Angelegenheiten (Bauten u. Tourismus):
Mag. Dr. Maria Fekter (ÖVP)

Parteien: Wahlen zum Nationalrat vom 7. 10. 1990 (1986): Sozialdemokratische Partei Österreichs/SPÖ 2012463 = 42,79% (2092122; 43,1%) d. Stimmen, Österreichische Volkspartei/ÖVP 1508226 = 32,06% (2003360; 41,3%), Freiheitliche Partei Österreichs/FPÖ 782610 = 16,64% (472180; 9,7%), Grüne Alternative 224941 = 4,78% (233935; 4,8%); Vereinigte Grüne Österreichs/VGÖ 92277 = 1,9% (–), Kommunist. Partei Ö./KPÖ 25685 = 0,5% (35144; 0,7%), Verband der Sozialversicherten 35833, Sonstige 21983 Stimmen – Gründung der Wirtschaftspartei/WIP (Vors.: Martin Zumtobel) am 4. 2. 1992 u. der Freien Demokratischen Partei Österreichs/FDP am 18. 6. 1992

Mandatsverteilung im Nationalrat: SPÖ 80 (1986: 80), ÖVP 60 (77), FPÖ 33 (18), Grüne Alternative 10 (8)
(nächste Nationalratswahlen 1994)

Vorsitzender der SPÖ: Dr. Franz Vranitzky, Zentralsekretäre: Dr. Josef Cap, Peter Marizzi

Bundesparteiobmann der ÖVP: Dr. Erhard Busek, Generalsekretäre: Dr. Ingrid Korosec, Dr. Ferdinand Maier

Bundesparteiobmann der FPÖ: Dr. Jörg Haider, Klubobmann im Parlament: Dr. Jörg Haider, Generalsekretäre: Walter Meischberger, Matthias Reichhold

Bundesvorstand der Grünen Alternative, Geschäftsführer: Franz Floss, Franz Renkin, Klubobfrau im Parlament: Madeleine Petrovic

Parteimitglieder: ÖVP (einschl. ÖAAB, Bauernbund, Wirtschaftsbund) 800000, SPÖ 595000, FPÖ 38000, KPÖ 6000, GAL 2500, VGÖ 1500

Die **Landeshauptmänner der Bundesländer** nach dem Stand vom 1. 9. 1992:

Burgenland: Karl Stix (SPÖ)
Kärnten: Dr. Christof Zernatto (ÖVP)
Niederösterreich: Siegfried Ludwig (ÖVP)
Oberösterreich: Dr. Josef Ratzenböck (ÖVP)
Salzburg: Dr. Hans Katschthaler (ÖVP)
Steiermark: Dr. Josef Krainer (ÖVP)
Tirol: Dr. Alois Partl (ÖVP)
Vorarlberg: Dr. Martin Purtscher (ÖVP)
Wien (Bürgerm.): Dr. Helmut Zilk (SPÖ)

Unabh.: alte staatliche Tradition; unter den Habsburgern ab 1282; 1866 Ausscheiden aus d. Deutschen Bund; seit 1918/19 Republik; Wiederherstellung d. Unabhängigkeit d. demokrat. Rep. Österreich am 27. 4. 1945; volle Souveränität u. Unabhängigkeit am 15. 5. 1955 durch Staatsvertrag mit den 4 Alliierten – **Nationalfeiertag:** 26. 10.

WIRTSCHAFT BSP 1990: 147016 Mio. $ = 19060 $ je Ew (14); realer Zuwachs ⌀ 1980–90: 2,1%; **BIP** 1991: 161900 Mio. $; realer Zuwachs ⌀ 1980–90: 2,2% (1991: +2,8%); Anteil 1990 **Landwirtsch.**

Österreich – Verwaltungsgliederung *(Landeshauptmänner → oben)*

Bundesland	Fläche in km²	Einwohner in 1000 1981[1]	1991[2]	F 1992[3]	Ausländer 1991[3]	Hauptstadt Reg.-Sitz	Einwohner 1991[2]
Burgenland	3965	270,1	273,5	272,0	10,5	Eisenstadt	10506
Kärnten	9533	537,1	552,4	553,8	18,2	Klagenfurt	89502
Niederösterreich	19172	1431,4	1480,9	1466,7	78,6	St. Pölten[4]	49805
Oberösterreich	11980	1276,8	1340,0	1352,5	71,4	Linz	202855
Salzburg	7155	447,0	483,8	488,5	35,2	Salzburg	143971
Steiermark	16387	1188,9	1184,6	1198,0	32,9	Graz	232155
Tirol	12647	591,1	630,3	640,9	43,4	Innsbruck	114996
Vorarlberg	2601	307,2	333,1	336,2	44,9	Bregenz	27236
Wien	415	1524,5	1533,2	1552,2	207,2	Wien	1533176
Österreich	*83855*	*7574,1*	*7812,1*	*7860,8*	*542,3*	*Wien*	

[1] nach den revidierten Ergebnissen der Volkszählung; [2] vorläufige Ergebnisse der Volkszählung vom 15. 5. 1991; [3] Stand: 1. 1. 1992; Fortschreibung der Volkszählungsergebnisse 1981, Anzahl der Ausländer in 1000; [4] nominell seit 10. 7. 1986

3,1%, **Industrie** 36,1% – **Erwerbstät.** 1990: Landw. 7,9%, Ind. 36,8%; **Arbeitslosigkeit** 1991: 5,8% – **Energieverbrauch** 1990: 3503 kg ÖE/Ew. – **Währung:** 1 Schilling (S) = 100 Groschen (Gr, g); 1 US-$ = 10,70 S; 100 S = 14,25 DM – **Inflation** ⌀ 1980–90: 3,6% (1991: 3,3%) – **Außenhandel** 1991 *(Einzelheiten → Sp. 499f.)*: **Import:** 591900 Mio. S; Güter: 26% Maschinen, 13% Halbfertigwaren, 10% Rohstoffe, 8% Pkw, 5% and. Verkehrsmittel, 5% Nahrungs- u. Genußmittel; Länder: 68% EG-Länder (dar. 43% BRD, 9% Italien, 4% Frankr., 3% Belgien, 3% Großbrit., 3% Niederl.), 7% EFTA-Mitgl. (dar. 4% Schweiz), 5% Japan, 4% USA; **Export:** 479000 Mio. S; Güter: 32% Maschinen, 16% Halbfertigwaren, 8% Textilien u. Bekleidung, 6% Rohstoffe, 3% Nahrungs- u. Genußmittel; Länder: 66% EG-Länder (dar. 39% BRD, 9% Italien, 4% Frankr., 4% Großbrit., 3% Niederl.), 9% EFTA-Mitgl., 3% Ungarn, 3% USA

WEITERE DATEN ZUR BEVÖLKERUNGS-, WIRTSCHAFTS- UND SOZIALSTRUKTUR

Landwirtschaft, Bergbau, Industrie, Außenhandel, Verkehr → die entspr. Sachkapitel

Die **Wohnbevölkerung** betrug nach den vorläufigen Ergebnissen der Volkszählung vom 15. 5. 1991 7812100 (zum Vergleich 1981: 7555338). Mit der Öffnung Osteuropas zeigt sich seit 1990 ein deutlich steigender Trend:
Bevölkerungsstand im Jahresdurchschnitt in 1000/ darunter Ausländer

1987	7575,7 / 283,0
1988	7596,1 / 298,7
1989	7623,6 / 322,6
1990	7718,2 / 413,4
1991*	7825,3 / 512,2
1992* (1.1.)	7860,8 / 542,3

(* Angaben der Volkszählung vom 15. 5. 1991 noch nicht berücksichtigt.)
Weitere rd. 400000 österreichische Staatsbürger leben als Auslandsösterreicher in anderen Ländern, davon rd. 165000 in Deutschland, 40000 in der Schweiz und 30000 in Australien. (Da keine Meldepflicht besteht, nur Fortschreibungszahlen für 1992.)

Die Zahl der **Lebendgeborenen** stieg 1991 (1990) stärker als in den Vorjahren an und betrug 94629 (90454). Obwohl auch die Zahl der **Gestorbenen** leicht zunahm, nämlich auf 83428 (82952), erhöhte sich der **Geburtenüberschuß** 1991 (1990) auf 11201 (7502). Die *Sterbefälle* überwogen erneut in Ostösterreich bzw. den Bundesländern Wien und Burgenland, während die anderen Bundesländer *Geburtenüberschüsse* aufwiesen. – Die Zahl der **Eheschließungen**, die 1987/88 aus steuerlichen Gründen stark abgesunken war (1988: 35361) und bis 1990 eine steigende Tendenz verzeichnete, fiel 1991 wieder leicht zurück auf 44106 (1990: 45212). Die Zahl der **Ehescheidungen** blieb relativ unverändert bei 16391 (16282).

Die Zahl der **Asylbewerber** lag 1991 bei 27306 (1990: 22789). Herkunftsländer waren u.a.: Rumänien 7506 (12199), Jugoslawien 6436 (768), Türkei 2252 (1862), Iran 1587 (1815), Pakistan 1392 (408), Bulgarien 1374 (1167), Albanien 1032 (266), Nigeria 1004 (49) u. a. Insgesamt stammten 62 (67)% aus osteuropäischen Ländern und 38 (33)% aus Asien und Afrika. 1991 wurden insgesamt 19686 (12648) Asylverfahren abgeschlossen, wobei die Anerkennungsquote bei 12,6% lag.

Die Zahl der **kriminellen Delikte** stieg 1991 gegenüber dem Vorjahr um 3,2% an. Insgesamt wurden 472152 Straftatbestände registriert, wobei die Aufklärungsquote von 44,2% im Vorjahr auf 45,2% anstieg.

Die Dynamik der **Wirtschaft** ließ im Laufe des Jahres 1991 etwas nach. Die Gesamtwirtschaft wuchs real um 3,0% (Erhöhung des Bruttoinlandsprodukts), verglichen mit +4,6% im Vorjahr. Im Vergleich zu den meisten anderen westeuropäischen Industriestaaten, die zumeist wesentlich stärker vom Konjunkturabschwung betroffen waren (europäische OECD-Länder im ⌀ +1,2%), hielt sich die Abschwächung in relativ engen Grenzen, wird allerdings auch 1992 (nach wifo-Prognosen) weiter anhalten und voraussichtlich 2,5% betragen. – Nach dem Abklingen der positiven Nachfrageimpulse aus der deutschen Wiedervereinigung, die es 1990 Österreich ermöglichten, sich vorübergehend vom internationalen Konjunkturabschwung abzukoppeln, konnte sich die Exportwirtschaft der internationalen Nachfrageschwäche nicht entziehen und wuchs mit +2,8% deutlich schwächer als 1990. Während die Warenexporte nach Westeuropa (mit Ausnahme der BRD) und nach Übersee absolut zurückgingen, stieg die Ausfuhr nach Ost-Mitteleuropa an.
Gedämpft wurde die Abwärtsentwicklung durch die boomartige Entwicklung der Bauwirtschaft (+6,1% im Jahresdurchschnitt) und im Tourismus: Die Reiseverkehrseinnahmen stiegen sowohl real (+6,1%) als auch nominell (+9,5%) stärker als die Reiseverkehrsausgaben (real −0,4%, nominell +4,2%). – Das Auseinanderlaufen von Inlands- und Auslandsnachfrage bewirkte eine Verschlechterung der Handels- u. Leistungsbilanz.
Im Inland expandierte der *private Konsum* weniger stark als im Vorjahr, nämlich real um +2,8% (1990: +3,6%). Die Konjunkturabschwächung traf 1991

vor allem den Bereich der *Industrie*: Das Wachstum der Industrieproduktion verflachte 1991 und erreichte im Jahresdurchschnitt nur 1% (1990: 7,8%). Erhöhte Arbeitskosten und Zinskosten belasteten die Ertragslage. Gerade die Fahrzeugindustrie erlitt empfindliche Einbrüche. Auch andere stark exportabhängige Branchen (Textilien, Leder, Steine, Glaswaren, Grundmetalle, Maschinen und Elektrogeräte) mußten teils erhebliche Produktionseinbußen hinnehmen. Insgesamt stieg die Wertschöpfung der Industrie 1991 real nur noch um 2,2% (nach 5,5% 1990).

Nach den vorläufigen Ergebnissen der **Volkswirtschaftlichen Gesamtrechnung** (nach wifo) erreichte das *Bruttoinlandsprodukt* (BIP) zu laufenden Preisen 1991 (1990) einen Gesamtwert von 1916,8 Mrd. S (1789,4). Die Steigerung gegenüber dem Vorjahr betrug nominell 6,9% und real 3,0%. Das BIP pro Einwohner (zu Kaufkapazitäten von 1990 berechnet) belief sich, nach Berechnungen der OECD, 1990 auf 16620$ und lag somit um 7% über dem EG-Durchschnitt. Das *Volkseinkommen* (Netto-Nationalprodukt minus indirekte Steuern plus Subventionen) stieg 1991 (1990) nominal um 6,8% (9,0%) auf 1408,2 (1320,1) Mrd. S. Davon entfielen auf Brutto-Entgelte (Lohn- u. Gehaltssumme einschl. der Arbeitgeberbeiträge zur Sozialversicherung) für unselbständige Arbeit 1022,8 (942,7) Mrd. S (+8,5%), auf Einkünfte aus Besitz und Unternehmung (Kapitalgesellschaften, private Haushalte u. Staat) 504,5 (476,5) Mrd. S (+5,9%).

An der **Entstehung des Bruttoinlandsprodukts** waren die wichtigsten Wirtschaftsbereiche folgendermaßen beteiligt (Mrd. S 1991 zu laufenden Preisen/reale Veränderung gegenüber 1990):

Land- und Forstwirtschaft	52,6 / −5,3%
Sachgüterproduktion (Industrie und Gewerbe)	503,9 / +2,4%
Bergbau	5,4 / −7,4%
Energie- und Wasserversorgung	48,0 / +4,2%
Bauwesen	138,9 / +5,8%
Handel einschl. Beherbergungs- u. Gaststättenwesen	313,6 / +4,2%
Verkehr u. Nachrichtenübermittlung	117,5 / +4,3%
Vermögensverwaltung (Banken und Versicherungen, Realitätswesen u. Rechts- u. Wirtschaftsdienste)	323,5 / +3,5%
Sonst. private Dienste	91,5 / +3,7%
Öffentlicher Dienst	253,3 / +2,0%

Die Dynamik des **Außenhandels** hat sich 1991 gegenüber dem Vorjahr deutlich abgeschwächt (→ *Kap. Welthandel*). Die *Exporte* stiegen real um +2,8% (nach +8,6% 1990 und 12,0% 1989) auf 479,029 (446,067) Mrd. S. Die *Einfuhren* erhöhten sich um +6,5% (gegenüber +8,1% 1990 u. 14,0% 1989) auf 591,898 (556,234) Mrd. S und waren somit mehr als doppelt so hoch wie die Exportsteigerung, so daß sich das Defizit der Handelsbilanz 1991 (1990) um 25,2% (5,6%) auf 112,869 Mrd. S (90,167) vergrößerte (und somit erstmals die 100-Mrd.-S-Grenze überschritt).

Während 1990 das Gleichgewicht auf dem **Arbeitsmarkt** durch den beschleunigten Zustrom ausländischer Arbeitskräfte noch empfindlich beeinträchtigt worden war, schränkte die zunehmend restriktive Zuwanderungspolitik 1991 den Anstieg der Zahl ausländischer Arbeitskräfte deutlich ein. Die Zahl der *unselbständig Beschäftigten* nahm von 1990 bis 1991 im Jahresdurchschnitt von 2 928 662 um 2,3% auf 2 997 352 zu. Die Beschäftigung expandierte weiterhin stark im Bereich der Dienstleistungen und in der Bauwirtschaft (+3,5%), während sie in der Industrie abnahm (−1,1%, nach +1,6% 1990). Mit der Abschwächung des Zustroms von Ausländern verringerte sich im Laufe des Jahres 1991 zwar der Anstieg der Arbeitslosigkeit, jedoch wurde durch eine Abkühlung der Industriekonjunktur im 2. Halbjahr die Entlastung des Angebots auf der Nachfrageseite mehr als wettgemacht. So stieg die Zahl der bei den Arbeitsämtern ausgewiesenen *Arbeitslosen* 1991 (1990) um 19 234 (16 618) auf 185 029 (165 795), die der *offenen Stellen* sank um 6174 (+10 023) auf 49 448 (55 622). Die *Arbeitslosenquote* erhöhte sich im Jahresdurchschnitt von 5,4% (1990) auf 5,8% (1991). – Die Zahl der *ausländischen Arbeitskräfte* stieg geringfügiger als im Vorjahr um 22,4% (30,0%) auf 266 461

Verwendung des verfügbaren Güter- und Leistungsvolumens (nach »wifo«)

	1990	1991
	in Mrd. S	
Bruttoinlandsprodukt	1789,4	1916,8
minus Exporte i. w. S.	734,8	786,1
plus Importe i. w. S.	714,5	768,7
verfügbares Güter- und Leistungsvolumen	1769,1	1899,4
davon:		
privater Konsum	991,9	1054,4
öffentlicher Konsum	321,2	344,8
Brutto-Anlageinvestitionen	435,1	485,0
Lagerveränderung und statistische Differenz	20,9	15,2

(217 611); dies entspricht 8,9 % (7,6 %) der Gesamtbeschäftigtenzahl. Hauptsächliche Herkunftsländer waren 1991 (1990) das ehemalige Jugoslawien mit 129 144 (110 504) sowie die Türkei mit 57 541 (50 555) Arbeitnehmern.

Die **unselbständig Beschäftigten** verteilten sich im Jahresdurchschnitt 1991 (1990) auf folgende Wirtschaftsbereiche (nach der Sozialversicherungsstatistik):

Land- und Forstwirtschaft	27 739	(27 915)
Bergbau, Energie, Wasserversorgung	51 016	(52 230)
Verarbeitend. Gewerbe (Industrie)	801 878	(803 106)
Bauwesen	237 796	(229 777)
Handel, Verkehr, Nachrichtenübermittlung	647 964	(630 977)
Beherbergungs- u. Gaststättenwesen	131 240	(126 034)
Geld- u. Kreditwesen, Versicherungen	111 256	(108 244)
sonstige Dienstleistungen	930 452	(902 342)

Die **Einkommenssituation** der Beschäftigten verbesserte sich auch 1991 gegenüber dem Vorjahr. Insgesamt erhöhten sich die *Tariflöhne* 1991 (1990) um 6,9 (5,6) % (Tariflohnindex). Allerdings war die Entwicklung in den einzelnen Wirtschaftssektoren sehr unterschiedlich: Während in der Sachgüterproduktion mit +7,9 %, in der Bauwirtschaft mit +7,4 %, in der Industrie mit +7,4 % und im Gewerbe mit +7,3 % die Tariflöhne überdurchschnittlich zunahmen, blieben sie in den Dienstleistungssektoren mit 6,4 % um 0,5 % zurück. Schwächer als die Tariflöhne entwickelten sich die *Effektivverdienste*, die (brutto) in der Gesamtwirtschaft um 6,3 % (1990: +5,4 %) anstiegen (und somit um 0,6 % hinter den Tariflohnsteigerungen zurückblieben), in der Industrie um 5,7 (7,5) % und in der Bauwirtschaft um 9,3 (5,8) %. Die *Brutto-Monatsverdienste* je Beschäftigten wuchsen 1991 (1990) in der Industrie um nur 5,7 (7,5) % auf 26 583 S und in der Gesamtwirtschaft um 6,3 (5,4) % auf 23 473 S.

Die **Inflationsrate** blieb 1991 gegenüber dem Vorjahr konstant, im internationalen Maßstab weiterhin spürbar unter dem Durchschnitt. Der Index der Verbraucherpreise stieg 1991 wie 1990 um 3,3 %. Überdurchschnittlich erhöhten sich die Preise folgender Verbrauchsgruppen: Einrichtung, Mieten und Instandhaltung von Wohnungen +5,0 %, nicht preisgeregelte Dienstleistungen +4,3 % sowie Nahrungsmittel u. Getränke +4,1 %. Deutlich weniger als der Verbraucherpreisindex insgesamt stiegen die Preise preisgeregelter Nahrungsmittel (+1,2 %) und Dienstleistungen (+2,2 %). Die Energiepreise blieben im Durchschnitt unverändert.

Die **Leistungsbilanz** wies 1991 nach Überschüssen in den Jahren 1990 und 1989 erstmals wieder einen Fehlbetrag auf. Äußerst negativ wirkte sich der Warenverkehr aus, der mit einem um 25,2 % auf 112,8 Mrd. S gestiegenen Defizit abschloß. Das Defizit in der Leistungsbilanz zeigte sich 1991 (1990) als negativer Saldo von 1,665 Mrd. S (+13,164 Mrd. S). Größte Einzelposten waren 1991 (1990) die Handelsbilanz (Warenverkehr, Transit sowie einige Korrekturposten) mit einem Saldo von −107,9 (−83,9) Mrd. S und die Dienstleistungsbilanz mit +69,4 (+66,4) Mrd. S (darunter Reiseverkehr +72,1 (+64,6) Mrd. S).

Die **Währungsreserven** der Österreichischen Nationalbank erhöhten sich 1991 um 10,331 Mrd. S (1990: −3,723 Mrd. S) und erreichten einen Jahresstand von 148,3 (137,9) Mrd. S. − Die **Kursentwicklung des Schilling** zeigte im Laufe des Jahres 1991 nur wenig Veränderungen und insgesamt eine leichte Aufwertung. Der Wechselkurs S/$ betrug im Mittel 1991 (1990) 11,68 (11,37), das Verhältnis S/DM betrug 703,71 (703,66).

Der **Bundeshaushalt** 1991 (1990) erbrachte nach vorläufigen Rechnungen Einnahmen von 556,9 (501,9) Mrd. S und Ausgaben von 619,6 (564,7) Mrd. S (Allgemeiner Haushalt). Das Defizit (Abgang netto) ging somit geringfügig auf 62,7 (62,9) Mrd. S zurück. Zur Budgetfinanzierung diente der Ausgleichshaushalt, dessen Einnahmen (Hauptposten Kreditaufnahmen im Rahmen der Finanzschuld) eine Höhe von 121,7 (123,0) Mrd. S und Ausgaben (Tilgungen für die Finanzschuld) eine Höhe von 59,0 (60,1) Mrd. S hatten. Die gesamte **Staatsschuld** stieg von 861,6 Mrd. S (1990) um 8,7 % auf 937,7 Mrd. S (1991), davon 148,4 (135,4) Mrd. S Schulden im Ausland, was insgesamt einem Anteil am BIP von 48,9 % entspricht. 1991 machten die Zinsausgaben für die Finanzschuld bereits 22,5 % der Netto-Steuereinnahmen aus (1990: 21,2 %). Hinzu kommen noch die Außenstände der Länder (80,7 Mrd. S) sowie der Gemeinden (73,6 Mrd. S).

Die wichtigsten **Einnahmen des Bundes** in Mrd. S:

	1989	1990	1991
Steuern (netto)	256,9	282,3	309,6
steuerähnliche Einnahmen	71,0	74,0	75,6
Betriebseinnahmen (Bundesbetriebe)	79,2	81,7	84,8
Sonstige	70,8	63,5	86,9
Gesamteinnahmen	477,9	501,9	556,9

Österreich

Ergebnis der wichtigsten **Steuern** in Mrd. S:

	1989	1990	1991
Umsatzsteuer	147,441	157,176	166,482
Lohnsteuer	88,037	105,491	121,863
Einkommensteuer	31,256	33,793	35,768
Mineralölsteuer	18,991	19,618	20,700
Gewerbesteuer	13,571	14,868	15,663
Körperschaftsteuer	14,246	13,786	15,348
Tabaksteuer	10,998	11,290	11,733

Die *Steuerquote* (Anteil der Bruttosteuern am nominellen Bruttoinlandsprodukt) stieg von 23,7% (1990) auf 24,2% (1991).

Die wichtigsten **Ausgabeposten** (ohne Schuldentilgung) im Bundeshaushalt in Mrd. S:

	1989	1990	1991
Soziale Wohlfahrt und Gesundheit	139,2	140,0	152,3
Verkehr (mit Post)	114,0	120,1	124,1
Erziehung und Unterricht	45,9	48,5	53,0
Forschung und Wissenschaft	18,8	19,5	23,0
Wohnungsbau	17,0	18,5	20,6
Landesverteidigung	18,6	18,1	18,5
Industrie und Gewerbe	19,6	17,9	25,6
Staats- u. Rechtssicherheit	16,3	17,5	19,1
Land- und Forstwirtschaft	13,0	14,1	15,6
Kunst und Kultus	5,6	5,9	6,6
Gesamtausgaben	540,7	564,7	619,6

PRESSE (Aufl. in Tsd.) *Tageszeitungen:* Wien: Kurier (391,2; so. 606,3) – Neue Kronen Zeitung (zus. mit Stammausgabe, Oberösterreich, Salzburg, Steiermark, Kärnten 1029,9; so. 1329,1; Stammausgabe 577,2; so. 777,4) – Die Presse (mo.-mi. 70,8; do.-sa. 85,4) – Der Standard (mo.-mi. 85,0; do.-fr. 87,7; sa. 167,8) – Wiener Zeitung – Bregenz: Vorarlberger Nachrichten (mo.-fr. 73,5; sa. 76) – Neue Vorarlberger Tageszeitung (di.-so. 28,4) – Graz: Kleine Zeitung (di., mi., sa. 166,2; do. 176,4; fr. 191,6; so. 193,3) – Steirerkrone/Neue Kronen Zeitung (152,7; so. 177,7) – Neue Zeit (70,2; fr. 75,4) – Innsbruck: Tiroler Tageszeitung (97,3; sa. 110,7) – Klagenfurt: Kleine Zeitung (di., mi., sa. 97,8; do. 105,8; fr. 109,4; so. 115,6) – Kärntner Krone/Neue Kronen Zeitung (74,7; so. 88,6) – Kärntner Tageszeitung (54,2; fr. 57,5)/SPÖ – Linz: Neue Kronen Zeitung Oberösterreich (162,3; so. 215,7) – Oberösterreichische Nachrichten (108,8; sa. 138,7) – Neues Volksblatt (29,4; fr. 33,4)/ÖVP – Salzburg: Salzburg Krone/Neue Kronen Zeitung (63,0; so. 69,8) – Salzburger Nachrichten (mo.-mi., fr. 88,4; do. 104,8; sa. 121,9) – Salzburger Volkszeitung (12,7)

Wochenzeitungen: Wien: Börsen-Kurier – Die Furche (15) – Samstag (104) – Neue Wochenschau (110) – Wiener Kirchenzeitung (45,4) – Bregenz: Vorarlberger Volksbote (21,5) – Eisenstadt: bvz (22,5) – Graz: Die Steirische Wochenpost (38,1) – Innsbruck: Tirol aktuell (35,4) – Linz: Linzer Rundschau (114,9) – Oberösterreichische Rundschau (ges. 260,5) – Salzburg: Rupertusblatt (30,1)/Kath. Kirche – Salzburger Woche (ges. 52,6) – Sankt Pölten: Neue Niederösterreichische Nachrichten NÖN (ges. 147,2)

Zeitschriften, Magazine: Academia (22) – a3eco (75,7) – autorevue (116) – Das Beste aus Reader's Digest (182,3) – Bunte – Burda – Erfolg (60) – Gesundheit (69) – Industrie (19,5) – Neue BS Sicherheitsmagazin (270) – Profil (110) – Public (87) – Trend (90) – Welt der Frau (80) – Wiener – Wirtschaftswoche (51,4)

Nachrichtenagentur: APA (Austria Presse Agentur)

HÖRFUNK/FERNSEHEN Österreichischer Rundfunk (ORF): Generalintendanz, Kuratorium, Hörer- u. Sehervertretung, Information- u. Programmintendanz Fernsehen, Kaufmännische Direktion, Technische Direktion, Generalintendant: Gerd Bacher

ORF-Zentrum Wien, Würzburggasse 30, A-1136 Wien, T 0222/87878–0, Tfax 87878–2250

Hörfunkintendanz Funkhaus Wien, Argentinierstr. 30a, A-1040 Wien, T 0222/50101

Landesstudios:

Studio Burgenland, Buchgraben 51, A-7001 Eisenstadt, T 02682/4661–0, Tfax 4661-250

Studio Kärnten, Sponheimerstr. 13, A-9010 Klagenfurt, T 0463/5330, Tfax 5330–250

Studio Niederösterreich, Argentinierstr. 30a, A-1040 Wien, T 0222/50210, Tfax 50101–8874

Studio Oberösterreich, Franckstr. 2a; A-4020 Linz, T 0732/53481–0, Tfax 53481-250

Studio Salzburg, Nonntaler Hauptstr. 49d, A-5010 Salzburg, T 0662/8380–0, Tfax 8380–250

Studio Steiermark, Marburger Str. 20, A-8042 Graz, T 0316/471180–0, Tfax 471180–250

Studio Tirol, Rennweg 14, A-6010 Innsbruck, T 0512/5343-0, Tfax 5343-250

Studio Vorarlberg, Höchster Str. 38, A-8651 Dornbirn, T 05572/301-0, Tfax 301-250

Studio Wien, Argentinierstr. 30a, A-1040 Wien, T 0222/50201, Tfax 50101-8369

Radio Österreich International, Würzburggasse 30, A-1136 Wien, T 0222/87878, Tfax 87878-3630

PAKISTAN Süd-Asien

Islamische Republik Pakistan; Islamic Republic of Pakistan; Islami Jamhuriya-e-Pakistan (Urdu); Kunstname aus Pandschab, Afghanistan, Kaschmir, Indus, Sind, Belutschistan – PK

LANDESSTRUKTUR Fläche (35): 796095 km^2 – **Einwohner** (8): (F 1990) 113687000 = 142 je km^2; (Z 1981) 84253644 – Pakistaner (Pakistani); indoarische (Pandschabi rd. 65%; Sindhi 13% [n. and. Ang. über 22%], Urdu 7%) u. iranische (Balutschen 2,5% u. Paschtu) Sprachen sprech. Völker; bengal. u. dravid. Minderheitsgruppen; 2,8 Mio. Flüchtl. aus Afghanistan (S Mitte 1992) – **Leb.-Erwart.:** 56 J. – **Säugl.-Sterbl.:** 10,3% – **Analph.:** 65% – Jährl. **Bev.-Wachstum** (⌀ 1980-90): 3,1% (Geb.- u. Sterbeziffer 1990: 4,2%/1,2%) – **Sprachen:** Urdu als National- u. Amtssprache in 3 Prov., daneben regionale Amtsspr. wie Sindhi in Sind; Englisch als Amtsspr. für eine Übergangszeit anerkannt; Pandschabi zahlenmäßig wichtig, keine Amtsspr. – **Religion:** 97,2% Muslime (davon ca. 5% Schiiten, Rest Sunniten); außerd. die religiös einflußreiche »Ahmedia-Sekte«; 1,6% Hindus, 1,3% Christen; Buddhisten; Islam ist Staatsreligion – **Städt. Bev.:** 32% – **Städte** (S 1984): Islamabad (Hptst.) 236000 Ew., m. V. 370000; (Z 1981): Karachi [Karatschi] 5180562, Lahore 2952689, Faisalabad 1104209, Rawalpindi 794843, Hyderabad 751529, Multan 722070, Gujranwala 658753, Peshawar 566248, Sialkot 302009, Sargodha 291361, Quetta 285719

STAAT Föderative Republik – Verfassung von 1973 mit zahlr. Änderungen – Parlament aus 2 Kammern: Senat mit 87 Mitgl. (für 6 J. durch d. Provinz-, Stammes- u. Bundesdistriktversamml. ernannt; ⅓ davon alle 2 J. neu) u. Nationalversammlung. mit 217 Mitgl. (davon 207 direkt gewählt; diese wählen 10 Angeh. d. christl. u. hinduist. u. a. Minderheiten) – Allg. Wahlrecht ab 21 J. – 4 Provinzen (Belutschistan, Nordwestprovinz, Pandschab, Sind) mit eig. Reg. u. Parl.; Verwaltungssystem für Stammesgebiete, 1 Bundesdistrikt – **Staatsoberhaupt:** Präs. Ghulam Ishaq Khan, seit 17. 8. 1988, gewählt am 12. 12. 1988 – **Regierungschef:** Mian Nawaz Sharif (IDA), seit 6. 10. 1990 – **Äußeres:** Sahabzada Yaqub Khan [Sahibsada Jakub Chan] – **Parteien:** Wahlen zur Nationalvers. vom 24. 10. 1990 (1988): Islam.-Dem. Allianz/IDA (Bündnis aus Jamiat-i-Islam, Muslim League u. Splittergr.) 105 (54) der 207 direkt gewählten Sitze; Pakistan People's Party/PPP 45 (93), Mohajir-Partei 15, Unabh. 21 (40); weitere kleine Parteien (1 bis 6 Sitze) insg. 21 – **Unabh.:** nominell 15. 8. 1947, Unabh.-Zeremonie jedoch bereits am 14. 8. 1947 – **Nationalfeiertage:** 23. 3. (Prokl. d. Rep. 1956) u. 14. 8.

WIRTSCHAFT BSP 1990: 42649 Mio. $ = 380 $ je Ew. (147); realer Zuwachs ⌀ 1980-90: 6,3%; **BIP** 1990: 35500 Mio. $; realer Zuwachs ⌀ 1980-90: 6,3%; Anteil 1990 **Landwirtsch.** 26%, **Industrie** 25% – **Erwerbstät.** 1988: Landw. 51%, Ind. 20%; **Arbeitslosigkeit** 1990 (öff. S): 3,1% – **Energieverbrauch** 1990: 233 kg ÖE/Ew. – **Währung:** 1 Pakistan. Rupie (pR) = 100 Paisa (Ps); 1 US-$ = 25,11 pR; 100 pR = 6,07 DM – **Ausl.-Verschuld.** 1990: 20683 Mio. $ = 52,1% d. BSP – **Inflation** ⌀ 1980-90: 6,7% (1991: 12,3%) – **Außenhandel** 1990: **Import:** 7377 Mio. $; Güter: 22% Erdöl- u. Erdölerzeugn., 21% Maschinen, 16% chem. Erzeugn., 12% Nahrungsm., 6% Kfz, 3% Eisen u. Stahl; Länder: 13% Japan, 12% USA, 7% BRD, 6% Saudi-Arabien, 5% VR China, 5% Großbrit.; **Export:** 5590 Mio. $; Güter: 19% Baumwollgarn, 18% Bekleidung, 11% Baumwollgewebe, 8% Rohbaumwolle, 6% Reis, 5% Leder; Länder: 11% USA, 9% BRD, 8% Japan, 7% Großbrit., 6% Hongkong

PRESSE (Aufl. i. Tsd.) *Tageszeitungen:* Karachi: Daily Jang (750)/Urdu – Daily News (50)/Engl. – Dawn (80)/Engl. u. Gujarati (83) – Jasarat (50)/Urdu – Lahore: Imroze (80)/Urdu – Mashriq (160)/Urdu – Nawa-i-Waqt (400)/Engl., Urdu – Pakistan Times (50)/Engl. – *Nachrichtenagentur:* PPI (Pakistan Press International)

Kaschmir (Dschammu u. Kaschmir [Jammu and Kashmir]) wird von P. beansprucht u. ist im W sowie im NW in einem 87159 km^2 (n. and. Ang. 83807 km^2) umfass. Streifen pakist. besetzt; (Z 1981) 2542000 Ew. (→ *Karte, WA '91, Sp. 325f.*) – Bes. Verwaltung für »Azad Kashmir« (»Freies Kaschmir« = praktisch Nagar u. 3 Distrikte des eigentl. Kaschmir mit zus. etwa 33000 km^2 ü. über 1,98 Mio. Ew. [Hunza, das etwa 13000 Ew. zählt, wurde 1974 direkt an P. angeschlossen]). Nach d. prov. Verfassung von 1974 bestehen eine »Versammlung« (42 Mitgl.)

sowie eine prov. Regierung (»Azad Jammu and Kashmir Council«) mit Sitz des »Ministerrats« in Muzaffarabad – *Regierungschef:* Sardar Mohammad Ashraf, seit Juli 1991 – Pakistan unterhält im Freien Kaschmir einen Chief Adviser. Wichtigste Parteien sind die Dschammu- u. Kaschmir-Muslim-Konferenz/JKMC, die den Anschluß an Pakistan fordert, u. die Dschammu- u. Kaschmir-Befreiungsliga, die volle Autonomie anstrebt, sowie die Azad-D.-K.-Muslim Conference – Baltistan u. Gilgit werden v. der pakistan. Regierung unmittelbar verwaltet. Abgrenzung gegen den v. Indien besetzten Hauptteil v. Kaschmir z. T. durch d. Waffenstillstandslinie v. 1949 – Grenzabkommen von Pak. mit der VR China 1963 – Flagge d. »Freien K.«: über 9 grünen u. weißen Streifen (waagr.) vorne am Mast ein orange Feld, hinten in Grün weißer Halbmond u. Stern

PANAMA *Mittel-Amerika*
Republik Panama; República de Panamá – PA

LANDESSTRUKTUR Fläche (115): 77082 km^2 (n. eig. Ang. 75517 km^2), davon Kanalzone 1432 km^2 – **Einwohner** (129): (F 1990) 2418000 = 28 je km^2; (Z 1980) 1831399 (Ew. ohne Kanalzone; → *Ver. Staaten v. Amerika*) – Panamaer (Panamenen; span. »panameños«); 50–60% Mestizen, 15–20% Schwarze u. Mulatten, etwa 10–15% Weiße, 5–10% Indianer, 2% Asiaten – **Leb.-Erwart.:** 73 J. – **Säugl.-Sterbl.:** 2,1% – **Analph.:** 12% – Jährl. **Bev.-Wachstum** (∅ 1980–90): 2,1% (Geb.- u. Sterbeziffer 1990: 2,4%/0,5%) – **Sprachen:** Spanisch als Amtssprache; Englisch als Verkehrsspr., z. T. indianische Dialekte (u. a. Chibcha) – **Religion:** 84% Katholiken, rd. 6% Protest., 2000 Juden – **Städt. Bev.:** 53% – **Städte** (F 1991): Panama [Panamá] (Hptst.) 615200 Ew.; Colón 136200, David 97800, Santiago de Veraguas 66700, Penonomé 60200, Chitré 37200

STAAT Präsidialrepublik – Verfassung von 1983 – Verfassungsgebende Versammlung (Asamblea Legislativa) mit 67 für 5 J. gewählten Mitgl. – Präs. für 5 J. direkt v. Volk gewählt – 9 Provinzen u. 3 autonome Indianerreservate – **Staats- u. Regierungschef:** Präs. Guillermo Endara Galimany, vereidigt am 20. 12. 1989 – **Äußeres:** Dr. Julio Linares – **Parteien:** Wahlen von 1989/Nachwahlen 1991: Alianza Democrática de Oposición Civilista/ADOC (Wahlbündnis aus Partido Demócrata Cristiano/PDC 30 Sitze, Movimiento Liberal Republicano Nacionalista/MOLIRENA 18, Partido Panameñista Auténtico/PPA 7, Partido Liberal Auténtico/PLA 4) insg. 59 der 67 Sitze; Coalición de Liberación Nacional/COLINA (Wahlbündnis aus Partido Revolucionario Democrática/PRD 13, Partido Laborista/PALA 2, Partido Liberal/PL 2) insg. 17 Sitze – **Unabh.:** 3. 11. 1903 – **Nationalfeiertag:** 3. 11.

WIRTSCHAFT BSP 1990: 4414 Mio. $ = 1830 $ je Ew. (86); realer Zuwachs ∅ 1980–90: 0,1%; **BIP** 1990: 4750 Mio. $; realer Zuwachs ∅ 1980–90: 0,2%; Anteil 1990 **Landwirtsch.** 12%, **Industrie** 9% – **Erwerbstät.** 1989: Landw. 30%, Ind. 14%; **Arbeitslosigkeit** 1991: 15,1% – **Energieverbrauch** 1990: 1694 kg ÖE/ Ew. – **Währung:** 1 Balboa (B/.) = 100 Centésimos (c, cts); 1 US-$ = 1,00 B/.; 100 B/. = 152,70 DM (US-$ zusätzl. als Zahlungsmittel gebräuchl.) – **Ausl.-Verschuld.** 1990: 6676 Mio. $ = 154,7% d. BSP *(Einzelheiten → Tab. Sp. 221f.)* – **Inflation** ∅ 1980–90: 2,3% (1991: 2,9%) – **Außenhandel** 1991 (inkl. Colón als Freihandelszone): **Import:** 3990 Mio. $; Güter (1990): 35% verarb. Produkte, 17% Maschinen u. Transportausrüst., 14% Erdöl u. Erdölprod., 5% Kfz u. -ersatzteile; Länder (1990): 18% USA, 8% Hongkong, 5% Ecuador, 1% BRD; **Export:** 4565 Mio. $; Güter (1990): 28% Bananen, 14% Garnelen, 11% Rohzucker, 5% Bekleidung, 4% Kaffee; Länder: 22% Norwegen, 21% USA, 14% BRD, 7% Japan, 5% Italien *(Heroin- u. Kokainströme → WA '92, Sp. 237f.)*

PRESSE (Aufl. i. Tsd.) *Tageszeitungen:* Panama: Crítica Libre (30) – La Estrella de Panamá (25) – El Panamá América (35) – La Prensa (35) – El Siglo (25)

PANAMAKANAL-ZONE
→*Vereinigte Staaten von Amerika (Außengebiete)*; seit 1. 4. 1982 weitgeh. Souveränität (u. a. Gerichtshoheit) Panamas in d. Kanalzone

PAPUA-NEUGUINEA *Ozeanien*
Unabhängiger Staat Papua-Neuguinea; Papua New Guinea – PNG

LANDESSTRUKTUR Fläche (53): 462840 km^2, davon 67110 km^2 Inseln – **Einwohner** (112): (F 1990) 3915000 = 8 je km^2; (Z 1980) 3010727 – Papua-Neuguineer; haupts. Papua (in rd. 750 Stämme differenziert), an S- u. NW-Küste malaiische (indones.), im N melanes., im O polynes. Gruppen; kl. chines. Minderheit, rd. 30000 Weiße – **Leb.-Erwart.:** 55 J. – **Säugl.-Sterbl.:** 5,7% – **Analph.:**

48% – Jährl. **Bev.-Wachstum** (∅ 1980–90): 2,5% (Geb.- u. Sterbeziffer 1990: 3,6%/1,1%) – **Sprachen:** Englisch als Amtsspr., melanesisches Pidgin als Umgangsspr., rd. 740 Papua-Sprachen; außerd. Sprachen der Minderheiten – **Religion:** 56% Protestanten, 33% Katholiken, 5% Anglikaner, Anhäng. v. Naturreligionen – **Städt. Bev.:** 16% – **Städte** (F 1987): Port Moresby (Hptst.) 145300 Ew.; Lae 79600, Madang 24700, Wewak 23200, Goroka 21800; (Z 1980): Rabaul 15000, Mount Hagen 13600, Arawa 12600

STAAT Konstitutionelle Monarchie im Commonwealth – Verfassung von 1975 – Abgeordnetenhaus (National Parliament) mit 109 Mitgl., Wahl alle 5 J. – Allg. Wahlrecht – 20 Provinzen mit gewisser Selbstverwaltung (u. a. eigene Versammlung) u. Hauptstadtdistrikt – **Staatsoberhaupt:** Königin Elizabeth II., vertr. durch einheim., durch Abg.-Haus ernannten Generalgouverneur Wiwa Korowi, seit 11. 11. 1991 – **Regierungschef:** Paias Wingti (PDM), seit 17. 7. 1992 – **Äußeres:** Michael T. Somare – **Parteien:** Wahlen vom 13./27. 6. 1992: Pangu New Guinea Union Party/PANGU 23 (1987: 28) Sitze; People's Democratic Movement/PDM 17 (22); People's Action P./PAP 11 (6); Melanesian Alliance/MA 9 (8); People's Progress P./PPP 9 (6); League for National Advancement/LNA 5 (3); National P./NP 2 (12); Sonstige 3; Unabh. 30 (12) – **Unabh.:** 16. 9. 1975 – **Nationalfeiertag:** 16. 9.

WIRTSCHAFT BSP 1990: 3372 Mio. $ = 860 $ je Ew. (114); realer Zuwachs ∅ 1980–90: 1,9%; *(Anteil Entwicklungshilfe u. Ausl.-Schulden* → *Tab. Sp. 221 f.)*; **BIP** 1990: 3270 Mio. $; realer Zuwachs ∅ 1980–90: 1,9%; Anteil 1990 **Landwirtsch.** 29%, **Industrie** 31% – **Erwerbstät.** 1989: Landw. 68%, Ind. ca. 31% – **Energieverbrauch** 1990: 233 kg ÖE/Ew. – **Währung:** 1 Kina (K) = 100 Toea (t); 1 K = 1,05 US-$; 100 K = 160,28 DM – **Ausl.-Verschuld.** 1990: 2606 Mio. $ = 83,9% d. BIP – **Inflation** ∅ 1980–90: 5,3% – **Außenhandel** 1990: **Import:** 1288 Mio. $; Güter (1989): 40% Maschinen u. Transportausrüst., 17% Nahrungsm. u. leb. Tiere, verarb. Prod.; Länder (1989): 45% Australien; **Export:** 1140 Mio. $; Güter (1989): 45% Kupfer, Gold, Palmöl, Kopra, Kaffee, Kakao, Tee, Gummi; Länder (1989): 37% Japan, 30% BRD, 12% Australien, 8% Großbrit. – Nach d. Schließung d. Kupfermine auf Bougainville 1990 Rückgang d. Exporteinkommens um 40%

PRESSE (Aufl. i. Tsd.) *Tageszeitung:* Port Moresby: Post-Courier (33)/Engl. – *Wochenzeitungen:* Business Times (10)/Engl. – The Times of Papua New Guinea (10)/Engl. – Wantok (15)/Pidgin

PARAGUAY Süd-Amerika
Republik Paraguay; República del Paraguay – PY

LANDESSTRUKTUR Fläche (58): 406752 km^2 – **Einwohner** (108): (F 1990) 4277000 = 11 je km^2; (Z 1982) 3029830 – Paraguayer (span. »paraguayos«); etwa 95% Mestizen, knapp 2% Indianer (Guaranís) u. rd. 3% Weiße; ca. 10000 Japaner u. Koreaner – 500000 bis 800000 Paraguayaner leben im Ausl. – **Leb.-Erwart.:** 67 J. – **Säugl.-Sterbl.:** 3,2% – **Analph.:** 10% – Jährl. **Bev.-Wachstum** (∅ 1980–90): 3,2% (Geb.- u. Sterbeziffer 1990: 3,5%/0,6%) – **Sprachen:** Spanisch u. Guaraní (indianische Spr.) als Amtssprachen, meist Zweisprachigkeit – **Religion:** 96% Katholiken (Staatsreligion); 2% Protestanten, 13000 Mennoniten, 1200 Juden – **Städt. Bev.:** 48% – **Städte** (F 1990): Asunción (Hptst.) 608000 Ew.; (S 1985) San Lorenzo 124000, Ciudad del Este 110000, Lambaré 84000, Fernando de la Mora 80000, Pedro Juan Caballero 80000, Concepción 50000, Encarnación 48000

STAAT Präsidialrepublik – Neue Verfassung 18. 6. 1992: Verbot d. Wiederwahl d. Präs., Schaffung von Regionalregierungen u. Unabh. d. Justiz – Parlament (Congreso) aus 2 Kammern: Senat (Senado) mit 36 u. Abgeordnetenkammer (Cámara de Diputados) mit 72 Mitgl., Wahl alle 5 J. – Vom Präs. ernannter Staatsrat (Consejo del Estado) – Allg. Wahlpflicht ab 18 J. – 19 Departamentos mit eig. Reg. u. Hptst. – **Staats- u. Regierungschef:** General Andrés Rodríguez, seit 3. 2. 1989 (gewählt am 1. 5. 1989) – **Äußeres:** Dr. Alexis Frutos Vaesken – **Parteien:** Wahlen vom Feb. 1988 (d. siegreiche Partei erhält verfassungsgemäß jew. ⅔ der Sitze in d. beiden Kammern): Asociación Nacional Republicana/ANR-Partido Colorado 48 d. 72 Sitze in d. Abg.-Kammer u. 24 d. 36 Sitze im Senat; Authentische u. Radikal-Liberale Partei/PRLA (Blancos; Oppos.) 21 u. 11; Partido Revolucionario Febrerista/PRF 2 u. 1; Christl.-demokrat. P./PDC 1 u. 0; Stimm.-Verh.: 1186693 f. Colorados, 96231 Lib.-Rad. u. 42056 f. Lib. – Allg. freie Wahlen d. Verfassungsgeb. Versamml. vom 1. 12. 1991: ANR 123 d. 198 Sitze, PRLA 57, Sammlungsbewegg. »Constitución para todos« insg. 16 Sitze – Präsidentschafts- u. Parl.-Wahlen für 1993 in Aussicht gestellt – **Unabh.:** 14. 5. 1811 – **Nationalfeiertag:** 14. 5.

WIRTSCHAFT BSP 1990: 4796 Mio. $ = 1110 $ je Ew. (99); realer Zuwachs ∅ 1980–90: 1,9%; **BIP** 1990: 5260 Mio. $; realer Zuwachs ∅ 1980–90: 2,5%; Anteil 1990 **Landwirtsch.** 25%, **Industrie** 22% – **Erwerbstät.** 1988: Landw. 47%, Ind. ca. 15%; **Arbeitslosigkeit** 1991 (S): 12,0% – **Energieverbrauch** 1990: 232 kg ÖE/Ew. – **Währung:** 1 Guaraní (₲) = 100 Céntimos (cts); 1 US-$ = 1481,00 ₲; 100 ₲

= 0,11 DM – **Ausl.-Verschuld.** 1990: 2131 Mio. $ = 40,5% d. BSP (Öff. A.-V. 1991: 1710 Mio. $) *(Einzelheiten → Tab. Sp. 221 f.)* – **Inflation** ∅ 1980–90: 24,4% (1991: 11,8%) – **Außenhandel** 1991: **Import:** 1475 Mio. $; Güter (1990): 39% Maschinen u. Motoren, 12% Brenn- u. Schmierstoffe, 9% Transportmittel, 6% Getränke u. Tabakwaren, 5% chem. Prod., 3% Häute; Länder: 18% USA, 14% Brasilien, 12% Hongkong, 10% Japan, 10% Argentinien, 5% BRD, 5% Großbrit., 4% Algerien; **Export:** 1280 Mio. $; Güter: 35% Baumwolle, 28% Sojabohnen, 14% Rindfleisch, 4% Schnittholz; Länder: 34% Brasilien, 9% Niederl., 7% Spanien, 6% BRD, 5% Chile

PRESSE (Aufl. i. Tsd.) *Tageszeitungen:* Asunción: ABC Color (75) – Hoy (40) – Patria (8)/ Colorados – La Tribuna (30) – Ultima Hora (45) – *Wochenzeitung:* El Pueblo – Sendero (15, 2x wö.)/ Kath.

PERU *Süd-Amerika*
Republik Peru [Perú]; República del Perú, República Peruana – PE

LANDESSTRUKTUR Fläche (19): 1 285 214 km^2 (davon 4996,28 km^2 Anteil am Titicaca-See) – **Einwohner** (39): (F 1990) 21 662 000 = 17 je km^2; (Z 1981) 17 005 210 – Peruaner; bis 49% Indianer, ca. 33% Mestizen; über 10% Weiße, meist altspan. Abstammung; je einige 10 000 Schwarze, Mulatten; je 10 000 Japaner u. Chinesen – **Leb.-Erwart.:** 63 J. – **Säugl.-Sterbl.:** 6,9% – **Analph.:** 15% – Jährl. **Bev.-Wachstum** (∅ 1980–90): 2,3% (Geb.- u. Sterbeziffer 1990: 3,0%/0,8%) – **Sprachen:** Spanisch u. Quechua [Ketschua] (etwa 25%) als Amtssprachen; Aymará als Umgangsspr. (3–5%) – **Religion:** 92% Katholiken (unter Staatsschutz); 1% Protest., 5300 Juden, Indianer oft Anh. v. Naturrelig. – **Städt. Bev.:** 70% – **Städte** (F 1988): Lima (Hptst.) 6 053 900 Ew.; (F 1989) Arequipa 612 000, Callao 575 000, Trujillo 513 000, Chiclayo 410 000; (S 1985) Piura 297 200, Chimbote 278 600, Cuzco 255 300, Iquitos 247 900, Huancayo 199 200

STAAT Präsidialrepublik – Verfassung von 1979, seit 5. 4. 1992 größtenteils außer Kraft – Parlament (Congreso) aus 2 Kammern: Abgeordnetenkammer (Cámara de Diputados) mit 180 u. Senat (Senado) mit 60 Mitgl., Wahl alle 5 J.; seit 5. 4. 1992 aufgelöst (→ *Chronik*) – Allg. Wahlrecht ab 18 J. – 25 von Präfekten geleitete Departamentos *(Einzelheiten → WA '91, Sp. 479)* – **Staatsoberhaupt:** Präs. Alberto Fujimori (Cambio 90), seit 28. 7. 1990; regiert derzeit per Dekret – **Regierungschef u. Äußeres:** Oscar de la Puente, Notstandsreg. seit 6. 4. 1992 – **Parteien:** Parl.-Wahlen vom 8. 4. 1990: Sitzverteilung im Senat/Abg.-Haus: Frente Democrático/FREDEMO 20/63, Alianza Popular Revolucionaria Americana/ APRA 16/49, Cambio 90 14/34, Izquierda Unida/IU 6/ o. A., Izquierda Socialista 3/o. A., Sonstige 1/34 – **Unabh.:** 28. 7. 1821 (Proklamation) – **Nationalfeiertag:** 28. 7.

WIRTSCHAFT BSP1990:25 149 Mio. $ = 1160 $ je Ew. (98); realer Zuwachs ∅ 1980–90: 0,2%; **BIP** 1990: 36 550 Mio. $; realer Zuwachs ∅ 1980–90: −0,3% (1991: +2,4%); Anteil 1990 **Landwirtsch.** 14%, **Industrie** 36% – **Erwerbstät.** 1989: Landw. 35%, Ind. ca. 14%; **Arbeitslosigkeit** 1989 (S): 25% – **Energieverbrauch** 1990: 509 kg ÖE/Ew. – **Währung:** 1 Neuer Sol (S/.) = 100 Céntimos; Freimarktkurs: 1 US-$ = 1,17 S/.; 100 S/. = 130,51 DM – **Ausl.-Verschuld.** 1990: 21 105 Mio. $ = 58,7% d. BSP *(Einzelheiten → Tab. Sp. 221 f.)* – **Inflation** ∅ 1980–90: 233,9% (1991: 139,2%) – **Außenhandel** 1991: **Import:** 3265 Mio. $; Güter (1990): 45% Rohstoffe u. Zwischenprod., 32% Kapitalgüter, 11% Konsumgüter; Länder (1990): 28% USA, 6% Argentinien, 5% BRD, 4% Brasilien, 3% Italien, 3% Japan; **Export:** 3320 Mio. $; Güter: 22% Kupfer, 13% Zink, 11% Textilien, 10% Fischmehl, 8% Erdöl; 1989: Coca (illegal = 20% d. BSP; *(Heroin- u. Kokainströme → WA '92, Sp. 237 f.)*; Länder: 24% USA, 18% Japan, 8% BRD, 7% Italien, 4% Kanada, 4% Belgien

PRESSE (Aufl. i. Tsd.) *Tageszeitungen:* Lima: El Comercio (150, so. 220) – Expreso (150) – Extra (83) – Ojo (250) – El Popular (30) – La República (180)

PHILIPPINEN *Südost-Asien*
Republik der Philippinen; Republica Ñg Pilipinas; República de Filipinas; Republic of the Philippines – RP

LANDESSTRUKTUR Fläche (70): 300 000 km^2; insg. 7103 Inseln – **Einwohner** (14): (Z 1990) 60 684 887 = 202 je km^2 – Philippiner; vorwiegend jungmalaiische Filipinos (Bisayas, Tagalen, Bicol, Ilokano), daneben altindones. Bergvölker (Igoroten); außerd. 1–2% Chinesen (z. T. nicht naturalisiert), mehrere 100 000 Mischl., etwa 15 000 Negritos (Aëta), rd. 15 000 US-Amerikaner u. a. – **Leb.-Erwart.:** 64 J. – **Säugl.-Sterbl.:** 4,1% – **Analph.:** 10% – Jährl. **Bev.-Wachstum** (∅ 1980–90): 2,4%

(Geb.- u. Sterbeziffer 1990: 2,9%/0,7%) – **Sprachen**: 55% Pilipino (v. Tagalog abgeleitet) als Amtssprache; rd. 24% Cebuano, 24% Tagalog, rd. 12% Iloco, 8% Panay-Hiligayon, 5% Bicol u. a.; außerd. 45% Engl., rd. 3% Spanisch; Chinesisch – **Religion** (1991): 94,2% Christen, davon 84,1% Katholiken, 6,2% Anh. d. Unabh. Philipp. Kirche (Aglipayan), 3,9% Protest.; 5% Muslime; 43000 Buddhisten, rd. 400000 Animisten u. Religionslose – **Städt. Bev.:** 43% – **Städte** (Z 1990): Manila (Hptst.) 1598918 Ew. (als A [F 1988]: 7211700); Quezon City 1666766, Davao 849947, Caloocan 761011, Cebu 610417, Zamboanga 442345, Pasay 366623, Bacolod 364180, Cagayan de Oro 339598, Iloilo 309505, Angeles 236685, Butuan 227829, Iligan 226568, Olongapo 193327, Batangas 184970, Cabanatuan 173065, San Pablo 161630, Cadiz 119772

STAAT Präsidialrepublik – Verfassung von 1987 – Amtszeit d. Präs. 6 J., nicht wiederwählbar – Parlament aus 2 Kammern: Kongreß mit max. 250 Mitgl. (davon 200 gewählte u. max. 50 v. Präs. bestimmte, die Minderheiten repräsentieren; Wahl alle 3 J.) u. Senat mit 24 für 5 J. gewählten Mitgl. – Allg. Wahlrecht – 13 Regionen *(Einzelheiten→WA '90, Sp. 433)* u. 73 Provinzen je mit Gouverneur u. Prov.-Versamml. (Sangguniang Panlalawigan); 12 autonome Regionen – **Staatsoberhaupt u. Regierungschef:** Fidel Ramos, am 30. 6. 1992 vereidigt – **Äußeres:** Roberto Romulo, seit 1. 8. 1992 – **Parteien:** Parl.-Wahlen vom 11. 5. 1992 (Kongreß mit insg. 198 Abg.; 1987: 200): Power of the Democratic Filipino/LDP 87, National People's Coalition/NPC 48, Nat. Union for Christian Democrats/NUCD 31, Liberal P./LP-PDP 13, Nacionalist P./NP 6, Movement for the New Society/KBL 2, Unabh. 5, offen 5 – Sitzverteilung im Senat: LDP 16, NPC 5, NUCD 2, LP-PDP 1 – **Unabh.:** 4. 7. 1946 – **Nationalfeiertag:** 12. 6. (Unabh.-Prokl. gegenüber Spanien 1898)

Die **militär. Stützpunkte d. USA** (Clark, Subic Bay) sind seit 1978 philippinischer Kontrolle unterstellt. Subic Bay wird nach einer Vereinbarung der Regierung zum 31. 12. 1992 geräumt (keine Verlängerung d. Abkommens mit d. USA). Der Luftwaffenstützpunkt Clark wurde von d. USA aufgrund starker Beschädigungen durch d. Ausbruch d. Vulkans Pinatubo aufgegeben

WIRTSCHAFT BSP 1990: 43 954 Mio. $ = 730 $ je Ew. (122); realer Zuwachs $\emptyset$ 1980–90: 0,9%; **BIP** 1990: 43860 Mio. $; realer Zuwachs $\emptyset$ 1980–90: 0,9%; Anteil 1990 **Landwirtsch.** 22%, **Industrie** 35% – **Erwerbstät.** 1990: Landw. 45%, Ind. 15%; **Arbeitslosigkeit** 9/1991: 15,2% (einschl. Unterbeschäftigung rd. 40%) – **Energieverbrauch** 1990: 215 kg ÖE/Ew. – **Währung:** 1 Philippin. Peso (P) = 100 Centavos (c); 1 US-$ = 25,26 P; 100 P = 6,11 DM – **Ausl.-Verschuld.** 1990: 30456 Mio. $ = 69,3% d. BSP; Öff. Ausl.-Verschuldung 8/1992: 46000 Mio $ – **Inflation** $\emptyset$ 1980–90: 14,9% (1991: 17,7%) – **Außenhandel** 1991: **Import:** 12000 Mio. $; Güter: 12% Rohöl, 11% Vorerzeugn. für d. Elektroind., 10% Telekommunikationsausrüst., 9% Spezial- u. Kraftwerksmaschinen, 4% Eisen u. Stahl; Länder: 20% USA, 19% Japan, 11% EG-Länder, 8% Rep. China, 5% Saudi-Arabien, 5% Rep. Korea, 5% Hongkong, 4% Singapur; **Export:** 8700 Mio. $; Güter: 26% elektrotechn. Erzeugn., 21% Bekleidung, 5% Kupfer u. -erzeugnisse, 4% Fisch, 3% Kokosnußöl; Länder: 35% USA, 20% Japan, 19% EG-Länder (dar. 6% BRD, 4% Großbrit., 4% Niederl.), 4% Hongkong – Tourismus wichtige Einnahmequelle (1989: 1469 Mio. $; 1,189 Mio. Gäste)

PRESSE (Aufl. i. Tsd.) *Tageszeitungen:* Manila: Aug Pilipino Ngayon (286)/Pil. – Balita (181)/Pil. – Manila Bulletin (320)/Engl. – Manila Chronicle (78) – Manila Times (117) – News Day (72) – People's Journal (387)/Engl. u. Pil. – People's Tonight (320)/ Engl. u. Pil. – Philippine Daily Inquirer (157) – Tempo (250)/Engl. u. Pil. – Quezon City: Abante (100)/Pil. – *Nachrichtenagentur:* PNA (Philippines News Agency)

POLEN *Mittel-Europa*
Republik Polen; Rzeczpospolita Polska – PL

LANDESSTRUKTUR Fläche (68): 312 683 km^2 – **Einwohner** (27): (F 1990) 38 423 000 = 122 je km^2; (Z 1988) 37 769 000 – ca. 99% Polen; nationale Minderheiten, u. a. ca. 0,5–1 Mio. Deutsche, 180000 Ukrainer, 170000 Weißrussen, 21000 Slowaken, 19000 Russen, 12000 Sinti u. Roma, 10000 Litauer, je 5000 Griechen, 2000 Tschechen; etwa 9,5 Mio. Polenstämmige leben im Ausland (davon 6,5 Mio. in d. USA, 750000 in Frankreich u. 450000 in Brasilien) – **Leb.-Erwart.:** 71 J. – **Säugl.-Sterbl.:** 1,6% – **Analph.:** 1% – Jährl. **Bev.-Wachstum** ($\emptyset$ 1980–90): 0,7% (Geb.- u. Sterbeziffer 1990: 1,5%/ 1,0%) – **Sprache:** Polnisch; Sprachen d. Minderheiten – **Religion:** 95% Röm. Katholiken; 870000 Orthodoxe, etwa 160000 Protestanten, 60000 »Polnische Katholiken«, 30000 Altkatholiken; ca. 6000 Buddhisten, 4000 Juden u. 4000 Muslime – **Städt. Bev.:** 62% – **Städte** (F Ende 1990): Warszawa [Warschau] (Hptst.) 1655600 Ew., Łódź [Lodz] 848300, Kraków [Krakau] 750500, Wrocław [Breslau] 643200, Poznań [Posen] 590100, Gdańsk [Danzig] 465100, Szczecin [Stettin] 414300, Byd-

Polen

Konjunkturdaten 1991 für Osteuropa (Veränderungen gegenüber 1990)

	BIP (in %)	Produktion[1] Industrie (in %)	Agrar (in %)	Leistungs- bilanz[2] (in Mio. $)	Außenhandel[3] Import (in %)	Export (in %)	Inflation (in %)[4]	Arbeits- losenquote[5] (in %)	Brutto- verschuldung[6] (in Mio. $)
Bulgarien . . .	−22,9	−28,0	−5,0	−900	−64,1	−53,9	479,8	11,0	11 600
Polen	−9,0	−11,9	−2,0	−1229	34,4	−6,5	70,3	12,2	46 500
Rumänien . . .	−13,5	−18,7	−0,5	−1200	−33,0	−5,5	165,0	4,2	2100
Tschechoslowakei	−15,9	−21,2	−8,8	0	−20,1	−9,1	57,9	6,5	9300
Ungarn	−10,0	−19,1	−3,0	267	−2,3	−10,7	35,0	8,9	22 800

Quelle: Wiener Institut für Internationale Wirtschaftsforschung/WIIW (auf Basis nationaler Statistiken; z. T. Schätzungen u. Berechnungen d. WIIW)

[1] Brutto; [2] Hartwährungsleistungsbilanz; [3] Bulgarien u. Tschechoslowakei in $, übrige Länder zu konstanten Preisen; [4] Konsumentenpreise; [5] registrierte Arbeitslose per Ende März 1992; [6] Hartwährungsverschuldung per Ende Dezember 1991

---

goszcz [Bromberg] 381 500, Katowice [Kattowitz] 366 800, Lublin 351 400, Bialystok 270 600, Sosnowiec [Sosnowitz] 259 400, Czestochowa [Tschenstochau] 258 000, Gdynia [Gdingen] 251 500, Bytom [Beuthen] 231 200, Radom 228 500, Gliwice [Gleiwitz] 214 200, Kielce 214 200, Torun [Thorn] 202 200

STAAT Republik – Verfassung von 1952 mit Änderungen 1976, 1989 (Einführung d. Amtes d. Staatspräs.) u. 1990 (zur deutlicheren Trennung d. Befugnisse zw. Präs. u. Kabinett sowie zw. Reg. u. Parl. am 1. 8. 1992 durch Parl. gebilligt; Unterzeichnung durch Präs. steht noch aus) – Parlament aus 2 Kammern: Sejm mit 460 Mitgl. nach Verhältniswahl u. Senat mit 100 Mitgl. alle 4 J. gewählt – Allg. Wahlrecht ab 18 J. – 49 »Woiwodschaften« (Województwo), darunter die 3 Städte Warschau, Łódź u. Krakau; Verwaltungsgliederung in 10–12 Regionen vorgesehen – **Staatsoberhaupt:** Präs. Lech Walesa (POC), seit 22. 12. 1990 – **Regierungschefin:** Hanna Suchocka (UD), seit 10. 7. 1992 ; Koalitionsreg. aus 23 Min., Vertr. von 7 Parteien – **Äußeres:** Krzysztof Skubiszewski (parteilos), seit Sept. 1989 – **Parteien:** Wahlen vom 27. 10. 1991: Demokratische Union/UD (von Tadeusz Mazowiecki) 62 der 460 Sitze, Allianz der Demokrat. Linken/SLD (Nachfolgeorganis. der kommunist. Arbeiterpartei) 60, Katholische Wählerkaktion/WAK 49, Polnische Bauernpartei/PSL 48, Konföderation für ein unabh. Polen/KPN 46, Christl.-Demokrat. Zentrumsallianz/POC 44, Liberal-Demokratischer Kongreß/KLD (von J. K. Bielecki) 37, Bauernallianz/PL 28, Gewerkschaft Solidarność 27, Partei der Bierfreunde/PPPP 16, Vertreter d. Deutschen Minderheit 7, Demokratische Partei/SD 4, Partei X 3, Sonstige 29 (insg. 16 Parteien mit 1–4 Sitzen) – Verteilung im Senat: UD 21 von 100 Sitzen, Solidarność 11, POC 9, WAK 9, PL 8, PSL 7, KLD 6, SLD 4, Sonstige 25 (rd. 15 Parteien) – **Unabh.:** alte staatl. Tradition; 7. 10. 1918 Unabh.-Prokl. durch 3köpf. Regentschaftsrat, 11. 11. 1918 Pilsudski übernimmt Funktion d. R.-Rates (wird als eigentl. Gründung des unabh. Polens betrachtet), 14. 11. 1918 Rücktritt des R.-Rates u. Einsetzung einer Regierung durch Pilsudski – **Nationalfeiertag:** 3. 5. (1. demokrat. Verfassung v. 1791)

WIRTSCHAFT BSP 1990: 64 480 Mio. $ = 1690 $ je Ew. (90); realer Zuwachs ⌀ 1980–90: 1,8 %; **BIP** 1990: 63 590 Mio. $; realer Zuwachs ⌀ 1980–90: 1,8 % (1990: −9,0 %); Anteil 1990 **Landwirtsch.** 14 %, **Industrie** 36 % *(Kennzahlen d. Landw. → Tab. oben)* – **Erwerbstät.** 1990: Landw. 27 %, Ind. 28 %; **Arbeitslosigkeit** 7/1992: 13,1 % – **Energieverbrauch** 1990: 3416 kg ÖE/Ew. – **Währung:** 1 Zloty (Zl) = 100 Groszy (Gr); 1 US-$ = 13 444 Zl; 10 000 Zl = 1,13 DM – **Ausl.-Verschuld.** 1990: 49 386 Mio. $ = 82,0 % d. BSP (Brutto-Verschuld. 1991: 46 500 Mio. $) – **Inflation** ⌀ 1980–90: 54,3 % (1991: 70,3 %) – **Außenhandel** 1991: **Import:** 145 600 Mrd. Zl; Güter (1990): 40 % Maschinen u. Anlagen, 21 % Energie u. Brennstoffe, 12 % chem. Prod., 8 % Nahrungsm., 7 % Metalle; Länder (1990): 20 % BRD, 20 % UdSSR, 8 % Italien, 6 % Schweiz, 6 % Österreich, 6 % Großbrit., 4 % ČSFR, 3 % Frankr.; **Export:** 145 170 Mrd. Zl; Güter: 29 % Maschinen u. Anlagen, 15 % Prod. d. Metallind., 12 % chem. Produkte, 10 % Energie u. Brennstoffe (Kohle, Schwefel, Kupfer), 10 % Nahrungsm., 6 % Prod. d. Leichtind., 5 % landwirtschaftl. Prod.; Länder: 25 % BRD, 15 % ehem. UdSSR, 7 % Großbrit., 5 % Schweiz, 4 % ČSFR, 4 % Österreich, 3 % Frankr.

PRESSE (Aufl. i. Tsd.) *Tageszeitungen:* Warschau: Express Wieczorny (155) – Kurier Polski (200) – Rzeczpospolita (250) – Slowo Powszechne (50) – Sztandar Mlodych (350) – Trybuna (143) – Zycie Warszawy (200) – Breslau: Gazeta Robotnicza (85, fr. 470) – Danzig: Dziennik Baltycki (60, fr. 220) – Glos Wybrzeza (44, sa. 100) – Katowice: Dziennik

Zachodni (110, sa. 600) – Trybuna Robotnycza (580) – Krakau: Gazeta Krakowska (105) – Lódz: Dziennik Lódzki (50, sa. 125) – Glos Poranny (46, sa. 136) – Posen: Gazeta Poznanska (218) – Glos Wielkopolski (130) – Rzeszów: Nowiny (106) – Stettin: Glos Szczeciński (50, sa. 180) – *Wochenzeitungen:* Warschau: Panorama (280) – Polityka (350) – Przeglad Tygodniowy (120) – Tygodnik Solidarność/ Org. d. Solidarność – *Nachrichtenagentur:* PAP (Polska Agencja Prasowa)

PORTUGAL *Südwest-Europa*
Portugiesische Republik; República Portuguesa – P

LANDESSTRUKTUR Fläche (111): 92 389 km^2 (ohne Binnengewässer 91 985 km^2) einschl. Ilhas Adjacentes (»Anliegende Inseln«): **Azoren** (Arquipélago dos Açores) 2247 km^2 u. 254 200 Ew. (F 1987), Hptst. Ponta Delgada 148 000 Ew. (S 1986) – **Madeira** (m. Nebeninseln) 794 km^2 u. 271 400 Ew., Hptst. Funchal 38 340 Ew. (Azoren und Madeira besitzen seit 1976 begrenzte innere Autonomie, Azoren seit 1980 Autonomiestatut) – **Einwohner** (66): (F 1990) 10 372 000 = 112 je km^2 (ca. 700 000 Flüchtlinge [Desalojados bzw. Retornados] aus d. ehem. Kolonien); (Z 1981) 9 833 014 mit Azoren u. Madeira – Portugiesen; kleine afrik. Minderheiten – **Leb.-Erwart.:** 75 J. – **Säugl.-Sterbl.:** 1,2% – **Analph.:** 15% – Jährl. **Bev.-Wachstum** (∅ 1980–90): 0,6% (Geb.- u. Sterbeziffer 1990: 1,2%/0,9%) – **Sprache:** Portugiesisch – **Religion:** 94% Katholiken, 38 000 Protestanten, 15 000 Muslime, 2000 Juden – **Städt. Bev.:** 34% – **Städte** (Z 1981): Lisboa [Lissabon] (Hptst.) 807 937 Ew. (A: 1 329 000); Porto 327 368 (A: 559 000), Amadora 95 518, Setúbal 77 885, Coimbra 74 616, Braga 63 033, Vila Nova de Gaia 62 469, Barreiro 50 863, Funchal 44 111, Almada 42 607

STAAT Republik auf demokratisch-parlamentarischer Grundlage – Verfassung von 1976 mit Änderungen 1982 – Staatsrat (17 Mitgl.) als berat. Organ d. Präsidenten – Parlament aus 230 Mitgl., Wahl alle 4 J. – Amtszeit d. Präs. 5 J. – 18 festländische u. 4 Inseldistrikte (bzw. 2 autonome Regionen) – **Staatsoberhaupt:** Präs. Mário Soares, seit März 1986, wiedergew. am 13. 1. 1991 – **Regierungschef:** Aníbal Cavaco Silva (PSD), seit 1985, erneut seit 1987 u. 28. 10. 1991 – **Äußeres:** Prof. João de Deus Pinheiro – **Parteien:** Wahlen vom 6. 10. 1991: Partido Social-Democrata/PSD (Sozialdemokraten) 136 der 230 Sitze (1987: 148 der 250 Sitze); Partido Socialista/PS 71 (60); Partido Comunista Português/PCP 17 (31); Partido de Centro Democrático Social/CDS 5 (4); Partei der Nationalen Solidarität/PSN 1 (–); Partido Renovador Democrático/PRD (Eanes-Anh.) 0 (7) – **Unabh.:** unabh. Königreich seit 1143, endg. unabhängig seit 1. 12. 1640 (Aufkündigung der Personalunion mit Spanien) – **Nationalfeiertag:** 10. 6. (Tod des Nationaldichters Luiz de Camões 1580)

WIRTSCHAFT BSP 1990: 50 692 Mio. $ = 4900 $ je Ew. (47); realer Zuwachs ∅ 1980–90: 3,0%; **BIP** 1991: 68 900 Mio. $; realer Zuwachs ∅ 1980–90: 2,7% (1991: +2,7%); Anteil 1989 **Landwirtsch.** 6,2%, **Industrie** 38,1% – **Erwerbstät.** 1990: Landw. 17,8%, Ind. 34,8%; **Arbeitslosigkeit** 1991: 3,9% – **Energieverbrauch** 1990: 1507 kg ÖE/Ew. – **Währung:** 1 Escudo (Esc) = 100 Centavos (c, ctvs); 1US-$ = 127,22 Esc; 100 Esc = 1,20 DM – **Ausl.-Verschuld.** 1990: 20 413 Mio. $ = 36,5% d. BSP – **Inflation** ∅ 1980–90: 18,1% (1991: 14,3%) – **Außenhandel** 1990: **Import:** 25 333 Mio. $; Güter: 23% Maschinen, 14% Transportmittel, 12% Agrarprod. u. Nahrungsm., 11% chem. Erzeugn., 11% Energieträger, 11% Textilien, Bekleidung u. Schuhe; Länder: 14% Spanien, 14% BRD, 12% Frankr., 10% Italien, 8% Großbrit., 6% Niederl.; **Export:** 16 416 Mio. $; Güter: 29% Textilien, Bekleidung u. Schuhe, 13% Maschinen, 12% Holz, Papier u. Kork, 7% Agrarprod. u. Nahrungsm., 7% Transportm.; Länder: 17% BRD, 16% Frankr., 13% Spanien, 12% Großbrit., 6% Niederl., 5% USA – Tourismus bedeutend (1990: 18,42 Mio. Gäste; 1989: 16,47)

PRESSE *Tageszeitungen:* Lissabon: A Capital (40) – Correio da Manhã (80) – Diário de Notícias (59) – Diário Popular (62) – Porto: O Comércio do Porto (54) – Jornal de Notícias (70) – O Primeiro de Janeiro (33) – Azoren: Açoriano Oriental (6) – Correio dos Açores (4) – *Wochenzeitungen:* Expresso (150) – O Independente (80) – O Jornal (64) – Nova Gente (124) – Semanário (78) – Sete (54) – *Nachrichtenagentur:* Agência Lusa de Informaçao

ÜBERSEEGEBIET

MACAO Macau (chines. Magao) (Chinesisches Territ. unter port. Verwalt.)

LANDESSTRUKTUR Fläche: 16,92 km^2 (n. eig. Ang. 17,32 km^2) – Einwohner (F 1990): 459 000 = 26 120 je km^2; (Z 1981) 298 200 – Über 90% Chinesen, rd. 12 000 Portugiesen u. Mischlinge (Macaenses); rd. 135 220 Ew. mit portugies. Staatsangeh. – Leb.-Erwart.: 72 J. – Jährl. Bev.-Wachstum (∅ 1980–90): 3,5% (Geburtenziffer 1990: 2,1%) – Sprachen: Portugiesisch als Amtsspr.; Chinesisch u. Englisch als Umgangsspr. – Religion: mehrheitl.

Katholiken; Buddhisten, Daoisten u. Konfuzianer – Städte: Macão (Santo Nome de Deus de Macão) 406 000 Ew.; Insel Taipa 15 000; Coloane 5000

REGIERUNGSFORM Seit 1976 volle innere Autonomie – Verfass.-Änderungen 1990 – Konsultativrat (Conselho Consultivo) mit 10 Mitgl., davon 5 gewählt u. 5 durch d. Gouv. ernannt sowie Gesetzgeb. Versamml. (Assembleia Legislativa) mit 17 Mitgl., davon 6 direkt gewählt (ab 1992: 23 bzw. 8) – **Gouverneur:** Gen. Vasco Rocha Vieira, seit 20. 3. 1991 – **Parteien:** Keine Parteien im eigentl. Sinne; Gesetzgeb. Versamml. (6 direkt gewählt): União Eleitoral/UNE [Wahlverband] 4; »Pro-Macão-Gruppe« 1; Flor de Amizade e Desenvolvimento de Macão/FADEM (Blume der Freundschaft u. Entw.) 1; 5 v. Gouverneur ernannt u. 6 indirekt über Verbände best.; 9 Mitgl. sind Chinesen

WIRTSCHAFT BSP 1985: 1120 Mio. $ = 3260 $ je Ew.; BIP 1989: 3074 Mio. – Erwerbstät. 1989: Landw. 0,6%, Ind. 42,5% – **Währung:** 1 Pataca (Pat.) = 100 Avos (Avs); 1 US-$ = 7,94 Pat.; 100 Pat. = 19,12 DM (Hongkong-$ als Zahlungsmittel ebenf. gebräuchl.) – Inflation $\emptyset$ 1990: 9,0% – **Außenhandel** 1989: Import: 11 879 Mio. Pat.; Güter: Rohstoffe für Ind., Konsumgüter; Länder: 43% Hongkong, 20% VR China; Export: 13 193 Mio. Pat.; Güter: 72% Textilien; Länder: 38% USA, 15% Hongkong, BRD, Frankr. – **Tourismus** 1990: 5,94 Mio. Gäste, 6 Spielcasinos (50% d. Haushaltseinnahmen)

PRESSE (Aufl. i. Tsd.) Tageszeitungen: Port.: Gazeta Macaense (1) – Jornal de Macau (1) – Chin.: Jornal 'Va Kio' (39) – Ou Mun lat Pou (55) – Seng Pou (2) – Tai Chung (4) – Wochenzeitungen: Boletim Oficial/Port. – O Clarim (1) – Tribuna de Macau/Port. (2)

RUANDA *Ost-Afrika*
Republik Ruanda [Rwanda]; Republika y'u Rwanda [y Urwanda], République Rwandaise – RWA

LANDESSTRUKTUR **Fläche** (143): 26 338 km^2 – **Einwohner** (88): (F 1990) 7 237 000 = 275 je km^2; (Z 1978) 4 830 984 – Ruander [Rwander]; haupts. Bantu (rd. 88% Bahutu bzw. Hutu u. verw. Stämme), 11% nilotische Watussi bzw. Tutsi, rd. 1% Pygmäen (Twa); über 1000 Europäer (meist Belgier), ca. 750 Inder u. a. Asiaten – **Leb.-Erwart.:** 50 J. – **Säugl.-Sterbl.:** 12,0% – **Analph.:** 50% – Jährl. **Bev.-Wachstum** ($\emptyset$ 1980–90): 3,3% (Geb.- u. Sterbeziffer 1990: 5,4%/1,8%) – **Sprachen:** Französisch u. Kinyarwanda als Amtssprachen; KiSuaheli z. T. Verkehrsspr. – **Religion:** 56% Katholiken, 13% Protestanten, 9% Muslime; rd. 30% Anhänger v. Naturreligionen – **Städt. Bev.:** 8% – **Städte** (S 1988): Kigali (Hptst.) 261 100 Ew.; Butare (fr. Astrida) 43 400, Ruhengeri 29 000, Gisenyi 25 500

STAAT Präsidialrepublik – Neue Verfassung seit 10. 6. 1991 in Kraft – Conseil National de Développement (Nationaler Entwicklungsrat) anstelle eines Parlaments (1973 aufgelöst) mit 70 Mitgl.; Wahl alle 5 J. – Amtszeit d. Präs. 5 J. – Bildung einer Nationalkonferenz im April 1992 zur Vorbereitung von Parl.-Wahlen – 11 Präfekturen u. 145 Gemeinden – **Staatsoberhaupt** u. Verteidigungsmin.: Generalmajor Juvénal Habyarimana, Vors. d. MRNDD, seit 1973, letztmals 1988 wiedergewählt – **Regierungschef:** Dismas Nsengiyaremye (MDR), seit 3. 4. 1992 (Übergangsreg. mit 9 Vertr. d. MRNDD u. 10 Vertr. d. Opposition) – **Äußeres:** Boniface Ngulinzira, MDR – **Parteien:** Mouvement républicain national pour la démocratie et le développement/MRNDD (ehem. Einheitspartei); Wahlen zum Nationalrat von 1988: alle 70 Sitze MRNDD – Seit Anf. 1992 Zulassung von Oppos.-Parteien – Parl.-Neuwahlen bis Ende 1992 geplant – **Unabh.:** 1. 7. 1962 – **Nationalfeiertage:** 1. 7. (Unabh. 1962 und »Fest d. 2. Republik«), 5. 7. (Machtergreifung Habyarimanas 1973)

WIRTSCHAFT BSP 1990: 2214 Mio. $ = 310 $ je Ew. (158); realer Zuwachs $\emptyset$ 1980–90: 1,0%; *(Anteil Entwicklungshilfe u. Ausl.-Schulden → Tab. Sp. 471 f.);* BIP 1990: 2130 Mio. $; realer Zuwachs $\emptyset$ 1980–90: 1,0%; Anteil 1990 **Landwirtsch.** 38%, **Industrie** 22% – **Erwerbstät.** 1989: Landw. 91%, Ind. 3% – **Energieverbrauch** 1990: 41 kg ÖE/Ew. – **Währung:** 1 Ruanda-Franc (F. Rw) = 100 Centimes; 1 US-$ = 138,81 F. Rw; 100 F. Rw = 1,09 DM – **Ausl.-Verschuld.** 1990: 741 Mio. $ = 35,0% d. BSP – **Inflation** $\emptyset$ 1980–90: 3,8% – **Außenhandel** 1990: **Import:** 229 Mio. $; Güter (1987): 26% Maschinen u. Transportausrüst., 9% bearb. Waren, 5% chem. Erzeugn., 2% Nahrungsm.; Länder (1988): 58% EG-Länder (dar. 19% Belgien-Luxemb., 11% BRD, 11% Frankr.), 19% Japan, 13% Kenia, 6% VR China; **Export:** 112 Mio. $; Güter (1987): 45% Nahrungsm. u. leb. Tiere; 45% Kaffee, Tee, Kakao, Gewürze u. Waren daraus, 4% Rohstoffe; Länder (1989): 85% Kenia, 7% EG-Länder (v. a. Italien, Belgien-Luxemb., Frankr.)

PRESSE (Aufl. i. Tsd.) *Wochenzeitungen:* Kigali: Imvaho (51)/Kinyarwanda – Kinyamateka (11)/14täg. – *Monatszeitung:* Hobe (95)/Kinyarwanda – *Nachrichtenagentur:* ARP (Agence Rwandaise de Presse)

RUMÄNIEN Südost-Europa
România – RO

LANDESSTRUKTUR **Fläche** (79): 237500 km² – **Einwohner** (38): (Z 1992) 22760449 = 96 je km² (vorl. Ergeb.) – 20352980 (89,4%) Rumänen, 1620000 (7,1%) Magyaren, 410000 (1,8%) Sinti u. Roma, 119436 (0,5%) Deutsche, 67000 Ukrainer, 39000 Lipovaner, 30000 Türken, 25000 Tataren, 9000 Juden; seit Dez. 1989 haben über 200000 Personen das Land verlassen – **Leb.-Erwart.**: 70 J. – **Säugl.-Sterbl.**: 2,7% – **Analph.**: 4% – Jährl. **Bev.-Wachstum** (∅ 1980–90): 0,4% (Geb.- u. Sterbeziffer 1990: 1,6%/1,1%) – **Sprachen**: Rumänisch als Amtssprache; Sprachen d. Minderheiten, u. a. Ungarisch, Deutsch, Serbisch, Ukrainisch, Armenisch, Jiddisch – **Religion**: 87% rumänisch-orthodoxe Christen, 5% römische Katholiken, 3,5% Anhänger d. Reformierten Kirche, 1% griech.-orth. Christen, 0,5% Baptisten; muslimische Minderh., 9000 Juden – **Städt. Bev.**: 53% – **Städte** (F 1986): București [Bukarest] (Hptst.) 1989800 Ew., Brașov [Kronstadt] 351500, Constanța [Konstanza] 332700, Timișoara [Temeschburg] 325300, Cluj-Napoca [Klausenburg] 310000, Iași 313100, Galați [Galatz] 295400, Craiova 281000, Brăila 235600, Ploiești 234900, Oradea [Großwardein] 213800, Arad 187700, Bacău 179900, Sibiu [Hermannstadt] 177500, Tîrgu Mureș 159000, Pitești 157200, Baia Mare 139700, Buzău 136100, Satu Mare 130100

STAAT Republik – Neue Verfassung seit 8. 12. 1991 (per Referendum angenommen) – Parlament (Marea Adunare Nationala) aus 2 Kammern: Deputiertenversammlung mit 387 u. Senat mit 119 Mitgl.; Wahl alle 4 J. – Nur einmalige Wiederwahl d. Staatsoberh., das parteilos sein muß – Allg. Wahlrecht ab 18 J. – Municipium Bukarest u. 40 Kreise – **Staatsoberhaupt**: Präs. Ion Iliescu (Vors. d. FSN), seit 20. 5. 1990 – **Regierungschef**: Theodor Stolojan, seit 1. 10. 1991; Reg.-Koalition aus FSN u. Nationallib. Partei – **Äußeres**: Adrian Năstase – **Parteien**: Wahlen vom 20. 5. 1990 (Kandidatur von 82 Parteien): Front zur Nationalen Rettung/FSN 263 d. 387 Sitze in d. Deputiertenvers. u. 91 d. 119 Sitze im Senat (Abspaltung von d. FSN im April 1992: Demokrat. Front d. Nat. Rettung/DFNR); Demokrat. Konvention/CD insg. 77 u. 23 (Oppos.-Bündnis aus 17 Parteien u. Verbänden, darunter d. wichtigsten bürgerl. Vorkriegsparteien: Nationalliberale P. 29 u. 10, Nationale Bauernp. 12 u. 1, Dem. Union d. Ungarn 29 u. 12, Sozialdemokraten u. Sozialisten 7 u. 0); Ökologische Bewegung 12 u. 1, Demokrat. Bauernp. 9 u. 0, Rumän. Einheitsallianz (nationalist. Partei für Großrumänien) 9 u. 2, Rumän. Ökolog. Partei 8 u. 1, Zentrumsdemokraten 2 u. 0; Sonstige 7 u. 1 – Parl.- u. Präs.-Wahlen auf 27. 9. 1992 festgelegt (Kandidaten: Caius Dragomir/FSN, Ion Iliescu/DFNR, Emil Constantinescu/CD u. a.) – **Unabh.**: erste eigene Staatsbildung (Moldau, Walachei) im 14. Jh.; Anerkennung d. Unabh. am 13. 7. 1878 (Berliner Konferenz) durch d. Osmanische Reich – **Nationalfeiertag**: 23. 8. (Sturz d. Reg. Antonescu 1944)

WIRTSCHAFT (Konjunkturdaten 1991 für Osteuropa → Tab. Sp. 515f) **BSP** 1990: 38025 Mio. $ = 1640 $ je Ew. (91); realer Zuwachs ∅ 1980–90: 1,5 (1990: –15%); **BIP** 1990: 34730 Mio. $; realer Zuwachs ∅ 1980–90: 1,2% (1991: -13,5%); Anteil 1990 **Landwirtsch.** 18%, **Industrie** 48% (Kennzahlen d. Landw. → Tab. Sp. 515f.) – **Erwerbstät.** 1989: Landw. 21%, Ind. 37%; **Arbeitslosigkeit** 3/1992: 4,2% (Unterstützungsberechtigte) – **Energieverbrauch** 1990: 3623 kg ÖE/Ew. – **Währung**: 1 Leu (l) = 100 Bani; 1 US-$ = 304,00 l; 100 l = 0,50 DM – **Brutto-Verschuld.** 1991: 2100 Mio. $ – **Inflation** ∅ 1980–90: 1,8% (1991: 165,0%) – **Außenhandel** 1989: **Import**: 8799 Mio. $ (S 1991: –10,9% = 5150 Mio. $); Güter: 56% Brennstoffe, Mineralrohstoffe u. Metalle, 26% Maschinen, Ausrüstungen u. Transportmittel, 6% chem. Prod.; Länder: 32% UdSSR, 12% Iran, 7% DDR, 6% Saudi-Arabien, 5% ČSFR, 4% Polen, 5% VR China, 3% Ungarn, 3% Bulgarien; **Export**: 10811 Mio. $ (S 1991: –0,8% = 3520 Mio. $); Güter: 32% Brennstoffe, Mineralrohstoffe u. Metalle, 29% Maschinen, Ausrüst. u. Transportm., 18% industrielle Konsumgüter; Länder: 23% UdSSR, 10% Italien, 7% BRD, 5% DDR, 3% VR China, 3% ČSFR, 3% Polen, 3% Iran

PRESSE (Aufl. i. Tsd.) Tageszeitungen: Bukarest: Adevărul (1300) – Azi (70)/FSN-Org. – Curierul national (90) – Dreptatea – Gazeta Sporturilor (450)/Sport – Libertatea (110) – Neuer Weg (25)/Dt. – România Liberă (400) – Realitatea românească (100) – Romaniai Magyar Szó (75)/Ung. – Tineretul liber (300) – Wochenzeitungen: Baricada – Contemporanul (40) – Cuvîntul – Expres – Globul – Lumea azi – Magazin (200) – România Mare (450) – Românul – Viitorul (100) – Volosag (Realitatea; 30)/Ung. – Zig Zag – Nachrichtenagentur: ROMPRES (Romanian News Agency)

RUSSLAND Eurasien
Russische Föderation; russische Kurzbezeichnung: Rossija; Name seit 25. 12. 1991 – R

LANDESSTRUKTUR *(Karte, Sp. 133f, u. Tabellen, Sp. 525f.)* **Fläche** (1): 17 075 400 km² (incl. d. Exklave Kaliningrad [dt.: Königsberg]) – **Einwohner** (6): (F 1990) 148 041 000 = 9 je km²; (Z 1989) 147 386 600 – 82,6% Russen [Russkij]; insges. mehr als 100 Nationalitäten u. Völker; (Z 1979): 3,6% Tataren, 2,7% Ukrainer, 1,2% Tschuwaschen, 1% Dagestaner, 0,9% Baschkiren, 8% andere (u. a. Karelier, Komi, Nenzen, Chanten, Mansen, Jamolo-Nenzen, Taymir, Ewenken, Tuwinen, Burjaten, Jakuten, Tschuktschen, Korjaken; → Bev. d. Aut. Rep. u. Gebiete; Exklave Kaliningrad: 871 000 Ew., darunter 684 000 Russen, 74 000 Weißrussen u. 63 000 Ukrainer) – **Leb.-Erwart.**: 69 J. – **Säugl.-Sterbl.** 1989: 1,8% – **Bev.-Wachstum** (1979–89): + 7,0% (Geb.- u. Sterbeziffer 1990: 1,3%/1,1%) – **Sprachen**: Russisch als Amtssprache; Sprachen d. Minderheiten – **Religion**: mehrheitl. Russisch-Orthodoxe – **Städt. Bev.**: 74% – **Städte** (Z 1989): Moskau (Hptst.) 8 967 000 Ew. (davon 8 Mio. Russen, 250 000 Ukrainer, 175 000 Juden, 160 000 Tataren); St. Petersburg (ehem. Leningrad) 5 020 000, Nishni Nowgorod (ehem. Gorki) 1 438 000, Novo Sibirsk 1 436 000, Jekaterinburg (ehem. Swerdlowsk) 1 367 000, Samara (ehem. Kuibyschew) 1 257 000, Omsk 1 148 000, Tscheljabinsk 1 143 000, Kasan 1 100 000, Ufa 1 100 000, Perm 1 091 000, Rostow 1 090 000, Don 1 020 000, Caricyn (ehem. Wolgograd) 999 000, Krasnojarsk 912 000, Saratow 905 000, Wladiwostok 648 000

STAAT *(→ Chronik Sp. 59 ff u. 130 ff)* Präsidialrepublik (Einführung d. Präsidialsystems per Gesetz am 22. 5. 1991) – Föderation mit bundesstaatlichem Charakter: Unterzeichnung d. Föderationsvertrags am 31. 3. 1992 durch 86 regionale Regierungen, darunter 14 d. 16 autonomen Rep. (Beitritt durch Rep. Tatarstan u. Rep. Tschetschenien verweigert), die Städte Moskau u. St. Petersburg u. 49 autonome Regionen (Oblaste) – Sowjet. Verfassung von 1977 in Kraft, Ergänzungen 1990 u. zuletzt durch spezielle Verf.-Zusätze Mitte 1991 revidiert (u. a. Einrichtung d. Amtes d. Staatsoberhauptes) – Neue Verfassung in Ausarbeitung (Beschränkung d. Befugnisse d. Präs. u. Stärkung d. Parl. geplant) – Präs. für 5 J. durch allg. direkte Wahl bestimmt; seit 1. 11. 1991 Zubilligung außerordentl. Vollmachten zur Durchführung radikaler Wirtschaftsreformen für eine Übergangsphase von 2 J. durch d. Parl. – Parlament (Volksdeputiertenkongreß/VDK) als höchstes Legislativorgan mit 1046 Mitgl. – Oberster Sowjet (sog.

Gemeinschaft Unabhängiger Staaten – GUS

Republiken	Fläche in 1000 km[1]	Anteil in % d. ehem. UdSSR[2]	Einw. in Mio. (F 1990)	Anteil d. Russen/Titular-nation (1989) in %	BSP 1990 in $ je Einw.	Index BSP pro Kopf (UdSSR = 100) 1990	Anteil am BSP d. UdSSR[1] 1989	Produziertes National-einkommen 1991 zu fixen Preisen (in % von 1990)[2]	Rückgang der Wirtschafts-leistung 1991 gegenüber 1990 in %
Armenien	29,8	0,1	3,58	1,5/93,3	4710	94	1,1	89,0	−11,8
Aserbaidschan	86,6	0,4	7,15	7,9/78,1	3750	75	1,8	99,6	−0,7
Kasachstan	2717,3	12,0	16,69	38/42,0	3720	74	4,2	90,0	−10,0
Kirgistan	198,5	0,9	4,37	21,5/52,4	3030	61	0,9	95,0	−2,0
Moldau	33,7	0,2	4,36	12,8/64,5	3820	77	1,1	88,0	−11,9
Rußland	17075,4	76,7	147,38	82,6/--	5810	116	59,0	89,0	−9,0
Tadschikistan	143,1	0,6	5,25	10,4/58,8	2340	47	0,8	91,0	−8,7
Turkmenistan	488,1	2,2	3,62	12,6/68,4	3370	67	0,8	99,4	−0,6
Ukraine	603,7	2,7	51,84	20,3/72,7	4700	94	16,8	89,0	−9,6
Usbekistan	447,4	2,0	20,30	10,8/68,7	2750	55	3,8	99,1	−0,1
Weißrußland	207,6	0,9	10,3	13,2/77,9	5960	119	4,2	97,0	−3,5
Georgien	69,7	0,3	5,45	7,4/68,8	4410	88	1,6	90,0	−25,0

[1] GUS insg. 85,0% – [2] bezogen auf die gesamte ehem. UdSSR, incl. die Baltenstaaten – [3] GUS-Verträge bisher nicht ratifiziert
[4] Nicht Mitglied der GUS, Beitrittsgesuch am 22.6.1992
Quellen: Institut für ostwissenschaftliche Studien, IMF, NZZ

GUS – Produktion von Energiegütern 1991

	Strom (Mrd. kWh)	in %[1]	Erdöl (Mio. t)	in %[1]	Erdgas (Mrd. m³)	in %[1]	Kohle (Mio. t)	in %[1]
Armenien	9,5	92	–	–	–	–	–	–
Aserbaidschan	23,3	101	11,7	94	8,6	87	–	–
Kasachstan	79,1	98	26,6	103	7,9	111	130	99
Kirgistan	14,0	106	0,1	92	0,1	87	3,5	93
Moldau	13,0	84	–	–	–	–	–	–
Rußland	1046	99	461	89	643	100,4	353	89
Tadschikistan	17,5	97	0,1	75	0,1	83	0,3	66
Turkmenistan	14,9	102	5,4	97	84,3	96	–	–
Ukraine	275,8	93	4,9	94	24,4	87	136	82
Usbekistan	54,1	96	2,8	108,8	41,9	103	509	92
Weißrußland	38,7	98	2,1	100,3	0,3	99	–	–
GUS[2]	1586,0	98	515,0	90	810,0	99,5	629,0	90

Quelle: Bericht des Staatlichen Ausschusses für Statistik 1991, erschienen in: »Ekonomiki i Schisn«, Moskau, März 1992
[1] gegenüber 1990; [2] ohne Georgien

Arbeitsparl. mit Legislativ- u. Kontrollfunktionen) aus 250 Mitgl., die aus d. Reihen d. VDK gewählt werden – Neues Bundesparl. aus 2 Kammern (Bundesversamml. u. Staatsduma) vorgesehen – Allg. Wahlrecht ab 18 J. – 6 Regionen (Kraj), 49 Gebiete (Oblast), darunter das Exklave d. Verwaltungsgebiet Kaliningrad, 2378 Bezirke (Rajon) u. bezirksfreie Städte sowie 10 Wirtschaftsregionen – Zum Territorium gehören: 16 Autonome Republiken (mit eig. Verfass., Parl. u. Reg.), 5 Autonome Gebiete (mit weitgehender administrativer Autonomie) sowie 10 Autonome Kreise (Okrug) – **Staatsoberhaupt:** Präs. Boris N. Jelzin, seit 12. 6. 1991 – **Regierungschef:** Jegor Gaidar, seit 15. 6. 1992; Kabinett mit insg. 8 stellvertr. Min.-Präs. – **Äußeres:** Andrej Kosyrew – **Parteien:** Sozialist. Partei der Russischen Arbeiter als Nachfolgeorganisation der KP am 27. 10. 1991 gegründet – Seit 1991 zahlr. Neugründungen von Parteien bzw. parteiähnlichen Gruppierungen – **Unabh.:** 1918 Proklamation d. Russischen Sozialistischen Föderativen Sowjetrepublik (RSFSR) – Zusammenschluß d. RSFSR mit den and. Sowjet. Rep. zur UdSSR am 30. 12. 1922 – Souveränitätserklärung am 22. 4. 1990, durch Parl. am 12. 5. 1990 bestätigt – Rechtsnachfolge d. UdSSR – **Nationalfeiertag:** 12. 6. (»Tag des Freien Rußlands«)

WIRTSCHAFT BSP 1989: 856000 Mio. $ = 5810 $ je Ew. (43); Anteil am BSP d. UdSSR: 59%; **BIP** 1990/91: –9,0% – **Erwerbstätige** 1991: 73,1 Mio.; davon in Staatl. Untern. u. Organisationen 76,3%, Kolchosen u. neue Genossenschaften 10,4%, Pachtunternehmen 8%; Anteil 1987: **Forstu. Landwirtsch.** 14%, **Industrie u. Bau** 42%, **Handel u. Verkehr** 23%, **Dienstleistungen** 21%;

offizielle **Arbeitslosigkeit** 7/1992: 0,8 Mio. Pers. – **Währung:** 1 Rubel (Rbl) = 100 Kopeken; 1 US-$ = 168,10 Rbl (Offiz. Kurs vom 25. 8.1992) – **Inflation** $\varnothing$ 1992: 15–17% im Monat – **Ausl.-Verschuld.** Juni 1992: 59100 Mio. $ – **Bergbau u. Rohstoffgewinnung:** Erdöl (1989: 90% d. Gesamtfördermenge d. UdSSR), Erdgas (75%), Kohle (55%) sowie Eisenerze (über 60 Mio. t/Jahr); Kupfer, Zink, Gold, Diamanten, Uran *(Produktion von Energiegütern*

Wichtigste Wirtschaftsindikatoren der GUS* 1991
(Veränderungen in % gegenüber 1990)

BIP	–17,0%
Produziertes Nationaleinkommen	–15,0%
Verwendetes Nationaleinkommen	–16,0%
Leistungsbilanz (in Mio. $)	–3900
Bruttoproduktion:	
– Industrie	– 7,8%
Landwirtschaft	– 7,0%
Veränderung der realen Wirtschaftsleistung	–17,0%
Investitionen	–25,0%
Auslandsschulden (in Mio. $)[1]	74000
Außenhandel:	
– Export	–33,0%
– Import	–44,0%
Konsum	–13,0%
Lebensstandard	–15,0%
Inflation	96,0%
Arbeitslosenquote[2]	0,7%

Quelle: WIIW (auf Basis nationaler Statistiken; z. T. eigene Schätzungen und Berechnungen); IWH

* ohne Georgien; [1] Stand: Juni 1992; [2] registrierte Arbeitslose per Ende Dezember

1991 → Tab. Sp. 525f.); **Industrie:** Maschinen- u. Fahrzeugbau, chem. Prod. sowie Rüstungsgüter, Stahl, Papier, Zement; **Landwirtschaft:** Getreide, Kartoffeln u. Gemüse – **Außenhandel Saldo** 1988: 30,8 Mrd. Valutarubel; **Import** (1989): 144270 Mio. Rbl, davon 49 % aus d. übrigen UdSSR u. 51 % aus d. Ausland; Güter: Maschinenbauerzeugn., Erzeugn. d. Leichtind., Nahrungsmittel u. a. landwirtschaftl. Prod.; **Export** (1989): 109610 Mio. Rbl, davon 68,5% in d. übrige UdSSR u. 31,5% ins Ausland; Güter: Erdöl u. Erdölprod., Erdgas

PRESSE (Aufl. i. Tsd.; April 1992: 1700 Ztg. u. Zeitschr. mit Aufl. von über 100000 Ex.; 23000 lokale u. regionale Publikationen) – *Tageszeitungen:* Moskau: Argumenti i Fakti (25000) – Iswestija (3200, ab. 300) – Kommersant (500)/Wirtsch. – Komsomolskaja Prawda (13500) – Leninskoye Znamya (400) – Literaturnaja Gasjeta (500) – Moskovskije Nowosti (900) – Megapolis-Express (1400) – Nesawissimaja Gasjeta (500) – Nowoje Wremja – Rabotschaja Tribuna (500) – Sowjetskaja Rossija (3230) – Trud (13500) – (Stand 1990): St. Petersburg: Leningradskaja Prawda (350) – Vecherny Leningrad – Wladiwostok: Krasnoje Znamja (400) – *Wochenzeitungen:* Moskau: Denj (gegr. 1991) – Literaturnaja Rossija/Lit. – Prawda (3x wö.; 1400) – *Rundfunk u. Fernsehen:* Ostankino (ehem. Gosteleradio) mit GUS-weiter Verbreitung, RTR (Russ. Fernsehen) – *Nachrichtenagenturen:* ITAR-TASS (Informations-Telegraphen-Agentur Rußlands, früher TASS) – Interfax – RIA (Russische Informationsagentur)

Autonome Republiken: seit 1990 haben alle 16 A. R. Souveränitätserklärungen abgegeben – Eigene Verfass. u. Gesetzgebung – Wahl d. Parlaments (Oberster Sowjet) aus 1 Kammer alle 2,5 J., ernennt Ministerrat sowie Präsidium – Bis auf die Rep. Tatarstan u. Tschetschenien sind alle ehem. A. R. dem Föderationsvertrag beigetreten – Hinzu kommen 4 der 5 ehem. sog. **Autonomen Gebiete** (mit administrativer Autonomie)

AUTONOME REPUBLIKEN

Republik Baschkirostan *Fläche* 143600 km^2 – *Einwohner* (F 1990): 3964000 = 28 je km^2; (Z 1989): 3952000 – 1,5 Mio. Russen, 1,1 Mio. Tataren, 800000 Baschkiren – *Hauptstadt* (Z 1989): Ufa 1083000 Ew. – Souveräne Republik seit 29. 10. 1990 – Parl.-Präs.: Murtasa Rachimow

Burjatische Sozialistische Sowjetrepublik (ASSR Burjatien) *Fläche* 351300 km^2 – *Einwohner* (F 1990): 1049000 = 3 je km^2; (Z 1989): 1042000 – 700000 Russen, 250000 Burjaten – *Hauptstadt* (Z 1989): Ulan-Ude 353000 Ew.

Republik Dagestan *Fläche* 50300 km^2 – *Einwohner* (F 1990): 1823000 = 23 je km^2; (Z 1989): 1792000 – rd. 500000 Awaren, 280000 Dagestaner (Darginer), 230000 Kumücken, 165000 Russen u. a. (insg. rd. 40 versch. ethnische Gruppen) – *Sprachen:* Arabisch, Russisch u. a. – *Religion:* überw. Muslime – *Hauptstadt* (Z 1989): Machatschkala 315000 Ew.

Kabardino-Balkarische Republik *Fläche* 12500 km^2 – *Einwohner* (F 1990) 768000 = 62 je km^2; (Z 1989): 760000 – 360000 Kabardiner, 240000 Russen, 70000 Balkaren – *Hauptstadt* (Z 1989): Naltschik 235000 Ew.

Republik Kalmükien *Fläche* 75900 km^2 – *Einwohner* (F 1990): 325000 = 4 je km^2; (Z 1989): 322000 – 146000 Kalmüken, 120000 Russen – *Religion:* lamaistischer Buddhismus (Kalmüken) – *Hauptstadt* (Z 1989): Elista 120000 Ew. – Souveränitätserklärung am 19. 10. 1990

Republik Karelien *Fläche* 172400 km^2 – *Einwohner* (F 1990): 796000 = 5 je km^2; (Z 1989): 792000 – 580000 Russen, 80000 Karelier – *Hauptstadt* (Z 1989): Petrosawodsk 270000 Ew. – Souveränitätserklärung am 10. 8. 1990

Sozialistische Sowjetrepublik der Komi (ASSR Komi) *Fläche* 415900 km^2 – *Einwohner* (F 1990): 1265000 = 3 je km^2; (Z 1989): 1263000 – 720000 Russen, 290000 Komi, Komi-Permjaken – *Hauptstadt* (Z 1989): Syktywkar 233000 Ew.

Republik der Mari (»Marij-El«) *Fläche* 23200 km^2 – *Einwohner* (F 1990): 754000 = 33 je km^2; (Z 1989): 750000 – 355000 Russen (47%), 324000 Mari [Marijcy] (43%) – rd. 600000 Mari leben in Baschkirostan u. Tatarstan – *Religion:* Russ.-Orthodoxe – *Hauptstadt* (Z 1989): Joschkar-Ola 242000 Ew.

Mordwinische Sozialistische Sowjetrepublik (ASSR Mordwinien) *Fläche* 26200 km^2 – *Einwohner* (F 1990): 964000 = 37 je km^2; (Z 1989): 964000 – 586000 Russen, 313000 Mordwinen – *Hauptstadt* (Z 1989): Saransk 312000 Ew.

Nordossetische Sozialistische Sowjetrepublik (ASSR Nordossetien) *Fläche* 8000 km^2 – *Einwohner* (F 1990): 638000 = 80 je km^2; (Z 1989): 634000 – (F 1991): 52% Nord-Osseten, 39% Russen; Inguschen, Georgier, Armenier – *Religion:* überw. Muslime – *Hauptstadt* (Z 1989): Wladikawkas (ehem. Ordshonikidse) 300000 Ew.

Republik Sacha (ehem. Jakutien) *Fläche* 3 103 200 km² – *Einwohner* (F 1990): 1 099 000 = 0,4 je km²; (Z 1989): 1 081 000 – 550 000 Russen, 365 000 Jakuten – *Hauptstadt* (Z 1989): Jakutsk 187 000 Ew.

Republik Tatarstan *Fläche* 68 000 km² – *Einwohner* (F 1990): 3 658 000 = 54 je km²; (Z 1989): 3 640 00 – 1 700 000 Tataren (48%), 1 500 000 Russen (43%); (F 1989): 1 536 000 sog. Wolga-Tataren, Astrachan-Tataren sowie Krim-Tataren – *Religion:* überw. Muslime – *Hauptstadt* (Z 1989): Kasan 1 094 000 Ew. - Souveränitätserklärung Ende Aug. 1990; einseitige Unabh.-Erkl. am 21. 3. 1992 – Tatarstan ist dem Föderationsvertrag nicht beigetreten – Parlament (Kuruktai); Präs.: Mintimer Schaimijew

Republik der Tschetschen und Inguschen *Fläche* 19 300 km² – *Einwohner* (F 1990): 1 290 000 = 67 je km²; (Z 1989): 1 277 000 – 730 000 Tschetschenen, 290 000 Russen, 163 000 Inguschen – *Religion:* überw. Muslime (Sunniten) – *Hauptstadt* (Z 1989): Grosnyj, 401 000 Ew. – Souveränitätserklärung am 1. 11. 1991 – Neue Verfassung vom 12. 3. 1992 – *Präs.:* Gen. Djochar Dudajew (Tschetschenenführer), seit 9. 11. 1991 (in Direktwahl bestimmt); *Reg.-Chef:* Jaraguj Mamodajew, seit Nov. 1991 – Föderationsvertrag nicht unterzeichnet – Per Dekret erklärt d. russ. Präs. Jelzin am 16. 6. 1992 (nach vorheriger Billigung eines entspr. Gesetzes durch d. russ. Parl. am 4. 6. 1992) d. Inguschische Republik zum Mitglied d. Russ. Föderation

Republik Tschuwaschien *Fläche* 18 300 km² – *Einwohner* (F 1990): 1 340 000 = 73 je km²; (Z 1989): 1 336 000 – 900 000 Tschuwaschen, 357 000 Russen – *Hauptstadt* (Z 1989): Tscheboksary 420 000 Ew.

Republik Tuwa *Fläche* 170 500 km² – *Einwohner* (F 1990): 314 000 = 2 je km²; (Z 1989): 309 000 – 200 000 Tuwiner (Turko-Tataren), 98 000 Russen – *Hauptstadt* (Z 1989): Kysyl 153 000 Ew.

Republik Udmurtien *Fläche* 42 100 km² – *Einwohner* (F 1990): 161 900 0039 je km²; (Z 1989): 1 609 000 – 945 000 Russen, 500 000 Udmurten (Wotjaken), 110 000 Tataren – *Hauptstadt* (Z 1989): Ishewsk (ehem. Ustinov) 635 000 Ew.

AUTONOME GEBIETE

Republik Adyghea *Fläche* 7600 km² – *Einwohner* (Z 1989): 432 000 – Adygen; 285 600 Russen – *Hauptstadt* (Z 1989): Majkop 149 000 Ew.

Birobidschanisches Jüdisches Autonomes Gebiet *Fläche* 36 000 km² – *Einwohner* (Z 1989): 216 000 – Nach amtl. Angaben sind nur 4% d. Bev. Juden (8800); nach inoffiz. Ang. 50 000 einschl. Angeh. »gemischter« Familien – *Hauptort* (Z 1985): Birobidschan 78 000 Ew.

Republik Chakassien *Fläche* 61 900 km² – *Einwohner* (Z 1989): 569 000 – Chakassen; 396 000 Russen – *Hauptstadt* (Z 1989): Abakan 154 000 Ew.

Gorny-Altai *Fläche* 92 600 km² – *Einwohner* (Z 1989): 192 000 – Gorno-Altai (Oiroten); 108 000 Russen – *Hauptstadt* (Z 1976): Gorno-Altajsk 40 000 Ew. – Selbständige Republik seit 25. 10. 1990

Republik Karatschajewo-Tscherkessien *Fläche* 14 100 km² – *Einwohner* (Z 1989): 418 000 – Tscherkessen u. Karatschaier; 165 000 Russen – *Hauptstadt* (Z 1989) : Tscherkessk 113 000 Ew. – Referendum am 29. 3. 1992 über d. Verbleib in d. Russ. Föderation mit 78% Stimmen angenommen

SAHARA, Demokratische Arabische Republik *Nordwest-Afrika*

Demokratische Arabische Republik Sahara; Al-Jumhûrîya As-Sahrâwîya Ad-Dîmûqrâtîya Al-'Arabiya; UN-Bezeichnung: Westsahara – DARS

LANDESSTRUKTUR *Fläche* (75): 266 000 km² – *Einwohner* (169): (F 1988) 169 000 = ‹ 1 je km²; nach and. Ang. 230 000–300 000 Ew., von denen 165 000 in Flüchtlingslagern leben; (Z 1982) 163 868 – Seit 1975 Saharauís [Sahraouis], überwieg. berberischer Abkunft, z. T. berberisch-arab. Mischbevölk.; teilw. nomadisch lebende Stämme: Erguibat, Arosien, Ulad-Delim, Alt-Lahsen, Izasguien, europ. Minderh. (Spanier, Franzosen) – Jährl. **Bev.-Wachstum** (Ø 1980–86): 2,8% – **Sprachen:** Spanisch, Arabisch, Weskos (kreol. Spr.), Berberisch u. »Hasania« – **Religion:** nahezu 100% Muslime (Sunniten) – **Städte** (Z 1982): El-Aaiún [Lâayoun] (Hptst.) 96 784 Ew.; Dachla [früher Villa Cisneros] 17 822, As-Smara (fr. Samara) 17 753

STAAT Republik; von über 60 afrik. u. asiat. Staaten anerkannt – **Staatsoberhaupt:** Mohammed Abdel Aziz [Abdelasis], seit Okt. 1982 – **Regierungschef:** Mahfoud Ali Beida – **Äußeres:** N.N. – **Parteien:** Frente Popular de Liberación de Seguía el-Hamra y Río de Oro (»Volksfront für d. Befreiung von Seguía el-Hamra u. Río de Oro«)/Frente POLISARIO; Generalsekr.: Mohammed Abdel Aziz – **Unabh.:** 28. 2. 1976 v. »Volkskonferenz« ausgerufen, seit 1979 v.

Marokko annektiert – Referendum über Unabhängigkeit unter UN-Aufsicht mehrmals verschoben

WIRTSCHAFT (keine neueren Angaben verfügbar) **Währung:** → Marokko – **Außenhandel** 1973: **Import:** 758,1 Mio. span. Ptas; **Export:** 244 Mio. span. Ptas; Güter: Phosphate, Salz, Viehzuchtprodukte

Saint Kitts und Nevis, Saint Lucia, Saint Vincent und die Grenadinen → unter St.

SALOMONEN *Ozeanien*
Salomon-Inseln, Solomon Islands

LANDESSTRUKTUR Fläche (138): 28 896 km^2 (n. eig. Ang. 27 556 km^2) – **Einwohner** (162): (F 1990) 324 000 = 12 je km^2; (Z 1986) 285 176 – Salomoner; 94% Melanesier, 4% Polynesier, wenige Kiribati, Weiße u. Chinesen – **Leb.-Erwart.:** 65 J. – **Analph.:** k. Ang. – Jährl. **Bev.-Wachstum** (∅ 1980–90): 3,5% (Geburtenziffer 1990: 6,5%) – **Sprachen:** Englisch als Amtsspr.; Pidgin Englisch (Neo-Salomonian), rd. 80 melanes. u. polynes. Idiome – **Religion:** 95% Christen, davon 34% Anglikaner, 19% Katholiken, 17% South Sea Evangelical, 21% and. Protestanten, autochth. Kulte (u. a. Cargo-Kult) – **Städt. Bev.:** rd. 9% – **Städte** (F 1990): Honiara (Hptst.) 35 288 Ew. (auf der größten Insel Guadalcanal); Auki, Gizo

STAAT Konstitutionelle Monarchie im Commonwealth – Verfassung von 1978 – Nationalparlament mit 38 Abg.; Wahl alle 4 J. – Allg. Wahlrecht – 7 Provinzen u. Hptst. Honiara – **Staatsoberhaupt:** Königin Elizabeth II., vertr. durch einheim. Generalgouverneur Sir George Gerea Dennis Lepping, seit 1988 – **Regierungschef:** Solomon Mamaloni (PAP), seit 1989 – **Äußeres:** Sir Peter Kenilorea – **Parteien:** Wahlen v. Feb. 1989: People's Alliance Party/PAP 13 Sitze, Solomon Islands United Party/SIUPA 6, Nationalist Front for Progress 4, Solomon Islands Liberal P. 4, Solomon Islands Labour P. 2, Unabh. 9 – **Unabh.:** 7. 7. 1978 – **Nationalfeiertag:** 7. 7. u. 1. 10. (Solomon Islands Day)

WIRTSCHAFT BSP 1990: 187 Mio. $ = 590 $ je Ew. (131); realer Zuwachs ∅ 1980–90: 7,0%; **BIP** realer Zuwachs ∅ 1980–85: 4,0% (1987: –5,1%); Anteil 1985 **Landwirtsch.** ca. 70%, **Industrie** ca. 5% – **Erwerbstät.** 1988: Landw. 90%, Ind. ca. 5% – **Öff. Ausl.-Verschuld.** 1989: 100,4 Mio. $ – **Inflation** ∅ 1980–90: 10,0% – **Währung:** 1 Salomonen-Dollar (SI$) = 100 Cents (¢); 100 SI$ = 34,45 US-$ = 52,71 DM – **Außenhandel** 1988: **Import:** 203,3 Mio. SI$; Güter: Maschinen u. Ausrüstg., Nahrungsmittel; Länder: 45% Australien; **Export:** 170,5 Mio. SI$; Güter: bis 40% Holz, 30% Fische, 25% Kopra, Palmöl, Kakao, Muscheln, Tabak; Länder: 34% Japan, 20% Australien, 10% Großbrit., USA (US-Samoa), Singapur, Niederl.

PRESSE (Aufl. i. Tsd.) *Wochenzeitungen:* Honiara: Island Reporter – Solomon Nius (4)/reg. – Solomon Star (3)/Engl. u. Pidgin – Solomons Toktok (3)/Engl. u. Pidgin

SAMBIA *Süd-Afrika*
Republik Sambia; Republic of Zambia – Z

LANDESSTRUKTUR Fläche (38): 752 618 km^2 (n. eig. Ang. 752 614 km^2) – **Einwohner** (81): (F 1990) 8 122 000 = 10 je km^2; (Z 1980) 5 661 801 – Sambier; Bantu (34% Bemba, 16% Tonga, Ngoni, Lozi), kleine Buschmanngruppen; ca. 70 000 Europäer, meist Briten, 15 000 Asiaten, meist Inder – **Leb.-Erwart.:** 50 J. – **Säugl.-Sterbl.:** 8,2% – **Analph.:** 27% – Jährl. **Bev.-Wachstum** (∅ 1980–90): 3,7% (Geb.- u. Sterbeziffer 1990: 4,9%/1,5%) – **Sprachen:** Englisch als Amtsspr.; Bemba, Nyanja, Tonga, Chokwe u. a. Bantu-Sprachen als Umgangsspr. – **Religion:** 75% Christen, Anh. v. Naturrel., 10 000 Muslime; Hindus – **Städt. Bev.:** 50% – **Städte** (F 1988): Lusaka (Hptst.) 870 030 Ew.; Kitwe (mit Kalulushi) 472 300, Ndola 442 700, Kabwe 200 300, Mufulira 199 400, Chingola 194 400 (mit Chililambombwe 276 200), Luanshya 165 900, Livingstone 98 500, Kalulushi 94 400

STAAT Präsidialrepublik – Neue Verfassung seit 9. 11. 1991 in Kraft: Einführung d. Mahrparteiensystems – Parlament (National Assembly) mit 150 Mitgl.; außerdem »House of Chiefs« aus 27 Häuptlingen ethn. Gruppen – Allg. Wahlrecht ab 18 J. – 9 Provinzen – **Staats- u. Regierungschef:** Frederick Chiluba (Vors. d. MMD), seit 2. 11. 1991 (mit 76% d. Stimmen gewählt) – **Äußeres:** Vernon Mwaanga, seit 7. 11. 1991 – **Parteien:** Erste freie Parl.-Wahlen vom 31. 10. 1991: Movement for Multi-Party Democracy/MMD 120 d. 150 Sitze; United National Independence Party/UNIP (ehem. Einheitspartei) 30 – **Unabh.:** 24. 10. 1964 – **Nationalfeiertag:** 24. 10.

WIRTSCHAFT BSP 1990: 3391 Mio. $ = 420 $ je Ew. (142); realer Zuwachs ∅ 1980–90: 0,7%; *(Anteil Entwicklungshilfe u. Ausl.-Schulden* → *Tab.*

Sp. 471 f.); **BIP** 1990: 3120 Mio. $; realer Zuwachs ∅ 1980–90: 0,8%; Anteil 1990 **Landwirtsch.** 17%, **Industrie** 55% – **Erwerbstät.** 1989: Landw. 69%, Ind. ca. 10% – **Energieverbrauch** 1990: 379 kg ÖE/Ew. – **Währung:** 1 Kwacha (K) = 100 Ngwee (N); 1 US-$ = 159,28 K; 100 K = 0,95 DM – **Ausl.-Verschuld.** 1990: 7223 Mio. $ = 261,3% d. BSP – **Inflation** ∅ 1980–90: 42,2% – **Außenhandel** 1988: **Import:** 889 Mio. $; Güter: 32% Maschinen, elektrotechn. Erzeugn. u. Fahrz., 6% Fertigwaren; Länder: 21% EG-Länder (dar. 51% Großbrit.), 20% Saudi-Arabien, 6% USA; **Export:** 1073 Mio. $; Güter: ›90% Kupfer, Tabak, Spinnstoffe; Länder: 44% EG-Länder, 23% Japan, 10% VR China

PRESSE (Aufl. i. Tsd.) *Tageszeitungen:* Lusaka: The Times of Zambia (45)/UNIP – Zambia Daily Mail (30)/reg.-eigen – *Nachrichtenagentur:* ZANA (Zambia News Agency)

SAMOA → WESTSAMOA

SAN MARINO Süd-Europa
Republik San Marino; Serenissima Repubblica di San Marino – RSM

LANDESSTRUKTUR Fläche (187): 60,57 km² (mit Gewässern 61,19 km²) – **Einwohner** (187): (F Ende 1990) 23 243 = 384 je km²; (Z 1976) 19 149; weitere ca. 12 000 Bürger leben im Ausland, v. a. in Italien – Sanmarinesen; ca. 3500 Ausländer, bes. Italiener – **Leb.-Erwart.:** 76 J. – **Analph.:** 4% – Jährl. **Bev.-Wachstum** (∅ 1980–86): 0,4% (Geb.- u. Sterbeziffer 1985: 0,9%/0,8%) – **Sprachen:** Italienisch als Amtsspr.; Romagnol – **Religion:** rd. 95% Katholiken (Staatsreligion) – **Städt. Bev.:** 99% – **Städte** (F 1990): San Marino (Hauptort) 4185 Ew., Serravalle 7109 (F 1986)

STAAT Republik, Freundschaftsvertrag (Convenzione di Amicizia e Buon Vicinato) mit Italien – Parlament (Consiglio Grande e Generale) mit 60 Mitgl., Wahl alle 5 J. – Allg. Wahlrecht ab 18 J. auch f. im Ausland lebende Wahlberechtigte – Zollunion mit Italien, Botschaften in Italien, beim Vatikan, in Belgien, Österr., bei der EG u. beim souveränen Militärorden d. Malteser, Gesandtschaften in Frankr. u. der Schweiz – 9 Distrikte (Castelli = Kirchengemeinden) – **Regierungschef:** 2 jeweils für 6 Monate durch den Consiglio gewählte »Capitani Reggenti« – **Regierung:** »Congresso di Stato« (Kollegialorgan aus 7 Staatsmin. u. 3 Staatssekr.); Koal.-Reg. aus PDP u. PSS seit Feb. 1992 – **Äußeres:** Gabriele Gatti, PDCS – **Parteien:** im wesentl. wie → *Italien* – Wahlen v. Mai 1988: »Christl. Dem. P.«/PDCS 27 d. 60 Sitze; Dem. Fortschrittl. P./PDP (ehem. Kommunisten/PC) 18; Einheitssozialisten/PSU 8, Sozialisten/PSS 7 – **Unabh.:** legendäre Gründung am 3. 9. 301 durch d. Eremiten Marino, erste urkundl. Erwähnung am 20. 2. 885 im Placitum feretranum; seither fast ununterbrochen Selbständigkeit bewahrt – **Nationalfeiertag:** 3. 9.

WIRTSCHAFT (keine neueren Angaben verfügbar) **BIP** 1985: 7001 je Ew. – **Erwerbstät.** 1990: Landw. 2,5%, Ind. 43,8% – **Währung:** Italien. Lira u. Lira von San Marino (seit 1972 eigene Münzprägung) – **Außenhandel: Import:** Fremdenverkehr (ca. 3 Mio. Touristen jährl.); **Export:** Briefmarken, geringe Mengen von Wein, Keramik, Textilien; 2500 registr. Firmen (Steuervorteile) – Unterstützung durch Italien mittels einer jährl. Subvention in Höhe von rd. 9000 Mio. Lire

SÃO TOMÉ und PRÍNCIPE
Zentral-Afrika
Demokratische Republik São Tomé u. Príncipe; República Democrática de São Tomé e Príncipe – STP

LANDESSTRUKTUR Fläche (167): 964 km² (S. T. 836 km², P. 128 km²) – **Einwohner** (173): (S 1990) 123 000 = 120 je km²; (Z 1981) 96 611 – Santomeer (portug.: Saotomenses); haupts. Schwarze, z. T. v. benachbarten Festland stammend (»Forros«, »Angolares« usw.); daneben Mulatten; portug. Restgruppe – **Leb.-Erwart.:** 67 J. – **Säugl.-Sterbl.:** 6,2% – **Analph.:** 33% – Jährl. **Bev.-Wachstum** (∅ 1980–90): 2,8% (Geburtenziffer 1990: 5,1%) – **Sprachen:** Portugiesisch als Amtsspr.; Crioulo (auf Portugies. basierendes Kreol) als Umgangsspr. – **Religion:** rd. 90% Christen, davon mehrheitl. Katholiken; ferner Protestanten u. Anh. v. Naturrel. – **Städt. Bev.:** rd. 30% – **Städte** (S 1984): São Tomé (Hptst.) 25 000 Ew.; Santo António (auf P.) 1000

STAAT Republik – Neue Verfassung von 1990 – Nationalversammlung mit 55 Mitgl., Wahl alle 4 J. – Amtszeit d. Staatsoberh. 5 J., nur eine Wiederwahl mögl. – **Staatsoberhaupt:** Miguel Trovoada, seit 3. 4. 1991 – **Regierungschef:** Noberto Costa Alegré (PCD), seit 11. 5. 1992 – **Äußeres:** Frau Alda Baudeinar Tavares Vaz da Conceiçao – **Parteien:** Erste freie Wahlen vom 20. 1. 1991: Demokrat. Annäherungspartei/PCD 31 d. 55 Sitze; Movimento de Libertação de São Tomé e P./MLSTP (Monopolstellung bis 1989) 21; Sonstige 3 – **Unabh.:** 12. 7. 1975 – **Nationalfeiertag:** 12. 7.

WIRTSCHAFT BSP 1990: 47 Mio. $ = 400 $ je Ew. (144); realer Zuwachs ⌀ 1980–90: −1,5% **BIP** realer Zuwachs ⌀ 1980–85: −6,3% (1987: +4,3%); Anteil 1987 **Landwirtsch.** 26%, **Industrie** 21% – **Erwerbstät.** 1981: Landw. 56%, Ind. 13% – **Energieverbrauch** 1984: 128 kg ÖE/Ew. – **Währung:** 1 Dobra (Db) = 100 Cêntimos; (März '92) 1 US-$ = 277,22 Db; 100 Db = 0,54 DM – **Öff. Ausl.-Verschuld.** 1989: 109,6 Mio. $ – **Inflation** ⌀ 1980–88: 18,1% – **Außenhandel** 1984: **Import:** 486 Mio. Db; Güter: 90% Nahrungsmittel; Länder: rd. 34% Portugal; **Export:** 540 Mio. Db; Güter: ca. 90% Kakao; Palmöl, Kaffee, Kokosnüsse, Bananen, Kopra; Länder: rd. 50% Portugal, 32% DDR, Niederl., Belgien

PRESSE *Wochenzeitungen:* São Tomé: Diário da República – Povo – Revolução – *Nachrichtenagentur:* STP-Press

SAUDI-ARABIEN *Vorder-Asien*
Königreich Saudi-Arabien; Al Mamlaka Al'Arabiya As-Sa'udiya – SA

LANDESSTRUKTUR Fläche (13): 2149690 km² (n. eig. Ang. 2240000 km²); Abgrenzung gegenüber d. Jemen unsicher – **Einwohner** (55): (F 1990) 14902000 = 7 je km² (über 30% Nomaden u. Halbnomaden, daher n. and. S nur 8,4 Mio.); (Z 1974) 7012642 – 82% Saudiaraber; 18% Ausländer, davon ca. 1 Mio. Gastarbeiter, vorwieg. aus d. Jemen, Ägypten, Syrien, Jordanien, ferner Pakistaner u. Inder, Europäer u. Nordamerikaner – **Leb.-Erwart.:** 64 J. – **Säugl.-Sterbl.:** 6,5% – **Analph.:** 38% – Jährl. **Bev.-Wachstum** (⌀ 1980–90): 4,7% (Geb.- u. Sterbeziffer 1990: 4,3%/0,7%) – **Sprache:** Arabisch – **Religion:** rd. 93% Muslime (Wahhabiten, Schafiiten u. a.; Verhältnis Sunniten : Schiiten rd. 85:15); 500000 Katholiken, kleine anglikan. Minderh., v. a. im O – **Städt. Bev.:** 77% – **Städte** (S 1980): Riad [Ar-Riyadh] (Hptst. d. Monarchie) 1308000 Ew.; Dschidda [Jedda oder Djidda; Verwaltungshptst.] 1500000, Mekka [Mecca] (Hptst. des Hedschas) 550000, Taif [Ta'if] 300000, Medina 290000, Dammâm 200000; (Z 1974): Hofuf [Hufuf] 101271, Tabouk 74825, Buraidah [Bureida] 69940, Al-Mobarraz 54325, Khamis-Mushait 49581, Al-Khabar 48817, Najran 47501

STAAT Monarchie mit dem Islam als Verfassungs-, Gesetzes- u. Lebensformquelle (auf Grundlage der Scharia) – Ankündigung von Reformen durch d. König am 1. 3. 1992: Garantie bürgerl. Grundrechte, Berufung eines Konsultativrates, Verwaltungsneugliederung – Person des Königs vereinigt höchste legislative, exekutive u. judikative Funktionen, nominell auch geistl. Oberhaupt – 5 in sich unterglied. Verwaltungseinheiten (Iqlim/»Provinzen«): Nedschd (mit 3 Fürstentümern), Hedschas (Vizekönigreich) mit 11 Fürstentümern, Assîr (Fürstentum), Ostprovinz (El-Hasa) u. Nachschran – **Staatsoberhaupt u. Regierungschef:** König Fahd bin Abdul-Azîz [Asis] As-Sa'ud, seit Juni 1982; Thronfolger: Prinz Abdallah, Bruder d. Königs – **Äußeres:** Prinz Sa'ud Al-Faisal [Feisal] bin Abdul Aziz – **Parteien:** keine, aber parteipolit. Strömungen in Anfängen vorh. – **Unabh.:** Schrittweise Staatswerdung zwischen 1902 u. 1926; staatsrechtl. Verschmelzung zum »Königreich Saudi-Arabien« am 18. 9. 1932 – **Nationalfeiertag:** 23. 9.

Die zwischen Kuwait und Saudi-Arabien geleg. 5836 km² (n. eig. Ang. 5770 km²) große **Neutrale Zone** wurde 1966 administrativ geteilt; Nutzung d. Erdölvorkommen erfolgt gemeinsam. Die zwischen Saudi-Arabien u. dem Irak gelegene **Neutrale Zone** (7044 km²) ist demilitarisiert u. unbesiedelt.

WIRTSCHAFT BSP 1989: 89986 Mio. $ = 6230 $ je Ew. (39); (S 1990: 7050 $ je Ew.); realer Zuwachs ⌀ 1980–90: −0,8%; **BIP** 1990: 80890 Mio. $; realer Zuwachs ⌀ 1980–90: −1,8%; Anteil 1990 **Landwirtsch.** 8%, **Industrie** 45% – **Erwerbstät.** 1989: Landw. 40%, Ind. ca. 20% – **Energieverbrauch** 1990: 5033 kg ÖE/Ew. – **Währung:** 1 Saudi Riyal (S. Rl.) = 20 Qirshes = 100 Hallalas; 1 US-$ = 3,74 S. Rls.; 100 S. Rls. = 40,72 DM – **Öff. Ausl.-Verschuld.** 1985: 14,2 Mrd $, aber hohe Ausl.-Guthaben (S über 100 Mrd. $) – **Inflation** ⌀ 1980–90: −4,2% (S 1991: 5–7%) – **Außenhandel** 1990: **Import:** 24069 Mio. $; Güter: 20% Maschinen, Apparate u. Elektromaterial, 20% Fahrzeuge (dar. 8% Kfz), 14% Nahrungsm., 12% chem. Erzeugn., 10% Textilien u. Bekleidung, 8% Metalle u. Metallwaren; Länder: 16% USA, 14% Großbrit., 14% Japan, 7% BRD, 5% Frankr., 5% Italien; **Export:** 31065 Mio. $; Güter: rd. 92% Erdöl u. -produkte (größter Rohölexporteur d. Welt; geschätzte Tagesprod. ⌀ 1991: 8,5 Mio. Barrel); ferner 8% Nichtölprod., u. a. Datteln, Häute, Felle, Wolle; Länder: 16% USA, 14% Großbrit., 14% Japan, 7% BRD, 5% Frankr., 5% Italien

PRESSE (Aufl. i. Tsd.) *Tageszeitungen:* Er Riad: Al-Jazirah (120) – Ar-Riyadh (80) – Dammam: Al-Yaum (25) – Dschidda: Arab News (68)/Engl. – Al-Bilad (30) – Al-Madina al-Munawara (46) – Okaz (80) – Saudi Gazette (20)/Engl. – Mekka: An-Nadwah (35) – *Nachrichtenagenturen:* IPA (Islamic Press Agency) – SPA (Saudi Press Agency)

SCHWEDEN Nord-Europa
Königreich Schweden; Konungariket Sverige – S

LANDESSTRUKTUR Fläche (54): 449964 km^2 (mit 39036 km^2 Binnengewässern) – **Einwohner** (76): (F 1990) 8552000 = 19 je km^2; (Z 1985) 8360178 – Fast ausschl. Schweden; 30000 einh. Finnen (n. a. Ang. 0,5 Mio.) mit Finnisch als Muttersprache u. 15000 Samen (Sami, Lappen; davon nur noch 2500 Rentierzüchter) im N.; rd. 0,4 Mio. Ausländer, überwiegend Finnen, außerd. Jugoslawen, Norweger, Dänen, Türken, Polen, Iraner, Deutsche, Chilenen – **Leb.-Erwart.:** 78 J. – **Säugl.-Sterbl.:** 0,6% – **Analph.:** unter 5% – Jährl. **Bev.-Wachstum** (∅ 1980–90): 0,3% (Geb.-u. Sterbeziffer 1990: 1,5%/1,2%) – **Sprachen:** Schwedisch; Sprachen d. Minderheiten, u. a. Finnisch, Läppisch – **Religion:** 89% Evang.-Lutherische Schwed. Kirche, 1,6% Katholiken, and. protestant. Minderh., 15–20000 Juden – **Städt. Bev.:** 84% – **Städte** (F 1990): Stockholm (Hptst.) 674500 Ew. (A: 1641700); Göteborg 433000 (A: 780000), Malmö 233900, Uppsala 167500, Linköping 122300, Örebro 121000, Norrköping 120500, Västerås 119800, Jönköping 108200, Helsingborg 109300, Borås 101800, Sundsvall 93800, Umeå 91300, Eskilstuna 89800, Gävle 88600, Lund 87700, Södertälje 81800

STAAT Parlamentarisch-demokratische Monarchie – Verfassung von 1975 – Parlament (Riksdag) mit 349 Mitgl.; Wahl alle 3 J. – Allg. Wahlrecht ab 18 J. – 24 Provinzen (Län) mit je einem von d. Reg. ernannten Gouverneur (Landshövding) u. einem gewählten Parlament (Landsting) – **Staatsoberhaupt:** König Carl XVI. Gustav, seit 1973 – **Regierungschef:** Carl Bildt (Konserv.), seit 3. 10. 1991; bürgerl. Minderh.-Reg. aus M, FP, C, Christdem. – **Äußeres:** Margaretha af Ugglas, Konserv. – **Parteien:** Wahlen vom 15. 9. 1991: Socialdemokratiska Arbetarepartiet/S 139 d. 349 Sitze (1988: 156); Moderata Samlingspartiet/M (Konservative) 79 (66); Folkpartiet/FP (Lib. Volksp.) 34 (44); Centerpartiet/C (Zentrumspartei) 29 (42); Christdemokraten 27 (0); Vänsterpartiet/V (Linkspartei) 17 (21); Miljøpartiet De Grönä/MP (Die Grünen) 0 (20); Neue Demokratie 24 (–) – **Unabh.:** alte Tradition als unabhängiger Staat – **Nationalfeiertage:** 6. 6. (»Flaggentag«, Reg.-Antritt der Dynastie Wasa 1523) u. 30. 4. (Geb.-Tag d. Königs), beide nicht arbeitsfrei

WIRTSCHAFT BSP 1990: 202498 Mio. $ = 23660 $ je Ew. (5); realer Zuwachs ∅ 1980–90: 2,1%; **BIP** 1991: 235300 Mio. $; realer Zuwachs ∅ 1980–90: 1,9% (1991: –1,2%); Anteil 1990 **Landwirtsch.** 3%, **Industrie** 35% – **Erwerbstät.** 1990: Landw. 3,3%, Ind. 29,1%; **Arbeitslosigkeit** 7/1991: 6,5% *(Beschäftigte im Öff. Dienst → WA '92, Sp. 524)* – **Energieverbrauch** 1990: 6347 kg ÖE/Ew. – **Währung:** 1 Schwed. Krone (skr) = 100 Öre; 1 US-$ = 5,51 skr; 100 skr = 27,69 DM – **Inflation** ∅ 1980–90: 7,4% (1991: 10,0%) – **Außenhandel** 1990: **Import:** 54536 Mio. $; Güter: 39% Maschinen, Apparate u. Transportm., 33% bearb. Waren u. sonst. Fertigerzeugn., 10% chem. Erzeugn., 6% mineral. Brennstoffe, 6% Lebensmittel, Getränke u. Tabakwaren, 4% Rohstoffe; Länder: 19% BRD, 9% USA, 8% Großbrit., 8% Norwegen, 8% Dänemark, 7% Finnland (55% EG-Länder, 18% EFTA, 8% Entw.-Länder, 4% RGW); **Export:** 57326 Mio. $; Güter: 43% Maschinen, Apparate u. Transportm., 35% bearb. Waren u. sonst. Fertigerzeugn., 12% Rohstoffe, 8% chem. Erzeugn.; Länder: 14% BRD, 10% Großbrit., 9% Norwegen, 9% USA, 7% Finnland, 7% Dänemark, (54% EG-Länder, 19% EFTA, 9% Entw.-Länder, 3% RGW) *(Zur Wirtschaftslage 1991 → Sp. 852)*

PRESSE (Aufl. i. Tsd.) *Tageszeitungen:* Stockholm: Aftonbladet (400, so. 493)/sozialdem. – Dagens Nyheter (413, so. 520) – Expressen (565, so. 688)/lib. – Svenska Dagbladet (226, so. 234)/kons. – Göteborg: Dag (210, so. 255)/lib. – Göteborgs-Posten (298, so. 310)/lib. – Malmö: Arbetet (115, so. 102)/sozialdem. – Kvällsposten (103, so. 134)/lib. – Sydsvenska Dagbladet (114, so. 144) – *Nachrichtenagentur:* TT (Tidningarnas Telegrambyrå)

SCHWEIZ Mittel-Europa
Schweizerische Eidgenossenschaft; Confoederatio Helvetica, franz.: Suisse, ital.: Svizzera, rätoroman.: Svizzra – CH

LANDESSTRUKTUR Fläche (131): 41293 km^2 – **Einwohner** (89): (F 31. 12. 1991) 6872551 = 163 je km^2 (provisor. Fortschreibung); (Z 1990) 6873687 – 1991 (Mittelwert): 5633172 Schweizer u. 1239379 Ausländer *(Einzelheiten → Sp. 542)* – **Leb.-Erwart.:** 78 J. – **Säugl.-Sterbl.:** 0,7% – **Analph.:** unter 5% – Jährl. **Bev.-Wachstum** (∅ 1980–90): 0,6% (Geb.- u. Sterbeziffer 1990: 1,2%/1,0%) – **Sprachen:** Deutsch, Französ. u. Italien. als Amtsspr.; Rätoromanisch als Landessprache anerkannt – **Religion** (Z 1981): 47,6% Katholiken, 44,3% Protestanten, 0,4% Christkatholiken, 0,3% Juden u. 7,5% ohne Konfession – **Städt. Bev.:** 42,7% – **Städte** (F Ende 1990): Bern (Hptst.; F 1987: A 298816) 134600 Ew.; Zürich 341300 (835111), Basel 171000 (360667), Genève [Genf] 167200 (380093), Lausanne 123200 (259908), Winterthur

Schweiz – Gliederung nach Kantonen

Kanton	Fläche in km²	Einwohner in 1000 1980*	Einwohner in 1000 1990**	Zuwachs 1980/90 in %	Kantonshauptstadt	Amtliche Kürzel
Zürich	1728,75	1122,8	1179,0	+ 5,01	Zürich	ZH
Bern	6050,46	912,0	958,2	+ 5,06	Bern	BE
Luzern	1493,40	296,2	326,3	+10,17	Luzern	LU
Uri	1076,58	33,9	34,2	+ 0,96	Altdorf[2]	UR
Schwyz	908,33	97,4	112,0	+15,01	Schwyz	SZ
Obwalden[1]	490,49	25,9	29,0	+12,22	Sarnen[2]	OB
Nidwalden[1]	276,12	28,6	33,0	+15,47	Stans[2]	NW
Glarus	585,10	36,7	38,5	+ 4,87	Glarus	GL
Zug	238,79	75,9	85,5	+12,66	Zug	ZG
Fribourg (Freiburg)	1670,85	185,2	213,6	+15,29	Fribourg (Freiburg)	FR
Solothurn	790,67	218,1	231,7	+ 6,26	Solothurn	SO
Basel-Stadt[1]	37,06	203,9	199,4	− 2,21	Basel	BS
Basel-Land[1]	427,96	219,8	233,5	+ 6,22	Liestal	BL
Schaffhausen	298,52	69,4	72,2	+ 3,96	Schaffhausen	SH
Appenzell Ausserrhoden[1]	242,86	47,6	52,2	+ 9,70	Herisau	AR
Appenzell Innerrhoden[1]	172,51	12,8	13,9	+ 7,99	Appenzell[2]	IR
St. Gallen	2025,51	392,0	427,5	+ 9,06	St. Gallen	SG
Graubünden	7105,45	164,6	173,9	+ 5,62	Chur	GR
Aargau	1403,63	453,4	507,5	+11,92	Aarau	AR
Thurgau	990,99	183,8	209,4	+13,91	Frauenfeld	TG
Tessin (Ticino)	2812,48	265,9	282,2	+ 6,12	Bellinzona	TI
Waadt (Vaud)	3211,69	528,7	601,8	+13,82	Lausanne	VD
Wallis (Valais)	5224,51	218,7	249,8	+14,22	Sion (Sitten)	VS
Neuenburg (Neuchâtel)	803,10	158,4	164,0	+ 3,55	Neuchâtel (Neuenburg)	NE
Genf (Genève)	282,25	349,0	379,2	+ 8,64	Genève (Genf)	GE
Jura	836,47	65,0	66,2	+ 1,81	Délémont (Delsberg)	JU
Schweiz	41284,53	6365,9	6873,7	+ 7,98	Bern	CH

* Ergebnis der Volkszählung vom 2. 12. 1980; ** Ergebnis der Volkszählung vom 4. 12. 1990; [1] Halbkanton; [2] Kantonshauptort

85600 (107354), St. Gallen 73400 (124989), Luzern 59300 (159500), Biel [Bienne] 52600 (81855), Thun 37950 (77249), La Chaux-de-Fonds 33100, Köniz 36100, Fribourg [Freiburg] 33900 (56761), Schaffhausen 34200 (53001), Neuchâtel [Neuenburg] 32600 (65852), Chur 30200 (42481)

STAAT Republikanisch-parlamentarisch-direktdemokrat. Bundesstaat mit Kollegialregierung – Parlament (Bundesversammlung/Assemblée fédérale/Assemblea federale) aus 2 gleichberechtigten Kammern: Nationalrat mit 200 Mitgl. (Präs.: Hans-Rudolf Nebiker, SVP) bzw. Conseil national/Consiglio nazionale u. Ständerat mit 46 Standesvertretern (Präs.: Josi Meier, CVP) bzw. Conseil des Etats/Consiglio degli Stati – Allg. Wahlrecht seit März 1991 ab 18 J. *(Einzelheiten → WA '91, Sp. 514f.)* – Wahl der Nationalratsmitgl. auf 4 Jahre, wobei die Mandate proportional zur Bev. entspr. der amtl. Volkszählungsergebnisse verteilt werden u. jeder Kanton bzw. Halbkanton mind. 1 Mandat erhält; Amtsdauer d. Standesvertreter nach jew. Kantonsrecht verschieden; je 2 Mandate stehen den Vollkantonen u. je 1 Mandat den Halbkantonen zu – Polit. Gliederung in 20 Vollkantone u. 6 Halbkantone mit jew. eigenem Parl. u. Regierung *(→ Tabelle)*.

Staats- u. Regierungschef: Vertreter der Eidgenossenschaft nach außen ist der Bundespräsident (jährl. v. d. Bundesversammlung im Turnus neu gewählt), für 1992: René Felber (SPS); Vizepräs.: Adolf Ogi (SVP) – Regierungskoalition aus FDP, SPS, CVP u. SVP

Die **Regierung** heißt Bundesrat bzw. Conseil fédéral bzw. Consiglio federale; Vorsitzender ist der jeweilige Bundespräsident; Kollegialbehörde mit Departementsleitern (= Ministern)

Departementsleiter:
Departement f. auswärtige Angelegenheiten: René Felber (SPS)
Inneres: Flavio Cotti (CVP)
Justiz u. Polizei: Prof. Arnold Koller (CVP)
Militär: Kaspar Villiger (FDP)
Volkswirtschaft: Dr. Jean-Pascal Delamuraz (FDP)
Finanzen: Dr. Otto Stich (SPS)
Verkehr u. Energie: Adolf Ogi (SVP)

Parteien: Wahlen v. 20. 10. 1991 (1987; *nächste Wahlen im Herbst 1995*): (200 Sitze im Nationalrat/ 46 im Ständerat) Freisinnig-Demokratische Partei/ FDP 44/18 (51/15); Christlichdem. Volkspartei/CVP 37/16 (42/18); Sozialdemokratische Partei/SPS 43/3 (42/5); Schweizerische Volkspartei/SVP 25/4 (25/4); Die Grünen u. Grüne Partei d. Schweiz/GPS 14/0 (11/ 0); Liberale Partei/LPS 10/3 (9/3); Landesring d. Unabhängigen/LdU u. Evangelische Volkspartei/EVP 9/1 (12/1); Schweizer Demokraten/SD (ehem. Nationale Aktion/NA) zus. mit Lega dei Tecinesi 5/1 (3/0); Auto-Partei der Schweiz/APS 8/0 (–/–); Partei der Arbeit in der Schweiz/PdAS 2/0 (1/0); Partito Socialista Unitario/PSU 0/0 (1/0); Fraktionslose 2/0 (1/0) – **Unabh.:** 1291 »Ewiger Bund« der drei Urkantone; unabh. de facto 22. 9. 1499 (Basler Friede), anerkannt 24. 10. 1648 (Westfälischer Friede) – **Nationalfeiertag:** 1. 8. (»Rütlischwur«)

WIRTSCHAFT BSP 1990: 219337 Mio. $ = 32 680 $ je Ew. (1); realer Zuwachs ⌀ 1980–90: 2,3 %; **BIP** 1991: 230 100 Mio. $; realer Zuwachs ⌀ 1980–90: 2,1 % (1991: -0,2 %); Anteil 1989 **Landwirtsch.** 6 %, **Industrie** 35 % – **Erwerbstät.** 1990: Landw. 5,6 %, Ind. 35,0 %; **Arbeitslosigkeit** 1991: 1,2 % – **Energieverbrauch** 1990: 3902 kg ÖE/Ew. – **Währung:** 1 Schweizer Franken (sfr) = 100 Rappen (Rp)/Centimes (c); 1 US-$ = 1,36 sfr; 100 sfr = 111,86 DM – **Inflation** ⌀ 1980–90: 3,7 % (1991: 5,8 %) – **Außenhandel** 1991 *(Einzelheiten → Sp. 978)*: **Import:** 95 000 Mrd. sfr; Güter: 21 % Maschinen, 14 % Chemikalien u. Kunststoffe, 9 % Kfz, 8 % Edelmetalle, Schmuck, Münzen, 5 % Bekleidung, 5 % Brennstoffe u. Mineralöle; Länder: 33 % BRD, 11 % Frankr., 10 % Italien, 7 % USA, 6 % Großbrit., 4 % Japan (90 % OECD-Mitgl., 70 % EG-Länder, 7 % EFTA-Mitgl., 8 % Entw.-Länder); **Export:** 87 900 Mrd. sfr; Güter: 30 % Maschinen, 24 % Chemikalien u. Kunststoffe, 8 % Edelmetalle, Schmuck u. Münzen, 7 % Uhren, 6 % Präzisionsinstrumente; Länder: 24 % BRD, 10 % Frankr., 9 % Italien, 8 % USA, 7 % Großbrit., 4 % Japan (80 % OECD-Mitgl., 59 % EG-Länder, 7 % EFTA-Mitgl., 17 % Entw.-Länder)

WEITERE DATEN ZUR BEVÖLKERUNGS-, WIRTSCHAFTS- UND SOZIALSTRUKTUR
Landwirtschaft, Bergbau, Industrie, Außenhandel, Verkehr → die entspr. Sachkapitel

Die **Einwohnerzahl** der Schweiz (ständige Wohnbevölkerung, Saisonarbeiter und Asylbewerber nicht inbegriffen) betrug am 31. 12. 1991 6 833 750 (Z 4. 12. 1990: 6 873 687). Die mittlere Wohnbevölkerung (ohne Asylbewerber) betrug 6 872 551. (Da die Fortschreibungszahlen erst ab 1993 auf Basis der Volkszählung 1990 angepaßt werden können, sind keine Angaben zur Entwicklung der Bevölkerung 1990/91 möglich.) – Aus den Ergebnissen der Volkszählung von 1990 geht hervor, daß die Bevölkerung zwischen 1980 und 1990 um insgesamt 507 727 bzw. um 8 % angestiegen ist (zwischen 1970 und 1980 1,5 %). Die Zahl der **Geburten** (Lebendgeborene) stieg 1991 um 2,7 % (1990) auf 86 200 (83 939), davon Ausländer 18 972 (16 499). Die Zahl der **Gestorbenen** lag bei 62 634 (63 739), davon Ausländer 4017 (3937), so daß sich ein **Geburtenüberschuß** von 23 566 (20 400) ergab; davon entfielen 14 955 (12 562) auf Ausländer. Der Anteil der Bevölkerung über 65 Jahre stieg 1990 (Z) auf 14,4 % an (Z 1980: 13,9 %); der Anteil der unter 15jährigen betrug 1990 16,8 % gegenüber noch 19,2 % im Jahre 1980. Die Zahl der **Eheschließungen** erhöhte sich 1991 um 2,1 % gegenüber dem Vorjahr und betrug 47 567 (1990: 46 603), die der Ehescheidungen 13 627 (13 183), was einer Zunahme von 3,4 % entspricht.

Die Zahl der **Ausländer** (Wohnbevölkerung) belief sich am 31. 12. 1991 (Z 1990) auf 1 190 991 (1 246 621), d. h. 17,1 (18,1) % der Wohnbevölkerung (1980: 14,8 %). Von der Gesamtzahl der Ausländer waren Ende 1991 (1990) 889 478 (801 869) Niedergelassene und 273 755 (269 328) Jahresaufenthalter. Nicht zur Wohnbevölkerung zählen die 10 468 (13 301) Saisonarbeiter, 25 675 (25 814) Funktionäre internationaler Organisationen mit ihren Familien, 175 823 (173 269) Grenzgänger (Arbeitspendler aus dem Ausland) und 61 691 noch nicht anerkannte Asylbewerber. Die wichtigsten Herkunftsländer der ständigen **ausländischen Wohnbevölkerung** waren Ende 1991: Italien 381 493 (Z 1990 = 30,7 % aller Ausländer), ehem. Jugoslawien 141 397 (13,8 %), Spanien 116 987 (10 %), Portugal 86 035 (8,9 %), BRD 84 485 (6,9 %), Türkei 64 899 (6,5 %), Frankreich 64 192, Österreich 29 123, Großbritannien 18 269, Niederlande 12 134.

Die Zahl der **Asylgesuche** stieg im Jahresdurchschnitt 1991 (1990) auf 41 629 (35 836). Die Zahl der Gesuchserledigungen stieg um 26 % auf 36 963, wobei Ende 1991 insgesamt 61 691 Fälle nicht abgeschlossen waren, d. h. 6,5 % mehr als im Jahr zuvor. Die Anerkennungsquote sank von 4,9 % (1990) auf 3,0 % (1991). Insgesamt lebten im Dez. 1991 (1990) 27 645 (28 578) anerkannte Flüchtlinge in der Schweiz.

Ende Juni 1992 wurden 491 614 **Auslandsschweizer** registriert. 57 % leben innerhalb der EG, 69 % sind Doppelbürger. Die meisten Auslandsschweizer leben in Frankreich (132 387), in der BRD (61 312), in den USA (60 203), in Italien (34 324), in Kanada (29 760) und in Großbritannien (21 466).

Die Zahl der **Schüler** und **Studenten** betrug 1990/91 (1989/90) 1 291 745 (1 282 000); hiervon entfielen 1990 u. a. (in 1000) auf Vorschule 139,8 – Primarstufe 404,1 – Sekundarstufe I 271,6 – Sonderschulen 36,1 – Sekundarstufe II 295,8 – Tertiärstufe 137,5, davon Universitätsstudenten 85,9 (1991/92: 88,8 = +3,3%). – In Berufsausbildung befanden sich 1990 218,7 Tsd. Personen. Die »Beschulungsquote« (Anteil der Schüler und Studenten an der Wohnbevölkerung) betrug Ende 1990 19,2% (21,1% der männlichen und 17,4% der weiblichen Bevölkerung). – Die größten Hochschulen waren 1990 die Universität Zürich mit 21 178 Studierenden, die Universität Genf (12 574) und die Eidgenöss. Technische Hochschule (ETH) Zürich (11 177).

Die Zahl der **Lehrstellen** sank 1991 auf 55 731, während es 1990 noch 57 170 und 1989 61 447 gewesen waren; dieser Abwärtstrend gilt auch für die Gesamtzahl der Lehrverträge: während sie 1989 noch 175 056 betrug, sank sie 1990 auf 168 281 und 1991 weiter auf 162 041 zurück.

Die **Kriminalität** erreichte 1991 einen Höchststand. Die Zahl der ermittelten Straftaten stieg gegenüber 1990 um 7,1% auf 359 201 (335 386); davon waren 97% Eigentums- u. Vermögensdelikte. 57 114 Täter und Täterinnen wurden ermittelt, davon 83,1% Männer und 16,9% Frauen. Der Anteil der minderjährigen Täter, der seit Bestehen der Statistik 1982 rückläufig ist, hat mit 18,8% (1982: 36%) einen Tiefstand erreicht. Rekordzahlen wurden auch durch die *Betäubungsmittelstatistik* verzeichnet: mit 405 Todesfällen (335 Männer, 70 Frauen) infolge von Suchterkrankungen 1991 lag die Zahl um 125 höher als im Vorjahr. Wegen Vergehen gegen das Betäubungsmittelgesetz wurden 1991 23 470 Anzeigen (1990: 18 880) erstattet, davon 9448 (6706) gegen ausländische Staatsangehörige.

Der **Wohnungsbau** ging 1991 (nach ersten Angaben) gegenüber 1990 erneut zurück. Die Zahl der neuerstellten Wohnungen betrug 1991 (Gemeinden mit mehr als 5000 Ew.) 15 720 (1990: 16 065). Insgesamt wurden 37 600 (39 984) Wohnungen neu erstellt, davon 28 400 (28 784) Wohnungen in Mehrfamilien- und 9200 (11 200) in Einfamilienhäusern. Die Zahl der **Baubewilligungen** (Gem. mit mehr als 5000 Ew.) nahm indes leicht zu: sie betrug 1991 (1990) 18 420 (17 941), während sie für alle Gemeinden um 3% auf 46 189 (47 575) zurückging. Der **Gesamtwohnungsbestand** belief sich Ende 1991 (1990) auf 3,180 (3,140) Mio.

Die **Wirtschaft** der Schweiz war 1991, wie das ifo-Institut mitteilte, nach einer etwa achtjährigen Expansionsperiode durch eine seit Herbst 1990 einsetzende »leichte Rezession« gekennzeichnet. Die Ursachen dieser konjunkturellen Schwäche (Rückgang des realen Bruttoinlandsprodukts um 0,5% nach +2,2% 1990, bedeutend höhere Teuerungsrate als im Durchschnitt der westlichen Industrieländer, anhaltende Zunahme der Arbeitslosigkeit bei weiterhin deutlichen Überschüssen der Leistungsbilanz) waren vor allem die seit 1988 verfolgte restriktive Geldpolitik, die weltweite Nachfrageflaute, die dämpfenden Effekte des Golfkriegs sowie der scharfe Rückschlag im Handel mit Osteuropa. Eine Belebung sei, so die Kommission für Konjunkturfragen in Bern, ab der 2. Jahreshälfte 1992 zu erwarten, zumal die Wirtschaft ihre Vorbereitungen im Hinblick auf EWR (Unterzeichnung des EWR-Vertrages Ende 1991) und EG-Binnenmarkt tatkräftig fortsetzt.

Das Bruttosozialprodukt stieg nominal (d. h. zu Marktpreisen) 1991 (1990) um 5,8 (7,3) % auf 346 460 (327 585) Mrd. sfr; real, d. h. nach Abzug von Preissteigerungen, sank es um 0,3% (1990: +2,5%). Die *Inlandsnachfrage* nahm real um 0,8% (nach +2,2% 1990) ab, wobei besonders die Anlageinvestitionen mit −2,8% (Bau −3,5%, Ausrüstungen −1,6%) negativ zu Buche schlugen, während der private Konsum, geringer als im Vorjahr zwar, aber um 1,0 (1990: 1,5) % zunahm. Die *Auslandsnachfrage* ging um −1,2% (Warenexporte real) zurück und war somit deutlich schwächer als im Vorjahr (+4,5%); v. a. bedingt durch höhere Einnahmen aus dem Fremdenverkehr nahmen die Dienstleistungsexporte (real) um 0,8% zu (−2,6%). − 1991 (bis Nov.) erfuhr der exportgewichtete Wechselkurs des *Franken* eine nominale Abwertung von 2% und eine reale Aufwertung von 0,6%; der Rückgang des realen Franken war gegenüber dem US-Dollar sowie dem japanischen Yen am stärksten.

Die *Industrieproduktion* lag 1991 insgesamt unter dem Volumen des Vorjahres und bildete sich verstärkt zurück, die Auftragslage verschlechterte sich, und der Auslastungsgrad der technischen Kapazitäten sank Ende 1991 auf weniger als 83%. Besonders betroffen waren die Bau-, Maschinen-, Elektro- und Metallindustrie.

Die *Beschäftigung* in Industrie und Gewerbe ging insgesamt um 1,8% zurück (1990: +1,2%); wobei die Rückgänge im Baugewerbe 2,3% und in der verarbeitenden Industrie 1,7% betrugen; teilweise ausgeglichen wurde dieser Rückgang durch einen weiteren Zuwachs im Dienstleistungssektor von 0,7 (1,5) %. (Aufgliederung der Beschäftigten nach Sektoren und Branchen → *WA '91, Sp. 520*)

An **Erwerbstätigen** wurden 1990 (1989) im Jahresdurchschnitt 3,563 (3,518) Mio. gezählt; dies entsprach einer Erwerbsquote von 49,5 (49,8) % der Bevölkerung, Saisonarbeiter und Grenzgänger nicht inbegriffen. Die Zahl der **ausländischen Arbeits-**

kräfte betrug Ende 1991 888 775 (1990: 864 469, davon 570 322 Männer und 294 147 Frauen).

Die **Arbeitslosigkeit** lag – vor allem im internationalen Vergleich – bereits in den vergangenen Jahren extrem niedrig, erhöhte sich seit Jahresbeginn 1991 allerdings spürbar. Im Jahresdurchschnitt nahm die Zahl der Arbeitslosen von 18 133 = 0,6 % (1990) auf 39 222 = 1,3 % (1991) zu. Im Juli 1992 erreichte sie einen Höchststand von 90 157. 1991 waren im Durchschnitt 35 065 (1990: 15 980) ganz und 4158 (2153) teilarbeitslos. Bedeutende *Arbeitslosenquoten* (Stand Juni 1992) über dem Mittelwert von 2,7 % wiesen das Tessin sind die westlichen Kantone auf (in %): Genf (5,3), Tessin (4,8), Neuenburg (4,8), Waadt (4,6). Die Zahl der gemeldeten *offenen Stellen* verringerte sich innerhalb des Jahres 1991 markant von 12 144 im Jan. auf 8170 im Dez. 1991, erhöhte sich allerdings bis Juni 1992 leicht auf 8292. Im Durchschnitt wurden 1991 10 549 Stellen registriert, während ihre Zahl 1990 noch bei 17 261 lag. Während *Kurzarbeit* noch 1990 fast nicht vorkam (671 Betroffene in 49 Betrieben im Jahresdurchschnitt), änderte sich dies bis Ende 1991 merklich: im Dez. 1991 waren es 20 269 Betroffene in 646 Betrieben. **Streiks** gab es 1991 nur 1 (mit 51 beteiligten Arbeitnehmern in 1 Betrieb). – Die tarifliche **Arbeitszeit** beträgt in den meisten Branchen noch 44 Wochenstunden, die tatsächliche Arbeitszeit lag im Durchschnitt 1991 bei 42,1 Std. (Industriebetriebe 41,5 – Dienstleistungen, Büros u.ä. 42,1 Std.). – Die durchschnittlichen **Löhne** (nominal) wuchsen 1991 um +7,0 % gegenüber 1990. Unter Einbeziehung der Jahresdurchschnittsteuerung resultierte ein Zuwachs von real 1,8 %. Die Löhne betrugen 1991 für alle Arbeitnehmer im Durchschnitt 4567 (1990: 4050) sfr/Monat (Männer +7,2 % = 4937, Frauen +6,3 % = 3522 sfr). In der Industrie wuchsen die Löhne um 6,9 %, im Baugewerbe um 9,7 %, in den Dienstleistungen um +6,4 %.

Die **Preissteigerungsrate**, die sich bereits in den letzten Jahren kontinuierlich erhöht hatte (1988: 1,9 % – 1989: 3,2 % – 1990: 5,4 %), stieg 1991 erneut an und erreichte 5,9 % (*Landesindex der Konsumentenpreise*). Das war die höchste Teuerungsrate seit 10 Jahren. Im Gegensatz zu den Vorjahren gab es praktisch keine Güter mit Preissenkungstendenzen. Überdurchschnittliche Preissteigerungen waren bei Wohnungsmieten +9,9 %, Bildung u. Erholung +6,1 %, Getränke u. Tabakwaren +5,3 %, ferner bei den öffentlichen (um 8,5 %) und privaten (um 7,9 %) Dienstleistungen zu verzeichnen, während Nahrungsmittel mit +4,5 %, Verkehr 4,2 % sowie Bekleidung 3,9 % unterhalb des Durchschnitts lagen.

Die **Leistungsbilanz** (Ertragsbilanz) der Schweiz im Wirtschaftsverkehr mit dem Ausland verschlechterte sich auch 1991. Der Aktivsaldo verminderte sich erneut gegenüber dem Vorjahr um rd. 0,5 (1990: 4,3) Mrd. sfr und erreichte 1991 rd. 14,6 (12,0) Mrd. sfr. Bei den Abflüssen ins Ausland spielte vor allem das auf 8,0 (8,3) Mrd. sfr gesunkene Defizit im Außenhandel eine Rolle, während sich andererseits der Überschuß auf dem Dienstleistungssektor erhöhte (insb. Fremdenverkehr per Saldo +2,88 Mrd. sfr, gg. +1,94 im Vorjahr). Ein weiterer positiver Posten waren auch 1991 die Erträge aus Kapitalanlagen im Ausland von rd. 21,4 (+20,595) Mrd. sfr per Saldo, während der Passivsaldo der Arbeitseinkommen, vor allem durch Gastarbeiterüberweisungen, auf –7,6 (–6,895) Mrd. sfr anstieg. – Der *Export von Gütern und Diensten* in das Ausland betrug 1991 (1990) insgesamt 116,225 (115,105) Mrd. sfr, der Import 112,875 (113,555) Mrd. sfr.

Die **Bundesrechnung** der Eidgenossenschaft (Bundeshaushalt) schloß 1991 erstmals nach einer fünfjährigen Überschußperiode mit einem Defizit ab. Die *Erträge* (Einnahmen) beliefen sich 1991 (vorl. Rechnungen/Budget) auf 33,490/33,902 Mrd. sfr, die *Aufwendungen* (Ausgaben) auf 35,501/33,829 Mrd. sfr. Für 1992 sieht der *Bundeshaushalt* Einnahmen/Ausgaben von 35,788/37,117 Mrd. sfr vor. Die *Schulden* des Bundes betrugen 1990 (1989) 40,469 (38,287) Mrd. sfr, der Kantone 30,535 (28,295), der Gemeinden 30,000 (28,000), insgesamt 101,104 (94,582) Mrd. sfr.

Die *Steuereinnahmen* der öffentlichen Verwaltungen betrugen 1990 20,8 % des Bruttoinlandprodukts und 64,817 Mrd. sfr.

Die wichtigsten Posten der **Bundesrechnung** in Mrd. sfr:

	1990	1991
Einnahmen insgesamt	32,673	33,490
davon u. a.		
Warenumsatzsteuer	9,650	10,006
Direkte Bundessteuer	6,800	6,894
Treibstoffzölle und Zollzuschläge	3,040	3,206
Verrechnungssteuer	3,350	4,104
Stempelabgaben	2,200	1,934
Einfuhrzölle	1,225	1,212
Lenkungsabgaben, Biersteuer, Tabakzölle u. a.	0,622	0,469
Tabaksteuer	0,890	0,972
Vermögenserträge	0,689	0,777
Nationalstraßen- und Schwerverkehrsabgabe	0,319	0,336
Ausgaben insgesamt	*31,615*	*35,501*
davon u. a.		
Soziale Wohlfahrt	6,866	8,091
Landesverteidigung	6,052	6,202
Verkehrs- u. Energiewirtschaft	4,680	5,437

Forts.

Finanzausgaben	4,330	4,586
Bildung und Forschung	2,438	2,655
Landwirtschaft u. Ernährung	2,676	3,078
Beziehungen zum Ausland	1,581	1,788
Behörden, allgem. Verwaltung	1,226	1,319
Umweltschutz	0,226	0,319

PRESSE *Tages- und Sonntagszeitungen:*
Bern: Berner Zeitung/BZ (122) – Der Bund (62) – Aarau: Aargauer Tagblatt/Brugger Tagblatt/Freiämter Tagblatt (59) – Arbon: Schweizerische Bodensee-Zeitung (16) – Baden: Aargauer Volksblatt/Badener Tagblatt (60) – Basel: Basler Zeitung (116) – Bellinzona: Il Dovere (19) – Biel: Bieler Tagblatt/Seeländer Bote (33) – Journal du Jura/Tribune Jurassienne (14) – Brig: Walliser Bote (27) – Buchs: Werdenberger und Obertoggenburger (10) – Chur: Bündner Tagblatt (11) – Bündner Zeitung (41) – Delémont: Le Démocrate (18) – Flawil: Volksfreund/Wiler Zeitung/Grossauer Zeitung (10) – Frauenfeld: Thurgauer Zeitung (28) – Fribourg: Freiburger Nachrichten (15) – La Liberté (35) – Genf: Journal de Genève/Gazette de Lausanne (41) – La Suisse (63, so. 108) – La Tribune de Genève (62) – Glarus: Glarner Nachrichten (20) – Glattbrugg: Züri Woche (359) – Heerbrugg: Der Rheintaler (12) – Herisau: Appenzeller Zeitung (15) – La Chaux-de-Fonds: L'impartial (31) – Lausanne: Le Matin (54, so. 162) – Le Nouveau Quotidien (40) – Nouvelle Revue de Lausanne et du pays de Vaud (9) – 24 heures (95) – Liestal: Basellandschaftliche Zeitung (20) – Lugano: Corriere del Ticino (35) – Giornale del Popolo (22) – Luzern: Luzerner Neuste Nachrichten (60) – Luzerner Tagblatt (93) – Mels: Sarganserländer (10) – Montreux: L'Est Vaudois (15) – Neuchâtel: L'Express (34) – Olten: Oltner Tagblatt/Solothurner Zeitung (92) – Porrentruy: Le Pays (12) – Schaffhausen: Schaffhauser Nachrichten (26) – St. Gallen: Die Ostschweiz (25) – St. Galler Tagblatt (71) – Sion: Nouvelliste et Feuille d'Avis du Valais (44) – Spiez: Berner Oberländer (22) – Stäfa: Zürichsee-Zeitung (30) – Thun: Thuner Tagblatt (18) – Uster: Anzeiger von Uster (10) – Vevey: Riviera-Vevey-Montreux (8) – Wetzikon: Zürcher Oberländer (34) – Winterthur: Der Landbote (41) – Yverdon: Journal du Nord Vaudois (11) – Zürich: Blick (365) – Neue Zürcher Zeitung (152) – Tages-Anzeiger Zürich (261)

Wochenzeitungen u. Zeitschriften: Basel: Basler Magazin (116) – Coopération (254) – Glattbrugg: Der Schweizerische Beobachter (408) – Lausanne: L'Hebdo (52) – L'Illustré (99) – Radio-TV 8 (155) – Rorschach: Nebelspalter (43) – Zürich: Annabelle/Femina (105, 2x monatl.) – Brückenbauer (1096) – Construire (300) – Glücks-Post (197) – Das Magazin (384) – Meyers Modeblatt (198) – Schweizer Familie (250) – Schweizer Illustrierte (184) – Schweizer Woche (175) – Tele (298) – Trente Jours (399) – Züritip (261) – TV plus (758)

Nachrichtenagentur: Schweizerische Depeschenagentur (SDA)/Agence Télégraphique Suisse (ATS)

HÖRFUNK/FERNSEHEN Schweizerische Radio- und Fernsehgesellschaft/SRG, Gesellschaft privaten Rechts, Konzessionsbehörde: Der schweizerische Bundesrat (Regierung), Aufsichtsbehörde: Eidg. Verkehrs- und Energiewirtschaftsdepartement
Programminstitution:
Generaldirektion SRG, Giacomettistraße 3, Postfach, CH-3000 Bern 15, T 031 / 439111, Tfax 439256, Generaldirektor: Antonio Riva
Direktion Radio und Fernsehen der deutschen und der rätoromanischen Schweiz (DRS), Fernsehstraße 1–4, Postfach, CH-8052 Zürich;
Programmdirektion Radio DRS, Güterstraße 91, Postfach, CH-4053 Basel;
Programmdirektion Fernsehen DRS, Fernsehstraße 1–4, Postfach, CH-8052 Zürich;
Schweizer Radio International und Telefonrundspruch, Giacomettistraße 1, Postfach, CH-3000 Bern 15;
Auslandsprogramme der SRG auf Kurzwelle: Schweizer Radio International/Radio Suisse Internationale/Radio Svizzera Internazionale/Radio Svizzer Internaziunal/Swiss Radio International
Direction de la Radio-Télévision Suisse Romande RTSR, 6, Avenue de la Gare, Case Postale 1075, CH-1001 Lausanne; Direction des programmes de la Radio Suisse Romande, Maison de la Radio, CH-1001 Lausanne;
Direction des programmes de la Télévision Suisse Romande, 20, Quai Ernest Ansermet, Case Postale, CH-1211 Genève 8
Direzione della Radiotelevisione della Svizzera italiana RTSI, Via Canevascini, Casella Postale, CH-6903 Lugano-Besso; Direzione dei programmi della Radiotelevisione della Svizzera italiana, Casella Postale, CH-6903 Lugano-Besso

Trägerschaft:
Schweizerische Radio- und Fernsehgesellschaft (SRG), Giacomettistraße 3, Postfach, CH-3000 Bern 15, Zentralpräsident: Yann Richter
Radio- und Fernsehgesellschaft der deutschen und der rätoromanischen Schweiz (RDRS), Postfach, CH-8052 Zürich
Société de radiodiffusion et de télévision de la Suisse romande (SRTR), Case Postale 1075, CH-1001 Lausanne
Società cooperative per la radiotelevisione della Svizzera italiana (CORSI), Casella Postale, CH-6903 Lugano-Besso
Außerdem: Red Cross Broadcasting Service, 17, Avenue de la Paix, CH-1211 Genève; United Nations Radio, Rue des Nations, CH-1211 Genève 10

SENEGAL *West-Afrika*
Republik Senegal; République du Sénégal; Sunugal (in Wolof) – SN

LANDESSTRUKTUR Fläche (86): 196 722 km² – **Einwohner** (84): (F 1990) 7 428 000 = 38 je km²; (Z 1988) 6 881 919 – Senegalesen; westatlantische Gruppen (36% Wolof, 17% Serer, 10% Tukulör, Mandingo, Sarkolé, Malinke), 18% Fulbe, Mauren u. a., rd. 3% Nichtafrikaner (überw. Libanesen, Syrer u. Franzosen) – **Leb.-Erwart.:** 47 J. – **Säugl.-Sterbl.:** 8,1% – **Analph.:** 62% – Jährl. **Bev.-Wachstum** (⌀ 1980–90): 2,9% (Geb.- u. Sterbeziffer 1990: 4,5%/1,7%) – **Sprachen:** Französisch u. Wolof als Amtsspr.; westatlant. Sprachen (Malinke, Peul), Mande-Sprachen (Manding, Soninke u. a.) u. Ful als Umgangsspr. – **Religion:** 94% sunnitische Muslime; 5% Christen (meist Kath.); im übr. Anh. v. Naturrel. – **Städt. Bev.:** 38% – **Städte** (S 1985): Dakar (Hptst.) 1 382 000 Ew., Thiès 156 000, Kaolack 132 000, Ziguinchor [Siginschor] 107 000; (1983): Saint-Louis 118 000, Diourbel [Dyurböl] 73 000

STAAT Republik – Verfassung von 1963, letzte Änderung März 1991 – Nationalversammlung mit 120 Mitgl., gewählt auf 5 J. – Direktwahl d. Präs. für 5 J., direkte Wahl – Allg. Wahlrecht – 10 Regionen – **Staatsoberhaupt:** Präs. Abdou Diouf (PS), seit 1981 – **Regierungschef:** Habib Thiam (PS), seit 7. 4. 1991 – **Äußeres:** Djibo Leity Ka – **Parteien:** Wahlen von 1988 (1983): Parti Socialiste Sénégalais/PS 103 (111) d. 120 Sitze; Parti Démocratique Sénégalais/PDS 17 (8); Rassemblement National Démocratique/RND 0 (1) – **Unabh.:** 20. 6. 1960 (in d. Mali-Föderation), endgültig 20. 8. 1960 (Austritt aus d. Föderation) – **Nationalfeiertag:** 4. 4.

WIRTSCHAFT BSP 1990: 5260 Mio. $ = 710 $ je Ew. (123); realer Zuwachs ⌀ 1980–90: 3,0%; *(Anteil Entwicklungshilfe u. Ausl.-Schulden → Tab. Sp. 471f.);* **BIP** 1990: 5840 Mio. $; realer Zuwachs ⌀ 1980–90: 3,0%; Anteil 1990 **Landwirtsch.** 21%, **Industrie** 18% – **Erwerbstät.** 1989: Landw. 79%, Ind. ca. 10% – **Energieverbrauch** 1990: 156 kg ÖE/Ew. – **Währung:** 1 CFA-Franc = 100 Centimes (c); 1 FF = 50 CFA-Francs (Wertverh. zum FF); 100 CFA-Francs = 0,595 DM – **Ausl.-Verschuld.** 1990: 3745 Mio. $ = 66,5% d. BSP – **Inflation** ⌀ 1980–90: 6,7% – **Außenhandel** 1990: **Import:** 1620 Mio. $; Güter: 30% Halbwaren, 28% Nahrungsmittel, 14% Investitionsgüter, 12% Brennstoffe u. Energie; Länder: 41% Frankr., 7% Italien, 5% Spanien, 4% BRD, 5% Côte d'Ivoire, 4% USA, 4% Nigeria; **Export:** 783 Mio. $; Güter: 35% Fertigwaren, 2% Fisch, 18% Erdnußerzeugn. *(Erdnußproduktion → WA '92, Sp. 536)*, 8% Phosphate; Länder: 27% Frankr., 7% Italien, 5% Spanien, 5% Côte d'Ivoire – Tourismus von Bedeutung (1989/90: 303 237 Gäste = ca. 2,5% d. BIP)

PRESSE (Aufl. i. Tsd.) *Tageszeitungen:* Dakar: Le Soleil (45) – Réveil de l'Afrique Noire – Wal Fadjiri/islam. – *Wochenzeitungen:* Sopi (30) – Le Devoir (5) – Le Politicien (5) – Xareli (5) – *Nachrichtenagenturen:* APS (Agence de Presse Sénégalaise) – PANA (Pan-African News Agency)

SESCHELLEN *Ost-Afrika*
Republik Seschellen; Republic of Seychelles, République des Seychelles, Repiblik Sesel (kreol.) – SY

LANDESSTRUKTUR Fläche (183): 280 km², mit beansprochter 200-sm-Zone 1 Mio. km² (incl. Adabra lagoon mit 454 km²), 112 Inseln: Mahé od. Granit-Gruppe mit Hauptinsel Mahé (144,8 km², 59 500 Ew. Z 1987), Praslin (38,8 km²), Silhouette (20,7 km²), La Digue (10,4 km²), Curieuse, Félicité, Fregate usw. (zus. 7100 Ew.); außerd. Amiranten-Gruppe (10,3 km²), Cosmoledo-Gruppe (insg. 88 Inseln, jedoch nur 36 bewohnt, zus. weniger als 1000 Ew.) – **Einwohner** (181): (F 1990) 68 000 = 243 je km²; (Z 1977) 61 898 – Sescheller [Seycheller]; 89% Kreolen, etwa 5% Inder (»Laskar«, »Malabars«), 3% Madegassen, chinesische, malaiische u. europäische Minderheiten – **Leb.-Erwart.:** 71 J. – **Analph.:** k. Ang. – Jährl. **Bev.-Wachstum** (⌀ 1980–90): 0,7% (Geburtenziffer 1990: 2,8%) – **Sprachen:** Kreolisch, Englisch u. Französisch als Amtsspr. – **Religion:** 90% Katholiken, 8% Anglikaner – **Städt. Bev.:** rd. 26% – **Städte** (F 1987): Victoria (Hptst.) auf d. Insel Mahé 24 325 Ew.

STAAT Republik – Verfassung von 1979, Änderung 1991 – Ausarbeitung einer neuen Verfass. durch Verfassungsgeb. Versamml. mit 20 gewählten Mitgl. seit 26. 7. 1992 (Referendum in Aussicht gestellt) – Parlament (National Assembly) mit 25 Mitgl. (23 direkt gewählt u. 2 v. Präs. ernannt) – Allg. Wahlrecht – **Staatsoberhaupt u. Regierungschef:** France-Albert René (Vors. d. FPPS), seit Staatsstreich im Juni 1977, gewählt Juni 1979, zuletzt 1989 – **Äußeres:** Danielle de St. Jorre – **Parteien:** Wahlen zur Verfassungsgeb. Versammlung vom 26. 7. 1992: Front Progressiste du Peuple Seychellois/FPPS (ehem. sozialist. Einheitspartei) 11 Sitze, Demokrat. Partei/DP 8, Zentrist. Partei 1; Letzte Parl.-Wahlen von 1989: alle 23 Sitze an d. FPPS – Demokrat. Wahlen für Ende 1992 angekündigt –

Unabh.: 28.6.1976 – **Nationalfeiertag:** 5.6. (»Tag d. Befreiung«, Machtergreifung Renés 1977)

WIRTSCHAFT BSP 1990: 318 Mio. $ = 4670 $ je Ew. (50); realer Zuwachs ⌀ 1980–90: 3,2%; **BIP** realer Zuwachs ⌀ 1988/89: +7,9%; Anteil 1988 **Landwirtsch.** 6%, **Industrie** 20%, **Fremdenverkehr** 50% – **Erwerbstät.** 1988: Landw. 10%, Ind. 18% – **Energieverbrauch** 1988: 432 kg ÖE/Ew. – **Währung:** 1 Seschellen-Rupie (SR) = 100 Cents (c); 1 US-$ = 5,01 SR; 100 SR = 30,37 DM – **Öff. Ausl.-Verschuld.** 1989: 132,7 Mio. $–**Inflation** ⌀1980–90: 3,3% – **Außenhandel** 1988: **Import:** 856,6 Mio. SR; Güter: Maschinen u. Transportausrüst., Nahrungsm.; Länder: 17% Kuwait; **Export:** 75,7 Mio. SR; Güter: Thunfisch, Kopra, Zimt, Zimtöl, Kokosnüsse, Guano; Länder: 18% Italien (20% EG), 11% Thailand, 7% USA (n. and. Angaben: 56% Frankr., Réunion, Großbrit., Südafrika, Japan, Pakistan) – **Tourismus** (1989): 86 093 Gästeankünfte; wichtigste Herkunftsländer: 22% Großbrit., 19% Frankr., 18% Italien

PRESSE (Aufl. i. Tsd.) *Zeitungen:* Victoria: The Seychelles Nation (4)/Engl., Frz. u. Kreolisch – The People (2) – *Nachrichtenagentur:* SAP (Seychelles Agence de Presse)

SIERRA LEONE *West-Afrika*
Republik Sierra Leone; Republic of Sierra Leone; span. (Sierra Leona) u. portug. (Serra Leoa) – WAL

LANDESSTRUKTUR Fläche (116): 71 740 km² – **Einwohner** (111): (F 1990) 4 137 000 = 56 je km²; (Z 1985) 3 515 812 – Sierraleoner; vorwieg. Mande-Gruppen (35% Mende, 32% Temne, Soso, Kuranko, Limba); rd. 2000 Europäer, ca. 10 000 Libanesen, kreolische Schwarze (etwa 2%) an d. Küste – **Leb.-Erwart.:** 42 J. – **Säugl.-Sterbl.:** 14,7% – **Analph.:** 79% – **Jährl. Bev.-Wachstum** (⌀1980–90): 2,4% (Geb.- u. Sterbeziffer 1990: 4,7%/2,2%) – **Sprachen:** Englisch als Amtsspr.; Mande-Sprachen (u. a. Malinke, Mende), Temne u. Krio als Umgangsspr. – **Religion:** mehrheitl. Anh. v. Naturrel.; rd. 38% sunnit. Muslime, christl. Minderheiten – **Städt. Bev.:** 32% – **Städte** (Z 1985): Freetown (Hptst.) 469 776 Ew.; (S 1983): Koidu 80 000, Bo 39 000, Kenema 31 000, Makeni 26 000

STAAT Präsidialrepublik – Neue Verfassung vom 1.10.1991 seit 29.4.1992 außer Kraft – Parlament (House of Representatives) mit 127 Mitgl., davon 105 gewählt, 10 durch Präs. ernannt u. 12 »Paramount Chiefs« von d. Distrikten delegiert – Nach Militärputsch am 29.4.1992 Einrichtung eines 20köpfigen »Nationalen Provisor. Regierungsrates« (18 Offiziere u. 2 Zivilisten) – 3 Provinzen u. Westgebiet, 12 Distrikte, 1 Stadtgebiet – **Staatsoberhaupt u. Regierungschef:** Hauptmann Valentine Strasser, seit 29.4.1992, Vors. d. Nat. Provisor. Regierungsrates u. Verteidigungsmin. – **Äußeres:** Alhadschi Abdul Karim Koroma – **Parteien:** Von 1987–1991 Einparteistaat mit dem All People's Congress/APC; seit 1.10.1991 Zulassung von Oppos.-Parteien – **Unabh.:** 27.4.1961 – **Nationalfeiertag:** 19.4. (Ausrufung d. Rep. 1971)

WIRTSCHAFT BSP 1990: 981 Mio. $ = 240 $ je Ew. (162); realer Zuwachs ⌀ 1980–90: 0,9%; **BIP** 1990: 840 Mio. $; realer Zuwachs ⌀ 1980–90: 1,5%; Anteil 1990 **Landwirtsch.** 32%, **Industrie** 13% – **Erwerbstät.** 1989: Landw. 63%, Ind. ca. 14%; **Arbeitslosigkeit** Anf. 1990: rd. 50% – **Energieverbrauch** 1990: 77 kg ÖE/Ew. – **Währung:** 1 Leone (Le) = 100 Cents (c); 1 US-$ = 509,29 Le; 100 Le = 0,31 DM – **Ausl.-Verschuld.** 1990: 1189 Mio. $ = 146,2% d. BSP – **Inflation** ⌀1980–90: 56,1% – **Außenhandel** 1990: **Import:** 146 Mio. $; Güter (1989): 35% Maschinenbau-, elektrotechn. Erzeugn. u. Fahrz., 20% Nahrungsmittel; Länder (1989): über 60% EG-Länder (dar. rd. 30% Großbrit.), USA, Nigeria; **Export:** 138 Mio. $; Güter (1989): 38% mineral. Rohstoffe, Erze (bes. Rutil, Bauxit), 34% Fertigwaren, 28% Nahrungsm. (rd. 70% Kaffee, Tee, Kakao, Gewürze); Länder (1989): 83% EG-Länder (dar. 36% Belgien-Luxemb., 30% BRD), 27% USA

PRESSE (Aufl. i. Tsd.) *Tageszeitungen:* Freetown: Daily Mail (12)/reg.-eigen – The New Citizen (10) – The Patriot (10) – We Yone (12) – *Nachrichtenagentur:* SLENA (Sierra Leone News Agency)

SIMBABWE *Süd-Afrika*
Republik Simbabwe; Republic of Zimbabwe – ZW

LANDESSTRUKTUR Fläche (59): 390 759 km² – **Einwohner** (71): (F 1990) 9 809 000 = 25 je km²; (Z 1982) 7 607 000 – Simbabwer; Bantu, bes. rd. 77% Schona [Shona] (darunter 22% Karanga, 12% Korekore, 18% Zezeru, 13% Manyiku), 17% Ndebele; 1988 rd. 110 000 Weiße (davon rd. 80 000 einheimische Weiße); 20 000 Coloureds u. 30 000 Asiaten (meist Inder) – **Leb.-Erwart.:** 61 J. – **Säugl.-Sterbl.:** 4,9% – **Analph.:** 33% – Jährl. **Bev.-Wachstum** (⌀1980–90): 3,4% (Geb.- u. Sterbeziffer 1990: 3,7%/0,8%) – **Sprachen:** Englisch als Amtsspr.; Fanagalo (kreol. Spr.) u. Bantu-Sprachen (CiShona, IsiNdebele) als Umgangsspr. – **Religion:**

überw. Anh. v. Naturrel.; ca. 58% Christen (v. a. Anglikaner, Katholiken), muslimische u. jüdische Minderheiten – **Städt. Bev.:** 28% – **Städte** (S 1990): Harare (Hptst.) 1 000 000 Ew.; Bulawayo 480 000, Chitungwiza 450 000, Gweru (Gwelo) 85 000, Mutare 75 000, Kwekwe 55 000, Kadoma [Gatooma] 50 000, Hwange 40 000, Masvingo 35 000

STAAT Präsidialrepublik – Verfassung von 1980, Änderung 1990 – Parlament mit 150 Mitgl., davon 120 direkt gewählt, 12 durch Präs. ernannt, 10 Stammeshäuptlinge u. 8 Provinzgouv.; Wahl alle 6 J. – 8 Provinzen – **Staats- u. Regierungschef:** Dr. Robert Gabriel Mugabe (ZANU-PF), seit 1987, direkt gewählt im März 1990 – **Äußeres:** Dr. Nathan M. Shamuyarira – **Parteien:** Wahlen vom März 1990: Zimbabwe African National Union-Patriotic Front/ZANU-PF (vorwieg. Shona) 117 d. 120 Sitze; Zimbabwe Unity Movement/ZUM (Edgar Tekere) 2 (–); ZANU-Ndonga 1 (–) – **Unabh.:** 18. 4. 1980 – **Nationalfeiertag:** 18. 4.

WIRTSCHAFT BSP 1990: 6313 Mio. $ = 640 $ je Ew. (126); realer Zuwachs ⌀ 1980–90: 2,6%; **BIP** 1990: 5310 Mio. $; realer Zuwachs ⌀ 1980–90: 2,9%; Anteil 1990 **Landwirtsch.** 13%, **Industrie** 40% – **Erwerbstät.** 1989: Landw. 69%, Ind. ca. 15%; **Arbeitslosigkeit** 1991: 30–40% – **Energieverbrauch** 1990: 525 kg ÖE/Ew. – **Währung:** 1 Simbabwe-Dollar (Z.$) = 100 Cents (c); 1 US-$ = 4,92 Z.$; 100 Z.$ = 30,98 DM – **Ausl.-Verschuld.** 1990: 3199 Mio. $ = 54,1 % d. BSP – **Inflation** ⌀ 1980–90: 10,8% (1991: 24,3%) – **Außenhandel** 1990: **Import:** 1851 Mio. $; Güter: 38% Investitionsgüter, 17% Brennstoffe u. Energie; Länder: 13% Großbrit., 12% USA, 10% BRD; **Export:** 1411 Mio. $ *(Rohstoffe → WA '92, Sp. 539f.);* Güter: 20% Tabak, 9% Ferrolegierungen, 6% Mais, 5% Baumwolle, 5% Nickel, 4% Zucker, 4% Kaffee, 4% Asbest; Länder: 13% BRD, 10% Großbrit., 10% Japan, 8% USA, 6% Botsuana, 6% Sambia, 5% Italien, 4% Mosambik

PRESSE (Aufl. i. Tsd.) *Tageszeitungen:* Harare: The Herald (130) – Bulawayo: The Chronicle (67) – *Sonntagszeitung:* The Sunday Mail (131) – *Nachrichtenagentur:* ZIANA (Zimbabwe Inter-Africa News Agency)

SINGAPUR *Südost-Asien*
Republik Singapur; Republic of Singapore (engl.); Repablik Singapura (malaiisch); Xinjiapo Gonghegno (chines.) – SGP

LANDESSTRUKTUR Fläche (174): 618 km^2 (n. eig. Ang. 626,4 km^2) – **Einwohner** (126): (F 1990) 2 722 000 = 4400 je km^2; (Z 1980) 2 413 945 – Singapurer; (F 1989) 2 038 000 Chinesen, 408 800 Malaien, 174 300 Inder u. Pakistaner u. 64 300 Sonstige, davon rd. 40 000 Europ. – **Leb.-Erwart.:** 74 J. – **Säugl.-Sterbl.:** 0,7% – **Analph.** (1985): 14% – Jährl. **Bev.-Wachstum** (⌀ 1980–90): 2,2% (Geb.- u. Sterbeziffer 1990: 1,7%/0,5%) – **Sprachen:** Englisch als Amts-, Verwaltungs.- u. Bildungsspr.; Nationalsprache Malaiisch; außerd. Chinesisch u. Tamil – **Religion** (1989): 13,4% Taoisten u. 28,3% Buddhisten, 18,7% Christen, 16% Muslime, 4,9% Hindu; Konfuzianer – **Städt. Bev.:** 100% – **Städte** (F 1985): Singapur (Hptst.) 2 558 000 Ew., daneben kleinere städt. Siedlungen u. Landgemeinden

STAAT Republik – Verfassung von 1984, Revis. 1991, Exekutivvollmachten f. d. Präs. – Parlament mit 81 Abg., für 5 J. gewählt – Direktwahl d. Präs. ab 1993 (Amtszeit 4 J.) – Allg. Wahlrecht – **Staatsoberhaupt:** Präs. Wee Kim Wee, seit 1985, 1989 im Amt bestätigt – **Regierungschef:** Goh Chok Tong (PAP), seit 1990 – **Äußeres:** Wong Kan Seng – **Parteien:** Parl.-Wahlen vom 31. 8. 1991 (1988): People's Action Party/PAP (v. Chinesen getragen) 77 (80) der 81 Sitze, Singapore Democratic P. 3 (1) u. Worker's Party 1 (1) – **Unabh.:** 9. 8. 1965 – **Nationalfeiertag:** 9. 8.

WIRTSCHAFT BSP 1990: 33 512 Mio. $ = 11 160 $ je Ew. (25); realer Zuwachs ⌀ 1980–90: 7,0%; **BIP** 1990: 34 600 Mio. $; realer Zuwachs ⌀ 1980–90: 6,4%; Anteil 1990 **Landwirtsch.** 3%, **Industrie** 37% – **Erwerbstät.** 1990: Landw. 0,3%, Ind. 35,7%; **Arbeitslosigkeit** 1991: 0,1% – **Energieverbrauch** 1990: 5685 kg ÖE/Ew. – **Währung:** 1 Singapur-Dollar (S$) = 100 Cents (c); 1 US-$ = 1,61 S$; 100 S$ = 95,22 DM – **Inflation** ⌀ 1980–90: 1,7% (1991: 3,7%) – **Außenhandel** 1991: **Import:** 116 000 Mio. S$; Güter: 53% Investitionsgüter, 24% Erzeugn. d. verarb. Industrie, 16% Mineralöl; Länder: 21% Japan, 16% USA, 16% Malaysia, 4% Rep. China, 3% BRD; **Export:** 103 000 Mio. S$; Güter: 45% Investitionsgüter, 16% Erzeugn. d. verarb. Industrie, 14% Mineralölerzeugn.; Transitausfuhr v. Malaysia (Kautschuk, Eisenerz, Zinn, Kopra, Kokosnußöl); Länder: 19% USA, 16% Malaysia, 9% Japan, 7% Hongkong, 6% Thailand, 4% BRD

PRESSE (Aufl. i. Tsd.) *Tageszeitungen:* Berita Harian (47)/Malaiisch – Business Times (23)/Engl. – Lianhe Wanbao (60)/Chin. – Lianhe ZaoBao (188)/Chin. – Shin Min Daily News (101)/Chin. – The New Paper (65)/Engl. – The Straits Times (322)/Engl. – Tamil Murasu (10)/Tamil – *Sonntagszeitungen:* Berita Minggu (60)/Malaiisch – Sunday Times (358)/Engl.

SLOWENIEN *Südost-Europa*
Republik Slowenien; Republika Slovenija – SLO

LANDESSTRUKTUR *(Übersichtstabelle → Sp. 411f.)* **Fläche** (149): 20 251 km² – **Einwohner** (135): (F 1990) 2 000 221 = 98 je km²; (Z 1981) 1 891 864 – (Z 1981) 90,5% Slowenen, 2,9% Kroaten, 2,2% Serben, 0,5% Ungarn, 0,1% Italiener – **Sprachen:** Slowenisch als Amtssprache; Serbokroatisch – **Religion** (Z 1981): 90% Katholiken, 0,7% Muslime – **Städte** (F 1990): Ljubljana [Laibach] (Hptst.) 330 000 Ew.; (Z 1981) Maribor 185 699

STAAT *(→ Chronik WA '92 u. Sp. 140f.)* Republik – Referendum am 23. 12. 1990 für den Austritt aus Jugoslawien; Ausrufung d. Unabh. durch d. Parl. am 26. 6. 1991 – Neue Verfassung in Vorb. – 5köpfiges Präsidialgremium, ernennt d. Präs. – Parlament aus 3 Kammern: Kammer der Vereinigten Arbeiter, Kommunenkammer u. Sozio-Politische K. mit je 80 Mitgl. – 62 Kommunen – **Staatsoberhaupt:** Milan Kućan, Vors. d. Präs.-Gremiums, seit 8. 4. 1990 (in Direktwahl mit 58,3% d. Stimmen gewählt) – **Regierungschef:** Janez Drnovšek (LDS), seit 22. 4. 1992 – **Äußeres:** Dimitrij Rupel – **Parteien:** Erste freie Parl.-Wahlen am 8. 4. 1990: Demos-Koalitionspartei (Oppos. aus 6 Parteien: Demokrat. Allianz, Slowen. Sozialdem. Allianz, Christdemokraten, Volkspartei [ehem. Bauernbund], Bürgerpartei der Grünen, SOS) errang insg. über 55% d. Stimmen u. stellt somit d. Mehrheit in d. Sozio-Polit. u. d. Kommunalkammer; zusätzlich sind noch vertreten: Sozialdem. Partei, Liberaldemokrat. Partei (hervorgegangen aus d. kommunist. Jugendorganisation), Partei d. Demokrat. Erneuerung (ehem. Kommunisten), Nationaldemokraten, Sozialist. Partei, Unternehmerpartei; einige Abg. sind parteilos – Neuwahlen vor Ende 1992 geplant – **Unabh.:** Unabh.-Erkl. am 26. 6. 1991 – Formell seit 8. 10. 1991 (Anerkennung durch Bundesrep. Jugoslawien am 13. 8. 1992) – **Nationalfeiertag:** 26. 6.

WIRTSCHAFT *(Konjunkturdaten 1989–1991 → Tab. Sp. 411)* BSP 1990 (Alt-Jugoslawien): 3060 $ je Ew. (61a); (S 1990) 15 400 Mio. $ = 17,9% d. BSP Gesamt-Jugosl.; **BIP** 1990: 11 780 Mio. $ (= 20% von Gesamt-J.) = 5500 $ je Ew. (S) – **Arbeitslosigkeit** 12/1991: 11,4% – **Währung:** Tolar (SLT), seit 8. 10. 1991; 1 US-$ = 76,75 SLT; 100 DM = 5051,12 SLT – **Brutto-Verschuld.** Sept. 1990: 1788 Mio. $ (2500 Mio. $ bei Hinzurechnung d. Anteils vom ehem. Jugosl.) – **Inflation** ⌀ 1991: 117,7% – **Außenhandel** 1990: **Import:** 3820 Mio. $ (1990/91: −7,0%); Güter: Konsumgüter, Maschinen, Transportausrüst., elektr. Ausrüst.; Länder: 81% westl. Ind.-Länder, v. a. Österreich u. Italien; **Export:** 3010 Mio. $ (S 1991: 4810 Mio. $ = −7,7% im Vgl. zu 1990); Güter: rd. 70% Prod. d. metallverarb. u. elektron. Ind., Haushaltsgeräte, Transportm., chem. Prod., Kautschuk, Textilien u. Schuhe, Maschinen, Prod. nicht eisenhaltiger Metalle u. d. holzverarb. Ind.; außerdem landwirtschaftl. Prod.; Länder: 73% westl. Ind.-Länder (1. Hj. 1991: 82,7%), v. a. EG (58%), 20,5% osteurop. Länder (1. Hj. 1991: 12,1%) – 1990/91: Rückgang d. Industrieproduktion um 12,4%

PRESSE (Aufl. i. Tsd.): *Tageszeitungen:* Ljubljana: Delo (102) – Ljubljanski Dnevnik (90) – Neodvisni Dnevnik (74) – Maribor: Večer (57) – *Sonntagszeitung:* Ljubljana: Nedeljski Dnevnik (225) – *Wochenzeitungen:* Ljubljana: Delo Plus (77) – Information from Slovenia (5)/Slowen. u. Engl. – Jana (72) – Kmecki Glas (20) – Mladina (52) – *Nachrichtenagentur:* STA (Slovenska Tiskovna Agencija)

SOMALIA *Nordost-Afrika*
Demokratische Republik Somalia; Jamhuuriyadda Dimugradiga Soomaaliya; Al-Jumhûrîya Ad-Dîmûkrâtîya As-Sûmâlîya; Somali Democratic Republic – SO

LANDESSTRUKTUR **Fläche** (41): 637 657 km² – **Einwohner** (91): (F 1990) 6 284 000 = 11 je km²; (Z 1987) 9 300 000 – Somalier (ethn. Somali, Mz. Somal); rd. 95% Angeh. d. Somal-Stämme (Isaaq, Absami, Habargidir, Abgaal, Darod, Digil, Issa, Hawiya usw.), daneben etwa 100 000 Bantu, rd. 30 000 Araber; rd. 1 Mio. somal. Flüchtlinge v. a. in Äthiopien u. in Kenia – **Leb.-Erwart.:** 48 J. – **Säugl.-Sterbl.:** 12,6% – **Analph.:** 76% – Jährl. **Bev.-Wachstum** (⌀ 1980–90): 3,1% (Geb.- u. Sterbeziffer 1990: 4,8%/1,8%) – **Sprachen:** Somali als Amtssprache; Arabisch, Englisch u. Italienisch als Handels- u. Bildungsspr. – **Religion:** 99,8% sunnitische Muslime (schafiitischer Richtung); Islam ist Staatsreligion – **Städt. Bev.:** 36% – **Städte** (S 1984):

Mogadischu (Hptst.) 600 000 Ew.; (S 1981) Hargeisa 70 000, Kisimayjo [Chisimaio] 70 000, Berbera 65 000, Marka 60 000

STAAT Republik – Neue Verfassung in Vorbereitung – Parlament mit 123 Abg. vorgesehen – Nach Sturz d. Diktators Siad Barre Ende Jan. 1991 Einrichtung einer Interimsreg. u. »Versöhnungskonferenz« mit Vertretern von USC, SSDF, SPM, SNM u. a. – 16 Provinzen – **Staatsoberhaupt:** Interimspräs. Ali Mahdi Mohamed (Abgaal, USC), seit 29. 1. 1990, auf »Versöhnungskonferenz« am 22. 7. 1991 für 2 J. bestätigt – **Regierungschef:** Omar Arteh Ghaleb (Habargidir; Übergangsreg. aus 83 Ministern u. Stellv.) – **Äußeres:** Mohamed Ali Hamed – **Parteien:** Letzte Parl.-Wahlen im Dez. 1984 – Starker Einfluß d. Stammeszugehörigkeit auf d. Parteien: Somal. Nationale Bewegung/SNM (Isaaq), Somal. Patriot. Bewegung/SPM (Absami), Vereinigter Somalischer Kongreß/USC (Haawiye: rivalisierende Habargidir u. Abgaal), Demokrat. Somal. Heilsfront/SSDF u. Somal. Demokrat. Bewegung/SDM – Am 18. 5. 1991 Ausrufung einer unabh. *Republik Somaliland* (ehem. brit. Protektorat) im N durch d. »Somalische Nationalbewegung« mit eig. Reg. unter Präs. Abdurahman Ahmed Ali (Ablehnung d. Wiedervereinigung mit Somalia am 27. 5. 1992) – **Unabh.:** 26. 6. 1960 (Brit. Somaliland) u. 1. 7. 1960 (Italien. Somaliland); Vereinigung am 1. 7. 1960 – **Nationalfeiertag:** bisher 21. 10. (Machtergreifung Barres 1969)

WIRTSCHAFT BSP 1990: 946 Mio. $ = 120 $ je Ew. (178); realer Zuwachs $\emptyset$ 1980–90: 1,1%; *(Anteil Entwicklungshilfe u. Ausl.-Schulden $\rightarrow$ Tab. Sp.471f.)*; **BIP** 1990: 890 Mio. $; realer Zuwachs $\emptyset$ 1980–90: 2,4%; Anteil 1990 **Landwirtsch.** 65%, **Industrie** 9% – **Erwerbstät.** 1989: Landw. 71%, Ind. ca. 8% – **Energieverbrauch** 1990: 64 kg ÖE/Ew. – **Währung:** 1 Somalia-Schilling (So. Sh.) = 100 Centesimi (Cnt.); keine Devisenkurse erhältlich – **Ausl.-Verschuld.** 1990: 2350 Mio. $ = 276,9% d. BSP – **Inflation** $\emptyset$ 1980–90: 49,7% (1991: über 100%) – **Außenhandel** 1990: **Import:** 360 Mio. $; Güter (1989): 24% Maschinen u. Transportausrüst., 19% Nahrungsmittel, Erdöl u. Erdölprod., Düngemittel; Länder (1989): Italien, Großbrit., BRD, Kenia, USA; **Export:** 130 Mio. $; Güter (1989): 75% leb. Tiere, Häute u. Felle; Bananen u. Gemüse, Myrrhe, Weihrauch, Holz, Baumwolle, Gummiarabikum; Länder (1989): EG-Länder (davon 80% Italien), Saudi-Arabien, USA, Japan, VR China

PRESSE (Aufl. i. Tsd.) *Tageszeitung:* Mogadischu: Xiddigta Oktoobar (1)/Somali – *Wochenzeitungen:* Heegan (1)/Engl. – Horseed/Ital., Arab. (sämtliche Ztg. werden vom Ministerium für Information herausgeg.) – *Nachrichtenagenturen:* SONNA (Somali National News Agency) – Horn of Africa News Agency (gegr. 1990)

SOWJETUNION → **ARMENIEN, ASERBAIDSCHAN, ESTLAND, GEORGIEN, KASACHSTAN, KIRGISTAN, LETTLAND, LITAUEN, MOLDAU, RUSSLAND, TADSCHIKISTAN, TURKMENISTAN, UKRAINE, USBEKISTAN, WEISSRUSSLAND**
→ auch **GEMEINSCHAFT UNABHÄNGIGER STAATEN,** *Sp. 59 ff.*

SPANIEN *Südwest-Europa*
Königreich Spanien; España, Reino de España – E

LANDESSTRUKTUR Fläche (50): 504 750 km² (n. eig. Ang. 504 782 km²) – **Einwohner** (26): (Z 1. 3. 1991) 39 433 942 = 78 je km² – Zu Spanien gehören: die Balearen (5014 km²/745 944 Ew.), die Kanarischen Inseln (7242 km²/1 637 641 Ew.), außerdem die »Presidios« Ceuta (19,5 km²) u. Melilla (12,5 km²), zus. 136 878 Ew. sowie Peñón de Vélez, Alhucemas, Chafarinas (zus. 1 km²/312 Ew. [Z 1982]); die Presidios (Plazas de Soberanía) sind Teile span. Provinzen (Cádiz bzw. Málaga); Marokko erhebt auf sie Anspruch. – Über 73% kastilische Spanier; etwa 18% Katalanen, ca. 6% Galicier (Gallegos), 1,5% Basken (Euskaldun), 500 000 Sinti u. Roma, 360 000 Ausländer (F 1988 u. a. 64 100 Engl., 39 700 Deutsche, 31 600 Portug., 25 200 Franz.) – 4 Mio. Spanier leben im Ausl. (rd. 2 Mio. in Amerika u. 1 Mio. in Europa) – **Leb.-Erwart.:** 76 J. – **Säugl.-Sterbl.:** 0,8% – **Analph.:** 5% – Jährl. **Bev.-Wachstum** ($\emptyset$ 1980–90): 0,4% (Geb.- u. Sterbeziffer 1990: 1,1%/0,9%) – **Sprachen:** Spanisch (Kastilisch) 74%; rd. 18% Katalanisch (Catalá) u. rd. 1,5% Baskisch (Vasco) sowie 6,5% Galicisch (Gallego, dem Portug. verwandt) als Amtssprachen – **Religion:** 97,3% Katholiken; 250 000 andere Christen, rd. 300 000 Muslime, 12 000 Juden – **Städt. Bev.:** 78% – **Städte** (Z 1991): Madrid (Hptst.) 3 084 673 Ew.; Barcelona 1 681 132, Valencia 777 427, Sevilla 704 857, Zaragoza [Saragossa] 622 371, Málaga 534 683, Las Palmas 360 483, Valladolid 345 891, Murcia 338 250, Córdoba 310 488, Granada 287 864, Alicante 275 111, La Coruña [A Coruña] 252 694, Santa Cruz de Tenerife 202 674, Vitoria-Gasteiz 372 054, Salamanca 186 322, Cádiz 157 355; (F 1990) Bilbao [Bilbo] 383 800, Palma de Mallorca 325 100, Vigo 280 000, Hospitalet

Die Regionen Spaniens: Fläche und Bevölkerung

Region/Hauptort	Fläche in km²	Bevölkerung in 1000 Z 1981	Z 1991[1]	Einw. je km² F 1988	Einw. d. Hauptorts in 1000[2]
Andalusien/Sevilla	89434	6441,1	7040,6	78	704,9
Aragonien/Saragossa	47650	1197,0	1221,5	25	622,4
Asturien/Oviedo	10565	1129,6	1098,7	105	204,3
Balearen/Palma de Mallorca	5014	655,9	745,9	136	308,6
Baskenland/Vitoria-Gasteiz	7261	2142,0	2109,0	294	372,1
Estremadura/Mérida	41602	1065,0	1056,5	26	130,3
Galicien/La Coruña	29434	2812,0	2720,4	97	252,7
Kanarische Inseln/Las Palmas	7242	1367,7	1637,6	202	360,5
Kantabrien/Santander	5289	513,1	530,3	99	196,2
Kastilien-La Mancha/Toledo	79230	1648,7	1651,8	21	63,6
Kastilien-León/Valladolid	94119	2583,2	2562,9	27	345,9
Katalonien/Barcelona	31930	5956,6	6115,6	187	1681,1
Madrid/Madrid	7995	4687,1	5030,9	598	3084,7
Murcia/Murcia	11317	955,5	1059,6	89	338,3
Navarra/Pamplona	10421	509,0	523,6	50	191,2
La Rioja/Logroño	5034	254,4	267,9	52	128,3
Valencia/Valencia	23305	3646,9	3923,8	160	777,4
Spanien/Madrid	504750	37746,0	39433,9		

[1] Volkszählung vom 1. 3. 1991 (vorläufige Endergebnisse); [2] Ergebnisse der Volkszählung 1991

276200, Gijón 264900, Badalona 225200, Oviedo 194600, Santander 194200, Sabadell 192100, Mostolés 189700, Jerez de la Frontera 186800, Elche 184900, San Sebastián [Donostia] 183900, Pamplona 183500, Cartagena 176000

STAAT Monarchie auf parlamentarisch-demokratischer Grundlage – Verfassung von 1978; Änderung im Juli 1992 – Parlament (Cortes Generales) aus 2 Kammern: Abgeordnetenhaus (Congreso) mit 350 u. Senat (Senado) mit 208 Mitgl., davon 49 Delegierte aus d. Auton. Gemeinsch.; Wahl alle 4 J. – Staatsrat (Consejo de Estado) aus 23 Mitgl. – 17 Autonome Gemeinschaften (Comunidades Autónomas) mit eig. Parl., 52 Provinzen, außerd. Ceuta u. Melilla – **Staatsoberhaupt:** König Juan Carlos I. de Borbón y Borbón, seit 1975 – **Regierungschef:** Felipe González Márquez (PSOE), seit 1982 – **Äußeres:** Javier Solana Madariaga (PSOE), seit 22. 6. 1992 – **Parteien:** Parl.-Wahlen vom Okt. 1989: Sitzverteilung im Abg.-Haus: Partido Socialista Obrero Español/PSOE (Sozialist. Arbeiterpartei) 175 d. 350 Sitze (1986: 184 Sitze); Partido Popular/PP 107 (105); Convergència i Unió/ CIU 18 (18); Izquierda Unida/IU 17 (7); Centro Democrático y Social/CDS (Demokrat.-Soziales Zentrum = Linksbündnis aus Kommunisten/PCE u. Sozialisten/PASOC) 14 (19); Partido Nacionalista Vasco/PNV (Baskische Nationalpartei) 5 (6); Herri Batasuna/HB (Baskenpartei, radikal links) 4 (5); Partido Andalucista/PA 2 (0); Unión Valenciana/UV 2 (1); Eusko Alkartasuna/EA 2 (–); Euskadiko Ezquerra/EE 2 (2); P. Aragonés/PA 1 (1); Agrupaciones Independ. de Canarias/AIC 1 (1) – Sitzverteilung im Senat (insg. 208 Sitze): PSOE 106, PP 79, CIU 10, PNV 4, HB 3, AIC 1, CDS 1, IU 1, Agrupación Herrena Independ/AHI 1, Asemblea Majorera/AM 1, Independ. per Lanzarote 1 – **Unabh.:** alte staatl. Tradition; Maurenherrschaft 718–1492 – **Nationalfeiertag:** 12. 10. gemeins. Feiertag aller spanischsprachigen Länder (Entdeckung Amerikas durch Kolumbus)

WIRTSCHAFT BSP 1990: 429404 Mio. $ = 11020 $ je Ew. (26); realer Zuwachs ⌀ 1980–90: 3,1%; **BIP** 1991: 525900 Mio. $; realer Zuwachs ⌀ 1980–90: 2,9% (1991: +2,5%); Anteil 1989 **Landwirtsch.** 5%, **Industrie** 35% – **Erwerbstät.** 1990: Landw. 11,8%, Ind. 33,4%; **Arbeitslosigkeit** 1991: 16% – **Energieverbrauch** 1990: 2201 kg ÖE/Ew. – **Währung:** 1 Peseta (Pta) = 100 Céntimos (cts); 1 US-$ = 96,25 Ptas; 100 Ptas = 1,59 DM – **Ausl.-Verschuld.** 1990: 45000 Mio. $ – **Inflation** ⌀ 1980–90: 9,2% (1991: 6,8%) – **Außenhandel** 1990: Import: 87694 Mio. $; Güter: 25% Maschinen, 14% Transportmittel, 12% chem. Erzeugn., 11% landw. Erzeugn., 7% Metallwaren, 5% Textilien; Länder: 17% BRD, 15% Frankr., 10% Italien, 8% USA, 7% Großbrit., 5% Japan, 2% Schweden, 2% Nigeria; (EG-Länder insg. 58%); **Export:**

55640 Mio. $; Güter: 23% Transportm., 15% Maschinen, 15% landw. Erzeugn., 11% chem. Erzeugn., 10% Metallwaren, 5% Energieträger; Länder: 21% Frankr., 14% BRD, 11% Italien, 10% Großbrit., 6% USA; (EG-Länder insg. 69%) – Tourismus 1990: 52044000 Gäste (1989: 54058000) u. Einnahmen von 1820,4 Mrd. Ptas (−11% gg. 1989) – *(Zur Wirtschaftslage 1991 → Sp. 852f)*

PRESSE (Aufl. i. Tsd.) *Tageszeitungen:* Madrid: ABC (247, so. 415) – Claro (600) – Diario 16 (130, so. 183) – El Mundo (100) – El País (378, so. 1000) – Uno (50) – Ya (80) – Barcelona: Avui (50)/Katalan. – Las Noticias-Diario de Cataluña (100)/Katalan. – El Observador de la Actualidad (120) – El País (60)/Katal. – El Periódico (155, so. 246) – La Vanguardia (211, so. 316) – La Coruña: La Voz de Galicia (82, so. 127) – San Sebastian: El Diario Vasco (90) – *Zeitschriften*: Madrid: Cambio 16 – Epoca – Hola! (583) – Interviú (494) – Panorama Internacional (418) – Pronto (925) – Semana (341) – Tiempo (156) – *Nachrichtenagentur:* Agencia EFE

SRI LANKA *Süd-Asien*
Demokratische Sozialistische Republik Sri Lanka; Sri Lanka prajatantrika samajawadi janarajaya (singh.); Ilangai jananayage socialisak kudiarasu (tamil.); bis 1972 Ceylon – CL

LANDESSTRUKTUR Fläche (119): 65610 km² (n. eig. Ang. 64628 km²) mit 868 km² Binnengewässern – **Einwohner** (49): (F 1990) 17002000 = 261 je km²; (Z 1981) 14846750 – Srilanker; 1981: 74% Singhalesen, 12,6% Ceylon-(Jaffna) Tamilen, 5,5% Indien-Tamilen, 7,1% »Mohren« (Moors, Muslime) *(→ Karte, Sp. 144)* – **Leb.-Erwart.:** 71 J. – **Säugl.-Sterbl.:** 1,9% – **Analph.:** 12% – Jährl. **Bev.-Wachstum** (⌀ 1980–90): 1,4% (Geb.- u. Sterbeziffer 1990: 2,0%/0,6%) – **Sprachen:** Singhalesisch (Sinhala), seit 1988 auch Tamilisch Amtsspr.; Englisch z. T. als Handels- u. Bildungsspr. – **Religion:** 69,5% südl. (Hinajana) Buddhisten, 15,5% Hindus, 7,6% Christen (davon 6,9% kath.), 7,6% Muslime – **Städt. Bev.:** 21% – **Städte** (S 1988): Colombo (Hptst.) 609000 Ew., Dehiwala-Mt. Lavinia (Galkissa) 190000, Galle 182000, Moratuwa 162000, Jaffna (Yapnaya) 127000, Sri Jayawardanapura (Parl.-Sitz u. Vorort v. Colombo) 107000, Kandy 102000

STAAT Präsidialrepublik mit der Bezeichnung »Demokratische Sozialistische Republik« seit 1978 – Parlament (Nationalversammlung) mit 225 Mitgl. – Allg. Wahlrecht ab 18 J. – 9 Provinzen (Palat) u. 24 Distrikte (Autonomie für 2 Tamilen-Provinzen im N. u. O. geplant) – **Staatsoberhaupt:** Ranasinghe Premadasa, seit Dez. 1988 – **Regierungschef:** Dingiri Banda Wijetunge (UNP), seit 1989 – **Äußeres:** James Edward Harold Herath – **Parteien:** Wahlen vom 15. 2. 1989: United National Party/UNP 125 d. 225 Sitze; sozialist. Sri Lanka Freedom Party/SLFP 67; Eelavar Dem. Front 13, Tamil United Lib. Front/TULF-Allianz 10, Sri Lankan Muslim Congress/SLMC 4, United Socialist Alliance/NSA 3, Mahajana Eksath Peramuna/MEP 3 – **Unabh.:** 4. 2. 1948 – **Nationalfeiertag:** 4. 2.

WIRTSCHAFT BSP 1990: 7971 Mio. $ = 470 $ je Ew. (137); realer Zuwachs ⌀ 1980–90: 3,9%; **BIP** 1990: 7250 Mio. $; realer Zuwachs ⌀ 1980–90: 4,0%; Anteil 1990 **Landwirtsch.** 26%, **Industrie** 26% *(Bodennutzung → WA '92, Sp. 553)* – **Erwerbstät.** 1988: Landw. 52%, Ind. 14% – **Energieverbrauch** 1990: 179 kg ÖE/Ew. – **Währung:** 1 Sri-Lanka-Rupie (S. L. Re.) = 100 Sri Lanka Cents (S. L. Cts.); 1 US-$ = 43,99 S. L. Rs.; 100 S. L. Rs. = 3,47 DM – **Ausl.-Verschuld.** 1990: 5851 Mio. $ = 73,2% d. BSP – **Inflation** ⌀ 1980–90: 11,1% – **Außenhandel** 1990: **Import:** 2689 Mio. $; Güter (1989): 22% Maschinen u. Ausrüstg., 16% Nahrungsm., 15% Erdölprod., Zucker; Länder (1989): 12% Japan; **Export:** 1984 Mio. $; Güter (1989): 43% Tee, 15% Rohkautschuk, Kokosnüsse u. Kopra-Produkte, Kokosöl, außerd. Fisch, Zimt, Gewürznelken u. Kakao, 20% Textilien sowie Graphit, Edelsteine, Erdöl-Prod.; Länder (1989): 26% USA, 19% EG-Länder sowie Japan, VAE, China, Indien

PRESSE (Aufl. i. Tsd.) *Tageszeitungen:* Colombo: Daily News (85)/Engl. – Davasa (108)/Sinhala – Dinamina (90)/Sinhala – Dinapathi (51)/Tamil – Diviana (150) – The Island (65)/Engl. – *Sonntagszeitungen:* Chinthamani (72)/Tamil – Observer (95)/Engl. – Riviresa (317)/Sinhala – Silumina (100)/Sinhala – Sunday Observer (100)/Engl. – Sunday Times (90)/Engl. – *Nachrichtenagentur:* Lankapuvath (National News Agency of Sri Lanka)

ST. KITTS und NEVIS *Karibik*
Föderation St. Kitts und Nevis; Federation of St. Kitts and Nevis; bis 1987 St. Christopher and Nevis – SCN

LANDESSTRUKTUR Fläche (184): 261,6 km², davon St. Kitts (Christopher) 168,4 km² u. Nevis

93,2 km² – **Einwohner** (184): (F 1990) 40000 (davon 12000 auf Nevis) = 188 je km²; (Z 1980) 43309 – Etwa 80% Schwarze u. Mulatten, daneben Inder, Chinesen u. Europäer – **Leb.-Erwart.:** 70 J. – **Säugl.-Sterbl.:** 2,8% – **Analph.:** k. Ang. – **Jährl. Bev.-Wachstum** ($\emptyset$ 1980–90): –1,2% (Geburtenziffer 1990: 2,6%) – **Sprache:** Englisch – **Religion:** mehrheitl. Anglikaner, Methodisten u. a. Protestanten; 14300 Katholiken – **Städt. Bev.:** rd. 36% – **Städte** (Z 1980): Basseterre (Hptst. auf St. Kitts) 14161 Ew., Sandy Point Town, Charlestown (Hauptort auf Nevis) 1243

STAAT Konstitutionelle Monarchie im Commonwealth – Parlament (Nationalversammlung) mit 11 gewählten u. 3 bzw. 4 ernannten Mitgl. sowie d. Gouverneur – »Nevis Assembly« mit 8 Mitgl. (Premier v. Nevis: Simeon Daniel) – Allg. Wahlrecht ab 18 J. – 14 Gemeinden – **Staatsoberhaupt:** Königin Elizabeth II., vertr. durch den einheim. Generalgouverneur Sir Clement Arrindell, seit 1983 – **Regierungschef u. Äußeres:** Dr. Kennedy Alphonse Simmonds (PAM), seit 1980 – **Parteien:** Wahlen vom März 1989: People's Action Movement/PAM 6 d. 11 Sitze, St. Kitts-Nevis Labour Party 2, Nevis Reformation Party 2, Concerned Citizens' Movement 1 – **Unabh.:** 19. 9. 1983 – **Nationalfeiertag:** 19. 9.

WIRTSCHAFT BSP 1990: 133 Mio. $ = 3330 $ je Ew. (58); realer Zuwachs $\emptyset$ 1980–90: 4,8% **BIP** realer Zuwachs $\emptyset$ 1988/89: +5,1%; Anteil 1989 **Landwirtsch.** über 9%, **Industrie** ca. 23% – **Erwerbstät.** 1984: Landw./Fischerei 29,6%, Ind. 24,3% – **Energieverbrauch** 1984: 370 kg ÖE/Ew. – **Währung:** 1 Ostkarib. Dollar (EC$) = 100 Cents; 1 US-$ = 2,69 EC$; 100 EC$ = 56,80 DM – **Ausl.-Verschuld.** 1985: 19,2 Mio. $ – **Inflation** $\emptyset$ 1980–90: 6,5% – **Außenhandel** 1987: **Import:** 215,7 Mio. EC$; Güter: 17% Nahrungsm., Halbfertigprod.; Länder: 38% USA, 16% CARICOM-Länder; **Export:** 73,3 Mio. EC$; Güter: 56% Zucker u. Melasse, ferner Erdnüsse u. Baumwolle, Bekleidung, elektronische Bauteile; Länder: 40% USA, 20% Großbrit., 9% CARICOM-Staaten – Tourismus 1989 (1988): 108658 (123253) Gäste

PRESSE (Aufl. i. Tsd.) *Zeitungen:* Basseterre: The Democrat (2, wö.) – The Labour Spokesman (6, mi. u. sa.)

ST. LUCIA *Karibik*
Sainte-Lucie – STL

LANDESSTRUKTUR Fläche (173): 622 km² (n. eig. Ang. 616,3 km²) – **Einwohner** (172): (F 1990) 150000 = 240 je km²; (Z 1980) 120300 – Lucianer: 90,3% Schwarze, 5,5% Mulatten, 3,2% Asiaten, 0,8% Weiße – **Leb.-Erwart.:** 72 J. – **Säugl.-Sterbl.:** 1,8% – **Analph.:** k. Ang. – **Jährl. Bev.-Wachstum** ($\emptyset$ 1980–90): 2,0% (Geburtenziffer 1990: 3,2%) – **Sprachen:** Englisch als Amtssprache u. Patois (ein kreolisches Französ.) – **Religion:** 86% Katholiken, versch. protest. Konfessionen – **Städt. Bev.:** rd. 50% – **Städte** (Z 1986): Castries (Hptst.) 52868 Ew., Micond, Vieux Fort, Gros Islet, Dennery

STAAT Konstitutionelle Monarchie im Commonwealth – Parlament aus 2 Kammern: Unterhaus (House of Assembly) mit 17 gewählten u. Senat mit 11 ernannten Mitgl. – 16 Gemeinden (parishes) – **Staatsoberhaupt:** Königin Elizabeth II., vertr. durch den einheim. Generalgouverneur Sir Stanislaus Anthony James, seit 10. 10. 1988 – **Regierungschef:** John George Melvin Compton (UWP), seit Mai 1982 – **Äußeres:** Neville Cenac – **Parteien:** Wahlen vom April 1987 (1982): United Worker's Party/UWP 9 (14) Sitze, St. Lucia Labour Party/SLP 8 (2), Progressive Labour Party/PLP 0 (1) – **Unabh.:** 22. 2. 1979 – **Nationalfeiertag:** 13. 12.

WIRTSCHAFT BSP 1990: 286 Mio. $ = 1900 $ je Ew. (83); realer Zuwachs $\emptyset$ 1980–90: 6,3%; **BIP** 1989: +6,8%; Anteil 1989 **Landwirtsch.** 16%, **Industrie** 19% – **Erwerbstät.** 1989: Landw. 30%, Ind. ca. 20%; **Arbeitslosigkeit** 1989: rd. 25% – **Energieverbrauch** 1986: 143 kg ÖE/Ew. – **Währung:** 1 Ostkarib. Dollar (EC$) = 100 Cents; 1 US-$ = 2,69 EC$; 100 EC$ = 56,80 DM – **Öff. Ausl.-Verschuld.** 1988: 113,7 Mio. EC$ – **Inflation** $\emptyset$ 1980–90: 4,2% – **Außenhandel** 1987: **Import:** 480,9 Mio. EC$; Güter: 20% Nahrungsm., 20% Maschinen, elektrotechn. Prod. u. Fahrz., 8% mineral. Brennstoffe; Länder: 33% USA, 15% CARICOM-Länder; **Export:** 208,7 Mio. EC$; Güter: 54% Bananen, 7% Kakao, Kokosöl, 3% Bier, Zitrusfrüchte u. Gewürze; 16% Textilien, 11% Papierprod.; Länder: 53% Großbrit., 21% CARICOM-Länder, v. a. Trinidad u. Tobago, 18% USA, Barbados – Tourismus 1989: 242387 Gäste

PRESSE (Aufl. i. Tsd.) *Zeitungen:* Castries: The Catholic Chronicle (3, monatl.) – The Crusader (2, wö.) – The Star (3, wö.) – The Vanguard (2)/14täg. – The Voice of St. Lucia (4, 2x wö.)

ST. VINCENT und die GRENADINEN *Karibik*
St. Vincent and the Grenadines – WV

LANDESSTRUKTUR Fläche (179): 389,3 km² (davon Grenadinen 45,3 km²) – **Einwohner** (174): (F 1990) 114000 = 293 je km²; (Z 1980) 97845 – Vincenter; ca. 65% Schwarze, im übr. Mulatten, ca. 4% Inder – **Leb.-Erwart.:** 70 J. – **Säugl.-Sterbl.:**

2,7% – **Analph.:** k. Ang. – Jährl. **Bev.-Wachstum** (∅ 1980–90): 1,0% – **Sprachen:** Englisch als Amtssprache; Umgangsspr. ein kreolisches Englisch – **Religion:** rd. 47% Anglikaner, 28% Methodisten; rd. 12000 Katholiken – **Städt. Bev.:** rd. 30% – **Städte** (F 1989): Kingstown (Hptst. auf St. Vincent) 19345 Ew.

STAAT Konstitutionelle Monarchie im Commonwealth – Parlament mit 15 für 5 J. gewählten u. 6 v. Gen.-Gouv. ernannten Mitgl. – **Staatsoberhaupt:** Königin Elizabeth II., vertr. durch den einheim. Generalgouverneur David Jack, seit 20. 9. 1989 – **Regierungschef u. Äußeres:** James F. Mitchell (NDP) – **Parteien:** Wahlen vom Mai 1989: New Democratic Party/NDP 66,2% = alle 15 Sitze, Saint Vincent/Grenadines Labour Party/GVLP 30,4% = 0, Sonstige 3,5% = 0 – **Unabh.:** 27. 10. 1979 – **Nationalfeiertag:** 27. 10.

WIRTSCHAFT BSP 1990: 184 Mio. $ = 1720 $ je Ew. (89); realer Zuwachs ∅ 1980–90: 6,9%; **BIP** realer Zuwachs ∅ 1980–86: 6,7% (1989: +5,9%); Anteil 1989 **Landwirtsch.** 17%, **Industrie** 24% – **Erwerbstät.** 1985: Landw. 42%, Ind. 10%, Tourismus rd. 5%; **Arbeitslosigkeit** 1989: 40–45% – **Energieverbrauch** 1984: 144 kg ÖE/Ew. – **Währung:** 1 Ostkarib. Dollar (EC$) = 100 Cents; 1 US-$ = 2,69 EC$; 100 EC$ = 56,80 DM – **Öff. Ausl.-Verschuld.** 1989: 49,1 Mio. $ – **Inflation** ∅ 1980–90: 4,6% – **Außenhandel** 1989: **Import:** 344,2 Mio. EC$; Länder: 42% USA, Großbrit., Trinidad u. Tob., Kanada, Japan; **Export:** 202,6 Mio. EC$; Güter: 86% landwirtschaftl. Prod., davon 35% Bananen, Pfeilwurz, stärkehalt. Knollenpflanzen, Süßkartoffeln, Kopra; Länder: 43% EG-Länder, v. a. Großbrit., knapp 50% Länder d. Karib. Gemeinschaft/CARICOM, v. a. Trinidad u. Tobago., Barbados, USA

PRESSE (Aufl. i. Tsd.) *Wochenzeitungen:* Kingstown: The New Times/NDP – The Star (8, 14täg.)/SVLP – The Vincentian (4)

SÜDAFRIKA *Süd-Afrika*
Republik Südafrika; Afrikaans: Republiek van Zuid-Afrika; Engl.: Republic of South Africa – ZA oder RSA

LANDESSTRUKTUR Fläche (25): 1221037 km^2 einschl. d. Walfischbucht (1124,05 km^2 u. S 1988 25135 Ew., davon 9600 Weiße, 9035 Afrikaner u. 6500 Coloureds, seit 23. 8. 1992 unter gemeinsamer Verwaltung mit → Namibia), d. Pinguin-Inseln (2,92 km^2), d. Marion- u. Prince-Edward-Inseln sowie d. sog. TBVC-Staaten (Transkei, Bophuthatswana, Venda u. Ciskei) – **Einwohner** (28): (F 1990) 35914000 Ew. = 27 je km^2; (Z 1985) 23385645 (davon Bantu Homelands 6899645 Ew.) – Südafrikaner; (Z 1988 in Mio.), inkl. TBVC): 5,09 Weiße, 3,3 Coloureds, 0,992 Asiaten, 26,4 Mio (ca. 73% d. Bev.) Schwarze; davon u. a. in Mio.: 7,6 Zulu, 6,6 Xhosa, 6,2 Sotho, 2,7 Tswana, 1,5 Shangaan, 1,2 Swasi, 0,4 Ndebele, 0,1 Venda – **Leb.-Erwart.:** 62 J. – **Säugl.-Sterbl.:** 6,6% – **Analph.:** ca. 7% – Jährl. **Bev.-Wachstum** (∅ 1980–90): 2,4% (Geb.- u. Sterbeziffer 1990: 3,3%/0,9%) – **Sprachen:** Afrikaans u. Englisch als Amtsspr.; eigene Amtssprachen in den TBVC-Staaten u. nominell unabhäng. Gebieten; Bantu-Sprachen u. indische Sprachen als Umgangsspr; von d. Weißen sprechen 58% Afrikaans u. 37% Englisch als Muttersprache, von d. Schwarzen über 50% Afrikaans, die übr. meist beide Sprachen (dazu afrikanische Sprachen: ca. 10 Mio. Ñguni-Sprachen wie Zulu, Xhosa, Swazi u. Ndebele, 4,3 Sotho, 0,9 Tsonga u. 0,16 Venda, von d. Coloureds 83,3% Afrikaans u. 10,3% Englisch, von d. Asiaten 1,2% Afrikaans – **Religion** (S 1990): ca. 78% Christen, davon (in Tsd.): Niederländ. Reformierte Kirche 4299, Röm.-Katholiken 2963, Methodisten 2747, Anglikaner 2026, Lutheraner 1093, Presbyteraner 758, Congregational Churches 607, Nederduitse Hervoormde Kerk 357, Apostol. Kirche 251, Baptisten 317, Gereformeerde Kerk 243; unabhäng. Afrikan. Kirchen 7006; ca. 4 Mio gehören tradit. Relig.-gemeinschaften an; außerdem 650000 Hindu, 434000 Muslime, 148000 Juden – **Städt. Bev.:** 62% – **Städte** (Z 1985; A): Pretoria (Hptst., Reg.-Sitz)/Wonderboom/Soshauguve 822925 Ew., Cape Peninsula (mit Kapstadt, Parl.-Sitz) 1911521, Johannesburg/Randburg 1609408, Durban/Pinetown/Inanda 982075, Soweto (South West Township, bei Johannesburg) rd. 900000 (offiziell, faktisch über 2 Mio. Ew.), Port Elizabeth/Uitenhage 651993, West Rand 647334, Vanderbijlpark/Vereeniging/Sasolburg 540142, Free State Goldfields 320319, Bloemfontein (Jurist. Hptst.) 232984, East London/King Williams Town 193819, Pietermaritzburg 192417, Kimberley 149667

STAAT Parlamentarische Republik, Präsidialsystem – Verfassung von 1983 – Unterzeichnung eines Friedensabkommens am 14. 9. 1991 *(Einzelheiten → Chronik, Sp. 145ff.)* – Auf 5 Jahre gewähltes Parlament aus 3 Kammern: Abgeordnetenkammer (House of Assembly) mit 178 Mitgl.; Repräsentantenkammer (House of Representatives) mit 85 Mitgl.; Delegiertenkammer (House of Delegates) mit 45 Mitgl. – Staatspräsident von 88köpfigem Wahlkollegium der Weißen, Coloureds und Inder (50 aus Abg.-Kammer, 25 aus Rep.-Kammer und 13 aus Del.-Kammer) auf 5 J. gewählt – 60köpfiger Präsidialrat (20 Mitgl. aus Abg.-Kammer, 10 aus Rep.-Kammer, 5 aus Del.-Kammer; 25 ernannt v. Staatspräs.); Vorsitz beim jeweil. Vizepräs. d. Rep.;

Südafrika (Homelands)

Beratungsgremium; trifft Entscheidung bei Unstimmigkeiten d. 3 Kammern – Seit 30. 6. 1986 in den 4 Provinzen v. Staatspräs. ernannte, mehrrassige »Exekutivgremien« – Wahlberechtigt Weiße, Coloureds und Inder ab 18 Jahre – **Staatsoberhaupt u. Regierungschef:** Frederik Willem de Klerk, seit Sept. 1989 – **Äußeres:** Roelof Frederik Botha – **Parteien:** Die Zahl der gewählten Mitgl. beträgt in d. Abg.-kammer 166, in d. Repr.-kammer 80 u. in d. Del.-kammer 40. Zusätzlich 8 (4+2+2) Abg. werden v. Staatspräs. ernannt u. weitere 14 (8+3+3) nach d. Proporz der polit. Parteien in den 3 Kammern v. den Abg. mit Direktmandat gewählt. Somit beläuft sich die Gesamtzahl der Parl.-abg. auf 308 (178+85+45); Wahlen zur Abg.-kammer (Weiße) vom Sept. 1989 (1984): National Party/NP (vertritt Rassentrennungspolitik, Buren) 94 (123) Sitze; Conservative Party/CP (gegen Lockerung d. Apartheidspolitik) 39 (22); Democratic Party/DP (gegen d. Apartheid, vorwiegend v. d. englischspr. Bev. getragen) 33 (19) – Wahlen zur Rep.-kammer (Coloureds) v. Sept. 1989 (1984): Labour Party/LP von Pastor Allan Hendrickse 69 (76) Mandate; Democratic Reform Party of South Africa/DRP 4; United Democratic Party/UDP 3; Freedom Party of South Africa/FP 1 u. Unabh. 3 – Wahlen zur Del.-kammer (indische Bev.) v. Sept. 1989 (1984): New Solidarity Party/NSP 16 (17); National People's Party/NPP 8 (18); DP 3, MPP 3, UP 2, NFP 1, PPSA 1 u. Unabh. 6 – Andere polit. Gruppierungen: Anti-Apartheids-Organisationen d. Schwarzen, seit Febr. 1990 zugelassen: African National Congress/ANC unter Nelson Mandela (Präs. seit 5. 7. 1991) u. Walter Sisulu (Vizepräs.) mit militär. Flügel Mkonto we Sizwe (Speer der Nation); Pan Africanist Congress/PAC unter Clarence Makwetu – Zusammenschluß von ANC und PAC zur Patriotic Union; Azanian People's Organization/AZAPO, Inkatha-Freiheitspartei (auf Zulus beschränkt) von Mangosuthu Buthelezi – **Unabh.:** 31. 5. 1910 de facto, 11. 12. 1931 nominell (Westminster-Statut) – **Nationalfeiertag:** 31. 5.

WIRTSCHAFT BSP1990:90410Mio. $=2530$ je Ew. (69); realer Zuwachs ⌀ 1980–90: 1,5%; **BIP** 1990: 90720 Mio. $; realer Zuwachs ⌀ 1980–90: 1,3%; Anteil 1990 **Landwirtsch.** 5%, **Industrie** 44% – **Erwerbstät.** 1989: Landw. 14%, Ind. 35%; **Arbeitslosigkeit** 1991: rd. 30% d. schwarzen Arbeitskräfte – **Energieverbrauch** 1990: 2447 kg ÖE/Ew. – **Währung:** 1 Rand (R) = 100 Cents (c); Offizieller Kurs (Commercial Rand): 1 US-$ = 2,76 R; 100 R = 55,05 DM – **Ausl.-Verschuld.** 1990: rd. 20 600 Mio. $ – **Inflation** ⌀ 1980–90: 14,4% – **Außenhandel** 1990 (einschl. TBVC): **Import:** 18258 Mio. $; Güter: 30% Maschinen u. elektrotechn. Erzeugn., 13% Transportmaschinen, 10% leb. Tiere, Agrarerzeugn. u. Nahrungsm., 5% unedle Metalle, 5% Spinnstoffe, 3% Papier; Länder: 17% BRD, 13% USA, 12% Großbrit., 10% Japan, 4% Frankr., 4% Italien; **Export:** 23612 Mio. $; Güter: 15% unedle Metalle, 12% mineral. Stoffe [1990 mit Abstand größter Goldproduzent mit 592 t], 10% Edel- u. Halbedelsteine, Edelmetalle (ohne Gold), 3% Waren pflanzl. Ursprungs, 3% chem. Erzeugn.; Länder: 8% USA, 7% Japan, 6% Großbrit., 6% Italien, 5% BRD, 2% Niederl. – (1989) 49 afrik. Staaten als H.-Partner, u. a. Simbabwe (80% d. Exp. über RSA), Malawi, Angola, Zaire, Mosambik, Botsuana (60% Importabhängigkeit v. RSA), Lesotho (90% Importabh. v. RSA), Sambia u. Swasiland

PRESSE (Aufl. i. Tsd.) *Tageszeitungen:* Durban: Daily News (98) – The Natal Mercury (63) – Johannesburg: Beeld (100)/Afrikaans – The Citizen (135) – The Pretoria News (28) – Sowetan (184) – The Star (221) – Transvaaler (47)/Afrikaans – Kapstadt: The Argus (103) – Die Burger (75)/Afrikaans – Cape Times (59) – Eastern Province Herald (30) – *Wochen- u. Sonntagszeitungen:* Durban: Ilanga (125, 2x wö.)/Zulu – Sunday Tribune (127) – Johannesburg: Business Times (521) – City Press (135) – The New Nation (75) – Rapport (362)/Afrikaans – The Sunday Star (94) – The Sunday Times (521) – Kapstadt: Huisgenoot (515) – The Weekend Argus (111) – *Nachrichtenagentur:* SAPA (South African Press Association)

Homelands (TBVC-Staaten) mit eig. Reg. u. Parlamenten (offiz. »Autonome Nationalstaaten« bzw. »Autonomstaaten«, d. h. Stammesgebiete d. Afrikaner mit innerer Autonomie); seit April 1992 ist beabsichtigt, die nominell unabhängigen, international nicht anerkannten Homelands Bophuthatswana, Ciskei, Transkei u. Venda wieder einzugliedern; sie sollen an den Wahlen zur Übergangsreg. u. an d. verfassungsgebenden Versammlung teilnehmen

BOPHUTHATSWANA (auch Bophuta Tswana; Repaboliki ya Bophutatswana [Bophutatsuana]; Republic of B.)

LANDESSTRUKTUR Fläche: rd. 44000 km^2 (aus 7 isolierten Teilen bestehend) – Einwohner: (S 1986) 1 660 000 = 38 je km^2 – 1433000 Bantu, Tswana [BaTswana] der Sotho-Gruppe; Shangaan Sotho, Sotho, 6000 Weiße, 5000 Coloureds; rd. 1,5 Mio. Batswana leben im übrigen Südafrika – Jährl. Bev.-Wachstum (⌀ 1970–78): 3% – Sprachen: SeTswana u. Englisch als Amtsspr. – Religion: überw. Protestanten – Städt. Bev.: 12% – Städte (S 1982): Mmabatho (Hptst.) 9000 Ew., Mabopane 56000, Ga-Rankuwa 50 000, Temba 26 000, Itoseng 22 000, Tlhabane 20 000

Südafrika (Homelands)

REGIERUNGSFORM Republik – Nationalversammlung mit 108 Mitgl. (72 gewählt, 24 v. den Regionalversamml. u. 12 v. Präs. ernannt) – 12 Regionalbehörden (mit zus. 76 Stammes- u. 6 Gemeindebehörden) – Regierungschef: Kgosi Lucas Manyane Mangope (BDP), seit 1984 – Äußeres: S. L. L. Rathebe – Parteien: Wahlen 1987: Bophuth. Democratic Party/BDP v. Mangope 66 d. 72 Sitze, People's Progressive Party/PPP 6 – Unabh.-Status seit 6. 12. 1977, internat. nicht anerkannt; seit April 1992 faktisch wieder zur Rep. Südafrika gehörig – Nationalfeiertag: 6. 12.

WIRTSCHAFT BSP 1985: 2600 Mio. Rand; Anteil Landwirtsch. 30 %; Bergbau 1989: 57 000 Beschäft.; 65 % d. Erwerbst. pendeln tägl. in d. Rep. Südafrika – Währung: Rand (R) – Export: Güter: Fleisch- u. Fleischprod., Bergbauprod., u. a. Platin (30 % d. Weltprod.; 66 % der westl. Welt), Diamanten, Vanadium, Chrom – Handelspartner: bes. Rep. Südafrika, EG-Länder (Platin), Botsuana

PRESSE (Aufl. i. Tsd.) Wochenzeitung: Mafikeng: The Mafikeng Mail (13) – Monatszeitungen: Mmabatho: Bophuthatswana Pioneer (10)/Engl. – Morongwa Magazine (80)/Engl. u. SeTswana

CISKEI (Republik Ciskei; iRiphabliki yeCiskei)

LANDESSTRUKTUR Fläche: rd. 8500 km2 – Einwohner: (S 1985) 777 000 = 94 je km^2 – 728 000 Xhosa (Gaika, Gwali, Jingqgi) u. sonst. Afrikaner; 6000 Coloureds, 2000 Weiße, 1000 Asiaten – Analph.: 35 % – Sprachen: IsiXhosa u. Englisch als Amtsspr. – Religion: überw. Protestanten – Städt. Bev.: 31 % – Städte (S 1984): Bisho (Hptst., noch im Aufbau), Mdantsane 300 000 Ew., Zwelitsha 47 000 (Reg.-Sitz), Sada 30 000, Dimbaza 17 800

REGIERUNGSFORM Republik – Neue Verfassung vom Feb. 1991 – Nationalversammlung mit 105 Mitgl. (22 gewählt u. 37 Stammeshäuptlinge); Wahl alle 5 J.; seit Militärputsch im März 1990 aufgelöst u. Einführung eines 8köpfigen Staatsrates – Die Ressorts Justiz, Finanzen, Transport u. Landwirtschaft werden durch Vertrag v. März 1991 von Südafrika verwaltet – Vors. d. Staatsrates: Brigadegeneral Josh Oupa Giqozo – Parteien: z. Z. nicht zugelassen – Unabh.-Status seit 4. 12. 1981, internat. nicht anerkannt; seit April 1992 faktisch wieder zur Rep. Südafrika gehörig

WIRTSCHAFT BSP 1985: 825 Mio. Rand – 65 % d. Volkseink. durch Überweisungen d. Wanderarbeiter in Rep. Südafrika – Währung: Rand (R) – Export: Güter: landwirtsch. Prod. (bes. Ananas), Holz u. Industrieerzeugn. wie Uhren u. Fernsehapparate – Handelspartner: bes. Republik Südafrika

PRESSE (Aufl. i. Tsd.) Wochenzeitungen: King William's Town: King Mercury (2)/Engl. – Imbo Zabantsundu (37, 2x wö.)/Xhosa

TRANSKEI (Republik Transkei; Xhosa: Iripabliki ye-Transkei; Sotho: Repaboliki ya-Transkei)

LANDESSTRUKTUR Fläche: 41 002 km^2 – Einwohner: (S 1985; mit ca. 128 000 Arbeitskräften in Südafrika) 2 539 000 = 58 je km^2 – S 1985: 2,5 Mio. Xhosa (haupts. zur Ñguni-Gruppe der Bantu gehörend, in 11 Stämme gegliedert), 5 % Süd-Sotho, 7000 Coloureds, 6000 Weiße – Jährl. Bev.-Wachstum (∅ 1970–78): über 2 % – Sprachen: IsiXhosa als Amtsspr.; auch SeSotho, Englisch u. Afrikaans in Verwaltung u. bei Gericht zugelassen – Religion: überw. Protestanten, 96 000 Katholiken – Städt. Bev.: 5 % – Städte (S 1990): Umtata (Hptst.) ca. 100 000 m. V.; (S 1982): Geuwe 26 000, Ngangelizwe 20 000, Ezibeleni 17 000

REGIERUNGSFORM Republik – Verfassung von 1976 seit 1987 außer Kraft – Parlament mit 150 Mitgl. (75 gewählt, 5 Oberhäuptlinge u. 70 Häuptl.); Wahl alle 5 J. – 6köpfiger Militärrat seit Putsch 1987 – Allg. Wahlrecht ab 21 J. – 9 Regionen – Staatsoberhaupt: Nyangelizwe Vulindlela Ndasame, seit 1986 – Regierungschef: General Bantu Holomisa, seit Militärputsch 1987 – Äußeres: T. E. Ka-Tshunungwa – Parteien: Letzte Wahlen 1986: Transkei National Independence Party/TNIP 56 d. 75 Abg. (1981: 74); Democratic Progressive Party/DPP 2 (1), Unabh. 16 (–) u. 1 ex-officio-Mandat – Unabh.-Status seit 26. 10. 1976, internat. nicht anerkannt; seit April 1992 faktisch wieder zur Rep. Südafrika gehörig – Nationalfeiertag: 26. 10.

WIRTSCHAFT BSP 1985: 2900 Mio. R – Reg.-Einnahmen zu 80 % aus Zahlungen v. d. südafr. Reg. – Währung: Rand (R) – Außenhandel: Güter: Tee, Mais, Häute, Möbel; Länder: Rep. Südafrika, Lesotho, Rep. China

PRESSE Zeitungen: Umtata: Isolomzi/Transkei Observer (2x wö.)/Xhosa, Sotho, Engl. – Transkei News – Umthunywa (wö.)/Xhosa, Engl. – Voice of Transkei (monatl.) – Nachrichtenagentur: Transkei News Agency

VENDA (Republic of Venda; Shangaan: Rephabliki ya Venda, Sotho: Rephablik ya Venda)

LANDESSTRUKTUR Fläche: 7460 km^2 – Einwohner: (S 1985) 377000 = 58 je km² – S 1985: 376000 Vhavenda [Venda], ‹5% Shangaan Tsonga u. Nord-Sotho, ca. 1000 Weiße – Jährl. Bev.-Wachstum (∅ 1970–78): › 3% – Sprachen: CiVenda, Englisch u. Afrikaans als Amtsspr. – Religion: überw. Protestanten – Städte (S 1982): Thohoyando (Hptst.) 2100 Ew., Makwarela 2700, Shyandima 2300

REGIERUNGSFORM Parlamentarische Republik – Verfassung von 1979 seit Militärputsch vom April 1990 außer Kraft u. Einrichtung eines 10köpfigen Nationalen Einheitsrates (Council of National Unity) – Einparteiensystem – Nationalversammlung mit 45 gewählten, 6 v. Staatschef u. 15 durch d. 5 Regionalräte ernannten Mitgl. sowie 28 Mohosi (Chiefs) – 5 Stammesregionalräte – 5 Distrikte – Staatschef: Colonel Gabriel Ramushwana, seit Putsch v. April 1990 – Äußeres: A. M. Madzivhandila – Parteien: Letzte Wahlen 1988: Venda National Party/VNP (Einheitspartei seit 1986) alle Sitze (1984: 41 von 45), Venda Independence People's Party/VIPP 0 (4) – Unabh.-Status seit 13. 9. 1979, internat. nicht anerkannt; seit April 1992 faktisch wieder zur Rep. Südafrika gehörig

WIRTSCHAFT BSP 1985: 446 Mio. Rand – 1985/86: rd. 40% d. BIP durch Einkünfte der in Südafrika arbeitenden Bevölkerung (rd. 45000 Pers.) – Erwerbstät.: über 80% in der Landwirtschaft – Währung: Rand (R) – Außenhandel: haupts. landwirtsch. Erzeugnisse mit d. Rep. Südafrika

PRESSE (Aufl. i. Tsd.) Wochenzeitung: Thohoyandon Newspaper (31)/Engl.

Weitere Homelands

Gazankulu: haupts. MaTschangana-Tsonga [Shangaan]; Chefmin.: Prof. Hudson W. C. Ntsanwisi – **KaNgwane** (früher Swasi): haupts. Swasi; Chefmin.: Cephas Zitha – **KwaNdebele**: haupts. Ndebele; Chefmin.: James Mahlangu; Parteien: keine, aber Sippenverbände der Manala u. Ndzunza – **KwaZulu**: haupts. Zulu; Chefmin.: Dr. A. N. Mangosuthu G. Buthelezi (Führer der Zulu-Partei »Inkatha«); BSP 1985: 4,0 Mrd. R (1980: 1,6 Mrd. R) – **Lebowa**: Nord-Sotho, dazu Ndebele; Chefmin.: Mogobiya N. Ramodike; Parteien: Lebowa People's Party, Lebowa National P.; BSP 1985: 1,6 Mrd. R – **QwaQwa**: haupts. Süd-Sotho; Chefmin.: Kenneth Mopeli; Parteien: Dikwankwetla Party (Reg.-Partei) u. Matla a setshaba (Oppos.)

SUDAN *Nordost-Afrika*
Republik Sudan; El Dschamhurija es Sudan bzw. Jumhûrîyat As-Sûdân; The Republic of the Sudan – SUD

LANDESSTRUKTUR **Fläche** (10): 2505813 km² – **Einwohner** (33): (F 1990) 25191000 = 10 je km²; (Z 1983) 20564364 – Sudaner (Sudanesen); Araber u. arabisierte Schichten im N (40–50%), 10% ostnilotische Nubier, im S 30% Westniloten (u. a. Lokuta) u. Niloten (Dinka, Nuer u. Schilluk); einige 1000 Europ. – Flüchtlinge aus Äthiopien (ca. 480000) sowie aus Uganda, Zaire u. Tschad (zus. ca. 220000) – **Leb.-Erwart.**: 50 J. – **Säugl.-Sterbl.**: 10,2% – **Analph.**: 73% – Jährl. **Bev.-Wachstum** (∅ 1980–90): 2,7% (Geb.- u. Sterbeziffer 1990: 4,4%/1,5%) – **Sprachen**: Arabisch als Amtssprache; Englisch wichtig als Bildungs- u. z. T. als Handelsspr.; ost- u. westnilotische Sprachen (u. a. Luo, Dinka, Bari), außerd. Haussa, Ful u. Nubisch als Umgangsspr. – **Religion**: Islam (Staatsreligion: 80%, bes. im N stark in Sekten geglied.), im S Anh. v. Naturrelig. u. Christen (insg. rd. 10%); Kopten – **Städt. Bev.**: 22% – **Städte** (Z 1983): Kharthoum [Chartum] (Hptst.) 476218 (m. V. 1,6 Mio.) Ew.; Omdurman 526287, Khartoum North [Chartum Bahri] 341146, Port Sudan 206727, Wad Medani 141065, El Obeid 140024, Kassala 98751, Atbara 73009

STAAT Republik – Übergangsverfassung von 1985 seit 1989 außer Kraft – 15köpfiger »Revolutions-Kommandorat« (Revolutionary Command Council for National Salvation) mit Legislativfunktionen seit 1986 unter Vorsitz d. Präs. – Einberufung eines Übergangsparlaments mit 300 Mitgl. am 24. 2. 1992 durch Staatsoberh. (Aufgaben: Kontrolle d. Revolutionsrates u. Erlaß von Gesetzen) – Verwaltungsreform 1991: Einteilung in 9 Länder, 66 Provinzen u. 281 Gemeinden – **Staatsoberhaupt u. Regierungschef** sowie Verteidigungsmin. u. Oberbefehlshaber: Generalleutnant Omar Hassan Ahmad El-Bashir, seit 1989 *(→ Chronik)* – **Äußeres**: Ali Ahmed Sahloul – **Parteien**: seit 1989 aufgelöst – **Unabh.**: 1. 1. 1956 – **Nationalfeiertag**: 1. 1.

WIRTSCHAFT (keine neueren Angaben verfügbar) BSP 1988: 10094 Mio. $ = 420 $ je Ew. (141); realer Zuwachs ∅ 1980–88: 1,1%; BIP 1988: 11240 Mio. $; realer Zuwachs ∅ 1980–88: 2,5%; Anteil 1988 **Landwirtsch.** 33%, **Industrie** 15% – **Erwerbstät.** 1989: Landw. 61%, Ind. ca. 9% – **Energieverbrauch** 1990: 58 kg ÖE/Ew. – **Währung**: 1 Sudanes. Dinar (seit 24. 5. 1992 neue gesetzl. Währungseinheit; sD) = 10 Sudanes. Pfund (sud£) = 100 Piastres (PT.), ; 1 US-$ = 97,02 sud£; 100 sud£ = 1,58 DM – **Ausl.-Verschuld.** 1990: 15383 Mio. $ – **Inflation** ∅

1980–88: 33,5% (1989: 66,2%) – **Außenhandel** 1990: **Import:** 600 Mio. $; Güter (1989): 22% Maschinen u. Fahrzeuge, 20% verarb. Industrieerzeugn.,18% leb. Tiere u. Nahrungsmittel, 14% chem. Erzeugn.; Länder (1989): 14% Großbrit., 12% Saudi-Arabien, 11% Italien, 10% USA, 10% BRD, 7% Niederl., 6% Japan; **Export:** 400 Mio. $; Güter (1989): 47% Baumwolle u. Baumwollsamen, 20% Erdnüsse, 9% Sesam, 6% Sorghum, Gummiarabikum; Ölkuchen, Häute u. Felle, Vieh; Länder (1989): 31% EG-Länder, 17% Ägypten, 13% Saudi-Arabien; UdSSR, Japan, Thailand, USA, VR China

PRESSE (Aufl. i. Tsd.) *Tageszeitungen* (seit 30. 6. 1989 allein zugelassen): Khartum: Al-Engaz al-Watan (20) – As-Sudan al-Hadeeth (20) – *Wochenzeitung:* Al-Guwwat al-Musallaha (10) – *Nachrichtenagentur:* SUNA (Sudan News Agency)

SURINAME Süd-Amerika
Republik Suriname; Republiek van Suriname; fr. Niederländisch-Guayana – SME

LANDESSTRUKTUR Fläche (90): 163820 km^2 – **Einwohner** (155): (F 1990) 447000 = 3 je km^2; (Z 1980) 355240 – Surinamer; 32% Kreolen, 35% Indischstämmige, 15% indones. Abstammung (meist Javaner), 10% Schwarze (»Buschneger«, »Morronen«), 2% Chinesen u. einige Tsd. europ. Abstammung (meist Niederländer), rd. 3% Indianer; rd. 160000 Surinamer leben in d. Niederlanden – **Leb.-Erwart.:** 68 J. – **Säugl.-Sterbl.:** 3,6% – **Analph.:** 5% – Jährl. **Bev.-Wachstum** (∅ 1980–90): 2,5% (Geburtenziffer 1990: 3,4%) – **Sprachen:** Niederländisch (nur knapp 40% beherrschen es) als Amtssprache; Sprachen d. versch. Gruppen (Hindustani 32%, Javanisch 15%) sowie die Mischsprachen Sranan Tongo (Taki-Taki), Saramaccan u. a. als Umgangs- u. Verkehrssprachen; Englisch als Geschäftsspr. – **Religion:** 42% Christen, 27% Hindus, 20% Muslime – **Städt. Bev.:** 48% – **Städte** (F 1988): Paramaribo (Hptst.) 246000 Ew., Nieuw Nikerie, Meerzorg

STAAT Präsidialrepublik – Verfassung von 1987 – Nationalversammlung mit 51 Mitgl., Wahl alle 5 J. – 15köpfiger Staatsrat – 5köpfiger Militärrat – 8 Distrikte u. 1 Hauptstadtdistrikt – **Staatsoberhaupt:** Ronald Venetiaan (FDO), seit 6. 9. 1991; Vors. d. Staatsrats – **Regierungschef:** Jules Ajodhia, seit 1991 – **Äußeres:** Ronnie D. Ramlakhan – **Parteien:** Wahlen vom 25. 5. 1991 (unter internat. Überwachung): Neue Front für Demokratie u. Entwicklung/ FDO (Parteien d. 3 ethn. Gruppen d. Inder, Mischlinge u. Javaner) 30 d. 51 Sitze (1987: 40), Nationaldemokrat. Partei/NDP 12 (3), Demokrat. Alternative 91/AD 9 (–) – **Unabh.:** 25. 11. 1975 – **Nationalfeiertag:** 25. 11.

WIRTSCHAFT BSP 1990: 1365 Mio. $ = 3050 $ je Ew. (62); realer Zuwachs ∅ 1980–90: –2,6%; **BIP** realer Zuwachs ∅ 1980–87: –1,2%; Anteil 1988 **Landwirtsch.** 10%, **Industrie** 22% – **Erwerbstät.** 1989: Landw. 17%, Ind. ca. 20% – **Energieverbrauch** 1986: 2725 kg ÖE/Ew. – **Währung:** 1 Suriname-Gulden (Sf) = 100 Cent; 1 US-$ = 1,77 Sf; 100 Sf = 84,94 DM – **Öff. Ausl.-Verschuld.** 1987: 2500 Mio. Sf – **Inflation** ∅ 1980–90: 6,4% – **Außenhandel** 1988: **Import:** 626 Mio. Sf; Länder: 31% USA, 20% Niederl. sowie Antillen, Trinidad u. Tobago, Brasilien; **Export:** 546 Mio. Sf; Güter: 57% Bauxit, Tonerde u. Aluminium, 20% Reis u. Bananen, ferner Holz; Länder: EG-Länder (25% Niederl.), 22% Norwegen, 20% USA, Trinidad u. Tob., Brasilien

PRESSE (Aufl. i. Tsd.) *Tageszeitungen:* Paramaribo: De Ware Tijd (9)/Reg. (seit Jan. 1991 verboten) – De West (15)/lib. – *Nachrichtenagentur:* SNA (Surinaams Nieuws Agentschap)

SWASILAND Südost-Afrika
Königreich Swasiland [Swaziland]; Umbuso we Swatini – SD

LANDESSTRUKTUR Fläche (152): 17364 km^2 – **Einwohner** (150): (F 1990) 789000 = 42 je km^2; (Z 1986) 681059 – Über 90% Swasi (zur Ñguni-Gruppe d. Bantu gehörend, mit d. Zulu verwandt), je einige 1000 Weiße u. Coloureds, ca. 30000 Wanderarbeiter in d. Rep. Südafrika – **Leb.-Erwart.:** 57 J. – **Säugl.-Sterbl.:** 11,8% – **Analph.** (1985): 32% – Jährl. **Bev.-Wachstum** (∅ 1980–90): 3,4% (Geburtenziffer 1990: 6,3%) – **Sprachen:** SiSwati (IsiZulu) als Amtsspr.; Englisch auch als Verwaltungs- u. Bildungsspr. – **Religion:** rd. 75% Christen, davon mehrheitl. Protestanten, 43200 Katholiken; 30% Anhänger v. Naturreligionen – **Städt. Bev.:** rd. 29% – **Städte** (S 1989): Mbabane (Hptst.) 38000 Ew.; Manzini 18900, Havelock Mine 4900, Mhlume 3900, Pigg's Peak 2200, Siteki 1400

STAAT Monarchie – Verfassung von 1978 – Parlament aus 2 Kammern: Nationalversamml. (National Council bzw. »Libandla«) mit 50 Mitgl. (40 durch Wahlkollegium aus 80 Mitgl. u. 10 v. König ernannt) u. Senat mit 20 Mitgl. (10 durch d. Nationalvers. gewählt u. 10 v. König bestimmt), ohne eigene Befugnisse; Beratungsorgan d. Königs–Stammesausschüsse (»Tikundla«) – König ernennt d. Minister – 4 Distrikte – **Staatsoberhaupt:** König Mswati III. (Prinz Makhosetive), seit 1986 – **Regierungschef:** Obed Mfanyana Dlamini, seit 1989 – **Äußeres:** Sir George Mbikwakhe Mamba – **Parteien:** 1973 per Dekret u. seit 1978 durch d. Verfass. verboten, durch »Tikundlas« ersetzt – **Unabh.:** 6. 9. 1968 – **Nationalfeiertag:** 6. 9.

WIRTSCHAFT BSP 1990: 645 Mio. $ = 810 $ je Ew. (117); realer Zuwachs ∅ 1980–90: 4,5%; **BIP** Anteil 1988 **Landwirtsch.** 23%, **Industrie** ca. 28% – **Erwerbstät.** 1989: Landw. 67%, Ind. ca. 10% – **Währung:** 1 Lilangeni (E; Plural = Emalangeni) = 100 Cents (c); 1 US-$ = 2,77 E; 100 E = 55,08 DM – **Öff. Ausl.-Verschuld.** 1989: 2597 Mio. $ – **Inflation** ∅ 1980–90: 11,1% – **Außenhandel** 1987: **Import:** 876,5 Mio. E; Güter: 24% Maschinen u. Transportausrüst., 15% Brennstoffe, 13% Fertigwaren, 10% Nahrungsmittel, 7% chem. Prod.; Länder: 80% Botsuana, Lesotho, Rep. Südafrika; **Export:** 759,2 Mio. E; Güter: 35% Rohzucker, 18% Holzpulpe, Fleischprod., Baumwolle, Tabak, Melasse, Kohle, Zitrusfrüchte, Asbest, Eisenerz; Länder: Rep. Südafrika (90% d. Exp., 30% d. Imp.), Großbrit., EG-Staaten, Mosambik, Sambia, Kenia, Japan, Australien

PRESSE (Aufl. i. Tsd.) *Zeitungen:* Mbabane: The Swazi Observer (8, tägl.) – The Swazi News (7, wö.) – Times of Swaziland (15, tägl.)

SYRIEN,
Arabische Republik *Vorder-Asien*
Arabische Republik Syrien; République Arabe Syrienne; El Dschamhurija el Arabija es Surija bzw. Al-Jumhûrîya Al-'Arabîya As-Sûrîya – SYR

LANDESSTRUKTUR Fläche (87): 185 180 km² (einschl. 1130 km² Binnengewässern) – **Einwohner** (58): (F 1990) 12 533 000 = 64 je km²; (Z 1981) 9 052 628 – Syrer; haupts. syrische Araber; über 6% Kurden, ferner Armenier u. Tscherkessen, Nomaden – Von Israel besetztes Grenzgebiet mit etwa 9000 arabisch sprech. Drusen u. a. – **Leb.-Erwart.:** 66 J. – **Säugl.-Sterbl.:** 4,3% – **Analph.:** 36% – Jährl. **Bev.-Wachstum** (∅ 1980–90): 3,6% (Geb.- u. Sterbeziffer 1990: 4,4%/0,7%) – **Sprachen:** 89% Arabisch als Amtssprache; 3% Kurdisch, 2% Armenisch – **Religion:** sunnitische Muslime d. hanefitischen u. schafiitischen Richtung, schiitische u. ismailitische Gruppen (zus. rd. 90%); rd. 7% schiit. Alauiten [Alawiten] u. über 2% Drusen, etwa 1 Mio. Christen, bes. griech.-orthodox, syrisch-orth. u. armenisch-orth., 80 000 Protestanten sowie 4000 Juden – **Städt. Bev.:** 50% – **Städte** (Z 1981): Damaskus [Dimashq] (Hptst.) 1 251 028, Aleppo [Halab] 976 727, Homs [Hims] 354 508, Lattakia [Al-Ladhiqiyah] 196 791, Hama 176 640, Kamishli 93 385, Deir-ez-Zor [Sor] 92 091, Raqqa 87 138, Hasseteche 72 532, Idlib 51 334, Tartus 52 589, Douma 51 321, Deraa 49 534, Kuneitra [Al Qunaytirah: im Golan] 29 376

STAAT Präsidialrepublik mit »volksdemokratisch-sozialistischem« Charakter nach d. Verfassung von 1973 – Präs. muß Muslim sein – Volksversammlung mit 250 Mitgl. (84 Sitze für unabh. Kandidaten reserviert); Wahl alle 4 J. – 13 Provinzen (Mohafazat) u. Hptst. – **Staatsoberhaupt:** Hafiz al-Assad, seit 1970, zum 3. Mal für 7 J. durch Volksabst. am 2. 12. 1991 mit 99,98% d. St. wiedergewählt – **Regierungschef:** Mahmud al-Zu'bi, seit 29. 6. 1992 – **Äußeres:** Faruk al-Shara'a – **Parteien:** Wahlen vom 22./23. 5. 1990: Progressive Nationale Front/PNF 166, davon: Arab. Sozialist. Baath-Partei 134, Syrische KP 8, Syrisch-Arab. Sozialist. Unionspartei 8, Arab. Sozialist. Unionist. P. 7, Arab. Sozialist. P. 5 u. Sozialist. Unionist. Demokrat. P. 4; Unabh. 84 Sitze – **Unabh.:** nominell 28. 9. 1941, Abzug der letzten franz. u. brit. Truppen am 17. 4. 1946 (wird als tatsächl. Beginn d. Unabh. betrachtet) – **Nationalfeiertag:** 17. 4.

WIRTSCHAFT BSP 1990: 12 404 Mio. $ = 1000 $ je Ew. (105); realer Zuwachs ∅ 1980–90: 1,4%; **BIP** 1990: 14 730 Mio. $; realer Zuwachs ∅ 1980–90: 2,1%; Anteil 1990 **Landwirtsch.** 28%, **Industrie** 22% – **Erwerbstät.** 1988: Landw. 25%, Ind. ca. 18% – **Energieverbrauch** 1990: 913 kg ÖE/Ew. – **Währung:** 1 Syrisches Pfund (syr£) = 100 Piastres (PS); 1 US-$ = 11,20 syr£; 100 syr£ = 13,71 DM – **Ausl.-Verschuld.** 1990: 16 446 Mio. $ = 118,1% d. BSP – **Inflation** ∅ 1980–90: 14,6% – **Außenhandel** 1990: **Import:** 2400 Mio. $; Güter (1989): 26% Maschinen u. Transportausrüst., 18% Brennstoffe, 17% Nahrungsm.; **Export:** 4173 Mio. $; Güter (1989): 74% Erdöl u. -derivate, 9% Baumwolle, 5% Spinnstofferzeugn., 3% Bekleidung; Viehzuchtprod., Wolle, Früchte; Länder (1989): 37% EG-Länder, 12% UdSSR, DDR, Rumänien, USA, Iran, Libanon, Japan, Saudi-Arabien, Bulgarien

PRESSE (Aufl. i. Tsd.) *Tageszeitungen:* Damaskus: Al-Baath (65)/Baath-P. – Syria Times (12)/Engl. – At-Thawra (40) – Tishrin (50) – Aleppo: Al-Jamahir al-Arabia (10) – As-Shabab (9) – Hama: Al-Fida' (5) – *Nachrichtenagentur:* SANA (Syrian Arab News Agency)

TADSCHIKISTAN *Zentralasien*
Republik Tadschikistan; tadschikisch: Toǰikiston; Name seit 31. 8. 1991

LANDESSTRUKTUR → *Karte Sp. 593f, GUS-Übersichtstabelle* → *Sp. 523f.)* **Fläche** (93): 143 100 km² – **Einwohner** (99): (F 1990) 5 248 000 = 37 je km²; (Z 1989) 5 112 000 – (Z 1989) 58,8 % Tadschiken [Tadschik], 22,9 % Usbeken, 10,4 % Russen, 2,1 % Tataren; außerdem Ukrainer, Deutsche, Kirgisen, Turkmenen, Juden u. a. – **Leb.-Erwart.:** 70 J. – **Säugl.-Sterbl.** (1989): 4,3 % – **Bev.-Wachstum** (1979–89): + 33,8 % (Geb.- u. Sterbeziffer 1990: 3,9 %/0,6 %) – **Sprachen:** Tadschikisch als Amtssprache; Russisch als Verkehrsspr., Usbekisch – **Religion:** Muslimische Mehrheit (Sunniten) – **Städt. Bev.:** 32 % – **Städte** (Z 1989): Duschanbe (Hptst.) 604 000 Ew. (davon 230 000 Tadschiken, 200 000 Russen, 60 000 Usbeken, 14 000 Deutsche); Chudshand (ehem. Leninabad) 160 000

STAAT Republik (→ *Chronik WA '92 u. Sp. 153ff.)* Erlaß über Präsidialregierung (Sondervollmachten d. Präs.) vom 30. 4. 1992 am 12. 8. 1992 durch d. Parl. widerrufen – Verfassung d. ehem. Tadschik. SSR in Kraft; neue Verfass. in Ausarbeitung – Parlament (Oberster Sowjet) als oberstes Legislativorgan – Übergangsparlament vorgesehen (lt. Beschluß d. Reg. u. d. Oppos. vom 11. 5. 1992; zur Hälfte aus Vertr. d. Oppos. u. aus Abg. d. bisherigen Ob. Sowjets) – Allg. Wahlrecht ab 18 J. – 3 Gebiete (Oblast) sowie 57 Bezirke (Rajon) u. bezirksfreie Städte – Zum Territorium gehört das Autonome Gebiet Berg-Badachschan – **Staatsoberhaupt:** Rachman Nabijew, bei ersten freien Wahlen am 24. 11. 1991 im Amt bestätigt – **Regierungschef:** Akbar Mirsojew, seit 9. 1. 1992; »Reg. d. Nationalen Einheit« am 11. 5. 1992 aus 8 Vertretern d. Oppos. (Vereinigung d. Nat. Kräfte) u. 24 Vertr. d. KP – **Äußeres:** L. Kajumow – **Parteien:** Nach d. Wahlen 1990 kommunist. Mehrheit im Parlament (Verbot d. KP wieder aufgehoben); zahlr. Parteien in d. Opposition: u. a. Demokrat. Partei, Volksbewegung »Rastoches« (Wiedergeburt), Islamische Partei der Wiedergeburt – **Unabh.:** Souveränitätserklärung am 24. 8. 1990; Unabh.-Erkl. am 9. 9. 1991 – **Nationalfeiertag:** 9. 9. (Unabhängigkeit)

WIRTSCHAFT *(GUS-Wirtschaftsindikatoren 1991* → *Tab. Sp. 523f.)* BSP 1989: 11 900 Mio. $ = 2340 $ je Ew. (74); Anteil am BSP d. UdSSR: 0,8 % – **Erwerbstätige** 1991: 2,1 Mio.; davon in staatl. Untern. u. Organisationen 57,6 %, Privatuntern., Bauernwirtschaften 20,2 %, Kolchosen u. neue Genossenschaften 16,3 %, Pachtunternehmen 4,7 %; Anteil 1987: **Forst- u. Landwirtsch.** 42 %,

Industrie u. Bau 21 %, **Handel u. Verkehr** 17 %, **Dienstleistungen** 20 % – **Währung:** Rubel (→ *Rußland);* Einführung einer eigenen Währung (Somon) vorgesehen – **Bergbau u. Rohstoffgewinnung:** Erdöl (1991: 0,1 Mio. t; 1990/91: −25 %), Erdgas (0,1 Mio. m³; 1990/91: −17 %); Blei, Zink, Wolfram, Zinn, Uran, Gold *(Produktion von Energiegütern 1991* → *Tab. Sp. 525f.);* **Industrie:** Nahrungsmittelverarb. u. Textilien; **Landwirtschaft:** Baumwolle, Reis, Mais, Gemüse u. Getreide; Gewürzpflanzen; Weidewirtschaft: Schafe, Rinder, Yaks; Seidenraupenzucht – **Außenhandel Saldo** 1988: −1,0 Mrd. Valutarubel; **Import** (1989): 3920 Mio. Rbl, davon 82,7 % aus d. übrigen UdSSR u. 17,3 aus d. Ausland; Güter: Erdöl u. Erdgas, Erzeugn. d. chem. Ind. u. d. Maschinenbaus, Nahrungsmittel (Getreide); **Export** (1989): 2530 Mio. Rbl, davon 86,2 % in d. übrige UdSSR u. 13,8 % ins Ausland; Güter: Buntmetalle u. Prod. der Leichtind.

PRESSE 1990: 74 Zeitungen, davon 66 in Tadschik. mit Gesamtaufl. 1,6 Mio. sowie 48 Zeitschriften, davon 13 in Tadschik., Gesamtaufl. 16,2 Mio. – *Nachrichtenagentur:* TadzhikTA (Tadzhik Telegraph Agency)

Autonomes Gebiet Berg-Badachschan (auch: Gorno-Badachschan) *Fläche* 63 700 km² – *Einwohner* (Z 1989): 161 000 – 143 000 Tadschiken, Bergvölker – *Hauptort* (Z 1976): Chorog 15 000 Ew. – Administrativer autonomer Status (keine eig. Verf., Reg. u. Parl.)

TAIWAN → CHINA, REPUBLIK

TANSANIA *Ost-Afrika*
Vereinigte Republik Tansania; United Republic of Tanzania, Jamhuri [Dschamhuri] ya Mwungano wa Tanzania; Kunstname aus **Tan**ganyika, **San**sibar, Ascania – EAT

LANDESSTRUKTUR Fläche (30): 945 087 km² (mit 53 483 km² Binnengewässern; u. a. Anteil am Tanganjika- u. Viktoria [»Sango«]-See) – **Einwohner** (36): (F 1990) 24 518 000 = 26 je km²; (Z 1978) 17 512 611; Tansanier – **Leb.-Erwart.:** 48 J. – **Säugl.-Sterbl.:** 11,5 % – **Analph.:** rd. 10 % – Jährl. **Bev.-Wachstum** (⌀ 1980–90): 3,1 % (Geb.- u. Sterbeziffer 1990: 4,8 %/1,8 %) – **Städt. Bev.:** 33 % – **Städte:** *s. u. Tanganjika bzw. Sansibar*

STAAT Präsidialrepublik föderativen Charakters – Verfassungsänderung zur Einführung d. Demokratie u. d. Mehrparteiensystems seit 1. 7. 1992 in Kraft – Bundesparlament mit 291 Mitgl., davon 216 direkt gewählt u. 75 ernannt; Wahl alle 5 J.; zusätzlich eigenes Parlament für Sansibar – Anf. 1991 Kommission zur Ausarbeitung von Vorschlägen zur Strukturänderung d. Landes vom Präs. eingesetzt – 25 Regionen (davon Sansibar 3 u. Pemba 2) – **Staatsoberhaupt**, Oberbefehlshaber d. Streitkräfte u. Verteidigungsmin.: Ali Hassan Mwinyi, seit 1985, am 28. 10. 1990 erneut für 5 J. gewählt – **Regierungschef:** John Samuel Malecela; 1. Vizepremier u. Präs. v. Sansibar u. Pemba: Dr. Salmin Amour Juma – **Äußeres:** Ahmed Hassan Diria – **Parteien:** Wahlen vom 28. 10. 1990: Chama Cha Mapinduzi/CCM (Revolutionäre Staatspartei; Vors. J. Nyerere) als allein zugelassene Partei alle 216 Sitze; weitere 75 Sitze verteilen sich wie folgt: 15 Frauen, 15 Vertr. d. CCM-Massenorganis., 15 v. Präs. ernannt, 25 regionale »Commissioners«, 5 durch d. Abg.-Haus von Sansibar nominierte Mitgl. – Zulassung anderer Parteien seit 1. 7. 1992 – Parl.-Wahlen für Ende 1992 angekündigt – **Unabh.:** 9. 12. 1961 (Tanganjika), 10. 12. 1963 (Sansibar); 27. 4. 1964 Union in Kraft getreten – **Nationalfeiertag:** 26. 4.

WIRTSCHAFT BSP 1990: 2779 Mio. $ = 110 $ je Ew. (180); realer Zuwachs ⌀ 1980–90: 2,3%; *(Anteil Entwicklungshilfe u. Ausl.-Schulden → Tab. Sp. 471 f.);* **BIP** 1990: 2060 Mio. $; realer Zuwachs ⌀ 1980–90: 2,8%; Anteil 1990 **Landwirtsch.** 59%, **Industrie** 12% – **Erwerbstät.** 1989: Landw. 81%, Ind. ca. 5%; **Arbeitslosigkeit** 1990: 30–40% – **Energieverbrauch** 1990: 38 kg ÖE/Ew. – **Währung:** 1 Tansania-Schilling (T. Sh.) = 100 Cents (Ct.); 1 US-$ = 299,60 T. Sh.; 100 T. Sh. = 0,51 DM – **Ausl.-Verschuld.** 1990: 5866 Mio. $ = 282,0% d. BSP – **Inflation** ⌀ 1980–90: 25,8% – **Außenhandel** 1990: **Import:** 935 Mio. $; Güter: 28% Investitionsgüter, 27% Brennstoffe u. Energie, 6% Nahrungsm.; Länder: 14% Großbrit., 11% Italien, 10% BRD, 9% Japan, 4% Iran; **Export:** 300 Mio. $; Güter: 23% Baumwolle, 21% Kaffee, 15% Fertigwaren, 5% Tabak, 4% Tee, and. Güter: u. a. Gewürznelken, Sisal, Cashew-Nüsse, Pyrethrum, Zimt, Pfeffer, Fische, Kopra; Länder: 16% BRD, 10% Indien, 10% Großbrit., 7% Italien, 5% Niederl., 4% Singapur, 4% Portugal, 4% Japan

a) TANGANJIKA
LANDESSTRUKTUR Fläche: 942 626 km^2 – *Einwohner* (F 1989): 23 372 000 – Tansanier; 50–60% Bantu-Gruppen (Haya, Makonde, Njamwesi, Sukuma, Tschagga u. v. a.), außerd. ostnilotische Massai, arabisch-negrische Suaheli, je einige 1000 Europäer (meist Briten) u. Indischstämmige, kleine arabische Minderheit – Sprachen: KiSuaheli als Amtsspr.; Englisch als Bildungs- u. Verkehrssprache, außerdem Bantu- u. nilotische Sprachen – *Religion:* rd. 30% Muslime, ca. 30% Anh. v. Naturrel., etwa 20% Katholiken, 10% Protestanten, Hindu-Minderheit – *Städte* (Z 1978): Dodoma (off. Hptst.) 158 577 Ew.; Daressalam [Dar es Salaam; noch fakt. Hptst.] (F 1985) 1 096 000, Musoma 219 127, Mwanza 169 660, Tanga 143 878, Arusha [Aruscha] 86 845, Mbeya 78 111, Bukoba 77 022, Morogoro 74 114, Sumbawanga 57 802, Singida 55 892, Songea 49 303, Mtwara 48 575, Chake Chake 47 759

b) SANSIBAR [Zanzibar] mit **PEMBA**
LANDESSTRUKTUR Fläche: 2461 km^2 – *Einwohner* (F 1989): 625 000 (Pemba 205 870 Ew.) – ca. 75% Bantu u. Bantu-Mischlinge, 12,5% Araber u. rd. 5% Indischstämmige – *Sprachen:* KiSuaheli als Amtsspr., Englisch – *Religion:* 97% Muslime, 4% Hindu – *Städte* (S 1985): Sansibar (Hptst.) 133 000 Ew.

REGIERUNGSFORM Eigene Regionalverfassung von 1985 – Abgeordnetenhaus mit 50 gewählten Mitgl. u. 5 regionalen »Commissioners«, 10 vom Präs. ernannte Mitgl., 10 Vertr. d. Parteiorganis. sowie Frauen (letzte Wahlen Okt. 1990) – 35köpfiger »Oberster Revolutionsrat«, Vors.: Präs. Dr. Salmin Amour Juma

PRESSE (Aufl. i. Tsd.) *Tageszeitungen:* Daressalaam: Daily News (70)/reg.-eigen – Uhuru (80)/CCM-Org., Suaheli – Sansibar: Kipanga/Suaheli – *Wochenzeitungen:* Daressalaam: Mzalendo (90)/CCM-Org., Suaheli – Sunday News (75)/Engl., reg.-eigen – *Nachrichtenagentur:* SHIHATA (Tanzania News Agency)

THAILAND *Südost-Asien*
Königreich Thailand; Prathet [Prades] T'hai oder Muang T'hai – T

LANDESSTRUKTUR Fläche (49): 513 115 km^2 – **Einwohner** (20): (F 1990) 55 801 000 = 111 je km^2; (Z 1980) 44 824 540 – Thailänder; über 85% Thaivölker, v. a. Siamesen, außerd. Shan u. Lao; 6–10% Chinesischstämmige u. über 3% Malaien; ca. 300 000 Flüchtl. aus Indochina – **Leb.-Erwart.:** 66 J. – **Säugl.-Sterbl.:** 2,7% – **Analph.:** 7% – Jährl. **Bev.-Wachstum** (⌀ 1980–90): 1,8% (Geb.- u. Sterbeziffer 1990: 2,2%/0,7%) – **Sprachen:** T'hai (Siamesisch) als Amtssprache; Umgangsspr. d. and. Gruppen (u. a. Chinesisch, Malaiisch); Englisch als Handelsspr. – **Religion:** über 95% Hinajana (Theravada-)

Buddhisten (Staatsreligion); 4% islamische Malaien v. a. im S; 305000 Christen (davon ca. 75% Katholiken im N u. in d. Hptst.), rd. 85000 Hindu; d. chines. Minderh. ist überw. konfuzianisch – **Städt. Bev.:** 23% – **Städte** (F 1989): Bangkok (Hptst.; auch Krung Thep bzw. Maha Nakhon; mit Thon Buri) 5845200 Ew. (A: 8000000); (Z 1983): Chiang Mai 150449, Khon Kaen 115515, Hat Yai 113964, Nakhon Sawang 95128, Nakhon Rathisma 90762, Udon Thani 82483; (Z 1980) Songkhla 172604, Chon Buri 115350, Nakhon Si Thammarat 102123

STAAT Konstitutionelle Monarchie – Neue Verfassung vom 7. 12. 1991; Änderung am 10. 6. 1992 durch Parl. verabschiedet, mit der der Einfluß d. Militärs wieder eingeschränkt werden soll – Parlament aus 2 Kammern: Senat mit 270 vom Militär (vormals v. König) ernannten Mitgl., v. a. hohe Offiziere u. Beamte) u. Abgeordnetenkammer mit 360 Mitgl. – 73 Provinzen (Tschangwad) mit je 1 Gouverneur – **Staatsoberhaupt:** König Bhumibol Adulyadej (Rama IX.) seit 1946, gekrönt 1950 – **Regierungschef:** Chuan Leek Leekpai (DP), seit Sept. 1992 – **Äußeres:** N. N. – **Parteien:** – Wahlen der 360 Mitgl. des Repräsentantenhauses vom 14.9.1992 (23.3.1992): 1. demokratische Parteien: Demokratische Partei/DP 79 (44), Partei der neuen Hoffnung 51 (72), Palang Dharma (Moralische Kraft) 47 (41), Solidaritätspartei 8 (–); den Militärs nahestehende Parteien: Nationalpartei (Chart Thai) 77 (74), Partei für Nationale Entwicklung (Chart Pattana) 60 (79), Soziale Aktionspartei/SAP 22 (31), Liberaldemokratische Partei 8 (7), Sonstige 8(6) Sitze; Koalition der 4 demokrat. Parteien mit der SAP – Ernennung d. 270 Senatsmitgl. durch d. Militärführung ebenf. am 22. 3. 1992: 153 Offiziere, 117 Beamte, Geschäftsleute, Journalisten u. Wissenschaftler – Senats-Neuwahlen geplant – **Unabh.:** Reichsbildung seit d. 13. Jh., auch in d. Kolonialzeit unabh. – **Nationalfeiertag:** 5. 12. (Geb. d. Königs)

WIRTSCHAFT BSP 1990:79044 Mio. $ = 1420 $ je Ew. (95); realer Zuwachs ⌀ 1980–90: 7,6%; **BIP** 1990: 80170 Mio. $; realer Zuwachs ⌀ 1980–90: 7,6%; Anteil 1990 **Landwirtsch.** 14%, **Industrie** 37% – **Erwerbstät.** 1988: Landw. 66%, Ind. 11%; **Arbeitslosigkeit** 1991: 4,1% – **Energieverbrauch** 1990: 352 kg ÖE/Ew. – **Währung:** 1 Baht (฿) = 100 Stangs (St., Stg.); Freimarktkurs: 1 US-$ = 25,25 ฿; 100 ฿ = 6,03 DM – **Ausl.-Verschuld.** 1990: 25868 Mio. $ = 32,6% d. BSP – **Inflation** ⌀ 1980–90: 3,4% (S 1991: 9%) – **Außenhandel** 1991: **Import:** 983000 Mio. ฿; Güter: 35% Investitionsgüter, 20% Industrieerzeugn., 8% mineral. Brennstoffe, 8% chem. Erzeugn., 5% Rohstoffe u. Vorerzeugnisse; Länder: 30% Japan, 10% USA, 8% Singapur, 5% BRD, 5% Rep. Korea; **Export:** 697000 Mio. ฿; Güter: 27%
Nahrungsmittel (v. a. Reis, Mais, Tapioka, Gemüse, Küchenkräuter), 24% Industrieerzeugn., 24% Maschinen, 14% Rohstoffe u. Vorerzeugnisse (v. a. Zinn, Kautschuk, Jute, Teakholz); Länder: 20% USA, 18% Japan, 7% Singapur, 5% Niederl. – Tourismus 1990: rd. 5,12 Mio. Gäste

PRESSE (Aufl. i. Tsd.) *Tageszeitungen:* Bangkok: Bangkok Post (43)/Engl. – Ban Muang (250) – Daily Mirror (120) – Daily News (400) – Dao Siam (140) – Matichon (100) – The Nation (32)/Engl. – Siam Rath (80) – Sing Sian Yit Pao Daily News (68)/ Chin. – Thai Rath (750) – Thai Shang Yit Pao (100)/ Chin. – *Nachrichtenagentur:* Thai News Agency

TOGO *West-Afrika*
Republik Togo; République Togolaise – TG

LANDESSTRUKTUR Fläche (122): 56785 km^2 – **Einwohner** (115): (F 1990) 3638000 = 61 je km^2; (Z 1981) 2705250 – Toogoer; überwiegend Kwa- (über 40% Ewe) u. Volta-Völker (Temba, Mopa, Gurma, Kabyé [Cabrais bzw. Kabré]), Losso; daneben Haussa, Fulbe; etwa 4000 Europäer, meist Franzosen – **Leb.-Erwart.:** 54 J. – **Säugl.-Sterbl.:** 8,8% – **Analph.:** 57% – Jährl. **Bev.-Wachstum** (⌀ 1980–90): 3,5% (Geb.- u. Sterbeziffer 1990: 4,8%/1,4%) – **Sprachen:** Französisch als Amtsspr.; Ewe-Dialekte, z. T. Ewe-Schriftsprache (im S) als Umgangsspr.; ferner: Kabye-Dialekt d. Tem-Sprache; Gur-Sprachen (Moba u. Gurma); teilw. Pidgin-Englisch, Fulbe, Yoruba u. Haussa – **Religion:** rd. 50% Anh. v. Naturrel.; 23% Christen (dar. 75% Katholiken), 13% Muslime (Sunniten) – **Städt. Bev.:** 26% – **Städte** (S 1987): Lomé (Hptst.) 500000 Ew., Tschaoudjo (fr. Sokodé) 55000, Kara 41000, Kpalimé 31000, Atakpamé 30000, Tsévié 26000

STAAT Präsidialrepublik – Provisorische Verfassung seit Juli 1991 – Referendum über neue Verfass. vorgesehen – Parlament mit 77 Mitgl., Wahl alle 5 J., z. Z. aufgelöst – Einberufung einer Nationalkonferenz/HCR (Haut Conseil de la République, Präs.: Philippe Kpodzro) im Juni 1991 zur Vorbereitung von demokrat. Wahlen – Allg. Wahlrecht – 5 Regionen, 21 Präfekturen – **Staatsoberhaupt:** General Gnassingbé [Nyassingbe] Eyadéma, seit Staatsstreich 1967, gewählt 1979 u. 1986; Einschränkung der Machtbefugnisse vom Okt. 1991 am 27. 8. wiederaufgehoben – **Regierungschef** (d. Übergangsreg.): Joseph Kokou Koffigoh, am 26. 8. 1991 vom HCR ernannt – **Äußeres:** Tchiaka Touré – **Parteien:** ehem. Einheitspartei »Rassemblement du Peuple Togolais«/RPT; Bildung eines

Oppos.-Bündnisses aus 25 Parteien: Collectif de l'opposition démocratique/COD-2 – **Unabh.:** 27. 4. 1960 – **Nationalfeiertag:** 27. 4.

WIRTSCHAFT BSP 1990: 1474 Mio. $ = 410 $ je Ew. (143); realer Zuwachs $\emptyset$ 1980–90: 1,8%; *(Anteil Entwicklungshilfe u. Ausl.-Schulden → Tab. Sp. 471f.);* **BIP** 1990: 1620 Mio. $; realer Zuwachs $\emptyset$ 1980–90: 1,6%; Anteil 1990 **Landwirtsch.** 33%, **Industrie** 22% – **Erwerbstät.** 1989: Landw. 70%, Ind. ca. 10% – **Energieverbrauch** 1990: 51 kg ÖE/Ew. – **Währung:** 1 CFA-Franc = 100 Centimes; 1 FF = 50 CFA-Francs (Wertverh. zum FF); 100 CFA-Francs = 0,595 DM – **Ausl.-Verschuld.** 1990: 1296 Mio. $ = 81,8% d. BSP – **Inflation** $\emptyset$ 1980–90: 4,8% – **Außenhandel** 1990: **Import:** 700 Mio. $; Güter (1989): 25% elektrotechn. Erzeugn. u. Fahrz., 22% Nahrungsmittel, 11% chem. Erzeugn., 9% Baumwollgewebe; Länder (1989): 63% EG-Länder (dar. 51% Frankr.), USA, Japan, Côte d'Ivoire; **Export:** 300 Mio. $; Güter (1989): rd. 36% Kalziumphosphate, 18% Zement, 15% Nahrungsmittel (bes. Kakao u. Kaffee), Baumwolle; Länder (1989): 62% EG-Länder (dar. 37% Niederl., 34% Frankr.), Kanada, USA

PRESSE (Aufl. i. Tsd.) *Zeitungen:* Lomé: Atopami Express (3) – Courier du Golfe (13) – Forum Hebdo (8) – La Nouvelle Marche (12)/reg.-eigen; Frz., Kabye u. Ewe – *Nachrichtenagentur:* ATOP (Agence Togolaise de Presse)

TONGA *Ozeanien*
Königreich Tonga; Kingdom of Tonga, Pule'anga Tonga

LANDESSTRUKTUR Fläche (169): 748 km² (172 Inseln über 259000 km² Meeresfläche verstreut) – **Einwohner** (176): (F 1990) 99000 = 57 je km²; (Z 1986) 94649 (auf Tongatapu 63794, Va-va'u 15175, Ha'apai 8919, 'Eua 4391, Niuas 2368) – 99% polynes. Tongaer; kl. Gruppen v. Mischlingen, 500 Europäer – **Leb.-Erwart.:** 67 J. – **Analph.:** k. Ang. – Jährl. **Bev.-Wachstum** ($\emptyset$ 1980–90): 0,5% – **Sprachen:** Tonga (Tongaisch, polynes. Spr.) als Amtsspr., Englisch – **Religion:** fast ausschl. Christen, rd. 70% Protestanten (u. a. 64% methodist. Wesleyan Church u. Free Church of Tonga, Anglikaner), 15% Katholiken; kleine Mormonen-Minderh. – **Städt. Bev.:** rd. 15% – **Städte** (Z 1986): Nuku'alofa (Hptst., auf Tongatapu) 21383 Ew., Neiafu, Mu'a

STAAT Konstitutionelle Monarchie – Verfassung von 1875 mit Änderungen – Parlament mit 30 Mitgl., Wahl alle 3 J.: je 9 Häuptlinge u. gewählte Vertreter, 10 Minister u. 2 Gouverneure – Allg. Wahlrecht ab 21 J. – 3 Insel-Distrikte – **Staatsoberhaupt:** König Taufa'ahau Tupou IV., seit 1965 – **Regierungschef:** Prinz Fatafehi Tu'ipelehake, seit 1965 – **Äußeres:** Kronprinz Tupouto'a – **Parteien:** Keine organisierten Parteien – Letzte Wahl (9 Mitgl. d. Parl.) im Feb. 1990: 6 Sitze für d. Reformisten – **Unabh.:** 5. 6. 1970 – **Nationalfeiertag:** 4. 7. (Geburtstag des Königs)

WIRTSCHAFT BSP 1990: 100 Mio. $ = 1010 $ je Ew. (103); realer Zuwachs $\emptyset$ 1980–90: 2,1%; Ausl.-Hilfe 20%, Emigranten-Überweis. 20% u. Tourismus 34%; **BIP** Anteil 1988 **Landwirtsch.** 41%, **Industrie** ca. 8% – **Erwerbstät.** 1986: Landw. 43%, Ind. 11% – **Energieverbrauch** 1988: 135 kg ÖE/Ew. – **Währung:** 1 Pa'anga (T$) = 100 Seniti; 1 T$ = 0,75 US-$; 100 T$ = 114,83 DM – **Ausl.-Verschuld.** 1989: 44,1 Mio. $ – **Inflation** $\emptyset$ 1983–88: 10,9% – **Außenhandel** 1989: **Import:** 68,3 Mio. T$; Länder: 31% Neuseeland; **Export:** 11,5 Mio. T$; Güter: 50% Kokosnußprod., Bananen, Vanille, Gemüse u. Früchte; Länder: 31% Neuseeland, Australien, EG-Länder, Japan, Fidschi, USA; zunehmende Bedeutung des Tourismus (1989: 31584 Gäste)

PRESSE (Aufl. i. Tsd.) *Wochenzeitungen:* Nuku'alofa: Taumu 'a Lelei/Kath. – Kalonikali Tonga (6) – Tonga Chronicle (1)/Engl.

TRINIDAD und TOBAGO *Karibik*
Republik Trinidad und Tobago; Republic of Trinidad and Tobago – TT

LANDESSTRUKTUR Fläche (161): 5128 km² (davon Tobago 300 km²) – **Einwohner** (143): (F 1990) 1283000 (davon Tobago rd. 39500) = 242 je km²; (Z 1980) 1079791 – 41% Schwarze, 41% aus Vorderindien Stammende, 16% Mulatten, 1% Weiße, 0,5% Chinesen – **Leb.-Erwart.:** 71 J. – **Säugl.-Sterbl.:** 2,5% – **Analph.:** k. Ang. – Jährl. **Bev.-Wachstum** ($\emptyset$ 1980–90): 1,3% (Geb.- u. Sterbeziffer 1990: 2,4%/0,6%) – **Sprachen:** Englisch, außerd. vereinzelt Französ., Spanisch,. Hindi, Chinesisch – **Religion:** 34% Katholiken, etwa 20% Protestanten, 25% Hindus, 6% Muslime – **Städt. Bev.:** 69% – **Städte** (S 1988): Port-of-Spain (Hptst., auf Trinidad) 159200 Ew. (A 200000), San Fernando 33600, Arima 29000; (S 1975) Scarborough (Hauptort auf Tobago) 3000

STAAT Präsidialrepublik – Verfassung von 1976 – Parlament aus 2 Kammern: Repräsentantenhaus mit 36 gewählten u. Senat mit 31 v. Präs., mit Zustimmung d. Premiers u. Anführers d. Oppos. ernannten Mitgl.; Wahl alle 5 J. – 8 Counties, 3 Munizipalitäten u. Tobago (seit 1987 vollst. Selbstreg., eig. Parl. mit 13 Abg., davon 12 gewählt) – **Staatsoberhaupt:** Noor Mohammed Hassanali, seit 19. 3. 1987 – **Regierungschef:** Patrick Manning (PNM), seit 17. 12. 1991 – **Äußeres:** Dr. Sahadeo Basdeo – **Parteien:** Wahlen vom 16. 12. 1991: People's National Movement/PNM 21 der 36 Sitze (1986: 3), National Joint Action Committee/NJAC 13 (0), National Alliance for Reconstruction/NAR 2 (33) – Wahlen d. Parl. von Tobago von 1988: NAR 11 von 12 Sitzen, PNM 1 – **Unabh.:** 31. 8. 1962 – **Nationalfeiertag:** 31. 8.

WIRTSCHAFT BSP 1990: 4458 Mio. $ = 3610 $ je Ew. (56); realer Zuwachs Ø 1980–90: −4,3%; **BIP** 1990: 4750 Mio. $; realer Zuwachs Ø 1980–90: −4,7%; Anteil 1990 **Landwirtsch.** 3%, **Industrie** 48% – **Erwerbstät.** 1989: Landw. 14%, Ind. 27% – **Energieverbrauch** 1990: 5940 kg ÖE/Ew. – **Währung:** 1 Trinidad-und-Tobago-Dollar (TT$) = 100 Cents (cts); 1 US-$ = 4,25 TT$; 100 TT$ = 35,76 DM – **Ausl.-Verschuld.** 1990: 2307 Mio. $ = 50,8% d. BSP – **Inflation** Ø 1980–90: 6,4% – **Außenhandel** 1990 **Import:** 1262 Mio. $; Güter (1989): 23% Maschinen u. Transportausrüst., 19% Nahrungsmittel, Halbfertigwaren; Länder (1989): 38% USA; **Export:** 2080 Mio. $; Güter (1989): 80% Erdöl u. -derivate, 8% Ammoniak, 3% Düngemittel, Eisen u. Stahl, 1% Zucker; Rum, Kakao; Länder (1989): 56% USA, 15% EG-Länder, insbes. Großbrit., Japan, ca. 5% Karibische Gemeinschaft

PRESSE (Aufl. i. Tsd.) *Tageszeitungen:* Port of Spain: The Evening News (33) – The Sun (26) – Trinidad Guardian (80) – Trinidad and Tobago Express (80)

TSCHAD *Zentral-Afrika*
Republik Tschad; République du Tchad, Djoumhourîat Tachâd, Dschumhurijjat Taschaad; engl. Chad – TCH

LANDESSTRUKTUR Fläche (20): 1 284 000 km^2 – **Einwohner** (93): (F 1990) 5 679 000 = 4 je km^2; (Z 1964) 3 254 000 – Tschader; Araber (etwa 15%), im Sahelgebiet stark arabisierte Völker (Kanembou, Boulala, Hadjerai, Dadjo usw. rd. 38%), Sara (im S etwa 30%), tschadische Gruppen mit saharanischen Sprachen westl. d. Logone (20%), Tibbu-Daza-Gruppen im Tebesti (2%), städt. Haussa, Fulbe; über 4000 Europäer, meist Franzosen – **Leb.-Erwart.:** 47 J. – **Säugl.-Sterbl.:** 12,5% – **Analph.:** 70% – Jährl. **Bev.-Wachstum** (Ø 1980–90): 2,4% (Geb.- u. Sterbeziffer 1990: 4,4%/1,8%) – **Sprachen:** Französisch als Amtsspr.; im Sahel Arabisch, Verkehrsspr. Tschad-Arabisch; regional Sara (im Süden), Baguirmi, Boulala, Tibbu-Gorane u. a. – **Religion:** 40% Muslime, 33% Christen, überw. Katholiken; Anh. v. Naturreligionen – **Städt. Bev.:** 30% – **Städte** (F 1988): N'Djamena (fr. Fort Lamy) (Hptst.) 594 000 Ew.; Sarh (fr. Fort Archambault) 113 400, Moundou 102 000, Abéché 83 000

STAAT Präsidialrepublik – Verfassung von 1989, seit Dez. 1990 außer Kraft – Nationalversammlung mit 123 Mitgl. seit Dez. 1990 aufgelöst – Provisorischer Rat mit 31 ernannten Mitgl. – Mehrparteiensystem u. Parl.-Neuwahlen in Aussicht gestellt – 14 Präfekturen – **Staatsoberhaupt:** Idriss Déby, seit 4. 12. 1990 – **Regierungschef:** Joseph Yodoymane, seit 20. 5. 1992; Bildung einer »Reg. der Nationalen Einheit« am 22. 5. 1992 mit Vertretern von 5 d. Oppos.-Gruppen – **Äußeres:** Mahamat Saleh Hamat – **Parteien:** Bis Ende 1990 »Union Nationale pour l'Indépendance et la Révolution«/UNIR als Einheitspartei; bei den Wahlen zur Nationalversammlung im Juli 1990 bewarben sich 436 unabhängige Kandidaten um die 123 Sitze – Zulassung von anderen Parteien seit März 1992 – **Unabh.:** 11. 8. 1960 – **Nationalfeiertag:** 7. 6. (Eroberung der Hptst. durch Habré 1982)

WIRTSCHAFT BSP 1990: 1074 Mio. $ = 190 $ je Ew. (171); realer Zuwachs Ø 1980–90: 5,8%; *(Anteil Entwicklungshilfe u. Ausl.-Schulden → Tab. Sp. 471f.);* **BIP** 1990: 1100 Mio. $; realer Zuwachs Ø 1980–90: 5,9%; Anteil 1990 **Landwirtsch.** 38%, **Industrie** 17% – **Erwerbstät.** 1989: Landw. 76%, Ind. ca. 7% – **Energieverbrauch** 1990: 17 kg ÖE/Ew. – **Währung:** 1 CFA-Franc = 100 Centimes; 1 FF = 50 CFA-Francs (Wertverh. zum FF); 100 CFA = 0,595 DM – **Ausl.-Verschuld.** 1990: 492 Mio. $ = 44,8% d. BSP – **Inflation** Ø 1980–90: 1,2% – **Außenhandel** 1990 **Import:** 450 Mio. $; Güter (1989): Erdöl u. Erdölprod., 29% Maschinen u. Transportausrüst., 14% Nahrungsm.; Länder (1989): Frankreich, Kamerun, USA, Nigeria; **Export:** 200 Mio. $; Güter (1989): 90% Baumwolle, Viehzuchtprod., Erdnüsse; Länder (1989): über 30% Frankr. u. übr. EG-Länder, 15% Nigeria, Japan, Zaire, USA, Kongo, Kamerun

PRESSE (Aufl. i. Tsd.) *Tageszeitungen:* N'Djamena: Le Contact – Info-Tchad (1)/Bulletin d.

ATP, Frz. – Hebdo (2, wö.) – Journal Officiel de la République du Tchad – *Nachrichtenagentur:* ATP (Agence Tchadienne de Presse)

TSCHECHOSLOWAKEI *Mittel-Europa*
Tschechische und Slowakische Föderative Republik; Ceskoslovenská Federatívna Republika – ČSFR

LANDESSTRUKTUR Fläche (97): 127 876 km^2 (n. eig. Ang. 127 899 km^2) – **Einwohner** (53): (Z 1. 3. 1991) 15 567 666 = 122 je km^2; (F 1990) Tschech. Rep.: 78 864 km^2 u. 10 364 600 Ew. (131 je km^2); Slowak. Rep.: 49 035 km^2 u. 5 310 150 (108 je km^2) – Tschechoslowaken; Bevölkerung *(→ Tabelle)* – **Leb.-Erwart.:** 72 J. – **Säugl.-Sterbl.:** 1,2% – **Analph.:** unter 5% – Jährl. **Bev.-Wachstum** (∅ 1980–90): 0,3% (Geb.- u. Sterbeziffer 1990: 1,4%/1,1%) – **Sprachen:** Tschechisch u. Slowakisch als Amtsspr. – **Religion:** überwieg. röm. Kath. (S 1991: ca. 5 Mio.); daneben etwa 8% Anh. d. kath. Tschechoslowak. Kirche u. 8% Protestanten; 475 000 Hussiten, 150 000 Griech.-Orthodoxe u. 15 000 Juden – **Städt. Bev.:** 78% – **Städte** (F 1990): Praha [Prag] (Hptst.) 1 215 100 Ew., Bratislava [Preßburg] 444 500, Brno [Brünn] 392 600, Ostrava [Ostrau] 331 500, Kosice [Kaschau] 238 300, Olomouc [Olmütz] 224 800, Nitra 212 100, Zlín (ehem. Gottwaldow) 197 700, Zilina 183 400, Plzeň [Pilsen] 174 900, Ceské Budejovice 174 400, Hradec Králové 163 600, Pardubice 163 400, Liberec [Reichenberg] 160 400

STAAT Föderative Republik aus 2 gleichberechtigten Republiken, Auflösung d. Bundes zum 1. 1. 1993 beschlossen *(→ Chronik, Sp. 159)* – Verfassung von 1968 – Oberstes Staatsorgan ist d. Föderalversammlung aus Volkskammer mit 150 im Gesamtstaat direkt gewählten Mitgl. (1992: 99 [1990: 101] von d. CR [Tschech. Rep., umfassend d. alten »Kronländer« Böhmen u. Mähren sowie Teile von »Öster.-Schlesien«] u. 51 [49] von d. SR [Slowak. Rep.]) u. die Kammer der Nationen (Länderkammer) mit je 75 in der CR u. 75 in d. SR in direkter Wahl gewählten Mitgl. (die Abstimmungen erfolgen getrennt nach Nationalitäten) sowie d. Ratspräsidium. – Wahl d. Präs. d. ČSFR (für 5 J.) durch d. Föderalversamml. – **Eigene Regierung u. Nationalrat** in der CR (Min.-Präs. Václav Klaus/ODS; Nationalrat aus 200 Mitgl.) u. SR (Min.-Präs. Vladimir Mećiar/HZDS; Äußeres: Milan Kňažko; Nationalrat aus 150 Mitgl.) – Allg. Wahlrecht ab 18 J. – 10 Regionen (Kraje) sowie Praha [Prag] u. Bratislava [Preßburg] als Stadtregionen – **Staatsoberhaupt:** Amt seit Rücktritt von Präs. Václav Havel am 20. 7. 1992 vakant; Übertragung fast aller Befugnisse u. Pflichten auf d. Min.-Präs. – **Regierungschef der Bundesregierung:** Jan Strásky (ODS), seit 2. 7. 1992; Übergangsreg. bleibt bis 31. 12. 1992 im Amt – **Äußeres:** Jozef Moravcik – **Parteien:** Wahlen zur Föderalversamml. vom 5./6. 6. 1992: Volkskammer mit 150 Abg. (99 für d. CR u. 51 für d. SR): CR: Wahlbündnis Demokrat. Bürgerpartei u. Christl. Demokrat. Partei/ODS-KDS 48, Linksblock/LB (Linke Alternative u. KP Böhmens u. Mährens) 19, Tschech. Sozialdemokraten/CSSD 10, Republikanische Partei/SPR-RSC 8, Christlich-Demokrat. Union/KDU-CSL 7, Liberal-Soziale Union/LSU 7; SR: Bewegung für eine Demokrat. Slowakei/HZDS 24, Partei der Demokrat. Linken (ehem. Kommunisten)/SDL 10, Slowak. Nationalpartei/SNS 6, Christdemokrat. Bewegung/KDH 6, Ungarische Christdemokraten/MKDH 5; Kammer der Nationen (je 75 Sitze für tschech. u. slowak. Rep. paritätisch besetzt): CR: ODS-KDS

Tschechoslowakei – Bevölkerung nach Nationalitäten*

	Tschechische Republik		Slowakische Republik		Tschechoslowakei	
	Anzahl	Anteil in %	Anzahl	Anteil in %	Anzahl	Anteil in %
Tschechen	9 742 000	94,0	64 000	1,2	9 806 000	62,7
Slowaken	425 000	4,1	4 585 000	86,6	5 010 000	32,0
Madjaren (Ungarn) . . .	23 000	0,2	578 000	10,9	601 000	3,8
Polen	70 000	0,7	3 000	0,1	73 000	0,5
Ukrainer u. Russen . . .	15 000	0,1	41 000	0,8	56 000	0,4
Deutsche	49 000	0,5	3 000	0,1	52 000	0,3
Sonstige[1]	38 000	0,4	14 000	0,3	52 000	0,3
Gesamt	*10 362 000*	*100,0*	*5 288 000*	*100,0*	*15 650 000*	*100,0*

* Fortschreibungszahlen (Stand 31. 12. 1989); [1] v. a. Sinti und Roma

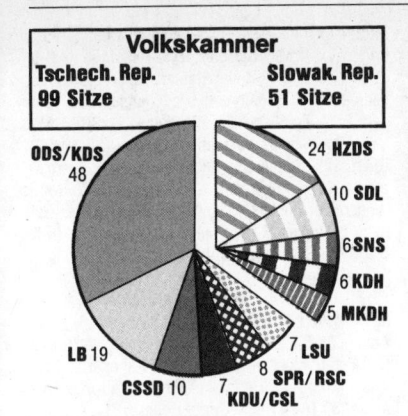

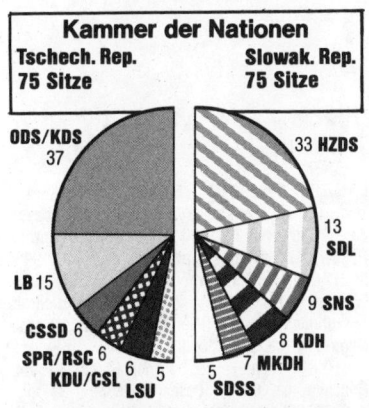

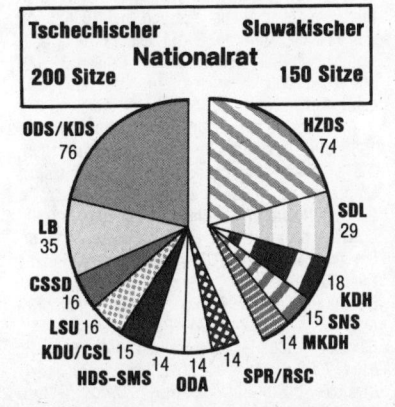

Tschechoslowakei

Volkskammer

Tsch. Rep. 99 Sitze:
ODS/KDS 48, LB 19, CSSD 10, KDU/CSL 7, SPR/RSC 8, LSU 7, MKDH 5, KDH 6, SNS 6, SDL 10, HZDS 24

Slowak. Rep. 51 Sitze:
HZDS 24, SDL 10, SNS 6, KDH 6, MKDH 5, LSU 7, SPR/RSC 8

Kammer der Nationen

Tsch. Rep. 75 Sitze:
ODS/KDS 37, LB 15, CSSD 6, SPR/RSC 6, KDU/CSL 6, LSU 5

Slowak. Rep. 75 Sitze:
HZDS 33, SDL 13, SNS 9, KDH 8, MKDH 7, SDSS 5

Tschechischer Nationalrat 200 Sitze:
ODS/KDS 76, LB 35, CSSD 16, LSU 16, KDU/CSL 15, SPR-RSC 14, Christdemokrat. Allianz/ODA 14, Mährisch-Schlesische Partei/HDS-SMS 14;

Slowakischer Nationalrat 150 Sitze:
HZDS 74, SDL 29, KDH 18, SNS 15, MKDH 14 – **Unabh.:** 28. 10. 1918 – **Nationalfeiertag:** 9. 5. (dt. Kapitulation 1945)

WIRTSCHAFT *(Konjunkturdaten 1991 für Osteuropa → Tab. Sp. 515f.)* **BSP** 1990: 49 225 = 3140 $ je Ew. (60); realer Zuwachs ⌀ 1980–90: 1,5%; **BIP** 1990: 44 450 Mio. $; realer Zuwachs ⌀ 1980–90: 1,4% (1991: −15,9%); Anteil CR am BIP 1990: 71%; Anteil 1990 **Landwirtsch.** 7%, **Industrie** 63% *(Kennzahlen d. Landw. → Tab. Sp. 225f.)* – **Erwerbstät.** 1989: Landw. 12%, Ind. 48%; **Arbeitslosigkeit** 7/1992: 5,4% – **Energieverbrauch** 1990: 5081 kg ÖE/Ew. – **Währung:** 1 Tschechoslowak. Krone (Kčs) = 100 Haleru (h); 1 US-$ = 27,61 Kčs; 100 Kčs = 5,50 DM – **Ausl.-Verschuld.** 1990: 8231 Mio. $ = 18,6% d. BSP (Brutto-Verschuld. 12/1991: 9300 Mio. $) – **Inflation** ⌀ 1980–90: 1,9% (1991: 57,9%) – **Außenhandel** 1990: **Import:** 19 862 Mio. $; Güter: 37% Maschinenbauerzeugn. u. Fahrzeuge, 14% mineral. Brennstoffe u. Schmiermittel, 10% and. chem. Erzeugn.; Länder: 22% UdSSR, 13% BRD, 10% Österreich, 9% Polen, 8% DDR, 4% Schweiz, 3% Ungarn; **Export:** 17 950 Mio. $; Güter: 39% Maschinenbauerzeugn. u. Fahrzeuge, 36% versch. bearb. Waren, 9% chem. Erzeugn.; Länder: 25% UdSSR, 13% BRD, 6% Polen, 6% Österreich, 4% DDR, 4% Ungarn

PRESSE (Aufl. i. Tsd.) *Tageszeitungen:* Prag: Blesk (250) – Hospodarske Noviny (150) – Lidová demokracie (250) – Lidové Noviny – Metropolitan (40) – Mladá fronta dnes (360) – Práce (395) – Profit (100) – Rudé Právo (1300) – Spigl (300) – Svobodné Slovo (330) – Telegraf – Vecerni Praha (175) – Zemedelské Noviny (381) – Brünn: Rovnost Brno (128) – Preßburg: Práca (270) – Pravda (404) – *Wochenzeitungen* (Slowenisch): Dikobraz (531)/satir. – Fórum (200) – Kuêty (401) – Respekt (70) – Sedmicka (250) – Tydenik Ceskoslovenské Televize (510)/Kultur u. TV – (Slowakisch): Expres (80) – Rohác (120)/satir. – Zivot (220) – *Nachrichtenagentur:* ČSTK (Ceskoslovenská tisková kancelár)

TUNESIEN *Nord-Afrika*
Tunesische Republik; El Dschumhurija et Tunusija bzw. Al-Jumhûrîa At-Tûnusîya; République Tunisienne – TN

LANDESSTRUKTUR Fläche (91): 163 610 km² (125 181 km² ohne strittige Gebiete mit Libyen; incl. 9080 km² Binnengewässer) – **Einwohner** (80): (F 1990) 8 175 000 = 49 je km²; (Z 1984) 6 966 173 – Tunesier (z. T. arabisierte Berber); kl. frz. u. ital. Minderheiten u. Malteser – **Leb.-Erwart.:** 67 J. – **Säugl.-Sterbl.:** 4,4% – **Analph.:** 35% – Jährl. **Bev.-Wachstum** (∅ 1980–90): 2,3% (Geb.- u. Sterbeziffer 1990: 2,8%/0,7%) – **Sprachen:** Arabisch als Amtsspr.; westarab. Dialekt (Tunesisch) als Umgangsspr.; Französ. wichtig als Bildungs- u. Handelsspr.; Berberisch – **Religion:** knapp 99% meist sunnitische Muslime, Islam ist Staatsreligion; etwa 10 000 Katholiken u. kleine protest. Gruppen; über 9000 (n. eig. Ang. 20 000) Juden – **Städt. Bev.:** 54% – **Städte** (Z 1984): Tunis (Hptst.) 596 700 Ew., Sfax 231 900, Ariana 98 700, Bizerta [Biserta] 94 500, Gabès 92 300, Sousse 83 500, Kairouan (4. heilige islam. Stätte) 72 300, Bardo 65 700, La Goulette 61 600, Gafsa 61 000, Ben Arous 52 100, Kasserine 47 600, Béja 46 700, Nabeul 39 500

STAAT Präsidialrepublik – Verfassung von 1959 mit Änderungen 1988 – Parlament (Chambre des Députés) mit 141 Mitgl., Wahl alle 5 J. – Präsidentschaft max. 15 J. – Aktives Wahlrecht ab 20 J., passives ab 25 J. – 23 Bezirke (Gouvernorate) mit Regionsgouverneur – **Staatsoberhaupt:** Zine El-Abidine Ben Ali, seit 1987, wiedergewählt am 2. 4. 1989 – **Regierungschef:** Hamed Karoui, seit 1989 – **Äußeres:** Habib Ben Yahia – **Parteien:** Wahlen 1989: alle 141 Sitze an d. regierende nationalist. »Konstitutionelle Demokratische Sammlung« (Rassemblement Constitutionnel Démocratique/ RCD; Wahl wurde von d. Oppos.-Parteien u. d. islam. Erneuerungsp. angefochten) – **Unabh.:** alte staatl. Tradition; unabh. seit 20. 3. 1956 – **Nationalfeiertag:** 1. 6. (innere Autonomie, Rückkehr Bourguibas 1955)

WIRTSCHAFT BSP 1990: 11 592 Mio. $ = 1440 $ je Ew. (94); realer Zuwachs ∅ 1980–90: 3,4%; **BIP** 1990: 11 080 Mio. $; realer Zuwachs ∅ 1980–90: 3,6%; Anteil 1990 **Landwirtsch.** 16%, **Industrie** 32% – **Erwerbstät.** 1989: Landw. 25%, Ind. ca. 28%; **Arbeitslosigkeit** 1990: 15,3% – **Energieverbrauch** 1990: 520 kg ÖE/Ew. – **Währung:** 1 Tunes. Dinar (tD) = 1000 Millimes (M); 1 US-$ = 0,86 tD; 100 tD = 178,25 DM – **Ausl.-Verschuld.** 1990: 7534 Mio. $ = 62,2% d. BSP –

Inflation ∅ 1980–90: 7,4% – **Außenhandel** 1990: **Import:** 5471 Mio. $; Güter: 31% Rohstoffe u. Zwischenprod., 29% Konsumgüter, 22% Ausrüstungen, 9% Nahrungsmittel, 9% Energieprod.; Länder: 27% Frankr., 15% Italien, 12% BRD, 5% USA, 5% Belgien-Luxemb.; **Export:** 3498 Mio. $; Güter: 32% Textilien u. Lederwaren, 20% Energieprod., 19% Phosphate u. Derivate, 10% Nahrungsmittel (insbes. Olivenöl, Wein, Früchte, Getreide); Länder: 24% Frankr., 21% Italien, 14% BRD, 7% Belgien-Luxemb., 4% Libyen

PRESSE (Aufl. i. Tsd.) *Tageszeitungen:* Tunis: L'Action (50)/RCD, Frz. – Al-Amal (50)/RCD, Arab. – As-Sabah (90)/Arab. – La Presse de Tunisie (50)/Frz. – *Wochenzeitungen:* Al-Anouar at-Tounissia (165) – Le Temps (42)/Frz. – *Nachrichtenagentur:* TAP (Tunis Afrique Presse)

TÜRKEI *Europa u. Vorder-Asien*
Republik Türkei; Türkiye Cumhuriyeti – TR

LANDESSTRUKTUR Fläche (36): 779 452 km² (mit 29 777 km² Binnengewässern), davon 23 764 km² (mit über 10% der Bev.) in Europa (Avrupa Türkiyesi) – **Einwohner** (19): (F 1990) 56 277 000 = 73 je km²; (Z 1985) 50 664 458 – Über 90% Türken, etwa 7% Kurden (offiziell als »Bergtürken« bezeichnet; 3 Mio. Kurdischsprachige bzw. ca. 8,7 Mio. kurd. Abst.), 1,6% Araber, 0,3% Tscherkessen, Armenier (ca. 30 000), Griechen (ca. 6000), Lasen, Bulgaren, Georgier u. a.; (1989) 1 079 000 türk. Arbeitnehmer im Ausl. (mit Fam. über 2 Mio.), davon in BRD 638 000 (ohne Fam.), Frankr. 82 000, Niederl. 80 000, Saudiarabien 75 000, Österr. 40 000, Belgien 35 000, Schweiz 29 000, Australien 29 000, Libyen 27 000 u. a. – **Leb.-Erwart.:** 67 J. – **Säugl.-Sterbl.:** 6,0% – **Analph.:** 19% – Jährl. **Bev.-Wachstum** (∅ 1980–90): 2,4% (Geb.- u. Sterbeziffer 1990: 2,8%/0,7%) – **Sprachen:** Türkisch als Amtsspr.; Umgangsprachen d. Minderh. (7% Kurdisch im SO) – **Religion:** 97% sunnit. Muslime; rd. 100 000 Christen, davon etwa d. Hälfte Orthodoxe – **Städt. Bev.:** 61% – **Städte** (F 1987): Ankara (Hptst.) 2 845 689 (A) Ew., İstanbul 4 741 890 (A: 8 500 000), Izmir 1 976 763 (A), Konya 1 562 139 (A), Adana 1 485 743 (A), Bursa 1 148 492 (A), Samsun 1 008 113, Manisa 941 941, Balikesir 853 177, Gaziantep 808 809, Erzurum 801 809, Diyarbakir 778 150, Antalya 748 706, Sivas 750 144, Maraş 738 032, Trabzon 731 045, Malatya 607 000, Denizli 603 338

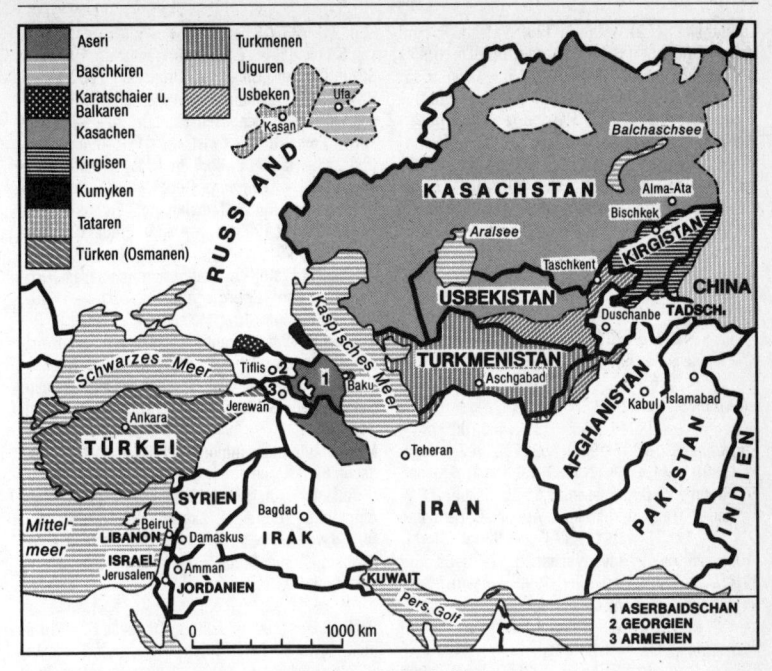

Türkei und die Turkvölker

STAAT Republik – Verfassung von 1982 – Parlament mit 450 Mitgl., (Große Nationalversamml., Wahl alle 5 J. – Einmalige Wahl d. Präsidenten für 7 J. mit ⅔-Mehrheit d. Parl. – Allg. Wahlrecht ab 18 J. – 67 Provinzen (Vilayet); in d. 10 Südostprovinzen mit größeren kurdischen Bevölkerungsanteilen herrscht seit 1978 d. Ausnahmezustand – **Staatsoberhaupt:** Turgut Özal, seit 1989 – **Regierungschef:** Süleyman Demirel (DYP), seit 21. 11. 1991 – **Äußeres:** Hikmet Çetin (SHP) – **Parteien:** Wahlen vom 20. 10. 1991: Doğruyol Partisi/DYP (Partei des Rechten Weges) 178 d. 450 Sitze (1987: 59); Anavatan Partisi/ANAP (Mutterlandspartei) 115 (275); Sosyal Demokrat Halkçi Parti/SHP (Sozialdemokrat. Volkspartei) zus. mit Arbeiterpartei d. Volkes/HEP (22 Sitze) insg. 88 (99); Demokratik Sol. Partisi/DSP (Partei d. Demokrat. Linken) 7 (0); Milliyetçi Çalişma Partisi/MÇP (»Nationalistische Arbeitsp.«) 20; Refah Partisi/RP (islam.-fundament. »Wohlfahrtspartei«, Sonstige 42 Sitze – **Unabh.:** Gründung d. Osman. Reiches an d. Wende vom 13. zum 14. Jh.; Republik Türkei seit 1920 bzw. 1923 – **Nationalfeiertag:** 29. 10. (Ausrufung d. Republik 1923)

WIRTSCHAFT BSP 1990: 91742 Mio. $ = 1630$ je Ew. (92); realer Zuwachs ⌀ 1980–90: 5,5%; **BIP** 1991: 111900 Mio. $; realer Zuwachs ⌀ 1980–90: 5,3% (1991: +2,3%); Anteil 1990 **Landwirtsch.** 18%, **Industrie** 33% – **Erwerbstät.** 1990: Landw. 47,8%, Ind. 19,9%; **Arbeitslosigkeit** 1991: 11,5% – **Energieverbrauch** 1990: 857 kg ÖE/Ew. – **Währung:** 1 Türk. Pfund/1 Türk. Lira (TL.) = 100 Kuruś (krś); 1 US-$ = 6868,24 TL.; 1000 TL. = 0,22 DM – **Ausl.-Verschuld.** 1990: 49149 Mio. $ = 46,1% d. BSP – **Inflation** ⌀ 1980–90: 43,2% (1991: 68%) – **Außenhandel** 1991: **Import:** 21000 Mio. $; Güter: 58% Rohmaterialien (v. a. Rohöl), 28% Kapitalgüter, 14% Konsumgüter; Länder: 15% BRD, 11% USA, 9% Saudi-Arabien, 8% Italien; (EG-Länder insg. 43%); **Export:** 13600 Mio. $; Güter: 80% Industrieerzeugn., 20% Agrarerzeugn.; Länder: 25% BRD, 7% Italien, 6% USA, 5% Großbrit., 5% Frankr.; (EG-Länder insg. 52%) – Tourismus 1989: 4,46 Mio. Gäste (1987: 2,85 Mio.)

PRESSE (Aufl. i. Tsd.) *Tageszeitungen:* Ankara: Yeni Tanin (300) – Istanbul: Bulvar (140) –

Cumhuriyet (123) – Dünya (26)/Wirtsch. – Foto Maç – Fotospor (174)- Günaydin (400) – Günes (76) – Hürriyet (516) – Milliyet (415) – Sabah (635) – Tan (187) – Tercüman (116) – Türkiye (467) – Izmir: Yeni Asir (110) – *Wochenzeitungen:* Aktüel (44)/Pol.-Wirtsch. – Avni (76)/satir. – Ekonomist (20)/Wirtsch. – Firt (47)/satir. – Girgir (49)/satir. – Hafta Sonu (77) – Hibir (84)/satir. – Nokta (18)/Pol.-Wirtsch. – *Nachrichtenagentur:* ANKA (Anka Ajansi)

TURKMENISTAN *Zentralasien*
Turkmenisch: Türkmenistan, seit 27. 10. 1991

LANDESSTRUKTUR *(GUS-Übersichtstabelle → Sp. 523f.)* **Fläche** (51): 488100 km² – **Einwohner** (116): (F 1990) 3621700 = 7 je km²; (Z 1989) 3534000 – (Z 1989) 68,4% Turkmenen [Türkmen], 12,6% Russen, 8,5% Usbeken, 2,9% Kasachen, Tataren, Ukrainer, Armenier, Deutsche u. a. – **Leb.-Erwart.:** 66 J. – **Säugl.-Sterbl.** (1989): 5,5% – **Bev.-Wachstum** (1979–89): +27,4% (Geb.- u. Sterbeziffer 1990: 3,4%/0,7%) – **Sprachen:** Turkmenisch als Amtssprache; Sprachen d. Minderheiten – **Religion:** mehrheitl. sunnitische Muslime – **Städt. Bev.:** 45% – **Städte** (F 1989): Aschgabad (Hptst.) 402000 Ew. (davon 200000 Turkmenen, 130000 Russen, 20000 Armenier); Tschardschou 160000, Taschaus 110000, Mary 89000

STAAT *(→ Chronik WA '92 u. Sp. 162)* Präsidialrepublik – Neue Verfassung seit 18. 5. 1992 in Kraft (Verabschiedung durch d. Parl.) – Parlament (Madschlis), derzeit 175 Mitgl., aus 1 Kammer vorgesehen (Abgeordnete teils gewählt, teils ernannt) sowie zusätzlich »Ältestenrat« (aus Stammeshäuptlingen) – Allg. Wahlrecht ab 18 J. – 5 Gebiete (Oblast) sowie 56 Bezirke (Rajon) u. bezirksfreie Städte – **Staatsoberhaupt u. Regierungschef:** Saparmurat Nijasow (Vors. d. DPT), seit 1991, am 21. 6. 1992 im Amt bestätigt – **Äußeres:** Awda Kulijew – **Parteien:** Nach d. Wahlen 1990 kommunist. Mehrheit in Parl. u. Reg.; Nachfolgepartei der am 16. 12. 1991 aufgelösten KP, »Demokrat. Partei Turkmenistans« 120 d. 175 Sitze; Parlamentswahlen bis Ende 1992 vorgesehen – **Unabh.:** Souveränitätserklärung am 23. 8. 1990, Unabh.-Erkl. am 27. 10. 1991 (nach Referendum vom 26. 10. 1991) – **Nationalfeiertag:** 27. 10. (Unabhängigkeit)

WIRTSCHAFT *(GUS-Wirtschaftsindikatoren 1991 → Tab. Sp. 523f.)* **BSP** 1989: 11800 Mio. $ = 3370 $ je Ew. (57); Anteil am BSP d. UdSSR: 0,8% – **Erwerbstätige** 1991: 1,6 Mio.; davon in staatl. Untern. u. Organisationen 55,7%, Privatuntern., Bauernwirtschaften 17,2%; Kolchosen u. neue Genossenschaften 26,2%, Anteil 1987: **Forst- u. Landwirtsch.** 41%, **Industrie u. Bau** 21%, **Handel u. Verkehr** 18%, **Dienstleistungen** 20% – **Währung:** Rubel *(→ Rußland)* – **Bergbau u. Rohstoffgewinnung:** Erdgas (1991: 84,3 Mrd. m³; 1990/91: −4%) u. Erdöl (1991: 5,4 Mio. t; 1990/91: −3%); Schwefel, Kochsalz, Glaubersalz, Stickstoff- u. Magnesiummineralien *(Produktion von Energiegütern 1991 → Tab. Sp. 525f.);* **Industrie:** Metallurgie, Chemie u. Petrochemie, Maschinenbau, Textilien; **Landwirtschaft:** Baumwolle; Getreide (1989: 0,3 Mio. t), Gemüse, Obst (Melonen, Trauben, Feigen, Datteln, Granatäpfel); Seidenraupenzucht, Weidewirtschaft (Karakulschafe) – **Außenhandel Saldo** 1988: 0,0 Mrd. Valutarubel; **Import** (1989): 3330 Mio. Rbl, davon 82,3% aus d. übrigen UdSSR u. 17,6% aus d. Ausland; Güter: Maschinenbauerzeugn. u. Nahrungsmittel (Getreide); **Export** (1989): 2660 Mio. Rbl, davon 91% in d. übrige UdSSR u. 9% ins Ausland; Güter: Erdöl, Erdgas sowie Erzeugn. d. Leichtind.

PRESSE 1990: 68 Zeitungen, davon 52 in Turkmen. sowie 31 Zeitschriften, davon 14 in Turkmen. – *Nachrichtenagentur:* Turkmen Information Agency

TUVALU *Ozeanien*
»8 Inseln« (tatsächl. 9 Inseln), vor Unabh. »Ellice-Inseln«

LANDESSTRUKTUR Fläche (188): 26 km² (1,3 Mio. km² Meeresfläche) – Hauptinseln: Funafuti (Reg.-Sitz), Nanumea, Nanumanga, Niutao, Nui, Vaitupu, Nukufetau, Nukulaelae, Niulakita – **Einwohner** (190): (Z 1985) 8229 = 317 je km²; (davon 1500 im Ausland) – Tuvaluer; Polynesier (96%) u. Melanesier – **Leb.-Erwart.:** 62 J. – **Analph.:** 10% – Jährl. **Bev.-Wachstum** (∅ 1984): 4,1% – **Sprachen:** Tuvalu (Tuvaluisch), ein polynesischer Dialekt; Englisch – **Religion:** 99% Christen (davon 98% Protestanten, Church of Tuvalu) – **Städt. Bev.:** 30% – **Städte** (S 1985): Vaiaku (auf Funafuti) ca. 2800 Ew.

STAAT Konstitutionelle Monarchie im Commonwealth – Verfassung von 1978 – Parlament (House of Assembly) mit 12 Mitgl., Wahl alle 4 J. – Lokale Inselparlamente mit jew. 6 Abg. – **Staatsober-**

haupt: Königin Elizabeth II., vertr. durch einheim. Generalgouverneur Toaripi Lauti, seit 1990 – **Regierungschef u. Äußeres:** Bikenibeu Paeniu, seit 1989 – **Parteien:** Letzte Wahl am 28. 9. 1989; keine Parteien im europ. Sinne, statt dessen Sippenverbände – **Unabh.:** 1. 10. 1978 – **Nationalfeiertag:** 1. 10.

WIRTSCHAFT (keine neueren Angaben verfügbar) **BSP** 1987: 3 Mio. $ = 326 $ je Ew. (156); **BIP** 1987: 479 $A je Ew. – Einnahmen von 1500 auswärts arbeitenden Tuvaluanern; Entwicklungshilfe 1989: 19,6 Mio. $A – **Währung:** 1 Austral. Dollar ($A) = 100 Cents (c); 1 $A = 0,75 US-$ = 1,14 DM – **Inflation** $\emptyset$ 1981–87: 8,0% – **Außenhandel** 1984: **Import:** 3,96 Mio. $A; Güter: v. a. Nahrungsmittel, Halbfertigprod., Maschinen u. Transportausrüst., Erdöl; Länder: v. a. Australien, Fidschi u. Neuseeland; **Export:** 0,9 Mio. $A; Güter: Kopra, Fische, Briefmarken; Länder: 50% Fidschi, 40% Australien, 5% Neuseeland

PRESSE *Zeitung:* Vaiaku: Sikuleo o Tuvalu/Tuvalu Echoes (400 Ex., 14täg.)/offiz., Engl. u. Tuvaluisch

UGANDA *Ost-Afrika*
Republik Uganda; Republic of Uganda, Jamhuriya Uganda – EAU

LANDESSTRUKTUR Fläche (81): 235880 km^2 (mit 39459 km^2 Binnengewässern, n. eig. Ang. 241139 km^2, davon 44081 km^2 Binnengew.) – **Einwohner** (47): (F 1990) 17358000 = 73 je km^2; (Z 1980) 12636179 – Ugander; zu fast 50% Bantu-Gruppen (davon 28% Buganda [Baganda]); 5% sudanes., je 13% west- u. ostnilotische Gruppen; kleine indische, europ. u. arab. Gruppen – Anf. 1992: 25000 Flüchtlinge aus Zaire – **Leb.-Erwart.:** 47 J. – **Säugl.-Sterbl.:** 11,7% – **Analph.:** 52% – Jährl. **Bev.-Wachstum** ($\emptyset$ 1980–90): 2,5% (Geb.- u. Sterbeziffer 1990: 5,1%/1,9%) – **Sprachen:** Englisch u. KiSuaheli als Amtsspr.; 70% Bantuspr. (u. a. 20% Buganda, 15% Banyoro, westnilot. Sprachen wie Lango 6,5%, 4% Acholi, ostnilot. Sprachen wie Turkana 8% u. Karamojong 3%) – **Religion:** rd. 70% Christen, davon ca. 45% Katholiken u. 24% Protestanten; 6% Muslime, Anh. v. Naturrel., versch. Religionsgemeinsch. (u. a. Bahá'í, Baptisten, Messias-Kirche) – **Städt. Bev.:** 10% – **Städte** (S 1989): Kampala (Hptst.) 700000 Ew. (A); (Z 1980): Jinja 45000, Bugembe 48000, Masaka 29000, Mbale 28000, Mbarara 23000

STAAT Präsidialrepublik – Verfassung von 1967, nach Putsch 1985 außer Kraft – Nationalversammlung aufgelöst – Seit Jan. 1986 Präsidialregime mit Unterstützung d. Min.-Kabinetts u. d. »National Resistance Council/NRC« mit 278 Mitgl. (davon 210 gewählt u. 68 durch Präs. ernannt) – 10 Provinzen mit 33 Distrikten – **Staatsoberhaupt** u. Verteidigungsmin.: Generalleutnant Yoweri Kaguta Museveni (NRA/NRM), seit 29. 1. 1986; 1990 Amtszeit um 5 J. verlängert – **Regierungschef:** George Adyebo (NRM), seit 1991 – **Äußeres:** Paul Kawanga Ssemogerere – **Parteien:** Wahlen zum »National Resistance Council«/NRC von 1989: Kandidaten wurden durch Mitgl. d. Provinz- u. Distrikt- »Widerstandskomitees« bestimmt – Bestimmende Kraft: Nat. Resistance Army/Nat. Resistance Movement/NRA-NRM (Nationale Widerstandsbewegung von Yoweri Museveni) – Parteienverbot im Aug. 1992 aufgehoben, Parl.-Wahlen 1994 geplant – **Unabh.:** 9. 10. 1962 – **Nationalfeiertag:** 9. 10.

WIRTSCHAFT BSP 1990: 3814 Mio. $ = 220 $ je Ew. (165); realer Zuwachs $\emptyset$ 1980–90: 4,1%; *(Anteil Entwicklungshilfe u. Ausl.-Schulden $\rightarrow$ Tab. Sp. 471f.);* **BIP** 1990: 2820 Mio. $; realer Zuwachs $\emptyset$ 1980–90: 2,8%; Anteil 1990 **Landwirtsch.** 67%, **Industrie** 7% – **Erwerbstät.** 1989: Landw. 81%, Ind. ca. 5% – **Energieverbrauch** 1990: 27 kg ÖE/Ew. – **Währung:** 1 Uganda-Shilling (U. Sh.) = 100 Cents (Ct.); 1 US-$ = 1150,76 U. Sh.; 100 U. Sh. = 0,13 DM – **Ausl.-Verschuld.** 1990: 2726 Mio. $ = 141,0% d. BSP – **Inflation** $\emptyset$ 1980–90: 107% – **Außenhandel** 1990: **Import:** 458 Mio. $; Güter (1989): 30% Brennstoffe, 27% Maschinen u. Transportausrüst.; **Export:** 151 Mio. $; Güter (1989): bis 90% Kaffee, Baumwolle, Tee, Kupfer, Ölsaaten, Häute, Zinnerz; Länder (1989): rd. 30% Kenia, 15% Großbrit., USA, BRD, Japan, Italien, Frankr.

PRESSE (Aufl. i. Tsd.) *Tageszeitungen:* Kampala: Munno (8)/Kath. – The New Vision (30)/offiz. – Ngabo (7) – The Star (4) – Taifa Uganda Empya (24) – *Nachrichtenagentur:* UNA (Uganda News Agency)

UKRAINE *Ost-Europa*
Ukrainisch: Ukraïna, seit 27. 8. 1991 – UKR

LANDESSTRUKTUR *(GUS-Übersichtstabelle $\rightarrow$ Sp. 523f.)* **Fläche** (43): 603700 km^2 – **Einwohner** (22): (F 1990) 51839000 = 86 je km^2; (Z 1989) 51704000 – (Z 1979) 72,7% Ukrainer [Ukrajinzy], 20,3% Russen, 1,3% Juden, 0,8%

Weißrussen, 0,6% Moldauer, 0,5% Bulgaren, 0,5% Polen, Ungarn, Rumänen u. a.; rd. 1,5 Mio. Ukrainer leben in den USA, 1 Mio. in Kanada, 400000 in Brasilien – **Leb.-Erwart.:** 70 J. – **Säugl.- Sterbl.** (1989): 1,3% – **Analph.:** 2% – **Bev.- Wachstum** (1979–89): + 3,7% (Geb.- u. Sterbe- ziffer 1990: 1,3%/1,2%) – **Sprachen:** Ukrainisch seit 1989 Amtssprache; Russisch als Verkehrsspr., Sprachen d. Minderheiten – **Religion:** Ukrainisch- Orthodoxe; griechisch-kathol. (Unitarier) – **Städt. Bev.:** 67% – **Städte** (Z 1989): Kiew (Hptst.) 2602000 Ew. (davon 1,9 Mio. Ukrainer, 500000 Russen, 100000 Juden); Charkow 1611000, Dnje- propetrowsk 1179000, Odessa 1115000, Donezk 1110000, Zaporoschje 884000, Lniw [Lemberg] 800000, Mariupol (ehem. Shdanov) 520000, Ni- kolajew 503000, Lugansk (ehem. Woroschilow- grad) 497000, Makejewka 430000

STAAT *(→ Chronik WA '92 u. Sp. 162ff.)* Republik – Vorrang der ukrainischen Gesetze vor der ehemal. sowjet. Verfassung – Parlament (Ober- ster Sowjet) aus 1 Kammer als oberstes Legislativ- organ, ernennt Präsidium u. Ministerrat – Allg. Wahlrecht ab 18 J. – 25 Gebiete (Oblast) sowie 618 Bezirke (Rajon) u. bezirksfreie Städte – Autonome Republik: Halbinsel Krim – **Staatsoberhaupt:** Präs. Leonid Krawtschuk, seit Mai 1991 (am 1. 12. 1991 mit 61,6% d. Stimmen im Amt bestätigt) – **Regie- rungschef:** Witold Fokin, seit 1990; Koal. unter Beteiligung d. Oppos. vorgesehen – **Äußeres:** Ana- tolij Slenko – **Parteien:** Nach Parl.-Wahlen 1990 kommunist. Mehrheit in Parl. u. Reg. – Verbot d. KP im Aug. 1991 – Mehrparteienspektrum in Op- pos. zur kommunist. Parl.-Mehrheit, u. a. Natio- nale Volksfront »Ruch«, Ukrain. Republikan. Par- tei, Ukrain. Nationale P., Sozialdemokrat. P., na- tionaldemokrat. Oppos.-Bewegung »Fraktion Volksrat« (Narodna Rada), Volkspartei – **Unabh.:** Souveränitätserkl. am 16. 7. 1990, Unabh.-Erkl. am 24. 8. 1991 (durch Referendum am 1. 12. 1991 mit 90,3% d. Stimmen bestätigt) – **Nationalfeier- tag:** 24. 8. (Unabhängigkeit)

WIRTSCHAFT *(GUS-Wirtschaftsindikato- ren 1991 → Tab. Sp. 523f.)* **BSP** 1989: 243000 Mio. $ = 4700 $ je Ew. (49); Anteil am BSP d. UdSSR: 16,8%; **BIP** realer Zuwachs 1990/91: −10,0% – **Erwerbstätige** 1991: 24,8 Mio.; davon in staatl. Untern. u. Organisationen 69%, Kolcho- sen u. neue Genossenschaften 18,5%, Aktienge- sellschaften, Konzerne, Fonds 3,6%; Privatun- tern., Bauernwirtschaften 3,2%; Anteil 1987: **Forst- u. Landwirtsch.** 20%, **Industrie u. Bau** 40%, **Handel u. Verkehr** 21%, **Dienstleistungen** 19% – **Währung:** Rubel *(→ Rußland);* seit Jan. 1992 Ersatz d. Rubels durch Coupons (Einheit:

»Karbowanez«) als Vorstufe d. für Okt. 1992 ange- kündigten eigenen Währung (»Griwna«) – **Inflation** 7/1992: ca. 20% – **Bergbau u. Rohstoffgewinnung** (Anteile an d. UdSSR-Werten in % für 1990): Uran (50%), Eisenerz (45%), Kohle (26%), Erdgas (4%; 1991: 24,4 Mrd. m^3; 1990/91: -13%), Erdöl (1991: 4,9 Mio. t; 1990/91: −6%); Blei, Mangan, Zink; **Industrie:** Metallurgie, chem. Ind., Maschi- nenbau, Fahrzeug- u. Schiffbau sowie Leichtind. (Textilien, Bekleidung, Schuhe); Rüstungsind.; Schwarzmetallerzeugn. (36% d. Gesamtprod. d. UdSSR): Stahlrohre (34%); Wechselstrommotoren (36%); Fernsehgeräte (36%); **Landwirtschaft** (1989: 46% d. gesamten Agrarprod. d. UdSSR): 45 Mio. t Getreide (26%), Zuckerrüben (53%), Sonnenblumen (50%), Kartoffeln (27%), Gemüse (26%), Fleisch (22%); Tabak, Flachs – **Außenhan- del Saldo** 1988: −2,9 Mrd. Valutarubel; **Import** (1989): 54540 Mio. Rbl, davon 73,3% aus d. übrigen UdSSR u. 26,7% aus d. Ausland; Güter: Erzeugn. der Leichtind., Holz u. Papier, Erdöl (1990: 53 Mio. t) u. Erdgas (1990: 83 Mrd. m^3); **Export** (1989): 48060 Mio. Rbl, davon 84,2% in d. übrige UdSSR u. 15,8% ins Ausland; Güter: Er- zeugn. d. Schwarzmetallind. u. d. Nahrungsmittel- ind., Kohle (1990: 20 Mio. t = 12% d. Gesamt- menge d. UdSSR) u. Strom (1990: 22 Mrd. KWh = 7%); Rückgang d. Industrieproduktion 1990/91 um 19,7%

PRESSE 1990: 1794 Zeitungen u. 208 Zeit- schriften – *Nachrichtenagenturen:* Ukrinform (seit 31. 12. 1991), RATAU (Ukrainian Telegraph Agency)

HALBINSEL KRIM *Fläche* 25500 km^2 – *Einwohner* (Z 1989): 2400000 Ew – 1600000 Russen, 600000 Ukrainer – *Hauptort:* Simferopol – Verabschiedung eines Autonomiegesetzes durch d. ukrainische Parl. am 30. 6. 1992 (Status einer Auton. Republik; d. Ver- teidigungs-, Außen- u. Währungspolitik bleibt in d. Zuständigkeit d. Ukraine; eigene Gestaltung d. Au- ßenwirtschafts-, Sozial- u. Kulturpolitik) – Eigene Verfassung, Gesetzgebung, Regierung u. Parla- ment mit 167 Mitgl. *(→ Chronik)*

UNGARN *Mittel-Europa*
Republik Ungarn; Magyar Köztársaság – H

LANDESSTRUKTUR Fläche (110): 93033 km^2 – **Einwohner** (65): (Z 1990) 10375300 = 111 je km^2 (vorl. Ergeb.) – (S 1990): ca. 90% Ungarn

Ungarn: Fläche und Bevölkerung

Komitat/Hauptort	Fläche in km^2	Bevölkerung in 1000^1		Einwohner je km^2
		Z 1970	Z 1990	1990
Baranya/Pécs	4487	424	419	93,4
Bács-Kiskun/Kecskemét	8362	569	545	65,2
Békés/Békéscsaba	5632	441	412	73,2
Borsod-Abauj-Zemplén/Miskolc	7247	780	762	105,1
Csongrad/Szeged	4263	445	439	103,1
Fejér/Székésfehérvár	4373	392	421	96,3
Györ-Sopron/Györ	4012	405	425	105,9
Hajdú-Bihar/Debrecen	6211	528	549	88,4
Heves/Eger	3637	340	335	92,1
Jász-Nagykun-Szolnok/Szolnok	5607	442	426	76,0
Komárom-Esztergom/Tatabánya	2251	303	315	139,9
Nógrád/Salgótarján	2544	234	227	89,2
Pest/Budapest	6394	879	950	148,6
Somogy/Kaposvár	6036	357	345	57,2
Szabolcs-Szatmár-Bereg/Nyíregyháza	5938	573	572	96,3
Tolna/Szekszárd	3704	259	254	68,6
Vas/Szombathely	3337	278	276	82,7
Veszprém/Veszprém	4689	368	382	81,5
Zala/Zalaegerszeg	3784	304	307	81,1
Ungarn/Budapest	*93033*	*10322*	*10375*	*111,4*

Quelle: Statistisches Bundesamt, 1992

(Madjaren); 2,3% deutscher, 1,0% slowak., 0,9% südslaw., 0,3% rumän. Nationalität; ca. 500000 – 700000 Sinti u. Roma; ca. 5 Mio. Ungarn leben im Ausland (ca. 2 Mio. in Rumänien, 0,5 Mio. auf d. Gebiet d. ehem. Jugoslawien) – **Leb.-Erwart.:** 71 J. – **Säugl.-Sterbl.:** 1,5% – **Analph.:** 1% – Jährl. **Bev.-Wachstum** (Ø 1980–90): −0,2% (Geb.- u. Sterbeziffer 1990: 1,2%/1,3%) – **Sprache:** Madjarisch (Ungarisch) als Amtsspr. – **Religion** (1989): 6710512 röm. Kath., 300000 griech. Kath., 2 Mio. Kalvinisten, 433000 Lutheraner, 273000 Orthodoxe, 85000 Juden; 3000 Muslime; nach offiz. Ang. nur etwa 1,5 Mio. kirchl. aktiv, 13% ohne Religionszugehörigkeit – **Städt. Bev.:** 61% – **Städte** (F 1991): Budapest (Hptst.) 2018000 Ew.; Debrecen [Debreczin] 214000, Miskolc 194000, Szeged 176000, Pécs [Fünfkirchen] 170000, Györ [Raab] 130000, Nyíregyháza 115000, Székesfehérvár [Stuhlweißenburg] 109000, Kecskemét 104000, Szombathely 86000, Szolnok 79000, Tatabánya 74300, Kaposvár 71000

STAAT Republik – Verfassung von 1949, letzte Änderung Juni 1989 – Nationalversammlung (Országgyülés) mit 386 Mitgl., Wahl alle 4 J.; wählt d. Staatspräs. – Allg. Wahlrecht ab 18 J. – Hptst. (mit 22 Distrikten, 5 Stadtgebiete) u. 19 Komitate (Megyék) – **Staatsoberhaupt:** Arpád Göncz (BFD), seit Mai 1990, gewählt Aug. 1990 – **Regierungschef:** József Antall (UDF), seit Mai 1990; Reg.-Koalition aus UDF u. Christl.-Dem. Volkspartei – **Äußeres:** Géza Jeszensky (UDF) – **Parteien:** 1. freie u. demokrat. Wahlen v. März/April 1990: Ungarisches Demokrat. Forum/UDF (Vors. József Antall) 165 d. 386 Sitze; Bund Freier Demokraten/BFD 92; Partei der kleinen Landwirte, Landarbeiter u. Bürger 43 (Spaltung d. Partei am 28. 2. 1992); Ungarische Sozialist. Partei 33; Christlich-Demokrat. Volkspartei 21; Bund Junger Demokraten 21; Unabh. 6, sonstige 5 Sitze – **Unabh.:** alte staatl. Tradition; 21.12. 1867 gleichberechtigte Reichshälfte in »Österreich-Ungarn«; 16.11.1918 Unabh.-Proklamation (Gründung der Republik) – **Nationalfeiertage:** 23.10. (Ausbruch d. Volksaufstands 1956); 15.3. (Aufstand gegen Habsburg 1848); 20.8. (»Stephanstag«)

WIRTSCHAFT *(Konjunkturdaten 1991 für Osteuropa → Tab. Sp. 225f.)* **BSP** 1990: 30047 Mio. $ = 2780$ je Ew. (64); realer Zuwachs Ø 1980–90: 1,4%; **BIP** 1990: 32920 Mio. $; realer Zuwachs Ø 1980–90: 1,3% (1991: −7,5%); Anteil 1990 **Landwirtsch.** 16%, **Industrie** 42% *(Kennzahlen d. Landw. → Tab. Sp.515f)* – **Erwerbstät.** 1989: Landw. 18%, Ind. 32%; **Arbeitslosigkeit** 5/1992: 9,7% – **Energieverbrauch** 1990: 3211 kg ÖE/Ew. – **Währung:** 1 Forint (Ft) = 100 Filler (f); 1 US-$ = 78,03 Ft; 100 Ft = 1,95 DM – **Ausl.-Verschuld.** 1990: 21 316 Mio. $ = 67,8% d. BSP (2/1992: Netto 13 400 Mio. $, Brutto 21 500 Mio. $) – **Inflation** ⌀ 1980–90: 9,0% (1991: 35%) – **Außenhandel** 1991: **Import:** 9550 Mio. $; Güter (1990): 46% Rohstoffe, Halbwaren u. Teile, 18% Maschinen, Transportm. u. Investitionsgüter, 15% industr. Konsumgüter, 15% Energieträger u. Strom; Länder (1990): 19% UdSSR, 17% BRD, 10% Österreich, 6% DDR, 5% ČSFR, 4% Italien, 3% Schweiz, 3% USA; **Export:** 9850 Mio. $; Güter (1990): 38% Rohstoffe, Halbwaren u. Teile, 23% Rohstoffe für d. Nahrungsmittelind., 20% Maschinen, Transportm. u. Inv.-güter; Länder (1990): 20% UdSSR, 17% BRD, 8% Österreich, 6% Italien, 5% Jugoslawien, 4% CSFR, 4% USA, 3% DDR – (1990/91: Rückgang d. Industrieproduktion um 19,1%) – *(Entwicklung marktwirtschaftl. Reformen → WA '92, Sp. 577 f.)*

PRESSE (Aufl. i. Tsd.) *Tageszeitungen:* Budapest: Esti Hírlap (216) – Kurír (353) – Magyar Hírlap (243) – Magyar Nemzet (240) – Maj Nap (459) – Népszabadság (1168) – Népszava (486) – Pesti Hírlap (82) – *Wochenzeitungen:* Heti Világgazdaság (141)/Wirtsch. – Képes Ujság (400) – Magyarországi (200) – Neue Zeitung (4)/Wochenbl. d. Ungarndeutschen – Rádió-és Televízióujság (1350)/Programmzeitschr. – Reform (385) – Szabad Föld (530) – Vasárnapi Hírek (340) – *Nachrichtenagentur:* MTI (Magyar Távirati Iroda)

URUGUAY Süd-Amerika
Republik Östlich des Uruguay; República Oriental del Uruguay – ROU

LANDESSTRUKTUR Fläche (89): 177 414 km^2 (n. eig. Ang. 176 215 km^2) mit 1199 km^2 Binnengewässern – **Einwohner** (122): (F 1990) 3 094 000 = 18 je km^2; (Z 1985) 2 955 241 – Uruguayer; europ. (meist span. u. italien.) Abstammung; etwa 5–10% Mestizen, 3% Mulatten; rd. 700 000 Urug. leben im Ausl. – **Leb.-Erwart.:** 73 J. – **Säugl.-Sterbl.:** 2,1% – **Analph.:** 4% – Jährl. **Bev.-Wachstum** (⌀ 1980–90): 0,6% (Geb.- u. Sterbeziffer 1990: 1,7%/1,0%) – **Sprache:** Spanisch – **Religion:** 57% Katholiken; ca. 75 000 Protestanten, 50 000 Juden – **Städt. Bev.:** 86% – **Städte** (Z 1985): Montevideo (Hptst.) 1 251 647 Ew., Salto 80 823, Paysandú 76 191, Las Piedras 58 288, Rivera 57 316, Melo 42 615, Tacuarembó 40 513

STAAT Präsidialrepublik – Verfassung von 1967, Änderung 1985 – Parlament (Asamblea General) aus 2 Kammern: Abgeordnetenkammer (Cámara de Diputados) mit 99 u. Senat mit 30 Mitgl.; Wahl d. Abgeordneten, d. Präs. u. Vize-Präs. für 5 J. – Allg. Wahlrecht ab 18 J., Wahlpflicht für Männer – 19 Departamentos mit je 1 Provinzrat – **Staats- u. Regierungschef:** Präs. Luis Alberto Lacalle de Herrera (Blancos), seit 1. 3. 1990; Reg.-Koal. mit P. Colorado – **Äußeres:** Héctor Gross Espiell – **Parteien:** Wahlen zum Abg.-Haus vom 26. 11. 1989: konservat. »Blancos« (Weiße od. »Partido Nacional«) 39 d. 99 Sitze; sozialllib. Partido Colorado/PC (Bunte P.) 30; linksger. Koalition Frente Amplio (Breite Front) 21; Koal. Nuevo Espacio sowie Grüne insg. 9 Sitze – Senat: Blancos 13 d. 30 Mitgl., Colorados 9, Frente Amplio 6 u. Nuevo Espacio 2 – **Unabh.:** 1825 Unabh.-Proklamation gegenüber Brasilien, zugl. Anschlußersuchen an Argentinien (Vollzug 1825 bis 1828); formelle Unabh. am 4. 10. 1828 – **Nationalfeiertag:** 25. 8.

WIRTSCHAFT BSP 1990: 7929 Mio. $ = 2560 $ je Ew. (68); realer Zuwachs ⌀ 1980–90: –0,3% (1991: +1,9%); **BIP** 1990: 8220 Mio. $; realer Zuwachs ⌀ 1980–90: 0,3%; Anteil 1990 **Landwirtsch.** 12%, **Industrie** 34% – **Erwerbstät.** 1988: Landw. 14%, Ind. 32%; **Arbeitslosigkeit** 1. Quartal 1992: 11,3% – **Energieverbrauch** 1990: 821 kg ÖE/Ew. – **Währung:** 1 Uruguayischer Neuer Peso (urugN$) = 100 Centésimos (cts); Freimarktkurs: 1 US-$ = 3046,00 urugN$; 1000 urugN$ = 0,50 DM – **Ausl.-Verschuld.** 1990: 3707 Mio. $ = 46,9% d. BSP *(Einzelheiten → Tab. Sp. 221 f.)* – **Inflation** ⌀ 1980–90: 61,4% (1991: 81,5%) – **Außenhandel** 1990: **Import:** 1415 Mio. $; Güter: 19% Maschinen u. Geräte, 16% chem. Erzeugn., 10% Transportmittel, 9% Kunststoffe; Länder: 23% Brasilien, 17% Argentinien, 10% USA, 7% BRD, 4% Italien, 4% UdSSR; **Export:** 1696 Mio. $; Güter: 29% Textilien (incl. Wolle), 25% Fleisch, 14% Pelze, Lederwaren u. Schuhe, 6% Reis; Länder: 30% Brasilien, 10% USA, 8% BRD, 6% UdSSR, 4% Italien, 4% Großbrit.

PRESSE (Aufl. i. Tsd.) *Tageszeitungen:* Montevideo: El Diario (80) – La Hora Popular (30) – La Mañana (40)/Colorados – El País (130)/Blancos – Ultimas Noticias (23)

USA → VEREINIGTE STAATEN VON AMERIKA

USBEKISTAN *Zentralasien*
Republik Usbekistan; usbekisch: Üzbekiston, seit 1.9.1991 – GUS

LANDESSTRUKTUR *(GUS-Übersichtstabelle → Sp.523f.)* **Fläche** (55): 447400 km² – **Einwohner** (41): (F 1990) 20322000 = 45 je km²; (Z 1989) 19906000 – (Z 1989) 68,7% Usbeken [Ösbek], 10,8% Russen, 4,2% Tataren, 4% Kasachen, 3,9% Tadschiken, 1,9% Karakalpaken, 1,1% Koreaner, Kirgisen, Ukrainer, Juden, Deutsche u.a. – **Leb.-Erwart.:** 69 J. – **Säugl.-Sterbl.** (1989): 3,8% – **Bev.-Wachstum** (1979–89): + 28,7% (Geb.- u. Sterbeziffer 1990: 3,4%/0,6%) – **Sprachen:** Usbekisch als Amtssprache; Sprachen d. Minderheiten – **Religion:** mehrheitl. sunnitische Muslime – **Städt. Bev.:** 41% – **Städte** (F 1990): Taschkent [Toschkent] (Hptst.) 2100000 Ew. (davon 900000 Usbeken, 700000 Russen, 130000 Tataren, 60000 Ukrainer, 45000 Koreaner); Samarkand 370000, Namangau 310000, Andischan 300000, Buchara 225000, Fergana 200000, Kokand 180000, Nukus 170000, Karschi 160000, Tschirtschik 160000, Angren 130000

STAAT *(→ Karte Sp. 593f., Chronik WA '92 u. Sp.164)* – Präsidialrepublik – Verfassung d. ehem. Usbek SSR in Kraft – Parlament (Oberster Sowjet) aus 1 Kammer als oberstes Legislativorgan (ernennt Präsidium u. Ministerrat); neue Legislative in Vorbereitung – 12 Gebiete (Oblast) sowie 213 Bezirke (Rajon) u. bezirksfreie Städte – Zum Territorium gehört die Autonome Republik der Karakalpaken – **Staatsoberhaupt:** Islam A. Karimow, am 29.12.1991 durch erste freie Wahlen (mit 85,9% d. abgegeb. Stimmen) im Amt bestätigt – **Regierungschef:** Abdul Hashim Mutalow, seit 13.1.1992 (Wahl durch d. Parl.) – **Äußeres:** U. Abdurassakow – **Parteien:** Nach Wahlen von 1990 kommunist. Mehrheit in Parl. u. Reg. – Umbenennung der KP am 14.9.1991 in »Demokrat. Volkspartei«; teilw. Verbot von Oppos.-Parteien (u.a. Nationale Volksfront »Birlik« [nationalist. Moslem-Bewegung], »Erk« [Freiheit], Islam. Renaissance-Partei – **Unabh.:** Souveränitätserklärung am 20.6.1990, Unabh.-Erkl. am 31.8.1991 (durch Referendum am 29.12.1991 mit 98,2% d. abgegeb. Stimmen bestätigt) – **Nationalfeiertag:** 31.8. (Unabhängigkeit)

WIRTSCHAFT *(GUS-Wirtschaftsindikatoren 1991 → Tab. Sp.523f.)* **BSP** 1989: 54700 Mio.$ = 2750$ je Ew. (65); Anteil am BSP d. UdSSR: 3,8% – **Erwerbstätige** 1991: 8,1 Mio.; davon in staatl. Untern. u. Organisationen 62,4%, Kolchosen u. neue Genossenschaften 17,3%, Privatuntern., Bauernwirtschaften 16%, Pachtunternehmen 3%; Anteil 1987: **Forst- u. Landwirtsch.** 38%, **Industrie u. Bau** 24%, **Handel u. Verkehr** 17%, **Dienstleistungen** 21% – **Währung:** Rubel *(→ Rußland)* – **Bergbau u. Rohstoffgewinnung:** Erdgas (1991: 41,9 Mrd. m³; 1990/91: 3%), Erdöl (1991: 2,8 Mio. t; 1990/91: +0,8%), Kohle (6 Mio. t); Buntmetalle, Gold (rd. 75 t/Jahr = 25%) *(Produktion von Energiegütern 1991 → Tab. Sp.525f.);* **Industrie:** chem. Ind. (Düngemittelprod.) u. Maschinenbau (Landmaschinen); **Landwirtschaft:** überw. Baumwolle (rd. 20% d. Weltprod.; über 60% d. gesamtsowjet. Prod.); Weidewirtschaft: Schafzucht; Seidenraupenzucht (67% d. Gesamtseidenprod. d. UdSSR) – **Außenhandel** (1989): **Import:** 14160 Mio. Rbl, davon 85,1% aus d. übrigen UdSSR u. 14,9% aus d. Ausland; Güter: Maschinenbauerzeugn. u. Erzeugn. d. Schwarzmetallurgie; Erdöl, Erdgas, Holz, Papier; Nahrungsmittel; **Export:** 10170 Mio. Rbl, davon 84% in d. übrige UdSSR u. 16% ins Ausland; Güter: Erzeugn. d. Leichtind. u. d. Landwirtschaft

PRESSE 1990: 279 Tageszeitungen, davon 185 auf Usbekisch (Gesamtaufl. 5,16 Mio.) sowie 93 Zeitschriften, davon 33 auf Usbekisch – *Nachrichtenagentur:* UZTAG (Uzbek Telegraph Agency)

Autonome Republik der Karakalpaken
Fläche 164900 km² – *Einwohner* (F 1990): 1245000 = 8 je km²; (Z 1989): 1214000 – 397000 Usbeken, 390000 Karalpaken, 318000 Kasachen – *Hauptstadt* (Z 1989): Nukus 169000 Ew. – Eigene Verfassung u. Gesetzgebung; eig. Parlament (Oberster Sowjet), Ministerrat u. Präsidium

VANUATU *Ozeanien; Süd-Pazifik*
Republik Vanuatu; Vanú'atú, Republic of Vanuatu, République de Vanuatu; Ripablik blang Vanuatu (in Bislama); früher Neue Hebriden

LANDESSTRUKTUR Fläche (154): 12189 km² (12 Haupt- u. 70 Nebeninseln mit 5 Vulkanen); größte Insel Espiritu Santo (3626 km²; 1980: 11879 Ew.), Malekula (1994 km²), Eromanga (958 km²), Efate (907 km²), Ambrin, Petecost, Epi – **Einwohner** (171): (F 1990) 157000 = 12 je km²; (Z 1989) 142944 – Vanuatuer; zu 91% Ni-Vanuatu (einheim. Melanesier) u. 3% Polynesier bzw. Mikronesier; ca. 5000 Europäer – **Leb.-Erwart.:** 65 J. – **Analph.:** k. Ang. – **Jährl. Bev.-Wachstum** (⌀

1980–90): 2,9% (Geburtenziffer 1990: 5,6%) – **Sprachen:** Englisch u. Französisch als Amtsspr.; Bislama (Pidgin-Englisch, Bichelamar); außerdem ca. 110 regionale Dialekte – **Religion:** rd. 80% Christen, davon 32% Presbyterianer, 11% Anglikaner, 14% Katholiken; außerd. Cargo-Kulte, Naturreligionen – **Städt. Bev.:** rd. 18% – **Städte** (Z 1989): Port Vila (Hptst.; auf Efate) 19311 Ew.; Santa (fr. Luganville) 6983

STAAT Parlamentarische Republik – Verfassung von 1980 – Parlament mit 46 Mitgl., für 4 J. gewählt – Präs. auf 5 J. vom Parl. u. d. Vors. d. beiden Regionalparl. gewählt – Allg. Wahlrecht – **Staatsoberhaupt:** Präs. Fred Karlomoana Timakata, seit 1989 – **Regierungschef:** Maxime Carlot Karman (UMP), seit 16. 11. 1991 – **Äußeres:** Serge Vohor – **Parteien:** Wahlen vom 2. 11. 1991 (1987): Union of Moderate Parties/UMP 20 d. 46 Sitze (19); Vanuaaku Pati/VAP 10 (26); National United Party/NUP 9 (–); Fren Melanesian Pati (Melanes. Fortschrittsp.) 4 (1); TAN-Union 1 (–); 2 Sitze vakant – **Unabh.:** 30. 7. 1980 – **Nationalfeiertag:** 30. 7.

WIRTSCHAFT BSP 1990: 167 Mio. $ = 1100 $ je Ew. (101); realer Zuwachs ⌀ 1980–90: 2,4%; **BIP** Anteil 1989 **Landwirtsch.** 19%, **Industrie** 12,5% – **Erwerbstät.** 1989: Landw. 61%, Ind. 3,5% – **Währung:** 1 Vatu (VT); 1 US-$ = 110,25 VT; 100 VT = 1,38 DM – **Öff. Ausl.-Verschuld.** 1989: 22,3 Mio. $ – **Inflation** ⌀ 1980–90: 4,9% – **Außenhandel** 1986: **Import:** 57 Mio. $; Güter: Nahrungsmittel, Halbfertigprod., Erdölprod.; Länder (1990): 37% Australien, 12% Japan, 10% Neuseeland sowie Fidschi u. Frankr.; **Export:** 17 Mio. $; Güter: 60% Kopra, bis zu 20% Fisch, rd. 5% Kakao, Kaffee, Mangan, Gefrierfleisch u. Muscheln; Länder (1990): 26% Niederl., 18% Japan, 12% Australien sowie Neukaledonien, Frankr. – 1200 ausländ. Industrie- u. Handelsunternehmen (steuerbegünstigter Unternehmenssitz), darunter 100 Banken (mit jedoch nur 400 Mitarbeitern) – Tourismus 1990: 40000 Gäste

PRESSE (Aufl. i. Tsd.) *Wochenzeitung:* Port Vila: Vanuatu Weekly (3)/Bislama, Engl. u. Frz. – *Monatszeitung:* Pacific Island Profile/Engl. u. Frz.

VATIKANSTADT *Süd-Europa*

Staat [der] Vatikanstadt; Stato della Città del Vaticano; Status Civitatis Vaticanae (latein.); unter Souveränität d. Hl. Stuhls (Santa Sede/Holy See/Saint-Siège) – V

LANDESSTRUKTUR Fläche (191): 0,44 km² – **Einwohner** (191): 392 Staatsbürger (1985 de jure) sowie 347 Bewohner ohne Bürgerrecht u. rd. 3000 Angestellte; 100 »Schweizer Gardisten« (mit Bürgerrecht während ihrer Dienstzeit) – **Sprachen:** Latein u. Italienisch als Amtsspr. – Das Kardinalskollegium zählt insg. 159 Mitgl. (Stand 1. 1. 1992), davon haben max. 120 Wahlrecht (Wahlalter bis 80 J.)

STAAT Souveräner Staat – Zum V. gehören d. Gebiet um die Basilika St. Peter sowie einige Kirchen u. Paläste in Rom, ferner der päpstliche Sommersitz Castel Gandolfo – **Staatsoberhaupt:** Papst Johannes Paul II. (Karol Wojtyla), seit 16. 10. 1978, 264. Papst u. erster Nichtitaliener seit 1523; gleichz. Bischof v. Rom (durch Kardinalvikar vertreten) – Er übt seine Vollmacht über die **Römische Kurie** (= eigentl. Regierung d. Gesamtkirche; ca. 900 Mio. Gläubige in aller Welt) aus. Nach d. Reform v. 1968 (Regimini Ecclesiae Universae) ist diese gegliedert in 1 Staatssekretariat als Ausführungsorgan d. Papstes u. zur Koord. d. Kurie: Staatssekr. Kardinal Angelo Sodano (alle Vollmachten in Angel. weltl. Souveränität, vergleichbar Min.-Präs.), Sektion f. Allgem. Angelegenheiten (Inneres), seit 3. 12. 1990, Substitut Erzbischof Giovanni Battista Re; f. Bez. mit d. Staaten (Äußeres) Sekretär Monsignore Jean-Louis Tauran; 2. Kongregationen (= Dikasterien = Ministerien; u. a. für Glaubenslehre Präfekt Joseph Kardinal Ratzinger); 3. Gerichtshöfe, Oberste Appellationsinstanz (u. a. Ehe-Annullierung); 4. Päpstl. Räte; 5. Büros; 6. Institutionen (u. a. Vat. Apost. Bibliothek) – **Dipl. Bez.:** in 130 Ländern durch Nuntius vertreten – **Unabh.:** alte staatl. Tradition; wieder souverän 7. 6. 1929 (Inkrafttreten d. mit Italien am 11. 2. 1929 geschlossenen Lateranverträge) – **Nationalfeiertag:** 22. 10. (Amtseinführung v. Joh. Paul II. 1978)

WIRTSCHAFT Haushalt 1992 d. geistl. Kirchenverwaltung: 113,4 Mrd. Lit Einnahmen, 219,1 Mrd. Lit Ausgaben vorgesehen; Gesamtdefizit: rd. 106 Mrd. Lit; weltl. Kirchenverw. (Anf. 1992): Überschuß von ca. 10 Mrd. Lit – **Währung:** Vat. Lira (Parität zur ital. Lira, Lit) = 100 Centesimi *(→ Italien)*

PRESSE *Tageszeitung:* Rom: L'Osservatore Romano (in versch. europ. Sprachen) – *Nachrichtenagenturen:* AIF (Agenzia Internazionale Fides) – VIS (Vatican Information Service)

VENEZUELA *Süd-Amerika*
Republik Venezuela; República de Venezuela – YV

LANDESSTRUKTUR Fläche (32): 912050 km^2 – **Einwohner** (43): (F 1990) 19735000 = 22 je km^2; (Z 1981) 14516562 – Venezolaner; über 66% Mestizen u. Mulatten, etwa 20% Weiße, meist span. u. ital. Abstammung, 8–9% Schwarze, 140562 (F 1982) Indianer – **Leb.-Erwart.:** 70 J. – **Säugl.-Sterbl.:** 3,4% – **Analph.:** 12% – Jährl. **Bev.-Wachstum** (∅ 1980–90): 2,7% (Geb.- u. Sterbeziffer 1990: 2,9%/0,5%) – **Sprachen:** Spanisch als Amtsspr.; örtlich auch indianische Idiome als Umgangsspr. – **Religion:** rd. 92% Katholiken; 2% Protestanten u. etwa 15000 Juden – **Städt. Bev.:** 91% – **Städte** (F 1989): Caracas (Hptst.) 1290000 (A: 3373100) Ew., Maracaibo 1365300, Valencia 1227500, Maracay/Puerto La Cruz 923700, Barquisimeto 764200, Ciudad Guyana 516600, Barcelona 442700, San Cristóbal 355900, Ciudad Bolívar 277000, Maturín 268600, Mérida 267000, Cumaná 262000, Guarenas-Guatire 244000, Acarigua-Araure 220800, Cabimas 220000, La Victoria 200000, Valera 191500, Barinas 179600, Los Teques 171200, Punto Fijo 170700, Lagunillas 131300

STAAT Präsidiale Bundesrepublik – Verfassung von 1961; Änderungen am 6.3.1992 angekündigt: Schaffung d. Min.-Präs.-Amtes, Einberufung einer Verfassungsgeb. Versamml. – Parlament (Congreso) aus 2 Kammern: Abgeordnetenkammer (Cámara de Diputados) mit 201 u. Senat (Cámara de Senadores) mit 49 Mitgl. [+ 3 ehem. Präs.]; Wahl d. Abgeordneten u. d. Präs. für 5 J. – Allg. Wahlpflicht ab 18 J. – 20 Bundesstaaten (Estados) mit teilw. Autonomie, Bundesdistrikt d. Hptst. (Destrito Federal), 2 Bundesterritorien (Territorios Federales) u. »Dependencias Federales« (72 Inseln d. Antillen, die d. Zentralreg. direkt unterstehen) – **Staats- u. Regierungschef:** Präs. Carlos Andrés Pérez, seit 2.2.1989 – **Äußeres:** General Fernando Ochoa Antich, seit 13.6.1992 – **Parteien:** Wahlen v. 1988 (1983): Acción Democrática/AD 97 (112) Sitze, Partido Social-Cristiano/COPEI 67 (61), Movimiento al Socialismo y Movimiento de Izquierda Revolucionaria/MAS y MIR 18 (–), Nueva Generación Democrática/NGD 6, La CAUSA R/LCR 3, Movimiento Electoral del Pueblo/MEP 3, Formula Uno 2, Unión Republicana Evangelista/ORA 1, Partido Comunista/PCV 1, Gaston Guisandes/OPINA 1, Sonstige 2; Senat: AD 23, COPEI 22, MAS y MIR 3, NGD 1 – **Unabh.:** 5.7.1811 (Proklamation), endgültig 22.9.1830 (Loslösung v. Großkolumbien) – **Nationalfeiertage:** 5.7., 19.4., 24.6., 24.7. u. 12.10.

WIRTSCHAFT BSP 1990: 50574 Mio. $ = 2560$ je Ew. (67); realer Zuwachs ∅ 1980–90: 0,7%; **BIP** 1990: 48270 Mio. $; realer Zuwachs ∅ 1980–90: 1,0% (1991: +9,2%); Anteil 1990 **Landwirtsch.** 6%, **Industrie** 50% – **Erwerbstät.** 1990: Landw. 12,5%, Ind. 26,5%; **Arbeitslosigkeit** 1991: 8,8% – **Energieverbrauch** 1990: 2582 kg ÖE/Ew. – **Währung:** 1 Bolívar (Bs.) = 100 Céntimos (c, cts); 1 US-$ = 66,25 Bs.; 100 Bs. = 2,31 DM – **Ausl.-Verschuld.** 1990: 33305 Mio. $ = 71,0% d. BSP (1991: 30,7%) *(Einzelheiten → Tab. Sp. 221f.)* – **Inflation** ∅ 1980–90: 19,3% (1991: 32,7%) – **Außenhandel** 1991: **Import:** 6765 Mio. $; Güter (1989): 43% Rohstoffe, 31% Maschinen, 14% Konsumgüter, 6% Kfz; Länder (1990): 42% USA, 8% BRD, 7% Italien, 4% Brasilien, 4% Frankr.; **Export:** 17587 Mio. $; Güter (1990): 81% Erdöl u. -derivate, 3% Aluminium, 1% Stahl, 1% Eisenerze; Länder (1990): 51% USA, 7% Niederländ. Antillen, 6% BRD, 4% Kuba

PRESSE (Aufl. i. Tsd.) *Tageszeitungen:* Caracas: The Daily Journal (12)/Engl. – El Diario de Caracas (70) – Meridiano (300) – El Mundo (195) – El Nacional (175) – Ultimas Noticias (230) – El Universal (150) – 2001 (100) – Maracaibo: La Crítica (83) – Panorama (145) – El Vespertino de Occidente (70)

VEREINIGTE ARABISCHE EMIRATE
Vorderasien
Al-Imarat al-'Arabiya al-Muttahida; United Arab Emirates – UAE

LANDESSTRUKTUR Fläche (114): 83600 km^2 (n. eig. Ang. 77700 km^2) – **Einwohner** (138): (F 1990) 1592000 = 21 je km^2; (Z 1985) 1622464 – Über 70% Araber; persische, indische u. pakistan. Gruppen (v.a. als Gastarbeiter; insg. 75–80% Ausländer); bis 10% Nomaden – **Leb.-Erwart.:** 72 J. – **Säugl.-Sterbl.:** 2,3% – **Analph.:** k. Ang. – Jährl. **Bev.-Wachstum** (∅ 1980–90): 4,3% (Geb.- u. Sterbeziffer 1990: 2,2%/0,4%) – **Sprachen:** Arabisch als Amtssprache; Englisch als Verkehrsspr.; Hindi, Urdu, Farsi – **Religion:** 95%

Muslime (haupts. Sunniten, 19% Schiiten, fast ausschl. Einwanderer), knapp 4% Christen – **Städt. Bev.:** 78% – **Städte** (Z 1980 [Emirate Z 1985]): Abu Dhabi (vorl. Hptst.) 92000 Ew. [E 670125], Dubai (Stadt) 86000 [E 419104], Sharjah Town 43000 [E 268723], Ras al-Khaimah (Stadt) 24000 [E 116470], Ajman [E 64318], Fujairah [E 54425], Umm al-Qaiwan [E 29299]

STAAT Föderation (Ittihad) der 7 autonomen Emirate: Abu Dhabi, Dubai, Sharjah, Ras al-Khaimah, Ajman, Fujairah, Umm al-Qaiwan – Provisorische Verfassung von 1971 – Föderative Nationalversammlung mit 40 für 2 J. von d. Emiraten ernannten Mitgl., ausschl. beratende Funktion – Oberster Rat (Supreme Council) d. Herrscher, mit Vetorecht von Abu Dhabi u. Dubai – Allg. Wahlrecht – **Staatsoberhaupt:** Scheich Zâyid [Said] Bin Sultân Al-Nahayân (Oberhaupt v. Abu Dhabi), seit 1971, wiedergewählt 1976 u. 1981 – **Regierungschef:** Vizepräs. Scheich Maktoum Bin Raschid Al-Maktoum (Herrscher v. Dubai seit 1990), Ernennung durch Obersten Rat – **Äußeres:** Raschid Abdullah An-Nuaimi – **Parteien:** Keine Parteien im westl. Sinne; 8. Legislaturperiode d. Nationalvers. ab März 1990 – **Unabh.:** 2. 12. 1971 (Proklamation d. Föderation durch 6 Emirate); Erweiterung d. Föderation am 10. 2. 1972 durch Beitritt d. Emirats Ras al-Khaimas – **Nationalfeiertag:** 2. 12.

WIRTSCHAFT BSP 1990: 31613 Mio. $ = 19860 $ je Ew. (12); realer Zuwachs ∅ 1980–90: –3,1%; **BIP** 1990: 28270 Mio. $; realer Zuwachs ∅ 1980–90: –4,5%; Anteil 1990 **Landwirtsch.** 2%, **Industrie** 55% – **Erwerbstät.** 1988: Landw. 3%, Ind. 15% – **Energieverbrauch** 1990: 10874 kg ÖE/Ew. – **Währung:** 1 Dirham (DH) = 100 Fils; 1 US-$ = 3,66 DH; 100 DH = 41,52 DM – **Inflation** ∅ 1980–90: 1,1% – **Außenhandel: Import** 1989: 36746 Mio. DH; Güter: 24% Maschinen u. Fahrzeuge, 10% Erzeugn. d. verarb. Industrie, 5% Nahrungsmittel u. leb. Tiere, 5% Garne u. Spinnstofferzeugn.; Länder: insbes. Indien, Singapur, Kuwait, Schweiz; **Export** 1986: 58139 Mio. DH; Güter: über 90% Erdöl, davon Abu Dhabi 80%, zunehmend Flüssiggas, petrochem. Produkte, Datteln, Vieh, Fische, Perlen; Sharja: Tourismus; Länder: 38% Japan, 19% EG-Länder, 14% USA, Singapur

PRESSE (Aufl. i. Tsd.) *Tageszeitungen:* Abu Dhabi: Emirates News (25)/Engl. – al-Fajr (23)/Arab. – al-Ittihad (75)/Arab. – Dubai: al-Bayan (44)/Arab. – Gulf News (53)/Engl. – Khaleej Times (56)/Engl. – Sharjah: al-Khaleej (57)/Arab. – *Nachrichtenagentur:* WAM (Emirates News Agency)

VEREINIGTE STAATEN VON AMERIKA
Nord-Amerika
Vereinigte Staaten von Amerika; United States of America – USA

LANDESSTRUKTUR Fläche (4): 9363123 km^2 (davon 202711 km^2, mit Anteil an Großen Seen 359326 km^2 Binnengewässer), ohne Alaska u. Hawaii 7827620 km^2 – **Einwohner** (3): (Z 1990) 248709873 = 27 je km^2 – Amerikaner (US-Amerikaner); Z 1990 (über 100% wegen Zugehörigkeit zu versch. ethnischen Gruppen; Bevölkerungswachstum 1980–1990): 80,3% (+6,0%) bzw. 209 Mio. Weiße, 12,1% (+13,2%) bzw. 30,0 Mio. Schwarze, 9,0% (+53,0%) bzw. 22,4 Mio. »Hispanic« (davon ca. die Hälfte »Chicanos«, d. h. Amerikaner span.-mexik. Herkunft mit starkem indian. Einschlag), 2,9% (+107,8%) bzw. 7,3 Mio. Asiaten, 0,8% (+37,9%) bzw. 2,0 Mio. Indianer u. 3,9% (+45,1%) bzw. 9,8 Mio. and. Rassen – Leb.-Erwart.: 76 J.– **Säugl.-Sterbl.:** 0,9% – **Analph.:** unter 5% – Jährl. **Bev.-Wachstum** (∅ 1980–90): 0,9% (Geb.- u. Sterbeziffer 1990: 1,7%/0,9%) – **Sprachen:** Englisch (Amerikanisch) u. vereinzelt Spanisch als Amtsspr.; ca. 20 Mio., die nicht Engl. sprechen – **Religion** (S 1989): 79329000 Protestanten (davon über 20 Mio. Baptisten; insg. ca. 320000 Kirchen u. Sekten), 54919000 röm. Katholiken, 5935000 Juden, 4077000 Angeh. v. Ostkirchen, 827000 Altkath. usw., 100000 Buddhisten u. 197000 Sonstige (1989 insg. 145384000 Angeh. v. Religionsgemeinschaften) – **Städt. Bev.:** 75% – **Städte** (Z 1990, nur als gerundete Zahlen vorhanden): Washington (Hptst.) 607000 Einw. (als »Standard Metropolitan Statistical Area« → *Tabelle WA '92, Sp. 587*), New York 7323000, Los Angeles 3485000, Chicago 2784000, Houston 1631000, Philadelphia 1586000, San Diego 1111000, Detroit 1028000, Dallas 1007000, Phoenix 983000, San Antonio 936000, San Jose 782000, Indianapolis 742000, Baltimore 736000, San Francisco 724000, Jacksonville 673000, Columbus 633000, Milwaukee 628000, Memphis 610000, Boston 574000, Seattle 516000, El Paso 515000, Nashville-Davidson 511000, Cleveland 506000, New Orleans 497000, Denver 468000, Austin 466000, Fort Worth 448000, Oklahoma City 445000, Portland 437000, Kansas City 435000, Long Beach 429000, Tucson 405000, St. Louis 397000

Die **Staaten mit den meisten Schwarzen** sind (Z 1990 in Mio.): New York 2,86, Kalifornien 2,21, Texas 2,02, Florida 1,76, Georgia 1,75, Illinois 1,69, North Carolina 1,46, Louisiana 1,30, Pennsylvania 1,09

STAAT Präsidialrepublik mit bundesstaatlicher Verfassung; Präsident ernennt u. entläßt d. Kabinettsmitgl. – Parlament (Congress) aus 2 Kammern (Senate u. House of Representatives); Wahl d. Mitgl. d. Repräsentantenhauses für 2 J., des Senats für 6 J. (alle 2 J. Erneuerungswahl f. ⅓ d. Senatoren); Wahlen können mit Wählerinitiativen u. Volksabstimmungen gekoppelt werden, sowohl auf Bundes- wie auf Einzelstaats- wie auf Wahlbezirksebene; obwohl deren Ergebnisse verfassungsrechtl. unverbindl. sind, kommt ihnen große polit. Bedeutung zu – Wahl d. Präs. durch Wahlmänner (Electoral College) für 4 J.; nur einmal wiederwählbar – Allg. Wahlrecht ab 18 J. – Titel der Minister: Secretary; d. höchsten Rang nach d. Präsidenten u. Regierungschef bekleidet d.

USA gesamt: 249 Millionen

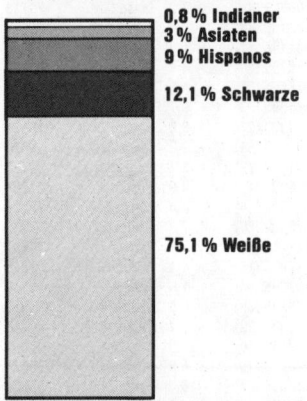

- 0,8 % Indianer
- 3 % Asiaten
- 9 % Hispanos
- 12,1 % Schwarze
- 75,1 % Weiße

Asiaten: 7,3 Millionen

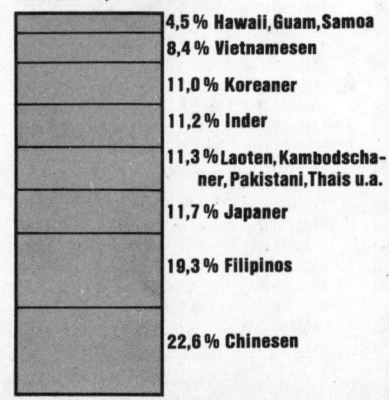

- 4,5 % Hawaii, Guam, Samoa
- 8,4 % Vietnamesen
- 11,0 % Koreaner
- 11,2 % Inder
- 11,3 % Laoten, Kambodschaner, Pakistani, Thais u.a.
- 11,7 % Japaner
- 19,3 % Filipinos
- 22,6 % Chinesen

Volkszählungsergebnisse 1990

Außenminister (Secretary of State) – **Bundesstaaten** mit je eig. Verfass. u. eig. Parlament aus 2 Kammern (nur Nebraska 1 Kammer) sowie einem gewählten Gouverneur; Fachminister z. T. gewählt, z. T. v. Gouverneur berufen; bedeutende Sonderrechte d. einzelnen Staaten, die in kleinere Verwalt.-Einh. (County, Parish) untergliedert sind – Insg. 50 Bundesstaaten, dazu der District of Columbia/DC mit d. Bundeshauptstadt Washington – **Staats- u. Regierungschef:** Präs. George Bush (Rep.), gewählt im Nov. 1988; Wahlmännerverhältnis 426 zu 112; Beginn d. Amtszeit: Jan. 1989 (41. Präs. d. USA) – Vizepräs.: James Danforth (Dan) Quayle – **Äußeres:** Lawrence Eagleburger, bis 8. 8. 1992 James Baker – **Parteien:** unterscheiden sich z. T. in ihrer Struktur v. d. europäischen. Für d. Präs.-Wahlen werden v. d. beiden einzigen Parteien v. Bedeutung Programme auf d. Parteikongressen beschlossen. Im Senat (mit ⅓ Erneuerung) 56 (57) Dem. u. 44 (43) Rep., im Repräsentantenhaus 267 (262) Dem., 167 (173) Rep. u. 1 Unabh. – Von d. Gouverneuren sind seit Nov. 1991 2 Unbhängige, 27 Demokraten u. 21 Republikaner – Präsidentschaftswahlen am 3. 11. 1992 (potentielle Kandidaten: George Bush [Rep.] u. Bill Clinton [Dem.] – **Unabh.:** 2. 7. 1776 Beschluß, 4. 7. Billigung, 8. 7. Proklamation – **Nationalfeiertag:** 4. 7.

WIRTSCHAFT BSP 1990: 5 445 825 Mio. $ = 21 790 $ je Ew. (9); realer Zuwachs ⌀ 1980–90: 3,2 %; **BIP** 1991: 5 552 200 Mio. $; realer Zuwachs ⌀ 1980–90: 2,9 % (1991: −0,7 %); Anteil 1989 **Landwirtsch.** 2 %, **Industrie** 33 % – **Erwerbstät.** 1990: Landw. 2,8 %, Ind. 26,2 %; **Arbeitslosigkeit** 1991: 6,7 % (6/1992: 7,8 %) – **Energieverbrauch** 1990: 7822 kgÖE/Ew. – **Währung** (Stand 1. 9. 1992): 1 US-Dollar (US-$) = 100 Cents (c, ¢); 1 US-$ = 1,3977 DM; 1 £ = 1,9970 US-$; 1 SZR = 1,48447 US-$ – **Inflation** ⌀ 1980–90: 3,7 % (1991: 5,3 %) – **Außenhandel** 1991 *(Einzelheiten 1991 → Sp. 979f.):* **Import:** 488 100 Mio. $; Güter: 43 % Maschinen u. Transportausrüst., 11 % Brenn- u. Schmierstoffe, 5 % Nahrungsmittel u. leb. Tiere, 5 % chem. Erzeugn., 3 % industrielle Rohstoffe; Länder: 19 % Kanada, 19 % Japan, 6 % Mexiko, 5 % BRD, 5 % Rep. China, 4 % Großbrit.; **Export:** 421 800 Mio. $; Güter: 44 % Maschinen u. Transportausrüstg., 10 % chem. Erzeugn., 7 % Nahrungsm. u. leb. Tiere, 6 % industr. Rohstoffe; Länder: 21 % Kanada, 12 % Japan, 7 % Mexiko, 6 % Großbrit., 5 % BRD *(Zur Wirtschaftslage 1991 → Sp. 853)*

PRESSE (Aufl. i. Tsd.) *Tageszeitungen:* Washington: USA Today (1387) – Washington Post (824, so. 1113) – Washington Times (105) – Atlanta: Atlanta Journal/Constitution (265, so. 646) – Baltimore: Baltimore Sun (407, so. 490) – Boston: Boston Globe (523, so. 798) – Boston Herald (355, so. 266)

USA – Verwaltungsgliederung nach Staaten

Staaten (mit postalischer Abkürzung)	Fläche in km²* (m. Rangst.)	Einwohner Z 1980 (m. Rangst.)	Einwohner Z 1990 (m. Rangst.)	Veränder. 1980/90 in %	Hauptstadt	Einw. Z 1990
Alabama, AL	133667 (29)	3890061 (22)	4040587 (22)	+ 3,8	Montgomery	187106
Alaska, AK	1518800 (1)	400481 (51)	550043 (50)	+37,4	Juneau	26751
Arizona, AZ	295022 (6)	2717866 (29)	3665228 (24)	+34,8	Phoenix	983403
Arkansas, AR	137538 (27)	2285513 (33)	2350725 (33)	+ 2,8	Little Rock	175795
California, CA	411012 (3)	23668562 (1)	29760021 (1)	+25,7	Sacramento	369365
Colorado, CO	269998 (8)	2888834 (28)	3294394 (26)	+14,0	Denver	467610
Connecticut, CT	12973 (48)	3107576 (25)	3287116 (27)	+ 5,8	Hartford	139739
Delaware, DE	5328 (49)	595225 (48)	666168 (46)	+11,2	Dover	27630
District of Columbia, DC**	163 (51)	637651 (47)	606900 (48)	- 4,9	Washington	606900
Florida, FL	151670 (22)	9739992 (7)	12937926 (4)	+32,7	Tallahassee	124773
Georgia, GA	152488 (21)	5464265 (13)	6478216 (11)	+18,6	Atlanta	394017
Hawai, HI	16705 (47)	965000 (39)	1108229 (41)	+14,9	Honolulu	365272
Idaho, ID	216412 (13)	943935 (41)	1006749 (42)	+ 6,7	Boise City	125738
Illinois, IL	146075 (24)	11418461 (5)	11430602 (6)	+ 0,1	Springfield	105227
Indiana, IN	93993 (38)	5490179 (12)	5544159 (14)	+ 1,0	Indianapolis	731327
Iowa, IA	145791 (25)	2913387 (27)	2776755 (30)	- 4,7	Des Moines	193187
Kansas, KS	213063 (14)	2363208 (32)	2477574 (32)	+ 4,8	Topeka	119883
Kentucky, KY	104623 (37)	3661433 (23)	3685296 (23)	+ 0,7	Frankfort	25968
Louisiana, LA	125674 (31)	4203972 (19)	4219973 (21)	+ 0,3	Baton Rouge	219531
Maine, ME	86027 (39)	1124660 (38)	1227928 (38)	+ 9,2	Augusta	21325
Maryland, MD	27394 (42)	4216446 (18)	4781468 (19)	+13,4	Annapolis	33187
Massachusetts, MA	21386 (45)	5737037 (11)	6016425 (13)	+ 4,9	Boston	574283
Michigan, MI	150779 (23)	9258344 (8)	9295297 (8)	+ 0,4	Lansing	127321
Minnesota, MN	217735 (12)	4077148 (21)	4375099 (20)	+ 7,3	Saint Paul	272235
Mississippi, MS	123584 (32)	2520638 (31)	2573216 (31)	+ 2,1	Jackson	196637
Missouri, MO	180486 (19)	4917444 (15)	5117073 (15)	+ 4,1	Jefferson City	33619
Montana, MT	381084 (4)	786690 (44)	799065 (44)	+ 1,6	Helena	24569
Nebraska, NE	200017 (15)	1570006 (35)	1578385 (36)	+ 0,5	Lincoln	191972
Nevada, NV	286296 (7)	799184 (43)	1201833 (39)	+50,4	Carson City	40443
New Hampshire, NH	24097 (44)	920610 (42)	1109252 (40)	+20,5	Concord	36006
New Jersey, NJ	20295 (46)	7364158 (9)	7730188 (9)	+ 5,0	Trenton	88675
New Mexico, NM	315113 (5)	1299968 (37)	1515069 (37)	+16,6	Santa Fé	55859
New York, NY	128401 (30)	17557288 (2)	17990455 (2)	+ 2,5	Albany	101082
North Carolina, NC	136197 (28)	5874429 (10)	6628637 (10)	+12,7	Raleigh	207951
North Dakota, ND	183022 (17)	652695 (46)	638800 (47)	- 2,1	Bismarck	49256
Ohio, OH	106765 (35)	10797419 (6)	10847115 (7)	+ 0,5	Columbus	632910
Oklahoma, OK	181090 (18)	3025266 (26)	3145585 (28)	+ 4,0	OklahomaCity	444719
Oregon, OR	251180 (10)	2632663 (30)	2842321 (29)	+ 7,9	Salem	107786
Pennsylvania, PA	117412 (33)	11866728 (4)	11881643 (5)	+ 0,1	Harrisburg	52376
Rhode Island, RI	3144 (50)	947154 (40)	1003464 (43)	+ 5,9	Providence	160728
South Carolina, SC	80432 (40)	3119208 (24)	3486703 (25)	+11,7	Columbia	98052
South Dakota, SD	199551 (16)	690178 (45)	696004 (45)	+ 0,8	Pierre	12906
Tennessee, TN	109412 (34)	4590750 (17)	4877185 (17)	+ 6,2	Nashville-D	510784
Texas, TX	692403 (2)	14228583 (3)	16986510 (3)	+19,5	Austin	465622
Utah, UT	219932 (11)	1461037 (36)	1722850 (35)	+17,9	Salt Lake City	159936
Vermont, VT	24887 (43)	511456 (49)	562758 (49)	+10,0	Montpelier	8247
Virginia, VA	105716 (36)	5346279 (14)	6187358 (12)	+15,7	Richmond	203056
Washington, WA	176617 (20)	4130163 (20)	4866692 (18)	+17,8	Olympia	27447
West Virginia, WV	62629 (41)	1949644 (34)	1793477 (34)	- 8,0	Charleston	57287
Wisconsin, WI	145438 (26)	4705335 (16)	4891769 (16)	+ 4,0	Madison	191262
Wyoming, WY	253597 (9)	470816 (50)	453588 (51)	- 3,7	Cheyenne	50008

Quelle: U. S. Bureau of Census, 1. 4. 1992

* Flächenangaben einschl. Binnengewässer; ** Sonderstatus

– Buffalo: The Buffalo News (315, so. 378) – Chicago: Chicago Sun-Times (533, so. 626) – Chicago Tribune (740, so. 1137) – Cincinnati: Cincinnati Enquirer (192, so. 323) – Cleveland: Cleveland Plain Dealer (450, so. 568) – Dallas: The Dallas Morning News (382, so. 552) – Dallas Times-Herald (246, so. 339) – Denver: Denver Post (227, so. 425) – Rocky Mountain News (348, so. 380) – Detroit: Detroit Free Press (646, so. 724) – Detroit News (526, so. 838) – Hartford: Hartford Courant (228, so. 315) – Honolulu: Honolulu Star-Bulletin & Advertiser (105, so. 203) – Houston: Houston Chronicle (450, so. 532) – Houston Post (315, so. 366) – Indianapolis: Indianapolis Star/Indianapolis News (230, so. 418) – Kansas City: Kansas City Star/Kansas City Times (286, so. 436) – Los Angeles: Los Angeles Times (1210, so. 1422) – Louisville: Courier Journal/Louisville Times (237, so. 330) – Miami: The Miami Herald (443, so. 546) – Milwaukee: Milwaukee Journal (289, so. 517) – Minneapolis: Star Tribune (410, so. 626) – Newark: Star-Ledger (470, so. 682) – New Orleans: Times-Picayune (279, so. 352) – New York: New York Daily News (1391, so. 1180) – New York Post (901) – New York Times (1209, so. 1645) – Newsday (711, so. 681) – The Wall Street Journal (1936) – Oklahoma City: Oklahoman (242, so. 337) – Orlando: The Orlando Sentinel (259, so. 341) – Philadelphia: Philadelphia Inquirer/Philadelphia Daily News (522, so. 999) – Phoenix: Arizona Republic/Phoenix Gazette (477, so. 564) – Pittsburgh: Pittsburgh Press (233, so. 565) – Portland: The Oregonian (310, so. 413) – St. Louis: St. Louis Post-Despatch (357, so. 549) – St. Petersburg: St. Petersburg Times (400, so. 500) – San Diego: San Diego Union/San Diego Tribune (260, so. 423) – San Francisco: San Francisco Chronicle (569) – San Francisco Examiner (142) – San José: San José Mercury News (271, so. 318) – Seattle: Seattle Post-Intelligencer (200, so. 506) – Tampa: The Tampa Tribune (271, so. 362) *Nachrichtenagenturen:* AP (Associated Press) – UPI (United Press International)

1. BUNDESSTAATEN AUSSERHALB DES GESCHLOSSENEN STAATSGEBIETES

ALASKA (mit Aleuten, Pribilof-Inseln, St. Lawrence, St. Matthew) – *Fläche:* 1518800 km^2 – *Einwohner:* (Z 1990) 550043, davon 85698 Eskimos, Indianer u. Aleuten, 22451 Schwarze u. 19728 Asiaten; Hptst. Juneau 26000 Ew. (S 1983), Anchorage 218500 (S 1988), Fairbanks North Star 64800

HAWAII-INSELN (Hawaii Islands, auch Sandwich-Inseln genannt) – *Fläche:* 16705 km^2 – *Einwohner:* (Z 1990) 1108229, davon u. a. 369616 Weiße u. 685236 Asiaten, im übr. Schwarze, Hispanic u. Polynesier; Hptst. Honolulu 376110 Ew.

2. AUTONOMER STAAT

PUERTO RICO (El Estado Libre y Asociado de Puerto Rico – Commonwealth of Puerto Rico)

LANDESSTRUKTUR *Fläche:* 8897 km^2 (n. eig. Ang. 8959 km^2) – *Einwohner:* (Z 1990) 3599000 = 405 je km^2 – *Leb.-Erwart.:* 76 J. – *Analph.:* rd. 11% – Jährl. *Bev.-Wachstum* ($\emptyset$ 1980–90): 0,3% (Geburtenziffer 1990: 2,3%) – *Sprachen:* Spanisch u. Englisch als Amtsspr.; 16% d. Bev. sind zweisprachig (Spanisch u. Englisch), die übr. haben größtenteils Spanisch als Mutterspr. – *Religion:* 80% Katholiken – *Städt. Bev.:* rd. 67% – *Städte* (Z 1980): San Juan (Hptst.) 434849 Ew. (A über 1 Mio.), Bayamón 196206, Ponce 189046

STAAT *Regierungsform:* P. ist autonom, die Bewohner sind Bürger der USA, bei US-Wahlen aber ohne Stimmrecht – Exekutivmacht hat d. alle 5 J. direkt gewählte Gouverneur (seit 2. 1. 1989: Rafael Hernández Colón) u. ein 17köpfiges Kabinett – Parlament aus 2 Kammern (Senat mit 27 u. Abg.-Haus mit 51 Mitgl.) – *Parteien:* Wahlen v. Nov. 1988: Popular Democratic Party/PPD d. Gouverneurs R. H. Colón 18 d. 51 Sitze im Senat, New Progressive P. (Partido Nuevo Progresista/PNP) v. Carlos R. Barceló 8, Independent Party

WIRTSCHAFT *BSP* 1990: 21346 Mio. $ = 6470 $ je Ew.; realer Zuwachs $\emptyset$ 1980–90: 2,3% – *Währung:* US-$ – *Außenhandel 1986:* Import: 10,1 Mio. $; Export: 11,5 Mio. $ – Haupthandelspartner: USA m. 69 bzw. 87%, Japan, Großbrit., Dominik. Rep.

PRESSE (Aufl. i. Tsd.) *Tageszeitungen:* San Juan: El Nuevo Día (190, so. 193) – El Reportero (38) – The San Juan Star (50)

3. AUSSENGEBIETE

Atlantisch-mittelamerikanischer Bereich

JUNGFERNINSELN (Virgin Islands of the United States; Organized Unincorp. Territory)

LANDESSTRUKTUR *Fläche:* 344 km^2 (n. eig. Ang. 354,8 km^2) – *Einwohner:* (F 1990) 110000; (Z 1985: 85% Schwarze u. Mulatten) – *Leb.-Erwart.:* 74 J. – Jährl. *Bev.-Wachstum* ($\emptyset$ 1980–90): 1,1% (Geburtenziffer 1990: 2,4%) – *Religion:* überw. Christen, 30000 Katholiken – *Inseln* (S 1988): St. Croix 51300 Ew., St. Thomas 49260, St. John 2640 – *Hptst.* (Z 1980): Charlotte Amalie 11842

Vereinigte Staaten von Amerika (Außengebiete)

REGIERUNGSFORM Die J. als externes, nicht mit d. USA vereinigtes Territorium unterstehen dem US-Innenmin.; Regierung durch einen gewählten Gouverneur: Alexander A. Farrelly – Parlament aus 15 Mitgl. (Wahl alle 2 J.)

WIRTSCHAFT *BSP* 1989: 1344 Mio. $ = 12 330 $ je Ew.; realer Zuwachs ⌀ 1980–89: 2,3 % – *Währung:* US-$ – *Inflation* ⌀ 1980–90: 3,9 % – *Außenhandel 1987: Import:* 3370 Mio. $; *Export:* 2058 Mio. $; 1,5 Mio. Touristen

PRESSE (Aufl. i. Tsd.) *Tageszeitungen:* Charlotte Amalie: Virgin Islands Daily News (15) – Christiansted: St. Croix Mirror (10)

PANAMAKANAL-ZONE (Panama Canal Zone)

LANDESSTRUKTUR *Fläche:* 1432 km² (nach UNO; mit Hoheitsgewässern 1676,3 km²) – *Einwohner:* (S 1985) 31 600, darunter 7560 Militärpersonal; 1300 US-Bürger u. 6000 Panamesen arbeiten bei d. Kanalverwalt. u. Kanalkompanie; S 1984: insg. 30 750 US-Bürger – Sitz d. Gouverneurs: Balboa Heights rd. 120 Ew., Balboa 6000, Cristóbal 19 000

REGIERUNGSFORM Nach d. zwischen Panama u. d. USA geschloss. Verträgen (1903, 1936, 1955) besitzen d. USA in dieser Zone Hoheitsrechte u. Verteidigungsgewalt. Nach d. Vertrag von 1977 (1978 ratifiziert) sollen die Hoheitsrechte bis 2000 vollst. an Panama (bei permanenter Neutralität in d. Kanalzone) übergehen. Seit 1. 4. 1982 unter jurist. Hoheitsgewalt Panamas. Gouverneur seit 1. 1. 1990 Gilberto Guardia Fabrega

Bereich des Pazifischen Ozeans

GUAM

LANDESSTRUKTUR *Fläche:* 549 km² – *Einwohner:* (S 1990) 137 000, davon ca. 50 000 malaiische Chamorro u. 22 400 Armee-Angeh. – *Leb.-Erwart.:* 73 J. – *Jährl. Bev.-Wachstum* (⌀ 1980–90): 2,5 % (Geburtenziffer 1990: 2,7 %) – *Sprachen:* Englisch als Amtsspr.; Chamorro als Umgangsspr. – *Hptst.:* Agaña 5000 (S 1983)

REGIERUNGSFORM »Self-governing Organized Unincorporated Territory«, untersteht seit 1950 d. US-Innenministerium. Die USA besitzen in Apra (Hauptort Tamuning, 8230 Ew.) einen Marinestützpunkt. Der UN-Entkolonisierungsausschuß sprach sich 1977 für Unabh. aus – Interne Autonomie im Febr. 1982 mit 48,5 % d. St. angenommen – Status: Uninkorporiert (= US-Verfassung hier nicht gültig) u. organisiert (= Inselreg. durch einen Organischen Akt des US-Kongresses 1950 eingerichtet); Parlament mit 21 Mitgl. (Abg. kein Stimmrecht im US-Kongreß); *Gouverneur:* Joseph F. Ada, seit 1987, wiedergewählt 1990 – *Parteien:* Wahlen vom Nov. 1990: Demokraten 11 u. Republikaner 10 d. 21 Sitze

WIRTSCHAFT *BSP* (S) 1985: 670 Mio. $ = 5470 $ je Ew. – *Währung:* US-$

PRESSE (Aufl. i. Tsd.) *Zeitungen:* Agaña: Pacific Daily News/Sunday News (22, so. 18) – The Pacific Voice (so. 6,5) – TV Guam (21, wö.)

MIDWAY-INSELN 5,2 km² u. (S 1983) 2200 Ew.; (Z 1980) 453; Flug- u. Kabelstationen; untersteht d. US-Navy

SAMOA-INSELN (Amerikanisch Samoa, American Samoa; Unincorp. Territory)

LANDESSTRUKTUR *Fläche:* 197 km² (n. eig. Ang. 194,8 km²), d. östl. Teil der Samoa-Gruppe umfassend einschl. Swain's Islands (5 km² u. 100 Ew.) – *Einwohner* (F 1990): 39 000 – haupts. Polynesier – *Jährl. Bev.-Wachstum* (⌀1980–90): 1,7 % – *Hauptort:* Pago Pago auf Tutuila; Verwaltungssitz: Fagatogo

REGIERUNGSFORM Untersteht dem US-Innenministerium – Parlament (Fono) aus Senat mit 18 u. Repräs.-Haus mit 20 Mitgl. – Verwaltung durch *Gouverneur:* Peter Tali Coleman, seit 1988

WIRTSCHAFT *BSP* 1985: 190 Mio. $ = 5410 $ je Ew.; realer Zuwachs ⌀ 1973–85: 1,7 % – *Währung:* US-$ – *Außenhandel* 1988: *Import:* 148,4 Mio. $; *Export:* 367,8 Mio. $ (Handelspartner: fast ausschl. USA)

PRESSE (Aufl. i. Tsd.) *Wochenzeitungen:* Pago Pago: Samoa Journal and Advertiser (3) – Samoa News (5, 5x wö.)

WAKE-Inseln (jap. Ontoroschima) 7,8 km² (mit Schwesterinseln Wilkes u. Peale) (S 1983) rd. 1600 Ew.; untersteht d. US-Air-Force – **Baker-** (2,5 km²), **Howland-** (2,3 km²) u. **Jarvis-**Inseln (4,5 km²) sind unbewohnt u. unterstehen d. US-Innenministerium – **Johnston** Atoll (2,5 km² u. 327 Ew., Z 1980 (Verbrennungsanlage für chem. Kampfstoffe auf der Hauptinsel) u. **Kingman Reef** unterstehen d. US-Navy – **Palmyra** (rd. 6 km²; Privateigentum) untersteht d. US-Innenministerium – (zentrale u. südl. **Line-Inseln** → *Kiribati*)

4. PACHTGEBIETE

GUANTANAMO BAY, 1903 v. Kuba an d. USA verpachtet, 111,9 km², dazu d. **Insel Navassa** (5 km²), die nicht zum Pachtgebiet gehört u. v. Kuba beanspr. wird; Flottenstützpunkt

5. TREUHANDGEBIETE ÜBER DIE PAZIFISCHEN INSELN (US Trust Territory of the Pacific Islands)

PALAU *Ozeanien; Pazifik*
Republik Palau (Belau); Republic of Palau (Belau bzw. Pelew

LANDESSTRUKTUR *Fläche:* 458 km² (n. eig. Ang. 508 km²): 241 Inseln, davon 11 bewohnt; u. a. Babelthuap mit 404 (409) km² – *Einwohner:* (F 1990) 15105 = 30 je km² – vorwieg. Mikronesier – Jährl. *Bev.-Wachstum* (⌀ 1975–78): 3,5 % – *Sprachen:* mikronesische Dialekte; Englisch gleichberechtigt als offiz. Sprache – *Religion:* hauptsächl. Christen, davon überw. Katholiken – *Städte* (Z 1980): Koror (Hptst.) 7685 Ew. (Insel 10486 Ew. [F 1990])

REGIERUNGSFORM Präsidialrepublik – Parlament (Olbiil Era Kelulau) aus 2 Kammern: House of Delegates mit 16 Mitgl. (entspr. d. Anzahl d. »States«) u. Senat mit 14 Mitgl. – Die 1979 ausgearb. Verfassung (seit 1981 in Kraft) verbietet d. USA, Palau mit Schiffen anzulaufen, die mit Nuklearwaffen ausgerüstet sind – Die freie Assoziierung mit d. USA (Übereinstimmung in Außen- u. Verteidigungspolitik) im Febr. 1990 zum siebten Mal nach 1945 von d. Bevölkerung abgelehnt, weiterhin unter Treuhandschaft – *Staatsoberhaupt u. Regierungschef:* Präs. Ngiratkel Etpison, seit 1.1. 1989 – *Parteien:* i. e. S. nicht vorhanden, aber »Häuptlingsrat« (Council of Chiefs) mit d. Stammeshäuptl. d. 6 »States« – *Unabh.:* 1.1. 1981 (Ausrufung der Republik) – *Nationalfeiertag:* verm. U.-Tag (Unabh.-Feier am 29. 1. 1981)

WIRTSCHAFT Staatsetat zu über 90% aus US-Hilfsgeldern – *Währung:* US-$ – *Außenhandel* (S 1984): *Import:* 288,2 Mio. $; *Export:* 0,46 Mio. $; Güter: Fische, Muscheln, Kokosnüsse, Kopra; Länder: USA, US-Samoa; Puerto Rico, Japan

PRESSE (Aufl. i. Tsd.) *Zeitungen:* Palau Gazette (2x wö.) – Palau Tribune (2)/14tägl.

VIETNAM *Südost-Asien*
Sozialistische Republik Vietnam; Cộng Hòa Xã Hội Chu Nghia Việt Nam – VN

LANDESSTRUKTUR Fläche (64): 331689 km² (n. eig. Ang. 329566 km²) – **Einwohner** (13): (F 1990) 66473000 = 200 je km²; (Z 1989) 64411688 – 87% Vietnamesen (Kinh), daneben siamo-chines. u. and. Minderheiten, u. a. (in 1000) Tay 742, Khmer 651, Thai 631, Muong 618, Nung 472, Meo 349 u. Dao 294, meist in d. Berggebieten, Girai 163 u. Ede 142; teilw. starke Vermisch. mit Chinesen u. bedeut. chines. Minderheit (2–3%), u. a. in Tonking u. im Gebiet v. Ho-Tschi-Minh-Stadt; insg. 60 Nationalitäten; über 1 Mio. im Ausl., davon 700000 in USA – Vereinbarung über d. Rückführung von 20000 Flüchtlingen in Hongkong am 12. 5. 1992 zw. Großbrit. u. Vietnam – **Leb.-Erwart.:** 67 J. – **Säugl.-Sterbl.:** 4,2% – **Analph.:** 12% – Jährl. **Bev.-Wachstum** (⌀ 1980–90): 2,1% (Geb.- u. Sterbeziffer 1990: 3,1%/0,7%) – **Sprachen:** 80% Vietnamesisch als Amtssprache; daneben Dialekte in kl. Volksgruppen u. vereinzelt Chinesisch; als Handels- u. Bildungssprachen Russisch u. Französisch, im S Englisch – **Religion:** rd. 55% Mahajana-Buddhisten, außerd. rd. 7% Christen (6 Mio. Katholiken, 180000 Protestanten); daneben Taoismus, konfuzian. Einflüsse u. zahlr. Sekten (im S u. a. Hoa Hao 1,5 Mio. u. Anh. der Cao-Daï-Lehre [Synthese aus Christ., Konfuz. u. Buddhismus] 2 Mio.) – Die herrschende Ideologie lehnt Religionen ab – **Städt. Bev.:** 22% – **Städte** (Z 1989): Hanoi [Hà-Nôi] (Hptst.) 1088862 Ew.; Ho-Chi[Tschi]-Minh-Stadt (fr. Saigon [Sài-Gòn]) 3169135, Haiphong 1456049, Da Nang 370670, Long Xuyen 217171, Nha Trang 213687, Hué 211085, Can Tho 208326, Nam Dinh 165649, Qui Nhon 160091

STAAT Volksrepublik kommunistischer Prägung – Neue Verfassung seit 15. 4. 1992, hat Wirtschaftsliberalisierung unter Beibehaltung des Machtmonopols der KP zum Ziel (Grund u. Boden bleiben weiterhin in Staatsbesitz) – Parlament (Wahl alle 5 J., seit April 1992 von 496 auf 395 Mitgl. verringert), wählt Präs. u. Min.-Präs. – Neues Wahlgesetz vom April 1992 räumt d. Parl. ein größeres Mitspracherecht gegenüber d. KP ein – Erste Wahl in gemeinsame »Nationalversammlung« im April 1976 – Allg. Wahlrecht ab 18 J. – Präs. steht d. Staatsrat (ständig amtierendes Gremium d. Nationalversamml.) vor u. erläßt Dekrete – Stadtgebiete Hanoi, Ho Tschi Minh (fr. Saigon), Haiphong u. 36 Provinzen sowie 1 Sondergebiet (Vung Tau-Con Dao) – **Staatsoberhaupt:** Vors. d. Staatsrats Vo Chi Cong, seit 18. 6. 1987 – **Regierungschef:** Vors. d. Min.-Rats Vo Van Kiet, seit

9. 8. 1991 – **Äußeres:** Nguyen Manh Cam – **Parteien:** Führende polit. Kraft ist d. »Kommunistische Partei Vietnams« (Dang Cong San Viêt-Nam, 1,8 Mio. Mitgl. [1988]; Generalsekr.: Do Muoi, seit August 1991; Zentralkomitee (152 Mitgl., davon 36 Kandid.); »Politbüro« als entscheid. Organ (13 Mitgl. u. 1 Kandidat); dazu Massenorganisationen »Vaterländ. Front Vietnams«, »Allgem. Gewerkschaftsbund V.«, »Kommun. Jugendverband Ho Chi Minh«, »Bund d. Genossenschaftsbauern V.«, »Vereinigung d. Frauen V.« – Bei den Wahlen zur gesamtvietnames. Nat.-Versamml. vom 19. 7. 1992 waren erstmals unabh. Kandidaten zugelassen, die nicht der KP angehören; insg. 601 Kand. (1987: 829), davon ursprüngl. 40 unabh., für d. Wahl reduziert auf de facto 2; Wahlbeteiligung rd. 97%; alle Sitze an die KP – **Unabh.:** Alte staatl. Tradition; Ausrufung d. U. für Gesamtvietnam durch Ho Chi Minh am 2. 9. 1945, franz. U.-Vertrag mit Gegenreg. (Bao Dai) am 4. 6. 1954; Teilung durch Genfer Konferenz bestätigt; formelle Wiedervereinigung am 2. 7. 1976 nach Sieg Nord-Vietnams im 3. Indochinakrieg (gegen USA) – **Nationalfeiertag:** 2. 9.

WIRTSCHAFT (keine neueren Angaben verfügbar) **BSP** 1985 (S): 11 000 Mio. $ = 180 $ je Ew. (173); **BIP** 1990: 51 003 Mrd. D (lfd. Preise); realer Zuwachs ⌀ 1986–88: 4,8%; Anteil 1990 **Landwirtsch.** 47%, **Industrie** 33% – **Erwerbstät.** 1990: Landw. 70%, Ind. 11%; **Arbeitslosigkeit** 12/1991: rd. 11% – **Energieverbrauch** 1990: 100 kg ÖE/Ew. – **Währung:** 1 Dong (D) = 10 Hào = 100 Xu; 1 US-$ = 11 100 D; 10 000 D = 1,50 DM – **Ausl.-Verschuld.** (S 1990): 17 300 Mio. $ – **Inflation** ⌀ 1989: 35% (1991: ca. 70%) – **Außenhandel** 1990: **Import:** 2595 Mio. $; Güter: 52% Brennstoffe u. Rohmaterialien, 26% Maschinen u. Ausrüst., 12% Konsumgüter; Länder: 52,2% sozialist. Länder u. 47,8% sonst. Länder; **Export:** 2189 Mio. $; Güter: 43% land- u. forstwirtschaftl. Prod., 29% Prod. d. Leichtindustrie u. Handwerkserzeugn., 18% schwerindustr. Prod. u. Mineralien; Länder: 46,6% sozialist. Länder u. 53,4% sonst. Länder

PRESSE (Aufl. i. Tsd.) *Tageszeitungen:* Hanoi: Hà Nôi Mói (35)/Org. d. KP-Stadtkomitees – Nhan Dân (275)/KP, offiz. – Quân Dôi Nhân Dân (145)/Armee – Ho-Chi-Minh-Stadt: Saigon Giai Phong (85)/Org. d. KP-Stadtkomitees – *Nachrichtenagentur:* VNA (Viet-Nam News Agency)

WEISSRUSSLAND Ost-Europa
Republik Weißrußland; weißrussisch: Belarus', seit 19. 9. 1991 – BEL

LANDESSTRUKTUR (*GUS-Übersichtstabelle* → *Sp. 523f.*) **Fläche** (84): 207 600 km² – **Einwohner** (67): (F 1990) 10 259 000 = 49 je km²; (Z 1989) 10 200 000 – (Z 1989) 77,9% Weißrussen (Eigenbezeichnung: Belarus), 13,2% Russen, 4,1% Polen, 2,9% Ukrainer, 1,1% Juden u. a. – **Leb.-Erwart.:** 71 J. – **Säugl.-Sterbl.** (1989): 1,2% – **Analph.:** 2% – **Bev.-Wachstum** (1979–89): + 6,5% (Geb.- u. Sterbeziffer 1990: 1,4%/1,1%) – **Sprachen:** Weißrussisch als Amtssprache; Sprachen d. Minderheiten – **Religion:** mehrheitl. Russisch-Orthodox – **Städt. Bev.:** 66% – **Städte** (Z 1989): Mensk [Minsk] (Hptst.) 1 612 000 Ew. ; Gomel 500 000, Mogilew 360 000, Witebsk 350 000, Grodno 270 000, Brest 260 000, Bobrujsk 225 000, Baranowitschi 160 000, Borisow 150 000, Orscha 125 000, Pinsk 120 000

STAAT (*Chronik WA '92 u. Sp. 169f.*) Republik – Verfassung d. ehem. Weißruss. SSR in Kraft; neue Verfass. in Vorbereitung – Parlament (Oberster Sowjet) als oberstes Legislativorgan – 6 Gebiete (Oblast) sowie 153 Bezirke (Rajon) u. bezirksfreie Städte – **Staatsoberhaupt:** Stanislas Schuschkewitsch, seit 18. 9. 1991; Vors. d. Ob. Sowjets – **Regierungschef:** Wjatscheslau Kebitsch – **Äußeres:** Pjotr Krawtschenko – **Parteien:** Nach Parl.-Wahlen von 1990 konservative kommunist. Mehrheit in Parl. u. Reg.; Spaltung der KP u. Bildung eines oppositionellen Demokratischen Blocks: Nationale Volksfront »Adradshennje« (Wiedergeburt) u. a. abgeleitete Parteien – **Unabh.:** Souveränitätserklärung am 27. 7. 1990, Unabh.-Erkl. am 25. 8. 1991 – **Nationalfeiertag:** 25. 8. (Unabhängigkeit)

WIRTSCHAFT (*GUS-Wirtschaftsindikatoren 1991* → *Tab. Sp. 523f.*) **BSP** 1989: 60 800 Mio. $ = 5960 $ je Ew. (41); Anteil am BSP d. UdSSR: 4,2% – **Erwerbstätige** 1991: 5,1 Mio.; davon in staatl. Untern. u. Organisationen 70,3%, Kolchosen u. neue Genossenschaften 17,8%, Pachtunternehmen 6,4%, Aktiengesellschaften, Konzerne, Fonds 3,5%; Anteil 1987: **Forst- u. Landwirtsch.** 22%, **Industrie u. Bau** 40%, **Handel u. Verkehr** 20%, **Dienstleistungen** 18% – **Währung:** Rubel *(→ Rußland)* – **Bergbau u. Rohstoffgewinnung:** Torf in großen Mengen (zur Energieerzeugung); Stein- u. Kalisalze, Phosphorit; Erdöl (1991: 2,1 Mio. t; 1990/91: +0,3%); Erdgas (1991: 0,3 Mrd. m³; 1990/91: −1%) *(Produktion von Energiegütern 1991 → Tab. Sp. 525f.);* **Industrie:** Chemikalien, Maschinenbau, Leichtind.;

Landwirtschaft: Leinfaserprod. (1988: 24% d. Gesamtprod. d. UdSSR); Kartoffeln (16%); Viehzucht (Rindfleisch: 6%) u. Milchwirtschaft (7%), Getreide (4%) − **Außenhandel Saldo** 1988: −2,1 Mrd. Valutarubel; **Import** (1989): 19350 Mio. Rbl, davon 76,7% aus d. übrigen UdSSR u. 23,3% aus d. Ausland; Güter: metallurg. Erzeugn., Erdöl, Erdgas sowie landwirtschaftl. Vorprod.; **Export** (1989): 20300 Mio. Rbl, davon 90,2% in d. übrige UdSSR u. 9,8% ins Ausland; Güter: Maschinenbauerzeugn. u. Prod. d. Nahrungsmittelind.

PRESSE 1990: 216 Tageszeitungen, davon 130 in Weißruss. sowie 110 Zeitschriften, davon 31 in Weißruss.) − *Nachrichtenagentur:* BELTA (Byelorussian Telegraph Agency)

WESTSAMOA Ozeanien
Unabhängiger Staat Westsamoa; Malotuto'atasi o Samoa i Sisifo; Independent State of Western Samoa − WS

LANDESSTRUKTUR Fläche (163): 2831 km² − **Einwohner** (170): (F 1990) 165000 = 56 je km²; (Z 1986) 157158; 72% auf Upolu, 28% auf Savai'i − 90% Samoaner (Polynesier), 9% Euronesier (Mischl.), chines. Minderh., etwa 1500 Europäer − **Leb.-Erwart.:** 66 J. - **Analph.:** k. Ang. − Jährl. **Bev.-Wachstum** (⌀ 1980−90):0,6% (Geburtenziffer 1990: 4,7%) − **Sprachen:** Samoanisch u. Englisch als Amtsspr. − **Religion:** 75% Protestanten (davon 21% Method., 8% Mormonen); rd. 22% Katholiken − **Städt. Bev.:** 22% − **Städte** (Z 1981): Apia (Hptst.) auf Upolu 33170 Ew.

STAAT Mischform traditioneller u. parlamentarischer Einrichtungen − Gesetzgebende Versammlung (»fono«) mit 47 Mitgl., Wahl alle 3 J. − Seit April 1991 erstmals allg. Wahlrecht, 56000 Bürger wahlberechtigt, zuvor nur 20000 »Matai« (Häuptlinge) − 24 Distrikte − **Staatsoberhaupt:** Malietoa Tanumafili II., seit 1962, auf Lebenszeit − **Regierungschef:** Tofilau Eti Alesana, seit 1988 − **Parteien:** Erste allg. Wahlen im April 1991: Human Rights Protection P./HRPP (Reg.-Partei) 30 Sitze; Samoa National Development Party/SNDP 16; Unabh. 1 − **Unabh.:** 1. 1. 1962 − **Nationalfeiertag:** 1. 6.

WIRTSCHAFT BSP 1990: 121 Mio. $ = 730 $ je Ew. (121); realer Zuwachs ⌀ 1980−90: 2,0%; **BIP** realer Zuwachs ⌀ 1980−85: 0,2%; Anteil 1985 **Landwirtsch.** ca. 49%, **Industrie** ca. 10% − **Erwerbstät.** 1986: Landw. 64%, Ind. 5,5% − Energieverbrauch 1988: 244 kg ÖE/Ew. − **Währung:** 1 Tala (WS$) = 100 Sene (s); 1 WS$ = 0,41 US-$; 100 WS$ = 63,29 DM − **Öff. Ausl.-Verschuld.** 1989: 72,3 Mio. $ − **Inflation** ⌀ 1980−90: 9,2% − **Außenhandel** 1990: **Import:** 186,6 Mio. WS$; Güter (S 1989): Erdölprod., Nahrungsmittel, Maschinen u. Ausrüst.; Länder: v. a. Neuseeland; **Export:** 20,3 Mio. WS$; Güter (S 1989): 60% Kopra, bis 10% Kakao, 15% Taro, 4% Holz, Zigaretten; Länder: 33% Neuseeland u. a. Commonwealth-Partner, 25% Australien, 10% Japan, 10% USA

PRESSE (Aufl. i. Tsd.) *Wochenzeitungen:* Apia: The Samoa Observer (5) − The Samoa Times (4) − Samoa Weekly (4) − South Seas Star

ZAIRE Zentral-Afrika
Republik Zaire; République du Zaïre [Saïre]; früher: Belgisch Kongo − ZRE

LANDESSTRUKTUR Fläche (12): 2345409 km² (n. eig. Ang. 2344885 km²) − **Einwohner** (29): (F 1990) 35564000 = 15 je km²; (Z 1984) 29671407 − Zairer; v. a. Bantu-Gruppen (18% Luba, 17% Mongo, 12% Kongo, 10% Ruanda), Ubangi-Gruppen, Niloten, Pygmäen; ca. 10000 Europäer (meist Belgier) − **Leb.-Erwart.:** 52 J. − **Säugl.-Sterbl.:** 9,4% − **Analph.:** 28% − Jährl. **Bev.-Wachstum** (⌀ 1980−90): 3,2% (Geb.- u. Sterbeziffer 1990: 4,5%/1,4%) − **Sprachen:** Französisch als Amtsspr., 4 Nationalspr.: ChiLuba, Kikongo, Lingala, KiSuaheli; außerd. Luvena, Chokwe, Gbaya, Kituba u. a. − **Religion:** 47% Katholiken, 28% Protestanten u. 16,5% and. christl. Glaubensgemeinschaften (u. a. 700000 Kimbanguisten), Muslime, 1500 Juden: im übr. rd. 50% Anh. v. Naturrel. − **Städt. Bev.:** 40% − **Städte** (S 1985): Kinshasa (fr. Léopoldville) (Hptst.) 2778000 Ew. (A: 8762000); (S 1984): Lubumbashi (Elizabethville) 543000, Mbuji-Mayi (Bakwanga) 423000, Kananga (Luluabourg) 290000, Kisangani (Stanleyville) 282000, Likasi (Jadotville) 194000, Bukavu (Costermansville) 171000, Kikwit 146000, Matadi 144000, Mbandaka (Coquilhatville) 125000

STAAT Präsidialrepublik − Verfassung von 1978 − Einführung d. Mehrparteiensystems 1990 − Parlament aus 1 Kammer (Wahl auf 5 J.) als »Nationaler Gesetzgebungsrat« mit 210 Volkskommissaren, dem Staatspräs. verantwortlich − »Nationalkonferenz zur Demokratisierung d. Landes«, in der alle polit. Kräfte vertreten sind (Präs.: Bischof Laurent Mossengwo Pasinya, rd. 2700 Teilnehmer) seit

4. 9. 1991 mit Ausarbeitung einer neuen Verfass. u. Vorbereitung von Parl.-Wahlen beauftragt – »Nationaler Sicherheitsrat« seit 1979 – »Nat. Exekutivrat« als Regierung – 10 Regionen u. Stadtbezirk d. Hptst. – **Staatsoberhaupt:** Präs. Mobutu Sésé-Séko (Kuku-Ngbendu-wa-za-Banga), seit 1965, gewählt 1970, erneut 1984 u. 1991 – **Regierungschef:** Etienne Tshisekedi (Vors. d. UDPS), seit 15. 8. 1992 (Wahl durch d. Nationalkonferenz) – **Äußeres:** Pascal Lumbi – **Parteien:** Mouvement Populaire de la Révolution/MPR (ehem. Einheitspartei); Oppos.-Bündnis »Union Sacrée« (Heilige Union) aus 150 polit. Gruppierungen; u. a. Union pour la démocratie et le progrès social/UDPS, Demokrat. Versammlung für d. Rep./RDR, Union demokrat. Unabh./UDI – Parl.-Neuwahlen angekündigt – **Unabh.:** 30. 6. 1960 – **Nationalfeiertag:** 30. 6.

WIRTSCHAFT BSP 1990: 8117 Mio. $ = 220 $ je Ew. (164); realer Zuwachs $\emptyset$ 1980–90: 1,6%; *(Anteil Entwicklungshilfe u. Ausl.-Schulden → Tab. Sp. 471f.);* **BIP** 1990: 7540 Mio. $; realer Zuwachs $\emptyset$ 1980–90: 1,8%; Anteil 1990 **Landwirtsch.** 30%, **Industrie** 33% – **Erwerbstät.** 1989: Landw. ca. 66%, Ind. ca. 13% – **Energieverbrauch** 1990: 71 kg ÖE/Ew. – **Währung:** 1 Zaire (Z) = 100 Makuta (K; Sing. Likuta); 1 US-$ = 369939 Z; 1 DM = 236883 Z – **Ausl.-Verschuld.** 1990: 10115 Mio. $ = 141,0% d. BSP – **Inflation** $\emptyset$ 1980–90: 60,9% – **Außenhandel** 1990: **Import:** 747 Mio. $; Güter (1985): 18% Maschinen, 18% Nahrungsmittel, 18% Erdöl u. Erdölerzeugn., 13% Transportausrüst., 8% Metalle, 8% Chemikalien; Länder: 29% Belgien-Luxemb., 13% Frankr., 12% BRD, 11% USA, 5% Rep. Südafrika, 5% Großbrit., 4% Schweiz; **Export:** 1240 Mio. $; Güter: 48% Kupfer, 11% Diamanten, 11% Erdöl (roh), 6% Kaffee; Länder: 64% Belgien-Luxemb., 7% Frankr., 7% BRD, 6% USA, 5% Schweiz

PRESSE (Aufl. i. Tsd.) *Tageszeitungen:* Kinshasa: Elima (35) – Salongo (20) – Lubumbashi: Mjumbe – *Nachrichtenagentur:* AZAP (Agence Zaïre Presse)

ZENTRALAFRIKANISCHE REPUBLIK
Zentral-Afrika
République Centrafricaine, Be Afrika (in Sango); fr. Ubangi-Schari – RCA

LANDESSTRUKTUR Fläche (42): 622984 km² – **Einwohner** (123): (F 1990) 3036000 = 4 je km²; (Z 1975) 2054610 – Zentralafrikaner; haupts. Ubangi-Gruppen (u. a. bis 40% Banda, 24% Gbaya, 21% Mandja) u. Bantu; einige 1000 Europäer (meist Franzosen) – **Leb.-Erwart.:** 49 J. – **Säugl.-Sterbl.:** 10,1% – **Analph.:** 62% – Jährl. **Bev.-Wachstum** ($\emptyset$ 1980–90): 2,7% (Geb.- u. Sterbeziffer 1990: 4,2%/1,6%) – **Sprachen:** Französisch u. Sango (kreol. Spr.) als Amtsspr.; Ubangi-Sprachen u. Fulani als Umgangsspr. – **Religion:** rd. 60% Anh. v. Naturrel.; 49% Protestanten, 33% Katholiken, im N 5–8% Muslime – **Städt. Bev.:** 47% – **Städte** (S 1984): Bangui (Hptst.) 473800 Ew.; Bossangoa 101000, Berbérati 100000, Bouar 91000, Carnot 83000, Mbaiki 74000, Bambari 76000

STAAT Präsidialrepublik – Verfassung von 1986 – Parlament (Kongreß) aus 2 Kammern (Nationalversamml. u. Wirtschafts- u. Regionalrat mit insg. 52 Sitzen) – »Militärausschuß für d. Nationalen Wiederaufbau«/CMRN seit Putsch 1981 – Wahl d. Abg. u. d. Präs. alle 6 J. – Allg. Wahlrecht – 16 Präfekturen u. 52 Unterpräfekturen – **Staatsoberhaupt:** General André Kolingba (Vors. d. CMRN), seit 1981 – **Regierungschef:** Edouard Franck, seit 1991 – **Äußeres:** Laurent Gomina-Pampali – **Parteien:** Letzte Wahlen 1987: Rassemblement démocratique Centrafricain/RDC (Demokrat. Sammlungspartei) alle 52 Sitze (einzig zugelassene Partei) – Oppos.-Bündnis »Concertation des Forces Démocratiques«/CFD aus 14 Parteien – Mehrparteiensystem angekündigt – **Unabh.:** 13. 8. 1960 – **Nationalfeiertag:** 1. 12.

WIRTSCHAFT BSP 1990: 1194 Mio. $ = 390 $ je Ew. (145); realer Zuwachs $\emptyset$ 1980–90: 1,4%; *(Anteil Entwicklungshilfe u. Ausl.-Schulden → Tab. Sp. 471f.);* **BIP** 1990: 1220 Mio. $; realer Zuwachs $\emptyset$ 1980–90: 1,5%; Anteil 1990 **Landwirtsch.** 42%, **Industrie** 17% – **Erwerbstät.** 1989: Landw. 64%, Ind. ca. 10% – **Energieverbrauch** 1990: 30 kg ÖE/Ew. – **Währung:** 1 CFA-Franc = 100 Centimes (c); 1 FF = 50 CFA-Francs (Wertverh. zum FF); 100 CFA-Francs = 0,595 DM – **Ausl.-Verschuld.** 1990: 901 Mio. $ = 70,6% d. BSP – **Inflation** $\emptyset$ 1980–90: 5,4% – **Außenhandel** 1990: **Import:** 170 Mio. $; Güter: 34% Maschinen u. Transportausrüst., 20% Nahrungsm.; **Export:** 130 Mio. $; Güter (1989): 25% Diamanten, Gold, 25–30% Kaffee, Holz, Baumwolle, Kautschuk; Länder (1989): ca. 50% Frankr. u. a. EG-Länder, USA, Japan, Israel

PRESSE (Aufl. i. Tsd.) *Tageszeitung:* Bangui: É Le Songô (1) – *Wochenzeitungen:* Renouveau Centrafricain – Terre Africaine – *Nachrichtenagentur:* ACAP (Agence Centrafricaine de Presse)

ZYPERN Europa

Republik Zypern; engl.: Rep. of Cyprus; griech: Kypriakí Dimokratía; türk.: Kibris Cumhuriyeti – CY

LANDESSTRUKTUR Fläche (159): 9251 km² (darunter 256 km² Milit. Stützp. Großbrit.); »griech.-zypriot. Gebiet« (d. eigentliche Zypern, inzwischen auch in d. Statistiken) 5896 km² – **Einwohner** (152): (F 1990) 701000 = 74 je km²; (Z 1982) 642731 – (F 1989): 77% (556400) griechische Zyprioten, 18% (129600) türkische Zyprer, 9000 Angeh. v. Minderheiten (Maroniten, Armenier, Latiner); ca. 70000 Libanonflüchtlinge – Seit türk. Invasion als Folge des Putsches v. Sommer 1974 griech. u. türk. Siedlungsgebiete mit wenigen Ausnahmen geteilt (Flucht von rd. 45000 türk. Z. in d. N, rd. 200000 griech. Z. in d. S) – **Leb.-Erwart.:** 77 J. – **Analph.:** k. Ang. – Jährl. **Bev.-Wachstum** (Ø 1980–90): 1,1% (Geburtenziffer 1990: 2,2%) – **Sprachen:** Griechisch u. Türkisch als Amtsspr.; Englisch wichtig als Bildungs- u. Verkehrsspr. – **Religion:** 77% orthodoxe Christen (Griechen), 18% Muslime (Türken); kleine Minderh. von Maroniten, armenischen Christen, Katholiken u. Anglikanern – **Städt. Bev.:** rd. 43% – **Städte** (S 1985): Nicosia [Levkosía, türk. Lefkośa] (Hptst., derzeit geteilt) 164400 Ew. (türk. Gebiet 38500, S 1987); Limassol [Lémessos, Leymosun] 121300, Lárnaca 53500, Famagusta [im türk. Gebiet, türk. Gazi Mağusa, griech. Ammóchostos] 20000, Páphos 23200

STAAT Präsidialrepublik – Verfassung von 1960 – Parlament mit 80 Sitzen, davon 56 für griech. Zyprioten, 24 für türk. Zyprer (vakant) – **Staats- u. Regierungschef:** Präs. Georgios Vassiliou, seit 1988; vom türkisch sprechenden Gebiet u. v. d. Türkei nicht anerkannt – **Äußeres:** Georgios Iakovou – **Parteien:** Wahlen (Wahl der 56 griech.-zypriot. Abg.) vom 19. 5. 1991 (1985): DISY (Demokrat. Sammlung) 20 Sitze (1985: 19 Sitze); AKEL (Prokommunist. Fortschrittspartei d. werktätigen Volkes) 18 (15); DIKO (Demokrat. Partei) 11 (16); EDEK (Sozialist. Demokrat. Union) 7 (6) – **Unabh.:** 16. 8. 1960; seit d. türk. Invasion 1974 Teilung Zyperns in ein griech. u. ein international nicht anerkanntes türkisches Gebiet (TRNC) – **Nationalfeiertag:** 1. 10.

WIRTSCHAFT BSP 1990: 5633 Mio $ = 8020 $ je Ew. (31); realer Zuwachs Ø 1980–90: 6,0%; **BIP** Anteil 1988 **Landwirtsch.** 8%, **Industrie** 26% (TRNC: 18%) – **Erwerbstät.** 1989: Landw. rd. 15%, Ind. 29% (TRNC: 32%) – **Währung:** 1 Zypern-Pfund (Z£) = 100 Cents (c); 1 Z£ = 2,30 US-$ = 3,50 DM – **Inflation** Ø 1980–90: 5,7% – **Außenhandel** 1989 (nur griech.-zypriot. Gebiet): **Import:** 1130 Mrd. Z£; Güter: Textilien, Fahrzeuge, Metalle, chem. Prod.; Länder: 12% Frankr., 11% Großbrit.; **Export:** 248 Mrd. Z£; Güter: rd. 50% industrielle Fertigwaren, Kleidung, Schuhe, bis 20% Kartoffeln, Obst u. Wein, Kupfer u. Eisenkies bzw. -konzentrate, Asbest; Länder: 44% EG-Länder, v. a. Großbrit., BRD sowie USA, UdSSR – **Außenhandel** 1988 (TRNC): **Import:** Güter: Halbfertigwaren, Nahrungsmittel u. Transportausrüst., Erdölprod.; Länder: 43% Türkei; **Export:** Güter: Nahrungsmittel; Länder: 67% Großbrit.

PRESSE (Aufl. i. Tsd.) *Tageszeitungen:* Nikosia: Agon (9)/Gr. – Alithia (8)/Gr. – Apogevmatini (10)/Gr. – Birlik (5)/UBP, Türk. – Cyprus Mail (3)/Engl. – Eleftherotypia (7)/DIKO, Gr. – Halkin Sesi (6)/Türk. – Haravghi (13)/AKEL, Gr. – Kibris Postasi (5)/Türk. – Phileleftheros (20)/Gr. – Simerini (13)/DISY, Gr. – *Nachrichtenagenturen:* Cyprus News Agency – TAK (Türk Ajansi Kibris)

TÜRKISCHE REPUBLIK NORDZYPERN
Turkish Republic of Northern Cyprus (nur von der Türkei anerkannt) – TRNC

Landesstruktur *Fläche* (148): 3355 km² (= 37% v. Gesamtzypern) – *Einwohner* (F 1988): 167254 = 50 je km² (insg. rd. 18% d. zypr. Gesamtbev.) – (S 1985): 158225 türk. Zyprer, 733 griech. Zyprioten, 368 Maroniten u. 961 andere; zusätzlich 20000 türk. Soldaten u. 80000 anatolische Siedler – *Religion:* fast nur sunnit. Muslime
Regierungsform Verfassung von 1975 mit Sonderstatus für türk. Zyprer u. auton. Regierung, Änderung 1985, darin Wiedervereinigung nicht angesprochen, aber Möglichkeit eines bizonalen föderativen Staates Zypern – *Staatsoberhaupt:* Rauf Denktaś [Denktasch], seit 1975, wiedergewählt 1985 u. 1990 – *Regierungschef:* Dr. Derviś [Derwisch] Eroğlu (UBP), seit 1985 – *Äußeres:* Dr. Kenan Atakol – *Parteien:* Wahlen vom 6. 5. 1990: Ulusal Birlik Partisi/UBP (Nationale Einheitspartei, faktisch v. Denktaś geführt) 34 Sitze; Sammlungsbewegung des nationalen Kampfes insg. 28 Sitze (Oppos. aus Linksparteien [Republikan. Türkische P. 7, Kommunale Freiheitsp. 8, Neue DAWN-Partei 1] u. einer Formation festlandtürk. Siedler) ; Neue Zyprische Partei u. Unabhängige 2 – **Unabh.:** einseitige U.-Proklamation am 15. 11. 1983, nur v. d. Türkei anerkannt

Kurzbiographien
ausländischer politischer Persönlichkeiten

Vorbemerkung: In diesem Kapitel sind in Auswahl ausländische politische Persönlichkeiten berücksichtigt, die im Sommer 1992 hohe Staatsämter bekleideten oder auf andere Weise in den Vordergrund des Interesses rückten. Die Kurzbiographie ist oft ausführlicher, wenn der Politiker noch unbekannt ist, da bei schon länger amtierenden (z. B. *Soares*) ein bestimmter Bekanntheitsgrad vorausgesetzt werden kann; in diesen Fällen werden vor allem die wichtigsten Daten der jüngsten Zeit genannt. Die Namen sind nach der im jeweiligen Land im allgemeinen üblichen Schreibweise bzw. Transkription angeordnet; in eckigen Klammern steht die z. T. in deutschsprachigen Publikationen übliche Schreibweise. (**Dsch** siehe auch unter **G** bzw. **J**; **Sch** auch unter **Ch** bzw. **Sh**; **Tsch** auch unter **Ch**.)

Abdessalam, *Belaid* (Algerien), * 1928; seit 1992 Premierminister.
Studium der Medizin in Algier und Grenoble; danach als Lehrer an einer Schule der »Nationalen Befreiungsfront«/FLN im marokkanischen Oudja tätig. Geprägt vom Kampf gegen die französische Kolonialherrschaft 1954–62. Fachmann für Fragen der Erdölwirtschaft und von 1964–66 Präsident der staatlichen Erdölgesellschaft »Sonatrach«. 1965–77 unter Präsident *Houari Boumedienne* Minister für Industrie und Energie. Nach dem Tod seines Förderers *Boumedienne* 1979 scheidet er 1980 aus dem Politbüro der FLN aus. Erst 1985 wird ihm als Botschafter in Belgien und bei der EG wieder eine öffentliche Aufgabe übertragen. Nach dem Rücktritt von *Sid Ahmed Ghozali* am 8. 7. 1992 vom »Hohen Staatsrat« zu dessen Nachfolger als Ministerpräsident ernannt. S. steht vor der schwierigen Aufgabe, den Zulauf zu schwächen, den die Fundamentalisten mit ihrer Forderung nach einer islamischen Revolution ungeachtet des Verbots der »Heilsfront« weiterhin haben.

Aho, *Esko* (Finnland), * Veteli, 20. 5. 1954; seit 1991 Ministerpräsident.
Aufgewachsen auf einem Bauernhof in Kannus (Osterbotten). Nach dem Studium der Politikwissenschaften Engagement in der Zentrumspartei und bereits mit 28 Jahren im Reichstag. Im Juli 1990 zum Vorsitzenden gewählt, führt er seine Partei bei den Wahlen am 17. 3. 1991 zum Sieg und wird am 26. 4. Chef einer Koalition mit den Konservativen, der liberalen Schwedenpartei und der Christlichen Union.

Akajew, *Askar* (Kirgistan/Kyrgystan), * 1944; seit 1991 Staatspräsident, ab 1992 auch Ministerpräsident.
Nach dem Studium der Physik in Leningrad (heute wieder St. Petersburg) wissenschaftliche Laufbahn; in den 80er Jahren Präsident der Kirgisischen Akademie der Wissenschaften. Mitglied des ZK der KPdSU; im Herbst 1990 vom Obersten Sowjet in Frunse (inzwischen wieder in Bischbek umbenannt) zum Parlamentspräsidenten gewählt. Gibt der Sowjetrepublik ihren alten Namen Kirgistan zurück und streicht die Bezeichnungen »sowjetisch« und »sozialistisch«. Versammelt die 20 größten Volksgruppen seines Landes zu regelmäßigen Aussprachen an einem »Runden Tisch«. Als einziger der zentralasiatischen Republikspräsidenten verurteilt er von Anfang an den Moskauer Putsch vom August 1991, nach dessen Niederschlagung und die Unabhängigkeit seiner an China angrenzenden Republik erklärt. Bei den ersten direkten Präsidentenwahlen am 12. 10. ohne Gegenkandidat mit etwa 95 % der Stimmen zum Staatspräsidenten gewählt, übernimmt er am 2. 3. 1992 auch das Amt des Ministerpräsidenten.

Amato, *Giuliano* (Italien), * Turin 13. 5. 1938; seit 1992 Ministerpräsident.
Nach dem Jurastudium, u. a. in den USA, Karriere als Wissenschaftler; Inhaber eines Lehrstuhls für Verfassungsrecht an der Universität in Rom. Politische Laufbahn im Partido Socialista/PSI, dem er bereits 1958 beitritt; seit 1978 Mitglied des Präsidiums. Zeitweilig Führungsposition im sozialistischen Gewerkschaftsbund/CGIL. Enger Vertrauter von Parteichef *Bettino Craxi*; unter ihm 1983–87 Staatssekretär im Amt des Ministerpräsidenten. Unter den christdemokratischen Regierungschefs *Giovanni Goria* und *Ciriaco De Mita* 1987–89 stellv. Ministerpräsident und Schatzminister. Stellv. Vorsitzender des PSI und zuletzt kommissarischer Vorsitzender der Mailänder PSI, nachdem deren Führung wegen eines Schmiergeldskandals in Verruf gekommen war. Nach den Parlamentswahlen vom 5. 4. 1992, die erhebliche Stimmenverluste für die Koalition unter Ministerpräsident *Giulio Andreotti* brachte, am 18. 6. von Staatspräsident → *Scalfaro*

mit der Regierungsbildung beauftragt, gelingt ihm eine Neuauflage des Bündnisses aus PSI, DC, PSDI und PLI. A., der 51. Ministerpräsident nach dem Krieg und der zweite der PSI, nennt als größte Herausforderungen die Sanierung des Haushaltes, den Kampf gegen die Kriminalität sowie die Verbesserung der Moral der Politiker.

Anand Panyarachun (Thailand), * Bangkok 8. 8. 1932; 1991 und seit 1992 Premierminister.
Sohn eines Staatssekretärs für Bildungsfragen unter König *Rama VI*. Nach der Schulausbildung an einem christlichen Institut in Bangkok Studium in London. 1955 in den Auswärtigen Dienst eingetreten, arbeitete er an Botschaften in New York, Kanada und Washington. Als Staatssekretär im Außenministerium gilt er Mitte der 70er Jahre als einer der Begründer der modernen thailändischen Außenpolitik, die nach dem Vietnamkrieg erheblich zur Normalisierung der Beziehungen seines Landes zu China und den Ländern Indochinas beigetragen hat. Botschaftstätigkeit in Bonn (1977–78), danach Karriere in der Privatwirtschaft als Vorsitzender des Saha-Konzerns und ab 1988 auch Vorsitzender der Vereinigung des thailändischen Industrieverbandes. Nach dem Putsch vom 23. 2. 1991 gegen den gewählten Premier *Chatichai Choonhavan* Anfang März von der Militärjunta als Chef einer Übergangsregierung eingesetzt. Nach den durch das Militär blutig niedergeschlagenen Demonstrationen vom 17. bis 20. 5. 1992, die zum Sturz von Ministerpräsident *Suchinda Kraprayoon* führen, wird A., der als unabhängig sowohl von den Militärs als auch von der Parteipolitik gilt, von König *Bhumipol* am 10. 6. zum neuen Ministerpräsidenten ernannt und bildet am 14. 6. ein Kabinett, dem keine Parteipolitiker, sondern Fachleute angehören, löst am 30. 6. das Parlament auf und macht damit den Weg für Neuwahlen am 13. 9. frei. Er sieht seine Hauptaufgabe darin, Thailands Staats- und Wirtschaftsstrukturen von Grund auf zu überarbeiten.

Antall, *József* (Ungarn), * Budapest 8. 4. 1932; seit 1990 Ministerpräsident.
Sohn des Führers der »Partei der Kleinlandwirte« und Ministers für Wiederaufbau und Finanzen vor der kommunistischen Machtübernahme. Nach dem Besuch der Schule der ungarischen Elite, des Gymnasiums der Piaristen, Studium der Geschichte an der Universität Budapest. Während des Volksaufstandes 1956 Vorsitzender eines örtlichen Revolutionskomitees und Gründer des Christlich-Demokratischen Jugendverbandes. Nach der Niederschlagung der Erhebung durch die sowjetische Armee verhaftet und mit Lehrverbot belegt. Erst 1960 darf der diplomierte Archivar und Gymnasiallehrer im Zuge der neuen Offenheit wieder eine Fachstelle antreten. Ab 1964 als Medizinhistoriker im Budapester Semmelweis-Museum, seit 1974 Direktor des renommierten Instituts. Im September 1987 Mitbegründer des »Demokratischen Forum«/UDF, für das er ab Sommer 1989 an den Gesprächen am »Runden Tisch« teilnimmt, bald eine der herausragenden Persönlichkeiten auf Oppositionsseite. Im Oktober 1989 zum Vorsitzenden des UDF gewählt, die aus den ersten völlig freien Wahlen in Ungarn seit 45 Jahren am 25. 3. und 8. 4. 1990 als stärkste Partei hervorgeht, und im Mai als Ministerpräsident vereidigt.

Arafat, *Jassir* [*Yassir*] [eigentlich *Abdal Rauf Arafat al-Qudwa al-Husaini*; Deckname *Abu Ammar*] (Palästina), * Jerusalem 21. 3. 1929 (nach anderen Angaben am 27. 8. 1929 in Kairo); seit 1967 Führer der Al Fatah, seit 1969 Vorsitzender des ZK der PLO, seit 1989 auch Präsident des »Staates Palästina«.
Geboren als Sohn eines Textilhändlers in Jerusalem; 1948 Teilnahme am arab.-israel. Krieg; seit 1951 in Kairo Studium der Elektrotechnik, Gründung der General Union of Palestine Students/GUPS. Während der Suez-Krise 1956 als Reserveoffizier der ägypt. Armee Teilnahme am Krieg gegen Frankreich, Großbritannien und Israel. 1957–65 als Bauingenieur in Kuwait tätig. Führer der »Bewegung für die Befreiung Palästinas«/Al Fatah; seit Febr. 1969 Vors. des »Zentralrates der Palästinensischen Befreiungsfront«/PLO, seither stets wiedergewählt. Heftiger Gegner des ägypt.-israel. Friedensvertrages von 1979. Findet seit 1979 international ständig mehr Anerkennung. Nach dem Abzug der PLO-Verbände aus dem Südlibanon am 30. 8. 1982 Errichtung eines provisorischen Hauptquartiers in Tunis. Am 20. 12. 1983 Evakuierung A.s und seiner Anhänger mit Schiffen unter UN-Flagge aus Tripolis. Nachdem König *Hussein* von Jordanien im Juli 1988 die rechtlichen und administrativen Bindungen seines Landes mit Westjordanien löst und die PLO auffordert, das Machtvakuum zu füllen, proklamiert der »Palästinens. Nationalrat«/PNC unter A. am 15. 11. 1988 in Algier einen unabhängigen Palästinenserstaat in den von Israel besetzten Gebieten mit der Hauptstadt Jerusalem und erkennt erstmals indirekt das Existenzrecht Israels an, indem die Mehrheit der Delegierten der UN-Resolution 242 von 1967 (in der Israel zum Rückzug aus den besetzten arab. Gebieten und die Araber zur Einstellung der Feindseligkeiten gegen Israel aufgefordert werden) zustimmt. Auf einer Sitzung des Zentralrates in Tunis am 2. 4. 1989 wird A. zum 1. Präs. des »Unabhängigen Staates Palästina« gewählt, bis »nach dem Ende der israel. Besatzung freie und demokratische Wahlen« abgehalten werden können. Stellt sich im Golf-Konflikt im August 1990 auf die Seite des Irak und ist nach dessen Niederlage selbst unter den meisten arabischen Staaten isoliert.

Assad, *Hafez [Hafis] el* [»Beschützer des Löwen«] (Syrien), *bei Al Ladhakijja [Latakia] 6. 10. 1930; seit 1971 Staatspräsident.
Militärische Laufbahn. Führender Angehöriger des »rechten« (militärischen) Flügels des Baath (»Sozialistische Partei der Arabischen Wiedergeburt«). Am 13. 11. 1970 Regierungschef. Am 2. 3. 1971 Präsident der Republik; seither stets wiedergewählt. Verteidigt im Nahostkonflikt hart die arabische Position. Im Nov. 1982 Ablehnung des US-Nahost-Friedensplans und Zusicherung weiterer Unterstützung an PLO. Im Mai 1983 Ablehnung des von USA, Israel und Libanon ausgehandelten Vertragsentwurfs als ein Libanon aufgezwungenes Dokument, welches auch die Sicherheit Syriens und der gesamten arabischen Welt gefährde. Erreicht mit der Auflösung der »Multinationalen Friedenstruppe«/MNF und der Verwerfung des israelisch-libanesischen Abkommens vom Mai 1983 durch die libanesische Regierung einen ersten Erfolg mit seiner Libanon-Politik. Verurteilt die irakische Annexion Kuwaits im August 1990 und reiht sein Land in die Front der USA und ihrer Verbündeten ein. Bringt im Schatten des Golfkrieges den Libanon unauffällig auf prosyrischen Kurs.

Attas, *Haidar Abu Bakr al* (Republik Jemen), *1940; seit 1990 Ministerpräsident.
Elektriker. 1964–68 Besuch des techn. Instituts der Universität Kairo. Inhaber verschiedener Kabinettsposten in der Demokratischen Volksrepublik Jemen; 1969–75 Minister für öffentl. Arbeiten, anschl. für Kommunikationswesen und ab Ende 1979 für Wohnungsbau. Seit März 1975 Mitglied des ZK der Regierungspartei des Südjemen. Als Nachf. von *Ali Nasir Muhammad Hasani* ab Febr. 1985 Regierungschef; am 7. 2. 1986 vom Politbüro der »Jemenitischen Sozialistischen Partei« zum Staatspräsidenten erklärt. Nach der Vereinigung von Nord- und Südjemen zur Republik Jemen im Mai 1990 Ministerpräsident einer Übergangsregierung.

Aylwin Azócar, *Patricio* (Chile), *Vina del Mar 26. 11. 1918; seit 1990 Staatspräsident.
Nachfahre von Einwanderern aus Wales. Jurist wie sein Vater, der Präsident des Obersten Gerichtshofes war. Als Student in Kontakt mit der Jugendorganisation der kath. Kirche und der Konservativen Partei. Ende der 30er Jahre Abwendung von dieser Partei und Mitbegründer der Falange (die mit der gleichnamigen spanischen Bewegung nichts gemein hat.) Aus der Falange wird in den 50er Jahren die »Christlich-Demokratische Partei«/PDC, in der er bisher siebenmal das Amt des Vorsitzenden ausübte. 1970 in den Senat gewählt, wird er 1971 dessen Präsident und hat damit das zweithöchste Staatsamt inne. 1970 Verhandlungsführer bei der Ausarbeitung von Verfassungsgarantien, die der Sozialist *Salvador Allende* geben muß, um vom Kongreß bestätigt zu werden. Die anfänglich positive Bewertung des Sturzes von *Allende* durch General *Augusto Pinochet* 1973 seitens vieler Christdemokraten bezeichnet er als tragischen politischen Fehler. Durch das Verbot der Parteien für Jahre zur politischen Abstinenz gezwungen, kehrt A. ins öffentliche Leben zurück, als er 1988 als Sprecher des »Nein Kommandos« die erfolgreiche Kampagne der Opposition gegen ein weiteres 8jähriges Mandat für General *Pinochet* führt. Anfang 1989 zuerst von der PDC und bald danach von weiteren 16 politischen Bewegungen zum Präsidentschaftskandidaten nominiert. Bei den Wahlen am 14. 12. 1989 erringt A. die absolute Mehrheit (55,2%) und wird am 11. 3. 1990 nach fast 17jähriger Militärdiktatur als Präsident der Republik vereidigt.

Babangida, General *Ibrahim Badamasi* (Nigeria), *Minna/Niger 17. 8. 1941; seit 1985 Staatspräsident.
Angehöriger des Fulani-Volkes. Armeelaufbahn, Ausbildung an der Militärakademie in Kaduna; zusätzliche Ausbildung in Indien, Großbritannien und USA: 1964–66 Truppenkommandeur, 1970–72 als Major Befehlshaber des Instituts der Verteidigungsakademie. 1977 Eintritt in Kommando und Stabskolleg, danach Kommandeur des Panzerkorps. Im März 1979 Beförderung zum Brigadegeneral. 1981–83 Direktor für Planung und Aufgaben des Armeestabs und Stabschef. Maßgeblich am Sturz der Zivilregierung von Präsident *Alhaji Shehu Shagari* 1983 und an der Ernennung von Generalmajor *Mohamed Buhari* zum Vorsitzenden des Militärrats beteiligt; nach dem Putsch Armeechef. In einem unblutigen Staatsstreich stürzt B. am 27. 8. 1985 die Militärregierung *Buhari*, der er Machtmißbrauch und Unfähigkeit vorwirft. B., der Ende 1990 auf der Gipfelkonferenz der Organisation für afrikanische Einheit/OAU zu deren neuem Vorsitzenden gewählt wird, strebt für 1992 den Übergang Nigerias von der Militär- zur demokratisch gewählten Zivilregierung an.

Baker, *James [»Jim«] Addison III* (USA), *Houston (Texas) 28. 4. 1930; seit 1988 Außenminister.
Sohn einer alten texan. Familie; Jurastudium an der Princeton Univ., nach 2 Jahren Koreakrieg an der Univ. of Texas. Seit dieser Zeit einer der engsten Freunde von → *Bush*. 1976 unterstützt er *Gerald Ford* (unter ihm stv. Handelsmin.) und 1980 zunächst *Bush* gegen *Ronald Reagan*. 1980–85 Stabschef im Weißen Haus, dann Finanzmin. und als solcher einer der erfolgreichsten Politiker in der Reagan-Regierung. Im Aug. 1988 scheidet er aus dem Amt, um den *Bush*-Wahlkampf zu leiten. Nach dessen Wahl zum Präs. am 8. 11. zum neuen

Außenmin. ernannt und damit Nachf. von *George Shultz.* Fordert am 23. 5. in einer Rede Konzessionen Israels an die Palästinenser, u. a. Einstellung der Besiedelung von Westjordanien und Gaza mit jüd. Siedlern und Aufgabe der »Vision eines Groß-Israel«. Teilnehmer der 1990 stattfindenden »2+4«-Gespräche der Außenminister der beiden deutschen Staaten und der 4 Mächte über äußere und sicherheitspolitische Aspekte der deutschen Einheit. Der Aufbau der erfolgreichen Anti-Saddam-Koalition nach dem Einmarsch des Irak in Kuwait ist vornehmlich sein Verdienst. Erreicht nach zähen Verhandlungen mit den Konfliktparteien die Einsetzung der Nahost-Friedenskonferenz, die am 30. 10. 1991 in Madrid erstmals zusammentritt; damit setzen sich nach 43 Jahren erstmals wieder Vertreter Israels, der arabischen Nachbarstaaten und der Palästinenser an einen Tisch. B. legt am 23. 8. seine Amtsgeschäfte im State Department nieder, um als Stabschef des Weißen Hauses den Wahlkampf von *Bush* zu leiten (amtierender Außenminister wird *Lawrence Eagleburger*).

Balaguer y Ricardo, *Joaquín Videla* (Domink. Republik), * Santiago de Los Caballeros 1. 9. 1907; 1961/62, 1966–78 und seit 1986 Staatspräsident.
Jurastudium mit Promotion, Rechtsanwalt. Jahrzehntelang Diplomat, zeitweise Außenminister (1954) und Vizepräsident (1957–60). 1961/62 Chef einer Regierungsjunta und Staatspräsident. Seit 1962 freiwillig in den USA im Exil, von dort aus Aufbau einer gemäßigten Partei (Partido Reformista/ PR) und 1965 Rückkehr nach Santo Domingo. 1966 nach Unterstützung durch die konservativen Schichten überraschend zum Präsidenten gewählt; Wiederwahl 1970 und 1974. Bei den Präsidentschaftswahlen 1978 und 1982 ohne Erfolg, aber als Kandidat des Partido Reformista Social Cristiano/PRSC Sieger der Wahlen vom 16. 5. 1986 und damit Nachfolger von Präsident *Salvador Jorge Blanco.* Am 16. 5. 1990 wird B. für weitere 4 Jahre im Amt bestätigt und setzt sich damit erneut gegen seinen Rivalen, den ehemaligen Staatspräsidenten *Juan Bosch,* Kandidat der opposit. Partido de la Liberación/PLD, durch.

Barrios de Chamorro, *Violeta* (Nicaragua), * Rivas 18. 10. 1929; seit 1990 Staatspräsidentin.
Tochter eines wohlhabenden Grundbesitzers, verheiratet mit *Pedro Joaquin Chamorro,* dem Herausgeber der freiheitlich gesinnten Tageszeitung »La Prensa«. Nach dessen Ermordung im Januar 1978, vermutlich auf Anweisung des Diktators *Anastasio Somoza,* tritt sie die Nachfolge ihres Mannes an, leitet die Zeitung und wird zum Symbol des Kampfes gegen die Diktatur. Nach der Vertreibung *Somozas* ab Juli 1979 Mitglied der ersten sandinistischen Junta »des nationalen Wiederaufbaus«. Im April 1980 scheidet sie aus der Junta aus und wird zur einflußreichsten Kritikerin der Sandinisten. In den folgenden Jahren wird »La Prensa« unter ihrer Führung zum Symbol für die Freiheit der Presse. Am 25. 2. 1990 als Kandidatin der »Nicaraguanischen Oppositionsunion«/UNO, einem Bündnis von 14 Parteien, Siegerin der Präsidentschaftswahlen; löst am 25. 4. *Daniel Ortega* als Präsident ab. Frau B. sucht vor allem Versöhnung zwischen den verfeindeten Kräften in ihrem Land.

Bashir *[Baschir], Omar Hassan Ahmad al* (Sudan), * im Dorf Schandi 1942; seit 1989 Staatsoberhaupt.
Offiziersausbildung; 1966 in der Militärakademie graduiert. Teilnehmer des arab.-israel. Krieges vom Oktober 1973 in der Suez-Kanal-Zone. 1974–78 in den Vereinigten Arabischen Emiraten stationiert; in Ägypten Ausbildung zum Fallschirmjäger; zusätzliches Training in den USA. Aufstieg in den Rang eines Brigadiers und dritthöchster Offizier im Fallschirmspringerkorps. Stürzt am 30. 6. 1989 in einem Militärputsch die Regierung von Ministerpräsident *Sadiq el Mahdi,* befördert sich selbst zum Generalleutnant, bildet einen aus 15 Offizieren bestehenden Kommandorat und ernennt sich auch zum Staatsoberhaupt, Verteidigungsminister und Oberkommandierenden der Streitkräfte. B. nennt zwar als wichtigstes Ziel seiner Militärregierung eine friedliche Regelung mit den Rebellen der »Sudanischen Volksbefreiungsarmee«/SPLA im Süden, hat aber das »Friedensprogramm«, das die »Demokratische Union«/DUP mit der SPLA ausgehandelt hat, für »null und nichtig« erklärt.

Bazin, *Marc* (Haiti), * 1932; seit 1992 Ministerpräsident.
Sohn einer wohlhabenden Familie; sein Vater war Senatspräsident sowie Landwirtschafts- und Arbeitsminister. Studium der Wirtschaftswissenschaften in Paris, Brüssel und Washington (mit Promotion). Dann Karriere bei der Weltbank, wo er als ausgezeichneter Kenner Afrikas gilt. 1982 kurze Zeit Finanzminister von *Jean-Claude [»Baby Doc«] Duvalier,* aber zurückgetreten, als er sah, daß er die Finanzen des bankrotten Inselstaates nicht sanieren konnte. Gründer einer Koalition aus drei Parteien der »Nationalen Allianz für die Demokratie und den Fortschritt«/ANDP, aber bei den Präsidentschaftswahlen am 16. 12. 1990 gegen *Jean-Bertrand Aristide* unterlegen, der nach nur 8 Monaten im Amt am 30. 9. 1991 durch einen blutigen Militärputsch gestürzt wird und nach Venezuela ins Exil geht. Im Juli 1992 vom Abgeordnetenhaus zum neuen Ministerpräsidenten bestimmt und damit Nachfolger von Interimspräsident *Jean-Jaques Honorat,* der

nach dem Putsch gegen *Aristide* vom Militär eingesetzt worden war.

Ben Ali, *Zine el Abidine [Zeine al Abidin]* (Tunesien), *Hamam-Sousse 3. 9. 1936; seit 1987 zunächst Regierungschef, dann Staatspräsident.
Berufsoffizier; Absolvent der französischen Militärakademie Saint-Cyr, der Artillerieschule in Chalons-sur-Marne, dann Artillerie- und Flugabwehrausbildung in den USA: Aufstieg zum höchsten General der tunesischen Streitkräfte. Spezialist in Fragen der inneren Sicherheit. 1978 nach blutigen Zusammenstößen zwischen Gewerkschaftsangehörigen und der Polizei von Staatspräsident *Habib Ben Bourguiba* zum Sicherheitschef berufen. Seit April 1984 Innenminister und seither entscheidend verantwortlich für eine massive Kampagne gegen den wachsenden islamischen Fundamentalismus. Am 2. 10. 1987 von *Bourguiba* zum neuen Regierungschef als Nachfolger von *Rashid Sfar* ernannt. Bereits am 7. 11. enthebt B. A. unter Berufung auf einen Verfassungsartikel *Bourguiba* seines Amtes, nachdem Ärzte und die »Senilität und Amtsunfähigkeit« des Präsidenten bescheinigt hatten, und ernennt sich selbst zum neuen Staatsoberhaupt. Im Gegensatz zu dem Agnostiker *Bourguiba* gilt B. A. als gläubiger Moslem, auch wenn er in seiner politischen und militärischen Ausbildung vorwiegend westlich geprägt ist. Er verspricht Versöhnung mit der Opposition und politischen Pluralismus. Bei den 1. Präsidentenwahlen seit 1974 am 2. 4. 1989 mit 99,27 % der Stimmen im Amt bestätigt.

Bérégovoy, *Pierre E.* (Frankreich), *Dewille/Les Rouen 23. 12. 1925; seit 1992 Premierminister.
Sohn eines bescheidenen ukrainischen Einwanderers; gelernter Dreher. Während des Krieges als Eisenbahnarbeiter in der Résistance; danach bei der staatlichen Gasgesellschaft tätig. 1945 der SFIO, Vorläuferin der PS, beigetreten, Wechsel zu *Pierre Mendès-France*, seinem politischen Lehrmeister, dann zum PSU von *Michel Rocard*, um sich 1969 dem neuen PS anzuschließen. Auf der Gründungskonferenz von Epinay 1971 stimmt er noch gegen → *Mitterrand*, gehört aber bald darauf zu dessen Lager und wird von ihm nach seiner Wahl zum Präsidenten 1981 zum Generalsekretär im Elysee gemacht. 1982 Sozial- und 1984 als Nachfolger von → *Delors* Wirtschafts- und Finanzminister. Erst radikaler Befürworter hundertprozentiger Verstaatlichungen und eines Austritts Frankreichs aus der Währungsschlange, leitet er unter *Laurent Fabius*, zu dessen Fraktion er heute zählt, eine Deregulierung der staatlichen Wirtschaftspolitik ein und plädiert zuletzt auch für neue Teilprivatisierungen. Nach der Absetzung von *Edith Cresson* am 2. 4. 1992 von *Mitterrand* zum neuen Premierminister ernannt. B., Garant einer stabilen, proeuropäischen Wirtschaftspolitik, kann mit einer verjüngten und harmonischen Regierung etwas mehr soziale Akzente setzen, ohne die Finanzwelt zu beunruhigen, und will damit den PS zu den Parlamentswahlen von 1993 führen.

Berisha, *Sali* (Albanien), *im Dorf Tropoja 11. 7. 1944; seit 1992 Staatspräsident.
Sohn einer Bauernfamilie; nach dem Studium der Medizin als Herzchirurg, Professor an der Universität und als Funktionär im Gesundheitswesen tätig, u. a. Leibarzt des Diktators *Enver Hoxha*. Früh Mitglied der kommunistischen »Partei der Arbeit«. Im Sommer 1990 gibt er demonstrativ sein Parteibuch zurück und klagt als einer der ersten Intellektuellen offen die stalinistische Staatsführung an. Als die ersten Regungen der Demokratie Albanien erfassen und im Dezember aus einer Studentendemonstration heraus die oppositionelle »Demokratische Partei«/DP gegründet wird, wird er deren Parteiführer. Bei den ersten Wahlen im Juni 1991 erringt seine Partei die Mehrheit in den meisten Städten und tritt in eine Mehrparteienregierung ein, die sie im Dezember verläßt. Nach den Wahlen vom 22. 3. 1992, bei denen seine DP fast ⅔ der Parlamentssitze erringt, wird B. vom Parlament am 9. 4. als Nachfolger von *Ramiz Alia* zum neuen Präsidenten und somit zum ersten nichtkommunistischen Staatsoberhaupt in der Nachkriegsgeschichte des Balkanlandes gewählt. Er will die albanische Staatsbürgerschaft auf die Albanischstämmigen ausdehnen und hofft auf eine Vereinigung mit seinen Landsleuten im Kosovo, derzeit eine autonome Provinz Serbiens.

Bildt, *Carl* (Schweden), *Halmstad 15. 7. 1949; seit 1991 Ministerpräsident.
Entstammt einem dänischen Adelsgeschlecht und einer schwedischen Politikerdynastie; bereits während des Studiums der Philosophie und der Staatswissenschaften politisch aktiv. 1973 Parteisekretär der konservativen »Moderaten Sammlungspartei«; enges Vertrauensverhältnis zu dem langjährigen Vorsitzenden *Gösta Bohman*, seinem Schwiegervater. 1979 in den Reichstag gewählt und gleichzeitig (bis 1981) Staatssekretär in einer der bürgerlichen Regierungen. Sprecher seiner Partei für die Außen- und Sicherheitspolitik; Berufung in die 1981 eingesetzte U-Boot-Kommission, die untersuchen sollte, wie sowjetische U-Boote immer wieder unbemerkt in schwedische Hoheitsgewässer eindringen können. Seit 1986 Parteivorsitzender, gelingt es ihm bei den Wahlen am 15. 9. 1991, den Stimmenanteil der Moderaten um fast ⅛ auf 21,9 % zu erhöhen und die Sozialdemokraten in der Regierung abzulösen. Seit Oktober Chef einer bürgerlichen Minderheitsregierung, will er die Außenpolitik von einer weltpolitischen Moralpolitik zu einer europäischen Realpolitik

Biswas, *Abdur Rahman* (Bangladesch), * Shaistabad (Distrikt Barisa) Sept. 1926; seit 1991 Staatspräsident.
Mitglied der Nationalist Party/BNP von → *Zia*; Parlamentspräsident. Kandidat der BNP bei den ersten freien Wahlen im Land am 27. 2. 1991, aus denen die BNP als überraschender Sieger hervorgeht. Nach der Rückkehr des Landes zur parlamentarischen Demokratie im September nach 16 Jahren Militärherrschaft wird B. am 8. 10. zum neuen Staatsoberhaupt gewählt.

Bolger, *James [»Jim«] Brendan* (Neuseeland), * Taranaki 31. 5. 1935; seit 1990 Premierminister.
Sohn armer irischer Einwanderer. Nach dem Besuch der High School von Opunake Farmer. Seit den 60er Jahren Mitglied der National Party und Leiter des Te Kuiti-Büros; seit 1972 im Parlament von Wellington. 1975 Staatssekretär in den Ministerien für Landwirtschaft und Maori-Angelegenheiten, 1977 Minister für Fischerei und Co-Minister für Landwirtschaft, 1978–81 Minister für Einwanderung und ab 1978 zugleich Arbeitsminister; als solcher 1983 Präsident der »Internationalen Arbeitsorganisation«/ILO. Nach der Niederlage der National Party 1984 zum Stellv. Oppositionsführer gewählt, ab März 1986 Oppositionsführer. Nach den für seine Partei erfolgreichen Wahlen vom Okt. 1990 neuer Premierminister. Will die Liberalisierung des Arbeitsmarktes und die Beschäftigung von Arbeitslosen bei Projekten des Umweltschutzes durchsetzen.

Brundtland, *Gro Harlem* (Norwegen), * Oslo 20. 4. 1939; 1981, 1986–89 und seit 1990 Ministerpräsidentin.
Studium der Medizin, Master of Public Health der Harvard-Universität, dann Ärztin im staatlichen Osloer Gesundheitsdienst. Seit 1975 stellvertretende Vorsitzende der »Arbeiterpartei«/DNA. Umweltschutzministerin (1974–78). Seit 1977 Mitglied des Storting. Nach dem Rücktritt von *Odvar Nordli* am 4. 2. 1981 Ministerpräsidentin und seit April 1981 auch Parteichefin. Nach der Wahlniederlage der DNA vom 14. 9. 1981 von *Kåre Willoch* als Regierungschefin abgelöst. Nach dessen Rücktritt von 1986 bis zu den Wahlen 1989 erneut Ministerpräsidentin. Nach dem Zerfall der darauf folgenden bürgerlichen Minderheitenregierung unter *Jan Peder Syse* seit November 1990 erneut Ministerpräsidentin einer Minderheitsregierung der Arbeiterpartei.

Bush, *George Herbert Walker* (USA), * Milton (Mass.) 12. 6. 1924; seit 1981 Vizepräsident, seit 1988 41. Präsident der USA.
Studium der Wirtschaftswissenschaften an der Yale Univ. und Promotion; im Krieg Marineflieger. Erfolgreich in der Erdöl-Wirtschaft von Texas. Seit 1966 republikanischer Abgeordneter im Repräsentantenhaus. 1970–72 UN-Delegierter, 1974 Leiter des US-Verbindungsbüros in Peking und 1975–76 Chef des Geheimdienstes CIA. 1979 einer der Bewerber um die republikanische Präsidentschaftskandidatur für die Wahlen von 1980, aber nur in 6 Vorwahlen erfolgreich. Nach dem Wahlsieg von *Ronald Reagan* im November 1980 Vizepräsident. Seit 24. 3. 1981 Koordinator aller außen- und innenpolitischen Tätigkeiten der Regierung in Krisenzeiten. Gewinnt bei der Präsidentschaftswahl am 8. 11. 1988 mit 54% gegen den Demokraten *Michael Dukakis* (46%) und wird am 20. 1. 1989 als 41. US-Präs. vereidigt. Beim Gipfeltreffen mit *Michail Gorbatschow* in Malta am 2./3. 12. betonen beide Politiker, daß der kalte Krieg beendet und eine neue Ära der Beziehungen zwischen beiden Staaten angebrochen sei. B. unterstützt die beiden deutschen Staaten auf ihrem Weg zur Einheit und setzt sich 1990 für die »2+4«-Gespräche ein, die mit der Aufhebung der alliierten Nachkriegsrechte und der vollen Souveränität Deutschlands enden. Kündigt Anf. August in Aspen an, er wolle die Streitkräfte innerhalb von 5 Jahren um ¼ reduzieren. Nach der irakischen Invasion in Kuwait im August beschließt B. die Entsendung von US-Truppen nach Saudi-Arabien, da die USA »der Sicherheit und der Stabilität am Persischen Golf verpflichtet« seien, und schmiedet eine beispiellose internationale Allianz. In der Nacht zum 28. 2. 1991 erklärt B., daß Kuwait wieder frei und die irakische Armee besiegt sei und kündigt den Rückzug der alliierten Armee an. Mit dem russischen Präsidenten → *Jelzin* unterzeichnet B. bei dessen Besuch (16.–18. 6. 1992) eine Reihe von Abkommen, darunter eine drastische Reduktion der Nuklearwaffen, die weit über den START-Vertrag hinausgeht, die Gewährung der Meistbegünstigung für russische Exporte nach den USA, die Erleichterung privater amerikanischer Investitionen in Rußland und die Erweiterung der Zusammenarbeit bei der Weltraumfahrt. Nach den erfolgreichen Vorwahlen wird B. vom Parteikonvent der Republikaner am 20. 8. zum Kandidaten für die Präsidentschaftswahlen am 3. 11. 1992 gekürt.

Butros-Ghali, *Butros [Boutros]* (Ägypten/UNO), * Kairo 14. 11. 1922; seit 1992 UN-Generalsekretär.
Entstammt einer der ältesten und vornehmsten Familien des Landes und gehört der christlichen Minderheit der Kopten an; ein Großvater war Ministerpräsident in der britischen Mandatszeit. Studium der Politik- und Rechtswissenschaften, 1948 Promotion an der Sorbonne; danach Professor für Völkerrecht an der Universität von Kairo und Herausgeber der wirtschaftlichen Wochenzeitschrift »Al-

Ahram al-Iqtisadi«; später auch Herausgeber der Vierteljahresschrift »As-Siyassa ad-Dualiya« (Internationale Politik). Seit dem »Sechstagekrieg« von 1967 für einen Ausgleich mit Israel. 1977 von *Anwar as Sadat* als Staatsminister mit der Geschäftsführung des Außenministeriums betraut; einer der Architekten des Friedensabkommens von Camp David 1978. Als sein Land wegen des Friedensschlusses mit Israel aus der Arabischen Liga ausgeschlossen wird, obliegen ihm die Kontakte mit der arabischen und afrikanischen Welt während des Boykotts, der erst 10 Jahre später mit der Heimkehr der Liga nach Kairo endet. Im Mai 1991 von → *Mubarak* zu einem der stellvertretenden Ministerpräsidenten, zuständig für auswärtige Beziehungen, ernannt. Am 21. 11. vom Sicherheitsrat und am 3. 12. von der UN-Generalversammlung zum Nachfolger von Generalsekretär *Javier Pérez de Cuellar* für eine fünfjährige Amtszeit gewählt, ist G. damit der erste Politiker des afrikanischen Kontinents und der erste Vertreter eines arabischen Landes im höchsten UNO-Amt, das er am 1. 1. 1992 antritt.

Calderón Fournier, *Rafael Angel* (Costa Rica), * Diriamba (Nicaragua) 14. 3. 1949; seit 1990 Staatspräsident.
Sohn einer Politikerfamilie (sein Vater war 1941–48 Staatspräsident, seine Mutter 1978–81 Botschafterin in Mexiko-Stadt). Nach dem Jurastudium Rechtsanwalt. Beginn der politischen Karriere bereits mit 25 Jahren als Abgeordneter. Von 1978–80 der jüngste Außenminister des Landes. Nach zwei vergeblichen Anläufen wird C., Vorsitzender der »Christlich Demokratischen Partei«/PUSC, am 4. 2. 1990 zum Staatspräsidenten und damit zum Nachfolger von *Arias Sánches* gewählt (Amtsantritt: 8. 5.).

Callejas Romero, *Rafael* (Honduras), * Tegucigalpa 14. 11. 1943; seit 1990 Staatspräsident.
Herkunft aus reichem Hause; agronom. Chef der konservativen »National-Partei« (Partido Nacional). Bei den Präsidentschaftswahlen 1985 knapp gegen *José Azcono del Hoyo* unterlegen, aber bis Mitte 1988 de facto in einer großen Koalition, da die »Liberale Partei« des Präsidenten über keine Parlamentsmehrheit verfügt. Bei den Wahlen am 26. 11. 1989 mit 50,4 % der Stimmen zum neuen Präsidenten gewählt, löst C. am 27. 1. 1990 *Azcono del Hoyo* im Amt ab. C. setzt auf das freie Unternehmertum in dem von Armut und Arbeitslosigkeit geplagten Land; er will eng mit dem Internationalen Währungsfonds/IMF zusammenarbeiten und befürwortet eine enge Kooperation mit den USA.

Castro Ruz, *Fidel* (Kuba), * Mayarí (Prov. Oriente) 13. 8. 1927; seit 1965 Generalsekretär des Partido Comunista de Cuba/PCC; seit 1959 Regierungschef und ab 1976 auch Staatsoberhaupt.
Jurastudium (mit Promotion), Anwalt; ab 1953 Führer im Kampf gegen die Diktatur von *Fulgencio Batista*, den er 1959 nach 4 Jahren Guerilla stürzt. 1976 von der »Nationalversammlung« zum Vorsitzenden des neugebildeten »Staatsrates« gewählt; vereinigt die Funktionen des Staats- und Regierungschefs (zuletzt im Dez. 1986 bestätigt), Generalsekretärs der KP (im Febr. 1986 wiedergewählt) und Oberbefehlshabers der Streitkräfte. Erklärt am 29. 1. 1990 bei einem Gewerkschaftskongreß in Havanna den Ostblock für »politisch tot«. Die wirtschaftlichen und politischen Umwälzungen hätten das Bündnis »atomisiert« und es damit seiner Bedeutung als politische Kraft beraubt. Osteuropa bewege sich nun in den »ausgetretenen Pfaden der kapitalistischen Philosophie«. Lehnt für Kuba eine solche Entwicklung ab. Auf dem 4. Parteikongreß der KP am 10. 10. 1991 räumt er ein, daß der Zusammenbruch des sozialistischen Lagers in Europa den Karibikstaat in eine schwere Krise gestürzt hat, macht aber deutlich, daß er am Machtmonopol der Partei und an Kubas sozialistischem Weg festhalten will.

Cavaco Silva, *Anibal* (Portugal), * Boliqueime (Algarve) 15. 7. 1939; seit 1985 Ministerpräsident.
Studium der Wirtschaftswissenschaften in Lissabon und im englischen York (mit Promotion). Direktor der Abteilung für Forschung und Statistik bei der Bank von Portugal. Nach der April-Revolution von 1974 Beitritt zur Partei von *Francisco Sá Carneiro*, damals »Dem. Volkspartei«/PPD, seit 1976 »Sozialdem. Partei«/PSD. 1980–81 Finanzminister unter *Sá Carneiro*. Dann Mitglied des Nationalen Planungsrates und Prof. an der Univ. Lissabon. Am 20. 5. 1985 unerwartet mit knapper Mehrheit zum Chef des bürgerlich ausgerichteten PSD gewählt, tritt er mit seiner Partei sofort aus dem Koalitonskabinett unter → *Soares* aus. Nach den Parlamentswahlen am 6. 10., aus denen der PSD als stärkste Partei hervorgeht, bildet er eine Minderheitsregierung, die am 7. 11. vereidigt wird. Im April 1987 wird C., in dessen Amtszeit die wirtschaftliche Talfahrt des Landes gestoppt wird, durch ein Mißtrauensvotum der Linksparteien gestürzt. Bei den Parlamentswahlen am 19. 7. 1987 gelingt ihm mit dem Gewinn der absouten und relativen Mehrheit ein überwältigender Sieg. C., der zahlreiche Bücher und Artikel über wirtschaftswissenschaftliche Themen veröffentlicht hat, ist ein entschiedener Verfechter der freien Marktwirtschaft. Er erringt bei den Wahlen am 6. 10. 1991 mit 50,4 % der Stimmen für seine rechtsliberalen Sozialdemokraten erneut eine komfortable Mehrheit. C., in der ersten Hälfte 1992 Vorsitzender des Europäischen Rates, würdigt die Übereinkunft von

Maastricht als historischen Schritt auf dem Weg von einer wirtschaftlichen zu einer politischen Union.

Chamenei → *Khamenei*

Chamorro → *Barrios de Chamorro*

Cheffou, *Amadou* (Niger), * 1942; seit 1991 Ministerpräsident.
Wird von der Nationalkonferenz, die im Juli 1991 nach Protestkundgebungen und Streiks gegen die Militärherrschaft gebildet worden war, am 27. 10. gegen 5 Mitbewerber zum neuen Ministerpräsidenten gewählt. Er soll nach 16 Jahren Militärherrschaft die für Januar 1993 geplanten Wahlen vorbereiten.

Cheney, *Richard* (USA), * Lincoln (Nevada) 30. 1. 1941; seit 1989 Verteidigungsminister.
Wegen seines Studiums der Politikwissenschaft nicht zum Militär einberufen. In Washington zunächst »Fellow« im Kongreß. In der Regierung von *Richard Nixon* Stv. des Präsidentenberaters *Donald Rumsfeld*. Von Präs. *Gerald Ford* 1975 zum Stabschef ernannt. 1978 Wechsel ins Repräsentantenhaus, wo er schnell in einflußreiche Positionen aufsteigt, u. a. als Angehöriger des Geheimdienstausschusses. Zuetzt republikan. »Einpeitscher« und damit die zweitwichtigste Person der Minderheitsfraktion. Nach der Ablehnung des zunächst von → *Bush* vorgeschlagenen *John Tower* durch den Senat wird Ch., Abgeordneter von Wyoming, am 17. 3. 1989 neuer Verteidigungsmin. und damit Nachf. von *Frank Charles Carlucci*.

Chiluba, *Frederick* (Sambia), * Prov. Luapala/Nordrhod. 30. 4. 1943; seit 1991 Staatspräsident.
Sohn eines Bergarbeiters aus dem Copperbelt. Mit 19 Jahren Schreiber auf einer Sisalplantage in Tansania, später Kreditmanager beim Minenausrüster Atlas Copco Sambia. Im Fernstudium und in Abendkursen holt er die fehlende Hochschulausbildung nach. Zunächst überzeugter Sozialist, wird er in Moskau und 1971 in der DDR geschult. Anfang der 70er Jahre Delegierter seines Landes in der UNO-Generalversammlung. Engagement in der Gewerkschaftsbewegung und ab 1974 Vorsitzender des mächtigen Gewerkschaftsbundes ZCTU. 1981 lehnt er das Angebot von Präsident *Kenneth Kaunda* ab, Mitglied des ZK der Einheitspartei UNIP und Arbeitsminister zu werden und wird daraufhin ohne Gerichtsverfahren 3 Monate inhaftiert. Trotzdem immer wieder zum Vorsitzenden des ZCTU gewählt, zuletzt 1989. Ein Jahr später tritt er zurück und wird zum Vorsitzenden der neugegründeten »Bewegung für mehr Parteiendemokratie« (Movement for Multiparty Democracy/MMD) gewählt. Bei den ersten Mehrparteienwahlen in der Geschichte des Landes errringt seine MMD eine große Mehrheit. In der Präsidentenwahl erhält er mit 64,37 % fast doppelt soviel Stimmen wie *Kaunda*, den er am 2. 11. 1991 nach 27 Jahren Alleinherrschaft im Amt ablöst. Der überzeugte Christ und Laienprediger Ch. befürwortet ein pluralistisches System mit einer marktwirtschhaftlich organisierten Ökonomie; er will die Kommandowirtschaft abschaffen, die verrotteten Staatsbetriebe reprivatisieren, den Kupferbergbau neu organisieren und die Landwirtschaft fördern.

Chissano, *Joaquím Alberto* (Mosambik), * Malehice (Provinz Gaza) 22. 10. 1939; seit 1986 Staatspräsident.
Sohn einer katholischen, wohlhabenden und politisch einflußreichen Familie; als einer der ersten schwarzen Schüler Besuch des von den Portugiesen gegründeten Gymnasiums in Lourenço Marques (dem heutigen Maputo), dann Studium der Medizin in Portugal. 1962 Teilnehmer der Gründungsversammlung der »Bewegung zur Befreiung Mosambiks«/FRELIMO; Flucht vor der portugiesischen Polizei nach Paris, Studium an der Sorbonne. 1974, nach dem Sieg der FRELIMO im Bürgerkrieg, im Auftrag von *Samora Machel* Präsident eines Übergangskabinetts. Seit der völligen Unabhängigkeit des Landes von Portugal am 2. 7. 1975 Außenminister. Nach dem Tode *Machels* (durch Flugzeugabsturz) vom ZK der FRELIMO am 3. 11. 1986 zum Präsidenten von Staat und Partei gewählt. Ch., ein pragmatischer Politiker, der zugleich für Mäßigung und Kontinuität steht, hebt in seiner Regierungserklärung die Notwendigkeit privater Investitionen sowie kleiner landwirtschaftlicher Betriebe hervor; er bestätigt die Wirtschaftsreform von 1984, die Ausländern die Ausfuhr ihrer Gewinne erlaubt, und den Nkomati-Vertrag mit Südafrika aus dem gleichen Jahr. Ch. kündigt Anfang August 1990 die Umwandlung des Landes in einen Mehrparteienstaat an; ein Verfassungsentwurf sieht vor, daß Partei, Staat und Armee künftig voneinander getrennt sind. Vereinbart bei Friedensgesprächen am 7. 8. 1992 in Rom mit dem Führer der RENAMO-Rebellen, *Alfonso Dhlakama*, eine Waffenruhe und einen Zeitplan für die Beendigung des Bürgerkrieges.

Chung Won Shik (Republik Korea/Süd-K.), * Thaeryung (Provinz Hwanghae) 5. 8. 1928; seit 1991 Premierminister.
Im Norden des Landes geboren; 1946 mit seiner Familie nach Seoul geflohen. Nach einem Studium an der dortigen Nationaluniversität und am George Peabody College in den USA 1966 in Pädagogik promoviert. Danach über 27 Jahre im Schuldienst tätig, seit 1961 Professor, 1979–83 Dekan an der pädagogischen Fakultät der Nationaluniversität in Seoul. Erst 1984 Einstieg in die Politik, als er den

Vorsitz in der Kommission für Erziehungsreform (bis 1987) übernimmt; später Funktionen in verschiedenen Gremien zur Kontrolle der Medien. 1988 bis Ende 1991 Erziehungsminister; am 24. 5. 1991 von Präsident → *Roh* als Nachfolger von *Ro Jae Bong* zum Regierungschef ernannt.

Clinton, *Bill* [eigentlich *William Blythe*] (USA), * Hope/Arkansas, 19. 8. 1946; seit 1978 Gouverneur von Arkansas; Präsidentschaftskandidat der Demokratischen Partei.
Sein Vater, *W. Blythe*, stirbt schon vor seiner Geburt bei einem Autounfall; er erhält später den Familiennamen seines Stiefvaters. Während des Studiums an der Georgetown University in Washington auf dem Capitol Hill für Senator *William Fulbright* tätig. Im Präsidentschaftswahlkampf 1972 Wahlkampfleiter in Texas für den demokrat. Kandidaten *George McGovern*. 2 Jahre als Rhodes-Scholar in Oxford. Jura-Studium (mit Promotion) an der Yale-Universität. Mit 32 Jahren zum Gouverneur von Arkansas gewählt, behauptet er diese Position – mit einer Unterbrechung – jetzt seit 1983. Der Baptist C., der zu den konservativen Südstaaten-Demokraten gehört, wird nach erfolgreichem Vorwahlkampf am 15. 7. 1992 vom Parteikonvent der Demokraten zum Herausforderer von → *Bush* bei den Präsidentenwahlen am 3. 11. nominiert.

Collor de Melo, *Fernando* (Brasilien), * Rio de Janeiro 12. 8. 1949; seit 1990 Staatspräsident.
Stammt aus einer reichen und einflußreichen Familie aus dem Nordosten des Landes, die traditionell zur staatstragenden Geld- und Politikerelite gehört. Studium der Rechtswissenschaften; früh politisch aktiv, zunächst Bürgermeister, dann als Abgeordneter der Regierungspartei »Arena« in den Kongreß gewählt. Schließlich ab März 1987 Gouverneur des kleinen Bundeslandes Alagoas, aus dem seine Familie kommt. Um als Präsidentschaftsbewerber auftreten zu können, gründet er eine eigene Partei. Erhält bereits beim 1. Wahlgang am 15. 11. 1989 der meisten Stimmen von 21 Bewerbern und geht auch aus der Stichwahl am 17. 12. gegen den Kandidaten der »Arbeiterpartei«, *Luis Inacio Lula da Silva*, als Sieger hervor. C tritt am 15. 3. 1990 die Nachfolge von *José Sarney* im Amt des Präsidenten an. Am 2. 9. 1992 leitet das Parlament wegen des Vorwurfs der Korruption und der Steuerhinterziehung gegen ihn ein Verfahren zur Amtsenthebung ein.

Colombo, *Emilio* (Italien), * Potenza 11. 4. 1920; 1970–72 Ministerpräsident, 1980–83 und ab 1992 Außenminister.
Studium des Kirchenrechts und der Wirtschaftswissenschaften, führend in der kath. Jugendbewegung. 1946 Parlamentsabgeordneter und 1948 mit 28 Jahren als DC-Politiker Staatssekretär. 1955–58 Min. für Landwirtschaft, sodann bis 1959 Industrie- und Außenhandels-, 1963–70 Schatzminister. Mehrfach Leiter der italien. Delegation in der EWG und einer ihrer großen Förderer. Ab Aug. 1970 Regierungschef einer Mitte-Links-Koalition, aber im Jan. 1972 zurückgetreten. Zeitweise Justiz-, ab März 1973 Finanz- und ab März 1975 Schatzminister. Von März 1977 bis Juni 1979 Präsident des Europaparlaments. 1980–83 Außenminister. Im Juni 1985 zum Präsidenten der »Union Christlicher Demokraten«/EUCD gewählt. Am 1. 8. 1992 von Ministerpräsident → *Amato* zum Außenminister ernannt, da er im Gegensatz zu seinem Vorgänger *Vincenzo Scotti* bereit ist, entsprechend einem DC-Beschluß, auf sein Parlamentsmandat zu verzichten.

Compaoré, *Blaise* (Burkina Faso), * 1951; seit 1987 Staatspräsident.
Angehöriger des Stammes der Mossi. Militärische Laufbahn; Ausbildung in Kamerun, Marokko und Frankreich. Als Kommandeur der Fallschirmjäger unterstützt er im November 1982 den Militärputsch gegen Präsident *Saye Zerbo*, aus dem sein Freund *Thomas Sankara* zunächst als Ministerpräsident und nach einem erneuten Putsch im August 1983 als Staatspräsident hervorgeht. Unter diesem Staatsminister im Präsidialamt und Justizminister. In einem blutigen Staatsstreich stürzt er am 15. 10. 1987 *Sankara*, der dabei ums Leben kommt, und ernennt sich am 31. 10. selbst zum Staats- und Regierungschef. Wird bei den Präsidentschaftswahlen am 1. 12. 1991, bei denen die Opposition zum Boykott aufgerufen hatte, ohne Gegenkandidat im Amt bestätigt. Die erste Mehrparteienwahl seit 14 Jahren am 24. 5. 1992 stärkt zwar seine »Organisation für Volksdemokratie«, die 74 der 107 Sitze erringt, vertieft aber die Kluft zur Opposition, die ihm massiven Wahlbetrug vorwirft.

Ćosić, *Dobrica* (Jugoslawien), * 1921; seit 1992 Staatspräsident.
Nach dem II. Weltkrieg hohe Funktion in der kommunistischen Partei. 1968 fällt er in Ungnade und wird wegen »Chauvinismus« und »nationalistischer Abweichung« (er hatte der Führung der Republik vorgeworfen, sie kümmere sich nicht um das Schicksal der Serben im Kosovo) aus dem ZK des Bundes der Kommunisten Serbiens ausgeschlossen. Einer der bedeutendsten Intellektuellen Serbiens und einer der meistgelesenen Schriftsteller des Landes. Seit 1976 Mitglied der Akademie der Wissenschaften. Das 1986 entstandene »Memorandum« der Akademie, das den neuen serbischen Nationalismus begründete, unter dem das Konzept von einem alle serbischen Siedlungsgebiete umfassenden Staat entwickelt wurde, trägt deutlich seine Handschrift.

Am 15. 6. 1992 wird C., der keiner Partei angehört, von den Abgeordneten beider Kammern des Parlaments, der nur noch aus Serbien und Montenegro bestehenden »Bundesrepublik Jugoslawien«/SRI mit großer Mehrheit für eine vierjährige Amtszeit zum Präsidenten des international nicht anerkannten Staates gewählt.

Cristiani Burkard, *Alfredo Felix [»Fredy«]* (El Salvador) *San Salvador 22. 11. 1947; seit 1989 Staatspräsident.
Besuch der amerikan. Schule in San Salvador, Studium der Betriebswirtschaft an der Georgetown Univ. in Washington. Erfolgreicher Unternehmer. Mitglied der rechtsradikalen, von *Roberto d'Aubuisson* gegründeten Alianza Republicana Nacionalista/ARENA, deren »gemäßigten Flügel« er repräsentieren soll. Erreicht bei den Präsidentschaftswahlen am 19. 3. 1989 die absolute Mehrheit und tritt am 1. 6. die Nachfolge des Christdemokraten *José Napoleón Duarte* an.

Déby, *Idriss* (Tschad), *1952; seit 1990 Staatspräsident.
Entstammt dem arabisierten Hawar-Volk. Ehemals ein treuer Weggefährte von *Hissène Habré*, zu dessen erfolgreichem Feldzug an die Macht er entscheidend beigetragen hat. Nach dessen Sieg 1982 zum Oberbefehlshaber der Armee und 1985 zum Militärberater ernannt. Nach einem gescheiterten Putschversuch gegen *Habré* im April 1989 Flucht in den Sudan, wo er in wenigen Monaten eine neue Kampftruppe um sich schart und die »Patriotische Heilsbewegung« gründet. D., der als glänzender Stratege gilt, fällt Anfang November 1990 mit seinen Rebellen im Tschad ein und zieht nach einer Blitzoffensive am 1. 12. in die Hauptstadt N'Djamena ein. Am 4. 12. wird er vom Exekutivkomitee seiner »Patriotischen Heilsbewegung« zum Staatsoberhaupt ausgerufen und am 4. 3. 1991 als neuer Präsident vereidigt. Er verspricht dem Land mehr Demokratie mit einem Mehrparteiensystem.

Dehaene, *Jean-Luc* (Belgien); *Montpellier/Frankreich 7. 8. 1940; seit 1992 Premierminister.
Studium der Rechts- und Wirtschaftswissenschaften; erstes politisches Engagement in der flämischchristlichen Gewerkschaftsbewegung. In der Jugendorganisation der Christlichen Volkspartei/CVP erzwingt er zusammen mit seinem Freund *Wilfried Martens* den Generationenwechsel. 1971–78 zunächst Mitarbeiter in verschiedenen Ministerkabinetten; 1979 Kabinettschef in der ersten Regierung *Martens*. Ab 1981 Minister für Sozialpolitik und institutionelle Reformen, zuletzt Verkehrsminister. Nach der verheerenden Niederlage der CVP bei den Wahlen vom November 1991 gelingt es D., nach einem »Interregnum« von 103 Tagen im März 1992 eine neue Koalition aus Christlichen Demokraten und Sozialisten beider Landesteile zu bilden. Zu seinen schwierigsten Aufgaben gehören die Haushaltssanierung und die Vollendung der Staatsreform.

De Klerk, *Frederik Willem [»F. W.«]* (Südafrika), *Johannesburg 18. 3. 1936; seit 1989 Staatspräsident.
Entstammt einer Familie, in der die aktive politische Betätigung eine lange Tradition hat. Seit seiner Jugend der »Nationalpartei«/NP verbunden; Jurastudium. Im Parlament seit 1972, im Kabinett seit 1978, u. a. Post-, Sozial-, Sport-, Energie-, Innen- und Erziehungsmin. Daneben Vors. des Weißen Ministerrates sowie seit 1982 Parteivors. der Provinz Transvaal. Nach dem Rücktritt von Parteichef *Pieter Willem Botha* am 2. 2. 1989 zu dessen Nachf. als NP-Vors. gewählt, vertritt er Ende 1988 erstmals die Ansicht, daß am Kap keine Gemeinschaft über die andere dominieren dürfe. Nach Rücktritt *Bothas* zum Nachf. als Staatspräsident am 15. 8. vereidigt. Vollzieht mit seiner »Wende-Rede« vom 2. 2. 1990 einen radikalen Kurswechsel und kündigt ein »neues Südafrika« mit einer von Grund auf revidierten Verfassung an. Beschreitet in der Folge mit der Beendigung des Ausnahmezustandes, der Freilassung der politischen Gefangenen und der Verabschiedung bzw. Einbringung einer Reihe von Gesetzen zur Überwindung der Apartheid den Weg der Reform. Nach Gesprächen mit → *Mandela* am 7. 8. 1990 erzielt er mit dem Verzicht auf Waffengewalt den Durchbruch zu Verhandlungen über ein Ende der Apartheid. Die hohe Zustimmung für seine Reformpolitik bei der Volksbefragung Weißer stärkt seine Stellung bei den Verfassungsverhandlungen im »Konvent für ein demokratisches Südafrika«/CODESA. Er wird 1992 zusammen mit *Mandela* für seine Verdienste um die Überwindung der Rassentrennung mit dem Friedenspreis der UNESCO und dem Preis der spanischen Stiftung »Prinz von Asturien« ausgezeichnet.

Delors, *Jacques* (Frankreich/EG), *Paris 20. 7. 1925; seit 1985 Präsident der EG-Kommission.
Banklehre, Studium der Volkswirtschaft; 1945–62 Abteilungsleiter bei der Bank von Frankreich. 1959–61 zugleich Mitglied der Planungs- und Investmentabteilung des Wirtschafts- und Sozialrats. Mitarbeiter bei der christl. Gewerkschaft CFTC. 1969 Berater für soziale u. kulturelle Angelegenheiten des Ministerpräsidenten *Jacques Chaban-Delmas*. Seit 1974 Mitglied der »Sozialistischen Partei«/PS. Ab 1979 Präsident der Wirtschafts- u. Währungskommission der EG. Seit Mai 1981 Wirtschafts- u. Finanz-, seit März 1983 zusätzlich Budgetminister im Kabinett von *Pierre Mauroy*. Seit 1. 1. 1985 Nachf.

von *Gaston Thorn* als Präsident der EG-Kommission. Bekannte sich unzweideutig zur Einheit Deutschlands und setzte sich für die rasche Eingliederung der neuen Bundesländer in die Gemeinschaft ein. Es ist sein Verdienst, mit der Setzung des magischen Datums »Ende 1992« das Binnenmarktziel konkretisiert zu haben. 1988 ist er mit dem Vorsitz der Expertengruppe betraut, deren Bericht die Grundlage für die Beschlüsse des Maastrichter Gipfels vom Dezember 1991 lieferte. D., mit dessen Namen sich die als »Delors-Paket« bezeichnete EG-Reform der Agrarpolitik, der Finanzverfassung und der höheren Ausstattung der Strukturfonds verbindet, wird im Mai 1992 für seine Verdienste um die europäische Integration mit dem Karlspreis der Stadt Aachen gewürdigt. Im Juni 1992 wird er für eine weitere zweijährige Amtsperiode an die Spitze der EG-Kommission berufen.

Demirel, *Süleyman* (Türkei), * Islamköy (Verw.-Gebiet Isparta), 6. 10. 1924; 1965–71, 1977, 1979/80 und seit 1991 Ministerpräsident.
Sohn eines Landwirts, Studium der Ingenieurwissenschaften, Bauunternehmer. Politisch in der rechtsgerichteten »Gerechtigkeitspartei«/AP aktiv, 1964 ihr Vorsitzender. 1965, nach einem großen Wahlerfolg seiner Partei, Regierungschef. D. hat Erfolge beim wirtschaftlichen Aufbau, doch ist er nicht in der Lage, die innere Unruhe zu befrieden und die Korruption auszumerzen. Am 12. 3. 1971 wird er von den Streitkräften des Amts enthoben, doch bleibt er weiterhin Vorsitzender der AP. Nach dem Rücktritt von *Bülent Ecevit* am 1. 4. 1975 tritt er an die Spitze einer aus Parteien der Rechten gebildeten Koalitionsregierung. Bei den Wahlen vom Juli 1977 unterliegt er *Ecevit*, ist seit Juli dann erneut Chef einer Koalitionsregierung, tritt jedoch im Dezember 1977 zurück. 1979 wieder zum Chef der AP gewählt und nach erfolgreichen Teilwahlen vom Oktober 1979 als Nachfolger von *Ecevit* ab November erneut Ministerpräsident mit einem AP-Kabinett. Am 12. 9. 1980 durch einen Militärputsch gestürzt und vorübergehend in »Schutzhaft« genommen. Ende Mai 1983 wird die erst im selben Monat gegründete »Großtürkische Partei« verboten, weil sie die Ideen der aufgelösten AP vertreten haben soll. Gleichzeitig wird D. verhaftet und am 2. 6. 1983 in die Dardanellen-Stadt Canakkale verbannt, am 1. 10. 1983 aus der Haft entlassen, aber von den Militärs für 10 Jahre politisch »gebannt«. Geht mit seiner neugegründeten »Partei des richtigen Weges«/DYP aus den Parlamentswahlen vom 20. 10. 1991 als Sieger hervor und wird am 21. 11. erneut Regierungschef einer Koalition seiner DYP mit der »Sozialdemokratischen Populistischen Partei« von *Erdal Inönü*, der das Amt des stellv. Ministerpräsidenten übernimmt. D. bezeichnet während einer Reise im kurdischen Südostanatolien die Türkei als »Land der Kurden und Türken« und verspricht, alle Gesetze, welche Bevölkerungsteile wegen ihrer Abstammung diskriminieren, zu annullieren. Im Juni 1992 einigt er sich bei einem Teffen mit seinem griechischen Amtskollegen → *Mitsotakis* darauf, ein Freundschaftsabkommen zwischen beiden Ländern auszuhandeln und die Friedensbemühungen für Zypern zu unterstützen.

Denktaş *[Denktaşch]*, *Rauf Rasit* (Zypern), * Baf 27. 1. 1924; seit 1975 Präsident des »Föderativen Türkisch-Zypriotischen Staates« und seit 1983 Präsident der »Türkischen Republik Nordzypern«.
Jurist, 1948 Mitglied des Verfassungsrats, 1949–58 Staatsanwalt, 1958–60 Vorsitzender türkisch-zypriotischer Institutionen, 1964–68 ausgewiesen, seit 1968 Wegbereiter eines geschlossenen türk.-zypr. Siedlungsgebiets; nach der türk.-zypr. Verfassung von 1975 und den Präsidentschaftswahlen vom Juni 1976 vom türk.-zypr. Parlament zum Präsidenten der Teilrepublik gewählt (erneut Juni 1981). Ruft Mitte Nov. 1983 einseitig die »Türkische Republik Nordzypern« aus. Durch das Referendum vom 5. 5. 1985, bei dem sich 70,18 % der Abstimmenden für die neue Verfassung und damit für die »Türkische Republik Nordzypern« aussprechen, sieht sich D. in seiner Position auch international gestärkt. Ende Juni zum Präsidenten der nur von der Türkei anerkannten Republik gewählt. Bei den vorgezogenen Wahlen am 23. 4. 1990 mit 66,7 % der Stimmen in seinem Amt bestätigt.

Dimitrow, *Filip* (Bulgarien), * Sofia 31. 5. 1955; seit 1991 Ministerpräsident.
Nach dem Jurastudium als Rechtsanwalt tätig; der Kommunistischen Partei bleibt er fern. Nach dem Ende des *Schiwkoff*-Regimes ruft er im November 1989 mit Gesinnungsfreunden eine parteiungebundene Vereinigung der Rechtsanwälte ins Leben und arbeitet in einem Komitee zur Durchsetzung des Rechts auf freie Religionsausübung. Mitbegründer einer »Grünen Partei«, die sich dem Parteienbündnis »Union demokratischer Kräfte«/UDK anschließt, das bei den Wahlen im Juli 1990 144 Sitze erringt und in den großen Städten fast alle Direktmandate gewinnt. Im August zum stellv. Vorsitzenden des Koordinierungsrates der UDK, im Dezember zu deren Vorsitzendem gewählt. Nach den Neuwahlen am 13. 10. 1991, bei denen seine UDK mit 34,4 % stärkste Partei wird, am 8. 11. 1991 mit Unterstützung der »Bewegung der Rechte und Freiheiten«/BRF der türkischen Minderheit zum Ministerpräsidenten gewählt.

Do Muoi (Vietnam), * Hanoi 2. 2. 1917; 1988–91 Ministerpräsident, seit 1991 Generalsekretär des ZK der KPV.

Sohn einer nordvietnames. Bauernfamilie; politische Laufbahn, 1939 Beitritt zur KP Indochinas. 1941 von den Kolonialbehörden zu 10 Jahren Haft verurteilt. Nach der Flucht aus dem Gefängnis Hoa Lo nimmt er 1945 seine illegale Tätigkeit in der Funktion des 1. Sekretärs des Provinzparteikomitees Ha Dong wieder auf. 1951 1. Sekretär des Parteikomitees der Ta-Ngan-Zone; 1955 1. Sekretär des Stadtparteikomitees von Haiphong. Ab 1960 Mitglied des ZK der KPV und seit 1982 Politbüromitglied. Seit 1960 auch in verschiedenen Regierungsfunktionen tätig; zuerst Min. für Handel, seit 1969 Stv. des Ministerratsvors. und ab 1973 Min. für das Bauwesen. Der als orthodox geltende D. wird am 22. 6. 1988 von den Abgeordneten der Nationalversammlung erstmals in geheimer Abstimmung gegen den Kandidaten des »Reformflügels«, den amtierenden Regierungschef *Vo Van Kiet*, zum Nachfolger des verstorbenen *Pham Hung* als Vorsitzender des Ministerrats (Ministerpräsident) gewählt. Auf dem VII. Parteitag der KPV (24.–27. 6. 1991) wird er zum Nachfolger des zurückgetretenen *Nguyen Van Linh* als Generalsekretär des ZK der KPV gewählt.

Drnovšek, *Janez* (Slowenien), * Celje [Cilli] in der Untersteiermark 17. 5. 1950; seit 1992 Ministerpräsident.
Stammt aus einer Arbeiterfamilie. Nach dem Studium der Volkswirtschaftslehre und Promotion rasche Karriere; zunächst als Bankdirektor in der Bergbaustadt Trbovlie, dann Diplomat in Kairo. Seit 1984 slowenischer Abgeordneter in der zweiten Kammer des Belgrader Parlaments; im Rat der Republiken und autonomen Gebiete hauptsächlich befaßt mit Finanzfragen. Autor des Buches »Der internationale Währungsfonds und Jugoslawien« und Teilnehmer seines Landes an den Verhandlungen mit dem Fonds. Anfang April 1989 als Außenseiter in einer Volkswahl – erstmals in der Geschichte Jugoslawiens seit dem II. Weltkrieg – als Vertreter der Teilrepublik Slowenien in das Staatspräsidium gewählt und am 14. 4. vom Parlament bestätigt. Übernimmt am 15. 5. turnusgemäß den kollektiven Vorsitz des Staatspräsidiums, dem Vertreter der 6 Teilrepubliken und der beiden autonomen Provinzen angehören, und nimmt damit für ein Jahr die Funktion des Staatsoberhauptes wahr. Nach dem Angriff der Bundesarmee auf Slowenien verläßt er endgültig dieses Gremium. Der parteilose D. tritt im April 1992 der größten Oppositionsgruppierung, der »Liberaldemokratischen Partei«, die aus der kommunistischen Jugendorganisation hervorgegangen ist, bei, die ihn auch gleich zu ihrem Vorsitzenden macht. Nach dem Sturz von Ministerpräsident *Lojze Peterle* am 22. 4. 1992 durch ein Mißtrauensvotum bildet er eine Übergangsregierung bis zu den Neuwahlen im Herbst.

Dumas, *Roland* (Frankreich), * Limoges (Haute-Vienne) 23. 8. 1922; 1984–86 und seit 1988 Außenminister.
Wie sein 1944 von den Deutschen hingerichteter Vater in der »Résistance«. Studium an der Pariser juristischen Fakultät »Sciences Po« und an der London School of Economics; Rechtsanwalt. Zu Anfang der 5. Republik erfolgreicher Verteidiger von Senator → *Mitterrand* in einem Verleumdungsprozeß. Später »Staranwalt«, u. a. von *Pablo Picasso* mit der Rückführung des Bildes »Guernica« nach Spanien betraut. 1956 Abgeordneter der kleinen Mitterrand-Partei UDSR. Vor den Präsidentschaftswahlen von 1965 Arrangement der Begegnung von *Mitterrand* und *Waldeck Rochet*, bei dem erstmals die Möglichkeit einer Linksunion erörtert wird. Als Abgeordneter der Dordogne 1981 in die Nationalversammlung gewählt. Seit Dez. 1983 Europaminister und seit Mitte 1984 Regierungssprecher. Unterhändler in den Gesprächen mit Libyen im Tschad-Konflikt. Von November 1984 bis März 1986 Außenminister. Nach dem Sieg von *Mitterrand* bei den Präsidentschaftswahlen am 8. 5. 1988 seit 13. 5. erneut Außen- sowie Staatsminister.

Durán Ballén, *Sixto* (Ecuador), * Boston/USA 1921; seit 1992 Staatspräsident.
Studium der Architektur. Mitglied der »Christlich Sozialen Partei«/PSC; langjähriger Bürgermeister von Quito. Tritt 1991 aus dem PSC aus und gründet die »Republikanische Einheitspartei«/PR. Da bei den Präsidentschaftswahlen am 16. 5. 1992 keiner der Kandidaten die erforderliche absolute Mehrheit erhält, gehen die beiden Bestplazierten am 5. 7. in eine Stichwahl, aus der D. als Sieger hervorgeht. D., der Sparmaßnahmen im Staatshaushalt sowie die Privatisierung der öffentlichen Unternehmen verkündet, löst am 10. 8. *Rodrigo Borja a Cevallos* im Amt des Staatspräsidenten ab.

Elçibey *[Eltschibej]*, *Ebulfez [Abulfas]* (Aserbaidschan), * 7. 6. 1938; seit 1992 Staatspräsident.
Stammt aus einem Dorf im Gebiet von Nachitschewan, das durch einen Streifen armenischen Landes vom übrigen Aserbaidschan getrennt ist und an die Türkei und den Iran grenzt. Studium der Orientalistik mit Promotion an der Universität von Baku. Danach 2 Jahre lang als Übersetzer in Kairo tätig; anschließend lehrt er an der Universität Baku Geschichte der islamischen Kultur. 1975–77 wegen »staatsfeindlicher Verleumdungen« inhaftiert. Seit 1989 Vorsitzender der 1988 gegründeten Azerbaycan Halk Cäbhesi (»Nationale Front Aserbaidschans«/NFA), und deren Kandidat bei den Präsidentschaftswahlen am 7. 6. 1992, aus denen er als Sieger hervorgeht. Er wird damit Nachfolger von *Ajaz Mutalibow*, für dessen erzwungenen Rücktritt am 6. 3. die Rück-

schläge in Berg-Karabach Anlaß waren, und der im Mai noch einmal vergeblich versucht hatte, die Führung wieder an sich zu reißen. E., ein gläubiger Schiit, der jedoch das iranische Modell einer dezidiert islamischen Republik ablehnt und in der laizistischen Türkei und den Ländern Europas seine Vorbilder sieht, hat sich in zahlreichen Veröffentlichungen bemüht, islamische Traditionen und neuzeitliche Ansichten miteinander zu verbinden.

Endara, *Guillermo* (Panamá), * Panama City 12. 5. 1936; seit 1989 Staatspräsident.
Studium der Rechtswissenschaften in der Landeshauptstadt und kurze Zeit in New York. Anschließend unterrichtet er eine Zeitlang an der Universität von Panama, bevor er 1963 mit einigen anderen Anwälten eine Kanzlei gründet, die bald große Handelsfirmen vertritt. Mit *Arnulfo Arias* gründet er 1961 den Partido Panamenista. Nach dem Sturz des kurz zuvor gewählten Präsidenten *Arias* durch die Militärs geht er für einige Wochen in den Untergrund und wird, nachdem er wieder parteipolitisch aktiv geworden ist, von General *Omar Torrijos*, dem neuen Machthaber, ins Exil geschickt. 1979 wird er stellv. Generalsekretär, 1984 Generalsekretär seiner Partei, die sich jedoch spaltet; er wird Führer des entschlossen gegen den neuen Machthaber *Manuel Antonio Noriega* kämpfenden Flügels. Als Repräsentant der wichtigsten Oppositionspartei Kandidat der »Demokratischen Oppositionsallianz« bei der Präsidentschaftswahl am 7. 5. 1989, die er mit großer Mehrheit gewinnt. Nach der Annullierung der Wahlen durch *Noriega* stellt er sich an die Spitze der Demonstrationen gegen den Wahlbetrug und flieht Anfang Oktober nach dem gescheiterten Militärputsch in die Nuntiatur. Nach dem Sturz *Noriegas* durch eine Intervention US-amerikanischer Truppen widerruft die oberste Wahlbehörde am 28. 12. die Annullierung der Wahl vom 7. 5. und erklärt E. offiziell zum Sieger der Präsidentschaftswahl.

Eyskens, *Mark* (Belgien), * Löwen (Prov. Brabant) 29. 4. 1933; 1981 Ministerpräsident, seit 1989 Außenminister.
Sohn des früheren Ministerpräsidenten *Gaston Eyskens*; Studium der Rechts- und Wirtschaftswissenschaften. Promotion in Economics der Columbia Univ., New York; 1961 Berater des Finanzministers. Berufung zum Professor (1966) an der kath. Universität Löwen. Als Mitglied der flämischen »Christlichen Volkspartei«/CVP im Parlament. Seit 1976 Staatssekretär für flämische Regionalwirtschaft, Raumordnung und Wohnung (Bereich Flandern), 1977–79 Staatssekretär für den Staatshaushalt und für flämische Regionalwirtschaft. 1979 Minister für Entwicklungshilfe, 1980 Finanzminister. Von April bis September 1981 Ministerpräsident; dann Wirtschaftsminister. Seit Mai 1989 im neuen Kabinett → *Martens* Außenminister.

Fahd, *Ibn Abdul-Aziz [F. Bin Abdul Asis]* (Saudi-Arabien), * Riad 1920; seit 1982 König und Ministerpräsident.
Seit 1975 Kronprinz u. als erster stellv. Regierungschef von König *Khaled* mit der faktischen Wahrnehmung der Regierungsgeschäfte betraut. Gilt als der technischen und wirtschaftlichen Entwicklung zugewandt und als Verteidiger der arabischen Interessen, besonders auch in der Palästina- u. in der Erdölpolitik. Sein im Aug. 1981 aufgestellter Friedensplan für Nahost wird von Israel zurückgewiesen. Unmittelbar nach dem Tod von König *Khaled* tritt er am 13. 6. 1982 dessen Nachfolge an und übernimmt das Amt des Ministerpräsidenten. Ruft Anfang August 1990 ausländische, vor allem US-Truppen ins Land zum Schutz vor einer Bedrohung durch den Irak.

Felber, *René* (Schweiz), * Biel im Jura 14. 3. 1933; seit 1991 Bundespräsident.
Nach dem Studium elf Jahre als Volksschullehrer tätig; danach Karriere in der Sozialdemokratischen Partei/SPS, erst als Bürgermeister von Le Locle, dann als Finanzminister (Staatsrat) des Kantons Neuenburg. Seit 1988 Leiter des Departements für Auswärtige Angelegenheiten (Außenminister). Im Dezember 1991 für ein Jahr zum Bundespräsidenten gewählt.

Finnbogadóttir, *Vigdis* (Island), * Rejkjavik 15. 4. 1930; seit 1980 Staatspräsidentin.
Studium der Literaturwissenschaft, Lehrerin für Französisch. Theaterdirektorin. Nach Verzicht von Präsident *K. Eldjarn* auf eine Wiederwahl als nichtparteigebundene Kandidatin am 29. 6. 1980 mit relativer Mehrheit erfolgreich. Am 30. 6. 1984 Verlängerung der Amtszeit um 4 Jahre, am 25. 6. 1988 Wiederwahl mit 92,7 % der abgegebenen Stimmen.

Fujimori, *Alberto Kenya* (Peru), * Lima 28. 7. 1938; seit 1990 Staatspräsident.
Sohn japanischer Einwanderer; Agrarwissenschaftler und Mathematiker. Später Rektor einer Landwirtschafts-Hochschule und einige Jahre Präsident der Rektorenkonferenz. Kandidiert mit seinem Wahlbündnis »Cambio 90« bei den Präsidentschaftswahlen am 8. 4. 1990, bei denen er dem weltberühmten Literaten *Mario Vargas Llosa* zunächst unterliegt, geht aber aus der Stichwahl am 10. 6. als eindeutiger Sieger hervor. Am 28. 6. tritt der praktizierende Katholik F. das Präsidentenamt an und wird damit Nachfolger von *Alán García Perez*. In sein Kabinett beruft er Politiker und Militärs, die unbelastet von der Vergangenheit sind. Sein rigoroses Wirtschaftsprogramm führt zu Unruhen und Rebellion im Land. Er

verfügt am 5. 4. 1992 die Auflösung des Parlaments und setzt die Verfassung außer Kraft, soweit sie der Absicht seiner »Notstandsregierung zum nationalen Aufbau« im Wege steht, Politik, Justiz und öffentliche Verwaltung zu säubern und zu modernisieren und das Land von Terrorismus und Rauschgifthandel zu befreien. Er will die Verfassung revidieren und einem Plebiszit unterwerfen.

Gaddafi [Kadhafi, Kadhzafi], Muhammar al (Libyen), * Sirte [Sirk] Sept. 1942; seit 1969 Präsident des Revolutionsrates (Staatsoberhaupt).
Militärakademie; Mitglied der Junta, die 1969 die Monarchie stürzt, Präsident des Revolutionsrats, 1971 auch der Regierung und den neugeschaffenen Verteidigungsrats; Vertreter radikaler (auch islam.) Reformen; seit 1976 an der Spitze des höchsten Organs, des »Generalsekretariats (des Militärs) des Allgemeinen Volkskongresses«, tritt aber 1979 formal zurück, um sich als »Führer der Revolution« ganz der »revolutionären Aktion« zu widmen. Vereinbart 1969 die Vereinigung seines Landes mit Ägypten und Sudan zu einem Staatswesen, 1971 mit Ägypten und Syrien, 1972 mit Ägypten, 1974 mit Tunesien, 1980 mit Syrien, 1981 mit Tschad, 1984 mit Marokko: keine wurde wegen seiner absolute Führung beanspruchenden Forderungen verwirklicht. Kritisiert im August 1990 die Besetzung Kuwaits durch den Irak.

Gaidar [Gajdar], Jegor (Rußland), * Moskau 19. 3. 1956; seit 1992 Ministerpräsident.
Enkel eines bekannten Kinderbuchautors. Nach einem Wirtschaftsstudium an der Moskauer Lomonossow-Universität beschäftigt er sich zunächst mit der Systemforschung und arbeitet anschließend am Institut für Ökonomie und Prognostizierung des wissenschaftlich-technischen Fortschritts. Zwischen 1987 und 1990 als Autor der theoretischen Parteizeitschrift »Kommunist« und als Redakteur des Parteizentralorgans »Prawda« behutsam für Reformen eingetreten. Mit seinem Mentor Stanislaw Schatalin schmiedet er wirtschaftliche Reformpläne und entwirft ein 500-Tage-Programm für den Übergang von der Plan- zur Marktwirtschaft. Während der damalige Präsident Michail Gorbatschow dann das Programm als zu weitgehend ablehnt, entschließt sich der russische Präsident → Jelzin zu dessen Verwirklichung und ernennt G. zum Superminister für Wirtschaft und Finanzen sowie zu einem der stellvertretenden Regierungschefs. Am 15. 6. wird G. von Jelzin zum »Geschäftsführenden Ministerpräsidenten« ernannt.

Gaviria Trujillo, César (Kolumbien), * Pereira 31. 3. 1947; seit 1990 Staatspräsident.
Sohn einer gutbürgerlichen Familie aus der Provinz. Studium der Volkswirtschaft mit Neigung zum Journalismus. Mitglied der »Liberalen Partei«, die seit Jahrzehnten in dem Andenland an der Macht ist. Bereits mit 23 Jahren im Stadtrat seiner Heimatstadt Pereira, mit 26 Bürgermeister und Parlamentsmitglied. 1978 stellv. Minister für Entwicklung, 1983 Vorsitzender der Wirtschaftskommission des Parlaments. Im Kabinett des Präsidenten Virgilio Barco Finanz-, später Innenminister. Als solcher erfolgreich als Unterhändler mit der linksnationalistischen Guerilla-Bewegung M-19, die sich in eine legale Partei verwandelt. Wahlkampfleiter des Präsidentschaftskandidaten der Liberalen, Luis Carlos Galán, und nach dessen Ermordung 1989 durch die Rauschgiftmafia sein Nachfolger. Geht aus den Präsidentschaftswahlen am 27. 5. 1990 siegreich hervor und tritt am 7. 8. als jüngster Präsident Kolumbiens in diesem Jahrhundert die Nachfolge Barcos und damit ein brisantes Erbe an, das gekennzeichnet ist durch einen Zwei-Fronten-Krieg gegen die Kokain-Mafia und die Guerilla.

Goh Chok Tong (Singapur), * Singapur 20. 5. 1941; seit 1990 Premierminister.
Stammt aus einer traditionell-chinesischen Familie; in Pasir Panjang an der Südküste aufgewachsen. Studium an der Raffles Institution und der University of Singapore, bevor er am amerikanischen Williams College den Magister der Wirtschaftswissenschaften erwirbt. Aufbau der staatlichen Reederei »Neptun« und deren Geschäftsführer. 1976 Einzug ins Parlament, 1978 holt ihn Lee Kuan Yew in die Regierung und baut ihn als möglichen Nachfolger auf. 1983 zum Verteidigungsminister ernannt; ab 1985 Erster stellv. Premierminister. Löst im Dez. 1990 Lee, der aber Generalsekretär der regierenden Peoples Action Party/PAP bleibt, als Regierungschef ab.

Göncz, Arpád (Ungarn), * Budapest 10. 2. 1922; seit 1990 Staatspräsident.
Entstammt einer kleinbürgerlichen Familie aus Budapest. 1944 schließt er sich dem Widerstand gegen die deutsche Besetzung an. Nach 1945 betätigt er sich in unabhängigen Jugendorganisationen und wird persönlicher Sekretär des Generalsekretärs der »Kleinlandwirtepartei«, Béla Kovács, der später von den Sowjets und den einheimischen Kommunisten verfolgt wird. Nach der Verhaftung seines Chefs und der Ausschaltung seiner damaligen Partei schlägt sich der studierte Jurist G. zunächst als Hilfsarbeiter durch, bis er zum Studium an der landwirtschaftlichen Hochschule von Gödölö zugelassen wird. Als Aktivist der Freiheitsbewegung nach der Niederschlagung des Volksaufstandes von 1956 wird er zu lebenslanger Haft verurteilt und nach 6 Jahren entlassen; danach bestreitet er seinen Unterhalt als Übersetzer. Seine eigenen Werke durften in Ungarn

nicht veröffentlicht werden. An der großen Wende in seinem Land beteiligt er sich als Mitglied des »Komitees für historische Gerechtigkeit«, das für die nach 1956 Hingerichteten Rehabilitierung fordert. Gründungsmitglied des »Bundes der freien Demokraten«/SZDSZ, der bei den Parlamentswahlen am 25. 3. und 8. 4. 1990 hinter dem »Ungarischen Demokratischen Forum«/MDF den 2. Platz belegt und in die Opposition geht. Anfang Mai von MDF und SZDSZ zum Parlamentspräsidenten gewählt und damit auch als Nachfolger des aus der KP kommenden Reformsozialisten *Matyas Szürös* interimistisches Staatsoberhaupt. Am 3. 8. vom Parlament offiziell zum Staatspräsidenten gewählt (Nachf. als Parlamentspräsident: *Gyorgy Szabad*).

González Márquez, *Felipe* (Spanien), * Sevilla 5. 3. 1942; seit 1982 Ministerpräsident.
Studium v. Jura u. Wirtschaftswiss., Lehrbeauftragter für Arbeiterrecht an der Universität Sevilla, früh führend in dem illeg. PSOE; seit 1974 Erster Sekretär, seit 1976 Generalsekretär der »Sozialist. Arbeiterpartei Spaniens«/PSOE, seit Juni 1976 Abgeordneter im Parlament. Nach dem Erreichen der absoluten Mehrheit des PSOE bei der Wahl 1982 Ministerpräsident (Amtsantritt: 2. 12. 1982). Nach den Wahlen vom 21. 6. 1986 mit seiner PSOE trotz Stimmenverlusten weiterhin mit absoluter Mehrheit regierend. Ruft auf zu Reform und Modernisierung des Landes. Bei vorgezogenen Parlamentswahlen am 30. 10. 1989 erringt er mit seiner PSOE erneut die absolute Mehrheit.

Gratschow, *Pawel Sergewitsch* (Rußland), * Tula, 1. 1. 1948; seit 1992 Verteidigungsminister.
Karriere in der Sowjetarmee; 1969 Absolvent der Offiziersschule der Luftlandetruppen in Rjasan und 1981 der Militärakademie Frunse. Zweimal im Einsatz in Afghanistan, u. a. als Kommandeur einer Luftlandedivision; dafür als »Held der Sowjetunion« ausgezeichnet. Nach einem Kurs auf der Militärakademie des Generalstabs wird er 1990 stellvertretender Befehlshaber und im Dezember des gleichen Jahres Befehlshaber der Luftlandetruppen. Während des Putsches am 19. 8. 1991 auf Befehl von Verteidigungsminister *Dimitrij Jasow* in die Vorbereitung zum Staatsstreich einbezogen, spricht sich G. gegen die geplante Erstürmung des Parlamentsgebäudes durch Fallschirmjäger und die Festnahme der russischen Führung aus und warnt die Verteidiger der Hochburg von → *Jelzin* vor dem geplanten Überfall. Zwar übernimmt *Jelzin* das neugeschaffene Amt eines russischen Verteidigungsministers im März 1992 selbst, doch ernennt er G. zu seinem Stellvertreter und bald darauf, als der Präsident per Ukas die Bildung einer russischen Armee anordnet, auch zum Armeegeneral mit der unmittelbaren Führung der Streitkräfte. Im Mai wird G. auch zum Verteidigungsminister ernannt.

Harlem → *Brundtland*

Hassan II. (Marokko), * Rabat 9. 7. 1929; seit 1961 König.
Jurastudium in Bordeaux, früh polit. Mitarbeiter seines Vaters Sultan *Mohammed V.*, den er 1953 ins Exil begleitet; nach Rückkehr 1956 Oberbefehlshaber; Niederwerfung von Erhebungen in verschiedenen Landesteilen. 1957 Kronprinz, 1961 nach dem Tod des Vaters König. H. versucht zunächst Reformen im Sinne einer konstitutionellen Monarchie, die aber durch innere Widerstände verhindert werden; Ziel vieler Attentate, so 1971 von Teilen des Offizierskorps; relativ erfolgreiche Wirtschaftspolitik; organisiert im Nov. 1975 den »Grünen Marsch« in die Span. Sahara und sichert für Marokko nach einem Abkommen mit Spanien phosphatreiche Gebiete; teilt die Westsahara zunächst mit Mauretanien, annektiert sie aber nach dem Friedensvertrag Mauretaniens mit der POLISARIO im Aug. 1979 ganz. Erklärt, es gebe kein »saharauisches Volk« und nützt den Konflikt um die West-Sahara geschickt, um das Gemeinschaftsgefühl der Marokkaner zu fördern und innenpolitische Spannungen unter Kontrolle zu halten. Schlägt 1986 die Bildung einer sog. Maghreb-Versammlung vor, in der Marokko, Algerien und Tunesien vertreten sein sollen. Am 4./5. 1. 1989 trifft er erstmals seit Beginn des Konfliktes um die Westsahara 1976 mit einer Delegation der POLISARIO zusammen. Verurteilt im Aug. 1990 als erstes arabisches Staatsoberhaupt die irakische Invasion in Kuwait und engagiert sich trotz einer überwiegend proirakischen Volksmeinung politisch und militärisch auf seiten der antiirakischen Koalition. Er ist als Vermittler zwischen der westlichen und der islamischen Welt geschätzt.

Herzog, *Chaim [Chajim Vivian]* (Israel), * Belfast 17. 9. 1918; seit 1983 Staatspräsident.
Sohn eines Oberrabbiners; ab 1935 Besuch eines rabbinischen Lehrhauses (Jeschiwa) in Jerusalem; vor Ausbruch des II. Weltkrieges Aufnahme des Jurastudiums in Cambridge u. London, dann Besuch der Militärakademie in Sandhurst. Militärische Laufbahn, Oberstleutnant in der brit. Armee; 1935 Emigration nach Palästina, Dienst in den Streitkräften der Mandatsmacht Großbritannien. Nach der Unabhängigkeit Israels 1948 Brigadegeneral. 1948–50 u. 1959–62 Chef des militärischen Geheimdienstes. Dazwischen bis 1959 verschiedene Posten: Militärattaché in Washington, Kommandant des Jerusalemer Distrikts, Oberbefehlshaber Süd-Israels. Nach dem »Sechs-Tage-Krieg« von 1967 erster Militärgouverneur des eroberten Westjordanlandes. Daneben Industriemanager, Rechtsanwalt u. Jour-

nalist. 1975–78 UN-Botschafter, anschließend wieder Rechtsanwalt. Seit 1981 Abgeordneter der oppositionellen Arbeitspartei in der Knesset; seit 5. 5. 1983 als Nachfolger von *Jitschak Navon* Staatspräsident.

Hrawi [Hraoui], *Elias* (Libanon), * 1925; seit 1989 Staatspräsident.

Stammt aus Zahle, einer christlichen Stadt in der mehrheitlich von Muslimen bewohnten Bekaa-Ebene. Studium an der Jesuiten-Universität Saint Joseph in Beirut. Später Großgrundbesitzer und Geschäftsmann mit engen wirtschaftlichen Kontakten zu den benachbarten arabischen Ländern. Seit Anfang der 70er Jahre unabhängiger Parlamentsabgeordneter. Unter der Präsidentschaft von *Elias Sarkis* (1976–82) zwei Jahre lang Minister. Nach der Ermordung des nur kurze Zeit amtierenden Präsidenten *René Muawad* von den Abgeordneten des Rumpfparlaments am 24. 11. 1989 zu dessen Nachfolger gewählt. Der maronitische Christ H. tritt für die Unabhängigkeit des Libanon ein, hat aber auch gute Beziehungen zur muslimischen Seite und zu Syrien.

Hun Sen (Kambodscha/Kampuchea), * im Kreis Stung Treng (Prov. Kompong Cham) 4. 4. 1951; seit 1985 Ministerpräsident.

Sohn armer Bauern; abgebrochene Gymnasialausbildung. 1970 Anschluß an die »Roten Khmer« (Aufstieg zum stellv. Regimentskommandeur), von deren Führer *Pol Pot* er sich erst 1977 trennt. Seit Jan. 1979 im ZK der »Revolutionären Volkspartei« sowie in der provietnames. Regierung Außenminister. Ab Mai 1981 Mitgl. des Politbüros und Sekretär des ZK, ab Juni 1981 Vizepremier. Als Nachf. von *Chan Sy* seit Jan. 1985 Vorsitzender des Ministerrates (Ministerpräsident). Einigt sich am 4. 12. 1987 in Frankreich mit dem früheren Staatschef *Prinz → Sihanouk*, der zu den Führern der Widerstandsbewegung gehört, auf Grundzüge eines Programms der nationalen Aussöhnung. In einem zweiten Gespräch am 20. 1. 1988 ebenfalls in Frankreich wird der Abzug der 1979 in Kambodscha einmarschierten vietnamesischen Truppen vereinbart. H. fordert im Juni 1990 die Regierungstruppen zum »Endsieg« über die Rebellen der Roten Khmer auf, akzeptiert aber Ende August den Friedensplan der UN für Kambodscha.

Hurd, *Douglas* (Großbritannien), * 8. 3. 1930; seit 1989 Außenminister.

Studium an der Cambridge University, danach Diplomat. Zwei Botschaftsjahren in Peking folgen vier bei der UN-Mission und drei in Rom. 1966 wechselt er in das »Research Department« der Konservativen Partei. Ab 1968 Privatsekretär des Oppositionsführers *Edward Heath* und, als dieser an die Regierung gelangt, dessen politischer Sekretär. Seit 1974 Mitglied des Unterhauses und 1976–79 auswärtiger Sprecher der Opposition. In der Regierung von *Margaret Thatcher* zuerst Staatsminister für Auswärtiges (1979–83) und nach der Wiederwahl Staatsminister für Inneres. 1984 Nordirland-Minister, ab 1985 wieder Innenminister. Seit 26. 10. 1989 als Nachfolger von → *Major* neuer Außenminister. Teilnehmer der 1990 stattfindenden »2+4«-Gespräche der Außenminister der beiden deutschen Staaten und der 4 Mächte über äußere und sicherheitspolitische Aspekte der deutschen Einheit. Kandidiert nach dem Rücktritt von Frau *Thatcher* im November 1990 für deren Nachfolge, unterstützt im dritten Wahlgang aber *Major*, der zum neuen Premierminister gewählt wird. Bleibt unter diesem Außenminister.

Hussein II., *Ibn Tala* (Jordanien), * Amman 14. 11. 1935; seit 1952 König.

Urenkel des letzten haschem. Scherifen v. Mekka, Ausbildung u. a. an britischen Offiziersschulen, seit 1953 König; Gegner extremistischer Politik, für Ausgleich mit Israel bei Lösung des Palästinenser-Problems; 1969–71 Zerschlagung der radikalen palästinens. Guerillalager in Jordanien, woraus die Terrororganisation »Schwarzer September« gegen ihn erwächst; 1973 Truppeneinsatz nur an der syr. Front, 1974 Anerkennung der PLO als Vertreterin der außerhalb Jordaniens lebenden Palästinenser, seit 1975 immer engere Kooperation mit Syrien. Lehnt den 1979 geschlossenen ägyptisch-israel. Friedensvertrag ab. Unterstützt Irak im Krieg gegen Iran. Am 9. 1. 1984 Wiedereinberufung der 1974 suspendierten Nationalversammlung. Im Herbst 1984 Normalisierung der Beziehungen zu Ägypten. Beschuldigt Mitte Febr. 1986 die PLO der Torpedierung seiner Bemühungen für eine Nahostregelung und kündigt die pol. Zusammenarbeit mit → *Arafat* auf. Im Aug. 1987 von der »Dag-Hammarskjöld-Akademie« als »Mann des Friedens« 1987 ausgezeichnet. Verkündet 1988 die Aufgabe des Anspruchs auf das 1950 von Jordanien annektierte, seit 1967 von Israel besetzte Westjordanland, löst die rechtlichen und verwaltungstechnischen Bindungen und erkennt formell den Anspruch der Palästinenser an, dort einen selbständigen Staat zu gründen. Am 18. 1. 1990 kritisiert er die israelischen Pläne, aus der UdSSR eingewanderte Juden im Gaza-Streifen und im Westjordanland anzusiedeln, weil dies zu einer Verlagerung des Palästinenser-Problems nach Jordanien führe. Er verurteilt im August 1990 den irakischen Überfall auf Kuwait, der auch seinen Thron erschüttert, ist aber in der Folge bemüht, im Golf-Konflikt mit einem politischen Drahtseilakt die Balance zwischen dem Irak und den anderen arabischen Nachbarn sowie dem Westen zu halten.

Hussein el-Trakriti → *Saddam Hussein*

Iliescu, *Ion* (Rumänien), * Oltenița 3. 3. 1930; seit 1989 Staatspräsident.
Sohn prominenter Kommunisten. Studium am Institut für Elektrotechnik in Bukarest; dann, von 1950–53, am Moskauer Institut für Energetik. Nach der Rückkehr von 1956–60 Vorsitzender des Studentenverbandes; 1960–67 im ZK-Apparat der Partei tätig, dann bis 1971 1. Sekretär des Jugendverbandes. Von *Nicolae Ceaușescu* Anfang 1971 zum ZK-Sekretär für Propaganda und Erziehung berufen; gerät ie jedoch bald mit diesem in Streit und wird bereits im Juli des gleichen Jahres als Kreissekretär nach Temesvar und dann nach Jassy an der Moldau versetzt. Danach mit dem Vorsitz des Rates für nationale Wasserwirtschaft mit Sitz im Ministerrat betraut. 1984 büßt er die ZK-Mitgliedschaft ein und arbeitet von nun an als Direktor eines Technik-Verlages. 1987 spricht er sich in einem Zeitschriftenartikel offen für die Perestroika aus. Nach dem Sturz *Ceaușescus* wird er am 26. 12. zum Vorsitzenden der »Front zur Nationalen Rettung«/FSN und damit zum amtierenden Staatsoberhaupt ernannt und bei den Präsidentschaftswahlen am 20. 5. 1990 mit 85 % der Stimmen im Amt bestätigt. Läßt Mitte Juni Demonstrationen von Teilen der Bevölkerung und der demokratischen Opposition durch Bergarbeiter blutig niederschlagen.

Ishaq Khan, *Ghulam* (Pakistan), * 1915; seit 1988 Staatspräsident.
Pathane aus dem Bannu-Distrikt; als 25jähriger 1940 in die Verwaltung seiner damals noch brit. Heimatprovinz NWFP (Northwest Frontier Province) eingetreten. Privatsekretär des 1. Chefmin. (Regierungschef) in Peshawar nach der Unabhängigkeit Pakistans 1947. 1966, unter Präs. *Ayub Khan*, Staatssekretär im Finanzministerium; 1971–75, während der Regierung von Premiermin. *Zulfikar Ali Bhutto*, Gouverneur der Zentralbank, der State Bank, dann Staatssekretär im Verteidigungsmin. Nach dem Sturz *Bhuttos* durch Armeechef General *Zia ul-Huq* 1978–85 Finanzmin. des Militärregimes und damit beauftragt, die »Islamisierung aller Lebensbereiche« auch im Geld- und Kreditwesen voranzutreiben. Seit 1985 Mitglied im Senat und zugleich Präs. dieser 2. Kammer des Parlaments. Nach dem Tod von *Zia* durch einen Flugzeugabsturz am 19. 8. 1988 gemäß Verfassung amtierender Staatspräs. Sorgt in Absprache mit dem Militär dafür, daß die Wahlen am 16. 11., aus denen die Pakistan People's Party/PPP von *Benazir Bhutto* als Sieger hervorgeht, einen einwandfreien Verlauf nehmen. Am 12. 12. wird I. mit 70 % der Stimmen des Wahlkollegiums für eine 5jährige Amtszeit als Staatspräs. gewählt. I. entläßt im August 1990 auf Drängen des Militärs Frau *Bhutto*, deren Regierung er Korruption und Amtsmißbrauch vorwirft.

Izetbegović, *Alija* (Bosnien-Herzegowina), * Samac 1925; seit 1992 Staatspräsident.
Während des Krieges an Aktivitäten bosnischer Muslime beteiligt; deshalb zum Kriegsende 3 Jahre im Gefängnis. Anschließend bis 1954 Jurastudium; Rechtsanwalt, aber zumeist als juristischer Sachbearbeiter bei Firmen tätig. Als praktizierender Muslim setzt er sich mit der Stellung des Islam in der modernen Welt auseinander und veröffentlicht 1976 ein Buch mit dem Titel »Der Islam zwischen Ost und West«. Später an der Abfassung einer »islamischen Deklaration« beteiligt, deshalb 1983 vom kommunistischen Regime zu 14 Jahren Zuchthaus verurteilt, von denen er knapp 6 Jahre verbüßen muß. Gründer und Vorsitzender der neuen muslimischen »Partei der Demokratischen Aktion«/SDA, die bei den ersten freien Wahlen im Dezember 1990 eine dem muslimischen Bevölkerungsanteil – rd. 44 % – entsprechende Anzahl der Stimmen erhält. Seitdem Präsident der jugoslawischen Teilrepublik Bosnien-Herzegowina, die sich im März 1992 in einem Referendum mit 99 % bei einer Wahlbeteiligung von 63,4 % der Stimmberechtigten für die Unabhängigkeit ausspricht. I., dessen Land sich im Bürgerkrieg gegen die von serbischen Nationalisten innerhalb Bosnien-Herzegowinas ausgerufene »Serbische Republik« und die »jugoslawische Volksarmee« befindet, strebt einen modernen, laizistischen und bürgerlichen Rechtsstaat an, getragen von allen 3 Staatsvölkern (Bosnier, Serben und Kroaten) der Republik; erklärt, »der bosnische Islam sei europäisch«.

Jabar al Ahmad al Jabar as Sabah, Emir (Kuwait), * Kuwait 25. 6. 1926; seit 1977 Staatsoberhaupt.
Erziehung an Colleges in Kuwait, Spezialausbildung in arabischer Sprache und Literatur und im Englischen. 1959 Präsident des Finanzdepartements. Nach der Umbildung in ein Ministerium wird er Anfang 1965 erster kuwaitischer Finanzminister. Ende 1965 Bildung seiner ersten Regierung. Seit 31. 5. 1966 Thronfolger; seit dem Tod des Emirs *Sabah as Salim as Sabah* 1977 dessen Nachfolger. 1986 drückt er die Abschaffung der Verfassung von 1962 und des Parlaments durch, um den Einfluß der Herrscherfamilie zu stärken. Die irakische Invasion vom 2. 8. 1990 zwingt die Herrscherfamilie, ins benachbarte Saudi-Arabien zu fliehen. Nach dem Sieg der alliierten Streitkräfte gegen den Irak kehrt er im März 1991 in seine Heimat zurück und übernimmt wieder die Herrschaft.

Jelzin, *Boris Nikolajewitsch* (Rußland), * Butko 1. 2. 1931; seit 1991 Staatspräsident.
Bauernsohn russischer Nationalität. Am Politechni-

kum des Urals zum Bauingenieur ausgebildet; mit 32 Jahren Chef eines großen Baukombinats, danach regionale Parteikarriere, zuletzt 1. Sekretär im Gebiet Swerdlowsk (1976–85). Gleich nach dem Machtantritt von *Michail Gorbatschow* im April 1985 nach Moskau gerufen und dort Leiter der Abteilung für Bauangelegenheiten im ZK der KPdSU. Kurz darauf Beförderung zum Sekretär des ZK und im Oktober 1985 zum Parteichef von Moskau ernannt, wo er sich schnell das Vertrauen der Bevölkerung erwirbt; gleichzeitiger Eintritt als Kandidat ins Politbüro. Nach Auseinandersetzungen mit dem Politbüromitglied *Jegor Ligatschow*, den er offen zum Reformbremser erklärt, im Februar 1988 als Parteichef und als Kandidat des Politbüros abgesetzt; dann jedoch von *Gorbatschow* zum stellv. Bauminister der Sowjetunion ernannt. Im März 1989 in Moskau mit 89,6 % der Stimmen zum Abgeordneten im Kongreß der Volksdeputierten gewählt. Dort wird er zum Wortführer vieler Sowjetbürger, die mit dem Verlauf der Perestroika unzufrieden sind, und fordert politischen und ökonomischen Pluralismus in der Gesellschaft. Im Frühjahr 1990 in Swerdlowsk in den Volkskongreß der Russischen SFSR und am 25. 5. im 3. Wahlgang zu dessen Vorsitzendem gewählt. Verspricht in seiner Antrittsrede den Einsatz aller Kräfte, »um Rußland besseren Zeiten entgegenzuführen«. Verkündet auf dem 28. Parteitag der KPdSU am 12. 7. den Austritt aus der Partei. Bei den ersten freien, geheimen und direkten Wahlen in der Geschichte Rußlands am 12. 6. 1991 bereits im 1. Wahlgang mit absoluter Mehrheit zum Präsidenten gewählt. Schaltet *Gorbatschow* aus durch das Minsker Abkommen über die Schaffung der »Gemeinschaft unabhängiger Staaten«/GUS, das am 12. 12. 1991 vom russischen Parlament ratifiziert wird, womit zugleich das Gründungsdokument der Sowjetunion vom 30. 12. 1922 außer Kraft gesetzt wird. Befiehlt am 7. 5. die Schaffung eigener russischer Streitkräfte.

Jian Zemin (VR China), * Jiangsu 1926; seit 1989 Generalsekretär der KPCh.
Seit April 1946 Mitglied der KPCh; Absolvent der Jiaotong-Universität mit einem 1947 beendeten Kurs als Elektroingenieur; dann leitende Funktionen in der Industrie von Shanghai sowie im Ersten Ministerium für Maschinenbauindustrie. 1950 in der Ingenieurabteilung der »Volksbefreiungsarmee« und im selben Jahr Attaché in der Handelsabteilung der chinesischen Botschaft in Moskau; 1955 Praktikant in der Moskauer Automobilfabrik »Stalin«; damit zur gleichen Zeit in Moskau wie → *Li Peng*. Nach seiner Rückkehr 1956 in Peking einer der Stellv. Minister im Ersten Maschinenbauministerium. Nach den »leeren Jahren« während der Kulturrevolution beginnt sein politischer Aufstieg mit dem Tod von *Mao Zedong* 1976, zunächst erneut in seinem alten Amt; 1982 Stellv. Minister in der Kontrollkommission für Auslandsinvestitionen und der Export- und Importkommission. 1985 Minister für die Elektroindustrie, dann Bürgermeister und Erster Stellv. Parteisekretär in Shanghai. Als Parteichef der größten Stadt Chinas (ab 1988) propagiert er eine Politik der wirtschaftlichen Öffnung. Seit 1982 im ZK und seit 1987 im Politbüro der KPCh. Verteidigt als erster in der Führungsriege öffentlich das Massaker der Armee gegen die Studenten und Arbeiter in Peking am 3. 6. 1989 und läßt in Shanghai Todesurteile gegen 3 Studenten vollstrecken. Nach dem Sturz von *Zhao Ziyang* am 24. 6. 1989 wird J., ein Schwiegersohn des früheren Staatspräsidenten *Li Xiannian*, auf Empfehlung von *Deng Xiaoping* vom ZK zum Generalsekretär der KPCh sowie zum Mitglied des Ständigen Ausschusses des Politbüros gewählt. Seit Nov. 1989 als Nachfolger von *Deng* auch Vorsitzender der Militärkommission des ZK der KPCh.

Johannes Paul II., vorher *Karol Wojtyła* (Vatikan), * Wadowice (Woiwodschaft Bielsko-Biala/Polen), 18. 5. 1920; seit 1978 Papst.
Studium d. poln. Philologie u. d. Theaterwissenschaften, Schauspieler, ab 1942 Studium d. Theologie am illeg. Untergrundseminar in Krakau; 1946 zum Priester geweiht; 1953 Habil., Dozent an der Kath. Universität Lublin, 1958 Bischof v. Krakau, 1967 Kardinal; nach dem Tod von *Johannes Paul I*. im 8. Wahlgang am 16. 10. 1978 als erster Pole – und erster Nichtitaliener seit 1523 – zum Papst gewählt. Am 13. 5. 1981 zu Beginn der Generalaudienz auf dem Petersplatz durch Schüsse eines türkischen Terroristen schwer verletzt. 1983 und 1987 während seiner Polen-Reisen Begegnung u. a. mit → *Wałęsa*. Anf. Jan. 1984 befürwortet er einen eigenen Palästinenserstaat, im April ein Sonderstatut mit internationalen Garantien für Jerusalem. Besonders beachtet wird sein Besuch in der römischen Hauptsynagoge am 13. 4. (gilt als erster Besuch eines Papstes in einer Synagoge). Während seines 2. Besuchs in der Bundesrepublik Deutschland (30. 4.–4. 5. 1987) verteidigt der Papst die Haltung der kath. Kirche während des Dritten Reichs, die sich mit dem Konkordatsbeschluß darum bemüht habe, dem Schlimmsten vorzubeugen.

Kadhafi → *Gaddafi*

Kafi, *Ali* (Algerien), * Al Harrouch 1928; seit 1992 Staatspräsident.
Sohn einer Landarbeiterfamilie; schon in jungen Jahren entschiedener Befürworter der Unabhängigkeit. Als 16jähriger tritt er der »Bewegung für den Triumph demokratischer Freiheiten« des *Messali Hadj* bei. 1955 schließt er sich Widerstandsgruppen in seiner ostalgerischen Heimat an, lenkt Kampfeinsätze gegen die Kolonialmacht Frankreich und wird

schließlich Oberst der Nationalen Befreiungsarmee. 1959 verläßt er sein Land, um dem Exilparlament als Sekretär zur Verfügung zu stehen. Nach der Befreiung 1962 als Diplomat in mehreren arabischen Staaten (darunter Syrien, Libanon, Libyen, Ägypten und Irak) sowie in Italien. Nach dem Tod von *Houari Boumedienne* rückt er 1979 in das ZK der »Nationalen Befreiungsfront«/FLN auf. Zuletzt Generalsekretär des Veteranenverbandes der Unabhängigkeitskämpfer, der »Mudschahedin«. Nach dem »sanften Staatsstreich«, den Teile der Elite mit dem erzwungenen Rücktritt von *Chadli Ben Jedid* und der Aussetzung der 2. Runde der Parlamentswahl vollziehen, um der Machtergreifung der »Islamischen Heilsfront« zuvorzukommen, Mitglied des »Hohen Staatsrates«. Nach der Ermordung von Staatspräsident *Mohammed Boudiaf*, der erst am 16. 1. nach 23 Jahren Exil in Marokko in sein Land zurückgekehrt war, um die politische Führung zu übernehmen, am 2. 7. vom »Hohen Staatsrat« einstimmig zu dessen Nachfolger ernannt. K., der als ein Mann der »alten Riege« gilt, die in der Bevölkerung kaum noch Vertrauen genießt, will die von seinem Vorgänger eingeleitete Wirtschaftsreform und die Bekämpfung sozialer Mißstände fortsetzen.

Karamanlis, *Konstantin* (Griechenland), * Proti (Ostmakedonien) 8. 3. 1907; 1955–63 und 1974–80 Ministerpräsident, 1980–85 und seit 1990 Staatspräsident.
Studium der Rechtswissenschaften; seit 1935 wiederholt Abgeordneter. Während der deutschen Besetzung und der Diktatur von General *I. Metaxas* nicht hervorgetreten. Seit 1951 Mitglied der Bewegung des Marschalls *Alexandros Papagos*, die er 1956 in die »Nationale Sammlungsbewegung«/ERE umbildet. Besonders verdient um den Wiederaufbau und die Flüchtlingsfürsorge beim Bürgerkrieg. 1946 erstmals Minister, 1955–63 mit kurzen Unterbrechungen Regierungschef. Bemüht um demokratische und wirtschaftliche Reformen und Zusammenarbeit mit der EWG. 1963 nach einem Streit mit König *Konstantin II.* abgetreten und im Exil in Paris. Nach dem Zypern-Putsch von 1974 nach Griechenland zurückgekehrt und Regierungschef einer Koalitionsregierung ohne die eigentliche Linke. Nach den Parlamentswahlen vom November 1974 absolute Mehrheit seiner Partei »Neue Demokratie«/ND und Bildung einer ND-Regierung; ernsthafte Bemühungen um die Konsolidierung der Wirtschaft und die Lösung der Streitfrage mit der Türkei, aber unter zunehmender Kritik linker Parteien, besonders der PASOK von *Andreas Papandreou*. K., entschiedener Gegner eines jeden Totalitarismus, führt unbeirrt den wirtschaftlich-politischen Konsolidierungskurs und die prowestliche Politik mit dem Ziel des EG-Beitritts weiter. Am 5. 5. 1980 zum Staatspräsidenten gewählt (Amtsantritt am 15. 5.). Ursprünglich gewillt, sich wieder zur Wahl zu stellen, erklärt K. am 10. 3. 1985 seinen Rücktritt, da die PASOK und ihr Führer *Papandreou* überraschend den Richter am obersten Gerichtshof, *Christos Sartzetakis*, zu ihrem Kandidaten nominieren. Nach Jahren der politischen Zurückgezogenheit vom neuen Regierungschef → *Mitsotakis* als Kandidat vorgeschlagen und am 4. 5. 1990 vom Parlament zum Staatspräsidenten gewählt.

Karimow, *Islam* (Usbekistan), * 1939; seit 1991 Staatspräsident.
Ingenieur und Ökonom; seit dem Frühjahr 1990 Präsident des Obersten Sowjet seiner Republik und zugleich Parteichef; Mitglied des Politbüros der KPdSU. Unterstützt das Bestreben aller Unionsrepubliken, ihre reale und wirtschaftliche Unabhängigkeit zu erlangen. Geht aus den ersten direkten Präsidentschaftswahlen des Landes (bei einem gleichzeitig abgehaltenen Referendum stimmen 95% für die Unabhängigkeit) am 29. 12. 1991 mit 86% der Stimmen als klarer Sieger hervor.

Kaysone Phomvihane (Laos), * Ban Na Séng (Prov. Savannakhet) 13. 12. 1920; seit 1955 Generalsekretär der »Revolutionären Volkspartei«, 1975–1991 Ministerpräsident, seit 1991 Staatspräsident.
Sohn einer laotischen Mutter und eines Beamten vietnamesischer Herkunft; nach Schulbesuch Weiterbildung in Harwich und zeitweise Jurastudium. Bereits als Mitglied der Jugendgruppen der 1930 von *Ho Chi Minh* gegründeten indochinesischen KP und nach Eintritt in diese (1946) aktiv im Kampf gegen die französ. Kolonialmacht. Militärisch in Nordvietnam ausgebildet. 1950–57 »Verteidigungsminister« der prokommunistischen Befreiungsfront Neo-Lao-Haksat/NLH sowie 1955 Oberkommandierender von deren Pathet-Lao-Streitkräften. Seit 1955 Generalsekretär der »Revolutionären Volkspartei«. Nach der endgültigen Machtübernahme durch die Kommunisten seit Dezember 1975 an der Spitze der Regierung. Unter seinem Einfluß öffnet sich das Land Ende der 80er Jahre marktwirtschaftlichen Prinzipien. Vom Parlament am 15. 8. 1991 zum neuen Präsidenten gewählt und damit Nachfolger von *Souphanouvong*.

Keating, *Paul* (Australien), * Sydney 18. 1. 1944; seit 1991 Premierminister.
Sohn eines irisch-katholischen Kesselschmieds; aufgewachsen im Arbeiterviertel Bankstown im Westen Sydneys. Nach dem College-Besuch als Gewerkschaftsangestellter tätig. Bereits mit 15 Jahren der Labor Party/ALP beigetreten, 1969 erstmals ins Repräsentantenhaus (Wahlkreis Blaxland) gewählt. Nach dem Wahlsieg der ALP 1972 für 21 Tage (Oktober/November) Minister für Northern Australia

in der Regierung von *Gough Whitlam*, die dann vom Generalgouverneur entlassen wird. 1976–83 in der Opposition Sprecher für Landwirtschaft, Energie und Finanzen; 1979–83 zudem Parteivorsitzender in New South Wales. Nach dem neuerlichen Wahlerfolg der ALP im März 1983 im Kabinett von Premierminister *Bob Hawke* zum Schatzminister ernannt, eine Position, die er nach den Wahlsiegen im Dez. 1984 und im Juli 1987 behaupten kann; seit den Wahlen vom März 1990 zusätzlich stellv. Premierminister. Tritt nach einer Abstimmungsniederlage gegen *Hawke* im Juli 1991 zurück, wird jedoch nach dessen Sturz durch die eigene Fraktion am 19. 12. 1991 mit 56 gegen 51 Stimmen zu dessen Nachf. als Partei- und damit zugleich Regierungschef gewählt.

Khamenei *[Chamanei], Hajatoleslam Sayyed Ali* (Iran), *Mashad (Nordost-Iran; seit 1958 Kum [Ghóm]) 1940; 1981–89 Staatspräsident, ab 1989 geistlicher Führer des Landes.
Schüler von *Ayatollah Ruhollah Khomeiny*, seit 1963 in der islam. Erneuerungsbewegung aktiv, 1969–78 mehrfach verhaftet; nach dem Sturz des Schahs stellv. Verteidigungsminister, einer der Vertreter *Khomeinys* im Obersten Verteidigungsrat und Mitgl. d. Revolutionsrats; am 1. 9. 1981 als Nachf. des ermordeten Ministerpräsidenten *Mohammed Javad Bahonar* zum Generalsekretär der IRP und am 2. 10. mit 95,1% der Stimmen als Nachf. des ermordeten *Mohammed Ali Rajai* zum Staatspräsidenten gewählt, am 18. 8. 1985 mit 85% der Stimmen im Amt bestätigt. In verschiedenen Schriften Verfechter einer radikalen, totalitären Auffassung einer islamischen Republik. Am 2. 6. 1988 Abgabe des Oberbefehls über die Streitkräfte an → *Rafsanjani*. Nach dem Tod von *Khomeiny* am 4. 6. 1989 noch am gleichen Tag vom »Rat der Weisen« als geistl. Oberhaupt gewählt. Sein Nachf. als Staatspräsident wird nach den Wahlen am 28. 7. *Rafsanjani*.

Kim ir Sen *[Kim Il Sung; eigtl. Kim Song Tschu]* (DVR Korea/Nord-K.), *Manjongdae bei Pjöngjang 15. 4. 1912; seit 1945 Generalsekretär (Erster Sekretär) des ZK der KP, 1948–72 Ministerpräsident und seit 1972 Staatspräsident.
Bauernsohn, ab 1927 kommunalpolitisch aktiv, 1931 Mitgl. der KP, 1934 Chef einer antijapan. Partisanengruppe in der Mandschurei, Flucht nach Sibirien, Gründung von korean. Partisanengruppen in Kasachstan u. Usbekistan, im II. Weltkrieg (angebl. u. a. vor Stalingrad) Kämpfer in der Roten Armee, zum Major befördert. 1945 Erster Sekretär der KP Koreas (ab 1946 Vorsitzender genannt), 1948–72 Ministerpräsident u. Oberbefehlshaber, mit vor allem chinesischer Hilfe fast Sieger im Koreakrieg; zunächst enge Anlehnung an Moskau, später Versuch einer unabhängigeren Politik zwischen Moskau u. Beijing; seit 1971 verstärkt um Kontakte zu Süd-Korea bemüht, zugleich Versuch der Errichtung einer kommunistischen Dynastie; 1972 als Nachfolger von *Tschö Jong Kun* zum Staatspräsidenten gewählt, aber auch weiterhin Generalsekretär des ZK der KP. Bekräftigt mehrfach seinen Wunsch nach Wiedervereinigung mit der nichtkommunistischen Republik Korea/Süd-K. als »Demokratische Koreanische Bundesrepublik« nach Abzug der US-Truppen.

Kim Jong Il *[Kim Tschöng bzw. Jöng Il]* (DVR Korea/Nord-K.), *Chabarowsk/UdSSR 16. 12. 1942; seit 1980 Mitglied des Ständigen Ausschusses des Politbüros; seit Mai 1990 Vorsitzender des Verteidigungskomitees.
Sohn aus 2. Ehe seines Vaters → *Kim Ir Sen [Kim Il Sung]*. Schulbesuch in China, dann Studium der Wirtschaftswissenschaften (1960–63) an der Universität von Pjöngjang. Von 1964 an Karriere im Parteiapparat, zeitweise Leiter der Kulturabteilung der »Partei der Arbeit Koreas«/PdAK; seit September 1973 ZK-Sekretär und seit dieser Zeit zum Nachfolger seines Vaters auserkoren. Seit Oktober 1980 Mitglied des zentralen Militärkomitees und des Präsidiums des Politbüros. Im Mai 1990 zum Vorsitzenden des Verteidigungskomitees berufen; seit Dezember 1991 auch Oberbefehlshaber der Armee und im Mai 1992 zum Marschall ernannt. Im Januar 1992 meldet er erstmals seinen Anspruch für das Präsidentenamt an und wird im April als »Führer von Partei, Staat und Armee« vorgestellt.

Kim Young Sam (Republik Korea/Süd-K.), *Kyungsangnam auf der Insel Koje vor Pusan 20. 12. 1927; Präsidentschaftskandidat der DLP.
Sohn eines wohlhabenden Fischereiunternehmers. Nach dem Abschluß eines Soziologiestudiums an der staatlichen Universität in Seoul (1952) Sekretär bei Ministerpräsident *Chang*. 1953 bereits Abgeordneter der »Liberalen Partei« und damit der jüngste Abgeordnete in der koreanischen Parlamentsgeschichte; seither neunmal wiedergewählt, häufiger als jeder andere. Aus Protest gegen Diktator *Syngman Rhee* tritt er 1954 aus der Regierungspartei aus und steigt in wechselnden Koalitionen und gemeinsamen Parteigründungen mit *Kim Dae Jung* zu einem der bekanntesten Oppositionspolitiker des Landes auf. 1962 Fraktionsvorsitzender der oppositionellen »Neuen Demokratischen Partei«, später Parteivorsitzender. Behinderung durch das Regime von *Park Chung Hee* und 1979 Absetzung und Verlust des Parlamentsmandats. Nach *Parks* Ermordung weiter unter Druck und nach den Unruhen in Kwangju (1980) unter Hausarrest. Zeitweilig Verzicht auf jede politische Betätigung. Nach leichter Liberalisierung

schließt er sich der »Neuen Koreanischen Demokratischen Partei«/NKDP an, die er aber 1987 verläßt; danach Vorsitzender der neugegründeten »Partei für Wiedervereinigung und Demokratie«/PRD. Bei den Präsidentschaftswahlen im Dezember 1987 und den Parlamentswahlen im April 1988 unterliegt er → *Roh Tae Woo* und seiner Regierungspartei, weil er und sein Konkurrent in der Opposition, *Kim Dae Jung*, getrennt in den Wahlkampf gehen. Im Frühjahr 1990 führt er seine Partei gemeinsam mit *Kim Jong Pil* ins Regierungslager und fusioniert mit der DLP. Am 19. 5. 1992 auf dem Parteikonvent der DLP mit 66% der Stimmen zum Kandidaten für die Präsidentschaftswahlen im Dezember gekürt.

Klaus, *Václav* (ČSFR/Tschechei), * Prag 19. 6. 1941; seit 1992 Ministerpräsident.
Studium der Wirtschaftswissenschaften mit Promotion 1967. Vom Scheitern des »Prager Frühlings« beeinflußt, muß er 1970 das Wirtschaftsforschungsinstitut der Akademie der Wissenschaften der ČSSR verlassen und sich mit untergeordneten Tätigkeiten bei der Staatsbank zufriedengeben. Im Zuge der politischen Wende 1989 avanciert er zum wirtschaftspolitischen Sprecher des »Bürgerforums« und wird Finanzminister. Kernstück seiner Reform bildet die Privatisierung des Staatssektors durch die Ausgabe von Volksaktien. Gewinnt mit seiner »Demokratischen Bürgerpartei«/ODS im Juni 1992 die Parlamentswahlen im tschechischen Landesteil und wird von Staatspräsident → *Havel* beauftragt, eine neue Föderalregierung zu bilden. Nachdem er sich mit dem Gewinner der Wahlen in der Slowakei, → *Mečiar*, nicht auf den Fortbestand des Bundesstaates einigen kann, vereinbaren sie am 20. 6. die Trennung der beiden Landesteile. K. übernimmt am 2. 7. das Amt des tschechischen Ministerpräsidenten und einigt sich mit seinem slowakischen Amtskollegen *Mečiar* auf die Bildung eines Übergangskabinetts für die ČSFR (2. 7.), das sich aus je fünf Tschechen und Slowaken unter Führung von *Jan Straský* (ODS) zusammensetzt und bis zur Entscheidung über die Trennung der beiden Republiken Ende September im Amt bleiben soll.

Klepsch, *Egon* (Deutschland/EP), * Bodenbach/Elbe (Sudetenland) 30. 1. 1930; seit 1992 Präsident des Europäischen Parlaments.
Mit 15 Jahren unmittelbar nach dem Krieg in einem tschechischen Zwangsarbeitslager; 1945 zieht er mit seiner Familie nach Magdeburg, später weiter in den Westen. Studium der Geschichte, der politischen Wissenschaften und der Geographie. Früh Eintritt in die Christlich Demokratische Union/CDU. 1964–65 Planungsreferent im Bundeskanzleramt; 1963–65 Bundesvorsitzender der Jungen Union; in den 60er Jahren Präsident der Internationale Junger Christlicher Demokraten Europas. Mitglied des Deutschen Bundestages bis 1980. Seit 1977 mit einer Unterbrechung von 2 Jahren Vorsitzender der Fraktion der in der Europäischen Volkspartei/EVP zusammengeschlossenen christlichen Demokraten sowie Vizepräsident der EVP. 1982 unterliegt er bei der Kandidatur um das Amt des Präsidenten des Europäischen Parlaments im 4. Wahlgang dem Niederländer *Piet Dankert*. Nach Beendigung der Amtszeit des Sozialisten *Enrique Barón Crespo* am 14. 1. 1992 im 1. Wahlgang mit absoluter Mehrheit für die nächsten 2½ Jahre zum Präsidenten des EP gewählt und damit erster deutscher Präsident des seit 1979 direkt gewählten Parlaments.

Klerk → *De Klerk*

Klestil, *Thomas* (Österreich), * Wien 4. 11. 1932; seit 1992 Bundespräsident.
Stammt aus kleinbürgerlichem Milieu böhmischen Ursprungs; Absolvent der Wiener Wirtschaftsuniversität; Diplomkaufmann. In den 60er Jahren Sekretär von *Josef Klaus*, dem letzten von der Österreichischen Volkspartei/ÖVP gestellten Bundeskanzler. Anschließend diplomatische Laufbahn; zunächst Generalkonsul in Los Angeles, von der dortigen Universität erhält er den Ehrendoktor. 1978–82 Botschafter bei den Vereinten Nationen in New York und dann bis 1987 in Personalunion Botschafter in Washington und bei der »Organisation Amerikanischer Staaten«/OAS, womit er 18 seiner 35 Diplomatenjahre in den USA verbrachte. Generalsekretär im Wiener Außenamt. Kandidat der ÖVP für die Präsidentschaftswahl im April 1992 und zunächst hinter dem zuerst klaren Favoriten *Rudolf Streicher* von der Sozialdemokratischen Partei/SPÖ; bei der Stichwahl am 24. 5. erreicht er 56,85% der Stimmen und erhält damit das beste Ergebnis eines Kandidaten bei den Präsidentschaftswahlen seit 1945. K., der am 8. 7. als 7. Bundespräsident in der Nachkriegsgeschichte des Landes vereidigt wird, sieht es als seine Hauptaufgabe an, sein Land aus der weltweiten politischen Isolierung wieder herauszuholen, in das es unter der Präsidentschaft seines Amtsvorgängers *Kurt Waldheim* geraten war.

Koirala, *Girija Prasad* (Nepal), * Bihar (Indien) 1925; seit 1991 Premierminister.
Geboren im indischen Bihar, wo sein Vater politische Zuflucht vor dem Rana-Regime gefunden hatte. Unter Politikern der indischen Unabhängigkeitsbewegung aufgewachsen und später führend an der Gründung der Gewerkschaftsbewegung in Nepal beteiligt. Bruder des nach den ersten demokratischen Wahlen in Nepal 1958 ernannten Premiers *B. P. Koirala*. Nach dessen Sturz 1960 verbringt er mit Mitgliedern seiner Familie sieben Jahre im Gefängnis

und wird erst nach einem Hungerstreik entlassen. 1968 geht er ins indische Exil, aus dem er 1976 zurückkehrt, um ein Jahr später zum Generalsekretär der Partei »Nepali Congress«/NC gewählt zu werden. Nach den Parlamentswahlen im Mai 1991 von König *Birendra* zum Premierminister berufen. Er möchte die unter dem König ausgeglichenen Beziehungen zu den Nachbarn Indien und China zugunsten Indiens neu ausrichten.

Koivisto, *Mauno* (Finnland), *Turku 25. 11. 1923; 1968–70 und 1979–81 Ministerpräsident, seitdem Staatspräsident.

Seit 1947 Mitglied der »Sozialdem. Partei«, 1959–67 Generaldirektor der Arbeiterbank, 1968–70 Chef einer »Volksfrontregierung«, 1972 Finanzminister u. stellv. Ministerpräsident. Seit Mai 1979 Chef einer Mitte-Links-Regierung. Seit September 1981 interimist. Staatspräsident, am 26. 1. 1982 zum Nachf. des 1981 erkrankten *Urho Kaleva Kekkonen* gewählt. Führt die traditionelle Außenpolitik Finnlands fort: Neutralität, freundliche Beziehungen zu allen Staaten, vertrauensvolle Beziehungen zur UdSSR auf der Grundlage des finnisch-sowjet. Vertrages über Freundschaft, Zusammenarbeit und gegenseitigen Beistand, der 1983 zum 3. Mal auf 20 Jahre verlängert, am 20. 1. 1992 aber durch einen Nachbarschaftsvertrag mit Rußland ersetzt wird. Verpaßt bei der ersten Direktwahl eines Staatsoberhauptes in Finnland am 1. 2. 1988 mit 47,9 % die erforderliche absolute Mehrheit, wird jedoch bei der Stichwahl am 15. 2. von einem Wahlmännergremium mit 189 von 301 Stimmen für weitere 6 Jahre im Amt bestätigt.

Kosyrew, *Andrej Vladimirowitsch* (Rußland), *Brüssel 1951; seit 1990 Außenminister.

Geboren in Brüssel, wo seine Eltern vorübergehend arbeiteten; nach der üblichen Beschäftigung in einer Fabrik Studium am »Moskauer Staatlichen Institut für Internationale Beziehungen«/MGIMO, der Kaderschmiede der sowjetischen Diplomaten. Seit 1974 im Außenministerium tätig, stets in der Abteilung für Internationale Organisationen, deren Schwerpunkt die Vereinten Nationen sind; zuletzt Leiter der Abteilung. Im Oktober 1990 folgt er dem Ruf von → *Jelzin*, gibt seine Karriere im Außenministerium der Sowjetunion auf und wird Außenminister Rußlands. Nach dem Putsch vom August 1991 reklamiert *Jelzin* das sowjet. Außenministerium kurzerhand für die russische Föderation, und am 25. 12. zieht K., der sich früh für ein unabhängiges Rußland eingesetzt hat, dort als russischer Außenminister ein.

Krawtschuk, *Leonid Makarowitsch* (Ukraine), * im Dorf Welikij im Gebiet Rowno 10. 1. 1934; seit 1991 Staatspräsident.

Sohn eines Bauern, der im II. Weltkrieg gefallen ist. Studium der politischen Ökonomie an der Kiewer Universität und später an der Akademie für Gesellschaftswissenschaften beim ZK der KPdSU. Seit 1960 Parteisekretär in der Hauptstadt der Bukowina, in Tschernowzy (früher: Tschernowetz). Dann, seit 1970, im ZK der ukrainischen KP in Kiew, wo er 10 Jahre lang in der Abteilung für Agitation und Propaganda arbeitet. Ab Oktober 1989 ZK-Sekretär für Fragen der Ideologie, im Juni 1990 2. Sekretär. Bereits einen Monat darauf Parlamentspräsident der Ukraine, nachdem sein Vorgänger *Wladimir Iwaschko* von *Michail Gorbatschow* zum stellv. Generalsekretär der KPdSU ernannt wurde. Als Parlamentspräsident profiliert er sich schnell als Sachwalter der ukrainischen Unabhängigkeitsbestrebungen gegenüber der Zentralgewalt in Moskau. Am 24. 8. 1991 proklamiert er die staatliche Unabhängigkeit der Ukraine und legt seine Ämter im Politbüro der ukrainischen KP und dem ZK der KPdSU nieder. Nach dem August-Putsch in Moskau beschließt das ukrainische Parlament unter seiner Führung ein Verbot der KP wegen des zwielichtigen Verhaltens einiger Führungskader während des Staatsstreichs. Am 1. 12. wird er mit rd. 60 % der Stimmen zum ersten vom Volk gekürten Präsidenten gewählt; zugleich votieren die Ukrainer mit überwältigender Mehrheit für die staatliche Unabhängigkeit. Zusammen mit dem Russen → *Jelzin* und dem Bjelorussen → *Schuschkjewitsch* unterzeichnet er am 8. 12. in Minsk das Abkommen über die Gründung der »Gemeinschaft Unabhängiger Staaten«/GUS, das der UdSSR nach sieben Jahrzehnten den Todesstoß gab. Am 12. 12. ernennt er sich per Dekret zum Oberbefehlshaber aller in der Ukraine stationierten Streitkräfte.

Kučan, *Milan* (Slowenien), * Križevci 14. 1. 1941; seit 1991 Staatspräsident.

Im sog. »Prekomurje«, einer ungarisch und – im katholischen Slowenien – protestantisch geprägten Enklave nördlich des Flusses Mur zur Grenze mit Ungarn hin, als Sohn eines Lehrers geboren, der 1944 als Partisan fiel. Jurastudium an der Universität von Ljubljana [Laibach]. Bereits als 17jähriger der KP beigetreten; 1968–69 Chef des Jugendverbandes, 1969–73 ZK-Mitglied der slowenischen KP, danach bis 1978 Sekretär der Dachorganisation »Sozialistische Allianz«. 1978–82 Parlamentspräsident in Slowenien, dann Mitglied des gesamtjugoslawischen Parteipräsidiums in Belgrad. Im April 1986 zum Vorsitzenden der slowenischen KP gewählt, hat er maßgeblich Anteil daran, daß in seiner Republik freiheitliche und demokratische Zustände einziehen; er kämpft für Oppositionelle, tritt immer offener für die Souveränität Sloweniens und gegen sowohl den jugoslawischen Scheinföderalismus als auch den serbischen Zentralismus unter → *Milošević* ein. Im Frühjahr 1990 führt er die slowenische KP aus dem »Bund der Kommunisten Jugoslawiens«/BdKJ heraus, führt das Mehrparteiensystem ein und setzt eine Verfassungsreform durch, die der Forderung nach Souveränität Sloweniens Nachdruck verleiht. Bei den gleichzeitig am 8. 4. 1990 stattfindenden Präsidentschafts- und Parlamentswahlen gewinnt zwar das Oppositionsbündnis DEMOS eine parlamentarische Mehrheit, doch setzt sich K. bei der erforderlichen Stichwahl am 22. 4. mit 58,4% der Stimmen klar gegen den DEMOS-Vorsitzenden *Joze Pučnic* durch und wird damit der erste, in freien und demokratischen Wahlen gewählte Reformkommunist. K., eine Integrationsfigur aller Slowenen, der nach seiner Wahl sein Parteibuch zurückgibt, ist seit dem 25. 6. 1991, dem Tag der Selbständigkeitserklärung, Präsident eines unabhängigen Sloweniens.

Lacalle de Herrera, *Luis Alberto* (Uruguay), * Montevideo 13. 7. 1941; seit 1989 Staatspräsident.
Erziehung bei den Jesuiten, Studium der Rechtswissenschaften; später Tätigkeit als Rechtsanwalt, Farmer und Journalist. Mit 17 Jahren wird der Sohn einer »weißen« Familie Mitglied bei den »Blancos« (»Nationalpartei«); seit 1971 Parlamentsabgeordneter. Als sich die Militärs 1973 an die Macht putschen, wird er zweimal kurz verhaftet. Seit 1980 Mitglied des Führungsgremiums seiner Partei und ab 1984 Senator; 1987 Vizepräsident des Senats. Am 26. 11. 1989 wird L. als Chef des rechten Flügels der traditionell rechten »Blancos« als Nachfolger von *Julio Mario Sanguinetti* zum neuen Staatspräsidenten gewählt.

Landsbergis, *Vytautas* (Litauen), * Kaunas 18. 10. 1932; seit 1990 Staatspräsident.
Studium der Kunstgeschichte sowie der Musik (Klavier) in Vilnius [Wilna]; 1969 Promotion. Danach Lehrtätigkeit am Pädagogischen Institut; seit 1978 Professor, Veröffentlichungen von Biographien litauischer Komponisten und jüngeren Vergangenheit. Im Zuge von Glasnost und Perestroika eine der treibenden Kräfte bei der Gründung der Bewegung Sajudis, dem Sammelbecken autonomistischer Kräfte in der katholisch geprägten Sowjetrepublik. Nach dem Sieg von Sajudis bei den ersten freien Wahlen am 24. 2. 1990 (Stichwahlen am 3./10. 3.) wird L. am 11. 3. vom Parlament, das zugleich die Sowjetverfassung des Landes außer Kraft setzt und die »Sozialistische Sowjetrepublik Litauen« in »Republik Litauen« umbenennt, zum Präsidenten des Obersten Rates (Sowjet) der baltischen Republik gewählt. Bezeichnet als zweites Hauptziel nach der Proklamierung der Unabhängigkeit (bei einer Volksbefragung am 9. 2. 1991 sprechen sich bei einer Wahlbeteiligung von 84% rd. 90% der Bürger für die Unabhängigkeit aus), den unverzüglichen und vollständigen Abzug der sowjetischen Truppen.

Li Peng (VR China), * Shanghai 1928; seit 1987 Ministerpräsident.
Nach dem Tod seines Vaters *Li Shouxan*, eines KP-Sekretärs, der von einer Kuomintang-Einheit standrechtlich erschossen wurde, 1939 von dem späteren langjährigen Ministerpräsidenten *Zhou Enlai [Tschou En-lai]* adoptiert. Mit 17 Jahren Eintritt in die KPCh. 1948–55 Studium mit Auszeichnung am Moskauer Institut für Energiewirtschaft; zugleich Vorsitzender der Vereinigung chines. Studenten in der UdSSR. Nach seiner Rückkehr aus Moskau lange Jahre Chefingenieur für Elektrizitätskraftwerke in Nordostchina; ab 1966 in Peking für die Elektrizitätsversorgung verantwortlich. Während der Kulturrevolution in den Verdacht geraten, ein »Spion Moskaus« zu sein, aber wohl dank der schützenden Hand *Zhou Enlais* unbeschadet aus den Wirren hervorgegangen. Von *Chen Yun [Tschen Jun]* gefördert, wird Li 1979 Vizeminister für Elektrizitätswirtschaft und 1981 Minister des Ressorts. Ab 1982 im ZK; vor allem für den Schlüsselsektor Energie und Kraftwerks- und Staudammbauten zuständig. Seit 1983 Vizepremier, übernimmt Li 1985, nach seiner Wahl in das Politbüro, noch den Vorsitz der neugegründeten Erziehungskommission. Auf dem 13. Parteitag in den Ständigen Ausschuß des Politbüros gewählt, den engsten Führungszirkel der KPCh. Li, der im modernen Industriemanagement wohl versierteste Politiker der Pekinger Führung, wird am 24. 11. 1987 als Nachfolger von *Zhao Ziyang* zum neuen amtierenden Ministerpräsidenten ernannt und am 9. 4. 1988 vom Nationalen Volkskongreß im Amt bestätigt. Li hält die Umstrukturierung der Wirtschaft für unbedingt erforderlich. Er befiehlt in Abstimmung mit *Deng Xiaoping* das Ausnahmerecht in Peking und ordnet am 3. 6. 1989 den Einsatz von Truppen zur blutigen Niederwerfung der Studentendemonstrationen in der Stadt an. In seinem Regierungsbericht vor dem Nationalen Volkskongreß am 20. 3. 1990 warnt er vor ausländischer Infiltration und westlichem Gedankengut und beschwört maoistische Ideale.

Li Teng-hui *[Lee Teng-hui]* (Republik China/Taiwan), * auf Taiwan 15. 1. 1923; seit 1988 Staatspräsident.
Sohn einer Bauernfamilie aus dem Norden Taiwans. Studium an der angesehenen Universität von Kyoto in Japan; nach dem Krieg 1945 und dem Ende der japanischen Kolonialherrschaft zunächst weitere Studienjahre an der Nationaluniversität in Taipeh, dann an der Iowa State University in den USA, wo er seine agrarwissenschaftlichen Studien mit der Promotion abschließt. Bereits zuvor in eine taiwanesi-

sche Kommission für den landwirtschaftlichen Wiederaufbau eingetreten. 1971 erstmals Begegnung mit dem damaligen Vize-Premier *Chiang Ching-kuo*, der ihn 1972 als Staatsminister in sein Kabinett beruft. 1978 Bürgermeister der Hauptstadt Taipeh und ab 1981 Gouverneur. Später Stellvertreter von Staatspräsident *Chiang Ching-kuo* und nach dessen Tod am 13. 1. 1988 kommissarische Übernahme des höchsten Staatsamtes. Damit steht erstmals ein gebürtiger Taiwanese und kein Festlandchinese an der Spitze des Landes. Am 27. 1. wird der Christ *Li* vom Ständigen Ausschuß des ZK einstimmig auch zum amtierenden Vorsitzenden der Kuomintang gewählt. Er tritt wie sein Amtsvorgänger für die Wiedervereinigung beider chinesischen Staaten ein. Im März 1990 von der Nationalversammlung in seinem Amt als Staatspräsident offiziell bestätigt.

Lubbers, *Rudolphus F. M.* [gen. »Ruud«] (Niederlande), * Rotterdam 7. 5. 1939; seit 1982 Ministerpräsident.
Studium der Ökonomie; nach dem Tod seines Vaters Leiter von dessen Baumaschinenfabrik und Übernahme von Funktionen in den Vorständen der Christl. Vereinigung junger Unternehmer und des Verbandes der Metallindustrie. 1970 Eintritt in die »Kath. Volkspartei«/KVP, eine der 3 Mutterparteien des heutigen (seit 1980) »Christl. Demokrat. Appell«/CDA. 1973–77 christl.-demokrat. Wirtschaftsminister unter *Joop den Uyl*. Seit 1979 Fraktionsvorsitzender des CDA in der 2. Kammer des Parlaments. Bildet als jüngster Ministerpräsident in den Niederlanden am 3. 11. 1982 eine Regierung aus CDA und den konserv. Liberalen VVD. Bei den Parlamentswahlen am 21. 5. 1986 als Regierungschef bestätigt. Am 2. 5. 1989 wegen Meinungsverschiedenheiten über die Finanzierung des Umweltschutzes zurückgetreten, bis zur Neuwahl am 6. 9. amtierend. Danach bildet L. eine Mitte-Links-Regierung aus CDA und Sozialdemokraten, die am 7. 11. vereidigt wird.

Major, *John* (Großbritannien), * Merton 29. 3. 1943; 1989 Außenminister, seit 1990 Premierminister.
Als Sohn eines Schauspielers und Zirkusartisten wächst er im Armenviertel Brixton auf, wo er das Gymnasium ohne Abschluß besucht. Nach vorübergehender Arbeitslosigkeit und einer Zwischenstation in Nigeria als Sozialarbeiter erlernt er das Bankfach (ab 1965) und gelangt bei der Standard Chartered Bank in Führungspositionen im In- und Ausland. Den Weg in die Politik findet er über die Jung-Konservativen und den Gemeinderat des Londoner Stadtbezirks Lambeth. Nach seiner Wahl ins Unterhaus (im dritten Anlauf 1979) als Abgeordneter von Huntington (Mittelengland) Posten im Innenministerium und in der Tory-Fraktionsführung. 1985 Staatsminister für Soziales, ab 1987 Staatssekretär im Schatzministerium mit Kabinettsrang. Nach der Entlassung von *Goeffrey Howe* wird er Außenminister. Nur vier Monate später, als *Nigel Lawson* zurücktritt, Schatzkanzler. In dieser Position zwingt er *Margaret Thatcher* den Beitritt zum europäischen Währungsausgleichsverband ab. Setzt sich nach dem Rücktritt von Frau *Thatcher* am 28. 11. 1990 gegen seine beiden Konkurrenten → *Hurd* und *Michael Heseltine* durch und wird neuer Premierminister, der jüngste britische in diesem Jahrhundert. M. kündigt in seiner ersten Rede als Regierungschef an, Großbritannien werde bei der Entwicklung des neuen Europa eine vollwertige und führende Rolle spielen. Geht mit seiner Conservative Party aus den Unterhauswahlen am 9. 4. 1992 als deutlicher Sieger hervor.

Mandela, *Nelson Rolihlahla* (Rep. Südafrika), * Qunu bei Umtata/Transkei 18. 7. 1918; seit 1991 ANC-Präsident.
Sohn eines »paramount chief« der Thembu; Jurastudium in Südafrika, später Anwalt. Seit 1944 Mitglied des ANC (1960 verboten), entschiedener Gegner der Apartheid, 1956–61 wegen Hochverrats vor Gericht, aber freigesprochen. Einer der aktivsten Führer des verbotenen ANC sowie dessen Generalsekretär. Nach der 1961 durch ihn erfolgten Gründung der Organisation »Speer der Nation« 1962 verhaftet, des Terrors, Umsturzversuches und kommunistischer Aktivität angeklagt und im Juli 1964 zu lebenslänglicher Verbannung auf der Robben-Insel verurteilt. Im Februar 1985 lehnt er seine Freilassung unter der von der Regierung gestellten Bedingung, künftig im politischen Kampf auf Gewaltmaßnahmen zu verzichten, ab. Am 11. 2. 1990 nach fast 28 Jahren Haft freigelassen, wird er am 2. 3. zum Vizepräsidenten und am 5. 7. 1991 zum Präsidenten des ANC gewählt. Am 5. 4. trifft er in Kapstadt mit Präsident → *de Klerk* zum ersten offiziellen Gespräch zusammen, um Verhandlungen über politische Reformen aufzunehmen. Bei einem weiteren Gespräch am 7. 8. wird mit dem Verzicht auf Waffengewalt der Durchbruch zu Verhandlungen über ein Ende der Apartheid erzielt. Wird 1992 zusammen mit Präsident → *de Klerk* für seine Verdienste um die Überwindung der Apartheid mit dem Friedenspreis der UNESCO und dem Preis der spanischen Stiftung »Prinz von Asturien« ausgezeichnet.

Mečiar, *Vladimír* (ČSFR/Slowakei), * Zvolen 26. 7. 1942; 1990–91 und seit 1992 Ministerpräsident.
Beginn der politischen Laufbahn im kommunistischen Jugendverband der ČSSR; während der 60er Jahre Ausbildung an der Komsomol-Kaderschmiede in Moskau. Wegen seines Einsatzes im Prager Reform-Frühling aus der Partei ausgeschlossen; danach schlägt er sich als Hilfsschmelzer in einem

Stahlwerk durch und absolviert als Werkstudent an der Comenius-Universität in Bratislava (Preßburg) in Abendkursen ein Jurastudium; anschließend Jurist in einer Glasfabrik. M. meldet sich 1990 mit der Bürgerbewegung »Öffentlichkeit gegen Gewalt«/VPN auf der politischen Bühne zurück und wird zum ersten demokratischen Innen- und Umweltminister, dann zum Ministerpräsidenten der Slowakei gewählt wird. Im März 1990 gründet er als Abspaltung von der VPN eine »Bewegung für eine demokratische Slowakei«/ HZDS; er wird daraufhin von seinen Gegnern im Nationalrat – der VPN-Mehrheit und den slowakischen Christdemokraten – abgesetzt und beschuldigt, unter dem kommunistischen Regime für den Staatssicherheitsdienst/STB gearbeitet zu haben, ein Vorwurf, der sich nicht erhärten läßt und der seiner Popularität in der Bevölkerung keinen Abbruch tut. Geht mit seiner HZDS aus den Parlamentswahlen im Juni 1992 im slowakischen Landesteil als deutlicher Sieger hervor und wird am 24. 6. vom Präsidium des Landesparlaments zum neuen Ministerpräsidenten gewählt. M., der die Konstituierung der Slowakei als souveränes völkerrechtliches Subjekt als unabdingbar bezeichnet, einigt sich mit →Klaus am 20. 6. auf die Trennung der beiden Landesteile und auf die Bildung eines Übergangskabinetts für die ČSFR, das sich aus je 5 Slowaken und Tschechen unter Führung von Jan Straský zusammensetzt und bis zur Trennung der beiden Republiken Ende September 1992 im Amt bleiben soll.

Meksi, *Aleksander* (Albanien), * Tirana 8. 3. 1939; seit 1992 Ministerpräsident.
Sohn einer mittelständischen Familie; Bauingenieur-Studium. Nach einer Tätigkeit bei einem Elektrizitätswerk in das Institut für Kulturdenkmäler berufen, dann als Restaurator ins Institut für Archäologie. Dort Spezialist für die Erhaltung mittelalterlicher Bauwerke. M., zu dessen Aufgaben auch die Bewahrung religiöser Monumente gehört, erhält 1988 ein Doktorat. Nach dem Ausbruch des demokratischen Frühlings in Albanien gründet er 1989 zusammen mit → Berisha die »Demokratische Partei«, die sich bald vom alten Regime löst. Bei den ersten Wahlen im März 1991 als Abgeordneter in Tirana gewählt und zum Vizepräsidenten des Parlaments bestellt. Bei den zweiten Wahlen vom 22. 3. 1992 als Abgeordneter bestätigt und von Berisha an die Spitze einer Koalitionsregierung berufen.

Menem, *Carlos Saúl* (Argentinien), * La Riocha 2. 7. 1935; seit 1989 Staatspräsident.
Sohn eines aus Syrien eingewanderten Straßenhändlers, katholisch getauft; Studium der Rechtswissenschaften; Promotion. Berufspolitiker; Mitglied des Partido Justicialista/PJ und Gouverneur der Provinz La Rioja; dreimal mit großer Mehrheit wiedergewählt. 1976, nach dem Putsch der Militärs, für einige Monate im Gefängnis. Setzt sich 1988 in parteiinternen Wahlen mit Hilfe der peronist. Gewerkschaften gegen den »Erneuerer« und Parteivors. *Antonio Cafiero* durch und wird zum Präsidentschaftskandidaten des PJ gekürt. Geht aus den Wahlen am 14. 5. 1989 als deutlicher Sieger hervor und übernimmt nach dem vorzeitigen Rücktritt von Staatspräsident *Raúl Alfonsín* am 8. 7. die Amtsgeschäfte. Damit übergibt erstmals seit 60 Jahren in Argentinien ein demokratisch gewählter Präsident einem ebenso legitimierten Nachfolger das Amt; und erstmals in der Geschichte des Landes wird ein Mann Präsident, der nicht von europäischen Einwanderern abstammt. M., der im Wahlkampf ein populistisches Programm mit stark nationalistischen Tönen vertrat, übernimmt das Amt in einer katastrophalen wirtschaftlichen Lage.

Milošević, *Slobodan* (Serbien), * Požarevac 29. 8. 1941; seit 1989 Republikpräsident.
Sohn eines aus Montenegro stammenden serbisch-orthodoxen Popen. Während des Jurastudiums tritt er 1959 der KP bei und wird Präsident der Ideologie-Kommission im Belgrader Universitäts-Komitee der Partei. Anschließend Tätigkeit in der Industrie; 1969 Vizedirektor, 1974 Generaldirektor von »Technogas«; 1978 Direktor der »Beobanka« in Belgrad. Von seinem Studienkollegen *Ivan Stambolić*, dem mächtigen Belgrader Parteichef, in die Politik geholt, löst er diesen 1984 zunächst als Belgrader Stadtsekretär und im September 1987 als serbischen Parteisekretär ab. Unter der Parole »Niemand darf die Serben schlagen« entreißt er dem Staatspräsidium die politische Kontrolle über die zuvor autonome Provinz Kosowo und macht sie wieder zum Bestandteil Serbiens. Am 8. 5. 1989 zum Präsidenten der Teilrepublik und am 17. 7. 1990 zum neuen Vorsitzenden der in »Sozialistische Partei Serbiens« umbenannten KP gewählt. Den Untergang des Kommunismus verbrämt er durch einen großserbisch nationalistischen Staatssozialismus. Setzt militärische Mittel gegen die Unabhängigkeit der früheren jugoslawischen Teilrepublikenn Kroatien, Slowenien und Bosnien-Herzegowina ein und strebt nach dem Zerfall Jugoslawiens die Schaffung eines gemeinsamen Staates aller Serben an. Gerät Mitte 1992 aufgrund weltweiter Isolierung, internationaler Sanktionen, durch Spaltung seiner Partei und das Rufen der serbischen Opposition nach seinem Rücktritt zunehmend in Bedrängnis.

Mitsotakis, *Konstantin* (Griechenland), * Chania auf Kreta 18. 10. 1918; seit 1990 Ministerpräsident.
Jura-, Politik- und Ökonomiestudium in Athen; Rechtsanwalt. 1940 als Offizier auf eigenen Wunsch an der Front. Während der Besatzungszeit aktiv in der

Widerstandsbewegung; zweimal gefangengenommen und zum Tode verurteilt. 1946 erstmals als Abgeordneter der »Liberalen Partei« in das Athener Parlament gewählt. 1951 Staatssekretär im Finanzministerium, ab 1952 Min. für Verkehr und öffentl. Arbeiten. Seit 1963 – nunmehr Mitglied der »Liberalen Zentrumsunion« – Finanzmin. Beteiligt sich 1965 – nach dem Rücktritt von *Georgios Papandreou* – gemeinsam mit 49 Zentrumsabgeordneten an der von den Konservativen geduldeten Minderheitsregierung und gehört 3 nachfolgenden Kabinetten an. 1967 im Zuge des Staatsstreichs verhaftet, später unter Hausarrest gestellt. Im Aug. Flucht in die Türkei, dann im Pariser Exil, wo er enge Kontakte zu → *Karamanlis* knüpft. 1977 zuerst Gründer der »Liberalen Partei«, dann Übertritt zur konservat. Nea Demokratia/ND von *Karamanlis*. Von diesem im Mai 1978 zum Koordinationsmin. ernannt und ab 1980 bis zum Wahlsieg von *Andreas Papandreou* im Okt. 1981 Außenmin. Seit Sept. 1984 Parteichef der ND. M. gilt als einer der frühesten Verfechter des Anschlusss von Griechenland an die EG. Aus Parlamentswahlen Anf. Juni 1985 geht er mit seiner Partei zwar gestärkt hervor, unterliegt aber der PASOK von Ministerpräs. *Papandreou*, die die absolute Mehrheit der Mandate gewinnt. Bei den Parlamentswahlen am 18. 6. 1989 verfehlt er mit seiner ND mit 145 der 300 Parlamentssitze knapp die Mehrheit und wird von Staatspräs. *Christos Sartzetakis* mit der Bildung einer Koalitionsregierung beauftragt, die jedoch am Widerstand der anderen Parlamentsparteien scheitert. Am 30. 6. gibt er seinen Anspruch auf das Amt des Ministerpräsidenten auf, um unter dem von ihm vorgeschlagenen *Tzannis Tzannetakis* eine Übergangsregierung seiner ND mit der »Links- und Fortschritts-Koalition« (hauptsächlich KP) zu ermöglichen. Aus den Parlamentswahlen am 8. 4. 1990 geht er mit seiner ND mit 47,12 % als eindeutiger Sieger hervor und wird am 11. 4. als neuer Ministerpräsident vereidigt.

Mitterrand, *François* (Frankreich), * Jarnac (Charente) 26. 10. 1916; seit 1981 Staatspräsident.
Jurist, Schriftsteller und Verleger, 1940 in deutscher Kriegsgefangenschaft, Flucht über Algier nach London zu *Charles de Gaulle*, 1944 Minister für Kriegsgefangene, 1956–58 Abgeordneter und zeitweilig Präsident der sozialistischen »Widerstandsunion« sowie in 11 Regierungen der IV. Republik Kabinettsmitglied; 1959–62 Senator, Gegner der Politik *de Gaulles*, aber Anhänger seiner Algerienpolitik; 1965 Mitbegründer der »Linksdemokratischen und sozialistischen Föderation«/FGDS, bis 1968 deren Vorsitzender, als ihr Kandidat 1968 *de Gaulle* mit 44,8 % unterlegen; seit 1971 Vorsitzender der neugegründeten »Sozialistischen Partei« (PS), gibt dieses Amt Ende Januar 1981 an Lionel Jospin ab. Am 10. 5. mit 51,75 % der Stimmen als Nachfolger von *Valéry Giscard d'Estaing* zum Staatspräsidenten gewählt. Koalition seiner PS, die bei den Wahlen 1981 die absolute Mehrheit erhält, mit der kommunistischen Partei/PCF (die im Juli 1984 die Koalition verläßt). Tritt für das Selbstbestimmungsrecht der Palästinenser und für die Anerkennung Israels durch die PLO ein. Nach dem Wahlsieg der bürgerlich-liberalen Koalition am 16. 3. 1986 beruft er den RPR-Vors. *Jacques Chirac* im Rahmen der »Cohabitation« zum neuen Ministerpräsidenten. Geht aus der ersten Runde der Präsidentschaftswahlen am 24. 4. 1988 mit deutlichem Vorsprung vor *Chirac* hervor und besiegt ihn auch bei der Stichwahl am 8. 5. (54,02 % gegen 45,98 %).

Miyazawa, *Kiichi* (Japan), * Tokio 8. 10. 1919; seit 1991 Premierminister.
Entstammt einer Politikerfamilie; sein Vater und sein Onkel waren vor dem II. Weltkrieg Abgeordnete im japanischen Reichstag. Jurastudium an der Kaiserlichen Universität in Tokio, ab 1942 Tätigkeit im Finanzministerium. Nach dem Krieg Privatsekretär des Finanzministers (1949) und späteren Ministerpräsidenten *Hayato Ikeda*; mit diesem 1951 in San Francisco zur Vorbereitung des japanischen Friedensvertrages mit den USA. Als Mitglied der »Liberal-Demokratischen Partei«/LDP gewinnt er 1953 im Wahlkreis seines Vaters, in Hiroshima, einen Sitz im Oberhaus, dem er bis 1965 angehört. 1967 wechselt er in das einflußreichere Unterhaus über, in das er neunmal wiedergewählt wird. International bekannt wird er 1970 als Minister für Außenhandel und für Industrie. Als Außenminister (1974–76) verhandelt er ergebnislos mit der Sowjetunion über einen Friedensvertrag und sorgt für bessere Beziehungen zu Süd-Korea und Taiwan. In den folgenden Jahren profiliert er sich als Wirtschaftsexperte. Seit 1986 Finanzminister und ab 1987 zugleich stellvertretender Premierminister; insgesamt bekleidete er 13 Ministerposten. 1989 wegen seiner Verwicklung in den Recruit-Bestechungskandal zurückgetreten. Danach Leiter des wichtigen Geschäftsführungsausschusses der LDP. M., ein anerkannter Fachmann in Wirtschafts- und Finanzfragen, wird am 27. 10. 1991 mit 285 von 496 Stimmen zum neuen LDP-Vorsitzenden gewählt und löst damit am 5. 11. *Toshiki Kaifu* auch als Premierminister ab. Setzt nach heftigem Widerstand der Opposition im Juni 1992 im Parlament ein Gesetz über eine Beteiligung japanischer Soldaten an Friedensmissionen der Vereinten Nationen durch und möchte sein Land als ständiges Mitglied im UNO-Sicherheitsrat sehen.

Mobutu [ursprüngl. *Joseph-Desiré*], *Sésé Séko Kuku Ngbendu Wa Za Banga* (Zaire), * Lisala bei

Mbandaka 14. 10. 1930; 1960–61 und seit 1965 Staatspräsident.
Sohn einer Bangala-Familie; Verwaltungsbeamter, 1949 Polizeibeamter, 1956 Journalist, 1960 Staatssekretär der Regierung von *Patrice Lumumba*, in den Kongowirren Anschluß an *Joseph Kasawubu* u. Oberbefehlshaber (ungeklärte Ermordung von *Lumumba*), 1962 mit Hilfe der UN Sieg über *Tschombé* u. Beendigung der Katanga-Sezession (ungeklärter Tod von UN-Generalsekretär *Dag Hammarskjöld*); seit 1965 durch neuen Militärputsch endgültig Staatsoberhaupt. Verstaatlichung der Großpflanzungen und des Kupferbergbaus, forcierte, isolierte Industrialisierung. Ausschaltung der Gegner. Stößt seit langem auch im Ausland auf Ablehnung, u. a. wegen Personenkult und Mißwirtschaft.

Mock, *Alois* (Österreich), * Amstetten (Niederösterreich) 10. 6. 1934; seit 1978 Fraktionsvorsitzender und 1979–89 Bundesparteiobmann der Österreichischen Volkspartei/ÖVP; seit 1987 Außenminister.
Jurastudium; Promotion. 1958–69 Beamter, 1969–70 Unterrichtsminister, 1971 Vorsitzender der Gewerkschaft ÖAAB der ÖVP, 1978 geschäftsführender Fraktionsvorsitzender der ÖVP, nach dem Rücktritt von *Josef Taus* 1979 ÖVP-Bundesobmann. Geht aus den Parlamentswahlen vom April 1983 gestärkt hervor, ohne das Ziel einer Regierungsbeteiligung zu erreichen, da die SPÖ mit der FPÖ koaliert. Vorsitzender der Europ. Demokrat. Union/EDU, der Dachorganisation christl.-demokrat. u. konservat. Parteien in Europa und ab Juni 1983 auch Vorsitzender der neugegründeten Internationalen Demokratischen Union/IDU. Mitglied der Ende 1984 vom Europarat gegründeten »Kommission bedeutender Staatsmänner«, die Perspektiven der europäischen Zusammenarbeit über die derzeitige Dekade hinaus formulieren soll. Verfehlt bei den Nationalratswahlen am 23. 11. 1986 die angestrebte Wende und bleibt mit seiner ÖVP zweitstärkste Partei hinter der SPÖ von → *Vranitzky*, mit der er am 4. 1. 1987 eine große Koalition bildet, in der er Außenminister wird. M. äußert wiederholt das Interesse seines Landes an einer Mitgliedschaft in der EG. Er verzichtet auf dem ÖVP-Parteitag am 17. 4. 1989 auf eine Wiederwahl als ÖVP-Vorsitzender, bleibt aber Außenminister.

Moi, *Daniel arap* (Kenia), * Sacho (Distrikt Baringo) Sept. 1924; seit 1978 Staatspräsident.
Mitglied des kleinen nilo-hamitischen, mit den Massai verwandten Tugen-Stammes der Kalenjin-Gruppe; Missionsschule, Lehrer, Aufstieg zum Anstaltsdirektor, 1957–63 im Legislativrat, 1961–62 Erziehungsminister, 1962–64 Minister f. Gemeindeangelegenheiten, 1964 Minister des Innern u. zusätzl. 1967 Vizepräsident unter *Jomo Kenyatta*; nach dessen Tod zum Vorsitzenden der Einheitspartei KANU, im Okt. 1978 zum Präsidenten ausgerufen. M. gilt als pragmatischer Politiker, der einen Ausgleich zwischen den kleinen Stämmen u. den einflußreichen Kikuju anstrebt. Von Juli 1981 bis Juni 1983 Vorsitzender der OAU. Erklärt im Mai 1982 Kenia zum Einparteistaat. Zuletzt am 27. 2. 1988 für eine 3. 5jährige Amtszeit bestätigt. Mitte Dezember 1991 unterzeichnet er unter dem Druck der Opposition ein Gesetz, das die Verfassungsänderung von 1982 zum Einparteistaat rückgängig macht und das Mehrparteiensystem wieder einführt.

Mubarak, *Mohamed Hosni [Husni]* (Ägypten), * Kafr Al Musaliha (Prov. Al Mnufijja) 4. 5. 1928; seit 1981 Staatspräsident.
Militärische Laufbahn, Pilot, Kampfflieger, 3 Ausbildungskurse in der UdSSR; 1969 Stabschef, 1972 Oberbefehlshaber der Luftwaffe, 1973 als »Held d. Oktoberkriegs« Aufstieg zum Luftmarschall (Generalleutnant). Seit April 1975 Vizepräsident. Am 14. 10. 1981 als Nachfolger des ermordeten Staats- u. Ministerpräsidenten *Anwar as Sadat* vereidigt; übernimmt auch die Funktionen des Oberbefehlshabers der Streitkräfte. Übergibt das Amt des Ministerpräsidenten am 3. 1. 1982 an *Fuad Muhieddin*. Am 26. 1. zum Vorsitzenden der regierenden »National-Demokratischen Partei«/NDP gewählt. Spricht sich wiederholt für eine gesamtarabische Libanon-Konferenz, für eine gegenseitige Anerkennung Israels und der PLO sowie schnellstmögliche Aufnahme der ägypt.-israel. Verhandlungen und für eine Autonomie der Palästinenser aus. Erringt bei den Parlamentswahlen am 27. 5. 1984 und am 6. 4. 1987 mit seiner NDP hohe Wahlsiege, sieht sich jedoch wachsenden innenpolitischen Spannungen gegenüber. Durch ein Referendum am 6. 10. 1987 mit großer Mehrheit für weitere 6 Jahre als Präsident bestätigt. Beendet mit seiner Reise in die Mitgliedstaaten des Golf-Kooperationsrates/GCC 1988 die Isolierung seines Landes in der arabischen Welt und führt es wieder in die Arabische Liga zurück (1979–87 suspendiert). Verurteilt die irakische Invasion in Kuwait im August 1990 und entsendet im Rahmen einer arabischen Friedenstruppe ägyptische Einheiten nach Saudi-Arabien. M. hat sein Land zu einem verläßlichen Partner gemacht und Ägyptens Gewicht gegenüber dem Westen, vor allem aber auch gegenüber den arabischen Ländern gestärkt.

Mugabe, *Robert Gabriel* (Simbabwe), * Kutama 21. 2. 1925; 1980–87 Premierminister, seit 1987 Staatspräsident.
Sohn eines Tagelöhners aus dem Zezeru-Clan der Maschona, Missionsschule, Lehrer. Ab 1956 im späteren Ghana, politisch von *Kwame Nkrumah* beeinflußt, ab 1960 wieder in Rhodesien, 1963

Anschluß an die Zimbabwe African National Union/ZANU. 1964–74 im Gefängnis bzw. interniert; Jura-Fernstudium an der Universität London; Promotion. Kooperation mit *Joshua Nkomo* in der »Patriot. Front«/PF. Erringt mit der ZANU bei den Wahlen vom Februar 1980 die absolute Mehrheit. Bildet Anfang März im Auftrag des brit. Gouverneurs *Arthur Christopher Soames* die Regierung, in der er auch das Amt des Verteidigungsministers übernimmt. Zunehmend Differenzen mit *Nkomo*, den er im Febr. 1982 mit der Beschuldigung aus dem Kabinett entläßt, mit südafrikan. Hilfe einen Putsch vorbereitet zu haben. Vereinbart am 20. 12. 1987 mit *Nkomo* den Zusammenschluß ihrer Parteien zu einer Einheitspartei. Nach Einführung des Präsidialsystems durch Verfassungsänderung am 30. 12. als neuer Präsident am 31. 12. vereidigt. Wird bei den Präsidentschaftswahlen im März 1990 im Amt bestätigt und mit seiner ZANU-PF auch Sieger bei den parallel stattfindenden Parlamentswahlen.

Mulroney, *Brian* (Kanada), * Quebec 20. 3. 1939; seit 1984 Ministerpräsident.
Jurastudium, steile Karriere als Rechtsanwalt, zuletzt Präsident der Bergwerksgesellschaft Iron Ore of Canada. Seit seinen Jugendjahren bei den Konservativen (Progressive Conservative Party), aber ohne parlamentarische Erfahrung und ohne polit. Amt. Seit 11. 6. 1983 als Nachfolger von *Joseph [»Joe«] Clark* Parteivorsitzender. M. wird innerhalb des konservat. Parteienspektrums dem rechten Flügel zugeordnet. Erringt bei den Parlamentswahlen im Sept. 1984 mit der »Konservativen Partei« den größten Sieg ihrer Geschichte (211 von 282 Sitzen) und löst den erst seit Juni 1984 als Nachfolger von *P. E. Trudeau* regierenden *John Turner* als Ministerpräsident ab (Vereidigung am 17. 9. 1984). Bei den Parlamentswahlen am 21. 11. 1988 verliert seine Partei zwar ihre ⅔-Mehrheit, erringt aber trotzdem einen überzeugenden Sieg; damit hat zum 1. Mal in diesem Jahrhundert eine »Tory-Regierung« zweimal hintereinander die Mehrheit im Unterhaus gewonnen.

Museveni, *Yoweri Kaguta* (Uganda), * Ntungamo bei Mbarara (Südwest-Uganda) 1944; seit 1986 Staatspräsident.
Studium der Wirtschafts-, Rechts- und Politikwissenschaften an der Universität von Daressalam/Tansania. Ab 1970 wissenschaftl. Assistent im Kabinett von *Milton Obote* bis zu dessen Sturz im Jan. 1971 durch *Idi Amin*; danach im Exil in Tansania. 1972 Teilnahme an einem gescheiterten Putsch gegen *Amin*. Nach dessen Sturz im April 1979 unter 2 Interimsregierungen für einige Monate Verteidigungsminister. Als seine Partei »Patriotische Bewegung Ugandas«/UPM bei den umstrittenen Wahlen im Dez. 1980 unterliegt, geht M. in den Untergrund und gründet die »Nationale Widerstandsarmee«/NRA, als deren Chef er 4½ Jahre gegen *Obote* kämpft. Nach dessen Sturz durch einen Militärputsch am 27. 7. 1985 fordert er eine radikale Reform der Armee und kämpft gegen die neue Regierung unter General *Tito Okello* weiter, mit der er am 17. 12. 1985 einen »Friedensvertrag« unterzeichnet. Einen Monat später beginnt die NRA eine Großoffensive gegen die Regierungstruppen und gewinnt die Kontrolle über die Hauptstadt Kampala. Am 30. 1. 1986 wird M. als neuer Präsident vereidigt. Es gelingt ihm, das Land zu befrieden und die Wirtschaft voranzubringen. 1990 verlängert er seine Amtszeit ohne Wahlen um weitere 5 Jahre.

Mwinyi, *Ali Hassan* (Tansania), * bei Daressalam 1925; seit 1985 Staatspräsident.
Ausbildung an der Lehrerbildungsanstalt auf Sansibar. Nach der Revolution von 1964 Vertreter der Interessen Sansibars in einer Reihe von gemeinsamen Institutionen des ehem. Britisch-Ostafrika und der Tanganjikisch-Sansibarischen Union. Kommt 1969 durch *Julius Nyerere* nach Daressalam. Inhaber verschiedener Ministerämter, zuletzt Staatsminister im Amt des Vizepräsidenten. Am 30. 1. 1984 nach dem Rücktritt von *Aboud Jumbe* zum Interimspräsidenten von Sansibar und Vorsitzenden des Revolutionsrates der Insel ernannt. Im April 1984 von der regierenden Einheitspartei Chama Cha Mapinduzi/CCM als einziger Kandidat aufgestellt und zum Präsidenten von Sansibar sowie gleichzeitig zum stellv. Präsidenten Tansanias gewählt. Am 27. 10. 1985 als einziger Kandidat mit 92,2% der Stimmen zum Staatspräsidenten und damit zum Nachfolger von *Nyerere* gewählt. Im Okt. 1990 bei den Präsidentschaftswahlen mit 95,5% der Stimmen für weitere 5 Jahre im Amt bestätigt.

Nabijew, *Rachman* (Tadschikistan), * Chodschand [früher: Leninabad] 30. 10. 1930; seit 1991 Staatspräsident.
Kolchos-Ingenieur; sein politischer Aufstieg beginnt 1961 im ZK der tadschikischen KP; zunächst Landwirtschaftsminister; 1973–82 Ministerpräsident, dann Parteichef. Ende 1985, 9 Monate nach dem Machtantritt von Michail Gorbatschow, wird er als KP-Chef abgelöst und später wegen der »Begünstigung von Korruption« gemaßregelt. Die nächsten Jahre verbringt er als Vorsitzender einer Gesellschaft für Naturschutz. Als der Parlamentsvorsitzende *Kadreddin Aslonow* nach dem Moskauer Putsch vom 19. 8. 1991 die KP verbietet, wird er von den Abgeordneten abgesetzt, der Erlaß rückgängig gemacht und statt seiner am 22. 9. N. zum Parlamentspräsidenten bestimmt. Bei den ersten freien Präsidentschaftswahlen in der mittelasiatischen Republik

wird er am 27.10. mit 58% der Stimmen zum Präsidenten gewählt; die Opposition wirft ihm Wahlbetrug vor. Nach wochenlangen Kundgebungen geht am 7.5.1992 die Macht auf einen »Obersten Konsultativrat« über, dem führende Mitglieder der Opposition aus der islamischen Partei »Wiedergeburt«, der Volksbewegung »Rastoches« und der »Demokratischen Partei Tadschikistans« angehören; N. bleibt aber im Amt.

Nasarbajew, *Nursultan Abischewitsch* (Kasachstan), *im Gebiet Alma Ata 6.7.1940; seit 1990 Staatspräsident.
1960–69 im metallurgischen Industriekombinat Karaganda tätig, dort an der betriebseigenen Hochschule zum Metallingenieur (Abschluß 1967) ausgebildet. Bereits 1962 der KPdSU beigetreten, beginnt er 1969 eine typische Parteikarriere; zunächst Erster Sekretär des Stadtkomitees in Temirtau; 1973–77 Parteisekretär im Karaganda-Kombinat, dann Erster Sekretär der Bezirksleitung von Karaganda. 1979–1984 Sekretär des ZK der kasachischen KP. 1984 zum Vorsitzenden des Ministerrats der zentralasiatischen Republik berufen. Als der 1986 von *Michail Gorbatschow* als kasachischer KP-Chef eingesetzte Russe *Kolbin* nach drei Jahren scheitert, wird N. dessen Nachfolger – und damit zugleich Mitglied des Politbüros der KPdSU – und Vorsitzender des Obersten Sowjets der nach der Fläche zweit-, nach der Bevölkerung viertgrößten Sowjetrepublik. Als das Parlament am 25.10.1990 eine Souveränitätserklärung verabschiedet, die den Vorrang kasachischer Gesetze vor Unionsgesetzen betont und das Amt eines Präsidenten einführt, in dieses gewählt. N., der lange Zeit als treuer Anhänger von *Gorbatschow* galt und im Herbst 1990 als Kandidat für das Amt des Vizepräsidenten oder des sowjetischen Ministerpräsidenten im Gespräch war, schlägt sich dann zunehmend auf die Seite von → *Jelzin* und plädiert für die politische und wirtschaftliche Souveränität des Landes, aber auch für den Erhalt der Union in einem neuen föderativen Staatsaufbau. Nach dem Moskauer Putsch vom 19.8.1991 tritt er aus der KP aus, die sich in »Sozialistische Partei« umbenennt. Bei den Präsidentschaftswahlen am 1.12.1991 mit 98,88% der Stimmen ohne Gegenkandidat zum ersten direkt gewählten Präsidenten gewählt. Unterzeichnet am 8.12. den Unionsvertrag, der die Auflösung der UdSSR besiegelt und zur »Gemeinschaft unabhängiger Staaten«/GUS führt. N. ist überzeugter Anhänger einer Marktwirtschaft und Verfechter echter ökonomischer Reformen.

Nawaz Sharif, *Mian* (Pakistan), *Lahore 1949; seit 1990 Premierminister.
Jurastudium an der Universität seiner Heimatprovinz Punjab. Anschließend Tätigkeit als Manager in der »Ettefaq-Gruppe«, einem Familienunternehmen mit einem Dutzend eisenverarbeitender Betriebe. Schon 1981, also mit 33 Jahren, von General *Zia ul-Huq*, dem damaligen Chef der pakistanischen Militärregierung, zum Finanzminister der Provinzregierung von Punjab ernannt. Seit 1985 Chefminister in Punjab und Vorsitzender der Muslim-Liga in seiner Provinz. Siegt mit seiner Islami Jamhoori Ittehad/IJI, einem Bündnis überwiegend islamischer Parteien, bei den Parlamentswahlen im Oktober 1990 und wird am 6.11. von der neuen pakistanischen Nationalversammlung zum Premierminister gewählt. Er tritt damit die Nachfolge von *Benasir Bhutto* an, die im August von Staatspräsident → *Ishaq Khan* unter dem Vorwurf des Amtsmißbrauchs und der Korruption abgesetzt worden war.

Nijasow, *Sapamurad* (Turkmenistan), *1950; seit 1992 Staats- und Ministerpräsident.
Rasche Karriere in der KP seines Landes, bis 1985 deren Vorsitzender. 1991 zum Präsidenten der mittelasiatischen Republik gewählt, verbietet er nach dem gescheiterten Moskauer Putsch vom August die KP und gründet eine »Demokratische Partei«, deren Führung er übernimmt. Bei den ersten freien und direkten Präsidentschaftswahlen vom 21.6.1992 ohne Gegenkandidat mit 99,5% der Stimmen im Amt bestätigt, das ihm durch das im Mai verabschiedete Präsidialsystem weitreichende Rechte einräumt und ihn zugleich zum Ministerpräsidenten bestimmt. N. will sein Land mit behutsamen Schritten zur Marktwirtschaft führen, lehnt aber rasche Reformen, wie eine wirtschaftspolitische Schocktherapie mit einer raschen Preisfreigabe, ab.

Nujoma, *Sam* (Namibia), *Ongandjera 12.5.1929; seit 1990 Staatspräsident.
Sohn einer Ovambo-Familie; früh aktiv gegen Apartheidpolitik, 1960 ins Exil. Mitbegründer und Präsident des hauptsächlich aus Ovambo bestehenden Exilflügels der South West African People's Organisation/SWAPO mit Hauptquartier in Lusaka (Sambia) und mit Operationen von sambischem u. angolanischem Gebiet aus. Kehrt am 14.9.1989 aus dem Exil in seine Heimat zurück. Wird von der Verfassunggebenden Versammlung am 16.2.1990 einstimmig zum 1. Präsidenten von Namibia gewählt, das am 21.3. seine Unabhängigkeit erlangt.

Ouattara, *Alassane D.* (Côte d'Ivoire), *Burkina Faso (früher Obervolta) 1942; seit 1990 Premierminister.
Studium der Wirtschaftswissenschaften an der Universität von Pennsylvania; Promotion. Mit einer Amerikanerin verheiratet. Stellt sein gesamtes Berufsleben in den Dienst Afrikas, u. a. als Leiter der Afrikaabteilung des Internationalen Währungsfonds/

IWF und als Präsident der Westafrikanischen Zentralbank/BCEAO in Dakar. Seit Frühjahr 1990 Berater von Staatspräsident *Houphouet-Boigny*. Im Dez. 1990 zum ersten Premierminister seines Landes ernannt.

Özal, *Turgut* (Türkei), * Malatya (Ostanatolien) 13. 10. 1927; 1983–89 Ministerpräsident; seit 1989 Staatspräsident.
Elektroingenieur, Wirtschaftswissenschaftler. 1967 Chef der staatl. Planungsorganisation, nach dem Militärputsch im März 1971 bei der Weltbank; 1973 Rückkehr, in führenden Stellungen in der Privatwirtschaft tätig, sodann Leiter der Planungsorganisation, zuletzt für Wirtschaftspolitik verantwortlich. Nach dem Sturz von *Süleyman Demirel* im Sept. 1980 durch das Militär stellv. Ministerpräsident mit dem Auftrag, sein Wirtschaftskonzept fortzusetzen; Rücktritt im Juni 1982. Nach dem Sieg seiner »Mutterland-Partei« (ANAP) bei den Parlamentswahlen im Nov. 1983 Nachfolger von *Bülent Ülüsü* als Regierungschef; geht mit seiner Partei auch aus den Parlamentswahlen am 29. 11. 1987 als Sieger hervor. Um bessere Beziehungen zu Westeuropa bemüht; langfristiges Ziel ist die Aufnahme in die EG als gleichberechtigtes Vollmitglied. Im Januar 1988 in Davos und im April in Brüssel erste Zusammentreffen mit dem damal. griech. Ministerpräsidenten *Andreas Papandreou*. Im Juni reist Ö. zu einem Besuch nach Griechenland, dem ersten eines türk. Regierungschefs seit 36 Jahren, mit dem Ziel, die Spannungen wegen Zypern und wegen der Rechte im Ägäischen Meer zu lösen und die Grundlage für eine enge Zusammenarbeit zu schaffen. Er unternimmt Mitte Juli als erster Regierungschef der laizistischen türkischen Republik eine Pilgerfahrt nach Mekka. Am 31. 10. 1989 wird Ö. vom Parlament zum Staatspräsidenten gewählt. Er verurteilt die Besetzung Kuwaits durch den Irak im August 1990. Im März 1991 besucht er als erstes Staatsoberhaupt seines Landes die Sowjetunion. Die Niederlage der ANAP bei den Parlamentswahlen am 20. 10., die zum Regierungswechsel führt (→ *Demirel*), schwächt seine Position.

Panić, *Milan* (Jugoslawien), * Belgrad 1930; seit 1992 Ministerpräsident.
Als Jugendlicher Anschluß an die Tito-Partisanen. Zeichnet sich nach dem Krieg als Radrennfahrer bei jugoslawischen Meisterschaften aus; während eines Radrennens in den Niederlanden setzt er sich in den Westen ab und wandert 1956 in die USA aus. Nach dem Studium der Chemie gründet er 1960 seine eigene Firma, den späteren Pharma-Konzern INC Pharmaceutical, der inzwischen einen Jahresumsatz von rd. ½ Mrd. US-$ erzielt und mittlerweile auch Tochterunternehmen in Mexiko, Kanada und seit 1990 auch in Jugoslawien (INC Galenika) hat. Zielstrebiger Unternehmer, der wegen aggressiver Methoden beim Vertrieb seiner Medikamente gelegentlich mit US-Behörden in Schwierigkeiten geriet. P., der seine amerikanische Staatsbürgerschaft, die er seit 1963 besitzt, behalten will, erklärt sich Mitte 1992 bereit, das ihm von Präsident → *Ćosić* angetragene Amt des Ministerpräsidenten der am 27. 4. aus Serbien und Montenegro gebildeten »Neuen Bundesrepublik Jugoslawien/SRJ zu übernehmen und wird am 6. 7. vom Parlament in dieses Amt gewählt.

Paz Zamora, *Jaime* (Bolivien), * Cochabamba 15. 4. 1939; seit 1989 Staatspräsident.
Sohn eines Generals, Neffe des früheren Staatspräsidenten *Victor Paz Estenssoro*; zunächst Studium an einem Priesterseminar, sodann polit. Wissenschaften an der kath. Universität von Löwen (Belgien). Mitbegründer der demokratisch-sozialistischen »Bewegung der revolutionären Linken« (Movimiento de la Izquierda Revolucionaria/MIR). Unter *Hugo Banzer Súarez* zunächst im Untergrund, dann verhaftet, 1974 aus der Haft entflohen. 1978 einer der Initiatoren des Wahlbündnisses der Unidad Democratica y Popular/UDP. Nach dem Rücktritt der Militärregierung 1982–85 Vizepräsident unter *Hernán Siles Zuazo* und zugleich Präsident des Senats und des Kongresses. Geht aus den Präsidentschaftswahlen vom 7. 5. 1989 mit seiner MIR mit 19% der Stimmen zwar nur als drittstärkste Kraft hervor (*Sanchez de Lozada*/MNR 23% und *Banzer Suarez*/ADN 22,5%), wird aber nach einem am 2. 8. mit *Banzer* geschlossenen Pakt am 6. 8. zum neuen Präsidenten gewählt.

Pérez Rodríguez, *Carlos Andrés [»CAP«]* (Venezuela), * Rubio (Táchira) 27. 10. 1922; 1974–79 und seit 1989 Staatspräsident.
Sohn eines kleinen Kaufmannes aus dem Bundesstaat Tachira an der Grenze zu Kolumbien; Studium, früh politisch tätig. Seit 1948 Abgeordneter, u. a. Sekretär des gemäßigt-linksdemokr. Präs. *Rómulo Betancourt*; als Innenmin. in dessen Regierung (1962/63) verantwortlich für die Bekämpfung der linksextremist. Guerilla. Dann Fraktionschef der Acción Democrática/AD im Parlament und als Kandidat der AD im Dez. 1973 mit 48,6% der Stimmen zum Präs. gewählt; Amtsantritt im März 1974 als Nachf. von *Raffael Caldera*. 1975 Verstaatlichung der Erdöl- und Eisenerzvorkommen, ein Ereignis, das die Venezolaner als »zweite nationale Unabhängigkeit« feiern. Im März 1979 von *Luís Herrera Campins* abgelöst. 1980 vom Vorwurf »ungerechtfertigter Bereicherung« freigesprochen. Bei den Präsidentschaftswahlen am 4. 12. 1988 mit der absoluten Mehrheit der Stimmen gewählt und damit der 1. Präs. der seit 1958 bestehenden venezolan. Demo-

kratie, der nach den in der Verfassung vorgesehenen 10 Jahren Unterbrechung wiedergewählt wurde. (P. ist einer der Vizepräsidenten der Sozialistischen Internationale.)

Pinheiro, *João de Deus Rogado Salvador* (Portugal), * Lissabon 11. 7. 1945; seit 1987 Außenminister.
Nach dem Studium der Industriechemie in Lissabon zunächst Dozent an einer Universität in der damaligen Kolonie Mosambik. Während der portugiesischen Revolution 1974–76 im britischen Birmingham, wo er promoviert. Dann Hochschulkarriere an der Universität von Braga; 1984 zum Rektor gewählt. Verschreibt sich dann ganz der Politik und wird 1978 Kabinettschef des Erziehungsministers, 1979 Staatssekretär, von 1985–87 Minister dieses Ressorts. Seit 1985 für die bürgerlich-liberale »Sozialdemokratische Partei«/PSD im Parlament. Im 2. Kabinett *Cavaco Silva* ab 1987 Außenminister. Die Eingliederung seines Landes in die EG nach dem Beitritt am 1. 1. 1986 gehörte seitdem zu seinen Hauptaufgaben. In der ersten Hälfte des Jahres 1992 turnusgemäß Vorsitzender des EG-Ministerrates.

Premadasa, *Ranasinghe* (Sri Lanka), * Colombo 23. 6. 1924; 1978–89 Premierminister und seit 1989 Staatspräsident.
Als Angehöriger der niedrigen (Dhobi-)Kaste im Arbeiterbezirk Colombos geboren; Mitglied der United National Party/UNP, die er seit 1960 im Parlament vertritt. 1968–70 Min. für örtliche Selbstverwaltung, seit 1976 stellv. Parteivors. der UNP; 1977 Min. für örtliche Selbstverwaltung sowie für Wohnungsbau. Seit 1978 Premierminister. Geht aus den Präsidentschaftswahlen am 19. 12. 1988 als Sieger hervor und löst am 2. 1. 1989 Staatspräs. *Junius Jayawardene* im Amt ab. Übergibt nach den Parlamentswahlen am 15. 2. 1989 das Amt des Ministerpräsidenten, das künftig jährlich unter den Kabinettsmitgliedern rotieren soll, an Finanzminister *Dingiri Banda Wijetunga* und übernimmt das Verteidigungsressort. Im Zusammenhang mit der Tamilenfrage bezichtigt er Indien regionaler Großmachtabsichten.

Qian Qichen (VR China), * Tianjin 1928; seit 1988 Außenminister.
Karrierediplomat; schon 1942 Eintritt in die KPCh; 1949–53 im Jugendverband der Partei in Schanghai aktiv. Anschließend mehrere Jahre in der UdSSR, zunächst an der zentralen Hochschule des Komsomols, dann, ab 1955, als Botschaftssekretär. Nach einer Tätigkeit im Ministerium für Hochschulwesen in Peking ab 1972 erneut in Moskau, diesmal als Botschaftsrat. Ab 1974 Botschafter seines Landes in Guinea und in Guinea-Bissau; 1977–82 Abteilungsleiter für Presse im Außenministerium. Als stellvertretender Außenminister (ab 1982) als Sowjetunion-Experte an den Verhandlungen über die Normalisierung der Beziehungen zwischen Moskau und Peking beteiligt. Im Kabinett → *Li Peng* ab 1988 Außenminister und seit 1991 auch Staatsrat. Während seiner Amtszeit wurden die Kontakte zu den Asean-Staaten verbessert, und China beteiligte sich konstruktiv an der Lösung des Kambodscha-Konfliktes. Q., der auch dem ZK der KPCh angehört, bewahrte sein Land in den letzten Jahren durch geschickte Manöver vor einer drohenden Isolation.

Rabbani, *Burhanuddin* (Afghanistan), * 1940; seit 1992 Staatspräsident.
Tadschike, Studium an der Shariat-Fakultät der Universität Kabul und an der Al-Azhar-Universität in Kairo. Wissenschaftliche Laufbahn; Inhaber eines Lehrstuhls für Philosophie in Kabul. Als Mitglied der Jamiat-i-Islami-ye Afghanistan (»Islamische Bewegung«), die sich in Kabul Anfang der siebziger Jahre bildete, von der Regierung verhaftet, aber aus dem Arrest entkommen und nach Pakistan geflohen. Nach dem kommunistischen Umsturz im April 1978 gehört seine »Islamische Bewegung« zu den erfolgreichen Widerstandsgruppen, vor allem in ihren tadschikischen Stammlanden. Nach dem Sturz von *Mohammed Najibullah* kehrt er im April 1992 nach Kabul zurück und wird nach dem Rücktritt des Übergangspräsidenten *Sibghatullah Mujaddidi [Mudschaddedi]* am 28. 6. zum Vorsitzenden eines 10köpfigen Führungsrates der Mudjaheddin und damit zum Staatsoberhaupt gewählt.

Rabin, *Yitzhak [Jitschek]* (Israel), * Jerusalem 1. 3. 1922; 1974–77 und seit 1992 Ministerpräsident.
Sohn russischer Einwanderer; in der Jugend in einem Kibbuz tätig. Mitglied der illegalen Kommandogruppe »Palmach« (seit 1940), später stellv. Oberbefehlshaber dieser Truppe, die auch gegen die Briten kämpfte, und 1948 als Kommandant der Har-El-Brigade erfolgreich im Verteidigungskrieg des unabhängig gewordenen Israel. Anschließend militärische Laufbahn; Aufstieg zum General und seit 1964 Generalstabschef, hauptverantwortlich (neben *Moshe Dayan*) für die Strategie des »Sechs-Tage-Krieges« von 1967, in dem die Israelis in wenigen Tagen den gesamten Sinai, das Westjordanland und die Golan-Höhen erobern. Seit dieser Zeit genießt er den Ruf eines »Kriegshelden« und Haudegens, der auch von politischen Gegnern geschätzt wird. Nach einer langen Amtszeit als Botschafter in Washington, ab März 1974 im Kabinett von *Golda Meir* Arbeitsminister und ab Juni 1974 Ministerpräsident – der erste im Lande geborene – einer Koalitionsregierung. Nach Bekanntwerden eines Devisenvergehens seiner Frau im April 1977 Amtsübergabe an den neuen

Parteivorsitzenden der »Arbeitspartei«, *Shimon Peres*, aber weiter Abgeordneter. In der im September 1984 gebildeten großen Koalition Verteidigungsminister. Unter seiner Ägide vollzieht die israelische Armee 1985 den Rückzug aus dem Libanon, in den sie 1982 eingedrungen war, aber auch das harte und umstrittene Vorgehen der Armee gegen die im Dezember 1987 begonnene »Intifada« der Palästinenser in den besetzten Gebieten. R. setzt sich in einer parteiinternen Abstimmung am 19. 2. 1992 über den Vorsitz der »Arbeitspartei« gegen *Peres* durch und ist damit deren Kandidat für die Parlamentswahlen am 23. 6., aus denen er als klarer Sieger gegen Ministerpräsident *Yitzhak Shamir* hervorgeht; seit 13. 7. Ministerpräsident einer Koalitonsregierung seiner »Arbeitspartei« mit dem Linksblock »Meretz« und der sephardisch-orthodoxen »Schas«. R. befürwortet die seit Oktober 1991 laufenden Friedensgespräche zwischen Israel und seinen arabischen Nachbarn.

Rabuka, *Sitiveni* (Fidschi), * Drekeniwai auf der Insel Vanua Levu 1949; seit 1992 Premierminister.
Als Methodist aufgewachsen. Militärische Laufbahn; Ausbildung in Indien und Neuseeland. Mit Blauhelmkontingenten seines Landes dient er im Libanon und im Sinai. Im Mai 1987 putscht er mit der Armee gegen die ordentlich gewählte, aber erstmals von der indischen Ethnie geführte linksorientierte Regierung unter *Timoci Bavadra*, wird zum Brigadegeneral und amtierenden Kommandeur der »Königlich Fidschiischen Streitkräfte« befördert und von Generalgouverneur *Ratu Sir Penaia Ganilau* zum Chef einer Übergangsregierung ernannt. Als die melanesischen Stammesführer einem Kompromiß mit *Bavadra* nahe sind, putscht er im September 1987 ein zweites Mal, setzt die Verfassung außer Kraft, ruft F. zur Republik aus und sagt sich von der britischen Krone los. Am 5. 12. löst er sein Militärregime auf, ernennt Generalgouverneur *Ganilau* zum Präsidenten, *Ratu Sir Kamisese Mara* zum Premierminister und setzt sich selbst zum Innenminister. Der Melanesier R. geht aus den Parlamentswahlen am 2. 6. 1992 mit seiner Ende 1991 gegründeten »Taukei Party«/SVT als Sieger hervor und wird von *Ganilau* zum neuen Premierminister ernannt.

Rafsanjani [*Rafsandschani*], *Ali Akbar Hashemi* [*Haschemi*] (Iran), * Rafsanjan [Rafsandschan] 1934; 1980–89 Parlaments-, seit 1989 Staats- und Ministerpräsident.
Sohn eines Pistazienhändlers, als Schüler *Khomeinys* Inhaber des theolog. Rangs eines Hojatol-eslam (»Beweis f. d. Islam«). Nach der islamischen Revolution Mitglied des Revolutionsrats und kurzzeitig Innenminister. Seit 1980 Parlamentspräsident und Vertreter von *Ajatollah Khomeiny* im Obersten Verteidigungsrat. Seit 2. 6. 1988 als Nachfolger von → *Khamenei* Oberbefehlshaber der Streitkräfte. Unmittelbar nach *Khomeinys* Tod Besuch in Moskau. Wird am 28. 7. 1989 zum Staatspräsidenten gewählt u. übernimmt auch das Amt des Ministerpräsidenten. Tritt am 17. 8. vorzeitig als Parlamentspräsident zurück; legt Anfang Sept. den Oberbefehl über die Streitkräfte nieder. Am 23. 7. 1990 bekräftigt er den Willen seiner Regierung zu einer Politik der Öffnung. Anfang August verurteilt er die irakische Invasion in Kuwait und begrüßt die Initiative von Präsident → *Saddam Hussein* zur Beilegung des Grenzkonflikts mit dem Irak. Gewinnt für seinen gemäßigt islamischen Kurs bei den Parlamentswahlen am 10. 4. und 8. 5. 1992 eine klare parlamentarische Mehrheit.

Ramos, *Fidel Valdez* [«*Eddie*«] (Philippinen), * Lingayen (Pangasinan) 18. 3. 1928; seit 1992 Staatspräsident.
Entstammt einer der Elitefamilien des Landes. Militärlaufbahn; Absolvent der Militärakademie Westpoint in den USA, dann Ausbildung in psychologischer Kampftechnik in Fort Bragg. Von philippinischen Verbänden an der Seite der Amerikaner im Korea- und im Vietnam-Krieg. Während des *Marcos*-Regimes als Chef der »Philippine Constabulary«, der berüchtigten Gendamerie, mitverantwortlich für Mord und willkürliche Verhaftung politischer Gegner. Im Februar 1986 schließt er sich der Volksrevolte gegen den Diktator an und wird von Frau *Aquino* zum Generalstabschef und 1988 zum Verteidigungsminister ernannt. Im Juli 1991 tritt er als Verteidigungsminister zurück und gründet im Februar 1992 seine eigene Partei. Aus den Präsidentschaftswahlen am 11. 5. 1992 geht er als Sieger hervor, hat aber weder im Kongreß noch im Senat eine Mehrheit. R., der erste Protestant an der Spitze einer überwiegend katholischen Bevölkerung, der sich für Liberalisierung des Handels und die Öffnung für ausländische Investitionen einsetzt, wird am 30. 6. als 8. Präsident der Philippinen vereidigt.

Rao, *Pamulaparti Venkata* [«*P. V.*«] *Narasimha* (Indien), * Distrikt Karim Nagar (Andhra Pradesh) 28. 6. 1921; seit 1991 Premierminister.
Sohn einer Telugu-Familie. Jurastudium mit Promotion. Seit 1945 in der »Kongreßpartei« und stets loyaler Anhänger der Nehru-Gandhi-Dynastie. Ab 1957 Abgeordneter im Bundesstaat Andhra Pradesh, seiner Heimat, ab 1962 Minister in verschiedenen Ressorts; 1971–73 Chefminister seines Heimatstaates. Danach Generalsekretär der »Kongreßpartei« in Delhi. 1977 ins Parlament gewählt und 1980–84 Außenminister in einem Kabinett *Indira Gandhis*. Anschließend Minister der Ressorts Inneres, menschliche Ressourcen, Justiz und Verteidigung. Nach der Demission der Regierung von *Rajiv*

Gandhi 1989 in den Ruhestand getreten, bis er nach der Ermordung Gandhis (21. 5. 1991) von der »Kongreßpartei« am 20. 6. zu dessen Nachfolger als Parteivorsitzender gewählt wird. Nach dem Sieg seiner Partei bei den am 13. 6. beendeten Parlamentswahlen am 26. 6. zum neuen Premierminister ernannt und damit Nachfolger von Vishwanath Pratap Singh.

Reynolds, Albert (Irland), * im Dorf Rooskey (Grafschaft Roscommon) 3. 11. 1932; seit 1992 Premierminister.
Nach dem Besuch der örtlichen katholischen Schule und einer kurzen Beschäftigung bei der Eisenbahn wandert er als junger Mann nach Kanada aus, kehrt aber in den frühen 60ern wieder in seine Heimat zurück. Gemeinsam mit seinen Brüdern betreibt er erfolgreich mehrere Tanzhallen und verdingt sich als Country- und Westernsänger. Später gründet er in Longford eine Hundefutterfabrik, die ihn zum Millionär macht. Seine politische Karriere beginnt er 1975 als Ratsherr des Councils von Longford. 1977 erstmals für die Fianna Fáil als Abgeordneter im Dail (Unterhaus). Unter Charles Haughey 1979 zuerst Post- und Verkehrsminister, später Wirtschaftsminister. Nach der Wahlniederlage seiner Partei ab 1982 ihr Sprecher im Parlament. Nach der Rückkehr der Fianna Fáil an die Macht im März 1987 unter Haughey erneut Wirtschafts-, ab 1989 Finanzminister. Während seiner Amtszeit verfolgt er einen strengen Sparkurs, kürzt die Staatsausgaben und hat Erfolge bei der Inflationsbekämpfung und der Stabilisierung der Währung. Im November 1991 wegen einer Revolte gegen den Premier entlassen. Nach dem Rücktritt von Haughey wegen eines Abhörskandals zum Parteiführer und am 11. 2. 1992 zum Taoiseach (Premierminister) einer Koalitionsregierung seiner Partei mit den »Progressiven Demokraten« gewählt.

Robinson, Mary (Irland), * Ballina (Grafschaft Mayo) 21. 5. 1944; seit 1990 Staatspräsidentin.
Studium der Rechtswissenschaften; mit 25 (die jüngste) Rechtsprofessorin im Dubliner Trinity College, mit 26 bereits Senatorin im irischen Oberhaus. Bekannt als Rechtsanwältin, die 1971 zum ersten Mal sogar gegen den Staat Irland prozessiert. 1977 und 1981 scheitert sie beim Versuch, einen Abgeordnetensitz zu erringen. Mitglied der Labour Party, aus der sie 1985 aus Protest gegen das anglo-irische Abkommen austritt. Die international anerkannte Verfassungsrechtlerin siegt bei den Präsidentschaftswahlen am 10. 11. 1990 als parteilose Kandidatin mit 52% der Wählerstimmen gegen die Kandidaten der Fianna Fáil und der Fine Gail. Am 3. 12. als neue Staatspräsidentin vereidigt, plädiert sie für mehr Toleranz und mehr Gleichberechtigung der Frau: »In einer Gesellschaft, die die Rechte und das Potential von Frauen hemmt, kann kein Mann wirklich frei sein. Er mag die Macht haben, aber nicht die Freiheit.«

Rodriguez, Andrés (Paraguay), * Borja 19. 6. 1923; seit 1989 Staatspräsident.
Sohn eines Eisenbahnarbeiters; Militärlaufbahn, zuletzt Panzergeneral. Mitglied der Einheitspartei Asociación Nacional Republicana (»Colorado«). Jahrzehntelang engster Vertrauter des Diktators Alfredo Stroessner Mattianda, nicht zuletzt durch die familiäre Bindung (seine Tochter heiratete den Sohn, Hugo Alfredo Stroessner). Einer der größten Nutznießer der »institutionalisierten Korruption« des Landes (u. a. Besitzer einer Fluggesellschaft, einer Brauerei, der einzigen Kupferdrahtfabrik des Landes und einer Kette von Wechselstuben). Ende der 60er Jahre taucht sein Name erstmals in der US-Presse im Zusammenhang mit Drogenhandel und Schmuggelgeschäften auf; in den letzten Jahren weisen US-Drogenfahnder wiederholt auf die »Paraguay/Rodriguez-Connection« hin, doch konnten Beweise dafür nie erbracht werden. Als Stroessner beginnt, R. fallenzulassen und seinen Sohn Gustavo als polit. Erben aufzubauen, Anf. 1989 die Geldwechselbüros schließen läßt und schließlich die Entlassung von R. zum 2. 2. anordnet, reagiert dieser umgehend: Am 3. 2. stürzt er als Chef des 1. Armeekorps, das als am besten bewaffnet gilt und als einziges über Eliteeinheiten verfügt, in einem blutigen Putsch Stroessner und beendet damit dessen fast 35jährige Alleinherrschaft. Er erklärt sich zum »provisorischen Präsidenten« und setzt für den 1. 5. 1989 Präsidentschaftswahlen an, aus denen er mit 74% der Stimmen als Sieger hervorgeht.

Roh Tae Woh (Rep. Korea/Süd-K.), * Taegu 4. 12. 1932; seit 1987 Präsident der »Demokratischen Gerechtigkeitspartei«/DJP und seit 1988 auch Staatspräsident.
Militärische Laufbahn; 1955 Absolvent der Militärakademie. Im Vietnamkrieg Kommandeur einer Einheit der auf seiten der USA kämpfenden südkorean. Streitkräfte. Dann Chef einer Eliteeinheit der korean. Streitkräfte. 1978 als Generalmajor Kommandeur der 9. Infanteriedivision an der Grenze zu Nord-Korea. Im Dez. 1979 verlegt er ein Regiment in die Hauptstadt Seoul, um den Militärputsch von Chun Doo Hwan zu sichern. 1980 Leiter des einflußreichen Geheimdienstes »Defense Security Command«, der die Gegner der Regierung sowohl im Lande als auch außerhalb observiert. 1981 militärischer Abschied und zunächst Sport-, dann Innenminister. 1983 Vorsitzender des Organisationskomitees für die Olympischen Sommerspiele 1988. Seit 1985 amtierender Vorsitzender der regierenden »De-

mokratischen Gerechtigkeitspartei«/DJP. Nach der im Zusammenhang mit schweren innenpolitischen Unruhen erfolgten Niederlegung der Parteiführung durch *Chun* wird *Roh* am 5. 6. 1987 von den Delegierten des DJP-ZK zum neuen Parteipräsidenten und zum Kandidaten für das Amt des Staatsoberhauptes gewählt. *Roh* bekräftigt seine Bereitschaft zum Gespräch mit der Opposition und zur Verwirklichung der geplanten Verfassungsreform. Er geht aus der ersten direkten Staatspräsidentenwahl seit 16 Jahren am 16. 12. 1987 mit 36,6 % der Stimmen als Sieger hervor. Der Übergang vom bisherigen Amtsträger *Chun Doo Hwan* auf *Roh* am 25. 2. 1988 stellt den ersten friedlichen Machtwechsel seit dem Ende des II. Weltkrieges in Korea dar. Seit 9. 5. 1990 ist R. Vorsitzender der am 22. 2. aus seiner DJP, der RDP und der NDRP hervorgegangenen »Demokratisch-Liberalen Partei«/DLP.

Saddam Hussein el-Takriti (Irak), *Takrit 28. 4. 1937; seit 1979 Staats- und Parteichef, 1979–91 auch Regierungschef.
Bauernsohn, früh in der Baath-Bewegung politisch aktiv, bis 1968 im Untergrund. Exil, Haft; seit 1969 in dem im Irak regierenden »linken« Flügel der Baath stellv. Vorsitzender des »Kommandorates« (Führungsrates) der Partei. Entschiedener Gegner des ägypt.-israel. Friedensvertrages. Nach dem Rücktritt von *Achmed Hassan el Bakr* 1979 Nachfolger in allen Ämtern. Durch die Ergebnisse der Wahlen 1980 – den ersten seit 20 Jahren – in seiner Position gestärkt. H., in Personalunion Staats- u. Regierungschef sowie Generalsekretär der Baath-Partei u. Oberkommandierender der Armee, veranlaßt im September 1980 wegen des Anspruchs auf umstrittene Grenzgebiete den Angriff gegen den Iran, wodurch ein Krieg entfacht wird, der erst 1988 durch einen Waffenstillstand endet. S. sieht sich als Vorkämpfer der panarabischen Idee und versteht die Annexion des Nachbarstaates Kuwait am 1. 8. 1990 als einen weiteren Schritt auf dem Weg zur Vorherrschaft in der arabischen Welt. Er widersetzt sich den Resolutionen des UN-Sicherheitsrates und auch der Resolution 678, die dem Irak unter Androhung militärischer Gewalt für die Räumung Kuwaits eine letzte Frist bis zum 15. 1. 1991 setzt, worauf eine militärische Streitmacht unter Führung der USA am 17. 1. die Aktion »Wüstensturm« beginnt, die am 27. 2. mit der Niederlage des Irak und der Befreiung Kuwaits endet. S. gibt nach der Niederlage das Amt des Regierungschefs an *Muhammad Hamza az-Zubaidi* ab, bleibt jedoch weiterhin als Staats- und Parteichef bestimmend.

Saleh *[Sali]*, **Ali Abdullah** (Republik Jemen), *Bait Ahmar 1942; seit 1990 Staatspräsident.
Mitglied des Stammes der Sanhan, der zur großen Al-Haschid-Stammeskonföderation gehört. Militärische Laufbahn; Teilnahme an der Revolution von 1962 und dem anschließenden Bürgerkrieg, der 1970 mit der Ausrufung der Arabischen Republik Jemen (Nord-Jemen) endet; 1975–78 Befehlshaber des Wehrbezirks Ta'iz [Tais], Oberstleutnant, Oberbefehlshaber der Armee. Nach der Ermordung von Staatspräsident *Hussein al Ghashmi* am 17. 7. 1978 zu dessen Nachfolger gewählt und zugleich Verteidigungsminister; im Juni 1988 im Amt des Staatspräsidenten der AR Jemen bestätigt. Seine langjährigen Bemühungen um eine Annäherung der beiden jemenitischen Staaten sind im Mai 1990 mit der Vereinigung von Nord- und Süd-Jemen zur Republik Jemen erfolgreich. Nach der Bildung eines gemeinsamen provisorischen Parlamentes am 26. 5. wird S. zum Präsidenten des neuen Staates ernannt.

Salinas de Gortari, *Carlos* (Mexiko), *Ciudad de México 3. 4. 1948; seit 1988 Staatspräsident.
Studium der Ökonomie an der Autonomen Nationalen Universität Mexikos (UNAM) und der Harvard University in den USA. 1979 Generaldirektor für Wirtschafts- und Sozialpolitik des Ministeriums für Planung und Staatshaushalt. 1981 beteiligt sich S. als Leiter des Instituts für soziale, ökonomische und politische Studien der regierenden »Revolutionären Institutionellen Partei«/PRI, der er seit 1966 angehört, an der Wahlkampagne von *Miguel de la Madrid*. Nach dessen Amtsantritt als Staatspräsident im Dez. 1982 Minister für Planung und Staatshaushalt und zugleich Mitglied der »Nationalen Ideologiekommission« des PRI. Bei den Wahlen am 6. 7. 1988 als Nachfolger von *De la Madrid* zum Präsidenten für die Jahre 1988–94 gewählt (Amtsantritt: 1. 12. 1988).

Santer, *Jacques* (Luxemburg), *Wasserbillig 18. 5. 1937; seit 1984 Staatsminister.
Jurastudium in Straßburg und Paris; Promotion. Nach Tätigkeit als Rechtsanwalt 1962 beigeordneter Regierungsrat, 1966 Parlamentssekretär der Kammerfraktion der Christl.-Soz. Volkspartei/CSV und 1972 Staatssekretär im Arbeitsministerium und im Ministerium für kulturelle Angelegenheiten. Ab 1974 Abgeordneter in der Kammer und Mitglied des Europaparlaments, 1975–79 einer von dessen Vizepräsidenten. Seit 1979 Minister für Finanzen, Arbeit und Soziales. Zugleich 1972–74 Generalsekretär und 1974–82 Präsident der CSV. Ab 20. 7. 1984 als Nachfolger von *Pierre Werner* Staatsminister und Regierungschef einer großen Koalition zwischen CSV und der Luxemburg. Soz. Arbeiterpartei/LSAP; daneben zuständig f. Finanzen und die Bereiche Landesplanung, Post und Kommunikationswesen, Informatik. 1987–90 Präs. der Europ. Volkspartei/EVP, eines

Zusammenschlusses der christl.-demokrat. und christl.-sozialen Parteien in der EG.

Scalfaro, *Oscar Luigi* (Italien), * Novara 9. 9. 1918; seit 1992 Staatspräsident.
Nach dem Jurastudium an der katholischen Universität in Mailand Richter. Überzeugter, praktizierender Katholik; von Jugend auf engagiert in christlichen Laienorganisationen. Während des Krieges hilft er eingesperrten Antifaschisten und ihren Familien. Nach dem Krieg findet er seine politische Heimat in der Democrazia Cristiana/DC und gehört 1946 zu den Mitgliedern der Verfassunggebenden Versammlung. Seitdem bis 1992 immer wieder in Piemont als Parlamentarier gewählt. Seine Karriere in der Regierung beginnt 1954 als Staatssekretär im Arbeitsministerium, führt über das Transport- und Bildungsministerium und die Vizepräsidentschaft in der Abgeordnetenkammer (1976–83) zur Leitung des Innenministeriums (1983–87) unter dem Sozialisten *Bettino Craxi*. Nach dessen Rücktritt scheitert er 1987 mit dem Auftrag der Regierungsbildung. Nach den letzten Parlamentswahlen vom 5./6. 4. 1992 zum Präsidenten der Abgeordnetenkammer gewählt. Am 25. 5. im 16. Wahlgang mit einer überzeugenden Mehrheit von 672 Stimmen zum neuen Staatspräsidenten und damit zum Nachfolger von *Francesco Cossiga* gewählt, der 6 Wochen vor dem Ende seiner Amtszeit, am 28. 4. im Zorn über Politiker und Parteien zurückgetreten war. Appelliert an die Bevölkerung, eine neue »Widerstandsbewegung« (Resistenza) gegen das organisierte Verbrechen zu bilden.

Schaposchnikow, *Jewgenij Iwanowitsch* (GUS), * auf dem Hof Bolschoj Log (Gebiet Rostow am Don) 3. 2. 1942; seit 1991 Verteidigungsminister.
Sohn einer Arbeiterfamilie; sein Vater fiel im April 1945 in Ostpreußen. Seit 1959 Berufssoldat; militärische Hochschulausbildung; 1963 Abschluß der Offiziershochschule der Luftstreitkräfte in Charkow, 1969 der Militärakademie »Juri Gagarin«, 1984 der Militärakademie des Generalstabes »K. E. Voroschilow«. Von 1971–75 zunächst als stellv., dann als Kommandeur des Jagdfliegerregiments in der damaligen DDR stationiert. Mitte der 80er Jahre Befehlshaber der Luftstreitkräfte im Militärbezirk Odessa, ab 1987 Befehlshaber der sowjet. Luftwaffe in der DDR. Nach seiner Rückkehr 1988 zunächst Stellvertreter, ab Juli 1990 Oberbefehlshaber der Luftstreitkräfte (als solcher automatisch auch Mitglied im ZK der KPdSU) und Stellv. des Verteidigungsministers der UdSSR. Weigert sich während des Staatsstreiches im August 1991, Befehle der Putschisten entgegenzunehmen und wird von *Michail Gorbatschow* auf Verlangen von → *Jelzin* am 26. 8. zum jüngsten Marschall der Sowjetstreitkräfte und zum Verteidigungsminister der UdSSR ernannt. Sch., der noch vor seinem Amtsantritt aus der inzwischen suspendierten KPdSU ausgetreten ist und politisch-ideologische Aktivitäten innerhalb der Streitkräfte verbietet, verspricht, die Sowjetarmee werde nie wieder als innenpolitisches Machtinstrument eingesetzt. Bleibt auch nach der Bildung der »Gemeinschaft unabhängiger Staaten«/GUS im Amt. Im Verhältnis zur Rüstungsindustrie befürwortet er marktwirtschaftliche Beziehungen und einen Bruch mit der alten Planungspraxis.

Schelew *[Scheleff]*, *Schelju* (Bulgarien), * Wesselinowo 3. 3. 1935; seit 1990 Staatspräsident.
Sohn armer Bauern; Studium der Philosophie. Nach einem in der Ostberliner »Zeitschrift für Philosophie« veröffentlichten Aufsatz, der unter dem Eindruck der *Stalin*-Kritik *Chruschtschows* auch *Lenin* der Kritik unterzieht, aufs Land verbannt. 1982 erscheint sein Buch »Faschismus«, in dem sich dem Leser Parallelen zum Kommunismus aufdrängten und das deshalb konfisziert wird. Mitbegründer der Gruppe »Publizität und Umgestaltung« und nach dem Sturz von *Todor Schiwkow* im Nov. 1989 Vorsitzender der oppositionellen »Union Demokratische Kräfte«/UDK. Nach dem erzwungenen Rücktritt des Reformkommunisten *Petar Mladenow* am 6. 7. 1990 vom Amt des Staatspräsidenten wird Sch. am 1. 8. vom Parlament im 6. Wahlgang mit den Stimmen der BKP-Nachfolgeorganisation, der »Sozialistischen Partei«, die über die absolute Mehrheit im Parlament verfügt, mit ⅔-Mehrheit für einen Zeitraum von zunächst 18 Monaten zum neuen Präsidenten gewählt. Kann bei den ersten freien und direkten Präsidentschaftswahlen in seinem Land am 12. 1. 1992 nicht die erforderliche absolute Mehrheit erreichen, wird aber in der Stichwahl am 19. 1. mit 52,85 % der abgegebenen Stimmen im Amt bestätigt. Will sich dafür einsetzen, daß die Rechte und Freiheiten aller Bürger geachtet werden, unabhängig von ihrer ethnischen Zugehörigkeit.

Schewardnadse *[Schewardnadze]*, *Eduard Amwrossijewitsch* (Georgien), * Mamati (Georgien) 25. 1. 1928; seit 1992 Staatspräsident.
Seit 1948 Mitglied der KPdSU; Absolvent der Parteischule beim ZK der KP Georgiens und der staatlichen pädagogischen Hochschule in Kutaissi. Aufstieg innerhalb der georgischen Partei, beginnt als Komsomol-Instrukteur, 1957 Chef der georgischen Jugendorganisation. 1961 Aufstieg zum Kreiparteichef, zunächst bei Mzcheta, dann in einem Rayon der Hauptstadt Tiflis. 1964–72 Innenminister, verantwortlich für die innere Sicherheit und hervorgetreten durch erfolgreiche Feldzüge gegen Korruption und Auswüchse des Schwarzmarktes. 1972 Erster Sekretär des Stadtkomitees Tiflis der KP Georgiens; ab 1976 Mitglied des ZK, seit 1978 Kandidat des

Politbüros des ZK der KPdSU. Am 1. 7. 1985 überraschend in das Politbüro gewählt und tags darauf als Nachfolger von *Andrej Gromyko* zum Außenminister ernannt. Am 31. 6. 1989 von den Delegierten des Obersten Sowjets, auf Ersuchen von *Michail Gorbatschow*, einstimmig im Amt bestätigt. Im März 1990 von *Gorbatschow* in den neugegründeten Präsidialrat berufen. Seit dem XXVIII. Parteitag Mitte Juli nicht mehr Mitglied des Politbüros der KPdSU. Teilnehmer der 1990 stattfindenden »2+4«-Gespräche der drei Außenminister der beiden deutschen Staaten und der Vier Mächte über äußere und sicherheitspolitische Aspekte der deutschen Einheit. Am 19. 12. 1990 tritt er vom Amt des Außenministers aus »Protest gegen das Herannahen einer Diktatur« zurück. Er stellt sich an die Spitze einer Bewegung zur Sammlung aller demokratischen Kräfte und leitet ein von ihm gegründetes außenpolitisches Institut. Während des Putsches vom 19. 8. 1991 distanziert er sich zunächst eindeutig von der Politik und der Person von Präsident *Gorbatschow*, kehrt aber am 20. 11. als Außenminister der UdSSR in sein Amt zurück, um die Sowjetunion als »Union souveräner Staaten« zu retten, verliert aber sein Amt erneut nach der Bildung der Gemeinschaft unabhängiger Staaten/GUS und der Unabhängigkeit der einzelnen Republiken. Nach dem Sturz des georgischen Präsidenten *Swiad Gamsachurdia* am 10. 3. 1992 von der Übergangsregierung in Tiflis zum Vorsitzenden des neugebildeten georgischen Staatsrates gewählt.

Schlüter, *Poul* (Dänemark), *Tönder (Tondern; Südjütland) 3. 4. 1929; seit 1982 Ministerpräsident.
Jurastudium in Århus und Kopenhagen, Rechtsanwalt. Nach dem II. Weltkrieg Beitritt zu den Jungkonservativen und bald deren Vorsitzender. Seit 1964 Abgeordneter im Folketing für die »Konserv. Volkspartei«, seit 1974 Fraktions- und Parteivors. Seit 10. 9. 1982 als Nachfolger von *Anker Jørgensen* Chef einer bürgerl. Minderheitsregierung. Bekennt sich zu EG und NATO. Sieger der vorgezogenen Neuwahlen vom 10. 1. 1984. Schreibt nach einer Abstimmungsniederlage im Parlament über die Mitführung von Kernwaffen auf Schiffen von Verbündeten in dänischen Gewässern vorzeitige Neuwahlen aus, bei denen sich am 10. 5. 1988 eine erweiterte bürgerliche Mehrheit bildet; seit 3. 6. 1988 erneut Regierungschef einer Minderheitsregierung.

Schuschkjewitsch, *Stanislaw Stanislawowitsch* (Weißrußland), *Minsk 15. 12. 1934; seit 1991 Parlamentspräsident.
Sohn eines Dichters, der 17 Jahre in den Lagern verbrachte. Studium der Physik, seit 1969 Hochschullehrer in Minsk, ab 1976 Inhaber des Lehrstuhls für Atomphysik. Mitglied der KPdSU, aber kein Mann des Apparats. Das Reaktorunglück von Tschernobyl und die anfängliche Vertuschung seiner gerade in Weißrußland schwerwiegenden Folgen bringen ihn der Politik näher. Bei den Wahlen im März 1990 mit Unterstützung der Volksfront ins Parlament der Republik gewählt und dessen stellvertretender Präsident. Nach dem gescheiterten Moskauer Putsch vom 19. 8. 1990 aus der KP ausgetreten und im September in das höchste politische Amt der gerade erst unabhängig gewordenen »Republik Bjelorus«, das des Parlamentspräsidenten, gewählt. Am 8. 12. unterzeichnet er in Minsk das Abkommen über die Gründung der »Gemeinschaft unabhängiger Staaten«/GUS, das nach sieben Jahrzehnten das Ende für die UdSSR bedeutet.

Serrano Elias, *Jorge* (Guatemala), *Ciudad de Guatemala 26. 4. 1945; seit 1991 Staatspräsident.
Sohn einer wohlhabenden Familie libanesischen Ursprungs. Studium in Guatemala und den USA; Diplomingenieur und Doktor in Erziehungswissenschaften. Mitglied der protestantischen Sekte der »El Shaddai«. Früh politisch aktiv; in der kurzen Regierungszeit des umstrittenen Präsidenten General *Efraín Ríos Montt* Vorsitzender des Staatsrates, der damals als eine Art Ersatzparlament diente. Vorsitzender der erst 1967 gegründeten konservativen »Bewegung der solidarischen Aktion«/MAS. Geht aus den Präsidentschaftswahlen (11. 1. 1990 und 6. 1. 1991) als Sieger hervor und wird als neuer Präsident vereidigt (Vorgänger: *Marco Vinicio Cerezo Arévalo*). Zum ersten Mal wird damit in demokratischen Wahlen ein nichtkatholischer Politiker zum Präsidenten eines lateinamerikanischen Landes gewählt.

Shalikashvili *[»Shali«]*, *John Malchase David* (USA), *Warschau 17. 6. 1936; seit 1992 Oberbefehlshaber der NATO-Streitkräfte.
Sohn einer polnischen Mutter und eines georgischen Vaters. Als 16jähriger nach dem gescheiterten Warschauer Aufstand 1944 über Deutschland in die USA emigriert. Dort Universitätsabschlüsse als Ingenieur und als Fachmann für internationale Beziehungen. Danach militärische Laufbahn; Einsatz in Vietnam, Europa und Korea. Nach dem Golfkrieg 1991 vertraut ihm Präsident → *Bush* die »Operation Provide Comfort« zum Schutz der Kurden im Osten des Iraks an. Zuletzt im Rang eines Generalleutnants im Pentagon einflußreicher Berater des Vorsitzenden der Vereinigten Stabschefs, General *Colin Powell*. Seit Juli 1992 als Nachfolger von General *John Galvin* Oberbefehlshaber der NATO-Streitkräfte in Europa (Supreme Allied Commander Europe/ »Saceur«). S. tritt sein Amt in einer heiklen Übergangszeit an, in der die NATO nach dem Ende des kalten Krieges sparen, ihre Strategie einem noch

diffusen neuen »Krisenszenario« anpassen und die Aufnahmeanträge aus dem ehemaligen Ostblock abwägen muß.

Sharma, *Shankar Dayal* (Indien), * Bhopol August 1918; seit 1992 Staatspräsident.
Entstammt der obersten Kaste der Brahmanen. Studium der Rechtswissenschaften u. a. in Cambridge (Promotion); zusätzliche Examina in englischer Literatur und Hindi (mit Sanskrit). Dann »Fellow« an der Harvard Law School, ab 1940 als Rechtsanwalt tätig. Teilnahme am Unabhängigkeitskampf gegen die Herrschaft der Briten; einige Male im Gefängnis. Mitglied der Kongreß-Partei und stets Anhänger der Nehru-Gandhi-Familie. Über fünf Jahrzehnte hinweg in wichtigen politischen Ämtern, u. a. Gouverneur von 3 Bundesstaaten, Präsident der Kongreß-Partei, Chefminister, Mitglied des Zentralkabinetts und seit 1987 Vizepräsident und damit zugleich Vorsitzender des Oberhauses. Am 16. 7. 1992 mit 64,8% der Stimmen zum neuen Präsidenten gewählt, löst er am 25. 7. *Ramaswamy Venkataraman* in diesem Amt ab. Der strenggläubige Hindu S. ruft seine Landsleute auf, neben der Armut vor allem das Kastenwesen, die religiösen Schranken und den Terrorismus zu überwinden.

Sidqi *[Sidki], Ataf [Atef] Mohamed Naguib* (Ägypten), * 1930; seit 1986 Regierungschef.
Jurastudium in Kairo, dann Wirtschaftswissenschaften in Paris; 1958 Promotion; anschließend lehrt er Jura an der Universität in Kairo und geht dann für 4 Jahre als Kulturattaché nach Paris. Mitglied der regierenden »Nat. Demokratie-Partei«. 1980 zum Vorsitzenden des Wirtschafts- und Budgetausschusses im Schura-Rat bestellt, einem beratenden Gremium des Präsidenten. Ab Dez. 1981 Leiter des Rechnungshofes. Im Nov. 1986 von Präsident → *Mubarak* als Nachf. von *Ali Ludfi* zum Regierungschef ernannt. Der mit einer Deutschen verheiratete S. ist Autor vieler wirtschaftspolitischer Fachbücher.

Sihanouk *[Sihanuk], Samdech* (= Prinz) *Norodom* (Kambodscha/Kampuchea), * Phnom Penh 31. 10. 1922; 1947–55 König, 1960–70, 1975/76 und seit 1992 Staatspräsident.
1947 von Frankreich als König eingesetzt, zeitweise auch Regierungschef. 1955 Abdankung zugunsten seines Vaters, um politisch unmittelbar für die Bewahrung der Selbständigkeit des 1953/54 endgültig unabhängig gewordenen Landes eintreten zu können; 1955 Gründung der »Volkssozialistischen Partei« und Regierungschef, nach dem Tod seines Vaters 1960 mit dem Titel »Prinz« auch Staatsoberhaupt; versucht durch wechselnde Anlehnung an Moskau bzw. Peking [Beijing] Kambodscha aus dem Vietnamkrieg zu halten und eine internationale Garantie der Neutralität zu erreichen. Im März 1970 während einer Auslandsreise von → *Lon Nol* gestürzt. Im Mai 1970 in Peking Gründung einer Exilregierung zur Schaffung eines »sozialistischen Kambodscha«. Von einem Militärgericht in Phnom Penh am 5. 7. 1970 in Abwesenheit zum Tode verurteilt. Nach dem Sieg der Roten Khmer im April 1974 läßt er sich zu deren Galionsfigur machen, kehrt 1975 nach Phnom Penh zurück und wird Staatsoberhaupt, aber im April 1976 ein zweites Mal entmachtet und unter Hausarrest gestellt. Im Dezember 1978, einen Tag vor dem Einmarsch der vietnames. Truppen, wird er nach Intervention des chines. Ministerpräsidenten *Zhou Enlai [Chou En-Lai]* aus Kambodscha ausgeflogen. Seitdem Abkehr und Verurteilung der Roten Khmer, aber auch der vietnames. Invasion. Wechselndes Asyl in Paris, Peking und Pjöngjang. Im März 1981 Gründung der »Nationalen Einheitsfront für ein unabhängiges, neutrales, friedliches und kooperatives Kambodscha«/MOULINAKA und Ende Juni 1982 Präsident einer von den UNO anerkannten Exilregierung. S., der in seiner an Wandlungen reichen Politik und seinen Zielen schwer festzulegen ist, kehrt nach der Unterzeichnung des Friedensabkommens am 23. 10. 1991 in Paris am 14. 11. nach Phnom Penh zurück und wird Vorsitzender des Obersten Nationalrates, in dem die drei Guerillafraktionen und die Regierung Kambodschas Sitz und Stimme haben; am 20. 11. offiziell als Staatsoberhaupt anerkannt, eine Funktion, die bisher *Heng Samrin* innehatte, der aber sein Amt als Präsident des Staatsrates behält.

Skubiszewski, *Krzysztof* (Polen), * Poznań [Posen] 1926; seit 1989 Außenminister.
Studium der Rechts- und Wirtschaftswissenschaften; habilitierter Doktor der Rechtswissenschaften. 1948–73 wissenschaftlicher Mitarbeiter an der Universität Posen, ab 1973 Professor am Institut für Staat und Recht in der Polnischen Akademie der Wissenschaften; anerkannter Völkerrechtler. Seine politische Heimat sind die »Clubs der katholischen Intelligenz«, die aus der früheren »Znak«(»Zeichen«)-Bewegung hervorgegangen sind. In der Kriegsrechtskrise von 1981–84 Berater des Kardinals Primas *Joszef Glemp,* dann 1986 im Konsultativrat von Staatspräsident *Wojciech Jaruzelski,* in dem er bald die Wiederzulassung der »Solidarität« forderte. Seit September 1989 Außenminister, gehört er auch dem am 10. 7. 1992 gebildeten Kabinett von Ministerpräsidentin → *Suchocka* an.

Snegur, *Mircea (»Mirtscha«) Ion* (Moldau), * im Dorf Trifeneschtj (Kreis Floreschty) 17. 1. 1940; seit 1991 Staatspräsident.

Entstammt einer kleinbäuerlichen Familie; Studium der Agrarwissenschaften am Landwirtschaftsinstitut »M. W. Frunse« in der Hauptstadt Kischinew (heute rumänisch: Chişinău). Danach Leitender Agronom in der Kolchose seines Heimatkreises. Ab 1968 als Aspirant am Lehrstuhl für Ackerbau des Landwirtschaftsinstituts tätig. Ab 1973 in verschiedenen Führungspositionen im Ministerium für Agrarwirtschaft der Moldavischen SSR, 1978 dort Direktor für Ackerbau. Ab 1981 hauptamtlicher KP-Funktionär; 1985 für die Landwirtschaft zuständiger Sekretär des ZK der Moldauischen KP. Im Juli 1989 zum Vorsitzenden des Präsidiums des Obersten Sowjet der Repulbik und am 27. 4. 1990 zum Vorsitzenden des Obersten Sowjet gewählt, übernimmt er am 3. 9. 1990 den vom Parlament neugeschaffenen Posten des Präsidenten der Republik. Unter dem Eindruck des gescheiterten Putsches gegen Präsident *Michail Gorbatschow* im August 1991 kündigt er seine KP-Mitgliedschaft auf und verkündet am 27. 8. die zuvor vom Parlament erklärte Unabhängigkeit der Republik. Aus den ersten allgemeinen Präsidentenwahlen am 8. 12. geht er mit mehr als 98 % der Stimmen als klarer Sieger hervor. S., strikter Gegner einer allzu fest geknüpften neuen politischen Union und Befürworter eines »einigen und unteilbaren Moldau«, sieht sich in zunehmendem Maße durch die Sezessionsbestrebungen bedrängt, die vor allem von den östlich des Dnjestr lebenden Russen, den Ukrainern sowie den Gagausen, einem slawisierten Turkvolk im Süden, ausgehen.

Soares, *Mário Alberto Nobre Lopes* (Portugal), * Lissabon 7. 12. 1924; 1976–78 und 1983–85 Premierminister; seit 1986 Staatspräsident.
Jurastudium; Promotion, später Anwalt. Vom Exil in Paris aus wesentlicher Anteil an der Gründung (1973) der »Sozialist. Partei Portugals«/PSP u. Generalsekretär. 1974 Rückkehr nach Portugal, zunächst Außenminister, dann Minister ohne Geschäftsbereich. 1976–78 Ministerpräsident. Nach dem Sieg des PSP bei den vorgezogenen Wahlen zur Nationalversammlung vom 25. 4. 1983 seit 8. 6. an der Spitze einer Mitte-Links-Koalition (mit der liberalen »Sozialdemokrat. Partei«/PSD von *Carlos Mota Pinto*) und als Nachfolger von *Francisco Pinto Balsemão* Ministerpräsident. Differenzen mit Staatspräsident *Ramalho Eanes*. Nach dem Ausscheiden des PSD aus dem Kabinett im Juni 1985 Rücktritt als Regierungschef. Als Kandidat seiner Partei in der 2. Runde der Präsidentschaftswahlen am 16. 2. 1986 gegen *Diego Freitas do Amaral* mit absoluter Mehrheit Sieger und der erste zivile Präsident seines Landes seit 6 Jahrzehnten. Bei den Präsidentschaftswahlen am 13. 1. 1991 mit 70,43 % der Stimmen für weitere 5 Jahre wiedergewählt.

Soglo, *Nicéphore* (Benin), * Togo 29. 11. 1934; 1990 Premierminister, seit 1991 Staatspräsident.
Geboren und aufgewachsen im Nachbarland Togo, wo sein Vater in der französischen Kolonialverwaltung arbeitete. Angehöriger einer gutsituierten, dem Mehrheitsstamm der Fong angehörenden Familie. Jurastudium an der Sorbonne und Absolvent der »École Nationale d'Administration«/ETA. Als sein Onkel, General *Christophe S.*, in Benin an der Macht war, zeitweise Wirtschafts- und Finanzminister, später bei der Weltbank in Washington und der afrikanischen Entwicklungsbank. 1990 von einem Nationalkonvent aller gesellschaftlichen Kräfte zum Premierminister einer Übergangsregierung gewählt, geht er aus den ersten freien Präsidentschaftswahlen in seinem Land im März 1991 als Sieger über den langjährigen Staatschef *Mathieu Kérékou* hervor und wird am 1. 4. als neuer Präsident vereidigt.

Solana, *Javier Madariaga* (Spanien), * Madrid 14. 7. 1942; seit 1992 Außenminister.
Entstammt einer Madrider Gelehrtenfamilie. Studium der Physik in Spanien und den USA; Physikprofessor. An der Universität beteiligt er sich an der studentischen Revolte gegen das *Franco*-Regime. Seit 1974 Mitglied der »Sozialistischen Arbeiterpartei/PSOE«, wird er 1977 erstmals ins Parlament gewählt. Als die PSOE unter Führung von → *González* – dessen persönlicher Freund er ist – 1982 erstmals die Regierung übernimmt, wird er Kulturminister und 1985 auch Kabinettssprecher. Als Erziehungsminister (ab 1988) gelingt es ihm, zwischen den widerstreitenden Interessen der katholischen Bürgerschaft und den reformerischen Sozialisten im eigenen Lager zu vermitteln. Am 22. 6. 1992 wird S. von *González* zum Nachfolger des schwer erkrankten Außenministers *Francisco Fernández Ordóñez* ernannt. S. gehört zum engsten Führungskreis in der Regierung und in der »Sozialistischen Partei«.

Solana Morales, *Fernando* (Mexiko), * Ciudad de México 8. 2. 1931; seit 1989 Außenminister.
Studium der Ingenieurwissenschaften, Betriebswirtschaft, Philosophie und politischen Wissenschaften, Beginn der politischen Laufbahn 1976 als Handelsminister. 1977–82 Erziehungsminister. Nach der Verstaatlichung der Banken durch Präsident *José López Portillo* im September 1982 übernimmt er die Leitung der größten mexikanischen Bank, Banamex. Seit 1989 im Kabinett von Präsident → *Salinas de Gortari* Außenminister.

Solh, *Rashid [Raschid]* (Libanon), * 1924; 1974–75 und seit 1992 Ministerpräsident.
Entstammt einer einflußreichen sunnitischen Politikerfamilie, zu der auch die früheren Ministerpräsidenten *Riad Solh* (1943–45, 1951–56), *Sami Solh*

(mehrere Mandate zwischen 1945 und 1958) und *Takieddin Solh* (1973–74) gehörten. Nach dem Jurastudium an der St.-Joseph-Universität ab 1948 in der Justizverwaltung tätig, später Staatsanwalt am (muslimischen) Scharia-Gerichtshof in Beirut. 1964–68 und seit 1972 im Parlament; zu Beginn des Bürgerkrieges 1974–75 Ministerpräsident. Nach dem Rücktritt von *Omar Karamé* am 6. 5. 1992 unter dem öffentlichen Druck angesichts der schweren wirtschaftlichen Krise des Landes von Staatspräsident → *Hrawi* am 13. 5. zum neuen Regierungschef eines Kabinetts ernannt, das sich paritätisch aus Christen und Muslimen zusammensetzt.

Straský, *Jan* (ČSFR), * Pilsen 24. 12. 1940; seit 1992 Ministerpräsident.
Nach Ausbildung an einer Handelsakademie 1958 Angestellter der Tschechoslowakischen Staatsbank; dann Studium an der Karls-Universität in Prag. 1964–69 Mitglied der KP. Nach dem Nov. 1989 Berater des damaligen tschechischen Ministerpräsidenten *Pithart*. Mitglied der »Demokratischen Bürgerpartei«/ODS von →*Klaus* und mit dessen Vertrauen im Mai 1991 zum stellv. tschechischen Regierungschef, zuständig für Wirtschaftsreformen, aufgestiegen. Seit 2. 7. 1992 Chef einer Übergangsregierung aus je fünf Tschechen und Slowaken, die bis zur Entscheidung über die Trennung der beiden Republiken Tschechei und Slowakei Ende September im Amt bleiben soll. Seit dem Rücktritt von *Václav Havel* übt er auch die Funktionen des Staatsoberhauptes und des Oberbefehlshabers der Streitkräfte aus.

Suchocka, *Hanna* (Polen), * Pleszew 3. 4. 1946; seit 1992 Ministerpräsidentin.
Jurastudium, Promotion; Spezialistin für Verfassungsrecht. Ab 1972 Dozentin an der Universität Posen und der Katholischen Universität Lublin. 1980 als Mitglied der »Demokratischen Partei«/SD, einer mit der KP verbundenen Gruppierung, erstmals in den Sejm gewählt, votiert sie 1982 gegen die Verhängung des Kriegsrechts und tritt 1984 aus Protest gegen das Verbot der Gewerkschaft »Solidarität« aus der SD aus. In den folgenden Jahren nähert sie sich der »Solidarität« an und wird 1989 auf deren Liste bei den noch unter kommunistischer Herrschaft abgehaltenen Wahlen erneut ins Parlament gewählt. Bei den ersten wirklich freien Wahlen 1991 kandidiert sie mit Erfolg für die »Demokratische Union«/UD des späteren Ministerpräsidenten *Tadeusz Mazowiecki*. Im Sejm Vors. der Kommission für Menschenrechtsangelegenheiten, stellv. Vors. der Verfassungskommission und Mitglied im Minderheitenausschuß. Zuletzt Vors. der polnischen Parlamentarlergruppe beim Europarat in Straßburg und dort Vizepräsidentin der Parlamentarischen Versammlung. Am 4. 7. 1992 von 7 Parteien aus dem Spektrum der ehem. »Solidaritäts«-Bewegung als Kandidatin für das Amt des Ministerpräsidenten vorgeschlagen, wird sie am 8. 7. von Staatspräsident → *Wałęsa* nominiert und am 10. 7. mit 233 gegen 61 Stimmen, bei 113 Enthaltungen, zur neuen Regierungschefin gewählt.

Suharto (Indonesien), * Kemusu Arga mulja (Java) 8. 6. 1921; seit 1967 Staatspräsident.
Zunächst militärische Laufbahn in der niederländ. Kolonialarmee, seit 1945 dann Partisanenführer; rasche Karriere: 1960 stellv. Stabschef d. Armee, 1962 Generalmajor u. Kommandeur der Truppen zur Befreiung Westirians, 1965 Niederschlagung eines Putschversuchs von Offizieren u. Kommunisten, seither als kompromißloser Antikommunist Inhaber der Macht; ab 1966 Präsident, zuletzt am 10. 3. 1988 für eine 5. bis 1993 dauernde Amtszeit bestätigt. Von ihm eingeleitete Reformen sind von wachsenden wirtschaftlichen Schwierigkeiten bedroht; trotz seiner Hinwendung zum Westen Ablehnung der Mehrparteiendemokratie. Nach dem überwältigenden Wahlsieg der Regierungspartei Golkar am 9. 6. 1992 ist der Weg frei für eine weitere Amtsperiode des Staatspräsidenten.

Taya, *Maaouiya Ould Sid Ahmed [Mauja Uld Sid Achmed]* (Mauretanien), * Atar 1943 (1941?); 1981–84 Ministerpräsident; seit 1984 Staatspräsident.
Angehöriger eines kleinen Stammes im Norden des Landes. Als stellv. Generalstabschef trägt er 1978 zum Sturz des Staatsgründers *Moktar Ould Daddah* und zum Verbot der 1961 durch Zusammenschluß mehrerer Parteien gegründeten »Parti du Peuple Mauretanien« bei. Seit 25. 4. 1981 als Nachfolger von *Ahmed Ould Bneijara* Regierungschef und Verteidigungsminister. Im März 1984 Verlust dieser Ämter, da Staatspräsident *Mohammed Khouna Ould Haydallah* zusätzlich das Amt des Regierungschefs übernimmt, aber weiterhin Oberbefehlshaber der Streitkräfte. T. stürzt am 12. 12. 1984 in einem unblutigen Putsch *Haydallah*, dem er vorwirft, schlecht gewirtschaftet und Gruppeninteressen unterstützt zu haben. Seitdem ist er Staats- und Regierungschef sowie Präsident des 15köpfigen Offiziersausschusses. Bei den ersten allgemeinen und freien, von der Opposition weitgehend boykottierten Wahlen am 24. 1. 1992 wird er mit etwa 61 % der Stimmen wiedergewählt.

Ter-Petrosjan, *Lewon* (Armenien), * Aleppo (Syrien) 9. 1. 1945; seit 1991 Staatspräsident.
Bei der Verfolgung des armenischen Volkes durch die Türken wurde seine Mutter nach Syrien verschlagen, wo er zur Welt kam. Studium der Orientalistik und der

semitischen Sprachen in Leningrad; Promotion als Philologe und wenig später Habilitation. Am 28. 4. 1965, dem 50. Jahrestag des Beginns des Genozids an den Armeniern von 1915–1917, Teilnahme an einer in der UdSSR bis dahin nicht für möglich gehaltenen Demonstration Hunderttausender gegen die Sowjetmacht; ein Jahr danach wegen der Teilnahme an einer aus gleichem Anlaß stattfindenden Demonstration verhaftet und für mehrere Monate inhaftiert. Im Februar 1988 gründet er mit Gesinnungsfreunden das »Komitee Berg-Karabach« mit dem Ziel, die Zugehörigkeit der Enklave zu Armenien wiederherzustellen; daraufhin erneut inhaftiert. Nach seiner Entlassung wird er zum Vorsitzenden des Komitees gewählt. Als bei den ersten freien Wahlen in der Republik die Kommunisten im Parlament in die Minderheit geraten, wird er am 4. 8. 1990 zum Parlamentspräsidenten, dem höchsten Amt im Staate, und bald darauf zum Vorsitzenden der armenischen Nationalbewegung gewählt. Bei den ersten allgemeinen Präsidentschaftswahlen am 16. 10. 1991 wird T. von der Bevölkerung der transkaukasischen Republik, die sich im September für unabhängig erklärt hat, mit großer Mehrheit in das neugeschaffene Amt des Präsidenten gewählt.

Tudjman, *Franjo* (Kroatien), * Veliko Trgovišće 14. 5. 1922; seit 1990 Staatspräsident.
Soldat in der Armee des unter dem Schutz der Achsenmächte stehenden »Unabhängigen Staates Kroation«; mit 19 Jahren schließt er sich den kommunistischen Partisanenverbänden von *Tito* an und kämpft gegen Besetzer und Ustascha-Faschisten. Steigt zum Offizier auf; nach dem Krieg im Verteidigungsministerium und im Generalstab tätig, wird er in den 50er Jahren jüngster General. 1961 scheidet er im Range eines Generalmajors aus dem aktiven Dienst aus. Auch beim Studium der Geschichts- und Politikwissenschaft erfolgreich und bereits 1963 außerordentlicher Professor an der Universität Zagreb. Danach bis 1967 Direktor des Zagreber Instituts für die Geschichte der kroatischen Arbeiterbewegung. Als Mitunterzeichner einer »Deklaration über die kroatische Sprache« wird er 1967 aus der Partei ausgeschlossen und verliert seinen Direktorenposten. Nach der Niederschlagung des sog. »Kroatischen Frühlings« durch *Tito* 1971 wegen »konterrevolutionärer Umtriebe« neun Monate und 1981 wegen »staatsfeindlicher Propaganda« drei Jahre im Gefängnis, politische Betätigung wird ihm untersagt. Ungeachtet dieses Verbots gründet er 1989 die »Kroatische Demokratische Gemeinschaft«/HZD. Bei freien Wahlen im April 1990 erringt er die absolute Mehrheit im Parlament (Sabor); am 30. 5. wird er zum Vorsitzenden des Staatspräsidiums gewählt. Er setzt sich zunehmend für die kroatische Eigenständigkeit ein und erreicht am 21. 12. 1990 die Verabschiedung einer neuen Verfassung und am 25. 6. 1991 – nach dem Referendum für die Unabhängigkeit am 19. 5. – den Austritt der Republik aus dem jugoslawischen Staatsverband. Am 15. 1. 1992 erreicht er international die diplomatische Anerkennung der Souveränität und Eigenstaatlichkeit seines Landes. Aus den ersten Präsidentenwahlen nach der Unabhängigkeit am 2. 8. geht T. mit 56,73 % als Sieger hervor.

Van den Broek, *Hans* (Niederlande), * Paris 11. 12. 1936; seit 1982 Außenminister.
Nach dem Jurastudium an der Universität Utrecht und Managementausbildung in Nordwijk von 1965 bis 68 als Rechtsanwalt in Rotterdam tätig. Langjähriges Direktionsmitglied der Firma Enka in Arnheim. Christdemokratischer Politiker; 1970–74 in Gemeinderat von Rheden; seit 1976 Parlamentsabgeordneter, zunächst für die »Katholische Volkspartei«/KVP, später des »Christlich-Demokratischen Appells«/CDA (Zusammenschluß der konfessionellen Parteien). Bis zur Gründung des CDA 1980 Mitglied des geschäftsführenden Vorstandes der KVP. Ab November 1981 Staatssekretär im Haager Außenamt, verantwortlich für europäische Fragen. Seit Nov. 1982 Außenminister. Im 2. Halbjahr 1991 EG-Ratsvorsitzender und damit an der Spitze der EG-Troika, die sich um den Frieden in Jugoslawien bemüht.

Vassiliou, *Georges* (Zypern), * Famagusta 20. 5. 1931; seit 1988 Staatspräsident.
Großunternehmer; Besitzer des größten Marktforschungsinstituts der Dritten Welt mit Büros in 11 Ländern. Politisch völlig unerfahren. Tritt mit dem Versprechen, eine Wende einzuleiten, als Unabhängiger zu den Präsidentschaftswahlen 1988 an, bei denen Präsident *Spyros Kyprianou* bereits in der ersten Runde am 14. 2. scheitert. V. setzt sich bei der Stichwahl am 21. 2. mit Unterstützung der kommunistischen Partei AKEL, zu deren Gründungsmitgliedern seine Eltern gehörten, und der sozialistischen Partei EDEK mit 51,63 % gegen den Konservativen *Glafkos Klerides* (48,37 %) durch und wird am 28. 2. als neuer Staatspräsident vereidigt.

Vo Chi Cong (Vietnam), * Quang Nam-Da Nong 7. 8. 1913; seit 1987 Staatsoberhaupt.
Seit 1935 Mitglied der KP; Parteifunktionär. Zu lebenslanger Haft verurteilt und 1945 befreit. In der Zeit des Widerstandskampfes gegen die französ. Kolonialherrschaft 1946–54 1. Sekretär des Parteikomitees der Provinz Quang Nam-Da Nang. Während des Vietnamkrieges in zentralen Funktionen der KP und der »Nationalen Front für die Befreiung«/FLN. Seit 1976 Abgeordneter der Nationalversammlung der Sozialist. Republik Vietnam und Stellv. Ministerpräsident. 1976 Minister für Meeresprodukte, 1978

für Landwirtschaft. Mitglied des Politbüros und 1982–86 ZK-Sekretär. Im Juni 1987 als Nachf. von *Truong Chinh* zum Vorsitzenden des Staatsrates und damit zum Staatsoberhaupt gewählt.

Vo Van Kiet [eigentlich *Phan Van Hoa*] (Vietnam), * Cuu Long 23. 11. 1922; seit 1991 Ministerpräsident.
Sohn eines armen Bauern aus der Provinz Cuu Long. Mitglied der KP seit 1939; Parteisekretär in verschiedenen Provinzen, 1972 Mitglied des ZK, 1982 Mitglied des Politbüros. Als Parteichef von Saigon, später als Vors. der Planungskommission, gehörte er zu den ersten, die marktwirtschaftliche Reformen forderten und den Bauern mit Leistungsanreizen zu größeren Ernten verhalfen. Seit 1988 1. Stellv. des Ministerpräsidenten. Beim KP-Kongreß Ende Juni 1991 auf dem 3. Platz im Politbüro und zum Nachfolger von → *Do Muoi* als Ministerpräsident gewählt.

Vranitzky, *Franz* (Österreich), * Wien 4. 10. 1937; seit 1986 Bundeskanzler, seit 1988 auch SPÖ-Vorsitzender.
Studium der Handelswissenschaften an der Wiener Hochschule für Welthandel (jetzige Wirtschaftsuniversität); Promotion. Mitglied im Verband Sozialistischer Studenten und in der Sozialistischen Partei/ SPÖ. 1961 Angestellter bei Siemens-Schuckert in Wien, im gleichen Jahr Wechsel zur Nationalbank. 1970–76 engster Mitarbeiter von Finanzminister *Hans Androsch*. 1976 stellv. Generaldirektor der größten verstaatlichten Bank Österreichs (Creditanstalt-Bankverein), 1981 Generaldirektor der staatlichen Länderbank. Ab Sept. 1984 im Kabinett von *Fred Sinowatz* Finanzminister. Nach dem Sieg des ÖVP-Kandidaten *Kurt Waldheim* bei den Präsidentschaftswahlen am 8. 6. 1986 und dem am 9. 6. erfolgten Rücktritt von *Sinowatz* ab 16. 6. Regierungschef einer sozialliberalen Koalition. Bleibt mit seiner SPÖ bei den Nationalratswahlen am 23. 11. 1986 stärkste Partei und wird am 4. 1. 1987 Chef einer großen Koalition mit der ÖVP. Auf einem außerordentlichen Parteitag am 12. 5. 1988 als Nachfolger von *Sinowatz* auch zum neuen Bundesvors. der SPÖ gewählt und auf dem Parteitag am 20. 10. 1989 im Amt bestätigt. Geht aus den Wahlen vom 7. 10. 1990 mit seiner SPÖ gestärkt hervor und bildet erneut eine große Koalition mit der ÖVP.

Wałęsa [gespr. etwa: *Wauenssa*], *Lech* [»*Leszek*«] (Polen), * Popowo (bei Bromberg/Bydgoszc) 29. 9. 1943; 1980–90 Führer der unabhängigen (1982–89 verbotenen) Gewerkschaft »Solidarität«; seit 1990 Staatspräsident.
Elektromonteur. Nach Gründung des unabhängigen Gewerkschaftsbundes »Solidarität« im Sept. 1980 Vorsitzender eines Koordinationskomitees. Als Führer der am 8. 10. durch Gesetz verbotenen »Solidarität« wird er nach Verhängung des Kriegsrechts (13. 12. 1981) inhaftiert. Im Nov. 1982 freigelassen; seitdem wiederholt vorübergehend festgenommen. 1983 und 1987 Begegnungen mit Papst → *Johannes Paul II.* während dessen Polen-Reisen. Erhält im März 1982 den italienischen Preis »Baumeister des Friedens«; mehrfacher Ehrendoktor. Am 5. 10. 1983 mit dem Friedensnobelpreis ausgezeichnet, den seine Frau *Danuta* W. am 12. 12. entgegennimmt, da ihm die Ausreise verboten wird. Handelt 1989 mit *Czeslaw Kiszczak* am »Runden Tisch« einen »Neuen Gesellschaftsvertrag« aus, der unter anderem die Solidarność als Opposition zuläßt. Am 10. 5. in Straßburg mit dem Menschenrechtspreis des Europarates ausgezeichnet. Aus den Parlamentswahlen (Sejm und Senat) am 4. 6. 1989, bei denen erstmals unter kommunistischer Herrschaft in Polen eine echte Oppositionspartei kandidiert (der Opposition und den Parteilosen werden 35% der Mandate eingeräumt), geht er mit seiner Solidarność als Sieger hervor. Er lehnt eine formelle Beteiligung an einer Regierung unter Führung der PVAP ab und handelt eine Koalition unter Führung der Solidarność aus, zu deren Chef der von ihm vorgeschlagene *Tadeusz Mazowiecki* am 24. 8. vom Parlament mit überwältigender Mehrheit gewählt wird. 1990 zunehmende Differenzen mit *Mazowiecki*, mit dessen liberaler Politik er nicht einverstanden ist. Er gewinnt die Präsidentschaftswahlen am 9. 12. 1990 und ist damit der erste freigewählte Staatspräsident seines Landes seit über 50 Jahren. Am 22. 12. durch die Nationalversammlung vereidigt, überreicht ihm der aus London angereiste letzte polnische Exilpräsident *Ryszard Kaczorowski* die Amtsinsignien.

Yang Shangkun [*Jang Shang-kun*] (VR China), * im Kreis Tongnan (Prov. Sichuan [Setzschuan] 1907; seit 1988 Staatspräsident.
Studium, u. a. 1927–30 in Moskau. Seit 1926 Mitglied der KPCh; 1931 Parteisekretär im »Allchinesischen Gewerkschaftsbund«, dann Leiter der Propagandaabteilung beim ZK. 1933 Redakteur revolutionärer Zeitschriften. Vizepräsident der Parteischule, Direktor der Politischen Abteilung der Ersten Frontarmee, stellv. Direktor der Politischen Hauptverwaltung der Roten Armee. Teilnehmer am »Langen Marsch« von 1934–35; 1937 Sekretär des Nord-Zweigbüros des ZK und 1945 Generalsekretär der Militärkommission beim ZK. 1949 Leiter des ZK-Büros und stellv. Generalsekretär des ZK der KPCh. Seit 1965 Mitglied des Sekretariats des Parteikomitees der Provinz Guangdong [Kwangtung]. Mit *Mao Zedong, Liu Shaoqi* und *Deng Xiaoping* Teilnehmer an allen wichtigen sowjetisch-chinesischen Ver-

handlungen in Moskau. Während der Kulturrevolution in einem Schauprozeß angeklagt, *Maos* Gespräche elektronisch belauscht und diese an den sowjetischen Geheimdienst weitergegeben zu haben. Nach 1978 zunächst Zweiter, dann Erster Sekretär des Parteikomitees in der Provinz Guangdong; 1979 Oberbürgermeister von Kanton. Seit 1981 ZK-Mitglied, Mitglied des Landeskomitees und des Ständigen Ausschusses der Politischen Konsultativkonferenz des Chinesischen Volkes sowie Vizevorsitzender und zugleich Generalsekretär des Ständigen Ausschusses des Nationalen Volkskongresses. Seit September 1982 auch Mitglied des Politbüros und ständiger Vizevorsitzender der Militärkommission beim ZK. Am 9. 4. 1988 vom Nationalen Volkskongreß als Nachfolger von *Li Xiannian* zum neuen Staatspräsidenten gewählt und im Amt des stellv. Vorsitzenden der staatlichen Militärkommission bestätigt. Befürworter des Einsatzes von Militär zur Niederschlagung der Demokratiebewegung am 3. 6. 1989 in Peking.

Zenawi, *Meles* (Äthiopien), * in Adua (Prov. Tigre) 1955; seit 1991 Staatspräsident.
Sohn einer christlichen Kleinhändlerfamilie. Nach dem Besuch der britischen Wingate High School in Addis Abeba Studium der Medizin, jedoch ohne Abschluß. Politisch aktiv, opponiert er gegen den Kasernenhof-Marxismus von *Mengistu Hailé Mariam* und gründet die »Marxist-Leninist-League of Tegray«/MLLT, die zum Kern der im Februar 1985 gebildeten »Tegray People's Liberation Front«/TPLF wird. Diese wiederum schließt sich 1989 mit anderen Gruppen zur »Ethiopian People's Revolutionary Democratic Front«/EPRDF zusammen. Als Generalsekretär bzw. Vors. dieser Gruppen bekämpft er mit seiner Guerilla die Macht in Addis Abeba und wird nach dem Sturz von *Mengistu* im Mai 1991 Chef einer Interimsregierung; vom neugebildeten Nationalrat am 22. 7. für zwei Jahre zum Staatsoberhaupt gewählt.

Zia, *Khaleda* (Bangladesch), * Noakhali/Distrikt Dinajpur 15. 8. 1945; seit 1991 Ministerpräsidentin.
Stammt aus einfachen Verhältnissen. Hausfrau und Mutter – bis 1981, als die Ermordung ihres Mannes, des Präsidenten *Zia ur-Rahman*, sie in die Politik und zur Übernahme der »Bangladesch Nationalist Party«/BNP bringt. Erringt bei den Parlamentswahlen am 27. 2. 1991 mit ihrer BNP einen überraschenden Sieg und wird am 20. 3. als erste Ministerpräsidentin in Bangladesch mit ihrem Kabinett vereidigt.

Internationale Organisationen

IGOs = Internationale Organisationen mit Völkerrechtsstatus, d. h. von Staaten/Regierungen begründete »**International Governmental Organizations**«
INGOs = Internationale Nichtregierungsorganisationen, d. h. von Privaten oder Sonstigen begründete »**International Non-Governmental Organizations**«
MSt. = Mitgliedsstaat(en)
* = Gründung; gegründet bzw. beigetreten (folgt Datum)
† = aufgelöst, beendet, ausgetreten; gestorben
Abkürzungen der Staaten, Länder und Gebiete siehe Sp. 19 ff.

> Vgl. auch die erweiterte Zusammenfassung sämtlicher in früheren Ausgaben des Weltalmanach abgedruckten IGOs/INGOs in:
> Mario von Baratta/Jan U. Clauss: **Internationale Organisationen – Ein Handbuch**. Frankfurt/M. 1991, Fischer Taschenbuch Band 10644.

I. Europäische Gemeinschaften (EG)

Die »Europäische Gemeinschaft« (EG), ein wirtschaftlicher und politischer Zusammenschluß von 12 westeuropäischen Staaten mit rd. 340 Mio. Menschen auf 2,4 Mio. km^2 Fläche entstand aus folgenden 3 europäischen Gemeinschaften und weiteren Vertragsergänzungen:

1. Europäische Gemeinschaft für Kohle und Stahl (EGKS/Montanunion): *18. 4. 1951 (in Kraft 1952) in Paris (auf 50 Jahre) von den 6 Kernländern Belgien, Frankreich, Italien, Luxemburg, den Niederlanden und der BR Deutschland. **Ziel**: Gemeinsamer Markt für Kohle, Stahl, Eisenerz und Schrott.
2. Europäische Wirtschaftsgemeinschaft (EWG/Gemeinsamer Markt), *25. 3. 1957 in Rom; Arbeitsbeginn 1958. **Ziel**: Gemeinsamer Agrar-, Industriemarkt sowie schrittweise Verschmelzung der Volkswirtschaften.
3. Europäische Atomgemeinschaft (EAG/Euratom), gleichzeitig mit der EWG (und ebenfalls auf unbestimmte Zeit) in Rom geschaffen (= Römische Verträge). **Ziel**: Förderung der friedlichen Nutzung der Kernenergie und -forschung auf zahlreichen Gebieten (Biologie, Medizin, Umweltschutz, Technologie, alternative Energiequellen, Reaktorsicherheit).
Entwicklung: Zuerst arbeiten die 3 Gemeinschaften getrennt und mit eigenen Organen (EGKS-Kommission z. B. in Luxemburg, EWG-Kommission in Brüssel). Seit dem **Fusionsvertrag von 1967** unterhalten sie gemeinsame Organe, und man spricht von *der* **Europäischen Gemeinschaft/EG**. Das Europäische Parlament (seinerzeit die »Versammlung«) ist bereits seit 1958 für alle 3 Gemeinschaften zuständig. Eine **erste Vertragsrevision** erfolgte durch **die Einheitliche Europäische Akte/EEA** vom 2./3. 12. 1986 als umfangreiche Ergänzung der drei Verträge, in Kraft am 1. 7. 1987. In ihr sind z. B. die Beschleunigung des Beschlußfassungsverfahrens im Rat (Mehrheitsentscheidungen usw.), die Beteiligung des Europäischen Parlaments an der Gesetzgebung und die Europäische Politische Zusammenarbeit/EPZ auf eine einheitliche Grundlage gestellt.
Die **zweite grundlegende Revision und Ergänzung** der europäischen Verträge ist der vom Europäischen Rat am 9./10. 12. 1991 in Maastricht beschlossene und von den Außen- und Finanzministern am 7. 2. 1992 unterzeichnete Vertrag über die Europäische Union/EU (→ *Kasten Sp. 731 f.*). Maßgebend hierfür ist Art. 236 EWG-Vertrag. Danach müssen Änderungen der Verträge von einer Regierungskonferenz ausgehandelt und von den nationalen Parlamenten ratifiziert werden.
Symbol der EG seit 1986: 12 5zackige goldene Sterne im Kreis auf blauem Grund (war zuvor lediglich Flagge des → *Europarates*). – **Hymne:** Beethovens »Freude schöner Götterfunken«.
Mitglieder (12) mit Beitrittsjahren:
Amtliche Reihenfolge gemäß Alphabet in den Landessprachen, z. B. »Ellas« für Griechenland/GR:
B/Belgien 1951/1958
DK/Dänemark (ohne Färöer, Grönland) 1973
D/BR Deutschland 1951/1958
GR/Griechenland 1981
E/Spanien 1986 (ohne Andorra)
F/Frankreich (mit D. O. M.) 1951/1958
IRL/Irland 1973
I/Italien 1951/1958
L/Luxemburg 1951/1958

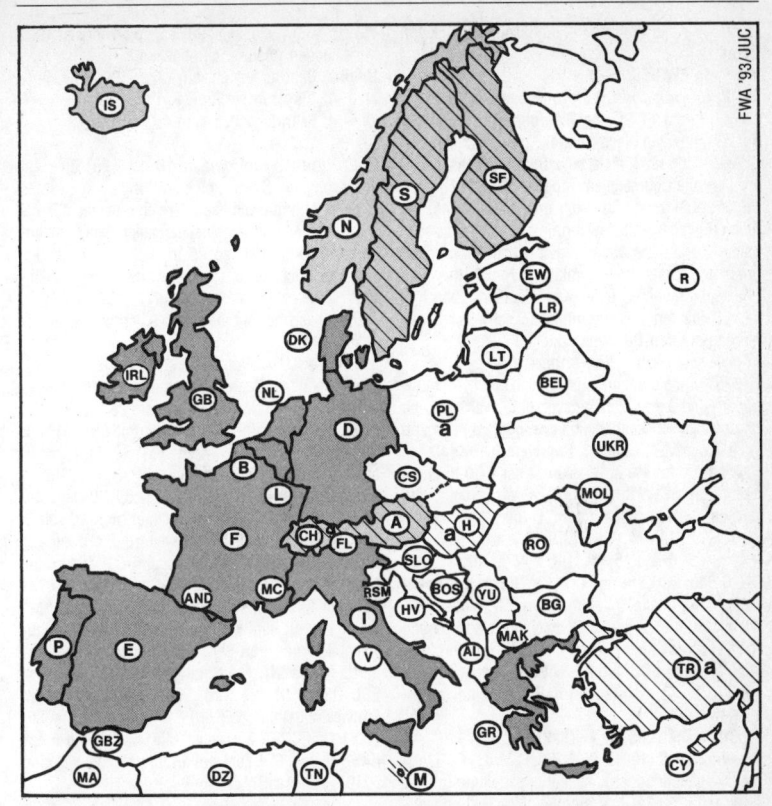

Europa: EG, EFTA, assoziierte und beitrittswillige Staaten

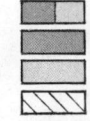

- EWR : Europäischer Wirtschaftsraum 1993 aus EG und EFTA
- EG : Europäische Gemeinschaft (12 Mitgliedstaaten)
- EFTA : Europäische Freihandelsassoziation (7 Mitgliedstaaten)
- EG-beitrittswillige Staaten (sofern offiziell Kandidatur eingereicht)
- **a** EG-assoziiert

NL/*Niederlande* 1951/1958
P/*Portugal* (ohne Macao) 1986
UK/*Großbritannien und Nordirland* 1973
Hauptziele des EWG-Vertrages: Einheitlicher Wirtschaftsraum der MSt., d. h. freier Warenverkehr, gemeinsamer Außenzoll, Abbau zwischenstaatlicher Handelsschranken, freier Personen-, Dienstleistungs-, Güter- und Kapitalverkehr (= die vier Grundfreiheiten): **Europäischer Binnenmarkt.**
Instrumentarium: Eigene Rechtsetzung durch supranationale Organe mit exekutiven Befugnissen (ohne direkte Einwirkung der MSt.) und rechtlichem Durchgriff auf natürliche und juristische Personen, d. h. auch auf jeden einzelnen Bürger der MSt. ohne Einschaltung der nationalen Parlamente/Regierungen.
Organe: Kommission, Ministerrat (Rat), Parlament, Gerichtshof;
Hilfsorgane: Wirtschafts- und Sozialausschuß, Investitionsbank, Rechnungshof, Fonds u. a.
Personal (alle Organe): 25011 Dauerplan- und Zeitstellen (genehmigter Personalstand 1992).
Sprachen: *Vertragssprachen:* 10 (die 9 Amtssprachen der MSt. und Irisch/Gälisch). *Arbeitsspra-*

chen de facto Französ. u. Englisch, gefolgt von Deutsch.

Währung EWS/ECU:

EWS/*Europäisches Währungssystem*

*1979; heute 11-Staaten-Währungszone innerhalb der EG mit festen Wechselkursen (»Euroschlange«); Griechenland noch nicht beigetreten, Wechselkursanpassungen gemeinsam möglich. Am 1. 7. 1990 Inkrafttreten der 1. Stufe der geplanten Währungsunion (Endziel: Einheitswährung): engere finanzpolitische Zusammenarbeit, regelmäßige Absprachen über gemeinsame Konjunktur-, Haushalts- und Wechselkurspolitik; freier Kapitalverkehr zwischen den EG-Staaten, ausgenommen bei schweren Spannungen auf den Devisenmärkten.

ECU/*Europäische Währungseinheit*

*1979; wird als Rechnungsgröße in den EG-Institutionen und beim Zahlungsverkehr zwischen den europäischen Notenbanken verwendet; zunehmend auch in den MSt. selbst (z. B. private ECU-Konten in DK und D). Im »Währungskorb« des ECU sind die nationalen EG-Währungen nach wirtschaftlichem Gewicht der Staaten vertreten: D (bis 2. 10. 1990): 30,1%, F: 19,0%, GB: 13,0%, I: 10,15%, NL: 9,4%, B: 7,6%, E: 5,3%, DK: 2,45%, IRL: 1,1%, GR: 0,8%, P: 0,8% und L: 0,3%; Korbzusammensetzung wird alle 5 Jahre überprüft, neue »Mischung« durch Einigung Deutschlands erforderlich (nächster ordentlicher Termin: 1994). – Währungsanbindung an ECU durch Nicht-EG-Staaten Norwegen (10/1990), Schweden (5/1991) u. Finnland (6/1991).

1 ECU = DM 2,05 (1. 9. 1992).

Haushalt 1992 (1991): 62,8 (56,1) Mrd. ECU (Zahlungsermächtigungen). Ausgabenverteilung (in %): Agrarbereich (EAGFL-Garantie) 62, Regionalentwicklung u. Verkehr 14, Soziales 9, Verwaltung 5, Forschung 4, Sonstiges 6.

Einnahmen im wesentlichen aus Zöllen und Agrarabschöpfungen, einem 1,4%-Anteil am Mehrwertsteueraufkommen der MSt. und einer auf dem BSP basierenden zusätzlichen »vierten Einnahme«. Als Obergrenze für die EG-Eigenmittel ist bis 1992 ein Anteil von 1,2% des BSP der MSt. festgelegt. Größte »Geldgeber« (in %): Deutschland 25, Frankreich 19, Großbritannien 16, Italien 15, Spanien 9, Niederlande 6.

Außenbeziehungen:

1. *Beitrittswillige Staaten:*

Finnland: Antrag vom 18. 3. 1992.

Malta: Antrag vom 16. 7. 1990 (bereits seit 1970 mit der EWG assoziiert).

Österreich: Beitrittsgesuch vom 17. 7. 1989; mit dem Beitritt wird 1995 gerechnet.

Schweden: Beitrittsgesuch vom 1. 7. 1991; mit dem Beitritt wird 1995 gerechnet.

Schweiz: Beitrittsgesuch vom 26. 5. 1992.

Türkei: Beitrittsgesuch 1987 als Folge der seit 1964 bestehenden Assoziation abgelehnt.

Ungarn: Beitrittsgesuch vom 17. 7. 1990 (für 1995, ab 1992 als Assoziierung).

Zypern: Beitrittsgesuch vom 4. 7. 1990.

2. *Europa-Abkommen* am 16. 12. 1991 über Assoziierung von ČSFR, Polen und Ungarn spätestens Ende 1992 umfassen auch Bereiche, die nicht in die Zuständigkeit der Gemeinschaft fallen, wie Regelungen im politischen sowie im kulturellen Bereich (»gemischte Abkommen«); sind ratifizierungspflichtig, Handelsteile bereits seit 1. 3. 1992 in Kraft. Freihandelszone innerhalb von 9 Jahren geplant.

3. *EWG-AKP-Abkommen von Lomé:*

Abkommen mit Staaten Afrikas, der Karibik und des Pazifik (»AKP-Staaten«): Lomé I am 28. 2. 1975 mit 46 Staaten (in Kraft: 1. 4. 1976), Lomé II am 31. 10. 1979 mit 58 Staaten (in Kraft: 1. 1. 1981), Lomé III am 8. 12. 1985 mit 65 Staaten (in Kraft: 1. 5. 1986). Zur Zeit **Lomé-IV-Abkommen** mit 69 Staaten, am 15. 12. 1989 in Togo unterzeichnet, in Kraft seit 3/1990 (Laufzeit auf 10 Jahre erweitert): Freier Zugang für 97% der AKP-Erzeugnisse zum EG-Markt ohne Gegenpräferenzen; Exporterlös-Stabilisierung (**STABEX**) für Ausgleichszahlungen bei Exporterlös-Ausfällen von 48 landwirtschaftlichen Rohstoffen; zur Rehabilitierung von Bergbaubetrieben: Mineralienfonds (**SYSMIN**). Finanzmittel (1990–95): 12 Mrd. ECU (Lomé III: 8,5 Mrd. ECU), auszahlbar durch Entwicklungsfonds/**EEF** (10,8 Mrd. ECU) und → EIB (1,2 Mrd. ECU). – Für industrielle Entwicklung in den AKP-Staaten: **CDI**/Zentrum für Industrieentwicklung (*1977, Brüssel).

EG-Kommission

Aufgaben: initiative (vorbereitende und vorschlagende), exekutive (Ratsbeschluß-Ausführung) und kontrollierende (Überwachung des EG-Rechts) Funktionen. Die Kommission erläßt z. B. Durchführungsbestimmungen im Agrarbereich, verwaltet die Fonds, führt den EG-Haushalt aus, hat Auskunftspflicht gegenüber dem Europäischen Parlament und Entscheidungsbefugnisse besonders auf dem Kohle-, Stahl- und Energiesektor; Aushandlung internationaler Abkommen mit Drittländern, Einleitung von Vertragsverletzungsverfahren usw. – Im Gegensatz zum Rat (= nationale Gesichtspunkte) Wahrung des europäischen Gesamtinteresses der 3 Gemeinschaften (überstaatlicher/supranationaler Charakter). Die Kommission ist unabhängig von den MSt.

Zusammensetzung: 17 Mitglieder, von den MSt. für 4 Jahre ernannt, interne Ressortteilung, Präsident und 6 Vizepräsidenten.

Verwaltung mit Generalsekretär: David Williamson/ UK (seit 1987), 23 Generaldirektionen (Ressorts) und 9 besondere Dienststellen.

Die Mitglieder der EG-Kommission bis 5. 1. 1993:
[Vereinfachte Darstellung der Zuständigkeiten der 17 (bzw. Ende 1992: 16) Kommissare]

PRÄSIDENT:
Jacques **Delors**/F:
Generalsekretariat, Juristischer Dienst, Währungsangelegenheiten (Amtszeit bis 5. 1. 1995).

6 VIZEPRÄSIDENTEN:
Frans M. J. J. **Andriessen**/NL: Außenbeziehungen;
Martin **Bangemann**/D: Binnenmarkt, Industrie, Beziehungen zum Europäischen Parlament;
Leon **Brittan**/UK: Wettbewerb, Finanzinstitutionen;
Henning **Christophersen**/DK:
Wirtschaft und Finanzen, Strukturfonds;
Manuel **Marín**/E: Entwicklungspolitik, Fischerei;
Filippo Maria **Pandolfi**/I: Wissenschaft/Forschung.

Derzeit 9 (einfache) KOMMISSARE:
António José Baptista **Cardoso e Cunha**/P:
Mittelstand, Energie, Euratom, Tourismus;
Jean **Dondelinger**/L:
Information, Kultur und Medien;
Ray **Mac Sharry**/IRL: Landwirtschaft;
Abel **Matutes**/E: Mittelmeer- und Lateinamerikapolitik, Nord-Süd-Beziehungen;
Bruce **Millan**/UK: Regionalpolitik;
Vasso **Papandreou**/GR: Soziales, Tarifpartner, Bildung/Erziehung (u. a. Mobilitätsprogramme);
Peter M. **Schmidhuber**/D: Haushalt, Finanzkontrolle;
Christiane **Scrivener**/F: Steuern, Zollunion
Karel **Van Miert**/B: Verkehr, Kredite und Investitionen, Verbraucherfragen;
N.N.: Umwelt, Nuklearsicherheit, Zivilschutz.

Personal: 17451 (genehmigt für 1992), davon Verwaltung 13484, Forschung/technolog. Entwicklung 3409, Amt für amtl. Veröffentlichungen 428, CEDEFOP 71, EuS 59.
Sitz: nicht entschieden; Hauptarbeitsort rue de la Loi 200, B-1049 **Brüssel**; Statistisches Amt (eurostat), Amt für amtliche Veröffentlichungen (AfaV), Rechenzentrum mit EG-Datenverbundnetz, Forschungseinrichtungen (besonders der EAG sowie auch die Generaldirektion XIII) usw. in L-2920 **Luxemburg**. – Vertretung in Deutschland: Vertretung der Europäischen Gemeinschaft, Zitelmannstr. 22, D-5300 Bonn 1, Tel.: (0228) 53 00 90; Außenstelle: Kurfürstendamm 102, 1000 Berlin 31, Tel.: (030) 896 09 30; Vertretung in Erhardtstr. 27, 8000 München 2, Tel.: (089) 609 30.

EG-Ministerrat

Aufgaben: Der Ministerrat (offiziell: »Rat«) aus je einem Minister der 12 nationalen Regierungen der MSt. ist das zentrale Organ. Er bestimmt im wesentlichen das Tempo der europäischen Integration. Ohne seine Zustimmung (und damit 12mal nationale »Sanktionierung«) ist die EG-Kommission in weiten Bereichen machtlos. Er entscheidet im Regelfall aufgrund von Vorschlägen der Kommission, hat Abänderungsrecht (einstimmig) und Initiativrecht (selten wahrgenommen). Der Rat ist befugt, von der Kommission vorgeschlagene Rechtsakte als Verordnungen, Richtlinien und Entscheidungen zu erlassen:

Rechtsakte der Gemeinschaftsorgane
nach Artikel 189 EWG-Vertrag von 1957

Der EG-Ministerrat und die EG-Kommission erlassen Verordnungen, Richtlinien und Entscheidungen, sprechen Empfehlungen aus oder geben Stellungnahmen ab.
Verordnungen gelten unmittelbar in jedem MSt. und für jeden einzelnen Bürger. Sie sind mit nationalen Gesetzen vergleichbar und ohne Ratifizierung der 12 Parlamente sofort wirksam.
Richtlinien richten sich an die MSt., nicht an die Bürger. Sie sind in ihrer Zielvorgabe verbindlich, überlassen jedoch den innerstaatlichen Stellen Form und Mittel der Umsetzung in nationales Recht.
Entscheidungen betreffen einzelne Adressaten in den 12 EG-Staaten und sind für diejenigen verbindlich, die sie bezeichnen (z. B. eine Regierung, ein Wirtschaftsunternehmen).
Empfehlungen und **Stellungnahmen** sind nicht verbindlich.
Die Rechtsakte werden im Amtsblatt der Europäischen Gemeinschaften in allen Amtssprachen veröffentlicht und gelten in jeder Sprachfassung gleichermaßen.

Abstimmungsmodus: Qualifizierte Mehrheitsentscheidungen erfordern 54 von 76 verfügbaren Stimmen (D, F, I und UK je 10; E: 8; B, GR, NL und P je 5; DK und IRL je 3; L: 2 Stimmen). – De facto **Vetorecht aller MSt.** bis 3. 12. 1985 (→ oben unter Entwicklung: EEA).
Zusammensetzung: Die 12 jeweiligen Fachminister – der Vorsitz rotiert halbjährlich (2. Halbjahr 1992 UK, 1. Halbjahr 1993 DK). Die Bezeichnung »Rat« wird gewöhnlich für den Außenministerrat (auch »Rat für allgemeine Angelegenheiten« genannt) verwendet; daneben gibt es zahlreiche »Räte« der Fachminister.

Der Ministerrat wird unterstützt durch ein **Generalsekretariat** in rue de la Loi 170, B-1048 Brüssel mit 7 Generaldirektionen sowie den **COREPER**/*Ausschuß der Ständigen Vertreter* als Schaltstelle zwischen der EG-Kommission und den Regierungen/Ministerien der MSt. (Botschafter der MSt. bei den EG), er tagt mindestens einmal wöchentlich, koordiniert die Fachpolitiken und bereitet Ministerratssitzungen vor.

Tagungsorte: Ministerrat tagt je nach Themen in unterschiedlicher Besetzung in Brüssel und 3 Monate im Jahr in Luxemburg.

Personal: 2215 Dauerplanstellen (1992).

Haushalt 1992: 347,1 Mio. ECU (davon 295,5 für eigene Ausgaben).

Dem Ministerrat faktisch – also nicht als EG-Organ – übergeordnet sind die Institutionen:

Europäische Politische Zusammenarbeit/EPZ

*1969, seit 1987 durch EEA vertraglich im Rahmen der Europäischen Gemeinschaft geregelt. Die EPZ ist mittlerweile zum zentralen Faktor der Außenpolitik der EG-MSt. geworden und neben den offiziellen EG-Mechanismen (Kommission, Rat, Parlament) die 2. Säule des europäischen Einigungsprozesses. Zusammenarbeit auf folgenden Ebenen:

Europäischer Rat (→ *oben;* Staats- bzw. Regierungschefs; Außenminister; EG-Kommission): 1 Treffen während jeder Präsidentschaft, bei dem sowohl EG- als auch EPZ-Themen behandelt werden;

Außenminister: mindestens 2 EPZ-Treffen während jeder Ratspräsidentschaft. Die sog. »**Troika**« setzt sich aus den 3 Außenministern der bisherigen, derzeitigen und künftigen Ratspräsidentschaft zusammen (7/1991: Luxemburg-Niederlande-Portugal; 7/1992: Portugal-Großbritannien-Dänemark). Deutschland wird von 7/1993 bis 12/1994 in der Troika vertreten sein.

Politisches Komitee (Höhere Beamte der Außenministerien): wickelt die tägliche EPZ-Arbeit ab (monatliche Tagungen);

Europäische Korrespondentengruppe (Beamte der Außenministerien): kontrolliert reibungsloses Funktionieren der EPZ.

Die EPZ wird, wie der Europäische Rat, nur in Bereichen tätig, die die EG-Verträge nicht behandeln bzw. bei denen keine Handlungskompetenz vorliegt.

Europäischer Rat/ER

*12/1974 (erste Tagung 3/1975 in Dublin), Konferenz der 12 Staats- bzw. Regierungschefs, tagt gewöhnlich dreimal im Jahr, je einmal in Brüssel und in den Hauptstädten der beiden Länder, die im betreffenden Jahr die Präsidentschaft im Ministerrat innehaben (→ *oben*). Der Europäische Rat – in den EG-Verträgen nicht erwähnt – ist durch die EEA seit 1987 institutionalisiert und dem Ministerrat faktisch übergeordnet (weisungsberechtigt). Er ist die höchste Institution in der EG und quasi die Spitze der Europäischen Politischen Zusammenarbeit/EPZ (→ *unten*). Als stimmberechtigtes Mitglied gehört ihm auch der Präsident der EG-Kommission an.

Europäisches Parlament/EP

Gründung am 10. 9. 1952 als beratende »Gemeinsame Versammlung« der EGKS aus 78 Parlamentariern der nationalen Parlamente der 6 Gründerstaaten; am 19. 3. 1958 Konstituierung als Versammlung der nunmehr 3 Gemeinschaften (142 Mitglieder) und Namensgebung »Europäisches Parlament« in Deutsch und Niederländisch, 1962 in allen Gemeinschaftssprachen. Kompetenzerweiterungen 1970 (Beteiligung an Aufstellung und Verabschiedung des EG-Haushalts) und 1975 (Haushaltsbewilligungsrecht bei nichtobligatorischen Ausgaben) sowie durch die EEA seit 1987. Direktwahlen 1979, 1984 und 1989 (→ *unten*).

Abgeordnete: Das EP bestand bis 2. 10. 1990 (deutsche Einigung) aus 518 direkt gewählten Vertretern der Völker in den 12 EG-Staaten. Die »großen Vier« (D, I, F und UK) entsenden je 81 Abgeordnete, Spanien 60, die übrigen 25 und weniger (Luxemburg 6). 18 Parlamentarier aus dem Bereich der ehemaligen DDR (8 CDU/CSU-Politiker, 5 SPD, 2 PDS und je 1 FDP, Bündnis 90/Grüne und DSU) sind für die Legislaturperiode bis Mitte 1994 zusätzlich als Beobachter vertreten.

Fraktionen: In der 3. Wahlperiode (1989–1994) 10 übernationale Fraktionen (→ *Tabelle*).

Aufgaben: Das EP äußert sich zu Kommissionsvorschlägen zeitlich vor dem Rat und kann auf vielen Sektoren Abänderungsvorschläge einbringen. Zusammen mit dem Ministerrat ist es die **Haushaltsbehörde der EG**, kann den EG-Haushalt ablehnen (so geschehen 1979 und 1985). Ansonsten hat es weniger Rechtsetzungsbefugnisse als vielmehr einen erheblichen Einfluß auf alle anderen EG-Organe.

Präsidium: Das EP wählt aus seiner Mitte den Präsidenten (1/1992 für 2½ Jahre Egon Klepsch/EVP-CD) und 14 Vizepräsidenten sowie 5 Quästoren.

Generalsekretär: Enrico Vinci/I.

Ausschüsse:

1. Auswärtige Angelegenheiten u. Sicherheit (56 Mitgl.; Vorsitz: Enrique Barón Crespo/SOZ/E)

2. Landwirtschaft, Fischerei u. ländliche Entwicklung (45; Franco Borgo/EVP-CD/I)

3. Haushalt (30; Thomas von der Vring/SOZ/D)

Fraktionen im Europäischen Parlament
Das Spektrum von links nach rechts

Mitgliedstaat	Mandate	KdL	VEL	SOZ	GRÜNE	REG	LIB	FL	EVP-CD	SdED	ER
Belgien	24	–	–	8	3	1	4	–	7	–	1
Dänemark	16	–	1	4	–	4	3	–	4	–	–
Deutschland	81*	–	–	31	6	1	5	3	32	–	3
Griechenland	24	3	1	9	–	–	–	–	10	1	–
Spanien	60	–	4	27	1	2	5	1	18	2	–
Frankreich	81	7	–	22	8	1	9	1	11	12	10
Irland	15	–	1	1	–	1	2	–	4	6	–
Italien	81	–	22	14	7	3	3	5	27	–	–
Luxemburg	6	–	–	2	–	–	1	–	3	–	–
Niederlande	25	–	–	8	2	–	4	1	10	–	–
Portugal	24	3	–	8	–	1	9	–	3	–	–
Großbritannien	81	–	–	46	–	1	–	1	33	–	–
Sitze insgesamt	**518**	**13**	**29**	**180**	**27**	**15**	**45**	**12**	**162**	**21**	**14**

* dazu 18 Beobachter aus den neuen Bundesländern Stand: Juli 1992

Fraktionsabkürzungen und Fraktionsvorsitzende

KdL	Koalition der Linken	(= orthodoxe Kommunisten usw.)	René Piquet/F
VEL	Einheit der Europäischen Linken	(= Euro-Kommunisten und Nahestehende)	Luigi Colajanni/I
SOZ	Sozialistische Fraktion	(= Sozialisten, Sozialdemokraten und Nahest.)	Jean-Pierre Cot/F
GRÜNE	Fraktion der Grünen	(= überwiegend gemäßigte Ökologisten)	Alexander Langer/I
REG	Regenbogenfraktion	(= Regionalisten und Ökologisten)	Jaak Vandemeulebroucke/B u. Birgit Bjornvig/DK
LIB	Liberale, demokratische und reformerische Fraktion		Valéry Giscard d'Estaing/F
FL	ohne Fraktionsbindung; teils Rechtsextreme, teils unentschlossene Gemäßigte		[kein Vorsitzender]
EVP-CD	Fraktion der Europäischen Volkspartei (Christlich-Demokratische Fraktion)		Leo Tindemans/B
SdED	Sammlungsbewegung der Europäischen Demokraten (= vor allem Gaullisten)		Christian de la Malène/F
ER	Technische Fraktion der Europäischen Rechten (= Le-Pen-Anhänger usw.)		Jean-Marie Le Pen/F

4. Wirtschaft, Währung u. Industriepolitik (49; Bouke Beumer/EVP-CD/NL)
5. Energie, Forschung u. Technologie (31; Claude Desama/SOZ/B)
6. Außenwirtschaftsbeziehungen (25; Willy de Clercq/LIB/B)
7. Recht u. Bürgerrechte (30; Franz Ludwig Schenk Graf von Stauffenberg/EVP-CD/D)
8. Soziale Angelegenheiten, Beschäftigung u. Arbeitsumwelt (36; Willem van Velzen/SOZ/NL)
9. Regionalpolitik, Raumordnung u. Beziehungen zu den regionalen u. lokalen Körperschaften (35; Antoni Gutierrez Diaz/VEL/E)
10. Verkehr u. Fremdenverkehr (30; Nel van Dijk/Grüne/NL)
11. Umweltfragen, Volksgesundheit u. Verbraucherschutz (50; Kenneth Collins/SOZ/UK)
12. Jugend, Kultur, Bildung u. Medien (30; Antonio La Pergola/SOZ/I)
13. Entwicklung u. Zusammenarbeit (40; Henri Saby/SOZ/F)
14. Bürgerliche Freiheiten u. innere Angelegenheiten (30; Amédée Turner/ED/UK)
15. Haushaltskontrolle (25; Alain Lamassoure/EVP-CD/F)
16. Institutioneller Ausschuß (37; Marcelino Oreja Aguirre/EVP-CD/E)
17. Geschäftsordnung, Wahlprüfung u. Fragen der Immunität (25; Florus Wijsenbeek/LIB/NL)
18. Rechte der Frau (30; Christine Crawley/SOZ/UK)
19. Petitionsausschuß (25; Rosaria Bindi/SOZ/I).

Interparlamentarische Delegationen (25) pflegen Kontakt zu den parlamentar. Vertretungen von Staaten u. Staatengruppen in übrigen Teilen Europas und der Welt.

Sitz: Die Plenartagungen finden in Straßburg statt, die Ausschüsse und Fraktionen tagen in Brüssel; Sitz des Generalsekretariats ist Luxemburg.

Anschriften: *Luxemburg:* Plateau de Kirchberg, L-2929 Luxemburg; *Belgien:* rue Belliard, B-1040 Brüssel; *Frankreich:* Palais de l'Europe, F-67006 Straßburg; *Deutschland:* Informationsbüro, Bonn-Center, Bundeskanzlerplatz, 5300 Bonn 1.

Personal: 3641 (1992).

Haushalt 1992: 588,8 Mio. ECU.

Europäischer Gerichtshof/EuGH

Gründung 1953 zunächst als Gerichtshof für die EGKS, seit 7. 10. 1958 Rechtsprechungsorgan aller 3 Gemeinschaften; entscheidet über Rechtswahrung, -auslegung und -anwendung der 3 + 1 Verträge bei Vertragsverletzungen. Klagebefugt ist jeder betroffene Einzelbürger. Die EuGH-Rechtsprechung hat Vorrang vor nationalem Recht und beeinflußt stark das innerstaatliche Verfassungsrecht.
Zusammensetzung: 13 Richter, einer je MSt. und einer abwechselnd aus einem der größten MSt., aus der BR Deutschland: Manfred Zuleeg (bis 1994), 6 Generalanwälte, für 6 Jahre von den MSt. ernannt; **Präsident** von den Richtern für 3 Jahre gewählt, seit 10/1988: Ole Due/DK; **6 Kammern**, meist Plenarentscheidungen.
Seit 9/1989 besteht ein
Gericht Erster Instanz/GEI für Streitsachen zwischen den Gemeinschaften und deren Bediensteten *(Einzelheiten → WA '91/744).*
Sitz des EuGH ist: Boulevard Konrad Adenauer, L-2925 Luxemburg, die Leitung hat ein Kanzler.
Personal: 800 (1992).
Haushalt 1992: 82,1 Mio. ECU.

Europäischer Rechnungshof/EuRH

Gründung durch Vertrag vom 22. 7. 1975, Konstituierung am 25. 10. 1977; ersetzte den Kontrollausschuß. **Aufgabe:** Externe Kontrolle über gesamte EG-Haushaltsmittel und deren Verwendung. **Zusammensetzung:** 12 Mitgl. (eines je MSt.), Ernennung durch den Ministerrat auf 6 Jahre, Wiederwahl zulässig; Präsident auf 3 J. **Sitz:** 12, rue Alcide de Gasperi, L-1615 Luxemburg. **Personal:** 394 (1992). **Haushaltsmittel** 1992: 36,7 Mio. ECU (Ausgaben 1990: 53,9).

Wirtschafts- und Sozialausschuß/WSA

Gründung am 1. 1. 1958 als beratendes Gremium für die EWG und die EAG, um die wirtschaftlichen und sozialen Interessengruppen der MSt. am EG-Entscheidungsprozeß zu beteiligen.
Zusammensetzung: 189 vom Ministerrat auf Vorschlag der Regierungen für 4 Jahre ernannte Mitglieder (paritätische Vertreter der 3 Hauptgruppen: Arbeitgeber, Arbeitnehmer u. andere Interessengruppen).
Organe:
1. *Präsident:* H. Geuenich/D;
2. *Ausschüsse* (9 Fachgruppen: Landwirtschaft, Transport/Kommunikation, Energie/Kernkraft, Wirtschaft/Finanzen, Industrie/Handel/Handwerk/Dienstleistungen, Soziales, Äußeres, Regionalentwicklung, Umweltschutz/öffentliche Gesundheit/Verbraucherschutz);
3. *Beratender Ausschuß der EGKS:* besteht bereits seit 1952, für den Kohle- und Stahlbereich, 96 Mitglieder, je Gruppe 27 nach Proporz.
Sitz: 2, rue Ravenstein, B-1000 Brüssel. **Personal:** 510 (1992). **Haushaltsmittel** 1992: 51,6 Mio. ECU.

Europäische Investitionsbank/EIB

Gründung am 1. 1. 1958; finanziell und rechtsorganisatorisch selbständiges Gemeinschaftsorgan.
Arbeitsweise: Die EIB beschafft Kapital überwiegend auf den freien Markt und stellt Darlehen für Investitionsvorhaben in schwächer entwickelten Regionen oder für Vorhaben von gemeinsamem Interesse für die Gemeinschaft (z. B. Verbesserung der Energieversorgung) zur Verfügung. Sie ist auch in die Entwicklungshilfe der EG eingeschaltet (Beteiligung an Finanzierung von Vorhaben in 12 Mittelmeerländern sowie in den 69 AKP-Staaten im Rahmen von Lomé IV). – Im Regelfall finanziert sie maximal 50 % der Projektkosten.
Organe:
1. *Gouverneursrat* aus den 12 Finanzministern, tagt jährlich, erläßt allgemeine Richtlinien der Kreditpolitik und bestellt die Mitglieder der nachgeordneten Organe;
2. *Verwaltungsrat* aus 22 Mitgliedern (hohe Beamte der nationalen Ministerien und öffentlich-rechtlichen Kreditinstitute sowie 1 Mitglied der EG-Kommission), entscheidet u. a. über Darlehensgewährung und Bürgschaften, Aufnahme von Anleihen und Festsetzung der Zinssätze;
3. *Direktorium* aus dem Präsidenten der EIB (1984–1994: Ernst-Günther Bröder/D) und 6 Vizepräsidenten, die hauptamtlich für die Bank tätig sind;
4. *Prüfungsausschuß* (3 Mitglieder), prüft Ordnungsmäßigkeit der Bankgeschäfte.
Personal: 748 (1992).
Sitz: 100, boulevard Konrad Adenauer, L-2950-Luxemburg.
Kapital: Gezeichnet (1. 1. 1991): 57,6 Mrd. ECU; eingezahlt (am 30. 6. 1991): 3,4 Mrd. ECU.
Finanzierungstätigkeit: Darlehen auf eigene Rechnung seit Gründung (bis 31. 12. 1991): 103 Mrd. ECU zu Laufzeiten zwischen 8 und 12 Jahren für Industrievorhaben und bis zu 20 Jahren für Infrastrukturprojekte (Zinssätze für die ausstehenden Festsatzdarlehen durchschnittlich 9,2 %). Ausstehende Darlehen (zum 30. 6. 1991): 61,6 Mrd. ECU (u. a. aus den Bereichen Infrastruktur 45,4 %, Energie 23,1 %, Industrie, Landwirtschaft und Dienstleistun-

Europäische Gemeinschaften: Organe und Institutionen

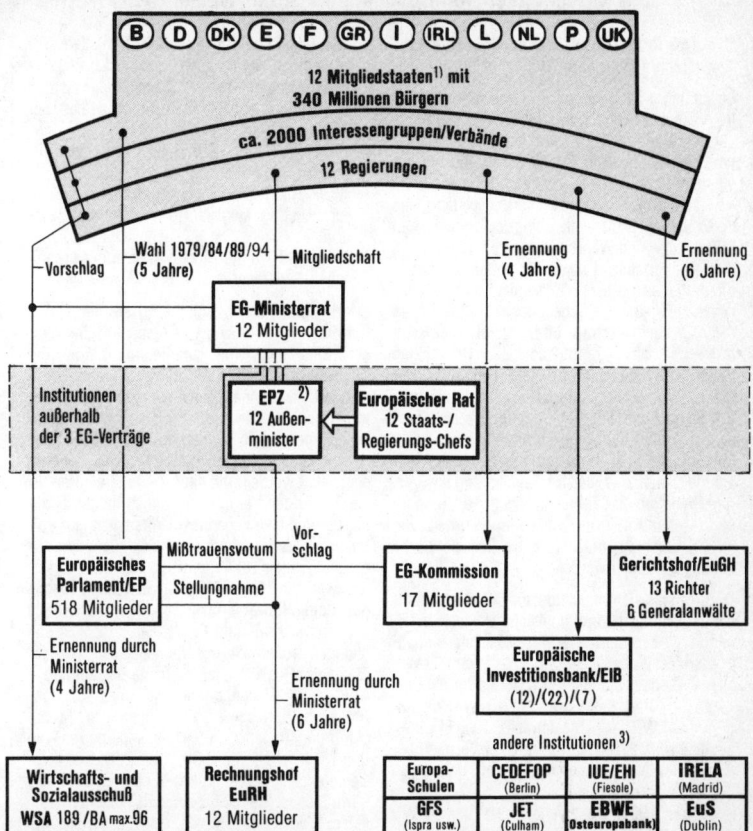

(B) (D) (DK) (E) (F) (GR) (I) (IRL) (L) (NL) (P) (UK)

12 Mitgliedstaaten[1] mit
340 Millionen Bürgern

ca. 2000 Interessengruppen/Verbände

12 Regierungen

- Vorschlag
- Wahl 1979/84/89/94 (5 Jahre) — Mitgliedschaft
- Ernennung (4 Jahre)
- Ernennung (6 Jahre)

EG-Ministerrat — 12 Mitglieder

Institutionen außerhalb der 3 EG-Verträge

EPZ [2] — 12 Außenminister ← **Europäischer Rat** — 12 Staats-/Regierungs-Chefs

Europäisches Parlament/EP — 518 Mitglieder
- Mißtrauensvotum
- Vorschlag
- Stellungnahme

EG-Kommission — 17 Mitglieder

Gerichtshof/EuGH — 13 Richter, 6 Generalanwälte

Ernennung durch Ministerrat (4 Jahre)

Ernennung durch Ministerrat (6 Jahre)

Europäische Investitionsbank/EIB (12)/(22)/(7)

Wirtschafts- und Sozialausschuß WSA 189 / BA max. 96

Rechnungshof EuRH 12 Mitglieder

andere Institutionen [3]

Europa-Schulen	CEDEFOP (Berlin)	IUE/EHI (Fiesole)	IRELA (Madrid)
GFS (Ispra usw.)	JET (Culham)	EBWE (Osteuropabank)	EuS (Dublin)

[1] Amtliche alphabetische Reihenfolge von België / Belgique bis United Kingdom of Great Britain and Northern Ireland
[2] Europäische Politische Zusammenarbeit (personenidentisch mit EG-Außenministerrat)
[3] Zu den abgekürzt wiedergegebenen Nebenorganisationen (ohne EBWE) vgl. Text dieser Seiten

FWA '93/JUC

---

gen 26,5%). Darlehen 1991 (1990): 15,3 (13,39) Mrd. ECU.

Für die Abwicklung der EG-Finanzgeschäfte sind weiterhin zuständig:

EG-Strukturfonds
1. EAGFL * 1962 zur Stützung der Agrarpreise und Strukturmaßnahmen in der EWG.
2. EFRE * 1975 (reorganisiert 1985) für den Abbau regionaler wirtschaftlicher Unterschiede.
3. ESF * 1957 (durch EWG-Vertrag) zur Finanzierung der beruflichen Bildung und Arbeitsförderung durch Zuschüsse zu nationalen Maßnahmen.
4. EEF Europäischer Entwicklungsfonds.

Die EG-Kommission plant im Rahmen der neuen EG-Finanzverfassung für 1993–97 einen sog. *Kohäsionsfonds*, der mit rd. 10 Mrd. ECU zugunsten der 4 ärmsten EG-Staaten (E, GR, IRL, P) ausgestattet werden und die bisherigen 4 Fonds (→ oben) ablösen soll.

Die wirtschaftliche und politische Zukunft Westeuropas

1. Die EG-Reformbeschlüsse von Maastricht zur wirtschaftlichen und politischen Union

Sechs Jahre nach der ersten Fortschreibung der Römischen Verträge durch die Einheitliche Europäische Akte (→ Sp. 715) stimmten die Staats- und Regierungschefs der 12 EG-Mitgliedstaaten auf dem Gipfeltreffen in Maastricht/NL vom 9. bis 11. 12. 1991 einem weiteren Vertragswerk zu, das die Grundlage für die Vollendung der Europäischen Wirtschafts- und Währungsunion/EWWU noch in diesem Jahrtausend sowie für weitere politische Integrationsschritte – insbesondere eine gemeinsame Außen- und Sicherheitspolitik/GASP – bilden soll. Dieser **»Vertrag über die Europäische Union«**, der am 7. 2. 1992 am selben Ort von den Außen- und Finanzministern der EG im Auftrag der Staats- und Regierungschefs unterzeichnet wurde, muß von allen 12 MSt. ratifiziert sein, wenn er am 1. 1. 1993 – gleichzeitig mit dem EG-Binnenmarkt – in Kraft treten soll. Für die Teilnahme Dänemarks, dessen Bevölkerung das Vertragswerk am 2. 6. 1992 in einem Referendum überraschend mit der knappen Mehrheit von 50,7% ablehnte, muß bis dahin eine politische Lösung gefunden werden.

Der in Maastricht beschlossene »Fahrplan« für die wirtschaftliche und politische Union lautet:

- **1. 1. 1993:** Start des Europäischen Binnenmarktes: Einheitlicher Wirtschaftsraum für Waren, Dienstleistungen, Kapital und für die Bürger. – Start des Europäischen Wirtschaftsraums/EWR der 19 Staaten aus EG und EFTA (→ Abschnitt 2). – Der Maastrichter Vertrag über die Europäische Union tritt in Kraft, sofern von den Zwölf ratifiziert.
- **Januar 1994:** Die zweite Phase der EWWU beginnt: Einrichtung des Europäischen Währungsinstituts/EWI als Vorläufer einer Europäischen Zentralbank/EZB.
- **Juni 1994:** Vierte Direktwahlen zum Europäischen Parlament (nach 1979, 1984 und 1989).
- **Januar 1995:** Voraussichtlicher Beitritt Österreichs, Schwedens und der Schweiz.
- **Ende 1996:** Bericht der EG-Kommission und des EWI an den Europäischen Rat zur Realisierung des festen Wechselkurssystems. Die EG-Staats- und -Regierungschefs müssen mit Zweidrittelmehrheit entscheiden, ob und wann die dritte Phase der WWU eingeleitet wird. Bei positiver Entscheidung werden die Wechselkurse unumkehrbar festgelegt; die Europäische Zentralbank übernimmt die Aufgaben des EWI.
- **Ende 1998:** Sollte eine einheitliche Währung nicht schon eingeführt worden sein, müssen die EG-Staats- und -Regierungschefs mit Zweidrittelmehrheit entscheiden, welche Staaten die WWU-Kriterien erfüllen. Diese Länder werden spätestens am 1. 1. 1999 in die letzte Phase der WWU eintreten.
- **Ende 1998:** Der Vertrag über die (politisch-militärische) Westeuropäische Union (→ WEU), die als Handlungsorgan an die Europäische Union angegliedert sein soll, wird überprüft.
- **Juni 1999:** Fünfte Direktwahlen zum Europäischen Parlament.

In der Europäischen Union (EU) soll die bisher freiwillige Abstimmung in außenpolitischen Fragen (EPZ) durch eine **gemeinsame Außen- und Sicherheitspolitik**/GASP ersetzt werden. Zwar müssen die Leitlinien der Außenpolitik auch weiterhin noch einstimmig im Ministerrat beschlossen werden, doch können auf dieser Grundlage gemeinsame Aktionen mit Zweidrittelmehrheit eingeleitet werden. Als **neue Zuständigkeiten** für die EU wurden Verbraucherschutz, Industriepolitik, Visumpolitik gegenüber Drittstaaten und Kultur in die Verträge aufgenommen. Dies war nur möglich, indem zur Abgrenzung der Zuständigkeiten zwischen EG und MSt. für alle Politikbereiche das **Subsidiaritätsprinzip** verankert wurde. Die vereinbarte Asyl- und Einwanderungspolitik soll dagegen außerhalb der Gemeinschaft auf der Ebene der Regierungszusammenarbeit aufgebaut werden. Der Ausbau der gemeinsamen **Sozialpolitik** (v. a. Bereiche Arbeitsbedingungen, Mitbestimmungsfragen und Gleichbehandlung von Frau und Mann) wird ohne Großbritannien als 11er-Gemeinschaft durchgeführt. Mit der EU wird eine **europäische Staatsbürgerschaft** eingeführt, die jedem Unionsbürger in jedem MSt. das aktive und passive Wahlrecht bei Kommunalwahlen und bei der Europawahl sowie das Petitionsrecht zugesteht. Das **Europäische Parlament** (EP) erhält lediglich in den Bereichen Forschung, Gesundheit, Kultur und Verbraucherschutz ein Mitentscheidungrecht. Bei der Einsetzung der EG-Kommission, deren bisher vierjährige Amtsperiode an die fünfjährige Wahlperiode des EP angeglichen wird, erhält es ein Zustimmungsrecht.

2. Der Europäische Wirtschaftsraum/EWR

Die Außenminister der 12 EG- und 7 EFTA-Staaten unterzeichneten am 3. 5. 1992 in Porto/Portugal den Vertrag zur Bildung eines Europäischen Wirtschaftsraumes/EWR ab 1. 1. 1993. In den 19 Ländern leben 377 Mio. Menschen; das sind 7% der Weltbevölkerung, die 30% der Welt-Wirtschaftsleistung erbringen und am Welthandel mit 43% beteiligt sind. Bislang wickeln die 7 EFTA-Staaten rd. 60% ihres Außenhandels mit der 12er-EG ab, die EG rd. 50% ihres Außenhandels mit der EFTA.

Vertragsinhalt: Die EFTA-Staaten verpflichten sich, die Gesetzgebung zur Verwirklichung der »vier Freiheiten« des Personen-, Waren-, Dienstleistungs- und Kapitalverkehrs in nationales Recht zu übernehmen (in einzelnen Bereichen Übergangsbestimmungen; Ausnahmen beim Handel mit bestimmten Lebensmitteln, Fisch, Kohle und Stahl sowie im Energiebereich). Vom Vertrag ausgenommen bleiben die Landwirtschaft und Fischerei, für die weiterhin bilaterale Abmachungen gelten; doch verpflichten sich die Vertragsparteien in einer Evolutionsklausel auf eine schrittweise Liberalisierung des Handels in diesem Bereich. Norwegen und Island räumen der Gemeinschaft zusätzliche Fangrechte ein; im Gegenzug öffnet die Gemeinschaft weitgehend ihren Markt für Fisch und Fischereierzeugnisse aus den EFTA-Ländern. Weiterer Vertragsinhalt des EWR sind die Übernahme des EG-Wettbewerbsrechts, die Regelungen über staatliche Beihilfen sowie Maßnahmen, mit denen Mindeststandards zum Schutz der Arbeitnehmer oder der Umwelt geregelt werden. Vereinbart wurden weiterhin eine Zusammenarbeit in den Bereichen Forschung und technologische Entwicklung, Ausbildung, Umwelt-, Verbraucher- und Zivilschutz, Sozialpolitik und bei den Maßnahmen für kleinere und mittlere Unternehmen/KMU. Zum Abbau des wirtschaftlichen und sozialen Gefälles in der EG (»Kohäsion«) gewährt die EFTA den EG-Staaten Portugal, Irland, Griechenland und Spanien innerhalb von 5 Jahren Finanzhilfen von 2 Mrd. ECU, davon 1,5 Mrd. ECU als Zinszuschüsse für Darlehen und den Rest in direkten Zuschüssen.

Institutioneller Rahmen des EWR:
1. *Rat* aus EG-Ministerrat und EG-Kommission einerseits und EFTA-Ministerrat andererseits (paritätischer Rat) trifft die politischen Entscheidungen und legt Leitlinien für den Gemeinsamen Ausschuß fest.
2. *Gemeinsamer Ausschuß* als ständiges Arbeitsgremium entschiedet über Übernahme neuer Rechtsvorschriften im EWR (bei Weiterentwicklung des EG-Rechts werden EFTA-Experten frühzeitig an der Ausarbeitung beteiligt).
3. *Parlamentarischer Ausschuß* aus Abgeordneten des Europäischen Parlaments und der Parlamente der EFTA-MSt. nimmt beratend zu EG-Gesetzgebungsmaßnahmen Stellung und dient als Kontaktforum zwischen den Sozialpartnern im EWR.
4. *Gerichtshof:* Auf eine zusätzliche Kammer beim Europäischen Gerichtshof (EuGH) in Luxemburg aus 3 Richtern der EFTA und 5 der EG als Schiedsstelle wurde nach Einspruch des EuGH verzichtet. Im Wettbewerbsrecht werden nunmehr eine EFTA-Kommission und ein EFTA-Gericht gebildet, die »gemischte« Wettbewerbsfälle bei Firmen, deren Umsatz im EWR zu mindestens 33% auf den EFTA-Raum entfällt, behandeln. Für die Rechtsauslegung im EWR ist, wie schon im EWG-Vertrag von 1975 vorgesehen, auch für den EWR der EuGH verantwortlich.

Ein Mitentscheidungsrecht seitens der EFTA besteht nicht. Die Rechtsetzungsautonomie der EG bleibt nach wie vor unangetastet.

Alpentransit: Abkommen der EG-Kommission vom 2. 5. 1992 mit Österreich und der Schweiz mit einer Laufzeit bis zum Jahr 2003 zur Regelung des EG-Güterverkehrs durch die Alpenländer. Diese Verträge sind nicht Bestandteil des EWR. Eine Einigung über den Transit wird aber von der EG als Bedingung für das Inkrafttreten des EWR angesehen. Österreich und die Schweiz verpflichten sich zur Erweiterung der Schienenkapazität, u. a. durch den Bau von »Alpen-Basistunneln«, die EG zur weitgehenden Verlagerung ihres Güterverkehrs auf die Schiene und zur Respektierung der Umweltschutzgesetzgebung der Alpenländer.

Österreich erlaubt jährlich 1,3 Mio. Lkw-Durchfahrten und sagt zu, bis 1996 Bahn-Transportkapazitäten für 20 Mio. t Güter zu schaffen (Investitionsvolumen: 40 Mrd. öS). Dies soll u. a. durch Ausbau der Brenner-, Tauern- und Pyhrnstrecke geschehen.

Die **Schweiz** gestattet täglich je 50 schweren Lkw in beiden Richtungen die Durchfahrt (38-Tonner). Zudem wird sie bis 1993 mit Investitionen von 1,4 Mrd. sFr die Tonnage-Kapazitäten der Bahn auf 10 Mio. t pro Jahr verdreifachen – dies entspricht 430 000 Sendungen (Lkw oder Container), bis zur Fertigstellung der NEAT (»Neue Eisenbahntraversalen«: neue Bahnlinien und -tunnel durch die Schweizer Alpen) im Jahr 2010 ein Anstieg auf rd. 70 Mio. t.

3. Das Schengener Abkommen

Am 19. 6. 1990 unterzeichneten Belgien, die BR Deutschland, Frankreich, Luxemburg und die Niederlande auf einem Moselschiff bei Schengen/Lux. einen Vertrag über (1.) den Abbau der Personenkontrollen an den gemeinsamen Binnengrenzen, (2.) deren Verlegung an die Außengrenzen und (3.) eine Reduzierung der Kontrollen im Warenverkehr ab 1. 1. 1992 – nach dem am 14. 6. 1985 auf Initiative von Bundeskanzler Helmut Kohl/D und Staatspräsident François Mitterrand/F in Schengen/Luxemburg unterzeichneten Regierungsabkommen über Grenzerleichterungen im Binnenverkehr auch als »Schengener Gruppe« bezeichnet. Das schleppende Ratifizierungsverfahren der Signatarstaaten verhinderte ein Inkrafttreten. Nunmehr angenommener Termin: 1. 1. 1993. Das Abkommen ist eine zwischenstaatliche Vereinbarung und nicht Teil der EG-Politik.

Beitritte: Italien 11/1990, Spanien und Portugal 6/1991, Griechenland 6/1992; Großbritannien und Irland werden nicht beitreten und behalten sich die Aufrechterhaltung der bisherigen Kontrollen vor.

Vertragsbestimmungen: Seit 1985 **(Schengen I)** wurden Erleichterungen bei der Grenzabfertigung verwirklicht (im Pkw-Verkehr nur noch »Sichtkontrolle« des passierenden Fahrzeugs; im Lkw-Verkehr u. a. Verzicht auf systematische Kontrolle von Fahrtenblatt und Beförderungsgenehmigung, der Maße und Gewichte). Wegen drohender Sicherheitsdefizite beschlossen die Innenminister mit dem Staatsvertrag von 1990 **(Schengen II)** Ausgleichsmaßnahmen:

▶ **Personenkontrollen** an den Binnengrenzen entfallen zugunsten derer an den Außengrenzen.
▶ **Visa** werden gegenseitig anerkannt; ein einheitliches Visum für Angehörige von Drittstaaten ist geplant.
▶ Für die **Asylverfahren** ist nur *ein* Staat zuständig: der, in den der Asylbewerber zuerst einreist (»Eintrittsstaat«); nationale Asylrechte bleiben bestehen.
▶ Die **polizeiliche Zusammenarbeit** wird durch ein länderübergreifendes Computer-Fahndungs- und Informationssystem (»Schengener Informationssystem«/**SIS** mit Sitz in Straßburg) verstärkt; Straftäter können über die Grenzen hinweg verfolgt werden (»Polizeiliche Nacheile«).

II. Internationale Organisationen mit diesjährigem Schwerpunkt Umwelt- und Naturschutz[1]

ANTARKTISVERTRAG

Unterzeichnung am 1. 12. 1959 in Washington D. C. durch 12 Staaten, die im Geophysikalischen Jahr 1958 eigene Forschungsstationen in der Antarktis eingerichtet hatten. Es sind dies die 7 Länder, die (z. T. übergreifende) »historische« Hoheitsansprüche auf Teilgebiete des 6. Kontinents geltend machen: Großbritannien (1908 und 1917), Neuseeland (1923), Frankreich (1924), Australien (1933), Norwegen (1939), Chile (1940) und Argentinien (1943), dazu Belgien, Japan, Republik Südafrika, UdSSR und USA. Der Vertrag trat am 23. 6. 1961 in Kraft (Ratifizierungsurkunden bei der US-Regierung).

Mitglieder (40 Staaten): **26 Konsultativstaaten:** Außer den 12 Signataren *(→ oben)* Brasilien, VR China, BR Deutschland (DDR bis 2. 10. 1990), Ecuador, Finnland, Indien, Italien, Rep. Korea, Niederlande, Peru, Polen, Schweden, Spanien und Uruguay. Ferner **14 »einfache« Mitglieder** *ohne Konsultativstatus* (d. h. ohne Stimmrecht): Bulgarien, Dänemark, Griechenland, Guatemala, Kanada, Kolumbien, DVR Korea, Kuba, Österreich, Papua-Neuguinea, Rumänien, Schweiz, Tschechoslowakei und Ungarn.

Voraussetzung für eine Vollmitgliedschaft (mit Konsultativstatus) sind »erhebliche kontinuierliche wissenschaftliche Forschungsarbeiten in der Antarktis sowie die Errichtung einer wissenschaftlichen Station oder die Entsendung einer wissenschaftlichen Expedition«. – Derzeit gibt es über 40 Überwinterungsstationen und zahlreiche Sommercamps, darunter eine der USA mit (im Sommer) bis zu 1800 Beschäftigten; 7 deutsche Forschungsstationen: 1. Neumayer (Überwinterungsstation), 2. Georg Forster, 3. Filchner, 4. Lili-Marleen, 5. Gondwana, 6. ERS/VLBI – Annexstation zu Gen. B. O'Higgins (Chile), 7. Annexstation zu Zubany (Argentinien; im Bau); Drescher wurde abgebaut *(→ Skizze)*.

Vertragsbestimmungen: Das Vertragsgebiet umfaßt die Bereiche südlich des 60. Breitengrades und schließt die Schelfeisgebiete ein (= ca. 14 Mill. km^2). Souveränitätsansprüche sind für die Vertragsdauer »eingefroren«. Die friedliche wissenschaftliche Forschung ist frei, jährlicher Austausch von Informationen über wissenschaftliche Programme und Beobachtungen in Stationen und bei Expeditionen. Das Vertragsgebiet ist entmilitarisiert und »entnuklearisiert«; Kernexplosionen und Ablagerung radioaktiven Abfalls sind verboten. Mitgliedsstaaten haben

---

[1] *Bisherige Schwerpunkte:* **Der Fischer Weltalmanach '89:** Afrikanische regionale Organisationen; **WA '90:** Amerikanische regionale Organisationen; **WA '91:** Europa, Nordamerika und Vereinte Nationen; **WA '92:** Arabische und islamische Staaten, Asien und Ozeanien.

Bodenschätze
- **!** Erdöl
- ✕ Kohle
- **Cu** Kupfer
- **U** Uran

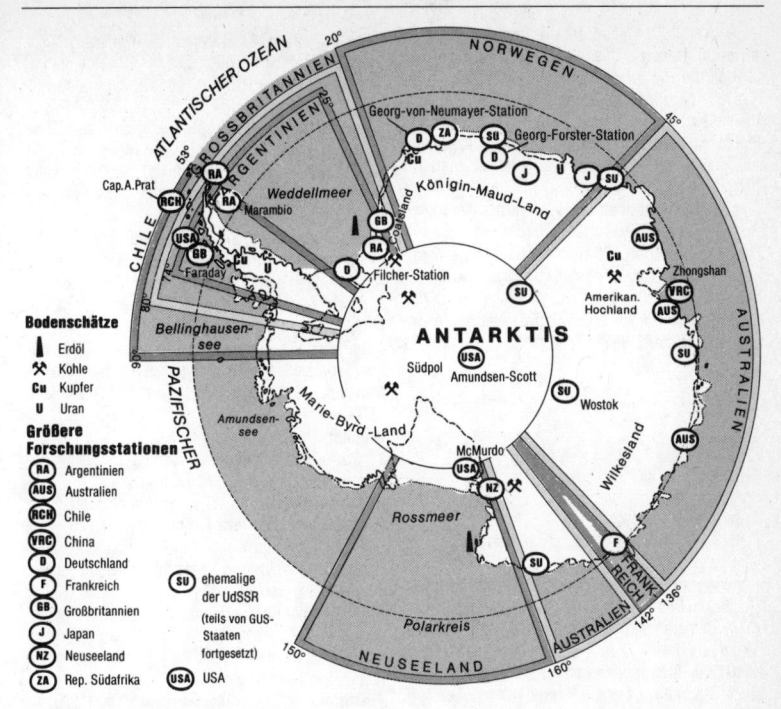

Größere Forschungsstationen
- (RA) Argentinien
- (AUS) Australien
- (RCH) Chile
- (VRC) China
- (D) Deutschland
- (F) Frankreich
- (GB) Großbritannien
- (J) Japan
- (NZ) Neuseeland
- (ZA) Rep. Südafrika
- (SU) ehemalige der UdSSR (teils von GUS-Staaten fortgesetzt)
- (USA) USA

das Recht zu Inspektionen von Stationen und vor Anker liegenden Schiffen sowie zur Luftüberwachung mit Zugang zu allen Gebieten der Antarktis. Nach Ablauf von 30 Jahren (1991) bestand die Möglichkeit, die Wirkungsweise des Vertrages zu überprüfen und Änderungen zu beschließen.

1. Ordentliche Konsultativtagung/ATCM (alle 2 Jahre; XV. in Paris 1989, XVI. in Bonn 1991) als zentrales Entscheidungsgremium;

2. Sonderkonsultativtagungen nach Bedarf, zuletzt in Vina del Mar/RCH 1990 und Madrid/E 1991;

3. Expertentreffen.

Sitz: Kein Sekretariat. – Kontaktstelle: Internationales Büro Alfred-Wegener-Institut für Polar- und Meeresforschung, 2850 Bremerhaven.

Den Antarktisvertrag begleitende **Maßnahmen und Übereinkommen:**

1. zur Erhaltung der antarktischen **Fauna und Flora** durch Schutzzonen und Artenschutz (in Kraft: 1964);

2. zur Erhaltung der antarktischen **Robben**/CCAS (in Kraft: 1978);

3. zur Erhaltung der **lebenden Meeresschätze** der Antarktis/CCAMLR durch ein Kontrollsystem und gegebenenfalls eine Begrenzung ihrer Nutzung, z. B. bei Krill, Fischen (in Kraft: 1982).

4. Protokoll zum Antarktisvertrag betreffend den **Umweltschutz** vom 4. 10. 1991 (Madrid), liegt bis 3. 10. 1992 zur Unterzeichnung aus und bezeichnet die Antarktis als »ein dem Frieden und der Wissenschaft gewidmetes Naturreservat« (Art. 2). »Jede Tätigkeit im Zusammenhang mit mineralischen Ressourcen mit Ausnahme wissenschaftlicher Forschung ist verboten« (Art. 7).

Problematik: Die Ausbeutung der Rohstoffe (geschätzte Vorkommen unter der durchschnittlich 1,7 km dicken Eisschicht: 45 Mrd. Barrel Erdöl, 115 Bill. m^3 Gas, ferner Titan, Chrom, Eisen, Kupfer, Kohle sowie die Edelmetalle Platin und Gold) erfordert Bergwerke, Industrieanlagen sowie Häfen und hätte negative Auswirkungen auf die antarktische Umwelt und folglich das globale Klima. Ein Ölunglück kann zu einer erheblichen Störung des ökologischen Gleichgewichts mit weit schwerwiegenderen Folgen als in anderen Regionen der Welt führen. Eine Bedrohung für das antarktische Ökosystem liegt im gewerblichen Massen- (Bau von Landebahnen, Häfen, Hotels) und im Individual- und Abenteuertourismus.

Der mehr als 200 Mitgliedsorganisationen und -gruppen in 36 Staaten zählende Umweltschutzverband **ASOC**/*Antarctic and Southern Ocean Coalition* (* 1978; Koordinator in Penang/Malaysia) setzt sich daher für ein internationales Naturschutzgebiet am Südpol ein, ebenso zahlreiche Umweltschutzorganisationen wie z. B. → Greenpeace (»Weltnaturpark«).

Andere Organisationen im Rahmen des Antarktisvertrages sind das *Wissenschaftliche Komitee für Antarktisforschung*/**SCAR** sowie der *Rat der Manager Nationaler Antarktisprogramme*/**COMNAP**; daneben außerhalb des Vertrages u. a. die *Zwischenstaatliche Ozeanographische Kommission*/**IOC** der UNESCO (→ *UNO*).

BALTISCHER RAT
Balti Nöukogu [estnisch],
Baltiesu padome [lettisch],
Baltu taryba [litauisch],
Sovet Pribaltijskich Gosudarstv [russisch]

Gründung am 12. 5. 1990 durch Wiederbelebung der »Baltischen Entente« von 1934 in Tallinn/Estland mit einer »Deklaration über Einmütigkeit und Zusammenarbeit« durch die Präsidenten der nach Wiederherstellung ihrer staatlichen Unabhängigkeit strebenden Republiken Estland (Arnold Rüütel), Lettland (Anatolijs Gorbunovs) und Litauen (Vytautas Landsbergis). (Nicht zu verwechseln mit dem → *Ostseerat*.)
Ziele: Politische und wirtschaftliche Zusammenarbeit; UNO-Mitgliedschaft und KSZE-Teilnahme (inzwischen verwirklicht); gemeinsames Vorgehen bei der sowjetischen Regierung wegen der Anfang 1990 erklärten Unabhängigkeit (inzwischen formell gegenstandslos und auf Abzug der ehem. Sowjet-Truppen verlagert).
Organe:
1. *Rat der Baltischen Staaten*, tagt periodisch oder auf Antrag eines Partners;
2. *Ständige Arbeitsgruppe* zum Informationsaustausch und für Koordinierung außenpolitischer Zielsetzungen.
Entwicklung: Ratssitzung am 5. 10. 1991 für Schaffung eines allgemeinen Sicherheitssystems der baltischen Staaten und eine aktive Beteiligung an der → KSZE. – Die Existenz des Baltischen Rates darf nicht darüber hinwegtäuschen, daß die 3 Staaten kulturell und heute auch wirtschaftlich sehr unterschiedlich sind und im Ausland keinesfalls gemeinsame Positionen einnehmen.

CEI INITIATIVE ZENTRALEUROPA
Central European Initiative; Arbeitsgemeinschaft **Donau-Adria** (früher: Pentagonale, Hexagonale)

Gründung am 10. 11. 1989 in Budapest/H als Vierergruppe; Beitritte der ČSFR 5/1990 (= Pentagonale) und Polens 7/1991 (= Hexagonale). Am 21. 3. 1992 Umbenennung in CEI im Hinblick auf erwarteten Mitgliederzuwachs.
Ziele: Projektbezogene, unbürokratische Zusammenarbeit in den Bereichen Politik, Wirtschaft und Kultur – nach dem Zusammenbruch des Ostblocks auch als Gegengewicht zum deutschen Einfluß in Mitteleuropa.
Mitglieder (7): Bosnien-Herzegowina, ČSFR, Italien, Kroatien (seit 1992), Österreich, Polen, Slowenien (seit 1992) und Ungarn; Jugoslawien bis Anfang 1992.
Organe:
1. *Konferenz* der Regierungschefs sowie der Außenminister, zuletzt 20. 7. 1992 in Wien;
2. *Arbeitsgruppen* (12) u. a. für Umweltschutz (Koordinator: Österreich), Transport (Italien), Zusammenarbeit von Klein- und Mittelbetrieben (Ungarn), Information und Telekommunikation (bisher Jugoslawien) sowie Wissenschaft und Kultur (ČSFR); ferner für Tourismus, Energie, Binnenwanderung und Zivilschutz.
Sitz: Zur Erleichterung der Projektfinanzierung Sekretariat in London geplant.
Finanzierung: Bisher kein ordentlicher Haushalt. Arbeitsgruppen bei den Mitgl.
Aktivitäten: Bisher 109 Projekte in 12 Arbeitsgruppen; einige Seminare und Ausstellungen bereits verwirklicht. Konsens über Harmonisierung von Meßdaten beim Umweltschutz; Planungsbeginn einer Straßen- und Schienenverbindung Triest – Budapest. Im Energiesektor werden die Verbindung der ost- und westeuropäischen Pipelines und die Sicherung der Versorgung Ungarns und der ČSFR nach Rückgang der sowjet. Erdöllieferungen angestrebt. Außenpolitisch wurde arbeitsteilige Abstimmung der Standpunkte bei → KSZE und anderen internat. Gremien vereinbart (Österreich z. B. Bindeglied zum → Europarat, Italien zur → EG).

CIESM INTERNATIONALE KOMMISSION ZUR ERFORSCHUNG DES MITTELMEERES
Commission internationale pour l'exploration scientifique de la Mer Méditerranée

Gründung am 30. 3. 1910 in Monaco/MC durch Mittelmeeranlieger; Statutenrevision 30. 11. 1970.

Mitglieder (17 Staaten): Ägypten, Algerien, Deutschland, Frankreich, Griechenland, Israel, Italien, ehem. Jugoslawien (Aufnahme der neuen Republiken absehbar), Marokko, Monaco, Rumänien, Schweiz, Spanien, Syrien, Tunesien, Türkei, Zypern.
– Ferner rund 1700 Wissenschaftler (Einzelmitglieder der 12 Wissenschaftlichen Komitees) in 53 Staaten.
Organe: 1. *Vollversammlung* (alle 2 Jahre);
2. *Zentralbüro* mit Sitz in Monte Carlo/Monaco; Generalsekretär: Jacques Yves Cousteau/F.
Amtssprache: Französisch.
Finanzierung durch die MSt.
Ziele: Zusammenarbeit unter den Forschern ozeanographischer Stationen der Mitgliedstaaten.

Aktivitäten: Studiensessionen; Workshops; 12 wissenschaftl. Komitees. Seit 1981 Forschungsprogramm über Verschmutzung des Mittelmeeres.
Kooperation u. a. mit → FAO, → IHO, UNEP und UNESCO *(→ UNO)*, mit der Internationalen Ozeanographischen Kommission/IOC *(→ UNO)* und mit GESAMP *(→ IMO* bei *UNO)* sowie mit:
GFCM/*Allgemeiner Mittelmeer-Fischereirat:*
* 1952 als beratendes Organ der FAO zur statistischen Erfassung der Fischbestände sowie zur Bestandserhaltung und -bewirtschaftung; Mitglieder: Regierungen von 19 Staaten; Sitz: Rom. *(Vgl. Text im Kasten.)*

Konferenzen und Beschlüsse zum Schutz des Mittelmeeres

1975: Auf 1. Konferenz unter Vorsitz des UN-Umweltprogramms *(→ UNEP)* in **Barcelona** zum Schutz des Mittelmeeres beschließen 16 Anrainerstaaten **Aktionsplan** zum Schutz des Mittelmeeres und seiner 46000 km langen Küste.
1976: Auf 2. Konferenz unterzeichnen sie die **Konvention von Barcelona** und 2 Protokolle zur Reinhaltung des Mittelmeeres: Verbot der Ausspülung bzw. Versenkung gefährlicher Substanzen sowie der Einbringung von Quecksilber, Cadmium, verwitterungsbeständigen Kunststoffen, DDT, Erdöl und Hydrocarbon. (Nach Ratifizierung durch 6 Staaten 2/1978 in Kraft.)
1980: In **Athen** unterzeichnen 17 Anrainerstaaten ein Abkommen zur Bekämpfung der Verschmutzung vom Lande her (nach Ratifizierung durch 6 Staaten 8/1983 in Kraft). 11 davon – Frankreich, Griechenland, Italien, Libanon, Libyen, Malta, Marokko, Monaco, Spanien, Tunesien und Zypern – verpflichten sich, die Abwässerbelastung durch den Bau von Kläranlagen und andere Maßnahmen in Küstenstädten sowie in den Industriezentren an den großen Flüssen wie Po, Nil und Rhône zu verringern.
1982: Zusatzprotokoll zur Konvention von Barcelona sieht die Schaffung von Schutzgebieten – hauptsächlich in den Uferzonen – vor.
1984: Konferenz in **Athen** bilanziert erneut die Meeresverschmutzung: 85% des Schmutzes kämen vom Land, der Rest von Tankerschiffen; 90% aller Abwässer flössen bisher ungeklärt ins Meer. Prohibitive Gesetze seien erst in 6 Staaten in Kraft: in Algerien, Ägypten, Frankreich, Monaco, Tunesien und der Türkei.
1985: Konferenz in **Genua** beschließt Realisierung der Konvention von Barcelona von 1976 »während der bevorstehenden Dekade«.
1990: Auf einer von der EG-Kommission organisierten Konferenz auf Zypern versprechen die nunmehr 20 Anrainerstaaten (darunter erstmals auch Albanien) in einer gegen die Stimmen der Türkei, Libyens und des Libanon verabschiedeten **Charta von Nikosia**, »spätestens bis zum Jahr 2025 das Mittelmeer von allen wichtigen Umweltproblemen zu entlasten«. Der Sanierungsplan sieht u. a. den Bau von Kläranlagen in 100 Küstenstädten, mindestens 25 Giftmülldeponien und (bis 1993) Reinigungsanlagen für Ballast- und Bilgenwasser von Schiffen in 20 Hafenstädten vor. Die EG-Kommission unterstützt den Plan mit 2,4 Mrd. DM (= 25% der Gesamtkosten).
Nach einer **Studie** der Europäischen Investitionsbank/EIB *(→ EG)* und der Weltbank *(→ UNO)* wird das Mittelmeer jährlich durch rd. 650000 t Öl (17mal soviel, wie die »Exxon Valdez« im Prinz-William-Sund vor Alaska verloren hat), 430000 t giftige Abwässer, 360000 t Phosphate, 65000 t Schwermetalle, (meist) ungeklärte Abwässer von 120 Großstädten sowie Chemikalien der Hochleistungs-Landwirtschaften belastet.

CILSS ZWISCHENSTAATLICHES KOMITEE ZUR KONTROLLE DER DÜRRE IN DER SAHELZONE
Comité permanent inter-États de lutte contre la sécheresse dans le Sahel

Gründung am 12.9.1973 in Ougadougou/BF auf dem Höhepunkt der Dürre seit 1968 im Sahel durch die 6 **Staaten** Mali, Mauretanien, Niger, Obervolta (heute: Burkina Faso), Senegal und Tschad; Statuten am 1.7.1974 in Kraft.

Ziele: Bekämpfung der Dürre und der fortschreitenden Wüstenbildung; Ernährungssicherung; Koordinierung internationaler Hilfsmaßnahmen für die Land- und Viehwirtschaft, Bewässerung, Schädlingsbekämpfung und im Verkehrswesen.

Mitglieder (9; später beigetretene mit Jahr): Burkina Faso, Kapverden (1976), Gambia (12/1973), Guinea-Bissau (1986), Mali, Mauretanien, Niger, Senegal, Tschad.

Organe:
1. *Konferenz der Staatschefs* (alle 2 Jahre);
2. *Ministerrat* (tagt jährl.), ernennt Regionalkoordinator bis zur nächsten Konferenz;
3. *Technisches Sekretariat* mit Exekutivsekretär; 4 Abteilungen: Verwaltung, Projekte, Außenbeziehungen, Dokumentation.

Sitz: Ougadougou/Burkina Faso (POB 7049).
Arbeitssprache: Französisch.

Finanzierung durch Mitgliedsbeiträge und Darlehen, hauptsächlich durch Spenden; wichtige Funktion hat dabei der

CLUB DU SAHEL, ein von CILSS und → OECD angeregter, seit 1976 bestehender informeller Zusammenschluß der Hauptgeberländer (EG-Kommission, USA, Frankreich, Deutschland, Niederlande, Kanada) zur Absprache der Hilfsmaßnahmen, mit einem der OECD angegliederten Sekretariat in 2, rue André Pascal, F-75775 Paris (bei OECD). Die Sekretariate von CILSS und Club stimmen sich über Arbeitsprogramme ab und bereiten gemeinsam die Konferenzen vor.

Aktivitäten: Ausbildungs- und Forschungsprogramme (Agronomie, Viehwirtschaft, Demographie) durch das Ausbildungszentrum **AGRHYMET** in Niamey/Niger (*1979) und das *Institut du Sahel*/ **INSAH** in Bamako/Mali (*1977) als Forschungs- und Dokumentationszentrum. – Eine Tagung des Ministerrats und der Staatschefs des CILSS 1990 in Bissau/Guinea-Bissau einigte sich mit dem Club du Sahel auf

1. Regeln für die Nahrungsmittelhilfe zwischen den Sahelregierungen und ihren Hauptpartnern (»Charte de l'Aide Alimentaire au Sahel«),
2. die Förderung des Getreidehandels in Westafrika und
3. die 1989 in Ségou/Mali zwischen CILSS und Club du Sahel ausgearbeiteten »Orientierungen« zur Be-

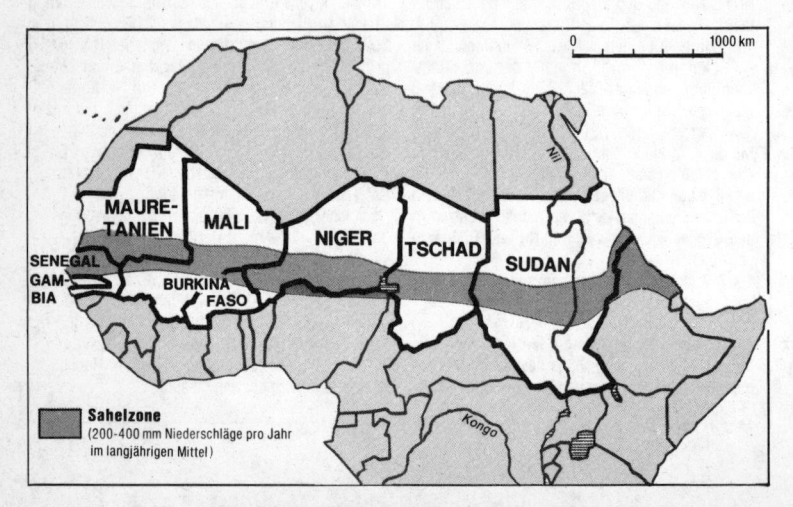

Afrika: Die Sahelzone / Mitgliedsstaaten des CILSS
(nach gtz-Info 5/1991; modifiziert)

wirtschaftung der Dorfgemarkungen und eine Dezentralisierung (Bildung autonomer örtlicher Institutionen).
Bewertung: CILSS und Club du Sahel erfüllen aufgrund ihrer Struktur und Arbeitsweise – insbesondere dank Sachkompetenz und flexibler Vorgehensweise – ihre Aufgaben besser als sonstige Regionalorganisationen. Die Transparenz der Mittelbewirtschaftung trägt zur Vertrauensbildung zwischen Mitgliedern und Geberländern bei.

CIPRA INTERNATIONALE ALPENSCHUTZKOMMISSION
Commission Internat. pour la Protection des Alpes
Commissione Internaz. per la Protezione delle Alpi

Gründung 1952 auf Initiative der → IUCN als Dachverband (INGO) von heute 70 Natur- und Umweltschutzorganisationen der Alpenländer mit ca. 3 Mio. Einzelmitgliedern.
Ziele: Erhaltung und Schutz des Natur- und Kulturerbes im rd. 190000 km² großen Alpenbogen; insbes. Schutz der Landschaften, Eindämmung grenzüberschreitender Belastungen von Straßenverkehr und Tourismus, umweltverträgliche Nutzungsregeln für den Alpenraum, Natur- und Landschaftsschutz im Kontext der Alpenraumplanung.
Mitglieder (1992):
a) Ordentliche: Nationale Komitees in den 7 Staaten Österreich (32% Alpenanteil), Italien (30%; zusätzl. Regionalkomitee Südtirol), Frankreich (18%), Schweiz (13%), Deutschland (4%), Slowenien (4%) und Liechtenstein;
b) Außerordentliche: Zielverwandte INGOs; CIPRA-Komitees in Nicht-Alpenstaaten.
b) Fördermitglieder (seit 1992): Natürliche und juristische Personen (Stiftungen, Verbände, Wirtschaftsunternehmen).
Organe:
1. *Delegiertenversammlung* (jährlich);
2. *Präsidium* (18 Mitglieder);
3. *Präsident* Mario F. Broggi/CH;
   Vize-Präsident Walter Danz/D;
4. *Geschäftsführer* Ulf Tödter/CH.
Sitz: Heiligkreuz 52, FL-9490 Vaduz.
CIPRA-Deutschland: Praterinsel 5, D-8000 München 22; CIPRA-Österreich: c/o Österr. Gesellschaft für Natur- und Umweltschutz, Hegelstr. 21, A-1010 Wien; CIPRA-Schweiz: c/o Schweizerischer Bund für Naturschutz, Postf. 73, CH-4020 Basel.
Sprachen: Deutsch, Französisch und Italienisch.
Aktivitäten: Veranstaltungen und Publikationen zu alpenweit relevanten Themen (CIPRA-Info; dt., frz., ital. Ausgabe) im Sinne der Statuten (→ *oben*).
1988: Konferenz Umweltpolitik im Alpenraum in Lindau/D: Präsentation der Ergebnisse einer alpenweiten Expertenumfrage, Wegbereiterin der Alpenkonvention (→ *unten*). – Jahrestagung zu Fragen des Alpentransits (neue Alpentraversalen) in Triesenberg/FL.
1989: Jahrestagung zu Fragen grenzüberschreitender Schutzgebiete in Großkirchheim/A.
1990: Jahrestagung »Die letzten naturnahen Alpenflüsse« in Martuljek/Slowenien, Präsentation einer alpenweiten Vergleichsstudie.
1991 (10.10.) Jahrestagung in Château-d'Oex/Waadt/CH anerkennt CIPRA-Komitee Sloweniens anstelle Jugoslawiens als Ordentliches Mitglied.
1992 (1.–3.10.): 40. Jubiläumskonferenz in Schwangau/Bayern zieht Zwischenbilanz und präsentiert Maßnahmenkatalog für die Protokolle zur Alpenkonvention.
Kooperation: CIPRA ist Mitglied der → IUCN, hat Beobachterstatus beim → Europarat und bei der Alpenkonvention (→ *unten*).

Alpenkonvention

Die Umweltminister der 6 Alpenstaaten Deutschland, Frankreich, Italien, Liechtenstein, Österreich und Schweiz sowie Vertreter der EG-Kommission unterzeichnen am 7.11.1991 auf der 2. Alpenkonferenz in Salzburg/A das von CIPRA initiierte »**Übereinkommen zum Schutz der Alpen**« (Alpenkonvention) als Rahmenvertrag für den Abschluß verbindlicher Protokolle über Mindeststandards in den Bereichen Natur- und Landschaftsschutz, Raumplanung, Tourismus, Verkehr, Berglandwirtschaft, Bergwald, Energie und Wasserkraft sowie Bodenschutz. Die Schweiz unterzeichnet unter Vorbehalt (Zustimmung vom Inhalt der einzelnen Protokolle abhängig); Sloweniens Unterzeichnung nach völkerrechtl. Anerkennung nachgeholt. Derzeit werden Fachverträge (sogenannte Protokolle) ausgearbeitet, in denen ein Rahmen für den Schutz und die umweltverträgliche Entwicklung des Alpenraumes geschaffen wird (Vetorecht).

CITES WASHINGTONER ARTENSCHUTZÜBEREINKOMMEN
Convention on International Trade in Endangered Species of Wild Fauna and Flora

Unterzeichnung des »Übereinkommens über den internationalen Handel mit gefährdeten Arten freilebender Tiere und Pflanzen« am 3.3.1973 in Washington/D.C. (in Kraft 1975; in der BR Dtld. am 20.6.1976) durch 10 Staaten.

Ziele: Kontrolle bzw. Verbot des gewerbsmäßigen Handels mit und Andenkenerwerbs von Exemplaren gefährdeter Arten freilebender Tiere und Pflanzen.
3 Schutzkategorien bedrohter Arten; Auflistung in »Anhängen« (rund 2500 Tier- und 35000 Pflanzenarten aufgelistet):
Anhang I umfaßt die unmittelbar *von der Ausrottung bedrohten* Pflanzen und Tiere (z. B. Fischotter, Tiger, Pandabär, Afrikanischer Elefant); der Handel mit ihnen (in Deutschland verboten) unterliegt einer »besonders strengen Regelung«.
Anhang II listet Arten auf, deren *Überleben gefährdet* ist (z. B. Luchs, Kranich, Kolibri); kontrollierter Handel mit Ausfuhrdokumenten erlaubt.
Anhang III beinhaltet Arten, die ein Staat für sein Gebiet *als gefährdet erklärt* (z. B. Flußpferd in Ghana, Nasenbär in Uruguay); dürfen nur mit Ausfuhrdokumenten gehandelt werden.
Vertragsstaaten: 114; BR Deutschland seit 1976.
Organe: *Vollversammlung* der Vertragsstaaten (alle 2 J.); *Generalsekretär:* Izgrev Topkow/R.
Sitz: Bei der → IUCN in Gland/CH.
Sprachen: Engl., Französ., Russ. und Span.
Finanzierung des Sekretariats durch Beiträge der Vertragsstaaten, aber auch durch Spenden der Pelz- u. Lederindustrie (Jahresbudget ca. 4 Mio. US-$).
Aktivitäten: 1. Konferenz in Lausanne 1989 beschließt mit 76 gegen 11 Stimmen weltweites Handelsverbot für Elfenbein (Ablehnung vor allem durch Botswana, Mosambik, Burundi, Malawi, Simbabwe, Republik Südafrika) und setzt Afrikanischen Elefanten in Anhang I. – 8. Konferenz in Kyoto 3/1992 beschließt, Handel mit Tropenhölzern (z. B. brasilian. Rosenholz) zu verbieten bzw. stark einzuschränken (Mahagoni), den Heringsfang im Nordatlantik zum Schutz der Bestände einzustellen, den nordamerikanischen Schwarzbären und den Braunbären in der GUS sowie Tropenvögel besser zu schützen.
Kooperation des CITES-Sekretariats u. a. mit → IWC, → UNESCO (→ UNO), → WWF.

CLUB OF ROME
Englische Kurzform: COR

Gründung im April 1968 in der Accademia dei Lincei in Rom auf Anregung Aurelio Pecceis (Gründungspräsident) als lockere Vereinigung von Einzelpersönlichkeiten aus aller Welt.
Aufgaben: Untersuchung, Darstellung und Deutung der »prekären Lage der Menschheit« (sog. »Weltproblematik«), Anstöße zu rationaler wissenschaftlicher Lösung globaler Probleme sowie im Sinne einer Weltfriedenspolitik Einflußnahme auf Regierungen und internationale Organisationen, wobei das gesellschaftliche Zusammenleben sowie die Harmonie mit der Natur (globaler Rohstoffhaushalt und Umweltschutz) im Vordergrund stehen.
Einzelmitgliedschaft auf 100 Personen beschränkt: Wissenschaftler, Industrielle, Wirtschaftler und Humanisten aus über 50 Staaten. – Nationale Gruppen in über 20 Staaten.
Organe: *Generalversammlung; Rat* (17 Mitgl.), wählt *Präsidenten:* seit 1/1991 *Don Ricardo Diez-Hochleitner*/E;
Generalsekretariat (GS: Bertrand Schneider/F).
Sitz: Paris.
Finanzierung durch Stiftungszuwendungen.
Aktivitäten: Seit 1972 18 weltweit Aufsehen erregende *Studien* (»Berichte an den Club of Rome«; 1990 erstmals Eigenveröffentlichung), u. a. über
»*Die Grenzen des Wachstums*« (Dennis Meadows, 1972; 10 Mio. Exemplare in 37 Sprachen), warnt vor Überbelastung der Erde durch ungezügeltes Bevölkerungswachstum, unkontrollierte Ausbeutung der Rohstoffe und Umweltzerstörung, empfiehlt zeitlich begrenztes »Null-Wachstum« bei Bevölkerung und Industrieproduktion;
»*Menschheit am Wendepunkt*« (1974), rückt vom Ziel des Null-Wachstums wieder ab;
»*Das Ende der Verschwendung*« (1976) untersucht Möglichkeiten zur Überwindung erwarteter Versorgungsengpässe im Energie-, Rohstoff- und Nahrungsmittelbereich;
»*Das menschliche Dilemma – Zukunft und Lernen*« (1979) mit neuem Lern- und Bildungsmodell, stellt menschliche Beziehungen statt reiner technischer Fähigkeiten in den Vordergrund;
»*Auf Gedeih und Verderb – Mikroelektronik und Gesellschaft*« (1982) über Revolution der Menschheit durch Mikroelektronik, deren Auswirkungen auf die Beschäftigungslage zu einem Verhängnis oder aber einer besseren Gesellschaft führen könnte;
»*Revolution der Barfüßigen*« (1985) zur wachsenden Bedeutung von Gemeinden und ländlichen Gruppen/Nichtregierungsorganisationen des Nordens in Entwicklungsländern;
»*Jenseits der Grenzen des Wachstums*« (1988), eine Bestandsaufnahme von Eduard Pestel/D († 1988), Mitbegründer des Club of Rome, die die Aufgabe des Nationalstaatsdenkens und eine »geopolitische Weltsicht« als Voraussetzung für eine gesicherte Zukunft der Menschheit nennt;
»*Die Herausforderung des Wachstums*« (1989) zur Lage der Menschheit am Ende des Jahrtausends – Hoffnung oder Gefahr der globalen Industrialisierung;
»*Die globale Revolution*« (Alexander King und Bertrand Schneider, 1991) über Notwendigkeit weltweiter Solidarität zur Bewältigung unserer Zeitprobleme (»Weltlösungsstrategie«); in 14 Sprachen veröffentlicht.

»Regierbarkeit« (Jehezekel Dror/IL, 1992) zu den Institutionen und Verfahren der nationalen und internationalen Politik.
Bewertung: Der Club übt eine beachtliche Wirkung auf die Weltöffentlichkeit und die politischen Entscheidungsträger aus; er nimmt damit die Rolle eines »Weltgewissens« wahr. Der Club war stets umstritten; manche seiner Einschätzungen erwiesen sich als unzulänglich. Sein unbestreitbares Verdienst: Der Glaube an die ungestrafte Machbarkeit von Wohlstand auf Kosten der Natur wurde als Illusion entlarvt.
Kooperation u. a. mit dem → IIASA sowie mit **IRED**/Innovationen und Forschung für die Entwicklung (*1980) und **üIWFSF**/Weltföderation für Zukunftsstudien (*1973).

EBWE EUROPÄISCHE BANK FÜR WIEDERAUFBAU UND ENTWICKLUNG
Kurzform: Osteuropabank; englisch: EBRD

Gründung am 25. 5. 1990 in Paris durch 42 Signatare – Arbeitsbeginn am 15. 4. 1991.
Ziele: Kredit-Unterstützung der mittel- und osteuropäischen Reformstaaten bei der Umwandlung zentraler Verwaltungswirtschaften in offene Marktwirtschaften (ca. 60% private, 40% staatliche Projekte).
Mitglieder (ursprünglich 42 Anteilseigner): Die Mitglieder der → OECD (24) und der damaligen Warschauer Vertragsorganisation/WVO (7) sowie Jugoslawien und Ägypten, Israel, die Republik Korea, Liechtenstein, Malta, Marokko, Mexiko und Zypern; außerdem die EG-Kommission und die EIB *(beide → Hauptkapitel EG)*. Neue Situation durch die Aufspaltung der UdSSR und Jugoslawiens. *Neue Mitglieder:* Albanien, Estland, Lettland und Litauen; die Aufnahme von 11 Nachfolgestaaten von UdSSR und Jugoslawien steht bevor.
Organe:
1. *Exekutivrat* aus 23 Mitgliedern;
2. *Präsident:* Jacques Attali/F (1991–1995);
3. *Generalsekretär:* Bart Le Blanc/NL.
Sitz: 122 Leitenhill-Hall-Street, **London** EC3 V4EB; 8 Büros in Osteuropa. – **Personal:** 465.
Kapitalausstattung: 10 Mrd. ECU (= rd. 20 Mrd. DM); jährl. Kredite von ca. 2,4 Mrd. DM geplant.
Anteile (vorläufiger Finanzierungsschlüssel): EG-Staaten (einschließlich des Beitrags der EG-Kommission und der EIB von je 3%) 51% (damit Stimmenmehrheit). – Größte Einzelkapitalgeber: USA 10%; Deutschland, Frankreich, Großbritannien, Italien und Japan je 8,5%; UdSSR (abgelöst durch Rußland) 6%. Auf die Ostländer insgesamt (einschließlich Jugoslawien) entfallen 13,5%, Rest übrige Staaten. Die beteiligten Länder zahlen in den ersten 5 Jahren ⅓ des vereinbarten Kapitals ein.

Kreditvergabe: 40% der Kredite für öffentliche Investitionen in Bereichen Infrastruktur und Umweltschutz vorgesehen, Rest für Projekte im Privatsektor. – Im 1. Geschäftsjahr (1991/92) vergab die Bank für 20 Projekte in Ost- und Zentraleuropa Mittel von insges. 621 Mio. ECU und initiierte damit Gesamtinvestitionen von 2,11 Mrd. ECU. Daneben
Technische Hilfe: Dafür wurden bis zum 20. 3. 1992 insges. 27,1 Mio. ECU ausgegeben. Länderstrategien wurden für Albanien, Bulgarien, die ČSFR, für Polen, Rumänien und Ungarn ausgearbeitet.
Aktuelle Entwicklung: Die EBWE arbeitet derzeit an einer »Zahlungsunion«, die vom Westen unterstützt werden soll und die Abwicklung des Handels zwischen den ehemaligen RGW-Staaten und den sowjetischen Republiken angesichts des Mangels an harter Währung ausarbeiten soll. Ziel ist ein Mechanismus, der mit möglichst geringem Devisenaufwand funktionieren und den Handel fördern soll.

ECO ORGANISATION FÜR WIRTSCHAFTLICHE ZUSAMMENARBEIT
Economic Co-operation Organization

Gründung am 28. 1. 1985 in Teheran/Iran.
Vorläuferin: **RCD**/*Regional Cooperation for Development* (*1964), die wiederum eine vom seinerzeitigen **CENTO-Pakt** (†1979) geschaffene Wirtschaftsgemeinschaft werden sollte: In der RCD wurden nur wenige Gemeinschaftsprojekte (etwa im Transport- und Kommunikationswesen sowie im militärischen Infrastrukturbereich) realisiert; sie war seit dem Sturz des Schahs im Iran (1979) inaktiv. Seit Anfang 1992 iranische Bestrebungen zum Ausbau der ECO in einen regionalen Staatenbund – als Keimzelle eines künftig erdteilumspannenden islamischen Marktes von Marokko bis Indonesien unter Einschluß der südlichen Nachfolgestaaten der UdSSR.
Ziele: Zusammenarbeit in Bereichen Handel, Landwirtschaft, Industrie, Verkehr, Technik, Wissenschaft und Erziehung der islamischen Nachbarn.
Mitglieder (8): Ursprünglich Iran, Pakistan und Türkei; seit 2/1992 auch Kasachstan, Kirgistan, Tadschikistan, Turkmenistan und Usbekistan. (Aserbaidschan wurde die Mitgliedschaft angeboten.) Die ECO wäre damit mit knapp 300 Mio. Menschen die größte moslemische Staatengemeinschaft. Iran strebt auch den Beitritt Afghanistans an. Die sog. »Türkische Republik Nordzypern« wird sich auf Betreiben Ankaras an den ECO-Aktivitäten beteiligen (→ aber gegensätzliche Schwarzmeer-Anrainer).
Organe:
1. *Gipfeltreffen* der Staats-/Regierungschefs, erstmals am 16./17. 2. in Teheran/Iran sowie am 9./10. 5. 1992 in Aschchabad/Turkmenistan (GUS);

Internationale Organisationen

2. *Hoher Rat* der (Stellvertretenden) Außenminister (tagt jährl. abwechselnd in einem MSt.);
3. *Technische Ausschüsse* (4) für die Bereiche: Wirtschaft/Infrastruktur, Technik/Industrie, Landwirtschaft, Erziehung/Wissenschaft;
4. *Sekretariat* mit Sitz in Teheran/Iran; Ausschüsse auch in Islamabad/PK und Ankara/TR.
Arbeitssprache: Englisch.
Aktivitäten: Bisher wurden im ECO-Rahmen nur eine Postorganisation und eine Industrie- und Handelskammer gegründet. – 7/1990 beschlossen die Außenminister den Bau einer iranischen Gas-Pipeline in die Türkei und nach Pakistan sowie die Öffnung der Organisation für weitere Mitglieder. 5/1991 vereinbarten sie eine 10 %ige Zollsenkung bei zahlreichen Verbrauchsgütern.
Am Rande des Gipfels:
▷ Konferenz der Anrainerstaaten des Kaspischen Meeres am 17. 2. 1992.
▷ ECO-Gründerstaaten beschließen gemeinsame **ECO-Investitionsbank** (* 30. 3. 1992 in Karachi/Pakistan) mit 320 Mio. US-$ Grundkapital.
▷ Am 18. 2. 1992 gründeten Iran, Tadschikistan und afghanische Mujahedin in Teheran eine gemeinsame »**Kulturorganisation**« mit dem Ziel der Wiederbelebung der islamischen Kultur im früheren sowjetischen Zentralasien.

EFTA
EUROPÄISCHE FREIHANDELSASSOZIATION
European Free Trade Association

Gründung durch britische Initiative nach Inkrafttreten des EWG-Vertrages (1958) zum Schutz der Handelsinteressen der westeuropäischen Staaten, die nicht in die Römischen Verträge eingebunden waren. Stockholmer Abkommen vom 4. 1. 1960, in Kraft am 3. 5. 1960.
Entwicklung: Von den 7 Gründungsmitgliedern Dänemark, Großbritannien, Norwegen, Österreich, Portugal, Schweden und Schweiz traten 1973 Großbritannien sowie Dänemark und 1986 Portugal zur → EG über. – Österreich beantragte 1989, Schweden am 1. 7. 1991, Finnland am 18. 3. 1992 und die Schweiz am 25. 5. 1992 die EG-Mitgliedschaft.
Heutige Mitglieder (7): Finnland (seit 1985 Vollmitglied), Island (seit 1970), Liechtenstein (seit 22. 5. 1991), Norwegen, Österreich, Schweden und Schweiz.
Ziele: Förderung des wirtschaftlichen Wachstums, der Vollbeschäftigung, der Erhöhung des Lebensstandards usw. durch Beseitigung von Handelsbarrieren unter den MSt. bei nichtagrarischen Gütern.
Symbol: Flaggen der MSt. in offenem Kreis.
Organe:
1. *Ministerrat* als oberstes Organ, in dem alle MSt. gleichberechtigt vertreten sind; Tagungen halbjährlich, Vorsitz wechselt im Turnus.
2. *Ständige Komitees* aus den nationalen Regierungsvertretern und verschiedene beratende *Arbeitsgruppen.*
3. *Generalsekretär:* Georg Reisch/A (seit 1988).
4. *Industrie-Entwicklungsfonds für Portugal* (* 1976) mit Darlehen über ca. 52,3 Mio. US-$ für 1991.
5. *Organisation für Prüfung und Zertifizierung/ EOTC* (* 1990) zur Beseitigung von Handelshemmnissen durch unterschiedliche nationale Normen und Zertifizierungssysteme.
Sitz: 9–11, rue de Varembé, CH-1211 Genf 20.
Personal: 140. – **Arbeitssprachen:** Englisch; Dokumente auch in den Sprachen der Mitgliedsstaaten.
Finanzierung: Jahreshaushalt 1991/92: 48,55 Mio. sfr durch Staffelbeiträge: CH 28,78 %, S 24,49 %, A 17,27 %, N 12,20 %, SF 14,47 %, IS 1,74 % sowie FL 0,60 %. – Haushaltssteigerung um 57 % gegen Vorjahr wegen Mehrausgaben durch die Kooperation mit Mittel- und Osteuropa, die EWR-Verhandlungen sowie neue EFTA-Strukturen.
Aktivitäten und Bilanz:
Zollfreiheit für alle Industrieerzeugnisse bereits 1967. **Warenursprungsregelung** regelt Zollfreiheit nur für Güter, die vollständig oder zu über 50 % im EG-EFTA-Raum hergestellt werden. Im **Handel mit den EG-Staaten** fielen zum 1. 1. 1984 die letzten Zollbarrieren für industrielle Güter. Die wirtschaftliche Zusammenarbeit mit der EG erstreckt sich vor allem auf den **Europäischen Wirtschaftsraum/EWR** vom 1. 1. 1993 an (→ *Kasten, Sp. 732 ff.*).
Kooperation u. a. mit → EG, → Europarat, GATT (→ *UNO*) und → OECD.

ELCI ELC INTERNATIONAL
Environmental Liaison Centre

Gründung: 1975 in Nairobi/Kenia auf Initiative der Stockholmer Umweltkonferenz 1972 (→ *Kasten, Sp. 793 ff.*) als Umwelt-Verbindungszentrum **ELC**/*Environmental Liaison Centre* zum UNEP (→ *UNO*); seit 1987 »ELC International«.
Aufgaben: Weltweite Unterstützung von Umweltorganisationen; Förderung von Umweltstrategien in Zusammenarbeit mit UNEP.
Mitglieder 1990: Rund 300 nationale Umwelt- und Entwicklungsorganisationen in 67 Staaten sowie über 70 weitere INGOs, z. B. → FOEI und → Greenpeace.
Organe: *Direktorium* aus 15 gewählten und 3 kooptierten Mitgliedern (tagt jährlich);
Exekutivkomitee: Direktor Shimwaayi Muntemba.
Sitz in Nairobi (POB 72461). – **Personal:** rd. 20, dazu freiwillige Helfer aus aller Welt.

Arbeitssprachen: Englisch, Französisch, Spanisch.
Finanzierung durch Mitgliedsbeiträge der Mitgliedsorganisationen und UNEP; Zuschüsse der Canadian International Development Agenca/CIDA, der US-amerikanischen Ford Foundation, der Norwegian Agency for International Development/NORAD sowie der niederländischen und französischen Regierung. Haushalt ca. 1 Mio. US-$.
Aktivitäten: Erfassung von Umweltaktivitäten der Mitglieder; regionale Workshops; Informations- und Ausbildungsdienste; Unterstützung von Umweltinstitutionen in der Dritten Welt; zahlreiche regelmäßige mehrsprachige und weltweit vertriebene Publikationen.
Kooperation: Konsultativstatus bei ECOSOC, UNESCO und FAO *(→UNO)*; Liaison-Status bei IFAD *(→UNO)*, → IWC und →IUCN.

EUROPARAT
Council of Europe – Conseil de l'Europe

Gründung: Unterzeichnung des Statuts am 5. 5. 1949 in London durch 10 Staaten (→ * Mitglieder); in Kraft am 3. 8. 1949 (1951 abgeändert).
Ziele nach Art. 1 sind, »einen engeren Zusammenschluß zwischen den Mitgliedern herbeizuführen, um die Ideale und Grundsätze, die ihr gemeinsames Erbe sind, zu bewahren und zu fördern und auf ihren wirtschaftlichen und sozialen Fortschritt hinzuwirken«. Bevorzugte Themen: Wahrung der Freiheiten des einzelnen, Schutz der Menschenrechte, Stärkung der demokratischen Institutionen, Verbesserung der Lebensqualität und kulturelle Zusammenarbeit.
Mitglieder (27): *Belgien, Bulgarien (seit 1992), ČSFR (seit 1991), *Dänemark, BR Deutschland (1950 assoziiert, seit 1951 Vollmitglied), Finnland (1989), *Frankreich, Griechenland (seit 1949, 1967–74 suspendiert), *Großbritannien, *Irland, Island (seit 1950), *Italien, Liechtenstein (seit 1978), *Luxemburg, Malta (seit 1965), *Niederlande, *Norwegen, Österreich (seit 1956), Polen (seit 1991), Portugal (seit 1976), San Marino (seit 1988), *Schweden, Schweiz (seit 1963), Spanien (seit 1977), Türkei (seit 1949), Ungarn (seit 1990) und Zypern (seit 1961).
Beobachterstatus: Israel.
Gaststatus: Albanien (1991), Estland (1990), Jugoslawien (1989, Ende 1991 widerrufen), Lettland (1990), Litauen (1991), Rumänien (1991), Slowenien (1991), Rußland (1989; 1991 Nachfolge für UdSSR).
Weitere Anträge auf Gaststatus: Armenien, Aserbaidschan, Makedonien, Moldau, Ukraine, Weißrußland.

Organe:
1. *Ministerkomitee*
der 27 Außenminister, die halbjährlich in Straßburg tagen (Vorsitz rotiert). Ihre als Ständige Vertreter beim Europarat akkreditierten Delegierten (mit Botschafterstatus) treffen sich monatlich.
2. *Parlamentarische Versammlung*
aus 420 von den nationalen Parlamenten gewählten Abgeordneten, tagt dreimal jährlich in Straßburg; ausschließlich beratende Funktionen. Empfehlungen an das Ministerkomitee, die in Ausschüssen vorbereitet und von der Versammlung in öffentlicher Sitzung angenommen werden.
3. *Generalsekretariat*
mit rund 900 Beamten, erfüllt Dienstleistungen für Ministerkomitee und Parlamentarische Versammlung, wird von einem von der Versammlung für jeweils 5 Jahre gewählten *Generalsekretär* (z. Zt. Catherine Lalumière/F) geleitet. – Stv. (Kanzler): Heinrich Klebes/D
Sitz: Palais de l'Europe, F-67006 Straßburg.
Als **zwischenstaatliche Gerichtsbarkeit** fungieren die beiden Institutionen
4. *Europäische Kommission für Menschenrechte*/**HRC** und der
5. *Europäische Gerichtshof für Menschenrechte*/**EGHMR**.
Weitere **Institutionen** sind u. a.:
6. *Rat für Kulturelle Zusammenarbeit*/**CDCC** *1950 zur Leitung der Bildungs- und Kulturarbeit, insbesondere zur Verwaltung des Europäischen Kulturfonds und der Higher Education Scholarships des Europarats mit dem Unterausschuß **CCPU** (Ständige Konferenz für Hochschulfragen, * 1978);
7. *Europäisches Jugendzentrum*/**EYC**, * 1972;
8. *Europäisches Jugendwerk*, * 1972;
9. *Europarats-Fonds:* Wiedereingliederungsfonds des Europarats für die nationalen Flüchtlinge und die Überbevölkerung in Europa, * 1955.
Amtssprachen: Französisch und Englisch; in der Parlamentarischen Versammlung auch Deutsch, Italienisch und Spanisch.
Finanzierung durch MSt.; Haushalt 1991: 210 Mio. DM.
Aktivitäten:
1. *Politische Zusammenarbeit* mit den nationalen Regierungen, Verbänden und mit internationalen Organisationen;
2. *Menschenrechte:* Behandlung von Beschwerden durch Ministerkomitee und Gerichtshof, Weiterentwicklung der Europäischen Konvention zum Schutz der Menschenrechte;
3. *Öffentliches Gesundheitswesen:* Seminare, Stipendienvergabe, Drogenbekämpfung, Europäisches Arzneibuch;
4. *Unterricht, Kultur und Sport:* u. a. Anerkennung von Diplomen: Äquivalenzen in Schule und

Hochschule (dazu 4 Europarats-Konventionen), europäische Kunstausstellungen, Rettung gefährdeter Kulturgüter, Dopingbekämpfung;
5. *Jugendpolitik:* Jugendzentrum/Jugendwerk;
6. *Umweltfragen und Raumordnung:* Natur- insbes. Tierschutz, Zusammenarbeit in Grenzregionen;
7. *Kommunale und regionale Fragen:* Europakonferenz der Gemeinden und Regionen, Städtepartnerschaften, Verleihung der Europaflagge;
8. *Rechtsfragen und -harmonisierung:* Zivil- und Handelsrecht, Strafrecht und Verbrechensbekämpfung, Öffentliches Recht;
9. *Öffentlichkeitsarbeit:* Filme zu europäischen Themen, europäische Wettbewerbe, Europatag

Bisher entstanden im Europarat gut **140 wichtige Konventionen und Vertragswerke** über Menschenrechte, Umweltschutz, Datenschutz, ausländische Arbeitnehmer, Bildungsabschlüsse, sprachliche und ethnische Minderheiten, Raumordnung, Medienpolitik. Die bekanntesten sind die Europäische Konvention zum Schutz der Menschenrechte und Grundfreiheiten (1950), das Europäische Kulturabkommen (1954), die Europäische Sozialcharta (1961), die Europäische Konvention zur Bekämpfung des Terrorismus (1977), das Europäische Datenschutzabkommen (1981), die Konvention gegen Folter und entwürdigende Behandlung (1987) und die Konvention über grenzüberschreitendes Fernsehen (1989). Im Bereich **Umwelt- und Naturschutz** plant der Europarat 1993 ein »PanEuropean Forum on the Environment«. Innerhalb des Rahmens der »European Conservation Strategy« sollen die europäischen Probleme des Natur- und Landschaftsschutzes thematisiert werden.

IGO-Kooperation u. a. mit den → UN und fast allen ihren Unter- und Sonderorganisationen, mit → EFTA, EG-Kommission *(→ EG),* → OECD, → WEU; Konsultativstatus beim Europarat haben darüber hinaus rund 240 **INGOs**.

GREENPEACE
Greenpeace International

Gründung im September 1971 nach einer Protestaktion kanadischer Umweltschützer gegen US-Kernwaffenversuche vor der Küste Alaskas (Aleuten) in Vancouver/Kanada als Stiftung; **Greenpeace International* mit finanzieller Hilfe des World Wildlife Fund *(→ WWF)* seit 1979 in Amsterdam. – Heute weltweit tätige Umweltschutzorganisation (INGO).
Ziel: Förderung des Umweltbewußtseins durch direkte (unkonventionelle) Aktionen; Wiederherstellung der zerstörten ökologischen Kreisläufe (insbesondere der Ozeane, Flüsse und der Luft).

Mitglieder: 25 nationale/regionale Greenpeace-Sektionen mit weltweit 40 Filialen. – Deutsche Sektion in Hamburg (540 000 Einzel-/Fördermitglieder).
Organisation:
1. *Council* (Weltrat) aus z. Zt. 25 »*Trustees*« (Repräsentanten der nationalen Büros), davon 12 stimmberechtigt (aus D: Brigitte Albrecht) als zentrales Entscheidungsgremium; tagt jährlich; Beschlüsse über neue Aktionen bedürfen ¾-Mehrheit. »*Chairman*«: Matti Wuori/SF (seit 9/1991; zuvor: Gründungschef David McTaggart/CDN), wählt
2. *Vorstand* aus 2 Vertretern der europäischen Region, 2 Vertretern des amerikan. Kontinents und zusätzlich einem Mitglied; ernennt die
3. *Internationale Geschäftsführung* zur Leitung des Büros in Amsterdam und internat. Koordination (Exekutivdirektor: Steve Sawyer); ernennt Leiter der
4. *Geschäftsbereiche:* 1. *Kampagnen* (Büro Amsterdam) mit Ressorts Atom, Chemie, Bedrohte Tierarten und Greenpeace-Schiffe, 2. *Kommunikation* (Presse- u. Medienarbeit; London), 3. *Organisationsentwicklung* (Amsterdam) und 4. *Verwaltung* (Amsterdam).
Politischer Sitz: 25 High Street, GB-Lewes, East Sussex BN27LU/UK. Koordinierung der Arbeit der weitgehend unabhängigen nationalen Greenpeace-Organisationen durch die
Geschäftsführung: Keizergracht 176, NL-1016 DW Amsterdam;
Dt. Sektion: Vorsetzen 53, 2000 Hamburg 12.
Personal: Weltweit 500 Angestellte.
Finanzierung durch Spenden und Beiträge; umfangreiche testamentarische Hinterlassenschaften (1990 weltweit 141 Mio. US-$; davon 57 Mio. DM in Dtld.). Jahresbudget: rd. 100 Mio. US-$.
Aktivitäten: Seit 1972 Aktionen gegen französische Kernwaffenversuche im Pazifik (1985 Versenkung des Greenpeace-Flaggschiffs »Rainbow Warrior« in Auckland/Neuseeland durch französische Geheimagenten). Seit **1975** Aktionen u. a. gegen: Ausrottung der Wale, Robben und Meeresschildkröten, Versenkung chemischer und radioaktiver Abfälle im Meer, Kernwaffenversuche und Bombenherstellung, sauren Regen, Waldsterben. – Fluß-Aktionsschiff »Beluga« (mit Labor) spürt seit **1985** auf europäischen Flüssen verbotene Einleitungen auf. Seit **1987** Basislager in der Antarktis (Ross Island) zur Untersuchung der Fischpopulation und Krebsarten; Ziel: Stopp der Verschmutzung der Antarktis, Errichtung eines »Weltparks« in der Region *(→ Antarktisvertrag).* Seit Anfang **1990** Kampagnen gegen weitere Wasserverschmutzung der Elbe *(vgl. → IKSE)* und vor russ. Küste gegen Atomtests; seit **1991** in Deutschland Kampagne zum Schutz des Wattenmeers. – 8 Greenpeace-Schiffe auf den Weltmeeren. – Zahlreiche Publikationen, u. a. »Global Warning« (1991; über drohende Wärmekatastrophe).

Bewertung: Beachtliche Erfolge durch spektakuläre, kontinuierliche und wissenschaftlich fundierte Kampagnen und als »Umwelt-Lobby« auf internationalen Konferenzen. Beispiele: Australien gab den Walfang auf. Bayer Leverkusen (in Dtld.) stellte die Abfallstoff-Verklappung im offenen Meer ein. Belgien verbot die Dünnsäure-Verklappung. Die Walfang-Kommission (→ *IWC*) initiierte 1985 ein Walfangmoratorium. Greenpeace vertrat mehrere Kleinstaaten Ozeaniens auf der Konferenz der sog. Londoner Konvention *(→ Kasten, Sp. 793ff.)*.

Rapide Entwicklung von einer »verschworenen Ökogemeinde« zu einem weltumspannenden »Umweltkonzern«. Greenpeace ist nach dem »Ausstieg« prominenter Leitungspersonen vor allem in Dtld. massiven Vorwürfen ausgesetzt (Gigantismus, autoritärer Führungsstil, Imagepflege als Selbstzweck, fragwürdige Methoden bei der Spendenbeschaffung) und befindet sich in einer Identitätskrise, die eine organisatorische und konzeptionelle Neuausrichtung erfordert. Greenpeace kontert mit weltweit extrem hohen Schadenersatz- und anderen Prozessen und mit dem sehr hohen Kostenaufwand für die inszenierten lebensgefährlichen Provokationen, die erst die weltweite Publicity für Umweltanliegen ermöglicht haben.

Kooperation: Konsultativstatus bei → UN-Vollversammlung und ECOSOC *(→ UNO)* sowie bei → IUCN; Beobachter u. a. bei → CITES, IAEO *(→ UNO)*, → INK, → IWC, OSCOM *(→ ICES)*, PARCOM *(→ UNO/IMO)* und ASOC *(→ Antarktisvertrag)* sowie Teilnahme an den Konsultativtreffen der Vertragsparteien der Konventionen über weitreichende grenzüberschreitende Luftverschmutzung (*1979) und Londoner Konvention zur Verhinderung der Meeresverschmutzung durch Abfälle (*1972/75).

HELCOM OSTSEE-SCHUTZKONFERENZ
Ursprüngl.: (Interim) Baltic Marine Environment Protection Commission – Helsinki Commission

Gründung am 22. 3. 1974 in Helsinki/SF durch die »Konvention über den Schutz der maritimen Umwelt des Ostseegebietes« der Anrainerstaaten. Die **Konvention** verpflichtet die Vertragsstaaten, die Zuführung gefährlicher Stoffe in die Ostsee (Versenkung von Giftstoffen, Einlauf ungereinigter Abwässer, Ablassen von Öl aus Schiffen) einzuschränken bzw. zu verbieten. – Statuten am 3. 5. 1980 revidiert.
Signatare (die 7 Anrainer): Dänemark, DDR († 1990), BR Deutschland, Finnland, Polen, Schweden und die UdSSR († 1991). Konventionsänderung 9/1992 soll Beitritt der EWG (= EG-Kommission) ermöglichen.
Beobachter: ČSFR und Norwegen sowie das UNEP,

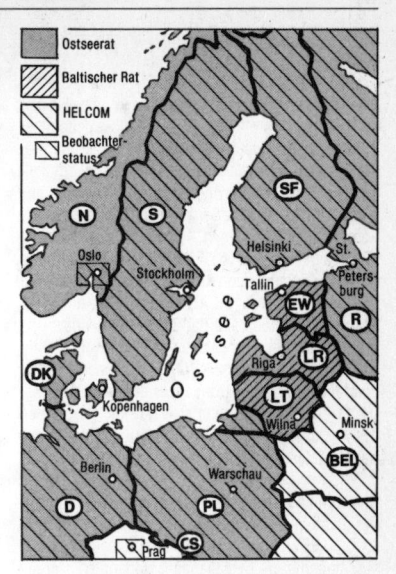

Baltischer Rat, HELCOM und Ostseerat

die ECE, FAO, IMO und WHO *(→ UN)*, die IOC/Zwischenstaatliche Ozeanographische Kommission *(→ UNO/UNESCO)*, → ICES sowie der Nordische Rat und der Nordische Ministerrat.
Organe:
1. *Kommission* zur Überwachung der Konventionsziele, deren Weiterentwicklung und zur Zusammenarbeit mit regionalen/internationalen Organisationen; Vorsitz rotiert im 2-Jahres-Turnus;
2. *Expertengruppen* u. a. zur Bekämpfung von Ölverschmutzungen;
3. *Arbeitsgruppe* zur Koordinierung des Aktionsplans von 1990 *(→ unten)*;
4. *Exekutivsekretär:* Fleming Otzen/S,
Sitz: Mannerheimintie 12a, SF-00100 Helsinki.
Finanzierung: 1990 ca. 4,4 Mio. Finnmark durch gleiche Beiträge der Signatare zuzügl. Sonderbeitrag des Sitzlandes.

Die Ostsee ist durch Einleitung von jährlich rund 1 Mio. t Stickstoff und 70000 t Phosphor sowie sonstigen Schadstoffen aus der Industrie stark belastet: 70000 der 420000 km² großen Ostsee sind biologisch tot.
Entwicklung:
Die Helsinki-Konvention 1974 wie auch die 1973 in Danzig/Polen unterzeichnete »Konvention über die Fischerei und den Schutz der lebenden Ressourcen in der Ostsee und in den Belten« erwiesen sich als unzureichend, zumal die meisten Staaten die Aufla-

gen nicht erfüllten. – Neue Anläufe zur Rettung der Ostsee sind:
2/1988: Die Umweltminister der 7 Anrainer empfehlen in der **Helsinki-Deklaration** bis 1995 eine Halbierung des Schadstoffeintrags in die Ostsee gegenüber 1987. Weitere Maßnahmen: 1. Verringerung des Bleigehalts im Benzin und gleichzeitig Angebot bleifreien Benzins, 2. Verringerung der Nährstoffe aus der Landwirtschaft, 3. Senkung der Schadstoffe aus kommunalen Kläranlagen, 4. Begrenzung der Öl- und Abwasserbelastung von Erdöl- und Gasförderplattformen, 5. Schutz der Robben in der Ostsee durch Jagdverbote sowie 6. Abbau der Einleitung von Chlorverbindungen aus der Zellstoffindustrie.
9/1990: Die Regierungschefs bzw. Umweltminister der Anrainerstaaten sowie Norwegens und der ČSFR verständigen sich in Ronneby/S auf einen **Aktionsplan** zur Konkretisierung der Helsinki-Deklaration 1988: Einsetzung einer *Arbeitsgruppe,* der neben den Signataren der Helsinki-Konvention von 1974 die ČSFR, Norwegen, Rußland, Weißrußland, Estland und Lettland sowie Förderprogramm-Vertreter der Weltbank *(→ UNO/Weltbankgruppe),* EIB *(→ EG),* →EBWE und der Nordischen Investitionsbank/NIB angehören. Begleitende Maßnahmen werden ebenfalls von den Banken mit entschieden, denen damit eine zentrale Rolle bei der Ostseesanierung zufällt. Die Teilnehmerstaaten verpflichten sich bis 1991 zu nationalen Sanierungsprojekten sowie zur Benennung der Schadstoffquellen und Verursacher. Mit der konzertierten Sanierung soll spätestens 1993 begonnen werden.
4/1992: Die Anrainer-Umweltminister schließen neuen Ostsee-Schutzvertrag, der auf dem **Verursacherprinzip** basiert und auch die Binnengewässer der Signatare einschließt. Dieser löst die Konvention von 1974 ab.
Kooperation: Beobachterstatus haben→ ICES, ECE, IAEA, UNEP, IMO, IOC, WHO und WMO *(→ UNO)* sowie die
IBSFC (Internationale Baltische Fischereikommission: * 1973; 5 Länder: DDR [† 1990], PL, S, SF, SU [† 1991] sowie EG-Kommission; Sitz: Warschau),
OSCOM (Oslo-Kommission – Organ der Konvention zur Verhinderung der Meeresverschmutzung durch Schiffe/Flugzeuge: * 1972; 13 westeuropäische Staaten: B, D, DK, E, F, GB, IS, IRL, NL, N, P, S, SF; Sitz: London),
PARCOM (Pariser Kommission – Organ zur Verhinderung von Meeresverschmutzung vom Land aus: * 1974; 14 westeurop. Mitglieder und Sitz wie OSCOM sowie EG-Kommission).

ICES INTERNATIONALER RAT FÜR MEERESFORSCHUNG
International Council for the Exploration of the Sea

Gründung am 22. 7. 1902 in Kopenhagen/DK als *Permanent Council for the Exploration of the Sea*. Neugründung als IGO am 12. 9. 1964, Konvention am 22. 7. 1968 in Kraft.
Ziele: Ozeanographische Erforschung lebender Ressourcen in der Region (Nord-)Atlantik und angrenzende Meere; Öffentlichkeitsarbeit.
Mitglieder (17): Belgien, Dänemark, BR Deutschland (DDR bis 2. 10. 1990), Finnland, Frankreich, Großbritannien, Irland, Island, Kanada, Niederlande, Norwegen, Polen, Portugal, Schweden, Spanien, UdSSR (seit 12/1991 Rußland), USA.
Organe:
1. *Rat:* je 2 Delegierte;
2. *Exekutivbüro;*
3. *Ständige Ausschüsse* (16), darunter für Fischereimanagement/ACFM und Meeresverschmutzung/ACMP; über 50 Arbeits- und Studiengruppen;
4. *Generalsekretär* (Emory D. Anderson/DK) mit **Sitz:** Palaegade 2, DK-1261 Kopenhagen K.
Personal: 26. – **Sprachen:** Engl. und Französ.
Finanzierung durch Mitgliedsbeiträge; Haushalt 1989–1990: 13 Mio. dKr.
Aktivitäten: Koordinierung von Studien über Meeresnutzung und -verschmutzung sowie deren Einfluß auf lebende Organismen. Datenbanken, Fachbibliothek (15000 Titel), Statistischer Dienst.
Kooperation u. a. mit FAO, IMO, WMO, UNESCO und UNEP *(→ UNO),* EG-Kommission *(→ EG) und* → IWC.

IEEP (IEUP) INSTITUT FÜR EUROPÄISCHE UMWELTPOLITIK
Institute for European Environmental Policy

Gründung am 1. 1. 1976 in Bonn als Institut (»Network«) der Europäischen Kulturstiftung/ECF; seit 1990 eigenständige Organisation mit autonomen Zentren in Bonn (IEUP), London und Paris sowie der Stiftung Europäische Umweltpolitik in Amsterdam als Schnittstelle zwischen ECF und ihrem »Network« sowie Träger des Büros in Arnheim/NL.
Ziele: Stärkung der europäischen Dimension des Umweltschutzes; Einwirken auf die Umwelt durch Stategieanalysen für die Politik in West- und Osteuropa.
Mitglieder sind mittelbar alle 15 Nationalkomitees der ECF.
Organ: *Vorstand* aus Vorsitzendem (Adriaan Oele/NL), dem Vertreter des Europäischen Parlaments

(bisher Beate Weber/D) und der Parlamentarischen Versammlung des Europarats (Peter Hardy/UK), dem Direktor des IEEP (Ernst Ulrich von Weizsäcker/D) und 5 weiteren Mitgliedern.
Sitz: Aloys-Schulte-Str. 6, 5300 Bonn 1; beim dt. Nationalkomitee der ECF.
Personal: Rd. 30 wissenschaftliche Mitarbeiter (davon 15 in Bonn) sowie 5 Korrespondenten.
Finanzierung insbes. durch Deutschland und Frankreich sowie durch die EG-Kommission und die ECF. – Haushalt 1989: 4 Mio. hfl.
Arbeitsschwerpunkte: Umsetzung der EG-Umweltrichtlinien (incl. bei Landwirtschaft, Biotechnologie, Energie, Verkehr, Regionalfonds, Lomé-Abkommen); Umweltrecht und Verwaltung; marktwirtschaftliche Instrumente der Umweltpolitik einschl. Umweltsteuern; Umweltdialoge zu aktuellen Konfliktthemen (z. B. Waschmittel, Trinkwasser, Abfall); Umweltpolitik in Osteuropa; Umweltbildung und -information; transatlantisches Studienprogramm »Marshall Fund of the USA«; Schutz der Erdatmosphäre und der Tropenwälder (Beiträge Europas). – Gutachten für EG-Kommission, Umweltministerien von EG-Staaten und Bundesländern, Parlamente, Stiftungen, Umweltverbände, Industrie.
Kooperation mit →ITTO, →IWC, →OECD und →WWF sowie mit
ACOPS/Beratender Ausschuß für Meeresverschmutzung (*1952, London/UK);
CEDE/Europ. Rat für Umweltrecht (*1974);
ICEL/Internat. Rat für Umweltrecht (*1969);
IIED/Internat. Institut für Umwelt und Entwicklung (*1971, London/UK).
Das IEEP ist Mitglied des **IFIAS**/Internationaler Verband der Institute für Fortgeschrittene Studien (*1972).

IGADD ZWISCHENSTAATLICHE DÜRRE- UND ENTWICKLUNGSBEHÖRDE
Inter-Governmental Authority on Drought and Development

Gründung am 6. 2. 1985 in Dschibuti durch die 6 ostafrikanischen Staaten Äthiopien, Dschibuti, Kenia, Somalia, Sudan, Uganda; 1. Gipfelkonferenz am 15./16. 1. 1986.
Aufgaben: Koordinierung der Bekämpfung der Dürre und Wüstenbildung und ihrer Folgen; Förderung der Entwicklung der Region.
Organe:
1. *Rat der Staats- und Regierungschefs;*
2. *Ministerrat* unter Vorsitz eines auf 2 Jahre gewählten Koordinators;
3. *Exekutivsekretariat;*
Sitz: Dschibuti/Somalia (P. O. Box 2653).
Sprachen: Englisch und Französisch.

Finanzierung durch Beiträge der Mitgliedstaaten, Anleihen und Spenden durch das UNO-System, Geberländer und Agenturen sowie durch internationale Finanzinstitutionen (AfDB, BADEA).
Aktivitäten: 3-Stufen-Aktionsplan 1986 über 1. Notfallmaßnahmen (Soforthilfe für Opfer von Dürre und anderen Naturkatastrophen), 2. Kurz- und mittelfristige Maßnahmen (Linderung der Dürrefolgen u. a. durch Sicherung der Nahrungsmittelversorgung), 3. Langzeitprogramme zur Wiederherstellung eines produktiven und dauerhaften ökologischen Gleichgewichts in der Subregion.
Kooperation u. a. mit der →EG durch das EWG-AKP-Lomé-Abkommen, mit →CILSS und →OAU sowie mit FAO, IFAD, UNDP, UNEP, UNESCO, WMO und der Weltbankgruppe *(→UNO)*.

IIASA INTERNATIONALES INSTITUT FÜR ANGEWANDTE SYSTEMANALYSE
International Institute for Applied Systems Analysis

Gründung am 4. 10. 1972 in London auf Initiative der USA und der UdSSR durch Vertreter von Wissenschaftsorganisationen aus 12 Staaten; Revision der Charta 1978. – Einziges Forschungsinstitut, in dem Wissenschaftler aus Ost und West als Hauptvertragspartner bereits vor der »Perestroika« direkt zusammenarbeiteten. Das IIASA ist keine IGO.
Aufgaben: Weiterentwicklung der Systemanalyse bei der Erforschung des Strukturwandels der Industriegesellschaft (Systemanalyse = Untersuchungen unter Zuhilfenahme von Modellen und »Blockschaltbildern«; mathematische Aufbereitung von Problemen).
Hauptarbeitsgebiete/Prognosefelder: Umweltforschung, technologische Entwicklung, vergleichende Nationalökonomie, Bevölkerungsentwicklung.
Mitglieder: Akademien der Wissenschaften in 15 Staaten: Bulgarien, ČSFR, Deutschland (früher auch die DDR), Finnland, Frankreich, Italien, Japan, Kanada, Niederlande, Österreich, Polen, Schweden, Rußland (als Nachfolger der UdSSR), Ungarn, USA. Die Aufnahme neuer Akademien aus weiteren Reformstaaten Mittel- und Osteuropas steht bevor.
Organe:
1. *Rat,* Leitungsorgan aus je einem Vertreter der Mitglieder; tagt halbjährlich, wählt den
2. *Direktor* (bis 1993: Peter E. de Jánosi/USA);
3. *Exekutivkomitee* mit *Ausschüssen* für Finanzen und Forschung;
4. *Beraterder Vorstand* aus 60 Vertretern von Wissenschaft, Industrie und Politik.
Sitz: Schloßplatz 1, A-2361 Laxenburg bei Wien.
Personal: 230 (davon über 100 Wissenschaftler).
Arbeitssprache: Englisch.
Finanzierung: Ordentl. Jahresbudget 1991: 137

Mio. öS (ohne Sonderprojektmittel), davon bis 1991 etwa je 27 Mio. öS der USA und der UdSSR sowie 6,3 Mio. öS je weiterer Mitgliedstaaten.
Aktivitäten: Forschungsprojekte in über 25 Staaten. Forschungsteams aus 20 Nationen untersuchen weltweit die Zusammenhänge von Umweltschäden, saurem Regen, globalen Klimaveränderungen, Waldsterben (Ursachen und Gegenmaßnahmen), Schwermetall-Umweltbelastungen. Unterstützung durch nationale Mitglieder – u. a. durch die Deutsche Forschungsgemeinschaft/DFG, Max-Planck-Gesellschaft/MPG, Fraunhofer-Gesellschaft/FhG sowie Großforschungseinrichtungen/AGF.
Bilanz: Als erstes Institut eines nichtsozialistischen Staates bezog das IIASA Daten aus den sowjetischen Datenbanken. Dies ermöglichte Forschungsarbeiten der Supermächte USA und UdSSR, die seinerzeit außerhalb des IIASA undenkbar waren.
Kooperation: Kontakte zu rund 550 Universitäten, Forschungsinstituten und IGOs/INGOs in über 50 Ländern, u. a. mit UNEP, UNESCO und WMO (→ *UNO*) sowie mit **GERC**/Global Environment Research Centre (* 12/1990, London).

IKSE INTERNATIONALE ELBESCHUTZKOMMISSION
Internationale Kommission zum Schutz der Elbe

Gründung am 8. 10. 1990 in Magdeburg/D durch Konvention der Umweltminister Deutschlands, der ČSFR und der EG-Kommission.
Aufgaben: Erfassung aller Verschmutzer (»Einleiter-Inventar«) und Aktionsprogramm zur Verminderung der Schadstoffeinleitungen; Einrichtung eines Meß- und Alarmsystems zur Warnung der Anrainer bei Umwelthavarien; Bau bzw. Nachrüstung von Kläranlagen in Industrie und Kommunen. – **Fernziel:** Trinkwassergewinnung aus der Elbe; Wiederherstellung der früheren Artenvielfalt des Flusses.
Die Elbe (1144 km lang) zählt zu den am meisten belasteten Flüssen Europas: Sie transportiert jährlich rund 3500 t Schwermetalle (darunter Kupfer, Blei und Cadmium), 300000 t Wasch- und Düngemittel sowie 4 Mio. t Salz in die Nordsee. Gegenüber der natürlichen Grundbelastung hat der Strom eine etwa fünf- bis siebenfach höhere Phosphor- und Stickstoffkonzentration. Dazu tragen – zum Teil immer noch ungeklärte – Abwässer der Gemeinden und die Überdüngung in der Landwirtschaft bei.
Mitglieder (3): Deutschland, ČSFR, EG-Kommission.
Organ: *Sekretariat* mit Generalsekretär (Jiri Hannsmann/ČSFR) mit **Sitz** in Magdeburg. – Kontakt: Bundesumweltministerium/BMU (Ref. WA I 6), Kennedyallee 5, 5300 Bonn 2.
Sprachen: Deutsch und Tschechisch.
Finanzierung: Haushalt des Sekretariats jährlich ca. 600000 DM (65% durch Deutschland, 32,5% ČSFR, 2,5% EG-Kommission).
Aktivitäten: 3. IKSE-Tagung in Dresden 17./18. 10. 1991 beschließt 1. Aktionsprogramm zur Verminderung der Schadstoffbelastung, koordiniertes Meß- und Untersuchungsprogramm für Elbe und Nebenflüsse, gemeinsame Forschungsvorhaben sowie kurzfristigen Baubeginn bzw. Fertigstellung von 71 kommunalen Kläranlagen (58 in D, 13 in der ČSFR) bis 1995. Parallel dazu sollen die Abwässer aus der chemischen und pharmazeutischen Industrie, aus den großen Zellstoff- und Papierwerken sowie aus metallverarbeitenden Betrieben entsprechend behandelt werden, ggf. durch den Bau von Kläranlagen oder aber durch Produktionsumstellung. Geschätzte Kosten: für Dtld. rd. 5 Mrd. DM (Sachsen, Sachsen-Anhalt) sowie 0,5 Mrd. DM für die ČSFR.

IKSR INTERNATIONALE RHEINSCHUTZKOMMISSION
Kommission zum Schutz des Rheins gegen Verunreinigung; Commission internationale pour la protection du Rhin contre la pollution/CIPRP

Gründung auf Initiative der Zentralkommission für die Rheinschiffahrt/ZKR (* 1815) nach einer Regierungskonferenz der Rheinanlieger in Basel am 1. 7. 1950; Konvention von Bern am 29. 4. 1963, in Kraft am 1. 5. 1965.
Aufgaben: Erforschung der Rheinverschmutzung; Empfehlung von Gewässerschutzmaßnahmen an die Signatare; Vereinheitlichung der Meß- und Analysemethoden; Austausch von Meßwerten.
Mitglieder: Deutschland, Frankreich, Luxemburg, Niederlande, Schweiz; EG-Kommission.
Organe:
1. *Vollversammlung* (jährlich); bis zu 4 Delegierte, wählt
2. *Präsidenten* (alle 3 Jahre rotierend);
3. *Ministerkonferenzen* (jährlich);
4. *Arbeitsgruppen,* u. a. für »Hydrologie, Morphologie, Biologie« zur Ausarbeitung von Vorschlägen für lokale Verbesserungen der ökolog. Situation;
5. *Technisch-Wissenschaftliches Sekretariat*.
Sitz: D-5400 Koblenz (Postfach 309).
Personal: 10. – **Amtssprachen:** Dt. und Frz.
Finanzierung: Mitglieder übernehmen Kosten für Forschungsaufgaben im eigenen Land; übrige Kosten werden zu je 24,5% von Deutschland, Frankreich und den Niederlanden, zu 12% von der Schweiz, 1,5% von Luxemburg und 13% von der EG-Kommission getragen.
Aktivitäten: Ende 1976 3 Abkommen:
1. über Beitritt der EG-Kommission zur IKSR (Repräsentanz der Gemeinschaft der 12);

IKSE – ITTO

2. Chloridübereinkommen über stufenweise Verminderung der Rheinwasserbelastung durch elsässische Kaliminen (in Kraft am 5. 7. 1985),
3. Chemieübereinkommen über Verringerung der chemischen Verunreinigung des Rheins (in Kraft am 1. 2. 1979).
Die Abkommen führten bis 1986 zu Senkungen vor allem der Schwermetallfrachten.
Seit 1982 »**Internationales Warnsystem Rhein**« (aufgrund des Chemieübereinkommens) zur Unterrichtung der Anrainer bei akuter Gefährdung und zur Veranlassung von Schutzmaßnahmen. – Der Unfall im Chemieunternehmen Sandoz/Basel (11/1986) führte zu gemeinsamem Handeln: Die 7. Ministerkonferenz der IKSR in Rotterdam (12/1986) beschloß die Überprüfung des Rhein-Verschmutzungsgrades. Die 8. Ministerkonferenz in Straßburg (10/1987) verabschiedete das **Aktionsprogramm Rhein/APR** (auch »Rhein 2000« bezeichnet); es sieht u. a. eine 50%ige Verringerung der Schadstoffeinleitungen für 27 Stoffe bis 1995 (Ausgangsjahr: 1985) und die Rheinsanierung (»wieder Lachse im Rhein«) bis zum Jahr 2000 vor.
9. Ministerkonferenz in Bonn 1988: Kontroverse um die Erfüllung des Chloridabkommens von 1976 infolge der Weigerung der Niederlande, ihren Finanzbeitrag für die 2. Stufe zu leisten. Diese fordern statt dessen eine Bekämpfung von Stickstoff- und Phosphateinleitungen sowie die Reinigung der niederländischen Gewässerböden). Es wurden jedoch Ergebnisse in der kommunalen Abwasserreinigung (3. Reinigungsstufe für Gemeindekläranlagen, Herabsetzung der Grenzwerte für Stickstoff und Phosphate) und Sicherheit von Industrieanlagen (Verschärfung der Störfallverordnungen) erzielt.
10. Ministerkonferenz in Brüssel 1989 veranschlagte für das »Aktionsprogramm Rhein« Investitionen von 25 Mrd. DM bis 1995, davon 17 Mrd. für Mindestanforderungen an kommunale Einleitungen, 7 Mrd. für die Erneuerung industrieller Einrichtungen und 2,4 Mrd. als Störfallvorsorge, nicht berücksichtigt die auf 110 Mill. DM geschätzten Kosten für ökologische Verbesserungen.

INK INTERNATIONALE NORDSEESCHUTZKONFERENZ

Gegenstand: Konferenzen der Umweltminister der Nordsee-Anliegerstaaten.
Ziel: Verringerung der Bedrohung des Lebensraums Nordsee durch Schadstoffe.
Vollmitglieder: Die 8 Nordseeanrainer Belgien, Dänemark, Deutschland, Frankreich, Großbritannien, Niederlande, Norwegen u. Schweden; dazu die EG-Kommission und die Schweiz. – *Beobachter* (auf 3. INK 1990): ČSFR und DDR (Elbe-Oberanlieger), die *Regierungsausschüsse* Paris-Kommission, Oslo-Kommission, die → IKSR, → HELCOM, der Internationale Rat zum Schutz des Meeres sowie die übrigen Mitglieder der Paris-Konvention (Portugal, Spanien, Irland, Island) und Finnland als Sitzstaat von HELCOM.
Aktivitäten:
1. INK in Bremen 31. 10.–1. 11. **1984** verabschiedet Deklaration über Schutzkonzept.
2. INK in London 24./25. 11. **1987** beschließt u. a. Halbierung der Schadstoffeinleitungen (Phosphate, Nitrate, Schwermetalle, Chlorkohlenwasserstoffe) bis 1995 gegenüber dem Niveau von 1985; Verklappungsstopp für Industrieabfälle ab 1990 (Ausnahme: Klärschlämme und Bergwerksmüll aus Großbritannien); Verringerung der Verbrennung von Giftstoffen auf See um 65% bis 1990, völlige Einstellung bis 1995; Beschränkung der Einleitung radioaktiver Stoffe; Verbot der Ableitung von Schiffsabfällen ins Meer.
3. INK in Den Haag 7.–8. 3. **1990** erzielt Minimalkonsens: Halbierung der Einleitung von 37 gefährlichen Stoffen bis 1995, Verringerung der 4 besonders giftigen Schadstoffe Blei, Quecksilber, Cadmium und Dioxine in die Nordsee um 70% bis 1995 (Ausgangsbasis jew. 1990); neue Verpflichtung, den Eintrag 17 gefährlicher Stoffe bis spätestens 1999 um 50% zu reduzieren; strenge Limitierung für 15 Pestizide, einschließlich Atrazin. Scharfe Kritik an Großbritannien, das bis 1992 Industriemüll, bis 1998 weiterhin Klärschlamm in die Nordsee einleitet (Großbritannien verweist darauf, die Flüsse vom Kontinent schwemmten das meiste Gift in die Nordsee).
4. INK findet 1995 in Kopenhagen statt.

ITTO INTERNATIONALE TROPENHOLZ-ORGANISATION
International Tropical Timber Organization

Gründung am 1. 4. 1985 mit Inkrafttreten des Internationalen Tropenholzabkommens von 1983; Arbeitsaufnahme 1986.
Ziele/Aufgaben: Verbesserung der Erlöse für die Produzentenländer; ressourcenschonende »nachhaltige Bewirtschaftung«, u. a. durch Entnahme nur der wertvollsten Bäume; Wiederaufforstung; Markttransparenz und Stärkung des ökologischen Bewußtseins; Informationssammlung; Forschungsarbeiten. – ITTO fungiert als Dialogorgan, in dem zwischen Produzenten- und Einfuhrländern Kriterien für nachhaltige Waldbewirtschaftung erarbeitet und getestet werden.
Mitglieder: 19 Produzenten- und 25 Verbraucherländer, die 90% des Tropenholzhandels repräsentieren, sowie die EG-Kommission.
Organe:

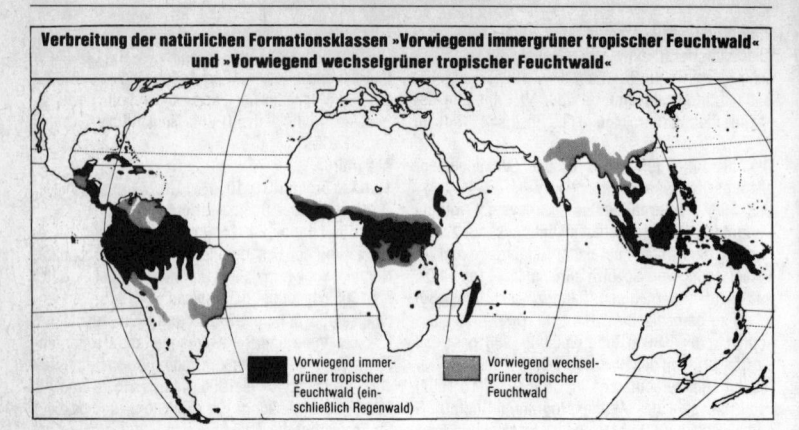

Verbreitung der natürlichen Formationsklassen »Vorwiegend immergrüner tropischer Feuchtwald« und »Vorwiegend wechselgrüner tropischer Feuchtwald«

Vorwiegend immergrüner tropischer Feuchtwald (einschließlich Regenwald)

Vorwiegend wechselgrüner tropischer Feuchtwald

1. *Internationaler Tropenholz-Rat*/**ITTC** der Mitglieder (tagt zumindest jährlich);
2. *Ständige Ausschüsse* (3): Wirtschaftsinformation/Marktforschung, Wiederaufforstung/Forstverwaltung, Forstindustrie;
3. *Sekretariat* mit Exekutivdirektor: Freezailah bin Che Yeom/MAL. **Sitz:** Sangyo Boeki Centre Bldg, 2 Yamashita-cho, Naka-ku, Yokohama 231, Japan. – **Personal:** 22.
Sprachen: Englisch, Französisch, Spanisch.
Finanzen: Größere Beiträge bisher lediglich durch Japan, Schweiz und Niederlande (insgesamt 3,6 Mio. US-$) geleistet.
Kooperation mit → IEEP, → IUCN, mit FAO, Weltbank, UNCTAD, UNDP und UNEP (→ *UNO*), mit → WWF sowie mit
APPEN/*Umweltnetzwerk der Asiatisch-Pazifischen Völker:* *1983, Sitz: Penang/Malaysia;
IIED/*Internationales Institut für Umwelt und Entwicklung:* *1971, Hauptsitz: London;
ITTTA/*Internationaler Technischer Verband des Tropenholzes:* *1951, Sitz: Paris;
IUFRO/*Internationaler Verband Forstlicher Forschungsanstalten:* *1891, Sitz: Wien;
RAN/*Regenwald-Aktionsnetz:* *1985, Sitz: San Francisco/USA;
SEALPA/*Verband der Südostasiatischen Bauholzproduzenten:* *1974;
UCBT/*Verband der Tropenholz-Händler in der EG:* *1960, Sitz: Brüssel;
WRM/*Welt-Regenwald-Bewegung:* *1986 auf einer von **APPEN** (→ *oben*) veranstalteten Konferenz über die Waldressourcen-Krise in der 3. Welt; die WRM betreut u. a. den von der FAO (→ *UNO*) koordinierten Tropenwald-Aktionsplan/**TFAP** (Tropical Forestry Action Plan), der Bewirtschaftungsmethoden für jedes Land und für jede Waldart erarbeitet und inzwischen von über 80 Entwicklungsländern durchgeführt wird.

Regionalorganisation:
ATO/*Afrikanische Tropenholz-Organisation:*
*1975 in Bangui/RCA zur Abstimmung der Marktstrategien und Durchführung industrieller und technischer Forschung; Mitglieder (11): Angola, Kongo, Côte d'Ivoire, Äquatorialguinea, Gabun, Ghana, Liberia, Sao Tomé und Principe, Tansania, Zaire, Zentralafrikanische Republik; Sitz: Libreville/Gabun.

IUCN WELT-NATURSCHUTZ-UNION
International Union for Conservation of Nature and Natural Ressources; frz. UICN

Gründung am 5. 10. 1948 in Fontainebleau/F durch die UNESCO und die französische Regierung als Internationale Union zur Erhaltung der Natur und ihrer Hilfsquellen/IUPN (International Union for the Protection of Nature); heutiger Name seit 1988.
Ziele/Aktivitäten: Schutz der Natur und der Rohstoffe durch wissenschaftliche Beobachtung; Planung und Durchführung von Projekten des → WWF sowie eigener Schutzmaßnahmen, meist in Zusammenarbeit mit UNEP (→ *UNO*).
Mitglieder: 62 Staaten, 128 Regierungsbehörden sowie über 400 nationale Organisationen und 40 INGOs in 124 Staaten.
Organe:
1. *Generalversammlung* (alle 3 Jahre) der Delegierten der Mitgliedsorganisationen; wählt den
2. *Rat*, bestehend aus dem Präsidenten, 4 Vizepräsidenten, 24 regionalen Beratern (Councillors) und den Vorsitzenden der (6) Kommissionen (5 weitere Berater werden kooptiert);
3. *Büro* aus 11 Mitgliedern (tagt halbjährlich);

Deutschland, Österreich, Schweiz

1 Aargau	7 Fribourg (Freiburg)
2 Appenzell A.-Rh.	8 Genf
3 Appenzell I.-Rh.	9 Glarus
4 Baselland	10 Graubünden
5 Baselstadt	11 Jura
6 Bern	12 Luzern

13 Neuchâtel (Neuenburg)	18 Schwyz	22 Uri
14 Nidwalden	19 Solothurn	23 Valais (Wallis)
15 Obwalden	20 Thurgau	24 Vaud (Waadt)
16 Sankt Gallen	21 Ticino (Tessin)	25 Zug
17 Schaffhausen		26 Zürich

Städte
- ⊛ über 1 000 000 Einw.
- ⊚ 500 000 – 1 000 000 Einw.
- ◉ 100 000 – 500 000 Einw.
- ○ unter 100 000 Einw.

— Staatsgrenze
— Ländergrenze
— Regierungsbezirks- u. Kantonsgrenze
Bern Hauptstadt eines Staates
Graz Hauptstadt eines Bundeslandes
Ansbach Verwaltungssitz eines Regierungsbezirkes oder Kantons

Afrika Asien

Asien   Australien/Ozeanien

XI

Orte mit
- ● über 1 000 000 Einw.
- ◉ 500 000 - 1 000 000 Einw.
- ⊙ 100 000 - 500 000 Einw.
- ○ unter 100 000 Einw.
- —— Staatsgrenzen
- ---- Landes- und Bundesstaatsgrenzen

0   1000   2000   3000 km am Äquator

Nord- und Mittelamerika

Südamerika · Nordpol · Südpol

Die Welt:

Einige ausgewählte Größenzahlen der Erde:

Durchmesser	12 756,320 km (Äquator)	Erdoberfläche insgesamt	510 066 000 km²
Länge des Äquators	40 075,161 km	Landfläche	148 429 000 km²
Länge eines Meridians	40 007,818 km	nördl. Halbkugel	39 % d. Halbk.-Fl.
Länge eines Wendekreises	36 778,000 km	südl. Halbkugel	19 % d. Halbk.-Fl.
Länge eines Polarkreises	15 996,280 km	Wasserfläche	361 637 000 km²
Volumen der Erdkugel	1 083 319,780 Mill. km³	nördl. Halbkugel	61 % d. Halbk.-Fl.
		südl. Halbkugel	81 % d. Halbk.-Fl.

(nach „Statistisches Jahrbuch 1990", „National Geographic Atlas of the World, 1990" u.a.)

Bodennutzung, Bodenbedeckung

XV

Erdteile:

	Landfläche:	Einwohner:
Europa (incl. europ. Teile d. UdSSR u. Türkei)	9 839 000 km²	715 233 800 Mill.
Afrika	30 273 000 km²	646 389 000 Mill.
Amerika (Nord-, Mittel-, Südamerika u. Grönland)	42 055 000 km²	706 679 200 Mill.
Asien (incl. asiat. Teile d. UdSSR u. Türkei)	44 699 000 km²	3 132 638 000 Mill.
Australien und Ozeanien	8 937 000 km²	26 456 000 Mill.
Erde insgesamt (ohne Antarktis = gesch. 13,2 Mill. km²)	135 803 000 km²	5 227 396 000 Mill.

Ozeane:

Pazifischer Ozean	166 241 000 km²
Atlantischer Ozean	86 557 000 km²
Indischer Ozean	73 427 000 km²
Arktischer Ozean	9 485 000 km²

Meere:

Südchinesische See	2 974 600 km²
Karibische See	2 515 900 km²
Mittelmeer	2 510 000 km²
Beringsee	2 261 100 km²

Die Klimagebiete der Erde

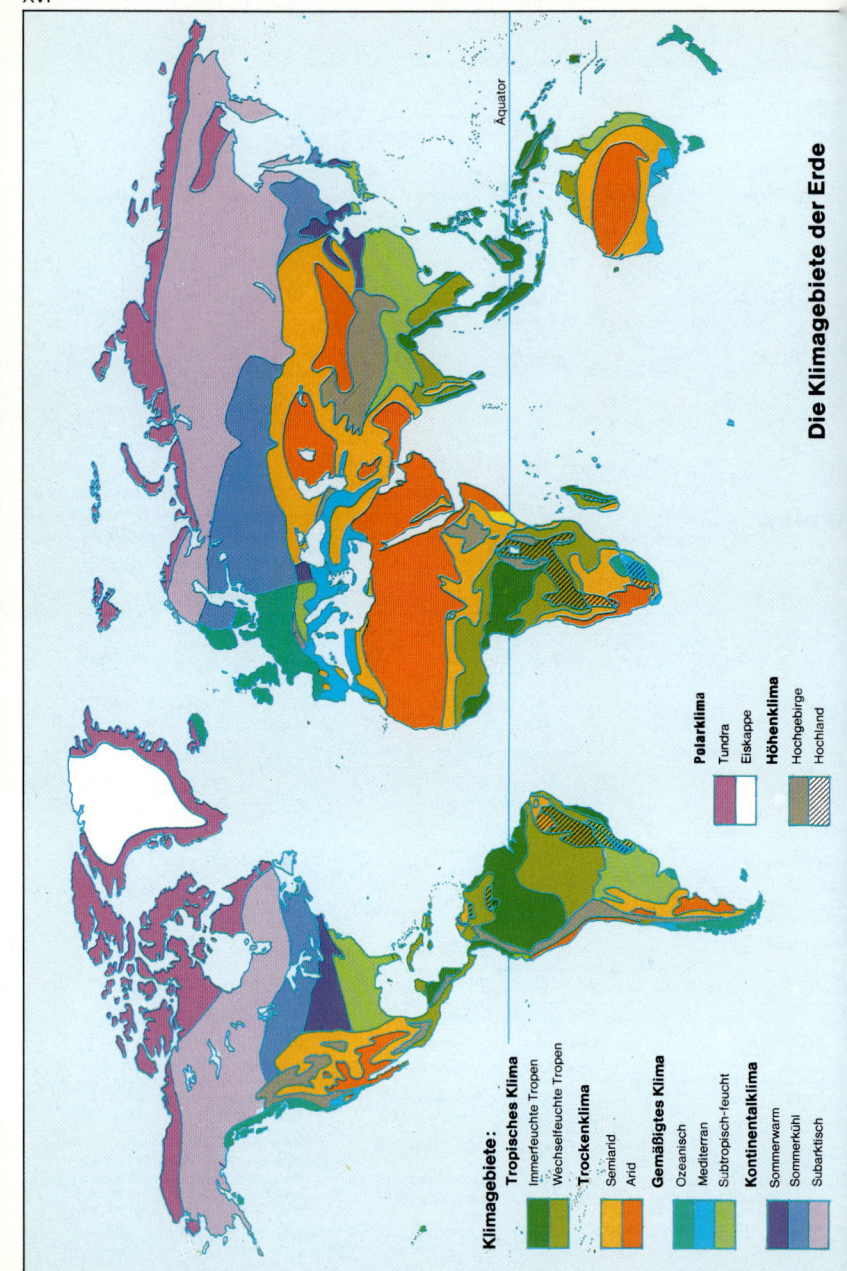

Klimagebiete:

Tropisches Klima
- Immerfeuchte Tropen
- Wechselfeuchte Tropen

Trockenklima
- Semiarid
- Arid

Gemäßigtes Klima
- Ozeanisch
- Mediterran
- Subtropisch-feucht

Kontinentalklima
- Sommerwarm
- Sommerkühl
- Subarktisch

Polarklima
- Tundra
- Eiskappe

Höhenklima
- Hochgebirge
- Hochland

4. *Kommissionen* (7) für Ökologie, Umwelterziehung, Umweltplanung, Umweltpolitik, Recht und Verwaltung, Nationalparks und Naturschutzgebiete, Artenerhalt;
5. *Sekretariat* mit Generaldirektor.
Sitz: Avenue du Mont-Blanc, CH-1196 Gland/CH.
Personal: 60. – **Sprachen:** Engl., Frz., Span.
Einrichtungen:
CDC/*Conservation for Development Centre* für beratende/technische Unterstützung;
IUCN-ELC/*Environmental Law Centre* in Bonn mit Bibliothek für Umweltrecht;
WCMC/*World Conservation Monitoring Centre* von IUCN/UNEP/WWF in Cambridge/UK.
Finanzierung der IUCN durch Mitgliedsbeiträge und Spenden (Unterstützung durch UNEP *[→ UNO]* und → WWF) (Haushalt 1990: 24 Mio. sFr.).
Kooperation: Konsultativstatus u. a. bei ECOSOC, UNESCO und UNEP *(→ UNO)*; Kooperation u. a. mit → CITES, EG-Kommission *(→ EG)*, → Europarat, → IWC, CISTOD/Verband der Internationalen Wissenschaftlichen und Technischen Entwicklungsorganisationen (*1981, 16 Mitgliedsorganisationen, Sitz in Paris), → IEEP, → WWF.

IWC
INTERNATIONALE WALFANGKOMMISSION
International Whaling Commission

Gründung am 2. 12. 1946 in Washington D. C. durch die Internationale Konvention zur Regelung des Walfangs und der weltweiten Erhaltung der Walbestände, in Kraft am 10. 11. 1948.
Ziele: Überwachung der Walfangvorschriften; Forschung über Wale und Walfang; statistische Informationen; Studium und Verbreitung von Informationen über Methoden zur Vergrößerung der Walbestände.
Mitglieder: 37 *(nach anderen Quellen: 45)*, BR Deutschland seit 1982, Schweiz seit 1948.
Organe:
1. *Kommission* (tagt jährl.) aus Kommissaren der Vertragstaaten;
2. *Ständige Ausschüsse* (3) für Wissenschaft, Technik, Finanzen/Verwaltung.
Sitz: The Red House, Station Road, Histon, GB-Cambridge CB4 4NP. – **Personal:** 16.
Arbeitssprache: Englisch.
Aktivitäten: 1982 Beschluß über **Verbot des Walfangs von 1986 an** (in einigen Fällen phasenweiser Abbau bis 1988) mit Ausnahme des Fangs für wissenschaftliche Zwecke, um teilw. akut bedrohte Walarten vor Ausrottung zu retten. 1990 Verlängerung des Moratoriums für Fangsaison 1990/91 gegen Einwände walfangtreibender Nationen (Island, Japan, Norwegen, UdSSR). 43. Jahrestagung 5/1991 verlängert Moratorium von 1986, erlaubt begrenzten gewerblichen Fang von Grönlandwalen in der Arktis (geschätzter Bestand ca. 700000); ein von Island, Japan und Norwegen unterstützter Antrag, den begrenzten Fang anderer Walarten (u. a. Zwerg- und Finnwale) zu erlauben, wird mit 19 gegen 7 Stimmen abgelehnt. Island tritt am 30. 6. 1992 aus. – Jahrestagung 29. 6.–3. 7. 1992 in Glasgow/UK hebt teilweise 1990er Moratorium auf.
Nach Ansicht von Wissenschaftlern benötigen vor allem die Großwale (Blau- und Pottwale) eine Schonzeit von mindestens 50 Jahren, wenn sie vor dem Aussterben gerettet werden sollen.
Kooperation u. a. mit → CITES, → Greenpeace, → ICES, → IEEP, IOC *(→ UNO/UNESCO)*, → IUCN und → WWF; den UN-Organisationen FAO und UNEP *(→ UNO)* sowie mit
ICCAT/Internationale Kommission für Thunfisch-Erhaltung im Atlantik (*1969, Sitz: Madrid),
ICSEAF/Internationale Kommission für Südatlantik-Fischerei (*1969, Sitz: Madrid).

KSZE KONFERENZ ÜBER SICHERHEIT UND ZUSAMMENARBEIT IN EUROPA
mit KVAE und VKSE

I. KSZE im engeren Sinne

Gegenstand: Die KSZE war von 1973 bis 1990 ein gesamteuropäisches Gesprächsforum der Regierungen ohne Völkerrechtsstatus (d. h. keine IGO) und ohne institutionelle Infrastruktur. Mit der »Charta von Paris für ein neues Europa« vom 21. 11. 1990 *(→ unten)* erhielt sie neue Strukturen und Institutionen als internationale Organisation (IGO).
Ursprüngliche Ziele: Stabilität und Sicherheit in ganz Europa; engere Zusammenarbeit auf den Gebieten Wirtschaft, Wissenschaft und Kultur; **neuerdings** auch Lösung grenzüberschreitender Umweltschutzprobleme; Abrüstungsforum *(→ unten)*.
Teilnehmer 1992 (52): Alle Staaten Europas sowie Kanada und USA.
Beschlußfassung einstimmig.
Bisherige Konferenzsprachen: Deutsch, Englisch, Französisch, Italienisch, Russisch, Spanisch.
Verlauf/Ergebnisse:
Am 3. 7. 1973 eröffneten die Außenminister der 35 Teilnehmerstaaten die **1. KSZE-Phase in Helsinki**. Nach Verhandlungsbeginn in Genf am 18. 9. 1973 wurde am 1. 8. 1975 auf der Gipfelkonferenz der Staats- und Regierungschefs der 35 Teilnehmerstaaten in Helsinki die **KSZE-Schlußakte** unterzeichnet. Sie ist in **4** »**Körbe**« (Bereiche) gegliedert:
Korb I (Kernstück der Akte) enthält *10 Prinzipien* zur

Regelung des Zusammenlebens in Europa, u. a. Gewaltverzicht, Unverletzlichkeit der Grenzen, Nichteinmischung und vertrauensbildende Maßnahmen (wie Ankündigung von Manövern);

Korb II gibt Empfehlungen zur Kooperation in Wirtschaft, Wissenschaft und Umweltschutz;

Korb III betrifft den humanitären Bereich: Die Verbesserung menschlicher Kontakte und des Informationsaustausches zwischen Ost und West;

Korb IV bringt die Festlegung auf das Folgetreffen (in Belgrad).

Folgekonferenzen zur Durchführung der Helsinki-Schlußakte sowie Weiterentwicklung des Entspannungsprozesses:

1. Folgekonferenz in Belgrad vom 4. 10. 1977 bis 9. 3. 1978: Sie war überschattet von gegensätzlichen Ost-West-Standpunkten in der Frage der Menschenrechte.

2. Folgekonferenz in Madrid vom 11. 11. 1980 bis 9. 9. 1983: Das Schlußdokument enthält u. a. die Einberufung der »Konferenz für vertrauens- und sicherheitsbildende Maßnahmen sowie Abrüstung in Europa« (→ *KVAE, unter II.*) nach Stockholm. Auch auf der

3. Folgekonferenz in Wien vom 4. 11. 1986 bis 15. 1. 1989 standen Abrüstung und Menschenrechte im Vordergrund (Reformpolitik *Michail Gorbatschows*). Außerdem wurde der KSZE das Mandat zu einer neuen Konferenz (der seinerzeit 23 paktgebundenen Mitglieder) über den Abbau der konventionellen Rüstung in Europa erteilt (→ *VKSE, unter III.*) sowie einer Konferenz (aller 35 Mitgliedstaaten) über neue vertrauens- und sicherheitsbildende Maßnahmen in Europa (→ *KVAE II*), die am 9. 3. 1989 ihre Arbeit in Wien aufnahmen.

4. Folgekonferenz in Helsinki vom 24. 3. bis 10. 7. 1992 gibt KSZE **neues Regelwerk** zur Konfliktbewältigung, Verbesserung des Kriseninstrumentariums, Straffung der Entscheidungsstrukturen und Förderung von Abrüstung und Wirtschaftskooperation in Europa:

▶ **KSZE wird regionale Organisation unter UNO-Dach** (»regionale Abmachung«), kann Beobachtermissionen in Krisengebiete entsenden und NATO und WEU der Entsendung von Schutztruppen ersuchen (Zwangsmaßnahmen – etwa in Form friedenstiftender Militäreinsätze – darf weiterhin nur der UNO-Sicherheitsrat beschließen).

▶ Ein **KSZE-Hochkommissar für nationale Minderheiten** soll frühzeitig Spannungen zw. Minoritäten erkennen und ihnen vorbeugen.

▶ Eine **KSZE-Außenminister-Troika** aus dem Vorsitzenden, seinem Vorgänger und seinem Nachfolger wird rechtlich festgeschrieben.

▶ **Unter dem KSZE-Dach** sollen künftig gesamteuropäische **Abrüstungsmaßnahmen** und Gespräche über weitere **vertrauensbildende Maßnahmen und Konfliktverhütung** stattfinden; bisherige Trennung zwischen KSZE-Verhandlungen, vertrauensbildenden Maßnahmen und Konfliktverhütung entfällt.

▶ Ein **Wirtschaftsforum** auf Ebene des Beamtenausschusses soll die wirtschaftl. Kooperation in Europa unterstützen und den ehem. sozialistischen Ländern den Übergang zur Marktwirtschaft erleichtern.

KSZE-Sondergipfel in Paris vom 19.–21. 11. 1990: Vor Beginn des eigentlichen Gipfels unterzeichneten die **22 Staats- und Regierungschefs der NATO und WVO** am 19. 11. den am Vortag auf der VKSE in Wien paraphierten **»Vertrag über konventionelle Streitkräfte in Europa«**, der einen quantitativen Gleichstand bei konventionellen Waffen festschreibt. Damit gelang ein bedeutender Schritt auf dem Weg zu einem stabilen Frieden in Europa *(Einzelheiten bei → VKSE, unter III.)*.

Sie unterzeichneten ferner eine **gemeinsame Erklärung**, in der sie sich nicht mehr als Gegner bezeichnen und gegenseitig auf die Gewaltanwendung außer zur Selbstverteidigung und im Rahmen der UN-Charta verzichten. Bekräftigt wird auch das Recht jedes Staates, einem Bündnis seiner Wahl anzugehören. Die 34 KSZE-Staaten (ohne DDR; †) unterzeichneten am 21. 11. 1990 die **»Charta von Paris für ein neues Europa«**, in der sich die Staaten zur Demokratie und Rechtsstaatlichkeit und zur Achtung der Menschenrechte sowie zur Förderung freundschaftlicher Beziehungen untereinander verpflichten.

Organe der KSZE seit der Institutionalisierung durch den Pariser Gipfel 1990 und der 4. Folgekonferenz in Helsinki 1992:

1. *Folgekonferenzen* der Staats- und Regierungschefs (alle 2 Jahre, 5. Treffen 1994 in Budapest) zur Bestandsaufnahme, Prüfung der Verwirklichung eingegangener Verpflichtungen und Erwägung weiterer Schritte im KSZE-Prozeß;

2. *Rat der Außenminister* (mindestens einmal jährlich), zentrales Forum für politische Konsultationen und Beschlüsse im KSZE-Prozeß;

3. *Ausschuß Hoher Beamter*, bereitet Tagungen des Rates vor und führt dessen Beschlüsse durch;

4. *Sekretariat* zur administrativen Unterstützung des Konsultationsprozesses mit **Sitz** in Thunovska 12, Mala Strana, 11000 Prag;

5. *Konfliktverhütungszentrum*/**KVZ** (vorläufig) in Wien, zunächst zur Datensammlung über Truppenbewegungen/Manöver;

6. *Büro für freie Wahlen* in Warschau zur Sammlung von Informationen über Termine, Verfahrensregeln und offizielle Ergebnisse nationaler Wahlen sowie von Wahlbeobachtungen.

7. *Parlamentarische Versammlung der KSZE* unter Beteiligung von Abgeordneten aller MSt.

Die KSZE-Verhandlungen in Wien werden seit 29.11.1990 als KSZE II fortgesetzt.
Bewertung: Die Aktivitäten der letzten Jahre (über die Bonner Konferenz hinaus) rechtfertigten eine neue Qualität des KSZE-Prozesses, da nunmehr die **konventionelle Abrüstung** – in der Schlußakte von Helsinki noch marginal und bislang in einem gesonderten Verhandlungsforum behandelt – durch die → *VKSE (unter III.)* zum **Bestandteil der KSZE wurde**. Damit umfaßte der KSZE-Prozeß alle Komponenten der Ost-West-Beziehungen einschließlich des umfangreichen marktwirtschaftlichen Reformprozesses. Der Pariser Gipfel 1990 besiegelte – nach den politischen Veränderungen in den ostmitteleuropäischen Staaten und der Vereinigung Deutschlands – einen **neuen Zustand des europäischen Kontinents**. Nach der Zurücknahme ihres grenzübergreifenden Machtanspruchs fügte sich die damalige UdSSR in den Kreis der europäischen Großfamilie ein.

II. KVAE/Konferenz über Vertrauensbildende Maßnahmen und Abrüstung in Europa

Entstehung: Mandat durch die 2. KSZE-Folgekonferenz in Madrid (Schlußdokument vom 6. 9. 1983); für die 2. Konferenzphase (KVAE II) durch die 3. KSZE-Folgekonferenz in Wien (→ *KSZE, oben unter I.*)
Gegenstand/Ziele: Wirksame Schritte zur Festigung des Vertrauens und der Sicherheit sowie die stufenweise Abrüstung in Europa, um das (KSZE-)Gewaltverbot untereinander zu verwirklichen.
Tagungsorte: Stockholm (KVAE I), Wien (KVAE II).
Teilnehmer 1992: Die 52 KSZE-Staaten.

KVAE I:
Die Phase 1 der Verhandlungen ab 17.1.1984 befaßte sich mit dem Gewaltverzichtsprinzip sowie mit vertrauensbildenden Maßnahmen auf militärischem Gebiet. Sie endete am 19. 9. 1986 mit Unterzeichnung der **Akte von Stockholm**. In ihr wurde vereinbart: Gegenseitige Unterrichtung und Beobachtung militärischer Aktivitäten vom Atlantik bis zum Ural. Erstmals akzeptierte der inzwischen aufgelöste Warschauer Pakt/WVO (→ *WA'92, Sp. 767*) Inspektionen zur Verifikation eines internationalen Abkommens. Nach den Vereinbarungen vom 1.1.1987 müssen Manöver und Truppenbewegungen in Europa 42 Tage vorher angemeldet werden, sofern über 13 000 Soldaten oder 300 Panzer beteiligt sind. Beobachter der anderen Staaten müssen ab 17 000 Soldaten eingeladen werden. Jeder Teilnehmerstaat muß jährl. 3 Inspektionen auf seinem Gebiet zulassen. – Fortsetzung der KVAE in Wien als

KVAE II
seit 9. 3. 1989. – Ziel (laut Wiener KSZE-Schlußdokument): »einen neuen Satz einander ergänzender vertrauens- und sicherheitsbildender Maßnahmen auszuarbeiten und anzunehmen, die darauf gerichtet sind, die Gefahr einer militärischen Konfrontation in Europa zu vermindern«. Mit der »Charta von Paris für ein neues Europa« (→ *KSZE, oben unter I.*) nahmen die Staats- u. Regierungschefs das politisch verbindliche »Wiener Dokument '90« vom 17. 11. 1990 zur Kenntnis. Es ersetzt und erweitert das Stockholmer Dokument von 1986. – Die Verhandlungen wurden fortgesetzt am 4. 3. 1992 mit Unterzeichnung des »**Wiener Dokuments '92**« (→ *Kasten*) abgeschlossen, in das schon früher vereinbarte Dokumente mit aufgenommen wurden. Die Verhandlungen in Wien, die außer dem VSBM-Bereich noch Verhandlungen über konventionelle Streitkräfte in Europa (→ *VKSE, unter III.*) umfassen, sollen nach dem KSZE-Gipfel in Helsinki weitergehen.

III. VKSE/Verhandlungen über Konventionelle Streitkräfte in Europa

Gegenstand: Abrüstungsgespräche über konventionelle landgestützte Streitkräfte einschließlich ihrer Bewaffnung und Ausrüstung zwischen den → NATO- und ehemaligen Warschauer Pakt-Staaten seit 9. 3. 1989 in Wien *(Einzelheiten → WA'92/Sp. 767 ff.)*.
Ziele: Stabilität und Sicherheit in Europa durch Gleichgewicht der konventionellen Streitkräfte auf niedrigem Niveau; Beseitigung von Ungleichgewichten sowie – vorrangig – die strukturelle Nichtangriffsfähigkeit, d. h. Beseitigung der Fähigkeit zur Auslösung von Überraschungsangriffen und zur Einleitung großangelegter Offensivhandlungen. (Erste Verhandlungen über konkrete Abrüstungsschritte im konventionellen Bereich.)
Teilnehmer: Die 16 NATO-MSt. und die zuletzt 6 zur aufgelösten WVO gehörenden Staaten Bulgarien, ČSFR, Polen, Rumänien, UdSSR (seit Auflösung Ende 1991 durch Rußland vertreten) und Ungarn. Die DDR schied mit der deutschen Vereinigung am 2. 10. 1990 aus der WVO aus.
Verlauf/Ergebnis: Am 19. 11. 1990 wurde auf dem KSZE-Sondergipfel in Paris der **Vertrag über konventionelle Abrüstung in Europa** unterzeichnet. Er begrenzt die Zahl der schweren Waffen (vom Atlantik bis zum Ural) auf jeweils 20 000 Kampfpanzer, 30 000 gepanzerte Kampffahrzeuge, 20 000 Artilleriewaffen, 6800 Kampfflugzeuge und 2000 Angriffshubschrauber. **Innerhalb von 40 Monaten müssen** die Obergrenzen erreicht und damit nach Abtransport oder Vernichtung insgesamt rund

»Vertrag über den Offenen Himmel«

Die Außenminister der 16 NATO-Staaten (→ NATO) sowie der 8 Staaten des ehemaligen Warschauer Pakts Belarus (Weißrußland), Bulgarien, ČSFR, Georgien, Polen, Rumänien, Rußland, Ukraine und Ungarn unterzeichnen in Wien am 24. 3. 1992 am Rande der Eröffnung des 4. KSZE-Folgetreffens in Helsinki den »Vertrag über den Offenen Himmel«. Er sieht Überwachungs-Überflüge über das Territorium der Vertragsstaaten im Gebiet von Vancouver/Kanada bis Wladiwostok im Fernen Osten Rußlands vor. Damit werden militärische Aktivitäten transparent und die Einhaltung von Abrüstungsvereinbarungen kontrolliert. Die USA und Rußland/Belarus erlauben dem »Partner« 42 Überflüge pro Jahr, Deutschland, Frankreich und Großbritannien je 12. Der Vertrag tritt 60 Tage nach Hinterlegung von mindestens 20 Ratifikationsurkunden in Kraft. Eine »Beratungskommission Offener Himmel«, die für die Einhaltung des Vertrags und Ergänzung zu Konfliktverhütung und Umweltschutz sorgt, wird ihren Sitz in Wien haben.

»Abschließende Akte der Verhandlungen über Personalstärken der Konventionellen Streitkräfte in Europa«

Die auf der **4. KSZE-Folgekonferenz in Helsinki** versammelten Staats- und Regierungschefs der 16 NATO-Staaten, der Länder des ehemaligen Warschauer Pakts sowie mehrerer Nachfolgestaaten der UdSSR (→ *folgende Tabelle*) unterzeichneten am 10. 7. **1992** im Rahmen der VKSE in Wien die Vereinbarung über eine Begrenzung der Truppenstärken in Europa, die die Mannschaftsstärken der Land- und Luftstreitkräfte der Vertragspartner festlegt (die reinen Marinestreitkräfte und die paramilitärischen Verbände bleiben ausgespart) und somit den 1990 in Paris geschlossenen KSE-Vertrag (→ *WA '92, Sp. 719f.*) ergänzt, der die Obergrenzen für Panzer, Artillerie, Kampfflugzeuge und andere schwere Waffen vorsieht. Die »Akte« tritt gleichzeitig mit dem KSE-Vertrag in Kraft und wird bereits seit 17. 7. 1992 unter Vorbehalt der ausstehenden Ratifizierungen angewandt.

Die ehemalige Sowjetrepublik Kasachstan, die nur teilweise im Vertragsgebiet liegt, erhielt wie Island, das ohnehin keine Streitkräfte unterhält, die Obergrenze »Null«. Über die tatsächliche Truppenstärke in Kasachstan außerhalb des Vertragsgebietes gibt es keine Angaben, da es sich militärisch in die GUS integriert und offenbar keine eigenen Truppen aufstellt. Eigene Streitkräfte unklaren Umfanges hingegen bauen Armenien, Aserbaidschan, Georgien und Moldau auf. Die Obergrenzen sollen nachgetragen werden.

Beschluß über Truppenstärke-Obergrenzen (ohne Kriegsmarine) vom 10. 7. 1992

Land	Stärke	Land	Stärke
Armenien	unbek.	Kasachstan	–
Aserbaidschan	unbek.	Luxemburg	900
Belgien	70 000	Moldau	unbek.
Bulgarien	104 000	Niederlande	80 000
Kanada	10 660	Norwegen	32 000
ČSFR	140 000	Polen	234 000
Dänemark	39 000	Portugal	75 000
Frankreich	325 000	Rumänien	230 248
Georgien	unbek.	Rußland	1 450 000
Deutschland	345 000	Spanien	300 000
Griechenland	158 621	Türkei	530 000
Ungarn	100 000	Ukraine	450 000
Island	–	Großbritannien/UK	260 000
Italien	315 000	USA	250 000
		Weißrußland	100 000

46000 schwere Waffen reduziert worden sein (Einzelheiten → WA'92/Sp. 763f.). **Für das vereinigte Deutschland** gelten folgende Obergrenzen (in Klammern die zu beseitigende Anzahl von Waffen): Kampfpanzer 4166 (2834), gepanzerte Kampffahrzeuge 3446 (5474), Artilleriewaffen 2705 (1897), Kampfflugzeuge 900 (118), Angriffshubschrauber 306 (–).
Fortsetzung der VKSE-Verhandlungen offiziell seit 26.11.1990 in Wien als VKSE Ia – de facto erst seit Juni 1991 nach Einigung USA/UdSSR über strittige Punkte im KSE-Vertrag. – Ergebnis: **Vereinbarung über Begrenzung der Truppenstärken in Europa** vom 10.7.1992 durch die 29 Teilnehmerstaaten (→ Kasten, Sp. 775f.). Auf KSZE-Ebene sollen auch die restlichen 23 Staaten, die an den Wiener Verhandlungen nicht teilgenommen hatten, weil sie keinem der Militärblöcke angehörten, an die Regelungen bei den konventionellen Waffen und den Mannschaftsoberstärken herangeführt werden.

»Wiener Dokument '92«

Die damals 48 KSZE-Mitgliedstaaten unterzeichneten am 4.3.1992 in Wien ein Maßnahmenpaket, das militärische Spannungen verhindern und den Frieden sicherer machen soll. Das Dokument wurde am 24.3. in Helsiki beim 4. KSZE-Folgetreffen von den Außenministern feierlich bestätigt.

Erstmals sind echte Beschränkungen militärischer Aktivitäten vorgesehen, besonders die Ausweitung des bisher auf Europa beschränkten Geltungsbereichs auf Teile Zentralasiens der GUS. Die wichtigsten Bestimmungen:

▷ Erhöhungen der Personalstärke von Truppeneinheiten müssen angekündigt werden, wenn sie eine bestimmte Zahl überschreiten.

▷ Neue Hauptwaffensysteme und Großgeräte sollen angezeigt werden.

▷ Die Teilnehmerstaaten werden jährlich Informationen über ihre Streitkräfte – wie Organisation, Mannschaftsstärke und Hauptwaffensysteme – austauschen.

▷ Manöver mit mehr als 40000 Mann dürfen nur alle 2 Jahre stattfinden.

▷ Bei Besorgnis über militärische Aktivitäten gibt es die Möglichkeit zusätzlicher Besuche in dem Gebiet.

▷ Inspektionen militärischer Aktivitäten können auch durch multinationale Teams vorgenommen werden; so können sich kleinere Staaten beteiligen.

NATO NORDATLANTISCHE ALLIANZ
North Atlantic Treaty Organization

Gründung am 4.4.1949 durch unbefristeten *Nordatlantikvertrag* zwischen 12 Staaten Westeuropas und Nordamerikas als Sicherheitsbündnis wegen der damaligen Verteidigungsschwäche gegen Expansion und wachsende Bedrohung durch die UdSSR *(zur Vorgeschichte vgl. auch → WEU)*.
Ziele: Stärkung der Sicherheit durch Zusammenarbeit auf politischem, wirtschaftlichem und militärischem Gebiet.
Mitglieder (16): Belgien, Dänemark, BR Deutschland (1955), Frankreich, Griechenland (1952), Großbritannien, Island (ohne eigene Streitkräfte), Italien, Kanada, Luxemburg, Niederlande, Norwegen, Portugal, Spanien (1982), Türkei (1952), USA. – Frankreich verließ 1966 die militärische Integration, Griechenland 1974–79. Beide blieben aber NATO-Mitglieder. Spanien ist nicht militärisch integriert (d.h., die Streitkräfte unterstehen, wie die französischen, im Kriegsfall nicht automatisch dem NATO-Oberbefehl).
Organisationsform: Bündnis gleichberechtigter Staaten ohne Überstimmungsmöglichkeit (= Konsens-/Einstimmigkeitsprinzip; Vetorecht). Beistandsverpflichtung bei Angriffen gegen ein Mitglied innerhalb des Vertragsgebietes (Hoheitsgebiete Europa und Nordamerika, Türkei, Nordatlantik nördl. des Nördlichen Wendekreises einschl. der Nebenmeere). Über Art und Umfang des Beistandes entscheiden die MSt. souverän. Ergänzung durch zwischenstaatliche Verträge, z.B. zur Nutzung militärischer Einrichtungen und Friedensstationierung von Truppen.
Organe:
1. NAC *Nordatlantikrat*
Der *NAC* ist das höchste Konsultations- und Beschlußgremium: Regierungschefs und zuständige (Außen- bzw. Verteidigungs-) Minister tagen bei Bedarf. Ständige Vertreter der MSt. durch Botschaften in Brüssel (zugl. Sitz der zentralen Organe).
2. DPC *Ausschuß für Verteidigungsplanung*
Zuständig für militärpolitische Entscheidungen, entspricht der DPC organisatorisch dem NAC. In ihm sind aber nur die an der militärischen Integration beteiligten Staaten durch ihre Verteidigungsminister vertreten (also nicht Frankreich, Island und Spanien).
3. NPG *Nukleare Planungsgruppe*
In der *NPG* (*1967) beschließen die Verteidigungsminister (ohne Frankr.) über die Einsatzplanung der von den Nuklearmächten zur Verfügung gestellten Systeme und stimmen sich bei der Weiterentwicklung des Nuklearpotentials ab.
4. SG *Generalsekretär*
Der Generalsekretär, seit 1988 Manfred Wörner/D,

Internationale Organisationen

Nordatlantikrat NAC (16 Mitgl.)
Ausschuß für Verteidigungsplanung DPC

weitere Ausschüsse für:
- Nukleare Verteidigung (NDAC)
- Politik
- Wirtschaft
- Verteidigungserhebungen (Defense Revue Committee)
- Rüstung
- Logisitik
- Sicherheit
- Zivilverteidigung
- Telekommunikation
- Infrastruktur
- Wissenschaft
- Gesellschaftsentwicklung
- Information und Kultur
- Luftverteidigung
- Datenverarbeitung
- Luftraummanagement
- Übungen
- Finanzen / Haushalt
- Umwelt
- Füh-Info Systeme / Datenverarbeitung
- Krisenmanagement

Verteidigungsausschuß MC
Internationaler Militärstab **IMS**

Generalsekretär
Internationaler Stab

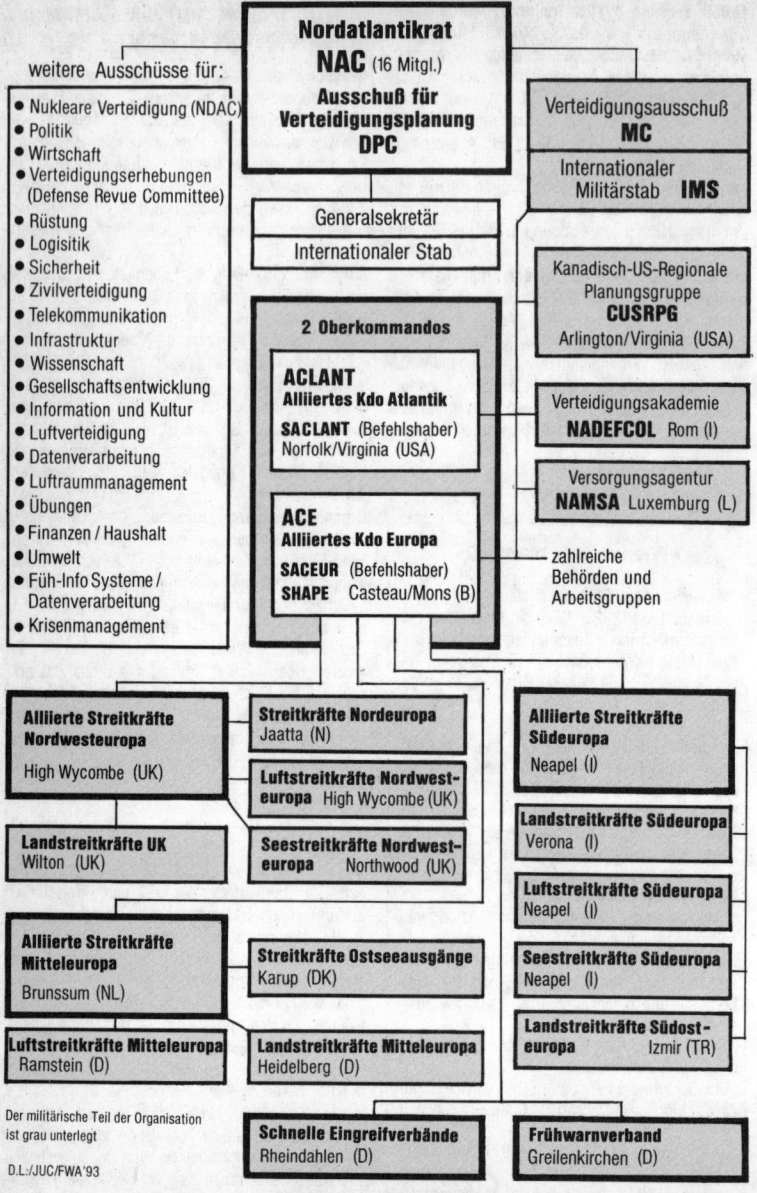

2 Oberkommandos

ACLANT
Alliiertes Kdo Atlantik
SACLANT (Befehlshaber)
Norfolk/Virginia (USA)

ACE
Alliiertes Kdo Europa
SACEUR (Befehlshaber)
SHAPE Casteau/Mons (B)

Kanadisch-US-Regionale Planungsgruppe **CUSRPG**
Arlington/Virginia (USA)

Verteidigungsakademie **NADEFCOL** Rom (I)

Versorgungsagentur **NAMSA** Luxemburg (L)

zahlreiche Behörden und Arbeitsgruppen

Alliierte Streitkräfte Nordwesteuropa
High Wycombe (UK)

Streitkräfte Nordeuropa
Jaatta (N)

Luftstreitkräfte Nordwesteuropa High Wycombe (UK)

Landstreitkräfte UK
Wilton (UK)

Seestreitkräfte Nordwesteuropa Northwood (UK)

Alliierte Streitkräfte Mitteleuropa
Brunssum (NL)

Streitkräfte Ostseeausgänge
Karup (DK)

Luftstreitkräfte Mitteleuropa
Ramstein (D)

Landstreitkräfte Mitteleuropa
Heidelberg (D)

Alliierte Streitkräfte Südeuropa
Neapel (I)

Landstreitkräfte Südeuropa
Verona (I)

Luftstreitkräfte Südeuropa
Neapel (I)

Seestreitkräfte Südeuropa
Neapel (I)

Landstreitkräfte Südosteuropa
Izmir (TR)

Schnelle Eingreifverbände
Rheindahlen (D)

Frühwarnverband
Greilenkirchen (D)

Der militärische Teil der Organisation ist grau unterlegt

D.L:/JUC/FWA '93

Die Organisation der NATO
Insbesondere die geplante Neugliederung des Oberkommandos Europa
(nach Dietrich Lenski/Meckenheim)

hat im Organisationsgefüge eine außerordentlich starke Stellung. Er ist Vorsitzender von *NAC, DPC, NPG* und damit politische Zentralfigur sowie Chef der Exekutive zugleich. Er wird unterstützt durch das *Sekretariat* und den *Internationalen Stab/IS*.

5. MC *Verteidigungsausschuß*
Der *MC* ist das höchste militärische Beratungsgremium (Vorsitz: Gen. Vigleik Eide/N). Halbjährl. tagen die Stabschefs der MSt. (ohne Frankreich und Island), dazwischen die ständigen militärischen Vertreter. Der *MC* wird unterstützt durch den *Internationalen Militärstab/IMS*.

6. Militärische Kommandobehörden
Das Vertragsgebiet ist bisher nach den 3 *Oberkommandos*, **ACE**/Europa, **ACLANT**/Atlantik und **ACCHAN**/Ärmelkanal sowie der *CUSRPG*/Kanadisch-US-Regionale Planungsgruppe zugeordnet. Diesen unterstehen weitere Kommandobehörden (geplante neue Struktur insbesondere für Europa → Grafik).

7. Neben den Zentralgremien 1.–5. gibt es mehrere **Ausschüsse**, meist mit eigenen *Arbeits-* und *Unterarbeitsgruppen*.

8. Die **Eurogroup** (*1968) dient der Abstimmung der europäischen MSt., insbesondere in der Rüstungszusammenarbeit und Gesamtstrategie.

9. Die **Nordatlantische Versammlung** (*1955) tagt jährlich aus 188 Abgeordneten der Parlamente der MSt. Sie dient der verbesserten Information zwischen NATO-Administration sowie den nationalen Parlamenten, damit indirekt der Vorbereitung parlamentarischer Entscheidungen in den 16 Staaten.

NATO-Amtssprachen: Englisch und Französ.
Sitz: *Generalsekretariat* B-1110 Brüssel; *Oberkommando SHAPE:* B-7010 Mons (bei Casteau); *Versammlung:* 3 Place du Petit Sablon, B-1000 Brüssel.
Personal in Brüssel u. Mons je nach Zählweise 4000–5000.
Finanzierung: Der zivile und militärische Beitrag wird auf Basis eines BSP-Schlüssels von den MSt. aufgebracht (anfangs trugen die USA bis zu 43% des Gesamthaushalts). Deutschland ist seit langem mit 22,8% größter europ. Beitragszahler.

Aktuelle Entwicklung:
Wenn auch im Nordatlantikvertrag nicht wörtlich genannt, war die Abwehr der Bedrohung durch die Sowjetunion und ihrer Verbündeten eigentlicher Zweck der NATO. Mit der Auflösung der Warschauer Vertragsorganisation/WVO am 1.7.1991 und der Umgestaltung der ehem. UdSSR ist statt der *Bedrohung* nunmehr wegen der politischen und wirtschaftlichen Instabilität in den Nachfolgestaaten der UdSSR eine *Gefährdung* geblieben.

Die NATO und ihre MSt. haben darauf (dieser Prozeß ist noch nicht abgeschlossen) mit folgenden Maßnahmen reagiert:

1. NATO-Kooperationsrat (*1992) zur Zusammenarbeit mit der GUS und den früheren Verbündeten der UdSSR auf unterschiedlichen Ebenen (Außen-, Verteidigungsminister, Stabschefs) mit dem vorrangigen Ziel der *Vertrauensbildung*.

2. Reduzierung der Streitkräfte in einigen MSt. weit über das in Rüstungskontrollabkommen *(→ KSZE)* vereinbarte Maß hinaus bzw. Verlegung aus Deutschland (zahlenmäßig insbesondere US-Truppen, anteilmäßig noch höher die anderen MSt.) in die Heimatländer.

3. Deutliche Einschränkung der Fähigkeit der Streitkräfte zu sofortiger Reaktion.

4. Als Folge der Maßnahmen zu 2. und 3. werden die Streitkräfte in Europa in drei Kategorien gegliedert:

▷ **MDF** *Hauptverteidigungskräfte* (Main Defence Forces), deren Heeresteile in Mitteleuropa und Jütland nur noch aus 7 Korps mit 16 Divisionen bestehen und längerer Mobilmachung bedürfen.

▷ **RRF** *Schnelle Eingreifverbände* (Rapid Reaction Forces) mit multinationalem Heereskorps unter britischem Befehlshaber in Stärke von rund 100000 Mann zur sofortigen Verfügbarkeit in Krisenherden.

▷ **AF** *Verstärkungskräfte* (Augmentation Forces), die von außerhalb herangeführt werden müssen.

5. Stärkere Zusammenarbeit in der → **WEU** durch einige europäische MSt., um größere politische Flexibilität zu erreichen.

6. Erweiterung der Deutsch-französischen Brigade zu einem **EURO-Korps**.

7. Verkürzung und **Straffung der militärischen Organisation**. Geplant sind die Zusammenfassung der Oberkommandos *ACE/Europa* und *ACCHAN/Ärmelkanal* sowie der Wegfall weiterer Stäbe in Europa (→ Grafik).

8. Verkleinerung der zentralen Administration in Brüssel.

Atomare Abrüstungsschritte der NATO

Die Nukleare Planungsgruppe/NPG (Verteidigungsminister der MSt. ohne Frankreich) beschloß am 17.10.1991 in Taormina/I die Vernichtung von rund 80% ihres derzeitigen Atomwaffenarsenals und damit das bisher größte atomare Abrüstungsprogramm der NATO. Bisherige atomare Abrüstungsmaßnahmen:

1979 *12.12.* **Im NATO-Doppelbeschluß** wird fest-

geschrieben, etwa 1000 der insgesamt rd. 7000 Sprengköpfe zu vernichten und dafür neue Mittelstreckenwaffen zu stationieren.
1983 *17.–28. 10.* Die NPG beschließt in Montebello/Kanada den Abzug von 1400 Atomsprengköpfen und damit eine Verringerung des Atomwaffenarsenals auf 4600. – Im selben Jahr werden die ersten Mittelstreckenraketen in Europa stationiert.
1987 *8. 12.* USA und UdSSR vereinbaren die Vernichtung aller landgestützten Mittelstreckenwaffen der Reichweite von 500 bis 5000 km (INF-Abkommen; seit 1. 6. 1988 in Kraft).
1989 *29.–30. 5.* Auf dem NATO-Gipfel in Brüssel gibt es offenen Streit über die Kurzstreckenwaffen. Während Deutschland und einige andere NATO-Partner sich auch bei diesen Waffen für eine Nullösung einsetzen, beharren die USA und Großbritannien darauf, die Waffen zu behalten. Im Mai 1990 stimmt die NPG allerdings dem US-Vorschlag zu, die Lance-Kurzstreckenraketen und die Atomgranaten nicht zu modernisieren.
1991 *17. 10.* Die NPG beschließt, alle 700 US-amerikanischen Lance-Kurzstreckenraketen sowie alle 1500 Atomgranaten aus Europa abzuziehen und zu vernichten. Die Zahl der US-amerikanischen und britischen Atombomben in Europa soll zudem auf rd. 800 halbiert werden. Mit dieser Abrüstung soll sofort begonnen werden; sie soll in spätestens 3 J. abgeschlossen sein.

Dokumentation: Dietrich Lenski

OAS ORGANISATION AMERIKANISCHER STAATEN
Organization of American States

Gründung am 30. 4. 1948 in Bogotá/CO durch 21 Staaten Lateinamerikas und der Karibik sowie die USA – Statuten in Kraft am 13. 12. 1951.
Mitglieder (33): Alle unabhängigen amerikan. Staaten mit Ausnahme Kubas (1962 ausgeschlossen), Belizes und Guayanas; *Ständige Beobachter (26):* Belize sowie 22 außerregionale Staaten (darunter Dtld.) und die → EG-Kommission.
Ziele/Aufgaben: Stärkung des Friedens und der Sicherheit; Verteidigung von Souveränität, Integrität und Unabhängigkeit der MSt.; solidarische Aktionen bei einer Aggression von außen und untereinander (einschl. Streitschlichtung); Sanktionen bei Nichtanerkennung von Schlichtungsverfahren u. a. Verstößen (u. a. 1982 im Falkland/Malvinas-Krieg); wirtschaftliche, soziale und kulturelle Zusammenarbeit.
Organe:
1. *Generalversammlung* (jährl.) entscheidend für Politikformulierung (Mehrheitsbeschlüsse).

2. *Konsultativtreffen* der Außenminister, auch bei bewaffneten Angriffen; unterstützt durch Beratenden Verteidigungsausschuß (der höchsten Militärbehörden der MSt.).
3. *Räte,* der Generalversammlung verantwortlich:
– **CP**/*Ständiger Rat* auf Botschafterebene, bereitet Generalversammlung vor; mit *Interamerikanischem Komitee für friedliche Schlichtung* *1970;
– **IA-ECOSOC/CIES**/*Wirtschafts- und Sozialrat* *1948 aus allen Mitgliedern, tagt jährl., mit *Ständigem Exekutivkomitee*/**CEPCIES**;
– **IACESC/CIECC**/*Rat für Erziehung, Wissenschaft und Kultur* *1970.
4. *Generalsekretär:* Joao Clemente Baena Soares/ BR (auf 5 J. gewählt).
5. *Zahlreiche beratende Einrichtungen und Sonderorganisationen.*
Sitz: 17th Street and Constitution Avenue, NW, Washington D. C. 20006, USA.
Personal: 700.
Arbeitssprachen: Engl., Span., Portug., Französ.
Finanzierung durch Mitgliedsbeiträge.
Entwicklung/Aktivitäten → *WA '90/716 f.*

OAU ORGANISATION DER AFRIKANISCHEN EINHEIT
Organization of African Unity

Gründung am 25. 5. 1963 durch Charta 30 unabhängiger afrikan. Staaten auf Konferenz in Addis Abeba unter Vorsitz des äthiopischen Kaisers Hailé Sélassié. Marokko nahm wegen eines Konflikts mit Mauretanien und Togo nicht teil.
Ziele/Aufgaben: Förderung der Einheit und Solidarität der afrikan. Staaten; Koordinierung der innerafrikan. und weltweiten Zusammenarbeit; Verteidigung der Souveränität und territorialen Integrität der MSt. (die OAU ist jedoch kein Verteidigungsbündnis); Beseitigung aller Formen des Neokolonialismus sowie der Apartheid auf Grundlage der UN-Satzung (→ *UNO*) und der Erklärung der Menschenrechte. – Die OAU-Charta normiert ferner die Prinzipien bilateraler Beziehungen, darunter die Wahrung des territorialen Status quo und Nichteinmischung in innere Angelegenheiten der MSt.
Mitglieder (51): 50 unabhängige Staaten Afrikas sowie die von der Befreiungsbewegung POLISARIO vertretene »Demokratische Arabische Republik Sahara/DARS« (seit 1982). – *Nichtmitglieder:* Republik Südafrika (mit »Homelands«) und Marokko (Austritt 1984 aufgrund des Vollmitgliedstatus der DARS).
Organe:
1. *Gipfelkonferenz der Staats- und Regierungschefs* (jährl.): je MSt. eine Stimme, Be-

schlüsse und Resolutionen (rechtlich nicht bindend) erfordern ⅔-Mehrheit; de facto Konsensprinzip;
2. *Ministerrat* (halbjährl.): je MSt. eine Stimme, Entscheidungen mit einfacher Mehrheit; bei innerafrikan. Themen zurückhaltende Formulierungen (Nichteinmischungsprinzip);
3. *Generalsekretariat* mit einem vom Ministerrat bestellten, mit wenig Exekutivgewalt ausgestatteten Generalsekretär: Salim Ahmed Salim/Äthiopien (seit 1989) und 4 Stellvertretern (für West-, Zentral-, Nord- und Ost-/Südafrika), koordiniert Aktivitäten zwischen Gipfelkonferenzen;
4. *Schiedskommission* *1964 für innerafrikan. Streitfälle mit 21 von der Gipfelkonferenz auf 5 Jahre gewählten Mitgl.;
5. *Kommissionen* (4) für: Wirtschaft und Soziales; Verkehr und Telekommunikation; Erziehung, Wissenschaft und Kultur; Gesundheit, Hygiene und Erziehung. Zusätzlich häufig *Sonderausschüsse* durch Gipfelkonferenz und Ministerrat vor allem zur Streitschlichtung.
Sitz: Addis Abeba/Äthiopien (P. O. B. 3243); Befreiungskomitee: Dar-es-Salaam/Tansania.
Arbeitssprachen: Engl., Französ., Arabisch.
Haushalt 1990/91: 30 Mio. US-$; hohe Beitragsrückstände.
Entwicklung *(ausführlich → WA '90/718f.):* Gipfel in Abuja/Nigeria 6/1991: Staatschefs unterzeichnen Vertrag über Afrikanische Wirtschaftsgemeinschaft in 6 Etappen bis zum Jahr 2025 (Vorbild: → EG).

OECD ORGANISATION FÜR WIRTSCHAFTLICHE ZUSAMMENARBEIT UND ENTWICKLUNG
Org. for Economic Co-operation and Development

Gründung: Vorläuferin war die den US-Marshallplan/ERP koordinierende *Organization for European Economic Co-operation*/OEEC (*16. 4. 1948), abgelöst von der über Europa hinausgehenden OECD im Pariser Übereinkommen vom 14. 12. 1960, in Kraft am 30. 9. 1961.
Ziele: Planung, Koordinierung und Vertiefung der wirtschaftlichen Zusammenarbeit und Entwicklung in Nachfolge der OEEC; Förderung des Wirtschaftsausbaues bei Vollbeschäftigung und Währungsstabilität; Hilfe für Entwicklungsländer. Die OECD ist nach wie vor die Spitzenorganisation der westlichen Industrieländer *(→ Kap. Wirtschaft).*
Symbol: Stilisiertes Château de la Muette (= Sitz der Organisation) mit halbkreisförmig angeordneten Abkürzungen OCDE (frz., oben) und OECD (engl., unten).

Mitglieder: 24 (die 16 Gründungsmitglieder der OEEC 1948 nachstehend ohne Jahreszahl): Australien (seit 1971), Belgien, BR Deutschland (1949), Dänemark, Finnland (1969), Frankreich, Griechenland, Großbritannien, Irland, Island, Italien, Japan (1964), Kanada (1960), Luxemburg, Neuseeland (1973), Niederlande, Norwegen, Österreich, Portugal, Schweden, Schweiz, Spanien (1959), Türkei, USA (1960).
Organe:
1. Rat der Ständigen Delegationen der MSt. (= Sonderbotschafter in Paris) als regelmäßig tagendes oberstes Organ; jährlich auch auf (Außen-, Finanz-, Wirtschafts-)Ministerebene. Für alle 24 bindende Beschlüsse/Empfehlungen bedürfen der Einstimmigkeit (Vetorecht).
2. Exekutivausschuß (14 jährl. neu gewählte Mitgl., davon nur die sog. G-7-Staaten mit ständigem Sitz) bereitet Ratssitzungen vor und koordiniert bei Aktivitäten, die mehrere Ausschüsse berühren.
3. Fachausschüsse (ständige oder ad-hoc-Gremien, z. Zt. rund 30) aus Mitgl. der Stdg. Delegationen und Vertretern der jeweils nationalen Behörden. Die wichtigsten sind der:
▷ **EPC**/*Wirtschaftspolitischer Ausschuß* leitender Beamter der nationalen Wirtschaftsressorts und der Notenbanken, tagt mehrmals jährl. zur Abstimmung nationaler wirtschaftspolit. Maßnahmen (z. B. für Währungspolitik; Vorsitz: Hans Tietmeyer/D);
▷ **EDRC**/*Prüfungsausschuß für Wirtschafts- und Entwicklungsfragen,* überprüft Wirtschaftspolitik der MSt., veröffentlicht Jahresberichte;
▷ **DAC**/*Ausschuß für Entwicklungshilfe,* *1961; die 21 DAC-Mitglieder einschließlich der EG-Kommission (nicht vertreten: Griechenland, Island, Luxemburg und Türkei) bringen über 85% der weltweiten Entwicklungshilfe für die Dritte Welt auf; sog. »DAC-Examen« jedes MSt. alle 2 J.; koordiniert multilateral Entwicklungshilfe der MSt.; Untergruppe: Sahel-Club *(→ CILSS);*
▷ **CMITC**/*Ausschuß für Finanzmärkte* (»Kapitalmarktausschuß«): *1969 zur Verbesserung der Wirkung nationaler Kredit- und internat. Finanzmärkte;
▷ **TC**/*Handelsausschuß* zur Handelsliberalisierung und Verhinderung neuer Handelsschranken;
▷ **BIAC**/*Unternehmerausschuß,* *1962, vertritt Interessen der Industrie bei der OECD;
▷ **TUAC**/*Gewerkschaftsausschuß,* *1948.
Weitere Ausschüsse u. a. für Kapitalverkehr/Dienstleistungen, öffentliches Management, Wettbewerbsrecht und -politik, Steuerfragen; Umweltpolitik; Forschung und Technologie; Stahl.
4. Sekretariat mit auf 5 J. ernanntem Generalsekretär: Jean-Claude Paye/F. Der Generalsekr. ver-

tritt die OECD nach außen und hat damit eine wichtige politische Stellung. Er ist zugleich Rats-Vorsitzender. – Rund 1836 Mitarbeiter, davon 1069 »Professionals«, d. h. Experten aller Sachgebiete.
Sitz: 2, rue André Pascal, F-75775 Paris Cedex 16; Außenbüros (Publications and Information Centres) in Washington, Tokio; für die deutschsprach. Staaten: Schedestr. 7, 5300 Bonn 1 (Direktor: Dieter Menke).
Finanzierung des ordentl. Haushalts durch MSt., bemessen am BSP, mit Höchst- und Mindestgrenzen (Verwaltungshaushalt OECD einschl. CERI, DC, IEA und NEA); 1991 (= 0,24% gegenüber 1990) 1315939400 FF (davon 960 Mio. FF ord. Haushalt) incl. Reformstaaten-Zuwendungen. – Sonderhaushalt für fakultative Projekte (nicht alle MSt.).
Amtssprachen: Englisch und Französisch.
Aktivitäten: Tätigkeitsbereiche u. a.: Handel, Entwicklungspolitik, Kapitalverkehr und -märkte, Steuerwesen, Landwirtschaft, Fischerei, Seeverkehr, Energie, Arbeitskräfte, Sozialfragen, Umwelt- und Wissenschaftspolitik, Bildungswesen, Technologie- und Industriepolitik. In allen Bereichen besondere Hilfe (Beratung, Programme) für die mittel- und osteuropäischen Staaten (u. a. Programm »Partner im Übergang« mit Ungarn, ČSFR, Polen, betreut im neuen OECD-Zentrum für Mittel- und Osteuropa in Paris). – Rd. 150 Arbeitsgruppen; jährl. 250 Veröffentlichungen. Kritische Analysen und Prognosen zur Wirtschafts- und Sozialpolitik der MSt. Jahresberichte zeigen Entwicklung der Finanzhilfe an die Dritte Welt, der westlichen Arbeitsmärkte oder der Agrarsubventionen auf. Dazu kommen Analysen – von den Umweltaspekten der Wirtschaftsentwicklung über Faktoren der ländl. Entwicklung bis zur Lage am Stahlmarkt und zur Wettbewerbspolitik.
Kooperation u. a. mit → EFTA, EG-Kommission (→ EG), → Europarat und → OAS sowie mit FAO, GATT, IAEO, ILO, IMF, IMO, UNCTAD, UNESCO, UNHCR, UNEP und der Weltbankgruppe (→ UNO).

Autonome und halbautonome Institutionen:
CERI/*Center f. Educational Research and Innovation* *1968, alle OECD-MSt und Jugoslawien; mit: *Institutional Management in Higher Education*/**IMHE**, dt. Mitgl. Hochschulrektorenkonferenz/HRK;
DC/*Development Centre* (Entwicklungszentrum) *1962, alle MSt. außer Neuseeland (40 Mitarb.).
IEA/*International Energy Agency*
*1974, alle OECD-MSt. + EG-Kommission (ohne Island), Ziele wie *OECD*, speziell auf Energiesektor: gesamtwirtschaftlich internationale Verbesserung der Energieeinsparung und -versorgung; alternative Energiekonzepte.

NEA/*Nuclear Energy Agency*
*1972, alle Mitgl. außer Neuseeland, Kernenergiestudien, Koordinierung von Sicherheitsfragen.

OSTSEERAT
Baltic Sea Council/Baltijskij Sovet

Gründung auf deutsch-dänische Initiative bei Außenministertreffen in Kopenhagen/DK am 5./6. 3. 1992 als zusätzliches (→ auch HELCOM/Ostsee-Schutzkonferenz) Instrument der Zusammenarbeit im Ostseeraum (nicht zu verwechseln mit dem → Baltischen Rat).
Ziele: Marktwirtschaftliche Wachstumszone rund um das Binnenmeer durch Zusammenarbeit in Bereichen Umweltschutz und Energie, Transport und Kommunikation, Gesundheit und humanitäre Maßnahmen, Tourismus, Kultur und Bildungswesen.
Vordringlich: Schaffung neuer regionaler Infrastrukturen und Unterstützung des Wirtschaftsaufbaus in den Reformstaaten; Wiederbelebung historischer Bindungen; Sicherung der gefährdeten Umwelt, insbes. Säuberung der Ostsee.
Mitglieder (11): 10 Ostseeanliegerstaaten Dänemark, Deutschland, Estland, Finnland, Lettland, Litauen, Norwegen (wg. Skagerrak), Polen, Rußland, Schweden. Die Beteiligten umfassen ein Gebiet mit rd. 300 Mio. Einw., davon 45–90 Mio. im Ostsee-Einflußbereich. 11. Mitglied ist die EG-Kommission (→ Karte bei HELCOM).
Organe:
1. *Ostseerat* der Außenminister, tagt jährlich, entscheidet einstimmig;
2. *Ministertreffen* der Fachressorts, z. B. Kultus, Umwelt/Planung, Verkehr;
3. *Treffen Hoher Beamter* zur Vorbereitung der Ratstagungen. – Kein festes Sekretariat.
Dt. Kontaktanschrift: Auswärtiges Amt (Abt. 2), 5300 Bonn 1.
Arbeitssprachen: Deutsch, Englisch, Russisch.
Aktivitäten: Erste Ratstagung vereinbart u. a. Hilfslieferungen der beteiligten EG-/EFTA-Länder an Reformstaaten. – Nächster Ostseerat: 2./3. 3. 1993 in Helsinki/SF.
Kooperation mit → HELCOM.

SCHWARZMEER-ANRAINER
Wirtschaftliche Zusammenarbeit am Schwarzen Meer/KEI

Gründung auf Initiative von Staatspräsident Turgut Özal/TR 1991 durch Abkommen vom 2. 2. 1992 in Istanbul, paraphiert von den Außenministern der Anrainerstaaten.
Ziele: Stufenweise Kooperation der Anrainer bei In-

frastrukturinvestitionen im Transport- und Energiebereich, diese soll auf die neuen Marktwirtschaften der Reformstaaten auf Basis der KSZE-Schlußakte von Helsinki 1975 und anderen Grundsätzen des Völkerrechts ausgedehnt werden.
Mitglieder: 11 mit insges. 320 Mio. Einw.: Albanien, Armenien, Aserbaidschan, Bulgarien, Georgien, Griechenland, Moldau, Rumänien, Rußland, Türkei, Ukraine.
Organ: *Ministerrat* der Außen-/Ressortminister.
Generalsekretariat mit *Sitz* in Istanbul.
Aktivitäten: Gipfelkonferenz 25. 6. 1992 in Istanbul paraphiert »Wirtschaftserklärung« nach dem Muster der 4 Grundfreiheiten des EWG-Vertrages von 1957 *(→ EG)* als Grundlage einer »Eurasischen Wirtschaftsgemeinschaft« und als Gegenpol zur islamisch orientierten → ECO. Darüber hinaus als laizistische Organisation unter türk. Federführung Vermittlungsversuche bei Nationalitätenkonflikten (Dnjestr-Republik, Karabach, Ossetien, → *Länderchroniken)*.

UNCED UN-KONFERENZ ÜBER UMWELT UND ENTWICKLUNG
U. N. Conference on Environment and Development

Gegenstand: Bisher größte politische Konferenz zum Thema Umwelt und Entwicklung, vom 3. bis 14. 6. 1992 in Rio de Janeiro/BR.
Vorbereitet durch UNCED-Sekretariat in London (Generalsekretär: Maurice Strong/CDN), durch nationale Berichte aus über 120 Ländern und Expertenarbeitsgruppen aus dem UN-System: der 5 regionalen UN-Wirtschaftskommissionen, des UNEP und UNDP sowie der FAO und WMO *(→ UNO)*.
Teilnehmer: Rund 10 000 Delegierte aus 178 Staaten, darunter 115 Staats- und Regierungschefs.
Ziele: Schutz der **Atmosphäre** (Klimaveränderung, Abbau der Ozonschicht, grenzüberschreitende Luftverschmutzung), der **Naturressourcen** der Erde (Abholzung, Ausbreitung der Wüsten, Bodenverlust und Trockenheit); Bewahrung der **biologischen Vielfalt;** Schutz der Trinkwasserreserven, der Ozeane, Meere und Küstengebiete sowie vernünftiger Gebrauch und Entwicklung ihrer Lebensreserven; umweltgerechte Regulierung der Biotechnologie, der gefährlichen Abfälle und der giftigen Chemikalien; Vermeidung von illegalem Handel mit giftigen Erzeugnissen und Abfällen.
Ergebnisse: Konventionen über Artenvielfalt und Klimaschutz, die nach Ratifizierung in den einzelnen Ländern völkerrechtlich verbindlich werden; Einigung auf Grundsätze künftiger Umwelt- und Entwicklungspolitik.
▷ **Deklaration von Rio über Umwelt und Entwicklung:** 27 Prinzipien zur Umwelt- und Entwicklungspolitik als weltweiter Leitfaden. Kern: Partnerschaft zwischen dem reichen Norden und dem armen Süden, gestützt von einer umweltverträglichen und »nachhaltigen Entwicklung«. Hinweis auf besondere Verantwortung der Industriestaaten, die die Umwelt hauptsächlich verschmutzen und über die Mittel zur Schadensbeseitigung verfügen.
▷ **Artenschutz-Konvention** zum weltweiten Schutz der Tier- und Pflanzenarten sowie ihrer Lebensräume. Während die Industriestaaten den Schutz der Arten in ihren natürlichen Lebensräumen betonen, wünschen die Entwicklungsländer einen umfassenden Technologietransfer aus den Industriestaaten. Bis Konferenzende unterzeichnen 150 Staaten. **Nichtunterzeichner:** USA (Begründung: die Konvention behindere die Biotechnologie und widerspreche dem Patentschutz).
▷ **Klimaschutz-Konvention** mit dem Ziel, die CO_2-Emissionen weltweit auf das Niveau von 1990 zurückzuführen (ohne konkrete Frist). Bis Konferenzende unterzeichnen 152 Staaten. **Nichtunterzeichner:** USA (Begründung: unzumutbare Belastung der heimischen Wirtschaft) und mehrere OPEC-Staaten (weil Erdölverwertung als einer der Hauptverursacher für die Zerstörung der Erdatmosphäre angesehen wird).
▷ **Wald-Deklaration:** Wälder sollen nach ökologischen Maßstäben bewirtschaftet, erhalten und geschützt werden (Absichtserklärung). Eine von den Industriestaaten gewünschte verbindliche Wald-Konvention scheitert am Widerstand der Entwicklungsländer (= »Gruppe der 77«), die den Wald nicht nur als für das ökologische Gleichgewicht wichtig, sondern auch als Wirtschaftsfaktor betrachten.
▷ **Agenda 21:** Absichtserklärung für 115 Programme zur Lösung der in Rio diskutierten Probleme *(→ Ziele)* bis zum Jahr 2000 (»21« verweist auf das kommende Jahrhundert). Umweltschutz soll bei den Ursachen der Umweltschäden ansetzen. Deshalb Betonung der Armutsbekämpfung, Gesundheitsvorsorge und Bildungsförderung. Eine Umsetzung der Programme würde bis zum Jahr 2000 jährl. ca. 625 Mrd. US-$ kosten. Die Industriestaaten müßten 125 Mrd. US-$ aufbringen (= 0,7 % ihres BSP). Die Entwicklungsländer konnten eine verbindliche Zielvorgabe für das Jahr 2000 genausowenig durchsetzen wie ihre Forderung, größeren Einfluß auf die Vergabe der Mittel zu nehmen.
▷ **Entwicklungskommission:** *UN-Kommission für dauerhafte Entwicklung/UNCSD zur Überwachung der Umsetzung der Agenda 21. Sie wird dem ECOSOC *(→ UNO)* angegliedert und der UN-Generalversammlung *(→ UNO)* direkt Bericht erstatten.

UNO ORGANISATION DER VEREINTEN NATIONEN

»United Nations/UN« = Bezeichnung für die »UN-Familie«; »United Nations Organization/UNO« = Bezeichnung der UN-Organisationsstruktur (ohne Sonderorganisationen)

Gründung: Unterzeichnung der »Charta der Vereinten Nationen« am 26. 6.1945 in San Francisco/USA zum Abschluß der Gründungskonferenz von 50 Staaten (»Konferenz der Vereinten Nationen über die Internationale Organisation«). Polen, das auf der Konferenz nicht vertreten war, jedoch die »Erklärung der Vereinten Nationen« (der Alliierten des II. Weltkriegs) vom 1. 1. 1942 unterzeichnet hatte, gilt ebenfalls als »ursprüngliches Mitglied« und ist eines der somit 51 Gründungsmitglieder. Die Charta trat am 24. 10. 1945 in Kraft.

Mitglieder: 179, praktisch alle Staaten der Welt mit Ausnahme von Andorra (Co-Fürstentum), Kiribati, Monaco, Nauru, Palau (USA), Schweiz, Taiwan (Nationalchina), Tonga, Tuvalu und Vatikanstadt.

Hauptziele: Freundschaftliche Beziehungen zwischen den Nationen auf Grundlage der Gleichberechtigung und Selbstbestimmung der Völker; Zusammenarbeit bei der Lösung internationaler Probleme.

Sitz der Organisation: 1 U. N. Plaza, New York, NY 10017, USA. Weltweite Büros von UN-Einrichtungen, UNO-Genf: 8–14 ave. de la Paix, Palais des Nations, CH-1211 Genf 10; UNO-Wien: Vienna International Centre (VIC), A-1400 Wien, Pf. 500.

Amts- und Arbeitssprachen: Arabisch, Chinesisch, Englisch, Französisch, Russisch, Spanisch.

Budget: Ordentl. Zweijahreshaushalt 1992/93: 2,39 Mrd. US-$ (+10,2% gegenüber 1990/91).
Beitragsrückstände der MSt. Ende 1991: 440 Mio. US-$ (davon USA 266, ehem. UdSSR 46, Brasilien 18, Argentinien 14 Mio. US-$)

Personal: Die UN beschäftigen (ohne Sonderorganisationen) rund 29000 Personen (1990), davon rund 11000 in New York.

I. Hauptorgane der UN (6)

1. UNGA/Generalversammlung:
Zentrales politisches Beratungsorgan. Jeder MSt. hat eine Stimme; tritt jährlich am 3. Dienstag im September zusammen, hat 7 Hauptausschüsse sowie über 60 Nebenorgane.

2. UNSC/Sicherheitsrat:
Bedeutendstes Organ; betraut mit der »Hauptverantwortung für die Wahrung des Weltfriedens und der internationalen Sicherheit«, kann für alle UN-Mitglieder verbindliche Beschlüsse treffen. 15 Mitglieder: *5 Ständige Mitgl.:* VR China, Frankreich, Großbritannien, Rußland (seit 27. 12. 1991 für die aufgelöste UdSSR) und USA sowie 10 für 2 J. von der UNGA mit ⅔-Mehrheit gewählte *Nichtständige Mitgl.:* 5 aus Afrika und Asien, je 2 aus Lateinamerika und der Gruppe der »westeuropäischen Staaten«, ein osteuropäisches Land; bis Ende 1992: Belgien, Ecuador, Indien, Österreich und Simbabwe; bis Ende 1993: Japan, Kapverden, Marokko, Ungarn und Venezuela.

3. ECOSOC/Wirtschafts- und Sozialrat:
54 von der UNGA gewählte Mitglieder, jährliche Wahl von 18 Mitgl. für je 3 Jahre, zentrales Organ für wirtschaftliche, soziale, kulturelle, erzieherische, gesundheitliche und verwandte Gebiete; 5 **Regionalkommissionen**:

CEPALC/*Comisión Económica para América Latina y el Caribe;* engl. ECLAC: *1948, Sitz: Casilla 179, Santiago/Chile, 33 lateinamerikan. Mitgl. sowie Frankreich, Großbritannien, Kanada, Niederlande, Portugal, Spanien, USA.

ECA/*Economic Commission for Africa:*
*1958, Sitz: Addis Abeba/Äthiopien (PO Box 3001), 51 afrikan. MSt.

ECE/*Economic Commission for Europe:*
*1947, Sitz: Palais des Nations, CH-1211 Genf 10, bis 1991 40 Mitgl. (die europ. UN-MSt. einschl. Rußland, Türkei und Zypern; USA, Kanada, Japan, Israel und die Schweiz; Erweiterung auf die Reformstaaten gepl.), tagt jährl.; Exekutivsekretär: Gerald Hinteregger/A. – Die ECE förderte nach 1945 den wirtschaftl. Wiederaufbau Europas; heute Koordinationsfunktionen mit anderen IGOs und INGOs (durch Sponsoring), vor allem (1992) auf den Sektoren Umwelt, Transport, »Ost-Statistik«, Handelserleichterungen, Ost-Wirtschaftsanalysen; de-facto-Federführung durch die EG und die USA.

ESCAP/*Economic and Social Commission for Asia and the Pacific:*
*1947, Sitz: Rajdamnern Avenue, Bangkok 2, Thailand, 38 MSt.: alle Staaten Süd-, Südost- und Ostasiens außer DVR Korea und Taiwan; alle Länder Ozeaniens außer Kiribati (assoziiert); zusätzlich: Frankreich, Großbritannien, Iran, Niederlande, Rußland, USA. – ESCAP fungiert als regionales UNO-Zentrum für den asiatisch-pazifischen Raum. Neuer Exekutivsekretär 4/1992: Rafeeudin Ahmed/PK.

ESCWA/*Economic and Social Commission for Western Asia:*
*1973, Bagdad/Irak (POB 27), 12 MSt.: Ägypten, Bahrein, Irak, Jemen, Jordanien, Katar, Kuwait, Libanon, Oman, Saudi-Arabien, Syrien, die Vereinigten Arabischen Emirate und die PLO.

(Forts. Sp. 799)

Schritte zur Internationalisierung des Umwelt- und Naturschutzes 1946–1991

Eine systematische internationale Umweltpolitik erfolgt erst mit Beginn der 70er Jahre, ausgelöst durch Warnungen vor umweltgefährdendem Wirtschafts- und Bevölkerungswachstum (→ *Club of Rome*) durch die im Umfeld menschlicher Ansiedlungen entstandenen Probleme wie Gewässer-, Boden- und Luftverschmutzung, Waldsterben, Ausweitung der Wüsten, Abfallbeseitigung und Energieverbrauch. Eine zusätzliche Dimension ergab sich Ende der 70er Jahre, als Klimaforscher auf die durch Emissionen von Fluorchlorkohlenwasserstoffen (FCKW) und Halonen verursachte Verringerung der die Erdatmosphäre umgebenden Ozonschicht aufmerksam machten. Durch diesen die Erde in einer Entfernung von 10–50 km umgebenden Gürtel aus verdünnten Gasen wurde bisher die Ultraviolettstrahlung der Sonne auf ein für Menschen, Tiere und Pflanzen verträgliches Maß gefiltert. Schon eine 1 %ige Verdünnung der Ozonschicht führt zu einer Zunahme von Hautkrebs. Außerdem könnte die Abnahme der Ozonschicht im Zusammenwirken mit dem durch anhaltende Kohlendioxyd-Emissionen und Methane (CH_4) bewirkten Treibhauseffekt zu schwerwiegenden klimatischen Veränderungen auf der Erde führen. Damit sind, sofern keine Gegenmaßnahmen getroffen werden, Gesundheit oder gar Überleben der Menschheit gefährdet. – Nachstehend eine chronologische Übersicht über die wichtigsten bisherigen Vereinbarungen zum Umwelt- und Naturschutz

1946 *2. 12.* Internationale **Konvention zur Regelung des Walfangs**; 1948 in Kraft (→ *IWC*).

1948 *5. 10.* *****Welt-Naturschutz-Union** (→ *IUCN*).

1959 *1. 12.* * → **Antarktisvertrag**.

1961 *11. 9.* *****World Wildlife Fund** (→ *WWF*).

1965 *1. 5.* Berner Konvention zum **Schutz des Rheins** (→ *IKSR*).

1968 Europäische Wassercharta des Europarats proklamiert ökologische Wasserbewirtschaftung (sparsamer Umgang, Evaluationsmechanismen usw.); dazu Grundsätze der Behandlung der Luftverschmutzung.

1969 *9. 6.* **Bonner Konvention** zur Bekämpfung der Ölverschmutzung der **Nordsee** (→ *INK*).

1971 In Vancouver * → **Greenpeace**.

1972 *15. 2.* **Osloer Konvention zur Verhütung der Meeresverschmutzung** durch Abfälle von Schiffen und Luftfahrzeugen wird durch 12 Atlantik-Anliegerstaaten (Belgien, BR Deutschland, Dänemark, Finnland, Frankreich, Großbritannien, Island, Norwegen, Niederlande, Portugal, Schweden, Spanien) unterzeichnet (Polen und die UdSSR blieben der Konferenz wegen Nichteinladung der DDR fern): In einem Gebiet nördl. des 36. Breitengrades und zwischen dem 42. Grad westlicher und 51. östlicher Länge sollen weder Schiffe noch Flugzeuge organische Halogen- und Silikonverbindungen, krebserzeugende Stoffe, Quecksilber, Cadmium und schwimmende Kunststoffe versenken.

5.–16. 6. Die **UN-Konferenz über die menschliche Umwelt in Stockholm** von 1200 Vertretern aus 112 Staaten (Nichtteilnahme der UdSSR, Polens, Ungarns und der CSSR wegen Nichteinladung der DDR) ist der eigentliche **Beginn internationaler Umweltpolitik**. Die Deklaration von Stockholm – von Industrie- und Entwicklungsstaaten gemeinsam erarbeitet – bekennt sich erstmalig zur grenzüberschreitenden Zusammenarbeit im Umweltschutz und verankert ihn als politische Aufgabe der nationalen Regierungen. Dem souveränen Recht der Staaten auf Ausbeutung der eigenen Ressourcen wird die Pflicht gegenübergestellt, dafür zu sorgen, daß durch Tätigkeiten innerhalb des eigenen Hoheitsgebiets anderen Staaten kein Schaden zugefügt wird. Aktionsplan für Schutz und Verbesserung der Umwelt faßt alle **106 Empfehlungen** der Konferenz über internat. Aktionen zusammen: u. a. über globales Erdbeobachtungssystem »Erdwacht«; internat. Umweltmanagement; unterstützende Maßnahmen wie Erziehung, Ausbildung, Organisation und Finanzierung. – Die Beschlüsse von Stockholm werden kaum realisiert.

15. 12. * UN-Umweltprogramm UNEP (→ *UNO*).

29. 12. Londoner Konvention zur Verhütung der Meeresverschmutzung durch Einbringen von Abfällen und anderen Stoffen (»**London Dumping Convention**«/LDC; tritt am 30. 8. 1975 in Kraft) erweitert das Verbot auf Chemikalien, giftige Substanzen und Schiffsabfall.

1973 *3. 3.* * Washingtoner Artenschutzübereinkommen (→ *CITES*) und * Feuchtgebiete-Übereinkommen von Ramsar/Iran.

28.–30. 3. Erste Umweltschutzkonferenz des Europarats in Wien.

19.–20. 7. Erstes Aktionsprogramm für Umweltschutz der **EG**-Umweltminister: Leitlinien, Maßnahmenkatalog, Pilotprojekte; vier weitere Aktionsprogramme folgen, zuletzt für 1987–1992 als

weitreichendste Konzeption supranationaler Umweltpolitik.
4.–13. 9. Konferenz der **Ostseeanrainer** BR Dtld., Dänemark, DDR, Finnland, Polen, Schweden, UdSSR in Danzig/PL: »Konvention über die Fischerei und den Schutz der lebenden Ressourcen in der Ostsee und in den Belten«; Überwachung durch Internationale Kommission mit Sitz in Warschau.
8. 10.–2. 11. Londoner IMCO-Konferenz (→ *IMO bei UNO*): Konvention zur Verhütung der Meeresverschmutzung durch Schiffe (MARPOL; gültig i. d. Fssg. v. 17. 2. 1978) durch 72 MSt. (davon 9 von damals 10 EG-MSt.; ohne Luxemburg).

1974 18.–22. 3. Konferenz der Ostseeanrainerstaaten in Helsinki: **»Konvention zum Schutz der maritimen Umwelt des Ostseegebietes«** (→ *HELCOM*).
4. 6. Pariser Konvention zur Verhütung der Meeresverschmutzung vom Land aus (PARCOM; vgl. → *ICES*).

1976 2.–16. 2. Konvention von Barcelona zur Reinhaltung des Mittelmeeres (→ *CIESM*).

1977 1.–7. 3. UN-Konferenz in Washington D. C. verabschiedet Aktionsplan zum Schutz der Ozonschicht: u. a. (photo-)chemische Untersuchungen und Simulationsprogramme zur Aufklärung chemischer, strahlender und kalorischer Vorgänge in der Atmosphäre unter Federführung der FAO und WMO (→ *UNO*).
5. 10. Nordisches Umweltschutzabkommen sieht Eingriffe der Staaten gegen Umweltschädigungen in einem der 5 nordischen Staaten so vor, als ob diese im eigenen Land auftreten würden (neutrale Schiedskommission).

1978 13. 10. UN-Konvention über das Verbot militärischer oder anderer feindseliger Verwendung von Umweltänderungstechniken vom 18. 5. 1977 nach Ratifizierung durch 20 Staaten in Kraft.

1979 *Alpenschutzkommission (→ *CIPRA*).
12.–23. 2. **Weltklimakonferenz** in Genf mit Experten von WMO, FAO, WHO, UNEP und UNESCO (→ *UNO*), die im Zusammenhang von Klima-Anomalien seit 1972 die Klimabeeinflussung durch die menschliche Gesellschaft untersucht.
13.–15. 11. ECE-Konferenz (→ *UNO*): **Genfer Übereinkommen über weiträumige grenzüberschreitende Luftverunreinigung** (3/1983 in Kraft). Zusatzprotokolle zur Finanzierung von EMEP (vom 28. 9.1984) und über die Reduzierung der Schwefelemissionen oder ihrer grenzüberschreitenden Ströme um mindestens 30 % (→ unten: Helsinki-Protokoll vom 9. 7. 1985).
17. 12. EG-Umweltminister billigen Einschränkung von Fluorkohlenwasserstoffen (FCKW): Bis Ende 1981 soll in Aerosolbehältnissen 30 % weniger FCKW verwendet werden als 1976.

1980 16. 5. Abkommen zur **Bekämpfung der Verschmutzung des Mittelmeeres** vom Lande her; tritt 1983 in Kraft (→ *CIESM*).
20. 5. Abkommen von Canberra über Erhaltung der lebenden Ressourcen der **Arktis**.
21.–27. 7. Internationale Walfangkommission beschließt neue Fangquoten für Wale (→ *IWC*).

1981 1. 1. * Welttierschutzgesellschaft (→ *WSPA*).

1982 28. 10. UN-Generalversammlung verabschiedet (gegen Stimme der USA) **»Weltcharta für die Natur«** (→ *UNEP*).

1983 20. 2. Entschließung von 19 Mitgliedern der »London Dumping Convention« (→ *oben, 29. 12. 72*) für ein Ende der **Lagerung radioaktiven Mülls im Meer** (dagegen u. a.: Großbritannien, Schweiz, Japan, USA, Niederlande; Stimmenthaltung u. a.: Frankreich, BR Deutschland und UdSSR).

1984 31. 10.–1. 11. **Nordseeschutz-Konferenz** in Bremen; zweite 1987, dritte 1990 (→ *INK*).

1985 18.–22. 3. Auf einer Diplomatenkonferenz in Wien zum **Schutz der stratosphärischen Ozonschicht** unterzeichnen 20 Staaten und die EG-Kommission die **Wiener Konvention zum Schutz der Ozonschicht**. Aus ihr entsteht das Montrealer Protokoll 1987.
9. 7. Von 33 Staaten der **ECE** (→ *UNO*) verpflichten sich 21 im **Helsinki-Protokoll** (1987 in Kraft), die **Schwefelemissionen** ihrer Industrien und Kraftwerke bis 1993 im Vergleich zu 1980 um mindestens 30 % zu senken. Großbritannien, Irland, Island, Spanien, Portugal, Polen, Rumänien, Griechenland, Türkei, San Marino, Vatikan und USA unterzeichnen nicht.

1986 26. 4. Reaktorkatastrophe von **Tschernobyl**/Ukraine: Folgeschäden (bis 1992 sterben mehrere Tausend Menschen der Region) verdeutlichen zentrale Rolle des Umweltschutzes für künftige Sicherung der Lebensgrundlagen. [Beginn neuer Energiestrategien, v. a. in Westeuropa.]

1987 1. 7. * Einheitliche Europäische Akte/EEA verankert in den **EG-Verträgen** erstmals das Ziel Umweltschutz.
14.–16. 9. **Internationale Konferenz zum Schutz der Ozonschicht in Montreal** (48 Staaten): **erstmals weltweit anwendbares Umweltschutzprotokoll** (in Kraft 1989). Die Teilnehmer verpflichten sich, ihre Produktion von Fluorkohlenwasserstoffen (FCKW) bis zum J. 2000 schrittweise um 50 % zu reduzieren. 1990 soll die Produktion auf dem

Stand von 1986 eingefroren, 1994 um 20% und 1999 um weitere 30% verringert werden.

1988 *15. 2.* Helsinki-Deklaration zum Schutz der Meeresumwelt der Ostsee (→ *HELCOM*).
27.–30. 6. **Weltklimakonferenz in Toronto**: 300 Naturwissenschaftler, Sozialpolitiker, Wirtschaftswissenschaftler und Umweltschützer aus 48 Staaten diskutieren die rapide Erwärmung der Erde und kritisieren das Abkommen von Montreal als unzureichend.
1. 11. Umweltminister aus 26 europ. Staaten unterzeichnen nach dreijährigen Verhandlungen im ECE-Rahmen das **3. Protokoll über Begrenzung der Stickstoffoxid-Emissionen** oder ihrer grenzüberschreitenden Ströme mit völkerrechtlichen Verpflichtungen, die nationalen Stickoxid-Emissionen **bis 1994 auf den Stand 1987 einzufrieren** (u. a. durch erhebliche Reduzierungen bei Kohlekraftwerken sowie im Pkw- und Lkw-Verkehr). Das Protokoll gehört zum Paket der Genfer Konvention über die weiträumige, grenzüberschreitende Luftverschmutzung von 1983. Die vorangegangenen Protokolle regelten die Verringerung der Schwefelemissionen um mindestens 30% sowie die Finanzierung der Zusammenarbeit bei der Messung und Bewertung der Ausbreitung von luftverunreinigenden Stoffen in Europa/**EMEP**.
– Die Umweltminister der 12 westeurop. Staaten hatten am 31. 10. eine gesonderte Deklaration zur Reinhaltung der Luft unterzeichnet, in der sie sich auf eine stärkere Verringerung der Luftverschmutzung einigten als die 26 Staaten der ECE-Konferenz: Senkung der nationalen jährlichen Stickstoffemissionen bis spätestens 1998 um mindestens 30% (auf 1,9 Mio. t), und zwar gegenüber den durchschnittlichen Emissionen eines Jahres zwischen 1980 und 1985.

1989 *22. 3.* **Basler Konvention über die Kontrolle** der grenzüberschreitenden Beförderung **gefährlicher Abfälle** und ihrer Ablagerung durch 104 von 116 anwesenden Staaten (in Kraft am 5. 5. 1992); sieht Minimierung der Erzeugung und Verringerung der grenzüberschreitenden Beförderung gefährlicher Abfälle sowie Stopp für Exporte oder Importe dieser Stoffe in ein oder aus einem Nichtteilnehmerstaat (ausgenommen bei einem mit der Konvention konformen Abkommen) vor.

1990 *22. 3.* EG-Ministerrat beschließt **Europäische Umweltagentur** als Ergänzung nationaler Einrichtungen sowie ein Europäisches Umweltinformations- und -beobachtungsnetz (auch 9/1992 nicht in Betrieb, da auf dem EG-Gipfel keine Einigung über den Sitz).

16. 5. Umweltschutzkonferenz der ECE in Bergen/N (34 Staaten) beschließt Ausarbeitung einer Weltklima-Konvention bis 1992. Geplante Verringerung der CO_2-Emissionen scheitert am Widerstand der USA (mit 22,3% größter CO_2-Emittent).
27.–29. 6. **Folgetreffen der Montrealer Ozonschutzkonferenz** von 1987, deren Protokoll bisher von 56 Staaten ratifiziert wurde, **in London** (86 Staaten und EG-Kommission), revidiert nicht umgesetztes Montrealer Protokoll und einigt sich auf eine Reduzierung von Fluorkohlenwasserstoffen (FCKW) um 50% bis 1995 und um 85% bis 1997 (das Protokoll von Montreal hatte die Halbierung bis Mitte 1999 vorgesehen); Tetrachlorwasserstoff ($CCCe_4H_2$) soll bis 1995 um 85% reduziert und bis zum J. 2000 beseitigt werden; Methylchloroform soll bis zur Jahrhundertwende um 70% verringert werden. – Vereinbarter Finanzierungsmechanismus des Montrealer Protokolls (Beteiligung: →UNEP, →UNDP und Weltbank [→UNO]) nahm 1991 seine Tätigkeit auf.
8. 10. ***Elbeschutzkonvention** (→ *IKSE*)
29. 10. **EG**-Umwelt- und Energieminister einigen sich darauf, den Ausstoß von CO_2 bis zum J. 2000 auf den heutigen Stand einzufrieren.
29. 10.–7. 11. **Zweite Weltklimakonferenz** unter WMO-Federführung in Genf diskutiert Möglichkeiten globaler Verminderung der Produktion und des Verbrauchs von Substanzen, die die Ozonschicht zerstören, fordert Fertigstellung einer Weltklimakonvention für 1992, kann sich wegen Weigerung der USA jedoch nicht auf konkrete Ziele einigen.
7.–8. 12. Erste Konferenz von Umwelt- und Gesundheitsministern aus 29 europ. Staaten (Beobachter: USA, Kanada und zahlreiche internat. Organisationen) verabschiedet **Europäische Charta Umwelt und Gesundheit**: Vorrang der menschlichen Gesundheit vor wirtschaftlichem Wachstum. * Beratungsausschuß für Umwelt und Gesundheit bei der → WHO jährl. Zwischenberichte zur Umsetzung der Charta.
Dezember: EG-Umweltminister beschließen Halbierung bei Produktion und Verbrauch von FCKW bis Anfang 1992 und völliges Verbot bis 1997.

1991 *14. 6.* **Arktis**-Konferenz in Rovaniemi/SF: Erklärung zum Schutz der Arktis, * Arktischer Rat.
4. 10. **Antarktis**-Umweltschutz-Protokoll *(→ Antarktisvertrag)*.
7. 11. ***Alpenschutzkonvention** *(→ CIPRA)*

1992 *3.–14. 6.* → **UNCED in Rio**.

4. UNTC/Treuhandrat:
Nachfolger des Mandatsausschusses des Völkerbundes; 5 ständige Mitgl.: Frankreich, Großbritannien, Rußland, USA und die VR China als Aufsichtsorgan für die den UN unterstellten Treuhandgebiete: heute lediglich. noch Palau.

5. ICJ/Internationaler Gerichtshof:
Hauptrechtsprechungsorgan der UNO; 15 von UNGA und UNSC für 9 J. gewählte Richter; Den Haag/NL.

6. UNSG/Sekretariat:
(Politische) Administration mit sehr starker Stellung im Organisationsgefüge, vor allem durch den Generalsekretär, seit 1992: Boutros Boutros-Ghali/ET, mehrere Untergeneralsekretäre und Beigeordnete Generalsekretäre mit fachlicher Zuständigkeit, jedoch keine Stellvertreter des Generalsekretärs.

II. Organe und Programme im UN-System

UNCTAD
Welthandels- und Entwicklungskonferenz:
*1964, Sitz: Palais des Nations, CH-1211 Genf 10, 168 MSt.; Organe: Konferenz aller MSt. und Handels- und Entwicklungsrat/**TDB** aus z. Zt. 131 MSt.; Generalsekretär: Kenneth Dadzie/GH; Reihe institutionalisierter Unterkonferenzen und Fonds (u. a. für Getreide, Hochseeschiffahrt), z. B. *Gemeins. Rohstoffonds*/**CFC** seit 1989. Früher Schlüsselrolle im Nord-Süd-Dialog, Förderung des internat. Handels, insbes. mit den Entwicklungsländern, Hauptforum der Dritten Welt, um deren wirtschaftl. Vorstellungen durchzusetzen (Gegenpol zum GATT und zum IMF). Weltkonferenzen alle 4 J. – UNCTAD VIII vom 6. bis 25. 2. **1992** in Cartagena/CO: Entwicklungsländer weisen Verantwortung für ihre Lage nicht mehr einseitig den Industriestaaten zu, sondern anerkennen erstmals nationale Eigenverantwortung (z. B. für Korruptionsbekämpfung, Orientierung zur Marktwirtschaft, Abbau von Militärausgaben) als gleichgewichtig mit entwicklungsfördernden internationalen Rahmenbedingungen. – Nach dem Wegfall des Ost-West-Gegensatzes und Abbau der Weltblöcke Straffung und Neuordnung der UNCTAD-Ausschußstruktur und des Arbeitsprogramms geplant.

UNDP/*Entwicklungsprogramm:*
*1965, Sitz: 1 United Nations Plaza, New York, NY 10017, USA. Wichtigste Unterorganisation und zentrale Finanzierungs- und Koordinierungsagentur des UN-Systems in der technischen Zusammenarbeit; tätig in allen Entwicklungsländern, Repräsentanzen 112 Staaten zur Steuerung der technischen Zusammenarbeit des UN-Systems. Im UNDP-Rahmen waren bisher 185000 Experten aus 164 Staaten tätig, es wurden 136000 Stipendien gewährt und Projektausrüstung im Wert von 1,2 Mrd. US-$ gestellt; die Entwicklungsinvestitionen beliefen sich auf rund 90 Mrd. US-$. Administrator: William H. Draper/USA. Personal: 770 höherer Dienst, 9000 Experten (in rund 7000 Projekten), 330 Verwaltungsdienst. Finanzierung durch freiwillige Beiträge (über 90% durch westliche Industriestaaten); Gesamtbeiträge bis 1989: 10,7 Mrd. US-$, 1989: 890 Mio. US-$. – Dem UNDP assoziiert:

UNIFEM/*Frauenfonds für Entwicklungsfragen:*
*1985; Direktor: Sharon Capeling-Alakija/CDN; Beitrag der BR Dtld. 1989: 1 Mio. DM.

UNEP/*Umweltprogramm:*
*1972, Sitz: Nairobi/Kenia (P. O. B. 30552); Verwaltungsrat aus 58 Mitgliedern, Sekretariat mit Exekutivdirektor: Mustafa Kamal Tolba/ET; Personal: ca. 500. Europa-Direktor: Martin Uppenbrink/D. – UNEP koordiniert umweltrelevante Aktivitäten der UN-Organisationen (v. a. FAO, UNDP, UNESCO, WHO), ist jedoch kaum mit eigenen Programmen aktiv. Unter UNEP-Ägide: Montrealer Vertrag zum Schutz der Ozonschicht von 1987 *(→ Kasten, Sp. 793 ff.);* Strategiepapier »Schutz unserer Erde« (1991) mit 130 Beispielen zur Verbesserung der Umwelt und der Lebensqualität. Vordringlich: Kampf gegen Treibhauseffekt. – **ITCC**/*Internat. Expertenausschuß über Klimaveränderungen* (*1988 gemeinsam mit WMO) mit 3 Arbeitsgruppen: 1. neueste wissenschaftliche Informationen über globale Erwärmung, 2. sozioökonomische Auswirkungen der globalen Erwärmung, 3. strategische Gegenmaßnahmen). – 3 *Informationsdienste* zum Datenaustausch: **GEMS**/*Globales Überwachungssystem*, das weltweit sämtliche Umweltveränderungen kontinuierlich aufnehmen und verbreiten soll, **INFOTERRA**/*Internat. Umweltinformationssystem*, mit dem die in allen Ländern gespeicherten Daten international verfügbar gemacht werden sollen, und **IRPTC**/*Internat. Register von potentiell giftigen Chemikalien* in Genf/CH, das regelmäßig Analysen giftiger chemischer Substanzen weitergeben soll (Sitz: Genf).

UNFPA/*Bevölkerungsfonds des UNDP*
*1967, seit 1979 Status eines Spezialorgans der UN-Generalversammlung bei Beibehaltung enger Arbeitsbeziehungen mit dem UNDP. Sitz: 220 East 42nd Street, New York, N. Y. 10017–5880, USA. UNFPA ist im Bereich Bevölkerungsstatistik und Familienplanung in rd. 130 Staaten tätig. Finanzierung durch jährliche freiwillige Zahlungen: 1988
(Forts. Sp. 803)

Die 179 **UNO-Mitglieder** in alphabetischer Ordnung mit Beitrittsjahr und Beitragsanteil am UNO-Gesamthaushalt 1992 bis 1994 (in Prozent; * = noch festzulegen):

Land	Jahr	%	Land	Jahr	%	Land	Jahr	%
Afghanistan	1945	0,01	Irland (Eire)	1955	0,18	Pakistan	1947	0,06
Ägypten	1945	0,07	Island	1945	0,03	Panama	1945	0,02
Albanien	1955	0,01	Israel	1949	0,23	Papua-Neuguinea	1975	0,01
Algerien	1962	0,16	Italien	1955	4,29	Paraguay	1945	0,02
Angola	1976	0,01	Jamaika	1962	0,01	Peru	1945	0,06
Antigua u. Barbuda	1981	0,01	Japan	1956	12,45	Philippinen	1945	0,07
Äquatorialguinea	1968	0,01	Jemen	1947	0,01	Polen	1945	0,47
Argentinien	1945	0,57	Jordanien	1955	0,01	Portugal	1955	0,20
Armenien	1992	*	Jugoslawien	1945	0,42	Ruanda	1962	0,01
Aserbaidschan	1992	*	Kambodscha	1955	0,01	Rumänien	1955	0,17
Äthiopien	1945	0,01	Kamerun	1960	0,01	Rußland		
Australien	1945	1,51	Kanada	1945	3,11	(ehem. UdSSR)	1945	9,41
Bahamas	1973	0,02	Kapverden	1975	0,01	Salomonen	1978	0,01
Bahrain	1971	0,03	Kasachstan	1992	*	Sambia	1964	0,01
Bangladesch	1974	0,01	Katar	1971	0,05	Samoa (West)	1976	0,01
Barbados	1966	0,01	Kenia	1963	0,01	San Marino	1992	*
Belgien	1945	1,06	Kirgistan	1992	*	Santa Lucia	1979	0,01
Belize	1981	0,01	Kolumbien	1945	0,01	Sao Tomé u. Principe	1975	0,01
Benin	1960	0,01	Komoren	1975	0,01	Saudi-Arabien	1945	0,96
Bhutan	1971	0,01	Kongo	1960	0,01	Schweden	1946	1,11
Bolivien	1945	0,01	Korea, DVR	1991	0,05	Sechellen	1976	0,01
Bosnien-Herzegowina	1992	*	Korea, Rep.	1991	0,69	Senegal	1960	0,01
Botswana	1966	0,01	Kroatien	1992	*	Sierra Leone	1961	0,01
Brasilien	1945	1,59	Kuba	1945	0,09	Simbabwe	1980	0,01
Brunei	1984	0,03	Kuwait	1963	0,25	Singapur	1965	0,12
Bulgarien	1955	0,13	Laos	1955	0,01	Slowenien	1992	*
Burkina Faso	1960	0,01	Lesotho	1966	0,01	Somalia	1960	0,01
Burundi	1962	0,01	Lettland	1991	*	Spanien	1955	1,98
Chile	1945	0,08	Libanon	1945	0,01	Sri Lanka	1955	0,01
China, Volksrepublik	1945	0,77	Liberia	1945	0,01	St. Christ. u. Nevis	1983	0,01
Costa Rica	1945	0,01	Libyen	1955	0,24	St. Vinc. u. Grenadinen	1980	0,01
Cote d'Ivoire (Elfenbeink.)	1960	0,02	Liechtenstein	1990	0,01	Südafrika (RSA)	1945	0,41
Dänemark	1945	0,69	Litauen	1991	*	Sudan	1956	0,01
Deutschland	1973	8,93	Luxemburg	1945	0,06	Suriname	1975	0,01
Dominica	1978	0,01	Madagaskar	1960	0,01	Swasiland	1968	0,01
Dominikan. Rep.	1945	0,02	Malawi	1964	0,01	Syrien	1945	0,04
Dschibuti	1977	0,01	Malaysia	1957	0,12	Tadschikistan	1992	*
Ecuador	1945	0,03	Malediven	1965	0,01	Tansania	1961	0,01
El Salvador	1945	0,01	Mali	1960	0,01	Thailand	1946	0,11
Estland	1991	0,01	Malta	1964	0,01	Togo	1960	0,01
Fidschi	1970	0,01	Marokko	1956	0,03	Trinidad u. Tobago	1962	0,05
Finnland	1955	0,57	Marshallinseln	1991	0,01	Tschad	1960	0,01
Frankreich	1945	6,00	Mauretanien	1961	0,01	Tschechoslowakei	1945	0,55
Gabun	1960	0,02	Mauritius	1968	0,01	Tunesien	1956	0,03
Gambia	1965	0,01	Mexiko	1945	0,88	Türkei	1945	0,27
Georgien	1992	*	Mikronesien	1991	0,01	Turkmenistan	1992	*
Ghana	1957	0,01	Moldau (Moldawien)	1992	*	Uganda	1962	0,01
Grenada	1974	0,01	Mongolei	1961	0,01	Ukraine	1945	1,18
Griechenland	1945	0,35	Mosambik	1975	0,01	Ungarn	1955	0,18
Großbritannien (UK)	1945	5,02	Myanmar (Birma)	1948	0,01	Uruguay	1945	0,04
Guatemala	1945	0,02	Namibia	1990	0,01	Usbekistan	1992	*
Guinea	1958	0,01	Nepal	1955	0,01	Vanuatu	1981	0,01
Guinea-Bissau	1974	0,01	Neuseeland	1945	0,24	Venezuela	1945	0,49
Guyana	1966	0,01	Nicaragua	1945	0,01	Ver. Arab. Emirate	1971	0,21
Haiti	1945	0,01	Niederlande	1945	1,50	Vereinigte Staaten (USA)	1945	20,00
Honduras	1945	0,01	Niger	1960	0,01	Vietnam	1977	0,01
Indien	1945	0,36	Nigeria	1960	0,20	Weißrußland (Belarus)	1945	0,31
Indonesien	1950	0,16	Norwegen	1945	0,55	Zaire	1960	0,01
Irak	1945	0,13	Oman	1971	0,03	Zentralafrikan. Rep.	1960	0,01
Iran	1945	0,77	Österreich	1955	0,75	Zypern	1960	0,02

leisteten 98 Staaten insgesamt 167 Mio. US-$ (BR Deutschland: 23 Mio. US-$); Ausgaben 1989: 217 Mio. US-$. Seit 1985 sind die USA aus dem Kreis der freiwilligen Geberländer ausgeschieden, Japan und Deutschland (1990: 39 Mio. DM) gehören damit heute zu den Hauptfinanziers.

UNHCR/*Hoher Flüchtlingskommissar:*

*1950, hilft in erster Linie rassisch, religiös oder politisch Verfolgten und Vertriebenen (u. a. Soforthilfe, Repatriierungsprogramme und Rechtsschutz). Organe: Exekutivausschuß des Programms des UNHCR aus Vertretern von 43 Staaten, setzt Programmziele fest, genehmigt Einzelprojekte; Hochkommissar: Frau Sadako Ogata/J (seit 1991). Personal: ca. 2000, überwiegend in den Außenbüros (in über 80 Staaten), Sitz: Palais des Nations, CH-1211 Genf 10, deutsches Büro in 5300 Bonn 2, Rheinallee 6. Haushalt 1989: 464 Mio. US-$. – UNHCR betreut weltweit 12 Mio. Flüchtlinge; Schwerpunktländer: Pakistan (3,3 Mio. Flüchtlinge), Iran (2,85 Mio.), Sudan (745000), Äthiopien (680000), Somalia (460000), Malawi (900000), Tansania (265000), Zaire (340000), Thailand (106000). Ferner gibt es 4,5 Mio. Palästinenserflüchtlinge, von denen 2,27 Mio. durch UNRWA (→ *unten*) betreut werden.

UNICEF/*Kinderhilfswerk:*

*1946, Sitz: 1 UN Placa, New York, NY 10017; Exekutivdirektor: James P. Grant/USA, 6 Regionalbüros, Versorgungszentrum/UNIPAC in Kopenhagen; Personal: 5250, davon 4400 in Entwicklungsländern; Finanzierung aus Spenden und freiwilligen Regierungsbeiträgen; Programm-Mittel für 1990: 584 Mio. US-$. UNICEF arbeitet in 113 Entwicklungsländern, hilft v. a. Kindern und Müttern in Entwicklungsländern in den Bereichen Gesundheitsfürsorge, Wasser und Hygiene, Ernährung und Erziehung vor allem in Entwicklungsländern. 1990 wurden Förderungsprogramme in 127 Staaten Asiens (233 Mio. US-$), Afrikas südlich der Sahara (216 Mio. US-$), des Mittleren Ostens und Nordafrikas (57 Mio.) und Lateinamerikas (58 Mio.) durchgeführt und 20 Mio. US-$ für überregionale Programme eingesetzt. – Dt. UNICEF-Komitee: Hönninger Weg 104, 5000 Köln 51.

UNITAR/*Institut für Ausbildung und Forschung:*

*1965 für Aus- und Fortbildungsprogramme insbes. für Diplomaten aus Entwicklungsländern; Sitz: 801 United Nations Plaza, New York, NY 10017; Studien u. a. über »neue Weltwirtschaftsordnung«, multilaterale Zusammenarbeit, Weiterentwicklung des Völkerrechts sowie die Funktionstüchtigkeit verschiedener UN-Institutionen.

UNRWA/*Hilfswerk f. Palästina-Flüchtlinge:*

*1949, Europa-Büro: A-1400 Wien, POB 484, Beratender Ausschuß aus 10 MSt.; Generalkommissar: Giorgio Giacomelli/I, Budget 1990 ca. 230 Mio. US-$ zuzügl. 6,4 Mio. für Libanon und 14,3 Mio. für dringl. Maßnahmen in den von Israel besetzten Gebieten, für 1992 149 Mio. US-$ zugesagt; Personal: rd. 140 UN-Beamte und 17400 Ortskräfte (überw. Palästinenser). UNRWA unterstützt heute fast 2,3 Mio. heimatlose Palästinenser, davon 900000 in den von Israel besetzten Gebieten.

UNU/*Universität der Vereinten Nationen:*

*1973 (Arbeitsbeginn 1975) zur aktionsorientierten Forschung über »Weltprobleme« und als Weiterbildungseinrichtung für Jungakademiker; dezentralisiert, Verw.-Sitz: UNU, c/o Toho Seimei Building, 15–1 Shibuya 2-chome, Shibuya-ku, Tokyo 150, Japan; Rektor: Heitor Gurgulino de Souza/E. – Der UNU assoziiert: rd. 40 Institutionen in 32 Ländern; eigene Ausbildungs- u. Forschungszentren, u. a. **WIDER**/Weltinstitut für Entwickung der Wirtschaftsforschung in Helsinki (*1984), und **INRA**/Institut für Naturressourcen in Afrika (*1986).

WFC/*Welternährungsrat:*

*1974, Sitz: Via Terme di Caracalla, I-00142 Rom, 36 Mitgl. im turnusmäß. Wechsel, auf Vorschlag des → ECOSOC für 3 J.; Exekutivdirektor: Gerald I. Trant/CDN; kleiner Mitarbeiterstab (30 Pers.) bei der FAO. – Der WFC gibt Empfehlungen zur Hungerbekämpfung an UN und FAO.

WFP/*Welternährungsprogramm der UN/FAO:*

*1961, Arbeitsaufnahme 1963; Sitz: Via Cristoforo Colombo 426, I-00145 Rom; Ausschuß für Nahrungsmittelhilfepolitiken und -programme/**CFA** als Aufsichtsorgan (mit 30 MSt.); Exekutivdirektor: J. Ch. Ingram/AUS; Personal: 330 in der Zentrale und 250 in 80 Außenstellen. – Das WFP ist in über 90 Ländern tätig und leistet mehr direkte Hilfe an bedürftige Menschen als jede andere Organisation im UN-System. Seit Gründung wurden 10 Mrd. US-$ investiert sowie 1400 Projekte und 900 Notprogramme in Angriff genommen; allein 1988 wurden 3,1 Mio. t Nahrungsmittel verschifft und finanzielle Verpflichtungen von 621 Mio. US-$ eingegangen. – Zusagevolumen für Jahre 1991/92: 1,5 Mrd. US-$.

III. Friedenstruppen:

In bisher 23 friedenserhaltenden Operationen wurden über 500000 Personen eingesetzt. – Das Mandat der Friedenstruppen wird in der Regel durch den UN-Sicherheitsrat halbjährl. verlängert.

MINURSO/*Beobachtermission für Westsahara:* *1991 zur Überwachung des Waffenstillstands Marokko/POLISARIO und freier Wahlen; rd. 2000 Beobachter und Soldaten.

ONUSAL/*Beobachter-, Militär- und Polizeimission für El Salvador:* *1992 zur Überwachung der Vereinbarungen zur Beendigung des Bürgerkrieges; 300 Mann.

UNDOF/*Beobachtertruppe für die Truppenentflechtung auf den Golanhöhen:* *1974; 1250 Mann.

UNFICYP/*Friedenstruppe in Zypern:* *1964; 2350 Mann aus 8 Staaten.

UNICOM/*Beobachtermission für Irak und Kuwait:* *1991 für Überwachungsaufgaben innerhalb entmilitarisierter Zone zwischen beiden Staaten; 1440 Militärs und Zivilisten aus 34 Staaten.

UNIFIL/*Interimstruppe in Libanon:* *1978; 5800 Mann.

UNMOGIP/*Militärische Beobachtergruppe in Indien und Pakistan:* *1949, kontrolliert Waffenstillstandslinie im Rahmen des Simla-Abkommens 1972.

UNPROFOR/*Schutztruppe für das ehem. Jugoslawien (U. N. Protection Force):* *1992 14000 Soldaten aus 34 Ländern; Kosten ca. 600 Mio. US-$ (allein bis 6/1992).

UNTAC/*Friedenstruppe für Kambodscha:* *2/1992 zur Entwaffnung der Konfliktparteien, Überwachung der Waffenruhe, Kontrolle der kambodschanischen Ministerien u. Polizei sowie Betreuung der Heimkehr der Bürgerkriegsflüchtlinge; 15900 Soldaten, 3600 Polizisten u. 2400 zivile Verwaltungsfachleute (auch 1 Sanitätskomp. der dt. Bundeswehr); zudem Überwachung der Wahlen im Mai 1993 zusammen mit 56000 einheimischen Helfern; Kosten ca. 2,5 Mrd. US-$; Operationschef: Yasuchi Akashi/J.

UNTSO / *Waffenstillstands-Überwachungsorganisation in Palästina:* *1948; heute rd. 300 Militärbeobachter aus 17 Staaten.

IV. Sonderorganisationen im UN-Verband (Specialized Agencies)

Die Sonderorganisationen sind eigenständige internationale Organisationen (IGOs), verbunden mit den UN durch zweiseitige Abkommen. Sie haben eigene Mitgliedschaften, Beschlußorgane, Verwaltungen und Haushalte.

FAO/*Welternährungsorganisation* *1945, 160 MSt. (erstes regionales Mitglied wurde 11/1991 die EG-Kommission); Sitz: Via delle Terme di Caracalla, I-00142 Rom; Organe: Konferenz (alle 2 J.), Exekutivrat aus 49 von der Konferenz für 3 J. gewählten Mitgl.; Sekretariat und 8 Regionalbüros; Generaldirektor: Edouard Saouma/RL (1975–1993); Personal: über 6500; 8 Ausschüsse (z. B. Finanzen, Fischerei, Forsten). – Budgetentwurf 1992/93: 646 Mio. US-$ (−4,6% gegenüber 1990/91), davon Dtld. 10,9%; große Beitragsrückstände. – Die FAO (nach der UNO größte IGO der Welt) strebt die Hebung des Ernährungs- und Lebensstandards in der Welt an, will die Lebensbedingungen der ländl. Bevölkerung durch Steigerung der landw. Produktivität und Produktion verbessern; u.a. durch das *Food Security Assistance Scheme*/**FSAS** (*1976). Im Rahmen technischer Entwicklungshilfe laufen derzeit rd. 2500 Projekte.

ICAO/*Internationale Zivilluftfahrtorganisation* *1947; 162 MSt.; Sitz: 1000 Sherbrooke St. W., Montreal H3A 2R2/Kanada; Vollversammlung (alle 3 J.), Ständiger Rat aus 33 Mitgl., Air Navigation Committee; Generalsekretär: Philippe H. P. Rochat/CH (seit 8/1991); Personal: über 800. Budget 1992/93: 47 Mio. US-$ (davon Dtld. 7,3%). – Die ICAO fördert und koordiniert u. a. Entwicklung und Betrieb von Zivilflugzeugen, Flugrouten, Flughäfen und Flugsicherungsanlagen.

IFAD/*Internationaler Agrarentwicklungsfonds* *1976, 145 MSt.; Sitz: 107 Via del Serafico, I-00141 Rom; Organe: Gouverneursrat (jährl.); Exekutivrat; Sekretariat. Fondsvolumen 1986 ca. 500 Mio. US-$, davon über ⅓ für MSt. Schwarzafrikas; 1989 Kapitalauffüllung auf 523 Mio. US-$ beschlossen. – IFAD stellt Finanzmittel zu Vorzugsbedingungen zur Verfügung, bes. für die Nahrungsmittelversorgung in den ärmsten Ländern. Bisher wurden 250 Projekte in fast 100 Entwicklungsländern durchgeführt und 2,3 Mrd. SZR investiert.

ILO/*Internationale Arbeitsorganisation* *1919 als Internat. Arbeitsorganisation/**IAO**, ursprüngl. Verfassung war Teil XIII des Versailler Vertrages 1919 bzw. das von der Internat. Vereinigung für gesetzl. Arbeitsschutz 1901 errichtete Internationale Arbeitsamt/**IAA**; 1946 wurde die ILO die erste Sonderorganisation im Verband der UN. Hauptsitz des Internat. Arbeitsamtes/IAA: 4 route de Morillons, CH-1211 Genf, außerdem weltweit rd. 40 Außenstellen – Regional-, Verbindungs- und Zweigbüros (so auch ILO-Sekretariat in 5300 Bonn 2, Hohenzollernstr. 21); Personal: rd. 3000 (1500 in Außenstellen); 157 MSt. (Dtld. seit 1919); Int. Arbeitskonferenz tagt jährl., jeder MSt. entsendet 4 Delegierte: 2 Regierungs-, 1 Arbeitgeber- und 1 Arbeitnehmervertreter; Verwaltungsrat (56 Mitgl.); Int. Arbeitsamt/IAA als Exekutivorgan der ILO. IAA-Generaldirektor: Michel Hansenne/B (3/1989 für 5

J. gewählt). Budget 1992/93: 300 Mio. US-$ (davon Dtld. 9,3%). – Die ILO fördert die Verbesserung der Lebens- und Arbeitsbedingungen der Arbeitnehmer durch internat. Arbeitsnormen und techn. Hilfeleistungen an Entwicklungsländer.

IMF/IWF/*Internationaler Währungsfonds*
* 1945, 165 MSt., seit 1. 6. 1992 auch Rußland u. weit. 11 Reformstaaten der GUS; Organe: Gouverneursrat (alle MSt.), Interimsausschuß, Exekutivdirektorium (22 Mitgl.), Vorsitzender: geschäftsführender Direktor des IMF, Michel Camdessus/F; Personal: 1720 aus über 100 Ländern, Sitz: 700 19th St., NW, Washington D. C., 20431. – Der IMF fördert die internat. Währungskooperation durch Kreditgewährung an MSt. insbes. bei vorübergehenden Zahlungsbilanzschwierigkeiten. 1990 Gesamtquoten zu 135 Mrd. SZR (= ca. 180 Mrd. US-$). – Am 6. 8. 1992 Sofortkredit über 719 Mio. SZR (ca. 1,04 Mrd. US-$) an Rußland zur Stabilisierung seiner Währungsreserven ausgezahlt.

IMO/*Internationale Seeschiffahrtsorganisation*
* 1948, 135 MSt. (umfaßt 99% der Welthandelstonnage); Sitz: 4 Albert Embankment, London, SE1 7SR; Organe: Vollversammlung (alle 2 J.), Rat aus 24 MSt. (im Wechsel), 5 Ausschüsse sowie Generalsekretär: W. A. O'Neil/CDN; Personal: 270; Budget für 1992: 54,3 Mio. US-$. – Die IMO berät die UN in Schiffahrtsfragen (Seesicherheit, Umweltschutz) und erarbeitete zahlr. Übereinkommen zur Schiffssicherheit und zum maritimen Umweltschutz, darunter: **COLREG**/Seestraßenordnung (1960/1972); **GMDSS**/Seenot- und Sicherheitsfunksystem (1989; soll 1992–1999 eingeführt werden); **INMARSAT**/Internationale Seefunksatelliten-Organisation (1976); **MARPOL**/Internat. Übereinkommen zur Verhütung der Meeresverschmutzung durch Schiffe (1973; gültig in der Fassung von 1978);
MCO-Code betreffend Transport nuklearen Materials (1971); **OILPOL**/Bekämpfung der Ölverschmutzung (1954/1962/1969/1971); **SAR**/Such- und Rettungsdienst (1979); **SOLAS**/Schutz des menschlichen Lebens auf See (1960/1991); **STCW**/Mindestnormen für Ausbildung und Befähigung von Seeleuten (1978) sowie das Übereinkommen zur Unterdrückung ungesetzlicher Handlungen gegen die Sicherheit der Seeschiffahrt (1988). – Die IMO gründete und organisiert u. a.:
GESAMP/Gemeinsame Expertengruppe über Wissenschaftliche Aspekte der Meeresverschmutzung IMO/FAO/UNESCO/WMO/WHO/IAEO/UNEP: * 1969; individ. Mitgl. aus 26 Staaten; Sitz: London.
ROCC/Regionales Ölbekämpfungszentrum für das Mittelmeer: * 1976; arbeitet im Rahmen von UNEP; Mitgl.: 17 Mittelmeerländer; Sitz: Malta.

ITU/UIT/*Internationale Fernmeldeunion*
* 1865 als Welttelegraphenverein (20 MSt.), 1932 umgewandelt bzw. umbenannt in Weltnachrichtenverein, 1947 UN-Sonderorganisation; 164 MSt.; Sitz: Place des Nations, CH-1211 Genf 20; Rechtsbasis: Int. Fernmeldevertrag von 1982 (Nairobi); Organe: Konferenz der Regierungsbevollmächtigten (alle 5 J.), Wellenverwaltungskonferenzen/WARC (zuletzt 2–3/1992 in Torremolinos/E), Verwaltungsrat aus 43 Mitgl., Generalsekretär: Pekka J. Tarjanne/SF, Budget 1992/93: 91 Mio. US-$ (davon Dtld. 8,%). – Die ITU fördert weltweit das elektronische Kommunikationssystem einschl. der Frequenzzuteilung (auch Mobil-Endgeräte) und des Satellitenfunks.

UNESCO/*UN-Organisation für Erziehung, Wissenschaft und Kultur*
* 1946, 163 Voll- und 3 assoz. Mitglieder (USA, Großbritannien und Singapur 1985/86 ausgetreten); Organe: Exekutivrat (51 Mitgl.), Generaldir.: Federico Mayor Zaragoza/E (bis 1992); Personal: 2800; Budget 1992/93: 445 Mio. US-$ (davon Dtld. 8,84%); Sitz: 7, place de Fontenoy, F-75700 Paris, Dt. UNESCO-Kommission: Colmantstr. 15, 5300 Bonn 1. – Die UNESCO fördert kulturell den Kommunikations- und Dokumentationssektor (auch z. B. Alphabetisierungskampagnen in der Dritten Welt) sowie Grunderziehung und Volksbildung, Wahrung der Menschenrechte. – Im UNESCO-Rahmen:

IOC/*Zwischenstaatliche Ozeanographische Kommission:* * 1960 zur zwischenstaatlichen Koordinierung 1. der Meeresforschung mittels globaler und regionaler Programme (u. a. Erforschung der Lebend- und mineralischen Ressourcen sowie der Wechselbeziehung Ozean – Klima, Erstellung bathymetrischer Karten und Überwachung der Meeresverschmutzung); 2. mariner Dienste (weltweites System von Meßstationen im Meer, Datenaustausch und regionales Flutwellen-(Tsunami-) Warnsystem im Pazifik; 3. der Ausbildung von Meereswissenschaftlern aus Entwicklungsländern. Mitgl.: 117 Staaten; Sitz: Paris (bei UNESCO); Ordentl. Haushalt 1990/91: 1,6 Mio. US-$.(aus UNESCO-Budget).

UNIDO
Organisation für industrielle Entwicklung
* 1966, seit 1986 Sonderorganisation; Vienna International Centre, A-1410 Wien, 151 MSt.; Investitionsförderungsbüros/IPS in Köln (Unter Sachsenhausen 10–26, 5000 Köln 1), Mailand, Moskau, Paris, Peking, Seoul, Tokio, Warschau und Wien; Organe: Rat für industrielle Entwicklung/**IDB** (53 Mitgl.), Generaldir.: Domingo L. Siazon/RP (seit

1985); Personal: 1350; Budget 1992/93: 181 Mio. US-$ (davon Dtld. 8,9%). – UNIDO soll Industrialisierungsprojekte und andere UN-Aktivitäten in Ländern der Dritten Welt koordinieren.

UPU/*Weltpostverein:*
*1874, seit 1948 Sonderorganisation, 170 MSt.; Sitz: Weltpoststraße 4, CH-3000 Bern; Organe: Weltpostkongreß (alle 5 J.), Vollzugsrat für 40 »Mitgliederzonen«, Konsultativrat für Poststudien (35 Mitgl.); Budget 1992/93: 21 Mio. US-$ (davon Dtld. 5,4%) Internat. Büro. – Die UPU vervollkommnet die internat. Postdienste einschl. deren technischer Hilfen (ohne Telekommunikation; → *ITU*).

WHO/*Weltgesundheitsorganisation*
*1947, 1984 Sonderorganisation, 167 MSt.; Organe: Versammlung (jährl.), wählt für 3 J. Exekutivrat (31 Mitgl.); Sitz: Avenue Appia, CH-1211 Genf 27, 6 Regionalbüros (Alexandria, Brazzaville, Kopenhagen, Manila, Neu-Delhi, Washington D. C.); Generaldir.: Hiroshi Nakajima/J (seit 1988); Personal: rd. 4400; Budget 1992/93: 735 Mio. US-$ (davon Dtld. 9,2%). – Die WHO fördert den Erfahrungsaustausch auf allen Sektoren der Gesundheit und hilft bei der Ausrottung von Seuchen und Epidemien (auch durch Forschungsförderung); neuerdings Erfassungsstelle weltweiter Aids-Meldungen (Statistischer Dienst).

WIPO/*Weltorganisation für geistiges Eigentum*
*1967, 126 MSt.; Sitz: 34 Chemin des Colombettes, CH-1211 Genf 20; 99 Konventionsunterzeichner; Generaldir.: Arpad Bogsch/USA, Stv. Generaldir. u. a. Klaus Pfanner/D; Personal: 330; Budget 1992/93: 35,3 Mio. US-$ (davon Dtld. 5,8%). – Die WIPO fördert den gewerbl. Rechtsschutz und den Urheberrechtsschutz; 1988 über 13000 internat. Registrierungen (davon 3000 aus D), bisher insges. rd. 30000 geschützte Marken eingereicht.

WMO/*Weltmeteorologieorganisation*
*1947, 160 MSt. (mit Territorien); Sitz: 41 Avenue Giuseppe Motta, CH-1211 Genf 2; Organe: Weltkongreß (alle 4 J.), Exekutivrat (36 Mitgl.), Generalsekr.: G. O. P. Obaisi/WAN; Personal: ca. 300; Budget 1992/93: 78,4 Mio. US-$ (davon Dtld. 8,8%). Die WMO unterhält zur Durchführung ihrer Aufgabenbereiche (Schwerpunktverlagerung auf Umweltfragen):
WWW/Weltwetterwacht (*1968), globales Überwachungssystem mittels Erdsatelliten und ein Netz internationaler und regionaler Wetterstationen;
WCP/Weltklimaprogramm (*1979), fördert Anwendung von Klimainformationen bei nationalen und internationalen Aktivitäten hinsichtlich Nahrungsmittel, Wasser und Energie; warnt Regierungen vor bedeutenden Klimaereignissen und regt Forschung und Ausbildung in Meteorologie an;
GCOS/Weltklimabeobachtungssystem (*1991), soll Klimaveränderungen erkennen und den Regierungen Informationen über klimatische Auswirkungen auf die nationalen Wirtschaftssysteme zur Verfügung stellen.

Weltbankgruppe:
Sitz aller Institutionen: 1818 H St., NW, Washington D. C. 20233/USA.

IBRD/*Internationale Bank für Wiederaufbau und Entwicklung* (= Weltbank im engeren Sinne)
*1944, 171 MSt., seit 1. 6. 1992 auch Rußland und 12 weitere GUS-Republiken. Organe: Gouverneursrat (tagt jährl.) mit Präs.: Lewis T. Preston/USA (seit 1991), Exekutivdirektorium (22 Direktoren; tagen wöchentl.); rd. 6300 Mitarbeiter aus über 100 Staaten (Personalbestand seit 1987 abgebaut). – Die Weltbank gewährt langfristige Darlehen an weniger entwickelte MSt. – vorrangig für Projekte zur Wirtschaftswachstumsförderung. – 1988 Beschluß über Kapitalerhöhung auf 171 Mrd. US-$ bis 1993. – Kreditbewilligung im Haushaltsjahr 1989/90: 22,7 Mrd. US-$ (davon 0,5 Mrd. an Länder Osteuropas), 1990/91: 24,2 Mrd. US-$ (2,9 Mrd. an Osteuropa, davon 1,4 Mrd. an Polen; am 6. 8. 1992 0,6 Mrd. US-$ an Rußland genehmigt). – Die IBRD ist Treuhänder der Globalen Umweltfazilität/**GEF** (*5/1991 in Washington D. C.) und vergibt mit UNDP und UNEP Fondsmittel zu günstigen Konditionen an Entwicklungsländer und Länder Osteuropas für Projekte (bis Ende 1991: 50) mit globalem Umweltbezug; Finanzausstattung: 1,3 Mrd. US-$ (bisher von 24 Staaten gespeist), davon entfallen 840 Mio. US-$ auf den Global Environmental Trust Fund/**GET** zum Schutz der internationalen Gewässer, der Artenvielfalt sowie zur Reduzierung klimawirksamer Gase.

IDA/*Internationale Entwicklungsorganisation*
*1960, 139 MSt. (davon 31 »Geberländer«); Tochtergesellschaft der Weltbank, weitgehend organisatorisch und personell wie IBRD, gewährt Kredite v. a. an ärmere Länder und zu günstigeren Bedingungen (Laufzeit 35–40 J., 10 Freijahre, Bearbeitungsgebühr von 0,75%; Kreditzusagen 1991: 6,3 Mrd. US-$ für 101 Projekte u. Programme in 43 Entwicklungsländern (davon 51 % an Subsahara-Afrika), seit Beginn der Geschäftstätigkeit von insges. 58,2 Mrd. US-$ an 90 Staaten; gepl. Darlehensvolumen 1990–93: 17,1 Mrd. US-$.

IFC/*Internationale Finanz-Corporation*
*1956, 141 MSt., Tochterges. der Weltbank mit

Schwerpunkt privater Investitionshilfen in Entwicklungsländern; Grundkapital 1991 um 1 Mrd. auf 2,3 Mrd. US-$ erhöht; Beschlußorgane wie IBRD und IDA; bisherige Gesamtinvestitionen: 10 Mrd. US-$ in über 1000 Projekte in 93 Ländern.

MIGA
Multilaterale Investitions-Garantie-Agentur
*1985 als autonome Weltbank-Tochter, Arbeitsaufnahme 1988; Grundkapital: 1,1 Mrd. US-$ (10% bar einzuzahlen); 101 Signatarstaaten (30. 6. 1991); beitrittsberechtigt: IBRD-MSt. sowie die Schweiz. – Die MIGA soll privatwirtschaftl. Direktinvestitionen in Entwicklungsländern (Förderung des Privatsektors) durch Garantien gegen nichtkommerzielle (= z. B. politische Umsturz-)Risiken fördern, sofern diese nicht bereits in den einzelnen Industriegeberländern abgedeckt sind (Kapitalversicherungsagenturen).

V. Autonome Organisationen innerhalb des UN-Systems

GATT/Allgemeines Zoll- und Handelsabkommen
*1947 (Abkommen), in Kraft 1948, Sitz: Centre William Rappard, 154 rue de Lausanne, CH-1211 Genf 21 (kleines Sekretariat), nunmehr über 100 Vertragsparteien (= MSt.), 30 weitere Anwenderstaaten.
Ziel: 1947 Abkommen der handelspolitischen Grundsätze von 23 Staaten unterzeichnet, zuletzt geändert 1966. – Seit Abschluß multilateraler Handelsvereinbarungen zwecks Zolltarifsenkungen (sog. Dillon-Runde 1960–62, Kennedy-Runde 1964–67, Tokio-Runde 1973–79, Uruguay-Runde 1986) feste Organisationsstruktur, die trotz rechtlicher Unabhängigkeit mit der UN-Familie verbunden ist.
Organe: Vollversammlung der Vertragsparteien (tagt jährl.), Rat (monatl.), Ausschuß für Handel und Entwicklung (*1964), Beratungsgruppe der Achtzehn (*1975), Generaldir.: Arthur Dunkel/CH (1980–6/1993).
Aufgaben: Regelung der Prinzipien für ein offenes Welthandelssystem: gegen Handelsdiskriminierung, für Meistbegünstigungsklauseln bei Ein- und Ausfuhrzöllen, Überwachung von Zollhöchstsätzen für einen freien Wettbewerb, gegen sog. »Non-Tariff-Barriers«.
Entwicklung: Seit 1947 7 **Zollsenkungsrunden**. In der 7. Runde 1973–1979 (**»Tokio-Runde«**) Verhandlungen zur Beseitigung nichttarifärer Handelshemmnisse (»Non-tariff-barriers« = zollumgehende künstliche Schranken wie z. B. technische Normen oder Hygienevorschriften, Einfuhr- und Zulassungsbestimmungen sowie die Subventionierung einzelner Branchen). Die Tokio-Runde erbrachte einen durchschnittlichen Zolltarifabbau auf die Industrieprodukte der 9 wichtigsten Industrieländer von 7,0 auf 4,7%. In die seit 1986 laufende 8. Runde (**»Uruguay-Runde«**) wurde die Liberalisierung des Agrarbereichs und der Dienstleistungen sowie der Schutz geistigen Eigentums im Handel aufgenommen, daneben Liberalisierung des Textilhandels. Angesichts des konflikträchtigen Programms 1989 nur »Einigung« auf Leitlinien. Bis 8/1992 keine substantiellen Fortschritte.

IAEO/Internationale Atomenergie-Agentur
*1957, 113 MSt., Sitz: Wagramerstraße 5, A-1400 Wien.
Aufgaben: Die IAEO überwacht weltweit mit sog. »Safeguards« Nuklearanlagen, insbes. nach den Bestimmungen des Kernwaffensperrvertrages. Sie fördert darüber hinaus die weltweite Kooperation in Kernforschung und Kerntechnik und arbeitet Schutzvorschriften aus: Empfehlungen für Reaktorsicherheit, Strahlenschutz und physische Sicherheit von Kernmaterial. – Seit 1/1989 **Notfallbeistandssystem** in Betrieb, das auf einem *Beistandsplan/NAREAP* und einem *Handbuch* für die Frühwarnung und technische Hilfe bei Atomunfällen/ENATOM basiert.
Organe: Generalkonferenz (jährl. in Wien), Gouverneursrat aus 35 Mitgl. in 8 regionalen Gruppen, Generaldirektor: Hans Blix/S; Budget für 1992: 207 Mio. US-$ (davon Dtld. 9,6%); Personal: 2200.
Aktivitäten: Austausch wissenschaftl.-techn. Erfahrungen durch Fachtagungen und Förderungsprogramme (u. a. Unterstützung der Entwicklungsländer und Reformstaaten Mittel- und Osteuropas durch Experten, Stipendien, Schulungskurse und Geräte); Bereitstellung kerntechnischer Materialien, Dienstleistungen und Ausrüstungen; Förderung kerntechnischer Anwendungsgebiete einschl. Ernährung und Landwirtschaft, Medizin, Physik und Ingenieurwesen; Richtlinien und Empfehlungen für Reaktorsicherheit, Strahlenschutz und physische Sicherheit von Kernmaterial einschl. Wiederaufarbeitung und Abfallentsorgung durch sog. »Codes of Practice« (Gebrauchsanweisungen) und »Safety Guides« (Sicherheitsempfehlungen) im Rahmen des »Nuclear Safety Standard Programme« (Standardprogramm für nukleare Sicherheit). **Die IAEO ist Kontrollorgan des Atomsperrvertrags** und weiterer bilateraler Kontrollabkommen (z. B. mit Chile und Kuba) und soll gewährleisten, daß Kernmaterial nicht von zivilen zu militärischen Zwecken abgezweigt wird. Inspektoren (»Safeguards«) führen Kontrollen in z. Zt. 61 Staaten (einschl. der 7 Kernwaffenstaaten Belarus/Weißrußland, Großbritannien, Irak, Kasachstan, Rußland, Ukraine und USA) durch, seit 1991 z. B. umfangreiche Kontrollen/Be-

sichtigungen in Bulgarien und Irak. Die Zahl der insgesamt unter Kontrolle stehenden Installationen stieg 1990 (1980) auf 949 (772). Die Kosten für Inspektionen machen heute mit rd. 53 Mio. US-$ fast ⅓ des IAEO-Gesamthaushalts aus. – Seit der Reaktorkatastrophe von *Tschernobyl* 1986 verstärkte Aktivitäten für wirksame Kontrollmechanismen bei Reaktorunfällen und zur Festlegung internat. Rechtsnormen (Frühwarnsystem usw.) und Nothilfeprogramme.

WEC WELTENERGIERAT
World Energy Council

Gründung am 11. 7. 1924 in London als »World Power Conference«; neue Verfassung 1958, zahlreiche Änderungen. Rekonstituierung und Umbenennung in »World Energy Conference« 1968; seit 1. 1. 1989 »World Energy Council«. – Einzige weltweite INGO für alle Energiebereiche.
Ziele: Abwägung aller Ressourcen der Produktion und Nutzung von Energie in allen ihren Aspekten; Untersuchung des Energieverbrauchs in Relation zum Wirtschaftswachstum des jeweiligen Gebietes; Sammlung und Veröffentlichung von Daten über Energieressourcen und ihre Nutzung.
Mitgliederausschüsse bestehend aus Energieministerien, Mineralöl- und Energiegesellschaften, mit Produktion, Versorgung und Studium von Energieressourcen befaßte technische und handwerkliche Einrichtungen aus über 90 Staaten.
Organe:
1. *Kongreß* (alle 3 Jahre);
2. *Internationaler Exekutivrat* aus Vertretern der Mitgliederausschüsse; wählt den *Präsidenten* (bis 1995: Gerhard Ott/D); mehrere Ausschüsse.
Sitz: Sekretariat in London. **Personal:** 8.
Arbeitssprachen: Englisch, Französisch.
Finanzierung durch Mitgliedsbeiträge.
Aktivitäten: Studienausschüsse befassen sich zwischen den Kongressen u. a. mit den Themen Ressourcen, Entwicklungsländer, öffentliche Meinung, Umweltverschmutzung. – 14. Kongreß in Montreal 1989 mit 4500 Delegierten aus 89 Staaten behandelte u. a. technologische und wirtschaftliche Schwerpunkte der Energiepolitik, die gesellschaftliche Akzeptanz der verschiedenen Energieträger und die Umweltproblematik. – 15. Kongreß in Madrid 20.–25. 9.1992 erörtert Probleme des Bevölkerungswachstums und der ökologisch verträglichen Energieversorgung nach der → UNCED (Rio 1992).
Kooperation u. a. mit IAEO (→ *UNO*), mit INIS (Internationales Nuklear-Informationssystem, *1970 durch IAEO, Sitz: Wien) und EIP (Energieinformationsprogramm der UNESCO, *1980, Hauptsitz Paris) sowie mit → OAPEC und → OPEC.

WEU WESTEUROPÄISCHE UNION
Western European Union

Gründung am 23. 10. 1954 im Rahmen der »Pariser Verträge« als kollektiver Beistandspakt; Statuten *6. 5. 1955. Die WEU verfügt nicht (wie etwa die → NATO) über eine eigene militärische Organisation.
Vorläufer: Britisch-französischer Bündnisvertrag von Dünkirchen vom 4. 3. 1947 sowie um BENELUX-Staaten erweiterter **»Brüsseler Pakt«** (»Pakt zur wirtschaftlichen, sozialen und kulturellen Zusammenarbeit und zur kollektiven Verteidigung«) vom 17. 3. 1948 – laut Präambel seinerzeit ein kollektiver Militärpakt gegen einen potentiellen Aggressor Deutschland. Nach Scheitern der Pläne zur Schaffung einer Europäischen Verteidigungsgemeinschaft (EVG) 8/1954 Modifizierung des Brüsseler Pakts auf Konferenzen in London (9–10/1954) und Paris (10/1954) unter Einbeziehung der BR Deutschland und Italiens.
Mitglieder (9): Belgien, Deutschland, Frankreich, Großbritannien, Italien, Luxemburg, Niederlande, Spanien (seit 1989) und Portugal (seit 1989). – Beitrittsgesuche Griechenlands und der Türkei (seit 6/1991 assoziierter Status); Ungarn beantragte 1990 Gaststatus.
Ziele: Förderung der Sicherheit der Partner durch automatischen Beistand gegen jede Aggression; europäische Integration durch enge Kooperation auf politischem, wirtschaftlichem und militärischem Gebiet. – Heute *de facto* Beschränkung auf Funktion eines sicherheitspolitischen Konsultationsforums. Ein Ausbau der WEU als Verteidigungskomponente der »Europäischen Gemeinschaft im Rahmen der »Europäischen Union« ist geplant (→ *Kasten, Sp. 731 f.*).
Organe seit 1984:
1. *Rat:* Ministerrat; in der Regel Außen- und/oder Verteidigungsminister der 9 MSt., trifft polit. Entscheidungen, tagt halbjährl., mit
2. *Ständigem Rat* in London (unter Leitung des Generalsekretärs auf Botschafterebene) als Hilfsorgan.
3. *Agenturen für Sicherheitsfragen* in Paris für:
a) Studium von Rüstungskontroll- und Abrüstungsfragen (Aufgaben des vormaligen Amts für Rüstungskontrolle);
b) Studium von Sicherheits-/Verteidigungsfragen;
c) Entwicklung und Zusammenarbeit bei der Rüstung (u. a. Fragen der Waffenstandardisierung und -produktion; bisher vom Ständigen Rüstungsausschuß wahrgenommen). – Ablösung dieser Agenturen durch ein Institut für Sicherheitsfragen in Vorbereitung.
4. *WEU-Versammlung* in Paris aus 89 Parlamentariern der MSt. (vertreten in der Parlamentari-

schen Versammlung des Europarates), tagt halbj., richtet Empfehlungen an Rat und an andere Organisationen. Der *Präsident* wird jährlich gewählt (1992/93: Helmut Soell/D); 6 *Ausschüsse*, darunter der Verteidigungs- und der Politische Ausschuß.
5. *Sekretariat* in London mit einem Generalsekretär: Willem Van Eekelen/NL (seit 1989).
Personal: 150 ständ. Mitarbeiter (London/Paris).
Amtssprachen: Englisch, Französisch.
Finanzen: Jahresbudget aus Beiträgen der MSt.; Verteilerschlüssel: Deutschland, Frankreich, Großbritannien und Italien je 17%, Spanien 13%, Belgien und Niederlande je 8,35%, Luxemburg 3%, Portugal 2%.
Entwicklung: Versuche zur Reaktivierung der WEU u. a. durch die organisatorischen Beschlüsse von Rom (1984) und die Haager »Plattform: Europäische Sicherheitsinteressen« (1987) als sicherheitspolitisches Konsultationsforum zur Stärkung des »europäischen Pfeilers« der NATO blieben bisher ohne Erfolg. Am 20. 6. 1992 beschließen die Außen- und Verteidigungsminister der 9 MSt. auf dem Petersberg bei Bonn, daß Truppen aus den WEU-MSt. künftig für Blauhelm- und Kampfeinsätze zur Verfügung stehen können. Entscheidungen zu ihrem Einsatz werden vom WEU-Rat einstimmig im Einklang mit der UNO-Charta *(→ UNO)* – auf Beschluß des UN-Sicherheitsrates – gefaßt. Über die Teilnahme an bestimmten Operationen entscheiden die MSt. nach wie vor als souveräne Staaten entsprechend ihrer jeweiligen Verfassung. Adria-Überwachungseinsatz des Embargos über Rest-Jugoslawien seitens der Kriegsmarinen von WEU-Staaten in Kooperation mit der NATO seit 7/1992.

WSPA
WELTTIERSCHUTZ-GESELLSCHAFT
World Society for the Protection of Animals

Gründung am 1. 1. 1981 in London durch Zusammenschluß des Welttierschutzbundes/**WFPA** (*1950 in Scheveningen/NL) und der Internationalen Tierschutz-Gesellschaft/**ISPA** (*1959 in Washington D. C.). Der Internationale Rat gegen Stierkampf/**ICAB** (*1958 in London) ging in der WSPA auf.
Ziele: Wirksame Mittel zum Schutz der Tiere, zur Verhütung von Grausamkeiten und Abschaffung der Tierquälerei.
Mitglieder: Organisationen (Tierschutzvereine) und Einzelmitglieder in über 60 Staaten.
Organe: 1. *Konferenz* (alle 2 Jahre); wählt den
2. *Board of Directors* mit *Generaldirektor*;
3. *Europäisches Komitee*.
Sitz: 106 Jermyn Street, London SW1Y 6EE, UK (Generaldirektor).
Regionalbüros für Europa und für die östliche Hemisphäre (beide in London), für die westliche Hemisphäre (in Boston/USA), für Mittelamerika (in Heredia/CR), für Südamerika (in Bogotá/CO) und Kanada (in Toronto). – Deutsche Kontaktstelle: Arbeitsgemeinschaft Deutscher Tierschutz e. V./ADT in Moers.
Sprachen: Englisch, Französisch, Deutsch.
Finanzierung durch Mitgliedsbeiträge.
Aktivitäten: Mitarbeit an umfassender Gesetzgebung für Tierschutz sowie Kontrolle der Einhaltung bestehender Gesetze; Kampf gegen Tierversuche; Maßnahmen gegen weltweiten Tierschmuggel durch internationale Zusammenarbeit, insbesondere mit Polizei- und Zollbehörden.
Kooperation u. a. mit der EG-Kommission *(→ EG)* und dem → Europarat über die WSPA-Sektion Gemeinsamer Markt, mit → IUCN, → IWC, → WWF und mit ECOSOC und FAO *(→ UNO)*.

WWF WORLD WIDE FUND FOR NATURE
bekannt als »World Wildlife Fund«

Gründung am 11. 9. 1961 in London durch britische Naturfreunde und Umweltschützer auf Initiative von Victor Stolan unter dem damaligen Namen »World Wildlife Fund«. Heute die größte private Naturschutzorganisation der Welt.
Ziele: Weltweite Erhaltung der natürlichen Umwelt (Flora und Fauna) auf Basis der Ziele der UN-Charta: Umweltschutz als wirtschaftliche, soziale, wissenschaftliche und kulturelle Aufgabe und Verantwortung aller Völker.
Symbol: Großer Panda auf grünem Grund.
Mitglieder (24): Nationale Organis. in Australien, Belgien, Deutschland, Dänemark, Finnland, Frankreich, Großbritannien, Hongkong, Indien, Italien, Japan, Kanada, Luxemburg, Malaysia, Neuseeland, Niederlande, Norwegen, Österreich, Pakistan, Schweden, Schweiz, Spanien, Südafrika, USA.
Förderer: weltweit über 4 Mio. (in D: 70 000).
Organe:
1. *Internationaler Rat,* tagt jährlich zusammen mit den nationalen Organisationen;
2. *Präsident:* Prinz Philip, Hzg. von Edinburgh;
3. *Verwaltungsrat;*
4. *Sekretariat* mit **Sitz** in Avenue du Mont-Blanc, CH-1196 Gland (Generalsekr.). – Büros in Brüssel und Washington D. C. – WWF Deutschland: Postf. 701127, 6000 Ffm. 70.
Personal: 70.
Arbeitssprachen: Englisch (offiziell), Deutsch, Französisch, Italienisch, Niederländisch.

Finanzierung durch Beiträge, Spenden und Erträge des Stiftungsvermögens.

Aktivitäten: Durchführung von Naturschutzprojekten und Beschaffung von Mitteln für solche Projekte – insgesamt bisher fast 5000 Projekte in über 130 Ländern mit einem Etat von über 50 Mio. US-$. Öffentlichkeitsarbeit und politische Einflußnahme zur Rettung von Tier- und Pflanzenarten sowie zum Erhalt einzigartiger Biotope und Erarbeitung von Programmen zur Umwelterziehung. Dabei werden Alternativen zur rücksichtslosen Ausbeutung und Verschwendung natürlicher Ressourcen und Energien sowie Maßnahmen und Prozesse zur Verhinderung weiterer Umweltbelastungen aufgezeigt. – Die dem WWF angeschlossene **Artenschutz-Zentrale TRAFFIC** (Trade Records Analysis of Flora and Fauna in Commerce) sammelt und analysiert Daten und Fakten über den Umfang des internationalen Handels mit wildlebenden Tieren und Pflanzen sowie Erzeugnissen daraus. 1975 Gründung (mit → IUCN) der **FEC**/Stiftung zur Erhaltung der Umwelt (Genf/CH). – 1989 erste Kooperationsvereinbarung mit der sowjetischen Akademie der Wissenschaften über Naturschutz und Erforschung der Wattenmeervögel in Nordsibirien (Halbinsel Taimyr) und im nordeuropäischen Wattenmeer.

Kooperation u. a. mit → CITES, → IEEP, → ITTO, → IUCN, WCMC *(→ IUCN)* und → WSPA, mit IWC, UNEP, FAO, IFAD und UNESCO *(→ UNO)* sowie mit

ACOPS/Konsultativausschuß Meeresverschmutzung (*1952, London/UK);

CCA/Karibische Umweltvereinigung (*1967, St. Michael/BDS);

EAWLS/Ostafrikanische Umweltgesellschaft (*1961, Nairobi/EAK);

FFPS/Gesellschaft zur Erhaltung der Fauna und Flora (*1903, London/UK);

IIED/Internationales Institut für Umwelt und Entwicklung (*1971, London/UK);

INTECOL/Internationale Vereinigung für Ökologie (*1967, Osnabrück/D);

IRV/Internationaler Rat für Vogelschutz (*1922, nationale Sektionen in 60 Staaten);

IWRB/Internationales Büro für Wasservogelforschung (*1947, Slimbridge/UK).

Weltbevölkerung – Religionen – Sprachen

BEVÖLKERUNGSWACHSTUM

Makroregionen und bevölkerungsstarke Staaten	1900	in %	1960	in %	1990	in %
Europa ohne UdSSR und Türkei	296	17,9	425	14,1	498	9,4
– EG-Staaten (jetzt 12; 1990 mit DDR)	137	8,3	172	5,7	340	6,4
– EFTA-Staaten (jetzt 7)	80	4,8	90	3,0	32	0,6
– Mittel- und osteur. Reformstaaten	(78)	(4,5)	117	3,9	125	2,4
– Andere: CY + M + Zwergstaaten (zus. 6)	0,6	0,3	1	0,3	1	0,0
Ehem. Sowjetunion (1800/1900 Russ. Reich)	134	8,1	214	7,1	289	5,5
– Rußland Russische Föderation	70	4,2	118	3,9	147	2,8
– Ukraine	(14)	(0,8)	42	1,4	52	1,0
Nordamerika ohne Mexiko	82	5,0	199	6,6	276	5,2
– USA mit Alaska und Hawaii	75	4,5	182	6,0	249	4,7
– Kanada	(5)	(0,3)	17	0,6	27	0,5
Lateinamerika (Mittel- und Südamerika)	74	4,5	212	7,0	448	8,5
– Brasilien	17	1,0	68	2,3	150	2,8
– Mexiko	13	0,8	35	1,2	89	1,7
Afrika	133	8,1	276	9,2	642	12,1
– Ägypten	10	0,6	26	0,9	52	1,0
– Nigeria (*1914)	(–)	(–)	36	1,2	109	2,1
Asien ohne UdSSR, mit Türkei	925	56,1	1668	55,5	3113	58,8
– VR China	360	21,8	682	22,7	1139	21,5
– Indien	225	13,6	437	14,5	853	16,1
– Indonesien	(–)	(–)	94	3,1	184	3,5
– Pakistan (heutiges Staatsgebiet)	(–)	(–)	41	1,4	123	2,3
– Bangladesch (seit 1971 eigener Staat)	(–)	(–)	52	1,7	116	2,2
– Japan	46	2,8	95	3,1	124	2,4
Ozeanien ohne Hawaii	6	0,4	16	0,5	27	0,5
– Australischer Bund	4	0,2	10	0,3	17	0,3
Erde insgesamt	**1650**	*100*	**3010**	*100*	**5292**	*100*

Achtung: Summenfehler durch Rundung! Zahlen in Klammern wegen Gebietsänderungen nicht korrekt erschließbar.

Die **Weltbevölkerung** beträgt Mitte 1992 5,84 Mrd. Menschen. Die Grenze von 6 Mrd. wird 1998 erreicht sein. Während der kommenden 10 Jahre werden die jährl. Zuwächse mit durchschnittl. 97 Mio. höher als jemals zuvor in der Geschichte des Menschen sein. Dieses Wachstum wird nahezu vollständig auf Afrika, Asien und Lateinamerika entfallen, davon wiederum allein die Hälfte auf Afrika und Südasien.

Die »mittlere« und wahrscheinlichste Prognose des Bevölkerungswachstums sagt 8,5 Mrd. Menschen für das Jahr 2025 und nahezu eine Verdoppelung der gegenwärtigen Weltbevölkerung auf 10 Mrd. für 2050 voraus. Danach wird das Wachstum wahrscheinlich ein weiteres Jahrhundert anhalten, so daß die Weltbevölkerung im Jahr 2150 11,6 Mrd. betragen wird. Einer Reduzierung der Familiengröße kommt während der nächsten 10 Jahre eine große Bedeutung zu. Verzögerungen in den Anstrengungen, dies zu erreichen, könnten zu einer Erhöhung der Weltbevölkerung des Jahres 2050 um bis zu 4 Mrd. Menschen führen. Diese zusätzlichen 4 Mrd. entsprächen der gesamten Weltbevölkerung des Jahres 1975.

Bibl. Hinweis: UNFPA-Weltbevölkerungsbericht 1992. Hg.: Deutsche Gesellschaft für die Vereinten Nationen, Poppelsdorfer Allee 55, 5300 Bonn 1.

WELTRELIGIONEN, SEKTEN UND »JUGENDRELIGIONEN«

Bei den in der Tabelle ausgewiesenen Mitgliederzahlen handelt es sich um Angaben der Religionsgemeinschaften selbst, die zumeist als Maximalschätzungen anzusehen sind. Alle Angaben sind mit großen Unsicherheitsfaktoren behaftet. Für einen Teil der Weltbevölkerung gibt es keine zuverlässige Angaben. Außerdem sind Mehrfachnennungen möglich: In Ostasien kann ein Gläubiger gleichzeitig Buddhist und Konfuzianer oder Buddhist und Shintoist sein.
Abkürzungen für die einzelnen Staaten → Aufschlüsselung Sp. 19f.

Religionsfamilie bzw. Sektenbezeichnung		Maximalschätzungen	Hauptverbreitungsgebiete
Christliche Religionen		**1 548 592 000**	**Europa und Amerika**
Katholiken		*121 378 000*	*Europa, Lateinamerika*
	Römische Katholiken	99 578 000	Südeuropa, Lateinamerika (D: 28 Mio.)
	Altkatholiken (Union v. Utrecht)	9 683 000	Europa (D: 28 000)
	Sonstige Katholiken	12 117 000	Europa und Naher Osten
Protestanten insgesamt[1]		*363 290 000*	*Nordeuropa und Nordamerika*
	Lutheraner	43 539 000	Nordeuropa und Nordamerika
	Anglikaner (Angl. Kommunion)	72 980 000	England and Commonwealth
	Reformierte, Freikirchen usw.	39 284 000	Nordamerika und Nordeuropa
	Baptisten	35 437 000	88 Ländern, bes. USA 27 Mio.; D 86 500
	Methodisten	26 069 000	USA 13 Mio.; UK; D 44 000
	Mennoniten (Amish, Hutterer usw.)	1 250 000	USA 340 000; NL; CH; RI; D 20 000
Orthodoxe	Griechische, Russische, Serbische u. a.	162 942 000	GUS; GR; CY; RO; BG; D 350 000
Heilsarmee	(Salutisten, Salvation Army)	4 029 000	weltweit (D: 12 000)
Kopten	(Monophysiten)	7 919 000	ca. 20% in Ägypten
Neuapostolische Kirche		7 200 000	Afrika; Indien; Europa, D 430 000
Mormonen:	Kirche J. Chr. d. Hl. d. letzten Tage	4 476 000	51 Länder: USA (Utah); SüdAm.; D 32 000
Quäker	(Society of Friends)	503 000	USA 220 000; UK 28 000; D 400
Zeugen Jehovas (1991)		4 279 000	USA 893 000, MEX 336 000, BR 328 000, D 157 000, A 19 370, CH 17 263
Islam (Muslime) u. ähnliche Gemeinschaften		**935 000 000**	**Nordafrika, Vorderasien u. Indonesien**
Untergliederung in 74 Fraktionen und Sekten hier nicht berücksichtigt (D insges. 1,74 Mio.)			
Sunniten[1]		*680 855 000*	*Arabische Halbinsel, Maghreb*
Schiiten		*126 738 000*	*Iran, Irak, UAE*
	Imamiten (12er Schia)	104 493 000	Iran, Südirak, Afghanistan
	Ismailiten (7er Schia)	15 550 000	Indien, Ostafrika
	Zaiditen (5er Schia)	5 557 000	Jemen
	Alawiten (Nusairier)	1 138 000	Libanontäler, Syrien
Schismatiker		*9 472 000*	*Maghreb und Arabien*
	Ibaditen und Wahabiten	1 145 000	Oman, Sansibar/EAT, Südalgerien
	Drusen (ursprüngl. schiit. Dissidenten)	570 000	Libanon
	Ahmadija (sunnitische Dissidenten)	4 734 000	Pakistan
Sikhs	(Islam-Hindu-Verbindung)	18 100 000	Pandschab/IND 14 Mio., GB 230 000
Baha'i	(aus schiitischem Islam hervorgegangen)	5 300 000	Indien 1 050 000, Iran 340 000, Uganda 331 000, Vietnam 220 000

[1] Die Gesamtzahl ist größer als die der Gemeinschaften, da nicht alle Einzelgemeinschaften erfaßt sind und auch ein Teil der unten aufgeführten christlichen Gemeinschaften in manchen statistischen Quellen zu den Protestanten gezählt werden.

Asiatische Einzelreligionen ohne systematische Zuordnung

Buddhisten	295 571 000	*Japan 70, VRC 53, Taiwan 46 Mio.*
Mahayana (»großes Fahrzeug«)	165 520 000	China, Japan, Korea, Mongolei, Nepal
Hinayana (»kleines Fahrzeug«)	109 361 000	Myanmar, Sri Lanka, Kamb., Thailand
Vajrayana (»diamantenes Fahrzeug«)	20 690 000	Himalaya-Länder, besonders Tibet
Hindus (1990) (Hauptschulen; → *auch Sp. 825 ff.*)	705 000 000	Großraum Indien sowie Bali
Vishnuiten/Vaishnavas (Wischnuismus) . . .	498 000 000	Südasien
Shivaiten/Shaivas (Schiwaismus)	178 000 000	Südasien, besonders Sri Lanka
Shaktas (Schaktismus).	21 500 000	Indien: Assam, Bengalen, Orissa
Neohindus	10 600 000	Südasien
Reformhindus	3 558 000	Südasien
Konfuzianer (sehr unsichere Angabe)	5 800 000	Südkorea 5 Mio., China
Shintoisten.	3 100 000	Japan
Taoisten	31 286 000	China; insges. zu 90% Asien
Dschainas Jainisten und Jinisten	3 650 000	Indien
Juden (→ *Sonderbeitrag Sp. 825 ff.*)	**17 400 000**	**USA, Israel, GUS,** daneben vor allem
Anhänger der jüdischen Religion inner- und außerhalb Israels		Europa und Lateinamerika

»Neue Religionen«, auch nichttheologischen Ursprungs

Viele der sog. »Jugendreligionen« stammen aus Indien und sind über die USA nach Deutschland gekommen. Unter ihnen sind zahlreiche Gruppen, die Religion sein wollen und es nicht sind, und solche, die es sind und nicht sein wollen (z. B. die Transzendentale Meditation; vgl. die Rechtsprechung des BGH)

Ananda Marga (Yoga-Schule), *1955	2 000 000	Indien; D nur 200
Backofen – Aktionsanalytische Organisation/ AAO, *Otto Mühl	?	Westeuropa
Bhagwan Shree Rajneesh (Osho), *1974 . .	180 000	Indien; USA; CH 2000; D 900
Divine Light Mission (Guru Maharaj Ji), *1960	10 000	Colorado/USA; Indien; D 500
Eckankar (Paul Twitchell), *1965	?	USA; Mitteleuropa
Erhard Seminar Training/EST (Ps. Jack Rosenberg), *1970.	?	D
Europ. Arbeiterpartei/EAP (Lyndon La Rouche), *1972	?	USA; D
*Hare-Krischna-Bewegung (ISKCON) / *1966*	3 000	USA; Europa; D 200
Kinder Gottes/Familie der Liebe (»MO«), *1968	20 000	Californien/USA; Europa; D 200
Mahikari – Licht der Wahrheit (Kotoma Okada), *1959	330 000	Japan; D
Scientologisten (in Deutschland: Dianetics), *1954	100 000	USA; UK; Mitteleuropa: D 20 000
Sri Chinmoy (Chinmoy Kumar Ghose), *1970 .	?	Bangladesch; Westeuropa
Transzendentale Meditation, *1970	2 000 000	
TM-Organisation: Maharishi Mahesh Jogi		USA; NL; S; D 1000 neuerdings auch GUS und VRC
Vereinigungskirche (Mun-/Moon-Sekte), *1954	200 000	USA; Korea; Japan; WestEur.,D 2500
The Way International (Viktor Paul Wierville), *1958	60 000	USA

* = gegründet, Gründer

Bibl. Hinweise:
Bellinger, Gerhard J.: Knaurs großer Religionsführer. München: Droemer Knaur 1990 (Statist. Angaben)
Encyclopaedia Britannica (Hg.): Britannica Book of The Year 1991. Chicago: Enc. Brit. 1992
Gasper, Hans / **Müller,** Joachim / **Valentin,** Friederike (Hg.):
Lexikon der Sekten, Sondergruppen und Weltanschauungen: Fakten, Hintergründe, Klärungen
Freiburg/Basel/Wien: Herder 1990, 3. Aufl.1991 (Sekten-Systematik).

DAS JUDENTUM – ENTSTEHUNG UND VERBREITUNG

Nach israelitischem Selbstverständnis ist das Judentum aus der nomadisierenden, semitischen Stammeswelt durch den strengen Eingottglauben der Stammväter Abraham, Isaak sowie Jakob (Israel) und dessen 12 Söhne – Stammväter der 12 Stämme Israels – und ihrer Nachkommen herausgehoben und wird durch ihren Gott *Jahwe zum* **auserwählten Volk** erklärt.

Das Gesamtreich der Stämme Israels zerfällt nach König *Salomo* (926 v. Chr.) in die **Teilreiche Israel** im Norden **und Juda** (genannt nach dem gleichnamigen Jakob-Sohn) im Süden **Palästinas**. Das Reich Juda mit dem Kerngebiet um die Hauptstadt Jerusalem behält seine Selbständigkeit am längsten; seine Bewohner sind namensgebend. Im religiösen Bereich bleibt der Name *Israeliten* vorherrschend.

Die verbindliche israelitische Tradition beansprucht das Glaubensbekenntnis an den einzigen wahren Gott und Schöpfer der Welt, *Jahwe*. Zeichen dieses Abraham-Bundes ist die Beschneidung. Gott, so lehrt die Thora, hat im Sinai Moses mit den zehn Geboten seinen Willen offenbart und das Gottesvolk durch diese Erwählung zu religiöser und sozialer Solidarität verpflichtet. Der mosaische Glaube ist die älteste monotheistische Religion der Welt.

Der israelitische Staat ist aber erst einige Zeit nach Salomo belegt (assyrische Verschleppungen 721 v. Chr. usw.). Auch die jüdische Theologie entsteht erst kurz vor, dann besonders in und nach der babylonischen Gefangenschaft 587–538 v. Chr. Als **Mutterreligion des Christentums und des Islam** erlangt dieser Monotheismus weltweite Bedeutung.

Das beharrliche Festhalten am Auserwähltheitsanspruch bewahrte das Judentum als religiöse und soziale Gemeinschaft bis heute vor Assimilation durch andere Völker und Religionen. Andererseits ist dadurch aber auch die Zerstreuung des jüdischen Volkes (Diaspora-Juden) und seine Minderheitssituation unter wechselnden örtlichen und zeitlichen Bedingungen bestimmt.

Die **Tragödie des Judentums in diesem Jahrhundert** in wenigen statistischen Daten: 1934–39 lebten 16,7 Mio. Juden auf der Welt; 1946–48 waren es 11,3 Mio. und 1977 wieder 14 Mio., davon 5,8 Mio. in den USA, 3,1 Mio. in Israel, 2,6 Mio. in der UdSSR, 650 000 in Frankreich, 410 000 in Großbritannien, 305 000 in Kanada, 300 000 in Argentinien, 25 000 in West- und 9000 in Ostdeutschland. Heute werden weltweit 17,4 Mio. angenommen *(→ Tabelle Sp. 823f.).*

Judenverfolgungen sind seit der Zeit der Diaspora mit Beginn in Babylonien/Persien im 6.–5. Jh. v. Chr. bezeugt und dauern bis in die Gegenwart. Gravierend wirkten sich die römisch-jüdischen Kriege durch Vernichtung und Vertreibung um 70 n. Chr. unter Titus und um 135 n. Chr. unter Hadrian aus. Im Mittelalter gab es teils durch Gesetze begründete Verfolgungen und Exzesse, unter anderem in Frankreich und im Hl. Römischen Reich (Kreuzzüge). Noch nach der Aufklärung fanden im 19 Jh. Judenpogrome großen Ausmaßes in Rußland statt. Ihren Höhepunkt erreichte die Vernichtung der Juden in der NS-Zeit: 5,5 Mio. Juden wurden in Konzentrations- und Vernichtungslagern ermordet. – 1948 wurde in Palästina der jüdische Staat Israel *(→ Strukturdaten)* proklamiert.

DER HINDUISMUS – VERBREITUNG UND BEDEUTUNG

Dem Hinduismus gehören heute über 700 Mio. Menschen an *(→ Tabelle Sp. 823f.)*, im wesentlichen im Großraum Indien und auf Bali/Indonesien. In **Indien** spielen andere Religionen, außer den über 50 Mio. Moslems, nur eine untergeordnete Rolle. Das Sendungsbewußtsein des Hinduismus ging in der Vergangenheit weit über Indien hinaus. Durch Missionstätigkeit kam es zur Hinduisierung Südostasiens; der Hinduismus vermischte sich mit einheimischen Glaubensformen und verschmolz im Laufe der Zeit mit dem **Buddhismus**, dem **Islam** (beides → WA '92/781) und anderen Lokalkulten. So beeinflußte der Hinduismus vornehmlich Kambodscha und die Bali-Inseln, nicht zu vergessen die Hindus unter der drawidischen Bevölkerung Sri Lankas, in Nepal und Pakistan sowie weltweit verstreuten indischen Gemeinden, besonders im afrikanischen Küstengebiet des Indischen Ozeans.

Der äußere Rahmen des Hinduismus ist indoeuropäischen Ursprungs, die Inhalte sind dagegen weitgehend spezifisch indisch: Die arischen Stämme – seit dem 2. Jtsd. v. Chr. nach Indien eingefallen – brachten bereits feste religiöse Vorstellungen mit (Brahmanismus als Vorform des Hinduismus), die gewandelt im klassischen Hinduismus fortleben. Mit ihrer Muttergöttin, dem gehörnten Gott im Jogasitz und den rituellen Pflanzen- und Tieremblemen kann die indoeuropäische Happakultur als weitere Vorstufe zum Hinduismus angesehen werden.

So entwickelte sich der Hinduismus zu einer vielschichtigen, Gegensätze duldenden toleranten Religion. Während der Grundsatz der Gewaltlosigkeit beispielsweise den Eindruck der Äußerlichkeit erweckt, sind doch die verschiedenen Wege zum geistigen Fortschritt – Streben nach Befreiung, Neigung zur Entsagung – kurz: die Konzentration auf sonst Theologen und Philosophen vorbehaltene Probleme – Zeugen der Verinnerlichung. So volkstümlich der Hinduismus durch seine Praktiken und Meditationen nach außen erscheint, so sehr ist er doch gleichzeitig eine Religion der Gelehrten!

Der Hinduismus hat keine geschlossene Lehre und keinen Stifter. Nur wenige grundsätzliche Vorstellungen sind allen Sekten gemeinsam, vor allem die Lehre vom Karma – moralische Vergeltungskausalität aller Taten – und von der Wiedergeburt *(Reinkarnation)*. Ziel der Erlösung ist es, dem *Samsara* – der endlosen Kette der Wiedergeburten – zu entrinnen. Dahin führen zahlreiche Wege: Askese, Joga, Gottesliebe oder magische Praktiken. Die Möglichkeit der Wiedergeburt als Tier bedingt als höchstes Gebot die Schonung alles Lebendigen *(Ahimsa)*. Daher der strenge Vegetarismus und die Rinderverehrung.

Die Gesellschaft ist in **vier Klassen** gegliedert: *Brahmanen* (Priester), *Kschatrijas* (Krieger), *Waischjas* (Bauern) und *Schudras* (Knechte), jeweils in **zahlreichen Kasten**. Nur der *Paria* (Unberührbarer) ist ohne Kastenzugehörigkeit. Unter Dharma versteht man die Erfüllung der jeweiligen Kastenpflichten.

Aus der Vielzahl der Hindugötter ragt die Dreiheit *Brahma*, *Schiwa* und *Wischnu* – auch als dreiköpfige Gestalt – heraus. **Hauptrichtungen** des Hinduismus sind *Schiwaismus* und *Wischnuismus* (→ *Tabelle Sp. 823f.*), je nachdem, ob *Schiwa* als Zerstörer der Welt oder *Wischnu* als Erhalter der Welt die Götter anführt. Der ehemalige Hirtengott und Offenbarer göttlicher Wahrheiten *Krischna* fand als Inkarnation Wischnus weltweit Verehrer (→ oben Tabelle »Neue Religionen«, Sp. 923f.).

Zwischen Gott und den Gläubigen steht der *Brahmane* als Mittler. Bestattungsform ist die Leichenverbrennung. Trotz eines Verbotes im Jahre 1829 finden noch heute hin und wieder Witwenverbrennungen statt, weil der Glaube sagt, daß die Frau, wenn sie nach dem Vorbild der Ehefrau Schiwas ihrem Mann auf den Scheiterhaufen folgt, sie im Jenseits wieder mit ihm vereint wird.

Das Epos *Mahabarata* (»der große Kampf«) mit seinem Kernstück *Bagavadgita* (»Gesang des Erhabenen«) ist die älteste Quelle des Hinduismus. Seine volle Entwicklung fand er erst in den 18 Puranas (»alte Erzählung«; 6. Jh. n. Chr.). – Der Islam und die späteren Mogulherrscher über Indien konnten den Hinduismus nicht verdrängen. Heute nimmt er, hinter christlichen und moslemischen Gemeinschaften, den dritten Platz unter den Weltreligionen ein.

LwDir. Helmut Trapet/Wissen an der Sieg

DIE ARMENIER – LEIDENSWEG EINES VOLKES

Geographie, Bevölkerung und Sprache

Die Republik Armenien (→ *Strukturdaten*) ist die kleinste der ehemaligen Sowjetrepubliken, grenzt an Georgien, Aserbaidschan, den Iran sowie die Türkei und hat die Fläche Brandenburg-Berlins. Gebirgszüge, Hochplateaus, die fruchtbare Araxes-Ebene am Fuße des Ararat und der 2000 m hochgelegene Sewan-See bestimmen die bizarre Berglandschaft. Das Wahrzeichen ist der heute auf türkischem Gebiet liegende 5156 m hohe Berg Ararat (armen.: Masis). Das Land hat 3,5 Mio. Bewohner (etwa wie Irland), fast ausschließlich Armenier. Durch Massaker und Vertreibungen 1864–66 sowie 1915–16 wurden viele aus ihren Siedlungsgebieten in der heutigen Türkei vertrieben. Die Zahl der Opfer dieser Pogrome wird auf bis zu 2 Mio. geschätzt. Heute leben **ca. 2 Mio. Auslandsarmenier in 80 Staaten**, 750 000 davon in den USA, 300 000 in Frankreich und 1 Mio. in den anderen ehemaligen Sowjetrepubliken Die armenische Sprache ist eigenständiger Zweig der indoeuropäischen Sprachfamilie. Der Mönch Mesrop Maschtoz schuf im 5. Jh. das armenische Alphabet und übersetzte die Bibel ins Altarmenische (Grabar). Im Neuarmenischen (Aschcharhabar) entwickelten sich ein ost- und ein westarmenischer Zweig.

Geschichte und Besiedlung

Das armenische Hochland wird schon im 5.–4. Jtsd. v. Chr. besiedelt. Nach Kulturen der Bronze- und Eisenzeit rückt das urartäische Königreich von Van (→ *Karte*) in den Mittelpunkt transkaukasischer Geschichte. Es zerbricht 585 v. Chr. unter dem Skythenansturm. Die prachtvollen und mächtigen Bauten der Urartäer werden weiter benutzt von den indoeuropäischen Armeniern, die urkundlich in einer Inschrift des persischen Archämenidenkönigs Dareios I. 518 v. Chr. sowie bei dem griechischen Historiker Xenophon (430–354 v. Chr.) erwähnt werden.

Die ethnische Herkunft des Volkes ist nicht geklärt. Es ist möglich, daß es bereits in einer mittelhethitischen Inschrift aus dem 15.–13. Jh. v. Chr. erwähnt wurde. Die vom urartäischen König im 8. Jh. v. Chr. errichtete Grenzfestung Erebuni ist Grundstein für die heutige Hauptstadt Jerewan (Eriwan) mit 1 Mio. Einwohnern. Artaschat und Tigranokert sind die Hauptstädte des artaschesidischen Königsgeschlechtes mit seiner Blüte 95–56 v. Chr. Das armenische Königreich steht als Zankapfel zwischen dem Römischen Reich und den Parthern. Zu Beginn des 1. Jh. übernimmt der Sproß des parthischen Königsgeschlechts der Arsakiden, *Tiridates I.*, die armenische Krone aus der Hand des römischen Kaisers *Vologeses*. Von Kultur, Religion und Macht dieses Reiches zeugt der im 1. Jh. in Garni errichtete Tempel für den Sonnengott Mithras. Zu Beginn des 4. Jh. bekehrt *Gregor der Erleuchter* König *Tiridates III.* **zum Christentum**, das damit Staatsreligion wird. 387 wird das Königreich zwischen dem sasanidischen Persien und Byzanz geteilt, 428 das Königtum auf Wunsch des Adels durch den sasanidischen Herrscher beseitigt. Auf einer Synode in Dwin 554 spaltet sich die monophysitische Kirche von der byzantinischen und legt damit den Grundstein ihrer noch heute bestehenden Eigenständigkeit.

Die armenischen Adelsgeschlechter können ihre Macht auch unter der arabischen Herrschaft vom 7. Jh. an behaupten. Byzantinisch-arabische Rivalitäten sowie die Machtkämpfe des armenischen Adels lassen vom 9.–11. Jh. eine Reihe kleiner Königtümer entstehen. Seit 1048 stoßen die Seldschuken vor und vertreiben Armenier zu Hunderttausenden. 1071 bedeutet das Ende des byzantinischen und damit auch des armenischen Reiches. Im Königreich in Kilikien erfährt die Kultur bis 1375 erneut eine Blüte. Im 14.–15. Jh. überziehen Mongolen und Turkmenen das Land mit Krieg und Leid. Im 15. und 16. Jh. steht es zwischen Osmanen und den persischen Safawiden; 1620 wird es geteilt. An die Perser fallen Arzach und andere Gebiete, die die Provinz **Karabach** bilden. Mit der Entsendung von Truppen in den Transkaukasus mischt sich auch der russische *Zar Peter I.* in diesen Konflikt ein: 1828 fallen Teile Armeniens an **Rußland**. Im russisch-türkischen Krieg 1877–78 erobert die russische Armee westarmenische Gebiete. Als der Türkei die Gebiete um Kars entrissen werden, flammt auch die armenische Nationalbewegung wieder auf. 1894–96 fallen über 200 000 Armenier Massakern unter dem osmanischen Sultan *Abdul Hamid II.* zum Opfer.

Die jungtürkische Revolution 1908 wird von den Armeniern in der Türkei begrüßt, ist doch eines ihrer erklärten Ziele die Anerkennung nationaler Minderheiten. Nach dem Eintritt der Türkei in den Weltkrieg 1914 fordert das Oberhaupt der gregorianisch-apostolischen Kirche, der Katholikos aller Armenier, trotz Warnungen der Türkisch-Armenier die Befreiung Türkisch-Armeniens. Mindestens 1 Mio. Armenier fallen dem darauffolgenden Massenmord in der Türkei unter dem Vorwand der Kollaboration mit Rußland zum Opfer. Der Todesmarsch des armenischen Volkes ist in Berichten des deutschen Pfarrers Johannes Lepsius dokumentiert. Heute ist der 24. April 1915, der Tag, an dem der Pogrom mit der Verhaftung armenischer Intellektueller in Istanbul beginnt, nationaler Trauer- und Gedenktag.

Nach der Revolution im Oktober 1917 zerfällt die russische Kaukasusarmee. Der Transkaukasus stürzt in einen Bürgerkrieg, der mit der Gründung einer kurzlebigen Transkaukasischen Republik im April 1918 endet. Nach dem **Frieden von Brest-**

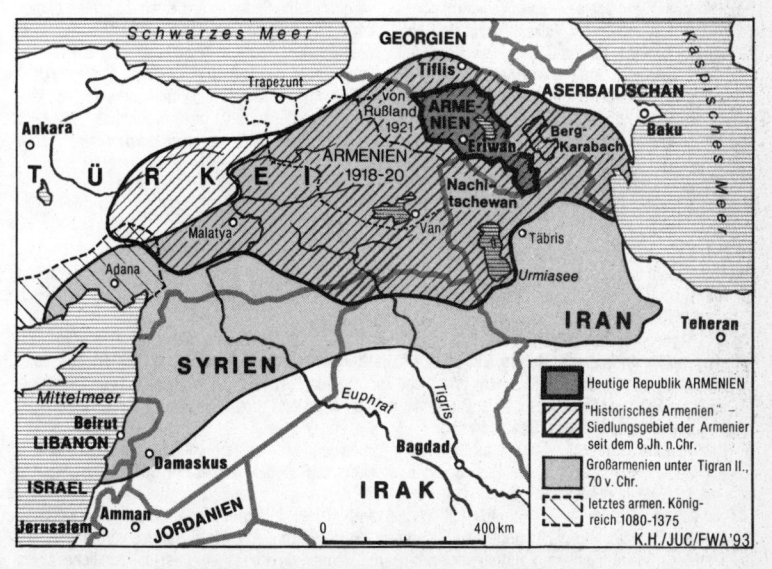

Das heutige und das historische Armenien (nach Heinz/Clauss)

Litowsk vertreiben die Türken alle Armenier in Ostanatolien und dringen weiter nach Armenien vor. Die Armenier besiegen die Türken schließlich am 24. 5.1918 in der **Schlacht von Sardarabad.** Vier Tage später wird die Unabhängigkeit der Republik proklamiert. Mit dem **Frieden von Batumi** treten sie Gebiete um Kars, welche 1919 kurzzeitig wieder zur Republik gehören, an die Türkei ab. Mit dem **Vertrag von Sèvres** 1920, der die Auseinandersetzungen zwischen Siegermächten und Türkei beendet, akzeptiert die Türkei formal die Zugehörigkeit Türkisch-Armeniens zu Armenien. Tatsächlich aber erhält Armenien seine Territorien nicht zurück und wird auch von den Westmächten im Stich gelassen.

Zeitgeschichte und ethnopolitische Situation

Am 7. 11. 1920 marschieren türkische Truppen in Alexandropol ein. Am 16. 3.1921 schließt Sowjetrußland in Moskau mit der Türkei einen Vertrag, nach dem es Kars endgültig der Türkei überläßt und **Nachitschewan** auf Drängen der Türken aserbaidschanischer Verwaltung unterstellt. 1918–20 flüchten fast alle Armenier aus Nachitschewan, wo sie 40% der Bevölkerung stellten. Am 2./3. 12. 1920 übernimmt ein prosowjetisches Revolutionskomitee die Macht in Jerewan. 1921 besetzt die Rote Armee Jerewan. Nach Machtübernahme durch die Sowjets am 29. 11. 1920 annulliert die politische Führung Aserbaidschans die Grenzen und stellt fest, daß **Berg-Karabach** und Nachitschewan Teile Armeniens seien. Der Vorsitzende der Volkskommissare Aserbaidschans drängt aber auf eine Revision. Am 4. 6.1921 wird das Karabach-Problem auf einer Sitzung des Kaukasus-Büros des Zentralkomitees der Russischen Kommunistischen Partei erörtert und in Gegenwart Josef Stalins für den Anschluß Karabachs an Armenien gestimmt. Auf Druck Stalins wird dieser Beschluß am folgenden Tage revidiert. **Seitdem ist Berg-Karabach mit autonomem Status Bestandteil der Republik Aserbaidschan.** Am 30. 12. 1922 wird Armenien Mitglied der Sowjetunion. Bis 1936 bildet es gemeinsam mit Georgien und Aserbaidschan die Föderative Sozialistische Transkaukasische Republik. Auch die Armenier leiden unter den Verfolgungen Stalins seit den 30er Jahren. Nach dem II. Weltkrieg setzt 1946–48 eine Rückkehrwelle aus der Diaspora ein.

In den 70 Jahren Sowjetherrschaft ist Armenien ökonomisch und politisch in das System eingebunden, ohne daß nationale Probleme und Konflikte aufgearbeitet werden. Mit Perestroika und Glasnost sehen auch die Armenier die Chance, die historische Hypothek der Verträge von Kars und Moskau einzulösen. Insbesondere das zu 80% von Armeniern bewohnte Berg-Karabach in Aserbaidschan begehrt eine freie Bindung zum Mutterland (→ *Länderchronik*). Nach Demonstrationen und Streiks in Jerewan und Baku finden die Auseinandersetzungen mit Vertreibungen einen ersten traurigen Höhepunkt: 700 000 Menschen müssen ihre Heimat in Armenien und Aserbaidschan verlassen. Mitten in diese Flüchtlingskatastrophe hinein wird Armenien am 7. 12. 1988 von einem verheerenden Erdbeben heimgesucht. Seit Mitte 1989 führen Armenier und Aserbaidschaner in Karabach Bürgerkrieg. Im Frühsommer 1990 finden in Armenien die ersten demokratischen Wahlen statt. Mit dem Zerfall der Sowjetunion erklärt sich die Republik am 23. 8.1990 für unabhängig. Am 2. 3.1992 wird das Land in die UNO aufgenommen. Der Konflikt mit Aserbaidschan dauert an; eine Lösung ist nicht in Sicht.

Dipl.-Hist. Karsten Heinz/Bonn-Beuel

DIE SPRACHEN AFRIKAS

Die ethnische und sprachliche Zersplitterung ist in Afrika trotz geringerer Bevölkerungsdichte größer als in Europa. Die nachfolgend aufgeführten einheimischen Sprachen werden mit Ausnahme von Afrikaans nach *Greenberg* in 4 große Familien unterteilt:

I. Das **Niger-Kordofanische**, das sich in **Niger-Kongo** und **Kordofanisch** unterteilt. Ersteres gliedert sich weiter in **Westatlantisch, Mande, Gur, Kwa, Benue-Kongo, Adamawa-Ubangi.** Das Verbreitungsgebiet erstreckt sich vom Senegal über ganz West- und Zentralafrika bis an die kenianische Küste und deckt die südliche Hälfte des Kontinentes ab. Die zahlenmäßig bei weitem größte Untergruppe ist die der zum Benue-Kongo gehörenden **Bantusprachen.**

II. Das **Nilo-Saharanische,** wozu die **nilotischen** Sprachen gehören. Das Verbreitungsgebiet erstreckt sich über das nördliche Zentralafrika (Tschad, Zentralafrikanische Republik, Nord-Zaire, Sudan) und Ostafrika (Uganda, Kenia, Tansania).

III. Das **Afro-Asiatische** (früher Hamitosemitisch genannt) mit den Untergruppen **Semitisch, Altägyptisch, Berberisch, Kuschitisch, Tschadisch.** Sie sind in Nord-, Zentral- und Nordostafrika verbreitet.

IV. **Khoisan** (Buschmann- und Hottentottensprachen). Hauptverbreitungsgebiet ist das südliche Afrika (Südafrika, Namibia, Botswana, Angola), daneben gibt es einige Exklaven in Tansania.

Als Amtssprachen fungieren in den nordafrikanischen Staaten das Arabische und in den meisten übrigen Staaten die Sprachen der ehemaligen Kolonialmächte, z. T. neben einheimischen Amtssprachen.

Sprachen	Sprachfamilie	Sprecherzahl	Hauptverbreitungsgebiete (Amtssprachenstatus halbfett)
1. Arabisch	semitisch	>130 Mio.	**Ägypten, Libyen, Tunesien, Algerien, Marokko, Sudan, Mauretanien**, DARS, Tschad, Niger, Kamerun, Nigeria, Somalia
2. Swahili[1]	bantu	25–30 Mio.	**Tansania**, Kenia, Uganda, Ost-Zaire, Komoren
3. Hausa[2]	tschadisch	25–30 Mio.	Nigeria, Niger, Tschad, Sudan, Ghana
4. Lingala	bantu	15–20 Mio.	Zaire, Kongo
5. Yoruba	kwa	10–12 Mio.	Nigeria, Benin, Togo
6. Oromo	kuschitisch	>10 Mio.	Äthiopien, Nord-Kenia
7. Ful(ani)	westatlantisch	>8 Mio.	Senegal, (beide) Guinea, Niger, Nigeria, Kamerun, Zentralafrikanische Republik, Sudan
8. Amharisch	semitisch	8 Mio.	**Äthiopien**
9. Igbo	kwa	7–10 Mio.	Nigeria
10. Kikongo	bantu	7 Mio.	West-Zaire, Kongo, Nordwest-Angola
11. Berberisch	afro-asiatisch	5 Mio.	Marokko, Tunesien, Algerien, Mauretanien, Sahara
12. Makua	bantu	5 Mio.	Mosambik
13. Manding	mande	5 Mio.	Mali, Guinea, Sierra Leone, Ost-Senegal, Gambia, Burkina Faso, Côte d'Ivoire
14. (Chi)Luba	bantu	5 Mio.	Zaire
15. Afrikaans[3]	kreol	4,5 Mio.	Südafrika, Namibia
16. Kanuri	nilo-saharan.	>4 Mio.	Nigeria, Niger
17. Kinyarwanda	bantu	4 Mio.	**Ruanda**
18. Kirundi	bantu	4 Mio.	**Burundi**
19. Zulu	bantu	4 Mio.	Südafrika
20. Somali	kuschitisch	>3,5 Mio.	**Somalia**
21. Tigrinya	semitisch	>3,5 Mio.	Äthiopien (Eritrea)
22. (Se)Sotho	bantu	>3 Mio.	Südafrika, Lesotho
23. Sango	kreol	>3 Mio.	**Zentralafrikanische Republik**
24. Kikuyu	bantu	3 Mio.	Kenia
25. Umbundu	bantu	3 Mio.	Süd-Angola
26. Luo	nilotisch	3 Mio.	Sudan, Kenia, Uganda
27. Twi	kwa	2,9 Mio.	Ghana
28. (Lu)Ganda	bantu	2,5 Mio.	Uganda
29. Efik	benue-kongo	2 Mio.	Nigeria
30. Gbaya	adamawa-ubangi	2 Mio.	Kamerun, Zentralafrikanische Republik, Nordwest-Zaire
31. More (Mosi)	gur	1,6 Mio.	Burkina Faso, Nord-Ghana, Nord-Côte d'Ivoire
32. Bemba	bantu	<1,5 Mio.	Sambia
33. Kituba	kreol	1,5 Mio.	West-Zaire
34. Nyanja	bantu	1,4 Mio.	Malawi, Sambia, Mosambik
35. Mende	mande	1,3 Mio.	Südost-Sierra Leone
36. Dinka	nilotisch	1–2 Mio.	Süd-Sudan
37. Wolof	westatlantisch	1,2 Mio.	Senegal, Gambia, Mauretanien
38. Temne	westatlantisch	1,2 Mio.	Sierra Leone
39. Lwena	bantu	>1 Mio.	Ost-Angola, Südwest-Zaire
40. (Se)Tswana	bantu	1 Mio.	**Botswana**, Südafrika (mit Bophuthatswana)
41. Weskos	kreol	1 Mio.	West-Kamerun, DARS
42. Fanagalo	kreol	1 Mio.	Südafrika, Simbabwe, Malawi
43. Chokwe	bantu	1 Mio.	Südost-Zaire, West-Sambia
44. Ewe	kwa	>1 Mio.	Togo, Ghana, Benin, Südwest-Nigeria
45. Soninke	mande	>1 Mio.	Mauretanien, Senegal, Süd-Mali, Burkina Fasco
46. Nubisch	afro-asiatisch	1 Mio.	Ägypten, Sudan
47. Krio	kreol	670 000	Sierra Leone

48. Songhai	nilo-saharanisch	655 000	Niger
49. Tonga	bantu	>600 000	Sambia
50. Gurage	semitisch	550 000	Äthiopien
51. Venda	bantu	500 000	Venda, Südafrika
52. Maa(sai)	nilotisch	440 000	Kenia, Tansania
53. Ga	kwa	330 000	Ghana
54. Bari	nilotisch	225 000	Süd-Sudan
55. Khoekhoe	khoisan	163 000	Namibia

[1] zusätzlich auch als Zweit- bzw. Verkehrssprache im gesamten Ostafrika gebraucht (bis zu 50 Mio. Sprecher geschätzt).
[2] zusätzlich auch als Zweit- bzw. Verkehrssprache zunehmend im gesamten West- und Zentralafrika gebraucht (bis zu 50 Mio. Sprachkundige geschätzt).
[3] Afrikaans ist die Muttersprache der Mehrzahl der »Coloureds« in der Republik Südafrika.

Hauptquellen:
Greenberg, Joseph H.: The Languages of Africa. Bloomington/USA: Indiana University Press (1963) [2]1966.
Heine, Bernd / **Reh**, Mechthild. Sprachpolitik in Afrika. Hamburg: Buske 1982.
Heine, Bernd / **Schadeberg**, Thilo C. / **Wolff**, Ekkh. (Hg.). Die Sprachen Afrikas. Hamburg: Buske 1981.
Jungraithmayr, Herrmann / **Möhlig**, Wilhelm J. G. (Hg.). Lexikon der Afrikanistik – Afrikanische Sprachen und ihre Erforschung. Berlin: Dietrich Reimer 1983.

Dr. Helma Pasch, Institut für Afrikanistik der Universität zu Köln

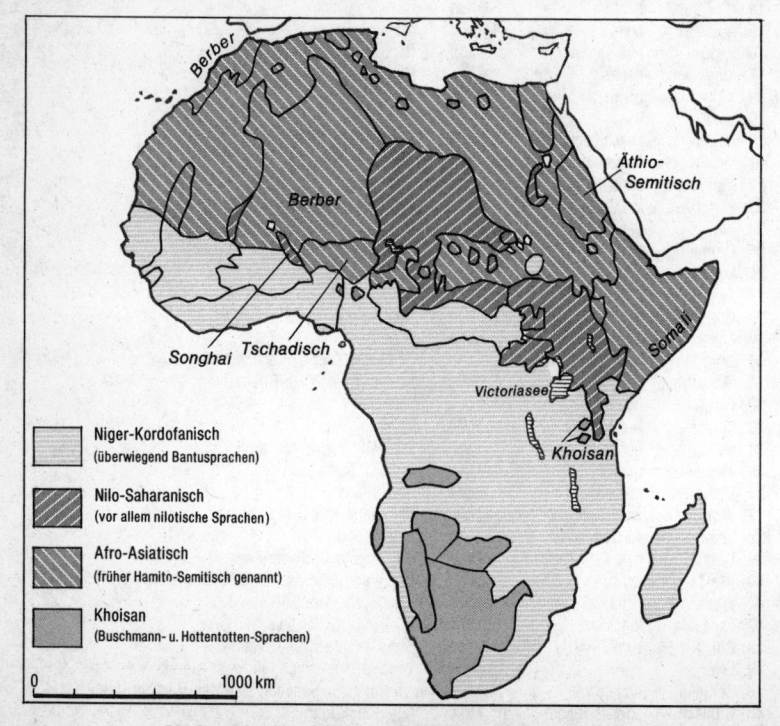

Die Sprachfamilien Afrikas (nach Greenberg 1966; modifiziert)

Wirtschaft

Für alle folgenden Zahlenangaben, insbesondere Produktionstabellen, gilt: Die Zahlen für 1991 sind z. T. vorläufig und beruhen häufig auf offiziellen Schätzungen (S), z. B. der UNO oder FAO; wenn nicht anders erwähnt, Großbritannien einschl. Nordirland, Südafrika einschl. Bophuthatswana, Ciskei, Transkei und Venda. Statistiken für die Sowjetunion (UdSSR) und Jugoslawien beziehen sich auf diese Staaten vor ihrer Auflösung bzw. ihrem Auseinanderbrechen Ende 1991. Für Deutschland gilt: Bis einschließlich 1990 werden in der Regel getrennte Angaben für die bisherige (alte) Bundesrepublik und die ehem. DDR gemacht; Daten für 1991 beziehen sich, sofern nicht anders angegeben, auf die neue BR Deutschland.

Die **Weltwirtschaft** befand sich 1991 in einer *Phase stark abgeschwächter Aktivität,* die sich in einigen Ländern als Konjunkturabschwächung, in anderen als echte Rezession, in den Staaten des ehemaligen »Ostblocks« als wirtschaftlicher Zusammenbruch äußerte. Der Golfkrieg zu Jahresbeginn verstärkte die *Schwächetendenzen der Wirtschaftskonjunktur,* die ganzjährig anhielten. V. a. in den angelsächsischen und nordeuropäischen Ländern stagnierte die Wirtschaftsentwicklung, während Japan und Deutschland – letzteres wesentlich begünstigt durch den Investitions- und Konsumbedarf in der ehem. DDR – noch mäßiges Wachstum zeigten. Besondere *wirtschaftliche Problembereiche* waren die UdSSR, die sich zum Jahresende auflöste, mit den anderen ehemals sozialistischen Staaten Ostmittel- und Osteuropas sowie generell die meisten Entwicklungsländer. *Hauptkennzeichen der Weltwirtschaft* waren auch 1991 die enormen *wirtschaftlichen Diskrepanzen* zwischen den großen *westlichen Industrieländern* und wirtschaftsschwachen *Entwicklungsländern,* zu denen als Empfänger von Wirtschaftshilfe zusätzlich die erwähnten *osteuropäischen »Reformstaaten«* kamen. Nach dem Scheitern der zentralistischen Planwirtschaft begannen sie unterschiedlich erfolgreich, marktwirtschaftliche Systeme einzuführen. Aber auch zwischen den *Industrieländern* hielten die *außenwirtschaftlichen Ungleichgewichte* (hohe Leistungsbilanzüberschüsse und -defizite) in leicht abgeschwächter Form an.

Eine wichtige Rolle für die *globale Wirtschaftsentwicklung* spielte auch 1991 der insgesamt verhältnismäßig niedrige Stand vieler Rohstoff-, vor allem Energiepreise *(→ Kap. Bergbau, Sp. 901 ff.).* Für die Industrieländer brachte er Kostenentlastung mit günstigen Auswirkungen auf Wirtschafts- und Preisstabilität und die Handelsbilanzen. Für die meisten rohstoffexportierenden Länder blieben die Außenhandelseinnahmen relativ gering, wodurch ihre gesamtwirtschaftliche Lage sehr ungünstig blieb, vor allem im Hinblick auf die Verschuldungskrise und auf die steigenden Preise für Industriegüterimporte.

Für die *gesamte Weltwirtschaft* wird geschätzt, daß es 1991 *kein Wachstum* gab, sondern das Wirtschaftsergebnis von 1990 knapp unterschritten wurde (−0,3%). 1990 hatte das weltweite Wirtschaftswachstum noch 2,2%, 1989 sogar 3,5% betragen.

Die Wirtschaftsentwicklung in den einzelnen Staatengruppen:

I. Westliche Industrieländer (OECD-Staaten)

Die wichtigsten Kennzeichen der Wirtschaftsentwicklung 1991 waren:

– eine nur noch *leichte Zunahme des Bruttosozialprodukts* (real +0,8%), nachdem 1990 noch 2,5% und 1989 3,3% Wachstum erreicht worden waren. Überdurchschnittlich wuchs die Wirtschaftstätigkeit v. a. in Japan, Deutschland (westliche Bundesländer) und Frankreich, während Großbritannien, Kanada und die USA sogar eine Abnahme des realen Sozialprodukts hinnehmen mußten. Das *geringe Wachstum,* z. B. der EG-Länder insgesamt, entfiel auf leichte Steigerungen der Inlandsnachfrage, auf Investitionen des öffentlichen Sektors und auf Exporte, die auch wesentlich geringere Zuwachsraten als in den Vorjahren zeigten *(→ Kap. Welthandel).* Die, wenn auch z. T. nur geringe, Produktionszunahme der Industrie ergab sich, wie schon in den Vorjahren, hauptsächlich durch weitere Automatisierung und Rationalisierung sowie durch höhere Ausnutzung der vorhandenen Kapazitäten.

– Die *Arbeitskräftenachfrage* stieg daher nicht im gleichen Maße wie das Produktionswachstum und richtete sich v. a. an hochqualifiziertes Personal, das in einigen Wirtschaftsbereichen zu einem Engpaßfaktor wurde. Insgesamt ergab sich ein uneinheitliches Bild mit z. T. mäßigem Abbau, in einigen Ländern aber auch wieder einer Zunahme der *Arbeitslosigkeit.*

– Die *Inflationsraten* stiegen 1991 weniger stark als in den Vorjahren, da die Konjunkturabschwächung Preissteigerungstendenzen dämpfte. Außerdem wirkten die weiter fallenden Rohstoffpreise antiinflationär. Für alle OECD-Länder zusammen ergab sich 1991 (1990) eine *Preissteigerungsrate* von 5,9 (6,3) %.

– Der *Außenhandel* nahm 1991 weniger zu als in den Vorjahren (alle OECD-Länder zusammen real +2,8%); die westlichen Industrieländer hielten ihre Position als weitaus wichtigste Im- und Exporteure im Welthandel; sie waren auch 1991 mit fast ¾ des Volumens am weltweiten Handelsaustausch beteiligt.

Die **wirtschaftliche Entwicklung** 1991 im Ländervergleich ist am deutlichsten an der *Veränderung des realen Bruttosozialprodukts/BSP* gegenüber dem Vorjahr abzulesen. Das BSP erhöhte sich 1991 (1990) u. a.: Japan +4,5 (+5,6) % – BR Deutschland +3,1 (+4,5) % – Österreich +3,0 (+4,9) % – Belgien +2,7 (+3,7) % – Spanien +2,5 (+3,5) % – Niederlande +2,2 (+3,9) % – Frankreich +1,3 (+2,8) % – Italien +1,0 (+1,9) % – Schweiz –0,2 (+2,2) % – USA –0,7 (+1,8) % – Australien –0,9 (+3,6) % – Schweden –1,2 (+0,3) % – Kanada –1,5 (+0,5) % – Großbritannien –1,9 (+1,5) %. – Für 1992 prognostizieren die meisten Experten eine leicht erhöhte *Steigerung des Wirtschaftswachstums.*

Das *Realeinkommen der Bevölkerung* erhöhte sich in den meisten Ländern im Durchschnitt nicht mehr bzw. sank vielfach ab, da Lohn- und Gewinnsteigerungen in den meisten Ländern nicht ausreichten, die Preissteigerungsraten zu kompensieren. Auch drückten die in vielen Ländern nach wie vor relativ hohen bzw. teilweise steigenden Arbeitslosenquoten die durchschnittliche Einkommensentwicklung.

Die **Inflationsrate** (Steigerung der Verbraucherpreise gegenüber dem Vorjahr) sank im OECD-Durchschnitt 1991 leicht gegenüber dem Vorjahr. Sie betrug 5,9% (1989: 5,8%; 1990: 6,3%) und stieg in den meisten Ländern an, die 1989/90 noch sehr geringe Raten gezeigt hatten. – Die *Zunahme der Verbraucherpreise* betrug 1991 (1990) u. a.: Schweden 9,7 (10,0) % – Italien 6,4 (6,1) % – Spanien 6,0 (6,7) % – Schweiz 5,9 (5,4) % – Großbritannien 5,9 (9,5) % – Kanada 5,6 (5,4) % – USA 4,2 (5,4) % – Finnland 4,2 (4,5) % – Niederlande 4,0 (2,5) % – BR Deutschland 3,5 (2,7) % – Norwegen 3,4 (5,0) % – Österreich 3,3 (3,3) % – Japan 3,3 (3,1) % – Australien 3,2 (7,3) % – Frankreich 3,2 (3,4) % – Belgien 3,2 (3,5) % – Irland 3,2 (3,6) % – Dänemark 2,4 (4,0) % – EG-Länder insges. 5,0 (5,7) %.

Die **Arbeitslosigkeit**, die sich in den Vorjahren aufgrund der Wirtschaftskonjunktur fast überall verringert hatte, nahm 1991 in vielen Ländern wegen der Wachstumsschwäche der Wirtschaft wieder zu. *Vollbeschäftigung* herrschte 1991 nur in Japan und der Schweiz. In den anderen Ländern reichte das meist geringe Wirtschaftswachstum nicht aus, um den Arbeitsplatzabbau infolge von Rationalisierung und langfristigem wirtschaftlichem Strukturwandel zu kompensieren bzw. um die neu ins Berufsleben eintretenden jungen Leute voll in den Arbeitsmarkt zu integrieren. – Die *Arbeitslosigkeit* betrug Ende 1991 (Anteil der Arbeitslosen an den Erwerbspersonen) in allen OECD-Ländern zusammen rd. 6,4% (1990: 6,0%), in den EG-Ländern 8,6 (8,3) %. Die *Arbeitslosenquote* erreichte u. a. folgende Werte (Ende 1991): Schweiz 1,9% – Japan 2,0% – Schweden 3,5% – Niederlande 4,4% – BR Deutschland 6,5% – USA 6,8% – Österreich 7,0% – Australien 9,4% – Frankreich 9,8% – Kanada 10,1% – Großbritannien 10,2% – Belgien 10,9% – Belgien 10,9% – Italien 10,9% – Spanien 15%. (Die nationalen Zahlen weichen z. T. von diesen standardisierten Werten ab.)

Die **Leistungsbilanzen** (Außenhandel, Dienstleistungen, private und öffentliche Transfers mit dem Ausland) der großen Industrieländer entwickelten sich 1991 differenzierter, so daß sich insgesamt die bisher sehr großen Diskrepanzen stärker ausglichen. So wies *Deutschland* 1991 ein Leistungsbilanzdefizit von 33 Mrd. DM auf, nachdem sich 1990 noch ein Überschuß von 76 Mrd. DM ergeben hatte. Die Position der *USA* verbesserte sich demgegenüber stark: Das Defizit sank von 92 Mrd. $ (1990) auf nur noch 8,5 Mrd. $ (1991). Die meisten übrigen *OECD-Staaten* wiesen ungefähr ausgeglichene oder leicht bis mittel defizitäre Bilanzen auf, ausgenommen *Japan*, dessen Leistungsbilanzüberschuß sich von 36 Mrd. $ (1990) auf rd. 73 Mrd. $ (1991) verdoppelte. Auch die *Rep. China (Taiwan)* erzielte mit rd. +10 Mrd. $ wieder einen relativ hohen Überschuß im Verkehr mit dem Ausland.

II. Ehemalige RGW-Staaten Osteuropas

Der unter Führung der UdSSR stehende politischökonomische Block des *RGW* (»Rat für gegenseitige Wirtschaftshilfe«, COMECON) zerbrach 1989/90 und wurde – ebenso wie die kommunistische Führungsmacht selbst – 1991 auch formell aufgelöst. Seitdem sind die *ehemaligen Mitgliedsländer des »Ostblocks«* mit unterschiedlicher Geschwindigkeit und auch unterschiedlich stark ausgeprägtem Reformwillen dabei, die sozialistische Staatswirtschaft, die Osteuropa in eine ökonomische und ökologische Katastrophe geführt hat, zu überwinden und *marktwirtschaftliche Strukturen* aufzubauen. Als Fernziel streben viele dieser Staaten die Mitgliedschaft in der EG an. Z. Zt. werden die betreffenden Länder Ostmittel-, Ost- und Südosteuropas (einschl. der europäischen Nachfolgestaaten der UdSSR) meist als »Reformländer Osteuropas« bezeichnet. Unter Aspekten der Wirtschaftskraft und des Volkseinkommens sind sie heute vergleichbar mit fortgeschrittenen Entwicklungsländern (»Schwellenländer«). Gemeinsam ist ihnen eine völlig zerrüttete Wirtschaft mit technisch überalteter und die Ressourcen verschwendender Industrie, ineffektiver und umweltschädigender Landwirtschaft und stark unterentwickeltem Dienstleistungssektor. Alle 3 Sektoren waren nicht imstande, die Bedürfnisse der Bevölkerung hinreichend zu erfüllen.

Insgesamt wird für 1991 für den Gesamtraum der »Reformländer« ein Rückgang des Wirtschaftsergebnisses von real mindestens 12–14% geschätzt. Genaue Angaben sind aufgrund der z. T. chaotischen Verhältnisse des Übergangsjahres 1991 noch nicht möglich. Allein für die UdSSR wird für das letzte Jahr ihres Bestehens ein Rückgang der Wirtschaftstätigkeit von 14–15% geschätzt. Der starke Kaufkraftüberhang (Disparität zwischen Geldeinkommen und Warenversorgung) sowie die Freigabe bisher vom Staat künstlich niedrig gehaltener Preise führten zu einer Inflationsrate von 90–100%, nach anderen Berechnungen bis zu 300%. In der UdSSR tragen außerdem seit Jahren schon die Haushaltsdefizite zur Inflation bei, die durch das Mißverhältnis von sinkenden Staatseinnahmen (ungenügendes Wirtschaftsergebnis, gesunkene Exporterlöse für Rohstoffausfuhren) und hohen Ausgaben (z. B. Militärapparat, Preissubventionen) entstanden sind. 1991 betrug das Defizit des sowjetischen Etats rd. 80 Mrd. Rbl. Die Auslandsschulden der ehem. UdSSR, die 1992 größtenteils auf Rußland übergegangen sind, werden auf rd. 65 Mrd. $ geschätzt. Auch das seit Jahren latent vorhandene Beschäftigungsproblem kam 1991 voll zum Tragen. Ende 1991 wurde die Zahl der Arbeitslosen auf 6–8 Mio. geschätzt.

Bei den 1991/92 stattfindenden Versuchen zur Sanierung der Volkswirtschaften der ehem. RGW-Staaten stehen 2 Aufgaben im Vordergrund:
1. Modernisierung des völlig veralteten Produktionsapparates in Industrie und Landwirtschaft einschließlich des Neuaufbaus des ungenügenden Dienstleistungssektors;
2. Neuordnung des Wirtschaftssystems im Sinne einer Umgestaltung von der zentralistischen Planwirtschaft zu einer dezentralen, privat organisierten Marktwirtschaft.
Inzwischen haben insbes. Polen, die ČSFR, Ungarn und – mit Einschränkungen – die baltischen Staaten und Bulgarien einen konsequent marktwirtschaftlichen Kurs eingeschlagen, ebenso wie die ehem. DDR durch ihren Anschluß an die BR Deutschland. In Rußland als größtem Nachfolgestaat der UdSSR ist die künftige wirtschaftspolitische Richtung noch nicht völlig absehbar. Die Erfolgsaussichten für eine baldige wirtschaftliche Sanierung Rußlands sind eher ungünstig zu beurteilen, da viele notwendige Reformen bisher nur halbherzig eingeleitet wurden bzw. ihre Durchführung – v. a. Maßnahmen zur Privatisierung der Wirtschaft – vielfach von den Funktionären und Nutznießern des alten Systems boykottiert wird. Hinzu kommen die vielfältigen Probleme, die sich in Rußland und den übrigen Staaten der GUS aus den noch zunehmenden Nationalitätenkonflikten ergeben, durch die eine wirtschaftliche Umstrukturierung und Gesundung zusätzlich erschwert wird. Das Institut für Angewandte Wirtschaftsforschung schreibt hierzu: »Die zur Umstellung der Wirtschaft erforderlichen Strukturanpassungen und -veränderungen in der Landwirtschaft, dem verarbeitenden Gewerbe und in den anderen Wirtschaftsbereichen wurden bisher kaum eingeleitet. Beim Übergang zu marktwirtschaftlichen Systemen sind sie nicht zu umgehen, auch nicht die mit ihnen verbundenen Anpassungskrisen, die durch Produktionsrückgang, Betriebsstillegungen, Arbeitslosigkeit und schrittweisen Wiederaufbau gekennzeichnet sind. Da 1992 mit dem Beginn derartiger Strukturanpassungen zu rechnen ist, muß erwartet werden, daß der Rückgang des Bruttosozialprodukts und der Industrieproduktion nicht geringer ausfällt als 1991.«

III. Entwicklungsländer

Die Entwicklungsländer konnten – insgesamt gesehen – auch 1991 ihre wirtschaftliche Lage kaum verbessern. Zwar profitierten verschiedene relativ fortgeschrittene Entwicklungsländer wiederum von ihren engen Handelsbeziehungen mit den Industrieländern (z. B. die exportorientierten »Schwellenländer« Ostasiens, wie Süd-Korea und Taiwan), doch in den meisten ärmeren Ländern stagnierte die wirtschaftliche Entwicklung bzw. die Lage verschlechterte sich vielfach noch weiter. – Das jährliche Wachstum des Sozialprodukts der Entwicklungsländer betrug in den 60er Jahren noch 5,8% und in den 70er Jahren 5,2%; in der ersten Hälfte der 80er Jahre fiel die Wachstumsrate auf jährlich 2–3% zurück, in der zweiten Hälfte stieg sie – wegen der weltwirtschaftlich wieder stärkeren Konjunkturentwicklung und des zeitweisen Anziehens mancher Rohstoffpreise – im Jahresdurchschnitt wieder leicht an auf Werte über 3%. Auch 1990 und 1991 wuchs die Wirtschaft der Entwicklungsländer im Durchschnitt um 3,5 bzw. 3,3%. Wegen der weiterhin starken Bevölkerungszunahme in fast allen Entwicklungsländern ergab sich hieraus nur eine geringe Zunahme oder vielfach sogar eine Abnahme des durchschnittlichen Pro-Kopf-

Einkommens. In den meisten der am wenigsten entwickelten Länder (LDC) stagnierte oder sank auch 1991 wieder das Bruttosozialprodukt pro Kopf. 1980–90 betrug dieser *Rückgang des BSP pro Einwohner* über 20%. Zu den wenigen größeren Ländern mit einem *Wirtschaftswachstum* – absolut und pro Kopf – gehörten, neben der schon erwähnten Gruppe der »Schwellenländer« Ost- und Südostasiens, auch China, Indien und Indonesien. Man muß jedoch berücksichtigen, daß neben dem statistisch erfaßten Teil der Wirtschaft in den meisten Entwicklungsländern die sog. *Schatten-*« oder *»Parallelwirtschaft«* beachtliche Leistungen aufweist. Während der Anteil dieser illegalen bis halblegalen, häufig stillschweigend geduldeten Wirtschaft in den westlichen Industrieländern in Form von *»Schwarzarbeit«* meist 5–15% des offiziellen BSP beträgt (z. B. Japan 4%, BR Deutschland und USA je 8–10%, Italien und Schweden je 12–15%), macht er z. B. in Indien nach Weltbankschätzungen rd. 50% aus – die also zum amtlichen BSP hinzugezählt werden müssen – und erreicht in vielen anderen Entwicklungsländern ähnlich hohe Werte.

Die *Entwicklungsländer* sind in wirtschaftlicher wie sozialer Hinsicht keineswegs eine einheitliche Staatengruppe. Daher ist ihre Zusammenfassung zu einer *sog. »Dritten Welt«* irreführend und nur geeignet, die großen Unterschiede innerhalb dieser Ländergruppe zu verschleiern (abgesehen davon, daß nach dem Zerfall der »Zweiten Welt« – des Ostblocks – der Begriff »Dritte Welt« sinnlos geworden ist). Noch irreführender ist die Zusammenfassung als »Länder des Südens« unter dem Schlagwort vom *»Nord-Süd-Gegensatz«*, das eine falsche Vorstellung von der Lage der Entwicklungsländer auf der Erde suggeriert.

Der Sammelbegriff *Entwicklungsland* bezieht sich auf wirtschaftliche, infrastrukturelle, soziale und/oder kulturelle Entwicklungsrückstände im Vergleich zu den Industriestaaten. Eine brauchbare *Klassifizierung nach wirtschaftlichen Kriterien* bietet der jährlich erscheinende »Weltentwicklungsbericht« der Weltbank. Hier werden die **Entwicklungsländer** in folgende **Kategorien** eingeteilt:

1. **»Länder mit niedrigem Einkommen«**
(Bruttosozialprodukt/BSP pro Kopf 1989 bis 600 US-$): z. B. VR China, Indien, Äthiopien, Zaire, Sudan, Pakistan, Tansania, Nigeria, Kenia, Indonesien;

2. **»Länder mit mittlerem Einkommen«**
a) Untere Einkommenskategorie (BSP pro Kopf 1989 über 600 bis 2400 US-$): z. B. Ägypten, Simbabwe, Tunesien, Thailand, Chile, Argentinien, Kolumbien, Türkei, Mongolei, auch europäische Staaten wie Polen und Bulgarien;
b) Obere Einkommenskategorie (BSP pro Kopf 1989 über 2400 bis rd. 6000 US-$): z. B. Brasilien, Venezuela, Südafrika, Libyen, Iran, Rep. Korea/Südkorea, europäische Staaten wie Jugoslawien, Ungarn, Portugal und Griechenland;

3. **»Länder mit hohem Einkommen«**:
In dieser Gruppe sind neben den Industriestaaten auch erdölexportierende Entwicklungsländer, wie Saudi-Arabien und Kuwait, sowie industriegüterexportierende »Schwellenländer«, wie Singapur und Hongkong, enthalten.

Neben den erwähnten Ländern der Kategorie 3 stehen auch einige Staaten der Gruppe 2b von der wirtschaftlichen Entwicklung her an der Schwelle zu den Industrieländern (sog. **»Schwellenländer«**). Sie konnten auch 1991/92 ihre wirtschaftliche Situation überwiegend weiter verbessern, v. a. durch staatlich geförderte Expansion des gewerblichen Unternehmertums, Aufbau von Industrien und Fertigwarenexport in die westlichen Industrieländer. Beispiele sind insbesondere die ost- und südostasiatischen Länder Südkorea (Rep. Korea), Taiwan (Rep. China), im Ansatz Malaysia und Thailand, sowie südamerikanische Staaten wie Venezuela und Brasilien.

Die auf den *Erdöl- und sonstigen Rohstoffexport* orientierten Länder (z. B. OPEC-Länder) konnten 1991, wie schon im Vorjahr, wenigstens z. T. wieder ein gewisses Wachstum erzielen. Aufgrund der *Überschußsituation auf den Weltmärkten* für die meisten bergbaulichen und agrarischen Rohstoffe sind die Preise fast aller entsprechenden Produkte seit Mitte der 80er Jahre stark zurückgegangen, so daß die Exportländer trotz teilweise beträchtlich erhöhter Produktion Erlöseinbußen und ein sinkendes Volkseinkommen hinnehmen mußten und in eine ernste *Verschuldungskrise* gerieten. 1987 kam es zwar konjunkturbedingt bei vielen Produkten zu Preiserhöhungen, die sich z. T. bis 1989 fortsetzten. Die Hoffnung auf eine Verbesserung der finanziellen Situation der Rohstoffexporteure trog jedoch, denn 1990 und auch 1991 zeigten die meisten *Rohstoffpreise* wieder *sinkende Tendenz* (→ *Kap. Bergbau*). Die gesamtwirtschaftliche Situation der meisten Rohstoff-Exportländer blieb daher unbefriedigend bis hoffnungslos; auch verhinderte die exorbitant hohe Verschuldung vieler dieser Länder (z. B. Brasilien, Mexiko, Nigeria) die Aufnahme neuer Kredite und damit die Inangriffnahme neuer Entwicklungsprojekte. V. a. Erdölexportländer, die im Vertrauen auf weiter steigende Einnahmen in den 70er Jahren hohe Kredite aufgenommen und häufig für Konsumzwecke statt für produktive Investitionen ausgegeben hatten, sind inzwischen stark überschuldet und mußten ihre Importe drastisch reduzieren *(→Kap. Welthandel)*.

Die *Entwicklungsländer mit niedrigem Einkommen* (Gruppe 1) machten auch 1991/92 kaum wirtschaftliche Fortschritte, teilweise sank das Nationaleinkommen pro Kopf erneut. Eine Hauptschuld an der *Stagnation der wirtschaftlichen Entwicklung* trägt weiterhin die gewaltige Überschuldung (Unfähigkeit fast aller Entwicklungsländer, die bisher erhaltenen Kredite zurückzuzahlen). Sie führt ebenso zu starker Zurückhaltung bei der Gewährung neuer Kredite durch die westlichen Industrieländer wie die vielfach vorhandene politische Instabilität bis hin zu Bürgerkriegswirren und Willkürherrschaft. Es besteht daher vor allem seitens der Privatwirtschaft der Industrieländer kaum Neigung, in diesen Ländern zu investieren. Andererseits sind die Möglichkeiten und die Bereitschaft der westlichen Industriestaaten, finanzielle Hilfe zu geben, angesichts vielfacher eigener Konjunktur- und Strukturprobleme nur begrenzt. Seit 1989 rücken zudem verstärkt die ehemaligen »Ostblock«-Staaten als Empfänger westlicher Wirtschaftshilfe in den Vordergrund.

Analysen der *weltwirtschaftlichen Entwicklung* auf der Basis des erwirtschafteten **Bruttosozialprodukts** (als Maß für die wirtschaftliche Wertschöpfung), die die Entwicklung in den verschiedenen Ländern und Staatengruppen untersuchen, erweisen eindeutig, daß sich das *weltweite Wohlstandsgefälle* zwischen reichen und armen Ländern in den letzten Jahrzehnten bis zum Beginn der 90er Jahre weiter vergrößert hat. Im Verlauf der 70er und 80er Jahre ergab sich *keine wesentliche Umverteilung des globalen Sozialprodukts,* abgesehen von 2 Ausnahmen:

– dem Wohlstandszuwachs einiger erdölexportierender Staaten seit der Mitte der 70er Jahre und
– dem überdurchschnittlichen Wirtschaftswachstum mehrerer »Schwellenländer«, die den Abstand zu den Industriestaaten verringern konnten.

1991 entfielen auf die *Industriestaaten* mit 24 % der Weltbevölkerung zusammen rd. 82 % der globalen Wertschöpfung (Weltsozialprodukt), auf die Entwicklungsländer mit 76 % der Bevölkerung nur rd. 18 % des Wirtschaftsergebnisses. Für mehr als 50 Entwicklungsländer (mit Ausnahme von 10 Staaten alle Länder Afrikas und Lateinamerikas) ergab sich 1980–91 sogar ein *Rückgang des realen Pro-Kopf-Einkommens* (BSP pro Jahr und Einw.) – wegen nur geringer Zunahme oder sogar eines Absinkens des Wirtschaftsergebnisses bei gleichzeitig starkem Bevölkerungswachstum. Auch für die 90er Jahre ist kaum eine Tendenzwende absehbar.

Bruttosozialprodukt zu Marktpreisen in Mrd. US-$ (nach »World Bank Atlas 1991«) 1990 (1989)/durchschn. jährliche Veränderung 1980–90

USA	5445,825	(5186,469)	+ 3,2%
Japan	3140,948	(2984,262)	+ 4,1%
BR Deutschland (alt)	1411,346	(1267,787)	+ 2,2%
UdSSR			keine vergleichbaren Daten
Frankreich	1099,750	(1003,077)	+ 2,2%
Italien	970,619	(869,767)	+ 2,4%

Bruttosozialprod. zu Marktpreisen *(Forts.)*

Großbritannien	923,959	(846,549)	+ 2,7%
Kanada	542,774	(495,162)	+ 3,3%
Spanien	429,404	(364,141)	+ 3,1%
VR China	415,884	(396,551)	+ 9,5%
Brasilien	402,788	(353,308)	+ 2,7%
Indien	294,816	(289,109)	+ 5,4%
Australien	290,522	(258,101)	+ 3,2%
Niederlande	258,804	(236,899)	+ 1,9%
Rep. Korea (Süd-K.)	231,132	(186,467)	+ 10,1%
Schweiz	219,337	(199,766)	+ 2,3%
Mexiko	214,500	(175,892)	+ 1,1%
Schweden	202,498	(183,356)	+ 2,1%
Rep. China (Taiwan; S)	170,000	(150,000)	–
Belgien	154,688	(157,611)	+ 1,4%
Österreich	147,016	(131,825)	+ 2,1%
Iran	139,120	(139,420)	+ 2,7%
Finnland	129,823	(109,762)	+ 3,6%
Dänemark	113,515	(106,417)	+ 2,1%
Indonesien	101,151	(89,943)	+ 6,3%
Norwegen	98,079	(88,513)	+ 3,1%
Türkei	91,742	(75,193)	+ 5,5%
Südafrika	90,410	(85,970)	+ 1,5%
Saudi-Arabien	90,000	(86,898)	– 0,8%
Thailand	79,044	(67,586)	+ 7,6%
Argentinien	76,491	(69,157)	– 0,5%
Jugoslawien	72,860	(69,581)	– 0,2%
Hongkong	66,666	(59,336)	+ 7,0%
Polen	64,480	(71,665)	+ 1,8%
Griechenland	60,245	(53,980)	+ 1,2%
Algerien	51,585	(55,554)	+ 2,7%
Venezuela	50,574	(47,560)	+ 0,7%

Starke Veränderungen des BSP zwischen aufeinanderfolgenden Jahren beruhen häufig auf Wechselkursänderungen gegenüber dem US-$.

Während das **Bruttosozialprodukt** insgesamt Auskunft über die wirtschaftliche Leistungsfähigkeit eines Landes im globalen Vergleich gibt, vermittelt das **BSP pro Kopf** ein ungefähres Bild der durchschnittlichen Einkommensverhältnisse und des nationalen Wohlstands.

Bruttosozialprodukt je Einwohner in US-$ (nach »Weltbankatlas 1991«) 1990 (1989)/durchschn. jährl. Veränderung 1980–90 (ohne Kleinststaaten)

Schweiz	32790	(30050)	+ 1,7%
Luxemburg	28770	(26220)	+ 3,9%
Finnland	26070	(22120)	+ 3,1%
Japan	25430	(24240)	+ 3,5%
Schweden	23680	(21580)	+ 1,8%
Norwegen	23120	(20940)	+ 2,7%
BR Deutschland (alt)	22730	(20450)	+ 2,2%
Dänemark	22090	(20740)	+ 2,1%
USA	21700	(20850)	+ 2,2%
Island	21150	(20940)	+ 1,2%
Kanada	20450	(18860)	+ 2,4%
Ver. Arab. Emirate	19860	(18410)	– 7,2%
Frankreich	19480	(17860)	+ 1,7%
Österreich	19240	(17300)	+ 2,0%

Wirtschaft

Bruttosozialprodukt je Einw. *(Forts.)*

Niederlande	17330	(15970)	+ 1,4%
Australien	17080	(15400)	+ 1,7%
Italien	16850	(15120)	+ 2,2%
Großbritannien	16070	(14790)	+ 2,5%
Katar	15860	(15220)	− 11,4%
Belgien	15440	(15810)	+ 1,2%
Kuwait	−	(16160)	− 2,2%
Neuseeland	12680	(11740)	+ 0,6%

Die niedrigsten Werte weisen auf:

Burundi	210	(220)	+ 1,3%
Laos	200	(220)	− 0,7%
Bangladesch	200	(180)	+ 1,0%
Malawi	200	(170)	− 0,1%
Tschad	190	(190)	+ 3,3%
Bhutan	190	(190)	+ 7,4%
Guinea-Bissau	180	(180)	+ 1,7%
Nepal	170	(170)	+ 1,8%
Somalia	150	(170)	− 1,8%
Tansania	120	(140)	− 0,7%
Äthiopien	120	(120)	− 1,2%
Mosambik	80	(80)	− 4,1%

Die **Staatsverschuldung** mit ihren Folgen war auch 1991/92 eines der wichtigsten Probleme der Weltwirtschaftspolitik. Besorgniserregend und entwicklungshemmend ist weniger die Höhe der Schulden an sich – die auch bei Industrieländern vielfach enorm ist (z. B. USA) –, sondern die *Unfähigkeit vieler Schuldnerländer, die geliehenen Gelder vertragsgemäß zurückzuzahlen,* zumal sie häufig nicht in sinnvolle Projekte investiert, sondern dem Konsum zugeführt wurden. Dies betrifft einerseits ostmittel- und südosteuropäische Länder des *ehem. »Ostblocks«,* wie z. B. Polen (Schuldenstand Ende 1991 brutto 52 Mrd. US-$) und die ehem. UdSSR (65 Mrd. US-$), v. a. aber viele *außereuropäische Entwicklungsländer.* Verschiedene hochverschuldete rohstoffexportierende Staaten konnten auch 1991 ihren Zahlungsverpflichtungen (Zins- und Tilgungsleistungen) nicht voll nachkommen, da aufgrund der vergleichsweise niedrigen Rohstoffpreise zu wenig Devisen erwirtschaftet wurden.

Für die *Entwicklungsländer* bedeutet die hohe *Staatsverschuldung* nicht nur eine Überforderung der wirtschaftlichen Leistungsfähigkeit, sondern ihre verlorene Kreditwürdigkeit verhindert auch den dringend benötigten Zufluß von neuem Kapital und bildet ein starkes Hemmnis für den Welthandel.

Ende 1991 betrugen die *Auslandsschulden der Entwicklungsländer* nach Weltbank-Angaben brutto 1351 Mrd. US-$ (netto, d. h. nach Abzug von Auslandsguthaben, etwa 1100–1200 Mrd. US-$). Davon entfielen 487 Mrd. US-$ auf die hochverschuldeten »Mitteleinkommensländer« (z. B. Mexiko, Brasilien) und 162 Mrd. US-$ auf »Niedrigeinkommensländer« (z. B. schwarzafrikanische Staaten). Die *Schuldendienstzahlungen* beliefen sich 1991 auf 134 Mrd. US-$ (Zinsen 58, Tilgung 76 Mrd. US-$). Der Schuldendienst der Entwicklungsländer stieg 1991 auf 21,2% (»Niedrigeinkommensländer« 31,1%) der Einnahmen aus dem Export von Waren und Dienstleistungen (1986 noch über 30%). Möglichkeiten der *Umschuldung* bzw. des *Schuldenerlasses* für die ärmsten Entwicklungsländer standen auch 1991/92 im Vordergrund entwicklungspolitischer Diskussionen, zumal sich die weltwirtschaftlichen und -politischen Rahmenbedingungen für die Lösung der Schuldenprobleme eher verschlechterten (schwächeres Wirtschaftswachstum in den Industrieländern, Umlenkung finanzieller Mittel nach Osteuropa u. a.). Die Deutsche Bundesbank weist allerdings darauf hin, daß Hilfen für die hochverschuldeten Länder nur einen Sinn haben, wenn diese selbst bereit sind, ihre Wirtschaft auf ein stabileres Fundament zu stellen (z. B. Haushaltssanierung, Inflationsbekämpfung, Entstaatlichung). Verschärft wird die *Finanzkrise vieler Entwicklungsländer* durch die »*Kapitalflucht*« ins Ausland, vor allem in die USA und nach Westeuropa. Viele Unternehmer, aber selbst staatliche Behörden, investieren erwirtschaftetes Vermögen nicht im Inland, sondern legen es gewinnbringend bei Banken im sichereren Ausland an. So betrug z. B. die »Kapitalflucht« 1976–1986 aus Mexiko rd. 55 Mrd. US-$, Venezuela 32 Mrd. US-$, Argentinien 27 Mrd. US-$, Nigeria, Indien und Brasilien je rd. 10–12 Mrd. US-$.

Schuldenhöhe ausgewählter Entwicklungsländer 1990/91 in Mrd. US-$ u. a.: Brasilien 123 – Mexiko 94 – Indien 70 – Argentinien 61 – Ägypten 49 – Indonesien 48 – Venezuela 33 – Nigeria 32 – Philippinen 29 – Algerien 26 – Thailand 23 – Marokko 21 – Peru 20.

In der »Institutional Investor«-*Rangliste der Staaten nach Bonität* (Kreditwürdigkeit) vom März 1992 nehmen die ärmsten und hochverschuldeten Entwicklungsländer unter den Staaten die hintersten Plätze ein: (Beispiele; 100 = ohne Risiko; 0 = höchstes Risiko): 1. Schweiz 92,5 – 2. Japan 91,4 – 3. BR Deutschland 90,4 – 4. Niederlande 88,0 – 5. Frankreich 87,2 – 6. USA 87,0 – 7. Österreich 84,7 – 8. Großbritannien 83,7 – 9. Luxemburg 83,3 – 10. Kanada 81,8 – 11. Belgien 79,8 – 12. Singapur 78,6 – 13. Italien 78,5 – 14. Norwegen 77,1 – 15. Schweden 77,0 – 16. Rep. China (Taiwan) 76,9 – 17. Spanien 76,2 – 18. Dänemark 73,5 – 19. Finnland 72,9 – 20. Irland 69,1 – 21. Rep. Korea (Südkorea) 68,4 – 22. Australien 66,7 – 23. Hongkong 65,8 – 24. Portugal 64,9 – 25. Thailand 62,8 – 28. Saudi-Arabien 56,8 – 30. VR China 54,4 – 48. Indien 37,6 – 64. Brasilien 27,0 – 70. Polen 25,6 – 72. Rußland 24,6 – 111. Mosambik 7,4 – 112. Haiti 7,2 – 113. Nicaragua 7,2 – 114. Liberia 7,0 – 115. Äthiopien 7,0 – 116. Sierra Leone 6,7 – 117. DVR Korea (Nordkorea) 5,7 – 118. Sudan 5,6 – 119. Uganda 5,5.

Das **Weltwährungssystem** war 1991 durch kurzfristige Kursausschläge, aber insgesamt nur geringe Veränderungen der Währungsrelationen gekennzeichnet. Insbesondere die im EWS zusammengeschlossenen Währungen zeigten eine beachtliche Stabilität im Verhältnis zueinander wie auch im Außenwert. – Während US-$, DM und sfr. leicht an Wert einbüßten (im Verhältnis zu den übrigen Währungen), zeigte v. a. der japanische Yen einen Wertzuwachs. Der gewogene *Außenwert des US-$* gegenüber den Währungen der 18 wichtigsten Industrieländer hatte seinen Höhepunkt im März 1985 mit 129,1 (1972=100) erreicht. Er sank seitdem im Jahresdurchschnitt über 77,7 (1988), 81,3 (1989) und 77,5 (1990) auf 76,2 (1991) bzw. 73,6 (Jahresende 1991). Im Vergleich zur DM ergab sich ein Kursverlust des US-$ von 2,94 DM (1986), 1,80 DM (1987), 1,76 DM (1988) und 1,88 DM (1989) auf nur noch 1,62 DM (1990) und ein geringer Anstieg auf 1,66 DM (Durchschnitt 1991).

Die **Währungsreserven** (Gold, Devisen, Sonderziehungsrechte und Reservepositionen beim Internationalen Währungsfonds/IWF) der Mitgliedsländer des IWF (zuzügl. Schweiz und Rep. China/Taiwan) stiegen bis Ende 1991 auf 989,6 Mrd. $ an. Von der Gesamtsumme der Währungsreserven entfielen Ende 1991 (in Mrd. $) auf Gold 39,7 – Sonderziehungsrechte 29,4 – IWF-Reservepositionen 37,0 – Guthaben in ECU 67,1 – Devisen 816,4 (u. a. US-$ 455,2 – DM 150,9 – Yen 86,3 – £ 29,6 – FF 27,3 – sfr 14,7 – hfl 8,9).

Das **Europäische Währungssystem (EWS)**, das seit dem 13. 3. 1979 besteht, ist ein wichtiger Bestandteil der monetären Integration in der EG, die im Hinblick auf den Gemeinsamen Binnenmarkt angestrebt wird und die nach dem im Dez. 1991 unterzeichneten Vertrag von Maastricht Ende der 90er Jahre in eine gemeinsame europäische Währung münden soll. Im Rahmen des EWS gilt die *Europäische Währungseinheit ECU*. Ihr Wert beträgt (Stand Juni 1992) u. a.: Belgien-Luxemburg: 42,3 bfr/lfr – BR Deutschland: 2,06 DM – Frankreich: 6,91 FF – Großbritannien: 0,70 £ – Italien: 1549,0 Lit – Japan: 164,01 Yen – Niederlande: 2,32 hfl – Österreich: 14,47 öS – Schweiz: 1,88 sfr – USA 1,26 US-$.

Der **Wert des ECU** setzt sich Anf. 1992 aus folgenden Anteilen zusammen: DM 30,4 % – franz. F 19,3 % – brit. £ 12,6 % – ital. Lit 9,9 % – niederl. hfl. 9,5 % – belg./luxemb. bfr/lfr 8,1 % – span. Pta 5,2 % – dän. dkr 2,5 % – ir. £ 1,1 % – port. Esc 0,8 % – griech. Dr. 0,7 % – Die Einheit **ECU** dient als Recheneinheit und Zahlungsmittel zwischen den Zentralbanken sowie als Bezugsgröße für die Festlegung der Wechselkurse im EWS; sie wird aber zunehmend auch wie normale Devisen gehandelt und evtl. zur künftigen gemeinsamen Europawährung weiterentwickelt.

Die **Diskontsätze** wichtiger Industrieländer betragen z. Z. (Stand Juni 1992): USA 3,5 % – Japan 3,75 % – Schweiz 7,0 % – Deutschland, Österreich je 8,0 % – Belgien, Finnland, Niederlande, Schweden je 8,5 % – Dänemark 9,5 % – Frankreich 9,6 % – Großbritannien 10,375 % – Italien 12,0 % – Spanien 12,65 % – Portugal 14,5 %.

Die wirtschaftliche Entwicklung 1991/92 in ausgewählten Staaten
(→ *hierzu auch Wirtschaftsdaten im Staatenteil, Sp. 171 ff.*)

Europa

Deutschland: → *Sp. 297 ff.*

Frankreich: Die wirtschaftliche Entwicklung verlangsamte sich 1991 weiter; das reale Bruttosozialprodukt, das 1989 noch um 3,7 % und 1990 um 2,6 % zugenommen hatte, erhöhte sich nur noch um 1,2 %, d. h. leicht unter dem europäischen Durchschnitt. Sowohl stagnierender privater Verbrauch als auch starke Zurückhaltung der Unternehmen bei Investitionen führten zu der Konjunkturschwäche, während der Außenhandel sich relativ positiv entwickelte. Die Exporte wuchsen um 3,7 % (Importe +2,5 %), so daß das Außenhandelsdefizit von 49,6 Mrd. FF (1990) auf 30,2 Mrd. FF reduziert werden konnte. Die erhöhte Wettbewerbsfähigkeit Frankreichs zeigte sich besonders im Handel mit den EG-Partnern, erstmals seit langem ein leichter Überschuß erzielt wurde. – Die Inflationsrate konnte von 3,4 % (1990) auf 3,1 % gesenkt werden, dagegen stieg die Arbeitslosigkeit weiter an. Mit 9,8 % wurde eine der höchsten Arbeitslosenquoten unter den Industriestaaten erreicht, obwohl zahlreiche staatliche Beschäftigungsförderungsmaßnahmen durchgeführt wurden. Besonders unter gering qualifizierten Erwerbspersonen erhöhte sich die Arbeitslosigkeit stark, wobei v. a. in Südfrankreich auch die zunehmende Einwanderung aus Nordafrika eine Rolle spielt.

Großbritannien: Die britische Wirtschaft war 1990 in eine Rezession geraten, die das ganze Jahr 1991 hindurch anhielt und als die längste seit den 30er Jahren bezeichnet wurde. Besonders die Industrie war betroffen, denn ihre Produktion sank 1990–91 um 4,6 %. Auf die gesamte Wirtschaft bezogen ergab sich ein Rückgang des Bruttoinlandsprodukts um 2,5%, nachdem 1990 noch eine leichte Zunahme um 0,5% zu verzeichnen gewesen war. Hauptursache der Rezession war die der Inflationsbekämpfung und Geldmarktstabilisierung dienende Hochzinspolitik im Zusammenhang mit hohen Lohnsteigerungen der letzten Jahre, die weit über den Produktivitätszuwachs hinausgingen und die Wettbewerbsfähigkeit der Industrie stark beeinträchtigten. Die Inflationsrate konnte 1991 auf 5,9% (1990: 9,5%) gesenkt werden; allerdings stieg die Arbeitslosigkeit wieder an und erreichte Ende 1991 wieder 10%. Positiv entwickelte sich dagegen die Leistungsbilanz, die aufgrund zurückgehender Einfuhren nur noch ein Defizit von 5,8 Mrd. £ aufwies (1990 noch −15,2 Mrd. £). – Ein nach wie vor ungelöstes Problem sind die regionalen Disparitäten zwischen den industriellen Problemgebieten in Nordengland, Schottland und Nordirland mit weit überdurchschnittlichen Arbeitslosenquoten sowie dem wirtschaftlich prosperierenden Südengland, besonders dem Londoner Raum, in dem sich die Rezession deutlich weniger auswirkte.

Italien: Die 1991 zunehmend diskutierte Krise der staatlichen Institutionen Italiens übertrug sich auch auf die Wirtschaft. Die Konjunkturschwäche hielt an; das Bruttosozialprodukt erhöhte sich nur noch um rd. 1%, da sowohl der private Verbrauch als auch die industrielle Investitionstätigkeit stagnierten. Die Arbeitslosigkeit stieg auf rd. 11% an; allerdings ist diese Zahl wegen verbreiteter Schwarzarbeit (»Schattenwirtschaft«) und Mehrfachbeschäftigung nicht sehr aussagekräftig. Die Inflationsrate blieb relativ hoch und erreichte, wie im Vorjahr, rd. 6,5%, was wiederum kräftige Lohnerhöhungen nach sich zog und die internationale Wettbewerbsfähigkeit der Wirtschaft weiter schwächte. Das wichtigste Problem der Wirtschafts- und Finanzpolitik ist das hohe Haushaltsdefizit und die dadurch seit Jahren stark ansteigende Staatsverschuldung. Allein Zinszahlungen machen über 20% der Staatsausgaben aus. 1992 wird das Defizit des Staatshaushalts auf rd. 220 Mrd. DM ansteigen, und die gesamte Staatsschuld erreichte 1991 bereits 102% des jährlichen Sozialprodukts, so daß Italien inzwischen weltweit der drittgrößte Schuldner ist. Auch 1992 sind bisher keine ernsthaften Ansätze zur Sanierung der Staatsfinanzen zu erkennen.

Niederlande: Die Niederlande erreichten 1990 ein Wirtschaftsergebnis, das mit einer Steigerung des Bruttosozialprodukts von 2,1% zwar schlechter war als im Vorjahr (1990: +3,4%), aber international ein relativ gutes Ergebnis darstellte. Besonders die Industrie-Investitionen und der Staatsverbrauch stagnierten (letzterer wegen der bewußt konsolidierungsorientierten Wirtschaftspolitik), während der private Verbrauch noch um 3% zunahm. Die Ausfuhren wurden zwar – wie 1990 – stark durch die Nachfrage aus Deutschland stimuliert, doch nahmen sie nur noch um 4,7% zu (1990: +16%). Die Inflationsrate stieg mit +3,9% stärker als im Vorjahr (+2,5%), blieb aber damit noch auf einer international relativ günstigen Höhe. Die Arbeitslosenquote fiel leicht auf 4,5%. Im Zuge der Stabilisierungspolitik der Regierung wurden u. a. diverse Sozialleistungen gesenkt, was zu politischen Spannungen und Streiks führte.

Österreich: → *Sp. 497ff.*

Schweden: Die wirtschaftliche Entwicklung verschlechterte sich 1991 weiter und ging in eine starke Rezession über. Während das Bruttoinlandsprodukt 1990 noch um 0,3% zugenommen hatte, verminderte es sich 1991 um rd. 1,3%. Als Hauptursache des wirtschaftlichen Rückgangs gilt die mit dem schwedischen Wohlfahrtsstaat verbundene »Kosteninflation«, die durch immens hohe Besteuerung und laufend wachsende Lohn- und Lohnnebenkosten immer mehr Unternehmer zur Aufgabe bzw. zur Verlagerung der Produktion ins Ausland veranlaßte. Die Industrieproduktion nahm z. B. 1991 um 6% ab. Verbunden war die Rezession mit einer Inflationsrate von 8% und einer Arbeitslosenquote, die mit rd. 3,2% zum Jahresende für schwedische Verhältnisse sehr hoch lag. Die Leistungsbilanz konnte verbessert werden, jedoch nur deshalb, weil die Importe mit −6,7% wesentlich stärker zurückgingen als die Exporte (−1,3%). Die nach der Abwahl der langjährig regierenden Sozialdemokraten im Sept. 1991 installierte konservativ-bürgerliche Regierung versucht eine wirtschaftliche Stabilisierung v. a. durch Steuersenkungen, Begrenzung der Lohnkosten bei gleichzeitiger Erhöhung der Produktivität, Abbau der überproportionalen Staatsquote von rd. 65% und Verminderung der Leistungen des Wohlfahrtsstaates. Vorteile verspricht sich Schweden auch von einem Beitritt zur EG, der am 1. 7. 91 beantragt wurde.

Schweiz: → *Sp. 540ff.*

Sowjetunion: → *Kap. Wirtschaft, Sp. 840ff.*

Spanien: Das Wirtschaftswachstum verlangsamte sich 1991 weiter. Nach Jahren hoher Wachstumsraten 1987–89 und einer Zunahme des BSP um 3,7% (1990) betrug die Steigerung 1991 nur noch 2,5%. Diese Rate lag noch über dem EG-Durchschnitt, doch hat Spanien gegenüber den anderen europäischen Industrieländern einen deutlichen Rückstand aufzuholen. Wie im Vorjahr führte auch 1991 die geringe

Dynamik des industriellen Sektors zur Konjunkturabschwächung. Dagegen stimulierten die hohen öffentlichen Investitionen die Wirtschaft, v. a. die Bauindustrie im Zusammenhang mit den hohen Ausgaben für die Olympischen Spiele (Barcelona 1992) und die Weltausstellung in Sevilla. Das Ziel der Regierung, die relativ hohe Inflationsrate (1990: +6,5%) zu senken, wurde nur teilweise erreicht (1991:+5,9%). Die Lage auf dem Arbeitsmarkt verschlechterte sich wegen der schwächeren konjunkturellen Entwicklung; die Arbeitslosenquote stieg auf 17%. Dies ist der höchste Wert in der EG, wenn auch die Quote angesichts der verbreiteten »Schattenwirtschaft« für überhöht gehalten wird. Günstig entwickelte sich der Tourismus; die Deviseneinnahmen stiegen auf rd. 19 Mrd. US-$. Dadurch konnte das Defizit der Leistungsbilanz bei rd. 17 Mrd. US-$ gehalten werden, obwohl das Handelsbilanzdefizit weiter anstieg.

Amerika

USA: Die Konjunkturschwäche, die 1989/90 begonnen hatte, verstärkte sich noch und ging 1991 in eine anhaltende Rezession über. Zwar belebte sich die Wirtschaftstätigkeit nach dem Ende des Golfkriegs vorübergehend, doch kam es – auf das ganze Jahr 1991 bezogen – zu einem Rückgang des Bruttoinlandsprodukts um 0,7%. Während der Privatverbrauch stagnierte, gingen die Unternehmensinvestitionen zurück; die gesamte Industrieproduktion nahm 1990–91 um 1,9% ab. Dementsprechend stieg auch die Arbeitslosigkeit wieder an und erreichte zum Jahresende 7,1% (8,9 Mio. Arbeitslose) bzw. 6,7% im Jahresmittel. Dagegen halbierte sich die Inflationsrate gegenüber 1990 (6,1%) und betrug nur noch 3,1% (Anstieg der Verbraucherpreise). – Große Probleme bieten seit Jahren die hohen Defizite im Außenhandel und im Staatshaushalt (Staatsverschuldung). Hier war die Entwicklung unterschiedlich. Während das Defizit des Bundesetats aufgrund niedrigerer Steuereinnahmen und erhöhter Ausgaben auf 268,7 Mrd. US-$ anwuchs (Haushaltsjahr 1990/91), konnte das Außenhandelsdefizit von 101 Mrd. US-$ (1990) auf rd. 66 Mrd. US-$ verringert werden. Die Einfuhren sanken, während die Ausfuhren wegen der erhöhten Wettbewerbsfähigkeit amerikanischer Anbieter (niedriger $-Kurs) um rd. 7% gesteigert werden konnten. – Für 1992 wird wieder mit einer leichten Besserung des Wirtschaftsergebnisses gerechnet.

Kanada: Das Land ist wirtschaftlich sehr eng mit den USA verflochten; z. B. werden jährlich über 75% der Ausfuhren und rd. 70% der Einfuhren mit dem südlichen Nachbarland abgewickelt. Diese enge Verbindung der beiden Volkswirtschaften wurde 1990 noch intensiviert, da das Freihandelsabkommen mit den USA in Kraft trat, das im Lauf der nächsten 10 Jahre den Abbau aller gegenseitigen Handelsbeschränkungen vorsieht, d. h. freien Zugang zum jeweils anderen Markt. Die enge wirtschaftliche Verbindung machte sich 1991 sehr negativ bemerkbar, da die kanadische Konjunkturschwäche durch die Rezession in den USA noch verstärkt wurde. Das Bruttosozialprodukt wuchs 1991 gar nicht mehr (1990: +0,8%), und die Arbeitslosenquote betrug rd. 8,5%. Das Leistungsbilanzdefizit vergrößerte sich stark, da der Exportüberschuß von 11 Mrd. (1990) auf weniger als 8 Mrd. kan.$ zurückging. Hier spielten verringerte Industrieexporte in die USA und die niedrigen Weltmarktpreise für mineralische Rohstoffe, ein Hauptexportgut, eine Rolle. Ein weiteres Problem sind nach wie vor die innerkanadischen Disparitäten zwischen den stärker industrialisierten Ostprovinzen und der v. a. landwirtschaftlich und bergbaulich orientierten Mittel- und Westprovinzen.

Lateinamerika: Die Wirtschaftsschwäche der lateinamerikanischen Staaten hielt auch 1991 an. Das zusammengefaßte Bruttosozialprodukt erhöhte sich – wie schon im Vorjahr – nur geringfügig; während einige Staaten ihre Wachstumsraten leicht steigern konnten (z. B. Venezuela +5%, Mexiko +4,5%), meldeten andere Stagnation oder sogar reale Rückgänge des Bruttosozialprodukts (z. B. Brasilien, Argentinien). Da die Bevölkerungszahl in allen Staaten weiterhin stark anwuchs, kam es fast überall im Durchschnitt zu Abnahmen des realen Pro-Kopf-Einkommens. Die Arbeitslosenquote lag in den meisten Ländern offiziell bei 10–15%, tatsächlich (bei Berücksichtigung von Unterbeschäftigung, Gelegenheitsarbeiten usw.) bei mindestens 25%. Auch die hohe Auslandsverschuldung konnte 1991 kaum abgebaut werden, so daß neue Auslandskredite für Entwicklungsprojekte nur schwer zu erhalten waren. Mit über 400 Mrd. $ Schulden war Lateinamerika auch 1991 der höchstverschuldete Kontinent (u. a. Brasilien 125 Mrd. US-$, Mexiko 90 Mrd. US-$, Argentinien 62 Mrd. US-$, Venezuela 31 Mrd. US-$). Ebenso problematisch war die noch zunehmende Kapitalflucht, d. h. die Weigerung Einheimischer, wegen der unsicheren wirtschaftlichen und politischen Lage im eigenen Land zu investieren. In Argentinien und Venezuela entsprach die Kapitalflucht nach Weltbank-Angaben zuletzt jährlich etwa der Hälfte der gesamten Ersparnisse; in Brasilien macht sich seit 1990 wegen der desolaten wirtschaftlichen Lage zudem eine verstärkte Auswanderung von Angehörigen der Mittel- und Oberschicht bemerkbar. Die Inflation konnte in den meisten Ländern gesenkt werden, so z. B. in Brasilien auf 480%, in Venezuela auf 30% und in Argentinien auf 15%. – Ein Ausweg aus der Krise der lateinamerikanischen Volkswirtschaften ist derzeit nicht zu erkennen.

Asien und Ozeanien

China (Volksrepublik): Das Staatliche Statistische Amt der VR China meldete für 1991 ein gegenüber dem Vorjahr leicht stärkeres wirtschaftliches Wachstum, durch das die Sanierung der Wirtschaft weiter vorangetrieben und der Lebensstandard der Bevölkerung gehoben werden konnte. Nach amtlichen Angaben betrug das Bruttosozialprodukt 1991 1958 Mrd. Yuan, d. h. 7% (nominal) mehr als 1990. Sowohl die Industrie mit einer Produktionssteigerung um 14,2% auf 2822,5 Mrd. Yuan (Bruttoproduktionswert) als auch – wenn auch in weit geringerem Maße – die Landwirtschaft mit einer um 3% auf 800,8 Mrd. Yuan erhöhten Produktion trugen zum Wirtschaftswachstum bei. – Das wichtigste Problem bildete auch 1991 die Konsolidierung der Wirtschaft nach dem Übergang von einer strikt planorientierten Ordnung zum gegenwärtigen System mit marktwirtschaftlichen Elementen. So bestanden 1991 weiterhin starke Differenzen zwischen Nachfrage und Angebot, doch konnte die Inflationsrate bei 3,4 % gehalten werden. Die Zahlungsbilanzprobleme verstärkten sich zumindest nicht weiter, da wieder ein Außenhandelsüberschuß erzielt werden konnte (zur Situation der Außenwirtschaft → *Kap. Welthandel, Sp. 965 ff.*). Problematisch blieben die hohe Arbeitslosigkeit und die mangelnde Effizienz der Wirtschaft. Der gegenwärtige Kurs der Wirtschaftspolitik soll weiterhin beibehalten werden. Vor allem soll weiterhin ausländisches Kapital, Technik und Knowhow angeworben werden, um die industrielle Produktion zu erhöhen. China ist nach dem Zusammenbruch der UdSSR seit 1992 das einzige große kommunistische Land und versucht weiterhin, den Privatsektor der Wirtschaft soweit zu begrenzen, daß die Macht der Partei nicht gefährdet wird.

Für die **Republik China (Taiwan)** brachte 1991 wieder ein kräftiges Wirtschaftswachstum, das mit einer Steigerung des Bruttosozialprodukts von 7,2% sogar höher ausfiel als 1990 (+5,1%). Wichtigster Motor des wirtschaftlichen Wachstums war wieder die stark exportorientierte Industrie. Das Land stand 1991 an 12. Stelle unter den Exportländern und somit vor der VR China. Nach dem Pro-Kopf-Einkommen der Bevölkerung (8813 US-$ BSP je Einw.) stand es auch 1991 nach Japan an 2. Stelle in Asien (ohne kleine Erdölexportländer). Aufgrund der laufenden hohen Exportüberschüsse, v. a. gegenüber den USA, besaß Taiwan 1991 82,4 Mrd. US-$ Währungsreserven und stand damit an der Spitze der sog. »Schwellenländer«.

Indien: Die neue Regierung unter Prem.-Min. Rao übernahm 1991 ein hochverschuldetes (71 Mrd. US-$ Auslandsschulden) und wirtschaftlich stagnierendes Land. Mit Hilfe der Weltbank und des Internat. Währungsfonds wurde mit der Sanierung der indischen Wirtschaft begonnen, die v. a. eine Abkehr von der bisher praktizierten sozialistischen Staatswirtschaft sowjetischen Stils beinhaltete. Liberalisierung des Handels, Privatisierungen von Staatsbetrieben, Förderung privater Investitionen und Kooperation mit ausländischen Unternehmen führten bereits nach wenigen Monaten zu ersten Erfolgen (u. a. Wiederherstellung der internationalen Zahlungsfähigkeit). Zu den Reformvorhaben zählte auch eine Diversifizierung des Außenhandels, der bisher sehr stark auf die UdSSR ausgerichtet war. Schwerpunkte der Reform sind weiterhin die Verminderung der Staatsverschuldung, die Bekämpfung der Inflation (1991 rd. 15%) und die Schaffung neuer industrieller Arbeitsplätze, um die sehr hohe Arbeitslosenquote zu senken. Auch die Landwirtschaft muß weiter modernisiert werden. Zwar stieg die Erzeugung 1991 leicht an, doch sank wegen der nach wie vor starken Bevölkerungszunahme die Nahrungsgüterproduktion pro Kopf erneut etwas ab.

Japan: Auch Japan spürte 1991 die weltweite Konjunkturabschwächung, doch gehörte es immer noch zu den Industrieländern mit dem stärksten Wirtschaftswachstum. Das Bruttoinlandsprodukt stieg um 4,5% (1990: +5,2%), was allgemein als starker Rückgang interpretiert wurde. V. a. die Inlandsnachfrage schwächte sich ab (+3% gegenüber +5,4% im Vorjahr), während Wachstumsimpulse besonders von den Exporten ausgingen. Sie stiegen um 9,6% auf 314,6 Mrd. US-$. Da die Importe nur um 0,7% zunahmen, erhöhte sich der Handelsbilanzüberschuß stark (→ *Kap. Welthandel*). Wegen der guten Auslandskonjunktur waren die Kapazitäten der meisten Industriebranchen auch 1991 gut ausgelastet, und die Zahl der Beschäftigten stieg erneut an, so daß die Arbeitslosigkeit nur rd. 2% betrug, eine im internationalen Rahmen extrem niedrige Quote. Die Preissteigerungsrate (Preisindex für die Lebenshaltung) erhöhte sich leicht auf 3,3% und blieb damit ebenfalls international sehr niedrig. 1992 wurde versucht, durch eine expansive Geldpolitik die Konjunktur stärker zu beleben.

Australien: Das stark von Rohstoffexporten abhängige Land leidet seit Jahren unter den niedrigen bzw. schwankenden Preisen für seine Hauptausfuhrgüter (Kohle, Wolle, Weizen, Eisenerz, Fleisch). 1991 verursachte u. a. der Verfall der Wollpreise große wirtschaftliche Schwierigkeiten. Durch Stärkung industrieller Investitionen versuchte man in den letzten Jahren, die Wirtschaft zu stabilisieren und zu diversifizieren. Bisher zeigt jedoch die australische Industrie gravierende Strukturschwächen und zu geringe Produktivität und ist international kaum wettbewerbsfähig. Insgesamt brachte das Jahr 1991 einen weiteren Rückgang des Sozialproduktwachstums auf nur noch 1,5 %, bei steigender Arbeitslosigkeit (um 11 % zum Jahresende). Lediglich die Inflationsrate konnte auf rd. 3,5 % gesenkt werden. Probleme liegen auch in der Höhe der Auslandsschulden und des Zahlungsbilanzdefizits. Für die Zukunft ist Australien stark an Investitionen aus den EG-Ländern interessiert, um Industrie und Bergbau weiter zu entwickeln und die starke außenwirtschaftliche Abhängigkeit von Japan zu verringern.

ERNÄHRUNG, LAND- UND FORSTWIRTSCHAFT, FISCHEREI

Entwicklung der landwirtschaftlichen Erzeugung nach Ländergruppen insgesamt und je Einwohner (nach FAO-Angaben) 1979–1981 = 100

Gebiet	Gesamte Agrarproduktion				Nahrungsmittelproduktion			
	1990		1991		1990		1991	
	insges.	(je Einw.)	insges.	(je Einw.)	insges.	(je Einw.)	insges.	(je Einw.)
Welt insgesamt	125	(105)	124	(102)	125	(105)	124	(102)
Industrieländer	111	(104)	107	(100)	111	(104)	107	(100)
Nordamerika	108	(98)	106	(96)	108	(98)	106	(96)
Europa	109	(105)	108	(104)	109	(105)	108	(104)
Australien/Ozeanien	116	(101)	115	(99)	111	(97)	109	(93)
UdSSR	122	(112)	106	(97)	124	(114)	107	(98)
sonst. Industrieländer	104	(94)	105	(95)	106	(96)	107	(97)
Entwicklungsländer	140	(113)	141	(112)	140	(114)	141	(112)
Afrika	130	(96)	134	(95)	130	(96)	134	(95)
Lateinamerika	123	(100)	125	(99)	126	(102)	128	(102)
Naher Osten	130	(96)	127	(92)	132	(98)	130	(94)
Süd- und Ostasien	150	(124)	150	(122)	149	(124)	149	(121)
sonst. Entwicklungsländer	121	(97)	120	(94)	121	(97)	121	(94)

Die **Welt-Ernährungslage und die Situation der Landwirtschaft** entwickelten sich 1991 – global gesehen – ungünstiger als in den Vorjahren. Wie die Tabelle über die *Entwicklung der landwirtschaftlichen Erzeugung* (nach Berechnungen und Schätzungen der FAO) zeigt, nahm die Agrar- und speziell die Nahrungsmittelproduktion der Welt 1990–91 deutlich ab. Bei weiterhin stark steigenden Bevölkerungszahlen bedeutete dies einen kräftigen *Rückgang der Pro-Kopf-Erzeugung*, die sogar niedriger lag als in den ungünstigen Jahren 1987/88 und wieder auf das Niveau zu Beginn der 80er Jahre absank.

Der *Produktionsrückgang 1991* betraf Industrie- und Entwicklungsländer, allerdings mit unterschiedlichen Folgen. In den Industrieländern Europas und Nordamerikas war der Produktionsrückgang erwünscht, um die hohen Überschüsse zu reduzieren, und wurde z. T. durch Flächenstillegungen hervorgerufen. In vielen Entwicklungsländern dagegen verschärfte der v. a. witterungsbedingte Rückgang der agrarischen Produktion die kritische Ernährungslage und machte die Fortschritte zunichte, die in den letzten Jahren bei der Versorgung der Bevölkerung erreicht worden waren. Einen Sonderfall stellten die Länder Ost- und Südosteuropas dar, insbes. die ehem. UdSSR, wo als Folge des politischen und wirtschaftlichen Zusammenbruchs auch die Agrarproduktion drastisch abnahm. So ging in der *UdSSR* die Pro-Kopf-Produktion von Nahrungsgütern von 113 (1990) auf 98 (1991) zurück (1979–81 = 100).

Aufgrund der Produktionsabnahme in wichtigen Regionen war die **Nahrungsmittellage**, im weltweiten Durchschnitt gesehen, 1991 nicht mehr so günstig wie in den Vorjahren. Trotzdem reichten auch 1991 die Nahrungsmittelbestände auf der Erde (Ernte und Vorräte), um *theoretisch alle Menschen ausreichend zu ernähren*. Außerdem könnte die Erzeugung allein durch Aufhebung der Produktionseinschränkungen (Wiederbebauung des Brachlandes) in Nordamerika und Westeuropa und durch effektivere Landbewirtschaftung in Osteuropa in kurzer Zeit noch stark gesteigert werden. Wegen der ungleichen Verteilung der Produktion betrug trotzdem auch 1991 die *Zahl der hungernden bzw. unter- oder mangelernährten Menschen* rd. 500 Mio., und in 24 Staaten herrschten Hungersnöte oder Nahrungsmittelknappheit (nach Angaben der FAO Ende 1991). Allerdings wies die FAO auch darauf hin, daß der Anteil der Hungernden an der gesamten Weltbevölkerung früher wesentlich höher war und seit mehreren Jahrzehnten sinkt. In den 80er Jahren zeigte die Entwicklung der landwirtschaftlichen Erzeugung gerade für die Entwicklungsländer ein relativ positives Bild. Die *Welt-Nahrungsmittelproduktion* stieg nach Schätzungen der FAO 1980–91 um rd. 24 % bzw. pro Kopf um rd. 2 % an. Für die Entwicklungsländer lauteten die entsprechenden Werte +41 % (absolut) bzw. +12 % (pro Kopf). Erfreuliche Ergebnisse wiesen vor allem *China* (Nahrungserzeugung +56 % bzw. +35 %), *Indien* (+51 % bzw. +19 %) und *Indonesien* (+66 % bzw. +33 %) auf. Dagegen verringerte sich die Produktionsmenge pro Kopf in *Afrika* um rd. 7 % (wegen des starken Bevölkerungswachstums und einer Zunahme der Erzeugung um nur rd. 29 %), und auch in *Lateinamerika* konnten mehrere Staaten die Pro-Kopf-Erzeugung an Nahrungsmitteln nur geringfügig oder gar nicht steigern.

Beispiele für die **Veränderung der Nahrungsmittelproduktion pro Kopf der Bevölkerung** von 1979–81 (=100) bis 1987–89 (Jahresdurchschnittswerte; nach »Weltentwicklungsbericht 1991«): Nicaragua 63 – Mosambik 83 – Angola 84 – Uganda 87 – Äthiopien, Togo, Costa Rica je 89 – Tansania, Guinea, Simbabwe je 90 – Jamaika, Panama je 92 – Zaire 94 – Liberia, Namibia je 95 – Australien 96 – Sambia, Mali, Türkei, Japan je 97 – Mexiko, Jugoslawien je 98 – Italien, Portugal je 100 – Kenia 101 – Schweiz 102 – Kanada 103 – Großbritannien, Frankreich je 105 – Österreich 109 – Spanien 111 – BR Deutschland 112 – Indien 113 – Dänemark 120 – VR China 128.

Nahrungsmittelmangel besteht v. a. in denjenigen Entwicklungsländern, die eine *zu geringe Eigenproduktion* aufweisen und wegen *fehlender Devisen* (zum Import von Nahrungsmitteln) bzw. wegen *unzureichender Transport- und Lagermöglichkeiten* nicht mit genügend Ernährungsgütern aus den Überschußgebieten versorgt werden können. Selbst innerhalb einer Region oder eines größeren Staates, z. B. in Teilen Afrikas, besteht aufgrund mangelnder Kaufkraft und fehlender Verkehrsinfrastruktur häufig das Problem, einen Ausgleich zwischen Gebieten mit Überschußproduktion und solchen mit Lebensmittelmangel herzustellen. Nötig ist also nicht nur die Erhöhung der Eigenproduktion in Ländern ungenügender Leistungsfähigkeit der Landwirtschaft, sondern auch die Entwicklung außerlandwirtschaftlicher Arbeitsstätten, um die Kaufkraft zu erhöhen, bzw. die Verbesserung der Transport- und Lagermöglichkeiten. Letzteres betrifft besonders solche Länder, die selbst den Weltmarkt mit Agrarprodukten versorgen (z. B. Kaffee, Kakao, pflanzliche Industrierohstoffe) und für ihre eigene Nahrungsmittelversorgung teilweise auf Importe angewiesen sind. Sonderfälle stellen solche Länder dar, in denen wegen kriegerischer Auseinandersetzungen Produktion und Verteilung von Nahrungsmitteln schwer gestört sind. Besonders in Afrika wurden in den letzten Jahren Hungersnöte häufig durch Bürgerkriege verursacht oder verschärft (z. B. Äthiopien, Somalia u. a.).

Als Hauptgründe für die immer noch **mangelhafte Nahrungsmittelproduktion bzw. -versorgung vieler Entwicklungsländer** gelten nach Meinung von Experten (z. B. der FAO, der Weltbank und von Organisationen der Entwicklungshilfe) v. a. folgende, die vielfach gemeinsam auftreten:

– verbreiteter *Rückgang der Bodenfruchtbarkeit* als Folge falscher Bewirtschaftung, mangelhafter Düngung, der Erosion, Entwaldung usw. (→ *Holz*);

– zu geringe *Produktivität der Landwirtschaft* durch das Fehlen moderner Technologien und geeigneter Bearbeitungsmethoden und -maschinen, hochwertigen Saatgutes und ausreichender Düngemittel;

– *fehlende Vermarktungsmöglichkeiten, ungenügende Transportmittel, hohe Ernte- und Nachernteverluste* durch Schädlinge, Verderb, Witterungseinflüsse, mangelnde Lager- und Konservierungsmöglichkeiten usw.;

– in vielen Staaten *leistungshemmende Agrarverfassungen*, ungenügende Förderung, vielfach sogar *bewußte Vernachlässigung der Landwirtschaft* und der ländlichen Räume durch die Regierungen zugunsten der städtisch-industriellen Bevölkerung. Typisch hierfür sind die häufig unangemessen niedrigen Preise für Nahrungsmittel, die in vielen afrikanischen Staaten durch die Regierungen festgesetzt werden, um die städtische Bevölkerung mit billigen Lebensmitteln versorgen zu können. Die Folge ist, daß für die Bauern der finanzielle Anreiz zur Mehrproduktion fehlt und sie sich nur noch auf die Selbstversorgung beschränken;

– schließlich die *absolute Armut* weiter Bevölkerungskreise, die verhindert, daß sie sich – selbst bei ausreichendem Angebot – auf dem Markt mit Lebensmitteln versorgen können. Jegliche wirtschaftliche Entwicklung entsprechender Regionen mit der Schaffung von Beschäftigungs- und Einkommensmöglichkeiten und damit von Kaufkraft ist also auch ein Beitrag gegen die Unterversorgung mit Nahrungsmitteln.

Die *Nahrungsmittelhilfe für Entwicklungsländer,* die seit Jahren hauptsächlich von den westlichen Industriestaaten gegeben wird, wurde auch 1991/92 überwiegend in Gebiete ernster Notstände gelenkt, um von der jahrelang geübten Daueralimentierung bestimmter Länder wegzukommen. Auch in Zukunft soll das Hauptgewicht auf die *Beseitigung der Ursachen mangelhafter Nahrungsmittelproduktion* gelegt werden, da durch permanent gewährte Nahrungsmittelhilfe die notwendigen längerfristigen Maßnahmen zur Selbsthilfe und zur Aktivierung der einheimischen Landwirtschaft eher behindert werden. Mit vielen Ländern wurde inzwischen die Erfahrung gemacht, daß ständige Hilfe von außen die notwendige Eigeninitiative lähmt. Es kann daher auch nicht sinnvoll sein – wie oft vorgeschlagen wird –, in den EG-Ländern und den USA weiter hohe Nahrungsmittelüberschüsse zu produzieren und sie dann an Entwicklungsländer zu verschenken. Dadurch würden diese in immer stärkere Abhängigkeit geraten, ganz abgesehen davon, daß die europäischen Überschußprodukte großenteils als Nahrungsmittelhilfe ungeeignet sind.

Die **BR Deutschland** beteiligte sich auch 1991/92 an verschiedenen internationalen Hilfsprogrammen zur Bekämpfung des Hungers und akuter Notlagen in Katastrophengebieten. 1990 stellte sie insgesamt 503,1 Mio. DM für **Nahrungsmittelhilfe** bereit, davon (in Mio. DM) für das Welternährungsprogramm 45,0 – Anteil an der Nahrungsmittelhilfe der EG 253,6 (Getreide, Magermilchpulver, Zucker, Butteröl, Olivenöl u. a., insges. 25% deutscher Finanzieranteil an der Gesamtsumme) – Getreidelieferung im Rahmen des internationalen Nahrungsmittelhilfe-Übereinkommens und Förderung von Ernährungssicherungsprogrammen der Entwicklungsländer (Anlage von Getreidereserven, Verbesserung der Erzeugung, der Lagerung und der Vermarktung von Nahrungsmitteln) zusammen 204,5.

Der **Düngemittelverbrauch (Mineraldünger)** gibt Hinweise auf den *Entwicklungsstand der Landwirtschaft.* In den *westlichen Industrieländern* ist weitgehend Sättigung erreicht. Hier kann der Düngemittelverbrauch kaum noch ökonomisch sinnvoll gesteigert werden und sollte im Gegenteil aus ökologischen Gründen eher eingeschränkt werden. Dagegen herrscht in den Entwicklungsländern vielfach noch Nachholbedarf. In den letzten Jahren konnten durch vermehrten Düngereinsatz die Ernteergebnisse und damit die Ernährungssituation in vielen Ländern wesentlich verbessert werden.

Der **Weltverbrauch an Düngemitteln** betrug im Wirtschaftsjahr 1989/90 (1988/89) 143,283 (145,681) Mio. t. Es entfielen auf **Stickstoffdünger** 79,078 (79,659) – **Phosphate** 37,354 (37,962) – **Kalidünger** 26,851 (28,060) Mio. t. – Wichtigste *Verbraucher* 1989/90 in Mio. t:
Stickstoff: VR China 18,855 – USA 10,048 – UdSSR 10,045 – Indien 7,396 – Frankreich 2,660 – Indonesien 1,559 – BR Deutschland 1,487 – Pakistan 1,422 – Großbritannien 1,421 – Mexiko 1,335 – Polen 1,274 – Kanada 1,196 – Türkei 1,140 – Spanien 1,109 – Italien 0,827 – Brasilien 0,823 – Ägypten 0,800 – DDR 0,766 – Rumänien 0,765 – Iran 0,668 – Japan 0,641 – u. a. Österreich 0,136 – Schweiz 0,070.
Phosphat: UdSSR 8,138 – VR China 5,272 – USA 3,941 – Indien 3,051 – Frankreich 1,495 – Brasilien 1,296 – Polen 0,752 – Japan 0,728 – Indonesien 0,660 – Kanada 0,614 – Italien 0,608 – BR Deutschland 0,594 – Australien 0,558 – u. a. DDR 0,356 – Österreich 0,074 – Schweiz 0,039.
Kali: UdSSR 6,356 – USA 4,720 – Frankreich 1,949 – VR China 1,301 – Brasilien 1,264 – Indien 1,163 – Polen 1,003 – BR Deutschland 0,792 – DDR 0,569 – Großbritannien 0,510 – ČSFR 0,461 – u. a. Österreich 0,098 – Schweiz 0,067.

Hinweise auf den unterschiedlichen **Technisierungsstand der Landwirtschaft** geben die Zahlen über den Bestand an landwirtschaftlichen **Traktoren/Mähdreschern** 1989 (nach FAO-Angaben, meist S) in 1000: Welt 26 240/3945, davon USA 4670/640 – UdSSR 2689/689 – Japan 2049/1258 – Frankreich 1505/142 – BR Deutschland 1424/137 – Italien 1410/46 – Polen 1153/77 – Jugoslawien 1000/10 – Indien 925/3 – VR China 861/37 – Kanada 770/156 – Spanien 722/49 – Brasilien 690/45 – Türkei 673/12 – Großbritannien 517/54 – Österreich 351/27 – Australien 332/57 – Finnland 244/41 – Argentinien 210/48 – Niederlande 194/6 – Griechenland 188/7 – Südafrika 184/34 – Schweden 183/47 – Pakistan 183/1 – DDR 171/18 – Mexiko 168/19 – Dänemark 166/33 – Irland 165/5 – Norwegen 154/19 – Rumänien 152/45 – u. a. Schweiz 110/4.

Bestand an **Melkmaschinen** 1989 in 1000: USA keine Angaben – UdSSR (S) 386 – BR Deutschland 293 – Polen 250 – Frankreich 230 – Australien 210 – Großbritannien 158 – Japan 155 – Italien 146 – Spanien 143 – Österreich 100 – Irland 82 – Dänemark 60 – Schweiz 57 – Finnland 46 – u. a. DDR 12.

Die **Preisentwicklung für Nahrungs- und Futtermittel und agrarische Rohstoffe** auf dem Weltmarkt zeigte 1991 bei den meisten Produkten eine *Tendenz zur weiteren Abnahme der ohnehin schon niedrigen Preise.* Besonders deutlich wurde dies bei vielen Industrierohstoffen sowie bei tropischen Plantagenprodukten. Preissenkend wirkten einerseits relativ gute Ernten, noch mehr aber die nachlassende Nachfrage aus den Industriestaaten

Beispiele für Weltmarktpreise

	Ende 1990	Ende 1991
Weizen (Chicago, cts/bush.)	260,50	404,75
Roggen (Winnipeg, kan.$/t)	100,50	98,60
Hafer (Chicago, cts/bush.)	110,25	138,00
Gerste (Winnipeg, kan.$/t)	88,20	87,50
Mais (Chicago, cts/bush.)	231,75	251,50
Zucker (New York, cts/lb)	9,37	9,00
Kaffee (London, £/t)	606,00	533,00
Kakao (London, £/t)	1150,00	1245,00
Sojabohnen (Chicago, cts/bush.)	559,75	554,75
Leinsaat (Winnipeg, kan.$/t)	251,40	190,20
Kautschuk (London, p/kg)	52,00	47,87
Baumwolle (New York, cts/lb)	77,80	59,17
Wolle (Sydney, cts/kg)	740,23	578,00

aufgrund der industriellen Rezession in den USA und anderen westlichen Industrieländern und des wirtschaftlichen Zusammenbruchs der Sowjetunion. Nur bei wenigen Produkten war 1991 – weltweit gesehen – der Verbrauch höher als die Erzeugung, wobei aber die Nachfrage aus Vorräten gedeckt werden konnte. Eine Ausnahme stellten nur Weizen und einige andere Getreide dar. Hier führten ungünstige klimatische Bedingungen bei einigen Hauptproduzenten (USA, China u. a.) sowie die chaotischen Verhältnisse in der UdSSR zu einem relativ starken Produktionsrückgang, der starke Preissteigerungen nach sich zog.

Zur Lage der Landwirtschaft und der Ernährung in einzelnen Kontinenten und Ländern:

In **Afrika** zeigte die *Ernährungssituation 1991* erneut eine *beträchtliche Verschlechterung;* die Pro-Kopf-Produktion an Nahrungsmitteln sank weiter, denn der Bevölkerungszuwachs war wiederum höher als die Zunahme der Nahrungsmittelerzeugung. Die FAO schätzte für 1991 die Zahl der Unter- oder Mangelernährten auf über 120 Mio. In vielen Ländern stagnierte die Nahrungsmittelproduktion oder ging sogar mengenmäßig zurück. Insgesamt wird heute in *Afrika pro Einwohner nur noch weniger als 75% der Nahrungsmenge vom Beginn der 70er Jahre* produziert. Während der Kontinent noch bis zu Beginn der 60er Jahre Selbstversorger mit Exportüberschüssen war, müssen heute große Mengen an Nahrungsmitteln importiert werden, soweit es die Devisenlage der einzelnen Staaten erlaubt. Für das Wirtschaftsjahr 1991/92 schätzt die FAO den Netto-Importbedarf an Getreide auf über 15 Mio. t; über 30 afrikanische Staaten benötigen Hilfslieferungen, da sie nicht imstande sind, mit eigenen Mitteln den Nahrungsmittel-Importbedarf zu decken. Während sich die Situation in der Sahelzone 1991 entscheidend besserte, kam es im bisher meist besser versorgten Ost- und Südafrika 1991/92 aufgrund anhaltender Dürre zu katastrophalen Ernteausfällen. Selbst Länder wie Südafrika, Simbabwe und Kenia, die bisher Nahrungsmittel in ihre Nachbarländer exportieren konnten, benötigten 1992 Getreideimporte. Zu diesen Naturkatastrophen kamen in Teilen Afrikas auch 1991/92 politische Unsicherheit, Bürger- und Stammeskriege, Terror und dadurch bedingte Fluchtbewegungen u.ä. als Ursachen für den Niedergang der Landwirtschaft und Hungersnöte. Dementsprechend gehörten auch 1991 Länder wie Sudan, Somalia, Äthiopien, Mosambik, Liberia u. a., die durch kriegerische Auseinandersetzungen erschüttert wurden, zu denjenigen mit besonders großen Ernährungsproblemen und Notständen.

In **Lateinamerika** konnte die Nahrungsmittelproduktion 1990–91 insgesamt leicht gesteigert werden. Die Bevölkerungszahl nahm jedoch stärker zu, so daß sich – wie schon in den beiden Vorjahren – eine *Abnahme der Pro-Kopf-Produktion und eine Verschlechterung der Ernährungssituation* gegenüber 1988/1989 ergab. Gleichzeitig verschärften sich die erheblichen regionalen Unterschiede in der Versorgung (v. a. zwischen städtischen und ländlichen Gebieten), zumal die meist hochverschuldeten Länder kaum größere Importe zum Zwecke des Ausgleichs von Defiziten in einzelnen Staaten tätigen konnten. Unter- oder Mangelernährung herrscht in den meisten Ländern nach wie vor unter der ärmsten städtischen Bevölkerung, besonders ausgeprägt in Brasilien und den Andenstaaten.

In **Indien** konnte die Landwirtschaft 1991 ihre Produktion gegenüber der sehr guten Ernte von 1990 noch einmal steigern. Allerdings nahm die Getreideproduktion von 195,4 (1990) auf 193,6 Mio. t leicht ab, v. a. durch Rückgänge bei der Weizen- und Reisproduktion. Alarmierend war, daß auch 1991, wie schon im Vorjahr, die Bevölkerungszahl stärker anstieg als die Nahrungsmittelproduktion, so daß die *Pro-Kopf-Erzeugung leicht zurückging.* Es konnte jedoch in den meisten Landesteilen eine ausreichende Versorgung sichergestellt werden.

Die **VR China** meldete für 1991 – wegen ungünstiger Witterungsverhältnisse in weiten Landesteilen – nur eine *geringe Steigerung der landwirtschaftlichen Produktion.* Für den gesamten agrarischen Bruttoproduktionswert wurde in amtlichen Quellen eine Erhöhung um 3% auf 800,8 Mrd. Yuan angegeben. Die für die Ernährung der Bevölkerung besonders wichtige Getreideernte nahm sogar um 2,5% auf 435,2 Mio. t ab. Dagegen konnten die Fleischproduktion (+7,9%) und die Erzeugung industrieller Agrarrohstoffe gesteigert werden (z. B. Baumwolle +25,6%). Insgesamt stellte das Staatliche Amt für Statistik fest, daß die Landwirtschaft zwar weitere Fortschritte gemacht habe, u. a. auch durch erhöhte materielle Anreize für die Bauern (höhere staatliche Ankaufspreise), vielfach aber noch zu ineffektiv arbeite. Die Versorgung der Bevölkerung ist zwar ausreichend, doch regional z. T. sehr einseitig. Ein Hauptproblem ist weiterhin die unzureichende Ausstattung mit Maschinen und Fahrzeugen sowie der Mangel an Düngemitteln und Qualitätssaatgut.

Die **UdSSR** meldete für 1991 eine *starke Abnahme der Agrarproduktion,* die bei weitem nicht ausreichte, den Bedarf zu decken. Die UdSSR bzw. ihre Nachfolgestaaten hatten daher 1991/92 einen großen *Einfuhrbedarf an Getreide* und anderen Nahrungsmitteln, der jedoch wegen Finanzierungsschwierigkeiten nur teilweise gedeckt werden konnte. Z. B. sank die Getreideproduktion von 227,214 (1990) auf 172,000 Mio. t, die Kartoffelernte von 63,700 auf 60,000 Mio. t und die Fleischerzeugung von 19,863 auf 17,810 Mio. t. Selbst bei Obst und Gemüse gab es in vielen Landesteilen Versorgungsprobleme. Die *sinkende Agrarproduktion* wirkte sich in Form drastisch steigender Preise besonders in den Städten auf die ärmeren Bevölkerungsschichten katastrophal aus und führte im Winter 1991/92 zu umfangreichen Lebensmittel-Hilfsleistungen seitens westlicher Staaten und Hilfsorganisationen.

Gründe für die *desolate Situation der Landwirtschaft* sind die gravierenden Mängel der überdimensionierten Staats- und Genossenschaftsbetriebe, die durch das Chaos verstärkt wurden, das der Zusammenbruch von Staat und Wirtschaft hinterließ: Kapitalmangel, Fehlen leistungsfähiger Maschinen, veraltete Agrartechnologie, Mangel an Fahrzeugen und Treibstoff zum Transport von Dünger und zum Abtransport der Ernte, hohe Transport- und Lagerverluste, aufgeblähte überbürokratisierte Verwaltungen der Betriebe bei mangelnder Motivation und geringer Arbeitsmoral der Beschäftigten. Die 1991 begonnene durchgreifende *Reform der Landwirtschaft* mit Auflösung der unwirtschaftlichen Mammutbetriebe und der Wiederherstellung eines privaten Bauerntums kam auch 1992 über erste Anfänge nicht hinaus, da Kapital und Kenntnisse fehlen und die Kolchosverwaltungen Widerstand gegen Änderungen üben.

In den anderen Ländern des **ehem. RGW (»Ostblock«)** begann ebenfalls nach dem politisch-wirtschaftlichen Umsturz Anf. der 90er Jahre die *Umwandlung der Landwirtschaft in eine marktwirtschaftliche Form* auf überwiegend privater Basis. Die Probleme waren nicht so groß wie in der ehem. UdSSR, da die sozialistische Wirtschaftsform nicht so verfestigte Strukturen ausgebildet hatte und der private Sektor z. T. bisher schon einen größeren Anteil hatte (inbes. Polen). Hauptziel ist die Erhöhung der Produktivität und die Wiederherstellung langfristiger Versorgungssicherheit der Bevölkerung im Rahmen marktwirtschaftlicher Ordnung.

In den **USA** besteht das *Hauptproblem der Landwirtschaft* seit vielen Jahren in der *Überproduktion* und der dadurch verursachten Schwierigkeit vieler Farmer, ihre Erzeugnisse mit angemessenem Gewinn abzusetzen. Der Staat gibt seit langem jährlich große Summen für Subventionen aus (z. B. zur Förderung des Agrarexports und Entschädigungen an Farmer für Flächenstillegungen). 1991 sorgten Brachflächen und ungünstige Witterungsverhältnisse dafür, daß die Produktion im agrarischen Bereich zurückging und dadurch bei vielen Erzeugnissen die überhöhten Lagerbestände abgebaut werden konnten. So nahm die Getreideernte von 312,726 (1990) auf 280,411 Mio. t (1991) ab, und auch bei diversen Industrierohstoffen ging die Produktion zurück. Trotzdem behielten die USA ihre Rolle als weltweit mit Abstand *führender Agrarexporteur* mit einem Wert der Agrarausfuhren von über 40 Mrd. $ jährlich. Im Rahmen der GATT-Verhandlungen zur Erleichterung und Liberalisierung des Welthandels (»Uruguay-Runde«) legten die USA 1991 besonderen Wert auf den Abbau von Agrarhandelsbeschränkungen und -exportsubventionen. Im letzten Punkt bestehen größere Gegensätze zur EG, der die USA zu hohe Subventionen für Agrarexporte vorwerfen.

In den **EG-Ländern** behielt auch 1991/92 die *Agrarpolitik* ihre Brisanz, v. a. im Hinblick auf die *Finanzierung der Marktordnung* und die *Sicherung angemessener Einkommen für die Landwirte* angesichts der *Überschußproduktion* in den wichtigsten Bereichen und der Schwierigkeit, die Überschüsse auf dem Weltmarkt mit seinem niedrigeren Preisniveau zu verkaufen. Die *EG-Marktordnung* sollte ursprünglich den Bauern ein stabiles Einkommen und den Verbrauchern eine gesicherte Versorgung garantieren. Durch finanzielle Produktionsanreize und die Abschottung gegenüber der billigeren Weltmarkt-Konkurrenz führte sie aber bei gewissen Produkten (z. B. Milch, Zucker, Getreide, Fleisch) zu permanenten Überschüssen. Wegen der über dem Weltmarktniveau liegenden EG-Preise sind diese Überschüsse nur schwer bzw. nur mit Subventionen in Drittländer verkäuflich. Die *Hauptziele der EG-Agrarpolitik* sind daher z. Z. die Reduzierung der Überschüsse und gleichzeitig die Sicherung der landwirtschaftlichen Einkommen bei Vermeidung höherer Verbraucherpreise. Hinzu tritt neuerdings das Bestreben, die *Agrarproduktion umweltverträglicher zu machen,* z. B. durch Reduzierung des Einsatzes von Dünge- und Pflanzenschutzmitteln bzw. eine Beschränkung der Massentierhaltung.

Der *EG-Agrarhaushalt* erreichte 1991 eine Höhe von 35,208 Mrd. ECU (= 62,8 % des gesamten EG-Haushalts; 1 ECU = 2,04 DM), davon 31,865 Mrd. ECU für Agrarmarkt-, der Rest für Agrarstrukturausgaben. Von der Summe von 31,865 Mrd. ECU für die Agrarmarktordnung bzw. -preisstützung entfielen

u. a. (in Mrd. ECU) auf Milcherzeugnisse 5,637 – Getreide 5,077 – Rindfleisch 4,295 – Ölsaaten 3,550 – Olivenöl 1,874 – Zucker 1,815 – Schaf- und Ziegenfleisch 1,790 – Tabak 1,330 – Obst und Gemüse 1,107 – Wein 1,048 (nach »Agrarbericht 1992«). Diese Mittel wurden ausgegeben u. a. für Produktionsprämien und -beihilfen, Verkaufsförderung, Exportsubventionierung, aber auch Kosten der Lagerhaltung und für die sog. »Intervention« bei unverkäuflicher Überschußware, d. h. Einkommenserstattungen für Landwirte, deren Produkte auf dem Markt nicht absetzbar sind. Diese »aus dem Markt genommenen« Lebensmittel werden eingelagert, verfüttert, destilliert oder anderweitig verarbeitet, gelegentlich auch (bei rasch verderblicher Ware) vernichtet.

Da die *Überschußproduktion* in den letzten Jahren laufend steigende Geldbeträge erforderte und kaum mehr finanzierbar schien, versucht die EG-Kommission mit verschiedenen Maßnahmen, sie zu drosseln (z. B. Extensivierung, Flächenstillegung u.ä.). Auch 1991 konnte die Produktion einiger Überschußgüter weiter gesenkt werden, z. B. durch verkleinerte Anbauflächen und Viehbestände; dagegen führte die günstige Witterung bei einigen Gütern (z. B. Weizen, Zucker) zu erneutem Produktionsanstieg. Insgesamt erhöhte sich der *Selbstversorgungsgrad der EG-Länder* mit Nahrungsmitteln 1990–91 auf rd. 120 %, ohne die Produktion auf der Basis importierter Futtermittel rd. 110 %. Größerer Einfuhrbedarf bestand 1991 im wesentlichen nur bei pflanzlichen Ölen und Fetten sowie bei tropischen Produkten. Selbst bei Fleisch wurde wieder ein Ausfuhrüberschuß erreicht, und bei Getreide betrug der Bedarfsdeckungsgrad 120 %. Hohe Selbstversorgungsgrade mit entsprechenden Exportangeboten ergaben sich 1991 z. B. bei Rapsöl (170 %), Magermilchpulver (164 %), Kondensmilch (150 %), Zucker (137 %), Weichweizen (130 %), Gerste (123 %), Butter (122 %), Wein (116 %), Rind- und Kalbfleisch (110 %), Schweinefleisch (105 %). Die Überschüsse konnten 1991/92 wegen des weltweiten Überangebots und der dadurch relativ niedrigen Preise (verglichen mit den höheren EG-Preisen) nur schwierig in Drittländern abgesetzt werden, häufig in Konkurrenz zu den USA. Die sog. Interventionsbestände (auf Staatskosten eingelagerte Vorräte) erhöhten sich daher bei vielen Produkten wieder.

Die Lage der Landwirtschaft und die wirtschaftliche Situation der Bauern in der BR Deutschland wurde auch 1991/92 heftig diskutiert, v. a. wegen der weiterhin notwendigen Maßnahmen zur Anpassung an den EG-Markt. Während die Landwirte selbst über zu geringe Einkommen klagen, werden sie von seiten des Naturschutzes zunehmend beschuldigt, zugunsten höherer Erträge durch übermäßigen Dünger- und Chemikalieneinsatz die natürlichen Grundlagen zu schädigen (Böden, Grundwasser, Naturhaushalt). Das Hauptproblem für die *Einkommenssituation der Landwirte* ist nach wie vor die *EG-weite Überproduktion* bei den wichtigsten Erzeugnissen (Milch, Fleisch, Getreide), so daß höhere Preise und damit höhere Gewinne für die Landwirte nicht durchsetzbar sind. Es besteht also nur die Möglichkeit, über Mehrproduktion zu Einkommenssteigerungen zu kommen, eine Möglichkeit, die in den letzten Jahren durch Kontingentierungen zunehmend verringert wurde, um die Erzeugung unverkäuflicher Überschüsse zu drosseln.

Wichtige Faktoren für das *landwirtschaftliche Einkommen* waren auch 1991 – neben Witterungseinflüssen und den Betriebsmittelpreisen – die *staatlichen Subventionen*, die 1990–91 wiederum anstiegen. 1991 betrugen die öffentlichen Hilfen (Subventionen) für die Landwirtschaft der BR Deutschland (alte und neue Bundesländer) rd. 33,4 Mrd. DM, darunter (in Mrd. DM) Finanzhilfen des Bundes und der Länder 10,9, z. B. Gemeinschaftsaufgabe 3,3, soziostruktureller Einkommensausgleich 1,0, Anpassungs- und Überbrückungshilfen für die neuen Länder 1,2 – Bundesmittel im Rahmen der Agrarsozialpolitik 4,8, davon Altershilfe 3,3, Krankenversicherung 1,5 – Steuermindereinnahmen 2,9 – EG-Finanzmittel im Agrarbereich für die BR Deutschland (insbes. Marktordnungsausgaben) 14,9.

Die Bundesregierung versucht auch weiterhin, gegen den Trend zur »Agrarfabrik« (hochtechnisierte großbetriebliche Landwirtschaft) durch weitere Subventionen und »flankierende Maßnahmen« (z. B. Hilfen für Kleinbauern, die die Landwirtschaft aufgeben), »eine vielseitig strukturierte Landwirtschaft aus leistungs- und wettbewerbsfähigen Haupt- und Nebenerwerbsbetrieben« zu erhalten (»Agrarbericht 1992« der Bundesregierung).

Im einzelnen werden 4 *Hauptziele der deutschen Agrarpolitik* genannt:

1. Verbesserung der Lebensverhältnisse im ländlichen Raum und Teilnahme der in der Land- und Forstwirtschaft Tätigen an der allgemeinen Einkommens- und Wohlstandsentwicklung;
2. Versorgung der Bevölkerung mit hochwertigen Produkten der Agrarwirtschaft zu angemessenen Preisen;
3. Verbesserung der agrarischen Außenwirtschaftsbeziehungen und der Welternährungslage;
4. Sicherung der natürlichen Lebensgrundlagen.

Das 4. Ziel wird besonders durch die sog. *Alternativbetriebe* erfüllt, die »mit ihrer extensiven Wirtschaftsweise zur Erhaltung der natürlichen Lebensgrundlagen beitragen und die Entlastung der Agrarmärkte unterstützen« (Agrarbericht der Bundesregierung). 1991 wurden 3444 anerkannte ökologisch wirtschaftende Betriebe mit 76 133 ha gezählt (rd. 0,6 % der Betriebe und 0,7 % der Fläche).

Nach Angaben im *Agrarbericht 1992 der Bundesregierung* hat sich in Westdeutschland (alte Bundesländer) die *Einkommenssituation der Landwirtschaft* 1991 deutlich verschlechtert, v. a. durch geringere Verkaufserlöse bei Getreide und bei den meisten tierischen Produkten. Der gesamte *Produktionswert der Landwirtschaft* verringerte sich daher vom Wirtschaftsjahr 1989/90 (59,761 Mrd. DM) um 6,3% auf nur noch 55,981 Mrd. DM (1990/91), obwohl die Produktionsmengen bei fast allen Produkten deutlich anstiegen (z. B. Getreide, Rinder, Schweine). Die *Bruttowertschöpfung der Landwirtschaft* sank um 12,3% auf 26,079 Mrd. DM (= rd. 1,1% der Wertschöpfung der gesamten Volkswirtschaft). Nach Abzug der Abschreibungen und Steuern und Addition der Subventionen (6,091 Mrd. DM) ergab sich 1990/91 eine *Nettowertschöpfung* von 20,018 Mrd. DM (1989/90: 23,508 Mrd. DM) bzw. 26 412 DM je Arbeitskraft (1989/90: 29 622 DM).

Das *Einkommen der in der Landwirtschaft Beschäftigten* verringerte sich wegen der gesunkenen Betriebsergebnisse im Durchschnitt deutlich, da die erhöhten Subventionen die gesunkenen Verkaufserlöse (bei gleichzeitig höheren Kosten) nicht ausgleichen konnten. Der *Gewinn je Familienarbeitskraft* in Vollerwerbsbetrieben sank 1990/91 um 15,3% auf 31 966 DM (1989/90: 37 752 DM). Für die meisten Landwirte vergrößerte sich dadurch der Abstand zu den Einkommen in der gewerblichen Wirtschaft (im Durchschnitt von 8% im Vorjahr auf 26%). Lediglich 30% der großen Vollerwerbsbetriebe erreichten 1990/91 ein Einkommen, das über dem sog. »Vergleichslohn« lag. Aufgrund der unbefriedigenden Einkommenssituation setzte sich auch 1991 der seit Jahrzehnten zu beobachtende *Strukturwandel der Landwirtschaft* fort, der sich v. a. in der Aufgabe unrentabler Klein- und Mittelbetriebe äußert. Der aktuelle Anlaß der Betriebsaufgabe ist häufig das altersbedingte Ausscheiden aus der Landwirtschaft ohne Hofnachfolge. Daneben verstärkte auch die günstige Arbeitsmarktlage im gewerblichen Bereich die Tendenz, die Landwirtschaft aufzugeben. Die *Zahl der landwirtschaftlichen Betriebe* (ab 1 ha Nutzfläche) verminderte sich 1990–91 um 34 572 (=5,5%) auf nur noch 595 168 (zum Vergleich: 1949 noch 1,647 Mio., 1970 noch 1,080 Mio.). Die *landwirtschaftlich genutzte Fläche (LF)* nahm nur um 0,9% ab (−105 000 ha) und betrug 1991 11,668 Mio. ha (1990: 11,773 Mio. ha). 38% der LF wurden als Pachtflächen bewirtschaftet. Die *Zahl der Familienarbeitskräfte* in der Landwirtschaft sank 1990–91 um ca. 3% (vorl. Schätzung). 1990 betrug die Zahl 1,664 Mio., davon 1,038 Mio. teilbeschäftigt. (1970 waren in der Landwirtschaft noch 2,821 Mio. Personen beschäftigt.) Die *Zahl der familienfremden Lohnarbeitskräfte* sank weiter und betrug 1990 nur noch 88 400. Weniger als 5% aller Betriebe beschäftigen ständig fremde Arbeitskräfte.

Die *Durchschnittsgröße der Betriebe* erhöhte sich 1990–91 um 0,91 ha auf 19,61 ha LF; 1949 hatte die Größe erst bei durchschnittlich 8,1 ha gelegen. Die Ursache für die Erhöhung der Durchschnittsgröße liegt v. a. in der Aufgabe von Klein- und Mittelbetrieben, deren Flächen häufig zur Aufstockung der Großbetriebe dienen. Die »Wachstumsschwelle« lag 1991 bei 50 ha LF, d. h. die Zahl der Betriebe unter 50 ha verringerte sich, ab 50 ha stieg die Zahl an. Allerdings variieren die Betriebsgrößen regional sehr stark, insbes. aus agrarhistorischen Gründen. Sie betrugen z. B. 1990 im Durchschnitt in Schleswig-Holstein 39,79 ha LF, in Niedersachsen 29,42 ha und in Nordrhein-Westfalen 20,29 ha, in Baden-Württemberg dagegen nur 14,51 ha, in Rheinland-Pfalz 16,07 ha, in Bayern 16,09 ha und in Hessen 17,39 ha (nur Betriebe ab 1 ha LF).

Nach dem *Erwerbscharakter* zählten 1991 49,0% aller Betriebe im alten Bundesgebiet zu den *Vollerwerbs-*, 8,6% zu den *Zuerwerbs-* und 42,4% zu den *Nebenerwerbsbetrieben* (d. h. außerlandwirtschaftliches Einkommen überwiegt), jedoch entfallen auf die Vollerwerbsbetriebe 78,4% der LF, 80,7% des Ackerlandes, 82,0% der Milchkühe und 82,1% der Verkaufserlöse (1991).

In den **neuen Bundesländern (ehem. DDR)** war die *sozialisierte Landwirtschaft* gekennzeichnet durch die unwirtschaftlich großen Betriebseinheiten der *LPG* (»landwirtschaftliche Produktionsgenossenschaften«), personellen Überbesatz, kostenaufwendige Produktion und erhebliche Umweltbelastungen. 1991 dauerte der *Umstrukturierungsprozeß* an. Die rd. 4500 ehem. LPG wandelten sich zu etwa ¾ in andere Rechtsformen um oder wurden bis Ende 1991 aufgelöst. Die Zahl der *selbständigen bäuerlichen Betriebe* wuchs wieder auf 14 000 an; die *Zahl der Beschäftigten* in der Landwirtschaft sank von 850 000 in der ehem. DDR auf 300 000 (Ende 1991). Die *Produktion* wird mit staatlicher Hilfe auf EG-Standard umgestellt, d. h. Umorientierung von der bisher erwünschten Maximalproduktion auf marktgerechte und qualitativ hochwertige Agrarerzeugung.

Der **Selbstversorgungsgrad der BR Deutschland** (einschl. neue Bundesländer) **mit Nahrungsmitteln** erreichte im Wirtschaftsjahr 1990/91 aufgrund der günstigen Produktionsergebnisse bei den wichtigsten Produkten noch höhere Werte als im Vorjahr. Er betrug insgesamt 98% bzw. 88% ohne Berücksichtigung der tierischen Produktion aus importierten Futtermitteln. *Hohe Überschüsse* wurden bei Zucker, Rind- und Kalbfleisch, Milch und Milchprodukten, aber auch bei Weizen und Gerste erzielt. Dagegen bestand ein Netto-Einfuhrbedarf bei Pflan-

zenfetten, Obst und Gemüse, Eiern, Wein, Schweine- und Geflügelfleisch, an hochwertigen Futtermitteln und selbstverständlich an tropischen und subtropischen Nahrungs- und Genußmitteln.
Deutschland war 1991 nach den USA der zweitgrößte *Nahrungs- und Genußmittelimporteur* der Welt, stand aber auch bei den *Agrarexporten* an 5. Stelle im Welthandel. Die *Importe* stiegen um rd. 15% an; sie bestanden zu rd. 50% aus landwirtschaftlichen Rohstoffen; die *Agrarexporte*, die nur um rd. 3% anwuchsen, enthielten dagegen zu 82% be- und verarbeitete Nahrungs- und Genußmittel. Die *Einfuhren/Ausfuhren an Nahrungs- und Genußmitteln* (ohne Industrierohstoffe) betrugen im Wirtschaftsjahr 1990/91 64,296/33,568 Mrd. DM. Der Einfuhrüberschuß stieg auf 30,728 Mrd. DM (Daten für alte und neue Bundesländer). Der starke Anstieg der Einfuhren geht v. a. auf verstärkte Lieferungen in die neuen Bundesländer zurück. – Auf die einzelnen Ländergruppen entfielen 1990/91 in Mrd. DM von den *Einfuhren:* EG-Mitgliedsländer 42,907 – Entwicklungsländer 11,489 – westliche Industrieländer (ohne EG) 7,842 (davon USA 2,503) – mittel- und osteuropäische Länder 2,058; von den *Ausfuhren:* EG- Mitgliedsländer 22,730 – westliche Industrieländer (ohne EG) 5,030 (davon USA 0,871) – Entwicklungsländer 2,799 – ostmittel- und osteuropäische Länder 3,009 – *Hauptimportgüter* waren Futtergetreide, Ölsaaten, Kaffee, Obst und Gemüse, Südfrüchte und Fleisch; *Hauptexportgüter* waren Fleisch und Fleischwaren, Zucker, Kaffee- und Kakao-Erzeugnisse, Milch und Milchprodukte, Wein, Tabakwaren, veredelte Öle und Fette.
Die *Nahrungsmittelpreise* für den Verbraucher (einschl. Genußmittel) stiegen 1991 gegenüber dem Vorjahr um 3,5%, verglichen mit einer Erhöhung der Verbraucherpreise insgesamt von 5,3% (nur alte Bundesländer). Der Ausgabenanteil für Nahrungs- und Genußmittel an den gesamten privaten Ausgaben der Bevölkerung betrug 1991 nur noch 21% (1950 noch 44%), ohne Genußmittel sogar nur 17%.

Ausgewählte Zahlen über Produktion und Verbrauch

(Angaben vorwiegend nach »FAO Quarterly Bulletin of Statistics«, »FAO Production Yearbook«, »Statistical Yearbook« der UNO sowie nach Landwirtschaftsstatistiken einzelner Länder; S = Schätzung; Zahlen für 1991 z. T. vorläufig und gerundet.)

Welternte 1991 (1990) in Mio. t

Getreide	1864,922	(1970,679)
Wurzelfrüchte	586,082	(594,599)
Gemüse und Melonen	442,945	(446,643)
Früchte	346,446	(343,538)
Ölfrüchte (Ölinhalt)	76,352	(75,037)
Hülsenfrüchte	60,894	(58,973)
Pflanzenfasern	26,173	(25,075)
Nüsse	4,307	(4,400)

Agrumen (Zitrusfrüchte): *Ernte* 1990 in 1000 t: *Orangen:* Brasilien 17500 – USA 7084 – VR China 4732 – Spanien 2561 – Indien 1842 – Italien 1820 – Mexiko 1558 – Ägypten 1420 – Iran 1260 – Pakistan 1100 – Griechenland 819 – Marokko 770 – Argentinien 750 – Türkei 735. *Welternte* 1990 (1989) 51,908 (52,613) Mio. t.
Mandarinen, Clementinen, Tangerinen, Satsumas: Japan 2045 – Spanien 1507 – Brasilien 620 – Rep. Korea (Süd-K.) 493 – Italien 445 – Pakistan 420. *Welternte* 1990 (1989) 8,780 (9,387) Mio. t.
Zitronen: USA 706 – Italien 622 – Spanien 591 – Indien 560 – Iran 465 – Mexiko 463 – Argentinien 450 – Brasilien 430. *Welternte* 1990 (1989) 6,432 (6,686) Mio. t.
Die wichtigsten *Ausfuhrländer* für Südfrüchte sind Spanien, die USA, Marokko, Israel und Südafrika; bedeutende *Einfuhrländer* sind Frankreich, Deutschland, Großbritannien und die Niederlande. Der *Verbrauch* von Zitrusfrüchten in *Deutschland* betrug 1991 35,6 kg pro Kopf und Jahr (einschl. Verarbeitung). Hauptlieferanten sind Spanien, Marokko, Italien und Israel.

Ananas Ernte 1990 in 1000 t: Thailand 1865 – Philippinen 1156 – VR China 790 – Brasilien 724 – Indien 602 – USA 522 – Vietnam 490 – Mexiko 328 – Südafrika 265 – Kolumbien 240 – Kenia 202 – Bangladesch 160 – Elfenbeinküste 136. *Welternte* 1990 (1989) 9,681 (10,131) Mio. t.

Bananen *Ernte* 1991 in Mio. t: Indien 6,400 – Brasilien 5,410 – Philippinen 3,545 – Ecuador 2,654 – Indonesien 2,400 – VR China 1,705 – Thailand 1,620 – Costa Rica 1,600 – Burundi 1,580 – Kolumbien 1,400 – Panama 1,276 – Tansania 1,250 – Vietnam 1,250 – Mexiko 1,185 – Venezuela 1,170 – Honduras 1,100. *Welternte* 1991 (1990) 46,000 (45,765) Mio. t. – Wichtigste *Exportländer* sind die mittelamerikanischen Staaten, bedeutendste *Einfuhrländer* die USA, die EG-Staaten und Japan.

Baumwollfasern (entkernt)
Ernte 1990 (1989 und 1980) in 1000 t (nach FAO)

VR China	4470	(3788)	(2707)
USA	3374	(2655)	(2422)
UdSSR	2634	(2686)	(2804)
Indien	1802	(1940)	(1292)
Pakistan	1543	(1456)	(715)
Brasilien	660	(625)	(553)
Türkei	611	(617)	(500)
Australien	305	(286)	(83)
Ägypten	300	(296)	(529)
Argentinien	261	(195)	(120)
Griechenland	229	(255)	(114)
Paraguay	225	(220)	(86)

Weltproduktion 1990 (1989) 18,431 (17,092) Mio. t. Die bedeutendsten *Ausfuhrländer* sind die USA, die ehem. UdSSR, China, Pakistan und Indien; wichtigste *Importeure* sind Japan, Süd-Korea, Hongkong, Italien und Deutschland. Die *Weltmarktpreise* für Baumwolle sanken 1991 sehr stark, da durch hohe Exporte der Sowjetunion und eine sehr gute Ernte in den USA das weltweite Angebot wesentlich über dem Verbrauch lag.

Baumwollsaat *Produktion* 1990 in 1000 t: VR China 8940 – USA 5520 – UdSSR 5065 – Indien 3610 – Pakistan 3085 – Brasilien 1220 – Türkei 1005 – Ägypten 490 – Australien 458 – Griechenland 450. *Welternte* 1990 (1989) 34,227 (31,771) Mio. t.

Butter *Erzeugung* 1990 (1989 und 1980) in 1000 t

UdSSR (S)	1820	(1808)	(1373)
Indien (einschl. Ghee, S)	875	(840)	(640)
USA	583	(578)	(519)
Frankreich	550	(539)	(536)
BR Deutschland	391	(398)	(576)
Polen	335	(325)	(319)
DDR	286	(313)	(280)
Pakistan (S)	280	(264)	(217)
Neuseeland	271	(248)	(249)
Niederlande	175	(180)	(181)
ČSFR	159	(157)	(128)
Irland	151	(139)	(111)
Großbritannien	138	(130)	(169)
Australien	125	(116)	(84)
u. a. Österreich	40	(40)	(43)
Schweiz	38	(39)	(34)

Weltproduktion 1990 (1989) 7,765 (7,634) Mio. t. Wichtige *Ausfuhrländer* 1990 in 1000 t: Neuseeland 202,7 – Niederlande 196,3 – Belgien-Lux. 107,3 – Frankreich 94,5 – BR Deutschland 77,8 – Irland 67,9 – Wichtige *Einfuhrländer* 1990 in 1000 t: UdSSR 298,9 – Großbritannien 112,4 – BR Deutschland 103,5 – Niederlande 96,6.

Die seit den 70er Jahren durch *Überproduktion* entstandenen »Butterinterventionsbestände« der EG waren 1987–89 durch starke Produktionseinschränkungen und Maßnahmen zur Absatzsteigerung erheblich verringert worden (→ *Milch*). Die eingelagerten Bestände, der sog. »Butterberg«, betrugen 1986 noch 1,367 Mio. t; bis Ende 1989 waren sie bis auf 124 Tsd. t, davon 28 Tsd. t in der BR Deutschland, abgebaut. 1990 und 1991 nahmen die eingelagerten Bestände durch weiter verringerten Verbrauch und Exportrückgänge wieder zu; sie betrugen Ende 1991 290 Tsd. t, davon 43 Tsd. t in Deutschland.

Der *Butterverbrauch* sank in Deutschland 1991 (1990) auf 6,8 (7,5) kg pro Kopf (alte und neue Bundesländer), v. a. wegen des zunehmenden Verbrauchs von Butterersatzstoffen (pflanzliche Produkte). Der *Selbstversorgungsgrad* mit Butter sank in den EG-Ländern von 122,1 % (1990) auf 116,3 % (1991), in Deutschland von 112,5 % (1990) auf 102,4 % (1991).

Datteln *Ernte* 1990 in 1000 t (meist S): Ägypten 580 – Iran 540 – Saudi-Arabien 525 – Irak 490 – Pakistan 290 – Algerien 212 – Sudan 130. *Welternte* 1990 (1989) 3,411 (3,349) Mio. t.

Eier (Hühnereier) *Erzeugung* 1990 in 1000 t (meist S): VR China 7500 – UdSSR 4540 – USA 4022 – Japan 2390 – Brasilien 1300 – Indien 1100 – Mexiko 1090 – Frankreich 876 – BR Deutschland 702 – Italien 697 – Großbritannien 664 – Niederlande 647 – Spanien 621 – Polen 414 – Indonesien 380 – Rumänien 380 – Türkei 380 – DDR 345 – Kanada 321 – u. a. Österreich 92 – Schweiz 38. *Weltproduktion* 1990 (1989) 35,774 (35,544) Mio. t. Wichtigste *Ausfuhrländer* sind die Niederlande (über 50 % der Weltexporte) und China; wichtigstes *Einfuhrland* ist Deutschland (über 40 % der Weltimporte). Der *Verbrauch* an Hühnereiern beträgt in *Deutschland* 235 Stück pro Kopf und Jahr (alte Bundesländer, 1991, einschl. industrieller Verbrauch); die durchschnittliche Legeleistung einer Henne beläuft sich auf rd. 270 Stück/Jahr.

Erdnüsse (in Schale) *Erzeugung* 1990 (1989) in 1000 t: Indien (S) 7100 (8088) – VR China 6063 (5428) – USA 1634 (1810) – Nigeria 1166 (1017) – Indonesien 919 (879) – Senegal 698 (844) – Myanmar 459 (438) – Zaire 430 (425) – Argentinien 370 (243). *Weltproduktion* 1990 (1989) 22,527 (23,020) Mio. t. Hauptexportländer sind die USA und China, Hauptimporteure sind die EG-Länder, Kanada und Japan.

Esel *Bestand* 1990 in Mio. (meist S): VR China 10,294 – Äthiopien 5,000 – Pakistan 3,100 – Mexiko 3,187 – Ägypten 1,980 – Iran 1,720 – Indien 1,450 – Brasilien 1,330 – Afghanistan 1,300 – Türkei 1,200 – *Weltbestand* 1990 (1989) 43,577 (43,135) Mio.

FISCHEREI
(See- und Binnenfischerei; einschl. Krustentiere und Mollusken, aber ohne Wassersäugetiere; Anlandungen im In- und Ausland; nach FAO-Angaben) *Fangerträge* 1988 (1987) in 1.000 t

Japan	11897	(11849)	Großbritannien		
UdSSR	11332	(11160)	(ohne Kanalinseln u. Man)	938	(944)
VR China	10359	(9346)	Frankreich	898	(861)
Peru	6637	(4584)	Vietnam	874	(871)
USA	5966	(5986)	Rep. China (Taiwan, S)	830	(800)
Chile	5210	(4815)	Bangladesch	829	(817)
Indien	3146	(2908)	Ecuador	769	(680)
Rep. Korea (Süd-K.)	2727	(2876)	Brasilien	750	(733)
Indonesien	2703	(2585)	Myanmar/Birma	705	(686)
Thailand	2350	(2201)	Polen	655	(671)
Dänemark (ohne Grönland)	2329	(2029)	Türkei	628	(628)
Philippinen	2042	(1989)	Malaysia	604	(612)
Norwegen	1826	(1950)	Italien	559	(560)
Island	1760	(1633)	Neuseeland	503	(431)
DVR Korea (Nord-K., S)	1700	(1700)	Argentinien	491	(559)
Kanada	1597	(1562)	Pakistan	445	(428)
Spanien	1430	(1393)	Niederlande	399	(446)
Mexiko	1363	(1419)	u. a. BR Deutschland	210	(202)
Südafrika	1298	(1424)	DDR	179	(197)

Weltfangerträge 1988 (1987) 97,985 (93,415) Mio t, davon rd. 10% aus Binngengewässern.

In der *BR Deutschland* (alte Bundesländer) betrugen die *Anlandungen der Fischereiflotte* 1990 (1989) 215,5 (207,8) Tsd. t (einschl. Anlandungen im Ausland). Davon entfielen 133,6 Tsd. t auf die Große Hochseefischerei und 81,9 Tsd. t auf die Kleine Hochsee- und Küstenfischerei. Mit dieser Zunahme um 3,7% (v. a. wegen größerer Heringsfänge) setzte sich die 1988 einsetzende Trendwende fort, nachdem die deutsche Seefischerei jahrelang zurückgegangen war (zum Vergleich: 1974 wurden noch 498,0 Tsd. t angelandet). Die wichtigsten *Fanggebiete* waren 1990: Nordsee 56,8% – westbritische Gewässer 17,2% – Grönland 15,8% – Ostsee 6,8% – norwegische Küste 2,2%.

Der starke Rückgang der **deutschen Hochseefischerei** seit Mitte der 70er Jahre ist v. a. auf die Aufteilung der Meere in nationale Fischereizonen zurückzuführen (200-Seemeilen-Zone). Die deutschen Fänge stammten früher zu etwa ⅔ aus der 200-sm-Zone von Ländern außerhalb der EG. Das entsprechende Gebiet vor Island wurde 1978 völlig für ausländische Fangschiffe gesperrt. In anderen Teilen des Nordatlantiks (Norwegen, Grönland, USA, Kanada) wurden die Fangmengen für Ausländer auf geringe Quoten begrenzt. – Für das *»EG-Meer«* (200-sm-Zone vor den Küsten der EG-Staaten in Nordsee und Nordatlantik) und für EG-Fangrechte vor Drittländern werden jährlich neue nationale Fangquoten festgelegt. Für die *Seefischerei der BR Deutschland* ergaben sich für 1991 Quoten in Höhe von 209 000 t im EG-Meer und 144 000 t im externen Bereich (vor Drittstaaten und in internationalen Gewässern, einschl. von der ehem. DDR eingebrachte Quoten). Von der Gesamtquote entfielen 142 000 t auf die Kutterfischerei und 211 000 t auf die Hochseefischerei. – Aus Erhaltungsgründen senkte die EG bei einigen Beständen die Fangmengen weiter, so bei Kabeljau und Schellfisch in der Nordsee sowie Dorsch in der Ostsee.

Die *Fangflotte der BR Deutschland* für die Große Hochseefischerei ging 1975–1991 von 71 Schiffen (32 Fabrikschiffe und 39 Fischereitrawler) mit 121 601 BRT auf 15 Schiffe (5 bzw. 10) mit 24 442 BRT zurück. In den neuen Bundesländern existierten 1990/91 21 Fabrikschiffe, von denen die meisten in den nächsten Jahren wegen Unwirtschaftlichkeit abgewrackt werden sollen.

Die *Versorgung Deutschlands mit Fisch* erfolgte auch 1990/91 weitgehend durch *Importe.* 1990 betrugen die Fischimporte 1,180 Mio. t, die *Exporte* 0,505 Mio. t.

Flachs *Produktion* 1990 (1989) in 1000 t: UdSSR 360 (345) – VR China 236 (244) – Frankreich 77 (74) – Niederlande 40 (31) – Rumänien 39 (38) – ČSFR 22 (25) – Polen 16 (19). *Weltproduktion* 1990 (1989) 830 (814) Tsd. t.

Fleischerzeugung Weltproduktion von Fleisch insges. (nach FAO) 1990 (1989) 175,102 (170,869) Mio. t, davon *Schweinefleisch* 69,518 (67,849) – *Rind-, Kalb- u. Büffelfleisch* 52,517 (52,046) – *Geflügelfleisch* 40,037 (38,235) – *Schaf- u. Ziegenfleisch* 9,435 (9,203) Mio. t. *Weltproduktion* an eßbaren Innereien 12,310 (12,135) Mio. t. Wichtige *Ausfuhrländer* 1990 in 1000 t: *Rindfleisch:* Australien 784,5 – BR Deutschland 577,2 – Frankreich 377,6 – USA 340,5 – Niederlande 306,1 –

FLEISCHERZEUGUNG

(Angaben nach FAO; die Gesamtmenge stimmt wegen Zähldifferenzen z. T. nicht mit der Summe der einzelnen Fleischarten überein; z. T. Schätzungen)

Produktion in 1000 t	insgesamt 1990	(1989)	(1980)	Rind-, Kalb- u. Büffelfl.	Schaf- u. Ziegenfl.	Schweinefleisch	Geflügelfleisch
VR China	29629	(27696)	(24160)	1204	1061	23725	3295
USA	28761	(28388)	(24133)	10465	164	6965	10893
UdSSR	19860	(20092)	(15227)	8700	975	6600	3280
Brasilien	6428	(5940)	(4971)	2775	76	1150	2417
BR Deutschland	5682	(5241)	(4460)	1792	37	3356	458
Frankreich	5566	(5603)	(5614)	1878	178	1800	1384
Italien	3954	(3891)	(3555)	1165	85	1333	1104
Mexiko	3577	(3740)	(1766)	1790	63	864	783
Japan	3576	(3571)	(3146)	549	–	1555	1467
Spanien	3466	(3306)	(2618)	514	234	1789	836
Argentinien	3385	(3364)	(3422)	2610	106	215	369
Großbritannien	3368	(3295)	(2899)	1001	370	953	1026
Australien	3063	(2769)	(2632)	1677	628	317	407
Polen	2863	(2903)	(2058)	700	28	1780	332
Kanada	2814	(2900)	(2438)	922	9	1137	719
Niederlande	2661	(2547)	(1955)	540	15	1641	463
Indien	2019	(1907)	(980)	641	572	360	319
Ungarn	1642	(1605)	(1553)	112	5	1040	460
Rumänien	1635	(1581)	(1914)	240	73	920	390
DDR	1614	(2003)	(1852)	330	8	1100	160
ČSFR	1602	(1623)	(1369)	402	9	909	244
Jugoslawien	1555	(1544)	(1465)	302	69	825	350
Dänemark	1548	(1501)	(1318)	202	–	1208	132
Belgien-Luxemburg	1371	(1340)	(1183)	326	7	825	185
Südafrika	1357	(1330)	(1033)	670	167	125	384
Pakistan	1284	(1236)	(840)	604	508	–	159
u. a. Österreich	736	(717)	(654)	224	–	419	82
Schweiz	477	(478)	(494)	164	–	270	33

Irland 281,4 – Neuseeland 264,8. *Schaffleisch:* Neuseeland 349,6 – Australien 200,6. *Schweinefleisch:* Niederlande 771,1 – Dänemark 471,6 – Belgien-Lux. 278,1 – Kanada 220,4. *Geflügelfleisch:* USA 564,1 – Frankreich 457,4 – Brasilien 303,0 – Niederlande 275,4 – Ungarn 210,0.
Wichtige *Einfuhrländer* 1990 in 1000 t: *Rindfleisch:* Japan 719,5 – USA 699,7 – Italien 450,8 – Frankreich 376,4 – BR Deutschland 250,4 – UdSSR 200,0. *Schaffleisch:* Großbritannien 130,2 – Frankreich 124,7 – Japan 64,6. *Schweinefleisch:* BR Deutschland 548,1 – Italien 503,2 – Japan 291,2 – Frankreich 290,8 – USA 233,8. *Geflügelfleisch:* BR Deutschland 302,1 – Japan 285,3 – UdSSR 230,0 – Saudi-Arabien 200,0.
In den EG-Ländern stieg die *Produktion von Rind- und Kalbfleisch* von 8,254 Mio. t (1990) auf 8,615 Mio. t (1991), die von *Schweinefleisch* sank im gleichen Zeitraum von 14,698 auf 14,385 Mio. t. Der *Selbstversorgungsgrad* nahm dadurch von 110% auf 115% zu (Rindfleisch) bzw. von 105% auf 102% ab (Schweinefleisch). In *Deutschland* allein betrug er 1991 136% bzw. 87% (alte und neue Bundesländer).
Trotz stark gestiegener Exporte, v. a. in die Sowjetunion, nahm in der *EG* 1991 die *Rindfleischproduktion* stärker zu als der Absatz, so daß die unverkäuflichen »Interventionsbestände« (eingelagerte Vorräte) auf 780 Tsd. t anwuchsen und die Preise weiterhin sehr niedrig lagen und kaum die Erzeugungskosten deckten. Bei *Schweinefleisch* wurde dagegen ein Gleichgewicht zwischen Produktion und Absatz erreicht, und die Rentabilität der Schweinemast erhöhte sich. – Der *Fleischverbrauch* nahm in *Deutschland* weiter ab; er betrug 1991 (1990) 21,5 (22,1) kg Rind- und Kalbfleisch und 56,0 (60,1) kg Schweinefleisch pro Kopf.

Gerste *Ernte → Getreide.* Wichtige *Ausfuhrländer* 1990 in Mio. t: Frankreich 3,891 – Kanada 3,751 – USA 2,257 – Großbritannien 2,015. Wichtige *Einfuhrländer* 1990 in Mio. t: Saudi-Arabien 4,100 – UdSSR 3,396 – Belgien-Lux. 1,408 – DDR 1,300 – Japan 1,271 – Niederlande 1,232 – VR China 0,888.

GETREIDE Produktion 1991 (1990) in Mio. t (nach Angaben der FAO, 1991 meist Schätzungen)

	Getreide insges.[1]		Weizen		Reis (ungeschält)		Mais (Körnermais)	
VR China	377,921	(402,870)	94,000	(96,000)	182,450	(194,151)	84,350	(95,34
USA	280,411	(312,726)	53,907	(74,475)	7,211	(7,027)	190,149	(201,50
Indien	193,552	(195,367)	54,022	(49,652)	108,011	(112,500)	8,400	(9,37
UdSSR	172,003	(227,214)	84,000	(109,600)	2,500	(2,473)	10,000	(9,90
Frankreich	59,451	(55,023)	34,324	(33,312)	–	–	12,245	(9,29
Kanada	56,576	(58,881)	33,000	(32,709)	–	–	6,599	(7,15
Indonesien	49,664	(51,947)	–	–	44,462	(45,179)	5,200	(6,76
Brasilien	37,616	(32,452)	3,500	(3,094)	9,617	(7,419)	23,721	(21,33
Türkei	31,112	(30,176)	20,400	(20,000)	–	–	2,100	(2,10
Bangladesch	28,579	(28,419)	0,900	(0,800)	27,603	(27,540)	–	–
Polen	27,558	(28,014)	9,000	(9,026)	–	–	–	–
BR Deutschland	27,112	(25,628)	11,552	(10,798)	–	–	1,750	(1,54
Mexiko	24,396	(25,309)	4,173	(3,884)	0,556	(0,357)	13,348	(14,63
Thailand	24,129	(21,221)	–	–	20,000	(17,300)	3,863	(3,67
Großbritannien	22,695	(22,545)	14,300	(14,000)	–	–	–	–
Pakistan	21,208	(20,963)	14,505	(14,316)	4,903	(4,897)	1,200	(1,18
Argentinien	20,950	(19,625)	9,000	(10,800)	0,478	(0,467)	7,800	(5,04
Vietnam	19,905	(19,958)	–	–	19,000	(19,225)	0,900	(0,72
Spanien	19,151	(18,756)	5,375	(4,774)	0,585	(0,571)	3,189	(3,04
Australien	18,274	(23,332)	10,600	(15,402)	0,787	(0,846)	–	–
Italien	17,274	(17,410)	7,500	(8,109)	1,262	(1,282)	6,500	(5,86
Jugoslawien	16,461	(14,165)	6,530	(6,359)	–	–	8,800	(6,72
Rumänien	14,990	(17,193)	5,250	(7,290)	–	–	6,500	(6,81
Iran	14,626	(13,853)	8,900	(8,218)	2,100	(2,250)	–	–
Ungarn	14,250	(12,566)	5,950	(6,159)	–	–	6,300	(4,56
Japan	14,146	(14,451)	0,860	(0,952)	12,912	(13,124)	–	–
Philippinen	13,950	(14,173)	–	–	9,100	(9,319)	4,850	(4,85
Nigeria	13,815	(12,452)	–	–	2,800	(2,500)	1,900	(1,83
Ägypten	13,670	(12,993)	4,483	(4,268)	3,152	(3,167)	5,270	(4,79
Myanmar	13,080	(14,427)	–	–	12,600	(13,965)	–	–
ČSFR	11,240	(12,492)	6,200	(6,707)	–	–	0,500	(0,46
Südafrika	10,791	(11,218)	2,000	(1,702)	–	–	8,200	(8,90
DDR	10,712	(11,652)	4,240	(4,150)	–	–	–	–
u. a. Österreich	4,960	(5,244)	1,380	(1,404)	–	–	1,524	(1,57
Weltproduktion	1 864,922	(1 970,679)	551,687	(598,705)	510,896	(525,746)	463,795	(478,51

[1] = durch Runden und Zähldifferenzen ergeben sich z. T. Unterschiede zwischen der Gesamtmenge und der Summe der Getreidearten

Getränke In der *BR Deutschland* (alte Bundesländer) stieg 1989–90 die *Getränkeproduktion* stark an, v. a. wegen der hohen Lieferungen in die neuen Bundesländer. Die *Produktion* betrug 1990 (1989) in Mio. hl: Bier 104,281 (93,054) – Wein 14,485 (9,976) – Spirituosen 3,515 (2,887) – Mineralwasser 52,970 (47,310) – Erfrischungsgetränke (Limonaden) 55,610 (48,960) – Fruchtsäfte 29,730 (25,270) – Milch 52,690 (52,200); in Tsd. t: Bohnenkaffee 443,5 (375,4) – Kaffee-Extrakte 24,4 (23,3) – Kaffeemittel 8,3 (8,2) – Tee und Tee-Erzeugnisse 42,2 (26,1).

Beim *Verbrauch* in den alten Bundesländern nahmen vor allem Mineralwässer und Limonaden zu, während der Alkoholkonsum seit Jahren stagniert. Im einzelnen wurden 1990 (1989) in Litern pro Einwohner verbraucht (nach Ifo-Institut): Bohnenkaffee 190,0 (190,5) – Bier 143,1 (142,9) – Erfrischungsgetränke (Limonaden) 85,0 (82,0) – Mineralwasser 85,0 (81,8) – Milch 76,7 (79,4) – Fruchtsäfte 39,6 (36,2) – Tee (ohne Kräutertee) 25,0 (25,1) – Wein 21,0 (21,1) – Kaffeemittel 8,7 (8,8) – Spirituosen 6,2 (6,2) – Sekt 5,1 (5,2). (→ *Kaffee, Kakao, Milch, Tee, Wein; Bier*).

Getreide Die *Welt-Getreideproduktion* nahm 1991 – im Gegensatz zu den Vorjahren – ab auf 1,865 Mrd. t (1990: 1,971 Mrd. t). *(Genaue Angaben → Tab.)* Die Abnahme geht auf verschiedene sehr unterschiedliche Ursachen zurück: In Nordamerika war sie v. a. durch Flächenstillegungen bedingt, durch die die hohen Überschüsse reduziert werden

Gerste		Hirse (mit Sorghum)		Hafer		Roggen		
3,000	(3,000)	10,116	(10,371)	0,600	(0,600)	0,900	(0,900)	VR China
10,113	(9,192)	14,690	(14,516)	3,520	(5,189)	0,248	(0,257)	USA
1,619	(1,496)	21,500	(22,372)	–	–	–	–	Indien
42,000	(56,600)	3,755	(3,797)	14,200	(18,800)	14,000	(24,300)	UdSSR
10,346	(10,020)	0,352	(0,267)	0,767	(0,848)	0,233	(0,236)	Frankreich
13,026	(14,186)	–	–	2,398	(2,851)	0,408	(0,728)	Kanada
–	–	–	–	–	–	–	–	Indonesien
–	–	0,272	(0,228)	0,230	(0,174)	0,005	(0,005)	Brasilien
7,800	(7,300)	0,006	(0,006)	0,280	(0,270)	0,250	(0,240)	Türkei
–	–	–	–	–	–	–	–	Bangladesch
4,217	(4,217)	–	–	1,923	(2,119)	5,937	(6,044)	Polen
9,454	(9,195)	–	–	1,574	(1,535)	1,838	(1,945)	BR Deutschland
0,548	(0,521)	5,662	(5,794)	0,100	(0,105)	–	–	Mexiko
–	–	0,250	(0,230)	–	–	–	–	Thailand
7,700	(7,900)	–	–	0,560	(0,535)	0,050	(0,032)	Großbritannien
0,140	(0,131)	0,460	(0,435)	–	–	–	–	Pakistan
0,374	(0,350)	2,491	(2,171)	0,689	(0,670)	0,048	(0,048)	Argentinien
–	–	0,005	(0,005)	–	–	–	–	Vietnam
9,088	(9,382)	0,093	(0,089)	0,410	(0,512)	0,243	(0,267)	Spanien
3,940	(4,159)	0,923	(0,959)	1,631	(1,568)	0,023	(0,021)	Australien
1,600	(1,703)	0,080	(0,114)	0,300	(0,307)	0,021	(0,021)	Italien
0,742	(0,692)	0,009	(0,008)	0,273	(0,280)	0,072	(0,072)	Jugoslawien
2,756	(2,680)	–	–	0,317	(0,234)	0,075	(0,089)	Rumänien
3,600	(3,360)	0,019	(0,019)	–	–	–	–	Iran
1,552	(1,359)	0,010	(0,013)	0,136	(0,158)	0,221	(0,226)	Ungarn
0,345	(0,346)	–	–	0,005	(0,005)	–	–	Japan
–	–	–	–	–	–	–	–	Philippinen
–	–	9,000	(8,000)	–	–	–	–	Nigeria
0,110	(0,129)	0,655	(0,630)	–	–	–	–	Ägypten
–	–	0,138	(0,138)	–	–	–	–	Myanmar
3,500	(4,071)	–	–	0,350	(0,421)	0,600	(0,736)	ČSFR
–	–	0,250	(0,290)	0,045	(0,045)	0,003	(0,003)	Südafrika
4,732	(4,797)	–	–	0,257	(0,570)	1,375	(2,044)	DDR
1,360	(1,521)	–	–	0,228	(0,244)	1,365	(0,396)	u. a. Österreich
168,783	(182,600)	90,163	(85,491)	34,922	(43,018)	27,812	(39,993)	Weltproduktion

sollten; in den großen Entwicklungsländern China und Indien lag die Ursache hauptsächlich bei ungünstigen klimatischen Bedingungen; in der ehem. UdSSR und den übrigen osteuropäischen Ländern verursachten v. a. der politische Zusammenbruch und die wirtschaftliche Desorganisation sehr starke Produktionsrückgänge. Einen Anstieg der Getreideproduktion gab es in Afrika und Lateinamerika und – trotz Flächenreduzierung – auch in Westeuropa. Im Gegensatz zum Vorjahr lag 1991 die *Welt-Getreideproduktion* unter der Verbrauchsmenge, so daß die Lager sich leerten (u. a. Exporte aus Nordamerika und den EG-Ländern) und die Weltmarktpreise anstiegen.

Auf dem *Weltmarkt für Getreide* traten 1991 vor allem die ehem. UdSSR, die VR China, Japan und andere Länder Süd- und Ostasiens sowie des Nahen Ostens und Nordafrikas als Käufer auf. V. a. in China, Japan, Korea, Indien, besonders aber in der ehem. UdSSR konnte der Bedarf nicht durch einheimische Erzeugung gedeckt werden. Darüber hinaus hatten viele der ärmsten Entwicklungsländer zwar Importbedarf, konnten ihn aber aus Devisenmangel nicht decken. Die *Hauptexportländer* waren die USA, die EG-Länder, Kanada, Australien und Argentinien sowie Thailand (für Reis). Weltgrößter *Importeur* war auch 1991 die UdSSR. Sie führte rd. 35 Mio. t Getreide ein (einschl. Futtermittel). Der Bedarf war zwar größer, konnte jedoch mangels Devisen und wegen fehlender Transportkapazitäten nicht gedeckt werden. Größter Lieferant der UdSSR waren 1991, wie schon seit Jahren, die USA, die über 15 Mio. t

lieferten. Zwischen den USA und der EG traten 1991 zunehmend Spannungen auf, da die EG ihre Getreideexporte nach Ansicht der USA zu stark subventioniert und durch Dumpingpreise die USA vom Markt verdrängt.
In den *EG-Ländern* stieg die *Getreideerzeugung* 1990–91 von 168,789 auf 178,900 Mio. t (Getreideeinheiten; einschl. der neuen deutschen Bundesländer). Der *Selbstversorgungsgrad* stieg dadurch auf 128% (1991). Da der Verbrauch leicht zurückging und die Exporte nicht in gleichem Maße anstiegen wie die Erzeugung, erhöhten sich die »Interventionsbestände« (eingelagerte Überschüsse) von 1990 bis Mitte 1991 von 11,7 auf 18,9 Mio. t, davon 9,0 Mio. t in Deutschland. Da sich der Abstand zwischen dem EG-Preis und dem (niedrigeren) Weltmarktpreis vergrößerte, mußten auch die Exporterstattungen erhöht werden. Die gesamten *EG-Marktordnungskosten* für Getreide erreichten 1991 (1990) 5,077 (3,800) Mrd. ECU (= 10,358 Mrd. DM).

Gurken *Erzeugung* 1990 in 1000 t (meist S): VR China 4073 – UdSSR 1350 – Japan 980 – Türkei 866 – USA 596 – Rumänien 500 – Niederlande 430 – Irak 345 – Polen 310 – Ägypten 300 – Spanien 300 – u. a. BR Deutschland 82 – DDR 71 – Österreich 29. *Weltproduktion* 1990 (1989) 13,254 (13,110) Mio. t.

Hafer *Ernte* → *Getreide*. Wichtige *Ausfuhrländer* 1990 in 1000 t: Kanada 611,0 – Finnland 423,3 – Schweden 352,3 – Australien 323,3 – Wichtige *Einfuhrländer* 1990 in 1000 t: USA 1034,3 – UdSSR 400,0 – Japan 80,0 – u. a. BR Deutschland 46,6.

Hanf *Produktion* 1990 in 1000 t (meist S): VR China 72 (70) – Indien 46 (46) – Rumänien 37 (35) – UdSSR 25 (24). *Weltproduktion* 1990 (1989) 214 (213) Tsd. t.

Hirse (einschl. Sorghum) *Ernte* → *Getreide*. Hirse wird vorwiegend in Entwicklungsländern angebaut (1990 rd. 75% der Welternte), wo sie vielfach das wichtigste Nahrungsmittel ist. Da Hirse größtenteils im Ursprungsland verbraucht wird, ist der internationale Handel gering, ausgenommen größere Exporte von Sorghum aus den USA und Argentinien. Außer den in der Tab. (→ *Getreide*) genannten Ländern sind wichtige *Produzenten* 1990 (in Mio. t): Niger 1,811 – Sudan 1,265 – Burkina Faso 1,200 – Äthiopien 1,160 – Uganda 0,919 – Kolumbien 0,777 – Mali 0,737 – Tansania 0,568.

Holz *Einschlag* 1990 (nach FAO) in Mio m^3: *Rundholz* (ohne Brennholz): USA 416,9 – UdSSR (S) 301,4 – Kanada 170,1 – VR China (S) 97,0 – Brasilien 72,6 – Schweden 51,4 – Finnland 43,6 – Malaysia 42,3 – Indonesien 39,7 – Frankreich 37,0 – BR Deutschland 32,2 – Japan 31,4 – Indien 24,3 – Polen 19,2 – Australien 17,2 – ČSFR 16,3 – Österreich 15,7 – Spanien 15,2 – Rumänien 13,5 – Südafrika 12,3 – Jugoslawien 11,6 – Norwegen 10,7 – DDR 10,5 – Chile 10,3 – u. a. Schweiz 4,2. *Weltproduktion an Rundholz* für Verarbeitungszwecke 1990 (1989) 1,681 (1,677) Mrd. m^3.
Brennholz und Holzkohle (meist S): Indien 245,1 – Brasilien 182,8 – VR China 177,6 – Indonesien 136,1 – USA 116,3 – Nigeria 100,4 – UdSSR 80,7 – Äthiopien 37,9 – Thailand 34,1 – Kenia 33,9 – Philippinen 32,7 – Zaire 32,6 – Tansania 31,1 – Bangladesch 29,3 – Vietnam 23,8 – Pakistan 23,2 – Sudan 20,1 – Myanmar 17,4 – Nepal 17,2 – Kolumbien 15,8 – Mexiko 15,2 – Mosambik 15,0 – u. a. BR Deutschland 3,7 – Österreich 1,4 – Schweiz 0,8 – DDR 0,7. *Weltproduktion* 1990 (1989) 1,786 (1,786) Mrd. m^3.
In *Deutschland* betrug 1990 der *Holzeinschlag* insges. 75,021 Mio. m^3, davon 68,421 Mio. m^3 in den alten und 6,600 Mio. m^3 in den neuen Bundesländern. Der Einschlag war ungewöhnlich stark erhöht (über 200% des geplanten Aufkommens), da allein durch die Sturmschäden vom Jan.-März 1990 rd. 74 Mio. m^3 anfielen, die verarbeitet werden mußten. Vom Gesamtaufkommen entfielen (in Mio. m^3) auf Fichte, Tanne, Douglasie 54,595 – Kiefer, Lärche u. ä. 11,004 – Rotbuche u. ä. 8,017 – Eiche 1,405. Der *Selbstversorgungsgrad* mit Holz betrug rd. 75% (einschl. der Wiederverwendung von inländischem Altpapier, das 1990 18,4 Mio. m^3 betrug). Den *Einfuhrbedarf* an Holz, der sich 1990 auf 2,066 Mio. m^3 belief, deckten vor allem skandinavische, osteuropäische und nordamerikanische Länder sowie Österreich. Die im Zusammenhang mit dem Schutz der Regenwälder umstrittene *Einfuhr von Tropenholz* ging weiter zurück (350 Tsd. m^3 tropisches Laubstammholz) und machte weniger als 3% der Holzimporte aus (überwiegend aus Asien und Afrika). Wertmäßig betrugen 1990 die *Einfuhren der Holzwirtschaft* (einschl. Holzwaren, Möbel usw.) 29,2 Mrd. DM, die *Ausfuhren* 22,7 Mrd. DM. Die *Holz- und Papierwirtschaft der BR Deutschland* (nur alte Bundesländer) erreichte 1990 mit 480,7 Tsd. Beschäftigten einen Umsatz von 96,798 Mrd. DM. Hiervon entfielen u. a. auf Holzverarbeitung 46,627 – Zellstoff-, Papier- u. Pappeerzeugung 20,551 – Holzbearbeitung 11,711 – Holzhandel 10,534 Mrd. DM.
Die *Waldfläche der BR Deutschland* nahm in den letzten Jahren leicht zu, verursacht durch Aufforstungen v. a. in ländlichen Räumen bei gleichzeitigen geringen Abnahmen in den Verdichtungsräumen. Insgesamt betrug die Waldfläche 1990 in den alten Bundesländern 7,75 Mio. ha (31% der Gesamtfläche), in den neuen Bundesländern 2,98 Mio. ha (27,5% der Fläche). In Westdeutschland wurde die

Waldfläche von 443,8 Tsd. Betrieben der Land- und/oder Forstwirtschaft bewirtschaftet. Verteilung der Waldfläche nach Eigentümern: Privatwald 46% – Staatswald 30% – Körperschaftswald (Gemeinden, Kirchen, Stiftungen u. ä.) 24%; nach Baumarten: Fichte, Tanne, Douglasie 41% – Kiefer, Lärche 21% – Buche u.ä. 31% – Eiche 7%.

Die **Waldbestände** mit ihrer großen ökologischen Bedeutung und das Holz als regenerierbarer Rohstoff sind **weltweit auf doppelte Weise gefährdet:**

1. In den meisten *Entwicklungsländern,* v. a. in den Tropen und Subtropen, geht die Waldfläche seit Jahren durch *übermäßigen Holzeinschlag* und die nachfolgende Wiederaufforstung sowie durch *planmäßiges Abbrennen* (zur Gewinnung neuer Siedlungs- und Landwirtschaftsflächen) in erschreckendem Umfang zurück. Trotz bereits starker Störungen des Naturhaushalts und der Drohung gravierender ökologischer Folgen gehen weiterhin jährlich über 20 Mio. ha tropischer und subtropischer Regen- und Trockenwälder durch Abholzung oder Abbrennen verloren. In einigen Ländern Westafrikas, Südamerikas und Südostasiens verringerte sich die Waldfläche in den letzten 15–20 Jahren um 40–50%. So sind inzwischen die Wälder Thailands und der Philippinen zu über 60%, Madagaskars zu über 90% und der Côte d'Ivoire fast völlig abgeholzt. Aufforstungen und planmäßige Waldbewirtschaftung sind noch die Ausnahme. Während die betreffenden Staaten z. Z. noch fast ausschließlich die kurzfristigen wirtschaftlichen Vorteile der Abholzungen sehen (z. B. Brasilien), herrscht in den Industriestaaten Europas große Besorgnis über die Folgen. Mit wesentlicher finanzieller Beteiligung durch die BR Deutschland (1990 rd. 330 Mio. DM) laufen inzwischen mehrere internationale Programme zum Tropenwaldschutz (u. a. der »Tropenwald-Aktionsplan« der FAO), bisher jedoch mit geringem Erfolg.

Hauptursachen der Abholzungen sind:

– *Ausdehnung der landwirtschaftlichen Nutzflächen* für die Ernährung der wachsenden Bevölkerung, verbunden mit einer Ausdehnung der Siedlungsflächen, teilweise auch für die Produktion landwirtschaftlicher Exportgüter;

– *übermäßige Beweidung,* vor allem der Niederwald- und Strauchgebiete in den trockenen Randtropen, durch zu große Viehherden, die die Vegetation bis zur völligen Zerstörung überbeanspruchen und eine natürliche Wiederbewaldung verhindern;

– *Energiegewinnung* (rd. 80% des geschlagenen Holzes): Nach Schätzungen der FAO sind über 2 Mrd. Menschen beim Kochen und Heizen auf Holz angewiesen, da andere Brennstoffe, wie Kohle, Gas oder Heizöl, nicht verfügbar oder zu teuer sind.

– *Export tropischer Hölzer* in die Industrieländer zur Gewinnung dringend benötigter Devisen durch die Entwicklungsländer. Diese Ursache für die Zerstörung tropischer Regenwälder wird in der öffentlichen Diskussion häufig überbewertet. Im Vergleich zu den Waldverlusten durch einheimische Brennholznutzung und durch Brandrodung zu Siedlungszwecken ist der Holzexport quantitativ relativ unbedeutend.

Die *Bedeutung besonders der tropischen Regenwälder* liegt darin, daß hier auf ca. 7–8% der Landoberfläche der Erde etwa 50% der Biomasse vorhanden sind, daß sie eine sehr große Artenvielfalt der Flora und Fauna besitzen und eine wichtige Rolle für die Aufrechterhaltung des Weltklimas spielen.

2. In den *Industrieländern* werden seit längerem umfangreiche Waldschäden beobachtet, die v. a. auf *Luftverunreinigungen* zurückgeführt werden. In Deutschland gelten die Waldschäden (»*Waldsterben«*) seit Anfang der 80er Jahre als eines der zentralen Umweltprobleme. Für die alten Bundesländer liegen seit 1984 Ergebnisse von *Waldschadenserhebungen* vor, die seit 1990 auch in den neuen Bundesländern durchgeführt werden. Die Erhebungen 1991 ergaben ein weiteres Fortschreiten der Schäden, nachdem sie seit Mitte der 80er Jahre fast zum Stillstand gekommen waren. Besonders die Laubbäume zeigten zunehmende Schädigungen, aber auch bei den Nadelbäumen nahm erstmals seit 1984 der Anteil deutlich geschädigter Bäume wieder stärker zu. 1991 waren von den 35,7 Mio. ha Wald im gesamten *Bundesgebiet* nur 36% ohne Schadmerkmale (in den ostdeutschen Ländern sogar nur 27%); 39% waren »schwach geschädigt«, 23% »mittelstark geschädigt«, 2% »stark geschädigt« und »abgestorben«. Am stärksten betroffen sind die neuen ostdeutschen Bundesländer (38% mittelstark und stark geschädigt), am wenigsten die nordwestdeutschen Bundesländer (Niedersachsen, Nordrhein-Westfalen, Schleswig-Holstein, zusammen 11%). Die größten Schäden traten überall bei Tannen, Eichen und Buchen auf.

Schäden ähnlicher Größenordnung werden schon seit langem aus osteuropäischen Ländern gemeldet, seit einigen Jahren auch aus west- und südeuropäischen Staaten und aus den USA. Besonders in Gebirgslagen Polens, der ČSFR und Bulgariens sind die Wälder bereits großflächig abgestorben. Für 1990 wurden von der UNO folgende, allerdings nicht voll vergleichbare Zahlen angegeben *(Schädigung der Laub- und Nadelbäume, Schadstufen 1–4):* Polen 85,7% – Weißrußland 84,0% – ČSFR 76,2% – Großbritannien 74,0% – Litauen 68,5% – Schweiz 59,2% – Dänemark 54,7% – Schweden 49,9% – Niederlande 46,8% – Italien 38,6% – Ukraine 35,9% – Frankreich 24,0% – Österreich 22,8% – Spanien 20,8%.

Nach jahrelangen intensiven Forschungen herrscht heute weitgehend Übereinstimmung darüber, daß das *sog. »Waldsterben«* nicht auf eine einzige Ursache zurückgeht, sondern durch das *Zusammenwirken*

umfangreicher Ursache-Wirkungs-Komplexe entsteht. Zu den auslösenden Faktoren gehören v. a.:
– *Luftschadstoffe* (Schwefeldioxid, Stickoxide, Photooxidantien u. a.), die teils direkt auf die Blätter bzw. Nadeln der Bäume einwirken, teils indirekt über den Boden die Bäume schädigen,
– *pflanzliche und tierische Schädlinge* einschl. Mikroorganismen (Pilze, Bakterien, Borkenkäfer u. a.), die solche Bäume verstärkt angreifen und schädigen können, die durch die Luft- und Bodenschadstoffe in ihrer Widerstandskraft geschwächt sind. Auch *extremen Witterungsbedingungen* (z. B. starke Fröste, anhaltende Trockenperioden) und *ungünstigen Standortverhältnissen* (z. B. Mineralmangel) sind diese geschwächten Bäume oft nicht mehr gewachsen.

Trotz aller divergierenden Meinungen im einzelnen besteht unter den meisten Wissenschaftlern Einigkeit darüber, daß *Luftverunreinigungen die wichtigste Ursache* sind. Daher betrafen die bisherigen gesetzgeberischen Maßnahmen in der BR Deutschland hauptsächlich die *Verminderung der Luftverschmutzung*. Zu nennen sind
– Maßnahmen zur *Verminderung der Stickoxidentstehung* (Rauchgasentstickung bei Feuerungsanlagen, Autoabgasentgiftung durch Katalysatoren) und
– die weitere *Ausdehnung der Rauchgasentschwefelung* auf ältere Großfeuerungsanlagen (Kraftwerke, Industrie) und auf Kleinanlagen (Hausbrand).

Weitere Maßnahmen zugunsten des Waldes, die in Deutschland auch durch öffentliche Mittel unterstützt werden, betreffen v. a. standortgemäßen Waldbau, Wiederaufforstung und Förderung der Naturverjüngung, Düngung und Schädlingsbekämpfung.

Honig *Erzeugung* 1990 in 1000 t (meist S): UdSSR 270 – VR China 183 – USA 89 – Mexiko 71 – Indien 51 – Türkei 40 – Argentinien 39 – Kanada 33 – Frankreich 28 – u. a. BR Deutschland 20 – DDR 9. *Weltproduktion* 1990 (1989) 1,202 (1,168) Mio. t.

Hopfen *Produktion* 1990 in 1000 t: BR Deutschland 32,000 – USA 27,050 – ČSFR 10,617 – UdSSR 10,400 – Großbritannien 4,600 – Jugoslawien 4,200 – DDR 3,200 – VR China 3,200 – Australien 2,400. *Weltproduktion* 1990 (1989) 110,679 (111,832) Tsd. t. – Die *Anbaufläche* betrug 1990 weltweit 80310 ha, davon 19800 in der *BR Deutschland.*

Hühner *Bestand* 1990 in Mio. (meist S): VR China 1984 – USA 1460 – UdSSR 1150 – Brasilien 590 – Indonesien 480 – Japan 338 – Indien 310 – Mexiko 234 – Frankreich 200 – Pakistan 184 – Nigeria 165 – Italien 138 – Iran 120 – Großbritannien 119 – Rumänien 114 – Kanada 110 – Thailand 108 – Niederlande 100 – Irak 80 – Jugoslawien 74 – BR Deutschland 72 – u. a. DDR 49 – Österreich 14. *Weltbestand* 1990 (1989) 10,690 (10,361) Mrd.

Hülsenfrüchte (insges., trocken) *Erzeugung* 1990 (1989) in 1000 t (meist S): Indien 12902 – UdSSR 9800 – VR China 6515 – Frankreich 3757 – Brasilien 2267 – Türkei 2247 – USA 1625 – Mexiko 1480 – Nigeria 1463 – Australien 1346 – Großbritannien 749 – Pakistan 748 – Äthiopien 732 – Polen 566 – Ägypten 475. *Welternte* 1990 (1989) 59,427 (55,563) Mio. t.

Jute (einschl. verwandter Fasern wie Kenaf oder Mesta) *Erzeugung* 1990 in 1000 t: Indien 1620 – Bangladesch 872 – VR China (S) 734 – Thailand 205 – UdSSR (S) 50 – Myanmar 34. *Welterzeugung* 1990 (1989) 3,673 (3,407) Mio. t.

Kaffee (grün) *Ernte* 1990 (1989 und 1980) in 1000 t

Brasilien	1463	(1530)	(1060)
Kolumbien	783	(664)	(724)
Indonesien	411	(401)	(295)
Mexiko	296	(343)	(222)
Côte d'Ivoire (Elfenbeink.)	284	(239)	(250)
Guatemala	210	(220)	(163)
Äthiopien	204	(200)	(187)
Uganda	192	(174)	(110)
Costa Rica	170	(147)	(109)
Ecuador	135	(129)	(69)
Philippinen	134	(156)	(145)
Indien	118	(215)	(150)
El Salvador	156	(117)	(165)
Honduras	118	(90)	(76)
Kamerun	102	(86)	(105)
Zaire	98	(107)	(75)
Kenia	95	(105)	(91)
Peru	80	(106)	(102)

Welternte 1990 (1989) 6,104 (6,068) Mio. t.
Die wichtigsten *Exportländer* sind Brasilien, Kolumbien, Indonesien, Mexiko, Côte d'Ivoire, Uganda und die mittelamerikanischen Staaten; die bedeutendsten *Importeure* sind die USA, Deutschland, Frankreich, Japan und Italien.

Der *Welt-Kaffeemarkt* war auch 1991 – wie schon in den Vorjahren – durch Angebotsüberschüsse gekennzeichnet, die zu einem weiteren Absinken der Preise führten. V. a. an der Weigerung Brasiliens, sich in ein neues Exportquotensystem einzuordnen, scheiterten die Versuche der **ICO** (»Internat. Kaffee-Organisation« aus Erzeuger- und Abnehmerländern), ein neues Kaffee-Abkommen zu schließen. Die Preise erreichten im Herbst 1991 den tiefsten Stand seit 15 Jahren, was v. a. die kleineren Erzeugerländer in größte wirtschaftliche Schwierigkeiten brachte. In *der BR Deutschland* führten die niedrigsten Kaffeepreise seit Jahrzehnten zu einer weiteren Verbrauchszunahme. Besonders deutlich war 1990/91 die Zunahme in den neuen Bundesländern, wo Kaffee früher zu den teuren Luxusgütern zählte. Als *Jahresverbrauch* würden rd. 735 Tassen pro Kopf in West- und 600 Tassen in Ostdeutschland berechnet.

Kakao (Kakaobohnen) *Ernte* 1990 (1989 und 1980) in 1000 t (nach FAO):

Côte d'Ivoire (Elfenbeink.)	720	(725)	(400)
Brasilien	360	(393)	(318)
Malaysia	250	(225)	(32)
Ghana	245	(296)	(250)
Nigeria	155	(160)	(155)
Indonesien	154	(111)	(15)
Kamerun	120	(126)	(117)
Ecuador	97	(83)	(91)
Dominikan. Rep.	59	(42)	(34)

Welternte 1990 (1989) 2,411 (2,440) Mio. t. Der *Exportanteil* an der Ernte ist relativ hoch; wichtigste *Ausfuhrländer* sind Côte d'Ivoire, Ghana, Malaysia und Brasilien. Bedeutendste *Importeure* sind die USA, die Niederlande und die BR Deutschland. Der *Welt-Kakaomarkt* war 1991 durch starke Preisschwankungen gekennzeichnet. Zwar überstieg erstmals seit 8 Jahren der Verbrauch die Erzeugung, doch sorgten hohe Lagerbestände dafür, daß die *Weltmarktpreise* sich nicht nachhaltig erholen konnten. Der Versuch der **ICCO** (»Internationale Kakao-Organisation«), ein neues preisstabilisierendes System von Ausfuhrquoten zu erreichen, scheiterte v. a. an der Weigerung wichtiger Export- (Brasilien) und Importländer (USA). Für die nächsten Jahre hoffen die Erzeuger auf vermehrte Absatzchancen in Osteuropa.

Kartoffeln *Ernte* 1990 (1989 und 1980) in Mio. t

UdSSR	63,700	(72,205)	(67,000)
Polen	36,313	(34,390)	(26,400)
VR China (S)	33,050	(31,260)	(25,000)
USA	17,866	(16,803)	(13,737)
Indien	15,137	(14,857)	(8,327)
DDR	10,734	(9,167)	(9,214)
BR Deutschland	7,666	(7,948)	(7,970)
Niederlande	7,036	(6,856)	(6,267)
Großbritannien	6,504	(6,262)	(7,109)
Frankreich	6,000	(5,417)	(6,618)
Spanien	5,342	(5,366)	(5,737)
Türkei	4,300	(4,060)	(3,000)
Japan	3,600	(3,657)	(3,421)
Rumänien (S)	2,852	(4,420)	(4,400)
ČSFR	2,534	(3,167)	(2,695)
u. a. Österreich	0,791	(0,845)	(1,264)
Schweiz	0,760	(0,770)	(0,853)

Welternte 1990 (1989) 271,451 (276,798) Mio. t. Wichtige *Ausfuhrländer* sind die Benelux-Länder, Deutschland (für Kartoffelprodukte) und Frankreich, die wichtigsten *Einfuhrländer* sind Deutschland und die Benelux-Länder (für Frühkartoffeln).

In *Deutschland* nahm die *Kartoffel-Anbaufläche* stark ab; sie betrug 1991 (1990) in den alten Bundesländern 220,0 (211,3) und in den neuen Ländern 116,1 (337,1) Tsd. ha. Die *Ernte* betrug 7,03 (7,23) bzw. 2,82 (6,80) Mio. t, davon 0,45 (0,62) bzw. 0,15 (0,40) Mio. t Frühkartoffeln. Die Bedeutung der Kartoffel als Grundnahrungs- bzw. Futtermittel hat gegenüber früher stark abgenommen; der *Pro-Kopf-Verbrauch* betrug in Westdeutschland 1991 rd. 71 kg (1978 noch 86 kg).

Käse (alle Arten) *Erzeugung* 1990 in 1000 t: USA 3047 – UdSSR 2111 – Frankreich 1405 – BR Deutschland 1129 – Italien 693 – Niederlande 595 – Polen 440 – Ägypten (S) 320 – Großbritannien 313 – Dänemark 295 – Argentinien 275 – Kanada 264 – ČSFR 212 – DDR 208 – Griechenland 206 – Bulgarien 192 – Australien 175 – Spanien 167 – VR China 144 – Mexiko 144 – u. a. Schweiz 130 – Österreich 109. *Weltproduktion* 1990 (1989) 14,635 (14,430) Mio. t.
Wichtigste *Exportländer* waren 1990/91 die Niederlande, Frankreich, Deutschland und Dänemark; bedeutendste *Importeure* waren Deutschland, Italien und Großbritannien. – In der *BR Deutschland* (alte und neue Bundesländer) stieg die *Käseproduktion* 1991 auf 1,214 Mio. t, davon (in Tsd. t) Schnittkäse 310,311 – Hartkäse 161,315 – Weichkäse 105,263 – Frischkäse 637,161 (darunter Quark 332,999).

Kautschuk (Naturkautschuk) *Erzeugung* 1990 (1989 und 1980) in 1000 t (Trockengewicht):

Malaysia	1420	(1419)	(1552)
Indonesien	1246	(1209)	(989)
Thailand	1100	(936)	(465)
Indien	297	(259)	(155)
VR China	260	(243)	(113)
Philippinen	185	(172)	(68)
Nigeria	141	(118)	(45)
Sri Lanka	113	(111)	(133)

Weltproduktion 1990 (1989) 5,150 (4,832) Mio. t. Rd. 90% der Weltproduktion werden exportiert. Bedeutendste *Exporteure* sind Malaysia, Indonesien und Thailand; die wichtigsten *Einfuhrländer* sind die USA, Japan, China, die BR Deutschland und Frankreich.
Anteil von Naturkautschuk an der gesamten Kautschukproduktion (einschl. Synthet.): 1939 99% – 1955 56% – 1965 38% – 1975 33% – 1990/91 ca. 35%. Der Anteil des Naturprodukts am gesamten Kautschukverbrauch stieg in den letzten Jahren wieder leicht an, da er für gewisse Anwendungsbereiche Vorteile aufweist (z. B. Winterreifen). In den letzten Jahren erhöhte sich außerdem der Bedarf an Latex für die Herstellung von medizinischen Handschuhen und Kondomen. Zur Preisstabilisierung und Sicherung der Versorgung dient das

»Internationale Naturkautschuk-Abkommen« im Rahmen der INRO (»Internationale Naturkautschuk-Organisation«), das 1987 bis 1993 verlängert wurde. Es sorgte durch Marktinterventionen 1991 dafür, daß die durch ein Überangebot verursachten Preisrückgänge auf dem *Weltmarkt* nicht zu gravierend ausfielen.

Kohl *Erzeugung* 1990 in Mio. t (meist S): UdSSR 8,800 – VR China 8,165 – Korea (Süd-K.) 3,214 – Japan 2,900 – Polen 1,450 – USA 1,400 – Rumänien 1,260 – u. a. BR Deutschland 0,498 – DDR 0,430 – Österreich 0,098. *Weltproduktion* 1990 (1989) 37,244 (37,498) Mio. t.

Kopra *Erzeugung* 1990 in 1000 t (meist S): Philippinen 2072 – Indonesien 1250 – Indien 410 – Mexiko 196 – Vietnam 170 – Sri Lanka 170 – Papua-Neuguinea 116. *Weltproduktion* 1990 (1989) 5,048 (4,350) Mio. t.

Leinsaat *Erzeugung* 1990 in 1000 t: Kanada 935 – Argentinien 440 – Indien 342 – VR China 220 – UdSSR 200. *Weltproduktion* 1990 2,647 Mio t.

Mais *Ernte* → Getreide. Wichtige *Ausfuhrländer* 1990 in Mio. t: USA 52,172 – Frankreich 7,195 – VR China 4,500 – Südafrika 3,030 – Argentinien 2,922. Wichtige *Einfuhrländer* 1990 in 1000 t: Japan 15,000 – UdSSR 13,227 – Rep. Korea (Süd-K.) 6,158 – VR China 5,440 – Mexiko 4,102 – Niederlande 2,012 – Ägypten 1,900 – Spanien 1,810 – Großbritannien 1,627 – Algerien 1,500 – Malaysia 1,497 – DDR 1,400 – BR Deutschland 1,244.

Maultiere *Bestand* 1990 in Mio. (meist S): VR China 5,390 – Mexiko 3,180 – Brasilien 2,030 – Kolumbien 0,618 – Äthiopien 0,590 – Marokko 0,520. *Weltbestand* 1990 14,818 Mio.

Milch *Erzeugung* von *Kuhmilch* 1990 (1989 und 1980) in Mio. t

UdSSR	106,275	(108,124)	(90,200)
USA	67,260	(65,426)	(58,298)
Indien	26,700	(24,000)	(13,000)
Frankreich	26,400	(25,984)	(33,300)
BR Deutschland	23,665	(24,243)	(24,779)
Polen	16,170	(16,404)	(16,480)
Großbritannien	15,203	(14,912)	(15,883)
Brasilien	14,228	(13,815)	(10,265)
Niederlande	11,200	(11,354)	(12,148)
Italien	10,376	(10,576)	(10,490)
DDR	9,100	(9,504)	(8,202)
Japan	8,190	(8,059)	(6,504)
Kanada	7,900	(7,980)	(8,025)
Neuseeland	7,700	(7,392)	(6,770)
ČSFR	6,931	(7,101)	(5,909)
Argentinien	6,500	(6,725)	(5,307)
Australien	6,435	(6,465)	(5,562)

Milch *(Forts.)*

Mexiko	6,142	(5,750)	(6,750)
Spanien	5,741	(5,747)	(6,053)
Irland	5,605	(5,982)	(4,850)
u. a. Schweiz	3,772	(3,892)	(3,655)
Österreich	3,350	(3,351)	(3,430)

Weltproduktion von *Kuhmilch* 1990 (1989) 475,263 (470,902) Mio. t, von *Büffelmilch* 41,270 (40,137) Mio. t, davon 1990: Indien 26,300 – Pakistan 10,528 – VR China 1,938 – Ägypten 1,300; von *Schafmilch* 8,559 (8,550) Mio. t, davon 1990: Frankreich 1,080 – Türkei 0,893 – Iran 0,735 – Griechenland 0,700; von *Ziegenmilch* 9,182 (8,690) Mio. t, davon 1990: Indien 1,900 – Somalia 0,675 – Pakistan 0,617 – Türkei 0,524 – Frankreich 0,500. Wichtigste *Ausfuhrländer* für *Trockenmilch* sind Neuseeland (1990 491 Tsd.), die Niederlande, BR Dtld. und Frankreich, für *Frisch- und Kondensmilch* die Niederlande und BR Dtld.

In den *EG-Ländern* galt auch 1991 die ab 1. 4.1984 geltende »Garantiemengenregelung« zur *Eindämmung der Überproduktion.* Diese künstliche Drosselung der Milcherzeugung zeigte erneut ihre Wirksamkeit, wenn auch die Garantiemengen leicht überschritten wurden. Die *Produktion von Kuhmilch* betrug 1991 (1990) 113,506 (116,589) Mio. t. Der *Milchkuhbestand* nahm weiter ab auf 23,481 (24,268) Mio., doch erhöhte sich *der Milchertrag* je Kuh weiter auf 4677 (4600) kg/Jahr. Die *Gesamt-Milcherzeugung* (einschl. Ziegen und Schafe) sank auf 117,129 (120,209) Mio. t. Da sich der *Verbrauch* von Milch und Milchprodukten nur leicht verringerte, sank der *Selbstversorgungsgrad* der EG mit Milch 1991 (1990) auf 110,7 (113,3) %.

In der *BR Deutschland* (alte und neue Länder) sank der *Milchverbrauch* 1990–91 beträchtlich von 29,865 auf 27,982 Mio. t. Da jedoch auch die *Milcherzeugung* abnahm, und zwar von 31,329 auf 28,222 Mio. t, sank auch der *Selbstversorgungsgrad* 1991 (1990) auf 103,0 (104,9) %. Trotz verschiedener *Maßnahmen zum Abbau der Vorräte* (Anlieferquoten, Exporte in Drittländer, v. a. Käse und Milchpulver) erhöhten sich durch Verbrauchsrückgang und Exportschwierigkeiten die *Lagerbestände der EG* (»Interventionsbestände«) 1991 erneut leicht. Die Bestände an Milchpulver stiegen von Ende 1990 bis Ende 1991 von 333 auf 405 Tsd. t, während die Butterbestände leicht auf 290 Tsd. t zurückgingen. Die Kosten für die *EG-Milchmarktordnung* stiegen von 4,956 Mrd. ECU (1990) auf 5,637 Mrd. ECU (1991) an (= 11,498 Mrd. DM). Durch die »*Garantiemengenregelung*«, die 1991 auch in den neuen deutschen Bundesländern wirksam wurde, soll in Zukunft ein ausgeglichenes Angebots-Nachfrage-Verhältnis erreicht werden. Die Abnahme- und Preisgarantie gilt nach dieser Rege-

lung nur noch für eine bestimmte »Garantiemenge«, d. h. Höchstmenge pro Erzeuger. Für die *BR Deutschland* betrug die Garantiemenge im Wirtschaftsjahr 1990/91 21,834 Mio. t, die leicht überschritten wurde.
Die *Milchproduktion* war auch 1991 die mit Abstand wichtigste Einnahmequelle der deutschen Landwirte. Sie erbrachte in den alten Bundesländern 13,760 Mrd. DM, d. h. 26,1 % der Verkaufserlöse der Landwirtschaft. *(→ Butter,→ Käse)*

Obst *Ernte* 1990 in 1000 t (meist S):
Äpfel: UdSSR 5800 – VR China 4712 – USA 4302 – Frankreich 2400 – Italien 1970 – BR Deutschland 1958 – Türkei 1800 – Iran 1250 – Japan 1069 – Argentinien 980 – Indien 978 – Ungarn 950 – Polen 740 – DDR 700 – Chile 690 – DVR Korea (Nord-K.) 645 – Spanien 642 – Rep. Korea (Süd-K.) 629 – u. a. Österreich 338 – Schweiz 320. *Welternte* 1990 (1989) 40,263 (41,709) Mio. t.
Birnen: VR China 2930 – Italien 900 – USA 870 – UdSSR 500 – Japan 461 – Spanien 445 – Türkei 430 – BR Deutschland 329 – Frankreich 320 – u. a. Österreich 100 – DDR 75 – Schweiz 72. *Welternte* 1990 (1989) 9,840 (9,885) Mio. t.
Pflaumen: UdSSR 1000 – VR China 887 – USA 570 – Rumänien 560 – Jugoslawien 523 – BR Deutschland 280 – Türkei 180. *Welternte* 1990 (1989) 5,708 (6,750) Mio. t.
Pfirsiche u. Nektarinen: Italien 1721 – USA 1192 – VR China 786 – Griechenland 776 – Spanien 585 – Frankreich 498 – UdSSR 450 – Türkei 330 – u. a. BR Deutschland 23 – Österreich 12. *Welternte* 1990 (1989) 8,689 (8,838) Mio. t.
Obsternte in der BR Deutschland 1991 (1990) in 1000 t (nach Statist. Bundesamt): Äpfel 780,8 (1801,3) – Pflaumen und Zwetschgen 182,5 (305,3) – Birnen 175,3 (328,8) – Sauerkirschen 44,9 (84,6) – Süßkirschen 34,6 (120,6) – Mirabellen u. Renekloden 16,0 (31,7) – Pfirsiche 10,4 (25,8) – Walnüsse 5,1 (12,2) – Aprikosen 0,9 (1,8) – Johannisbeeren (rot, weiß, schwarz) 100,4 (118,7) – Stachelbeeren 56,4 (66,6) – Erdbeeren 48,3 (50,6) – Himbeeren 22,9 (24,7) – Obst insges. 1,478 (2,973) Mio. t.

Oliven *Produktion* von Oliven/Olivenöl 1990 in 1000 t: Spanien 3235/617 – Griechenland 1150/210 – Türkei 1100/90 – Italien 1042/170 – Syrien 460/98 – Tunesien 400/153 – Marokko 350/46 – Portugal 200/41 – Algerien 179/14 – USA 119/1. *Welterzeugung von Oliven/Olivenöl* 1990 (1989) 8,730 (10,322)/ 1,487 (1,748) Mio. t.

Palmkerne/Palmöl *Produktion* 1990 in 1000 t (meist S): Malaysia 1845/6095 – Indonesien 456/2111 – Nigeria 356/820 – Brasilien 229/66 – Zaire 74/180 – Papua-Neuguinea 57/143 – Kolumbien 55/247 – Thailand 50/226 – Kamerun 42/108. *Welterzeugung* von Palmkernen/Palmöl 1990 (1989) 3,508 (3,368)/11,181 (10,893) Mio. t. Wichtigste *Exporteure* waren 1990/91 Malaysia, Indonesien und Nigeria, *Haupt-Importländer* die USA und die EG-Staaten, v. a. für die Margarineherstellung.

Pferde *Bestand* 1990 in Mio. (meist S): VR China 10,294 – Mexiko 6,170 – Brasilien 6,100 – UdSSR 5,920 – USA 5,215 – Argentinien 3,000 – Äthiopien 2,650 – Mongolei 2,200 – Kolumbien 1,975 – Indien 0,960 – Polen 0,940 – Indonesien 0,740 – Kuba 0,629 – u. a. BR Deutschland 0,375 – DDR 0,107 – Schweiz 0,049 – Österreich 0,048. *Weltbestand* 1990 (1989) 60,920 (60,756) Mio.

Rapssaat *Erzeugung* 1990 in Mio. t: VR China 6,930 – Indien 4,123 – Kanada 3,281 – Frankreich 2,015 – BR Deutschland 1,720 – Großbritannien 1,231 – Polen 1,206 – Dänemark 0,793 – DDR 0,437 – u. a. Österreich 0,086 – Schweiz 0,043. *Weltproduktion* 1990 (1989) 24,416 (22,444) Mio. t.

Reis *Ernte* → *Getreide*. Die *Welternte* erreichte 1991 mit 510,896 Mio. t (vorl. Wert) nicht mehr den Rekordwert von 1990 (525,746 Mio. t) und blieb auch unter der Menge von 1989 (520,519 Mio. t). Die Produktionsabnahme ergab sich v. a. durch geringere Ernten in den Haupterzeugerländern China, Indien und Indonesien, während die Produktion im wichtigsten Exportland Thailand erneut anstieg. Von der Gesamterntemenge entfielen 485,113 Mio. t (=95%) auf Entwicklungsländer. Der Reisbedarf konnte hier im allgemeinen gedeckt werden, ausgenommen China, Indien und gewisse afrikanische und vorderasiatische Länder, die größere Mengen importierten. – Wichtige *Ausfuhrländer* 1990 in Mio. t: Thailand 4,017 – USA 2,474 – Pakistan 0,904 – Italien 0,577. Insgesamt gelangen nur rd. 3% der Weltreisproduktion in den Außenhandel, d. h. 97% des Reises werden im Ursprungsland verbraucht. – Wichtige *Einfuhrländer* 1990 in 1000 t: Philippinen 593 – Saudi-Arabien 400 – Hongkong 374 – Malaysia 330 – UdSSR 320 – Senegal 357 – Südafrika 312 – Indien 300 – u. a. BR Deutschland 227.

Rinder *Bestand* 1990 (1989 und 1980) in Mio.

Indien (ohne Büffel)	197,300	(195,500)	(182,500)
Brasilien	139,550	(136,814)	(92,000)
UdSSR	118,400	(119,060)	(115,100)
USA	98,162	(98,065)	(111,190)
VR China	79,965	(74,801)	(52,490)
Argentinien	50,200	(49,500)	(55,760)
Äthiopien (S)	30,000	(28,900)	(26,000)
Mexiko	28,200	(30,900)	(29,000)
Kolumbien	24,550	(24,598)	(23,950)
Bangladesch (S)	23,359	(23,157)	(21,000)

Rinder *(Forts.)*

Australien	23,191	(22,434)	(23,260)
Frankreich	21,050	(21,780)	(23,920)
Sudan (S)	20,500	(20,167)	(18,350)
Pakistan	17,573	(17,363)	(15,040)
BR Deutschland	14,563	(14,659)	(15,050)
Venezuela	13,819	(13,076)	(10,630)
Kenia	13,793	(13,457)	(10,500)
Kanada	12,249	(12,162)	(13,300)
Nigeria (S)	12,000	(12,000)	(12,300)
Südafrika	11,900	(11,850)	(13,600)
u. a. DDR	5,724	(5,710)	(5,600)
Österreich	2,562	(2,541)	(2,550)
Schweiz	1,848	(1,850)	(2,030)

Weltbestand an *Rindern* 1990 (1989) 1276,285 (1267,145) Mio., an *Büffeln* 140,090 (138,617) Mio., davon 1990: Indien 75,000 – VR China 21,426 – Pakistan 14,686 Mio. – In der *BR Deutschland* sank der Rinderbestand bis Dez. 1991 (1990) auf 17,216 (19,488) Mio. (13,878 Mio. in den alten und 3,337 Mio. in den neuen Bundesländern), davon 5,665 (6,355) Mio. Milchkühe und 2,525 (3,012) Mio. Kälber. Die Zahl der Rinderhalter nahm ebenfalls ab und betrug nur noch 330,2 Tsd., davon 249,2 Tsd. Halter von Milchkühen (nur alte Bundesländer). Der seit Jahren zu beobachtende Rückgang der Zahl der milchkuhhaltenden Betriebe ist eine Auswirkung der EG-Milchpreispolitik (→ *Milch*).

Roggen *Ernte* → *Getreide*

Schafe *Bestand* 1990 in Mio. (meist S): Australien 170,297 – UdSSR 138,400 – VR China 113,508 – Neuseeland 57,852 – Indien 54,588 – Iran 34,200 – Südafrika 32,605 – Türkei 30,500 – Pakistan 29,239 – Großbritannien 29,520 – Argentinien 28,570 – Spanien 24,037 – Äthiopien 22,960 – Sudan 20,000 – Brasilien 19,000 – Marokko 17,500 – Rumänien 15,435 – Syrien 14,395 – Peru 12,827 – Italien 11,569 – u. a. DDR 2,603 – BR Deutschland 1,533. *Weltbestand* 1990 (1989) 1185,710 (1175,712) Mio.

Schweine *Bestand* 1990 (1989 und 1980) in Mio.

VR China	360,594	(349,172)	(325,120)
UdSSR	78,900	(78,100)	(73,900)
USA	53,852	(55,469)	(67,350)
Brasilien (S)	34,500	(32,500)	(34,180)
BR Deutschland	22,165	(22,589)	(22,370)
Polen	19,464	(18,835)	(21,330)
Spanien	16,929	(16,715)	(10,600)
Mexiko	15,203	(16,157)	(13,220)
Niederlande	13,634	(13,820)	(10,140)
Frankreich	12,275	(12,410)	(11,450)
DDR	12,013	(12,464)	(12,130)
Japan	11,816	(11,866)	(10,040)
Rumänien	11,671	(14,351)	(10,900)
u. a. Österreich	3,773	(3,874)	(4,000)

Weltbestand 1990 (1989) 856,207 (846,903) Mio.

– In *Deutschland* sank der Schweinebestand bis Dez. 1991 gegenüber dem Vorjahr um 14,8 % auf 26,251 Mio., davon 21,409 Mio in den alten und 4,842 Mio. in den neuen Bundesländern.

Seide (Rohseide) *Erzeugung* 1990 in 1000 t: VR China 43 – Indien 11 – Japan 6 – UdSSR 4 – DVR Korea (Nord-K.; S) 4. *Weltproduktion* 1990 (1989) 75 (73) Tsd. t.

Sesamsaat *Erzeugung* 1989 in 1000 t: Indien 600 – VR China 500 – Sudan 268 – Myanmar 200 – Nigeria 70 – Bangladesch 57 – Venezuela 52. *Weltproduktion* 1990 (1989) 2,014 (2,087) Mio. t.

Sisal *Produktion* 1990 in 1000 t: Brasilien 185 – Mexiko 39 – Kenia 39 – Tansania 30 – Madagaskar 21. *Weltproduktion* 1990 (1989) 368 (417) Tsd. t.

Sojabohnen *Erzeugung* 1990 (1989 und 1980) in Mio. t

USA	52,303	(52,354)	(48,772)
Brasilien	19,888	(24,071)	(15,156)
VR China	11,408	(10,238)	(7,966)
Argentinien	10,672	(6,519)	(3,500)
Indien	2,250	(1,715)	(0,340)
Italien	1,498	(1,624)	–
Indonesien	1,427	(1,315)	(0,653)
Paraguay	1,300	(1,615)	(0,610)
Kanada	1,292	(1,219)	(0,713)

Welternte 1990 (1989) 107,276 (106,926) Mio. t. Die wichtigsten *Ausfuhrländer* sind die USA, Brasilien und Argentinien; bedeutendste *Importeure* sind Japan, die Niederlande und Deutschland.
Sojabohnen werden v. a. als proteinhaltiges Viehfutter *(Sojaschrot)* und für die Margarineherstellung *(Sojaöl)* verwendet. Sie sind weltweit die wichtigste Ölpflanze. Von der gesamten *Welterzeugung an Ölsaaten* von rd. 219,5 Mio. t (1991) entfielen allein 102,2 Mio. t auf Soja, davon 53,4 Mio. t in den USA. Die *Weltmarktpreise* blieben im Laufe des Jahres 1991 weitgehend stabil, da zwischen Angebot und Nachfrage ein annäherndes Gleichgewicht bestand.

Sonnenblumensaat *Produktion* 1990 in Mio. t: UdSSR 6,500 – Argentinien 3,850 – Frankreich 2,314 – VR China 1,500 – Spanien 1,314 – USA 1,032 – Türkei 0,860 – Ungarn 0,620 – Südafrika 0,585 – Rumänien 0,556 – Jugoslawien 0,422 – u. a. Österreich 0,054. *Welternte* 1990 (1989) 22,024 (21,254) Mio. t.

Tabak (Rohtabak) *Ernte* 1990 in 1000 t: VR China (S) 3020 – USA 737 – Indien 564 – Brasilien 444 – Türkei 288 – Italien 205 – UdSSR (S) 200 – Indonesien 150 – Simbabwe 140 – Griechenland 125 – Malawi 102 – Philippinen 82 – Japan 74 – Bulgarien 71 – Rep.

Korea (Süd-K.) 70 – Thailand 70 – Argentinien 68 – Pakistan 68 – Kanada 66 – DVR Korea (Nord-K.) 65 – u. a. BR Deutschland 7. *Welternte* 1990 (1989) 7,446 (7,049) Mio. t.
Die wichtigsten *Ausfuhrländer* sind die USA, Brasilien, Griechenland, Italien, die Türkei und Simbabwe; bedeutende *Importeure* sind die USA, Deutschland, Großbritannien, die Niederlande und Japan. – In *Deutschland* wurden 1991 (1990) 9000 (8840) t Tabak geerntet, davon rd. 75% in den alten Bundesländern.
(*Zigaretten* → Kap. *Industrie*)

Tee *Ernte* 1990 (1989 und 1980) in 1000 t:

Indien	717	(684)	(572)
VR China	551	(557)	(328)
Sri Lanka	233	(207)	(191)
Kenia	197	(181)	(90)
Indonesien	149	(141)	(106)
Türkei	131	(136)	(96)
UdSSR	115	(131)	(130)
Japan	92	(91)	(102)
Iran	48	(42)	(19)
Argentinien	43	(34)	(28)
Bangladesch	39	(44)	(36)
Malawi	39	(39)	(16)

Welternte 1990 (1989) 2,511 (2,436) Mio. t.
Die wichtigsten *Exporteure* sind Indien, Sri Lanka, China und Kenia; die bedeutendsten *Importländer* sind Großbritannien, die UdSSR, Pakistan, die USA und die arabischen Länder. Die *BR Deutschland* bezieht Tee v. a. aus Indien, Sri Lanka, Indonesien und Kenia. – Der *Welt-Teeverbrauch* zeigte auch 1991 leicht ansteigende Tendenz, v. a. wegen des zunehmenden Eigenverbrauchs in den bevölkerungsstarken Hauptproduktionsländern. Die *Weltmarktpreise* blieben stabil, da insbes. Indien seine Exporte steigerte und der weltweite Bedarf gedeckt werden konnte. In *Deutschland* stieg der Teekonsum durch zunehmenden Verbrauch in den neuen Bundesländern auf rd. 240 g pro Kopf (1991).

Tomaten *Ernte* 1990 in Mio. t (meist S): USA 10,907 – UdSSR 6,700 – Türkei 6,000 – VR China 5,599 – Italien 5,577 – Ägypten 4,300 – Spanien 2,997 – Rumänien 2,350 – Brasilien 2,256 – Griechenland 1,810 – Mexiko 1,646 – Portugal 1,005 – Marokko 0,940. *Welternte* 1990 (1989) 71,867 (70,696) Mio. t.

Wein *Weintraubenernte* 1990 (1989) in Mio. t: Italien 8,434 (9,449) – Frankreich 7,800 (7,409) – Spanien 6,481 (5,034) – UdSSR 5,600 (4,984) – USA 5,044 (5,380) – Türkei 3,500 (3,430) – Argentinien 3,050 (2,971) – Griechenland 1,560 (1,555) – Portugal 1,500 (1,092) – Iran 1,500 (1,320) – Südafrika 1,463 (1,456) – BR Deutschland 1,240 (1,955) – Jugoslawien 1,230 (1,022) – Chile 1,200 (1,037) – VR China 1,100 (0,973) – Rumänien 0,955 (0,915) – Australien 0,827 (0,859) – u. a. Österreich 0,400 (0,317) – Schweiz 0,174 (0,228). *Welternte* 1990 (1989) 60,790 (58,876) Mio. t.
Weinerzeugung 1990 (1989) in Mio. t: Frankreich 6,400 (6,100) – Italien 5,340 (6,033) – Spanien 4,103 (3,113) – UdSSR 2,118 (1,986) – Argentinien 2,025 (2,032) – USA 1,650 (1,557) – Portugal 1,043 (0,744) – BR Deutschland 0,949 (1,449) – Südafrika 0,945 (0,944) – Jugoslawien 0,517 (0,486) – Ungarn 0,450 (0,371) – Australien 0,445 (0,500) – Griechenland 0,440 (0,453) – Rumänien 0,436 (0,463) – Chile 0,350 (0,390) – Österreich 0,317 (0,258) – Brasilien 0,311 (0,274) – u. a. Schweiz 0,120 (0,160). *Weltproduktion* 1990 (1989) 29,250 (28,535) Mio. t.
In *Deutschland* vergrößerte sich die *Rebfläche* auch 1991; sie betrug nach Angaben des Statistischen Bundesamts 1991 (1990) 98876 (94852) ha in den alten und 529 ha in den neuen Bundesländern. Wegen der günstigeren Witterungsbedingungen als im Vorjahr erhöhte sich der Ertrag pro ha, so daß insgesamt 1991 10,170 Mio. hl *Weinmost* erzeugt wurden (davon 18,5 Tsd. hl in den neuen Bundesländern) gegenüber 8,514 Mio. hl 1990. Von der Gesamtmenge entfielen 1991 8,647 Mio. hl auf Weiß- und 1,523 Mio. hl auf Rotmost. Die *Qualität* des Weins war 1991 weniger gut als im Vorjahr; die Durchschnittswerte betrugen 1991 (1990) 71° (78°) Öchsle bzw. 8,8 (8,9)‰ Säuregehalt. Die Ernte eignete sich zu 2,5% für Land- und Tafelwein, 73,5% für Qualitätswein und 24% für Qualitätswein mit Prädikat. *Regionale Verteilung der Ernte* 1991: Rheinland-Pfalz 71,1% – Baden-Württemberg 20,3% – Bayern 5,5% – Hessen 3,0% – Sachsen-Anhalt 0,1% – Rest: Sachsen, Saarland, Nordrhein-Westfalen, Thüringen. – Wegen der leicht niedrigeren Qualität und der höheren Erntemenge ließen sich für die Winzer nur deutlich geringere Preise erzielen als 1990. Wegen der seit 1990 EG-weit verbindlichen Mengenregulierung zur Eindämmung der Überschüsse ergaben sich z. T. Probleme durch die Mehrerträge. Der *Pro-Kopf-Verbrauch* an Wein (einschl. Sekt) betrug 1991 in den alten Bundesländern rd. 26 l, in Gesamtdeutschland rd. 24 l. Der *Selbstversorgungsgrad* mit Wein lag in Deutschland 1991 bei rd. 46%; importiert wurde Wein v. a. aus Italien und Frankreich; die deutschen Exporte gingen zu über 50% nach Großbritannien, kleinere Mengen u. a. in die Niederlande, die USA und nach Japan.

Weizen *Ernte* → *Getreide*. Die *Welternte* nahm 1991 beträchtlich ab und übertraf mit 551,687 Mio. t nur leicht die Menge von 1989 (545,814 Mio t), während 1990 598,705 Mio. t geerntet werden konnten. Der *Ernterückgang* hatte unterschiedliche Ursachen: Im wichtigsten Weizen-Exportland USA verringerten sich die ha-Erträge witterungsbedingt; außerdem war wegen Absatzschwierigkeiten die Anbaufläche von 28,0 auf 23,3 Mio. ha verkleinert worden. Einen noch stärkeren Rückgang zeigte die Weizenproduktion in der ehem. UdSSR, nämlich von 109,6 (1990) auf 84,0 Mio. t. Hier führte das allgemeine wirtschaftliche Chaos dazu, daß größere Flächen nicht bewirtschaftet wurden und ein Teil der Ernte auf den Feldern verdarb. Produktionszuwächse gab es erneut in den EG-Staaten, wo weitere Flächenstillegungen vorbereitet werden.

Wichtigste *Exportländer* für Weizen und Weizenmehl 1990 (in Mio. t): USA 28,749 – Frankreich 19,337 – Kanada 18,166 – Australien 11,671 – Argentinien 6,001 – Großbritannien 4,561 – Niederlande 2,840 – BR Deutschland 2,822 – Italien 1,777. Wichtige *Einfuhrländer* 1990 in Mio. t: UdSSR 15,275 – VR China 13,472 – Ägypten 6,614 – Japan 5,474 – Algerien 4,933 – Italien 4,705 – Niederlande 3,249 – Türkei 2,188 – Rep. Korea (Süd-K.) 2,000 – Pakistan 1,893 – BR Deutschland 1,846 – Indonesien 1,767 – Belgien-Luxemburg 1,734 – Philippinen 1,598. Der *Welt-Weizenmarkt* zeigte 1991 stabilere Preise als in den Vorjahren (100–130 $/t, je nach Qualität), da wegen der geringeren Ernte die Vorräte zurückgingen und größere Mengen gehandelt wurden.

Wolle (Schafwolle roh) *Erzeugung* 1990 in 1000 t: Australien 1100 – UdSSR 471 – Neuseeland 309 – VR China 240 – Argentinien 130 – Südafrika 99 – Uruguay 98 – Großbritannien 75 – Pakistan 61 – Algerien 49 – Rumänien 45 – Türkei 44 – u. a. DDR 18 – BR Deutschland 7. *Weltproduktion* 1990 (1989) 3,354 (3,184) Mio. t. Die größten Produzenten sind auch Hauptexporteure, Japan und die EG-Länder sind die wichtigsten Importeure. Der *Anteil der Wolle* am Rohstoffverbrauch der Textilindustrie beträgt z. Zt. weltweit rd. 25 %, verglichen mit etwa 50 % für Chemiefasern. Die Wollpreise auf dem Weltmarkt sanken 1991 sehr stark (auf rd. 60 % des Preises von 1989), da im Hauptproduktionsland Australien das seit 17 Jahren geltende Preisstützungssystem aufgehoben wurde. Es hatte zu hohen Preisen, einem Ausweichen der Verarbeiter auf billigere Fasern und Überschüssen geführt, die in den nächsten Jahren abgebaut werden sollen.

Ziegen *Bestand* 1990 in Mio. (meist S): Indien 110,000 – VR China 98,313 – Pakistan 35,412 – Nigeria 22,000 – Äthiopien 17,200 – Sudan 14,500 – Iran 13,550 – Türkei 13,100 – Brasilien 12,300 – Indonesien 10,800 – Mexiko 10,439 – Tansania 8,526 – u. a. BR Deutschland 0,058. *Weltbestand* 1990 (1989) 553,202 (540,663) Mio., davon rd. 95 % in Entwicklungsländern.

Zucker (Rohzucker, zentrif., Zucker aus Zuckerrohr und -rüben) *Erzeugung* 1990 (1989 und 1980) in Mio. t (nach FAO)

Indien	11,168	(9,156)	(4,191)
UdSSR	9,130	(9,505)	(7,150)
Kuba	8,157	(7,579)	(6,805)
Brasilien	7,835	(7,793)	(8,547)
VR China	6,359	(6,226)	(3,650)
USA	5,888	(5,972)	(5,331)
Frankreich	4,743	(4,198)	(4,253)
Australien	3,570	(3,797)	(3,329)
Thailand	3,506	(4,052)	(1,098)
BR Deutschland	3,415	(3,338)	(2,994)
Mexiko	3,100	(3,678)	(2,765)
Südafrika	2,230	(2,293)	(1,611)
Indonesien	2,218	(2,108)	(1,500)
Polen	2,142	(1,865)	(1,186)
Pakistan	2,017	(2,011)	(0,780)
Türkei	1,943	(1,378)	(1,186)
Philippinen	1,740	(1,645)	(2,343)
Kolumbien	1,695	(1,492)	(1,260)
Italien	1,584	(1,879)	(1,934)
u. a. DDR	0,717	(0,614)	(0,600)
Österreich	0,451	(0,458)	(0,456)

Welterzeugung von Zucker 1990 (1989) 108,355 (105,483) Mio. t.

Zuckerrohr 1990 (1989) 1038,836 (1038,862) Mio. t, davon 1990 in Mio. t: Brasilien 262,605 – Indien 220,000 – Kuba 75,000 – VR China 63,970 – Pakistan 35,494 – Mexiko 34,893 – Thailand 33,561 – Australien 26,940 – USA 25,524.

Zuckerrüben 1990 (1989) 304,922 (311,877) Mio. t, davon 1990 in Mio. t: UdSSR 81,200 – Frankreich 29,925 – USA 24,982 – BR Deutschland 23,310 – Polen 16,700 – VR China 14,530 – Türkei 13,986 – u. a. DDR 7,056 – Österreich 2,334.

Wichtige *Ausfuhrländer* von Zucker (Rohzucker) sind Kuba, Australien, Frankreich, Brasilien, Thailand, Deutschland, die Benelux-Länder und Südafrika. Wichtige *Einfuhrländer* sind die UdSSR, China, Japan, USA, Indien und Großbritannien.

Die *BR Deutschland* (einschl. neue Bundesländer) erzeugte im Wirtschaftsjahr 1990/91 (1989/90) 4,301 (3,846) Mio. t Zucker bei einem Verbrauch von 2,796 (3,012) Mio. t (Nahrungsverbrauch 2,750 Mio. t = 34,6 kg pro Kopf/Jahr). – Die *EG-Länder* erzeugten 1990/91 (1989/90) 15,889 (15,047) Mio. t bei einem Verbrauch von 11,850 (11,999) Mio. t. Die großen für den Export verfügbaren Mengen konnten wegen der weltweit relativ hohen Lagerbestände auch 1991 nur mit Hilfe von Subventionen verkauft werden, da der *Weltmarktpreis* wesentlich unter den EG-Preisen lag. Die *Zucker-Marktordnungsausgaben* stiegen 1991 auf 1,815 Mrd. ECU (=3,703 Mrd. DM).

Die *Welterzeugung* von Zucker stieg im Wirtschaftsjahr 1990/91 auf 115,2 Mio. t (1989/90: 109,2 Mio. t). Da der *Verbrauch* sich nur auf 110,4 Mio. t erhöhte, vergrößerten sich die *Überschüsse* weiter. Die gesamten Welt-Überschußbestände an Zucker betrugen Ende 1991 mehr als ⅓ des Jahresverbrauchs. Der *Weltmarktpreis* sank daher und erreichte Ende 1991 9,00 cts/lb. Der Tiefstand hatte 1987 bei 6,2 cts gelegen, während der Preis Mitte der 70er Jahre noch bei mehr als 60 cts/lb lag. Für die zuckerexportierenden Entwicklungsländer blieben die durch die relativ niedrigen Einnahmen verursachten Probleme bestehen; für das wichtigste Exportland *Kuba* ergaben sich durch den weitgehenden Ausfall der Lieferungen in die ehem. Ostblockländer besondere Probleme. Auch für die nächsten Jahre ist kaum mit einer Änderung der Überschußsituation zu rechnen, da die globale Produktion weiter zunehmende Tendenz zeigt, andererseits in den westlichen Industrieländern der Zuckerverbrauch seit längerem rückläufig ist. – Die *EG* versucht, die Zuckererzeugung durch Verringerung der Anbauflächen zu drosseln bzw. neue Absatzmöglichkeiten im technischen Bereich zu erschließen (z. B. Alkoholerzeugung).

Treibstoff-Alkohol aus Zucker wird z. Z. hauptsächlich in Brasilien, daneben auch in den USA, produziert, jedoch herrscht bezüglich der Zukunft dieser Art von Zuckerverwendung inzwischen große Skepsis (ökologische Schäden durch den forcierten Zuckeranbau, mangelnde preisliche Konkurrenz gegenüber dem billigeren Erdöl). Der Anteil der mit Zuckeralkohol angetriebenen PKW, der in Brasilien zeitweise 90 % der Neuzulassungen betragen hatte, geht daher wieder zurück (rd. 15 %).

Zwiebeln *Ernte* 1990 in Mio. t (meist S): VR China 3,939 – Indien 3,350 – USA 2,427 – UdSSR 2,200 – Türkei 1,550 – Japan 1,280 – Spanien 1,103 – Brasilien 0,867 – Pakistan 0,713 – Iran 0,650 – Ägypten 0,550 – Polen 0,550. *Welternte* 1990 (1989) 27,714 (27,003) Mio. t.

Welternte von Knoblauch 1990 2,932 Mio. t, davon VR China 658 – Rep. Korea (Süd-K.) 417 – Indien 280 – Spanien 202 Tsd. t.

BERGBAU, ROHSTOFFGEWINNUNG UND -VERSORGUNG

Rohstoffe, ihre **Gewinnungs- und Bezugsmöglichkeiten,** ihre **Verfügbarkeit** und ihre **Preisentwicklung,** aber auch ihre möglichst umweltschonende **Förderung, Verarbeitung, Nutzung** und schließlich **Entsorgung** bzw. **Wiederaufbereitung (Recycling)** stehen im Spannungsfeld von Ökonomie und Ökologie. Wichtige Anstöße zur Problemerfassung gaben der erste »Ölschock« von 1973 und die pessimistische Studie des »Club of Rome« über die »Grenzen des Wachstums« (1972), in der die baldige Erschöpfung vieler Rohstoffvorräte prognostiziert worden war. Seit Anfang der 80er Jahre zeigt sich jedoch deutlich, daß – entgegen den meisten Vorhersagen – bei fast allen **Rohstoffen,** den bergbaulichen wie den landwirtschaftlichen, **keine Mangellage,** sondern im Gegenteil ein ausreichendes Angebot, z. T. sogar ein **Überangebot** eingetreten ist. Infolgedessen waren auch in den letzten Jahren die Preise für die meisten Rohstoffe stabil, vielfach sogar rückläufig. Eine gewisse Trendwende in Form zeitweise steigender oder schwankender Preise, die für gewisse Produkte seit 1987/88 zu beobachten ist, geht nicht auf eine generelle Verknappung von Rohstoffen zurück, sondern auf teils konjunkturbedingte, teils technisch oder politisch verursachte, teils auch spekulativ bedingte Lieferengpässe und zeitweilige Ungleichgewichte zwischen Angebot und Nachfrage. Beispielsweise führten der irakische Einmarsch in Kuwait (1990) und der Golfkrieg (1991) zeitweise zu starken Preiserhöhungen bei verschiedenen Rohstoffen. Auch die Unsicherheit über die Zukunft des wichtigen Rohstofflieferanten Südafrika und das Auseinanderbrechen der Sowjetunion führten zu Besorgnissen über mögliche Unterbrechungen von Rohstofflieferungen und zu kurzzeitigen Preiserhöhungen. Insgesamt gab es jedoch auch 1991 eine **mehr als ausreichende Versorgung,** und die Hauptprobleme lagen auch 1991/92 darin, den Produzenten angemessene Preise zu sichern sowie Abbau, Transport, Verwendung und schließlich Entsorgung von Rohstoffen in umweltschonender Weise durchzuführen.

Die Ursachen für die bei praktisch allen Rohstoffen zu beobachtende *günstige Versorgungssituation,* die sich häufig in beträchtlichen Angebotsüberschüssen äußert, sind vielfältig. Sie liegen

a) im stagnierenden oder nur noch leicht ansteigenden Bedarf durch

– *Sättigungseffekte* und *Strukturwandlungen in den westlichen Industriestaaten* (z. B. Bedarfsdeckung bei vielen Gebrauchsgütern, daher lediglich Ersatzbedarf);

– *Devisenknappheit der osteuropäischen Staaten und der Entwicklungsländer,* wodurch der industrielle Aufbau und die Güterproduktion behindert und die Rohstoffnachfrage gebremst wird;

– *Einsparung von Rohstoffen durch verstärkte Wiederverwendung gebrauchten Materials (Recycling),* Anwendung neuer Technologien (z. B. energiesparende Maschinen), Verwendung von Kunststoffen anstelle metallischer bzw. mineralischer Stoffe u.ä. So wuchs in der *BR Deutschland*

1978–90 das Bruttoinlandsprodukt jährlich im Schnitt um 2,2%, während der Rohstoffverbrauch um 0,4% zurückging.
b) in der Erhöhung des Angebots, das in den letzten Jahren bei vielen Rohstoffen – bergbaulichen wie landwirtschaftlichen – zu verzeichnen war, und zwar durch
– *Mehrproduktion der Lieferanten* (z. B. exportabhängige Entwicklungsländer), die zur Deckung ihres Devisenbedarfs dringend auf erhöhte Einnahmen durch Rohstoffausfuhren angewiesen sind und auf sinkende Preise häufig mit vermehrtem Angebot reagieren;
– ferner durch *Lieferungen aus neuen Lagerstätten*, deren Erschließung v. a. durch das hohe Preisniveau der 70er Jahre rentabel geworden war.
Nach derzeitigen wissenschaftlichen Erkenntnissen ist auf absehbare Zeit **bei keinem bedeutenden Rohstoff eine Verknappung** durch Erschöpfung der Lagerstätten zu befürchten. Lediglich bei einigen strategisch wichtigen Rohstoffen, z. B. seltenen Metallen (Stahlveredler u. a.), deren Vorkommen auf wenige bzw. umstrittene Länder konzentriert sind (z. B. Südafrika, politisch labile Entwicklungsländer, GUS-Staaten, China), könnten sich Versorgungsschwierigkeiten durch Kriege, Störung der Transportwege, Embargos oder Boykottmaßnahmen ergeben. Das **Rohstoffproblem der Gegenwart** besteht also – aus der Sicht der Industrieländer gesehen – nicht in der früher häufig vorhergesagten Knappheit aufgrund einer baldigen Erschöpfung der Lagerstätten, sondern vielmehr in der
– *Sicherung des Zugangs* und den *Kosten der Erschließung* und v. a. in den
– *Folgen eines zu wenig umweltschonenden Umgangs mit den Rohstoffen* (z. B. Luftverunreinigung durch Verbrennen von Energierohstoffen, Schwermetallbelastung der Böden, Abwasserbelastung der Gewässer usw.).
Bei der Diskussion über Rohstoff- und Energieprobleme wird häufig zu wenig beachtet, daß die **Höhe der Reserven** überwiegend vom **Preis** und vom **Stand der Abbau- und Fördertechnik** abhängt. Bei steigenden Preisen steigt regelmäßig auch die Menge der verfügbaren Reserven an, da sich dann der Abbau vorher vernachlässigter ärmerer Lagerstätten rentiert bzw. ein Anreiz zur Erforschung und Erschließung bisher noch unbekannter oder bisher nicht wirtschaftlich nutzbarer Ressourcen entsteht. Ein Beispiel ist die Inangriffnahme schwieriger und kostspieliger untermeerischer Erdölbohrungen seit den enormen Preissteigerungen der 70er Jahre. Der Preisverfall seit Mitte der 80er Jahre ließ die Förderung des Nordseeöls an die Rentabilitätsschwelle stoßen, und in den USA wurden 1986/87 zahlreiche Fördertürme stillgelegt, da die Förderkosten durch den Erlös nicht mehr gedeckt waren. Insofern haben auch die Mineralölfirmen Europas und Nordamerikas ein Interesse daran, daß die Ölpreise eine gewisse Höhe nicht unterschreiten.

Statische Lebensdauer ausgewählter Rohstoffe
in Jahren (Stand 1990/91): Chrom 350 – Eisen 260 – Mangan 250 – Braunkohle 200 – Nickel 160 – Steinkohle 160 – Zinn 120 – Kupfer 90 – Blei 80 – Erdgas 60 – Silber 50 – Erdöl 42 – (einschl. Öl aus Teersanden und Ölschiefern rd. 100) – Zink 40 – Quecksilber 35.

Alle *Angaben über Rohstoffvorkommen und -vorräte* sind also unter der Prämisse »nach dem gegenwärtigen Stand der Technik und zu den gegenwärtigen Preisen wirtschaftlich gewinnbar« zu sehen. Dementsprechend hat in den 70er und beginnenden 80er Jahren bei fast allen bergbaulich zu gewinnenden Rohstoffen die statische Lebensdauer (= Vorräte bei gleichbleibender Jahresförderung) aufgrund der gestiegenen Preise, der verbesserten Abbautechniken und der Erforschung neuer Lagerstätten trotz des Abbaus größerer Mengen nicht ab-, sondern zugenommen.
Seit Mitte der 80er Jahre ist als Reaktion auf die stark gesunkenen Rohstoffpreise wiederum ein gewisser Rückzug auf die Ausbeutung der am kostengünstigsten abzubauenden Lagerstätten festzustellen. Viele Planungen zur Erschließung neuer Kohleabbaufelder und Metallerzbergwerke, Projekte zur Gewinnung von Mineralöl aus Teersanden und Ölschiefern (z. B. in Kanada und USA), Vorhaben zur Förderung von Mineralien vom Meeresboden (z. B. Manganknollen) u. ä. wurden wegen der für die Erzeuger unbefriedigenden Preissituation und aufgrund des weltweiten Überangebots aufgeschoben.

Bei der **Preisentwicklung für bergbauliche Rohstoffe** setzten sich 1991 die *Verbilligungstendenzen* der Vorjahre fort, die nur zu Jahresbeginn durch den Golfkrieg kurzzeitig durch eine Hausse-Entwicklung abgelöst wurden. Zum Jahresende 1991 lagen die Preise fast aller bergbaulichen Rohstoffe niedriger als zum Jahresbeginn. Die Ursachen der *Preisrückgänge* waren vielfältig. Neben z. T. *erhöhten Fördermengen* zur Anpassung an die in den Vorjahren gestiegene Nachfrage ist v. a. die *konjunkturelle Abschwächung mit vermindertem Rohstoffbedarf* in wichtigen Industrieländern zu nennen (USA, Großbritannien u. a.), daneben der *wirtschaftliche Zusammenbruch der Sowjetunion* und des ehemaligen Ostblocks. Er führte zu stark verminderter Nachfrage bei gleichzeitigem Export von Lagerbeständen, so daß die Preise zweifach unter Druck gerieten. – Auch die *Preise für*

Edelmetalle (Gold, Silber, Platin) wiesen wegen verringerten industriellen Bedarfs und hoher sowjetischer Exporte stark fallende Tendenz auf. Auch das zunehmende *Angebot von Recyclingmaterial* drückte die Preise. Außerdem blieb das private Kaufinteresse aus Renditeüberlegungen gering, da die Geld- und Wertpapiermärkte lukrativer waren. – Selbst Erdöl und andere Energierohstoffe wiesen aufgrund des Golfkrieges nur kurzfristige Preissteigerungen zu Jahresbeginn auf, die sich wegen des raschen Kriegsendes und der ausreichenden Versorgung bald wieder normalisierten.

Die Preisentwicklung ausgewählter mineralischer Rohstoffe

	Ende 1990	Ende 1991
Kupfer (£/t)	1333,75	1165,50
Blei (£/t)	321,50	288,12
Zink ($/t)	1250,50	1174,00
Zinn ($/t)	5583,00	5604,00
Nickel ($/t)	8162,50	7166,00
Aluminium ($/t)	1525,50	1117,75
Gold ($/oz.)	391,00	353,40
Silber (cts./oz.)	409,45	386,00
Platin ($/oz.)	408,70	338,70

Der **Rohstoffbedarf** der westlichen Industrieländer stieg in den letzten Jahren – auch 1991/92 – wesentlich schwächer als die Güterverwendung und das industrielle Wachstum, da die Anstrengungen zur **Wiederverwendung gebrauchter Rohstoffe (Recycling)** weiter verstärkt wurden. Im Gegensatz zu fossilen Energierohstoffen, die beim Verbrennen unwiderruflich verbraucht werden, handelt es sich bei der Verarbeitung mineralischer (z. B. Metall) und z. T. auch organischer Rohstoffe (z. B. Kautschuk, Papier) eher um ein »Durchgangsstadium«. Ein beträchtlicher Teil der Rohstoffe kann nach Ablauf der Verwendungszeit wieder zurückgewonnen werden. Dieses Recycling schont nicht nur die Ressourcen, es ist auch oft kostengünstiger als die Verwendung »neuer« Rohstoffe vor allem ökologisch sinnvoller als die Beseitigung von Altmaterialien durch Deponieren oder Verbrennen, wobei beträchtliche Umweltschäden (Belastung von Boden, Wasser und Luft) auftreten können (Abgase, Gewässer- und Grundwasserverschmutzung, Inanspruchnahme großer Flächen und Landschaftsverschandelung).

Bei noch *besserer Abfallsortierung* und *konsequenter Wiederverwendung* könnten etwa folgende *Recyclingraten* erreicht werden: Kupfer 75–80 % (z. Z. über 40 %) – Zinn 65–70 % (z. Z. über 50 %) – Papier 60–65 % (z. Z. über 40 %) – Blei über 60 % (z. Z. über 50 %) – Aluminium über 50 % (z. Z. rd. ⅓) – Nickel, Eisen, Stahl je 45–50 % (z. Z. knapp 40 %) – Glas 50–55 % (z. Z. rd. ⅓) – Zink 35–40 % (z. Z. knapp ⅓).

In der **BR Deutschland** (nur alte Bundesländer) werden z. B. jährlich wiederverwendet: u. a. über 4 Mio. t Papier und Pappe (Papier- und Kartonverpackungen bestehen heute zu fast 90 % aus Altpapier) – über 900 Tsd. t Glas, davon rd. 800 Tsd. t aus Containersammlungen – über 300 Tsd. t Eisenschrott – rd. 260 Tsd. t Weißblech – rd. 270 Tsd. t Altreifen.

Welche *Recyclingmöglichkeiten* selbst beim *Hausmüll* noch gegeben sind, geht aus seiner Zusammensetzung hervor. 1990 fielen in der *BR Deutschland* 15 Mio. t Hausmüll an; davon waren rd. 4,3 Mio. t organische Abfälle, rd. 4,1 Mio. t Verpackungen (u. a. Glas 1,2 – Papier und Pappe 1,4 – Kunststoffe 0,9 – 0,5 Mio. t metallische Gegenstände). Bisher gelang es in der BR Deutschland, durch laufend verbesserte Abfallsortierung und Wiederverwendung die jährlich anfallende und zu entsorgende *Müllmenge* seit Mitte der 70er Jahre auf der Höhe von rd. 250 Mio. t zu halten (einschl. eigenentsorgter Industrie- und Bergbauabfälle). Die *Entsorgung durch die öffentliche Abfallbeseitigung* umfaßt jährlich rd. 100 Mio. t, davon (in Mio. t) Bodenaushub 30 – Haus- und Kleingewerbemüll 29 – Bauschutt 25 – Industrieabfälle 7 – Aschen und Schlacken 4 – Klärschlämme 4.

Für diejenigen **Entwicklungsländer**, die auf den *Export von Bergbauprodukten* angewiesen sind, besserte sich auch 1991 wegen der erneut stagnierenden bis sinkenden Erlöse die Situation nicht. Die Entwicklung dieser Länder litt v. a. auch darunter, daß zwar die Deviseneinnahmen für Rohstoffexporte vielfach zurückgingen, dagegen die Ausgaben für Industriegüterimporte weiter anstiegen. Nach Untersuchungen der UNCTAD sind *rd. 85 Entwicklungsländer am stärksten betroffen, die mehr als 50 % ihrer Exporteinnahmen mit bergbaulichen und/oder agrarischen Rohstoffen* erzielen.

Ein Beispiel für *entwicklungspolitische Zusammenarbeit zwischen Industrie- und Entwicklungsländern im Rohstoffbereich* sind die seit 1975 geltenden Abkommen über Finanzhilfe und handelspolitische Zusammenarbeit zwischen der **EG** und den (1991) **68 AKP-Staaten** (Entwicklungsländer aus dem **a**frikanischen, **k**aribischen und **p**azifischen Raum). Das neueste, als »Lomé IV« (nach der togoischen Hauptstadt) bezeichnete Abkommen wurde am 15. 12. 1989 unterzeichnet, trat am 1. 3. 1990 in Kraft und gilt bis Ende Febr. 2000. Es wurde mit einem Finanzvolumen von 12 Mrd. ECU (= rd. 24,960 Mrd. DM) ausgestattet. Der wichtigste Teil des Abkommens besteht im unbeschränkten Zugang – frei von Zöllen und mengenmäßigen Beschränkungen – der AKP-Staaten zum EG-Markt bei Exporten von agrarischen und mineralischen Rohstoffen. Durch das *Stabex-System* sollen die Ausfuhrerlöse stabilisiert werden (Zuschüsse), durch den Sonderfonds für Bergbauerzeugnisse *(Sysmin)* sollen Investitionen in den AKP-Staaten gefördert und die Ausfuhrerlöse stabilisiert werden, während die Versorgung der EG-Staaten gesichert bleiben soll. Außerdem wurden in den neuen Vertrag Regelungen zur Erleichterung der Verschuldungssituation und umweltrelevante Abmachungen aufgenommen (z. B. Verbot von Giftmüllexporten).

Ausgewählte Zahlen über Produktion und Verbrauch

Antimon *Bergwerksproduktion* (Sb-Inhalt von Erzen; nach »Metallstatistik«) 1990 (1989) in t: VR China (S) 22000 (29000) – Bolivien 8454 (9189) – UdSSR (S) 5400 (5800) – Südafrika 5258 (5201) – Mexiko 2627 (1906) – USA (S) 2300 (2500) – Türkei 1500 (1460) – Australien 1300 (1419) – ČSFR 1096 (787) – u. a. Österreich 250 (360). *Weltproduktion* 1990 (1989) 53,596 (63,993) Tsd. t.

Bauxit (unterschiedl. Nässegehalt u. Zusammensetzung) *Produktion* (nach »Metallstatistik«) in Mio. t 1990 (1989 und 1980)

Australien	41,391	(38,583)	(27,179)
Guinea	17,524	(17,547)	(13,911)
Jamaika (Trockengew.)	10,937	(9,395)	(11,978)
Brasilien	9,876	(7,894)	(4,152)
UdSSR (S; einschl. Alunit und Nephelin)	5,350	(5,750)	(6,400)
Indien	4,340	(4,345)	(1,785)
VR China (S)	4,200	(4,800)	(1,700)
Suriname	3,267	(3,457)	(4,903)
Jugoslawien	2,951	(3,252)	(3,138)
Ungarn	2,559	(2,643)	(2,950)
Griechenland	2,504	(2,602)	(3,012)
Sierra Leone	1,445	(1,548)	(0,766)
Guyana (Trockengew.)	1,424	(1,340)	(3,052)
Indonesien	1,206	(0,862)	(1,249)

Weltproduktion 1990 (1989) 112,713 (107,980) Mio. t.

Als Zwischenprodukt für die Aluminiumherstellung wird aus Bauxit zunächst *Tonerde (Aluminiumoxid)* produziert; *Produktion* 1990 in Mio. t: Australien 11,231 – USA 5,430 – UdSSR (S) 4,000 – Jamaika 2,869 – VR China (S) 1,700 – Brasilien 1,653 – Suriname 1,531 – Venezuela 1,405 – Indien 1,334 – BR Deutschland 1,165. *Weltproduktion* 1990 41,687 Mio. t.

Aluminiumproduktion → *Kap. Industrie*

Die *Weltexporte* von Bauxit bzw. Tonerde entfallen zu über ¾ auf Entwicklungsländer. Zum Teil erbringen Bauxit-, Tonerde- und Aluminiumausfuhren mehr als 60 % der Exporterlöse (z. B. Jamaika, Guinea, Suriname). Die führenden Ausfuhrländer sind in der **IBA** (»Intern. Bauxite Association«) zusammengeschlossen. Die *Weltmarktpreise* für Bauxit bzw. Aluminium sanken 1991 sehr stark, da einem erhöhten Angebot der wichtigsten Exporteure eine verringerte Nachfrage seitens der großen westlichen Industriestaaten gegenüberstand (Konjunkturabschwächung). Aufgrund des wirtschaftlichen Umbruchs in Osteuropa wird für die nächsten Jahre mit stärkeren Verbrauchssteigerungen gerechnet.

Blei (*Bergwerksproduktion*; Pb-Inhalt, nach »Metallstatistik«) *Gewinnung* 1990 (1989 und 1980) in 1000 t

Australien	560,5	(495,0)	(397,5)
USA	495,2	(419,3)	(573,1)
UdSSR	490,0	(500,0)	(580,0)
VR China	315,3	(341,4)	(170,0)
Kanada	232,1	(276,1)	(296,6)
Peru	188,9	(193,1)	(189,2)
Mexiko	180,0	(180,1)	(151,6)
Bulgarien (S)	85,0	(84,5)	(100,0)
Schweden	84,2	(83,2)	(72,1)
Jugoslawien	83,0	(79,0)	(121,5)
Südafrika	70,2	(78,2)	(86,1)
Marokko	66,9	(64,7)	(115,5)
Spanien	61,5	(62,6)	(88,6)
DVR Korea (Nord-K., S)	60,0	(70,0)	(100,0)
Polen	45,4	(51,1)	(47,5)
u. a. BR Deutschland	8,6	(9,3)	(31,3)

Weltproduktion 1990 (1989) 3,316 (3,304) Mio. t.

Produktion von *raffin. Blei* (einschl. Rückgewinnung) 1990 (1989) 5,674 (5,903) Mio. t, davon 1990 in 1000 t: USA 1201,5 – UdSSR (S) 730,0 – BR Deutschland 348,7 – Großbritannien 329,4 – Japan 329,0 – VR China 286,8 – Frankreich 260,0.

Weltverbrauch von *raffin. Blei* 1990 (1989) 5,609 (5,844) Mio. t, davon 1990 in 1000 t: USA 1311,7 – UdSSR (S) 650,0 – Japan 416,9 – BR Deutschland 391,8 – Großbritannien 301,6 – Italien 258,0 – VR China 250,0.

Die wirtschaftlich zu gewinnenden *Welt-Bleivorräte* werden auf 180–200 Mio. t geschätzt, davon etwa ⅔ in den westlichen Industriestaaten. – Die *Bleipreise* sanken 1991 auf den tiefsten Stand seit 5 Jahren, da sich durch erhöhte Produktion in Nordamerika und verstärktes Recycling das Angebot vermehrte, während gleichzeitig durch die weltweit nachlassende Automobilkonjunktur der Bedarf zurückging. Über 60 % des *Welt-Bleibedarfs* entfallen auf die Herstellung von Starterbatterien, wobei die Recyclingrate inzwischen in Deutschland bei rd. 90 % liegt. Zweitgrößter Verbraucher ist die chemische Industrie (knapp 20 %). Auf Bleizusatz in Benzin entfallen nur noch weniger als 5 % mit weiter abnehmender Tendenz.

Braunkohle (Lignit) *Förderung* 1990 (1989 und 1980) in Mio. t (nach UNO-Angaben)

DDR	248,980	(301,020)	(258,096)
VR China	in den Zahlen für Steinkohle enthalten		
UdSSR	156,504	(164,004)	(159,936)
BR Deutschland	107,532	(110,088)	(129,864)
ČSFR	85,524	(93,912)	(94,896)
USA	82,608	(78,624)	(42,312)
Polen	67,584	(71,808)	(36,864)
Jugoslawien	64,752	(67,476)	(46,620)
Griechenland	51,696	(51,864)	(23,196)
Australien	47,724	(48,288)	(32,892)
Türkei (1989 bzw. '88)	36,000	(37,800)	(15,048)
Rumänien	33,612	(52,512)	(27,108)
Bulgarien	31,524	(34,092)	(29,904)
Kanada	30,660	(31,728)	(16,512)
Spanien	21,072	(21,540)	(15,456)
Ungarn	15,840	(17,904)	(22,925)
u. a. Österreich	2,508	(2,244)	(1,721)

Weltförderung (ohne VR China) 1990 (1989) 1,176 (1,257) Mrd. t. Die *Weltreserven* belaufen sich (nach UNO-Angaben, nicht vollständig) auf ca. 2900 Mrd. t, davon u. a.: UdSSR 1800 – USA 650 – Australien 90 – BR Deutschland 55 – DDR 28.

Die *BR Deutschland* war auch 1991 – trotz eines beträchtlichen Förderrückganges in den neuen Bundesländern – mit großem Abstand *weltweit größter Braunkohlenproduzent*. Die *Förderung* sank 1991 (1990) um 21,6 % auf 279,403 (356,513) Mio. t (1989 noch 410,666 Mio. t). Von der Gesamtförderung entfielen (in Mio. t) auf die Lausitz (Cottbus) 116,784 – das Rheinische Revier (Köln–Aachen) 106,361 (Tagebau mit rd. 16 000 Beschäftigten) – das mitteldeutsche Revier (Halle/Leipzig) 50,885 – Helmstedt 4,536 – Nordhessen (Borken) 0,779 – Nordostbayern (Oberfranken) 0,058. Zur Inlandsförderung kamen relativ geringe Mengen importierter Braunkohle aus der ČSFR zur Verfeuerung in oberfränkischen Kraftwerken.

In *Westdeutschland* wurden 1991 87 % der Braunkohle zur *Elektrizitätsgewinnung* verfeuert; der Rest entfiel auf die Herstellung von Briketts (2,851 Mio. t) und Braunkohlenstaub (2,481 Mio. t). Der Verbrauch von Braunkohle (einschl. Briketts) im Haushalt ging in den letzten 25 Jahren um rd. 85 % zurück; er betrug 1991 nur noch 1,5 Mio. t. – Insgesamt trug die Braunkohle 1991 (1990) in Westdeutschland 18,5 (18,4) % zur *Stromerzeugung* und 8,0 (8,2) % zur gesamten *Primärenergieversorgung* bei. In *Ostdeutschland* (ehem. DDR) wurde die Braunkohle als *einzige bedeutende einheimische Energiequelle* und zur Deviseneinsparung dazu ausersehen, die Hauptlast der Strom- und Wärmeerzeugung zu tragen. Trotz starker Drosselung der Förderung seit der Wiedervereinigung stellte sie auch 1991 noch 61,7 % des *Primärenergiebedarfs* und 90,3 % der *Stromerzeugung* sicher. Die *Förderung* betrug 1991 (1990) 167,669 (248,924) Mio. t (= 51,527 Mio. t SKE). Die Förderung und Verbrennung (in Kraftwerken und als Hausbrand) der stark schwefelhaltigen Braunkohle bringt eine sehr hohe *Umweltbelastung* mit sich, so daß Abbau und Verwendung der Braunkohle in Zukunft weiter gedrosselt werden, obwohl die Vorräte noch für mehrere Jahrhunderte reichen. Neben umweltfreundlicherer Umrüstung der Kraftwerke (Rauchgasreinigungsanlagen) ist mittel- bis längerfristig auch mit einem stärkeren Ersatz durch Steinkohle, Öl und Erdgas zu rechnen. Bisher spielt die Braunkohle noch eine große Rolle für den Hausbrand (Brikettheizung). Vom ostdeutschen Verbrauch von 51,438 Mio. t SKE (1991) entfielen rd. 20 % auf Haushalte und Kleinverbraucher.

Cadmium (Kadmium) *Hüttenproduktion* (nach »Metallstatistik«) 1990 (1989) in t: Japan 2451 (2944) – UdSSR (S) 2400 (2600) – Belgien-Lux. 1956 (1741) – USA 1678 (1550) – Kanada 1437 (1620) – Mexiko 1207 (1251) – VR China (S) 1000 (874) – BR Deutschland 973 (1298). *Weltproduktion* 1990 (1989) 19,949 (20,778) Tsd. t.

Chrom *Bergwerksproduktion* von Chromerz 1989 (1988) in 1000 t: Südafrika (einschl. Namibia und Bophuthatswana) 4275 (4245) – UdSSR (S) 3800 (3700) – Indien 1003 (821) – Türkei 850 (853) – Albanien 700 (750) – Simbabwe 627 (562) – Finnland 499 (536) – Philippinen 380 (166). *Weltproduktion* 1989 (1988) 12,700 (12,300) Mio. t. Die *Weltreserven* sind relativ groß, aber stark konzentriert; sie liegen zu rd. 75 % in Südafrika, 15 % in Simbabwe und 5 % in der UdSSR. Die Rep. Südafrika deckte 1989/90 über ⅓ des Weltbedarfs und ¾ des Bedarfs der BR Deutschland an Chrom.

Diamanten *Gewinnung* 1987 (1986) in 1000 Karat Industrie-/Schmuck-Diamanten (nach UNO)

Zaire	15540	(18643)/4670	(4661)
Botswana	3844	(3500)/9482	(9610)
UdSSR (S)	7100	(6400)/4900	(4400)
Südafrika	4990	(5755)/4063	(4473)
Namibia	40	(40)/ 980	(970)
Brasilien	213	(315)/ 320	(310)
Ghana	400	(438)/ 60	(50)
Zentralafrikan. Rep.	109	(99)/ 304	(245)
Sierra Leone	75	(100)/ 200	(215)
Liberia	190	(229)/ 60	(63)
Tansania	45	(57)/ 133	(133)
Guinea	12	(14)/ 163	(190)

Weltproduktion 1987 (1986) 34,300 (37,538) Mio. Karat *Industriediamanten* und 25,598 (25,644) Mio. Karat *Schmuckdiamanten*. Wertmäßig machen Schmuckdiamanten über 80 % der Förderung aus. Rd. ¾ des Bedarfs an Industriediamanten werden synthetisch hergestellt. Über 95 % der Rohdiamanten der Welt werden über die *CSO* (»Central Selling Organization«) des südafrikanischen de Beers-Konzerns vermarktet. Der Diamantenverkauf der CSO betrug 1990 4,160 Mrd. US-$ (Schmuck- und Industriediamanten); 1991 ging der Absatz konjunkturbedingt um rd. 6% auf 3,930 Mrd. $ zurück.

Eisenerz *Förderung* 1990 (1989) in Mio. t (nach UNO- und Eurostat-Angaben; %-Zahlen = durchschn. Fe-Gehalt)

UdSSR (60%)	236,2	(241,0)
VR China (60%)	169,4	(162,0)
Brasilien (65%)	154,4	(154,0)
Australien (62%)	112,3	(108,7)
USA (62%)	55,5	(57,9)
Indien (63%)	50,0	(49,2)
Kanada (64%)	36,4	(40,9)
Südafrika (64%)	30,3	(30,0)
Venezuela (64%)	20,1	(19,0)
Schweden (64%)	19,9	(21,8)
Mauretanien (61%)	11,4	(12,0)
DVR Korea (Nord-K., 48%)	9,5	(8,5)
Frankreich (30%)	8,7	(9,4)
Mexiko (63%)	8,1	(7,4)
Chile (60%)	7,8	(8,5)
Iran (46%)	5,5	(5,6)
u. a. Österreich (30%)	2,3	(2,4)
BR Deutschland (30%)	0,1	(0,1)

Weltförderung von Eisenerz nach UNO-Angaben 1990 (1989) 974,2 (982,9) Mio. t.
Der *Eisenerzbedarf* stagnierte 1991 wegen der zurückgehenden Stahlproduktion (→ *Stahl, Kap. Industrie);* es bestand daher erneut ein Angebotsüberschuß. Die *Schwerpunkte des Eisenerzabbaus* verschoben sich auch 1991 weiter nach Übersee, wo in der Regel weitaus höherwertige Erze billiger gefördert und angeboten werden können als durch die europäischen Produzenten. In Ländern wie Frankreich, Schweden, Norwegen oder Österreich wird die Eisenerzförderung nur noch mit Hilfe staatlicher Subventionen in begrenztem Umfang zur Arbeitsplatzsicherung aufrechterhalten. In der *BR Deutschland* existierten um 1960 noch 60 Eisenerzgruben; die letzte (in der Oberpfalz) wurde 1987 geschlossen. Die *Eisenerzvorräte* der *BR Deutschland* betragen zwar noch über 2,3 Mrd. t, doch lohnt der Abbau dieser »armen« Erze (10–max. 45% Fe-Gehalt) derzeit nicht.

Erdgas (»Naturgas«, einschl. Erdölgas) *Netto-Förderung* (d. h. Brutto-Förderung abzügl. zurückgepreßtes und abgefackeltes Gas und Eigenverbrauch) nach »ESSO-Öldorado '91« (Zahlen für 1991 z. T. vorläufig) 1991 (1990 und 1980) in Mrd. m³

UdSSR	815,0	(815,3)	(434,8)
USA	508,0	(498,6)	(547,2)
Kanada	113,0	(106,8)	(69,8)

Erdgas *(Forts.)*

Niederlande	80,0	(71,8)	(96,2)
Großbritannien	54,0	(49,6)	(36,5)
Algerien	51,0	(50,6)	(11,6)
Indonesien	44,0	(43,2)	(18,5)
Saudi-Arabien	31,0	(30,5)	(10,6)
Rumänien	29,0	(29,2)	(33,5)
Norwegen	27,5	(27,0)	(25,1)
Mexiko	27,0	(26,7)	(28,9)
Iran	24,0	(23,7)	(8,3)
Ver. Arab. Emirate	22,1	(22,1)	(10,5)
BR Deutschland (neu)	21,4	(22,3)	(27,0)
Australien	19,5	(18,6)	(9,6)
Malaysia	19,0	(18,5)	(1,1)
Argentinien	18,0	(17,8)	(9,5)
Venezuela	18,0	(18,4)	(16,7)
Italien	17,0	(17,1)	(12,1)
VR China	14,5	(14,4)	(14,3)
Pakistan	14,5	(14,3)	(8,1)
u. a. Österreich	1,4	(1,4)	(1,9)

Weltförderung 1991 (1990) 2097,1 (2063,4) Mrd. m³.
Außer der wirtschaftlich genutzten Fördermenge werden jährlich immer noch größere Mengen Erdgas »abgefackelt«, d. h. an Ort und Stelle nutzlos verbrannt. Es handelt sich meist um Gas, das bei der Erdölförderung als sog. assoziiertes, d. h. erdölgebundenes Gas anfällt und mangels Absatzmöglichkeiten noch nicht sinnvoll verwendet werden kann. Die *Erdgasförderung* nahm aufgrund des Verbrauchsanstiegs 1990 erneut zu (+1,6%). Am stärksten stieg die Förderung in Westeuropa (+7,3%) und Nordamerika, geringer in Afrika, Nah- und Fernost, während sie in Südamerika und der ehem. UdSSR stagnierte bzw. leicht zurückging. Noch 1982 waren die USA mit Abstand der größte Erdgasproduzent, während inzwischen die ehem. UdSSR weit an der Spitze liegt.
Die nachgewiesenen *Erdgas-Reserven* stiegen 1991 um 4,0% auf 123 880 Mrd. m³, die höchste bisher festgestellte Menge. Sie erhöhten sich v. a. durch neue Funde in der GUS (ehem. UdSSR), in Nordamerika und in Westeuropa, d. h. hier wurde jeweils eine größere Menge an Erdgas neu entdeckt als gefördert. Insgesamt wurden bisher auf der Erde rd. 168 000 Mrd. m³ Erdgas entdeckt und knapp 30% davon in den letzten rd. 120 Jahren gefördert und verbraucht. Die gegenwärtig bekannten Reserven reichen bei Aufrechterhaltung der 91er Fördermenge und ohne Berücksichtigung zu erwartender neuer Funde noch für ca. 59 Jahre. Rd. 40% der Weltreserven lagern in der *GUS* (49 525 Mrd. m³); die weitere Verteilung in Mrd. m³: *Naher Osten* 37 351 (davon Iran 16 990 – Ver. Arab. Emirate 5640 – Saudi-Arabien 5209 – Katar 4585) – *Mittel- u. Fernost und Australien* 8470 (davon Indonesien 1835 – Malaysia 1671 – VR China 1002) – *Afrika* 8782 (davon Algerien 3297 – Nigeria 2964) – *Nordamerika*

7529 (davon USA 4791 – Kanada 2738) – *Mittel- u. Südamerika* 6749 (davon Venezuela 3113 – Mexiko 2024) – *Westeuropa* 5011 (davon Niederlande 1969 – Norwegen 1717 – Großbritannien 545 – Italien 322 – BR Deutschland 225) – *ehem. RGW-Länder* (ohne UdSSR) 463 (davon Polen 130).

Der *Anteil des Erdgases* an der *Welt-Energieversorgung* steigt seit 1970 (19,5 %) laufend an; er lag 1989 bei rd. 22,5 %. Allerdings ist die Erdgasverwendung stärker konzentriert als bei anderen Energieträgern. Rd. ⅔ des *Weltverbrauchs* entfallen allein auf Nordamerika und die UdSSR.

Der *Außenhandel* mit Erdgas hat sich wegen der Transportschwierigkeiten erst relativ spät entwickelt, und er ist bis heute auf wenige Handelsströme begrenzt. Exportiert wurden 1960 erst 3,4 Mrd. m^3 (= 1,0 % der Weltförderung), 1970 46,1 Mrd. m^3 (=3,8 %), 1980 bereits 212,3 Mrd. m^3 (=12,6 %), 1987 269,7 Mrd. m^3 (= 13,0 %), 1988 283,4 Mrd. m^3 (= 13,1 %) und 1989 rd. 300,3 Mrd. m^3 (14,8 %). Der *Transport* des international gehandelten Erdgases erfolgt zu rd. 75 % per Pipeline und zu 25 % in LNG-Tankern (»liquefied natural gas«, Flüssiggastanker). Die wichtigsten *Erdgas-Exporteure* waren 1989 (nach »Energy Statistics Yearbook« der UNO, in Mio. TJ/Terajoule): UdSSR 3,419 – Kanada 1,435 – Norwegen 1,159 – Algerien 1,143 – Niederlande 1,043 – Indonesien 0,888 – Malaysia 0,361 – Brunei 0,293 – *Weltexporte* insges. 1989 (1988) 10,448 (9,456) Mio TJ. Die wichtigsten *Erdgas-Importeure* waren 1989 (in Mio. TJ): Japan 1,805 – BR Deutschland 1,530 – USA 1,376 – Frankreich 1,064 – Italien 0,983 – ČSFR 0,415 – Großbritannien 0,410 – Belgien 0,142.

In der *BR Deutschland* erhöhte sich der *Erdgasverbrauch* 1990–91 von 74,0 auf 77,1 Mrd. m^3 (alte Bundesländer 68,6 – neue 8,5 Mrd. m^3). Der Anteil am gesamten *Primärenergieverbrauch* stieg dadurch von 15,5 % auf 16,8 % an. Der Verbrauch wurde 1981 zu 24 % aus inländischer Gewinnung und zu 76 % aus *Importen* gedeckt. Diese kamen (in Mrd. m^3) aus der UdSSR (26,2), den Niederlanden (22,3), Norwegen (9,8) und Dänemark (0,8), und zwar ausschließlich per Pipeline. Die *Inlandsförderung* betrug 1991 (1990) 21,4 (22,3) Mrd. m^3 und kam zu rd. 60 % aus der Region Weser-Ems, der Rest aus dem Emsmündungsgebiet, dem Raum Unterweser und dem Alpenvorland. Der Anteil von Ostdeutschland an der Förderung betrug 3,0 Mrd. m^3. Vom *Gasabsatz* entfielen 1991 (in Mrd. m^3) auf die Industrie 33,2 – private Haushalte 20,8 – Elektrizitätswerke 8,5 – sonstige (Handel, öffentliche Einrichtungen usw.). Die Zahl der *gasbeheizten Wohnungen* erhöhte sich von 3,0 Mio. (1973) auf rd. 8,9 Mio. (1991). Gas war 1991 in den alten Bundesländern zu rd. ⅓ an der Beheizung der Wohnungen beteiligt.

Der *Verbrauch von Flüssiggas* erreichte in den westl. Industrieländern 1991 rd. 110 Mio. t, davon rd. 40 % in den USA und je etwa 20 % in Japan und Westeuropa.

Erdöl *Förderung* 1991 (1990 und 1980) in Mio. t, für 1991 z. T. vorläufig (einschl. Naturbenzin, Kondensate, Flüssiggas und Öl aus Teersanden; nach »Petroleum Economist«, »ESSO-Öldorado '91« und UNO-Angaben)

UdSSR	515,4	(569,3)	(603,0)
USA	418,9	(414,5)	(482,2)
Saudi-Arabien[1]	409,8	(321,9)	(496,4)
Iran[1]	166,0	(157,1)	(76,6)
VR China	138,6	(137,6)	(106,0)
Mexiko	155,4	(147,7)	(106,8)
Venezuela[1]	122,4	(110,6)	(112,9)
Ver. Arab. Emirate[1] . . .	117,9	(102,0)	(82,6)
Nigeria[1]	96,4	(90,7)	(101,8)
Norwegen	92,9	(81,8)	(24,4)
Kanada	92,2	(92,2)	(83,0)
Großbritannien	91,5	(91,6)	(80,5)
Indonesien[1]	78,6	(70,1)	(78,5)
Libyen[1]	73,6	(66,0)	(85,9)
Algerien[1]	58,4	(56,7)	(51,5)
Ägypten	45,3	(43,8)	(30,1)
Oman	34,8	(32,8)	(14,0)
Indien	32,7	(33,3)	(9,4)
Brasilien	31,9	(32,1)	(9,4)
Malaysia	30,9	(28,6)	(13,2)
Australien	25,3	(26,8)	(18,0)
Argentinien	24,7	(25,0)	(25,2)
Angola	24,6	(23,6)	(7,4)
Syrien	24,6	(20,3)	(8,4)
Kolumbien	21,1	(22,2)	(6,5)
Katar[1]	19,1	(19,1)	(22,8)
Gabun	15,0	(13,8)	(8,9)
Irak[1]	14,9	(100,7)	(130,0)
Ecuador[1]	14,8	(14,5)	(10,8)
Kuwait[1]	9,6	(58,7)	(81,4)
u. a. BR Deutschland . .	3,5	(3,6)	(4,6)
Österreich	1,3	(1,2)	(1,5)

[1] = OPEC-Länder

Die *Weltförderung* von Erdöl betrug 1991 (1990) 3,149 (3,154) Mrd. t, davon rd. 20 % aus untermeerischen Quellen (»off-shore«). Die Förderung sank damit um 0,1 %, im Gegensatz zur Steigerung des Vorjahres von rund 1 %. Hinter der *Stagnation der Weltförderung* 1991 verbergen sich mehrere starke Veränderungen gegenüber dem Vorjahr. Einerseits nahm durch technische Probleme und das allgemeine wirtschaftliche Chaos in der ehem. UdSSR deren Förderung um rd. 10 % ab, andererseits führte der Golfkrieg mit seinen Folgen zu drastischen Förderrückgängen der Hauptbetroffenen Irak und Kuwait. Die dadurch entstehende Versorgungslücke wurde hauptsächlich durch

Mehrproduktion Saudi-Arabiens (+27%) und anderer Nahoststaaten ausgeglichen. Der Anteil Saudi-Arabiens an der Weltförderung stieg dadurch wieder auf 13,0%, nachdem er in den 80er Jahren stark zurückgegangen war (1985 nur 5,7% – 1980 noch 16,1%). Demgegenüber sank der Anteil der ehem. UdSSR von 18,1% (1990) auf 16,4%. Auf den Nahostraum entfielen 1991 25,8% (1990: 26,3%), auf Nordamerika 16,2 (16,1)%, auf Mittel- und Südamerika 12,3 (11,7)%, auf Süd- und Ostasien (mit Australien) 10,4 (9,9)% und auf Afrika 10,7 (10,0)% der Weltförderung. Die westeuropäische Förderung von 209,0 Mio. t – hauptsächlich untermeerische Ölgewinnung aus der Nordsee – stieg leicht auf 6,6% der Welt.

Die wichtigsten *Exporteure* für Rohöl waren 1989 in Mio. t (Gesamtexporte 1,300 Mrd. t): Saudi-Arabien 178,833 – UdSSR 127,300 – Irak 110,820 – Iran 101,049 – Verein. Arab. Emirate 81,455 – Nigeria 75,575 – Mexiko 66,442 – Norwegen 63,615 – Venezuela 51,725 – Großbritannien 49,130 – Kuwait 39,215 – VR China 36,304 – Indonesien 33,854 – Kanada 31,803.

Die wichtigsten *Importeure* waren 1989 (in Mio. t): USA 291,923 – Japan 178,343 – Italien 67,320 – BR Deutschland 66,153 – Frankreich 65,667 – Spanien 49,427 – Niederlande 47,732.

Erdöl ist nach wie vor der *wichtigste Energielieferant* und deckte auch 1991 rd. 40% des kommerziellen *Welt-Energieverbrauchs* (1974 noch 48%). Dieser hohe Anteil sollte nach den Planungen, die während der »Erdölkrisen« in den 70er Jahren aufgestellt wurden, in den 80er und 90er Jahren durch Einsparungen und verstärkten Einsatz anderer Energieträger (bes. Kernenergie) kontinuierlich gesenkt werden, um die allzu große Abhängigkeit vom Energieträger Erdöl abzubauen. Wegen der wieder stark gesunkenen Preise für Erdölprodukte und aufgrund der hohen Kosten für Erschließung und Ausbau anderer Energieträger, auch wegen der Akzeptanzkrise der Kernenergie (→ *Energie, Kap. Industrie*), erfolgte bisher die *Mineralölsubstitution* wesentlich langsamer als in den 70er Jahren geplant. In einigen Ländern, wie in Italien, steigt der Erdölanteil am Energieverbrauch sogar wieder an, verursacht durch die Abkehr von Kernenergieplanungen (zugunsten von Öl- und Kohlekraftwerken) und wegen der weiter fortschreitenden Motorisierung. Für den *Kfz.-Verkehr* ist bisher keine ins Gewicht fallende Alternative zum benzin- bzw. dieselbetriebenen Motor in Sicht.

Die bestätigten *Weltreserven an Erdöl* sanken 1991 um rd. 0,8% auf 134,604 Mrd. t, ohne das in Sanden und Schiefern enthaltene Mineralöl. Der wie im Vorjahr aufgetretene Rückgang der Reserven – die durch Bohrungen geortet sind und mit der gegenwärtigen Technik wirtschaftlich gewonnen werden können – geht vor allem auf geringere Explorationstätigkeit zurück, hat also wirtschaftliche Ursachen. Besonders in Südostasien, aber auch in Nordamerika und in Nahost, nahmen die Reserven 1991 ab, da die Entdeckung bzw. Erkundung neuer Fundorte nicht Schritt hielt mit der Förderung. Dagegen erhöhten sich die bekannten Reserven trotz zunehmender Förderung in Westeuropa und in Afrika. *Saudi-Arabien* ist nach wie vor das ölreichste Land; es verfügt über 26,2% aller bestätigten Erdölreserven der Welt (Irak, Iran, Kuwait und Verein. Arab. Emirate je 9–10%). Bei gleichbleibender Jahresförderung reichen die z. Z. bekannten Reserven insgesamt noch rd. 43 Jahre; in den USA nur 8–9, in der UdSSR 13–14 Jahre, dagegen im Nahen Osten rd. 109 Jahre.

Verteilung der Reserven 1991 in Mrd. t: *Naher Osten* 89,919 (davon Saudi-Arabien 35,210 – Irak 13,417 – Kuwait 13,024 – Ver. Arab. Emirate 12,892 – Iran 12,695) – *Mittel- und Südamerika* 16,531 (davon Venezuela 8,266 – Mexiko 6,979) – *ehem. RGW-Länder* 7,995 (davon UdSSR 7,755) – *Afrika* 8,051 (davon Libyen 3,005 – Nigeria 2,429) – *Süd- u. Ostasien und Australien* 5,959 (davon China 3,288 – Indonesien 0,882) – *Nordamerika* 4,291 (davon USA 3,539) – *Westeuropa* 1,858 (davon Norwegen 1,022 – Großbritannien 0,533 – u. a. BR Deutschland 0,037 – Österreich 0,012).

Seit Beginn der Erdölförderung 1859 sind rd. 224 Mrd. t Erdöl entdeckt worden. Davon wurden bisher rd. 95 Mrd. t (=42%) gefördert und verbraucht. Der *Mineralöl-Weltverbrauch* nahm seit dem bisherigen Höchststand von 1979 (3,178 Mrd. t) bis 1983 sowie 1985 (2,842 Mrd. t) jährlich ab. Seit 1986 ist wieder eine Steigerung zu verzeichnen, und auch 1991 stieg der Verbrauch wieder an (um 0,3% auf 3,108 Mrd. t). Die Verbrauchszunahme betraf Industrie- und Entwicklungsländer gleichermaßen und wurde besonders durch Zunahme beim Verkehr und bei der Industrieproduktion verursacht. Bei den beiden größten Verbrauchern – USA und UdSSR – gab es dagegen wegen der wirtschaftlichen Rezession Rückgänge. Vom *Weltverbrauch an Erdöl* entfielen 1991 allein 27,2% auf Nordamerika – 19,6% auf Westeuropa – 13,2% auf die UdSSR, aber nur 7,8% auf Mittel- und Südamerika sowie 3,2% auf Afrika. – Größte *Verbraucher* waren 1991 (1990) in Mio. t: USA 769,7 (768,4) – UdSSR 410,0 (420,0) – Japan 243,0 (240,9) – BR Deutschland 133,2 (126,3) – VR China 100,0 (98,0) – Italien 92,4 (90,5) – Frankreich 89,3 (87,7) – Großbritannien 83,4 (83,3) – Kanada 74,9 (78,4) – Mexiko 74,0 (73,0) – Brasilien 59,5 (58,0) – Indien 59,0 (58,0; 1975 erst 20,9) – Spanien 47,8 (48,1) – u. a. Schweiz 13,0 (12,7) – Österreich 11,3 (10,6). Auf die 10 größten Erdölverbraucher entfielen 1991 66,6% des Weltverbrauchs.

Die *Welt-Raffineriekapazität* wurde 1991 leicht erhöht und betrug Ende 1991 3,757 Mrd. Jahres-t. Die in den letzten Jahren zu beobachtende Verschiebung der Raffineriekapazität von den Verbrauchs- in die Förderländer, die den Export von Fertigprodukten steigern wollen, setzte sich 1990–91 fort. So sank die Raffineriekapazität in Nordamerika von 872,0 auf 861,6, während sie in verschiedenen OPEC-Ländern und v. a. in Ostasien beträchtlich zunahm.

In der *BR Deutschland* nahmen die *Rohöleinfuhren* 1990–91 um 0,9% auf 88,8 Mio. t zu, wobei einer Importsteigerung in Westdeutschland auf 74,870 Mio. t ein Rückgang in Ostdeutschland auf 13,882 Mio. t gegenüberstand. V. a. die ostdeutschen Importe aus der UdSSR nahmen um 21% auf 12,598 Mio. t ab. – Die deutsche *Einfuhr von Mineralölprodukten* erhöhte sich ebenfalls, und zwar von 41,9 (1990) auf 47,7 Mio. t (1991). – Gegenüber den 70er Jahren hat sich die Herkunft des importierten Rohöls stark gewandelt. So entfielen 1973 96,4% der Importe von 100,493 Mio. t auf OPEC-Länder; 1991 lieferten sie nur 46,0%, während 26,1% auf Nordseeöl entfielen (1973 nur 0,3%).

Die Rohöllieferanten der BR Deutschland 1991
(West- und Ostdeutschland; nach Angaben des Statistischen Bundesamtes)

Gesamtimporte 88,752 Mio t

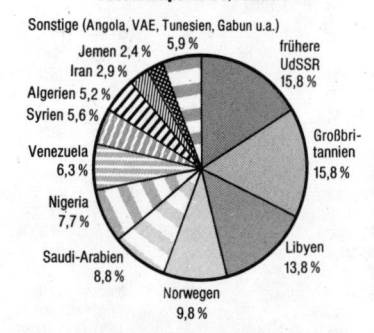

Sonstige (Angola, VAE, Tunesien, Gabun u.a.) 5,9%
Jemen 2,4%
Iran 2,9%
Algerien 5,2%
Syrien 5,6%
Venezuela 6,3%
Nigeria 7,7%
Saudi-Arabien 8,8%
Norwegen 9,8%
Libyen 13,8%
Großbritannien 15,8%
frühere UdSSR 15,8%

Die deutschen *Ausgaben für den Import von Erdöl und -produkten* stiegen aufgrund der größeren Menge 1991 an, obwohl der Rohölpreis frei deutsche Grenze von 279 (1990) auf 252 DM/t im Durchschnitt fiel. Insgesamt wurden für den Import von Rohöl und Ölprodukten 1991 (1990) 39,5 (35,5) Mrd. DM ausgegeben (1985 noch 71,2 Mrd. DM).

Die eigene *Förderung der BR Deutschland* nahm 1990–91 erneut ab und erreichte nur noch 3,5 Mio. t (1990: 3,7 – 1970 noch 7,5 Mio. t). Die wichtigsten *Fördergebiete* waren 1991 (in Mio. t): westl. Ems 1,2 – Weser-Ems-Gebiet 0,7 – Schleswig-Holstein 0,7 – Elbe-Weser-Gebiet 0,6 – Alpenvorland 0,1 – Oberrheintal 0,1 – neue Bundesländer 0,1.

Die deutsche *Raffineriekapazität* wurde 1991 erhöht. Sie betrug 1991 (1990) 108,8 (100,8) Mio. t/Jahr, davon 88,6 Mio. t in Westdeutschland. Die Kapazitätsauslastung der Raffinerien stieg 1991 auf 91,6% (97,1% in den alten Bundesländern). Die größten *Raffineriestandorte* waren 1990 (Kapazität in Mio. t): Nordrhein-Westfalen 23,5 – Bayern 20,2 – Baden-Württemberg/Hessen 14,5 – Hamburg, Bremen und Schleswig-Holstein 11,8.

Gesamtbilanz für Deutschland (alte und neue Bundesländer): Das Aufkommen an Mineralölprodukten stieg 1991 (1990) auf 140,0 (133,6) Mio. t – davon betrug (nach Abzug der Exporte von 8,6 [10,0] Mio. t, des Raffinerieverbrauchs und der Verarbeitungsverluste) der Inlandsabsatz 123,790 (115,489) Mio. t. Die bedeutendsten abgesetzten Produkte waren 1991 (1990) in Mio. t: leichtes Heizöl 37,464 (31,213), davon 96% in Westdeutschland (u. a. über 40% der Wohnungen), Steigerung durch kühlere Witterung und höhere Bevorratung – Motorenbenzin 30,975 (30,780), Stagnation in Westdeutschland und 6% Steigerung in Ostdeutschland – Dieselkraftstoff 22,851 (21,464), starke Steigerung in West- und Rückgang in Ostdeutschland durch Veränderungen beim Straßengüterverkehr – schweres Heizöl 9,037 (8,701) – sonstiges (Rohbenzin, Bitumen, Flugturbinenkraftstoff usw.) 23,463 (23,331).

– Vom *Benzinverbrauch* entfielen 1991 12,119 Mio. t auf Normal- und 18,946 Mio. t auf Superbenzin, auf bleifreies Benzin insges. 24,059 Mio. t.

Nach *Verbrauchsbereichen* entfielen vom Mineralölabsatz 1991 (nur Westdeutschland): Verkehr 44% – Haushalte und Kleinverbraucher 32% – Industrie 23% – Kraftwerke 1%.

Der Anteil der **OPEC-Länder** (»Organization of Petroleum Exporting Countries«, 1991/92: 13 Mitglieder) an der Welt-Erdölförderung, der 1973 noch 54% betragen hatte, stieg vom Tiefstand 1987 (31,9%) auf 39,2% (1991) an, obwohl wegen des Golfkriegs der Irak und Kuwait als Produzenten und Exporteure weitgehend ausfielen. Auf die OPEC-Länder entfallen rd. 78% der sicheren Welt-Erdölreserven, und wegen ihres relativ geringen Eigenverbrauchs stammten auch 1991 rd. ⅔ des international gehandelten Rohöls aus dem OPEC-Bereich. Der bis Ende der 70er Jahre beherrschende Einfluß dieser Länder auf das Welt-Energiepreisniveau besteht jedoch nicht mehr.

Der *Erdölmarkt* war – global gesehen – auch 1991/92 ein *Käufermarkt mit Angebotsüberschüssen*, die jedoch nicht mehr die Höhe der Vorjahre erreichten. Daran änderte auch der Golfkrieg mit seinen Folgen nichts, da der Förderausfall der beiden OPEC-Mitglieder Irak und Kuwait ohne Schwierigkeiten durch andere Exporteure ersetzt werden konnte. Aufgrund einer sehr flexiblen *Förder- und Preispo-*

litik Saudi-Arabiens konnten allzu große Preisschwankungen für Rohöl 1991 verhindert werden. Der Rohöl-Spotpreis in Rotterdam lag zwischen 30,27 $/barrel und 17,53 $ (Tiefstand zum Jahresende), während der offizielle Richtpreis der OPEC 21 $/b betrug.

Die Folgen des nach wie vor *relativ niedrigen Rohölpreises* waren auch 1991 in vielen Ländern deutlich spürbar. Für die *erdölimportierenden Industriestaaten* (z. B. BR Deutschland, Frankreich, Japan) bedeuteten die verringerten Ausgaben eine starke Stütze der Konjunktur durch Freisetzung von Kaufkraft (Belebung der Binnennachfrage), ferner einen wichtigen Beitrag zur Geldwertstabilisierung. Für die *erdölexportierenden Entwicklungsländer* wirkten sich die Einnahmeverluste hemmend auf die Wirtschaftsentwicklung aus, besonders für die hochverschuldeten Staaten wie Nigeria und Mexiko. Aber auch die reichen OPEC-Staaten, wie Saudi-Arabien und die Ver. Arab. Emirate, müssen seit einigen Jahren ihre Importe gegenüber der Hochpreisphase um 1980 stark einschränken und eine beträchtliche Verlangsamung des wirtschaftlichen und infrastrukturellen Aufbaus hinnehmen. Die Erdöleinnahmen aller OPEC-Staaten betrugen 1991 rd. 130 Mrd. $, verglichen mit dem Höchststand von 287 Mrd. $ (1980).

Erzeugung von **Mineralölprodukten** → *Kap. Industrie.*

Gold *Gewinnung* 1990 (1989) in t (Goldinhalt der Erze)

Südafrika	603	(610)
UdSSR (S)	300	(300)
Australien	240	(230)
USA	208	(210)
Kanada	135	(140)
Brasilien (1988 bzw. '87)	104	(86)
VR China (S)	80	(78)
Papua-Neuguinea	40	(40)
Philippinen (1988 bzw. '87)	36	(34)
Kolumbien	32	(28)
Chile	25	(26)
Simbabwe	15	(15)

Weltgewinnung 1990 (1989) 1751 (1760) t.

Auch 1991 stand *Südafrika* mit einer Förderung von rd. 600 t mit Abstand an der Spitze der Förderländer, doch verringert sich seit Jahren sein Anteil an der Gesamtförderung durch Zunahme der Goldgewinnung in anderen Ländern und die Erschließung neuer Vorkommen (z. B. in Australien, Brasilien, China und den USA). Über die Fördermenge des zweitgrößten Produzenten *UdSSR* existieren keine genauen Angaben; sie dürfte in den letzen Jahren stark gesunken sein.

Die derzeit bekannten Lagerstätten *(Weltvorräte)* belaufen sich auf ca. 48 000 t, davon fast 50 % im südlichen Afrika. Die Rep. Südafrika hat wegen der beträchtlichen Tiefe der meisten Bergwerke den Nachteil besonders hoher Förderkosten. Sie betrugen 1991 über 320 US-$ pro Unze gegenüber weniger als 280 US-$ in den meisten anderen Förderländern. Beim gegenwärtig niedrigen Goldpreis arbeiten daher viele südafrikanische Minen kaum mehr rentabel, so daß allein 1991 rd. 40 000 Bergarbeiter entlassen wurden.

Die *Verwendung des Goldes* – bei einer seit langem hohen Recyclingquote – erfolgte 1991 zu rd. 60 % für industrielle Zwecke (einschließlich Schmuckherstellung und Zahngold) sowie für Regierungszwecke (Münzen, Golddepots der Zentralbanken, Regierungskäufe) und private Hortung. Der *Goldpreis* sank 1991 – in $ ausgedrückt – trotz der weltpolitischen Umbrüche erneut. Ursachen waren zunehmendes Recycling, hohe Verkäufe der ehem. UdSSR zur Importfinanzierung sowie eine geringere Nachfrage nach Schmuckgold aufgrund der Konjunkturschwäche in den westlichen Industriestaaten. Für 1992/93 wird mit Preiserhöhungen gerechnet, da sich die Bergwerksproduktion in Südafrika, Rußland und Australien vermindern dürfte.

Kupfer (Cu-Inhalt von Erzen und Konzentraten; nach »Metallstatistik«) Bergwerksproduktion 1990 (1989 und 1980) in 1000 t

Chile	1588,4	(1609,3)	(1105,5)
USA	1587,2	(1497,8)	(1181,1)
UdSSR (S)	900,0	(950,0)	(980,0)
Kanada	802,0	(723,1)	(716,4)
Sambia	496,0	(510,2)	(595,8)
VR China (S)	360,0	(380,0)	(165,0)
Zaire	356,2	(454,6)	(505,2)
Polen	329,3	(385,0)	(343,0)
Australien	327,0	(295,0)	(243,5)
Peru	317,7	(364,1)	(366,7)
Mexiko	291,3	(262,3)	(186,7)
Südafrika	209,1	(196,6)	(211,9)
Philippinen	182,3	(193,1)	(304,5)
Papua-Neuguinea	170,2	(205,1)	(146,8)
u. a. DDR	3,6	(4,5)	(16,2)
BR Deutschland	–	(0,1)	(1,3)

Weltproduktion 1990 (1989) 9,038 (9,091) Mio. t.

Der *Weltverbrauch* an raffin. Kupfer sank 1990 (1989) auf 10,821 (11,018) Mio. t, davon 1990 in Tsd. t: USA 2152,0 – Japan 1577,5 – UdSSR (S) 1000,0 – BR Deutschland 896,9 – VR China (S) 512,0 – Frankreich 477,6 – Italien 474,8 – Belgien-Luxemburg 395,9 – Rep. Korea (Süd-K.) 324,2. Die sicheren und wahrscheinlichen Weltkupfervorräte werden auf über 600 Mio. t geschätzt, davon in Chile 120 – USA 100 – UdSSR 60 – Sambia 40 – Kanada 36 Mio. t.

Die wichtigsten *Exportländer* Chile, Peru, Australien, Indonesien, Sambia, Zaire und Papua-Neuguinea sind zwecks Preisstabilisierung im »Rat der kupferexportierenden Länder« (**CIPEC**) zusammengeschlossen. Die *Weltmarktpreise* für Kupfer sanken 1991 weiter, obwohl es durch Unruhen, technische Probleme und Streiks in Zaire, Sambia bzw. Chile zeitweise größere Produktionsausfälle gab. Wegen der Konjunkturschwäche in den USA und entsprechend geringerem Bedarf sowie durch höhere Exporte aus Osteuropa konnte jedoch der Bedarf ohne Probleme gedeckt werden. 1992 wird mit stärkeren Produktionsrückgängen in der ehem. UdSSR, dagegen mit weiterer Steigerung der Kupfererzeugung in Chile, Kanada und Papua-Neuguinea gerechnet. Der Verbrauch dürfte dagegen längerfristig sinken, da sich die Recyclingraten erhöhen und Kupfer in vielen Anwendungsbereichen durch andere Werkstoffe ersetzt wird, z. B. durch Glasfasern (Elektrokabel), Aluminium (Bauwesen) und Kunststoffe.

Magnesium *Hüttenproduktion* (nach »Metallstatistik«) 1990 (1989) in 1000 t: USA 139,3 (152,1) – UdSSR (S) 80,0 (85,0) – Norwegen 48,2 (49,8) – Kanada 25,3 (7,2) – VR China (S) 16,0 (15,0) – Frankreich 14,6 (14,6). *Weltproduktion* 1990 (1989) 357,6 (354,2) Tsd. t. *Weltverbrauch* 1990 (1989) 335,9 (340,8) Tsd. t, davon 1990: USA 96,1 – UdSSR (S) 77,0 – BR Deutschland 25,3 – Japan 25,0 Tsd. t.

Mangan *Förderung* von Mn-Erz 1989 (1988) in Mio. t: UdSSR 8,800 (9,100) – Südafrika 3,548 (3,331) – VR China (S) 2,700 (2,700) – Gabun 2,306 (2,186) – Australien 2,124 (1,976) – Brasilien 2,000 (1,900) – Indien 1,334 (1,333). *Weltproduktion* 1989 (1988) 24,000 (23,800) Mio. t. – Mangan wird v. a. für Stahllegierungen verwendet. Die bekannten *Weltreserven* betragen rd. 1,8 Mrd. t Mn-Erz und liegen zu etwa 45% in Südafrika und 38% in den Staaten der GUS.

Molybdän *Produktion* → *WA '92, Sp. 875*

Nickel (Ni-Inhalt, z. T. von Konzentraten, nach »Metallstatistik«) *Bergwerksproduktion* 1990 (1989 und 1980) in 1000 t

UdSSR (S)	212,0	(205,0)	(143,0)
Kanada	199,4	(200,9)	(184,8)
Neukaledonien	85,1	(80,3)	(86,6)
Australien	67,0	(65,0)	(74,3)
Indonesien	53,8	(59,6)	(40,5)
Kuba	43,2	(46,5)	(38,2)
Südafrika (S)	30,0	(34,0)	(25,7)
Dominikanische Rep.	28,7	(31,3)	(18,0)
VR China (S)	28,0	(26,0)	(11,0)
u. a. DDR	0,9	(1,5)	(2,7)

Weltproduktion 1990 (1989) 874,3 (874,7) Tsd. t. *Weltverbrauch* 1990 (1989) 849,9 (847,4) Tsd. t, davon 1990: Japan 164,2 – USA 127,9 – UdSSR (S) 115,0 – BR Deutschland 88,8 – Frankreich 44,8 – Großbritannien 32,6 – Italien 27,3.

Phosphat *Gewinnung* 1988 (1987) in Mio. t (ohne Guano): USA 45,389 (40,954) – UdSSR 38,820 (34,100) – Marokko 24,783 (20,000) – VR China (S) 15,000 (9,000) – Tunesien 6,103 (6,390) – Jordanien 5,666 (6,800) – Brasilien 4,672 (4,777) – Israel 3,479 (3,798) – Togo 3,464 (2,644) – Südafrika 2,850 (2,623) – Senegal 2,296 (1,880). *Weltproduktion* 1988 (1987) 163,673 (144,228) Mio. t.

Platin *Gewinnung* von Platinmetallen (einschl. Palladium, Iridium und Osmium) 1988 (1987) in t: Südafrika (einschl. Bophuthatswana) 133,3 (131,3) – UdSSR 121,3 (121,3) – Kanada 11,5 (10,9) – Japan 1,8 (2,2) – Australien 0,5 (0,6) – keine Angaben für USA, China u. a. *Weltproduktion* 1988 (1987) 269,6 (267,3) t. Wichtigster *Lieferant* war auch 1991 die Rep. Südafrika. *Hauptverbraucher* sind Japan und die USA (je rd. 35%, für Abgaskatalysatoren, elektronische Bauteile und Schmuck) und Westeuropa (rd. 25%, mit zunehmender Tendenz). Wichtigstes *Anwendungsgebiet* für Platin ist seit 1989 der Bau von Abgaskatalysatoren (rd. 40% des Bedarfs) vor der Verwendung für Münzen und Schmuck (v. a. in Japan sehr beliebt), in der Elektronik und Chemie. – Die *Platinpreise* sanken 1991 erneut, da sich aufgrund neuer Bergwerkskapazitäten in Südafrika und Kanada und verstärkter Verkäufe der UdSSR ein Überangebot ergab. Auch der in den nächsten Jahren zu erwartende Mehrbedarf der Autoindustrie (z. B. Katalysatorenpflicht in der EG, Nachholbedarf in Osteuropa) wird voraussichtlich ohne Schwierigkeiten zu decken sein, zumal die Recyclingrate zunimmt (1990: 6%).

Quecksilber *Produktion* (nach »Metallstatistik«) 1990 (1989) in t: UdSSR (S) 1400 (1550) – VR China (S) 1000 (1000) – Spanien 962 (967) – Algerien 639 (587) – USA 460 (428) – Mexiko 345 (315) – Finnland 140 (160) – CSFR 126 (131) – Türkei 47 (202). *Weltproduktion* 1990 (1989) 5156 (5341) t.

Silber (Ag-Inhalt, nach »Metallstatistik«) *Bergwerksproduktion* 1990 (1989 und 1980) in t

Mexiko	2346,3	(2306,1)	(1556,8)
USA	2171,0	(2007,0)	(1005,5)
Peru	1781,4	(1852,5)	(1314,8)
Kanada	1466,4	(1370,7)	(1070,0)
UdSSR (S)	1380,0	(1500,0)	(1550,0)
Australien	1143,0	(1075,0)	(766,8)
Polen	832,0	(1003,0)	(766,0)
Chile	633,1	(545,4)	(298,5)

Silber *(Forts.)*

Bolivien	310,5	(294,9)	(189,7)
DVR Korea (Nord-K., S)	280,0	(300,0)	(290,0)
Spanien	270,0	(249,7)	(177,6)
Marokko	235,0	(236,6)	(98,1)
Schweden	225,0	(208,0)	(166,0)
Südafrika	160,7	(177,9)	(232,0)
VR China (S)	150,0	(165,0)	(60,0)
u. a. DDR	20,0	(59,7)	(93,0)
BR Deutschland	8,0	(8,5)	(37,7)

Weltproduktion 1990 (1989) 14 756,1 (14 790,4) t.

Größte *Verbrauchsländer* sind die USA, Japan und Deutschland. *Hauptverbraucher* sind die Fotochemie (rd. ⅔ des Weltbedarfs), die Elektro- und Elektronikindustrie, Schmuck- und Besteckherstellung sowie die Verwendung für Münzen und Medaillen. Neben der Bergwerksproduktion beruhte auch 1990/91 das Silberangebot zu einem beträchtlichen Teil auf der Aufarbeitung und Rückgewinnung. Im industriellen Bereich beträgt die *Recyclingrate* z. Z. über 50% (insbesondere aus Filmen). Bei Berücksichtigung von eingeschmolzenen Münzen, Schmuck u. dergl. entfällt weit über die Hälfte des Silberangebots auf Umschmelz- und Recyclingware. Auch 1991 war das Welt-Silberangebot größer als die Nachfrage, die konjunkturbedingt zurückging. Der *Silberpreis* fiel daher weiter und erreichte Ende 1991 den tiefsten Stand seit 16 Jahren.

Steinkohle *Förderung* 1990 (1989) in Mio. t (nach UNO- und Eurostat-Angaben)

VR China (incl. Braunkohle)	1050,6	(1020,6)
USA	861,4	(804,5)
UdSSR	542,7	(576,5)
Indien	207,8	(200,3)
Südafrika	174,8	(169,4)
Australien	154,8	(147,5)
Polen	147,7	(177,6)
Großbritannien	89,3	(98,3)
BR Deutschland	76,6	(77,5)
DVR Korea (Nord-K., S)	40,0	(40,0)
Kanada	37,7	(38,8)
ČSFR	22,4	(25,1)
Spanien	19,6	(19,3)
Kolumbien	18,9	(18,9)
Rep. Korea (Süd-K.)	15,8	(19,0)
Mexiko	11,8	(11,8)
Frankreich	10,5	(11,5)

Weltförderung 1990 (1989) 3,541 (3,523) Mrd. t.

Die *Weltreserven* werden auf rd. 780 Mrd. t SKE (Steinkohleeinheiten) geschätzt, davon (in Mrd. t) USA 215 – UdSSR 175 – China 100 – Westeuropa 95 – Südafrika 55 – Osteuropa 50 – Australien 45.

Steinkohle war bis 1966 weltweit der wichtigste *Energielieferant* und wurde dann vom Erdöl überholt. 1990 lieferte Steinkohle rd. 30% der Welt-Primärenergie (Erdöl knapp 40%). Der internationale Handel mit Kohle stieg seit den 70er Jahren stark an. Der *Kohle-Welthandel* erhöhte sich von 212 (1973) über 282 (1980), 363 (1985), 398 (1988) und 410 (1990) auf 415 Mio. t (1991), davon rd. 80% über See. Die größten *Steinkohle-Exporteure* waren 1991 Australien, USA, Südafrika, UdSSR, Polen und Kanada. Größte *Importeure* waren Japan, die EG-Länder und die ehem. RGW-Staaten. Die *Weltförderung* nahm auch 1991 zu, hauptsächlich in überseeischen Ländern, in denen die Kohle teils zur Deckung des zunehmenden eigenen Energiebedarfs (z. B. China, Indien, Südafrika), teils für den Export gefördert wird (insbes. Australien, Südafrika, Kanada). In den *EG-Ländern* nahm die Steinkohleförderung dagegen auch 1991 ab; sie betrug 1991 (1990) nur noch 193,427 (197,352) Mio. t, verglichen mit 244,700 Mio. t (1983). Die EG-Länder konnten auch diese verringerte Fördermenge nur dank massiver Subventionen erhalten (z. B. »Kohlepfennig« in der BR Deutschland). Auch 1991 wurde die europäische Steinkohle – die wegen der hohen Förderkosten zu den teuersten Energielieferanten gehört – von 2 Seiten bedrängt: von überseeischer Importkohle, die wegen günstigerer Abbaubedingungen incl. Transportkosten wesentlich billiger angeboten wird (deren Einsatz jedoch durch Kontingentierungen begrenzt ist), und von Heizöl, Gas und Kernenergie, gegen die die einheimische Kohle ebenfalls preislich nicht konkurrieren kann (→ *Energie, Kap. Industrie*).

Aufgrund der seit 1986 wieder relativ niedrigen Erdölpreise wurden die in den 70er Jahren entworfenen Pläne zum verstärkten Einsatz der Steinkohle als Energielieferant in den meisten europäischen Staaten stark reduziert. Auch Pläne zum Bau von Kohleverflüssigungsanlagen zur Treibstoffgewinnung wurden aus Kostengründen – bis auf einige Versuchsanlagen – wieder storniert. Der *Rückgang der Kohleförderung* führte in allen westeuropäischen Kohleabbauländern zu starkem Beschäftigungsabbau und regional zu wirtschaftlichen Problemen und Arbeitslosigkeit. Umgekehrt stieg die Bedeutung der exportorientierten überseeischen Kohleproduzenten, v. a. von Australien und Südafrika. 1991 wurde Importkohle für 90–95 DM/t (frei deutsche Grenze) angeboten, verglichen mit 180–290 DM/t für einheimische Steinkohle. Ähnlich wie beim Erdöl herrschte auch bei der Kohle 1991 ein Überangebot auf dem Weltmarkt, das sich in den nächsten Jahren verstärken könnte, wenn weitere Produzenten das Exportgeschäft aufnehmen bzw. ihre Abbaukapazitäten erhöhen.

In *Deutschland* sank die Steinkohleförderung 1991 (1990) um 5,0% auf 72,749 (76,551) Mio. t. Die *Haldenbestände* sanken auf 15,977 (17,354) Mio. t. Die größten *Kohleabnehmer* waren 1991 (1990) öffentliche Kraftwerke mit 48,273 (44,632) Mio. t und Kokereien mit 21,192 (22,541) Mio. t, während die Haushaltslieferungen nur 2,059 (0,757) Mio. t betrugen. Die Ausfuhren in andere EG-Länder sanken 1991 (1990) auf 3,188 (4,906) Mio. t, diejenigen in Drittländer sanken auf 0,124 (0,369) Mio. t. Die Einfuhren betrugen 1991 (1990) 14,630 (9,320) Mio. t, davon aus Südafrika 5,455 (4,490) – Polen 3,443 (2,230) – USA 1,287 (0,665) – Australien 0,569 (0,414) – Großbritannien 0,236 (0,139) – UdSSR 0,152 (0,280) Mio. t.

Der *Beitrag der Steinkohle zur Energieversorgung* (Anteil am Primärenergieverbrauch) betrug 1991 (1990) 18,6 (18,9) % in den alten und 4,2 (4,2) % in den neuen Bundesländern, der Anteil an der Stromerzeugung stieg auf 32,0 (31,3) % bzw. 0,6 (0,5) %. Die Zahl der *Beschäftigten* im Steinkohlebergbau ging 1991 auf 126 000 zurück, davon 80 700 unter Tage (zum Vergleich: 1957 noch 605 000 Beschäftigte); ihre Leistung stieg durch den hohen Mechanisierungsgrad auf 0,732 t Kohle je Mann unter Tage/Stunde. Die Zahl der *Zechen* verringerte sich in den letzten Jahren weiter (Höchststand 1956 mit 175 Bergwerken). Z. Z. fördern noch 26 Kohlezechen, davon 18 im Ruhrrevier (79 % der Gesamtförderung), 5 im Saarland (13 %), 2 im Aachener Revier (5 %) und eine in Ibbenbüren (3 %).

Die Steinkohleförderung und der Kohleeinsatz in Kraftwerken sind in der *BR Deutschland* seit Jahren nur noch durch hohe Subventionen aufrechtzuerhalten. Auch 1991 betrugen sie rd. 10 Mrd. DM (insbes. Beihilfen für den Absatz von Kohle und Koks in der Eisen- und Stahlindustrie sowie der von den Stromverbrauchern zu tragende sog. »Kohlepfennig«). Eine gewisse Abnahmegarantie bedeutet für den Kohlebergbau der sog. *»Jahrhundertvertrag«* mit der Elektrizitätswirtschaft, der 1980 geschlossen wurde und 1995 ausläuft. Anschließend möchten die Kraftwerke auf die bedeutend billigere Auslandskohle zurückgreifen. Über die Zukunft des deutschen Steinkohlebergbaus fand Ende 1991 eine »Kohlerunde« mit Vertretern von Bund, Kohleländern, Bergbau und Gewerkschaften statt. Sie einigten sich darauf, nach 1995 noch jährlich 35 Mio. t Steinkohle mit Hilfe von *Subventionen des Bundes* zu verstromen. Auch der Kohleeinsatz bei der Stahlhüttung soll weiter subventioniert werden. Insgesamt soll jedoch die Kohleförderung bis 2000 auf rd. 50 Mio. t gesenkt werden (Reduzierung der Arbeitsplätze um weitere 30 000).

Uran Gewinnung (nach »Energy Statistics Yearbook« der UNO) 1989 (1988 und 1980) in t U:

Kanada	11 400	(12 400)	(7 150)
USA	5 322	(5 050)	(16 800)
Australien	3 655	(3 532)	(1 561)
Namibia	3 600	(3 600)	(4 042)
Frankreich	3 241	(3 394)	(2 634)
Niger (S)	3 000	(2 970)	(4 128)
Südafrika	2 900	(3 850)	(6 146)

Uran *(Forts.)*

Gabun	870	(930)	(1 033)
Spanien	227	(228)	(190)
Indien (S)	200	(200)	(200)
Portugal	128	(144)	(82)
Argentinien	100	(142)	(187)
u. a. BR Deutschland . . .	36	(38)	(35)

Für die Länder des ehem. RGW (einschl. UdSSR und DDR) sowie für China liegen keine Angaben vor.

Gesamtproduktion von Uran in der westlichen Welt 1989 (1988) 34 887 (36 691) t. *Uranreserven* (nach OECD) 1989 in 1000 t U (Vorräte bei Produktionskosten bis max. 130 US-$ pro kg U): Australien 538 – Südafrika 419 – USA 378 – Kanada 235 – Niger 176 – Brasilien 163 – Namibia 107 – Frankreich 59 – u. a. BR Deutschland 4,8. Für die ehem. RGW-Länder und die VR China werden bisher keine Angaben veröffentlicht, doch werden die Vorräte der UdSSR und Chinas hoch eingeschätzt.

Wegen der großen *energiewirtschaftlichen und militärischen Bedeutung* des Urans wurde in den 60er und 70er Jahren intensive Lagerstättenforschung betrieben. Als sich auf dem Weltmarkt ein Überangebot entwickelte, wurde jedoch der Abbau in vielen Förderländern gedrosselt. Zwar stieg auch 1990/91 der Bedarf durch die Inbetriebnahme neuer Kernkraftwerke (→ *Energie, Kap. Industrie*), doch längst nicht in dem Ausmaß, wie es in den 60er und 70er Jahren erwartet worden war. Seit längerem wird fast jedes Jahr mehr Uran gefördert, als in Kernkraftwerken gebraucht wird, so daß z. Z. ein Vorrat in Höhe des 3–4fachen Jahresbedarfs existiert. Der *Weltmarktpreis* für Uran lag auch 1991 erheblich unter den Preisen der 70er Jahre.

In der *BR Deutschland* bestehen abbauwürdige Lagerstätten im Schwarzwald (Menzenschwand) und in Nordostbayern. Von einer kommerziellen Nutzung wird vorerst abgesehen, da der Bedarf problemlos im westlichen Ausland gedeckt werden kann (Hauptlieferanten: USA, Südafrika, Australien, Kanada, Frankreich). Auch die in der ehem. DDR für den sowjetischen Bedarf erfolgte Förderung im Erzgebirge wird nicht weiter betrieben.

Vanadium Gewinnung → *WA '92, Sp. 881*

Wasser Nach Baumgartner u. Reichel (Die Weltwasserbilanz, München 1975) beläuft sich der gesamte Wasservorrat der Erde auf 1 384 120 000 km^3; davon befinden sich 97,39 % in den Meeren, 2,01 % in den polaren Eiskappen und in sonstigen Gletschern, 0,58 % im Grundwasser, 0,02 % in Seen und Flüssen und 0,001 % in der Atmosphäre. – Nach Brockhaus-Enzyklopädie, Bd. 20, wird der Wasservorrat der Erde auf $1,64 \times 10^{18}$ t geschätzt, wovon $1,37 \times 10^{18}$ t als flüssiges Wasser auf Meere, Seen und Flüsse, $29,1 \times 10^{15}$ auf das Eis der Polkappen und Gletscher,

$12,4 \times 10^{12}$ t auf den Wasserdampf der Atmosphäre und 36×10^{15} t auf Wasser in gebundener Form in den Sedimentgesteinen entfallen.

Die zur *Bewässerung landwirtschaftlicher Flächen* benötigte Wassermenge nahm auch in den letzten Jahren weiter zu. Die künstlich bewässerten Flächen betrugen (nach FAO) 1989 in Mio. ha: Asien 146,422 – Nord- und Mittelamerika 25,920 – Europa 17,240 – Afrika 11,186 – Südamerika 8,835 – Australien und Ozeanien 2,161. – Länder mit der größten *Bewässerungsfläche* in Mio. ha 1989: VR China 45,349 – Indien 43,039 – UdSSR 21,064 – USA 18,102 – Pakistan 16,220 – Indonesien 7,550 – Iran 5,750 – Mexiko 5,150 – Thailand 4,230 – Rumänien 3,450 – Spanien 3,360 – Italien 3,100 – Japan 2,868 – Bangladesch 2,738 – Brasilien 2,700 – Afghanistan 2,660 – Ägypten 2,585 – Irak 2,550 – Türkei 2,220 – Sudan 1,890 – Australien 1,880 – Vietnam 1,830 – Argentinien 1,760 – Philippinen 1,620 – Rep. Korea (Süd-K.) 1,353 – Chile 1,265 – Marokko 1,265 – Bulgarien 1,253 – Peru 1,250 – u. a. BR Deutschland 0,330 – DDR 0,150 – Schweiz 0,025 – Österreich 0,004.

In vielen Trockengebieten der Erde gehört *Trinkwassermangel* zu den größten Problemen. Demgegenüber nimmt in den Industrieländern die Verschmutzung der Trinkwasservorräte durch die Einleitung ungereinigter Abwässer in Flüsse und Seen, Überdüngung landwirtschaftlicher Nutzflächen, übermäßige Ausbringung von Pestiziden auf Landwirtschaftsflächen, Sickerwässer aus Mülldeponien u. ä. laufend zu. Nach Berechnungen der WHO leiden über 800 Mio. Menschen an Krankheiten, die durch Mangel an Trinkwasser verursacht werden.

In der *BR Deutschland* (alte Bundesländer) beträgt das *Wasserdargebot* jährlich rd. 75 Mrd. m^3 Oberflächen- und 25 Mrd. m^3 Grundwasser. Von diesen insges. 100 Mrd. m^3 werden z. Z. 12,2 Mrd. m^3 jährlich entnommen (Trinkwasser 2,5 – Industrie 8,6 – Landwirtschaft 1,1). Hinzu kommen rd. 25 Mrd. m^3, die als Kühlwasser für Kraftwerke genutzt werden. Die öffentlichen Wasserwerke fördern jährlich rd. 5 Mrd. m^3, davon rd. 62 % Grundwasser, je 10 % Quellwasser und angereichertes Grundwasser, 9 % See- und Talsperrenwasser, 6 % Uferfiltrat, 2 % Flußwasser. – Pro Einwohner und Tag werden rd. 145 l Trinkwasser verbraucht, davon für Baden und Duschen sowie für WC-Spülung je 40 l, Wäsche waschen 30 l, Trinken, Kochen und Geschirrspülen 15 l, Körperpflege und Wohnungsreinigung je 10 l. Die Industrie in der BR Deutschland deckt ihren Brauchwasserbedarf zu 90 % aus eigener Versorgung.

Wolfram (W-Inhalt von Erzen und Konzentraten) *Gewinnung* 1988 (1987) in 1000 t: VR China (S) 21,0 (21,0) – UdSSR (S) 9,2 (9,2) – Rep. Korea (Süd-K.) 2,0 (2,5) – Mongolei (S) 1,5 (1,5) – Österreich 1,5 (1,3) – Portugal 1,4 (1,2) – Australien 1,3 (1,2) – DVR Korea (Nord-K., S) 1,0 (1,0) – Brasilien 0,7 (0,7). *Weltgewinnung* 1988 (1987) 43,2 (42,2) Tsd. t.

Zink *Bergwerksproduktion* (Zn-Inhalt von Erzen und Konzentraten; nach »Metallstatistik«) 1990 (1989 und 1980) in 1000 t

Kanada	1175,8	(1216,1)	(1058,7)
Australien	938,6	(803,0)	(495,3)
UdSSR (S)	870,0	(940,0)	(1000,0)
VR China	618,9	(620,4)	(275,7)
Peru	585,1	(598,1)	(468,2)
USA	538,2	(288,3)	(348,5)
Mexiko	298,9	(314,7)	(243,4)
Spanien	257,5	(265,3)	(179,3)
DVR Korea (Nord-K., S)	195,0	(200,0)	(130,0)
Irland	166,5	(168,8)	(228,7)
Schweden	159,9	(168,0)	(167,4)
Polen	154,8	(170,0)	(216,7)
u. a. BR Deutschland	58,1	(63,9)	(120,8)
Österreich	16,7	(14,7)	(21,7)

Weltbergwerksproduktion 1990 (1989) 7,299 (7,120) Mio. t Zn-Inhalt.

Welthüttenproduktion 1990 (1989) 7,097 (7,254) Mio. t, davon 1990 UdSSR 920,0 – Japan 687,5 – Kanada 591,8 – VR China 526,3 – USA 365,7 – BR Deutschland 337,6 Tsd. t. Der *Weltverbrauch* an Rohzink belief sich 1990 (1989) auf 6,979 (7,102) Mio. t, davon USA 996,8 – UdSSR (S) 920,0 – Japan 814,3 – VR China (S) 500,0 – BR Deutschland 484,0.

Zinn (Sn-Inhalt von Erzen und Konzentraten; nach »Metallstatistik«) *Bergwerksproduktion* 1990 (1989 und 1980) in 1000 t

Brasilien	39,1	(50,2)	(6,9)
VR China (S)	35,8	(33,0)	(16,0)
Indonesien	31,7	(31,6)	(32,5)
Malaysia	28,5	(32,0)	(61,4)
Bolivien	17,3	(15,8)	(27,5)
Thailand	14,6	(14,7)	(33,7)
UdSSR (S)	13,0	(14,0)	(16,0)
Australien	7,4	(7,8)	(11,6)
u. a. DDR	1,8	(2,5)	(1,7)

Weltbergwerksproduktion (Sn-Inhalt) 1990 (1989) 210,7 (224,0) Tsd. t; *Welthüttenproduktion* (Reinzinn) 1990 (1989) 225,6 (230,0) Tsd. t. *Weltverbrauch* an Rohzinn 1990 (1989) 232,7 (241,7) Tsd. t, davon 1990 u. a. USA 37,3 – Japan 33,8 – UdSSR (S) 20,0 – BR Deutschland 19,3 Tsd. t. – Der *Weltmarktpreis* für Zinn sank 1991 – im Gegensatz zu den meisten anderen Metallen – nicht weiter ab, da die Schließung von Bergwerken in Malaysia, Bolivien, Thailand und anderen Ländern das weltweite Überangebot reduzierte.

INDUSTRIE

Die Industrie konnte 1991 – weltweit gesehen – das Wachstum der letzten Jahre nicht fortsetzen; ihre Produktion zeigte nach ersten Schätzungen einen leichten Rückgang. Für die ganze Welt wird eine *Abnahme der Industrieproduktion* von rd. 1,5% geschätzt, verglichen mit einer Zunahme von rd. 3,5% 1990 bzw. 5% 1989. Die Situation in den einzelnen Wirtschaftsräumen war allerdings extrem unterschiedlich: Unter den westlichen Industrieländern gab es einige wenige mit stärkerem Wachstum (Japan 4%), andere mit stagnierender Industrie (EG +0,2%) oder mit Rückgang (USA −1,9%; erstmalige Abnahme seit 9 Jahren). Im Bereich des ehemaligen Ostblocks (RGW-Staaten) zeigte sich der wirtschaftliche Zusammenbruch besonders deutlich bei der Industrieproduktion, die um rd. 20% abnahm. Dagegen meldeten die Entwicklungsländer ein Wachstum von rd. 3,5%, das allerdings überwiegend auf die ostasiatischen »Schwellenländer« zurückging.

Für den OECD-Bereich **(westliche Industrieländer)** wird für 1991 ein *Industriewachstum* von höchstens 0,2% geschätzt, verglichen mit +2,5% 1990 und +4% 1989. Die wichtigsten westlichen *Industriestaaten* sind nach wie vor die USA, Japan und Deutschland. Zusammen mit den 4 folgenden – Frankreich, Großbritannien, Italien und Kanada – bilden sie die Gruppe der 7 führenden Wirtschaftsmächte, die sich jährlich zum »Weltwirtschaftsgipfel« treffen (Juli 1992 in München).

Die wichtigsten *Probleme im Bereich der Industrie* sind – neben den Fragen des Umweltschutzes (→ *Kap. Bergbau/Rohstoffe*) – für die marktwirtschaftlich orientierten Industrieländer im Bereich der *Arbeitsplatz-* bzw. *Arbeitslosensituation* gegeben. Die Arbeitsmarktlage im industriellen Bereich verbesserte sich in den letzten Jahren nicht im gleichen Maße wie der Produktionsanstieg. Die *Arbeitslosenquoten* blieben generell relativ hoch, und in Ländern mit abnehmender Arbeitslosenquote ging dies meist nur zum geringeren Teil auf erhöhten Arbeitskräftebedarf der Industrie zurück, sondern eher des Dienstleistungssektors. Die *Erhöhung der Industrieproduktion* erfolgte in der Regel weniger durch Neueinstellungen, sondern v. a. durch erhöhte Produktivität, verbesserte Auslastung der Anlagen, verstärkte Automatisierung und Robotereinsatz. So erhöhte sich in der *BR Deutschland* 1991 der Industrieumsatz um 6,9%, die Zahl der Industriebeschäftigten dagegen nur um 1,4%. Die Industrieroboter nahmen von 12400 (1986) auf 28200 (1991) zu (zum Vergleich: Japan 240000 – USA 45000 – Italien 12000 – Frankreich 8000 – Großbritannien 7000). Besonders die hohen *Lohn- und Lohnnebenkosten* im Vergleich zu den ostasiatischen Industrie- und »Schwellenländern« veranlassen die Industrie in den westlichen Staaten zu verstärkter Rationalisierung, um die Konkurrenzfähigkeit zu sichern. Aber auch innerhalb Europas und zwischen Europa und Nordamerika haben sich inzwischen starke Unterschiede in den Produktionskosten herausgebildet. Zu den Ländern mit überdurchschnittlich hohen *Arbeitskosten in der Industrie* (Löhne und Personalzusatzkosten) gehören die Schweiz, Deutschland, die skandinavischen und die Benelux-Länder. Wesentlich geringer sind die Arbeitskosten – abgesehen von überseeischen »Schwellenländern« – in den europäischen Mittelmeerländern, in Großbritannien und Irland, während Japan, USA, Kanada, Österreich und Frankreich mittlere Positionen einnehmen.

Arbeitskosten in der Industrie 1990 (Lohn- u. Personalzusatzkosten pro Stunde in DM): BR Deutschland 37,88 – Schweiz 36,74 – Schweden 35,29 – Dänemark 30,54 – Niederlande 30,36 – Belgien 30,05 – Italien 29,82 – Österreich 28,46 – Kanada 26,73 – Japan 25,85 – Frankreich 25,65 – Großbritannien 24,72 – USA 24,18 – Spanien 21,88 – Griechenland 10,49 – Portugal 7,14 – Türkei 3,56.

Einen besonders hohen Anteil am Wachsen der Produktionskosten in den europäischen Staaten hatten zuletzt die Arbeitszeitverkürzungen.

Arbeitszeit für Industriearbeiter 1991 (tarifliche Jahresarbeitszeit in Stunden): Japan 2119 – Portugal 1935 – USA 1904 – Schweiz 1864 – Griechenland 1840 – Irland 1810 – Spanien 1790 – Schweden 1784 – Großbritannien 1769 – Italien 1764 – Frankreich 1763 – Belgien 1737 – Norwegen 1718 – Finnland 1716 – Österreich 1714 – Niederlande 1709 – Dänemark 1672 – BR Deutschland 1643 (nach Institut der Dt. Wirtsch. und Bundesvereig. d. Dt. Arbeitgeberverb.).

Die größten Industrieunternehmen der Welt nach ihrem Umsatz 1990 (nach »SZ«; Umrechnung in DM nach dem mittleren Kurs 1990: 1 US-$ = 1,62 DM)

1990 (1989)	Umsatz 1990 in Mrd. DM
1. (1.) General Motors/USA (Kfz.)	202,2
2. (4.) Royal Dutch/Shell/Großbrit./Niederl. (Mineralöl)	173,3
3. (3.) Exxon/USA (Mineralöl)	171,1
4. (2.) Ford/USA (Kfz.)	158,8
5. (5.) IBM/USA (Elektronik)	111,5
6. (6.) Toyota/Japan (Kfz.)	104,2
7. (11.) IRI/Italien	99,2
8. (10.) BP/Großbrit. (Mineralöl)	96,2
9. (8.) Mobil Oil/USA (Mineralöl)	95,0
10. (7.) General Electric/USA (Elektro)	94,3
11. (13.) Daimler-Benz/Deutschland (Kfz.)	85,5
12. (9.) Hitachi/Japab (Elektronik)	81,9

Wirtschaft

Größte Industrieunternehmen d. Welt *(Forts.)*

13. (15.) Fiat/Italien (Kfz.) 77,2
14. (20.) Samsung/Süd-Korea (Elektro) 72,7
15. (14.) Philip Morris/USA (Nahrungsmittel) . . . 71,6
16. (12.) Matsushita/Japan (Elektro) 70,3
17. (21.) VW/Deutschland (Kfz.) 68,1
18. (28.) ENI/Italien (Mineralöl) 67,6
19. (23.) Texaco/USA (Mineralöl) 66,6
20. (17.) Nissan Motor/Japan (Kfz.) 65,0
21. (18.) Unilever/Großbrit./Niederl. (Lebensm.) . . 64,5
22. (19.) Du Pont de Nemours/USA (Chemie) . . . 64,3
23. (25.) Chevron/USA (Mineralöl) 63,5
24. (22.) Siemens/Deutschland (Elektronik) 63,2
25. (26.) Nestlé/Schweiz (Nahrungsmittel) . . . 53,8
32. (31.) BASF/Deutschland (Chemie) 46,6
34. (33.) Hoechst/Deutschland (Chemie) 44,8
39. (38.) Bayer/Deutschland (Chemie) 41,6

In den **Reformländern Ostmittel-, Ost- und Südosteuropas** (ehem. Staatswirtschaftsländer des »Ostblocks«) ist die *Industrieproduktion* 1991 *stark zurückgegangen*. Die systemimmanenten Mängel der sozialistischen Planwirtschaft hatten schon seit Jahren nur noch leichte Zuwächse der Produktion zugelassen, die zudem mit immer größeren Umweltschädigungen erkauft wurden. 1991 führten der allgemeine Zusammenbruch des bisherigen politischen und wirtschaftlichen Systems und die Schwierigkeiten des Übergangs zur Marktwirtschaft u. a. zu folgenden *Rückgängen der Industrieproduktion:* ehem. UdSSR −12 %, Polen −13 %, Ungarn −15 %, Rumänien −20 %, ČSFR −23 %, Bulgarien −28 %. Unmittelbare Ursachen dieses Schrumpfens industrieller Tätigkeit waren u. a.: mangelhafte Versorgung mit Rohstoffen, Absatzmangel, verbunden mit Störungen des Transportwesens und des Verteilungssystems, mangelhafte Arbeitsmoral, Streiks, Maschinenstillstand durch Ersatzteil- und Energiemangel usw. Eine nennenswerte Privatisierung, kombiniert mit ausländischen Investitionen, gab es bisher nur in Polen, Ungarn und der ČSFR. In Rußland und den übrigen Nachfolgestaaten der UdSSR verhinderten bisher die Ungewißheit über die Richtung der Reformen, die halbherzige Art ihrer Durchführung, aber auch der Mangel an Kapital und unternehmerischem Know-how und die ausgebrochenen Nationalitätenkonflikte eine nennenswerte Sanierung der Industrie.

Eine Konsequenz des Auseinanderbrechens des »Ostblocks« war die 1990 de facto und Mitte 1991 de jure vollzogene *Auflösung des RGW* (»Rat für gegenseitige Wirtschaftshilfe«; → WA '92, Sp. 738f.), der im Bereich der Industrie zeitweise große Bedeutung bei der Koordinierung der nationalen Pläne und der Abstimmung der Produktionen hatte, v. a. im Sinne eines Zuarbeitens für die UdSSR. Das Fehlen entsprechender Zulieferungen verschärfte die Krise der sowjetischen bzw. russischen Industrie.

Die **Entwicklungsländer** zeigten 1991 – als Gesamtheit gesehen – ein im globalen Maßstab überdurchschnittliches *Wachstum der Industrieproduktion,* doch bestanden erneut enorme Unterschiede zwischen diesen Ländern. Insgesamt stieg der *Anteil der Entwicklungsländer an der Welt-Industrieproduktion* nur langsam von rd. 6 % (1960) über 7 % (1965) und 7,5 % (1970) auf etwa 15 % (1990/91), davon rd. 5 % in Lateinamerika und 7–8 % in Ost- und Südostasien. Das durchschnittliche jährliche Wachstum der Industrie lag 1960–80 bei rd. 8 % und somit höher als in den Industrieländern. Seitdem schwächte es sich jedoch, vor allem aus finanziellen Gründen, deutlich ab.

Auch 1991/92 waren die *Hindernisse für eine kräftigere industrielle Entwicklung* vor allem finanzieller Art. Die überaus hohe Verschuldung, insbes. vieler industrialisierungsfähiger Staaten (z. B. in Lateinamerika), behinderte den dringend notwendigen weiteren Kapitalzufluß. Außerdem reduzieren die relativ niedrigen Erlöse für Rohstoffausfuhren erheblich die notwendigen Deviseneinnahmen der Exportländer. *Das niedrige Rohstoffpreisniveau* (→ Kap. Bergbau) *begünstigt* seit Jahren einseitig *die Industrieländer,* deren Produkte stärker im Preis stiegen als die Rohstoffe. – Daneben verhinderten auch 1991/92 in vielen Fällen labile politische Verhältnisse, innere Unruhen, die absolut unzureichende und sich oft eher verschlechternde Versorgungslage und Verkehrsinfrastruktur, vielfach auch ideologische Vorbehalte gegenüber den westlichen Industrieländern, daß sich private Unternehmen aus Europa oder Nordamerika nennenswert in Form von Investitionen in Entwicklungsländern engagierten. Demgegenüber erreichten erneut diejenigen Staaten das *stärkste Industriewachstum,* die *ausländische Investitionen und privates Unternehmertum* begünstigten und sich intensiv am *Welthandel* beteiligten.

Besonders betroffen vom niedrigen Stand vieler Rohstoffpreise (z. B. Energierohstoffe) und von der Verschuldungskrise waren auch 1991/92 die **rohstoffreichen Entwicklungsländer,** deren Einnahmen weitgehend vom Export bergbaulicher (z. B. Erdöl, Metallerze) oder landwirtschaftlicher Produkte (z. B. Kaffee, Kakao) abhängen. Sie besitzen zwar von der Energie- und Rohstoffbasis und z. T. auch von der Finanzausstattung und der Infrastruktur her günstige Voraussetzungen für eine Industrialisierung. Sie sind aber, wie sich in den letzten Jahren zeigte, stark von Preis- und Nachfrageschwankungen auf dem Weltmarkt abhängig. Als Staaten dieser Gruppe befinden sich z. Z. Saudi-Arabien und die arabischen Golfstaaten, Brasilien, Venezuela und Mexiko in einer *industriellen Aufbauphase.*

Die **energie- und rohstoffarmen Entwicklungsländer** haben dagegen kaum Chancen für eine baldige

Industrialisierung. Eine Ausnahme bilden Länder mit relativ gut ausgebauter Infrastruktur, höherem Bildungsniveau, einer zahlenmäßig stärkeren Führungsschicht und ähnlichen günstigen Voraussetzungen für eine wachstumsorientierte Entwicklungsstrategie auf der Basis arbeitsintensiver Exportindustrien oder von Dienstleistungen (z. B. Tourismus), in der Regel auf der Basis ausländischen Kapitals. Für diesen Weg haben sich die Länder entschieden, die als »**Schwellenländer**« bzw. »**Länder mit mittlerem Einkommen**« (nach der UNO-Bezeichnung) gelten, z. B. Singapur, Hongkong, Rep. China/Taiwan, Rep. Korea/Süd-K., verschiedene karibische Inselstaaten u. a. Den »alten« Industrieländern erwächst hier auf dem Weltmarkt zunehmend Konkurrenz, insbesondere bei Massengütern und Produkten, die mit ausgereifter Technologie durch angelernte Arbeitskräfte in großen Serien hergestellt werden können (z. B. Textilien, Schuhe, Elektrogeräte, Spielzeug, einfachere Maschinen). Beispiele für die zunehmende Bedeutung der »Schwellenländer« als Produzenten und Exporteure von Industriegütern bieten die → *Textilindustrie, die* → *Elektrotechnik*, die Kunststofferzeugung (→ *chemische Industrie*), aber auch etwa die Spielwarenindustrie.

Die **VR China** meldete für 1991 ein stärkeres industrielles Wachstum als im Vorjahr, doch war die Situation der Industrie weiter unbefriedigend. Das Staatliche Statistikamt stellte fest, die Kampagne für das »Jahr der Qualitätsverbesserung, Sortimentserweiterung und Wirtschaftlichkeit« habe Anfangserfolge gebracht, jedoch seien die Produktionskosten weiter gestiegen und die Verluste der Betriebe ebenso. Sie arbeiteten nach wie vor zu ineffektiv, und die Produktion vieler wichtiger Investitions- wie Konsumgüter habe stagniert oder sei sogar zurückgegangen. Insbesondere die Produktivität der Staatsindustrie ist ungenügend; so erhöhte sich der Produktionswert der staatlichen Betriebe um 8,4 %, der Genossenschaftsindustrie um 18 %, der Privatindustrie um 24 % und der chinesisch-ausländischen Joint-ventures um 55,8 %. Ein Hauptproblem der chinesischen Industrie ist nach wie vor die Knappheit an Rohstoffen und Energie und die völlig unzureichende Verkehrs- und Kommunikationsinfrastruktur. – Als *Gesamtproduktionswert der Industrie* wurden für 1991 2822,5 Mrd. Yuan angegeben (nominal +14,2 % gegenüber 1990, d. h. real 6–7 %). Die Produktion der Schwerindustrie wuchs um 13,9 % auf 1442,9 Mrd. Yuan, die der Leichtindustrie um 14,5 % auf 1379,6 Mrd. Yuan.

Die **Industrie der BR Deutschland** (nur alte Bundesländer) zeigte 1991 ein gegenüber dem Vorjahr deutlich abgeschwächtes Wachstum. Die Wachstumsimpulse, die v. a. durch den Aufbau in den neuen Bundesländern hervorgerufen wurden, schwächten sich im Laufe des Jahres immer mehr ab, ebenso wie die Außennachfrage (Exporte), die aufgrund der Rezession in wichtigen Partnerländern (z. B. USA) sogar zurückging. Insbesondere die Grundstoff- und die Investitionsgüterindustrie stagnierten, während die Konsumgüterindustrien ihre Produktion stärker steigern konnten.

Insgesamt nahm der *Umsatz der Industrie* (Betriebe des Produzierenden Gewerbes mit mind. 20 Beschäftigten) 1990–91 von 1823,282 Mrd. DM auf 1949,556 Mrd. DM zu, d. h. nominal um 6,9 %, real (nach Abzug von Preissteigerungen) um 2,9 % (1990 +5,1 %). Der *Auslandsumsatz* sank von 531,822 (1990) auf 522,690 Mrd. DM (=26,8 % des Umsatzes). Die Zahl der *Industriebeschäftigten* nahm leicht ab von 7,485 Mio. (Anf. 1991) auf 7,436 Mio. (Anf. 1992); im Jahresdurchschnitt 1991 betrug sie 7,515 Mio.

In den *neuen Bundesländern* (ehem. DDR) machte die Industrie 1991/92 nach dem Wechsel des wirtschaftlichen Systems einen besonders *tiefgreifenden Anpassungsprozeß* durch, der zur Schließung vieler Betriebe, der Entlassung oder Kurzarbeit großer Teile der Beschäftigten und zu starkem Rückgang der Produktion führte, die sich erst ab Herbst 1991 auf niedrigerem Niveau stabilisierte. Das Hauptproblem der Industrie lag in der unrationellen, ineffektiven und veralteten Produktionsweise, die zudem noch sehr stark umweltbelastend war (geringe Automatisierung, überalterter Maschinenpark, Energieverschwendung, personeller Überbesatz, geringe Rücksichtnahme der Produktion auf Kundenwünsche u.ä.). Die staatlichen (»volkseigenen«) Industriebetriebe waren 1990 von der »Treuhandanstalt« übernommen worden und werden seitdem nach Möglichkeit an Privatunternehmer, meist westliche Betriebe, verkauft oder aufgelöst, wenn eine Sanierung nicht erfolgversprechend erscheint. Der *Gesamtumsatz der Industrie in den neuen Bundesländern* betrug 1991 96,230 Mrd. DM, die Zahl der *Beschäftigten* ging von 2,061 Mio. (Jan. 1991) auf 1,334 Mio. (Dez. 1991) zurück.

Die größten Industrieunternehmen der BR Deutschland nach ihrem Umsatz 1990 (1989)
(nach »SZ«; Umsätze ohne Mehrwertsteuer)

	Umsatz in Mrd. DM 1990 (1989)	Beschäftigte in Tsd. 1990 (1989)
1. Daimler-Benz (m. AEG) . . .	85,500 (81,298)	376,8 (368,2)
2. VW (mit Audi)	68,061 (65,352)	261,0 (251,0)
3. Siemens . . .	63,185 (61,128)	406,0 (373,0)
4. VEBA	54,591 (49,208)	106,9 (94,5)
5. BASF	46,623 (47,617)	134,6 (137,0)
6. Hoechst . . .	44,862 (45,898)	172,9 (169,3)

Größte Industrieunternehmen BR Dtld. *(Forts.)*

	Umsatz in Mrd. DM 1990 (1989)	Beschäftigte in Tsd. 1990 (1989)
7. RWE	44,235 (38,971)	98,8 (95,2)
8. Bayer	41,643 (43,299)	171,0 (170,2)
9. Thyssen	36,185 (34,249)	152,1 (136,1)
10. Bosch	31,824 (30,588)	179,6 (174,7)
11. BMW	27,178 (26,515)	70,9 (66,3)
12. Mannesmann	23,943 (22,330)	124,0 (122,3)
13. Opel	23,708 (20,806)	57,4 (54,3)
14. Ruhrkohle	22,921 (23,364)	119,5 (124,8)
15. Ford	20,754 (19,806)	50,1 (48,2)
16. Metallges.	19,827 (20,126)	31,7 (24,5)
17. VIAG	19,423 (10,434)	55,8 (34,7)
18. Deutsche Shell	19,246 (16,906)	3,3 (3,3)
19. Preußag	19,046 (16,357)	72,3 (65,7)
20. MAN	18,937 (17,054)	65,9 (57,7)
21. Esso	16,825 (14,686)	2,4 (2,5)
22. Krupp	15,570 (16,402)	58,9 (63,6)
23. Degussa	13,925 (14,357)	35,0 (33,7)
24. Deutsche BP	13,842 (12,780)	6,3 (5,9)
25. IBM Deutschl.	13,324 (12,391)	31,1 (31,8)
26. Bertelsmann	13,313 (12,483)	43,5 (43,7)
27. Hoesch	12,570 (11,973)	52,2 (51,5)
28. Ruhrgas	12,193 (10,059)	9,2 (8,6)
29. Henkel	12,017 (11,639)	38,8 (38,1)
30. Deut. Unilever	9,538 (8,969)	27,4 (25,3)

Ausgewählte Produktionszahlen und Branchenübersichten

Aluminium *Gesamtproduktion*, d. h. Hüttenproduktion und Gewinnung aus Schrott, Abfällen u. ä. 1990 (1989 und 1980) in 1000 t (nach UNO-Angaben)

USA	5962,8	(5960,4)	(6122,4)
UdSSR (S)	3100,0	(3200,0)	(2500,0)
Kanada (Hüttenprod.)	1567,2	(1555,2)	(1074,0)
BR Deutschland	1254,0	(1279,2)	(1135,2)
Australien (Hüttenprod.)	1234,8	(1240,8)	(283,2)
Japan	1060,8	(1676,4)	(1896,0)
Norwegen	894,0	(918,0)	(666,0)
Brasilien (1989 bzw. '88)	888,0	(871,2)	(260,4)
VR China (S)	840,0	(820,0)	(420,0)
Venezuela (1989 bzw. '88)	546,0	(442,8)	(327,6)
Frankreich	534,0	(554,4)	(594,0)
Indien (Hüttenprod., 1989 bzw. '88)	424,8	(289,2)	(228,0)
Großbritannien	410,4	(404,4)	(536,4)
Niederlande	392,4	(405,6)	(318,0)
Spanien (Hüttenprod.)	355,2	(352,8)	(386,4)
Italien	244,8	(234,0)	(271,2)
u. a. Österreich	172,8	(169,2)	(126,0)
Schweiz (S)	110,0	(100,0)	(90,0)

Weltproduktion nach UNO-Angaben 1990 (1989) 22,378 (22,390) Mio. t.
Erzeugung von Hüttenaluminium (nach »Metallstatistik«) 1990 in 1000 t: USA 4048,3 – UdSSR (S) 2200,0 – Kanada 1567,4 – Australien 1232,7 – Brasilien 930,6 – Norwegen 871,1 – VR China (S) 850,0 – BR Deutschland 720,3 – Venezuela 594,0 – Indien 433,2 – Spanien 355,3 – Jugoslawien 350,0. *Weltproduktion von Hüttenaluminium* 1990 (1989) 18,024 (18,215) Mio. t.
Gesamtverbrauch von Aluminium (Hütten- u. Umschmelzaluminium) 1990 (1989) 25,255 (24,613) Mio. t, davon 1990 in 1000 t: USA 6718,3 – Japan 3300,6 – BR Deutschland 2031,5 – Italien 1164,0 – Frankreich 984,3 – Großbritannien 635,0 – Kanada 505,7.
Wegen des hohen Stromverbrauchs bei der Aluminiumproduktion wurden in den letzten Jahren zunehmend Produktionskapazitäten in Ländern mit billiger Energie neu errichtet, z. B. in Brasilien (Wasserkraft), Venezuela und arabischen OPEC-Staaten, wie Bahrain und Ver. Arab. Emirate (Erdöl und -gas), Australien und Südafrika (Kohle). 1991 sanken die *Weltmarktpreise* für Aluminium um fast ⅓, da eine erhöhte Produktion (z. B. neue Hütten in Kanada und Venezuela) und vermehrte Exporte aus Osteuropa auf zurückgehende Nachfrage trafen (nachlassende Konjunktur in wichtigen Industrieländern, erhöhte Wiederverwendungsrate in den USA von über 50%). In der *BR Deutschland* wird Aluminium v. a. im Fahrzeugbau verwendet (Straßen-, Schienen- und Luftfahrzeuge), daneben für Verpackungen (Folien), Dosen und im Maschinenbau.

Bauindustrie

Zahl der fertiggestellten *Wohnungen* (Neubauten) nach UNO-Angaben 1990 in 1000: Japan[1] 1836,6 – USA 1188,0 – Spanien[1] 280,7 – BR Deutschland 256,5 (1973 noch 714,0) – Frankreich[1] 256,4 – DDR (1988) 219,9 – Kanada (1988) 216,5 – Türkei (1988) 205,5 – Großbritannien (ohne Nordirland) 183,1 – Australien 145,3 – Polen (1988, nur öffentl.) 123,6 – Griechenland (1989) 117,3 – Niederlande[1] 97,4 – u. a. Schweiz (1988) 17,9 – keine Angaben u. a. für UdSSR und China. Wegen unterschiedlicher Definition des Begriffs »Wohnung« und nicht vollständiger Erfassung ist die internationale Vergleichbarkeit sehr erschwert. ([1] = einschl. Instandsetzung)
In der *BR Deutschland* setzte sich 1991 der 1989 begonnene Aufschwung bei der *Bautätigkeit* fort. In den alten Bundesländern stieg die Zahl der *Baugenehmigungen* im *Wohnungsbau* von 214552 (1988) über 386648 (1990) auf rd. 395000 (1991) Wohnungen an, lag aber im Vergleich zu früheren Jahren immer noch sehr niedrig (z. B. 1972: 768636). Die Zahl der *fertiggestellten Wohnun-*

gen stieg ebenfalls an, und zwar von 208 621 (1988) über 256 738 (1990) auf rd. 300 000 (1991) Wohnungen, wobei v. a. der Anstieg beim Mietwohnungsbau zu Buche schlug. Im *Nichtwohnbau* (Industrie, Gewerbe, Büros, Landwirtschaft usw.) erreichte die Bauleistung 1991 nach ersten Berechnungen etwa das Ergebnis von 1990 (155,630 Mio. m³ umbauter Raum). Hier ist aufgrund der erteilten Baugenehmigungen 1992 wieder eine stärkere Zunahme zu erwarten. Im Tiefbau (Straßen-, Kanalbau u.ä.) stagnierte 1990–91 die Bauleistung, v. a. wegen der Knappheit öffentlicher Mittel. 1992 ist mit einer Zunahme besonders durch Baumaßnahmen im Rahmen des »Gemeinschaftswerks Aufschwung Ost« zu rechnen. Insgesamt stieg der *Umsatz* des westdeutschen Bauhauptgewerbes 1990–91 um 10,8% auf 157,577 Mrd. DM. Die Zahl der Beschäftigten stieg um 2,6% auf 1,061 Mio., liegt aber damit immer noch wesentlich unter den Zahlen anfangs der 80er Jahre (1984 noch 1,106 Mio.). Als Problem für das gesamte Baugewerbe, besonders angesichts weiter steigender Nachfrage, erweist sich der zunehmende Mangel an Fachpersonal und an Nachwuchs. Bis Mitte der 80er Jahre war in der *BR Deutschland weitestgehende Bedarfsdeckung* mit Wohnungen erreicht worden. Seit 1987/88 wurde v. a. in den Verdichtungsräumen wieder ein *Mangel an preisgünstigen Mietwohnungen* spürbar, der inzwischen auch auf den Markt für Einfamilienhäuser und Eigentumswohnungen übergriff und zu starken Preissteigerungen führte. Dieses neue Ungleichgewicht auf dem Wohnungsmarkt wurde einerseits durch den überraschend starken Zuzug ins Bundesgebiet verursacht (deutsche Aussiedler aus Osteuropa und Ausländer, seit Ende 1989 auch aus der ehem. DDR), andererseits durch die steigende Nachfrage nach Zweitwohnungen und die sinkende Bereitschaft von Hausbesitzern, freiwerdende Wohnungen wieder zu vermieten (z. B. Umwandlung von Zwei- in Einfamilienhäuser). Durch verstärkte *staatliche Förderung* sollen auch 1992 und in den folgenden Jahren jeweils 300 000–350 000 neue Wohnungen in der alten Bundesrepublik gebaut werden, wobei die Kapazität der Bauindustrie z. Z. kaum für eine größere Zahl ausreicht. In den neuen Bundesländern besteht v. a. ein sehr großer Renovierungs- und Sanierungsbedarf angesichts Zehntausender leerstehender, aber kaum bewohnbarer Häuser. Man schätzt den Neubaubedarf auf rd. 1 Mio. Wohnungen, einschl. Ersatz für rd. 700 000 Wohnungen, die mittelfristig wegen ihres Zustandes abgebrochen werden müssen. 1991 wurden nur 45 000 neue Wohnungen gebaut, da v. a. ungeklärte Eigentumsfragen und die Finanzierung große Probleme darstellen.

Insgesamt betrug nach Angaben des Statistischen Bundesamtes die *Zahl der Wohnungen* am 31. 12. 1990 in *Deutschland* 33,856 Mio., davon 26,839 in den alten und 7,017 Mio. in den neuen Bundesländern. Die *Wohnfläche* je Wohnung betrug 86,5 bzw. 64,4 m².

Bier *Ausstoß* (nach EG- und UNO-Angaben) 1988/89 in Mio. hl: USA 230,3 – BR Deutschland 89,2 – Großbritannien 60,2 – Japan 58,6 – VR China (1987) 54,0 – UdSSR (1987) 50,7 – Brasilien (1987) 33,9 – DDR (1987) 24,1 – Kanada (1986) 23,5 – Spanien 26,6 – ČSFR (1987) 22,2 – Niederlande 18,8 – Frankreich 18,6 – Australien (1987) 18,6 – Südafrika (1987) 16,7 – Kolumbien (1987) 15,4 – Belgien 13,8 – Jugoslawien (1987) 12,1 – Polen (1987) 11,9 – Italien 11,6 – Rumänien (1987) 10,6 – Dänemark 9,2 – Ungarn (1987) 9,1 – Rep. Korea (Süd-K., 1987) 8,8 – Österreich (1987) 8,6 – Nigeria (1987) 6,7 – u. a. Schweiz (1987) 4,0. *Weltproduktion* 1987 906,7 Mio. hl (nur Bier aus Malz). – Für 1991 wird die *Welt-Bierproduktion* auf rd. 980 Mio. hl geschätzt.

In der *BR Deutschland* nahm der *Bierausstoß* 1991 zu; es wurden 117,990 Mio. hl gebraut, davon 30,840 Mio. hl in Nordrhein-Westfalen, 29,859 Mio. hl in Bayern und 7,831 Mio. hl in den neuen Bundesländern. Der Bierkonsum liegt z. Z. bei rd. 149 l/Einw. im Jahr. Die Zahl der *Brauereien* betrug 1991 1315, davon 746 in Bayern (1960 noch 1600).

Chemische Industrie

Die *Chemie* stagnierte 1991 weltweit als Folge der Konjunkturschwäche in wichtigen Industriestaaten. Leichten Zuwächsen z. B. in Deutschland und Japan standen Rückgänge in den USA, besonders aber in der UdSSR gegenüber. Die chemische Industrie litt in vielen Ländern unter den wirtschaftlichen Problemen der Landwirtschaft (verringerter Absatz an Dünger und Pflanzenschutzmitteln), in anderen unter Konjunkturschwächen des Kraftfahrzeugbaus (Kunststoffe, Lacke, Gummi) und der Textilindustrie (Kunstfasern). Bei der Kunststoffherstellung und in anderen Bereichen konnte die chemische Industrie wegen der anhaltend niedrigen Preise für Erdöl, Kohle und andere Rohstoffe ihre Konkurrenzfähigkeit behaupten. Die *Verlagerung von Produktionskapazitäten* aus den Industrie- in Entwicklungsländer setzte sich verlangsamt fort und betraf vor allem die *Petrochemie*. So kam es in den letzten Jahren zur Errichtung neuer Produktionsstätten für Mineralölprodukte, Kunststoffe, Düngemittel u. a. in Erdölförderländern sowie in lateinamerikanischen und ostasiatischen »Schwellenländern«, während gleichzeitig die Kapazitäten in Westeuropa und Nordamerika stagnierten und z. T. verringert wurden. Aufgrund der verschärften *Umweltgesetzgebung* wurde hier weniger in neue Anlagen als in Um- und Ausbauten bestehender Produktionsstätten investiert mit dem Ziel, schädliche Emissionen zu verrin-

gern. Die Kostenbelastung durch zunehmend verschärfte Umweltschutz-Auflagen wurde v. a. für die deutsche Chemie zu einem Problem, das ihre internationale Wettbewerbsfähigkeit betrifft.
In *Deutschland* (nur alte Bundesländer) meldete die Chemie 1991 nur ein sehr schwaches Wachstum. Der *Umsatz* erhöhte sich 1990–91 um 1,9% auf 199,840 Mrd. DM, was wegen der Preisstabilität bei den Rohstoffen auch ungefähr dem realen Wachstum entspricht. Der *Auslandsumsatz* ging auf 81,061 Mrd. DM zurück und erreichte 40,6% (1989 noch 43,7%). Die *Beschäftigtenzahl* stieg im Jahresdurchschnitt leicht auf 593800. Am günstigsten entwickelten sich 1991 die Sparten Kosmetika und Pharmazie, während Industriechemikalien, Kunststoffe und Kunstfasern, Dünge- und Pflanzenschutzmittel stagnierten. Im *Welthandel* mit Chemieprodukten (Exporte) stand *Deutschland* auch 1991 an 1. Stelle vor USA und Japan. Andererseits stammen rd. ⅗ des inländischen Verbrauchs an Chemieprodukten aus Importen. In den *neuen Bundesländern* war die Chemie eine wichtige, aber international nicht wettbewerbsfähige Industrie. Sie wurde – auch aus Umweltschutzgründen – 1991 weitgehend stillgelegt und wird z. Z. umstrukturiert. 1991 wurden rd. 1 Mrd. DM aus Westdeutschland in der chemischen Industrie der neuen Länder investiert.

Produktion der chemischen Industrie

Kunstfasern auf Zellulose- und Synthetikbasis *Produktion* 1989 (1988) in 1000 t: USA 3385 (3429) – Japan 1651 (1644) – UdSSR 1475 (1472) – VR China 1356 (1248) – Rep. Korea (Süd-K.;S) 1191 (1116) – BR Deutschland 1016 (997) – Italien 575 (597) – Indien (S) 450 (474) – Mexiko 337 (346) – DDR 335 (319) – Brasilien 302 (292) – Spanien 295 (303) – Türkei 283 (259) – u. a. Österreich 153 (149). *Weltproduktion* 1989 (1988) 17,607 (17,266) Mio. t, davon 14,730 (14,376) Mio. t Synthetics.
1991 ging die *Weltproduktion an Chemiefasern* nach Industrie-Angaben auf rd. 17 Mio. t zurück, v. a. wegen Produktionsrückgängen in der UdSSR und Osteuropa.
Kunststoffe (Plastik) *Produktion* 1989 in Mio. t: USA (1988) 20,598 – Japan 10,417 – BR Deutschland 9,176 – UdSSR (1988) 4,634 – Belgien (1988) 3,980 – Frankreich 3,770 – Niederlande 3,265 – Italien 3,239 – Rep. Korea (Süd-K.) 2,301 – Großbritannien 1,827 – ČSFR (1988) 1,192 – DDR 1,181 – Polen (1988) 0,760 – Jugoslawien 0,742 – Österreich (1987) 0,714 – keine Angaben für China.
Synthetischer Kautschuk *Produktion* 1989 (1988) in 1000 t: UdSSR 2525 (2435) – USA 2302 (2335) – Japan 1352 (1299) – Frankreich 591 (569) – BR Deutschland 509 (500) – Großbritannien 311 (313) – VR China 289 (251) – Italien 280 (260) – Brasilien 257 (284) – Niederlande 214 (189) – Kanada 188 (197) – Rep. Korea (Süd-K.) 169 (169) – DDR 158 (149) – Rumänien 150 (164) – Mexiko 143 (146) – Polen 125 (128) – Belgien 120 (104). *Weltproduktion* 1989 (1990) 10,325 (10,145) Mio. t.
Hauptanwendungsgebiet für Synthesekautschuk sind Fahrzeugreifen und -schläuche, auf die rd. 50% entfallen.
Schwefelsäure (H_2SO_4) *Produktion* 1989 in Mio. t: USA 39,274 – UdSSR 28,300 – VR China (1988) 11,113 – Japan 6,886 – Frankreich 4,180 – BR Deutschland 4,028 – Brasilien (1987) 4,004 – Tunesien (1988) 3,316 – Kanada (1988) 3,805 – Spanien 3,311 – Indien (1987) 3,158 – Polen 3,115 – Großbritannien 2,156 – Italien 2,067 – Belgien 1,956 – Mexiko (1977) 1,877 – u. a. DDR 0,835. *Weltproduktion* 1988 143,396 Mio. t.
Ätznatron (NaOH) *Produktion* 1989 in Mio. t: USA 9,516 – Japan 3,674 – BR Deutschland 3,541 – UdSSR 3,200 – VR China (1988) 3,005 – Kanada (1988) 1,720 – Frankreich 1,537 – Italien 1,178 – Brasilien (1988) 0,974 – Indien (1988) 0,958 – Rumänien (1987) 0,821 – DDR 0,640. *Weltproduktion* 1988 35,789 Mio. t.
Mineraldünger (Handelsdünger) *Produktion* 1989/90 (nach FAO) in Mio. t:
Stickstoffdünger (N): VR China 14,539 – UdSSR 14,229 – USA 12,219 – Indien 6,747 – Kanada 3,190 – Indonesien 2,369 – Rumänien 2,035 – Niederlande 1,850 – Polen 1,643 – Mexiko 1,498 – Frankreich 1,460 – DDR 1,346 – Italien 1,165 – Pakistan 1,156 – Spanien 0,967 – Großbritannien 0,952 – Japan 0,946 – Bulgarien 0,926 – BR Deutschland 0,788 – u. a. Österreich 0,230 – Schweiz 0,034. *Weltproduktion* 1989/90 (1988/89) 84,716 (85,482) Mio. t.
Phosphatdünger (P_2O_5): USA 9,554 – UdSSR 8,972 – VR China 3,808 – Indien 1,833 – Brasilien 1,109 – Frankreich 0,962 – Polen 0,946 – Marokko 0,936 – Rumänien 0,648 – Australien 0,584 – Indonesien 0,551 – Türkei 0,468 – Kanada 0,450 – Japan 0,445 – u. a. BR Deutschland 0,307 – DDR 0,288 – Österreich 0,085. *Weltproduktion* 1989/90 (1988/89) 39,516 (41,203) Mio. t.
Kalidünger (K_2O): UdSSR 10,233 – Kanada 6,784 – DDR 3,200 – BR Deutschland 2,291 – USA 1,332 – Israel 1,301 – Frankreich 1,199. *Weltproduktion* 1989/90 (1988/89) 28,645 (31,158) Mio. t.

Eisen *Erzeugung* von Roheisen einschl. Hochofenlegierungen (nach »Statist. Jahrbuch d. Stahlindustrie«) 1990 (1989) in Mio. t

UdSSR	110,184	(113,936)
Japan	80,228	(80,196)
VR China	62,606	(58,200)
USA	49,817	(50,677)
BR Deutschland	30,097	(32,777)
Brasilien	16,027	(24,363)
Rep. Korea (Süd-K.)	15,339	(14,846)

Eisen *(Forts.)*

Frankreich	14,415	(15,071)
Indien	12,645	(12,074)
Großbritannien (ohne Leg.) ...	12,497	(12,816)
Belgien-Luxemburg	12,061	(11,607)
Italien	11,883	(11,788)
ČSFR	9,667	(9,911)
Polen	8,352	(9,488)
Kanada	7,346	(10,139)
Rumänien (S)	6,500	(9,051)
Südafrika	6,257	(6,543)
Australien	6,127	(6,084)
DVR Korea (Nord-K., S)	5,900	(5,900)
Spanien	5,543	(5,535)
Niederlande	4,960	(5,163)
Türkei	4,827	(3,508)
u. a. Österreich	3,452	(3,823)
DDR	2,159	(2,732)

Welterzeugung von Roheisen und Eisenlegierungen 1990 (1989) 527,015 (545,619) Mio. t. – Zur aktuellen Problematik der *Eisen- und Stahlindustrie* → *Stahl*.

Elektrotechnische Industrie

Die *Welt-Elektro-* bzw. *Elektronikindustrie* erreichte nach ersten Schätzungen 1991 nur noch einen Zuwachs von 2–3%. Insbes. in den meisten europäisch-nordamerikanischen Industriestaaten stagnierten die Umsätze (z. B. Haushaltsgeräte und Unterhaltungselektronik) oder gingen sogar konjunkturbedingt zurück (Kfz-Elektronik, elektron. Datenverarbeitung). Dagegen verstärkten die *ostasiatischen Länder* ihre führende Rolle bei der Unterhaltungselektronik (Japan, VR China, Rep. China/Taiwan, Hongkong, Singapur, Rep. Korea/Süd-K.). Besonders die geringen Lohn- und Lohnnebenkosten in diesen Ländern lassen eine sehr preisgünstige Produktion zu. *Japan* ist außerdem, vor den USA, führender Produzent von Mikroprozessoren (Chips). In der *BR Deutschland* (alte Bundesländer) verbuchte die Elektrotechnik im engeren Sinn (d. h. ohne EDV) 1991 einen Zuwachs von 4,9%, der zu einem großen Teil durch Investitionen in den neuen Bundesländern verursacht wurde. Die Zahl der *Beschäftigten* stieg nur geringfügig (+0,7%) auf 1,044 Mio. Der *Auslandsumsatz* erreichte mit 60,617 Mrd. DM einen Anteil von 28,6%. – Die wichtigsten *Produktionsbereiche* der deutschen elektrotechnischen und elektronischen Industrie waren 1990 (in Mrd. DM): Energietechnik 32,8 – EDV 17,2 – Meß-, Regel- und Automatisierungstechnik 16,5 – Nachrichtentechnik 15,6 – Hausgeräte 14,8 – Bauelemente 12,9 – Kfz.-Ausrüstung 10,5 – Unterhaltungselektronik 9,1 – Beleuchtungstechnik 3,2.

Produktion elektrotechnischer Geräte

Fernsehgeräte *Produktion* 1989 in Mio.: VR China (1988) 25,051 – Rep. Korea (Süd-K.) 15,178 – USA 14,718 – Japan 12,578 – Hongkong (1987) 11,269 – UdSSR (1988) 9,637 – Rep. China (Taiwan) 5,172 – BR Deutschland 3,236 – Großbritannien 2,733 – Italien 2,391 – Frankreich (1988) 2,041 – Singapur (1986) 1,707 – Belgien (1988) 0,946 – DDR 0,775 – Polen (1988) 0,756. *Weltproduktion* 1988 109,500 Mio.

Kühlschränke (Haushaltsk.) *Produktion* 1989 in Mio.: USA 7,824 – UdSSR 6,500 – Japan 5,018 – Italien 4,695 – BR Deutschland 3,614[1] – Rep. Korea (Süd-K.) 2,803 – Großbritannien 1,433[1] – DDR 1,140[1] – Jugoslawien 0,971 – Kanada (1986) 0,884 – *Weltproduktion* 1988 54,417 Mio.
[1] = einschl. Gefrierschränke

Rundfunkgeräte *Produktion* 1989 in Mio.: Hongkong (S) 40,000 – Singapur (1988) 19,618 – VR China (1988) 15,489 – Japan (1988) 10,969 – UdSSR (1988) 8,600 – Rep. China (Taiwan) 7,902 – BR Deutschland 4,975 – USA 2,596 – Polen 2,523 – Frankreich (1988) 1,996 – Rep. Korea (Süd-K.; 1988) 1,414 – DDR 1,151 – Indien 1,044 – Belgien (1988) 0,836. *Weltproduktion* 1988 146,608 Mio.

Waschmaschinen (vollautomat. Haushaltsw.) *Produktion* 1989 in Mio.: UdSSR (1988) 6,700 – USA 6,375 – Japan 5,141 – Italien 4,338 – BR Deutschland 2,495 – Rep. Korea (Süd-K.) 1,864 – Frankreich (1988) 1,376 – Großbritannien 1,189 – Polen 0,800 – DDR 0,521. *Weltproduktion* 1988 47,267 Mio.

Energieproduktion und -verbrauch

Erzeugung fossiler, mineralischer und pflanzlicher Energieträger → *Braunkohle, Erdgas, Erdöl, Steinkohle, Uran; Holz*

Elektrizitätserzeugung 1990 (1989) in Mrd. kWh (nach UNO-Angaben)

USA[1]	3005,340	(2980,776)
UdSSR	1727,880	(1722,000)
Japan	816,000	(799,764)
VR China (1989 bzw. '88)	594,588	(593,520)
Kanada (Nettoprod.)	480,456	(487,536)
BR Deutschland	449,196	(440,592)
Frankreich	405,048	(406,896)
Großbritannien	317,376	(311,196)
Indien[2]	264,300	(245,136)
Brasilien (1989 bzw. '88)	229,824	(213,996)
Italien (1989 bzw. '88)	210,840	(203,172)
Australien (1989 bzw. '88)	147,924	(139,104)
Südafrika	147,240	(162,324)
Schweden	142,008	(139,344)
Spanien	141,228	(135,936)
Polen	136,320	(145,488)
Norwegen	121,584	(119,880)
DDR (1989 bzw. '88)	118,980	(118,392)
Mexiko[1]	114,276	(119,604)
Rep. Korea (Süd-K.)[2]	107,664	(94,476)
u. a. Schweiz	55,800	(55,776)
Österreich	50,412	(50,172)

[1] = Nettoproduktion, nur öffentl. Erzeugung
[2] = ohne industrielle Eigenproduktion

Welterzeugung an Elektrizität 1990 (1989) 11,179 (11,427) Mrd. kWh.

Die *Elektrizitätserzeugung* erfolgt durch unterschiedliche *Primärenergien,* deren Anteile in den einzelnen Ländern stark differieren. Der Anteil des *Erdöls* an der Stromerzeugung ist v. a. in den arabischen Ländern (fast 100%), aber auch in Italien (rd. ⅔) und Japan (25%) relativ hoch. Einen hohen Anteil des *Erdgases* erreichen z. B. die Niederlande (rd. 65%) und Irland (45%), die *Steinkohle* dominiert in Dänemark, Südafrika (je 90–95%), Großbritannien (65%), den USA (fast 60 %) und Spanien (über 40%), die *Braunkohle* in der ehem. DDR (1990 79%) und in Griechenland (rd. 65%), Stein- und Braunkohle zusammen in der VR China (rd. 75%) und in Deutschland (alte und neue Bundesländer zus. 1991 56,5%), der Anteil der *Kernenergie* (1990) ist relativ hoch in Frankreich (75%), Belgien (60%), Ungarn (51%), Rep. Korea/Süd-K. (49%), Schweden (46%), Schweiz (43%), Taiwan (38%), Spanien, Bulgarien (je 36%), Finnland (35%), aber auch in der BR Deutschland (1991 in Westdeutschland 32,1%). Der Anteil der *Wasserkraft* erreicht hohe Werte z. B. in Kanada (rd. 70%), Österreich (60%), der Schweiz (45%) sowie in vielen Entwicklungsländern (Südamerika zusammen über 75%). Derartige Berechnungen weichen in verschiedenen Quellen oft voneinander ab, je nachdem auf welcher Basis umgerechnet wird und ob nur die öffentliche oder auch die industrielle Stromerzeugung einbezogen wird.

In *Deutschland* verringerte sich das *Aufkommen an Elektrizität* 1990–91 wegen einer bedeutenden Abnahme in Ostdeutschland (neue Bundesländer) relativ stark, nämlich von 542,1(1990) auf 528,9 (1991) Mrd. kWh. Diese Summe setzte sich zusammen aus der *inländischen Stromerzeugung* von 1991 (1990) brutto 536,4 (549,9) bzw. netto (abzüglich Eigenverbrauch der Kraftwerke) 499,1 (511,3) Mrd. kWh und aus *Stromimporten* von 29,8 (30,8) Mrd. kWh. Vom *Gesamtaufkommen* entfielen 1991 (1990) 30,7 (30,1) Mrd. kWh auf *Exporte* sowie 27,5 (28,8) Mrd. kWh auf Pumpstromverbrauch der Kraftwerke und Netzverluste, so daß sich für 1991 (1990) ein *Netto-Stromverbrauch* von 470,7 (483,2) Mrd. kWh ergab, d. h. ein Rückgang von 2,6%. Der *Brutto-Stromverbrauch* betrug 1991 (1990) 493,0 (506,9) Mrd. kWh. Vom *Nettoverbrauch* entfielen 1991 (1990) 408,0 (398,2) Mrd. kWh auf West- und 62,7 (85,0) Mrd. kWh auf Ostdeutschland.

Eine Aufgliederung nach *Nutzergruppen* für 1990 ergab (in Mrd. kWh) für die Industrie 251,4 = 52,0% – private Haushalte 117,1 = 24,2% – sonstige Kleinverbraucher (Gewerbe, Landwirtschaft, öffentliche Einrichtungen) 100,4 = 20,8% – Verkehr 14,3 = 3,0%. Die Zunahme des Stromverbrauchs in Westdeutschland 1990–91 betraf alle Nutzergruppen, am stärksten die privaten Haushalte (von 99,6 auf 104,2 Mrd. kWh). Vom *Haushaltsstromverbrauch* entfielen im Durchschnitt der letzten Jahre u. a. auf Raumheizung 24% – Kühlschrank und Gefriergerät 23% – Warmwasser (Küche, Bad) 13% – Elektroherd 9% – Waschmaschine u. Wäschetrockner 7% – Beleuchtung 6% – Fernseher u. Radio 5% – Geschirrspüler 2% – Sonstiges 11% (nur alte Bundesländer).

Die *installierte Kraftwerksleistung* enthält größere Reserven für Leistungsspitzen, Kraftwerksausfälle usw. Während in den alten Bundesländern Steinkohle (32,5%) und Kernenergie (22,8%) an der Spitze der Primärenergien für die Versorgung der Kraftwerke stehen, rückte im vereinigten Deutschland die Braunkohle an die 2. Stelle, da in Ostdeutschland allein 79,3% der Kraftwerksleistung auf Braunkohle entfallen. Von der gesamten deutschen Kraft-

a) Westdeutschland („alte" Bundesländer)
Gesamterzeugung 458,0 Mrd. kWh

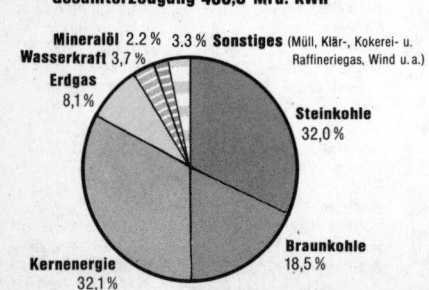

- Mineralöl 2,2%
- Wasserkraft 3,7%
- Sonstiges 3,3% (Müll, Klär-, Kokerei- u. Raffineriegas, Wind u. a.)
- Erdgas 8,1%
- Steinkohle 32,0%
- Kernenergie 32,1%
- Braunkohle 18,5%

b) Ostdeutschland („neue" Bundesländer)
Gesamterzeugung 78,4 Mrd. kWh

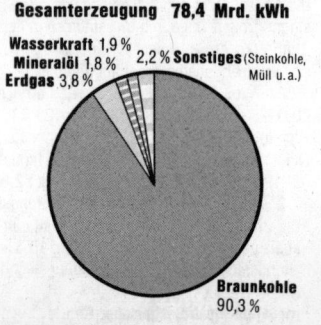

- Wasserkraft 1,9%
- Mineralöl 1,8%
- Erdgas 3,8%
- Sonstiges 2,2% (Steinkohle, Müll u. a.)
- Braunkohle 90,3%

Die Stromerzeugung in der BR Deutschland 1990
(Elektrizitätserzeugung in öffentlichen und privaten Kraftwerken)

Versorgungsstruktur der Kraftwerke in der BR Deutschland (nach VDEW), Stand 31.12.1991
Engpaßleistung in MW (brutto)

	öffentl. Versorg.	Industrie	Bahn	Insgesamt	
Steinkohle	26612	6445	626	33683	(27,0%)
Braunkohle	25061	3760	40	28861	(23,2%)
Kernenergie	23451	–	155	23605	(18,9%)
Erdgas	13291	4239	215	17745	(14,2%)
Heizöl	8840	1209	–	10049	(8,1%)
Wasserkraft	8171	210	339	8720	(7,0%)
Müll u. sonst.	724	1214	–	1938	(1,6%)
Insgesamt	106201	17077	1375	124653	(100,0%)

werkskapazität entfielen 1991 83% auf West- und 17% auf Ostdeutschland. – Ein Vergleich der vorhandenen *Kraftwerke (vgl. Tab.)* mit der *Stromerzeugung (vgl. Abb.)* zeigt, daß der Bedarf ganz überwiegend durch die Kohle- und Kernkraftwerke gedeckt wird (zusammen 84% bei nur 69% der installierten Kraftwerksleistung), während Öl- und Gaskraftwerke, insbesondere die Anlagen der öffentlichen Versorgung, hauptsächlich für den Spitzenbedarf und für Notfälle vorgehalten werden.

Energieproduktion

Die *Welterzeugung von Energie* erreichte 1991 nach ersten Schätzungen rd. 10,800 Mrd. t SKE (Steinkohleeinheiten). Die letzten genaueren Berechnungen über *Welterzeugung und Weltverbrauch* von Energie liegen für Ende der 80er Jahre vor (»Energy Statistics Yearbook« der UNO) und ergaben für 1989 (1988) eine Primärenergieproduktion von 10,611 (10,467) Mrd. t SKE und einen Energieverbrauch von 10,177 (10,013) Mrd. t SKE.
Erzeugung und Verbrauch von Energie sind stark konjunkturabhängig. Nach einer Zeit geringer Zuwächse zu Beginn der 80er Jahre gab es zur Zeit starken weltwirtschaftlichen Wachstums Mitte bis Ende der 80er Jahre auch größere Steigerungen des Energieverbrauchs. Hinzu kam die nach wie vor starke Zunahme der Weltbevölkerung. Anfang der 90er Jahre ist mit der wirtschaftlichen Rezession in einigen wichtigen Industrieländern (USA, Großbritannien) und dem Zusammenbruch der Volkswirtschaften des ehem. »Ostblocks« auch eine deutliche *Verlangsamung der Energieverbrauchs-Zuwächse* festzustellen. Zudem werden stärkere Verbrauchssteigerungen durch die Einsparungsbemühungen in den Industrieländern und den Kapitalmangel der Entwicklungsländer verhindert. Die Tabelle zeigt den globalen Einsatz der wichtigsten Energieträger und ihre Veränderungen bezüglich des Verbrauchs bis 1989. Derartige Berechnungen können in verschiedenen Quellen beträchtlich voneinander abweichen, je nach dem Umrechnungsmodus und nach dem Ausmaß der Einbeziehung nichtkommerzieller Energieträger (z. B. tierische Energie wie Zug- oder Lasttiere, Brennholz, privat genutzte Wind- und Wasserkräfte, Solarenergie u. ä.).
Der *Weltverbrauch von Primärenergie* steigerte sich 1970–1989 um 53,2%. Ein erster Höchststand war bereits 1979 mit 8,846 Mrd. t SKE erreicht worden; dieser Jahresverbrauch sank dann infolge des weltwirtschaftlichen Produktionsrückgangs und der Einsparungsbemühungen nach den »Ölpreisschocks« und wurde erst 1984 wieder überschritten. Der *wichtigste Energieträger* ist weiterhin mit großem Abstand das *Erdöl* (1989: 39,1%). Sein Verbrauch nahm v. a. in den 60er und 70er Jahren stark zu und deckte einen Großteil des damaligen Energie-Mehrbedarfs, insbesondere auch für die

Einsatz von Energieträgern für den Welt-Energieverbrauch 1970–1989
(nach »ESSO« und »Yearbook of World Energy Statistics«, UNO)

	1970		1980		1985		1988		1989	
	Mill. t SKE	%	Mill. t SKE	%	Mill. t SKE	%	Mill. t SKE	%	Mill. t SKE	%
Erdöl	3009	45,3	3997	45,6	3803	40,6	3922	39,2	3977	39,1
Kohle	2184	32,9	2632	30,0	3036	32,4	3288	32,8	3310	32,5
Erdgas	1293	19,5	1834	20,9	2095	22,4	2313	23,1	2392	23,5
Kernenergie	10	0,1	84	1,0	179	1,9	227	2,3	237	2,3
Wasserkraft, Sonst.	145	2,2	217	2,5	249	2,7	263	2,6	261	2,6
Insgesamt	6641	100,0	8764	100,0	9362	100,0	10013	100,0	10177	100,0

zunehmende Motorisierung. Seit 1979 (46,9%) ist der Erdölanteil prozentual rückläufig. Beim *Erdgas* war dagegen die jährliche Steigerung wesentlich höher als die allgemeine Zunahme des Energieverbrauchs; sein Anteil stieg daher von 19,5% 1970 über 20,9% 1980 und 22,4% 1985 auf 23,5% 1989. Der Weltverbrauch des »klassischen« Energierohstoffs *Stein- und Braunkohle,* des zweitwichtigsten Energieträgers, nahm zwar in den 60er und 70er Jahren zu, aber sein Anteil am Gesamtverbrauch sank (1970: 32,9% – 1980: 30,0%); er stieg ab 1980 durch den gezielten und von vielen Staaten durch Subventionen geförderten Einsatz zur Erdölsubstitution zeitweise wieder an (1985: 32,4% – 1988: 32,8%), ging jedoch Ende der 80er Jahre wieder leicht zurück (1989: 32,5%). Die höchsten Zuwachsraten verzeichnete der Einsatz der Kernenergie, doch blieb ihr Anteil insgesamt bisher relativ gering (1970: 0,1% – 1980: 1,0% – 1985: 1,9% – 1987: 2,1% – 1988: 2,3% – 1989: 2,3%). Der Anteil der *Wasserkraft* und anderer *regenerierbarer Energiequellen* nahm von 1970 (2,2%) über 1980 (2,5%) bis 1985 (2,7%) leicht zu und stagniert seitdem bei 2,5–2,6%. Größere Bedeutung hat die Wasserkraft v. a. in vielen Entwicklungsländern. In den Industrieländern ist ihr Anteil relativ unbedeutend und nur schwer steigerungsfähig.

Aufgrund von Schätzungen und unter Berücksichtigung der weiteren Entwicklung beim Kraftwerksbau und bei der Motorisierung kann davon ausgegangen werden, daß die Anteile der einzelnen Energieträger sich 1991/92 und in den kommenden Jahren nicht wesentlich gegenüber 1989 verändern.

Energieverbrauch nach Kontinenten und Regionen (in Mrd. t SKE)

	1986	1988	1989
Europa	2,159	2,187	2,200
UdSSR	1,758	1,947	1,875
Nordamerika	2,530	2,746	2,792
Mittel- und Südamerika	0,460	0,488	0,499
Afrika	0,236	0,249	0,255
Asien	2,048	2,263	2,414
davon China	0,767	0,818	0,892
Japan	0,445	0,480	0,496
Australien und Ozeanien	0,123	0,133	0,141

Der **Energieverbrauch pro Einwohner** ist in den einzelnen Staatengruppen der Erde extrem unterschiedlich, je nach wirtschaftlicher und technischer Entwicklung. Weltweit sank der *Energieverbrauch pro Kopf* von seinem Höchststand 1979 (2,061 kg SKE) auf 1,957 kg SKE (1989), und zwar aus unterschiedlichen Ursachen:

– *sparsamerer Umgang mit Energie* in den hochentwickelten Industriestaaten (z. B. Rückgang des Pro-Kopf-Verbrauchs 1980–89 in Westeuropa um rd. 7%, in Nordamerika um fast 10%),

– *wirtschaftliche Schwierigkeiten der rohstoffarmen Entwicklungsländer,* in denen größere Energieimporte durch Devisenmangel und hohe Verschuldung verhindert werden, so daß hier die Bevölkerungszahl stärker wächst als der Energieverbrauch.

Auf *Nordamerika und Europa* mit nur rd. 13% der Weltbevölkerung entfielen 1989 trotz der genannten Einsparungen immer noch 49% des Weltenergieverbrauchs. Dagegen verbrauchten Afrika mit 11,9% und Lateinamerika mit 8,4% der Weltbevölkerung 1989 nur 2,5 bzw. 4,9% des Weltenergieangebots. Die *größten Energieverbraucher* waren 1989 in Mio. t SKE: USA 2505 – UdSSR 1875 – VR China 892 – Japan 496 – BR Deutschland 329 – Großbritannien 288 – Indien 257 – Frankreich 221 – Italien 218.

Energieverbrauch pro Kopf in ausgewählten Ländern (nur kommerzielle Energie in kg Öleinheiten, nach »Weltentwicklungsbericht«):

	1960	1981	1984	1989
Äthiopien	7	23	17	20
Mali	10	21	26	24
Nepal	3	10	16	24
Guinea	35	..54	52	71
Guatemala	124	199	178	170
Sri Lanka	122	123	143	173
Philippinen	109	281	271	217
Bolivien	122	326	276	246
Ägypten	197	448	562	636
Ecuador	151	571	796	648
Brasilien	264	740	753	897
Algerien	221	931	1140	1906
Griechenland	361	1699	1858	2046
Spanien	667	1902	1801	2204
Italien	1003	2558	2487	2721
Österreich	1685	3398	3345	3479
Japan	880	3087	3135	3484
Frankreich	1064	3619	3516	3778
Schweiz	1841	3755	3777	3913
BR Deutschland	2645	4342	4238	4383
UdSSR (1988)	2029	4736	4627	4975
DDR (1988)	3173	5398	5225	5930
USA	5863	7540	7302	7794

Der *Pro-Kopf-Verbrauch an Energie* hängt stark vom technischen Entwicklungsstand eines Landes ab, aber auch von der Wirtschaftsstruktur und der Zusammensetzung der Industrie (z. B. hoher Verbrauch der Montan- und chemischen Industrie), dem Grad der Motorisierung, dem Klima (Dauer der Heizperiode), außerdem von den verwendeten Energieträgern und dem Grad der Rationalisierung bzw. Verschwendung beim Energieeinsatz (vgl. ehem. UdSSR). Während der Verbrauch in den aufstrebenden Entwicklungsländern zunimmt, machen sich in den meisten westlichen Industriestaaten seit einigen Jahren Abnahmetendenzen bemerkbar (Automatisierung, Einsparungen, verbesserte Heizungs- und

Verkehrstechniken, Wärmedämmung der Gebäude, Abbau der Schwerindustrie usw.).

Die **Weltvorräte an Energierohstoffen** bzw. die **Potentiale an regenerierbaren Energieträgern** sind nur schwer abzuschätzen. Selbst Expertenaussagen differieren stark, je nachdem, ob nur die heute wirtschaftlich ausbeutbaren Vorkommen berücksichtigt werden oder die nach derzeitigem Kenntnisstand überhaupt vorhandenen oder auch die nur vermuteten. Große Unsicherheit besteht vor allem darüber, inwieweit regenerierbare bzw. sog. »alternative« Energiequellen wirtschaftlich und ökologisch sinnvoll einsetzbar sind (z. B. Sonnen- und Windenergie, Gezeiten- und geothermische Energie, Wasserkraftnutzung). Die Haupthindernisse für eine vermehrte *Nutzung der regenerativen Energiequellen* sind
– meist *geringe Energiedichte* und, damit verbunden,
– häufig ein *ungünstiges Verhältnis zwischen Aufwand und Ertrag*,
– meist sehr hohe *Abhängigkeit von Tages- und Jahreszeiten, klimatischen und geologischen Verhältnissen u. a.* (Problem der Speicherung elektrischer Energie).

Eine großtechnische Anwendung kommt daher, abgesehen von der in vielen Industrieländern schon sehr stark ausgebauten Wasserkraft, nur in seltenen Fällen in Frage; eher ist ein Einsatz zur Lösung von Energieproblemen im regionalen und lokalen Maßstab möglich, z. B. in Entwicklungsländern mit mangelhafter Versorgungsinfrastruktur. Hier können *regenerative Energiequellen* dazu beitragen, den Raubbau am Wald (Brennholz) zu begrenzen, zumal Importe von Energierohstoffen (Kohle, Öl u. a.) für die meisten Entwicklungsländer finanziell kaum erschwinglich sind.

Die bekannten und wirtschaftlich gewinnbaren *Reserven an fossilen und mineralischen Energieträgern* wurden von der Weltenergiekonferenz 1986 auf rd. 1200 Mrd. t SKE geschätzt, davon Kohle 780 – Uran 140 – Erdöl (ohne Ölschiefer und -sande) 160 – Erdgas 120. Hinzu kommen Ölschiefer und -sande mit rd. 180, die nur bei höheren Erdölpreisen wirtschaftlich gewinnbar sind. Die bekannten Vorräte nahmen seit dieser Schätzung beträchtlich zu, da das Volumen der Neuentdeckungen größer war als das des Abbaus. Dennoch ist die Erschöpfung dieser Energieträger absehbar, bei den Mineralöl- und Gasvorkommen mittel- bis längerfristig, bei den Kohle- und Uranvorkommen erst nach mehreren Jahrhunderten. Bezüglich einer evtl. möglichen *Energienutzung des Wasserstoffs* mit Hilfe der *Kernverschmelzung*, die fast unbegrenzte Reserven bieten würde, lassen sich noch keine gesicherten Prognosen abgeben.

Weltweit gesehen dürfte mittelfristig der Anteil des *Erdöls* – längerfristig auch des *Erdgases* – an der Energieversorgung langsam, aber kontinuierlich geringer werden. Er wird voraussichtlich durch *Kohle* und *Kernenergie* ersetzt, die nach den Planungen der meisten Industriestaaten mittel- bis längerfristig die führende Rolle übernehmen und auch den weiteren Zuwachs des Verbrauchs decken sollen, der v. a. in den großen Entwicklungsländern zu erwarten ist. Eine Änderung ist nur wahrscheinlich, wenn es zu einem Durchbruch bei der *Kernverschmelzung* oder, was eher möglich erscheint, bei der großtechnischen Anwendung *regenerativer Energien* (z. B. Solarenergie) kommen sollte. Die IEA (Internationale Energie-Agentur) erwartet jedoch, daß die Abhängigkeit von den traditionellen fossilen Energieträgern und von Uran voraussichtlich noch Jahrzehnte bestehenbleibt.

In der **BR Deutschland** (alte Bundesländer) erhöhte sich der **Energieverbrauch** von 211 Mio. t SKE (1960) über 337 Mio. t SKE (1970) auf 408,2 Mio. t SKE (1979), den bisher höchsten Verbrauch in einem Jahr. Seitdem fiel der Energieverbrauch zunächst im Zuge der wirtschaftlichen Rezession auf 361,5 Mio. t SKE (1982) und stieg dann im Laufe des wirtschaftlichen Aufschwungs wieder an. In dieser Phase war ein »Abkoppeln« *des Energieverbrauchs von der Wirtschaftsentwicklung* festzustellen, d. h. der Energieverbrauch nahm wesentlich schwächer zu als

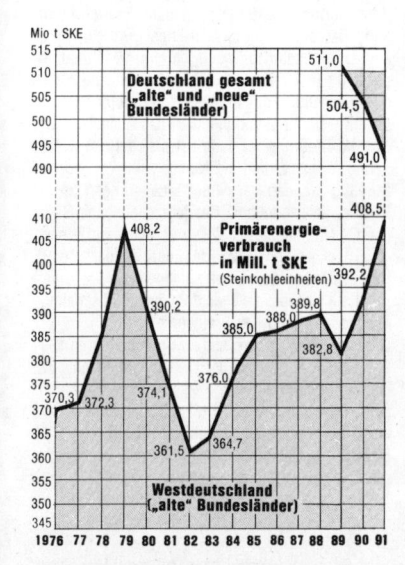

Der Energieverbrauch der BR Deutschland
(Primärenergie 1976 – 1991)

Wirtschaft

a) Westdeutschland ("alte" Bundesländer)
Gesamtverbrauch 408,5 Mio t SKE

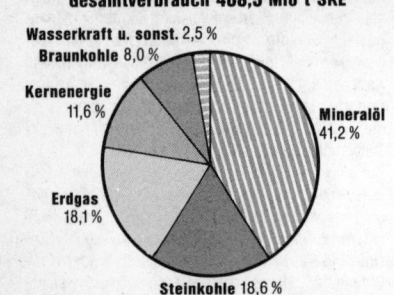

- Wasserkraft u. sonst. 2,5 %
- Braunkohle 8,0 %
- Kernenergie 11,6 %
- Erdgas 18,1 %
- Steinkohle 18,6 %
- Mineralöl 41,2 %

b) Ostdeutschland ("neue" Bundesländer)
Gesamtverbrauch 82,5 Mio t SKE

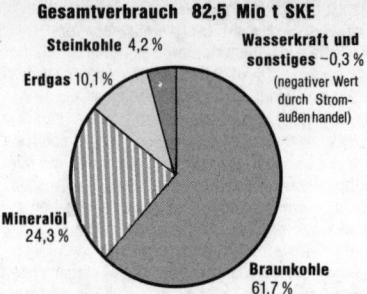

- Steinkohle 4,2 %
- Wasserkraft und sonstiges −0,3 % (negativer Wert durch Stromaußenhandel)
- Erdgas 10,1 %
- Mineralöl 24,3 %
- Braunkohle 61,7 %

Die Energieträger der BR Deutschland 1991
Anteile am Primärenergieverbrauch
(nach »Arbeitsgemeinschaft Energiebilanzen«)

das Wirtschaftswachstum. So kam es 1989–90 zu einer Zunahme des Energieverbrauchs um 2,5 %, obwohl ein Wirtschaftswachstum von 4,5 % zu verzeichnen war. Ursachen dieser erfreulichen Entwicklung waren die in den vergangenen Jahren verstärkten Anstrengungen zur Einführung energiesparender Technologien in der Industrie (z. B. chemische und Stahlindustrie), zur Verminderung von Energieverlusten, verbesserter Wärmedämmung und Heizungstechnik bei Wohnhäusern, benzinsparender Automotoren usw.

1991 war eine Umkehrung dieser Entwicklung zu beobachten. Mit +4,2 % nahm der *Energieverbrauch in Westdeutschland* wieder stärker zu als das Wirtschaftswachstum (+3,2 %). Die Ursachen sind in Sondereinflüssen durch die deutsche Vereinigung, aber auch in der deutlich kühleren Witterung (Heizenergie) zu sehen. Der westdeutsche Energieverbrauch übertraf mit 408,5 Mio. t SKE erstmals den bisherigen Höchstwert von 1979 (408,2 Mio. t SKE). In den *neuen Bundesländern* sank dagegen der Energieverbrauch 1990–91 um 26,5 % von 112,3 auf 82,5 Mio. t SKE. Trotz zunehmenden Verbrauchs durch die stärkere Motorisierung schlugen v. a. die zahlreichen Betriebsschließungen in Industrie und Gewerbe zu Buche.

Für die gesamte *BR Deutschland* ergab sich 1990–91 eine *Verminderung des Primärenergieverbrauchs* von 504,5 auf 491,0 Mio. t SKE (−2,7 %). Hiervon entfielen 1991 (1990) auf Mineralöl 188,5 (178,3) bzw. 38,4 (35,3) % – Braunkohle 83,7 (109,2)/17,0 (21,6) % – Erdgas 82,3 (78,2)/16,8 (15,5) % – Steinkohle 79,3 (78,7)/16,2 (15,6) % – Kernenergie 47,3 (49,4)/9,6 (9,8) % – Wasserkraft (einschl. Stromimporte) 4,7 (5,6)/1,0 (1,1) % – Müll, Brennholz und sonstiges 5,2 (5,1)/1,1 (1,0) % (nach »Energiewirtsch. Tagesfragen« 3/1992).

Die absolute wie anteilige *Zunahme des Mineralölverbrauchs* geht auf vermehrte Heizenergie, v. a. aber auf den erneuten Zuwachs des Benzin- und Dieselölverbrauchs für den in beiden Teilen Deutschlands verstärkten Kfz.-Verkehr zurück. – Die 2. Stelle der *Braunkohle* unter den Energieträgern beruht auf ihrer überragenden Bedeutung für die Energieversorgung Ostdeutschlands. Allerdings wurde ihr Anteil aus Umweltschutzgründen bereits 1991 deutlich gesenkt. – Der *Erdgasverbrauch* steigerte sich durch erhöhten Industriebedarf und durch den Anschluß weiterer Wohnungen an das Gasnetz. – Der *Steinkohleneinsatz* veränderte sich 1990–91 nur gering; einer vermehrten Nutzung für die Stromerzeugung standen verminderte Lieferungen an die Stahlwerke gegenüber. Der jahrzehntelange Rückgang der Steinkohle scheint vorerst gestoppt zu sein. 1955 deckte sie noch 72 % des Energiebedarfs der BR Deutschland. – Der Einsatz der *Kernenergie* verminderte sich leicht wegen der völligen Abschaltung der ostdeutschen Kernkraftwerke.

Der *Pro-Kopf-Verbrauch an Energie* betrug 1991 6,1 t SKE (6,4 t in West- und 5,2 t in Ostdeutschland). Der »*spezifische Energieverbrauch*« (Verhältnis zum erwirtschafteten Bruttosozialprodukt) belief sich 1991 in Westdeutschland auf 156 kg SKE je 1000 DM BSP, in Ostdeutschland wegen der ineffizienteren Energienutzung dagegen auf 427 kg SKE. Vom gesamten Weltenergieverbrauch entfielen 1991 rd. 4 % auf *Deutschland* (bei 1,5 % der Weltbevölkerung).

Vom *Energieverbrauch der privaten Haushalte* entfallen z. B. auf Raumheizung 52 % – Auto 34 % –

Warmwasserzubereitung 7% – Hausgeräte 6% – Beleuchtung 1%. An der *Raumheizung* sind z. Z. folgende Energieträger beteiligt: Heizöl 42% – Erdgas 32% – Fernwärme, Kohle, Strom, Holz und sonstiges je 3% (nur alte Bundesländer).
Für 1992/93 ist der *Energiebedarf Deutschlands* v. a. wegen der Unsicherheit über die weitere wirtschaftliche Entwicklung in den neuen Bundesländern nur schwer vorhersehbar. Einflußfaktoren sind außerdem die Wintertemperaturen (Heizungsbedarf), der voraussichtlich weiter zunehmende Verkehr, andererseits weitere Rationalisierung bei der Energieverwendung. V. a. in den neuen Bundesländern liegt ein hohes Energiesparpotential vor (veraltete Maschinen, geringe Wärmedämmung usw.). Insgesamt wird für die gesamte *BR Deutschland* für 1992 ein weiterer leichter *Rückgang des Energieverbrauchs* angenommen. Für die folgenden Jahre rechnen die meisten *Prognosen* nicht mit größeren Veränderungen. Bis 2000 wird teils mit einem Zuwachs auf 540–550 Mio. t SKE gerechnet, teils aber auch mit einem weiteren Rückgang auf 470–480 Mio. t SKE. Die Unsicherheit liegt – neben dem Konjunkturverlauf und der Geschwindigkeit des wirtschaftlichen Aufbaus in den neuen Bundesländern – auch im Ausmaß der tatsächlichen Ausnutzung des möglichen Einsparungspotentials. Die Erfahrungen zeigen, daß in Zeiten des Wirtschaftswachstums und steigender Realeinkommen die Einsparungsbemühungen insbesondere der Privathaushalte stark nachlassen (z. B. Kfz.-Verkehr). Spürbare Einsparungen sind daher v. a. durch gesetzliche Regelungen und technische Verbesserungen zu erwarten (z. B. Wärmedämmung der Gebäude, bessere Energieausnutzung durch Maschinen und Geräte, Verringerung der Umwandlungsverluste bei der Stromerzeugung, sparsamere Automotoren u. a.).
Weniger unsicher als Gesamtprognosen sind *Vorausschätzungen über den zukünftigen Anteil der einzelnen Energieträger*, da hierfür durch politische Entscheidungen und Investitionen der Energiewirtschaft frühzeitig die Weichen gestellt werden. So nehmen die meisten Prognosen bis 2000 für die alten Bundesländer einen Rückgang des Erdölanteils auf 36–38% (v. a. für Kfz.-Verkehr und Raumheizung), einen Zuwachs der Steinkohle auf 21–22% (v. a. zur Stromerzeugung) und des Erdgases auf 18–19% (insbes. Raumheizung) an. In den neuen Bundesländern dürfte der Braunkohleanteil weiterhin stark zurückgehen und durch Steinkohle (Verstromung) sowie Erdöl und -gas (Raumheizung) ersetzt werden. Besonders ungewiß ist der künftige Anteil der Kernenergie (Prognosen zwischen 10–16%), da hier weniger wirtschaftliche als politisch-ideologische Entscheidungen eine Rolle spielen. Über den künftigen Anteil regenerativer Energien bestehen vielfach sehr optimistische Schätzungen, doch dürfte er bei realistischer Betrachtung bis 2000 kaum über 4–5% ansteigen (einschl. Wasserkraft).
Alle Prognosen über künftige Anteile der einzelnen Energieträger basieren selbstverständlich auch auf den **energiepolitischen Zielen der Bundesregierung,** durch die wichtige Weichen gestellt werden – v. a. bezüglich der Subventionierung einzelner Energieträger (z. B. Steinkohle). Die Bundesregierung fördert insbesondere
– den weiteren Abbau des Übergewichts eines einzigen Energieträgers (Erdöl),
– den weiteren Einsatz der heimischen Kohle – trotz ihrer Kostennachteile – aus Gründen der Versorgungssicherheit und des Arbeitsplatzerhalts,
– die weitere Nutzung der Kernenergie bis zur Einsatzreife einer wirtschaftlich anwendbaren und ökologisch vertretbaren »Nachfolge«-Energiequelle,
– Maßnahmen zur Abgasreinigung (inbes. Entschwefelung und Entstickung) bestehender Feuerungsanlagen (Verbrennungskraftwerke und Hausbrand),
– Maßnahmen zur Energieeinsparung und zur Entwicklung technisch nutzbarer erneuerbarer Energiequellen (z. B. Solar-, Windenergie).
– Maßnahmen zum raschen Umbau der Energieversorgung in den neuen Bundesländern, insbes. zur Verminderung des hohen Anteils der umweltbelastenden Braunkohleverbrennung.
Die weitere **Nutzung der Kernenergie** war auch 1991/ 92 in der BR Deutschland politisch umstritten. Die durch den *Unfall von Tschernobyl* (Apr. 1986) besonders stark emotionalisierte Diskussion wurde mit großer Heftigkeit weitergeführt. 3 gegensätzliche Meinungen stehen sich gegenüber:
1. Die *Grünen* und verwandte Gruppen fordern die *sofortige Abschaltung aller Kernkraftwerke in Deutschland* und den bedingungslosen Verzicht auf die weitere Nutzung der Atomenergie, ohne Rücksicht auf Kosten und Folgen. Die dann fehlende elektrische Energie im Grundlastbereich soll durch massive Stromeinsparungen und durch vorübergehend erhöhte Leistung von Kohle- und Ölkraftwerken kompensiert werden. Längerfristig soll sich die Stromerzeugung v. a. auf regenerierbare Energien und dezentrale Versorgungsstrukturen stützen (z. B. Wasser-, Wind-, Sonnenenergie).
2. Die *SPD* fordert den *mittelfristigen Verzicht auf die Atomenergie,* d. h. die Stillegung aller KKW nach einer gewissen Übergangszeit, während der die konventionellen Wärmekraftwerke umweltfreundlicher umgerüstet werden. Als erster Schritt soll auf Bau und Inbetriebnahme neuer KKW verzichtet werden.
3. Die *Bundesregierung* argumentiert, daß die Abschaffung der mit höchstem Sicherheitsstandard ausgestatteten deutschen KKW keinen Sicherheitsgewinn bringe, solange in den Nachbarländern Kernkraftwerke nicht nur weiter betrieben, sondern auch neu gebaut werden (z. B Frankreich). Solange keine

ähnlich kostengünstige und umweltfreundliche Alternativenergie zur Verfügung steht (z. B. Kernfusion oder großtechnisch anwendbare Solarenergie), wäre es nach Ansicht der Bundesregierung *verantwortungslos, auf die Kernenergie zu verzichten.* Die BR Deutschland würde wegen der dann notwendigen Einsparungsmaßnahmen und Strompreiserhöhungen ihre Konkurrenzfähigkeit unter den großen Industriestaaten verlieren; außerdem sei der dann notwendige Betrieb weiterer großer Wärmekraftwerke wegen ihres Schadstoffausstoßes umweltpolitisch nicht zu verantworten.

Die *Hauptargumente der Kernenergiegegner* sind die *Gefahren für Mensch und Umwelt bei möglichen schweren Unfällen* (unter Umständen sehr weitflächige Strahlenverseuchung) und die *Problematik der Endlagerung* langfristig strahlender radioaktiver Abfälle, die für Jahrtausende sicher verwahrt werden müssen. Kernenergie ist nach dieser Meinung »technisch nicht beherrschbar«, da nicht jedes Restrisiko ausgeschlossen werden könne, außerdem »sozial unverträglich« wegen der strengen Sicherheitsmaßnahmen, durch die z. B. Sabotageakte oder der Diebstahl strahlenden Materials ausgeschlossen werden müssen.

Die *Kernenergiebefürworter* argumentieren v. a. mit der *Umweltverträglichkeit* (keine Abgase), der *Schonung der fossilen Brennstoffe* (Kohle, Erdöl, Gas) und den *Betriebskosten* (preisgünstige Stromerzeugung im Grundlastbereich). Zu den Gefahren wird angeführt, daß - störungsfreien Normalbetrieb der Atomkraftwerke vorausgesetzt - alle konventionellen Großkraftwerke gefährlicher und umweltbelastender arbeiten, wenn man alle Gefahren beim Bau und Betrieb von Kraftwerken, bei der Gewinnung und beim Transport der Brennstoffe und bei der Abfallbeseitigung berücksichtigt. Man könne angesichts der in Deutschland geltenden Sicherheitsvorschriften von einem Normalbetrieb der Kernkraftwerke ausgehen und das »Restrisiko« als extrem unwahrscheinlich vernachlässigen.

Unterstützung bekamen die *Befürworter der Kernenergie* in letzter Zeit vermehrt von Klimatologen, die vor den Folgen einer weiteren Erwärmung der Erdatmosphäre durch *Verstärkung des »Treibhauseffektes«* warnen. Hauptverursacher dieses Effektes, durch den die Wärmeabstrahlung der Erde verringert wird, ist das Kohlendioxid (CO_2), das bei jeder Verbrennung entsteht, in besonders starkem Maße also durch Verbrennungskraftwerke (→ *WA'91, Sp. 939ff.).* So schreibt z. B. der »Club of Rome« in seinem Bericht 1991: »Heute jedoch räumen wir widerwillig ein, daß die Verbrennung von Kohle und Öl ... für die Gesellschaft wahrscheinlich noch gefährlicher ist als die Atomkraft. Darum gibt es triftige Gründe dafür, die nukleare Option offenzuhalten und schnelle Brüter zu entwickeln.«

Ende 1991 (1990) waren **weltweit** in 29 (28) Ländern **420** (415) **Kernkraftwerksblöcke** mit einer Bruttoleistung von insges. 346,578 (338,375) Tsd. Megawatt (MW) in Betrieb, davon 328 (318) Leichtwasserreaktoren. Die *Stromerzeugung durch Kernkraftwerke* stieg 1991 um 3% auf 1,790 Gigawattstunden (GWh; ohne ehem. Ostblockländer, für die keine entspr. Daten vorliegen). *Kernenergie* lieferte 1991 rd. 20% *der Weltstromproduktion.*

1991 wurden in 4 Ländern insgesamt 7 Kernkraftwerksblöcke mit einer Bruttoleistung von 5816 MW in Betrieb genommen, davon 3 in Frankreich, 2 in Indien, je 1 in China und Japan. Im Bau waren Ende 1991 72 Blöcke in 19 Ländern. 62 Blöcke (Leistungs- und Forschungsreaktoren) waren (endgültig oder vorübergehend) im ganzen Jahr 1991 abgeschaltet. (Alle Zahlen nach »Atomwirtschaft – Atomtechnik« 1992/3; die Angaben über KKW sind in verschiedenen Quellen z. T. unterschiedlich, je nachdem, ob Forschungs- und Versuchsreaktoren oder zeitweilig abgeschaltete Kraftwerke einbezogen werden).

Zahl und Bruttoleistung (in Gigawatt = 1 Mrd. Watt) der *Kernkraftwerke* (Blöcke) Anfang 1992: USA 111/105,452 – Frankreich 57/59,610 – Japan 42/33,404 – Rußland 31/20,542 – Großbritannien 31/14,630 – Deutschland 21/23,727 – Kanada 19/13,850 – Ukraine 15/13,818 – Schweden 12/10,270 – Rep. Korea (Süd-K.) 9/7,616 – Spanien 9/7,363 – Indien 9/1,814 – ČSFR 8/3,520 – Belgien 7/5,752 – Rep. China (Taiwan) 6/5,144 – Bulgarien 6/3,760 – Schweiz 5/3,079 – Finnland 4/2,400 – Ungarn 4/1,760 – Litauen 2/3,000 – Südafrika 2/1,930 – Argentinien 2/1,015 – Niederlande 2/0,539 – Mexiko 1/0,675 – Kroatien 1/0,664 – Brasilien 1/0,657 – VR China 1/0,300 – Kasachstan 1/0,150 – Pakistan 1/0,137. Zusätzlich zu diesen Ländern waren 1991/92 Anlagen im Bau in Kuba, Rumänien, im Iran und auf den Philippinen.

Gemessen an der Stromerzeugung waren auch 1991 *deutsche Kernkraftwerke* weltweit unter den leistungsfähigsten bzw. zuverlässigsten. Nach der *Bruttostromproduktion* 1991 (in GWh) führten: Emsland 10837, Grohnde 10518 (beide Deutschland), Callaway 10452 (USA), Philippsburg-2 10415, Isar-2 10314, Grafenrheinfeld 10279, Nekkar-2 10143, Brokdorf 9988 (alle Deutschland).

Betriebsergebnisse der Kernkraftwerke der BR Deutschland 1991

(nach »Atomwirtschaft – Atomtechnik« 1992/3; Reihenfolge nach dem Datum der Inbetriebnahme)

Kraftwerke (Bruttoleistung, Jahr der Inbetriebnahme)	Brutto-Stromerzeugung in Mrd. kWh	Arbeitsverfügbarkeit (Lastfaktor)
Obrigheim (357 MW, 1968)[1,2]	1,108	35,3%

Kernkraftwerke *(Forts.)*

Stade (672 MW, 1972)[1,2]	2,416	45,2%
Würgassen (670 MW, 1972)[1,2]	4,294	77,2%
Biblis A (1204 MW, 1974)[1]	7,376	76,3%
Biblis B (1300 MW, 1976)	4,196	41,1%
Neckar-1 (840 MW, 1976)[1]	5,850	85,0%
Brunsbüttel (806 MW, 1976)[2]	4,012	76,2%
Isar-1 (Ohu; 907 MW, 1977)	7,061	94,2%
Unterweser (Esenshamm; 1300 MW, 1978)[1]	6,838	61,1%
Philippsburg-1 (900 MW, 1979)[1]	6,450	82,9%
Grafenrheinfeld (1300 MW, 1981)[1]	10,279	92,6%
Krümmel (1316 MW, 1983)[1]	8,112	80,0%
Gundremmingen B (1300 MW, 1984)	18,472	84,1%
Grohnde (1395 MW, 1984)[1]	10,518	86,4%
Gundremmingen C (1308 MW, 1984)	18,778	85,9%
Philippsburg-2 (1349 MW, 1984)[1]	10,415	88,4%
Brokdorf (1395 MW, 1986)[1]	9,988	85,7%
Isar-2 (Ohu; 1400 MW, 1988)[1]	10,314	87,8%
Emsland (1341 MW, 1988)[1]	10,837	91,7%
Neckar-2 (1316 MW, 1989)[1]	10,143	90,5%

[1] = zeitweise außer Betrieb wegen Umbau oder Reparatur
[2] = zeitweise außer Betrieb wegen behördl. Anordnung

In **Deutschland** ging *1991 kein neues Kernkraftwerk* in Betrieb, es war auch keines im Bau. In den westlichen Bundesländern blieb das betriebsfertige Kernkraftwerk Mülheim-Kärlich aus baurechtlichen Gründen abgeschaltet, während die 5 KKW in den östlichen Bundesländern bereits 1990 aus Sicherheitsgründen endgültig abgeschaltet worden waren. Die *Stromerzeugung aus KKW* sank 1991 im Bundesdurchschnitt leicht auf 147,2 (1990: 152,5) Mrd. kWh und erreichte einen Anteil von 27,5 % an der *Stromproduktion* bzw. von 9,6 % am gesamten *Primärenergieverbrauch*.

Holzindustrie →*Holz (Kap. Landwirtschaft)*

Kraftfahrzeugherstellung →*Straßenverkehr (Kap. Verkehr)*

Maschinenbau Der Maschinenbau gehörte auch 1991, wie in den Vorjahren, weltweit zu den wichtigsten Industriebranchen. Er litt daher in vielen Industriestaaten auch besonders stark unter der wirtschaftlichen Konjunkturschwäche. In der *BR Deutschland* (nur alte Bundesländer) stieg der *Umsatz*, der 1989–90 um 8,1 % gewachsen war, 1990–91 nur noch um 2,5 % auf 215,244 Mrd. DM; die Zahl der *Beschäftigten* stieg sogar nur um 0,5 % auf 1,081 Mio. im Jahresdurchschnitt 1991 (1,068 Mio. zum Jahresende). Hierin zeigen sich starke Rationalisierungs- und Automatisierungseffekte. Trotzdem war der Maschinenbau nach der Beschäftigtenzahl wieder die *größte Industriebranche*. Die wichtigsten *Produktionszweige* des deutschen Maschinenbaus waren 1989 (Umsatz in Mrd. DM): Büro- und Informationstechnik 17,450 – Werkzeugmaschinen 15,000 – Druck- und Papiertechnik 12,200 – Antriebstechnik 11,900 – Fördertechnik 11,450. – Aufgrund der Konjunkturschwäche in wichtigen Abnehmerländern (z. B. USA) und verstärkter Konkurrenz kostengünstiger produzierender ostasiatischer Länder (insbes. Japan) mußten 1991 beim Export starke Rückgänge hingenommen werden. Der *Auslandsumsatz* ging um 6,1 % zurück und erreichte nur noch 40,4 % des Gesamtumsatzes (1989 noch 45,9 %). Trotzdem war *Deutschland* 1991 weltweit größter Maschinenexporteur (21,5 % der Weltausfuhren) vor USA und Japan (je 17 %). Größte Abnehmer deutscher Maschinen waren die EG-Länder und die USA.

Mineralölprodukte *Produktion* von ① Benzin – ② Kerosin und Flugzeugbenzin – ③ leichtem Heizöl – ④ schwerem Heizöl (nach UNO-Angaben) 1990 in Mio. t

	①	②	③	④
USA	299,5	72,1	147,7	52,1
Japan	31,3	22,3	50,6	34,2
VR China (1989)	20,6	4,0	25,8	32,0
Großbritannien (1989)	27,2	9,4	23,3	15,0
Italien (1989)	16,0	3,8	25,7	22,4
BR Deutschland (1989)	20,1	2,1	34,1	8,1
Kanada	26,5	6,3	22,9	8,2
Saudi-Arabien (1989)	9,4	6,3	22,2	25,1
Frankreich	16,5	5,1	27,6	12,4
Mexiko	20,5	3,4	13,0	23,9
Brasilien (1989)	8,6	2,9	21,3	12,3
Venezuela (1989)	14,2	3,1	11,7	14,7
Niederlande	8,6	5,6	15,6	13,3
Spanien (1989)	7,0	4,1	13,2	16,8
Indien	3,6	5,7	18,6	9,3
Rep. Korea (Süd.-K.)	2,8	1,8	13,1	15,7
Kuwait	2,5	3,4	9,9	14,1
Indonesien (1989)	4,3	6,2	9,0	8,9
Australien	12,0	2,9	9,2	2,2
u. a. DDR (1989)	4,9	0,0	6,4	4,2
Österreich	2,6	0,3	2,8	1,8
Schweiz (1989)	0,7	0,3	1,2	0,5

Nahrungsmittelindustrie

Das *Produzierende Ernährungsgewerbe* (Nahrungsmittelbe- und -verarbeitung, nur Betriebe ab 20 Beschäftigte) gehörte auch 1991 dem Umsatz nach zu den größten Industriebranchen der *BR Deutschland* (vergleichbar mit dem Umsatz von Maschinenbau oder Elektrotechnik). Der *Export* dieser Branche ist dagegen nur schwach entwickelt und betrug 1991 nur 8,4 % des Umsatzes. Das *Ernährungsgewerbe* hatte 1991 (1990) einen *Umsatz* von 197,184 (182,733) Mrd. DM (nur westliche Bundesländer); hiervon entfielen 1991 in Mrd. DM u. a. auf Molkereien und Käsereien 25,734 – Brauereien 17,738 – Fleischwarenindustrie 15,689 – Süßwarenherstellung 15,525 – Obst- und Gemüseverarbeitung 10,514 – Backwarenherstellung 10,119 – Mineralwasser- und Limonadenherstellung 9,985 – Schlachthäuser 9,758 – Futtermittelherstellung 9,593 – Nährmittelherstellung 8,808 – Kaffee- und Teeverarbeitung 8,519 – Spirituosenherstellung 6,796 – Herstellung von Dauermilch, Milchpräparaten und Schmelzkäse 6,545 – Zuckerindustrie 5,447. Die Zahl der *Beschäftigten* betrug Ende 1991 496 254, davon Backwarenherstellung 90 130 – Brauereien 53 743 – Fleischwarenindustrie 46 312 – Süßwarenherstellung 45 097. – Da in der gesamten Branche kaum noch Verbrauchszuwächse stattfinden, verändern sich die Inlandsumsätze v. a. im Rahmen von Preisschwankungen einzelner Produkte. Die relativ starken Zuwächse 1991 gehen größtenteils auf die Nachfrage aus den neuen Bundesländern zurück.

Papier *Produktion* 1989 (1988) in Mio. t von *Papier und Pappe/davon Zeitungspapier*

USA	63,991	(64,160)	/ 5,523	(5,428)
Japan	22,500	(21,558)	/ 3,100	(3,067)
Kanada	16,877	(16,649)	/ 9,678	(9,970)
VR China (1987/'86)	11,777	(11,130)	/ 0,633	(0,552)
BR Deutschland . .	11,241	(10,700)	/ 0,952	(0,890)
UdSSR (1988/'87) .	8,466	(8,466)	/ 1,554	(1,554)
Finnland	7,453	(7,253)	/ 1,298	(1,400)
Frankreich	6,375	(5,940)	/ 0,379	(0,373)
Schweden	6,198	(6,097)	/ 2,165	(2,064)
Italien	5,297	(5,248)	/ 0,258	(0,264)
Brasilien (1988/'87) .	4,600	(4,446)	/ 0,240	(0,232)
Großbritannien . . .	3,903	(3,766)	/ 0,572	(0,529)
Spanien	3,281	(3,233)	/ 0,165	(0,175)
Österreich	2,499	(2,398)	/ 0,255	(0,252)
Mexiko (1987/'86) .	2,469	(2,376)	/ 0,351	(0,367)
Niederlande	2,290	(2,155)	/ 0,280	(0,304)
u. a. DDR	1,125	(1,231)	/ 0,126	(0,131)
Schweiz	0,987	(0,953)	/ 0,272	(0,263)

Weltproduktion 1988 (1987) an Papier insges. 226,200 (212,837) Mio. t, davon 31,628 (30,315) Mio. t Zeitungspapier.

Deutschland war auch 1991 der größte Papierproduzent Europas. Die *Papierindustrie* erzeugte 1991 12,8 Mio. t Papier, Karton und Pappe, davon 12,2 Mio. t in den alten Bundesländern. Von der Gesamterzeugung waren rd. 40 % Druck- und Pressepapier, 35 % Verpackungspapier und -pappe, je 8 % Büro- und Hygienepapiere, der Rest technische Spezialpapiere. Die *Exporte* betrugen 1991 4,2 Mio. t, die *Importe* 7,4 Mio. t; der *Verbrauch* stieg auf 16,1 Mio. t. Der *Einsatz von Altpapier* stieg 1991 auf 6,0 Mio. t in den alten Bundesländern. Mit einer Wiederverwendungsrate von fast 50 % gehört die Papierindustrie zu den am stärksten Recycling betreibenden Branchen.

Schiffbau →*Kap. Verkehr*

Schuhe *Produktion* von Straßenschuhen (ganz oder teilweise aus Leder) 1989 in Mio. Paar: UdSSR (1988) 819 – Italien (1984) 420 – USA 230 – Polen (1988) 167 – ČSFR 120 – Frankreich 111 – Rep. China (Taiwan) 103 – Japan 54 – DDR 49 – Großbritannien 48 – BR Deutschland 38 – Australien (1988) 34. *Weltproduktion* 1988 4,448 Mrd. Paar.

In der *BR Deutschland* ging die *Schuhproduktion* 1990 (1989) auf rd. 66 (69) Mio. Paar zurück (einschl. Textilschuhe); 1970 waren es noch 160 Mio. Paar. Der *Export* betrug 1990 rd. 50 Mio. Paar, der *Import* stieg auf rd. 280 Mio. Paar, davon allerdings ca. 40 % Eigenimporte deutscher Hersteller. Von den verkauften Schuhen waren 1990 über 90 % importiert (1960 erst 10 %, 1970 36 %).

Stahl (Rohstahl) *Erzeugung* 1990 (1989 und 1980) in Mio. t (nach »Stat. Jahrbuch d. Stahlindustrie«)

UdSSR	154,414	(160,096)	(147,996)
Japan	110,331	(107,908)	(111,384)
USA	88,900	(88,834)	(100,800)
VR China	66,349	(61,950)	(37,116)
BR Deutschland . .	38,434	(41,073)	(43,812)
Italien	25,510	(25,213)	(26,496)
Rep. Korea (Süd-K.) .	23,125	(21,873)	–
Brasilien	20,569	(25,055)	(15,252)
Frankreich	18,994	(18,692)	(23,172)
Großbritannien . . .	18,740	(19,065)	(11,280)
Indien	14,963	(14,606)	(9,432)
ČSFR	14,877	(15,465)	(15,228)
Belgien-Luxemburg .	14,615	(14,883)	(12,420)
Polen	13,633	(15,094)	(19,488)
Spanien	12,935	(12,765)	(12,552)
Kanada	12,281	(15,458)	(15,888)
Rumänien	9,754	(14,415)	(13,176)
Rep. China (Taiwan) .	9,747	(9,047)	(5,000)
Türkei	9,322	(7,799)	–
Mexiko	8,682	(7,851)	(7,008)
Südafrika	8,619	(9,337)	(8,976)
DVR Korea (Nord-K.)	7,000	(6,950)	–
Australien	6,666	(6,735)	(7,896)
DDR	5,566	(7,829)	(7,308)
Niederlande	5,412	(5,681)	(5,268)
u. a. Österreich . . .	4,291	(4,717)	(5,028)

Weltproduktion von Rohstahl 1990 (1989) 769,232 (785,815) Mio. t.

Die wichtigsten *Stahl-Exporteure* waren 1990 (in Mio. t): BR Deutschland 17,962 – Japan 16,631 – Belgien-Lux. 14,568 – Frankreich (1989) 11,511 – UdSSR (1987) 9,118 – Brasilien (S) 8,000 – Italien 7,977 – Großbritannien 7,097 – Rep. Korea (Süd-K., S) 7,000. *Haupt-Importländer* waren 1990 (in Mio. t): USA 16,4 – BR Deutschland 14,192 – Frankreich 8,484 – UdSSR 4,725.

Die *Weltproduktion von Stahl* ging 1991, wie schon im Vorjahr, erneut stärker zurück und erreichte nur noch rd. 760 Mio. t. Die *Abnahme der Stahlerzeugung* hatte ihre Ursachen einerseits in der wirtschaftlichen Rezession in einigen westlichen Industrieländern; so sank der Stahlverbrauch in den USA von 100 (1990) auf 90 Mio. t (1991), in der EG von 123 auf 118 Mio. t. Noch stärkere Auswirkungen hatte andererseits der wirtschaftliche Niedergang der UdSSR und der osteuropäischen Staaten, in denen Stahlerzeugung und -verbrauch stark abnahmen (im ehem. RGW von 192 auf 160 Mio. t). Auch 1992 geht hier, wie erste Ergebnisse zeigen, der starke Rückgang der Stahlproduktion weiter.

Als einzige Ländergruppe konnten die fortgeschrittenen Entwicklungsländer (»Schwellenländer«) auch 1991 ihre Erzeugung steigern. Diese relativ billig produzierenden Länder konnten im Export weitere Anteile zuungunsten der traditionellen europäisch-nordamerikanischen Stahlproduzenten gewinnen, v. a. bei Massenstahl. Gute Absatzmöglichkeiten für Stahl aus USA und den EG-Ländern bestehen auf dem Weltmarkt heute nur noch bei stark spezialisierten hochwertigen Produkten (z. B. Speziallegierungen, nahtlose Stahlrohre). Insgesamt stieg wegen dieser Entwicklung die *Stahlproduktion in den Entwicklungsländern* 1981–90 von 58,4 auf 105,3 Mio. t (ohne China), während sie in den westlichen Industrieländern von 401,9 (1981) auf 360,5 Mio. t (1987) zurückging und auch 1990 nur 379 Mio. t erreichte. Am stärksten hatten die *USA* unter der *Umstrukturierung des Welt-Stahlmarktes* zu leiden. Ihr Anteil an der Welt-Stahlproduktion sank von 47% (1950) über 26% (1960), 20% (1970), 14% (1980) auf 11,6% (1990).

In den *EG-Ländern* nahm die Stahlerzeugung 1991 geringfügig zu, jedoch nur aufgrund des deutschen Ergebnisses; alle anderen Länder zeigten Rückgänge als Ergebnis der schwachen Industriekonjunktur und verringerter Ausfuhrmöglichkeiten. Insgesamt betrug die *EG-Stahlerzeugung* 1991 (1990) 137,598 (136,860) Mio. t. Der *Abbau der Beschäftigten* setzte sich fort. Ihre Zahl sank in den EG-Ländern von 466,6 Tsd. (1989) auf 435,5 Tsd. (Anf. 1992; 466,8 Tsd. einschl. neue Länder), verglichen mit rd. 800 Tsd. (1975). Die gesamte *EG-Stahlindustrie* konnte wegen der starken außereuropäischen Konkurrenz nur mit hohen *Subventionen* auf ihrem jetzigen Niveau gehalten werden. Insgesamt wurde sie 1975–91 mit 121 Mrd. DM subventioniert (davon 39 Mrd. DM für die italienische, 27 Mrd. DM für die britische, 24 Mrd. DM für die französische und 7 Mrd. DM für die deutsche Stahlindustrie).

In der *BR Deutschland* erreichte die *Stahlerzeugung* 1991 (1990) 42,169 (38,434) Mio. t. Die Zahl der *Beschäftigten*, die in den letzten Jahren sehr stark abgebaut worden war (1980: 201 Tsd. – 1989: 130,5 Tsd.), ging auch 1991 um rd. 10000 zurück (auf 146 Tsd. einschl. neue Länder). Der *Stahl-Außenhandel* der BR Deutschland betrug 1991 13,591 Mio. t Importe und 14,720 Mio. t Exporte.

Textilindustrie Die *Textil- und Bekleidungsindustrie der BR Deutschland* (alte Länder) konnte 1991 kein reales Wachstum mehr erzielen. Der *Umsatz der Textilindustrie* stieg 1990–91 nur um 0,8% auf 41,668 Mrd. DM; das bedeutet nach Abzug von Preissteigerungen einen Rückgang. Der *Auslandsumsatz* ging um 4,5% zurück und erreichte nur noch einen Anteil von 27,2% am Gesamtumsatz. Die *Bekleidungsindustrie* bot ein etwas günstigeres Bild; der *Umsatz* nahm um 6,0% auf 28,396 Mrd. DM zu. Insgesamt hat sich in *Westdeutschland* die Situation dieses Industriezweigs stabilisiert, nachdem in den letzten 15–25 Jahren die Kapazitäten durch zahlreiche Betriebsstillegungen an die Absatzmöglichkeiten angepaßt worden waren. So sank die Zahl der *Beschäftigten in der Textil- und Bekleidungsindustrie* von zusammen 820000 (1960) auf nur noch 353900 (Jan. 1992, davon Textil 197600 und Bekleidung 156300). Die Ursache dieser Abnahme sind Rationalisierungsmaßnahmen und die wachsenden Importe. Mit 57,8 Mrd. DM an *Einfuhren* war die *BR Deutschland* 1991 zweitgrößter Textil- und Bekleidungsimporteur nach den USA. Bei bestimmten Artikeln, wie Herrenhemden, Damenkostüme und Miederwaren, beträgt die Importquote über 90%. Allerdings gehört die *BR Deutschland* auch zu den wichtigsten *Exporteuren* von Textilien und Bekleidung (1991 33,1 Mrd. DM Exporte).

Die *Textilindustrie in den neuen Bundesländern* war auch 1991 von drastischen Rückgängen betroffen, da die bisherigen Hauptabsatzmärkte in Osteuropa weitgehend entfielen und die Erzeugnisse nach Wegfall der staatlichen Subventionen im Westen nicht konkurrenzfähig sind. Von den ursprünglich 318000 *Arbeitsplätzen der Textil- und Bekleidungsindustrie der DDR* (1989) blieben Anf. 1992 nur noch 80. 000 übrig. Der *Bundesverband ›Gesamttextil«* schrieb hierzu: »Der Sturz aus den unproduktiven, Ressourcen verschwendenden, aber gesicherten Verhältnissen der sozialistischen Planwirtschaft in das eiskalte Wasser der Marktwirtschaft und die harte internationale Konkurrenz hat ... einen Schock ausgelöst ... Die Strukturanpassung, die die Textilstrie in den alten Bundesländern in einem ... schmerzhaften Prozeß über 20 Jahre hinweg durchlaufen ... hat, erfolgt ›drüben‹ im ›Crashtempo‹.«

Einer gewissen Regulierung des Welthandels dient das *Welttextilabkommen* (seit 1973). Dem WTA gehören z. Z. 54 Länder an; es regelt und begrenzt vor allem die Textil- und Bekleidungsexporte aus Entwicklungsländern (sog. »Niedriglohnländer«) durch Quoten, um die europäische und nordamerikanische Industrie eine gewisse Zeit vor übermäßiger Konkurrenz zu schützen und ihre Umstrukturierung zu erleichtern. Die Einfuhren der BR Deutschland fallen zu etwa 50% (mengenmäßig) bzw. 40% (wertmäßig) unter die Regelungen des WTA.

Wirtschaft

Produktion von Geweben (nach UNO-Angaben; in verschiedenen, nicht ineinander umrechenbaren Maßeinheiten) 1990 (1989):
Baumwollgewebe (ganz oder überwiegend aus Baumwolle)

in Mio. lfd. m

VR China	16310,4	(14191,2)
Indien	9480,0	(9133,2)
USA (1987 bzw. '86)	3271,2	(2306,4)
Rep. China (Taiwan; S)	1450,0	(1400,0)
ČSFR[1]	655,2	(667,2)
Ägypten (1989 bzw. '88)	608,4	(592,5)
Türkei[1]	495,6	(464,4)
Polen[1]	422,4	(756,0)
Bulgarien[1]	276,0	(357,6)
Großbritannien	165,6	(206,4)

in 1000 t

Italien (1988 bzw. '87)	216,0	(224,4)
BR Deutschland (1989 bzw. '88)	176,4	(182,4)
Frankreich	136,8	(140,4)
Mexiko[1] (1987 bzw. '86)	85,2	(76,8)
Portugal	74,4	(76,8)
u. a. Österreich	18,0	(16,8)

in Mio. m²

UdSSR	7849,2	(8091,6)
Japan	1765,2	(1915,2)
Hongkong	817,2	(818,4)
Rumänien[1] (1987 bzw. '86)	710,4	(730,8)
Rep. Korea (Süd-K.)[1]	607,2	(644,4)
Jugoslawien (1988 bzw. '87)	358,8	(368,4)
DDR (1989 bzw. 1988)	304,8	(303,6)
Pakistan[1]	292,8	(284,4)
Ungarn[1]	205,2	(250,8)

Wollgewebe (ganz oder teilweise aus Wolle)

in Mio. lfd. m

VR China (1988 bzw. '87)	266,4	(258,4)
Polen[1] (1989 bzw. '88)	96,7	(100,9)
ČSFR[1]	57,7	(59,0)
Bulgarien[1]	33,7	(36,7)

in 1000 t

Frankreich	47,8	(58,6)
Belgien	34,2	(36,6)
BR Deutschland[1] (1989 bzw. '88)	32,4	(33,0)
Portugal	9,7	(10,8)
u. a. Österreich	2,5	(2,4)

in Mio. m²

UdSSR	704,2	(720,6)
Japan	334,8	(321,8)
DDR (1986 bzw. '85)	83,5	(77,2)
Jugoslawien	83,3	(100,4)
Großbritannien	42,2	(45,6)
Rep. Korea (Süd-K.)[1]	21,2	(19,7)

[1] = Menge bzw. Gewicht nach dem Fertigungsprozeß (Bleichen, Färben usw.)

Zement *Erzeugung* 1990 (1989 und 1980) in Mio. t (nach UNO-Angaben)

VR China	227,500	(203,844)	(79,860)
UdSSR	137,328	(140,436)	(124,800)
Japan	84,444	(80,316)	(87,960)
USA (ohne Naturzement)	70,944	(71,388)	(67,884)
Indien	43,240	(44,568)	(17,700)
Italien	40,788	(39,708)	(41,856)
Rep. Korea (Süd-K.)	33,912	(30,120)	(15,636)
BR Deutschland	30,432	(28,500)	(34,260)
Spanien	28,092	(27,372)	(28,008)
Frankreich	26,508	(25,992)	(29,100)
Brasilien	25,848	(26,508)	(27,192)
Türkei	24,636	(23,808)	(14,808)
Mexiko	24,504	(23,760)	(16,260)
Großbritannien (1989 bzw. '88)	16,548	(16,512)	(14,808)
Indonesien	15,972	(15,660)	(7,800)
Thailand (1989 bzw. '88)	15,024	(11,520)	(6,732)
Griechenland	13,944	(12,528)	(11,500)
Polen	12,564	(17,112)	(18,844)
DDR (1989 bzw. '88)	12,264	(12,516)	(12,444)
u. a. Schweiz (1989 bzw. '88)	5,436	(4,944)	(4,248)
Österreich	4,908	(4,752)	(5,460)

Weltproduktion 1990 (1989) 1,140 (1,110) Mrd. t.

Zigaretten *Produktion* (nach UNO-Angaben) 1987 in Mrd. Stück: USA 677,971 – UdSSR 378,475 – Japan 309,100 – Brasilien 161,400 – BR Deutschland 157,586 – Indonesien 124,432 – Polen 98,666 – Spanien 90,777 – Bulgarien (einschl. Zigarren) 90,298 – Großbritannien[1] 89,900 – Rep. Korea (Süd-K.) 81,816 – Italien 70,447 – Indien[1] 64,782 – Philippinen 61,072 – Niederlande 57,400 – Jugoslawien 56,128 – Mexiko 54,644 – Frankreich 54,120 – Kanada 54,030 – u. a. DDR 22,625 – Schweiz 24,863 – Österreich 15,067.

[1] = ohne kleinere Fabriken

Weltproduktion 1987 (1986) 5008,844 (4873,774) Mrd. Stück.
In der *BR Deutschland* nahm 1991 die *Produktion von Zigaretten und anderen Tabakerzeugnissen* erneut zu, während der *Verbrauch* – wie im Vorjahr – stagnierte. Folgende Mengen wurden 1991 im Inland versteuert (alte und neue Bundesländer): Zigaretten 149,916 Mrd. – Zigarillos und Zigarren 1,397 Mrd. – Feinschnitt 15,631 Tsd. t – Pfeifentabak 1,358 Tsd. t. Der *Zigarettenverbrauch* betrug 1989 1942 Stück pro Einw. und Jahr (bisher keine neueren Angaben möglich).

WELTHANDEL

Entwicklung des Welthandels (Exporte) 1980–1991 (in Mrd. $, nach UNO-Angaben)

	1980	1982	1984	1986	1987	1988	1989	1990	1991
Volumen	1996,5	1830,8	1909,4	2121,0	2485,2	2815,4	3012,2	3386,3	3524,8
Veränderung gegenüber Vorjahr									
nominal	+22%	−7%	+5%	+10%	+17%	+13%	+7%	+13%	+4%
real	+2%	−3%	+7%	+6%	+6%	+9%	+6%	+5%	+2%

Der **Welthandel** hatte zu Beginn der 80er Jahre ein stagnierendes und zeitweise (z. B. 1982) sogar rückläufiges Volumen aufgewiesen (vgl. Tab.). 1986 begann eine stärkere Expansion, die auch 1987 und 1988 (real 9%) anhielt. 1989 zeigte sich ein leichter Rückgang (7%), der sich 1990 mit der Konjunkturabschwächung in den meisten Industriestaaten fortsetzte und 1991 nur noch eine reale *Zunahme des Welthandelsvolumens* von rd. 2% ergab. Nominal, d. h. ohne Abzug von Preis- und Wechselkursänderungen, betrug die Steigerung des Welthandelsvolumens in den letzten Jahren 13% 1988, 7% 1989, 12% 1990 und 4% 1991. Für die zeitweise große Differenz zwischen nominaler und realer Zunahme sorgten v. a. Preisveränderungen bei weltweit gehandelten Rohstoffen (z. B. Mineralöl, Erze, landwirtschaftliche Güter), aber auch bei Industrieerzeugnissen, sowie die Wechselkursveränderungen vieler Währungen gegenüber dem US-$, in dem die Welthandelsstatistik geführt wird.

Nach vorläufigen Berechnungen von GATT und UNO belief sich der Wert der **Exporte aller am Welthandel beteiligten Länder** 1991 auf 3524,750 Mrd. US-$, verglichen mit 3386,286 Mrd. US-$ im Vorjahr. Der Welthandel zeigte somit 1990–91 das geringste Wachstum seit 1983.

Der **freie Welthandel** wurde auch 1991/92 durch *staatlichen Protektionismus* stark beeinträchtigt, d. h. Maßnahmen zum Schutz der eigenen Wirtschaft vor Importen, besonders wenn diese billiger oder qualitativ besser sind. Viele *Entwicklungsländer* versuchen, Einfuhren von Industriegütern zum Schutz der eigenen, im Aufbau begriffenen Industrie sowie zur Deviseneinsparung zu reglementieren bzw. zu verhindern. Andererseits wollen viele *Industrieländer* ihre eigene Industrie durch Importrestriktionen vor der Konkurrenz billiger produzierender Entwicklungsländer (besonders »Schwellenländer« wie Hongkong, Taiwan, Süd-Korea) schützen, um Arbeitsplätze zu erhalten (z. B. Schutz der westeuropäischen Textilindustrie durch das Welt-Textilabkommen, →*Textilindustrie).* Aber auch im Handel der Industrieländer untereinander nahmen in den letzten Jahren *protektionistische Tendenzen* zu (z. B. Maßnahmen der USA gegen japanische Einfuhren, auf Druck der USA zustande gekommene »Selbstbeschränkungsvereinbarungen« mit Japan, Konkurrenz zwischen USA und EG-Ländern im Agraraußenhandel). Zur Zeit unterliegen nach Untersuchungen von Weltbank und IWF rd. 50% des Welthandelsvolumens mit verarbeiteten Produkten irgendwelchen Restriktionen zusätzlich zu regulären Zöllen (sog. *»Nichttarifäre Handelshemmnisse«,* z. B. Importabgaben, Ausfuhrsubventionen, diskriminierende Einfuhrhindernisse, »freiwillige« Exportbeschränkungen usw.).

Eine andere den Welthandel hemmende Tendenz ist die zunehmende Forderung nach *Kompensations- (Gegen-)Geschäften* (»countertrade«, »bartertrade«) bis hin zum reinen Waren-Tauschhandel. Insbesondere Entwicklungsländer, die ehem. UdSSR bzw. ihre Nachfolgestaaten und die ost- und südosteuropäischen Staaten fordern wegen ihrer Devisenknappheit und hohen Verschuldung häufig Gegengeschäfte. Der *Gesamtumfang von Gegengeschäften* aller Art wird z. Z. auf rd. 25% des Welthandelsvolumens geschätzt, beim sog. »Osthandel« auf 40–50%.

Die **Richtung der wichtigsten Welthandelsströme** änderte sich 1990–91 nicht wesentlich. Bezüglich ihres Umfangs setzten sich die Tendenzen der Vorjahre verstärkt fort, d. h. die westlichen Industrieländer und die exportorientierten ostasiatischen »Schwellenländer« konnten ihre führende Position als Welthandelsmächte halten bzw. weiter ausbauen, die rohstoffexportierenden Entwicklungsländer behielten ihre Bedeutung, während die übrigen Entwicklungsländer und die Länder des ehem. »Ostblocks« weiter nur gering am Welthandel beteiligt waren.

Vom *Gesamtwert der Weltexporte* entfielen 1991 (1990) 70,5 (72,0) % (=rd. 2483,750 [2437,061] Mrd. US-$) auf die westlichen Industrieländer und 5,4 (5,1) % (= 190,000 [172,534] Mrd. US-$) auf die Länder des ehem. »Ostblocks« (einschl. UdSSR). Die Exporte der Entwicklungsländer stiegen v. a. wegen der anhaltenden Exportoffensive der ostasiatischen »Schwellenländer« auf 851,000 (776,691)

Die führenden Welthandelsländer
(Nach Angaben der UNO und des IWF, Werte für 1991 vorläufig, Einfuhr cif, Ausfuhr fob)

1991	(1990)	Einfuhr in Mrd. US-$	1991	(1990)
1.	(1.)	USA	509,320	(516,987)
2.	(2.)	BR Deutschland	390,131	(342,622)
3.	(3.)	Japan	236,400	(234,800)
4.	(4.)	Frankreich	230,811	(233,234)
5.	(5.)	Großbritannien	210,019	(224,938)
6.	(6.)	Italien	183,430	(185,505)
7.	(7.)	Niederlande	125,906	(126,195)
8.	(9.)	Belgien-Luxemburg	121,376	(120,067)
9.	(10.)	Kanada	118,119	(116,720)
10.	(12.)	Hongkong	100,255	(82,496)
11.	(8.)	UdSSR	90,380	(120,651)
12.	(11.)	Spanien	90,236	(87,694)
13.	(14.)	Rep. Korea (Süd-K.)	81,557	(69,844)
14.	(13.)	Schweiz	66,517	(69,869)
15.	(15.)	Singapur	66,240	(60,787)
16.	(19.)	VR China	63,791	(45,586)
17.	(16.)	Rep. China (Taiwan)	62,900	(54,700)
18.	(17.)	Schweden	50,410	(54,583)
19.	(18.)	Österreich	49,928	(49,543)
20.	(20.)	Australien	38,609	(38,800)

1991	(1990)	Ausfuhr in Mrd. US-$	1991	(1990)
1.	(2.)	USA	421,850	(393,592)
2.	(1.)	BR Deutschland	403,095	(398,441)
3.	(3.)	Japan	314,600	(286,949)
4.	(4.)	Frankreich	213,373	(210,168)
5.	(5.)	Großbritannien	185,212	(185,976)
6.	(6.)	Italien	169,400	(169,265)
7.	(7.)	Niederlande	133,554	(131,839)
8.	(8.)	Kanada	126,833	(127,419)
9.	(9.)	Belgien-Luxemburg	118,570	(118,295)
10.	(11.)	Hongkong	98,577	(82,160)
11.	(10.)	UdSSR	90,400	(104,177)
12.	(12.)	Rep. China (Taiwan)	76,200	(67,200)
13.	(13.)	Rep. Korea (Süd-K.)	71,898	(65,016)
14.	(15.)	VR China	71,810	(62,091)
15.	(14.)	Schweiz	61,537	(63,884)
16.	(18.)	Singapur.	59,680	(52,729)
17.	(17.)	Spanien	57,276	(55,640)
18.	(16.)	Schweden	55,365	(57,423)
19.	(20.)	Australien	41,900	(39,606)
20.	(19.)	Österreich	41,066	(41,512)

Mrd. US-$ (= 24,1 [22,9] % der Weltexporte). Die OPEC-Länder als Gruppe innerhalb der Entwicklungsländer mußten einen leichten Rückgang ihrer Exporte auf 161,200 (164,847) Mrd. US-$ hinnehmen, während die am wenigsten entwickelten Länder (»LDC«) nur auf eine Exportsumme von 8,700 (8,410) Mrd. US-$ kamen. – In der Tabelle der *führenden Welthandelsländer* gab es verhältnismäßig geringe Verschiebungen, abgesehen vom Positionsverlust der ehem. UdSSR; es ist zu beachten, daß sich Veränderungen der Außenhandelswerte, die international in US-$ berechnet werden, auch durch Wechselkursschwankungen gegenüber dem US-$ ergeben können.

Nach vorläufigen Berechnungen der UNO lag 1991 nicht mehr – wie 1990 – Deutschland, sondern die **USA** mit Ausfuhren von 421,850 Mrd. US-$ an 1. Stelle der *exportierenden Staaten*. **Deutschland** (alte und neue Bundesländer) konnte den Ausfuhrwert von 1990 (398,441 Mrd. US-$) nur wenig steigern und stand 1991 mit 403,095 Mrd. US-$ an 2. Stelle der Exportrangliste. Die Exporte **Japans** erhöhten sich erneut, so daß das Land mit 314,600 (1990: 286,949) Mrd. US-$ wieder mit großem Abstand an 3. Stelle stand. – Bei den *Importen* rangierten die **USA** mit einem auf 509,320 (1990: 516,987) Mrd. US-$ gesunkenen Wert trotzdem sehr weit vor der BR **Deutschland** mit Einfuhren von 390,131 (342,622) Mrd. US-$. Dann folgten knapp aufeinander **Japan** mit 236,400 und **Frankreich** mit 230,811 Mrd. US-$ Einfuhren. Das Handelsbilanzdefizit der USA erreichte mit 87,470 Mrd. US-$ wieder einen sehr hohen Wert, der allerdings gegenüber den Vorjahren weiter gesenkt werden konnte (1987 noch –170,3 Mrd. US-$). Japan (+78,200 Mrd. US-$) und Deutschland (+12,964 Mrd. US-$) konnten dagegen wieder hohe bis mäßige Außenhandelsüberschüsse erwirtschaften. Die *führenden Welthandelsländer* waren auch 1991 die *USA, Deutschland* und *Japan*, gefolgt von *Frankreich* und *Großbritannien.* Auf den nächsten Plätzen standen wiederum die übrigen großen westlichen Industriestaaten *Italien, Kanada,* die *Niederlande* und *Belgien* (mit Luxemburg). Die ehem. *UdSSR* sank stark ab und wurde sogar von *Hongkong* überholt. Auf den nächsten Plätzen der Außenhandels-Rangliste ist v. a. die starke Stellung der ostasiatischen »Schwellenländer« *Rep. China (Taiwan), Rep. Korea (Süd-K.)* und *Singapur* bemerkenswert, während als ausgesprochen rohstoffexportierendes Land nur *Australien* auf dem 19./20. Rang erscheint.

Der **Außenhandel der BR Deutschland** (obige und alle folgenden Angaben einschließl. der neuen Bundesländer, soweit nicht anders vermerkt) zeigte 1991 ein gegenüber den 80er Jahren völlig verändertes Bild, das sich jedoch 1990 schon tendenziell angekündigt hatte. Eine kräftige Zunahme gab es nur noch bei den *Einfuhren,* die 1991 (1990) um 12,5 (4,7) % wuchsen, während die *Exporte* um 2,2 (0,2) % zurückgingen. Dadurch verminderte sich der *Handelsbilanzüberschuß,* der 1989 noch 134,539

Die wichtigsten Außenhandelspartner der BR Deutschland
(Herstellungs- und Verbrauchsländer, nach »Wirtschaft und Statistik«, 1992/3)

Einfuhr	in Mrd. DM 1991	(1990)	in % 1991	Ausfuhr	in Mrd. DM 1991	(1990)	in % 1991
1. Frankreich	78,866	(65,835)	12,2	1. Frankreich	87,506	(84,608)	13,1
2. Niederlande	62,665	(56,582)	9,7	2. Italien	61,289	(60,313)	9,2
3. Italien	59,965	(52,170)	9,3	3. Niederlande	56,058	(54,888)	8,4
4. Belgien-Luxemburg	45,892	(40,077)	7,1	4. Großbritannien	50,773	(55,277)	7,6
5. USA	43,012	(37,220)	6,7	5. Belgien-Luxemburg	48,626	(48,104)	7,3
6. Großbritannien	42,704	(37,405)	6,6	6. USA	41,687	(46,007)	6,3
7. Japan	39,686	(33,000)	6,1	7. Österreich	39,539	(37,208)	5,9
8. Österreich	26,909	(24,747)	4,2	8. Schweiz	37,645	(38,853)	5,7
9. Schweiz	25,330	(24,083)	3,9	9. Spanien	26,507	(22,882)	4,0
10. Spanien	16,883	(13,038)	2,6	10. UdSSR	18,192	(28,122)	2,7
11. UdSSR	14,565	(18,224)	2,3	11. Japan	16,494	(17,504)	2,5
12. Schweden	14,508	(13,446)	2,2	12. Schweden	14,983	(17,077)	2,2
13. Dänemark	13,384	(11,146)	2,1	13. Dänemark	12,406	(12,156)	1,9
14. VR China	11,557	(8,089)	1,8	14. Polen	8,476	(7,635)	1,3
15. Norwegen	8,379	(7,889)	1,3	15. Portugal	7,516	(5,986)	1,1
16. Rep. China (Taiwan)	8,018	(6,195)	1,2	16. Türkei	7,029	(6,552)	1,1
17. Jugoslawien	7,731	(7,679)	1,2	17. Jugoslawien	6,906	(8,499)	1,0
18. Polen	7,251	(6,964)	1,1	18. Iran	6,728	(4,268)	1,0
19. Finnland	6,580	(5,888)	1,0	19. Griechenland	6,416	(6,416)	1,0
20. Türkei	6,402	(5,577)	1,0	20. Finnland	5,837	(7,279)	0,9

Mrd. DM und 1990 107,378 Mrd. DM betragen hatte, auf nur noch 20,756 Mrd. DM (14,069 Mrd. DM für die alten und 6,686 Mrd. DM für die neuen Bundesländer). Bei einer *regionalen Aufgliederung der Handelsströme* zeigt sich, daß die Bedeutung der *westlichen Industrieländer,* insbesondere auch der *EG-Partner,* für den deutschen Außenhandel weiterhin sehr groß ist und sogar noch zugenommen hat. Der Handelsaustausch mit den *Entwicklungsländern* wuchs, während der Außenhandel mit den *»sozialistischen« Staatshandelsländern* (einschl. der im wirtschaftlichen Umbruch befindlichen Länder Osteuropas) stark abnahm. Insgesamt blieb aber der Anteil dieser beiden Staatengruppen am deutschen Außenhandel relativ unbedeutend.

Die Ursachen für die *deutliche Zunahme der Importe bei abnehmenden Exporten* lagen
a) im Inland: lebhafte Binnenkonjunktur mit hohen Konsumausgaben und starker Investitionstätigkeit, v. a. in den neuen Bundesländern;
b) im Ausland: Konjunkturschwäche bei wichtigen Handelspartnern (z. B. USA, Großbritannien), wirtschaftlicher Zusammenbruch der Sowjetunion etc.
Aufgrund des *stark verminderten Außenhandelsüberschusses* schlug 1991 auch der seit 10 Jahren bestehende Aktivsaldo der gesamten *Leistungsbilanz* ins Negative um. Der Saldo betrug −34,2 Mrd. DM im Vergleich zu +77,4 Mrd. DM 1990 (→ *BR Deutschland, Sp. 297 ff.;* alle folgenden Zahlenangaben nach »Wirtschaft und Statistik«, H. 1992/2–5).

Die **BR Deutschland** war, v. a. aufgrund der stark gestiegenen Einfuhren, auch 1991 das *zweitwichtigste Welthandelsland* – nach den USA und vor Japan, Frankreich und Großbritannien. Beim Export von Industriegütern stand Deutschland wiederum an 1. Stelle im Welthandel. Insgesamt stiegen die **Einfuhren** 1991 nominal auf 645,411 Mrd. DM (1990: 573,479 Mrd. DM). Die **Ausfuhren** sanken auf 666,166 Mrd. DM (1990: 680,857 Mrd. DM), woraus sich der erwähnte *Rückgang des Außenhandelsüberschusses* auf nur noch 20,756 Mrd. DM ergab. (Die Zahlen für die *alte BR Deutschland* lauten: Einfuhr 1991 [1990] 634,136 [550,628] Mrd. DM, Ausfuhr 1991 [1990] 648,205 [642,785] Mrd. DM, Überschuß der Handelsbilanz 14,069 [92,157] Mrd. DM.)

Die höchsten **Überschüsse** (in Mrd. DM) erzielte die BR Deutschland 1991 im Handel mit Österreich (12,630), der Schweiz (12,315), Spanien (9,624), Frankreich (8,640 gegenüber 18,774 [1990]), Großbritannien (8,069 gegenüber 17,872 [1990]), dem Iran (5,239), der UdSSR (3,627), Mexiko (3,008), Belgien-Luxemb. (2,734) und Griechenland (2,570).
Die größten **Defizite** (in Mrd. DM) ergaben sich im Handel mit Japan (−23,192 gegenüber −15,496 [1990]), der VR China (−7,495), den Niederlanden (−6,607), der Rep. China/Taiwan (−3,588), Norwegen (−3,010), Irland (−2,604), Brasilien (−2,433), Libyen (−2,390), Hongkong (−2,054), den USA (−1,325; dagegen 1990 ein Überschuß von 9,787) und Argentinien (−0,994). Der beträchtlich gesun-

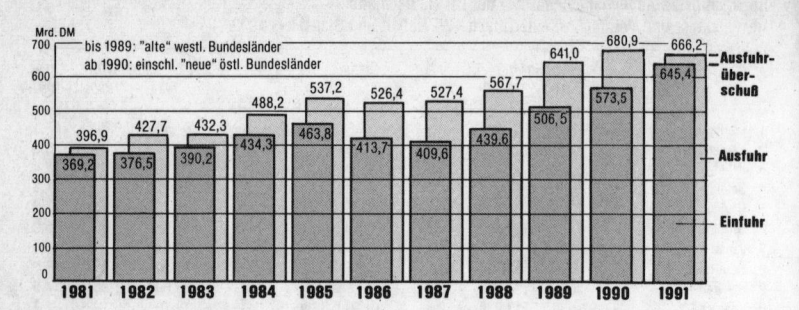

Die Entwicklung des Außenhandels der BR Deutschland 1981–1991
(Nach Angaben des Statistischen Bundesamtes)

Jahr	Ausfuhr	Einfuhr	Ausfuhrüberschuß
1981	396,9	369,2	
1982	427,7	376,5	
1983	432,3	390,2	
1984	488,2	434,3	
1985	537,2	463,8	
1986	526,4	413,7	
1987	527,4	409,6	
1988	567,7	439,6	
1989	641,0	506,5	
1990	680,9	573,5	
1991	666,2	645,4	

kene deutsche Außenhandelsüberschuß resultierte also 1991 überwiegend aus den *positiven Salden im Warenaustausch mit einigen westeuropäischen Staaten und mehreren rohstoffexportierenden Entwicklungsländern. Negative Salden* traten v. a. im Handel mit den ostasiatischen Industrie- und »Schwellenländern« auf, die Industrieprodukte exportieren, sowie gegenüber den meisten Rohstofflieferanten unter den Entwicklungsländern (z. B. Erdöl, Kaffee, Erze). Hinzu traten 1991 mit deutlich negativen Salden für Deutschland verschiedene westliche Industrieländer, mit denen z. T. in den letzten Jahren noch größere Überschüsse erwirtschaftet worden waren (z. B. USA, Dänemark, Niederlande).

Die wichtigsten **Außenhandelspartner der BR Deutschland** waren auch 1991 – wie schon in den Vorjahren – mit weitem Abstand die übrigen **westlichen Industriestaaten**, und zwar sowohl als Einkaufs- wie auch als Käuferländer (Ursprungs- und Bestimmungsländer). Auf sie entfielen 1991 (1990) 82,6 (81,4) % der deutschen Ausfuhren, und sie lieferten 81,4 (80,2) % der Einfuhren. Die **EG-Länder** waren allein zu 54,0 (51,9) % an den Exporten und zu 51,9 (50,4) % an den Importen nach Deutschland beteiligt. Auf die anderen europäischen Industrieländer des Westens (vor allem **EFTA**) entfielen 28,6 (29,5) % der Ausfuhren und 29,5 (29,8) % der Einfuhren. Der Anteil des Handels mit den EG-Partnern – Ein- und Ausfuhren zusammengezählt –

Der Außenhandel der BR Deutschland[1] nach Ländergruppen

Liefer- bzw. Bezugsländer	Importe in Mrd. DM			Exporte in Mrd. DM		
	1989	1990	1991	1989	1990	1991
Westliche Industrieländer	427,967	460,204	525,538	555,874	554,332	550,140
darunter						
EG-Länder	262,856	289,286	335,200	356,176	353,373	359,980
andere europ. Länder	83,772	90,391	96,901	120,801	122,472	118,638
Nordamerika	42,973	41,784	47,853	52,000	51,741	46,669
Staatshandelsländer (Ostblock)[2]	52,088	45,006	44,829	59,141	57,961	42,215
Entwicklungsländer	64,585	67,467	74,805	64,449	67,155	72,745
darunter in						
Afrika	12,614	13,703	14,268	11,408	11,612	11,222
Amerika	16,777	15,702	15,853	12,719	13,119	13,461
Asien u. Ozeanien	35,195	38,061	44,684	40,323	42,425	48,062
Insgesamt	547,607	573,479	645,411	682,146	680,857	666,166

[1] = die Daten beziehen sich auch für 1989 und 1990 auf das Gebiet der heutigen BR Deutschland, d. h. einschl. ehem. DDR
[2] = ehem. und derzeit. kommunistische Länder Europas und Asiens

erhöhte sich 1991 auf 53,0% des gesamten deutschen Außenhandelsvolumens. Der Exportüberschuß im Handel mit den anderen EG-Ländern verringerte sich allerdings 1991 auf 24,875 Mrd. DM (1990 noch 64,1 Mrd. DM), da die Ausfuhren in die EG-Partnerländer nur noch leicht anwuchsen (+1,9%), während die Einfuhren sich kräftig erhöhten (+15,9%).

Die vorderen Plätze in der *Im- und Exportstatistik* wurden auch 1991 von EG-Ländern eingenommen. **Frankreich** behielt seinen 1. Rang als **Abnehmerland** (13,1% aller deutschen Ausfuhren), und es blieb auch 1991 wichtigstes **Lieferland** mit 12,2% aller Importe nach Deutschland. Den 2. und 3. Platz bei den Lieferanten nahmen auch 1991 wieder die **Niederlande** und **Italien** mit 9,7% bzw. 9,3% der Importe ein; es folgten **Belgien-Luxemburg** an 4., **Großbritannien** an 6. Stelle sowie dazwischen, an 5. Stelle, die **USA** als erster überseeischer Lieferant. — Bei den wichtigsten deutschen **Exportkunden** folgten nach **Frankreich** die gleichen Länder wie bei den Importen, nur in leicht veränderter Reihenfolge: **Italien, Niederlande, Großbritannien, Belgien-Luxemburg** und **USA**. Letztere verlieren seit mehreren Jahren anteilsmäßig an Bedeutung als deutsche Exportkunden (1991: 6,3% – 1986 noch 10,5%, 1987 9,5%). Vor allem der $-Kurs machte sich negativ für die deutsche Exportwirtschaft bemerkbar. So geriet der deutsche Außenhandel mit den USA 1991 erstmals seit Jahren ins Negative: 1986 hatte sich noch ein positiver Saldo für die BR Deutschland von 28,342 Mrd. DM ergeben; 1990 betrug der deutsche Überschuß immerhin noch 9,787 Mrd. DM, während 1991 ein Defizit von 1,325 Mrd. DM entstand.

Wichtigster *überseeischer Handelspartner* war, nach den *USA,* auch 1991 **Japan** mit einem 7. Platz unter den Liefer-, aber nur 11. Platz bei den Abnehmerländern. Wegen einer Steigerung der deutschen Importe von 33,000 auf 39,686 Mrd. DM bei gleichzeitiger Abnahme der Exporte nach Japan von 17,504 auf 16,494 Mrd. DM vergrößerte sich das traditionelle *deutsche Außenhandelsdefizit mit Japan* von 15,496 auf 23,192 Mrd. DM.

Beim **Handel mit den außereuropäischen Entwicklungsländern** setzte sich der 1988 begonnene Aufschwung fort. Neben den EG-Ländern waren die Entwicklungsländer die einzige Ländergruppe, in die die deutschen Exporte zunahmen. Wegen der Devisenarmut und hohen Verschuldung der meisten Entwicklungsländer entfiel allerdings ein großer Teil dieser Ausfuhren auf die relativ reichen Entwicklungsländer, v. a. die *ostasiatischen »Schwellenländer«* (z. B. Zunahme der deutschen Exporte nach Malaysia um 31,0% auf 2,232 Mrd. DM, nach Thailand um 26,3% auf 2,911 Mrd. DM, nach Taiwan [Rep. China] um 12,3% auf 4,430 Mrd. DM oder nach Hongkong um 10,5% auf 3,524 Mrd. DM). Insgesamt stiegen die deutschen *Exporte in die Entwicklungsländer* um 8,3% auf 72,745 Mrd. DM.

Auch die *Einfuhren aus den Entwicklungsländern* erhöhten sich wieder, und zwar um 10,9% auf 74,805 Mrd. DM. Hier spielten z. T. zunehmende Rohstofflieferungen eine Rolle, andererseits der erneut verstärkte Handelsaustausch mit den »Schwellenländern« Ost- und Südostasiens (z. B. Erhöhung der Importe aus Malaysia um 35,5% auf 3,138 Mrd. DM, aus Taiwan [Rep. China] um 29,4% auf 8,018 Mrd. DM, aus der Rep. Korea [Südkorea] um 23,3% auf 5,585 Mrd. DM oder aus Singapur um 15,9% auf 3,448 Mrd. DM).

Auch die *Importe* aus den **OPEC-Ländern** nahmen 1991 wieder zu (um 7,6% auf 15,261 Mrd. DM). Hier liegt die Ursache bei erhöhten Erdöllieferungen (von 36,383 [1990] auf 40,195 Mio. t [1991], durch die Preissenkungen kompensiert wurden (von 279 DM/t Rohöl [1990] auf 254 DM/t [1991]. Die *Ausfuhren in die OPEC-Länder* konnten um 16,1% auf 21,552 Mrd. DM gesteigert werden. Hieran waren v. a. der Iran und Saudi-Arabien beteiligt, deren Bezüge aus Deutschland um 57,6% bzw. 46,8% auf 6,728 bzw. 4,024 Mrd. DM anstiegen. Aber auch z. B. Indonesien (+20,2%) oder Nigeria (+37,4%) steigerten ihre Einfuhren aus Deutschland stark. Insgesamt betrug jedoch der *OPEC-Anteil an den deutschen Ausfuhren* nur 3,2% gegenüber 9% zu Beginn der 80er Jahre. Per Saldo ergab der *Handel mit den OPEC-Ländern* 1991 einen deutschen Überschuß von 6,291 Mrd. DM, da der Erdölbedarf nur noch zu 51,1% von OPEC-Ländern gedeckt wurde (1974 noch 94,9%).

Im *Handel mit Entwicklungsländern insgesamt,* bei dem schon seit 1988 Defizite auftreten, ergab sich auch 1991 ein negativer Saldo für die BR Deutschland von −2,060 Mrd. DM. Dies kam den **übrigen Entwicklungsländern** (d. h. ohne OPEC) zugute, denen gegenüber Deutschland mit 8,352 Mrd. DM ins Defizit geriet (Ausfuhren 51,192 Mrd. DM – Einfuhren 59,544 Mrd. DM). Die Entwicklungsländer konnten auf diese Weise stärker als in den vergangenen Jahren durch den Handelsaustausch dringend benötigte Devisen erwirtschaften. Der *Anteil aller Entwicklungsländer am deutschen Außenhandel* betrug 1991 (1990) 11,2 (10,7) %.

Die **sozialistischen »Staatshandelsländer«** (einschl. der am wirtschaftlichen Umbruch befindlichen **Reformländer** Osteuropas) wurden auch in der Außenhandelsstatistik 1991 als eigene Gruppe ausgewiesen (ehem. RGW-Staaten, Albanien, VR China und Nord-Korea). Die Entwicklung verlief 1991 sehr unterschiedlich. Während die *deutschen Bezüge* nur leicht abnahmen (von 45,006 [1990] auf 44,829 Mrd. DM), verringerten sich die *Exporte* in diesen

Bereich um 27,2% auf nur noch 42,215 Mrd. DM. Hier zeigte sich v. a. die Devisenknappheit dieser Länder. Das Resultat war ein deutsches *Osthandels-Defizit* von 2,614 Mrd. DM. Am stärksten stiegen die *Einfuhren* aus China (+42,9%) und der ČSFR (+15,3%), während die Importe aus der ehem. UdSSR um 20,1% zurückgingen. Bei den deutschen *Ausfuhren* gab es nur bei Polen eine Zunahme (+11,0%), sonst überwiegend hohe Abnahmen.

Insgesamt war der *Anteil des »Osthandels« am deutschen Außenhandel* auch 1991 relativ unbedeutend, allerdings durch die mit der ehem. DDR übernommenen Handelsbeziehungen höher als für die alte BR Deutschland. Die *Exporte* betrugen 1991 6,3% aller Ausfuhren, die *Importe* machten 6,9% der Einfuhren aus. Bei den deutschen Ost-Exporten dominierten auch 1991 – wie in den Vorjahren – die Lieferungen von Maschinen, Fahrzeugen, Chemikalien und spezialisierten Metallerzeugnissen. Die deutschen Bezüge bestanden überwiegend aus Rohstoffen (z. B. Erdöl und -gas aus der UdSSR, landwirtschaftliche Produkte). – Der mit Abstand *wichtigste Osthandelspartner* war auch 1991 die *UdSSR* (32,5% der Einfuhren, 43,1% der Ausfuhren im Osthandel).

Der »Osthandel« der BR Deutschland 1991

Wichtigste Handelspartner	Einfuhr in Mrd. DM (Veränderung gegenüber 1989 in %)		Ausfuhr	
UdSSR	14,565	(+20,1)	18,192	(−35,3)
Polen	7,251	(+4,1)	8,476	(+11,0)
VR China	11,557	(+42,9)	4,062	(−3,7)
ČSFR	5,099	(+15,3)	4,966	(−23,4)
Ungarn	4,277	(−4,7)	4,219	(−30,4)
Rumänien	1,213	(−20,4)	1,215	(−53,6)
Bulgarien	0,537	(−42,9)	0,793	(−63,9)

Bei den **Waren und Gütern**, die im Ex- und Import der BR Deutschland (nur alte Bundesländer) 1991 gehandelt wurden, ergaben sich gegenüber den Vorjahren keine wesentlichen Veränderungen. Insgesamt dominierte wieder sehr stark der Außenhandel mit Waren der gewerblichen Wirtschaft (Rohstoffe, Halb- und Fertigwaren); ihr Anteil betrug 1991 (1990) bei der Einfuhr 88,1 (87,8) %, bei der Ausfuhr sogar 94,4 (94,8) %. Der Anteil der Land- und Ernährungswirtschaft erreichte infolgedessen nur 11,9 (12,1) % bzw. 5,6 (5,2) % des Außenhandels.

Die wichtigsten **Einfuhrgüter** waren 1991 nach dem Anteil am Gesamt-Einfuhrwert in %: Straßenfahrzeuge 11,1 – elektrotechnische Erzeugnisse 10,2 – chemische Erzeugnisse 9,1 – Maschinen 6,7 – Nahrungs- und Genußmittel 6,0 – Erzeugnisse der Land- und Forstwirtschaft und Fischerei 5,3 – Textilien 5,2 – Erdöl und Erdgas 4,5 (1985 noch an 1. Stelle mit 12,4) – Bekleidung 4,1 – Büromaschinen und Datenverarbeitungsgeräte 4,0 – Luft- und Raumfahrzeuge 3,8 – NE-Metalle und Metallhalbzeug 2,9 – Eisen und Stahl 2,7 – Mineralölerzeugnisse 2,6.

Die höchsten *Zuwachsraten bei den Einfuhren* hatten 1990–91 (in %): Wasserfahrzeuge (+58,3) – Stahlbauerzeugnisse und Schienenfahrzeuge (+48,7) – Luft- und Raumfahrzeuge (+42,1) – Straßenfahrzeuge (+37,7) – Holzwaren (+26,1) – Eisen-, Blech- und Metallwaren (+25,8).

Bei der **Ausfuhr** dominierten 1991 (Anteil an der Gesamtausfuhr in %) in fast gleicher Reihenfolge wie im Vorjahr: Straßenfahrzeuge 17,1 – Maschinen 15,2 – chemische Erzeugnisse 12,8 – elektrotechnische Erzeugnisse 12,0 – Erzeugnisse des Nahrungs- und Genußmittelgewerbes 4,5 – Textilien 3,6 – Eisen und Stahl 3,3 – Luft- und Raumfahrzeuge 3,0 – Eisen-, Blech- und Metallwaren 2,9 – Kunststofferzeugnisse 2,6 – Büromaschinen und Datenverarbeitungsgeräte 2,2 – NE-Metalle und Metallhalbzeug 2,0 – feinmechanische und optische Erzeugnisse 1,9.

Höhere *Zuwachsraten* (in %) gegenüber 1990 zeigte die *Ausfuhr* von Luft- und Raumfahrzeugen (+30,8) – elektrotechnischen Erzeugnissen (+5,8) – Textilien (+5,0) – Papier- und Pappewaren (+4,9). *Rückgänge beim Export* gab es 1990–91 u. a. bei Eisen und Stahl (−5,6) – Straßenfahrzeuge (−4,3) – Maschinen (−3,8).

Die **Außenhandelsbilanz der Waren und Güter** ergab 1991 für die BR Deutschland folgendes Bild: Der größte *Einfuhrüberschuß* war – wie schon im Vorjahr – bei Erdöl und Erdgas zu verzeichnen, die trotz leicht rückläufiger Preise wegen der erhöhten Importmenge mit 28,397 Mrd. DM wieder an 1. Stelle standen (1990: 27,076 Mrd. DM Importüberschuß). An 2. Stelle standen Erzeugnisse der Land- und Forstwirtschaft und Fischerei mit einem Einfuhrüberschuß von 26,425 Mrd. DM (1990: 23,918 Mrd. DM). Es folgten mit hohen Passiva in Mrd. DM 1991 (1990): Bekleidung 16,333 (12,582) – Mineralölerzeugnisse 12,212 (10,364) – Büromaschinen und Datenverarbeitungsgeräte 11,145 (7,701) – Textilien 9,472 (5,269) – Lebensmittel und Tabakwaren 8,856 (6,246) – Papier, Pappe, Zellstoff 6,676 (6,434) – NE-Metalle und Metallhalbzeug 5,889 (6,918) – Schuhe 5,718 (4,811).

Die größten *Außenhandelsüberschüsse* ergaben sich (in Mrd. DM) 1991 (1990) bei: Maschinen 55,990 (65,511) – Straßenfahrzeuge 40,246 (64,6001 – chemische Erzeugnisse 25,757 (29,351) – elektrotechnische Erzeugnisse 12,751 (18,337) – Eisen-, Blech- und Metallwaren 4,936 (7,477) –

Kunststofferzeugnisse 4,671 (6,085) – Druckereierzeugnisse 2,802 (3,036) – Stahlbauerzeugnisse und Schienenfahrzeuge 2,512 (3,146) – Papier- und Pappewaren 2,240 (2,648).

In **Österreich** nahm der *Außenhandel* zwar auch 1991 zu, doch schwächte sich seine Dynamik gegenüber den Vorjahren deutlich ab. Der *Export* stieg, v. a. aufgrund der Konjunkturabschwächung in wichtigen Industrieländern, nominal nur noch um 2,8% auf 479,029 Mrd. S (1990: 466,067 Mrd. S). Da die *Einfuhren* stärker wuchsen, nämlich um 6,4% auf 591,898 Mrd. S (1990: 556,234 Mrd. S), vermehrte sich das *Handelsbilanzdefizit* 1991 (1990) auf 112,869 (90,167) Mrd. S.
Bei den *Importen* dominierten wieder die EG-Länder, aus denen Österreich 67,8% seiner Einfuhren bezog (Deutschland allein 43,0%). Der Anteil der EFTA-Partnerländer betrug demgegenüber nur 6,9%, und auch derjenige der ehem. RGW-Länder (»Ostblock«) stagnierte bei 6,0%. Bei den *Ausfuhren* stieg der EG-Anteil auf 65,8%. Das schon traditionell hohe *Defizit im EG-Handel* stieg weiter an und erreichte 1991 85,953 Mrd. S (1990: 79,541 Mrd. S). Hiervon entfielen allein auf den Handel mit Deutschland 67,646 Mrd. S, während z. B. mit Großbritannien und Spanien Ausfuhrüberschüsse erreicht wurden. Mit der *EFTA* (9,2% der Exporte) ergab sich ein gegenüber dem Vorjahr stark verringerter Außenhandelsüberschuß von 3,367 (1990: 8,006) Mrd. S, der v. a. auf den positiven Saldo im Handel mit der Schweiz zurückging (+5,889 Mrd. S). Der Saldo mit den *ehem. Ostblockstaaten* war mit +7,290 Mrd. S stärker positiv als 1990 (+6,157 Mrd. S), während sich mit den *Entwicklungsländern* ein erhöhtes Defizit von 12,351 Mrd. S ergab.
Die wichtigsten *Außenhandelspartner* waren 1991 (Einfuhr/Ausfuhr in Mrd. S): 1. BR Deutschland 254,644/186,998 – 2. Italien 52,338/44,875 – 3. Schweiz 24,688/30,577 – 4. Frankreich 25,767/20,816 – 5. USA 23,367/13,518 – 6. Japan 28,626/8,194 – 7. Großbritannien 15,982/17,329 – 8. Niederlande 15,877/14,386 – 9. Ungarn 11,481/14,528 – 10. Belgien/Luxemburg 16,689/9,149 – 11. UdSSR 9,774/9,334 – 12. Schweden 10,015/7,632 – 13. Spanien 6,401/10,744 – 14. ČSFR 7,437/9,166 – 15. Jugoslawien 5,836/9,564 – 16. Polen 5,654/7,473.
Bei den *Einfuhrgütern* standen 1991 Maschinen und Fahrzeuge mit 231,655 Mrd. S (davon PKW 44,758) an erster Stelle vor chemischen Erzeugnissen (57,498), Textilien und Bekleidung (52,482), Energierohstoffen (35,345) und Ernährungsgütern (26,877). – Bei den *Ausfuhren* dominierten ebenfalls Maschinen und Fahrzeuge (183,687) vor chemischen Erzeugnissen (42,608), Textilien und Bekleidung (39,983) sowie Papier und Papierwaren (29,586) und Eisen und Stahl (26,633 Mrd. S).

In der **Schweiz** verringerte sich 1991 das *Außenhandelsvolumen*, nachdem Im- und Exporte mehrere Jahre lang dynamisch gewachsen waren. Die (real) *rückläufigen Aus- und Einfuhrzahlen* werden durch die schwache Konjunktur in den anderen Industrieländern, die Verlangsamung der Wirtschaftstätigkeit im Inland (schwächere Importnachfrage) und den 1991 relativ hohen Frankenkurs erklärt, der die Exporte verteuerte. Das *Außenhandelsdefizit* konnte gesenkt werden (→ *Tabelle*), denn die Exporte gingen weniger stark zurück als die Einfuhren, die nominal um 1,6% abnahmen.

	Einfuhr	Ausfuhr	Saldo
		(in Mrd. sfr)	
1980	58,972	48,581	−10,392
1982	58,060	52,659	− 5,401
1984	69,024	60,654	− 8,370
1986	73,511	67,004	− 6,507
1988	82,399	74,064	− 8,335
1990	96,611	88,257	− 8,354
1991	95,032	87,947	− 7,085

Der weitaus größte Teil des Außenhandels wurde wieder mit den *EG-Staaten* abgewickelt (Einfuhren 66,693 – Ausfuhren 51,699 Mrd. sfr), mit denen sich ein gegenüber dem Vorjahr leicht verringertes Defizit von 14,994 Mrd. sfr ergab. Allein 10,226 Mrd. sfr entfielen hiervon auf den Handel mit Deutschland. Der Handel mit den *EFTA-Partnerländern* ergab ebenfalls ein Defizit (Exporte 5,668 – Importe 6,587 Mrd. sfr); der Handel mit den Staatshandelsländern des *ehem. Ostblocks* zeigte bei stark verringerten Ein- und Ausfuhren wiederum einen Überschuß (Exporte 1,907 – Importe 1,322 Mrd. sfr).
Die bedeutendsten *Außenhandelspartner* der Schweiz waren 1991 (Einfuhr/Ausfuhr in Mrd. sfr): 1. Deutschland 31,134/20,908 – 2. Frankreich 10,347/8,465 – 3. Italien 9,491/7,635 – 4. USA 6,971/7,153 – 5. Großbritannien 5,260/5,811 – 6. Japan 4,128/3,767.
Die wichtigsten *Einfuhrgüter* waren 1991 (in Mrd. sfr): Maschinen 18,882 – Instrumente, Uhren, Schmuck 10,996 – Fahrzeuge 10,975 – Chemikalien 10,671 – Textilien, Bekleidung, Schuhe 8,890 – Erzeugnisse der Land- und Forstwirtschaft und Fischerei 8,112 – Metalle 8,062 – Energierohstoffe 4,359 – Papier und Papierwaren 3,810. Die wichtigsten *Ausfuhrgüter* waren 1991 (in Mrd. sfr): Maschinen 25,223 – Chemikalien 19,107 – Instrumente, Uhren, Schmuck 18,397 – Metalle und Metallwaren 7,515 – Textilien, Bekleidung, Schuhe 4,655 – Erzeugnisse der Land- und Forstwirtschaft und Fischerei 3,158 (darunter Nahrungs- und Genußmittel 2,108) – Leder, Kautschuk, Kunststoffe 2,353 – Papier und Papierwaren 2,214.

Wirtschaft

Die **EG** als Wirtschaftsgemeinschaft bzw. Zollunion mit gemeinsamem Außentarif war auch 1991 die mit Abstand *größte am Welthandel beteiligte Wirtschaftseinheit*, auf die über *40% des Welthandelsumsatzes* entfielen (EG-Binnen- und -Außenhandel). 1991 (1990) betrugen die *Importe der EG-Länder* 1436,500 (1399,147) Mrd. US-$, die *Exporte* 1351,180 (1337,406) Mrd. US-$. Im Handel mit Drittländern trat auch 1991 wieder ein defizitärer Saldo auf, da den erhöhten EG-Einfuhren aus den anderen Industrieländern (USA, Japan usw.) keine entsprechend hohen Exportsteigerungen entsprachen. Vom *EG-Außenhandelsvolumen* (Importe und Exporte) entfielen 1991 rd. 63% auf die übrigen westlichen Industrieländer, rd. 30% auf Entwicklungsländer, der Rest auf die ehem. »Ostblock«-Länder. Im *Inner-EG-Handel* existieren zwar keine Zollschranken mehr, jedoch nach wie vor eine Vielzahl anderer Handelshemmnisse, die einem ungehinderten Warenaustausch entgegenstehen, z. B. unterschiedlich hohe Mehrwert- und Verbrauchssteuern, technische Normen, lebensmittelrechtliche Vorschriften, Grenzwerte für Schadstoffe und Emissionen usw. Bis zur *Vollendung des gemeinsamen Binnenhandels* Anf. 1993 sollen noch möglichst viele dieser internen Handelshemmnisse beseitigt werden. Der *innergemeinschaftliche Handel* betrug auch 1991, ähnlich wie in den Vorjahren, rd. 60% des gesamten Handels der EG-Mitgliedsländer.

Die **USA** waren auch 1991 das *führende Welthandelsland*, und zwar v. a. aufgrund ihrer hohen *Importe*. Aber auch bei den *Ausfuhren* konnten die USA 1991 Deutschland überholen und sich an die 1. Stelle der Exportländer setzen. Die seit 1988 zu beobachtende positive Trendwende bei der *Handelsbilanz-Entwicklung* setzte sich fort. Seit 1981 (−34,6 Mrd. US-$) hatte es ein jährlich zunehmendes Defizit der Handelsbilanz gegeben, das 1987 die Rekordsumme von 170,320 Mrd. US-$ erreichte. 1988–90 konnte dieses Defizit bereits verringert werden. 1991 gelang eine weitere Reduktion des Außenhandelsdefizits auf 87,892 Mrd. US-$, da die Importe um 1,5% auf 509,358 Mrd. US-$ zurückgingen, die Exporte dagegen um 7,1% auf 421,466 Mrd. US-$ anstiegen. Die Verminderung der Importe ergab sich v. a. durch die wirtschaftliche Rezession und durch die dadurch hervorgerufene Nachfrageminderung. Die Ausfuhren profitierten vom günstigen $-Kurs, vom verstärkten Agrarhandel und von verbesserter Konkurrenzfähigkeit im Maschinenbau. Die wichtigsten *Einfuhrgüter* waren 1991 in Mrd. US-$: Rohöl 37,2 – elektr. Maschinen und Geräte 35,1 – Datenverarbeitungsanlagen 30,1 – Bekleidung 26,2 – Telekommunikationsausrüstungen 23,5 – Agrarprodukte 22,2 – Kraftfahrzeuge 14,1. Die bedeutendsten *Ausfuhrgüter* waren 1991 in Mrd. $: Agrarprodukte 38,5 – Elektromaschinen 30,0 – Datenverarbeitungsanlagen 26,0 – Flugzeuge 24,2 – Industriemaschinen 17,1.

Der größte Nutznießer der US-amerikanischen Importe war wieder *Japan*, dessen Überschuß im USA-Handel sogar noch anstieg und 43,3 Mrd. US-$ betrug (fast die Hälfte des gesamten Handelsbilanzdefizits der USA). Wichtigstes Thema der *Außenhandelspolitik* waren daher auch 1991/92 die Möglichkeiten, dieses Defizit gegenüber Japan zu verringern; u. a. drohten die USA mit Einfuhrbeschränkungen, falls Japan in Zukunft nicht mehr US-amerikanische Waren abnimmt. Defizite (in Mrd. $) ergab auch der Handel mit der VR China (−12,7), der Rep. China/Taiwan (−9,8), Kanada (−6,0) und Deutschland (−4,9).

Die bedeutendsten *Handelspartner der USA* waren 1991 (Export/Import in Mrd. US-$): 1. Kanada 85,1/91,1 – 2. Japan 48,1/91,6 – 3. Mexiko 33,3/31,2 – 4. Deutschland – 5. Großbritannien.

Japan, das *drittgrößte Welthandelsland*, erreichte 1991 einen *Außenhandelsüberschuß* von 78,242 Mrd. US-$ (d. h. einen sprunghaften Anstieg gegenüber 1990 [+52,1 Mrd. US-$]). Die Entwicklung war gekennzeichnet durch eine Steigerung der *Exporte* um 9,6% auf 314,648 Mrd. US-$, der nur ein geringfüger Anstieg der *Importe* gegenüberstand (+0,7% auf 236,4 Mrd. US-$). Insbesondere wegen der Abschwächung der Binnenkonjunktur konnte sich die japanische Industrie verstärkt dem Außenhandel zuwenden; auch profitierte Japan von den niedrigen Rohstoffpreisen und der günstigen Konjunktur in den ost- und südostasiatischen »Schwellenländern«, die zu wichtigen Handelspartnern wurden. Die Lieferungen in diese *asiatischen Nachbarländer* erhöhten sich um 17,9% auf 104,8 Mrd. US-$, während die Exporte in die *USA* nur um 1,4% auf 91,5 Mrd. US-$ zunahmen. Hier spielten US-amerikanische Einfuhrrestriktionen eine Rolle, die ergriffen wurden, um Japan zu einer liberaleren Einfuhrpolitik zu zwingen.

Die wichtigsten *Abnehmer japanischer Exporte* waren 1991: USA (29,1%), Deutschland, Rep. Korea, Rep. China/Taiwan, Hongkong, Großbritannien; die wichtigsten *Lieferanten für Importe* waren die USA, Indonesien, Australien und die VR China.

Die wichtigsten *Exportgüter* waren 1991 Fahrzeuge (Zunahme der Kfz.-Ausfuhren um 8,5% auf 77,9 Mrd. US-$), Elektro- und Elektronikerzeugnisse (73,7 Mrd. US-$) und Maschinen (69,5 Mrd. US-$). Die bedeutendsten *Einfuhrgüter* waren 1991 (in Mrd. US-$): Roh- und Brennstoffe 81,9 – Maschinen und Fahrzeuge 42,8 – Nahrungsmittel 34,4 – Chemieprodukte 17,4 – Textilien 13,7.

Der »**Ost-West-Handel**« zwischen den westlichen Industrieländern (OECD-Staaten) und dem bisherigen Ostblock (RGW-Staaten) ging 1991 zurück, v. a. wegen des stark verringerten Handelsaustausches mit der UdSSR. Dagegen waren die anderen ost- und südosteuropäischen Staaten bestrebt, ihre bisherige einseitige Bindung an die UdSSR zu lockern und verstärkt Handel mit westeuropäischen Staaten zu treiben. Bisher ist der »Ost-West-Handel« noch sehr unausgewogen. Die *OECD-Importe aus Osteuropa* bestehen zu einem hohen Anteil aus Energie- und sonstigen Rohstoffen (fast 50 %) und gewerblichen Massenartikeln (Eisen, Stahl, Textilien), während hochwertige Industrieerzeugnisse kaum geliefert werden können (mangelndes technologisches Niveau der RGW-Länder). Die *westlichen Lieferungen* bestehen dagegen hauptsächlich aus Maschinen und Fahrzeugen, chemischen Erzeugnissen, Nahrungsmitteln (Getreide u. a.) und hochwertigen Stählen.

Lieferungen der westlichen Länder werden schon seit einigen Jahren erschwert wegen des östlichen Devisenmangels und der Zurückhaltung westlicher Kreditgeber (hohe Verschuldung). Daneben verhinderten die »*COCOM*«-*Listen* strategisch wichtiger und militärisch nutzbarer Güter vielfach westliche Exporte, z. B. von elektronischen Ausrüstungen und neuen technologischen Entwicklungen. Diese Listen des »Koordinierungsausschusses für die Ost-West-Handelspolitik« (COCOM), dem 16 westliche Industriestaaten angehören, wurden 1990 angesichts der politischen Veränderungen und des Zerfalls des »Ostblocks« stark reduziert.

Der *Außenhandelsumsatz* der **UdSSR** ging 1991 wegen der politischen und wirtschaftlichen Umbrüche stark zurück. Genaue Zahlenangaben liegen noch nicht vor, doch wird eine Reduzierung der *Importe* auf rd. 70 Mrd. US-$ (−40 %) und der *Exporte* auf rd. 78 Mrd. US-$ (−25 %) vermutet. Die Importe sind nach dieser Schätzung des IWF aus finanziellen Gründen besonders stark geschrumpft. Es entstand demnach ein positiver Saldo der Handelsbilanz − im Gegensatz zu den Defiziten der Vorjahre. Die Importe bestanden v. a. aus Nahrungsmitteln, Maschinen und sonstigen Industrieprodukten, während bei den Exporten Rohstoffe (insbesondere Erdöl und Erdgas) dominierten. Das Ausscheren der bisherigen RGW-Staaten aus dem von der UdSSR beherrschten Block wirkte sich auch auf den Außenhandel aus, der mit diesen Ländern nicht mehr zu sowjetischen Bedingungen betrieben werden konnte. Noch weitgehend ungeklärt ist die Zukunft der Austauschbeziehungen innerhalb der **GUS,** insbes. zwischen Rußland und den übrigen Nachfolgestaaten der UdSSR, die bei der Versorgung z. T. stark aufeinander angewiesen sind. − Wichtigster *Handelspartner der UdSSR* war auch 1991 Deutschland, nachdem früher die DDR unter den »östlichen« und die BR Deutschland unter den »westlichen« Ländern jeweils an der Spitze standen.

Die **VR China** weitete 1991 ihren Außenhandel stark aus, wobei die Importe prozentual stärker anstiegen als die Exporte und der Außenhandelsüberschuß sich verminderte. Nach offiziellen Angaben erhöhte sich der *Exportwert* 1990−91 um 15,8 % auf 71,9 Mrd. US-$; die *Importe* nahmen um 19,5 % auf 63,8 Mrd. US-$ zu. Die wichtigsten chinesischen *Exportmärkte* waren wiederum Hongkong, Japan, Singapur und − unter den europäisch-nordamerikanischen Industriestaaten − die USA, Deutschland und Großbritannien. Die *Einfuhren* kamen v. a. aus Japan, Hongkong, den USA und aus Deutschland. Zu den wichtigsten wirtschaftlichen Zielen der VR China gehört in den nächsten Jahren die weitere *Förderung von Exportindustrien* (z. B. Textilien, elektrische Geräte, Kunststoffartikel u. ä.), aber auch die verstärkte Vermarktung der reichen Vorkommen an Bodenschätzen.

Eine erstaunliche Entwicklung zeigte in den letzten Jahren die **Rep. China (Taiwan).** Durch eine gezielte *Förderung von Exportindustrien* rückte Taiwan 1991 auf den 13. Rang unter den Handelsnationen bzw. sogar auf den 12. Platz der exportierenden Länder vor. Mit Exporten von 76,200 Mrd. US-$ und Importen von 62,900 Mrd. US-$ wurde wieder ein hoher Überschuß erzielt (+13,300 Mrd. US-$). *Hauptkunde* von Taiwan waren auch 1991 die USA (29 % der Exporte) vor Hongkong (16 %), Japan (12 %) und Deutschland (5 %). Die wichtigsten *Ausfuhrgüter* sind elektrische und elektronische Maschinen und Apparate, Textilien, Schuhe, Sportartikel, Spielwaren u. ä.

Verkehr

Die *Nachfrage nach Personen- und Güterverkehrsleistungen* stieg global im Zuge des weltwirtschaftlichen Aufschwungs seit 1983 bis 1990 jährlich an. 1991 dagegen stagnierte insbesondere der *Güterverkehr* wegen der Rezession in vielen westlichen Industriestaaten und des wirtschaftlichen Zusammenbruchs des ehemaligen »Ostblocks«. Über den *Personenverkehr* liegen noch keine endgültigen Daten für 1991 vor, doch ist auch hier mit einer Stagnation zu rechnen. Zwar verstärkte sich der Verkehr in den Ländern Osteuropas nach der Wiedergewinnung der Reisefreiheit, doch gab es in vielen anderen Ländern aus konjunkturellen Gründen Rückgänge beim Touristen- und beim Geschäftsreiseverkehr. – In den meisten Entwicklungsländern ist der Verkehr relativ unbedeutend im Vergleich zu den Industriestaaten.

Die *Verkehrsleistungen in Deutschland* wurden vom Statistischen Bundesamt für 1989 folgendermaßen berechnet (a. alte, b. neue Bundesländer):
Öffentlicher Personenverkehr: beförderte Personen/zurückgelegte Personen-km: a. 6,895 Mrd./ 121,079 Mrd., b. 4,023 Mrd./56,274 Mrd., davon Eisenbahnverkehr a. 1,134/42,023, b. 0,592/23,811 – Straßen- (Bus-, Straßenbahn-) Verkehr a. 5,705/ 62,418, b. 3,429/29,139 (davon bei a. Linienverkehr 5,294/36,459 – Berufs- und Schülerverkehr u.ä. 0,336/3,830 – Ausflugs- und Ferienreiseverkehr 0,075/22,129) – Luftverkehr a. 0,056/16,638 (nur Inland), b. 0,002/3,324 Mrd. – *Güterverkehr* (nur alte Bundesländer): 3,465 Mrd. t beförderte Güter, 288,252 Mrd. geleistete t-km, davon (in Mio.) Eisenbahnverkehr 315,4/63,325 – LKW-Fernverkehr 413,6/113 400 – LKW-Nahverkehr 2300,0/47,300 – Binnenschiffsverkehr 234,8/54,041 – Seeverkehr 141,0/– – Luftverkehr 1,1/385.

Die größten *Transport-, Verkehrs- und Touristikunternehmen der BR Deutschland* waren 1990 (Umsatz in Mrd. DM/Beschäftigte in Tsd.): Bundesbahn 21,570/232,0 – Bundespost Postdienst 20,000/ 395,0 – Lufthansa 14,400/59,7 – Schenker-Spedition 8,333/12,9 – Kühne & Nagel 5,410/9,5 – Hapag-Lloyd 3,465/8,1.

Die **Verkehrspolitik der BR Deutschland** ist nach Beschlüssen der Bundesregierung z. Z. durch folgende Hauptaufgaben gekennzeichnet:
– Förderung einer wettbewerbsorientierten Verkehrsordnung unter Berücksichtigung des Umweltschutzes und der Verkehrssicherheit und der Verkehrs- und Transportbedürfnisse der Bevölkerung und der Wirtschaft;
– Sanierung der hoch verschuldeten Bundesbahn, die durch hohe Investitionen für die zukünftigen Aufgaben attraktiv ausgerüstet werden soll;
– Förderung des öffentlichen Personennahverkehrs – v. a. in den Verdichtungsräumen, um den umweltbelastenden Kfz.-Verkehr zu reduzieren;
– Schaffung eines gemeinsamen Verkehrsnetzes mit den neuen Bundesländern der ehem. DDR, d. h. insbesondere Wiederherstellung der getrennten Verkehrswege zwischen alten und neuen Bundesländern (Straßen und Bahnlinien) und Sanierung der stark heruntergekommenen Verkehrsinfrastruktur in den östlichen Bundesländern.

Letzterem Ziel sowie dem notwendigen Verkehrsausbau im Hinblick auf den künftigen europäischen Binnenmarkt soll insbes. der »*Bundesverkehrswegeplan '92*« dienen, der Mitte 1992 im Entwurf vorgelegt wurde. Der BVWP '92 sieht für die Jahre bis 2010 Investitionen in Höhe von 500 Mrd. DM vor, die sich folgendermaßen aufteilen (in Mrd. DM): Schienennetz der DB und DR 194,9 – Bundesstraßen 191,4 – Finanzhilfen im Rahmen des Gemeindeverkehrsfinanzierungsgesetzes 76,1 – Bundeswasserstraßen 28,0 – Luftfahrt 7,0 – Sonstiges 2,6.

Kraftfahrzeugbestand und -produktion
Straßenverkehr und Straßenbau

Weltbestand an Kraftfahrzeugen (ohne motor. Zweiräder, landwirtsch. Zugmaschinen, Anhänger, Polizei- und Militärfahrzeuge) nach UNO-Angaben und neueren Schätzungen 1990 rd. 560 Mio., davon 430 Mio. PKW sowie 130 Mio. LKW und Busse. Hiervon entfielen auf Nordamerika und Westeuropa je rd. 35% – Asien 15% – Osteuropa und ehem. UdSSR 5% – übrige Kontinente zusammen 10%.
Kraftfahrzeugbestand in wichtigen Ländern 1988/89 (nach UNO und Statist. Bundesamt, z. T. S) in 1000 PKW/LKW und Busse: **Afrika:** Südafrika 3373/1337[1] – Ägypten 827/531[1] – Algerien (1983) 629[1]/380 –

Marokko (1986) 552/203[1] – Tunesien 320/174[1] – Simbabwe (1984) 250[1]/23 – Kenia (1984) 122/97[1]. Amerika: USA 141252/43. 181[1] – Brasilien 14996/1610 – Kanada 11723/3567[1] – Mexiko (1983) 4870/2048[1] – Argentinien (1986) 3898/1435[1] – Venezuela (1986) 2300/1248 – Kolumbien (1986) 841/391[1] – Chile (1987) 660/278. **Asien:** Japan 32621/22477[1] – Saudi-Arabien (1986) 2245[1]/2023 – Iran (1983) 1687/452 – Malaysia 1530/316[1] – Türkei 1406/781[1] – Indien (1985) 1178/996 – Rep. Korea (Süd-K.) 1118/918 – Indonesien (1986) 1060/1134[1] – Rep. China (Taiwan, 1986) 690[1]/388 – Thailand 656/1524[1] – Israel (1986) 614/115[1] – Kuwait 499/111[1] – Philippinen 377/598[1] – VR China (1980) 238[1]/1436. **Australien/Ozeanien:** Australien (1985) 7875[1]/723 – Neuseeland (1987) 1619/348[1]. **Europa:** BR Deutschland 26914/1435 – Frankreich 23010/4858[1] – Italien (1987) 24307/2494[1] – Großbritannien 19266/2765[1] – Sowjetunion (1987) 14344[1]/8304 – Spanien 11467/2269 – Niederlande 5371/523[1] – Polen 4846/1068 – DDR 3899/303[1] – Belgien 3613/326[1] – Schweden 3578/310 – Jugoslawien 3090/235 – Schweiz 2917[1]/261 – Österreich 2903/256[1] – ČSFR (1985) 2726[1]/388 – Finnland 1897/251[1] – Dänemark 1656/246.

[1] = einschl. Kombi

Neuzulassung von Kraftfahrzeugen 1990 in 1000 (nach UNO-Angaben) PKW/LKW und Busse: USA 9160,0/4805,1 – Japan 4779,1/1117,2 – BR Deutschland 3040,8/175,2 – Italien 2395,8/174,1 – Frankreich 2286,9/449,8 – Großbritannien 2009,1/252,3 – Spanien 1004,0/196,0 – Kanada 886,3/435,8 – UdSSR (alle Kfz.) 786,0 – Niederlande 502,7/68,9 – Belgien 499,1/49,6 – Australien 486,6/128,8 – Schweiz 323,9/27,4 (1988) – Österreich 288,6/27,4 – Schweden 235,2/34,9 – Südafrika 169,0/73,4 – keine Daten für die meisten osteuropäischen und Entwicklungsländer verfügbar.

Die **Weltproduktion von Kraftwagen** belief sich 1991 auf rd. 46,6 Mio. (davon 34,4 Mio. PKW und Kombi); sie sank gegenüber 1990 um rd. 2 Mio. Die größten **Automobilhersteller** waren 1990 in 1000 PKW/Nutzfahrzeuge (einschl. LKW und Busse) – ohne Montage importierter Bausätze: Japan 9948,0/3549,6 – USA (Fabrikabgabe) 6051,6/3720,0 – BR Deutschland 4617,6/349,2 – Frankreich 3214,8/553,2 – Italien 1873,2/260,4 – Spanien 1736,4/302,4 – Großbritannien 1296,6/273,6 – UdSSR 1258,8/860,4 – Rep. Korea (Süd-K.)[1] 957,6/321,6 – Kanada 940,8/807,6 – Mexiko[1] 614,4/123,6 – Schweden (1987) 416,4/69,6 – Australien 361,2/22,8 – Jugoslawien 291,6/49,2 – Brasilien[1] 267,6/672,8 – Polen 266,4/43,2 – DDR (1989) 218,4/38,4 – Indien 213,6/115,2 (1989) – ČSFR 190,8/57,6 – Niederlande 123,6/28,8 (1988) – Rumänien (1989) 120,0/4,8 – Argentinien[1] 114,1/14,4 – u. a. Österreich 14,4/4,8.

[1] = einschl. Montage

Montage von Kraftfahrzeugen aus importierten Teilen 1990 in 1000 Stück: Belgien (1989) 1170,0/75,5 – Südafrika 221,5/120,3 (1989) – Türkei (1989) 116,1/30,7 – Malaysia 102,7/50,4 – Portugal (1988) 74,8/57,1 – Thailand (1989) 69,5/155,4 – Neuseeland (1987) 59,6/12,9 – Indonesien 57,4/207,2 – Marokko (1989) 47,8/9,6 – Kolumbien 36,5/12,7. Auch 1989 war *Japan* wieder der *größte Autoproduzent* (mit rd. 14 Mio. Fahrzeugen) vor USA, BR Deutschland und Frankreich.

In **Deutschland** stieg die *Produktion von Kraftfahrzeugen* 1991 erneut an und erreichte das bisher höchste Ergebnis. Die *deutsche Automobilindustrie* produzierte 1991 (1990) 5,015 (4,977) Mio. Fahrzeuge, davon 4,660 (4,661) Mio. PKW und Kombi sowie 0,355 (0,316) Mio. Nutzfahrzeuge (insbes. LKW). Der *Umsatz der Automobilindustrie* stieg 1991 (1990) auf 232 (218) Mrd. DM; sie beschäftigte 777 (764) Tsd. Personen. Die erneute Produktionssteigerung ergab sich ausschließlich durch eine weitere kräftige *Zunahme des Inlandsabsatzes* (alte und neue Bundesländer), während die *Exporte* relativ stark zurückgingen. Die *Ausfuhren* beliefen sich 1991 (1990) auf 2,184 (2,600) Mio. PKW und Kombi und 0,162 (0,168) Mio. Nutzfahrzeuge; der *Exportanteil* an der Produktion sank somit auf 46,9 (55,8) % bzw. 45,6 (53,2) %, v. a. wegen der im internationalen Vergleich hohen deutschen Preise.

Der **Bestand an zugelassenen bzw. im Verkehr befindlichen Kraftfahrzeugen** betrug in *Deutschland* 1990 (alte/neue Bundesländer) 36,703/6,903 Mio., davon in Mio. PKW und Kombi 30,685/4,817 (ohne Kombi) – Traktoren 1,757/0,264 – Motorräder 1,414/1,311 (einschl. Mopeds u.ä.) – LKW 1,389/0,264 (einschl. Kombi) – Busse 0,070/0,072 (einschl. Kleinbusse) – sonstige (z. B. Wohnmobile, Feuerwehr-, Krankenfahrzeuge usw.) 0,434/0,174 – zulassungsfreie Mopeds, Mofas u.ä. 0,954/- – ferner Kfz-Anhänger 2,246/1,934.

Die **Neuzulassungen von Kraftfahrzeugen** in *Deutschland* stiegen nach Angaben des Kraftfahrtbundesamts 1991 sehr stark auf 4,668 Mio. fabrikneue Kfz, davon 3,837 Mio. in den alten (+13,3%) und 0,831 Mio. in den neuen Bundesländern (+26,0%). Von den Neuzulassungen waren u. a. 4,159 Mio. PKW und Kombi, 267,2 Tsd. LKW, 144,3 Tsd. Motorräder und 31,8 Tsd. Traktoren. **Von den neuen PKW waren fast 100 %** *schadstoffarm bzw. -reduziert* (zum Vergleich: 1985 erst 11,3 % – 1986 55,8 % – 1987 82,3 % – 1988/89 95 %

Anteil der Marken an allen Neuzulassungen

- "alte" Bundesländer
- "neue" Bundesländer

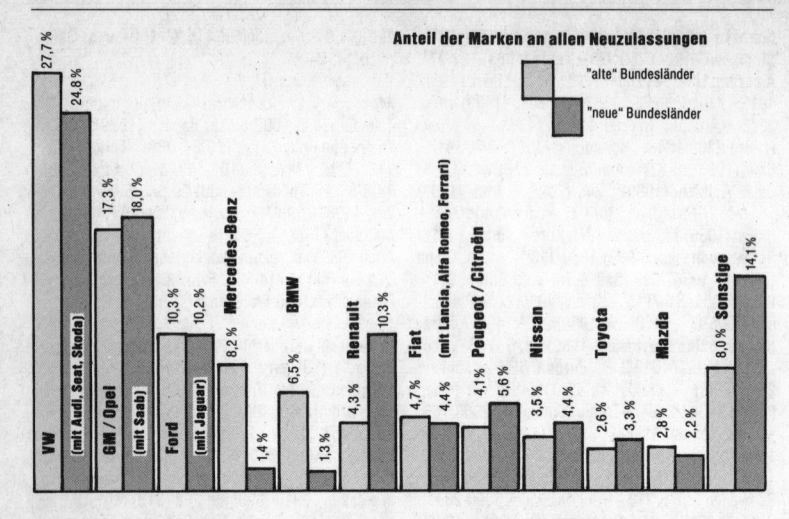

Marke	alte	neue
VW (mit Audi, Seat, Skoda)	27,7%	24,8%
GM / Opel (mit Saab)	17,3%	18,0%
Ford (mit Jaguar)	10,3%	10,2%
Mercedes-Benz	8,2%	1,4%
BMW	6,5%	1,3%
Renault	4,3%	10,3%
Fiat (mit Lancia, Alfa Romeo, Ferrari)	4,7%	4,4%
Peugeot / Citroën	4,1%	5,6%
Nissan	3,5%	4,4%
Toyota	2,6%	3,3%
Mazda	2,8%	2,2%
Sonstige	8,0%	14,1%

PKW-Neuzulassungen in Deutschland 1991 nach Marken

– 1990 97,9 %). Rd. 90 % der Zulassungen waren in die höchste Schadstoffreduktionsklasse (US-Norm) eingestuft; vom Gesamtbestand an PkW besaßen Ende 1991 allerdings erst knapp 30 % einen geregelten Dreiwege-Katalysator.

In **Westeuropa** ging die **Autoproduktion** 1991 zurück und erreichte nur noch 15 Mio. PKW (mit Kombi) gegenüber 15,5 Mio. (1990). In den meisten Ländern schwächte sich die Nachfrage deutlich ab; lediglich der Autoverkaufsboom in den neuen deutschen Bundesländern verhinderte einen noch stärkeren Rückgang. Insgesamt nahm daher der *PKW-Absatz in Westeuropa* sogar noch leicht zu (1990: 13,380 – 1991: 13,470 Mio.). Den höchsten *europäischen Marktanteil* erreichte wieder VW (mit Audi und Seat) mit 16,3 % (2,4 Mio. verkaufte PKW), gefolgt von der Fiat-Gruppe, Peugeot (mit Citroën) und General Motors (mit Opel und Vauxhall). Der *Anteil japanischer Autos* erhöhte sich insgesamt auf 12 %, obwohl einige Länder (Frankreich, Spanien, Italien u. a.) den Import japanischer PKW durch Restriktionen behindern. Der Aufbau von Zweigwerken japanischer Firmen in Europa wurde 1991/92 fortgesetzt.

Das *bedeutendste Autoproduktionsland in Europa* war auch 1991 *Deutschland,* gefolgt von Frankreich, Spanien und Italien. Die französische PKW-Produktion sank 1991 um 5 % auf 3,129 Mio., wovon 1,970 Mio. exportiert wurden. In *Frankreich* selbst sank die Zulassungszahl um 12 % auf 2,032 Mio. PKW, davon 40,1 % ausländische. In *Italien* ging die Zahl der Neuzulassungen leicht auf 2,340 Mio. zurück; hiervon erreichten erstmals ausländische Marken mit 53,2 % die Mehrheit (darunter VW 12,8 %, Ford 11,1 %). Besonders starke Einbrüche erlebte die britische Automobilindustrie. Die PKW-Produktion fiel um 4,5 % auf 1,240 Mio., von denen rd. ⅓ auf japanische Marken entfielen, die in *Großbritannien* produziert wurden. Die Zulassungszahlen gingen wegen der Rezession um 20,7 % auf 1,590 Mio. PKW zurück, davon 56 % ausländische.

Eine neue Situation für den Automarkt ergab sich in den *ehem. RGW-Staaten* nach der Abkehr vom Sozialismus. *PKW-Produktion und -Bestand* sind im Vergleich zu Westeuropa relativ gering. Die Automobilfertigung wird in den nächsten Jahren durch Zusammenarbeit mit westlichen Firmen nach Anzahl und Qualität stark gesteigert werden (z. B. Engagement von VW und Opel in den neuen deutschen Ländern, nachdem die unrentable Fertigung der technisch völlig veralteten Typen »Wartburg« und »Trabant« 1990/91 eingestellt wurde).

In den **USA** ging 1991 die *PKW-Produktion* um 11 % auf rd. 9,660 Mio. zurück, jedoch sank besonders der Ausstoß der US-amerikanischen Firmen stark, und die »Großen Drei« (General Motors, Ford, Chrysler) mußten zeitweise kurzarbeiten und größere Verluste hinnehmen. Ihr Absatz sank von 9,9 auf 8,7 Mio. PKW, während die japanischen Firmen, die u. a. 1,120 Mio. Wagen in eigenen Werken in den USA bauten und weitere 1,410 Mio. PKW importierten, ihren Anteil an den Zulassungen auf 30% steigern konnten. Insgesamt sank der *PKW-Verkauf* 1990–91 um 12% auf 8,220 Mio. Betroffen vom Absatzrückgang waren auch die europäischen Marken. So ging der Absatz deutscher PKW, v. a. aus Preisgründen, weiter zurück und betrug nur noch rd. 225 000 (1986 noch 500 000).

Japan war trotz leicht rückläufiger Zahlen auch 1991 wieder *weltgrößter Kfz-Produzent* mit rd. 15,5 Mio. Fahrzeugen, davon 13,0 Mio. PKW. Die Produktionsabnahme ergab sich sowohl durch verminderte Exporte (5,750 Mio.) als auch durch den Inlandsabsatz, der erstmals seit 1981 zurückging (5,745 Mio. PKW). Gesteigert wurde dagegen die Produktion in den ausländischen Werken (USA, Großbritannien u. a.). Unter den sinkenden Absatz in Japan litten auch die Importe; so gingen die Lieferungen deutscher PKW nach Japan um 13,4% auf rd. 119 000 zurück (von insges. 200 000 importierten Wagen).

Der **Individualverkehr mit PKW** nahm auch 1991 in *Deutschland* weiter zu; er stieg – gerechnet in Personen-km – um schätzungsweise 3–4%. Dies geht auf den *erhöhten PKW-Bestand* zurück sowie auf eine *vermehrte jährliche Fahrleistung pro PKW* (1991 durchschnittlich rd. 14 250 km). Hierin ist auch die stark erhöhte Mobilität der Bewohner der neuen Bundesländer enthalten. Der Benzin- und Dieselverbrauch nahm zwar wegen der erhöhten Fahrleistung zu *(→ Erdöl, Kap. Bergbau)*, doch sank der Verbrauch pro PKW weiter leicht auf knapp 9,5 l/100 km (Benzin) bzw. 8 l (Diesel). Nach dem Programm von *Bundesumweltminister Töpfer* für ein *»umweltfreundliches Auto«* soll der durchschnittliche Kraftstoffverbrauch bis 2005 auf 5 l/100 km gesenkt werden. Der weiteren *Senkung der Schadstoffemissionen* soll der Einbau von geregelten Drei-Wege-Katalysatoren dienen, die ab 1993 für alle neuen PKW in allen EG-Ländern Pflicht wird.

Im **Straßenbau** wurden auch 1991/92 größere Projekte v. a. in großflächigen Staaten mit noch ungenügender Verkehrserschließung durchgeführt, z. B. in der UdSSR, in lateinamerikanischen und afrikanischen *Entwicklungsländern* und in der VR China. Generell nahm jedoch das *Neubauvolumen* in den letzten Jahren aus finanziellen Gründen ab. Auch in den meisten *Industrieländern* wurde der Straßenbau in den letzten Jahren deutlich eingeschränkt, da der vordringliche Bedarf weitestgehend gedeckt ist und Gesichtspunkte des Natur- und Umweltschutzes gegen eine weitere Verdichtung des Straßennetzes sprechen.

In *Deutschland* besteht seit 1991 eine neue Situation, da sich durch die Vereinigung der beiden deutschen Staaten zwei neue *Aufgaben für den Straßenbau* ergaben:
– die *Sanierung des heruntergekommenen Straßennetzes in den neuen Bundesländern* und
– die *Wiederherstellung ausreichender Verbindungen zwischen alten und neuen Ländern*.
Im »Bundesverkehrswegeplan '92«, der Mitte 1992 im Entwurf vorgelegt wurde, sind bis 2010 191,4 Mrd. DM für Sanierung, Aus- und Neubau von Bundesfernstraßen vorgesehen.
Das **Straßennetz der BR Deutschland** betrug 1990 in den alten Bundesländern rd. 494 000 km; hiervon waren 320 000 km Gemeindestraßen und 173 861 km Straßen des überörtlichen Verkehrs, davon (in km) Bundesautobahnen 8822 – Bundesstraßen 31 063 – Landes- bzw. Staatsstraßen 63 299 – Kreisstraßen 70 677; in den neuen Bundesländern (1989) 47 201 km klassifizierte Straßen, davon 1850 km Autobahnen, 11 320 km Fernstraßen, 34 031 km Bezirksstraßen.

Straßenverkehrsunfälle: Eine umfassende Statistik über Unfälle im Straßenverkehr auf vergleichbarer internationaler Basis existiert nicht, doch schätzt die Weltgesundheitsorganisation (WHO), daß weltweit fast 250 000 Menschen pro Jahr im Straßenverkehr getötet werden. Während die Zahl der Verkehrsopfer in den meisten Industrieländern zurückgeht, steigt sie in den Entwicklungsländern weiter an. Die Zahl der Verletzten wird auf jährlich über 12 Mio. geschätzt.

Verkehrstote/Verletzte in Tsd. 1989: USA 45,6/3495 (1988) – Frankreich 10,5/236,0 – BR Deutschland 8,0/449,4 – Spanien 7,2/169,4 – Italien 6,4/216,3 – Großbritannien 5,6/347,6 – Jugoslawien 4,6/61,4 – Portugal 2,4/61,5 – Ungarn 2,2/32,1 – Belgien 2,0/86,7 – DDR 1,8/41,0 – Griechenland 1,7/28,9 – ČSFR 6,5/33,8 – Niederlande 1,5/50,3 – Österreich 1,4/60,6 – Schweiz 0,9/30,2 – Schweden 0,9/23,5.

In der **BR Deutschland** sind (nach Angaben des Statistischen Bundesamts) von Anf. 1953 bis Ende 1991 rd. 523 000 Menschen bei Straßenverkehrsunfällen getötet und rd. 17,5 Mio. verletzt worden. 1953 belief sich die Zahl der *Verkehrstoten* auf 11 449. Sie stieg dann fast jährlich an und erreichte 1970 mit 19 193 Getöteten ihren Höhepunkt. Die Zahl sank dann wieder und hielt sich ab 1974 bei weniger als 15 000 jährlich. Von 1979 (13 222) bis 1984 (10 199) war erneut ein stärkerer Rückgang zu verzeichnen. 1985 ging die Zahl noch einmal stark zurück (8400 Verkehrstote, so viele, wie bereits Mitte der 30er Jahre im Deutschen Reich zu verzeichnen waren).

Nach einer Zunahme auf 8949 (1986) blieb die Zahl der *Verkehrstoten* bei rd. 8000 jährlich und sank 1991 auf 7515 (alte Bundesländer). Dagegen stieg die Zahl der Verkehrstoten in der ehem. DDR durch die starke Verkehrszunahme seit der Vereinigung mit der Bundesrepublik kräftig an: 1784 (1989), 3140 (1990), 3733 (1991). Für ganz *Deutschland* betrug 1991 (1990) die Zahl der gemeldeten *Schadensunfälle* 2,304 (2,210) Mio. Hiervon waren 384 447 (389 350) Unfälle mit Personenschaden. Die Zahl der *Verletzten* betrug 503 636 (510 931), die der *Getöteten* 11 248 (11 046).

Eisenbahnverkehr

Das **Streckennetz der Eisenbahn** (Personen- und Güterverkehr) umfaßte 1991 weltweit rd. 1,3 Mio. km, davon je knapp 300 000 km in Nordamerika und Europa. Erweiterungen des Netzes wurden auch 1991/92 v. a. in großflächigen *Entwicklungsländern* zur besseren Raumerschließung vorgenommen, z. B. in China, Indien, Lateinamerika (insgesamt 1991 rd. 500 km neue Strecken bzw. Modernisierung und Instandsetzung von Strecken). In den *westlichen Industrieländern* war auch 1991/92 eine weitere Konzentration der Eisenbahn auf stark befahrene Hauptstrecken und Linien in Verdichtungsräumen zu verzeichnen. Einerseits wurden gering frequentierte *Nebenbahnstrecken,* v. a. im ländlichen Raum, in den USA auch weitere Hauptstrecken, wegen mangelnder Auslastung völlig oder nur im Personenverkehr stillgelegt. Andererseits werden derzeit in vielen Ländern stark belastete *Hauptstrecken* modernisiert und teilweise neu trassiert, um den Verkehr zu beschleunigen und die Transportkapazität zu erhöhen (z. B. in Deutschland, Österreich, der Schweiz, Italien, Frankreich, Großbritannien, Spanien, Japan).

Das *größte europäische Neubauprojekt* ist der *Eisenbahntunnel unter dem Ärmelkanal* zwischen England und Frankreich (50 km, davon 38 km untermeerisch). Seit der Ratifizierung der Baugesetze Mitte 1987 wird an diesem Projekt (2 parallele Tunnels) gearbeitet; der Durchstich des in der Mitte liegenden Versorgungstunnels erfolgte am 1. 12. 1990, der der beiden Eisenbahntunnel am 22. 5. bzw. 28. 6. 1991. Die Inbetriebnahme der Tunnelstrecke, deren Kosten nach neuesten Schätzungen bei 8,2 Mrd. £ (= umgerechnet 23,6 Mrd. DM) liegen werden, soll im Herbst 1993 erfolgen und die Fahrzeit Paris–London von derzeit 6½ (Bahn und Fähre) auf 3 Stunden verkürzen. Ein anderes Tunnelprojekt, der *Brennerbasistunnel* zwischen dem Tiroler Inntal und Südtirol zur Aufnahme der jährlich wachsenden Verkehrsströme über die Alpen auf der Brennerroute, ist noch nicht baureif, da zwischen Deutschland, Österreich und Italien noch keine Einigung über den genauen Verlauf, v. a. nicht über die Trassierung der Zulaufstrecken besteht (z. B. Alternative Inntal oder Karwendeltunnel).

In **Deutschland** wurden 1991 die beiden ersten längeren *Neubaustrecken* seit Jahrzehnten in voller Länge in Betrieb genommen: die Schnellfahrstrecken Hannover–Würzburg (327 km) und Mannheim–Stuttgart (99 km). Beide Strecken wurden in die *neuen ICE-Linien* einbezogen, die mit Geschwindigkeiten bis 250 km/h befahren werden: seit Sommer 1991 die Linie München–Stuttgart–Mannheim–Frankfurt–Kassel–Hannover–Hamburg und seit Sommer 1992 die Linie München–Nürnberg–Würzburg–Kassel–Hannover–Hamburg. Am *Aus-* bzw. *Neubau* weiterer Strecken wird gearbeitet; die wichtigsten davon sind Verbindungen über die ehem. DDR-Grenze hinweg (insbes. Hannover–Berlin). In Planung sind die Neubaustrecken Köln–Frankfurt (rechtsrheinisch) sowie München–Nürnberg–Berlin. Neben dem *ICE-* und dem *IC-Netz* wird seit 1988 das *IR-Netz* (»Interregio«) laufend erweitert, das im Taktfahrplan mittlere Zentren miteinander verbinden und mittelfristig die bisherigen D-Züge ersetzen soll. Auch im *Güterverkehr,* wo seit langem starke Umsatzrückgänge zugunsten des LKW-Transports auftreten, soll durch Beschleunigung des Verkehrs und bessere Zusammenarbeit mit Speditionen (z. B. Haus-Haus-Service) das Verkehrsaufkommen der Bahn wieder erhöht werden. Größtes Einzelprojekt war hier 1991 die Fertigstellung des neuen Rangierbahnhofs in München.

Im Wettbewerb mit der herkömmlichen Bahn (Rad-Schiene-Technik) steht die *Magnetschwebetechnik,* die in den letzten Jahren in der BR Deutschland entwickelt und auf einer Versuchsstrecke im Emsland erprobt wurde *(»Transrapid«).* Bisher wurde nicht entschieden, ob in Deutschland eine Strecke für diese bis 400 km/h schnelle Bahn gebaut wird (evtl. Berlin–Hamburg). Anf. 1992 wurde durch ein Gutachten die technische Einsatzreife des »Transrapid« bestätigt.

Transportleistung der Eisenbahn 1990 (nach UNO-Angaben) in Mio. Netto-Tonnen-km/Mio. Passagierkm (ohne Militär-, Post- und Gepäckbeförderung, ohne Straßen-, Industrie- u. Seilbahnen): UdSSR 3 717 012/417 444 – USA 1 513 776/9864 (nur Fernverk.) – VR China 1 060 116/261 012 – Kanada (1988)

263436/2136 – Indien 233292/277272 – Südafrika (mit Namibia) (1987) 92184/21408 – Polen 83532/50376 – ČSFR 64260/19680 (1989) – BR Deutschland 61716/42276 – DDR (1989) 58992/23808 – Rumänien 57252/30588 – Frankreich 51528/63588 – Australien (1984) 39444/– – Mexiko 36384/5976 – Japan 26652/383700 – Jugoslawien 24444/11052 – Schweden 17484/5952 – Ungarn 16776/11400 – Großbritannien (ohne Nordirland) 15828/34068 – Bulgarien 14124/7788 – Rep. Korea (Süd-K.) 13476/29868 – Österreich (nur staatl.) 12684/8460 – Spanien 11256/15480 – u. a. Schweiz 8304/10884 (1989).

In **Deutschland** betrieben (nach Angaben des Statistischen Bundesamts) Anf. 1990 die *Deutsche Bundesbahn* und 103 *nichtbundeseigene Eisenbahnen* Schienenverkehr in den alten sowie die *Deutsche Reichsbahn* in den neuen Bundesländern. Die *Streckenlänge* betrug 29848 bzw. 14482 km, die Gleislänge 65358 bzw. 25670 km. Von der Streckenlänge waren 11908 km (39,9% bzw. 3829 km (26,4%) *elektrifiziert*. Die Zahl der *Bahnhöfe* ging weiter zurück und betrug Anf. 1990 in den alten Bundesländern 3074 (1970 noch 4886), in der ehem. DDR 1787 (zusätzlich 1936 bzw. 1151 Haltestellen). Im Gegensatz zu weiteren Betriebseinschränkungen im ländlichen Raum wurden erneut beträchtliche Summen investiert a) in den *Neubau von Fernverkehrsstrecken*, b) in die *Verbesserung des Schienenverkehrs in den Verdichtungsräumen*. Insbesondere der S-Bahn-Ausbau wurde weitergeführt (z. B. Rhein-Ruhr, Rhein-Main, München, Stuttgart, Nürnberg).
Fahrzeugbestände der deutschen Eisenbahnen Anf. 1990 (alte/neue Bundesländer): Elektrische Loks 2555/1224, Dieselloks 3861/4449, Triebwagen 2438/710, Reisezugwagen 11597/8090, Güterwagen 269052/166568. – Der *Personalbestand* betrug 1990 254491 (DB), 10321 (nichtbundeseigene Eisenbahnen) bzw. 267635 (DR).
Die *Transportleistung* der Bahnen in Westdeutschland betrug 1989: beförderte Personen 1,127 Mrd. – geleistete Personen-km 44,973 Mrd. – beförderte Güter 315,4 Mio. t, davon u. a.: feste Brennstoffe 76,4 – Eisen, Stahl und NE-Metalle 58,1 – Erze 37,8 – Steine und Erden 26,9 – Erdöl, Mineralölerzeugnisse, Gase 21,9 – chemische Erzeugnisse 20,8 – landwirtschaftliche Erzeugnisse 10,6 – Düngemittel 7,5 Mio. t.

Die **Deutsche Bundesbahn** mußte 1991 eine Verschlechterung ihrer finanziellen Situation hinnehmen; der *Jahresverlust* stieg wegen erhöhter Kosten von 4,965 (1990) auf 5,482 Mrd. DM, obwohl die Einnahmen anstiegen. Die *Gesamtverschuldung* der DB stieg auf 51,76 Mrd. DM an. Die *Verkehrsleistungen* konnten in allen Bereichen gesteigert werden. Im *Personenverkehr* stiegen die Erlöse auf rd. 5,9 Mrd. DM, v. a. durch eine Steigerung im Fernverkehr um 14%. Im *Güterverkehr* sank zwar die Transportmenge aus konjunkturellen Gründen leicht, doch konnten die Einnahmen durch Tariferhöhungen auf 8,49 Mrd. DM gesteigert werden (Schienenverkehr). Hinzu kamen 1,17 Mrd. DM Erlöse aus dem Straßengüterverkehr. Insgesamt kam die DB 1991 auf einen *Umsatz* von 24,8 Mrd. DM. Dem standen *Betriebsaufwendungen* von 30,2 Mrd. DM gegenüber, davon allein fast 17 Mrd. DM Personalausgaben. Der *Personalbestand* schrumpfte erneut auf 229800 (1970 noch 410000), da über 12000 offene Stellen nicht besetzt werden konnten. Für 1992/93 sieht die Bundesbahn ihre Hauptaufgabe – neben der Fortführung der Verbesserungen im Personen- und Güterverkehr – in der *Zusammenführung mit der »Reichsbahn« der ehem. DDR* zu einer einheitlichen Deutschen Bahn, die evtl. privatisiert werden soll.

Schiffahrt (Binnen- und Seeschiffahrt); Schiffbau

In der **BR Deutschland** (nur alte Bundesländer) hatten die befahrbaren **Binnenwasserstraßen** (ohne Seen) 1989/90 eine Länge von 4511 km, davon 1463 km Kanäle. Die Zahl der *Schiffe der rd. 1800 deutschen Binnenschiffahrtsunternehmen* betrug Anf. 1990 4977, darunter (Tragfähigkeit in 1000 t) Güterschiffe aller Art 2882 (3194,6), davon Gütermotorschiffe 1995 (1920,9), Tankmotorschiffe 444 (598,1) und Güterschubleichter 443 (675,6) – Schuten und Leichter 999 (210,7) – Schlepper 263 (–) – Schubboote 107 (–) – Fahrgastschiffe 618 (177,9 Tsd. Passagierplätze). Bei der Güterbeförderung hielt auch 1990/91 die Tendenz an, die Zahl der Schiffe zu vermindern und gleichzeitig die durchschnittliche Ladekapazität zu vergrößern.
An der *Güterbeförderung auf den Binnenwasserstraßen der BR Deutschland* waren außer einheimischen Schiffen v. a. solche der Rhein-Anliegerstaaten, in geringerem Umfang auch solche Polens, der ČSFR, Österreichs und der übrigen Donau-Anlieger beteiligt. Der Binnenverkehr innerhalb des Bundesgebietes wurde zu 89% von Schiffen der BR Deutschland durchgeführt; der Gütertransport ins Ausland bzw. aus dem Ausland zu 46% von

Schiffen der Niederlande und zu 38% von bundesdeutschen Schiffen (u. a. Schiffe der Schweiz 6%, Belgiens 5%).

Die *beförderte Menge* erhöhte sich 1989 gegenüber dem Vorjahr um 0,6% auf 234,775 Mio. t. Die wichtigsten *beförderten Güter* waren (1989 in Mio. t): Sand, Kies, Bims, Ton u.ä. 47,7 – Eisenerze 37,5 – Kraftstoffe und Heizöl 34,2 – Steinkohle 19,5 – chemische Grundstoffe 11,6 – Steine, Erden u.ä. 10,0 – Getreide 6,8 – pflanzliche und tierische Öle und Fette, Ölsaaten 5,8 – Futtermittel 5,7 – chemische Düngemittel 5,5.

Die bedeutendsten *Binnenwasserstraßen* sind (geleistete t-km 1989 in Mio.): Rhein 37 648,3 – Mosel 3428,8 – Mittellandkanal mit Zweigkanälen 2558,3 – Dortmund-Ems-Kanal mit Ems 2184,8 – Main mit Main-Donau-Kanal bis Roth 2114,9 – Neckar 1358,9 – Wesel-Datteln-Kanal 866,6 – Elbe (nur Binnenverkehr) 808,6 – Weser (nur Binnenverkehr) 627,2 – Rhein-Herne-Kanal 571,7 – Elbe-Seitenkanal 514,1 – Donau 434,7. *Gesamtverkehr auf den Binnenwasserstraßen der BR Deutschland* (alte Bundesländer) 1989 54 040,6 Mio. t-km, davon 8404,9 Mio. t-km Transitverkehr.

Die bedeutendsten **Binnenhäfen** sind (Umschlag 1989 in Mio. t): Duisburger Häfen 53,496 – Köln 10,782 – Karlsruhe 10,539 – Ludwigshafen 9,122 – Hamburg (nur Binnenverkehr) 8,297 – Mannheim 7,501 – Berlin (West) 7,136 – Heilbronn 5,621 – Frankfurt/M. 5,475 – Neuss 4,599 – Dortmund 4,522 – Gelsenkirchen 3,865 – Mainz 3,825 – Krefeld-Uerdingen 3,778 – Essen 3,178 – Hamm 3,124 – Wesseling 2,763.- Die bedeutendsten Binnenhäfen der *ehem.* DDR waren 1989: Berlin (Ost) 4,313 – Magdeburg 4,105 – Dresden 1,839 – Eisenhüttenstadt 1,453.

Der Bau des **Rhein-Main-Donau-Kanals,** dessen Fertigstellung zeitweise aus finanziellen, politischen und ökologischen Gründen in Frage gestellt war, wurde 1991/92 zügig fortgesetzt. Im Sept. 1992 konnte – nach Fertigstellung des letzten Teilstücks zwischen Roth und Riedenburg – die 764 km lange Gesamtstrecke von Mainz (Mainmündung) bis zur Bundesgrenze nach Österreich durchgehend befahren werden. Die Schiffahrtsstraße umfaßt den kanalisierten Main von der Mündung bis Bamberg (384 km), den Main-Donau-Kanal von Bamberg bis Kelheim (171 km), der streckenweise die kanalisierten Flußbetten von Regnitz und Altmühl benutzt, und die teilkanalisierte und vertiefte Donau von Kelheim über Passau bis zur Grenze bei Jochenstein (209 km). Zur Sicherung der ganzjährigen Befahrbarkeit der Donau sind noch weitere Bauvorhaben (Staustufen) zwischen Straubing und Vilshofen geplant.

Die **Welthandelsflotte** bestand am 1.1.1991 aus insgesamt 33 964 Schiffen mit 394,238 Mio. BRT bzw. 642,651 Mio. dwt, davon u. a. 17174 Stückgutfrachter (101,969 Mio. dwt), 5962 Öltanker (256,067 Mio. dwt), 4660 Massengut- und Erzfrachter (199,747 Mio. dwt), 2857 Passagier- und Fährschiffe (3,774 Mio. dwt), 1189 Containerschiffe (26,992 Mio. dwt), 968 Tanker für Chemikalien (6,233 Mio. dwt), 802 Flüssiggastanker (11,042 Mio. dwt).

Der **Welt-Seegüterverkehr** (geladene Güter im Außenhandel) belief sich (nach ISL, Bremen) 1990 (1989) auf 3,975 (3,860) Mrd. t, davon (in Mio. t) u. a. Rohöl 1175 (1120) – Eisenerz 350 (362) – Mineralölprodukte 350 (340) – Kohle 335 (321) – Getreide 195 (192). 1990 erhöhten sich die *Ladungsmengen im Seegüterverkehr* nach vorläufigen Berechnungen weltweit um 3,0% (1989 +5,0%). – Der *Welt-Seegüterverkehr* nahm seit 1986 und besonders stark 1988 (+6,2%) und 1989 (+5%) zu, da sich das Welthandelsvolumen stark ausweitete (z. B erhöhter Transportbedarf durch Zunahme des Weizen-, Kohle- und Erzhandels, auch des überseeischen Handels mit Industriegütern). Da außerdem Anf. der 80er Jahre der Schiffsbestand durch Abwrackungen stark reduziert worden war, ergab sich für die Schiffahrt eine günstige Erlössituation. Kostengünstig wirkten sich zudem die niedrigen Ölpreise auf die Transportkosten aus. Eine weitere Möglichkeit, Kosten zu sparen, sahen auch 1991 viele Reeder der europäischen Hochlohnländer darin, ihre Schiffe »auszuflaggen«, d. h. unter sog. »Billigflaggen« mit niedriger entlohnten ausländischen Seeleuten zu fahren.

Der **Schiffsbestand der BR Deutschland** (Handelsflotte) belief sich am 1.1.1991 auf 850 Einheiten mit 5,328 Mio. BRT (6,771 Mio. dwt), davon 585 Trockenfrachter mit 2,479 Mio. BRT, 121 Containerschiffe mit 2,082 Mio. BRT, 71 Tanker mit 0,444 Mio. BRT (davon 31 Öl-, 21 Flüssiggas- und 19 Chemikalientanker), 73 Fahrgastschiffe mit 0,323 Mio. BRT. Dazu kamen insgesamt rd. 450 nicht Handelszwecken dienende Schiffe (Fischereifahrzeuge, Jachten usw.). Nicht enthalten sind in obigen Zahlen Schiffe der Bundesmarine sowie deutsche Schiffe, die unter fremder Flagge fahren (v. a. Zypern, Panama und Liberia). Deren Zahl ist in den letzten Jahren stark gestiegen, besonders aus Gründen der Steuerersparnis und wegen der strengen Arbeits- und Sozialgesetzgebung in Deutschland. 1991 fuhren 280 deutsche Schiffe mit 3,355 Mio. BRT unter fremder Flagge. Um eine weitere *»Ausflaggung«* deutscher Schiffe zu verhindern, wurde gegen heftigen Widerstand der Gewerkschaft am 1. 4. 1989 ein »Zweit-« oder »Zusatzregister« eingerichtet *(»Deutsches*

Schiffahrt; Schiffbau

Handelsflotte

Schiffsbestand am 1. 1. 1991; Seeschiffs-Einheiten von 300 BRT und darüber (nach »Shipping Statistics«, hrsg. v. »Institut für Seeverkehrswirtschaft und -logistik«, Bremen)

Land (Flagge)	Schiffe (Zahl)	in 1000 BRT	in 1000 dwt	Land (Flagge)	Schiffe (Zahl)	in 1000 BRT	in 1000 dwt
Liberia*	1536	50877,8	91514,2	Iran	175	4681,1	8641,6
Panama*	3461	40816,6	66185,9	Malta*	465	4633,5	8000,7
Griechenland	1398	22269,5	41039,0	Großbritannien	536	5718,8	7780,9
Japan	3825	25170,1	38796,0	Dänemark(DIS)**	341	4688,2	7041,2
Norwegen(NIS)**	837	21451,2	38661,8	Türkei	675	3947,3	6687,9
Zypern*	1238	18558,1	33517,7	BR Deutschland	850	5328,1	6771,1
UdSSR	2685	19023,6	24817,9	Jugoslawien	338	3839,7	6104,3
Bahamas*	715	14775,7	24574,3	Rumänien	309	3836,9	5978,1
USA	533	15197,5	23578,4	Spanien	399	3063,0	5638,7
VR China	1693	13753,7	20855,4	Frankreich	202	3651,8	5531,4
Philippinen	801	8216,5	13725,4	Bermuda*	65	2875,2	4951,9
Singapur*	503	7974,1	13123,8	Polen	283	3074,0	4275,7
Rep. Korea (Süd-K.)	663	7210,1	12009,3	Niederlande	495	3137,4	4154,2
Italien	850	7788,5	11851,6	Australien	123	2284,2	3432,8
Hongkong	231	6172,8	10606,5	Gibraltar	38	1766,0	3384,2
Indien	354	6014,0	10047,6	Vanuatu*	134	2171,1	3358,2
Brasilien	347	5690,8	9555,8	u. a. Schweiz	22	296,6	502,1
Rep. China (Taiwan)	265	5920,4	9251,3	Österreich	32	139,3	233,6

* überwiegend »Billigflaggen« (sog. »Fluchttonnage«)
** NIS/DIS = »Norway/Denmark International Shipping Register« (»Billigflagge«)

Internationales Schiffsregister«), für das die strengen nationalen Vorschriften des Erstregisters nicht gelten. Auf Schiffen in diesem »Zweitregister« dürfen ausländische Seeleute zu den billigeren Löhnen ihrer Heimatländer beschäftigt werden. Die Zahl der *Beschäftigten auf deutschen Schiffen* sank vom Höchststand 48 000 1971 auf 15 000 1990.

Für die **deutschen Seehäfen** wirkten sich auch 1991, wie im Vorjahr, der Wirtschaftsaufschwung und die Steigerung des Außenhandels in erhöhten Umschlagszahlen aus. Sowohl der Stück- als auch der Massengutumschlag nahm zu. Der *grenzüberschreitende Güterverkehr über See* mit Häfen der (alten) BR Deutschland betrug 1989 im Versand 46,634 Mio. t und im Empfang 91,093 Mio. t. Wichtigste *Güter beim Versand* waren (in Mio. t): Stückgüter 32,709 – Getreide 2,786 – chem. Grundstoffe 1,976 – Kraftstoffe und Heizöl 1,929 – *beim Empfang* (in Mio. t): Stückgüter 29,214 – Rohöl 20,142 – Eisenerz 12,470 – Kraftstoffe und Heizöl 8,244 – Futtermittel 3,690 – Steinkohle 3,458 – NE-Metallerze 2,744 – Steine und Erden 2,501 – Ölfrüchte und -saaten, pflanzliche und tierische Öle und Fette 2,153.

Güterumschlag in den wichtigsten Seehäfen (nur Seeverkehr, ohne Binnenschiffahrt, Aus- und Einladungen in Mio. t) 1989 (1988): Hamburg 53,857 (55,866) – Rostock 20,775 (20,741) – Bremerhaven 15,077 (13,036) – Bremen 14,825 (15,748) – Wilhelmshaven 14,499 (14,841), Lübeck 11,748 (11,272) – Brunsbüttel 6,314 (6,658) – Brake 4,595 (4,675) – Wismar 3,346 (3,758) – Kiel 3,193 (2,176) – Emden 3,024 (2,552) – Nordenham 2,154 (3,184) – Stralsund 1,002 (0,996) – Cuxhaven 0,854 (0,751) – Flensburg 0,688 (0,808).

Güterverkehr in führenden Seehäfen 1990

(Auswahl, nach Angaben des. »Inst. f. Seeverkehrswirtschaft«, Bremen, und anderen Quellen) *Umschlag* in Mio. t/davon Rohöl (– = keine Angaben)

Rotterdam (Niederlande)	287,692 /	121,118
Singapur	187,789 /	–
Kobe (Japan)	171,465 /	–
Chiba (Japan, 1989)	164,182 /	57,572
Shanghai (VR China, 1988)	133,000 /	–
Nagoya (Japan)	128,934 /	17,602
Yokohama (Japan)	123,873 /	19,500
Antwerpen (Belgien)	102,009 /	–
Osaka (Japan)	97,378 /	–
Kitakyushu (Japan)	95,190 /	8,910
Kawasaki (Japan, 1987)	90,442 /	15,945
Marseille (Frankreich)	90,323 /	58,620
Hongkong	89,005 /	9,346
Tokio (Japan)	79,335 /	–
Kaohsiung (Rep. China/Taiwan)	77,987 /	26,126
Long Beach (USA)	74,762 /	–
Philadelphia (USA)	68,570 /	52,182
Los Angeles (USA)	67,895 /	24,103
Vancouver (Kanada)	66,448 /	3,788

Fortsetzung: Güterverkehr

Corpus Christi (USA)	64,789 /	51,183
Pusan (Rep. Korea/Süd-K.)	63,382 /	0,254
Hamburg (Deutschland)	61,360 /	13,622
Inchon (Rep. Korea/Süd-K.)	60,337 /	–
Hampton Roads (USA)	58,977 /	–
Houston (USA)	57,172 /	–
Tubarao (Brasilien, 1987)	56,083 /	–
London (Großbritannien, 1989)	54,034 /	21,776
Le Havre (Frankreich)	54,019 /	34,086
Richards Bay (Südafrika)	52,414 /	–
New York/New Jersey (USA)	49,678 /	–
New Orleans (USA)	49,656 /	–
Tampa (USA)	47,174 /	10,600
Genua (Italien)	43,633 /	–
Tees & Hartlepool (Großbrit.)	39,744 /	23,091
Newcastle (Australien)	37,247 /	–
Dünkirchen (Frankreich)	36,553 /	9,138
Port Hedland (Australien)	35,613 /	–
Triest (Italien)	34,175 /	–
Sao Sebastiao (Brasilien, 1988)	33,496 /	–
Arzew (Algerien, 1987)	33,096 /	18,319
Tarent (Italien, 1987)	32,558 /	7,321
Milford Haven (Großbritannien)	32,292 /	31,872
Amsterdam (Niederlande)	30,878 /	12,000
Zeebrügge (Belgien)	30,349 /	1,487
Bremen/Bremerhaven (Deutschl.)	30,025 /	2,658
Gladstone (Australien)	29,570 /	0,621
Bombay (Indien, 1989)	27,751 /	18,534
Santos (Brasilien, 1989)	26,856 /	3,025
Southampton (Großbritannien, 1989)	26,116 /	20,317
Tarragona (Spanien, 1989)	26,015 /	15,827
Göteborg (Schweden)	25,891 /	16,467
Bilbao (Spanien)	25,205 /	13,737
St. Nazaire (Frankreich)	24,943 /	17,300
Durban (Südafrika)	24,762 /	–
Angra dos Reis (Brasilien, 1988)	24,712 /	–
Forcados (Nigeria, 1989)	24,543 /	24,543
Venedig (Italien)	24,182 /	–
Algeciras/La Linea (Spanien, 1988)	23,766 /	11,835

Die wichtigsten **Kanäle für den Seeschiffsverkehr** waren 1990 (Transittonnage in Mio. t): Suez-Kanal 278,400 (davon rd. 30 % Mineralöl und -produkte) – Panama-Kanal 159,610 – Nord-Ostsee-Kanal 62,714 – St.-Lorenz-Seeweg 48,410.

Schiffbau *fertiggestellte Handelsschiffe 1990 (1989) in 1000 BRT (nach ISL)*: Japan 6824 (5365; 1975 noch 17740) – Rep. Korea (Süd-K.) 3460 (3102) – Deutschland 856 (1989 alte Bundesländer 431 – ehem. DDR 287) – Jugoslawien 457 (499) – Dänemark 395 (343) – Italien 372 (327) – Spanien 363 (231) – Brasilien 256 (165) – Finnland 247 (194) – Niederlande 163 (89) – Großbritannien 131 (102) – Polen 104 (199) – Norwegen 80 (33) – Frankreich 60 (160) – Bulgarien 58 (39) – u. a. USA 15 (4; 1983 noch 381) – keine Angaben für die UdSSR und die VR China. Der *Welt-Schiffbau* betrug 1990 (1989) 1672 (1593) Handels- und Passagierschiffe (ab 100 BRT) mit 15,885 (13,236) Mio. BRT. Über den Bau von Kriegsschiffen liegen keine Daten vor.

Der bisherige Höchststand im **Welt-Schiffbau** war 1974 mit 34,624 Mio. BRT erzielt worden, v. a. durch den Bau von Großtankern für den Erdöltransport. Bis 1979 sank der Schiffbau dann auf lediglich 11,458 Mio. BRT ab und blieb auch in den folgenden Jahren auf niedrigem Niveau. Insbesondere der Bau großer Erdöltanker wurde wegen des verringerten Erdölverbrauchs und der Verkürzung der Transportwege (Nordseeöl!) fast völlig überflüssig. Erst Ende der 80er Jahre kam es wieder zu verstärkter Neubautätigkeit. Durch die Steigerung des Welthandels und die zunehmende Überalterung des vorhandenen Schiffsbestandes wird sich der Bedarf an Schiffsneubauten in den nächsten Jahren weiter erhöhen.

Weltweit haben sich jedoch in den 70er und 80er Jahren die *Schwerpunkte im Schiffbau* stark verschoben. Ehemals führende Schiffbaunationen wie Großbritannien (in den 60er Jahren an 2. Stelle in der Welt), Norwegen oder Niederlande sind heute fast bedeutungslos. Der Schiffbau konzentrierte sich aus Kostengründen immer stärker auf Ostasien (1975 51,6 % – 1990 rd. 80 % des Weltschiffbaus), während Westeuropa zurückfiel (1975 41,3 % – 1990 nur noch rd. 17,5 % der Neubautonnage). Überall – auch in Japan – sind heute hohe unausgelastete Kapazitäten in der Werftindustrie vorhanden, obwohl in den letzten Jahren bereits viele Werften stillgelegt wurden. In den meisten Ländern überlebt der Schiffbau nur noch durch staatliche Subventionen und militärische Aufträge (in obigen Zahlen nicht enthalten). Die EG setzte Höchstgrenzen für *Subventionen im Schiffbau* fest und senkte sie von 38,9 % des Baupreises (1988) auf 25 % (1990) und 9,9 % (1992). Als Folge sank die internationale Konkurrenzfähigkeit der deutschen Werften weiter ab, zumal in *Deutschland* selbst die Konkurrenz durch die Werften der ehem. DDR größer wurde. Es ist daher in Zukunft auch in Deutschland mit weiteren Werftschließungen zu rechnen. Der *Personalbestand im Schiffbau* sank bereits von 78 000 (1975) auf 35 000 (1991) bzw. 45 000 (mit neuen Bundesländern).

Die *Werften in Deutschland* lagen zwar 1990/91 auf dem 3. Platz im internationalen Handelsschiffbau, doch reichte die Produktion nicht mehr entfernt an die Zahlen der 70er Jahre heran. Die meisten Werften konnten zudem ihre Rentabilität nur durch Diversifizierung (Reparaturen, Stahlbau, militärische Aufträge) und v. a. durch Spezialisierung auf den Bau hochwertiger Spezialschiffe mit aufwendiger Technologie bewahren. Die *Werften in der ehem. DDR* (Mecklenburg-Vorpommern) gerieten 1991 in eine kritische Situation, da sie bisher ohne Rücksicht auf Wirtschaftlichkeit und in hohem Maße für den

Bedarf der UdSSR produziert hatten. Insgesamt wurden 1990 in *Deutschland* 118 Seeschiffe mit 881,0 Tsd. BRT fertiggestellt, davon 85 Schiffe mit 618,3 Tsd. BRT in den alten Bundesländern (darunter 25 Frachtschiffe, 20 Containerschiffe, 10 Fähren und Passagierschiffe, 6 Fischereifahrzeuge und 3 Tanker). Der *Umsatz der Werften* belief sich 1990 (1989) auf 8,067 (5,442) Mrd. DM (nur alte Länder).

Luftverkehr

Das starke Wachstum des **Welt-Luftverkehrs,** das 1983 begonnen hatte, kam 1991 zu einem Ende. Unmittelbare Ursache war um die Jahreswende 1990/91 der Golfkrieg, der weltweit, v. a. aber im Mittelmeerraum und im Nahen Osten, zu einem starken *Rückgang des Luftverkehrs* führte. Auch nach dem Ende des Krieges erreichten die Passagierzahlen wegen der Rezession in vielen Industrieländern und dem wirtschaftlichen Zusammenbruch der Sowjetunion nicht mehr die Vorjahreswerte. Insgesamt wird ein Rückgang des Welt-Luftverkehrs 1990/91 um rd. 2 % geschätzt, und zwar sowohl beim Passagier- wie beim Frachtverkehr. Ohne Berücksichtigung der Inlandsflüge, d. h. im internationalen Verkehr, erreichte der Rückgang sogar rd. 8 % (Passagiere) bzw. 3 % (Fracht). Der Gesamtverkehr sank weniger stark, da hier der inneramerikanische Flugverkehr, der relativ stabil blieb, quantitativ stark zu Buche schlägt.

Wegen der geringeren Auslastung bei gestiegenen Kosten und starker Konkurrenz verschlechterte sich die *wirtschaftliche Lage der Luftfahrtgesellschaften* stark. Von 204 Mitgliedsgesellschaften der IATA arbeiteten 1991 nur 20 mit Gewinn; insgesamt mußten die Gesellschaften im internationalen Linienverkehr 3,7 Mrd. US-$ Verluste hinnehmen. Auch die *Lufthansa* schloß 1991 – erstmals seit 1973 – mit einem Verlust von 444 Mio. DM ab, obwohl die Zahl der Fluggäste um 12 % auf 25,1 Mio. anstieg. Als Folge wird u. a. der Personalstand von rd. 50 000 1992 um 1000–2000 reduziert.

In der **BR Deutschland** nahm der *Flugverkehr* 1991 entsprechend der weltweiten Entwicklung ab. Die *Fluggastzahl der Flughäfen* schrumpfte um 4 % auf rd. 78 Mio., der Luftfrachtumschlag ging um 5,7 % auf 1,480 Mio. t zurück. V. a. die Linien- und Charterflüge in den Mittelmeerraum und nach Vorderasien, aber auch der Transatlantikverkehr nach Nordamerika nahm ab.

Vom gesamten *Personenflugverkehr* entfielen 1990 72,5 % auf Passagiere in Liniendiensten, 27,5 % auf Charterflüge (insbes. Flugreisen durch Reiseveranstalter). Hauptziel der Pauschalreisenden war, wie in den Vorjahren, Spanien (3,5 Mio. Urlauber, d. h. 46 % aller deutschen Flugtouristen); weitere wichtige Charterflugziele waren (in Tsd. Passagieren) u. a. Griechenland 1100 – Türkei 833 – Tunesien 446 – Portugal 209 – Kenia 105 – Ägypten 104. Hauptziele im Auslands-Linienverkehr waren Nordamerika (2,9 Mio.), Asien (1,5 Mio.) und Afrika (0,5 Mio. Fluggäste).

Die Zahl der in der *BR Deutschland zugelassenen Flugzeuge* betrug Anf. 1991 (1990) 16 122 (15 737), davon 6029 (5902) einmotorige Flug-

Verkehrsleistungen der Verkehrsflughäfen der BR Deutschland 1990 (alte Bundesländer) (Nach ADV; einschl. Transit und nichtgewerbl. Verkehr)

Flughafen	Fluggäste insges.	Veränderung geg. 1989	Luftfracht insges. (t)	Veränderung geg. 1989	Luftpost insges. (t)
Frankfurt a. M.	29 386 212	+11,1 %	1 124 445	+ 2,1 %	149 975
Düsseldorf	11 912 092	+10,5 %	52 884	– 4,5 %	5704
München	11 363 975	+ 9,2 %	60 645	+ 0,6 %	21 465
Hamburg	6 843 445	+ 8,5 %	44 477	+ 6,7 %	16 880
Berlin (West)	6 709 827	+13,0 %	15 409	+ 14,3 %	14 457
Stuttgart	4 401 773	+12,3 %	18 909	+ 2,1 %	12 346
Köln/Bonn	3 078 116	+14,4 %	166 516	+ 7,6 %	17 076
Hannover	2 781 367	+ 6,4 %	12 782	– 3,0 %	10 000
Nürnberg	1 477 305	+13,3 %	12 750	+ 15,8 %	8246
Bremen	1 104 810	+ 3,5 %	3898	+ 16,4 %	2682
Münster/Osnabrück	284 235	+19,0 %	281	+186,7 %	3038
Saarbrücken	248 885	+ 5,0 %	2220	+999,0 %	–

Verkehrsleistungen führender internationaler Flughäfen 1990 (1989)
(nach »Arbeitsgemeinschaft der deutschen Verkehrsflughäfen«/ADV 1991)

Flughafen	Fluggäste (in Mio.) 1990	(1989)	Veränderung in % jeweils Ankünfte und Abflüge	Luftfracht (in Tsd. t) 1990	(1989)	Veränderung in %
Chicago/O'Hare Intern., USA	59,936	(59,130)	+ 1,4	748,757	(723,571)	+ 3,5
Dallas-Fort Worth, USA	48,515	(47,579)	+ 2,0	401,768	(361,131)	+ 11,3
Atlanta/W.B. Hartsfield, USA	48,515	(43,312)	−10,9	431,857	(379,323)	+ 13,8
Los Angeles/Intern., USA	45,810	(44,967)	+ 1,9	1025,018	(997,677)	+ 2,7
London/Heathrow, Großbritannien	42,647	(39,610)	+ 7,7	697,800	(692,000)	+ 0,8
Tokio/Haneda, Japan	40,188	(36,530)	+10,0	484,899	(462,244)	+ 4,9
San Francisco/Internat., USA	30,388	(29,870)	+ 1,7	449,159	(452,383)	− 0,7
New York/J. F. Kennedy, USA	29,787	(30,323)	− 1,8	1 207,289	(1 258,882)	− 4,1
Frankfurt/Rhein-Main, BR Deutschland	28,205	(25,305)	+11,5	1115,212	(1 083,673)	+ 2,9
Denver/Stapleton Intern., USA	27,433	(27,568)	− 0,5	206,750	(185,384)	− 11,5
Miami/Internat., USA	25,837	(23,385)	+10,5	907,687	(818,978)	+ 10,8
Paris/Orly, Frankreich	24,206	(24,118)	+ 0,4	254,487	(248,112)	+ 2,6
Osaka/Intern., Japan (1986)	23,458	(21,820)	+ 7,5	445,681	(406,396)	+ 9,7
Honolulu/Internat., USA	23,132	(22,349)	+ 3,5	332,747	(326,484)	+ 1,9
New York/La Guardia, USA	22,754	(23,158)	− 1,7	64,208	(57,599)	+ 11,5
Boston/Logan, USA	22,521	(21,924)	+ 2,7	309,938	(285,473)	+ 8,6
New Jersey/Newark, USA	22,255	(20,928)	+ 6,3	449,334	(400,381)	+ 12,2
Paris/Ch. de Gaulle, Frankreich	22,094	(20,275)	+ 9,0	617,906	(584,726)	+ 5,7
Detroit/Wayne County, USA	21,942	(20,998)	+ 4,5	127,116	(112,632)	+ 12,9
Phoenix/Sky Harbour Int., USA	21,718	(20,714)	+ 4,8	95,213	(73,648)	+ 29,3
London/Gatwick, Großbritannien	21,047	(21,183)	− 0,6	216,900	(211,000)	+ 4,2
Toronto/L. B. Pearson Int., Kanada	20,304	(20,418)	− 0,6	322,929	(291,311)	+ 10,9
St. Louis/Lambert, USA	20,066	(20,015)	+ 0,3	80,453	(64,161)	+ 25,4
Minneapolis/Internat., USA	19,178	(18,346)	+ 4,5	183,867	(160,480)	+ 14,6
Las Vegas/Mc Carran Intern., USA	18,619	(16,684)	+11,6	16,439	(15,065)	+ 9,1
Orlando/Internat., USA	17,908	(16,932)	+ 5,8	103,205	(103,258)	− 0,1
Pittsburgh, USA	17,246	(17,145)	∓ 0,0	82,527	(67,268)	+ 22,7
Tokio/Narita, Japan	16,856	(16,978)	− 0,7	1359,161	(1 326,478)	+ 2,5
Seoul/Kimpo Intern., Rep. Korea	16,821	(13,936)	+20,7	851,500	(621,965)	+ 36,9
Madrid/Barajas, Spanien	16,702	(14,246)	+17,2	220,947	(208,218)	+ 6,1
Houston/Intercont., USA	16,331	(14,968)	+ 9,1	180,705	(159,638)	+ 13,2
Philadelphia/Internat., USA	16,290	(14,809)	+10,0	320,061	(236,660)	+ 35,2
Seattle/Tacoma Intern., USA	16,240	(15,241)	+ 6,6	245,135	(226,239)	+ 8,4
Sydney/Kingsford, Australien	15,676	(10,121)	+54,9	443,356	(240,314)	+ 84,5
Charlotte, USA (1986)	15,614	(15,349)	+ 1,7	88,902	(84,813)	+ 4,8
Washington/National, USA	15,570	(15,140)	+ 2,8	14,743	(13,771)	+ 7,1
Hongkong/Kai Tak	14,847	(13,649)	+ 8,8	801,937	(730,020)	+ 9,9
Stockholm/Arlanda, Schweden	14,696	(13,875)	+ 5,9	74,989	(80,835)	− 7,2
Singapur/Changi	13,186	(11,810)	+11,7	623,841	(577,549)	+ 8,0
Bangkok/Internat., Thailand	12,741	(11,240)	+20,0	404,297	(348,946)	+ 15,9
Rom/Fiumicino, Italien	12,414	(11,143)	+11,4	237,487	(227,075)	+ 4,6
Kopenhagen/Kastrup, Dänemark	11,661	(11,498)	+ 1,4	139,610	(130,873)	+ 6,7
Salt Lake City/Intern., USA	11,604	(11,531)	+ 0,6	75,722	(62,525)	+ 21,1
Amsterdam/Schiphol, Niederlande	11,597	(10,679)	+ 8,6	604,483	(582,550)	+ 3,8
Zürich/Kloten, Schweiz	11,578	(10,989)	+ 5,4	255,513	(258,437)	− 1,1
Moskau, UdSSR	11,532	(10,399)	+10,9	26,093	(31,063)	− 16,0
Palma de Mallorca, Spanien	−	(11,516)	−	−	(19,227)	−
Düsseldorf, BR Deutschland	11,217	(10,008)	+12,1	46,028	(44,289)	+ 3,9
San Diego/Lindbergh Intern., USA	11,206	(11,111)	+ 0,9	47,909	(41,092)	+ 16,6
Mexiko City/B. Juarez, Mexiko	−	(11,116)	−	125,473	(127,150)	− 1,3
München/Riem, BR Deutschland	11,012	(9,717)	+13,3	56,808	(51,822)	+ 9,6
Tampa/Internat., USA	10,590	(9,693)	+ 9,2	53,089	(46,616)	+ 13,9
Baltimore/Washington Intern., USA	10,245	(10,357)	− 1,1	116,546	(110,003)	+ 5,9
Washington/Dulles, USA	10,236	(10,179)	+ 0,6	134,187	(117,950)	+ 13,8
Manchester/Internat., Großbritannien	10,162	(10,070)	+ 0,9	72,804	(64,885)	+ 12,2
Athen/Hellinikon, Griechenland	10,077	(10,514)	− 4,2	87,979	(85,071)	+ 3,4

zeuge, 882 (846) mehrmotorige Flugzeuge bis 20 t, 306 (242) Maschinen über 20 t, 468 (449) Hubschrauber, 1473 (1372) Motorsegler, 6961 (6924) Segelflugzeuge und 3 (2) Luftschiffe.
Insgesamt 346 Unternehmen betrieben 1990 *gewerblichen Luftverkehr,* davon 170 ausländische. Zum Inlands-Linienverkehr – ausgenommen Berlin-Verkehr – war früher nur die Deutsche Lufthansa zugelassen. Im Zuge der Liberalisierung des Luftverkehrs im Rahmen der EG erhielten seit 1989 4 weitere Unternehmen die Genehmigung. Im Linienverkehr mit dem Ausland waren neben deutschen noch 115 ausländische Gesellschaften tätig, im Charterverkehr 8 deutsche und 55 ausländische.
Die Zahl der *Arbeitsplätze* auf den *deutschen Flughäfen* stieg 1991 auf rd. 95 000; bei den deutschen Luftverkehrsgesellschaften waren 1989 49 400 Personen beschäftigt.
Ein großes Problem war auch 1991 die *Überlastung von Teilen des europäischen Luftraums* und vieler Flughäfen, was zu häufigen Verspätungen führte. Um dem weiterhin expandierenden Verkehr gerecht zu werden, waren 1991/92 in verschiedenen deutschen Flughäfen größere *Baumaßnahmen* im Gang, inbes. Erweiterung der Kapazitäten (z. B. durch Verlängerung von Start- und Landebahnen, Neubau von Abfertigungsgebäuden, Flugzeughallen usw.) in Stuttgart, Hannover, Hamburg, Düsseldorf, Frankfurt und Köln/Bonn. Als größtes Neubauprojekt seit dem 2. Weltkrieg wurde am 17. 5. 1992 der neue *Münchner Flughafen »Franz Josef Strauß«* zwischen Freising und Erding nach mehr als 25jähriger Planungs- und Bauzeit eröffnet. Dieser – nach Frankfurt – zweitgrößte deutsche Flughafen bedeckt eine Fläche von 15 km^2, besitzt 2 je 4000 m lange Start- und Landebahnen und ist für eine Kapazität von rd. 14 Mio. Passagieren jährlich ausgelegt.

Die **Welt-Flugzeugindustrie** geriet 1991 – nach Jahren steigender Auftragssummen – in eine *Rezession,* da die Fluggesellschaften wegen ihrer schlechten wirtschaftlichen Lage wesentlich weniger Neubauten bestellten. So sank der Bestelleingang bei Boeing von 543 (1990) auf 252 (1991) Maschinen; Airbus lieferte 163 Maschinen aus, bekam aber nur 101 Bestellungen. Erst ab Mitte der 90er Jahre wird wieder mit stärkeren Zuwächsen gerechnet, u. a. wegen des stark überalterten Flugzeugparks der ehem. UdSSR. Weltweit werden in den nächsten 20 Jahren rd. 13 500 neue Passagierflugzeuge benötigt werden. Eine starke Umstrukturierung bedingt das Ende der Ost-West-Konfrontation für die *Flugzeugindustrie.* Bisher lebten die meisten Flugzeugwerke überwiegend von lukrativen Militäraufträgen, die weitgehend reduziert werden. – Im zivilen Bereich produzieren z. Z. weltweit außerhalb Rußlands nur 3 Werke *Großraum-Verkehrsflugzeuge:* der weltgrößte Flugzeugproduzent Boeing in Seattle (USA), McDonnell Douglas (USA) und das multinationale europäische Unternehmen Airbus (Sitz Toulouse, Frankreich).

Post- und Fernmeldewesen

Fernsprecher Zahl der *Telefon-Hauptanschlüsse* einschl. öffentliche Sprechstellen (nach Siemens-Fernsprechstatistik 1991) insges. in Mio./pro 100 Einw. Anf. 1990: USA 132,683/53,3 – Japan 53,236/43,2 – UdSSR 32,200/11,2 – Deutschland 31,231/39,7 (davon alte Bundesländer 29,405/47,4 – neue Bundesländer 1,826/11,0) – Frankreich 26,539/47,3 – Großbritannien 25,500/44,6 – Italien 21,266/37,0 – Kanada 14,630/55,8 – Rep. Korea (Süd-K.) 12,004/28,3 – Spanien 11,797/30,4 – VR China 9,700/0,9 – Brasilien 8,853/6,0 – Australien 7,787/46,3 – Niederlande 6,691/45,1 – Rep. China (Taiwan) 6,089/30,6 – Türkei 5,872/10,4 – Schweden 5,716/67,3 (dichtestes Telefonnetz) – Mexiko 4,703/5,6 – Indien 4,589/0,6 – Griechenland 3,788/37,8 – Schweiz 3,785/56,9 – Belgien 3,712/37,5 – Jugoslawien 3,554/15,0 – Argentinien 3,400/15,0 – Polen 3,121/8,3 – Österreich 3,103/40,7 – Südafrika 3,080/8,9 – Dänemark 2,848/55,5 – Finnland 2,582/52,1 – Hongkong 2,345/40,7 – Kolumbien 2,268/7,4 – ČSFR 2,227/14,2.
Insgesamt gab es auf der Erde Anf. 1990 500,876 Mio. *Telefon-Hauptanschlüsse,* davon 206,486 Mio. in Europa und 173,668 Mio. in Amerika, 103,070 Mio. in Asien, 9,532 Mio. in Australien/Ozeanien und 8,120 Mio. in Afrika. Die Zahl aller *Sprechstellen* (mit Nebenstellen) belief sich auf ca. 820 Mio. Die meisten *Telefongespräche* wurden 1989 von den USA geführt (458,422 Mrd., davon 389,051 Mrd. Orts-, 68,536 Mrd. Inlandsfern- und 835,248 Mio. Auslandsferngespräche); an 2. Stelle stand die BR Deutschland mit 31,710 Mrd. (davon 18,437 Mrd. Orts-, 12,579 Mrd. Fern- und 694,301 Mio. Auslandsgespräche). Der Anteil der *Selbstwählferngespräche* an den Auslandsgesprächen beträgt in allen westlichen Industrieländern über 98 % (BR Deutschland 1989: 99,7%), in der ehem. UdSSR dagegen erst 45 %.

Fernschreiber (Telex) *Anschlüsse* Anf. 1990 (nach Siemens) in Tsd.: Frankreich 144,6 – Brasilien 135,4 – BR Deutschland 134,4 (1988 noch 167,7 – Rückgang durch Telefax) – Großbritannien 116,2

(1988) – UdSSR 107,0 (1988) – Italien 67,9 – USA 58,7 – Indien 44,3 – Japan 43,0 (1988) – Polen 35,0 – Spanien 35,2 – Schweiz 35,2 – Portugal 28,4 – Niederlande 26,9 – Griechenland 25,6 – u. a. Österreich 21,4 – DDR 17,7.

Teletex (papierlose Übermittlung von Texten zwischen Text- und Datenverarbeitungsanlagen) *Anschlüsse* Anf. 1990 (nach Siemens): BR Deutschland 18 490 – Frankreich 4924 – Südafrika 2282 – Schweden 1700 – Österreich 1248 – Türkei 793 – Italien 659.

Bildschirmtext (Videotext, Btx) *Anschlüsse* Anf. 1990 (nach Siemens): Frankreich 5 040 348 – BR Deutschland 194 827 – Großbritannien 120 000 – Japan 102 284 – Italien 80 339 – Schweiz 35 304 – Kanada 28 000 – Niederlande 23 432 – Schweden 23 300.

Die **Verkabelung** für den *Rundfunk- und Fernsehempfang* wurde in der *BR Deutschland* 1991/92 weitergeführt. 1991 waren rd. 16,5 Mio. Haushalte anschließbar; 9,4 Mio. waren angeschlossen.

Die **Deutsche Bundespost** erbrachte 1990 u. a. folgende *Leistungen* (nur alte Bundesländer): beförderte Briefsendungen 14,244 Mrd. (davon 13,246 Mrd. im Inland), Paketsendungen 247 Mio., aufgegebene Telegramme 6,268 Mio., Telefonsprechstellen (Haupt- u. Nebenanschlüsse und öffentliche Sprechstellen) 43,095 Mio. (1989), Telefonanschlüsse 30,348 Mio., Ortsgespräche 19,325 Mrd., Ferngespräche 14,531 Mrd. (davon ins Ausland rd. 5%), Telexanschlüsse 116,586 Tsd., Telefaxanschlüsse 682,168 Tsd., Teletexanschlüsse 17,031 Tsd., Btx-Anschlüsse 259,835 Tsd.; Einzahlungen auf Zahlschein, Zahlkarten und Postanweisungen 151,717 Mrd. DM, Buchungen im Postgirodienst 2,512 Mrd. Stück mit einer Gesamtsumme von 3,847 Bill. DM, Guthaben auf den 4,825 Mio. Postgirokonten Ende 1990: 23,556 Mrd. DM, Guthaben auf den 23,269 Mio. Postsparkonten Ende 1990: 42,818 Mrd. DM. – Die Telefonselbstwahl bestand nach 195 Ländern; insgesamt 99,8% aller Verbindungen im internationalen Telefonverkehr wurden vollautomatisch abgewickelt.

Die letzten Jahre brachten für die *Deutsche Bundespost* große organisatorische Veränderungen. Nach dem »Poststrukturgesetz« vom 8. 6. 1989 erfolgte die Aufteilung in die 3 selbständigen *Unternehmensbereiche Postdienst* (»Gelbe Post«) – *Postbank* (Postgiro- und Postsparkassendienst) und *Telekom* (Fernmeldedienst). Am 3. 10. 1990 wurde mit der Wiedervereinigung Deutschlands auch die Vereinigung der *Bundespost* mit der *Deutschen Post* der ehem. DDR vollzogen. Im Jahr 1991 wurden große Anstrengungen darauf gerichtet, die Post der neuen Bundesländer dem Stand der Bundespost anzupassen, insbes. im Fernmeldebereich.

Fremdenverkehr

Internationaler Touristenreiseverkehr 1989 *Zahl der einreisenden Touristen (in Mio.)/Einnahmen aus dem internationalen Tourismus (in Mrd. US-$):* Italien 55,131/11,987 – Spanien 54,058/16,252 – Frankreich 50,199/16,500 – USA 36,604/34,432 – ČSFR[1] 24,593/0,600 – Österreich 18,000/9,316 – Großbritannien 17,338/12,248 – Kanada 15,111/5,013 – BR Deutschland 14,503/8,658 – Ungarn 14,236/0,800 – Schweiz (1988) 11,700/5,615 – Jugoslawien (1988) 9,018/2,024 – Polen[1] 8,233/0,300 – Bulgarien[1] 8,221/– – Griechenland (1988) 7,778/2,396 – UdSSR[1] 7,752/– – Portugal 7,116/2,587 – Mexiko 6,297/4,000 – Hongkong[1] 5,361/4,000 – Rumänien[1] 4,852/0,200 – Singapur 4,830/- – Thailand 4,810/3,400 – Türkei[1] 4,459/2,557 – Malaysia 3,954/0,800 – Marokko 3,468/1,500 – Niederlande (1988) 3,322/2,857 – Tunesien 3,222/1,200 – Japan[1] 2,835/3,156 – Belgien 2,750/3,064 – Irland 2,732/1,070 – Rep. Korea (Süd-K.)[1] 2,728/– – Ägypten 2,503/–.

[1] = einschl. Tagesausflügler
(Daten nach Statist. Bundesamt und »World Tourism Organization«, Madrid).

Als »Tourist« wird im allgemeinen jeder Ausländer gezählt, der die Grenze überschreitet und sich mindestens 24 Std. im Land aufhält (ohne Transitreisende, ausländ. Arbeitnehmer u. ä.). Teilweise werden nur die Ankünfte in Hotels gezählt, oft nur Stichproben gemacht; die Daten sind daher vielfach ungenau und nur bedingt vergleichbar. Die Angaben über die Deviseneinnahmen sind meist Schätzungen bzw. erfassen nur den offiziellen Geldumtausch.

Für den **Welt-Tourismus** erbrachte das Jahr 1991 erstmals seit mehreren Jahren keine neuen Rekordwerte. Der *Fremdenverkehr* stagnierte und erreichte wegen des Golfkrieges und der Rezession in großen Industriestaaten (USA, Großbritannien, UdSSR) nur knapp die Zahlen von 1990, d. h. rd. 5 Mrd. Touristen (einschl. Mehrfachzählungen), davon rd. 450 Mio. ins Ausland *(internationaler Tourismus).* Sie gaben rd. 190 Mrd. US-$ aus (2% gegenüber 1990). Die Ausgaben bzw. Einnahmen im *innerstaatlichen Tourismus* werden auf rd. 1,8 Bill. US-$ geschätzt, so daß der Fremdenverkehr

zweifellos zu den wirtschaftlich bedeutendsten Aktivitäten gehört (rd. 12–15 % des Weltwirtschaftsvolumens). In *Deutschland* (alte Bundesländer) steuert die Tourismusbranche rd. 4,7 % zum Volkseinkommen bei.
Auch 1991 war *Europa* der am meisten von Touristen besuchte Erdteil. Es wurden hier rd. 280 Mio. *Gästeankünfte* gezählt (nur Auslandstourismus); die *Einkünfte* beliefen sich auf rd. 100 Mrd. US-$. *Amerika* erreichte 80 Mio. Touristenankünfte und Einnahmen von 45 Mrd. US-$. Der Raum Ostasien/Pazifik kam auf 45 Mio. anreisende Touristen und 30 Mrd. US-$ Einnahmen. Die Räume Afrika/Nahost/Südasien hatten auch 1991 stagnierende, teilweise rückläufige Touristenzahlen aufzuweisen. Die mangelnde Attraktivität für ausländische Touristen geht einerseits auf die noch weitgehend fehlende Fremdenverkehrsinfrastruktur zurück, andererseits auf innere Unruhen, Kriege usw. in diesen Regionen.
In den Ländern des *ehem. Ostblocks* entwickelte sich der Tourismus sehr unterschiedlich. Mit zunehmender Freizügigkeit (z. B. Aufhebung der Visapflicht) und der Verbesserung des Gastronomie- und Hotellerieangebots nahm die Zahl der Urlaubsreisenden (einschl. Kurzurlaube) aus westlichen Ländern nach Ungarn, Polen und der ČSFR stark zu. Dagegen kamen Reisen in die ehem. UdSSR, nach Bulgarien und Rumänien wegen der unsicheren politischen Lage und der Versorgungsschwierigkeiten fast zum Erliegen. Die Bewohner der ehem. Ostblockländer gewannen zwar 1990/91 ihre Reisefreiheit, konnten sie jedoch aus finanziellen Gründen kaum ausnutzen.
Wie schon in den Vorjahren, wurden auch 1991 über 80 % aller *Auslandsreisen* von den westlichen Industrieländern aus unternommen, rd. 60 % aller Tourismusausgaben der Welt wurden in Westeuropa getätigt. Gewisse Verschiebungen bei den *Haupt-Reisezielen* gingen 1991 v. a. auf die kriegerischen Ereignisse in Jugoslawien zurück, dessen Ausfall den anderen Mittelmeerländern zugute kam. Beliebteste *Ferienziele der deutschen Touristen* waren Spanien, Italien und Österreich; Griechenland verbuchte weiter steigende Touristenzahlen. Daneben zeigten überseeische Ziele, wie USA, Karibik und Südostasien, Zunahmen.

Das Statistische Bundesamt publizierte folgende Daten zum **Fremdenverkehr in der BR Deutschland** (ohne neue Bundesländer): Die Zahl der *Gästeankünfte in Beherbergungsstätten* betrug 1991 (1990) 75,419 (74,325) Mio., die der *Übernachtungen* 266,209 (255,631) Mio., davon 232,963 (220,789) Mio. Inländer und 33,246 (34,842) Mio. Ausländer. Die durchschnittliche *Aufenthaltsdauer* der Gäste lag bei 3,5 (3,4) Tagen, die

(Devisen-Ausgaben und -Einnahmen im internationalen **Reiseverkehr 1989**

	Ausgaben	Einnahmen
	in Mrd. US-$	
USA	34,977	34,432
BR Deutschland	24,129	8,658
Japan	21,130	3,156
Großbritannien	15,195	11,248
Frankreich	10,292	16,500
Kanada	7,376	5,013
Italien	6,773	11,987
Niederlande	6,450	3,020
Österreich	5,027	9,316
Schweden	4,968	2,543
Schweiz	4,953	5,619
Belgien-Luxemburg	4,272	3,064
Australien	3,764	3,370
Spanien	3,080	16,252
Dänemark	2,928	2,311
Norwegen	2,847	1,328
u. a. Griechenland	0,816	1,976
Türkei	0,565	2,557

Bettenausnutzung der Betriebe bei 44,0 (42,8) %. (Diese Zahlen der amtlichen Statistik beziehen sich nur auf Beherbergungsbetriebe mit mindestens 9 Gästebetten; Privatquartiere, Camping-Übernachtungen, Kinderheime, Jugendherbergen u.ä. sind nicht enthalten.) Die *Zahl der Fremdenübernachtungen* stieg, wie obige Zahlen zeigen, 1991 gegenüber 1990 um 4,1 %, jedoch nur aufgrund der Zunahme beim Inländertourismus (+5,5 %). Die Zahl der Gästeübernachtungen von Ausländern ging demgegenüber um 4,6 % zurück, v. a. wegen des Golfkriegs, der Touristen aus USA und Japan von der Reise nach Europa abhielt.
Unter den *Bundesländern* entfielen vom Gesamttourismus 1991 auf Bayern 29,0 % – Baden-Württemberg 15,1 % – Nordrhein-Westfalen 13,4 % – Niedersachsen 13,2 % – Hessen 10,6 % – Schleswig-Holstein 7,8 % – Rheinland-Pfalz 7,0 % – Berlin 2,4 % – Hamburg 1,5 % – Saarland 0,7 % – Bremen 0,4 %. Bedeutendste *Fremdenverkehrsstadt* war 1991 München mit 6,6 Mio. Übernachtungen vor Berlin/West (6,405 Mio.) und Hamburg (4,072 Mio.).
Übernachtungen von Ausländern 1991 (1990) in Mio. nach Herkunftsländern: Niederlande 6,025 (5,761) – USA 3,380 (4,715) – Großbritannien 2,982 (3,264) – Italien 1,834 (1,783) – Schweden 1,674 (1,627) – Frankreich 1,672 (1,753) – Schweiz 1,595 (1,576) – Dänemark 1,411 (1,433) – Belgien 1,374 (1,258) – Österreich 1,187 (1,174) – Japan 1,158 (1,381) – Polen 0,852 (0,756) – Spanien 0,664 (0,666) – Jugoslawien 0,541 (0,563) – UdSSR 0,500 (0,410) – Norwegen 0,448 (0,526).

Kultur-, Friedens- und Nobelpreise sowie weitere Auszeichnungen

(in Auswahl)

Hinter dem Namen des Preisträgers steht in Klammern im allgemeinen das Herkunftsland (→ auch Abkürzungsverzeichnis Sp. 19f.), sofern er im Land der Preisvergabe Ausländer ist.

ARCHITEKTUR, DENKMALPFLEGE, DESIGN

DEUTSCHLAND

Alberti (Leon-Battista)-Plakette 1992 (10 000 DM) an den Architekten *Günter K. Wolz* u. das Dachdecker-Unternehmen *Manfred Müller* für die Schurwaldhalle Oberberken.
Bayerischer Staatspreis für Nachwuchsdesigner 1992 (je 15 000 DM) – Bereich Industriedesign an *Stephan Wolf* u. *Henk Kosche*, Bereich Gestaltendes Handwerk an *Mathias Winkler*.
Denkmalpreis 1992 der Kulturstiftung der Bayerischen Hypotheken- und Wechsel-Bank (50 000 DM) zu gleichen Teilen an *Helga* u. *Peter Leuschner* für ihre Verdienste um die Erhaltung von Schloß Hofstetten in Hitzhofen.
Deutscher Architekturpreis 1991 – Anerkennungspreis an den Architekten *Günter K. Wolz* für die Schurwaldhalle in Oberberken.
Europa-Medaille für Denkmalpflege in Gold 1992 der Stiftung F. V. S. zu Hamburg an das Architekturbüro *Schramm, v. Bassewitz, Hupertz u. Partner* in Hamburg.
Goldenes Spinnrad 1992 – undotierter Modepreis der Stadt Krefeld an den Designer *Claude Montana* (F).
Häring (Hugo)-Preis 1991 der Landesgruppe Baden-Württemberg im Bund Deutscher Architekten in Freiburg an die Stadt Schorndorf und den Architekten *Günter K. Wolz* für eine Architektur (Bau der Schurwaldhalle Oberberken), »die sich an der zu gestaltenden Umwelt orientiert«.
Hessischer Staatspreis für das Deutsche Kunsthandwerk 1992 – 1. Preis (15 000 DM) an den Goldschmied *Rudolf Bott*, 2. Preis (10 000 DM) an den Silberschmied *Christoph Jünger*, 3. Preis (5 000 DM) an den Metall- und Schmuckgestalter *Hans-Joachim Härtel*.
Kritikerpreis 1991 des Verbandes der deutschen Kritiker e. V. in Berlin für Architektur an die Architekten *Fritz Auer* und *Karlheinz Weber*.
Kunstpreis Berlin der Akademie der Künste 1992 – Jubiläumsstiftung 1848/1948 Förderpreis Sparte Baukunst (10 000 DM) an *Vladimir Slepeta* (ČSFR).
Molfenter (Hans)-Preis 1991 der Stadt Stuttgart für herausragende künstlerische Verdienste (30 000 DM) an den Graphiker *Anton Stankowski*.
Preis für Architekturkritik 1992 des Bundes Deutscher Architekten (BDA) (10 000 DM) an den Architekturhistoriker und -kritiker *Dieter Hoffmann-Axthelm* »für seine jahrzehntelange Arbeit«.
Schumacher (Fritz)-Preis 1991 der Stiftung F. V. S. zu Hamburg für hervorragende Leistungen in der Architektur, im Städtebau oder in der Landschaftsgestaltung (25 000 DM) an die Architekten *Fritz Auer* u. *Carlo Weber* sowie an die Gartenarchitekten *Gustav Lange* u. *Hinnerk Wehberg*.
Tessenow (Heinrich)-Medaille in Gold 1991 der Stiftung F. V. S. zu Hamburg (25 000 DM) an den Architekten *Theodor Hugues*.
Westhyp-Stiftung zur Förderung von Kultur u. Wissenschaft – Preis für Architektur (erstm., 40 000 DM) »für Symbiosen von Funktionalität und Ästhetik« an die Architekten *v. Lom u. Werth* für eine Trinkwasseraufbereitungsanlage in Köln-Westhoven, *Lederer u. Ragnarsdottir* für einen Verwaltungsbau in Reutlingen, *Schneider-Wessling* für das Bayer-Kommunikationszentrum in Leverkusen, *Streit u. Partner* für eine Zimmerei in Deching; **Sonderpreis** »für die geglückte Verbindung von Umbau u. Denkmalpflege« an das Büro *Fuhrmann u. Meininghaus* für das Wohlfahrtsgebäude in Dortmund-Eving sowie *Helmut Riemann* für die Sparkasse in Norden.

EUROPA

»Europa Nostra«-Preis 1992 des gleichnam. internat. Verbandes zum Schutz des kulturellen u. natürlichen Erbes Europas, **Ehrenmedaillen** u. a. an das Kölner »Hotel im Wasserturm« und an eine Gruppe von Bockwindmühlen in Oberoderwitz; **Urkunden** für besondere Verdienste u. a. für die Instandsetzung des 700jährigen Dorfes Häslabronn, für die Restaurierung der Jochbrücke aus dem 13. Jahrhundert in Horb u. für die Restaurierung des zwölfhundert Jahre alten Dorfes Leuchtenberg.

JAPAN

Internationales Design Festival in Osaka 1991 – **Großer Preis** (35 000 $) an die Architektinnen *Eda Schaur* (D) und *Yona Friedman* (F) für das Projekt

»Roots for People« für die Armen in Entwicklungsländern.
Praemium Imperiale 1992 der Japan Art Association unter dem Patronat von Prinz Masahito Hitachi (je 100000 $, gilt als Nobelpreis im Bereich der Künste), **Sparte Architektur** an *Frank O. Gehry* (USA).

ÖSTERREICH
Förderungspreis des Bundesministeriums für Unterricht, Kunst u. Sport 1991 für **Design** (75000 S) an *Mattias Esterhazy*; für experimentelle Tendenzen in der Architektur (75000 S) an das Büro *Eichinger und Knecht*.

SCHWEIZ
Lavezzari-Preis 1992 der gleichnam. Stiftung (10000 sfr) an den Architekten *Murio Botta*.

VEREINIGTE STAATEN VON AMERIKA
Pritzker (Jay A.)-Preis für Architektur 1992 (100000 $, finanziert von der Hyatt-Stiftung, gilt als bedeutendster Preis dieser Art) an den Baukünstler *Alvaro Siza* (P).

FERNSEHEN, HÖRFUNK, PRESSE

DEUTSCHLAND
44. Bambi-Medienpreis 1991 der Zeitschriften »Bild + Funk« u. »Bunte« (Burda Verlag) – **Ehrenbambi** an den CDU-Politiker *Wolfgang Schäuble*, **Goldener Bambi** an den Präsidenten der Republik Rußland, *Boris Jelzin*, **Bambi** »für ihr soziales Engagement bei der Hilfe für die Kinder der Dritten Welt« an die Schauspielerin *Audrey Hepburn* (USA); weitere Bambis u. a.: in der Sparte **Lifetime** an den Journalisten *Hanns Joachim Friedrichs*, Sparte **Entertainment** an die Illusionisten *Siegfried* u. *Roy*, Sparte **Klassik** an den Geiger *Nigel Kennedy*, Sparte **TV-Moderation** an *Hape Kerkeling*, Sparte **Pop-Musik** an *Patricia Kaas*, Sparte **Sport** an *Heike Henkel;* Bambi für einen Wirtschaftler an VW-Chef *Carl H. Hahn*; Bambi als »Shooting Star« an *Claudia Schiffer*.
Bausch (Hans)-Mediapreis 1992 des Süddeutschen Rundfunks (20000 DM) posthum an den früheren SDR-Intendanten *Hans Bausch*, entgegengenommen von der Professorin *Claudia Mast* von der Universität Hohenheim.
Bayerischer Fernsehpreis 1991 – Der »Weißblaue Panther« des Freistaates Bayern, verliehen im Rahmen der Münchner Medientage, (ges. 200000 DM) an *Ernst Arendt* u. *Hans Schweiger* für den Fernsehfilm »Lied der Landschaft« in der Reihe »Tiere vor der Kamera«, *Sönke Wortmann* für den Fernsehfilm »Eine Wahnsinnsehe«, *Willy Purucker* für die Serie »Löwengrube«, *Heinrich Breloer* für das Fernsehspiel »Kollege Otto – Die co op-Affäre«, *Erich Böhme* für die Talkshow »Talk im Turm« bei SAT 1, *Hellmuth Karasek, Marcel Reich-Ranicki* u. *Sigrid Löffler* für die Sendung »Das literarische Quartett«, *Hape Kerkeling* für die Sendung »Total normal«; **Sonderpreis des Bayerischen Ministerpräsidenten** an *Gerd Ruge* für seine Berichte als ARD-Korrespondent in Moskau; **Ehrenpreis des Bayerischen Fernsehpreises** an *Peter Scholl-Latour* für die Sendereihe »Das Schwert des Islam«.

Columbus-Preis 1992 für hervorragende Berichterstattung aus den Vereinigten Staaten (erstm. vergeben) an die Fernsehdokumentation »Amerika 91. Eine Reise in den Westen« des Norddeutschen Rundfunks.
DAG-Fernsehpreis 1992, 28. Verleihung (15000 DM) – **Gold** an *Detlef Müller* für das Fernsehspiel »Unser Haus« (ZDF), **Silber** zu gleichen Teilen an *Herbert Lichtenfeld* für das Fernsehspiel »Marx und Coca-Cola« (ZDF) u. an *Hartmut Griesmayr* für seinen Film »Elsa« (Saarländischer Rundfunk).
Deutsch-französischer Journalistenpreis 1992 (30000 DM) an den Moderator der ARD-»Tagesthemen« u. langjähr. Korrespondenten *Ulrich Wickert* für seine Filme »Tradition, Sex und hohe Politik – Balanceakt auf französisch« u. »Fest der Generationen – Beobachtungen bei französischen Großfamilien«.
Deutscher Journalistinnenpreis 1992 der Zeitschrift »Emma« u. des nordrhein-westfälischen Gleichstellungsministeriums in Köln – 1. Preis (4000 DM) an *Ulla Fröhling* für ihre Reportage in »Brigitte« über die PDS-Abgeordnete Ulla Jelpke, die als 16jährige durch ihren Stiefvater schwanger wurde und das Kind zur Adoption freigab; 2. Preis (2000 DM) an *Cornelia Filter* für ihr Porträt der Theologin Uta Ranke-Heinemann; 3. Preis (1000 DM) an die slowak. Journalistin *Irena Brezna* »Weltwoche« u. die Nachrichtenjournalistin *Susanne Günster;* Sonderpreis **Kommentar** (1000 DM) an *Christiane Grefe*, für die beste **Glosse** (1000 DM) an *Claudia Kohlhase*.
Deutscher Videokunstpreis 1992 des Südwestfunks Baden-Baden u. des Zentrums für Kunst und Medientechnologie in Karlsruhe (erstm. vergeben, insges. 30000 DM) – 1. Preis an *Angus Cook* (GB) für den Film »Pet Consciousness«, 2. Preis an *Astrid Heibach* für »Believe it or not« u. an *Takuji Yamaguchi* (J) für »Beyond«; **Förderpreis** an

Isabelle Reichert für »Die letzte Reise meines Vaters« u. an *Dieter Kiessling* für »Fallende Scheibe 1,2,4«.
Erhard (Ludwig)-Preis für Wirtschaftspublizistik 1992 der gleichnam. Stiftung für hervorragende publizistische oder wissenschaftliche Leistungen (10000 DM) an den Wirtschaftswissenschaftler u. Publizisten *Leszek Balcerowicz* (P) u. an den Wirtschaftsredakteur der Tageszeitung »Die Welt« *Heinz Heck;* **Förderpreis** für junge Autoren (je 5000 DM) an *Carsten Hermann-Pillath, Anton Riedl* u. *Michael Sauga.*
Frankfurter Hörspielpreis 1992 des Frankfurter Vereins für Künstlerhilfe (15 000 DM) an den Autor *Ror Wolf* für sein Gesamtwerk; **Hörspiel-Nachwuchspreis** (5000 DM) an den Autor *Andreas Ammer.*
Geisendörfer (Robert)-Preis 1991 der EKD, der Evang. Akademie in Tutzing, des Gemeinschaftswerks der evang. Publizistik u. der Evang.-luth. Kirche in Bayern, 1. Preis an *Christoph Potting* für das Hörfunk-Feature »Eindeutig positiv – Leben und Lieben mit dem Virus« (SFB), 2. Preis an *Ivan Ivanji* für die Hörfunksendung »Rache und Scham – Das Schicksal der Volksdeutschen in Jugoslawien« (WDR), 3. Preis an *Matthias Schirmer* für den Hörfunkbericht in Originalton »Verstaubt, verlegt, zerlesen: Menschen und ihre Bibel« (SFB).
»Goldene Feder der Freiheit« 1992 des Intern. Verbands der Zeitungsverleger (FIEJ) an die Journalistin u. Regimekritikerin *Dai Qing* (VRC).
Goldene Kamera 1991, 27. Verleihung der Programm-Illustrierten »HÖR ZU« für die besten Fernsehleistungen des Jahres, a) verliehen durch die Redaktion an die Schauspieler *Roger Moore* (GB), *Mario Adorf* und *Götz George,* an die Rocksängerin *Tina Turner* (USA), an die Schauspielerin *Melanie Griffith* (USA), an die ARD-Korrespondenten *Gerd Ruge* und *Oleg Trofimowskij* (GUS) für ihre Moskau-Berichterstattung; b) gewählt von den Zuschauern als »Publikumsliebling« der Showmaster *Rudi Carrell* (NL); **Lilli-Palmer-Gedächtnis-Kamera** an die Schauspielerin *Katja Riemann.*
28. Grimme (Adolf)-Preis 1991/92, Fernsehpreis des Deutschen Volkshochschul-Verbandes e. V. in Marl für Produktionen des Jahres, **Sparte Fernsehspiel:** Gold an »Das goldene Vlies« für den Regisseur und Medienpolitiker *Alexander Kluge,* an »Kollege Otto – Die co op-Affäre« für *Heinrich Breloer* (Regie), *Monika Bednarz-Rauschenbach* (Schnitt), *Rainer Hunold* (Hauptdarstellung); Silber an »Fremde, liebe Fremde« (BR) für *Meret Becker* und *Katharina Brauren* (Hauptdarstellung); Bronze an »Der Rausschmeißer« von *Jörg Graser* (Buch) und *Xaver Schwarzenberger* (Regie), an »Ostkreuz« (ZDF) für *Michael Klier* (Buch/Regie), an »Schnaps im Wasserkessel« (ZDF) von *Hans-Erich Viet,* an »Wheels and Deals« (WDR/

SWF) für *Michael Hammon* (Buch/Regie/Kamera), *Gerhard Henke* (Redaktion);**Sparte Serien und Mehrteiler:** Gold an »Löwengrube« für *Willy Purukker* (Buch), *Rainer Wolffhardt* (Regie), *Jörg Hube* u. *Christine Neubauer* (Hauptdarstellung); Silber an »Die Piefke-Saga« (NDR/ORF) für *Felix Mitterer* (Buch) u. *Dietrich Mattausch* (stellvertretend für alle Schauspieler); Bronze an »51 Nord« (BR); **Sparte Spezial:** an »Unter Kollegen« (HFF/SWF/NDR) für *Claus-Michael Rohne* (Buch/Regie), *Susan Schulte* (Redaktion), »Die Heftmacher« (Rias TV/SDR) an *Claus Räfle* (Buch/Regie) als beste fernsehjournalistische Arbeit des Jahres; Bronze an »Die Fußbroichs« (WDR) für *Ute Diehl* (Kamera); **Sparte Dokumentation:** Bronze an »Letztes Jahr – Titanic« (SFB) von *Andreas Voigt*; **Sparte Unterhaltung:** Bronze für »Gala – Weihnachten mit Harald Schmidt« (Radio Bremen) an *Anke Böttcher* (Regie), *Harald Schmidt* (Moderation); **Besondere Ehrung** an *Gerd Ruge* und *Gordian Troeller* »für präzise, verständige und couragierte Auslandsberichterstattung«; **Sonderpreis des Kultusministers von Nordrhein-Westfalen** an *Jan Franksen* (Buch/Regie) für »Stalinallee« (SFB).
Hörspielpreis der Kriegsblinden 1992, 41. Verleihung durch den Bund der Kriegsblinden Deutschlands e. V., an den Leipziger Autor und Schauspieler *Horst Giese* für »Die sehr merkwürdigen Jazzabenteuer des Herrn Lehmann«.
Kerr (Alfred)-Preis für Literaturkritik 1992 des Börsenblatts für den Deutschen Buchhandel »für einen besonders bemerkenswerten Literaturteil einer deutschsprachigen Zeitung oder Zeitschrift, eines deutschsprachigen Hörfunk- oder Fernsehprogramms ... « (5000 DM) zu gleichen Teilen an die Redaktionen »Zeitläufte« u. »Politisches Buch« der Wochenzeitung »Die Zeit« für den »in Auswahl und Kritik kundigen Umgang mit politischer und historischer Literatur«.
15. Kinder- u. Jugendfilmwettbewerb 1992 »Prix Jeunesse international« in München – »Children of Waterland« (Nos/Avro,Hilversum), »The Legend of the Indian Paintbrush« (ENED-TV, Nebraska), »Hasse's Diary« (Sveriges Television, Stockholm), »Beat That« (Channel 4 Television, London), »Degrassi High: Bad Blood« (WGBH, Boston), »Next Stop Europe« (Danmarks Radio, Kopenhagen); **Sonderpreis** der Unicef u. der deutschen Unesco-Kommission an »Babel Tower« (Polski Radio i Televizja, Warschau) u. »Beat That« (Channel 4, London); **Sonderpreis für eine herausragende Sendung einer Fernsehstation mit beschränkten Produktionsmitteln** von Transtel und dem Internat. Beirat an »Lelée ou l'ainée de la famille« (Office de la Radiodiffusion Télévision du Niger).
Kisch (Egon-Erwin)-Preis 1991 der Zeitschrift *stern* 1. Preis (25 000 DM) an *Andreas Altmann* für

seine Reportage »Leben am Rande der Welt: Äthiopien ganz nah«, 2. Preis (15 000 DM) an *Margrit Sprecher* für ihren Bericht »Hilferuf eines Gedemütigten«, 3. Preis (10 000 DM) an *Jürgen Neffe* für seinen Bericht »Der Fluch der guten Tat – das Leben der Opfer«.
Kritikerpreis 1991 des Verbandes der deutschen Kritiker e. V. Berlin (West) für Fernsehen an *Dagmar Wittmers* für ihre Regieleistung in dem Film »Engel mit einem Flügel«.
»Literavision«-Preis 1992 für Literaturbeiträge im Fernsehen (je 10 000 DM) an *Brita Steinwendtner* für ihre Porträt-Hommage an Ilse Aichinger »Schreiben ist sterben lernen« (BR) u. an *Martin Weinhart* für »Luis Buñuel. Die Flecken der Giraffe«, ein Kurzbeitrag um die kreative Wiedergabe einer »Präzision der Träume« (BR).
Medienpreis für Sprachkultur 1992 der Gesellschaft für Deutsche Sprache an den ehemal. Moderator der ARD-»Tagesthemen«, *Hanns Joachim Friedrichs*.
Magnus (Kurt)-Preis 1992 der ARD zur Förderung von Hörfunk-Nachwuchskräften (50 000 DM) an *Andrea Eimer* (BR, B 5 aktuell), *Susanne Lenz* (HR, Schulfunk) *Thomas Schreiber* (NDR, Zeitfunk), *Thomas Bimesdörfer* (SR, Wissenschaft), *Nikolai von Koslowski* (SFB, Feature), *Georg Weisenberger* (SDR, Baden-Württemberg/SDR 1), *Michael Wirbitzky* (SWF, SWF 3), *Gisela Steinhauer* (WDR, Religion/Theologie/Kirche), *Volker Wagener* (DLF, Politik), *Kerstin Schmidt* (DW, Büro Berlin), *Anja Tuckermann* (Rias, Kinderfunk).
Ökomedia – 8. Internat. Freiburger Tage des ökologischen Films 1991, Preis für die beste journalistische Leistung, zu gleichen Teilen an »Die Kinder von Tschernobyl« (GB) u. »Das achte Gebot«.
Omnia Journalisten-Preis für Wohnkultur 1991 der gleichnam. Stiftung zur »Förderung herausragender Arbeiten im Printmedienbereich, die das Thema Wohnen als Kulturgut mit individuellen Einrichtungen behandeln« – 1. Preis an *Elke v. Radziewski* für ihren Bericht »Mit Büchern leben« (Zeitschrift »Architektur und Wohnen«), 2. Preis an *Sybille Kicherer* u. *Ingrid Heinrich-Jost*, ebenfalls für Berichte zum Thema Wohnkultur, 3. Preis an *Peter Martin* für eine Artikelserie in der »Zeit«.
Quandt (Herbert)-Medienpreis 1992 (ges. 100 000 DM) an *Jürgen Thebrath* u. *Wilfried Huismann* (WDR) für ihr Fernsehfeature »Kühl bis ans Herz?« über die Präsidentin der Treuhandanstalt, Birgit Breuel, u. an *Heribert Klein* für eine Reihe von Unternehmerporträts im »FAZ-Magazin«; **Förderpreis** an die Studenten-Initiative »The Entrepreneurial Group«.
Sczuka (Karl)-Preis 1992 des Südwestfunks Baden-Baden (15 000 DM) an *Heiner Göbbels* für seine Produktion »Schliemanns Radio«.

Springer (Axel)-Preis für Nachwuchsjournalisten 1992 (erstm., insges. 33 000 DM) – 1. Preis an *Guido Eckert* für seine Reportage über Preisboxer auf Jahrmärkten, 2. Preis an *Alexander Wendt* vom »Leipziger Tagblatt«, 3. Preis an *Stefan Kornelius* für seinen Beitrag über den englischen Historiker Alan Bullock und seine Parallel-Biographie der Diktatoren Stalin und Hitler.
TeleStar 1991 Ehrenpreis für Fernsehunterhaltung, gestiftet vom WDR, verliehen in Zusammenarbeit mit dem ZDF, für journalistische Leistung an *Gerd Ruge* für »Boris Jelzin und die Macht in Moskau«, für Darstellung an *Götz George* (u. a. in »Unter Brüdern«), für Moderation an *Alfred Biolek* (»Mensch Meier«), für Fernsehspiel an *Claudia Messner* (»Der Rausschmeißer«), für Regie an *Bernd Schadewald* (»Der Hammermörder«), als Autor an *Dieter Meichsner* (»Schwarz-Rot-Gold: Hammelsprung«), für Unterhaltung an *Hape Kerkeling* (»Total normal«), für Serie an *Thekla Carola Wied* (»Wie gut, daß es Maria gibt«), für Choreographie des DFF-Balletts an *Emoeke Poestenyi*, für Information an *Erich Böhme* (SAT 1), *Peter Scholl-Latour* (»Das Schwert des Islam«, ZDF), für Dokumentation an *Carl-Franz Hutterer* (»Letzte Chance für Haiti«, ZDF); **Sonderpreis** für *Hannes Hoff* als WDR-Unterhaltungschef sowie für die Jugoslawien-Berichterstattung von ARD und ZDF; **Förderpreis** Fernsehspiel (10 000 DM) an *Jutta Wübbe* (für ihre Rolle in »Schmidt – Die Mitternachtsshow«) sowie *Andy Bausch* (Regie in »Ex und hopp«).
Vogel (Friedrich u. Isabel)-Förderpreis für Nachwuchsjournalisten 1991 der gleichnam. Stiftung (je 10 000 DM) – Hauptpreis Printmedien an *Nikolaus Piper* (»Die Zeit«) für seinen Beitrag »Es war ja nur so 'ne Idee«; Hauptpreis Elektronische Medien an *Sybille Herberts* (WDR) für ihren Hörfunkbeitrag »Gesellschaft mit beschränkter Hoffnung – die LPG Thomas Münzer auf dem Weg in den Kapitalismus« –
Vogel-Preis 1992 für Wirtschaftsjournalisten – Hauptpreis Printmedien an *Martin Michael Koch* »DM«) für seinen Beitrag »Jäten und Jammern«, Hauptpreis Elektronische Medien an *Barbara Witte* u. *Armin E. Möller* (WDR) für ihren Beitrag »Treuhand, Innenansicht«.
Wächterpreis der Tagespresse 1992 der Fiduziarischen Stiftung »Freiheit der Presse«, 1. Preis (15 000 DM) an *Rolf Hartmann* (Lokalredaktion der »Westdeutschen Allgemeinen Zeitung«) für die Schilderung, wie sich Ratsmitglieder bei städtischen Aufträgen u. Grundstücksverkäufen gegenseitig begünstigen; 2. Preis an *Barbara Debus* von der »taz« für einen Bericht, wie für einen Bremer Parteipolitiker eigens eine Professur für polit. Wissenschaften geschaffen werden sollte; 3. Preis an *Marc Frey* für eine Serie in der »Frankfurter Rundschau« über organisiertes Verbrechen im Rhein-Main-Gebiet.

Wolff (Theodor)-Preis 1992 des Bundesverbandes Deutscher Zeitungsverleger für hervorragenden Tageszeitungsjournalismus (je 8000 DM) an *Jürgen Schreiber* (»Frankfurter Rundschau«), *Heimo Schwilk* (»Rheinischer Merkur«) u. *Christian Wernicke* (»Die Zeit«); **Sonderpreis** für Parlamentsberichte an *Martin E. Süskind* (»Süddeutsche Zeitung«); Preise für **lokale** Berichterstattung an *Ulrich Neufert* (»Hannoversche Allgemeine Zeitung«) u. *Eva Schweitzer* (»taz«); **Förderpreise** an *Lorenz Maroldt* (»Neue Zeit«) u. *Göran Schattauer* (»Ostthüringer Zeitung«).

EUROPA
3. Niki-Preis 1991 der EG (früher Nike-Preis) für die Darstellung von Frauenthemen in Fernsehprogrammen der EG-Länder (je 5000 ECU), Sparte **Kinderfilm** an den ZDF-Wettbewerbsbeitrag »Siebenstein – Starke Mädchen« (D), Sparte **Fiktion** an den Film »Prime Suspect« von Granada Television (GB), Sparte **Dokumentation** an Channel 4 (GB).

FRANKREICH
Europäisches Fernsehforum 1992 in Reims – **Publikumspreis** für die **beste Filmidee** und den **Prix SACD** für das **beste Drehbuch** an den Fernsehfilm »Journey to Knock« (BBC) von *David Wheatley* (GB); **Preis der Jury** als **bester Darsteller** an *David Thewlis* in »Journey to Knock«, für die **beste Filmidee** an »Landläufiger Tod« (WDR) von *Michael Schottenberg* (D); **Publikumspreis** für die **beste Dokumentation** an »The Last Viking« von *Per Selstrom* (N); **Preis der Jury** für die **beste Dokumentation** an »Chasseurs des ténèbres« von *Eric Valli* u. *Alain Majani*.
Internat. Fernsehfestival 1992 in Lagny-sur-Marne – **Grand Prix für große Reportage** an *Gonzalo Arijon* (FR 3) für »Le Monde selon mon frère«; **Grand Prix für Kurzreportage** an *Alexandre Valenti* u. *Hervé Clerc*; **Publikumspreis** an *Serge Viallet* (A 2) für »Kwaï, Japon-Thaïlande«.
Prix Albert-Londres 1992 an den Autor *Olivier Weber* von der Wochenzeitung »Le Point« für seine Berichte über die ehemalige Sowjetunion, an die Fernsehjournalisten *Lise Blanchet* u. *Jean-Michel Destang* von »Thalassa« (FR 3) für eine Reportage über das Leben der Seeschwalben.
Prix Noureddine Zaza 1992 des Kurdischen Instituts Paris an den Journalisten u. Schweizer Korrespondenten von »Le Monde« *Jean-Claude Buhrer* für seine Berichterstattung über die Situation der kurdischen Volkes.
Schuman (Robert)-Medaille in Gold 1991 in Straßburg der Stiftung F. V. S. zu Hamburg für besondere Verdienste um die Einigung Europas an den Journalisten *Claus Schöndube*.

GROSSBRITANNIEN
Journalistenpreis 1992 der Deutsch-Britischen Stiftung (je 10000 DM) an *David Gow* (The Guardian), *Peter Dale* (BBC Television) u. *Jochen Rudolph* (FAZ-Korrespondent in London).
Newspaper Industry Award 1992 – Preis als »Europäische Zeitung des Jahres« an die Rostocker »Ostsee-Zeitung«.

JAPAN
Japan Prize International 1992 in Tokio – **Medea-Preis** an den Trickfilm »Pinga: der Iglu« des Schweizer Fernsehens DRS.

KANADA
13. **Fernsehfestival von Banff 1992** – **Grand Prix** für das Programm »Prime Suspect« (GB), Drehbuch *Lynda La Plante*, Hauptdarstellerin *Helen Mirren* (produziert von Granada-TV für ITV); 1 »Rockie« u. a. in der Kategorie **social and political documentaries** an »Abschied vom Leben« (WDR), Autor/Regie *Werner Filmer*, in der Kategorie **popular science** an »The Elements« (GB/Channel 4), Produzent *Ian Dugan*.

MONACO
32. Internationales Fernsehfestival von Monte Carlo 1992 Silberne Nymphe für das beste Drehbuch (»Der Deal«) an *Christian Görlitz, Reiner Berg* und *Matthias Wittich*.

ÖSTERREICH
Internat. Publizistikpreis 1991 der Landeshauptstadt Klagenfurt (150000 S) an die Journalistin *Eva Karnofsky* (D); **Preis des Landes Kärnten** (75000 S) an die Journalistin *Sonja Margolina* (GUS).
Österreichischer Staatspreis für Kulturpublizistik 1991 (je 100000 S) an *Volkmar Parschalk* u. *Elisabeth Toni Spira* für »hervorragende Beiträge auf dem Gebiet der Kulturpublizistik«.
Österreichischer Staatspreis für publizistische Leistungen im Interesse von Wissenschaft u. Forschung 1991 (70000 S) an *Elisabeth Welzig*; **Förderpreis** (30000 S) an *Petra Thorbrietz* u. *Thomas Mayer*; **Sonderpreis** an *Alfred Payerleitner*.

PORTUGAL
8. Internat. Filmfestival 1992 in Troia – **Silberner Delphin** der Sektion »Mensch und Umwelt« an die ZDF-Koproduktion »Die Macht der Wörter« von *Jean Marie Teno* (CAM), der sich mit der noch immer in kolonialistischer Sprache geschriebenen Geschichte Kameruns auseinandersetzt.

SCHWEIZ
Basler Hörspielpreis 1992 der Stiftung Basel für

Schweizer Autoren (15000 sfr) an *Hanspeter Gschwend* für sein Stück »Blank«.
32. Goldene Rose von Montreux 1992, Internat. Fernsehwettbewerb für Unterhaltungssendungen, (10000 sfr) für die Sendung »Brian Orser: Night Moves« der Canadian Broadcasting Corporation als beste Unterhaltungssendung.
29. Internat. Seminar der Rundfunkanstalten für Schulfernsehen 1991 in Basel – **Preis der Stadt Basel** an BBC für »Sex Education Someone New«; **SRG-Preis** an Thames Television für »The Secret«; **Preis der Alliance Européenne pour la Télévision et la Culture** an BBC für »Life on the Edge«.
Prix Ringier 1992 (10000 sfr) für die beste Sendung/ den besten Bericht in einem franz. Medium der Schweiz an den Journalisten *Richard Labevière*.
Tele-Preis 1991 der gleichnam. Fernsehzeitschrift des Ringier-Verlags für besondere Leistungen auf dem Gebiet der elektronischen Medien (10000 sfr) an *Paul Riniker* für seinen Dokumentarfilm »Traum Frau«.

TSCHECHOSLOWAKEI
29. Internat. Fernsehfestival »Goldenes Prag« 1992 – **Hauptpreis** an »Un été glacé« von *Bernard Giradeau* (F); **Spezialpreise** an »De Wereld van Ludovic« von *Jean-Pierre de Decker* (Regie) u. *Ger Beukenkamp* (Buch, beide B), für seine schauspielerische Leistung an *Mark Rylance* (GB) in »The Grass Arena« von BBC.

VEREINIGTE STAATEN VON AMERIKA
43. Emmy Awards 1991 der National Academy of Television Arts and Sciences, New York, **Dramatische Serie**: für Produktion an »L. A. Law«, für Darstellung an *James Earl Jones* als bester Schauspieler in »Gabriel's Fire« und als bester Nebendarsteller in »Heat Wave«; **Komödienserie**: für Produktion an »Cheers«, für Darstellung an *Kirstie Alley* in dieser Serie; Darstellerpreise außerdem: an *John Gielgud* u. *Angela Lansbury* (beide GB) u. an *Burt Reynolds* in der Serie »Evening Shade«.
34. Internat. Film- u. TV-Festival von New York 1992 – Kategorie »Biographien/Profile« Silber an *Georg Flachbart* für die Videoproduktion »MohnVision«.
48. Golden Globes 1991 der Hollywood Foreign Press – **Fernsehen**: je 3 Golden Globes für die Fernsehserien »Twin Peaks« u. »Cheers«.
Pulitzer-Preise für Journalismus 1992, gestiftet von Joseph Pulitzer, verliehen v. d. Columbia University, New York (3000 $) – an »New York Times«, »Newsday« u. »Sacramento Bee«; für **Fotografie** an die Nachrichtenagentur AP für ihre Dokumentation des Putschversuchs in Moskau; **Sonderpreis** an den Cartoonisten *Art Spiegelman* für seine Zeichengeschichte »Maus« u. »Maus II« über den Holocaust.

FILM UND FOTOGRAFIE

DEUTSCHLAND
Bamberger Kurzfilmtage 1992 – Publikumspreis an den Regisseur *Andreas Dresen* für »So schnell geht es nach Istanbul«, 2. Preis an *Michael Gutmann* für »Von Zeit zu Zeit«.
Bayerischer Filmpreis 1992 des Freistaats Bayern – **Produzentenpreis** (500000 DM) an *Eberhard Junkersdorf* für »Homo Faber« (Regie *Volker Schlöndorff*), Regiepreis (jeweils 50000 DM) an *Percy Adlon* für »Salmonberries« und *Michael Klier* für »Ostkreuz«; Darstellerpreis (100000 DM) für »Salmonberries« an *Rosel Zech*, Kamerapreis (50000 DM) an *Gernot Roll* für seine Arbeit bei »Wildfeuer« von *Jo Baier*, Nachwuchspreis für ihr Regiedebüt an *Sherry Hormann* für »Leise Schatten, lachender Stern« u. an *Detlef Buck* für »Karniggels«, Preis für den besten Nachwuchsdarsteller an *Hans Czypionka* für seine Rolle in »Happy Birthday, Türke«, Sonderpreis an *Heinz Badwitz*, der seit 25 Jahren die von ihm begründeten Filmtage leitet, undotierter Ehrenpreis an *Ruth Leuwerik*; **Dokumentarfilmpreis** (50000 DM) an *Peter Schamoni* für »Max Ernst«.
Brauner (Arthur)-Preis 1992 der gleichnamigen Stiftung (erstmals, 50000 DM) an »Das Heimweh des Walerjan Wróbel« von *Rolf Schübel*.
Deutscher Drehbuchpreis 1992 des Bundesinnenministeriums (insges. 70000 DM) an *Detlef Michels* für den Spielfilm »Die Denunziantin« sowie an *Evamaria Steinke* u. *Wolfgang Wegner* für den Kinder- u. Jugendfilm »Die Kanu-Kinder«.
Deutscher Filmpreis 1992, verliehen vom Bundesminister des Innern; **Programmfüllende Spielfilme**: Goldene Schale (1 Mill. DM) nicht vergeben; **bester deutscher Film des Jahres** die Komödie »Schtonk«, dafür **Filmband in Gold** u. Prämie von 900000 DM an Produzent *Günter Rohrbach*, **Gold** außerdem (je 20000 DM) an Regisseur *Helmut Dietl* u. Hauptdarsteller *Götz George* »für hervorragende Einzelleistungen«; **Filmband in Silber** u. Prämie von je 700000 DM an die DEFA-Produktion »Das Land hinter dem Regenbogen« von *Herwig Kipping* und den Erstlingsfilm »Leise Schatten« von *Sherry Hormann;* weitere **Einzelleistungen: Filmband in Gold** (je 20000 DM) für die beste darstellerische Leistung an *Mario Adorf* in »Pizza Colonia« von *Klaus Emmerich* u. *Ann Gisel Glass* (F) für ihre Rolle in »Leise Schatten«; für Drehbuch an *Bernd*

Schroeder in »Pizza Colonia«; für Ausstattung an *Nana von Hugo* in »Buster's Bedroom« von *Rebecca Horn*; für Kamera an *Gernot Roll* in »Wildfeuer« von *Jo Baier*; für Filmmusik an *Norbert Schneider* in »Wildfeuer« u. »Leise Schatten«; für Regie-Nachwuchs an *Hermine Huntgeburth* in »Im Kreis der Liebe«; **Filmband in Gold für ein künstlerisches Gesamtwerk**, undotierter Ehrenpreis, an den Dokumentarfilmregisseur *Jürgen Böttcher* u. den Fachmann für Spezialeffekte *Karl Baumgartner*.

Deutscher Filmpreis für Kurzfilme 1991, verliehen vom Bundesminister des Innern; **Filmband in Gold** (30000 DM) an »Der Koffer« von *Dieter Reifarth* und *Bert Schmidt*; **Filmband in Silber** (je 10000 DM) an »Zwei zu eins« von *Riki Kalbe*, »Von Zeit zu Zeit« von *Michael Gutmann*.

Festival des jungen europäischen Films 1992 in Potsdam, »**Potsdamer Stipendium**« für den **besten Spielfilm** an *Danielle Giuliani* (CH) für »Die schwache Stunde« u. an *Nikita Tjagunow* (GUS) für »Das Bein«; **Preis des Kultusministers des Landes Brandenburg** für den **besten Dokumentarfilm** an *Dan Walden* (GB) für »My Macondo«.

2. Filmfest in Schwerin 1992, veranstaltet von der Bundeszentrale für politische Bildung, Bonn, dem Mecklenburg-Vorpommern-Film e. V. u. der Landeshauptstadt Schwerin – 1. Preis an den Film »Das Heimweh des Walerjan Wróbel« von *Rolf Schübel*, 2. Preis an »Miraculi« *von Ulrich Weiß* über das Ende der DDR; **Kurzfilmpreis** an »Heldenplatz, 12. März 1988« von *Johannes Rosenberg* (A) mit kritischen Reflexionen über Kurt Waldheim.

Filmförderpreis der Stadt München 1992 (je 12000 DM) an die Studenten *Hans Lang* für die Dokumentation »Der Hof gefällt« über die Arbeit des Bildhauers Ignaz Günther Wahn und *Rainer Kaufmann* für den Kurzfilm »Salz für das Leben«.

8. Hamburger No Budget Kurzfilmfestival 1992 – 1. Preis der »Steppin'out«-Jury (5000 DM) an *Vera Neubauer* (GB) für »Don't be afraid«; Publikumspreis (2000 DM) an *Michael Pavlatov* (ČSFR) für »Reci, Reci, Reci«; **No Budget Wettbewerb** 1. Preis der Jury an *Richard Vetterli* (CH) für »Nicolae und Elena«.

Hessischer Kulturpreis 1992, Sparte Kunst, (30000 DM) an den Filmregisseur *Marcel Ophüls* für sein filmisches Gesamtwerk.

42. Internat. Filmfestspiele Berlin 1992 – Goldener Berliner Bär (Großer Preis) an »Grand Canyon« von *Lawrence Kasdan* (USA); **Silberne Berliner Bären** als Spezialpreis der Jury an »Sweet Emma, Dear Böbe« von *István Szabó* (H); für die beste **Regie** an *Jan Troell* (NL) für die Koproduktion »Il Capitano« (S/SF/DN); für die **beste Einzelleistung** als Darstellerin an *Maggie Cheung* (ROC) für ihre Rolle in »Ruan Ling Yu« von *Stanley Kwan* (ROC), als bester Darsteller an *Armin Mueller-Stahl* für seine Rolle in »Utz« von *George Sluizer* (NL); für seine **filmische Qualität** an »Beltenebros« von *Pilar Miro* (E); für den **herausragenden Debütfilm** an »La Frontera« von *Ricardo Larrain* (RCH); **lobende Erwähnung** für *Barbara Thummet* in »Gudrun« von *Hans W. Geissendörfer*; **Preis der Internat. Filmkritik (Fipresci)** an »Conte d'Hiver« von *Eric Rohmer* (F); im Programm des **Internat. Forum des Jungen Films** zu gleichen Teilen an »La vie de Bohème« von *Aki Kaurismäki* (SF) und an »Edward II.« von *Derek Jarman*; **Alfred-Bauer-Preis** für einen Film, »der neue Perspektiven der Filmkunst eröffnet«, an »Infinitas« von *Marlen Chuziev* (GUS); **Berlinale Kamera** für sein Lebenswerk an den Regisseur *Hal Roach* (USA).

40. Internat. Film-Festival Mannheim 1991 – Film-Debüt-Preis für den besten **Erstlingsfilm** (25200 DM) an »Brother« von *Bahtiyar Hudoinazarov* (GUS), **Josef-von-Sternberg-Preis** für den **eigenwilligsten Film** an »Die Unnormalen« von *Jacek Blawut* (PL), **Dokumentarfilmpreis des SDR** (10000 DM) an »Hunters and Bombers« von *Hugh Brody* u. *Nigel Markham* (CDN); **besondere Erwähnung** an »Erlebnisse bei Frühlingsende« von *Oleg Kavun* (GUS); **Preis des Internat. Filmkritikerverbandes (Fipresci)** an »Bruder« von *Bahtiyar Hudoinazarov;* **besondere Fipresci-Erwähnung** an »Die Unnormalen« von *Jacek Blawut*, **Preis der Interfilm-Jury** an den indischen Film »Spätnachmittag«, **Preis der Kathol. Filmarbeit** an »Brother«, **lobende Erwähnung** an »Hunters and Bombers«, **Jubiläumspreis des Stadtdekanats Mannheim** an »Der im Dunkeln mäht« von *Guerasim Degaltsev*, **Umweltpreis der Krempelmarkt-Jury** an »Hunters and Bombers«.

6. Internat. Trickfilm-Festival in Stuttgart 1992, **Preis des Landes Baden-Württemberg** (15000 DM) an »Hotel E« von *Priit Pärn* (Estland), **Preis der Stadt Stuttgart** (15000 DM) an »Reci, Reci, Reci« (»Wörter, Wörter, Wörter«) von *Michaela Pavlátová* (ČSFR), **Mercedes-Benz-Förderpreis** (40000 DM/Stipendium) an »Sportless Dominoes« von *Philipp Hont* (GB).

38. Internat. Kurzfilmtage in Oberhausen 1992 – Großer Preis der Stadt Oberhausen (10000 DM) zu gleichen Teilen an »Der Koffer – La Valise à la Mer« von *Dieter Reifarth* u. *Bert Schmidt* sowie an »Geheime Freude fallender Engel«von *Simon Pummell* (GB); **Hauptpreise** (je 2000 DM) an »Ich fuhr nach Hause« von *Ludmilla Oulanova* (GUS), »Die Ohnmacht« von *Karim Traida* (NL), »Anton Webern« von *Thierry Knauff* (B), »Erinnerungen an Milchstadt – Skizzen zu einem Film über Ahmedabad« von *Ruchir Joshi* (IND); **Experimentalpreis der Stadt Braunschweig** an »Land der Blinden« von *Audrius Stonys* (Litauen) u. »Andrej Svislockij«

von *Igor Kovaljow* (GUS); **bester Film** »Die Schöne und das Biest« von *Mona Hoel* (S); **Alexander-S.-Scotti-Preis** an »Time Being« von *Gunvor Nelson* (USA); **»Eulenspiegel«-Preis** an »Boxulmaleen« von *Amet Diallo* (F/SN);**Preis der Arbeitsgemeinschaft der Filmjournalisten** zu gleichen Teilen an »Demontage IX – Unternehmen Stahlglocke« von *Romuale Karmakar* u. an »Elektromobil« von *Vlado Kristl* als beste deutsche Kurzfilme; **Preis der Federation des Cine-Clubs** an »Food« von *Jan Svankmajer* (GB/ČSFR); **Preis des Deutschen Gewerkschaftsbundes** an »Über Giesing« von *Alexander Ammer* u. *Walter Wehmeyer*.
Kritikerpreis 1991 des Verbandes der deutschen Kritiker e.V. in Berlin (West) für Film an den Regisseur *Michael Klier* für seinen Film »Ostkreuz«.
Kunstpreis Berlin der Akademie der Künste – Jubiläumsstiftung 1848/1948, Förderpreis 1992 Sparte Film- u. Medienkunst (10000 DM) zu gleichen Teilen an *Claus Loeser* und *Rolf Richter*; **Willi-Grohmann-Preis** an *Hubert Kiecol*.
Lubitsch (Ernst)-Preis 1992 des Clubs der Filmjournalisten e.V., Berlin, an den Regisseur *Reinhard Schwabenitzky* für seine Filmkomödie »Ilona und Kurti«.
Morris (Philip)-Kunstpreis 1991 (10000 DM) an den Komponisten und Regisseur *Arnold Dreyblatt* für seine Multimediashow »Who's who in Central and East Europe 1933«.
Ökomedia – 8. Internat. Freiburger Tage des ökologischen Films 1991, Förderpreis der Stadt Freiburg (10000 DM) geteilt an »Raketen im Paradies« (IND) und an »Poligon« (GUS); **Sonderpreis des Bundesministers für Umwelt** (8000 DM) geteilt an »Garbage Tale« (USA) und an den Zeichentrickfilm »Big Bang« (I); **Preis für den besten Naturfilm** an »Tide of War« (GB); **Hoimar-von-Ditfurth-Preis der Deutschen Umwelthilfe** (erstmals/5000 DM) »für die beste Darstellung ökologischer Probleme für Kinder und Jugendliche« an »Javna, Rentierhirt im Jahr 2000« (S).
Ophüls (Max)-Preis 1992 der Landeshauptstadt Saarbrücken (30000 DM + 20000 DM Verleihförderung) für Nachwuchsregisseure des deutschsprach. Raums an den Regisseur *Dietmar Klein* für die Ost-West-Komödie »Der Erdnußmann«; **Förderpreis der Jury** (5000 DM) an *Nino Jacusso* (CH) für »Bellinvitu«, **Preis als bester Nachwuchsdarsteller** an *Andreas Herder* für die Hauptrolle in »Blaue Stunde«, für **die beste weibliche Hauptrolle** an *Maria Schrader* für »I was on Mars«; **Preis des Ministerpräsidenten des Saarlandes** (10000 DM + 10000 DM für Verleihförderung) an *Marcel Gisler* für »Die blaue Stunde«.
Preis der Deutschen Filmkritik 1992 der Arbeitsgemeinschaft der Filmjournalisten im Rahmen der Internat. Filmfestspiele Berlin (15000 DM) an »Karniggels« von *Detlef Buck*.
Preis der ökumenischen Jury der Kirchen 1992, im Rahmen der Internat. Filmfestspiele Berlin (erstm. vergeben) an den russ. Wettbewerbsfilm »Infinitas«; im Programm des **Internat. Forums des jungen Films** an den franz.-kanad. Beitrag »L'annonce faite à Marie«.
Regie-Förderpreis der Hypo-Bank für den deutschen Film 1992 (50000 DM) an *Wolfgang Becker* für seinen Film »Kinderspiele«.
Staudte (Wolfgang)-Preis 1991 der Berliner »Pressestiftung Tagesspiegel« u. des Internat. Forums der jungen Films (20000 DM) an den Regisseur *Christopher Münch* (USA) für seinen Film »The Hours and Times«.
Ufa-Ehrenpreis 1992 an den Schauspieler und Regisseur *Bernhard Wicki* in Würdigung seines Lebenswerks im deutschen Film.
Wolf (Reinhart)-Preis 1992 für Nachwuchsfotografen (10000 DM) an *Thomas Brenner*.

EUROPA
Europäischer Filmpreis 1991 – Felix-Verleihung in Babelsberg, bester Film »Riff-Raff« (»Gesindel«) von *Ken Loach* (GB), bester junger Film des Jahres und bestes Drehbuch »Toto le Heros« von *Jaco van Dormael* (B), bester Hauptdarsteller *Michel Bouquet* (B), beste Kamera *Walther van den Ende* (B), beide für »Toto le Heros«, beste Schauspielerin des Jahres *Clotilde Courau* (F), beste Nebendarstellerin *Marta Keler* (J) für »Virgina«, bester Nebendarsteller *Ricky Memphis* (I) für »Ultra«.

FRANKREICH
Biennale des arabischen Films 1992 in Paris – **Grand Prix** des Instituts der Arabischen Welt (IMA) an die franz.-marokk. Koproduktion »Der Strand der verlorenen Kinder«, für Regie (50000 FF) an *Jilali Ferhati* (MA), außerdem für Produktion (30000 FF), **beste** Schauspielerin *Souad Ferhati* in diesem Film; **Sonderpreis** von Radio Orient an »Hors la vie« von *Maroun Bagdadi* (RL).
2. Biennale des Musikfilms 1992 in Paris (80000 FF) 1. Preis an den Regisseur *Thierry Knauff* (B) für seinen Dokumentarfilm über Leben und Werk des Komponisten Anton Webern; Preis für zeitgenössische Musik an *Barrie Gavin* für seinen Film »Sowjetische Musik: Denke jetzt und spreche morgen«, der sich mit der Stalin-Ära auseinandersetzt.
17. César der Akademie für Filmkunst u. Kinotechnik 1992 in Paris für den **besten frz. Film** 1991 an »Tous les Matins du Monde« von *Alain Cornau*, insges. 7 Césars als bester Film, beste Regie, beste Nebendarstellerin *Anne Brochet*, beste Kamera *Yves Angelo*, beste Musik *Jordi Savall*, beste Kostüme *Corinne Jorry*, bester Ton *Pierre Gamet*,

Gérard Lamps, Anne Lecampion; beste Schauspielerin *Jeanne Moreau* in »La Vieille qui marchait dans la mer« von *Laurent Heynemann*, bester Schauspieler *Jacques Dutronc* in »Van Gogh« von *Maurice Pialat*, bester Nebendarsteller *Jean Carmet* in »Merci la vie« von *Bertrand Blier*, bester Nachwuchsschauspieler *Manuel Blanc* in »J'embrasse pas« *von André Téchiné,* beste Nachwuchsschauspielerin *Géraldine Pailhas* in »La Neige et le feu« von *Claude Pinoteau*, bestes Erstlingswerk »Delicatessen« von *Jean-Pierre Jeunet* und *Marc Caro*, bestes Drehbuch *Jean-Pierre Jeunet, Marc Caro* u. *Gilles Adrien*, bester Schnitt *Hervé Schneid*, beste Ausstattung *Jean-Philippe Carp* u. *Kreka Kljakovic* (alle für »Delicatessen«), bester Kurzfilm »25 décembre 58. 10 h 36.« von *Diane Bertrand*; **bester ausländ. Film** »Toto le héros« von *Jaco Van Dormael* (NL).
Filmpreis der Académie française 1992 an den Filmautor *Henri Verneuil* für sein Gesamtwerk.

15. Festival International du Film d'Art 1992, Premiere Grand Prix an *Peter Voss-Andreae* für das Filmporträt »Janssen: Ego«.

17. Festival International du Film d'humour 1992 in Chamrousse, Grand Prix an »Un vampire au paradis« von *Abdelkrim Bahloul*, Prix spécial an »Roi ébahi« von *Imanol Uribe*, Prix de la critique an »Coup suprême« von *Pierre Sentier*.

Grand Prix nationaux 1991 für Fotografie an den Mitbegründer der Fotoagentur Gamme, *Raymond Depardon*.

45. Internat. Filmfestival in Cannes 1992 – Goldene Palme für den besten Film an »Den gode viljan« von *Bille August* (S); **Großer Preis der Jury** an »Il ladro di bambini« von *Gianni Amelio* (I); **Preis der Jury** zu gleichen Teilen an »El sol del membrillo« von *Victor Erice* (E) u. an »Une vie independante« von *Vitali Kanievski* (GUS/F); beste **Darstellerin** *Pernilla Ostergren-August* in »Den gode viljan«; bester **Darsteller** *Tim Robbins* in »The Player«; beste **Regie** *Robert Altman* für »The Player«; **Spezialpreis** zum 45-Jahr-Jubiläum des Festivals an »Howards End« von *James Ivory* (GB); **Goldene Palme** für den besten **Kurzfilm** an »Omnibus« von *Sam Karmann* (F); **Kurzfilm-Spezialpreis** der Jury an »La sensation« von *Manuel Poutte* (B); **Großer Technikpreis** an »El viaje« von *Fernando E. Solanas* (RA); **Goldene Kamera** für den besten Erstlingsfilm, vergeben von einer eigenen Jury, an »Mac« von *John Turturro* (USA).

Internat. Filmfestspiele 1992 in Straßburg, **Großer Dokumentarfilmpreis** an *Cathie Levy* für die Porträtserie »Ils étaient une fois à Berlin Est«; **Kategorie Spezialfilm** Hauptpreis an *Viktor Buturlin* (GUS) für die politische Satire »Tormoschenje v nebessach«; **Sonderauszeichnungen** für den Spielfilm »Karaul« von *Alexander Roigoschkin* (GUS), für den Dokumentarfilm »Mizike Mama« von *Violaine de Villiers* (B).

14. Internat. Frauenfilm-Festival 1992 in Créteil, **Grand Prix** an »Freud quitte la maison« von *Suzanne Bier* (S); **Preis der Jury** an »Interdit d'amour« von *Catherine Corsini* und an »Dream on« von *Lorna Powell* u. *Ellin Hare* (beide GB).

Prix de la Critique 1991 für den besten **franz. Film** an *Jacques Rivette* für »La Belle Noiseuse«; für den besten **ausl. Film** an »La double vie de Veronique« von *Krzysztof Kieslowski*.

Prix Louis Castex 1992 der Académie française an den Autor u. Fotograf *Alain Sèbe* für seinen Bildband »Tikatoutine – 6000 Jahre Felsbildkunst in der Sahara«.

Prix Louis Delluc 1991 an *Alain Corneau* für den Film »Tous les matins du monde«.

Prix Michel Simon 1992 in Saint-Denis an *Elsa Zylberstein* für ihre Rolle in dem Film »Van Gogh« von *Maurice Pialat* u. an *Lilah Dadi* für ihre Rolle in »Les Equilibristes« von *Nico Papatakis*.

25. Recontres Internationales Henri Langlois 1992 in Poitiers, **Grand Prix** (10 000 FF) an *Andres Drese* (D) für den Kurzfilm »So schnell geht es nach Istanbul«.

3. »Travelling«-Filmfestival 1992 in Rennes, **Sonderpreis** an *Michael Klier* (D) für »Ostkreuz«, **Publikumspreis** an *Dani Levy* (CH) für »I was on Mars«, **Hauptpreis** an die franz.-ägypt. Koproduktion »Shahadin wa nobalaa«.

GROSSBRITANNIEN
British Academy of Film and Television Arts (BAFTA) Awards 1992 – bester Hauptdarsteller *Anthony Hopkins* (USA) und beste Hauptdarstellerin *Jodie Foster* (USA), beide in dem Film »Das Schweigen der Lämmer« von *Jonathan Demmes* (USA), bester **englischspr. Film**, beste Regie und bestes Drehbuch an *Alan Parker* (USA) für »The Commitments«, bester **fremdsprach. Film** »Das schreckliche Mädchen« von *Michael Verhoeven* (D); **Sonderpreis** durch Ernennung zum Akademie-Mitglied für den Schauspieler *John Gielgud* (GB). **Powell (Michael)-Preis 1991** des Filmfestivals in Edinburgh an *Ruth Baumgarten* (GB/D) für »The Gras Arena« als bester britischer Film.

ITALIEN
Festival des Film über Kunst 1991 in Asolo – 1. Preis an »Memento – Eisenskulpturen von Fritz« von *Klaus Dorris* (D), bester **Videofilm** über Kunst »Tinguely« von *Gian Franco Barberi*.

8. Filmfestival »EuropaCinema« 1991 in Viareggio, bester Film »Berdel« von *Atif Yilmaz* (TR), bester Darsteller *Rolf Ludwig* für seine Rolle in »Stein« von *Egon Günther*, beste Darstellerin *Judith Godreche* (F) für ihre Rolle in »Paris s'eveille« von *Olivier*

Assayas, für ihn auch der Preis für das beste Drehbuch; beste technisch-künstlerische Leistung an *Gonzalo Suarez* (E) für »Don Juan en los infiernos«; **Spezialpreis** der Jury an *Bato Cengic* (Y) für »Gluvi Barut«; **Sonderpreis »Europa, Europa«** an *Volker Schlöndorff* für seine Verdienste um den europäischen Film.

48. Internat. Filmfestival 1991 in Venedig – Goldener Löwe für den besten Film an »Urga« von *Nikita Mikhalkov*, **Silberner Löwe** an *Zhang Yimou* für »Epouses et concubines«, *Philippe Garrel* für »J'entends plus la guitare« u. *Terry Gilliam* für »The Fisher King«; **Silberner Löwe** für sein Gesamtwerk an *Gian Maria Volonté;* **Spezialpreis der Jury** an *Manoel de Oliveira* für »Une divine comédie«; **Coppa Volpi** für die beste **Darstellerin** an *Tilda Swinton* für »Edward II.« von *Derek Jarman*, für den besten **Darsteller** an *River Phoenix* für »My own Private Idaho« von *Gus Van Sant*; **Osella** für **Filmtechnik** an »Cri de pierre« von *Werner Herzog*, für **Drehbuch** an »Mississippi Massala« von *Mira Nair*, für **Vertonung** von »Allemagne neuf zéro« von *Jean-Luc Godard*.

JAPAN
Praemium Imperiale 1992 der Japan Art Association (100000 $) **Sparte Film** an den Regisseur *Akira Kurosawa*.

KANADA
10. Filmkunstfestival 1991 in Montreal, Preis für die beste Filmbiographie an *Peter Schamoni* für »Max Ernst«.

15. Weltfilmfestival 1991 in Montreal – **Grand Prix des Amériques** an »Salmonberries« von *Percy Adlon*, Preis als bester Darsteller an *Francisco Rabal* (E) für die Hauptrolle in dem ebenfalls ausgezeichneten Film »L'homme qui a perdu son ombre« von *Alain Tanner* und *Léa Pool* (beide CH), ebenfalls an *Léa Pool* Preis für die beste künstlerische Leistung.

ÖSTERREICH
Förderungspreis des Bundesministeriums für Unterricht, Kunst und Sport 1991 (je 75000 S) für Filmkunst an *Wolfgang Murnberger* u. *Henriette Fischer*, für Videokunst an *Max Moswitzer* u. *Robert Woelfl*.

Würdigungspreis des Bundesministeriums für Unterricht, Kunst u. Sport 1991 (100000 S) für künstlerische Fotografie an *Michael Schuster*.

SCHWEIZ
45. Internat. Filmfestival von Locarno 1992 (ca. 36000 DM) – **Goldener Leopard** an »Herbstmond« von *Clara Law* (ROC), **Silberner Leopard** an »Kairat« von *Darezhahn Omirbaiev* (GUS), **Publikumspreis** an »Les Enfants volés« von *Gianni Amelio* (I); **Ehren-»Leopard«** an den Regisseur *Manoel de Oliveira* (P).

11. Internat. Festival der Filmkomödie 1991 in Vevey, **Canne d'or** u. **Publikumspreis** an »Volere volare« von *Maurizio Nichetti*; **Preis der Schweizerischen Radio- und Fernsehgesellschaft** an »Wilhelm Tell« von *Kurt Gloors* (D);für **beste weibl. Darstellung** an *Emer McCourt* für ihre Rolle in »Riff- Raff«; für **beste männl. Darstellung** an *Zoltan Pirandelli* für seine Rolle in »Der Hahn ist tot«; »**Prix Cinegram**« an »Tma Svelto Tma« von *Jan Svankmajer* (ČSFR).

TSCHECHOSLOWAKEI
Internat. Karlsbader Filmfestival 1992 – Kristallglobus an *Enriquo Gabrielo Lipschutz* (RA) für sein Erstlingswerk »Krapatschuk«; **Hauptpreis der Stadt Karlsbad** an den Film »Kälte« von *Hussein Erken* (GUS); **Sonderpreis der Jury** an »Es war einmal ein Film . . .« von *Mohsen Makhmalbaf* (IR).

VEREINIGTE STAATEN VON AMERIKA
American Cinematic Award 1992 an den Schauspieler *Sean Connery* (GB) u. a. »für seine ausgezeichnete Ausdrucksweise«.

49. Golden Globe 1992 der Hollywood Foreign Press – **Drama: Film des Jahres** »Bugsy« von *Barry Levinson* mit *Warren Beatty*, beste **Regie** an *Oliver Stone* für »J. F. K.«, bestes **Drehbuch** »Thelma und Louise« von *Callie Khouri*, beste **Hauptdarsteller** *Jodie Foster* in »Das Schweigen der Lämmer«, *Nick Nolte* in »Prince of Tides«; **Musical/Komödie**: »Die Schöne und das Biest« von *Mona Hoel* (S); beste **Hauptdarsteller**: *Bette Midler* in »For the Boys« und *Robin Williams* in »Der König der Fischer«; **bester ausländ. Film**: »Hitlerjunge Salomon« von *Agnieszka Holland*, Produktion *Arthur Brauner*; **Cecil-B.-DeMille-Preis** an *Robert Mitchum* für sein Lebenswerk.

64. »Oscar«-Verleihung – Motion Picture Academy Awards 1992 in Hollywood für Filme 1992 – bester **Film** und beste **Regie** für »Das Schweigen der Lämmer« von *Jonathan Demme*, bestes **Original-Drehbuch** *Callie Khouri* für »Thelma und Louise«, bestes **Drehbuch nach literarischer Vorlage** *Ted Tally* für »Das Schweigen der Lämmer«, beste **Kamera** *Robert Richardson* für »J. F. K.«, besten **Schnitt** *Joe Hutshing* und *Pietro Scalia* für »J. F. K.«, beste **Musik** *Alan Menken* für »Die Schöne und das Biest«; beste **Hauptdarsteller** *Jodie Foster* und *Anthony Hopkins*, beide für »Das Schweigen der Lämmer«, beste **Nebendarsteller** *Mercedes Ruehl* in »Fisher King« und *Jack Palance* in »City Slickers«; bester **Original-Song**

Beauty an the Biest«; **visuelle Effekte** Dennis Muren, Stan Winston, Gene Warren Jr., Robert Skotak; beste **Ausstattung** Dennis Gassner, Nancy Haigh für »Bugsy«; beste **Kostüme** »Bugsy«. – Bester **fremdsprach. Film** »Mediterraneo« von Gabriele Salvatores (I); **Dokumentarfilm** »In the Shadow of the Stars«. – **Ehren-Oscar** an den Regisseur Satyajit Ray (IND).

KUNST (BILDENDE)

DEUTSCHLAND

Barlach (Ernst-)-Preis 1992 der Ernst-Barlach-Gesellschaft (20 000 DM) an den Künstler Andreas Kopp.

Bode (Arnold)-Preis 1992 der gleichnam. Stiftung in Kassel (15 000 DM) an den Bildhauer Reiner Ruthenbeck.

Corinth (Lovis)-Preis 1992 der Künstlergilde Esslingen (15 000 DM) an den Künstler Anatol Herzfeld für sein Gesamtwerk.

Cranach (Lucas)-Preis 1992 der Stadt Kronach (erstm., 10 000 DM) an den Maler Felix Furtwängler für sein Ölbild »Propheten des Verfalls«; **Förderpreis** (5000 DM) an den Künstler Jürgen Durner.

Förderpreise 1992 im Bundeswettbewerb »Kunststudenten stellen aus« zum 10jähr. Bestehen des Wettbewerbs – 1. Preis (14 000 DM) an Isabel Reichert, 2. Preis (je 12 000 DM) an Christoph Neumann, Judith Ruzicka u. Alexander v. Zaluskowski.

Großer Preis der Sparkassen-Stiftung 1992 zur Förderung rheinischen Kulturguts (60 000 DM) an den Bildhauer Heinz Mack; **Förderpreis** (10 000 DM) an den Bildhauer Ingo Ronkholz.

Henniger (Volker)-Preis 1992 in Bamberg zur Förderung junger Künstler (14 000 DM) an den Bildhauer Michael Seeling u. an die Künstlergruppe »Institut für Untersuchungen von Grenzzuständen ästhetischer Systeme«.

Herder (Gottfried von)-Preise 1992 der Stiftung F. V. S. zu Hamburg, der »Pflege u. Förderung der kulturellen Beziehungen zu den ost- u. südosteurop. Völkern... gewidmet« (je 25 000 DM), u. a. an den Maler Ion Nicodim (RO).

Intern. Bodensee-Kulturpreis 1992 (20 000 DM) in der Sparte Bildende Künste an den Maler Martin Schmid.

Internat. Preis des Landes Baden-Württemberg für Bildende Kunst 1991 (30 000 DM) an Daniel Buren (F); zwei **Förderpreise** (je 15 000 DM) an Olaf Metzel und Hinrich Weidemann.

Kahnweiler (Daniel Henry)-Preis 1992 der Stadt Rockenhausen (12 500 DM) an die Bildhauerin Madeleine Dietz für ihr »Werk ohne Titel«.

Kaiserring der Stadt Goslar 1992 als erste Frau an die Bildhauerin Rebecca Horn. Sie drehte auch Filme und schrieb Drehbücher.

Kollwitz (Käthe)-Preis 1992 der Akademie der Künste im Ostteil Berlins (6000 DM) an den Maler Lothar Böhme.

Kritikerpreis 1991 des Verbandes der deutschen Kritiker e. V. in Berlin (West) für Bildende Kunst an den Bildhauer Alf Lechner.

Kunstpreis Berlin 1992 der Akademie der Künste – Jubiläumsstiftung 1848/1948, Förderpreis Sparte Bildende Kunst (10 000 DM) an den Berliner Künstler Christoph M. Gais.

Kunstpreis für Druckgraphik 1991 der SüdwestLB (je 10 000 DM) zu gleichen Teilen an Elvira Nungesser und Uwe Meier-Weitmar.

Kunstpreis der Heitland Foundation 1991 (25 000 DM) an den Bildhauer Horst Egon Kalinowski.

Kunstpreis Ökologie 1992 der AEG Hausgeräte AG für Studenten an Kunstakademien (20 000 DM) – 1. Preis an den Bildhauer Wolfgang Schenk.

Kunstpreis der Orangerie Darmstadt 1992 (5000 DM) an den Maler Mike Keilbach.

Kunstpreis der Stadt Darmstadt 1991 zur Förderung Bildender Künstler (10 000 DM) an den Bildhauer Henk Visch (NL).

Kunstpreis der Stadt Stuttgart 1992 (insges. 30 000 DM) an den Maler Georg Karl Pfahler für sein künstlerisches Gesamtwerk; **Förderpreis** an den Maler u. Bildhauer Camill Leberer.

Kunstwettbewerb der IG Metall 1992 – 1. Preis (15 000 DM) an den Maler Thomas Armin Reddig.

Piepenbrock-Preis für Skulptur 1992 der gleichnam. Unternehmensgruppe in Osnabrück (50 000 DM) an den Bildhauer Alf Lechner; **Nachwuchspreis für Bildhauerei 1992** (10 000 DM) an Dieter Kunz.

Pfalzpreis 1992 für Bildende Kunst in Kaiserslautern (15 000 DM) an den Maler Dieter Villinger; **Kunstpreis der Pfälzischen Wirtschaft** (10 000 DM) an Peter Haese.

Ratgeb (Jerg)-Preis 1992 der HAP Grieshaber-Stiftung in Reutlingen (30 000 DM) an den Zeichner u. Graphiker Carlfriedrich Claus.

Rubens (Peter Paul)-Preis 1992 der Stadt Siegen (10 000 DM) an den Maler Rupprecht Geiger.

Thieler (Fred)-Preis 1992 der Berlinischen Galerie (30 000 DM) an den Maler Eugen Schönebeck.

5. Triennale der Kleinplastik – Preis der Stadt Fellbach 1992 (15 000 DM) an den Bildhauer Francisco Toledo (MEX).

Werefkin (Marianne)-Preis 1992 des Vereins der Berliner Künstlerinnen (10 000 DM) an die Malerin Karla Woisnitza.

EUROPA
Europäischer Holographiepreis 1991, verliehen von der Stadt Pulheim und dem Museum für Holographie, (10000 DM) an den Künstler *Patrick Boyd* (GB).

FRANKREICH
Grand Prix des arts 1991 in Paris an den Maler *Joan Mitchell.*

GROSSBRITANNIEN
Turner Kunstpreis 1991 (20000 £) an den Bildhauer *Anish Kappor* (IND).

JAPAN
Praemium Imperiale 1992 der Japan Art Association (je 100000 $, gilt als Nobelpreis im Bereich der Künste), **Sparte Malerei** an *Pierre Soulages* (F); **Sparte Bildhauerei** an *Anthony Caro* (GB).

ÖSTERREICH
Kokoschka (Oskar)-Preis 1991/92 des Bundesministeriums für Wissenschaft und Forschung für hervorragende Leistungen auf dem Gebiet der bildenden Kunst (200000 S) an die Künstlerin *Agnes Martin* (USA).
Österreichischer Staatspreis für Bildende Kunst 1991 (200000 S) an *Agnes Martin.*

SCHWEIZ
Preise der Camille-Graeser-Stiftung in Zürich 1992 (20000 sfr) an den Konstruktiven *Mario Nigro* (I); (je 15000 sfr) an die Malerin *Shizuko Yoshikawa* sowie an den Reliefplastiker *Andreas Christen.*

TSCHECHOSLOWAKEI
13. Biennale der Illustration 1991 in Bratislava – **Grand Prix BIB** an *Stasys Eidrigevicius* (Litauen).

LITERATUR

DEUTSCHLAND
Alternativer Büchner-Preis 1992 (10000 DM), gestiftet von einem Darmstädter Unternehmer, an den Zukunftsforscher *Robert Jungk* »für sein Engagement in der Friedens- und Anti-Atom-Bewegung«.
Andersen (Hans-Christian)-Preis 1992 für Kinder- und Jugendliteratur an die Autorin *Virginia Hamilton* (USA) u. die Illustratorin *Kveta Pacovská* (ČSFR).
Andres (Stefan)-Förderpreis für Literatur deutscher Sprache 1992 der Stadt Schweich (5000 DM) an die Schriftstellerin *Barbara Honigmann.*
Arnim (Bettina von)-Preis 1992 für Kurzgeschichten der Zeitschrift »Brigitte« – 1. Preis (25000 DM) an *Bettina Grack* für ihre Erzählung »In der Fremde«, 2. Preis (15000 DM) an *Stephan Krawczyk* für die Erzählung »Mein Vater«, 3. Preis (10000 DM) an *Alissa Walser* für die Kurzgeschichte »Mein Soldat«.
Bayerische Akademie der Schönen Künste in München, **Großer Literaturpreis 1992** (30000 DM) an den Autor *Christoph Ransmayr* (A) für seinen Roman »Die letzte Welt«; **Wilhelm-Hausenstein-Ehrung** für Verdienste um kulturelle Vermittlung (10000 DM) an *Friedrich Denk*, Initiator des Weilheimer Literaturpreises.
Berliner Literaturpreise 1992 der Stiftung Preußische Seehandlung für deutschsprachige Literatur (je 10000 DM) an die Autoren *Christoph Hein, Hans Joachim Schädlich, Wolfgang Hilbig, Ingomar von Kieseritzky, Uwe Kolbe* sowie *Thomas Hürlimann* (CH) u. *Libuse Moníková* (ČSFR).
Bobrowski (Johannes)-Medaille 1992 zum Berliner Literaturpreis für **beste Texte** aus bisher unveröffentlichten Manuskripten (20000 DM) an die deutschschreibende Autorin *Libuse Moníková* (ČSFR) u. den Autor *Hans Joachim Schädlich.*
Böll (Heinrich)-Preis der Stadt Köln 1992 (25000 DM) an den Schriftsteller *Hans Joachim Schädlich* für sein literarisches Werk, »das die deutsche Geschichte und gesellschaftliche Gegenwart einer breiten und scharfsinnigen erzählerischen Reflexion unterzieht«.
Buchpreis 1991 der Deutschen Umweltstiftung an die Autoren *Hartmut Grassel* u. *Reiner Klingholz* für »Wir Klimamacher«.
Büchner (Georg)-Preis 1992 der Deutschen Akademie für Sprache u. Dichtung e. V. in Darmstadt (60000 DM) an *George Tabori* (H) für sein Gesamtwerk.
»Buxtehuder Bulle« 1992 für das beste Jugendbuch (10000 DM) an die Schriftstellerin *Ursula Wölfel* für ihren Roman »Ein Haus für alle«.
Celan (Paul)-Preis 1992 des Deutschen Literaturfonds in Darmstadt für herausragende Übersetzungen aus dem Französischen (20000 DM) an *Elisabeth Edl* u. *Wolfgang Matz.*
Chamisso (Adelbert von)-Preis 1992 der Robert-Bosch-Stiftung in Stuttgart für fremdsprach. Autoren, deren Werk der deutschen Literatur zuzurechnen ist, (je 15000 DM) an den Lyriker *Adel Karasholi* (SYR) und den Erzähler *Galsan Tschinag* (Mongol.).
Curtius (Ernst Robert)-Preis für Essayistik 1992, gestiftet vom Bonner Buchhändler Thomas Grundmann (15000 DM), an den Kritiker *Werner Ross.*

Deutscher Fantasy Preis 1992 des Ersten Deutschen Fantasy Clubs an den Kinder- u. Jugendbuchautor *Otfried Preußler* für sein schriftstellerisches Gesamtwerk.

Deutscher Jugendliteraturpreis 1992 des Bundesministers für Jugend u. Familie (ges. 60 000 DM) an die Bilderbuchautoren *Thomas* u. *Anna-Clara Tidholm* für »Reise nach Ugri-la-Brek«, *Benno Pludra* für »Siebenstorch«, *Meja Mwangi* für »Kariuki und sein weißer Freund« sowie *Pelle Eckermann* u. *Sven Nordqvist* für »Linsen, Lupen und magische Skope«.

Deutscher Krimi-Preis 1992 des Bochumer Krimi-Archivs an *Peter Zeindler* für seinen Roman »Feuerprobe«; für den besten **ausl. Kriminalroman** an *James Ellroy* für »Stadt der Teufel«.

Drewitz (Ingeborg)-Literaturpreis 1992 für Gefangene (undotierte Ehrenauszeichnung) an drei weibliche und 14 männliche Häftlinge in deutschen Gefängnissen.

Droste-Hülshoff-Literaturpreis 1991 (25 000 DM) an die jüdische Autorin *Jenny Aloni*.

Ehrengaben der Deutschen Schiller-Stiftung 1992 anl. des 232. Geburtstags des Dichters (je 10 000 DM) an *Irene Kreuder, Eberhard Haufe, Eberhard Hilscher, Erich Köhler, Johannes Kühn, Jürgen Rennert, Johannes Weidenheim* u. *Joachim Wittstock*.

Eichendorff (Joseph v.)-Literaturpreis 1992 des Wangener Kreises/Gesellschaft für Literatur und Kunst »Der Osten« e. V. (10 000 DM) an den Lyriker *Christian Saalberg*.

Evangelischer Buchpreis 1992 des Deutschen Verbandes evangelischer Büchereien (5000 DM) an den Autor *Paul Geiersbach* für die Reportage »Warten bis die Züge wieder fahren«.

Fallada (Hans)-Preis 1991 der Stadt Neumünster (10 000 DM) an *Ralph Giordano* für den Roman »Die Bertinis«.

Förderpreis des Landes Bayern 1992 (je 10 000 DM) für junge Schriftsteller an den Übersetzer *Michael v. Killisch-Horn*, den Kinder- u. Jugendbuchautor *Robert Fischer* u. die Romanautorin *Tanja Kinkel*.

Frank (Richard)-Preis 1991 der Stiftung Bibliothek für Zeitgeschichte in Stuttgart an *Liselotte Maas* für ihr Handbuch der deutschen Exilpresse 1933–1945.

Freud (Sigmund)-Preis 1992 für wissenschaftliche Prosa, verliehen von der Deutschen Akademie für Sprache u. Dichtung e. V. in Darmstadt (20 000 DM) an den Schriftsteller, Romancier, Essayisten und Kulturphilosophen *Günther Anders* für sein Lebenswerk.

Gebrüder-Grimm-Preis 1991 (15 000 DM) an die Schriftstellerin *Monika Maron* für ihren Roman »Stille Zeile 6«.

GEDOK-Literaturpreis 1992 des Verbands der Gemeinschaften der Künstlerinnen und Kunstfreunde an eine deutschsprachige Schriftstellerin (10 000 DM) an *Sarah Kirsch*; **Förderpreis** (je 6000 DM) an *Annegret Gollin* u. *Sigrid Grabert*.

Geschwister-Scholl-Preis 1991 der Landeshauptstadt München u. des Verbandes Bayerischer Verlage u. Buchhandlungen e. V. (20 000 DM) an *Georg Arthur Goldschmidt* (F/D) für das Buch »Absonderung«.

»Goldene Feder« als **Autorin des Jahres 1991** im Bertelsmann Buchclub in Leipzig (10 000 DM) an *Rosamunde Pilcher* (GB).

Großer Preis der Deutschen Akademie für Kinder- u. Jugendliteratur 1992 in Volkach (6000 DM) an *Josef Guggenmos* »als bedeutendstem deutschsprachigen Schöpfer von Kinderlyrik«.

Gryphius (Andreas)-Preis 1992 der Künstlergilde e. V. in Esslingen, einer der vier **»Ostdeutschen Kulturpreise«** (15 000 DM), an den Kinderbuchautor u. Illustrator *Janosch* (*Horst Eckert*).

Hans-im-Glück-Preis 1992 für Jugendliteratur der Stadt Limburg an *Karin Sennheiser* u. *Lutz van Dick* (NL).

Hebel (Johann-Peter)-Preis 1992 des Landes Baden-Württemberg (20 000 DM) an den Straßburger Germanisten und Mundartdichter *Adrien Finck* für seine wissenschaftlichen Veröffentlichungen über die deutsche und elsässische Literatur.

Heine (Heinrich)-Ehrengabe 1992 der Heinrich Heine-Gesellschaft in Düsseldorf an die Lyrikerin *Sarah Kirsch* für ihr literarisches Wirken.

Heinemann (Gustav)-Friedenspreis für Kinder- und Jugendbücher 1991 des Landes Nordrhein-Westfalen (10 000 DM) an das Kinderbuch »M. C. Higgins, der Große« von *Virginia Hamilton*.

Herder (Gottfried von)-Preis 1992 der Stiftung F. V. S. zu Hamburg (25 000 DM) an die Schriftstellerin *Blaga Dimitrova* (BG).

Hesse (Hermann)-Preis 1992 der Gemeinschaft zur Förderung der Kunst e. V. u. der Stadt Karlsruhe (20 000 DM) an den Philologen u. Übersetzer *Solomon Apt* (GUS) »für die Qualität seiner Arbeit u. sein Engagement für Hesse«.

Hesse (Hermann)-Übersetzerpreis 1992 (20 000 DM) an den Philologen *Solomon Apt* (GUS).

Hölderlin (Friedrich)-Literaturpreis 1992 der Stadt Bad Homburg (25 000 DM) an die Lyrikerin *Hilde Domin*; **Förderpreis** (10 000 DM) an *Barbara Köhler* für ihren Gedichtband »Deutsches Roulett«.

Hoferichter (Ernst)-Preis 1992 (12 000 DM) in München an die Schriftsteller *Anne Rose Katz* u. *Joseph v. Westphalen*.

Huchel (Peter)-Preis für Lyrik 1992, gestiftet vom Südwestfunk u. dem Land Baden-Württemberg (15 000 DM) posthum an *Ludwig Greve* für seinen Gedichtband »Sie lacht und andere Gedichte«.

5. Internat. Comic-Salon 1992 in Erlangen – **»Max-und-Moritz«-Preis** an *Ralf König* für »Kondom des

Grauens«; **»Max-und-Moritz«-Sonderpreis** an *Alberto Breccia* (RA) für sein Gesamtwerk; **Preis** für den **besten Zeitungsstrip** an die Serie »Neander im Tal« von *Johnny Hart*, für die **beste deutschsprachige Publikation** an »Feuer« von *Lorenzo Matotti*, »Peter Pan« von *Régis Loisel*, »Theodor Pussel« von *Frank Le Gall*, »Die Bibliothek der großen Comik-Klassiker« u. »Die Pioniere des menschlichen Abenteuers« von *François Boucq*.

Jahresstipendium 1992 des Ministeriums für Wissenschaft u. Kunst Baden-Württemberg (24 000 DM) an die Schriftstellerin *Eva Zeller* in Anerkennung ihres literarischen Werks.

Jost-van-den-Vondel-Preis 1992 der Stiftung F. V. S. zu Hamburg an *Paul Raabe*, Direktor der Herzog-August-Bibliothek in Wolfenbüttel.

Kaschnitz (Marie-Luise)-Preis 1992 der Evangel. Akademie Tutzing (10 000 DM) an den Schriftsteller *Gerhard Roth* (A) bes. für den siebenteiligen Romanzyklus »Die Archive des Schweigens«.

Kinderbuchpreis des Kultusministers von Nordrhein-Westfalen 1991 (10 000 DM) geteilt an die Autorin *Hanna Johansen* u. die Illustratorin *Käthi Behnd* (CH).

Kleist (Heinrich von)-Preis 1992 der gleichnam. Gesellschaft in Berlin, gestiftet von den Verlagen dtv, Klett, Rowohlt u. S. Fischer (25 000 DM), an die Schriftstellerin *Monika Maron*.

Kranich mit dem Stein 1992, Autorenpreis des Wettbewerbs »Kranichsteiner Literaturtage« für ehem. Stipendiaten des Deutschen Literaturfonds e. V. in Darmstadt (20 000 DM), an *Ludwig Fels* (A) für sein Buch »Der Himmel war eine große Gegenwart. Ein Abschied«; **New-York-Stipendium 1993** an den Autor *Alois Hotschnigg* (A).

Kritikerpreis 1991 des Verbands der deutschen Kritiker e. V. in Berlin (West) für Literatur an *Peter Wawerzinek* für seinen Roman »Moppel Schappiks Tätowierungen«.

Kulturpreis »Chemnitzer Ernst« 1992 (erstmals vergeben, undotiert) an den Schriftsteller *Stefan Heym*.

Kunstförderpreis Literatur 1991 der Stadt Augsburg (7000 DM) an *Rudolf Lang* für seinen Roman »Nur der Tod ist so deutsch wie der Traum«.

Kunstpreis Berlin 1992 der Akademie der Künste – Jubiläumsstiftung 1848/1948, **Förderpreis Sparte Literatur** (10 000 DM) an *Kito Lorenc*.

LiBeraturpreis 1992 einer Frankfurter Initiativ-Gruppe an die Autorin *Rosario Ferre* (Puerto Rico) für ihren Roman »Kristallzucker«.

Literaturpreis der Stadt Bad Wurzach 1992 (10 000 DM) an den Schriftsteller *Martin Walser* für sein Buch »Die Verteidigung der Kindheit«.

Literaturpreis 1992 der Bestenliste des Südwestfunks (SWF), vergeben beim 15. Baden-Badener Kritikertreffen (15 000 DM), an den Autor *Urs Widmer* (CH) für seine Erzählung »Der blaue Siphon«.

Literaturpreis der Freien Hansestadt Bremen 1992, verliehen von der Rudolf-Alexander-Schröder-Stiftung (30 000 DM), an den Schriftsteller *Ror Wolf* für sein Buch »Nachrichten aus der bewohnten Welt«; **Förderpreis** (10 000 DM) an den Lyriker *Durs Grünbein* für seinen Gedichtband »Schädelbasislektion«.

Literaturpreis für grotesken Humor 1992 der Stadt Kassel, gestiftet von Christine Brückner und Otto Heinrich Kühner, (15 000 DM) an *Walter Hinck*.

Literaturpreis der Stadt München 1992 (15 000 DM), erstm. vergeben von der Südd. Verlagsgruppe, an den Schriftsteller *Carl Amery*.

Literaturpreis 1992 des Ministers für Umwelt, Raumordnung u. Landwirtschaft des Landes Nordrhein-Westfalen (15 000 DM) an die Autoren *Jurij Koch* u. *Matthias Körner*, »die in ihren Texten ihre vom Braunkohleabbau bedrohte Lausitzer Heimatlandschaft thematisierten«.

Literaturpreis Ruhrgebiet 1991 des Kommunalverbandes Ruhrgebiet (15 000 DM) an den Satiriker und Hörspielautor *Michael Klaus* für sein Gesamtwerk.

»Literaturpreis zum 3. Oktober« (erstm., 20 000 DM) an den Autor *Cees Nooteboom* (NL) für sein Buch »Berliner Notizen«.

Lyrikpreis »Fedor Malchow« 1991 der Stiftung F. V. S. zu Hamburg (erstm., 10 000 DM) an *W. G. Sebald* für sein »Elementargedicht nach der Natur«.

Medaille »München leuchtet« in Gold 1992 an den Schriftsteller u. Gründer der Autorenvereinigung »Gruppe 47« *Hans Werner Richter*.

Merck (Johann Heinrich)-Preis 1992 für literarische Kritik u. Essay, verliehen von der Deutschen Akademie für Sprache u. Dichtung e. V. in Darmstadt, (20 000 DM) an den Theaterkritiker und Feuilletonredakteur der »Zeit« *Benjamin Henrichs*.

Mülheims (Ludwig)-Preis für religiöse Dramatik 1992 des Erzbistums Köln (30 000 DM) an den Schriftsteller *Christoph Hein* für sein Werk »Die Ritter der Tafelrunde«.

Niederdeutscher Literaturpreis der Stadt Kappeln 1992 (erstm., 5000 DM) an *Gerd Spiekermann* für »Kiek mol'n beten to« u. »Ick pack ut«.

Niedersachsen-Preis für Literatur 1992 (15 000 DM) an *Kurt Morawitz*, Herausgeber der Zeitschrift »die horen«.

Nossack (Hans-Erich)-Preis 1992 des Kulturkreises im Bundesverband der Deutschen Industrie (BDI) (20 000 DM) an den Schriftsteller *Günter Herburger* für sein umfassendes literarisches Werk; **Förderpreise** für Literatur (je 15 000 DM) an die Autoren *Robert Menasse* (A) u. *Werner Söllner*.

Petrarca-Preis 1992, gestiftet vom Verleger Hubert Burda (25 000 DM), an den Dichter *Michael Hamburger* (GB).

Piper (Klaus)-Stipendium 1992 für Schöne Literatur an *Detlef Opitz* für »Roulette mit Neigung«.

Preis für Bibel-Illustration 1992 des Instituts für Interdisziplinäre Kultur- und Medienforschung (IKM) in Hamburg (10000 DM) an den Schriftsteller *Antoni Boratynski*.
Preis der Frankfurter Autorenstiftung 1991/92 (15000 DM) an die Autorin *Helma Sanders-Brahms* für ihr Gesamtwerk.
Preis der Henning-Kaufmann-Stiftung 1991 zur Pflege der Reinheit der dt. Sprache (10000 DM) an den Geisteswissenschaftler *Reinhard Bauer*.
Preis für Illustrationen von Kinder- und Jugendbüchern 1992 des Gemeinschaftswerks der Evangel. Publizistik in Frankfurt (erstm., 10000 DM) zu gleichen Teilen an *Wolf Erlbruch* (»Leonard«), *Annegret Fuchshuber* (»Kinderbibel«) u. *G. Ruth Mossner* (»Was ist das? fragt der Frosch«).
Preis für den besten deutschsprachigen ersten Roman 1991 der Neuen Literarischen Gesellschaft Hamburg (5000 DM) an die Autorin *Gabrielle Alioth* (CH) für den Roman »Der Narr«.
Puschkin (Alexander)-Preis 1992 der Stiftung F. V. S. zu Hamburg für zeitgenössische russische Literatur (40000 DM) an die Schriftstellerin *Ljudmila Petruschewskaja* für ihr Gesamtwerk.
Reuter (Fritz)-Preis 1991 für niederdeutsche Literatur der Stiftung F. V. S. zu Hamburg (10000 DM) für besondere Leistungen auf dem literarischen Gebiet der niederdeutschen Sprache an den Schriftsteller *Ingo Sax*; – **1992** (10000 DM) an *Erna Taege-Röhnisch*.
Roswitha-Gedenkmedaille 1992, Literaturpreis der Stadt Bad Gandersheim (10000 DM) an die Schriftstellerin *Helga Königsdorf*.
Rückert (Friedrich)-Preis 1991 der Stadt Schweinfurt (alle drei Jahre, 10000 DM) an den kirgisischen Schriftsteller *Tschingis Aitmatow* für sein literarisches Gesamtwerk.
Sachs (Nelly)-Preis 1991, Kulturpreis der Stadt Dortmund, (20000 DM) an den Schriftsteller *David Grossman* (IL).
Schiller (Friedrich v.)-Gedächtnispreis 1992 des Landes Baden-Württemberg (40000 DM) an den Schriftsteller *Volker Braun*; **Fördergaben** (je 15000 DM) an die Dramatiker *Eugen Ruge* u. *Werner Schwab*.
Schleyer (Hanns-Martin)-Preis 1991 an den Autor u. Chefreporter der »Welt« *Andreas Engel* für sein Buch »Die rauhe Luft der Freiheit«.
Stadtschreiber von Bergen-Enkheim 1992 (Frankfurt/M.) (30000 DM) an den Schriftsteller *Ralf Rothmann*, »der in seiner Lyrik u. Prosa das Lebensgefühl einer Generation wiedergibt«.
Steffens (Henrik)-Preis 1992 der Stiftung F. V. S. zu Hamburg (40000 DM) an den Schriftsteller *Peter Seeberg* (DK) für seine »außerordentlichen Verdienste als Künstler, national und international«.

Troll (Thaddäus)-Preis 1992 des Fördervereins deutscher Schriftsteller in Baden-Württemberg (7000 DM) an den Autor *Thommie Bayer*.
Uhland (Ludwig)-Preis 1992, gestiftet vom Haus Württemberg, (20000 DM) an den Schriftsteller und Mundartautor *Wilhelm König*.
Voss (Johann Heinrich)-Preis 1992 für literarische Übersetzung, verliehen von der Deutschen Akademie für Sprache u. Dichtung e. V. in Darmstadt (20000 DM), an den Autor *Simon Werle* für die Übertragungen von Racines Tragödien und der Theaterstücke von Marguerite Duras, Jean Genet und Bernard-Marie Koltès.
Wagner (Christian)-Preis 1992, gestiftet von der Leonberger Bausparkasse (erstm., 10000 DM), an den Schriftsteller *Richard Leising* für seinen Gedichtband »Gebrochen Deutsch«.
Wolf (Konrad)-Preis 1991 der Akademie der Künste Berlin an die Schriftstellerin *Katharina Thalbach*.
Zuckmayer (Carl)-Medaille 1992 des Landes Rheinland-Pfalz für besondere Verdienste um die deutsche Sprache an die Lyrikerin *Hilde Domin*.

EUROPA
Europäischer Preis für Literatur und Übersetzung 1991 der EG (40000 DM) an den Dichter *Mario Luzi* (I) für seinen Gedichtband »Frasi e incisi di un canto salutare«.

FINNLAND
Agricola (Mikael)-Preis 1991 (20000 Fmk) für literarische Übersetzungen an *Kyllikki Härkäpää* für das Romanfragment »Rent spel« von *Tove Jansson*.
Finlandia-Preis für Nicht-Fiktion 1991 (100000 Fmk) an *Olli Marttila, Kari Haahtela, Hannu Aarnio* u. *Pekka Ojanen* für das Buch »Suomen päiväperhoset« (»Finnlands Schmetterlinge«).
J. A. Hollo-Preis 1991 für Nicht-Fiktion-Übersetzung (20000 Fmk) an *Mirja Rutanen* für ihre Übersetzung der Freud-Biographie von *Peter Gay*.
Leino (Eino)-Preis 1991 (undotierter höchstrangiger Literaturpreis des Landes) an *Ilpo Tiihonen* für seinen Beitrag zur finnischen Poesie.
Lydecken (Arvid)-Preis 1991 für Kinderbücher (20000 Fmk) an *Sinikka und Tiina Nopola* für ihr Buch »Heinähattu, Vilttitossu ja vauva« (»Heuhut, Flaumschuh und das Baby«).
Preis des Kinderclubs für Kinderbücher 1991 (20000 Fmk) an *Esko-Pekka* u. *Tuula Tiitinen* für ihr Bilderbuch »Lintu ja poro« (»Der Vogel und das Rentier«).

FRANKREICH
Grand Prix catholique de littérature 1992 an *Pierre de Calan* für »On retrouve Dieu partout«.
Grand Prix littérature de l'Afrique noire 1992 an den

Schriftsteller *Kama Kamanda* (ZRE) für »La Nuit des griots«.
Grand Prix de la littérature enfantine 1991 der Stadt Paris an *Christian Bruel*.
Grand Prix Paul Morand 1992 der Académie française (300 000 FF) an den Schriftsteller *Philippe Sollers* für sein Gesamtwerk.
Grand Prix de poésie 1992 der Académie française (100 000 FF) an den Lyriker u. Übersetzer *Philippe Jaccottet* (CH).
Grand Prix du roman 1992 der Académie française (100 000 FF) an den Autor *Jean Raspail* für »Moi, Antoine de Tounens, roi de Patagonie«.
Offizier der französischen Ehrenlegion 1992 an den Schriftsteller *Carlos Fuentes* (MEX).
Prix de l'Académie Mallarmé 1992 der Stiftung Yves-Rocher an *Jacques Chessex* für »Les Aveugles du seul regard« u. *für sein Gesamtwerk*.
Prix Clio 1992 in Paris an *Bartolomé u. Lucille Benassar* für »1492, un monde nouveau?«, an *Jacques Le Goff* u. *René Rémond* für »Histoire de la France religieuse«.
Prix de la critique 1992 der Académie française (50 000 FF) an *Pol Vandromme* für »Journal de lectures«.
Prix des Deux-Magots 1992 (ca. 12 000 DM) an den Autor *Bruno Racine* für seinen Roman »Au péril de la mer« (»Auf Kosten des Meeres«).
Prix Fémina 1991 an die Schriftstellerin *Paula Jacques* für den Roman »Debrah et les Anges«.
Prix Fémina-étranger 1991 an den Schriftsteller *David Malouf* (AUS) für den Roman »Ce vaste monde«.
Prix Goncourt du premier roman 1992 (symbol. 50 FF) an den Schriftsteller *Nita Rousseau* für »Les Iris bleus«.
Prix Interallié 1991 an den Schriftsteller *Sébastien Japrisot* für »Un long dimanche de fiançailles«.
Prix de littérature étrangère Ecureuil 1991 in Bordeaux (20 000 FF) an den Autor *Erich Hackl* (A) für »Abschied von Sidonie«.
Prix Médicis 1991 an den Chansonnier und Schriftsteller *Yves Simon* für den Roman »Derive des sentiments«.
Prix Médicis-étranger 1991 an den Autor *Pietro Citati* (I) für die autobiographische Familien-Chronik »Histoire qui fut heureuse puis douloureuse et funeste«.
Prix Médicis-essay 1991 an den Lehrer und Ausbilder *Alain Etchegoyen*.
Prix Méditerranée 1992 (50 000 FF) an *Robert Solé* für seinen Roman »Le Tarbouche«.
Prix de la nouvelle 1992 der Académie française (50 000 FF) an *Françoise de Maulde* für »Le Séjour à Hollywood«.
Prix mondial Cino del Duca 1992 für Werke, die »eine Botschaft des modernen Humanismus« darstellen, (200 000 FF) an den Schriftsteller *Ismail Kadaré* (AL) für das literarische Gesamtwerk.
Prix Novembre 1991 unabhängiger Literaturexperten (als »Anti-Goncourt« gedacht, 200 000 FF) an den Schriftsteller *Raphael Confiant* für seinen Roman »Eau de café«.
Prix Théophraste Renaudot 1991 an den Schriftsteller *Dan Franck* für »La Séparation«.
Prix du Troisième Millénaire 1992 (10 000 FF) an den Autor u. Journalisten *Roger Cans* für »Tous verts! La surenchère écologique«.

GROSSBRITANNIEN
Booker McConnell Prize for Fiction 1991 für den besten englischsprach. Roman (20 000 £) an den Autor *Ben Okri* (RN) für den Roman »The Famished Road«.
Whitbread Literary Award 1991, gestiftet von der gleichnam. Brauerei für das beste englischsprach. Werk des Jahres (20 250 £), an den Autor *John Richardson* für seine Biographie »A Life of Picasso«.

ISRAEL
Literaturpreis Literarische Schöpfung 1992 an den arabischen Schriftsteller israelischer Nationalität *Emile Habibi*.

ITALIEN
Internat. Literaturpreis »Ignazio Silone« 1991 (ca. 13 000 DM) an die Schriftstellerin *Luise Rinser* für ihr »Gefängnistagebuch«.
Premio Grinzane Cavour 1992 (10 Mill. Lire) an den Schriftsteller *Günter Grass* (D) für sein Buch »Unkenrufe«.
Premio Mediterraneo 1992 in Palermo – **Ulivo d'argento** an *Laure Wyss* für ihr literarisches und publizistisches Gesamtwerk.

LIECHTENSTEIN
Liechtenstein-Preis für Lyrik 1991 des PEN-Clubs – 1. Preis an *Mario Wirz* (D) für seine Gedichte »Es ist zu spät, ich kann nicht atmen«, 2. Preis an *Antje Ippensen*, 3. Preis an *Andreas Dehne* u. *Wolfgang Ratz* (A).

NIEDERLANDE
Hooft (P.-C.)-Preis für Essayistik 1992 (ehem. Großer Staatspreis für Literatur, seit 1988 Stiftungs-Preis, 75 000 hfl) und einen **Förderpreis** des Kultusministeriums an den Schriftsteller *Anton Kohlhaas* (D).
Nijhoff (Martinus)-Preis 1992 des Prins-Bernhard-Fonds für literarische Übersetzungen ins Niederländische (25 000 hfl) an *Helga van Beuningen*.

NORDISCHER RAT
Literaturpreis des Nordischen Rates 1991 (ca. 40000 DM) an den samischen Autor und Musiker *Nils-Aslak Valkepää* für »Solen min far« (»Sonne, mein Vater«). – **1992** an die Autorin *Fria Sigurdadottir* (IS) für ihre Novellensammlung »Im Laufe der Nacht«.

NORWEGEN
Damm-Preis 1991 an *Erna Osland* für den Roman »Reisa til Maria«.
Riverton-Preis 1991 für den besten Kriminalroman an *Ingvar Ambjornsen* für »Den mekaniske kvinnen« (»Die mechanische Frau«).
Sonderpreis des norwegischen Buchhandels 1991 zum 140. Gründungstag des norweg. Buchhandelsverbandes – für den besten Roman der 80er Jahre: an »Dinas Bok« von *Herbjorg Wassmo*; für das beste Jugendbuch der 80er Jahre: an »Döden pa Oslo S« von *Ingvar Ambjornsen*.

ÖSTERREICH
16. Bachmann (Ingeborg)-Wettbewerb 1992 für erzählende Prosa in Klagenfurt, **Ingeborg-Bachmann-Preis** (150000 S) an die Autorin *Alissa Walser* (D) für ihre Erzählung »Geschenkt«; **Preis des Landes Kärnten** (100000 S) an den Autor *Alois Hotschnig* für seinen Romanausschnitt »Rettung«; **Ernst-Willner-Preis** (gestiftet von 19 Verlagen, 70000 S) an *Ulrich Holbein* für »Universum schlaflos«; **Stipendium der Kärntner Industrie** an *Burkhard Spinnen* (D); **3-SAT-Stipendium** an *Fritz Krenn*; **Bertelsmann-Stipendium** an *Ulrich Peltzer* (D).
Ehrenpreis des österreich. Buchhandels 1991 (100000 S) an *Viktor E. Frankl*.
Förderungspreis des Bundesministeriums für Unterricht, Kunst u. Sport 1991 für Literatur (je 75000 S) an *Monika Helfer* u. *Erich Hackl*. – **1992** an den Lyriker u. Romanautor *Robert Schindel* für sein Gesamtwerk.
Fried (Erich)-Preis für Literatur und Sprache 1992 der gleichnam. Gesellschaft in Wien und des österr. Kulturministeriums (200000 S) an den Schriftsteller und Arzt *Paul Parin* (CH) für die »Unmittelbarkeit und Originalität seiner Weltsicht«.
Grillparzer (Franz)-Preis 1992 der Hamburger Stiftung F. V. S. u. der Universität Wien für herausragende Leistungen vornehmlich auf dem Gebiet der österreichischen Literatur (30000 DM) an den Schriftsteller *Hans Lebert* für die Romane »Die Wolfshaut« u. »Der Feuerkreis«.
Großer Österreichischer Staatspreis 1991 für Literatur (250000 S) an *Gerhard Rühm*.
Kulturpreis des Landes Kärnten 1991 (100000 S) an *Alois Brandstetter* für sein Gesamtwerk.
Österreichischer Kinder- und Jugendbuchpreis 1992 (30000 S) – Sparte Belletristik an *Torill Eide* für »Ein Sehnen nach etwas«, *Käthe Recheis* für »Die Kinder der Prärie«, *Martin Waddell* für »Gehen wir heim, kleiner Bär« u. *Peter Wesely* für »Niños del Mundo«; Sparte Sachbuch an *Heide Kaps-Gabler* für »Kunst-Mal-Buch«; Sparte Illustration an *Kveta Pacovska* für »Der kleine Blumenkönig«; Sparte Übersetzung an *Senta Kapoun* für »Ein Sehnen nach etwas«.
Österreichischer Staatspreis für Europäische Literatur 1991 (200000 S) an den Schriftsteller *Peter Nadas* (H).
Österreichischer Staatspreis für Literaturkritik 1991 (100000 S) an *Hans Haider*. – **1992** an den Publizisten *Thomas Rothschild*.
Österreichischer Staatspreis für literarische Übersetzer 1991 an *Klaus Detlef Olof* u. *Heinz Schwarzinger*.
Rauriser Literaturpreis 1992, gestiftet vom Land Salzburg, verliehen bei den Rauriser Literaturtagen, (80000 S) für die beste Prosa-Erstveröffentlichung in deutscher Sprache an die Autoren *Sabine Scholl* für ihren Erzählband »Fette Rosen« und *Patrick Roth* für sein Buch »Riverside. Eine Christusnovelle«.
Sperber (Manès)-Preis 1991 für hervorragende Leistungen auf dem Gebiet des gesellschaftspolitischen Romans u. der politischen Essayistik (100000 S) an die Schriftstellerin *Ilse Aichinger* (D).
Würdigungspreis des Bundesministeriums für Unterricht, Kunst u. Sport 1991 für Literatur (100000 S) an *Felix Mitterer*.

SCHWEIZ
Aargauer Literaturpreis 1992 der Aargauischen Kantonalbank (20000 sfr) an den Schriftsteller *Klaus Merz*.
Berner Literaturpreis 1991 an *Bernhardt Jundt, Helen Stark-Towlson* u. *Matthias Zschokke*; **Förderpreis** an *Elfriede Riegler*.
Dentan (Michel)-Literaturpreis 1992 der gleichnam. Stiftung, der »Gazette de Lausanne«, des »Journal de Genève« u. des Lausanner Literaturzirkels an *Silvia Ricci Lempen* für den Roman »Un homme tragique«.
Ehrengabe der Schweizerischen Schillerstiftung 1992 (6000 sfr) an *Magdalena Vogel* für ihren Lyrikband »das befinden des lebens«.
Europäischer Essay-Preis 1991 der Stiftung Charles Veillon in Lausanne (20000 sfr) an den Verleger *Roberto Calasso* (I) für sein Buch »Die Hochzeit von Kadmos und Harmonia«.
Großer Schiller-Preis 1992 der Schweizerischen Schiller-Stiftung (ca. 33000 DM) an den Schriftsteller *Hugo Loetscher* für sein Gesamtwerk.
Jaeggi (Willy)-Preis 1992 der gleichnam. Basler Buchhandlung (insges. 20000 sfr) an *Mischa Schaub* »für seine besonderen Verdienste um das

Buch« u. an die interkulturelle Kinder- u. Jugendbibliothek in Basel (JuKiBu) »für ihr Bemühen, ausländischen Kindern und Jugendlichen den Zugang zum Buch in ihrer jeweiligen Muttersprache zu ermöglichen«.
Kinder- und Jugendbuchpreis »Die rote Zora« 1991 des Eidgenössischen Büros für die Gleichstellung von Mann und Frau (erstm., 10000 sfr) an die Züricher Theatergruppe *Bruchstein* für ihr Musiktheater zum Thema Inzest.
Kulturstiftung Pro Helvetia – Werkaufträge 1992 (zwischen 5000 u. 40000 sfr) an *Kurt Aebli, Iren Baumann, Franz Böni, Erica Brühlmann-Jecklin, Jürg Federspiel, Renate Gyalog, Peter Jost, Marcel Konrad, Hansjörg Schertenleib, Bea Schilling, Werner Schmidli, Hansjörg Schneider, Alain Claude Sulzer, Reinhild Traitler, Urs Widmer, Verena Wyss, George Borgeaud, Pierre Chappuis, François Conod, Anne Cuneo, Jean Cuttat, Yves Laplace, Roger Lewinter, Christian Viredaz, Yvette Z'Graggen, Alida Airaghi, Franco Beltrametti, Fabio Merlini, Fabrizio Scaravaggi, Paolo di Stefano, Gion Caviezel, Jon Nuotclà, Sergius Golowin, Verena Stefan u. Rolf Carlo Maier.*
Kunstpreis der Stadt Luzern 1991 (13000 sfr) an den Schriftsteller *Unno Raeber.*
Literaturpreis der Innerschweiz 1992 der Innerschweizer Kulturstiftung (15000 sfr) an *Thomas Hürlimann* in Anerkennung seines bedeutenden erzählerischen, dramatischen und dichterischen Schaffens.
Literaturpreis der Schweizerischen Arbeiterinnen- u. Arbeiterbildungszentrale 1991 (SABZ) an *Senta Walker-Nederkorn* für die Erzählung »Das Rüstmesserchen«, *Hans Raaflaub* für »Das Festgedicht«, *Armin Biehler* für »Nachbrand« u. *Markus Ramseier* für »Rhesus«.
Literaturpreis der Stadt Bern 1992 (12000 sfr) an den Schriftsteller *Christoph Geiser* für sein Gesamtwerk. Literarische Auszeichnungen (je 5000 sfr) an *Beat Brechbühl* für den Roman »Liebes Ungeheuer Sara«, *Urs Hostettler* für die Reportage »Der Rebell von Eggiwil«, *Sam Jaun* für den Roman »Der Feierabendzeichner«, *Tobias Kästli* für die Biographie »Emil Zbinden« und *Jürgen Theobaldi* für den Gedichtband »In den Aufwind«. Förderpreise (je 3000 sfr) an *Maya Bianci* für den Prosaband »Stichflamme« und *David Hutter* für den Gedichtband »Zwischenhimmel«.
Meyer (Conrad-Ferdinand)-Preis 1991 (je 10000 sfr) an den Schriftsteller *Dante Andrea Franzetti* u. den Photographen *Hans Danuser.*
Piller (Vera)-Poesiepreis 1991 des »orte«-Verlags Appenzell an *René Sommer, Ueli Schenker, Hugo Berger* u. *Serge Ehrensperger.*
Prix Colette 1992 (35000 sfr) der Stiftung Armleder – 1. Preis an *Yves Berger* für »L'Attrapeur«, 2. Preis an *Michelle Tourneur* für »La Soie« u. an *Françoise de Maulde* für »Le Séjour à Hollywood«.
Schweizer Jugendbuchpreis 1991 an den Schriftsteller *Hans Manz* für sein Gesamtschaffen als Kinder- und Jugendbuchautor – **1992** an die Autorin *Helene Schär.*
Werkbeiträge der Stadt und des Kantons Zürich 1991 (25000 sfr) an die Erzähler *Rudolf Bussmann u. Verena Stössinger,* den Essayisten und Übersetzer *Kurt Stehmann* u. an den Lyriker *Heinz Zimmermann.*
Werkjahr des Zürcher Stadtpräsidenten 1991 (36000 sfr) an die Autorin *Andrea Simmen* für »Ich bin ein Opfer des Doppelpunkts«.
Zürcher Kinderbuchpreis 1991 »La vache qui lit« – 1. Preis *Klaus Kordon* für »Mit dem Rücken zur Wand«, 2. Preis an *Arnulf Zietelmann* für »Paule Pizolka oder Eine Flucht durch Deutschland«, 3. Preis an *Monika Hartig* für »Ein Fremder saß am Tisch«.

SPANIEN
Plaza y Janes 1992, internat. Literaturpreis, an den Schriftsteller *Andres Trapiello* für seinen Roman »La educacion sentimental« (»Lehrjahre des Gefühls«).
Premio Café Gijón 1992 (32000 DM) an die Schriftstellerin *Dolores Soler* für ihren Roman »El oro y el moro«.
Premio Herralde 1991 des Verlags Anagrama an *Javier Garcia Sánchez* für den Roman »La historia más triste« (»Die traurige Geschichte«).
Premio Josp Pla 1991 des Verlags Planeta in Barcelona für ein Werk in katalanischer Sprache (1 Mill. Pta) an *Jordi Coca,* Leiter des katalanischen Theaterinstituts in Barcelona.
Premio Nacional de Literatura Miguel de Cervantes 1991 (12 Mill. Pta) für ein Gesamtwerk des span. Sprachraums (höchste Auszeichnung der span. Literatur) an den Schriftsteller und Übersetzer *Francisco Ayala.*
Premio Nadal 1991 des Verlags Destino in Barcelona (3 Mill. Pta) an *Alejandro Gándara* für den Roman »Ciegas esperanzas« (»Blinde Hoffnungen«).
Premio Planeta 1991 des gleichnam. Verlages in Barcelona (20 Mill. Pta) an den Schriftsteller *Antonio Muñoz Mulina* für den Roman »El jinete polaco« (»Der polnische Reiter«).
Premio Sant Jordi, katalanischer Literaturpreis, an den Romancier und Literaturkritiker *Robert Saladrigas.*

VEREINIGTE STAATEN VON AMERIKA
Neustadt International Price of Literature 1992 der Universität von Oklahoma (40000 $) an den Lyriker *Joao Cabral de Melo Neto* (BR).

Pulitzer Prizes in Letters 1992, gestiftet von Joseph Pulitzer, verliehen von der Columbia University, New York (3000 $) – Belletristik: *Jane Smiley* für »A thousand Acres«, Drama: *Robert Schenkkan* für »The Kentucky Cycle«, Lyrik: *James Tate*, Biographie: *Lewis Puller* für sein Buch über seinen Vater und Vietnam-Veteranen Chesty Puller, Sachbuch: *Daniel Yergin*, Geschichte: *Mark Neely Jr.*

MUSIK

BELGIEN
12. Internat. Musikwettbewerb »Reine Elizabeth de Belgique« 1992 in Brüssel – Gesangswettbewerb: 1. Preis an den Bariton *Thierry Felix* (F), 2. Preis an den Tenor *Reginaldo Pinheiro* (BR).

DEUTSCHLAND
Baur (Friedrich)-Preis für Musik 1992 der Bayerischen Akademie der Schönen Künste (10 000 DM) an das Kammerorchester Schloß Werneck.
Beethoven (Ludwig van)-Preis 1992 der Stadt Bonn (25 000 DM) an den Komponisten *Paul Roberts* (GB).
18. Deutscher Musikwettbewerb 1992, veranstaltet vom Deutschen Musikrat in Bonn – **Fach Violine** an *Ursula Schoch*, **Bratsche** an *Tanja Schneider*, **Violoncello** an *Jens Peter Maintz*, **Kammermusik** an das *Avalon-Quintett* u. das *Diaphonia-Quintett* (alle je 10 000 DM); **Stipendien** an *Wolfgang Mertes, Christine Rox, Felicia Terpitz* (Geige), *Boris Faust* (Bratsche), *Martin Löhr, Nikolai Schneider* (Violoncello), *Anne Lönenbürger, Elsbeth Reuter, Claudia Taha* (Sopran), *Raimond Spogis* (Bariton), *Nora Buschmann, Matthias Klaeger, Maximilian Mangold, Daniel Oliver Sonntag* (Gitarre), *Henning Lucius, Matthias Veit* (Klavierpartner); **Kronen-Förderpreis** der Holsten-Brauerei an *Daniel Oliver Sonntag* (Gitarre); **Förderpreis des Vereins Schumann-Haus« für herausragende Interpretation eines Werkes von Schumann an *Tanja Schneider* (Bratsche); **Förderpreis ZONTA-International**, Sektion Deutschland, an *Ursula Schoch* (Geige); **Stipendium der Mozart-Gesellschaft** in Wiesbaden an *Martin Löhr* (Cello).
Echo-Preis der Deutschen Phono-Akademie 1992 (erstm. vergeben) – im Bereich **Klassik** an die Geigerin *Anne-Sophie Mutter* u. den Dirigenten *Claudio Abbado*; **Künstlerin des Jahres:** die Pop-Musikerin *Pe Werner*, **Künstler des Jahres:** *Herbert Grönemeyer*.
Europäischer Kompositionspreis für Streichquartett 1992 der Stadt Lingen (15 000 DM), anl. des Europ. Musikfestes erstm. vergeben, an *Sandeep Bhagwati* (IND).
Förderpreis für Komposition der Stadt Stuttgart 1991 (insges. 20 000 DM) – 1. Preis (12 000 DM) an *Kaspar Johannes Walter* für seine Komposition »Durchscheinende Etude VIII d«, 2. Preis (8000 DM) an *Michael Jarrell* (F) für seine Komposition »Chaque jour n'est qu'une trêve entre deux nuits«.
Folkwang-Preise 1992 der Gesellschaft der Freunde u. Förderer der Folkwang Hochschule in Essen – Sparte **Musik**: *Trio Rossignol* (7500 DM), *Annette-Barbara Vogel*, Violine (5000 DM); **Förderprämien** – Sparte **Musik:** *Dejan Gavric*, Flöte, *Torsten Kerl*, Oboe (je 1000 DM), Sparte **Jazz:** *Hans-Jörg Rüdiger* für Komposition/Arrangement (2000 DM) u. das *Trio Lutz-Potthoff* (3000 DM).
Frankfurter Musikpreis 1992 der Stadt Frankfurt, des Bundesverbandes der deutschen Musikinstrumentenhersteller u. der Messe Frankfurt (25 000 DM) an den Dirigenten *Georg Soltau* (H).
1. Gesangswettbewerb der Oper Leipzig 1992 (ges. 60 000 DM) – 1. Preis an die Altistin *Nadja Michael*, 2. Preis an die Sopranistin *Alexandra von der Weth*, 3. Preis an die Sopranistin *Juanita Lascarro Tafur* u. an die Altistin *Heike Schmidt*.
Girardi (Alexander)-Gesangswettbewerb 1992 der Johann-Strauß-Tage in Coburg (erstm., 12 000 DM) – 1. Preis u. **Sonderpreis** (3000 DM) an *Petra Lang*, 2. Preis (9000 DM) an *Hermine May*, 3. Preis (7000 DM) u. **Sonderpreis der Deutschen Johann-Strauß-Gesellschaft** (3000 DM) an *Simina Ivan* (RO); weitere **Sonderpreise** an *Tatjana Alexandrowna Woroschzowa* (GUS) u. *Endrik Wottrich*.
Halm (August)-Preis 1992 der Staatlichen Hochschule für Musik in Trossingen (20 000 DM) »für den verantwortungsvollen Umgang mit der Musik« an den Pianisten *Aloys Kontarsky*.
Hersfelder Musikpreis 1992 – **Opernpreis** u. eine **Silber-Medaille** an den Bassisten *Horand Friedrich* für seine Rollen als Eremit in »Freischütz« u. als Komtur in »Don Giovanni«; **Orpheus-Preis** an die Koreanerin *Jung-Won Han* für ihre Rolle der Elvira in »Don Giovanni« u. an *Alexander Günther* für die Rolle des Fürsten Ottokar in »Freischütz«; **Ensemble-Preis** an den Bad Hersfelder Opernchor.
Hindemith (Paul)-Preis 1992 der Rudolph- und Erika-Koch-Stiftung (25 000 DM), verliehen beim Schleswig-Holstein-Musikfestival, an den Komponisten *Wolfgang von Schweinitz*.
Internat. Bachwettbewerb 1992 in Leipzig – 1. Preis an *Rachel Barton* (USA), Violine, u. *Bogna Bartosz* (PL) für beste weibl. Gesangsdarbietung.
Internat. Klavierwettbewerb »Johann Sebastian Bach« 1992 der Stadt Saarbrücken (6000 DM) an *Ekaterina Dershavina* (GUS).

Internat. Mozart (Leopold)-Preis 1991 in Augsburg an den Geiger *Benjamin Schmid* (A).
3. Internat. Wettbewerb für junge Pianisten 1992 in Ettlingen – Kategorie A (bis 15 Jahre) an *Ayako Uehara* (J); Kategorie B (bis 20 Jahre) an *Oleg Roshin* (IL).
Jazz-Preis des Landes Baden-Württemberg 1992 (15000 DM) an den Trompeter, Komponisten u. Arrangeur *Thorsten Wollmann*.
Jazz-Preis des Südwestfunks 1991, gestiftet zusammen mit dem Land Rheinland-Pfalz, (15000 DM) an den Komponisten und Posaunisten *Klaus König*.
»Jugend musiziert« – Bundeswettbewerb 1992: 1. Preis u. a. an *Tanja Becker-Bender* (Violine), *Roland Wintzen* (Fagott), *Helge v. Niswandt* (Posaune), *Oliver Schmidt* (Schlagzeug), *Jochen Scheuer u. Stefan Verstege* (Klarinette) u. *Georg ter Voert* (Fagott); 2. Preis an *Mirjam Truck* (Violine), *Sara-Janina Koch* u. *Jörg Schweinbenz* (Klavierbegleitung); 3. Preis an *Bernhard Epstein* u. *Roland Krüger* (Klavier).
Kritikerpreis 1992 des Verbandes der deutschen Kritiker e. V. in Berlin für Musik an den Komponisten *Udo Zimmermann*.
Kunstpreis Berlin 1992 – Jubiläumsstiftung 1848/1948 – Förderpreis für Musik (10000 DM) an *Rainer Ruppert*.
Müller (Rolf-Hans)-Preis 1992, gestiftet vom Südwestfunk Baden-Baden und der Witwe des Komponisten, Rita Müller-Davar, (10000 DM) an den Komponisten *Nikolaus Glowna* für die Musik zu dem Film »Ein anderer Liebhaber«.
3. Münchner Biennale für zeitgenössisches Musiktheater 1992, gestiftet von BMW (insges. 100000 DM) – 1. Preis für **Komposition** an *Jorge Liderman* (RA) für seine Oper »Antigona Furiosa«; Preis für **Inszenierung** an *Pierre Audi* (RL), für **Bühnenbild** u. **Kostüme** an *Simon Vincenzi* (GB), für **Figurentheater** an *Toshiro Saruya* (J), für **Inszenierung eines Figurenspiels** an *Susanne Forstner* u. *Stefan Fichert*; Preis für die beste **musikalische Leistung** an den Dirigenten *David Porcelijn* (NL).
Musikpreis der Stadt Lahr 1991 an den Komponisten *Dieter Schnebel*.
Pachelbel (Johann)-Preis 1992 der 41. Internat. Orgelwoche Nürnberg – 1. Preis (7000 DM) für **beste Orgelinterpretation** u. **Publikumspreis** an *Rainer Oster*, 2. Preis an *Andreas König*.
Prix Davidoff 1992, verliehen beim Schleswig-Holstein-Festival für Musik (10000 DM), an den Trompeter *Sergej Nakarjakow* (GUS).
Schneider-Schott-Musikpreis 1992 der Stadt Mainz an den Komponisten *Ulrich Stranz* (CH).
Schumann (Robert)-Preis 1992 der Stadt Zwickau (10000 DM) zu gleichen Teilen an das *Abegg-Klaviertrio* u. an die Schumann-Forscherin *Gisela Schäfer*.

Siemens (Ernst von)-Musikpreis 1992 der gleichnam. Stiftung in München u. Zug (150000 DM) an den Musikwissenschaftler u. Haydn-Forscher *Howard Chandler Robbins Landon* (USA); **Siemens-Stipendium** (50000 DM) an die Komponisten *Beat Furrer* u. *Benedict Mason*; **Förderpreise** an die »Basler Madrigalisten« (40000 DM), an das »Centre Européen pour la Recherche Musicale« (30000 DM) sowie an das »Neue Leipziger Streichquartett«, die Hochschule für Musik »Franz Liszt« in Weimar, das Leipziger Gewandhausorchester u. die Münchner Biennale (je 20000 DM).
Stamitz (Johann Wenzel)-Preis 1992 der Künstlergilde e. V. in Esslingen (15000 DM, dotiert vom Bundesminister des Innern) an den Komponisten *Heino Schubert*; **Förderpreis** (7000 DM) an die Komponistin *Arletta Weiß*; **Interpretationspreis** (7000 DM) an den Pianisten und Komponisten *Johann Gottlob Wrochem*.

EUROPA
Grand Prix d'Eurovision de la Chanson 1992 in Malmö, 37. Grand Prix an *Linda Martin* (IRL) für »Why me«.

FRANKREICH
Grand Prix musical 1991 der Académie française an den Komponisten *Jacques Casterède*.

INDIEN
Hafiz-Ali-Khan-Musikpreis 1992 an die Geigerin Anne Sophie Mutter (D).

ISRAEL
Rubinstein (Artur)-Wettbewerb 1992 für junge Pianisten in Tel Aviv (12500 $), erster Preis an *Georgia Tomassi* (I).

ITALIEN
43. Internat. Klavierwettbewerb »Ferruccio Busoni« 1991 in Bozen, 1. Preis nicht vergeben, 2. Preis an *Igor Kamenz* (GUS/D) u. *Olivier Cazal* (F), 3. Preis an *Stanislav Judenich* (GUS).
Premio internationale per le Arti della Spettacola Gino Tani 1992 in Rom an den Klarinettisten *François Benda* (H).

JAPAN
Praemium Imperiale 1992 der Japan Art Association (100000 $, gilt als Nobelpreis im Bereich der Künste), **Sparte Musik** an den Komponisten *Alfred Schnittke* (D/GUS).

NIEDERLANDE
Internat. Klavierwettbewerb Franz Liszt 1992 in Utrecht – 1. Preis an *Sergej Paschkewitsch*, 2. Preis an *Ewelina Worontsowa*, 3. Preis an *Ewelina Borbeli* (alle drei GUS).

ÖSTERREICH

Förderungspreis des Bundesministeriums für Unterricht, Kunst u. Sport 1991 für Musik (je 75 000 S) an *Peter Planyavsky* u. *Michael Radulescu.*

Großer Österreichischer Staatspreis für Musik 1992 (200 000 S) an den Komponisten *Kurt Schwertsik.*

Internat. Belvedere-Wettbewerb für Opernsänger 1992 in Wien, veranstaltet von der Wiener Kammeroper, 1. Preis (50 000 S), **Medienpreis** der internat. Journalistenjury u. **Sonderpreis** des irischen Fernsehens sowie u. a. **Preis der Gulbenkian Foundation in Lissabon**, des Norddeutschen u. des Hessischen Rundfunks an den Bariton *Detlev Roth;* 2. Preis (30 000 S) an den Bassisten *Hee-Joon Yang* (ROC); 3. Preis sowie den **Kammeroper-Publikumspreis** an die Mezzosopranistin *Carmen Paula Oprisanu* (RO).

Krenek (Ernst)-Musikpreis 1992 der Stadt Wien an den Musikschriftsteller u. -kritiker *Wolfgang Fuhrmann* für seine Studie über »Die Strategien des Witzes bei Joseph Haydn«.

Österreichischer Staatspreis für Europäische Komponisten 1991 (200 000 S) an *Alfred Schnittke* (D/GUS).

Würdigungspreis für Musik des Bundesministeriums für Unterricht, Kunst u. Sport 1991 (100 000 S) an *Michael Gielen.*

POLEN

Orden Mérite en faveur de la culture polonaise 1991 des polnischen Kultusministers an *Ewald Zimmermann* für seine deutsche Urtextausgabe sämtlicher Klavierwerke von Frédéric Chopin.

RUSSLAND

Internat. Tschaikowsky-Wettbewerb 1992 in Moskau – 1. Preis an den Cellisten *Daniel Müller-Schott* (D).

SCHWEDEN

1. Polarmusikpreis 1992 der Königl.-Schwedischen Akademie (200 000 $) an den Pop-Musiker *Paul McCartney* (GB) »für das weltweite Wiederbeleben der populären Musik«; **Zusatzpreis** (200 000 $) zu gleichen Teilen an die Länder Litauen, Lettland und Estland zur »Unterstützung ihrer nationalen Musikkultur«.

SCHWEIZ

14. Internat. Klavierwettbewerb »Klara Haskil« 1991 in Vevey an den schottischen Pianisten *Steven Osborne.*

Mozart (Wolfgang Amadeus)-Preis 1992 der Johann Wolfgang von Goethe-Stiftung in Basel (20 000 sfr) an den Pianisten *Paul Badura-Skoda* (A).

Rencontres Nationales Chorales 1992 in Charmey – 1. Preis an das Basler Vokalensemble piacere vocale, 2. Preis an das Ensemble Couleur vocale aus Corsier-sur-Vevey u. an Chantevigne aus Mont-sur-Rolle.

SPANIEN

Internat. Klavierwettbewerb 1992 in Santander – **Großer Preis** (2 Mill. Pes.) u. **Medaille in Gold** an *Eldar Nebolsin* (Taschkent).

VEREINIGTE STAATEN VON AMERIKA

34. Grammy Awards 1992 der National Academy of Recording Arts and Sciences in 78 Kategorien – für die beste klassische Musikaufzeichnung des Jahres 30. Grammy an *Sir Georg Solti* für eine Aufnahme der Bach-Messe in b-moll mit dem Chicago Symphony Orchestra und Chor; u. a. 6 Grammys an *Natalie Cole* für ihren Song »Unforgettable«, 3 Grammys an *Bennie Raitt* als beste Rock- und Pop-Sängerin, 3 Grammys an die Band R. E. M. als beste Pop-Gruppe des Jahres, ihre Platte »Out of Time« bestes alternatives Album; Pop-Sänger des Jahres *Michael Bolton* für »When a Man Loves Women«; Neuentdeckung des Jahres *Marc Cohn* für »Walking in Memphis«; 1 Grammy an *Madonna* für bestes Video.

Grawemeyer (Charles)-Award 1992 für Musikkomposition (150 000 $) an *Krzysztof Penderecki* (PL) für sein »Adagio für Orchester«.

TANZ (BALLETT) UND THEATER

DEUTSCHLAND

Deutscher Kleinkunstpreis 1991 des Mainzer Forum-Theaters »unterhaus« (ges. 40 000 DM) in der Sparte Lied/Chanson an das Duo *Manfred Maurenbrecher/Richard Wester*; in der Sparte Kleinkunst an *Wolfgang Krause-Zwieback*; in der Sparte Kabarett an *Georg Schramm*; **Förderpreis** der Stadt Mainz an das Duo »Herrchens Frauchen« *Lisa Politt* u. *Gunter Schmidt.*

Deutscher Tanzpreis 1992 des Berufsverbandes für Tanzpädagogik u. der Zeitschrift »Ballett-Journal/Das Tanzarchiv« an *Horst Koegler* »in Anerkennung seiner Verdienste um den künstlerischen Tanz in Deutschland«.

Folkwang-Preis 1992 der Gesellschaft der Freunde u. Förderer der Folkwang Hochschule in Essen – Sparte **Darstellende Kunst** (5000 DM) an die Schauspielerin *Ingeborg Waldherr.*

Hasse (O. E.)-Preis 1991 der gleichnam. Stiftung für junge Darsteller des Sprech- u. Musiktheaters,

verliehen von der Berliner Akademie der Künste (West) (insges. 20000 DM) an die Schauspielerin *Regina Fritsch* (A) vom Wiener Burgtheater. – **1992** an den Schauspieler *Ulrich Matthes* von den Münchner Kammerspielen.
Kerr (Alfred)-Darstellerpreis 1992 (10000 DM) an den Schauspieler *Torsten Ranft* für die Titelrolle in Georg Büchners »Woyzeck« an der Berliner Volksbühne.
Kleinkunstpreis des Landes Baden-Württemberg 1992 (je 10000 DM) – Sparte Lied/Chanson 1. Preis an den Liedermacher u. Kabarettisten *Martin Herrmann*, 2. Preis an die Chorsängerin *Mytril Haefs*, 3. Preis an die Musikgruppe Tango Five, Förderpreis an die Gruppe Jantef; Sparte Pantomime u. Körpertheater 1. Preis nicht vergeben, 2. Preis an die Gruppen Mannheimer Mimentheater u. Pantomimentrio Mimicry, 3. Preis an *Gela Wagner*, Förderpreise an die Gruppe Phantomima u. an *Martin Zimmermann*.
Kortner (Fritz)-Preis 1991 der Zeitschrift »Theater heute« (10000 DM) an den Schauspieler und Regisseur *Kurt Hübner*.
Kritikerpreis 1991 des Verbandes der deutschen Kritiker e. V. in Berlin (West) für **Theater** an den Regisseur *Dimiter Gotscheff*, für **Tanz** an den Choreographen *Maurice Béjart* (F).
Kunstpreis Berlin 1992 der Akademie der Künste – Jubiläumsstiftung 1848/1948 – Hauptpreis (30000 DM) an den Regisseur *Peter Zadek*; **Förderpreis** Sparte Darstellende Kunst (10000 DM) zu gleichen Teilen an die Schauspielerin *Jutta Hell* u. *Dieter Baumann* vom Tanztheater Rubato.
Mülheimer Theatertage 1992 – Dramatikerpreis für ein in der laufenden Spielzeit uraufgeführtes Stück eines deutschsprach. Autors (20000 DM) an *Werner Schwab* (A) für sein Stück »Volksvernichtung oder Meine Leber ist sinnlos«; **Publikumspreis** an die »Goldberg-Variationen« von *George Tabori*.
Oberschwäbischer Kleinkunstpreis »Ravensburger Kupferle« 1991 (10000 DM) zu gleichen Teilen an die Clownin *Gardi Hutter* (CH) u. an die Musikgruppe Tango Five.
Preis des deutschen Zentrums des Internationalen Theaterinstituts 1992 (ITI) an den Regisseur *Peter Palitzsch*.
Shakespeare-Preis 1992 der Stiftung F. V. S. zu Hamburg für »Beiträge zur europäischen Kultur aus dem englischen Sprachraum Europas« (40000 DM) an den Schauspieler und Regisseur *Richard Attenborough* (GB).
Storz (Gerhard)-Preis 1991 der Stiftung »Humanismus heute« des Landes Baden-Württemberg »für die beste Schüleraufführung eines Theaterstücks in der Tradition der Antike« an die Schultheatergruppe des *Scheffel-Gymnasiums* in Lahr.
Theaterpreis Berlin 1992 der Stiftung Preußische Seehandlung (30000 DM) an die Schauspielerin *Jutta Lampe*.
Wolf (Konrad)-Preis 1991 der Akademie der Künste zu Berlin an die Schauspielerin und Regisseurin *Katharina Thalbach*.

FRANKREICH
Grand Prix für Nachwuchstheater 1992 der Académie française an *Jérome Dechamps*.
Grand Prix national 1991 in Paris (50000 FF) an *Claude Régy*.
Internat. Tanztheater-Wettbewerb 1992 in Bagnolet (200000 FF) – **Kategorie Ländervertretung** 1. Preise an das S. O. A. P. Dance Theatre Frankfurt (D) u. die Tanzgruppe des Choreographen *Imed Jemaa* (TN);
Molière-Theaterpreis 1992 der Vereinigung der franz. Bühnenschaffenden, 4 Preise für die Komödie »Cuisine et dependances« im Pariser Theater La Bruyère: für die beste Produktion einer Privatbühne, das beste Manuskript, das beste Lustspiel und an *Stephane Meldegg* (H) für die beste Regie; Preis für das beste Schauspiel einer staatlichen Bühne an die von *Patrice Chéreau* für das Pariser Théâtre de l'Europe inszenierte franz. Fassung von »Die Zeit und das Zimmer« von *Botho Strauß*; beste Schauspielerin *Ludmila Mikael* in »Celimene et le cardinal« von *Jacques Rampal*; bester Schauspieler *Henri Virlogeux* in »L'Antichambre« von *Jean-Claude Brisville*.
Preise der franz. Theater- u. Musikkritiker 1992, Theater- u. Opernpreis an den Regisseur *Botho Strauß* für die Inszenierungen »Die Zeit und das Zimmer« im Europatheater u. von Alban Bergs »Wozzeck« im Chatelet-Theater in Paris; **Musiker des Jahres** der Leiter des Lyoner Opernorchesters, *Kent Nagano* (USA).

GROSSBRITANNIEN
Förderpreis des Laban Centers London 1992, verbunden mit einem **Stipendium** für eine neue Produktion, an die Tanz-Kompanie des Choreographen *Rui Horta* (P) für das Mozart-Stück »Wolfgang bitte...!«.

Italien
Festival »Volterra« – Premio Ubu 1991 an die *Compania della Fortezza*.

NIEDERLANDE
Choreografen Concours Eigentijdse Dans 1991 in Groningen – 1. Preis (10000 hfl) für »Bubamxichoi« von *Joaquin Sabaté* (E), 2. Preis (5000 hfl) für »Studie Nr. 2« von *Veerle Bakelants* (B); **Publikumspreis** für »Butterfly Effect« von *Itzig Galili* (IL).

ÖSTERREICH
Wiener Theaterpreis 1992 (70000 S) an *Elizabeth Schraml* für ihr Drama »Strafraum«.

SCHWEIZ

Kulturpreis 1992 der Burgergemeinde Bern (100 000 sfr) an den Verein Berner Tanztage.
Preis für Theatervermittlung der schweizerischen Vereinigung für das Kinder- und Jugendtheater 1992 (Astej) (erstm., 5000 sfr) an das »Chössi«-Theater in Wattwil.
20. Prix de Lausanne 1992 – Internat. Tanzwettbewerb für den Nachwuchs, Freiplätze an internat. Ballettschulen u. je 10 000 sfr an *Laetitia Pujol* (F), *Fanny Agnese* (F), *Guillaume Charlot* (F), *Ayako Nakano* (J), *Mai Takaku* (J), *David Makhateli* (GUS); weitere Preise (4000 sfr) an *Youry Yanowsky* (E), (3000 u. 2000 sfr) an *Otto u. Jiri Bubenicek* (ČSFR); für professionelles Niveau (je 2000 sfr) an *Hironao Takahashi* (J) u. *Sandrine Cassini* (F); **Spezialpreis der Jury** (2500 sfr) an *Sabine Hagenbuechle* (CH).

VEREINIGTE STAATEN VON AMERIKA

46. Tony-Verleihung (Antoinette Perry Awards) 1992 für die besten Produktionen am Broadway – bestes **Musical:** »Crazy For You«, Neuinszenierung eines in den 30er Jahren entstandenen Sing- u. Tanzspiels mit alten Songs von George u. Ira Gershwin; bestes **Drama:** »Dancing at Lughnasa« von *Brian Friel;* 4 Tonys für »Guys and Dolls« als beste **Neuinszenierung;** bestes **Bühnenbild** an *Tony Walton;* beste **musikalische Leitung** an *Jarry Zaks;* beste **Musical-Darstellerin** an *Faith Prince;* bester **Musical-Darsteller** an *Gregory Hines;* beste **Drama-Darstellerin** *Glenn Close* in »Death and the Maiden«; bester **Drama-Darsteller** *Judd Hirsch* in »Conversations With My Father«.

PREISE FÜR FRIEDEN UND VERSTÄNDIGUNG, GESAMTSCHÖPFERISCHE LEISTUNGEN, NATUR- UND UMWELTSCHUTZ

ALTERNATIVER NOBELPREIS 1991

der Right Livelihood Awards Foundation in Douglas/Isle of Man u. Bradford/GB, gestiftet vom dt.-schwed. Wissenschaftler *Jakob von Uexküll* als Beitrag zur Lösung der drängendsten Menschheitsprobleme, überreicht im Schwedischen Reichstag am Vortag der Nobelpreis-Verleihung (ges. 120 000 $) je zu einem Drittel an die brasilianische Landreformerbewegungen *Movimento Dos Trabalhadores Rurais Sem Terra* (*MTS*) und *Commisao Pastoral Da Terre* (*CPT*), an die indische Staudammgegner-Bewegung »Rettet Narmada«, an den Völkerkundler *Bengt Danielsson* und seine Frau *Marie-Therese* sowie den Senator der Marshall-Inseln, *Jeton Anjain*, und die 250 Bewohner der Insel Rongelap als Aktivisten gegen die Atombombentests im Pazifik; **Ehrenpreis** an den Publizisten *Edward Goldsmith* (GB) für sein andauerndes Engagement als Umweltschützer.

BRASILIEN

»Global 500« der Vereinten Nationen 1992 für Verdienst um den Umwelt- u. Naturschutz in Rio de Janeiro u. a. an die Schauspielerin *Brigitte Bardot* (F) u. an den holländischen Radfahrerbund Fietsersbond.
Preis für die Verteidigung der Menschenrechte 1991 der Nationalen Menschenrechtsbewegung in Brasilia an den Befreiungstheologen *Leonardo Boff.*

DEUTSCHLAND

Adorno (Theodor W.)-Preis 1992 der Stadt Frankfurt am Main (50 000 DM) an den Komponisten, Dirigenten u. Musikschriftsteller *Pierre Boulez* (F) für seine Verdienste um die internat. Musik.
Arnold (Karl)-Preis 1992 der CDU Nordrhein-Westfalen (10 000 DM) an den Vorstand des Notärztekomitees »Cap Anamur«.
Aronson (Hans)-Preis 1992 der gleichnam. Berliner Stiftung (20 000 DM) an den Mediziner *Stefan Meuer* »für seine Untersuchungen zur Funktion des menschlichen Immunsystems«.
Bayerische Europamedaille 1991 an *Gaston Geens,* Ministerpräsident von Flandern, »für seine Verdienste um ein demokratisches Europa der Regionen«.
Bennigsen-Foerder (Rudolf von)-Preis 1992 für Nachwuchswissenschaftler (je 100 000 DM) u. a. an den Mediziner *Uwe Schlegel* u. den Radioastronomen *Rainer Mauersberger.*
B'nai B'rith-Goldmedaille 1991 für humanitäre Verdienste an *Berthold Beitz*, Vorsitzender des Kuratoriums der Alfried-Krupp-von-Bohlen-und-Halbach-Stiftung.
Brenz (Johann)-Medaille 1992 der württembergischen Landeskirche an Erzbischof *George L. Carey* (GB), Oberhaupt der Anglikanischen Kirche.
Bruckhaus (Friedwart)-Förderpreis 1991 der Hanns-Martin-Schleyer-Stiftung für junge Wissenschaftler und Journalisten an die Rundfunkreporterin *Claudia Hamboch* »für gründliche Recherchen« beim Problem des Zusammenwachsens in Deutschland, an *Michael Schwarzenau* für seine Dissertation »Deutschland im Umbruch: Dimensionale Einordnung nationaler Identität der Deutschen«.

Preise für Frieden und Verständigung

Bürgermedaille 1992 der Stadt Stuttgart an die Direktorin des Stuttgarter Balletts, *Marcia Haydée*.

Burkhardt (Arthur)-Preis 1992 für besondere Verdienste um die Verbindung von Natur- und Geisteswissenschaften (25 000 DM) an den Philosophen *Jürgen Mittelstraß*.

Conwentz (Hugo)-Medaille 1992 der Arbeitsgemeinschaft beruflicher u. ehrenamtlicher Naturschutz an *Christian Schütze*, Leiter des Ressorts Umweltpolitik der »Süddeutschen Zeitung«.

Dehio (Georg)-Preis 1992 der Künstlergilde Esslingen für Kultur- und Geistesgeschichte (15 000 DM) an den Historiker *Friedrich Prinz*; **Ehrengabe** (7000 DM) an *Heinrich Kuhn*, langj. Leiter des Sudetendeutschen Archivs; **Förderungspreis** (7000 DM) an *Mads Ole Balling* (DK).

Derra (Ernst)-Preis 1992 der Deutschen Gesellschaft für Thorax-, Herz- und Gefäßchirurgie (10 000 DM) zu gleichen Teilen an *Christian Friedrich Vahl* u. *Hans-Peter Meinzer* »für ein in einem Pilotprojekt entwickeltes computerunterstütztes Verfahren zur dreidimensionalen Darstellung von Gestalt und Aufbau des Herzens«.

Deutscher Historikerpreis 1992 des »Historischen Kollegs« in München (50 000 DM) an *Thomas Nipperdey*, insbes. für sein Werk »Deutsche Geschichte«.

Deutscher Kulturpreis 1991 der Stiftung Kulturförderung in München (100 000 DM) an die Mainzer Stiftung Lesen; **Ehrenpreis** (10 000 DM) an den Parl. Staatssekretär *Bernd Schmidhauer*; **Sonderpreis** (10 000 DM) an den CDU-Politiker *Wolfgang Schäuble*.

Duden (Konrad)-Preis 1991 des Verlags F. A. Brockhaus u. der Stadt Mannheim für besondere Verdienste um die deutsche Sprache (15 000 DM) an die Sprachwissenschaftlerin *Els Oksaar*.

Ehrlich (Paul) und Darmstaedter (Ludwig)-Preis 1992 der gleichnam. Stiftung in Frankfurt/M. (90 000 DM) an Biophysiker und Nobelpreisträger *Manfred Eigen* »für seine Verdienste um die Erforschung molekularer Mechanismen der Evolution«.

Europa-Preis für Volkskunst 1992 der Stiftung F. V. S. zu Hamburg (12 500 DM) an die Volkstanz- u. Trachtengruppe Uucht-La Veillée (L); **Sonderpreis** (10 000 DM) an die Folkloregruppe Podegrodzie (PL).

Förderpreis für germanistische Sprachwissenschaft der Hugo-Moser-Stiftung 1992 (12 000 DM) an *Hans Ebert* für seine Arbeit über »Texttypen in Wirtschaftsunternehmen der Neuzeit«.

Forschungspreis des Landes Baden-Württemberg 1992 (insges. 300 000 DM) an die Wissenschaftler *Ernst-Dieter Gilles, Gerhart Eigenberger, Hans-Gerhard Fritz, Matthias Reuß, Karl Stephan* u. *Michael Zeitz*.

Freiheitspreis der Liberalen Internationale 1992 (LI) an die Poetin und Dissidentin *Maria Elena Cruz Varela* (C).

Friedenspreis des Deutschen Buchhandels 1992 (25 000 DM) an den Schriftsteller *Amos Oz* (IL).

Goethe-Medaille 1992 des Goethe-Instituts für Verdienste um die dt. Sprache u. Kultur an die Schriftstellerin *Elisabeth Augustin* (NL), den Philosophen und Wissenschaftstheoretiker *Karl Popper* (GB) u. den Kunsthistoriker *Hugo Rokyta* (ČSFR).

Goethe-Plakette 1992 der Stadt Frankfurt am Main an den Politikwissenschaftler *Iring Fetscher*.

Gundolf (Friedrich)-Preis 1992 der Deutschen Akademie für Sprache und Dichtung für die Vermittlung deutscher Kultur im Ausland (20 000 DM), verliehen von der Deutschen Akademie für Sprache und Dichtung e. V. in Darmstadt, an den Germanisten und Sprachforscher *Emil Skála* (ČSFR).

Gutenberg (Johannes)-Preis 1992, gestiftet von der Stadt Mainz u. der Internat. Gutenberg-Gesellschaft (alle drei Jahre, 20 000 DM), an den Verleger *Ricardo J. Vincent Museros* (E) »für den Aufbau des ersten spanischen Druckmuseums 1987 in der Nähe der Stadt Valencia«.

Haag (Herbert)-Preis 1992 der Stiftung »Für Freiheit in der Kirche« an den kath. Theologen *Eugen Drewermann*.

Hahn (Otto)-Preis 1992 der Stadt Frankfurt (50 000 DM) an die Kinderärztin *Olga Aleinikova* (GUS) »für ihre engagierte Arbeit für Kinder, die unter den Folgen der Reaktorkatastrophe in Tschernobyl zu leiden haben«.

Herder (Gottfried von)-Preis 1992 der Stiftung F. V. S. zu Hamburg (je 30 000 DM) an den Historiker *Jiri Koralka* (ČSFR), die Volkskundler *Zmaga Kumer* (Slowen.) u. *Jenö Barabas* (H), den Germanisten *Stefan Kaszynski* (PL) u. den Archäologen *Manolis Andronikos* (GR).

Heuss (Theodor)-Preis 1992 der gleichnam. Stiftung zur Förderung der politischen Bildung u. Kultur (insges. 20 000 DM) an die Ausländerbeauftragten der Länder und Kommunen: *Barbara John* (Berlin), *Almuth Berger* (Potsdam), *Anette Köppinger* (Schwerin), *Sedat Cakir* (Groß-Gerau) u. *Gerda Püttmann* (Düsseldorf); **Theodor-Heuss-Medaillen** an eine Brandenburger Schülerinitiative gegen Gewalt und Rechtsextremismus u. an das deutsch-polnische Begegnungszentrum Viva Regia in Görlitz/Zgorzelec.

Humanitärer Preis der deutschen Freimaurer 1992 in Frankfurt an den ehem. Außenminister *Gyula Horn* (H) »für seinen wesentlichen Beitrag zur deutschen Vereinigung, indem er 1989 unter hohem persönlichem Risiko den Eisernen Vorhang geöffnet hat«.

Humboldt (Alexander von)-Medaille in Gold 1991 an *Dieter Walch*, Verwalter des Gutes Siggen in

Ostholstein – **1992** an *Fritz Kellinghusen*, Vorsitzender des Vereins Naturschutzpark in Hamburg-Bergedorf.
Internat. Jung (Ernst)-Forschungspreis 1992 für Medizin der gleichnam. Stiftung in Hamburg (je 200 000 DM) an die Wissenschaftler *Roy Calne* (GB) u. *Martin E. Schwab* (CH); **Jung-Medaille in Gold** (60 000 DM) an *Hans Erhard Bock*.
Internat. Karlspreis der Stadt Aachen 1992 für hervorragende Leistungen im europäischen Raum (10 000 DM) an den Präsidenten der Kommission der Europäischen Gemeinschaft, *Jacques Delors* (F).
Internat. Preis für Medienkunst 1992, gestiftet von der Firma Siemens, (erstm., insges. 100 000 DM) an die Medienkünstler *Paul Garrin* (USA), *Rebecca Horn* u. *Stephan v. Huene* (USA/D) u. an den Philosophen *Paul Virilio* (F); **Anerkennungspreise** an *Regina Cornwell* (USA) u. *Victoria v. Flemming* »für ihre Verdienste um die Vermittlung von Medienkunst«.
Jünger (Ernst)-Preis 1992 für Entomologie (10 000 DM) an den Wissenschaftler *Walter Linsenmaier* (CH).
Kaiser (Rudolf)-Förderpreis 1991 für Experimentalphysik der gleichnam. Stiftung (50 000 DM) an *Thomas Elsässer* u. *Wolfgang Eilsäßer*.
Kant (Immanuel)-Preis 1992 in Berlin der Stiftung F. V. S. zu Hamburg für die Verbesserung der Zusammenarbeit mit den ost- u. südosteuropäischen Ländern (100 000 DM) an den damaligen Bundesaußenminister *Hans-Dietrich Genscher*.
Kind-Phillipp-Preis 1992 der gleichnam. Stiftung für Leukämie-Forschung (20 000 DM) an *Lothar Schweigerer*.
Klose (Hans)-Preis 1991 in Berlin der Stiftung F. V. S. zu Hamburg für den Aufbau des Naturschutzes in den neuen Bundesländern (10 000 DM) an den Biologen *Michael Succow*.
Krupp (Alfred)-Förderpreis 1992 der gleichnam. Stiftung für junge Hochschullehrer (850 000 DM) an den Biologen *Lutz Heide* vom Institut für pharmazeutische Biologie der Universität Freiburg.
Kultur- und Friedenspreis 1992 der Villa Ichon in Bremen (10 000 DM) an den Schauspieler *Will Quadflieg* »für sein darstellerisches Lebenswerk und seine gesellschaftspolitische Selbstverpflichtung«.
Kulturpreis »Chemnitzer Ernst« 1992 (erstm. Vergabe) für Personen, die mit der Kultur der Stadt in Verbindung stehen, an den Schriftsteller *Stefan Heym*.
Kulturpreis der Stadt Kiel 1992 (15 000 DM) an den Dirigenten *Klaus Tennstedt*, 1972–76 Kieler Generalmusikdirektor.
Kulturpreis 1992 der Städte Ravensburg und Weingarten (insges. 20 000 DM) – Hauptpreis im Bereich Wissenschaft an den Arzt *Günter Hole*;

Förderpreis an *Gregor* u. *Veit Hübner*, Mitglieder des Bel Art Trios u. der Musikgruppe Tango Five.
Kunstpreis der Düsseldorfer Sparkasse 1992 (20 000 DM) an den lyrischen Bariton *Andreas Schmidt*.
Kunstpreis Ökologie 1992 der AEG Hausgeräte AG – 1. Preis (je 10 000 DM) an *Nathalie Tison* (CH) u. *Ubbo Kügler*, 2. Preis (je 5000 DM) an *Andreas Exner* u. *Jan Sudeck*; **Sonderpreis Schweiz** an *Florence Leproust* (CH).
Leibniz (Gottfried Wilhelm)-Förderpreis 1992 der Deutschen Forschungsgemeinschaft (je 3 Mill. DM für 5 Jahre) an den Physiker *Jürgen Mlynek* u. den Biologen *Hans-Georg Rammensee* sowie den Sprachwissenschaftler *Wolfgang Raible* (1,5 Mill. DM).
Liebig (Justus v.)-Preis 1992 der Stiftung F. V. S. zu Hamburg für Verdienste um die Landwirtschaft in Europa (je 25 000 DM) an *Dieter Schröder* u. *Jan de Veer* (NL).
Lucas (Leopold)-Preis 1992 der Evang.-Theolog. Fakultät der Universität Tübingen für Verdienste um die Verbreitung des Toleranzgedankens und Förderung der Beziehungen zwischen Menschen und Völkern (50 000 DM) an die Religionswissenschaftlerin *Annemarie Schimmel* (USA).
Martini (Paul)-Preis 1992 der gleichnam. Stiftung (30 000 DM) an die Wissenschaftler *Thomas Münzel*, *Marion A. Brach* u. *Friedhelm Herrmann*.
Meitner (Lise)-/Humboldt (Alexander von)-Forschungspreis 1992, erstmals vergeben vom Ministerium für Wissenschaft und Technologie in Israel und der Humboldt-Stiftung in Bonn, an den Physiker *Frank Pobell*.
Mendelssohn (Moses)-Preis 1992 des Landes Berlin (20 000 DM) zur Förderung der Toleranz gegenüber Andersdenkenden u. zwischen den Völkern, Rassen u. Religionen an *Charlotte Schiffler*, Mitbegründerin des israel. Friedensdorfes Neve Schalom, u. den SPD-Politiker *Wolfgang Thierse*.
Morris (Philip)-Forschungspreis 1992 des gleichnam. Konzerns (120 000 DM) an die Wissenschaftler *Kurt Ammon*, *Will Minuth*, *Alexander Steinbüchel*, *Michael Zoche* u. *Alex Faller*.
Ökologiepreis für Nachwuchswissenschaftler 1992 des Industrieverbands Steine u. Erden Baden-Württemberg (ISTE) (erstm., insges. 2000 DM) an *Thomas Koller*, *Tobias Wolmann* u. *Cordula Höfer*.
Ossietzky (Carl von)-Preis 1992 für Zeitgeschichte und Politik (10 000 DM), vergeben von der Stadt Oldenburg, zu gleichen Teilen an die Autorin *Helga Bemmann* für ihr Buch »Kurt Tucholsky – ein Lebensbild« u. den Studienrat *Horst R. Sassin* für seine Dissertation »Die Robinsohn-Strassmann-Gruppe 1932 bis 1942 – Charakterinseln im Schlammsee des Dritten Reiches«.

Preise für Frieden und Verständigung

Pfeil (Wilhelm-Leopold)-Preis 1992 in Freiburg der Stiftung F. V. S. zu Hamburg für besondere Verdienste um die europäische Waldwirtschaft in Wissenschaft u. Praxis (20000 DM) an *Leonardas Kairiukstis* (Litauen).

Pfleger (Robert)-Preis 1992 für wissenschaftl. Leistungen der gleichnam. Stiftung in Bamberg (120000 DM) an die Mediziner *Claus Rainer Bertram, Stephan Kaufmann* u. *Ulrich Koszinowski.*

Preise der Stiftung Buchkunst 1991/92 u. a. – 1. Preis (6000 DM) an »Mac Reiseführer« im Rowohlt Taschenbuch Verlag, Reinbek; 2. Preis (je 3500 DM) an »Kollege L. war schon prima« von *Victor Malsy* im Verlag Hermann Schmidt, Mainz u. an »Gedichte« von *Fernando Pessoa* in der Maximilian-Gesellschaft, Hamburg; 3. Preis (2000 DM) an »Pier Paolo Pasolini« von *Nico Naldini* im Verlag Klaus Wagenbach, Berlin; **Förderpreise für junge Buchgestalter,** vergeben vom Bundesministerium des Innern (insges. 6000 DM), an *Karin Girlatschek* für »Andreas Langen, Spaziergang nach Syrakus«, *Lisa Neuhalfen* für »Ramón Gómez« sowie an *Georg von Bomhard, Gustavo J.-H. Eckhoff, Tom Fleming, Martina Kegel, Susanne Köhn* u. *Maya de Silva* für das Buch »BDA-Preis 1990«.

Preis der Sparkassenstiftung 1992 für Forschungen im Umweltbereich – 1. Preis (6000 DM) an den Ingenieur *Thomas Turek,* 2. Preis (3000 DM) an den Chemiker *Bertold Bohnert,* 3. Preis (2000 DM) an die Biologin *Renate Michel.*

Preis der »Stiftung Ja zum Leben« 1992 in Stuttgart (10000 DM) an den Arzt u. Publizisten *Siegfried Ernst* u. an *Hedi Lebert* von der »Aktion Lebens-Chance« in Köln.

Ramsauer (Carl)-Forschungspreis 1992 der AEG (60000 DM) an die Wissenschaftler *Marius Grundmann, Xiaoyi Liu, Hans Rabus, Thomas Steiner, Thomas Bittner* u. *Axel Schülzgen.*

Rußlanddeutscher Kulturpreis 1991 der Landsmannschaft der Deutschen aus Rußland (erstm., 10000 DM) an *Michael von Albrecht* als Herausgeber des musikalischen Gesamtwerks seines Vaters Georg von Albrecht und »für seine Verdienste um die Erhaltung und Förderung des rußlanddeutschen Kulturgutes«.

Schneider (Reinhold)-Kulturpreis 1992 der Stadt Freiburg (20000 DM) für hervorragende Leistungen auf dem Gebiet der Literatur an die Regio-Kulturzeitschrift »Allmende«.

Schubert (Bruno-H.)-Preis 1992 in Frankfurt (insges. 40000 DM) für Umwelt- u. Naturschutz an die Biologen *Peter Poschlod* u. *Michael Succow,* kurze Zeit stellvertr. Umweltminister der ehem. DDR.

Staatsmedaille in Gold 1992 des Bayerischen Landwirtschaftsministeriums u. den **Bayerischen Löwen** des Landwirtschaftsministers an *Graf Lennart Bernadotte* u. *Gräfin Sonja* von der Bodensee-Insel Mainau.

Staatspreis 1991 des Landes Nordrhein-Westfalen (50000 DM) an den Schriftsteller *Lew Kopelew* (GUS) u. den Nuklearmediziner *Ludwig Feinendegen.*

Steffens (Henrik)-Preis 1992 in Lübeck der Stiftung F. V. S. zu Hamburg für hervorragende wissenschaftliche u. kulturelle Leistungen in Skandinavien (40000 DM) an *Peter Seeberg,* Direktor des Viborg Stiftsmuseums.

Stein (Erwin)-Preis 1992 der gleichnam. Stiftung (20000 DM) an den Philosophen *Odo Marquard* »für sein hervorragendes philosophisches Werk«.

Stern-Gerlach-Preis 1991 der Deutschen Physikal. Gesellschaft (DPG) an *Dirk Dubbers* u. *Walter Mampe* für Arbeiten zum Betazerfall des freien Neutrons.

Umweltpreis 1991 des Landes Baden-Württemberg an den Rems-Murr-Kreis u. den Enzkreis und an die Kommunen Süßen, Karlsbad u. Müllheim.

Umweltpreis 1991 des Landes Niedersachsen (20000 DM) an den Kernphysiker *Vladimir M. Chernousenko* (GUS), Autor des Buches »Chernobyl: Insight from the Inside«.

Umweltschutzpreis 1992 des Bundesverbands der Deutschen Industrie (BDI) – Sparte umweltfreundliche Technologie: 1. Preis an Deutsche Lufthansa Köln, 2. Preis an Organocell München, 3. Preis an Georg Fischer Automobilguß in Singen; Sparte umweltverträgliche Produkte: an Schoeller International München, Tengelmann Wiesbaden u. Bio Pack Verpackung Lippstadt; Sparte umweltorientiertes Management: Mohndruck Gütersloh u. Kunert Immenstadt; Transfer von Umwelttechnik in Entwicklungsländer: Flachglas Solartechnik Köln; Abfallverwertung/Recycling: Verpackung + Display Stabernack Fulda, Lohmann Neuwied u. Rheinische Kalksteinwerke Wülfrath.

Wacker-Silicon-Forschungspreis 1992 München an die Chemiker *Eugen G. Rockow* (USA) u. *Richard Müller.*

Warburg-Preis 1992 des Vereins »Atlantik-Brücke für deutsch-amerikanische Verständigung« an den fr. Außenminister *Henry Kissinger* (USA).

Woitschach (Ellen u. Max)-Forschungspreis 1991 der gleichnam. Stiftung für ideologiefreie Wissenschaft (15000 DM) an *Bernd-Olaf Küppers* für sein Werk »Der Ursprung biologischer Information«.

Zeiss (Carl)-Forschungspreis 1992 (50000 DM) an den Physiker *Yoshihisa Yamamoto* (J) u. *Ahmed Zewail* (ET).

EUROPA

Preis Europäische Frauen 1992 der EG an die Politologin *Juliet Lodge* (GB).

Preis der Europäischen Märchengesellschaft 1992

(10000 DM) an den Philosophen *Franz Vonessen* (D).

Sacharow (Andrei Dimitrijewitsch)-Preis für Menschenrechte des Europa-Parlaments 1991 für Persönlichkeiten, die sich für die Verbesserung der Ost-West-Beziehungen oder das Recht auf Meinungs- u. Forschungsfreiheit eingesetzt haben (ca. 10000 DM), an den serb. Schriftsteller und Aktivisten *Adem Demaci.*

FRANKREICH

Prix Aujourd'hui 1991 an *Jean-Claude Barreau* für sein Buch »De l'Islam en général et du monde en particulier«.

Grand Prix der Académie française 1992 für Philosophie (50000 FF) an *Jean-Luc Marion.*

Kulturorden »Arts et Lettres« 1992 an den Schauspieler *Sylvester Stallone.*

Preis für Förderer der Kunst 1992 der Stiftung »Montblanc de la Culture« (erstm. vergeben, 100000 $) an *James D. Wolfensohn,* Vorsitzender des John F. Kennedy Center for the Performing Arts, Whashington, Madame *Georges Pompidou,* Ehrenpräsidentin der Georges-Pompidou-Stiftung für Kunst und Kultur, Paris, die *Rockefeller-Stiftung* New York u. an *Dominique de Menil,* Philanthropin u. Ehrenmitglied des Amerikan. Instituts für Architektur, Houston.

Prix Gobert 1992 für Geschichte der Académie française an *Roger Chartier.*

Prix Louise Weiss 1991 der franz. Nationalbibliothek (90000 FF) an den Historiker u. Verleger *Pierre Nova.*

Straßburg-Medaille in Gold 1991 der Stiftung F. V. S. zu Hamburg für hervorragende Leistungen in Kultur u. Wissenschaft für die deutsch-französische Freundschaft an *Pierre de Boisdeffre.*

GRIECHENLAND

Onassis (Alexander F.)-Stiftung – Athen-Preis 1991 für Mensch und Menschheit (100000 $) an die norwegische Ministerpräsidentin *Gro Harlem Brundtland* u. EG-Kommissions-Präsident *Jacques Delors* (F) für ihr europäisches Engagement.

ISRAEL

Wolf (Ricardo)-Preis für Naturwissenschaft u. Kunst 1992 der gleichnam. Stiftung in Tel Aviv (100000 $) an den Mediziner *Judah Folkman,* den Chemiker *John Pople* (beide USA), die Mathematiker *Lennart Carleson* (S) u. *John Thompson* (GB), den Astronomen *John Taylor* (GB), die Architekten *Frank Gehry* (USA), *Jorn Utzon* (DK) u. *Denys Lasdun* (GB).

ITALIEN

Agnelli (Giovanni)-Preis 1992 »für die Erforschung der ethischen Dimensionen in fortgeschrittenen Gesellschaften« an den Soziologen und Wirtschaftswissenschaftler *Ralf Dahrendorf* (D).

Amalfi-Preis für Soziologie und Sozialwissenschaften 1992 an den Soziologen *Louis Dumont* (F) für sein Buch »L'idéologie allemande«; **Spezialpreis** des Verlags Bulzoni an den Soziologen *Philippe Sarasin* (CH) für sein Buch »Stadt der Bürger«.

Montaigne-Preis 1991 in Rom der Stiftung F. V. S. zu Hamburg (40000 DM) für herausragende kulturelle Leistungen im romanischen Sprachraum an *Vincenzo Cappelletti,* Generaldirektor des Instituts der Italien. Enzyklopädie.

JAPAN

»Niwano-Peace-Foundation«-Preis 1992 (ca. 250000 DM) an den buddhistischen Geistlichen *Ahangamage Tudor Ariyaratne* (CL) »für die Zusammenarbeit der Religionen und den Fortschritt des geistlichen Lebens«.

LATEINAMERIKA

Preis der Menschenrechte 1992 der Vereinigung der Korrespondenten der Iberoamerikanischen Presse (ACPI) »für Personen, die wegen ihres gewaltlosen Kampfes für Demokratie und Freiheit in zahlreichen Ländern der Erde unterdrückt, gequält und eingekerkert werden«, an die Dichterin *Maria Elena Cruz Varela* (C).

LUXEMBURG

Bech (Joseph)-Preis 1992 der Stiftung F. V. S. zu Hamburg (40000 DM) für Verdienste um die Förderung der polit. Einigung Europas an *Alois Mock* (A), Bundesminister für Auswärtige Angelegenheiten.

NIEDERLANDE

Erasmus-Preis 1992 für Personen oder Institutionen, »die einen hervorragenden Beitrag für die Kultur, die Sozialwissenschaft oder die Wahrheit geleistet haben«, (ca. 193000 DM) an das »Generalarchiv für Spanisch-Amerika« in Sevilla; **Sonderpreis** an *Simon Wiesenthal.*

ÖSTERREICH

Nestroy-Ring 1992 für außerordentliche und ungewöhnliche Leistungen in der Pflege der satirisch-kritischen Darstellung des Wesens Wiens sowie seiner Bevölkerung an den Schauspieler und Theaterdirektor *Otto Schenk* u. den Filmemacher *Houchang Allahyari.*

RUSSLAND

Karpinskij (Alexander-Petrowitsch)-Preis 1991 in St. Petersburg der Stiftung F. V. S. zu Hamburg (40000 DM) an den Wissenschaftler *Juri Andrejewitsch Ossipian* »für hervorragende Leistungen von europäischer Bedeutung« u. an den Literaturwissenschaftler u. Historiker *Dimitri Sergejewitsch Lichatschew* (40 000 DM) u. a. »für außerordentliche Leistungen auf dem Gebiet des Umweltschutzes«.

SCHWEDEN
Crafoordpreis 1992 der Königl.-Schwed. Akademie der Wissenschaften (ca. 650 000 DM) an den Paläontologen *Adolf Seilacher* (D).

SCHWEIZ
Clavel (Alexander)-Kulturförderpreis 1992 der gleichnam. Stiftung in Riehen (erstm., 35 000 sfr) an den Künstler *Heinz Schäublin* für sein Projekt »Raum, Licht, Musik im Wenkenpark«.
Duttweiler (Adele)-Preis 1991 der gleichnam. Stiftung in Rüschlikon für »hervorragende Leistungen zum Wohle der Allgemeinheit« (100 000 sfr) an die Schweizer Arbeitsmeinschaft für Wanderwege in Basel.
Ernst (Carl-Heinrich)-Preis 1991 (5000 sfr) an den Winterthurer Musiker *Conrad Steinmann* »für seine besonderen Verdienste um das Kulturleben der Stadt«.
Freiheitspreis der Max-Schmidtheiny-Stiftung 1992 zur Erhaltung u. Sicherung einer freiheitlichen Gesellschafts- u. Wirtschaftsordnung (150 000 sfr) zu gleichen Teilen an den Präsidenten Mexikos, *Carlos Salinas de Gortari*, u. an den teschechischen Ministerpräsidenten *Václav Klaus*, »zwei Persönlichkeiten, die exemplarisch den weltweiten Aufbruch zu einer liberalen Ordnung verkörpern«.
Innerschweizer Kulturpreis 1991 der gleichnam. Stiftung (15 000 sfr) an den kath. Theologen *Hans Küng* für seine »außerordentliche theolog. Arbeit im Geist der ökumenischen Verständigung und seinen weltweit bedeutenden Einsatz für den Dialog unter den Weltreligionen«.
Monnet (Jean)-Medaille in Gold 1992 der gleichnam. Stiftung in Lausanne an den ehem. franz. Premierminister *Raymond Barre* »für seine Tätigkeit als Vizepräsident der Europakommission von 1967–72«.
Rey (Joseph)-Preis 1991 der Johann-Wolfgang-von-Goethe-Stiftung Basel (25 000 DM) an den CDU-Politiker *Wolfgang Schäuble* (D) für seine Verdienste um die deutsch-franz. Zusammenarbeit und die europ. Einheit.
Rousseau (Jacques)-Preis 1992 der Stadt Genf (50 000 sfr) an Autoren, die einen hervorragenden »Blick auf den Zustand der Welt und die Zukunft des Menschen werfen«, an den Genetiker *Albert Jacquard* (F) für sein Werk »Voici le temps du monde fini«.
Sisyphus-Preis der Stadt Bern 1991 an den Konzertveranstalter *Peter Burkhart*.
Waadtländer Kunstpreis 1991 in Lausanne (je 100 000 sfr) an die Filmemacherin *Jacqueline Veuve*, den Schriftsteller *Philippe Jaccottet* u. den Graphiker *Werner Jaker*.

SPANIEN
Goldmedaille für Verdienste um die Schönen Künste 1992 in Madrid an den Archäologen *Hermanfrid Schubart* (D), Leiter des Deutschen Archäolog. Instituts in Madrid.
Internationaler Preis von Katalonien 1992 (ca. 160 000 DM) an den Cellisten *Mstislaw Rostropowitsch* (GUS) »für seine besonderen Verdienste um die Verteidigung der Menschenrechte und für seine künstlerische Leistung«.

TSCHECHOSLOWAKEI
Comenius-Medaille 1992 der tschechosl. Stiftung »Jugend 2000« an den Leiter des Chem. Instituts Stuttgart, *Wolfgang Flad*.
Histor. Medaille der Karls-Universität Prag 1992 an den Dirigenten *Paul Sacher* (CH).

UNESCO
Preis für Friedenserziehung 1992 (60 000 $) an die Ordensschwester *Mutter Teresa*.

UNGARN
Kossuth-Preis 1992, Staatspreis für künstlerische und wissenschaftliche Leistungen, an den Schriftsteller *Peter Nádas*.

VEREINIGTE STAATEN VON AMERIKA
Bergey Award 1992 (internat. bedeutendste Auszeichnung für Arbeiten auf dem Gebiet der Systematik der Bakterien) an den Wissenschaftler *Wolfgang Ludwig* (D).
Internat. Friedenspreis für Erzieher 1992 der »Dolores Kohl Education Foundation« in Chicago an den Pädagogen *Albert Kaufmann* (A).
Martin-Luther-King-Friedenspreis 1991/92 der gleichn. Stiftung in New York an den Präsidenten der Sozialistischen Internationale u. SPD-Ehrenvorsitzenden *Willy Brandt* (D).
Preis der General Motors Cancer Research Foundation 1992 (390 000 $) an die Entwicklungsbiologin *Christiane Nüsslein-Volhard* (D).
Silbermedaille 1992 des Internat. Instituts für Verbrennung in Pittsburgh (gilt als höchste internat. Auszeichnung auf diesem Gebiet) an die Forscher *Paul Roth, Sabine Gersum* u. *Ortwin Brandt* (alle drei D).
Templeton Foundation Price for Progress in Religion 1992 der Templeton-Stiftung Berlin/New York (ca. 1 Mill. $) an den Pastor *Kyung-Chik Han* (ROK) »für seinen Einsatz für Flüchtlinge und Arme, der die Welt auf das Anwachsen des Christentums in Korea aufmerksam machte«.

NOBELPREISE 1991

Friedensnobelpreis des Nobelkomitees des norwegischen Parlaments in Oslo in Abwesenheit an die Führerin der demokratischen Oppositionsbewegung in Myanmar (Birma), *Aung San Suu Kyi* (* 1945). Sie vereine »tiefes Engagement und Durchhaltevermögen mit einer Vision, bei der Weg und Ziel zu einer Einheit zusammenfinden und deren wichtigste Elemente Demokratie, Respekt vor den Menschenrechten, Versöhnung zwischen Gruppen, Gewaltlosigkeit sowie persönliche und kollektive Disziplin sind«. Die 45jährige Politikerin wird seit 1989 von der in Myanmar herrschenden Militärjunta unter strengem Hausarrest in Rangun festgehalten.

Nobelpreis für Literatur der Schwedischen Akademie der Schönen Künste in Stockholm an die südafrikanische Schriftstellerin *Nadine Gordimer* (* 20. 11. 1923 Springs) »für ihre großartige epische Dichtung, mit der sie der Menschheit einen großen Nutzen erwiesen hat«. Sie behandle »mit einem intensiven Gefühl der Gegenwärtigkeit die äußerst komplizierten persönlichen und gesellschaftlichen Verhältnisse ihrer Umwelt. Ihre spezifischen weiblichen Erfahrungen«, heißt es weiter, »und ihr herausragender literarischer Stil charakterisieren auch ihre Kurzgeschichten«. *Nadine Gordimer* ist die Tochter jüdischer Einwanderer aus England und Litauen. Ihre Werke verdichteten sich zunehmend zur konkreten Kritik am Rassismus in Südafrika. Sie setzt sich für ein gleichberechtigtes Zusammenleben der schwarzen und weißen Bevölkerung ihrer Heimat ein. Die südafrikanische Autorin ist die siebte Frau und die erste Vertreterin ihres Landes, die den Literatur-Nobelpreis erhielt. Ihre Werke wurden in 20 Sprachen übersetzt.

Nobelpreis für Chemie der Schwedischen Akademie der Wissenschaften in Stockholm an den Schweizer Chemiker Professor *Richard R. Ernst* (* 14. 8. 1933 Winterthur) »für seine bahnbrechenden Beiträge zur Entwicklung der Methode hochauflösender kernmagnetischer Resonanz-Spektroskopie (NMR-Spektroskopie)«. Er verhalf dieser Methode zur Messung magnetischer Kraftfelder in Atomkernen zusammen mit dem amerikanischen Wissenschaftler *Weson A. Anderson* 1966 zum Durchbruch. Eine Weiterentwicklung, ebenfalls von *Ernst* maßgeblich betrieben, erlaubte die Messung von Kraftfeldern großer Moleküle, sogenannter Makromoleküle. Professor *Ernst* lehrt an der Eidgenössischen Technischen Hochschule in Zürich.

Nobelpreis für Physik der Schwedischen Akademie der Wissenschaften in Stockholm an den französischen Physiker *Pierre-Gilles de Gennes* (* 24. 10. 1932 Paris) »für seine Arbeiten, die den tragbaren Computer möglich machten«. Das Preiskomitee würdigte gleichzeitig noch andere »Beispiele für die Leistungen des Preisträgers«. *Gennes*, der unter den Physikern als Allroundgenie gilt, lehrt am Collège de France in Paris und ist Präsident an der Universität École de Physique et Chimie.

Nobelpreis für Medizin und Physiologie der Nobelversammlung des Karolinischen Instituts in Stockholm an die deutschen Max-Planck-Wissenschaftler *Erwin Neher* (* 20. 3. 1944 Landsberg/Lech) und *Bert Sakmann* (* 12. 6. 1942 Stuttgart) »für ihre Erforschung von Ionenkanälen und des Informationsaustauschs zwischen Zellen«. Die Wissenschaftler entwickelten eine Methode, mit der Ströme von einem billionstel Ampere gemessen werden können, die die Öffnung und Schließung einzelner Ionenkanäle regulieren. Die Ionenkanäle, die die Lebensbedingungen einer Zelle sowohl unter normalen Zuständen als auch bei Krankheiten regulieren, konnten durch dieses Verfahren erstmals nachgewiesen werden. Professor *Erwin Neher* ist Direktor am Max-Planck-Institut für Biophysikalische Chemie in Göttingen, Professor *Bert Sakmann* Direktor am Max-Planck-Institut für medizinische Forschung in Heidelberg.

Nobel-Gedenkpreis für Wirtschaftswissenschaften der Schwedischen Akademie der Wissenschaften in Stockholm an *Ronald Coase* (* 29. 12. 1910 Willesden/Großbrit.), emeritierter Professor für Volkswirtschaft der Universität Chicago, »für eine radikale Erweiterung der wirtschaftlichen Mikrotheorie«. Er habe die traditionelle Mikroökonomie um die sogenannten »Transaktionskosten« erweitert und damit geholfen, die institutionelle Struktur von Volkswirtschaften zu erklären. Dabei geht es um die Frage, ob es sich für ein Unternehmen lohnt, bestimmte Geschäfte (»Transaktionen«) selbst oder aber über Märkte abzuwickeln. *Coases* Theorien, die in den 70er und 80er Jahren ihren Durchbruch erlebten, gehörten zu den stärksten Triebkräften für die Wirtschafts- und Rechtswissenschaften.

NOBELPREISE 1901–1991

In diesem »Fischer Weltalmanach« wird die chronologische Übersicht über die Nobelpreise seit der ersten Verleihung fortgesetzt (Friedensnobelpreise → *WA '88, Sp. 999 ff.*; Nobel-Gedenkpreise für Wirtschaftswissenschaften → *WA '89, Sp. 1107 ff.*; Nobelpreise für Literatur → *WA '90, Sp. 995ff.*; Nobelpreise für Physik → *WA '91, Sp. 1069 ff.*; Nobelpreise für Chemie → *WA '92, Sp. 1033ff.*).

Eine ausführliche Würdigung ist in den Jahrbüchern der Nobelstiftung in Stockholm enthalten. In dieser Übersicht wird die zusammengefaßte urkundliche Begründung der Schwedischen Akademie der Wissenschaften zitiert; es folgt eine kurze biographische Notiz. Hingewiesen sei auf die Darstellung in *Werner Martin*: Verzeichnis der Nobelpreisträger 1901–1987, K. G. Saur, München 1988.

Nobelpreise für Medizin

In seinem Testament vom 27. 11. 1895 hatte *A. B. Nobel* u. a. bestimmt, daß die jährlichen Zinsen seines Vermögens »als Preise denen zuerteilt werden, die im verflossenen Jahr der Menschheit den größten Nutzen gebracht haben«. Von den 5 gleichen Teilen sollte »ein Teil dem, der die wichtigste Entdeckung auf dem Gebiet der Physiologie oder der Medizin gemacht hat« zufallen. Und weiter: »Es ist mein ausdrücklicher Wille, daß bei der Preisverteilung keine Rücksicht auf die Zugehörigkeit zu irgendeiner Nation genommen wird, so daß der Würdigste den Preis erhält...«

Die Preisträger

1901 Emil Adolf von Behring – Deutschland (* 15. 3. 1854 Hansdorf/Westpreußen, †31. 3. 1917 Marburg): »für seine Arbeiten über Serumtherapie und besonders für deren Anwendung gegen Diphtherie«. Mediziner, entdeckte 1890 das Diphtherie- und Tetanusantitoxin.

1902 Ronald Ross – Großbritannien (* 13. 5. 1857 Almora/Indien, † 16. 9. 1932 Putney Heath/London): »für seine Arbeiten über Malaria, durch die er nachwies, wie die Krankheit in den Organismus gelangt«. Tropenarzt, 1902 Professor in Liverpool, seit 1926 Chefdirektor des Ross-Institute and Hospital for Tropical Diseases in London.

1903 Niels Ryberg Finsen – Dänemark (* 15. 12. 1860 Thorshavn/Färöer, † 24. 9. 1904 Kopenhagen): »in Anerkennung seines Beitrags zur Behandlung von Krankheiten, insbesondere von Lupus vulgaris, mittels konzentrierter Lichtstrahlen«. Mediziner, gründete 1896 ein Institut für Lichttherapie, erfand u. a. die Lichtbehandlung der Hauttuberkulose.

1904 Iwan Petrowitsch Pawlow – Rußland (* 14. 9. 1849 Rjasan, † 27. 2. 1936 Leningrad): »in Anerkennung seiner Arbeit über die Physiologie der Verdauung«. Physiologe, 1895–1924 Professor an der militärärztl. Akademie in Leningrad.

1905 Robert Koch – Deutschland (* 11. 12. 1843 Clausthal, † 17. 5. 1910 Baden-Baden): »für seine Untersuchungen und Entdeckungen auf dem Gebiet der Tuberkulose«. Bakteriologe, 1880–1904 in Berlin ordentl. Mitglied des Kaiserlichen Gesundheitsamtes, Direktor des Hygienischen Instituts und des neugegründeten Institutes für Infektionskrankheiten (Robert-Koch-Institut).

1906 Camillo Golgi – Italien (* 7. 7. 1844 Corteno, † 21. 1. 1926 Pavia)/**Santiago Ramón y Cajal** – Spanien (* 1. 5. 1852 Petilla de Aragon, † 17. 10. 1934 Madrid): »in Anerkennung ihrer Arbeiten über die Struktur des Nervensystems«. *Golgi*, Histologe, 1875 Professor in Siena und 1876 in Pavia. *Ramon y Cajal*, Mediziner, 1884 Professor der Anatomie in Valencia, 1887 Professor der Histologie in Barcelona, 1892 in Madrid.

1907 Charles Louis Alphonse Laveran – Frankreich (* 18. 6. 1845 Paris, † 18. 5. 1922 Paris): »in Anerkennung seiner Arbeiten über die Bedeutung der Protozoen als Krankheitserreger«. Mediziner, entdeckte 1880 als Militärarzt in Algier die Malariaparasiten.

1908 Ilja Iljitsch Metschnikow – Rußland (* 15. 4. 1845 Iwanowka, † 15. 8. 1916 Paris)/**Paul Ehrlich** – Deutschland (* 14. 3. 1854 Strehlen/Schlesien, † 20. 8. 1915 Homburg): »als Anerkennung ihrer Arbeiten über die Immunität«. *Metschnikow*, Zoologe und Bakteriologe, Professor am Institut Pasteur in Paris. *Ehrlich*, Serologe, seit 1899 Direktor des Instituts für experimentelle Therapie, seit 1904 auch des Georg-Speyer-Hauses in Frankfurt/M. Begründer der Chemotherapie.

1909 Emil Theodor Kocher – Schweiz (* 25. 8. 1841 Bern, † 27. 7. 1917 Bern): »für seine Arbeiten über Physiologie, Pathologie und Chirurgie der Schilddrüse«. Chirurg, seit 1872 Professor in Bern. Entwickelte zahlreiche Instrumente (*Kocher*-Klemme).

1910 Albrecht Kossel – Deutschland (* 16. 9. 1853 Rostock, † 15. 7. 1927 Heidelberg): »in Anerkennung des Beitrages, den seine Arbeit über Eiweißstoffe einschließlich der Nukleine für unsere Kenntnis der Chemie der Zelle geleistet hat«. Chemiker, 1887 Professor in Berlin, 1895 in Marburg, 1901 in Heidelberg.

1911 Allvar Gullstrand – Schweden (* 5. 6. 1862 Landskrona, †28. 7. 1930 Stockholm): »für seine Arbeiten über die Dioptrik des Auges«. Ophthalmologe, geometrische und optische Physiologie als Spezialgebiet.

1912 Alexis Carrel – Frankreich (* 28. 6. 1873 Sainte-Foy-lès-Lyon, †5. 11. 1944 Paris): »als Anerkennung seiner Arbeiten über die Gefäßnaht sowie über Gefäß- und Organtransplantationen«. Chirurg, wies 1910 nach, daß Blutgefäße kalt konserviert werden können.

1913 Charles Robert Richet – Frankreich (* 26. 8. 1850 Paris, †4. 12. 1935 Paris): »für seine Arbeiten über Anaphylaxie«. Mediziner, Professor der Physiologie in Paris. Erkannte 1888 die Schutzwirkung des Blutes bei infizierten Versuchstieren, machte 1890 die erste Seruminjektion beim Menschen und entdeckte 1902 die Anaphylaxie.

1914 Robert Bárány – Ungarn (* 14. 2. 1876 Wien, †8. 4. 1936 Uppsala): »für seine Arbeiten über Physiologie und Pathologie des Vestibularapparats«. Otologe. Gab die erste Darstellung einer exakten Funktionsprüfung des Bogengangapparates.

1915–1918 nicht verliehen

1919 (verliehen 1920) **Jules Bordet** – Belgien (* 13. 6. 1870 Soignies, †6. 4. 1961 Ixelles): »als Anerkennung Ihrer Arbeiten über die Immunität«. Bakteriologe, beschrieb als erster die Komplementbindungsreaktion. 1906 entdeckte er zusammen mit O. Gengou den Keuchhustenerreger.

1920 August Krogh – Dänemark (* 15. 11. 1874 Grenå, †13. 9. 1949 Kopenhagen): »für die Entdeckung des kapillarmotorischen Regulationsmechanismus«. Physiologe, 1916–45 Professor der Tierphysiologie in Kopenhagen.

1921 nicht verliehen

1922 (verliehen 1923) **Archibald Vivian Hill** – Großbritannien (* 26. 9. 1886 Bristol, †3. 6. 1977 Cambridge): »für seine Entdeckungen auf dem Gebiet der Wärmeerzeugung der Muskeln«, sowie **Otto Fritz Meyerhof** – Deutschland (* 12. 4. 1884 Hannover, †6. 10. 1951 Philadelphia): »für seine Entdeckungen des Verhältnisses zwischen Sauerstoffverbrauch und Milchsäureproduktion im Muskel«. Hill, Physiologe, seit 1920 Professor in Manchester, seit 1926 an der Royal Society in London. Meyerhof, Biochemiker, in Kiel und Heidelberg tätig, ging 1938 nach Paris, 1940 über Spanien in die USA, zuletzt Gastprofessor in Philadelphia.

1923 Frederick Grant Banting – Kanada (* 14. 11. 1891 Alliston/Kanada, †22. 2. 1941 Musgrave Harbour/Kanada)/**John James Macleod** – Kanada (* 6. 9. 1876 Cluny Dunkeld/Schottland, †16. 3. 1935 Aberdeen): »für die Entdeckung des Insulins«. Banting, Physiologe, seit 1923 Professor in Toronto. Macleod, Physiologe, von 1903–18 Professor in Cleveland, später in Toronto. Seit 1928 in Aberdeen.

1924 Willem Einthoven – Niederlande (* 21. 5. 1860 Semarang/Niederl.-Indien, †29. 9. 1927 Leiden): »für seine Entdeckung des Mechanismus des Elektrokardiogramms«. Physiologe, Professor in Leiden.

1925 nicht verliehen

1926 (verliehen 1927) **Johannes Andreas Grib Fibiger** – Dänemark (* 23. 4. 1867 Silkeborg, †30. 1. 1928 Kopenhagen): »für seine Entdeckung des Spiropterakarzinoms«. Pathologe, seit 1900 in Kopenhagen.

1927 Julius Wagner von Jauregg – Österreich (* 7. 3. 1857 Wels, †27. 9. 1940 Wien): »für die Entdeckung der therapeutischen Bedeutung der Malariaimpfung bei der Behandlung von progressiver Paralyse«. Arbeitete bis 1928 als Psychiater in Wien.

1928 Charles Jules Henri Nicolle – Frankreich (* 21. 9. 1866 Rouen, †28. 2. 1936 Tunis): »für seine Arbeiten über Flecktyphus«. Bakteriologe, seit 1903 Direktor des Institut Pasteur in Tunis.

1929 Christiaan Eijkman – Niederlande (* 11. 8. 1858 Nijkerk, †5. 11. 1930 Utrecht): »für seine Entdeckung des antineuritischen Vitamins«, sowie **Frederick Gowland Hopkins** – Großbritannien (* 20. 6. 1861 Eastbourne, †16. 5. 1947 Cambridge): »für die Entdeckung der wachstumsfördernden Vitamine«. Eijkman, Hygieniker, 1888–96 Direktor des Laboratoriums für Pathologie in Batavia, 1898–1928 Professor in Utrecht. Hopkins, Biochemiker, Professor in Cambridge.

1930 Karl Landsteiner – Österreich (* 14. 6. 1868 Baden bei Wien, †26. 6. 1943 New York): »für die Entdeckung der Blutgruppen des Menschen«. Bakteriologe, 1922–43 Mitglied des Rockefeller Institute for Medical Research. Entdeckte u. a. 1940 zusammen mit A. S Wiener den Rhesusfaktor.

1931 Otto Heinrich Warburg – Deutschland (* 8. 10. 1883 Freiburg i. Br., †1. 8. 1970 Berlin): »für die Entdeckung der Natur und der Funktion des Atmungsferments«. Physiologe und Chemiker, seit 1915 Professor in Berlin, ab 1930 Direktor des Kaiser-Wilhelm-Instituts für Zellphysiologie in Berlin-Dahlem.

1932 Charles Scott Sherrington – Großbritannien (* 27. 11. 1857 London, †4. 3. 1952 Eastbourne)/ **Edgar Douglas Adrian** – Großbritannien (* 30. 11. 1889 London, †4. 8. 1977 Cambridge): »für ihre Entdeckungen auf dem Gebiet der Funktionen der Neuronen«. Sherrington, Physiologe, 1895 Professor in Liverpool, 1913 in Oxford. Adrian, Physiologe, wies u. a. die Befähigung der Sinnesorgane nach, sich der Umgebung anzupassen.

1933 Thomas Hunt Morgan – USA (* 25. 9. 1866 Lexington, †4. 12. 1945 Pasadena): »für seine Entdeckungen über die Bedeutung der Chromosomen als Träger der Vererbung«. Zoologe, von 1904–28 Professor an der Columbia University, bis 1945 Direktor der Kerckhoff-Laboratorien am Institut für Technologie in Kalifornien.

1934 George Hoyt Whipple – USA (* 28. 8. 1878 Ashland, †1. 2. 1976 Rochester)/**George Richards Minot** – USA (* 2. 12. 1885 Boston, †25. 2. 1950 Boston)/**William Parry Murphy** – USA (* 6. 2. 1892 Stoughton, †9. 10. 1987 Brookline/Mass.): »für ihre Lebertherapie gegen Anämie«. *Whipple*, Pathologe, 1909 Professor an der Johns Hopkins University, 1914 an der University of California und 1921 in Rochester. Nach ihm ist die *Whipplesche Krankheit* benannt. *Minot*, Mediziner, 1928 Professor an der Harvard University Medical School in Boston. *Murphy*, Mediziner, seit 1928 an der Harvard University in Boston. Erforschte u. a. die Wirkung des Insulins bei Zuckerkrankheit.

1935 Hans Spemann – Deutschland (* 27. 6. 1869 Stuttgart, †12. 9. 1941 Freiburg i. Br.): »für die Entdeckung des Organisator-Effekts im embryonalen Entwicklungsstadium«. Zoologe, von 1914–19 Direktor am Kaiser-Wilhelm-Institut für Biologie in Berlin, bis 1937 Professor in Freiburg.

1936 Henry Hallet Dale – Großbritannien (* 5. 6. 1875 London, †22. 7. 1968 Cambridge)/**Otto Loewi** – Österreich (* 3. 6. 1873 Frankfurt/M., †25. 12 1961 New York): »für ihre Entdeckungen bei der chemischen Übertragung der Nervenimpulse«. *Dale*, Pharmakologe, seit 1928 Direktor des National Institute for Medical Research in London. *Loewi*, Physiologe und Pharmakologe, 1909 Professor in Graz, 1939 in New York.

1937 Albert Szent-Györgyi von Nagyrapolt – Ungarn (* 16. 9. 1893 Budapest, †22. 10. 1986 Woods Hole/Mass.): »für seine Entdeckungen auf dem Gebiet der biologischen Verbrennungsprozesse, besonders in Beziehung auf das Vitamin C und die Katalyse der Fumarsäure«. Biochemiker, Professor in Szeged und Budapest, seit 1947 Direktor am Institute of Muscle Research in Woods Hole.

1938 (verliehen 1939) **Corneille Jean François Heymans** – Belgien (* 28. 3. 1892 Gent, †18. 7. 1968 Knokke): »für die Entdeckung der Rolle des Sinus- und Aortenmechanismus bei der Atemregulierung«. Pharmakologe und Physiologe, untersuchte Wärmeregulierung, Atmung und Kreislauf, besonders die Blutdrucksteuerung.

1939 Gerhard Domagk – Deutschland (* 30. 10. 1895 Lagow, †24. 4. 1964 Burgberg bei Königsfeld): »für die Entdeckung der antibakteriellen Wirkung des Prontosils«. Pathologe und Bakteriologe, Professor der Medizin und Direktor der Farbenfabriken Bayer AG, begündete mit *F. Mietzsch* und *J. Klarer* die Chemotherapie der bakteriellen Infektionen.

1940–1942 nicht verliehen

1943 (verliehen 1944) **Henrik Carl Peter Dam** – Dänemark (* 21. 2. 1895 Kopenhagen, †17. 4. 1976 Kopenhagen): »für die Entdeckung des Vitamin K«, sowie **Edward Albert Doisy** – USA (* 13. 11. 1893 Hume, †23. 10. 1986 St. Louis): »für seine Entdeckung der chemischen Natur des Vitamin K«. *Dam*, Biochemiker, 1928 Professor in Kopenhagen, 1940–45 in USA, danach Professor für Biochemie und Ernährung in Kopenhagen. *Doisy*, Biochemiker, Professor in Washington and St. Louis. 1923 entwickelte er mit *E. Allen* den *Allen-Doisy-Brunsttest* zur Bestimmung weiblicher Geschlechtshormone im Urin.

1944 Joseph Erlanger – USA (* 5. 1. 1874 San Francisco, †5. 12. 1965 St. Louis)/**Herbert Spencer Gasser** – USA (* 5. 7. 1888 Platteville, †11. 5. 1963 New York): »für die Entdeckungen über die hochdifferenzierten Funktionen der einzelnen Nervenfasern«. *Erlanger*, Neurophysiologe, und *Gasser*, Neurophysiologe und Pharmakologe, entdeckten zusammen 1924 drei verschiedene Nervenfasertypen in den Nervensträngen. Von 1935–53 war *Gasser* Direktor des Rockefeller Institute for Medical Research in New York.

1945 Alexander Fleming – Großbritannien (* 6. 8. 1881 Lochfield Darvel, †11. 3. 1955 London)/**Ernst Boris Chain** – Großbritannien (* 19. 6. 1906 Berlin, †12. 8. 1979 Irland)/**Howard Walter Florey** – Großbritannien (* 24. 9. 1898 Adelaide, †21. 2. 1968 Oxford): »für die Entdeckung des Penicillins und seiner Heilwirkung bei verschiedenen Infektionskrankheiten«. *Fleming*, Bakteriologe, entdeckte 1928 im St. Mary's Hospital in London das Penicillin. *Chain*, Biochemiker, war daran maßgeblich beteiligt. Emigrierte 1933 nach London, seit 1939 britischer Staatsbürger. *Florey*, Pathologe, erforschte als Professor in Oxford die Verwendbarkeit des Penicillins in der medizinischen Praxis.

1946 Hermann Joseph Muller – USA (* 21. 12. 1890 New York, †5. 4. 1967 Indianapolis): »für die Entdeckung, daß Mutationen mit Hilfe von Röntgenstrahlen hervorgerufen werden können«. Biologe, Professor für Erblehre und Zoologie, war an verschiedenen Universitäten tätig, zuletzt, 1945–53, an der Indiana University in Bloomington.

1947 Carl Ferdinand Cori – USA (* 5. 12. 1896 Prag, †20. 10. 1984 Cambridge/Mass.)/**Gerty Theresa Cori** – USA (* 15. 8. 1896 Prag, †26. 10. 1957 St. Louis): »für ihre Entdeckung des Verlaufs des katalytischen Glykogen-Stoffwechsels«, sowie **Bernardo Alberto Houssay** – Argentinien (* 10. 4. 1887 Buenos Aires, †21. 9. 1971 Buenos Aires): »für seine Entdeckung der Bedeutung der Hormone des Hypophysenvorderlappens für den Zuckerstoffwechsel«.

Nobelpreise 1901–1991

Cori und seine Frau *Gerty Theresa*, beide physiol. Chemiker, wiesen die Existenz einer besonderen Zucker-Phosphorsäure-Kombination nach. *Houssay*, Physiologe und Professor in Buenos Aires, arbeitete über innere Sekretion, tierische Gifte, Zuckerkrankheit und Insulinwirkung.

1948 Paul Hermann Müller – Schweiz (* 12. 1. 1899 Olten, † 13. 10. 1965 Basel): »für die Entdeckung der starken Wirkung von DDT als Kontaktgift gegen mehrere Arthropoden«. Chemiker, war Direktor der I. R. Geigy AG in Basel.

1949 Walter Rudolf Hess – Schweiz (* 17. 2. 1881 Frauenfeld, † 12. 8. 1973 Zürich): »für die Entdeckung der funktionalen Organisation des Zwischenhirns für die Koordination der Tätigkeit von inneren Organen«, sowie **Antonio Caetano Moniz-Egas** – Portugal (* 19. 11. 1874 Estarreja, † 13. 12. 1955 Lissabon): »für die Entdeckung des therapeutischen Wertes der präfrontalen Leukotomie bei gewissen Psychosen«. *Hess*, Physiologe, von 1917–51 Professor und Direktor am Physiologischen Universitäts-Institut in Zürich. *Moniz-Egas*, Neurologe, seit 1909 Professor in Lissabon.

1950 Edward Calvin Kendall – USA (* 8. 3. 1886 South Norwalk, † 4. 5. 1972 Princeton)/**Tadeus Reichstein** – Schweiz (* 20. 7. 1897 Wloclawek/Polen)/**Philip Showalter Hench** – USA (* 28. 2. 1896 Pittsburgh, † 30. 3. 1965 Rochester): »für ihre Entdeckungen bei den Hormonen der Nebennierenrinde, ihrer Struktur und ihrer biologischen Wirkungen«. *Kendall*, Biochemiker, leitete 1914–51 die Abteilung Chemie an der Mayo-Klinik in Rochester, war außerdem Professor an der University of Minnesota. *Reichstein*, Chemiker, war Professor in Basel. *Hench*, Mediziner, war seit 1947 Professor an der Staatsuniversität von Minnesota und der Mayo-Forschungsstiftung.

1951 Max Theiler – Südafrika (* 30. 1. 1899 Pretoria, † 12. 8. 1972 New Haven): »für die Erforschung des Gelbfiebers und seiner Bekämpfung«. Mediziner, wies 1927 nach, daß Gelbfieber von einem Virus verursacht wird.

1952 Selman Abraham Waksman – USA (* 2. 7. 1888 Priluka bei Kiew, † 16. 8. 1973 Hyannis/Mass.): »für die Entdeckung des Streptomycins, des ersten Antibiotikums gegen die Tuberkulose«. Agrikulturbakteriologe, 1930 Professor an der Rutgers-University in New Brunswick und 1949 Direktor des dortigen Instituts für Mikrobiologie.

1953 Hans Adolf Krebs – USA (* 25. 8. 1900 Hildesheim, † 22. 11. 1981 Oxford): »für seine Entdeckung des Zitronensäurezyklus«, sowie **Fritz Albert Lipmann** – USA (* 12. 6. 1899 Königsberg, † 24. 7. 1986 Poughkeepsie/N. Y.): »für seine Entdeckung des Koenzyms A und dessen Bedeutung für den Zwischenstoffwechsel«. *Krebs*, Biochemiker, Professor in Sheffield und Oxford. Emigrierte 1934 nach Großbritannien. *Lipmann*, Biochemiker und Mediziner, leitete das biochemische Forschungslaboratorium am Massachusetts General Hospital in Boston. Seit 1939 Professor an der Harvard Medical School in Boston.

1954 John Franklin Enders – USA (* 10. 2. 1897 West Hartford, † 8. 9. 1985 Waterford)/**Thomas Huckle Weller** – USA (* 15. 6. 1915 Ann Arbor)/**Frederick Chapman Robbins** – USA (* 25. 8. 1916 Auburn/Ala.): »für ihre Entdeckung der Fähigkeit des Poliomyelitis-Virus, in Kulturen verschiedener Gewebstypen zu wachsen«. *Enders*, Bakteriologe, Professor für Virusforschung an der Harvard-University. *Weller*, Biologe, forschte ebenfalls an der Harvard-University. *Robbins*, Bakteriologe und Kinderarzt, 1953 Professor in Cleveland.

1955 Axel Hugo Theodor Theorell – Schweden (* 6. 7. 1903 Linköping, † 15. 8. 1983 Stockholm): »für seine Entdeckungen über Natur und Wirkungsweise der Oxydationsenzyme«. Mediziner und Physiologe, seit 1932 Professor in Uppsala, von 1936–70 Direktor des Medizinischen Nobelinstituts für Biochemie in Stockholm.

1956 André Frédéric Cournand – USA (* 24. 9. 1895 Paris, † 2. 2. 1988 Great Barrington/Mass.)/**Werner Forßmann** – Deutschland (* 29. 8. 1904 Berlin, † 1. 6. 1979 Schopfheim)/**Dickinson William Richards** – USA (* 30. 10. 1895 Orange, † 23. 2. 1973 Lakeville): »für ihre Entdeckungen zur Herzkatheterisierung und zu den pathologischen Veränderungen im Kreislaufsystem«. *Cournand*, Mediziner, 1959 Professor an der Columbia-University in New York. *Forßmann*, Chirurg, war Professor und Chefarzt des Evangelischen Krankenhauses in Düsseldorf. *Richards* war Professor der Physiologie und seit 1945 in New York tätig.

1957 Daniel Bovet – Italien (* 23. 3. 1907 Neuenburg/Schweiz, † 8. 4. 1992 Rom): »für seine Entdeckungen über synthetische Verbindungen, die gewisse Substanzen im Körper wirksam werden lassen, und besonders deren Wirkung auf das Gefäßsystem und die Skelettmuskulatur«. Pharmakologe, Leiter des Chemotherapeutischen Laboratoriums am Staatlichen Gesundheitsamt in Rom.

1958 George Wells Beadle – USA (* 22. 10. 1903 Wahoo/Nebr., † 9. 6. 1969 Pomona/Cal.)/**Edward Lawrie Tatum** – USA (* 14. 12. 1909 Boulder/Col., † 5. 11. 1975 New York): »für ihre Entdeckung, daß die Gene wirksam werden, indem sie bestimmte chemische Vorgänge regulieren«, sowie **Joshua Lederberg** – USA (* 23. 5. 1925 Montclair): »für seine Entdeckungen über genetische Neukombinationen und Organisation des genetischen Materials bei Bakterien«. *Beadle*, Biologe, war Professor in Pasadena. *Tatum*, Biochemiker, Professor an der Stanford- und an der Yale-University, seit 1957 Abteilungsleiter am Rockefeller-Institut für Medizin in New York. *Lederberg*, Vererbungsforscher, war Professor in Wisconsin und Stanford.

1959 Severo Ochoa – USA (* 24. 9. 1905 Luarca/Spanien)/**Arthur Kornberg** – USA (* 3. 3. 1918 Brooklyn): »für ihre Entdeckung des Mechanismus in der biologischen Synthese der Ribonukleinsäure und der Desoxyribonukleinsäure«. *Ochoa*, Biochemiker, Professor in New York. *Kornberg*, Biochemiker, von 1953–59 Leiter der mikrobiologischen Abteilung der Washington University School of Medicine in St. Louis, danach Direktor der biochemischen Abteilung der Stanford-University.

1960 Frank Macfarlane Burnet – Australien (* 3. 9. 1899 Traralgon, †31. 8. 1985 Melbourne)/**Peter Brian Medawar** – Großbritannien (* 28. 2. 1915 Rio de Janeiro, †3. 10. 1987 London): »für die Entdeckung der erworbenen immunologischen Toleranz«. *Burnet*, Mediziner, entdeckte 1937 den nach ihm benannten Erreger des Q-Fiebers. *Medawar*, Zoologe und Anatom, forschte als Professor für Zoologie am University College in London.

1961 Georg von Békésy – USA (* 3. 6. 1899 Budapest, †13. 2. 1972 Honolulu): »für seine Entdeckungen im physikalischen Mechanismus der Erregungen in der Schnecke des Ohrs«. Physiker, von 1939–46 Professor für Experimentalphysik an der Universität Budapest. Seit 1949 Senior Research Fellow an der Harvard-University.

1962 Francis Harry Compton Crick – Großbritannien (* 8. 6. 1916 Cambridge)/**James Dewey Watson** – USA (* 6. 4. 1928 Chicago)/**Maurice Hugh Frederick Wilkins** – Großbritannien (* 15. 12. 1916 Neuseeland): »für ihre Entdeckungen über die Molekularstruktur der Nukleinsäuren und ihre Bedeutung für die Informationsübertragung in lebender Substanz«. *Crick*, Vererbungsforscher, arbeitete in Cambridge/England, New York, Harvard und Baltimore über die chemischen Grundlagen der Vererbung. Entwarf 1953 zusammen mit *Watson* das *Watson-Crick-Modell* der Struktur des DNS-Moleküls. *Watson*, Biochemiker, arbeitete in Kopenhagen, dann in Neapel. 1958 Professor an der Harvard-University in Cambridge/Mass., 1968 Direktor des Cold Spring Harbor Laboratory. *Wilkins*, Biophysiker, stellv. Direktor des biophysikalischen Forschungszentrums am Kings College in London.

1963 John Carew Eccles – Australien (* 27. 1. 1903 Melbourne)/**Alan Lloyd Hodgkin** – Großbritannien (* 5. 11. 1914 Banbury)/**Andrew Fielding Huxley** – Großbritannien (* 22. 11. 1917 London): »für ihre Entdeckungen über den Ionen-Mechanismus, der sich bei der Erregung und Hemmung in den peripheren und zentralen Bereichen der Nervenzellmembran abspielt«. *Eccles*, Physiologe, forschte seit 1966 in Chicago und Buffalo. *Hodgkin*, Physiologe, ist seit 1952 Professor in Cambridge. *Huxley*, Physiologe, arbeitete längere Zeit mit *Hodgkin* zusammen.

1964 Konrad Bloch – USA (* 21. 1. 1912 Neisse)/**Feodor Lynen** – Deutschland (* 6. 4. 1911 München, †6. 8. 1979 München): »für ihre Entdeckungen über den Mechanismus und der Regulation des Stoffwechsels von Cholesterin und Fettsäuren«. *Bloch*, Chemiker, 1946 Professor für Biochemie in Chicago, später an der Harvard University in Cambridge/Mass. *Lynen*, Biochemiker, 1947 Professor in München, 1956 Direktor des Max-Planck-Instituts für Zellchemie.

1965 François Jacob – Frankreich (* 17. 6. 1920 Nancy)/**André Lwoff** – Frankreich (* 8. 5. 1902 Allier)/**Jacques Monod** – Frankreich (* 9. 2. 1910 Paris, †31. 5. 1976 Cannes): »für ihre Entdeckungen auf dem Gebiet der genetischen Kontrolle der Synthese von Enzymen und Viren«. *Jacob*, Zellgenetiker, 1960 Leiter der Abteilung für Mikrobengenetik am Pasteur-Institut Paris, 1964 Professor für Zellgenetik am Collège de France in Paris. *Lwoff*, Mikrobiologe, seit 1959 Professor an der Sorbonne. *Monod*, Chemiker, 1953 Leiter des Pasteur-Instituts in Paris. Seit 1959 Professor an der Pariser Universität.

1966 Peyton Rous – USA (*5. 10. 1879 Baltimore, †16. 2. 1970 New York): »für seine Entdeckungen auf dem Gebiet der Tumor erzeugenden Viren«, sowie **Charles Brenton Huggins** – USA (* 22. 10. 1901 Halifax): »für seine Entdeckungen zur Hormonbehandlung von Prostatakrebs«. *Rous*, Pathologe und Virologe, seit 1909 am Rockefeller-Institute for Medical Research in New York. *Huggins*, Chirurg, seit 1951 Direktor des Ben-May-Laboratoriums für Krebsforschung in Chicago.

1967 Ragnar Granit – Schweden (* 30. 10. 1900 Helsinki)/**Haldan Keffer Hartline** – USA (* 22. 12. 1903 Bloomsburg, †17. 3. 1983 Fallston)/**George Wald** – USA (* 18. 11. 1906 New York): »für ihre Entdeckung auf dem Gebiet der primären physiologischen und chemischen Sehvorgänge im Auge«. *Granit*, Physiologe, Professor in Helsinki und Stockholm und von 1945–67 Vorstand der Neurophysiologischen Abteilung der Medizinischen Nobelinstituts in Stockholm. *Hartline*, Physiologe, Professor am Rockefeller Institute in New York, führte die Elektroretinographie in die Augenheilkunde ein. *Wald*, Biochemiker, fand die chemischen und physiologischen Grundlagen der Sehvorgänge im Auge.

1968 Robert W. Holley – USA (* 28. 1. 1922 Urbana)/**Har Gobind Khorana** – USA (* 9. 1. 1922 Raipur/Indien)/**Marshall W. Nirenberg** – USA (* 10. 4. 1927 New York): »für ihre Interpretation des genetischen Codes und dessen Funktion bei Protein-Synthesen«. *Holley*, Biochemiker, Professor an der Cornell-Universität und am U. S. Plant, Soil and Nutrition Laboratory Ithaca. *Khorana*, Biochemiker. Professor an der Universität Madison. *Nirenberg*, Biochemiker, seit 1960 am National Institute of Health in Bethesda.

1969 Max Delbrück – USA (* 4. 9. 1906 Berlin, †9. 3. 1981 Pasadena)/**Alfred Day Hershey** – USA (* 4. 12. 1908 Owosso/Mich.)/**Salvador Edward Luria** – USA (* 13. 8. 1912 Turin, †6. 2. 1991 Lexington/Mass.): »für ihre Entdeckungen betreffend den Vermehrungsmechanismus und der genetischen Struktur von Viren«. *Delbrück*, Biologe, seit 1937 in den USA, zuletzt an der Universität Pasadena. *Hershey*, Biologe, seit 1938 als Professor in Washington. *Luria*, Bakteriologe, von 1943–50 Professor an der Indiana-University, bis 1959 in Illinois und bis 1964 am Massachusetts Institute of Technology. 1965 Non-Resident Fellow am Salk Institute for Biological Studies.

1970 Bernard Katz – Großbritannien (* 26. 3. 1911 Leipzig)/**Ulf Svante von Euler** – Schweden (* 7. 2. 1905 Stockholm, †10. 3. 1983 Stockholm)/**Julius Axelrod** – USA (* 30. 5. 1912 New York): »für ihre Entdeckungen der Signalsubstanzen in den Kontaktorganen der Nervenzellen und der Mechanismen für ihre Lagerung, Freisetzung und Inaktivierung«. *Katz*, Biophysiker, 1952 Leiter der Biophysik-Dep. des London University College. *Euler*, Physiologe, war Professor am Karolinska Institut in Stockholm. *Axelrod*, Biochemiker, fand den Nachweis, wie die Überleitungssubstanzen an den Nervenausgängen gebildet und zersetzt werden.

1971 Earl Wilbur Sutherland – USA (* 29. 11. 1915 Burlingame/Kan., †9. 3. 1974 Miami): »für seine Entdeckungen über die Wirkungsmechanismen von Hormonen«. Physiologe, 1953 Professor für Pharmakologie an der Western Reserve University in Cleveland. 1963 Professor für Physiologie an der Vanderbilt-University in Nashville.

1972 Gerald M. Edelman – USA (* 1. 7. 1929 New York)/**Rodney R. Porter** – Großbritannien (* 8. 10. 1917 Ashton, †7. 9. 1985 Winchester): »für ihre Entdeckungen betreffend die chemische Struktur der Antikörper«. *Edelman*, Biochemiker, seit 1960 Professor an der Rockefeller-University New York. *Porter*, Biochemiker, 1960 Professor für Immunologie an der St. Mary's Hospital Medical School in London, seit 1967 Professor in Oxford.

1973 Karl von Frisch – Deutschland (* 20. 11. 1886 Wien, †12. 6. 1982 München)/**Konrad Lorenz** – Österreich (* 7. 11. 1903 Wien, †27. 2. 1989 Altenberg)/**Nikolaas Tinbergen** – Großbritannien (* 15. 4. 1907 Den Haag, †21. 12. 1988 Oxford): »für ihre Entdeckungen zur Organisation und Auslösung von individuellen und sozialen Verhaltensmustern«. *Frisch*, Zoologe, lehrte in München, Rostock, Breslau und Graz. *Lorenz*, Verhaltensforscher, 1940 Professor für Humanpsychologie in Königsberg, 1950 Leiter des Max-Planck-Instituts für Verhaltensphysiologie in Buldern. *Tinbergen*, Ethologe, seit 1949 Professor für Zoologie in Oxford.

1974 Albert Claude – Belgien (* 23. 8. 1899 Longlier, †22. 5. 1983 Brüssel)/**Christian R. de Duve** – Belgien (* 2. 10. 1917 Thames Ditton/England)/-**George E. Palade** – USA (* 19. 11. 1912 Jassy/Rumänien): »für ihre Entdeckungen zur strukturellen und funktionellen Organisation der Zelle«. *Claude*, Biochemiker, konnte erstmals kleine Zellbestandteile u. a. in Leberzellen kennzeichnen, die zur Entdeckung der Mitochondrien führten. *Duve*, Biochemiker, lehrte seit 1962 an der Rockefeller-University in New York. *Palade*, Biochemiker, Professor für Anatomie in Bukarest und von 1946–71 für Zellbiologie an der Rockefeller-University New York. 1972 Direktor der Abteilung Zellbiologie der Yale University.

1975 David Baltimore – USA (* 7. 3. 1938 New York)/**Renato Dulbecco** – USA (* 22. 2. 1914 Catanzaro)/**Howard Martin Temin** – USA (* 10. 12. 1934 Philadelphia): »für ihre Entdeckungen auf dem Gebiet der Wechselwirkungen zwischen Tumorviren und dem genetischen Material der Zelle«. *Baltimore*, Mikrobiologe, Professor am Krebsforschungszentrum des Massachusetts Institute of Technology in Cambridge/Mass. *Dulbecco*, Biologe, Professor in Pasadena und London. *Temin*, Krebsforscher, wurde 1972 Mitglied des National Cancer Institute.

1976 Baruch S. Blumberg – USA (* 28. 12. 1925 New York)/**Daniel Carleton Gajdusek** – USA (* 9. 9. 1923 Yonkers): »für ihre Entdeckungen über neuen Mechanismen bei der Entstehung und Verbreitung von Infektionskrankheiten«. *Blumberg*, Humangenetiker, entdeckte 1964 den Erreger der Virus-Hepatitis B. *Gajdusek*, Kinderarzt und Virologe, wurde 1958 Professor am National Institute of Health in Bethesda.

1977 Roger Guillemin – USA (* 11. 1. 1924 Dijon/Frankreich)/**Andrew Schally** – USA (* 30. 11. 1926 Wilno/Polen): »für ihre Entdeckungen über die Produktion von Peptidhormonen im Gehirn«, sowie **Rosalyn Yalow** – USA (* 19. 7. 1921 New York): »für die Entwicklung radioimmunologischer Methoden der Bestimmung von Peptidhormonen«. *Guillemin*, Physiologe, Professor am Baylor College in Houston und seit 1970 am Salk-Institut in San Diego. *Schally*, Physiologe, seit 1959 in USA tätig. *Yalow*, Physikerin, entwickelte 1956 zusammen mit *Berson* die Radioimmunanalyse.

1978 Werner Arber – Schweiz (* 3. 6. 1929 Gränichen)/**Daniel Nathans** – USA (* 30. 10. 1928 Wilmington)/**Hamilton O. Smith** – USA (* 23. 8. 1931 New York): »für ihre Entdeckung der Restriktions-Enzyme und der Anwendung dieser Enzyme in der Molekulargenetik«. *Arber*, Mikrobiologe, Professor in Basel. *Nathans*, Mikrobiologe, Professor in Baltimore. *Smith*, Mikrobiologe, Professor an der Johns Hopkins University in Baltimore.

1979 Allan M. Cormack – USA (* 23. 2. 1924 Johannesburg)/**Godfrey N. Hounsfield** – Großbritan-

nien (*28. 8. 1919 Newark): »für ihre Entwicklung der Computer-Tomographie«. *Cormack*, Physiker, seit 1957 Professor in Medford bei Boston. *Hounsfield*, Elektroingenieur, entwickelte die ersten computergesteuerten Tomographiegeräte.
1980 Baruj Benacerraf – USA (*29. 10. 1920 Caracas)/**Jean Dausset** – Frankreich (*19. 10. 1916 Toulouse)/**George D. Snell** – USA (*19. 12. 1903 Haverhill/Mass.): »für ihre Entdeckungen genetisch bestimmter zellulärer Oberflächenstrukturen, von denen immunologische Reaktionen gesteuert werden«. *Benacerraf*, Pathologe, 1970 Professor an der Harvard-Universität. *Dausset*, Hämatologe und Professor in Paris, entdeckte die Leukozyten und Thrombozyten beim Menschen. *Snell*, Biologe und Mediziner, wurde 1949 Direktor des Jackson Institute in Bar Harbor/Maine.
1981 Roger W. Sperry – USA (*20. 8. 1913 Hartford): »für seine Entdeckungen über die funktionelle Spezialisierung der Gehirnhemisphären«, sowie **David H. Hubel** – USA (*27. 2. 1926 Windsor/Ontario)/**Torsten N. Wiesel** – Schweden (3. 6. 1924 Uppsala): »für ihre Entdeckungen über Informationsbearbeitung im Sehwahrnehmungssystem«. *Sperry*, Neurophysiologe, Professor am California Institute of Technology in Pasadena. *Hubel*, Biologe und Professor für Neurobiologie an der Harvard Medical School in Boston. *Wiesel*, Neurobiologe, 1974 Professor an der Harvard Medical School in Boston.
1982 Sune K. Bergström – Schweden (*10. 1. 1916 Stockholm)/**Bengt I. Samuelsson** – Schweden (*21. 5. 1934 Halmstad)/**John R. Vane** – Großbritannien (*29. 3. 1927 Tardebigg): »für ihre bahnbrechenden Arbeiten über Prostaglandine und nahe verwandter biologisch aktiver Substanzen«. *Bergström*, Biochemiker, 1947–58 an der Universität Lund, dann am Karolinska Institut in Stockholm. *Samuelsson*, Biochemiker, Professor am Karolinska Institut in Stockholm. *Vane*, Chemiker und Pharmakologe, Direktor für Forschung und Entwicklung bei der Welcome Foundation in Beckenham.
1983 Barbara McClintock – USA (*16. 6. 1902 Hartford): »für ihre Entdeckung der beweglichen Strukturen in der Erbmasse«. Genetikerin und Professorin in Ithaca.
1984 Niels K. Jerne – Großbritannien (*23. 12. 1911 London): »für seine Theorien über den spezifischen Aufbau und die Steuerung des Immunsystems«, sowie **Georges J. Köhler** – Deutschland (*17. 3. 1946 München)/**César Milstein** – Argentinien (*8. 10. 1927 Bahía Blanca): »für die Entdeckung des Prinzips der Produktion von monoklonalen Antikörpern«. *Jerne*, Physiologe, einer der geistigen Väter der modernen zellulären Immunologie. *Köhler*, Immunologe, und der Mediziner *Milstein* bauten ihre Forschungen auf den Erkenntnissen *Jernes* auf.
1985 Michael F. Brown – USA (*13. 4. 1941 New York)/**Joseph L. Goldstein** – USA (*18 4. 1948 Sumter/South Carolina): »für ihre Entdeckung betreffend die Bestimmung des Cholesterin-Umsatzes«. *Brown*, Biochemiker, ist Professor in Dallas. *Goldstein* ist Genetiker. Für die Behandlung von Herz-Kreislauf-Erkrankungen brachten ihre Entdeckungen bedeutende Fortschritte.
1986 Rita Levi-Montalcini – Italien/USA (*22. 4. 1909 Turin)/**Stenley Cohen** – USA (*17. 11. 1922 Brooklyn): »für ihre Entdeckung des Nervenwachstumsfaktors«. *Levi-Montalcini*, Neurobiologin, von 1951–77 in USA, leitete dann das Laboratorium für Zellforschung in Rom. *Cohen*, Biochemiker, fand ein biologisch hochaktives Molekül, das die Heilung von Wunden beschleunigt.
1987 Susuma Tonegawa – Japan (*5. 9. 1939 Nagoya): »für seine bahnbrechenden Arbeiten über das System der Antikörper«. Biologe und Chemiker, forschte am Institut für Immunologie in Basel und arbeitet jetzt in Amerika.
1988 James Black – Großbritannien (*14. 6. 1924 Schottland)/**Gertrude Elion** – USA (*23. 1. 1919 New York)/**George Hitchings** – USA (*18. 4. 1905 Hoquiam/Wash.): »für ihre bahnbrechenden Forschungsarbeiten zur Entwicklung von Arzneimitteltherapie«. *Black*, Mediziner, entwickelte den Wirkstoff Propranolol, den sog. Betablocker zur Behandlung von Herzrhythmusstörungen. *Elion* und *Hitchings*, beide Mediziner, machten sich um die Medikamentenentwicklung zur Krebsbekämpfung verdient. Aus ihren Erkenntnissen wurde der Wirkstoff Azidothymidin (AZT) zur Behandlung der Immunschwächekrankheit AIDS abgeleitet.
1989 Michael J. Bishop – USA (*22. 2. 1936 York/Pennsyl.)/**Harold E. Varmus** – USA (*18. 12. 1939 Oceanside/N. Y.): »für die Aufklärung grundlegender Mechanismen, die zur Krebsentstehung führen«. Beide Krebsforscher leisteten damit auch wesentliche Arbeit für die medizinische Diagnostik.
1990 Joseph Edward Murray – USA (*1. 4. 1919 Milford)/**Donnall Thomas** – USA (*15. 3. 1920 Mart/Texas): »für ihre bahnbrechenden Forschungen zur Organverpflanzung«. *Murray*, Mediziner, in Boston tätig, wurde vor allem für seine Beiträge zur Gewebeverträglichkeit bei Organtransplantationen geehrt. *Thomas*, Mediziner, am Fred-Hutchinson-Krebsforschungszentrum in Seattle, gelang der Nachweis, daß intravenös übertragene Knochenmarkzellen das geschädigte Knochenmark von Patienten erneuern können.
1991 → Sp.1035f.

Jahrestage 1993

Gedenktage und Jubiläen der Welt-, Kultur- und Zeitgeschichte für das Jahr 1993

Hier ausgewählte historische Daten wollen in erster Linie an **zahlreichen Kalendertagen** des Jahres 1993 auf denkwürdige **Ereignisse** der Vergangenheit aufmerksam machen. Sie gewährleisten keine Darstellung historischer **Zusammenhänge**, wie sie ein Geschichtsbuch bietet. Bei der Systematisierung der Geschehnisse wird geographisch nach dem »Tatortprinzip« vorgegangen: Sie finden die Darstellungen, soweit dies Sinn ergibt, weitgehend dem **Ort** des Geschehens zugeordnet.
Zum Gebrauch des Kalendariums: Sie wollen z. B. wissen, ob der 19. Februar als Gedenktag verzeichnet ist. Im Kalender finden Sie hier unter anderem die Ziffer **15**. Auf den folgenden Seiten treffen Sie an einem Zeilenende ebenfalls auf die halbfette Ziffer **15**: Sie wissen nun, daß am 19. Februar 1743 Luigi Boccherini geboren worden ist. Es sind bis zu 3 Gedenktage pro Kalendertag verzeichnet (z. B. am 20. Dezember). Aus Platzgründen mußte teilweise eine Auswahl getroffen werden.

	1.	2.	3.	4.	5.	6.	7.	8.	9.	10.	11.	12.	13.	14.	15.	16.	17.	18.	19.	20.	21.	22.	23.	24.	25.	26.	27.	28.	29.	30.	31.
Januar	35 161 183	44			169	5							115	81	36 81	81 179	27 81	81 81 190	81	81 82 135	28 81 158	81	21 47 68	81	14 81	81	108	115	115	159	100 116
Februar	22 100	100	115	115	115		37	115	104	115	115	115		136		58		59 117 118	15 118	118	118	118	16	26		62	119				
März	105	23 105	105	38 105	6 69			137	29	29	29	29 156	17 29 41	29	29	29	26 29 42	26	26	26	26	26	24 169					191	138	169	159
April	192			186	186		30 164 170	164 186	164 186	186	186	163 186	163 139	133					121	121 181	121	34 121	121	121	121 193	121 133 194	121	121	106 121	121	
Mai	121	121	121	1 121	121	64 121	121	121	48 121	121	121	121 174	83 121 159 174	121	83 84 121 174	83 121 174	83 121 174	83 121 174	39 83 174	60 83 174	83 121 174	2 83 174	83 109 174	83 174	174 174	174	174 195	162 174	174		
Juni		30	85 127 196	127	127	127	127 184	49 127	127	50 127 119	7 110 165	122 134 140	92 122	122 162 197	51 64 122	122	122	122	122	122		175		171	40 141 169	10 11			63	107 175	
Juli	43 120 160	52 154		142	101	101	70 101	101	101	93 101 175	101	123	31 25 143	25 31	25 31 64	25 31 102	25 31 155	25 102	25 198	25 199	25 71	25 200	26	30 129	25 111 129	72 111 129	25 111 201	25 111 202	25 111	25 111 127	53 111
August	111 126 128	111	111							103				46		18	93		3 13	155 172	144 155 172	65	32		124	19		145			
Sept.			94 130	94	94	94 157	61 94	94	95 131	95 131	96 131	131	131 131 167	131	131		20		54	73 97	103	66 74	66	66	4 66 182			146	147		
Okt.	203	204	57		98 180			148	75		149 168 188	99 166	132	168	28 173	168	76	86	86	86	86	86	86	86 205	206	86	86 168	33 86 150	33 159 168		
Nov.	33 178	33	33	33	33 151 187	33 77 103	45 157 154		8	9			177	207		112	55 112	112	112	87 112	87 112	87 112	87 112 208	87 112 209	112	112		88 112	88 112		
Dez.	78 88 112	112 125	112	152			33		210	56	89	113		178		79			80 153 212	189	189	189	189	189	114 189	90	90	90	90 213	90 176	34

*   = geboren; gegründet; Begründer; Gründung des/der ...
≈   = ungefähr (kein genaueres Tagesdatum bekannt)
(DBP)= Gedenkmarke der Deutschen Bundespost 1993 vorgesehen
† = gestorben; Auflösung
∞ = heiratet, vermählt mit ...

Vor 500 Jahren: 1493

Neue Weltaufteilung/Papsttum: In der Bulle »Inter caetera divina« (4. 5.) teilt Alexander VI. als Schiedsspruch zwischen Spanien und Portugal mit einer Linie 100 Meilen westl. der Azoren alle noch nicht unter christl. Herrschaft stehenden Gebiete zwischen Spanien u. Portugal auf: Westlich dieser Linie liegen die spanischen Gebiete (1494 folgt Vertrag von Tordessillas zwischen Spanien und Portugal) **1**
Europa: Vertrag von Senlis (nordöstl. von Paris; am 23. 5.): Der frz. König Karl VIII. überläßt dem österr. Erzherzog Maximilian I., Sohn Kaiser Friedrichs III., das Erbe Herzog Karls des Kühnen von Burgund außer der Picardie und dem Hzgt. Burgund (Bourgogne). – Der Streit um das burgundische Erbe ist damit zugunsten der Habsburger entschieden **2**
– †19. 8. **Friedrich III.** (* 1415), röm.-dt. Kaiser seit 1452; es folgt sein Sohn **Maximilian I.** (seit 1486 Erwählter Römischer König, ab 1508 Kaiser bis 1519 †). – Das Haus Habsburg behält die deutsche Kaiserwürde bis 1806 **3**
Entdeckungen: 2. Seereise von Christoph Kolumbus nach Westen (25. 9. 1493 bis 11. 6. 1496) mit 1500 Mann auf 17 Karavellen. Gründung der 1. festen Niederlassung »La Isabella« auf Haiti (später nach S. Domingo verlegt); weitere Erkundungen der Westindischen Inseln, besonders Kubas **4**
– Brief von Kolumbus über Entdeckung »Westindiens« wird zeitungsähnlich verbreitet
(Korrektur zum Jahrestag »1492« im WA'92: Die Suche nach einem westlichen Seeweg »*nach Indien*« ist in den Tagebüchern Kolumbus nicht nachgewiesen und wird einer Auslegung seiner Erben zugeschrieben)

* 06. 01. Olaus [Olavus] **Petri** [eigtl. Olof Petersson], schwed. Reformator († 1552), in Örebro **5**
* 05. 03. Anna **Bijns**, flämische religiöse Dichterin († 1575), in Antwerpen **6**
* 10. 06. Anton **Fugger** (ab 1530 Reichsgraf), dt. Handelsherr († 1560), in Augsburg **7**
* 11. 11. Philippus Aureolus Theophrastus **Paracelsus** [eigtl. Theophrastus Bombastus von Hohenheim], Arzt, Naturforscher und Philosoph († 1541), in Einsiedeln (Kanton Schwyz) **(DBP) 8**
* 12. 11. Baccio **Bandinelli**, italienischer Bildhauer des Manierismus († 1560), in Florenz **9**
* Bartholomäus **Bruyn d. Ä.**, niederrheinischer Maler († 1555), in Wesel(?)

Vor 250 Jahren: 1743

Europa: Niederschönenfelder Neutralitätskonvention (27. 6.): Bayern kommt unter österr. Verwaltung **10**
– In der Schlacht bei Dettingen a. Main (27. 6.) wehrt die »Pragmatische Armee« (aus Österreichern, Niederländern, Briten u. dt. Söldnern) unter Führung Georgs II. von Großbritannien einen Angriff des vom Herzog von Noailles befehligten französ. Heeres siegreich ab **11**
– Durch den **Wormser Vertrag** (13. 9.) mit Österreich und England tritt Sardinien in den Krieg gegen Frankreich und Spanien ein **12**
– **Friede von Åbo** [Turku/SF] (19. 8.): Rußland erhält von Schweden Gebiete in Ostfinnland (Karelien) **13**
* Universität Erlangen; * Gewandhausorchester Leipzig **(DBP)**

* 25. 01. Friedrich Heinrich **Jacobi**, deutscher Schriftsteller und Philosoph († 1819), in Düsseldorf **14**
* 19. 02. Luigi **Boccherini**, italienischer Violoncellist und Komponist († 1805), in Lucca **15**
* 23. 02. Mayer Amschel **Rothschild**, deutscher Bankier († 1812), in Frankfurt a. M. **16**
* 13. 04. Thomas **Jefferson**, 3. US-Präsident 1801–1809 († 1826), in Shadwell/Va. **17**
† 16. 08. Mathias **Klotz**, dt. Geigenbauer (* 1653), in Mittenwald **(DBP) 18**
* 26. 08. Antoine Laurent **Lavoisier**, frz. Chemiker/* quantitative Chemie (1794 hinger.), in Paris **19**
* 17. 09. Antoine **Condorcet**, frz. Philosoph, Mathematiker, Politiker († 1794), in Ribemont **20**

Vor 200 Jahren: 1793

Europa: Petersburger Vertrag (23. 1.): Preußen und Rußland teilen Polen zum zweiten Mal (1. Teilung: 1772; 3.: 1795). – Der poln. Reststaat ist nicht mehr lebensfähig und von Rußland abhängig **21**
– Frankreich erklärt am 1. 2. Großbritannien und den mit ihm verbündeten Niederlanden den Krieg **22**
– Französische Niederlage (im 1. Koalitionskrieg 1792–1797) bei Neerwinden (Provinz Lüttich, heute Belgien) am 2. 3. gegen Koalition (Österreich/Preußen) **23**
– Hl. Römisches Reich Deutscher Nation erklärt am 22. 3. dem revolutionären Frankreich den Krieg **24**
– Großbritannien vollendet durch Verträge mit Preußen (14. 7.) und Österreich (30. 7.) die **europäische Koalition gegen das revolutionäre Frankreich**. Neben dem Hl. Röm. Reich schlossen sich ihr noch die Niederlande, Spanien, Portugal, Sardinien u. Neapel an **25**
Deutschland: Der am 24. 2. erstmals in Deutschland nach demokratischen Regeln gewählte Rheinisch-Deutsche Nationalkonvent beschließt am 18./21. 3. die Errichtung der an Frankreich anzuschließenden

»Mainzer Republik« (Freistaat; Aufhebung der Vorrechte von Adel u. Klerus); sie endet mit der Rückeroberung des französ. besetzten Gebiets durch preuß. Truppen im April (Mainz am 23. 7.) **26**
Frankreich: Nationalkonvent stimmt am 17. 1. auf Antrag des Bergparteiführers Maximilien de Robespierre mit 361 zu 360 Stimmen der Todesstrafe für den abgesetzten König Ludwig XVI. zu **27**
- **Ludwig XVI.**, König 1774–1792 (* 1754), wird am 21. 1. in Paris **guillotiniert**. Am 16. 10. wird auch seine Frau, Marie Antoinette (Tochter der Kaiserin Maria Theresia), hingerichtet **28**
- Radikale Bergpartei richtet am 10. 3. das 2. Revolutionstribunal als politischen Gerichtshof ein, durch den die Menschenrechte faktisch außer Kraft gesetzt werden. – Es folgt eine Verhaftungswelle **29**
- Nationalkonvent bestimmt am 6. 4. als Exekutivorgan den 9köpfigen »**Wohlfahrtsausschuß**«, an dessen Spitze zunächst Georges Jacques Danton und dann Maximilien Robespierre tritt (24. 7.). – Schreckensherrschaft. – Die radikale Bergpartei stürzt am 2. 6. die Girondisten **30**
- Der Präsident des Jakobinerklubs, Publizist u. Arzt, Jean Paul Marat, wird am 13. 7. von Charlotte de Corday d'Armont in Paris erstochen. Die Mörderin wird am 17. 7. guillotiniert **31**
- Nationalkonvent und Wohlfahrtsausschuß verfügen am 23. 8. als Reaktion auf die Bedrohung durch die europäische Koalition (→ *oben, Nr. 25*) die Einführung der allgemeinen militärischen Dienstpflicht (**levée en masse**) für alle 18–25jährigen ledigen Männer **32**
- Wohlfahrtsausschuß läßt die Elite der bürgerlichen Gruppierung der Girondisten exekutieren (30. 10.). – Am 6. 11. wird auch Louis Philippe II. Joseph, Hzg. von Orléans (Philippe Egalité, * 1747), guillotiniert, am 8. 12. die ehem. Mätresse des Königs Ludwig XV., Marie Jeanne Gräfin Dubarry **33**
USA: Präsident George Washington erklärt am 22. 4. Neutralität im europäischen Koalitionskrieg
- Rücktritt des (1.) Außenministers Thomas Jefferson am 31. 12. (antibritischer Kurs) **34**

† 01. 01. Francesco **Guardi**, venezianischer Rokokomaler (≈ 1712), in Venedig **35**
* 15. 01. Ferdinand Georg **Waldmüller**, österr. Maler († 1865), in Wien **36**
† 06. 02. Carlo **Goldoni**, italien. Komödiendichter des Rokoko (* 1707), in Paris **37**
* 04. 03. Karl **Lachmann**, dt. Philologe/Germanist († 1851), in Braunschweig **38**
† 20. 05. Charles **Bonnet**, frz. Philosoph u. Naturforscher (* 1720), bei Genf **39**
† 26. 06. Karl Philipp **Moritz**, dt. Schriftsteller d. Sturm u. Drang/»Anton Reiser« (* 1756), in Berlin **40**

Vor 150 Jahren: **1843**

Deutschland: Preußen und Hannover regeln am 13. 3. in der **Ems-Akte** Zölle, Privilegien, Schleusenbau usw. auf dem Fluß Ems in Niedersachsen **41**
- Karl Marx verläßt wg. Zensur am 18. 3. die liberale Kölner »Rheinische Zeitung«, geht nach Paris **42**
- * »Leipziger Illustrirte Zeitung« am 1. 7.; Herausgeber: Johann Jakob Weber (1803–1889) **43**
- Uraufführung der Oper »Der Fliegende Holländer« von Richard Wagner in Dresden am 2. 1. **44**
Spanien: Die Cortés (Volksvertretung) entmündigen am 8. 11. Königin Isabella II. (1843–1868) **45**
USA: Der 2. Seminolen-Krieg in den Sümpfen Floridas (seit 1835; erster: 1817–1819) endet am 14. 8. mit der Ausrottung der Seminolen-Indianer durch US-Armee; * Besiedlung des Mittelwestens **46**

† 23. 01. Friedrich Baron **de la Motte-Fouqué**, dt. romant. Dichter (* 1777), in Berlin **47**
* 09. 05. Anton **Werner**, dt. Maler u. Illustrator († 1915), in Frankfurt a. d. Oder **48**
† 07. 06. J. C. Friedrich **Hölderlin**, dt. Dichter (* 1770), in geist. Umnachtung in Tübingen **(DBP) 49**
* 09. 06. Bertha **von Suttner** (geb. Gräfin Kinsky), österr. Pazifistin u. Schriftstellerin/* »Österreichische Gesellschaft der Friedensfreunde«, Friedensnobelpreis 1905 († 1914), in Wien **50**
* 15. 06. Edvard **Grieg**, norw. Komponist († 1907), in Bergen **51**
† 02. 07. Samuel **Hahnemann**, dt. Arzt/* Homöopathie (* 1755), in Paris **52**
* 31. 07. Peter **Rosegger**, österr. volkstüml. Dichter († 1918), in Alps/Steiermark **53**
† 19. 09. Gaspard Gustave **de Coriolis**, frz. Physiker u. Ingenieur (* 1782), in Paris **54**
* 19. 11. Richard **Avenarius**, dt. Philosoph des Empirokritizismus († 1896), in Zürich **55**
* 11. 12. Robert **Koch**, dt. Mediziner u. Bakteriologe, Nobelpreis 1905 († 1910), in Clausthal **56**

Vor 100 Jahren: **1893**

Asien: Siam (heute Thailand) tritt auf Druck Frankreichs und Großbritanniens am 3. 10. im Vertrag von Bangkok/Hongkong alle Gebiete am linken Mekong-Ufer an Laos ab **57**
Deutschland:
- * »Rheinisch-Westfälisches Kohlensyndikat« (16. 2.); kontrolliert 87 % der Steinkohlenproduktion **58**

- *»Bund der Landwirte« (18. 2.) als Interessenverband der ostelbischen Großagrarier gegen Zoll- u. Handelspolitik (Handelsverträge) des Reichskanzlers Leo Graf von Caprivi **59**
- *»Arbeiter-Turn- und Sportbund« (21./22. 5. in Gera), wird größte Arbeiter-Sportbewegung **60**
- »Deutschnationaler Handlungsgehilfenverein« (*7. 9. in Hamburg) als völkisch-antisemitische Berufsorganisation der Angestellten **61**
- Uraufführung des Sozialdramas »Die Weber« von Gerhart Hauptmann in Berlin (26. 2.) **62**
- Teilreform des Dreiklassenwahlrechts in Preußen nach der Steuerreform (29. 6.) **63**
- Nach Auflösung des Reichstags durch Caprivi (am 6. 5. wegen Ablehnung einer Heeresverstärkung und Neuwahl (15. 6.; Rechtsruck durch Sieg des Kartells Deutsche Reichspartei, Deutsch-Konservative und Nationalliberale) neue Militärvorlage mit weiterer Heeresverstärkung verabschiedet (15. 7.) **64**
- Nach dem Tod von Herzog Ernst II. von Sachsen-Coburg-Gotha am 22. 08. tritt mit Herzog Alfred von Edinburgh die englische Linie des Hauses Coburg die Nachfolge an **65**

Makedonien: *»Imro«, Geheimbund für ein freies Makedonien *(→ auch Länderchronik)*

WISSENSCHAFT UND TECHNIK, SCHÖNE KÜNSTE UND PERSÖNLICHKEITEN

Naturwissenschaft: Der norweg. Polarforscher Fridtjof Nansen (1861–1930) läßt sich auf der seit dem 22./25. 9. vor den Neusibirischen Inseln vom Eis eingeschlossenen »Fram« polwärts treiben. – Nordpolexpedition bis 1896 (nach Rückkehr karitative Tätigkeit/»Nansen-Paß«) **66**
- Der dt. Bakteriologe Emil Adolf von Behring (1854–1917) entdeckt ein Serum gegen Diphtherie

Technik: 6,3 km langer Kanal durch den Isthmus von Korinth wird am 6. 8. eröffnet **67**
- »Verband Deutscher Elektrotechniker« (VDE) * **(DBP)**

† 23. 01. José **Zorrilla y Moral**, span. Lyriker u. Dramatiker d. Romantik (* 1817), in Madrid **68**
† 05. 03. Hippolyte **Taine**, frz. Kritiker, Historiker, Philosoph (* 1828), in Paris **69**
† 07. 07. Guy de **Maupassant**, frz. naturalist. Novellist (* 1850), in Passy bei Paris **70**
* 21. 07. Hans **Fallada**, dt. Schriftsteller/»Wolf unter Wölfen« († 1947), in Greifswald **(DBP) 71**
* 26. 07. George **Grosz**, dt. Maler u. Graphiker († 1959), in Berlin **72**
* 20. 09. Hans Bernhard **Scharoun**, dt. Architekt/Berliner Philharmonie († 1972), in Bremen **73**
* 22. 09. Hans **Leip**, dt. Schriftsteller/»Lili Marleen« († 1992), in Hamburg **(DBP) 74**
* 09. 10. Heinrich **George**, dt. Schauspieler u. Intendant († 1946), in Stettin **(DBP) 75**
† 18. 10. Charles **Gounod**, frz. Komponist (* 1818), in Saint-Cloud bei Paris **76**
† 06. 11. Peter Iljitsch **Tschaikowski**, russ. Komponist (* 1840), in St. Petersburg **(DBP) 77**
* 01. 12. Ernst **Toller**, dt. radikalsozialistischer Dramatiker († 1939), in Samotschin (Posen) **78**
* 17. 12. Erwin **Piscator**, dt. Regisseur († 1966), in Ulm (Wetzlar) **79**
* 20. 12. Charlotte **Bühler**, österr. Jugendpsychologin († 1974), in Berlin **80**

Vor 50 Jahren: **1943**

DIE WELT IM II. WELTKRIEG (Chronologie)

a) Allgemeines

14.–26. 1. Konferenz von Casablanca: US-Präs. Franklin D. Roosevelt u. der brit. Prem. Winston Churchill beschließen u. a. Kampf bis zur bedingungslosen Kapitulation der Achsenmächte (D, I, Japan) **81**
20. 01. Wirtschaftsabkommen Dtld./Japan zur Vereinigung der Kräfte »für den totalen Krieg« **82**
12.–25. 5. Konferenz in Washington zwischen Roosevelt und Churchill (»Trident«): Beschluß über Landung in Süditalien und Besetzung der Azoren **83**
15. 05. Josef Stalin verkündet Ende der »Kommunistischen Internationale« (Komintern) in Moskau **84**
03. 06. **Konferenz in Hot Springs** (Virginia/USA) bereitet die FAO *(→ Kapitel »Internationale Organisationen«)* zur Verwirklichung der in der Atlantik-Charta verkündeten Freiheit von Hunger vor **85**
19.–30. 10. Außenminister der USA, Großbritanniens und der UdSSR vereinbaren in Moskau: gemeinsames Vorgehen bis zum Sieg der Alliierten, Wiederherstellung Österreichs in den Grenzen von 1937, Prozesse gegen dt. Kriegsverbrecher **86**
22.–26. 11. **1. Konferenz von Kairo** (Roosevelt, Churchill und Chiang Kai-shek): Korea soll nach dem Krieg unabhängig werden, Japan soll alle Überseebesitzungen abtreten **87**
28. 11.–1. 12. **Konferenz von Teheran:** Erstes Zusammentreffen Roosevelts und Churchills mit Stalin. Besetzungs- und Aufteilungspläne für Dtld., Unterstützung für Tito in Jugoslawien **88**
12. 12. Beistandspakt zw. UdSSR und tschech. Exilregierung (Beneš) regelt auch Nachkriegspolitik **89**
31. 12. Zum Jahresende befinden sich 43 Staaten im Kriegszustand mit Deutschland/Japan **90**

b) Der Krieg in Nordafrika und im Mittelmeerraum (Italien)
13. 05. Kapitulation der deutschen und italienischen Truppen in Nordafrika (250 000 Gefangene) **91**
11./12. 6. Alliierte Besetzung der ital. Inseln Pantelleria und Lampedusa (Operation »Corkskrew«) **92**
10. 07. Landung der Alliierten auf Sizilien (Operation »Husky«); Beginn der Entwaffnung des italien. Heeres.
Am 17. 8. wird die Räumung Siziliens durch die dt. Truppen beendet **93**
03. 09. Brit. Invasion in Kalabrien/Süditalien (Operation »Baytown«); italien. Regierung Pietro Badoglio
schließt geheimen Waffenstillstand mit den Alliierten (am 8. 9. bekanntgegeben) **94**
09. 09. Landung der 5. US-Armee bei Salerno (Operation »Avalanche«) **95**
10. 09. Besetzung Roms durch dt. Truppen **96**
20. 09. Letzte dt. Truppen räumen Sardinien angesichts alliierten Vormarsches in Süditalien **97**
05. 10. Korsika/F wird von dt. Truppen geräumt **98**
13. 10. Italienische Regierung Badoglio erklärt Deutschland den Krieg **99**

c) Der Krieg im Osten
31. 1./2. 2. Kapitulation der dt. 6. Armee bei Stalingrad: 146 000 dt. Gefallene, 90 000 Gefangene **100**
13. 07. Hitler bricht die Operation »Zitadelle« (seit 5. 7.) zur Einschließung der sowjetischen Kräfte im Kursker
Bogen ab, auch angesichts notwendiger Truppenverlegungen nach Italien nach alliierter Landung in
Sizilien am 10. 7. **101**
17. 07. Beginn der sowjetischen Generaloffensive am Donez; sie weitet sich auf den gesamten Raum
zwischen dem Asowschen Meer und dem oberen Dnjepr aus **102**
12. 08. Hitler befiehlt den »Ostwall« (**»Pantherstellung«**: Narwa – Pleskau – Witebsk – Dnjepr – Asowsches
Meer). Der sowjet. »Zentralfront« gelingt jedoch am 21. 9. auf 80 km Breite der Übergang über den Dnjepr
und der Einbruch in die dt. Verteidigungsstellung; am 6. 11. wird Kiew zurückerobert **103**

d) Der Krieg in Ostasien und im Pazifik
08. 02. Einnahme des **Guadalcanal**-Inselbogens (Salomonen) durch US-Streitkräfte nach zahlreichen See-
und Luftschlachten **104**
1.–4. 3. US-Truppen vernichten die japanische Transportflotte in der Bismarcksee **105**
29. 05. USA erobern Attu zurück (Japaner räumen im Juli Kiska freiwillig) **106**
30. 06. Beginn einer alliierten Großoffensive mit Landung von US-Truppen auf Salomonen und Neuguinea:
äußerst verlustreiche Landkämpfe auf den jeweiligen Inseln (**»Inselspringen«**) **107**

e) Der Luft- und Seekrieg
27. 01. US-Luftwaffe fliegt ersten Tagesangriff auf deutsches Reichsgebiet **108**
24. 05. Großadm. Karl Dönitz läßt nach schweren Mißerfolgen U-Boot-Krieg im Atlantik abbrechen **109**
10. 06. Beginn kombinierter US-amerikan.-brit. Bombenangriffe auf Deutschland **110**
24. 7.–3. 8. Britische und US-Bomber zerstören große Teile Hamburgs **111**
18. 11. Brit. Luftwaffe fliegt ersten von 5 Großangriffen (bis 3. 12.) auf Berlin (2700 Tote) **112**
13. 12. Bisher schwerster Tagesangriff auf norddeutsche Städte: 1500 US-Bomber greifen Kiel, Bremen und
Hamburg an **113**
26. 12. Dt. Schlachtschiff »Scharnhorst« sinkt im Kampf mit brit. Kräften im Nordmeer **114**

DEUTSCHLAND, Innenpolitik (einschließlich eingegliederter Gebiete)

- **Totale Mobilmachung:** Führererlaß vom 13. 1. über »Einsatz der Männer und Frauen für die Aufgaben der
Reichsverteidigung«; Schüler ab 15 J. werden seit 11. 2. als »Luftwaffenhelfer« herangezogen **115**
- Admiral Karl Dönitz wird nach Rücktritt von Großadmiral Erich Raeder (wegen Differenzen mit Hitler in der
Seekriegführung) an 31. 1. Marine-Oberbefehlshaber **116**
- Reichspropagandamin. Joseph Goebbels ruft am 18. 2. im Berl. Sportpalast zum **»totalen Krieg«** auf **117**
- Hinrichtung der am 18. 2. beim Verteilen von Flugblättern verhafteten Geschwister Hans und Sophie Scholl
(* **Widerstandsgruppe »Weiße Rose«**) in München am 22. 2. **118**
- »Fabrikaktion« in Berlin (27. 2.): Alle »Rüstungsjuden« werden nach Auschwitz deportiert.
Die »Reichsvereinigung der Juden« wird am 10. 6. aufgelöst **119**
- Die noch im Reich lebenden Juden werden am 1. 7. unter Polizeirecht gestellt **120**
- **Jüdischer Aufstand im Warschauer Ghetto** (19. 4.–19. 5.) wird von der Waffen-SS niedergeschlagen.
Dabei kommen 56 000 Juden ums Leben **121**
- Heinrich Himmler, »Reichskommissar für die Festigung des deutschen Volkstums« seit 1939 und
entscheidender Organisator der Massenmorde an Juden, befiehlt am 11. 6. die »Liquidierung« aller
polnischen, am 21. 6. auch sämtlicher Ghettos in den besetzten sowjetischen Gebieten **122**

- Unter dt. Kriegsgefangenen von Stalingrad wird am 12./13. 7. in Krasnograd bei Moskau auf Initiative der Sowjets und von KPD-Vertretern das »**Nationalkomitee Freies Deutschland**« gebildet **123**
- Himmler, seit 25. 8. Reichsinnenminister und Generalbevollmächtigter für die Reichsverwg., läßt am 3. 11. fünf SS-Fabriken in Lublin schließen, da sie ihm nicht effektiv genug erschienen, und 17 000 jüdische Männer und Frauen aus den Fabriken in den Lubliner Stadtteil Majdanek bringen, wo sie ermordet werden **124**
- Verordnung über die Heranziehung der dt. Jugend zur Erfüllung von Kriegsaufgaben (2. 12.) **125**

AUSLAND

Burma (von Japan besetzt) macht sich am 1. 8. von Großbritannien unabhängig und erklärt den USA und Großbritannien den Krieg **126**

Frankreich: Jean Moulin (Repräsentant von Charles de Gaulle in Frankreich) vereint am 27. 5. die Widerstandsorganisationen der Linken (Combat, Franc-Tireur, Libération u. a.) und Rechten (insbes. Organisation Civile et Militaire) zusammen mit Vertretern der republikan. Parteien in einem »**nationalen Widerstandsrat**«; de Gaulle bildet daraufhin am 30. 7. (nach Gründung des »Komitees für die nationale Befreiung« in Algier am 3. 6.) ein Kabinett **127**

Indonesien erklärt sich am 1. 8. mit Einverständnis der japanischen Besatzungsmacht unabhängig **128**

Italien: Sturz des »Duce« Benito Mussolini durch den Faschistischen Großrat am 24. 7. (nach Landung der Alliierten in Sizilien); Verhaftung Mussolinis am 25. 7. auf Veranlassung von König Viktor Emanuel III., Auflösung der Faschistischen Partei; Regierungsbildung Marschall Badoglios am 26. 7. **129**

- Bevollmächtigte Badoglios unterzeichnen am 3. 9. in Cassibile/Sizilien Waffenstillstand, der Roosevelts Forderung nach bedingungsloser Übergabe entspricht, Italien jedoch gewisse Rechte läßt **130**
- Mussolini wird am 12. 9. durch dt. Fallschirmjäger aus dem Berghotel des Gran Sasso befreit, tritt am 15. 9. an die Spitze einer (am 9. 9. gebildeten) von den dt. Militär- und Zivilbehörden abhängigen faschistischen Gegenregierung und schwenkt auf republikanisch-sozialistischen Kurs um **131**

Philippinen erklären am 14. 10. ihre »Unabhängigkeit« von japan. Besatzung (Präsident: José Laurel) **132**

Polen/Sowjetunion: Dt. Soldaten entdecken am 13. 4. im Wald von Katyn bei Smolensk Massengräber von 4143 erschossenen poln. Offizieren, die im September 1939 in sowjet. Kriegsgefangenschaft geraten waren. Sowjetregierung bricht am 26. 4. die Beziehungen zur poln. Exilregierung ab, da diese die Untersuchung der näheren Todesumstände durch eine internat. Kommission gefordert hatte **133**

WISSENSCHAFT UND TECHNIK, SCHÖNE KÜNSTE UND PERSÖNLICHKEITEN

Naturwissenschaften: Der dt. Biochemiker Otto [Heinrich] Warburg (1883–1970) klärt Grundprozesse der Photosynthese (= chemische Reaktion unter Lichteinwirkung)

Technik: Der dt. Ingenieur Henning Schreyer meldet am 11. 6. ein Patent auf ein vollelektronisches Speicher- und Rechenwerk mit Glimmröhren an (es wird wegen fehlender Mittel nicht realisiert) **134**

† 20. 01. Max Wladimir Frhr. **von Beck**, österr. Ministerpräsident (1906–08) (* 1854), in Wien **135**

† 14. 02. David **Hilbert**, dt. Mathematiker und Physiker (* 1862), in Göttingen **136**

† 09. 03. Otto **Freundlich**, dt. abstrakter Maler, Graphiker, Bildhauer (* 1878), im KZ Majdanek **137**

† 28. 03. Sergej Wassilijewitsch **Rachmaninow**, russ. Komponist u. Pianist (* 1873), in Beverly Hills **138**

† 13. 04. Oskar **Schlemmer**, dt. Maler, Bildhauer/1920–25 am Bauhaus (* 1888), in Baden-Baden **139**

† 12. 06. Hanns Heinz **Ewers**, dt. Schriftsteller (* 1871), in Berlin **140**

† 26. 06. Karl **Landsteiner**, österr. Pathologe, Nobelpreis 1930 (* 1868), in New York **141**

† 04. 07. Wladyslaw Eugeniusz **Sikorski**, poln. General u. Politiker/Vorsitzender der Exilregierung (* 1881), Flugzeugabsturz bei Gibraltar **142**

† 13. 07. Kurt **Huber**, dt. Volksliedforscher, geistiger Führer der »Weißen Rose« (* 1892), hingerichtet in München **143**

† 21. 08. Hendrik **von Pontoppidan**, dän. Dichter, Nobelpreis 1917 (* 1857), in Kopenhagen **144**

† 28. 08. **Boris III.**, König von Bulgarien seit 1918 (* 1899), in Sofia (Tod ungeklärt) **145**

* 29. 09. Lech [Leszek] **Walesa**, poln. Staatspräs. seit 1990, in Popowo (bei Bromberg/Bydgoszcz) **146**

† 30. 09. Franz **Oppenheimer**, dt. Soziologe u. Nationalökonom (* 1864), in Los Angeles **147**

† 09. 10. Pieter **Zeeman**, niederld. Physiker, Nobelpreis 1902 (* 1865), in Amsterdam **148**

† 12. 10. Max **Wertheimer**, österr.-US-amerik. Psychologe u. Philosoph (* 1880), in New York **149**

† 30. 10. Max **Reinhardt** [Goldmann], österr. Schauspieler u. Regisseur (* 1873), in New York (DBP) **150**

† 05. 11. Bernhard **Lichtenberg**, dt. Theologe, Dompropst (* 1875), auf dem Weg ins KZ Dachau **151**

† 04. 12. Carlo **Mierendorff**, dt. Sozialist u. Widerstandskämpfer (* 1897), in Leipzig **152**

† 20. 12. Anita **Augspurg**, dt. Frauenrechtlerin u. Pazifistin (* 1857), in Zürich **153**

Vor 25 Jahren: **1968**

INTERNATIONALE POLITIK/WELTGESCHEHEN

Europa: Vollendung der EWG-Zollunion und Einführung eines gemeinsamen Außenzolls am 1. 7.
- Gemeinsamer EWG-Arbeitsmarkt mit Freizügigkeit für Arbeitnehmer ab 8. 11. **154**

Osteuropa/Warschauer Pakt: Ende des Prager Frühlings (20./21. 8.): Militärische Intervention von 5 WVO-Staaten in der ČSSR beendet den Kurs eines »Sozialismus mit menschlichem Antlitz« **155**

Afrika: Mauritius wird am 12. 3. unabh. Republik und 27. Mitgl. des brit. Commonwealth **156**
- **Swaziland** wird am 6. 9. als 42. afrikan. Staat unabhängig und 28. Mitgl. des Commonwealth **157**

Australien: Koralleninsel **Nauru** (Ozeanien) erhält am 21. 1. als kleinste Republik der Welt die Unabhängigkeit von den Mandatsmächten Großbritannien, Neuseeland und Australien **158**

Südostasien/USA: Beginn der Tet-Offensive des Vietcong und nordvietnamesischer Truppen (30. 1.) leitet den militärischen Zusammenbruch der USA in Vietnam ein. – US-Präsident Lyndon B. Johnson unterbreitet am 31. 3. neues Friedensangebot an Nordvietnam und verzichtet auf Präsidentschaftskandidatur. **Vietnamgespräche beginnen** am 13. 5. in Paris. Präsident Johnson ordnet am 31. 10. die völlige Einstellung der Luftangriffe auf Nordvietnam an **159**

Kernwaffensperrvertrag mit dem Verbot der Nachrüstung für Staaten, die selbst keine Nuklearwaffen, aber die Fähigkeit zu deren Entwicklung besitzen, am 1. 7. in London durch über 100 Staaten unterzeichnet (tritt 1970 in Kraft; für die BR Dtld. 1975) (→*IAEA bei UNO*) **160**

DEUTSCHLAND

Bundesrepublik: Einführung einer 10%igen Mehrwertsteuer anstelle der Umsatzsteuer (1. 1.) **161**
- **Notstandsgesetzgebung:** Bundestag billigt am 29. 5. Grundgesetzänderung, Bundesrat am 14. 6. **162**
- Rudolf [Rudi] Dutschke, Vorsitzender des Sozialistischen Deutschen Studentenbundes/SDS, wird am 11. 4. bei einem Mordanschlag in West-Berlin schwer verletzt. – Das Attentat führt überall zu Demonstrationen und teilweise blutigen Auseinandersetzungen mit der Polizei **163**

DDR: Die am 6. 4. durch Volksentscheid (mit 96% Ja-Stimmen) angenommene **neue sozialistische Verfassung der DDR** tritt am 8. 4. in Kraft: Führungsanspruch der SED; »Grundgesetz der sozialistischen Ordnung«; Wiedervereinigungsverzicht **164**
- **Paß- und Visumpflicht im Reise- und Transitverkehr** mit der Bundesrepublik und West-Berlin (11. 6.) **156**
- Das IOC bejaht am 13. 10. Flagge, Hymne und Emblem der DDR für die Olympiaden **166**

AUSLAND

Albanien tritt am 13. 9. aus Warschauer Pakt wegen dessen Intervention in der ČSSR (→*unten*) aus **167**

China (VR): 12. Plenartagung des 8. ZK der KPCh (12.–31. 10.) erklärt **erste Phase der Großen Proletarischen Kulturrevolution** für **beendet** und schließt Staatspräsident Liu Shao-chi aus **168**

ČSSR: ZK der KPČ wählt am 5. 1. Alexander Dubček als Nachfolger Antonin Novotnys zum neuen Parteichef; Presse-, Meinungs- u. Versammlungsfreiheit (Abschaffung d. Zensur am 26. 6.); Rücktritt Novotnys als Staatspräsident (22. 3.), Nachfolger wird am 30. 3. Gen. Ludvik Svoboda **169**
- Neues Aktionsprogramm (6. 4.): Führungsrolle der Partei beruht nicht mehr auf Machtapparat, sondern auf Vertrauen der Bevölkerung; Föderalisierung; Wirtschaftsreform (»**Prager Frühling**«) **170**
- Nationalversammlung verabschiedet am 25. 6. Rehabilitationsgesetz für polit. Prozesse seit 1948 **171**
- **Einmarsch von Truppen des Warschauer Pakts (aus UdSSR, Polen, Bulgarien, Ungarn u. DDR) in Prag am 20. 8.**; Prager Regierung untersagt bewaffneten Widerstand (21. 8.) **172**
- Truppenstationierungsvertrag vom 16. 10. legalisiert die sowjetische Anwesenheit **173**

Frankreich: Maiunruhen greifen auf Paris über (13. 5.); Generalstreik (16. 5.) lähmt das gesamte Wirtschaftsleben; Auflösung der Nationalversammlung (30. 5.) **174**
- Sieg der Gaullisten bei Parlamentswahlen (23./30. 6.); Georges Pompidou erneut Ministerpräsident bis 10. 7., abgelöst am 13. 7. durch Maurice Couve de Murville (der bis 1969 im Amt bleibt) **175**
- »participation«: Gesetz über Ausübung gewerkschaftl. Rechte in Betrieben am 31. 12. in Kraft **176**

Griechenland: Neue Verfassung der Militärjunta vom 21. 4. 1967 am 15. 11. 1968 in Kraft **177**
- Ministerpräsident Georgios Papadopoulos wird am 15. 12. de facto Diktator **178**

Großbritannien: Preisgabe der Rolle als Weltmacht infolge drastischer Sparmaßnahmen (16. 1.), die u. a. zur Aufgabe der Stützpunkte östlich von Suez bis 1971 führen **179**
- **Beginn bürgerkriegsähnlicher Auseinandersetzungen in Nordirland** zwischen den sozial und politisch benachteiligten Katholiken (»Iren«) und der protestantischen Mehrheit (»Briten«) am 5. 10. **180**

Kanada: Pierre E. Trudeau/Lib. Partei wird am 20. 4. Ministerpräsident (bis 1979 und 1980–1984) **181**

Portugal: Ende der Ära Salazar (26. 9.): Der todkranke António de Oliveira Salazar, Ministerpräsident seit

1932, seit 1933 Diktator († 1970), wird durch Marcelo José Das Neves Alves Caetano abgelöst (bis 1974; anfangs liberaler Kurs) **182**
Ungarn: Wirtschaftsreform vom 1.1. führt zur Steigerung des Wirtschaftswachstums **183**
USA: Robert Francis Kennedy, seit 1964 Senator von New York, wird am 6. 6. (in aussichtsreicher Position für die demokratische Präsidentschaftskandidatur) in Los Angeles **ermordet** **184**
- Aufhebung der Golddeckungspflicht von 25 % für den US-Dollar am 17. 3. führt zu Gold-Krise **185**
- Der Führer der Bürgerrechtsbewegung **Martin Luther King** wird am 4. 4. in Memphis/Tenn. **ermordet**. Anschließende schwere Rassenunruhen bis 11. 4. fordern 46 Menschenleben **186**
- Richard Milhouse Nixon (Republikaner) wird am 5. 11. zum Präsidenten gewählt (Amt: 1969–74) **187**

WISSENSCHAFT UND TECHNIK, SCHÖNE KÜNSTE UND PERSÖNLICHKEITEN

Atomenergie: Probefahrt des dt. nukleargetriebenen Schiffes »Otto Hahn« am 12. 10. **188**
Weltraumforschung: US-Apollo 8 führt **1. bemannte Mondumkreisung** durch (21.–26. 12.) **189**
† 17. 01. Julius **Deutsch**, österr. (sozialdemokrat.) Politiker (* 1884), in Wien **190**
† 27. 03. Juri **Gagarin**, sowjet. Kosmonaut/1961, 1. Mensch im All (* 1934), bei Flugzeugunglück **191**
† 01. 04. Lew D. **Landau**, sowjet. theoret. Physiker, Nobelpr. 1962 (* 1909), in Moskau **192**
† 25. 04. Harald **Kreutzberg**, dt. Tänzer u. Choreograph (* 1892), in Muri bei Bern **193**
† 26. 04. John **Heartfield** [Helmut Herzfelde], Graphiker u. Fotomonteur (* 1891), in Berlin (Ost) **194**
† 28. 05. Cornelius **Kees van Dongen**, ndld. Maler (* 1877), in Paris **195**
† 03. 06. Helen **Keller**, US-amerik. (blinde u. taube) Schriftstellerin (* 1880), in Westport/USA **196**
† 14. 06. Salvatore **Quasimodo**, ital. Lyriker u. Übersetzer, Nobelpr. 1959 (* 1901), in Neapel **197**
† 19. 07. Käthe **Kruse**, dt. Kunsthandwerkerin/* Käthe-Kruse-Puppen (* 1883), in Murnau **198**
† 20. 07. Joseph **Keilberth**, dt. Dirigent (* 1908), in München **199**
† 22. 07. Giovanni **Guareschi**, ital. Schriftsteller/»Don Camillo und Peppone« (* 1908), in Cervia **200**
† 27. 07. Lilian **Harvey**, engl.-dt. Filmschauspielerin (* 1907), in Cap d'Antibes/F **201**
† 28. 07. Otto **Hahn**, dt. Chemiker, Nobelpr. 1944 (* 1879), in Göttingen **202**
† 01. 10. Romano **Guardini**, dt. Theologe u. Philosoph (* 1885), in München **203**
† 02. 10. Marcel **Duchamp**, frz. Maler u. Objektkünstler (* 1887), in Neuilly-sur-Seine **204**
† 26. 10. Rudolf **Forster**, österr. Filmschauspieler (* 1884), in Bad Aussee/A **205**
† 27. 10. Lise **Meitner**, österr.-schwed. (Atom-)Physikerin (* 1878), in Cambridge/UK **206**
† 16. 11. Augustinus **Bea**, dt. Theologe, Kurienkardinal (* 1881), in Rom **207**
† 25. 11. Upton **Sinclair**, US-amerik. Schriftsteller u. Sozialist (* 1878), in Bound Brook/USA **208**
† 26. 11. Arnold **Zweig**, seit 1967 Präsident des PEN-Zentrums DDR (* 1887), in Berlin (Ost) **209**
† 10. 12. Karl **Barth**, Schweizer dialektischer ref. Theologe (* 1886), in Basel **210**
† 20. 12. Max **Brod**, österr.-israel. Schriftsteller u. Kulturphilosoph (* 1884), in Tel Aviv-Jaffa **211**
† 20. 12. John **Steinbeck**, US-amerik. Schriftsteller, Nobelpr. 1962 (* 1902), in New York **212**
† 30. 12. Trygve **Lie**, norweg. Politiker, UN-Generalsekretär 1946–52 (* 1896), in Geilo/N **213**

Weiterführende historische Literatur aus dem Fischer Taschenbuch Verlag, Frankfurt am Main:
Fischer Weltgeschichte (36bändiges Lese- und Nachschlagewerk), 1965–1983
Hans **Herzfeld** (Hg.): Geschichte in Gestalten. Ein biographisches Lexikon, 1981 (Erstausgabe 1963)
Raul **Hilberg**: Die Vernichtung der europäischen Juden, 1991
Robert **Wistrich**: Wer war wer im Dritten Reich? Ein biographisches Lexikon, 1987 (Orig. 1972)

Verstorbene Persönlichkeiten

1991 (September – Dezember)

Abbott, *Berenice* (93), amerik. Fotografin, 17. 12. Monson/Me.
Achenbach, *Ernst* (82), dt. Politiker, 2. 12. Essen
Aczél, *György* (74), ungar. Politiker, 6. 12. Budapest
Aicher, *Otl* (69), dt. Designer, Graphiker, 1. 9. Günzburg
Alexander, *Carlos* (76), amerik. Kammersänger, Dirigent, Komponist, 4. 9. Stuttgart
Allen, *Irwin* (75), amerik. Regisseur, Produzent, 2. 11. Santa Monica/CA

Baldwin, *Hanson W.* (88), amerik. Militärschriftsteller, 13. 11. Roxburg/CT
Barbie, *Klaus* (78), fr. dt. SS-Führer, 25. 9. Lyon
Barnet, *Charlie* (78), amerik. Saxophonist, 4. 9. San Diego/CA
Bausch, *Hans* (70), dt. Rundfunkintendant (SDR 1958–89), 23. 11. Bühlerhöhe bei Baden-Baden
Bilek, *Franziska* (85), dt. Karikaturistin u. Schriftstellerin, 11. 11. München
Bischoff, *Bernhard* (85), dt. Paläograph, Philologe, 17. 9. München
Black, *Roy* (48), dt. Schlagersänger u. Schauspieler, 9. 10. Heldenstein b. Altötting
Böhme, *Gerd* (67), dt. Industriesoziologe, 16. 12. Hamburg
Bois, *Curt* (90), dt. Schauspieler u. Regisseur, 25. 12. Berlin
Bucher, *Ewald* (81), fr. dt. Bundesminister für Wohnungswesen und Städtebau, 31. 10. Mutlangen

Cabanillas, *Pio* (68), span. Jurist, Politiker, 10. 10. Madrid
Capellmann, *Georgette* (98), dt. Verlegerin, 26. 12. Aachen
Capra, *Frank* (94). amerik. Regisseur, 3. 9. Kalifornien
Christian, *Bobby* (80), amerik. Jazzmusiker, 31. 12. Oak Park/IL
Clayton, *Buck* (80), amerik. Jazztrompeter, 8. 12. New York
Cousse, *Raymond* (46), franz. Komödiant u. Theaterautor, 23. 12. Maintenon

Davis, *Miles* (65), amerik. Jazzmusiker, Komponist u. Bandleader, 28. 9. Santa Monica/CA
Delbecque, *Leon* (72), franz. Politiker, 9. 12. Tourcoing

De Lubac, *Henri* (95), franz. Theologe, Kardinal, 4. 9. Paris
Dimitrios, *I.* (77), ökumenischer Patriarch von Konstantinopel, 2. 10. Istanbul
Drimmel, *Heinrich* (79), österr. Politiker, Publizist, 1./2. 11. Wien
Drounina, *Ioulia* (67), russ. Dichterin, 21. 11. durch Selbstmord in der Nähe von Moskau

Ennals, *Martin* (64), brit. Bürgerrechtler, Generalsekretär von amnesty international, 4. 10.

Fairbank, *John K.* (94), amerik. Historiker, 14. 9. Cambridge/MA
Fletcher, *James C.* (72), amerik. Physiker, fr. Chef der US-Weltraumbehörde NASA (1971–77/ 1986–89), 22. 12. bei Washington
Francescatti, *Zino* (99), franz. Geigenvirtuose, 17. 9. La Ciotat

Garcia Robles, *Alfonso* (80), mex. Diplomat, Rüstungskritiker, Friedensnobelpreis 1982, 2. 9. Mexiko
Ginzburg, *Natalia* (75), ital. Schriftstellerin, 8. 10. Rom
Gööck, *Roland* (68), dt. Produzent u. Verleger, 2. 10.
Görlitz, *Walter* (78), dt. Journalist, Schriftsteller, 4. 10. Hamburg
Goppel, *Alfons* (86), dt. Politiker, fr. Ministerpräsident Bayerns (1962–78), 24. 12. Johannesberg b. Aschaffenburg
Graham, *Bill* (60), amerik. Rockmusik-Produzent, 25. 10. San Francisco
Grassi, *Ernesto* (99), dt.-ital. Philosoph, 22. 12. München
Grünefeldt, *Hans-Otto* (76), fr. Programmdir. d. Hess. Rundfunks, 4. 11.
Guibert, *Hervé* (36), franz. Fotograf, Autor, 27. 12.

Hagemeyer, *Maria* (95), dt. Juristin, 1927 Preußens erste Richterin in Bonn, Vorkämpferin für die Gleichberechtigungs-Gesetzgebung, 8. 12.
Harnack, *Falk* (78), dt. Regisseur, 3. 9. Berlin
Hart, *Frederick* (77), amerik. Kunsthistoriker, leitete während des Zweiten Weltkriegs u. danach in Neapel das Programm zur Rettung von ital. Kunstwerken, 2. 11. Washington
Haupt, *Ullrich* (76), dt. Schauspieler u. Regisseur, 22./23. 11. München

Verstorbene Persönlichkeiten

Hellwege, *Heinrich Peter* (83), dt. Politiker, fr. Ministerpräsident von Niedersachsen (1955–59), 4. 10. Neuenkirchen/Horneburg
Herrligkoffer, *Karl* (75), dt. Arzt, Expeditionsleiter, 9. 9. München
Hobe, *Cord* v. (82), dt. Generalleutnant, 6. 10.
Höchst, *Siegfried* (52), dt. Theaterregisseur, Dez.
Husák, *Gustáv* (78), tschechosl. Politiker, fr. Staatspräsident (1975–89) u. Parteichef (1969–87), 18. 11. Bratislava

Italiaander, *Rolf* (78), dt.-niederl. Schriftsteller, Völkerkundler u. Forschungsreisender, Museumsgründer, 3. 9. Hamburg
Imaï, *Tadashi* (79), jap. Filmregisseur, 22. 11. Tokio
Isidor Markus Emanuel (86), dt. Altbischof von Speyer, 1. 12. Zweibrücken

Jahr, *John* (91), dt. Verleger, 8. 11. Hamburg
Jung, *Hans-Gernot* (61), dt. Bischof der Evang. Kirche Kurhessen-Waldeck, 26. 11. Kassel

Keidel, *Eugen* (82), dt. Kommunalpolitiker, fr. Oberbürgermeister von Freiburg (1962–82), 30. 12. Freiburg
Kinski, *Klaus* (65), dt. Schauspieler, 23. 11. Lagunitas b. San Francisco
Kisielewski, *Stefan* (80), poln. Schriftsteller, Publizist u. Komponist, 27. 9. Warschau
Köpcke, *Karl-Heinz* (69), dt. Nachrichtensprecher, 30. 9. Hamburg
Krenek, *Ernst* (91), amerik.-österr. Komponist, Musikschriftsteller u. -pädagoge, 22. 12. Palm Springs/CA
Kuhn, *Hans* (86), dt. Maler, 12. 12. Baden-Baden
Kuhn, *Helmut* (92), dt. Kulturhistoriker u. Philosoph, Okt. München
Kutschera, *Franz* (82), dt. Theaterschauspieler, 27. 10. München

Léger, *Paul* (87), kanad. Kardinal, fr. Erzbischof v. Montreal, 13. 11. Montreal
Le Grange, *Louis* (63), südafr. Polizeiminister, 25. 10. Potchefstroom
Lichtenhahn, *Verena* (75), schweiz. Verlags- u. Sortimentsbuchhändlerin, 7. 12. Basel
Lietzau, *Hans* (78), dt. Regisseur u. Theaterintendant, 29./30. 11. Berlin
List, *Elisabeth* (84), dt. Verlegerin, 24. 12. Hamburg
Lipski, *Jan Józef* (65), poln. Literaturhistoriker, Regimekritiker, 10. 9. Krakau
Lipinsky-Gottersdorf, *Hans* (71), dt. Schriftsteller, Okt. Köln
Lochte, *Christian* (55), Chef des Hamburger Verfassungsschutzes, 3. 9. Langon

Lohmar, *Ulrich* (63), dt. Politikwissenschaftler, Publizist u. Medienfachmann, 28. 11.
Lundkvist, *Artur* (85), schwed. Schriftsteller, Mitglied der Königl. Schwed. Akademie, 11. 12. Stockholm

MacMurray, *Fred* (83), amerik. Schauspieler, 5. 11. Santa Monica/CA
Malfatti, *Franco Maria* (84), ital. Politiker, 10. 12. Rom
Mann, *Daniel* (79), amerik. Schauspieler u. Theaterregisseur, 25. 11. Los Angeles
Martini, *Winfried* (86), dt. Publizist, 23. 12.
Maxwell, *Robert* (68), brit. Verleger, 5. 11. vor den Kanar. Inseln
McMillan, *Edwin M.* (84), amerik. Physiker, Chemie-Nobelpreisträger 1951, 7. 9. El Cerrito/CA
Mercury, *Freddy* (45), brit. Rocksänger, 24. 11. London
Messemer, *Hannes* (67), dt. Schauspieler, 2. 11. Aachen
Mona, *Eugène* (eigentl. *Georges Nilecam*; 48), franz. Musiker von den Antillen, 21. 9. Fort-de-France
Monnerville, *Gaston* (94), fr. Präsident des franz. Senats, 7. 11. Paris
Monnier, *Bruno* (65), franz. Publizist, 15. 12. Paris
Montand, *Yves* (70), franz. Filmschauspieler, Chansonsänger, 9. 11. Senlis b. Paris
Müller, *Hermann* (78), bad.-württemb. Politiker, 28. 12. Schwäb. Hall

Neidlinger, *Gustav* (81), dt. Sänger, Wagner-Interpret, 26. 12.
Nollau, *Günther* (80), dt. Jurist, fr. Präsident des Bundesamtes für Verfassungsschutz (1972–75), 7. 11. München
North, *Alex* (81), amerik. Filmkomponist, 8. 9. Palisades/Los Angeles

Oduber, *Daniel* (70), fr. Präsident von Costa Rica (1974–78), 13. 10. San José
Orezzoli, *Hector* (38), argent. Regisseur, 5. 12. New York

Paeschke, *Hans* (80), dt. Journalist, Gründer u. Herausgeber des »Merkur«, 5. 10. München
Papanek, *Jan* (99), fr. tschechosl. UN-Vertreter, 30. 11. Scarsdale/NY
Papp, *Joseph* (80), amerik. Theaterproduzent, 31. 10. New York
Pieyre de Mandiargues, *André* (82), franz. Autor, Poet, 13. 12. Paris

Rauch, *Georg* v. (87), dt. Osteuropa-Historiker, 17. 10. Kiel
Richardson, *Tony* (63), brit. Filmregisseur, 14. 11. Los Angeles

Verstorbene Persönlichkeiten

Ridolfi, *Roberto* (92), ital. Historiker, Feuilletonist, 28. 12. Florenz
Rodríguez Sahagún, *Augustín* (60), früh. span. Verteidigungsminister, Okt. Paris
Roddenberry, *Gene* (70), amerik. Film- u. Fernsehproduzent, Okt. Los Angeles

Scelba, *Mario* (90) ital. Politiker, 29. 10. Rom
Schmölders, *Günter* (88), dt. Finanzwissenschaftler, Wirtschaftssoziologe, 7. 11. München
Schulz, *Max Walter* (70), dt. Schriftsteller, fr. Kulturpolitiker in der damal. DDR, 15. 11. Berlin
Schwarze, *Hanns Werner* (67), dt. Fernsehjournalist, 3. 9. Berlin
Seuss Geisel, *Theodor* (87), amerik. Autor u. Illustrator, 24. 9. La Jolla/CA
Soutter, *Michel* (59), Schweizer Regisseur, 10. 9. Genf
Stigler, *Georg J.* (80), amerik. Wirtschaftswissenschaftler, Nobelpreis 1982, 2. 12. Chicago
Stone, *Sir Richard* (78), brit. Wirtschaftswissenschaftler, Nobelpreis 1984, 6. 12. Cambridge
Strauch, *Lothar* (85), Bildhauer, 27. 12. Erlangen
Strugatzki, *Arkadij* (66), russ. Science-fiction-Autor, 14. 10.

Tierney, *Gene* (71), amerik. Schauspielerin, 6. 11. Houston
Tondelli, *Pier Vittorio* (36), ital. Schriftsteller, Dez. Reggio di Calabria

Uhde, *Jürgen* (78), dt. Pianist, Pädagoge u. Schriftsteller, 1. 9. Bad Soden

Welensky, *Sir Roy* (84), fr. Premierminister der ehem. Zentralafrikan. Föderation (1956–63), Dez.
Welitsch, *Alexander* (85), dt. Kammersänger, 21. 10. Stuttgart
West, *Dottie* (58), amerik. Country-Sängerin, Sept. an den Folgen eines Verkehrsunfalls
Wetter, *Gustav* (80), österr. Jesuitenpater, Prof. für russ. Philosophie, Nov. Rom

Yue Kong Pao, *Sir* (73), Schiffsmagnat, 23. 9. Hongkong
York, *Eugen* (79), dt. Regisseur, Nov. Berlin

1992 (Januar – August)

Abolkassem el Khoi (93), Groß-Ayatollah der schiitischen Moslems, 8. 8. Irak
Adelmann von Adelmannsfelden, *Graf Raban* (79), dt. Politiker, Diplomat, Landwirt u. Weingutbesitzer, 28. 1. Steinheim-Kleinbottwar
d'Alessio, *Carlos* (57), franz.-argent. Komponist, Juni Paris
Almendros, *Nestor* (61), span. Kameramann u. Regisseur, 4. 3. New York
Anderson, *George W.* (85), amerik. Admiral u. Diplomat, 20. 3. McLean/VA
Anderson, *John* (69), amerik. Schauspieler, August Los Angeles
Anderson, *Judith* (93), amerik.-austral. Schauspielerin, 3. 1. Santa Barbara/CA
Andronikos, *Manolis* (73), griech. Archäologe, 30. 3. Thessaloniki
Ardon, *Mordechai* (96), israel. Maler, 18. 6. Jerusalem
Arnold, *Jack* (75), amerik. Regisseur, 17. 3. Woodland Hills/CA
d'Arrigo, *Stefano* (72), ital. Schriftsteller, 2. 5. Rom
Asimov, *Isaac* (72), amerik. Schriftsteller u. Biochemiker, 6. 4. New York City
Audley, *Maxine* (69), brit. Schauspielerin, 23. 7.
August, *Amadeus* (50), dt. Schauspieler, 6. 7. München
Axen, *Hermann* (76), dt. Politiker (DDR), 15. 2. Berlin

Bacon, *Francis* (83), brit. Maler, 28. 4. Madrid
Banaschewski, *Edmund* (85), dt. Verleger u. Publizist, 17. 3.
Barsotti, *Jean-Luc* (41), Gründer des Internat. Tanzfestivals von Cannes, 14. 2. Marseille
Batori, *Miklos* (71), ungar. Schriftsteller, 18. 2.
Battenberg, *Ernst* (65), dt. Philosoph, Verlagskaufmann, 8. 5.
Baur, *Fritz* (81), dt. Forscher und Rechtsgelehrter, Mai Tübingen
Beauclair, *Gotthard de* (85), franz. Dichter u. fr. künstler. Leiter des Insel-Verlags, 31. 3.
Begin, *Menachem* (79), israel. Politiker, Ministerpräsident von 1977–83, 9. 3. Tel Aviv
Benedek, *Lásló* (85), ungar. Filmregisseur u. Drehbuchautor, 11. 3. New York
Berger, *Herbert* (73), Verfasser von Kurzgeschichten, Gedichten u. Erzählungen aus der Arbeitswelt, April Warendorf/Westf.
Berger, *Theodor* (87), österr. Komponist, 21. 8. Wien
Berghmans, *José* (70), franz. Komponist, 18. 5. Eclaibes/Nordfr.
Biathat, *Leonie*, Künstlername *Arletty* (94), franz. Schauspielerin, 24. 7. Paris
Black, *Eugene* (93), amerik. Finanzmanager u. 3. Präsident der Weltbank, 20. 2. Southampton, Long Island
Blackwood, *Christian* (50), amerik. Filmemacher, 22. 7. New York
Bohner, *Gerhard* (56), dt. Tänzer u. Choreograph, 13. 7. Berlin
Bollmann, *Gerhard* (59), dt. Verleger d. Maximilian-Verlagsgruppe, 30. 4. Herford

Verstorbene Persönlichkeiten

Bompiani, *Valentino* (94), ital. Verleger, 23. 2. Mailand

Borsellino, *Paolo* (54), ital. Mafia-Richter, 19. 7. ermordet in Palermo

Bouabid, *Abderrahim* (72), marokk. Politiker, 8. 1. Rabat

Boudiaf, *Mohammed* (73), alger. Politiker, Präsident d. Hohen Staatskomitees, 29. 6. Annaba

Bovet, *Daniel* (85), ital. Pharmakologe, 1957 Medizin-Nobelpreis, 8. 4. Rom

Bretscher, *Willy* (94), Schweizer Journalist u. Politiker, 12. 1.

Brooks, *Richard* (80), amerik. Filmregisseur, 11. 3. Beverly Hills/CA

Brückner, *Gerdt* (60), dt. Tänzer u. Choreograph, Aug. Hannover

Brunner, *Adolf* (90), Schweizer Komponist, 16. 2. Thalwil

Buisson, *Ludwig* (74), dt. Mediävist, Juli Hamburg

Cage, *John* (79), amerik. Komponist, 13. 8. New York

Callender, *Red* (76), amerik. Jazzmusiker, 8. 3. Saugus/CA

Camarón de la Isla (eigentl. *José Monjé;* 41), span. Flamenco-Sänger, 2. 7. Barcelona

Carstens, *Karl* (77), dt. Politiker, Bundespräsident von 1979–84, 30. 5. Meckenheim

Carstensen, *Broder* (66), Gründungsrektor der Universität Paderborn u. bed. Vertreter der dt. Anglistik, 22. 1. Paderborn

Carter, *Angela* (51), brit. Schriftstellerin u. Journalistin, 16. 2. London

Caserus, *Emile* (67), franz. Musiker und Komponist aus Martinique, 10. 3. Fort-de-France

Cassinari, *Bruno* (79), ital. Maler, März Mailand

Cessna, *Eldon* (84), amerik. Flugzeugbauer, 22. 2. Mailand

Chapelain-Midy, *Roger* (87), franz. Maler, 30. 3. Paris

Colombo, *Giovanni* (71), ital. Kardinal, 20. 5. Mailand

Conzelmann, *Otto* (83), dt. Kunsthistoriker u. Dix-Forscher, 26. 3. b. Schopfloch/Baden-W.

Cook, *Junior* (57), amerik. Jazz-Saxophonist, Febr. Manhattan

Cooper, *Ralph* (57), Gründer des »Amateurs Night« des Apollo-Theaters in Harlem, 4. 8. New York

Cristaldi, *Franco* (67), ital. Filmproduzent, Juni

David, *Elizabeth* (78), brit. Kochbuchautorin u. Journalistin, Mai

Davis, *James »Thunderbird«* (53), amerik. Bluessänger, 24. 1. Saint Paul/MN

Dechamps, *Bruno* (67), dt. Journalist, fr. Mitherausgeber der Frankfurter Allgemeinen Zeitung, 15. 4.

Degischer, *Vilma* (80), österr. Schauspielerin, 3. 5. Wien

Deinhardt, *Friedrich* (65), dt. Virologe, 30. 3. München

De Negri, *Giuliani* (68), ital. Filmproduzent, 18. 5. Rom

Deng Yingchao (88), Witwe des ehem. chin. Regierungschefs *Zhou Enlai,* Juli Peking

Dennis, *Sandy* (54), amerik. Film- u. Bühnenschauspielerin, 6. 3. Westport/CT

Derathé, *Robert* (86), franz. Philosoph, 5. 3. Saint-Cloud

Dervaux, *Pierre* (75), franz. Dirigent, 20. 2. Marseille

Deutsch, *Helene* (85), dt. Drehbuch-, Theaterautorin u. -kritikerin, 15. 3. New York

Dietrich, *Marlene* (90), dt. Schauspielerin, 6. 3. Paris

Dimaras, *Konstantinos Th.* (88), griech. Intellektueller und Literaturhistoriker, 18. 2. Paris

Dixon, *Willie* (77), amerik. Bluessänger, -komponist u. -bassist, 28. 1. Burbanks/CA

Dörner, *Friedrich Karl* (81), Gründer und langj. Leiter der Forschungsstelle »Asia Minor« der Universität Münster, 10. 3. Nürnberg

Dupree, *Jack* (82), amerik. Sänger u. Bluespianist, 20. 1. Hannover

Dunne, *Philip* (84), amerik. Filmregisseur u. Produzent, 3. 6. Malibu/CA

Eisenmann, *Will* (86), dt. Komponist, 20. 8. Wolhusen/Schweiz

Elsner, *Gisela* (55), dt. Autorin und Satirikerin, 13. 5.

Estang, *Luc* (80), franz. Schriftsteller, 25. 7. Paris

Fabian, *Walter* (90), dt. Journalist, Publizist u. Pädagoge, 15. 2. Köln

Falcone, *Giovanni* (53), ital. Jurist, Mafia-Richter, 23. 5. ermordet b. Palermo

Fechner, *Eberhard* (65), Fernsehregisseur, Autor u. Schauspieler, 7. 8. Hamburg

Feijoo, *Samuel* (78), kuban. Erzähler, Dichter u. Maler, 14. 7. Havanna

Ferber, *Christian* (eigentl. *Georg Seidel; 72),* Schriftsteller u. Journalist, 26. 6. Midhurst/GB

Ferrer, *José* (80), amerik. Schauspieler, Regisseur u. Produzent, 26. 1. Coral Gables/FL

Fink, *Humbert* (59), österr. Schriftsteller u. Publizist, 16. 5. Klagenfurt

Fischer, *Anette* (45), Vors. des intern. Exekutivkomitees von amnesty international, 11. 7. Autounfall b. Florenz

Fisher, *Mary Frances Kennedy* (83), amerik. Schriftstellerin, Juni Kalifornien

Fleckenstein, *Albrecht* (74), dt. Physiologe u. Herzforscher, 4. 4. Freiburg

Foda, *Farag*, ägypt. Schriftsteller, Publizist, Gegner eines islam. Fundamentalismus, Juni durch Attentat

Foldes, *Andor* (79), amerik.-ungar. Pianist, 9. 2. Herrliberg b. Zürich

Franjieh, *Suleiman* (82), ehem. Staatspräsident Libanons, 22. 7. Beirut

Franz, *Günther* (90), dt. Agrarhistoriker, 22. 7.

Franz, *Hartmut* (54), dt. Chemiker, Arzt, Mai Witten-Herdecke

Friedlaender, *Johnny* (80), dt.-franz. Maler u. Graphiker, 18. 6. Paris

Fromm, *Ernst* (74), dt. Mediziner, 1959–73 Präsident der Bundesärztekammer, 2. 4. Hamburg

Frot-Coutaz, *Gérard de* (40), franz. Filmregisseur, 12. 3. Paris

Furtwängler, *Florian* (54), dt. Filmregisseur u. -produzent, Mai München

Gaillard, *Paul-André* (70), Schweizer Chorleiter, 28. 4. Pully-Lausanne

Galinski, *Heinz* (79), Vorsitzender des Zentralrats der Juden in Deutschl., 19. 7. Berlin

Garcia Hortelano (64), span. Schriftsteller, 3. 4. Madrid

Gatsos, *Nikos* (77), griech. Lyriker, Mai Athen

Gerecz, *Arpad* (67), ung. Geiger u. Dirigent, 1. 5. Schweiz

Gheorghiu, *Virgil* (75), moldau.-dt. Schriftsteller, 22. 6. Paris

Graber, *Rudolf* (89), Altbischof von Regensburg (1962–82), 31. 1. Regensburg

Greimas, *Algirdas-Julien* (75), litauisch. Linguist u. Semiotiker, 27. 2. Paris

Grischin, *Wiktor* (77), russ. Politiker, fr. Politbüromitglied der ehem. UdSSR, 25. 5. Moskau

Grünstein, *Herbert* (80), fr. stellvertr. DDR-Justizminister, 9. 1.

Gruber, *Lilo* (77), Tänzerin u. ehem. Ballettdirektorin der Deutschen Staatsoper, 8. 1. Berlin

Guendouz, *Nadia* (60), alger. Dichterin, 4. 4. Algier

Güttinger, *Fritz* (85), Schweizer Autor, Journalist, Übersetzer u. Verleger, 21. 5. Zürich

Guillemin, *Henri* (89), franz. Historiker, Literaturkritiker u. Schriftsteller, 4. 5. Neuchâtel

Gumiljow, *Lew* (79), russ. Historiker u. Ethnologe, Juni Sankt Petersburg

Haberland, *Eike* (68), Ethnologe, 6. 6. Frankfurt/M.

Habib, *Philip C.* (72), amerik.-liban. Diplomat, 25. 5. Puligny-Montrachet/Frankreich

Hadjiev, *Paraschkev* (80), bulg. Komponist, 28. 4. Sofia

Haentzschel, *Georg* (84), dt. Filmmusikkomponist, 13. 4. Köln

Haley, *Alex* (71), amerik. Schriftsteller u. Journalist, 10. 2. Seattle/WA

Hamburger, *Jean* (83), franz. Wissenschaftler, Präsident der franz. Akademie der Wissenschaften, 1. 2. Paris

Hamburger, *Käte* (96), dt. Literaturwissenschaftlerin, 8. 4. Stuttgart

Hardt, *Karin* (81), dt. Schauspielerin, 5. 3. Berlin

Hassinger, *Erich* (85), dt. Historiker, 30. 3. Freiburg

Hassuna, *Mohamed Abd el Khalek* (94), ägypt. Politiker, 21. 1. Kairo

Havers, *Sir Michael* (69), brit. Politiker u. Jurist, 1. 4. London

Hayek, *Friedrich August v.* (93), brit.-österr. Wirtschaftswissenschaftler, Nobelpreis 1974, 23. 3. Freiburg

Heidland, *Hans Wolfgang* (80), fr. evang. Landesbischof in Baden (1964–80), 11. 1.

Held, *Martin* (84), dt. Schauspieler, 31. 1. Berlin

Henreid, *Paul* (84), dt. Schauspieler, 29. 3. Santa Monica/CA

Heron, *Rolfe* (77), dt. Musikkritiker u. Pädagoge, Juni Bad Homburg

Herrmann, *Joachim* (63), Politbüromitglied der ehemal. DDR, 30. 7.

Hetzel, *Gerhard* (52), Konzertmeister der Wiener Philharmoniker, 28. 7. Bergunfall St. Gilgen

Hill, *Benny* (67), brit. Komiker, 18. 4. London

Hirsch, *Martin* (79), dt. Jurist, fr. Bundesverfassungsrichter, 12. 4. Berlin

Horia, *Vintila* (77), rumän. Schriftsteller, April Madrid

Holtfort, *Werner* (71), dt. Jurist, 16. 4. Hannover

Hubeau, *Jean* (75), fr. Pianist und Musikpädagoge, 19. 8. Paris

Hüttenberger, *Peter* (53), dt. Zeithistoriker, 14. 3.

Hunt, *Richard* (40), amerik. Puppenspieler, 7. 1. New York City

Hurrel, *George* (88), amerik. Fotograf, 17. 5.

Ireland, *John* (77), amerik. Schauspieler u. Filmregisseur, 31. 3. Santa Barbara/CA

Jacquemin, *André* (87), franz. Maler u. Graveur, 16. 1.

Jacqmin, *François* (63), belg. Dichter, 12. 2. Belgien

Joppich, *Gerhard* (89), dt. Kinderarzt, 7. 1. Göttingen

Karinthy, *Ferenc* (71), ungar. Schriftsteller, März Budapest

Katz, *Henry William* (86), amerik. Schriftsteller, Juni

Kaulbach, *Friedrich* (80), dt. Kant-Interpret, Mai Münster

Kirk, *Jeffrey* (30), kanad. Solotänzer des Hamburger Balletts, Mai Hamburg

Kläui, *Hans* (86), Schweizer Historiker, Genealoge u. Heraldiker, 7. 4. Winterthur
Kleinstück, *Johannes* (72), dt. Anglist u. Autor, August Hamburg
Klostermann, *Michael* (53), dt. Verleger, 8. 8. Frankfurt/M.
Koch, *Werner* (65), dt. Schriftsteller, 31. 3. Köln
König, *René* (86), dt. Soziologe, 21. 3. Köln
Körber, *Kurt A.* (82), dt. Unternehmer u. Kunstmäzen, 10. 8. Hamburg
Koetser, *Maurits* (84), Schweizer Kunsthändler, Sammler u. Mäzen, Juni Zürich
Kreindl, *Werner* (64), österr. Schauspieler, 6. 6.
Krönig, *Wolfgang* (88), dt. Kunsthistoriker, März
Kühn, *Heinz* (80), dt. Politiker, fr. Ministerpräsident von Nordrhein-Westfalen, 12. 3. Köln
Künkele, *Ilse* (67), dt. Schauspielerin, 24. 4. Stuttgart
Kuhlendahl, *Hans* (82), dt. Neurochirurg, 24. 2.
Kuhlmann, *Werner* (71), dt. Gewerkschafter, Oberbürgermeister von Gelsenkirchen, 22. 5. Gelsenkirchen
Kunze, *Stefan* (59), Schweizer Musikforscher, 3. 8. Bern

Lagemann, *Sigrid* (67), dt. Schauspielerin, Juni Berlin
Lallinger, *Ludwig Max* (84), bayer. Politiker, 23. 2. München
Landeck, *Jürgen* (69), dt. Publizist u. Übersetzer, Aug. Berlin
Lange, *Mathieu* (87), dt. Dirigent, Mai Bochum
Lankheit, *Klaus* (79), dt. Kunsthistoriker, 7. 4. Karlsruhe
Lausberg, *Heinrich* (79), dt. Romanist, 11. 4. Münster
Ledig-Rowohlt, *Heinrich Maria* (84), dt. Verleger, 27. 2. Neu-Delhi
Lehnert, *Martin* (81), dt. Anglist, 4. 3. Berlin
Lemarchand, *Lucienne* (83), belg. Komödiantin, 9. 2. Pont-aux-Dames
Le Sidaner, *Jean-Marie* (45), franz. Schriftsteller, 25. 2. Reims
Lerici, *Roberto* (60), ital. Autor politischer Komödien u. Satiren, 6. 3. Rom
Ley, *Margaretha* (59), dt. Modeschöpferin u. Unternehmerin, 4. 6. München
Leygue, *Louis* (86), franz. Bildhauer, 5. 3.
Leyser, *Karl* (72), brit. Mediävist u. bedeut. Kenner der mittelalterl. dt. Geschichte, 27. 5.
Linna, *Väinö* (71), finn. Schriftsteller, April Kangasala
Li Xiannian (83), fr. chines. Staatspräsident, 21. 6.
Loewenich, *Walther v.* (89), Kirchenhistoriker u. Luther-Forscher, 3. 1. Erlangen
Luschey, *Heinz* (81), Archäologe, 1. 1. Tübingen
Lust, *Lilly* (103), dt. Sopranistin, 30. 6. Karlsruhe

Mackensen, *Lutz* (90), dt. Sprachwissenschaftler, 24. 3. Bremen
Maillan, *Jacqueline* (69), franz. Schauspielerin u. Kabarettistin, 12. 5. Paris
Mandiargues, *André Pieyre de* (82), franz. Schriftsteller, Jan. Paris
Mann, *Monika* (81), dt. Schriftstellerin, Tochter Thomas Manns, 17. 3. Leverkusen
Matzel, *Klaus* (68), dt. Sprachforscher, 9. 2.
Mell, *Marisa* (53), österr. Filmschauspielerin, 16. 5. Wien
Mensching, *Gerhard* (60), dt. Schriftsteller, Puppenspieler u. Germanist, 7. 1. Bochum
Messiaen, *Olivier* (83), franz. Komponist, 27. 4. Paris
Meyer-Schwickerath, *Gerd* (72), dt. Augenarzt, 20. 1. Essen
Milchsack, *Lilo* (87), Initiatorin der »Königswinterer Konferenz«, 7. 8. Düsseldorf
Miller, *Clarence »Big«* (77), amerik. Jazzsänger, 9. 6. Edmonton
Mohr, *Albert Richard* (80), dt. Musikhistoriker, 23. 7. Frankfurt
Morley, *Robert* (84), brit. Schauspieler, Juni London
Moulin, *Charles* (82), franz. Filmschauspieler, 23. 1. Montélimar
Müller, *Wolfgang J.* (78), dt. Kunsthistoriker, 7. 6. Kiel
Mugabe, *Sally* (59), Ehefrau des Präsidenten von Simbabwe u. als »Mutter der Nation« verehrt, 27. 1. Harare
Muldoon, *Sir Robert* (70), neuseel. Politiker, Premierminister 1975–84, 5. 8.
Mussawi, *Abbas* (40), liban. Schiitenführer, 12. 2. Südlibanon

Nakagami, *Kenji* (46), jap. Erzähler u. Filmemacher, 11. 8. Kumano
Naumann, *Konrad* (63), Ostberliner SED-Vorsitzender in der ehem. DDR, August Quito/Ecuador
Neckermann, *Josef* (80), dt. Unternehmer u. Dressurreiter, 13. 1. Dreieich
Newman, *Joe* (70), amerik. Jazztrompeter, Juli New York
Niebergall, *Johannes »Buschi«* (54), dt. Kontrabassist, 9. 1. Frankfurt/M.
Niemack, *Horst* (83), fr. dt. General, Turnierreiter u. Reitlehrer, 7. 4. Celle
Nipperdey, *Thomas* (64), dt. Historiker, erhielt 1992 Dt. Historikerpreis, 14. 6. München
Nocker, *Hanns* (65), dt. Sänger u. langj. Mitglied der Berliner Komischen Oper, 2. 5. Berlin

Obraszow, *Sergej Wladimirowitsch* (90), russ. Schauspieler, Gründer des Staatl. Puppentheaters in Moskau, Mai Moskau

Oesch, *Hans* (66), Schweizer Musikforscher, 7. 5. Basel

Ogawa, *Shinsuke* (70), jap. Filmschauspieler, Gründer des Internat. Kulturfilmfestivals in Yamagata, 7. 2.

Oldenburg, *Ernst* (78), dt. Maler u. Bildhauer, 8. 1. Unna

Ordóñez, *Francisco Fernández* (62), span. Politiker, 7. 7. Madrid

Paine, *Thomas O.* (70), amerik. Physiker, 4. 5. Brentwood/CA

Pascal, *Jean-Claude* (64), franz. Schauspieler u. Sänger, 5. 5. Paris

Pasquier, *Jean* (88), franz. Geiger, März Paris

Paulina-Mürl, *Lianne* (47), dt. Politikerin, 27. 7.

Paulmüller, *Alexander* (81), österr. Dirigent, Juli Hof b. Salzburg

Perrin, *Francis* (90), franz. Atomphysiker, 4. 7. Paris

Perugia, *Noémie* (88), franz. Sopranistin, 25. 3.

Petersen, *Oswald* (89), dt. Maler, Juni Düsseldorf

Piazzolla, *Astor* (71), argent. Tangokomponist, 4. 7. Buenos Aires

Pichler, *Martin* (37), dt. Tänzer, Sänger u. Schauspieler, 25. 6. Berlin

Platon, *Nikolaos* (83), griech. Archäologe, 28. 3. Saloniki

Plettner, *Helmut* (66), dt. Industriemanager, 9. 2. Feldafing

Plischke, *Ernst* (88), österr. Architekt, 23. 5.

Poiret, *Jean* (66), franz. Schauspieler, Regisseur u. Bühnenautor, 14. 2. Paris

Pollak, *Michael* (43), österr. Soziologe, Autor, 8. 6. Paris

Porcaro, *Jeffrey Thomas* (38), amerik. Schlagzeuger, 5. 8. Hidden Hills/CA

Pozner, *Wladimir* (87), franz. Schriftsteller, Febr. Paris

Prévost, *Claude* (65), franz. Literaturkritiker, Übersetzer u. Essayist, 23. 4.

Prince, *Sammy* (84), amerik Jazzpianist, 14. 4. New York

Quadros, *Janio* (75), brasil. Politiker, fr. Staatspräsident, 16. 2. São Paulo

Queffelec, *Henri* (81), franz. Schriftsteller, 13. 1. Paris

Ránki, *György* (85), ungar. Komponist, Musikethnologe, Mai Paris

Raeber, *Kuno* (70), Schweizer Schriftsteller, 28. 1. Basel

Ray, *Satyajit* (71), ind. Filmregisseur, 23. 4. Kalkutta

Reschke, *Ethel* (81), dt. Schauspielerin, Kabarettistin, 5. 6. Berlin

Riad, *Mahmoud* (65), ägypt. Politiker u. Diplomat, 25. 1. Kairo

Ristock, *Harry* (64), dt. Politiker, Berliner Senator (1975–81), 5. 3. Berlin

Roberts, *Howard* (62), amerik. Gitarrist, 28. 6.

Rocard, *Yves* (89), franz. Naturwissenschaftler, März

Röhm, *Wolfgang* (68), dt. Verleger, 8. 8. Sindelfingen

Rossow, *Walter* (82), dt. Garten- u. Landschaftsarchitekt, Jan.

Rupp, *Franz* (92), dt. Pianist, Liedbegleiter, Juni New York

Sachsse, *Hans* (85), dt. Naturwissenschaftler, 31. 3. Wiesbaden

Salk, *Lee* (65), amerik. Physiologe, 2. 5. New York City

Sallinger, *Rudolf* (75), österr. Politiker, Präsident der Bundeskammer der gewerbl. Wirtschaft (1964–90), 7. 3. Wien

Samivel (eigentl. *Paul Gayet;* 84), franz. Zeichner u. Schriftsteller, 18. 2. Grenoble

Satter, Heinrich (83), Schriftsteller, Sachbuchautor, Sohn Gerhart Hauptmanns, 17. 1. München

Schell, *Immy* (58), dt. Schauspielerin, 13. 8. Wien

Scheufelen, *Karl-Erhard* (89), dt. Unternehmer, 30. 4.

Schieffer, *Theodor* (82), bedeut. Vertreter der neueren dt. Mediävistik, 9. 4. Bad Godesberg

Schirmer-Pröscher, *Wilhelmine* (102), dt. Politikerin der ehem. DDR, 2. 3. Berlin

Schmid, Helmut (67), dt. Schauspieler, 18. 7. Heiligenschwendi/Bern

Schnack, *Elisabeth* (93), Schweizer Schriftstellerin u. Übersetzerin, 14. 2. Zürich

Schöffler, *Nicolas* (79), ungar. Lichtkinetiker, 8. 1. Paris

Scholz, *Heinz-Peter* (76), dt. Schauspieler, Aug. Berlin

Schüler, *Walter* (84), dt. Galerist, Juli Berlin

Schuldhess, *Jörg Shimon* (51), Schweizer Künstler, 15. 6. Basel

Schuman, *William* (81), amerik. Komponist, 15. 2. New York

Schulte zur Hausen, *Wilhelm* (83), dt. Wirtschaftsexperte u. Förderer der Wissenschaft, 7. 8.

Schuster, *Joe* (78), amerik. Comic-Zeichner, 30. 7. Los Angeles/CA

Schwab, *Friedrich* (79), dt. Unternehmer, Teilhaber des Otto-Versandhauses, Aug. Tessin

Schwennicke, *Carl-Hubert* (85), dt. Politiker, März

Selikoff, *Irving* (77), amerik. Lungenfacharzt, Pionier d. Umwelt- u. Arbeitsmedizin, 20. 5. Ridgewood/NY

Sello, *Katrin* (50), Leiterin des Kunstvereins Hannover, Jan. Hannover

Semmelroth, *Wilhelm* (78), dt. Fernsehregisseur, 1. 7.
Sheehan, *John* (76), amerik. Wissenschaftler, bekannt als Vater des »künstlichen Penizillins«, 21. 3.
Simanek, *Otto* (67), tschech. Schauspieler, bekannt als »Pan Tau«, 8. 5. Prag
Spohn, *Jürgen* (58), dt. Kinderbuchautor u. Plakatgestalter, Juni Berlin
Stavenhagen, *Lutz* (52), dt. Politiker, 1. 6. Pforzheim
Stein, *Erwin* (89), dt. Verfassungsrichter, 15. 8
Sternberger, *Ilse* (92), dt. Publizistin, Witwe d. Politologen Dolf Sternberger, 4. 6. Darmstadt
Stirling, *James* (66), brit. Architekt, 25. 6. London
Stöcklein, *Paul* (52), dt. Germanist, 25. 4. Bamberg
Stoll, *Karlheinz* (64), fr. Leitender Bischof der Vereinigten Evang.-Luth. Kirche Deutschlands (1981–90), 25. 1.
Stolte, *Heinz* (77), dt. Germanist u. Mitherausgeber der »Jahrbücher der Karl-May-Gesellschaft«, März Hamburg
Sturges, *John* (81), amerik. Filmregisseur, 18. 8. Kalifornien
Syms, *Sylvia* (73), amerik. Sängerin, 10. 5. New York
Syreigeol, *Jacques* (56), franz. Psychiater u. Schriftsteller, 25. 3. La Roche-sur-Yon

Tenschert, *Joachim* (63), dt. Dramaturg u. Regisseur, 20. 4. Berlin
Thursz, *Frederic Matys* (62), amerik. documenta-Künstler, Juli Köln
Timm, *Bernhard* (82), dt. Industriemanager, 9. 1. Heidelberg
Tippet, *Clark* (37), amerik. Choreograph u. ehem. Solotänzer, Febr.
Tomasek, *Frantisek* (93), tschechosl. Kardinal, fr. Erzbischof von Prag, 4. 8. Prag
Tomic, *Radomiro* (78), chilen. Politiker, 3. 1. Santiago
Tyler, *Charles* (51), franz. Saxophonist, 28. 7. Marseille

Uhl, *Alfred* (83), österr. Komponist, 8. 6. Wien
Uri, *Pierre* (80), franz. Wirtschaftsexperte, 21. 7. Paris

Vauthier, *Jean* (81), franz. Dramatiker, 5. 5. Paris
Veidt, *Werner* (89), dt. Humorist, Volksschauspieler u. Buchautor, 10. 5. Backnang/Baden-W.
Ventura, *Charlie* (75), amerik. Jazz-Saxophonist, 17. 1. Atlantic City
Veress, *Sándor* (85), rumän. Komponist, Musikforscher u. Lehrer, 5. 3. Bern

Vidmar, *Josip* (97), slowen. Schriftsteller, Literaturkritiker u. Essayist, 12. 4. Ljubljana
Vieira da Silva, *Maria Helena* (83), portug. Malerin, 6. 3. Paris
Vogt, *Hans* (81), dt. Komponist, Mai Metternich/Eifel
Voisard, *Otto* (65), dt.-österr. Industriemanager, 11. 5. Wien

Wächter, *Eberhard* (62), österr. Opernsänger u. Intendant, 29. 3. Wien
Walter, *Guy* (83), dt. Förderer der Kleinkunst, Aug. München
Wang Hongwen (58), chines. Politiker u. fr. Vertrauter Maos, 3. 8. Peking
Wallmann, *Margarita* (88), österr. Opernregisseurin, 2. 5. Monte Carlo
Wang Renzhong (85), chin. Politiker, 16. 3. Peking
Warren, *Raoul de* (87), franz.-irisch. Schriftsteller, 4. 3. Paris
Webb, *James E.* (85), amerik. Jurist, fr. Direktor der NASA (1961–68), März Georgetown/Wash.
Weber, *Renatus* (84), dt. Politiker, fr. Hamburger Senator, 29. 3. Breitenbrunn/Chiemsee
Websky, *Wolfgang v.* (97), dt. Maler, März Wangen/Allgäu
Wells, *Mary* (49), amerik. Soulsängerin, 26. 7. Los Angeles
Werba, *Erik* (73), österr. Pianist, 9. 4. Hinterbrühl b. Wien
Wladimir Kyrillowitsch (74), Großfürst, Oberhaupt der russ. Zarenfamilie der Romanows, 21. 4. Miami/FL
Wördemann, *Franz* (67), dt. Journalist, Publizist, 16. 3.
Wormit, *Hans-Georg* (80), 1. Präsid. d. Stiftung Preußischer Kulturbesitz, Aug. Berlin

Yupanqui, *Atahualpa* (84), argent. Sänger, Komponist, Dichter, 23. 5. Nimes

Zechlin, *Egmont* (95), dt. Historiker, 23. 6. Selent
Zidar, *Pavle* (60), slowen. Schriftsteller, 12. 8. Ljubljana
Ziegler, *Richard* (100), dt. Maler u. Graphiker, Febr. Pforzheim
Zochow, *Michael* (37), dt. Dramatiker, 24. 3. Berlin
Zufferey, *Jean-Gabriel* (47), Schweizer Schriftsteller u. Journalist, 28. 1. Lausanne
Zuntz, *Günther* (90), dt. Philosoph, 3. 4.
Zweig, *Max* (99), jüd. Exilautor, 5. 1. Jerusalem
Zywulska, *Krystyna* (74), poln. Schriftstellerin, Aug. Düsseldorf

Maße und Gewichte

VERGLEICH METRISCHER UND ANGELSÄCHSISCHER LÄNGENMASSE

1 inch (in) = 25,399 mm
1 foot (ft) = 12 inches = 30,480 cm
1 yard (yd) = 3 feet = 91,44 cm
1 pole, perch, rod (rd) = 5,5 yards = 5,029 m
1 chain (ch) = 4 poles = 20,12 m
1 furlong (fur) = 10 chains = 201,17 m
1 mile (mi) od. statute mile = 8 furlong = 1,609341 km
1 geogr. Meile = 7,42044 km

1 mm = 0,03937 inch
1 m = 3,280840 feet

1 km = 0,62137 mile

Nautische Längenmaße

1 sm = internationale nautische Meile = 1,852 km
1 fathom = 6 feet = 1,829 m

1 cable length = 185,2 m
1 imperial nautical mile = 1,853 km

VERGLEICH METRISCHER UND ANGELSÄCHSISCHER FLÄCHENMASSE

1 Quadratmeter (m^2) = 100 dm^2 = 10000 cm^2 = 10,7639 sq. ft
1 square foot (sq. ft) = 0,09290 m^2
1 square inch (sq. in) = 6,452 cm^2
1 square yard (sq. yd) = 9 sq. ft = 0,836 m^2
1 square rod, pole, perch = 30,25 sq. yd = 25,293 m^2
1 square foot (sq. ft) = 144 sq. in = 9,2903 dm^2
1 rood = 40 rod = 10,12 a
1 acre = 4 rood = 0,40468 ha   1 ha = 2,4711 acres
1 Ar (a) = 100 m^2 = 119,599 sq. yd
1 Hektar (ha) = 100 a = 2,4711 acres
1 square mile = 2,5899 km^2 1 km^2 = 0,3861 square miles
1 Quadratkilometer (km^2) = 100 ha = 1000000 m^2 = 247,11 acres

VERGLEICH METRISCHER UND ANGELSÄCHSISCHER RAUM- UND HOHLMASSE

1 cubic inch (cu. in) = 16,387 cm^3 1 cm^3 = 0,06102 cubic inch
1 cubic foot (cu. ft) = 1728 cubic inches = 28,32 dm^3
1 cubic yard (cu. yd) = 27 cubic feet = 0,7646 m^3
1 cubic foot = 0,02832 m^3 1 m^3 = 35,315 cubic feet
1 imperial bushel (bu) = 0,36369 hl   1 hl = 2,7496 imperial bushels
1 Liter (l) = 1 dm^3 = 1,760 imp. pints (pt) = 2,144 US-pints / 1 imp. pt = 0,568 l
1 Hektoliter (hl) = 100 l = 21,997 imp. gallons (gal) = 26,417 US-gallons

Nautische Raummaße

1 Bruttoregistertonne (BRT) = 100 cubic feet = 2,83 m^3
Die Maßeinheit BRT für die Vermessung von Schiffsräumen wird durch das am 18. 7. 1982 in Kraft getretene Internationale Schiffsvermessungsübereinkommen mit Übergangszeit bis 18. 7. 1994 ersetzt durch »Bruttoraumzahl« (BRZ = gross tonnage = GT), wobei alle Schiffsräume von der Vermessung erfaßt werden.

Flüssigkeitsmaße

1 imp. gill = 0,142 l
1 imp. pint (pt) = 4 gills = 0,568 l
1 imp. quart (qt) = 2 pints = 1,136 l
1 imp. gallon (gal) = 4 quarts = 4,546 l
1 imp. petroleum gallon = 4,54596 l
1 US-gill = 0,118 l

1 US-pint (liq pt) = 4 gills = 0,473 l
1 US-quart (liq qt) = 2 pints = 0,946 l
1 US-gallon (liq gal) = 4 quarts = 3,785 l
1 US-petroleum gallon = 3,78533 l
1 US-petroleum barrel = 42 petroleum gallons = 158,984 l

VERGLEICH METRISCHER UND ANGELSÄCHSISCHER GEWICHTE

Allgemeine Handelsgewichte

1 avoirdupois pound (avdp.lb) = 0,45359 kg
1 dram (dr) = 27,34 grains = 1,772 g
1 ounce (oz) = 16 dr = 28,350 g
1 brit. quarter (qr) = 2 st = 12,70 kg; in USA: 1 quarter = 11,339 kg
1 brit. hundredweight (cwt) = 4 qr = 50,802 kg; 1 US-hundredweight = 45,359 kg
1 long ton = 1,0160 t
1 long ton = 20 cwt = 1016,05 kg
1 cental oder short cwt bzw. US-cwt = 100 lb = 45,358 kg
1 short ton = 0,90718 t
1 short ton = 20 short cwt = 907,185 kg

1 kg = 2,2046 avoirdupois pounds
1 pound (lb) = 16 oz = 453,59 g
1 stone (st) = 14 lb = 6,35 kg

1 t = 0,98421 long ton

1 t = 1,10231 short ton

Edelmetallgewichte (Troy-System)

1 grain (gr) = 0,065 g
1 ounce (oz) = 20 dwt = 31,104 g

1 pennyweight (dwt) = 24 gr = 1,555 g
1 pound (lb) = 12 oz = 373,24 g

TEMPERATUR-UMRECHNUNGSFORMELN

	°Celsius	°Réaumur	°Fahrenheit	
°C	–	$\frac{4}{5} \cdot C$	$\frac{9}{5} \cdot C + 32$	0 °F = −17⅛ °C = −14⅖ °R
°R	$\frac{5}{4} \cdot R$	–	$\frac{9}{4} \cdot R + 32$	Das Verhältnis je eines Grades von C : R : F = wie 5 : 4 : 9
°F	$(F - 32) \cdot \frac{5}{9}$	$(F - 32) \cdot \frac{4}{9}$	–	

Die Temperaturspanne zwischen dem Gefrierpunkt und dem Siedepunkt des Wassers (je bei 760 mm Druck) ist bei Réaumur (R) in 80, bei Celsius (C) in 100 und bei Fahrenheit (F) in 180 Grad eingeteilt. Die Kelvin-(K)Skala zählt vom absoluten Nullpunkt der Temperatur (−273,15° C).

Der Gefrierpunkt liegt bei	0 °C	0 °R	32 °F	273 K
Der Siedepunkt liegt bei	100 °C	80 °R	212 °F	373 K
Die Körpertemperatur des Menschen beträgt	37 °C	29,6 °R	98,6 °F	310 K

ERDBEBENSTÄRKE

Nach der von Wood und Neumann verbesserten **Mercalli-Skala** (Auswirkungen an der Erdoberfläche):

I = Vom Menschen nicht wahrnehmbar
II = Von Personen im Ruhezustand wahrgenommen, bes. in oberen Stockwerken
III = Schwingung von hängenden Gegenständen
IV = Starkes Schwingen von hängenden Gegenständen, Bewegung von Fenstern und Türen
V = Wecken von Schlafenden, Bewegungen auf der Oberfläche von Flüssigkeiten
VI = Bruch von Fenstern und Geschirr, Herabfallen von Bildern und Büchern; Flucht aus dem Hause
VII = Schwierig, sich auf den Beinen zu halten, Bruch von Möbeln, Glockenläuten; spürbar beim Autolenken
VIII = Herabfallen von Baumästen und Kaminen, Umsturz von Monumenten
IX = Panik; Einsturz von Mauern, Bruch von unterirdischen Rohren, tiefe Erdrisse
X = Schwere Gebäudeschäden, Zerstörung von Brücken, Erdrutsche
XI = Starke Zerstörungen aller Art
XII = Totalzerstörung von Ortschaften, Felssturz, Emporschleudern schwerer Gegenstände.

Der moderneren, nach oben hin unbegrenzten **Richter-Skala** (Magnitudenskala) dient als Maß die Maximalamplitude der Erdbebenwellen in 100 km Entfernung vom Epizentrum. Die Magnitude schwankt zwischen den Werten 0 bei sehr schwachen und (bisher gemessen) 8,9 beim stärksten Beben. Die größten nach der Richter-Skala gemessenen Erdbeben: 1933 Japan (8,9), 1950 Indien (8,7), 1906 Chile und 1920 China (je 8,6), 1934 Indien, 1946 Japan, 1964 Alaska und 1989 Südpazifik/südl. von Neuseeland (je 8,4), 1906 USA, 1923 Japan, 1927 China, 1939 und 1960 Chile (je 8,3), 1976 China (8,2), 1985 Mexiko (8,1).

Personen- und Sachregister

Die Zahlen verweisen auf die linke oder rechte Spalte einer Seite. **Halbfetter Druck** bedeutet eine Hauptfundstelle. Aus Platzgründen konnten nur wichtigere Namen und Begriffe aufgenommen werden. So wurden z. B. die »Jahrestage 1993« (Sp. 1083 ff) nur mit einem Stichwort berücksichtigt, und aus dem Kapitel »Kultur-, Friedens- und Nobelpreise« wurden nur die Überschriften (wie z. B. »Kunstpreise«) festgehalten.

Aachen 259
Aargau 539 1 f
Abbott, B. 1099
Abchasische Autonome Republik 66, 361 f, 363
Abdallah, Prinz 536
Abdel Aziz M. 530
Abdessalam, B. 28, 193, **631**
Abdulkarim, M. T. 427
Abdullah An-Nuaimi, R. 611
Abdurassakow, U. 605
Aberdeen 368
Abisala, A. 111, 446
Abolkassem el Khoi 1103
Abrüstung, atomare 782
Abu Dhabi 611
Abu Dschaber, K. 409
Abuja 488
Accra 363
Achenbach, E. 1099
Achidi Achu, S. 98, 415
Aczél, G. 1099
Ada, J. F. 620
Adami, E. F. 457
Adamstown 378
Adana 592
Addis Abeba 203, 785
Adelaide 205
Adelmann von Adelmannsfelden, Graf R. 1103
Ades, L. 1103
Adsharische Autonome Republik 361 f, 363
Adyebo, G. 598
Adyghea, Republik 529 f
Adzic, B. 86, 92
Af Ugglas, M. 537
Afghanistan 23 f, 175 ff, **187 ff**
Afrika 743 ff, 831 ff, 863 f
Agaña 619
Agrumen 871 f
Ägypten 25, 175 ff, **189 ff**
Ahmedabad 386
Ahmeti, V. 26
Aho, E. 346, **631**
Aicher, O. 1099
Ajdid, M 141
Ajodhia, J. 573
Akajew, A. 62, 100, **631 f**
Akashi, Y. 97
Akihito, Kaiser 84, 406
AKP-Abkommen 906 f

Al-Amin Khalifa, M. 151
Al-Faisal, S., Prinz 536
Alabama 615
Alanis, J. M. 194
Alarcón de Quesada, R. 107, 435
Alaska 615, 617
Alatas, A. 391
Albanien 25 f, 175 ff, **191 f**
Albanische Autonome Republik Illyria 451
Albert, Prinz 212
Ålborg 240
Aldana Escalante, C. 106
Alexander, C. 1099
Algerien 26 ff, 175 ff, **192 ff**
Algier 193
Alia, R. 25 f
Alicante 558
Alijew, G. 31, 203
Allen, I. 1099
Alleyne, B. G. 337
Alma-Ata 419
Alm-Merk, H. 279
Almeida Fonseca, J. C. 418
Almendros, N. 1104
Alofi 481
Alpenkonvention 746
Altdorf 540
Althaus, D. 289
Aluminium 935 f
Amaraich, A. L. 464
Amato, G. 84, 402, **632 f**
Amman 409
Amsterdam 484, 756
Amstetten 494
Ananas 872
Anand Panyarachun 156, **633**
Anderson, E. D. 760
Anderson, G. W. 1104
Anderson, John 1104
Anderson, Judith 1104
Andorra 194 f
Andorra la Vella 194
Andreotti, G. 83 f
Andrés Pérez, C. 165 f, 609
Andrews, D. 397
Andriessen, F. M. J. J. 721
Andronikos, M. 1104
Androsch, J. 122
Angola 175 ff, **195 f**
Anguilla 374 f

Ankara 592
Annapolis 616
Antall, J. 159, 601, **633 f**
Antananarivo 449
Antarktisvertrag **735 ff**
Antigua and Barbuda 196 f
Antimon 907
Antwerpen 212
Apartheid 149 f
Apeldoorn 484
Apia 625
Appenzell Außerrhoden 539 f
Appenzell Innerrhoden 539 f
Äquatorialguinea 197 f
Aquino, C. 126 f
Arad 521
Arafat, Y. 78, 81, 109, **634**
Arbeitsgemeinschaft der Jungsozialistinnen und Jungsozialisten in der SPD 297
Arbeitskräfte, landwirtschaftl. (Deutschland) 869 f
Arbeitslosigkeit → Deutschland, Österreich, Schweiz
Arbeitsmarkt
– OECD 838 f, 929 f
Architekturauszeichnungen **1011 ff**
Ardanza, J. A. 142
Ardon, M. 1104
Ardsinba, A. W. 66, 363
Aremye, N. 129
Arens, M. 80
Argentinien 175 ff, **198 f**
Århus 240
Aristide, J.-B. 69 f, 384
Arizona 615
Arkansas 615
Armenien 28 ff, 60, **200 f**, 361 f, 827 ff
Arnheim 484
Arnold, J. 1104
Arrindel, Sir C. 563
Arteh Galeb, O. 141, 557
Artenschutz-Konvention 790
Aruba 486 f
Arutunjan, Ch. 29, 200
Asamoah, O. 364
Aschgabad 595

Ashraf, S. M. 507
Asimov, I. 1104
Assad, H. al- 108, 153, 576, **635**
Asunción 510
Atakol, K. 630
Atatürk-Staudamm 161
Athen 365
Äthiopien 32 ff, 175 ff, **203 f**
Athos 367
Atlanta 616
Attali, J. 749
Attas, H. A. B al 407, **635**
Ätznatron 940
Audley, M. 1104
Augsburg 259
August, A. 1104
Augusta 616
Auslandsschulden
– Entwicklungsländer 471
– mittel- u. südamerik. Staaten 221 f
Außenhandel → auch Welthandel
Außenhandel
– China 982
– Deutschland 871 f, 967 ff, 971 ff
– EG 979
– Entwicklungsländer 973 f
– Frankreich 967 f
– GUS 981 f
– Japan 967 f, 980
– OECD 839
– OPEC 974
– Österreich 499 f, 977
– Schweiz 978
– USA 967 f, 979 f
Außenhandelsbilanz (Deutschland) 976
Außenhandelspartner (Deutschland) 969 f, 971 f
Außenhandelsüberschuß (Deutschland) 969 f
Ausserwinkler, M. 494
Austin 616
Australien 175 ff, **204 ff**, 856 ff
Avarua 481
Axen, H. 1104
Ayaho, W. N. 422
Aylwin Azócar, P. 114, 230, **635 f**

Register

Azian Shah, M., Sultan 453
Aziz, T. 73
Azoren 517

Babangida, I. 121, 147, 489, **636**
Babic, M. 105
Baca Carbo, R. 54
Bacon, F. 1104
Bada Abbas, M. 158
Badawi, D. A. 453
Baden 494
Baden-Württemberg 45f, 247, **263ff**
Bagdad 392
Bahamas 207f
Bahdon Farah, M. 51, 339
Bahrain 208f
Bairiki 424
Bakatin, W. 56
Baker, J. A. 40, 167, 168, 614, **636f**
Baker-Inseln 620
Bakhita, G. 165
Baku 201
Bala Mare 521
Balaguer y Ricardo, J. V. 338, **637**
Baldwin, H. W. 1099
Baltischer Rat **739**, 758
Bamako 455
Bananen 872
Banaschewski, E. 1104
Banda, H. K. 112, 452
Bandar Seri Begawan 224
Bandung 390
Bangalore 386
Bangemann, M. 721
Bangkok 581
Bangladesch 175ff, **209f**
Bangui 627
Banja Luka 219
Banjul 359
Bararunyeretse, L. 38, 229
Barbados 210f
Barbie, K. 1099
Barcelona 143, 558
Barnet, Ch. 1099
Barranquilla 425
Barre, M. S. 141
Barrios de Chamorro, V. 119, 483, **637 f**
Barrow, N. 211
Barsotti, J.-L. 1104
Bartlewski, K. 260
Barzani, M. 74f
Basdeo, S. 585
Baschiroston, Republik 527
Basel 538, 539f
Bashir, O. H. A. al 151, 572, **638**
Basse-Terre (Gouadeloupe) 351

Basseterre (St. Kitts u. Nevis) 563
Baton Rouge 616
Batori, M. 1104
Battenberg, E. 1104
Batumi 363
Baudouin, König 33, 212
Bauindustrie 936f
Baumwollfasern 873
Baumwollgewebe 963
Baumwollsaat 873
Baur, F. 1104
Bausch, H. 1099
Bauxit 907
Bayern 247, **265ff**
Bazargan, A. 74
Bazin, M. 69, 384, **638f**
Beassoumal, N. 158
Beatrix Wilhelmina Armgard, Königin 484, 486
Beauclair, G. de 1104
Becker, H. 245f
Becker, J. 262
Beckmann, K. 250
Beckmeyer, U. 273
Begin, M. 1104
Beida, M. A. 530
Beirut 441
Belamuraz, J.-P. 139
Belfast 368
Belgien 31, 175ff, **211ff**, 726, 973, 1047
Belgrad 410
Belizaire, D. 69
Belize 213f
Bellinzona 540
Belmopan 213
Belo Horizonte 222
Ben Ali, Z. el A. 591, **639**
Ben Yahja, H. 591
Benedek, L. 1104
Benin 175ff, **214f**
Benoit, F. 384
Bérégovoy, P. E. 58, 348, **639 f**
Bergbau **901ff**
Bergen 491
Berger, Heiner 260
Berger, Herbert 1104
Berger, T. 1104
Berghmans, J. 1104
Berghofer, W. 51
Berghofer-Weichner, M. 266, 295
Bergisch Gladbach 261
Bergmann, Ch. 268
Bergmann-Pohl, S. 251
Berisha, S. 26, 191, **640**
Berlin 247, 257, **267ff**
Bermuda-Inseln 372f
Bern 538, 539f, 809
Bernales, E. 125
Berndt, R. 295

Berri, N. 108
Betriebe, landwirtschaftl. (Deutschland) 869f
Beuthen 515
Bevölkerung
- Australien 205f
- China 235f
- Deutschland 291f, 297ff
- Indien 387f
- Jugoslawien 89
- Kuba 433f
- Ungarn 601f
- USA 612
- Welt **819f**
Bhopal 386
Bhumipol Adulyadej, König 155, 581
Bhutan 175ff, **215f**
Biathat, L. (Arletty) 1104
Biedenkopf, K. 284
Biehle, A. 247f
Biel 539
Bielecki, J. K. 127
Bielefeld 257
Bier 938
Bilbao 558
Bildschirmtext 1007
Bildt, C. 138, 537, **640 f**
Bilek, F. 1099
Binnenhäfen (Deutschland) 995
Binnenwasserstraßen (Deutschland) 993ff
Bird sen., V. C. 196
Bird, L. B. 196
Birendra Bir Bikram Sháh Dev, König 478
Birmingham 368
Birobidschanisches Jüdisches Autonomes Gebiet 530
Birthler, M. 271, 296
Birzele, F. 264
Bischkek 423
Bischoff, B. 1099
Bishari, I. M. al 444
Bisho 569
Bissau 381
Biswas, A. R. 210, **641**
Biya, P. 98
Black, E. 1104
Black, R. 1099
Blackwood, Ch. 1104
Blakker Miller, A. 125
Blaul, I. 276
Blei 908
Blessing, K. 294
Blix, H. 812
Blüm, N. 251
Boban, M. 34f, 219
Bochum 257
Bogotá 425
Bogsch, A. 809
Bohl, F. 44, 249

Böhme, G. 1099
Böhme, R. 260
Böhmer, W. 286
Bohn, J. 289
Bohner, G. 1104
Böhrk, G. 288
Bois, C. 1099
Bolger, J. B. 479, **641**
Bolivien 34, 175ff, **217f**
Bolkiah-Familie 224
Bollmann, G. 1104
Bologna 402
Bombay 386
Bompiani, V. 1105
Bongert, D. 258
Bongho-Nouarra, S. M. 103
Bongo, A.-B. 358
Bongo, P. 358
Booh-Booh, J.-R.
Bophuthatswana 568f
Bordeaux 348
Borggraefe, P. 262
Borja Cevallos, R. 54, 125
Borsellino, P. 83, 1105
Bosnien-Herzegowina, 34f, 88ff, 218f, 411f
Bossano, J. 371
Boston 616
Botha, R. F. 145, 148, 567
Bötsch, W. 245f
Botsuana 175ff, **220f**
Bottrop 261
Bouabid, A. 1105
Boubakar, S. M. O 460
Boudiaf, M. 27f, 1105
Boueiz, F. 108f, 441
Boutellier, M. 260
Bovet, D. 1105
Bozovic, R. 410, 413
Bräcklein, J. 260
Bradford 368
Bradley, M. J. 376
Bradley, T. 167
Brahimi, L. 193
Braithwaite, N. A. 365
Brandenburg 247, **270f**
Brandt, W. 245f, 294
Brasilia 222
Brasilien 36f, 175ff, **222ff**, 1055
Bratislava 587
Braunau a. I. 494
Braunkohle 909f
Braunschweig 259
Bräutigam, H. O..270
Bravo, D. 166
Brazzaville 428
Breda 484
Breede, R. 258
Bregenz 496
Breitenbach, D. 283, 290
Bremeier, W. 260

Register

Bremen **271 ff**, 247, 257
Bremerhaven 261
Breslau 514
Brest 624
Bretscher, W. 1105
Breuel, B. 255
Brick, M. 277
Bridgetown 211
Brie, A. 295
Brinksmeier, B. 296
Brisbane 205
Bristol 368
Britez, A. 125
Britisches Territorium im Indischen Ozean 378
Brittan, L. 721
Brkic, M. 92
Bröder, E.-G. 728
Broggi, M. F. 745
Bromberg 515
Brooke, P. 65
Brooks, R. 1105
Brown, J. 67
Brückner, G. 1105
Brüderle, R. 282
Brügge 212
Brundtland, G. Harlem **641**, 491
Brunei Darussalam 224 f
Brunhart, H. 445
Brünn 587
Brunn, A. 280
Brunner, A. 1105
Brunswick, W. 262
Brusis, I. 281
Brüssel 212, 721, 728, 778
Bruttosozialprodukt
– Entwicklungsländer 842
– OECD 838 f
– Welt 845 ff
Buchara 605
Bucher, E. 1099
Budapest 601
Budisa, D. 106
Buenos Aires 198
Buerstedde, W. 262
Bufi, Y. 25
Buisson, L. 1105
Bujumbura 37, 228
Bukarest 521
Bukoshi, B. 85, 413
Bulatovic, M. 410
Bulgarien, 37, 175 ff, **225 ff**
Bull, H. P. 288
Bundesamt für Post u. Telekommunikation (Deutschland) 254
Bundesamt für Verfassungsschutz (Deutschland) 254
Bundesanstalt für Arbeit (Deutschland) 254, 313
Bundesarbeitsgericht (Deutschland) 254

Bundesarchiv (Deutschland) 254
Bundesbehörden (Deutschland) **249 ff**
Bundesfinanzhof (Deutschland) 254
Bundesgerichtshof (Deutschland) 253
Bundeshaushalt
– Deutschland 49, 314 ff
– Österreich 502 f
– Schweiz 546 f
Bundeskanzler (Deutschland) 249
Bundeskartellamt (Deutschland) 254
Bundeskriminalamt (Deutschland) 255
Bundesländer
– Deutschland **263 ff**
– Österreich 496 f
Bundesministerien
– Deutschland **249 ff**
– Österreich 494 f
Bundesnachrichtendienst (Deutschland) 255
Bundespatentgericht (Deutschland) 254
Bundespräsident (Deutschland) **243 f**
Bundesrat
– Deutschland **247 f**
– Österreich 494
– Schweiz
Bundesrechnungshof (Deutschland) 255
Bundesregierung (Deutschland) **249 ff**
Bundessozialgericht (Deutschland) 254
Bundesstaaten
– Australien 205 f
– Indien 387 f
Bundesverband der Deutschen Industrie e. V./BDI 256
Bundesvereinigung der Deutschen Arbeitgeberverbände 256
Bundesverfassungsgericht (Deutschland) 253
Bundesverwaltungsgericht (Deutschland) 253
Bündnis 90 48
Bündnis 90/Die Grünen 245 f, 296
Bungert, K. 258
Burgas 226
Burgenland 495 f
Burger, N. 258
Bürgerkrieg (Jugoslawien) 87 ff
Burjatische Sozialistische Sowjetrepublik 527 f
Burkina Faso 37 f, 175 ff, **227 f**

Bursa 592
Burundi 38, 175 ff, **228 f**
Busch, H. 258
Busch, K. 258
Busek, E. 494
Bush, G. H. W. 76, 81, 84, 97, 167 f, 614, **641 f**
Bussfeld, K. 260
Buthelezi, A. N. M. G. 146, 150, 571
Butros-Ghali, B. 23, 25, 36, 137, 141, 148, **642 f**, 799
Butter 873 f
Buyoya, P. 38, 229
Byambasuren, D. 117

Cabanillas, P. 1099
Cadmium 910
Caesar, P. 281
Cage, J. 1105
Calcutta 386
Calderon Berti, H. 166
Calderón Fournier, R. A. 238, **643**
Cali 425
California 615
Callejas Romero, R. 385, **643**
Callender, R. 1105
Camarón de la Isla (José Monjé) 1105
Cambridge 769
Camdessus, M. 807
Canberra 204
Canty, B. 374
Cap, J. 496
Capellmann, G. 1099
Capra, F. 1099
Caracas 609
Cardiff 368
Cardoso e Cunha, A. J. B. 721
Carías-Zapata, M. 385
Caricyn 523
Carl XVI. Gustav, König 537
Carlot, M. 607
Carlsson, I. 138
Carrington, Lord P. 90, 96
Carstens, K. 1105
Carstens, M. 250
Carstensen, B. 1105
Carter, A. 1105
Carvalho Veiga, C. A. W. 418
Casablanca 458
Caserus, E. 1105
Cassinari, B. 1105
Castries 564
Castro Ruz, F. 106, 435, **643 f**
Castro, R. 106
Catania 402
Cavaco Silva, A. 517, **644 f**
Cayenne 350
Cayman-Inseln 375 f
CDU → Christlich Demokratische Union Deutschlands

Cédras, R. 68
Cenac, N. 564
Cessna, E. 1105
Çetin, H. 160, 592
Chadli, Ben Jedid 26
Chakassien, Republik 530
Chamenei → Khamenei
Chamorro → Barrios de Chamorro
Chapelain-Midy, R. 1105
Charkow 598
Charleroi 212
Charles, M. E. 337
Charlotte Amalie 618
Chasbulatow, R. 133
Che Yeom, F. b. 767
Chea Sim 414
Cheffou, A. 121, 487, **645**
Chemische Industrie 938 f
Chemnitz 257
Chen Wan-Chen 38
Cheney, R. 104, **645**
Chicago 612
Chien, F. F. 232
Chiepe, G. K. T. 220
Chihana, Ch. 112
Chile 175 ff, **229 ff**
Chiluba, F. 138, 532, **645 f**
China
– Republik China (Taiwan) 38 f, 175 ff, **231 ff**, 855, 982
– Volksrepublik China 39 f, 175 ff, **233 ff**, 855, 864 f, 933, 982
Chisinau 465
Chissano, J. A. 117, 471, **646**
Chittagong 209
Choonhavan, Ch. 156
Christian, B. 1099
Christlich Demokratisch Union/CDU 293 f
Christlich Soziale Union in Bayern/CSU 295
Christnacht, A. 356
Christophersen, H. 721
Chrom 910
Chuan Leek Leekpai 581
Chudonasarow, D. 154
Chung Won Shik 431, **646 f**
Chungking 233
Ciskei 569 f
CITES/Washingtoner Artenschutzübereinkommen **746 f**
Ciudad de Guatemala 379
Ciudad de México 463
Claes, W. 212
Clarke, K. 65
Clayton, B. 1099
Clinton, B. 168, **647**
Club of Rome **747 ff**
Cockburn 376
COCOM-Listen 981
Coleman, P. T. 620

Register

Collor de Mello, F. 34f, 223, **647**
Colombo 561
Colombo, E. 402, **647f**
Colombo, G. 1105
Colorado 615
Compaoré, B. 37f, 227, **648**
Compton, J. G. M. 564
Conakry 380
Connecticut 615
Constantin, D. 353
Conté, L. 380
Conzelmann, O. 1105
Cook, J. 1105
Cook-Inseln 481
Cooper, R. 1105
Coore, D. H. 404
Córdoba (Argentinien) 198
Córdoba (Spanien) 558
Cornelius, J. 258
Coronel, P. 124
Correira, C. 382
Cosic, D. 88, 410, **648**
Cossiga, F. 83f
Costa Alegré, N. 534
Costa Rica 175ff, **237f**
Côte d'Ivoire 41, 175ff, **238f**
Cottbus 261
Cotti, F. 139, 540
Cousse, R. 1099
Cousteau, J. Y. 741
Cresson, E. 56
Cristaldi, F. 1105
Cristiani Burkard, A. F. 342, **649**
Cronenberg, D.-J. 245f
Crozet-Inseln 357
Crvenkovski, B. 450
CSU → Christlich Soziale Union in Bayern
Curilla, W. 274
Curitiba 223
Cutilheiro, J. 92, 95

D'Alessio, C. 1103
D'Arrigo, S. 1104
Da Graça Machungo, M. F. 471
Dadzie, K. 799
Daehre, K.-H. 286
Dagestan, Republik 528
Dahaene, J.-L. 212
Dakar 549
Dallas 612
Dam, A. P. 241
Damaskus 576
Dänemark 240ff
Daniels, H. 260
Danzig 514
Daressalam 580
Darmstadt 261
Datteln 874
Däubler-Gmelin, H. 294

David, Eberhard 258
David, Elizabeth 1105
Davis, J. »Thunderbird« 1105
Davis, M. 1099
Dayal Sharma, S. 70, 388
De Klerk, F. W. 145, 149f, 567, **650**
De l'Estrac, J.-C. G. R. 462f
De la Puente Reygada, O. 126, 512
De Leon Guerrero, L. I. 490
De los Heros Perez-Alvela, A. 125f
De Lubac, H. 1100
De Marco, G. 457
De Negri, F. G. 1106
Debreczin 601
Déby, I. 158, 586, **649**
Dechamps, B. 1105
Defensor Santiago, M. 127
Degenhardt, J. J., Erzbischof 52
Degischer, V. 1106
Degny-Segui, R. 41
Dehaene, J.-L. **649 f**
Deinhardt, F. 1106
Deklaration von Rio 789f
Delamuraz, J.-P. 540
Delaware 615
Delbecque, L. 1099
Délémont 542
Delhi 386
Delors, J. 650f, 721
Demirel, S. 26, 160f, 593, **651f**
Den Haag 484, 766
Deng Xiaoping 38
Deng Yingchao 1106
Denkmalpflegeauszeichnungen 1011ff
Denktas, R. R. 630, **652**
Dennis, S. 1106
Denver 616
Departementsleiter (Schweiz) 540f
Derathé, R. 1106
Dervaux, P. 1106
Des Moines 616
Design-Auszeichnungen 1011ff
Detroit 612
Deubel, I. 260
Deutsch, H. 1106
Deutsche Angestellten-Gewerkschaft/DA G 256, 314
Deutsche Bundesbahn 255, 316, 994
Deutsche Bundesbank 255
Deutsche Bundespost 316, 1007f
Deutscher Beamtenbund/DBB 256

Deutscher Bundestag **245**ff
Deutscher Gewerkschaftsbund/DGB 256, 313f
Deutscher Industrie- und Handelstag/DIHT 256
Deutsches Patentamt 255
Deutschland 41ff, **243ff**, 299, 726, 841f, 861, 867ff, 870, 884f, 906, 933ff, 943, 949ff, 954ff, 961f, 967ff, 971ff, 975f, 983f, 986, 989f, 992ff, 1001f, 1011ff, 1013ff, 1021ff, 1031f, 1033ff, 1047ff, 1051ff, 1055ff
– Arbeitslosigkeit 310ff
– Asylbewerber 302f
– Ausländer 300ff
– Aussiedler 300ff
– Außen- und Sicherheitspolitik 41f
– Bevölkerung 297ff
– Bildung 325ff
– Erwerbstätigkeit 308ff
– Finanzen 48
– Haushalt 314ff
– Hörfunk und Fernsehen 333ff
– Innenpolitik 42ff
– Justiz 51f
– Kirche 52
– Kriminalität 327ff
– Presse 329ff
– Sozialleistungen 324f
– Sozialprodukt 302f
– Steuereinnahmen 318, 321f
– Umweltschutz 52
– Verschuldung 317ff
– Wirtschaft 49ff, 305ff
– Wohnungen 303ff
Devisen (internat. Reiseverkehr) 1010
Dhaka 209
Dhlakama, A. 117
Di Chiara, J.-F. 350
Di Tella, G. 199
Diamanten 910f
Die Grünen 48, 296
Diekmann, D. 260
Diepgen, E. 258, 267
Diestel, P.-M. 51
Dietrich, M. 1106
Diez-Hochleitner, Don R. 748
Dimaras, K. T. 1106
Dimitrios, I. 1100
Dimitrow, F. 226, **652**
Dinewitsch, J. 107
Diouf, A. 549
Diria, A. H. 579
Diskontsätze (Industrieländer) 850
District of Columbia, DC 615
Ditz, J. 495

Dixon, W. 1106
Djukanovic, M. 410
Dlamini, O. M. 575
Dnjepropetrowsk 598
Dnjestr-Republik 466f
Do Muoi **652f**
Dodoma 580
Doetsch, H. 297
Doha 421
Dohnal, J. 494
Dominica 337
Dominick, Ch. 459
Dominikanische Republik 175ff, **338f**
Don 524
Dondelinger, J. 721
Donezk 598
Dordrecht 484
Dornbirn 494
Dörner, F. K. 1106
Dortmund 257
Dos Santos, J. E. 195
Douglas 371
Dourda, A. Z. O. 444
Dover 616
Dowiyogo, B. 477
Drescher, B. 260
Dresden 257
Drewermann, E. 52
Dreyfus Morales, E. 119
Drimmel, H. 1100
Drnovsek, J. 141, 555, **653**
Drouina, I. 1100
Druk, M. 115
Dschibuti 53, **339f**, 761
Dschidda 535
Dschiojew, U. 363
Dschohar, S. M. 427
Duala 415
Dublin 396
Dubrovnik 90
Duchac, J. 45
Dudajew, D. 66, 135f
Dudley 368
Due, O. 727
Duisburg 257
Duke, D. 166
Dumas, R. 348, **654**
Dumbuya, A. R. 140
Dünaburg 439
Düngemittel 861f
Dunkel, A. 811
Dunne, P. 1106
Dupont, J. 468
Dupree, J. 1106
Durán Ballén, S. 54, 340, **654**
Dürr, H. 255
Duschanbe 577
Düsseldorf 257
Dzaoudzi 354

EAG/Euratom 715
Eagleburger, L. 168, 614

Register

Ebert, E. 262
Ecevit, B. 160
Echternach, J. 252
Eckert, H. 258
ECOSOC/Wirtschafts- und Sozialrat 792
ECU/Europäische Währungseinheit 719, 850
Ecuador 53f, 340f
Ederer, B. 495
Edinburgh 368
Edis, R. J. S. 378
Edwards, E. W. 166
EEA/Einheitliche Europäische Akte 715
Eekhoff, J. 250
EFTA/Europäische Freihandelsassoziation 717, **751f**, 972
EG **715ff**, 866f, 961, 979
EG-Kommission 720f, 729f
EG-Ministerrat **722f**, 729f
EG-Strukturfonds 729f
Eggert, H. 284
EGKS/Montanunion 715
Eichel, H. 275
Eichhorn, R. 262
Eiçibey, E. **654f**
Eier 874
Eikelbeck, H. 258
Eindhoven 484
Einert, G. 280
Einfuhrgüter 975f
Einkommen
– Deutschland 322f, 869
– Entwicklungsländer 842ff
– OECD 839
– Österreich 501
Eisen 940f
Eisenbahnverkehr **991ff**
Eisenerz 911
Eisenmann, W. 1106
Eisenried, J. 254
Eisenstadt 496
El Salvador 54f, 341f
El-Aaiún 530
Elektrizitätserzeugung → Energieproduktion
Elektrotechnische Industrie 941f
Elizabeth II, Königin 196, 205, 207, 211, 214, 365, 369, 374, 404, 417, 479, 509, 531, 563, 564, 565, 597
Ellemann-Jensen, U. 240
Ellerbrake, W. 262
Elsner, G. 1106
Eltschibei, A. 32, 201
Endara Galimany, G. 507, **655**
Enderlein, H. 271
Energieproduktion
– Deutschland 943f
– GUS 599f
– international 942ff

Energieträger
– Deutschland 951ff
– Welt 945ff, 950
Energieverbrauch
– Deutschland 944f, 949ff
– Welt 945f
Engelen-Kefer, U. 256
Engelhard, H. 254
Engelhardt, K. 52
Engholm, B. 46, 287, 294
Engster, D. 262
Ennals, M. 1100
Enschede 484
Entwicklungsländer 471f, 842ff, 847f, 860, 885f, 906, 932f, 973f
Environmental Liaison Centre/ELCI **752f**
Erbakan, N. 160
Erdgas 911ff
Erdnüsse 874
Erdöl 914ff
Erdsiek-Rave, U. 287
Erewan 200
Erfurt 259
Erhardt, M. 269
Eritrea 32
Erlangen 261
Ermisch, G. 285
Ernährungslage
– Afrika 863f
– international **857ff**
– Lateinamerika 864
Eroglu, D. 630
Escobar, P. 102
Escrivá de Balaguer, J. 165
Esel 874
Espoo 346
Essen 257
Essy, A. 239
Estang, L. 1106
Estland 56f, 343f
Etpison, N. 621
Europa 987f, 1012, 1019, 1026, 1033, 1040, 1050, 1062f; → auch EG
Europa-Abkommen 720
Europäische Bank für Wiederaufbau und Entwicklung/EBWE **749f**
Europäische Gemeinschaften → EG
Europäische Investitionsbank/EIB **728**, 729f
Europäische Politische Zusammenarbeit/EPZ **723**
Europäische Union/EU 716
Europäischer Binnenmarkt 717
Europäischer Gerichtshof/EuGH **727**, 729
Europäischer Rat/ER **723f**, 729
Europäischer Rechnungshof/EuRH **727**

Europäischer Wirtschaftsraum/EWR **732f**
Europäisches Parlament/EP **724ff**, 729
Europäisches Währungssystem (EWS) 719, 849f
Europarat **753ff**
Evans, G. 205
EWG-AKP-Abkommen von Lomé 720
EWG-Vertrag 717
EWG/Gemeinsamer Markt 715
Exner, J. 260
Export/Import → Außenhandel
Eyadéma, G. 157, 582
Eyskens, M. **655f**

Fabian, W. 1106
Fahd Ibn Abdul-Aziz, König 536, **656**
Fairbank, J. K. 1100
Faisalabad 505
Falcone, G. 83, 1106
Falkland-Inseln 373
Fanjieh, S. 1107
FAO/Welternährungsorganisation 805f
Farelly, A. A. 619
Farid, U. A. S. 189
Färöer 241
Fasslabend, W. 494
Fatafehi Tu'ipelehake, Prinz 584
FCKW 50
Fechner, E. 1106
Feijoo, S. 1106
Fekter, M. 495
Felber, R. 139, 540, **656**
Feldgrill-Zankel, R. 494
Feldhege, H. 260
Feldkirch 494
Fell, O. 262
Ferber, Ch. (Georg Seidel) 1106
Ferlings, W. 262
Fernschreiber 1007
Fernsehauszeichnungen **1013ff**
Fernsehanstalten → Hörfunk/Fernsehen
Fernsprecher 1005f
Ferrari-Brunnenfeld, M. 123
Ferrer, J. 1106
Fickel, U. 289
Fidschi 344f
Fiedler, H. 262
Fiedler, J. 258
Filali, H. 141, 458
Filmauszeichnungen **1021ff**
Fink, H. 1106
Fink, U. 256
Finnbogadóttir, V. 398, **656**
Finnland 57, 345ff, 1040

Fip, H.-J. 260
Fischer, A. 1106
Fischer, H. 494
Fischer, J. 276
Fischer, P. 279
Fischerei (international) **857ff**
Fischler, F. 494
Fisher, M. F. Kennedy 1106
Flachs 876
Fleckenstein, A. 1106
Fleischerzeugung 876ff
Fletcher, J. C. 1100
Florenz 402
Florida 615
Floss, F 496
Flughäfen 1001ff
Flugverkehr → Luftverkehr
Flugzeugindustrie (internat.) 1006
Foda, F. 1107
Fokin, W. 599
Foldes, A. 1107
»Fonds Deutsche Einheit« 317f
Ford, Sir D. 377
Forlani, A. 83
Forstwirtschaft (international) **857ff**
Fort-de-France 352
Fortaleza 222
Fotografieauszeichnungen **1021ff**
Francescatti, Z. 1100
Franck, E. 628
Franke, H. 254
Frankfort 616
Frankfurt/M. 257
Frankreich 57ff, 347ff, 726, 849f, 967f, 973, 1019, 1026, 1033, 1040f, 1050, 1054, 1063
Franßen, E. 253
Franz, G. 1107
Franz, H. 1107
Französisch-Guayana 350f
Französisch-Polynesien 355
Frauenfeld 540
Frederik, Prinz 240
Freetown 552
Freiburg i. Br. 259
Freie Demokratische Partei/F. D. P. 295
Fremdenverkehr
– Deutschland 1010
– international) **1007ff**
Freudenberger, D. 260
Freuen, H. 260
Fribourg 539f
Frick, R. 286
Friebe, I. 279
Friedenstruppen (UN) 804f
Friedlaender, J. 1107
Friedrich, K.-B. 262
Fromm, E. 1107

Register

Frot-Coutaz, G. de 1107
Frutos Vaesken, A. 510
Fücks, R. 272
Fugmann-Heesing, A. 275
Fujimori, A. 125f, 511f, **656f**
Fullerton, W. H. 373
Funa, J. 140
Funke, K.-H. 279
Funke, R. 250
Fürth 261
Furtwängler, F. 1107

Gaborone 220
Gabun 358f
Gaddafi, M. al 444, **657**
Gaertner, I. 272
Gagausien 466
Gaidar, J. 133f, 135, 525, **657**
Gailani, S. S. 22, 189
Galinski, H. 1107
Galle, U. 282
Galley, M. 262
Galliard, P.-A. 1107
Gallus, G. 251
Gambarow, I. 30
Gambia 59, 359f
Gamsachurdia, S. 64ff
Gandhi, R. 68
Ganew, S. 226
Ganga, D. 428
Ganilau, Sir P. 345
Gantenbein, B. 262
Garang, J. 152
Garcia Hortelano 1107
Garcia Robles, A. 1100
García, A. 125
García, J. R. 338
Gasimow, T. 201
Gassanow, H. 31
Gassijew, S. 64
Gatsos, N. 1107
GATT 811f
Gatti, G. 534
Gauck, J. 44
Gauweiler, P. 266
Gaviria Trujillo, C. 425, **657f**
Gayoom, M. A. 454
Gaza 79f, 190
Gazankulu 571
Gbagbo, L. 41
Geagea, S. 108f
Gehrke, W. 295
Geiger, M. 253
Geingob, H.-G. 475
Geisler, H. 285
Gelsenkirchen 259
Gemeinschaft unabhängiger Staaten/GUS **59ff**, 523f, 840ff, 865, 981f → auch einzelne Staaten
Genf 538, 539f, 752, 799, 803, 806, 808f, 811
Genscher, H.-D. 46, 295

Gent 212
Genua 402
George Town (Cayman) 375
Georgetown (Guyana) 383
Georgetown (St. Helena) 373
Georgia 615
Georgien 64ff, 360ff
Gera 261
Gerecz, A. 1107
Geremek, B. 128
Gerhardt, W. 295
Gerlach, E. 260
Gerste 878, 881f
Gerster, F. 282
Getränke 879f
Getreide 879ff
Geuenich, H. 727
Gewerkschaften (Deutschland) 313
Ghana 363f
Gheorghiu, V. 1107
Ghozali, S. A. 25
Giacomelli, G. 804
Gibowski, W. G. 249
Gibraltar 371f
Ginzburg, N. 1100
Giqozo, J. O. 569
Gise 190
Gland 747, 769, 816
Glarus 539f, 542
Glasgow 368
Glasspole, Sir F. A. 404
Gligorow, K. 450
Glogowski, G. 278
Glombig, E. 288
Glück, G. 266
Godmanis, I. 439
Goh Chok Tong 554, **658**
Göhner, R. 250
Golan-Höhen 80
Gold 919f
Gollert, K. 277
Gombosüren, Z. 469
Gomina-Pampali, L. 628
Gomolka, A. 45
Göncz, A. 601, **658f**
Gönner, I. 262
González Márquez, F. 142, 559, **659**
Gööck, R. 1100
Goppel, A. 1100
Goppel, T. 266
Gorbatschow, M. 59ff, 77
Gorbunows, A. 439
Gordon, E. M. 214
Göring-Eckardt, K. 296
Gorjatchow, P. 131
Görlitz, W. 1100
Gorny-Altai 530
Görts, F. 252
Gosev, P. 452
Göteborg 537
Götte, R. 282

Göttingen 261
Gouled Aptidon, H. 339
Gourad Hamadou, B. 339
Graber, R. 1107
Gracía Gracía, C. 125
Graham, B. 1100
Gramlich, H. 262
Granada 558
Grant, J. P. 803
Granz, M. 283
Grassi, E. 1100
Gratschow, P. 136, **659f**
Graubünden 539f
Graz 496
Greenpeace **755ff**
Gregoric, F. 92
Greimas, A.-J. 1107
Grenada 364f
Griechenland 66 f, 365ff, 1063
Griefahn, M. 279
Grimm, Ch. 281
Grischin, W. 1107
Gröbl, W. 252
Grodno 624
Gröhe, H. 297
Groningen 484
Grönland 242
Großbritannien und Nordirland 67f, 367ff, 850f, 973, 1020, 1028, 1033, 1042, 1054
Gross Espiell, H. 604
Grosse-Brockhoff, H.-H. 260
Großstädte (Deutschland) **257ff**
Gruber, L. 1107
GRÜNE → Die Grünen
Grünefeldt, H.-O. 1100
Grünewaldt, J. 250
Grünstein, H. 1107
Guadalajara 463
Guadeloupe 351
Guam 619f
Guantanamo Bay 621
Guardia Fabrega, G. 619
Guatemala 68f, 379f
Guayaquil 340
Guechi, S. 25
Guendouz, N. 1107
Gugerbauer, N. 123
Guguschwili 65
Guibert, H. 1100
Guillemin, H. 1107
Guinea 380f
Guinea-Bissau 381f
Güllenstern, E. 260
Gumbs, E. R. 374
Gumiljow, L. 1107
Günther, Herbert 275
Günther, Horst 251
Günther, J. 252
Gurirab, T.-B. 475

Gurken 883
Güterverkehr
– Deutschland 992ff
– international 983, 998f
Güttinger, F. 1107
GUS → Gemeinschaft Unabhängiger Staaten
Guyana 382f
Gwenzadse, R. 63
Gysi, G. 51, 245f, 295

Haarlem 484
Haase, H. 269
Haberland, E. 1107
Habib, P. 1107
Habyarimana, J. 129f, 520
Hachani, A. 27
Hachim, S. H. S. 427
Hackler, D. 251
Hackmann, W. 274
Hadjiev, P. 1107
Hadzic, G. 105, 433
Haentzschel, G. 1107
Hafer 881 ff
Hagedorn, W. 256
Hagemeyer, M. 1100
Hagen 259
Hahlweg, D. 262
Haider, J. 123, 496
Haiderabad 386
Haile Mariam, M. 152
Haiphong 622
Haiti 69f, 383f
Hajen, L. 275
Haley, A. 1107
Halle/Saale 257
Hallein 494
Hamat, M. S. 586
Hamburg 247, 257, **273ff**
Hamburger, J. 1108
Hamburger, K. 1108
Hamidoum, H. 487
Hamilton 372
Hamm 259
Hamsah as-Subeidi 392
Handel → Außenhandel, Welthandel
Handelsflotte 997f
Hanf 883
Hannibalsson, J. B. 398
Hannover 257
Hannsmann, J. 763
Hanoi 622
Hans Adam II., Fürst 445
Hansenne, M. 806
Harald V., König 491
Harare 553
Harbin 233
Hardt, K. 1108
Härdtl, W. 253
Hardy, P. 761
Harlem → Brundtland
Harnack, F. 1100

Harnisch, R. H. 295
Hart, F. 1100
Hartford 616
Haschke, G. 251
Hashimoto, R. 83
Hasinger, A. 1108
Hassan II., König 114, 137, 458, **660**
Hassan, Prinz 409
Hassanali, N. M. 585
Hasselfeldt, G. 46
Hassemer, V. 269
Hassinger, E. 1108
Hassuna, M. Abd el Khalek 1108
Hau Pei-tsun 232
Haupt, U. 1100
Hausmann, V. 258
Hausmann, W. 251
Häußler, E. 255
Havanna 434
Havel, V. 135, 159, 588
Havers, Sir M. 1108
Hawaii 615, 617
Hayden, W. G. 205
Hayek, F. A. v. 1108
Heckelmann, D. 268
Heidelberg 261
Heidland, H. W. 1108
Heilbronn a. N. 261
Heinemann, H. 280
Heitmann, S. 284
Hekmatyar, G. 23f
Held, M. 1108
Held, S. 254
Heldenberg, R. 253
Hellwege, H. P. 1101
Helmrich, H. 277
Helo, T. 215
Helsingborg 537
Helsinki 346, 758, 771
Helsinki-Deklaration 759
Henning, H. 260
Henreid, P. 1108
Henry, G. A. 481
Herath, J. E. H. 562
Herdman, J. M. A. 377
Herisau 542
Hermannstadt 521
Hernandez Colon, R. 618
Herne 259
Herold, A. 282
Heron, R. 1108
Herrligkoffer, K. 1101
Herrmann, J. 1108
Herzog, Ch. 143, 400, **660f**
Herzog, R. 253
Heseltine, M. 65
Hesoun, J. 494
Hessen 247, **275f**
Hetzel, G. 1108
Heuer, E. 255
Heydemann, B. 288

Hildebrandt, R. 270
Hildesheim 261
Hill, B. 1108
Hiller, W. 278
Himmelreich, F.-H. 256
Hinduismus **825ff**
Hintze, P. 51, 293
Hirche, W. 270
Hiroshima 405
Hirsch, M. 1108
Hirse 881ff
Hissène Habré, A. H. 158
Hnatyshyn, R. J. 417
Hobe, C. von 1101
Hobeika, E. 108
Hochseefischerei (Deutschland) 875f
Höchst, S. 1101
Hoffmann, H.-J. 260
Hohmann-Dennhardt, Ch. 275
Holomisa, B. 570
Holtfort, W. 1108
Holz 883ff
Holzapfel, D. 262
Holzapfel, H. 276
Homburger, B. C. 298
Homelands (Südafrika) 146, 568, 571
Honduras 385
Honecker, E. 52, 137
Hongkong 377f
Honiara 531
Honig 887
Honolulu 616
Honorat, J.-J. 68
Hoole, A. 374
Hopfen 887
Hopmeier, F. 263
Hor Nam Hong 414
Hörfunk/Fernsehen
– Deutschland **333ff**
– Österreich 504
– Schweiz 548f
Hörfunkauszeichnungen **1013ff**
Horia, V. 1108
Hörter, W. 262
Houphouët-Boigny, F. 41, 239
Houston 612
Howland-Inseln 620
Hoyerswerda 43
Hoyte, H. D. 383
Hrawi, E. 108, 441, **661**
Hubeau, J. 1108
Huber, E. 295
Hühner 887f
Hülsenfrüchte 888
Hun Sen 97, 414, **661**
Hunt, R. 1108
Hurd, D. 369, **661f**
Hurrel, G. 1108
Hurtado, 119
Husák, G. 1101

Hussein el Takriti → Saddam Hussein
Hussein II., I. T., König 409, **662**
Hut, S. al- 108
Hüttenberger, P. 1108

IAEO 812f
Iakovou, G. 629
Ibadan 488
Ibarra, A. 119
Ibrahim, I. 73
ICAO 806
ICJ/Internationaler Gerichtshof 799
Idaho 615
IFAD 806
Iksandrow, A. 155
Iliescu, I. 116, 130, 521, **663**
Illinois 615
ILO 806
Iltgen, E. 284
Imaï, T. 1101
IMF/IWF 807
IMO 807
Indiana 615
Indianapolis 616
Indien 70ff, 386ff, 855f, 864, 1050
Indonesien 72, 390f
Indore 386
Industrie
– China 933
– Deutschland 933f
– Entwicklungsländer 932f
– international **929ff**
– OECD 929f
– RGW 931
– »Schwellenländer« 933
Industrieunternehmen, größte
– Deutschland 934f
– Welt 930f
Inflationsrate
– OECD 839
– Österreich 501f
– GUS 841
Ingolstadt 261
Ingraham, H. 208
Ingram, J. Ch. 804
Initiative Zentraleuropa/CEI **740**
Inkatha-Bewegung (Südafrika) 149f
Innsbruck 496
Inönü, E. 160
Institut für Europäische Umweltpolitik/IEEP(IEUP) **760f**
Internationale Alpenschutzkommission/CIPRA **745f**
Internationale Elbeschutzkommission/IKSE **763f**
Internationale Kommission zur Erforschung des Mittelmeers/CIESM **740ff**

Internationale Nordseeschutzkonferenz/INK **765f**
Internationale Rheinschutzkommission/IKSR **764f**
Internationale Tropenholz-Organisation/ITTO **766ff**
Internationale Walfangkommission/IWC **769f**
Internationaler Rat für Meeresforschung/ICES **760**
Internationales Institut für Angewandte Systemanalyse/IIASA-**762f**
IOC 808
Ioseliani, D. 62
Iowa 615
Irak 72ff, 392ff
Iran 75f, 395f
Ireland, J. 1108
Irland 396f
Iryani, A.-K. Al- 407
Ishaq Khan, G. 124, 506, **663f**
Isidor, M. E. 1101
Islamabad 505
Island 398f
Israel 76ff, 399ff, 1042, 1050, 1063
Issen, R. 256
Istanbul 592
Italiaander, R. 1101
Italien 82ff, 401ff, 851, 973, 973, 1028f, 1042, 1050, 1054, 1063f
ITU/UIT 808
IUCN/Welt-Naturschutz-Union 746f, **768f**
IWC 757
Izetbegovic, A. 34, 92f, 95, 218, **664**

Jack, D. 565
Jacobs, Sir W. E. 196
Jacqmin, F. 1108
Jacquemin, A. 1108
Jäger, A. 258
Jäger, C. 272
Jähnichen, R. 285
Jahr, J. 1101
Jahrestage 1993 **1083ff**
Jaipur 386
Jakarta 390
Jamaika 404f
Jameel, F. 454
James, Sir S. A. 564
Janosi, P. E. de 762
Jansen, G. 288
Japan 84f, 405f, 856, 973, 989, 1012f, 1020, 1029, 1033, 1050, 1064
Jarvis-Inseln 620f
Jasray, P. 117, 469
Jau, M. 355

Jaunde 415
Jawara, Sir D. K. 359
Jean, Großherzog 447
Jekaterinburg 524
Jelzin, B. 42, 57f, 60ff, 115f, 130ff, 167, 525, **664f**
Jemen 407f
Jena 261
Jentsch, H.-J. 289
Jepsen, M. 50
Jerusalem 80, 400
Jeszensky, G. 602
Jian Zemin 234, **665f**
Jigme Singye Wangchuk, König 216
Johannes Paul II., Papst 164f, 608, **666**
Johansen, L. E. 242
Johnston-Atoll 620
Jones, Sir L. 371
Joppich, G. 1108
Jordan, J. 276
Jordanien 408f
Joumblatt, W. 108
Juan Carlos I. de Borbón y Borbón, König 143, 559
Judentum 825f
Jugendgruppen, politische (Deutschland) 297f
Jugnauth, Sir A. 462
Jugoslawien 85ff, 410ff
Jugoslawien-Konferenz 96
Jumar, S. A. 579f
Juneau 616
Jung, H.-G. 1101
Junge Liberale 298
Junge Union Bayern 298
Junge Union Deutschlands 297
Jungferninseln 376f, 619f
Jungk, R. 123
Jura 541f
Jurkans, J. 107, 439
Jute 888

Ka-Tshunungwa, T. E. 570
Kabardino-Balkarische Republik 528
Kabel, R. 247f
Kabua, A. 459
Kabul 188
Kadhafi → Gaddafi
Kaesler, H.-J. 286
Kaffee 888f
Kafi, A. 28, 193, **666f**
Kahlenberg, F. P. 254
Kaifu, T. 84
Kairo 190
Kaiser, K. 295
Kajumow, L. 577
Kakao 889
Kalidünger 862
Kallmann, R. 262
Kalmer, G. 260

Kalmükien, Republik 528
Kalpokas, D. 164
Kambodscha 97f, 414f
Kamel Hassan, H. 71
Kamerun 98, 415f
Kampala 597
Kanada 98f, 416ff, 853f, 1020, 1029
Kanal-Inseln 370f
Kanäle 999
Kanpur 386
Kansas 615
Kanton 233
Kantone (Schweiz) 541f
Kaohsiung 231
Kap Verde 418f
Kapfenberg 494
Kapstadt 566
Karadzic, R. 34ff, 92, 95f, 219
Karamanlis, K. 366, **667f**
Karamé, O. 108
Karatschajewo-Tscherkessien, Republik 530
Karatschi 505
Kardijevic, V. 90f
Karelien, Republik 528
Kariaí 367
Karimow, I. 164, **668**, 605
Karinthy, F. 1108
Karlsruhe 259
Kärnten 495f
Karoul, H. 591
Kartoffeln 889
Kasachstan 419f
Kasan 524
Kaschau 587
Kaschmir 506f
Käse 890
Kasper, H. 283
Kassel 259
Kastrup, D. 250
Katar 420f
Kathmandu 478
Katschthaler, H. 496
Katterbach, A. 297
Kattowitz 515
Katz, H. W. 1108
Kaulbach, F. 1108
Kaunas 446
Kaunda, K. D. 138
Kautschuk 890f
Kawasaki 405
Kaysone Phomvihane **668**
Keating, P. 71, 205, **668f**
Kebitsch, W. 624
Keidel, E. 1101
Keitel, K. 285
Kemptner, T. 109
Kendjajew, S. 154f
Kenia 99f, 421ff
Kenilorea, Sir P. 531
Kentucky 615
Kerguelen 357

Kernenergie
– Deutschland 954ff
– Welt 950
Kernkraftwerke
– Deutschland 956f
– Welt 956
Kestner, G. 260
Keys, D. 148
Khalifa-Familie 208f
Khamenei, H. S. A. 73, **669**
Khan, A. 124
Kharthoum 572
Khomeini, A. 72
Kiausch, E. 273
Kiechle, I. 251
Kiel 259
Kiew 599
Kigali 520
Killmann, M.-K. 260
Kim Chong Shik 104
Kim Dae Jung 104
Kim Il Sung 104
Kim ir Sen 429, **669f**
Kim Jong Il **670**
Kim Yon Nam 429
Kim Young Sam 105, **670f**
Kindervater, K.-H. 260
King Jong II 104
King, M. A. 211
King, R. G. 167
Kingman Reef 620
Kingston 404
Kingstown 565
Kinkel, K. 243, 250
Kinshasa 626
Kinski, K. 1101
Kirchhof, R. 260
Kirgistan 100f, 423f
Kiribati 424f
Kirk, J. 1108
Kisielewski, S. 1101
Kissel, O. R. 254
Kitowani, T. 64, 65
Kittel, W. 251
Klagenfurt 496
Kläui, H. 1109
Klaus, V. 159, 588, **671**
Klausch, E. 258
Klausenburg 521
Kleedehn, B. 277
Kleemann, Ch. 260
Klebes, H. 754
Klein, F. 254
Klein, H. 245f
Klein, R. 258
Kleinschmidt, W. 262
Kleinstück, J. 1109
Klemann, J. 269
Klemm, P. 250
Klepsch, E. 671f, 724
Klerk → De Klerk
Klestil, T. 123, 495, **672**
Klima, V. 494

Klimaschutz-Konvention 790
Klimaveränderung 789
Klingner, K. 288
Klink, D. 258, 271
Klose, H.-U. 50, 245f
Klosterman, M. 1109
Klosterneuburg 494
Knazko, M. 588
Kniola, F.-J. 280
Knittel, W. 252
Knoblich, H. 270
Kobe 405
Kober, I. 250
Koblenz 261, 764
Koch, H.-G. 258
Koch, W. 1109
Köchelt, E. 262
Koetser, M. 1109
Kohl 891
Kohl, H. 41, 43, 159, 243, 249, 293
Köhler, G. 255
Köhler, H. 250
Koirala, G. P. 478, **672f**
Koivisto, M. 346, **673**
Kok, W. 119
Kokou Koffigoh, J. 157, 582
Kolelas, B. 102
Kolingba, A. 628
Kolinowski, R. 164
Koller, A. 139, 539
Köln 257
Kolumbien 101f, 425f
Komi, Republik 528
Komoren 426f
Konare, A. O. 113, 455
Kongo 102f, 428f
Kongsompong, S. 156
König, R. 1109
Köniz 539
Konjunkturdaten (Osteuropa) 515f
Konstanza 521
Konya 592
Köpcke, K.-H. 1101
Kopenhagen 240, 760
Kopp, R. 283
Kopra 891
Körber, K. A. 1109
Korea
– **Demokratische Volksrepublik (Nord-K.) 104, 429f**
– **Republik (Süd-K.) 104f, 430f**
Korman, M. C. 164
Koroma, A. A. K. 552
Koror 621
Korosec, I. 496
Korowi, W. 509
Koskotas, G. 66
Kosovo 85f, 411f, 413
Kostelka, P. 495

Kostic, B. 85, 87, 413
Kosto, A. 120
Kosyrew, A. 133, 137, 525, 673
Kotscharjan, R. 28
Kraemer, D. 260
Kraftfahrzeugbestand
– Deutschland 986
– Welt 983 ff
Kraftfahrzeugproduktion
– Deutschland 986
– Japan 989
– USA 988 f
– Welt 985 f
– Westeuropa 987 f
Krainer, J. 496
Krajewski, Ch. 283
Krakau 514
Krapp, M. 289
Krasney, O. E. 254
Krasnojarsk 524
Kraus, R. 251
Kraus, U. 258
Krause, G. 51, 252
Krawtschenko, P. 624
Krawtschuk, L. 60, 64, 162 f, 599, **673 f**
Krefeld 259
Kreindl, W. 1109
Krems a. d. D. 494
Krenek, E. 1101
Krim 163, 600 f
Krings, J. 258
Kroatien 88 ff, 90 ff, **105 f**, 411, **432 f**
»Kroatischer Staat Herceg-Bosna« 219
Kronawitter, G. 258
Krönig, W. 1109
Kröning, V. 272 f
Kronstadt 521
Kroppenstedt, F. 250
Krüger, T. 269
Krumsiek, R. 280
Krupp, H.-J. 274
Krusche, P. 53
Kruse, M. 52
KSZE/Konferenz über Sicherheit und Zusammenarbeit in Europa **770 ff**
Kuala Lumpur 453
Kuba 106 f, **433 ff**
Kucan, M. 555, **674 f**
Kühbacher, K.-D. 270
Kuhlendahl, H. 1109
Kuhlmann, W. 1109
Kühlschränke 942
Kühn, H. 1109
Kuhn, Hans 1101
Kuhn, Helmut 1101
Kulijew, A. 595
Kulturpreise **1011 ff**
Künkele, I. 1109

Kunstfasern 939
Kunstpreise **1031 ff**
Kunststoffe 939
Kunze, S. 1109
Kupfer 920 f
Kupfer, L. 277
Kurden 74 f, 161
Kurdistan, Autonome Region 392 ff
Kutschera, F. 1101
Kuwait 435 f
Kuwait City 436
KVAE/Konferenz über Vertrauensbildende Maßnahmen und Abrüstung in Europa **773 f**
KwaNdebele 571
Kwaschik, J. 262
KwaZulu 571
Kyoto 405

La Chaux-de-Fonds 539
La Paz 217
Lacalle de Herrera, L. A. 604, **675**
Lacayo, A. 119
Lacina, F. 494
Lafer, C. 34, 223
Lafontaine, O. 47, 283, 294
Lagemann, S. 1109
Lagos 488
Lahore 505
Lal Bhatia, R. 68, 388
Lallinger, L. M. 1109
Lalumière, C. 754
Lamberg, P. 262
Lambsdorff, O. Graf 46, 50, 295
Lammert, N. 252
Lammert, W. 262
Lamrani, M. K. 114, 458
Landeck, J. 1109
Landsbergis, V. **675 f**, 446
Landwirtschaft
– Afrika 863 f
– China 864 f
– Deutschland 867 ff, 870
– EG 866 f
– Indien 864
– international **857 ff**
– Lateinamerika 864
– Ost- u. Mitteleuropa 225 f
– RGW 865
– GUS 865
– USA 865 f
Lang, A. R. 266
Lange, M. 1109
Langley, Sir D. 372
Lankheit, K. 1109
Laotische Demokratische Volksrepublik 437 f
Läpple, F. 283
Las Palmas 558

Lateinamerika 854, 864, 1064
Laufs, P. 252
Laurien, H.-R. 258, 267
Lausanne 538, 540
Lausberg, H. 1109
Lautenschlager, H. W. 250
Lauti, T. 597
Laxenburg 762
Layne, T. 203
Le Blanc, B. 749
Le Grange, L. 1101
Le Pen, J.-M. 58
Le Sidaner, J.-M. 1109
Leal, E. 119, 483
Lebowa 571
Ledig-Rowohlt, H. M. 1109
Lee Ki Taek 104
Lee Sang Ock 41, 431
Lee Seung Moo 105
Lee Teng-hui 231
Leeds 368
Leeward Islands 355 f
Léger, P. 1101
Lehmann, U. 396
Lehmann-Grube, H. 258
Lehment, C.-M. 277
Lehnert, M. 1109
Leicester 368
Leiden 484
Leinen, J. 283
Leinsaat 891
Leipzig 257
Leisler Kiep, W. 293
Leistungsbilanz
– OECD 840
Leiti Ka, D. 549
Lemarchand, L. 1109
Lemberg 598
Lemke-Schulte, E.-M. 272
Leoben 494
Leonding 494
Lepping, Sir G. G. D. 531
Lerici, R. 1109
Lersner, H., Freiherr von 256
Les Terres Australes et Antarctiques Françaises/T. A. A. F. 357 f
Lesotho 438 f
Letsie III., König 438
Lettland 107 f, 439 f
Leutheuser-Schnarrenberger, S. 250
Leven, K. 254
Leverkusen 259
Ley, M. 1109
Leygue, L. 1109
Leyser, K. 1109
Li Peng 39, 234, **676**
Li Teng-hui **676 f**
Li Xiannin 1109
Libanon 108 f, 440 f
Libau 439
Liberia 109 f, 442 f

Liberia-Peters, M. P. 486
Libreville 358
Libysch-Arabische Dschamahirija 110, 443 f
Lichal, R. 494
Lichtenberg, U. 262
Lichtenhahn, V. 1101
Lieberknecht, Ch. 290
Liechtenstein 444 f, 1042
Liestal 542
Lietzau, H. 1101
Lille 348
Lilongwe 451
Lima 511
Limassol 629
Limbach, J. 268
Limodin, D. 354
Linares, J. 507
Linde, J. 270
Linden, J. 260
Line-Inseln 621
Lini, H. 164
Lini, W. 164
Link, W. 285
Linköping 537
Linna, V. 1109
Lintner, E. 250
Linz 496
Lipinsky-Gottersdorf, H. 1101
Lipski, J. J. 1101
Lissabon 517
Lissouba, P. 102, 428
List, E. 1101
Litauen 110 f, 446 f
Literaturauszeichnungen **1033 ff**
Little Rock 616
Liverpool 368
Ljubljana 555
Lochte, Ch. 1101
Lodz 514
Loewenich, G. von 252
Loewenich, W. v. 1109
Lohmann, K. 262
Lohmar, U. 1102
Lohnkosten (OECD) 929 f
Lomé 582
Loncar, B. 85
London 96, 368, 749, 789, 807, 813, 815, 816
Los Angeles 612
Löschnak, F. 494
Louisiana 615
Louw, E. 146
Luanda 195
Lubbers, R. F. M. 120, 484, **677**
Lübeck 259
Lublin 515
Luck, T. 296
Luckhardt, K. H. 260
Lucknow 386
Ludwig, R. 297

Ludwig, S. 496
Ludwig, W. 260
Ludwigshafen 259
Luftverkehr **1001 ff**
Luftverschmutzung 887
Lühr, U. 295,
Lumbi, P. 170, 626
Lundkvist, A. 1102
Lusaka 532
Luschey, H. 1109
Lust, L. 1109
Lustenau 494
Luthe, H. 165
Luther, P. 269
Lutkowski, K. 129
Lüttich 212
Lutzenberger, J. 36
Luxemburg 447f, 721, 726ff, 973, 1064
Luzern 539, 541f
Lyon 348

Maalouf, N. 441
Maastricht (EG-Reformbeschlüsse) **731**
Maastricht 484
Maasum, F. 74
Macao 518f
Machens, K. 262
Mackensen, L. 1110
MacLean, R. 32, 217
MacMurray, F. 1102
MacSharry, R. 721
Madagaskar 112, 449f
Madani, A. 26, 28
Madeira 517
Madi, A. 109
Madison 616
Madras 386
Madrid 558
Magdeburg 259, 763
Magirius, F. 258
Magnesium 921
Mahamat Schua, L. 158
Mahatir bin Mohamed, D. S. 453
Mahdi Mohamed, A. 141f, 557
Mahlangu, J. 571
Mahrenholz, E. G. 253
Maier, F. 496
Mailand 402
Maillan, J. 1110
Maine 615
Mainz 259
Mais 879f, 891
Maizière, L. de 48
Major, J. 67, 369, **677f**
Makedonien 66, **112**, 411f, **450f**
Maksi, A. **679**
Maktoum Bin Raschid Al-Maktoum, Scheich 611
Malabo 197

Málaga 558
Malawi 112f, 451f
Malaysia 452ff
Male 454
Malecela, J. S. 579
Malediven 454f
Malfatti, F. M. 1102
Mali 113, 455f
Malietoa Tanumafili II. 625
Malmierca Peoli, I. 106
Malmö 537
Malta 456f
Malwinen → Falkland-Inseln
Mamaloni, S. 531
Mamba, G. M. 575
Mamedow, J. 30f
Man 371
Managua 482
Manama 208
Manchester 368
Mandela, N. R. 147, 149f, **678**
Mandiargues, A. P. de 1110
Mangan 921
Mangope, K. L. M. 569
Manila 513
Manitski, J. 56, 343
Mann, D. 1102
Mann, M. 1110
Mannheim 257
Manning, P. 585
Manukian, W. 28
Maputo 470
Maracaibo 609
Marcos, F. 126
Marcos, I. 127
Margrethe II., Königin 240
Mari, Republik 528
Maribor 555
Marín, M. 721
Marizzi, P. 496
Markovic, A. 85
Marokko 113f, 457f
Marquesas Islands 356
Marquié, J.-P. 354
Marrakesch 458
Marseille 348
Marshallinseln 459f
Martens, W. 33
Martini, K. 282
Martini, W. 1102
Martinique 352
Maryland 615
Mascarenhas Monteiro, A. 418
Maschinenbau 957f
Maseru 438
Masire, Q. K. J. 220
Maskat 492
Massachusetts 615
Maßeinheiten **1115ff**
Massud, A. S. 23f
Mata Utu 357
Matiba, K. 100
Matjuchin, G. 134

Matthews, G. B. 442
Matthiesen, K. 280
Matutes, A. 721
Matzel, K. 1110
Maultiere 891
Maurer, H. 266
Mauretanien 460f
Mauritius 461f
Mauroy, P. 55
Maxwell, R. 1102
Mayer, E. 276
Mayer-Vorfelder, G. 264
Mayor Zaragoza, F. 808
Mayotte 354
Mazowiecki, T. 128
Mba, C. O. 358
Mbabane 574
Mbasogo, T. O. N. 197
Mbonimpa, C. 38
McDougall, B. 417
McKinnon, D. 479
McMillan, E. M. 1102
Meciar, V. 159, 588, **678f**
Mecklenburg-Vorpommern 247, **276ff**
Medan 390
Medellín 425
Meier, Ch. 262
Meier, J. 539
Meine, M. A. O. 460
Meischberger, W. 496
Meisner, N. 269
Meister, E. 281
Meksi, A. 26, 191
Melbourne 205
Melkmaschinen 862
Mell, M. 1110
Memel 446
Menacher, P. 260
Mende, W. 260
Menem, C. S. 199, **679f**
Menéndes Park, G. 379
Mensching, G. 1110
Mensk 624
Mercury, F. 1102
Merk, G. 255
Merkel, A. 251, 293
Merseyside 368
Mesched 395
Mesfin, S. 203
Mesic, S. 86
Messaoudi, K. 26
Messemer, H. 1102
Messiaen, O. 1110
Messina 402
Metzger, G. 262
Mexiko 114, 462ff
Meyer, G. 284
Meyer, H.-J. 284
Meyer, H.-W. 256
Meyer-Landrut, A. 343f
Meyer-Pries, D. 260
Meyer-Schwickerath, G. 1110

Michalek, N. 494
Michels-Holl, G. 254
Michigan 615
Midway-Inseln 620
Mieth, K. 260
Mikronesien 464f
Milbradt, G. 284
Milch 891ff
Milchsack, L. 1110
Milde, H. 278
Millan, B. 721
Miller, C. »Big« 1110
Miloevi, S. 88
Milongo, A. 102
Milosevic, S. 84ff, 90f, 410, **680**
Mineraldünger 940
Mineralölprodukte 958
Minnesota 615
Mirow, T. 273
Mirsojew, A. 577
Misick, W. 376
Mississippi 615
Missouri 615
Mitchell, J. F. 565
Mitra, R. 127
Mitsotakis, K. 67, 366, **680f**
Mittelmeer 741f
Mitterand, F. 41, 58, 94, 348, **681f**
Miyazawa, K. 85, 406, **682**
Mktrchjan, A. 27
Mladic, R. 33
Mmabatho 568
Mobutu Sésé Séko 170, **682f**, 626
Mock, A. 494, **683**
Mocumbi, P. M. 471
Mödling 494
Modrow, H. 52, 295
Moers 261
Mogadischu 557
Mohr, A. R. 1110
Moi, D. arap 99f, 422, **683f**
Molapo, P. 438
Moldau 115f, 465f
Möllemann, J. W. 249, 250
Momper, W. 51
Mona, E. 1102
Monaco 467f, 1020
Mönchengladbach 259
Mond, F. van den 260
Mongolei 116f, 469f
Monnerville, G. 1102
Monrovia 442
Monserrat 375
Montana 615
Montand, Y. 1102
Monte Carlo 741
Montenegro 85ff, 410ff
Monterrey 463
Montevideo 603
Montgomery 616

Montreal 417, 806
Mopeli, K. 571
Moravcik, J. 588
Morawe, P. 296
Mordwinische Sozialistische Sowjetrepublik 528
Morley, R. 1110
Moroni 427
Mosambik 117f, 470f
Moskau 523
Moss, D. A. 379
Moulin, Ch. 1110
Mswati III., König 575
Mubarak Ali Al-Katir, A. 421
Mubarak, M. H. 190, **684**
Mugabe, R. G. 553, **684f**
Mugabe, S. 1110
Mujaddidi, S. 24
Muldoon, Sir R. 1110
Mülheim an der Ruhr 259
Müller, Ch. 298
Müller, E. 258
Müller, Gerd 298
Müller, Gottfried 289
Müller, H. 1102
Müller, T. 274
Müller, W. J. 1110
Mulroney, B. 98, 417, **685**
Münch, W. 285
München 257
Mungul Diaka, B. 170
Münster 259
Murmann, K. 256
Murr, M. 108
Musa, S. 214
Museveni, Y. K. 598, **685f**
Musikauszeichnungen **1047ff**
Mussa, A. 25, 190
Mussawi, A. 108, 1110
Mustafajew, F. 31, 201
Mutalibow, A. 29ff, 62
Mutalow, A. H. 605
Mutemba, S. 752
Mwaanga, V. 138, 532
Mwinyi, A. H. 579, **686**
Myanmar 118f, 473f

N'Djamena 586
Nabijew, R. 60, 153ff, 577, **686f**
Nachitschewan 203
Nagel, W. 269
Nagornij Karabach 29f, 203
Nagoya 405
Nagpur 386
Nahost-Friedenskonferenz 77f
Nahrungsmittelhilfe 861
Nahrungsmittelindustrie 958f
Nahrungsmittelmangel 859f
Nahrungsmittelproduktion
— Entwicklungsländer 860
— Welt 859

Nairobi 422, 752, 800
Nait-Djoudi, H. 27
Najasow, S. 60, 162
Najibullah 23
Nakagami, K. 1110
Nakajima, H. 809
Naku'alofa 583
Namangau 605
Nambiar, S. 92
Namibia 474f
Namik Salin, D. 72
Nanking 233
Nantes 348
Nasabarjaw, N. A. 62, 419, **687**
Nasrallah, H. 108
Nassau 207
Nastase, A. 521
Natapei, E. 164
Natek-Nuri, H. A. A. 73
Nationalrat
— Österreich 494
— Schweiz 539
NATO/Nordatlantische Allianz **778ff**
Naumann, Klaus 251
Naumann, Konrad 1110
Nauru 477
Nawaz Sharif, M. 506, **687f**
Ndasame, N. V. 570
Neapel 402
Nebiker, H.-R. 539
Nebraska 615
Necker, T. 256
Neckermann, J. 1110
Neidlinger, G. 1102
Nepal 477f
Nérette, J. 66f, 384
Neu-Delhi 386
Neuchatel 539f
Neukaledonien 356f
Neumann, B. 252
Neuseeland 479f
Neusel, H. 250
Neuss 259
Neuzulassungen v. Pkw
— Deutschland 986ff
— international 985
Nevada 615
New Hampshire 615
New Jersey 615
New Mexico 615
New York 612, 615, 791, 799, 803
Newcastle upon Tyne 368
Newman, J. 1110
Ngouza Karl-I-Bond, J. 170
Ngulinzira, B. 129, 520
Nguyen Manh Cam 623
Niamey 487
Nicaragua 119f, 482f
Nickel 921f
Nicosia 629

Nidwalden 541f
Niebergall, J. »Buschi« 1110
Niederlande 120f, 484ff, 851f, 973, 1042, 1050, 1054, 1064
Niederländische Antillen 485f
Niederösterreich 495f
Niehaus Quesada, B. 238
Niemack, H. 1110
Niger 121, 487f
Nigeria 121f, 488f
Nijasow, S. 595, **688**
Nijmegen 484
Nipperdey, T. 1110
Nis 410
Nishni Nowgorod 523
Nispen, F. van 272
Niue 481
Nizza 348
Nobelpreis, alternativer 1055
Nobelpreise 1991 **1067f**
Nobelpreise für Medizin (1901–1991) **1069ff**
Nocker, H. 1110
Nollau, G. 1102
Nordatlantikrat/NAC 778
Nordischer Rat 1043
Nördliche Marianen 490
Nordossetische Sozialistische Sowjetrepublik 528
Nordrhein-Westfalen 248, **279ff**
Norrköping 537
North, A. 1102
North Carolina 615
North Dakota 615
Norwegen 490ff, 1043
Nottingham 368
Nouakchott 460
Nouméa 356
Novi Sad 410
Novo Sibirsk 523
Nsanzimana, S. 129
Nsengiyaremye, D. 520
Ntsanwisi, H. W. C. 571
Nujoma, S. D. 475, **688**
Nürnberg 257
Nuuk 242
Nwachukwu, I. O. 489
Nzengeya, B. A. 627

O'Neil, W. A. 807
OAS/Organisation Amerikanischer Staaten **783f**
OAU/Organisation der Afrikanischen Einheit **784f**
Obaisi, G. O. P. 809
Oberhausen 259
Oberösterreich 495f
Obraszow, S. W. 1110
Obst 893

Obwalden 539f
Ochoa Antich, F. 166, 609
Oddsson, D. 398
Odense 240
Odersky, W. 253
Odessa 599
Oduber, D. 1102
Oduber, N. O. 486
OECD **785ff**, 838ff, 929f, 981
Oechsle, M. 262
Oele, A. 760
Oertling, P. 260
Oesch, H. 1111
Offenbach a. M. 261
Öffentlicher Dienst (Deutschland) 309
Offerhaus, K. 254
Ogata, S. 66, 833
Ogawa, S. 1111
Ogi, A. 540
Ohio 615
Oklahoma City 616
Oldenburg 261
Oldenburg, E. 1111
Olechowski, A. 129
Oliven 893
Olmütz 587
Oloff, R. 262
Olszewski, J. 128f
Olter, B. 464
Olympische Spiele 143
Oman 492f
Omsk 524
OPEC 918f, 974
Oranjestad 486
Ordóñez, F. F. 1111
Örebro 537
Oregon 615
Orezzoli, H. 1102
Organisation für wirtschaftliche Zusammenarbeit/ECO **750f**
Ortega, D. 119
Ortleb, R. 252, 295
Osaka 405
Oschatz, G.-B. 247f
Osijek 432
Oslo 491
Osnabrück 259
Ost-West-Handel 981
Österreich 122f, 493f, 494ff, 977, 1013, 1020, 1029, 1034, 1043, 1051, 1054, 1064
— Arbeitslosigkeit 500
— Asylbewerber 498
— Bevölkerung 497f
— Haushalt 502f
— Hörfunk und Fernsehen 504f
— Kriminalität 498
— Presse 503f
— Sozialprodukt 499f
— Wirtschaft 496f, 498ff

Register

Osthandel (BR Dtld.) 975
Ostrau 587
Ostsee-Schutzkonferenz/ HELCO M **757 ff**
Ostseerat 758, **788**
Otschirbat, P. 116, 469
Ott, G. 813
Ottawa 416
Otunbajewa 423
Otzen, F. 758
Ouagadougou 227, 743
Ouattara, A. D. 239, **688 f**
Ouédraogo, Y. 38, 227
Ovannisjan, R. 200
Ovono, S. E. 197
Owen, Lord 96
Özal, T. 160, 593, **689**

Pacas Castro, J. M. 342
Paderborn 261
Padua 402
Paeniu, B. 597
Paeschke, H. 1102
Pago Pago 620
Paine, T. O. 1111
Pakistan 124, 505 ff
Palau 621
Palermo 402
Palma de Mallorca 558
Palmkerne/Palmöl 893 f
Palmyra 620
Pamplona 558
Panama 507 f
Panamakanal-Zone 619
Pandolfi, F. M. 721
Panic, M. 86, 92, 96, 410, **689 f**
Pankin, B. 145
Papakonstantinou, M. 366
Papandreou, A. 64
Papandreou, V. 721
Papanek, J. 1102
Papeete 355
Papier 959
Papp, J. 1102
Papua-Neuguinea 508 f
Paraga, D. 106
Paraguay 124 f, 510 f
Paramaribo 573
Paredes, D. 340
Paris 348, 748, 772, 786, 808
Partei des Demokratischen Sozialismus/PDS 295
Parteien, politische
– Deutschland **293 ff**
Partl, A. 496
Pascal, J.-C. 1111
Pasquier, J. 1111
Patras 366
Patten, Ch. F. 377
Patterson, J. P. 404
Paulina-Mürl, L. 1111
Paulmüller, A. 1111

Pawlak, W. 128
Paye, J.-C. 786
Paz Zamora, J. 32, 217 **690**
PDS → Partei des Demokratischen Sozialismus
Pécs 601
Peking 233
Pelivan, J. 218
Pelny, S. 287
Pennsylvania 615
Peres, S. 81, 400
Pérez de Cuéllar, J. 54, 108
Pérez Rodríguez, C. A. **690 f**
Perm 524
Perrin, F. 1111
Perschau, H. 286
Personenverkehr (Deutschland)
– öffentlicher 983
– m. Flugzeug 1002
– privater m. Pkw 989
Perth 205
Peru 125 ff, 511 f
Perugia, N. 1111
Peschel-Gutzeit, L. M. 274
Peterle, L. 141
Petersen, O. 1111
Petrossjan, G. 29
Petrovic, M. 496
Petsos, G. 66
Pfarr, H. 276
Pfeifer, A. 249
Pferde 894
Pfleger, H. 262
Pforzheim 261
Philadelphia 612
Philip, Prinz 816
Philippinen 126 f, 512 ff
Phnom Penh 414
Phoenix 616
Phomvihane, K. 437
Phosphat 862, 922
Piazzolla, A. 1111
Pichler, M. 1111
Pieroth, E. 269
Pietzsch, F.-M. 290
Pieyre de Mandiargues, A. 1102
Pilsen 587
Pilz, J. 258
Pinerua Ordaz, L. 166
Pinheiro, J. de Deus 517, **691**
Pitcairn 378 f
Pjöngjang 429
Pkw-Neuzulassungen (Deutschland) 987 f
Platin 922
Platon, N. 1111
Platzek, M. 271
Plettner, H. 1111
Plischke, E. 1111
Plovdiv 226
Plymouth 368, 375

Pohlmann, W. 260
Pohnpei 464
Poiret, J. 1111
Polen 127 ff, 514 ff, 841, 1015
Pollak, M. 1111
Polte, W. 260
Pommies, R. 357
Pongpol Adireksarn 156
Poona 386
Poos, J. 447
Poppe, G. 296
Porcaro, J. T. 1111
Port Louis 461
Port Moresby 509
Port Stanley 373
Port Vila 607
Port-au-Prince 384
Port-of-Spain 584
Porto 517
Porto Alegre 223
Porto-Novo 214
Portsmouth 368
Portugal 517 f, 1020
Porzner, K. 255
Posen 514
Post- und Fernmeldewesen **1005 ff**
Potsdam 261
Pozner, C. 1111
Prabhakaran, V. 144
Prachtl, R. 276
Prag 587, 772
Praia 418
Preise
– landwirtschaftl. Produkte 862 f
– Rohstoffe) 904 f, 932 f
Preise für Frieden und Verständigung, gesamtschöpferische Leistungen, Natur- und Umweltschutz **1055 ff**
Premadasa, R. 143, 562, **691**
Presse
– Deutschland **329 ff**
– Österreich 503 f
– Schweiz 547 f
Presse- u. Informationsamt (Deutschland) 249
Presseauszeichnungen **1013 ff**
Pretoria 566
Price, G. 214
Priesnitz, W. 250
Prince, S. 1111
Pristina 410
Provinzen (China) 235 f
Prunskiene, K. 111
Przybilski, H. 262
Puebla de Zaragoza 463
Puerto Rico 618
Pujol, J. 143
Pünder, T. 260
Purtscher, M. 496
Pusan 430

Qian Qichen 40, 41, 169, 234, **691 f**
Quabus Bin Said, Sultan 493
Quadros, J. 1111
Quayle, D. 168, 614
Quebec 99
Quecksilber 922
Queffelec, H. 1111
Quezada, R. 66
Quezon City 513
Quito 340
QwaQwa 571

Raab, R. 274
Rabat 458
Rabbani, B. 23 f, 188 f, **692**
Rabenoro, C. 449
Rabin, Y. 81 f, 400, **692 f**
Rabinowitsch, I. 77
Rabuka, S. 345, **693**
Radunski, P. 269
Raeber, K. 1111
Raffineriekapazitäten 916 f
Rafsandschani, A. A. H. 72, 395, **693 f**
Rahim Hatif, A. 23
Rahman, M. 210
Rainier III., Fürst 468
Ramaema, E. P. 438
Ramlakhan, R. D. 573
Ramodike, M. N. 571
Ramos, F. 126 f, 513, **694**
Ránki, G. 1111
Ranz, K. 258
Rao, P. V. N. 70 f, 143, 388, **694 f**
Rappold, O.-W. 262
Rapssaat 894
Rathebe, S. L. L. 569
Ratsiraka, D. 111, 449
Ratzenböck, J. 496
Rau, J. 280, 281, 294
Rauch, G. v. 1102
Rauen, K. P. 258
Rauls, W. 285
Rawe, W. 252
Rawlings, J. J. 364
Ray, S. 1111
Razanamasy, G. W. 449
Razuks, R. 107
Recife 223
Recklinghausen 261
Recycling 902, 905
Reffel, Sir D. 371
Reformländer Osteuropas 974
Regensburg 261
Regenwald, tropischer 767, 886
Rehberger, H. 286
Rehm, S. 284
Reichenberg 587
Reichhold, M. 496
Reinartz, B. 260

Reis 879f, 894
Reisch, G. 752
Reiter, H. 254
Reitzenstein, C.-S. 262
Religionen (Welt) **819ff**
Remmers, W. 286
Remscheid 261
René, F.-A. 550
Renkin, F. 496
Rennes 348
Renten (Deutschland) 324
Repnik, H.-P. 253
Reschke, E. 1111
Retzlaff, G. 260
Réunion 353
Reuter, W. 262
Reutlingen 261
Rex, Sir R. 482
Reyer, S. 260
Reykjavik 398
Reynolds, A. 397, **695**
RGW 840ff, 865, 931, 974
Rhein-Main-Donau-Kanal 995
Rheinland-Pfalz 248, **281f**
Rhode Island 615
Riad 535
Riad, M. 1112
Ribas Reig, O. 194
Richardson, R. 1102
Richmond 616
Ridder-Melchers, I. 281
Ridolfi, R. 1103
Riedl, E. 250
Riesenhuber, H. 252
Rifkind, M. 67
Riga 439
Rijeka 432
Rinder 894f
Rio de Janeiro 222
Ristock, H. 1112
Road Town 376
Roberts, H. 1112
Robinson, M. 67, 397, **695f**
Rocard, Y. 1112
Rocha Vieira, V. 519
Rochat, P. H. P. 806
Roddenberry, G. 1103
Rodríguez Sahagún, A. 1103
Rodríguez, A. 124, 510, **696**
Roggen 881f
Roh Tae Woh 104, 431, **696f**
Röhlinger, P. 262
Röhm, W. 1112
Rohölllieferanten Deutschlands 917
Rohstoffgewinnung **901ff**
Rohstoffversorgung **901ff**
Roitzsch, I. 251
Roloff-Momin, U. 268
Rom 402, 804, 805, 806
Roman, P. 130
Romba, E. 158
Rommel, M. 258

Romulo, R. 127, 513
Rönsch, H. 251
Rosario 198
Roseau 337
Rossow, W. 1112
Rostock 259
Rostow 524
Rott, J. 282
Rottenberg, F. 120
Rotterdam 484
Roure, J.-C. 352
Royal, S. 59
Ruanda 129f, **519f**
Rubiks, A. 108
Ruchupan, M. 156
Ruge, M. 260
Rugova, I. 85, 86, 413
Rühe, V. 251
Rühle, H. 296
Rumänien 130, 521f
Runde, O. 274
Rundfunkgeräte 942
Rupel, D. 141, 555
Rupp, F. 1112
Ruschmeier, L. 258
Rußland 57, 59f, **130ff**, 361f, **523ff**, 842, 1051, 1064
Rüütel, A. F. 343

Saadé, G. 108f
Saarbrücken 259
Saarland 248, **282f**
Sabaghian, H. 72
Sabah-Familie 436, **664**
Sabur Farid, U. A. 24
Sacha, Republik 529
Sachsen 47, 248, **284f**
Sachsen-Anhalt 48, 248, **285f**
Sachsse, H. 1112
Sackmann, M. 298
Sacramento 616
Saddam Hussein el-Takriti 72f, 392, **697**
Sahara 137f, 530f
Sahlin, M. 139
Sahloul, A. A. 572
Said al-Sahhaf, M. 71, 392
Said, M. 25
Saidu Momoh, J. 140
Saigon 622
Saint → auch St.
Saint-Etienne 348
Saint George's 364
Saint John's 196
Saint-Denis 353
Saint-Paul 357
Saint-Pierre und Miquelon 354
Salamanca 558
Saleh, A. A. 407, **697f**
Saleh, J. M. 486
Salger, H. 253
Salim, S. A. 141, 785

Salinas de Gortari, C. 114, **698**
Salk, L. 1112
Sallinger, R. 1112
Salomonen 531f
Salt Lake City 615
Salvador 222
Salzburg 495f
Salzgitter 261
Samara 524
Samaras, A. 67
Samarkand 605
Sambia 138, 532f
Samivel (Paul Gayet) 1112
Samoa-Inseln 620
Samsun 592
Samtlebe, G. 258
San Diego 612
San José 237
San Juan 618
San Marino 533f
San Roman, M. 125
San Sebastian 558
Sanaa 407
Sandiford, L. E. 211
Sangheli, A. 465
Sanin de Rubio (Posada), N. 101, 425f
Sansibar 580
Santander 558
Santer, J. 447, **698f**
Santiago de Chile 230
Santo Domingo 338
Sao Paulo 222
Sao Tomé und Principe 534f
Sapporo 405
Sarajevo 36, 92ff, 218
Sarasin, A. 156, 581
Saratow 524
Sardinien 402
Sarinic, H. 106, 432
Sarnen 542
Sarreqi, A. 191
Sassou-Nguesso, D. 103
Satter, H. 1112
Saudargas, A. 111, 128, 446
Saudi-Arabien 535ff
Savisaar, E. 56
Saw Maung 118
Sawgalew, D. 135
Sawsa, A. A-R. 444
Sawyer, A. 442
Sawyer, S. 756
Scalfaro, O. L. 84, 402, **699**
Scelba, M. 1103
Schachraj, S. 107
Schaefer, F. R. 253
Schafe 895
Schäfer, Harald B. 265
Schäfer, Helmut 250
Schaffhausen 539f
Schanghai 233
Schaposchnikow, J. I. 27, 62, 115, 155, **699f**

Scharping, R. 281
Schäuble, T. 264
Schäuble, W. 245f
Schaufler, H. 265
Schaumann, F. 252
Scheel, W. 295
Schelew, S. 35, 58, 226, **700**
Schell, I. 1112
Schengener Abkommen 734ff
Schenjang 233
Scherf, H. 272
Scheufelen, T. 1112
Schewardnadse, E. 65f, 361, **700f**
Schierwater, H. 262
Schiffahrt (Binnen- und Seeschiffahrt) **993ff**
Schiffbau **993ff**, 999ff
Schiffsbestand (Deutschland) 996f
Schirmer-Pröscher, W. 1112
Schlesinger, H. 255
Schleswig-Holstein 43, 248, **287ff**
Schleußer, H. 280
Schlichter, O. 253
Schlimme, W. 262
Schlüter, P. 240, **701**
Schmalstieg, H. 258
Schmalz-Jacobsen, C. 42, 249
Schmid, H. 1112
Schmidbauer, B. 45, 249
Schmidhuber, P. M. 721
Schmidt, H. 123, 494
Schmidt, R. 245f
Schmitz, K. 262
Schmölders, G. 1103
Schmülling, H. 252
Schnack, E. 1112
Schneider, B. 748
Schneider, K. 282
Schnell, P. 262
Schnoor, H. 280
Schnoor, S. 290
Schoeler, A. von 258
Schöffler, N. 1112
Scholten, R. 494
Scholz, H. 251
Scholz, H.-P. 1112
Scholz, R. 247f
Schommer, K. 284
Schönbohm, J. 251
Schönhuber, F. 51
Schönlein, P. 258
Schoor, S. 277
Schoppe, W. 279
Schoser, F. 256
Schreiber, W. 286
Schröder, G. 278
Schuchardt, H. 278
Schuhe 960
Schulden → Staatsverschuldung

Register

Schuldhess, J. S. 1112
Schüler, W. 1112
Schulferientermine 1993 15f
Schulte, D. 252
Schulte zur Hausen, W. 1112
Schultz-Hector, M. 264
Schulwesen
– Deutschland 325f
– Schweiz 543
Schulz, M. W. 1103
Schulz, W. 245f, 296
Schulz-Hardt 290
Schuman, W. 1112
Schuschkjewitsch, S. S. 60, 62, 169, 624, **701f**
Schüssel, W. 494
Schuster, F. 289
Schuster, J. 1112
Schwab, F. 1112
Schwaetzer, I. 44, 252, 295
Schwammberger, J. 52
Schwarz-Schilling, Ch. 252
Schwarze, H. W. 1103
Schwarzmeer-Anrainer **788f**
Schweden 138f, 537f, 852, 1051f, 1065
Schwefelsäure 940
Schweine 895f
Schweiz 139f, 538ff, 978, 1014, 1020f, 1029f, 1034, 1044ff, 1052, 1055, 1065
– Arbeitslosigkeit 545
– Asylbewerber 542
– Ausländer 542
– Bevölkerung 541ff
– Bildung 543
– Departementsleiter 540f
– Haushalt 546
– Hörfunk und Fernsehen 548f
– Kriminalität 543
– Parteien 541
– Presse 547f
– Wirtschaft 541, 544ff
– Wohnungen 543
»Schwellenländer« 844, 933
Schwennicke, C.-H. 1112
Schwerin 261
Schwier, H. 280
Schwiete, H. 262
Schwyz 539f
Scoon, P. 365
Scott, A. 376
Scrivener, Ch. 721
Sedemund-Treiber, A. 254
Seegüterverkehr (internat.) 996
Seehäfen 997f
Seehofer, H. 44, 251
Seide 896
Seignoret, Sir C. A. 337
Seiler-Albring, U. 250
Seite, B. 247f, 277

Seiters, R. 250
Selbstversorgungsgrad
– Deutschland 870f
– EG 867
Selikoff, I. 1112
Seller, G. 260
Sello, K. 1112
Selzer, H. 296
Semarang 390
Semedo, J. 382
Semmelroth, W. 1113
Senegal 549f
Seoul 430
Serbien 85ff, 410, 411f
Serrano Elías, J. 68f, 379, **702**
Sesamsaat 896
Seschellen 550f
Seselj, V. 87
Seuss Geisel, T. 1103
Sevan, B. 23
Sevilla 143, 558
Sey, A. O. 359
Shafi, H. A. 78
Shaker, S. S. I. 409
Shalikashvili, J. M. D. **702f**
Shamir, Y. 76ff
Shamuyarira, N. M. 553
Shangkun, Y. 104, 124
Shara'a, F. al- 153, 576
Sharif, N. 123
Sharma, S. D. 387f, **703**
Sharpe, Sir J. H. 372
Sheehan, J. 1113
Sheffield 368
Shelew, S. 35
Shih Chi Yang 39
Shlaudemann, H. 119
Sian 233
Sibomana, A. 229
Sidi Mohammed, Kronprinz 458
Sidibé, S. 455
Sidqi, A. M. N. 190, **703**
Sieckmann, H. 290
Siegen 261
Sierra Leone 140, 551f
Sigua, T. 64, 65, 361
Sihanouk, S., Prinz 97, **703f**
Silajdzic, H. 218
Silajew, I. 59, 131
Silber 922f
Silva Cimma, E. 230
Simanek, O. 1113
Simbabwe 552f
Simmons, K. A. 563
Simonis, H. 288
Singapur 554
Singh, B. 71
Singh, M. 71
Sint, M. 120
Sion 542
Sipaseuth, P. 437
Siphandone, K. 37, 437

Sisal 896
Skinner, S. K. 166
Sklenar, V. 290
Skopje 450
Skrabalo, Z. 106, 432
Skubiszewski, K. 111, 127f, **704**, 515
Slazon, D. L. 808
Slenko, A. 599
Slowenien 85ff, **140f**, 411f, **555f**
Smirnow, I. 114f
Snegur, M. 62, 115f, 466, **704f**
Soares, J. C. B. 784
Soares, M. A. N. L. **705**, 517
Sobetzko, W. 286
Sodano, A. 608
Soell, H. 815
Sofia 225
Soglo, N. 215
Sojabohnen 896
Solana Morales, F. 463, **706**
Solana, J. M. 559, **706**
Solh, R. 108, 441, **706f**
Solingen 259
Solinger, H. 265
Solms, H. O. 245f, 295
Solomon, R. 169
Solothurn 539f
Somalia 141f, 556ff
Somare, M. T. 509
Sonnenblumensaat 896
Soubiane, H. 158
Souma, E. 806
South Carolina 615
Southampton 368
Soutter, M. 1103
Souza, H. G. de 804
Sozialdemokratische Partei Deutschlands/SPD 294f
Spadolini, G. 83
Sowjetunion → Gemeinschaft unabhängiger Staaten
Spanien 142f, 558ff, 852f, 1046, 1052, 1066
SPD → Sozialdemokratische Partei Deutschlands
Spittal a. d. Drau 494
Split 432
Spohn, J. 1113
Spöri, D. 264
Sprachen (Afrika) 831ff
Spranger, C.-D. 253
Springfield 616
Sri Lanka 143f, 561f
Srimuang, Ch. 155
Ssemogerere, P. K. 598
St. → auch Saint
St. Gallen 539, 541f
St. Helena 373f
St. Helier 370
St. Jorre, D. de 551

St. Kitts und Nevis 562f
St. Lucia 563f
St. Petersburg 523
St. Pölten 496
St. Vincent und die Grenadinen 564f
Staatsverschuldung
– Deutschland 316ff
– Entwicklungsländer 847f
– Österreich 502
– Welt 847f
Stahl 960f
Stahl, A. von 253
Stahmer, I. 269
Staiger, D. 296
Ständige Konferenz d. Kultusminister d. Länder (Deutschland) 290
Starzacher, K. 275
Statistisches Bundesamt (Deutschland) 255
Staudacher, W. 293
Stavenhagen, L. 1113
Steffens, W. 260
Steiermark 495f
Stein, E. 1113
Steinkohle 923ff
Stepanakert 201
Sternberger, I. 1113
Stettin 514
Steyr 494
Stich, O. 139, 540
Stigler, G. J. 1103
Stihl, H. P. 256
Stirling, J. 1113
Stix, K. 496
Stockholm 537, 773
Stöcklein, P. 1113
Stoiber, E. 266, 295
Stoll, K. 1113
Stolojan, T. 130, 521
Stolpe, M. 270
Stolte, H. 1113
Stolten, I. 295
Stoltenberg, G. 43
Stoltenberg, T. 491
Stone, Sir R. 1103
Stoutt, H. L. 377
Strabmeir, G. 249
Strasky, J. 159, 588, **707**
Straßburg 348, 754
Straßenbau (international) 989f
Straßennetz (Deutschland) 990
Straßenverkehrsunfälle (international) 990
Strasser, V. 140, 552
Strauch, L. 1103
Streckennetz der Eisenbahn
– Deutschland 992
– international 991
Streibl, M. 266
Streicher, R. 123

Stroetmann, C. 252
Strong, M. 789
Strübig, H. 109
Struck, H. 262
Strugatzki, A. 1103
Studenten (Deutschland) 326
Sturges, J. 1113
Stuttgart 257
Subventionen d. Landwirtschaft (Deutschland) 868
Suchinda Kraprayoon 156
Suchocka, H. 129, 515, **707f**
Suchumi 363
Sucre 217
Südafrika 145ff, 565ff
Sudan 151f, 572f
Südliche Sandwich-Inseln 373
Südossetisches Autonomes Gebiet 62f, 361f, 363
Südtirol 82, 402
Suharto 72, 391, **708**
Sulejmenow, T. 419
Sununu, J. H. 166
Surabaya 390
Surat 386
Suriname 573f
Susak, G. 106
Süssmuth, R. 245f
Susupe 490
Suu Kyi, A. S. 118
Suva 344
Swan, J. W. 372
Swansea 368
Swasiland 574f
Swieter, H. 278
Sydney 204
Syms, S. 1113
Synthetischer Kautschuk 939f
Syreigeol, J. 1113
Syrien 153, 575f
Szeged 601

Tabai, I. T. 424
Tabak 896
Tadschikistan 57f, **153ff, 577f**
Taegu 430
Taipeh 231
Tallahassee 616
Tallin 343
Tamilen 144
Tampere 346
Tandler, G. 295
Tanganjika 579
Tansania 578ff
Tanz(Ballett-)auszeichnungen **1051ff**
Tarjanne, P. J. 808
Tartu 343
Taschkent 605
Tatarstan, Republik 136, 529
Taufa'ahau Tupou IV., König 584

Tauran, J.-L. 608
Taus, J. 122
Tavares Vaz da Concelçao, A. B. 534
Tawasoli, M. 72
Taya, M. O. S. A. 460, **708**
Taylor, Ch. 110
Taylor, D. J. P. 375
Taylor, Sir H. M. 208
Technisierung d. Landwirtschaft 862
Tee 897
Tegtmeier, W. 251
Tegucigalpa 385
Teheran 395, 751
Tel-Aviv 400
Tembo, J. 112
Temeschburg 521
Tennessee 615
Tenschert, J. 1113
Ter-Petrosjan, L. 28ff, 61, 200, **708f**
Tereschtschenko, B. 419
Ternitz 494
Terres Adélie 357
Tesejew, O. 363
Tessin 539f
Teufel, E. 46, 264
Texas 615
Textilindustrie 962
Thailand 155f, 580ff
Thani-Familie 421
Than Shwe 118, 473
The Valley 374
Theaterauszeichnungen **1051ff**
Theodore, R. 68f
Thessaloniki 366
Thiam, H. 549
Thierse, W. 294
Thieser, D. 260
Thimbu 216
Thohoyando 571
Thomas, U. 288
Thornberry, C. 92
Thorshavn 241
Thun 539
Thurgau 539f
Thüringen 248, **289f**
Thursz, F. M. 1113
Tiass, M. 153
Tidick, M. 288
Tientsin 233
Tierney, G. 1103
Tietmeyer, H. 255
Tiflis 360
Tilburg 484
Timakata, F. K. 607
Timm, B. 1113
Tippet, C. 1113
Tirana 191
Tiraspol 465
Tirol 495f
Tito, J. B. 88

Titograd 410
Tizard, C. 479
Tofilau Eti Alesana 625
Togo 157, 582f
Tokyo 405, 804
Tolba, M. K. 800
Tomasek, F. 1113
Tomaten 897
Tomic, R. 1113
Tondelli, P. V. 1103
Tonga 583f
Topal, S. 115
Topeka 616
Töpfer, K. 53, 252
Topkow, I. 747
Toronto 417
Torres y Torres Lara, C. 124
Toulon 348
Toulouse 348
Touré, T. 582
Touré, Y. 455
Touristenreiseverkehr → Fremdenverkehr
Traktoren 862
Transkei 570
Transnistrien 466f
Transportleistung der Eisenbahn
– Deutschland 993f
– international 992f
Trant, G. I. 804
Traoré, D. 380
Traun 494
Treuhandanstalt 255, 307f, 315
Treurnicht, A. 149
Trinidad and Tobago 584f
Tripolis 443
Trittin, J. 279
Troedsson, I. 139
Troge, A. 256
Tromp, F. 486
Trondheim 491
Trotha, K. von 264
Trovoada, M. 535
Trüpel, H. 272
Tschad 157f, 585f
Tschechoslowakei 159, 587ff, 1021, 1030, 1034, 1066
Tscheljabinsk 523
Tscheng-tu 233
Tschetschen und Inguschen, Republik 529
Tschikwaidse, A. 361
Tschornowil, W. 162
Tschuwaschien, Republik 529
Tschyngyschew, T. 423
Tsering, D. 216
Tshisekedi, E. 170, 626
Tsiu, N. 466
Tskhinwali 363
Tsovala, D. 64
Tuamotu Archipel 356

Tudjman, F. 105f, 432, **709f**
Tunesien 591f
Tunis 591
Tupouto'a, Kronprinz 584
Turin 402
Türkei 159ff, 592ff
Türkische Republik Nordzypern 630
Turkmenistan 162, 595f
Turks- und Caicos-Inseln 376
Turku 346
Tuvalu 596f
Tuwa, Republik 529
Twenhöven, J. 260
Tyler, Ch. 1113

U Ohn Gyaw 118
Überschußproduktion, landwirtsch. 866f, 892f
Überseegebiete
– Frankreich 350ff
– Niederlande 485ff
– Portugal 518f
Udmurtien, Republik 529
Ufa 524
Uganda 597f
Uhde, J. 1103
Uhl, S. 272
Uhlmann, P. 277
Ukraine 57f, 162f, 598ff
Ulan-Bator 469
Ulan-Ude 508
Ulbrich, R. 262
Uliga 459
Ullmann, W. 296
Ulm 261
Umtata 570
Umweltbundesamt (Deutschland) 256
Umweltschutz
– international 793ff
UNCED/UN-Konferenz über Umwelt und Entwicklung **789f**
UNCTAD 799
UNDP 799
UNEP 741f, 800
UNESCO 808, 1066
UNFPA 800f
UNGA/Generalversammlung 791
Ungarn 600ff, 1066
Unger-Soyka, B. 265
UNHCR 803
UNICEF 803
UNIDO 808
UNITAR 803
UNO-Mitglieder 801f
UNO/Organisation der Vereinten Nationen **791ff**
UNRWA 804
UNSC/Sicherheitsrat 791f
UNSG/Sekretariat 799

Register

UNTC/Treuhandrat 799
U Nu 118
UNU 804
U Ohn Gyaw 117f
Uppenbrink, M. 800
Uppsala 537
UPU 809
Uran 925f
Uri 539f
Uruguay 603f
USA → Vereinigte Staaten von Amerika
Usbekistan 164, 605f
Utah 615
Uteem, C. 462
Utrecht 484

Vaatz, A. 285
Vaduz 445, 745
Vagnorius, G. 111
Vähi, T. 56, 343
Vahrenholt, F. 275
Vaiaku 596
Valencia (Spanien) 558
Valencia (Venezuela) 609
Valetta 457
Valladolid 558
Van den Broek, H. 484, **710**
Van Dunem, F. J. de Franca Dias 195
Van Dunem, P. de Castro 195
Van Eekelen, W. 815
Van Miert, K. 721
Vance, C. 90f, 148
Vancouver 417
Vantaa 346
Vanuatu 164, 606f
Varna 226
Vassiliou, G. 629, **710**
Vatikanstadt 164f, 608f
Vauthier, J. 1113
Väyrynen 346
Veidt, W. 1113
Velayati, A. A. 395
Venda 570f
Venedig 402
Venetiaan, R. 573
Venezuela 165f, 609f
Venkataraman, R. 71f
Ventura, Ch. 1113
Vereinigte Arabische Emirate 610f
Vereinigte Staaten von Amerika 166ff, 612ff, 853, 865f, 967, 979, 988f, 1014, 1022, 1030ff, 1046ff, 1052, 1056, 1066
Veress, S. 1113
Verhülsdonk, R. 251
Verkabelung 1007
Verkehr **983ff**
Verkehrstote/Verletzte (Welt) 990ff

Vermont 615
Verona 402
Verstorbene Persönlichkeiten **1099ff**
Vetter, E. 264
Victoria 550
Vidmar, J. 1114
Vieira da Silva, M. H. 1114
Vieira, J. B. 381
Vietnam 168f, 622f
Villach 494
Villiger, K. 139, 540
Vilnius 446
Vinci, E. 724
Virginia 615
VKSE/Verhandlungen über Konventionelle Streitkräfte in Europa **774ff**
Vo Chi Cong 622, **710f**
Vo Van Kiet 622, **711**
Vogel, B. 45, 289
Vogel, D. 249
Vogel, H.-J. 50
Vogt, H. 1114
Vohor, S. 164, 607
Voisard, O. 1114
Vokouma, P. 227
Volkswirtschaftliche Gesamtrechnung (Österreich) 499
Volmer, L. 296
Vorarlberg 495f
Vorndran, W. 265
Voscherau, H. 247f, 258, 273
Vranitzky, F. 495f, **711**

Waadt 539f
Wabro, G. 265
Wächter, E. 1114
Waffenschmidt, H. 250
Wagner, B. 251
Wagner, E. 274
Wagner, H. 258
Wahl, W. 260
Währungsreserven
– IWF 849
Waigel, T. 45, 49, 50, 250, 295
Wake-Inseln 620f
Wald-Deklaration 790
Waldbestände (Welt) 885ff
Waldenfels, G. Freiherr von 266
Waldschäden (Industrieländer) 886f
Walesa, L. 128, 136, 159, 515, **711f**
Walkanow, W. 35
Wallis 539f
Wallis und Futuna 357
Wallmann, M. 1114
Wallrabenstein, A. 297
Walter, A. 283

Walter, Gerd 287
Walter, Guy 1114
Wandscher, H. 262
Wang Hongwen 1114
Wang Renzhong 1114
Warnke, J. 295
Warren, R. de 1114
Warschau 514
Wartenberg, L.-G. von 256
Waschmaschinen 942
Washington, DC 612, 616, 784, 807, 810
Washington, (Land) 615
Wasser 926f
Watanabe, M. 85, 406
Webb, J. E. 1114
Weber, B. 262, 761
Weber, H. 283
Weber, J. 262
Weber, R. 1114
Websky, W. v. 1114
WEC/Weltenergierat **813**
Wedemeier, K. 44, 258, 271
Wein 897f
Weinmann, M. 262
Weiser, G. 265
Weiske, C. 296
Weiss, Ch. 274
Weiss, H. 256
Weiss, J. 494
Weiß, H. 265
Weißrußland 169, 624f
Weizen 879f, 898f
Weizsäcker, E. U. von 761
Weizsäcker, R. von 45, 243
Welensky, Sir R. 1103
Welitsch, A. 1103
Wellington 479
Wells, M. 1114
Wels 494
Welske, Ch. 297
Welt, J. 262
Weltausstellung 143
Weltbankgruppe (UN) 810
Welteke, E. 276
Welternte 1991 871
Welthandel **965ff**
Welthandelsflotte 996
Welthandelsländer, führende 967f
Welthandelsströme 966f
Welttextilabkommen/WTA 962
Weltwährungssystem 849
Werba, E. 1114
Wernicke, P. 286
Wernstedt, R. 278
Werthebach, E. 254
West, D. 1103
West Midlands 368
West Virginia 615

West Yorkshire 368
Westjordanland 79f
Westsamoa 625f
Wetter, G. 1103
Wettig-Danielmeier, I. 294
WEU/Westeuropäische Union **814f**
Weyel, H.-H. 260
WFC 804
WFP 804
WHO 809
Widder, G. 258
Wiechert, P. 251
Wieczorek, B. 252
Wiederhold, R. 262
Wien 495f, 773, 804, 808, 812
»Wiener Dokument« 777
Wiener Neustadt 494
Wiesbaden 259
Wiesen, H. 288
Wijetunge, D. B. 562
Wille, H. 445
Willem-Alexander, Prinz 484
Willemstad 486
Wilms, K. 262
Wilz, B. 251
Windhuk 475
Windward Islands 355
Wingti, P. 509
Winterthur 538
WIPO 809
Wirtschaft
– Australien 856ff
– China 855
– Deutschland 841f
– Entwicklungsländer 842ff
– Frankreich 849f
– Großbritannien 850f
– GUS 525, 840ff, 842
– Indien 855f
– Italien 851
– Japan 856
– Kanada 853
– Lateinamerika 854
– Niederlande 851f
– OECD 838f
– Polen 841
– Rußland 842
– Schweden 852
– Spanien 852f
– Tschechoslowakei 841
– Ungarn 841
– USA 853
– Welt **837f**
Wirtschafts- u. Sozialausschuß/WSA **727f**
Wisconsin 615
Witebsk 624
Witten 261
Wittrock, K.-F. 262
Wladimir Kyrillowitsch, Großfürst 1114

Wladiwostok 523
WMO 809
Wojwodina 411f, 413
Wolf, D. 254
Wolf, J. 271
Wolf, M. 51
Wolfgramm, T. 252
Wolfram 927f
Wolfsberg 494
Wolfsburg 261
Wolle 899
Wollgewebe 963
Wong Kan Seng 554
Wongwan, N. 156
Wördemann, F. 1114
Wormit, H.-G 1114
Worms, B. 251
Wörner, M. 778
WSPA/Welttierschutz-Gesellschaft **815f**
Wuhan 233
Wuori, M. 756
Wuppertal 257
Würzburg 261
Wurzel, G. 277

Würzen, D. von 250
WWF 755, **816ff**
Wyoming 615

Yamoussoukro 239
Yang Shangkun **712f**
Yangon 473
Yaqub Khan, S. 506
Yaren 477
Yassin, A. 75
Yilmaz, M. 160
Yodoymane, J. 158, 586
Yokohama 405, 767
Yon Hyong Muk 429
Yongchaiyudh, Ch. 155f
York, E. 1103
Young, B. 379
Yue Kong Pao, Sir 1103
Yupanqui, A. 1114
Yzer, C. 251

Zaanstadt 484
Zachert, H.-L. 255
Zadar 432
Zagreb 432

Zaire 170, 626f
Zaragoza 558
Zavelberg, H. G. 255
Zayid Bin Sultan Al-Nahayan, Scheich 611
Zech, S. 260
Zechlin, E. 1114
Zeh, K. 289
Zehetmair, H. 266
Zeitler, F.-Ch. 250
Zement 964
Zenawi, M. 32, 203, **713f**
Zentralafrikanische Republik 627f
Zernatto, Ch. 496
Zezevic, Z. 105, 433
Zia, K. 210, **714**
Zidar, P. 1114
Ziegen 899
Ziegler, R. 1114
Ziel, A. 270
Zierlein, K.-G. 253
Zigaretten 964
Zilk, H. 496
Ziller, Ch. 296

Ziller, G. 252
Zimmermann, E. 271
Zink 928
Zinn 928
Zochow, M. 1114
Zöllner, J. 282
Zu'bi, M. al- 153, 576
Zuber, W. 281
Zucker 900ff
Zufferey, J.-G. 1114
Zug 539f
Zumkley, P. 273, 275
Zuntz, G. 1114
Zürich 539f
Zweig, M. 1114
Zwickau 261
Zwiebeln 902
Zwischenstaatliche Dürre- und Entwicklungsbehörde/ IGADD **761f**
Zwischenstaatliches Komitee zur Kontrolle der Dürre in der Sahelzone/CILSS **743f**
Zypern 629f
Zywulska, K. 1114